# Collection **marabout service**

Egalement à notre catalogue :
MS 476 Dictionnaire COLLINS
        **Français/Espagnol**
        **Espagnol/Français**

PIERRE-HENRI COUSIN

# DICTIONNAIRE
## COLLINS
# FRANÇAIS/ANGLAIS
# ANGLAIS/FRANÇAIS

**marabout**

**Pierre-Henri Cousin**

avec la collaboration de
Claude Nimmo, Lorna Sinclair, Philippe Patry,
Hélène Lewis, Elisabeth Campbell, Renée Birks

Secrétariat de rédaction : Catherine Love,
Lesley Robertson

Ce dictionnaire est une adaptation du Collins Gem
Français-Anglais Anglais-Français

Les collections **marabout** sont éditées par la S.A. Les Nouvelles Éditions Marabout, 65, rue de Limbourg, B-4800 Verviers (Belgique). — Le label **marabout**, les
titres des collections et la présentation des volumes sont déposés conformément à
la loi. — Distributeurs en **France** : HACHETTE s.a., Avenue Gutenberg. Z.A.
de Coignières-Maurepas, 78310 Maurepas, B.P. 154 — pour le **Canada** : A.D.P.
Inc. 955, rue Amherst, Montréal 132, P.Q. Canada — en **Suisse** : Office du Livre,
101, route de Villars, 1701 Fribourg.

# INTRODUCTION

L'usager qui désire comprendre l'anglais - qui déchiffre - trouvera dans ce dictionnaire un vocabulaire moderne et très complet, comprenant de nombreux composés et locutions appartenant à la langue contemporaine. Il trouvera aussi dans l'ordre alphabétique les principales formes irrégulières, avec un renvoi à la forme de base où figure la traduction, ainsi qu'abréviations, sigles et noms géographiques choisis parmi les plus courants.

L'usager qui veut s'exprimer - communiquer - dans la langue étrangère trouvera un traitement détaillé du vocabulaire fondamental, avec de nombreuses indications le guidant vers la traduction juste, et lui montrant comment l'utiliser correctement.

The user whose aim is to read and understand French will find in this dictionary a comprehensive and up-to-date wordlist including numerous phrases in current use. He will also find listed alphabetically the main irregular forms with a cross-reference to the basic form where a translation is given, as well as some of the most common abbreviations, acronyms and geographical names.

The user who wishes to communicate and to express himself in the foreign language will find clear and detailed treatment of all the basic words, with numerous indications pointing to the appropriate translation, and helping him to use it correctly.

# ABRÉVIATIONS

ABBREVIATIONS

| | | |
|---|---|---|
| adjectif, locution adjective | **a** | adjective, adjectival phrase |
| abréviation | **ab(b)r** | abbreviation |
| adverbe, locution adverbiale | **ad** | adverb, adverbial phrase |
| administration | **ADMIN** | administration |
| agriculture | **AGR** | agriculture |
| anatomie | **ANAT** | anatomy |
| architecture | **ARCHIT** | architecture |
| l'automobile | **AUT(O)** | the motor car and motoring |
| aviation, voyages aériens | **AVIAT** | flying, air travel |
| biologie | **BIO(L)** | biology |
| botanique | **BOT** | botany |
| anglais de Grande-Bretagne | **Brit** | British English |
| conjonction | **cj** | conjunction |
| langue familière (! emploi vulgaire) | **col (!)** | colloquial usage (! particularly offensive) |
| commerce, finance, banque | **COMM** | commerce, finance, banking |
| construction | **CONSTR** | building |
| nom utilisé comme adjectif, ne peut s'employer ni comme attribut, ni après le nom qualifié | **cpd** | compound element: noun used as an adjective and which cannot follow the noun it qualifies |
| cuisine, art culinaire | **CULIN** | cookery |
| déterminant: article, adjectif démonstratif ou indéfini etc | **dét, det** | determiner: article, demonstrative etc. |
| économie | **ECON** | economics |
| électricité, électronique | **ELEC** | electricity, electronics |
| exclamation, interjection | **excl** | exclamation, interjection |
| féminin | **f** | feminine |
| langue familière (! emploi vulgaire) | **fam (!)** | colloquial usage (! particularly offensive) |
| emploi figuré | **fig** | figurative use |
| (verbe anglais) dont la particule est inséparable du verbe | **fus** | (phrasal verb) where the particle cannot be separated from main verb |
| dans la plupart des sens; généralement | **gén, gen** | in most or all senses; generally |
| géographie, géologie | **GEO** | geography, geology |
| géométrie | **GEOM** | geometry |
| invariable | **inv** | invariable |
| irrégulier | **irg** | irregular |
| domaine juridique | **JUR** | law |
| grammaire, linguistique | **LING** | grammar, linguistics |
| masculin | **m** | masculine |
| mathématiques, algèbre | **MATH** | mathematics, calculus |
| médecine | **MED** | medical term, medicine |
| masculin ou féminin, suivant le sexe | **m/f** | either masculine or feminine depending on sex |
| domaine militaire, armée | **MIL** | military matters |
| musique | **MUS** | music |
| nom | **n** | noun |
| navigation, nautisme | **NAVIG, NAUT** | sailing, navigation |
| adjectif ou nom numérique | **num** | numeral adjective or noun |
| | **o.s.** | oneself |
| péjoratif | **péj, pej** | derogatory, pejorative |
| photographie | **PHOT(O)** | photography |
| physiologie | **PHYSIOL** | physiology |
| pluriel | **pl** | plural |
| politique | **POL** | politics |
| participe passé | **pp** | past participle |
| préposition | **prép, prep** | preposition |
| psychologie, psychiatrie | **PSYCH** | psychology, psychiatry |

| | | |
|---|---|---|
| temps du passé | **pt** | past tense |
| nom non comptable: ne peut s'utiliser au pluriel | **q** | collective (uncountable) noun: is not used in the plural |
| quelque chose | **qch** | |
| quelqu'un | **qn** | |
| religions, domaine ecclésiastique | **REL** | religions, church service |
| | **sb** | somebody |
| enseignement, système scolaire et universitaire | **SCOL** | schooling, schools and universities |
| singulier | **sg** | singular |
| | **sth** | something |
| subjonctif | **sub** | subjunctive |
| sujet (grammatical) | **su(b)j** | (grammatical) subject |
| techniques, technologie | **TECH** | technical term, technology |
| télécommunications | **TEL** | telecommunications |
| télévision | **TV** | television |
| typographie | **TYP(O)** | typography, printing |
| anglais des USA | **US** | American English |
| verbe | **vb** | verb |
| verbe ou groupe verbal à fonction intransitive | **vi** | verb or phrasal verb used intransitively |
| verbe ou groupe verbal à fonction transitive | **vt** | verb or phrasal verb used transitively |
| zoologie | **ZOOL** | zoology |
| marque déposée | **®** | registered trademark |
| indique une équivalence culturelle | **≈** | introduces a cultural equivalent |

# TRANSCRIPTION PHONÉTIQUE        PHONETIC TRANSCRIPTION

## CONSONNES                              CONSONANTS

NB. **p**, **b**, **t**, **d**, **k**, **g** sont suivis d'une aspiration en anglais / are not aspirated in French.

| Français | API | English |
|---|---|---|
| *poupée poupe* | **p** | *puppy pope* |
| *bombe* | **b** | *baby cab* |
| *tente thermal* | **t** | *tent strut* |
| *dinde* | **d** | *daddy mended* |
| *coq qui képi sac pastèque* | **k** | *cork kiss chord lock* |
| *gag gare bague gringalet* | **g** | *gag guess* |
| *sale ce ça dessous nation tous* | **s** | *so rice struts kiss crescent* |
| *zéro maison rose* | **z** | *cousin pods buzz zero* |
| *tache chat* | **ʃ** | *sheep sugar crash masher* |
| *gilet juge* | **ʒ** | *pleasure beige* |
| | **tʃ** | *church* |
| | **dʒ** | *judge general veg* |
| *fer phare gaffe paraphe* | **f** | *farm raffle* |
| *valve* | **v** | *very brave rev* |
| | **θ** | *thin sloth maths* |
| | **ð** | *that other loathe clothes* |
| *lent salle sol* | **l** | *little place ball* |
| *rare venir rentrer* | **R** | |
| | **r** | *rat rare stirring strut* |
| *maman femme* | **m** | *mummy ram bomber comb* |
| *non nonne* | **n** | *no ran running* |
| *gnôle agneau vigne* | **ɲ** | |
| | **ŋ** | *singing rang bank* |
| *hop ! (avec h aspiré)* | **h** | *hat reheat* |
| *yeux paille pied hier* | **j** | *yet* |
| *nouer oui* | **w** | *wall bewail* |
| *huile lui* | **ɥ** | |
| | **x** | *loch* |

## DIVERS                                   MISCELLANEOUS

dans la transcription de l'anglais:
le r final se prononce en liaison
devant une voyelle

**\***   in French wordlist:
no liaison

dans la transcription de l'anglais:
précède la syllabe accentuée

in French transcription:
no liaison

## VOYELLES             VOWELS

NB. La mise en équivalence de certains sons n'indique qu'une ressemblance approximative.
The pairing of some vowel sounds only indicates approximate equivalence.

| French | IPA | English |
|---|---|---|
| *ici vie lyre* | i i: | heel bead |
| | ɪ | hit pity |
| *jouer été fermée* | e | |
| *lait jouet merci* | ɛ | set tent |
| *patte plat amour* | a æ | bat apple |
| *bas pâte* | ɑ ɑ: | after car calm |
| | ʌ | fun cousin |
| *le premier* | ə | over above |
| *beurre peur* | œ | |
| *peu deux* | ø ə: | urn fern work |
| *mort or homme* | ɔ | wash pot |
| *geôle mot dôme eau gauche* | o ɔ: | born cork |
| *genou roue* | u | full soot |
| | u: | boon lewd |
| *rue vêtu urne* | y | |

## DIPHTONGUES            DIPHTHONGS

| IPA | English |
|---|---|
| ɪə | beer tier |
| ɛə | tear fair there |
| eɪ | date plaice day |
| aɪ | life buy cry |
| au | owl foul now |
| əu | low no |
| ɔɪ | boil boy oily |
| uə | poor tour |

## VOYELLES NASALES       NASAL VOWELS

| French | IPA |
|---|---|
| *matin plein* | ɛ̃ |
| *brun* | œ̃ |
| *vent sang an dans* | ɑ̃ |
| *non pont* | õ |

# FRANÇAIS-ANGLAIS
# FRENCH-ENGLISH

## A

**a** *vb voir* **avoir.**

**à** (*à* + *le* = **au**, *à* + *les* = **aux**) [a, o] *prép* (*situation*) at, in ; (*direction, attribution*) to ; (*provenance*) from ; (*moyen*) with, by ; **payé au mois** paid by the month ; **100 km/unités à l'heure** 100 km/units per hour ; **à 3 heures/minuit** at 3 o'clock/midnight ; **au mois de juin** in the month of June ; **se chauffer au gaz** to heat one's house with gas ; **à bicyclette** by bicycle *ou* on a bicycle ; **l'homme aux yeux bleus** the man with the blue eyes ; **à la semaine prochaine!** see you next week! ; **à la russe** the Russian way, in the Russian fashion.

**abaisser** [abese] *vt* to lower, bring down ; (*manette*) to pull down ; (*fig*) to debase ; to humiliate ; **s'~** *vi* to go down ; (*fig*) to demean o.s. ; **s'~ à faire/à qch** to stoop *ou* descend to doing/to sth.

**abandon** [abɑ̃dɔ̃] *nm* abandoning ; deserting ; giving up ; relinquishing ; (*SPORT*) withdrawal ; (*fig*) lack of constraint ; relaxed pose *ou* mood ; **être à l'~** to be in a state of neglect.

**abandonné, e** [abɑ̃dɔne] *a* (*solitaire*) deserted.

**abandonner** [abɑ̃dɔne] *vt* to leave, abandon, desert ; (*projet, activité*) to abandon, give up ; (*SPORT*) to retire *ou* withdraw from ; (*céder*) to surrender, relinquish ; **s'~** *vi* to let o.s. go ; **s'~ à** (*paresse, plaisirs*) to give o.s. up to.

**abasourdir** [abazurdir] *vt* to stun, stagger.

**abat-jour** [abaʒur] *nm inv* lampshade.

**abats** [aba] *nmpl* (*de bœuf, porc*) offal *sg* ; (*de volaille*) giblets.

**abattage** [abataʒ] *nm* cutting down, felling ; (*entrain*) go, dynamism.

**abattement** [abatmɑ̃] *nm* enfeeblement ; dejection, despondency ; (*déduction*) reduction ; **~ fiscal** ≈ tax allowance.

**abattis** [abati] *nmpl* giblets.

**abattoir** [abatwar] *nm* abattoir, slaughterhouse.

**abattre** [abatr(ə)] *vt* (*arbre*) to cut down, fell ; (*mur, maison*) to pull down ; (*avion, personne*) to shoot down ; (*animal*) to shoot, kill ; (*fig*) to wear out, tire out ; to demoralize ; **s'~** *vi* to crash down ; **s'~ sur** to beat down on ; to rain down on.

**abbaye** [abei] *nf* abbey.

**abbé** [abe] *nm* priest ; (*d'une abbaye*) abbot ; **M. l'~** Father.

**abc, ABC** [abese] *nm* alphabet primer ; (*fig*) rudiments *pl*.

**abcès** [apsɛ] *nm* abscess.

**abdication** [abdikasjɔ̃] *nf* abdication.

**abdiquer** [abdike] *vi* to abdicate // *vt* to renounce, give up.

**abdomen** [abdɔmɛn] *nm* abdomen ; **abdominal, e, aux** *a* abdominal // *nmpl*: **faire des abdominaux** to do exercises for the stomach muscles.

**abécédaire** [abesedɛr] *nm* alphabet primer.

**abeille** [abɛj] *nf* bee.

**aberrant, e** [abɛrɑ̃, -ɑ̃t] *a* absurd.

**abêtir** [abetir] *vt* to turn into a half-wit.

**abhorrer** [abɔre] *vt* to abhor, loathe.

**abîme** [abim] *nm* abyss, gulf.

**abîmer** [abime] *vt* to spoil, damage ; **s'~** *vi* to get spoilt *ou* damaged ; (*tomber*) to sink, founder.

**abject, e** [abʒɛkt] *a* abject, despicable.

**abjurer** [abʒyre] *vt* to abjure, renounce.

**ablation** [ablasjɔ̃] *nf* removal.

**ablutions** [ablysjɔ̃] *nfpl*: **faire ses ~** to perform one's ablutions.

**abnégation** [abnegasjɔ̃] *nf* (self-)abnegation.

**aboiement** [abwamɑ̃] *nm* bark, barking *q*.

**abois** [abwa] *nmpl*: **aux ~** at bay.

**abolir** [abɔlir] *vt* to abolish ; **abolition** *nf* abolition.

**abominable** [abɔminabl(ə)] *a* abominable.

**abondance** [abɔ̃dɑ̃s] *nf* abundance ; (*richesse*) affluence.

**abondant, e** [abɔ̃dɑ̃, -ɑ̃t] *a* plentiful, abundant, copious.

**abonder** [abɔ̃de] *vi* to abound, be plentiful ; **~ en** to be full of, abound in ; **~ dans le sens de qn** to concur with sb.

**abonné, e** [abɔne] *nm/f* subscriber ; season ticket holder.

**abonnement** [abɔnmɑ̃] *nm* subscription ; (*pour transports en commun, concerts*) season ticket.

**abonner** [abɔne] *vt*: **s'~ à** to subscribe to, take out a subscription to.

**abord** [abɔr] *nm*: **être d'un ~ facile** to be approachable ; **~s** *nmpl* surroundings ; **au premier ~** at first sight, initially ; **d'~** *ad* first.

**abordable** [abɔrdabl(ə)] *a* approachable ; reasonably priced.

**abordage** [abɔrdaʒ] *nm* boarding.

**aborder** [abɔrde] *vi* to land // *vt* (*sujet, difficulté*) to tackle ; (*personne*) to approach ; (*rivage etc*) to reach ; (*NAVIG: attaquer*) to board ; (: *heurter*) to collide with.

**aborigène** [abɔriʒɛn] *nm* aborigine, native.

**aboulique** [abulik] *a* totally lacking in willpower.

**aboutir** [abutir] *vi* (*négociations etc*) to succeed ; **~ à/dans/sur** to end up at/in/on ; **aboutissants** *nmpl voir* **tenants.**

**aboyer** [abwaje] *vi* to bark.

**abracadabrant, e** [abrakadabrɑ̃, -ɑ̃t] *a* incredible, preposterous.

**abrasif, ive** [abrazif, -iv] *a, nm* abrasive.

**abrégé** [abreʒe] *nm* summary.

**abréger** [abreʒe] *vt* (*texte*) to shorten, abridge ; (*mot*) to shorten, abbreviate ; (*réunion, voyage*) to cut short, shorten.

**abreuver** [abRœve] *vt* to water; *(fig)*: ~ **qn de** to shower ou swamp sb with; **s'~** *vi* to drink; **abreuvoir** *nm* watering place.

**abréviation** [abRevjɑsjɔ̃] *nf* abbreviation.

**abri** [abRi] *nm* shelter; **à l'~** under cover; **à l'~ de** sheltered from; *(fig)* safe from.

**abricot** [abRiko] *nm* apricot; **abricotier** *nm* apricot tree.

**abriter** [abRite] *vt* to shelter; *(loger)* to accommodate; **s'~** to shelter, take cover.

**abroger** [abRɔʒe] *vt* to repeal, abrogate.

**abrupt, e** [abRypt] *a* sheer, steep; *(ton)* abrupt.

**abruti, e** [abRyti] *nm/f (fam)* idiot, moron.

**abrutir** [abRytiR] *vt* to daze; to exhaust; to stupefy.

**abscisse** [apsis] *nf* abscissa, X axis.

**absence** [apsɑ̃s] *nf* absence; *(MÉD)* blackout; mental blank.

**absent, e** [apsɑ̃, -ɑ̃t] *a* absent; *(chose)* missing, lacking; *(distrait: air)* vacant, faraway // *nm/f* absentee; **absentéisme** *nm* absenteeism; **s'absenter** *vi* to take time off work; *(sortir)* to leave, go out.

**absinthe** [apsɛ̃t] *nf (boisson)* absinth(e); *(BOT)* wormwood, absinth(e).

**absolu, e** [apsɔly] *a* absolute; *(caractère)* rigid, uncompromising; **~ment** *ad* absolutely.

**absolution** [apsɔlysjɔ̃] *nf* absolution.

**absolutisme** [apsɔlytism(ə)] *nm* absolutism.

**absolve** *etc vb voir* **absoudre**.

**absorbant, e** [apsɔRbɑ̃, -ɑ̃t] *a* absorbent.

**absorbé, e** [apsɔRbe] *a* engrossed, absorbed.

**absorber** [apsɔRbe] *vt* to absorb; *(gén MÉD: manger, boire)* to take.

**absoudre** [apsudR(ə)] *vt* to absolve.

**abstenir** [apstəniR]: **s'~** *vi (POL)* to abstain; **s'~ de qch/de faire** to refrain from sth/from doing; **abstention** *nf* abstention; **abstentionnisme** *nm* abstentionism.

**abstinence** [apstinɑ̃s] *nf* abstinence.

**abstraction** [apstRaksjɔ̃] *nf* abstraction; **faire ~ de** to set ou leave aside.

**abstraire** [apstRɛR] *vt* to abstract; **abstrait, e** *a* abstract.

**absurde** [apsyRd(ə)] *a* absurd // *nm* absurdity; absurd; **par l'~** *ad* absurdio; **absurdité** *nf* absurdity.

**abus** [aby] *nm (excès)* abuse, misuse; *(injustice)* abuse; ~ **de confiance** breach of trust; embezzlement.

**abuser** [abyze] *vi* to go too far, overstep the mark // *vt* to deceive, mislead; ~ **de** *vt (force, droit)* to misuse; *(alcool)* to take to excess; *(violer, duper)* to take advantage of; **s'~** *(se méprendre)* to be mistaken; **abusif, ive** *a* exorbitant; excessive; improper.

**acabit** [akabi] *nm*: **de cet ~** of that type.

**académicien, ne** [akademisjɛ̃, -jɛn] *nm/f* academician.

**académie** [akademi] *nf (société)* learned society; *(école: d'art, de danse)* academy; *(ART: nu)* nude; *(SCOL: circonscription)* ≈ regional education authority; **l'A~ (française)** the French Academy; **académique** *a* academic.

**acajou** [akaʒu] *nm* mahogany.

**acariâtre** [akaRjɑtR(ə)] *a* sour(-tempered).

**accablement** [akɑblɑmɑ̃] *nm* despondency, depression.

**accabler** [akɑble] *vt* to overwhelm, overcome; *(suj: témoignage)* to condemn, damn; ~ **qn d'injures** to heap ou shower abuse on sb; ~ **qn de travail** to overburden sb with work; **accablé de dettes/soucis** weighed down with debts/cares.

**accalmie** [akalmi] *nf* lull.

**accaparer** [akapaRe] *vt* to monopolize; *(sujet: travail etc)* to take up (all) the time ou attention of.

**accéder** [aksede]: ~ **à** *vt (lieu)* to reach; *(fig: pouvoir)* to accede to; *(: poste)* to attain; *(accorder: requête)* to grant, accede to.

**accélérateur** [akseleRatœR] *nm* accelerator.

**accélération** [akseleRɑsjɔ̃] *nf* speeding up; acceleration.

**accélérer** [akseleRe] *vt (mouvement, travaux)* to speed up // *vi (AUTO)* to accelerate.

**accent** [aksɑ̃] *nm* accent; *(inflexions expressives)* tone (of voice); *(PHONÉTIQUE, fig)* stress; **aux ~s de** *(musique)* to the strains of; **mettre l'~ sur** *(fig)* to stress; ~ **aigu/grave** acute/grave accent.

**accentuation** [aksɑ̃tyɑsjɔ̃] *nf* accenting; stressing.

**accentuer** [aksɑ̃tɥe] *vt (LING: orthographe)* to accent; *(: phonétique)* to stress, accent; *(fig)* to accentuate, emphasize; to increase; **s'~** *vi* to become more marked ou pronounced.

**acceptable** [aksɛptabl(ə)] *a* satisfactory, acceptable.

**acceptation** [aksɛptɑsjɔ̃] *nf* acceptance.

**accepter** [aksɛpte] *vt* to accept; ~ **de faire** to agree to do; *(tolérer)*: ~ **que qn fasse** to agree to sb doing, let sb do.

**acception** [aksɛpsjɔ̃] *nf* meaning, sense.

**accès** [aksɛ] *nm (à un lieu)* access; *(MÉD)* attack; fit, bout; outbreak // *nmpl (routes etc)* means of access, approaches; **d'~ facile** easily accessible; ~ **de colère** fit of anger; ~ **de joie** burst of joy; **donner ~ à** *(lieu)* to give access to; *(carrière)* to open the door to sb; **avoir ~ auprès de qn** to have access to sb.

**accessible** [aksesibl(ə)] *a* accessible; *(livre, sujet)*: ~ **à qn** within the reach of sb; *(sensible)*: ~ **à la pitié/l'amour** open to pity/love.

**accession** [aksesjɔ̃] *nf*: ~ **à** accession to; attainment of.

**accessit** [aksesit] *nm (SCOL)* ≈ certificate of merit.

**accessoire** [akseswaR] *a* secondary, of secondary importance; incidental // *nm* accessory; *(THÉÂTRE)* prop; **accessoiriste** *nm/f (TV, CINÉMA)* property man/girl.

**accident** [aksidɑ̃] *nm* accident; **par ~** by chance; ~ **de la route** road accident; **accidenté e** *a* damaged ou injured (in an accident); *(relief, terrain)* uneven; hilly; **accidentel, le** *a* accidental.

**acclamation** [aklamɑsjɔ̃] *nf*: **par ~**

(*vote*) by acclamation ; ~s *nfpl* cheers, cheering *sg*.

**acclamer** [aklame] *vt* to cheer, acclaim.

**acclimatation** [aklimatɑsjɔ̃] *nf* acclimatization.

**acclimater** [aklimate] *vt* to acclimatize ; **s'~** *vi* to become acclimatized.

**accointances** [akwɛ̃tɑ̃s] *nfpl*: **avoir des ~ avec** to have contacts with.

**accolade** [akɔlad] *nf* (*amicale*) embrace ; (*signe*) brace ; **donner l'~ à qn** to embrace sb.

**accoler** [akɔle] *vt* to place side by side.

**accommodant, e** [akɔmɔdɑ̃, -ɑ̃t] *a* accommodating.

**accommodement** [akɔmɔdmɑ̃] *nm* compromise.

**accommoder** [akɔmɔde] *vt* (CULIN) to prepare ; (*points de vue*) to reconcile ; **s'~ de** to put up with ; **~ à** to make do with.

**accompagnateur, trice** [akɔ̃paɲatœR, -tRis] *nm/f* (MUS) accompanist ; (*de voyage: guide*) guide ; (: *d'enfants*) accompanying adult ; (: *de voyage organisé*) courier.

**accompagnement** [akɔ̃paɲmɑ̃] *nm* (MUS) accompaniment.

**accompagner** [akɔ̃paɲe] *vt* to accompany, be *ou* go *ou* come with ; (MUS) to accompany.

**accompli, e** [akɔ̃pli] *a* accomplished.

**accomplir** [akɔ̃pliR] *vt* (*tâche, projet*) to carry out ; (*souhait*) to fulfil ; **s'~** *vi* to be fulfilled ; **accomplissement** *nm* carrying out ; fulfilment.

**accord** [akɔR] *nm* (*entente, convention,* LING) agreement ; (*entre des styles, tons etc*) harmony ; (*consentement*) agreement, consent ; (MUS) chord ; **se mettre d'~** to come to an agreement (with each other) ; **être d'~** to agree ; **~ parfait** (MUS) tonic chord.

**accordéon** [akɔRdeɔ̃] *nm* (MUS) accordion ; **accordéoniste** *nm/f* accordionist.

**accorder** [akɔRde] *vt* (*faveur, délai*) to grant ; (*harmoniser*) to match ; (MUS) to tune ; **s'~** to get on together ; to agree ; (LING) to agree ; **accordeur** *nm* (MUS) tuner.

**accoster** [akɔste] *vt* (NAVIG) to draw alongside ; (*personne*) to accost // *vi* (NAVIG) to berth.

**accotement** [akɔtmɑ̃] *nm* (*de route*) verge, shoulder ; **~s non stabilisés** soft verges.

**accoter** [akɔte] *vt*: **~ qch contre/à** to lean *ou* rest sth against/on ; **s'~ contre/à** to lean against/on.

**accouchement** [akuʃmɑ̃] *nm* delivery, (child)birth ; labour.

**accoucher** [akuʃe] *vi* to give birth, have a baby ; (*être en travail*) to be in labour // *vt* to deliver ; **~ d'un garçon** to give birth to a boy ; **accoucheur** *nm*: (*médecin*) **accoucheur** obstetrician ; **accoucheuse** *nf* midwife.

**accouder** [akude]: **s'~** *vi*: **s'~ à/contre** to rest one's elbows on/against ; **accoudoir** *nm* armrest.

**accouplement** [akupləmɑ̃] *nm* mating ; coupling.

**accoupler** [akuple] *vt* to couple ; (*pour la reproduction*) to mate ; **s'~** to mate.

**accourir** [akuRiR] *vi* to rush *ou* run up.

**accoutrement** [akutRəmɑ̃] *nm* (*péj*) getup, rig-out.

**accoutumance** [akutymɑ̃s] *nf* (*gén*) adaptation ; (MÉD) addiction.

**accoutumé, e** [akutyme] *a* (*habituel*) customary, usual.

**accoutumer** [akutyme] *vt*: **~ qn à qch/faire** to accustom sb to sth/to doing ; **s'~ à** to get accustomed *ou* used to.

**accréditer** [akRedite] *vt* (*nouvelle*) to substantiate ; **~ qn (auprès de)** to accredit sb (to).

**accroc** [akRo] *nm* (*déchirure*) tear ; (*fig*) hitch, snag.

**accrochage** [akRɔʃaʒ] *nm* hanging (up) ; hitching (up) ; (AUTO) (minor) collision, bump ; (MIL) encounter, engagement ; (*dispute*) clash, brush.

**accroche-cœur** [akRɔʃkœR] *nm* kiss-curl.

**accrocher** [akRɔʃe] *vt* (*suspendre*): **~ qch à** to hang sth up) on ; (*attacher: remorque*): **~ qch à** to hitch sth (up) to ; (*heurter*) to catch ; to catch on ; to hit ; (*déchirer*): **~ qch (à)** to catch sth (on) ; (MIL) to engage ; (*fig*) to catch, attract ; **s'~** (*se disputer*) to have a clash *ou* brush ; **s'~ à** (*rester pris à*) to catch on ; (*agripper, fig*) to hang on *ou* cling to.

**accroissement** [akRwasmɑ̃] *nm* increase.

**accroître** [akRwatR(ə)] *vt* to increase ; **s'~** *vi* to increase.

**accroupi, e** [akRupi] *a* squatting, crouching (down).

**accroupir** [akRupiR]: **s'~** *vi* to squat, crouch (down).

**accru, e** [akRy] *pp de* **accroître**.

**accu** [aky] *nm abr de* **accumulateur**.

**accueil** [akœj] *nm* welcome ; **comité d'~** reception committee.

**accueillir** [akœjiR] *vt* to welcome ; (*loger*) to accommodate.

**acculer** [akyle] *vt*: **~ qn à ou contre** to drive sb back against ; **~ qn dans** to corner sb in ; **~ qn à** (*faillite*) to drive sb to the brink of.

**accumulateur** [akymylatœR] *nm* accumulator.

**accumulation** [akymylɑsjɔ̃] *nf* accumulation ; **chauffage/radiateur à ~** (night-)storage heating/heater.

**accumuler** [akymyle] *vt* to accumulate, amass ; **s'~** *vi* to accumulate ; to pile up.

**accusateur, trice** [akyzatœR, -tRis] *nm/f* accuser // *a* accusing ; (*document, preuve*) incriminating.

**accusatif** [akyzatif] *nm* (LING) accusative.

**accusation** [akyzɑsjɔ̃] *nf* (*gén*) accusation ; (JUR) charge ; (*partie*): **l'~** the prosecution ; **mettre en ~** to indict.

**accusé, e** [akyze] *nm/f* accused ; defendant ; **~ de réception** acknowledgement of receipt.

**accuser** [akyze] *vt* to accuse ; (*fig*) to emphasize, bring out ; to show ; **~ qn de** to accuse sb of ; (JUR) to charge sb with ; **~ qch de** (*rendre responsable*) to blame sth for ; **~ réception de** to acknowledge receipt of.

**acerbe** [asɛRb(ə)] *a* caustic, acid.

**acéré, e** [asere] *a* sharp.

**achalandé, e** [aʃalɑ̃de] *a*: **bien ~** well-stocked ; well-patronized.

**acharné, e** [aʃaʀne] *a* (*lutte, adversaire*) fierce, bitter ; (*travail*) relentless, unremitting.

**acharnement** [aʃaʀnəmɑ̃] *nm* fierceness ; relentlessness.

**acharner** [aʃaʀne]: **s'~** *vi*: **s'~ sur** to go at fiercely, hound ; **s'~ contre** to set o.s. against ; to dog, pursue ; **s'~ à faire** to try doggedly to do ; to persist in doing.

**achat** [aʃa] *nm* buying *q* ; purchase ; **faire l'~** de to buy, purchase ; **faire des ~s** to do some shopping, buy a few things.

**acheminer** [aʃmine] *vt* (*courrier*) to forward, dispatch ; (*troupes*) to convey, transport ; (*train*) to route ; **s'~ vers** to head for.

**acheter** [aʃte] *vt* to buy, purchase ; (*soudoyer*) to buy ; **~ qch à** (*marchand*) to buy *ou* purchase sth from ; (*ami etc: offrir*) to buy sth for ; **acheteur, euse** *nm/f* buyer ; shopper ; (*COMM*) buyer ; (*JUR*) vendee, purchaser.

**achevé, e** [aʃve] *a*: **d'un ridicule ~** thoroughly *ou* absolutely ridiculous.

**achèvement** [aʃɛvmɑ̃] *nm* completion ; finishing.

**achever** [aʃve] *vt* to complete, finish ; to end ; (*blessé*) to finish off ; **s'~** *vi* to end.

**achoppement** [aʃɔpmɑ̃] *nm*: **pierre d'~** stumbling block.

**acide** [asid] *a* acid, sharp ; (*CHIMIE*) acid(ic) // *nm* (*CHIMIE*) acid ; **acidifier** *vt* to acidify ; **acidité** *nf* acidity ; sharpness ; **acidulé, e** *a* slightly acid ; **bonbons acidulés** acid drops.

**acier** [asje] *nm* steel ; **aciérie** *nf* steelworks *sg*.

**acné** [akne] *nf* acne.

**acolyte** [akɔlit] *nm* (*péj*) confederate.

**acompte** [akɔ̃t] *nm* deposit ; (*versement régulier*) instalment ; (*sur somme due*) payment on account ; **un ~ de 100 F** 100 F on account.

**acoquiner** [akɔkine]: **s'~ avec** *vt* (*péj*) to team up with.

**à-côté** [akote] *nm* side-issue ; (*argent*) extra.

**à-coup** [aku] *nm* (*du moteur*) (hic)cough ; (*fig*) jolt ; **sans ~s** smoothly ; **par ~s** by fits and starts.

**acoustique** [akustik] *nf* (*d'une salle*) acoustics *pl* ; (*science*) acoustics *sg* // *a* acoustic.

**acquéreur** [akeʀœʀ] *nm* buyer, purchaser.

**acquérir** [akeʀiʀ] *vt* to acquire ; (*par achat*) to purchase, acquire ; (*valeur*) to gain ; **ce que ses efforts lui ont acquis** what his efforts have won *ou* gained (for) him.

**acquiescer** [akjese] *vi* (*opiner*) to agree ; (*consentir*): **~ (à qch)** to acquiesce *ou* assent (to sth).

**acquis, e** [aki, -iz] *pp de* **acquérir** // *nm* (accumulated) experience ; **être ~ à** (*plan, idée*) to fully agree with ; **son aide nous est ~e** we can count on *ou* be sure of her help.

**acquisition** [akizisjɔ̃] *nf* acquisition ; purchase ; **faire l'~ de** to acquire ; to purchase.

**acquit** [aki] *vb voir* **acquérir** // *nm* (*quittance*) receipt ; **pour ~** received ; **par ~ de conscience** to set one's mind at rest.

**acquittement** [akitmɑ̃] *nm* acquittal ; payment, settlement.

**acquitter** [akite] *vt* (*JUR*) to acquit ; (*facture*) to pay, settle ; **s'~ de** to discharge ; to fulfil, carry out.

**âcre** [ɑkʀ(ə)] *a* acrid, pungent.

**acrobate** [akʀɔbat] *nm/f* acrobat.

**acrobatie** [akʀɔbasi] *nf* (*art*) acrobatics *sg* ; (*exercice*) acrobatic feat ; **~ aérienne** aerobatics *sg* ; **acrobatique** *a* acrobatic.

**acte** [akt(ə)] *nm* act, action ; (*THÉÂTRE*) act ; **~s** *nmpl* (*compterendu*) proceedings ; **prendre ~ de** to note, take note of ; **faire ~ de présence** to put in an appearance ; **l'~ d'accusation** the charges ; the bill of indictment ; **~ de naissance** birth certificate.

**acteur, trice** [aktœʀ, -tʀis] *nm/f* actor/actress.

**actif, ive** [aktif, -iv] *a* active // *nm* (*COMM*) assets *pl* ; (*fig*): **avoir à son ~** to have to one's credit ; **mettre à son ~** to add to one's list of achievements.

**action** [aksjɔ̃] *nf* (*gén*) action ; (*COMM*) share ; **une bonne ~** a good deed ; **~ en diffamation** libel action ; **actionnaire** *nm/f* shareholder ; **actionner** *vt* to work ; to activate.

**active** [aktiv] *a voir* **actif** ; **~ment** *ad* actively.

**activer** [aktive] *vt* to speed up ; **s'~** *vi* to bustle about ; to hurry up.

**activiste** [aktivist(ə)] *nm/f* activist.

**activité** [aktivite] *nf* activity ; **volcan en ~** active volcano.

**actrice** [aktʀis] *nf voir* **acteur**.

**actualiser** [aktɥalize] *vt* to actualize ; to bring up to date.

**actualité** [aktɥalite] *nf* (*d'un problème*) topicality ; (*événements*): **l'~** current events ; **les ~s** (*CINÉMA, TV*) the news.

**actuel, le** [aktɥɛl] *a* (*présent*) present ; (*d'actualité*) topical ; (*non virtuel*) actual ; **~lement** *ad* at present ; at the present time.

**acuité** [akɥite] *nf* acuteness.

**acuponcteur, acupuncteur** [akypɔ̃ktœʀ] *nm* acupuncturist.

**acuponcture, acupuncture** [akypɔ̃ktyʀ] *nf* acupuncture.

**adage** [adaʒ] *nm* adage.

**adagio** [adadʒjo] *nm* adagio.

**adaptateur, trice** [adaptatœʀ, -tʀis] *nm/f* adapter // *nm* (*ÉLEC*) adapter.

**adaptation** [adaptasjɔ̃] *nf* adaptation.

**adapter** [adapte] *vt* to adapt ; **~ qch à** (*approprier*) to adapt sth to (fit) ; **~ qch sur/dans/à** (*fixer*) to fit sth on/into/to ; **s'~ (à)** (*suj: personne*) to adapt (to).

**additif** [aditif] *nm* additional clause ; (*CHIMIE*) additive.

**addition** [adisjɔ̃] *nf* addition ; (*au café*) bill ; **additionnel, le** *a* additional.

**additionner** [adisjɔne] *vt* to add (up) ; **~**

un produit d'eau to add water to a product.

**adepte** [adεpt(ə)] *nm/f* follower.

**adéquat, e** [adekwa, -at] *a* appropriate, suitable.

**adhérence** [aderɑ̃s] *nf* adhesion.

**adhérent, e** [aderɑ̃, -ɑ̃t] *nm/f (de club)* member.

**adhérer** [adeʀe] *vi (coller)* to adhere, stick ; ~ à *vt (coller)* to adhere *ou* stick to ; *(se rallier à: parti, club)* to join ; to be a member of ; (: *opinion, mouvement)* to support ; **adhésif, ive** *a* adhesive, sticky // *nm* adhesive ; **adhésion** *nf* joining ; membership ; support.

**ad hoc** [adɔk] *a* ad hoc.

**adieu, x** [adjø] *excl* goodbye // *nm* farewell ; **dire ~ à** *qn* to say goodbye *ou* farewell to sb.

**adipeux, euse** [adipø, -øz] *a* bloated, fat ; *(ANAT)* adipose.

**adjacent, e** [adʒasɑ̃, -ɑ̃t] *a* adjacent.

**adjectif** [adʒεktif] *nm* adjective ; ~ **attribut** adjectival complement ; ~ **épithète** attributive adjective.

**adjoindre** [adʒwɛ̃dʀ(ə)] *vt*: ~ **qch à** to attach sth to ; to add sth to ; ~ **qn à** *(personne)* to appoint sb as an assistant to ; *(comité)* to appoint sb to, attach sb to ; **s'~** *(collaborateur etc)* to take on, appoint ; **adjoint, e** *nm/f* assistant ; **adjoint au maire** deputy mayor ; **directeur adjoint** assistant manager ; **adjonction** *nf* attaching ; addition ; appointment.

**adjudant** [adʒydɑ̃] *nm (MIL)* warrant officer.

**adjudicataire** [adʒydikatεʀ] *nm/f* successful bidder, purchaser ; successful tenderer.

**adjudication** [adʒydikɑsjɔ̃] *nf* sale by auction ; *(pour travaux)* invitation to tender.

**adjuger** [adʒyʒe] *vt (prix, récompense)* to award ; *(lors d'une vente)* to auction (off) ; **s'~** *vt* to take for o.s.

**adjurer** [adʒyʀe] *vt*: ~ **qn de faire** to implore *ou* beg sb to do.

**adjuvant** [adʒyvɑ̃] *nm* adjuvant ; additive ; stimulant.

**admettre** [admεtʀ(ə)] *vt (visiteur, nouveau-venu)* to admit, let in ; *(candidat: SCOL)* to pass ; *(TECH: gaz, eau, air)* to admit ; *(tolérer)* to allow, accept ; *(reconnaître)* to admit, acknowledge.

**administrateur, trice** [administʀatœʀ, -tʀis] *nm/f (COMM)* director ; *(ADMIN)* administrator.

**administratif, ive** [administʀatif, -iv] *a* administrative.

**administration** [administʀɑsjɔ̃] *nf* administration ; **l'A~** ≈ the Civil Service.

**administré, e** [administʀe] *nm/f*: **ses ~s** the citizens in his care.

**administrer** [administʀe] *vt (firme)* to manage, run ; *(biens, remède, sacrement etc)* to administer.

**admirable** [admiʀabl(ə)] *a* admirable, wonderful.

**admirateur, trice** [admiʀatœʀ, -tʀis] *nm/f* admirer.

**admiratif, ive** [admiʀatif, -iv] *a* admiring.

**admiration** [admiʀɑsjɔ̃] *nf* admiration.

**admirer** [admiʀe] *vt* to admire.

**admis, e** *pp de* **admettre**.

**admissible** [admisibl(ə)] *a (candidat)* eligible ; *(comportement)* admissible, acceptable.

**admission** [admisjɔ̃] *nf* admission ; acknowledgement ; **tuyau d'~** intake pipe ; **demande d'~** application for membership.

**admonester** [admɔnεste] *vt* to admonish.

**adolescence** [adɔlesɑ̃s] *nf* adolescence.

**adolescent, e** [adɔlesɑ̃, -ɑ̃t] *nm/f* adolescent.

**adonner** [adɔne]: **s'~ à** *vt (sport)* to devote o.s. to ; *(boisson)* to give o.s. over to.

**adopter** [adɔpte] *vt* to adopt ; *(projet de loi etc)* to pass ; **adoptif, ive** *a (parents)* adoptive ; *(fils, patrie)* adopted ; **adoption** *nf* adoption.

**adoration** [adɔʀɑsjɔ̃] *nf* adoration ; worship.

**adorer** [adɔʀe] *vt* to adore ; *(REL)* to worship, adore.

**adosser** [adose] *vt*: ~ **qch à** *ou* **contre** to stand sth against ; **s'~ à** *ou* **contre** to lean with one's back against.

**adoucir** [adusiʀ] *vt (goût, température)* to make milder ; *(avec du sucre)* to sweeten ; *(peau, voix)* to soften ; *(caractère, personne)* to mellow ; *(peine)* to soothe, allay ; **s'~** *vi* to become milder ; to soften ; to mellow.

**adresse** [adʀεs] *nf (voir adroit)* skill, dexterity ; *(domicile)* address ; **à l'~ de** *(pour)* for the benefit of.

**adresser** [adʀese] *vt (lettre: expédier)* to send ; (: *écrire l'adresse sur)* to address ; *(injure, compliments)* to address ; ~ **qn à un docteur/bureau** to refer *ou* send sb to a doctor/an office ; ~ **la parole à qn** to speak to *ou* address sb ; **s'~ à** *(parler à)* to speak to, address ; *(s'informer auprès de)* to go and see, go and speak to ; (: *bureau)* to enquire at ; *(suj: livre, conseil)* to be aimed at.

**Adriatique** [adʀiatik] *nf*: **l'~** the Adriatic.

**adroit, e** [adʀwa, -wat] *a (joueur, mécanicien)* skilful, dext(e)rous ; *(politicien etc)* shrewd, skilled ; **adroitement** *ad* skilfully ; dext(e)rously.

**aduler** [adyle] *vt* to adulate.

**adulte** [adylt(ə)] *nm/f* adult, grown-up // *a (chien, arbre)* fully-grown, mature ; *(attitude)* adult, grown-up ; **l'âge ~** adulthood.

**adultère** [adyltεʀ] *a* adulterous // *nm/f* adulterer/adulteress // *nm (acte)* adultery ; **adultérin, e** *a* born of adultery.

**advenir** [advəniʀ] *vi* to happen ; **qu'est-il advenu de** what has become of.

**adverbe** [advεʀb(ə)] *nm* adverb.

**adversaire** [advεʀsεʀ] *nm/f (SPORT, gén)* opponent, adversary ; *(MIL)* adversary, enemy ; *(non partisan)*: ~ **de** opponent of.

**adverse** [advεʀs(ə)] *a* opposing.

**adversité** [advεʀsite] *nf* adversity.

**aérateur** [aeʀatœʀ] *nm* ventilator.

**aération** [aeʀɑsjɔ̃] *nf* airing ; ventilation ;

**conduit d'~** ventilation shaft; **bouche d'~** air-vent.

**aéré, e** [aeʀe] a (*pièce, local*) airy, well-ventilated; (*tissu*) loose-woven.

**aérer** [aeʀe] vt to air; (*fig*) to lighten; **s'~** vi to get some (fresh) air.

**aérien, ne** [aeʀjɛ̃ -jɛn] a (*AVIAT*) air cpd, aerial; (*câble, métro*) overhead; (*fig*) light.

**aéro...** [aeʀɔ] préfixe: **~-club** nm flying club; **~drome** nm aerodrome; **~dynamique** a aerodynamic, streamlined // nf aerodynamics sg; **~gare** nf airport (buildings); (*en ville*) air terminal; **~glisseur** nm hovercraft; **~nautique** a aeronautical // nf aeronautics sg; **~naval, e** a air and sea cpd // nf the Fleet Air Arm; **~phagie** nf aerophagy; **~port** nm airport; **~porté, e** a airborne, airlifted; **~sol** nm aerosol; **~spatial, e, aux** a aerospace; **~train** nm hovertrain.

**affable** [afabl(ə)] a affable.

**affadir** [afadiʀ] vt to make insipid ou tasteless.

**affaiblir** [afebliʀ] vt to weaken; **s'~** vi to weaken, grow weaker; **affaiblissement** nm weakening.

**affaire** [afɛʀ] nf (*problème, question*) matter; (*criminelle, judiciaire*) case; (*scandaleuse etc*) affair; (*entreprise*) business; (*marché, transaction*) (business) deal; (*piece) of business q; (*occasion intéressante*) good deal, bargain; **~s** nfpl affairs; (*activité commerciale*) business sg; (*effets personnels*) things, belongings; **ce sont mes ~s** (*cela me concerne*) that's my business; **ceci fera l'~** this will do (nicely); **avoir ~ à** to be faced with; **to be dealing with; les A~s étrangères** (*POL*) Foreign Affairs; **s'affairer** vi to busy o.s., bustle about; **affairisme** nm (political) racketeering.

**affaisser** [afese]: **s'~** vi (*terrain, immeuble*) to subside, sink; (*personne*) to collapse.

**affaler** [afale]: **s'~** vi: **s'~ dans/sur** to collapse ou slump into/onto.

**affamer** [afame] vt to starve.

**affectation** [afɛktasjɔ̃] nf allotment; appointment; posting; (*voir affecté*) affectedness.

**affecté, e** [afɛkte] a affected.

**affecter** [afɛkte] vt (*émouvoir*) to affect, move; (*feindre*) to affect, feign; (*telle ou telle forme etc*) to take on, assume; **~ qch à** to allocate ou allot sth to; **~ qn à** to appoint sb to; (*diplomate*) to post sb to; **~ qch d'un coefficient etc** to modify sth by a coefficient etc, tag a coefficient etc onto sth.

**affectif, ive** [afɛktif, -iv] a emotional, affective.

**affection** [afɛksjɔ̃] nf affection; (*mal*) ailment; **affectionner** vt to be fond of.

**affectueux, euse** [afɛktyø, -øz] a affectionate.

**afférent, e** [afeʀɑ̃, -ɑ̃t] a: **~ à** pertaining ou relating to.

**affermir** [afɛʀmiʀ] vt to consolidate, strengthen.

**affichage** [afiʃaʒ] nm billposting; (*électronique*) display; **~ numérique** ou **digital** digital display.

**affiche** [afiʃ] nf poster; (*officielle*) (public) notice; (*THÉÂTRE*) bill.

**afficher** [afiʃe] vt (*affiche*) to put up, post up; (*réunion*) to announce by (means of) posters ou public notices; (*électroniquement*) to display; (*fig*) to exhibit, display; **s'~** (*péj*) to flaunt o.s.

**affilée** [afile]: **d'~** ad at a stretch.

**affiler** [afile] vt to sharpen.

**affilier** [afilje] vt: **s'~ à** to become affiliated to.

**affiner** [afine] vt to refine; **s'~** vi to become (more) refined.

**affinité** [afinite] nf affinity.

**affirmatif, ive** [afiʀmatif, -iv] a affirmative // nf: **répondre par l'affirmative** to reply yes ou in the affirmative; **dans l'affirmative** if (the answer is) yes, if he does (ou you do etc).

**affirmation** [afiʀmɑsjɔ̃] nf assertion.

**affirmer** [afiʀme] vt (*prétendre*) to maintain, assert; (*autorité etc*) to assert.

**affleurer** [aflœʀe] vi to show on the surface.

**affliction** [afliksjɔ̃] nf affliction.

**affligé, e** [afliʒe] a distressed, grieved; **~ de** (*maladie, tare*) afflicted with.

**affliger** [afliʒe] vt (*peiner*) to distress, grieve.

**affluence** [aflyɑ̃s] nf crowds pl; **heures d'~** rush hours; **jours d'~** busiest days.

**affluent** [aflyɑ̃] nm tributary.

**affluer** [aflye] vi (*secours, biens*) to flood in, pour in; (*sang*) to rush, flow; **afflux** nm flood, influx; rush.

**affoler** [afɔle] vt to throw into a panic; **s'~** vi to panic.

**affranchir** [afʀɑ̃ʃiʀ] vt to put a stamp ou stamps on; (*à la machine*) to frank; (*esclave*) to enfranchise, emancipate; (*fig*) to free, liberate; **affranchissement** nm franking; freeing; **tarifs d'affranchissement** postal rates; **affranchissement insuffisant** insufficient postage.

**affres** [afʀ(ə)] nfpl: **dans les ~ de** in the throes of.

**affréter** [afʀete] vt to charter.

**affreux, euse** [afʀø, -øz] a (*laid*) hideous, ghastly; (*épouvantable*) dreadful, awful.

**affriolant, e** [afʀijɔlɑ̃, -ɑ̃t] a tempting, arousing.

**affront** [afʀɔ̃] nm affront.

**affronter** [afʀɔ̃te] vt to confront, face.

**affubler** [afyble] vt (*péj*): **~ qn de** to rig ou deck sb out in; (*surnom*) to attach to sb.

**affût** [afy] nm (*de canon*) gun carriage; **à l'~ (de)** (*gibier*) lying in wait (for); (*fig*) on the look-out (for).

**affûter** [afyte] vt to sharpen, grind.

**afin** [afɛ̃]: **~ que** cj so that, in order that; **~ de faire** in order to do, so as to do.

**a fortiori** [afɔʀsjɔʀi] ad all the more, a fortiori.

**A.F.P.** sigle f = *Agence France Presse*.

**africain, e** [afʀikɛ̃, -ɛn] a, nm/f African.

**Afrique** [afʀik] nf: **l'~** Africa; **l'~ du Sud** South Africa.

**agacer** [agase] vt to pester, tease; (*involontairement*) to irritate, aggravate; (*aguicher*) to excite, lead on.

**âge** [ɑʒ] nm age ; **quel ~ as-tu?** how old are you? ; **prendre de l'~** to be getting on (in years), grow older ; **l'~ ingrat** the awkward ou difficult age ; **l'~ mûr** maturity, middle age ; **âgé, e** a old, elderly ; **âgé de 10 ans** 10 years old.

**agence** [aʒɑ̃s] nf agency, office ; (*succursale*) branch ; **~ immobilière** estate agent's (office) ; **~ matrimoniale** marriage bureau ; **~ de voyages** travel agency.

**agencer** [aʒɑ̃se] vt to put together ; to arrange, lay out.

**agenda** [aʒɛ̃da] nm diary.

**agenouiller** [aʒnuje]: **s'~** vi to kneel (down).

**agent** [aʒɑ̃] nm (*aussi:* **~ de police**) policeman ; (ADMIN) official, officer ; (*fig: élément, facteur*) agent ; **~ d'assurances** insurance broker ; **~ de change** stockbroker ; **~ (secret)** (secret) agent.

**agglomération** [aglɔmeRɑsjɔ̃] nf town ; built-up area ; **l'~ parisienne** the urban area of Paris.

**aggloméré** [aglɔmeRe] nm (*bois*) chipboard ; (*pierre*) conglomerate.

**agglomérer** [aglɔmeRe] vt to pile up ; (TECH: *bois, pierre*) to compress.

**agglutiner** [aglytine] vt to stick together ; **s'~** vi to congregate.

**aggraver** [agRave] vt to worsen, aggravate ; (JUR: *peine*) to increase ; **s'~** vi to worsen.

**agile** [aʒil] a agile, nimble ; **agilité** nf agility, nimbleness.

**agir** [aʒiR] vi (*se comporter*) to behave, act ; (*faire quelque chose*) to act, take action ; (*avoir de l'effet*) to act ; **il s'agit de** it's a matter ou question of ; it is about ; (*il importe que*): **il s'agit de faire we** (ou you etc) must do ; **agissements** nmpl (*gén péj*) schemes, intrigues.

**agitateur, trice** [aʒitatœR, -tRis] nm/f agitator.

**agitation** [aʒitasjɔ̃] nf (hustle and) bustle ; agitation, excitement ; (*politique*) unrest, agitation.

**agité, e** [aʒite] a fidgety, restless ; agitated, perturbed ; (*journée*) hectic ; **une mer ~e** a rough ou choppy sea ; **un sommeil ~** (a) disturbed ou broken sleep.

**agiter** [aʒite] vt (*bouteille, chiffon*) to shake ; (*bras, mains*) to wave ; (*préoccuper, exciter*) to trouble, perturb ; **s'~** vi to bustle about ; (*dormeur*) to toss and turn ; (*enfant*) to fidget ; (POL) to grow restless.

**agneau, x** [aɲo] nm lamb.

**agonie** [agɔni] nf mortal agony, pangs pl of death ; (*fig*) death throes pl.

**agonir** [agɔniR] vt: **~ qn d'injures** to hurl abuse at sb.

**agoniser** [agɔnize] vi to be dying.

**agrafe** [agRaf] nf (*de vêtement*) hook, fastener ; (*de bureau*) staple ; **agrafer** vt to fasten ; to staple ; **agrafeuse** nf stapler.

**agraire** [agRɛR] a agrarian ; (*mesure, surface*) land cpd.

**agrandir** [agRɑ̃diR] vt (*magasin, domaine*) to extend, enlarge ; (*trou*) to enlarge, make bigger ; (PHOTO) to enlarge, blow up ; **s'~** vi to be extended ; to be enlarged ; **agrandissement** nm extension ; enlarge-

ment ; **agrandisseur** nm (PHOTO) enlarger.

**agréable** [agReabl(ə)] a pleasant, nice.

**agréé, e** [agRee] a: **concessionnaire ~** registered dealer.

**agréer** [agRee] vt (*requête*) to accept ; **~ à** vt to please, suit ; **veuillez ~ ...** (*formule épistolaire*) yours faithfully.

**agrégation** [agRegɑsjɔ̃] nf highest teaching diploma in France (*competitive examination*) ; **agrégé, e** nm/f holder of the agrégation.

**agréger** [agReʒe]: **s'~** vi to aggregate.

**agrément** [agRemɑ̃] nm (*accord*) consent, approval ; (*attraits*) charm, attractiveness ; (*plaisir*) pleasure.

**agrémenter** [agRemɑ̃te] vt to embellish, adorn.

**agrès** [agRɛ] nmpl (gymnastics) apparatus sg.

**agresser** [agRese] vt to attack.

**agresseur** [agRɛsœR] nm aggressor, attacker ; (POL, MIL) aggressor.

**agressif, ive** [agRɛsif, -iv] a aggressive.

**agression** [agRɛsjɔ̃] nf attack ; (POL, MIL, PSYCH) aggression.

**agressivité** [agResivite] nf aggressiveness.

**agreste** [agRɛst(ə)] a rustic.

**agricole** [agRikɔl] a agricultural, farm cpd.

**agriculteur** [agRikyltœR] nm farmer.

**agriculture** [agRikyltyR] nf agriculture, farming.

**agripper** [agRipe] vt to grab, clutch ; (*pour arracher*) to snatch, grab ; **s'~ à** to cling (on) to, clutch, grip.

**agronome** [agRɔnɔm] nm/f agronomist.

**agronomie** [agRɔnɔmi] nf agronomy, agronomics sg.

**agrumes** [agRym] nmpl citrus fruit(s).

**aguerrir** [ageRiR] vt to harden.

**aguets** [agɛ]: **aux ~** ad: **être aux ~** to be on the look-out.

**aguicher** [agiʃe] vt to entice.

**ahurissement** [ayRismɑ̃] nm stupefaction.

**ai** vb voir **avoir**.

**aide** [ɛd] nm/f assistant // nf assistance, help ; (*secours financier*) aid ; **à l'~ de** (*avec*) with the help ou aid of ; **aller à l'~ de qn** to go to sb's aid ou to help sb ; **venir en ~ à qn** to help sb, come to sb's assistance ; **appeler (qn) à l'~** to call for help (from sb) ; **~ comptable** nm accountant's assistant ; **~ électricien** nm electrician's mate ; **~ familiale** nf mother's help, home help ; **~ de laboratoire** nm/f laboratory assistant ; **~ sociale** nf (*assistance*) ≈ social security ; **~ soignant, e** nm/f auxiliary nurse ; **~-mémoire** nm inv memoranda pages pl ; (key facts) handbook.

**aider** [ede] vt to help ; **~ à qch** (*faciliter*) to help (towards) sth ; **s'~ de** (*se servir de*) to use, make use of.

**aie** etc vb voir **avoir**.

**aïe** [aj] excl ouch.

**aïeul, e** [ajœl] nm/f grandparent, grandfather/grandmother ; forbear.

**aïeux** [ajø] nmpl grandparents ; forbears, forefathers.

**aigle** [ɛgl(ə)] *nm* eagle.
**aigre** [ɛgʀ(ə)] *a* sour, sharp; (*fig*) sharp, cutting; **~-doux, douce** *a* bitter-sweet; **~let, te** *a* sourish, sharpish; **aigreur** *nf* sourness; sharpness; **aigreurs d'estomac** heartburn *sg*; **aigrir** *vt* (*personne*) to embitter; (*caractère*) to sour; **s'aigrir** *vi* to become embittered; to sour; (*lait etc*) to turn sour.
**aigu, ë** [egy] *a* (*objet, arête*) sharp, pointed; (*son, voix*) high-pitched, shrill; (*note*) high(-pitched); (*douleur, intelligence*) acute, sharp.
**aigue-marine** [ɛgmaʀin] *nf* aquamarine.
**aiguillage** [eguijaʒ] *nm* (*RAIL*) points *pl*.
**aiguille** [eguij] *nf* needle; (*de montre*) hand; **~ à tricoter** knitting needle.
**aiguiller** [eguije] *vt* (*orienter*) to direct; (*RAIL*) to shunt; **aiguilleur** *nm* (*RAIL*) points-man; **aiguilleur du ciel** air traffic controller.
**aiguillon** [eguijɔ̃] *nm* (*d'abeille*) sting; (*fig*) spur, stimulus; **aiguillonner** *vt* to spur *ou* goad on.
**aiguiser** [egize] *vt* to sharpen, grind; (*fig*) to stimulate; to sharpen; to excite.
**ail** [aj] *nm* garlic.
**aile** [ɛl] *nf* wing; **ailé, e** *a* winged; **aileron** *nm* (*de requin*) fin; (*d'avion*) aileron; (*de voiture*) aerofoil; **ailette** *nf* (*TECH*) fin; blade; wing; **ailier** *nm* winger.
**aille** *etc vb voir* **aller**.
**ailleurs** [ajœʀ] *ad* elsewhere, somewhere else; **partout/nulle part ~** everywhere/nowhere else; **d'~** *ad* (*du reste*) moreover, besides; **par ~** *ad* (*d'autre part*) moreover, furthermore.
**aimable** [ɛmabl(ə)] *a* kind, nice; **~ment** *ad* kindly.
**aimant** [ɛmɑ̃] *nm* magnet.
**aimant, e** [ɛmɑ̃, -ɑ̃t] *a* loving, affectionate.
**aimanter** [ɛmɑ̃te] *vt* to magnetize.
**aimer** [eme] *vt* to love; (*d'amitié, affection, par goût*) to like; (*souhait*): **j'aimerais...** I would like...; **bien ~ qn/qch** to quite like sb/sth; **j'aime mieux** *ou* **autant vous dire que** I may as well tell you that; **j'aimerais autant y aller maintenant** I'd sooner *ou* rather go now; **j'aimerais mieux y aller maintenant** I'd much rather go now.
**aine** [ɛn] *nf* groin.
**aîné, e** [ene] *a* elder, older; (*le plus âgé*) eldest, oldest // *nm/f* oldest child *ou* one, oldest boy *ou* son/girl *ou* daughter; **il est mon ~ (de 2 ans)** (*rapports non familiaux*) he's (2 years) older than me, he's 2 years my senior; **~s** *nmpl* (*fig: anciens*) elders; **aînesse** *nf*: **droit d'aînesse** birthright.
**ainsi** [ɛ̃si] *ad* (*de cette façon*) like this, in this way, thus; (*ce faisant*) thus // *cj* thus, so; **~ que** (*comme*) (just) as; (*et aussi*) as well as; **pour ~ dire** so to speak, as it were; **et ~ de suite** and so on (and so forth).
**air** [ɛʀ] *nm* air; (*mélodie*) tune; (*expression*) look, air; **en l'~** (up) into the air; **tirer en l'~** to fire shots in the air; **prendre l'~** to get some (fresh) air; (*avion*) to take off; **avoir l'~** (*sembler*) to look, appear; **avoir l'~ de** to look like; **avoir l'~ de faire** to look as though one is doing, appear to be doing.

**aire** [ɛʀ] *nf* (*zone, fig, MATH*) area; (*nid*) eyrie; **~ d'atterrissage** landing strip; landing patch; **~ de jeu** play area; **~ de lancement** launching site; **~ de stationnement** parking area; (*d'autoroute*) lay-by.
**aisance** [ɛzɑ̃s] *nf* ease; (*richesse*) affluence; **être dans l'~** to be well-off, be affluent.
**aise** [ɛz] *nf* comfort // *a*: **être bien ~ que** to be delighted that; **~s** *nfpl*: **aimer ses ~s** to like one's (creature) comforts; **prendre ses ~s** to make o.s. comfortable; **frémir d'~** to shudder with pleasure; **être à l'~** *ou* **à son ~** to be comfortable; (*pas embarrassé*) to be at ease; (*financièrement*) to be comfortably off; **se mettre à l'~** to make o.s. comfortable; **être mal à l'~** *ou* **à son ~** to be uncomfortable; to be ill at ease; **mettre qn mal à l'~** to make sb feel ill at ease; **à votre ~** please yourself, just as you like; **en faire à son ~** to do as one likes; **aisé, e** *a* easy; (*assez riche*) well-to-do, well-off; **aisément** *ad* easily.
**aisselle** [ɛsɛl] *nf* armpit.
**ait** *vb voir* **avoir**.
**ajonc** [aʒɔ̃] *nm* gorse *q*.
**ajouré, e** [aʒuʀe] *a* openwork *cpd*.
**ajournement** [aʒuʀnəmɑ̃] *nm* adjournment; deferment; postponement.
**ajourner** [aʒuʀne] *vt* (*réunion*) to adjourn; (*décision*) to defer, postpone; (*candidat*) to refer; (*conscrit*) to defer.
**ajout** [aʒu] *nm* addition.
**ajouter** [aʒute] *vt* to add; **~ à** *vt* (*accroître*) to add to; **s'~ à** to add to; **~ foi à** to lend *ou* give credence to.
**ajustage** [aʒystaʒ] *nm* fitting.
**ajusté, e** [aʒyste] *a*: **bien ~** (*robe etc*) close-fitting.
**ajustement** [aʒystəmɑ̃] *nm* adjustment.
**ajuster** [aʒyste] *vt* (*régler*) to adjust; (*vêtement*) to alter; (*coup de fusil*) to aim; (*cible*) to aim at; (*TECH, gén: adapter*): **~ qch à** to fit sth to; **ajusteur** *nm* metal worker.
**alambic** [alɑ̃bik] *nm* still.
**alanguir** [alɑ̃giʀ]: **s'~** *vi* to grow languid.
**alarme** [alaʀm(ə)] *nf* alarm; **donner l'~** to give *ou* raise the alarm; **alarmer** *vt* to alarm; **s'alarmer** *vi* to become alarmed.
**Albanie** [albani] *nf*: **l'~** Albania.
**albâtre** [albɑtʀ(ə)] *nm* alabaster.
**albatros** [albatʀos] *nm* albatross.
**albinos** [albinos] *nm/f* albino.
**album** [albɔm] *nm* album.
**albumen** [albymɛn] *nm* albumen.
**albumine** [albymin] *nf* albumin; **avoir** *ou* **faire de l'~** to suffer from albuminuria.
**alcalin, e** [alkalɛ̃, -in] *a* alkaline.
**alchimie** [alʃimi] *nf* alchemy; **alchimiste** *nm* alchemist.
**alcool** [alkɔl] *nm*: **l'~** alcohol; **un ~** a spirit, a brandy; **~ à brûler** methylated spirits; **~ à 90°** surgical spirit; **~ique** *a, nm/f* alcoholic; **~isé, e** *a* alcoholic; **~isme** *nm* alcoholism; **alco(o)test** ® *nm* breathalyser; (*test*) breath-test.
**alcôve** [alkov] *nf* alcove, recess.

**aléas** [alea] *nmpl* hazards ; **aléatoire** *a* uncertain.

**alentour** [alɑ̃tuʀ] *ad* around (about) ; ∼s *nmpl* surroundings ; **aux** ∼s **de** in the vicinity *ou* neighbourhood of, around about ; *(temps)* (a)round about.

**alerte** [alɛʀt(ə)] *a* agile, nimble ; brisk, lively // *nf* alert ; warning ; **donner l'**∼ to give the alert ; **alerter** *vt* to alert.

**alèse** [alɛz] *nf (drap)* undersheet, drawsheet.

**aléser** [aleze] *vt* to ream.

**alevin** [alvɛ̃] *nm* alevin, young fish.

**algarade** [algaʀad] *nf* row, dispute.

**algèbre** [alʒɛbʀ(ə)] *nf* algebra ; **algébrique** *a* algebraic.

**Alger** [alʒe] *n* Algiers.

**Algérie** [alʒeʀi] *nf* Algeria ; **algérien, ne** *a*, *nm/f* Algerian.

**Algérois, e** [alʒeʀwa, -waz] *nm/f* inhabitant *ou* native of Algiers // *nm*: **l'**∼ the Algiers region.

**algorithme** [algɔʀitm(ə)] *nm* algorithm.

**algue** [alg(ə)] *nf (gén)* seaweed *q* ; *(BOT)* alga *(pl* algae).

**alibi** [alibi] *nm* alibi.

**aliénation** [aljenɑsjɔ̃] *nf* alienation.

**aliéné, e** [aljene] *nm/f* insane person, lunatic *(péj).*

**aliéner** [aljene] *vt* to alienate ; *(bien, liberté)* to give up ; **s'**∼ *vt* to alienate.

**alignement** [aliɲmɑ̃] *nm* alignment ; lining up ; **à l'**∼ in line.

**aligner** [aliɲe] *vt* to align, line up ; *(idées, chiffres)* to string together ; *(adapter):* ∼ **qch sur** to bring sth into alignment with ; **s'**∼ *(soldats etc)* to line up ; **s'**∼ **sur** *(POL)* to align o.s. on.

**aliment** [alimɑ̃] *nm* food ; **alimentaire** *a* food *cpd* ; *(péj: besogne)* done merely to earn a living, done as a potboiler ; **produits alimentaires** foodstuffs, foods.

**alimentation** [alimɑ̃tasjɔ̃] *nf* feeding ; supplying ; *(commerce)* food trade ; *(produits)* groceries *pl* ; *(régime)* diet.

**alimenter** [alimɑ̃te] *vt* to feed ; *(TECH):* ∼ **(en)** to supply (with) ; to feed (with) ; *(fig)* to sustain, keep going.

**alinéa** [alinea] *nm* paragraph ; **'nouvel** ∼**'** new line.

**aliter** [alite] : **s'**∼ *vi* to take to one's bed.

**alizé** [alize] *a*, *nm*: **(vent)** ∼ trade wind.

**allaiter** [alete] *vt* to (breast-)feed, nurse ; *(suj: animal)* to suckle.

**allant** [alɑ̃] *nm* drive, go.

**allécher** [aleʃe] *vt*: ∼ **qn** to make sb's mouth water ; to tempt sb, entice sb.

**allée** [ale] *nf (de jardin)* path ; *(en ville)* avenue, drive. ∼**s et venues** *nfpl* comings and goings.

**allégation** [alegasjɔ̃] *nf* allegation.

**alléger** [aleʒe] *vt (voiture)* to make lighter ; *(chargement)* to lighten ; *(souffrance)* to alleviate, soothe.

**allégorie** [alegɔʀi] *nf* allegory.

**allègre** [alɛgʀ(ə)] *a* lively, jaunty ; gay, cheerful.

**allégresse** [alegʀɛs] *nf (joie)* elation, gaiety.

**alléguer** [alege] *vt* to put forward (as proof *ou* an excuse).

**Allemagne** [aləmaɲ] *nf*: **l'**∼ Germany ; **l'**∼ **de l'Est/Ouest** East/West Germany ; **allemand, e** *a*, *nm/f*, *nm (langue)* German.

**aller** [ale] *nm (trajet)* outward journey ; *(billet)* single *ou* one-way ticket // *vi (gén)* to go ; ∼ **à** *(convenir)* to suit ; *(suj: forme, pointure etc)* to fit ; ∼ **avec** *(couleurs, style etc)* to go (well) with ; **je vais y aller/me fâcher** I'm going to go/to get angry ; ∼ **voir** to go and see, go to see ; **comment allez-vous** *ou* **ça va?** how are you? ; **comment ça va?** *(affaires etc)* how are things? ; **il va bien/mal** he's well/not well, he's fine/ill ; **ça va bien/mal** *(affaires etc)* it's going well/not going well ; **il y va de leur vie** their lives are at stake ; **s'en** ∼ *vi (partir)* to be off, go, leave ; *(disparaître)* to go away ; ∼ **et retour** *nm (trajet)* return trip *ou* journey ; *(billet)* return (ticket).

**allergie** [alɛʀʒi] *nf* allergy ; **allergique** *a* allergic ; **allergique à** allergic to.

**alliage** [aljaʒ] *nm* alloy.

**alliance** [aljɑ̃s] *nf (MIL, POL)* alliance ; *(mariage)* marriage ; *(bague)* wedding ring ; **neveu par** ∼ nephew by marriage.

**allié, e** [alje] *nm/f* ally ; **parents et** ∼**s** relatives and relatives by marriage.

**allier** [alje] *vt (métaux)* to alloy ; *(POL, gén)* to ally ; *(fig)* to combine ; **s'**∼ to become allies ; *(éléments, caractéristiques)* to combine ; **s'**∼ **à** to become allied to *ou* with.

**allô** [alo] *excl* hullo, hallo.

**allocataire** [alɔkatɛʀ] *nm/f* beneficiary.

**allocation** [alɔkasjɔ̃] *nf* allowance ; ∼ **(de) chômage** unemployment benefit ; ∼ **(de) logement** rent allowance *ou* subsidy ; ∼**s familiales** family allowance(s).

**allocution** [alɔkysjɔ̃] *nf* short speech.

**allonger** [alɔ̃ʒe] *vt* to lengthen, make longer ; *(étendre: bras, jambe)* to stretch (out) ; **s'**∼ *vi* to get longer ; *(se coucher)* to lie down, stretch out ; ∼ **le pas** to hasten one's step(s).

**allouer** [alwe] *vt*: ∼ **qch à** to allocate sth to, allot sth to.

**allumage** [alymaʒ] *nm (AUTO)* ignition.

**allume...** [alym] *préfixe:* ∼**-cigare** *nm inv* cigar lighter ; ∼**-gaz** *nm inv* gas lighter.

**allumer** [alyme] *vt (lampe, phare, radio)* to put *ou* switch on ; *(pièce)* to put *ou* switch the light(s) on in ; *(feu)* to light ; **s'**∼ *vi (lumière, lampe)* to come *ou* go on.

**allumette** [alymɛt] *nf* match.

**allumeuse** [alymøz] *nf (péj)* teaser, vamp.

**allure** [alyʀ] *nf (vitesse)* speed ; pace ; *(démarche)* walk ; *(maintien)* bearing ; *(aspect, air)* look ; **avoir de l'**∼ to have style *ou* a certain elegance ; **à toute** ∼ at top *ou* full speed.

**allusion** [alyzjɔ̃] *nf* allusion ; *(sous-entendu)* hint ; **faire** ∼ **à** to allude *ou* refer to ; to hint at.

**alluvions** [alyvjɔ̃] *nfpl* alluvial deposits, alluvium *sg.*

**almanach** [almana] *nm* almanac.

**aloi** [alwa] *nm*: **de bon** ∼ of genuine worth *ou* quality.

**alors** [alɔʀ] *ad* then, at that time // *cj* then, so ; ∼ **que** *cj (au moment où)* when, as ; *(pendant que)* while, when ; *(tandis que)* whereas, while.

**alouette** [alwɛt] *nf* (sky)lark.

**alourdir** [aluʀdiʀ] *vt* to weigh down, make heavy.

**aloyau** [alwajo] *nm* sirloin.

**alpage** [alpaʒ] *nm* high mountain pasture.

**Alpes** [alp(ə)] *nfpl*: **les ~** the Alps; **alpestre** *a* alpine.

**alphabet** [alfabɛ] *nm* alphabet; (*livre*) ABC (book), primer; **alphabétique** *a* alphabetic(al); **alphabétiser** *vt* to teach to read and write; to eliminate illiteracy in.

**alpin, e** [alpɛ̃, -in] *a* alpine; **alpinisme** *nm* mountaineering, climbing; **alpiniste** *nm/f* mountaineer, climber.

**Alsace** [alzas] *nf* Alsace; **alsacien, ne** *a*, *nm/f* Alsatian.

**altérer** [alteʀe] *vt* to falsify; to distort; to debase; to impair; (*donner soif à*) to make thirsty; **s'~** *vi* to deteriorate; to spoil.

**alternance** [altɛʀnɑ̃s] *nf* alternation; **en ~** alternately.

**alternateur** [altɛʀnatœʀ] *nm* alternator.

**alternatif, ive** [altɛʀnatif, -iv] *a* alternating // *nf* (*choix*) alternative; **alternativement** *ad* alternately.

**alterner** [altɛʀne] *vt* to alternate // *vi*: **~ (avec)** to alternate (with); **(faire) ~ qch avec qch** to alternate sth with sth.

**Altesse** [altɛs] *nf* Highness.

**altier, ière** [altje, -jɛʀ] *a* haughty.

**altimètre** [altimɛtʀ(ə)] *nm* altimeter.

**altiste** [altist(ə)] *nm/f* viola player, violist.

**altitude** [altityd] *nf* altitude, height; **à 1000 m d'~** at a height ou an altitude of 1000 m; **en ~** at high altitudes.

**alto** [alto] *nm* (*instrument*) viola // *nf* (contr)alto.

**altruisme** [altʀɥism(ə)] *nm* altruism.

**aluminium** [alyminjɔm] *nm* aluminium.

**alunir** [alyniʀ] *vi* to land on the moon.

**alvéole** [alveɔl] *nf* (*de ruche*) alveolus; **alvéolé, e** *a* honeycombed.

**amabilité** [amabilite] *nf* kindness, amiability; **il a eu l'~ de** he was kind ou good enough to.

**amadou** [amadu] *nm* touchwood, amadou.

**amadouer** [amadwe] *vt* to coax, cajole; to mollify, soothe.

**amaigrir** [amegʀiʀ] *vt* to make thin ou thinner; **régime amaigrissant** slimming diet.

**amalgamer** [amalgame] *vt* to amalgamate.

**amande** [amɑ̃d] *nf* (*de l'amandier*) almond; (*de noyau de fruit*) kernel; **amandier** *nm* almond (tree).

**amant** [amɑ̃] *nm* lover.

**amarre** [amaʀ] *nf* (NAVIG) (mooring) rope ou line; **~s** moorings; **amarrer** *vt* (NAVIG) to moor; (*gén*) to make fast.

**amas** [ama] *nm* heap, pile.

**amasser** [amase] *vt* to amass; **s'~** *vi* to pile up; to accumulate; to gather.

**amateur** [amatœʀ] *nm* amateur; **en ~** (*péj*) amateurishly; **musicien/sportif ~** amateur musician/sportsman; **~ de musique/sport** *etc* music/sport *etc* lover; **~isme** *nm* amateurism; (*péj*) amateurishness.

**amazone** [amazon] *nf*: **en ~** sidesaddle.

**ambages** [ɑ̃baʒ]: **sans ~** *ad* without beating about the bush, plainly.

**ambassade** [ɑ̃basad] *nf* embassy; (*mission*): **en ~** on a mission; **ambassadeur, drice** *nm/f* ambassador/ambassadress.

**ambiance** [ɑ̃bjɑ̃s] *nf* atmosphere.

**ambiant, e** [ɑ̃bjɑ̃, -ɑ̃t] *a* (*air, milieu*) surrounding; (*température*) ambient.

**ambidextre** [ɑ̃bidɛkstʀ(ə)] *a* ambidextrous.

**ambigu, ë** [ɑ̃bigy] *a* ambiguous; **ambiguïté** *nf* ambiguousness *q*, ambiguity.

**ambitieux, euse** [ɑ̃bisjø, -øz] *a* ambitious.

**ambition** [ɑ̃bisjɔ̃] *nf* ambition; **ambitionner** *vt* to have as one's aim ou ambition.

**ambivalent, e** [ɑ̃bivalɑ̃, -ɑ̃t] *a* ambivalent.

**ambre** [ɑ̃bʀ(ə)] *nm*: **~ (jaune)** amber; **~ gris** ambergris.

**ambulance** [ɑ̃bylɑ̃s] *nf* ambulance; **ambulancier, ière** *nm/f* ambulance man/woman.

**ambulant, e** [ɑ̃bylɑ̃, -ɑ̃t] *a* travelling, itinerant.

**âme** [ɑm] *nf* soul; **~ sœur** kindred spirit.

**améliorer** [ameljɔʀe] *vt* to improve; **s'~** *vi* to improve, get better.

**aménagement** [amenaʒmɑ̃] *nm* fitting out; laying out; developing; **~s** *nmpl* developments; **l'~ du territoire** town and country planning; **~s fiscaux** tax adjustments.

**aménager** [amenaʒe] *vt* (*agencer, transformer*) to fit out; to lay out; (: *quartier, territoire*) to develop; (*installer*) to fix up, put in; **ferme aménagée** converted farmhouse.

**amende** [amɑ̃d] *nf* fine; **mettre à l'~** penalize; **faire ~ honorable** to make amends.

**amender** [amɑ̃de] *vt* (*loi*) to amend; (*terre*) to enrich; **s'~** *vi* to mend one's ways.

**amène** [amɛn] *a* affable; **peu ~** unkind.

**amener** [amne] *vt* to bring; (*causer*) to bring about; (*baisser: drapeau, voiles*) to strike; **s'~** *vi* (*fam*) to show up, turn up.

**amenuiser** [amənɥize]: **s'~** *vi* to grow slimmer, lessen; to dwindle.

**amer, amère** [amɛʀ] *a* bitter.

**américain, e** [ameʀikɛ̃, -ɛn] *a*, *nm/f* American.

**Amérique** [ameʀik] *nf* America; **l'~ centrale** Central America; **l'~ latine** Latin America; **l'~ du Nord** North America; **l'~ du Sud** South America.

**amerrir** [ameʀiʀ] *vi* to land (on the sea).

**amertume** [amɛʀtym] *nf* bitterness.

**améthyste** [ametist(ə)] *nf* amethyst.

**ameublement** [amœbləmɑ̃] *nm* furnishing; (*meubles*) furniture; **articles d'~** furnishings; **tissus d'~** soft furnishings, fabrics.

**ameuter** [amøte] *vt* (*badauds*) to draw a crowd of; (*peuple*) to rouse, stir up.

**ami, e** [ami] *nm/f* friend; (*amant/maîtresse*) boyfriend/girlfriend // *a*: **pays/groupe ~** friendly country/group; **être (très) ~ avec qn** to be (very) good friends with sb ; **être ~ de l'ordre** to be a lover of order ; **un ~ des arts** a patron of the arts ; **un ~ des chiens** a dog lover.

**amiable** [amjabl(ə)]: **à l'~** ad (JUR) out of court ; (gén) amicably.

**amiante** [amjɑ̃t] nm asbestos.

**amibe** [amib] nf amoeba (pl ae).

**amical, e, aux** [amikal, -o] a friendly // nf (club) association.

**amidon** [amidɔ̃] nm starch ; **amidonner** vt to starch.

**amincir** [amɛ̃siʀ] vt (objet) to thin (down) ; **~ qn** to make sb thinner ou slimmer ; **s'~** vi to get thinner ; to get slimmer.

**amiral, aux** [amiʀal, -o] nm admiral ; **amirauté** nf admiralty.

**amitié** [amitje] nf friendship ; **prendre en ~** to take a liking to, befriend ; **faire ou présenter ses ~s à qn** to send sb one's best wishes ou kind regards.

**ammoniac** [amɔnjak] nm: **(gaz) ~** ammonia.

**ammoniaque** [amɔnjak] nf ammonia (water).

**amnésie** [amnezi] nf amnesia ; **amnésique** a amnesic.

**amnistie** [amnisti] nf amnesty ; **amnistier** vt to amnesty.

**amoindrir** [amwɛ̃dʀiʀ] vt to reduce.

**amollir** [amɔliʀ] vt to soften.

**amonceler** [amɔ̃sle] vt, **s'~** vi to pile ou heap up ; (fig) to accumulate.

**amont** [amɔ̃]: **en ~** ad upstream ; (sur une pente) uphill ; **en ~ de** prép upstream from ; uphill from, above.

**amorce** [amɔʀs(ə)] nf (sur un hameçon) bait ; (explosif) cap ; primer ; priming ; (fig: début) beginning(s), start ; **amorcer** vt to bait ; to prime ; to begin, start.

**amorphe** [amɔʀf(ə)] a passive, lifeless.

**amortir** [amɔʀtiʀ] vt (atténuer: choc) to absorb, cushion ; (bruit, douleur) to deaden ; (COMM: dette) to pay off, amortize ; (: mise de fonds) to write off ; (: matériel) to write off, depreciate ; **~ un abonnement** to make a season ticket pay (for itself).

**amour** [amuʀ] nm love ; (liaison) love affair, love ; (statuette etc) cupid ; **faire l'~** to make love ; **s'~acher de** (péj) to become infatuated with ; **~ette** nf passing fancy ; **~eux, euse** a (regard, tempérament) amorous ; (vie, problèmes) love cpd ; (personne): **~eux (de qn** in love (with sb) // nm/f lover // nmpl courting couple(s) ; **être ~eux de qch** to be passionately fond of sth ; **un ~eux de la nature** a nature lover ; **~-propre** nm self-esteem, pride.

**amovible** [amɔvibl(ə)] a removable, detachable.

**ampère** [ɑ̃pɛʀ] nm amp(ere) ; **~mètre** nm ammeter.

**amphibie** [ɑ̃fibi] a amphibious.

**amphithéâtre** [ɑ̃fiteatʀ(ə)] nm amphitheatre ; (d'université) lecture hall ou theatre.

**amphore** [ɑ̃fɔʀ] nf amphora.

**ample** [ɑ̃pl(ə)] a (vêtement) roomy, ample ; (gestes, mouvement) broad ; (ressources) ample ; **~ment** ad amply ; **~ment**

suffisant ample, more than enough ; **ampleur** nf (importance) scale, size ; extent, magnitude.

**amplificateur** [ɑ̃plifikatœʀ] nm amplifier.

**amplifier** [ɑ̃plifje] vt (son, oscillation) to amplify ; (fig) to expand, increase.

**amplitude** [ɑ̃plityd] nf amplitude ; (des températures) range.

**ampoule** [ɑ̃pul] nf (électrique) bulb ; (de médicament) phial ; (aux mains, pieds) blister.

**ampoulé, e** [ɑ̃pule] a (péj) turgid, pompous.

**amputation** [ɑ̃pytasjɔ̃] nf amputation.

**amputer** [ɑ̃pyte] vt (MÉD) to amputate ; (fig) to cut ou reduce drastically ; **~ qn d'un bras/pied** to amputate sb's arm/foot.

**amulette** [amylɛt] nf amulet.

**amusant, e** [amyzɑ̃, -ɑ̃t] a (divertissant, spirituel) entertaining, amusing ; (comique) funny, amusing.

**amusé, e** [amyze] a amused.

**amuse-gueule** [amyzgœl] nm inv appetizer, snack.

**amusement** [amyzmɑ̃] nm (voir amusé) amusement ; (voir amuser) entertaining, amusing ; (jeu etc) pastime, diversion.

**amuser** [amyze] vt (divertir) to entertain, amuse ; (égayer, faire rire) to amuse ; (détourner l'attention de) to distract ; **s'~** vi (jouer) to amuse o.s., play ; (se divertir) to enjoy o.s., have fun ; (fig) to mess about ; **s'~ de qch** (trouver comique) to find sth amusing ; **s'~ avec ou de qn** (duper) to make a fool of sb ; **amusette** nf idle pleasure, trivial pastime ; **amuseur** nm entertainer ; (péj) clown.

**amygdale** [amidal] nf tonsil ; **opérer qn des ~s** to take sb's tonsils out.

**an** [ɑ̃] nm year.

**anachronique** [anakʀɔnik] a anachronistic ; **anachronisme** nm anachronism.

**anagramme** [anagʀam] nf anagram.

**anal, e, aux** [anal, -o] a anal.

**analgésique** [analʒezik] nm analgesic.

**analogie** [analɔʒi] nf analogy.

**analogue** [analɔg] a: **~ (à)** analogous (to), similar (to).

**analphabète** [analfabɛt] nm/f illiterate.

**analyse** [analiz] nf (gén) analysis ; (MÉD) test ; **faire l'~ de** to analyse ; **~ grammaticale** grammatical analysis, parsing (SCOL) ; **analyser** vt to analyse ; (MÉD) to test ; **analyste** nm/f analyst ; (psychanalyste) (psycho)analyst ; **analytique** a analytical.

**ananas** [anana] nm pineapple.

**anarchie** [anaʀʃi] nf (gén, POL) anarchy ; **anarchisme** nm anarchism ; **anarchiste** a anarchistic // nm/f anarchist.

**anathème** [anatɛm] nm: **jeter l'~ sur, lancer l'~ contre** to anathematize, curse.

**anatomie** [anatɔmi] nf anatomy ; **anatomique** a anatomical.

**ancestral, e, aux** [ɑ̃sɛstʀal, -o] a ancestral.

**ancêtre** [ɑ̃sɛtʀ(ə)] nm/f ancestor ; (fig): **l'~ de** the forerunner of ; **~s** nmpl (aïeux) ancestors, forefathers.

**anche** [ɑ̃ʃ] nf reed.

**anchois** [ɑ̃ʃwa] nm anchovy.

**ancien, ne** [ɑ̃sjɛ̃, -jɛn] a old ; (de jadis, de l'antiquité) ancient ; (précédent, ex-) former, old // nm/f (dans une tribu) elder ; **un ~ ministre** a former minister ; **être plus ~ que qn dans une maison** to have been in a firm longer than sb ; to be senior to sb (in a firm) ; **anciennement** ad formerly ; **ancienneté** nf oldness ; antiquity ; (ADMIN) (length of) service ; seniority.

**ancrage** [ɑ̃kRaʒ] nm anchoring ; (NAVIG) anchorage ; (CONSTR) cramp(-iron), anchor.

**ancre** [ɑ̃kR(ə)] nf anchor ; **jeter/lever l'~** to cast/weigh anchor ; **à l'~** at anchor.

**ancrer** [ɑ̃kRe] vt (CONSTR: câble etc) to anchor ; (fig) to fix firmly ; **s'~** vi (NAVIG) to (cast) anchor.

**Andorre** [ɑ̃dɔR] n Andorra.

**andouille** [ɑ̃duj] nf (CULIN) sausage made of chitterlings ; (fam) clot, nit.

**âne** [ɑn] nm donkey, ass ; (péj) dunce, fool.

**anéantir** [aneɑ̃tiR] vt to annihilate, wipe out ; (fig) to obliterate, destroy ; to overwhelm.

**anecdote** [anɛkdɔt] nf anecdote ; **anecdotique** a anecdotal.

**anémie** [anemi] nf anaemia ; **anémié, e** a anaemic ; (fig) enfeebled ; **anémique** a anaemic.

**anémone** [anemɔn] nf anemone ; **~ de mer** sea anemone.

**ânerie** [ɑnRi] nf stupidity ; stupid ou idiotic comment etc.

**ânesse** [ɑnɛs] nf she-ass.

**anesthésie** [anɛstezi] nf anaesthesia ; **faire une ~ locale à qn** to give sb a local anaesthetic ; **anesthésier** vt to anaesthetize ; **anesthésique** a anaesthetic ; **anesthésiste** nm/f anaesthetist.

**anfractuosité** [ɑ̃fRaktɥozite] nf crevice.

**ange** [ɑ̃ʒ] nm angel ; **être aux ~s** to be over the moon ; **~ gardien** guardian angel ; **angélique** a angelic(al).

**angélus** [ɑ̃ʒelys] nm angelus.

**angine** [ɑ̃ʒin] nf sore throat, throat infection (tonsillitis or pharyngitis) ; **~ de poitrine** angina (pectoris).

**anglais, e** [ɑ̃glɛ, -ɛz] a English // nm/f : **A~,** e Englishman/woman // nm (langue) English ; **les A~** the English ; **~es** nfpl (cheveux) ringlets ; **filer à l'~e** to take French leave.

**angle** [ɑ̃gl(ə)] nm angle ; (coin) corner ; **~ droit/obtus/aigu** right/obtuse/acute angle.

**Angleterre** [ɑ̃glətɛR] nf : **l'~** England.

**anglican, e** [ɑ̃glikɑ̃, -an] a Anglican.

**anglicisme** [ɑ̃glisism(ə)] nm anglicism.

**angliciste** [ɑ̃glisist(ə)] nm/f English scholar ; student of English.

**anglo...** [ɑ̃glɔ] préfixe Anglo-, anglo(-) ; **~phile** a anglophilic ; **~phobe** a anglophobic ; **~phone** a English-speaking ; **~saxon, ne** a Anglo-Saxon.

**angoisse** [ɑ̃gwas] nf : **l'~** anguish q ; **angoisser** vt to harrow, cause anguish to.

**anguille** [ɑ̃gij] nf eel ; **~ de mer** conger (eel).

**angulaire** [ɑ̃gylɛR] a angular.

**anguleux, euse** [ɑ̃gylø, -øz] a angular.

**anicroche** [anikRɔʃ] nf hitch, snag.

**animal, e, aux** [animal, -o] a, nm animal ; **~ier** a: **peintre ~ier** animal painter.

**animateur, trice** [animatœR, -tRis] nm/f (de télévision, music-hall) compère ; (de maison de jeunes) leader, organizer.

**animation** [animɑsjɔ̃] nf (voir animé) business ['bɪznɪs] ; liveliness ; (CINÉMA: technique) animation.

**animé, e** [anime] a (rue, lieu) busy, lively ; (conversation, réunion) lively, animated ; (opposé à inanimé, aussi LING) animate.

**animer** [anime] vt (ville, soirée) to liven up, enliven ; (mettre en mouvement) to drive ; (stimuler) to drive, impel ; **s'~** vi to liven up, come to life.

**animosité** [animozite] nf animosity.

**anis** [ani] nm (CULIN) aniseed ; (BOT) anise.

**ankyloser** [ɑ̃kiloze] : **s'~** vi to get stiff, to ankylose.

**annales** [anal] nfpl annals.

**anneau, x** [ano] nm (de rideau, bague) ring ; (de chaîne) link.

**année** [ane] nf year ; **l'~ scolaire/fiscale** the school/tax year ; **~-lumière** nf light year.

**annexe** [anɛks(ə)] a (problème) related ; (document) appended ; (salle) adjoining // nf (bâtiment) annex(e) ; (de document, ouvrage) annex, appendix ; (jointe à une lettre, un dossier) enclosure.

**annexer** [anɛkse] vt (pays, biens) to annex ; **~ qch à** (joindre) to append sth to ; **annexion** nf annexation.

**annihiler** [aniile] vt to annihilate.

**anniversaire** [anivɛRsɛR] nm birthday ; (d'un événement, bâtiment) anniversary // a: **jour ~** anniversary.

**annonce** [anɔ̃s] nf announcement ; (signe, indice) sign ; (aussi: **~ publicitaire**) advertisement ; (CARTES) declaration ; **les petites ~s** the classified advertisements, the small ads.

**annoncer** [anɔ̃se] vt to announce ; (être le signe de) to herald ; **s'~ bien/difficile** to look promising/difficult ; **annonceur, euse** nm/f (TV, RADIO: speaker) announcer ; (publicitaire) advertiser ; **l'Annonciation** nf the Annunciation.

**annotation** [anɔtɑsjɔ̃] nf annotation.

**annoter** [anɔte] vt to annotate.

**annuaire** [anɥɛR] nm yearbook, annual ; **~ téléphonique** (telephone) directory, phone book.

**annuel, le** [anɥɛl] a annual, yearly ; **~lement** ad annually, yearly.

**annuité** [anɥite] nf annual instalment.

**annulaire** [anylɛR] nm ring ou third finger.

**annulation** [anylɑsjɔ̃] nf cancellation ; annulment ; quashing.

**annuler** [anyle] vt (rendez-vous, voyage) to cancel, call off ; (mariage) to annul ; (jugement) to quash ; (résultats) to declare void ; (MATH, PHYSIQUE) to cancel out.

**anoblir** [anɔbliR] vt to ennoble.

**anode** [anɔd] nf anode.

**anodin, e** [anɔdɛ̃, -in] a harmless ; insignificant, trivial.

**anomalie** [anɔmali] nf anomaly.

**ânonner** [ɑnɔne] *vi, vt* to read in a drone ; to read in a fumbling manner.

**anonymat** [anɔnima] *nm* anonymity.

**anonyme** [anɔnim] *a* anonymous ; (*fig*) impersonal.

**anorak** [anɔrak] *nm* anorak.

**anormal, e, aux** [anɔrmal, -o] *a* abnormal ; (*insolite*) unusual, abnormal.

**anse** [ɑ̃s] *nf* (*de panier, tasse*) handle ; (GÉO) cove.

**antagoniste** [ɑ̃tagɔnist(ə)] *a* antagonistic // *nm* antagonist.

**antan** [ɑ̃tɑ̃] : **d'~** *a* of yesteryear, of long ago.

**antarctique** [ɑ̃tarktik] *a* Antarctic // *nm* : **l'A~** the Antarctic.

**antécédent** [ɑ̃tesedɑ̃] *nm* (LING) antecedent ; **~s** *nmpl* (MÉD *etc*) past history *sg*.

**antédiluvien, ne** [ɑ̃tedilyvjɛ̃, -jɛn] *a* (*fig*) ancient, antediluvian.

**antenne** [ɑ̃tɛn] *nf* (*de radio, télévision*) aerial ; (*d'insecte*) antenna (*pl* ae), feeler ; (*poste avancé*) outpost ; (*petite succursale*) sub-branch ; **passer à l'~** to go on the air ; **prendre l'~** to tune in ; **2 heures d'~** 2 hours' broadcasting time.

**antépénultième** [ɑ̃tepenyltjɛm] *a* antepenultimate, last but two.

**antérieur, e** [ɑ̃terjœr] *a* (*d'avant*) previous, earlier ; (*de devant*) front ; **~ à** prior *ou* previous to ; **passé/futur ~** (LING) past/future anterior ; **~ement** *ad* earlier ; previously ; **~ement à** prior *ou* previous to ; **antériorité** *nf* precedence (*in time*).

**anthologie** [ɑ̃tɔlɔʒi] *nf* anthology.

**anthracite** [ɑ̃trasit] *nm* anthracite.

**anthropo...** [ɑ̃trɔpɔ] *préfixe* : **~centrisme** *nm* anthropocentrism ; **~logie** *nf* anthropology ; **~logue** *nm/f* anthropologist ; **~métrie** *nf* anthropometry ; **~morphisme** *nm* anthropomorphism ; **~phage** *a* cannibalistic, anthropophagous.

**anti...** [ɑ̃ti] *préfixe* **anti...** ; **~aérien, ne** *a* anti-aircraft ; **abri ~aérien** air-raid shelter ; **~alcoolique** *a* against alcohol ; **ligue ~alcoolique** temperance league ; **~atomique** *a* : **abri ~atomique** fallout shelter ; **~biotique** *nm* antibiotic ; **~brouillard** *a* : **phare ~brouillard** fog lamp ; **~cancéreux, euse** *a* cancer *cpd*.

**antichambre** [ɑ̃tiʃɑ̃br(ə)] *nf* antechamber, anteroom ; **faire ~** to wait (for an audience).

**antichar** [ɑ̃tiʃar] *a* anti-tank.

**anticipation** [ɑ̃tisipasjɔ̃] *nf* anticipation ; payment in advance ; **livre/film d'~** science fiction book/film.

**anticipé, e** [ɑ̃tisipe] *a* (*règlement, paiement*) early, in advance ; (*joie etc*) anticipated, early ; **avec mes remerciements ~s** thanking you in advance *ou* anticipation.

**anticiper** [ɑ̃tisipe] *vt* (*événement, coup*) to anticipate, foresee ; (*paiement*) to pay *ou* make in advance // *vi* to look *ou* think ahead ; to jump ahead ; to anticipate ; **~ sur** to anticipate.

**anticlérical, e, aux** [ɑ̃tiklerikal, -o] *a* anticlerical.

**anticonceptionnel, le** [ɑ̃tikɔ̃sɛpsjɔnɛl] *a* contraceptive.

**anticorps** [ɑ̃tikɔr] *nm* antibody.

**anticyclone** [ɑ̃tisiklɔn] *nm* anticyclone.

**antidater** [ɑ̃tidate] *vt* to backdate, predate.

**antidérapant, e** [ɑ̃tiderapɑ̃, -ɑ̃t] *a* non-skid.

**antidote** [ɑ̃tidɔt] *nm* antidote.

**antienne** [ɑ̃tjɛn] *nf* (*fig*) chant, refrain.

**antigel** [ɑ̃tiʒɛl] *nm* antifreeze.

**Antilles** [ɑ̃tij] *nfpl* : **les ~** the West Indies.

**antilope** [ɑ̃tilɔp] *nf* antelope.

**antimilitariste** [ɑ̃timilitarist(ə)] *a* antimilitarist.

**antimite(s)** [ɑ̃timit] *a, nm* : (**produit**) **~** mothproofer ; moth repellent.

**antiparasite** [ɑ̃tiparazit] *a* (RADIO, TV) anti-interference ; **dispositif ~** suppressor.

**antipathie** [ɑ̃tipati] *nf* antipathy ; **antipathique** *a* unpleasant, disagreeable.

**antiphrase** [ɑ̃tifraz] *nf* : **par ~** ironically.

**antipodes** [ɑ̃tipɔd] *nmpl* (GÉO) : **les ~** the antipodes ; (*fig*) : **être aux ~ de** to be the opposite extreme of.

**antiquaire** [ɑ̃tikɛr] *nm/f* antique dealer.

**antique** [ɑ̃tik] *a* antique ; (*très vieux*) ancient, antiquated.

**antiquité** [ɑ̃tikite] *nf* (*objet*) antique ; **l'A~** Antiquity ; **magasin d'~s** antique shop.

**antirabique** [ɑ̃tirabik] *a* rabies *cpd*.

**antiraciste** [ɑ̃tirasist(ə)] *a* antiracist, antiracialist.

**antirides** [ɑ̃tirid] *a* (*crème*) anti-wrinkle.

**antirouille** [ɑ̃tiruj] *a inv* : **peinture ~** anti-rust paint ; **traitement ~** rustproofing.

**antisémite** [ɑ̃tisemit] *a* anti-semitic ; **antisémitisme** *nm* anti-semitism.

**antiseptique** [ɑ̃tisɛptik] *a, nm* antiseptic.

**antitétanique** [ɑ̃titetanik] *a* tetanus *cpd*.

**antithèse** [ɑ̃titɛz] *nf* antithesis.

**antituberculeux, euse** [ɑ̃tityberkylø, -øz] *a* tuberculosis *cpd*.

**antivol** [ɑ̃tivɔl] *a, nm* : (**dispositif**) **~** anti-theft device.

**antre** [ɑ̃tr(ə)] *nm* den, lair.

**anus** [anys] *nm* anus.

**anxiété** [ɑ̃ksjete] *nf* anxiety.

**anxieux, euse** [ɑ̃ksjø, -øz] *a* anxious, worried.

**aorte** [aɔrt(ə)] *nf* aorta.

**août** [u] *nm* August.

**apaisement** [apɛzmɑ̃] *nm* calming ; soothing ; appeasement ; **~s** *nmpl* soothing reassurances ; pacifying words.

**apaiser** [apeze] *vt* (*colère*) to calm, quell, soothe ; (*faim*) to appease, assuage ; (*douleur*) to soothe ; (*personne*) to calm (down), pacify ; **s'~** *vi* (*tempête, bruit*) to die down, subside.

**apanage** [apanaʒ] *nm* : **être l'~ de** to be the privilege *ou* prerogative of.

**aparté** [aparte] *nm* (THÉÂTRE) aside ; (*entretien*) private conversation ; **en ~** *ad* in an aside ; in private.

**apathie** [apati] *nf* apathy ; **apathique** *a* apathetic.

**apatride** [apatrid] *nm/f* stateless person.

**apercevoir** [apɛrsəvwar] *vt* to see ; **s'~ de** *vt* to notice ; **s'~ que** to notice that.

**aperçu** [apɛʀsy] *nm* (*vue d'ensemble*) general survey; (*intuition*) insight.

**apéritif, ive** [apeʀitif, -iv] *nm* (*boisson*) aperitif; (*réunion*) pre-lunch (*ou* -dinner) drinks *pl* // *a* which stimulates the appetite; **prendre l'~** to have drinks (before lunch *ou* dinner) *ou* an aperitif.

**apesanteur** [apǝzɑ̃tœʀ] *nf* weightlessness.

**à-peu-près** [apøpʀɛ] *nm inv* (*péj*) vague approximation.

**apeuré, e** [apœʀe] *a* frightened, scared.

**aphone** [afɔn] *a* voiceless.

**aphrodisiaque** [afʀɔdizjak] *a*, *nm* aphrodisiac.

**aphte** [aft(ǝ)] *nm* mouth ulcer.

**aphteuse** [aftøz] *af*: **fièvre ~** foot-and-mouth disease.

**apiculteur** [apikyltœʀ] *nm* beekeeper.

**apiculture** [apikyltyʀ] *nf* beekeeping, apiculture.

**apitoyer** [apitwaje] *vt* to move to pity; **~ qn sur** to move sb to pity for, make sb feel sorry for; **s'~ (sur)** to feel pity *ou* compassion (for).

**aplanir** [aplaniʀ] *vt* to level; (*fig*) to smooth away, iron out.

**aplati, e** [aplati] *a* flat, flattened.

**aplatir** [aplatiʀ] *vt* to flatten; **s'~** *vi* to become flatter; to be flattened; (*fig*) to lie flat on the ground; (: *fam*) to fall flat on one's face; (: *péj*) to grovel.

**aplomb** [aplɔ̃] *nm* (*équilibre*) balance, equilibrium; (*fig*) self-assurance; nerve; **d'~** *ad* steady; (*CONSTR*) plumb.

**apocalypse** [apɔkalips(ǝ)] *nf* apocalypse.

**apogée** [apɔʒe] *nm* (*fig*) peak, apogee.

**apolitique** [apɔlitik] *a* apolitical.

**apologie** [apɔlɔʒi] *nf* vindication, praise.

**apoplexie** [apɔplɛksi] *nf* apoplexy.

**a posteriori** [apɔsteʀjɔʀi] *ad* after the event, with hindsight, a posteriori.

**apostolat** [apɔstɔla] *nm* (*REL*) apostolate, discipleship; (*gén*) proselytism, preaching; **apostolique** *a* apostolic.

**apostrophe** [apɔstʀɔf] *nf* (*signe*) apostrophe; (*appel*) interpellation.

**apostropher** [apɔstʀɔfe] *vt* (*interpeller*) to shout at, address sharply.

**apothéose** [apɔteoz] *nf* pinnacle (of achievement); grand finale.

**apôtre** [apotʀ(ǝ)] *nm* apostle, disciple.

**apparaître** [apaʀɛtʀ(ǝ)] *vi* to appear // *vb avec attribut* to appear, seem; **il apparaît que** it appears that.

**apparat** [apaʀa] *nm*: **tenue/dîner d'~** ceremonial dress/dinner; **~ critique** (*d'un texte*) critical apparatus.

**appareil** [apaʀɛj] *nm* piece of apparatus, device, appliance; (*politique, syndical*) machinery; (*avion*) (aero)plane, aircraft *inv*; (*téléphonique*) phone; (*dentier*) brace; **~ digestif/reproducteur** digestive/reproductive system *ou* apparatus; **qui est à l'~?** who's speaking?; **dans le plus simple ~** in one's birthday suit; **~ de photographie, ~(-photo)** *nm* camera; **24 x 36** *ou* **petit format** 35mm. camera.

**appareillage** [apaʀejaʒ] *nm* (*appareils*) equipment; (*NAVIG*) casting off, getting under way.

**appareiller** [apaʀeje] *vi* (*NAVIG*) to cast off, get under way // *vt* (*assortir*) to match up.

**apparemment** [apaʀamɑ̃] *ad* apparently.

**apparence** [apaʀɑ̃s] *nf* appearance; **en ~** apparently, seemingly.

**apparent, e** [apaʀɑ̃, -ɑ̃t] *a* visible; obvious; (*superficiel*) apparent; **coutures ~es** topstitched seams; **poutres ~es** exposed beams.

**apparenté, e** [apaʀɑ̃te] *a*: **~ à** related to; (*fig*) similar to.

**appariteur** [apaʀitœʀ] *nm* attendant, porter (*in French universities*).

**apparition** [apaʀisjɔ̃] *nf* appearance; (*surnaturelle*) apparition.

**appartement** [apaʀtǝmɑ̃] *nm* flat.

**appartenance** [apaʀtǝnɑ̃s] *nf*: **~ à** belonging to, membership of.

**appartenir** [apaʀtǝniʀ]: **~ à** *vt* to belong to; (*faire partie de*) to belong to, be a member of; **il lui appartient de** it is up to him to, it is his duty to.

**apparu, e** *pp de* **apparaître.**

**appas** [apɑ] *nmpl* (*d'une femme*) charms.

**appât** [apɑ] *nm* (*PÊCHE*) bait; (*fig*) lure, bait; **appâter** *vt* (*hameçon*) to bait; (*poisson, fig*) to lure, entice.

**appauvrir** [apovʀiʀ] *vt* to impoverish; **s'~** *vi* to grow poorer, become impoverished.

**appel** [apɛl] *nm* call; (*nominal*) roll call; (: *SCOL*) register; (*MIL: recrutement*) call up; (*JUR*) appeal; **faire ~ à** (*invoquer*) to appeal to; (*avoir recours à*) to call on; (*nécessiter*) to call for, require; **faire** *ou* **interjeter ~** (*JUR*) to appeal, lodge an appeal; **faire l'~** to call the roll; to call the register; **sans ~** (*fig*) final, irrevocable; **~ d'air** in-draught; **~ d'offres** (*COMM*) invitation to tender; **faire un ~ de phares** to flash one's headlights; **~ (téléphonique)** (tele)phone call.

**appelé** [aple] *nm* (*MIL*) conscript.

**appeler** [aple] *vt* to call; (*faire venir: médecin etc*) to call, send for; (*fig: nécessiter*) to call for, demand; **être appelé à** (*fig*) to be destined to; **~ qn à comparaître** (*JUR*) to summon sb to appear; **en ~ à** to appeal to; **s'~**: **elle s'appelle Gabrielle** her name is Gabrielle, she's called Gabrielle; **comment ça s'appelle?** what is it called?

**appellation** [apelɑsjɔ̃] *nf* designation, appellation.

**appendice** [apɛ̃dis] *nm* appendix; **appendicite** *nf* appendicitis.

**appentis** [apɑ̃ti] *nm* lean-to.

**appesantir** [apzɑ̃tiʀ]: **s'~** *vi* to grow heavier; **s'~ sur** (*fig*) to dwell at length on.

**appétissant, e** [apetisɑ̃, -ɑ̃t] *a* appetizing, mouth-watering.

**appétit** [apeti] *nm* appetite; **avoir un gros/petit ~** to have a big/small appetite; **bon ~!** enjoy your meal!

**applaudir** [aplodiʀ] *vt* to applaud // *vi* to applaud, clap; **~ à** *vt* (*décision*) to applaud, commend; **applaudissements** *nmpl* applause *sg*, clapping *sg*.

**application** [aplikɑsjɔ̃] *nf* application.

**applique** [aplik] *nf* wall lamp.

**appliqué, e** [aplike] *a* (*élève etc*) industrious, assiduous ; (*science*) applied.

**appliquer** [aplike] *vt* to apply ; (*loi*) to enforce ; **s'~** *vi* (*élève etc*) to apply o.s. ; **s'~ à faire qch** to apply o.s. to doing sth, take pains to do sth.

**appoint** [apwɛ̃] *nm* (extra) contribution *ou* help ; **avoir/faire l'~** (*en payant*) to have/give the right change *ou* money ; **chauffage d'~** extra heating.

**appointements** [apwɛ̃tmɑ̃] *nmpl* salary *sg.*

**appontement** [apɔ̃tmɑ̃] *nm* landing stage, wharf.

**apport** [apɔʀ] *nm* supply ; contribution.

**apporter** [apɔʀte] *vt* to bring.

**apposer** [apoze] *vt* to append ; to affix.

**apposition** [apozisjɔ̃] *nf* appending ; affixing ; (LING): **en ~** in apposition.

**appréciable** [apʀesjabl(ə)] *a* (*important*) appreciable, significant.

**appréciation** [apʀesjasjɔ̃] *nf* appreciation, estimation, assessment ; **~s** (*avis*) assessment *sg*, appraisal *sg.*

**apprécier** [apʀesje] *vt* to appreciate ; (*évaluer*) to estimate, assess.

**appréhender** [apʀeɑ̃de] *vt* (*craindre*) to dread ; (*arrêter*) to apprehend ; **~ que** to fear that ; **~ de faire** to dread doing.

**appréhension** [apʀeɑ̃sjɔ̃] *nf* apprehension.

**apprendre** [apʀɑ̃dʀ(ə)] *vt* to learn ; (*événement, résultats*) to learn of, hear of ; **~ qch à qn** (*informer*) to tell sb (of) sth ; (*enseigner*) to teach sb sth ; **~ à faire qch** to learn to do sth ; **~ à qn à faire qch** to teach sb to do sth ; **apprenti, e** *nm/f* apprentice ; (*fig*) novice, beginner ; **apprentissage** *nm* learning ; (COMM, SCOL: *période*) apprenticeship.

**apprêt** [apʀɛ] *nm* (*sur un cuir, une étoffe*) dressing ; (*sur un mur*) size ; (*sur un papier*) finish.

**apprêté, e** [apʀete] *a* (*fig*) affected.

**apprêter** [apʀete] *vt* to dress, finish.

**appris, e** *pp* de **apprendre.**

**apprivoiser** [apʀivwaze] *vt* to tame.

**approbateur, trice** [apʀɔbatœʀ, -tʀis] *a* approving.

**approbation** [apʀɔbasjɔ̃] *nf* approval.

**approche** [apʀɔʃ] *nf* approaching ; approach ; **à l'~ du bateau/de l'ennemi** as the ship/enemy approached *ou* drew near.

**approché, e** [apʀɔʃe] *a* approximate.

**approcher** [apʀɔʃe] *vi* to approach, come near // *vt* (*vedette, artiste*) to come close to, approach ; (*rapprocher*): **~ qch (de qch)** to bring *ou* put *ou* move sth near (to sth) ; **~ de** *vt* to draw near to ; (*quantité, moment*) to approach ; **s'~ de** *vt* to approach, go *ou* come *ou* move near to.

**approfondi, e** [apʀɔfɔ̃di] *a* thorough, detailed.

**approfondir** [apʀɔfɔ̃diʀ] *vt* to deepen, make deeper ; (*fig*) to go (deeper *ou* further) into.

**approprié, e** [apʀɔpʀije] *a*: **~ (à)** appropriate (to), suited to.

**approprier** [apʀɔpʀije]: **s'~** *vt* to appropriate, take over.

**approuver** [apʀuve] *vt* to agree with ; (*autoriser*: *loi, projet*) to approve, pass ; (*trouver louable*) to approve of.

**approvisionnement** [apʀɔvizjɔnmɑ̃] *nm* supplying ; (*provisions*) supply, stock.

**approvisionner** [apʀɔvizjɔne] *vt* to supply ; (*compte bancaire*) to pay funds into ; **~ qn en** to supply sb with ; **s'~ en** to stock up with.

**approximatif, ive** [apʀɔksimatif, -iv] *a* approximate, rough ; vague ; **approximativement** *ad* approximately, roughly ; vaguely.

**Appt** *abr de* **appartement.**

**appui** [apɥi] *nm* support ; **prendre ~ sur** to lean on ; to rest on ; **à l'~ de** (*pour prouver*) in support of ; **l'~ de la fenêtre** the windowsill, the window ledge ; **appui-tête** *nm*, **appuie-tête** *nm inv* headrest.

**appuyer** [apɥije] *vt* (*poser*): **~ qch sur/contre** to lean *ou* rest sth on/against ; (*soutenir*: *personne, demande*) to support, back (up) ; **~ sur** (*bouton*) to press, push ; (*frein*) to press on, push down ; (*mot, détail*) to stress, emphasize ; (*suj: chose*: *peser sur*) to rest (heavily) on, press against ; **s'~ sur** *vt* to lean on ; to rely on ; **~ à droite** to bear (to the) right.

**âpre** [ɑpʀ(ə)] *a* acrid, pungent ; (*fig*) harsh ; bitter ; **~ au gain** grasping, greedy.

**après** [apʀɛ] *prép* after // *ad* afterwards ; **2 heures ~** 2 hours later ; **~ qu'il est** *ou* **soit parti/avoir fait** after he left/having done ; **d'~** *prép* (*selon*) according to ; **~ coup** *ad* after the event, afterwards ; **~ tout** *ad* (*au fond*) after all ; **et (puis) ~?** so what? ; **~-demain** *ad* the day after tomorrow ; **~-guerre** *nm* postwar years *pl* ; **~-midi** *nm ou nf inv* afternoon ; **~-ski** *nm inv* (*chaussure*) snow boot ; (*moment*) après-ski.

**à-propos** [apʀopo] *nm* (*d'une remarque*) aptness ; **faire preuve d'~** to show presence of mind, do the right thing.

**apte** [apt(ə)] *a*: **~ à qch/faire qch** capable of sth/doing sth ; **~ (au service)** (MIL) fit (for service) ; **aptitude** *nf* ability, aptitude.

**aquarelle** [akwaʀɛl] *nf* (*tableau*) watercolour ; (*genre*) watercolours *pl*, aquarelle.

**aquarium** [akwaʀjɔm] *nm* aquarium.

**aquatique** [akwatik] *a* aquatic, water *cpd.*

**aqueduc** [akdyk] *nm* aqueduct.

**aqueux, euse** [akø, -øz] *a* aqueous.

**arabe** [aʀab] *a* Arabic ; (*désert, cheval*) Arabian ; (*nation, peuple*) Arab // *nm/f*: **A~** Arab // *nm* (*langue*) Arabic.

**arabesque** [aʀabɛsk(ə)] *nf* arabesque.

**Arabie** [aʀabi] *nf*: **l'~ (Séoudite)** Saudi Arabia.

**arable** [aʀabl(ə)] *a* arable.

**arachide** [aʀaʃid] *nf* (*plante*) groundnut (plant) ; (*graine*) peanut, groundnut.

**araignée** [aʀeɲe] *nf* spider ; **~ de mer** spider crab.

**araser** [aʀaze] *vt* to level ; to plane (down).

**aratoire** [aʀatwaʀ] *a*: **instrument ~** ploughing implement.

**arbalète** [aʀbalɛt] *nf* crossbow.

**arbitrage** [aʀbitʀaʒ] *nm* refereeing ; umpiring ; arbitration.

**arbitraire** [aRbitRɛR] *a* arbitrary.

**arbitre** [aRbitR(ə)] *nm* (*SPORT*) referee; (: *TENNIS*, *CRICKET*) umpire; (*fig*) arbiter, judge; (*JUR*) arbitrator; **arbitrer** *vt* to referee; to umpire; to arbitrate.

**arborer** [aRbɔRe] *vt* to bear, display; to sport.

**arboriculture** [aRbɔRikyltyR] *nf* arboriculture.

**arbre** [aRbR(ə)] *nm* tree; (*TECH*) shaft; **~ généalogique** family tree; **~ de transmission** (*AUTO*) driveshaft; **arbrisseau**, **x** *nm* shrub.

**arbuste** [aRbyst(ə)] *nm* small shrub, bush.

**arc** [aRk] *nm* (*arme*) bow; (*GÉOM*) arc; (*ARCHIT*) arch; **~ de cercle** arc of a circle; **en ~ de cercle** a semi-circular; **A~ de triomphe** Triumphal Arch.

**arcade** [aRkad] *nf* arch(way); **~s** arcade *sg*, arches; **~ sourcilière** arch of the eyebrows.

**arcanes** [aRkan] *nmpl* mysteries.

**arc-boutant** [aRkbutɑ̃] *nm* flying buttress.

**arc-bouter** [aRkbute]: **s'~** *vi*: **s'~ contre** to lean *ou* press against.

**arceau**, **x** [aRso] *nm* (*métallique etc*) hoop.

**arc-en-ciel** [aRkɑ̃sjɛl] *nm* rainbow.

**archaïque** [aRkaik] *a* archaic; **archaïsme** *nm* archaism.

**arche** [aRʃ(ə)] *nf* arch; **~ de Noé** Noah's Ark.

**archéologie** [aRkeɔlɔʒi] *nf* archeology; **archéologique** *a* archeological; **archéologue** *nm/f* archeologist.

**archer** [aRʃe] *nm* archer.

**archet** [aRʃɛ] *nm* bow.

**archevêché** [aRʃəveʃe] *nm* archbishopric; archbishop's palace.

**archevêque** [aRʃəvɛk] *nm* archbishop.

**archi...** [aRʃi] *préfixe* (*très*) dead, extra; **~simple** dead simple; **~bondé** chock-a-block, packed solid.

**archipel** [aRʃipɛl] *nm* archipelago.

**architecte** [aRʃitɛkt(ə)] *nm* architect.

**architecture** [aRʃitɛktyR] *nf* architecture.

**archives** [aRʃiv] *nfpl* archives; **archiviste** *nm/f* archivist.

**arçon** [aRsɔ̃] *nm voir* **cheval**.

**arctique** [aRktik] *a* Arctic // *nm*: **l'A~** the Arctic; **l'océan A~** the Arctic Ocean.

**ardemment** [aRdamɑ̃] *ad* ardently, fervently.

**ardent**, **e** [aRdɑ̃, -ɑ̃t] *a* (*soleil*) blazing; (*fièvre*) raging; (*amour*) ardent, passionate; (*prière*) fervent; **ardeur** *nf* blazing heat; fervour, ardour.

**ardoise** [aRdwaz] *nf* slate.

**Ardt** *abr de* **arrondissement**.

**ardu**, **e** [aRdy] *a* arduous, difficult.

**are** [aR] *nm* are, 100 square metres.

**arène** [aRɛn] *nf* arena; **~s** *nfpl* bull-ring *sg*.

**arête** [aRɛt] *nf* (*de poisson*) bone; (*d'une montagne*) ridge; (*GÉOM*, *gén*) edge (*where two faces meet*).

**argent** [aRʒɑ̃] *nm* (*métal*) silver; (*monnaie*) money; **~ liquide** ready money, (ready) cash; **~ de poche** pocket money; **argenté**, **e** *a* silver(y); (*métal*) silver-plated; **argenter** *vt* to silver(-plate); **argenterie** *nf* silverware; silver plate.

**argentin**, **e** [aRʒɑ̃tɛ̃, -in] *a* (*son*) silvery; (*d'Argentine*) Argentinian, Argentine // *nm/f* Argentinian, Argentine.

**Argentine** [aRʒɑ̃tin] *nf*: **l'~** Argentina, the Argentine.

**argile** [aRʒil] *nf* clay; **argileux**, **euse** *a* clayey.

**argot** [aRgo] *nm* slang; **argotique** *a* slang *cpd*; slangy.

**arguer** [aRgɥe]: **~ de** *vt* to put forward as a pretext *ou* reason.

**argument** [aRgymɑ̃] *nm* argument.

**argumenter** [aRgymɑ̃te] *vi* to argue.

**argus** [aRgys] *nm* guide to second-hand car prices.

**arguties** [aRgysi] *nfpl* pettifoggery *sg*, quibbles.

**aride** [aRid] *a* arid.

**aristocrate** [aRistɔkRat] *nm/f* aristocrat.

**aristocratie** [aRistɔkRasi] *nf* aristocracy; **aristocratique** *a* aristocratic.

**arithmétique** [aRitmetik] *a* arithmetic(al) // *nf* arithmetic.

**armateur** [aRmatœR] *nm* shipowner.

**armature** [aRmatyR] *nf* framework; (*de tente etc*) frame; (*de soutien-gorge*) bone, wiring.

**arme** [aRm(ə)] *nf* weapon; (*section de l'armée*) arm; **~s** *nfpl* (*blason*) (coat of) arms; **les ~s** (*profession*) soldiering *sg*; **passer par les ~s** to execute (by firing squad); **en ~s** up in arms; **prendre/présenter les ~s** to take up/present arms; **se battre à l'~ blanche** to fight with blades; **~ à feu** firearm.

**armée** [aRme] *nf* army; **~ de l'air** Air Force; **l'~ du Salut** the Salvation Army; **~ de terre** Army.

**armement** [aRməmɑ̃] *nm* (*matériel*) arms *pl*, weapons *pl*; (: *d'un pays*) arms *pl*, armament.

**armer** [aRme] *vt* to arm; (*arme à feu*) to cock; (*appareil-photo*) to wind on; **~ qch de** to fit sth with; to reinforce sth with; **~ qn de** to arm *ou* equip sb with.

**armistice** [aRmistis] *nm* armistice.

**armoire** [aRmwaR] *nf* (tall) cupboard; (*penderie*) wardrobe.

**armoiries** [aRmwaRi] *nfpl* coat *sg* of arms.

**armure** [aRmyR] *nf* armour *q*, suit of armour.

**armurier** [aRmyRje] *nm* gunsmith; armourer.

**aromates** [aRɔmat] *nmpl* seasoning *sg*, herbs (and spices).

**aromatisé**, **e** [aRɔmatize] *a* flavoured.

**arôme** [aRom] *nm* aroma; fragrance.

**arpège** [aRpɛʒ] *nm* arpeggio.

**arpentage** [aRpɑ̃taʒ] *nm* (land) surveying.

**arpenter** [aRpɑ̃te] *vt* (*salle, couloir*) to pace up and down.

**arpenteur** [aRpɑ̃tœR] *nm* land surveyor.

**arqué**, **e** [aRke] *a* bow, bandy; arched.

**arrachage** [aRaʃaʒ] *nm*: **~ des mauvaises herbes** weeding.

**arrache-pied** [aRaʃpje]: **d'~** *ad* relentlessly.

**arracher** [aRaʃe] *vt* to pull out; (*page etc*) to tear off, tear out; (*déplanter: légume*) to lift; (: *herbe, souche*) to pull up; (*bras etc: par explosion*) to blow off; (: *par accident*) to tear off; ~ qch à qn to snatch sth from sb; (fig) to wring sth out of sb, wrest sth from sb; ~ qn à (solitude, rêverie) to drag sb out of; (famille etc) to tear ou wrench sb away from; s'~ vt (article très recherché) to fight over.

**arraisonner** [aRɛzɔne] vt (bateau) to board and search.

**arrangeant, e** [aRɑ̃ʒɑ̃, -ɑ̃t] a accommodating, obliging.

**arrangement** [aRɑ̃ʒmɑ̃] nm arrangement.

**arranger** [aRɑ̃ʒe] vt (gén) to arrange; (réparer) to fix, put right; (régler) to settle, sort out; (convenir à) to suit, be convenient for; s'~ (se mettre d'accord) to come to an agreement ou arrangement; je vais m'~ I'll try and manage; ça va s'~ it'll sort itself out; s'~ pour faire to manage so that one can do; **arrangeur** nm (MUS) arranger.

**arrestation** [aRɛstasjɔ̃] nf arrest.

**arrêt** [aRɛ] nm stopping; (de bus etc) stop; (JUR) judgment, decision; (FOOTBALL) save; ~s nmpl (MIL) arrest sg; être à l'~ to be stopped, have come to a halt; rester ou tomber en ~ devant to stop short in front of; sans ~ without stopping, non-stop; continually; ~ de travail stoppage (of work).

**arrêté** [aRete] nm order, decree.

**arrêter** [aRete] vt to stop; (chauffage etc) to turn off, switch off; (fixer: date etc) to appoint, decide on; (criminel, suspect) to arrest; ~ de faire to stop doing; s'~ vi to stop.

**arrhes** [aR] nfpl deposit sg.

**arrière** [aRjɛR] nm back; (SPORT) fullback // a inv: siège/roue ~ back ou rear seat/wheel; à l'~ ad behind, at the back; en ~ ad behind; (regarder) back, behind; (tomber, aller) backwards; en ~ de prép behind; **arriéré, e** a (péj) backward // nm (d'argent) arrears pl; ~-boutique nf back shop; ~-garde nf rearguard; ~-goût nm aftertaste; ~-grand-mère nf great-grand-mother; nm great-grandfather; ~-pays nm inv hinterland; ~-pensée nf ulterior motive; mental reservation; ~-petits-enfants nmpl great-grandchildren; ~-plan nm background; ~-saison nf late autumn; ~-train nm hindquarters pl.

**arrimer** [aRime] vt to stow; to secure, fasten securely.

**arrivage** [aRivaʒ] nm arrival.

**arrivée** [aRive] nf arrival; (ligne d'arrivée) finish; ~ d'air/de gaz air/gas inlet; à mon ~ when I arrived.

**arriver** [aRive] vi to arrive; (survenir) to happen, occur; il arrive à Paris à 8h he gets to ou arrives at Paris at 8; ~ à (atteindre) to reach; ~ à faire qch to succeed in doing sth; il arrive que it happens that; il lui arrive de faire he sometimes does; **arriviste** nm/f go-getter.

**arrogance** [aRɔgɑ̃s] nf arrogance.

**arrogant, e** [aRɔgɑ̃, -ɑ̃t] a arrogant.

**arroger** [aRɔʒe]: s'~ vt to assume (without right).

**arrondi, e** [aRɔ̃di] a round // nm roundness.

**arrondir** [aRɔ̃diR] vt (forme, objet) to

round; (somme) to round off; s'~ vi to become round(ed).

**arrondissement** [aRɔ̃dismɑ̃] nm (ADMIN) ≈ district.

**arrosage** [aRozaʒ] nm watering; tuyau d'~ hose(pipe).

**arroser** [aRoze] vt to water; (victoire) to celebrate (over a drink); (CULIN) to baste; **arroseuse** nf water cart; **arrosoir** nm watering can.

**arsenal, aux** [aRsənal, -o] nm (NAVIG) naval dockyard; (MIL) arsenal; (fig) gear, paraphernalia.

**arsenic** [aRsənik] nm arsenic.

**art** [aR] nm art; ~s et métiers applied arts and crafts; ~s ménagers homecraft sg, domestic science sg.

**artère** [aRtɛR] nf (ANAT) artery; (rue) main road; **artériel, le** a arterial; **artériosclérose** nf arteriosclerosis.

**arthrite** [aRtRit] nf arthritis.

**arthrose** [aRtRoz] nf (degenerative) osteoarthritis.

**artichaut** [aRtiʃo] nm artichoke.

**article** [aRtikl(ə)] nm article; (COMM) item, article; à l'~ de la mort at the point of death; ~ de fond (PRESSE) feature article.

**articulaire** [aRtikylɛR] a of the joints, articular.

**articulation** [aRtikylɑsjɔ̃] nf articulation; (ANAT) joint.

**articuler** [aRtikyle] vt to articulate; s'~ (sur) (ANAT, TECH) to articulate (to).

**artifice** [aRtifis] nm device, trick.

**artificiel, le** [aRtifisjɛl] a artificial; ~lement ad artificially.

**artificier** [aRtifisje] nm pyrotechnist.

**artificieux, euse** [aRtifisjø, -øz] a guileless, deceitless.

**artillerie** [aRtijRi] nf artillery, ordnance; **artilleur** nm artilleryman, gunner.

**artisan** [aRtizɑ̃] nm artisan, (self-employed) craftsman; l'~ de la victoire the architect of victory; **artisanal, e**, aux a of ou made by craftsmen; (péj) cottage industry cpd, unsophisticated; **artisanat** nm arts and crafts pl.

**artiste** [aRtist(ə)] nm/f artist; (de variétés) entertainer; performer; singer; actor/actress; **artistique** a artistic.

**aryen, ne** [aRjɛ̃, -jɛn] a Aryan.

**as** vb [a] voir avoir // nm [ɑs] ace.

**ascendance** [asɑ̃dɑ̃s] nf (origine) ancestry.

**ascendant, e** [asɑ̃dɑ̃, -ɑ̃t] a upward // nm ascendancy; ~s nmpl ascendants.

**ascenseur** [asɑ̃sœR] nm lift.

**ascension** [asɑ̃sjɔ̃] nf ascent; climb; l'A~ (REL) the Ascension.

**ascète** [asɛt] nm/f ascetic; **ascétique** a ascetic.

**asepsie** [asɛpsi] nf asepsis; **aseptique** a aseptic; **aseptiser** vt to sterilize; to disinfect.

**asiatique** [azjatik] a, nm/f Asiatic, Asian. **Asie** [azi] nf Asia.

**asile** [azil] nm (refuge) refuge, sanctuary; (POL): droit d'~ (political) asylum; (pour malades mentaux) home, asylum; (pour vieillards) home.

**aspect** [aspɛ] nm appearance, look; (fig) aspect, side; (LING) aspect; **à l'~ de** at the sight of.

**asperge** [aspɛRʒ(ə)] nf asparagus q.

**asperger** [aspɛRʒe] vt to spray, sprinkle.

**aspérité** [aspeRite] nf excrescence, protruding bit (of rock etc).

**aspersion** [aspɛRsjɔ̃] nf spraying, sprinkling.

**asphalte** [asfalt(ə)] nm asphalt; **asphalter** vt to asphalt.

**asphyxie** [asfiksi] nf suffocation, asphyxia, asphyxiation; **asphyxier** vt to suffocate, asphyxiate; (fig) to stifle.

**aspic** [aspik] nm (ZOOL) asp; (CULIN) aspic.

**aspirant, e** [aspiRɑ̃, -ɑ̃t] a: **pompe ~e** suction pump // nm (NAVIG) midshipman.

**aspirateur** [aspiRatœR] nm vacuum cleaner, hoover.

**aspiration** [aspiRasjɔ̃] nf inhalation; sucking (up); drawing up; **~s** nfpl (ambitions) aspirations.

**aspirer** [aspiRe] vt (air) to inhale; (liquide) to suck (up); (suj: appareil) to suck ou draw up; **~ à** vt to aspire to.

**aspirine** [aspiRin] nf aspirin.

**assagir** [asaʒiR] vt, **s'~** vi to quieten down, sober down.

**assaillant, e** [asajɑ̃, -ɑ̃t] nm/f assailant, attacker.

**assaillir** [asajiR] vt to assail, attack; **~ qn de** (questions) to assail ou bombard sb with.

**assainir** [aseniR] vt to clean up; to purify.

**assaisonnement** [asɛzɔnmɑ̃] nm seasoning.

**assaisonner** [asɛzɔne] vt to season.

**assassin** [asasɛ̃] nm murderer; assassin.

**assassinat** [asasina] nm murder; assassination.

**assassiner** [asasine] vt to murder; to assassinate.

**assaut** [aso] nm assault, attack; **prendre d'~** to (take by) storm, assault; **donner l'~** to attack; **faire ~ de** (rivaliser) to vie with ou rival each other in.

**assécher** [aseʃe] vt to drain.

**assemblage** [asɑ̃blaʒ] nm assembling; (MENUISERIE) joint; **un ~ de** (fig) a collection of.

**assemblée** [asɑ̃ble] nf (réunion) meeting; (public, assistance) gathering; assembled people; (POL) assembly; **l'A~ Nationale** the (French) National Assembly.

**assembler** [asɑ̃ble] vt (joindre, monter) to assemble, put together; (amasser) to gather (together), collect (together); **s'~** vi to gather, collect.

**assener, asséner** [asene] vt: **un coup à qn** to deal sb a blow.

**assentiment** [asɑ̃timɑ̃] nm assent, consent; approval.

**asseoir** [aswar] vt (malade, bébé) to sit up; to sit down; (autorité, réputation) to establish; **~ qch sur** to build sth on; to base sth on; **s'~** vi to sit (o.s.) down.

**assermenté, e** [asɛRmɑ̃te] a sworn, on oath.

**asservir** [asɛRviR] vt to subjugate, enslave.

**assesseur** [asesœR] nm (JUR) assessor.

**asseye** etc vb voir **asseoir.**

**assez** [ase] ad (suffisamment) enough, sufficiently; (passablement) rather, quite, fairly; **est-il ~ fort/rapide?** is he strong/fast enough ou sufficiently strong/fast?; **il est passé ~ vite** he went past rather ou quite ou fairly fast; **~ de pain/livres** enough ou sufficient bread/books; **travailler ~** to work sufficiently (hard), work (hard) enough.

**assidu, e** [asidy] a assiduous, painstaking; regular; **assiduités** nfpl assiduous attentions.

**assied** etc vb voir **asseoir.**

**assiéger** [asjeʒe] vt to besiege, lay siege to; (suj: foule, touristes) to mob, besiege.

**assiérai** etc vb voir **asseoir.**

**assiette** [asjɛt] nf plate; (contenu) plate(ful); (équilibre) seat; seating; trim; **~ anglaise** assorted cold meats; **~ creuse** (soup) dish, soup plate; **~ à dessert** dessert plate; **~ de l'impôt** basis of (tax) assessment; **~ plate** (dinner) plate.

**assigner** [asiɲe] vt: **~ qch à** (poste, part, travail) to assign ou allot sth to; (limites) to set ou fix sth to; (cause, effet) to ascribe ou attribute sth to; **~ qn à** (affecter) to assign sb to; **~ qn à résidence** (JUR) to assign a forced residence to sb.

**assimiler** [asimile] vt to assimilate, absorb; (comparer): **~ qch/qn à** to liken ou compare sth/sb to; **ils sont assimilés aux infirmières** (ADMIN) they are classed as nurses; **s'~** vi (s'intégrer) to be assimilated ou absorbed.

**assis, e** [asi, -iz] pp de **asseoir** // sitting (down), seated // nf (CONSTR) course; (GÉO) stratum (pl a); (fig) basis (pl bases), foundation; **~es** nfpl (JUR) assizes; (congrès) (annual) conference.

**assistance** [asistɑ̃s] nf (public) audience; (aide) assistance; **porter ~ à qn** to give sb assistance; **l'A~ (publique)** (~1953) ≈ National Assistance; Child Care.

**assistant, e** [asistɑ̃, -ɑ̃t] nm/f assistant; (d'université) probationary lecturer; **les ~s** nmpl (auditeurs etc) those present; **~e sociale** social worker.

**assisté, e** [asiste] a (AUTO) power assisted.

**assister** [asiste] vt to assist; **~ à** vt (scène, événement) to witness; (conférence, séminaire) to attend, be (present) at; (spectacle, match) to be at, see.

**association** [asɔsjasjɔ̃] nf association.

**associé, e** [asɔsje] nm/f associate; partner.

**associer** [asɔsje] vt to associate; **~ qn à** (profits) to give sb a share of; (affaire) to make sb a partner in; (joie, triomphe) to include sb in; **~ qch à** (joindre, allier) to combine sth with; **s'~** (suj pl) to join together; (COMM) to form a partnership; **s'~** vt (collaborateur) to take on (as a partner); **s'~ à qn pour faire** to join (forces) ou join together with sb to do; **s'~ à** to be combined with; (opinions, joie de qn) to share in.

**assoiffé, e** [aswafe] a thirsty.

**assolement** [asɔlmɑ̃] nm (systematic) rotation of crops.

**assombrir** [asɔ̃bRiR] vt to darken ; (fig) to fill with gloom ; s'~ vi to darken ; to cloud over ; to become gloomy.

**assommer** [asɔme] vt to batter to death ; (étourdir, abrutir) to knock out ; to stun ; (fam: ennuyer) to bore stiff.

**Assomption** [asɔ̃psjɔ̃] nf: l'~ the Assumption.

**assorti, e** [asɔRti] a matched, matching ; fromages/légumes ~s assorted cheeses/vegetables ; ~ à matching.

**assortiment** [asɔRtimɑ̃] nm assortment, selection.

**assortir** [asɔRtiR] vt to match ; ~ qch à to match sth with ; ~ qch de to accompany sth with ; s'~ de to be accompanied by.

**assoupi, e** [asupi] a a dozing, sleeping ; (fig) (be)numbed ; dulled ; stilled.

**assoupir** [asupiR]: s'~ vi to doze off.

**assouplir** [asupliR] vt to make supple ; (fig) to relax.

**assourdir** [asuRdiR] vt (bruit) to deaden, muffle ; (suj: bruit) to deafen.

**assouvir** [asuviR] vt to satisfy, appease.

**assujettir** [asyʒetiR] vt to subject, subjugate ; ~ qn à (règle, impôt) to subject sb to.

**assumer** [asyme] vt (fonction, emploi) to assume, take on.

**assurance** [asyRɑ̃s] nf (certitude) assurance ; (confiance en soi) (self-)confidence ; (contrat) insurance (policy) ; (secteur commercial) insurance ; ~ maladie health insurance ; ~ tous risques (AUTO) comprehensive insurance ; ~s sociales ≈ National Insurance ; ~-vie nf life assurance ou insurance.

**assuré, e** [asyRe] a (victoire etc) certain, sure ; (démarche, voix) assured, (self-)confident ; (certain): ~ de confident of // nm/f insured (person) ; ~ social ≈ member of the National Insurance scheme ; ~ment ad assuredly, most certainly.

**assurer** [asyRe] vt (COMM) to insure ; (stabiliser) to steady ; to stabilize ; (victoire etc) to ensure, make certain ; (frontières, pouvoir) to make secure ; (service, garde) to provide ; to operate ; (garantir): ~ qch à qn to secure ou guarantee sth for sb ; (certifier) to assure sb of sth ; ~ à qn que to assure sb that ; ~ qn de to assure sb of ; s'~ (contre) (COMM) to insure o.s. (against) ; s'~ de/que (vérifier) to make sure of/that ; s'~ (de) (aide de qn) to secure (for o.s.) ; assureur nm insurance agent ; insurers pl.

**astérisque** [asteRisk(ə)] nm asterisk.

**asthmatique** [asmatik] a asthmatic.

**asthme** [asm(ə)] nm asthma.

**asticot** [astiko] nm maggot.

**astiquer** [astike] vt to polish, shine.

**astre** [astR(ə)] nm star.

**astreignant, e** [astRɛɲɑ̃, -ɑ̃t] a demanding.

**astreindre** [astRɛ̃dR(ə)] vt: ~ qn à qch to force sth upon sb ; ~ qn à faire to compel ou force sb to do.

**astringent, e** [astRɛ̃ʒɑ̃, -ɑ̃t] a astringent.

**astrologie** [astRɔlɔʒi] nf astrology ; **astrologue** nm/f astrologer.

**astronaute** [astRɔnot] nm/f astronaut.

**astronautique** [astRɔnotik] nf astronautics sg.

**astronome** [astRɔnɔm] nm/f astronomer.

**astronomie** [astRɔnɔmi] nf astronomy ; **astronomique** a astronomic(al).

**astuce** [astys] nf shrewdness, astuteness ; (truc) trick, clever way ; (plaisanterie) wisecrack ; **astucieux, euse** a shrewd, clever, astute.

**asymétrique** [asimetRik] a asymmetric(al).

**atelier** [atəlje] nm workshop ; (de peintre) studio.

**athée** [ate] a atheistic // nm/f atheist.

**Athènes** [atɛn] n Athens.

**athlète** [atlɛt] nm/f (SPORT) athlete ; (costaud) muscleman ; **athlétique** a athletic ; **athlétisme** nm athletics sg.

**atlantique** [atlɑ̃tik] a Atlantic // nm: l'(océan) A~ the Atlantic (Ocean).

**atlas** [atlɑs] nm atlas.

**atmosphère** [atmɔsfɛR] nf atmosphere ; **atmosphérique** a atmospheric.

**atome** [atom] nm atom ; **atomique** a (bombe, pile) atomic, nuclear ; (usine) nuclear ; (nombre, masse) atomic.

**atomiseur** [atɔmizœR] nm atomiser.

**atone** [atɔn] a lifeless.

**atours** [atuR] nmpl attire sg, finery sg.

**atout** [atu] nm trump ; (fig) asset ; trump card ; '~ pique/trèfle' spades/clubs are trumps.

**âtre** [ɑtR(ə)] nm hearth.

**atroce** [atRɔs] a atrocious ; dreadful ; **atrocité** nf atrocity.

**atrophie** [atRɔfi] nf atrophy.

**atrophier** [atRɔfje]: s'~ vi to atrophy.

**attabler** [atable]: s'~ vi to sit down at (the) table.

**attachant, e** [ataʃɑ̃, -ɑ̃t] a engaging, lovable, likeable.

**attache** [ataʃ] nf clip, fastener ; (fig) tie ; à l'~ (chien) tied up.

**attaché, e** [ataʃe] a: être ~ à (aimer) to be attached to // nm (ADMIN) attaché ; ~-case nm inv attaché case.

**attachement** [ataʃmɑ̃] nm attachment.

**attacher** [ataʃe] vt to tie up ; (étiquette) to attach, tie on ; (souliers) to do up // vi (poêle, riz) to stick ; s'~ à (par affection) to become attached to ; s'~ à faire qch to endeavour to do sth ; ~ qch à to tie ou fasten ou attach sth to.

**attaquant, e** [atakɑ̃] nm (MIL) attacker ; (SPORT) striker, forward.

**attaque** [atak] nf attack ; (cérébrale) stroke ; (d'épilepsie) fit.

**attaquer** [atake] vt to attack ; (en justice) to bring an action against, sue ; (travail) to tackle, set about // vi to attack ; s'~ à to attack ; (épidémie, misère) to tackle, attack.

**attardé, e** [ataRde] a (passants) late ; (enfant) backward ; (conceptions) old-fashioned.

**attarder** [ataRde]: s'~ vi to linger ; to stay on.

**atteindre** [atɛ̃dR(ə)] vt to reach ; (blesser) to hit ; (contacter) to reach, contact, get in touch with ; (émouvoir) to affect.

**atteint, e** [atɛ̃, -ɛ̃t] a (MÉD): **être ~ de** to be suffering from // nf attack ; **hors d'~e** out of reach ; **porter ~e à** to strike a blow at ; to undermine.

**attelage** [atlaʒ] nm (de remorque etc) coupling ; (animaux) team ; (harnachement) harness ; yoke.

**atteler** [atle] vt (cheval, bœufs) to hitch up ; (wagons) to couple ; **s'~ à** (travail) to buckle down to.

**attelle** [atɛl] nf splint.

**attenant, e** [atnɑ̃, -ɑ̃t] a: **~ (à)** adjoining.

**attendre** [atɑ̃dR(ə)] vt (gén) to wait for ; (être destiné ou réservé à) to await, be in store for // vi to wait ; **s'~ à (ce que)** (escompter) to expect (that) ; **~ un enfant** to be expecting (a baby) ; **~ de faire/d'être** to wait until one does/is ; **~ que** to wait until ; **~ qch de** to expect sth of ; **en attendant** ad meanwhile, in the meantime ; be that as it may.

**attendri, e** [atɑ̃dRi] a tender.

**attendrir** [atɑ̃dRiR] vt to move (to pity) ; (viande) to tenderize ; **s'~ (sur)** to be moved ou touched (by) ; **attendrissant, e** a moving, touching ; **attendrissement** nm emotion ; pity.

**attendu** [atɑ̃dy] nm: **~s** reasons adduced for a judgment ; **~ que** cj considering that, since.

**attentat** [atɑ̃ta] nm assassination attempt ; **~ à la bombe** bomb attack ; **~ à la pudeur** indecent exposure q ; indecent assault q.

**attente** [atɑ̃t] nf wait ; (espérance) expectation.

**attenter** [atɑ̃te]: **~ à** vt (liberté) to violate ; **~ à la vie de qn** to make an attempt on sb's life.

**attentif, ive** [atɑ̃tif, -iv] a (auditeur) attentive ; (travail) scrupulous ; careful ; **~ à** paying attention to ; mindful of ; careful to.

**attention** [atɑ̃sjɔ̃] nf attention ; (prévenance) attention, thoughtfulness q ; **à l'~ de** for the attention of ; **faire ~ (à)** to be careful (of) ; **faire ~ (à ce) que** to be ou make sure that ; **~!** careful!, watch ou mind (out)! ; **attentionné, e** a thoughtful, considerate.

**attentisme** [atɑ̃tism(ə)] nm wait-and-see policy.

**attentivement** [atɑ̃tivmɑ̃] ad attentively.

**atténuer** [atenɥe] vt to alleviate, ease ; to lessen ; to mitigate the effects of ; **s'~** vi to ease ; to abate.

**atterrer** [atere] vt to dismay, appal.

**atterrir** [ateRiR] vi to land ; **atterrissage** nm landing ; **atterrissage sur le ventre** belly landing.

**attestation** [atɛstasjɔ̃] nf certificate ; **~ médicale** doctor's certificate.

**attester** [atɛste] vt to testify to, vouch for ; (démontrer) to attest, testify to ; **~ que** to testify that.

**attiédir** [atjediR]: **s'~** vi to become luke-warm ; (fig) to cool down.

**attifé, e** [atife] a (fam) got up, rigged out.

**attique** [atik] nm: **appartement en ~** penthouse (flat).

**attirail** [atiRaj] nm gear ; (péj) paraphernalia.

**attirance** [atiRɑ̃s] nf attraction ; (séduction) lure.

**attirant, e** [atiRɑ̃, -ɑ̃t] a attractive, appealing.

**attirer** [atiRe] vt to attract ; (appâter) to lure, entice ; **~ qn dans un coin/vers soi** to draw sb into a corner/towards one ; **~ l'attention de qn (sur)** to attract sb's attention (to) ; to draw sb's attention (to) ; **s'~ des ennuis** to bring trouble upon o.s., get into trouble.

**attiser** [atize] vt (feu) to poke (up), stir up ; (fig) to fan the flame of, stir up.

**attitré, e** [atitRe] a qualified ; accredited ; appointed.

**attitude** [atityd] nf attitude ; (position du corps) bearing.

**attouchements** [atuʃmɑ̃] nmpl touching sg ; (sexuels) fondling sg, stroking sg.

**attraction** [atRaksjɔ̃] nf (gén) attraction ; (de cabaret, cirque) number.

**attrait** [atRɛ] nm appeal, attraction ; lure ; **éprouver de l'~ pour** to be attracted to ; **~s** nmpl attractions.

**attrape** [atRap] nf voir **farce** // préfixe: **~-nigaud** nm con.

**attraper** [atRape] vt (gén) to catch ; (habitude, amende) to get, pick up ; (fam: duper) to take in.

**attrayant, e** [atRɛjɑ̃, -ɑ̃t] a attractive.

**attribuer** [atRibɥe] vt (prix) to award ; (rôle, tâche) to allocate, assign ; (imputer) **~ qch à** to attribute sth to, ascribe sth to, put sth down to ; **s'~** vt (s'approprier) to claim for o.s.

**attribut** [atRiby] nm attribute ; (LING) complement.

**attribution** [atRibysjɔ̃] nf awarding ; allocation, assignment ; attribution ; **~s** nfpl (compétence) attributions.

**attrister** [atRiste] vt to sadden.

**attroupement** [atRupmɑ̃] nm crowd, mob.

**attrouper** [atRupe]: **s'~** vi to gather.

**au** [o] prép + dét voir **à**.

**aubade** [obad] nf dawn serenade.

**aubaine** [obɛn] nf godsend ; (financière) windfall.

**aube** [ob] nf dawn, daybreak ; **à l'~** at dawn ou daybreak ; **à l'~ de** (fig) at the dawn of.

**aubépine** [obepin] nf hawthorn.

**auberge** [obɛRʒ(ə)] nf inn ; **~ de jeunesse** youth hostel.

**aubergine** [obɛRʒin] nf aubergine.

**aubergiste** [obɛRʒist(ə)] nm/f inn-keeper, hotel-keeper.

**aucun, e** [okœ̃, -yn] dét no, tournure négative + any ; (positif) any // pronom none, tournure négative + any ; any(one) ; **il n'y a ~ livre** there isn't any book, there is no book ; **je n'en vois ~ qui** I can't see any which, I (can) see none which ; **sans ~ doute** without any doubt ; **plus qu'~ autre** more than any other ; **~ des deux** neither of the two ; **~ d'entre eux** none of them ; **d'~s** (certains) some ;

aucunement *ad* in no way, not in the least.
**audace** [odas] *nf* daring, boldness ; (*péj*) audacity ; **audacieux, euse** *a* daring, bold.
**au-delà** [odla] *ad* beyond // *nm*: l'~ the beyond ; ~ **de** *prép* beyond.
**au-dessous** [odsu] *ad* underneath ; below ; ~ **de** *prép* under(neath), below ; (*limite, somme etc*) below, under ; (*dignité, condition*) below.
**au-dessus** [odsy] *ad* above ; ~ **de** *prép* above.
**au-devant** [odvɑ̃]: ~ **de** *prép*: **aller** ~ **de** (*personne, danger*) to go (out) and meet ; (*souhaits de qn*) to anticipate.
**audience** [odjɑ̃s] *nf* audience ; (*JUR: séance*) hearing ; **trouver** ~ **auprès de** to arouse much interest among, get the (interested) attention of.
**audio-visuel, le** [odjovizɥɛl] *a* audio-visual.
**auditeur, trice** [oditœR, -tRis] *nm/f* (*à la radio*) listener ; (*à une conférence*) member of the audience, listener ; ~ **libre** unregistered student (*attending lectures*).
**audition** [odisjɔ̃] *nf* (*ouïe, écoute*) hearing ; (*JUR: de témoins*) examination ; (*MUS, THÉÂTRE: épreuve*) audition ; **auditionner** *vt, vi* to audition.
**auditoire** [oditwaR] *nm* audience.
**auditorium** [oditɔRjɔm] *nm* (public) studio.
**auge** [oʒ] *nf* trough.
**augmentation** [ogmɑ̃tasjɔ̃] *nf* increasing ; raising ; increase ; ~ (**de salaire**) rise (in salary).
**augmenter** [ogmɑ̃te] *vt* (*gén*) to increase ; (*salaire, prix*) to increase, raise, put up ; (*employé*) to increase the salary of, give a (salary) rise to // *vi* to increase.
**augure** [ogyR] *nm* soothsayer, oracle ; **de bon/mauvais** ~ of good/ill omen.
**augurer** [ogyRe] *vt*: ~ **qch de** to foresee sth (coming) out of ; ~ **bien de** to augur well for.
**auguste** [ogyst(ə)] *a* august, noble, majestic.
**aujourd'hui** [oʒuRdɥi] *ad* today.
**aumône** [omon] *nf* alms *sg* (*pl inv*) ; **faire l'**~ (**à qn**) to give alms (to sb) ; **faire l'**~ **de qch à qn** (*fig*) to favour sb with sth.
**aumônerie** [omonRi] *nf* chaplaincy.
**aumônier** [omonje] *nm* chaplain.
**auparavant** [opaRavɑ̃] *ad* before(hand).
**auprès** [opRɛ]: ~ **de** *prép* next to, close to ; (*recourir, s'adresser*) to ; (*en comparaison de*) compared with, next to.
**auquel** [okɛl] *prép + pronom voir* **lequel**.
**aurai** *etc vb voir* **avoir**.
**auréole** [oReol] *nf* halo ; (*tache*) ring.
**auriculaire** [oRikylɛR] *nm* little finger.
**aurons** *etc vb voir* **avoir**.
**aurore** [oRoR] *nf* dawn, daybreak ; ~ **boréale** northern lights *pl*.
**ausculter** [oskylte] *vt* to auscultate.
**auspices** [ospis] *nmpl*: **sous les** ~ **de** under the patronage *ou* auspices of ; **sous de bons/mauvais** ~ under favourable/unfavourable auspices.
**aussi** [osi] *ad* (*également*) also, too ; (*de comparaison*) as strong as ; **moi**

~ **me too, so do I** ; ~ **bien que** (*de même que*) as well as.
**aussitôt** [osito] *ad* straight away, immediately ; ~ **que** as soon as ; ~ **envoyé** as soon as it is (*ou* was) sent.
**austère** [ostɛR] *a* austere ; **austérité** *nf* austerity.
**austral, e** [ostRal] *a* southern.
**Australie** [ostRali] *nf* Australia ; **australien, ne** *a, nm/f* Australian.
**autant** [otɑ̃] *ad* so much ; (*comparatif*): ~ (**que**) as much (as) ; (*nombre*) as many (as) ; ~ (**de**) so much (*ou* many) ; as much (*ou* many) ; ~ **partir we** (*ou* you *etc*) had better leave ; **y en a-t-il** ~ (**qu'avant**)? are there as many (as before)? ; is there as much (as before)? ; **il n'est pas découragé pour** ~ he isn't discouraged for all that ; **pour** ~ **que** *cj* assuming, as long as ; **d'**~ **plus/mieux** (**que**) all the more/the better (since).
**autarcie** [otaRsi] *nf* autarchy.
**autel** [otɛl] *nm* altar.
**auteur** [otœR] *nm* author ; **l'**~ **de cette remarque** the person who said that ; ~-**compositeur** *nm* composer-songwriter.
**authentifier** [otɑ̃tifje] *vt* to authenticate.
**authentique** [otɑ̃tik] *a* authentic, genuine.
**auto** [oto] *nf* car.
**auto...** [oto] *préfixe* auto..., self- ; ~**biographie** *nf* autobiography.
**autobus** [otobys] *nm* bus.
**autocar** [otokaR] *nm* coach.
**autochtone** [otoktɔn] *nm/f* native.
**auto-collant, e** [otokɔlɑ̃, -ɑ̃t] *a* self-adhesive ; (*enveloppe*) self-seal // *nm* sticker.
**auto-couchettes** [otokuʃɛt] *a*: **train** ~ car sleeper train.
**autocratique** [otokRatik] *a* autocratic.
**autocritique** [otokRitik] *nf* self-criticism.
**autodéfense** [otodefɑ̃s] *nf* self-defence ; **groupe d'**~ vigilante committee.
**autodidacte** [otodidakt(ə)] *nm/f* self-taught person.
**auto-école** [otoekɔl] *nf* driving school.
**autofinancement** [otofinɑ̃smɑ̃] *nm* self-financing.
**autogestion** [otoʒɛstjɔ̃] *nf* self-management.
**autographe** [otogRaf] *nm* autograph.
**automate** [otomat] *nm* automaton.
**automatique** [otomatik] *a* automatic // *nm*: **l'**~ ≈ subscriber trunk dialling ; ~**ment** *ad* automatically ; **automatiser** *vt* to automate ; **automatisme** *nm* automatism.
**automne** [otɔn] *nm* autumn.
**automobile** [otomobil] *a* motor *cpd* // *nf* (motor) car ; **l'**~ motoring ; the car industry ; **automobiliste** *nm/f* motorist.
**autonome** [otonɔm] *a* autonomous ; **autonomie** *nf* autonomy ; (*POL*) self-government, autonomy ; **autonomie de vol** range.
**autopsie** [otopsi] *nf* post mortem (examination), autopsy.
**autorisation** [otoRizasjɔ̃] *nf* permission, authorization ; (*papiers*) permit ; **avoir l'**~ **de faire** to be allowed *ou* have permission to do, be authorized to do.

**autorisé, e** [ɔtɔʀize] *a (opinion, sources)* authoritative.

**autoriser** [ɔtɔʀize] *vt* to give permission for, authorize; *(fig)* to allow (of), sanction; ~ **qn à faire** to give permission to sb to do, authorize sb to do.

**autoritaire** [ɔtɔʀitɛʀ] *a* authoritarian.

**autorité** [ɔtɔʀite] *nf* authority; **faire ~ to** be authoritative.

**autoroute** [ɔtɔʀut] *nf* motorway.

**auto-stop** [ɔtɔstɔp] *nm:* **l'~** hitch-hiking; **faire de l'~** to hitch-hike; **prendre qn en ~** to give sb a lift; **~peur, euse** *nm/f* hitch-hiker, hitcher.

**autour** [otuʀ] *ad* around; **~ de** *prép* around; *(environ)* around, about; **tout ~** *ad* all around.

**autre** [otʀ(ə)] *a* other; **un ~ verre** *(supplémentaire)* one more glass, another glass; *(différent)* another glass, a different glass; **un ~** another (one); **l'~** the other (one); **les ~s** *(autrui)* others; **l'un et l'~** both (of them); **se détester** *etc* **l'un l'~/les uns les ~s** to hate *etc* each other/one another; **se sentir ~** to feel different; **d'une semaine à l'~** from one week to the next; *(incessamment)* any week now; **~ chose** something else; **~ part** *ad* somewhere else; **d'~ part** *ad* on the other hand; **entre ~s** among others; among other things; **nous/vous ~s** us/you (lot).

**autrefois** [otʀəfwa] *ad* in the past.

**autrement** [otʀəmɑ̃] *ad* differently; in another way; *(sinon)* otherwise; **~ dit** in other words.

**Autriche** [otʀiʃ] *nf* Austria; **autrichien, ne** *a, nm/f* Austrian.

**autruche** [otʀyʃ] *nf* ostrich.

**autrui** [otʀɥi] *pronom* others.

**auvent** [ovɑ̃] *nm* canopy.

**aux** [o] *prép + dét voir* **à.**

**auxiliaire** [ɔksiljɛʀ] *a, nm, nf* auxiliary.

**auxquels, auxquelles** [okɛl] *prép + pronom voir* **lequel.**

**av.** *abr de* **avenue.**

**avachi, e** [avaʃi] *a* limp, flabby.

**aval** [aval] *nm (accord)* endorsement, backing; *(GÉO):* **en ~** downstream, downriver; *(sur une pente)* downhill; **en ~ de** downstream *ou* downriver from; downhill from.

**avalanche** [avalɑ̃ʃ] *nf* avalanche; **~ poudreuse** powder snow avalanche.

**avaler** [avale] *vt* to swallow.

**avance** [avɑ̃s] *nf (de troupes etc)* advance; progress; *(d'argent)* advance; *(opposé à retard)* lead; being ahead of schedule; **~s** *nfpl* overtures; *(amoureuses)* advances; **une ~ de 300 m/4 h** *(SPORT)* a 300 m/4 hour lead; **(être) en ~** (to be) early; *(sur un programme)* (to be) ahead of schedule; **payer d'~** to pay in advance; **à l'~** in advance, beforehand.

**avancé, e** [avɑ̃se] *a* advanced; well on *ou* under way // *nf* projection; overhang; jutting part.

**avancement** [avɑ̃smɑ̃] *nm (professionnel)* promotion.

**avancer** [avɑ̃se] *vi* to move forward, advance; *(projet, travail)* to make progress; *(être en saillie)* to overhang; to project; to jut out; *(montre, réveil)* to be fast; to gain // *vt* to move forward, advance; *(argent)* to advance; **s'~** *vi* to move forward, advance; *(fig)* to commit o.s.; to overhang; to project; to jut out; **j'avance (d'une heure)** I'm (an hour) fast.

**avanies** [avani] *nfpl* snubs.

**avant** [avɑ̃] *prép* before // *ad:* **trop/plus ~** too far/further forward // *a inv:* **siège/roue ~** front seat/wheel // *nm (d'un véhicule, bâtiment)* front; *(SPORT: joueur)* forward; **~ qu'il parte/de faire** before he leaves/doing; **~ tout** *(surtout)* above all; **à l'~** *(dans un véhicule)* in (the) front; **en ~** *ad* forward(s); **en ~ de** *prép* in front of.

**avantage** [avɑ̃taʒ] *nm* advantage; *(TENNIS):* **~ service/dehors** advantage *ou* van in/out; **~s sociaux** fringe benefits; **avantager** *vt (favoriser)* to favour; *(embellir)* to flatter; **avantageux, euse** *a* attractive; attractively priced.

**avant-bras** [avɑ̃bʀa] *nm inv* forearm.

**avant-centre** [avɑ̃sɑ̃tʀ(ə)] *nm* centreforward.

**avant-coureur** [avɑ̃kuʀœʀ] *a:* **signe ~** forerunner.

**avant-dernier, ère** [avɑ̃dɛʀnje, -jɛʀ] *a, nm/f* next to last, last but one.

**avant-garde** [avɑ̃gaʀd(ə)] *nf (MIL)* vanguard; *(fig)* avant-garde.

**avant-goût** [avɑ̃gu] *nm* foretaste.

**avant-hier** [avɑ̃tjɛʀ] *ad* the day before yesterday.

**avant-poste** [avɑ̃pɔst(ə)] *nm* outpost.

**avant-première** [avɑ̃pʀəmjɛʀ] *nf (de film)* preview.

**avant-projet** [avɑ̃pʀɔʒɛ] *nm* pilot study.

**avant-propos** [avɑ̃pʀopo] *nm* foreword.

**avant-veille** [avɑ̃vɛj] *nf:* **l'~** two days before.

**avare** [avaʀ] *a* miserly, avaricious // *nm/f* miser; **~ de** *(compliments etc)* sparing of; **avarice** *nf* avarice, miserliness; **avaricieux, euse** *a* miserly, niggardly.

**avarié, e** [avaʀje] *a* rotting, going off.

**avaries** [avaʀi] *nfpl (NAVIG)* damage *sg.*

**avatar** [avataʀ] *nm* misadventure; metamorphosis *(pl* choses).

**avec** [avɛk] *prép* with; *(à l'égard de)* to(wards), with.

**avenant, e** [avnɑ̃, -ɑ̃t] *a* pleasant; **à l'~** *ad* in keeping.

**avènement** [avɛnmɑ̃] *nm (d'un roi)* accession, succession; *(d'un changement)* advent, coming.

**avenir** [avniʀ] *nm* future; **à l'~** in future; **politicien d'~** politician with prospects *ou* a future.

**Avent** [avɑ̃] *nm:* **l'~** Advent.

**aventure** [avɑ̃tyʀ] *nf* adventure; *(amoureuse)* affair; **s'aventurer** *vi* to venture; **aventureux, euse** *a* adventurous, venturesome; *(projet)* risky, chancy; **aventurier, ère** *nm/f* adventurer // *nf (péj)* adventuress.

**avenu, e** [avny] *a:* **nul et non ~** null and void.

**avenue** [avny] *nf* avenue.

**avérer** [aveʀe]: **s'~** *vb avec attribut* to prove (to be).

**averse** [avɛʀs(ə)] *nf* shower.

**aversion** [avɛʀsjɔ̃] *nf* aversion, loathing.

**averti, e** [avɛʀti] *a* (well-)informed.

**avertir** [avɛʀtiʀ] *vt*: ~ qn (de qch/que) to warn sb (of sth/that); *(renseigner)* to inform sb (of sth/that); **avertissement** *nm* warning; **avertisseur** *nm* horn, hooter.

**aveu, x** [avø] *nm* confession.

**aveugle** [avœgl(ə)] *a* blind; ~**ment** *nm* blindness; **aveuglément** *ad* blindly; **aveugler** *vt* to blind; **à l'aveuglette** *ad* groping one's way along; *(fig)* in the dark, blindly.

**aviateur, trice** [avjatœʀ, -tʀis] *nm/f* aviator, pilot.

**aviation** [avjɑsjɔ̃] *nf* aviation; *(sport)* flying; *(MIL)* air force.

**avide** [avid] *a* eager; *(péj)* greedy, grasping; **avidité** *nf* eagerness; greed.

**avilir** [aviliʀ] *vt* to debase.

**aviné, e** [avine] *a* intoxicated, drunken.

**avion** [avjɔ̃] *nm* aeroplane; **aller (quelque part) en** ~ to go (somewhere) by plane, fly (somewhere); **par** ~ by airmail; ~ **à réaction** jet (aeroplane).

**aviron** [aviʀɔ̃] *nm* oar; *(sport)*: l'~ rowing.

**avis** [avi] *nm* opinion; *(notification)* notice; **être d'~ que** to be of the opinion that; **changer d'**~ to change one's mind; **jusqu'à nouvel** ~ until further notice.

**avisé, e** [avize] *a* sensible, wise; **être bien/mal** ~ **de faire** to be well-/ill-advised to do.

**aviser** [avize] *vt (voir)* to notice, catch sight of; *(informer)*: ~ qn de/que to advise ou inform sb of/that // *vi* to think about things, assess the situation; **s'**~ **de qch/que** to become suddenly aware of sth/that; **s'**~ **de faire** to take it into one's head to do.

**avocat, e** [avɔka, -at] *nm/f (JUR)* barrister; *(fig)* advocate, champion // *nm (CULIN)* avocado (pear); **l'**~ **de la défense/partie civile** the counsel for the defence/plaintiff; ~ **d'affaires** business lawyer; ~ **général** assistant public prosecutor; ~**-stagiaire** *nm* ≈ barrister doing his articles.

**avoine** [avwan] *nf* oats *pl.*

**avoir** [avwaʀ] *nm* assets *pl,* resources *pl* // *vt (gén)* to have; *(fam: duper)* to do // *vb auxiliaire* to have; ~ **à faire qch** to have to do sth; **il a 3 ans** he is 3 (years old); *voir* **faim, peur** *etc*; ~ **3 mètres de haut** to be 3 metres high; **il y a there is** + *sg,* **there are** + *pl*; *(temporel)*: **il y a 10 ans** 10 years ago; **il y a 10 ans/longtemps que je le sais** I've known it for 10 years/a long time; **il y a 10 ans qu'il est arrivé** it's 10 years since he arrived; **il ne peut y en** ~ **qu'un** there can only be one; **il n'y a qu'à** we (ou you etc) will just have to; **qu'est-ce qu'il y a?** what's the matter?, what is it?; **en** ~ **à** ou **contre qn** to have a down on sb.

**avoisinant, e** [avwazinɑ̃, -ɑ̃t] *a* neighbouring.

**avoisiner** [avwazine] *vt* to be near ou close to; *(fig)* to border ou verge on.

**avortement** [avɔʀtəmɑ̃] *nm* abortion.

**avorter** [avɔʀte] *vi (MÉD)* to have an abortion; *(fig)* to fail.

**avorton** [avɔʀtɔ̃] *nm (péj)* little runt.

**avoué, e** [avwe] *a* avowed // *nm (JUR)* ≈ solicitor.

**avouer** [avwe] *vt (crime, défaut)* to confess (to); ~ **avoir fait/que** to admit ou confess to having done/that.

**avril** [avʀil] *nm* April.

**axe** [aks(ə)] *nm* axis *(pl* axes); *(de roue etc)* axle; *(fig)* main line; ~ **routier** trunk road, main road; ~ **de symétrie** symmetry axis; **axer** *vt*: axer qch sur to centre sth on.

**ayant droit** [ɛjɑ̃dʀwa] *nm* assignee; ~ **à** *(pension etc)* person eligible for ou entitled to.

**ayons** *etc vb voir* **avoir.**

**azalée** [azale] *nf* azalea.

**azimut** [azimyt] *nm* azimuth; **tous** ~**s** *a (fig)* omnidirectional.

**azote** [azɔt] *nm* nitrogen; **azoté, e** *a* nitrogenous.

**azur** [azyʀ] *nm (couleur)* azure, sky blue; *(ciel)* sky, skies *pl.*

**azyme** [azim] *a*: **pain** ~ unleavened bread.

# B

**B.A.** *sigle f* (= *bonne action*) good deed (for the day).

**babiller** [babije] *vi* to prattle, chatter; *(bébé)* to babble.

**babines** [babin] *nfpl* chops.

**babiole** [babjɔl] *nf (bibelot)* trinket; *(vétille)* trifle.

**bâbord** [babɔʀ] *nm*: **à** ou **par** ~ to port, on the port side.

**babouin** [babwɛ̃] *nm* baboon.

**bac** [bak] *nm (SCOL) abr de* **baccalauréat**; *(bateau)* ferry; *(récipient)* tub; tray; tank; ~ **à glace** ice-tray.

**baccalauréat** [bakalɔʀea] *nm* ≈ GCE A-levels.

**bâche** [baʃ] *nf* tarpaulin, canvas sheet.

**bachelier, ère** [baʃəlje, -ljɛʀ] *nm/f holder of the baccalauréat.*

**bâcher** [baʃe] *vt* to cover (with a canvas sheet ou a tarpaulin).

**bachot** [baʃo] *nm abr de* **baccalauréat.**

**bacille** [basil] *nm* bacillus *(pl* i).

**bâcler** [bakle] *vt* to botch (up).

**bactérie** [bakteʀi] *nf* bacterium *(pl* ia); **bactériologie** *nf* bacteriology.

**badaud, e** [bado, -od] *nm/f* idle onlooker, stroller.

**baderne** [badɛʀn(ə)] *nf (péj)*: **(vieille)** ~ old fossil.

**badigeon** [badiʒɔ̃] *nm* distemper; colourwash; **badigeonner** *vt* to distemper; to colourwash; *(barbouiller)* to daub.

**badin, e** [badɛ̃, -in] *a* light-hearted, playful.

**badinage** [badinaʒ] *nm* banter.

**badine** [badin] *nf* switch (stick).

**badiner** [badine] *vi*: ~ **avec qch** to treat sth lightly.

**badminton** [badminton] *nm* badminton.

**baffe** [baf] *nf (fam)* slap, clout.

**bafouer** [bafwe] *vt* to deride, ridicule.

**bafouiller** [bafuje] *vi, vt* to stammer.

**bâfrer** [bɑfʀe] *vi*, *vt* (*fam*) to guzzle, gobble.

**bagage** [bagaʒ] *nm*: ~s luggage *sg*; ~ littéraire (stock of) literary knowledge; ~s à main hand-luggage.

**bagarre** [bagaʀ] *nf* fight, brawl; **il aime la** ~ he loves a fight, he likes fighting; **se bagarrer** *vi* to have a fight *ou* scuffle, fight.

**bagnard** [baɲaʀ] *nm* convict.

**bagne** [baɲ] *nm* penal colony.

**bagnole** [baɲɔl] *nf* (*fam*) car, motor.

**bagout** [bagu] *nm* glibness; **avoir du** ~ to have the gift of the gab.

**bague** [bag] *nf* ring; ~ **de fiançailles** engagement ring; ~ **de serrage** clip.

**baguenauder** [bagnode]: **se** ~ *vi* to trail around, loaf around.

**baguer** [bage] *vt* to ring.

**baguette** [bagɛt] *nf* stick; (*cuisine chinoise*) chopstick; (*de chef d'orchestre*) baton; (*pain*) stick of (French) bread; ~ **magique** magic wand; ~ **de tambour** drumstick.

**bahut** [bay] *nm* chest.

**baie** [bɛ] *nf* (GÉO) bay; (*fruit*) berry; ~ (*vitrée*) picture window.

**baignade** [bɛɲad] *nf* bathing.

**baigné, e** [beɲe] *a*: ~ **de** bathed in; soaked with; flooded with.

**baigner** [beɲe] *vt* (*bébé*) to bath // *vi*: ~ **dans son sang** to lie in a pool of blood; ~ **dans la brume** to be shrouded in mist; **se** ~ *vi* to have a swim, go swimming *ou* bathing; **baigneur, euse** *nm/f* bather; **baignoire** *nf* bath(tub).

**bail, baux** [baj, bo] *nm* lease.

**bâillement** [bɑjmɑ̃] *nm* yawn.

**bâiller** [bɑje] *vi* to yawn; (*être ouvert*) to gape.

**bailleur** [bajœʀ] *nm*: ~ **de fonds** sponsor, backer.

**bâillon** [bɑjɔ̃] *nm* gag; **bâillonner** *vt* to gag.

**bain** [bɛ̃] *nm* bath; **prendre un** ~ to have a bath; ~ **de foule** walkabout; ~ **de soleil** sunbathing *q*; **prendre un** ~ **de soleil** to sunbathe; ~**s de mer** sea bathing *sg*; ~**-marie** *nm* double boiler; **faire chauffer au** ~**-marie** (*boîte etc*) to immerse in boiling water.

**baïonnette** [bajɔnɛt] *nf* bayonet.

**baisemain** [bɛzmɛ̃] *nm* kissing a lady's hand.

**baiser** [beze] *nm* kiss // *vt* (*main, front*) to kiss; (*fam!*) to screw (!).

**baisse** [bɛs] *nf* fall, drop; '~ **sur la viande**' 'meat prices down'.

**baisser** [bese] *vt* to lower; (*radio, chauffage*) to turn down; (AUTO: *phares*) to dip // *vi* to fall, drop, go down; **se** ~ *vi* to bend down.

**bajoues** [baʒu] *nfpl* chaps, chops.

**bal** [bal] *nm* dance; (*grande soirée*) ball; ~ **costumé** fancy-dress ball; ~ **musette** dance (*with accordion accompaniment*).

**balade** [balad] *nf* walk, stroll; (*en voiture*) drive.

**balader** [balade] *vt* (*traîner*) to trail round; **se** ~ *vi* to go for a walk *ou* stroll; to go for a drive.

**baladeuse** [baladøz] *nf* inspection lamp.

**baladin** [baladɛ̃] *nm* wandering entertainer.

**balafre** [balafʀ(ə)] *nf* gash, slash; (*cicatrice*) scar; **balafrer** *vt* to gash, slash.

**balai** [balɛ] *nm* broom, brush; ~**-brosse** *nm* deck scrubber.

**balance** [balɑ̃s] *nf* scales *pl*; (*de précision*) balance; (*signe*): **la B**~ Libra, the Scales; **être de la B**~ to be Libra; ~ **des comptes/forces** balance of payments/power; ~ **romaine** steelyard.

**balancer** [balɑ̃se] *vt* to swing; (*lancer*) to fling, chuck; (*renvoyer, jeter*) to chuck out // *vi* to swing; **se** ~ *vi* to swing; to rock; to sway; **se** ~ **de** (*fam*) not to care about; **balancier** *nm* (*de pendule*) pendulum; (*de montre*) balance wheel; (*perche*) (balancing) pole; **balançoire** *nf* swing; (*sur pivot*) seesaw.

**balayer** [baleje] *vt* (*feuilles etc*) to sweep up, brush up; (*pièce*) to sweep; (*chasser*) to sweep away; to sweep aside; (*suj: radar*) to scan; (: *phares*) to sweep across; **balayeur, euse** *nm/f* roadsweeper // *nf* (*engin*) roadsweeper; **balayures** *nfpl* sweepings.

**balbutier** [balbysje] *vi*, *vt* to stammer.

**balcon** [balkɔ̃] *nm* balcony; (THÉÂTRE) dress circle.

**baldaquin** [baldakɛ̃] *nm* canopy.

**baleine** [balɛn] *nf* whale; (*de parapluie, corset*) rib; **baleinière** *nf* whaleboat.

**balise** [baliz] *nf* (NAVIG) beacon; (*marker*) buoy; (AVIAT) runway light, beacon; (AUTO, SKI) sign, marker; **baliser** *vt* to mark out (with beacons *ou* lights etc).

**balistique** [balistik] *nf* ballistics *sg*.

**balivernes** [balivɛʀn(ə)] *nfpl* twaddle *sg*, nonsense *sg*.

**ballade** [balad] *nf* ballad.

**ballant, e** [balɑ̃, -ɑ̃t] *a* dangling.

**ballast** [balast] *nm* ballast.

**balle** [bal] *nf* (*de fusil*) bullet; (*de sport*) ball; (*du blé*) chaff; (*paquet*) bale; ~ **perdue** stray bullet.

**ballerine** [balʀin] *nf* ballet dancer; ballet shoe.

**ballet** [balɛ] *nm* ballet.

**ballon** [balɔ̃] *nm* (*de sport*) ball; (*jouet, AVIAT*) balloon; (*de vin*) glass; ~ **de football** football.

**ballonner** [balɔne] *vt*: **j'ai le ventre ballonné** I feel bloated.

**ballon-sonde** [balɔ̃sɔ̃d] *nm* sounding balloon.

**ballot** [balo] *nm* bundle; (*péj*) nitwit.

**ballottage** [balɔtaʒ] *nm* (POL) second ballot.

**ballotter** [balɔte] *vi* to roll around; to toss // *vt* to shake *ou* throw about; to toss.

**balluchon** [balyʃɔ̃] *nm* bundle (of clothes).

**balnéaire** [balneɛʀ] *a* seaside *cpd*.

**balourd, e** [baluʀ, -uʀd(ə)] *a* clumsy, doltish; **balourdise** *nf* clumsiness, doltishness; blunder.

**balte** [balt] *a* Baltic.

**Baltique** [baltik] nf: **la (mer)** ~ the Baltic (Sea).

**baluchon** [balyʃɔ̃] nm = **balluchon.**

**balustrade** [balystʀad] nf railings pl, handrail.

**bambin** [bɑ̃bɛ̃] nm little child.

**bambou** [bɑ̃bu] nm bamboo.

**ban** [bɑ̃] nm round of applause, cheer ; ~s nmpl (de mariage) banns ; **être/mettre au** ~ **de** to be outlawed/to outlaw from ; **le** ~ **et l'arrière-**~ **de sa famille** every last one of his relatives.

**banal, e** [banal] a banal, commonplace ; (péj) trite ; **four/moulin** ~ village oven/mill ; **~ité** nf banality ; truism, trite remark.

**banane** [banan] nf banana ; **~raie** nf banana plantation ; **bananier** nm banana tree ; banana boat.

**banc** [bɑ̃] nm seat, bench ; (de poissons) shoal ; ~ **des accusés** dock ; ~ **d'essai** (fig) testing ground ; ~ **de sable** sandbank ; ~ **des témoins** witness box.

**bancaire** [bɑ̃kɛʀ] a banking, bank cpd.

**bancal, e** [bɑ̃kal] a wobbly ; bandy-legged.

**bandage** [bɑ̃daʒ] nm bandaging ; bandage ; ~ **herniaire** truss.

**bande** [bɑ̃d] nf (de tissu etc) strip ; (MÉD) bandage ; (motif) stripe ; (magnétique etc) tape ; (groupe) band ; (péj): ~ **de** bunch ou crowd of ; **par la** ~ in a roundabout way ; **donner de la** ~ to list ; **faire** ~ **à part** to keep to o.s. ; ~ **dessinée** strip cartoon ; ~ **perforée** punched tape ; ~ **de roulement** (de pneu) tread ; ~ **sonore** sound track.

**bandeau, x** [bɑ̃do] nm headband ; (sur les yeux) blindfold ; (MÉD) head bandage.

**bander** [bɑ̃de] vt (blessure) to bandage ; (muscle) to tense ; ~ **les yeux à qn** to blindfold sb.

**banderole** [bɑ̃dʀɔl] nf banner, streamer.

**bandit** [bɑ̃di] nm bandit ; **banditisme** nm violent crime, armed robberies pl.

**bandoulière** [bɑ̃duljɛʀ] nf: **en** ~ (slung ou worn) across the shoulder.

**banjo** [bɑ̃(d)ʒo] nm banjo.

**banlieue** [bɑ̃ljø] nf suburbs pl ; **lignes/quartiers de** ~ suburban lines/areas ; **trains de** ~ commuter trains.

**bannière** [banjɛʀ] nf banner.

**bannir** [baniʀ] vt to banish.

**banque** [bɑ̃k] nf bank ; (activités) banking ; ~ **d'affaires** merchant bank.

**banqueroute** [bɑ̃kʀut] nf bankruptcy.

**banquet** [bɑ̃kɛ] nm dinner ; (d'apparat) banquet.

**banquette** [bɑ̃kɛt] nf seat.

**banquier** [bɑ̃kje] nm banker.

**banquise** [bɑ̃kiz] nf ice field.

**baptême** [batɛm] nm christening ; baptism ; ~ **de l'air** first flight ; **baptiser** vt to christen.

**baquet** [bakɛ] nm tub, bucket.

**bar** [baʀ] nm bar.

**baragouin** [baʀagwɛ̃] nm gibberish.

**baraque** [baʀak] nf shed ; (fam) house ; ~ **foraine** fairground stand.

**baraqué, e** [baʀake] a well-built, hefty.

**baraquements** [baʀakmɑ̃] nmpl huts (for refugees, workers etc).

**baratin** [baʀatɛ̃] nm (fam) smooth talk, patter ; **baratiner** vt to chat up.

**barbare** [baʀbaʀ] a barbaric // nm/f barbarian.

**barbe** [baʀb(ə)] nf beard ; **quelle** ~ (fam) what a drag ou bore ; ~ **à papa** candy-floss.

**barbelé** [baʀbəle] nm barbed wire q.

**barbiche** [baʀbiʃ] nf goatee.

**barbiturique** [baʀbityʀik] nm barbiturate.

**barboter** [baʀbɔte] vi to paddle, dabble // vt (fam) to filch.

**barboteuse** [baʀbɔtøz] nf rompers pl.

**barbouiller** [baʀbuje] vt to daub ; **avoir l'estomac barbouillé** to feel queasy ou sick.

**barbu, e** [baʀby] a bearded.

**barda** [baʀda] nm (fam) kit, gear.

**barde** [baʀd(ə)] nf (CULIN) sliver of fat bacon.

**bardé, e** [baʀde] a: ~ **de médailles** etc bedecked with medals etc.

**barder** [baʀde] vi (fam): **ça va** ~ sparks will fly, things are going to get hot.

**barème** [baʀɛm] nm scale ; table ; ~ **des salaires** salary scale.

**barguigner** [baʀgiɲe] vi: **sans** ~ without (any) humming and hawing ou shilly-shallying.

**baril** [baʀil] nm barrel ; keg.

**barillet** [baʀijɛ] nm (de revolver) cylinder.

**bariolé, e** [baʀjɔle] a many-coloured, rainbow-coloured.

**baromètre** [baʀɔmɛtʀ(ə)] nm barometer.

**baron** [baʀɔ̃] nm baron ; **baronne** nf baroness.

**baroque** [baʀɔk] a (ART) baroque ; (fig) weird.

**baroud** [baʀud] nm: ~ **d'honneur** gallant last stand.

**barque** [baʀk(ə)] nf small boat.

**barrage** [baʀaʒ] nm dam ; (sur route) road-block, barricade.

**barre** [baʀ] nf bar ; (NAVIG) helm ; (écrite) line, stroke ; (JUR): **comparaître à la** ~ to appear as a witness ; ~ **fixe** (GYM) horizontal bar ; ~ **à mine** crowbar ; ~s **parallèles** (GYM) parallel bars.

**barreau, x** [baʀo] nm bar ; (JUR): **le** ~ the Bar.

**barrer** [baʀe] vt (route etc) to block ; (mot) to cross out ; (chèque) to cross ; (NAVIG) to steer ; **se** ~ vi (fam) to clear off.

**barrette** [baʀɛt] nf (pour cheveux) (hair) slide.

**barreur** [baʀœʀ] nm helmsman ; (aviron) coxswain.

**barricade** [baʀikad] nf barricade ; **barricader** vt to barricade ; **se barricader chez soi** (fig) to lock o.s. in.

**barrière** [baʀjɛʀ] nf fence ; (obstacle) barrier.

**barrique** [baʀik] nf barrel, cask.

**baryton** [baʀitɔ̃] nm baritone.

**bas, basse** [bɑ, bɑs] a low // nm bottom, lower part ; (chaussette) stocking // nf (MUS) bass // ad low ; **plus** ~ lower down ; (dans un texte) further on, below ; (parler) more softly ; **au** ~ **mot** at the lowest estimate ; **enfant en** ~ **âge** infant, young child; **en ~** down below; **at** (*ou* **to**) **the bottom**; (*dans une maison*) downstairs; **en ~ de** at the bottom of; **mettre ~** *vi* to give birth; **à ~ ...!** 'down with ...!'; **~ morceaux** *nmpl* (*viande*) cheap cuts.

**basalte** [bazalt(ə)] *nm* basalt.

**basané, e** [bazane] *a* tanned, bronzed.

**bas-côté** [bakote] *nm* (*de route*) verge; (*d'église*) (side) aisle.

**bascule** [baskyl] *nf*: **(jeu de) ~** seesaw; **(balance à) ~** scales *pl*; **fauteuil à ~** rocking chair; **système à ~** tip-over device; rocker device.

**basculer** [baskyle] *vi* to fall over, topple (over); (*benne*) to tip up // *vt* (*gén*: **faire ~**) to topple over; to tip out, tip up.

**base** [baz] *nf* base; (*POL*) rank and file; (*fondement, principe*) basis (*pl* bases); **de ~** basic; **à ~ de café** *etc* coffee *etc* -based; **baser** *vt* to base; **se baser sur** (*données, preuves*) to base one's argument on.

**bas-fond** [baf5] *nm* (*NAVIG*) shallow; **~s** (*fig*) dregs.

**basilic** [bazilik] *nm* (*CULIN*) basil.

**basilique** [bazilik] *nf* basilica.

**basket(-ball)** [baskɛt(bol)] *nm* basketball.

**basque** [bask(ə)] *a, nm/f* Basque.

**bas-relief** [bəRəljɛf] *nm* bas relief.

**basse** [bas] *a, nf voir* **bas**; **~-cour** *nf* farm-yard.

**bassin** [basɛ̃] *nm* (*cuvette*) bowl; (*pièce d'eau*) pond, pool; (*de fontaine, GÉO*) basin; (*ANAT*) pelvis; (*portuaire*) dock.

**bassiste** [basist(ə)] *nm/f* (double) bass player.

**bastingage** [bastɛ̃gaʒ] *nm* (ship's) rail.

**bastion** [bastjɔ̃] *nm* bastion.

**bas-ventre** [bavɑ̃tR(ə)] *nm* (lower part of the) stomach.

**bat** *vb voir* **battre**.

**bât** [ba] *nm* packsaddle.

**bataille** [bataj] *nf* battle; fight.

**bataillon** [batajɔ̃] *nm* battalion.

**bâtard, e** [bataR, -aRd(ə)] *nm/f* illegit-imate child, bastard (*péj*).

**bateau, x** [bato] *nm* boat, ship.

**batelier, -ière** [batəlje, -jɛR] *nm/f* (*de bac*) ferryman.

**bat-flanc** [bafla] *nm inv* raised boards for sleeping, in cells, army huts etc.

**bâti, e** [bati] *a*: **bien ~** well-built // *nm* (*armature*) frame.

**batifoler** [batifɔle] *vi* to frolic *ou* lark about.

**bâtiment** [batimɑ̃] *nm* building; (*NAVIG*) ship, vessel; (*industrie*) building trade.

**bâtir** [batiR] *vt* to build.

**bâtisse** [batis] *nf* building.

**bâton** [batɔ̃] *nm* stick; **à ~s rompus** informally.

**bâtonnier** [batɔnje] *nm* ≈ president of the Bar.

**batraciens** [batRasjɛ̃] *nmpl* amphibians.

**bats** *vb voir* **battre**.

**battage** [bataʒ] *nm* (*publicité*) (hard) plugging.

**battant** [batɑ̃] *nm* (*de cloche*) clapper; (*de volets*) shutter, flap; (*de porte*) side; **porte à double ~** double door.

**battement** [batmɑ̃] *nm* (*de cœur*) beat; (*intervalle*) interval (*between classes, trains etc*); **~ de paupières** blinking *q* (of eye-lids); **10 minutes de ~** 10 minutes to spare.

**batterie** [batRi] *nf* (*MIL, ÉLEC*) battery; (*MUS*) drums *pl*, drum kit; **~ de cuisine** pots and pans *pl*, kitchen utensils *pl*.

**batteur** [batœR] *nm* (*MUS*) drummer; (*appareil*) whisk; **batteuse** *nf* (*AGR*) thresh-ing machine.

**battre** [batR(ə)] *vt* to beat; (*suj*: *pluie, vagues*) to beat *ou* lash against; (*œufs etc*) to beat up, whisk; (*blé*) to thresh; (*passer au peigne fin*) to scour // *vi* (*cœur*) to beat; (*volets etc*) to bang, rattle; **se ~** *vi* to fight; **~ la mesure** to beat time; **~ en brèche** to demolish; **~ son plein** to be at its height, be going full swing; **~ pavillon britannique** to fly the British flag; **~ des mains** to clap one's hands; **~ des ailes** to flap its wings; **~ en retraite** to beat a retreat.

**battue** [baty] *nf* (*chasse*) beat; (*policière etc*) search, hunt.

**baume** [bom] *nm* balm.

**bauxite** [boksit] *nf* bauxite.

**bavard, e** [bavaR, -ard(ə)] *a* (very) talk-ative; gossipy; **bavardage** *nm* chatter *q*; gossip *q*; **bavarder** *vi* to chatter; (*indiscrètement*) to gossip; to blab.

**bave** [bav] *nf* dribble; (*de chien etc*) slob-ber, slaver; (*d'escargot*) slime; **baver** *vi* to dribble; to slobber, slaver; **bavette** *nf* bib; **baveux, euse** *a* dribbling; (*omelette*) runny.

**bavure** [bavyR] *nf* smudge; (*fig*) hitch, flaw.

**bayer** [baje] *vi*: **~ aux corneilles** to stand gaping.

**bazar** [bazar] *nm* general store; (*fam*) jumble; **bazarder** *vt* (*fam*) to chuck out.

**B.C.G.** *sigle m* (= *bacille Calmette-Guérin*) BCG.

**bd.** *abr de* **boulevard**.

**B.D.** *sigle f* = **bande dessinée**.

**béant, e** [beɑ̃, -ɑ̃t] *a* gaping.

**béat, e** [bea, -at] *a* showing open-eyed wonder; blissful; **béatitude** *nf* bliss.

**beau(bel), belle, beaux** [bo, bɛl] *a* beautiful, fine, lovely; (*homme*) handsome // *nf* (*SPORT*) decider // *ad*: **il fait ~** the weather's fine *ou* fair; **un ~ jour** one (fine) day; **de plus belle** more than ever, even more; **on a ~ essayer** however hard *ou* no matter how hard we try; **faire le ~** (*chien*) to sit up and beg.

**beaucoup** [boku] *ad* a lot; much (*gén en tournure négative*); **il ne boit pas ~** he doesn't drink much *ou* a lot; **~ de** (*nombre*) many, a lot of; (*quantité*) a lot of, much; **~ plus/trop** *etc* far *ou* much more/too much; **de ~** by far.

**beau-fils** [bofis] *nm* son-in-law; (*remariage*) stepson.

**beau-frère** [bofRɛR] *nm* brother-in-law.

**beau-père** [bopɛR] *nm* father-in-law; step-father.

**beauté** [bote] *nf* beauty; **de toute ~** beautiful; **en ~** with a flourish, brilliantly.

**beaux-arts** [bozar] *nmpl* fine arts.

**beaux-parents** [boparɑ̃] *nmpl* wife's/husband's family *sg ou pl*, in-laws.

**bébé** [bebe] *nm* baby.

**bec** [bɛk] *nm* beak, bill ; (*de plume*) nib ; (*de récipient*) spout ; lip ; (*fam*) mouth ; ~ **de gaz** (street) gaslamp ; ~ **verseur** pouring lip.

**bécane** [bekan] *nf* bike.

**bécasse** [bekas] *nf* (*ZOOL*) woodcock ; (*fam*) silly goose.

**bec-de-lièvre** [bɛkdəljɛvʀ(ə)] *nm* harelip.

**bêche** [bɛʃ] *nf* spade ; **bêcher** *vt* to dig.

**bécoter** [bekɔte] : **se** ~ *vi* to smooch.

**becquée** [beke] *nf*: **donner la** ~ à to feed.

**becqueter** [bɛkte] *vt* to peck (at).

**bedaine** [bədɛn] *nf* paunch.

**bedeau, x** [bədo] *nm* beadle.

**bedonnant, e** [bədɔnɑ̃, -ɑ̃t] *a* paunchy, potbellied.

**bée** [be] *a*: **bouche** ~ gaping.

**beffroi** [befʀwa] *nm* belfry.

**bégayer** [begeje] *vt*, *vi* to stammer.

**bègue** [bɛg] *nm/f*: **être** ~ to have a stammer.

**bégueule** [begœl] *a* prudish.

**béguin** [begɛ̃] *nm*: **avoir le** ~ **de** *ou* **pour** to have a crush on.

**beige** [bɛʒ] *a* beige.

**beignet** [bɛɲɛ] *nm* fritter.

**bel** [bɛl] *a voir* **beau**.

**bêler** [bele] *vi* to bleat.

**belette** [bəlɛt] *nf* weasel.

**belge** [bɛlʒ(ə)] *a*, *nm/f* Belgian.

**Belgique** [bɛlʒik] *nf* Belgium.

**bélier** [belje] *nm* ram ; (*engin*) (battering) ram ; (*signe*): **le B**~ Aries, the Ram ; **être du B**~ to be Aries.

**belle** [bɛl] *af*, *nf voir* **beau** ; ~**-fille** *nf* daughter-in-law ; (*remariage*) stepdaughter ; ~**-mère** *nf* mother-in-law ; stepmother ; ~**-sœur** *nf* sister-in-law.

**belligérant, e** [beliʒeʀɑ̃, -ɑ̃t] *a* belligerent.

**belliqueux, euse** [belikǿ, -ǿz] *a* aggressive, warlike.

**belvédère** [bɛlvedɛʀ] *nm* panoramic viewpoint (*or small building at such a place*).

**bémol** [bemɔl] *nm* (*MUS*) flat.

**bénédiction** [benediksjɔ̃] *nf* blessing.

**bénéfice** [benefis] *nm* (*COMM*) profit ; (*avantage*) benefit ; **bénéficiaire** *nm/f* beneficiary ; **bénéficier de** *vt* to enjoy ; to benefit by *ou* from ; to get, be given ; **bénéfique** *a* beneficial.

**benêt** [bənɛ] *nm* simpleton.

**bénévole** [benevɔl] *a* voluntary, unpaid.

**bénin, igne** [benɛ̃, -iɲ] *a* minor, mild ; (*tumeur*) benign.

**bénir** [beniʀ] *vt* to bless ; **bénit, e** *a* consecrated ; **eau bénite** holy water ; **bénitier** *nm* stoup, font (*for holy water*).

**benjamin, e** [bɛ̃ʒamɛ̃, -in] *nm/f* youngest child.

**benne** [bɛn] *nf* skip ; (*de téléphérique*) (cable) car ; ~ **basculante** tipper.

**benzine** [bɛ̃zin] *nf* benzine.

**béotien, ne** [beɔsjɛ̃, -jɛn] *nm/f* philistine.

**B.E.P.C.** *sigle m voir* **brevet**.

**béquille** [bekij] *nf* crutch ; (*de bicyclette*) stand.

**bercail** [bɛʀkaj] *nm* fold.

**berceau, x** [bɛʀso] *nm* cradle, crib.

**bercer** [bɛʀse] *vt* to rock, cradle ; (*suj: musique etc*) to lull ; ~ **qn de** (*promesses etc*) to delude sb with ; **berceuse** *nf* lullaby.

**béret (basque)** [beʀɛ(bask(ə))] *nm* beret.

**berge** [bɛʀʒ(ə)] *nf* bank.

**berger, ère** [bɛʀʒe, -ɛʀ] *nm/f* shepherd/shepherdess ; **bergerie** *nf* sheep pen.

**berline** [bɛʀlin] *nf* (*AUTO*) saloon (car).

**berlingot** [bɛʀlɛ̃go] *nm* (*emballage*) carton (*pyramid shaped*).

**berlue** [bɛʀly] *nf*: **j'ai la** ~ I must be seeing things.

**berne** [bɛʀn(ə)] *nf*: **en** ~ at half-mast.

**berner** [bɛʀne] *vt* to fool.

**besogne** [bəzɔɲ] *nf* work q, job ; **besogneux, euse** *a* hard-working.

**besoin** [bəzwɛ̃] *nm* need ; (*pauvreté*): **le** ~ need, want ; ~**s** (**naturels**) nature's needs ; **faire ses** ~**s** to relieve o.s. ; **avoir** ~ **de qch/faire qch** to need sth/to do sth ; **au** ~ if need be ; **pour les** ~**s de la cause** for the purpose in hand.

**bestial, e, aux** [bɛstjal, -o] *a* bestial, brutish.

**bestiaux** [bɛstjo] *nmpl* cattle.

**bestiole** [bɛstjɔl] *nf* (tiny) creature.

**bétail** [betaj] *nm* livestock, cattle *pl*.

**bête** [bɛt] *nf* animal ; (*bestiole*) insect, creature // *a* stupid, silly ; **il cherche la petite** ~ he's being pernickety *ou* overfussy ; ~ **noire** pet hate, bugbear ; ~ **sauvage** wild beast ; ~ **de somme** beast of burden.

**bêtise** [betiz] *nf* stupidity ; stupid thing (to say *ou* do).

**béton** [betɔ̃] *nm* concrete ; ~ **armé** reinforced concrete ; **bétonner** *vt* to concrete (over) ; **bétonnière** *nf* cement mixer.

**betterave** [bɛtʀav] *nf* (*rouge*) beetroot ; ~ **fourragère** mangel-wurzel ; ~ **sucrière** sugar beet.

**beugler** [bøgle] *vi* to low ; (*radio etc*) to blare // *vt* (*chanson etc*) to bawl out.

**beurre** [bœʀ] *nm* butter ; **beurrer** *vt* to butter ; **beurrier** *nm* butter dish.

**beuverie** [bœvʀi] *nf* drinking session.

**bévue** [bevy] *nf* blunder.

**bi...** [bi] *préfixe* bi... , two-.

**biais** [bjɛ] *nm* (*moyen*) device, expedient ; (*aspect*) angle ; **en** ~, **de** ~ (*obliquement*) at an angle ; (*fig*) indirectly ; **biaiser** *vi* (*fig*) to sidestep the issue.

**bibelot** [biblo] *nm* trinket, curio.

**biberon** [bibʀɔ̃] *nm* (feeding) bottle ; **nourrir au** ~ to bottle-feed.

**bible** [bibl(ə)] *nf* bible.

**biblio...** [biblijo] *préfixe*: ~**bus** *nm* mobile library van ; ~**graphie** *nf* bibliography ; ~**phile** *nf* booklover ; ~**thécaire** *nm/f* librarian ; ~**thèque** *nf* library ; (*meuble*) bookcase.

**biblique** [biblik] *a* biblical.

**bicarbonate** [bikaʀbɔnat] *nm*: ~ (**de soude**) bicarbonate of soda.

**biceps** [bisɛps] *nm* biceps.

**biche** [biʃ] *nf* doe.

**bichonner** [biʃɔne] *vt* to groom.
**bicolore** [bikɔlɔʀ] *a* two-coloured.
**bicoque** [bikɔk] *nf* (*péj*) shack.
**bicorne** [bikɔʀn(ə)] *nm* cocked hat.
**bicyclette** [bisiklɛt] *nf* bicycle.
**bide** [bid] *nm* (*fam: ventre*) belly; (*THÉÂTRE*) flop.
**bidet** [bidɛ] *nm* bidet.
**bidon** [bidɔ̃] *nm* can // *a inv* (*fam*) phoney.
**bidonville** [bidɔ̃vil] *nm* shanty town.
**bielle** [bjɛl] *nf* connecting rod.
**bien** [bjɛ̃] *nm* good; (*patrimoine*) property *q*; **faire du ~ à qn** to do sb good; **dire du ~ de** to speak well of; **changer en ~** to turn to the good; **~s de consommation** consumer goods // *ad* (*travailler*) well; **~ jeune** rather young; **~ assez** quite enough; **~ mieux** very much better; **~ du temps/ des gens** quite a time/a number of people; **j'espère ~ y aller** I do hope to go; **je veux ~ le faire** (*concession*) I'm (quite) willing to do it; **il faut ~ le faire** it has to be done; **~ sûr** certainly; **c'est ~ fait** (*mérité*) it serves him (ou her *etc*) right; **croyant ~ faire** thinking he was doing the right thing // *a inv* (*à l'aise*): **être ~** to be fine; **ce n'est pas ~ de** it's not right to; **cette maison est ~** this house is (very) good; **elle est ~** (*jolie*) she's good-looking; **des gens ~** (*parfois péj*) respectable people; **être ~ avec qn** to be on good terms with sb; **~ que** *cj* although; **~-aimé, e** *a, nm/f* beloved; **~-être** *nm* well-being; **~faisance** *nf* charity; **~faisant, e** *a* (*chose*) beneficial; **~fait** *nm* act of generosity, benefaction; (*de la science etc*) benefit; **~faiteur, trice** *nm/f* benefactor/benefactress; **~-fondé** *nm* soundness; **~-fonds** *nm* property; **~heureux, euse** *a* happy; (*REL*) blessed, blest.
**biennal, e, aux** [bjenal, -o] *a* biennial.
**bienséance** [bjɛ̃seɑ̃s] *nf* propriety, decorum *q*.
**bienséant, e** [bjɛ̃seɑ̃, -ɑ̃t] *a* proper, seemly.
**bientôt** [bjɛ̃to] *ad* soon; **à ~** see you soon.
**bienveillance** [bjɛ̃vɛjɑ̃s] *nf* kindness.
**bienveillant, e** [bjɛ̃vɛjɑ̃, -ɑ̃t] *a* kindly.
**bienvenu, e** [bjɛ̃vny] *a* welcome // *nm/f*: **être le ~/la ~e** to be welcome // *nf*: **souhaiter la ~e à** to welcome; **~e à** welcome to.
**bière** [bjɛʀ] *nf* (*boisson*) beer; (*cercueil*) bier; **~ blonde** lager; **~ brune** brown ale; **~ (à la) pression** draught beer.
**biffer** [bife] *vt* to cross out.
**bifteck** [biftɛk] *nm* steak.
**bifurcation** [bifyʀkasjɔ̃] *nf* fork (*in road*).
**bifurquer** [bifyʀke] *vi* (*route*) to fork; (*véhicule*) to turn off.
**bigame** [bigam] *a* bigamous; **bigamie** *nf* bigamy.
**bigarré, e** [bigaʀe] *a* multicoloured; (*disparate*) motley.
**bigorneau, x** [bigɔʀno] *nm* winkle.
**bigot, e** [bigo, -ɔt] (*péj*) *a* churchy // *nm/f* church fiend.
**bigoudi** [bigudi] *nm* curler.
**bijou, x** [biʒu] *nm* jewel; **~terie** *nf*

jeweller's (shop); jewellery; **~tier, ière** *nm/f* jeweller.
**bikini** [bikini] *nm* bikini.
**bilan** [bilɑ̃] *nm* (*COMM*) balance sheet(s); end of year statement; (*fig*) (net) outcome; (: *de victimes*) toll; **faire le ~ de** to assess; to review; **déposer son ~** to file a bankruptcy statement.
**bilatéral, e, aux** [bilateʀal, -o] *a* bilateral.
**bile** [bil] *nf* bile; **se faire de la ~** (*fam*) to worry o.s. sick.
**biliaire** [biljɛʀ] *a* biliary.
**bilieux, euse** [biljø, -jøz] *a* bilious; (*fig: colérique*) testy.
**bilingue** [bilɛ̃g] *a* bilingual.
**billard** [bijaʀ] *nm* billiards *sg*; billiard table.
**bille** [bij] *nf* (*gén*) ball; (*du jeu de billes*) marble; (*de bois*) log.
**billet** [bijɛ] *nm* (*aussi*: **~ de banque**) (bank)note; (*de cinéma, de bus etc*) ticket; (*courte lettre*) note; **~ circulaire** round-trip ticket; **~ de faveur** complimentary ticket; **~ de loterie** lottery ticket; **~ de quai** platform ticket.
**billion** [biljɔ̃] *nm* billion.
**billot** [bijo] *nm* block.
**bimensuel, le** [bimɑ̃sɥɛl] *a* bimonthly, two-monthly.
**bimoteur** [bimɔtœʀ] *a* twin-engined.
**binaire** [binɛʀ] *a* binary.
**binocle** [binɔkl(ə)] *nm* pince-nez.
**binôme** [binom] *nm* binomial.
**bio...** [bjɔ] *préfixe* bio...; **~dégradable** *a* biodegradable; **~graphe** *nm/f* biographer; **~graphie** *nf* biography; **~graphique** *a* biographical; **~logie** *nf* biology; **~logique** *a* biological; **~logiste** *nm/f* biologist.
**bipède** [bipɛd] *nm* biped, two-footed creature.
**biplan** [biplɑ̃] *nm* biplane.
**biréacteur** [biʀeaktœʀ] *nm* twin- engined jet.
**bis, e** [bi, biz] *a* (*couleur*) greyish brown // *ad* [bis]: **12 ~** 12a ou A // *excl, nm* [bis] encore // *nf* (*baiser*) kiss; (*vent*) North wind.
**bisannuel, le** [bizanɥɛl] *a* biennial.
**bisbille** [bisbij] *nf*: **être en ~ avec qn** to be at loggerheads with sb.
**biscornu, e** [biskɔʀny] *a* crooked, weird-(-looking).
**biscotte** [biskɔt] *nf* rusk.
**biscuit** [biskɥi] *nm* biscuit; sponge cake.
**bise** [biz] *a, nf voir* **bis**.
**biseau, x** [bizo] *nm* bevelled edge; **en ~** bevelled; **~ter** *vt* to bevel.
**bison** [bizɔ̃] *nm* bison.
**bisque** [bisk(ə)] *nf*: **~ d'écrevisses** shrimp bisque.
**bissectrice** [bisɛktʀis] *nf* bisector.
**bisser** [bise] *vt* to encore.
**bissextile** [bisɛkstil] *a*: **année ~** leap year.
**bissexué, e** [bisɛksɥe] *a* bisexual.
**bistouri** [bisturi] *nm* lancet.
**bistre** [bistʀ(ə)] *a* bistre.
**bistro(t)** [bistʀo] *nm* bistrot, café.

**bitte** [bit] *nf*: ~ **d'amarrage** bollard (*NAUT*).

**bitume** [bitym] *nm* asphalt.

**bivouac** [bivwak] *nm* bivouac; **bivouaquer** *vi* to bivouac.

**bizarre** [bizaʀ] *a* strange, odd.

**blafard, e** [blafaʀ, -aʀd(ə)] *a* wan.

**blague** [blag] *nf* (*propos*) joke; (*farce*) trick; **sans** ~! no kidding!; ~ **à tabac** tobacco pouch.

**blaguer** [blage] *vi* to joke // *vt* to tease; **blagueur, euse** *a* teasing // *nm/f* joker.

**blaireau, x** [blɛʀo] *nm* (*ZOOL*) badger; (*brosse*) shaving brush.

**blâmable** [blɑmabl(ə)] *a* blameworthy.

**blâme** [blɑm] *nm* blame; (*sanction*) reprimand.

**blâmer** [blɑme] *vt* to blame.

**blanc, blanche** [blɑ̃, blɑ̃ʃ] *a* white; (*non imprimé*) blank; (*innocent*) pure // *nm/f* white, white man/woman // *nm* (*couleur*) white; (*linge*): **le** ~ whites *pl*; (*espace non écrit*) blank; (*aussi*: ~ **d'œuf**) (egg-)white; (*aussi*: ~ **de poulet**) breast, white meat; (*aussi*: **vin** ~) white wine // *nf* (*MUS*) minim; **chèque en** ~ blank cheque; **à** ~ *ad* (*chauffer*) white-hot; (*tirer, charger*) with blanks; ~**-bec** greenhorn; **blancheur** *nf* whiteness.

**blanchir** [blɑ̃ʃiʀ] *vt* (*gén*) to whiten; (*linge*) to launder; (*CULIN*) to blanch; (*fig: disculper*) to clear // *vi* to grow white; (*cheveux*) to go white; **blanchissage** *nm* (*du linge*) laundering; **blanchisserie** *nf* laundry; **blanchisseur, euse** *nm/f* launderer.

**blanc-seing** [blɑ̃sɛ̃] *nm* signed blank paper.

**blaser** [blaze] *vt* to make blasé.

**blason** [blazɔ̃] *nm* coat of arms.

**blasphème** [blasfɛm] *nm* blasphemy; **blasphémer** *vi* to blaspheme // *vt* to blaspheme against.

**blatte** [blat] *nf* cockroach.

**blazer** [blazɛʀ] *nm* blazer.

**blé** [ble] *nm* wheat; ~ **en herbe** wheat on the ear.

**bled** [blɛd] *nm* (*péj*) hole; (*en Afrique du nord*): **le** ~ the interior.

**blême** [blɛm] *a* pale.

**blennorragie** [blenɔʀaʒi] *nf* blennorrhoea.

**blessant, e** [blɛsɑ̃, -ɑ̃t] *a* hurtful.

**blessé, e** [blese] *a* injured // *nm/f* injured person; casualty.

**blesser** [blese] *vt* to injure; (*délibérément: MIL etc*) to wound; (*suj: souliers etc, offenser*) to hurt; **se** ~ to injure o.s.; **se** ~ **au pied** *etc* to injure one's foot *etc*.

**blessure** [blesyʀ] *nf* injury; wound.

**blet, te** [blɛ, blɛt] *a* overripe.

**bleu** [blø] *a* blue; (*bifteck*) very rare // *nm* (*couleur*) blue; (*novice*) greenhorn; (*contusion*) bruise; (*vêtement: aussi*: ~**s**) overalls *pl*; **au** ~ (*CULIN*) au bleu.

**bleuet** [bløɛ] *nm* cornflower.

**bleuir** [bløiʀ] *vt, vi* to turn blue.

**bleuté, e** [bløte] *a* a blue-shaded.

**blindage** [blɛ̃daʒ] *nm* armour-plating.

**blinder** [blɛ̃de] *vt* to armour; (*fig*) to harden.

**blizzard** [blizaʀ] *nm* blizzard.

**bloc** [blɔk] *nm* (*de pierre etc*) block; (*de papier à lettres*) pad; (*ensemble*) group, block; **serré à** ~ tightened right down; **en** ~ as a whole; wholesale; ~ **opératoire** operating theatre suite.

**blocage** [blɔkaʒ] *nm* blocking; jamming; freezing; (*PSYCH*) hang-up.

**bloc-moteur** [blɔkmɔtœʀ] *nm* engine block.

**bloc-notes** [blɔknɔt] *nm* note pad.

**blocus** [blɔkys] *nm* blockade.

**blond, e** [blɔ̃, -ɔ̃d] *a* fair, blond; (*sable, blés*) golden // *nm/f* fair-haired *ou* blond man/woman; ~ **cendré** ash blond; **blondeur** *nf* fairness.

**bloquer** [blɔke] *vt* (*passage*) to block; (*pièce mobile*) to jam; (*crédits, compte*) to freeze; (*regrouper*) to group; ~ **les freins** to jam on the brakes.

**blottir** [blɔtiʀ]: **se** ~ *vi* to huddle up.

**blouse** [bluz] *nf* overall.

**blouson** [bluzɔ̃] *nm* lumber jacket; ~ **noir** (*fig*) ≈ teddy boy.

**blues** [bluz] *nm* blues *pl*.

**bluet** [blyɛ] *nm* = **bleuet**.

**bluff** [blœf] *nm* bluff; ~**er** *vi, vt* to bluff.

**boa** [bɔa] *nm* boa.

**bobard** [bɔbaʀ] *nm* (*fam*) tall story.

**bobèche** [bɔbɛʃ] *nf* candle-ring.

**bobine** [bɔbin] *nf* reel; (*machine à coudre*) spool; (*ÉLEC*) coil.

**bocage** [bɔkaʒ] *nm* grove, copse.

**bocal, aux** [bɔkal, -o] *nm* jar.

**bock** [bɔk] *nm* (beer) glass; glass of beer.

**bœuf** [bœf, *pl* bø] *nm* ox (*pl* oxen), steer; (*CULIN*) beef.

**bohème** [bɔɛm] *a* happy-go-lucky, unconventional.

**bohémien, ne** [bɔemjɛ̃, -jɛn] *nm/f* gipsy.

**boire** [bwaʀ] *vt* to drink; (*s'imprégner de*) to soak up; ~ **un verre** to have a drink.

**bois** [bwa] *nm* wood; **de** ~, **en** ~ wooden; ~ **de lit** bedstead.

**boisé, e** [bwaze] *a* wooded.

**boiser** [bwaze] *vt* (*galerie de mine*) to timber; (*chambre*) to panel; (*terrain*) to plant with trees.

**boiseries** [bwazʀi] *nfpl* panelling *sg*.

**boisson** [bwasɔ̃] *nf* drink; **pris de** ~ drunk, intoxicated; ~**s alcoolisées** alcoholic beverages *ou* drinks; ~**s gazeuses** fizzy drinks.

**boîte** [bwat] *nf* box; **aliments en** ~ canned *ou* tinned foods; ~ **de sardines/petits pois** can *ou* tin of sardines/peas; ~ **d'allumettes** box of matches; (*vide*) matchbox; ~ **de conserves** can *ou* tin (of food); ~ **crânienne** cranium, brainpan; ~ **à gants** glove compartment; ~ **aux lettres** letterbox; ~ **de nuit** night club; ~ **postale (B.P.)** P.O. Box; ~ **de vitesses** gear box.

**boiter** [bwate] *vi* to limp; (*fig*) to wobble; to be shaky; **boiteux, euse** *a* lame; wobbly; shaky.

**boîtier** [bwatje] *nm* case; ~ **de montre** watch case.

**boive** *etc vb voir* **boire**.

**bol** [bɔl] *nm* bowl; **un** ~ **d'air** a dose of fresh air.

**bolet** [bɔlɛ] *nm* boletus (mushroom).

**bolide** [bɔlid] *nm* racing car; **comme un ~** at top speed, like a rocket.

**bombance** [bɔ̃bɑ̃s] *nf*: **faire ~** to have a feast, revel.

**bombardement** [bɔ̃baʀdəmɑ̃] *nm* bombing.

**bombarder** [bɔ̃baʀde] *vt* to bomb; **~ qn de** (*cailloux, lettres*) to bombard sb with; **~ qn directeur** to thrust sb into the director's seat; **bombardier** *nm* bomber.

**bombe** [bɔ̃b] *nf* bomb; (*atomiseur*) (aerosol) spray; **faire la ~** (*fam*) to go on a binge.

**bombé, e** [bɔ̃be] *a* rounded; bulging; cambered.

**bomber** [bɔ̃be] *vi* to bulge; to camber // *vt*: **~ le torse** to swell out one's chest.

**bon, bonne** [bɔ̃, bɔn] *a* a good; (*charitable*): **~ (envers)** good (to), kind (to); (*juste*): **le ~ numéro/moment** the right number/moment; (*approprié*): **~ à/pour** fit to/for // *nm* (*billet*) voucher; (*aussi*: **~ cadeau**) gift coupon *ou* voucher // *nf* (*domestique*) maid // *ad*: **il fait ~** it's *ou* the weather's fine; **sentir ~** to smell good; **tenir ~** to stand firm, hold out; **pour de ~** for good; **de bonne heure** early; **~ anniversaire!** happy birthday!; **~ voyage!** have a good journey!, enjoy your trip!; **bonne chance!** good luck!; **bonne année!** happy New Year!; **bonne nuit!** good night!; **~ enfant** *a inv* accommodating, easy-going; **~ d'essence** *nm* petrol coupon; **~ marché** *a inv*, *ad* cheap; **~ mot** *nm* witticism; **~ sens** *nm* common sense; **~ à tirer** *nm* pass for press; **~ du Trésor** *nm* Treasury bond; **~ vivant** *nm* jovial chap; **bonne d'enfant** *nf* nanny; **bonne femme** *nf* (*péj*) woman; female; **bonne à tout faire** *nf* general help; **bonnes œuvres** *nfpl* charitable works; charities.

**bonasse** [bɔnas] *a* soft, meek.

**bonbon** [bɔ̃bɔ̃] *nm* (boiled) sweet.

**bonbonne** [bɔ̃bɔn] *nf* demijohn; carboy.

**bonbonnière** [bɔ̃bɔnjɛʀ] *nf* sweet box, bonbonnière.

**bond** [bɔ̃] *nm* leap; **faire un ~** to leap in the air.

**bonde** [bɔ̃d] *nf* (*d'évier etc*) plug; (: *trou*) plughole; (*de tonneau*) bung; bunghole.

**bondé, e** [bɔ̃de] *a* packed (full).

**bondir** [bɔ̃diʀ] *vi* to leap.

**bonheur** [bɔnœʀ] *nm* happiness; **porter ~ (à qn)** to bring (sb) luck; **au petit ~** haphazardly; **par ~** fortunately.

**bonhomie** [bɔnɔmi] *nf* goodnaturedness.

**bonhomme** [bɔnɔm] *nm* (*pl* **bonshommes** [bɔ̃zɔm]) fellow // *a* goodnatured; **aller son ~ de chemin** to carry on in one's own sweet way; **~ de neige** snowman.

**boni** [bɔni] *nm* profit.

**bonification** [bɔnifikasjɔ̃] *nf* bonus.

**bonifier** [bɔnifje] *vt* to improve.

**boniment** [bɔnimɑ̃] *nm* patter *q*.

**bonjour** [bɔ̃ʒuʀ] *excl*, *nm* good morning (*ou* afternoon); hello; **dire ~ à qn** to say hello *ou* good morning/afternoon to sb.

**bonne** [bɔn] *a*, *nf voir* **bon**; **~ment** *ad*: **tout ~ment** quite simply.

**bonnet** [bɔnɛ] *nm* bonnet, hat; (*de soutien-gorge*) cup; **~ d'âne** dunce's cap; **~ de bain** bathing cap; **~ de nuit** nightcap.

**bonneterie** [bɔnɛtʀi] *nf* hosiery.

**bon-papa** [bɔ̃papa] *nm* grandpa, grandad.

**bonsoir** [bɔ̃swaʀ] *excl* good evening.

**bonté** [bɔ̃te] *nf* kindness *q*; **avoir la ~ de** to be kind *ou* good enough to.

**borborygme** [bɔʀbɔʀigm] *nm* rumbling noise.

**bord** [bɔʀ] *nm* (*de table, verre, falaise*) edge; (*de rivière, lac*) bank; (*de route*) side; (*monter*) **à ~** (to go) on board; **jeter par-dessus ~** to throw overboard; **le commandant/les hommes du ~** the ship's master/crew; **au ~ de la mer** at the seaside; **être au ~ des larmes** to be on the verge of tears.

**bordage** [bɔʀdaʒ] *nm* planking *q*, plating *q*.

**bordeaux** [bɔʀdo] *nm* Bordeaux (wine) // *a inv* maroon.

**bordée** [bɔʀde] *nf* broadside; **une ~ d'injures** a volley of abuse.

**bordel** [bɔʀdɛl] *nm* brothel.

**border** [bɔʀde] *vt* (*être le long de*) to border; to line; (*garnir*): **~ qch de** to line sth with; to trim sth with; (*qn dans son lit*) to tuck up.

**bordereau, x** [bɔʀdəro] *nm* docket; slip; statement, invoice.

**bordure** [bɔʀdyʀ] *nf* border; (*sur un vêtement*) trim(ming), border; **en ~ de** on the edge of.

**borgne** [bɔʀɲ(ə)] *a* one-eyed; **hôtel ~** shady hotel.

**borne** [bɔʀn(ə)] *nf* boundary stone; (*gén*: **~ kilométrique**) kilometre-marker, ≈ milestone; **~s** *nfpl* (*fig*) limits; **dépasser les ~s** to go too far; **sans ~(s)** boundless.

**borné, e** [bɔʀne] *a* narrow; narrowminded.

**borner** [bɔʀne] *vt* to limit; to confine; **se ~ à faire** to content o.s. with doing; to limit o.s. to doing.

**bosquet** [bɔskɛ] *nm* copse, grove.

**bosse** [bɔs] *nf* (*de terrain etc*) bump; (*enflure*) lump; (*du bossu, du chameau*) hump; **avoir la ~ des maths** *etc* to have a gift for maths *etc*; **il a roulé sa ~** he's been around.

**bosseler** [bɔsle] *vt* (*ouvrer*) to emboss; (*abîmer*) to dent.

**bosser** [bɔse] *vi* (*fam*) to work; to slog (hard).

**bossu, e** [bɔsy] *nm/f* hunchback.

**bot** [bo] *am*: **pied ~** club foot.

**botanique** [bɔtanik] *nf*: **la ~** botany // *a* botanic(al).

**botaniste** [bɔtanist(ə)] *nm/f* botanist.

**botte** [bɔt] *nf* (*soulier*) (high) boot; (*ESCRIME*) thrust; (*gerbe*): **~ de paille** bundle of straw; **~ de radis/d'asperges** bunch of radishes/asparagus; **~s de caoutchouc** wellington boots.

**botter** [bɔte] *vt* to put boots on; to kick; (*fam*): **ça me botte** I fancy that.

**bottier** [bɔtje] *nm* bootmaker.
**bottin** [bɔtɛ̃] *nm* directory.
**bottine** [bɔtin] *nf* ankle boot, bootee.
**bouc** [buk] *nm* goat; (*barbe*) goatee; ~ émissaire scapegoat.
**boucan** [bukɑ̃] *nm* din, racket.
**bouche** [buʃ] *nf* mouth; faire le ~ à ~ à qn to give sb the kiss of life, to practise mouth-to-mouth resuscitation on sb; ~ de chaleur hot air vent; ~ d'égout manhole; ~ d'incendie fire hydrant; ~ de métro métro entrance.
**bouché, e** [buʃe] a (*temps, ciel*) overcast; (*péj: personne*) thick; (*JAZZ: trompette*) muted; avoir le nez ~ to have a blocked (-up) nose.
**bouchée** [buʃe] *nf* mouthful; ~s à la reine chicken vol-au-vents.
**boucher** [buʃe] *nm* butcher // *vt* (*pour colmater*) to stop up; to fill up; (*obstruer*) to block (up); se ~ le nez to hold one's nose; se ~ (*tuyau etc*) to block up, get blocked up.
**bouchère** [buʃɛʀ] *nf* (woman) butcher; butcher's wife.
**boucherie** [buʃʀi] *nf* butcher's (shop); butchery; (*fig*) slaughter.
**bouche-trou** [buʃtʀu] *nm* (*fig*) stop-gap.
**bouchon** [buʃɔ̃] *nm* (*en liège*) cork; (*autre matière*) stopper; (*fig: embouteillage*) holdup; (*PÊCHE*) float; ~ doseur measuring cap.
**bouchonner** [buʃɔne] *vt* to rub down.
**boucle** [bukl(ə)] *nf* (*forme, figure*) loop; (*objet*) buckle; ~ (*de cheveux*) curl; ~ d'oreilles earring.
**bouclé, e** [bukle] a curly; (*tapis*) uncut.
**boucler** [bukle] *vt* (*fermer: ceinture etc*) to fasten up; (: *magasin*) to shut; (*terminer*) to finish off; to complete; (: *budget*) to balance; (*enfermer*) to shut away; to lock up; (: *quartier*) to seal off // *vi* to curl.
**bouclier** [buklije] *nm* shield.
**bouddhiste** [budist(ə)] *nm/f* Buddhist.
**bouder** [bude] *vi* to sulk // *vt* to turn one's nose up at; to refuse to have anything to do with; **bouderie** *nf* sulking *q*; **boudeur, euse** a sullen, sulky.
**boudin** [budɛ̃] *nm* (*CULIN*) black pudding; (*TECH*) roll.
**boudoir** [budwaʀ] *nm* boudoir.
**boue** [bu] *nf* mud.
**bouée** [bwe] *nf* buoy; ~ (*de sauvetage*) lifebuoy.
**boueux, euse** [bwø, -øz] a muddy // *nm* refuse collector.
**bouffe** [buf] *nf* (*fam*) grub, food.
**bouffée** [bufe] *nf* puff; ~ de fièvre/de honte flush of fever/shame; ~ d'orgueil fit of pride.
**bouffer** [bufe] *vi* (*fam*) to eat; (*COUTURE*) to puff out // *vt* (*fam*) to eat.
**bouffi, e** [bufi] a swollen.
**bouffon, ne** [bufɔ̃, -ɔn] a farcical, comical // *nm* jester.
**bouge** [buʒ] *nm* (low) dive; hovel.
**bougeoir** [buʒwaʀ] *nm* candlestick.
**bougeotte** [buʒɔt] *nf*: avoir la ~ to have the fidgets.
**bouger** [buʒe] *vi* to move; (*dent etc*) to

be loose; (*changer*) to alter; (*agir*) to stir // *vt* to move.
**bougie** [buʒi] *nf* candle; (*AUTO*) sparking plug.
**bougon, ne** [bugɔ̃, -ɔn] a grumpy.
**bougonner** [bugɔne] *vi, vt* to grumble.
**bougre** [bugʀ(ə)] *nm* chap; (*fam*): ce ~ de that confounded.
**bouillabaisse** [bujabɛs] *nf* bouillabaisse.
**bouillant, e** [bujɑ̃, -ɑ̃t] a (*qui bout*) boiling; (*très chaud*) boiling (hot); (*fig: ardent*) hot-headed.
**bouilleur de cru** [bujœʀdəkʀy] *nm* (home) distiller.
**bouillie** [buji] *nf* gruel; (*de bébé*) cereal; en ~ (*fig*) crushed.
**bouillir** [bujiʀ] *vi, vt* to boil; ~ de colère etc to seethe with anger etc.
**bouilloire** [bujwaʀ] *nf* kettle.
**bouillon** [bujɔ̃] *nm* (*CULIN*) stock *q*; (*bulles, écume*) bubble; ~ de culture culture medium.
**bouillonner** [bujɔne] *vi* to bubble; (*fig*) to bubble up; to foam.
**bouillotte** [bujɔt] *nf* hot-water bottle.
**boulanger, ère** [bulɑ̃ʒe, -ɛʀ] *nm/f* baker // *nf* (woman) baker; baker's wife.
**boulangerie** [bulɑ̃ʒʀi] *nf* bakery, baker's (shop); (*commerce*) bakery; ~ industrielle bakery; ~-pâtisserie *nf* baker's and confectioner's (shop).
**boule** [bul] *nf* (*gén*) ball; (*pour jouer*) bowl; ~ de neige snowball; faire ~ de neige to snowball.
**bouleau, x** [bulo] *nm* (silver) birch.
**bouledogue** [buldɔg] *nm* bulldog.
**boulet** [bulɛ] *nm* (*aussi*: ~ de canon) cannonball; (*de bagnard*) ball and chain; (*charbon*) (coal) nut.
**boulette** [bulɛt] *nf* ball.
**boulevard** [bulvaʀ] *nm* boulevard.
**bouleversement** [bulvɛʀsəmɑ̃] *nm* (*politique, social*) upheaval.
**bouleverser** [bulvɛʀse] *vt* (*émouvoir*) to overwhelm; (*causer du chagrin*) to distress; (*pays, vie*) to disrupt; (*papiers, objets*) to turn upside down, upset.
**boulier** [bulje] *nm* abacus; (*de jeu*) scoring board.
**boulimie** [bulimi] *nf* compulsive eating, bulimia.
**boulon** [bulɔ̃] *nm* bolt; **boulonner** *vt* to bolt.
**boulot** [bulo] *nm* (*fam: travail*) work.
**boulot, te** [bulo, -ɔt] a plump, tubby.
**bouquet** [bukɛ] *nm* (*de fleurs*) bunch (of flowers), bouquet; (*de persil etc*) bunch; (*parfum*) bouquet; (*fig*) crowning piece.
**bouquetin** [buktɛ̃] *nm* ibex.
**bouquin** [bukɛ̃] *nm* book; **bouquiner** *vi* to read; to browse around (in a bookshop); **bouquiniste** *nm/f* bookseller.
**bourbeux, euse** [buʀbø, -øz] a muddy.
**bourbier** [buʀbje] *nm* (quag)mire.
**bourde** [buʀd(ə)] *nf* (*erreur*) howler; (*gaffe*) blunder.
**bourdon** [buʀdɔ̃] *nm* bumblebee.
**bourdonnement** [buʀdɔnmɑ̃] *nm* buzzing.

**bourdonner** [buʀdɔne] *vi* to buzz.
**bourg** [buʀ] *nm* town.
**bourgade** [buʀgad] *nf* township.
**bourgeois, e** [buʀʒwa, -waz] *a* (*souvent péj*) ≈ (upper) middle class; bourgeois // *nm/f* (*autrefois*) burgher.
**bourgeoisie** [buʀʒwazi] *nf* ≈ upper middle classes *pl*; bourgeoisie; **petite** ~ middle classes.
**bourgeon** [buʀʒɔ̃] *nm* bud; **bourgeonner** *vi* to bud.
**Bourgogne** [buʀgɔɲ] *nf*: **la** ~ Burgundy // *nm*: **b**~ burgundy (wine).
**bourguignon, ne** [buʀgiɲɔ̃, -ɔn] *a* of *ou* from Burgundy, Burgundian; **bœuf** ~ bœuf bourguignon.
**bourlinguer** [buʀlɛ̃ge] *vi* to knock about a lot, get around a lot.
**bourrade** [buʀad] *nf* shove, thump.
**bourrage** [buʀaʒ] *nm*: ~ **de crâne** brain-washing; (*SCOL*) cramming.
**bourrasque** [buʀask(ə)] *nf* squall.
**bourratif, ive** [buʀatif, -iv] *a* filling, stodgy.
**bourreau, x** [buʀo] *nm* executioner; (*fig*) torturer; ~ **de travail** glutton for work.
**bourreler** [buʀle] *vt*: **être bourrelé de remords** to be racked by remorse.
**bourrelet** [buʀlɛ] *nm* draught excluder; (*de peau*) fold *ou* roll (of flesh).
**bourrer** [buʀe] *vt* (*pipe*) to fill; (*poêle*) to pack; (*valise*) to cram (full); ~ **de** to cram (full) with; to stuff with; ~ **de coups** to hammer blows on, pummel.
**bourrique** [buʀik] *nf* (*âne*) ass.
**bourru, e** [buʀy] *a* surly, gruff.
**bourse** [buʀs(ə)] *nf* (*subvention*) grant; (*porte-monnaie*) purse; **la B**~ the Stock Exchange; **boursier, ière** *a* (*COMM*) Stock Market *cpd* // *nm/f* (*SCOL*) grant-holder.
**boursouflé, e** [buʀsufle] *a* swollen, puffy; (*fig*) bombastic, turgid.
**boursoufler** [buʀsufle] *vt* to puff up, bloat; **se** ~ *vi* (*visage*) to swell *ou* puff up; (*peinture*) to blister.
**bous** *vb voir* **bouillir**.
**bousculade** [buskylad] *nf* rush; crush.
**bousculer** [buskyle] *vt* to knock over; to knock into; (*fig*) to push, rush.
**bouse** [buz] *nf*: ~ (**de vache**) (cow) dung *q*.
**bousiller** [buzije] *vt* (*fam*) to wreck.
**boussole** [busɔl] *nf* compass.
**bout** [bu] *vb voir* **bouillir** // *nm* bit; (*extrémité*: *d'un bâton etc*) tip; (: *d'une ficelle, table, rue, période*) end; **au** ~ **de** (*après*) at the end of, after; **pousser qn à** ~ to push sb to the limit (of his patience); **venir à** ~ **de** to manage to overcome *ou* finish (off); **à** ~ **portant** at point-blank range; ~ **filtre** filter tip.
**boutade** [butad] *nf* quip, sally.
**boute-en-train** [butɑ̃tʀɛ̃] *nm inv* live wire.
**bouteille** [butɛj] *nf* bottle; (*de gaz butane*) cylinder.
**boutique** [butik] *nf* shop; **boutiquier, ière** *nm/f* shopkeeper.
**bouton** [butɔ̃] *nm* (*BOT*) bud; (*MÉD*) spot; (*électrique etc*) button; (*de porte*) knob; ~ **de manchette** cuff-link; ~ **d'or** butter-

cup; **boutonner** *vt* to button up, do up; **boutonneux, euse** *a* spotty; **boutonnière** *nf* buttonhole; ~-**pression** *nm* press stud, snap fastener.
**bouture** [butyʀ] *nf* cutting.
**bouvreuil** [buvʀœj] *nm* bullfinch.
**bovidé** [bɔvide] *nm* bovine.
**bovin, e** [bɔvɛ̃, -in] *a* bovine; ~**s** *nmpl* cattle.
**bowling** [bɔliŋ] *nm* (tenpin) bowling; (*salle*) bowling alley.
**box** [bɔks] *nm* lock-up (garage); cubicle; (*d'écurie*) loose-box; **le** ~ **des accusés** the dock.
**boxe** [bɔks(ə)] *nf* boxing; **boxer** *vi* to box; **boxeur** *nm* boxer.
**boyau, x** [bwajo] *nm* (*corde de raquette etc*) (cat) gut; (*galerie*) passage(way); (narrow) gallery; (*pneu de bicyclette*) tubeless tyre // *nmpl* (*viscères*) entrails, guts.
**boycotter** [bɔjkɔte] *vt* to boycott.
**B.P.** *sigle de* **boîte postale**.
**bracelet** [bʀaslɛ] *nm* bracelet; ~-**montre** *nm* wristwatch.
**braconner** [bʀakɔne] *vi* to poach; **braconnier** *nm* poacher.
**brader** [bʀade] *vt* to sell off, sell cheaply.
**braguette** [bʀagɛt] *nf* fly, flies *pl*.
**brailler** [bʀaje] *vi* to bawl, yell // *vt* to bawl out, yell out.
**braire** [bʀɛʀ] *vi* to bray.
**braise** [bʀɛz] *nf* embers *pl*.
**braiser** [bʀɛze] *vt* to braise.
**bramer** [bʀame] *vi* to bell; (*fig*) to wail.
**brancard** [bʀɑ̃kaʀ] *nm* (*civière*) stretcher; (*bras, perche*) shaft; **brancardier** *nm* stretcher-bearer.
**branchages** [bʀɑ̃ʃaʒ] *nmpl* branches, boughs.
**branche** [bʀɑ̃ʃ] *nf* branch; (*de lunettes*) side-piece.
**brancher** [bʀɑ̃ʃe] *vt* to connect (up); (*en mettant la prise*) to plug in.
**branchies** [bʀɑ̃ʃi] *nfpl* gills.
**brandir** [bʀɑ̃diʀ] *vt* to brandish, wield.
**brandon** [bʀɑ̃dɔ̃] *nm* firebrand.
**branle** [bʀɑ̃l] *nm*: **donner le** ~ **à** to set in motion.
**branle-bas** [bʀɑ̃lba] *nm inv* commotion.
**branler** [bʀɑ̃le] *vi* to be shaky, be loose // *vt*: ~ **la tête** to shake one's head.
**braquage** [bʀakaʒ] *nm* (*fam*) stick-up; (*AUTO*): **rayon de** ~ turning circle.
**braquer** [bʀake] *vi* (*AUTO*) to turn (the wheel) // *vt* (*revolver etc*): ~ **qch sur** to aim sth at, point sth at; (*mettre en colère*): ~ **qn** to antagonize sb, put sb's back up.
**bras** [bʀa] *nm* arm // *nmpl* (*fig*: *travailleurs*) labour *sg*, hands; **saisir qn à** ~-**le-corps** to take hold of sb (a)round the waist; **à** ~ **raccourcis** with fists flying; ~ **droit** (*fig*) right-hand man; ~ **de levier** lever arm; ~ **de mer** arm of the sea, sound.
**brasero** [bʀazeʀo] *nm* brazier.
**brasier** [bʀazje] *nm* blaze, (blazing) inferno.
**brassage** [bʀasaʒ] *nm* mixing.
**brassard** [bʀasaʀ] *nm* armband.
**brasse** [bʀas] *nf* (*nage*) breast-stroke;

(*mesure*) fathom; ~ **papillon** butterfly (-stroke).

**brassée** [bʀase] *nf* armful.

**brasser** [bʀase] *vt* to mix; ~ **l'argent/les affaires** to handle a lot of money/business.

**brasserie** [bʀasʀi] *nf* (*restaurant*) brasserie; (*usine*) brewery.

**brasseur** [bʀasœʀ] *nm* (*de bière*) brewer; ~ **d'affaires** big businessman.

**brassière** [bʀasjɛʀ] *nf* (baby's) vest.

**bravache** [bʀavaʃ] *nm* blusterer, braggart.

**bravade** [bʀavad] *nf:* **par** ~ **out of** bravado.

**brave** [bʀav] *a* (*courageux*) brave; (*bon, gentil*) good, kind.

**braver** [bʀave] *vt* to defy.

**bravo** [bʀavo] *excl* bravo // *nm* cheer.

**bravoure** [bʀavuʀ] *nf* bravery.

**break** [bʀɛk] *nm* (AUTO) estate car.

**brebis** [bʀəbi] *nf* ewe; ~ **galeuse** black sheep.

**brèche** [bʀɛʃ] *nf* breach, gap; **être sur la** ~ (*fig*) to be on the go.

**bredouille** [bʀəduj] *a* empty-handed.

**bredouiller** [bʀəduje] *vi, vt* to mumble, stammer.

**bref, brève** [bʀɛf, bʀɛv] *a* short, brief // *ad* in short // *nf:* **(voyelle) brève** short vowel; **d'un ton** ~ sharply, curtly; **en** ~ in short, in brief.

**brelan** [bʀəlɑ̃] *nm* three of a kind; ~ **d'as** three aces.

**brème** [bʀɛm] *nf* bream.

**Brésil** [bʀezil] *nm* Brazil; **b~ien, ne** *a, nm/f* Brazilian.

**Bretagne** [bʀətaɲ] *nf* Brittany.

**bretelle** [bʀətɛl] *nf* (*de fusil etc*) sling; (*de combinaison, soutien-gorge*) strap; (*autoroute*) slip road; ~**s** *nfpl* (*pour pantalon*) braces.

**breton, ne** [bʀətɔ̃, -ɔn] *a, nm/f* Breton.

**breuvage** [bʀœvaʒ] *nm* beverage, drink.

**brève** [bʀɛv] *a, nf voir* **bref**.

**brevet** [bʀəvɛ] *nm* diploma, certificate; ~ **(d'invention)** patent; ~ **d'apprentissage** certificate of apprenticeship; ~ **d'études du premier cycle (B.E.P.C.)** ≈ O levels; **breveté, e** *a* patented; (*diplômé*) qualified; **breveter** *vt* to patent.

**bréviaire** [bʀevjɛʀ] *nm* breviary.

**bribes** [bʀib] *nfpl* bits, scraps; snatches; **par** ~ piecemeal.

**bric-à-brac** [bʀikabʀak] *nm inv* bric-a-brac, jumble.

**bricolage** [bʀikɔlaʒ] *nm:* **le** ~ do-it-yourself (jobs).

**bricole** [bʀikɔl] *nf* trifle; small job.

**bricoler** [bʀikɔle] *vi* to do D.I.Y. jobs; to potter about; to do odd jobs // *vt* to fix up; to tinker with; **bricoleur, euse** *nm/f* handyman, D.I.Y. enthusiast.

**bride** [bʀid] *nf* bridle; (*d'un bonnet*) string, tie; à ~ **abattue** flat out, hell for leather; **tenir en** ~ to keep in check; **lâcher la** ~ à, **laisser la** ~ **sur le cou** à to give free rein to.

**bridé, e** [bʀide] *a:* **yeux** ~**s** slit eyes.

**brider** [bʀide] *vt* (*réprimer*) to keep in check; (*cheval*) to bridle; (CULIN: *volaille*) **to truss**.

**bridge** [bʀidʒ(ə)] *nm* bridge.

**brièvement** [bʀijɛvmɑ̃] *ad* briefly.

**brièveté** [bʀijɛvte] *nf* brevity.

**brigade** [bʀigad] *nf* (POLICE) squad; (MIL) brigade; (*gén*) team.

**brigand** [bʀigɑ̃] *nm* brigand.

**brigandage** [bʀigɑ̃daʒ] *nm* robbery.

**briguer** [bʀige] *vt* to aspire to.

**brillamment** [bʀijamɑ̃] *ad* brilliantly.

**brillant, e** [bʀijɑ̃, -ɑ̃t] *a* brilliant; bright; (*luisant*) shiny, shining // *nm* (*diamant*) brilliant.

**briller** [bʀije] *vi* to shine.

**brimade** [bʀimad] *nf* vexation, harassment *q*; bullying *q*.

**brimbaler** [bʀɛ̃bale] *vb* = **bringuebaler**.

**brimer** [bʀime] *vt* to harass; to bully.

**brin** [bʀɛ̃] *nm* (*de laine, ficelle etc*) strand; (*fig*): **un** ~ **de** a bit of; ~ **d'herbe** blade of grass; ~ **de muguet** sprig of lily of the valley; ~ **de paille** wisp of straw.

**brindille** [bʀɛ̃dij] *nf* twig.

**bringuebaler** [bʀɛ̃gbale] *vi* to shake (about) // *vt* to cart about.

**brio** [bʀijo] *nm* brilliance; (MUS) brio; **avec** ~ brilliantly, with panache.

**brioche** [bʀijɔʃ] *nf* brioche (bun); (*fam: ventre*) paunch.

**brique** [bʀik] *nf* brick // *a inv* brick red.

**briquer** [bʀike] *vt* to polish up.

**briquet** [bʀikɛ] *nm* (cigarette) lighter.

**brisant** [bʀizɑ̃] *nm* reef; (*vague*) breaker.

**brise** [bʀiz] *nf* breeze.

**brise-glace** [bʀizglas] *nm inv* icebreaker.

**brise-jet** [bʀizʒɛ] *nm inv* tap swirl.

**brise-lames** [bʀizlam] *nm inv* breakwater.

**briser** [bʀize] *vt* to break; **se** ~ *vi* to break; **briseur, euse de grève** *nm/f* strike-breaker.

**britannique** [bʀitanik] *a* British // *nm/f* British person; **les B~s** the British.

**broc** [bʀo] *nm* pitcher.

**brocanteur, euse** [bʀɔkɑ̃tœʀ, -øz] *nm/f* junkshop owner; junk dealer.

**broche** [bʀɔʃ] *nf* brooch; (CULIN) spit; (*fiche*) spike, peg; à la ~ spit-roast, roasted on a spit.

**broché, e** [bʀɔʃe] *a* (*livre*) paper-backed.

**brochet** [bʀɔʃɛ] *nm* pike *inv*.

**brochette** [bʀɔʃɛt] *nf* skewer; ~ **de décorations** row of medals.

**brochure** [bʀɔʃyʀ] *nf* pamphlet, brochure, booklet.

**broder** [bʀɔde] *vt* to embroider // *vi* to embroider the facts; **broderie** *nf* embroidery.

**bromure** [bʀɔmyʀ] *nm* bromide.

**broncher** [bʀɔ̃ʃe] *vi:* **sans** ~ without flinching; without turning a hair.

**bronches** [bʀɔ̃ʃ] *nfpl* bronchial tubes; **bronchite** *nf* bronchitis; **broncho-pneumonie** [bʀɔ̃kɔ-] *nf* bronco-pneumonia *q*.

**bronze** [bʀɔ̃z] *nm* bronze.

**bronzé, e** [bʀɔ̃ze] *a* tanned.

**bronzer** [bʀɔ̃ze] *vt* to tan // *vi* to get a tan; **se** ~ to sunbathe.

**brosse** [bʀɔs] *nf* brush; **donner un coup de** ~ **à qch** to give sth a brush; **coiffé**

en ~ with a crewcut ; ~ **à cheveux** hairbrush ; ~ **à dents** toothbrush ; ~ **à habits** clothesbrush ; **brosser** *vt* (*nettoyer*) to brush ; (*fig*: *tableau etc*) to paint ; to draw.

**brouette** [bʀuɛt] *nf* wheelbarrow.

**brouhaha** [bʀuaa] *nm* hubbub.

**brouillard** [bʀujaʀ] *nm* fog.

**brouille** [bʀuj] *nf* quarrel.

**brouiller** [bʀuje] *vt* to mix up ; to confuse ; (*RADIO*) to cause interference to ; to jam ; (*rendre trouble*) to cloud ; (*désunir*: *amis*) to set at odds ; **se** ~ *vi* (*ciel*, *vue*) to cloud over ; (*détails*) to become confused ; **se** ~ **(avec)** to fall out (with).

**brouillon, ne** [bʀujɔ̃, -ɔn] *a* disorganised ; unmethodical // *nm* draft.

**broussailles** [bʀusɑj] *nfpl* undergrowth *sg* ; **broussailleux, euse** *a* bushy.

**brousse** [bʀus] *nf*: **la** ~ the bush.

**brouter** [bʀute] *vt* to graze on // *vi* to graze ; (*AUTO*) to judder.

**broutille** [bʀutij] *nf* trifle.

**broyer** [bʀwaje] *vt* to crush ; ~ **du noir** to be down in the dumps.

**bru** [bʀy] *nf* daughter-in-law.

**brucelles** [bʀysɛl] *nfpl*: **(pinces)** ~ tweezers.

**bruine** [bʀɥin] *nf* drizzle.

**bruiner** [bʀɥine] *vb impersonnel*: **il bruine** it's drizzling, there's a drizzle.

**bruire** [bʀɥiʀ] *vi* to murmur ; to rustle.

**bruit** [bʀɥi] *nm*: **un** ~ a noise, a sound ; (*fig*: *rumeur*) a rumour ; **le** ~ noise ; **pas/trop de** ~ no/too much noise ; **sans** ~ without a sound, noiselessly ; ~ **de fond** background noise.

**bruitage** [bʀɥitaʒ] *nm* sound effects *pl* ; **bruiteur, euse** *nm/f* sound-effects engineer.

**brûlant, e** [bʀylɑ̃, -ɑ̃t] *a* burning (hot) ; (*liquide*) boiling (hot) ; (*regard*) fiery ; (*sujet*) red-hot.

**brûlé, e** [bʀyle] *a* (*fig*: *démasqué*) blown // *nm*: **odeur de** ~ smell of burning.

**brûle-pourpoint** [bʀylpuʀpwɛ̃]: **à** ~ *ad* point-blank.

**brûler** [bʀyle] *vt* to burn ; (*suj*: *eau bouillante*) to scald ; (*consommer*: *électricité, essence*) to use ; (*feu rouge, signal*) to go through (without stopping) // *vi* to burn ; (*jeu*) to be warm ; **se** ~ to burn o.s. ; to scald o.s. ; **se** ~ **la cervelle** to blow one's brains out ; ~ **(d'impatience) de faire qch** to burn with impatience *ou* be dying to do sth.

**brûleur** [bʀylœʀ] *nm* burner.

**brûlure** [bʀylyʀ] *nf* (*lésion*) burn ; (*sensation*) burning (sensation) ; ~**s d'estomac** heartburn *sg*.

**brume** [bʀym] *nf* mist ; **brumeux, euse** *a* misty ; (*fig*) hazy.

**brun, e** [bʀœ̃, -yn] *a* brown ; (*cheveux, personne*) dark // *nm* (*couleur*) brown ; **brunir** *vi* to get a tan // *vt* to tan.

**brusque** [bʀysk(ə)] *a* (*soudain*) abrupt, sudden ; (*rude*) abrupt, brusque ; ~**ment** *ad* (*soudainement*) abruptly ; suddenly ; **brusquer** *vt* to rush ; **brusquerie** *nf* abruptness, brusqueness.

**brut, e** [bʀyt] *a* a raw, crude, rough ; (*COMM*) gross // *nf* brute ; **(champagne)** ~ brut

champagne ; **(pétrole)** ~ crude (oil).

**brutal, e, aux** [bʀytal, -o] *a* brutal ; ~**iser** *vt* to handle roughly, manhandle ; ~**ité** *nf* brutality *q*.

**brute** [bʀyt] *a, nf voir* **brut**.

**Bruxelles** [bʀysɛl] *n* Brussels.

**bruyamment** [bʀɥijamɑ̃] *ad* noisily.

**bruyant, e** [bʀɥijɑ̃, -ɑ̃t] *a* noisy.

**bruyère** [bʀyjɛʀ] *nf* heather.

**bu, e** *pp de* **boire**.

**buanderie** [bɥɑ̃dʀi] *nf* laundry.

**buccal, e, aux** [bykal, -o] *a*: **par voie** ~**e** orally.

**bûche** [byʃ] *nf* log ; **prendre une** ~ (*fig*) to come a cropper ; ~ **de Noël** Yule log.

**bûcher** [byʃe] *nm* pyre ; bonfire // *vb* (*fam*) *vi* to swot, slog away // *vt* to swot up.

**bûcheron** [byʃʀɔ̃] *nm* woodcutter.

**bucolique** [bykɔlik] *a* bucolic, pastoral.

**budget** [bydʒɛ] *nm* budget ; **budgétaire** [bydʒetɛʀ] *a* budgetary, budget *cpd*.

**buée** [bɥe] *nf* (*sur une vitre*) mist ; (*de l'haleine*) steam.

**buffet** [byfɛ] *nm* (*meuble*) sideboard ; (*de réception*) buffet ; ~ **(de gare)** station buffet.

**buffle** [byfl(ə)] *nm* buffalo.

**buis** [bɥi] *nm* box tree ; (*bois*) box(wood).

**buisson** [bɥisɔ̃] *nm* bush.

**buissonnière** [bɥisɔnjɛʀ] *af*: **faire l'école** ~ to play truant.

**bulbe** [bylb(ə)] *nm* (*BOT, ANAT*) bulb ; (*coupole*) onion-shaped dome.

**bulgare** [bylgaʀ] *a, nm/f* Bulgarian.

**Bulgarie** [bylgaʀi] *nf* Bulgaria.

**bulldozer** [buldozɛʀ] *nm* bulldozer.

**bulle** [byl] *nf* bubble ; (*papale*) bull ; ~ **de savon** soap bubble.

**bulletin** [byltɛ̃] *nm* (*communiqué, journal*) bulletin ; (*papier*) form ; ticket ; (*SCOL*) report ; ~ **d'informations** news bulletin ; ~ **météorologique** weather report ; ~ **de santé** medical bulletin ; ~ **(de vote)** ballot paper.

**buraliste** [byʀalist(ə)] *nm/f* tobacconist ; clerk.

**bure** [byʀ] *nf* homespun ; frock.

**bureau, x** [byʀo] *nm* (*meuble*) desk ; (*pièce, service*) office ; ~ **de change** (foreign) exchange office *ou* bureau ; ~ **de location** box office ; ~ **de poste** post office ; ~ **de tabac** tobacconist's (shop) ; ~ **de vote** polling station ; ~**crate** *nm* bureaucrat ; ~**cratie** [-kʀasi] *nf* bureaucracy ; ~**cratique** *a* bureaucratic.

**burette** [byʀɛt] *nf* (*de mécanicien*) oilcan ; (*de chimiste*) burette.

**burin** [byʀɛ̃] *nm* cold chisel ; (*ART*) burin.

**buriné, e** [byʀine] *a* (*fig*: *visage*) craggy, seamed.

**burlesque** [byʀlɛsk(ə)] *a* ridiculous ; (*LITTÉRATURE*) burlesque.

**burnous** [byʀnu(s)] *nm* burnous.

**bus** *vb* [by] *voir* **boire** // *nm* [bys] bus.

**buse** [byz] *nf* buzzard.

**busqué, e** [byske] *a*: **nez** ~ hook(ed) nose.

**buste** [byst(ə)] *nm* (*ANAT*) chest ; bust ; (*sculpture*) bust.

**but** [by] *vb voir* **boire** // *nm* [*parfois* byt]
(*cible*) target; (*fig*) goal; aim; (*FOOTBALL
etc*) goal; **de ~ en blanc** point-blank;
**avoir pour ~ de faire** to aim to do; **dans
le ~ de** with the intention of.
**butane** [bytan] *nm* butane; calor gas.
**buté, e** [byte] *a* stubborn, obstinate // *nf*
(*TECH*) stop; (*ARCHIT*) abutment.
**buter** [byte] *vi*: **~ contre/sur** to bump into; to stumble against // *vt* to antagonize; **se ~** *vi* to get obstinate; to dig in
one's heels.
**buteur** [bytœʀ] *nm* striker.
**butin** [bytɛ̃] *nm* booty, spoils *pl*; (*d'un vol*)
loot.
**butiner** [bytine] *vi* to gather nectar.
**butor** [bytɔʀ] *nm* (*fig*) lout.
**butte** [byt] *nf* mound, hillock; **être en ~
à** to be exposed to.
**buvais** *etc vb voir* **boire**.
**buvard** [byvaʀ] *nm* blotter.
**buvette** [byvɛt] *nf* refreshment room; refreshment stall.
**buveur, euse** [byvœʀ, -øz] *nm/f* drinker.
**byzantin, e** [bizɑ̃tɛ̃, -in] *a* Byzantine.

# C

**c'** [s] *dét voir* **ce**.
**ça** [sa] *pronom* (*pour désigner*) this; (: *plus
loin*) that; (*comme sujet indéfini*) it; **~
m'étonne que** it surprises me that; **~ va?**
how are you?; how are things?;
(*d'accord?*) OK?, all right?; **c'est ~** that's
right.
**çà** [sa] *ad*: **~ et là** here and there.
**caban** [kabɑ̃] *nm* reefer jacket, donkey
jacket.
**cabane** [kaban] *nf* hut, cabin.
**cabanon** [kabanɔ̃] *nm* chalet; (*country*)
cottage.
**cabaret** [kabaʀɛ] *nm* night club.
**cabas** [kaba] *nm* shopping bag.
**cabestan** [kabɛstɑ̃] *nm* capstan.
**cabillaud** [kabijo] *nm* cod *inv*.
**cabine** [kabin] *nf* (*de bateau*) cabin; (*de
plage*) (beach) hut; (*de piscine etc*) cubicle;
(*de camion, train*) cab; (*d'avion*) cockpit;
**~ d'ascenseur**) lift cage; **~ d'essayage**
fitting room; **~ spatiale** space capsule;
**~ (téléphonique)** call *ou* (tele)phone box,
(tele)phone booth.
**cabinet** [kabinɛ] *nm* (*petite pièce*) closet;
(*de médecin*) surgery; (*de notaire etc*)
office; (: *clientèle*) practice; (*POL*) Cabinet;
(*d'un ministre*) advisers *pl*; **~s** *nmpl* (*W.-
c.*) toilet *sg*, loo *sg*; **~ d'affaires** business
consultants' (bureau), business partnership; **~ de toilette** toilet; **~ de travail**
study.
**câble** [kɑbl(ə)] *nm* cable.
**câbler** [kɑble] *vt* to cable.
**cabosser** [kabɔse] *vt* to dent.
**cabotage** [kabotaʒ] *nm* coastal
navigation; **caboteur** *nm* coaster.
**cabotinage** [kabotinaʒ] *nm* playacting;
third-rate acting, ham acting.
**cabrer** [kabʀe]: **se ~** *vi* (*cheval*) to rear
up; (*avion*) to nose up; (*fig*) to revolt,
rebel; to jib.

**cabri** [kabʀi] *nm* kid.
**cabriole** [kabʀijɔl] *nf* caper; somersault.
**cabriolet** [kabʀijɔlɛ] *nm* convertible.
**cacahuète** [kakaɥɛt] *nf* peanut.
**cacao** [kakao] *nm* cocoa (powder);
(*boisson*) cocoa.
**cachalot** [kaʃalo] *nm* sperm whale.
**cache** [kaʃ] *nm* mask, card (for masking)
// *nf* hiding place.
**cache-cache** [kaʃkaʃ] *nm*: **jouer à ~** to
play hide-and-seek.
**cachemire** [kaʃmiʀ] *nm* cashmere // *a*:
**dessin ~** paisley pattern.
**cache-nez** [kaʃne] *nm inv* scarf, muffler.
**cache-pot** [kaʃpo] *nm inv* flower-pot
holder.
**cacher** [kaʃe] *vt* to hide, conceal; **~ qch
à qn** to hide *ou* conceal sth from sb; **se
~** to hide; to be hidden *ou* concealed; **il
ne s'en cache pas** he makes no secret of
it.
**cachet** [kaʃɛ] *nm* (*comprimé*) tablet;
(*sceau: du roi*) seal; (: *de la poste*)
postmark; (*rétribution*) fee; (*fig*) style,
character; **cacheter** *vt* to seal.
**cachette** [kaʃɛt] *nf* hiding place; **en ~**
on the sly, secretly.
**cachot** [kaʃo] *nm* dungeon.
**cachotterie** [kaʃɔtʀi] *nf* mystery; **faire
des ~s** to be secretive.
**cactus** [kaktys] *nm* cactus.
**cadastre** [kadastʀ(ə)] *nm* cadastre, land
register.
**cadavérique** [kadaveʀik] *a* deathly
(pale), deadly pale.
**cadavre** [kadavʀ(ə)] *nm* corpse, (dead)
body.
**cadeau, x** [kado] *nm* present, gift; **faire
un ~ à qn** to give sb a present *ou* gift;
**faire ~ de qch à qn** to make a present
of sth to sb, give sb sth as a present.
**cadenas** [kadna] *nm* padlock;
**cadenasser** *vt* to padlock.
**cadence** [kadɑ̃s] *nf* (*MUS*) cadence;
rhythm; (*de travail etc*) rate; **~s** *nfpl* (*en
usine*) production rate *sg*; **en ~**
rhythmically; in time; **cadencé, e** *a*
rhythmic(al).
**cadet, te** [kadɛ, -ɛt] *a* younger; (*le plus
jeune*) youngest // *nm/f* youngest child *ou*
one, youngest boy *ou* son/girl *ou*
daughter; **il est mon ~ (de deux ans)**
(*rapports non familiaux*) he's (2 years)
younger than me, he's 2 years my junior;
**les ~s** (*SPORT*) the minors (*15 - 17 years*).
**cadran** [kadʀɑ̃] *nm* dial; **~ solaire**
sundial.
**cadre** [kadʀ(ə)] *nm* frame;
(*environnement*) surroundings *pl*; (*limites*)
scope // *nm/f* (*ADMIN*) managerial
employee, executive // *a*: **loi ~** outline
*ou* blueprint law; **~ moyen/supérieur**
(*ADMIN*) middle/senior management employee, junior/senior executive; **rayer qn
des ~s** to discharge sb; to dismiss sb;
**dans le ~ de** (*fig*) within the framework
*ou* context of.
**cadrer** [kadʀe] *vi*: **~ avec** to tally *ou*
correspond with // *vt* (*CINÉMA*) to centre.
**caduc, uque** [kadyk] *a* obsolete; (*BOT*)
deciduous.

**cafard** [kafaʀ] *nm* cockroach ; avoir le ~ to be down in the dumps, be feeling low.

**café** [kafe] *nm* coffee ; (*bistro*) café // à *inv* coffee-coloured ; ~ au lait white coffee ; ~ noir black coffee ; ~ tabac *tobacconist's or newsagent's also serving coffee and spirits* ; ~ine *nf* caffeine ; cafetier, ière *nm/f* café-owner // *nf* (*pot*) coffee-pot.

**cafouiller** [kafuje] *vi* to get in a shambles ; to work in fits and starts.

**cage** [kaʒ] *nf* cage ; ~ (des buts) goal ; en ~ in a cage, caged up *ou* in ; ~ d'ascenseur lift shaft ; ~ d'escalier (stair)well ; ~ thoracique rib cage.

**cageot** [kaʒo] *nm* crate.

**cagibi** [kaʒibi] *nm* shed.

**cagneux, euse** [kaɲø, -øz] *a* knock-kneed.

**cagnotte** [kaɲɔt] *nf* kitty.

**cagoule** [kagul] *nf* cowl ; hood ; (*SKI etc*) cagoule.

**cahier** [kaje] *nm* notebook ; (*TYPO*) signature ; ~ de revendications/doléances list of claims/grievances ; ~ de brouillons roughbook, jotter ; ~ des charges schedule (of conditions) ; ~ d'exercices exercise book.

**cahin-caha** [kaẽkaa] *ad:* aller ~ to jog along ; (*fig*) to be so-so.

**cahot** [kao] *nm* jolt, bump ; caboter *vi* to bump along, jog along.

**cahute** [kayt] *nf* shack, hut.

**caïd** [kaid] *nm* big chief, boss.

**caille** [kaj] *nf* quail.

**caillé, e** [kaje] *a:* lait ~ curdled milk, curds *pl*.

**cailler** [kaje] *vi* (*lait*) to curdle ; (*sang*) to clot.

**caillot** [kajo] *nm* (blood) clot.

**caillou, x** [kaju] *nm* (little) stone ; ~ter *vt* (*chemin*) to metal ; ~teux, euse *a* stony ; pebbly.

**Caire** [kɛʀ] *nm:* le ~ Cairo.

**caisse** [kɛs] *nf* box ; (*où l'on met la recette*) cashbox ; till ; (*où l'on paye*) cash desk ; check-out ; (*de banque*) cashier's desk ; teller's desk ; (*TECH*) case, casing ; ~ enregistreuse cash register ; ~ d'épargne savings bank ; ~ de retraite pension fund ; caissier, ière *nm/f* cashier.

**caisson** [kɛsɔ̃] *nm* box, case.

**cajoler** [kaʒɔle] *vt* to wheedle, coax ; to surround with love and care, make a fuss of.

**cake** [kɛk] *nm* fruit cake.

**calaminé, e** [kalamine] *a* (*AUTO*) coked up.

**calamité** [kalamite] *nf* calamity, disaster.

**calandre** [kalɑ̃dʀ(ə)] *nf* radiator grill ; (*machine*) calender, mangle.

**calanque** [kalɑ̃k] *nf* rocky inlet.

**calcaire** [kalkɛʀ] *nm* limestone // *a* (*eau*) hard ; (*GÉO*) limestone *cpd*.

**calciné, e** [kalsine] *a* burnt to ashes.

**calcium** [kalsjɔm] *nm* calcium.

**calcul** [kalkyl] *nm* calculation ; le ~ (*SCOL*) arithmetic ; ~ différentiel/intégral differential/integral calculus ; ~ (biliaire) (gall)stone ; ~ (rénal) (kidney) stone ; ~ateur *nm*, ~atrice *nf* calculator.

**calculer** [kalkyle] *vt* to calculate, work out, reckon ; (*combiner*) to calculate.

**cale** [kal] *nf* (*de bateau*) hold ; (*en bois*) wedge, chock ; ~ sèche dry dock.

**calé, e** [kale] *a* (*fam*) clever, bright.

**calebasse** [kalbɑs] *nf* calabash, gourd.

**caleçon** [kalsɔ̃] *nm* pair of underpants, trunks *pl* ; ~ de bain bathing trunks *pl*.

**calembour** [kalɑ̃buʀ] *nm* pun.

**calendes** [kalɑ̃d] *nfpl:* renvoyer aux ~ grecques to postpone indefinitely.

**calendrier** [kalɑ̃dʀije] *nm* calendar ; (*fig*) timetable.

**cale-pied** [kalpje] *nm inv* toe clip.

**calepin** [kalpɛ̃] *nm* notebook.

**caler** [kale] *vt* to wedge, chock up ; ~ (son moteur/véhicule) to stall (one's engine/vehicle).

**calfater** [kalfate] *vt* to caulk.

**calfeutrer** [kalføtʀe] *vt* to (make) draughtproof ; se ~ to make o.s. snug and comfortable.

**calibre** [kalibʀ(ə)] *nm* (*d'un fruit*) grade ; (*d'une arme*) bore, calibre ; (*fig*) calibre ; calibrer *vt* to grade.

**calice** [kalis] *nm* (*REL*) chalice ; (*BOT*) calyx.

**califourchon** [kalifuʀʃɔ̃]: à ~ *ad* astride ; à ~ sur astride, straddling.

**câlin, e** [kɑlɛ̃, -in] *a* cuddly, cuddlesome ; tender.

**câliner** [kɑline] *vt* to fondle, cuddle.

**calleux, euse** [kalø, -øz] *a* horny, callous.

**calligraphie** [kaligʀafi] *nf* calligraphy.

**calmant** [kalmɑ̃] *nm* tranquillizer, sedative ; painkiller.

**calme** [kalm(ə)] *a* calm, quiet // *nm* calm(ness), quietness ; ~ plat (*NAVIG*) dead calm.

**calmer** [kalme] *vt* to calm (down) ; (*douleur, inquiétude*) to ease, soothe ; se ~ to calm down.

**calomnie** [kalɔmni] *nf* slander ; (*écrite*) libel ; calomnier *vt* to slander ; to libel ; calomnieux, euse *a* slanderous ; libellous.

**calorie** [kalɔʀi] *nf* calorie.

**calorifère** [kalɔʀifɛʀ] *nm* stove.

**calorifique** [kalɔʀifik] *a* calorific.

**calorifuge** [kalɔʀifyʒ] *a* (heat-) insulating, heat-retaining.

**calot** [kalo] *nm* forage cap.

**calotte** [kalɔt] *nf* (*coiffure*) skullcap ; (*gifle*) slap ; ~ glaciaire icecap.

**calque** [kalk(ə)] *nm* (*dessin*) tracing ; (*fig*) carbon copy.

**calquer** [kalke] *vt* to trace ; (*fig*) to copy exactly.

**calvaire** [kalvɛʀ] *nm* (*croix*) wayside cross, calvary ; (*souffrances*) suffering, martyrdom.

**calvitie** [kalvisi] *nf* baldness.

**camaïeu** [kamajø] *nm:* (motif en) ~ monochrome motif.

**camarade** [kamaʀad] *nm/f* friend, pal ; (*POL*) comrade ; ~rie *nf* friendship.

**cambouis** [kɑ̃bwi] *nm* engine oil.

**cambrer** [kɑ̃bʀe] *vt* to arch ; se ~ to arch one's back ; pied très cambré foot with high arches *ou* insteps.

**cambriolage** [kɑ̃bʀijɔlaʒ] *nm* burglary.

**cambrioler** [kɑ̃bʀijɔle] *vt* to burgle ; cambrioleur, euse *nm/f* burglar.

**cambrure** [kɑ̃bʀyʀ] nf (de la route) camber.

**cambuse** [kɑ̃byz] nf storeroom.

**came** [kam] nf: **arbre à ~s** camshaft; **arbre à ~s en tête** overhead camshaft.

**camée** [kame] nm cameo.

**caméléon** [kamele5] nm chameleon.

**camelot** [kamlo] nm street pedlar.

**camelote** [kamlɔt] nf rubbish, trash, junk.

**caméra** [kameʀa] nf camera; (d'amateur) cine-camera.

**camion** [kamjɔ̃] nm lorry, truck; (plus petit, fermé) van; **~-citerne** nm tanker; **camionnage** nm haulage; **camionnette** nf (small) van; **camionneur** nm (entrepreneur) haulage contractor; (chauffeur) lorry ou truck driver; van driver.

**camisole** [kamizɔl] nf: **~ (de force)** strait jacket.

**camomille** [kamɔmij] nf camomile; (boisson) camomile tea.

**camouflage** [kamuflaʒ] nm camouflage.

**camoufler** [kamufle] vt to camouflage; (fig) to conceal, cover up.

**camouflet** [kamuflɛ] nm snub.

**camp** [kɑ̃] nm camp; (fig) side; **~ de nudistes/vacances** nudist/holiday camp; **~ de concentration** concentration camp.

**campagnard, e** [kɑ̃paɲaʀ, -aʀd(ə)] a country cpd // nm/f countryman/woman.

**campagne** [kɑ̃paɲ] nf country, countryside; (MIL, POL, COMM) campaign; **à la ~** in the country; **faire ~ pour** to campaign for.

**campement** [kɑ̃pmɑ̃] nm camp, encampment.

**camper** [kɑ̃pe] vi to camp // vt to pull ou put on firmly; to sketch; **se ~ devant** to plant o.s. in front of; **campeur, euse** nm/f camper.

**camphre** [kɑ̃fʀ(ə)] nm camphor.

**camping** [kɑ̃piŋ] nm camping; (terrain de) **~** campsite, camping site; **faire du ~** to go camping.

**camus, e** [kamy, -yz] a: **nez ~** pug nose.

**Canada** [kanada] nm: **le ~** Canada; **canadien, ne** a, nm/f Canadian // nf (veste) fur-lined jacket.

**canaille** [kanaj] nf (péj) scoundrel // a raffish, rakish.

**canal, aux** [kanal, -o] nm canal; (naturel) channel; (ADMIN): **par le ~ de** through (the medium of), via.

**canalisation** [kanalizasjɔ̃] nf (tuyau) pipe.

**canaliser** [kanalize] vt to canalize; (fig) to channel.

**canapé** [kanape] nm settee, sofa; (CULIN) canapé, open sandwich.

**canard** [kanaʀ] nm duck.

**canari** [kanaʀi] nm canary.

**cancans** [kɑ̃kɑ̃] nmpl (malicious) gossip sg.

**cancer** [kɑ̃sɛʀ] nm cancer; (signe): **le C~** Cancer, the Crab; **être du C~** to be Cancer; **cancéreux, euse** a cancerous; suffering from cancer; **cancérigène** a carcinogenic.

**cancre** [kɑ̃kʀ(ə)] nm dunce.

**cancrelat** [kɑ̃kʀəla] nm cockroach.

**candélabre** [kɑ̃delabʀ(ə)] nm candelabrum; street lamp, lamppost.

**candeur** [kɑ̃dœʀ] nf ingenuousness, guilelessness.

**candi** [kɑ̃di] a inv: **sucre ~** (sugar-)candy.

**candidat, e** [kɑ̃dida, -at] nm/f candidate; (à un poste) applicant, candidate; **candidature** nf candidature; application; **poser sa candidature** to submit an application, apply.

**candide** [kɑ̃did] a ingenuous, guileless, naïve.

**cane** [kan] nf (female) duck.

**caneton** [kantɔ̃] nm duckling.

**canette** [kanɛt] nf (de bière) (flip-top) bottle; (de machine à coudre) spool.

**canevas** [kanva] nm (COUTURE) canvas (for tapestry work); (fig) framework, structure.

**caniche** [kaniʃ] nm poodle.

**canicule** [kanikyl] nf scorching heat; midsummer heat, dog days pl.

**canif** [kanif] nm penknife, pocket knife.

**canin, e** [kanɛ̃, -in] a canine // nf canine (tooth), eye tooth; **exposition ~e** dog show.

**caniveau, x** [kanivo] nm gutter.

**canne** [kan] nf (walking) stick; **~ à pêche** fishing rod; **~ à sucre** sugar cane.

**canné, e** [kane] a (chaise) cane cpd.

**cannelle** [kanɛl] nf cinnamon.

**cannelure** [kanlyʀ] nf flute, fluting q.

**cannibale** [kanibal] nm/f cannibal.

**canoë** [kanɔe] nm canoe; (sport) canoeing.

**canon** [kanɔ̃] nm (arme) gun; (d'une arme: tube) barrel; (fig) model; canon // a: **droit ~** canon law; **~ rayé** rifled barrel.

**cañon** [kaɲɔ̃] nm canyon.

**canoniser** [kanɔnize] vt to canonize.

**canonnade** [kanɔnad] nf cannonade.

**canonnier** [kanɔnje] nm gunner.

**canonnière** [kanɔnjɛʀ] nf gunboat.

**canot** [kano] nm boat, ding(h)y; **~ pneumatique** rubber ou inflatable ding(h)y; **~ de sauvetage** lifeboat; **canoter** vi to go rowing.

**canotier** [kanɔtje] nm boater.

**cantate** [kɑ̃tat] nf cantata.

**cantatrice** [kɑ̃tatʀis] nf (opera) singer.

**cantine** [kɑ̃tin] nf canteen.

**cantique** [kɑ̃tik] nm hymn.

**canton** [kɑ̃tɔ̃] nm district regrouping several communes; (en Suisse) canton.

**cantonade** [kɑ̃tɔnad]: **à la ~** ad to everyone in general; from the rooftops.

**cantonner** [kɑ̃tɔne] vt (MIL) to billet; to station; **se ~ dans** to confine o.s. to.

**cantonnier** [kɑ̃tɔnje] nm roadmender, roadman.

**canular** [kanylaʀ] nm hoax.

**caoutchouc** [kautʃu] nm rubber; **~ mousse** foam rubber; **caoutchouté, e** a rubberized; **caoutchouteux, euse** a rubbery.

**cap** [kap] nm (GÉO) cape; headland; (fig) hurdle; watershed; (NAVIG): **changer de ~** to change course; **mettre le ~ sur** to head ou steer for.

**C.A.P.** *sigle m* = *Certificat d'aptitude professionnelle (obtained after trade apprenticeship)*.

**capable** [kapabl(ə)] *a* able, capable ; ~ **de qch/faire** capable of sth/doing ; **livre ~ d'intéresser** book liable *ou* likely to be of interest.

**capacité** [kapasite] *nf* (*compétence*) ability ; (*JUR, contenance*) capacity ; ~ (**en droit**) basic legal qualification.

**cape** [kap] *nf* cape, cloak ; **rire sous ~** to laugh up one's sleeve.

**C.A.P.E.S.** [kapɛs] *sigle m* = *Certificat d'aptitude au professorat de l'enseignement du second degré*.

**capharnaüm** [kafaʀnaɔm] *nm* shambles *sg*.

**capillaire** [kapilɛʀ] *a* (*soins, lotion*) hair *cpd* ; (*vaisseau etc*) capillary ; **capillarité** *nf* capillarity.

**capilotade** [kapilɔtad] : **en ~** *ad* crushed to a pulp ; smashed to pieces.

**capitaine** [kapitɛn] *nm* captain ; ~ **des pompiers** fire chief, firemaster ; **~rie** *nf* (*du port*) harbour master's (office).

**capital, e, aux** [kapital -o] *a* major ; of paramount importance ; fundamental ; (*JUR*) capital // *nm* capital ; (*fig*) stock ; asset // *nf* (*ville*) capital ; (*lettre*) capital (letter) ; // *nmpl* (*fonds*) capital *sg*, money *sg* ; ~ (**social**) authorized capital ; **~iser** *vt* to amass, build up ; (*COMM*) to capitalize ; **~isme** *nm* capitalism ; **~iste** *a, nm/f* capitalist.

**capiteux, euse** [kapitø, -øz] *a* heady ; sensuous, alluring.

**capitonner** [kapitɔne] *vt* to pad.

**capitulation** [kapitylasjɔ̃] *nf* capitulation.

**capituler** [kapityle] *vi* to capitulate.

**caporal, aux** [kapɔʀal, -o] *nm* lance corporal.

**capot** [kapo] *nm* (*AUTO*) bonnet.

**capote** [kapɔt] *nf* (*de voiture*) hood ; (*de soldat*) greatcoat.

**capoter** [kapɔte] *vi* to overturn.

**câpre** [kɑpʀ(ə)] *nf* caper.

**caprice** [kapʀis] *nm* whim, caprice ; passing fancy ; **~s** (*de la mode etc*) vagaries ; **capricieux, euse** *a* capricious ; whimsical ; temperamental.

**Capricorne** [kapʀikɔʀn] *nm*: **le ~** Capricorn, the Goat ; **être du ~** to be Capricorn.

**capsule** [kapsyl] *nf* (*de bouteille*) cap ; (*amorce*) primer ; cap ; (*BOT etc, spatiale*) capsule.

**capter** [kapte] *vt* (*ondes radio*) to pick up ; (*eau*) to harness ; (*fig*) to win, capture.

**captieux, euse** [kapsjø, -øz] *a* specious.

**captif, ive** [kaptif, -iv] *a* captive // *nm/f* captive, prisoner.

**captiver** [kaptive] *vt* to captivate.

**captivité** [kaptivite] *nf* captivity ; **en ~** in captivity.

**capture** [kaptyʀ] *nf* capture, catching *q* ; catch.

**capturer** [kaptyʀe] *vt* to capture, catch.

**capuche** [kapyʃ] *nf* hood.

**capuchon** [kapyʃɔ̃] *nm* hood ; (*de stylo*) cap, top.

**capucin** [kapysɛ̃] *nm* Capuchin monk.

**capucine** [kapysin] *nf* (*BOT*) nasturtium.

**caquet** [kakɛ] *nm*: **rabattre le ~ à qn** to bring sb down a peg or two.

**caqueter** [kakte] *vi* (*poule*) to cackle ; (*fig*) to prattle, blether.

**car** [kaʀ] *nm* coach // *cj* because, for ; ~ **de reportage** broadcasting *ou* radio van.

**carabine** [kaʀabin] *nf* carbine, rifle.

**caracoler** [kaʀakɔle] *vi* to caracole, prance.

**caractère** [kaʀaktɛʀ] *nm* (*gén*) character ; **en ~s gras** in bold type ; **en petits ~s** in small print ; **avoir du ~** to have character ; **avoir bon/mauvais ~** to be good-/ill-natured *ou* -tempered ; **caractériel, le** *a* (*of*) character // *nm/f* emotionally disturbed child.

**caractérisé, e** [kaʀakteʀize] *a*: **c'est une grippe/de l'insubordination ~e** it is a clear(-cut) case of flu/insubordination.

**caractériser** [kaʀakteʀize] *vt* to characterize ; **se ~ par** to be characterized *ou* distinguished by.

**caractéristique** [kaʀakteʀistik] *a, nf* characteristic.

**carafe** [kaʀaf] *nf* decanter ; carafe.

**carambolage** [kaʀɑ̃bɔlaʒ] *nm* multiple crash, pileup.

**caramel** [kaʀamɛl] *nm* (*bonbon*) caramel, toffee ; (*substance*) caramel ; **caraméliser** *vt* to caramelize.

**carapace** [kaʀapas] *nf* shell.

**carat** [kaʀa] *nm* carat ; **or à 18 ~s** 18-carat gold.

**caravane** [kaʀavan] *nf* caravan ; **caravanier** *nm* caravanner ; **caravaning** *nm* caravanning ; (*emplacement*) caravan site.

**carbone** [kaʀbɔn] *nm* carbon ; (*feuille*) carbon, sheet of carbon paper ; (*double*) carbon (copy).

**carbonique** [kaʀbɔnik] *a*: **gaz ~** carbonic acid gas ; **neige ~** dry ice.

**carbonisé, e** [kaʀbɔnize] *a* charred.

**carboniser** [kaʀbɔnize] *vt* to carbonize ; to burn down, reduce to ashes.

**carburant** [kaʀbyʀɑ̃] *nm* (*motor*) fuel.

**carburateur** [kaʀbyʀatœʀ] *nm* carburettor.

**carburation** [kaʀbyʀasjɔ̃] *nf* carburation.

**carcan** [kaʀkɑ̃] *nm* (*fig*) yoke, shackles *pl*.

**carcasse** [kaʀkas] *nf* carcass ; (*de véhicule etc*) shell.

**carder** [kaʀde] *vt* to card.

**cardiaque** [kaʀdjak] *a* cardiac, heart *cpd* // *nm/f* heart patient.

**cardigan** [kaʀdigɑ̃] *nm* cardigan.

**cardinal, e, aux** [kaʀdinal, -o] *a* cardinal // *nm* (*REL*) cardinal.

**cardiologie** [kaʀdjɔlɔʒi] *nf* cardiology ; **cardiologue** *nm/f* cardiologist, heart specialist.

**carême** [kaʀɛm] *nm*: **le C~** Lent.

**carence** [kaʀɑ̃s] *nf* incompetence, inadequacy ; (*manque*) deficiency ; ~ **vitaminique** vitamin deficiency.

**carène** [kaʀɛn] *nf* hull.

**caréner** [kaʀene] *vt* (*NAVIG*) to careen ; (*carrosserie*) to streamline.

**caressant, e** [kaʀɛsɑ̃, -ɑ̃t] a affectionate; caressing, tender.

**caresse** [kaʀɛs] nf caress.

**caresser** [kaʀese] vt to caress, stroke, fondle; (fig: projet, espoir) to toy with.

**cargaison** [kaʀgɛzɔ̃] nf cargo, freight.

**cargo** [kaʀgo] nm cargo boat, freighter.

**caricatural, e, aux** [kaʀikatyʀal, -o] a caricatural, caricature-like.

**caricature** [kaʀikatyʀ] nf caricature; (politique etc) (satirical) cartoon; **caricaturiste** nm/f caricaturist; (satirical) cartoonist.

**carie** [kaʀi] nf: **la ~ (dentaire)** tooth decay; **une ~** a hole (in a tooth); **carié, e** a: **dent cariée** bad ou decayed tooth.

**carillon** [kaʀijɔ̃] nm (d'église) bells pl; (pendule) chimes pl; (de porte): **(électrique)** (electric) door chime ou bell; **carillonner** vi to ring, chime, peal.

**carlingue** [kaʀlɛ̃g] nf cabin.

**carnage** [kaʀnaʒ] nm carnage, slaughter.

**carnassier, ière** [kaʀnasje, -jɛʀ] a carnivorous // nm carnivore.

**carnation** [kaʀnɑsjɔ̃] nf complexion; **~s** (PEINTURE) flesh tones.

**carnaval** [kaʀnaval] nm carnival.

**carné, e** [kaʀne] a meat cpd, meat-based.

**carnet** [kaʀnɛ] nm (calepin) notebook; (de tickets, timbres etc) book; (d'école) school report; (journal intime) diary; **~ de chèques** cheque book; **~ de commandes** order book; **~ à souches** counterfoil book.

**carnier** [kaʀnje] nm gamebag.

**carnivore** [kaʀnivɔʀ] a carnivorous // nm carnivore.

**carotide** [kaʀɔtid] nf carotid (artery).

**carotte** [kaʀɔt] nf carrot.

**carpe** [kaʀp(ə)] nf carp.

**carpette** [kaʀpɛt] nf rug.

**carquois** [kaʀkwa] nm quiver.

**carre** [kaʀ] nf (de ski) edge.

**carré, e** [kaʀe] a square; (fig: franc) straightforward // nm (de terrain, jardin) patch, plot; (NAVIG: salle) wardroom; (MATH) square; **élever un nombre au ~** to square a number; **mètre/kilomètre ~** square metre/kilometre; (CARTES): **d'as/de rois** four aces/kings.

**carreau, x** [kaʀo] nm (en faïence etc) (floor) tile; (wall) tile; (de fenêtre) (window) pane; (motif) check, square; (CARTES: couleur) diamonds pl; (: carte) diamond; **tissu à ~x** checked fabric.

**carrefour** [kaʀfuʀ] nm crossroads sg.

**carrelage** [kaʀlaʒ] nm tiling.

**carreler** [kaʀle] vt to tile.

**carrelet** [kaʀlɛ] nm (poisson) plaice.

**carreleur** [kaʀlœʀ] nm (floor) tiler.

**carrément** [kaʀemɑ̃] ad straight out, bluntly; straight; definitely.

**carrer** [kaʀe]: **se ~** vi: **se ~ dans un fauteuil** to settle o.s. comfortably ou enscone o.s. in an armchair.

**carrier** [kaʀje] nm: **(ouvrier) ~** quarryman, quarrier.

**carrière** [kaʀjɛʀ] nf (de roches) quarry; (métier) career; **militaire de ~** professional soldier; **faire ~ dans** to make one's career in.

**carriole** [kaʀjɔl] nf (péj) old cart.

**carrossable** [kaʀɔsabl(ə)] a suitable for (motor) vehicles.

**carrosse** [kaʀɔs] nm (horse-drawn) coach.

**carrosserie** [kaʀɔsʀi] nf body, coachwork q; (activité, commerce) coachbuilding; **atelier de ~** coachbuilder's workshop; (pour réparations) body repairs shop, panel beaters' (yard); **carrossier** nm coachbuilder; (dessinateur) car designer.

**carrousel** [kaʀuzɛl] nm (ÉQUITATION) carousel; (fig) merry-go-round.

**carrure** [kaʀyʀ] nf build; (fig) stature, calibre.

**cartable** [kaʀtabl(ə)] nm (d'écolier) satchel, (school)bag.

**carte** [kaʀt(ə)] nf (de géographie) map; (marine, du ciel) chart; (de fichier, d'abonnement etc, à jouer) card; (au restaurant) menu; (aussi: **~ postale**) (post)card; (aussi: **~ de visite**) (visiting) card; **avoir/donner ~ blanche** to have/give carte blanche ou a free hand; **à la ~** (au restaurant) à la carte; **~ de crédit** credit card; **~ d'état-major** ≈ Ordnance Survey map; **la ~ grise** (AUTO) the (car) registration book; **~ d'identité** identity card; **la ~ perforée** punch(ed) card; **la ~ verte** (AUTO) the green card; **la ~ des vins** the wine list; **~-lettre** nf letter-card.

**carter** [kaʀtɛʀ] nm (AUTO: d'huile) sump; (: de la boîte de vitesses) casing; (de bicyclette) chain guard.

**cartilage** [kaʀtilaʒ] nm (ANAT) cartilage.

**cartographe** [kaʀtɔgʀaf] nm/f cartographer.

**cartographie** [kaʀtɔgʀafi] nf cartography, map-making.

**cartomancien, ne** [kaʀtɔmɑ̃sjɛ̃, -ɛn] nm/f fortune-teller (with cards).

**carton** [kaʀtɔ̃] nm (matériau) cardboard; (boîte) (cardboard) box; (d'invitation) invitation card; (ART) sketch; cartoon; **faire un ~** (au tir) to have a go at the rifle range; to score a hit; **~ (à dessin)** portfolio; **cartonnage** nm cardboard (packing); **cartonné, e** a (livre) hardback, cased; **~-pâte** nm pasteboard; **de ~-pâte** (fig) cardboard cpd.

**cartouche** [kaʀtuʃ] nf cartridge; (de cigarettes) carton; **cartouchière** nf cartridge belt.

**cas** [kɑ] nm case; **faire peu de ~/grand ~ de** to attach little/great importance to; **en aucun ~** on no account, under no circumstances (whatsoever); **au ~ où** in case; **en ~ de** in case of, in the event of; **en ~ de besoin** if need be; **en tout ~** in any case, at any rate; **~ de conscience** matter of conscience.

**casanier, ière** [kazanje, -jɛʀ] a stay-at-home.

**casaque** [kazak] nf (de jockey) blouse.

**cascade** [kaskad] nf waterfall, cascade; (fig) stream, torrent.

**cascadeur, euse** [kaskadœʀ, -øz] nm/f stuntman/girl.

**case** [kɑz] nf (hutte) hut; (compartiment) compartment; (pour le courrier) pigeonhole ; (*sur un formulaire, de mots croisés, d'échiquier*) square.

**casemate** [kazmat] *nf* blockhouse.

**caser** [kɑze] *vt* to put ; to tuck ; to put up ; (*péj*) to find a job for ; to find a husband for.

**caserne** [kazɛʀn] *nf* barracks *sg ou pl* ; ~**ment** *nm* barrack buildings *pl*.

**cash** [kaʃ] *ad*: **payer** ~ to pay cash down.

**casier** [kɑzje] *nm* (*à journaux etc*) rack ; (*de bureau*) filing cabinet ; (: *à cases*) set of pigeonholes ; (*case*) compartment ; pigeonhole ; (: *à clef*) locker ; (*PÊCHE*) lobster pot ; ~ **à bouteilles** bottle rack ; ~ **judiciaire** police record.

**casino** [kazino] *nm* casino.

**casque** [kask(ə)] *nm* helmet ; (*chez le coiffeur*) (hair-)drier ; (*pour audition*) (head-)phones *pl*, headset.

**casquette** [kaskɛt] *nf* cap.

**cassant, e** [kɑsɑ̃, -ɑ̃t] *a* brittle ; (*fig*) brusque, abrupt.

**cassate** [kasat] *nf*: (**glace**) ~ cassata.

**cassation** [kɑsɑsjɔ̃] *nf*: **recours en** ~ appeal to the Supreme Court.

**casse** [kas] *nf* (*pour voitures*): **mettre à la** ~ to scrap, send to the breakers ; (*dégâts*): **il y a eu de la** ~ there were a lot of breakages.

**casse...** [kɑs] *préfixe*: ~**-cou** *a inv* daredevil, reckless ; **crier** ~**-cou à qn** to warn sb (*against a risky undertaking*) ; ~**-croûte** *nm inv* snack ; ~**-noisette(s),** ~**-noix** *nm inv* nutcrackers *pl* ; ~**-pieds** *a, nm/f inv* (*fam*): **il est** ~**-pieds, c'est un** ~**-pieds** he's a pain (in the neck).

**casser** [kɑse] *vt* to break ; (*ADMIN: gradé*) to demote ; (*JUR*) to quash // *vi*, **se** ~ to break.

**casserole** [kasʀɔl] *nf* saucepan ; **à la** ~ (*CULIN*) braised.

**casse-tête** [kɑstɛt] *nm inv* (*fig*) brain teaser ; headache (*fig*).

**cassette** [kasɛt] *nf* (*bande magnétique*) cassette ; (*coffret*) casket.

**cassis** [kasis] *nm* blackcurrant ; (*de la route*) dip, bump.

**cassonade** [kasɔnad] *nf* brown sugar.

**cassoulet** [kasulɛ] *nm* cassoulet.

**cassure** [kɑsyʀ] *nf* break, crack.

**castagnettes** [kastaɲɛt] *nfpl* castanets.

**caste** [kast(ə)] *nf* caste.

**castor** [kastɔʀ] *nm* beaver.

**castrer** [kastʀe] *vt* to castrate ; to geld ; to doctor.

**cataclysme** [kataklism(ə)] *nm* cataclysm.

**catacombes** [katakɔ̃b] *nfpl* catacombs.

**catadioptre** [katadjɔptʀ(ə)] *nm* = **cataphote.**

**catafalque** [katafalk(ə)] *nm* catafalque.

**catalogue** [katalɔg] *nm* catalogue.

**cataloguer** [katalɔge] *vt* to catalogue, to list ; (*péj*) to put a label on.

**catalyse** [kataliz] *nf* catalysis ; **catalyseur** *nm* catalyst.

**cataphote** [katafɔt] *nm* reflector.

**cataplasme** [kataplasm(ə)] *nm* poultice.

**catapulte** [katapylt(ə)] *nf* catapult ; **catapulter** *vt* to catapult.

**cataracte** [kataʀakt(ə)] *nf* cataract ;

**opérer qn de la** ~ to operate on sb for (a) cataract.

**catarrhe** [kataʀ] *nm* catarrh.

**catastrophe** [katastʀɔf] *nf* catastrophe, disaster ; **catastrophique** *a* catastrophic, disastrous.

**catch** [katʃ] *nm* (all-in) wrestling ; ~**eur, euse** *nm/f* (all-in) wrestler.

**catéchiser** [kateʃize] *vt* to catechize ; to indoctrinate ; to lecture ; **catéchisme** *nm* catechism ; **catéchumène** [katekymɛn] *nm/f* catechumen (*trainee convert*).

**catégorie** [kategɔʀi] *nf* category.

**catégorique** [kategɔʀik] *a* categorical.

**cathédrale** [katedʀal] *nf* cathedral.

**cathode** [katɔd] *nf* cathode.

**catholicisme** [katɔlisism(ə)] *nm* (Roman) Catholicism.

**catholique** [katɔlik] *a, nm/f* (Roman) Catholic ; **pas très** ~ a bit shady *ou* fishy.

**catimini** [katimini]: **en** ~ *ad* on the sly, on the quiet.

**cauchemar** [koʃmaʀ] *nm* nightmare ; ~**desque** *a* nightmarish.

**caudal, e, aux** [kodal, -o] *a* caudal, tail *cpd*.

**causal, e** [kozal] *a* causal ; ~**ité** *nf* causality.

**cause** [koz] *nf* cause ; (*JUR*) lawsuit, case ; brief ; **à** ~ **de** because of, owing to ; **pour** ~ **de** on account of ; owing to ; **(et) pour** ~ and for (a very) good reason ; **être en** ~ to be at stake ; to be involved ; to be in question ; **mettre en** ~ to implicate ; to call into question ; **remettre en** ~ to challenge, call into question.

**causer** [koze] *vt* to cause // *vi* to chat, talk.

**causerie** [kozʀi] *nf* talk.

**caustique** [kostik] *a* caustic.

**cauteleux, euse** [kotlø, -øz] *a* wily.

**cautériser** [koteʀize] *vt* to cauterize.

**caution** [kosjɔ̃] *nf* guarantee, security ; (*JUR*) bail (bond) ; (*fig*) backing, support ; **payer la** ~ **de qn** to stand bail for sb ; **libéré sous** ~ released on bail.

**cautionnement** [kosjɔnmɑ̃] *nm* (*somme*) guarantee, security.

**cautionner** [kosjɔne] *vt* to guarantee ; (*soutenir*) to support.

**cavalcade** [kavalkad] *nf* (*fig*) stampede.

**cavalerie** [kavalʀi] *nf* cavalry.

**cavalier, ière** [kavalje, -jɛʀ] *a* (*désinvolte*) offhand // *nm/f* rider ; (*au bal*) partner // *nm* (*ÉCHECS*) knight ; **faire** ~ **seul** to go it alone.

**cave** [kav] *nf* cellar ; (*cabaret*) (cellar) nightclub // *a*: **yeux** ~**s** sunken eyes.

**caveau, x** [kavo] *nm* vault.

**caverne** [kavɛʀn(ə)] *nf* cave.

**caverneux, euse** [kavɛʀnø, -øz] *a* cavernous.

**caviar** [kavjaʀ] *nm* caviar(e).

**cavité** [kavite] *nf* cavity.

**CC** *sigle voir* **corps.**

**C.C.P.** *sigle m voir* **compte.**

**CD** *sigle voir* **corps.**

**ce(c'), cet, cette, ces** [sə, sɛt, se] *dét* (*gén*) this ; these *pl* ; (*non-proximité*) that ; those *pl* ; **cette nuit** (*qui vient*) tonight ; (*passée*) last night // *pronom*: ~ **qui,** ~

que what; (*chose qui ...*): **il est bête, ~ qui me chagrine** he's stupid, which saddens me; **tout ~ qui bouge** everything that *ou* which moves; **tout ~ que je sais** all I know; **~ dont j'ai parlé** what I talked about; **ce que c'est grand** how big it is!, what a size it is!; **c'est petit/grand** it's *ou* it is small/big; **c'est un peintre, ce sont des peintres** he's *ou* he is a painter, they are painters; **c'est le facteur** *etc* (*à la porte*) it's the postman *etc*; **c'est une voiture** it's a car; **qui est-ce?** who is it?; (*en désignant*) who is he/she?; **qu'est-ce?** what is it?; *voir aussi* **-ci, est-ce que, n'est-ce pas, c'est-à-dire.**

**ceci** [səsi] *pronom* this.

**cécité** [sesite] *nf* blindness.

**céder** [sede] *vt* to give up // *vi* (*pont, barrage*) to give way; (*personne*) to give in; **~ à** to yield to, give in to.

**cédille** [sedij] *nf* cedilla.

**cèdre** [sɛdʀ(ə)] *nm* cedar.

**C.E.E.** *sigle f* (= *Communauté économique européenne*) EEC (European Economic Community).

**ceindre** [sɛ̃dʀ(ə)] *vt* (*mettre*) to put on, don; (*entourer*): **~ qch de qch** to put sth round sth.

**ceinture** [sɛ̃tyʀ] *nf* belt; (*taille*) waist; (*fig*) ring; belt; circle; **~ de sécurité** safety *ou* seat belt; **~ (de sécurité) à enrouleur** inertia reel seat belt; **ceinturer** *vt* (*saisir*) to grasp (round the waist); (*entourer*) to surround; **ceinturon** *nm* belt.

**cela** [səla] *pronom* that; (*comme sujet indéfini*) it; **~ m'étonne que** it surprises me that; **quand/où ~?** when/where (was that)?

**célèbre** [selɛbʀ(ə)] *a* famous.

**célébrer** [selebʀe] *vt* to celebrate; (*louer*) to extol.

**célébrité** [selebʀite] *nf* fame; (*star*) celebrity.

**céleri** [sɛlʀi] *nm*: **~(-rave)** celeriac; **~ (en branche)** celery.

**célérité** [seleʀite] *nf* speed, swiftness.

**céleste** [selɛst(ə)] *a* celestial; heavenly.

**célibat** [seliba] *nm* celibacy; bachelor/spinsterhood.

**célibataire** [selibatɛʀ] *a* single, unmarried // *nm/f* bachelor/unmarried *ou* single woman.

**celle, celles** [sɛl] *pronom voir* **celui.**

**cellier** [selje] *nm* storeroom.

**cellophane** [selɔfan] *nf* cellophane.

**cellulaire** [selylɛʀ] *a* (*BIO*) cell *cpd*, cellular; **voiture** *ou* **fourgon ~** prison *ou* police van.

**cellule** [selyl] *nf* (*gén*) cell.

**cellulite** [selylit] *nf* excess fat, cellulitis.

**cellulose** [selyloz] *nf* cellulose.

**celui, celle, ceux, celles** [səlɥi, sɛl, sø] *pronom* the one; **~ qui bouge** the one which *ou* that moves; (*personne*) the one who moves; **~ que je vois** the one (which *ou* that) I see; the one (whom) I see; **~ dont je parle** the one I'm talking about; **~ qui veut** (*valeur indéfinie*) whoever wants, the man *ou* person who wants; **~ du salon/du dessous** the one in (*ou* from) the lounge/below; **~ de mon frère** my

brother's; **celui-ci/-là, celle-ci/-là** this/that one; **ceux-ci, celles-ci** these ones; **ceux-là, celles-là** those (ones).

**cénacle** [senakl(ə)] *nm* (*literary*) coterie *ou* set.

**cendre** [sɑ̃dʀ(ə)] *nf* ash; **~s** (*d'un foyer*) ash(es), cinders; (*volcaniques*) ash *sg*; (*d'un défunt*) ashes; **sous la ~** (*CULIN*) in (the) embers; **cendré, e** *a* (*couleur*) ashen; (*piste*) **cendrée** cinder track; **cendrier** *nm* ashtray.

**cène** [sɛn] *nf*: **la ~** (*Holy*) Communion; (*ART*) the Last Supper.

**censé, e** [sɑ̃se] *a*: **être ~ faire** to be supposed to do.

**censeur** [sɑ̃sœʀ] *nm* (*SCOL*) vice-principal, deputy-head; (*CINÉMA, POL*) censor.

**censure** [sɑ̃syʀ] *nf* censorship.

**censurer** [sɑ̃syʀe] *vt* (*CINÉMA, PRESSE*) to censor; (*POL*) to censure.

**cent** [sɑ̃] *num* a hundred, one hundred; **centaine** *nf*: **une centaine (de)** about a hundred, a hundred or so; (*COMM*) a hundred; **plusieurs centaines (de)** several hundred; **des centaines (de)** hundreds (of); **centenaire** *a* hundred-year-old // *nm/f* centenarian // *nm* (*anniversaire*) centenary; **centième** *num* hundredth; **centigrade** *nm* centigrade; **centigramme** *nm* centigramme; **centilitre** *nm* centilitre; **centime** *nm* centime; **centimètre** *nm* centimetre; (*ruban*) tape measure, measuring tape.

**central, e, aux** [sɑ̃tʀal, -o] *a* central // *nm*: **~ (téléphonique)** (telephone) exchange // *nf*: **~e électrique/nucléaire** electric/nuclear power-station; **~e syndicale** group of affiliated trade unions.

**centraliser** [sɑ̃tʀalize] *vt* to centralize.

**centre** [sɑ̃tʀ(ə)] *nm* centre; **~ de gravité** centre of gravity; **~ de tri** (*POSTES*) sorting office; **le ~-ville** the town centre; **centrer** *vt* to centre // *vi* (*FOOTBALL*) to centre the ball.

**centrifuge** [sɑ̃tʀify3] *a*: **force ~** centrifugal force; **centrifuger** *vt* to centrifuge.

**centripète** [sɑ̃tʀipɛt] *a*: **force ~** centripetal force.

**centuple** [sɑ̃typl(ə)] *nm*: **le ~ de qch** a hundred times sth; **au ~** a hundredfold; **centupler** *vi, vt* to increase a hundredfold.

**cep** [sɛp] *nm* (*vine*) stock; **cépage** *nm* (type of) vine.

**cèpe** [sɛp] *nm* (*edible*) boletus.

**cependant** [səpɑ̃dɑ̃] *ad* however, nevertheless.

**céramique** [seʀamik] *nf* ceramic; (*art*) ceramics *sg*.

**cercle** [sɛʀkl(ə)] *nm* circle; (*objet*) band, hoop; **~ vicieux** vicious circle.

**cercueil** [sɛʀkœj] *nm* coffin.

**céréale** [seʀeal] *nf* cereal.

**cérébral, e, aux** [seʀebʀal, -o] *a* (*ANAT*) cerebral, brain (*fig*) mental, cerebral.

**cérémonial** [seʀemɔnjal] *nm* ceremonial.

**cérémonie** [seʀemɔni] *nf* ceremony; **~s** (*péj*) fuss *sg*, to-do *sg*; **cérémonieux, euse** *a* ceremonious, formal.

**cerf** [sɛʀ] *nm* stag.

**cerfeuil** [sɛʀfœj] *nm* chervil.
**cerf-volant** [sɛʀvɔlɑ̃] *nm* kite.
**cerise** [səʀiz] *nf* cherry; **cerisier** *nm* cherry (tree).
**cerné, e** [sɛʀne] a: **les yeux ~s** with dark rings *ou* shadows under the eyes.
**cerner** [sɛʀne] *vt* (MIL etc) to surround; (*fig: problème*) to delimit, define.
**cernes** [sɛʀn(ə)] *nfpl* (dark) rings, shadows (under the eyes).
**certain, e** [sɛʀtɛ̃, -ɛn] a certain; (*sûr*): **~ (de/que)** certain *ou* sure (of/ that) // *dét* certain; **d'un ~ âge** past one's prime, not so young; **un ~ temps** (quite) some time; **~s** *pronom* some; **certainement** *ad* (*probablement*) most probably *ou* likely; (*bien sûr*) certainly, of course.
**certes** [sɛʀt(ə)] *ad* admittedly; of course; indeed (yes).
**certificat** [sɛʀtifika] *nm* certificate; **le ~ d'études** the school leaving certificate.
**certifié, e** [sɛʀtifje] a: **professeur ~** qualified teacher.
**certifier** [sɛʀtifje] *vt* to certify, guarantee; **~ à qn que** to assure sb that, guarantee to sb that.
**certitude** [sɛʀtityd] *nf* certainty.
**cerveau, x** [sɛʀvo] *nm* brain.
**cervelas** [sɛʀvəla] *nm* saveloy.
**cervelle** [sɛʀvɛl] *nf* (ANAT) brain; (CULIN) brain(s).
**cervical, e, aux** [sɛʀvikal, -o] a cervical.
**ces** [se] *dét voir* **ce**.
**césarienne** [sezaʀjɛn] *nf* caesarean (section), section.
**cessantes** [sɛsɑ̃t] *afpl*: **toutes affaires ~** forthwith.
**cessation** [sɛsasjɔ̃] *nf*: **~ des hostilités** cessation of hostilities; **~ de paiements/commerce** suspension of payments/trading.
**cesse** [sɛs]: **sans ~** *ad* continually, constantly; continuously; **il n'avait de ~ que** he would not rest until.
**cesser** [sese] *vt* to stop // *vi* to stop, cease; **~ de faire** to stop doing.
**cessez-le-feu** [seselfø] *nm inv* ceasefire.
**cession** [sɛsjɔ̃] *nf* transfer.
**c'est-à-dire** [sɛtadiʀ] *ad* that is (to say).
**cet** [sɛt] *dét voir* **ce**.
**cétacé** [setase] *nm* cetacean.
**cette** [sɛt] *dét voir* **ce**.
**ceux** [sø] *pronom voir* **celui**.
**C.F.D.T.** *sigle f = Confédération française et démocratique du travail* (a major association of French trade unions).
**C.G.C.** *sigle f = Confédération générale des cadres* (union of managerial employees).
**C.G.T.** *sigle f = Confédération générale du travail* (a major association of French trade unions).
**chacal** [ʃakal] *nm* jackal.
**chacun, e** [ʃakœ̃, -yn] *pronom* each; (*indéfini*) everyone, everybody.
**chagrin, e** [ʃagʀɛ̃, -gʀin] a ill-humoured, morose // *nm* grief, sorrow; **avoir du ~** to be grieved *ou* sorrowful; **chagriner** *vt* to grieve, distress; (*contrarier*) to bother, worry.
**chahut** [ʃay] *nm* uproar; **chahuter** *vt* to

rag, bait // *vi* to make an uproar; **chahuteur, euse** *nm/f* rowdy.
**chai** [ʃɛ] *nm* wine and spirit store(house).
**chaîne** [ʃɛn] *nf* chain; (RADIO, TV: *stations*) channel; **travail à la ~** production line work; **faire la ~** to form a (human) chain; **~ (haute-fidélité *ou* hi-fi)** hi-fi system; **~ (de montage *ou* de fabrication)** production *ou* assembly line; **~ (de montagnes)** (mountain) range; **chaînette** *nf* (small) chain; **chaînon** *nm* link.
**chair** [ʃɛʀ] *nf* flesh // a: (*couleur*) **~** flesh-coloured; **avoir la ~ de poule** to have goosepimples *ou* gooseflesh; **bien en ~** plump, well-padded; **~ à saucisses** sausage meat.
**chaire** [ʃɛʀ] *nf* (*d'église*) pulpit; (*d'université*) chair.
**chaise** [ʃɛz] *nf* chair; **~ de bébé** high chair; **~ longue** deckchair.
**chaland** [ʃalɑ̃] *nm* (*bateau*) barge.
**châle** [ʃal] *nm* shawl.
**chalet** [ʃalɛ] *nm* chalet.
**chaleur** [ʃalœʀ] *nf* heat; (*fig*) warmth; fire, fervour; heat.
**chaleureux, euse** [ʃalœʀø, -øz] a warm.
**challenge** [ʃalɑ̃ʒ] *nm* contest, tournament.
**chaloupe** [ʃalup] *nf* launch; (*de sauvetage*) lifeboat.
**chalumeau, x** [ʃalymo] *nm* blowlamp, blowtorch.
**chalut** [ʃaly] *nm* trawl (net); **chalutier** *nm* trawler; (*pêcheur*) trawlerman.
**chamailler** [ʃamaje]: **se ~** *vi* to squabble, bicker.
**chamarré, e** [ʃamaʀe] a richly coloured *ou* brocaded.
**chambarder** [ʃɑ̃baʀde] *vt* to turn upside down, upset.
**chambranle** [ʃɑ̃bʀɑ̃l] *nm* (door) frame.
**chambre** [ʃɑ̃bʀ(ə)] *nf* bedroom; (TECH) chamber; (POL) chamber, house; (JUR) court; (COMM) chamber; federation; **faire ~ à part** to sleep in separate rooms; **stratège en ~** armchair strategist; **~ à un lit/deux lits** (*à l'hôtel*) single-/double- *ou* twin-bedded room; **~ d'accusation** court of criminal appeal; **~ à air** (*de pneu*) (inner) tube; **~ d'amis** spare *ou* guest room; **~ à coucher** bedroom; **la C~ des députés** the Chamber of Deputies, ≈ the House (of Commons); **~ forte** strongroom; **~ froide** *ou* **frigorifique** cold room; **~ des machines** engine-room; **~ meublée** bed-sitter, furnished room; **~ noire** (PHOTO) dark room.
**chambrée** [ʃɑ̃bʀe] *nf* room.
**chambrer** [ʃɑ̃bʀe] *vt* (*vin*) to bring to room temperature.
**chameau, x** [ʃamo] *nm* camel.
**chamois** [ʃamwa] *nm* chamois // a: (*couleur*) **~** fawn, buff (-coloured).
**champ** [ʃɑ̃] *nm* field; (PHOTO): **dans le ~** in the picture; **prendre du ~** to draw back; **~ de bataille** battlefield; **~ de courses** racecourse; **~ de mines** minefield.
**champagne** [ʃɑ̃paɲ] *nm* champagne.
**champêtre** [ʃɑ̃pɛtʀ(ə)] a country *cpd*, rural.

**champignon** [ʃɑ̃piɲɔ̃] *nm* mushroom ; (*terme générique*) fungus (*pl* i) ; ~ **de couche** *ou* **de Paris** cultivated mushroom ; ~ **vénéneux** toadstool, poisonous mushroom.

**champion, ne** [ʃɑ̃pjɔ̃, -jɔn] *a, nm/f* champion ; **championnat** *nm* championship.

**chance** [ʃɑ̃s] *nf*: **la** ~ luck ; **une** ~ a stroke *ou* piece of luck *ou* good fortune ; (*occasion*) a lucky break ; ~**s** *nfpl* (*probabilités*) chances ; **avoir de la** ~ to be lucky ; **il a des** ~**s de gagner** he has a chance of winning.

**chanceler** [ʃɑ̃sle] *vi* to totter.

**chancelier** [ʃɑ̃səlje] *nm* (*allemand*) chancellor ; (*d'ambassade*) secretary.

**chanceux, euse** [ʃɑ̃só, -óz] *a* lucky, fortunate.

**chancre** [ʃɑ̃kʀ(ə)] *nm* canker.

**chandail** [ʃɑ̃daj] *nm* (thick) jumper *ou* sweater.

**Chandeleur** [ʃɑ̃dlœʀ] *nf*: **la** ~ Candlemas.

**chandelier** [ʃɑ̃dəlje] *nm* candlestick ; (*à plusieurs branches*) candelabra, candlestick.

**chandelle** [ʃɑ̃dɛl] *nf* (tallow) candle ; **dîner aux** ~**s** candlelight dinner.

**change** [ʃɑ̃ʒ] *nm* (COMM) exchange ; **opérations de** ~ (foreign) exchange transactions ; **contrôle des** ~**s** exchange control.

**changeant, e** [ʃɑ̃ʒɑ̃, -ɑ̃t] *a* changeable, fickle.

**changement** [ʃɑ̃ʒmɑ̃] *nm* change ; ~ **de vitesses** gears ; gear change.

**changer** [ʃɑ̃ʒe] *vt* (*modifier*) to change, alter ; (*remplacer, COMM, rhabiller*) to change // *vi* to change, alter ; **se** ~ to change (o.s.) ; ~ **de** (*remplacer: adresse, nom, voiture etc*) to change one's ; (*échanger, alterner: côté, place, train etc*) to change + *npl* ; ~ **de couleur/direction** to change colour/direction ; ~ **d'idée** to change one's mind ; ~ **de place avec qn** to change places with sb ; ~ (**de train etc**) to change (trains etc) ; ~ **qch en** to change sth into.

**changeur** [ʃɑ̃ʒœʀ] *nm* (*personne*) moneychanger ; ~ **automatique** change machine ; ~ **de disques** record changer, autochange.

**chanoine** [ʃanwan] *nm* canon.

**chanson** [ʃɑ̃sɔ̃] *nf* song.

**chansonnier** [ʃɑ̃sɔnje] *nm* cabaret artist (*specializing in political satire*) ; song book.

**chant** [ʃɑ̃] *nm* song ; (*art vocal*) singing ; (*d'église*) hymn ; (*de poème*) canto ; (TECH): **de** ~ on edge.

**chantage** [ʃɑ̃taʒ] *nm* blackmail ; **faire du** ~ to use blackmail ; **soumettre qn à un** ~ to blackmail sb.

**chanter** [ʃɑ̃te] *vt, vi* to sing ; **si cela lui chante** (*fâm*) if he feels like it *ou* fancies it.

**chanterelle** [ʃɑ̃tʀɛl] *nf* chanterelle (*edible mushroom*).

**chanteur, euse** [ʃɑ̃tœʀ, -óz] *nm/f* singer.

**chantier** [ʃɑ̃tje] *nm* (building) site ; (*sur une route*) roadworks *pl* ; **mettre en** ~ to put in hand, start work on ; ~ **naval** shipyard.

**chantonner** [ʃɑ̃tɔne] *vi, vt* to sing to oneself, hum.

**chanvre** [ʃɑ̃vʀ(ə)] *nm* hemp.

**chaos** [kao] *nm* chaos ; **chaotique** *a* chaotic.

**chaparder** [ʃapaʀde] *vt* to pinch, pilfer.

**chapeau, x** [ʃapo] *nm* hat ; ~ **mou** trilby ; ~**x de roues** hub caps.

**chapeauter** [ʃapote] *vt* (ADMIN) to head, oversee.

**chapelet** [ʃaplɛ] *nm* (REL) rosary ; (*fig*): **un** ~ **de** a string of ; **dire son** ~ to tell one's beads.

**chapelle** [ʃapɛl] *nf* chapel ; ~ **ardente** chapel of rest.

**chapelure** [ʃaplyʀ] *nf* (dried) bread-crumbs *pl*.

**chaperon** [ʃapʀɔ̃] *nm* chaperon ; **chaperonner** *vt* to chaperon.

**chapiteau, x** [ʃapito] *nm* (ARCHIT) capital ; (*de cirque*) marquee, big top.

**chapitre** [ʃapitʀ(ə)] *nm* chapter ; (*fig*) subject, matter ; **avoir voix au** ~ to have a say in the matter.

**chapitrer** [ʃapitʀe] *vt* to lecture.

**chaque** [ʃak] *dét* each, every ; (*indéfini*) every.

**char** [ʃaʀ] *nm* (*à foin etc*) cart, waggon ; (*de carnaval*) float ; ~ **d'assaut** tank.

**charabia** [ʃaʀabja] *nm* (*péj*) gibberish, gobbledygook.

**charade** [ʃaʀad] *nf* riddle ; (*mimée*) charade.

**charbon** [ʃaʀbɔ̃] *nm* coal ; ~ **de bois** charcoal ; **charbonnage** *nm*: **les charbonnages de France** the (French) Coal Board *sg* ; **charbonnier** *nm* coalman.

**charcuterie** [ʃaʀkytʀi] *nf* (*magasin*) pork butcher's shop and delicatessen ; (*produits*) cooked pork meats *pl* ; **charcutier, ière** *nm/f* pork butcher.

**chardon** [ʃaʀdɔ̃] *nm* thistle.

**charge** [ʃaʀʒ(ə)] *nf* (*fardeau*) load, burden ; (*explosif, ÉLEC, MIL, JUR*) charge ; (*rôle, mission*) responsibility ; ~**s** *nfpl* (*du loyer*) service charges ; **à la** ~ **de** (*dépendant de*) dependent upon, supported by ; (*aux frais de*) chargeable to, payable by ; **j'accepte, à** ~ **de revanche** I accept, provided I can do the same for you (in return) one day ; **prendre en** ~ to take charge of ; (*suj: véhicule*) to take on ; (*dépenses*) to take care of ; ~ **utile** (AUTO) live load ; ~**s sociales** social security contributions.

**chargé** [ʃaʀʒe] *nm*: ~ **d'affaires** chargé d'affaires ; ~ **de cours** ≈ senior lecturer.

**chargement** [ʃaʀʒəmɑ̃] *nm* (*action*) loading ; charging ; (*objets*) load.

**charger** [ʃaʀʒe] *vt* (*voiture, fusil, caméra*) to load ; (*batterie*) to charge // *vi* (MIL etc) to charge ; **se** ~ **de** to see to, take care *ou* charge of ; ~ **qn de qch/faire qch** to give sb the responsibility for sth/of doing sth ; to put sb in charge of sth/doing sth.

**chariot** [ʃaʀjo] *nm* trolley ; (*charrette*) waggon ; (*de machine à écrire*) carriage ; ~ **élévateur** fork-lift truck.

**charitable** [ʃaʀitabl(ə)] *a* charitable ; kind.

**charité** [ʃaʀite] *nf* charity ; **faire la** ~ **to**

give to charity; to do charitable works;
**faire la ~ à** to give (something) to.

**charlatan** [ʃaRlatɑ̃] *nm* charlatan.

**charmant, e** [ʃaRmɑ̃, -ɑ̃t] *a* charming.

**charme** [ʃaRm(ə)] *nm* charm; **charmer** *vt*
to charm; **je suis charmé de** I'm delighted
to; **charmeur, euse** *nm/f* charmer;
**charmeur de serpents** snake charmer.

**charnel, le** [ʃaRnɛl] *a* carnal.

**charnier** [ʃaRnje] *nm* mass grave.

**charnière** [ʃaRnjɛR] *nf* hinge; (*fig*)
turning-point.

**charnu, e** [ʃaRny] *a* fleshy.

**charogne** [ʃaRɔɲ] *nf* carrion *q*; (*fam!*)
bastard (!).

**charpente** [ʃaRpɑ̃t] *nf* frame(work); (*fig*)
structure, framework; build, frame; **charpentier** *nm* carpenter.

**charpie** [ʃaRpi] *nf*: **en ~** (*fig*) in shreds
*ou* ribbons.

**charretier** [ʃaRtje] *nm* carter.

**charrette** [ʃaRɛt] *nf* cart.

**charrier** [ʃaRje] *vt* to carry (along); to
cart, carry.

**charrue** [ʃaRy] *nf* plough.

**charte** [ʃaRt(ə)] *nf* charter.

**chas** [ʃa] *nm* eye (of needle).

**chasse** [ʃas] *nf* hunting; (*au fusil*)
shooting; (*poursuite*) chase; (*aussi:* **~
d'eau**) flush; **la ~ est ouverte** the
hunting season is open; **~ gardée** private
hunting grounds *pl*; **prendre en ~,
donner la ~ à** to give chase to; **tirer la
~ (d'eau)** to flush the toilet, pull the
chain; **~ à courre** hunting; **~ à l'homme**
manhunt; **~ sous-marine** underwater
fishing.

**châsse** [ʃas] *nf* reliquary, shrine.

**chassé-croisé** [ʃasekRwazE] *nm* (*DANSE*)
chassé-croisé; (*fig*) mix-up where people
miss each other in turn.

**chasse-neige** [ʃasnɛʒ] *nm inv*
snowplough.

**chasser** [ʃase] *vt* to hunt; (*expulser*) to
chase away *ou* out, drive away *ou* out;
(*dissiper*) to chase *ou* sweep away; to
dispel, drive away; **chasseur, euse** *nm/f*
hunter // *nm* (*avion*) fighter; (*domestique*)
page (boy), messenger (boy); **chasseurs
alpins** mountain infantry *sg ou pl*.

**chassieux, ieuse** [ʃasjø, -øz] *a* sticky,
gummy.

**châssis** [ʃasi] *nm* (*AUTO*) chassis; (*cadre*)
frame; (*de jardin*) cold frame.

**chaste** [ʃast(ə)] *a* chaste; **~té** *nf* chastity.

**chasuble** [ʃazybl(ə)] *nf* chasuble.

**chat** [ʃa] *nm* cat; **~ sauvage** wildcat.

**châtaigne** [ʃatɛɲ] *nf* chestnut;
**châtaignier** *nm* chestnut (tree).

**châtain** [ʃatɛ̃] *a inv* chestnut (brown);
chestnut-haired.

**château, x** [ʃato] *nm* castle; **~ d'eau**
water tower; **~ fort** stronghold, fortified
castle; **~ de sable** sandcastle.

**châtier** [ʃatje] *vt* to punish, castigate;
(*fig: style*) to polish, refine; **châtiment** *nm*
punishment, castigation.

**chatoiement** [ʃatwamɑ̃] *nm*
shimmer(ing).

**chaton** [ʃatɔ̃] *nm* (*ZOOL*) kitten; (*BOT*)
catkin; (*de bague*) bezel; stone.

**chatouiller** [ʃatuje] *vt* to tickle; (*l'odorat,
le palais*) to titillate; **chatouilleux, euse**
a ticklish; (*fig*) touchy, over-sensitive.

**chatoyer** [ʃatwaje] *vi* to shimmer.

**châtrer** [ʃatRe] *vt* to castrate; to geld; to
doctor.

**chatte** [ʃat] *nf* (she-)cat.

**chaud, e** [ʃo, -od] *a* (*gén*) warm; (*très
chaud*) hot; (*fig*) hearty; keen; heated; **il
fait ~** it's warm; it's hot; **manger ~** to
have something hot to eat; **avoir ~** to
be warm; to be hot; **ça me tient ~** it
keeps me warm; **rester au ~** to stay in
the warmth; **chaudement** *ad* warmly;
(*fig*) hotly.

**chaudière** [ʃodjɛR] *nf* boiler.

**chaudron** [ʃodRɔ̃] *nm* cauldron.

**chaudronnerie** [ʃodRɔnRi] *nf* (*usine*)
boilerworks; (*activité*) boilermaking;
(*boutique*) coppersmith's workshop.

**chauffage** [ʃofaʒ] *nm* heating; **~ central**
central heating.

**chauffant, e** [ʃofɑ̃, -ɑ̃t] *a*: **couverture ~e**
electric blanket; **plaque ~e** hotplate.

**chauffard** [ʃofaR] *nm* (*péj*) reckless
driver; roadhog; hit-and-run driver.

**chauffe-bain** [ʃofbɛ̃] *nm*, **chauffe-eau**
[ʃofo] *nm inv* water-heater.

**chauffer** [ʃofe] *vt* to heat // *vi* to heat
up, warm up; (*trop chauffer: moteur*) to
overheat; **se ~** (*se mettre en train*) to
warm up; (*au soleil*) to warm o.s.

**chaufferie** [ʃofRi] *nf* boiler room.

**chauffeur** [ʃofœR] *nm* driver; (*privé*)
chauffeur.

**chaume** [ʃom] *nm* (*du toit*) thatch; (*tiges*)
stubble.

**chaumière** [ʃomjɛR] *nf* (*thatched*)
cottage.

**chaussée** [ʃose] *nf* road(way); (*digue*)
causeway.

**chausse-pied** [ʃospje] *nm* shoe-horn.

**chausser** [ʃose] *vt* (*bottes, skis*) to put on;
(*enfant*) to put shoes on; (*suj: soulier*) to
fit; **~ du 38/42** to take size 38/42; **~
grand/bien** to be big-/well-fitting; **se ~**
to put one's shoes on.

**chaussette** [ʃosɛt] *nf* sock.

**chausseur** [ʃosœR] *nm* (*marchand*)
footwear specialist, shoemaker.

**chausson** [ʃosɔ̃] *nm* slipper; **~ (aux
pommes)** (apple) turnover.

**chaussure** [ʃosyR] *nf* shoe; (*commerce*)
shoe industry *ou* trade; **~s montantes**
ankle boots; **~s de ski** ski boots.

**chaut** [ʃo] *vb*: **peu me ~** it matters little
to me.

**chauve** [ʃov] *a* bald.

**chauve-souris** [ʃovsuRi] *nf* bat.

**chauvin, e** [ʃovɛ̃, -in] *a* chauvinistic,
jingoistic; **chauvinisme** *nm* chauvinism;
jingoism.

**chaux** [ʃo] *nf* lime; **blanchi à la ~**
whitewashed.

**chavirer** [ʃaviRe] *vi* to capsize, overturn.

**chef** [ʃɛf] *nm* head, leader; (*de cuisine*)
chef; **en ~** (*MIL etc*) in chief; **~
d'accusation** charge, count (of
indictment); **~ d'atelier** (shop) foreman;
**~ de bureau** head clerk; **~ de clinique**
senior hospital lecturer; **~ d'entreprise**

company head ; ~ **d'équipe** team leader ; ~ **d'état** head of state ; ~ **de famille** head of the family ; ~ **de file** (de parti etc) leader ; ~ **de gare** station master ; ~ **d'orchestre** conductor ; ~ **de rayon** department(al) supervisor ; ~ **de service** departmental head.

**chef-d'œuvre** [ʃɛdœvʀ(ə)] nm masterpiece.

**chef-lieu** [ʃɛfljø] nm county town.

**cheftaine** [ʃɛftɛn] nf (guide) captain.

**cheik** [ʃɛk] nm sheik.

**chemin** [ʃəmɛ̃] nm path ; (itinéraire, direction, trajet) way ; **en** ~ on the way ; ~ **de fer** railway ; **par** ~ **de fer** by rail ; **les** ~**s de fer** the railways.

**cheminée** [ʃəmine] nf chimney ; (à l'intérieur) chimney piece, fireplace ; (de bateau) funnel.

**cheminement** [ʃəminmɑ̃] nm progress ; course.

**cheminer** [ʃəmine] vi to walk (along).

**cheminot** [ʃəmino] nm railwayman.

**chemise** [ʃəmiz] nf shirt ; (dossier) folder ; ~ **de nuit** nightdress ; ~**rie** nf (gentlemen's) outfitters' ; **chemisette** nf short-sleeved shirt.

**chemisier** [ʃəmizje] nm blouse.

**chenal, aux** [ʃənal, -o] nm channel.

**chêne** [ʃɛn] nm oak (tree) ; (bois) oak.

**chenet** [ʃənɛ] nm fire-dog, andiron.

**chenil** [ʃənil] nm kennels pl.

**chenille** [ʃənij] nf (ZOOL) caterpillar ; (AUTO) caterpillar track ; **véhicule à** ~**s** tracked vehicle, caterpillar ; **chenillette** nf tracked vehicle.

**cheptel** [ʃɛptɛl] nm livestock.

**chèque** [ʃɛk] nm cheque ; ~ **barré/sans provision** crossed/bad cheque ; ~ **au porteur** cheque to bearer ; **chéquier** nm cheque book.

**cher, ère** [ʃɛʀ] a (aimé) dear ; (coûteux) expensive, dear // ad : **cela coûte** ~ it's expensive, it costs a lot of money // nf : **la bonne chère** good food ; **mon** ~, **ma chère** my dear.

**chercher** [ʃɛʀʃe] vt to look for ; (gloire etc) to seek ; **aller** ~ to go for, go and fetch ; ~ **à faire** to try to do.

**chercheur, euse** [ʃɛʀʃœʀ, -øz] nm/f researcher, research worker ; ~ **de** seeker of ; hunter of ; ~ **d'or** gold digger.

**chère** [ʃɛʀ] a,nf voir **cher.**

**chéri, e** [ʃeʀi] a beloved, dear ; (mon) ~ darling.

**chérir** [ʃeʀiʀ] vt to cherish.

**cherté** [ʃɛʀte] nf : **la** ~ **de la vie** the high cost of living.

**chérubin** [ʃeʀybɛ̃] nm cherub.

**chétif, ive** [ʃetif, -iv] a puny, stunted.

**cheval, aux** [ʃəval, -o] nm horse ; (AUTO) : ~ **(vapeur) (C.V.)** horsepower q ; **50 chevaux (au frein)** 50 brake horsepower, 50 b.h.p. ; **10 chevaux (fiscaux)** 10 horsepower (for tax purposes) ; **faire du** ~ to ride ; **à** ~ on horseback ; **à** ~ **sur** astride, straddling ; (fig) overlapping ; ~ **d'arçons** vaulting horse.

**chevaleresque** [ʃəvalʀɛsk(ə)] a chivalrous.

**chevalerie** [ʃəvalʀi] nf chivalry ; knighthood.

**chevalet** [ʃəvalɛ] nm easel.

**chevalier** [ʃəvalje] nm knight ; ~ **servant** escort.

**chevalière** [ʃəvaljɛʀ] nf signet ring.

**chevalin, e** [ʃəvalɛ̃, -in] a of horses, equine ; (péj) horsy ; **boucherie** ~**e** horsemeat butcher's.

**cheval-vapeur** [ʃəvalvapœʀ] nm voir **cheval.**

**chevauchée** [ʃəvoʃe] nf ride ; cavalcade.

**chevaucher** [ʃəvoʃe] vi (aussi: **se** ~) to overlap (each other) // vt to be astride, straddle.

**chevelu, e** [ʃəvly] a with a good head of hair, hairy (péj).

**chevelure** [ʃəvlyʀ] nf hair q.

**chevet** [ʃəvɛ] nm : **au** ~ **de qn** at sb's bedside ; **lampe de** ~ bedside lamp.

**cheveu, x** [ʃəvø] nm hair ; // nmpl (chevelure) hair sg ; **avoir les** ~**x courts** to have short hair.

**cheville** [ʃəvij] nf (ANAT) ankle ; (de bois) peg ; (pour enfoncer un clou) plug ; ~ **ouvrière** (fig) kingpin.

**chèvre** [ʃɛvʀ(ə)] nf (she-)goat.

**chevreau, x** [ʃɛvʀo] nm kid.

**chèvrefeuille** [ʃɛvʀəfœj] nm honeysuckle.

**chevreuil** [ʃəvʀœj] nm roe deer inv ; (CULIN) venison.

**chevron** [ʃəvʀɔ̃] nm (poutre) rafter ; (motif) chevron, v(-shape) ; **à** ~**s** chevronpatterned ; herringbone.

**chevronné, e** [ʃəvʀone] a seasoned, experienced.

**chevrotant, e** [ʃəvʀɔtɑ̃, -ɑ̃t] a quavering.

**chevrotine** [ʃəvʀɔtin] nf buckshot q.

**chewing-gum** [ʃwiŋgɔm] nm chewing gum.

**chez** [ʃe] prép (à la demeure de) : ~ **qn** at (ou to) sb's house ou place ; (parmi) among ; ~ **moi** at home ; (avec direction) home ; ~ **le boulanger** (à la boulangerie) at the baker's ; ~ **ce musicien** (dans ses œuvres) in this musician ; ~**-soi** nm inv home.

**chic** [ʃik] a inv chic, smart ; (généreux) nice, decent // nm stylishness ; **avoir le** ~ **de** to have the knack of ; **de** ~ ad off the cuff ; ~! great!, terrific!

**chicane** [ʃikan] nf (obstacle) zigzag ; (querelle) squabble.

**chiche** [ʃiʃ] a niggardly, mean // excl (à un défi) you're on!

**chicorée** [ʃikɔʀe] nf (café) chicory ; (salade) endive.

**chicot** [ʃiko] nm stump.

**chien** [ʃjɛ̃] nm dog ; (de pistolet) hammer ; **en** ~ **de fusil** curled up ; ~ **de garde** guard dog.

**chiendent** [ʃjɛ̃dɑ̃] nm couch grass.

**chien-loup** [ʃjɛ̃lu] nm wolfhound.

**chienne** [ʃjɛn] nf dog, bitch.

**chier** [ʃje] vi (fam!) to crap (!).

**chiffe** [ʃif] nf : **il est mou comme une** ~, **c'est une** ~ **molle** he's spineless ou wet.

**chiffon** [ʃifɔ̃] nm (de ménage) (piece of) rag.

**chiffonner** [ʃifɔne] vt to crumple, crease.
**chiffonnier** [ʃifɔnje] nm ragman, rag-and-bone man ; (meuble) chiffonier.
**chiffre** [ʃifʀ(ə)] nm (représentant un nombre) figure ; numeral ; (montant, total) total, sum ; (d'un code) code, cipher ; ~s romains/arabes roman/arabic figures ou numerals ; en ~s ronds in round figures ; écrire un nombre en ~s to write a number in figures ; ~ d'affaires turnover ; **chiffrer** vt (dépense) to put a figure to, assess ; (message) to (en)code, cipher.
**chignole** [ʃiɲɔl] nf drill.
**chignon** [ʃiɲɔ̃] nm chignon, bun.
**Chili** [ʃili] nm: le ~ Chile ; **chilien, ne** a, nm/f Chilean.
**chimère** [ʃimɛʀ] nf (wild) dream, chimera ; pipe dream, idle fancy.
**chimie** [ʃimi] nf: la ~ chemistry ; **chimique** a chemical ; **produits chimiques** chemicals ; **chimiste** nm/f chemist.
**Chine** [ʃin] nf: la ~ China.
**chiné, e** [ʃine] a flecked.
**chinois, e** [ʃinwa, -waz] a Chinese ; (fig: péj) pernickety, fussy // nm/f Chinese // nm (langue): **le** ~ Chinese.
**chiot** [ʃjo] nm pup(py).
**chipoter** [ʃipɔte] vi to nibble ; to quibble ; to haggle.
**chips** [ʃips] nfpl (aussi: **pommes** ~) crisps.
**chique** [ʃik] nf quid, chew.
**chiquenaude** [ʃiknod] nf flick, flip.
**chiquer** [ʃike] vi to chew tobacco.
**chiromancien, ne** [kiʀɔmɑ̃sjɛ̃, -ɛn] nm/f palmist.
**chirurgical, e, aux** [ʃiʀyʀʒikal, -o] a surgical.
**chirurgie** [ʃiʀyʀʒi] nf surgery ; ~ esthétique plastic surgery ; **chirurgien, ne** nm/f surgeon.
**chiure** [ʃjyʀ] nf: ~s de mouche fly specks.
**chlore** [klɔʀ] nm chlorine.
**chloroforme** [klɔʀɔfɔʀm(ə)] nm chloroform.
**chlorophylle** [klɔʀɔfil] nf chlorophyll.
**choc** [ʃɔk] nm impact ; shock ; crash ; (moral) shock ; (affrontement) clash ; ~ opératoire/nerveux post-operative/(nervous) shock.
**chocolat** [ʃɔkɔla] nm chocolate ; (boisson) (hot) chocolate ; ~ à croquer plain chocolate ; ~ au lait milk chocolate.
**chœur** [kœʀ] nm (chorale) choir ; (OPÉRA, THÉÂTRE) chorus ; (ARCHIT) choir, chancel ; en ~ in chorus.
**choir** [ʃwaʀ] vi to fall.
**choisi, e** [ʃwazi] a (de premier choix) carefully chosen ; select ; **textes** ~s selected writings.
**choisir** [ʃwaziʀ] vt to choose, select.
**choix** [ʃwa] nm choice ; selection ; avoir le ~ to have the choice ; **premier** ~ (COMM) class ou grade one ; **de** ~ choice, selected ; **au** ~ as you wish ou prefer.
**choléra** [kɔleʀa] nm cholera.
**chômage** [ʃomaʒ] nm unemployment ; **mettre au** ~ to make redundant, put out of work ; **être au** ~ to be unemployed ou

out of work ; ~ **partiel** short-time working ; ~ **technique** lay-offs pl ; **chômer** vi to be unemployed, be idle ; **jour chômé** public holiday ; **chômeur, euse** nm/f unemployed person, person out of work.
**chope** [ʃɔp] nf tankard.
**choquer** [ʃɔke] vt (offenser) to shock ; (commotionner) to shake (up).
**choral, e** [kɔʀal] a choral // nf choral society, choir.
**chorégraphe** [kɔʀegʀaf] nm/f choreographer.
**chorégraphie** [kɔʀegʀafi] nf choreography.
**choriste** [kɔʀist(ə)] nm/f choir member ; (OPÉRA) chorus member.
**chorus** [kɔʀys] nm: **faire** ~ **(avec)** to voice one's agreement (with).
**chose** [ʃoz] nf thing ; **c'est peu de** ~ it's nothing (really) ; it's not much.
**chou, x** [ʃu] nm cabbage // a inv cute ; **mon petit** ~ (my) sweetheart ; ~ **à la crème** cream bun (made of choux pastry).
**choucas** [ʃuka] nm jackdaw.
**chouchou, te** [ʃuʃu, -ut] nm/f (SCOL) teacher's pet.
**choucroute** [ʃukʀut] nf sauerkraut.
**chouette** [ʃwɛt] nf owl // a (fam) great, smashing.
**chou-fleur** [ʃuflœʀ] nm cauliflower.
**chou-rave** [ʃuʀav] nm kohlrabi.
**choyer** [ʃwaje] vt to cherish ; to pamper.
**chrétien, ne** [kʀetjɛ̃, -ɛn] a, nm/f Christian ; **chrétiennement** ad in a Christian way ou spirit ; **chrétienté** nf Christendom.
**Christ** [kʀist] nm: **le** ~ Christ ; **c**~ (crucifix etc) figure of Christ ; **christianiser** vt to convert to Christianity ; **christianisme** nm Christianity.
**chromatique** [kʀɔmatik] a chromatic.
**chrome** [kʀom] nm chromium ; **chromé, e** a chromium-plated.
**chromosome** [kʀɔmozom] nm chromosome.
**chronique** [kʀɔnik] a chronic // nf (de journal) column, page ; (historique) chronicle ; (RADIO, TV): **la** ~ **sportive/théâtrale** the sports/theatre review ; **la** ~ **locale** local news and gossip ; **chroniqueur** nm columnist ; chronicler.
**chronologie** [kʀɔnɔlɔʒi] nf chronology ; **chronologique** a chronological.
**chronomètre** [kʀɔnɔmɛtʀ(ə)] nm stopwatch ; **chronométrer** vt to time.
**chrysalide** [kʀizalid] nf chrysalis.
**chrysanthème** [kʀizɑ̃tɛm] nm chrysanthemum.
**chu, e** [ʃy] pp de **choir.**
**chuchoter** [ʃyʃɔte] vt, vi to whisper.
**chuinter** [ʃɥɛ̃te] vi to hiss.
**chut** [ʃyt] excl sh!
**chute** [ʃyt] nf fall ; (de bois, papier: déchet) scrap ; **la** ~ **des cheveux** hair loss ; **faire une** ~ **(de 10 m)** to fall (10 m) ; ~s **de pluie/neige** rain/snowfalls ; ~ **(d'eau)** waterfall ; ~ **libre** free fall.

**Chypre** [ʃipR] n Cyprus; **chypriote** a, nm/f = **cypriote**.

**-ci, ci-** [si] ad voir par, ci-contre, ci-joint etc // dét: ce garçon-ci/-là this/that boy; ces femmes-ci/-là these/those women.

**ci-après** [siapRɛ] ad hereafter.

**cible** [sibl(ə)] nf target.

**ciboire** [sibwaR] nm ciborium (vessel).

**ciboule** [sibul] nf (large) chive; **ciboulette** nf (smaller) chive.

**cicatrice** [sikatRis] nf scar.

**cicatriser** [sikatRize] vt to heal; **se** ~ to heal (up), form a scar.

**ci-contre** [sikɔ̃tR(ə)] ad opposite.

**ci-dessous** [sidəsu] ad below.

**ci-dessus** [sidəsy] ad above.

**ci-devant** [sidəvɑ̃] nm/f aristocrat who lost his/her title in the French Revolution.

**cidre** [sidR(ə)] nm cider.

**Cie** abr de **compagnie**.

**ciel** [sjɛl] nm sky; (REL) heaven; ~**s** nmpl (PEINTURE etc) skies; **cieux** nmpl sky sg, skies; (REL) heaven sg; **à** ~ **ouvert** open-air; (mine) opencast; ~ **de lit** canopy.

**cierge** [sjɛRʒ(ə)] nm candle.

**cigale** [sigal] nf cicada.

**cigare** [sigaR] nm cigar.

**cigarette** [sigaRɛt] nf cigarette.

**ci-gît** [siʒi] ad + vb here lies.

**cigogne** [sigɔɲ] nf stork.

**ciguë** [sigy] nf hemlock.

**ci-inclus, e** [siɛ̃kly, -yz] a, ad enclosed.

**ci-joint, e** [siʒwɛ̃, -ɛt] a, ad enclosed.

**cil** [sil] nm (eye)lash.

**ciller** [sije] vi to blink.

**cimaise** [simɛz] nf picture rail.

**cime** [sim] nf top; (montagne) peak.

**ciment** [simɑ̃] nm cement; ~ **armé** reinforced concrete; **cimenter** vt to cement; **cimenterie** nf cement works sg.

**cimetière** [simtjɛR] nm cemetery; (d'église) churchyard; ~ **de voitures** scrapyard.

**cinéaste** [sineast(ə)] nm/f film-maker.

**ciné-club** [sineklœb] nm film club; film society.

**cinéma** [sinema] nm cinema; ~**scope** nm cinemascope; ~**thèque** nf film archives pl ou library; ~**tographique** a film cpd, cinema cpd.

**cinéphile** [sinefil] nm/f film ou cinema enthusiast.

**cinétique** [sinetik] a kinetic.

**cinglé, e** [sɛ̃gle] a (fam) barmy.

**cingler** [sɛ̃gle] vt to lash; (fig) to sting // vi (NAVIG): ~ **vers** to make ou head for.

**cinq** [sɛ̃k] num five.

**cinquantaine** [sɛ̃kɑ̃tɛn] nf: **une** ~ **(de)** about fifty.

**cinquante** [sɛ̃kɑ̃t] num fifty; ~**naire** a, nm/f fifty-year-old; **cinquantième** num fiftieth.

**cinquième** [sɛ̃kjɛm] num fifth.

**cintre** [sɛ̃tR(ə)] nm coat-hanger; (ARCHIT) arch; ~**s** nmpl (THÉÂTRE) flies.

**cintré, e** [sɛ̃tRe] a curved; (chemise) fitted, slim-fitting.

**cirage** [siRaʒ] nm (shoe) polish.

**circoncision** [siRkɔ̃sizjɔ̃] nf circumcision.

**circonférence** [siRkɔ̃feRɑ̃s] nf circumference.

**circonflexe** [siRkɔ̃flɛks(ə)] a: **accent** ~ circumflex accent.

**circonscription** [siRkɔ̃skRipsjɔ̃] nf district; ~ **électorale** (d'un député) constituency.

**circonscrire** [siRkɔ̃skRiR] vt to define, delimit; (incendie) to contain.

**circonspect, e** [siRkɔ̃spɛkt] a circumspect, cautious.

**circonstance** [siRkɔ̃stɑ̃s] nf circumstance; (occasion) occasion; ~**s atténuantes** attenuating circumstances.

**circonstancié, e** [siRkɔ̃stɑ̃sje] a detailed.

**circonstanciel, le** [ siRkɔ̃stɑ̃sjɛl] a: **complément/proposition** ~**(le)** adverbial phrase/clause.

**circonvenir** [siRkɔ̃vniR] vt to circumvent.

**circonvolutions** [siRkɔ̃vɔlysjɔ̃] nfpl twists, convolutions.

**circuit** [siRkɥi] nm (trajet) tour, (round) trip; (ÉLEC, TECH) circuit; ~ **automobile** motor circuit; ~ **de distribution** distribution network.

**circulaire** [siRkylɛR] a, nf circular.

**circulation** [siRkylɑsjɔ̃] nf circulation; (AUTO): **la** ~ (the) traffic; **mettre en** ~ to put into circulation.

**circuler** [siRkyle] vi to drive (along); to walk along; (train etc) to run; (sang, devises) to circulate; **faire** ~ (nouvelle) to spread (about), circulate; (badauds) to move on.

**cire** [siR] nf wax.

**ciré** [siRe] nm oilskin.

**cirer** [siRe] vt to wax, polish; **cireur** nm shoeshine-boy; **cireuse** nf floor polisher.

**cirque** [siRk(ə)] nm circus; (arène) amphitheatre; (GÉO) cirque; (fig) chaos, bedlam; carry-on.

**cirrhose** [siRoz] nf: ~ **du foie** cirrhosis of the liver.

**cisaille(s)** [sizaj] nf(pl) (gardening) shears pl; **cisailler** vt to clip.

**ciseau, x** [sizo] nm: ~ **(à bois)** chisel // nmpl (pair of) scissors; **sauter en** ~**x** to do a scissors jump; ~ **à froid** cold chisel.

**ciseler** [sizle] vt to chisel, carve.

**citadelle** [sitadɛl] nf citadel.

**citadin, e** [sitadɛ̃, -in] nm/f city dweller // a town cpd, city cpd, urban.

**citation** [sitɑsjɔ̃] nf (d'auteur) quotation; (JUR) summons sg; (MIL) récompense) mention.

**cité** [site] nf town; (plus grande) city; ~ **ouvrière** (workers') housing estate; ~ **universitaire** students' residences pl.

**citer** [site] vt (un auteur) to quote (from); (nommer) to name; (JUR) to summon.

**citerne** [sitɛRn(ə)] nf tank.

**cithare** [sitaR] nf zither.

**citoyen, ne** [sitwajɛ̃, -ɛn] nm/f citizen; **citoyenneté** nf citizenship.

**citron** [sitRɔ̃] nm lemon; ~ **vert** lime; **citronnade** nf lemonade; **citronnier** nm lemon tree.

**citrouille** [sitRuj] nf pumpkin.

**civet** [sivɛ] nm stew; ~ **de lièvre** jugged hare.

**civette** [sivɛt] nf (BOT) chives pl ; (ZOOL) civet (cat).

**civière** [sivjɛR] nf stretcher.

**civil, e** [sivil] a (JUR, ADMIN, poli) civil ; (non militaire) civilian // nm civilian ; **en ~** in civilian clothes ; **dans le ~** in civilian life.

**civilisation** [sivilizɑsjɔ̃] nf civilization.

**civiliser** [sivilize] vt to civilize.

**civique** [sivik] a civic.

**civisme** [sivism(ə)] nm public-spiritedness.

**claie** [klɛ] nf grid, riddle.

**clair, e** [klɛR] a light ; (chambre) light, bright ; (eau, son, fig) clear // ad: **voir ~** to see clearly ; **bleu ~** light blue ; **tirer qch au ~** to clear sth up, clarify sth ; **mettre au ~** (notes etc) to tidy up ; **le plus ~ de son temps/argent** the better part of his time/money ; **en ~** (non codé) in clear ; **~ de lune** nm moonlight ; **~ement** ad clearly.

**claire-voie** [klɛRvwa]: **à ~** ad letting the light through ; openwork cpd.

**clairière** [klɛRjɛR] nf clearing.

**clairon** [klɛRɔ̃] nm bugle ; **claironner** vt (fig) to trumpet, shout from the rooftops.

**clairsemé, e** [klɛRsəme] a sparse.

**clairvoyant, e** [klɛRvwajɑ̃, -ɑ̃t] a perceptive, clear-sighted.

**clameur** [klamœR] nf clamour.

**clandestin, e** [klɑ̃dɛstɛ̃, -in] a clandestine ; (POL) underground, clandestine.

**clapier** [klapje] nm (rabbit) hutch.

**clapoter** [klapɔte] vi to lap ; **clapotis** nm lap(ping).

**claquage** [klakaʒ] nm pulled ou strained muscle.

**claque** [klak] nf (gifle) slap.

**claquer** [klake] vi (drapeau) to flap ; (porte) to bang, slam ; (coup de feu) to ring out // vt (porte) to slam, bang ; (doigts) to snap ; **se ~ un muscle** to pull ou strain a muscle.

**claquettes** [klakɛt] nfpl tap-dancing sg.

**clarifier** [klaRifje] vt (fig) to clarify.

**clarinette** [klaRinɛt] nf clarinet.

**clarté** [klaRte] nf lightness ; brightness ; (d'un son, de l'eau) clearness ; (d'une explication) clarity.

**classe** [klɑs] nf class ; (SCOL: local) class(room) ; (: leçon) class ; (: élèves) class, form ; **~ touriste** economy class ; **faire ses ~s** (MIL) to do one's (recruit's) training ; **faire la ~** (SCOL) to be a ou the teacher ; to teach ; **aller en ~** to go to school.

**classement** [klɑsmɑ̃] nm classifying ; filing ; grading ; closing ; (rang: SCOL) place ; (: SPORT) placing ; (liste: SCOL) class list (in order of merit) ; (: SPORT) placings pl ; **premier au ~ général** (SPORT) first overall.

**classer** [klɑse] vt (idées, livres) to classify ; (papiers) to file ; (candidat, concurrent) to grade ; (JUR: affaire) to close ; **se ~ premier/dernier** to come first/last ; (SPORT) to finish first/last.

**classeur** [klɑsœR] nm (cahier) file ; (meuble) filing cabinet.

**classification** [klasifikɑsjɔ̃] nf classification.

**classifier** [klasifje] vt to classify.

**classique** [klasik] a classical ; (sobre: coupe etc) classic(al) ; (habituel) standard, classic // nm classic ; classical author.

**claudication** [klodikɑsjɔ̃] nf limp.

**clause** [kloz] nf clause.

**claustrer** [klostRe] vt to confine.

**claustrophobie** [klostRɔfɔbi] nf claustrophobia.

**clavecin** [klavsɛ̃] nm harpsichord.

**clavicule** [klavikyl] nf clavicle, collarbone.

**clavier** [klavje] nm keyboard.

**clé ou clef** [kle] nf key ; (MUS) clef ; (de mécanicien) spanner // a: **problème ~** key problem ; **~ de sol/de fa** treble/bass clef ; **~ anglaise** (monkey) wrench ; **~ de contact** ignition key ; **~ à molette** adjustable spanner ; **~ de voûte** keystone.

**clémence** [klemɑ̃s] nf mildness ; leniency.

**clément, e** [klemɑ̃, -ɑ̃t] a (temps) mild ; (indulgent) lenient.

**cleptomane** [klɛptɔman] nm/f = **kleptomane.**

**clerc** [klɛR] nm: **~ de notaire** solicitor's clerk.

**clergé** [klɛRʒe] nm clergy.

**clérical, e, aux** [kleRikal, -o] a clerical.

**cliché** [kliʃe] nm (PHOTO) negative ; print ; (TYPO) (printing) plate ; (LING) cliché.

**client, e** [klijɑ̃, -ɑ̃t] nm/f (acheteur) customer, client ; (d'hôtel) guest, patron ; (du docteur) patient ; (de l'avocat) client ; **clientèle** nf (du magasin) customers pl, clientèle ; (du docteur, de l'avocat) practice ; **accorder sa clientèle à** to give one's custom to.

**cligner** [kliɲe] vi: **~ des yeux** to blink (one's eyes) ; **~ de l'œil** to wink.

**clignotant** [kliɲɔtɑ̃] nm (AUTO) indicator.

**clignoter** [kliɲɔte] vi (étoiles etc) to twinkle ; (lumière: à intervalles réguliers) to flash ; (: vaciller) to flicker.

**climat** [klima] nm climate ; **climatique** a climatic.

**climatisation** [klimatizɑsjɔ̃] nf air conditioning ; **climatisé, e** a air-conditioned.

**clin d'œil** [klɛ̃dœj] nm wink ; **en un ~** in a flash.

**clinique** [klinik] a clinical // nf nursing home, (private) clinic.

**clinquant, e** [klɛ̃kɑ̃, -ɑ̃t] a flashy.

**cliqueter** [klikte] vi to clash ; to jangle, jingle ; to chink.

**clitoris** [klitɔRis] nm clitoris.

**clivage** [klivaʒ] nm cleavage.

**clochard, e** [klɔʃaR, -aRd(ə)] nm/f tramp.

**cloche** [klɔʃ] nf (d'église) bell ; (fam) clot ; **~ à fromage** cheese-cover.

**cloche-pied** [klɔʃpje]: **à ~** ad on one leg, hopping (along).

**clocher** [klɔʃe] nm church tower ; (en pointe) steeple // vi (fam) to be ou go wrong ; **de ~** (péj) parochial.

**clocheton** [klɔʃtɔ̃] nm pinnacle.

**clochette** [klɔʃɛt] nf bell.

**cloison** [klwazɔ̃] nf partition (wall) ; **cloisonner** vt to partition (off) ; to divide up ; (fig) to compartmentalize.

**cloître** [klwatʀ(ə)] nm cloister.

**cloîtrer** [klwatʀe] vt: **se ~** to shut o.s. up *ou* away; (REL) to enter a convent *ou* monastery.

**clopin-clopant** [klɔpɛ̃klɔpɑ̃] ad hobbling along; (fig) so-so.

**cloporte** [klɔpɔʀt(ə)] nm woodlouse (pl lice).

**cloque** [klɔk] nf blister.

**clore** [klɔʀ] vt to close; **clos, e** a voir **maison, huis, vase** // nm (enclosed) field.

**clôture** [klotyʀ] nf closure, closing; (barrière) enclosure, fence; **clôturer** vt (terrain) to enclose, close off; (festival, débats) to close.

**clou** [klu] nm nail; (MÉD) boil; **~s** nmpl = **passage clouté**; **pneus à ~s** studded tyres; **le ~ du spectacle** the highlight of the show; **~ de girofle** clove; **~er** vt to nail down *ou* up; (fig): **~er sur/contre** to pin to/against; **~té, e** a studded.

**clown** [klun] nm clown; **faire le ~** (fig) to clown (about), play the fool.

**club** [klœb] nm club.

**C.N.R.S.** sigle m = Centre national de la recherche scientifique.

**coaguler** [kɔagyle] vi, vt, **se ~** to coagulate.

**coaliser** [kɔalize]: **se ~** vi to unite, join forces.

**coalition** [kɔalisjɔ̃] nf coalition.

**coasser** [kɔase] vi to croak.

**cobaye** [kɔbaj] nm guinea-pig.

**cocagne** [kɔkaɲ] nf: **pays de ~** land of plenty; **mât de ~** greasy pole (fig).

**cocaïne** [kɔkain] nf cocaine.

**cocarde** [kɔkaʀd(ə)] nf rosette.

**cocardier, ère** [kɔkaʀdje, -ɛʀ] a jingoistic, chauvinistic.

**cocasse** [kɔkas] a comical, funny.

**coccinelle** [kɔksinɛl] nf ladybird.

**coccyx** [kɔksis] nm coccyx.

**cocher** [kɔʃe] nm coachman // vt to tick off; (entailler) to notch.

**cochère** [kɔʃɛʀ] af: **porte ~** carriage entrance.

**cochon, ne** [kɔʃɔ̃, -ɔn] nm pig // nm/f (péj) (filthy) pig; beast; swine // a (fam) dirty, smutty; **cochonnerie** nf (fam) filth; rubbish, trash.

**cochonnet** [kɔʃɔnɛ] nm (BOULES) jack.

**cocktail** [kɔktɛl] nm cocktail; (réception) cocktail party.

**coco** [kɔko] nm voir **noix**; (fam) bloke, geezer.

**cocon** [kɔkɔ̃] nm cocoon.

**cocorico** [kɔkɔʀiko] excl, nm cock-a-doodle-do.

**cocotier** [kɔkɔtje] nm coconut palm.

**cocotte** [kɔkɔt] nf (en fonte) casserole; **~ (minute)** pressure cooker; **~ en papier** paper shape; **ma ~** (fam) sweetie (pie).

**cocu** [kɔky] nm cuckold.

**code** [kɔd] nm code // a: **éclairage ~, phares ~s** dipped lights; **se mettre en ~(s)** to dip one's (head)lights; **~ civil** Common Law; **~ pénal** penal code; **~ postal** (numéro) postal code; **~ de la route** highway code; **coder** vt to (en)code; **codifier** vt to codify.

**coefficient** [kɔefisjɑ̃] nm coefficient.

**coercition** [kɔɛʀsisjɔ̃] nf coercion.

**cœur** [kœʀ] nm heart; (CARTES: couleur) hearts pl; (: carte) heart; **avoir bon ~** to be kind-hearted; **avoir mal au ~** to feel sick; **~ de laitue/d'artichaut** lettuce/artichoke heart; **de tout son ~** with all one's heart; **en avoir le ~ net** to be clear in one's own mind (about it); **par ~** by heart; **de bon ~** willingly; **avoir à ~ de faire** to make a point of doing; **cela lui tient à ~** that's (very) close to his heart.

**coffrage** [kɔfʀaʒ] nm (CONSTR: action) coffering; (: dispositif) form(work).

**coffre** [kɔfʀ(ə)] nm (meuble) chest; (d'auto) boot; **avoir du ~** (fam) to have a lot of puff; **~(-fort)** nm safe.

**coffrer** [kɔfʀe] vt (fam) to put inside, lock up.

**coffret** [kɔfʀɛ] nm casket; **~ à bijoux** jewel box.

**cogner** [kɔɲe] vi to knock.

**cohabiter** [kɔabite] vi to live together.

**cohérent, e** [kɔeʀɑ̃, -ɑ̃t] a coherent, consistent.

**cohésion** [kɔezjɔ̃] nf cohesion.

**cohorte** [kɔɔʀt(ə)] nf troop.

**cohue** [kɔy] nf crowd.

**coi, coite** [kwa, kwat] a: **rester ~** to remain silent.

**coiffe** [kwaf] nf headdress.

**coiffé, e** [kwafe] a: **bien/mal ~** with tidy/untidy hair; **~ d'un béret** wearing a beret; **~ en arrière** with one's hair brushed *ou* combed back.

**coiffer** [kwafe] vt (fig) to cover, top; **~ qn** to do sb's hair; **~ qn d'un béret** to put a beret on sb; **se ~** to do one's hair; to put on a *ou* one's hat.

**coiffeur, euse** [kwafœʀ, -øz] nm/f hairdresser // nf (table) dressing table.

**coiffure** [kwafyʀ] nf (cheveux) hairstyle, hairdo; (chapeau) hat, headgear q; (art): **la ~** hairdressing.

**coin** [kwɛ̃] nm corner; (pour graver) die; (pour coincer) wedge; (poinçon) hallmark; **l'épicerie du ~** the local grocer; **dans le ~** (les alentours) in the area, around about; locally; **au ~ du feu** by the fireside; **regard en ~** side(ways) glance.

**coincer** [kwɛ̃se] vt to jam; (fam) to catch (out); to nab.

**coïncidence** [kɔɛ̃sidɑ̃s] nf coincidence.

**coïncider** [kɔɛ̃side] vi: **~ (avec)** to coincide (with).

**coing** [kwɛ̃] nm quince.

**coït** [kɔit] nm coitus.

**coite** [kwat] af voir **coi**.

**coke** [kɔk] nm coke.

**col** [kɔl] nm (de chemise) collar; (encolure, cou) neck; (de montagne) pass; **~ du fémur** neck of the thighbone; **~ roulé** polo-neck; **~ de l'utérus** cervix.

**coléoptère** [kɔleɔptɛʀ] nm beetle.

**colère** [kɔlɛʀ] nf anger; **une ~** a fit of anger; **coléreux, euse** a, **colérique** a quick-tempered, irascible.

**colifichet** [kɔlifiʃɛ] nm trinket.

**colimaçon** [kɔlimasɔ̃] nm: **escalier en ~** spiral staircase.

**colin** [kɔlɛ̃] nm hake.

**colique** [kɔlik] nf diarrhoea ; colic (pains).

**colis** [kɔli] nm parcel.

**collaborateur, trice** [kɔlabɔRatœR, -tRis] nm/f (aussi POL) collaborator ; (d'une revue) contributor.

**collaboration** [kɔlabɔRɑsjɔ̃] nf collaboration.

**collaborer** [kɔlabɔRe] vi to collaborate ; ~ à to collaborate on ; (revue) to contribute to.

**collant, e** [kɔlɑ̃, -ɑ̃t] a sticky ; (robe etc) clinging, skintight ; (péj) clinging // nm (bas) tights pl ; (de danseur) leotard.

**collation** [kɔlɑsjɔ̃] nf light meal.

**colle** [kɔl] nf glue ; (à papiers peints) (wallpaper) paste ; (devinette) teaser, poser.

**collecte** [kɔlɛkt(ə)] nf collection.

**collecter** [kɔlɛkte] vt to collect ; **collecteur** nm (égout) main sewer.

**collectif, ive** [kɔlɛktif, -iv] a collective ; (visite, billet etc) group cpd.

**collection** [kɔlɛksjɔ̃] nf collection ; (ÉDITION) series ; **pièce de ~** collector's item ; **faire (la) ~ de** to collect ; **collectionner** vt (tableaux, timbres) to collect ; **collectionneur, euse** nm/f collector.

**collectivité** [kɔlɛktivite] nf group ; **la ~** the community, the collectivity ; **les ~s locales** local communities.

**collège** [kɔlɛʒ] nm (école) (secondary) school ; (assemblée) body ; **collégial, e, aux** a collegiate ; **collégien, ne** nm/f schoolboy/girl.

**collègue** [kɔlɛg] nm/f colleague.

**coller** [kɔle] vt (papier, timbre) to stick (on) ; (affiche) to stick up ; (enveloppe) to stick down ; (morceaux) to stick ou glue together ; (fam: mettre, fourrer) to stick, shove ; (SCOL: fam) to keep in, give detention to // vi (être collant) to be sticky ; (adhérer) to stick ; ~ **qch sur** to stick (ou paste ou glue) sth on(to) ; ~ **à** to stick to ; (fig) to cling to.

**collerette** [kɔlRɛt] nf ruff ; (TECH) flange.

**collet** [kɔlɛ] nm (piège) snare, noose ; (cou): **prendre qn au** ~ to grab sb by the throat ; ~ **monté** a inv straight-laced.

**collier** [kɔlje] nm (bijou) necklace ; (de chien, TECH) collar ; ~ **(de barbe), barbe en** ~ narrow beard along the line of the jaw.

**colline** [kɔlin] nf hill.

**collision** [kɔlizjɔ̃] nf collision, crash ; **entrer en** ~ **(avec)** to collide (with).

**colloque** [kɔlɔk] nm colloquium, symposium.

**colmater** [kɔlmate] vt (fuite) to seal off ; (brèche) to plug, fill in.

**colombe** [kɔlɔ̃b] nf dove.

**colon** [kɔlɔ̃] nm settler ; (enfant) boarder (in children's holiday camp).

**côlon** [kolɔ̃] nm colon.

**colonel** [kɔlɔnɛl] nm colonel ; (armée de l'air) group captain.

**colonial, e, aux** [kɔlɔnjal, -o] a colonial ; **~isme** nm colonialism.

**colonie** [kɔlɔni] nf colony ; ~ **(de vacances)** holiday camp (for children).

**colonisation** [kɔlɔnizɑsjɔ̃] nf colonization.

**coloniser** [kɔlɔnize] vt to colonize.

**colonne** [kɔlɔn] nf column ; **se mettre en** ~ **par deux/quatre** to get into twos/fours ; **en** ~ **par deux** in double file ; ~ **de secours** rescue party ; ~ **(vertébrale)** spine, spinal column.

**colophane** [kɔlɔfan] nf rosin.

**colorant** [kɔlɔRɑ̃] nm colouring.

**coloration** [kɔlɔRɑsjɔ̃] nf colour(ing).

**colorer** [kɔlɔRe] vt to colour.

**colorier** [kɔlɔRje] vt to colour (in) ; **album à** ~ colouring book.

**coloris** [kɔlɔRi] nm colour, shade.

**colossal, e, aux** [kɔlɔsal, -o] a colossal, huge.

**colporter** [kɔlpɔRte] vt to hawk, peddle ; **colporteur, euse** nm/f hawker, pedlar.

**colza** [kɔlza] nm rape(seed).

**coma** [kɔma] nm coma ; **être dans le** ~ to be in a coma ; **~teux, euse** a comatose.

**combat** [kɔ̃ba] nm fight ; fighting q ; ~ **de boxe** boxing match ; ~ **de rues** street fighting q.

**combatif, ive** [kɔ̃batif, -iv] a of a fighting spirit.

**combattant** [kɔ̃batɑ̃] nm combatant ; (d'une rixe) brawler ; **ancien** ~ war veteran.

**combattre** [kɔ̃batR(ə)] vt to fight ; (épidémie, ignorance) to combat, fight against.

**combien** [kɔ̃bjɛ̃] ad (quantité) how much ; (nombre) how many ; (exclamatif) how ; ~ **de** how much ; how many ; ~ **de temps** how long, how much time ; ~ **coûte/pèse ceci?** how much does this cost/weigh?

**combinaison** [kɔ̃binɛzɔ̃] nf combination ; (astuce) device, scheme ; (de femme) slip ; (d'aviateur) flying suit ; (d'homme-grenouille) wetsuit ; (bleu de travail) boilersuit.

**combine** [kɔ̃bin] nf trick ; (péj) scheme, fiddle.

**combiné** [kɔ̃bine] nm (aussi: ~ téléphonique) receiver.

**combiner** [kɔ̃bine] vt to combine ; (plan, horaire) to work out, devise.

**comble** [kɔ̃bl(ə)] a (salle) packed (full) // nm (du bonheur, plaisir) height ; **~s** nmpl (CONSTR) attic sg, loft sg ; **c'est le ~!** that beats everything!, that takes the biscuit!

**combler** [kɔ̃ble] vt (trou) to fill in ; (besoin, lacune) to fill ; (déficit) to make good ; (satisfaire) to gratify, fulfil ; ~ **qn de joie** to fill sb with joy ; ~ **qn d'honneurs** to shower sb with honours.

**combustible** [kɔ̃bystibl(ə)] a combustible // nm fuel.

**combustion** [kɔ̃bystjɔ̃] nf combustion.

**comédie** [kɔmedi] nf comedy ; (fig) playacting q ; ~ **musicale** musical ; **comédien, ne** nm/f actor/actress ; (comique) comedy actor/actress, comedian/comedienne ; (fig) sham.

**comestible** [kɔmɛstibl(ə)] a edible.

**comète** [kɔmɛt] nf comet.

**comique** [kɔmik] a (drôle) comical ; (THÉÂTRE) comic // nm (artiste) comic, comedian; **le ~ de qch** the funny ou comical side of sth.

**comité** [kɔmite] *nm* committee; **~ d'entreprise** work's council.

**commandant** [kɔmɑ̃dɑ̃] *nm* (*gén*) commander, commandant; (*MIL: grade*) major; (*armée de l'air*) squadron leader; (*NAVIG, AVIAT*) captain.

**commande** [kɔmɑ̃d] *nf* (*COMM*) order; **~s** *nfpl* (*AVIAT etc*) controls; **passer une ~ (de)** to put in an order (for); **sur ~** to order; **~ à distance** remote control.

**commandement** [kɔmɑ̃dmɑ̃] *nm* command; (*ordre*) command, order; (*REL*) commandment.

**commander** [kɔmɑ̃de] *vt* (*COMM*) to order; (*diriger, ordonner*) to command; **~ à** (*MIL*) to command; (*contrôler, maîtriser*) to have control over; **~ à qn de faire** to command ou order sb to do.

**commanditaire** [kɔmɑ̃ditɛR] *nm* sleeping partner.

**commandite** [kɔmɑ̃dit] *nf*: **(société en) ~** limited partnership.

**commando** [kɔmɑ̃do] *nm* commando (squad).

**comme** [kɔm] *prép* like; (*en tant que*) as // *cj* as; (*parce que, puisque*) as, since // *ad*: **~ il est fort/c'est bon!** how strong he is/good it is!; **faites-le ~ cela** ou **ça** do it like this ou this way; **~ ci ~ ça** so-so, middling; **joli ~ tout** ever so pretty.

**commémoration** [kɔmemɔRasjɔ̃] *nf* commemoration.

**commémorer** [kɔmemɔRe] *vt* to commemorate.

**commencement** [kɔmɑ̃smɑ̃] *nm* beginning; start; commencement; **~s** (*débuts*) beginnings.

**commencer** [kɔmɑ̃se] *vt* to begin, start, commence; (*être placé au début de*) to begin // *vi* to begin, start, commence; **~ à** ou **de faire** to begin ou start doing.

**commensal, e, aux** [kɔmɑ̃sal, -o] *nm/f* companion at table.

**comment** [kɔmɑ̃] *ad* how; **~?** (*que dites-vous*) (I beg your) pardon?

**commentaire** [kɔmɑ̃tɛR] *nm* comment; remark; **~ (de texte)** (*SCOL*) commentary.

**commentateur, trice** [kɔmɑ̃tatœR, -tRis] *nm/f* commentator.

**commenter** [kɔmɑ̃te] *vt* (*jugement, événement*) to comment (up)on; (*RADIO, TV: match, manifestation*) to cover, give a commentary on.

**commérages** [kɔmeRaʒ] *nmpl* gossip *sg*.

**commerçant, e** [kɔmɛRsɑ̃, -ɑ̃t] *a* commercial; shopping; trading; commercially shrewd // *nm/f* shopkeeper, trader.

**commerce** [kɔmɛRs(ə)] *nm* (*activité*) trade, commerce; (*boutique*) business; **le petit ~** small shopowners *pl*, small traders *pl*; **faire ~ de** to trade in; (*fig*: *péj*) to trade on; **vendu dans le ~** sold in the shops; **vendu hors-~** sold directly to the public; **commercial, e, aux** *a* commercial, trading; (*péj*) commercial; **commercialiser** *vt* to market.

**commère** [kɔmɛR] *nf* gossip.

**commettre** [kɔmɛtR(ə)] *vt* to commit.

**commis** [kɔmi] *nm* (*de magasin*) (shop) assistant; (*de banque*) clerk; **~ voyageur** commercial traveller.

**commisération** [kɔmizeRasjɔ̃] *nf* commiseration.

**commissaire** [kɔmisɛR] *nm* (*de police*) ≈ (police) superintendent; (*de rencontre sportive etc*) steward; **~-priseur** *nm* auctioneer.

**commissariat** [kɔmisaRja] *nm* police station; (*ADMIN*) commissionership.

**commission** [kɔmisjɔ̃] *nf* (*comité, pourcentage*) commission; (*message*) message; (*course*) errand; **~s** *nfpl* (*achats*) shopping *sg*; **commissionnaire** *nm* delivery boy (ou man); messenger.

**commissure** [kɔmisyR] *nf*: **les ~s des lèvres** the corners of the mouth.

**commode** [kɔmɔd] *a* (*pratique*) convenient, handy; (*facile*) easy; (*air, personne*) easy-going; (*personne*): **pas ~** awkward (to deal with) // *nf* chest of drawers; **commodité** *nf* convenience.

**commotion** [kɔmosjɔ̃] *nf*: **~ (cérébrale)** concussion; **commotionné, e** *a* shocked, shaken.

**commuer** [kɔmɥe] *vt* to commute.

**commun, e** [kɔmœ̃, -yn] *a* common; (*pièce*) communal, shared; (*réunion, effort*) joint // *nf* (*ADMIN*) commune; ≈ district; (: *urbaine*) ≈ borough; **~s** *nmpl* (*bâtiments*) outbuildings; **cela sort du ~** it's out of the ordinary; **le ~ des mortels** the common run of people; **en ~** (*faire*) jointly; **mettre en ~** to pool, share; **communal, e, aux** *a* (*ADMIN*) of the commune, ≈ (district ou borough) council *cpd*.

**communauté** [kɔmynote] *nf* community; (*JUR*): **régime de la ~** communal estate settlement.

**commune** [kɔmyn] *a, nf voir* **commun.**

**communiant, e** [kɔmynjɑ̃, -ɑ̃t] *nm/f* communicant; **premier ~** child taking his first communion.

**communicatif, ive** [kɔmynikatif, -iv] *a* (*personne*) communicative; (*rire*) infectious.

**communication** [kɔmynikasjɔ̃] *nf* communication; **~ (téléphonique)** (telephone) call; **vous avez la ~** this is your call, you're through; **donnez-moi la ~ avec** put me through to; **~ interurbaine** trunk call; **~ en PCV** reverse charge call.

**communier** [kɔmynje] *vi* (*REL*) to receive communion; (*fig*) to be united.

**communion** [kɔmynjɔ̃] *nf* communion.

**communiqué** [kɔmynike] *nm* communiqué.

**communiquer** [kɔmynike] *vt* (*nouvelle, dossier*) to pass on, convey; (*maladie*) to pass on; (*peur etc*) to communicate; (*chaleur, mouvement*) to transmit // *vi* to communicate; **se ~ à** (*se propager*) to spread to.

**communisme** [kɔmynism(ə)] *nm* communism; **communiste** *a, nm/f* communist.

**commutateur** [kɔmytatœR] *nm* (*ÉLEC*) (change-over) switch, commutator.

**compact, e** [kɔ̃pakt] *a* dense ; compact.

**compagne** [kɔ̃paɲ] *nf* companion.

**compagnie** [kɔ̃paɲi] *nf* (*firme*, MIL) company ; (*groupe*) gathering ; (*présence*): **la ~ de qn** sb's company ; **tenir ~ à qn** to keep sb company ; **fausser ~ à** to give sb the slip, slip *ou* sneak away from sb ; **en ~ de** in the company of ; **Dupont et ~, Dupont et Cie** Dupont and Company, Dupont and Co.

**compagnon** [kɔ̃paɲɔ̃] *nm* companion ; (*autrefois*: *ouvrier*) craftsman ; journeyman.

**comparable** [kɔ̃paRabl(ə)] *a:* **~ (à)** comparable (to).

**comparaison** [kɔ̃paRɛzɔ̃] *nf* comparison ; (*métaphore*) simile.

**comparaître** [kɔ̃paRɛtR(ə)] *vi:* **~ (devant)** to appear (before).

**comparatif, ive** [kɔ̃paRatif, -iv] *a* comparative.

**comparé, e** [kɔ̃paRe] *a:* **littérature** *etc* **~e** comparative literature *etc.*

**comparer** [kɔ̃paRe] *vt* to compare ; **~ qch/qn à** *ou* **et** (*pour choisir*) to compare sth/sb with *ou* and ; (*pour établir une similitude*) to compare sth/sb to.

**comparse** [kɔ̃paRs(ə)] *nm/f* (*péj*) associate, stooge.

**compartiment** [kɔ̃paRtimã] *nm* compartment ; **compartimenté, e** *a* partitioned ; (*fig*) compartmentalized.

**comparution** [kɔ̃paRysjɔ̃] *nf* appearance.

**compas** [kɔ̃pa] *nm* (GÉOM) (pair of) compasses *pl* ; (NAVIG) compass.

**compassé, e** [kɔ̃pase] *a* starchy, formal.

**compassion** [kɔ̃pasjɔ̃] *nf* compassion.

**compatible** [kɔ̃patibl(ə)] *a* compatible.

**compatir** [kɔ̃patiR] *vi:* **~ (à)** to sympathize (with).

**compatriote** [kɔ̃patRijɔt] *nm/f* compatriot.

**compensation** [kɔ̃pãsasjɔ̃] *nf* compensation ; (BANQUE) clearing.

**compenser** [kɔ̃pãse] *vt* to compensate for, make up for.

**compère** [kɔ̃pɛR] *nm* accomplice.

**compétence** [kɔ̃petãs] *nf* competence.

**compétent, e** [kɔ̃petã, -ãt] *a* (*apte*) competent, capable ; (JUR) competent.

**compétition** [kɔ̃petisjɔ̃] *nf* (*gén*) competition ; (SPORT: *épreuve*) event ; **la ~** competitive sport ; **la ~ automobile** motor racing.

**compiler** [kɔ̃pile] *vt* to compile.

**complainte** [kɔ̃plɛ̃t] *nf* lament.

**complaire** [kɔ̃plɛR]: **se ~** *vi:* **se ~ dans/parmi** to take pleasure in/in being among.

**complaisance** [kɔ̃plɛzãs] *nf* kindness ; (*péj*) indulgence ; **attestation de ~** *certificate produced to oblige a patient etc* ; **pavillon de ~** flag of convenience.

**complaisant, e** [kɔ̃plɛzã, -ãt] *a* (*aimable*) kind ; obliging ; (*péj*) over-obliging, indulgent.

**complément** [kɔ̃plemã] *nm* complement ; supplement ; remainder ; (LING) complement ; **~ d'information** (ADMIN) supplementary *ou* further information ; **~ d'agent** agent ; **~ (d'objet) direct/indirect** direct/indirect object ; **~**

**(circonstanciel) de lieu/temps** adverbial phrase of place/time ; **~ de nom** possessive phrase ; **complémentaire** *a* complementary ; (*additionnel*) supplementary.

**complet, ète** [kɔ̃plɛ, -ɛt] *a* complete ; (*plein*: *hôtel etc*) full // *nm* (*aussi:* **~-veston**) suit ; **compléter** *vt* (*porter à la quantité voulue*) to complete ; (*augmenter*) to complement, supplement ; to add to ; **se compléter** *vt réciproque* (*personnes*) to complement one another // *vi* (*collection etc*) to be building up.

**complexe** [kɔ̃plɛks(ə)] *a* complex // *nm* (PSYCH) complex, hang-up ; (*bâtiments*): **~ hospitalier** hospital complex ; **complexé, e** *a* mixed-up, hung-up ; **complexité** *nf* complexity.

**complication** [kɔ̃plikasjɔ̃] *nf* complexity, intricacy ; (*difficulté, ennui*) complication.

**complice** [kɔ̃plis] *nm* accomplice ; **complicité** *nf* complicity.

**compliment** [kɔ̃plimã] *nm* (*louange*) compliment ; **~s** *nmpl* (*félicitations*) congratulations ; **complimenter qn (sur *ou* de)** to congratulate *ou* compliment sb (on).

**compliqué, e** [kɔ̃plike] *a* complicated, complex, intricate ; (*personne*) complicated.

**compliquer** [kɔ̃plike] *vt* to complicate ; **se ~** *vi* (*situation*) to become complicated ; **se ~ la vie** to make life difficult *ou* complicated for o.s.

**complot** [kɔ̃plo] *nm* plot ; **comploter** *vi*, *vt* to plot.

**comportement** [kɔ̃pɔRtəmã] *nm* behaviour ; (TECH: *d'une pièce, d'un véhicule*) behaviour, performance.

**comporter** [kɔ̃pɔRte] *vt* to be composed of, consist of, comprise ; (*être équipé de*) to have ; (*impliquer*) to entail, involve ; **se ~** *vi* to behave ; (TECH) to behave, perform.

**composant** [kɔ̃pozã] *nm* component, constituent.

**composante** [kɔ̃pozãt] *nf* component.

**composé, e** [kɔ̃poze] *a* (*visage, air*) studied ; (BIO, CHIMIE, LING) compound // *nm* (CHIMIE, LING) compound.

**composer** [kɔ̃poze] *vt* (*musique, texte*) to compose ; (*mélange, équipe*) to make up ; (*faire partie de*) to make up, form ; (TYPO) to set // *vi* (SCOL) to sit *ou* do a test ; (*transiger*) to come to terms ; **se ~ de** to be composed of, be made up of ; **~ un numéro** (*au téléphone*) to dial a number.

**composite** [kɔ̃pozit] *a* heterogeneous.

**compositeur, trice** [kɔ̃pozitœR, -tRis] *nm/f* (MUS) composer ; (TYPO) compositor, typesetter.

**composition** [kɔ̃pozisjɔ̃] *nf* composition ; (SCOL) test ; (TYPO) typesetting, composition ; **de bonne ~** (*accommodant*) easy to deal with ; **amener qn à ~** to get sb to come to terms.

**composter** [kɔ̃pɔste] *vt* to date stamp ; to punch ; **composteur** *nm* date stamp ; punch ; (TYPO) composing stick.

**compote** [kɔ̃pɔt] *nf* stewed fruit *q* ; **~ de pommes** stewed apples ; **compotier** *nm* fruit dish *ou* bowl.

**compréhensible** [kɔ̃pReãsibl(ə)] *a* comprehensible ; (*attitude*) understandable.

**compréhensif, ive** [kɔ̃pʀeɑsif, -iv] *a* understanding.

**compréhension** [kɔ̃pʀeɑsjɔ̃] *nf* understanding; comprehension.

**comprendre** [kɔ̃pʀɑ̃dʀ(ə)] *vt* to understand; (*se composer de*) to comprise, consist of.

**compresse** [kɔ̃pʀɛs] *nf* compress.

**compresseur** [kɔ̃pʀɛsœʀ] *am voir* rouleau.

**compression** [kɔ̃pʀɛsjɔ̃] *nf* compression; reduction.

**comprimé, e** [kɔ̃pʀime] a: **air ~** compressed air // *nm* tablet.

**comprimer** [kɔ̃pʀime] *vt* to compress; (*fig: crédit etc*) to reduce, cut down.

**compris, e** [kɔ̃pʀi, -iz] *pp de* **comprendre** // *a* (*inclus*) included; **~ entre** (*situé*) contained between; **la maison ~e/non ~e, y/non ~ la maison** including/excluding the house; **service ~** service (charge) included; **100 F tout ~** 100 F all inclusive *ou* all-in.

**compromettre** [kɔ̃pʀɔmɛtʀ(ə)] *vt* to compromise.

**compromis** [kɔ̃pʀɔmi] *nm* compromise.

**compromission** [kɔ̃pʀɔmisjɔ̃] *nf* compromise, deal.

**comptabilité** [kɔ̃tabilite] *nf* (*activité, technique*) accounting, accountancy; (*d'une société: comptes*) accounts *pl*, books *pl*; (: *service*) accounts office *ou* department.

**comptable** [kɔ̃tabl(ə)] *nm/f* accountant // *a* accounts *cpd*, accounting.

**comptant** [kɔ̃tɑ̃] *ad*: **payer ~** to pay cash; **acheter ~** to buy for cash.

**compte** [kɔ̃t] *nm* count, counting; (*total, montant*) count, (right) number; (*bancaire, facture*) account; **~s** *nmpl* accounts, books; (*fig*) explanation *sg*; **faire le ~ de** to count up, make a count of; **en fin de ~** (*fig*) all things considered, weighing it all up; **à bon ~** at a favourable price; (*fig*) lightly; **avoir son ~** (*fig: fam*) to have had it; **pour le ~ de** on behalf of; **travailler à son ~** to work for oneself; **rendre ~** (**à qn**) **de qch** to give (sb) an account of sth; **~ chèques postaux (C.C.P.)** ≈ (Post Office) Giro account; **~ courant** current account; **~ de dépôt** deposit account; **~ à rebours** countdown.

**compte-gouttes** [kɔ̃tgut] *nm inv* dropper.

**compter** [kɔ̃te] *vt* to count; (*facturer*) to charge for; (*avoir à son actif, comporter*) to have; (*prévoir*) to allow, reckon; (*espérer*): **~ réussir/revenir** to expect to succeed/return // *vi* to count; (*être économe*) to economize; (*être non négligeable*) to count, matter; (*valoir*): **pour** to count for; (*figurer*): **~ parmi** to be *ou* rank among; **~ sur** *vt* to count (up)on; **~ avec qch/qn** to reckon with *ou* take account of sth/sb; **sans ~ que** besides which; **à ~ du 10 janvier** (*COMM*) (as) from 10th January.

**compte-rendu** [kɔ̃tʀɑ̃dy] *nm* account, report; (*de film, livre*) review.

**compte-tours** [kɔ̃ttuʀ] *nm inv* rev(olution) counter.

**compteur** [kɔ̃tœʀ] *nm* meter; **~ de vitesse** speedometer.

**comptine** [kɔ̃tin] *nf* nursery rhyme.

**comptoir** [kɔ̃twaʀ] *nm* (*de magasin*) counter; (*de café*) counter, bar; (*colonial*) trading post.

**compulser** [kɔ̃pylse] *vt* to consult.

**comte, comtesse** [kɔ̃t, kɔ̃tɛs] *nm/f* count/countess.

**con, ne** [kɔ̃, kɔn] *a* (*fam!*) bloody stupid (!).

**concave** [kɔ̃kav] *a* concave.

**concéder** [kɔ̃sede] *vt* to grant; (*défaite, point*) to concede; **~ que** to concede that.

**concentration** [kɔ̃sɑ̃tʀɑsjɔ̃] *nf* concentration.

**concentrationnaire** [kɔ̃sɑ̃tʀɑsjɔnɛʀ] *a* of *ou* in concentration camps.

**concentré** [kɔ̃sɑ̃tʀe] *nm* concentrate.

**concentrer** [kɔ̃sɑ̃tʀe] *vt* to concentrate; **se ~** to concentrate.

**concentrique** [kɔ̃sɑ̃tʀik] *a* concentric.

**concept** [kɔ̃sɛpt] *nm* concept.

**conception** [kɔ̃sɛpsjɔ̃] *nf* conception.

**concerner** [kɔ̃sɛʀne] *vt* to concern; **en ce qui me concerne** as far as I am concerned; **en ce qui concerne ceci** as far as this is concerned, with regard to this.

**concert** [kɔ̃sɛʀ] *nm* concert; **de ~** *ad* in unison; together.

**concerter** [kɔ̃sɛʀte] *vt* to devise; **se ~** (*collaborateurs etc*) to put one's heads together, consult (each other).

**concertiste** [kɔ̃sɛʀtist(ə)] *nm/f* concert artist.

**concerto** [kɔ̃sɛʀto] *nm* concerto.

**concession** [kɔ̃sɛsjɔ̃] *nf* concession.

**concessionnaire** [kɔ̃sesjɔnɛʀ] *nm/f* agent, dealer.

**concevoir** [kɔ̃svwaʀ] *vt* (*idée, projet*) to conceive (of); (*méthode, plan d'appartement, décoration etc*) to plan, devise; (*enfant*) to conceive; **appartement bien/mal conçu** well-/badly-designed *ou* -planned flat.

**concierge** [kɔ̃sjɛʀʒ(ə)] *nm/f* caretaker.

**concile** [kɔ̃sil] *nm* council, synod.

**conciliabules** [kɔ̃siljabyl] *nmpl* (*private*) discussions, confabulations.

**conciliation** [kɔ̃siljɑsjɔ̃] *nf* conciliation.

**concilier** [kɔ̃silje] *vt* to reconcile; **se ~ qn/l'appui de qn** to win sb over/sb's support.

**concis, e** [kɔ̃si, -iz] *a* concise; **concision** *nf* concision, conciseness.

**concitoyen, ne** [kɔ̃sitwajɛ̃, -jɛn] *nm/f* fellow citizen.

**conclave** [kɔ̃klav] *nm* conclave.

**concluant, e** [kɔ̃klyɑ̃, -ɑ̃t] *a* conclusive.

**conclure** [kɔ̃klyʀ] *vt* to conclude; **~ à l'acquittement** to decide in favour of an acquittal; **~ au suicide** to come to the conclusion (*ou* JUR) to pronounce) that it is a case of suicide.

**conclusion** [kɔ̃klyzjɔ̃] *nf* conclusion; **~s** *nfpl* (JUR) submissions; findings.

**conçois** etc *vb voir* **concevoir**.

**concombre** [kɔ̃kɔ̃bʀ(ə)] *nm* cucumber.

**concordance** [kɔ̃kɔʀdɑ̃s] *nf* concordance; **la ~ des temps** (LING) the sequence of tenses.

**concorde** [kɔ̃kɔʀd(ə)] *nf* concord.

**concorder** [kɔ̃kɔʀde] *vi* to tally, agree.
**concourir** [kɔ̃kuʀiʀ] *vi* (SPORT) to compete ; ~ **à** *vt* (effet etc) to work towards.
**concours** [kɔ̃kuʀ] *nm* competition ; (SCOL) competitive examination ; (assistance) aid, help ; **recrutement par voie de** ~ recruitment by (competitive) examination ; ~ **de circonstances** combination of circumstances ; ~ **hippique** horse show.
**concret, ète** [kɔ̃kʀɛ, -ɛt] *a* concrete.
**concrétiser** [kɔ̃kʀetize] *vt* (plan, projet) to put in concrete form ; **se** ~ *vi* to materialize.
**conçu, e** [kɔ̃sy] *pp de* concevoir.
**concubinage** [kɔ̃kybinaʒ] *nm* (JUR) cohabitation.
**concupiscence** [kɔ̃kypisɑ̃s] *nf* concupiscence.
**concurremment** [kɔ̃kyʀamɑ̃] *ad* concurrently ; jointly.
**concurrence** [kɔ̃kyʀɑ̃s] *nf* competition ; **jusqu'à** ~ **de** up to ; ~ **déloyale** unfair competition.
**concurrent, e** [kɔ̃kyʀɑ̃, -ɑ̃t] *a* competing // *nm/f* (SPORT, ÉCON etc) competitor ; (SCOL) candidate.
**condamnation** [kɔ̃danasjɔ̃] *nf* condemnation ; sentencing ; sentence ; conviction ; ~ **à mort** death sentence.
**condamner** [kɔ̃dane] *vt* (blâmer) to condemn ; (JUR) to sentence ; (porte, ouverture) to fill in, block up ; (obliger): ~ **qn à qch/faire** to condemn sb to sth/to do ; ~ **qn à 2 ans de prison** to sentence sb to 2 years' imprisonment ; ~ **qn à une amende** to impose a fine on sb, request sb to pay a fine.
**condensateur** [kɔ̃dɑ̃satœʀ] *nm* condenser.
**condensation** [kɔ̃dɑ̃sasjɔ̃] *nf* condensation.
**condensé** [kɔ̃dɑ̃se] *nm* digest.
**condenser** [kɔ̃dɑ̃se] *vt*, **se** ~ *vi* to condense.
**condescendre** [kɔ̃desɑ̃dʀ(ə)] *vi*: ~ **à** to condescend to.
**condiment** [kɔ̃dimɑ̃] *nm* condiment.
**condisciple** [kɔ̃disipl(ə)] *nm/f* school fellow, fellow student.
**condition** [kɔ̃disjɔ̃] *nf* condition ; ~**s** *nfpl* (tarif, prix) terms ; (circonstances) conditions ; **sans** ~ *a* unconditional // *ad* unconditionally ; **sous** ~ **que** on condition that ; **à** ~ **de/que** provided that ; **conditionnel, le** *a* conditional // *nm* conditional (tense) ; **conditionner** *vt* (déterminer) to determine ; (COMM: produit) to package ; (fig: personne) to condition ; **air conditionné** air conditioning ; **réflexe conditionné** conditioned reflex.
**condoléances** [kɔ̃dɔleɑ̃s] *nfpl* condolences.
**conducteur, trice** [kɔ̃dyktœʀ, -tʀis] *a* (ÉLEC) conducting // *nm/f* driver // *nm* (ÉLEC etc) conductor.
**conduire** [kɔ̃dyiʀ] *vt* (véhicule, passager) to drive ; (délégation, troupeau) to lead ; **se** ~ *vi* to behave ; ~ **vers/à** to lead towards/to ; ~ **qn quelque part** to take sb somewhere ; to drive sb somewhere.

**conduit** [kɔ̃dyi] *nm* (TECH) conduit, pipe ; (ANAT) duct, canal.
**conduite** [kɔ̃dyit] *nf* (en auto) driving ; (comportement) behaviour ; (d'eau, de gaz) pipe ; **sous la** ~ **de** led by ; ~ **forcée** pressure pipe ; ~ **à gauche** left-hand drive ; ~ **intérieure** saloon (car).
**cône** [kon] *nm* cone.
**confection** [kɔ̃fɛksjɔ̃] *nf* (fabrication) making ; (COUTURE): **la** ~ the clothing industry, the rag trade ; **vêtement de** ~ -ready-to-wear *ou* off-the-peg garment.
**confectionner** [kɔ̃fɛksjɔne] *vt* to make.
**confédération** [kɔ̃federasjɔ̃] *nf* confederation.
**conférence** [kɔ̃feʀɑ̃s] *nf* (exposé) lecture ; (pourparlers) conference ; ~ **de presse** press conference ; **conférencier, ère** *nm/f* lecturer.
**conférer** [kɔ̃feʀe] *vt*: ~ **à qn** (titre, grade) to confer on sb ; ~ **à qch/qn** (aspect etc) to endow sth/sb with, give (to) sth/sb.
**confesser** [kɔ̃fese] *vt* to confess ; **se** ~ (REL) to go to confession ; **confesseur** *nm* confessor.
**confession** [kɔ̃fɛsjɔ̃] *nf* confession ; (culte: catholique etc) denomination ; **confessionnal, aux** *nm* confessional ; **confessionnel, le** *a* denominational.
**confetti** [kɔ̃feti] *nm* confetti *q*.
**confiance** [kɔ̃fjɑ̃s] *nf* confidence, trust ; faith ; **avoir** ~ **en** to have confidence *ou* faith in, trust ; **mettre qn en** ~ to win sb's trust ; ~ **en soi** self-confidence.
**confiant, e** [kɔ̃fjɑ̃, -ɑ̃t] *a* confident ; trusting.
**confidence** [kɔ̃fidɑ̃s] *nf* confidence.
**confident, e** [kɔ̃fidɑ̃, -ɑ̃t] *nm/f* confidant/confidante.
**confidentiel, le** [kɔ̃fidɑ̃sjɛl] *a* confidential.
**confier** [kɔ̃fje] *vt*: ~ **à qn** (objet en dépôt, travail etc) to entrust to sb ; (secret, pensée) to confide to sb ; **se** ~ **à qn** to confide in sb.
**configuration** [kɔ̃figyʀasjɔ̃] *nf* configuration, layout.
**confiné, e** [kɔ̃fine] *a* enclosed ; stale.
**confiner** [kɔ̃fine] *vt*: **se** ~ **dans** *ou* **à** to confine o.s. to ; ~ **à** *vt* to confine to.
**confins** [kɔ̃fɛ̃] *nmpl*: **aux** ~ **de** on the borders of.
**confirmation** [kɔ̃fiʀmasjɔ̃] *nf* confirmation.
**confirmer** [kɔ̃fiʀme] *vt* to confirm.
**confiscation** [kɔ̃fiskasjɔ̃] *nf* confiscation.
**confiserie** [kɔ̃fizʀi] *nf* (magasin) confectioner's *ou* sweet shop ; ~**s** *nfpl* (bonbons) confectionery *sg*, sweets ; **confiseur, euse** *nm/f* confectioner.
**confisquer** [kɔ̃fiske] *vt* to confiscate.
**confit, e** [kɔ̃fi, -it] *a*: **fruits** ~**s** crystallized fruits // *nm*: ~ **d'oie** conserve of goose.
**confiture** [kɔ̃fityʀ] *nf* jam ; ~ **d'oranges** (orange) marmalade.
**conflit** [kɔ̃fli] *nm* conflict.
**confluent** [kɔ̃flyɑ̃] *nm* confluence.
**confondre** [kɔ̃fɔ̃dʀ(ə)] *vt* (jumeaux, faits) to confuse, mix up ; (témoin, menteur) to confound ; **se** ~ *vi* to merge ; **se** ~ **en**

**excuses** to offer profuse apologies, apologize profusely.

**confondu, e** [kɔ̃fɔ̃dy] a (*stupéfait*) speechless, overcome.

**conformation** [kɔ̃fɔrmɑsjɔ̃] nf conformation.

**conforme** [kɔ̃fɔrm(ə)] a: ~ à in accordance with ; in keeping with ; true to.

**conformé, e** [kɔ̃fɔrme] a: **bien** ~ well-formed.

**conformer** [kɔ̃fɔrme] vt: ~ **qch à** to model sth on ; **se** ~ **à** to conform to ; **conformisme** nm conformity ; **conformiste** a, nm/f conformist.

**conformité** [kɔ̃fɔrmite] nf conformity ; agreement ; **en** ~ **avec** in accordance with ; in keeping with.

**confort** [kɔ̃fɔr] nm comfort ; **tout** ~ (*COMM*) with all mod cons ; **confortable** a comfortable.

**confrère** [kɔ̃frɛr] nm colleague ; fellow member ; **confrérie** nf brotherhood.

**confrontation** [kɔ̃frɔ̃tɑsjɔ̃] nf confrontation.

**confronté, e** [kɔ̃frɔ̃te] a: ~ **à** confronted by, facing.

**confronter** [kɔ̃frɔ̃te] vt to confront ; (*textes*) to compare, collate.

**confus, e** [kɔ̃fy, -yz] a (*vague*) confused ; (*embarrassé*) embarrassed.

**confusion** [kɔ̃fyzjɔ̃] nf (*voir confus*) confusion ; embarrassment ; (*voir confondre*) confusion ; mixing up ; (*erreur*) confusion.

**congé** [kɔ̃ʒe] nm (*vacances*) holiday ; (*arrêt de travail*) time off q ; leave q ; (*MIL*) leave q ; (*avis de départ*) notice ; **en** ~ on holiday ; off (work) ; on leave ; **semaine/jour de** ~ week/day off ; **prendre** ~ **de qn** to take one's leave of sb ; **donner son** ~ **à** to hand ou give in one's notice to ; ~ **de maladie** sick leave ; ~**s payés** paid holiday.

**congédier** [kɔ̃ʒedje] vt to dismiss.

**congélateur** [kɔ̃ʒelatœr] nm freezer, deep freeze.

**congeler** [kɔ̃ʒle] vt to freeze.

**congénère** [kɔ̃ʒenɛr] nm/f fellow (bear ou lion etc), fellow creature.

**congénital, e, aux** [kɔ̃ʒenital, -o] a congenital.

**congère** [kɔ̃ʒɛr] nf snowdrift.

**congestion** [kɔ̃ʒɛstjɔ̃] nf congestion ; ~ **cérébrale** stroke ; ~ **pulmonaire** congestion of the lungs.

**congestionner** [kɔ̃ʒɛstjɔne] vt to congest ; (*MÉD*) to flush.

**congratuler** [kɔ̃gratyle] vt to congratulate.

**congre** [kɔ̃gr(ə)] nm conger (eel).

**congrégation** [kɔ̃gregɑsjɔ̃] nf (*REL*) congregation ; (*gén*) assembly ; gathering.

**congrès** [kɔ̃grɛ] nm congress.

**congru, e** [kɔ̃gry] a: **la portion** ~**e** the smallest ou meanest share.

**conifère** [kɔnifɛr] nm conifer.

**conique** [kɔnik] a conical.

**conjecture** [kɔ̃ʒɛktyr] nf conjecture, speculation q.

**conjecturer** [kɔ̃ʒɛktyre] vt, vi to conjecture.

**conjoint, e** [kɔ̃ʒwɛ̃, -wɛ̃t] a joint // nm/f spouse.

**conjonctif, ive** [kɔ̃ʒɔ̃ktif, -iv] a: **tissu** ~ connective tissue.

**conjonction** [kɔ̃ʒɔ̃ksjɔ̃] nf (*LING*) conjunction.

**conjonctivite** [kɔ̃ʒɔ̃ktivit] nf conjunctivitis.

**conjoncture** [kɔ̃ʒɔ̃ktyr] nf circumstances pl ; **la** ~ (**économique**) the economic climate ou circumstances.

**conjugaison** [kɔ̃ʒygɛzɔ̃] nf (*LING*) conjugation.

**conjugal, e, aux** [kɔ̃ʒygal, -o] a conjugal ; married.

**conjuguer** [kɔ̃ʒyge] vt (*LING*) to conjugate ; (*efforts etc*) to combine.

**conjuration** [kɔ̃ʒyrɑsjɔ̃] nf conspiracy.

**conjuré, e** [kɔ̃ʒyre] nm/f conspirator.

**conjurer** [kɔ̃ʒyre] vt (*sort, maladie*) to avert ; ~ **qn de faire qch** to beseech ou entreat sb to do sth.

**connaissance** [kɔnɛsɑ̃s] nf (*savoir*) knowledge q ; (*personne connue*) acquaintance ; (*conscience, perception*) consciousness ; **être sans** ~ to be unconscious ; **perdre** ~ to lose consciousness ; **à ma/sa** ~ to (the best of) my/his knowledge ; **avoir** ~ **de** to be aware of ; **prendre** ~ **de** (*document etc*) to peruse ; **en** ~ **de cause** with full knowledge of the facts.

**connaisseur, euse** [kɔnɛsœr, -øz] nm/f connoisseur // a expert.

**connaître** [kɔnɛtr(ə)] vt to know ; (*éprouver*) to experience ; (*avoir*) to have ; to enjoy ; ~ **de nom/vue** to know by name/sight ; **ils se sont connus à Genève** they (first) met in Geneva.

**connecter** [kɔnɛkte] vt to connect.

**connexe** [kɔnɛks(ə)] a closely related.

**connexion** [kɔnɛksjɔ̃] nf connection.

**connu, e** [kɔny] a (*célèbre*) well-known.

**conquérant, e** [kɔ̃kerɑ̃, -ɑ̃t] nm/f conqueror.

**conquérir** [kɔ̃kerir] vt to conquer, win ; **conquête** nf conquest.

**consacrer** [kɔ̃sakre] vt (*REL*): ~ **qch (à)** to consecrate sth (to) ; (*fig: usage etc*) to sanction, establish ; (*employer*): ~ **qch à** to devote ou dedicate sth to ; **se** ~ **à qch/faire** to dedicate ou devote o.s. to/to doing.

**consanguin, e** [kɔ̃sɑ̃gɛ̃, -in] a between blood relations.

**conscience** [kɔ̃sjɑ̃s] nf conscience ; (*perception*) consciousness ; **avoir/prendre** ~ **de** to be/become aware of ; **perdre** ~ to lose consciousness ; **avoir bonne/mauvaise** ~ to have a clear/guilty conscience ; ~ **professionnelle** professional conscience ; **consciencieux, euse** a conscientious ; **conscient, e** a conscious ; **conscient de** aware ou conscious of.

**conscription** [kɔ̃skripsjɔ̃] nf conscription.

**conscrit** [kɔ̃skri] nm conscript.

**consécration** [kɔ̃sekrɑsjɔ̃] nf consecration.

**consécutif, ive** [kɔ̃sekytif, -iv] *a* consecutive ; ~ **à** following upon.

**conseil** [kɔ̃sɛj] *nm* (*avis*) piece of advice, advice *q* ; (*assemblée*) council ; (*expert*): ~ **en recrutement** recruitment consultant // *a*: **ingénieur-**~ consulting engineer, engineering consultant ; **tenir** ~ to hold a meeting ; to deliberate ; **prendre** ~ (**auprès de qn**) to take advice (from sb) ; ~ **d'administration** board (of directors) ; ~ **de discipline** disciplinary committee ; ~ **de guerre** court-martial ; **le** ~ **des ministres** ≈ the Cabinet ; ~ **municipal** town council.

**conseiller** [kɔ̃seje] *vt* (*personne*) to advise ; (*méthode, action*) to recommend, advise.

**conseiller, ère** [kɔ̃seje, kɔ̃sɛjɛR] *nm/f* adviser ; ~ **matrimonial** marriage guidance counsellor ; ~ **municipal** town councillor.

**consentement** [kɔ̃sɑ̃tmɑ̃] *nm* consent.

**consentir** [kɔ̃sɑ̃tiR] *vt*: ~ (**à qch/faire**) to agree *ou* consent (to sth/to doing) ; ~ **qch à qn** to grant sb sth.

**conséquence** [kɔ̃sekɑ̃s] *nf* consequence, outcome ; ~**s** *nfpl* consequences, repercussions ; **en** ~ (*donc*) consequently ; (*de façon appropriée*) accordingly ; **ne pas tirer à** ~ to be unlikely to have any repercussions.

**conséquent, e** [kɔ̃sekɑ̃, -ɑ̃t] *a* logical, rational ; **par** ~ consequently.

**conservateur, trice** [kɔ̃sɛRvatœR, -tRis] *a* conservative // *nm/f* (*POL*) conservative ; (*de musée*) curator.

**conservation** [kɔ̃sɛRvasjɔ̃] *nf* preserving ; preservation ; retention ; keeping.

**conservatoire** [kɔ̃sɛRvatwaR] *nm* academy.

**conserve** [kɔ̃sɛRv] *nf* (*gén pl*) canned *ou* tinned food ; ~**s de poisson** canned *ou* tinned fish ; **en** ~ canned, tinned ; **de** ~ (*ensemble*) in convoy ; in concert.

**conserver** [kɔ̃sɛRve] *vt* (*faculté*) to retain, keep ; (*amis, livres*) to keep ; (*maintenir en bon état, aussi CULIN*) to preserve ; **conservrie** *nf* canning factory.

**considérable** [kɔ̃sideRabl(ə)] *a* considerable, significant, extensive.

**considération** [kɔ̃sideRasjɔ̃] *nf* consideration ; (*estime*) esteem, respect ; ~**s** *nfpl* (*remarques*) reflections ; **prendre en** ~ to take into consideration *ou* account ; **en** ~ **de** given, because of.

**considéré, e** [kɔ̃sideRe] *a* respected.

**considérer** [kɔ̃sideRe] *vt* to consider ; (*regarder*) to consider, study ; ~ **qch comme** to regard sth as.

**consigne** [kɔ̃siɲ] *nf* (*COMM*) deposit ; (*de gare*) left luggage (office) ; (*punition: SCOL*) detention ; (: *MIL*) confinement to barracks ; (*ordre, instruction*) orders *pl*.

**consigner** [kɔ̃siɲe] *vt* (*note, pensée*) to record ; (*punir*) to confine to barracks ; to put in detention ; (*COMM*) to put a deposit on.

**consistance** [kɔ̃sistɑ̃s] *nf* consistency.

**consistant, e** [kɔ̃sistɑ̃, -ɑ̃t] *a* thick ; solid.

**consister** [kɔ̃siste] *vi*: ~ **en/dans/à faire** to consist of/in/in doing.

**consœur** [kɔ̃sœR] *nf* (lady) colleague ; fellow member.

**consolation** [kɔ̃sɔlasjɔ̃] *nf* consolation *q*, comfort *q*.

**console** [kɔ̃sɔl] *nf* console.

**consoler** [kɔ̃sɔle] *vt* to console ; **se** ~ (**de qch**) to console o.s. (for sth).

**consolider** [kɔ̃sɔlide] *vt* to strengthen, reinforce ; (*fig*) to consolidate.

**consommateur, trice** [kɔ̃sɔmatœR, -tRis] *nm/f* (*ÉCON*) consumer ; (*dans un café*) customer.

**consommation** [kɔ̃sɔmasjɔ̃] *nf* consumption ; (*JUR*) consummation ; (*boisson*) drink ; ~ **aux 100 km** (*AUTO*) (fuel) consumption per 100 km, ≈ miles per gallon (m.p.g.).

**consommé, e** [kɔ̃sɔme] *a* consummate // *nm* consommé.

**consommer** [kɔ̃sɔme] *vt* (*suj: personne*) to eat *ou* drink, consume ; (*suj: voiture, usine, poêle*) to use (up), consume ; (*JUR*) to consummate // *vi* (*dans un café*) to (have a) drink.

**consonance** [kɔ̃sɔnɑ̃s] *nf* consonance ; **nom à** ~ **étrangère** foreign-sounding name.

**consonne** [kɔ̃sɔn] *nf* consonant.

**consorts** [kɔ̃sɔR] *nmpl*: **et** ~ (*péj*) and company, and his bunch *ou* like.

**conspirateur, trice** [kɔ̃spiRatœR, -tRis] *nm/f* conspirator, plotter.

**conspiration** [kɔ̃spiRasjɔ̃] *nf* conspiracy.

**conspirer** [kɔ̃spiRe] *vi* to conspire, plot.

**conspuer** [kɔ̃spɥe] *vt* to boo, shout down.

**constamment** [kɔ̃stamɑ̃] *ad* constantly.

**constant, e** [kɔ̃stɑ̃, -ɑ̃t] *a* constant ; (*personne*) steadfast.

**constat** [kɔ̃sta] *nm* (*d'huissier*) certified report (*by bailiff*) ; (*de police*) report.

**constatation** [kɔ̃statasjɔ̃] *nf* noticing ; certifying ; (*remarque*) observation.

**constater** [kɔ̃state] *vt* (*remarquer*) to note, notice ; (*ADMIN, JUR: attester*) to certify ; (*dégâts*) to note ; ~ **que** (*dire*) to state that.

**constellation** [kɔ̃stelasjɔ̃] *nf* constellation.

**constellé, e** [kɔ̃stele] *a*: ~ **de** studded *ou* spangled with ; spotted with.

**consternation** [kɔ̃stɛRnasjɔ̃] *nf* consternation, dismay.

**constipation** [kɔ̃stipasjɔ̃] *nf* constipation.

**constipé, e** [kɔ̃stipe] *a* constipated ; (*fig*) stiff.

**constitué, e** [kɔ̃stitɥe] *a*: ~ **de** made up *ou* composed of ; **bien** ~ of sound constitution ; well-formed.

**constituer** [kɔ̃stitɥe] *vt* (*comité, équipe*) to set up, form ; (*dossier, collection*) to put together, build up ; (*suj: éléments, parties: composer*) to make up, constitute ; (*représenter, être*) to constitute ; **se** ~ **prisonnier** to give o.s. up.

**constitution** [kɔ̃stitysjɔ̃] *nf* setting up ; building up ; (*composition*) composition, make-up ; (*santé, POL*) constitution ; **constitutionnel, le** *a* constitutional.

**constructeur** [kɔ̃stRyktœR] *nm* manufacturer, builder.

**construction** [kɔ̃stRyksjɔ̃] *nf* construction, building.

**construire** [kɔ̃stʀyiʀ] *vt* to build, construct.

**consul** [kɔ̃syl] *nm* consul ; **~aire** *a* consular ; **~at** *nm* consulate.

**consultation** [kɔ̃syltasjɔ̃] *nf* consultation ; **~s** *nfpl* (POL) talks ; **aller à la ~** (MÉD) to go to the surgery; **heures de ~** (MÉD) surgery hours.

**consulter** [kɔ̃sylte] *vt* to consult // *vi* (*médecin*) to hold surgery.

**consumer** [kɔ̃syme] *vt* to consume ; **se ~ vi** to burn ; **se ~ de chagrin/douleur** to be consumed with sorrow/grief.

**contact** [kɔ̃takt] *nm* contact ; **au ~ de** (*air, peau*) on contact with ; (*gens*) through contact with ; **mettre/couper le ~** (AUTO) to switch on/off the ignition ; **entrer en ~** (*fils, objets*) to come into contact, make contact ; **se mettre en ~ avec** (RADIO) to make contact with ; **prendre ~ avec** (*relation d'affaires, connaissance*) to get in touch *ou* contact with ; **~er** *vt* to contact, get in touch with.

**contagieux, euse** [kɔ̃taʒjø, -øz] *a* contagious, infectious.

**contagion** [kɔ̃taʒjɔ̃] *nf* contagion.

**container** [kɔ̃tɛnɛʀ] *nm* container.

**contaminer** [kɔ̃tamine] *vt* to contaminate.

**conte** [kɔ̃t] *nm* tale ; **~ de fées** fairy tale.

**contempler** [kɔ̃tɑ̃ple] *vt* to contemplate, gaze at.

**contemporain, e** [kɔ̃tɑ̃pɔʀɛ̃, -ɛn] *a, nm/f* contemporary.

**contenance** [kɔ̃tnɑ̃s] *nf* (*d'un récipient*) capacity ; (*attitude*) bearing, attitude ; **perdre ~** to lose one's composure ; **se donner une ~** to give the impression of composure.

**contenir** [kɔ̃tniʀ] *vt* to contain ; (*avoir une capacité de*) to hold.

**content, e** [kɔ̃tɑ̃, -ɑ̃t] *a* pleased, glad ; **~ de** pleased with ; **contentement** *nm* contentment, satisfaction ; **contenter** *vt* to satisfy, please ; (*envie*) to satisfy ; **se contenter de** to content o.s. with.

**contentieux** [kɔ̃tɑ̃sjø] *nm* (COMM) litigation ; litigation department ; (POL etc) contentious issues *pl*.

**contenu** [kɔ̃tny] *nm* (*d'un bol*) contents *pl* ; (*d'un texte*) content.

**conter** [kɔ̃te] *vt* to recount, relate.

**contestable** [kɔ̃tɛstabl(ə)] *a* questionable.

**contestation** [kɔ̃tɛstasjɔ̃] *nf* questioning, contesting ; (POL): **la ~** anti-establishment activity, protest.

**conteste** [kɔ̃tɛst(ə)]: **sans ~** *ad* unquestionably, indisputably.

**contester** [kɔ̃tɛste] *vt* to question, contest // *vi* (POL, gén) to protest, rebel (against established authority).

**conteur, euse** [kɔ̃tœʀ, -øz] *nm/f* story-teller.

**contexte** [kɔ̃tɛkst(ə)] *nm* context.

**contigu, ë** [kɔ̃tigy] *a* : **~ (à)** adjacent (to).

**continent** [kɔ̃tinɑ̃] *nm* continent ; **continental, e, aux** *a* continental.

**contingences** [kɔ̃tɛ̃ʒɑ̃s] *nfpl* contingencies.

**contingent** [kɔ̃tɛ̃ʒɑ̃] *nm* (MIL) contingent ; (COMM) quota ; **contingenter** *vt* (COMM) to fix a quota on.

**continu, e** [kɔ̃tiny] *a* continuous ; (**courant**) **~** direct current, DC.

**continuation** [kɔ̃tinyasjɔ̃] *nf* continuation.

**continuel, le** [kɔ̃tinyɛl] *a* (*qui se répète*) constant, continual ; (*continu*) continuous.

**continuer** [kɔ̃tinye] *vt* (*travail, voyage etc*) to continue (with), carry on (with), go on (with) ; (*prolonger: alignement, rue*) to continue // *vi* (*pluie, vie, bruit*) to continue, go on; (*voyageur*) to go on ; **~ à ou de faire** to go on *ou* continue doing.

**continuité** [kɔ̃tinyite] *nf* continuity ; continuation.

**contorsion** [kɔ̃tɔʀsjɔ̃] *nf* contortion ; **se contorsionner** *vi* to contort o.s., writhe about.

**contour** [kɔ̃tuʀ] *nm* outline, contour ; **~s** *nmpl* (*d'une rivière etc*) windings.

**contourner** [kɔ̃tuʀne] *vt* to bypass, walk (*ou* drive) round.

**contraceptif, ive** [kɔ̃tʀasɛptif, -iv] *a, nm* contraceptive.

**contraception** [kɔ̃tʀasɛpsjɔ̃] *nf* contraception.

**contracté, e** [kɔ̃tʀakte] *a* (*muscle*) tense, contracted ; (*personne: tendu*) tense, tensed up.

**contracter** [kɔ̃tʀakte] *vt* (*muscle etc*) to tense, contract ; (*maladie, dette, obligation*) to contract ; (*assurance*) to take out ; **se ~ vi** (*métal, muscles*) to contract ; **contraction** *nf* contraction.

**contractuel, le** [kɔ̃tʀaktyɛl] *a* contractual // *nm/f* (*agent*) traffic warden ; (*employé*) contract employee.

**contradiction** [kɔ̃tʀadiksjɔ̃] *nf* contradiction ; **contradictoire** *a* contradictory, conflicting ; **débat contradictoire** (open) debate.

**contraignant, e** [kɔ̃tʀɛɲɑ̃, -ɑ̃t] *a* restricting.

**contraindre** [kɔ̃tʀɛ̃dʀ(ə)] *vt* : **~ qn à faire** to force *ou* compel sb to do.

**contraint, e** [kɔ̃tʀɛ̃, -ɛ̃t] *a* (*mine, air*) constrained, forced // *nf* constraint ; **sans ~e** unrestrainedly, unconstrainedly.

**contraire** [kɔ̃tʀɛʀ] *a, nm* opposite ; **~ à** contrary to ; **au ~** *ad* on the contrary.

**contrarier** [kɔ̃tʀaʀje] *vt* (*personne*) to annoy, bother ; (*fig*) to impede ; to thwart, frustrate ; **contrariété** *nf* annoyance.

**contraste** [kɔ̃tʀast(ə)] *nm* contrast ; **contraster** *vi* to contrast.

**contrat** [kɔ̃tʀa] *nm* contract.

**contravention** [kɔ̃tʀavɑ̃sjɔ̃] *nf* (*infraction*): **~ à** contravention of ; (*amende*) fine ; (*P.V. pour stationnement interdit*) parking ticket ; **dresser ~** (*automobiliste*) to book ; to write out a parking ticket for.

**contre** [kɔ̃tʀ(ə)] *prép* against ; (*en échange*) (in exchange) for // *préfixe* : **~-amiral, aux** *nm* rear admiral ; **~-attaque** *nf* counter-attack ; **~-attaquer** *vi* to counter-attack ; **~-balancer** *vt* to counter-balance ; (*fig*) to offset.

**contrebande** [kɔ̃tʀabɑ̃d] *nf* (*trafic*) contraband, smuggling ; (*marchandise*) contraband, smuggled goods *pl* ; **faire la ~ de** to smuggle ; **contrebandier** *nm* smuggler.

**contrebas** [kɔ̃tRəba]: **en ~** ad (down) below.

**contrebasse** [kɔ̃tRəbas] nf (double) bass ; **contrebassiste** nm/f (double) bass player.

**contrecarrer** [kɔ̃tRəkaRe] vt to thwart.

**contrecœur** [kɔ̃tRəkœR]: **à ~** ad (be)grudgingly, reluctantly.

**contrecoup** [kɔ̃tRəku] nm repercussions pl.

**contre-courant** [kɔ̃tRəkuRɑ̃]: **à ~** ad against the current.

**contredire** [kɔ̃tRədiR] vt (personne) to contradict ; (témoignage, assertion, faits) to refute.

**contrée** [kɔ̃tRe] nf region ; land.

**contre-écrou** [kɔ̃tRekRu] nm lock nut.

**contre-espionnage** [kɔ̃tRɛspjɔnaʒ] nm counter-espionage.

**contre-expertise** [kɔ̃tRɛkspɛRtiz] nf second (expert) assessment.

**contrefaçon** [kɔ̃tRəfasɔ̃] nf forgery.

**contrefaire** [kɔ̃tRəfɛR] vt (document, signature) to forge, counterfeit ; (personne, démarche) to mimic ; (dénaturer: sa voix etc) to disguise.

**contrefait, e** [kɔ̃tRəfɛ, -ɛt] a misshapen, deformed.

**contreforts** [kɔ̃tRəfɔR] nmpl foothills.

**contre-indication** [kɔ̃tRẽdikasjɔ̃] nf contra-indication.

**contre-jour** [kɔ̃tRəʒuR]: **à ~** ad against the sunlight.

**contremaître** [kɔ̃tRəmɛtR(ə)] nm foreman.

**contre-manifestation** [kɔ̃tRəmanifɛstasjɔ̃] nf counter-demonstration.

**contremarque** [kɔ̃tRəmaRk(ə)] nf (ticket) pass-out ticket.

**contre-offensive** [kɔ̃tRɔfɑ̃siv] nf counter-offensive.

**contrepartie** [kɔ̃tRəpaRti] nf compensation ; **en ~** in compensation ; in return.

**contre-performance** [kɔ̃tRəpɛRfɔRmɑ̃s] nf below-average performance.

**contrepèterie** [kɔ̃tRəpetRi] nf spoonerism.

**contre-pied** [kɔ̃tRəpje] nm: **prendre le ~ de** to take the opposing view of ; to take the opposite course to ; **prendre qn à ~** (SPORT) to wrong-foot sb.

**contre-plaqué** [kɔ̃tRəplake] nm plywood.

**contre-plongée** [kɔ̃tRəplɔ̃ʒe] nf low-angle shot.

**contrepoids** [kɔ̃tRəpwa] nm counterweight, counterbalance ; **faire ~** to act as a counterbalance.

**contrepoint** [kɔ̃tRəpwɛ̃] nm counter point.

**contrer** [kɔ̃tRe] vt to counter.

**contresens** [kɔ̃tRəsɑ̃s] nm misinterpretation ; mistranslation ; nonsense q ; **à ~** ad the wrong way.

**contresigner** [kɔ̃tRəsiɲe] vt to countersign.

**contretemps** [kɔ̃tRətɑ̃] nm hitch, contretemps ; **à ~** ad (MUS) out of time ; (fig) at an inopportune moment.

**contre-terrorisme** [kɔ̃tRətɛRɔRism(ə)] nm counter-terrorism.

**contre-torpilleur** [kɔ̃tRətɔRpijœR] nm destroyer.

**contrevenir** [kɔ̃tRəvniR]: **~ à** vt to contravene.

**contribuable** [kɔ̃tRibɥabl(ə)] nm/f taxpayer.

**contribuer** [kɔ̃tRibɥe]: **~ à** vt to contribute towards ; **contribution** nf contribution ; **les contributions** (bureaux) ≈ the Tax Office, the Inland Revenue ; **contributions directes/indirectes** (impôts) direct/indirect taxation ; **mettre à contribution** to call upon.

**contrit, e** [kɔ̃tRi, -it] a contrite.

**contrôle** [kɔ̃tRol] nm checking q, check ; supervision ; monitoring ; **perdre le ~ de son véhicule** to lose control of one's vehicle ; **~ d'identité** identity check ; **~ des naissances** birth control.

**contrôler** [kɔ̃tRole] vt (vérifier) to check ; (surveiller) to supervise ; to monitor, control ; (maîtriser, COMM: firme) to control ; **contrôleur, euse** nm/f (de train) (ticket) inspector ; (de bus) (bus) conductor/tress.

**contrordre** [kɔ̃tRɔRdR(ə)] nm counterorder, countermand ; **sauf ~** unless otherwise directed.

**controverse** [kɔ̃tRɔvɛRs(ə)] nf controversy ; **controversé, e** a much debated.

**contumace** [kɔ̃tymas]: **par ~** ad in absentia.

**contusion** [kɔ̃tyzjɔ̃] nf bruise, contusion.

**convaincre** [kɔ̃vɛ̃kR(ə)] vt: **~ qn (de qch)** to convince sb (of sth) ; **~ qn (de faire)** to persuade sb (to do) ; **~ qn de** (JUR: délit) to convict sb of.

**convalescence** [kɔ̃valesɑ̃s] nf convalescence ; **maison de ~** convalescent home.

**convalescent, e** [kɔ̃valesɑ̃, -ɑ̃t] a, nm/f convalescent.

**convenable** [kɔ̃vnabl(ə)] a (décent) acceptable, proper ; (assez bon) decent, acceptable ; adequate, passable.

**convenance** [kɔ̃vnɑ̃s] nf: **à ma/votre ~** to my/your liking ; **~s** nfpl proprieties.

**convenir** [kɔ̃vniR] vi to be suitable ; **~ à** to suit ; **il convient de** it is advisable to ; (bienséant) it is right ou proper to ; **~ de** vt (bien-fondé de qch) to admit (to), acknowledge ; (date, somme etc) to agree upon ; **~ que** (admettre) to admit that, acknowledge the fact that ; **~ de faire qch** to agree to do sth ; **il a été convenu que** it has been agreed that ; **comme convenu** as agreed.

**convention** [kɔ̃vɑ̃sjɔ̃] nf convention ; **~s** nfpl (convenances) convention sg, social conventions ; **de ~** conventional ; **~ collective** (ÉCON) collective agreement ; **conventionné, e** a (ADMIN) ≈ National Health cpd ; **conventionnel, le** a conventional.

**conventuel, le** [kɔ̃vɑ̃tɥɛl] a monastic ; monastery cpd ; conventual, convent cpd.

**convenu, e** pp de **convenir**.

**convergent, e** [kɔ̃vɛRʒɑ̃, -ɑ̃t] a convergent.

**converger** [kɔ̃vɛRʒe] vi to converge.

**conversation** [kɔ̃vɛRsasjɔ̃] nf conversation ; **avoir de la ~** to be a good conversationalist.

**converser** [kɔ̃vɛʀse] vi to converse.
**conversion** [kɔ̃vɛʀsjɔ̃] nf conversion; (SKI) kick turn.
**convertir** [kɔ̃vɛʀtiʀ] vt: ~ qn (à) to convert sb (to); ~ qch en to convert sth into; se ~ (à) to be converted (to).
**convexe** [kɔ̃vɛks(ə)] a convex.
**conviction** [kɔ̃viksjɔ̃] nf conviction.
**convienne** etc vb voir **convenir**.
**convier** [kɔ̃vje] vt: ~ qn à (dîner etc) to (cordially) invite sb to; ~ qn à faire to urge sb to do.
**convive** [kɔ̃viv] nm/f guest (at table).
**convocation** [kɔ̃vɔkasjɔ̃] nf convening, convoking; invitation; summoning; (document) notification to attend; summons sg.
**convoi** [kɔ̃vwa] nm (de voitures, prisonniers) convoy; (train) train; ~ (funèbre) funeral procession.
**convoiter** [kɔ̃vwate] vt to covet; **convoitise** nf covetousness; (sexuelle) lust, desire.
**convoler** [kɔ̃vɔle] vi: ~ (en justes noces) to be wed.
**convoquer** [kɔ̃vɔke] vt (assemblée) to convene, convoke; (subordonné, témoin) to summon; ~ qn à (réunion) to invite sb (to attend).
**convoyer** [kɔ̃vwaje] vt to escort; **convoyeur** nm (NAVIG) escort ship; **convoyeur de fonds** security guard.
**convulsions** [kɔ̃vylsjɔ̃] nfpl convulsions.
**coopératif, ive** [kɔɔpeʀatif, -iv] a, nf co-operative.
**coopération** [kɔɔpeʀasjɔ̃] nf co-operation; (ADMIN): la C~ ≈ Voluntary Service Overseas (sometimes done in place of Military Service).
**coopérer** [kɔɔpeʀe] vi: ~ (à) to cooperate (in).
**coordination** [kɔɔʀdinasjɔ̃] nf co-ordination.
**coordonné, e** [kɔɔʀdɔne] a coordinated // nf (LING) coordinate clause; ~s nmpl (vêtements) coordinates; ~es nfpl (MATH) coordinates.
**coordonner** [kɔɔʀdɔne] vt to coordinate.
**copain, copine** [kɔpɛ̃, kɔpin] nm/f mate, pal // a: être ~ avec to be pally with.
**copeau, x** [kɔpo] nm shaving; (de métal) turning.
**copie** [kɔpi] nf copy; (SCOL) script, paper; exercise.
**copier** [kɔpje] vt to copy; **copieuse** nf photo-copier.
**copieux, euse** [kɔpjø, -øz] a copious, hearty.
**copilote** [kɔpilɔt] nm (AVIAT) co-pilot; (AUTO) co-driver, navigator.
**copine** [kɔpin] nf voir **copain**.
**copiste** [kɔpist(ə)] nm/f copyist, tran-scriber.
**coproduction** [kɔpʀɔdyksjɔ̃] nf copro-duction, joint production.
**copropriété** [kɔpʀɔpʀijete] nf co-ownership, joint ownership; **acheter en** ~ to buy on a co-ownership basis.
**copulation** [kɔpylasjɔ̃] nf copulation.
**coq** [kɔk] nm cock, rooster.

**coq-à-l'âne** [kɔkalɑn] nm inv abrupt change of subject.
**coque** [kɔk] nf (de noix, mollusque) shell; (de bateau) hull; à la ~ (CULIN) boiled.
**coquelicot** [kɔkliko] nm poppy.
**coqueluche** [kɔklyʃ] nf whooping-cough.
**coquet, te** [kɔkɛ, -ɛt] a flirtatious; appearance-conscious; pretty.
**coquetier** [kɔktje] nm egg-cup.
**coquillage** [kɔkijaʒ] nm (mollusque) shellfish inv; (coquille) shell.
**coquille** [kɔkij] nf shell; (TYPO) misprint; ~ de beurre shell of butter; ~ de noix nutshell; ~ St Jacques scallop.
**coquin, e** [kɔkɛ̃, -in] a mischievous, roguish; (polisson) naughty // nm/f (péj) rascal.
**cor** [kɔʀ] nm (MUS) horn; (MÉD): ~ (au pied) corn; réclamer à ~ et à cri (fig) to clamour for; ~ anglais cor anglais; ~ de chasse hunting horn.
**corail, aux** [kɔʀaj, -o] nm coral q.
**Coran** [kɔʀɑ̃] nm: le ~ the Koran.
**corbeau, x** [kɔʀbo] nm crow.
**corbeille** [kɔʀbɛj] nf basket; (à la Bourse): la ~ the stockbrokers' central enclosure; ~ de mariage (fig) wedding presents pl; ~ à ouvrage work-basket; ~ à pain bread-basket; ~ à papier waste paper basket ou bin.
**corbillard** [kɔʀbijaʀ] nm hearse.
**cordage** [kɔʀdaʒ] nm rope; ~s nmpl (de voiture) rigging sg.
**corde** [kɔʀd(ə)] nf rope; (de violon, raquette, d'arc) string; (trame): la ~ the thread; (ATHLÉTISME, AUTO): la ~ the rails pl; semelles de ~ rope soles; ~ à linge washing ou clothes line; ~ lisse (climbing) rope; ~ à nœuds knotted climbing rope; ~ raide tight-rope; ~ à sauter skipping rope; ~s vocales vocal cords.
**cordeau, x** [kɔʀdo] nm string, line; tracé au ~ as straight as a die.
**cordée** [kɔʀde] nf (d'alpinistes) roped party.
**cordial, e, aux** [kɔʀdjal, -jo] a warm, cordial; ~ité nf warmth, cordiality.
**cordon** [kɔʀdɔ̃] nm cord, string; ~ sanitaire/de police sanitary/police cordon; ~ bleu cordon bleu; ~ ombilical umbilical cord.
**cordonnerie** [kɔʀdɔnʀi] nf shoe repairer's ou mender's (shop).
**cordonnier** [kɔʀdɔnje] nm shoe repairer ou mender, cobbler.
**coreligionnaire** [kɔʀəliʒjɔnɛʀ] nm/f (d'un musulman, juif etc) fellow Mahometan/Jew etc.
**coriace** [kɔʀjas] a tough.
**cormoran** [kɔʀmɔʀɑ̃] nm cormorant.
**cornac** [kɔʀnak] nm elephant driver.
**corne** [kɔʀn(ə)] nf horn; (de cerf) antler; ~ d'abondance horn of plenty; ~ de brume (NAVIG) foghorn.
**cornée** [kɔʀne] nf cornea.
**corneille** [kɔʀnɛj] nf crow.
**cornélien, ne** [kɔʀneljɛ̃, -jɛn] a (débat etc) where love and duty conflict.
**cornemuse** [kɔʀnəmyz] nf bagpipes pl.

**corner** nm [kɔʀnɛʀ] (FOOTBALL) corner (kick) // vb [kɔʀne] vt (pages) to make dog-eared // vi (klaxonner) to blare out.

**cornet** [kɔʀnɛ] nm (paper) cone ; (de glace) cornet, cone ; ~ à piston cornet.

**cornette** [kɔʀnɛt] nf cornet (headgear).

**corniaud** [kɔʀnjo] nm (chien) mongrel ; (péj) twit, clot.

**corniche** [kɔʀniʃ] nf cornice.

**cornichon** [kɔʀniʃɔ̃] nm gherkin.

**cornue** [kɔʀny] nf retort.

**corollaire** [kɔʀɔlɛʀ] nm corollary.

**corolle** [kɔʀɔl] nf corolla.

**coron** [kɔʀɔ̃] nm mining cottage ; mining village.

**coronaire** [kɔʀɔnɛʀ] a coronary.

**corporation** [kɔʀpɔʀasjɔ̃] nf corporate body ; (au moyen-âge) guild.

**corporel, le** [kɔʀpɔʀɛl] a bodily ; (punition) corporal ; soins ~s care sg of the body.

**corps** [kɔʀ] nm (gén) body ; (cadavre) (dead) body ; à son ~ défendant against one's will ; à ~ perdu headlong ; perdu ~ et biens lost with all hands ; prendre ~ to take shape ; faire ~ avec to be joined to ; to form one body with ; ~ d'armée army corps ; ~ de ballet corps de ballet ; le ~ consulaire (CC) the consular corps ; ~ à ~ ad hand-to-hand // nm clinch ; le ~ du délit (JUR) corpus delicti ; le ~ diplomatique (CD) the diplomatic corps ; le ~ électoral the electorate ; le ~ enseignant the teaching profession ; ~ étranger (MÉD) foreign body ; ~ de garde guardroom.

**corpulent, e** [kɔʀpylɑ̃, -ɑ̃t] a stout, corpulent.

**correct, e** [kɔʀɛkt] a (exact) accurate, correct ; (bienséant, honnête) correct ; (passable) adequate ; ~ement ad accurately ; correctly.

**correcteur, trice** [kɔʀɛktœʀ, -tʀis] nm/f (SCOL) examiner, marker ; (TYPO) proof-reader.

**correction** [kɔʀɛksjɔ̃] nf (voir corriger) correction ; marking ; (voir correct) correctness ; (rature, surcharge) correction, emendation ; (coups) thrashing ; ~ (des épreuves) proofreading.

**correctionnel, le** [kɔʀɛksjɔnɛl] a (JUR): chambre ~le ≈ police magistrate's court.

**corrélation** [kɔʀelasjɔ̃] nf correlation.

**correspondance** [kɔʀɛspɔ̃dɑ̃s] nf correspondence ; (de train, d'avion) connection ; ce train assure la ~ avec l'avion de 10 heures this train connects with the 10 o'clock plane ; cours par ~ correspondence course ; vente par ~ mail-order business ; correspondancier, ère nm/f correspondence clerk.

**correspondant, e** [kɔʀɛspɔ̃dɑ̃, -ɑ̃t] nm/f correspondent.

**correspondre** [kɔʀɛspɔ̃dʀ(ə)] vi (données, témoignages) to correspond, tally ; (chambres) to communicate ; ~ à to correspond to ; ~ avec qn to correspond with sb.

**corrida** [kɔʀida] nf bullfight.

**corridor** [kɔʀidɔʀ] nm corridor, passage.

**corrigé** [kɔʀiʒe] nm (SCOL) correct version ; fair copy.

**corriger** [kɔʀiʒe] vt (devoir) to correct, mark ; (texte) to correct, emend ; (erreur, défaut) to correct, put right ; (punir) to thrash ; ~ qn de (défaut) to cure sb of.

**corroborer** [kɔʀɔbɔʀe] vt to corroborate.

**corroder** [kɔʀɔde] vt to corrode.

**corrompre** [kɔʀɔ̃pʀ(ə)] vt (soudoyer) to bribe ; (dépraver) to corrupt.

**corrosion** [kɔʀozjɔ̃] nf corrosion.

**corruption** [kɔʀypsjɔ̃] nf bribery ; corruption.

**corsage** [kɔʀsaʒ] nm bodice ; blouse.

**corsaire** [kɔʀsɛʀ] nm pirate, corsair ; privateer.

**corse** [kɔʀs(ə)] a, nm/f Corsican // nf: la C~ Corsica.

**corsé, e** [kɔʀse] a vigorous ; full-flavoured ; (fig) spicy ; tricky.

**corselet** [kɔʀsəlɛ] nm corselet.

**corset** [kɔʀsɛ] nm corset ; bodice.

**corso** [kɔʀso] nm: ~ fleuri procession of floral floats.

**cortège** [kɔʀtɛʒ] nm procession.

**corvée** [kɔʀve] nf chore, drudgery q ; (MIL) fatigue (duty).

**cosmétique** [kɔsmetik] nm hair-oil ; beauty care product.

**cosmique** [kɔsmik] a cosmic.

**cosmonaute** [kɔsmɔnot] nm/f cosmonaut, astronaut.

**cosmopolite** [kɔsmɔpɔlit] a cosmopolitan.

**cosmos** [kɔsmɔs] nm outer space ; cosmos.

**cosse** [kɔs] nf (BOT) pod, hull.

**cossu, e** [kɔsy] a opulent-looking, well-to-do.

**costaud, e** [kɔsto, -od] a strong, sturdy.

**costume** [kɔstym] nm (d'homme) suit ; (de théâtre) costume ; costumé, e a dressed up.

**cote** [kɔt] nf (en Bourse etc) quotation ; quoted value ; (d'un cheval): la ~ de the odds pl on ; (d'un candidat etc) rating ; (mesure: sur une carte) spot height ; (: sur un croquis) dimension ; (de classement) (classification) mark ; reference number ; inscrit à la ~ quoted on the Stock Exchange ; ~ d'alerte danger ou flood level.

**côte** [kot] nf (rivage) coast(line) ; (pente) slope ; (: sur une route) hill ; (ANAT) rib ; (d'un tricot, tissu) rib, ribbing q ; ~ à ~ ad side by side ; la C~ (d'Azur) the (French) Riviera.

**côté** [kote] nm (gén) side ; (direction) way, direction ; de tous les ~s from all directions ; de quel ~ est-il parti? which way ou in which direction did he go? ; de ce/de l'autre ~ this/the other way ; du ~ de (provenance) from ; (direction) towards ; du ~ de Lyon (proximité) the Lyons way, near Lyons ; de ~ ad side-ways ; on one side ; to one side ; aside ; laisser de ~ to leave on one side ; mettre de ~ to put on one side, put aside ; à ~ ad (right) nearby ; beside ; next door ; (d'autre part) besides ; à ~ de beside, next to ; (fig) in comparison to ; à ~ (de la cible) off target, wide (of the mark) ; être aux ~s de to be by the side of.

**coteau, x** [kɔto] *nm* hill.
**côtelé, e** [kotle] *a* ribbed ; **pantalon en velours** ~ corduroy trousers *pl*.
**côtelette** [kotlɛt] *nf* chop.
**coter** [kɔte] *vt* (*en Bourse*) to quote.
**coterie** [kɔtRi] *nf* set.
**côtier, ière** [kotje, -jɛR] *a* coastal.
**cotisation** [kɔtizasjɔ̃] *nf* subscription, dues *pl* ; (*pour une pension*) contributions *pl*.
**cotiser** [kɔtize] *vi*: ~ (à) to pay contributions (to) ; **se** ~ to club together.
**coton** [kɔtɔ̃] *nm* cotton ; ~ **hydrophile** (absorbent) cotton-wool.
**côtoyer** [kotwaje] *vt* to be close to ; to rub shoulders with ; to run alongside ; to be bordering *ou* verging on.
**cotte** [kɔt] *nf*: ~ **de mailles** coat of mail.
**cou** [ku] *nm* neck.
**couard, e** [kwaR, -aRd] *a* cowardly.
**couchage** [kuʃaʒ] *nm voir* **sac.**
**couchant** [kuʃɑ̃] *a*: **soleil** ~ setting sun.
**couche** [kuʃ] *nf* (*strate: gén, GÉO*) layer, stratum (*pl a*) ; (*de peinture, vernis*) coat ; (*de poussière, crème*) layer ; (*de bébé*) nappy, napkin ; ~**s** *nfpl,* (*MÉD*) confinement *sg* ; ~**s sociales** social levels *ou* strata ; ~**-culotte** *nf* disposable nappy and waterproof pants in one.
**coucher** [kuʃe] *nm* (*du soleil*) setting // *vt* (*personne*) to put to bed ; (*: loger*) to put up ; (*objet*) to lay on its side ; (*écrire*) to inscribe, couch // *vi* (*dormir*) to sleep, spend the night ; (*fam*): ~ **avec qn** to sleep with sb, go to bed with sb ; **se** ~ *vi* (*pour dormir*) to go to bed ; (*pour se reposer*) to lie down ; (*soleil*) to set, go down ; **à prendre avant le** ~ (*MÉD*) take at night *ou* before going to bed ; ~ **de soleil** sunset.
**couchette** [kuʃɛt] *nf* couchette ; (*de marin*) bunk.
**coucou** [kuku] *nm* cuckoo // *excl* peek-a-boo.
**coude** [kud] *nm* (*ANAT*) elbow ; (*de tuyau, de la route*) bend ; ~ **à** ~ *ad* shoulder to shoulder, side by side.
**cou-de-pied** [kudpje] *nm* instep.
**coudre** [kudR(ə)] *vt* (*bouton*) to sew on ; (*robe*) to sew (up) // *vi* to sew.
**couenne** [kwan] *nf* (*de lard*) rind.
**couettes** [kwɛt] *nfpl* bunches.
**couffin** [kufɛ̃] *nm* Moses basket ; (straw) basket.
**couiner** [kwine] *vi* to squeal.
**coulant, e** [kulɑ̃, -ɑ̃t] *a* (*indulgent*) easygoing ; (*fromage etc*) runny.
**coulée** [kule] *nf* (*de lave, métal en fusion*) flow ; ~ **de neige** snowslide.
**couler** [kule] *vi* to flow, run ; (*fuir: stylo, récipient*) to leak ; (*sombrer: bateau*) to sink // *vt* (*cloche, sculpture*) to cast ; (*bateau*) to sink ; (*fig*) to ruin, bring down ; **se** ~ **dans** (*interstice etc*) to slip into ; **il a coulé une bielle** (*AUTO*) his big-end went.
**couleur** [kulœR] *nf* colour ; (*CARTES*) suit.
**couleuvre** [kulœvR(ə)] *nf* grass snake.
**coulisse** [kulis] *nf* (*TECH*) runner ; ~**s** *nfpl* (*THÉÂTRE*) wings ; (*fig*): **dans les** ~**s** behind the scenes ; **porte à** ~ sliding door ; **coulisser** *vi* to slide, run.

**couloir** [kulwaR] *nm* corridor, passage ; (*de bus*) gangway ; (*SPORT: de piste*) lane ; (*GÉO*) gully ; ~ **de navigation** shipping lane.
**coulpe** [kulp(ə)] *nf*: **battre sa** ~ to repent openly.
**coup** [ku] *nm* (*heurt, choc*) knock ; (*affectif*) blow, shock ; (*agressif*) blow ; (*avec arme à feu*) shot ; (*de l'horloge*) chime ; stroke ; (*SPORT*) stroke ; shot ; blow ; (*ÉCHECS*) move ; ~ **de coude/genou** nudge (with the elbow)/with the knee ; **à** ~ **s de hache/marteau** (hitting) with an axe/a hammer ; ~ **de tonnerre** clap of thunder ; ~ **de sonnette** ring of the bell ; ~ **de crayon/pinceau** stroke of the pencil/brush ; **donner un** ~ **de balai** to sweep up, give the floor a sweep ; **donner un** ~ **de chiffon** to go round with the duster ; **avoir le** ~ (*fig*) to have the knack ; **boire un** ~ to have a drink ; **d'un seul** ~ (*subitement*) suddenly ; (*à la fois*) at one go ; in one blow ; **du premier** ~ first time *ou* go, at the first attempt ; **du même** ~ at the same time ; **à** ~ **sûr** definitely, without fail ; ~ **sur** ~ in quick succession ; **sur le** ~ outright ; **sous le** ~ **de** (*surprise etc*) under the influence of ; **tomber sous le** ~ **de la loi** to constitute a statutory offence ; ~ **de chance** stroke of luck ; ~ **de couteau** stab (of a knife) ; ~ **dur** hard blow ; ~ **d'envoi** kick-off ; **d'essai** first attempt ; ~ **d'état** coup d'état ; ~ **de feu** shot ; ~ **de filet** (*POLICE*) haul ; ~ **franc** free kick ; ~ **de frein** (sharp) braking *q* ; ~ **de fusil** rifle shot ; ~ **de grâce** coup de grâce ; ~ **de main**: **donner un** ~ **de main à qn** to give sb a (helping) hand ; ~ **d'œil** glance ; ~ **de pied** kick ; ~ **de poing** punch ; ~ **de soleil** sunburn ; ~ **de téléphone** phone call ; ~ **de tête** (*fig*) (sudden) impulse ; ~ **de théâtre** (*fig*) dramatic turn of events ; ~ **de vent** gust of wind.
**coupable** [kupabl(ə)] *a* guilty ; (*pensée*) guilty, culpable // *nm/f* (*gén*) culprit ; (*JUR*) guilty party ; ~ **de** guilty of.
**coupe** [kup] *nf* (*verre*) goblet ; (*à fruits*) dish ; (*SPORT*) cup ; (*de cheveux, de vêtement*) cut ; (*graphique, plan*) (cross) section ; **être sous la** ~ **de** to be under the control of ; **faire des** ~**s sombres dans** to make drastic cuts in.
**coupé** [kupe] *nm* (*AUTO*) coupé.
**coupe-circuit** [kupsiRkчi] *nm inv* cutout, circuit breaker.
**coupée** [kupe] *nf* (*NAVIG*) gangway.
**coupe-papier** [kuppapje] *nm inv* paper knife.
**couper** [kupe] *vt* to cut ; (*retrancher*) to cut (out), take out ; (*route, courant*) to cut off ; (*appétit*) to take away ; (*fièvre*) to take down, reduce ; (*vin, cidre*) to blend ; (*: à table*) to dilute (with water) // *vi* to cut ; (*prendre un raccourci*) to take a short-cut ; (*CARTES: diviser le paquet*) to cut ; (*: avec l'atout*) to trump ; **se** ~ (*se blesser*) to cut o.s. ; (*en témoignant etc*) to give o.s. away ; ~ **la parole à qn** to cut sb short.
**couperet** [kupRɛ] *nm* cleaver, chopper.
**couperosé, e** [kupRoze] *a* blotchy.
**couple** [kupl(ə)] *nm* couple ; ~ **de torsion** torque.

**coupler** [kuple] *vt* to couple (together).

**couplet** [kuplε] *nm* verse.

**coupole** [kupol] *nf* dome; cupola.

**coupon** [kupɔ̃] *nm* (*ticket*) coupon; (*de tissu*) remnant; roll; ~-**réponse international** international reply coupon.

**coupure** [kupyʀ] *nf* cut; (*billet de banque*) note; (*de journal*) cutting; ~ **de courant** power cut.

**cour** [kuʀ] *nf* (*de ferme, jardin*) (court)yard; (*d'immeuble*) back yard; (*JUR, royale*) court; **faire la** ~ **à qn** to court sb; ~ **d'assises** court of assizes, ≈ Crown Court; ~ **de cassation** Court of Cassation; ~ **martiale** court-martial.

**courage** [kuʀaʒ] *nm* courage, bravery; **courageux, euse a** brave, courageous.

**couramment** [kuʀamɑ̃] *ad* commonly; (*avec aisance: parler*) fluently.

**courant, e** [kuʀɑ̃, -ɑ̃t] *a* (*fréquent*) common; (*COMM, gén: normal*) standard; (*en cours*) current // *nm* current; (*fig*) movement; trend; **être au** ~ (**de**) (*fait, nouvelle*) to know (about); **mettre qn au** ~ (**de**) (*fait, nouvelle*) to tell sb (about); (*nouveau travail etc*) to teach sb the basics (of); **se tenir au** ~ (**de**) (*techniques etc*) to keep o.s. up-to-date (on); **dans le** ~ **de** (*pendant*) in the course of; **le 10** ~ (*COMM*) the 10th inst; ~ **d'air** draught; ~ **électrique** (electric) current, power.

**courbature** [kuʀbatyʀ] *nf* ache; **courbaturé, e a** aching.

**courbe** [kuʀb(ə)] *a* curved // *nf* curve; ~ **de niveau** contour line.

**courber** [kuʀbe] *vt* to bend; ~ **la tête** to bow one's head; **se** ~ *vi* (*branche etc*) to bend, curve; (*personne*) to bend (down).

**courbette** [kuʀbεt] *nf* low bow.

**coureur, euse** [kuʀœʀ, -øz] *nm/f* (*SPORT*) runner (*ou* driver); (*péj*) womaniser/ manhunter; ~ **cycliste/automobile** racing cyclist/driver.

**courge** [kuʀʒ(ə)] *nf* (*BOT*) gourd; (*CULIN*) marrow.

**courgette** [kuʀʒεt] *nf* courgette, zucchini.

**courir** [kuʀiʀ] *vi* (*gén*) to run; (*se dépêcher*) to rush; (*fig: rumeurs*) to go round; (*COMM: intérêt*) to accrue // *vt* (*SPORT: épreuve*) to compete in; (*risque*) to run; (*danger*) to face; ~ **les cafés/bals** to do the rounds of the cafés/dances; **le bruit court que** the rumour is going round that; ~ **après qn** to run after sb, chase (after) sb.

**couronne** [kuʀɔn] *nf* crown; (*de fleurs*) wreath, circlet.

**couronnement** [kuʀɔnmɑ̃] *nm* coronation, crowning; (*fig*) crowning achievement.

**couronner** [kuʀɔne] *vt* to crown.

**courons** *etc vb voir* **courir**.

**courre** [kuʀ] *vb voir* **chasse**.

**courrier** [kuʀje] *nm* mail, post; (*lettres à écrire*) letters *pl*; (*rubrique*) column; **long/moyen** ~ *a* (*AVIAT*) long-/medium-haul; ~ **du cœur** problem page.

**courroie** [kuʀwa] *nf* strap; (*TECH*) belt; ~ **de transmission/de ventilateur** driving/fan belt.

**courrons** *etc vb voir* **courir**.

**courroucé, e** [kuʀuse] *a* wrathful.

**cours** [kuʀ] *nm* (*leçon*) lesson; class; (*série de leçons*) course; (*cheminement*) course; (*écoulement*) flow; (*avenue*) walk; (*COMM*) rate; price; **donner libre** ~ **à** to give free expression to; **avoir** ~ (*monnaie*) to be legal tender; (*fig*) to be current; (*SCOL*) to have a class *ou* lecture; **en** ~ (*année*) current; (*travaux*) in progress; **en** ~ **de route** on the way; **au** ~ **de** in the course of, during; **le** ~ **du change** the exchange rate; ~ **d'eau** water course, *generic term for streams, rivers*; ~ **du soir** night school.

**course** [kuʀs(ə)] *nf* running; (*SPORT: épreuve*) race; (*trajet: du soleil*) course; (: *d'un projectile*) flight; (: *d'une pièce mécanique*) travel; (*excursion*) outing; (*d'un taxi, autocar*) journey, trip; (*petite mission*) errand; ~**s** *nfpl* (*achats*) shopping *sg*; (*HIPPISME*) races.

**court, e** [kuʀ, kuʀt(ə)] *a* short // *ad* short // *nm*: ~ (**de tennis**) (tennis) court; **tourner** ~ to come to a sudden end; **à** ~ **de short of**; **prendre qn de** ~ to catch sb unawares; **tirer à la** ~**e paille** to draw lots; ~-**bouillon** *nm* court-bouillon; ~-**circuit** *nm* short-circuit.

**courtier, ère** [kuʀtje, -jεʀ] *nm/f* broker.

**courtisan** [kuʀtizɑ̃] *nm* courtier.

**courtisane** [kuʀtizan] *nf* courtesan.

**courtiser** [kuʀtize] *vt* to court, woo.

**courtois, e** [kuʀtwa, -waz] *a* courteous; **courtoisie** *nf* courtesy.

**couru, e** *pp de* **courir**.

**cousais** *etc vb voir* **coudre**.

**cousin, e** [kuzε̃, -in] *nm/f* cousin.

**coussin** [kusε̃] *nm* cushion.

**cousu, e** [kuzy] *pp de* **coudre** // *a*: ~ **d'or** rolling in riches.

**coût** [ku] *nm* cost; **le** ~ **de la vie** the cost of living.

**coûtant** [kutɑ̃] *am*: **au prix** ~ at cost price.

**couteau, x** [kuto] *nm* knife; ~ **à cran d'arrêt** flick-knife; ~ **de poche** pocket knife; ~-**scie** *nm* serrated-edged knife.

**coutellerie** [kutεlʀi] *nf* cutlery shop; cutlery.

**coûter** [kute] *vt, vi* to cost; **combien ça coûte?** how much is it?, what does it cost?; **coûte que coûte** at all costs; **coûteux, euse a** costly, expensive.

**coutume** [kutym] *nf* custom; **coutumier, ère a** customary.

**couture** [kutyʀ] *nf* sewing; dress-making; (*points*) seam.

**couturier** [kutyʀje] *nm* fashion designer, couturier.

**couturière** [kutyʀjεʀ] *nf* dressmaker.

**couvée** [kuve] *nf* brood, clutch.

**couvent** [kuvɑ̃] *nm* (*de sœurs*) convent; (*de frères*) monastery; (*établissement scolaire*) convent (school).

**couver** [kuve] *vt* to hatch; (*maladie*) to be sickening for // *vi* (*feu*) to smoulder; (*révolte*) to be brewing; ~ **qn/qch des yeux** to look lovingly at; to look longingly at.

**couvercle** [kuvεʀkl(ə)] *nm* lid; (*de bombe aérosol etc, qui se visse*) cap, top.

**couvert, e** [kuvɛʀ, -ɛʀt(ə)] *pp de* **couvrir** // *a* (*ciel*) overcast ; (*coiffé d'un chapeau*) wearing a hat // *nm* place setting ; (*place à table*) place ; (*au restaurant*) cover charge ; ~**s** *nmpl* place settings ; cutlery *sg* ; ~ **de** covered with *ou* in ; **bien** ~ (*habillé*) well wrapped up ; **mettre le** ~ to lay the table ; **à** ~ under cover ; **sous le** ~ **de** under the shelter of ; (*fig*) under cover of.

**couverture** [kuvɛʀtyʀ] *nf* (*de lit*) blanket ; (*de bâtiment*) roofing ; (*de livre, fig: d'un espion etc*) cover.

**couveuse** [kuvøz] *nf* (*à poules*) sitter, brooder ; (*de maternité*) incubator.

**couvre...** [kuvʀ(ə)] *préfixe*: ~-**chef** *nm* hat ; ~-**feu** *nm* curfew ; ~-**lit** *nm* bedspread.

**couvreur** [kuvʀœʀ] *nm* roofer.

**couvrir** [kuvʀiʀ] *vt* to cover ; **se** ~ (*ciel*) to cloud over ; (*s'habiller*) to cover up, wrap up ; (*se coiffer*) to put on one's hat ; (*par une assurance*) to cover o.s. ; **se** ~ **de** (*fleurs, boutons*) to become covered in.

**crabe** [kʀab] *nm* crab.

**crachat** [kʀaʃa] *nm* spittle *q*, spit *q*.

**cracher** [kʀaʃe] *vi* to spit // *vt* to spit out ; (*fig: lave etc*) to belch (out) ; ~ **du sang** to spit blood.

**crachin** [kʀaʃɛ̃] *nm* drizzle.

**crachoir** [kʀaʃwaʀ] *nm* spittoon ; (*de dentiste*) bowl.

**craie** [kʀɛ] *nf* chalk.

**craindre** [kʀɛ̃dʀ(ə)] *vt* to fear, be afraid of ; (*être sensible à: chaleur, froid*) to be easily damaged by ; ~ **de/que** to be afraid of/that.

**crainte** [kʀɛ̃t] *nf* fear ; **de** ~ **de/que** for fear of/that ; **craintif, ive** *a* timid.

**cramoisi, e** [kʀamwazi] *a* crimson.

**crampe** [kʀɑ̃p] *nf* cramp ; ~ **d'estomac** stomach cramp.

**crampon** [kʀɑ̃pɔ̃] *nm* (*de semelle*) stud ; (*ALPINISME*) crampon.

**cramponner** [kʀɑ̃pɔne]: **se** ~ *vi*: **se** ~ (**à**) to hang *ou* cling on (to).

**cran** [kʀɑ̃] *nm* (*entaille*) notch ; (*de courroie*) hole ; (*courage*) guts *pl* ; ~ **d'arrêt** safety catch ; ~ **de mire** bead.

**crâne** [kʀɑn] *nm* skull.

**crâner** [kʀɑne] *vi* (*fam*) to swank, show off.

**crânien, ne** [kʀɑnjɛ̃, -jɛn] *a* cranial, skull *cpd*, brain *cpd*.

**crapaud** [kʀapo] *nm* toad.

**crapule** [kʀapyl] *nf* villain.

**craquelure** [kʀaklyʀ] *nf* crack ; crackle *q*.

**craquement** [kʀakmɑ̃] *nm* crack, snap ; (*du plancher*) creak, creaking *q*.

**craquer** [kʀake] *vi* (*bois, plancher*) to creak ; (*fil, branche*) to snap ; (*couture*) to come apart, burst ; (*fig*) to break down // *vt* : ~ **une allumette** to strike a match.

**crasse** [kʀas] *nf* grime, filth.

**crassier** [kʀasje] *nm* slag heap.

**cratère** [kʀatɛʀ] *nm* crater.

**cravache** [kʀavaʃ] *nf* (*riding*) crop ; **cravacher** *vt* to use the crop on.

**cravate** [kʀavat] *nf* tie ; **cravater** *vt* to put a tie on ; (*fig*) to grab round the neck.

**crawl** [kʀol] *nm* crawl ; **dos crawlé** backstroke.

**crayeux, euse** [kʀɛjø, -øz] *a* chalky.

**crayon** [kʀɛjɔ̃] *nm* pencil ; (*de rouge à lèvres etc*) stick, pencil ; **écrire au** ~ to write in pencil ; ~ **à bille** ball-point pen ; ~ **de couleur** crayon, colouring pencil.

**créance** [kʀeɑ̃s] *nf* (*COMM*) (financial) claim, (recoverable) debt ; **créancier, ière** *nm/f* creditor.

**créateur, trice** [kʀeatœʀ, -tʀis] *a* creative // *nm/f* creator.

**création** [kʀeasjɔ̃] *nf* creation.

**créature** [kʀeatyʀ] *nf* creature.

**crécelle** [kʀesɛl] *nf* rattle.

**crèche** [kʀɛʃ] *nf* (*de Noël*) crib ; (*garderie*) crèche, day nursery.

**crédence** [kʀedɑ̃s] *nf* (small) sideboard.

**crédit** [kʀedi] *nm* (*gén*) credit ; ~**s** *nmpl* funds ; **payer/acheter à** ~ to pay/buy on credit *ou* on easy terms ; **faire** ~ **à qn** to give sb credit ; **créditer** *vt*: **créditer un compte (de)** to credit an account (with) ; **créditeur, trice** *a* in credit, credit *cpd* // *nm/f* customer in credit.

**crédule** [kʀedyl] *a* credulous, gullible ; **crédulité** *nf* credulity, gullibility.

**créer** [kʀee] *vt* to create ; (*THÉÂTRE*) to produce (for the first time).

**crémaillère** [kʀemajɛʀ] *nf* (*RAIL*) rack ; (*tige crantée*) trammel ; **direction à** ~ (*AUTO*) rack and pinion steering ; **pendre la** ~ to have a house-warming party.

**crémation** [kʀemasjɔ̃] *nf* cremation.

**crématoire** [kʀematwaʀ] *a*: **four** ~ crematorium.

**crème** [kʀɛm] *nf* cream ; (*entremets*) cream dessert // *a inv* cream(-coloured) ; **un (café)** ~ ≈ a white coffee ; ~ **fouettée** whipped cream ; ~ **à raser** shaving cream ; **crémerie** *nf* dairy ; (*tearoom*) teashop ; **crémeux, euse** *a* creamy ; **crémier, ière** *nm/f* dairyman/woman.

**créneau, x** [kʀeno] *nm* (*de fortification*) crenel(le) ; (*fig*) gap ; slot ; (*AUTO*): **faire un** ~ to reverse into a parking space (*between cars alongside the kerb*).

**créole** [kʀeol] *a, nm, nf* Creole.

**crêpe** [kʀɛp] *nf* (*galette*) pancake // *nm* (*tissu*) crêpe ; (*de deuil*) black mourning crêpe ; black armband (*ou* hatband *ou* ribbon) ; **semelle (de)** ~ crêpe sole ; **crêpé, e** *a* (*cheveux*) backcombed ; ~**rie** *nf* pancake shop *ou* restaurant.

**crépi** [kʀepi] *nm* roughcast ; **crépir** *vt* to roughcast.

**crépiter** [kʀepite] *vi* to sputter, splutter ; to crackle ; to rattle out ; to patter.

**crépon** [kʀepɔ̃] *nm* seersucker.

**crépu, e** [kʀepy] *a* frizzy, fuzzy.

**crépuscule** [kʀepyskyl] *nm* twilight, dusk.

**crescendo** [kʀeʃɛ̃do] *nm, ad* (*MUS*) crescendo ; **aller** ~ (*fig*) to rise higher and higher, grow ever greater.

**cresson** [kʀesɔ̃] *nm* watercress.

**crête** [kʀɛt] *nf* (*de coq*) comb ; (*de vague, montagne*) crest.

**crétin, e** [kʀetɛ̃, -in] *nm/f* cretin.

**cretonne** [kʀətɔn] *nf* cretonne.

**creuser** [krøze] vt (trou, tunnel) to dig; (sol) to dig a hole in; (bois) to hollow out; (fig) to go (deeply) into; **cela creuse (l'estomac)** that gives you a real appetite; **se ~ (la cervelle)** to rack one's brains.

**creuset** [krøzɛ] nm crucible; (fig) melting pot; (severe) test.

**creux, euse** [krø, -øz] a hollow // nm hollow; (fig: sur graphique etc) trough; **heures creuses** slack periods; off-peak periods; **le ~ de l'estomac** the pit of the stomach.

**crevaison** [krəvɛzɔ̃] nf puncture.

**crevasse** [krəvas] nf (dans le sol) crack, fissure; (de glacier) crevasse; (de la peau) crack.

**crevé, e** [krəve] a (fatigué) fagged out, worn out.

**crève-cœur** [krɛvkœr] nm inv heartbreak.

**crever** [krəve] vt (papier) to tear, break; (tambour, ballon) to burst // vi (pneu) to burst; (automobiliste) to have a puncture; (abcès, outre, nuage) to burst (open); (fam) to die; **cela lui a crevé un œil** it blinded him in one eye.

**crevette** [krəvɛt] nf: **~ (rose)** prawn; **~ grise** shrimp.

**cri** [kri] nm cry, shout; (d'animal: spécifique) cry, call; **c'est le dernier ~** (fig) it's the latest fashion.

**criant, e** [krijɑ̃, -ɑ̃t] a (injustice) glaring.

**criard, e** [krijar, -ard(ə)] a (couleur) garish, loud; yelling.

**crible** [kribl(ə)] nm riddle; (mécanique) screen, jig; **passer qch au ~** to put sth through a riddle; (fig) to go over sth with a fine-tooth comb.

**criblé, e** [krible] a: **~ de** riddled with.

**cric** [krik] nm (AUTO) jack.

**crier** [krije] vi (pour appeler) to shout, cry (out); (de peur, de douleur etc) to scream, yell; (fig: grincer) to squeal, screech // vt (ordre, injure) to shout (out), yell (out); **crieur de journaux** nm newspaper seller.

**crime** [krim] nm crime; (meurtre) murder; **criminaliste** nm/f specialist in criminal law; **criminalité** nf criminality, crime; **criminel, le** a criminal // nm/f criminal; murderer; **criminel de guerre** war criminal; **criminologiste** nm/f criminologist.

**crin** [krɛ̃] nm hair q; (fibre) horsehair; **à tous ~s, à tout ~** diehard, out-and-out.

**crinière** [krinjɛr] nf mane.

**crique** [krik] nf creek, inlet.

**criquet** [krikɛ] nm locust; grasshopper.

**crise** [kriz] nf crisis (pl crises); (MÉD) attack; fit; **~ cardiaque** heart attack; **~ de foi** crisis of belief; **~ de foie** bilious attack; **~ de nerfs** attack of nerves.

**crispation** [krispasjɔ̃] nf twitch; contraction; tenseness.

**crisper** [krispe] vt to tense; (poings) to clench; **se ~** to tense; to clench; (personne) to get tense.

**crisser** [krise] vi (neige) to crunch; (tissu) to rustle; (pneu) to screech.

**cristal, aux** [kristal, -o] nm crystal // nmpl (objets) crystal(ware) sg; **~ de plomb** (lead) crystal; **~ de roche** rock-crystal; **cristaux de soude** washing soda sg.

**cristallin, e** [kristalɛ̃, -in] a crystal-clear // nm (ANAT) crystalline lens.

**cristalliser** [kristalize] vi, vt, **se ~** vi to crystallize.

**critère** [kritɛr] nm criterion (pl ia).

**critique** [kritik] a critical // nm/f (de théâtre, musique) critic // nf criticism; (THÉÂTRE etc: article) review; **la ~** (activité) criticism; (personnes) the critics pl.

**critiquer** [kritike] vt (dénigrer) to criticize; (évaluer, juger) to assess, examine (critically).

**croasser** [krɔase] vi to caw.

**croc** [kro] nm (dent) fang; (de boucher) hook.

**croc-en-jambe** [krɔkɑ̃ʒɑ̃b] nm: **faire un ~ à qn** to trip sb up.

**croche** [krɔʃ] nf (MUS) quaver; **double ~** semiquaver.

**crochet** [krɔʃɛ] nm hook; (clef) picklock; (détour) detour; (BOXE): **~ du gauche** left hook; (TRICOT: aiguille) crochet-hook; (: technique) crochet; **~s** nmpl (TYPO) square brackets; **vivre aux ~s de qn** to live ou sponge off sb; **crocheter** vt (serrure) to pick.

**crochu, e** [krɔʃy] a hooked; claw-like.

**crocodile** [krɔkɔdil] nm crocodile.

**crocus** [krɔkys] nm crocus.

**croire** [krwar] vt to believe; **~ qn honnête** to believe sb (to be) honest; **se ~ fort** to think one is strong; **~ que** to believe ou think that; **~ à, ~ en** to believe in.

**croîs** vb voir **croître**.

**croisade** [krwazad] nf crusade.

**croisé, e** [krwaze] a (veston) double-breasted // nm (guerrier) crusader // nf (fenêtre) window, casement; **~e d'ogives** intersecting ribs; **à la ~e des chemins** at the crossroads.

**croisement** [krwazmɑ̃] nm (carrefour) crossroads sg; (BIO) crossing; crossbreed.

**croiser** [krwaze] vt (personne, voiture) to pass; (route) to cross, cut across; (BIO) to cross // vi (NAVIG) to cruise; **~ les jambes/bras** to cross one's legs/fold one's arms; **se ~** (personnes, véhicules) to pass each other; (routes) to cross, intersect; (lettres) to cross (in the post); (regards) to meet.

**croiseur** [krwazœr] nm cruiser (warship).

**croisière** [krwazjɛr] nf cruise; **vitesse de ~** (AUTO etc) cruising speed.

**croisillon** [krwazijɔ̃] nm: **motif/fenêtre à ~s** lattice pattern/window.

**croissance** [krwasɑ̃s] nf growing, growth; **maladie de ~** growth disease; **~ économique** economic growth.

**croissant, e** [krwasɑ̃, -ɑ̃t] a growing; rising // nm (à manger) croissant; (motif) crescent.

**croître** [krwatr(ə)] vi to grow; (lune) to wax.

**croix** [krwa] nf cross; **en ~** a, ad in the form of a cross; **la C~ Rouge** the Red Cross.

**croquant, e** [krɔkɑ̃, -ɑ̃t] a crisp, crunchy // nm/f (péj) yokel, (country) bumpkin.

**croque...** [kʀɔk] préfixe: ~-mitaine nm bog(e)y-man ; ~-monsieur nm inv toasted ham and cheese sandwich ; ~-mort nm (péj) pallbearer.

**croquer** [kʀɔke] vt (manger) to crunch ; to munch ; (dessiner) to sketch // vi to be crisp ou crunchy.

**croquet** [kʀɔkɛ] nm croquet.

**croquette** [kʀɔkɛt] nf croquette.

**croquis** [kʀɔki] nm sketch.

**cross(-country)** [kʀɔs(kuntʀi)] nm cross-country race ou run ; cross-country racing ou running.

**crosse** [kʀɔs] nf (de fusil) butt ; (de revolver) grip ; (d'évêque) crook, crosier ; (de hockey) hockey stick.

**crotte** [kʀɔt] nf droppings pl.

**crotté, e** [kʀɔte] a muddy, mucky.

**crottin** [kʀɔtɛ̃] nm: ~ (de cheval) (horse) dung ou manure.

**crouler** [kʀule] vi (s'effondrer) to collapse ; (être délabré) to be crumbling.

**croupe** [kʀup] nf croup, rump ; en ~ pillion.

**croupier** [kʀupje] nm croupier.

**croupir** [kʀupiʀ] vi to stagnate.

**croustillant, e** [kʀustijɑ̃, -ɑ̃t] a crisp ; (fig) spicy.

**croustiller** [kʀustije] vi to be crisp ou crusty.

**croûte** [kʀut] nf crust ; (du fromage) rind ; (de vol-au-vent) case ; (MÉD) scab ; en ~ (CULIN) in pastry, in a pie ; ~ aux champignons mushrooms on toast ; ~ au fromage cheese on toast q ; ~ de pain (morceau) crust (of bread) ; ~ terrestre earth's crust.

**croûton** [kʀutɔ̃] nm (CULIN) crouton ; (bout du pain) crust, heel.

**croyance** [kʀwajɑ̃s] nf belief.

**croyant, e** [kʀwajɑ̃, -ɑ̃t] nm/f believer.

**C.R.S.** sigle fpl = Compagnies républicaines de sécurité (a state security police force) // sigle m member of the C.R.S..

**cru, e** [kʀy] pp de croire // a (non cuit) raw ; (lumière, couleur) harsh ; (paroles, description) crude // nm (vignoble) vineyard ; (vin) wine // nf (d'un cours d'eau) swelling, rising ; de son (propre) ~ (fig) of his own devising ; du ~ local ; en ~e in spate.

**crû** pp de croître.

**cruauté** [kʀyote] nf cruelty.

**cruche** [kʀyʃ] nf pitcher, (earthenware) jug.

**crucial, e, aux** [kʀysjal, -o] a crucial.

**crucifier** [kʀysifje] vt to crucify.

**crucifix** [kʀysifi] nm crucifix.

**cruciforme** [kʀysifɔʀm(ə)] a cruciform, cross-shaped.

**cruciverbiste** [kʀysivɛʀbist(ə)] nm/f crossword puzzle enthusiast.

**crudité** [kʀydite] nf crudeness q ; harshness q ; ~s nfpl (CULIN) salads.

**crue** [kʀy] nf voir cru.

**cruel, le** [kʀyɛl] a cruel.

**crus** etc, **crûs** etc vb voir croire, croître.

**crustacés** [kʀystase] nmpl shellfish.

**crypte** [kʀipt(ə)] nf crypt.

**cubage** [kyba3] nm cubage, cubic content.

**cube** [kyb] nm cube ; (jouet) brick, building block ; **mètre ~** cubic metre ; **2 au ~ =** 8 2 cubed is 8 ; **élever au ~** to cube ; **cubique** a cubic.

**cueillette** [kœjɛt] nf picking, gathering ; harvest ou crop (of fruit).

**cueillir** [kœjiʀ] vt (fruits, fleurs) to pick, gather ; (fig) to catch.

**cuiller** ou **cuillère** [kɥijɛʀ] nf spoon ; ~ à café coffee spoon ; (CULIN) ≈ teaspoonful ; ~ à soupe soup-spoon ; (CULIN) ≈ tablespoonful ; **cuillerée** nf spoonful.

**cuir** [kɥiʀ] nm leather ; (avant tannage) hide ; ~ chevelu scalp.

**cuirasse** [kɥiʀas] nf breastplate ; **cuirassé** nm (NAVIG) battleship.

**cuire** [kɥiʀ] vt (aliments) to cook ; (poterie) to fire // vi to cook ; (picoter) to smart, sting, burn ; **bien cuit** (viande) well done ; **trop cuit** overdone.

**cuisine** [kɥizin] nf (pièce) kitchen ; (art culinaire) cookery, cooking ; (nourriture) cooking, food ; **faire la ~** to cook, make a ou the meal ; **cuisiner** vt to cook ; (fam) to grill // vi to cook ; **cuisinier, ière** nm/f cook // nf (poêle) cooker.

**cuisse** [kɥis] nf (ANAT) thigh ; (CULIN) leg.

**cuisson** [kɥisɔ̃] nf cooking ; firing.

**cuistre** [kɥistʀ(ə)] nm prig.

**cuit, e** pp de **cuire.**

**cuivre** [kɥivʀ(ə)] nm copper ; **les ~s** (MUS) the brass ; **cuivré, e** a coppery ; bronzed.

**cul** [ky] nm (fam!) arse (!), bum ; ~ de bouteille bottom of a bottle.

**culasse** [kylas] nf (AUTO) cylinder-head ; (de fusil) breech.

**culbute** [kylbyt] nf somersault ; (accidentelle) tumble, fall ; **culbuter** vi to (take a) tumble, fall (head over heels) ; **culbuteur** nm (AUTO) rocker arm.

**cul-de-jatte** [kyd3at] nm/flegless cripple.

**cul-de-sac** [kydsak] nm cul-de-sac.

**culinaire** [kylinɛʀ] a culinary.

**culminant, e** [kylminɑ̃, -ɑ̃t] a: **point ~** highest point.

**culminer** [kylmine] vi to reach its highest point ; to tower.

**culot** [kylo] nm (d'ampoule) cap ; (effronterie) cheek, nerve.

**culotte** [kylɔt] nf (pantalon) pants pl, trousers pl ; (de femme): (petite) ~ knickers pl ; ~ de cheval riding breeches pl.

**culotté, e** [kylɔte] a (pipe) seasoned ; (cuir) mellowed ; (effronté) cheeky.

**culpabilité** [kylpabilite] nf guilt.

**culte** [kylt(ə)] nm (religion) religion ; (hommage, vénération) worship ; (protestant) service.

**cultivateur, trice** [kyltivatœʀ, -tʀis] nm/f farmer.

**cultivé, e** [kyltive] a (personne) cultured, cultivated.

**cultiver** [kyltive] vt to cultivate ; (légumes) to grow, cultivate.

**culture** [kyltyʀ] nf cultivation ; growing ; (connaissance etc) culture ; (champs de) ~s land(s) under cultivation ; ~ physique physical training ; **culturel, le** a cultural ; **culturisme** nm body-building.

**cumin** [kymɛ̃] nm (CULIN) caraway seeds pl, cumin.

**cumul** [kymyl] nm (voir cumuler) holding (ou drawing) concurrently ; ~ **de peines** sentences to run consecutively.

**cumuler** [kymyle] vt (emplois, honneurs) to hold concurrently ; (salaires) to draw concurrently ; (JUR: droits) to accumulate.

**cupide** [kypid] a greedy, grasping.

**curatif, ive** [kyratif, -iv] a curative.

**cure** [kyr] nf (MÉD) course of treatment ; (REL) cure, ≈ living ; presbytery, ≈ vicarage ; **faire une ~ de fruits** to go on a fruit cure ou diet ; **n'avoir ~ de** to pay no attention to ; ~ **de sommeil** sleep therapy q.

**curé** [kyre] nm parish priest ; **M. le ~** ≈ Vicar.

**cure-dent** [kyrdɑ̃] nm toothpick.

**cure-pipe** [kyrpip] nm pipe cleaner.

**curer** [kyre] vt to clean out.

**curieux, euse** [kyrjø, -øz] a (étrange) strange, curious ; (indiscret) curious, inquisitive ; (intéressé) inquiring, curious // nmpl (badauds) onlookers, bystanders ; **curiosité** nf curiosity, inquisitiveness ; (objet) curio(sity) ; (site) unusual feature ou sight.

**curiste** [kyrist(ə)] nm/f person taking the waters at a spa.

**curriculum vitae** [kyrikylɔmvite] nm inv (abr **C.V.**) curriculum vitae.

**curry** [kyri] nm curry ; **poulet au ~** curried chicken, chicken curry.

**curseur** [kyrsœr] nm (de règle) slide ; (de fermeture-éclair) slider.

**cursif, ive** [kyrsif, -iv] a: **écriture cursive** cursive script.

**cutané, e** [kytane] a cutaneous, skin cpd.

**cuti-réaction** [kytireaksjɔ̃] nf (MÉD) skin-test.

**cuve** [kyv] nf vat ; (à mazout etc) tank.

**cuvée** [kyve] nf vintage.

**cuvette** [kyvɛt] nf (récipient) bowl, basin ; (du lavabo) (wash)basin ; (des w.-c.) pan ; (GÉO) basin.

**C.V.** sigle m (AUTO) voir **cheval** ; (COMM) = curriculum vitae.

**cyanure** [sjanyr] nm cyanide.

**cybernétique** [sibɛrnetik] nf cybernetics sg.

**cyclable** [siklabl(ə)] a: **piste ~** cycle track.

**cyclamen** [siklamɛn] nm cyclamen.

**cycle** [sikl(ə)] nm cycle.

**cyclique** [siklik] a cyclic(al).

**cyclisme** [siklism(ə)] nm cycling.

**cycliste** [siklist(ə)] nm/f cyclist // a cycle cpd.

**cyclomoteur** [siklɔmɔtœr] nm moped ; **cyclomotoriste** nm/f moped-rider.

**cyclone** [siklon] nm hurricane.

**cygne** [siɲ] nm swan.

**cylindre** [silɛ̃dr(ə)] nm cylinder ; **moteur à 4 ~s en ligne** straight-4 engine ; **cylindrée** nf (AUTO) (cubic) capacity ; une (voiture de) grosse **cylindrée** a big-engined car ; **cylindrique** a cylindrical.

**cymbale** [sɛ̃bal] nf cymbal.

**cynique** [sinik] a cynical ; **cynisme** nm cynicism.

**cyprès** [siprɛ] nm cypress.

**cypriote** [siprijɔt] a, nm/f Cypriot.

**cyrillique** [sirilik] a Cyrillic.

**cystite** [sistit] nf cystitis.

**cytise** [sitiz] nm laburnum.

# D

**d'** prép, dét voir **de**.

**dactylo** [daktilo] nf (aussi: ~**graphe**) typist ; (aussi: ~**graphie**) typing, typewriting ; ~**graphier** vt to type (out).

**dada** [dada] nm hobby-horse.

**daigner** [deɲe] vt to deign.

**daim** [dɛ̃] nm (fallow) deer inv ; (peau) buckskin ; (imitation) suede.

**dallage** [dalaʒ] nm paving.

**dalle** [dal] nf paving stone, flag(stone) ; slab.

**daltonien, ne** [daltɔnjɛ̃, -jɛn] a colour-blind.

**dam** [dam] nm: **au grand ~ de** much to the detriment ou annoyance of.

**dame** [dam] nf lady ; (CARTES, ÉCHECS) queen ; ~**s** nfpl (jeu) draughts sg.

**damer** [dame] vt to ram ou pack down ; ~ **le pion à** (fig) to get the better of.

**damier** [damje] nm draughtboard ; (dessin) check (pattern).

**damner** [dane] vt to damn.

**dancing** [dɑ̃siŋ] nm dance hall.

**dandiner** [dɑ̃dine]: **se ~** vi to sway about ; to waddle along.

**Danemark** [danmark] nm Denmark.

**danger** [dɑ̃ʒe] nm danger ; **mettre en ~** to endanger, put in danger ; **dangereux, euse** a dangerous.

**danois, e** [danwa, -waz] a Danish // nm/f: **D~, e Dane** // nm (langue) Danish.

**dans** [dɑ̃] prép in ; (direction) into, to ; (à l'intérieur de) in, inside ; **je l'ai pris ~ le tiroir/salon** I took it out of ou from the drawer/lounge ; **boire ~ un verre** to drink out of ou from a glass ; ~ **2 mois** in 2 months, in 2 months' time, 2 months from now ; ~ **les 20 F** about 20 F.

**dansant, e** [dɑ̃sɑ̃, -ɑ̃t] a: **soirée ~e** evening of dancing ; dinner dance.

**danse** [dɑ̃s] nf: **la ~** dancing ; (classique) (ballet) dancing ; **une ~** a dance ; **danser** vi, vt to dance ; **danseur, euse** nm/f ballet dancer/ballerina ; (au bal etc) dancer ; partner ; **en danseuse** (à vélo) standing on the pedals.

**dard** [dar] nm sting (organ).

**darder** [darde] vt to shoot, send forth.

**date** [dat] nf date ; **faire ~** to mark a milestone ; ~ **de naissance** date of birth ; **dater** vt, vi to date ; **dater de** to date from, go back to ; **à dater de** (as) from.

**datif** [datif] nm dative.

**datte** [dat] nf date ; **dattier** nm date palm.

**dauphin** [dofɛ̃] nm (ZOOL) dolphin ; (du roi) dauphin ; (fig) heir apparent.

**daurade** [dɔrad] nf gilt-head.

**davantage** [davɑ̃taʒ] ad more ; (plus longtemps) longer ; ~ **de** more.

**DCA** [desea] sigle f (= défense contre avions): **la ~** anti-aircraft defence.

**de** (*de* + *le* = **du**, *de* + *les* = **des**) [də, dy, de] *prép* of ; (*provenance*) from ; (*moyen*) with ; **la voiture d'Élisabeth/de mes parents** Elizabeth's/my parents' car ; **un mur de brique/bureau d'acajou** a brick wall/mahogany desk ; **augmenter** *etc* **de 10F** to increase by 10F ; **une pièce de 2 m de large** *ou* **large de 2 m** a room 2 m wide *ou* in width, a 2 m wide room ; **un bébé de 10 mois** a 10-month-old baby ; **un séjour de 2 ans** a 2-year stay ; **12 mois de crédit/travail** 12 months' credit/work // *dét:* **du vin, de l'eau, des pommes** (some) wine, (some) water, (some) apples ; **des enfants sont venus** some children came ; **a-t-il du vin?** has he got any wine? ; **il ne veut pas de pommes** he doesn't want any apples ; **il n'a pas d'enfants** he has no children, he hasn't got any children ; **pendant des mois** for months.

**dé** [de] *nm* (*à jouer*) die *ou* dice (*pl* dice) ; (*aussi:* ~ **à coudre**) thimble ; ~**s** *nmpl* (*jeu*) (game of) dice ; **un coup de** ~**s** a throw of the dice.

**déambuler** [deãbyle] *vi* to stroll about.

**débâcle** [debakl(ə)] *nf* rout.

**déballer** [debale] *vt* to unpack.

**débandade** [debãdad] *nf* rout ; scattering.

**débarbouiller** [debaʀbuje] *vt* to wash ; **se** ~ to wash (one's face).

**débarcadère** [debaʀkadɛʀ] *nm* landing stage.

**débardeur** [debaʀdœʀ] *nm* docker, stevedore ; (*maillot*) slipover, tank top.

**débarquement** [debaʀkəmã] *nm* unloading ; landing ; disembarcation ; (*MIL*) landing.

**débarquer** [debaʀke] *vt* to unload, land // *vi* to disembark ; (*fig*) to turn up.

**débarras** [debaʀa] *nm* lumber room ; junk cupboard ; outhouse ; **bon** ~**!** good riddance!

**débarrasser** [debaʀase] *vt* to clear ; ~ **qn de** (*vêtements, paquets*) to relieve sb of ; (*habitude, ennemi*) to rid sb of ; ~ **qch de** (*fouillis etc*) to clear sth of ; **se** ~ **de** *vt* to get rid of ; to rid o.s. of.

**débat** [deba] *nm* discussion, debate ; ~**s** (*POL*) proceedings, debates.

**débattre** [debatʀ(ə)] *vt* to discuss, debate ; **se** ~ *vi* to struggle.

**débauche** [deboʃ] *nf* debauchery ; **une** ~ **de** (*fig*) a profusion of ; a riot of.

**débaucher** [deboʃe] *vt* (*licencier*) to lay off, dismiss ; (*entraîner*) to lead astray, debauch.

**débile** [debil] *a* weak, feeble, ~ **mental, e** *nm/f* mental defective.

**débit** [debi] *nm* (*d'un liquide, fleuve*) (rate of) flow ; (*d'un magasin*) turnover (of goods) ; (*élocution*) delivery ; (*bancaire*) debit ; **avoir un** ~ **de 10 F** to be 10 F in debit ; ~ **de boissons** drinking establishment ; ~ **de tabac** tobacconist's (shop) ; **débiter** *vt* (*compte*) to debit ; (*liquide, gaz*) to yield, produce, give out ; (*couper: bois, viande*) to cut up ; (*vendre*) to retail ; (*péj: paroles etc*) to come out with, churn out ; **débiteur, trice** *nm/f* debtor // *a* in debit.

**déblai** [deblɛ] *nm* earth (moved).

**déblaiement** [deblɛmã] *nm* clearing ; **travaux de** ~ earth moving *sg.*

**déblayer** [debleje] *vt* to clear.

**débloquer** [debloke] *vt* (*frein*) to release ; (*prix, crédits*) to free.

**déboires** [debwaʀ] *nmpl* setbacks.

**déboiser** [debwaze] *vt* to clear of trees ; to deforest.

**déboîter** [debwate] *vt* (*AUTO*) to pull out ; **se** ~ **le genou** *etc* to dislocate one's knee *etc.*

**débonnaire** [debɔnɛʀ] *a* easy-going, good-natured.

**débordé, e** [debɔʀde] *a:* **être** ~ **de** (*travail, demandes*) to be snowed under with.

**débordement** [debɔʀdəmã] *nm* overflowing.

**déborder** [debɔʀde] *vi* to overflow ; (*lait etc*) to boil over // *vt* (*MIL, SPORT*) to outflank ; ~ (**de**) **qch** (*dépasser*) to extend beyond sth ; ~ **de** (*joie, zèle*) to be brimming over with *ou* bursting with.

**débouché** [debuʃe] *nm* (*pour vendre*) outlet ; (*perspective d'emploi*) opening ; (*sortie*): **au** ~ **de la vallée** where the valley opens out (onto the plain) ; **au** ~ **de la rue Dupont** (**sur le boulevard**) where the rue Dupont meets the boulevard.

**déboucher** [debuʃe] *vt* (*évier, tuyau etc*) to unblock ; (*bouteille*) to uncork, open // *vi*: ~ **de** to emerge from, come out of ; ~ **sur** to come out onto ; to open out onto ; (*fig*) to arrive at, lead up to.

**débourser** [debuʀse] *vt* to pay out, lay out.

**debout** [dəbu] *ad:* **être** ~ (*personne*) to be standing, stand ; (: *levé, éveillé*) to be up (and about) ; (*chose*) to be upright ; **être encore** ~ (*fig: en état*) to be still going ; to be still standing ; **se mettre** ~ to get up (on one's feet) ; **se tenir** ~ to stand ; ~**!** stand up! ; (*du lit*) get up! ; **cette histoire ne tient pas** ~ this story doesn't hold water.

**déboutonner** [debutɔne] *vt* to undo, unbutton ; **se** ~ *vi* to come undone *ou* unbuttoned.

**débraillé, e** [debʀaje] *a* slovenly, untidy.

**débrayage** [debʀɛjaʒ] *nm* (*AUTO*) clutch ; (: *action*) disengaging the clutch ; (*grève*) stoppage ; **faire un double** ~ to double-declutch.

**débrayer** [debʀeje] *vi* (*AUTO*) to declutch, disengage the clutch ; (*cesser le travail*) to stop work.

**débridé, e** [debʀide] *a* unbridled, unrestrained.

**débris** [debʀi] *nm* (*fragment*) fragment // *nmpl* (*déchets*) pieces ; rubbish *sg* ; debris *sg.*

**débrouillard, e** [debʀujaʀ, -aʀd(ə)] *a* smart, resourceful.

**débrouiller** [debʀuje] *vt* to disentangle, untangle ; (*fig*) to sort out, unravel ; **se** ~ *vi* to manage.

**débroussailler** [debʀusaje] *vt* to clear (of brushwood).

**débusquer** [debyske] *vt* to drive out (from cover).

**début** [deby] *nm* beginning, start ; ~s *nmpl* beginnings ; début *sg.*

**débutant, e** [debytɑ̃, -ɑ̃t] *nm/f* beginner, novice.

**débuter** [debyte] *vi* to begin, start ; *(faire ses débuts)* to start out.

**deçà** [dəsa]: en ~ de *prép* this side of.

**décacheter** [dekaʃte] *vt* to unseal, open.

**décade** [dekad] *nf (10 jours)* (period of) ten days ; *(10 ans)* decade.

**décadence** [dekadɑ̃s] *nf* decadence ; decline.

**décaféiné, e** [dekafeine] *a* decaffeinated, caffeine-free.

**décalage** [dekalaʒ] *nm* gap ; discrepancy ; move forward *ou* back ; shift forward *ou* back ; ~ **horaire** time difference (between time zones) ; time-lag.

**décalcomanie** [dekalkɔmani] *nf* transfer.

**décaler** [dekale] *vt (dans le temps: avancer)* to bring forward ; *(: retarder)* to put back ; *(changer de position)* to shift forward *ou* back ; ~ **de 2 h** to bring *ou* move forward 2 hours ; to put back 2 hours.

**décalquer** [dekalke] *vt* to trace ; *(par pression)* to transfer.

**décamper** [dekɑ̃pe] *vi* to clear out *ou* off.

**décanter** [dekɑ̃te] *vt* to (allow to) settle (and decant) ; **se ~** to settle.

**décapant** [dekapɑ̃] *nm* acid solution ; scouring agent ; paint stripper.

**décaper** [dekape] *vt* to clean ; *(avec abrasif)* to scour ; *(avec papier de verre)* to sand.

**décapiter** [dekapite] *vt* to behead ; *(par accident)* to decapitate ; *(fig)* to cut the top off ; to remove the top men from.

**décapotable** [dekapɔtabl(ə)] *a* convertible.

**décapoter** [dekapɔte] *vt* to put down the top of.

**décapsuler** [dekapsyle] *vt* to take the cap *ou* top off ; **décapsuleur** *nm* bottle-opener.

**décathlon** [dekatlɔ̃] *nm* decathlon.

**décédé, e** [desede] *a* deceased.

**décéder** [desede] *vi* to die.

**déceler** [desle] *vt* to discover, detect ; to indicate, reveal.

**décélération** [deseleʀasjɔ̃] *nf* deceleration.

**décembre** [desɑ̃bʀ(ə)] *nm* December.

**décemment** [desamɑ̃] *ad* decently.

**décence** [desɑ̃s] *nf* decency.

**décent, e** [desɑ̃, -ɑ̃t] *a* decent.

**décentraliser** [desɑ̃tʀalize] *vt* to decentralize.

**décentrer** [desɑ̃tʀe] *vt* to decentre ; **se ~** to move off-centre.

**déception** [desɛpsjɔ̃] *nf* disappointment.

**décerner** [desɛʀne] *vt* to award.

**décès** [desɛ] *nm* death, decease.

**décevoir** [desvwaʀ] *vt* to disappoint.

**déchaîner** [deʃene] *vt (passions, colère)* to unleash ; *(rires etc)* to give rise to, arouse ; **se ~** *vi* to rage ; to burst out, explode ; *(se mettre en colère)* to fly into a rage, loose one's fury.

**déchanter** [deʃɑ̃te] *vi* to become disillusioned.

**décharge** [deʃaʀʒ(ə)] *nf (dépôt d'ordures)* rubbish tip *ou* dump ; *(électrique)* electrical discharge ; *(salve)* volley of shots ; **à la ~ de** in defence of.

**déchargement** [deʃaʀʒəmɑ̃] *nm* unloading.

**décharger** [deʃaʀʒe] *vt (marchandise, véhicule)* to unload ; *(ÉLEC)* to discharge ; *(arme: neutraliser)* to unload ; *(: faire feu)* to discharge, fire ; ~ **qn de** *(responsabilité)* to relieve sb of, release sb from.

**décharné, e** [deʃaʀne] *a* bony, emaciated, fleshless.

**déchausser** [deʃose] *vt (personne)* to take the shoes off ; *(skis)* to take off ; **se ~** to take off one's shoes ; *(dent)* to come *ou* work loose.

**déchéance** [deʃeɑ̃s] *nf* degeneration ; decay, decline ; fall.

**déchet** [deʃɛ] *nm (de bois, tissu etc)* scrap ; *(perte: gén COMM)* wastage, waste ; ~**s** *nmpl (ordures)* refuse *sg*, rubbish *sg.*

**déchiffrer** [deʃifʀe] *vt* to decipher.

**déchiqueter** [deʃikte] *vt* to tear *ou* pull to pieces.

**déchirant, e** [deʃiʀɑ̃, -ɑ̃t] *a* heart-breaking, heart-rending.

**déchirement** [deʃiʀmɑ̃] *nm (chagrin)* wrench, heartbreak ; *(gén pl: conflit)* rift, split.

**déchirer** [deʃiʀe] *vt* to tear ; *(mettre en morceaux)* to tear up ; *(pour ouvrir)* to tear off ; *(arracher)* to tear out ; *(fig)* to rack ; to tear ; to tear apart ; **se ~** *vi* to tear, rip ; **se ~ un muscle** to tear a muscle.

**déchirure** [deʃiʀyʀ] *nf (accroc)* tear, rip ; ~ **musculaire** torn muscle.

**déchoir** [deʃwaʀ] *vi (personne)* to lower o.s., demean o.s.

**déchu, e** [deʃy] *a* fallen ; deposed.

**décibel** [desibɛl] *nm* decibel.

**décidé, e** [deside] *a (personne, air)* determined ; **c'est ~** it's decided ; **être ~ à faire** to be determined to do.

**décidément** [desidemɑ̃] *ad* undoubtedly, really.

**décider** [deside] *vt:* ~ **qch** to decide on sth ; ~ **de faire/que** to decide to do/that ; ~ **qn (à faire qch)** to persuade *ou* induce sb (to do sth) ; ~ **de qch** to decide upon sth ; *(suj: chose)* to determine sth ; **se ~ (à faire)** to decide (to do), make up one's mind (to do) ; **se ~ pour** to decide on *ou* in favour of.

**décilitre** [desilitʀ(ə)] *nm* decilitre.

**décimal, e, aux** [desimal, -o] *a, nf* decimal.

**décimer** [desime] *vt* to decimate.

**décimètre** [desimɛtʀ(ə)] *nm* decimetre ; **double ~** (20 cm) ruler.

**décisif, ive** [desizif, -iv] *a* decisive ; *(qui l'emporte)*: **le facteur/ l'argument** ~ the deciding factor/ argument.

**décision** [desizjɔ̃] *nf* decision ; *(fermeté)* decisiveness, decision ; **emporter** *ou* **faire la** ~ to be decisive.

**déclamation** [deklamasjɔ̃] *nf* declamation ; *(péj)* ranting, spouting.

**déclaration** [deklaʀasjɔ̃] *nf* declaration ; registration ; *(discours: POL etc)* statement ; ~ **(d'amour)** declaration ; ~ **de décès**

registration of death; ~ **de guerre** declaration of war; ~ **(d'impôts)** statement of income, tax declaration, ≈ tax return; ~ **(de sinistre)** (insurance) claim.

**déclarer** [deklaRe] vt to declare, announce; (revenus, marchandises) to declare; (décès, naissance) to register; se ~ (feu, maladie) to break out; ~ **que** to declare that.

**déclassement** [deklɑsmɑ̃] nm (RAIL etc) change of class.

**déclasser** [deklɑse] vt to relegate; to downgrade; to lower in status.

**déclenchement** [deklɑ̃ʃmɑ̃] nm release; setting off.

**déclencher** [deklɑ̃ʃe] vt (mécanisme etc) to release; (sonnerie) to set off, activate; (attaque, grève) to launch; (provoquer) to trigger off; se ~ vi to release itself; to go off.

**déclic** [deklik] nm trigger mechanism; (bruit) click.

**déclin** [deklɛ̃] nm decline.

**déclinaison** [deklinɛzɔ̃] nf declension.

**décliner** [dekline] vi to decline // vt (invitation) to decline, refuse; (responsabilité) to refuse to accept; (nom, adresse) to state; (LING) to decline.

**déclivité** [deklivite] nf slope, incline; **en** ~ sloping, on the incline.

**décocher** [dekɔʃe] vt to throw; to shoot.

**décoder** [dekɔde] vt to decipher, decode.

**décoiffer** [dekwafe] vt: ~ **qn** to disarrange ou mess up sb's hair; to take sb's hat off; se ~ to take off one's hat.

**décoincer** [dekwɛ̃se] vt to unjam, loosen.

**déçois** etc vb voir **décevoir**.

**décolérer** [dekɔleRe] vi: **il ne décolère pas** he's still angry, he hasn't calmed down.

**décollage** [dekɔlaʒ] nm (AVIAT) takeoff.

**décoller** [dekɔle] vt to unstick // vi (avion) to take off; se ~ to come unstuck.

**décolletage** [dekɔltaʒ] nm (TECH) cutting.

**décolleté, e** [dekɔlte] a low-necked, low-cut; wearing a low-cut dress // nm low neck(line); (bare) neck and shoulders; (plongeant) cleavage.

**décolorant** [dekɔlɔRɑ̃] nm decolorant, bleaching agent.

**décoloration** [dekɔlɔRɑsjɔ̃] nf: **se faire une** ~ (chez le coiffeur) to have one's hair bleached ou lightened.

**décolorer** [dekɔlɔRe] vt (tissu) to fade; (cheveux) to bleach, lighten; se ~ vi to fade.

**décombres** [dekɔ̃bR(ə)] nmpl rubble sg, debris sg.

**décommander** [dekɔmɑ̃de] vt to cancel; (invités) to put off; se ~ to cancel one's appointment etc, cry off.

**décomposé, e** [dekɔ̃poze] a (visage) haggard, distorted.

**décomposer** [dekɔ̃poze] vt to break up; (CHIMIE) to decompose; (MATH) to factorize; se ~ vi (pourrir) to decompose; **décomposition** nf breaking up; decomposition; factorization; **en décomposition** (organisme) in a state of decay, decomposing.

**décompression** [dekɔ̃pRɛsjɔ̃] nf decompression.

**décompte** [dekɔ̃t] nm deduction; (facture) breakdown (of an account), detailed account.

**déconcentration** [dekɔ̃sɑ̃tRɑsjɔ̃] nf (des industries etc) dispersal.

**déconcentré, e** [dekɔ̃sɑ̃tRe] a (sportif etc) who has lost (his/her) concentration.

**déconcerter** [dekɔ̃sɛRte] vt to disconcert, confound.

**déconfit, e** [dekɔ̃fi, -it] a crestfallen, downcast.

**déconfiture** [dekɔ̃fityR] nf failure, defeat; collapse, ruin.

**décongeler** [dekɔ̃ʒle] vt to thaw (out).

**décongestionner** [dekɔ̃ʒɛstjɔne] vt (MÉD) to decongest; (rues) to relieve congestion in.

**déconnecter** [dekɔnɛkte] vt to disconnect.

**déconseiller** [dekɔ̃seje] vt: ~ **qch (à qn)** to advise (sb) against sth; ~ **à qn de faire** to advise sb against doing.

**déconsidérer** [dekɔ̃sideRe] vt to discredit.

**déconsigner** [dekɔ̃siɲe] vt (valise) to collect (from left luggage); (bouteille) to return the deposit on.

**décontenancer** [dekɔ̃tnɑse] vt to disconcert, discountenance.

**décontracter** [dekɔ̃tRakte] vt, se ~ to relax.

**déconvenue** [dekɔ̃vny] nf disappointment.

**décor** [dekɔR] nm décor; (paysage) scenery; ~s nmpl (THÉÂTRE) scenery sg, décor sg; (CINÉMA) set sg.

**décorateur** [dekɔRatœR] nm (interior) decorator; (CINÉMA) set designer.

**décoratif, ive** [dekɔRatif, -iv] a decorative.

**décoration** [dekɔRɑsjɔ̃] nf decoration.

**décorer** [dekɔRe] vt to decorate.

**décortiquer** [dekɔRtike] vt to shell; (riz) to hull; (fig) to dissect.

**décorum** [dekɔRɔm] nm decorum; etiquette.

**découcher** [dekuʃe] vi to spend the night away from home.

**découdre** [dekudR(ə)] vt to unpick, take the stitching out of; se ~ to come unstitched; **en** ~ (fig) to fight, do battle.

**découler** [dekule] vi: ~ **de** to ensue ou follow from.

**découpage** [dekupaʒ] nm cutting up; carving; (image) cut-out (figure); ~ **électoral** division into constituencies.

**découper** [dekupe] vt (papier, tissu etc) to cut up; (volaille, viande) to carve; (détacher: manche, article) to cut out; se ~ **sur** (ciel, fond) to stand out against.

**découplé, e** [dekuple] a: **bien** ~ well-built, well-proportioned.

**découpure** [dekupyR] nf: ~s (morceaux) cut-out bits; (d'une côte, arête) indentations, jagged outline sg.

**découragement** [dekuRaʒmɑ̃] nm discouragement, despondency.

**décourager** [dekuRaʒe] vt to discourage, dishearten; (dissuader) to discourage, put off; se ~ to lose heart, become discouraged ; ~ qn de faire/de qch to discourage sb from doing/from sth, put sb off doing/sth.

**décousu, e** [dekuzy] a unstitched ; (fig) disjointed, disconnected.

**découvert, e** [dekuvɛʀ, -ɛʀt(ə)] a (tête) bare, uncovered ; (lieu) open, exposed // nm (bancaire) overdraft // nf discovery ; à ~ ad (MIL) exposed, without cover ; (fig) openly // a (COMM) overdrawn ; **aller à la ~e** de to go in search of.

**découvrir** [dekuvʀiʀ] vt to discover ; (apercevoir) to see ; (enlever ce qui couvre ou protège) to uncover ; (montrer, dévoiler) to reveal ; **se ~** to take off one's hat ; to take off some clothes ; (au lit) to uncover o.s. ; (ciel) to clear ; ~ **que** to discover that, find out that.

**décrasser** [dekʀase] vt to clean.

**décrépi, e** [dekʀepi] a peeling ; with roughcast rendering removed.

**décrépit, e** [dekʀepi, -it] a decrepit ; **décrépitude** nf decrepitude ; decay.

**decrescendo** [dekʀeʃɛndo] (MUS) decrescendo ; **aller ~** (fig) to decline, be on the wane.

**décret** [dekʀɛ] nm decree ; **décréter** vt to decree ; to order ; to declare ; **~-loi** nm statutory order.

**décrié, e** [dekʀije] a disparaged.

**décrire** [dekʀiʀ] vt to describe ; (courbe, cercle) to follow, describe.

**décrochement** [dekʀɔʃmã] nm (d'un mur etc) recess.

**décrocher** [dekʀɔʃe] vt (dépendre) to take down ; (téléphone) to take off the hook ; (: pour répondre): ~ **(le téléphone)** to pick up ou lift the receiver ; (fig: contrat etc) to get, land // vi to drop out ; to switch off.

**décroître** [dekʀwatʀ(ə)] vi to decrease, decline, diminish.

**décrue** [dekʀy] nf drop in level (of the waters).

**décrypter** [dekʀipte] vt to decipher.

**déçu, e** [desy] pp de **décevoir.**

**déculotter** [dekylɔte] vt: ~ **qn** to take off ou down sb's trousers.

**décuple** [dekypl(ə)] nm: **le ~ de** ten times ; **au ~** tenfold ; **décupler** vt, vi to increase tenfold.

**dédaigner** [dedɛɲe] vt to despise, scorn ; (négliger) to disregard, spurn ; ~ **de faire** to consider it beneath one to do ; not to deign to do ; **dédaigneux, euse** a scornful, disdainful.

**dédain** [dedɛ̃] nm scorn, disdain.

**dédale** [dedal] nm maze.

**dedans** [dədã] ad inside ; (pas en plein air) indoors, inside // nm inside ; au ~ on the inside ; inside ; **en ~** (vers l'intérieur) inwards ; voir aussi **là.**

**dédicace** [dedikas] nf dedication ; (manuscrite, sur une photo etc) inscription.

**dédicacer** [dedikase] vt: ~ **(à qn)** to sign (for sb), autograph (for sb), inscribe (to sb).

**dédier** [dedje] vt to dedicate.

**dédire** [dediʀ] : **se ~** vi to go back on one's word ; to retract, recant.

**dédit** [dedi] nm (COMM) forfeit, penalty.

**dédommagement** [dedɔmaʒmã] nm compensation.

**dédommager** [dedɔmaʒe] vt: ~ **qn (de)** to compensate sb (for) ; (fig) to repay sb (for).

**dédouaner** [dedwane] vt to clear through customs.

**dédoublement** [dedubləmã] nm splitting ; (PSYCH): ~ **de la personnalité** split ou dual personality.

**dédoubler** [deduble] vt (classe, effectifs) to split (into two) ; (couverture etc) to unfold ; (manteau) to remove the lining of ; ~ **un train/les trains** to run a relief train/additional trains.

**déduction** [dedyksjɔ̃] nf (d'argent) deduction ; (raisonnement) deduction, inference.

**déduire** [deduiʀ] vt: ~ **qch (de)** (ôter) to deduct sth (from) ; (conclure) to deduce ou infer sth (from).

**déesse** [deɛs] nf goddess.

**défaillance** [defajãs] nf (syncope) blackout ; (fatigue) sudden weakness q ; (technique) fault, failure ; (morale etc) weakness ; ~ **cardiaque** heart failure.

**défaillant, e** [defajã, -ãt] a (JUR: témoin) defaulting.

**défaillir** [defajiʀ] vi to faint ; to feel faint ; (mémoire etc) to fail.

**défaire** [defɛʀ] vt (installation, échafaudage) to take down, dismantle ; (paquet etc, nœud, vêtement) to undo ; **se ~** vi to come undone ; **se ~ de** vt (se débarrasser de) to get rid of ; (se séparer de) to part with.

**défait, e** [defɛ, -ɛt] a (visage) haggard, ravaged // nf defeat.

**défaitiste** [defetist(ə)] a, nm/f defeatist.

**défalquer** [defalke] vt to deduct.

**défaut** [defo] nm (moral) fault, failing, defect ; (d'étoffe, métal) fault, flaw, defect ; (manque, carence): ~ **de** lack of ; shortage of ; **en ~** at fault ; in the wrong ; **faire ~** (manquer) to be lacking ; **à ~** ad failing that ; **à ~ de** for lack ou want of ; **par ~** (JUR) in his (ou her etc) absence.

**défaveur** [defavœʀ] nf disfavour.

**défavorable** [defavɔʀabl(ə)] a unfavourable.

**défavoriser** [defavɔʀize] vt to put at a disadvantage.

**défectif, ive** [defɛktif, -iv] a: **verbe ~** defective verb.

**défection** [defɛksjɔ̃] nf defection, failure to give support ou assistance ; failure to appear ; **faire ~** (d'un parti etc) to withdraw one's support, leave.

**défectueux, euse** [defɛktɥø, -øz] a faulty, defective ; **défectuosité** nf defectiveness q ; defect, fault.

**défendre** [defãdʀ(ə)] vt to defend ; (interdire) to forbid ; ~ **à qn qch/de faire** to forbid sb sth/to do ; **se ~** to defend o.s. ; **il se défend** (fig) he can hold his own ; **ça se défend** (fig) it holds together ; **se ~ de/contre** (se protéger) to protect o.s. from/against ; **se ~ de** (se garder de) to refrain from ; (nier): **se ~ de vouloir** to deny wanting.

**défense** [defãs] nf defence ; (d'éléphant etc) tusk ; '**~ de fumer/cracher**' 'no smoking/ spitting', 'smoking/spitting prohibited'; **défenseur** nm defender; (JUR) counsel for the defence; **défensif, ive** a, nf defensive.

**déférent, e** [deferɑ̃, -ɑ̃t] a (poli) deferential, deferent.

**déférer** [defere] vt (JUR) to refer; ~ à vt (requête, décision) to defer to; ~ qn à la justice to hand sb over to justice.

**déferlement** [defɛʀləmɑ̃] nm breaking; surge.

**déferler** [defɛʀle] vi (vagues) to break; (fig) to surge.

**défi** [defi] nm (provocation) challenge; (bravade) defiance.

**défiance** [defjɑ̃s] nf mistrust, distrust.

**déficience** [defisjɑ̃s] nf deficiency.

**déficit** [defisit] nm (COMM) deficit; (PSYCH etc: manque) defect; **être en ~** to be in deficit, be in the red.

**défier** [defje] vt (provoquer) to challenge; (fig) to defy, brave; **se ~ de** (se méfier de) to distrust, mistrust; ~ qn de faire to challenge ou defy sb to do; ~ qn à (jeu etc) to challenge sb to.

**défigurer** [defigyʀe] vt to disfigure; (suj: boutons etc) to mar ou spoil (the looks of); (fig: œuvre) to mutilate, deface.

**défilé** [defile] nm (GÉO) (narrow) gorge ou pass; (soldats) parade; (manifestants) procession, march; **un ~ de** (voitures, visiteurs etc) a stream of.

**défiler** [defile] vi (troupes) to march past; (sportifs) to parade; (manifestants) to march; (visiteurs) to pour, stream; **se ~** vi (se dérober) to slip away, sneak off.

**défini, e** [defini] a definite.

**définir** [definiʀ] vt to define.

**définitif, ive** [definitif, -iv] a (final) final, definitive; (pour longtemps) permanent, definitive; (sans appel) final, definite // nf: **en définitive** eventually; (somme toute) when all is said and done.

**définition** [definisjɔ̃] nf definition; (de mots croisés) clue; (TV) (picture) resolution.

**définitivement** [definitivmɑ̃] ad definitively; permanently; definitely.

**déflagration** [deflagʀɑsjɔ̃] nf explosion.

**déflation** [deflɑsjɔ̃] nf deflation; **déflationniste** a deflationist, deflationary.

**déflecteur** [deflɛktœʀ] nm (AUTO) quarter-light.

**déflorer** [deflɔʀe] vt (jeune fille) to deflower; (fig) to spoil the charm of.

**défoncer** [defɔ̃se] vt (caisse) to stave in; (porte) to smash in ou down; (lit, fauteuil) to burst (the springs of); (terrain, route) to rip ou plough up.

**déformant, e** [defɔʀmɑ̃, -ɑ̃t] a: **glace** ou **miroir ~(e)** distorting mirror.

**déformation** [defɔʀmɑsjɔ̃] nf loss of shape; deformation; distortion; ~ **professionnelle** conditioning by one's job.

**déformer** [defɔʀme] vt to put out of shape; (corps) to deform; (pensée, fait) to distort; **se ~** vi to lose its shape.

**défouler** [defule]: **se ~** vi (PSYCH) to work off one's tensions, release one's pent-up feelings; (gén) to unwind, let off steam.

**défraîchir** [defʀeʃiʀ]: **se ~** vi to fade; to become worn.

**défrayer** [defʀeje] vt: ~ **qn** to pay sb's expenses; ~ **la chronique** to be in the news, be the main topic of conversation.

**défricher** [defʀiʃe] vt to clear (for cultivation).

**défroquer** [defʀɔke] vi (gén: **se ~**) to give up the cloth, renounce one's vows.

**défunt, e** [defœ̃, -œ̃t] a: **son ~ père** his late father // nm/f deceased.

**dégagé, e** [degaʒe] a clear; (ton, air) casual, jaunty.

**dégagement** [degaʒmɑ̃] nm emission; freeing; clearing; (espace libre) clearing; passage; clearance; (FOOTBALL) clearance; **voie de ~** slip road; **itinéraire de ~** alternative route (to relieve traffic congestion).

**dégager** [degaʒe] vt (exhaler) to give off, emit; (délivrer) to free, extricate; (MIL: troupes) to relieve; (désencombrer) to clear; (isoler: idée, aspect) to bring out; ~ **qn de** (engagement, parole etc) to release ou free sb from; **se ~** vi (odeur) to emanate, be given off; (passage, ciel) to clear; **se ~ de** (fig: engagement etc) to get out of; to go back on.

**dégainer** [degene] vt to draw.

**dégarnir** [degaʀniʀ] vt (vider) to empty, clear; **se ~** vi to empty; to be cleaned out ou cleared; (tempes, crâne) to go bald.

**dégâts** [degɑ] nmpl damage sg.

**dégazer** [degɑze] vi (pétrolier) to clean its tanks.

**dégel** [deʒɛl] nm thaw.

**dégeler** [deʒle] vt to thaw (out); (fig) to unfreeze // vi to thaw (out).

**dégénéré, e** [deʒeneʀe] a, nm/f degenerate.

**dégénérer** [deʒeneʀe] vi to degenerate; (empirer) to go from bad to worse.

**dégingandé, e** [deʒɛ̃gɑ̃de] a a gangling, lanky.

**dégivrage** [deʒivʀaʒ] nm defrosting; de-icing.

**dégivrer** [deʒivʀe] vt (frigo) to defrost; (vitres) to de-ice; **dégivreur** nm defroster; de-icer.

**déglutir** [deglytiʀ] vi to swallow.

**dégonflé, e** [degɔ̃fle] a (pneu) flat.

**dégonfler** [degɔ̃fle] vt (pneu, ballon) to let down, deflate; **se ~** vi (fam) to chicken out.

**dégouliner** [deguline] vi to trickle, drip; ~ **de** to be dripping with.

**dégoupiller** [degupije] vt (grenade) to take the pin out of.

**dégourdi, e** [deguʀdi] a smart, resourceful.

**dégourdir** [deguʀdiʀ] vt to warm (up); **se ~ (les jambes)** to stretch one's legs (fig).

**dégoût** [degu] nm disgust, distaste.

**dégoûtant, e** [degutɑ̃, -ɑ̃t] a disgusting.

**dégoûter** [degute] vt to disgust; **cela me dégoûte** I find this disgusting ou revolting; ~ **qn de qch** to put sb off sth.

**dégoutter** [degute] vi to drip; ~ **de** to be dripping with.

**dégradé, e** [degʀade] a (couleur) shaded off // nm (PEINTURE) gradation.

**dégrader** [degʀade] vt (MIL: officier) to degrade; (abîmer) to damage, deface;

(*avilir*) to degrade, debase ; **se** ~ (*relations, situation*) to deteriorate.
**dégrafer** [degʀafe] *vt* to unclip, unhook, unfasten.
**dégraissage** [degʀɛsaʒ] *nm*: ~ **et nettoyage à sec** dry cleaning.
**dégraisser** [degʀese] *vt* (*soupe*) to skim ; (*vêtement*) to take the grease marks out of.
**degré** [dəgʀe] *nm* degree ; (*d'escalier*) step ; **brûlure au 1er/2ème** ~ 1st/2nd degree burn ; **équation du 1er/2ème** ~ linear/quadratic equation ; **alcool à 90** ~**s** 90% proof alcohol (*on Gay-Lussac scale*) ; **vin de 10** ~**s** 10° wine (*on Gay-Lussac scale*) ; **par** ~(**s**) *ad* by degrees, gradually.
**dégressif, ive** [degʀesif, -iv] *a* on a decreasing sliding scale, degressive.
**dégrever** [degʀave] *vt* to grant tax relief to ; to reduce the tax burden on.
**dégringoler** [degʀɛ̃gɔle] *vi* to tumble (down).
**dégriser** [degʀize] *vt* to sober up.
**dégrossir** [degʀosiʀ] *vt* (*bois*) to trim ; (*fig*) to work out roughly ; to knock the rough edges off.
**déguenillé, e** [dɛgnije] *a* ragged, tattered.
**déguerpir** [degɛʀpiʀ] *vi* to clear off, scarper.
**déguisement** [degizmɑ̃] *nm* disguise.
**déguiser** [degize] *vt* to disguise ; **se** ~ (*se costumer*) to dress up ; (*pour tromper*) to disguise o.s.
**dégustation** [degystasjɔ̃] *nf* tasting ; sampling ; savouring ; (*séance*): ~ **de vin(s)** wine-tasting session.
**déguster** [degyste] *vt* (*vins*) to taste ; (*fromages etc*) to sample ; (*savourer*) to enjoy, savour.
**déhancher** [deɑ̃ʃe]: **se** ~ *vi* to sway one's hips ; to lean (one's weight) on one hip.
**dehors** [dəɔʀ] *ad* outside ; (*en plein air*) outdoors, outside // *nm* outside // *nmpl* (*apparences*) appearances, exterior *sg* ; **mettre** *ou* **jeter** ~ (*expulser*) to throw out ; **au** ~ outside ; outwardly ; **au** ~ **de** outside ; **en** ~ (*vers l'extérieur*) outside ; outwards ; **en** ~ **de** (*hormis*) apart from.
**déjà** [deʒa] *ad* already ; (*auparavant*) before, already ; **quel nom,** ~? what was the name again?
**déjanter** [deʒɑ̃te]: **se** ~ *vi* (*pneu*) to come off the rim.
**déjeté, e** [dɛʒte] *a* lop-sided, crooked.
**déjeuner** [deʒœne] *vi* to (have) lunch ; (*le matin*) to have breakfast // *nm* lunch ; (*petit déjeuner*) breakfast.
**déjouer** [deʒwe] *vt* to elude ; to foil, thwart.
**delà** [dəla] *ad*: **par** ~, **en** ~ (**de**), **au** ~ (**de**) beyond.
**délabrer** [delɑbʀe]: **se** ~ *vi* to fall into decay, become dilapidated.
**délacer** [delase] *vt* to unlace, undo.
**délai** [delɛ] *nm* (*attente*) waiting period ; (*sursis*) extension (of time) ; (*temps accordé*) time limit ; **sans** ~ without delay ; **à bref** ~ shortly, very soon ; at short notice ; **dans les** ~**s** within the time limit ; **comptez un** ~ **de livraison de 10 jours** allow 10 days for delivery.

**délaisser** [delese] *vt* to abandon, desert.
**délasser** [delase] *vt* (*reposer*) to relax ; (*divertir*) to divert, entertain ; **se** ~ to relax.
**délateur, trice** [delatœʀ, -tʀis] *nm/f* informer.
**délation** [delɑsjɔ̃] *nf* denouncement, informing.
**délavé, e** [delave] *a* faded.
**délayer** [deleje] *vt* (*CULIN*) to mix (with water *etc*) ; (*peinture*) to thin down ; (*fig*) to pad out, spin out.
**delco** [dɛlko] *nm* (*AUTO*) distributor.
**délecter** [delɛkte]: **se** ~ *vi*: **se** ~ **de** to revel *ou* delight in.
**délégation** [delegɑsjɔ̃] *nf* delegation.
**délégué, e** [delege] *a* delegated // *nm/f* delegate ; representative.
**déléguer** [delege] *vt* to delegate.
**délester** [delɛste] *vt* (*navire*) to unballast.
**délibération** [deliberɑsjɔ̃] *nf* deliberation.
**délibéré, e** [delibeʀe] *a* (*conscient*) deliberate ; (*déterminé*) determined, resolute.
**délibérément** [deliberemɑ̃] *ad* deliberately.
**délibérer** [delibeʀe] *vi* to deliberate.
**délicat, e** [delika, -at] *a* delicate ; (*plein de tact*) tactful ; (*attentionné*) thoughtful ; (*exigeant*) fussy, particular ; **procédés peu** ~**s** unscrupulous methods ; **délicatement** *ad* delicately ; (*avec douceur*) gently ; **délicatesse** *nf* delicacy, delicate nature ; tactfulness ; thoughtfulness ; **délicatesses** *nfpl* attentions, consideration *sg*.
**délice** [delis] *nm* delight.
**délicieux, euse** [delisjø, -jøz] *a* (*au goût*) delicious ; (*sensation, impression*) delightful.
**délictueux, euse** [deliktyø, -yøz] *a* criminal.
**délié, e** [delje] *a* nimble, agile ; slender, fine // *nm*: **les** ~**s** the upstrokes (*in handwriting*).
**délier** [delje] *vt* to untie ; ~ **qn de** (*serment etc*) to free *ou* release sb from.
**délimitation** [delimitɑsjɔ̃] *nf* delimitation, demarcation.
**délimiter** [delimite] *vt* to delimit, demarcate ; to determine ; to define.
**délinquance** [delɛ̃kɑ̃s] *nf* criminality ; ~ **juvénile** juvenile delinquency.
**délinquant, e** [delɛ̃kɑ̃, -ɑ̃t] *a, nm/f* delinquent.
**déliquescence** [delikesɑ̃s] *nf*: **en** ~ in a state of decay.
**délire** [deliʀ] *nm* (*fièvre*) delirium ; (*fig*) frenzy ; lunacy.
**délirer** [deliʀe] *vi* to be delirious ; (*fig*) to be raving, be going wild.
**délit** [deli] *nm* (*criminal*) offence ; ~ **de droit commun** violation of common law ; ~ **politique** political offence ; ~ **de presse** violation of the press laws.
**délivrance** [delivʀɑ̃s] *nf* freeing, release ; (*sentiment*) relief.
**délivrer** [delivʀe] *vt* (*prisonnier*) to (set) free, release ; (*passeport, certificat*) to issue ; ~ **qn de** (*ennemis*) to set sb free from, deliver *ou* free sb from ; (*fig*) to relieve sb of ; to rid sb of.
**déloger** [delɔʒe] *vt* (*locataire*) to turn out ; (*objet coincé, ennemi*) to dislodge.

**déloyal, e, aux** [delwajal, -o] *a* disloyal; unfair.

**delta** [dɛlta] *nm* (GÉO) delta.

**déluge** [delyʒ] *nm* (biblique) Flood, Deluge; (grosse pluie) downpour, deluge; (grand nombre): ~ **de** flood of.

**déluré, e** [delyre] *a* smart, resourceful; (péj) forward, pert.

**démagnétiser** [demaɲetize] *vt* to demagnetize.

**démagogie** [demagɔʒi] *nf* demagogy, demagoguery; **démagogique** *a* demagogic, popularity-seeking; vote-catching; **démagogue** *a* demagogic // *nm* demagogue.

**démaillé, e** [demaje] *a* (bas) laddered, with a run, with runs.

**demain** [dəmɛ̃] *ad* tomorrow.

**demande** [dəmɑ̃d] *nf* (requête) request; (revendication) demand; (ADMIN, formulaire) application; (ÉCON): **la** ~ demand; **'~s d'emploi'** situations wanted; ~ **en mariage** (marriage) proposal; ~ **de naturalisation** application for naturalization; ~ **de poste** job application.

**demandé, e** [dəmɑ̃de] *a* (article etc): **très** ~ (very) much in demand.

**demander** [dəmɑ̃de] *vt* to ask for; (question: date, heure etc) to ask; (requérir, nécessiter) to require, demand; ~ **qch à qn** to ask sb for sth; to ask sb sth; ~ **à qn de faire** to ask sb to do; ~ **que/pourquoi** to ask that/why; **se** ~ **si/pourquoi** etc to wonder if/why etc; (sens purement réfléchi) to ask o.s. if/why etc; **on·vous demande au téléphone** you're wanted on the phone, someone's asking for you on the phone.

**demandeur, euse** [dəmɑ̃dœʀ, -øz] *nm/f*: ~ **d'emploi** job-seeker; (job) applicant.

**démangeaison** [demɑ̃ʒɛzɔ̃] *nf* itching.

**démanger** [demɑ̃ʒe] *vi* to itch; **la main me démange** my hand is itching; **l'envie me démange de** I'm itching to.

**démanteler** [demɑ̃tle] *vt* to break up; to demolish.

**démaquillant** [demakijɑ̃] *nm* make-up remover.

**démaquiller** [demakije] *vt*: **se** ~ to remove one's make-up.

**démarcage** [demaʀkaʒ] *nm* = **démarquage**.

**démarcation** [demaʀkasjɔ̃] *nf* demarcation.

**démarchage** [demaʀʃaʒ] *nm* (COMM) door-to-door selling.

**démarche** [demaʀʃ(ə)] *nf* (allure) gait, walk; (intervention) step; approach; (fig: intellectuelle) thought processes *pl*; approach; **faire des** ~s **auprès de qn** to approach sb.

**démarcheur, euse** [demaʀʃœʀ, -øz] *nm/f* (COMM) door-to-door salesman/woman.

**démarquage** [demaʀkaʒ] *nm* mark-down.

**démarqué, e** [demaʀke] *a* (FOOTBALL) unmarked.

**démarquer** [demaʀke] *vt* (prix) to mark down; (joueur) to stop marking.

**démarrage** [demaʀaʒ] *nm* starting *q*, start; ~ **en côte** hill start.

**démarrer** [demaʀe] *vi* (conducteur) to start (up); (véhicule) to move off; (travaux) to get moving; (coureur: accélérer) to pull away; **démarreur** *nm* (AUTO) starter.

**démasquer** [demaske] *vt* to unmask.

**démâter** [demate] *vt* to dismast // *vi* to be dismasted.

**démêler** [demele] *vt* to untangle, disentangle.

**démêlés** [demele] *nmpl* problems.

**démembrer** [demɑ̃bʀe] *vt* to slice up, tear apart.

**déménagement** [demenaʒmɑ̃] *nm* (du point de vue du locataire) move; (: du déménageur) removal; **entreprise/camion de** ~ removal firm/van.

**déménager** [demenaʒe] *vt* (meubles) to (re)move // *vi* to move (house); **déménageur** *nm* removal man; (entrepreneur) furniture remover.

**démence** [demɑ̃s] *nf* dementia; madness, insanity.

**démener** [demne]: **se** ~ *vi* to thrash about; (fig) to exert o.s.

**démenti** [demɑ̃ti] *nm* denial, refutation.

**démentiel, le** [demɑ̃sjɛl] *a* insane.

**démentir** [demɑ̃tiʀ] *vt* (nouvelle) to refute; (suj: faits etc) to belie, refute; ~ **que** to deny that; **ne pas se** ~ not to fail; to keep up.

**démériter** [demerite] *vi*: ~ **auprès de qn** to come down in sb's esteem.

**démesure** [deməzyʀ] *nf* immoderation, immoderateness; **démesuré, e** *a* immoderate, disproportionate.

**démettre** [demɛtʀ(ə)] *vt*: ~ **qn de** (fonction, poste) to dismiss sb from; **se** ~ **(de ses fonctions)** to resign (from) one's duties; **se** ~ **l'épaule** etc to dislocate one's shoulder etc.

**demeurant** [dəmœrɑ̃]: **au** ~ *ad* for all that.

**demeure** [dəmœʀ] *nf* residence; **mettre qn en** ~ **de faire** to enjoin ou order sb to do; **à** ~ *ad* permanently.

**demeurer** [dəmœʀe] *vi* (habiter) to live; (séjourner) to stay; (rester) to remain.

**demi, e** [dəmi] *a*: **et** ~: **trois heures/bouteilles et** ~es three and a half hours/bottles, three hours/bottles and a half; **il est 2 heures/midi et** ~e it's half past 2/12 // *nm* (bière) ≈ half-pint (.25 litre); (FOOTBALL) half-back; **à** ~ half-; **ouvrir à** ~ to half-open; **à** ~ **fini** half-completed; **à la** ~e (heure) on the half-hour.

**demi...** [dəmi] *préfixe* half-, semi..., demi-; ~-**cercle** *nm* semicircle; **en** ~-**cercle** *a* semicircular // *ad* in a half circle; ~-**douzaine** *nf* half-dozen, half a dozen; ~-**finale** *nf* semifinal; ~-**fond** *nm* (SPORT) medium-distance running; ~-**frère** *nm* half-brother; ~-**gros** *nm* wholesale trade; ~-**heure** *nf* half-hour, half an hour; ~-**jour** *nm* half-light; ~-**journée** *nf* half-day, half a day.

**démilitariser** [demilitaʀize] *vt* to demilitarize.

**demi-litre** [dəmilitʀ(ə)] *nm* half-litre, half a litre.

**demi-livre** [dəmilivʀ(ə)] *nf* half-pound, half a pound.

**demi-longueur** [dəmilɔ̃gœʀ] *nf* (SPORT) half-length, half a length.

**demi-lune** [dəmilyn] *ad:* **en ~** semicircular.

**demi-mesure** [dəmimzyʀ] *nf* half-measure.

**demi-mot** [dəmimo]: **à ~** *ad* without having to spell things out.

**déminer** [demine] *vt* to clear of mines; **démineur** *nm* bomb disposal expert.

**demi-pension** [dəmipɑ̃sjɔ̃] *nf* (à l'hôtel) half-board.

**demi-pensionnaire** [dəmipɑ̃sjɔnɛʀ] *nm/f* (au lycée) half-boarder.

**demi-place** [dəmiplas] *nf* half-fare.

**démis, e** [demi, -iz] *a* (épaule etc) dislocated.

**demi-saison** [dəmisɛzɔ̃] *nf:* **vêtements de ~** spring ou autumn clothing.

**demi-sel** [dəmisɛl] *a inv* (beurre, fromage) slightly salted.

**demi-sœur** [dəmisœʀ] *nf* half-sister.

**démission** [demisjɔ̃] *nf* resignation; **donner sa ~** to give ou hand in one's notice, hand in one's resignation; **démissionner** *vi* (de son poste) to resign, give ou hand in one's notice.

**demi-tarif** [dəmitaʀif] *nm* half-price; (TRANSPORTS) half-fare.

**demi-tour** [dəmituʀ] *nm* about-turn; **faire un ~** (MIL etc) to make an about-turn; **faire ~** to turn (and go) back; (AUTO) to do a U-turn.

**démobilisation** [demɔbilizasjɔ̃] *nf* demobilization.

**démocrate** [demɔkʀat] *a* democratic // *nm/f* democrat.

**démocratie** [demɔkʀasi] *nf* democracy; **~ populaire/libérale** people's/liberal democracy.

**démocratique** [demɔkʀatik] *a* democratic.

**démocratiser** [demɔkʀatize] *vt* to democratize.

**démodé, e** [demɔde] *a* old-fashioned.

**démographie** [demɔgʀafi] *nf* demography.

**démographique** [demɔgʀafik] *a* demographic; **poussée ~** increase in population.

**demoiselle** [dəmwazɛl] *nf* (jeune fille) young lady; (célibataire) single lady, maiden lady; **~ d'honneur** bridesmaid.

**démolir** [demɔliʀ] *vt* to demolish.

**démolisseur** [demɔlisœʀ] *nm* demolition worker.

**démolition** [demɔlisjɔ̃] *nf* demolition.

**démon** [demɔ̃] *nm* demon, fiend; evil spirit; (enfant turbulent) devil, demon; **le D~** the Devil.

**démoniaque** [demɔnjak] *a* fiendish.

**démonstrateur, trice** [demɔ̃stʀatœʀ, -tʀis] *nm/f* demonstrator.

**démonstratif, ive** [demɔ̃stʀatif, -iv] *a* (aussi LING) demonstrative.

**démonstration** [demɔ̃stʀasjɔ̃] *nf* demonstration; (aérienne, navale) display.

**démonté, e** [demɔ̃te] *a* (fig) raging, wild.

**démonter** [demɔ̃te] *vt* (machine etc) to take down, dismantle; (fig: personne) to disconcert; **se ~** *vi* (personne) to lose countenance.

**démontrer** [demɔ̃tʀe] *vt* to demonstrate, show.

**démoraliser** [demɔʀalize] *vt* to demoralize.

**démordre** [demɔʀdʀ(ə)] *vi:* **ne pas ~ de** to refuse to give up, stick to.

**démouler** [demule] *vt* (gâteau) to turn out.

**démoustiquer** [demustike] *vt* to clear of mosquitoes.

**démultiplication** [demyltiplikasjɔ̃] *nf* reduction; reduction ratio.

**démuni, e** [demyni] *a* (sans argent) impoverished; **~ de** without, lacking in.

**démunir** [demyniʀ] *vt:* **~ qn de** to deprive sb of; **se ~ de** to part with, give up.

**dénatalité** [denatalite] *nf* fall in the birth rate.

**dénaturer** [denatyʀe] *vt* (goût) to alter (completely); (pensée, fait) to distort, misrepresent.

**dénégations** [denegasjɔ̃] *nfpl* denials.

**dénicher** [deniʃe] *vt* to unearth; to track ou hunt down.

**dénier** [denje] *vt* to deny.

**dénigrer** [denigʀe] *vt* to denigrate, run down.

**dénivellation** [denivɛlasjɔ̃] *nf,* **dénivellement** [denivɛlmɑ̃] *nm* ramp; dip; difference in level.

**dénombrer** [denɔ̃bʀe] *vt* (compter) to count; (énumérer) to enumerate, list.

**dénominateur** [denɔminatœʀ] *nm* denominator; **~ commun** common denominator.

**dénomination** [denɔminasjɔ̃] *nf* designation, appellation.

**dénommer** [denɔme] *vt* to name.

**dénoncer** [denɔ̃se] *vt* to denounce; **se ~** to give o.s. up, come forward; **dénonciation** *nf* denunciation.

**dénoter** [denɔte] *vt* to denote.

**dénouement** [denumɑ̃] *nm* outcome, conclusion; (THÉÂTRE) dénouement.

**dénouer** [denwe] *vt* to unknot, undo.

**dénoyauter** [denwajɔte] *vt* to stone; **appareil à ~, dénoyauteur** *nm* stoner.

**denrée** [dɑ̃ʀe] *nf* food(stuff); **~s alimentaires** foodstuffs.

**dense** [dɑ̃s] *a* dense.

**densité** [dɑ̃site] *nf* denseness; density; (PHYSIQUE) density.

**dent** [dɑ̃] *nf* tooth (pl teeth); **faire ses ~s** to teethe, cut (one's) teeth; **en ~s de scie** serrated; jagged; **~ de lait/sagesse** milk/wisdom tooth; **dentaire** *a* dental; **denté, e** *a:* **roue dentée** cog wheel.

**dentelé, e** [dɑ̃tle] *a* jagged, indented.

**dentelle** [dɑ̃tɛl] *nf* lace q.

**dentier** [dɑ̃tje] *nm* denture.

**dentifrice** [dɑ̃tifʀis] *nm, a:* (pâte) ~ toothpaste.

**dentiste** [dɑ̃tist(ə)] *nm/f* dentist.

**dentition** [dɑ̃tisjɔ̃] *nf* teeth pl; dentition.

**dénudé, e** [denyde] *a* bare.

**dénuder** [denyde] *vt* to bare.

**dénué, e** [denɥe] a: ~ **de** devoid of; lacking in.

**dénuement** [denymã] nm destitution.

**déodorant** [deɔdɔRã] nm deodorant.

**dépannage** [depanaʒ] nm: **service de ~** (AUTO) breakdown service.

**dépanner** [depane] vt (voiture, télévision) to fix, repair; (fig) to bail out, help out; **dépanneuse** nf breakdown lorry.

**déparer** [depaRe] vt to spoil, mar.

**départ** [depaR] nm leaving q, departure; (SPORT) start; (sur un horaire) departure; **à son** ~ when he left.

**départager** [depaRtaʒe] vt to decide between.

**département** [depaRtəmã] nm department.

**départir** [depaRtiR]: **se** ~ **de** vt to abandon, depart from.

**dépassé, e** [depɑse] a superseded, outmoded.

**dépassement** [depɑsmã] nm (AUTO) overtaking q.

**dépasser** [depɑse] vt (véhicule, concurrent) to overtake; (endroit) to pass, go past; (somme, limite) to exceed; (fig: en beauté etc) to surpass, outshine; (être en saillie sur) to jut out above (ou in front of) // vi (AUTO) to overtake; (jupon) to show.

**dépaysement** [depeizmã] nm disorientation; change of scenery.

**dépayser** [depeize] vt to disorientate.

**dépecer** [depəse] vt to joint, cut up; to dismember.

**dépêche** [depɛʃ] nf dispatch; ~ (télégraphique) wire.

**dépêcher** [depeʃe] vt to dispatch; **se** ~ vi to hurry.

**dépeindre** [depɛ̃dR(ə)] vt to depict.

**dépendance** [depãdãs] nf dependence, dependency.

**dépendre** [depãdR(ə)] vt (tableau) to take down; ~ **de** vt to depend on; (financièrement etc) to be dependent on.

**dépens** [depã] nmpl: **aux** ~ **de** at the expense of.

**dépense** [depãs] nf spending q, expense, expenditure q; (fig) consumption; **une** ~ **de 100 F** an outlay ou expenditure of 100 F; ~ **physique** (physical) exertion; ~s **publiques** public expenditure.

**dépenser** [depãse] vt to spend; (gaz, eau) to use; (fig) to expend, use up; **se** ~ (se fatiguer) to exert o.s.

**dépensier, ière** [depãsje, -jɛR] a: **il est** ~ he's a spendthrift.

**déperdition** [depɛRdisjɔ̃] nf loss.

**dépérir** [depeRiR] vi to waste away; to wither.

**dépêtrer** [depetRe] vt: **se** ~ **de** to extricate o.s. from.

**dépeupler** [depœple] vt to depopulate; **se** ~ to be depopulated; (rivière, forêt) to empty of wildlife etc.

**déphasé, e** [defaze] a (ÉLEC) out of phase; (fig) out of touch.

**dépilatoire** [depilatwaR] a depilatory, hair removing.

**dépistage** [depistaʒ] nm (MÉD) detection.

**dépister** [depiste] vt to detect; (voleur) to track down; (poursuivants) to throw off the scent.

**dépit** [depi] nm vexation, frustration; **en** ~ **de** prép in spite of; **en** ~ **du bon sens** contrary to all good sense; **dépité, e** a vexed, frustrated.

**déplacé, e** [deplase] a (propos) out of place, uncalled-for.

**déplacement** [deplasmã] nm moving; shifting; transfer; trip, travelling q; ~ **d'air** displacement of air; ~ **de vertèbre** slipped disc.

**déplacer** [deplase] vt (table, voiture) to move, shift; (employé) to transfer, move; **se** ~ vi to move; (organe) to be displaced; (voyager) to travel // vt (vertèbre etc) to displace.

**déplaire** [deplɛR] vi: **ceci me déplaît** I don't like this, I dislike this; **il cherche à nous** ~ he's trying to displease us ou be disagreeable to us; **se** ~ **quelque part** to dislike it somewhere; **déplaisant, e** a disagreeable, unpleasant.

**déplaisir** [depleziR] nm displeasure, annoyance.

**dépliant** [deplijã] nm leaflet.

**déplier** [deplije] vt to unfold.

**déplisser** [deplise] vt to smooth out.

**déploiement** [deplwamã] nm deployment; display.

**déplorer** [deplɔRe] vt to deplore; to lament.

**déployer** [deplwaje] vt to open out, spread; to deploy; to display, exhibit.

**dépoli, e** [depɔli] a: **verre** ~ frosted glass.

**déportation** [depɔRtasjɔ̃] nf deportation.

**déporté, e** [depɔRte] nm/f deportee; (39-45) concentration camp prisoner.

**déporter** [depɔRte] vt (POL) to deport; (dévier) to carry off course.

**déposant, e** [depozã, -ãt] nm/f (épargnant) depositor.

**dépose** [depoz] nf taking out; taking down.

**déposer** [depoze] vt (gén: mettre, poser) to lay down, put down, set down; (à la banque, à la consigne) to deposit; (passager) to drop (off), set down; (démonter: serrure, moteur) to take out; (: rideau) to take down; (roi) to depose; (ADMIN: faire enregistrer) to file; to lodge; to submit; to register // vi to form a sediment ou deposit; (JUR): ~ (contre) to testify ou give evidence (against); **se** ~ vi to settle; **dépositaire** nm/f (JUR) depository; (COMM) agent; **déposition** nf (JUR) deposition.

**déposséder** [deposede] vt to dispossess.

**dépôt** [depo] nm (à la banque, sédiment) deposit; (entrepôt, réserve) warehouse, store; (gare) depot; (prison) cells pl; ~ **légal** registration of copyright.

**dépotoir** [depotwaR] nm dumping ground, rubbish dump.

**dépouille** [depuj] nf (d'animal) skin, hide; (humaine): ~ (mortelle) mortal remains pl.

**dépouillé, e** [depuje] a (fig) bare, bald; ~ **de** stripped of; lacking in.

**dépouiller** [depuje] vt (animal) to skin; (spolier) to deprive of one's possessions; (documents) to go through, peruse; ~

**qn/qch de** to strip sb/sth of ; ~ **le scrutin** to count the votes.
**dépourvu, e** [depuRvy] *a*: ~ **de** lacking in, without ; **au** ~ *ad* unprepared.
**dépoussiérer** [depusjeRe] *vt* to remove dust from.
**dépravation** [depRavasjɔ̃] *nf* depravity.
**dépraver** [depRave] *vt* to deprave.
**dépréciation** [depResjasjɔ̃] *nf* depreciation.
**déprécier** [depResje] *vt*, **se** ~ *vi* to depreciate.
**déprédations** [depRedasjɔ̃] *nfpl* damage *sg*.
**dépression** [depResjɔ̃] *nf* depression ; ~ **(nerveuse)** (nervous) breakdown.
**déprimer** [depRime] *vt* to depress.
**dépuceler** [depysle] *vt* (*fam*) to take the virginity of.
**depuis** [dəpɥi] *prép* (*temps: date*) since ; (: *période*) for ; (*espace*) since, from ; (*quantité, rang: à partir de*) from // *ad* (ever) since ; ~ **que** (ever) since ; ~ **quand le connaissez-vous?** how long have you known him? ; **je le connais** ~ **3 ans** I've known him for 3 years ; ~ **lors** since then.
**députation** [depytɑsjɔ̃] *nf* deputation ; (*fonction*) position of deputy, ≈ Parliamentary seat.
**député, e** [depyte] *nm/f* (*POL*) deputy, ≈ Member of Parliament.
**députer** [depyte] *vt* to delegate ; ~ **qn auprès de** to send sb (as a representative) to.
**déraciner** [deRasine] *vt* to uproot.
**déraillement** [deRɑjmɑ̃] *nm* derailment.
**dérailler** [deRɑje] *vi* (*train*) to be derailed ; **faire** ~ to derail.
**dérailleur** [deRɑjœR] *nm* (*de vélo*) dérailleur gears *pl*.
**déraisonnable** [deRɛzɔnabl(ə)] *a* unreasonable.
**déraisonner** [deRɛzɔne] *vi* to talk nonsense, rave.
**dérangement** [deRɑ̃ʒmɑ̃] *nm* (*gêne*) trouble ; (*gastrique etc*) disorder ; (*mécanique*) breakdown ; **en** ~ (*téléphone*) out of order.
**déranger** [deRɑ̃ʒe] *vt* (*personne*) to trouble, bother ; to disturb ; (*projets*) to disrupt, upset ; (*objets, vêtements*) to disarrange ; **se** ~ to put o.s. out ; to (take the trouble to) come *ou* go out ; **est-ce que cela vous dérange si** do you mind if.
**dérapage** [deRapaʒ] *nm* skid, skidding *q*.
**déraper** [deRape] *vi* (*voiture*) to skid ; (*personne, semelles, couteau*) to slip ; (*fig*) to go out of control.
**dératiser** [deRatize] *vt* to rid of rats.
**déréglé, e** [deRegle] *a* (*mœurs*) dissolute.
**dérégler** [deRegle] *vt* (*mécanisme*) to put out of order, cause to break down ; (*estomac*) to upset ; **se** ~ *vi* to break down, go wrong.
**dérider** [deRide] *vt*, **se** ~ *vi* to brighten up.
**dérision** [deRizjɔ̃] *nf*: **tourner en** ~ to deride.
**dérisoire** [deRizwaR] *a* derisory.

**dérivatif** [deRivatif] *nm* distraction.
**dérivation** [deRivasjɔ̃] *nf* derivation ; diversion.
**dérive** [deRiv] *nf* (*de dériveur*) centre-board ; **aller à la** ~ (*NAVIG, fig*) to drift.
**dérivé, e** [deRive] *a* derived // *nm* (*LING*) derivative ; (*TECH*) by-product // *nf* (*MATH*) derivative.
**dériver** [deRive] *vt* (*MATH*) to derive ; (*cours d'eau etc*) to divert // *vi* (*bateau*) to drift ; ~ **de** to derive from ; **dériveur** *nm* sailing dinghy.
**dermatologie** [dɛRmatɔlɔʒi] *nf* dermatology ; **dermatologue** *nm/f* dermatologist.
**dernier, ière** [dɛRnje, -jɛR] *a* last ; (*le plus récent*) latest, last ; **lundi/le mois** ~ last Monday/month ; **du** ~ **chic** extremely smart ; **les** ~**s honneurs** the last tribute ; **en** ~ *ad* last ; **ce** ~ the latter ; **dernièrement** *ad* recently ; ~~**né, dernière-née** *nm/f* (*enfant*) last-born.
**dérobade** [deRɔbad] *nf* side-stepping *q*.
**dérobé, e** [deRɔbe] *a* (*porte*) secret, hidden ; **à la** ~**e** surreptitiously.
**dérober** [deRɔbe] *vt* to steal ; ~ **qch à (la vue de) qn** to conceal *ou* hide sth from sb('s view) ; **se** ~ *vi* (*s'esquiver*) to slip away ; to shy away ; **se** ~ **sous** (*s'effondrer*) to give way beneath ; **se** ~ **à** (*justice, regards*) to hide from ; (*obligation*) to shirk.
**dérogation** [deRɔgasjɔ̃] *nf* (special) dispensation.
**déroger** [deRɔʒe]: ~ **à** *vt* to go against, depart from.
**dérouiller** [deRuje] *vt*: **se** ~ **les jambes** to stretch one's legs (*fig*).
**déroulement** [deRulmɑ̃] *nm* (*d'une opération etc*) progress.
**dérouler** [deRule] *vt* (*ficelle*) to unwind ; (*papier*) to unroll ; **se** ~ *vi* to unwind ; to unroll, come unrolled ; (*avoir lieu*) to take place ; (*se passer*) to go on ; to go (off) ; to unfold.
**déroute** [deRut] *nf* rout ; total collapse ; **mettre en** ~ to rout.
**dérouter** [deRute] *vt* (*avion, train*) to reroute, divert ; (*étonner*) to disconcert, throw (out).
**derrière** [dɛRjɛR] *ad* behind // *prép* behind // *nm* (*d'une maison*) back ; (*postérieur*) behind, bottom ; **les pattes de** ~ the back legs, the hind legs ; **par** ~ from behind ; (*fig*) in an underhand way, behind one's back.
**des** [de] *dét, prép* + *dét voir* **de**.
**dès** [dɛ] *prép* from ; ~ **que** *cj* as soon as ; ~ **son retour** as soon as he was (*ou* is) back ; ~ **lors** *ad* from then on ; ~ **lors que** *cj* from the moment (that).
**D.E.S.** *sigle m* = **diplôme d'études supérieures**.
**désabusé, e** [dezabyze] *a* disillusioned.
**désaccord** [dezakɔR] *nm* disagreement.
**désaccordé, e** [dezakɔRde] *a* (*MUS*) out of tune.
**désaffecté, e** [dezafɛkte] *a* disused.
**désaffection** [dezafɛksjɔ̃] *nf*: ~ **pour** estrangement from.

**désagréable** [dezagʀeable(ǝ)] *a* unpleasant, disagreeable.

**désagréger** [dezagʀeʒe]: **se ~** *vi* to disintegrate, break up.

**désagrément** [dezagʀemɑ̃] *nm* annoyance, trouble q.

**désaltérer** [dezaltere] *vt*: **se ~** to quench one's thirst; **ça désaltère** it's thirst-quenching, it takes your thirst away.

**désamorcer** [dezamɔʀse] *vt* to remove the primer from; (*fig*) to defuse; to forestall.

**désappointé, e** [dezapwɛ̃te] *a* disappointed.

**désapprobation** [dezapʀɔbasjɔ̃] *nf* disapproval.

**désapprouver** [dezapʀuve] *vt* to disapprove of.

**désarçonner** [dezaʀsɔne] *vt* to unseat, throw; (*fig*) to throw, nonplus.

**désarmement** [dezaʀmemɑ̃] *nm* disarmament.

**désarmer** [dezaʀme] *vt* (MIL, aussi fig) to disarm; (NAVIG) to lay up.

**désarroi** [dezaʀwa] *nm* helplessness, disarray.

**désarticulé, e** [dezaʀtikyle] *a* (*pantin, corps*) dislocated.

**désarticuler** [dezaʀtikyle] *vt*: **se ~** (*acrobate*) to contort (o.s.).

**désassorti, e** [dezasɔʀti] *a* unmatching, unmatched.

**désastre** [dezastʀ(ǝ)] *nm* disaster; **désastreux, euse** *a* disastrous.

**désavantage** [dezavɑ̃taʒ] *nm* disadvantage; (*inconvénient*) drawback, disadvantage; **désavantager** *vt* to put at a disadvantage; **désavantageux, euse** *a* unfavourable, disadvantageous.

**désavouer** [dezavwe] *vt* to disown, repudiate, disclaim.

**désaxé, e** [dezakse] *a* (*fig*) unbalanced.

**désaxer** [dezakse] *vt* (*roue*) to put out of true.

**desceller** [desele] *vt* (*pierre*) to pull free.

**descendance** [desɑ̃dɑ̃s] *nf* (*famille*) descendants *pl*, issue; (*origine*) descent.

**descendant, e** [desɑ̃dɑ̃, -ɑ̃t] *nm/f* descendant.

**descendre** [desɑ̃dʀ(ǝ)] *vt* (*escalier, montagne*) to go (*ou* come) down; (*valise, paquet*) to take *ou* get down; (*étagère etc*) to lower; (*fam: abattre*) to shoot down // *vi* to go (*ou* come) down; (*chemin*) to go down; (*passager: s'arrêter*) to get out, alight; (*niveau, température*) to go *ou* come down, fall, drop; **~ à pied/en voiture** to walk/drive down, to go down on foot/by car; **~ de** (*famille*) to be descended from; **~ du train** to get out of *ou* off the train; **~ d'un arbre** to climb down from a tree; **~ de cheval** to dismount, get off one's horse.

**descente** [desɑ̃t] *nf* descent, going down; (*chemin*) way down; (SKI) downhill (race); **au milieu de la ~** a halfway down; **freinez dans les ~s** use the brakes going downhill; **~ de lit** bedside rug; **~ (de police)** (police) raid.

**description** [dɛskʀipsjɔ̃] *nf* description.

**désembuer** [dezɑ̃bɥe] *vt* to demist.

**désemparé, e** [dezɑ̃paʀe] *a* bewildered, distraught; (*véhicule*) crippled.

**désemparer** [dezɑ̃paʀe] *vi*: **sans ~** without stopping.

**désemplir** [dezɑ̃pliʀ] *vi*: **ne pas ~** to be always full.

**désenchantement** [dezɑ̃ʃɑ̃tmɑ̃] *nm* disenchantment; disillusion.

**désenfler** [dezɑ̃fle] *vi* to become less swollen.

**désengagement** [dezɑ̃gaʒmɑ̃] *nm* (POL) disengagement.

**désensibiliser** [desɑ̃sibilize] *vt* (MÉD) to desensitize.

**déséquilibre** [dezekilibʀ(ǝ)] *nm* (*position*): **être en ~** to be unsteady; (*fig: des forces, du budget*) imbalance; (PSYCH) unbalance.

**déséquilibré, e** [dezekilibʀe] *nm/f* (PSYCH) unbalanced person.

**déséquilibrer** [dezekilibʀe] *vt* to throw off balance.

**désert, e** [dezeʀ, -ɛʀt(ǝ)] *a* deserted // *nm* desert.

**déserter** [dezeʀte] *vi*, *vt* to desert; **déserteur** *nm* deserter; **désertion** *nf* desertion.

**désertique** [dezeʀtik] *a* desert *cpd*; barren, empty.

**désescalade** [dezɛskalad] *nf* (MIL) de-escalation.

**désespéré, e** [dezɛspeʀe] *a* desperate; **~ment** *ad* desperately.

**désespérer** [dezɛspeʀe] *vt* to drive to despair // *vi*, **se ~** *vi* to despair; **~ de** to despair of.

**désespoir** [dezɛspwaʀ] *nm* despair; **faire le ~ de qn** to be the despair of sb; **en ~ de cause** in desperation.

**déshabillé, e** [dezabije] *a* undressed // *nm* négligée.

**déshabiller** [dezabije] *vt* to undress; **se ~** to undress (o.s.).

**déshabituer** [dezabitɥe] *vt*: **se ~ de** to get out of the habit of.

**désherbant** [dezɛʀbɑ̃] *nm* weed-killer.

**déshériter** [dezeʀite] *vt* to disinherit.

**déshérités** [dezeʀite] *nmpl*: **les ~** the underprivileged.

**déshonneur** [dezɔnœʀ] *nm* dishonour, disgrace.

**déshonorer** [dezɔnɔʀe] *vt* to dishonour, bring disgrace upon.

**déshydraté, e** [dezidʀate] *a* dehydrated.

**desiderata** [dezideʀata] *nmpl* requirements.

**désignation** [deziɲasjɔ̃] *nf* naming, appointment; (*signe, mot*) name, designation.

**désigner** [deziɲe] *vt* (*montrer*) to point out, indicate; (*dénommer*) to denote, refer to; (*nommer: candidat etc*) to name, appoint.

**désillusion** [dezilyzjɔ̃] *nf* disillusion(ment).

**désinence** [dezinɑ̃s] *nf* ending, inflexion.

**désinfectant, e** [dezɛ̃fɛktɑ̃, -ɑ̃t] *a*, *nm* disinfectant.

**désinfecter** [dezɛ̃fɛkte] *vt* to disinfect.

**désinfection** [dezɛ̃fɛksjɔ̃] nf disinfection.
**désintégrer** [dezɛ̃tegʀe] vt, se ~ vi to disintegrate.
**désintéressé, e** [dezɛ̃teʀese] a disinterested, unselfish.
**désintéresser** [dezɛ̃teʀese] vt: se ~ (de) to lose interest (in).
**désintoxication** [dezɛ̃tɔksikɑsjɔ̃] nf treatment for alcoholism.
**désinvolte** [dezɛ̃vɔlt(ə)] a casual, off-hand; **désinvolture** nf casualness.
**désir** [deziʀ] nm wish; (fort, sensuel) desire.
**désirer** [deziʀe] vt to want, wish for; (sexuellement) to desire; **je désire ...** (formule de politesse) I would like ...; **il désire que tu l'aides** he would like ou he wants you to help him; ~ **faire** to want ou wish to do.
**désireux, euse** [deziʀø, -øz] a: ~ **de faire** anxious to do.
**désistement** [dezistəmɑ̃] nm withdrawal.
**désister** [deziste] : **se** ~ vi to stand down, withdraw.
**désobéir** [dezɔbeiʀ] vi: ~ (à qn/qch) to disobey (sb/sth); **désobéissance** nf disobedience; **désobéissant, e** a disobedient.
**désobligeant, e** [dezɔbliʒɑ̃, -ɑ̃t] a disagreeable, unpleasant.
**désodorisant** [dezɔdɔʀizɑ̃] nm air freshener, deodorizer.
**désœuvré, e** [dezœvʀe] a idle; **désœuvrement** nm idleness.
**désolation** [dezɔlɑsjɔ̃] nf distress, grief; desolation, devastation.
**désolé, e** [dezɔle] a (paysage) desolate; **je suis** ~ I'm sorry.
**désoler** [dezɔle] vt to distress, grieve.
**désolidariser** [desɔlidaʀize] vt: **se** ~ **de** ou **d'avec** to dissociate o.s. from.
**désopilant, e** [dezɔpilɑ̃, -ɑ̃t] a screamingly funny, hilarious.
**désordonné, e** [dezɔʀdɔne] a untidy, disorderly.
**désordre** [dezɔʀdʀ(ə)] nm disorder(liness), untidiness; (anarchie) disorder; ~**s** nmpl (POL) disturbances, disorder sg; **en** ~ in a mess, untidy.
**désorganiser** [dezɔʀganize] vt to disorganize.
**désorienté, e** [dezɔʀjɑ̃te] a disorientated; (fig) bewildered.
**désormais** [dezɔʀmɛ] ad in future, from now on.
**désosser** [dezɔse] vt to bone.
**despote** [dɛspɔt] nm despot; tyrant; **despotisme** nm despotism.
**desquels, desquelles** [dekɛl] prép + pronom voir **lequel**.
**dessaisir** [deseziʀ]: **se** ~ **de** vt to give up, part with.
**dessaler** [desale] vt (eau de mer) to desalinate; (CULIN) to soak.
**desséché, e** [desefe] a dried up.
**dessécher** [desefe] vt to dry out, parch; **se** ~ vi to dry out.
**dessein** [desɛ̃] nm design; **dans le** ~ **de** with the intention of; **à** ~ intentionally, deliberately.
**desserrer** [deseʀe] vt to loosen; (frein) to

release; (poing, dents) to unclench; (objets alignés) to space out.
**dessert** [desɛʀ] nm dessert, pudding.
**desserte** [desɛʀt(ə)] nf (table) sideboard table; (transport): **la** ~ **du village est assurée par autocar** there is a coach service to the village.
**desservir** [desɛʀviʀ] vt (ville, quartier) to serve; (nuire à) to go against, put at a disadvantage; ~ **(la table)** to clear the table.
**dessin** [desɛ̃] nm (œuvre, art) drawing; (motif) pattern, design; (contour) (out)line; ~ **animé** cartoon (film); ~ **humoristique** cartoon.
**dessinateur, trice** [desinatœʀ, -tʀis] nm/f drawer; (de bandes dessinées) cartoonist; (industriel) draughtsman.
**dessiner** [desine] vt to draw; (concevoir: carrosserie, maison) to design.
**dessoûler** [desule] vt, vi to sober up.
**dessous** [dəsu] ad underneath, beneath // nm underside // nmpl (sous-vêtements) underwear sg; **en** ~, **par** ~ underneath; below; **au-**~ below; **de** ~ **le lit** from under the bed; **au-**~ **de** below; (peu digne de) beneath; **avoir le** ~ to get the worst of it; ~**-de-plat** nm inv tablemat.
**dessus** [dəsy] ad on top; (collé, écrit) on it // nm top; **en** ~ above; **par** ~ ad over it // prép over; **au-**~ above; **au-**~ **de** above; **avoir le** ~ to get the upper hand; ~**-de-lit** nm inv bedspread.
**destin** [dɛstɛ̃] nm fate; (avenir) destiny.
**destinataire** [dɛstinatɛʀ] nm/f (POSTES) addressee; (d'un colis) consignee.
**destination** [dɛstinɑsjɔ̃] nf (lieu) destination; (usage) purpose; **à** ~ **de** bound for, travelling to.
**destinée** [dɛstine] nf fate; (existence, avenir) destiny.
**destiner** [dɛstine] vt: ~ **qn à** (poste, sort) to destine sb for, intend sb to + verbe; ~ **qn/qch à** (prédestiner) to mark sb/sth out for, destine sb/sth to + verbe; ~ **qch à** (envisager d'affecter) to intend to use sth for; ~ **qch à qn** (envisager de donner) to intend to give sth to sb, intend sb to have sth; (adresser) to intend sth for sb; **to aim sth at sb**; **se** ~ **à l'enseignement** to intend to become a teacher; **être destiné à** (sort) to be destined to + verbe; (usage) to be intended ou meant for; (suj: sort) to be in store for.
**destituer** [dɛstitɥe] vt to depose.
**destructeur, trice** [dɛstʀyktœʀ, -tʀis] a destructive.
**destruction** [dɛstʀyksjɔ̃] nf destruction.
**désuet, ète** [desɥɛ, -ɛt] a outdated, outmoded; **désuétude** nf: **tomber en désuétude** to fall into disuse, become obsolete.
**désuni, e** [dezyni] a divided, disunited.
**détachant** [detaʃɑ̃] nm stain remover.
**détachement** [detaʃmɑ̃] nm detachment.
**détacher** [detaʃe] vt (enlever) to detach, remove; (délier) to untie; (ADMIN): ~ **qn (auprès de/à)** to send sb on secondment (to); (MIL) to detail; **se** ~ vi (tomber) to come off; to come out; (se défaire) to come undone; (SPORT) to pull ou break away; **se**

~ **sur** to stand out against; **se ~ de** (*se désintéresser*) to grow away from.

**détail** [detaj] *nm* detail; (*COMM*): **le ~** retail; **au ~** *ad* (*COMM*) retail; separately; **donner le ~ de** to give a detailed account of; (*compte*) to give a breakdown of; **en ~** in detail.

**détaillant, e** [detajɑ̃] *nm* retailer.

**détaillé, e** [detaje] *a* (*récit*) detailed.

**détailler** [detaje] *vt* (*COMM*) to sell retail; to sell separately; (*expliquer*) to explain in detail; to detail; (*examiner*) to look over, examine.

**détartrant** [detartrɑ̃] *nm* descaling agent.

**détaxer** [detakse] *vt* to reduce the tax on; to remove the tax from.

**détecter** [detɛkte] *vt* to detect; **détecteur** *nm* detector; **détection** *nf* detection.

**détective** [detɛktiv] *nm* (*Brit*: *policier*) detective; **~ (privé)** private detective *ou* investigator.

**déteindre** [detɛ̃dʀ(ə)] *vi* (*tissu*) to lose its colour; (*fig*): **~ sur** to rub off on.

**dételer** [detle] *vt* to unharness; to unhitch.

**détendre** [detɑ̃dʀ(ə)] *vt* (*fil*) to slacken, loosen; (*relaxer*) to relax; **se ~** to lose its tension; to relax.

**détenir** [detniʀ] *vt* (*fortune, objet, secret*) to be in possession of, have (in one's possession); (*prisonnier*) to detain, hold; (*record*) to hold; **~ le pouvoir** to be in power.

**détente** [detɑ̃t] *nf* relaxation; (*POL*) détente; (*d'une arme*) trigger; (*d'un athlète qui saute*) spring.

**détenteur, trice** [detɑ̃tœʀ, -tʀis] *nm/f* holder.

**détention** [detɑ̃sjɔ̃] *nf* possession; detention; holding; **~ préventive** (pre-trial) custody.

**détenu, e** [detny] *nm/f* prisoner.

**détergent** [detɛʀʒɑ̃] *nm* detergent.

**détérioration** [deteʀjɔʀasjɔ̃] *nf* damaging; deterioration, worsening.

**détériorer** [deteʀjɔʀe] *vt* to damage; **se ~** *vi* to deteriorate.

**déterminant** [detɛʀminɑ̃] *nm* (*LING*) determiner.

**détermination** [detɛʀminasjɔ̃] *nf* determining; (*résolution*) determination.

**déterminé, e** [detɛʀmine] *a* (*résolu*) determined; (*précis*) specific, definite.

**déterminer** [detɛʀmine] *vt* (*fixer*) to determine; (*décider*): **~ qn à faire** to decide sb to do; **se ~ à faire** to make up one's mind to do.

**déterrer** [detere] *vt* to dig up.

**détersif** [detɛʀsif] *nm* detergent.

**détestable** [detɛstabl(ə)] *a* foul, ghastly; detestable, odious.

**détester** [detɛste] *vt* to hate, detest.

**détonant, e** [detɔnɑ̃, -ɑ̃t] *a*: **mélange ~** explosive mixture.

**détonateur** [detɔnatœʀ] *nm* detonator.

**détonation** [detɔnasjɔ̃] *nf* detonation, bang, report (of a gun).

**détoner** [detɔne] *vi* to detonate, explode.

**détonner** [detɔne] *vi* (*MUS*) to go out of tune; (*fig*) to clash.

**détour** [detuʀ] *nm* detour; (*tournant*) bend, curve; **sans ~** (*fig*) without beating

about the bush, in a straightforward manner.

**détourné, e** [detuʀne] *a* (*moyen*) roundabout.

**détournement** [detuʀnəmɑ̃] *nm* diversion, rerouting; **~ d'avion** hijacking; **~ (de fonds)** embezzlement *ou* misappropriation (of funds); **~ de mineur** corruption of a minor.

**détourner** [detuʀne] *vt* to divert; (*avion*) to divert, reroute; (: *par la force*) to hijack; (*yeux, tête*) to turn away; (*de l'argent*) to embezzle, misappropriate; **se ~** to turn away.

**détracteur, trice** [detʀaktœʀ, -tʀis] *nm/f* disparager, critic.

**détraquer** [detʀake] *vt* to put out of order; (*estomac*) to upset; **se ~** *vi* to go wrong.

**détrempe** [detʀɑ̃p] *nf* (*ART*) tempera.

**détrempé, e** [detʀɑ̃pe] *a* (*sol*) sodden, waterlogged.

**détresse** [detʀɛs] *nf* distress.

**détriment** [detʀimɑ̃] *nm*: **au ~ de** to the detriment of.

**détritus** [detʀitys] *nmpl* rubbish *sg*, refuse *sg*.

**détroit** [detʀwa] *nm* strait.

**détromper** [detʀɔ̃pe] *vt* to disabuse.

**détrôner** [detʀone] *vt* to dethrone, depose; (*fig*) to oust, dethrone.

**détrousser** [detʀuse] *vt* to rob.

**détruire** [detʀɥiʀ] *vt* to destroy.

**dette** [dɛt] *nf* debt.

**D.E.U.G.** [dœg] *sigle m* = *diplôme d'études universitaires générales.*

**deuil** [dœj] *nm* (*perte*) bereavement; (*période*) mourning; (*chagrin*) grief; **porter le/être en ~** to wear/be in mourning.

**deux** [dø] *num* two; **les ~** both; **ses ~ mains** his hands, his two hands; **les ~ points** the colon *sg*; **deuxième** *num* second; **~-pièces** *nm inv* (*tailleur*) two-piece suit; (*de bain*) two-piece (swimsuit); (*appartement*) two-roomed flat; **~-roues** *nm inv* two-wheeled vehicle; **~-temps** *a* two-stroke.

**devais** *etc vb voir* **devoir**.

**dévaler** [devale] *vt* to hurtle down.

**dévaliser** [devalize] *vt* to rob, burgle.

**dévaloriser** [devalɔʀize] *vt*, **se ~** *vi* to depreciate.

**dévaluation** [devalɥasjɔ̃] *nf* depreciation; (*ÉCON: mesure*) devaluation.

**dévaluer** [devalɥe] *vt* to devalue.

**devancer** [dəvɑ̃se] *vt* to be ahead of; to get ahead of; to arrive before; (*prévenir*) to anticipate; **~ l'appel** (*MIL*) to enlist before call-up; **devancier, ière** *nm/f* precursor.

**devant** [dəvɑ̃] *ad* in front; (*à distance: en avant*) ahead // *prép* in front of; ahead of; (*avec mouvement: passer*) past; (*fig*) before, in front of; faced with, in the face of; in view of // *nm* front; **prendre les ~s** to make the first move; **les pattes de ~** the front legs, the forelegs; **par ~** (*boutonner*) at the front; (*entrer*) the front way; **aller au-~ de qn** to go out to meet sb ; **aller au-~ de** (*désirs de* qn) to anticipate.

**devanture** [dəvɑ̃tyʀ] *nf* (*façade*) (shop) front ; (*étalage*) display ; (shop) window.

**dévastation** [devastɑsjɔ̃] *nf* devastation.

**dévaster** [devaste] *vt* to devastate.

**déveine** [devɛn] *nf* rotten luck *q.*

**développement** [devlɔpmɑ̃] *nm* development.

**développer** [devlɔpe] *vt* to develop ; **se ~** *vi* to develop.

**devenir** [dəvniʀ] *vb avec attribut* to become ; **~ instituteur** to become a teacher ; **que sont-ils devenus?** what has become of them?

**dévergondé, e** [devɛʀɡɔ̃de] *a* wild, shameless.

**devers** [dəvɛʀ] *ad* : **par ~ soi** to oneself.

**déverser** [devɛʀse] *vt* (*liquide*) to pour (out) ; (*ordures*) to tip (out) ; **se ~ dans** (*fleuve, mer*) to flow into ; **déversoir** *nm* overflow.

**dévêtir** [devetiʀ] *vt*, **se ~** to undress.

**devez** *etc vb voir* **devoir**.

**déviation** [devjɑsjɔ̃] *nf* (*aussi* AUTO) diversion ; **~ de la colonne (vertébrale)** curvature of the spine.

**dévider** [devide] *vt* to unwind ; **dévidoir** *nm* reel.

**devienne** *etc vb voir* **devenir**.

**dévier** [devje] *vt* (*fleuve, circulation*) to divert ; (*coup*) to deflect // *vi* to veer (off course) ; **(faire) ~** (*projectile*) to deflect ; (*véhicule*) to push off course.

**devin** [dəvɛ̃] *nm* soothsayer, seer.

**deviner** [dəvine] *vt* to guess ; (*prévoir*) to foretell ; (*apercevoir*) to distinguish.

**devinette** [dəvinɛt] *nf* riddle.

**devins** *etc vb voir* **devenir**.

**devis** [dəvi] *nm* estimate, quotation.

**dévisager** [devizaʒe] *vt* to stare at.

**devise** [dəviz] *nf* (*formule*) motto, watchword ; (ÉCON: *monnaie*) currency ; **~s** *nfpl* (*argent*) currency *sg.*

**deviser** [dəvize] *vi* to converse.

**dévisser** [devise] *vt* to unscrew, undo ; **se ~** *vi* to come unscrewed.

**dévoiler** [devwale] *vt* to unveil.

**devoir** [dəvwaʀ] *nm* duty ; (SCOL) piece of homework, homework *q* ; (: *en classe*) exercise // *vt* (*argent, respect*): **~ qch (à** qn) to owe (sb) sth ; (*suivi de l'infinitif: obligation*): **il doit le faire** he has to do it, he must do it ; (: *intention*): **il doit partir demain** he is (due) to leave tomorrow ; (: *probabilité*): **il doit être tard** it must be late.

**dévolu, e** [devɔly] *a* : **~ à** allotted to // *nm* : **jeter son ~ sur** to fix one's choice on.

**dévorant, e** [devɔʀɑ̃, -ɑ̃t] *a* (*faim, passion*) raging.

**dévorer** [devɔʀe] *vt* to devour ; (*suj: feu, soucis*) to consume.

**dévot, e** [devo, -ɔt] *a* devout, pious.

**dévotion** [devosjɔ̃] *nf* devoutness ; **être à la ~ de** qn to be totally devoted to sb.

**dévoué, e** [devwe] *a* devoted.

**dévouement** [devumɑ̃] *nm* devotion, dedication.

**dévouer** [devwe]: **se ~** *vi* (*se sacrifier*): **se ~ (pour)** to sacrifice o.s. (for) ; (*se consacrer*): **se ~ à** to devote ou dedicate o.s. to.

**dévoyé, e** [devwaje] *a* delinquent.

**devrai** *etc vb voir* **devoir**.

**dextérité** [dɛksteʀite] *nf* skill, dexterity.

**diabète** [djabɛt] *nm* diabetes *sg* ; **diabétique** *nm/f* diabetic.

**diable** [djɑbl(ə)] *nm* devil ; **diabolique** *a* diabolical.

**diabolo** [djabolo] *nm* (*boisson*) lemonade and fruit (ou mint etc) cordial.

**diacre** [djakʀ(ə)] *nm* deacon.

**diadème** [djadɛm] *nm* diadem.

**diagnostic** [djagnɔstik] *nm* diagnosis *sg* ; **diagnostiquer** *vt* to diagnose.

**diagonal, e aux** [djagɔnal, -o] *a, nf* diagonal ; **en ~e** diagonally ; **lire en ~e** to skim through.

**diagramme** [djagʀam] *nm* chart, graph.

**dialecte** [djalɛkt(ə)] *nm* dialect.

**dialogue** [djalɔg] *nm* dialogue ; **dialoguer** *vi* to converse ; (POL) to have a dialogue.

**diamant** [djamɑ̃] *nm* diamond ; **diamantaire** *nm* diamond dealer.

**diamètre** [djamɛtʀ(ə)] *nm* diameter.

**diapason** [djapazɔ̃] *nm* tuning fork.

**diaphragme** [djafʀagm] *nm* (ANAT, PHOTO) diaphragm ; (*contraceptif*) diaphragm, cap ; **ouverture du ~** (PHOTO) aperture.

**diapositive** [djapozitiv] *nf* transparency, slide.

**diapré, e** [djapʀe] *a* many-coloured.

**diarrhée** [djaʀe] *nf* diarrhoea.

**diatribe** [djatʀib] *nf* diatribe.

**dictaphone** [diktafɔn] *nm* Dictaphone.

**dictateur** [diktatœʀ] *nm* dictator ; **dictatorial, e, aux** *a* dictatorial ; **dictature** *nf* dictatorship.

**dictée** [dikte] *nf* dictation ; **prendre sous ~** to take down (*sth dictated*).

**dicter** [dikte] *vt* to dictate.

**diction** [diksjɔ̃] *nf* diction, delivery ; **cours de ~** speech production lesson.

**dictionnaire** [diksjɔnɛʀ] *nm* dictionary ; **~ bilingue/encyclopédique** bilingual/encyclopaedic dictionary.

**dicton** [diktɔ̃] *nm* saying, dictum.

**didactique** [didaktik] *a* technical ; didactic.

**dièse** [djɛz] *nm* sharp.

**diesel** [djezɛl] *nm, a inv* diesel.

**diète** [djɛt] *nf* (*jeûne*) starvation diet ; (*régime*) diet ; **être à la ~** to be on a starvation diet.

**diététicien, ne** [djetetisjɛ̃, -jɛn] *nm/f* dietician.

**diététique** [djetetik] *nf* dietetics *sg* ; **magasin ~** health food shop.

**dieu, x** [djø] *nm* god ; **D~** God ; **le bon D~** the good Lord.

**diffamation** [difamɑsjɔ̃] *nf* slander ; (*écrite*) libel ; **attaquer qn en ~** to sue sb for libel (ou slander).

**diffamer** [difame] *vt* to slander, defame ; to libel.

**différé** [difeʀe] *nm* (TV): **en ~** (pre-)recorded.

**différence** [difeRɑ̃s] nf difference ; **à la ~ de** unlike.

**différencier** [difeRɑ̃sje] vt to differentiate ; **se ~** vi (organisme) to become differentiated ; **se ~ de** to differentiate o.s. from ; to differ from.

**différend** [difeRɑ̃] nm difference (of opinion), disagreement.

**différent, e** [difeRɑ̃, -ɑ̃t] a: **~ (de)** different (from) ; **~s objets** different ou various objects.

**différentiel, le** [difeRɑ̃sjɛl] a, nm differential.

**différer** [difeRe] vt to postpone, put off // vi: **~ (de)** to differ (from) ; **~ de faire** to delay doing.

**difficile** [difisil] a difficult ; (exigeant) hard to please, difficult (to please) ; **~ment** ad with difficulty ; **~ment lisible** difficult ou hard to read.

**difficulté** [difikylte] nf difficulty ; **en ~** (bateau, alpiniste) in trouble ou difficulties ; **avoir de la ~ à faire** to have difficulty (in) doing.

**difforme** [difɔRm(ə)] a deformed, misshapen ; **difformité** nf deformity.

**diffracter** [difRakte] vt to diffract.

**diffus, e** [dify, -yz] a diffuse.

**diffuser** [difyze] vt (chaleur, bruit) to diffuse ; (émission, musique) to broadcast ; (nouvelle, idée) to circulate ; (COMM) to distribute ; **diffuseur** nm diffuser ; distributor ; **diffusion** nf diffusion ; broadcast(ing) ; circulation ; distribution.

**digérer** [diʒeRe] vt to digest ; (fig: accepter) to stomach, put up with ; **digestible** a digestible ; **digestif, ive** a digestive // nm (after-dinner) liqueur ; **digestion** nf digestion.

**digital, e, aux** [diʒital, -o] a digital.

**digne** [diɲ] a dignified ; **~ de** worthy of ; **~ de foi** trustworthy.

**dignitaire** [diɲitɛR] nm dignitary.

**dignité** [diɲite] nf dignity.

**digue** [dig] nf dike, dyke.

**dilapider** [dilapide] vt to squander, waste.

**dilater** [dilate] vt to dilate ; (gaz, métal) to cause to expand ; (ballon) to distend ; **se ~** vi to expand.

**dilemme** [dilɛm] nm dilemma.

**diligence** [diliʒɑ̃s] nf stagecoach, diligence ; (empressement) despatch.

**diligent, e** [diliʒɑ̃, -ɑ̃t] a prompt and efficient, diligent.

**diluer** [dilɥe] vt to dilute.

**diluvien, ne** [dilyvjɛ̃, -jɛn] a: **pluie ~ne** torrential rain.

**dimanche** [dimɑ̃ʃ] nm Sunday.

**dimension** [dimɑ̃sjɔ̃] nf (grandeur) size ; (cote, de l'espace) dimension.

**diminuer** [diminɥe] vt to reduce, decrease ; (ardeur etc) to lessen ; (personne: physiquement) to undermine ; (dénigrer) to belittle // vi to decrease, diminish ; **diminutif** nm (LING) diminutive ; (surnom) pet name ; **diminution** nf decreasing, diminishing.

**dinde** [dɛ̃d] nf turkey.

**dindon** [dɛ̃dɔ̃] nm turkey.

**dîner** [dine] nm dinner // vi to have dinner.

**dingue** [dɛ̃g] a (fam) crazy.

**diode** [djɔd] nf diode.

**diphtérie** [difteRi] nf diphtheria.

**diphtongue** [diftɔ̃g] nf diphthong.

**diplomate** [diplɔmat] a diplomatic // nm diplomat ; (fig) diplomatist.

**diplomatie** [diplɔmasi] nf diplomacy ; **diplomatique** a diplomatic.

**diplôme** [diplom] nm diploma, certificate ; (diploma) examination ; **diplômé, e** a qualified.

**dire** [diR] nm: **au ~ de** according to ; **leur ~s** what they say // vt to say ; (secret, mensonge) to tell ; **~ l'heure/la vérité** to tell the time/the truth ; **~ qch à qn** to tell sb sth ; **~ que** to say that ; **~ à qn que** to tell sb that ; **~ à qn qu'il fasse** ou **de faire** to tell sb to do ; **on dit que** they say that ; **si cela lui dit** (plaire) if he fancies it ; **que dites-vous de** (penser) what do you think of ; **on dirait que** it looks (ou sounds etc) as though.

**direct, e** [diRɛkt] a direct // nm (TV): **en ~ live ; **~ement** ad directly.

**directeur, trice** [diRɛktœR, -tRis] nm/f (d'entreprise) director ; (de service) manager/eress ; (d'école) headmaster/mistress ; **~ de thèse** (SCOL) supervisor.

**direction** [diRɛksjɔ̃] nf management ; conducting ; supervision ; (AUTO) steering ; (sens) direction ; **sous la ~ de** (MUS) conducted by.

**directive** [diRɛktiv] nf directive, instruction.

**dirent** vb voir **dire**.

**dirigeable** [diRiʒablə(ə)] a, nm: (**ballon) ~** dirigible.

**dirigeant, e** [diRiʒɑ̃, -ɑ̃t] a managerial ; ruling // nm/f (d'un parti etc) leader ; (d'entreprise) manager, member of the management.

**diriger** [diRiʒe] vt (entreprise) to manage, run ; (véhicule) to steer ; (orchestre) to conduct ; (recherches, travaux) to supervise, be in charge of ; (braquer: regard, arme): **~ sur** to point ou level ou aim at ; (fig: critiques): **~ contre** to aim at ; **se ~** (s'orienter) to find one's way ; **se ~ vers** ou **sur** to make ou head for.

**dirigisme** [diRiʒismə(ə)] nm (ÉCON) state intervention, interventionism.

**dis** etc vb voir **dire**.

**discernement** [disɛRnəmɑ̃] nm discernment, judgment.

**discerner** [disɛRne] vt to discern, make out.

**disciple** [disiplə(ə)] nm/f disciple.

**disciplinaire** [disiplinɛR] a disciplinary.

**discipline** [disiplin] nf discipline ; **discipliné, e** a (well-)disciplined ; **discipliner** vt to discipline ; to control.

**discontinu, e** [diskɔ̃tiny] a intermittent.

**discontinuer** [diskɔ̃tinɥe] vi: **sans ~** without stopping, without a break.

**disconvenir** [diskɔ̃vniR] vi: **ne pas ~ de qch/que** not to deny sth/that.

**discordance** [diskɔRdɑ̃s] nf discordance ; conflict.

**discordant, e** [diskɔRdɑ̃, -ɑ̃t] a discordant ; conflicting.

**discorde** [diskɔRd(ə)] nf discord, dissension.

**discothèque** [diskɔtɛk] nf (disques) record collection; (: dans une bibliothèque) record library; (boîte de nuit) disco(thèque).

**discourir** [diskuRiR] vi to discourse, hold forth.

**discours** [diskuR] nm speech.

**discréditer** [diskRedite] vt to discredit.

**discret, ète** [diskRɛ, -ɛt] a discreet; (fig) unobtrusive; quiet; **discrètement** ad discreetly.

**discrétion** [diskResjɔ̃] nf discretion; être à la ~ de qn to be in sb's hands; à ~ unlimited; as much as one wants.

**discrimination** [diskRiminasjɔ̃] nf discrimination; **sans ~** indiscriminately; **discriminatoire** a discriminatory.

**disculper** [diskylpe] vt to exonerate.

**discussion** [diskysjɔ̃] nf discussion.

**discuté, e** [diskyte] a controversial.

**discuter** [diskyte] vt (contester) to question, dispute; (débattre: prix) to discuss // vi to talk; (ergoter) to argue; ~ **de** to discuss.

**dise** etc vb voir **dire**.

**disert, e** [dizɛR, -ɛRt(ə)] a loquacious.

**disette** [dizɛt] nf food shortage.

**diseuse** [dizóz] nf: ~ **de bonne aventure** fortuneteller.

**disgrâce** [disgRɑs] nf disgrace.

**disgracieux, euse** [disgRasjó, -józ] a ungainly, awkward.

**disjoindre** [disʒwɛ̃dR(ə)] vt to take apart; **se** ~ vi to come apart.

**disjoncteur** [disʒɔ̃ktœR] nm (ÉLEC) circuit breaker, cutout.

**dislocation** [dislɔkasjɔ̃] nf dislocation.

**disloquer** [dislɔke] vt (membre) to dislocate; (chaise) to dismantle; (troupe) to disperse; **se** ~ vi (parti, empire) to break up; **se** ~ **l'épaule** to dislocate one's shoulder.

**disons** vb voir **dire**.

**disparaître** [dispaRɛtR(ə)] vi to disappear; (à la vue) to vanish, disappear; to be hidden ou concealed; (être manquant) to go missing, disappear; (se perdre: traditions etc) to die out; **faire** ~ to remove; to get rid of.

**disparate** [dispaRat] a disparate; ill-assorted.

**disparité** [dispaRite] nf disparity.

**disparition** [dispaRisjɔ̃] nf disappearance.

**disparu, e** [dispaRy] nm/f missing person; (défunt) departed.

**dispendieux, euse** [dispɑ̃djó, -józ] a extravagant, expensive.

**dispensaire** [dispɑ̃sɛR] nm community clinic.

**dispense** [dispɑ̃s] nf exemption; ~ **d'âge** special exemption from age limit.

**dispenser** [dispɑ̃se] vt (donner) to lavish, bestow; (exempter): ~ **qn de** to exempt sb from; **se** ~ **de** to avoid; to get out of.

**disperser** [dispɛRse] vt to scatter; (fig: son attention) to dissipate; **se** ~ vi to scatter; (fig) to dissipate one's efforts.

**disponibilité** [dispɔnibilite] nf availability; (ADMIN): **être en** ~ to be on leave of absence.

**disponible** [dispɔnibl(ə)] a available.

**dispos** [dispo] am: (frais et) ~ fresh (as a daisy).

**disposé, e** [dispoze] a (d'une certaine manière) arranged, laid-out; **bien/mal** ~ (humeur) in a good/bad mood; ~ **à** (prêt à) willing ou prepared to.

**disposer** [dispoze] vt (arranger, placer) to arrange; (inciter): ~ **qn à qch/faire qch** to dispose ou incline sb towards sth/to do sth // vi: **vous pouvez** ~ you may leave; ~ **de** vt to have (at one's disposal); to use; **se** ~ **à faire** to prepare to do, be about to do.

**dispositif** [dispozitif] nm device; (fig) system, plan of action; set-up.

**disposition** [dispozisjɔ̃] nf (arrangement) arrangement, layout; (humeur) mood; (tendance) tendency; ~s nfpl (mesures) steps, measures; (préparatifs) arrangements; (testamentaires) provisions; (aptitudes) bent sg, aptitude sg; à la ~ **de qn** at sb's disposal.

**disproportion** [dispRɔpɔRsjɔ̃] nf disproportion; **disproportionné, e** a disproportionate, out of all proportion.

**dispute** [dispyt] nf quarrel, argument.

**disputer** [dispyte] vt (match) to play; (combat) to fight; (course) to run, fight; **se** ~ vi to quarrel, have a quarrel; ~ **qch à qn** to fight with sb for ou over sth.

**disquaire** [diskɛR] nm/f record dealer.

**disqualification** [diskalifikasjɔ̃] nf disqualification.

**disqualifier** [diskalifje] vt to disqualify.

**disque** [disk(ə)] nm (MUS) record; (forme, pièce) disc; (SPORT) discus; ~ **d'embrayage** (AUTO) clutch plate.

**dissection** [disɛksjɔ̃] nf dissection.

**dissemblable** [disɑ̃blabl(ə)] a dissimilar.

**disséminer** [disemine] vt to scatter.

**disséquer** [diseke] vt to dissect.

**dissertation** [disɛRtasjɔ̃] nf (SCOL) essay.

**disserter** [disɛRte] vi: ~ **sur** to discourse upon.

**dissident, e** [disidɑ̃, -ɑ̃t] a, nm/f dissident.

**dissimulation** [disimylasjɔ̃] nf concealing; (duplicité) dissimulation.

**dissimuler** [disimyle] vt to conceal; **se** ~ to conceal o.s., to be concealed.

**dissipation** [disipasjɔ̃] nf squandering; unruliness; (débauche) dissipation.

**dissiper** [disipe] vt to dissipate; (fortune) to squander, fritter away; **se** ~ vi (brouillard) to clear, disperse; (doutes) to disappear, melt away; (élève) to become undisciplined ou unruly.

**dissolu, e** [disɔly] a dissolute.

**dissolution** [disɔlysjɔ̃] nf dissolving; (POL, JUR) dissolution.

**dissolvant, e** [disɔlvɑ̃, -ɑ̃t] a (fig) debilitating // nm (CHIMIE) solvent; ~ **(gras)** nail varnish remover.

**dissonant, e** [disɔnɑ̃, -ɑ̃t] a discordant.

**dissoudre** [disudR(ə)] vt to dissolve; **se** ~ vi to dissolve.

**dissuader** [disɥade] vt: ~ **qn de faire/de qch** to dissuade sb from doing/from sth.

**dissuasion** [disчazjɔ̃] *nf* dissuasion; **force de ~** deterrent power.

**dissymétrique** [disimetrik] *a* dissymmetrical.

**distance** [distãs] *nf* distance; *(fig: écart)* gap; **à ~** at *ou* from a distance; **à une ~ de 10 km, à 10 km de ~** 10 km away, at a distance of 10 km; **à 2 ans de ~** with a gap of 2 years; **garder ses ~s** to keep one's distance; **tenir la ~** *(SPORT)* to cover the distance, last the course; **distancer** *vt* to outdistance, leave behind.

**distant, e** [distã, -ãt] *a* *(réservé)* distant, aloof; *(éloigné)* distant, far away; **~ de** *(lieu)* far away *ou* a long way from; **~ de 5 km (d'un lieu)** 5 km away (from a place).

**distendre** [distãdR(ə)] *vt*, **se ~** *vi* to distend.

**distillation** [distilɑsjɔ̃] *nf* distillation, distilling.

**distillé, e** [distile] *a*: **eau ~e** distilled water.

**distiller** [distile] *vt* to distil; *(fig)* to exude; to elaborate; **distillerie** *nf* distillery.

**distinct, e** [distɛ̃(kt), distɛ̃kt(ə)] *a* distinct; **distinctement** *ad* distinctly; **distinctif, ive** *a* distinctive.

**distinction** [distɛ̃ksjɔ̃] *nf* distinction.

**distingué, e** [distɛ̃ge] *a* distinguished.

**distinguer** [distɛ̃ge] *vt* to distinguish.

**distraction** [distRaksjɔ̃] *nf* *(manque d'attention)* absent-mindedness; *(oubli)* lapse (in concentration *ou* attention); *(détente)* diversion, recreation; *(passe-temps)* distraction, entertainment.

**distraire** [distRɛR] *vt* *(déranger)* to distract; *(divertir)* to entertain, divert; *(détourner: somme d'argent)* to divert, mis-appropriate; **se ~** to amuse *ou* enjoy o.s.

**distrait, e** [distRɛ, -ɛt] *a* absent-minded.

**distribuer** [distRibчe] *vt* to distribute; to hand out; *(CARTES)* to deal (out); *(courrier)* to deliver; **distributeur** *nm* *(COMM)* distributor; *(automatique)* (vending *ou* slot) machine; **distribution** *nf* distribution; *(postale)* delivery; *(choix d'acteurs)* casting, cast; **distribution des prix** *(SCOL)* prize giving.

**district** [distRik(t)] *nm* district.

**dites** *vb voir* **dire**.

**dit, e** [di, dit] *pp de* **dire** // *a* *(fixé)*: **le jour ~** the arranged day; *(surnommé)*: **X, ~ Pierrot X,** known as *ou* called Pierrot.

**dithyrambique** [ditiRãbik] *a* eulogistic.

**diurétique** [djyRetik] *a* a diuretic.

**diurne** [djyRn(ə)] *a* diurnal, daytime *cpd*.

**divagations** [divagɑsjɔ̃] *nfpl* wanderings, ramblings; ravings.

**divaguer** [divage] *vi* to ramble; to rave.

**divan** [divã] *nm* divan; **~-lit** *nm* divan (bed).

**divergence** [divɛRʒãs] *nf* divergence.

**divergent, e** [divɛRʒã, -ã] *a* divergent.

**diverger** [divɛRʒe] *vi* to diverge.

**divers, e** [divɛR, -ɛRs(ə)] *a* *(varié)* diverse, varied; *(différent)* different, various, // *dét* *(plusieurs)* various, several; **(frais) ~** sundries, miscellaneous (expenses);

**diversement** *ad* in various *ou* diverse ways; **diversifier** *vt* to diversify.

**diversion** [divɛRsjɔ̃] *nf* diversion; **faire ~** to create a diversion.

**diversité** [divɛRsite] *nf* diversity; variety.

**divertir** [divɛRtiR] *vt* to amuse, entertain; **se ~** to amuse *ou* enjoy o.s.; **divertissement** *nm* entertainment; *(MUS)* divertimento, divertissement.

**dividende** [dividãd] *nm* *(MATH, COMM)* dividend.

**divin, e** [divɛ̃, -in] *a* divine; **diviniser** *vt* to deify; **divinité** *nf* divinity.

**diviser** [divize] *vt* *(gén, MATH)* to divide; *(morceler, subdiviser)* to divide (up), split (up); **diviseur** *nm* *(MATH)* divisor; **division** *nf* *(gén)* division.

**divorce** [divɔRs(ə)] *nm* divorce; **divorcé, e** *nm/f* divorcee; **divorcer** *vi* to get a divorce, get divorced; **divorcer de** *ou* **d'avec qn** to divorce sb.

**divulgation** [divylgɑsjɔ̃] *nf* disclosure.

**divulguer** [divylge] *vt* to divulge, disclose.

**dix** [dis] *num* ten; **dixième** *num* tenth.

**dizaine** [dizɛn] *nf* *(10)* ten; *(environ 10)*: **une ~ (de)** about ten, ten or so.

**do** [do] *nm* *(note)* C; *(en chantant la gamme)* do(h).

**docile** [dɔsil] *a* docile; **docilité** *nf* docility.

**dock** [dɔk] *nm* dock.

**docker** [dɔkɛR] *nm* docker.

**docte** [dɔkt(ə)] *a* learned.

**docteur** [dɔktœR] *nm* doctor.

**doctoral, e, aux** [dɔktɔRal, -o] *a* pompous, bombastic.

**doctorat** [dɔktɔRa] *nm*: **~ d'Université** ≈ Ph.D.; **~ d'état** ≈ Higher Doctorate.

**doctoresse** [dɔktɔRɛs] *nf* lady doctor.

**doctrinaire** [dɔktRinɛR] *a* doctrinaire; pompous, sententious.

**doctrine** [dɔktRin] *nf* doctrine.

**document** [dɔkymã] *nm* document.

**documentaire** [dɔkymãtɛR] *a, nm* documentary.

**documentaliste** [dɔkymãtalist(ə)] *nm/f* archivist; researcher.

**documentation** [dɔkymãtɑsjɔ̃] *nf* documentation, literature; *(PRESSE, TV: service)* research.

**documenté, e** [dɔkymãte] *a* well-informed, well-documented; well-researched.

**documenter** [dɔkymãte] *vt*: **se ~ (sur)** to gather information *ou* material (on *ou* about).

**dodeliner** [dɔdline] *vi*: **~ de la tête** to nod one's head gently.

**dodo** [dɔdo] *nm*: **aller faire ~** to go to bye-byes.

**dodu, e** [dɔdy] *a* plump.

**dogmatique** [dɔgmatik] *a* dogmatic.

**dogme** [dɔgm(ə)] *nm* dogma.

**dogue** [dɔg] *nm* mastiff.

**doigt** [dwa] *nm* finger; **à deux ~s de** within an ace *ou* an inch of; **un ~ de lait/whisky** a drop of milk/whisky; **~ de pied** toe.

**doigté** [dwate] *nm* *(MUS)* fingering; fingering technique; *(fig: habileté)* diplomacy, tact.

**doigtier** [dwatje] *nm* fingerstall.

**doit** *etc vb voir* **devoir**.

**doléances** [dɔleãs] *nfpl* complaints; grievances.

**dolent, e** [dɔlã, -ãt] *a* doleful, mournful.

**dollar** [dɔlar] *nm* dollar.

**D.O.M.** [parfois dɔm] *sigle m ou mpl* = *département(s) d'outre-mer*.

**domaine** [dɔmɛn] *nm* estate, property; *(fig)* domain, field; **tomber dans le ~ public** *(JUR)* to be out of copyright.

**domanial, e, aux** [dɔmanjal, -jo] *a (forêt, biens)* national, state *cpd*.

**dôme** [dom] *nm* dome.

**domesticité** [dɔmɛstisite] *nf* (domestic) staff.

**domestique** [dɔmɛstik] *a* domestic // *nm/f* servant, domestic.

**domestiquer** [dɔmɛstike] *vt* to domesticate.

**domicile** [dɔmisil] *nm* home, place of residence; **à ~** at home; **domicilié, e** *a*: **être domicilié à** to have one's home in *ou* at.

**dominant, e** [dɔminã, -ãt] *a* dominant; predominant.

**dominateur, trice** [dɔminatœR, -tRis] *a* dominating; domineering.

**domination** [dɔminɑsjɔ̃] *nf* domination.

**dominer** [dɔmine] *vt* to dominate; *(passions etc)* to control, master; *(surpasser)* to outclass, surpass; *(surplomber)* to tower above, dominate // *vi* to be in the dominant position; **se ~** to control o.s.

**dominical, e, aux** [dɔminikal, -o] *a* Sunday *cpd*, dominical.

**domino** [dɔmino] *nm* domino; **~s** *nmpl (jeu)* dominoes *sg*.

**dommage** [dɔmaʒ] *nm (préjudice)* harm, injury; *(dégâts, pertes)* damage *q*; **c'est ~ de faire/que** it's a shame *ou* pity to do/that; **~s-intérêts** *nmpl* damages.

**dompter** [dɔ̃te] *vt* to tame; **dompteur, euse** *nm/f* trainer; liontamer.

**don** [dɔ̃] *nm (cadeau)* gift; *(charité)* donation; *(aptitude)* gift, talent; **avoir des ~s pour** to have a gift *ou* talent for.

**donateur, trice** [dɔnatœR, -tRis] *nm/f* donor.

**donation** [dɔnɑsjɔ̃] *nf* donation.

**donc** [dɔ̃k] *cj* therefore, so; *( après une digression)* so, then.

**donjon** [dɔ̃ʒɔ̃] *nm* keep, donjon.

**donné, e** [dɔne] *a (convenu)* given // *nf (MATH, gén)* datum *(pl* data); **étant ~ ...** given ... .

**donner** [dɔne] *vt* to give; *(vieux habits etc)* to give away; *(spectacle)* to show; to put on; **~ qch à qn** to give sb sth, give sth to sb; **~ sur** *(suj: fenêtre, chambre)* to look (out) onto; **~ dans** *(piège etc)* to fall into; **se ~ à fond (à son travail)** to give one's all (to one's work); **s'en ~ à cœur joie** *(fam)* to have a great time (of it).

**donneur, euse** [dɔnœR, -øz] *nm/f (MÉD)* donor; *(CARTES)* dealer; **~ de sang** blood donor.

**dont** [dɔ̃] *pronom relatif*: **la maison ~ je vois le toit** the house whose roof I can see, the house I can see the roof of; **la maison ~ le toit est rouge** the house whose roof is red *ou* the roof of which is red; **l'homme ~ je connais la sœur** the man whose sister I know; **10 blessés, ~ 2 grièvement** 10 injured, 2 of them seriously; **2 livres, ~ l'un est** 2 books, one of which is; **il y avait plusieurs personnes, ~ Gabrielle** there were several people, among whom was Gabrielle; **le fils ~ il est si fier** the son he's so proud of; **ce ~ je parle** what I'm talking about; *voir adjectifs et verbes à complément prépositionnel*; **responsable de, souffrir de** *etc*.

**dorade** [dɔRad] *nf* = **daurade**.

**doré, e** [dɔRe] *a* golden; *(avec dorure)* gilt, gilded.

**dorénavant** [dɔRenavã] *ad* from now on, henceforth.

**dorer** [dɔRe] *vt (cadre)* to gild; **(faire) ~** *(CULIN)* to brown (in the oven).

**dorloter** [dɔRlɔte] *vt* to pamper, cosset.

**dormant, e** [dɔRmã, -ãt] *a*: **eau ~e** still water.

**dormeur, euse** [dɔRmœR, -øz] *nm/f* sleeper.

**dormir** [dɔRmiR] *vi* to sleep; *(être endormi)* to be asleep.

**dorsal, e, aux** [dɔRsal, -o] *a* dorsal.

**dortoir** [dɔRtwaR] *nm* dormitory.

**dorure** [dɔRyR] *nf* gilding.

**doryphore** [dɔRifɔR] *nm* Colorado beetle.

**dos** [do] *nm* back; *(de livre)* spine; **'voir au ~'** 'see over'; **de ~** from the back, from behind; **à ~ de chameau** riding on a camel.

**dosage** [dozaʒ] *nm* mixture.

**dos-d'âne** [dodan] *nm* humpback.

**dose** [doz] *nf* dose.

**doser** [doze] *vt* to measure out; to mix in the correct proportions; *(fig)* to expend in the right amounts *ou* proportion; to strike a balance between; **doseur** *nm* measure.

**dossard** [dosaR] *nm* number *(worn by competitor)*.

**dossier** [dosje] *nm (renseignements, fichier)* file; *(enveloppe)* folder, file; *(de chaise)* back.

**dot** [dɔt] *nf* dowry.

**doter** [dɔte] *vt*: **~ qn/qch de** to equip sb/sth with.

**douairière** [dwɛRjɛR] *nf* dowager.

**douane** [dwan] *nf (poste, bureau)* customs *pl*; *(taxes)* (customs) duty; **passer la ~** to go through customs; **douanier, ière** *a* customs *cpd* // *nm* customs officer.

**doublage** [dublaʒ] *nm (CINÉMA)* dubbing.

**double** [dubl(e)] *a, ad* double // *nm (2 fois plus)*: **le ~ (de)** twice as much *(ou* many) (as), double the amount *(ou* number) (of); *(autre exemplaire)* duplicate, copy; *(sosie)* double; **en ~ (exemplaire)** in duplicate; **faire ~ emploi** to be redundant; **~ carburateur** twin carburettor; **à ~s commandes** dual-control; **~ messieurs/mixte** men's/mixed doubles *sg*; **~ toit** *(de tente)* fly sheet.

**doublé, e** [duble] *a (vêtement)*: **~ (de)** lined (with).

**doublement** [dubləmã] *nm* doubling;

twofold increase // ad doubly; in two ways, on two counts.

**doubler** [duble] vt (multiplier par 2) to double; (vêtement) to line; (dépasser) to overtake, pass; (film) to dub; (acteur) to stand in for // vi to double, increase twofold; ~ (la classe) (scol) to repeat a year.

**doublure** [dublyʀ] nf lining; (CINÉMA) stand-in.

**douce** [dus] a voir doux; ~âtre a sickly sweet; ~ment ad gently; slowly; ~reux, euse a (péj) sugary, suave; **douceur** nf mildness; gentleness; softness; sweetness; **douceurs** nfpl (friandises) sweets.

**douche** [duʃ] nf shower; ~s nfpl (salle) shower room sg; se doucher to have ou take a shower.

**doué, e** [dwe] a gifted, talented; ~ de endowed with.

**douille** [duj] nf (ÉLEC) socket; (de projectile) case.

**douillet, te** [dujɛ, -ɛt] a cosy; (péj) soft.

**douleur** [dulœʀ] nf pain; (chagrin) grief, distress; **il a eu la ~ de perdre son père** he suffered the grief of losing his father; **douloureux, euse** a painful.

**doute** [dut] nm doubt; **sans ~** ad no doubt.

**douter** [dute] vt to doubt; ~ **de** vt (allié) to doubt, have (one's) doubts about; (résultat) to be doubtful of; **se ~ de qch/que** to suspect sth/that; **je m'en doutais** I suspected as much.

**douteux, euse** [dutø, -øz] a (incertain) doubtful; (discutable) dubious, questionable; (péj) dubious-looking.

**douve** [duv] nf (de château) moat; (de tonneau) stave.

**Douvres** [duvʀ(ə)] n Dover.

**doux, douce** [du, dus] a (lisse, moelleux, pas vif: couleur, non calcaire: eau) soft; (sucré, agréable) sweet; (peu fort: moutarde etc, clément: climat) mild; (pas brusque) gentle.

**douzaine** [duzɛn] nf (12) dozen; (environ 12): **une ~ (de)** a dozen or so, twelve or so.

**douze** [duz] num twelve; **douzième** num twelfth.

**doyen, ne** [dwajɛ̃, -ɛn] nm/f (en âge, ancienneté) most senior member; (de faculté) dean.

**draconien, ne** [dʀakɔnjɛ̃, -jɛn] a draconian; stringent.

**dragage** [dʀagaʒ] nm dredging.

**dragée** [dʀaʒe] nf sugared almond; (MÉD) (sugar-coated) pill.

**dragon** [dʀagɔ̃] nm dragon.

**drague** [dʀag] nf (filet) dragnet; (bateau) dredger; **draguer** vt (rivière) to dredge; to drag // vi (fam) to try and pick up girls; to chat up birds; **dragueur de mines** nm minesweeper.

**drainage** [dʀɛnaʒ] nm drainage.

**drainer** [dʀene] vt to drain.

**dramatique** [dʀamatik] a dramatic; (tragique) tragic // nf (TV) (television) drama.

**dramatiser** [dʀamatize] vt to dramatize.

**dramaturge** [dʀamatyʀʒ(ə)] nm dramatist, playwright.

**drame** [dʀam] nm (THÉÂTRE) drama; (catastrophe) drama, tragedy.

**drap** [dʀa] nm (de lit) sheet; (tissu) woollen fabric.

**drapeau, x** [dʀapo] nm flag; **sous les ~x** with the colours, in the army.

**draper** [dʀape] vt to drape.

**draperies** [dʀapʀi] nfpl hangings.

**drapier** [dʀapje] nm (woollen) cloth manufacturer; (marchand) clothier.

**dresser** [dʀese] vt (mettre vertical, monter: tente) to put up, erect; (fig: liste, bilan, contrat) to draw up; (animal) to train; **se ~** vi (falaise, obstacle) to stand; to tower (up); (personne) to draw o.s. up; ~ **qn contre qn d'autre** to set sb against sb else.

**dresseur, euse** [dʀesœʀ, -øz] nm/f trainer.

**dressoir** [dʀeswaʀ] nm dresser.

**dribbler** [dʀible] vt, vi (SPORT) to dribble.

**drogue** [dʀɔg] nf drug; **la ~** drugs pl.

**drogué, e** [dʀɔge] nm/f drug addict.

**droguer** [dʀɔge] vt (victime) to drug; (malade) to give drugs to; **se ~** (aux stupéfiants) to take drugs; (péj: de médicaments) to dose o.s. up.

**droguerie** [dʀɔgʀi] nf hardware shop.

**droguiste** [dʀɔgist(ə)] nm keeper (ou owner) of a hardware shop.

**droit, e** [dʀwa, dʀwat] a (non courbe) straight; (vertical) upright, straight; (fig: loyal, franc) upright, straight(forward); (opposé à gauche) right, right-hand // ad straight // nm (prérogative) right; (taxe) duty, tax; (: d'inscription) fee; (lois, branche): **le ~** law // nf (ligne) straight line; **avoir le ~ de** to be allowed to; **avoir ~ à** to be entitled to; **être en ~ de** to have a ou the right to; **faire ~ à** to grant, accede to; **être dans son ~** to be within one's rights; **à ~e** on the right; (direction) (to the) right; **de ~e** (POL) right-wing; ~ **d'auteur** copyright; ~**s d'auteur** royalties; **le ~ de vote** the (right to) vote.

**droitier, ière** [dʀwatje, -jɛʀ] nm/f right-handed person.

**droiture** [dʀwatyʀ] nf uprightness, straightness.

**drôle** [dʀol] a (amusant) funny, amusing; (bizarre) funny, peculiar.

**dromadaire** [dʀɔmadɛʀ] nm dromedary.

**dru, e** [dʀy] a (cheveux) thick, bushy; (pluie) heavy.

**drugstore** [dʀœgstɔʀ] nm drugstore.

**D.S.T.** sigle f = direction de la surveillance du territoire (the French internal security service).

**du** [dy] prép + dét, dét voir de.

**dû, due** [dy] vb voir devoir // a (somme) owing, owed; (: venant à échéance) due; (causé par): ~ **à** due to // nm due; (somme) dues pl.

**dubitatif, ive** [dybitatif, -iv] a doubtful, dubious.

**duc** [dyk] nm duke; **duché** nm dukedom; **duchesse** nf duchess.

**duel** [dyɛl] nm duel.

**dûment** [dymɑ̃] ad duly.

**dune** [dyn] nf dune.
**Dunkerque** [dœkɛʀk] n Dunkirk.
**duo** [dɥo] nm (MUS) duet; (fig: couple) duo, pair.
**dupe** [dyp] nf dupe // a: **(ne pas) être ~ de** (not) to be taken in by.
**duper** [dype] vt to dupe, deceive.
**duperie** [dypʀi] nf deception, dupery.
**duplex** [dyplɛks] nm (appartement) split-level appartment, duplex.
**duplicata** [dyplikata] nm duplicate.
**duplicateur** [dyplikatœʀ] nm duplicator.
**duplicité** [dyplisite] nf duplicity.
**duquel** [dykɛl] prép + pronom voir **lequel**.
**dur, e** [dyʀ] a (pierre, siège, travail, problème) hard; (lumière, voix, climat) harsh; (sévère) hard, harsh; (cruel) hard(-hearted); (porte, col) stiff; (viande) tough // ad hard; **~ d'oreille** hard of hearing.
**durable** [dyʀabl(ə)] a lasting.
**durant** [dyʀɑ̃] prép (au cours de) during; (pendant) for; **~ des mois, des mois ~** for months.
**durcir** [dyʀsiʀ] vt, vi, **se ~** vi to harden.
**durcissement** [dyʀsismɑ̃] nm hardening.
**durée** [dyʀe] nf length; (d'une pile etc) life; (déroulement: des opérations etc) duration; **pour une ~ illimitée** for an unlimited length of time.
**durement** [dyʀmɑ̃] ad harshly.
**durer** [dyʀe] vi to last.
**dureté** [dyʀte] nf hardness; harshness; stiffness; toughness.
**durit** [dyʀit] nf ® (radiator) hose (for car).
**dus** etc vb voir **devoir**.
**duvet** [dyvɛ] nm down; **(sac de couchage en) ~** down-filled sleeping bag.
**dynamique** [dinamik] a dynamic.
**dynamisme** [dinamism(ə)] nm dynamism.
**dynamite** [dinamit] nf dynamite.
**dynamiter** [dinamite] vt to (blow up with) dynamite.
**dynamo** [dinamo] nf dynamo.
**dynastie** [dinasti] nf dynasty.
**dysenterie** [disɑ̃tʀi] nf dysentery.
**dyslexie** [dislɛksi] nf dyslexia, word-blindness.
**dyspepsie** [dispɛpsi] nf dyspepsia.

### E

**eau, x** [o] nf water // nfpl waters; **prendre l'~** to leak, let in water; **faire ~** to leak; **tomber à l'~** (fig) to fall through; **~ de Cologne** Eau de Cologne; **~ courante** running water; **~ douce** fresh water; **~ de Javel** bleach; **~ minérale** mineral water; **~ salée** salt water; **~ de toilette** toilet water; **les E~x et Forêts** (ADMIN) ≈ the National Forestry Commission; **~-de-vie** nf brandy; **~-forte** nf etching.
**ébahi, e** [ebai] a dumbfounded, flabbergasted.
**ébats** [eba] nmpl frolics, gambols.
**ébattre** [ebatʀ(ə)]: **s'~** vi to frolic.
**ébauche** [eboʃ] nf (rough) outline, sketch.
**ébaucher** [eboʃe] vt to sketch out, outline; **s'~** vi to take shape.

**ébène** [ebɛn] nf ebony.
**ébéniste** [ebenist(ə)] nm cabinetmaker;
**ébénisterie** nf cabinetmaking; (bâti) cabinetwork.
**éberlué, e** [ebɛʀlɥe] a astounded, flabbergasted.
**éblouir** [ebluiʀ] vt to dazzle.
**éblouissement** [ebluismɑ̃] nm dazzle; (faiblesse) dizzy turn.
**éborgner** [ebɔʀɲe] vt: **~ qn** to blind sb in one eye.
**éboueur** [ebwœʀ] nm dustman.
**ébouillanter** [ebujɑ̃te] vt to scald; (CULIN) to blanch.
**éboulement** [ebulmɑ̃] nm falling rocks pl, rock fall.
**ébouler** [ebule]: **s'~** vi to crumble, collapse.
**éboulis** [ebuli] nmpl fallen rocks.
**ébouriffé, e** [ebuʀife] a tousled, ruffled.
**ébranler** [ebʀɑ̃le] vt to shake; (rendre instable: mur) to weaken; **s'~** vi (partir) to move off.
**ébrécher** [ebʀeʃe] vt to chip.
**ébriété** [ebʀijete] nf: **en état d'~** in a state of intoxication.
**ébrouer** [ebʀue]: **s'~** vi to shake o.s.; to snort.
**ébruiter** [ebʀɥite] vt to spread, disclose.
**ébullition** [ebylisjɔ̃] nf boiling point; **en ~ boiling;** (fig) in an uproar.
**écaille** [ekaj] nf (de poisson) scale; (de coquillage) shell; (matière) tortoiseshell; (de roc etc) flake.
**écailler** [ekaje] vt (poisson) to scale; (huître) to open; **s'~** vi to flake or peel (off).
**écarlate** [ekaʀlat] a scarlet.
**écarquiller** [ekaʀkije] vt: **~ les yeux** to stare wide-eyed.
**écart** [ekaʀ] nm gap; (embardée) swerve; sideways leap; (fig) departure, deviation; **à l'~** out of the way; **à l'~ de** prép away from; (fig) out of; **~ de conduite** misdemeanour.
**écarté, e** [ekaʀte] a (maison, route) out-of-the-way, remote; (ouvert): **les jambes ~es** legs apart; **les bras ~s** arms outstretched.
**écarteler** [ekaʀtəle] vt to quarter; (fig) to tear.
**écartement** [ekaʀtəmɑ̃] nm space, gap; (RAIL) gauge.
**écarter** [ekaʀte] vt (séparer) to move apart, separate; (éloigner) to push back, move away; (ouvrir: bras, jambes) to spread, open; (: rideau) to draw (back); (éliminer: candidat, possibilité) to dismiss; **s'~** vi to part; to move away; **s'~ de** to wander from.
**ecchymose** [ekimoz] nf bruise.
**ecclésiastique** [eklezjastik] a ecclesiastical // nm ecclesiastic.
**écervelé, e** [esɛʀvale] a scatterbrained, featherbrained.
**échafaud** [eʃafo] nm scaffold.
**échafaudage** [eʃafodaʒ] nm scaffolding; (fig) heap, pile.
**échafauder** [eʃafode] vt (plan) to construct.

échalas [eʃala] nm stake, pole.

échalote [eʃalɔt] nf shallot.

échancrure [eʃɑ̃kRyR] nf (de robe) scoop neckline; (de côte, arête rocheuse) indentation.

échange [eʃɑ̃ʒ] nm exchange; en ~ de in exchange ou return for.

échanger [eʃɑ̃ʒe] vt: ~ qch (contre) to exchange sth (for); échangeur nm (AUTO) interchange.

échantillon [eʃɑ̃tijɔ̃] nm sample; échantillonnage nm selection of samples.

échappatoire [eʃapatwaR] nf way out.

échappée [eʃape] nf (vue) vista; (CYCLISME) breakaway.

échappement [eʃapmɑ̃] nm (AUTO) exhaust.

échapper [eʃape]: ~ à vt (gardien) to escape (from); (punition, péril) to escape; ~ à qn (détail, sens) to escape sb; (objet qu'on tient) to slip out of sb's hands; s'~ vi to escape; l'~ belle to have a narrow escape.

écharde [eʃaRd(ə)] nf splinter (of wood).

écharpe [eʃaRp(ə)] nf scarf (pl scarves); (de maire) sash; avoir un bras en ~ to have one's arm in a sling; prendre en ~ (dans une collision) to hit sideways on.

écharper [eʃaRpe] vt to tear to pieces.

échasse [eʃɑs] nf stilt.

échassier [eʃɑsje] nm wader.

échauffement [eʃofmɑ̃] nm overheating.

échauffer [eʃofe] vt (métal, moteur) to overheat; (fig: exciter) to fire, excite; s'~ (SPORT) to warm up; (dans la discussion) to become heated.

échauffourée [eʃofuRe] nf clash, brawl.

échéance [eʃeɑ̃s] nf (d'un paiement: date) settlement date; (: somme due) financial commitment(s); (fig) deadline; à brève/longue ~ a short-/long-term // ad in the short/long run.

échéant [eʃeɑ̃]: le cas ~ ad if the case arises.

échec [eʃɛk] nm failure; (ÉCHECS): ~ et mat/au roi checkmate/check; ~s nmpl (jeu) chess sg; tenir en ~ to hold in check; faire ~ à to foil ou thwart.

échelle [eʃɛl] nf (d'une carte) ladder; (fig, d'une carte) scale; à l'~ de on the scale of; sur une grande ~ on a large scale; faire la courte ~ à qn to give sb a leg up.

échelon [eʃlɔ̃] nm (d'échelle) rung; (ADMIN) grade.

échelonner [eʃlɔne] vt to space out, spread out.

écheveau, x [ɛʃvo] nm skein, hank.

échevelé, e [eʃəvle] a tousled, dishevelled; wild, frenzied.

échine [eʃin] nf backbone, spine.

échiquier [eʃikje] nm chessboard.

écho [eko] nm echo; ~s nmpl (potins) gossip sg, rumours.

échoir [eʃwaR] vi (dette) to fall due; (délais) to expire; ~ à vt to fall to.

échoppe [eʃɔp] nf stall, booth.

échouer [eʃwe] vi to fail // vt (bateau) to ground; s'~ vi to run aground.

échu, e [eʃy] pp voir échoir.

éclabousser [eklabuse] vt to splash.

éclair [eklɛR] nm (d'orage) flash of lightning, lightning q; (fig) flash, spark; (gâteau) éclair.

éclairage [eklɛRaʒ] nm lighting.

éclaircie [eklɛRsi] nf bright ou sunny interval.

éclaircir [eklɛRsiR] vt to lighten; (fig) to clear up; to clarify; (CULIN) to thin (down); s'~ la voix to clear one's throat; éclaircissement nm clearing up; clarification.

éclairer [ekleRe] vt (lieu) to light (up); (personne: avec une lampe de poche etc) to light the way for; (fig) to enlighten; to shed light on // vi: ~ mal/bien to give a poor/good light; s'~ à la bougie/l'électricité to use candlelight/have electric lighting.

éclaireur, euse [eklɛRœR, -øz] nm/f (scout) (boy) scout/(girl) guide // nm (MIL) scout; partir en ~ to go off to reconnoitre.

éclat [ekla] nm (de bombe, de verre) fragment; (du soleil, d'une couleur etc) brightness, brilliance; (d'une cérémonie) splendour; (scandale): faire un ~ to cause a commotion; des ~s de verre broken glass; flying glass; ~ de rire burst ou roar of laughter; ~ de voix shout.

éclatant, e [eklatɑ̃, -ɑ̃t] a brilliant, bright.

éclater [eklate] vi (pneu) to burst; (bombe) to explode; (guerre, épidémie) to break out; (groupe, parti) to break up; ~ de rire to burst out laughing.

éclipse [eklips(ə)] nf eclipse.

éclipser [eklipse] vt to eclipse; s'~ vi to slip away.

éclopé, e [eklɔpe] a lame.

éclore [eklɔR] vi (œuf) to hatch; (fleur) to open (out).

écluse [eklyz] nf lock; éclusier nm lock keeper.

écœurer [ekœRe] vt: ~ qn to make sb feel sick.

école [ekɔl] nf school; aller à l'~ to go to school; faire ~ to collect a following; ~ de dessin/danse art/dancing school; ~ hôtelière catering college; ~ normale (d'instituteurs) teachers' training college; ~ de secrétariat secretarial college; écolier, ière nm/f schoolboy/girl.

écologie [ekɔlɔʒi] nf ecology; environmental studies pl; écologique a ecological; environmental; écologiste nm/f ecologist; environmentalist.

éconduire [ekɔ̃dɥiR] vt to dismiss.

économat [ekɔnɔma] nm bursar's office.

économe [ekɔnɔm] a thrifty // nm/f (de lycée etc) bursar.

économie [ekɔnɔmi] nf (vertu) economy, thrift; (gain: d'argent, de temps etc) saving; (science) economics sg; (situation économique) economy; ~s nfpl (pécule) savings; économique a (avantageux) economical; (ÉCON) economic.

économiser [ekɔnɔmize] vt, vi to save.

économiste [ekɔnɔmist(ə)] nm/f economist.

écoper [ekɔpe] vi to bale out; (fig) to cop it; ~ (de) vt to get.

écorce [ekɔRs(ə)] nf bark; (de fruit) peel; écorcer vt to bark.

**écorché** [ekɔʀʃe] nm cut-away drawing.
**écorcher** [ekɔʀʃe] vt (animal) to skin;
(égratigner) to graze; **écorchure** nf graze.
**écossais, e** [ekɔsɛ, -ɛz] a Scottish //
nm/f: **E~, e** Scot.
**Écosse** [ekɔs] nf Scotland.
**écosser** [ekɔse] vt to shell.
**écot** [eko] nm: **payer son ~** to pay one's
share.
**écouler** [ekule] vt to sell; to dispose of;
**s'~** vi (eau) to flow (out); (jours, temps)
to pass (by).
**écourter** [ekuʀte] vt to curtail, cut short.
**écoute** [ekut] nf (RADIO, TV): **temps/heure
d'~** listening (ou viewing) time/hour;
**prendre l'~** to tune in; **rester à l'~ (de)**
to stay listening (to) ou tuned in (to); **~s
téléphoniques** phone tapping sg.
**écouter** [ekute] vt to listen to; **écouteur**
nm (TÉL) receiver; (RADIO) headphones pl,
headset.
**écoutille** [ekutij] nf hatch.
**écran** [ekʀɑ̃] nm screen.
**écrasant, e** [ekʀazɑ̃, -ɑ̃t] a overwhelming.
**écraser** [ekʀaze] vt to crush; (piéton) to
run over; **s'~ (au sol)** to crash; **s'~
contre** to crash into.
**écrémer** [ekʀeme] vt to skim.
**écrevisse** [ekʀəvis] nf crayfish inv.
**écrier** [ekʀije]: **s'~** vi to exclaim.
**écrin** [ekʀɛ̃] nm case, box.
**écrire** [ekʀiʀ] vt to write; **ça s'écrit
comment?** how is it spelt?, how do you
write that?; **écrit** nm document; (examen)
written paper; **par écrit** in writing.
**écriteau, x** [ekʀito] nm notice, sign.
**écritoire** [ekʀitwaʀ] nf writing case.
**écriture** [ekʀityʀ] nf writing; (COMM)
entry; **~s** nfpl (COMM) accounts, books;
**l'É~ (sainte), les É~s** the Scriptures.
**écrivain** [ekʀivɛ̃] nm writer.
**écrou** [ekʀu] nm nut.
**écrouer** [ekʀue] vt to imprison; to
remand in custody.
**écrouler** [ekʀule]: **s'~** vi to collapse.
**écru, e** [ekʀy] a (toile) raw, unbleached.
**écueil** [ekœj] nm reef; (fig) pitfall;
stumbling block.
**écuelle** [ekɥɛl] nf bowl.
**éculé, e** [ekyle] a (chaussure) down-
at-heel; (fig: péj) hackneyed.
**écume** [ekym] nf foam; (CULIN) scum;
**écumer** vt (CULIN) to skim; (fig) to plunder
// vi (mer) to foam; (fig) to boil with rage;
**écumoire** nf skimmer.
**écureuil** [ekyʀœj] nm squirrel.
**écurie** [ekyʀi] nf stable.
**écusson** [ekysɔ̃] nm badge.
**écuyer, ère** [ekɥije, -ɛʀ] nm/f rider.
**eczéma** [ɛgzema] nm eczema.
**édenté, e** [edɑ̃te] a toothless.
**E.D.F.** sigle f = Électricité de France, ≈
Electricity Board.
**édifice** [edifis] nm building, edifice.
**édifier** [edifje] vt to build, erect; (fig) to
edify.
**édiles** [edil] nmpl city fathers.
**édit** [edi] nm edict.
**éditer** [edite] vt (publier) to publish;
(: disque) to produce; (préparer: texte) to

edit; **éditeur, trice** nm/f editor;
publisher; **édition** nf editing q; edition;
(industrie du livre) publishing.
**éditorial, aux** [editɔʀjal, -o] nm editorial,
leader; **~iste** nm/f editorial ou leader
writer.
**édredon** [edʀədɔ̃] nm eiderdown.
**éducatif, ive** [edykatif, -iv] a educational.
**éducation** [edykasjɔ̃] nf education;
(familiale) upbringing; (manières) (good)
manners pl; **l'É~ (Nationale)** ≈ The
Department of Education; **~ physique**
physical education.
**édulcorer** [edylkɔʀe] vt to sweeten; (fig)
to tone down.
**éduquer** [edyke] vt to educate; (élever) to
bring up; (faculté) to train.
**effacer** [efase] vt to erase, rub out; **s'~**
vi (inscription etc) to wear off; (pour laisser
passer) to step aside; **~ le ventre** to pull
one's stomach in.
**effarement** [efaʀmɑ̃] nm alarm.
**effarer** [efaʀe] vt to alarm.
**effaroucher** [efaʀuʃe] vt to frighten ou
scare away; to alarm.
**effectif, ive** [efɛktif, -iv] a real; effective
// nm (MIL) strength; (SCOL) total number
of pupils, size; **~s** nmpl numbers,
strength sg; **effectivement** ad effectively;
(réellement) actually, really; (en effet)
indeed.
**effectuer** [efɛktɥe] vt (opération, mission)
to carry out; (déplacement, trajet) to make,
complete; (mouvement) to execute, make.
**efféminé, e** [efemine] a effeminate.
**effervescent, e** [efɛʀvesɑ̃, -ɑ̃t] a (cachet,
boisson) effervescent; (fig) agitated, in a
turmoil.
**effet** [efɛ] nm (résultat, artifice) effect;
(impression) impression; **~s** nmpl
(vêtements etc) things; **faire de l'~**
(médicament, menace) to have an effect, be
effective; **en ~** ad indeed.
**effeuiller** [efœje] vt to remove the leaves
(ou petals) from.
**efficace** [efikas] a (personne) efficient;
(action, médicament) effective; **efficacité**
nf efficiency; effectiveness.
**effigie** [efiʒi] nf effigy.
**effilé, e** [efile] a slender; sharp;
streamlined.
**effiler** [efile] vt (cheveux) to thin (out);
(tissu) to fray.
**effilocher** [efilɔʃe]: **s'~** vi to fray.
**efflanqué, e** [eflɑ̃ke] a emaciated.
**effleurer** [eflœʀe] vt (personne) to brush (against);
(sujet, idée) to touch upon; (suj: idée,
pensée): **~ qn** to cross sb's mind.
**effluves** [eflyv] nmpl exhalation(s).
**effondrement** [efɔ̃dʀəmɑ̃] nm collapse.
**effondrer** [efɔ̃dʀe]: **s'~** vi to collapse.
**efforcer** [efɔʀse]: **s'~ de** vt: **s'~ de faire**
to try hard to do.
**effort** [efɔʀ] nm effort; **faire un ~** to
make an effort.
**effraction** [efʀaksjɔ̃] nf breaking-in;
**s'introduire par ~ dans** to break into.
**effrangé, e** [efʀɑ̃ʒe] a fringed; (effiloché)
frayed.
**effrayant, e** [efʀɛjɑ̃, -ɑ̃t] a frightening,
fearsome; (sens affaibli) dreadful.

**effrayer** [efʀeje] vt to frighten, scare; (*rebuter*) to put off; **s'~ (de)** to be frightened ou scared (by).

**effréné, e** [efʀene] a wild.

**effriter** [efʀite]: **s'~** vi to crumble.

**effroi** [efʀwɑ] nm terror, dread q.

**effronté, e** [efʀɔ̃te] a insolent, brazen.

**effroyable** [efʀwajabl(ə)] a horrifying, appalling.

**effusion** [efyzjɔ̃] nf effusion; **sans ~ de sang** without bloodshed.

**égailler** [egaje]: **s'~** vi to scatter, disperse.

**égal, e, aux** [egal, -o] a (*identique, ayant les mêmes droits*) equal; (*plan: surface*) even, level; (*constant: vitesse*) steady; (*équitable*) even // nm/f equal; **être ~ à** (*prix, nombre*) to be equal to; **ça lui est ~** it's all the same to him, it doesn't matter to him; **he doesn't mind; sans ~** matchless, unequalled; **à l'~ de** (*comme*) just like; **d'~ à ~** as equals; **~ement** ad equally, evenly; steadily; (*aussi*) too, as well; **~er** vt to equal; **~iser** vt (*sol, salaires*) to level (out); (*chances*) to equalize // vi (*SPORT*) to equalize; **~itaire** a egalitarian; **~ité** nf equality; evenness, steadiness; (*MATH*) identity; **être à ~ité (de points)** to be level; **~ité de droits** equality of rights; **~ité d'humeur** evenness of temper.

**égard** [egaʀ] nm: **~s** nmpl consideration sg; **à cet ~** in this respect; **eu ~ à** in view of; **par ~ pour** out of consideration for; **sans ~ pour** without regard for; **à l'~ de** prép towards; concerning.

**égarement** [egaʀmɑ̃] nm distraction, aberration.

**égarer** [egaʀe] vt (*objet*) to mislay; (*moralement*) to lead astray; **s'~** vi to get lost, lose one's way; (*objet*) to go astray; (*fig: dans une discussion*) to wander.

**égayer** [egeje] vt (*personne*) to amuse; to cheer up; (*récit, endroit*) to brighten up, liven up.

**égide** [eʒid] nf: **sous l'~ de** under the aegis of.

**églantier** [eglɑ̃tje] nm wild ou dog rose(-bush).

**églantine** [eglɑ̃tin] nf wild ou dog rose.

**églefin** [egləfɛ̃] nm haddock.

**église** [egliz] nf church; **aller à l'~** (*être pratiquant*) to go to church, be a churchgoer.

**égocentrique** [egɔsɑ̃tʀik] a egocentric, self-centred.

**égoïsme** [egɔism(ə)] nm selfishness, egoism; **égoïste** a selfish, egoistic // nm/f egoist.

**égorger** [egɔʀʒe] vt to cut the throat of.

**égosiller** [egozije]: **s'~** vi to shout o.s. hoarse.

**égout** [egu] nm sewer; **égoutier** nm sewer worker.

**égoutter** [egute] vt (*linge*) to wring out; (*vaisselle*) to drain // vi, **s'~** vi to drip; **égouttoir** nm draining board; (*mobile*) draining rack.

**égratigner** [egʀatiɲe] vt to scratch; **égratignure** nf scratch.

**égrener** [egʀəne] vt: **~ une grappe, ~ des raisins** to pick grapes off a bunch.

**égrillard, e** [egʀijaʀ, -aʀd(ə)] a ribald, bawdy.

**Égypte** [eʒipt(ə)] nf Egypt; **égyptien, ne** a, nm/f Egyptian; **égyptologie** nf Egyptology.

**eh** [e] excl hey!; **~ bien** well.

**éhonté, e** [eɔ̃te] a shameless, brazen.

**éjaculation** [eʒakylɑsjɔ̃] nf ejaculation.

**éjaculer** [eʒakyle] vi to ejaculate.

**éjectable** [eʒɛktabl(ə)] a: **siège ~** ejector seat.

**éjecter** [eʒɛkte] vt (*TECH*) to eject; (*fam*) to kick ou chuck out.

**élaboration** [elabɔʀɑsjɔ̃] nf elaboration.

**élaborer** [elabɔʀe] vt to elaborate.

**élaguer** [elage] vt to prune.

**élan** [elɑ̃] nm (*ZOOL*) elk, moose; (*SPORT: avant le saut*) run up; (*de véhicule ou objet en mouvement*) momentum; (*fig: de tendresse etc*) surge; **prendre son ~/de l'~** to take a run up/gather speed.

**élancé, e** [elɑ̃se] a slender.

**élancement** [elɑ̃smɑ̃] nm shooting pain.

**élancer** [elɑ̃se]: **s'~** vi to dash, hurl o.s.; (*fig: arbre, clocher*) to soar (upwards).

**élargir** [elaʀʒiʀ] vt to widen; (*vêtement*) to let out; (*JUR*) to release; **s'~** vi to widen; (*vêtement*) to stretch.

**élasticité** [elastisite] nf (*aussi ÉCON*) elasticity.

**élastique** [elastik] a elastic // nm (*de bureau*) rubber band; (*pour la couture*) elastic q.

**électeur, trice** [elɛktœʀ, -tʀis] nm/f elector, voter.

**élection** [elɛksjɔ̃] nf election; **~s** nfpl (*POL*) election(s); **~ partielle** ≈ by-election.

**électoral, e, aux** [elɛktɔʀal, -o] a electoral, election cpd.

**électorat** [elɛktɔʀa] nm electorate.

**électricien, ne** [elɛktʀisjɛ̃, -jɛn] nm/f electrician.

**électricité** [elɛktʀisite] nf electricity; **allumer/éteindre l'~** to put on/off the light; **~ statique** static electricity.

**électrifier** [elɛktʀifje] vt (*RAIL*) to electrify.

**électrique** [elɛktʀik] a electric.

**électriser** [elɛktʀize] vt to electrify.

**électro...** [elɛktʀo] préfixe: **~-aimant** nm electromagnet; **~cardiogramme** nm electrocardiogram; **~-choc** nm electric shock treatment; **~cuter** vt to electrocute; **~cution** nf electrocution; **électrode** nf electrode; **~encéphalogramme** nm electroencephalogram; **~gène** a: **groupe ~gène** generating set; **~lyse** nf electrolysis sg; **~magnétique** a: electromagnetic; **~ménager** a: **appareils ~ménagers** domestic (electrical) appliances.

**électron** [elɛktʀɔ̃] nm electron.

**électronicien, ne** [elɛktʀɔnisjɛ̃, -jɛn] nm/f electronics engineer.

**électronique** [elɛktʀɔnik] a electronic // nf electronics sg.

**électrophone** [elɛktʀɔfɔn] nm record player.

**élégance** [elegɑ̃s] nf elegance.

**élégant, e** [elegɑ̃, -ɑ̃t] a elegant; (*solution*)

neat, elegant; (*attitude, procédé*) courteous, civilized.

**élément** [elemɑ̃] *nm* element; (*pièce*) component, part; ~s *nmpl* (*aussi: rudiments*) elements; **élémentaire** *a* elementary; (*CHIMIE*) elemental.

**éléphant** [elefɑ̃] *nm* elephant.

**élevage** [ɛlvaʒ] *nm* breeding; (*de bovins*) cattle breeding *ou* rearing.

**élévateur** [elevatœʀ] *nm* elevator.

**élévation** [elevasjɔ̃] *nf* (*gén*) elevation; (*voir élever*) raising; (*voir s'élever*) rise.

**élève** [elɛv] *nm/f* pupil; ~ **infirmière** *nf* student nurse.

**élevé, e** [ɛlve] *a* (*prix, sommet*) high; (*fig: noble*) elevated; **bien/mal** ~ well-/ill-mannered.

**élever** [ɛlve] *vt* (*enfant*) to bring up, raise; (*bétail, volaille*) to breed; (*abeilles*) to keep; (*hausser: immeuble, taux, niveau*) to raise; (*fig: âme, esprit*) to elevate; (*édifier: monument*) to put up, erect; **s'**~ *vi* (*avion, alpiniste*) to go up; (*niveau, température, aussi: cri etc*) to rise; *survenir: difficultés*) to arise; **s'**~ **à** (*suj: frais, dégâts*) to amount to, add up to; **s'**~ **contre qch** to rise up against sth; ~ **une protestation/critique** to raise a protest/make a criticism; ~ **la voix** to raise one's voice; ~ **qn au rang de** to raise *ou* elevate sb to the rank of; **éleveur, euse** *nm/f* cattle breeder.

**élidé, e** [elide] *a* elided.

**éligible** [eliʒibl(ə)] *a* eligible.

**élimé, e** [elime] *a* worn (thin), threadbare.

**élimination** [eliminasjɔ̃] *nf* elimination.

**éliminatoire** [eliminatwaʀ] *a* eliminatory; disqualifying // *nf* (*SPORT*) heat.

**éliminer** [elimine] *vt* to eliminate.

**élire** [eliʀ] *vt* to elect; ~ **domicile à** to take up residence in *ou* at.

**élision** [elizjɔ̃] *nf* elision.

**élite** [elit] *nf* elite.

**elle** [ɛl] *pronom* (*sujet*) she; (*: chose*) it; (*complément*) her; it; ~**s** (*sujet*) they; (*complément*) them; ~**-même** herself; itself; ~**s-mêmes** themselves; *voir note sous* **il**.

**ellipse** [elips(ə)] *nf* ellipse; (*LING*) ellipsis *sg*; **elliptique** *a* elliptical.

**élocution** [elɔkysjɔ̃] *nf* delivery; **défaut d'**~ speech impediment.

**éloge** [elɔʒ] *nm* praise (*gén q*); **faire l'**~ **de** to praise; **élogieux, euse** *a* laudatory, full of praise.

**éloigné, e** [elwaɲe] *a* distant, far-off.

**éloignement** [elwaɲmɑ̃] *nm* removal; putting off; estrangement; distance.

**éloigner** [elwaɲe] *vt* (*objet*): ~ **qch (de)** to move *ou* take sth away (from); (*personne*): ~ **qn (de)** to take sb away *ou* remove sb (from); (*échéance*) to put off, postpone; (*soupçons, danger*) to ward off; **s'**~ **(de)** (*personne*) to go away (from); (*véhicule*) to move away (from); (*affectivement*) to become estranged (from).

**élongation** [elɔ̃gasjɔ̃] *nf* strained muscle.

**éloquence** [elɔkɑ̃s] *nf* eloquence.

**éloquent, e** [elɔkɑ̃, -ɑ̃t] *a* eloquent.

**élu, e** [ely] *pp de* **élire** // *nm/f* (*POL*) elected representative.

**élucider** [elyside] *vt* to elucidate.

**élucubrations** [elykybʀasjɔ̃] *nfpl* wild imaginings.

**éluder** [elyde] *vt* to evade.

**émacié, e** [emasje] *a* emaciated.

**émail, aux** [emaj, -o] *nm* enamel.

**émaillé, e** [emaje] *a* enamelled; (*fig*): ~ **de** dotted with.

**émanation** [emanasjɔ̃] *nf* emanation, exhalation.

**émanciper** [emɑ̃sipe] *vt* to emancipate; **s'**~ (*fig*) to become emancipated *ou* liberated.

**émaner** [emane]: ~ **de** *vt* to come from; (*ADMIN*) to proceed from.

**émarger** [emaʀʒe] *vt* to sign; ~ **de 1000 F à un budget** to receive 1000 F out of a budget.

**émasculer** [emaskyle] *vt* to emasculate.

**emballage** [ɑ̃balaʒ] *nm* wrapping; packaging.

**emballer** [ɑ̃bale] *vt* to wrap (up); (*dans un carton*) to pack (up); (*fig: fam*) to thrill (to bits); **s'**~ *vi* (*moteur*) to race; (*cheval*) to bolt; (*fig: personne*) to get carried away.

**embarcadère** [ɑ̃baʀkadɛʀ] *nm* landing stage, pier.

**embarcation** [ɑ̃baʀkasjɔ̃] *nf* (small) boat, (small) craft *inv*.

**embardée** [ɑ̃baʀde] *nf* swerve; **faire une** ~ to swerve.

**embargo** [ɑ̃baʀgo] *nm* embargo; **mettre l'**~ **sur** to put an embargo on, embargo.

**embarquement** [ɑ̃baʀkəmɑ̃] *nm* embarkation; loading; boarding.

**embarquer** [ɑ̃baʀke] *vt* (*personne*) to embark; (*marchandise*) to load; (*fam*) to cart off; to nick // *vi* (*passager*) to board; (*NAVIG*) to ship water; **s'**~ *vi* to board; **s'**~ **dans** (*affaire, aventure*) to embark upon.

**embarras** [ɑ̃baʀa] *nm* (*obstacle*) hindrance; (*confusion*) embarrassment; (*ennuis*): **être dans l'**~ to be in a predicament *ou* an awkward position; ~ **gastrique** stomach upset.

**embarrasser** [ɑ̃baʀase] *vt* (*encombrer*) to clutter (up); (*gêner*) to hinder, hamper; (*fig*) to cause embarrassment to; to put in an awkward position; **s'**~ **de** to burden o.s. with.

**embauche** [ɑ̃boʃ] *nf* hiring; **bureau d'**~ labour office.

**embaucher** [ɑ̃boʃe] *vt* to take on, hire; **s'**~ to get o.s. hired.

**embauchoir** [ɑ̃boʃwaʀ] *nm* shoetree.

**embaumer** [ɑ̃bome] *vt* to embalm; to fill with its fragrance; ~ **la lavande** to be fragrant with (the scent of) lavender.

**embellir** [ɑ̃beliʀ] *vt* to make more attractive; (*une histoire*) to embellish // *vi* to grow lovelier *ou* more attractive.

**embêtements** [ɑ̃bɛtmɑ̃] *nmpl* trouble *sg*.

**embêter** [ɑ̃bɛte] *vt* to bother; **s'**~ *vi* (*s'ennuyer*) to be bored; **il ne s'embête pas!** (*ironique*) he does all right for himself!

**emblée** [ɑ̃ble]: **d'**~ *ad* straightaway.

**emblème** [ɑ̃blɛm] *nm* emblem.

**emboîter** [ɑ̃bwate] *vt* to fit together; **s'~ dans** to fit into; **s'~ (l'un dans l'autre)** to fit together; **~ le pas à qn** to follow in sb's footsteps.

**embolie** [ɑ̃bɔli] *nf* embolism.

**embonpoint** [ɑ̃bɔ̃pwɛ̃] *nm* stoutness.

**embouché, e** [ɑ̃buʃe] *a*: **mal ~** foul-mouthed.

**embouchure** [ɑ̃buʃyʀ] *nf* (GÉO) mouth; (MUS) mouthpiece.

**embourber** [ɑ̃buʀbe]: **s'~** *vi* to get stuck in the mud.

**embourgeoiser** [ɑ̃buʀʒwaze]: **s'~** *vi* to adopt a middle-class outlook.

**embout** [ɑ̃bu] *nm* (de canne) tip; (de tuyau) nozzle.

**embouteillage** [ɑ̃butɛjaʒ] *nm* traffic jam, (traffic) holdup.

**emboutir** [ɑ̃butiʀ] *vt* (TECH) to stamp; (heurter) to crash into, ram.

**embranchement** [ɑ̃bʀɑ̃ʃmɑ̃] *nm* (routier) junction; (classification) branch.

**embraser** [ɑ̃bʀaze]: **s'~** *vi* to flare up.

**embrassades** [ɑ̃bʀasad] *nfpl* hugging and kissing *sg*.

**embrasser** [ɑ̃bʀase] *vt* to kiss; (sujet, période) to embrace, encompass; (carrière, métier) to take up, enter upon.

**embrasure** [ɑ̃bʀazyʀ] *nf*: **dans l'~ de la porte** in the door(way).

**embrayage** [ɑ̃bʀɛjaʒ] *nm* (mécanisme) clutch.

**embrayer** [ɑ̃bʀeje] *vi* (AUTO) to let in the clutch.

**embrigader** [ɑ̃bʀigade] *vt* to recruit.

**embrocher** [ɑ̃bʀɔʃe] *vt* to (put on a) spit.

**embrouillamini** [ɑ̃bʀujamini] *nm* (fam) muddle.

**embrouiller** [ɑ̃bʀuje] *vt* (fils) to tangle (up); (fiches, idées, personne) to muddle up; **s'~** (personne) to get in a muddle.

**embroussaillé, e** [ɑ̃bʀusaje] *a* overgrown, bushy.

**embruns** [ɑ̃bʀœ̃] *nmpl* sea spray *sg*.

**embryon** [ɑ̃bʀijɔ̃] *nm* embryo; **embryonnaire** *a* embryonic.

**embûches** [ɑ̃byʃ] *nfpl* pitfalls, traps.

**embué, e** [ɑ̃bɥe] *a* misted up.

**embuscade** [ɑ̃byskad] *nf* ambush; **tendre une ~ à** to lay an ambush for.

**embusquer** [ɑ̃byske] *vt* to put in ambush; **s'~** to take up position (for an ambush).

**éméché, e** [emeʃe] *a* tipsy, merry.

**émeraude** [emʀod] *nf* emerald // *a inv* emerald-green.

**émerger** [emɛʀʒe] *vi* to emerge; (faire saillie, aussi fig) to stand out.

**émeri** [emʀi] *nm*: **toile** ou **papier ~** emery paper.

**émérite** [emeʀit] *a* highly skilled.

**émerveiller** [emɛʀveje] *vt* to fill with wonder; **s'~ de** to marvel at.

**émetteur, trice** [emɛtœʀ, -tʀis] *a* transmitting; (poste) **~** transmitter.

**émettre** [emɛtʀ(ə)] *vt* (son, lumière) to give out, emit; (message etc: RADIO) to transmit; (billet, timbre, emprunt) to issue; (hypothèse, avis) to voice, put forward //

*vi*: **~ sur ondes courtes** to broadcast on short wave.

**émeus** *etc vb voir* **émouvoir**.

**émeute** [emøt] *nf* riot; **émeutier, ère** *nm/f* rioter.

**émietter** [emjete] *vt* to crumble; (fig) to split up, to disperse.

**émigrant, e** [emigʀɑ̃, -ɑ̃t] *nm/f* emigrant.

**émigré, e** [emigʀe] *nm/f* expatriate.

**émigrer** [emigʀe] *vi* to emigrate.

**éminemment** [eminamɑ̃] *ad* eminently.

**éminence** [eminɑ̃s] *nf* distinction; (colline) knoll, hill; **Son É~** his (ou her) Eminence.

**éminent, e** [eminɑ̃, -ɑ̃t] *a* distinguished.

**émir** [emiʀ] *nm* emir; **~at** *nm* emirate.

**émissaire** [emisɛʀ] *nm* emissary.

**émission** [emisjɔ̃] *nf* emission; transmission; issue; (RADIO, TV) programme, broadcast.

**emmagasiner** [ɑ̃magazine] *vt* to (put into) store; (fig) to store up.

**emmailloter** [ɑ̃majɔte] *vt* to wrap up.

**emmanchure** [ɑ̃mɑ̃ʃyʀ] *nf* armhole.

**emmêler** [ɑ̃mele] *vt* to tangle (up); (fig) to muddle up; **s'~** to get into a tangle.

**emménager** [ɑ̃menaʒe] *vi* to move in; **~ dans** to move into.

**emmener** [ɑ̃mne] *vt* to take (with one); (comme otage, capture) to take away; (SPORT, MIL: joueurs, soldats) to lead; **~ qn au cinéma** to take sb to the cinema.

**emmerder** [ɑ̃mɛʀde] *vt* (fam!) to bug, bother; **s'~** (s'ennuyer) to be bored stiff.

**emmitoufler** [ɑ̃mitufle] *vt* to wrap up (warmly).

**emmurer** [ɑ̃myʀe] *vt* to wall up, immure.

**émoi** [emwa] *nm* (agitation, effervescence) commotion; (trouble) agitation.

**émoluments** [emɔlymɑ̃] *nmpl* remuneration *sg*, fee *sg*.

**émonder** [emɔ̃de] *vt* to prune.

**émotif, ive** [emɔtif, -iv] *a* emotional.

**émotion** [emɔsjɔ̃] *nf* emotion; **avoir des ~s** (fig) to get a fright; **émotionnel, le** *a* emotional.

**émoulu, e** [emuly] *a*: **frais ~ de** fresh from, just out of.

**émousser** [emuse] *vt* to blunt; (fig) to dull.

**émouvoir** [emuvwaʀ] *vt* (troubler) to stir, affect; (toucher, attendrir) to move; (indigner) to rouse; (effrayer) to disturb, worry; **s'~** *vi* to be affected; to be moved; to be roused; to be disturbed ou worried.

**empailler** [ɑ̃paje] *vt* to stuff.

**empaler** [ɑ̃pale] *vt* to impale.

**empaqueter** [ɑ̃pakte] *vt* to pack up.

**emparer** [ɑ̃paʀe]: **s'~ de** *vt* (objet) to seize, grab; (comme otage, MIL) to seize; (suj: peur, doute) to take hold of.

**empâter** [ɑ̃pɑte]: **s'~** *vi* to thicken out.

**empattement** [ɑ̃patmɑ̃] *nm* (AUTO) wheelbase; (TYPO) serif.

**empêchement** [ɑ̃pɛʃmɑ̃] *nm* (unexpected) obstacle, hitch.

**empêcher** [ɑ̃peʃe] *vt* to prevent; **~ qn de faire** to prevent ou stop sb (from) doing; **~ que qch (n')arrive/qn (ne)**

**fasse** to prevent sth from happening/sb from doing ; **il n'empêche que** nevertheless, be that as it may ; **il n'a pas pu s'~ de rire** he couldn't help laughing.

**empêcheur** [ɑ̃pɛʃœʀ] *nm*: **~ de danser en rond** spoilsport, killjoy.

**empeigne** [ɑ̃pɛɲ] *nf* upper(s).

**empereur** [ɑ̃pʀœʀ] *nm* emperor.

**empesé, e** [ɑ̃pəze] *a* (*fig*) stiff, starchy.

**empeser** [ɑ̃pəze] *vt* to starch.

**empester** [ɑ̃pɛste] *vt* (*lieu*) to stink out // *vi* to stink, reek ; **~ le tabac/le vin** to stink *ou* reek of tobacco/wine.

**empêtrer** [ɑ̃petʀe] *vt*: **s'~ dans** (*fils etc*) to get tangled up in.

**emphase** [ɑ̃faz] *nf* pomposity, bombast.

**empierrer** [ɑ̃pjeʀe] *vt* (*route*) to metal.

**empiéter** [ɑ̃pjete] : **~ sur** *vt* to encroach upon.

**empiffrer** [ɑ̃pifʀe] : **s'~** *vi* (*péj*) to stuff o.s.

**empiler** [ɑ̃pile] *vt* to pile (up), stack (up).

**empire** [ɑ̃piʀ] *nm* empire ; (*fig*) influence.

**empirer** [ɑ̃piʀe] *vi* to worsen, deteriorate.

**empirique** [ɑ̃piʀik] *a* empirical.

**emplacement** [ɑ̃plasmɑ̃] *nm* site.

**emplâtre** [ɑ̃plɑtʀ(ə)] *nm* plaster ; (*fam*) twit.

**emplette** [ɑ̃plɛt] *nf*: **faire l'~ de** to purchase ; **~s** *nfpl* shopping *sg*.

**emplir** [ɑ̃pliʀ] *vt* to fill ; **s'~ (de)** to fill (with).

**emploi** [ɑ̃plwa] *nm* use ; (*COMM, ÉCON*) employment ; (*poste*) job, situation ; **d'~ facile** easy to use ; **~ du temps** timetable, schedule.

**employé, e** [ɑ̃plwaje] *nm/f* employee ; **~ de bureau/banque** office/bank employee *ou* clerk.

**employer** [ɑ̃plwaje] *vt* (*outil, moyen, méthode, mot*) to use ; (*ouvrier, main-d'œuvre*) to employ ; **s'~ à faire** to apply *ou* devote o.s. to doing ; **employeur, euse** *nm/f* employer.

**empocher** [ɑ̃pɔʃe] *vt* to pocket.

**empoignade** [ɑ̃pwaɲad] *nf* row, set-to.

**empoigne** [ɑ̃pwaɲ] *nf*: **foire d'~** free-for-all.

**empoigner** [ɑ̃pwaɲe] *vt* to grab ; **s'~** (*fig*) to have a row *ou* set-to.

**empoisonnement** [ɑ̃pwazɔnmɑ̃] *nm* poisoning.

**empoisonner** [ɑ̃pwazɔne] *vt* to poison ; (*empester*: *air, pièce*) to stink out ; (*fam*): **~ qn** to drive sb mad.

**emportement** [ɑ̃pɔʀtəmɑ̃] *nm* fit of rage, anger *q*.

**emporte-pièce** [ɑ̃pɔʀtəpjɛs] *nm inv* (*TECH*) punch ; **à l'~** *a* (*fig*) incisive.

**emporter** [ɑ̃pɔʀte] *vt* to take (with one) ; (*en dérobant ou enlevant, emmener*: *blessés, voyageurs*) to take away ; (*entraîner*) to carry away *ou* along ; (*arracher*) to tear off ; to carry away ; (*MIL*: *position*) to take ; (*avantage, approbation*) to win ; **s'~** *vi* (*de colère*) to fly into a rage, lose one's temper ; **l'~ (sur)** to get the upper hand (of) ; (*méthode etc*) to prevail (over) ; **boissons à (l')~** take-away drinks.

**empourpré, e** [ɑ̃puʀpʀe] *a* crimson.

**empreint, e** [ɑ̃pʀɛ̃, -ɛ̃t] *a*: **~ de** marked with ; tinged with // *nf* (*de pied, main*) print ; (*fig*) stamp, mark ; **~e (digitale)** fingerprint.

**empressé, e** [ɑ̃pʀese] *a* attentive ; (*péj*) overanxious to please, overattentive.

**empressement** [ɑ̃pʀɛsmɑ̃] *nm* (*hâte*) eagerness.

**empresser** [ɑ̃pʀese]: **s'~** *vi* to bustle about ; **s'~ auprès de qn** to surround sb with attentions ; **s'~ de faire** (*se hâter*) to hasten to do.

**emprise** [ɑ̃pʀiz] *nf* hold, ascendancy ; **sous l'~ de** under the influence of.

**emprisonnement** [ɑ̃pʀizɔnmɑ̃] *nm* imprisonment.

**emprisonner** [ɑ̃pʀizɔne] *vt* to imprison, jail.

**emprunt** [ɑ̃pʀœ̃] *nm* borrowing *q*, loan (*from debtor's point of view*) ; (*LING etc*) borrowing ; **~ public à 5%** 5% public loan.

**emprunté, e** [ɑ̃pʀœ̃te] *a* (*fig*) ill-at-ease, awkward.

**emprunter** [ɑ̃pʀœ̃te] *vt* to borrow ; (*itinéraire*) to take, follow ; (*style, manière*) to adopt, assume ; **emprunteur, euse** *nm/f* borrower.

**empuantir** [ɑ̃pɥɑ̃tiʀ] *vt* to stink out.

**ému, e** [emy] *pp* de **émouvoir** // *a* excited ; touched ; moved.

**émulation** [emylasjɔ̃] *nf* emulation.

**émule** [emyl] *nm/f* imitator.

**émulsion** [emylsjɔ̃] *nf* emulsion.

**en** [ɑ̃] *prép* in ; (*avec direction*) to ; (*moyen*): **~ avion/taxi** by plane/taxi ; (*composition*): **~ verre** made of glass, glass *cpd* ; **se casser ~ plusieurs morceaux** to break into several pieces ; **~ dormant** while sleeping, as one sleeps ; **~ sortant** on going out, as he went out ; **~ réparation** being repaired, under repair ; **~ T/étoile** T-/star-shaped ; **chemise/chaussettes** in one's shirt/socks ; **peindre qch ~ rouge** to paint sth red ; **~ soldat** as a soldier ; **le même ~ plus grand** the same only *ou* but bigger // *pronom* (*provenance*): **j'~ viens** I've come from there ; (*cause*): **il ~ est malade** he's ill because of it ; (*complément de nom*): **j'~ connais les dangers** I know its dangers ; (*indéfini*): **j'~ ai/veux** I have/want some ; **~ as-tu?** have you got any? ; **je n'~ veux pas** I don't want any ; **j'~ ai assez** I've got enough (of it *ou* them) ; (*fig*) I've had enough ; **j'~ ai 2** I've got 2 (of them) ; **combien y ~ a-t-il?** how many (of them) are there? ; **j'~ suis fier/ai besoin** I am proud of it/need it: *voir le verbe ou l'adjectif lorsque 'en' correspond à 'de' introduisant un complément prépositionnel.*

**E.N.A.** [ena] *sigle f* = École Nationale d'Administration: *one of the Grandes Écoles* ; **énarque** *nm/f* former E.N.A. student.

**encablure** [ɑ̃kablyʀ] *nf* (*NAVIG*) cable's length.

**encadrement** [ɑ̃kɑdʀəmɑ̃] *nm* framing ; training ; (*de porte*) frame.

**encadrer** [ɑ̃kɑdʀe] *vt* (*tableau, image*) to frame ; (*fig*: *entourer*) to surround ; to

flank ; (personnel, soldats etc) to train ;
**encadreur** nm (picture) framer.
**encaisse** [ãkɛs] nf cash in hand ; ~
or/métallique gold/gold and silver
reserves.
**encaissé, e** [ãkese] a steep-sided ; with
steep banks.
**encaisser** [ãkese] vt (chèque) to cash ;
(argent) to collect ; (fig: coup, défaite) to
take ; **encaisseur** nm collector (of debts
etc).
**encan** [ãkã] : à l'~ ad by auction.
**encanailler** [ãkanaje] : s'~ vi to become
vulgar ou common ; to mix with the riffraff.
**encart** [ãkaʀ] nm insert.
**encastrer** [ãkastʀe] vt : ~ qch dans (mur)
to embed sth in(to) ; (boîtier) to fit sth into ;
s'~ dans to fit into ; (heurter) to crash into.
**encaustique** [ãkɔstik] nf polish, wax ;
**encaustiquer** vt to polish, wax.
**enceinte** [ãsɛ̃t] af : ~ (de 6 mois) (6
months) pregnant // nf (mur) wall ;
(espace) enclosure ; ~ (acoustique)
speaker system.
**encens** [ãsã] nm incense ; **encenser** vt to
(in)cense ; (fig) to praise to the skies ;
**encensoir** nm thurible.
**encercler** [ãsɛʀkle] vt to surround.
**enchaîner** [ãʃene] vt to chain up ;
(mouvements, séquences) to link (together)
// vi to carry on.
**enchanté, e** [ãʃãte] a delighted ;
enchanted ; ~ (de faire votre
connaissance) pleased to meet you, how
do you do?.
**enchantement** [ãʃãtmã] nm delight ;
(magie) enchantment ; **comme par ~** as
if by magic.
**enchanter** [ãʃãte] vt to delight.
**enchâsser** [ãʃase] vt : ~ qch (dans) to
set sth (in).
**enchère** [ãʃɛʀ] nf bid ; **faire une ~** to
(make a) bid ; **mettre/vendre aux ~s** to
put up for (sale by)/sell by auction.
**enchevêtrer** [ãʃvetʀe] vt to tangle (up).
**enclave** [ãklav] nf enclave ; **enclaver** vt
to enclose, hem in.
**enclencher** [ãklãʃe] vt (mécanisme) to
engage ; s'~ vi to engage.
**enclin, e** [ãklɛ̃, -in] a : ~ à inclined ou
prone to.
**enclore** [ãklɔʀ] vt to enclose.
**enclos** [ãklo] nm enclosure.
**enclume** [ãklym] nf anvil.
**encoche** [ãkɔʃ] nf notch.
**encoignure** [ãkɔɲyʀ] nf corner.
**encoller** [ãkɔle] vt to paste.
**encolure** [ãkɔlyʀ] nf (tour de cou) collar
size ; (col, cou) neck.
**encombrant, e** [ãkɔ̃bʀã, -ãt] a
cumbersome, bulky.
**encombre** [ãkɔ̃bʀ(ə)] : **sans ~** ad without
mishap ou incident.
**encombrement** [ãkɔ̃bʀəmã] nm (d'un
lieu) cluttering (up) ; (d'un objet:
dimensions) bulk.
**encombrer** [ãkɔ̃bʀe] vt to clutter (up) ;
(gêner) to hamper ; s'~ de (bagages etc)
to load ou burden o.s. with ; ~ le passage
to block ou obstruct the way.

**encontre** [ãkɔ̃tʀ(ə)] : **à l'~ de** prép
against, counter to.
**encorbellement** [ãkɔʀbɛlmã] nm
corbelled construction ; **fenêtre en~** oriel
window.
**encore** [ãkɔʀ] ad (continuation) still ; (de
nouveau) again ; (restriction) even then ou
so ; (intensif): ~ **plus fort/mieux** even
louder/better ; **pas** ~ not yet ; ~ **une fois**
(once) again ; ~ **deux jours** still two days,
two more days ; **si** ~ if only.
**encouragement** [ãkuʀaʒmã] nm
encouragement.
**encourager** [ãkuʀaʒe] vt to encourage.
**encourir** [ãkuʀiʀ] vt to incur.
**encrasser** [ãkʀase] vt to foul up ; to soot
up.
**encre** [ãkʀ(ə)] nf ink ; ~ **de Chine** Indian
ink ; ~ **sympathique** invisible ink ;
**encrer** vt to ink ; **encreur** am : **rouleau
encreur** inking roller ; **encrier** nm inkwell.
**encroûter** [ãkʀute] : s'~ vi (fig) to get
into a rut, get set in one's ways.
**encyclique** [ãsiklik] nf encyclical.
**encyclopédie** [ãsiklɔpedi] nf
encyclopaedia ; **encyclopédique** a
encyclopaedic.
**endémique** [ãdemik] a endemic.
**endetter** [ãdete] vt, s'~ vi to get into debt.
**endeuiller** [ãdœje] vt to plunge into
mourning ; **manifestation endeuillée par**
event over which a tragic shadow was cast
by.
**endiablé, e** [ãdjable] a furious,
boisterous.
**endiguer** [ãdige] vt to dyke (up) ; (fig) to
check, hold back.
**endimancher** [ãdimãʃe] vt : s'~ to put
on one's Sunday best.
**endive** [ãdiv] nf chicory q.
**endocrine** [ãdɔkʀin] af : **glande** ~
endocrine (gland).
**endoctriner** [ãdɔktʀine] vt to
indoctrinate.
**endommager** [ãdɔmaʒe] vt to damage.
**endormi, e** [ãdɔʀmi] a asleep ; (fig)
sleepy, drowsy ; sluggish.
**endormir** [ãdɔʀmiʀ] vt to put to sleep ;
(MÉD: dent, nerf) to anaesthetize ; (fig:
soupçons) to allay ; s'~ vi to fall asleep,
go to sleep.
**endosser** [ãdose] vt (responsabilité) to
take, shoulder ; (chèque) to endorse ;
(uniforme, tenue) to put on, don.
**endroit** [ãdʀwa] nm place ; (opposé à
l'envers) right side ; **à l'~** right side out ;
the right way up ; (vêtement) the right way
out ; **à l'~ de** prép regarding, with regard
to.
**enduire** [ãdɥiʀ] vt to coat ; ~ **qch de** to
coat sth with ; **enduit** nm coating.
**endurance** [ãdyʀãs] nf endurance.
**endurant, e** [ãdyʀã, -ãt] a tough, hardy.
**endurcir** [ãdyʀsiʀ] vt (physiquement) to
toughen ; (moralement) to harden ; s'~ vi
to become tougher ; to become hardened.
**endurer** [ãdyʀe] vt to endure, bear.
**énergétique** [enɛʀʒetik] a (ressources etc)
energy cpd.
**énergie** [enɛʀʒi] nf (PHYSIQUE) energy ;
(TECH) power ; (fig: physique) energy ;

(: morale) vigour, spirit; **énergique** a energetic; vigorous; (mesures) drastic, stringent.

**énergumène** [enɛʀgymɛn] nm rowdy character ou customer.

**énerver** [enɛʀve] vt to irritate, annoy; s'~ vi to get excited, get worked up.

**enfance** [ɑ̃fɑ̃s] nf (âge) childhood; (fig) infancy; (enfants) children pl; **petite ~** infancy.

**enfant** [ɑ̃fɑ̃] nm/f child (pl children); ~ **de chœur** nm (REL) altar boy; ~ **prodige** child prodigy; **enfanter** vi to give birth // vt to give birth to; **enfantillage** nm (péj) childish behaviour q; **enfantin, e** a childlike; child cpd.

**enfer** [ɑ̃fɛʀ] nm hell.

**enfermer** [ɑ̃fɛʀme] vt to shut up; (à clef, interner) to lock up.

**enferrer** [ɑ̃feʀe]: s'~ vi: s'~ **dans** to tangle o.s. up in.

**enfiévré, e** [ɑ̃fjevʀe] a (fig) feverish.

**enfilade** [ɑ̃filad] nf: **une ~ de** a series ou line of (interconnecting).

**enfiler** [ɑ̃file] vt (vêtement): ~ **qch** to slip sth on, slip into sth; (insérer): ~ **qch dans** to stick sth into; (rue, couloir) to take; (perles) to string; (aiguille) to thread; s'~ **dans** to disappear into.

**enfin** [ɑ̃fɛ̃] ad at last; (en énumérant) lastly; (de restriction, résignation) still; well; (pour conclure) in a word.

**enflammer** [ɑ̃flame] vt to set fire to; (MÉD) to inflame; s'~ vi to catch fire; to become inflamed.

**enflé, e** [ɑ̃fle] a swollen; (péj: style) bombastic, turgid.

**enfler** [ɑ̃fle] vi to swell (up); s'~ vi to swell; **enflure** nf swelling.

**enfoncer** [ɑ̃fɔ̃se] vt (clou) to drive in; (faire pénétrer): ~ **qch dans** to push ou knock ou drive sth into; (forcer: porte) to break open; (: plancher) to cause to cave in; (fam: surpasser) to lick // vi (dans la vase etc) to sink in; (sol, surface porteuse) to give way; s'~ vi to sink; s'~ **dans** to sink into; (forêt, ville) to disappear into.

**enfouir** [ɑ̃fwiʀ] vt (dans le sol) to bury; (dans un tiroir etc) to tuck away; s'~ **dans/sous** to bury o.s. in/under.

**enfourcher** [ɑ̃fuʀʃe] vt to mount.

**enfourner** [ɑ̃fuʀne] vt: ~ **qch dans** to shove ou stuff sth into.

**enfreindre** [ɑ̃fʀɛ̃dʀ(ə)] vt to infringe, break.

**enfuir** [ɑ̃fɥiʀ]: s'~ vi to run away ou off.

**enfumer** [ɑ̃fyme] vt to smoke out.

**engagé, e** [ɑ̃gaʒe] a (littérature etc) engagé, committed.

**engageant, e** [ɑ̃gaʒɑ̃, -ɑ̃t] a attractive, appealing.

**engagement** [ɑ̃gaʒmɑ̃] nm taking on, engaging; starting; investing; (d'un écrivain etc, professionnel, financier) commitment; (pro-messe) agreement, promise; (MIL: combat) engagement; **prendre l'~ de faire** to undertake to do; **sans ~** (COMM) without obligation.

**engager** [ɑ̃gaʒe] vt (embaucher) to take on, engage; (commencer) to start; (lier) to bind, commit; (impliquer, entraîner) to involve; (investir) to invest, lay out; (faire intervenir) to engage; (inciter): ~ **qn à faire** to urge sb to do; (faire pénétrer): ~ **qch dans** to insert sth into; s'~ (s'embaucher) to hire o.s., get taken on; (MIL) to enlist; (promettre, politiquement) to commit o.s.; (débuter) to start (up); s'~ **à faire** to undertake to do; s'~ **dans** (rue, passage) to enter, turn into; (s'emboîter) to engage ou fit into; (fig: affaire, discussion) to enter into, embark on.

**engelures** [ɑ̃ʒlyʀ] nfpl chilblains.

**engendrer** [ɑ̃ʒɑ̃dʀe] vt to father; (fig) to create, breed.

**engin** [ɑ̃ʒɛ̃] nm machine; instrument; vehicle; (AVIAT) aircraft inv; missile; ~ **(explosif)** (explosive) device.

**englober** [ɑ̃glɔbe] vt to include.

**engloutir** [ɑ̃glutiʀ] vt to swallow up; s'~ to be engulfed.

**engoncé, e** [ɑ̃gɔ̃se] a: ~ **dans** cramped in.

**engorger** [ɑ̃gɔʀʒe] vt to obstruct, block; s'~ vi to become blocked.

**engouement** [ɑ̃gumɑ̃] nm (sudden) passion.

**engouffrer** [ɑ̃gufʀe] vt to swallow up, devour; s'~ **dans** to rush into.

**engourdi, e** [ɑ̃guʀdi] a numb.

**engourdir** [ɑ̃guʀdiʀ] vt to numb; (fig) to dull, blunt; s'~ vi to go numb.

**engrais** [ɑ̃gʀɛ] nm manure; ~ **(chimique)** (chemical) fertilizer.

**engraisser** [ɑ̃gʀese] vt to fatten (up) // vi (péj) to get fat(ter).

**engrenage** [ɑ̃gʀənaʒ] nm gears pl, gearing; (fig) chain.

**engueuler** [ɑ̃gœle] vt (fam) to bawl out.

**enhardir** [ɑ̃aʀdiʀ]: s'~ vi to grow bolder.

**énigmatique** [enigmatik] a enigmatic.

**énigme** [enigm(ə)] nf riddle.

**enivrer** [ɑ̃nivʀe] vt: s'~ to get drunk; s'~ **de** (fig) to become intoxicated with.

**enjambée** [ɑ̃ʒɑ̃be] nf stride.

**enjamber** [ɑ̃ʒɑ̃be] vt to stride over; (suj: pont etc) to span, straddle.

**enjeu, x** [ɑ̃ʒø] nm stakes pl.

**enjoindre** [ɑ̃ʒwɛ̃dʀ(ə)] vt: ~ **à qn de faire** to enjoin ou order sb to do.

**enjôler** [ɑ̃ʒole] vt to coax, wheedle.

**enjoliver** [ɑ̃ʒolive] vt to embellish; **enjoliveur** nm (AUTO) hub cap.

**enjoué, e** [ɑ̃ʒwe] a playful.

**enlacer** [ɑ̃lase] vt (étreindre) to embrace, hug; (suj: lianes) to wind round, entwine.

**enlaidir** [ɑ̃lediʀ] vt to make ugly // vi to become ugly.

**enlèvement** [ɑ̃lɛvmɑ̃] nm removal; abduction, kidnapping; **l'~ des ordures ménagères** refuse collection.

**enlever** [ɑ̃lve] vt (ôter: gén) to remove; (: vêtement, lunettes) to take off; (: MÉD: organe) to remove, take out; (emporter: ordures etc) to collect, take away; (prendre): ~ **qch à qn** to take sth (away) from sb; (kidnapper) to abduct, kidnap; (obtenir: prix, contrat) to win; (MIL: position) to take; (morceau de piano etc) to execute with spirit ou brio.

**enliser** [ɑ̃lize]: s'~ vi to sink, get stuck.

**enluminure** [ɑ̃lyminyʀ] nf illumination.

**enneige, e** [ɑ̃neʒe] a snowy; snowed-up.

**enneigement** [ɑ̃nɛʒmɑ̃] nm depth of snow, snowfall; **bulletin d'~** snow report.

**ennemi, e** [ɛnmi] a (ADMIN) a hostile; (MIL) enemy cpd // nm, nf enemy; **être ~ de** to be strongly averse ou opposed to.

**ennoblir** [ɑ̃nɔbliʀ] vt to ennoble.

**ennui** [ɑ̃nɥi] nm (lassitude) boredom; (difficulté) trouble q; **avoir des ~s** to be in trouble; **ennuyer** vt to bother; (lasser) to bore; **s'ennuyer** to be bored; **s'ennuyer de** (regretter) to miss; **ennuyeux, euse** a boring, tedious; annoying.

**énoncé** [enɔ̃se] nm terms pl; wording; (LING) utterance.

**énoncer** [enɔ̃se] vt to say, express; (conditions) to set out, state.

**enorgueillir** [ɑ̃nɔʀɡœjiʀ]: **s'~ de** vt to pride o.s. on; to boast.

**énorme** [enɔʀm(ə)] a enormous, huge; **énormément** ad enormously, tremendously; **enormément de neige/gens** an enormous amount of snow/number of people; **énormité** nf enormity, hugeness; outrageous remark.

**enquérir** [ɑ̃keʀiʀ]: **s'~ de** vt to inquire about.

**enquête** [ɑ̃kɛt] nf (de journaliste, de police) investigation; (judiciaire, administrative) inquiry; (sondage d'opinion) survey; **enquêter** vi to investigate; to hold an inquiry; to conduct a survey; **enquêteur, euse** ou **trice** nm/f officer in charge of the investigation; person conducting a survey.

**enquiers** etc vb voir **enquérir**.

**enraciné, e** [ɑ̃ʀasine] a deep-rooted.

**enragé, e** [ɑ̃ʀaʒe] a (MÉD) rabid, with rabies; (fig) fanatical.

**enrageant, e** [ɑ̃ʀaʒɑ̃, -ɑ̃t] a infuriating.

**enrager** [ɑ̃ʀaʒe] vi to be furious, be in a rage.

**enrayer** [ɑ̃ʀeje] vt to check, stop; **s'~** vi (arme à feu) to jam.

**enregistrement** [ɑ̃ʀʒistʀəmɑ̃] nm recording; (ADMIN) registration; **~ des bagages** (à l'aéroport) luggage check-in.

**enregistrer** [ɑ̃ʀʒistʀe] vt (MUS etc) to record; (remarquer, noter) to note, record; (fig: mémoriser) to make a mental note of; (ADMIN) to register; (bagages: par train) to register; (: à l'aéroport) to check in.

**enrhumer** [ɑ̃ʀyme]: **s'~** vi to catch a cold.

**enrichir** [ɑ̃ʀiʃiʀ] vt to make rich(er); (fig) to enrich; **s'~** to get rich(er).

**enrober** [ɑ̃ʀɔbe] vt: **~ qch de** to coat sth with; (fig) to wrap sth up in.

**enrôler** [ɑ̃ʀole] vt to enlist; **s'~** (dans) to enlist (in).

**enrouer** [ɑ̃ʀwe]: **s'~** vi to go hoarse.

**enrouler** [ɑ̃ʀule] vt (fil, corde) to wind (up); **~ qch autour de** to wind sth (a)round; **s'~** to coil up; to wind; **enrouleur** nm voir **ceinture**.

**enrubanné, e** [ɑ̃ʀybane] a trimmed with ribbon.

**ensabler** [ɑ̃sable] vt (port, canal) to silt up, sand up; (embarcation) to strand (on a sandbank); **s'~** vi to silt up; to get stranded.

**ensanglanté, e** [ɑ̃sɑ̃ɡlɑ̃te] a covered with blood.

**enseignant, e** [ɑ̃sɛɲɑ̃, -ɑ̃t] a teaching // nm/f teacher.

**enseigne** [ɑ̃sɛɲ] nf sign // nm: **~ de vaisseau** lieutenant; **à telle ~ que** so much so that; **~ lumineuse** neon sign.

**enseignement** [ɑ̃sɛɲmɑ̃] nm teaching; (ADMIN): **primaire/ secondaire** primary/secondary education.

**enseigner** [ɑ̃sɛɲe] vt, vi to teach; **~ qch à qn/à qn que** to teach sb sth/sb that.

**ensemble** [ɑ̃sɑ̃bl(ə)] ad together // nm (assemblage, MATH) set; (totalité): **l'~ du/de la** the whole ou entire; (vêtement féminin) ensemble, suit; (unité, harmonie) unity; (résidentiel) housing development; **impression/idée d'~** overall ou general impression/ idea; **dans l'~** (en gros) on the whole; **~ vocal/musical** vocal/musical ensemble.

**ensemblier** [ɑ̃sɑ̃blije] nm interior designer.

**ensemencer** [ɑ̃smɑ̃se] vt to sow.

**enserrer** [ɑ̃seʀe] vt to hug (tightly).

**ensevelir** [ɑ̃səvliʀ] vt to bury.

**ensoleillé, e** [ɑ̃sɔleje] a sunny.

**ensoleillement** [ɑ̃sɔlɛjmɑ̃] nm period ou hours of sunshine.

**ensommeillé, e** [ɑ̃sɔmeje] a sleepy, drowsy.

**ensorceler** [ɑ̃sɔʀsəle] vt to enchant, bewitch.

**ensuite** [ɑ̃sɥit] ad then, next; (plus tard) afterwards, later; **~ de quoi** after which.

**ensuivre** [ɑ̃sɥivʀ(ə)]: **s'~** vi to follow, ensue.

**entaille** [ɑ̃taj] nf (encoche) notch; (blessure) cut.

**entailler** [ɑ̃taje] vt to notch; to cut; **s'~ le doigt** to cut one's finger.

**entamer** [ɑ̃tame] vt (pain, bouteille) to start; (hostilités, pourparlers) to open; (fig: altérer) to make a dent in; to shake; to damage.

**entartrer** [ɑ̃taʀtʀe]: **s'~** vi to fur up; (dents) to scale.

**entassement** [ɑ̃tɑsmɑ̃] nm (tas) pile, heap.

**entasser** [ɑ̃tɑse] vt (empiler) to pile up, heap up; (tenir à l'étroit) to cram together; **s'~** vi to pile up; to cram.

**entendement** [ɑ̃tɑ̃dmɑ̃] nm understanding.

**entendre** [ɑ̃tɑ̃dʀ(ə)] vt to hear; (comprendre) to understand; (vouloir dire) to mean; (vouloir): **être obéi/que** to intend ou mean to be obeyed/that; **j'ai entendu dire que** I've heard (it said) that; **~ raison** to see sense; **s'~** vi (sympathiser) to get on; (se mettre d'accord) to agree; **s'~ à qch/à faire** (être compétent) to be good at sth/doing.

**entendu, e** [ɑ̃tɑ̃dy] a (réglé) agreed; (au courant: air) knowing; (c'est) **~!** all right, agreed; **c'est ~** (concession) all right, granted; **bien ~!** of course!

**entente** [ɑ̃tɑ̃t] nf (entre amis, pays) understanding, harmony; (accord, traité) agreement, understanding; **à double ~** (sens) with a double meaning.

**entériner** [ɑ̃teʀine] vt to ratify, confirm.

**entérite** [ɑ̃teʀit] nf enteritis q.

**enterrement** [ɑ̃tɛʀmɑ̃] nm burying; (cérémonie) funeral, burial.

**enterrer** [ɑ̃teʀe] vt to bury.

**entêtant, e** [ɑ̃tɛtɑ̃, -ɑ̃t] a heady.

**en-tête** [ɑ̃tɛt] nm heading; **papier à ~** headed notepaper.

**entêté, e** [ɑ̃tete] a stubborn.

**entêter** [ɑ̃tete]: **s'~** vi: **s'~ (à faire)** to persist (in doing).

**enthousiasme** [ɑ̃tuzjasm(ə)] nm enthusiasm; **enthousiasmer** vt to fill with enthusiasm; **s'enthousiasmer (pour qch)** to get enthusiastic (about sth); **enthousiaste** a enthusiastic.

**enticher** [ɑ̃tiʃe]: **s'~ de** vt to become infatuated with.

**entier, ère** [ɑ̃tje, -jɛʀ] a (non entamé, en totalité) whole; (total, complet) complete; (fig: caractère) unbending, averse to compromise // nm (MATH) whole; **en ~** totally; in its entirety; **lait ~** full-cream milk; **pain ~** wholemeal bread; **entièrement** ad entirely, completely, wholly.

**entité** [ɑ̃tite] nf entity.

**entonner** [ɑ̃tɔne] vt (chanson) to strike up.

**entonnoir** [ɑ̃tɔnwaʀ] nm (ustensile) funnel; (trou) shell-hole, crater.

**entorse** [ɑ̃tɔʀs(ə)] nf (MÉD) sprain; (fig): **~ à la loi/au règlement** infringement of the law/rule.

**entortiller** [ɑ̃tɔʀtije] vt (envelopper): **~ qch dans/avec** to wrap sth in/with; (enrouler): **~ qch autour de** to twist ou wind sth (a)round; (fam): **~ qn** to get round sb; to hoodwink sb.

**entourage** [ɑ̃tuʀaʒ] nm circle; family (circle); entourage; (ce qui enclôt) surround.

**entourer** [ɑ̃tuʀe] vt to surround; (apporter son soutien à) to rally round; **~ de** to surround with; (trait) to encircle with.

**entourloupettes** [ɑ̃tuʀlupɛt] nfpl mean tricks.

**entracte** [ɑ̃tʀakt(ə)] nm interval.

**entraide** [ɑ̃tʀɛd] nf mutual aid ou assistance; **s'entraider** to help each other.

**entrailles** [ɑ̃tʀaj] nfpl entrails; bowels.

**entrain** [ɑ̃tʀɛ̃] nm spirit; **avec/sans ~** spiritedly/half-heartedly.

**entraînant, e** [ɑ̃tʀɛnɑ̃, -ɑ̃t] a (musique) stirring, rousing.

**entraînement** [ɑ̃tʀɛnmɑ̃] nm training; (TECH): **~ à chaîne/galet** chain/wheel drive.

**entraîner** [ɑ̃tʀene] vt (tirer: wagons) to pull; (charrier) to carry ou drag along; (TECH) to drive; (emmener: personne) to take (off); (mener à l'assaut, influencer) to lead; (SPORT) to train; (impliquer) to entail; (causer) to lead to, bring about; **~ qn à faire** (inciter) to lead sb to do; **s'~** (SPORT) to train; **s'~ à qch/à faire** to train o.s. for sth/to do; **entraîneur, euse** nm/f (SPORT) coach, trainer // nm (HIPPISME) trainer // nf (de bar) hostess.

**entrave** [ɑ̃tʀav] nf hindrance.

**entraver** [ɑ̃tʀave] vt (circulation) to hold up; (action, progrès) to hinder, hamper.

**entre** [ɑ̃tʀ(ə)] prép between; (parmi) among(st); **l'un d'~ eux/nous** one of them/us; **ils se battent ~ eux** they are fighting among(st) themselves.

**entrebâillé, e** [ɑ̃tʀəbaje] a half-open, ajar.

**entrechoquer** [ɑ̃tʀəʃɔke]: **s'~** vi to knock ou bang together.

**entrecôte** [ɑ̃tʀəkot] nf entrecôte ou rib steak.

**entrecouper** [ɑ̃tʀəkupe] vt: **~ qch de** to intersperse sth with.

**entrecroiser** [ɑ̃tʀəkʀwaze] vt, **s'~** vi intertwine.

**entrée** [ɑ̃tʀe] nf entrance; (accès: au cinéma etc) admission; (billet) (admission) ticket; (CULIN) first course; **d'~** ad from the outset; **'~ interdite** 'no admittance ou entry'; **'~ libre** 'admission free'; **~ des artistes** stage door; **~ en matière** introduction; **~ de service** service entrance.

**entrefaites** [ɑ̃tʀəfɛt]: **sur ces ~** ad at this juncture.

**entrefilet** [ɑ̃tʀəfilɛ] nm paragraph (short article).

**entregent** [ɑ̃tʀəʒɑ̃] nm: **avoir de l'~** to have an easy manner.

**entrejambes** [ɑ̃tʀəʒɑ̃b] nm crotch.

**entrelacer** [ɑ̃tʀəlase] vt, **s'~** vi to intertwine.

**entrelarder** [ɑ̃tʀəlaʀde] vt to lard.

**entremêler** [ɑ̃tʀəmele] vt: **~ qch de** to (inter)mingle sth with.

**entremets** [ɑ̃tʀəmɛ] nm cream dessert.

**entremetteur, euse** [ɑ̃tʀəmɛtœʀ, -øz] nm/f go-between.

**entremettre** [ɑ̃tʀəmɛtʀ(ə)]: **s'~** vi to intervene.

**entremise** [ɑ̃tʀəmiz] nf intervention; **par l'~ de** through.

**entrepont** [ɑ̃tʀəpɔ̃] nm steerage.

**entreposer** [ɑ̃tʀəpoze] vt to store, put into storage.

**entrepôt** [ɑ̃tʀəpo] nm warehouse.

**entreprenant, e** [ɑ̃tʀəpʀənɑ̃, -ɑ̃t] a (actif) enterprising; (trop galant) forward.

**entreprendre** [ɑ̃tʀəpʀɑ̃dʀ(ə)] vt (se lancer dans) to undertake; (commencer) to begin ou start (upon); (personne) to buttonhole; to tackle; **~ de faire** to undertake to do.

**entrepreneur** [ɑ̃tʀəpʀənœʀ] nm: **~ (en bâtiment)** (building) contractor; **~ de pompes funèbres** (funeral) undertaker.

**entreprise** [ɑ̃tʀəpʀiz] nf (société) firm, concern; (action) undertaking, venture.

**entrer** [ɑ̃tʀe] vi to go (ou come) in, enter; (faire) **~ qch dans** to get sth into; **~ dans** (gén) to enter; (pièce) to go (ou come) into, enter; (club) to join; (heurter) to run into; (partager: vues, craintes de qn) to share; (être une composante de) to go into; to form part of; **~ à l'hôpital** to go into hospital; **laisser ~ qn/qch** to let sb/sth in; **faire ~** (visiteur) to show in.

**entresol** [ɑ̃tʀəsɔl] nm entresol, mezzanine.

**entre-temps** [ɑ̃tʀətɑ̃] ad meanwhile, (in the) meantime.

**entretenir** [ɑ̃tʀətniʀ] vt to maintain; (amitié) to keep alive; (famille, maîtresse) to support, keep; **~ qn (de)** to speak to sb (about); **s'~ (de)** to converse (about).

**entretien** [ɑ̃tʀətjɛ̃] *nm* maintenance; (*discussion*) discussion, talk; (*audience*) interview.

**entrevoir** [ɑ̃tʀəvwaʀ] *vt* (*à peine*) to make out; (*brièvement*) to catch a glimpse of.

**entrevue** [ɑ̃tʀəvy] *nf* meeting; (*audience*) interview.

**entrouvert, e** [ɑ̃tʀuvɛʀ, -ɛʀt(ə)] *a* half-open.

**énumérer** [enymeʀe] *vt* to list, enumerate.

**envahir** [ɑ̃vaiʀ] *vt* to invade; (*suj: inquiétude, peur*) to come over; **envahissant, e** *a* (*péj: personne*) interfering, intrusive; **envahisseur** *nm* (*MIL*) invader.

**enveloppe** [ɑ̃vlɔp] *nf* (*de lettre*) envelope; (*TECH*) casing; outer layer; **mettre sous ~** to put in an envelope.

**envelopper** [ɑ̃vlɔpe] *vt* to wrap; (*fig*) to envelop, shroud.

**envenimer** [ɑ̃vnime] *vt* to aggravate.

**envergure** [ɑ̃vɛʀɡyʀ] *nf* (*d'un oiseau, avion*) wingspan; (*fig*) scope; calibre.

**enverrai** *etc vb voir* **envoyer**.

**envers** [ɑ̃vɛʀ] *prép* towards, to // *nm* other side; (*d'une étoffe*) wrong side; **à l'~** upside down; back to front; (*vêtement*) inside out.

**envie** [ɑ̃vi] *nf* (*sentiment*) envy; (*souhait*) desire, wish; (*tache sur la peau*) birthmark; (*filet de peau*) hangnail; **avoir ~ de** to feel like; (*désir plus fort*) to want; **avoir ~ de faire** to feel like doing; to want to do; **avoir ~ que** to wish that; **donner à qn l'~ de faire** to make sb want to do; **ça lui fait ~** he would like that; **envier** *vt* to envy; **envieux, euse** *a* envious.

**environ** [ɑ̃viʀɔ̃] *ad*: **~ 3 h/2 km, 3 h/2 km ~** (around) about 3 o'clock/2 km, 2 o'clock/2 km or so; **~s** *nmpl* surroundings; **aux ~s de** around.

**environnement** [ɑ̃viʀɔnmɑ̃] *nm* environment.

**environner** [ɑ̃viʀɔne] *vt* to surround.

**envisager** [ɑ̃vizaʒe] *vt* (*examiner, considérer*) to view, contemplate; (*avoir en vue*) to envisage; **~ de faire** to consider *ou* contemplate doing.

**envoi** [ɑ̃vwa] *nm* sending; (*paquet*) parcel, consignment.

**envol** [ɑ̃vɔl] *nm* takeoff.

**envolée** [ɑ̃vɔle] *nf* (*fig*) flight.

**envoler** [ɑ̃vɔle]: **s'~** *vi* (*oiseau*) to fly away *ou* off; (*avion*) to take off; (*papier, feuille*) to blow away; (*fig*) to vanish (into thin air).

**envoûter** [ɑ̃vute] *vt* to bewitch.

**envoyé, e** [ɑ̃vwaje] *nm/f* (*POL*) envoy; (*PRESSE*) correspondent.

**envoyer** [ɑ̃vwaje] *vt* to send; (*lancer*) to hurl, throw; **~ chercher** to send for; **envoyeur, euse** *nm/f* sender.

**éolien, ne** [eɔljɛ̃, -jɛn] *a* wind *cpd*.

**épagneul, e** [epaɲœl] *nm/f* spaniel.

**épais, se** [epɛ, -ɛs] *a* thick; **épaisseur** *nf* thickness; **épaissir** *vt*, **s'épaissir** *vi* to thicken.

**épanchement** [epɑ̃ʃmɑ̃] *nm*: **un ~ de sinovie** water on the knee; **~s** *nmpl* (*fig*) (sentimental) outpourings.

**épancher** [epɑ̃ʃe] *vt* to give vent to; **s'~** *vi* to open one's heart; (*liquide*) to pour out.

**épandage** [epɑ̃daʒ] *nm* manure spreading.

**épanouir** [epanwiʀ]: **s'~** *vi* (*fleur*) to bloom, open out; (*visage*) to light up; (*fig*) to blossom (out), bloom; to open up; **épanouissement** *nm* blossoming; opening up.

**épargnant, e** [epaʀɲɑ̃, -ɑ̃t] *nm/f* saver, investor.

**épargne** [epaʀɲ(ə)] *nf* saving.

**épargner** [epaʀɲe] *vt* to save; (*ne pas tuer ou endommager*) to spare // *vi* to save; **~ qch à qn** to spare sb sth.

**éparpiller** [epaʀpije] *vt* to scatter; (*pour répartir*) to disperse; (*fig: efforts*) to dissipate; **s'~** *vi* to scatter; (*fig*) to dissipate one's efforts.

**épars, e** [epaʀ, -aʀs(ə)] *a* scattered.

**épatant, e** [epatɑ̃, -ɑ̃t] *a* (*fam*) super, splendid.

**épaté, e** [epate] *a*: **nez ~** flat nose (with wide nostrils).

**épater** [epate] *vt* to amaze; to impress.

**épaule** [epol] *nf* shoulder.

**épaulement** [epolmɑ̃] *nm* escarpment; retaining wall.

**épauler** [epole] *vt* (*aider*) to back up, support; (*arme*) to raise (to one's shoulder) // *vi* to (take) aim.

**épaulette** [epolɛt] *nf* (*MIL*) epaulette; (*de combinaison*) shoulder strap.

**épave** [epav] *nf* wreck.

**épée** [epe] *nf* sword.

**épeler** [ɛple] *vt* to spell.

**éperdu, e** [epɛʀdy] *a* distraught, overcome; passionate; frantic.

**éperon** [epʀɔ̃] *nm* spur; **éperonner** *vt* to spur (on); (*navire*) to ram.

**épervier** [epɛʀvje] *nm* (*ZOOL*) sparrowhawk; (*PÊCHE*) casting net.

**éphèbe** [efɛb] *nm* beautiful young man.

**éphémère** [efemɛʀ] *a* ephemeral, fleeting.

**éphéméride** [efemeʀid] *nf* block *ou* tear-off calendar.

**épi** [epi] *nm* (*de blé, d'orge*) ear; **stationnement en ~** angled parking.

**épice** [epis] *nf* spice; **épicé, e** *a* highly spiced, spicy; (*fig*) spicy.

**épicéa** [episea] *nm* spruce.

**épicer** [epise] *vt* to spice; (*fig*) to add spice to.

**épicerie** [episʀi] *nf* (*magasin*) grocer's shop; (*denrées*) groceries *pl*; **~ fine** delicatessen (shop); **épicier, ière** *nm/f* grocer.

**épidémie** [epidemi] *nf* epidemic.

**épiderme** [epidɛʀm(ə)] *nm* skin, epidermis; **épidermique** *a* skin *cpd*, epidermic.

**épier** [epje] *vt* to spy on, watch closely; (*occasion*) to look out for.

**épieu, x** [epjø] *nm* (hunting-)spear.

**épilatoire** [epilatwaʀ] *a* depilatory, hair-removing.

**épilepsie** [epilɛpsi] *nf* epilepsy; **épileptique** *a, nm/f* epileptic.

**épiler** [epile] *vt* (*jambes*) to remove the hair from; (*sourcils*) to pluck; **se faire ~** to get unwanted hair removed.

**épilogue** [epilɔg] *nm* (*fig*) conclusion, dénouement.

**épiloguer** [epilɔge] *vi*: ~ **sur** to hold forth on.

**épinard** [epinaʀ] *nm* spinach *q*.

**épine** [epin] *nf* thorn, prickle ; (*d'oursin etc*) spine, prickle ; ~ **dorsale** backbone ; **épineux, euse** *a* thorny, prickly.

**épingle** [epɛ̃gl(ə)] *nf* pin ; **virage en ~ à cheveux** hairpin bend ; ~ **de cravate** tie pin ; ~ **de nourrice** *ou* **de sûreté** *ou* **double safety pin.

**épingler** [epɛ̃gle] *vt* (*badge, décoration*): ~ **qch sur** to pin sth on(to) ; (*fam*) to catch, nick.

**épinière** [epinjɛʀ] *af voir* **moelle**.

**Épiphanie** [epifani] *nf* Epiphany.

**épique** [epik] *a* epic.

**épiscopal, e, aux** [episkɔpal, -o] *a* episcopal.

**épiscopat** [episkɔpa] *nm* bishopric, episcopate.

**épisode** [epizɔd] *nm* episode ; **film/roman à ~s** serialized film/novel, serial ; **épisodique** *a* occasional.

**épissure** [episyʀ] *nf* splice.

**épistolaire** [epistɔlɛʀ] *a* epistolary.

**épitaphe** [epitaf] *nf* epitaph.

**épithète** [epitɛt] *nf* (*nom, surnom*) epithet ; **adjectif ~** attributive adjective.

**épître** [epitʀ(ə)] *nf* epistle.

**éploré, e** [eplɔʀe] *a* in tears, tearful.

**épluche-légumes** [eplyʃlegym] *nm inv* potato peeler.

**éplucher** [eplyʃe] *vt* (*fruit, légumes*) to peel ; (*comptes, dossier*) to go over with a fine-tooth comb ; **éplucheur** *nm* (automatic) peeler ; **épluchures** *nfpl* peelings.

**épointer** [epwɛ̃te] *vt* to blunt.

**éponge** [epɔ̃ʒ] *nf* sponge ; **éponger** *vt* (*liquide*) to mop *ou* sponge up ; (*surface*) to sponge ; (*fig: déficit*) to soak up, absorb ; **s' éponger le front** to mop one's brow.

**épopée** [epɔpe] *nf* epic.

**époque** [epɔk] *nf* (*de l'histoire*) age, era ; (*de l'année, la vie*) time ; **d'~ a** (*meuble*) period *cpd*.

**épouiller** [epuje] *vt* to pick lice off ; to delouse.

**époumoner** [epumɔne] : **s'~** *vi* to shout o.s. hoarse.

**épouse** [epuz] *nf* wife (*pl* wives).

**épouser** [epuze] *vt* to marry ; (*fig: idées*) to espouse ; (: *forme*) to fit.

**épousseter** [epuste] *vt* to dust.

**époustouflant, e** [epustuflɑ̃, -ɑ̃t] *a* staggering, mind-boggling.

**épouvantable** [epuvɑ̃tabl(ə)] *a* appalling, dreadful.

**épouvantail** [epuvɑ̃taj] *nm* (*à moineaux*) scarecrow ; (*fig*) bog(e)y ; bugbear.

**épouvante** [epuvɑ̃t] *nf* terror ; **film d'~** horror film ; **épouvanter** *vt* to terrify.

**époux** [epu] *nm* husband // *nmpl* (married) couple.

**éprendre** [epʀɑ̃dʀ(ə)] : **s'~ de** *vt* to fall in love with.

**épreuve** [epʀœv] *nf* (*d'examen*) test ; (*malheur, difficulté*) trial, ordeal ; (*PHOTO*) print ; (*d'imprimerie*) proof ; (*SPORT*) event ;

à l'~ **des balles** bulletproof ; **à toute ~** unfailing ; **mettre à l'~** to put to the test.

**épris, e** [epʀi, -iz] *vb voir* **éprendre**.

**éprouver** [epʀuve] *vt* (*tester*) to test ; (*mettre à l'épreuve*) to put to the test ; (*marquer, faire souffrir*) to afflict, distress ; (*ressentir*) to feel.

**éprouvette** [epʀuvɛt] *nf* test tube.

**épuisé, e** [epɥize] *a* exhausted ; (*livre*) out of print.

**épuisement** [epɥizmɑ̃] *nm* exhaustion ; **jusqu'à ~ des stocks** while stocks last.

**épuiser** [epɥize] *vt* (*fatiguer*) to exhaust, wear *ou* tire out ; (*stock, sujet*) to exhaust ; **s'~** *vi* to wear *ou* tire o.s. out, exhaust o.s. (*stock*) to run out.

**épuisette** [epɥizɛt] *nf* landing net ; shrimping net.

**épurer** [epyʀe] *vt* (*liquide*) to purify ; (*parti, administration*) to purge ; (*langue, texte*) to refine.

**équarrir** [ekaʀiʀ] *vt* (*pierre, arbre*) to square (off) ; (*animal*) to quarter.

**équateur** [ekwatœʀ] *nm* equator ; (**la république de) l'É~** Ecuador.

**équation** [ekwasjɔ̃] *nf* equation ; **mettre en ~** to equate.

**équatorial, e, aux** [ekwatɔʀjal, -o] *a* equatorial.

**équerre** [ekɛʀ] *nf* (*à dessin*) (set) square ; (*pour fixer*) brace ; **en ~** at right angles ; **à l'~, d'~** straight.

**équestre** [ekɛstʀ(ə)] *a* equestrian.

**équidistant, e** [ekɥidistɑ̃, -ɑ̃t] *a*: ~ **(de)** equidistant (from).

**équilatéral, e, aux** [ekɥilateʀal, -o] *a* equilateral.

**équilibrage** [ekilibʀaʒ] *nm* (*AUTO*): ~ **des roues** wheel balancing.

**équilibre** [ekilibʀ(ə)] *nm* balance ; (*d'une balance*) equilibrium ; **garder/perdre l'~** to keep/lose one's balance ; **être en ~** to be balanced ; **équilibré, e a** (*fig*) well-balanced, stable ; **équilibrer** *vt* to balance ; **s'équilibrer** (*poids*) to balance ; (*fig: défauts etc*) to balance each other out ; **équilibriste** *nm/f* tightrope walker.

**équinoxe** [ekinɔks] *nm* equinox.

**équipage** [ekipaʒ] *nm* crew.

**équipe** [ekip] *nf* team ; (*bande: parfois péj*) bunch.

**équipée** [ekipe] *nf* escapade.

**équipement** [ekipmɑ̃] *nm* equipment ; **~s** *nmpl* amenities, facilities ; installations.

**équiper** [ekipe] *vt* to equip ; (*voiture, cuisine*) to equip, fit out ; ~ **qn/qch de** to equip sb/sth with ; **s'~** (*sportif*) to equip o.s., kit o.s. out.

**équipier, ière** [ekipje, -jɛʀ] *nm/f* team member.

**équitable** [ekitabl(ə)] *a* fair.

**équitation** [ekitasjɔ̃] *nf* (horse-)riding.

**équité** [ekite] *nf* equity.

**équivalence** [ekivalɑ̃s] *nf* equivalence.

**équivalent, e** [ekivalɑ̃, -ɑ̃t] *a, nm* equivalent.

**équivaloir** [ekivalwaʀ] : ~ **à** *vt* to be equivalent to ; (*représenter*) to amount to.

**équivoque** [ekivɔk] *a* equivocal, ambiguous ; (*louche*) dubious // *nf* ambiguity.

**érable** [eʀabl(ə)] *nm* maple.

**érafler** [eʀɑfle] *vt* to scratch ; **éraflure** *nf* scratch.

**éraillé, e** [eʀɑje] *a* (*voix*) rasping, hoarse.

**ère** [ɛʀ] *nf* era ; **en l'an 1050 de notre ~** in the year 1050 A.D.

**érection** [eʀɛksjɔ̃] *nf* erection.

**éreinter** [eʀɛ̃te] *vt* to exhaust, wear out ; (*fig: critiquer*) to slate.

**ergot** [ɛʀgo] *nm* (*de coq*) spur ; (*TECH*) lug.

**ériger** [eʀiʒe] *vt* (*monument*) to erect ; **s'~ en critique** to set o.s. up as a critic.

**ermitage** [ɛʀmitaʒ] *nm* retreat.

**ermite** [ɛʀmit] *nm* hermit.

**éroder** [eʀɔde] *vt* to erode ; **érosion** *nf* erosion.

**érotique** [eʀɔtik] *a* erotic ; **érotisme** *nm* eroticism.

**erratum, a** [eʀatɔm, -a] *nm* erratum (*pl* a).

**errer** [eʀe] *vi* to wander.

**erreur** [ɛʀœʀ] *nf* mistake, error ; (*morale*) error ; **être dans l'~** to be mistaken ; **par ~ by mistake** ; **~ judiciaire** miscarriage of justice ; **~ de jugement** error of judgment.

**erroné, e** [eʀɔne] *a* wrong, erroneous.

**éructer** [eʀykte] *vt* belch, eructate.

**érudit, e** [eʀydi, -it] *a* erudite, learned // *nm/f* scholar ; **érudition** *nf* erudition, scholarship.

**éruptif, ive** [eʀyptif, -iv] *a* eruptive.

**éruption** [eʀypsjɔ̃] *nf* eruption ; (*cutanée*) outbreak.

**es** *vb voir* **être**.

**ès** [ɛs] *prép:* **licencié ~ lettres/sciences** ≈ Bachelor of Arts/Science.

**escabeau, x** [ɛskabo] *nm* (*tabouret*) stool ; (*échelle*) stepladder.

**escadre** [ɛskadʀ(ə)] *nf* (*NAVIG*) squadron ; (*AVIAT*) wing.

**escadrille** [ɛskadʀij] *nf* (*AVIAT*) flight.

**escadron** [ɛskadʀɔ̃] *nm* squadron.

**escalade** [ɛskalad] *nf* climbing *q* ; (*POL etc*) escalation.

**escalader** [ɛskalade] *vt* to climb, scale.

**escale** [ɛskal] *nf* (*NAVIG*) call ; port of call ; (*AVIAT*) stop(over) ; **faire ~ à** to put in at, call in at ; to stop over at.

**escalier** [ɛskalje] *nm* stairs *pl* ; **dans l'~ ou les ~s** on the stairs ; **~ roulant** escalator ; **~ de service** backstairs.

**escalope** [ɛskalɔp] *nf* escalope.

**escamotable** [ɛskamɔtabl(ə)] *a* retractable ; fold-away.

**escamoter** [ɛskamɔte] *vt* (*esquiver*) to get round, evade ; (*faire disparaître*) to conjure away.

**escapade** [ɛskapad] *nf:* **faire une ~** to go on a jaunt ; to run away *ou* off.

**escargot** [ɛskaʀgo] *nm* snail.

**escarmouche** [ɛskaʀmuʃ] *nf* skirmish.

**escarpé, e** [ɛskaʀpe] *a* steep.

**escarpement** [ɛskaʀpəmɑ̃] *nm* steep slope.

**escarpin** [ɛskaʀpɛ̃] *nm* flat(-heeled) shoe.

**escarre** [ɛskaʀ] *nf* bedsore.

**escient** [esjɑ̃] *nm:* **à bon ~** advisedly.

**esclaffer** [ɛsklafe] : **s'~** *vi* to guffaw.

**esclandre** [ɛsklɑ̃dʀ(ə)] *nm* scene, fracas.

**esclavage** [ɛsklavaʒ] *nm* slavery.

**esclave** [ɛsklav] *nm/f* slave ; **être ~ de** (*fig*) to be a slave of.

**escompte** [ɛskɔ̃t] *nm* discount.

**escompter** [ɛskɔ̃te] *vt* (*COMM*) to discount ; (*espérer*) to expect, reckon upon ; **~ que** to reckon *ou* expect that.

**escorte** [ɛskɔʀt(ə)] *nf* escort ; **escorter** *vt* to escort ; **escorteur** *nm* (*NAVIG*) escort (ship).

**escouade** [ɛskwad] *nf* squad.

**escrime** [ɛskʀim] *nf* fencing ; **escrimeur, euse** *nm/f* fencer.

**escrimer** [ɛskʀime] : **s'~** *vi:* **s'~ à faire** to wear o.s. out doing.

**escroc** [ɛskʀo] *nm* swindler, conman.

**escroquer** [ɛskʀɔke] *vt:* **~ qn (de qch)/qch (à qn)** to swindle sb (out of sth)/sth (out of sb) ; **escroquerie** *nf* swindle.

**espace** [ɛspas] *nm* space ; **~ vital** living space.

**espacer** [ɛspase] *vt* to space out ; **s'~** *vi* (*visites etc*) to become less frequent.

**espadon** [ɛspadɔ̃] *nm* swordfish *inv.*

**espadrille** [ɛspadʀij] *nf* rope-soled sandal.

**Espagne** [ɛspaɲ(ə)] *nf:* **l'~** Spain ; **espagnol, e** *a* Spanish // *nm/f* **Espagnol, e** Spaniard // *nm* (*langue*) Spanish.

**espagnolette** [ɛspaɲɔlɛt] *nf* (window) catch ; **fermé à l'~** resting on the catch.

**espèce** [ɛspɛs] *nf* (*BIO, BOT, ZOOL*) species *inv* ; (*gén: sorte*) sort, kind, type ; (*péj*): **~ de maladroit/de brute!** you clumsy oaf/brute! ; **~s** *nfpl* (*COMM*) cash *sg* ; (*REL*) species ; **en l'~** *ad* in the case in point.

**espérance** [ɛspeʀɑ̃s] *nf* hope ; **~ de vie** (*DÉMOGRAPHIE*) life expectancy.

**espérer** [ɛspeʀe] *vt* to hope for ; **j'espère (bien)** I hope so ; **~ que/faire** to hope that/to do ; **~ en** to trust in.

**espiègle** [ɛspjɛgl(ə)] *a* mischievous ; **~rie** *nf* mischievousness ; piece of mischief.

**espion, ne** [ɛspjɔ̃, -ɔn] *nm/f* spy ; **avion ~** spy plane.

**espionnage** [ɛspjɔnaʒ] *nm* espionage, spying.

**espionner** [ɛspjɔne] *vt* to spy (up)on.

**esplanade** [ɛsplanad] *nf* esplanade.

**espoir** [ɛspwaʀ] *nm* hope.

**esprit** [ɛspʀi] *nm* (*pensée, intellect*) mind ; (*humour, ironie*) wit ; (*mentalité, d'une loi etc, fantôme etc*) spirit ; **l'~ d'équipe/de compétition** team/competitive spirit ; **faire de l'~** to try to be witty ; **reprendre ses ~s** to come to ; **perdre l'~** to lose one's mind ; **~s chagrins** faultfinders.

**esquif** [ɛskif] *nm* skiff.

**esquimau, de, x** [ɛskimo, -od] *a, nm/f* Eskimo.

**esquinter** [ɛskɛ̃te] *vt* (*fam*) to mess up.

**esquisse** [ɛskis] *nf* sketch ; **l'~ d'un sourire/changement** the suggestion of a smile/of change.

**esquisser** [ɛskise] *vt* to sketch ; **s'~** *vi* (*amélioration*) to begin to be detectable ; **~ un sourire** to give a vague smile.

**esquive** [ɛskiv] *nf* (*BOXE*) dodging ; (*fig*) side-stepping.

**esquiver** [ɛskive] vt to dodge ; **s'~** vi to slip away.

**essai** [esɛ] nm testing ; trying ; (tentative) attempt, try, (RUGBY) try ; (LITTÉRATURE) essay ; **~s** (AUTO) trials ; **~ gratuit** (COMM) free trial ; **à l'~** on a trial basis.

**essaim** [esɛ̃] nm swarm ; **essaimer** vi to swarm ; (fig) to spread, expand.

**essayage** [esɛjaʒ] nm (d'un vêtement) trying on, fitting.

**essayer** [eseje] vt (gén) to try ; (vêtement, chaussures) to try (on) ; (tester: ski, voiture) to test ; (restaurant, méthode) to try (out) // vi to try ; **~ de faire** to try ou attempt to do ; **s'~ à faire** to try one's hand at doing.

**essence** [esɑ̃s] nf (de voiture) petrol ; (extrait de plante, PHILOSOPHIE) essence ; (espèce: d'arbre) species inv ; **prendre de l'~** to get petrol ; **~ de citron/rose** lemon/rose oil.

**essentiel, le** [esɑ̃sjɛl] a essential ; **emporter l'~** to take the essentials ; **c'est l'~** (ce qui importe) that's the main thing ; **l'~ de** (la majeure partie) the main part of.

**esseulé, e** [esœle] a forlorn.

**essieu, x** [esjø] nm axle.

**essor** [esɔʀ] nm (de l'économie etc) rapid expansion ; **prendre son ~** (oiseau) to fly off.

**essorer** [esɔʀe] vt (en tordant) to wring (out) ; (par la force centrifuge) to spin-dry ; **essoreuse** nf mangle, wringer ; spin-dryer.

**essouffler** [esufle] vt to make breathless ; **s'~** vi to get out of breath.

**essuie-glace** [esɥiglas] nm inv windscreen wiper.

**essuie-mains** [esɥimɛ̃] nm inv hand towel.

**essuyer** [esɥije] vt to wipe ; (fig: subir) to suffer ; **s'~** (après le bain) to dry o.s. ; **~ la vaisselle** to dry up, dry the dishes.

**est** [ɛst] vb [ɛ] voir **être** // nm : **l'~** the east // a east ; (côte) east(ern) ; **à l'~** in the east ; (direction) to the east, east(wards) ; **à l'~ de** (to the) east of.

**estafette** [ɛstafɛt] nf (MIL) dispatch rider.

**estafilade** [ɛstafilad] nf gash, slash.

**est-allemand, e** [ɛstalmɑ̃, -ɑ̃d] a East German.

**estaminet** [ɛstaminɛ] nm tavern.

**estampe** [ɛstɑ̃p] nf print, engraving.

**estampille** [ɛstɑ̃pij] nf stamp.

**est-ce que** [ɛska] ad : **~ c'est cher/c'était bon?** is it expensive/was it good? ; **quand est-ce qu'il part?** when does he leave?, when is he leaving? ; **qui est-ce qui le connaît/a fait ça?** who knows him/did that? ; voir aussi **que**.

**esthète** [ɛstɛt] nm/f aesthete.

**esthéticienne** [ɛstetisjɛn] nf beautician.

**esthétique** [ɛstetik] a attractive ; aesthetically pleasing // a aesthetics sg.

**estimation** [ɛstimasjɔ̃] nf valuation ; assessment.

**estime** [ɛstim] nf esteem, regard.

**estimer** [ɛstime] vt (respecter) to esteem, hold in high regard ; (expertiser) to value ; (évaluer) to assess, estimate ; (penser): **~ que/être** to consider that/o.s. to be ;

**j'estime la distance à 10 km** I reckon the distance to be 10 km.

**estival, e, aux** [ɛstival, -o] a summer cpd.

**estivant, e** [ɛstivɑ̃, -ɑ̃t] nm/f (summer) holiday-maker.

**estocade** [ɛstɔkad] nf death-blow.

**estomac** [ɛstɔma] nm stomach.

**estomaqué, e** [ɛstɔmake] a flabbergasted.

**estompe** [ɛstɔ̃p] nf stump ; stump-drawing.

**estomper** [ɛstɔ̃pe] vt (ART) to shade off ; (fig) to blur, dim ; **s'~** vi to soften ; to become blurred.

**estrade** [ɛstʀad] nf platform, rostrum.

**estragon** [ɛstʀagɔ̃] nm tarragon.

**estropié, e** [ɛstʀɔpje] nm/f cripple.

**estropier** [ɛstʀɔpje] vt to cripple, maim ; (fig) to twist, distort.

**estuaire** [ɛstɥɛʀ] nm estuary.

**estudiantin, e** [ɛstydjɑ̃tɛ̃, -in] a student cpd.

**esturgeon** [ɛstyʀʒɔ̃] nm sturgeon.

**et** [e] cj and ; **~ lui?** what about him? ; **~ alors!** so what!.

**étable** [etabl(ə)] nf cowshed.

**établi** [etabli] nm (work)bench.

**établir** [etabliʀ] vt (papiers d'identité, facture) to make out ; (liste, programme) to draw up ; (gouvernement, artisan etc: aider à s'installer) to set up, establish ; (entreprise, atelier, camp) to set up ; (réputation, usage, fait, culpabilité) to establish ; **s'~** vi (se faire: entente etc) to be established ; **s'~** (à son compte) to set up one's own business ; **s'~ à/près de** to settle in/near.

**établissement** [etablismɑ̃] nm making out ; drawing up ; setting up, establishing ; (entreprise, institution) establishment ; **~ de crédit** credit institution ; **~ industriel** industrial plant, factory ; **~ scolaire** school, educational establishment.

**étage** [etaʒ] nm (d'immeuble) storey, floor ; (de fusée) stage ; (GÉO: de culture, végétation) level ; **au 2ème ~** on the 2nd floor ; **de bas ~** a low ; **étager** vt (cultures) to lay out in tiers ; **s'étager** vi (prix) to range ; (zones, cultures) to lie on different levels.

**étagère** [etaʒɛʀ] nf (rayon) shelf ; (meuble) shelves pl, set of shelves.

**étai** [etɛ] nm stay, prop.

**étain** [etɛ̃] nm tin ; (ORFÈVRERIE) pewter q.

**étais** etc vb voir **être**.

**étal** [etal] nm stall.

**étalage** [etalaʒ] nm display ; display window ; **faire ~ de** to show off, parade ; **étalagiste** nm/f window-dresser.

**étale** [etal] a (mer) slack.

**étalement** [etalmɑ̃] nm spreading, staggering.

**étaler** [etale] vt (carte, nappe) to spread (out) ; (peinture, liquide) to spread ; (échelonner: paiements, dates, vacances) to spread, stagger ; (exposer: marchandises) to display ; (richesses, connaissances) to parade ; **s'~** vi (liquide) to spread out ; (fam) to come a cropper ; **s'~ sur** (suj: paiements etc) to be spread out over.

**étalon** [etalɔ̃] nm (mesure) standard ; (cheval) stallion ; **étalonner** vt to calibrate.

**étamer** [etame] *vt* (*casserole*) to tin(plate) ; (*glace*) to silver.

**étamine** [etamin] *nf* (*BOT*) stamen ; (*tissu*) butter muslin.

**étanche** [etɑ̃ʃ] *a* (*récipient*) watertight ; (*montre, vêtement*) waterproof.

**étancher** [etɑ̃ʃe] *vt* (*liquide*) to stop (flowing) ; ~ **sa soif** to quench *ou* slake one's thirst.

**étang** [etɑ̃] *nm* pond.

**étant** [etɑ̃] *vb voir* **être, donné.**

**étape** [etap] *nf* stage ; (*lieu d'arrivée*) stopping place ; (: *CYCLISME*) staging point ; **faire** ~ **à** to stop off at.

**état** [eta] *nm* (*POL, condition*) state ; (*d'un article d'occasion etc*) condition, state ; (*liste*) inventory, statement ; (*condition professionnelle*) profession, trade ; (: *sociale*) status ; **en mauvais** ~ in poor condition ; **en** ~ (**de marche**) in (working) order ; **remettre en** ~ to repair ; **hors d'**~ out of order ; **être en** ~/**hors d'**~ **de faire** to be in a/in no fit state to do ; **en tout** ~ **de cause** in any event ; **être dans tous ses** ~**s** to be in a state ; **faire** ~ **de** (*alléguer*) to put forward ; **en** ~ **d'arrestation** under arrest ; **en** ~ **de grâce** (*REL*) in a state of grace ; (*fig*) inspired ; ~ **civil** civil status ; ~ **des lieux** inventory of fixtures ; ~ **de santé** state of health ; ~ **de siège/d'urgence** state of siege/emergency ; ~**s d'âme** moods ; ~**s de service** service record *sg* ; **étatiser** *vt* to bring under state control.

**état-major** [etamaʒɔʀ] *nm* (*MIL*) staff ; (*d'un parti etc*) top advisers *pl* ; top management.

**États-Unis** [etazyni] *nmpl* : **les** ~ (**d'Amérique**) the United States (of America).

**étau, x** [eto] *nm* vice.

**étayer** [eteje] *vt* to prop *ou* shore up ; (*fig*) to back up.

**et c(a)etera** [ɛtseteʀa], etc. *ad* et cetera, and so on, etc.

**été** [ete] *pp de* **être** // *nm* summer.

**éteignoir** [etɛɲwaʀ] *nm* (*candle*) extinguisher ; (*péj*) killjoy, wet blanket.

**éteindre** [etɛ̃dʀ(ə)] *vt* (*lampe, lumière, radio*) to turn *ou* switch off ; (*cigarette, incendie, bougie*) to put out, extinguish ; (*JUR: dette*) to extinguish ; **s'**~ *vi* to go out ; to go off ; (*mourir*) to pass away ; **éteint, e** *a* (*fig*) lacklustre, dull ; (*volcan*) extinct.

**étendard** [etɑ̃daʀ] *nm* standard.

**étendre** [etɑ̃dʀ(ə)] *vt* (*appliquer: pâte, liquide*) to spread ; (*déployer: carte etc*) to spread out ; (*sur un fil: lessive, linge*) to hang up *ou* out ; (*bras, jambes, par terre: blessé*) to stretch out ; (*diluer*) to dilute, thin ; (*fig: agrandir*) to extend ; (*fam: adversaire*) to floor ; **s'**~ *vi* (*augmenter, se propager*) to spread ; (*terrain, forêt etc*): **s'**~ **jusqu'à/de** ... **à** to stretch as far as/from ... to ; **s'**~ (**sur**) (*s'allonger*) to stretch out (upon) ; (*se reposer*) to lie down (on) ; (*fig: expliquer*) to elaborate *ou* enlarge (upon).

**étendu, e** [etɑ̃dy] *a* extensive // *nf* (*d'eau, de sable*) stretch, expanse ; (*importance*) extent.

**éternel, le** [etɛʀnɛl] *a* eternal ; **les neiges** ~**les** perpetual snow.

**éterniser** [etɛʀnize] : **s'**~ *vi* to last for ages ; to stay for ages.

**éternité** [etɛʀnite] *nf* eternity ; **de toute** ~ from time immemorial.

**éternuer** [etɛʀnɥe] *vi* to sneeze.

**êtes** *vb voir* **être.**

**étêter** [etete] *vt* (*arbre*) to poll(ard) ; (*clou, poisson*) to cut the head off.

**éther** [etɛʀ] *nm* ether.

**éthique** [etik] *a* ethical // *nf* ethics *sg*.

**ethnie** [ɛtni] *nf* ethnic group.

**ethnographie** [ɛtnɔgʀafi] *nf* ethnography.

**ethnologie** [ɛtnɔlɔʒi] *nf* ethnology ; **ethnologue** *nm/f* ethnologist.

**éthylisme** [etilism(ə)] *nm* alcoholism.

**étiage** [etjaʒ] *nm* low water.

**étiez** *vb voir* **être.**

**étinceler** [etɛ̃sle] *vi* to sparkle.

**étincelle** [etɛ̃sɛl] *nf* spark.

**étioler** [etjɔle]: **s'**~ *vi* to wilt.

**étique** [etik] *a* skinny, bony.

**étiqueter** [etikte] *vt* to label.

**étiquette** [etikɛt] *nf* label ; (*protocole*): **l'**~ etiquette.

**étirer** [etiʀe] *vt* to stretch ; (*ressort*) to stretch out ; **s'**~ *vi* (*personne*) to stretch ; (*convoi, route*): **s'**~ **sur** to stretch out over.

**étoffe** [etɔf] *nf* material, fabric.

**étoffer** [etɔfe] *vt*, **s'**~ *vi* to fill out.

**étoile** [etwal] *nf* star ; **à la belle** ~ in the open ; ~ **filante** shooting star ; ~ **de mer** starfish ; **étoilé, e** *a* starry.

**étole** [etɔl] *nf* stole.

**étonnant, e** [etɔnɑ̃, -ɑ̃t] *a* amazing.

**étonnement** [etɔnmɑ̃] *nm* surprise, amazement.

**étonner** [etɔne] *vt* to surprise, amaze ; **s'**~ **que/de** to be amazed that/at ; **cela m'étonnerait (que)** (*j'en doute*) I'd be very surprised (if).

**étouffant, e** [etufɑ̃, -ɑ̃t] *a* stifling.

**étouffée** [etufe]: **à l'**~ *ad* (*CULIN*) steamed ; braised.

**étouffer** [etufe] *vt* to suffocate ; (*bruit*) to muffle ; (*scandale*) to hush up // *vi* to suffocate ; (*avoir trop chaud*) to feel stifled ; **s'**~ *vi* (*en mangeant etc*) to choke.

**étourderie** [etuʀdeʀi] *nf* heedlessness ; thoughtless blunder.

**étourdi, e** [etuʀdi] *a* (*distrait*) scatterbrained, heedless.

**étourdir** [etuʀdiʀ] *vt* (*assommer*) to stun, daze ; (*griser*) to make dizzy *ou* giddy ; **étourdissant, e** *a* staggering ; **étourdissement** *nm* dizzy spell.

**étourneau, x** [etuʀno] *nm* starling.

**étrange** [etʀɑ̃ʒ] *a* strange.

**étranger, ère** [etʀɑ̃ʒe, -ɛʀ] *a* foreign ; (*pas de la famille, non familier*) strange // *nm/f* foreigner ; stranger // *nm*: **à l'**~ abroad ; **de l'**~ from abroad ; ~ **à** (*fig*) unfamiliar to ; irrelevant to.

**étranglement** [etʀɑ̃gləmɑ̃] *nm* (*d'une vallée etc*) constriction, narrow passage.

**étrangler** [etʀɑ̃gle] *vt* to strangle ; **s'**~ *vi* (*en mangeant etc*) to choke ; (*se resserrer*) to make a bottleneck.

**étrave** [etʀav] nf stem.

**être** [ɛtʀ(ə)] nm being // vb avec attribut, vi to be // vb auxiliaire to have (ou parfois [be]); **il est instituteur** he is a teacher; ~ **à qn** (appartenir) to be sb's, to belong to sb; **c'est à moi/eux** it is ou it's mine/theirs; **c'est à lui de le faire** it's up to him to do it; ~ **de** (provenance, origine) to be from; (appartenance) to belong to; **nous sommes le 10 janvier** it's the 10th of January (today); **il est 10 heures, c'est 10 heures** it is ou it's 10 o'clock; **c'est à réparer** it needs repairing; **c'est à essayer** it should be tried; ~ **humain** human being; voir aussi **est-ce que, n'est-ce pas, c'est-à-dire, ce**.

**étreindre** [etʀɛ̃dʀ(ə)] vt to clutch, grip; (amoureusement, amicalement) to embrace; **s'~** to embrace; **étreinte** nf clutch, grip; embrace.

**étrenner** [etʀene] vt to use (ou wear) for the first time.

**étrennes** [etʀɛn] nfpl Christmas box sg (fig).

**étrier** [etʀije] nm stirrup.

**étriller** [etʀije] vt (cheval) to curry; (fam: battre) to trounce.

**étriper** [etʀipe] vt to gut; (fam) ~ **qn** to tear sb's guts out.

**étriqué, e** [etʀike] a skimpy.

**étroit, e** [etʀwa, -wat] a narrow; (vêtement) tight; (fig: serré) close, tight; **à l'~** ad cramped; ~ **d'esprit** narrow-minded; **étroitesse** nf narrowness.

**étude** [etyd] nf studying; (ouvrage, rapport) study; (de notaire: bureau) office; (: charge) practice; (SCOL: salle de travail) study room; ~**s** nfpl (SCOL) studies; **être à l'~** (projet etc) to be under consideration; **faires des ~s de droit/médecine** to study ou read law/medicine.

**étudiant, e** [etydjɑ̃, -ɑ̃t] nm/f student.

**étudié, e** [etydje] a (démarche) studied; (système) carefully designed.

**étudier** [etydje] vt, vi to study.

**étui** [etɥi] nm case.

**étuve** [etyv] nf steamroom; (appareil) sterilizer.

**étuvée** [etyve]: **à l'~** ad braised.

**étymologie** [etimɔlɔʒi] nf etymology; **étymologique** a etymological.

**eu, eue** [y] pp voir **avoir**.

**eucalyptus** [økaliptys] nm eucalyptus.

**eugénique** [øʒenik] a eugenic // nf eugenics sg.

**euh** [ø] excl er.

**eunuque** [ønyk] nm eunuch.

**euphémisme** [øfemism(ə)] nm euphemism.

**euphonie** [øfɔni] nf euphony.

**euphorie** [øfɔʀi] nf euphoria; **euphorique** a euphoric.

**eurasien, ne** [øʀazjɛ̃, -ɛn] a, nm/f Eurasian.

**Europe** [øʀɔp] nf Europe; **européen, ne** a, nm/f European.

**eus** etc vb voir **avoir**.

**euthanasie** [øtanazi] nf euthanasia.

**eux** [ø] pronom (sujet) they; (objet) them.

**évacuation** [evakɥasjɔ̃] nf evacuation.

**évacuer** [evakɥe] vt (salle, région) to evacuate, clear; (occupants, population) to evacuate; (toxine etc) to evacuate, discharge.

**évadé, e** [evade] a escaped // nm/f escapee.

**évader** [evade]: **s'~** vi to escape.

**évaluation** [evalɥasjɔ̃] nf assessment, evaluation.

**évaluer** [evalɥe] vt to assess, evaluate.

**évangélique** [evãʒelik] a evangelical.

**évangéliser** [evãʒelize] vt to evangelize.

**évangile** [evãʒil] nm gospel.

**évanouir** [evanwiʀ]: **s'~** vi to faint, pass out; (disparaître) to vanish, disappear.

**évanouissement** [evanwismã] nm (syncope) fainting fit; (dans un accident) loss of consciousness.

**évaporation** [evapɔʀasjɔ̃] nf evaporation.

**évaporé, e** [evapɔʀe] a giddy, scatterbrained.

**évaporer** [evapɔʀe]: **s'~** vi to evaporate.

**évaser** [evaze] vt (tuyau) to widen, open out; (jupe, pantalon) to flare; **s'~** vi to widen, open out.

**évasif, ive** [evazif, -iv] a evasive.

**évasion** [evazjɔ̃] nf escape; **littérature d'~** escapist literature.

**évêché** [eveʃe] nm bishopric; bishop's palace.

**éveil** [evɛj] nm awakening; **être en ~** to be alert.

**éveillé, e** [eveje] a awake; (vif) alert, sharp.

**éveiller** [eveje] vt to (a)waken; **s'~** vi to (a)waken; (fig) to be aroused.

**événement** [evɛnmã] nm event.

**éventail** [evãtaj] nm fan; (choix) range; **en ~** fanned out; fan-shaped.

**éventaire** [evãtɛʀ] nm stall, stand.

**éventer** [evãte] vt (secret) to discover, lay open; (avec un éventail) to fan; **s'~** vi (parfum) to go stale.

**éventrer** [evãtʀe] vt to disembowel; (fig) to tear ou rip open.

**éventualité** [evãtɥalite] nf eventuality; possibility; **dans l'~ de** in the event of.

**éventuel, le** [evãtɥɛl] a possible; **~lement** ad possibly.

**évêque** [evɛk] nm bishop.

**évertuer** [evɛʀtɥe]: **s'~** vi: **s'~ à faire** to try very hard to do.

**éviction** [eviksjɔ̃] nf ousting, supplanting; (de locataire) eviction.

**évidemment** [evidamã] ad obviously.

**évidence** [evidãs] nf obviousness; obvious fact; **de toute ~** quite obviously ou evidently; **en ~** conspicuous; **mettre en ~** to highlight; to bring to the fore.

**évident, e** [evidã, -ãt] a obvious, evident.

**évider** [evide] vt to scoop out.

**évier** [evje] nm (kitchen) sink.

**évincer** [evɛ̃se] vt to oust, supplant.

**évitement** [evitmã] nm: **place d'~** (AUTO) passing place.

**éviter** [evite] vt to avoid; ~ **de faire/que qch ne se passe** to avoid doing/sth happening; ~ **qch à qn** to spare sb sth.

**évocateur, trice** [evɔkatœʀ, -tʀis] *a* evocative, suggestive.

**évocation** [evɔkasjɔ̃] *nf* evocation.

**évolué, e** [evɔlɥe] *a* advanced.

**évoluer** [evɔlɥe] *vi* (*enfant, maladie*) to develop; (*situation, moralement*) to evolve, develop; (*aller et venir: danseur etc*) to move about, circle; **évolution** *nf* development; evolution; **évolutions** *nfpl* movements.

**évoquer** [evɔke] *vt* to call to mind, evoke; (*mentionner*) to mention.

**ex...** [ɛks] *préfixe* ex-.

**exacerber** [ɛgzasɛʀbe] *vt* to exacerbate.

**exact, e** [ɛgzakt] *a* (*précis*) exact, accurate, precise; (*correct*) correct; (*ponctuel*) punctual; **l'heure ~e** the right ou exact time; **~ement** *ad* exactly, accurately, precisely; correctly; (*c'est cela même*) exactly.

**exactions** [ɛgzaksjɔ̃] *nfpl* exactions.

**exactitude** [ɛgzaktityd] *nf* exactitude, accurateness, precision.

**ex aequo** [ɛgzeko] *a* equally placed; **classé 1er** ~ placed equal first.

**exagération** [ɛgzaʒeʀasjɔ̃] *nf* exaggeration.

**exagéré, e** [ɛgzaʒeʀe] *a* (*prix etc*) excessive.

**exagérer** [ɛgzaʒeʀe] *vt* to exaggerate // *vi* (*abuser*) to go too far; overstep the mark; (*déformer les faits*) to exaggerate.

**exaltation** [ɛgzaltasjɔ̃] *nf* exaltation.

**exalté, e** [ɛgzalte] *a* (over)excited // *nm/f* (*péj*) fanatic.

**exalter** [ɛgzalte] *vt* (*enthousiasmer*) to excite, elate; (*glorifier*) to exalt.

**examen** [ɛgzamɛ̃] *nm* examination; (*SCOL*) exam, examination; **à l'~** under consideration; (*COMM*) on approval; **blanc** mock exam(ination); **~ de la vue** sight test.

**examinateur, trice** [ɛgzaminatœʀ, -tʀis] *nm/f* examiner.

**examiner** [ɛgzamine] *vt* to examine.

**exaspération** [ɛgzaspeʀasjɔ̃] *nf* exasperation.

**exaspérer** [ɛgzaspeʀe] *vt* to exasperate; to exacerbate.

**exaucer** [ɛgzose] *vt* (*vœu*) to grant, fulfil; **~ qn** to grant sb's wishes.

**excavateur** [ɛkskavatœʀ] *nm* excavator, mechanical digger.

**excavation** [ɛkskavasjɔ̃] *nf* excavation.

**excavatrice** [ɛkskavatʀis] *nf* = **excavateur.**

**excédent** [ɛksedɑ̃] *nm* surplus; **en ~** surplus; **~ de bagages** excess luggage; **excédentaire** *a* surplus, excess.

**excéder** [ɛksede] *vt* (*dépasser*) to exceed; (*agacer*) to exasperate.

**excellence** [ɛkselɑ̃s] *nf* excellence; (*titre*) Excellency.

**excellent, e** [ɛkselɑ̃, -ɑ̃t] *a* excellent.

**exceller** [ɛksele] *vi:* ~ (**dans**) to excel (in).

**excentricité** [ɛksɑ̃tʀisite] *nf* eccentricity; **excentrique** *a* eccentric; (*quartier*) outlying.

**excepté, e** [ɛksɛpte] *a, prép:* **les élèves ~s,** ~ **les élèves** except for ou apart from the pupils; ~ **si** except if.

**excepter** [ɛksɛpte] *vt* to except.

**exception** [ɛksɛpsjɔ̃] *nf* exception; **à l'~ de** except for, with the exception of; **d'~** (*mesure, loi*) special, exceptional; **exceptionnel, le** *a* exceptional.

**excès** [ɛksɛ] *nm* surplus // *nmpl* excesses; **à l'~** (*méticuleux, généreux*) to excess; ~ **de vitesse** speeding *q*, exceeding the speed limit; ~ **de zèle** overzealousness *q*; **excessif, ive** *a* excessive.

**exciper** [ɛksipe]: ~ **de** *vt* to plead.

**excitant** [ɛksitɑ̃] *nm* stimulant.

**excitation** [ɛksitasjɔ̃] *nf* (*état*) excitement.

**exciter** [ɛksite] *vt* to excite; (*suj: café etc*) to stimulate; **s'~** *vi* to get excited; ~ **qn à** (*révolte etc*) to incite sb to.

**exclamation** [ɛksklamasjɔ̃] *nf* exclamation.

**exclamer** [ɛksklame]: **s'~** *vi* to exclaim.

**exclure** [ɛksklyʀ] *vt* (*faire sortir*) to expel; (*ne pas compter*) to exclude, leave out; (*rendre impossible*) to exclude, rule out; **exclusif, ive** *a* exclusive; **exclusion** *nf* expulsion; **à l'exclusion de** with the exclusion ou exception of; **exclusivement** *ad* exclusively; **exclusivité** *nf* exclusiveness; (*COMM*) exclusive rights *pl*; **film passant en exclusivité à** film showing only at.

**excommunier** [ɛkskɔmynje] *vt* to excommunicate.

**excréments** [ɛkskʀemɑ̃] *nmpl* excrement *sg*, faeces.

**excroissance** [ɛkskʀwasɑ̃s] *nf* excrescence, outgrowth.

**excursion** [ɛkskyʀsjɔ̃] *nf* (*en autocar*) excursion, trip; (*à pied*) walk, hike; **faire une** ~ to go on an excursion ou a trip; to go on a walk ou hike; **excursionniste** *nm/f* tripper; hiker.

**excuse** [ɛkskyz] *nf* excuse; **~s** *nfpl* apology *sg*, apologies.

**excuser** [ɛkskyze] *vt* to excuse; **s'~ (de)** to apologize (for); **'excusez-moi'** 'I'm sorry'; (*pour attirer l'attention*) 'excuse me'.

**exécrable** [ɛgzekʀabl(ə)] *a* atrocious.

**exécrer** [ɛgzekʀe] *vt* to loathe, abhor.

**exécutant, e** [ɛgzekytɑ̃, -ɑ̃t] *nm/f* performer.

**exécuter** [ɛgzekyte] *vt* (*prisonnier*) to execute; (*tâche etc*) to execute, carry out; (*MUS: jouer*) to perform, execute; **s'~** *vi* to comply; **exécuteur, trice** *nm/f* (*testamentaire*) executor // *nm* (*bourreau*) executioner; **exécutif, ive** *a, nm* (*POL*) executive; **exécution** *nf* execution; carrying out; **mettre à exécution** to carry out.

**exégèse** [ɛgzeʒɛz] *nf* exegesis.

**exemplaire** [ɛgzɑ̃plɛʀ] *a* exemplary // *nm* copy.

**exemple** [ɛgzɑ̃pl(ə)] *nm* example; **par ~** for instance, for example; **donner l'~** to set an example; **prendre ~ sur** to take as a model; **à l'~ de** just like.

**exempt, e** [ɛgzɑ̃, -ɑ̃t] *a:* ~ **de** (*dispensé de*) exempt from; (*ne comportant pas de*) free from.

**exempter** [ɛgzɑ̃te] *vt:* ~ **de** to exempt from.

**exercé, e** [ɛgzɛRse] a trained.

**exercer** [ɛgzɛRse] vt (pratiquer) to exercise, practise; (faire usage de: prérogative) to exercise; (effectuer: influence, contrôle, pression) to exert; (former) to exercise, train // vi (médecin) to be in practice; **s'~** (sportif, musicien) to practise; (se faire sentir: pression etc) to be exerted.

**exercice** [ɛgzɛRsis] nm practice; exercising; (tâche, travail) exercise; (activité, sportive, physique): **l'~** exercise; (MIL): **l'~** drill; (COMM, ADMIN: période) accounting period; **en ~** (juge) in office; (médecin) practising; **dans l'~ de ses fonctions** in the discharge of his duties.

**exhaler** [ɛgzale] vt to exhale; to utter, breathe; **s'~** vi to rise (up).

**exhaustif, ive** [ɛgzostif, -iv] a exhaustive.

**exhiber** [ɛgzibe] vt (montrer: papiers, certificat) to present, produce; (péj) to display, flaunt **s'~** to parade; (suj: exhibitionniste) to expose o.s; **exhibitionnisme** nm exhibitionism.

**exhorter** [ɛgzɔRte] vt: **~ qn à faire** to urge sb to do.

**exhumer** [ɛgzyme] vt to exhume.

**exigeant, e** [ɛgziʒã, -ãt] a demanding; (péj) hard to please.

**exigence** [ɛgziʒãs] nf demand, requirement.

**exiger** [ɛgziʒe] vt to demand, require.

**exigu, ë** [ɛgzigy] a (lieu) cramped, tiny.

**exil** [ɛgzil] nm exile; **en ~** in exile; **~é, e** nm/f exile; **~er** vt to exile; **s'~er** to go into exile.

**existence** [ɛgzistãs] nf existence.

**exister** [ɛgziste] vi to exist; **il existe un/des** there is a/are (some).

**exode** [ɛgzɔd] nm exodus.

**exonérer** [ɛgzɔneRe] vt: **~ de** to exempt from.

**exorbitant, e** [ɛgzɔRbitã, -ãt] a exorbitant.

**exorbité, e** [ɛgzɔRbite] a: **yeux ~s** bulging eyes.

**exorciser** [ɛgzɔRsize] vt to exorcize.

**exotique** [ɛgzɔtik] a exotic; **exotisme** nm exoticism; exotic flavour ou atmosphere.

**expansif, ive** [ɛkspãsif, -iv] a expansive, communicative.

**expansion** [ɛkspãsjɔ̃] nf expansion.

**expatrier** [ɛkspatRije] vt: **s'~** to leave one's country, expatriate o.s.

**expectative** [ɛkspɛktativ] nf: être dans **l'~** to be still waiting.

**expectorer** [ɛkspɛktɔRe] vi to expectorate.

**expédient** [ɛkspedjã] nm (péj) expedient; **vivre d'~s** to live by one's wits.

**expédier** [ɛkspedje] vt (lettre, paquet) to send; (troupes) to dispatch; (péj: travail etc) to dispose of, dispatch; **expéditeur, trice** nm/f sender.

**expéditif, ive** [ɛkspeditif, -iv] a quick, expeditious.

**expédition** [ɛkspedisjɔ̃] nf sending; (scientifique, sportive, MIL) expedition.

**expéditionnaire** [ɛkspedisjɔnɛR] a: **corps ~** task force.

**expérience** [ɛkspeRjãs] nf (de la vie) experience; (scientifique) experiment; **avoir de l'~** to have experience, be experienced; **avoir l'~ de** to have experience of.

**expérimental, e, aux** [ɛkspeRimãtal, -o] a experimental.

**expérimenté, e** [ɛkspeRimãte] a experienced.

**expérimenter** [ɛkspeRimãte] vt (technique) to test out, experiment with.

**expert, e** [ɛkspɛR, -ɛRt(ə)] a, nm expert; **~ en assurances** insurance valuer; **~-comptable** nm ≈ chartered accountant.

**expertise** [ɛkspɛRtiz] nf valuation; assessment; valuer's (ou assessor's) report; (JUR) (forensic) examination.

**expertiser** [ɛkspɛRtize] vt (objet de valeur) to value; (voiture accidentée etc) to assess damage to.

**expier** [ɛkspje] vt to expiate, atone for.

**expiration** [ɛkspiRasjɔ̃] nf expiry; breathing out q.

**expirer** [ɛkspiRe] vi (venir à échéance, mourir) to expire; (respirer) to breathe out.

**explétif, ive** [ɛkspletif, -iv] a expletive.

**explicatif, ive** [ɛksplikatif, -iv] a explanatory.

**explication** [ɛksplikasjɔ̃] nf explanation; (discussion) discussion; argument; **~ de texte** (SCOL) critical analysis (of a text).

**explicite** [ɛksplisit] a explicit; **expliciter** vt to make explicit.

**expliquer** [ɛksplike] vt to explain; **s'~** (discuter) to discuss things, to have it out; **son erreur s'explique** one can understand his mistake.

**exploit** [ɛksplwa] nm exploit, feat.

**exploitant** [ɛksplwatã] nm farmer.

**exploitation** [ɛksplwatasjɔ̃] nf exploitation; running; **~ agricole** farming concern.

**exploiter** [ɛksplwate] vt (mine) to exploit, work; (entreprise, ferme) to run, operate; (clients, ouvriers, erreur, don) to exploit; **exploiteur, euse** nm/f exploiter.

**explorateur, trice** [ɛksplɔRatœR, -tris] nm/f explorer.

**exploration** [ɛksplɔRasjɔ̃] nf exploration.

**explorer** [ɛksplɔRe] vt to explore.

**exploser** [ɛksplɔze] vi to explode, blow up; (engin explosif) to go off; (fig: joie, colère) to burst out, explode; (personne: de colère) to explode, flare up; **explosif, ive** a, nm explosive; **explosion** nf explosion.

**exportateur, trice** [ɛkspɔRtatœR, -tris] a export cpd, exporting // nm exporter.

**exportation** [ɛkspɔRtasjɔ̃] nf exportation; export.

**exporter** [ɛkspɔRte] vt to export.

**exposant** [ɛkspozã] nm exhibitor; (MATH) exponent.

**exposé, e** [ɛkspoze] nm talk // a: **~ au sud** facing south, with a southern aspect; **bien ~** well situated; **très ~** very exposed.

**exposer** [ɛkspoze] vt (marchandise) to display; (peinture) to exhibit, show; (parler de: problème, situation) to explain, set out; (mettre en danger, orienter, PHOTO) to expose; **~ qn/qch à** to expose sb/sth to ; **exposition** nf displaying ; exhibiting ; setting out ; (voir exposé) aspect, situation ; (manifestation) exhibition ; (PHOTO) exposure.

**exprès** [εkspRε] ad (délibérément) on purpose ; (spécialement) specially ; **faire ~ de faire qch** to do sth on purpose.

**exprès, esse** [εkspRεs] a (ordre, défense) express, formal // a inv, ad (PTT) express.

**express** [εkspRεs] a, nm: (**café**) **~** espresso ; (**train**) ~ fast train.

**expressément** [εkspRεsemɑ̃] ad expressly ; specifically.

**expressif, ive** [εkspRεsif, -iv] a expressive.

**expression** [εkspRεsjɔ̃] nf expression.

**exprimer** [εkspRime] vt (sentiment, idée) to express ; (jus, liquide) to press out ; **s'~ vi** (personne) to express o.s.

**expropriation** [εkspRɔpRijasjɔ̃] nf expropriation ; **frapper d'~** to put a compulsory purchase order on.

**exproprier** [εkspRɔpRije] vt to buy up (ou buy the property of) by compulsory purchase, expropriate.

**expulser** [εkspylse] vt to expel ; (locataire) to evict ; (FOOTBALL) to send off ; **expulsion** nf expulsion ; eviction ; sending off.

**expurger** [εkspyRʒe] vt to expurgate, bowdlerize.

**exquis, e** [εkski, -iz] a exquisite ; delightful.

**exsangue** [εksɑ̃g] a bloodless, drained of blood.

**extase** [εkstɑz] nf ecstasy ; **s'extasier sur** to go into ecstasies ou raptures over.

**extenseur** [εkstɑ̃sœR] nm (SPORT) chest expander.

**extensible** [εkstɑ̃sibl(ə)] a extensible.

**extensif, ive** [εkstɑ̃sif, -iv] a extensive.

**extension** [εkstɑ̃sjɔ̃] nf (d'un muscle, ressort) stretching ; (MÉD) ; **à l'~** in traction ; (fig) extension ; expansion.

**exténuer** [εkstenɥe] vt to exhaust.

**extérieur, e** [εksteRjœR] a (porte, mur etc) outer, outside ; (au dehors: escalier, w.-c.) outside ; (commerce) foreign ; (influences) external ; (apparent: calme, gaieté etc) surface cpd // nm (d'une maison, d'un récipient etc) outside, exterior ; (d'une personne: apparence) exterior ; (d'un groupe social): **l'~** the outside world ; **à l'~** outside ; (à l'étranger) abroad ; **~ement** ad on the outside ; (en apparence) on the surface ; **extérioriser** vt to show ; to exteriorize.

**exterminer** [εkstεRmine] vt to exterminate, wipe out.

**externat** [εkstεRna] nm day school.

**externe** [εkstεRn(ə)] a external, outer // nm/f (MÉD) non-resident medical student ; (SCOL) day pupil.

**extincteur** [εkstɛ̃ktœR] nm (fire) extinguisher.

**extinction** [εkstɛ̃ksjɔ̃] nf extinction ; (JUR: d'une dette) extinguishment ; **~ de voix** loss of voice.

**extirper** [εkstiRpe] vt (tumeur) to extirpate ; (plante) to root out, pull up.

**extorquer** [εkstɔRke] vt: **~ qch à qn** to extort sth from sb.

**extra** [εkstRa] a inv first-rate ; top-quality // nm inv extra help.

**extraction** [εkstRaksjɔ̃] nf extraction.

**extrader** [εkstRade] vt to extradite ; **extradition** nf extradition.

**extraire** [εkstRεR] vt to extract ; **extrait** nm (de plante) extract ; (de film, livre) extract, excerpt.

**extra-lucide** [εkstRalysid] a: **voyante ~** clairvoyant.

**extraordinaire** [εkstRaɔRdinεR] a extraordinary ; (POL: mesures) special ; **ambassadeur ~** ambassador extraordinary.

**extravagance** [εkstRavagɑ̃s] nf extravagance q ; extravagant behaviour q.

**extravagant, e** [εkstRavagɑ̃, -ɑ̃t] a extravagant ; wild.

**extraverti, e** [εkstRavεRti] a extrovert.

**extrême** [εkstRεm] a, nm extreme ; **~ment** ad extremely ; **~-onction** nf last rites pl, Extreme Unction ; **E~-Orient** nm Far East ; **extrémiste** a, nm/f extremist.

**extrémité** [εkstRemite] nf end ; (situation) straits pl, plight ; (geste désespéré) extreme action ; **~s** nfpl (pieds et mains) extremities ; **à la dernière ~** (à l'agonie) on the point of death.

**exubérant, e** [εgzybeRɑ̃, -ɑ̃t] a exuberant.

**exulter** [εgzylte] vi to exult.

**exutoire** [εgzytwaR] nm outlet, release.

**ex-voto** [εksvoto] nm inv ex-voto.

# F

**F** abr de **franc.**

**fa** [fa] nm inv (MUS) F ; (en chantant la gamme) fa.

**fable** [fabl(ə)] nf fable ; (mensonge) story, tale.

**fabricant** [fabRikɑ̃] nm manufacturer, maker.

**fabrication** [fabRikasjɔ̃] nf manufacture, making.

**fabrique** [fabRik] nf factory.

**fabriquer** [fabRike] vt to make ; (industriellement) to manufacture, make ; (fig): **qu'est-ce qu'il fabrique?** what is he doing?

**fabulation** [fabylasjɔ̃] nf fantasizing.

**fabuleux, euse** [fabylø, -øz] a fabulous, fantastic.

**façade** [fasad] nf front, façade ; (fig) façade.

**face** [fas] nf face ; (fig: aspect) side // a: **le côté ~** heads ; **perdre la ~** to lose face ; **en ~ de** prép opposite ; (fig) in front of ; **de ~** ad from the front ; face on ; **~ à** prép facing ; (fig) faced with, in the face of ; **faire ~ à** to face ; **~ à ~** ad facing each other // nm inv encounter ; **~-à-main** nm lorgnette.

**facéties** [fasesi] nfpl jokes, pranks.

**facétieux, euse** [fasesjø, -øz] a mischievous.

**facette** [fasεt] nf facet.

**fâché, e** [faʃe] a angry ; (désolé) sorry.

**fâcher** [faʃe] vt to anger ; **se ~** vi to get angry ; **se ~ avec** (se brouiller) to fall out with.

**fâcheux, euse** [fɑʃø, -øz] a unfortunate, regrettable.

**facial, e, aux** [fasjal, -o] a facial.

**faciès** [fasjɛs] nm features pl, facies.

**facile** [fasil] a easy; (accommodant) easy-going; **~ment** ad easily; **facilité** nf easiness; (disposition, don) aptitude; **facilités** nfpl facilities; **facilités de paiement** easy terms; **faciliter** vt to make easier.

**façon** [fasɔ̃] nf (manière) way; (d'une robe etc) making-up; cut; **~s** nfpl (péj) fuss sg; **de quelle ~?** (in) what way?; **de ~ à** so as to; **de ~ à ce que** so that; **de toute ~** anyway, in any case.

**faconde** [fakɔ̃d] nf loquaciousness, volubility.

**façonner** [fasɔne] vt (fabriquer) to manufacture; (travailler: matière) to shape, fashion; (fig) to mould, shape.

**fac-similé** [faksimile] nm facsimile.

**facteur, trice** [faktœr, -tris] nm/f postman/woman // nm (MATH, fig: élément) factor; **~ d'orgues** organ builder; **~ de pianos** piano maker.

**factice** [faktis] a artificial.

**faction** [faksjɔ̃] nf (groupe) faction; (surveillance) guard ou sentry (duty); watch; **en ~** on guard; standing watch; **factionnaire** nm guard, sentry.

**factoriel, le** [faktɔrjɛl] a factorial.

**factotum** [faktɔtɔm] nm odd-job man, dogsbody.

**facture** [faktyr] nf (à payer: gén) bill; (: COMM) invoice; (d'un artisan, artiste) technique, workmanship; **facturer** vt to invoice.

**facultatif, ive** [fakyltatif, -iv] a optional; (arrêt de bus) request cpd.

**faculté** [fakylte] nf (intellectuelle, d'université) faculty; (pouvoir, possibilité) power.

**fadaises** [fadɛz] nfpl twaddle sg.

**fade** [fad] a insipid.

**fading** [fadiŋ] nm (RADIO) fading.

**fagot** [fago] nm (de bois) bundle of sticks.

**fagoté, e** [fagɔte] a (fam): **drôlement ~** in a peculiar getup.

**faible** [fɛbl(ə)] a weak; (voix, lumière, vent) faint; (rendement, intensité, revenu etc) low // nm weak point; weakness, soft spot; **~ d'esprit** feeble-minded; **faiblesse** nf weakness; **faiblir** vi to weaken; (lumière) to dim; (vent) to drop.

**faïence** [fajɑ̃s] nf earthenware q; piece of earthenware.

**faignant, e** [fɛɲɑ̃, -ɑ̃t] nm/f = **fainéant, e**.

**faille** [faj] vb voir **falloir** // nf (GÉO) fault; (fig) flaw, weakness.

**faillible** [fajibl(ə)] a fallible.

**faim** [fɛ̃] nf hunger; **avoir ~** to be hungry; **rester sur sa ~** (aussi fig) to be left wanting more.

**fainéant, e** [fɛneɑ̃, -ɑ̃t] nm/f idler, loafer.

**faire** [fɛr] vt to make; (effectuer: travail, opération) to do; **vraiment?** fit-il really? he said; **fait à la main/machine** hand-/machine-made; **~ du bruit/des taches** to make a noise/marks; **~ du rugby/piano** to play rugby/play the piano; **~ le malade/l'ignorant** to act the

invalid/the fool; **~ de qn un frustré/avocat** to make sb a frustrated person/a lawyer; **cela ne me fait rien** (m'est égal) I don't care ou mind; (me laisse froid) it has no effect on me; **cela ne fait rien** it doesn't matter; **je vous le fais 10 F** (j'en demande 10 F) I'll let you have it for 10 F; **que faites-vous?** (quel métier etc) what do you do?; (quelle activité: au moment de la question) what are you doing?; **comment a-t-il fait pour** how did he manage to; **qu'a-t-il fait de sa valise?** what has he done with his case?; **2 et 2 font 4** 2 and 2 are ou make 4 // vb avec attribut: **ça fait 10 m/15 F** it's 10 m/15 F // vb substitut: **ne le casse pas comme je l'ai fait** don't break it as I did // vb impersonnel voir **jour, froid** etc; **ça fait 2 ans qu'il est parti** it's 2 years since he left; **ça fait 2 ans qu'il y est** he's been there for 2 years; **faites!** please do!; il **ne fait que critiquer** (sans cesse) all he (ever) does is criticize; (seulement) he's only criticizing; **~ vieux/démodé** to look old/old-fashioned // **~ faire**: **~ réparer qch** to get ou have sth repaired; **~ tomber/bouger qch** to make sth fall/move; **cela fait dormir** it makes you sleep; **~ travailler les enfants** to make the children work, get the children to work; **~ punir les enfants** to have the children punished; **~ démarrer un moteur/chauffer de l'eau** to start up an engine/heat some water; **se ~ examiner la vue/opérer** to have one's eyes tested/have an operation; **il s'est fait aider (par qn)** he got sb to help him; il **va se ~ tuer/punir** he's going to get himself killed/get (himself) punished; **se ~ faire un vêtement** to get a garment made for o.s. // **se ~** vi (fromage, vin) to mature; **se ~ à** (s'habituer) to get used to; **cela se fait beaucoup/ne se fait pas** it's done a lot/not done; **comment se fait-il/faisait-il que** how is it/was it that; **se ~ vieux** to be getting old; **se ~ des amis** to make friends; **il ne s'en fait pas** he doesn't worry.

**faisable** [fazabl(ə)] a feasible.

**faisan, e** [fəzɑ̃, -an] nm/f pheasant.

**faisandé, e** [fəzɑ̃de] a high.

**faisceau, x** [fɛso] nm (de lumière etc) beam; (de branches etc) bundle.

**faiseur, euse** [fəzœr, -øz] nm/f (gén:péj): **~ de** maker of // nm (bespoke) tailor.

**faisons** vb voir **faire**.

**fait** [fɛ] nm (événement) event, occurrence; (réalité, donnée: s'oppose à hypothèse) fact; **le ~ que/de manger** the fact that/of eating; **être le ~ de** (causé par) to be the work of; **être au ~ (de)** to be informed (of); **au ~** (à propos) by the way; **en venir au ~** to get to the point; **de ~** a (opposé à: de droit) de facto // ad in fact; **du ~ de ceci/qu'il a menti** because of ou on account of this/his having lied; **de ce ~** therefore, for this reason; **en ~** in fact; **en ~ de repas** by way of a meal; **prendre ~ et cause pour qn** to support sb, side with sb; **prendre qn sur le ~** to catch sb in the act; **~ d'armes** feat of arms; **~ divers** (short) news item; **les ~s et gestes de qn** sb's actions ou doings.

**fait, e** [fɛ, fɛt] a (*mûr: fromage, melon*) ripe ; **un homme ~** a grown man ; **c'en est ~ de notre tranquillité** that's the end of our peace.

**faîte** [fɛt] nm top ; (*fig*) pinnacle, height.

**faites** vb voir **faire**.

**faîtière** [fɛtjɛR] nf (*de tente*) ridge pole.

**fait-tout** nm inv, **faitout** nm [fɛtu] stewpot.

**fakir** [fakiR] nm wizard.

**falaise** [falɛz] nf cliff.

**fallacieux, euse** [falasjø, -øz] a fallacious ; deceptive ; illusory.

**falloir** [falwaR] vb impersonnel: **il va ~ 100 F** we'll (*ou* I'll) need 100 F ; **il doit ~ du temps** that must take time ; **il me faudrait 100 F** I would need 100 F ; **il vous faut tourner à gauche après l'église** you have to *ou* want to turn left past the church ; **nous avons ce qu'il (nous) faut** we have what we need ; **il faut qu'il parte/a fallu qu'il parte** (*obligation*) he has to *ou* must leave/had to leave ; **il a fallu le faire** it had to be done // **s'en ~: il s'en est fallu de 100 F/5 minutes** we (*ou* they) were 100 F short/5 minutes late (*ou* early) ; **il s'en faut de beaucoup qu'il soit** he is far from being ; **il s'en est fallu de peu que cela n'arrive** it very nearly happened.

**falot, e** [falo, -ɔt] a dreary, colourless // nm lantern.

**falsifier** [falsifje] vt to falsify ; to doctor.

**famé, e** [fame] a: **mal ~** disreputable, of ill repute.

**famélique** [famelik] a half-starved.

**fameux, euse** [famø, -øz] a (*illustre*) famous ; (*bon: repas, plat etc*) first-rate, first-class.

**familial, e, aux** [familjal, -o] a family cpd // nf (AUTO) estate car.

**familiariser** [familjaRize] vt: **~ qn avec** to familiarize sb with.

**familiarité** [familjaRite] nf informality ; familiarity ; **~ avec** (*sujet, science*) familiarity with ; **~s** nfpl familiarities.

**familier, ière** [familje, -jɛR] a (*connu, impertinent*) familiar ; (*dénotant une certaine intimité*) informal, friendly ; (LING) informal, colloquial // nm regular (visitor).

**famille** [famij] nf family ; **il a de la ~ à Paris** he has relatives in Paris.

**famine** [famin] nf famine.

**fan** [fan] nm/f fan.

**fanal, aux** [fanal, -o] nm beacon ; lantern.

**fanatique** [fanatik] a fanatical // nm/f fanatic ; **fanatisme** nm fanaticism.

**faner** [fane]: **se ~** vi to fade.

**faneur, euse** [fanœR, -øz] nm/f haymaker.

**fanfare** [fɑ̃faR] nf (*orchestre*) brass band ; (*musique*) fanfare.

**fanfaron, ne** [fɑ̃faRɔ̃, -ɔn] nm/f braggart.

**fange** [fɑ̃ʒ] nf mire.

**fanion** [fanjɔ̃] nm pennant.

**fanon** [fanɔ̃] nm (*de baleine*) plate of baleen ; (*repli de peau*) dewlap, wattle.

**fantaisie** [fɑ̃tezi] nf (*spontanéité*) fancy, imagination ; (*caprice*) whim ; extravagance ; (MUS) fantasia // a: **bijou/pain ~** fancy jewellery/bread ;

**fantaisiste** a (*péj*) unorthodox, eccentric // nm/f (*de music-hall*) variety artist *ou* entertainer.

**fantasme** [fɑ̃tasm(ə)] nm fantasy.

**fantasque** [fɑ̃task(ə)] a whimsical, capricious ; fantastic.

**fantassin** [fɑ̃tasɛ̃] nm infantryman.

**fantastique** [fɑ̃tastik] a fantastic.

**fantoche** [fɑ̃tɔʃ] nm (*péj*) puppet.

**fantomatique** [fɑ̃tɔmatik] a ghostly.

**fantôme** [fɑ̃tom] nm ghost, phantom.

**faon** [fɑ̃] nm fawn.

**farce** [faRs(ə)] nf (*viande*) stuffing ; (*blague*) (practical) joke ; (THÉÂTRE) farce ; **~s et attrapes** jokes and novelties ; **farceur, euse** nm/f practical joker ; **farcir** vt (*viande*) to stuff ; (*fig*): **farcir qch de** to stuff sth with.

**fard** [faR] nm make-up.

**fardeau, x** [faRdo] nm burden.

**farder** [faRde] vt to make up.

**farfelu, e** [faRfaly] a cranky, hare-brained.

**farfouiller** [faRfuje] vi (*péj*) to rummage around.

**farine** [faRin] nf flour ; **farineux, euse** a (*sauce, pomme*) floury // nmpl (*aliments*) starchy foods.

**farouche** [faRuʃ] a shy, timid ; savage, wild ; fierce.

**fart** [faR(t)] nm (ski) wax ; **farter** vt to wax.

**fascicule** [fasikyl] nm volume.

**fascination** [fasinɑsjɔ̃] nf fascination.

**fasciner** [fasine] vt to fascinate.

**fascisme** [faʃism(ə)] nm fascism ; **fasciste** a, nm/f fascist.

**fasse** etc vb voir **faire**.

**faste** [fast(ə)] nm splendour // a: **c'est un jour ~** it's his (*ou* our) lucky day.

**fastidieux, euse** [fastidjø, -øz] a tedious, tiresome.

**fastueux, euse** [fastɥø, -øz] a sumptuous, luxurious.

**fat** [fa] am conceited, smug.

**fatal, e** [fatal] a fatal ; (*inévitable*) inevitable ; **~isme** nm fatalism ; fatalistic outlook ; **~ité** nf fate ; fateful coincidence ; inevitability.

**fatidique** [fatidik] a fateful.

**fatigant, e** [fatigɑ̃, -ɑ̃t] a tiring ; (*agaçant*) tiresome.

**fatigue** [fatig] nf tiredness, fatigue.

**fatiguer** [fatige] vt to tire, make tired ; (TECH) to put a strain on, strain ; (*fig: importuner*) to wear out // vi (*moteur*) to labour, strain ; **se ~** to get tired ; to tire o.s. (out).

**fatras** [fatRa] nm jumble, hotchpotch.

**fatuité** [fatɥite] nf conceitedness, smugness.

**faubourg** [fobuR] nm suburb.

**fauché, e** [foʃe] a (*fam*) broke.

**faucher** [foʃe] vt (*herbe*) to cut ; (*champs, blés*) to reap ; (*fig*) to cut down ; to mow down ; **faucheur, euse** nm/f, nf (*machine*) reaper, mower.

**faucille** [fosij] nf sickle.

**faucon** [fokɔ̃] nm falcon, hawk.

**faudra** vb voir **falloir**.

**faufiler** [fofile] vt to tack, baste ; **se ~** vi: **se ~ dans** to edge one's way into ; **se ~**

**parmi/entre** to thread one's way among/between.

**faune** [fon] *nf* (*ZOOL*) wildlife, fauna // *nm* faun.

**faussaire** [fosɛʀ] *nm* forger.

**fausse** [fos] *a voir* **faux.**

**faussement** [fosmɑ̃] *ad* (*accuser*) wrongly, wrongfully; (*croire*) falsely, erroneously.

**fausser** [fose] *vt* (*objet*) to bend, buckle; (*fig*) to distort.

**fausset** [fosɛ] *nm*: **voix de ~** falsetto voice.

**faussete** [foste] *nf* wrongness; falseness.

**faut** *vb voir* **falloir.**

**faute** [fot] *nf* (*erreur*) mistake, error; (*péché, manquement*) misdemeanour; (*FOOTBALL etc*) offence; (*TENNIS*) fault; (*responsabilité*): **par la ~ de** through the fault of, because of; **c'est de sa/ma ~** it's his/my fault; **être en ~** to be in the wrong; **~ de** (*temps, argent*) for ou through lack of; **sans ~** ad without fail; **~ de frappe** typing error; **~ d'orthographe** spelling mistake; **~ professionnelle** professional misconduct q.

**fauteuil** [fotœj] *nm* armchair; **~ club** (big) easy chair; **~ d'orchestre** seat in the front stalls; **~ roulant** wheelchair.

**fauteur** [fotœʀ] *nm*: **~ de troubles** trouble-maker.

**fautif, ive** [fotif, -iv] *a* (*incorrect*) incorrect, inaccurate; (*responsable*) at fault, in the wrong; guilty // *nm/f* culprit.

**fauve** [fov] *nm* wildcat // *a* (*couleur*) fawn.

**faux** [fo] *nf* scythe.

**faux, fausse** [fo, fos] *a* (*inexact*) wrong; (*falsifié*) fake; forged; (*sournois, postiche*) false // *ad* (*MUS*) out of tune // *nm* (*copie*) fake, forgery; (*opposé au vrai*): **le ~** falsehood; **le ~ numéro/la fausse clef** the wrong number/key; **faire ~ bond à qn** to stand sb up; **~ col** detachable collar; **~ frais** *nmpl* extras, incidental expenses; **~ mouvement** awkward movement; **~ nez** funny nose; **~ pas** tripping q; (*fig*) faux pas; **~ témoignage** (*délit*) perjury; **fausse alerte** false alarm; **fausse couche** miscarriage; **~-filet** *nm* sirloin; **~-fuyant** *nm* equivocation; **~-monnayeur** *nm* counterfeiter, forger.

**faveur** [favœʀ] *nf* favour; (*ruban*) ribbon; **traitement de ~** preferential treatment; **à la ~ de** under cover of; thanks to; **en ~ de** in favour of.

**favorable** [favoʀabl(ə)] *a* favourable.

**favori, te** [favoʀi, -it] *a, nm/f* favourite; **~s** *nmpl* (*barbe*) sideboards, sideburns.

**favoriser** [favoʀize] *vt* to favour.

**favoritisme** [favoʀitism(ə)] *nm* (*péj*) favouritism.

**FB** *sigle* = *franc belge.*

**fébrile** [febʀil] *a* feverish, febrile.

**fécal, e, aux** [fekal, -o] *a voir* **matière.**

**fécond, e** [fekɔ̃, -ɔ̃d] *a* fertile; **féconder** *vt* to fertilize; **fécondité** *nf* fertility.

**fécule** [fekyl] *nf* potato flour.

**fédéral, e, aux** [fedeʀal, -o] *a* federal; **fédéralisme** *nm* federalism.

**fédération** [fedeʀasjɔ̃] *nf* federation.

**fée** [fe] *nf* fairy; **~-rie** *nf* enchantment; **~rique** *a* magical, fairytale *cpd*.

**feignant, e** [fɛɲɑ̃, -ɑ̃t] *nm/f* = **fainéant, e.**

**feindre** [fɛ̃dʀ(ə)] *vt* to feign // *vi* to dissemble; **~ de faire** to pretend to do.

**feinte** [fɛ̃t] *nf* (*SPORT*) dummy.

**fêler** [fele] *vt* to crack.

**félicitations** [felisitɑsjɔ̃] *nfpl* congratulations.

**félicité** [felisite] *nf* bliss.

**féliciter** [felisite] *vt*: **~ qn (de)** to congratulate sb (on).

**félin, e** [felɛ̃, -in] *a* feline // *nm* (big) cat.

**félon, ne** [felɔ̃, -ɔn] *a* perfidious, treacherous.

**fêlure** [felyʀ] *nf* crack.

**femelle** [fəmɛl] *a* (*aussi ÉLEC, TECH*) female // *nf* female; **souris ~** female mouse, she-mouse.

**féminin, e** [feminɛ̃, -in] *a* feminine; (*sexe*) female; (*équipe, vêtements etc*) women's // *nm* feminine; **féministe** *a* feminist; **féminité** *nf* femininity.

**femme** [fam] *nf* woman; (*épouse*) wife (*pl* wives); **devenir ~** to attain womanhood; **~ de chambre** cleaning lady; **~ de ménage** domestic help, cleaning lady.

**fémur** [femyʀ] *nm* femur, thighbone.

**fenaison** [fənɛzɔ̃] *nf* haymaking.

**fendre** [fɑ̃dʀ(ə)] *vt* (*couper en deux*) to split; (*fissurer*) to crack; (*fig: traverser*) to cut through; to cleave through; **se ~** *vi* to crack; **fendu, e** *a* (*sol, mur*) cracked; (*jupe*) slit.

**fenêtre** [fənɛtʀ(ə)] *nf* window.

**fenouil** [fənuj] *nm* fennel.

**fente** [fɑ̃t] *nf* (*fissure*) crack; (*de boîte à lettres etc*) slit.

**féodal, e, aux** [feodal, -o] *a* feudal; **féodalité** *nf* feudality.

**fer** [fɛʀ] *nm* iron; (*de cheval*) shoe; **au ~ rouge** with a red-hot iron; **~ à cheval** horseshoe; **~ forgé** wrought iron; **~ de lance** spearhead; **~ (à repasser)** iron; **~ à souder** soldering iron.

**ferai** *etc vb voir* **faire.**

**fer-blanc** [fɛʀblɑ̃] *nm* tin(plate); **ferblanterie** *nf* tinplate making; tinware; **ferblantier** *nm* tinsmith.

**férié, e** [feʀje] *a*: **jour ~** public holiday.

**ferions** *etc vb voir* **faire.**

**férir** [feʀiʀ]: **sans coup ~** *ad* without meeting any opposition.

**ferme** [fɛʀm(ə)] *a* firm // *ad* (*travailler etc*) hard // *nf* (*exploitation*) farm; (*maison*) farmhouse.

**fermé, e** [fɛʀme] *a* closed, shut; (*gaz, eau etc*) off; (*fig: personne*) uncommunicative; (: *milieu*) exclusive.

**ferment** [fɛʀmɑ̃] *nm* ferment.

**fermentation** [fɛʀmɑ̃tɑsjɔ̃] *nf* fermentation.

**fermenter** [fɛʀmɑ̃te] *vi* to ferment.

**fermer** [fɛʀme] *vt* to close, shut; (*cesser l'exploitation de*) to close down, shut down; (*eau, lumière, électricité, robinet*) to put off, turn off; (*aéroport, route*) to close // *vi* to close, shut; to close down, shut down; **se**

~ *vi* (*yeux*) to close, shut; (*fleur, blessure*) to close up.

**fermeté** [fɛʀməte] *nf* firmness.

**fermeture** [fɛʀmətyʀ] *nf* closing; shutting; closing *ou* shutting down; putting *ou* turning off; (*dispositif*) catch; fastening, fastener; **heure de** ~ (COMM) closing time; **jour de** ~ (COMM) day on which the shop (*etc*) is closed; ~ **éclair** ® *ou* **à glissière** zip (fastener), zipper.

**fermier, ière** [fɛʀmje, -jɛʀ] *nm* farmer // *nf* woman farmer; farmer's wife // *a*: **beurre/cidre** ~ farm butter/cider.

**fermoir** [fɛʀmwaʀ] *nm* clasp.

**féroce** [feʀɔs] *a* ferocious, fierce.

**ferons** *vb voir* **faire**.

**ferraille** [fɛʀɑj] *nf* scrap iron; **mettre à la** ~ to scrap; **ferrailleur** *nm* scrap merchant.

**ferré, e** [fɛʀe] *a* hobnailed; steel-tipped; (*fam*): ~ **en** well up on, hot at.

**ferrer** [fɛʀe] *vt* (*cheval*) to shoe; (*chaussure*) to nail; (*canne*) to tip; (*poisson*) to strike.

**ferreux, euse** [fɛʀø, -øz] *a* ferrous.

**ferronnerie** [fɛʀɔnʀi] *nf* ironwork; ~ **d'art** wrought iron work; **ferronnier** *nm* craftsman in wrought iron; ironware merchant.

**ferroviaire** [fɛʀɔvjɛʀ] *a* rail(way) *cpd*.

**ferrure** [fɛʀyʀ] *nf* (ornamental) hinge.

**ferry-boat** [fɛʀebot] *nm* ferry.

**fertile** [fɛʀtil] *a* fertile; ~ **en incidents** eventful, packed with incidents; **fertiliser** *vt* to fertilize; **fertilité** *nf* fertility.

**féru, e** [feʀy] *a*: ~ **de** with a keen interest in.

**férule** [feʀyl] *nf*: **être sous la** ~ **de qn** to be under sb's (iron) rule.

**fervent, e** [fɛʀvɑ̃, -ɑ̃t] *a* fervent.

**ferveur** [fɛʀvœʀ] *nf* fervour.

**fesse** [fɛs] *nf* buttock; **fessée** *nf* spanking.

**festin** [fɛstɛ̃] *nm* feast.

**festival** [fɛstival] *nm* festival; ~**ier** *nm* festival-goer.

**festivités** [fɛstivite] *nfpl* festivities, merry-making *sg*.

**feston** [fɛstɔ̃] *nm* (ARCHIT) festoon; (COUTURE) scallop.

**festoyer** [fɛstwaje] *vi* to feast.

**fêtard** [fɛtaʀ] *nm* (*péj*) high liver, merry-maker.

**fête** [fɛt] *nf* (*religieuse*) feast; (*publique*) holiday; (*en famille etc*) celebration; (*kermesse*) fête, fair, festival; (*du nom*) feast day, name day; **faire la** ~ to live it up; **faire** ~ **à qn** to give sb a warm welcome; **les** ~**s** (**de fin d'année**) the Christmas and New Year holidays, the festive season; **la salle/le comité des** ~**s** the village hall/ festival committee; ~ **foraine** (fun) fair; ~ **mobile** movable feast (day); **la F**~ **Nationale** the national holiday; **la Fête-Dieu** Corpus Christi; **fêter** *vt* to celebrate; (*personne*) to have a celebration for.

**fétiche** [fetiʃ] *nm* fetish; **fétichisme** *nm* fetishism.

**fétide** [fetid] *a* fetid.

**fétu** [fety] *nm*: ~ **de paille** wisp of straw.

**feu** [fø] *a inv*: ~ **son père** his late father.

**feu, x** [fø] *nm* (*gén*) fire; (*signal lumineux*) light; (*de cuisinière*) ring; (*sensation de brûlure*) burning (sensation) // *nmpl* (*éclat, lumière*) fire *sg*; (*AUTO*) (traffic) lights; **à** ~ **doux/vif** over a slow/brisk heat; **à petit** ~ (CULIN) over a gentle heat; **faire** ~ to fire; **tué au** ~ killed in action; **mettre à** ~ (*fusée*) to fire off; **prendre** ~ to catch fire; **mettre le** ~ **à** to set fire to, set on fire; **faire du** ~ to make a fire; **avez-vous du** ~? (*pour cigarette*) have you (got) a light?; ~ **rouge/vert/orange** red/green/ amber light; ~ **arrière** rear light; ~ **d'artifice** firework; (*spectacle*) fireworks *pl*; ~ **de camp** campfire; ~ **de cheminée** chimney fire; ~ **de joie** bonfire; ~ **de paille** (*fig*) flash in the pan; ~**x de brouillard** fog-lamps; ~**x de croisement** dipped headlights; ~**x de position** sidelights; ~**x de route** headlights, headlamps.

**feuillage** [fœjaʒ] *nm* foliage, leaves *pl*.

**feuille** [fœj] *nf* (*d'arbre*) leaf (*pl* leaves); ~ (**de papier**) sheet (of paper); ~ **d'or/de métal** gold/metal leaf; ~ **d'impôts** tax form; ~ **morte** dead leaf; ~ **de température** temperature chart; ~ **de vigne** (BOT) vine leaf; (*sur statue*) fig leaf; ~ **volante** loose sheet.

**feuillet** [fœjɛ] *nm* leaf (*pl* leaves), page.

**feuilleté, e** [fœjte] *a* (CULIN) flaky.

**feuilleter** [fœjte] *vt* (*livre*) to leaf through.

**feuilleton** [fœjtɔ̃] *nm* serial.

**feuillu, e** [fœjy] *a* leafy; ~**s** *nmpl* (BOT) broad-leaved trees.

**feulement** [følmɑ̃] *nm* growl.

**feutre** [føtʀ(ə)] *nm* felt; (*chapeau*) felt hat; **feutré, e** *a* feltlike; (*pas, voix*) muffled; **feutrer** *vt* to felt; (*fig*) to muffle // *vi, se* **feutrer** *vi* to felt; **feutrine** *nf* (lightweight) felt.

**fève** [fɛv] *nf* broad bean.

**février** [fevʀije] *nm* February.

**FF** *sigle* = **franc français**.

**F.F.I.** *sigle fpl* = **Forces françaises de l'intérieur** (1942-45) // *sigle m* member of the F.F.I.

**fi** [fi] *excl*: **faire** ~ **de** to snap one's fingers at.

**fiacre** [fjakʀ(ə)] *nm* (hackney) cab *ou* carriage.

**fiançailles** [fjɑ̃saj] *nfpl* engagement *sg*.

**fiancé, e** [fjɑ̃se] *nm/f* fiancé/fiancée // *a*: **être** ~ (**à**) to be engaged (to).

**fiancer** [fjɑ̃se]: **se** ~ *vi*: **se** ~(**avec**) to become engaged (to).

**fibre** [fibʀ(ə)] *nf* fibre; ~ **de verre** fibreglass, glass fibre; **fibreux, euse** *a* fibrous; (*viande*) stringy.

**ficeler** [fisle] *vt* to tie up.

**ficelle** [fisɛl] *nf* string *q*; piece *ou* length of string.

**fiche** [fiʃ] *nf* (*pour fichier*) (index) card; (*formulaire*) form; (ÉLEC) plug.

**ficher** [fiʃe] *vt* (*pour un fichier*) to file; (POLICE) to put on file; (*planter*): ~ **qch dans** to stick *ou* drive sth into; (*fam*) to do; to give; to stick *ou* shove; **fiche(-moi) le camp** (*fam*) clear off; **fiche-moi la paix** (*fam*) leave me alone; **se** ~ **dans** (*s'enfoncer*) to get stuck in, embed itself in ; **se ~ de** (*fam*) to make fun of ; not to care about.

**fichier** [fiʃje] *nm* file ; card index.

**fichu, e** [fiʃy] *pp de* **ficher** (*fam*) // *a* (*fam: fini, inutilisable*) bust, done for ; (: *intensif*) wretched, darned // *nm* (*foulard*) (head)scarf (*pl* scarves) ; **mal ~** (*fam*) feeling lousy ; useless.

**fictif, ive** [fiktif, -iv] *a* fictitious.

**fiction** [fiksjɔ̃] *nf* fiction ; (*fait imaginé*) invention.

**fidèle** [fidɛl] *a:* **~ (à)** faithful (to) // *nm/f* (*REL*): **les ~s** the faithful ; (*à l'église*) the congregation ; **fidélité** *nf* faithfulness ; **fidélité conjugale** marital fidelity.

**fief** [fjɛf] *nm* fief ; (*fig*) preserve ; stronghold.

**fiel** [fjɛl] *nm* gall.

**fiente** [fjɑ̃t] *nf* (bird) droppings *pl*.

**fier** [fje]: **se ~ à** *vt* to trust.

**fier, fière** [fjɛR] *a* proud ; **~ de** proud of ; **avoir fière allure** to cut a fine figure ; **~té** *nf* pride.

**fièvre** [fjɛvʀ(ə)] *nf* fever ; **avoir de la ~/39 de ~** to have a high temperature/a temperature of 39ºC ; **~ typhoïde** typhoid fever ; **fiévreux, euse** *a* feverish.

**fifre** [fifʀ(ə)] *nm* fife ; fife-player.

**figer** [fiʒe] *vt* to congeal ; (*fig: personne*) to freeze, root to the spot ; **se ~** *vi* to congeal ; to freeze ; (*institutions etc*) to become set, stop evolving.

**figue** [fig] *nf* fig ; **figuier** *nm* fig tree.

**figurant, e** [figyʀɑ̃, -ɑ̃t] *nm/f* ; (*THÉÂTRE*) walk-on ; (*CINÉMA*) extra.

**figuratif, ive** [figyʀatif, -iv] *a* representational, figurative.

**figuration** [figyʀɑsjɔ̃] *nf* walk-on parts *pl* ; extras *pl*.

**figure** [figyʀ] *nf* (*visage*) face ; (*image, tracé, forme, personnage*) figure ; (*illustration*) picture, diagram ; **faire ~ de** to look like.

**figuré, e** [figyʀe] *a* (*sens*) figurative.

**figurer** [figyʀe] *vi* to appear // *vt* to represent ; **se ~ que** to imagine that.

**figurine** [figyʀin] *nf* figurine.

**fil** [fil] *nm* (*brin, fig: d'une histoire*) thread ; (*du téléphone*) cable, wire ; (*textile de lin*) linen ; (*d'un couteau: tranchant*) edge ; **au ~ des années** with the passing of the years ; **au ~ de l'eau** with the stream *ou* current ; **donner/recevoir un coup de ~** to make/get a phone call ; **~ à coudre** (sewing) thread *ou* yarn ; **~ électrique** electric wire ; **~ de fer** wire ; **~ de fer barbelé** barbed wire ; **~ à pêche** fishing line ; **~ à plomb** plumbline ; **~ à souder** soldering wire.

**filament** [filamɑ̃] *nm* (*ÉLEC*) filament ; (*de liquide*) trickle, thread.

**filandreux, euse** [filɑ̃dʀø, -øz] *a* stringy.

**filasse** [filas] *a inv* white blond.

**filature** [filatyʀ] *nf* (*fabrique*) mill ; (*policière*) shadowing *q*, tailing *q*.

**file** [fil] *nf* line ; (*d'attente*) queue ; **prendre la ~** to join the (end of the) queue ; **prendre la ~ de droite** (*AUTO*) to move into the right-hand lane ; **se mettre en ~** to form a line ; (*AUTO*) to get into

lane ; **en ~ indienne** in single file ; **à la ~ ad** (*d'affilée*) in succession.

**filer** [file] *vt* (*tissu, toile, verre*) to spin ; (*dérouler: câble etc*) to pay ou let out ; to veer out ; (*prendre en filature*) to shadow, tail ; (*fam: donner*): **~ qch à qn** to slip sb sth // *vi* (*bas, maille, liquide, pâte*) to run ; (*aller vite*) to fly past *ou* by ; (*fam: partir*) to make off ; **~ doux** to behave o.s., toe the line.

**filet** [filɛ] *nm* net ; (*CULIN*) fillet ; (*d'eau, de sang*) trickle ; (*~ à provisions*) string bag.

**filetage** [filtaʒ] *nm* threading ; thread.

**fileter** [filte] *vt* to thread.

**filial, e, aux** [filjal, -o] *a* filial // *nf* (*COMM*) subsidiary.

**filiation** [filjɑsjɔ̃] *nf* filiation.

**filière** [filjɛʀ] *nf:* **passer par la ~** to go through the (administrative) channels ; **suivre la ~** (*dans sa carrière*) to work one's way up (through the hierarchy).

**filiforme** [filifɔʀm(ə)] *a* spindly ; threadlike.

**filigrane** [filigʀan] *nm* (*d'un billet, timbre*) watermark ; **en ~** (*fig*) showing just beneath the surface.

**filin** [filɛ̃] *nm* rope.

**fille** [fij] *nf* girl ; (*opposé à fils*) daughter ; **~ de joie** prostitute ; **~ de salle** waitress ; **~-mère** (*péj*) unmarried mother ; **fillette** *nf* (little) girl.

**filleul, e** [fijœl] *nm/f* godchild, godson/daughter.

**film** [film] *nm* (*pour photo*) (roll of) film ; (*œuvre*) film, picture, movie ; (*couche*) film ; **~ muet/parlant** silent/talking picture *ou* movie ; **~ d'animation** animated film ; **filmer** *vt* to film.

**filon** [filɔ̃] *nm* vein, lode ; (*fig*) lucrative line, money spinner.

**fils** [fis] *nm* son ; **~ de famille** moneyed young man.

**filtre** [filtʀ(ə)] *nm* filter ; **'~ ou sans ~?'** 'tipped or plain?' ; **~ à air** (*AUTO*) air filter ; **filtrer** *vt* to filter ; (*fig: candidats, visiteurs*) to screen // *vi* to filter (through).

**fin** [fɛ̃] *nf* end ; **~s** *nfpl* (*but*) ends ; **à (la) ~ mai** at the end of May ; **en ~ de semaine** at the end of the week ; **prendre ~** to come to an end ; **mettre ~ à** to put an end to ; **à la ~ ad** in the end, eventually ; **sans ~** *a* endless // *ad* endlessly.

**fin, e** [fɛ̃, fin] *a* (*papier, couche, fil*) thin ; (*cheveux, poudre, pointe, visage*) fine ; (*taille*) neat, slim ; (*esprit, remarque*) subtle ; shrewd // *ad* (*moudre, couper*) finely // *nf* (*alcool*) liqueur brandy ; **~ prêt/soûl** quite ready/drunk ; **un ~ tireur** a crack shot ; **avoir la vue/l'ouïe ~e** to have sharp eyes/ears, have keen eyesight/hearing ; **~ or/linge/vin** ~ fine gold/linen/wine ; **~ repas** ~ gourmet meal ; **une ~e mouche** (*fig*) a sharp customer ; **~es herbes** mixed herbs.

**final, e** [final] *a, nf* final ; **quarts de ~e** quarter finals ; **8èmes/16èmes de ~e** 2nd/1st round (*in 5 round knock-out competition*) ; **~ement** *ad* finally, in the end ; (*après tout*) after all ; **~iste** *nm/f* finalist.

**finance** [finɑ̃s] *nf* finance;~**s** *nfpl* (*situation financière*) finances; (*activités financières*) finance *sg*; **moyennant** ~ **for** a fee *ou* consideration; **financer** *vt* to finance; **financier, ière** *a* financial // *nm* financier.

**finaud, e** [fino, -od] *a* wily.

**finesse** [finɛs] *nf* thinness; fineness; neatness, slimness; subtlety; shrewdness; ~**s** *nfpl* (*subtilités*) niceties; finer points.

**fini, e** [fini] *a* finished; (MATH) finite; (*intensif*): **un égoïste ~** an egotist through and through // *nm* (*d'un objet manufacturé*) finish.

**finir** [finiʀ] *vt* to finish // *vi* to finish, end; ~ **quelque part** to end *ou* finish up somewhere; ~ **de faire** to finish doing; (*cesser*) to stop doing; ~ **par faire** to end *ou* finish up doing; **il finit par m'agacer** he's beginning to get on my nerves; ~ **en pointe/tragédie** to end in a point/in tragedy; **en ~ avec** to be *ou* have done with; **il va mal ~** he will come to a bad end.

**finish** [finiʃ] *nm* (SPORT) finish.

**finissage** [finisaʒ] *nm* finishing.

**finition** [finisjɔ̃] *nf* finishing; finish.

**finlandais, e** [fɛ̃lɑ̃dɛ, -ɛz] *a* Finnish // *nm/f* Finn.

**Finlande** [fɛ̃lɑ̃d] *nf*: **la ~** Finland; **finnois** *nm* Finnish.

**fiole** [fjɔl] *nf* phial.

**fiord** [fjɔʀd] *nm* = **fjord.**

**fioriture** [fjɔʀityʀ] *nf* embellishment, flourish.

**firmament** [fiʀmamɑ̃] *nm* firmament, skies *pl*.

**firme** [fiʀm(ə)] *nf* firm.

**fis** *vb voir* **faire.**

**fisc** [fisk] *nm* tax authorities *pl*, ≈ Inland Revenue; ~**al, e, aux** *a* tax *cpd*, fiscal; ~**alité** *nf* tax system; (*charges*) taxation.

**fission** [fisjɔ̃] *nf* fission.

**fissure** [fisyʀ] *nf* crack.

**fissurer** [fisyʀe] *vt*, **se** ~ *vi* to crack.

**fiston** [fistɔ̃] *nm* (*fam*) son, lad.

**fit** *vb voir* **faire.**

**fixateur** [fiksatœʀ] *nm* (PHOTO) fixer; (*pour cheveux*) hair cream.

**fixatif** [fiksatif] *nm* fixative.

**fixation** [fiksasjɔ̃] *nf* fixing; fastening; setting; (*de ski*) binding; (PSYCH) fixation.

**fixe** [fiks(ə)] *a* fixed; (*emploi*) steady, regular // *nm* (*salaire*) basic salary; **à heure** ~ at a set time; **menu à prix** ~ set menu.

**fixé, e** [fikse] *a*: **être** ~ (**sur**) (*savoir à quoi s'en tenir*) to have made up one's mind (about); to know for certain (about).

**fixement** [fiksəmɑ̃] *ad* (*regarder*) fixedly, steadily.

**fixer** [fikse] *vt* (*attacher*): ~ **qch** (**à/sur**) to fix *ou* fasten sth (to/onto); (*déterminer*) to fix, set; (CHIMIE, PHOTO) to fix; (*poser son regard sur*) to look hard at, stare at; **se** ~ (*s'établir*) to settle down; **se** ~ **sur** (*suj: attention*) to focus on.

**fjord** [fjɔʀ(d)] *nm* fjord, fiord.

**flacon** [flakɔ̃] *nm* bottle.

**flageller** [flaʒele] *vt* to flog, scourge.

**flageoler** [flaʒɔle] *vi* (*jambes*) to sag.

**flageolet** [flaʒɔlɛ] *nm* (MUS) flageolet; (CULIN) dwarf kidney bean.

**flagorneur, euse** [flagɔʀnœʀ, -øz] *nm/f* toady, fawner.

**flagrant, e** [flagʀɑ̃, -ɑ̃t] *a* flagrant, blatant; **en** ~ **délit** in the act, in flagrante delicto.

**flair** [flɛʀ] *nm* sense of smell; (*fig*) intuition; **flairer** *vt* (*humer*) to sniff (at); (*détecter*) to scent.

**flamand, e** [flamɑ̃, -ɑ̃d] *a, nm* (*langue*) Flemish // *nm/f* Fleming; **les F**~**s** the Flemish.

**flamant** [flamɑ̃] *nm* flamingo.

**flambant** [flɑ̃bɑ̃] *ad*: ~ **neuf** brand new.

**flambé, e** [flɑ̃be] *a* (CULIN) flambé // *nf* blaze; (*fig*) flaring-up, explosion.

**flambeau, x** [flɑ̃bo] *nm* (flaming) torch.

**flamber** [flɑ̃be] *vi* to blaze (up) // *vt* (*poulet*) to singe; (*aiguille*) to sterilize.

**flamboyant, e** [flɑ̃bwajɑ̃, -ɑ̃t] *a* flashing, blazing; flaming.

**flamboyer** [flɑ̃bwaje] *vi* to blaze (up); to flame.

**flamingant, e** [flamɛ̃gɑ̃, -ɑ̃t] *a* Flemish-speaking.

**flamme** [flam] *nf* flame; (*fig*) fire, fervour; **en** ~**s** on fire, ablaze.

**flammèche** [flamɛʃ] *nf* (flying) spark.

**flan** [flɑ̃] *nm* (CULIN) custard tart *ou* pie.

**flanc** [flɑ̃] *nm* side; (MIL) flank; **à** ~ **de colline** on the hillside; **prêter le** ~ **à** (*fig*) to lay o.s. open to.

**flancher** [flɑ̃ʃe] *vi* to fail, pack up.

**flanelle** [flanɛl] *nf* flannel.

**flâner** [flɑne] *vi* to stroll; **flânerie** *nf* stroll.

**flanquer** [flɑ̃ke] *vt* to flank; (*fam: mettre*): ~ **qch sur/dans** to bung *ou* shove sth on/into; (*: jeter*): ~ **par terre/à la porte** to fling to the ground/chuck out.

**flapi, e** [flapi] *a* dog-tired.

**flaque** [flak] *nf* (*d'eau*) puddle; (*d'huile, de sang etc*) pool.

**flash, *pl* flashes** [flaʃ] *nm* (PHOTO) flash; ~ (**d'information**) newsflash.

**flasque** [flask(ə)] *a* flabby.

**flatter** [flate] *vt* to flatter; (*caresser*) to stroke; **se** ~ **de qch** to pride o.s. on sth; **flatterie** *nf* flattery *q*; **flatteur, euse** *a* flattering // *nm/f* flatterer.

**fléau, x** [fleo] *nm* scourge, curse; (*de balance*) beam; (*pour le blé*) flail.

**flèche** [flɛʃ] *nf* arrow; (*de clocher*) spire; (*de grue*) jib; **monter en** ~ (*fig*) to soar, rocket; **flècher** *vt* to arrow, mark with arrows; **flèchette** *nf* dart; **flèchettes** *nfpl* (*jeu*) darts *sg*.

**fléchir** [fleʃiʀ] *vt* (*corps, genou*) to bend; (*fig*) to sway, weaken // *vi* (*poutre*) to sag, bend; (*fig*) to weaken, flag; **fléchissement** *nm* bending; sagging; flagging.

**flegmatique** [flɛgmatik] *a* phlegmatic.

**flegme** [flɛgm(ə)] *nm* composure.

**flemmard, e** [flemaʀ, -aʀd(ə)] *nm/f* lazybones *sg*, loafer.

**flétrir** [fletʀiʀ] *vt* to wither; (*stigmatiser*) to condemn (in the most severe terms); **se** ~ *vi* to wither.

**fleur** [flœR] nf flower; (d'un arbre) blossom, bloom; **être en ~** (arbre) to be in blossom ou bloom; **tissu à ~s** flowered ou flowery fabric; **à ~ de terre** just above the ground; **~ de lis** fleur-de-lis.

**fleurer** [flœRe] vt: **~ la lavande** to be fragrant with the scent of lavender.

**fleuret** [flœRε] nm (arme) foil; (sport) fencing.

**fleuri, e** [flœRi] a in flower ou bloom; surrounded by flowers; (fig) flowery; florid.

**fleurir** [flœRiR] vi (rose) to flower; (arbre) to blossom; (fig) to flourish // vt (tombe) to put flowers on; (chambre) to decorate with flowers.

**fleuriste** [flœRist(ə)] nm/f florist.

**fleuron** [flœRɔ̃] nm jewel (fig).

**fleuve** [flœv] nm river.

**flexible** [flεksibl(ə)] a flexible.

**flexion** [flεksjɔ̃] nf flexing, bending; (LING) inflection.

**flibustier** [flibystje] nm buccaneer.

**flic** [flik] nm (fam: péj) cop.

**flirter** [flœRte] vi to flirt.

**F.L.N.** sigle m = Front de libération nationale (during the Algerian war).

**flocon** [flɔkɔ̃] nm flake; (de laine etc: boulette) flock; **~s d'avoine** oatflakes.

**flonflons** [flɔ̃flɔ̃] nmpl blare sg.

**floraison** [flɔRεzɔ̃] nf flowering; blossoming; flourishing.

**floral, e, aux** [flɔRal, -o] a floral, flower cpd.

**floralies** [flɔRali] nfpl flower show sg.

**flore** [flɔR] nf flora.

**florissant, e** [flɔRisɑ̃, -ɑ̃t] vb voir **fleurir** // a flourishing.

**flot** [flo] nm flood, stream; (marée) flood tide; **~s** nmpl (de la mer) waves; **être à ~** (NAVIG) to be afloat; (fig) to be on an even keel; **entrer à ~s** to be streaming ou pouring in.

**flottage** [flɔtaʒ] nm (du bois) floating.

**flottaison** [flɔtεzɔ̃] nf: **ligne de ~** waterline.

**flottant, e** [flɔtɑ̃, -ɑ̃t] a (vêtement) loose (-fitting); (cours, barème) floating.

**flotte** [flɔt] nf (NAVIG) fleet; (fam) water; rain.

**flottement** [flɔtmɑ̃] nm (fig) wavering, hesitation.

**flotter** [flɔte] vi to float; (nuage, odeur) to drift; (drapeau) to fly; (vêtements) to hang loose; (monnaie) to float // vt to float; **faire ~** to float; **flotteur** nm float.

**flottille** [flɔtij] nf flotilla.

**flou, e** [flu] a fuzzy, blurred; (fig) woolly, vague.

**flouer** [flue] vt to swindle.

**fluctuation** [flyktɥasjɔ̃] nf fluctuation.

**fluet, te** [flyε, -εt] a thin, slight.

**fluide** [flɥid] a fluid; (circulation etc) flowing freely // nm fluid; (force) (mysterious) power; **fluidité** nf fluidity; free flow.

**fluor** [flyɔR] nm fluorine.

**fluorescent, e** [flyɔRεsɑ̃, -ɑ̃t] a fluorescent.

**flûte** [flyt] nf flute; (verre) flute glass; (pain) long loaf (pl loaves); **~!** drat it!;

**petite ~** piccolo (pl s); **~ à bec** recorder; **~ de Pan** panpipes pl; **flûtiste** nm/f flautist, flute player.

**fluvial, e, aux** [flyvjal, -o] a river cpd, fluvial.

**flux** [fly] nm incoming tide; (écoulement) flow; **le ~ et le reflux** the ebb and flow.

**fluxion** [flyksjɔ̃] nf: **~ de poitrine** pneumonia.

**FM** sigle voir **modulation**.

**F.M.I.** sigle m voir **fonds**.

**foc** [fɔk] nm jib.

**focal, e, aux** [fɔkal, -o] a focal // nf focal length.

**fœtal, e, aux** [fetal, -o] a foetal, fetal.

**fœtus** [fetys] nm foetus, fetus.

**foi** [fwa] nf faith; **sous la ~ du serment** under ou on oath; **ajouter ~ à** to lend credence to; **digne de ~** reliable; **sur la ~ de** on the word ou strength of; **être de bonne/mauvaise ~** to be sincere/insincere.

**foie** [fwa] nm liver; **~ gras** foie gras.

**foin** [fwɛ̃] nm hay; **faire les ~s** to make hay; **faire du ~** (fig: fam) to kick up a row.

**foire** [fwaR] nf fair; (fête foraine) (fun) fair; **faire la ~** (fig: fam) to whoop it up; **~ (exposition)** trade fair.

**fois** [fwa] nf: **une/deux ~** once/twice; **trois/vingt ~** three/twenty times; **2 ~ 2** twice 2, 2 times 2; **deux/quatre ~ plus grand (que)** twice/four times as large (as); **une ~** (dans le passé) once; (dans le futur) sometime; **une ~ pour toutes** once and for all; **une ~ que c'est fait** once it's done; **une ~ parti** once he had left; **des ~** (parfois) sometimes; **cette ~ ci** (ou that) time; **à la ~ (ensemble)** (all) at once; **à la ~ grand et beau** both tall and handsome.

**foison** [fwazɔ̃] nf: **une ~ de** an abundance of; **à ~** ad in plenty.

**foisonner** [fwazɔne] vi to abound; **~ en** ou **de** to abound in.

**fol** [fɔl] a voir **fou**.

**folâtre** [fɔlɑtR(ə)] a playful.

**folâtrer** [fɔlɑtRe] vi to frolic (about).

**folie** [fɔli] nf (d'une décision, d'un acte) madness, folly; (état) madness, insanity; (acte) folly; **la ~ des grandeurs** delusions of grandeur; **faire des ~s** (en dépenses) to be extravagant.

**folklore** [fɔlklɔR] nm folklore; **folklorique** a folk cpd; (fam) weird.

**folle** [fɔl] a, nf voir **fou**; **~ment** ad (très) madly, wildly.

**follet** [fɔlε] am: **feu ~** will-o'-the-wisp.

**fomenter** [fɔmɑ̃te] vt to stir up, foment.

**foncé, e** [fɔ̃se] a dark; **bleu ~** dark blue.

**foncer** [fɔ̃se] vt to make darker // vi to go darker; (fam: aller vite) to tear ou belt along; **~ sur** to charge at.

**foncier, ière** [fɔ̃sje, -jεR] a (honnêteté etc) basic, fundamental; (malhonnêteté) deep-rooted; (COMM) real estate cpd; **foncièrement** ad basically; thoroughly.

**fonction** [fɔ̃ksjɔ̃] nf (rôle, MATH, LING) function; (emploi, poste) post, position; **~s (professionnelles)** duties; **entrer en ~s** to take up one's post ou duties; to take up office ; **voiture de ~** car provided with the post ; **être ~ de** (*dépendre de*) to depend on ; **en ~ de** (*par rapport à*) according to ; **faire ~ de** to serve as ; **la ~ publique** the public *ou* state service.

**fonctionnaire** [fɔksjɔnɛʀ] *nm/f* state employee, local authority employee ; (*dans l'administration*) ≈ civil servant.

**fonctionnel, le** [fɔksjɔnɛl] *a* functional.

**fonctionnement** [fɔksjɔnmɑ̃] *nm* functioning.

**fonctionner** [fɔksjɔne] *vi* to work, function ; (*entreprise*) to operate, function ; **faire ~** to work, operate.

**fond** [fɔ̃] *nm voir aussi* **fonds** ; (*d'un récipient, trou*) bottom ; (*d'une salle, scène*) back ; (*d'un tableau, décor*) background ; (*opposé à la forme*) content ; (SPORT): **le ~** long distance (running) ; **au ~ de** at the bottom of ; **at the back of** ; **à ~** *ad* (*connaître, soutenir*) thoroughly ; (*appuyer, visser*) right down *ou* home ; **à ~ (de train)** *ad* (*fam*) full tilt ; **dans le ~, au ~** *ad* (*en somme*) basically, really ; **de ~ en comble** *ad* from top to bottom ; **~ sonore** background noise ; **~ de teint** make-up base.

**fondamental, e, aux** [fɔ̃damɑ̃tal, -o] *a* fundamental.

**fondant, e** [fɔ̃dɑ̃, -ɑ̃t] *a* (*neige*) melting ; (*poire*) that melts in the mouth ; (*chocolat*) fondant.

**fondateur, trice** [fɔ̃datœʀ, -tʀis] *nm/f* founder ; **membre ~** founder member.

**fondation** [fɔ̃dasjɔ̃] *nf* founding ; (*établissement*) foundation ; **~s** *nfpl* (*d'une maison*) foundations ; **travaux de ~** foundation works.

**fondé, e** [fɔ̃de] *a* (*accusation etc*) well-founded ; **mal ~** unfounded ; **être ~ à croire** to have grounds for believing *ou* good reason to believe ; **~ de pouvoir** *nm* authorized representative ; (banking) executive (*having the signature*).

**fondement** [fɔ̃dmɑ̃] *nm* (*derrière*) behind ; **~s** *nmpl* foundations ; **sans ~** *a* (*rumeur etc*) groundless, unfounded.

**fonder** [fɔ̃de] *vt* to found ; (*fig*): **~ qch sur** to base sth on ; **se ~ sur** (*suj: personne*) to base o.s. on.

**fonderie** [fɔ̃dʀi] *nf* smelting works sg.

**fondeur** [fɔ̃dœʀ] *nm*: (*ouvrier*) **~** caster.

**fondre** [fɔ̃dʀ(ə)] *vt* to melt ; (*dans l'eau: sucre, sel*) to dissolve ; (*fig: mélanger*) to merge, blend // *vi* to melt ; to dissolve ; (*fig*) to melt away ; (*se précipiter*): **~ sur** to swoop down on ; **faire ~** to melt ; to dissolve ; **~ en larmes** to burst into tears.

**fondrière** [fɔ̃dʀijɛʀ] *nf* rut.

**fonds** [fɔ̃] *nm* (*de bibliothèque*) collection ; (COMM): **~ (de commerce)** business ; (*fig*): **~ de probité** *etc* fund of integrity *etc* // *nmpl* (*argent*) funds ; **à ~ perdus** *ad* with little or no hope of getting the money back ; **F~ Monétaire International (FMI)** International Monetary Fund (IMF) ; **~ de roulement** *nm* float.

**fondu, e** [fɔ̃dy] *a* (*beurre, neige*) melted ; (*métal*) molten // *nm* (CINÉMA): **~ (enchaîné)** dissolve // *nf* (CULIN) fondue.

**font** *vb voir* **faire.**

**fontaine** [fɔ̃tɛn] *nf* fountain ; (*source*) spring.

**fonte** [fɔ̃t] *nf* melting ; (*métal*) cast iron ; **la ~ des neiges** the (spring) thaw.

**fonts baptismaux** [fɔ̃batismo] *nmpl* (baptismal) font *sg.*

**football** [futbol] *nm* football, soccer ; **~ de table** table football ; **~eur** *nm* footballer, football *ou* soccer player.

**footing** [futiŋ] *nm* jogging.

**for** [fɔʀ] *nm*: **dans son ~ intérieur** in one's heart of hearts.

**forage** [fɔʀaʒ] *nm* drilling, boring.

**forain, e** [fɔʀɛ̃, -ɛn] *a* fairground *cpd* // *nm* stallholder ; fairground entertainer.

**forçat** [fɔʀsa] *nm* convict.

**force** [fɔʀ(ə)] *nf* strength ; (*puissance: surnaturelle etc*) power ; (PHYSIQUE, MÉCANIQUE) force ; **~s** *nfpl* (*physiques*) strength *sg* ; (MIL) forces ; (*effectifs*): **d'importantes ~s de police** big contingents of police ; **à ~ de** by dint of insisting ; **as he** (*ou* I) **kept on insisting** ; **de ~** *ad* forcibly, by force ; **par la ~** using force ; **faire ~ de rames/voiles** to ply the oars/cram on sail ; **être de ~ à faire** to be up to doing ; **de première ~** first class ; **~ d'âme** fortitude ; **~ de frappe** strike force ; **~ d'inertie** force of inertia ; **la ~ publique** the authorities responsible for public order ; **~s d'intervention** peace-keeping force *sg* ; **les ~s de l'ordre** the police.

**forcé, e** [fɔʀse] *a* forced ; unintended ; inevitable.

**forcément** [fɔʀsemɑ̃] *ad* necessarily ; inevitably ; (*bien sûr*) of course.

**forcené, e** [fɔʀsəne] *a* frenzied // *nm/f* maniac.

**forceps** [fɔʀsɛps] *nm* forceps *pl.*

**forcer** [fɔʀse] *vt* (*contraindre*): **~ qn à faire** to force sb to do ; (*porte, serrure, plante*) to force ; (*moteur, voix*) to strain // *vi* (SPORT) to overtax o.s. ; **~ la dose/l'allure** to overdo it/increase the pace ; **~ l'attention/le respect** to command attention/respect.

**forcing** [fɔʀsiŋ] *nm*: **faire le ~** to pile on the pressure.

**forcir** [fɔʀsiʀ] *vi* (*grossir*) to broaden out ; (*vent*) to freshen.

**forer** [fɔʀe] *vt* to drill, bore.

**forestier, ière** [fɔʀɛstje, -jɛʀ] *a* forest *cpd.*

**foret** [fɔʀɛ] *nm* drill.

**forêt** [fɔʀɛ] *nf* forest.

**foreuse** [fɔʀøz] *nf* (electric) drill.

**forfait** [fɔʀfɛ] *nm* (COMM) fixed *ou* set price ; all-in deal *ou* price ; (*crime*) infamy ; **déclarer ~** to withdraw ; **gagner par ~** to win by a walkover ; **travailler à ~** to work for a lump sum ; **forfaitaire** *a* inclusive ; set ; **~-vacances** *nm* (all-inclusive) holiday package.

**forfanterie** [fɔʀfɑ̃tʀi] *nf* boastfulness *q.*

**forge** [fɔʀʒ] *nf* forge, smithy.

**forger** [fɔʀʒe] *vt* to forge ; (*fig: personnalité*) to form ; (: *prétexte*) to contrive, make up ; **être forgé de toutes pièces** to be a complete fabrication.

**forgeron** [fɔʀʒəʀɔ̃] *nm* (black)smith.

**formaliser** [fɔrmalize]: **se ~** vi: **se ~ (de)** to take offence (at).

**formalité** [fɔrmalite] nf formality.

**format** [fɔrma] nm size; **petit ~** small size; (PHOTO) 35 mm (film).

**formation** [fɔrmɑsjɔ̃] nf forming; training; (MUS) group; (MIL, AVIAT, GÉO) formation; **la ~ professionnelle** professional training.

**forme** [fɔrm(ə)] nf (gén) form; (d'un objet) shape, form; **~s** nfpl (bonnes manières) proprieties; (d'une femme) figure sg; **en ~ de poire** pear-shaped, in the shape of a pear; **être en ~** (SPORT etc) to be on form; **en bonne et due ~** in due form; **prendre ~** to take shape.

**formel, le** [fɔrmɛl] a (preuve, décision) definite, positive; (logique) formal; **~lement** ad (absolument) positively.

**former** [fɔrme] vt (gén) to form; (éduquer: soldat, ingénieur etc) to train; **se ~** vi to form.

**formidable** [fɔrmidabl(ə)] a tremendous.

**formol** [fɔrmɔl] nm formalin, formol.

**formulaire** [fɔrmylɛr] nm form.

**formule** [fɔrmyl] nf (gén) formula; (formulaire) form; **~ de politesse** polite phrase; letter ending.

**formuler** [fɔrmyle] vt (émettre: réponse, vœux) to formulate; (expliciter: sa pensée) to express.

**fort, e** [fɔr, fɔrt(ə)] a strong; (intensité, rendement) high, great; (corpulent) stout // ad (serrer, frapper) hard; (sonner) loud(ly); (beaucoup) greatly, very much; (très) most // nm (édifice) fort; (point fort) strong point, forte; **c'est un peu ~!** it's a bit much!; **avoir ~ à faire pour faire** to have a hard job doing; **se faire ~ de ... to claim one can ...; ~ bien/peu** very well/few; **au plus ~ de** (au milieu de) in the thick of, at the height of.

**forteresse** [fɔrtərɛs] nf fortress.

**fortifiant** [fɔrtifjɑ̃] nm tonic.

**fortifications** [fɔrtifikɑsjɔ̃] nfpl fortifications.

**fortifier** [fɔrtifje] vt to strengthen, fortify; (MIL) to fortify.

**fortin** [fɔrtɛ̃] nm (small) fort.

**fortiori** [fɔrtjɔri]: **à ~** ad all the more so.

**fortuit, e** [fɔrtɥi, -it] a fortuitous, chance cpd.

**fortune** [fɔrtyn] nf fortune; **faire ~** to make one's fortune; **de ~** a makeshift; chance cpd.

**fortuné, e** [fɔrtyne] a wealthy, well-off.

**forum** [fɔrɔm] nm forum.

**fosse** [fos] nf (grand trou) pit; (tombe) grave; **la ~ aux lions/ours** the lions' den/bear pit; **~ commune** common ou communal grave; **~ (d'orchestre)** (orchestra) pit; **~ à purin** cesspit; **~s nasales** nasal fossae pl.

**fossé** [fose] nm ditch; (fig) gulf, gap.

**fossette** [fosɛt] nf dimple.

**fossile** [fosil] nm fossil // a fossilized, fossil.

**fossoyeur** [foswajœr] nm gravedigger.

**fou(fol), folle** [fu, fɔl] a mad; (déréglé etc) wild, erratic; (fam: extrême, très grand) terrific, tremendous // nm/f mad-man/woman // nm (du roi) jester, fool; (ÉCHECS) bishop; **être ~ de** to be mad ou crazy about; **faire le ~** (enfant etc) to play ou act the fool; **avoir le ~ rire** to have the giggles.

**foudre** [fudr(ə)] nf lightning; **~s** nfpl (colère) wrath sg.

**foudroyant, e** [fudrwajɑ̃, -ɑ̃t] a lightning cpd, stunning.

**foudroyer** [fudrwaje] vt to strike down; **il a été foudroyé** he was struck by lightning.

**fouet** [fwɛ] nm whip; (CULIN) whisk; **de plein ~** ad (se heurter) head on; **~ter** vt to whip; to whisk.

**fougère** [fuʒɛr] nf fern.

**fougue** [fug] nf ardour, spirit; **fougueux, euse** a fiery, ardent.

**fouille** [fuj] nf search; **~s** nfpl (archéologiques) excavations; **passer à la ~** to be searched.

**fouiller** [fuje] vt to search; (creuser) to dig // vi: **~ dans/parmi** to rummage in/among.

**fouillis** [fuji] nm jumble, muddle.

**fouine** [fwin] nf stone marten.

**fouiner** [fwine] vi (péj): **~ dans** to nose around ou about in.

**fouisseur, euse** [fwisœr, -øz] a burrowing.

**foulante** [fulɑ̃t] af: **pompe ~** force pump.

**foulard** [fular] nm scarf (pl scarves).

**foule** [ful] nf crowd; **la ~** crowds pl; **les ~s** the masses; **une ~ de** masses of.

**foulée** [fule] nf stride.

**fouler** [fule] vt to press; (sol) to tread upon; **se ~** (fam) to overexert o.s.; **se ~ la cheville** to sprain one's ankle; **~ aux pieds** to trample underfoot.

**foulure** [fulyr] nf sprain.

**four** [fur] nm oven; (de potier) kiln; (THÉÂTRE: échec) flop.

**fourbe** [furb(ə)] a deceitful; **~rie** nf deceitfulness; deceit.

**fourbi** [furbi] nm (fam) gear, clobber.

**fourbir** [furbir] vt: **~ ses armes** (fig) to get ready for the fray.

**fourbu, e** [furby] a exhausted.

**fourche** [furʃ(ə)] nf pitchfork; (de bicyclette) fork.

**fourchette** [furʃɛt] nf fork; (STATISTIQUE) bracket, margin.

**fourchu, e** [furʃy] a split; forked.

**fourgon** [furgɔ̃] nm van; (RAIL) wag(g)on; **~ mortuaire** hearse.

**fourgonnette** [furgɔnɛt] nf (delivery) van.

**fourmi** [furmi] nf ant; **~s** nfpl (fig) pins and needles; **~lière** nf ant-hill.

**fourmiller** [furmije] vi to swarm; **~ de** to be teeming with; to be swarming with.

**fournaise** [furnɛz] nf blaze; (fig) furnace, oven.

**fourneau, x** [furno] nm stove.

**fournée** [furne] nf batch.

**fourni, e** [furni] a (barbe, cheveux) thick; (magasin): **bien ~ (en)** well stocked (with).

**fournir** [furnir] vt to supply; (preuve, exemple) to provide, supply; (effort) to put in; **~ qch à qn** to supply sth to sb, to supply ou provide sb with sth; **~ qn en**

(COMM) to supply sb with; **fournisseur, euse** nm/f supplier.

**fourniture** [fuʀnityʀ] nf supply(ing); ~s nfpl supplies; ~s **de bureau** office supplies, stationery; ~s **scolaires** school stationery.

**fourrage** [fuʀaʒ] nm fodder, forage.

**fourrager** [fuʀaʒe] vi: ~ **dans/ parmi** to rummage through/among.

**fourrager, ère** [fuʀaʒe, -ɛʀ] a fodder cpd.

**fourré, e** [fuʀe] a (bonbon, chocolat) filled; (manteau, botte) fur-lined // nm thicket.

**fourreau, x** [fuʀo] nm sheath; (de parapluie) cover.

**fourrer** [fuʀe] vt (fam): ~ **qch dans** to stick ou shove sth into; **se ~ dans/sous** to get into/under.

**fourre-tout** [fuʀtu] nm inv (sac) holdall; (péj) junk room ou cupboard; (fig) rag-bag.

**fourreur** [fuʀœʀ] nm furrier.

**fourrière** [fuʀjɛʀ] nf pound.

**fourrure** [fuʀyʀ] nf fur; (sur l'animal) coat; **manteau/col de ~** fur coat/collar.

**fourvoyer** [fuʀvwaje]: **se ~** vi to go astray, stray; **se ~ dans** to stray into.

**foutre** [futʀ(ə)] vt (fam!) = **ficher** (fam); **foutu, e** a (fam!) = **fichu, e** a.

**foyer** [fwaje] nm (de cheminée) hearth; (fig) seat, centre; family; home; (social) club; hostel; (salon) foyer; (OPTIQUE, PHOTO) focus sg; **lunettes à double ~** bi-focal glasses.

**fracas** [fʀaka] nm din; crash; roar.

**fracassant, e** [fʀakasɑ̃, -ɑ̃t] a sensational, staggering.

**fracasser** [fʀakase] vt to smash.

**fraction** [fʀaksjɔ̃] nf fraction; **fractionner** vt to divide (up), split (up).

**fracture** [fʀaktyʀ] nf fracture; ~ **du crâne** fractured skull; ~ **de la jambe** broken leg.

**fracturer** [fʀaktyʀe] vt (coffre, serrure) to break open; (os, membre) to fracture.

**fragile** [fʀaʒil] a fragile, delicate; (fig) frail; **fragilité** nf fragility.

**fragment** [fʀagmɑ̃] nm (d'un objet) fragment, piece; (d'un texte) passage, extract; **fragmentaire** a sketchy; **fragmenter** vt to split up.

**frai** [fʀɛ] nm spawn; spawning.

**fraîche** [fʀɛʃ] a voir **frais**; ~**ment** ad coolly; freshly, newly; **fraîcheur** nf coolness; freshness; **fraîchir** vi to get cooler; (vent) to freshen.

**frais, fraîche** [fʀɛ, fʀɛʃ] a (air, eau, accueil) cool; (petit pois, œufs, souvenir, couleur, troupes) fresh // ad (récemment) newly, fresh(ly); **il fait ~** it's cool; **servir ~** chill before serving, serve chilled // nm: **mettre au ~** to put in a cool place; **prendre le ~** to take a breath of cool air // nmpl (débours) expenses; (COMM) costs; charges; **faire des ~** to spend; to go to a lot of expense; ~ **de déplacement** travel(ling) expenses; ~**généraux** overheads; ~ **de scolarité** school fees.

**fraise** [fʀɛz] nf strawberry; (TECH) countersink (bit); (de dentiste) drill; ~ **des bois** wild strawberry; **fraiser** vt to countersink; **fraisier** nm strawberry plant.

**framboise** [fʀɑ̃bwaz] nf raspberry; **framboisier** nm raspberry bush.

**franc, franche** [fʀɑ̃, fʀɑ̃ʃ] a (personne) frank, straightforward; (visage, rire) open; (net: refus, couleur) clear; (: coupure) clean; (intensif) downright; (exempt): ~ **de port** post free, postage paid, carriage paid // ad: **parler ~** to be frank ou candid // nm franc.

**français, e** [fʀɑ̃sɛ, -ɛz] a French // nm/f: **F~, e** Frenchman/woman // nm (langue) French; **les F~** the French.

**France** [fʀɑ̃s] nf: **la ~** France.

**franche** [fʀɑ̃ʃ] a voir **franc**; ~**ment** ad frankly; clearly; (tout à fait) downright.

**franchir** [fʀɑ̃ʃiʀ] vt (obstacle) to clear, get over; (seuil, ligne, rivière) to cross; (distance) to cover.

**franchise** [fʀɑ̃ʃiz] nf frankness; (douanière, d'impôt) exemption; (ASSURANCES) excess.

**franciser** [fʀɑ̃size] vt to gallicize, Frenchify.

**franc-maçon** [fʀɑ̃masɔ̃] nm freemason; **franc-maçonnerie** nf freemasonry.

**franco** [fʀɑ̃ko] ad (COMM) carriage paid, postage paid.

**franco...** [fʀɑ̃ko] préfixe: ~**phile** a francophile; ~**phone** a French-speaking // nm/f French speaker; ~**phonie** nf French-speaking communities.

**franc-parler** [fʀɑ̃paʀle] nm inv outspokenness.

**franc-tireur** [fʀɑ̃tiʀœʀ] nm (MIL) irregular; (fig) freelance.

**frange** [fʀɑ̃ʒ] nf fringe.

**frangipane** [fʀɑ̃ʒipan] nf almond paste.

**franquette** [fʀɑ̃kɛt]: **à la bonne ~** ad without (any) fuss.

**frappe** [fʀap] nf (d'une dactylo, pianiste, machine à écrire) touch; (BOXE) punch; (péj) hood, thug.

**frappé, e** [fʀape] a iced.

**frapper** [fʀape] vt to hit, strike; (étonner) to strike; (monnaie) to strike, stamp; **se ~** (s'inquiéter) to get worked up; ~ **à la porte** to knock (at) the door; ~ **dans ses mains** to clap one's hands; ~ **du poing sur** to bang one's fist on; **frappé de stupeur** dumbfounded.

**frasques** [fʀask(ə)] nfpl escapades.

**fraternel, le** [fʀatɛʀnɛl] a brotherly, fraternal.

**fraterniser** [fʀatɛʀnize] vi to fraternize.

**fraternité** [fʀatɛʀnite] nf brotherhood.

**fratricide** [fʀatʀisid] a fratricidal.

**fraude** [fʀod] nf fraud; (SCOL) cheating; **passer qch en ~** to smuggle sth in (ou out); ~ **fiscale** tax evasion; **frauder** vi, vt to cheat; **fraudeur, euse** nm/f person guilty of fraud; candidate who cheats; tax evader; **frauduleux, euse** a fraudulent.

**frayer** [fʀeje] vt to open up, clear // vi to spawn; (fréquenter): ~ **avec** to mix ou associate with; **se ~ un passage dans** to clear o.s. a path through, force one's way through.

**frayeur** [fʀejœʀ] nf fright.

**fredaines** [fʀədɛn] nfpl mischief sg, escapades.

**fredonner** [fʀədɔne] *vt* to hum.

**freezer** [fʀizœʀ] *nm* freezing compartment.

**frégate** [fʀegat] *nf* frigate.

**frein** [fʀɛ̃] *nm* brake ; **mettre un ~ à** (*fig*) to put a brake on, check ; **~ à main** handbrake ; **~ moteur** engine braking ; **~s à disques** disc brakes ; **~s à tambour** drum brakes.

**freinage** [fʀɛnaʒ] *nm* braking ; **distance de ~** braking distance ; **traces de ~** tyre marks.

**freiner** [fʀene] *vi* to brake // *vt* (*progrès etc*) to check.

**frelaté, e** [fʀəlate] *a* adulterated ; (*fig*) tainted.

**frêle** [fʀɛl] *a* frail, fragile.

**frelon** [fʀəlɔ̃] *nm* hornet.

**frémir** [fʀemiʀ] *vi* to tremble, shudder ; to shiver ; to quiver.

**frêne** [fʀɛn] *nm* ash.

**frénésie** [fʀenezi] *nf* frenzy ; **frénétique** *a* frenzied, frenetic.

**fréquemment** [fʀekamɑ̃] *ad* frequently.

**fréquence** [fʀekɑ̃s] *nf* frequency.

**fréquent, e** [fʀekɑ̃, -ɑ̃t] *a* frequent.

**fréquentation** [fʀekɑ̃tasjɔ̃] *nf* frequenting ; seeing ; **~s** *nfpl* company *sg*.

**fréquenté, e** [fʀekɑ̃te] *a* : **très ~** (very) busy ; **mal ~** patronized by disreputable elements.

**fréquenter** [fʀekɑ̃te] *vt* (*lieu*) to frequent ; (*personne*) to see (frequently).

**frère** [fʀɛʀ] *nm* brother.

**fresque** [fʀɛsk(ə)] *nf* (*ART*) fresco.

**fret** [fʀɛ] *nm* freight.

**fréter** [fʀete] *vt* to charter.

**frétiller** [fʀetije] *vi* to wriggle.

**fretin** [fʀətɛ̃] *nm* : **le menu ~** the small fry.

**friable** [fʀijabl(ə)] *a* crumbly, friable.

**friand, e** [fʀijɑ̃, -ɑ̃d] *a* : **~ de** very fond of.

**friandise** [fʀijɑ̃diz] *nf* sweet.

**fric** [fʀik] *nm* (*fam*) cash.

**fric-frac** [fʀikfʀak] *nm* break-in.

**friche** [fʀiʃ] : **en ~** *a, ad* (lying) fallow.

**friction** [fʀiksjɔ̃] *nf* (*massage*) rub, rub-down ; (*chez le coiffeur*) scalp massage ; (*TECH*, fig) friction ; **frictionner** *vt* to rub (down) ; to massage.

**frigidaire** [fʀiʒidɛʀ] *nm* ® refrigerator.

**frigide** [fʀiʒid] *a* frigid ; **frigidité** *nf* frigidity.

**frigo** [fʀigo] *nm* fridge.

**frigorifier** [fʀigɔʀifje] *vt* to refrigerate ; **frigorifique** *a* refrigerating.

**frileux, euse** [fʀilø, -øz] *a* sensitive to (the) cold.

**frimas** [fʀimɑ] *nmpl* wintry weather *sg*.

**frimousse** [fʀimus] *nf* (sweet) little face.

**fringale** [fʀɛ̃gal] *nf* : **avoir la ~** to be ravenous.

**fringant, e** [fʀɛ̃gɑ̃, -ɑ̃t] *a* dashing.

**fripé, e** [fʀipe] *a* crumpled.

**fripier, ère** [fʀipje, -jɛʀ] *nm/f* secondhand clothes dealer.

**fripon, ne** [fʀipɔ̃, -ɔn] *a* roguish, mischievous // *nm/f* rascal, rogue.

**fripouille** [fʀipuj] *nf* scoundrel.

**frire** [fʀiʀ] *vt, vi, faire ~* to fry.

**frise** [fʀiz] *nf* frieze.

**frisé, e** [fʀize] *a* curly, curly-haired ; (**chicorée**) **~e** curly endive.

**friser** [fʀize] *vt, vi* to curl ; **se faire ~** to have one's hair curled.

**frisson** [fʀisɔ̃] *nm* shudder, shiver ; quiver ; **frissonner** *vi* to shudder, shiver ; to quiver.

**frit, e** [fʀi, fʀit] *pp de* **frire** // *a* fried // *nf*: (**pommes**) **~es** chips, French fried potatoes ; **friteuse** *nf* chip pan ; **friture** *nf* (**huile**) (deep) fat ; (**plat**): **friture (de poissons)** fried fish ; (*RADIO*) crackle, crackling *q*.

**frivole** [fʀivɔl] *a* frivolous.

**froid, e** [fʀwa, fʀwad] *a, nm* cold ; **il fait ~** it's cold ; **avoir ~** to be cold ; **prendre ~** to catch a chill ou cold ; **jeter un ~** (*fig*) to cast a chill ; **être en ~ avec** to be on bad terms with ; **froidement** *ad* (*accueillir*) coldly ; (*décider*) coolly.

**froisser** [fʀwase] *vt* to crumple (up), crease ; (*fig*) to hurt, offend ; **se ~** *vi* to crumple, crease ; to take offence ou umbrage ; **se ~ un muscle** to strain a muscle.

**frôler** [fʀole] *vt* to brush against ; (*suj*: *projectile*) to skim past ; (*fig*) to come within a hair's breadth of ; to come very close to.

**fromage** [fʀɔmaʒ] *nm* cheese ; **~ blanc** soft white cheese ; **~ de tête** pork brawn ; **fromager, ère** *nm/f* cheesemonger ; **fromagerie** *nf* cheese dairy.

**froment** [fʀɔmɑ̃] *nm* wheat.

**froncer** [fʀɔ̃se] *vt* to gather ; **~ les sourcils** to frown.

**frondaisons** [fʀɔ̃dɛzɔ̃] *nfpl* foliage *sg*.

**fronde** [fʀɔ̃d] *nf* sling ; (*fig*) rebellion, rebelliousness.

**front** [fʀɔ̃] *nm* forehead, brow ; (*MIL*) front ; **avoir le ~ de faire** to have the effrontery ou front to do ; **de ~** *ad* (*se heurter*) head-on ; (*rouler*) together (i.e. 2 or 3 abreast) ; (*simultanément*) at once ; **faire ~ à** to face up to ; **~ de mer** (sea) front ; **frontal, e**, *aux* *a* frontal.

**frontalier, ière** [fʀɔ̃talje, -jɛʀ] *a* border *cpd*, frontier *cpd* // *nm/f*: (**travailleurs**) **~s** workers who cross the border to go to work, commuters from across the border.

**frontière** [fʀɔ̃tjɛʀ] *nf* (*GÉO*, *POL*) frontier, border ; (*fig*) frontier, boundary.

**frontispice** [fʀɔ̃tispis] *nm* frontispiece.

**fronton** [fʀɔ̃tɔ̃] *nm* pediment ; (*de pelote basque*) (front) wall.

**frottement** [fʀɔtmɑ̃] *nm* rubbing, scraping ; rubbing ou scraping noise.

**frotter** [fʀɔte] *vi* to rub, scrape // *vt* to rub ; (*pour nettoyer*) to rub (up) ; to scrub ; **~ une allumette** to strike a match.

**frottoir** [fʀɔtwaʀ] *nm* (*d'allumettes*) friction strip ; (*pour encaustiquer*) (long-handled) brush.

**fructifier** [fʀyktifje] *vi* to yield a profit ; **faire ~** to turn to good account.

**fructueux, euse** [fʀyktɥø, -øz] *a* fruitful ; profitable.

**frugal, e, aux** [fʀygal, -o] *a* frugal.

**fruit** [fʀɥi] *nm* fruit (*gén q*); **~s de mer** seafood(s); **~s secs** dried fruit *sg*; **fruité, e** *a* fruity; **fruitier, ière** *a*: **arbre fruitier** fruit tree // *nm/f* fruiterer, greengrocer.

**fruste** [fʀyst(ə)] *a* unpolished. uncultivated.

**frustration** [fʀystʀɑsjɔ̃] *nf* frustration.

**frustrer** [fʀystʀe] *vt* to frustrate.

**FS** *sigle* = *franc suisse*.

**fugace** [fygas] *a* a fleeting.

**fugitif, ive** [fyʒitif, -iv] *a* (*lueur, amour*) fleeting; (*prisonnier etc*) fugitive, runaway // *nm/f* fugitive.

**fugue** [fyg] *nf* (*d'un enfant*) running away *q*; (*MUS*) fugue; **faire une ~** to run away, abscond.

**fuir** [fɥiʀ] *vt* to flee from; (*éviter*) to shun // *vi* to run away; (*gaz, robinet*) to leak.

**fuite** [fɥit] *nf* flight; (*écoulement*) leak, leakage; (*divulgation*) leak; **être en ~** to be on the run; **mettre en ~** to put to flight; **prendre la ~** to take flight.

**fulgurant, e** [fylgyʀɑ̃, -ɑ̃t] *a* lightning *cpd*, dazzling.

**fulminer** [fylmine] *vi*: **~ (contre)** to thunder forth (against).

**fume-cigarette** [fymsigaʀɛt] *nm inv* cigarette holder.

**fumé, e** [fyme] *a* (*CULIN*) smoked; (*verres*) (grey-)tinted // *nf* smoke.

**fumer** [fyme] *vi* to smoke; (*soupe*) to steam // *vt* to smoke; (*terre, champ*) to manure.

**fumerie** [fymʀi] *nf*: **~ d'opium** opium den.

**fumerolles** [fymʀɔl] *nfpl* gas and smoke (*from volcano*).

**fûmes** *vb voir* **être**.

**fumet** [fymɛ] *nm* aroma.

**fumeur, euse** [fymœʀ, -øz] *nm/f* smoker.

**fumeux, euse** [fymø, -øz] *a* (*péj*) woolly.

**fumier** [fymje] *nm* manure.

**fumigation** [fymigɑsjɔ̃] *nf* fumigation.

**fumigène** [fymiʒɛn] *a* smoke *cpd*.

**fumiste** [fymist(ə)] *nm* (*ramoneur*) chimney sweep // *nm/f* (*péj*) shirker; phoney.

**fumisterie** [fymistəʀi] *nf* (*péj*) fraud, con.

**fumoir** [fymwaʀ] *nm* smoking room.

**funambule** [fynãbyl] *nm* tightrope walker.

**funèbre** [fynɛbʀ(ə)] *a* funeral *cpd*; (*fig*) doleful; funereal.

**funérailles** [fyneʀɑj] *nfpl* funeral *sg*.

**funéraire** [fyneʀɛʀ] *a* funeral *cpd*, funerary.

**funeste** [fynɛst(ə)] *a* disastrous; deathly.

**funiculaire** [fynikylɛʀ] *nm* funicular (railway).

**fur** [fyʀ]: **au ~ et à mesure** *ad* as one goes along; **au ~ et à mesure que** as, as soon as; **au ~ et à mesure de leur progression** as they advance (*ou* advanced).

**furet** [fyʀɛ] *nm* ferret.

**fureter** [fyʀte] *vi* (*péj*) to nose about.

**fureur** [fyʀœʀ] *nf* fury; (*passion*): **~ de** passion for; **faire ~** to be all the rage.

**furibond, e** [fyʀibɔ̃, -ɔ̃d] *a* furious.

**furie** [fyʀi] *nf* fury; (*femme*) shrew, vixen; **en ~** (*mer*) raging; **furieux, euse** *a* furious.

**furoncle** [fyʀɔ̃kl(ə)] *nm* boil, furuncle.

**furtif, ive** [fyʀtif, -iv] *a* a furtive.

**fus** *vb voir* **être**.

**fusain** [fyzɛ̃] *nm* (*BOT*) spindle-tree; (*ART*) charcoal.

**fuseau, x** [fyzo] *nm* (*pour filer*) spindle; **~ horaire** time zone.

**fusée** [fyze] *nf* rocket; **~ éclairante** flare.

**fuselage** [fyzlaʒ] *nm* fuselage.

**fuselé, e** [fyzle] *a* slender; tapering.

**fuser** [fyze] *vi* (*rires etc*) to burst forth.

**fusible** [fyzibl(ə)] *nm* (*ÉLEC: fil*) fuse wire; (: *fiche*) fuse.

**fusil** [fyzi] *nm* (*de guerre, à canon rayé*) rifle, gun; (*de chasse, à canon lisse*) shotgun, gun; **fusilier** [-lje] *nm* rifleman; **fusillade** [-jad] *nf* gunfire *q*, shooting *q*; shooting battle; **fusiller** *vt* to shoot; **~-mitrailleur** *nm* machine gun.

**fusion** [fyzjɔ̃] *nf* fusion, melting; (*fig*) merging; (*COMM*) merger; **en ~** (*métal, roches*) molten; **fusionner** *vi* to merge.

**fustiger** [fystiʒe] *vt* to denounce.

**fut** *vb voir* **être**.

**fût** [fy] *nm* (*tonneau*) barrel, cask; (*de canon*) stock; (*d'arbre*) bole, trunk; (*de colonne*) shaft.

**futaie** [fytɛ] *nf* forest, plantation.

**futile** [fytil] *a* futile; frivolous.

**futur, e** [fytyʀ] *a, nm* future; **au ~** (*LING*) in the future; **~-iste** *a* futuristic.

**fuyant, e** [fɥijã, -ãt] *vb voir* **fuir** // *a* (*regard etc*) evasive; (*lignes etc*) receding; (*perspective*) vanishing.

**fuyard, e** [fɥijaʀ, -aʀd(ə)] *nm/f* runaway.

# G

**gabardine** [gabaʀdin] *nf* gabardine.

**gabarit** [gabaʀi] *nm* (*fig*) size; calibre; (*TECH*) template.

**gabegie** [gabʒi] *nf* (*péj*) chaos.

**gâcher** [gɑʃe] *vt* (*gâter*) to spoil, ruin; (*gaspiller*) to waste; (*plâtre*) to temper; (*mortier*) to mix.

**gâchette** [gɑʃɛt] *nf* trigger.

**gâchis** [gɑʃi] *nm* waste *q*.

**gadoue** [gadu] *nf* sludge.

**gaffe** [gaf] *nf* (*instrument*) boat hook; (*erreur*) blunder; **faire ~** (*fam*) to be careful; **gaffer** *vi* to blunder.

**gag** [gag] *nm* gag.

**gage** [gaʒ] *nm* (*dans un jeu*) forfeit; (*fig: de fidélité*) token; **~s** *nmpl* (*salaire*) wages; (*garantie*) guarantee *sg*; **mettre en ~** to pawn; **laisser en ~** to leave as a security.

**gager** [gaʒe] *vt*: **~ que** to bet *ou* wager that.

**gageure** [gaʒyʀ] *nf*: **c'est une ~** it's attempting the impossible.

**gagnant, e** [gaɲɑ̃, -ɑ̃t] *a*: **billet/ numéro ~** winning ticket/number // *nm/f* winner.

**gagne-pain** [gaɲpɛ̃] *nm inv* job.

**gagner** [gaɲe] *vt* to win; (*somme d'argent, revenu*) to earn; (*aller vers, atteindre*) to reach // vi to win; (fig) to gain; ~ du temps/de la place to gain time/save space; ~ sa vie to earn one's living; ~ du terrain to gain ground; ~ à faire (s'en trouver bien) to be better off doing.

gai, e [ge] a gay, cheerful; (un peu ivre) merry.

gaieté [gete] nf cheerfulness; ~s nfpl (souvent ironique) delights; de ~ de cœur with a light heart.

gaillard, e [gajaʀ, -aʀd(ə)] a (robuste) sprightly; (grivois) bawdy, ribald // nm/f (strapping) fellow/wench.

gain [gɛ̃] nm (revenu) earnings pl; (bénéfice: gén pl) profits pl; (au jeu: gén pl) winnings pl; (fig: de temps, place) saving; avoir ~ de cause to win the case; (fig) to be proved right.

gaine [gɛn] nf (corset) girdle; (fourreau) sheath; (de fil électrique etc) outer covering; ~-culotte nf pantie girdle; gainer vt to cover.

gala [gala] nm official reception; soirée de ~ gala evening.

galant, e [galɑ̃, -ɑ̃t] a (courtois) courteous, gentlemanly; (entreprenant) flirtatious, gallant; (aventure, poésie) amorous; en ~e compagnie with a lady friend/gentleman friend.

galaxie [galaksi] nf galaxy.

galbe [galb(ə)] nm curve(s); shapeliness.

gale [gal] nf scabies sg.

galéjade [galeʒad] nf tall story.

galère [galɛʀ] nf galley.

galerie [galʀi] nf gallery; (THÉÂTRE) circle; (de voiture) roof rack; (fig: spectateurs) audience; ~ marchande shopping arcade; ~ de peinture (private) art gallery.

galérien [galeʀjɛ̃] nm galley slave.

galet [galɛ] nm pebble; (TECH) wheel; ~s nmpl pebbles, shingle sg.

galette [galɛt] nf flat cake.

galeux, euse [galø, -øz] a: un chien ~ a mangy dog.

galimatias [galimatja] nm (péj) gibberish.

Galles [gal] n: le pays de ~ Wales.

gallicisme [galisism(ə)] nm French idiom; (tournure fautive) gallicism.

gallois, e [galwa, -waz] a, nm (langue) Welsh // nm/f: G~, e Welshman/woman.

galon [galɔ̃] nm (MIL) stripe; (décoratif) piece of braid.

galop [galo] nm gallop; au ~ at a gallop.

galopade [galɔpad] nf stampede.

galoper [galɔpe] vi to gallop.

galopin [galɔpɛ̃] nm urchin, ragamuffin.

galvaniser [galvanize] vt to galvanize.

galvauder [galvode] vt to debase.

gambader [gɑ̃bade] vi (animal, enfant) to leap about.

gamelle [gamɛl] nf mess tin; billy can; (fam): ramasser une ~ to come a cropper.

gamin, e [gamɛ̃, -in] nm/f kid // a mischievous, playful.

gamme [gam] nf (MUS) scale; (fig) range.

gammé, e [game] a: croix ~e swastika.

gang [gɑ̃g] nm gang.

ganglion [gɑ̃glijɔ̃] nm ganglion.

gangrène [gɑ̃gʀɛn] nf gangrene.

gangue [gɑ̃g] nf coating.

ganse [gɑ̃s] nf braid.

gant [gɑ̃] nm glove; ~ de toilette (face) flannel; ~s de boxe boxing gloves; ganté, e a: ganté de blanc wearing white gloves; ganterie nf glove trade; glove shop.

garage [gaʀaʒ] nm garage; ~ à vélos bicycle shed; garagiste nm/f garage owner; garage mechanic ou man.

garant, e [gaʀɑ̃, -ɑ̃t] nm/f guarantor // nm guarantee; se porter ~ de to vouch for; to be answerable for.

garantie [gaʀɑ̃ti] nf guarantee; (gage) security, surety; (bon de) ~ guarantee ou warranty slip.

garantir [gaʀɑ̃tiʀ] vt to guarantee; (protéger): ~ de to protect from; je vous garantis que I can assure you that; garanti 2 ans/pure laine guaranteed for 2 years/pure wool.

garçon [gaʀsɔ̃] nm boy; (célibataire) bachelor; (jeune homme) boy, lad; ~ boucher/coiffeur butcher's/hairdresser's assistant; ~ de courses messenger; ~ d'écurie stable lad; garçonnet nm small boy; garçonnière nf bachelor flat.

garde [gaʀd(ə)] nm (de prisonnier) guard; (de domaine etc) warden; (soldat, sentinelle) guardsman // nf guarding; looking after; (soldats, BOXE, ESCRIME) guard; (faction) watch; (d'une arme) hilt; (TYPO): (page de) ~ endpaper; flyleaf; de ~ a, ad on duty; monter la ~ to stand guard; être sur ses ~s to be on one's guard; mettre en ~ to warn; prendre ~ (à) to be careful (of); ~ champêtre nm rural policeman; ~ du corps nm bodyguard; ~ d'enfants et child minder; ~ des enfants nf (après divorce) custody of the children; ~ forestier nm forest warden; ~ mobile nm, nf mobile guard; ~ des Sceaux ≈ Lord Chancellor; ~ à vue nf (JUR) ≈ police custody; ~-à-vous nm inv: être/se mettre au ~-à-vous to be at/stand to attention.

garde... [gaʀd(ə)] préfixe: ~-barrière nm/f level-crossing keeper; ~-boue nm inv mudguard; ~-chasse nm gamekeeper; ~-fou nm railing, parapet; ~-malade nf home nurse; ~-manger nm inv meat safe; pantry, larder; ~-meuble nm furniture depository; ~-pêche nm inv water bailiff; fisheries protection ship.

garder [gaʀde] vt (conserver) to keep; (surveiller: prisonnier, enfants) to look after; (: immeuble, lieu) to guard; ~ le lit/la chambre to stay in bed/indoors; se ~ (aliment: se conserver) to keep; se ~ de faire to be careful not to do; pêche/chasse gardée private fishing/hunting (ground).

garderie [gaʀdəʀi] nf day nursery, crèche.

garde-robe [gaʀdərɔb] nf wardrobe.

gardeur, euse [gaʀdœʀ, -øz] nm/f (d'animaux) cowherd; goatherd.

gardien, ne [gaʀdjɛ̃, -jɛn] nm/f (garde) guard; (de prison) warder; (de domaine, réserve) warden; (de musée etc) attendant; (de phare, cimetière) keeper; (d'immeuble) caretaker; (fig) guardian; ~ de but goalkeeper; ~ **de nuit** night watchman; ~ **de la paix** policeman.

**gare** [gaʀ] *nf* (railway) station // *excl* watch out!; ~ **à ne pas ...** mind you don't ...; ~ **maritime** harbour station; ~ **routière** coach station.

**garenne** [gaʀɛn] *nf voir* **lapin.**

**garer** [gaʀe] *vt* to park; **se** ~ to park; (*pour laisser passer*) to draw into the side.

**gargariser**: **se** ~ *vi* to gargle; **gargarisme** *nm* gargling *q*; gargle.

**gargote** [gaʀɡɔt] *nf* cheap restaurant.

**gargouille** [gaʀɡuj] *nf* gargoyle.

**gargouiller** [gaʀɡuje] *vi* to gurgle.

**garnement** [gaʀnəmɑ̃] *nm* tearaway, scallywag.

**garni, e** [gaʀni] *a* (*plat*) served with vegetables (and chips or pasta or rice) // *nm* furnished accommodation *q*.

**garnir** [gaʀniʀ] *vt* to decorate; to fill; to cover; ~ **qch de** (*orner*) to decorate sth with; to trim sth with; (*approvisionner*) to fill *ou* stock sth with; (*protéger*) to fit sth with; (*CULIN*) to garnish sth with.

**garnison** [gaʀnizɔ̃] *nf* garrison.

**garniture** [gaʀnityʀ] *nf* (*CULIN*) vegetables *pl*; trimmings *pl*; filling; (*décoration*) trimming; (*protection*) fittings *pl*; ~ **de frein** brake lining; ~ **intérieure** (*AUTO*) interior trim.

**garrot** [gaʀo] *nm* (*MÉD*) tourniquet; (*torture*) garrotte.

**garrotter** [gaʀɔte] *vt* to tie up; (*fig*) to muzzle.

**gars** [ɡɑ] *nm* lad; guy.

**gas-oil** [gazɔjl] *nm* diesel oil.

**gaspillage** [gaspijaʒ] *nm* waste.

**gaspiller** [gaspije] *vt* to waste.

**gastrique** [gastʀik] *a* gastric, stomach *cpd*.

**gastronome** [gastʀɔnɔm] *nm/f* gourmet.

**gastronomie** [gastʀɔnɔmi] *nf* gastronomy.

**gâteau, x** [ɡɑto] *nm* cake; ~ **sec** biscuit.

**gâter** [ɡɑte] *vt* to spoil; **se** ~ *vi* (*dent, fruit*) to go bad; (*temps, situation*) to change for the worse.

**gâterie** [ɡɑtʀi] *nf* little treat.

**gâteux, euse** [ɡɑtø, -øz] *a* senile.

**gauche** [ɡoʃ] *a* left, left-hand; (*maladroit*) awkward, clumsy // *nf* (*POL*) left (wing); **à** ~ on the left; (*direction*) (to the) left; **à** ~ **de** (on *ou* to the) left of; **à la** ~ **de** to the left of; **gaucher, ère** a left-handed; ~**rie** *nf* awkwardness, clumsiness; **gauchir** *vt* to warp; **gauchisant, e** a with left-wing tendencies; **gauchiste** *nm/f* leftist.

**gaufre** [ɡofʀ(ə)] *nf* waffle.

**gaufrer** [ɡofʀe] *vt* (*papier*) to emboss; (*tissu*) to goffer.

**gaufrette** [ɡofʀɛt] *nf* wafer.

**gaule** [ɡol] *nf* (long) pole.

**gaulois, e** [ɡolwa, -waz] *a* Gallic; (*grivois*) bawdy // *nm/f*: **G~,** e Gaul.

**gausser** [ɡose]: **se** ~ **de** *vt* to deride.

**gaver** [ɡave] *vt* to force-feed; (*fig*): ~ **de** to cram with, fill up with.

**gaz** [ɡaz] *nm inv* gas; **mettre les** ~ (*AUTO*) to put one's foot down; ~ **lacrymogène** tear gas; ~ **de ville** town gas.

**gaze** [ɡaz] *nf* gauze.

**gazéifié, e** [ɡazeifje] *a* aerated.

**gazelle** [ɡazɛl] *nf* gazelle.

**gazer** [ɡaze] *vt* to gas // *vi* (*fam*) to be going *ou* working well.

**gazette** [ɡazɛt] *nf* news sheet.

**gazeux, euse** [ɡazø, -øz] *a* gaseous; **eau gazeuse** soda water.

**gazoduc** [ɡazɔdyk] *nm* gas pipeline.

**gazomètre** [ɡazɔmɛtʀ(ə)] *nm* gasometer.

**gazon** [ɡazɔ̃] *nm* (*herbe*) turf; grass; (*pelouse*) lawn.

**gazouiller** [ɡazuje] *vi* to chirp; (*enfant*) to babble.

**geai** [ʒɛ] *nm* jay.

**géant, e** [ʒeɑ̃, -ɑ̃t] *a* gigantic, giant; (*COMM*) giant-size // *nm/f* giant.

**geindre** [ʒɛ̃dʀ(ə)] *vi* to groan, moan.

**gel** [ʒɛl] *nm* frost; freezing.

**gélatine** [ʒelatin] *nf* gelatine; **gélatineux, euse** *a* jelly-like, gelatinous.

**gelé, e** [ʒəle] *a* frozen.

**gelée** [ʒəle] *nf* jelly; (*gel*) frost; ~ **blanche** hoarfrost, white frost.

**geler** [ʒəle] *vt, vi* to freeze; **il gèle** it's freezing; **gelures** *nfpl* frostbite *sg*.

**Gémeaux** [ʒemo] *nmpl*: **les** ~ Gemini, the Twins; **être des** ~ to be Gemini.

**gémir** [ʒemiʀ] *vi* to groan, moan; **gémissement** *nm* groan, moan.

**gemme** [ʒɛm] *nf* gem(stone).

**gênant, e** [ʒɛnɑ̃, -ɑ̃t] *a* annoying; embarrassing.

**gencive** [ʒɑ̃siv] *nf* gum.

**gendarme** [ʒɑ̃daʀm(ə)] *nm* gendarme; ~**rie** *nf* military police force in countryside and small towns; their police station or barracks.

**gendre** [ʒɑ̃dʀ(ə)] *nm* son-in-law.

**gêne** [ʒɛn] *nf* (*à respirer, bouger*) discomfort, difficulty; (*dérangement*) bother, trouble; (*manque d'argent*) financial difficulties *pl ou* straits *pl*; (*confusion*) embarrassment.

**gêné, e** [ʒene] *a* embarrassed.

**généalogie** [ʒenealɔʒi] *nf* genealogy; **généalogique** a genealogical.

**gêner** [ʒene] *vt* (*incommoder*) to bother; (*encombrer*) to hamper; to be in the way; (*déranger*) to bother; (*embarrasser*): ~ **qn** to make sb feel ill-at-ease; **se** ~ to put o.s. out.

**général, e, aux** [ʒeneʀal, -o] *a, nm* general //*nf*: (**répétition**) ~**e** final dress rehearsal; **en** ~ usually, in general; ~**ement** ad generally.

**généralisation** [ʒeneʀalizasjɔ̃] *nf* generalization.

**généralisé, e** [ʒeneʀalize] *a* general.

**généraliser** [ʒeneʀalize] *vt, vi* to generalize; **se** ~ *vi* to become widespread.

**généraliste** [ʒeneʀalist(ə)] *nm/f* general practitioner, G.P.

**généralités** [ʒeneʀalite] *nfpl* generalities; (*introduction*) general points.

**générateur, trice** [ʒeneʀatœʀ, -tʀis] *a*: ~ **de** which causes *ou* brings about // *nf* generator.

**génération** [ʒeneʀasjɔ̃] *nf* generation.

**généreusement** [ʒeneʀøzmɑ̃] *ad* generously.

**généreux, euse** [ʒeneʀø, -øz] *a* generous.

**générique** [ʒeneʀik] *a* generic // *nm* (CINÉMA) credits *pl*, credit titles *pl*.

**générosité** [ʒeneʀozite] *nf* generosity.

**genèse** [ʒənɛz] *nf* genesis.

**genêt** [ʒənɛ] *nm* broom *q*.

**génétique** [ʒenetik] *a* genetic // *nf* genetics *sg*.

**Genève** [ʒənɛv] *n* Geneva ; **genevois, e** *a, nm/f* Genevan.

**génial, e, aux** [ʒenjal, -o] *a* of genius.

**génie** [ʒeni] *nm* genius ; (MIL): **le ~** the Engineers *pl* ; **~ civil** civil engineering.

**genièvre** [ʒənjɛvʀ(ə)] *nm* juniper (tree) ; (boisson) geneva ; **grain de ~** juniper berry.

**génisse** [ʒenis] *nf* heifer.

**génital, e, aux** [ʒenital, -o] *a* genital.

**génitif** [ʒenitif] *nm* genitive.

**genou, x** [ʒnu] *nm* knee ; **à ~x** on one's knees ; **se mettre à ~x** to kneel down ; **genouillère** *nf* (SPORT) kneepad.

**genre** [ʒɑ̃ʀ] *nm* kind, type, sort ; (allure) manner ; (LING) gender ; (ART) genre ; (ZOOL etc) genus.

**gens** [ʒɑ̃] *nmpl* (f in some phrases) people *pl*.

**gentil, le** [ʒɑ̃ti, -ij] *a* kind ; (enfant: sage) good ; (sympa: endroit etc) nice ; **gentillesse** *nf* kindness ; **gentiment** *ad* kindly.

**génuflexion** [ʒenyflɛksjɔ̃] *nf* genuflexion.

**géographe** [ʒeɔgʀaf] *nm/f* geographer.

**géographie** [ʒeɔgʀafi] *nf* geography ; **géographique** *a* geographical.

**geôlier** [ʒolje] *nm* jailer.

**géologie** [ʒeɔlɔʒi] *nf* geology ; **géologique** *a* geological ; **géologue** *nm/f* geologist.

**géomètre** [ʒeɔmɛtʀ(ə)] *nm/f*: **(arpenteur-)~** (land) surveyor.

**géométrie** [ʒeɔmetʀi] *nf* geometry ; **à ~ variable** (AVIAT) swing-wing ; **géométrique** *a* geometric.

**gérance** [ʒeʀɑ̃s] *nf* management ; **mettre en ~** to appoint a manager for.

**géranium** [ʒeʀanjɔm] *nm* geranium.

**gérant, e** [ʒeʀɑ̃, -ɑ̃t] *nm/f* manager/manageress ; **~ d'immeuble** managing agent.

**gerbe** [ʒɛʀb(ə)] *nf* (de fleurs) spray ; (de blé) sheaf (pl sheaves) ; (fig) shower, burst.

**gercé, e** [ʒɛʀse] *a* chapped.

**gerçure** [ʒɛʀsyʀ] *nf* crack.

**gérer** [ʒeʀe] *vt* to manage.

**gériatrie** [ʒeʀjatʀi] *nf* geriatrics *sg* ; **gériatrique** *a* geriatric.

**germain, e** [ʒɛʀmɛ̃, -ɛn] *a*: **cousin ~** first cousin.

**germanique** [ʒɛʀmanik] *a* Germanic.

**germe** [ʒɛʀm(ə)] *nm* germ.

**germer** [ʒɛʀme] *vi* to sprout ; to germinate.

**gésier** [ʒezje] *nm* gizzard.

**gésir** [ʒeziʀ] *vi* to be lying (down) ; voir aussi **ci-gît**.

**gestation** [ʒɛstasjɔ̃] *nf* gestation.

**geste** [ʒɛst(ə)] *nm* gesture ; move ; motion.

**gesticuler** [ʒɛstikyle] *vi* to gesticulate.

**gestion** [ʒɛstjɔ̃] *nf* management.

**gibecière** [ʒibsjɛʀ] *nf* gamebag.

**gibet** [ʒibɛ] *nm* gallows *pl*.

**gibier** [ʒibje] *nm* (animaux) game ; (fig) prey.

**giboulée** [ʒibule] *nf* sudden shower.

**giboyeux, euse** [ʒibwajø, -øz] *a* well-stocked with game.

**gicler** [ʒikle] *vi* to spurt, squirt.

**gicleur** [ʒiklœʀ] *nm* (AUTO) jet.

**gifle** [ʒifl(ə)] *nf* slap (in the face) ; **gifler** *vt* to slap (in the face).

**gigantesque** [ʒigɑ̃tɛsk(ə)] *a* gigantic.

**gigogne** [ʒigɔɲ] *a*: **lits ~s** pull-out ou stowaway beds ; **tables/poupées ~s** nest of tables/dolls.

**gigot** [ʒigo] *nm* leg (of mutton ou lamb).

**gigoter** [ʒigɔte] *vi* to wriggle (about).

**gilet** [ʒilɛ] *nm* waistcoat ; (pull) cardigan ; (de corps) vest ; **~ pare-balles** bulletproof jacket ; **~ de sauvetage** life jacket.

**gin** [dʒin] *nm* gin.

**gingembre** [ʒɛ̃ʒɑ̃bʀ(ə)] *nm* ginger.

**girafe** [ʒiʀaf] *nf* giraffe.

**giratoire** [ʒiʀatwaʀ] *a*: **sens ~** roundabout.

**girofle** [ʒiʀɔfl(ə)] *nm*: **clou de ~** clove.

**girouette** [ʒiʀwɛt] *nf* weather vane ou cock.

**gisait** etc vb voir **gésir**.

**gisement** [ʒizmɑ̃] *nm* deposit.

**gît** vb voir **gésir**.

**gitan, e** [ʒitɑ̃, -an] *nm/f* gipsy.

**gîte** [ʒit] *nm* home ; shelter ; **~ rural** farmhouse accommodation *q* (for tourists).

**givrage** [ʒivʀaʒ] *nm* icing.

**givre** [ʒivʀ(ə)] *nm* (hoar) frost.

**glabre** [glabʀ(ə)] *a* hairless ; clean-shaven.

**glace** [glas] *nf* ice ; (crème glacée) ice cream ; (verre) sheet of glass ; (miroir) mirror ; (de voiture) window ; **~s** *nfpl* (GÉO) ice sheets *sg*.

**glacé, e** [glase] *a* icy ; (boisson) iced.

**glacer** [glase] *vt* to freeze ; (boisson) to chill, ice ; (gâteau) to ice ; (papier, tissu) to glaze ; (fig): **~ qn** to chill sb ; to make sb's blood run cold.

**glaciaire** [glasjɛʀ] *a* ice *cpd* ; glacial.

**glacial, e** [glasjal] *a* icy.

**glacier** [glasje] *nm* (GÉO) glacier ; (marchand) ice-cream maker.

**glacière** [glasjɛʀ] *nf* icebox.

**glaçon** [glasɔ̃] *nm* icicle ; (pour boisson) ice cube.

**glaïeul** [glajœl] *nm* gladiola.

**glaire** [glɛʀ] *nf* (MÉD) phlegm *q*.

**glaise** [glɛz] *nf* clay.

**gland** [glɑ̃] *nm* acorn ; (décoration) tassel ; (ANAT) glans.

**glande** [glɑ̃d] *nf* gland.

**glaner** [glane] *vt, vi* to glean.

**glapir** [glapiʀ] *vi* to yelp.

**glas** [gla] *nm* knell, toll.

**glauque** [glok] *a* dull blue-green.

**glissade** [glisad] *nf* (par jeu) slide ; (chute) slip ; (dérapage) skid.

**glissant, e** [glisɑ̃, -ɑ̃t] *a* slippery.

**glissement** [glismɑ̃] *nm* sliding ; (fig) shift ; **~ de terrain** landslide.

**glisser** [glise] vi (avancer) to glide ou slide along; (coulisser, tomber) to slide; (déraper) to slip; (être glissant) to be slippery // vt: ~ **qch sous/dans/à** to slip sth under/into/to; ~ **sur** (fig: détail etc) to skate over; **se** ~ **dans/entre** to slip into/between; **glissière** nf slide channel; **à glissière** sliding; **glissoire** nf slide.

**global, e, aux** [glɔbal, -o] a overall.

**globe** [glɔb] nm globe; **sous** ~ under glass; ~ **oculaire** eyeball; **le** ~ **terrestre** the globe.

**globule** [glɔbyl] nm (du sang): ~ **blanc/rouge** white/red corpuscle.

**globuleux, euse** [glɔbylø, -øz] a: **yeux** ~ protruding eyes.

**gloire** [glwaʀ] nf glory; (mérite) distinction, credit; (personne) celebrity; **glorieux, euse** a glorious; **glorifier** vt to glorify, extol.

**glossaire** [glɔsɛʀ] nm glossary.

**glousser** [gluse] vi to cluck; (rire) to chuckle.

**glouton, ne** [glutɔ̃, -ɔn] a gluttonous, greedy.

**glu** [gly] nf birdlime.

**gluant, e** [glyɑ̃, -ɑ̃t] a sticky, gummy.

**glycine** [glisin] nf wisteria.

**go** [go]: **tout de** ~ ad straight out.

**G.O.** sigle = grandes ondes.

**gobelet** [gɔblɛ] nm tumbler; beaker; (à dés) cup.

**gober** [gɔbe] vt to swallow.

**godet** [gɔdɛ] nm pot.

**godiller** [gɔdije] vi to scull.

**goéland** [gɔelɑ̃] nm (sea)gull.

**goélette** [gɔelɛt] nf schooner.

**goémon** [gɔemɔ̃] nm wrack.

**gogo** [gɔgo] nm (péj) mug, sucker; **à** ~ ad galore.

**goguenard, e** [gɔgnaʀ, -aʀd(ə)] a mocking.

**goguette** [gɔgɛt] nf: **en** ~ on the binge.

**goinfre** [gwɛ̃fʀ(ə)] nm glutton; **se goinfrer** vi to make a pig of o.s.; **se goinfrer de** to guzzle.

**goitre** [gwatʀ(ə)] nm goitre.

**golf** [gɔlf] nm golf; golf course; ~ **miniature** crazy ou miniature golf.

**golfe** [gɔlf(ə)] nm gulf; bay.

**gomme** [gɔm] nf (à effacer) rubber, eraser; (résine) gum; **gommer** vt to erase; to gum.

**gond** [gɔ̃] nm hinge; **sortir de ses** ~**s** (fig) to fly off the handle.

**gondole** [gɔ̃dɔl] nf gondola.

**gondoler** [gɔ̃dɔle] vi, **se** ~ vi to warp; to buckle.

**gondolier** [gɔ̃dɔlje] nm gondolier.

**gonflage** [gɔ̃flaʒ] nm inflating, blowing up.

**gonflé, e** [gɔ̃fle] a swollen; bloated.

**gonfler** [gɔ̃fle] vt (pneu, ballon) to inflate, blow up; (nombre, importance) to inflate // vi to swell (up); (CULIN: pâte) to rise; **gonfleur** nm air pump.

**gong** [gɔ̃g] nm gong.

**goret** [gɔʀɛ] nm piglet.

**gorge** [gɔʀʒ(ə)] nf (ANAT) throat; (poitrine) breast; (GÉO) gorge; (rainure) groove.

**gorgé, e** [gɔʀʒe] a: ~ **de** filled with; (eau) saturated with // nf mouthful; sip; gulp.

**gorille** [gɔʀij] nm gorilla; (fam) bodyguard.

**gosier** [gozje] nm throat.

**gosse** [gɔs] nm/f kid.

**gothique** [gɔtik] a gothic.

**goudron** [gudʀɔ̃] nm tar; **goudronner** vt to tarmac.

**gouffre** [gufʀ(ə)] nm abyss, gulf.

**goujat** [guʒa] nm boor.

**goujon** [guʒɔ̃] nm gudgeon.

**goulée** [gule] nf gulp.

**goulet** [gulɛ] nm bottleneck.

**goulot** [gulo] nm neck; **boire au** ~ to drink from the bottle.

**goulu, e** [guly] a greedy.

**goupillon** [gupijɔ̃] nm (REL) sprinkler.

**gourd, e** [guʀ, guʀd(ə)] a numb (with cold).

**gourde** [guʀd(ə)] nf (récipient) flask.

**gourdin** [guʀdɛ̃] nm club, bludgeon.

**gourmand, e** [guʀmɑ̃, -ɑ̃d] a greedy; **gourmandise** nf greed; (bonbon) sweet.

**gourmet** [guʀmɛ] nm epicure.

**gourmette** [guʀmɛt] nf chain bracelet.

**gousse** [gus] nf: ~ **d'ail** clove of garlic.

**gousset** [gusɛ] nm (de gilet) fob.

**goût** [gu] nm taste; **prendre** ~ **à** to develop a taste ou a liking for.

**goûter** [gute] vt (essayer) to taste; (apprécier) to enjoy // vi to have (afternoon) tea // nm (afternoon) tea; ~ **à** to taste, sample; ~ **de** to have a taste of.

**goutte** [gut] nf drop; (MÉD) gout; (alcool) brandy; ~**s** nfpl (MÉD) (nose) drops.

**goutte-à-goutte** [gutagut] nm (MÉD) drip; **alimenter au** ~ to drip-feed.

**gouttelette** [gutlɛt] nf droplet.

**gouttière** [gutjɛʀ] nf gutter.

**gouvernail** [guvɛʀnaj] nm rudder; (barre) helm, tiller.

**gouvernante** [guvɛʀnɑ̃t] nf governess.

**gouverne** [guvɛʀn(ə)] nf: **pour sa** ~ for his guidance.

**gouvernement** [guvɛʀnəmɑ̃] nm government; **membre du** ≈ Cabinet member; **gouvernemental, e, aux** a government cpd; pro-government.

**gouverner** [guvɛʀne] vt to govern; **gouverneur** nm governor; commanding officer.

**grâce** [gʀɑs] nf grace; favour; (JUR) pardon; ~**s** nfpl (REL) grace sg; **dans les bonnes** ~**s de qn** in favour with sb; **faire** ~ **à qn de qch** to spare sb sth; **rendre** ~**(s) à** to give thanks to; **demander** ~ to beg for mercy; **droit de** ~ right of reprieve; ~ **à** prép thanks to; **gracier** vt to pardon; **gracieux, euse** a graceful.

**gracile** [gʀasil] a slender.

**gradation** [gʀadɑsjɔ̃] nf gradation.

**grade** [gʀad] nm rank; **monter en** ~ to be promoted.

**gradé** [gʀade] nm officer.

**gradin** [gʀadɛ̃] nm tier; step; ~**s** nmpl (de stade) terracing sg.

**graduation** [gʀadyɑsjɔ̃] nf graduation.

**graduel, le** [gʀadyɛl] a gradual; progressive.

**graduer** [gʀadɥe] vt (effort etc) to increase gradually; (règle, verre) to graduate; **exercices gradués** exercises graded for difficulty.

**graffiti** [gʀafiti] nmpl graffiti.

**grain** [gʀɛ̃] nm (gén) grain; (NAVIG) squall; ~ **de beauté** beauty spot; ~ **de café** coffee bean; ~ **de poivre** peppercorn; ~ **de poussière** speck of dust; ~ **de raisin** grape.

**graine** [gʀɛn] nf seed; ~**tier** nm seed merchant.

**graissage** [gʀɛsaʒ] nm lubrication, greasing.

**graisse** [gʀɛs] nf fat; (lubrifiant) grease; **graisser** vt to lubricate, grease; (tacher) to make greasy; **graisseux, euse** a greasy; (ANAT) fatty.

**grammaire** [gʀamɛʀ] nf grammar; **grammatical, e, aux** a grammatical.

**gramme** [gʀam] nm gramme.

**grand, e** [gʀɑ̃, gʀɑ̃d] a (haut) tall; (gros, vaste, large) big, large; (long) long; (sens abstraits) great // ad: ~ **ouvert** wide open; **son** ~ **frère** his older brother; **il est assez** ~ **pour** he's old enough to; **au** ~ **air** in the open (air); ~**s blessés/brûlés** casualties with severe injuries/burns; ~ **angle** nm (PHOTO) wide-angle lens sg; ~ **écart** splits pl; ~ **ensemble** housing scheme; ~ **magasin** department store; ~**e personne** grown-up; ~**es écoles** prestige schools of university level, with competitive entrance examination; ~**es lignes** (RAIL) main lines; ~**es vacances** summer holidays; **grand-chose** nm/f inv: **pas grand-chose** not much; **Grande-Bretagne** nf: **la Grande-Bretagne** (Great) Britain; **grandeur** nf (dimension) size; magnitude; (fig) greatness; **grandeur nature** life-size; **grandir** vi (enfant, arbre) to grow; (bruit, hostilité) to increase, grow // vt: **grandir qn** (suj: vêtement, chaussure) to make sb look taller; (fig) to make sb grow in stature; ~**-mère** nf grandmother; ~**-messe** nf high mass; ~**-père** nm grandfather; ~**-route** nf main road; ~**-rue** nf high street; ~**s-parents** nmpl grandparents.

**grange** [gʀɑ̃ʒ] nf barn.

**granit** [gʀanit] nm granite.

**granulé** [gʀanyle] nm granule.

**granuleux, euse** [gʀanylø, -øz] a granular.

**graphie** [gʀafi] nf written form.

**graphique** [gʀafik] a graphic // nm graph.

**graphisme** [gʀafism(ə)] nm graphic arts pl; graphics sg.

**graphologie** [gʀafɔlɔʒi] nf graphology; **graphologue** nm/f graphologist.

**grappe** [gʀap] nf cluster; ~ **de raisin** bunch of grapes.

**grappiller** [gʀapije] vt to glean.

**grappin** [gʀapɛ̃] nm grapnel; **mettre le** ~ **sur** (fig) to get one's claws on.

**gras, se** [gʀɑ, gʀɑs] a (viande, soupe) fatty; (personne) fat; (surface, main) greasy; (toux) loose, phlegmy; (rire) throaty; (plaisanterie) coarse; (crayon) soft-lead; (TYPO) bold // nm (CULIN) fat; **faire la** ~**se matinée** to have a lie-in;

~**sement** ad: ~**sement payé** handsomely paid; ~**souillet, te** a podgy, plump.

**gratification** [gʀatifikasjɔ̃] nf bonus.

**gratifier** [gʀatifje] vt: ~ **qn de** to favour sb with, reward sb with; (sourire etc) to favour sb with.

**gratin** [gʀatɛ̃] nm (CULIN) cheese-topped dish; cheese topping.

**gratiné, e** [gʀatine] a (CULIN) au gratin; (fam) hellish.

**gratis** [gʀatis] ad free.

**gratitude** [gʀatityd] nf gratitude.

**gratte-ciel** [gʀatsjɛl] nm inv skyscraper.

**grattement** [gʀatmɑ̃] nm (bruit) scratching (noise).

**gratte-papier** [gʀatpapje] nm inv (péj) penpusher.

**gratter** [gʀate] vt (frotter) to scrape; (enlever) to scrape off; (bras, bouton) to scratch; **grattoir** nm scraper.

**gratuit, e** [gʀatɥi, -ɥit] a (entrée, billet) free; (fig) gratuitous.

**gratuitement** [gʀatɥitmɑ̃] ad free.

**gravats** [gʀava] nmpl rubble sg.

**grave** [gʀav] a (maladie, accident) serious, bad; (sujet, problème) serious, grave; (air) grave, solemn; (voix, son) deep, low-pitched // nm (MUS) low register; **blessé** ~ seriously injured person; ~**ment** ad seriously; gravely.

**graver** [gʀave] vt to engrave; **graveur** nm engraver.

**gravier** [gʀavje] nm gravel q; **gravillons** nmpl gravel sg, loose chippings ou gravel.

**gravir** [gʀaviʀ] vt to climb (up).

**gravitation** [gʀavitasjɔ̃] nf gravitation.

**gravité** [gʀavite] nf seriousness; gravity; (PHYSIQUE) gravity.

**graviter** [gʀavite] vi: ~ **autour de** to revolve around.

**gravure** [gʀavyʀ] nf engraving; (reproduction) print; plate.

**gré** [gʀe] nm: **à son** ~ to his liking; as he pleases; **au** ~ **de** according to, following; **contre le** ~ **de** qn against sb's will; **de son (plein)** ~ of one's own free will; **de** ~ **ou de force** whether one likes it or not; **de bon** ~ willingly; **de** ~ **à** ~ (COMM) by mutual agreement; **savoir** ~ **à** qn **de** qch to be grateful to sb for sth.

**grec, grecque** [gʀɛk] a Greek; (classique: vase etc) Grecian // nm/f Greek.

**Grèce** [gʀɛs] nf: **la** ~ Greece.

**gréement** [gʀemɑ̃] nm rigging.

**greffe** [gʀɛf] nf grafting q, graft; transplanting q, transplant // nm (JUR) office.

**greffer** [gʀefe] vt (BOT, MÉD: tissu) to graft; (MÉD: organe) to transplant.

**greffier** [gʀefje] nm clerk of the court.

**grégaire** [gʀegɛʀ] a gregarious.

**grège** [gʀɛʒ] a: **soie** ~ raw silk.

**grêle** [gʀɛl] a (very) thin // nf hail.

**grêlé, e** [gʀele] a pockmarked.

**grêler** [gʀele] vb impersonnel: **il grêle** it's hailing.

**grêlon** [gʀelɔ̃] nm hailstone.

**grelot** [gʀəlo] nm little bell.

**grelotter** [gʀəlɔte] vi (trembler) to shiver.

**grenade** [grənad] *nf* (*explosive*) grenade; (*BOT*) pomegranate; ~ **lacrymogène** teargas grenade.

**grenadier** [grənadje] *nm* (*MIL*) grenadier; (*BOT*) pomegranate tree.

**grenat** [grəna] *a inv* dark red.

**grenier** [grənje] *nm* attic; (*de ferme*) loft.

**grenouille** [grənuj] *nf* frog.

**grenu, e** [grəny] *a* grainy, grained.

**grès** [grɛ] *nm* sandstone; (*poterie*) stoneware.

**grésiller** [grezije] *vi* to sizzle; (*RADIO*) to crackle.

**grève** [grɛv] *nf* (*d'ouvriers*) strike; (*plage*) shore; **se mettre en/faire** ~ to go on/be on strike; ~ **de la faim** hunger strike; ~ **sauvage** wildcat strike; ~ **sur le tas** sit down strike; ~ **tournante** strike by rota; ~ **du zèle** work-to-rule *q*.

**grever** [grəve] *vt* to put a strain on; **grevé d'impôts** crippled by taxes.

**gréviste** [grevist(ə)] *nm/f* striker.

**gribouiller** [gribuje] *vt* to scribble, scrawl // *vi* to doodle.

**grief** [grijef] *nm* grievance; **faire** ~ **à qn de** to reproach sb for.

**grièvement** [grijevmɑ̃] *ad* seriously.

**griffe** [grif] *nf* claw; (*fig*) signature.

**griffer** [grife] *vt* to scratch.

**griffonner** [grifɔne] *vt* to scribble.

**grignoter** [griɲɔte] *vt* to nibble *ou* gnaw at.

**gril** [gril] *nm* steak *ou* grill pan.

**grillade** [grijad] *nf* grill.

**grillage** [grijaʒ] *nm* (*treillis*) wire netting; wire fencing.

**grille** [grij] *nf* (*portail*) (metal) gate; (*d'égout*) (metal) grate; (*fig*) grid.

**grille-pain** [grijpɛ̃] *nm inv* toaster.

**griller** [grije] *vt* (*aussi*: **faire** ~: *pain*) to toast; (: *viande*) to grill; (*fig*: *ampoule etc*) to burn out, blow.

**grillon** [grijɔ̃] *nm* cricket.

**grimace** [grimas] *nf* grimace; (*pour faire rire*) **faire des** ~**s** to pull *ou* make faces.

**grimer** [grime] *vt* to make up.

**grimper** [grɛ̃pe] *vi, vt* to climb.

**grincement** [grɛ̃smɑ̃] *nm* grating (noise); creaking (noise).

**grincer** [grɛ̃se] *vi* (*porte, roue*) to grate; (*plancher*) to creak; ~ **des dents** to grind one's teeth.

**grincheux, euse** [grɛ̃ʃø, -øz] *a* grumpy.

**grippe** [grip] *nf* flu, influenza; **grippé, e** *a*: **être grippé** to have flu.

**gripper** [gripe] *vt, vi* to jam.

**gris, e** [gri, griz] *a* grey; (*ivre*) tipsy.

**grisaille** [grizaj] *nf* greyness, dullness.

**grisant, e** [grizɑ̃, -ɑ̃t] *a* intoxicating, exhilarating.

**griser** [grize] *vt* to intoxicate.

**grisonner** [grizɔne] *vi* to be going grey.

**grisou** [grizu] *nm* firedamp.

**grive** [griv] *nf* thrush.

**grivois, e** [grivwa, -waz] *a* saucy.

**grog** [grɔg] *nm* grog.

**grogner** [grɔɲe] *vi* to growl; (*fig*) to grumble.

**groin** [grwɛ̃] *nm* snout.

**grommeler** [grɔmle] *vi* to mutter to o.s.

**grondement** [grɔ̃dmɑ̃] *nm* rumble.

**gronder** [grɔ̃de] *vi* to rumble; (*fig: révolte*) to be brewing // *vt* to scold.

**gros, se** [gro, gros] *a* big, large; (*obèse*) fat; (*travaux, dégâts*) extensive; (*large: trait, fil*) thick, heavy // *nm* (*COMM*): **le** ~ **the** wholesale business; **prix de** ~ wholesale price; **par** ~ **temps/** ~**se mer** in rough weather/heavy seas; **le** ~ **de** the main body of; the bulk of; **en** ~ roughly; (*COMM*) wholesale; ~ **intestin** large intestine; ~ **lot** jackpot; ~ **mot** coarse word, vulgarity; ~ **plan** (*PHOTO*) close-up; ~ **sel** cooking salt; ~**se caisse** big drum.

**groseille** [grozɛj] *nf*: ~ **(rouge)/(blanche)** red/white currant; ~ **à maquereau** gooseberry; **groseillier** *nm* red *ou* white currant bush; gooseberry bush.

**grosse** [gros] *a voir* **gros**.

**grossesse** [grosɛs] *nf* pregnancy.

**grosseur** [grosœr] *nf* size; fatness; (*tumeur*) lump.

**grossier, ière** [grosje, -jɛr] *a* coarse; (*travail*) rough; crude; (*évident: erreur*) gross; **grossièrement** *ad* coarsely; roughly; crudely; (*en gros*) roughly.

**grossir** [grosir] *vi* (*personne*) to put on weight; (*fig*) to grow, get bigger; (*rivière*) to swell // *vt* to increase; to exaggerate; (*au microscope*) to magnify; (*suj: vêtement*): ~ **qn** to make sb look fatter; **grossissement** *nm* (*optique*) magnification.

**grossiste** [grosist(ə)] *nm/f* wholesaler.

**grosso modo** [grosomodo] *ad* roughly.

**grotte** [grɔt] *nf* cave.

**grouiller** [gruje] *vi* to mill about; to swarm about; ~ **de** to be swarming with.

**groupe** [grup] *nm* group; ~ **sanguin** blood group.

**groupement** [grupmɑ̃] *nm* grouping; group.

**grouper** [grupe] *vt* to group; **se** ~ to get together.

**gruau** [gryo] *nm*: **pain de** ~ wheaten bread.

**grue** [gry] *nf* crane.

**grumeaux** [grymo] *nmpl* lumps.

**grutier** [grytje] *nm* crane driver.

**Guadeloupe** [gwadlup] *nf*: **la** ~ Guadeloupe.

**gué** [ge] *nm* ford; **passer à** ~ to ford.

**guenilles** [gənij] *nfpl* rags.

**guenon** [gənɔ̃] *nf* female monkey.

**guépard** [gepar] *nm* cheetah.

**guêpe** [gɛp] *nf* wasp.

**guêpier** [gepje] *nm* (*fig*) trap.

**guère** [gɛr] *ad* (*avec adjectif, adverbe*): **ne** ... ~ hardly; (*avec verbe*): **ne** ... ~ *tournure négative* + much; hardly ever; *tournure négative* + (very) long; **il n'y a** ~ **que/de** there's hardly anybody (*ou* anything) but/hardly any.

**guéridon** [geridɔ̃] *nm* pedestal table.

**guérilla** [gerija] *nf* guerrilla warfare.

**guérillero** [gerijero] *nm* guerrilla.

**guérir** [gerir] *vt* (*personne, maladie*) to cure; (*membre, plaie*) to heal // *vi* (*personne*) to recover, be cured ; (*plaie, chagrin*) to heal ; ~ **de** to be cured of, recover from ; ~ **qn de** to cure sb of ; **guérison** *nf* curing ; healing ; recovery ; **guérissable** *a* curable ; **guérisseur, euse** *nm/f* healer.

**guérite** [geʀit] *nf* sentry box.

**guerre** [gɛʀ] *nf* war ; (*méthode*): ~ **atomique/de tranchées** atomic/ trench warfare *q* ; **en** ~ at war ; **faire la** ~ **à** to wage war against ; **de** ~ **lasse** finally ; ~ **civile/ mondiale** civil/world war ; ~ **d'usure** war of attrition ; **guerrier, ière** *a* warlike // *nm/f* warrior ; **guerroyer** *vi* to wage war.

**guet** [gɛ] *nm*: **faire le** ~ to be on the watch *ou* look-out.

**guet-apens** [gɛtapɑ̃] *nm* ambush.

**guêtre** [gɛtʀ(ə)] *nf* gaiter.

**guetter** [gete] *vt* (*épier*) to watch (intently) ; (*attendre*) to watch (out) for ; to be lying in wait for ; **guetteur** *nm* look-out.

**gueule** [gœl] *nf* mouth ; (*fam*) face ; mouth ; ~ **de bois** (*fam*) hangover.

**gueuler** [gœle] *vi* (*fam*) to bawl.

**gueux** [gø] *nm* beggar ; rogue.

**gui** [gi] *nm* mistletoe.

**guichet** [giʃɛ] *nm* (*de bureau, banque*) counter, window ; (*d'une porte*) wicket, hatch ; **les** ~**s** (*à la gare, au théâtre*) the ticket office ; **guichetier, ière** *nm/f* counter clerk.

**guide** [gid] *nm* guide.

**guider** [gide] *vt* to guide.

**guidon** [gidɔ̃] *nm* handlebars *pl*.

**guignol** [giɲɔl] *nm* ≈ Punch and Judy show ; (*fig*) clown.

**guillemets** [gijmɛ] *nmpl*: **entre** ~ in inverted commas *ou* quotation marks ; ~ **de répétition** ditto marks.

**guilleret, te** [gijʀɛ, -ɛt] *a* perky, bright.

**guillotine** [gijɔtin] *nf* guillotine ; **guillotiner** *vt* to guillotine.

**guindé, e** [gɛ̃de] *a* stiff, starchy.

**guirlande** [giʀlɑ̃d] *nf* garland ; (*de papier*) paper chain.

**guise** [giz] *nf*: **à votre** ~ as you wish *ou* please ; **en** ~ **de** by way of.

**guitare** [gitaʀ] *nf* guitar ; **guitariste** *nm/f* guitarist, guitar player.

**gustatif, ive** [gystatif, -iv] *a* gustatory ; *voir* **papille**.

**guttural, e, aux** [gytyʀal, -o] *a* guttural.

**Guyane** [gɥijan] *n*: **la** ~ Guiana.

**gymkhana** [ʒimkana] *nm* rally.

**gymnase** [ʒimnɑz] *nm* gym(nasium).

**gymnaste** [ʒimnast(ə)] *nm/f* gymnast.

**gymnastique** [ʒimnastik] *nf* gymnastics *sg* ; (*au réveil etc*) keep fit exercises *pl*.

**gynécologie** [ʒinekɔlɔʒi] *nf* gynaecology ; **gynécologue** *nm/f* gynaecologist.

**gypse** [ʒips(ə)] *nm* gypsum.

# H

**h.** *abr de* **heure.**

**habile** [abil] *a* skilful ; (*malin*) clever ; ~**té** *nf* skill, skilfulness ; cleverness.

**habilité, e** [abilite] *a*: ~ **à faire** entitled to do, empowered to do.

**habillé, e** [abije] *a* dressed ; (*chic*) dressy ; (*TECH*): ~ **de** covered with ; encased in.

**habillement** [abijmɑ̃] *nm* clothes *pl* ; (*profession*) clothing industry.

**habiller** [abije] *vt* to dress ; (*fournir en vêtements*) to clothe ; **s'**~ to dress (o.s.) ; (*se déguiser, mettre des vêtements chic*) to dress up ; **s'**~ **de/en** to dress in/dress up as ; **s'**~ **chez/à** to buy one's clothes from/at.

**habit** [abi] *nm* outfit ; ~**s** *nmpl* (*vêtements*) clothes ; ~ **(de soirée)** tails *pl* ; evening dress.

**habitable** [abitabl(ə)] *a* (in)habitable.

**habitacle** [abitakl(ə)] *nm* cockpit ; (*AUTO*) passenger cell.

**habitant, e** [abitɑ̃, -ɑ̃t] *nm/f* inhabitant ; (*d'une maison*) occupant, occupier ; **loger chez l'**~ to stay with the locals.

**habitat** [abita] *nm* housing conditions *pl* ; (*BOT, ZOOL*) habitat.

**habitation** [abitasjɔ̃] *nf* living ; residence, home ; house ; ~**s à loyer modéré (HLM)** low-rent housing *sg*, ≈ council flats.

**habité, e** [abite] *a* inhabited ; lived in.

**habiter** [abite] *vt* to live in ; (*suj: sentiment*) to dwell in // *vi*: ~ **à/dans** to live in *ou* at/in.

**habitude** [abityd] *nf* habit ; **avoir l'**~ **de faire** to be in the habit of doing ; (*expérience*) to be used to doing ; **d'**~ usually ; **comme d'**~ as usual.

**habitué, e** [abitɥe] *a*: **être** ~ **à** to be used *ou* accustomed to // *nm/f* regular visitor ; regular (customer).

**habituel, le** [abitɥɛl] *a* usual.

**habituer** [abitɥe] *vt*: ~ **qn à** to get sb used to ; **s'**~ **à** to get used to.

***hâbleur, euse** [ʻɑblœʀ, -øz] *a* boastful.

***hache** [ʻaʃ] *nf* axe.

***haché, e** [ʻaʃe] *a* minced ; (*fig*) jerky.

***hacher** [ʻaʃe] *vt* (*viande*) to mince ; (*persil*) to chop.

***hachis** [ʻaʃi] *nm* mince *q*.

***hachisch** [ʻaʃiʃ] *nm* hashish.

***hachoir** [ʻaʃwaʀ] *nm* chopper ; (*meat*) mincer ; chopping board.

***hachures** [ʻaʃyʀ] *nfpl* hatching *sg*.

***hagard, e** [ʻagaʀ, -aʀd(ə)] *a* wild, distraught.

***haie** [ʻɛ] *nf* hedge ; (*SPORT*) hurdle ; (*fig: rang*) line, row ; **200 m** ~**s** 200 m hurdles ; ~ **d'honneur** guard of honour.

***haillons** [ʻajɔ̃] *nmpl* rags.

***haine** [ʻɛn] *nf* hatred ; **haineux, euse** *a* full of hatred.

***haïr** [ʻaiʀ] *vt* to detest, hate.

***halage** [ʻalaʒ] *nm*: **chemin de** ~ towpath.

***hâle** [ʻɑl] *nm* (sun)tan ; ***hâlé, e** *a* (sun)tanned, sunburnt.

**haleine** [alɛn] *nf* breath ; **hors d'**~ out of breath ; **tenir en** ~ to hold spellbound ; to keep in suspense ; **de longue** ~ *a* long-term.

***haleter** [ʻalte] *vt* to pant.

***hall** [ʻol] *nm* hall.

**hallali** [alali] *nm* kill.

***halle** [ʻal] *nf* (covered) market ; ~**s** *nfpl* central food market *sg*.

**hallucinant, e** [alysinɑ̃, -ɑ̃t] *a* staggering.
**hallucination** [alysinɑsjɔ̃] *nf* hallucination.
**halluciné, e** [alysine] *nm/f* person suffering from hallucinations ; (raving) lunatic.
\***halo** [ʼalo] *nm* halo.
\***halte** [ʼalt(ə)] *nf* stop, break ; stopping place ; (RAIL) halt // *excl* stop! ; **faire ~** to stop.
**haltère** [altɛR] *nm* dumbbell, barbell ; **~s** *nmpl* (*activité*) weight lifting *sg* ; **haltérophile** *nm/f* weight lifter.
\***hamac** [ʼamak] *nm* hammock.
\***hameau, x** [ʼamo] *nm* hamlet.
**hameçon** [amsɔ̃] *nm* (fish) hook.
\***hampe** [ʼɑ̃p] *nf* shaft.
\***hamster** [ʼamstɛR] *nm* hamster.
\***hanche** [ʼɑ̃ʃ] *nf* hip.
\***hand-ball** [ʼɑ̃dbal] *nm* handball.
\***handicap** [ʼɑ̃dikap] *nm* handicap ; \***~é, e** *a* handicapped // *nm/f* physically (*ou* mentally) handicapped person ; **~é moteur** spastic ; \***~er** *vt* to handicap.
\***hangar** [ʼɑ̃gaR] *nm* shed.
\***hanneton** [ʼantɔ̃] *nm* cockchafer.
\***hanter** [ʼɑ̃te] *vt* to haunt.
\***hantise** [ʼɑ̃tiz] *nf* obsessive fear.
\***happer** [ʼape] *vt* to snatch ; (*suj: train etc*) to hit.
\***haranguer** [ʼaRɑ̃ge] *vt* to harangue.
\***haras** [ʼaRɑ] *nm* stud farm.
**harassant, e** [ʼaRasɑ̃, -ɑ̃t] *a* exhausting.
\***harceler** [ʼaRsəle] *vt* (MIL, CHASSE) to harass, harry ; (*importuner*) to plague.
\***hardes** [ʼaRd(ə)] *nfpl* rags.
\***hardi, e** [ʼaRdi] *a* bold, daring.
\***hareng** [ʼaRɑ̃] *nm* herring.
\***hargne** [ʼaRɲ(ə)] *nf* aggressiveness.
\***haricot** [ʼaRiko] *nm* bean ; **~ vert/blanc** French/haricot bean.
**harmonica** [aRmɔnika] *nm* mouth organ.
**harmonie** [aRmɔni] *nf* harmony ; **harmonieux, euse** *a* harmonious ; **harmonique** *nm ou a* harmonic ; **harmoniser** *vt* to harmonize.
\***harnaché, e** [ʼaRnaʃe] *a* (*fig*) rigged out.
\***harnacher** [ʼaRnaʃe] *vt* to harness.
\***harnais** [ʼaRnɛ] *nm* harness.
\***harpe** [ʼaRp(ə)] *nf* harp ; \***harpiste** *nm/f* harpist.
\***harpon** [ʼaRpɔ̃] *nm* harpoon ; \***harponner** *vt* to harpoon ; (*fam*) to collar.
\***hasard** [ʼazaR] *nm:* **le ~** chance, fate ; **un ~** a coincidence ; a stroke of luck ; **au ~** aimlessly ; at random ; haphazardly ; **par ~** by chance ; **à tout ~** just in case ; on the off chance.
\***hasarder** [ʼazaRde] *vt* (*mot*) to venture ; (*fortune*) to risk ; **se ~ à faire** to risk doing, venture to do.
\***hasardeux, euse** [ʼazaRdø, -øz] *a* hazardous, risky ; (*hypothèse*) rash.
\***haschisch** [ʼaʃiʃ] *nm* hashish.
\***hâte** [ʼɑt] *nf* haste ; **à la ~** hurriedly, hastily ; **en ~** posthaste, with all possible speed ; **avoir ~ de** to be eager *ou* anxious to ; \***hâter** *vt* to hasten ; **se hâter** to hurry ; **se hâter de** to hurry *ou* hasten to.

\***hâtif, ive** [ʼɑtif, -iv] *a* hurried ; hasty ; (*légume*) early.
\***hausse** [ʼos] *nf* rise, increase ; (*de fusil*) backsight adjuster ; **en ~** rising.
\***hausser** [ʼose] *vt* to raise ; **~ les épaules** to shrug (one's shoulders).
\***haut, e** [ʼo, ʼot] *a* high ; (*grand*) tall ; (*son, voix*) high(-pitched) // *ad* high // *nm* top (part) ; **de 3 m de ~** 3 m high, 3 m in height ; **des ~s et des bas** ups and downs ; **en ~ lieu** in high places ; **à ~e voix** aloud, out loud ; **du ~ de** from the top of ; **de ~ en bas** up and down ; downwards ; **plus ~** higher up, further up ; (*dans un texte*) above ; (*parler*) louder ; **en ~** up above ; at (*ou* to) the top ; (*dans une maison*) upstairs ; **en ~ de** at the top of ; **la ~e couture/coiffure** haute couture/coiffure ; **~e fidélité** hi-fi, high fidelity.
\***hautain, e** [ʼotɛ̃, -ɛn] *a* (*personne, regard*) haughty.
\***hautbois** [ʼobwɑ] *nm* oboe.
\***haut-de-forme** [ʼodfɔRm(ə)] *nm* top hat.
\***hautement** [ʼotmɑ̃] *ad* highly.
\***hauteur** [ʼotœR] *nf* height ; (GÉO) height, hill ; (*fig*) loftiness ; haughtiness ; **à ~ des yeux** at eye level ; **à la ~ de** (*sur la même ligne*) level with ; by ; (*fig*) equal to ; **à la ~** (*fig*) up to it, equal to the task.
\***haut-fond** [ʼofɔ̃] *nm* shallow, shoal.
\***haut-fourneau** [ʼofuRno] *nm* blast *ou* smelting furnace.
\***haut-le-cœur** [ʼolkœR] *nm inv* retch, heave.
\***haut-parleur** [ʼopaRlœR] *nm* (loud)speaker.
\***hâve** [ʼav] *a* gaunt.
\***havre** [ʼavR(ə)] *nm* haven.
\***Haye** [ʼɛ] *n:* **la ~** the Hague.
\***hayon** [ʼɛjɔ̃] *nm* tailgate.
**hebdomadaire** [ɛbdɔmadɛR] *a, nm* weekly.
**héberger** [ebɛRʒe] *vt* to accommodate, lodge ; (*réfugiés*) to take in.
**hébété, e** [ebete] *a* dazed.
**hébraïque** [ebRaik] *a* Hebrew, Hebraic.
**hébreu, x** [ebRø] *am, nm* Hebrew.
**H.E.C.** *sigle fpl = Hautes études commerciales.*
**hécatombe** [ekatɔ̃b] *nf* slaughter.
**hectare** [ɛktaR] *nm* hectare, 10,000 square metres.
**hectolitre** [ɛktolitR] *nm* hectolitre.
**hégémonie** [eʒemɔni] *nf* hegemony.
\***hein** [ʼɛ̃] *excl* eh?
**hélas** [ʼelɑs] *excl* alas! // *ad* unfortunately.
\***héler** [ʼele] *vt* to hail.
**hélice** [elis] *nf* propeller.
**hélicoïdal, e, aux** [elikɔidal, -o] *a* helical ; helicoid.
**hélicoptère** [elikɔptɛR] *nm* helicopter.
**héliogravure** [eljogRavyR] *nf* heliogravure.
**héliport** [elipɔR] *nm* heliport.
**héliporté, e** [elipɔRte] *a* transported by helicopter.
**hellénique** [elenik] *a* Hellenic.
**helvétique** [ɛlvetik] *a* Swiss.

**hématome** [ematom] *nm* haematoma.

**hémicycle** [emisikl(ə)] *nm* semicircle; (POL): l'~ ≈ the benches (of the Commons).

**hémiplégie** [emipleʒi] *nf* paralysis of one side, hemiplegia.

**hémisphère** [emisfɛʀ] *nf*: ~ **nord/sud** northern/southern hemisphere.

**hémophile** [emɔfil] *a* haemophiliac.

**hémorragie** [emɔʀaʒi] *nf* bleeding *q*, haemorrhage.

**hémorroïdes** [emɔʀɔid] *nfpl* piles, haemorrhoids.

*\***hennir** [eniʀ] *vi* to neigh, whinny.

**hépatite** [epatit] *nf* hepatitis, liver infection.

**herbe** [ɛʀb(ə)] *nf* grass; (CULIN, MÉD) herb; **en** ~ unripe; (fig) budding; **herbeux, euse** *a* grassy; **herbicide** *nm* weed-killer; **herbier** *nm* herbarium; **herboriser** *vi* to collect plants, botanize; **herboriste** *nm/f* herbalist; **herboristerie** *nf* herbalist's shop; herb trade.

*\***hère** [ˈɛʀ] *nm*: **pauvre** ~ poor wretch.

**héréditaire** [eʀeditɛʀ] *a* hereditary.

**hérédité** [eʀedite] *nf* heredity.

**hérésie** [eʀezi] *nf* heresy; **hérétique** *nm/f* heretic.

*\***hérissé, e** [ˈeʀise] *a* bristling; ~ **de** spiked with; (fig) bristling with.

*\***hérisser** [ˈeʀise] *vt*: ~ **qn** (fig) to ruffle sb; **se** ~ *vi* to bristle, bristle up.

*\***hérisson** [ˈeʀisɔ̃] *nm* hedgehog.

**héritage** [eʀitaʒ] *nm* inheritance; (fig) heritage; legacy; **faire un (petit)** ~ to come into (a little) money.

**hériter** [eʀite] *vi*: ~ **de qch (de qn)** to inherit sth (from sb); ~ **de qn** to inherit sb's property; **héritier, ière** *nm/f* heir/heiress.

**hermétique** [ɛʀmetik] *a* airtight; watertight; (fig) abstruse; impenetrable; ~**ment** *ad* tightly, hermetically.

**hermine** [ɛʀmin] *nf* ermine.

*\***hernie** [ˈɛʀni] *nf* hernia.

**héroïne** [eʀɔin] *nf* heroine; (drogue) heroin.

**héroïque** [eʀɔik] *a* heroic.

**héroïsme** [eʀɔism(ə)] *nm* heroism.

*\***héron** [ˈeʀɔ̃] *nm* heron.

*\***héros** [ˈeʀo] *nm* hero.

*\***herse** [ˈɛʀs(ə)] *nf* harrow; (de château) portcullis.

**hésitant, e** [ezitɑ̃, -ɑ̃t] *a* hesitant.

**hésitation** [ezitasjɔ̃] *nf* hesitation.

**hésiter** [ezite] *vi*: ~ (**à faire**) to hesitate (to do).

**hétéroclite** [eteʀɔklit] *a* heterogeneous; (objets) sundry.

*\***hêtre** [ˈɛtʀ(ə)] *nm* beech.

**heure** [œʀ] *nf* hour; (SCOL) period; (moment, moment fixé) time; **c'est l'~** it's time; **quelle** ~ **est-il?** what time is it?; **être à l'**~ to be on time; (montre) to be right; **mettre à l'**~ to set right; **à toute** ~ at any time; **24** ~**s sur 24** round the clock, 24 hours a day; **à l'**~ **qu'il est** at this time (of day); by now; **sur l'**~ at once; ~ **locale/d'été** local/summer time; ~**s de bureau** office hours; ~**s supplémentaires** overtime *sg*.

**heureusement** [œʀøzmɑ̃] *ad* (par bonheur) fortunately, luckily.

**heureux, euse** [œʀø, -øz] *a* happy; (chanceux) lucky, fortunate; (judicieux) felicitous, fortunate.

*\***heurt** [ˈœʀ] *nm* (choc) collision; ~**s** *nmpl* (fig) clashes.

*\***heurté, e** [ˈœʀte] *a* (fig) jerky, uneven.

*\***heurter** [ˈœʀte] *vt* (mur) to strike, hit; (personne) to collide with; (fig) to go against, upset; **se** ~ **à** *vt* to collide with; (fig) to come up against; **heurtoir** *nm* door knocker.

**hexagone** [ɛgzagɔn] *nm* hexagon.

*\***hiatus** [ˈjatys] *nm* hiatus.

**hiberner** [ibɛʀne] *vi* to hibernate.

*\***hibou, x** [ˈibu] *nm* owl.

*\***hideux, euse** [ˈidø, -øz] *a* hideous.

**hier** [jɛʀ] *ad* yesterday; ~ **matin/soir** yesterday morning/ evening; **toute la journée d'**~ all day yesterday; **toute la matinée d'**~ all yesterday morning.

*\***hiérarchie** [ˈjeʀaʀʃi] *nf* hierarchy; *\***hiérarchique** *a* hierarchic; *\***hiérarchiser** *vt* to organize into a hierarchy.

**hiéroglyphe** [jeʀɔglif] *nm* hieroglyphic.

**hilare** [ilaʀ] *a* mirthful; **hilarité** *nf* hilarity, mirth.

**hindou, e** [ɛ̃du] *a, nm/f* Hindu; Indian.

**hippique** [ipik] *a* equestrian, horse *cpd*.

**hippisme** [ipism(ə)] *nm* (horse) riding.

**hippodrome** [ipɔdʀom] *nm* racecourse.

**hippopotame** [ipɔpɔtam] *nm* hippopotamus.

**hirondelle** [iʀɔ̃dɛl] *nf* swallow.

**hirsute** [iʀsyt] *a* hairy; shaggy; tousled.

**hispanique** [ispanik] *a* Hispanic.

*\***hisser** [ˈise] *vt* to hoist, haul up; **se** ~ **sur** to haul o.s. up onto.

**histoire** [istwaʀ] *nf* (science, événements) history; (anecdote, récit, mensonge) story; (affaire) business *q*; (chichis: gén *pl*) fuss *q*; ~**s** *nfpl* (ennuis) trouble *sg*; **historien, ne** *nm/f* historian; **historique** *a* historic.

**hiver** [ivɛʀ] *nm* winter; ~**nal, e, aux** *a* winter *cpd*; wintry; ~**ner** *vi* to winter.

**H.L.M.** *sigle m ou f voir* habitation.

*\***hocher** [ˈɔʃe] *vt*: ~ **la tête** to nod; (signe négatif ou dubitatif) to shake one's head.

*\***hochet** [ˈɔʃɛ] *nm* rattle.

*\***hockey** [ˈɔkɛ] *nm*: ~ (**sur glace/gazon**) (ice/field) hockey; *\***hockeyeur** *nm* hockey player.

**holding** [ˈɔldiŋ] *nm* holding company.

**hold-up** [ˈɔldœp] *nm inv* hold-up.

*\***hollandais, e** [ˈɔllɑ̃dɛ, -ɛz] *a, nm* (langue) Dutch // *nm/f*: H~, e Dutchman/ woman; **les** H~ the Dutch.

*\***Hollande** [ˈɔllɑ̃d] *nf* Holland.

*\***homard** [ˈɔmaʀ] *nm* lobster.

**homéopathie** [ɔmeɔpati] *nf* homoeopathy; **homéopathique** *a* homoeopathic.

**homérique** [ɔmeʀik] *a* Homeric.

**homicide** [ɔmisid] *nm* murder // *nm/f* murderer/eress; ~ **involontaire** manslaughter.

**hommage** [ɔmaʒ] *nm* tribute; ~**s** *nmpl*: **présenter ses** ~**s** to pay one's respects;

**rendre ~ à** to pay tribute *ou* homage to; **faire ~ de qch à qn** to present sb with sth.

**homme** [ɔm] *nm* man; **~ d'affaires** businessman; **~ d'État** statesman; **~ de main** hired man; **~ de paille** stooge; **~-grenouille** *nm* frogman; **~-orchestre** *nm* one-man band.

**homogène** [ɔmɔʒɛn] *a* homogeneous; **homogénéité** *nf* homogeneity.

**homologue** [ɔmɔlɔg] *nm/f* counterpart, opposite number.

**homologué, e** [ɔmɔlɔge] *a* (SPORT) officially recognized, ratified; (*tarif*) authorized.

**homonyme** [ɔmɔnim] *nm* (LING) homonym; (*d'une personne*) namesake.

**homosexualité** [ɔmɔsɛksɥalite] *nf* homosexuality.

**homosexuel, le** [ɔmɔsɛksɥɛl] *a* homosexual.

*****Hongrie** [ˈɔ̃gʀi] *nf*: **la ~** Hungary; *****hongrois, e** *a*, *nm/f*, *nm* (*langue*) Hungarian.

**honnête** [ɔnɛt] *a* (*intègre*) honest; (*juste, satisfaisant*) fair; **~ment** *ad* honestly; **~té** *nf* honesty.

**honneur** [ɔnœʀ] *nm* honour; (*mérite*): **l'~ lui revient** the credit is his; **en l'~ de** in honour of; (*événement*) on the occasion of; **faire ~ à** (*engagements*) to honour; (*famille*) to be a credit to; (*fig: repas etc*) to do justice to; **être à l'~** to be in the place of honour; **être en ~** to be in favour; **membre d'~** honorary member; **table d'~** top table.

**honorable** [ɔnɔʀablə)] *a* worthy, honourable; (*suffisant*) decent; **~ment** *ad* honorably; decently.

**honoraire** [ɔnɔʀɛʀ] *a* honorary; **~s** *nmpl* fees *pl*; **professeur ~** professor emeritus.

**honorer** [ɔnɔʀe] *vt* to honour; (*estimer*) to hold in high regard; (*faire honneur à*) to do credit to; **s'~ de** to pride o.s. upon; **honorifique** *a* honorary.

*****honte** [ˈɔ̃t] *nf* shame; **avoir ~ de** to be ashamed of; **faire ~ à qn** to make sb (feel) ashamed; *****honteux, euse** *a* ashamed; (*conduite, acte*) shameful, disgraceful.

**hôpital, aux** [ɔpital, -o] *nm* hospital.

*****hoquet** [ˈɔkɛ] *nm* hiccough; **avoir le ~** to have (the) hiccoughs; **hoqueter** *vi* to hiccough.

**horaire** [ɔʀɛʀ] *a* hourly // *nm* timetable, schedule.

*****horions** [ˈɔʀjɔ̃] *nmpl* blows.

**horizon** [ɔʀizɔ̃] *nm* horizon; (*paysage*) landscape, view; **sur l'~** on the skyline *ou* horizon.

**horizontal, e, aux** [ɔʀizɔ̃tal, -o] *a* horizontal; **~ement** *ad* horizontally.

**horloge** [ɔʀlɔʒ] *nf* clock; **l'~ parlante** the speaking clock; **horloger, ère** *nm/f* watchmaker; clockmaker; **~rie** *nf* watch-making; watchmaker's (shop); clockmaker's (shop); **pièces d'~rie** watch parts *ou* components.

*****hormis** [ˈɔʀmi] *prép* save.

**hormonal, e, aux** [ɔʀmonal, -o] *a* hormonal.

**hormone** [ɔʀmɔn] *nf* hormone.

**horoscope** [ɔʀɔskɔp] *nm* horoscope.

**horreur** [ɔʀœʀ] *nf* horror; **avoir ~ de** to loathe *ou* detest; **horrible** *a* horrible; **horrifier** *vt* to horrify.

**horripiler** [ɔʀipile] *vt* to exasperate.

*****hors** [ˈɔʀ] *prép* except (for); **~ de** out of; **~ pair** outstanding; **~ de propos** inopportune; **être ~ de soi** to be beside o.s.; **~-bord** *nm inv* speedboat (with outboard motor); **~-concours** a ineligible to compete; (*fig*) in a class of one's own; **~-d'œuvre** *nm inv* hors d'œuvre; **~-jeu** *nm inv* offside; **~-la-loi** *nm inv* outlaw; **~-taxe** a duty-free; **~-texte** *nm inv* plate.

**hortensia** [ɔʀtɑ̃sja] *nm* hydrangea.

**horticulteur, trice** [ɔʀtikyltœʀ, -tʀis] *nm/f* horticulturalist.

**horticulture** [ɔʀtikyltyʀ] *nf* horticulture.

**hospice** [ɔspis] *nm* (*de vieillards*) home.

**hospitalier, ière** [ɔspitalje, -jɛʀ] *a* (*accueillant*) hospitable; (MÉD: *service, centre*) hospital *cpd*.

**hospitaliser** [ɔspitalize] *vt* to take (*ou* send) to hospital, hospitalize.

**hospitalité** [ɔspitalite] *nf* hospitality.

**hostie** [ɔsti] *nf* host.

**hostile** [ɔstil] *a* hostile; **hostilité** *nf* hostility; **hostilités** *nfpl* hostilities.

**hôte** [ot] *nm* (*maître de maison*) host; (*invité*) guest; (*client*) patron; (*fig*) inhabitant, occupant.

**hôtel** [ɔtɛl] *nm* hotel; **aller à l'~** to stay in a hotel; **~ (particulier)** (private) mansion; **~ de ville** town hall; **hôtelier, ière** *a* hotel *cpd* // *nm/f* hotelier, hotel-keeper; **~lerie** *nf* hotel business; (*auberge*) inn.

**hôtesse** [otɛs] *nf* hostess; **~ de l'air** air hostess *ou* stewardess.

*****hotte** [ˈɔt] *nf* (*panier*) basket (*carried on the back*); (*de cheminée*) hood; **~ aspirante** cooker hood.

*****houblon** [ˈublɔ̃] *nm* (BOT) hop; (*pour la bière*) hops *pl*.

*****houille** [ˈuj] *nf* coal; **~ blanche** hydroelectric power; *****houiller, ère** a coal *cpd*; coal-bearing.

*****houle** [ˈul] *nf* swell.

*****houlette** [ˈulɛt] *nf*: **sous la ~ de** under the guidance of.

*****houleux, euse** [ˈulø, -øz] *a* heavy, swelling; (*fig*) stormy, turbulent.

*****houppe** [ˈup] *nf*, *****houppette** [ˈupɛt] *nf* powder puff.

*****hourra** [ˈuʀa] *nm* cheer // *excl* hurrah!

*****houspiller** [ˈuspije] *vt* to scold.

*****housse** [ˈus] *nf* cover; dust cover; loose *ou* stretch cover; **~ (penderie)** hanging wardrobe.

*****houx** [ˈu] *nm* holly.

*****hublot** [ˈyblo] *nm* porthole.

*****huche** [ˈyʃ] *nf*: **~ à pain** bread bin.

*****huées** [ˈɥe] *nfpl* boos.

*****huer** [ˈɥe] *vt* to boo.

**huile** [ɥil] *nf* oil; (ART) oil painting; (*fam*) bigwig; **~ de foie de morue** cod-liver oil; **~ de table** salad oil; **huiler** *vt* to oil; **huileux, euse** *a* oily.

**huis** [ɥi] *nm*: **à ~ clos** in camera.

**huissier** [ɥisje] nm usher ; (JUR) ≈ bailiff.

**\*huit** [ɥit] num eight ; **samedi en ~** a week on Saturday ; **dans ~ jours** in a week('s time) ; **une huitaine de jours** a week or so ; **\*huitième** num eighth.

**huître** [ɥitʀ(ə)] nf oyster.

**humain, e** [ymɛ̃, -ɛn] a human ; (compatissant) humane // nm human (being) ; **humaniser** vt to humanize ; **humanitaire** a humanitarian ; **humanité** nf humanity.

**humble** [œ̃bl(ə)] a humble.

**humecter** [ymɛkte] vt to dampen ; **s'~ les lèvres** to moisten one's lips.

**\*humer** [ʼyme] vt to smell ; to inhale.

**humeur** [ymœʀ] nf mood ; (tempérament) temper ; (irritation) bad temper ; **de bonne/mauvaise ~** in a good/bad mood.

**humide** [ymid] a damp ; (main, yeux) moist ; (climat, chaleur) humid ; (route) wet ; **humidificateur** nm humidifier ; **humidifier** vt to humidify ; **humidité** nf humidity ; dampness ; **traces d'humidité** traces of moisture ou damp.

**humiliation** [ymiljɑsjɔ̃] nf humiliation.

**humilier** [ymilje] vt to humiliate.

**humilité** [ymilite] nf humility, humbleness.

**humoriste** [ymɔʀist(ə)] nm/f humorist.

**humoristique** [ymɔʀistik] a humorous ; humoristic.

**humour** [ymuʀ] nm humour ; **avoir de l'~** to have a sense of humour ; **~ noir** sick humour.

**\*huppé, e** [ʼype] a crested ; (fam) posh.

**\*hurlement** [ʼyʀlɑmɑ̃] nm howling q, howl, yelling q, yell.

**\*hurler** [ʼyʀle] vi to howl, yell.

**hurluberlu** [yʀlybɛʀly] nm (péj) crank.

**\*hutte** [ʼyt] nf hut.

**hybride** [ibʀid] a hybrid.

**hydratant, e** [idʀatɑ̃, -ɑ̃t] a (crème) moisturizing.

**hydrate** [idʀat] nm: **~s de carbone** carbohydrates.

**hydraulique** [idʀolik] a hydraulic.

**hydravion** [idʀavjɔ̃] nm seaplane, hydroplane.

**hydro...** [idʀo] préfixe: **~carbures** nmpl hydrocarbon oils ; **~cution** nf immersion syncope ; **~électrique** a hydroelectric ; **~gène** nm hydrogen ; **~glisseur** nm hydroplane ; **~graphie** nf (fleuves) hydrography ; **~phile** a voir coton.

**hyène** [jɛn] nf hyena.

**hygiène** [iʒjɛn] nf hygiene ; **~ intime** personal hygiene ; **hygiénique** a hygienic.

**hymne** [imn(ə)] nm hymn ; **~ national** national anthem.

**hypermarché** [ipɛʀmaʀʃe] nm hypermarket.

**hypermétrope** [ipɛʀmetʀɔp] a long-sighted, hypermetropic.

**hypertension** [ipɛʀtɑ̃sjɔ̃] nf high blood pressure, hypertension.

**hypnose** [ipnoz] nf hypnosis ; **hypnotique** a hypnotic ; **hypnotiser** vt to hypnotize.

**hypocrisie** [ipɔkʀizi] nf hypocrisy.

**hypocrite** [ipɔkʀit] a hypocritical // nm/f hypocrite.

**hypotension** [ipotɑ̃sjɔ̃] nf low blood pressure, hypotension.

**hypothécaire** [ipotekɛʀ] a hypothecary ; **garantie/prêt ~** mortgage security/loan.

**hypothèque** [ipotɛk] nf mortgage ; **hypothéquer** vt to mortgage.

**hypothèse** [ipotɛz] nf hypothesis ; **hypothétique** a hypothetical.

**hystérie** [isteʀi] nf hysteria ; **hystérique** a hysterical.

# I

**ibérique** [ibeʀik] a: **la péninsule ~** the Iberian peninsula.

**iceberg** [isbɛʀg] nm iceberg.

**ici** [isi] ad here ; **jusqu'~** as far as this ; until now ; **d'~ là** by then ; in the meantime ; **d'~ peu** before long.

**icône** [ikon] nf icon.

**iconographie** [ikɔnɔgʀafi] nf iconography ; (collection of) illustrations.

**idéal, e, aux** [ideal, -o] a ideal // nm ideal ; ideals pl ; **~iser** vt to idealize ; **~iste** a idealistic // nm/f idealist.

**idée** [ide] nf idea ; **avoir dans l'~ que** to have an idea that ; **~ fixe** idée fixe, obsession ; **~s noires** black ou dark thoughts ; **~s reçues** accepted ideas.

**identification** [idɑ̃tifikɑsjɔ̃] nf identification.

**identifier** [idɑ̃tifje] vt to identify ; **~ qch/qn à** to identify sth/sb with ; **s'~ à** (héros etc) to identify with.

**identique** [idɑ̃tik] a: **~ (à)** identical (to).

**identité** [idɑ̃tite] nf identity.

**idéologie** [ideɔlɔʒi] nf ideology.

**idiomatique** [idjɔmatik] a: **expression ~** idiom, idiomatic expression.

**idiot, e** [idjo, idjɔt] a idiotic // nm/f idiot ; **idiotie** [-si] nf idiocy ; idiotic remark etc.

**idiotisme** [idjɔtism(ə)] nm idiom, idiomatic phrase.

**idolâtrer** [idɔlɑtʀe] vt to idolize.

**idole** [idɔl] nf idol.

**idylle** [idil] nf idyll ; **idyllique** a idyllic.

**if** [if] nm yew.

**I.F.O.P.** [ifɔp] sigle m = Institut français d'opinion publique.

**igloo** [iglu] nm igloo.

**ignare** [iɲaʀ] a ignorant.

**ignifugé, e** [iɲify ʒe] a fireproof(ed).

**ignoble** [iɲɔbl(ə)] a vile.

**ignominie** [iɲɔmini] nf ignominy ; ignominious ou base act.

**ignorance** [iɲɔʀɑ̃s] nf ignorance.

**ignorant, e** [iɲɔʀɑ̃, -ɑ̃t] a ignorant.

**ignorer** [iɲɔʀe] vt (ne pas connaître) not to know, be unaware ou ignorant of ; (être sans expérience de: plaisir, guerre etc) not to know about, have no experience of ; (bouder: personne) to ignore ; **j'ignore comment/si** I do not know how/if ; **~ que** to be unaware that, not to know that.

**il** [il] pronom le ; (animal, chose, en tournure impersonnelle) it ; NB: en anglais les navires et les pays sont en général assimilés aux femelles, et les bébés aux choses, si le sexe n'est pas spécifié ; **~s** they ; **il neige** it's snowing ; voir aussi **avoir**.

**île** [il] *nf* island ; **les ~s anglo-normandes** the Channel Islands ; **les ~s Britanniques** the British Isles.

**illégal, e, aux** [ilegal, -o] *a* illegal, unlawful ; **~ité** *nf* illegality, unlawfulness ; **être dans l'~ité** to be outside the law.

**illégitime** [ileʒitim] *a* illegitimate ; (*optimisme, sévérité*) unjustified ; unwarranted ; **illégitimité** *nf* illegitimacy ; **gouverner dans l'illégitimité** to rule illegally.

**illettré, e** [iletʀe] *a, nm/f* illiterate.

**illicite** [ilisit] *a* illicit.

**illimité, e** [ilimite] *a* (*immense*) boundless, unlimited ; (*congé, durée*) indefinite, unlimited.

**illisible** [ilizibl(ə)] *a* illegible ; (*roman*) unreadable.

**illogique** [iloʒik] *a* illogical.

**illumination** [ilyminasjɔ̃] *nf* illumination, floodlighting ; flash of inspiration ; **~s** *nfpl* illuminations, lights.

**illuminer** [ilymine] *vt* to light up ; (*monument, rue: pour une fête*) to illuminate, floodlight ; **s'~** *vi* to light up.

**illusion** [ilyzjɔ̃] *nf* illusion ; **se faire des ~s** to delude o.s. ; **faire ~** to delude *ou* fool people ; **~ d'optique** optical illusion ; **illusionniste** *nm/f* conjuror ; **illusoire** *a* illusory, illusive.

**illustrateur** [ilystʀatœʀ] *nm* illustrator.

**illustration** [ilystʀasjɔ̃] *nf* illustration ; (*d'un ouvrage: photos*) illustrations *pl.*

**illustre** [ilystʀ(ə)] *a* illustrious, renowned.

**illustré, e** [ilystʀe] *a* illustrated // *nm* illustrated magazine ; comic.

**illustrer** [ilystʀe] *vt* to illustrate ; **s'~** to become famous, win fame.

**îlot** [ilo] *nm* small island, islet ; (*de maisons*) block.

**image** [imaʒ] *nf* (*gén*) picture ; (*comparaison, ressemblance,* OPTIQUE) image ; **~ de marque** brand image ; (*d'un politicien*) public image ; **~ pieuse** holy picture ; **imagé, e** *a* full of imagery.

**imaginaire** [imaʒinɛʀ] *a* imaginary.

**imagination** [imaʒinasjɔ̃] *nf* imagination ; (*chimère*) fancy ; **avoir de l'~** to be imaginative, have a good imagination.

**imaginer** [imaʒine] *vt* to imagine ; (*inventer: expédient, mesure*) to devise, think up ; **~** *vt* (*se figurer: scène etc*) to imagine, picture ; **s'~ que** to imagine that ; **~ de faire** (*se mettre dans l'idée de*) to dream up the idea of doing.

**imbattable** [ɛ̃batabl(ə)] *a* unbeatable.

**imbécile** [ɛ̃besil] *a* idiotic // *nm/f* idiot ; (MÉD) imbecile ; **imbécillité** *nf* idiocy ; imbecility ; idiotic action (*ou* remark *etc*).

**imberbe** [ɛ̃bɛʀb(ə)] *a* beardless.

**imbiber** [ɛ̃bibe] *vt* : **~ qch de** to moisten *ou* wet sth with ; **s'~ de** to become saturated with.

**imbriquer** [ɛ̃bʀike] : **s'~** *vi* to overlap (each other) ; (*fig*) to become interlinked *ou* interwoven.

**imbu, e** [ɛ̃by] *a* : **~ de** full of.

**imbuvable** [ɛ̃byvabl(ə)] *a* undrinkable.

**imitateur, trice** [imitatœʀ, -tʀis] *nm/f* (*gén*) imitator ; (MUSIC-HALL: *d'une personnalité*) impersonator.

**imitation** [imitasjɔ̃] *nf* imitation ; (*sketch*) imitation, impression ; impersonation ; **sac ~ cuir** bag in imitation *ou* simulated leather.

**imiter** [imite] *vt* to imitate ; (*contrefaire: signature, document*) to forge, copy ; (*avoir l'aspect de*) to look like ; **il se leva et je l'imitai** he got up and I did likewise.

**immaculé, e** [imakyle] *a* spotless ; immaculate.

**immangeable** [ɛ̃mɑ̃ʒabl(ə)] *a* inedible, uneatable.

**immanquable** [ɛ̃mɑ̃kabl(ə)] *a* (*cible*) impossible to miss.

**immatriculation** [imatʀikylasjɔ̃] *nf* registration.

**immatriculer** [imatʀikyle] *vt* to register ; **faire/se faire ~** to register ; **voiture immatriculée dans la Seine** car with a Seine registration (number).

**immédiat, e** [imedja, -at] *a* immediate // *nm* : **dans l'~** for the time being ; **immédiatement** *ad* immediately.

**immense** [imɑ̃s] *a* immense.

**immergé, e** [imɛʀʒe] *a* submerged.

**immerger** [imɛʀʒe] *vt* to immerse, submerge ; to lay under water ; **s'~** *vi* (*sous-marin*) to dive, submerge.

**immérité, e** [imeʀite] *a* undeserved.

**immeuble** [imœbl(ə)] *nm* building // *a* (JUR) immovable, real ; **~ locatif** block of rented flats.

**immigrant, e** [imigʀɑ̃, -ɑ̃t] *nm/f* immigrant.

**immigration** [imigʀasjɔ̃] *nf* immigration.

**immigré, e** [imigʀe] *nm/f* immigrant.

**immigrer** [imigʀe] *vi* to immigrate.

**imminent, e** [iminɑ̃, -ɑ̃t] *a* imminent, impending.

**immiscer** [imise] : **s'~** *vi* : **s'~ dans** to interfere in *ou* with.

**immobile** [imɔbil] *a* still, motionless ; (*pièce de machine*) fixed ; (*fig*) unchanging.

**immobilier, ière** [imɔbilje, -jɛʀ] *a* property *cpd*, in real property // *nm* : **l'~** the property *ou* the real estate business.

**immobilisation** [imɔbilizasjɔ̃] *nf* immobilization ; **~s** *nfpl* (COMM) fixed assets.

**immobiliser** [imɔbilize] *vt* (*gén*) to immobilize ; (*circulation, véhicule, affaires*) to bring to a standstill ; **s'~** (*personne*) to stand still ; (*machine, véhicule*) to come to a halt *ou* standstill.

**immobilité** [imɔbilite] *nf* stillness ; immobility.

**immodéré, e** [imɔdeʀe] *a* immoderate, inordinate.

**immoler** [imɔle] *vt* to immolate, sacrifice.

**immonde** [imɔ̃d] *a* foul.

**immondices** [imɔ̃dis] *nmpl* refuse *sg* ; filth *sg.*

**immoral, e, aux** [imɔʀal, -o] *a* immoral.

**immortaliser** [imɔʀtalize] *vt* to immortalize.

**immortel, le** [imɔʀtɛl] *a* immortal.

**immuable** [imɥabl(ə)] *a* immutable ; unchanging.

**immunisé, e** [imynize] *a*: ~ **contre** immune to.

**immuniser** [imynize] *vt* to immunize.

**immunité** [imynite] *nf* immunity; ~ **diplomatique** diplomatic immunity; ~ **parlementaire** parliamentary privilege.

**impact** [ɛpakt] *nm* impact.

**impair, e** [ɛpɛʀ] *a* odd // *nm* faux pas, blunder.

**imparable** [ɛpaʀabl(ə)] *a* unstoppable.

**impardonnable** [ɛpaʀdɔnabl(ə)] *a* unpardonable, unforgivable.

**imparfait, e** [ɛpaʀfɛ, -ɛt] *a* imperfect // *nm* imperfect (tense).

**impartial, e, aux** [ɛpaʀsjal, -o] *a* impartial, unbiased; ~**ité** *nf* impartiality.

**impartir** [ɛpaʀtiʀ] *vt*: ~ **qch à qn** to assign sth to sb; to bestow sth upon sb.

**impasse** [ɛpɑs] *nf* dead-end, cul-de-sac; *(fig)* deadlock.

**impassible** [ɛpasibl(ə)] *a* impassive.

**impatience** [ɛpasjɑs] *nf* impatience.

**impatient, e** [ɛpasjɑ, -ɑt] *a* impatient; **impatienter** *vt* to irritate, annoy; **s'impatienter** to get impatient; **s'impatienter de/contre** to lose patience at/with, grow impatient at/with.

**impayable** [ɛpɛjabl(ə)] *a (drôle)* priceless.

**impayé, e** [ɛpeje] *a* unpaid.

**impeccable** [ɛpekabl(ə)] *a* faultless, impeccable, spotlessly clean; impeccably dressed; *(fam)* smashing.

**impénétrable** [ɛpenetʀabl(ə)] *a* impenetrable.

**impénitent, e** [ɛpenitɑ, -ɑt] *a* unrepentant.

**impensable** [ɛpɑsabl(ə)] *a* unthinkable; unbelievable.

**impératif, ive** [ɛpeʀatif, -iv] *a* imperative; *(JUR)* mandatory // *nm (LING)* imperative; ~**s** *nmpl* requirements, demands.

**impératrice** [ɛpeʀatʀis] *nf* empress.

**imperceptible** [ɛpɛʀsɛptibl(ə)] *a* imperceptible.

**imperfection** [ɛpɛʀfɛksjɔ̃] *nf* imperfection.

**impérial, e, aux** [ɛpeʀjal, -o] *a* imperial // *nf* upper deck; **autobus à** ~**e** double-decker bus.

**impérialiste** [ɛpeʀjalist(ə)] *a* imperialist.

**impérieux, euse** [ɛpeʀjø, -øz] *a (caractère, ton)* imperious; *(obligation, besoin)* pressing, urgent.

**impérissable** [ɛpeʀisabl(ə)] *a* undying; imperishable.

**imperméabiliser** [ɛpɛʀmeabilize] *vt* to waterproof.

**imperméable** [ɛpɛʀmeabl(ə)] *a* waterproof; *(GÉO)* impermeable; *(fig)*: à **impervious to** // *nm* raincoat; ~ **à l'air** airtight.

**impersonnel, le** [ɛpɛʀsɔnɛl] *a* impersonal.

**impertinence** [ɛpɛʀtinɑs] *nf* impertinence.

**impertinent, e** [ɛpɛʀtinɑ, -ɑt] *a* impertinent.

**imperturbable** [ɛpɛʀtyʀbabl(ə)] *a* imperturbable; unruffled; unshakeable.

**impétrant, e** [ɛpetʀɑ, -ɑt] *nm/f (JUR)* applicant.

**impétueux, euse** [ɛpetɥø, -øz] *a* fiery.

**impie** [ɛpi] *a* impious, ungodly; **impiété** *nf* impiety.

**impitoyable** [ɛpitwajabl(ə)] *a* pitiless, merciless.

**implacable** [ɛplakabl(ə)] *a* implacable.

**implanter** [ɛplɑ̃te] *vt (usine, industrie, usage)* to establish; *(colons etc)* to settle; *(idée, préjugé)* to implant; **s'**~ **dans** to be established in; to settle in; to become implanted in.

**implication** [ɛplikasjɔ̃] *nf* implication.

**implicite** [ɛplisit] *a* implicit.

**impliquer** [ɛplike] *vt* to imply; ~ **qn (dans)** to implicate sb (in).

**implorer** [ɛplɔʀe] *vt* to implore.

**implosion** [ɛplozjɔ̃] *nf* implosion.

**impoli, e** [ɛpɔli] *a* impolite, rude; ~**tesse** *nf* impoliteness, rudeness; impolite *ou* rude remark.

**impondérable** [ɛpɔ̃deʀabl(ə)] *nm* imponderable.

**impopulaire** [ɛpɔpylɛʀ] *a* unpopular.

**importance** [ɛpɔʀtɑs] *nf* importance; **avoir l'**~ to be important; **sans** ~ unimportant.

**important, e** [ɛpɔʀtɑ, -ɑt] *a* important; *(en quantité)* considerable, sizeable; extensive; *(péj: airs, ton)* self-important // *nm*: **l'**~ the important thing.

**importateur, trice** [ɛpɔʀtatœʀ, -tʀis] *a* importing // *nm* importer; **pays** ~ **de blé** wheat-importing country.

**importation** [ɛpɔʀtasjɔ̃] *nf* importation; introduction; *(produit)* import.

**importer** [ɛpɔʀte] *vt (COMM)* to import; *(maladies, plantes)* to introduce // *vi (être important)* to matter; ~ **à qn** to matter to sb; **il importe qu'il fasse** he must do, it is important that he should do; **peu m'importe** I don't mind; I don't care; **peu importe (que)** it doesn't matter (if); *voir aussi* **n'importe.**

**import-export** [ɛpɔʀɛkspɔʀ] *nm* import-export business.

**importun, e** [ɛpɔʀtœ̃, -yn] *a* irksome, importunate; *(arrivée, visite)* inopportune, ill-timed // *nm* intruder; **importuner** *vt* to bother.

**imposable** [ɛpozabl(ə)] *a* taxable.

**imposant, e** [ɛpozɑ, -ɑt] *a* imposing.

**imposer** [ɛpoze] *vt (taxer)* to tax; ~ **qch à qn** to impose sth on sb; **s'**~ *(être nécessaire)* to be imperative; *(montrer sa prominence)* to stand out, emerge; *(artiste: se faire connaître)* to win recognition, come to the fore; **en** ~ **à** to impress.

**imposition** [ɛpozisjɔ̃] *nf (ADMIN)* taxation.

**impossibilité** [ɛpɔsibilite] *nf* impossibility; **être dans l'**~ **de faire** to be unable to do, find it impossible to do.

**impossible** [ɛpɔsibl(ə)] *a* impossible; **il m'est** ~ **de le faire** it is impossible for me to do it, I can't possibly do it; **faire l'**~ **(pour que)** to do one's utmost (so that).

**imposteur** [ɛpostœʀ] *nm* impostor.

**imposture** [ɛpostyʀ] *nf* imposture, deception.

**impôt** [ɛpo] *nm* tax; *(taxes)* taxation; taxes *pl*; ~s *nmpl (contributions)* (income) tax *sg*; **payer 1000 F d'~s** to pay 1,000 F in tax; ~ **sur le chiffre d'affaires** corporation tax; ~ **foncier** land tax; ~ **sur les plus-values** capital gains tax; ~ **sur le revenu** income tax.

**impotent, e** [ɛpɔtɑ̃, -ɑ̃t] *a* disabled.

**impraticable** [ɛpratikabl(ə)] *a (projet)* impracticable, unworkable; *(piste)* impassable.

**imprécation** [ɛprekasjɔ̃] *nf* imprecation.

**imprécis, e** [ɛpresi, -iz] *a (contours, souvenir)* imprecise, vague; *(tir)* inaccurate, imprecise.

**imprégner** [ɛpreɲe] *vt (tissu, tampon)*: ~ **(de)** to soak *ou* impregnate (with); *(lieu, air)*: ~ **(de)** to fill (with); *(suj: amertume, ironie)* to pervade; **s'~ de** to become impregnated with; to be filled with; *(fig)* to absorb.

**imprenable** [ɛprənabl(ə)] *a (forteresse)* impregnable; **vue ~** unimpeded outlook.

**impresario** [ɛpresarjo] *nm* manager, impresario.

**impression** [ɛpresjɔ̃] *nf* impression; *(d'un ouvrage, tissu)* printing; *(PHOTO)* exposure; **faire bonne ~** to make a good impression.

**impressionnant, e** [ɛpresjɔnɑ̃, -ɑ̃t] *a* impressive; upsetting.

**impressionner** [ɛpresjɔne] *vt (frapper)* to impress; *(troubler)* to upset; *(PHOTO)* to expose.

**impressionnisme** [ɛpresjɔnism(ə)] *nm* impressionism.

**imprévisible** [ɛprevizibl(ə)] *a* unforeseeable.

**imprévoyant, e** [ɛprevwajɑ̃, -ɑ̃t] *a* lacking in foresight; *(en matière d'argent)* improvident.

**imprévu, e** [ɛprevy] *a* unforeseen, unexpected // *nm* unexpected incident; **en cas d'~** if anything unexpected happens.

**imprimé** [ɛprime] *nm (formulaire)* printed form; *(POSTES)* printed matter *q*; *(tissu)* printed fabric.

**imprimer** [ɛprime] *vt* to print; *(apposer: visa, cachet)* to stamp; *(empreinte etc)* to imprint; *(publier)* to publish; *(communiquer: mouvement, impulsion)* to impart, transmit; **imprimerie** *nf* printing; *(établissement)* printing works *sg*; *(atelier)* printing house, printery; **imprimeur** *nm* printer; **imprimeur-éditeur/-libraire** printer and publisher/bookseller.

**improbable** [ɛprɔbabl(ə)] *a* unlikely, improbable.

**improductif, ive** [ɛprɔdyktif, -iv] *a* unproductive.

**impromptu, e** [ɛprɔ̃pty] *a* impromptu; sudden.

**impropre** [ɛprɔpr(ə)] *a* inappropriate; ~ **à** unsuitable for; **impropriété** *nf (de langage)* incorrect usage *q*.

**improvisé, e** [ɛprɔvize] *a* makeshift, improvised; *(jeu etc)* scratch, improvised.

**improviser** [ɛprɔvize] *vt, vi* to improvise; **s'~** *(secours, réunion)* to be improvised; **s'~ cuisinier** to (decide to) act as cook.

**improviste** [ɛprɔvist(ə)]: **à l'~** *ad* unexpectedly, without warning.

**imprudemment** [ɛprydamɑ̃] *ad* carelessly; unwisely, imprudently.

**imprudence** [ɛprydɑ̃s] *nf* carelessness; imprudence; act of carelessness; foolish *ou* unwise action.

**imprudent, e** [ɛprydɑ̃, -ɑ̃t] *a (conducteur, geste, action)* careless; *(remarque)* unwise, imprudent; *(projet)* foolhardy.

**impubère** [ɛpybɛr] *a* below the age of puberty.

**impudent, e** [ɛpydɑ̃, -ɑ̃t] *a* impudent; brazen.

**impudique** [ɛpydik] *a* shameless.

**impuissance** [ɛpɥisɑ̃s] *nf* helplessness; ineffectiveness; impotence.

**impuissant, e** [ɛpɥisɑ̃, -ɑ̃t] *a* helpless; *(sans effet)* ineffectual; *(sexuellement)* impotent // *nm* impotent man; ~ **à faire** powerless to do.

**impulsif, ive** [ɛpylsif, -iv] *a* impulsive.

**impulsion** [ɛpylsjɔ̃] *nf (ÉLEC, instinct)* impulse; *(élan, influence)* impetus.

**impunément** [ɛpynemɑ̃] *ad* with impunity.

**impur, e** [ɛpyr] *a* impure; ~**eté** *nf* impurity.

**imputation** [ɛpytasjɔ̃] *nf* imputation, charge.

**imputer** [ɛpyte] *vt (attribuer)*: ~ **qch à** to ascribe *ou* impute sth to; *(COMM)*: ~ **à** *ou* **sur** to charge to.

**imputrescible** [ɛpytresibl(ə)] *a* which does not rot.

**inabordable** [inabɔrdabl(ə)] *a (lieu)* inaccessible; *(cher)* prohibitive.

**inaccentué, e** [inaksɑ̃tɥe] *a (LING)* unstressed.

**inacceptable** [inaksɛptabl(ə)] *a* unacceptable; inadmissible.

**inaccessible** [inaksesibl(ə)] *a* inaccessible; unattainable; *(insensible)*: ~ **à** impervious to.

**inaccoutumé, e** [inakutyme] *a* unaccustomed.

**inachevé, e** [inaʃve] *a* unfinished.

**inactif, ive** [inaktif, -iv] *a* inactive, idle.

**inaction** [inaksjɔ̃] *nf* inactivity.

**inactivité** [inaktivite] *nf (ADMIN)*: **en ~** out of active service.

**inadapté, e** [inadapte] *a (gén)*: ~ **à** not adapted to, unsuited to; *(PSYCH)* maladjusted.

**inadmissible** [inadmisibl(ə)] *a* inadmissible.

**inadvertance** [inadvɛrtɑ̃s]: **par ~** *ad* inadvertently.

**inaliénable** [inaljenabl(ə)] *a* inalienable.

**inaltérable** [inalterabl(ə)] *a (matière)* stable; *(fig)* unchanging; ~ **à** unaffected by; **couleur ~ (au lavage/à la lumière)** fast colour/fade-resistant colour.

**inamovible** [inamɔvibl(ə)] *a* fixed; *(JUR)* irremovable.

**inanimé, e** [inanime] *a (matière)* inanimate; *(évanoui)* unconscious; *(sans vie)* lifeless.

**inanité** [inanite] *nf* futility.

**inanition** [inanisjɔ̃] *nf*: **tomber d'~** to faint with hunger (and exhaustion).

**inaperçu, e** [inapɛʀsy] *a*: **passer ~** to go unnoticed.

**inappliqué, e** [inaplike] *a* lacking in application.

**inappréciable** [inapʀesjabl(ə)] *a* (*service*) invaluable; (*différence*, *nuance*) inappreciable.

**inapte** [inapt(ə)] *a*: **~ à** incapable of; (*MIL*) unfit for.

**inattaquable** [inatakabl(ə)] *a* (*MIL*) unassailable; (*texte*, *preuve*) irrefutable.

**inattendu, e** [inatɑ̃dy] *a* unexpected.

**inattentif, ive** [inatɑ̃tif, -iv] *a* inattentive; **~ à** (*dangers*, *détails*) heedless of; **inattention** *nf* inattention; **faute d'inattention** careless mistake.

**inaugural, e, aux** [inɔgyʀal, -o] *a* (*cérémonie*) inaugural, opening; (*vol*, *voyage*) maiden.

**inauguration** [inɔgyʀasjɔ̃] *nf* opening; unveiling.

**inaugurer** [inɔgyʀe] *vt* (*monument*) to unveil; (*exposition*, *usine*) to open; (*fig*) to inaugurate.

**inavouable** [inavwabl(ə)] *a* shameful; undisclosable.

**inavoué, e** [inavwe] *a* unavowed.

**incalculable** [ɛ̃kalkylabl(ə)] *a* incalculable.

**incandescence** [ɛ̃kɑ̃desɑ̃s] *nf* incandescence; **porter à ~** to heat white-hot.

**incantation** [ɛ̃kɑ̃tasjɔ̃] *nf* incantation.

**incapable** [ɛ̃kapabl(ə)] *a* incapable; **~ de faire** incapable of doing; (*empêché*) unable to do.

**incapacité** [ɛ̃kapasite] *nf* incapability; (*JUR*) incapacity; **être dans l'~ de faire** to be unable to do; **~ permanente/de travail** permanent/industrial disablement; **~ électorale** ineligibility to vote.

**incarcérer** [ɛ̃kaʀseʀe] *vt* to incarcerate.

**incarnation** [ɛ̃kaʀnɑsjɔ̃] *nf* incarnation.

**incarné, e** [ɛ̃kaʀne] *a* incarnate; (*ongle*) ingrown.

**incarner** [ɛ̃kaʀne] *vt* to embody, personify; (*THÉÂTRE*) to play; (*REL*) to incarnate.

**incartade** [ɛ̃kaʀtad] *nf* prank, escapade.

**incassable** [ɛ̃kɑsabl(ə)] *a* unbreakable.

**incendiaire** [ɛ̃sɑ̃djɛʀ] *a* incendiary; (*fig*: *discours*) inflammatory // *nm/f* fire-raiser, arsonist.

**incendie** [ɛ̃sɑ̃di] *nm* fire; **~ criminel** arson *q*; **~ de forêt** forest fire.

**incendier** [ɛ̃sɑ̃dje] *vt* (*mettre le feu à*) to set fire to, set alight; (*brûler complètement*) to burn down.

**incertain, e** [ɛ̃sɛʀtɛ̃, -ɛn] *a* uncertain; (*temps*) uncertain, unsettled; (*imprécis*: *contours*) indistinct, blurred; **incertitude** *nf* uncertainty.

**incessamment** [ɛ̃sesamɑ̃] *ad* very shortly.

**incessant, e** [ɛ̃sesɑ̃, -ɑ̃t] *a* incessant, unceasing.

**inceste** [ɛ̃sɛst(ə)] *nm* incest.

**inchangé, e** [ɛ̃ʃɑ̃ʒe] *a* unchanged, unaltered.

**incidemment** [ɛ̃sidamɑ̃] *ad* in passing.

**incidence** [ɛ̃sidɑ̃s] *nf* (*effet*, *influence*) effect; (*PHYSIQUE*) incidence.

**incident** [ɛ̃sidɑ̃] *nm* incident; **~ de parcours** minor hitch *ou* setback; **~ technique** technical difficulties *pl*.

**incinérateur** [ɛ̃sineʀatœʀ] *nm* incinerator.

**incinérer** [ɛ̃sineʀe] *vt* (*ordures*) to incinerate; (*mort*) to cremate.

**incise** [ɛ̃siz] *nf* (*LING*) interpolated clause.

**incisif, ive** [ɛ̃sizif, -iv] *a* incisive, cutting // *nf* incisor.

**incision** [ɛ̃sizjɔ̃] *nf* incision; (*d'un abcès*) lancing.

**inciter** [ɛ̃site] *vt*: **~ qn à faire** to incite *ou* prompt sb to do.

**inclinaison** [ɛ̃klinɛzɔ̃] *nf* (*déclivité*: *d'une route etc*) incline; (: *d'un toit*) slope; (*état penché*: *d'un mur*) lean; (: *de la tête*) tilt; (: *d'un navire*) list.

**inclination** [ɛ̃klinasjɔ̃] *nf* (*penchant*) inclination, tendency; **~ de (la) tête** nod (of the head); **~ (de buste)** bow.

**incliner** [ɛ̃kline] *vt* (*tête*, *bouteille*) to tilt; (*inciter*): **~ qn à qch/à faire** to encourage sb towards sth/to do // *vi*: **~ à qch/à faire** to incline towards sth/doing; to tend towards sth/to do; **s'~** (*route*) to slope; **s'~ (devant)** to bow (before); (*céder*) to give in *ou* yield (to); **~ la tête** *ou* **le front** to give a slight bow.

**inclure** [ɛ̃klyʀ] *vt* to include; (*joindre à un envoi*) to enclose; **jusqu'au 10 mars inclus** until 10th March inclusive.

**incoercible** [ɛ̃kɔɛʀsibl(ə)] *a* uncontrollable.

**incognito** [ɛ̃kɔɲito] *ad* incognito.

**incohérence** [ɛ̃kɔeʀɑ̃s] *nf* inconsistency.

**incohérent, e** [ɛ̃kɔeʀɑ̃, -ɑ̃t] *a* inconsistant; incoherent.

**incollable** [ɛ̃kɔlabl(ə)] *a*: **il est ~** he's got all the answers.

**incolore** [ɛ̃kɔlɔʀ] *a* colourless.

**incomber** [ɛ̃kɔ̃be]: **~ à** *vt* (*suj*: *devoirs*, *responsabilité*) to rest *ou* be incumbent upon; (: *frais*, *travail*) to be the responsibility of.

**incombustible** [ɛ̃kɔ̃bystibl(ə)] *a* incombustible.

**incommensurable** [ɛ̃kɔmɑ̃syʀabl(ə)] *a* immeasurable.

**incommode** [ɛ̃kɔmɔd] *a* inconvenient; (*posture*, *siège*) uncomfortable.

**incommoder** [ɛ̃kɔmɔde] *vt*: **~ qn** to bother *ou* inconvenience sb; (*embarrasser*) to make sb feel uncomfortable *ou* ill at ease.

**incomparable** [ɛ̃kɔ̃paʀabl(ə)] *a* not comparable; (*inégalable*) incomparable, matchless.

**incompatibilité** [ɛ̃kɔ̃patibilite] *nf* incompatibility; **~ d'humeur** (mutual) incompatibility.

**incompatible** [ɛ̃kɔ̃patibl(ə)] *a* incompatible.

**incompétent, e** [ɛ̃kɔ̃petɑ̃, -ɑ̃t] *a* (*ignorant*) inexpert; (*JUR*) incompetent, not competent.

**incomplet, ète** [ɛ̃kɔ̃plɛ, -ɛt] *a* incomplete.

**incompréhensible** [ɛ̃kɔ̃pʀeɑ̃sibl(ə)] *a* incomprehensible.

incompréhensif, ive [ɛ̃kɔ̃pReɑ̃sif, -iv] a lacking in understanding; unsympathetic.
incompris, e [ɛ̃kɔ̃pRi, -iz] a misunderstood.
inconcevable [ɛ̃kɔ̃svabl(ə)] a inconceivable.
inconciliable [ɛ̃kɔ̃siljabl(ə)] a irreconcilable.
inconditionnel, le [ɛ̃kɔ̃disjɔnɛl] a unconditional; (partisan) unquestioning.
inconduite [ɛ̃kɔ̃dɥit] nf wild behaviour q.
inconfortable [ɛ̃kɔ̃fɔRtabl(ə)] a uncomfortable.
incongru, e [ɛ̃kɔ̃gRy] a unseemly.
inconnu, e [ɛ̃kɔny] a unknown; new, strange // nm/f stranger; unknown person (ou artist etc) // nm: l'~ the unknown // nf (MATH) unknown; (fig) unknown factor.
inconsciemment [ɛ̃kɔ̃sjamɑ̃] ad unconsciously; thoughtlessly.
inconscience [ɛ̃kɔ̃sjɑ̃s] nf unconsciousness; thoughtlessness, recklessness.
inconscient, e [ɛ̃kɔ̃sjɑ̃, -ɑ̃t] a unconscious; (irréfléchi) thoughtless, reckless // nm (PSYCH): l'~ the subconscious, the unconscious; ~ de unaware of.
inconsidéré, e [ɛ̃kɔ̃sideRe] a ill-considered.
inconsistant, e [ɛ̃kɔ̃sistɑ̃, -ɑ̃t] a flimsy, weak; runny.
inconstant, e [ɛ̃kɔ̃stɑ̃, -ɑ̃t] a inconstant, fickle.
incontestable [ɛ̃kɔ̃tɛstabl(ə)] a indisputable.
incontesté, e [ɛ̃kɔ̃tɛste] a undisputed.
incontinence [ɛ̃kɔ̃tinɑ̃s] nf incontinence.
incontinent, e [ɛ̃kɔ̃tinɑ̃, -ɑ̃t] a incontinent // ad forthwith.
incontrôlable [ɛ̃kɔ̃tRolabl(ə)] a unverifiable.
inconvenant, e [ɛ̃kɔ̃vnɑ̃, -ɑ̃t] a unseemly, improper.
inconvénient [ɛ̃kɔ̃venjɑ̃] nm (d'une situation, d'un projet) disadvantage, drawback; (d'un remède, changement etc) risk, inconvenience; si vous n'y voyez pas d'~ if you have no objections.
incorporation [ɛ̃kɔRpɔRɑsjɔ̃] nf (MIL) call-up.
incorporer [ɛ̃kɔRpɔRe] vt ~ (à) to mix in (with); (paragraphe etc): ~ (dans) to incorporate (in); (territoire, immigrants): ~ (à) to incorporate (into); (MIL: appeler) to recruit, call up; (: affecter): ~ qn dans to enlist sb into.
incorrect, e [ɛ̃kɔRɛkt] a (impropre, inconvenant) improper; (défectueux) faulty; (inexact) incorrect; (impoli) impolite; (déloyal) underhand.
incorrigible [ɛ̃kɔRiʒibl(ə)] a incorrigible.
incorruptible [ɛ̃kɔRyptibl(ə)] a incorruptible.
incrédule [ɛ̃kRedyl] a incredulous; (REL) unbelieving.
increvable [ɛ̃kRəvabl(ə)] a (pneu) puncture-proof; (fam) tireless.
incriminer [ɛ̃kRimine] vt (personne) to incriminate; (action, conduite) to bring

under attack; (bonne foi, honnêteté) to call into question.
incroyable [ɛ̃kRwajabl(ə)] a incredible; unbelievable.
incroyant, e [ɛ̃kRwajɑ̃, -ɑ̃t] nm/f non-believer.
incrustation [ɛ̃kRystɑsjɔ̃] nf inlaying q; inlay; (dans une chaudière etc) fur q, scale q.
incruster [ɛ̃kRyste] vt (ART): ~ qch dans/qch de to inlay sth into/sth with; (radiateur etc) to coat with scale ou fur; s'~ vi (invité) to take root; (radiateur etc) to become coated with fur ou scale; s'~ dans (suj: corps étranger, caillou) to become embedded in.
incubateur [ɛ̃kybatœR] nm incubator.
incubation [ɛ̃kybɑsjɔ̃] nf incubation.
inculpation [ɛ̃kylpɑsjɔ̃] nf charging q; charge.
inculpé, e [ɛ̃kylpe] nm/f accused.
inculper [ɛ̃kylpe] vt: ~ (de) to charge (with).
inculquer [ɛ̃kylke] vt: ~ qch à to inculcate sth in ou instil sth into.
inculte [ɛ̃kylt(ə)] a uncultivated; (esprit, peuple) uncultured; (barbe) unkempt.
incurable [ɛ̃kyRabl(ə)] a incurable.
incurie [ɛ̃kyRi] nf carelessness.
incursion [ɛ̃kyRsjɔ̃] nf incursion, foray.
incurvé, e [ɛ̃kyRve] a curved.
Inde [ɛ̃d] nf: l'~ India.
indécence [ɛ̃desɑ̃s] nf indecency; indecent remark (ou act etc).
indécent, e [ɛ̃desɑ̃, -ɑ̃t] a indecent.
indéchiffrable [ɛ̃deʃifRabl(ə)] a indecipherable.
indécis, e [ɛ̃desi, -iz] a indecisive; (perplexe) undecided; indécision nf indecision; indecisiveness.
indéfendable [ɛ̃defɑ̃dabl(ə)] a indefensible.
indéfini, e [ɛ̃defini] a (imprécis, incertain) undefined; (illimité, LING) indefinite; ~ment ad indefinitely; ~ssable a indefinable.
indéformable [ɛ̃defɔRmabl(ə)] a that keeps its shape.
indélébile [ɛ̃delebil] a indelible.
indélicat, e [ɛ̃delika, -at] a tactless; dishonest.
indémaillable [ɛ̃demɑjabl(ə)] a run-resist.
indemne [ɛ̃dɛmn(ə)] a unharmed.
indemniser [ɛ̃dɛmnize] vt: ~ qn (de) to compensate sb (for).
indemnité [ɛ̃dɛmnite] nf (dédommagement) compensation q; (allocation) allowance; ~ de licenciement redundancy payment; ~ de logement housing allowance; ~ parlementaire ≈ M.P.'s salary.
indéniable [ɛ̃denjabl(ə)] a undeniable, indisputable.
indépendamment [ɛ̃depɑ̃damɑ̃] ad independently; ~ de (abstraction faite de) irrespective of; (en plus de) over and above.
indépendance [ɛ̃depɑ̃dɑ̃s] nf independence.
indépendant, e [ɛ̃depɑ̃dɑ̃, -ɑ̃t] a independent; ~ de independent of;

**chambre** ~**e** room with private entrance.
**indescriptible** [ɛ̃dɛskʀiptibl(ə)] a indescribable.

**indésirable** [ɛ̃deziʀabl(ə)] a undesirable.

**indestructible** [ɛ̃dɛstʀyktibl(ə)] a indestructible ; (marque, impression) indelible.

**indétermination** [ɛ̃detɛʀminɑsjɔ̃] nf indecision ; indecisiveness.

**indéterminé, e** [ɛ̃detɛʀmine] a unspecified ; indeterminate ; indeterminable.

**index** [ɛ̃dɛks] nm (doigt) index finger ; (d'un livre etc) index ; **mettre à l'**~ to blacklist.

**indexé, e** [ɛ̃dɛkse] a (ÉCON): ~ **(sur)** index-linked (to).

**indicateur** [ɛ̃dikatœʀ] nm (POLICE) informer ; (livre) guide ; directory ; (TECH) gauge ; indicator ; ~ **des chemins de fer** railway timetable ; ~ **de direction** (AUTO) indicator ; ~ **immobilier** property gazette ; ~ **de rues** street directory ; ~ **de vitesse** speedometer.

**indicatif, ive** [ɛ̃dikatif, -iv] a: **à titre** ~ for (your) information // nm (LING) indicative ; (d'une émission) theme ou signature tune ; (téléphonique) dialling code ; ~ **d'appel** (RADIO) call sign.

**indication** [ɛ̃dikɑsjɔ̃] nf indication ; (renseignement) information q ; ~**s** nfpl (directives) instructions.

**indice** [ɛ̃dis] nm (marque, signe) indication, sign ; (POLICE: lors d'une enquête) clue ; (JUR: présomption) piece of evidence ; (SCIENCE, TECH) index ; (ADMIN) grading ; rating ; ~ **d'octane** octane rating ; ~ **des prix** price index ; ~ **de traitement** salary grading.

**indicible** [ɛ̃disibl(ə)] a inexpressible.

**indien, ne** [ɛ̃djɛ̃, -jɛn] a Indian // nm/f: **I~, ne** (d'Amérique) Red Indian ; (d'Inde) Indian.

**indifféremment** [ɛ̃diferamɑ̃] ad (sans distinction) equally (well) ; indiscriminately.

**indifférence** [ɛ̃diferɑ̃s] nf indifference.

**indifférent, e** [ɛ̃diferɑ̃, -ɑ̃t] a (peu intéressé) indifferent ; ~ **à** (insensible à) indifferent to, unconcerned about ; (peu intéressant pour) indifferent to ; immaterial to.

**indigence** [ɛ̃diʒɑ̃s] nf poverty.

**indigène** [ɛ̃diʒɛn] a native, indigenous ; local // a, nm/f native.

**indigent, e** [ɛ̃diʒɑ̃, -ɑ̃t] a destitute, poverty-stricken ; (fig) poor.

**indigeste** [ɛ̃diʒɛst(ə)] a indigestible.

**indigestion** [ɛ̃diʒɛstjɔ̃] nf indigestion q.

**indignation** [ɛ̃diɲɑsjɔ̃] nf indignation.

**indigne** [ɛ̃diɲ] a unworthy.

**indigner** [ɛ̃diɲe] vt to make indignant ; **s'**~ **(de/contre)** to be (ou become) indignant (at).

**indignité** [ɛ̃diɲite] nf unworthiness q ; shameful act.

**indiqué, e** [ɛ̃dike] a (adéquat) appropriate, suitable ; (conseillé) suitable, advisable.

**indiquer** [ɛ̃dike] vt (désigner): ~ **qch/qn à qn** to point sth/sb out to sb ; (suj: pendule, aiguille) to show ; (suj: étiquette, plan) to show, indicate ; (faire connaître:

médecin, restaurant): ~ **qch/qn à qn** to tell sb of sth/sb ; (renseigner sur) to point out, tell ; (déterminer: date, lieu) to give, state ; (dénoter) to indicate, point to ; **pourriez-vous m'**~ **les toilettes/l'heure?** could you direct me to the toilets/tell me the time?

**indirect, e** [ɛ̃diʀɛkt] a indirect.

**indiscipline** [ɛ̃disiplin] nf lack of discipline ; **indiscipliné, e** a undisciplined ; (fig) unmanageable.

**indiscret, ète** [ɛ̃diskʀɛ, -ɛt] a indiscreet ; **indiscrétion** nf indiscretion.

**indiscutable** [ɛ̃diskytabl(ə)] a indisputable.

**indispensable** [ɛ̃dispɑ̃sabl(ə)] a indispensable ; essential.

**indisponible** [ɛ̃dispɔnibl(ə)] a unavailable.

**indisposé, e** [ɛ̃dispoze] a indisposed, unwell.

**indisposer** [ɛ̃dispoze] vt (incommoder) to upset ; (déplaire à) to antagonize.

**indistinct, e** [ɛ̃distɛ̃, -ɛkt(ə)] a indistinct ; **indistinctement** ad (voir, prononcer) indistinctly ; (sans distinction) without distinction, indiscriminately.

**individu** [ɛ̃dividy] nm individual ; ~**aliser** vt to individualize ; (personnaliser) to tailor to individual requirements ; ~**aliste** nm/f individualist.

**individuel, le** [ɛ̃dividɥɛl] a (gén) individual ; (opinion, livret, contrôle, avantages) personal ; **chambre** ~**le** single room ; **maison** ~**le** detached house ; **propriété** ~**le** personal ou private property.

**indocile** [ɛ̃dɔsil] a unruly.

**indolent, e** [ɛ̃dɔlɑ̃, -ɑ̃t] a indolent.

**indolore** [ɛ̃dɔlɔʀ] a painless.

**indomptable** [ɛ̃dɔ̃tabl(ə)] a untameable ; (fig) invincible, indomitable.

**Indonésie** [ɛ̃donezi] nf Indonesia ; **indonésien, ne** a, nm/f Indonesian.

**indu, e** [ɛ̃dy] a: **à des heures** ~**es** at some ungodly hour.

**indubitable** [ɛ̃dybitabl(ə)] a indubitable.

**induire** [ɛ̃dɥiʀ] vt: ~ **qch de** to induce sth from ; ~ **qn en erreur** to lead sb astray, mislead sb.

**indulgence** [ɛ̃dylʒɑ̃s] nf indulgence ; leniency.

**indulgent, e** [ɛ̃dylʒɑ̃, -ɑ̃t] a (parent, regard) indulgent ; (juge, examinateur) lenient.

**indûment** [ɛ̃dymɑ̃] ad wrongfully ; without due cause.

**industrialiser** [ɛ̃dystʀijalize] vt to industrialize ; **s'**~ to become industrialized.

**industrie** [ɛ̃dystʀi] nf industry ; ~ **du spectacle** entertainment business ; **industriel, le** a industrial // nm industrialist ; manufacturer.

**industrieux, euse** [ɛ̃dystʀijø, -øz] a industrious.

**inébranlable** [inebʀɑ̃labl(ə)] a (masse, colonne) solid ; (personne, certitude, foi) steadfast, unwavering.

**inédit, e** [inedi, -it] a (correspondance etc)

hitherto unpublished; (*spectacle, moyen*) novel, original.

**ineffable** [inefabl(ə)] *a* inexpressible, ineffable.

**ineffaçable** [inefasabl(ə)] *a* indelible.

**inefficace** [inefikas] *a* (*remède, moyen*) ineffective; (*machine, employé*) inefficient; **inefficacité** *nf* ineffectiveness; inefficiency.

**inégal, e, aux** [inegal, -o] *a* unequal; uneven.

**inégalable** [inegalabl(e)] *a* matchless.

**inégalé, e** [inegale] *a* unmatched, unequalled.

**inégalité** [inegalite] *nf* inequality; unevenness *q*; ~ **de 2 hauteurs** difference *ou* disparity between 2 heights.

**inélégant, e** [inelegɑ̃, -ɑ̃t] *a* inelegant; (*indélicat*) discourteous.

**inéligible** [ineliʒibl(ə)] *a* ineligible.

**inéluctable** [inelyktabl(ə)] *a* inescapable, ineluctable.

**inemployé, e** [inɑ̃plwaje] *a* unused.

**inénarrable** [inenaRabl(ə)] *a* hilarious.

**inepte** [inɛpt(ə)] *a* inept; **ineptie** [-si] *nf* ineptitude; nonsense *q*.

**inépuisable** [inepɥizabl(ə)] *a* inexhaustible.

**inerte** [inɛRt(ə)] *a* lifeless; (*apathique*) passive, inert; (*PHYSIQUE, CHIMIE*) inert.

**inertie** [inɛRsi] *nf* inertia.

**inespéré, e** [inɛspeRe] *a* unhoped-for.

**inesthétique** [inɛstetik] *a* unsightly.

**inestimable** [inɛstimabl(e)] *a* priceless; (*fig: bienfait*) invaluable.

**inévitable** [inevitabl(ə)] *a* unavoidable; (*fatal, habituel*) inevitable.

**inexact, e** [inɛgzakt] *a* inaccurate, inexact; unpunctual; ~**itude** *nf* inaccuracy.

**inexcusable** [inɛkskyzabl(ə)] *a* inexcusable, unforgivable.

**inexécutable** [inɛgzekytabl(ə)] *a* impracticable, unworkable; (*MUS*) unplayable.

**inexistant, e** [inɛgzistɑ̃, -ɑ̃t] *a* non-existent.

**inexorable** [inɛgzɔRabl(ə)] *a* inexorable.

**inexpérience** [inɛkspeRjɑ̃s] *nf* inexperience, lack of experience.

**inexplicable** [inɛksplikabl(ə)] *a* inexplicable.

**inexpliqué, e** [inɛksplike] *a* unexplained.

**inexploité, e** [inɛksplwate] *a* unexploited, untapped.

**inexpressif, ive** [inɛkspResif, -iv] *a* inexpressive; expressionless.

**inexprimable** [inɛkspRimabl(ə)] *a* inexpressible.

**inexprimé, e** [inɛkspRime] *a* unspoken, unexpressed.

**inextensible** [inɛkstɑ̃sibl(ə)] *a* (*tissu*) non-stretch.

**in extenso** [inɛkstɛ̃so] *ad* in full.

**inextricable** [inɛkstRikabl(ə)] *a* inextricable.

**in extremis** [inɛkstRemis] *ad* at the last minute // *a* last-minute; (*testament*) death bed *cpd*.

**infaillibilité** [ɛ̃fajibilite] *nf* infallibility.

**infaillible** [ɛ̃fajibl(ə)] *a* infallible; (*instinct*) infallible, unerring.

**infâme** [ɛ̃fɑm] *a* vile.

**infanterie** [ɛ̃fɑ̃tRi] *nf* infantry.

**infanticide** [ɛ̃fɑ̃tisid] *nm/f* child-murderer/eress // *nm* (*meurtre*) infanticide.

**infantile** [ɛ̃fɑ̃til] *a* (*MÉD*) infantile, child *cpd*; (*ton, réaction, péj*) infantile, childish.

**infarctus** [ɛ̃faRktys] *nm*: ~ **(du myocarde)** coronary (thrombosis).

**infatigable** [ɛ̃fatigabl(ə)] *a* tireless, indefatigable.

**infatué, e** [ɛ̃fatɥe] *a* conceited; ~ **de** full of.

**infécond, e** [ɛ̃fekɔ̃, -ɔ̃d] *a* infertile, barren.

**infect, e** [ɛ̃fɛkt] *a* vile, foul; (*repas, vin*) revolting, foul.

**infecter** [ɛ̃fɛkte] *vt* (*atmosphère, eau*) to contaminate; (*MÉD*) to infect; **s'**~ to become infected *ou* septic; **infectieux, euse** [-sjø, -øz] *a* infectious; **infection** [-sjɔ̃] *nf* infection.

**inféoder** [ɛ̃feɔde] *vt*: **s'**~ **à** to pledge allegiance to.

**inférer** [ɛ̃feRe] *vt*: ~ **qch de** to infer sth from.

**inférieur, e** [ɛ̃feRjœR] *a* lower; (*en qualité, intelligence*) inferior // *nm/f* inferior; ~ **à** (*somme, quantité*) less *ou* smaller than; (*moins bon que*) inferior to; (*tâche: pas à la hauteur de*) unequal to; **infériorité** *nf* inferiority.

**infernal, e, aux** [ɛ̃fɛRnal, -o] *a* (*chaleur, rythme*) infernal; (*méchanceté, complot*) diabolical.

**infester** [ɛ̃fɛste] *vt* to infest; **infesté de moustiques** infested with mosquitoes, mosquito-ridden.

**infidèle** [ɛ̃fidɛl] *a* unfaithful; (*REL*) infidel; **infidélité** *nf* unfaithfulness *q*.

**infiltration** [ɛ̃filtRasjɔ̃] *nf* infiltration.

**infiltrer** [ɛ̃filtRe]: **s'**~ *vi*: **s'**~ **dans** to penetrate into; (*liquide*) to seep into; (*fig: noyauter*) to infiltrate.

**infime** [ɛ̃fim] *a* minute, tiny; (*inférieur*) lowly.

**infini, e** [ɛ̃fini] *a* infinite // *nm* infinity; **à l'**~ (*MATH*) to infinity; (*discourir*) *ad* infinitum, endlessly; (*agrandir, varier*) infinitely; (*à perte de vue*) endlessly (into the distance); ~**ment** *ad* infinitely; **infinité** *nf*: **une infinité de** an infinite number of.

**infinitif, ive** [ɛ̃finitif, -iv] *a, nm* infinitive.

**infirme** [ɛ̃fiRm(ə)] *a* disabled // *nm/f* disabled person; ~ **de guerre** war cripple; ~ **du travail** industrially disabled person.

**infirmer** [ɛ̃fiRme] *vt* to invalidate.

**infirmerie** [ɛ̃fiRmaRi] *nf* sick bay.

**infirmier, ière** [ɛ̃fiRmje, -jɛR] *nm/f* nurse; **infirmière chef** sister; **infirmière diplômée** registered nurse; **infirmière visiteuse** ≈ district nurse.

**infirmité** [ɛ̃fiRmite] *nf* disability.

**inflammable** [ɛ̃flamabl(ə)] *a* (in)flammable.

**inflammation** [ɛ̃flamɑsjɔ̃] *nf* inflammation.

**inflation** [ɛ̃flasjɔ̃] *nf* inflation; **inflationniste** *a* inflationist.

**infléchir** [ɛ̃fleʃiʀ] *vt* (*fig: politique*) to reorientate, redirect.

**inflexible** [ɛ̃flɛksibl(ə)] *a* inflexible.

**inflexion** [ɛ̃flɛksjɔ̃] *nf* inflexion; ~ **de la tête** slight nod (of the head).

**infliger** [ɛ̃fliʒe] *vt*: ~ **qch** (**à qn**) to inflict sth (on sb); (*amende, sanction*) to impose sth (on sb).

**influençable** [ɛ̃flyɑ̃sabl(ə)] *a* easily influenced.

**influence** [ɛ̃flyɑ̃s] *nf* influence; (*d'un médicament*) effect; **influencer** *vt* to influence; **influent, e** *a* influential.

**influer** [ɛ̃flye]: ~ **sur** *vt* to have an influence upon.

**influx** [ɛ̃fly] *nm*: ~ **nerveux** (nervous) impulse.

**informaticien, ne** [ɛ̃fɔʀmatisjɛ̃, -jɛn] *nm/f* computer scientist.

**information** [ɛ̃fɔʀmasjɔ̃] *nf* (*renseignement*) piece of information; (*PRESSE, TV: nouvelle*) news *sg*; (*diffusion de renseignements, INFORMATIQUE*) information; (*JUR*) inquiry, investigation; **voyage d'**~ fact-finding trip; **agence d'**~ news agency; **journal d'**~ quality newspaper.

**informatique** [ɛ̃fɔʀmatik] *nf* (*techniques*) data processing; (*science*) computer science; **informatiser** *vt* to computerize.

**informe** [ɛ̃fɔʀm(ə)] *a* shapeless.

**informer** [ɛ̃fɔʀme] *vt*: ~ **qn** (**de**) to inform sb (of) // *vi* (*JUR*): ~ **contre/sur** to initiate inquiries about; **s'**~ (**sur**) to inform o.s. (about); **s'**~ (**de/si**) to inquire *ou* find out (about/whether *ou* if).

**infortune** [ɛ̃fɔʀtyn] *nf* misfortune.

**infraction** [ɛ̃fʀaksjɔ̃] *nf* offence; ~ **à** violation *ou* breach of; **être en** ~ to be in breach of the law.

**infranchissable** [ɛ̃fʀɑ̃ʃisabl(ə)] *a* impassable; (*fig*) insuperable.

**infrarouge** [ɛ̃fʀaʀuʒ] *a, nm* infrared.

**infrastructure** [ɛ̃fʀastʀyktyʀ] *nf* (*d'une route etc*) substructure; (*AVIAT, MIL*) ground installations *pl*; (*ÉCON: touristique etc*) infrastructure.

**infroissable** [ɛ̃fʀwasabl(ə)] *a* crease-resistant.

**infructueux, euse** [ɛ̃fʀyktɥø, -øz] *a* fruitless, unfruitful.

**infus, e** [ɛ̃fy, -yz] *a*: **avoir la science** ~**e** to have innate knowledge.

**infuser** [ɛ̃fyze] *vt* (*thé*) to brew; (*tisane*) to infuse // *vi* to brew; to infuse; **infusion** *nf* (*tisane*) infusion, herb tea.

**ingambe** [ɛ̃gɑ̃b] *a* spry, nimble.

**ingénier** [ɛ̃ʒenje]: **s'**~ *vi*: **s'**~ **à faire** to strive to do.

**ingénieur** [ɛ̃ʒenjœʀ] *nm* engineer; ~ **agronome/chimiste** agricultural/chemical engineer; ~ **du son** sound engineer.

**ingénieux, euse** [ɛ̃ʒenjø, -øz] *a* ingenious, clever; **ingéniosité** *nf* ingenuity.

**ingénu, e** [ɛ̃ʒeny] *a* ingenuous, artless // *nf* (*THÉÂTRE*) ingénue.

**ingérer** [ɛ̃ʒeʀe]: **s'**~ *vi*: **s'**~ **dans** to interfere in.

**ingrat, e** [ɛ̃gʀa, -at] *a* (*personne*) ungrateful; (*sol*) barren, arid; (*travail, sujet*) arid, thankless; (*visage*) unprepossessing; **ingratitude** *nf* ingratitude.

**ingrédient** [ɛ̃gʀedjɑ̃] *nm* ingredient.

**inguérissable** [ɛ̃geʀisabl(ə)] *a* incurable.

**ingurgiter** [ɛ̃gyʀʒite] *vt* to swallow.

**inhabile** [inabil] *a* clumsy; (*fig*) inept.

**inhabitable** [inabitabl(ə)] *a* uninhabitable.

**inhabité, e** [inabite] *a* (*régions*) uninhabited; (*maison*) unoccupied.

**inhabituel, le** [inabitɥɛl] *a* unusual.

**inhalateur** [inalatœʀ] *nm* inhaler; ~ **d'oxygène** oxygen mask.

**inhalation** [inalasjɔ̃] *nf* (*MÉD*) inhalation; **faire des** ~**s** to use an inhalation bath.

**inhérent, e** [ineʀɑ̃, -ɑ̃t] *a*: ~ **à** inherent in.

**inhibition** [inibisjɔ̃] *nf* inhibition.

**inhospitalier, ière** [inɔspitalje, -jɛʀ] *a* inhospitable.

**inhumain, e** [inymɛ̃, -ɛn] *a* inhuman.

**inhumation** [inymasjɔ̃] *nf* interment, burial.

**inhumer** [inyme] *vt* to inter, bury.

**inimaginable** [inimaʒinabl(ə)] *a* unimaginable.

**inimitable** [inimitabl(ə)] *a* inimitable.

**inimitié** [inimitje] *nf* enmity.

**ininflammable** [inɛ̃flamabl(ə)] *a* non-flammable.

**inintelligent, e** [inɛ̃teliʒɑ̃, -ɑ̃t] *a* unintelligent.

**inintelligible** [inɛ̃teliʒibl(ə)] *a* unintelligible.

**inintéressant, e** [inɛ̃teʀɛsɑ̃, -ɑ̃t] *a* uninteresting.

**ininterrompu, e** [inɛ̃teʀɔ̃py] *a* (*file, série*) unbroken; (*flot, vacarme*) uninterrupted, non-stop; (*effort*) unremitting, continuous.

**iniquité** [inikite] *nf* iniquity.

**initial, e, aux** [inisjal, -o] *a, nf* initial.

**initiateur, trice** [inisjatœʀ, -tʀis] *nm/f* initiator; (*d'une mode, technique*) innovator, pioneer.

**initiative** [inisjativ] *nf* initiative; **prendre l'**~ **de qch/de faire** to take the initiative for sth/of *ou* in doing; **avoir de l'**~ to have initiative, show enterprise.

**initier** [inisje] *vt*: ~ **qn à** to initiate sb into; (*faire découvrir: art, jeu*) to introduce sb to.

**injecté, e** [ɛ̃ʒɛkte] *a*: **yeux** ~**s de sang** bloodshot eyes.

**injecter** [ɛ̃ʒɛkte] *vt* to inject; **injection** [-sjɔ̃] *nf* injection; **à injection** a (*AUTO*) fuel injection *cpd*.

**injonction** [ɛ̃ʒɔ̃ksjɔ̃] *nf* injunction, order.

**injure** [ɛ̃ʒyʀ] *nf* insult, abuse *q*.

**injurier** [ɛ̃ʒyʀje] *vt* to insult, abuse; **injurieux, euse** *a* abusive, insulting.

**injuste** [ɛ̃ʒyst(ə)] *a* unjust, unfair; **injustice** *nf* injustice.

**inlassable** [ɛ̃lasabl(ə)] *a* tireless, indefatigable.

**inné, e** [ine] *a* innate, inborn.

**innocence** [inɔsɑ̃s] *nf* innocence.

**innocent, e** [inɔsɑ̃, -ɑ̃t] *a* innocent // *nm/f*

innocent person ; **innocenter** vt to clear, prove innocent.

**innombrable** [inɔ̃bʀabl(ə)] a innumerable.

**innommable** [inɔmabl(ə)] a unspeakable.

**innover** [inɔve] vi to break new ground.

**inobservation** [inɔpsɛʀvasjɔ̃] nf non-observation, inobservance.

**inoccupé, e** [inɔkype] a unoccupied.

**inoculer** [inɔkyle] vt: ~ qch à qn (volontairement) to inoculate sb with sth ; (accidentellement) to infect sb with sth ; ~ qn contre to inoculate sb against.

**inodore** [inɔdɔʀ] a (gaz) odourless ; (fleur) scentless.

**inoffensif, ive** [inɔfɑ̃sif, -iv] a harmless, innocuous.

**inondation** [inɔ̃dasjɔ̃] nf flooding q ; flood.

**inonder** [inɔ̃de] vt to flood ; (fig) to inundate, overrun ; ~ de (fig) to flood ou swamp with.

**inopérable** [inɔpeʀabl(ə)] a inoperable.

**inopérant, e** [inɔpeʀɑ̃, -ɑ̃t] a inoperative, ineffective.

**inopiné, e** [inɔpine] a unexpected, sudden.

**inopportun, e** [inɔpɔʀtœ̃, -yn] a ill-timed, untimely ; inappropriate ; (moment) inopportune.

**inoubliable** [inublijabl(ə)] a unforgettable.

**inouï, e** [inwi] a unheard-of, extraordinary.

**inoxydable** [inɔksidabl(ə)] a stainless ; (couverts) stainless steel cpd.

**inqualifiable** [ɛ̃kalifjabl(ə)] a unspeakable.

**inquiet, ète** [ɛ̃kjɛ, -ɛt] a (par nature) anxious ; (momen-tanément) worried.

**inquiétant, e** [ɛ̃kjetɑ̃, -ɑ̃t] a worrying, disturbing.

**inquiéter** [ɛ̃kjete] vt to worry, disturb ; (harceler) to harass ; s'~ to worry, become anxious ; s'~ de to worry about ; (s'enquérir de) to inquire about.

**inquiétude** [ɛ̃kjetyd] nf anxiety ; donner de l'~ ou des ~s à to worry ; avoir de l'~ ou des ~s au sujet de to feel anxious ou worried about.

**inquisition** [ɛ̃kizisjɔ̃] nf inquisition.

**insaisissable** [ɛ̃sezisabl(ə)] a elusive.

**insalubre** [ɛ̃salybʀ(ə)] a insalubrious, unhealthy.

**insanité** [ɛ̃sanite] nf madness q, insanity q.

**insatiable** [ɛ̃sasjabl(ə)] a insatiable.

**insatisfait, e** [ɛ̃satisfɛ, -ɛt] a (non comblé) unsatisfied ; unfulfilled ; (mécontent) dissatisfied.

**inscription** [ɛ̃skʀipsjɔ̃] nf (sur un mur, écriteau etc) inscription ; (à une institution: voir s'inscrire) enrolment ; registration.

**inscrire** [ɛ̃skʀiʀ] vt (marquer: sur son calepin etc) to note ou write down ; (: sur un mur, une affiche etc) to write ; (: dans la pierre, le métal) to inscribe ; (mettre: sur une liste, un budget etc) to put down ; ~ qn à (club, école etc) to enrol sb at ; s'~ (pour une excursion etc) to put one's name down ; s'~ (à) (club, parti) to join ; (université) to register ou enrol (at) ; (examen, concours) to register ou enter (for) ; s'~ en faux contre to challenge.

**insecte** [ɛ̃sɛkt(ə)] nm insect ; **insecticide** nm insecticide.

**insécurité** [ɛ̃sekyʀite] nf insecurity, lack of security.

**I.N.S.E.E.** [inse] sigle m = Institut national de la statistique et des études économiques.

**insémination** [ɛ̃seminasjɔ̃] nf insemination.

**insensé, e** [ɛ̃sɑ̃se] a insane.

**insensibiliser** [ɛ̃sɑ̃sibilize] vt to anaesthetize.

**insensible** [ɛ̃sɑ̃sibl(ə)] a (nerf, membre) numb ; (dur, indifférent) insensitive ; (imperceptible) imperceptible.

**inséparable** [ɛ̃sepaʀabl(ə)] a inseparable.

**insérer** [ɛ̃seʀe] vt to insert ; s'~ dans to fit into ; to come within.

**insidieux, euse** [ɛ̃sidjø, -øz] a insidious.

**insigne** [ɛ̃siɲ] nm (d'un parti, club) badge // a distinguished ; ~s nmpl (d'une fonction) insignia pl.

**insignifiant, e** [ɛ̃siɲifjɑ̃, -ɑ̃t] a insignificant ; trivial.

**insinuation** [ɛ̃sinɥasjɔ̃] nf innuendo, insinuation.

**insinuer** [ɛ̃sinɥe] vt to insinuate, imply ; s'~ dans to seep into ; (fig) to worm one's way into ; to creep into.

**insipide** [ɛ̃sipid] a insipid.

**insistance** [ɛ̃sistɑ̃s] nf insistence ; avec ~ insistently.

**insister** [ɛ̃siste] vi to insist ; (s'obstiner) to keep trying ; ~ sur (détail, note) to stress.

**insociable** [ɛ̃sɔsjabl(ə)] a unsociable.

**insolation** [ɛ̃sɔlasjɔ̃] nf (MÉD) sunstroke q ; (ensoleillement) period of sunshine.

**insolence** [ɛ̃sɔlɑ̃s] nf insolence q.

**insolent, e** [ɛ̃sɔlɑ̃, -ɑ̃t] a insolent.

**insolite** [ɛ̃sɔlit] a strange, unusual.

**insoluble** [ɛ̃sɔlybl(ə)] a insoluble.

**insolvable** [ɛ̃sɔlvabl(ə)] a insolvent.

**insomnie** [ɛ̃sɔmni] nf insomnia q, sleeplessness q.

**insondable** [ɛ̃sɔ̃dabl(ə)] a unfathomable.

**insonore** [ɛ̃sɔnɔʀ] a soundproof ; **insonoriser** vt to soundproof.

**insouciance** [ɛ̃susjɑ̃s] nf carefree attitude ; heedless attitude.

**insouciant, e** [ɛ̃susjɑ̃, -ɑ̃t] a carefree ; (imprévoyant) heedless.

**insoumis, e** [ɛ̃sumi, -iz] a (caractère, enfant) rebellious, refractory ; (contrée, tribu) unsubdued.

**insoumission** [ɛ̃sumisjɔ̃] nf rebelliousness ; (MIL) absence without leave.

**insoupçonnable** [ɛ̃supsɔnabl(ə)] a above suspicion.

**insoupçonné, e** [ɛ̃supsɔne] a unsuspected.

**insoutenable** [ɛ̃sutnabl(ə)] a (argument) untenable ; (chaleur) unbearable.

**inspecter** [ɛ̃spɛkte] vt to inspect.

**inspecteur, trice** [ɛ̃spɛktœʀ, -tʀis] nm/f inspector ; ~ d'Académie ≈ Chief Education Officer ; ~ des finances ≈ Treasury Inspector.

**inspection** [ɛ̃spɛksjɔ̃] nf inspection.

**inspiration** [ɛ̃spiʀasjɔ̃] nf inspiration ; breathing in q ; sous l'~ de prompted by.

**inspirer** [ɛ̃spiʀe] vt (gén) to inspire // vi (aspirer) to breathe in; **s'~ de** (suj: artiste) to draw one's inspiration from; (suj: tableau) to be inspired by; **~ à qn** (œuvre, action) to inspire sb with; (dégoût, crainte) to fill sb with; **ça ne m'inspire pas** I'm not keen on the idea.

**instable** [ɛ̃stabl(ə)] a (meuble, équilibre) unsteady; (population, temps) unsettled; (paix, régime, caractère) unstable.

**installation** [ɛ̃stalɑsjɔ̃] nf installation; putting in ou up; fitting out; settling in; (appareils etc) fittings pl, installations pl; **~s** nfpl installations, plant sg; facilities.

**installer** [ɛ̃stale] vt (loger): **~ qn** to get sb settled, install sb; (placer) to put, place; (meuble) to put in; (rideau, étagère, tente) to put up; (gaz, électricité etc) to put in, install; (appartement) to fit out; **s'~** (s'établir: artisan, dentiste etc) to set o.s. up; (se loger) to settle (o.s.); (emménager) to settle in; (sur un siège, à un emplacement) to settle (down); (fig: maladie, grève) to take a firm hold ou grip.

**instamment** [ɛ̃stamɑ̃] ad urgently.

**instance** [ɛ̃stɑ̃s] nf (JUR: procédure) (legal) proceedings pl; (ADMIN: autorité) authority; **~s** nfpl (prières) entreaties; **affaire en ~** matter pending; **être en ~ de divorce** to be awaiting a divorce; **en seconde ~** on appeal.

**instant** [ɛ̃stɑ̃] nm moment, instant; **dans un ~** in a moment; **à l'~** this instant; **à tout ~** at any moment; constantly; **pour l'~** for the moment, for the time being; **par ~s** at times; **de tous les ~s** perpetual.

**instantané, e** [ɛ̃stɑ̃tane] a (lait, café) instant; (explosion, mort) instantaneous // nm snapshot.

**instar** [ɛ̃staʀ]: **à l'~ de** prép following the example of, like.

**instaurer** [ɛ̃stɔʀe] vt to institute.

**instigateur, trice** [ɛ̃stigatœʀ, -tʀis] nm/f instigator.

**instigation** [ɛ̃stigɑsjɔ̃] nf: **à l'~ de qn** at sb's instigation.

**instinct** [ɛ̃stɛ̃] nm instinct; **~ de conservation** instinct of self-preservation; **instinctif, ive** a instinctive.

**instituer** [ɛ̃stitɥe] vt to institute, set up.

**institut** [ɛ̃stity] nm institute; **~ de beauté** beauty salon; **I~ Universitaire de Technologie (IUT)** ≈ Polytechnic.

**instituteur, trice** [ɛ̃stitytœʀ, -tʀis] nm/f (primary school) teacher.

**institution** [ɛ̃stitysjɔ̃] nf institution; (collège) private school.

**instructeur, trice** [ɛ̃stʀyktœʀ, -tʀis] a (MIL): **sergent ~** drill sergeant; (JUR): **juge ~** examining magistrate // nm/f instructor.

**instructif, ive** [ɛ̃stʀyktif, -iv] a instructive.

**instruction** [ɛ̃stʀyksjɔ̃] nf (enseignement, savoir) education; (JUR) (preliminary) investigation and hearing; (directive) instruction; **~s** nfpl (mode d'emploi) directions, instructions; **~ civique** civics sg; **~ religieuse** religious instruction; **~ professionnelle** vocational training.

**instruire** [ɛ̃stʀɥiʀ] vt (élèves) to teach; (recrues) to train; (JUR: affaire) to conduct the investigation for; **s'~** to educate o.s.; **~ qn de qch** (informer) to inform ou advise sb of sth; **instruit, e** a educated.

**instrument** [ɛ̃stʀymɑ̃] nm instrument; **~ à cordes/vent** stringed/wind instrument; **~ de mesure** measuring instrument; **~ de musique** musical instrument; **~ de travail** (working) tool.

**insu** [ɛ̃sy] nm: **à l'~ de qn** without sb knowing (it).

**insubmersible** [ɛ̃sybmɛʀsibl(ə)] a unsinkable.

**insubordination** [ɛ̃sybɔʀdinɑsjɔ̃] nf rebelliousness; (MIL) insubordination.

**insuccès** [ɛ̃syksɛ] nm failure.

**insuffisance** [ɛ̃syfizɑ̃s] nf insufficiency; inadequacy; **~s** nfpl (lacunes) inadequacies; **~ cardiaque** cardiac insufficiency q.

**insuffisant, e** [ɛ̃syfizɑ̃, -ɑ̃t] a insufficient; (élève, travail) inadequate.

**insuffler** [ɛ̃syfle] vt: **~ qch dans** to blow sth into; **~ qch à qn** to inspire sb with sth.

**insulaire** [ɛ̃sylɛʀ] a island cpd; (attitude) insular.

**insulte** [ɛ̃sylt(ə)] nf insult; **insulter** vt to insult.

**insupportable** [ɛ̃sypɔʀtabl(ə)] a unbearable.

**insurgé, e** [ɛ̃syʀʒe] a, nm/f insurgent, rebel.

**insurger** [ɛ̃syʀʒe]: **s'~** vi: **s'~ (contre)** to rise up ou rebel (against).

**insurmontable** [ɛ̃syʀmɔ̃tabl(ə)] a (difficulté) insuperable; (aversion) unconquerable.

**insurrection** [ɛ̃syʀɛksjɔ̃] nf insurrection, revolt.

**intact, e** [ɛ̃takt] a intact.

**intangible** [ɛ̃tɑ̃ʒibl(ə)] a intangible; (principe) inviolable.

**intarissable** [ɛ̃taʀisabl(ə)] a inexhaustible.

**intégral, e, aux** [ɛ̃tegʀal, -o] a complete // nf (MATH) integral; **~ement** ad in full.

**intégrant, e** [ɛ̃tegʀɑ̃, -ɑ̃t] a: **faire partie ~e de** to be an integral part of, be part and parcel of.

**intègre** [ɛ̃tɛgʀ(ə)] a upright.

**intégrer** [ɛ̃tegʀe] vt: **~ qch à/dans** to integrate sth into; **s'~ à/dans** to become integrated into.

**intégrité** [ɛ̃tegʀite] nf integrity.

**intellect** [ɛ̃telɛkt] nm intellect.

**intellectuel, le** [ɛ̃telɛktɥɛl] a intellectual // nm/f intellectual; (péj) highbrow.

**intelligence** [ɛ̃teliʒɑ̃s] nf intelligence; (compréhension): **l'~ de** the understanding of; (complicité): **regard d'~** glance of complicity; (accord): **vivre en bonne ~ avec qn** to be on good terms with sb; **~s** nfpl (MIL, fig) secret contacts.

**intelligent, e** [ɛ̃teliʒɑ̃, -ɑ̃t] a intelligent.

**intelligible** [ɛ̃teliʒibl(ə)] a intelligible.

**intempérance** [ɛ̃tɑ̃peʀɑ̃s] nf intemperance q; overindulgence q.

**intempéries** [ɛ̃tɑ̃peʀi] nfpl bad weather sg.

**intempestif, ive** [ɛ̃tɑ̃pɛstif, -iv] *a* untimely.

**intenable** [ɛ̃tnabl(ə)] *a* (*chaleur*) unbearable.

**intendance** [ɛ̃tɑ̃dɑ̃s] *nf* (MIL) supply corps; supplies office; (SCOL: *bureau*) bursar's office.

**intendant, e** [ɛ̃tɑ̃dɑ̃, -ɑ̃t] *nm/f* (MIL) quartermaster; (SCOL) bursar; (*d'une propriété*) steward.

**intense** [ɛ̃tɑ̃s] *a* intense; **intensif, ive** *a* intensive; **intensifier** *vt*, **s'intensifier** to intensify; **intensité** *nf* intensity.

**intenter** [ɛ̃tɑ̃te] *vt*: ~ **un procès contre** *ou* **à** to start proceedings against.

**intention** [ɛ̃tɑ̃sjɔ̃] *nf* intention; (JUR) intent; **avoir l'~ de faire** to intend to do, have the intention of doing; **à l'~ de** *prép* for; (*renseignement*) for the benefit *ou* information of; (*film, ouvrage*) aimed at; **à cette ~** with this aim in view; **intentionné, e** *a*: **bien intentionné** well-meaning *ou* -intentioned; **mal intentionné** ill-intentioned; **intentionnel, le** *a* intentional, deliberate.

**inter** [ɛ̃tɛʀ] *nm* (TÉL) *abr de* **interurbain**; (SPORT): **~-gauche/ -droit** inside-left-/right.

**intercalaire** [ɛ̃tɛʀkalɛʀ] *a*: **feuillet ~** insert; **fiche ~** divider.

**intercaler** [ɛ̃tɛʀkale] *vt* to insert; **s'~ entre** to come in between; to slip in between.

**intercéder** [ɛ̃tɛʀsede] *vi*: ~ **(pour qn)** to intercede (on behalf of sb).

**intercepter** [ɛ̃tɛʀsɛpte] *vt* to intercept; (*lumière, chaleur*) to cut off; **interception** [-sjɔ̃] *nf* interception; **avion d'interception** interceptor.

**interchangeable** [ɛ̃tɛʀʃɑ̃ʒabl(ə)] *a* interchangeable.

**interclasse** [ɛ̃tɛʀklɑs] *nm* (SCOL) break (between classes).

**interdiction** [ɛ̃tɛʀdiksjɔ̃] *nf* ban; **~ de séjour** (JUR) order banning ex-prisoner from frequenting specified places.

**interdire** [ɛ̃tɛʀdiʀ] *vt* to forbid; (ADMIN: stationnement, meeting, passage) to ban, prohibit; (: *journal, livre*) to ban; **~ qch à qn** to forbid sb sth; **~ à qn de faire** to forbid sb to do, prohibit sb from doing; (*suj: empêchement*) to prevent *ou* preclude sb from doing.

**interdit, e** [ɛ̃tɛʀdi, -it] *a* (*stupéfait*) taken aback // *nm* interdict, prohibition.

**intéressant, e** [ɛ̃teʀɛsɑ̃, -ɑ̃t] *a* interesting.

**intéressé, e** [ɛ̃teʀese] *a* (*parties*) involved, concerned; (*amitié, motifs*) self-interested; **les ~s** those concerned *ou* involved.

**intéressement** [ɛ̃teʀɛsmɑ̃] *nm* (COMM) profit-sharing.

**intéresser** [ɛ̃teʀese] *vt* (*captiver*) to interest; (*toucher*) to be of interest *ou* concern to; (ADMIN: *concerner*) to affect, concern; (COMM: *travailleur*) to give a share in the profits to; (: *partenaire*) to interest (in the business); **s'~ à** to take an interest in, be interested in.

**intérêt** [ɛ̃teʀɛ] *nm* (*gén, aussi* COMM) interest; (*égoïsme*) self-interest; **avoir des ~s dans** (COMM) to have a financial

**interest** *ou* a stake in; **avoir ~ à faire** to be well-advised to do.

**interférer, e** [ɛ̃tɛʀfeʀe] *vi*: ~ **(avec)** to interfere (with).

**intérieur, e** [ɛ̃teʀjœʀ] *a* (*mur, escalier, poche*) inside; (*commerce, politique*) domestic; (*cour, calme, vie*) inner; (*navigation*) inland // *nm* (*d'une maison, d'un récipient etc*) inside; (*d'un pays, aussi: décor, mobilier*) interior; (POL): **l'I~** the Interior, ≈ the Home Office; **à l'~ (de)** inside; (*fig*) within; **en ~ (de)** (CINÉMA) in the studio; **vêtement d'~** indoor garment.

**intérim** [ɛ̃teʀim] *nm* interim period; **assurer l'~ (de)** to deputize (for); **par ~** *a* interim // *ad* in a temporary capacity; **~aire** *a* temporary, interim.

**intérioriser** [ɛ̃teʀjɔʀize] *vt* to internalize.

**interjection** [ɛ̃tɛʀʒɛksjɔ̃] *nf* interjection.

**interligne** [ɛ̃tɛʀliɲ] *nm* space between the lines // *nf* lead; **simple/double ~** single/double spacing.

**interlocuteur, trice** [ɛ̃tɛʀlɔkytœʀ, -tʀis] *nm/f* speaker; **son ~** the person he was speaking to.

**interlope** [ɛ̃tɛʀlɔp] *a* shady.

**interloquer** [ɛ̃tɛʀlɔke] *vt* to take aback.

**interlude** [ɛ̃tɛʀlyd] *nm* interlude.

**intermède** [ɛ̃tɛʀmɛd] *nm* interlude.

**intermédiaire** [ɛ̃tɛʀmedjɛʀ] *a* intermediate; middle; half-way // *nm/f* intermediary; (COMM) middleman; **sans ~** directly; **par l'~ de** through.

**interminable** [ɛ̃tɛʀminabl(ə)] *a* never-ending.

**intermittence** [ɛ̃tɛʀmitɑ̃s] *nf*: **par ~** sporadically, intermittently.

**intermittent, e** [ɛ̃tɛʀmitɑ̃, -ɑ̃t] *a* intermittent.

**internat** [ɛ̃tɛʀna] *nm* (SCOL) boarding school.

**international, e, aux** [ɛ̃tɛʀnasjɔnal, -o] *a* international // *nm/f* (SPORT) international player.

**interne** [ɛ̃tɛʀn(ə)] *a* internal // *nm/f* (SCOL) boarder; (MÉD) houseman.

**interner** [ɛ̃tɛʀne] *vt* (POL) to intern; (MÉD) to confine to a mental institution.

**interpellation** [ɛ̃tɛʀpelasjɔ̃] *nf* interpellation; (POL) question.

**interpeller** [ɛ̃tɛʀpele] *vt* (*appeler*) to call out to; (*apostropher*) to shout at; (POLICE) to take in for questioning; (POL) to question.

**interphone** [ɛ̃tɛʀfɔn] *nm* intercom.

**interposer** [ɛ̃tɛʀpoze] *vt* to interpose; **s'~** *vi* to intervene; **par personnes interposées** through a third party.

**interprétariat** [ɛ̃tɛʀpʀetaʀja] *nm* interpreting.

**interprétation** [ɛ̃tɛʀpʀetasjɔ̃] *nf* interpretation.

**interprète** [ɛ̃tɛʀpʀɛt] *nm/f* interpreter; (*porte-parole*) spokes-man.

**interpréter** [ɛ̃tɛʀpʀete] *vt* to interpret.

**interrogateur, trice** [ɛ̃tɛʀɔgatœʀ, -tʀis] *a* questioning, inquiring // *nm/f* (SCOL) (oral) examiner.

**interrogatif, ive** [ɛ̃teʀɔgatif, -iv] *a* (LING) interrogative

**interrogation** [ɛ̃teRɔgɑsjɔ̃] *nf* question; (SCOL) (written *ou* oral) test.

**interrogatoire** [ɛ̃teRɔgatwaR] *nm* (POLICE) questioning *q*; (JUR) cross-examination.

**interroger** [ɛ̃teRɔʒe] *vt* to question; (données, ordinateur) to consult; (SCOL) to test.

**interrompre** [ɛ̃teRɔ̃pR(ə)] *vt* (gén) to interrupt; (travail, voyage) to break off, interrupt; **s'~** to break off.

**interrupteur** [ɛ̃teRyptœR] *nm* switch.

**interruption** [ɛ̃teRypsjɔ̃] *nf* interruption; **sans ~** without a break; **~ de grossesse** termination of pregnancy.

**intersection** [ɛ̃teRsɛksjɔ̃] *nf* intersection.

**interstice** [ɛ̃teRstis] *nm* crack; slit.

**interurbain** [ɛ̃teRyRbɛ̃] *nm* (TÉL) trunk call service.

**intervalle** [ɛ̃teRval] *nm* (espace) space; (de temps) interval; **dans l'~** in the meantime.

**intervenir** [ɛ̃teRvəniR] *vi* (gén) to intervene; (survenir) to take place; **auprès de** to intervene with; **la police a dû ~** police had to be called in; **les médecins ont dû ~** the doctors had to operate.

**intervention** [ɛ̃teRvɑ̃sjɔ̃] *nf* intervention; **~ chirurgicale** (surgical) operation.

**intervertir** [ɛ̃teRveRtiR] *vt* to invert (the order of), reverse.

**interview** [ɛ̃teRvju] *nf* interview; **interviewer** *vt* [-ve] to interview.

**intestin, e** [ɛ̃tɛstɛ̃, -in] *a* internal // *nm* intestine; **~ grêle** small intestine; **intestinal, e, aux** *a* intestinal.

**intime** [ɛ̃tim] *a* intimate; (vie, journal) private; (conviction) inmost; (dîner, cérémonie) held among friends, quiet // *nm/f* close friend.

**intimer** [ɛ̃time] *vt* (JUR) to notify; **~ à qn l'ordre de faire** to order sb to do.

**intimider** [ɛ̃timide] *vt* to intimidate.

**intimité** [ɛ̃timite] *nf* intimacy; privacy; private life; **dans l'~** in private; (sans formalités) with only a few friends, quietly.

**intitulé** [ɛ̃tityle] *nm* title.

**intituler** [ɛ̃tityle] *vt*: **comment a-t-il intitulé son livre?** what title did he give his book?; **s'~** to be entitled; (personne) to call o.s.

**intolérable** [ɛ̃tɔleRabl(ə)] *a* intolerable.

**intolérance** [ɛ̃tɔleRɑ̃s] *nf* intolerance.

**intolérant, e** [ɛ̃tɔleRɑ̃, -ɑ̃t] *a* intolerant.

**intonation** [ɛ̃tɔnasjɔ̃] *nf* intonation.

**intouchable** [ɛ̃tuʃabl(ə)] *a* (fig) above the law, sacrosanct; (REL) untouchable.

**intoxication** [ɛ̃tɔksikasjɔ̃] *nf* poisoning *q*; (fig) brainwashing; **~ alimentaire** food poisoning.

**intoxiquer** [ɛ̃tɔksike] *vt* to poison; (fig) to brainwash.

**intraduisible** [ɛ̃tRadɥizibl(ə)] *a* untranslatable; (fig) impossible to render.

**intraitable** [ɛ̃tRɛtabl(ə)] *a* inflexible, uncompromising.

**intransigeance** [ɛ̃tRɑ̃ziʒɑ̃s] *nf* intransigence.

**intransigeant, e** [ɛ̃tRɑ̃ziʒɑ̃, -ɑ̃t] *a* intransigent; (morale, passion) uncompromising.

**intransitif, ive** [ɛ̃tRɑ̃zitif, -iv] *a* (LING) intransitive.

**intransportable** [ɛ̃tRɑ̃spɔRtabl(ə)] *a* (blessé) unable to travel.

**intraveineux, euse** [ɛ̃tRavɛnø, -øz] *a* intravenous.

**intrépide** [ɛ̃tRepid] *a* dauntless.

**intrigant, e** [ɛ̃tRigɑ̃, -ɑ̃t] *nm/f* schemer.

**intrigue** [ɛ̃tRig] *nf* intrigue.

**intriguer** [ɛ̃tRige] *vi* to scheme // *vt* to puzzle, intrigue.

**intrinsèque** [ɛ̃tRɛ̃sɛk] *a* intrinsic.

**introduction** [ɛ̃tRɔdyksjɔ̃] *nf* introduction.

**introduire** [ɛ̃tRɔdɥiR] *vt* to introduce; (visiteur) to show in; (aiguille, clef): **~ qch dans** to insert *ou* introduce sth into; **s'~** (techniques, usages) to be introduced; **s'~ dans** to gain entry into; to get into; (eau, fumée) to get into.

**introniser** [ɛ̃tRɔnize] *vt* to enthrone.

**introspection** [ɛ̃tRɔspɛksjɔ̃] *nf* introspection.

**introuvable** [ɛ̃tRuvabl(ə)] *a* which cannot be found; (COMM) unobtainable.

**introverti, e** [ɛ̃tRɔveRti] *nm/f* introvert.

**intrus, e** [ɛ̃tRy, -yz] *nm/f* intruder.

**intrusion** [ɛ̃tRyzjɔ̃] *nf* intrusion; interference.

**intuitif, ive** [ɛ̃tɥitif, -iv] *a* intuitive.

**intuition** [ɛ̃tɥisjɔ̃] *nf* intuition.

**inusable** [inyzabl(ə)] *a* hard-wearing.

**inusité, e** [inyzite] *a* not in common use; unaccustomed.

**inutile** [inytil] *a* useless; (superflu) unnecessary; **inutilisable** *a* unusable; **inutilité** *nf* uselessness.

**invaincu, e** [ɛ̃vɛ̃ky] *a* unbeaten; unconquered.

**invalide** [ɛ̃valid] *a* disabled; **~ de guerre** disabled ex-serviceman; **~ du travail** industrially disabled person.

**invalider** [ɛ̃valide] *vt* to invalidate.

**invalidité** [ɛ̃validite] *nf* disability.

**invariable** [ɛ̃vaRjabl(ə)] *a* in-variable.

**invasion** [ɛ̃vazjɔ̃] *nf* invasion.

**invectiver** [ɛ̃vɛktive] *vt* to hurl abuse at // *vi*: **~ contre** to rail against.

**invendable** [ɛ̃vɑ̃dabl(ə)] *a* unsaleable; unmarketable; **invendus** *nmpl* unsold goods.

**inventaire** [ɛ̃vɑ̃tɛR] *nm* inventory; (COMM: liste) stocklist; (: opéra-tion) stocktaking *q*; (fig) survey.

**inventer** [ɛ̃vɑ̃te] *vt* to invent; (subterfuge) to devise, invent; (histoire, excuse) to make up, invent; **~ de faire** to hit on the idea of doing; **inventeur** *nm* inventor; **inventif, ive** *a* inventive; **invention** [-sjɔ̃] *nf* invention.

**inventorier** [ɛ̃vɑ̃tɔRje] *vt* to make an inventory of.

**inverse** [ɛ̃vɛRs(ə)] *a* reverse; opposite; inverse // *nm* inverse, reverse; **en proportion ~** in inverse proportion; **dans l'ordre ~** in the reverse order; **en sens ~** in (ou from) the opposite direction; **~ment** *ad* conversely; **inverser** *vt* to invert, reverse; (ELEC) to reverse; **inversion** *nf* inversion; reversal.

**inverti, e** [ɛ̃vɛʀti] *nm/f* homosexual.

**investigation** [ɛ̃vɛstigasjɔ̃] *nf* investigation, inquiry.

**investir** [ɛ̃vɛstiʀ] *vt* to invest; **investissement** *nm* investment; **investiture** *nf* investiture; (à une élection) nomination.

**invétéré, e** [ɛ̃vetɛʀe] *a* (habitude) ingrained; (bavard, buveur) inveterate.

**invincible** [ɛ̃vɛ̃sibl(ə)] *a* invincible, unconquerable.

**invisible** [ɛ̃vizibl(ə)] *a* invisible.

**invitation** [ɛ̃vitasjɔ̃] *nf* invitation.

**invité, e** [ɛ̃vite] *nm/f* guest.

**inviter** [ɛ̃vite] *vt* to invite; ~ qn à faire to invite sb to do; (suj: chose) to induce ou tempt sb to do.

**involontaire** [ɛ̃vɔlɔ̃tɛʀ] *a* (mouvement) involuntary; (insulte) unintentional; (complice) unwitting.

**invoquer** [ɛ̃vɔke] *vt* (Dieu, muse) to call upon, invoke; (prétexte) to put forward (as an excuse); (témoignage) to call upon; (loi, texte) to refer to; ~ la clémence de qn to beg sb ou appeal to sb for clemency.

**invraisemblable** [ɛ̃vʀɛsɑ̃blabl(ə)] *a* unlikely, improbable; incredible.

**invulnérable** [ɛ̃vylneʀabl(ə)] *a* invulnerable.

**iode** [jɔd] *nm* iodine.

**ion** [jɔ̃] *nm* ion.

**ionique** [jɔnik] *a* (ARCHIT) Ionic; (SCIENCE) ionic.

**irai** *etc vb voir* aller.

**Irak** [iʀak] *nm* Iraq; **irakien, ne** *a, nm/f* Iraqi.

**Iran** [iʀɑ̃] *nm* Iran; **Iranien, ne** *nm/f* Iranian.

**irascible** [iʀasibl(ə)] *a* short-tempered, irascible.

**irions** *etc vb voir* aller.

**iris** [iʀis] *nm* iris.

**irisé, e** [iʀize] *a* iridescent.

**irlandais, e** [iʀlɑ̃dɛ, -ɛz] *a, nm* (langue) Irish // nm/f: I~e, Irishman/woman; les I~ the Irish.

**Irlande** [iʀlɑ̃d] *nf* Ireland; ~ du Nord Northern Ireland.

**ironie** [iʀɔni] *nf* irony; **ironique** *a* ironical; **ironiser** *vi* to be ironical.

**irons** *etc vb voir* aller.

**irradier** [iʀadje] *vi* to radiate // *vt* to irradiate.

**irraisonné, e** [iʀɛzɔne] *a* irrational, unreasoned.

**irrationnel, le** [iʀasjɔnɛl] *a* irrational.

**irréalisable** [iʀealizabl(ə)] *a* unrealizable; impracticable.

**irréconciliable** [iʀekɔ̃siljabl(ə)] *a* unreconcilable.

**irrécupérable** [iʀekypeʀabl(ə)] *a* unreclaimable, beyond repair; (personne) beyond redemption ou recall.

**irrécusable** [iʀekyzabl(ə)] *a* unimpeachable.

**irréductible** [iʀedyktibl(ə)] *a* indomitable, implacable; (MATH) irreducible.

**irréel, le** [iʀeɛl] *a* unreal.

**irréfléchi, e** [iʀefleʃi] *a* thoughtless.

**irréfutable** [iʀefytabl(ə)] *a* irre-futable.

**irrégularité** [iʀegylaʀite] *nf* irregularity; unevenness q.

**irrégulier, ière** [iʀegylje, -jɛʀ] *a* irregular; uneven; (élève, athlète) erratic.

**irrémédiable** [iʀemedjabl(ə)] *a* irreparable.

**irremplaçable** [iʀɑ̃plasabl(ə)] *a* irreplaceable.

**irréparable** [iʀepaʀabl(ə)] *a* beyond repair; (fig) irreparable.

**irrépressible** [iʀepʀesibl(ə)] *a* irrepressible, uncontrollable.

**irréprochable** [iʀepʀɔʃabl(ə)] *a* irreproachable, beyond reproach; (tenue, toilette) impeccable.

**irrésistible** [iʀezistibl(ə)] *a* irresistible; (preuve, logique) compelling.

**irrésolu, e** [iʀezɔly] *a* irresolute.

**irrespectueux, euse** [iʀɛspɛktɥø, -øz] *a* disrespectful.

**irrespirable** [iʀɛspiʀabl(ə)] *a* unbreathable; (fig) oppressive, stifling.

**irresponsable** [iʀɛspɔ̃sabl(ə)] *a* irresponsible.

**irrévérencieux, euse** [iʀeveʀɑ̃sjø, -øz] *a* irreverent.

**irréversible** [iʀevɛʀsibl(ə)] *a* irreversible.

**irrévocable** [iʀevɔkabl(ə)] *a* irrevocable.

**irrigation** [iʀigasjɔ̃] *nf* irrigation.

**irriguer** [iʀige] *vt* to irrigate.

**irritable** [iʀitabl(ə)] *a* irritable.

**irritation** [iʀitasjɔ̃] *nf* irritation.

**irriter** [iʀite] *vt* (agacer) to irritate, annoy; (MÉD: enflammer) to irritate; s'~ contre/de to get annoyed ou irritated at/with.

**irruption** [iʀypsjɔ̃] *nf* irruption q; faire ~ dans to burst into.

**Islam** [islam] *nm* Islam; **islamique** *a* Islamic.

**islandais, e** [islɑ̃dɛ, -ɛz] *a, nm* (langue) Icelandic // nm/f Icelander.

**Islande** [islɑ̃d] *nf* Iceland.

**isocèle** [izɔsɛl] *a* isoceles.

**isolant, e** [izɔlɑ̃, -ɑ̃t] *a* insulating; (insonorisant) soundproofing.

**isolation** [izɔlasjɔ̃] *nf* insulation.

**isolé, e** [izɔle] *a* isolated; insulated.

**isolement** [izɔlmɑ̃] *nm* isolation; solitary confinement.

**isoler** [izɔle] *vt* to isolate; (prisonnier) to put in solitary confinement; (ville) to cut off, isolate; (ÉLEC) to insulate; **isoloir** *nm* polling booth.

**Israël** [isʀaɛl] *nm* Israel; **israélien, ne** *a, nm/f* Israeli; **israélite** *a* Jewish // *nm/f* Jew/Jewess.

**issu, e** [isy] *a*: ~ de descended from; (fig) stemming from // *nf* (ouverture, sortie) exit; (solution) way out, solution; (dénouement) outcome; à l'~e de at the conclusion ou close of; rue sans ~e dead end, no through road.

**isthme** [ism(ə)] *nm* isthmus.

**Italie** [itali] *nf* Italy; **italien, ne** *a, nm, nf* Italian.

**italique** [italik] *nm*: en ~ in italics.

**itinéraire** [itineʀɛʀ] *nm* itinerary, route.

**itinérant, e** [itineʀɑ̃, -ɑ̃t] a itinerant, travelling.

**I.U.T.** sigle m voir **institut.**

**ivoire** [ivwaʀ] nm ivory.

**ivre** [ivʀ(ə)] a drunk; ~ **de** (colère, bonheur) wild with; **ivresse** nf drunkenness; **ivrogne** nm/f drunkard.

**J**

**j'** [ʒ] pronom voir **je.**

**jabot** [ʒabo] nm (ZOOL) crop; (de vêtement) jabot.

**jacasser** [ʒakase] vi to chatter.

**jachère** [ʒaʃɛʀ] nf: (être) en ~ (to lie) fallow.

**jacinthe** [ʒasɛ̃t] nf hyacinth.

**jade** [ʒad] nm jade.

**jadis** [ʒadis] ad in times past, formerly.

**jaillir** [ʒajiʀ] vi (liquide) to spurt out, gush out; (fig) to rear up; to burst out; to flood out.

**jais** [ʒɛ] nm jet; (d'un noir) de ~ jet-black.

**jalon** [ʒalɔ̃] nm range pole; (fig) milestone; **jalonner** vt to mark out; (fig) to mark, punctuate.

**jalouser** [ʒaluze] vt to be jealous of.

**jalousie** [ʒaluzi] nf jealousy; (store) (venetian) blind.

**jaloux, se** [ʒalu, -uz] a jealous.

**jamais** [ʒamɛ] ad never; (sans négation) ever; **ne ... ~** never.

**jambage** [ʒɑ̃baʒ] nm (de lettre) downstroke; (de porte) jamb.

**jambe** [ʒɑ̃b] nf leg; **jambières** nfpl leggings; (SPORT) shin pads.

**jambon** [ʒɑ̃bɔ̃] nm ham.

**jante** [ʒɑ̃t] nf (wheel) rim.

**janvier** [ʒɑ̃vje] nm January.

**Japon** [ʒapɔ̃] nm Japan; **japonais, e** a, nm, nf Japanese.

**japper** [ʒape] vi to yap, yelp.

**jaquette** [ʒakɛt] nf (de cérémonie) morning coat; (de livre) dust cover, dust jacket.

**jardin** [ʒaʀdɛ̃] nm garden; ~ **d'acclimatation** zoological gardens pl; ~ **d'enfants** nursery school; ~ **public** (public) park, public gardens pl; **jardinage** nm gardening; **jardinier, ière** nm/f gardener // nf (de fenêtre) window box; **jardinière d'enfants** nursery school teacher.

**jargon** [ʒaʀgɔ̃] nm jargon.

**jarre** [ʒaʀ] nf (earthenware) jar.

**jarret** [ʒaʀɛ] nm back of knee, ham; (CULIN) knuckle, shin.

**jarretelle** [ʒaʀtɛl] nf suspender.

**jarretière** [ʒaʀtjɛʀ] nf garter.

**jaser** [ʒaze] vi to chatter, prattle; (indiscrètement) to gossip.

**jasmin** [ʒasmɛ̃] nm jasmin.

**jaspe** [ʒasp(ə)] nm jasper.

**jatte** [ʒat] nf basin, bowl.

**jauge** [ʒoʒ] nf (capacité) capacity, tonnage; (instrument) gauge; **jauger** vt to gauge the capacity of; (fig) to size up; **jauger 3000 tonneaux** to measure 3,000 tons.

**jaune** [ʒon] a, nm yellow // nm/f Asiatic // ad (fam): **rire** ~ to laugh on the other side of one's face; ~ **d'œuf** (egg) yolk; **jaunir** vi, vt to turn yellow.

**jaunisse** [ʒonis] nf jaundice.

**javel** [ʒavɛl] nf voir **eau.**

**javelot** [ʒavlo] nm javelin.

**jazz** [dʒaz] nm jazz.

**J.-C.** sigle voir **Jésus-Christ.**

**je, j'** [ʒ(ə)] pronom I.

**jean** [dʒin] nm jeans pl.

**jérémiades** [ʒeʀemjad] nfpl moaning sg.

**jerrycan** [ʒeʀikan] nm jerrycan.

**jersey** [ʒɛʀze] nm jersey.

**Jésus-Christ** [ʒezykʀi(st)] n Jesus Christ; **600 avant/après** ~ **ou J.-C.** 600 B.C./A.D.

**jet** [ʒɛ] nm (lancer) throwing q, throw; (jaillissement) jet; spurt; (de tuyau) nozzle; (avion) [dʒɛt] jet; **arroser au** ~ to hose; **du premier** ~ at the first attempt or shot; ~ **d'eau** fountain; spray.

**jetée** [ʒəte] nf jetty; pier.

**jeter** [ʒəte] vt (gén) to throw; (se défaire de) to throw away ou out; (son, lueur etc) to give out; ~ **qch à qn** to throw sth to sb; (de façon agressive) to throw ou hurl sth at sb; ~ **un coup d'œil (à)** to take a look (at); ~ **l'effroi parmi** to spread fear among; ~ **un sort à qn** to cast a spell on sb; **se** ~ **dans** (fleuve) to flow into.

**jeton** [ʒətɔ̃] nm (au jeu) counter; (de téléphone) token; ~**s de présence** (director's) fees.

**jette** etc vb voir **jeter.**

**jeu, x** [ʒø] nm (divertissement, TECH: d'une pièce) play; (défini par des règles, TENNIS: partie, FOOTBALL etc: façon de jouer) game; (THÉÂTRE etc) acting; (au casino): **le** ~ gambling; (fonctionnement) working, interplay; (série d'objets, jouet) set; (CARTES) hand; **en** ~ at stake; at work; (FOOTBALL) in play; **remettre en** ~ to throw in; **entrer/mettre en** ~ to come/bring into play; ~ **de boules** game of bowls; (endroit) bowling pitch; (boules) set of bowls; ~ **de cartes** card game; (paquet) pack of cards; ~ **de construction** building set; ~ **d'échecs** chess set; ~ **de hasard** game of chance; ~ **de mots** pun; **le** ~ **de l'oie** snakes and ladders sg; ~ **d'orgue(s)** organ stop; ~ **de société** parlour game; **J~x olympiques (J.O.)** Olympic Games.

**jeudi** [ʒødi] nm Thursday.

**jeûn** [ʒœ̃] nm: **à** ~ ad on an empty stomach.

**jeune** [ʒœn] a young; **les** ~**s** young people, the young; ~ **fille** nf girl; ~ **homme** nm young man; ~ **premier** leading man; ~**s gens** nmpl young people.

**jeûne** [ʒøn] nm fast.

**jeunesse** [ʒœnɛs] nf youth; (aspect) youthfulness; youngness; (jeunes) young people pl, youth.

**J. O.** sigle mpl voir **jeu.**

**joaillerie** [ʒɔajʀi] nf jewel trade; jewellery; **joaillier, ière** nm/f jeweller.

**jobard** [ʒɔbaʀ] nm (péj) sucker, mug.

**jockey** [ʒɔkɛ] nm jockey.

**joie** [ʒwa] *nf* joy.

**joindre** [ʒwɛ̃dʁ(ə)] *vt* to join; (*à une lettre*): ~ **qch à** to enclose sth with; (*contacter*) to contact, get in touch with; ~ **les mains/talons** to put one's hands/heels together; **se ~ à** to join.

**joint** [ʒwɛ̃] *nm* joint; (*ligne*) join; (*de ciment etc*) pointing *q*; ~ **de cardan** cardan joint; ~ **de culasse** cylinder head gasket; ~ **de robinet** washer.

**joli** [ʒɔli] *a* pretty, attractive; **c'est du ~!** (*ironique*) that's very nice!; ~**ment** *ad* prettily, attractively; (*fam: très*) pretty.

**jonc** [ʒɔ̃] *nm* (bul)rush.

**joncher** [ʒɔ̃ʃe] *vt* (*suj: choses*) to be strewed on; **jonché de** strewn with.

**jonction** [ʒɔ̃ksjɔ̃] *nf* joining; (**point de**) ~ junction; **opérer une** ~ (*MIL etc*) to rendez-vous.

**jongler** [ʒɔ̃gle] *vi* to juggle; **jongleur, euse** *nm/f* juggler.

**jonquille** [ʒɔ̃kij] *nf* daffodil.

**Jordanie** [ʒɔʁdani] *nf*: **la** ~ Jordan.

**joue** [ʒu] *nf* cheek; **mettre en** ~ to take aim at.

**jouer** [ʒwe] *vt* (*partie, carte, coup, MUS: morceau*) to play; (*somme d'argent, réputation*) to stake, wager; (*pièce, rôle*) to perform; (*film*) to show; (*simuler: sentiment*) to affect, feign // *vi* to play; (*THÉÂTRE, CINÉMA*) to act, perform; (*bois, porte: se voiler*) to warp; (*clef, pièce: avoir du jeu*) to be loose; ~ **sur** (*miser*) to gamble on; ~ **de** (*MUS*) to play; ~ **du couteau/des coudes** to use knives/one's elbows; ~ **à** (*jeu, sport, roulette*) to play; ~ **au héros** to play the hero; ~ **avec** (*risquer*) to gamble with; **se** ~ **de** (*difficultés*) to make light of; **se** ~ **de qn** to deceive *ou* dupe sb; ~ **un tour à qn** to play a trick on sb; ~ **serré** to play a close game; ~ **de malchance** to be dogged with ill-luck.

**jouet** [ʒwɛ] *nm* toy; **être le** ~ **de** (*illusion etc*) to be the victim of.

**joueur, euse** [ʒwœʁ, -øz] *nm/f* player; **être beau/mauvais** ~ to be a good/bad loser.

**joufflu, e** [ʒufly] *a* chubby-cheeked, chubby.

**joug** [ʒu] *nm* yoke.

**jouir** [ʒwiʁ]: ~ **de** *vt* to enjoy; **jouissance** *nf* pleasure; (*JUR*) use; **jouisseur, euse** *nm/f* sensualist.

**joujou** [ʒuʒu] *nm* (*fam*) toy.

**jour** [ʒuʁ] *nm* day; (*opposé à la nuit*) day, daytime; (*clarté*) daylight; (*fig: aspect*) light; (*ouverture*) opening; openwork *q*; **au** ~ **le** ~ from day to day; **de nos** ~**s** these days, nowadays; **il fait** ~ it's daylight; **au** ~ in daylight; **au grand** ~ (*fig*) in the open; **mettre au** ~ to uncover, disclose; **mettre à** ~ to bring up to date, update; **donner le** ~ **à** to give birth to; **voir le** ~ to be born; **se faire** ~ to become clear.

**journal, aux** [ʒuʁnal, -o] *nm* (*news*)paper; (*personnel*) journal, diary; ~ **parlé/télévisé** radio/ television news *sg*; ~ **de bord** log.

**journalier, ière** [ʒuʁnalje, -jɛʁ] *a* daily; (*banal*) everyday // *nm* day labourer.

**journalisme** [ʒuʁnalism(ə)] *nm* journalism; **journaliste** *nm/f* journalist.

**journée** [ʒuʁne] *nf* day; **la** ~ **continue** the 9 to 5 working day (with short lunch break).

**journellement** [ʒuʁnɛlmã] *ad* daily.

**joute** [ʒut] *nf* duel.

**jouvence** [ʒuvãs] *nf*: **bain de** ~ rejuvenating experience.

**jovial** [ʒɔvjal] *a* jovial, jolly.

**joyau, x** [ʒwajo] *nm* gem, jewel.

**joyeux, euse** [ʒwajø, -øz] *a* joyful, merry; ~ **Noël!** merry *ou* happy Christmas!; ~ **anniversaire!** many happy returns!

**jubilé** [ʒybile] *nm* jubilee.

**jubiler** [ʒybile] *vi* to be jubilant, exult.

**jucher** [ʒyʃe] *vt*: ~ **qch sur** to perch sth (up)on // *vi* (*oiseau*): ~ **sur** to perch (up)on; **se** ~ **sur** to perch o.s. (up)on.

**judaïque** [ʒydaik] *a* (*loi*) Judaic; (*religion*) Jewish.

**judaïsme** [ʒydaism(ə)] *nm* Judaism.

**judas** [ʒyda] *nm* (*trou*) spy-hole.

**judiciaire** [ʒydisjɛʁ] *a* judicial.

**judicieux, euse** [ʒydisjø, -øz] *a* judicious.

**judo** [ʒydo] *nm* judo; ~**ka** *nm/f* judoka.

**juge** [ʒyʒ] *nm* judge; ~ **d'instruction** examining magis-trate; ~ **de paix** justice of the peace; ~ **de touche** linesman.

**jugé** [ʒyʒe]: **au** ~ *ad* by guesswork.

**jugement** [ʒyʒmã] *nm* judgment; (*JUR: au criminel*) sentence; (: *au civil*) decision; ~ **de valeur** value judgment.

**jugeote** [ʒyʒɔt] *nf* (*fam*) gumption.

**juger** [ʒyʒe] *vt* to judge; ~ **qn/qch satisfaisant** to consider sb/sth (to be) satisfactory; ~ **que** to think *ou* consider that; ~ **bon de faire** to consider it a good idea to do, see fit to do; ~ **de** *vt* to appreciate.

**jugulaire** [ʒygylɛʁ] *a* jugular // *nf* (*MIL*) chinstrap.

**juif, ive** [ʒɥif, -iv] *a* Jewish // *nm/f* Jew/Jewess.

**juillet** [ʒɥijɛ] *nm* July.

**juin** [ʒɥɛ̃] *nm* June.

**jumeau, elle, x** [ʒymo, -ɛl] *a, nm/f* twin; **jumelles** *nfpl* binoculars.

**jumeler** [ʒymle] *vt* to twin; **roues jumelées** double wheels.

**jumelle** [ʒymɛl] *a, vb voir* **jumeau.**

**jument** [ʒymã] *nf* mare.

**jungle** [ʒɔ̃gl(ə)] *nf* jungle.

**jupe** [ʒyp] *nf* skirt; ~**-culotte** *nf* divided skirt, culotte(s).

**jupon** [ʒypɔ̃] *nm* waist slip *ou* petticoat.

**juré, e** [ʒyʁe] *nm/f* juror, juryman/wo-man // *a*: **ennemi** ~ sworn enemy.

**jurer** [ʒyʁe] *vt* (*obéissance etc*) to swear, vow // *vi* (*dire des jurons*) to swear, curse; (*dissoner*): ~ **(avec)** to clash (with); (*s'engager*): ~ **de faire/que** to swear *ou* vow to do/that; (*affirmer*): ~ **que** to swear *ou* vouch that; ~ **de qch** (*s'en porter garant*) to swear to sth.

**juridiction** [ʒyʁidiksjɔ̃] *nf* jurisdiction; court(s) of law.

**juridique** [ʒyʁidik] *a* legal.

**juriste** [ʒyRist(ə)] nm/f jurist ; lawyer.
**juron** [ʒyRɔ̃] nm curse, swearword.
**jury** [ʒyRi] nm (JUR) jury ; (SCOL) board (of examiners), jury.
**jus** [ʒy] nm juice ; (de viande) gravy, (meat) juice ; ~ **de fruits** fruit juice // ~ **de raisin/tomates** grape/tomato juice.
**jusant** [ʒyzɑ̃] nm ebb (tide).
**jusque** [ʒysk(ə)]: **jusqu'à** prép (endroit) as far as, (up) to ; (moment) until, till ; (limite) up to ; ~ **sur/dans** up to, as far as ; (y compris) even on/in ; **jusqu'à présent** until now, so far.
**juste** [ʒyst(ə)] a (équitable) just, fair ; (légitime) just, justified ; (exact, vrai) right ; (étroit, insuffisant) tight // ad right ; tight ; (chanter) in tune ; (seulement) just ; ~ **assez/au-dessus** just enough/above ; **pouvoir tout** ~ **faire** to be only just able to do ; **au** ~ exactly, actually ; **le** ~ **milieu** the happy medium ; ~**ment** ad rightly ; justly ; (précisément): **c'est** ~**ment ce que** that's just what I wanted ; **justesse** nf (précision) accuracy ; (d'une remarque) aptness ; (d'une opinion) soundness ; **de justesse** just, by a narrow margin.
**justice** [ʒystis] nf (équité) fairness, justice ; (ADMIN) justice ; **rendre la** ~ to dispense justice ; **obtenir** ~ to obtain justice ; **rendre** ~ **à qn** to do sb justice ; **se faire** ~ to take the law into one's own hands ; (se suicider) to take one's life.
**justiciable** [ʒystisjabl(ə)] a: ~ **de** (JUR) answerable to.
**justicier, ière** [ʒystisje, -jɛR] nm/f judge, righter of wrongs.
**justifiable** [ʒystifjabl(ə)] a justifiable.
**justification** [ʒystifikɑsjɔ̃] nf justification.
**justifier** [ʒystifje] vt to justify ; ~ **de** vt to prove.
**jute** [ʒyt] nm jute.
**juteux, euse** [ʒytø, -øz] a juicy.
**juvénile** [ʒyvenil] a young, youthful.
**juxtaposer** [ʒykstapoze] vt to juxtapose.

### K

**kaki** [kaki] a inv khaki.
**kaléidoscope** [kaleidɔskɔp] nm kaléidoscope.
**kangourou** [kɑ̃guRu] nm kangaroo.
**karaté** [kaRate] nm karate.
**karting** [kaRtiŋ] nm go-carting, karting.
**kayac, kayak** [kajak] nm kayak.
**képi** [kepi] nm kepi.
**kermesse** [kɛRmɛs] nf bazaar, (charity) fête ; village fair.
**kérosène** [keRozɛn] nm jet fuel ; rocket fuel.
**kibboutz** [kibuts] nm kibbutz.
**kidnapper** [kidnape] vt to kidnap.
**kilogramme** [kilɔgram] nm, **kilo** nm kilogramme.
**kilométrage** [kilɔmetraʒ] nm number of kilometres travelled, ≈ mileage.
**kilomètre** [kilɔmstR(ə)] nm kilometre.
**kilométrique** [kilɔmetRik] a (distance) in kilometres ; **compteur** ~ ≈ mileage indicator.

**kilowatt** [kilɔwat] nm kilowatt.
**kinésithérapeute** [kineziteRapøt] nm/f physiotherapist.
**kiosque** [kjɔsk(ə)] nm kiosk, stall.
**kirsch** [kiRʃ] nm kirsch.
**klaxon** [klaksɔn] nm horn ; **klaxonner** vi, vt to hoot.
**kleptomane** [klɛptɔman] nm/f kleptomaniac.
**km.** abr de **kilomètre** ; **km./h** (= kilomètres-heure) ≈ m.p.h. (miles per hour).
**knock-out** [nɔkawt] nm knock-out.
**K.-O.** [kao] a inv (knocked) out, out for the count.
**kolkhoze** [kɔlkoz] nm kolkhoz.
**kyrielle** [kiRjɛl] nf: **une** ~ **de** a stream of.
**kyste** [kist(ə)] nm cyst.

### L

**l'** [l] dét voir **le**.
**la** [la] nm (MUS) A ; (en chantant la gamme) la.
**la** [la] dét voir **le**.
**là** [la] (voir aussi **-ci, celui**) ad there ; (ici) here ; (dans le temps) then ; **est-ce que Catherine est** ~? is Catherine there ou in? ; **elle n'est pas** ~ she isn't in ou here ; **c'est** ~ **que** this is where ; ~ **où** where ; **de** ~ (fig) hence ; **par** ~ (fig) by that ; **tout est**~ (fig) that's what it's all about ; ~**-bas** ad there.
**label** [label] nm stamp, seal.
**labeur** [labœR] nm toil q, toiling q.
**labo** [labo] nm (abr de **laboratoire**) lab.
**laborantin, e** [labɔRɑ̃tɛ̃, -in] nm/f laboratory assistant.
**laboratoire** [labɔRatwaR] nm laboratory ; ~ **de langues/d'analyses** language/(medical) analysis laboratory.
**laborieux, euse** [labɔRjø, -øz] a (tâche) laborious ; (personne) hard-working, industrious.
**labour** [labuR] nm ploughing q ; ~**s** nmpl ploughed fields ; **cheval de** ~ plough- ou cart-horse ; **bœuf de** ~ ox (pl oxen).
**labourer** [labuRe] vt to plough ; (fig) to make deep gashes ou furrows in ; **laboureur** nm ploughman.
**labyrinthe** [labiRɛ̃t] nm labyrinth, maze.
**lac** [lak] nm lake.
**lacer** [lase] vt to lace ou do up.
**lacérer** [laseRe] vt to tear to shreds, lacerate.
**lacet** [lasɛ] nm (de chaussure) lace ; (de route) sharp bend ; (piège) snare.
**lâche** [lɑʃ] a (poltron) cowardly ; (desserré) loose, slack // nm/f coward.
**lâcher** [lɑʃe] nm (de ballons, oiseaux) release // vt to let go of ; (ce qui tombe, abandonner) to drop ; (oiseau, animal: libérer) to release, set free ; (fig: mot, remarque) to let slip, come out with ; (SPORT: distancer) to leave behind // vi (fil, amarres) to break, give way ; (freins) to fail ; ~ **les amarres** (NAVIG) to cast off (the moorings) ; ~ **les chiens** to unleash the dogs ; ~ **prise** to let go.

**lâcheté** [lɑʃte] nf cowardice ; lowness.
**lacis** [lasi] nm maze.
**laconique** [lakɔnik] a laconic.
**lacrymogène** [lakrimɔʒɛn] a voir gaz, grenade.
**lacté, e** [lakte] a (produit, régime) milk cpd.
**lacune** [lakyn] nf gap.
**lacustre** [lakystr(ə)] a lake cpd, lakeside cpd.
**lad** [lad] nm stable-lad.
**là-dedans** [ladədɑ̃] ad inside (there), in it ; (fig) in that ; **là-dehors** ad out there ; **là-derrière** ad behind there ; (fig) behind that ; **là-dessous** ad underneath, under there ; (fig) behind that ; **là-dessus** ad on there ; (fig) at that point ; about that ; **là-devant** ad there (in front).
**ladite** [ladit] dét voir **ledit**.
**ladre** [ladr(ə)] a miserly.
**lagon** [lagɔ̃] nm lagoon.
**lagune** [lagyn] nf lagoon.
**là-haut** [la'o] ad up there.
**laïc** [laik] a, nm/f = **laïque**.
**laïciser** [laisize] vt to secularize.
**laid, e** [lɛ, lɛd] a ugly ; (fig: acte) mean, cheap ; **laideron** nm ugly girl ; **laideur** nf ugliness q ; meanness q.
**laie** [lɛ] nf wild sow.
**lainage** [lɛnaʒ] nm woollen garment ; woollen material.
**laine** [lɛn] nf wool ; ~ **de verre** glass wool ; **laineux, euse** a woolly.
**laïque** [laik] a lay, civil ; (scol) state cpd (as opposed to private and Roman Catholic) // nm/f layman/woman.
**laisse** [lɛs] nf (de chien) lead, leash ; **tenir en** ~ to keep on a lead.
**laisser** [lɛse] vt to leave // vb auxiliaire : ~ **qn faire** to let sb do ; **se** ~ **exploiter** to let o.s. be exploited ; **se** ~ **aller** to let o.s. go ; **laisse-toi faire** let me (ou him) do it ; **cela ne laisse pas de surprendre** nonetheless it is surprising ; ~- **aller** nm carelessness, slovenliness ; **laissez-passer** nm inv pass.
**lait** [lɛ] nm milk ; **frère/sœur de** ~ foster brother/sister ; ~ **écrémé/concentré** skimmed/evaporated milk ; ~ **démaquillant/de beauté** cleansing/beauty lotion ; **laitage** nm milk food ; **laiterie** nf dairy ; **laiteux, euse** a milky ; **laitier, ière** a milk cpd // nm/f milkman/dairywoman.
**laiton** [lɛtɔ̃] nm brass.
**laitue** [lety] nf lettuce.
**laïus** [lajys] nm (péj) spiel.
**lambeau, x** [lɑ̃bo] nm scrap ; **en** ~**x** in tatters, tattered.
**lambin, e** [lɑ̃bɛ̃, -in] a (péj) slow.
**lambris** [lɑ̃bri] nm panelling q ; **lambrissé, e** a panelled.
**lame** [lam] nf blade ; (vague) wave ; (lamelle) strip ; ~ **de fond** ground swell q ; ~ **de rasoir** razor blade.
**lamé** [lame] nm lamé.
**lamelle** [lamɛl] nf thin strip ou blade ; (de champignon) gill.
**lamentable** [lamɑ̃tabl(ə)] a appalling ; pitiful.
**lamentation** [lamɑ̃tasjɔ̃] nf wailing q, lamentation ; moaning q.

**lamenter** [lamɑ̃te] : **se** ~ vi : **se** ~ **(sur)** to moan (over).
**laminer** [lamine] vt to laminate ; **laminoir** nm rolling mill.
**lampadaire** [lɑ̃padɛr] nm (de salon) standard lamp.
**lampe** [lɑ̃p(ə)] nf lamp ; (tech) valve ; ~ **à pétrole** paraffin lamp ; ~ **de poche** torch ; ~ **à souder** blowlamp.
**lampée** [lɑ̃pe] nf gulp, swig.
**lampe-tempête** [lɑ̃ptɑ̃pɛt] nf storm lantern.
**lampion** [lɑ̃pjɔ̃] nm Chinese lantern.
**lampiste** [lɑ̃pist(ə)] nm light (maintenance) man ; (fig) underling.
**lance** [lɑ̃s] nf spear ; ~ **d'incendie** fire hose.
**lancée** [lɑ̃se] nf : **être/continuer sur sa** ~ to be under way/keep going.
**lance-flammes** [lɑ̃sflam] nm inv flamethrower.
**lance-grenades** [lɑ̃sgrənad] nm inv grenade launcher.
**lancement** [lɑ̃smɑ̃] nm launching.
**lance-pierres** [lɑ̃spjɛr] nm inv catapult.
**lancer** [lɑ̃se] nm (sport) throwing q, throw ; (pêche) rod and reel fishing // vt to throw ; (émettre, projeter) to throw out, send out ; (produit, fusée, bateau, artiste) to launch ; (injure) to hurl, fling ; (proclamation, mandat d'arrêt) to issue ; (moteur) to send roaring away ; ~ **qch à qn** to throw sth to sb ; (de façon aggressive) to throw ou hurl sth at sb ; **se** ~ vi (prendre de l'élan) to build up speed ; (se précipiter) : **se** ~ **sur/contre** to rush at ; **se** ~ **dans** (discussion) to launch into ; (aventure) to embark on ; ~ **du poids** nm putting the shot ; **lance-roquettes** nm inv rocket launcher ; **lance-torpilles** nm inv torpedo tube.
**lancinant, e** [lɑ̃sinɑ̃, -ɑ̃t] a (regrets etc) haunting ; (douleur) shooting, throbbing.
**landau** [lɑ̃do] nm pram.
**lande** [lɑ̃d] nf moor.
**langage** [lɑ̃gaʒ] nm language.
**lange** [lɑ̃ʒ] nm flannel blanket ; ~**s** swaddling clothes.
**langer** [lɑ̃ʒe] vt to change (the nappy of) ; **table à** ~ changing table.
**langoureux, euse** [lɑ̃guro, -øz] a languorous.
**langouste** [lɑ̃gust(ə)] nf crayfish inv ; **langoustine** nf Dublin Bay prawn.
**langue** [lɑ̃g] nf (anat, culin) tongue ; (ling) language ; (bande) : ~ **de terre** spit of land ; **tirer la** ~ **(à)** to stick out one's tongue (at) ; **de** ~ **française** French-speaking ; ~ **maternelle** native language ; **mother tongue** ; ~ **verte** slang ; ~ **vivante** living language ; ~-**de-chat** nf finger biscuit, sponge finger.
**languette** [lɑ̃gɛt] nf tongue.
**langueur** [lɑ̃gœr] nf languidness.
**languir** [lɑ̃gir] vi to languish, (conversation) to flag : **faire** ~ **qn** to keep sb waiting.
**lanière** [lanjɛr] nf (de fouet) lash ; (de valise, bretelle) strap.
**lanterne** [lɑ̃tɛrn(ə)] nf (portable) lantern ;

(*électrique*) light, lamp; (*de voiture*) (side)light; ~ **rouge** (*fig*) tail-ender.

**lapalissade** [lapalisad] *nf* statement of the obvious.

**laper** [lape] *vt* to lap up.

**lapereau, x** [lapRo] *nm* young rabbit.

**lapidaire** [lapidɛR] *a* (*fig*) terse.

**lapider** [lapide] *vt* to stone.

**lapin** [lapɛ̃] *nm* rabbit; (*peau*) rabbitskin; ~ **de garenne** wild rabbit.

**laps** [laps] *nm*: ~ **de temps** space of time, time *q*.

**lapsus** [lapsys] *nm* slip.

**laquais** [lakɛ] *nm* lackey.

**laque** [lak] *nf* lacquer; (*brute*) lac, shellac // *nm* lacquer; piece of lacquer ware; **laqué, e** *a* lacquered; with lacquer finish.

**laquelle** [lakɛl] *pronom voir* **lequel.**

**larbin** [laRbɛ̃] *nm* (*péj*) flunkey.

**larcin** [laRsɛ̃] *nm* theft.

**lard** [laR] *nm* (*graisse*) fat; (*bacon*) (streaky) bacon.

**larder** [laRde] *vt* (*CULIN*) to lard.

**lardon** [laRdɔ̃] *nm* (*CULIN*) lardon.

**large** [laRʒ(ə)] *a* wide; broad; (*fig*) generous // *ad*: **calculer/voir** ~ to allow extra/think big // *nm* (*largeur*): **5 m de** ~ 5 m wide ou in width; (*mer*): **le** ~ the open sea; **en** ~ ad sideways; **au** ~ **de** off; ~ **d'esprit** broad-minded; ~**ment** *ad* widely; greatly; easily; amply; generously; **largesse** *nf* generosity; **largesses** liberalities; **largeur** *nf* (*qu'on mesure*) width; (*impression visuelle*) wideness, width; breadth; broadness.

**larguer** [laRge] *vt* to drop: ~ **les amarres** to cast off (the moorings).

**larme** [laRm(ə)] *nf* tear; (*fig*): **une** ~ **de** a drop of; **en** ~**s** in tears; **larmoyant, e** *a* tearful; **larmoyer** *vi* (*yeux*) to water; (*se plaindre*) to whimper.

**larron** [laRɔ̃] *nm* thief (*pl* thieves).

**larve** [laRv(ə)] *nf* (*ZOOL*) larva (*pl* ae) (*fig*) worm.

**larvé, e** [laRve] *a* (*fig*) latent.

**laryngite** [laRɛ̃ʒit] *nf* laryngitis.

**laryngologiste** [laRɛ̃gɔlɔʒist(ə)] *nm/f* throat specialist.

**larynx** [laRɛ̃ks] *nm* larynx.

**las, lasse** [lɑ, lɑs] *a* weary.

**lascar** [laskaR] *nm* character; rogue.

**lascif, ive** [lasif, -iv] *a* lascivious.

**laser** [lazɛR] *a, nm*: (**rayon**) ~ laser (beam).

**lasse** [lɑs] *af voir* **las.**

**lasser** [lɑse] *vt* to weary, tire; **se** ~ **de** to grow weary ou tired of.

**lassitude** [lɑsityd] *nf* lassitude, weariness.

**lasso** [laso] *nm* lasso.

**latent, e** [latɑ̃, -ɑ̃t] *a* latent.

**latéral, e, aux** [lateRal, -o] *a* side *cpd*, lateral.

**latex** [latɛks] *nm* latex.

**latin, e** [latɛ̃, -in] *a, nm, nf* Latin; **latiniste** *nm/f* Latin scholar (*ou* student); **latino-américain, e** *a* Latin-American.

**latitude** [latityd] *nf* latitude; (*fig*): **avoir la** ~ **de faire** to be left free *ou* be at liberty to do; **à 48° de** ~ **Nord** at latitude 48° North.

**latrines** [latRin] *nfpl* latrines.

**latte** [lat] *nf* lath, slat; (*de plancher*) board.

**lattis** [lati] *nm* lathwork.

**lauréat, e** [lɔRea, -at] *nm/f* winner.

**laurier** [lɔRje] *nm* (*BOT*) laurel; (*CULIN*) bay leaves *pl*; ~**s** *nmpl* (*fig*) laurels.

**lavable** [lavabl(ə)] *a* washable.

**lavabo** [lavabo] *nm* (*de salle de bains*) washbasin; ~**s** *nmpl* toilet *sg*.

**lavage** [lavaʒ] *nm* washing *q*, wash; ~ **d'estomac/d'intestin** stomach/intestinal wash; ~ **de cerveau** brainwashing *q*.

**lavande** [lavɑ̃d] *nf* lavender.

**lavandière** [lavɑ̃djɛR] *nf* washerwoman.

**lave** [lav] *nf* lava *q*.

**lave-glace** [lavglas] *nm* (*AUTO*) windscreen washer.

**lavement** [lavmɑ̃] *nm* (*MÉD*) enema.

**laver** [lave] *vt* to wash; (*tache*) to wash off; (*fig: affront*) to avenge; **se** ~ to have a wash, wash; **se** ~ **les mains/dents** to wash one's hands/clean one's teeth; ~ **qn de** (*accusation*) to clear sb of; **laverie** *nf*: **laverie (automatique)** launderette.

**lavette** [lavɛt] *nf* dish cloth.

**laveur, euse** [lavœR, -øz] *nm/f* cleaner.

**lave-vaisselle** [lavvɛsɛl] *nm inv* dishwasher.

**lavis** [lavi] *nm* (*technique*) washing; (*dessin*) wash drawing.

**lavoir** [lavwaR] *nm* wash house; washtub.

**laxatif, ive** [laksatif, -iv] *a, nm* laxative.

**laxisme** [laksism(ə)] *nm* laxity.

**layette** [lɛjɛt] *nf* layette.

**le(l'), la, les** [l(ə), la, le] *dét* the // *pronom* (*personne: mâle*) him; (: *femelle*) her; (*animal, chose*) it; (*remplaçant une phrase*) it *ou non traduit*; (*indique la possession*): **se casser la jambe** *etc* to break one's leg *etc*; **voir note sous il; les** them; **je ne le savais pas** I didn't know (about it); **il était riche et ne l'est plus** he was once rich but no longer is; **levez la main** put your hand up; **avoir les yeux gris/le nez rouge** to have grey eyes/a red nose; **le jeudi** *etc ad* (*d'habitude*) on Thursdays *etc*; (*ce jeudi-là*) on the Thursday *etc*; **le matin/soir** *ad* in the morning/evening; mornings/evenings; **10 F le mètre/kilo** 10 F a *ou* per metre/kilo; **le tiers/quart de** a third/quarter of.

**lécher** [leʃe] *vt* to lick; (*laper: lait, eau*) to lick up *ou* lap up; ~ **les vitrines** to go window-shopping.

**leçon** [ləsɔ̃] *nf* lesson; **faire la** ~ to teach; **faire la** ~ **à** (*fig*) to give a lecture to; ~**s de conduite** driving lessons; ~**s particulières** private lessons *ou* tuition *sg*.

**lecteur, trice** [lɛktœR, -tRis] *nm/f* reader; (*d'université*) foreign language assistant // *nm* (*TECH*): ~ **de cassettes** cassette player.

**lecture** [lɛktyR] *nf* reading.

**ledit** [lədi], **ladite** [ladit], *mpl* **lesdits** [ledi], *fpl* **lesdites** [ledit] *dét* the aforesaid.

**légal, e, aux** [legal, -o] *a* legal; ~**ement** *ad* legally; ~**iser** *vt* to legalize; ~**ité** *nf* legality, lawfulness; **être dans/sortir de la** ~**ité** to be within/step outside the law.

**légataire** [legatɛR] *nm*: ~ **universel** sole legatee.

**légation** [legɑsjɔ̃] nf legation.

**légendaire** [leʒɑ̃dɛR] a legendary.

**légende** [leʒɑ̃d] nf (mythe) legend; (de carte, plan) key, legend; (de dessin) caption, legend.

**léger, ère** [leʒe, -ɛR] a light; (bruit, retard) slight; (superficiel) thoughtless; (volage) free and easy; flighty; **blessé ~** slightly injured person; **à la légère** ad (parler, agir) rashly, thoughtlessly; **légèrement** ad lightly; thoughtlessly, rashly; **légèrement plus grand** slightly bigger; **légèreté** nf lightness; thoughtlessness.

**légiférer** [leʒifeʀe] vi to legislate.

**légion** [leʒjɔ̃] nf legion; **~ étrangère** foreign legion; **~ d'honneur** Legion of Honour; **légionnaire** nm legionnaire.

**législateur** [leʒislatœʀ] nm legislator, lawmaker.

**législatif, ive** [leʒislatif, -iv] a legislative.

**législation** [leʒislɑsjɔ̃] nf legislation.

**législature** [leʒislatyʀ] nf legislature; term (of office).

**légiste** [leʒist(ə)] a: **médecin ~** forensic surgeon.

**légitime** [leʒitim] a (JUR) lawful, legitimate; (fig) justified, rightful, legitimate; **en état de ~ défense** in self-defence; **~ment** ad justifiably, rightfully; **légitimité** nf (JUR) legitimacy.

**legs** [lɛg] nm legacy.

**léguer** [lege] vt: **~ qch à qn** (JUR) to bequeath sth to sb; (fig) to hand sth down ou pass sth on to sb.

**légume** [legym] nm vegetable.

**lendemain** [lɑ̃dmɛ̃] nm: **le ~** the next ou following day; **le ~ matin/soir** the next ou following morning/evening; **le ~ de** the day after; **au ~ de** in the days following; in the wake of; **penser au ~** to think of the future; **sans ~** short-lived; **de beaux ~s** bright prospects.

**lénifiant, e** [lenifjɑ̃, -ɑ̃t] a soothing.

**lent, e** [lɑ̃, lɑ̃t] a slow; **lentement** ad slowly; **lenteur** nf slowness q.

**lentille** [lɑ̃tij] nf (OPTIQUE) lens sg; (BOT) lentil.

**léopard** [leɔpaR] nm leopard.

**lèpre** [lɛpʀ(ə)] nf leprosy; **lépreux, euse** nm/f leper // a (fig) flaking, peeling.

**lequel** [ləkɛl], **laquelle** [lakɛl], mpl **lesquels**, fpl **lesquelles** [lekɛl] (avec à, de: **auquel**, **duquel** etc) pronom (interrogatif) which, which one; (relatif: personne: sujet) who; (: objet, après préposition) whom; (: chose) which // a: **auquel cas** in which case.

**les** [le] dét voir **le**.

**lesbienne** [lɛsbjɛn] nf lesbian.

**lesdits** [ledi], **lesdites** [ledit] dét voir **ledit**.

**léser** [leze] vt to wrong.

**lésiner** [lezine] vt: **~ (sur)** to skimp (on).

**lésion** [lezjɔ̃] nf lesion, damage q; **~s cérébrales** brain damage.

**lesquels, lesquelles** [lekɛl] pronom voir **lequel**.

**lessive** [lesiv] nf (poudre) washing powder; (linge) washing q, wash; (opération) washing q; **faire la ~** to do the washing.

**lessivé, e** [lesive] a (fam) washed out; cleaned out.

**lessiver** [lesive] vt to wash.

**lessiveuse** [lesivøz] nf (récipient) (laundry) boiler.

**lest** [lɛst] nm ballast.

**leste** [lɛst(ə)] a sprightly, nimble.

**lester** [lɛste] vt to ballast.

**léthargie** [letaʀʒi] nf lethargy.

**léthargique** [letaʀʒik] a lethargic.

**lettre** [lɛtʀ(ə)] nf letter; **~s** nfpl literature sg; (SCOL) arts (subjects); **à la ~** literally; **en toutes ~s** in words, in full; **~ de change** bill of exchange.

**lettré, e** [letʀe] a well-read, scholarly.

**leu** [lø] voir **queue**.

**leucémie** [løsemi] nf leukaemia.

**leur** [lœʀ] dét their // pronom them; **le(la) ~, les ~s** theirs; **à ~ approche** as they came near; **à ~ vue** at the sight of them.

**leurre** [lœʀ] nm (appât) lure; (fig) delusion; snare.

**leurrer** [lœʀe] vt to delude, deceive.

**levain** [ləvɛ̃] nm leaven.

**levant, e** [ləvɑ̃, -ɑ̃t] a: **soleil ~** rising sun // nm: **le L~** the Levant.

**levé, e** [ləve] a: **être ~** to be up.

**levée** [ləve] nf (POSTES) collection; (CARTES) trick; **~ de boucliers** general outcry; **~ du corps** collection of the body from house of the deceased, before funeral; **~ d'écrou** release from custody; **~ de terre** levee; **~ de troupes** levy.

**lever** [ləve] vt (vitre, bras etc) to raise; (souever de terre, supprimer: interdiction, siège) to lift; (séance) to close; (impôts, armée) to levy; (CHASSE) to start; to flush; (fam: fille) to pick up // vi (CULIN) to rise // nm: **au ~** on getting up; **se ~** vi to get up; (soleil) to rise; (jour) to break; (brouillard) to lift; **ça va se ~** the weather will clear; **~ du jour** daybreak; **~ du rideau** curtain; **~ de rideau** curtain raiser; **~ de soleil** sunrise.

**levier** [ləvje] nm lever; **faire ~ sur** to lever up (ou off); **~ de changement de vitesse** gear lever.

**lèvre** [lɛvʀ(ə)] nf lip; **petites/grandes ~s** (ANAT) labia minora/majora.

**lévrier** [levʀije] nm greyhound.

**levure** [ləvyʀ] nf yeast.

**lexicographie** [lɛksikɔgʀafi] nf lexicography, dictionary writing.

**lexique** [lɛksik] nm vocabulary; lexicon.

**lézard** [lezaR] nm lizard.

**lézarde** [lezaʀd(ə)] nf crack; **lézarder: se lézarder** vi to crack.

**liaison** [ljɛzɔ̃] nf (rapport) connection, link; (RAIL, AVIAT etc) link; (amoureuse) affair; (PHONÉTIQUE) liaison; **entrer/être en ~ avec** to get/be in contact with; **~ radio** radio contact.

**liane** [ljan] nf creeper.

**liant, e** [ljɑ̃, -ɑ̃t] a sociable.

**liasse** [ljas] nf wad, bundle.

**Liban** [libɑ̃] nm: **le ~** (the) Lebanon; **libanais, e** a, nm/f Lebanese.

**libations** [libasjɔ̃] nfpl libations.

**libelle** [libɛl] nm lampoon.

**libeller** [libele] vt (chèque, mandat): **~ (au nom de)** to make out (to); (lettre) to word.

**libellule** [libelyl] *nf* dragonfly.
**libéral, e, aux** [libeRal, -o] *a, nm/f* liberal ; **~iser** *vt* to liberalize ; **~isme** *nm* liberalism.
**libéralité** [liberalite] *nf* liberality *q*, generosity *q*.
**libérateur, trice** [liberatœr, -tris] *a* liberating // *nm/f* liberator.
**libération** [liberasjɔ̃] *nf* liberation, freeing ; release ; discharge.
**libérer** [libere] *vt* (*délivrer*) to free, liberate ; (: *moralement, PSYCH*) to liberate ; (*relâcher*) to release ; to discharge ; (*dégager: gaz, cran d'arrêt*) to release ; se ~ (*de rendez-vous*) to try and be free, get out of previous engagements ; ~ qn de to free sb from ; (*promesse*) to release sb from.
**libertaire** [libertɛR] *a* libertarian.
**liberté** [libɛRte] *nf* freedom ; (*loisir*) free time ; **~s** *nfpl* (*privautés*) liberties ; **mettre/être en ~** to set/be free ; **en ~ provisoire/surveillée/conditionnelle** on bail/ probation/parole ; **~ d'esprit** independence of mind ; **~ d'opinion** freedom of thought ; **~ de réunion** right to hold meetings ; **~s individuelles** personal freedom *sg*.
**libertin, e** [libɛRtɛ̃, -in] *a* libertine, licentious ; **libertinage** *nm* licentiousness.
**libidineux, euse** [libidinø, -øz] *a* libidinous, lustful.
**libido** [libido] *nf* libido.
**libraire** [libRɛR] *nm/f* bookseller.
**librairie** [libRɛRi] *nf* bookshop.
**libre** [libR(ə)] *a* free ; (*route*) clear ; (*pas pris ou occupé: place etc*) vacant ; empty ; not engaged ; not taken ; (*SCOL*) private and Roman Catholic (*as opposed to 'laïque'*) ; **~ de qch/de faire** free from sth/ to do ; **~-échange** *nm* free trade ; **~ment** *ad* freely ; **~-service** *nm* self-service store.
**librettiste** [libRetist(ə)] *nm/f* librettist.
**Libye** [libi] *nf*: **la ~** Libya ; **libyen, ne** *a, nm/f* Libyan.
**licence** [lisɑ̃s] *nf* (*permis*) permit ; (*diplôme*) (first) degree ; (*liberté*) liberty ; licence ; licentiousness ; **licencié, e** *nm/f* (*SCOL*): **licencié ès lettres/en droit** ≈ Bachelor of Arts/Law ; (*SPORT*) member of a sports federation.
**licenciement** [lisɑ̃simɑ̃] *nm* dismissal ; laying off *q* ; redundancy.
**licencier** [lisɑ̃sje] *vt* (*renvoyer*) to dismiss ; (*débaucher*) to make redundant ; to lay off.
**licencieux, euse** [lisɑ̃sjø, -øz] *a* licentious.
**lichen** [likɛn] *nm* lichen.
**licite** [lisit] *a* lawful.
**licorne** [likɔRn(ə)] *nf* unicorn.
**licou** [liku] *nm* halter.
**lie** [li] *nf* dregs *pl*, sediment.
**lié, e** [lje] *a*: **très ~ avec** very friendly with *ou* close to ; **~ par** (*serment*) bound by.
**liège** [ljɛʒ] *nm* cork.
**lien** [ljɛ̃] *nm* (*corde, fig: affectif*) bond ; (*rapport*) link, connection ; **~ de parenté** family tie.
**lier** [lje] *vt* (*attacher*) to tie up ; (*joindre*) to link up ; (*fig: unir, engager*) to bind ; (*CULIN*) to thicken ; **~ qch à** to tie sth to ;

to link sth to ; **~ conversation avec** to strike up a conversation with ; **se ~ avec** to make friends with.
**lierre** [ljɛR] *nm* ivy.
**liesse** [ljɛs] *nf*: **être en ~** to be celebrating *ou* jubilant.
**lieu, x** [ljø] *nm* place // *nmpl* (*habitation*) premises ; (*endroit: d'un accident etc*) scene *sg* ; **en ~ sûr** in a safe place ; **en premier ~** in the first place ; **en dernier ~** lastly ; **avoir ~** to take place ; **avoir ~ de faire** to have grounds *ou* good reason for doing ; **tenir ~ de** to take the place of ; to serve as ; **donner ~ à** to give rise to, give cause for ; **au ~ de** instead of ; **au ~ qu'il y aille** instead of him going ; **~ commun** commonplace ; **~ géométrique** locus.
**lieu-dit** *nm, pl* **lieux-dits** [ljødi] locality.
**lieue** [ljø] *nf* league.
**lieutenant** [ljøtnɑ̃] *nm* lieutenant.
**lièvre** [ljɛvR(ə)] *nm* hare.
**liftier** [liftje] *nm* lift boy.
**ligament** [ligamɑ̃] *nm* ligament.
**ligature** [ligatyR] *nf* ligature ; **ligaturer** *vt* to ligature.
**lige** [liʒ] *a*: **homme ~** (*péj*) henchman.
**ligne** [liɲ] *nf* (*gén*) line ; (*TRANSPORTS: liaison*) service ; (: *trajet*) route ; (*silhouette féminine*) **garder la ~** to keep one's figure ; **'à la ~'** 'new paragraph' ; **entrer en ~ de compte** to be taken into account ; to come into it ; **~ de but/médiane** goal/halfway line ; **~ d'horizon** skyline.
**lignée** [liɲe] *nf* line ; lineage ; descendants *pl*.
**ligneux, euse** [liɲø, -øz] *a* ligneous, woody.
**lignite** [liɲit] *nm* lignite.
**ligoter** [ligɔte] *vt* to tie up.
**ligue** [lig] *nf* league ; **liguer: se liguer** *vi* to form a league ; **se liguer contre** (*fig*) to combine against.
**lilas** [lila] *nm* lilac.
**limace** [limas] *nf* slug.
**limaille** [limaj] *nf*: **~ de fer** iron filings *pl*.
**limande** [limɑ̃d] *nf* dab.
**lime** [lim] *nf* file ; **~ à ongles** nail file ; **limer** *vt* to file (down) ; (*ongles*) to file ; (*fig: prix*) to pare down, trim.
**limier** [limje] *nm* bloodhound ; (*détective*) sleuth.
**liminaire** [liminɛR] *a* (*propos*) introductory.
**limitation** [limitasjɔ̃] *nf* limitation, restriction.
**limite** [limit] *nf* (*de terrain*) boundary ; (*partie ou point extrême*) limit ; **charge/vitesse ~** maximum speed/load ; **cas ~** borderline case ; **date ~** deadline.
**limiter** [limite] *vt* (*restreindre*) to limit, restrict ; (*délimiter*) to border, form the boundary of.
**limitrophe** [limitRɔf] *a* border *cpd* ; **~ de** bordering on.
**limoger** [limɔʒe] *vt* to dismiss.
**limon** [limɔ̃] *nm* silt.
**limonade** [limɔnad] *nf* (fizzy) lemonade.
**limpide** [lɛ̃pid] *a* limpid.
**lin** [lɛ̃] *nm* flax.

**linceul** [lɛ̃sœl] *nm* shroud.

**linéaire** [lineɛʀ] *a* linear.

**linge** [lɛ̃ʒ] *nm* (*serviettes etc*) linen ; (*pièce de tissu*) cloth ; (*aussi*: ~ **de corps**) underwear ; (*aussi*: ~ **de toilette**) towel ; (*lessive*) washing ; ~ **sale** dirty linen.

**lingerie** [lɛ̃ʒʀi] *nf* lingerie, underwear.

**lingot** [lɛ̃go] *nm* ingot.

**linguiste** [lɛ̃gɥist(ə)] *nm/f* linguist.

**linguistique** [lɛ̃gɥistik] *a* linguistic // *nf* linguistics *sg*.

**lino(léum)** [lino(leɔm)] *nm* lino(leum).

**lion, ne** [ljɔ̃, ljɔn] *nm/f* lion/lioness ; (*signe*): **le L~** Leo, the Lion ; **être du L~** to be Leo ; **lionceau, x** *nm* lion cub.

**lippu, e** [lipy] *a* thick-lipped.

**liquéfier** [likefje] *vt*, **se** ~ *vi* to liquefy.

**liqueur** [likœʀ] *nf* liqueur.

**liquidation** [likidasjɔ̃] *nf* liquidation ; (*COMM*) clearance (sale).

**liquide** [likid] *a* liquid // *nm* liquid ; (*COMM*): **en** ~ in ready money *ou* cash.

**liquider** [likide] *vt* (*société, biens, témoin gênant*) to liquidate ; (*compte, problème*) to settle ; (*COMM*: *articles*) to clear, sell off.

**liquidités** [likidite] *nfpl* (*COMM*) liquid assets.

**liquoreux, euse** [likɔʀø, -øz] *a* syrupy.

**lire** [liʀ] *nf* (*monnaie*) lira // *vt*, *vi* to read ; ~ **qch à qn** to read sth (out) to sb.

**lis** *vb* [li] *voir* **lire** // *nm* [lis] = **lys**.

**liseré** [lizʀe] *nm* border, edging.

**liseron** [lizʀɔ̃] *nm* bindweed.

**liseuse** [lizøz] *nf* book-cover.

**lisible** [lizibl(ə)] *a* legible.

**lisière** [lizjɛʀ] *nf* (*de forêt*) edge ; (*de tissu*) selvage.

**lisons** *vb voir* **lire**.

**lisse** [lis] *a* smooth ; **lisser** *vt* to smooth.

**liste** [list(ə)] *nf* list ; **faire la** ~ **de** to list, make out a list of ; ~ **électorale** electoral roll.

**lit** [li] *nm* (*gén*) bed ; **faire son** ~ to make one's bed ; **aller/se mettre au** ~ to go to/get into bed ; **prendre le** ~ to take to one's bed ; **d'un premier** ~ (*JUR*) of a first marriage ; ~ **de camp** campbed.

**litanie** [litani] *nf* litany.

**literie** [litʀi] *nf* bedding ; bedclothes *pl*.

**lithographie** [litɔgʀafi] *nf* lithography ; (*épreuve*) lithograph.

**litière** [litjɛʀ] *nf* litter.

**litige** [litiʒ] *nm* dispute ; **litigieux, euse** *a* litigious, contentious.

**litre** [litʀ(ə)] *nm* litre ; (*récipient*) litre measure.

**littéraire** [liteʀɛʀ] *a* literary.

**littéral, e, aux** [liteʀal, -o] *a* literal.

**littérature** [liteʀatyʀ] *nf* literature.

**littoral, e, aux** [litɔʀal, -o] *a* coastal // *nm* coast.

**liturgie** [lityʀʒi] *nf* liturgy ; **liturgique** *a* liturgical.

**livide** [livid] *a* livid, pallid.

**livraison** [livʀɛzɔ̃] *nf* delivery.

**livre** [livʀ(ə)] *nm* book // *nf* (*poids, monnaie*) pound ; ~ **de bord** logbook ; ~ **d'or** visitors' book ; ~ **de poche** paperback (*cheap and pocket size*).

**livré, e** [livʀe] *a*: ~ **à soi-même** left to o.s. *ou* one's own devices // *nf* livery.

**livrer** [livʀe] *vt* (*COMM*) to deliver ; (*otage, coupable*) to hand over ; (*secret, information*) to give away ; **se** ~ **à** (*se confier*) to confide in ; (*se rendre*) to give o.s. up to ; (*s'abandonner à: débauche etc*) to give o.s. up over to ; (*faire: pratiques, actes*) to indulge in ; (: *travail*) to be engaged in, engage in ; (: *sport*) to practise ; (: *enquête*) to carry out ; ~ **bataille** to give battle.

**livresque** [livʀɛsk(ə)] *a* bookish.

**livret** [livʀɛ] *nm* booklet ; (*d'opéra*) libretto (*pl s*) ; ~ **de caisse d'épargne** (savings) bank-book ; ~ **de famille** (official) family record book ; ~ **scolaire** (school) report book.

**livreur, euse** [livʀœʀ, -øz] *nm/f* delivery boy *ou* man/girl *ou* woman.

**lobe** [lɔb] *nm*: ~ **de l'oreille** ear lobe.

**lobé, e** [lɔbe] *a* (*ARCHIT*) foiled.

**lober** [lɔbe] *vt* to lob.

**local, e, aux** [lɔkal, -o] *a* local // *nm* (*salle*) premises *pl* // *nmpl* premises.

**localiser** [lɔkalize] *vt* (*repérer*) to locate, place ; (*limiter*) to localize, confine.

**localité** [lɔkalite] *nf* locality.

**locataire** [lɔkatɛʀ] *nm/f* tenant ; (*de chambre*) lodger.

**locatif, ive** [lɔkatif, -iv] *a* (*charges, réparations*) incumbent upon the tenant ; (*valeur*) rental ; (*immeuble*) with rented flats, used as a letting concern.

**location** [lɔkasjɔ̃] *nf* (*par le locataire*) renting ; (*par l'usager: de voiture etc*) hiring ; (*par le propriétaire*) renting out, letting ; hiring out ; '~ **de voitures**' 'car hire *ou* rental' ; ~**-vente** *nf* form of hire purchase for housing.

**lock-out** [lɔkawt] *nm inv* lockout.

**locomotion** [lɔkɔmosjɔ̃] *nf* locomotion.

**locomotive** [lɔkɔmɔtiv] *nf* locomotive, engine ; (*fig*) pacesetter, pacemaker.

**locution** [lɔkysjɔ̃] *nf* phrase, locution.

**logarithme** [lɔgaʀitm(ə)] *nm* logarithm.

**loge** [lɔʒ] *nf* (*THÉÂTRE*: *d'artiste*) dressing room ; (: *de spectateurs*) box ; (*de concierge, franc-maçon*) lodge.

**logement** [lɔʒmɑ̃] *nm* accommodation *q*, flat ; housing *q* ; **chercher un** ~ to look for a flat *ou* for accommodation ; **construire des** ~**s bon marché** to build cheap housing *sg ou* flats ; **crise du** ~ housing shortage.

**loger** [lɔʒe] *vt* to accommodate // *vi* to live ; **se** ~: **trouver à se** ~ to find accommodation ; **se** ~ **dans** (*suj: balle, flèche*) to lodge itself in ; **logeur, euse** *nm/f* landlord/landlady.

**loggia** [lɔdʒja] *nf* loggia.

**logiciel** [lɔʒisjɛl] *nm* software.

**logique** [lɔʒik] *a* logical // *nf* logic ; ~**ment** *ad* logically.

**logis** [lɔʒi] *nm* home ; abode, dwelling.

**logistique** [lɔʒistik] *nf* logistics *sg*.

**loi** [lwa] *nf* law ; **faire la** ~ to lay down the law.

**loin** [lwɛ̃] *ad* far ; (*dans le temps*) a long way off ; a long time ago ; **plus** ~ further ; **moins** ~ (**que**) not as far (as) ; ~ **de far**

from ; **pas ~ de 1000 F** not far off a 1000 F ; **au ~** far off ; **de ~** *ad* from a distance ; (*fig: de beaucoup*) by far ; **il vient de ~** he's come a long way ; he comes from a long way away.

**lointain, e** [lwɛ̃tɛ̃, -ɛn] *a* faraway, distant ; (*dans le futur, passé*) distant, far-off ; (*cause, parent*) remote, distant // *nm:* **dans le ~** in the distance.

**loir** [lwaʀ] *nm* dormouse (*pl* mice).

**loisir** [lwaziʀ] *nm:* **heures de ~** spare time ; **~s** *nmpl* leisure *sg* ; leisure activities ; **avoir le ~ de faire** to have the time *ou* opportunity to do ; **à ~** at leisure ; at one's pleasure.

**londonien, ne** [lɔ̃dɔnjɛ̃, -jɛn] *a* London *cpd*, of London // *nm/f:* **L~, ne** Londoner.

**Londres** [lɔ̃dʀ(ə)] *n* London.

**long, longue** [lɔ̃, lɔ̃g] *a* a long // *ad:* **en savoir ~** to know a great deal // *nm:* **de 3 m de ~** a 3 m long, 3 m in length // *nf:* **à la longue** in the end ; **faire ~ feu** to fizzle out ; **ne pas faire ~ feu** not to last long ; **du ~ cours** (NAVIG) ocean *cpd*, ocean-going ; **être ~ à faire** to take a long time to do ; **en ~** *ad* lengthwise ; **(tout) le ~ de** (all) along ; **tout au ~ de** (*année, vie*) throughout ; **de ~ en large** (*marcher*) to and fro, up and down.

**longanimité** [lɔ̃ganimite] *nf* forbearance.

**longe** [lɔ̃ʒ] *nf* (*corde*) tether ; lead ; (*CULIN*) loin.

**longer** [lɔ̃ʒe] *vt* to go (*ou* walk *ou* drive) along(side) ; (*suj: mur, route*) to border.

**longévité** [lɔ̃ʒevite] *nf* longevity.

**longiligne** [lɔ̃ʒiliɲ] *a* long-limbed.

**longitude** [lɔ̃ʒityd] *nf* longitude ; **à 45° de ~ ouest** at 45° longitude west.

**longitudinal, e, aux** [lɔ̃ʒitydinal, -o] *a* longitudinal, lengthways, running lengthways.

**longtemps** [lɔ̃tɑ̃] *ad* (for) a long time, (for) long ; **avant ~** before long ; **pour/pendant ~** for a long time/long ; **mettre ~ à faire** to take a long time to do.

**longue** [lɔ̃g] *af voir* **long** ; **~ment** *ad* for a long time, at length.

**longueur** [lɔ̃gœʀ] *nf* length ; **~s** *nfpl* (*fig: d'un film etc*) lengthy *ou* drawn-out parts ; **sur une ~ de 10 km** for *ou* over 10 km ; **en ~** *ad* lengthwise ; **tirer en ~** to drag on ; **à ~ de journée** all day long ; **~ d'onde** wavelength.

**longue-vue** [lɔ̃gvy] *nf* telescope.

**lopin** [lɔpɛ̃] *nm:* **~ de terre** patch of land.

**loquace** [lɔkas] *a* loquacious, talkative.

**loque** [lɔk] *nf* (*personne*) wreck ; **~s** *nfpl* (*habits*) rags.

**loquet** [lɔkɛ] *nm* latch.

**lorgner** [lɔʀɲe] *vt* to eye ; to have one's eye on.

**lorgnon** [lɔʀɲɔ̃] *nm* lorgnette.

**loriot** [lɔʀjo] *nm* (golden) oriole.

**lors** [lɔʀ]: **~ de** *prép* at the time of ; during ; **~ même que** even though.

**lorsque** [lɔʀsk(ə)] *cj* when, as.

**losange** [lɔzɑ̃ʒ] *nm* diamond ; (*GÉOM*) lozenge ; **en ~** diamond-shaped.

**lot** [lo] *nm* (*part*) share ; (*de loterie*) prize ; (*fig: destin*) fate, lot.

**loterie** [lɔtʀi] *nf* lottery ; raffle.

**loti, e** [lɔti] *a:* **bien/mal ~** well-/badly off (*as regards luck, circumstances*).

**lotion** [losjɔ̃] *nf* lotion.

**lotir** [lɔtiʀ] *vt* (*terrain*) to divide into plots ; to sell by lots ; **lotissement** *nm* housing development ; plot, lot.

**loto** [lɔto] *nm* lotto ; numerical lottery.

**louable** [lwabl(ə)] *a* praiseworthy, commendable.

**louage** [lwaʒ] *nm:* **voiture de ~** hired car ; hire car.

**louange** [lwɑ̃ʒ] *nf:* **à la ~ de** in praise of ; **~s** *nfpl* praise *sg*.

**louche** [luʃ] *a* shady, fishy, dubious // *nf* ladle.

**loucher** [luʃe] *vi* to squint ; (*fig*): **~ sur** to have one's eye on.

**louer** [lwe] *vt* (*maison: suj: propriétaire*) to let, rent (out) ; (: *locataire*) to rent ; (*voiture etc*) to hire out, rent (out) ; to hire, rent ; (*réserver*) to book ; (*faire l'éloge de*) to praise ; **'à louer'** 'to let' ; **~ qn de** to praise sb for ; **se ~ de** to congratulate o.s. on.

**loufoque** [lufɔk] *a* crazy, zany.

**loulou** [lulu] *nm* (*chien*) spitz.

**loup** [lu] *nm* wolf (*pl* wolves) ; **~ de mer** (*marin*) old seadog.

**loupe** [lup] *nf* magnifying glass ; **~ de noyer** burr walnut.

**louper** [lupe] *vt* (*manquer*) to miss ; (*gâcher*) to mess up, bungle.

**lourd, e** [luʀ, luʀd(ə)] *a, ad* heavy ; **~ de** (*conséquences, menaces*) charged *ou* fraught with ; **lourdaud, e** *a* (*péj*) clumsy ; oafish ; **lourdement** *ad* heavily ; **lourdeur** *nf* heaviness ; **lourdeur d'estomac** indigestion *q*.

**loutre** [lutʀ(ə)] *nf* otter.

**louve** [luv] *nf* she-wolf.

**louveteau, x** [luvto] *nm* wolf-cub ; (*scout*) cub.

**louvoyer** [luvwaje] *vi* (NAVIG) to tack ; (*fig*) to hedge, evade the issue.

**lover** [lɔve]: **se ~** *vi* to coil up.

**loyal, e, aux** [lwajal, -o] *a* (*fidèle*) loyal, faithful ; (*fair-play*) fair ; **loyauté** *nf* loyalty, faithfulness ; fairness.

**loyer** [lwaje] *nm* rent.

**lu, e** [ly] *pp de* **lire**.

**lubie** [lybi] *nf* whim, craze.

**lubrifiant** [lybʀifjɑ̃] *nm* lubricant.

**lubrifier** [lybʀifje] *vt* to lubricate.

**lubrique** [lybʀik] *a* lecherous.

**lucarne** [lykaʀn(ə)] *nf* skylight.

**lucide** [lysid] *a* (*conscient*) lucid, conscious ; (*perspicace*) clear-headed ; lucid ; **lucidité** *nf* lucidity.

**luciole** [lysjɔl] *nf* firefly.

**lucratif, ive** [lykʀatif, -iv] *a* lucrative ; profitable ; **à but non ~** non profit-making.

**luette** [lɥɛt] *nf* uvula.

**lueur** [lɥœʀ] *nf* (*chatoyante*) glimmer *q* ; (*métallique, mouillée*) gleam *q* ; (*rougeoyante, chaude*) glow *q* ; (*pâle*) (faint) light ; (*fig*) glimmer ; gleam.

**luge** [lyʒ] *nf* sledge.

**lugubre** [lygybʀ(ə)] *a* gloomy ; dismal.

**lui** [lɥi] *pronom* (*chose, animal*) it ; (*personne: mâle*) him ; (: *en sujet*) he ; (: *femelle*) her ; *voir note sous* il ; ~-**même** himself ; itself.
**luire** [lɥiʀ] *vi* to shine ; to glow ; to gleam.
**lumbago** [lɔ̃bago] *nm* lumbago.
**lumière** [lymjɛʀ] *nf* light ; ~s *nfpl* (*d'une personne*) knowledge *sg*, wisdom *sg* ; **à la ~ de** by the light of ; (*fig*) in the light of ; **fais de la ~** let's have some light, give us some light ; **mettre en ~** (*fig*) to bring out *ou* to light ; ~ **du jour/soleil** day/sunlight.
**luminaire** [lyminɛʀ] *nm* lamp, light.
**lumineux, euse** [lyminø, -øz] *a* (*émettant de la lumière*) luminous ; (*éclairé*) illuminated ; (*ciel, journée, couleur*) bright ; (*relatif à la lumière: rayon etc*) of light, light *cpd* ; (*fig: regard*) radiant ; **luminosité** *nf* (*TECH*) luminosity.
**lunaire** [lynɛʀ] *a* lunar, moon *cpd*.
**lunatique** [lynatik] *a* whimsical, temperamental.
**lunch** [lœ̃ntʃ] *nm* (*réception*) buffet lunch.
**lundi** [lœ̃di] *nm* Monday ; ~ **de Pâques** Easter Monday.
**lune** [lyn] *nf* moon ; ~ **de miel** honeymoon.
**luné, e** [lyne] *a*: **bien/mal ~** in a good/bad mood.
**lunette** [lynɛt] *nf*: ~s *nfpl* glasses, spectacles ; (*protectrices*) goggles ; ~ **d'approche** telescope ; ~ **arrière** (*AUTO*) rear window ; ~s **noires** dark glasses ; ~s **de soleil** sunglasses.
**lurette** [lyʀɛt] *nf*: **il y a belle ~** ages ago.
**luron, ne** [lyʀɔ̃, -ɔn] *nm/f* lad/lass ; **joyeux** *ou* **gai ~** gay dog.
**lus** *etc vb voir* lire.
**lustre** [lystʀ(ə)] *nm* (*de plafond*) chandelier ; (*fig: éclat*) lustre.
**lustrer** [lystʀe] *vt* (*faire briller*) to lustre ; (*poil d'un animal*) to put a sheen on ; (*user*) to make shiny.
**lut** *vb voir* lire.
**luth** [lyt] *nm* lute ; **luthier** *nm* (stringed-)instrument maker.
**lutin** [lytɛ̃] *nm* imp, goblin.
**lutrin** [lytʀɛ̃] *nm* lectern.
**lutte** [lyt] *nf* (*conflit*) struggle ; (*sport*) wrestling ; **lutter** *vi* to fight, struggle ; to wrestle ; **lutteur** *nm* wrestler ; (*fig*) battler, fighter.
**luxation** [lyksɑsjɔ̃] *nf* dislocation.
**luxe** [lyks(ə)] *nm* luxury ; **de ~** *a* luxury *cpd*.
**Luxembourg** [lyksɑ̃buʀ] *nm*: **le ~** Luxemburg.
**luxer** [lykse] *vt*: **se ~ l'épaule** to dislocate one's shoulder.
**luxueux, euse** [lyksɥø, -øz] *a* luxurious.
**luxure** [lyksyʀ] *nf* lust.
**luxuriant, e** [lyksyʀjɑ̃, -ɑ̃t] *a* luxuriant, lush.
**luzerne** [lyzɛʀn(ə)] *nf* lucerne, alfalfa.
**lycée** [lise] *nm* (state) secondary school ; **lycéen, ne** *nm/f* secondary school pupil.
**lymphatique** [lɛ̃fatik] *a* (*fig*) lethargic, sluggish.
**lymphe** [lɛ̃f] *nf* lymph.
**lyncher** [lɛ̃ʃe] *vt* to lynch.

**lynx** [lɛ̃ks] *nm* lynx.
**lyophilisé, e** [ljɔfilize] *a* freeze-dried.
**lyre** [liʀ] *nf* lyre.
**lyrique** [liʀik] *a* lyrical ; (*OPÉRA*) lyric ; **comédie ~** comic opera ; **théâtre ~** opera house (*for light opera*) ; **lyrisme** *nm* lyricism.
**lys** [lis] *nm* lily.

# M

**m'** [m] *pronom voir* me.
**M.** [ɛm] *abr de* Monsieur.
**ma** [ma] *dét voir* mon.
**maboul, e** [mabul] *a* (*fam*) loony.
**macabre** [makɑbʀ(ə)] *a* macabre, gruesome.
**macadam** [makadam] *nm* tarmac.
**macaron** [makaʀɔ̃] *nm* (*gâteau*) macaroon ; (*insigne*) (round) badge.
**macaronis** [makaʀɔni] *nmpl* macaroni *sg*.
**macédoine** [masedwan] *nf*: ~ **de fruits** fruit salad.
**macérer** [maseʀe] *vi*, *vt* to macerate ; (*dans du vinaigre*) to pickle.
**mâchefer** [maʃfɛʀ] *nm* clinker, cinders *pl*.
**mâcher** [mɑʃe] *vt* to chew ; **ne pas ~ ses mots** not to mince one's words.
**machin** [maʃɛ̃] *nm* (*fam*) thingummy, whatsit ; contraption, thing.
**machinal, e, aux** [maʃinal, -o] *a* mechanical, automatic.
**machination** [maʃinɑsjɔ̃] *nf* scheming, frame-up.
**machine** [maʃin] *nf* machine ; (*locomotive*) engine ; (*fig: rouages*) machinery ; **faire ~ arrière** (*NAVIG*) to go astern ; ~ **à laver/coudre/ tricoter** washing/sewing/knitting machine ; ~ **à écrire** typewriter ; ~ **à sous** fruit machine ; ~ **à vapeur** steam engine ; ~-**outil** *nf* machine tool ; ~**rie** *nf* machinery, plant ; (*d'un navire*) engine room ; **machinisme** *nm* mechanization.
**machiniste** *nm* (*THÉÂTRE*) scene shifter ; (*de bus, métro*) driver.
**mâchoire** [mɑʃwaʀ] *nf* jaw ; ~ **de frein** brake shoe.
**mâchonner** [mɑʃɔne] *vt* to chew (at).
**maçon** [masɔ̃] *nm* bricklayer ; builder.
**maçonner** [masɔne] *vt* (*revêtir*) to face, render (with cement) ; (*boucher*) to brick up.
**maçonnerie** [masɔnʀi] *nf* (*murs*) brickwork ; masonry, stonework ; (*activité*) bricklaying ; building.
**maçonnique** [masɔnik] *a* masonic.
**maculer** [makyle] *vt* to stain ; (*TYPO*) to mackle.
**Madame** [madam], *pl* **Mesdames** [medam] *nf*: ~ **X** Mrs ['misiz] X ; **occupez-vous de ~/Monsieur/ Mademoiselle** please serve this lady/gentleman/(young) lady ; **bonjour ~/Monsieur/Mademoiselle** good morning ; (*ton déférent*) good morning Madam/Sir/Madam ; (*le nom est connu*) good morning Mrs/Mr/Miss X ; ~/**Monsieur/ Mademoiselle!** (*pour appeler*) Madam/Sir/Miss! ; ~/**Monsieur/Mademoiselle** (*sur lettre*) Dear Madam/Sir/Madam ; **chère ~/cher**

Monsieur/chère Mademoiselle Dear Mrs/Mr/Miss X.

**Mademoiselle** [madmwazɛl], pl **Mesdemoiselles** [medmwazɛl] nf Miss; voir aussi **Madame**.

**madère** [madɛʀ] nm Madeira (wine).

**madone** [madɔn] nf madonna.

**madré, e** [madʀe] a crafty, wily.

**madrier** [madʀije] nm beam.

**madrilène** [madʀilɛn] a of ou from Madrid.

**maestria** [maɛstʀija] nf (masterly) skill.

**maf(f)ia** [mafja] nf Maf(f)ia.

**magasin** [magazɛ̃] nm (boutique) shop; (entrepôt) warehouse; (d'une arme) magazine; en ~ (COMM) in stock; **magasinier** nm warehouseman.

**magazine** [magazin] nm magazine.

**mage** [maʒ] nm: les Rois M~s the Magi, the (Three) Wise Men.

**magicien, ne** [maʒisjɛ̃, -jɛn] nm/f magician.

**magie** [maʒi] nf magic; **magique** a magic; (enchanteur) magical.

**magistral, e, aux** [maʒistʀal, -o] a (œuvre, adresse) masterly; (ton) authoritative; (gifle etc) sound, resounding; (ex cathedra): **enseignement** ~ lecturing, lectures pl.

**magistrat** [maʒistʀa] nm magistrate.

**magistrature** [maʒistʀatyʀ] nf magistracy, magistrature.

**magma** [magma] nm (GÉO) magma; (fig) jumble.

**magnanerie** [maɲanʀi] nf silk farm.

**magnanime** [maɲanim] a magnanimous.

**magnat** [maɲa] nm tycoon, magnate.

**magnésie** [maɲezi] nf magnesia.

**magnésium** [maɲezjɔm] nm magnesium.

**magnétique** [maɲetik] a magnetic.

**magnétiser** [maɲetize] vt to magnetize; (fig) to mesmerize, hypnotize.

**magnétisme** [maɲetism(ə)] nm magnetism.

**magnéto** [maɲeto] nf (ÉLEC) magneto.

**magnétophone** [maɲetɔfɔn] nm tape recorder; ~ à cassettes cassette recorder.

**magnétoscope** [maɲetɔskɔp] nm video-tape recorder.

**magnificence** [maɲifisɑ̃s] nf (faste) magnificence, splendour.

**magnifique** [maɲifik] a magnificent.

**magnolia** [maɲɔlja] nm magnolia.

**magnum** [magnɔm] nm magnum.

**magot** [mago] nm (argent) pile (of money); nest egg.

**mahométan, e** [maɔmetɑ̃, -an] a Mohammedan, Mahometan.

**mai** [mɛ] nm May.

**maigre** [mɛgʀ(ə)] a (very) thin, skinny; (viande) lean; (fromage) low-fat; (végétation) thin, sparse; (fig) poor, meagre, skimpy // ad: **faire** ~ not to eat meat; **jours** ~s days of abstinence, fish days; **maigreur** nf thinness; **maigrir** vi to get thinner, lose weight.

**maille** [maj] nf stitch; **avoir** ~ **à partir avec qn** to have a brush with sb.

**maillet** [majɛ] nm mallet.

**maillon** [majɔ̃] nm link.

**maillot** [majo] nm (aussi: ~ de corps) vest; (de danseur) leotard; (de sportif) jersey; ~ de bain bathing costume, swimsuit; (d'homme) bathing trunks pl.

**main** [mɛ̃] nf hand; à la ~ in one's hand; se donner la ~ to hold hands; donner ou tendre la ~ à qn to hold out one's hand to sb; serrer la ~ to shake hands; serrer la ~ à qn to shake hands with sb; sous la ~ to ou at hand; à ~ levée (ART) freehand; à ~s levées (voter) with a show of hands; attaque à ~ armée armed attack; à ~ droite/gauche to the right/left; à remettre en ~s propres to be delivered personally; de première ~ (renseignement) first-hand; (COMM: voiture etc) second-hand with only one previous owner; **faire** ~ **basse sur** to help o.s. to; **mettre la dernière** ~ **à** to put the finishing touches to; **se faire/perdre la** ~ to get one's hand in/lose one's touch; ~ **courante** handrail.

**mainate** [mɛnat] nm myna(h) bird.

**main-d'œuvre** [mɛ̃dœvʀ(ə)] nf manpower, labour.

**main-forte** [mɛ̃fɔʀt(ə)] nf: **prêter** ~ **à qn** to come to sb's assistance.

**mainmise** [mɛ̃miz] nf seizure; (fig): ~ **sur** complete hold on.

**maint, e** [mɛ̃, mɛ̃t] a many a; ~s many; à ~es reprises time and (time) again.

**maintenant** [mɛ̃tnɑ̃] ad now; (actuellement) nowadays.

**maintenir** [mɛ̃tniʀ] vt (retenir, soutenir) to support; (contenir: foule etc) to keep in check, hold back; (conserver) to maintain, uphold; (affirmer) to maintain; se ~ vi to hold; to keep steady; to persist.

**maintien** [mɛ̃tjɛ̃] nm maintaining, upholding; (attitude) bearing.

**maire** [mɛʀ] nm mayor.

**mairie** [meʀi] nf (résidence) town hall; (administration) town council.

**mais** [mɛ] cj but; ~ non! of course not!; ~ enfin but after all; (indignation) look here!

**maïs** [mais] nm maize.

**maison** [mɛzɔ̃] nf house; (chez-soi) home; (COMM) firm // a inv (CULIN) home-made; made by the chef; (fig) in-house, own; (fam) first-rate; à la ~ at home; (direction) home; ~ d'arrêt ≈ remand home; ~ close brothel; ~ de correction reformatory; ~ des jeunes ≈ youth club; ~ mère parent company; ~ de repos convalescent home; ~ de retraite old people's home; ~ de santé mental home; **maisonnée** nf household, family; **maisonnette** nf small house, cottage.

**maître, esse** [mɛtʀ(ə), mɛtʀɛs] nm/f master/mistress; (SCOL) teacher, schoolmaster/mistress // nm (peintre etc) master; (titre): M~ (Me) Maître, term of address gen for a barrister // nf (amante) mistress // a (principal, essentiel) main; **être** ~ **de** (soi-même, situation) to be in control of; se rendre ~ de (pays, ville) to gain control of; (situation, incendie) to bring under control; **une maîtresse femme** a managing woman; ~ **d'armes** fencing master; ~ **chanteur** blackmailer;

~ **de chapelle** choirmaster; ~ **de conférences** ≈ senior lecturer; ~/**maîtresse d'école** teacher, schoolmaster/ mistress; ~ **d'hôtel** (domestique) butler; (d'hôtel) head waiter; ~ **de maison** host; ~ **nageur** lifeguard; ~ **à penser** intellectual leader; ~ **queux** chef; **maîtresse de maison** hostess; housewife (pl wives); ~-**autel** nm high altar.

**maîtrise** [metriz] nf (aussi: ~ **de soi**) self-control, self-possession; (habileté) skill, mastery; (suprématie) mastery, command; (diplôme) ≈ master's degree.

**maîtriser** [metrize] vt (cheval, incendie) to (bring under) control; (sujet) to master; (émotion) to control, master; **se** ~ vt réfléchi to control o.s.

**majesté** [maʒɛste] nf majesty.

**majestueux, euse** [maʒɛstɥø, -øz] a majestic.

**majeur, e** [maʒœR] a (important) major; (JUR) of age; (fig) main // nm/f person who has come of age ou attained his/her majority // nm (doigt) middle finger; **en** ~**e partie** for the most part.

**major** [maʒɔR] nm (SCOL): ~ **de la promotion** first of one's year.

**majordome** [maʒɔRdɔm] nm majordomo.

**majorer** [maʒɔRe] vt to increase.

**majorette** [maʒɔRɛt] nf majorette.

**majoritaire** [maʒɔRitɛR] a majority cpd: **système/scrutin** ~ majority system/ballot.

**majorité** [maʒɔRite] nf (gén) majority; (parti) party in power; **en** ~ mainly.

**majuscule** [maʒyskyl] a, nf: (lettre) ~ capital (letter).

**mal, maux** [mal, mo] nm (opposé au bien) evil; (tort, dommage) harm; (douleur physique) pain, ache; (maladie) illness, sickness q // ad badly // a: **c'est** ~ **(de faire)** it's bad ou wrong (to do); **être** ~ to be uncomfortable; **être** ~ **avec qn** to be on bad terms with sb; **il comprend** ~ he has difficulty in understanding; **il a** ~ **compris** he misunderstood; **dire du** ~ **de** to speak ill of; **ne voir aucun** ~ **à** to see no harm in, see nothing wrong in; **craignant** ~ **faire** fearing he was doing the wrong thing; **faire du** ~ **à qn** to hurt sb; to harm sb; **se faire** ~ to hurt o.s.; **se faire** ~ **au pied** to hurt one's foot; **ça fait** ~ it hurts; **j'ai** ~ **(ici)** it hurts (here); **j'ai** ~ **au dos** my back aches, I've got a pain in my back; **avoir** ~ **à la tête/aux dents/au cœur** to have a headache/have toothache/feel sick; **avoir le** ~ **de l'air** to be airsick; **avoir le** ~ **du pays** to be homesick; **prendre** ~ to be taken ill, feel unwell; ~ **de mer** seasickness; ~ **en point** a inv in a bad state; **maux de ventre** stomach ache sg.

**malade** [malad] a ill, sick; (poitrine, jambe) bad; (plante) diseased // nm/f invalid, sick person; (à l'hôpital etc) patient; **tomber** ~ to fall ill; **être** ~ **du cœur** to have heart trouble ou a bad heart; ~ **mental** mentally sick ou ill person.

**maladie** [maladi] nf (spécifique) disease, illness; (mauvaise santé) illness, sickness; (fig: manie) mania; ~ **de peau** skin disease; **maladif, ive** a sickly; (curiosité, besoin) pathological.

**maladresse** [maladRɛs] nf clumsiness q; (gaffe) blunder.

**maladroit, e** [maladRwa, -wat] a clumsy.

**malaise** [malɛz] nm (MÉD) feeling of faintness; feeling of discomfort; (fig) uneasiness, malaise.

**malaisé, e** [maleze] a difficult.

**malappris, e** [malapRi, -iz] nm/f ill-mannered ou boorish person.

**malaria** [malaRja] nf malaria.

**malavisé, e** [malavize] a ill-advised, unwise.

**malaxer** [malakse] vt to knead; to mix.

**malchance** [malʃɑ̃s] nf misfortune, ill luck q; **par** ~ unfortunately; **malchanceux, euse** a unlucky.

**malcommode** [malkɔmɔd] a impractical, inconvenient.

**maldonne** [maldɔn] nf (CARTES) misdeal; **il y a** ~ (fig) there's been a misunderstanding.

**mâle** [mal] a (aussi ÉLEC, TECH) male; (viril: voix, traits) manly // nm male; **souris** ~ male mouse, he-mouse.

**malédiction** [malediksjɔ̃] nf curse.

**maléfice** [malefis] nm evil spell.

**maléfique** [malefik] a evil, baleful.

**malencontreux, euse** [malɑ̃kɔ̃tRø, -øz] a unfortunate, untoward.

**malentendu** [malɑ̃tɑ̃dy] nm misunderstanding.

**malfaçon** [malfasɔ̃] nf fault.

**malfaisant, e** [malfəzɑ̃, -ɑ̃t] a evil, harmful.

**malfaiteur** [malfɛtœR] nm lawbreaker, criminal; burglar, thief (pl thieves).

**malfamé, e** [malfame] a disreputable, of ill repute.

**malformation** [malfɔRmasjɔ̃] nf malformation.

**malfrat** [malfRa] nm villain, crook.

**malgache** [malgaʃ] a, nm/f Madagascan, Malagasy // nm (langue) Malagasy.

**malgré** [malgRe] prép in spite of, despite; ~ **tout** ad all the same.

**malhabile** [malabil] a clumsy.

**malheur** [malœR] nm (situation) adversity, misfortune; (événement) misfortune; disaster, tragedy; **malheureux, euse** a (triste) unhappy, miserable; (infortuné, regrettable) unfortunate; (malchanceux) unlucky; (insignifiant) wretched // nm/f poor soul; unfortunate creature; **les malheureux** the destitute.

**malhonnête** [malɔnɛt] a dishonest; (impoli) rude; ~**té** nf dishonesty; rudeness q.

**malice** [malis] nf mischievousness; (méchanceté): **par** ~ out of malice ou spite; **sans** ~ guileless; **malicieux, euse** a mischievous.

**malin, igne** [malɛ̃, -iɲ] a (futé: f gén: maline) smart, shrewd; (MÉD) malignant; **faire le** ~ to show off; **éprouver un** ~ **plaisir à** to take malicious pleasure in.

**malingre** [malɛ̃gR(ə)] a puny.

**malle** [mal] nf trunk.

**malléable** [maleabl(ə)] a malleable.

**malle-poste** [malpɔst(ə)] nf mail coach.
**mallette** [malɛt] nf (small) suitcase ;
overnight case ; attaché case.
**malmener** [malməne] vt to manhandle ;
(fig) to give a rough handling to.
**malodorant, e** [malɔdɔʀɑ̃, -ɑ̃t] a foul- ou
ill-smelling.
**malotru** [malɔtʀy] nm lout, boor.
**malpoli, e** [malpɔli] nm/f rude individual.
**malpropre** [malpʀɔpʀ(ə)] a dirty.
**malsain, e** [malsɛ̃, -ɛn] a unhealthy.
**malséant, e** [malseɑ̃, -ɑ̃t] a unseemly,
unbecoming.
**malsonnant, e** [malsɔnɑ̃, -ɑ̃t] a offensive.
**malt** [malt] nm malt.
**maltais, e** [maltɛ, -ɛz] a, nm/f Maltese.
**Malte** [malt(ə)] nf Malta.
**maltraiter** [maltʀete] vt (brutaliser) to
manhandle, ill-treat.
**malveillance** [malvɛjɑ̃s] nf (animosité) ill
will ; (intention de nuire) malevolence ; (JUR)
malicious intent q.
**malveillant, e** [malvɛjɑ̃, -ɑ̃t] a
malevolent, malicious.
**malversation** [malvɛʀsasjɔ̃] nf
embezzlement, misappropriation (of
funds).
**maman** [mamɑ̃] nf mum, mother.
**mamelle** [mamɛl] nf teat.
**mamelon** [mamlɔ̃] nm (ANAT) nipple ;
(colline) knoll, hillock.
**mammifère** [mamifɛʀ] nm mammal.
**mammouth** [mamut] nm mammoth.
**manche** [mɑ̃ʃ] nf (de vêtement) sleeve ;
(d'un jeu, tournoi) round ; (GÉO): la M ~
the Channel // nm (d'outil, casserole)
handle ; (de pelle, pioche etc) shaft ; (de
violon, guitare) neck ; (fam) clumsy oaf ; ~
à air vt (AVIAT) wind-sock ; ~ à balai nm
broomstick ; (AVIAT) joystick.
**manchette** [mɑ̃ʃɛt] nf (de chemise) cuff ;
(coup) forearm blow ; (titre) headline.
**manchon** [mɑ̃ʃɔ̃] nm (de fourrure) muff ;
~ à incandescence incandescent (gas)
mantle.
**manchot** [mɑ̃ʃo] nm one-armed man ;
armless man ; (ZOOL) penguin.
**mandarine** [mɑ̃daʀin] nf mandarin
(orange), tangerine.
**mandat** [mɑ̃da] nm (postal) postal ou
money order ; (d'un député etc) mandate ;
(procuration) power of attorney, proxy ;
(POLICE) warrant ; ~ d'amener summons
sg ; ~ d'arrêt warrant for arrest ; ~ de
dépôt committal order ; **mandataire** nm/f
representative ; proxy.
**mander** [mɑ̃de] vt to summon.
**mandibule** [mɑ̃dibyl] nf mandible.
**mandoline** [mɑ̃dɔlin] nf mandolin(e).
**manège** [manɛʒ] nm riding school ; (à la
foire) roundabout, merry-go-round ; (fig)
game, ploy.
**manette** [manɛt] nf lever, tap.
**manganèse** [mɑ̃ganɛz] nm manganese.
**mangeable** [mɑ̃ʒabl(ə)] a edible, eatable.
**mangeaille** [mɑ̃ʒaj] nf (péj) grub.
**mangeoire** [mɑ̃ʒwaʀ] nf trough, manger.
**manger** [mɑ̃ʒe] vt to eat ; (ronger: suj:
rouille etc) to eat into ou away // vi to
eat ; **mangeur, euse** nm/f eater.

**mangouste** [mɑ̃gust(ə)] nf mongoose.
**mangue** [mɑ̃g] nf mango.
**maniable** [manjabl(ə)] a (outil) handy ;
(voiture, voilier) easy to handle.
**maniaque** [manjak] a finicky, fussy ;
suffering from a mania // nm/f maniac.
**manie** [mani] nf mania ; (tic) odd habit.
**maniement** [manimɑ̃] nm handling ; ~
d'armes arms drill.
**manier** [manje] vt to handle.
**manière** [manjɛʀ] nf (façon) way,
manner ; ~s nfpl (attitude) manners ;
(chichis) fuss sg ; de ~ à so as to ; de telle
~ que in such a way that ; de cette ~
in this way ou manner ; d'une ~ générale
generally speaking, as a general rule ; de
toute ~ in any case ; **adverbe de ~**
adverb of manner.
**maniéré, e** [manjeʀe] a affected.
**manif** [manif] nf demo (pl s).
**manifestant, e** [manifɛstɑ̃, -ɑ̃t] nm/f
demonstrator.
**manifestation** [manifɛstasjɔ̃] nf (de joie,
mécontentement) expression, demonstration ; (symptôme) outward sign ; (fête etc)
event ; (POL) demonstration.
**manifeste** [manifɛst(ə)] a obvious,
evident // nm manifesto (pl s).
**manifester** [manifɛste] vt (volonté,
intentions) to show, indicate ; (joie, peur)
to express, show // vi to demonstrate ; se
~ vi (émotion) to show ou express itself ;
(difficultés) to arise ; (symptômes) to
appear ; (témoin etc) to come forward.
**manigance** [manigɑ̃s] nf scheme.
**manigancer** [manigɑ̃se] vt to plot, devise.
**manioc** [manjɔk] nm cassava, manioc.
**manipuler** [manipyle] vt to handle ; (fig)
to manipulate.
**manivelle** [manivɛl] nf crank.
**manne** [man] nf (REL) manna ; (fig)
godsend.
**mannequin** [mankɛ̃] nm (COUTURE)
dummy ; (MODE) model.
**manœuvre** [manœvʀ(ə)] nf (gén)
manœuvre // nm labourer.
**manœuvrer** [manœvʀe] vt to manœuvre ;
(levier, machine) to operate // vi to
manœuvre.
**manoir** [manwaʀ] nm manor ou country
house.
**manomètre** [manɔmɛtʀ(ə)] nm gauge,
manometer.
**manquant, e** [mɑ̃kɑ̃, -ɑ̃t] a missing.
**manque** [mɑ̃k] nm (insuffisance): ~ de
lack of ; (vide) emptiness, gap ; (MÉD)
withdrawal ; ~s nmpl (lacunes) faults,
defects ; ~ à gagner loss of profit ou
earnings.
**manqué, e** [mɑ̃ke] a failed ; garçon ~
tomboy.
**manquement** [mɑ̃kmɑ̃] nm: ~ à
(discipline, règle) breach of.
**manquer** [mɑ̃ke] vi (faire défaut) to be
lacking ; (être absent) to be missing ;
(échouer) to fail // vt to miss // vb
impersonnel: il (nous) manque encore 100
F we are still 100 F short ; il manque des
pages (au livre) there are some pages
missing ou some pages are missing (from
the book) ; l'argent qui leur manque the

money they need *ou* are short of; **le pied/la voix lui manqua** he missed his footing/his voice failed him; **~ à qn** (*absent etc*): **il/cela me manque** I miss him/this; **~ à** *vt* (*règles etc*) to be in breach of, fail to observe; **~ de** *vt* to lack; **ne pas ~ de faire: il n'a pas manqué de le dire** he sure enough said it, he didn't fail to say it; **~ (de) faire: il a manqué (de) se tuer** he very nearly got killed.

**mansarde** [mɑ̃saʀd(ə)] *nf* attic; **mansardé, e** *a* attic *cpd*.

**mansuétude** [mɑ̃sɥetyd] *nf* leniency.

**mante** [mɑ̃t] *nf*: **~ religieuse** praying mantis.

**manteau, x** [mɑ̃to] *nm* coat; **~ de cheminée** mantelpiece.

**mantille** [mɑ̃tij] *nf* mantilla.

**manucure** [manykyʀ] *nf* manicurist.

**manuel, le** [manɥɛl] *a* manual // *nm/f* manually gifted pupil *etc* (*as opposed to intellectually gifted*) // *nm* (*ouvrage*) manual, handbook.

**manufacture** [manyfaktyʀ] *nf* factory.

**manufacturé, e** [manyfaktyʀe] *a* manufactured.

**manuscrit, e** [manyskʀi, -it] *a* handwritten // *nm* manuscript.

**manutention** [manytɑ̃sjɔ̃] *nf* (*COMM*) handling; **manutentionnaire** *nm/f* warehouseman/woman, packer.

**mappemonde** [mapmɔ̃d] *nf* (*plane*) map of the world; (*sphère*) globe.

**maquereau, x** [makʀo] *nm* (*ZOOL*) mackerel *inv*; (*fam*) pimp.

**maquerelle** [makʀɛl] *nf* (*fam*) madam.

**maquette** [makɛt] *nf* (*d'un décor, bâtiment, véhicule*) (scale) model; (*d'une page illustrée*) paste-up.

**maquignon** [makiɲɔ̃] *nm* horse-dealer.

**maquillage** [makijaʒ] *nm* making up; faking; (*crème etc*) make-up.

**maquiller** [makije] *vt* (*personne, visage*) to make up; (*truquer: passeport, statistique*) to fake; (: *voiture volée*) to do over (*respray etc*); **se ~** to make up (one's face).

**maquis** [maki] *nm* (*GÉO*) scrub; (*fig*) tangle; (*MIL*) maquis, underground fighting *q*.

**marabout** [maʀabu] *nm* (*ZOOL*) marabou(t).

**maraîcher, ère** [maʀɛʃe, maʀɛʃɛʀ] *a*: **cultures maraîchères** market gardening *sg* // *nm/f* market gardener.

**marais** [maʀɛ] *nm* marsh, swamp; **~ salant** salt pen, saltern.

**marasme** [maʀasm(ə)] *nm* stagnation, slump.

**marathon** [maʀatɔ̃] *nm* marathon.

**marâtre** [maʀɑtʀ(ə)] *nf* cruel mother.

**maraude** [maʀod] *nf* pilfering, thieving (*of poultry, crops*); (*dans un verger*) scrumping; (*vagabondage*) prowling; **en ~** on the prowl; (*taxi*) cruising.

**marbre** [maʀbʀ(ə)] *nm* (*pierre, statue*) marble; (*d'une table, commode*) marble top; (*TYPO*) stone, bed; **rester de ~** to remain stonily indifferent; **marbrer** *vt* to mottle, blotch; (*TECH: papier*) to marble; **~rie** *nf* monumental mason's yard; **marbrier** *nm* monumental mason.

**marc** [maʀ] *nm* (*de raisin, pommes*) marc; **~ de café** coffee grounds *pl ou* dregs *pl*.

**marcassin** [maʀkasɛ̃] *nm* young wild boar.

**marchand, e** [maʀʃɑ̃, -ɑ̃d] *nm/f* shopkeeper, tradesman/woman; (*au marché*) stallholder; (*spécifique*): **~ de cycles/tapis** bicycle/carpet dealer; **~ de charbon/vins** coal/wine merchant // *a*: **prix/valeur ~(e)** market price/value; **~ de biens** real estate agent; **~ de couleurs** ironmonger; **~/e de fruits** fruiterer, fruit merchant; **~/e de journaux** newsagent; **~/e de légumes** greengrocer; **~/e de poisson** fishmonger, fish merchant; **~e de quatre saisons** costermonger; **~ de tableaux** art dealer.

**marchander** [maʀʃɑ̃de] *vt* (*article*) to bargain *ou* haggle over; (*éloges*) to be sparing with // *vi* to bargain, haggle.

**marchandise** [maʀʃɑ̃diz] *nf* goods *pl*, merchandise *q*.

**marche** [maʀʃ(ə)] *nf* (*d'escalier*) step; (*activité*) walking; (*promenade, trajet, allure*) walk; (*démarche*) walk, gait; (*MIL etc, MUS*) march; (*fonctionnement*) running; (*progression*) progress; course; **ouvrir/fermer la ~** to lead the way/bring up the rear; **dans le sens de la ~** (*RAIL*) facing the engine; **en ~** (*monter etc*) while the vehicle is moving *ou* in motion; **mettre en ~** to start; **remettre qch en ~** to set *ou* start sth going again; **se mettre en ~** (*personne*) to get moving; (*machine*) to start; **~ arrière** reverse (gear); **faire ~ arrière** to reverse; (*fig*) to backtrack, back-pedal; **~ à suivre** (correct) procedure; (*sur notice*) (step by step) instructions *pl*.

**marché** [maʀʃe] *nm* (*lieu, COMM, ÉCON*) market; (*ville*) trading centre; (*transaction*) bargain, deal; **M~ commun** Common Market; **~ aux fleurs** flower market; **~ noir** black market; **faire du ~ noir** to buy and sell on the black market; **~ aux puces** flea market.

**marchepied** [maʀʃəpje] *nm* (*RAIL*) step; (*AUTO*) running board; (*fig*) stepping stone.

**marcher** [maʀʃe] *vi* to walk; (*MIL*) to march; (*aller: voiture, train, affaires*) to go; (*prospérer*) to go well; (*fonctionner*) to work, run; (*fam*) to go along, agree; to be taken in; **~ sur** to walk on; (*mettre le pied sur*) to step on *ou* in; (*MIL*) to march upon; **~ dans** (*herbe etc*) to walk in *ou* on; (*flaque*) to step in; **faire ~ qn** to pull sb's leg; to lead sb up the garden path; **marcheur, euse** *nm/f* walker.

**mardi** [maʀdi] *nm* Tuesday; **M~ gras** Shrove Tuesday.

**mare** [maʀ] *nf* pond; **~ de sang** pool of blood.

**marécage** [maʀekaʒ] *nm* marsh, swamp; **marécageux, euse** *a* marshy, swampy.

**maréchal, aux** [maʀeʃal, -o] *nm* marshal; **~ des logis** (*MIL*) sergeant.

**maréchal-ferrant** [maʀeʃalfɛʀɑ̃] *nm* blacksmith, farrier.

**maréchaussée** [maʀeʃose] *nf* constabulary.

**marée** [maʀe] *nf* tide; (*poissons*) fresh (sea) fish; **~ haute/basse** high/low tide;

~ **montante/ descendante** rising/ebb tide.

**marelle** [maʀɛl] nf: **(jouer à) la** ~ (to play) hopscotch.

**marémotrice** [maʀemɔtʀis] af tidal.

**mareyeur, euse** [maʀɛjœʀ, -øz] nm/f wholesale (sea) fish merchant.

**margarine** [maʀgaʀin] nf margarine.

**marge** [maʀʒ(ə)] nf margin; **en** ~ in the margin; **en** ~ **de** (fig) on the fringe of; cut off from; connected with; ~ **bénéficiaire** profit margin.

**margelle** [maʀʒɛl] nf coping.

**margeur** [maʀʒœʀ] nm margin stop.

**marginal, e, aux** [maʀʒinal, -o] a marginal.

**marguerite** [maʀgəʀit] nf marguerite, (oxeye) daisy.

**marguillier** [maʀgije] nm churchwarden.

**mari** [maʀi] nm husband.

**mariage** [maʀjaʒ] nm (union, état, fig) marriage; (noce) wedding; ~ **civil/religieux** civil ou registry office/church wedding; **un** ~ **de raison/d'amour** a marriage of convenience/love match; ~ **blanc** unconsummated marriage; ~ **en blanc** white wedding.

**marié, e** [maʀje] a married // nm/f (bride)groom/bride; **les** ~**s** the bride and groom; **les (jeunes)** ~**s** the newly-weds.

**marier** [maʀje] vt to marry; (fig) to blend; **se** ~ **(avec)** to marry, get married (to); (fig) to blend (with).

**marin, e** [maʀɛ̃, -in] a sea cpd, marine // nm sailor // nf navy; (ART) seascape; ~ **de guerre** navy; ~**e marchande** merchant navy; ~**e à voiles** sailing ships pl.

**marinade** [maʀinad] nf marinade.

**marine** [maʀin] af, nf voir **marin** // a inv navy (blue) // nm (MIL) marine.

**mariner** [maʀine] vi, vt to marinate, marinade.

**marinier** [maʀinje] nm bargee.

**marinière** [maʀinjɛʀ] nf smock // a inv: **moules** ~ mussels in white wine.

**marionnette** [maʀjɔnɛt] nf puppet.

**marital, e, aux** [maʀital, -o] a marital, husband's; ~**ement** ad as husband and wife.

**maritime** [maʀitim] a sea cpd, maritime.

**marjolaine** [maʀʒɔlɛn] nf marjoram.

**mark** [maʀk] nm mark.

**marmaille** [maʀmaj] nf (péj) (gang of) brats pl.

**marmelade** [maʀməlad] nf stewed fruit, compote; **en** ~ (fig) crushed (to a pulp).

**marmite** [maʀmit] nf (cooking-)pot.

**marmiton** [maʀmitɔ̃] nm kitchen boy.

**marmonner** [maʀmɔne] vt, vi to mumble, mutter.

**marmot** [maʀmo] nm brat.

**marmotte** [maʀmɔt] nf marmot.

**marmotter** [maʀmɔte] vt (prière) to mumble, mutter.

**marne** [maʀn(ə)] nf marl.

**Maroc** [maʀɔk] nm: **le** ~ Morocco; **marocain, e** a, nm/f Moroccan.

**maroquin** [maʀɔkɛ̃] nm morocco (leather); (fig) (minister's) portfolio.

**maroquinerie** [maʀɔkinʀi] nf leather craft; fine leather goods pl.

**marotte** [maʀɔt] nf fad.

**marquant, e** [maʀkɑ̃, -ɑ̃t] a outstanding.

**marque** [maʀk(ə)] nf mark; (SPORT, JEU: décompte des points) score; (COMM: de produits) brand; make; (: de disques) label; **à vos** ~**s!** (SPORT) on your marks!; **de** ~ a (COMM) brand-name cpd; proprietary; (fig) high-class; distinguished; ~ **déposée** registered trademark; ~ **de fabrique** trademark.

**marqué, e** [maʀke] a marked.

**marquer** [maʀke] vt to mark; (inscrire) to write down; (bétail) to brand; (SPORT: but etc) to score; (: joueur) to mark; (accentuer: taille etc) to emphasize; (manifester: refus, intérêt) to show // vi (événement, personnalité) to stand out, be outstanding; (SPORT) to score; ~ **les points** (tenir la marque) to keep the score.

**marqueterie** [maʀkətʀi] nf inlaid work, marquetry.

**marquis, e** [maʀki, -iz] nm/f marquis ou marquess/marchioness // nf (auvent) glass canopy ou awning.

**marraine** [maʀɛn] nf godmother.

**marrant, e** [maʀɑ̃, -ɑ̃t] a (fam) funny.

**marre** [maʀ] ad (fam): **en avoir** ~ **de** to be fed up with.

**marrer** [maʀe]: **se** ~ vi (fam) to have a (good) laugh.

**marron** [maʀɔ̃] nm (fruit) chestnut // a inv brown // am (péj) crooked; bogus; ~**s glacés** marrons glacés; **marronnier** nm chestnut (tree).

**mars** [maʀs] nm March.

**Mars** [maʀs] nf ou m Mars.

**marsouin** [maʀswɛ̃] nm porpoise.

**marsupiaux** [maʀsypjo] nmpl marsupials.

**marteau, x** [maʀto] nm hammer; (de porte) knocker; ~-**piqueur** nm pneumatic drill.

**martel** [maʀtɛl] nm: **se mettre** ~ **en tête** to worry o.s.

**marteler** [maʀtəle] vt to hammer.

**martial, e, aux** [maʀsjal, -o] a martial.

**martien, ne** [maʀsjɛ̃, -jɛn] a Martian, of ou from Mars.

**martinet** [maʀtinɛ] nm (fouet) small whip; (ZOOL) swift.

**martingale** [maʀtɛ̃gal] nf (COUTURE) half-belt; (JEU) winning formula.

**Martinique** [maʀtinik] nf: **la** ~ Martinique.

**martin-pêcheur** [maʀtɛ̃pɛʃœʀ] nm kingfisher.

**martre** [maʀtʀ(ə)] nf marten.

**martyr, e** [maʀtiʀ] nm/f martyr // a martyred; **enfants** ~**s** battered children.

**martyre** [maʀtiʀ] nm martyrdom; (fig: sens affaibli) agony, torture.

**martyriser** [maʀtiʀize] vt (REL) to martyr; (fig) to bully; to batter.

**marxisme** [maʀksism(ə)] nm Marxism.

**mascarade** [maskaʀad] nf masquerade.

**mascotte** [maskɔt] nf mascot.

**masculin, e** [maskylɛ̃, -in] a masculine; (sexe, population) male; (équipe, vêtements) men's; (viril) manly // nm masculine.

**masochisme** [mazɔʃism(ə)] *nm* masochism.

**masque** [mask(ə)] *nm* mask; ~ **à gaz** gas mask.

**masqué, e** [maske] *a* masked.

**masquer** [maske] *vt* (*cacher: paysage, porte*) to hide, conceal; (*dissimuler: vérité, projet*) to mask, obscure.

**massacrant, e** [masakrɑ̃, -ɑ̃t] *a*: **humeur** ~**e** foul temper.

**massacre** [masakʀ(ə)] *nm* massacre, slaughter.

**massacrer** [masakʀe] *vt* to massacre, slaughter; (*fig: texte etc*) to murder.

**massage** [masaʒ] *nm* massage.

**masse** [mas] *nf* mass; (*péj*): **la** ~ **the masses** *pl*; (*ÉLEC*) earth; (*maillet*) sledgehammer; ~**s** *nfpl* masses; **une** ~ **de, des** ~**s de** (*fam*) masses ou loads of; **en** ~ *ad* (*en bloc*) in bulk; (*en foule*) en masse // *a* (*exécutions, production*) mass *cpd*; ~ **salariale** aggregate remuneration (of employees).

**massepain** [maspɛ̃] *nm* marzipan.

**masser** [mase] *vt* (*assembler*) to gather; (*pétrir*) to massage; **se** ~ *vi* to gather; **masseur, euse** *nm/f* masseur/masseuse.

**massicot** [masiko] *nm* guillotine.

**massif, ive** [masif, -iv] *a* (*porte*) solid, massive; (*visage*) heavy, large; (*bois, or*) solid; (*dose*) massive; (*déportations etc*) mass *cpd* // *nm* (*montagneux*) massif; (*de fleurs*) clump, bank.

**massue** [masy] *nf* club, bludgeon.

**mastic** [mastik] *nm* (*pour vitres*) putty; (*pour fentes*) filler.

**mastiquer** [mastike] *vt* (*aliment*) to chew, masticate; (*fente*) to fill; (*vitre*) to putty.

**masturbation** [mastyʀbasjɔ̃] *nf* masturbation.

**masure** [mazyʀ] *nf* tumbledown cottage.

**mat, e** [mat] *a* (*couleur, métal*) mat(t); (*bruit, son*) dull // *a inv* (*ÉCHECS*): **être** ~ to be checkmate.

**mât** [mɑ] *nm* (*NAVIG*) mast; (*poteau*) pole, post.

**match** [matʃ] *nm* match; ~ **nul** draw; **faire** ~ **nul** to draw.

**matelas** [matla] *nm* mattress; ~ **pneumatique** air bed ou mattress; ~ **à ressorts** spring ou interior-sprung mattress.

**matelasser** [matlase] *vt* to pad; to quilt.

**matelot** [matlo] *nm* sailor, seaman.

**mater** [mate] *vt* (*personne*) to bring to heel, subdue; (*révolte*) to put down.

**matérialiser** [mateʀjalize]: **se** ~ *vi* to materialize.

**matérialiste** [mateʀjalist(ə)] *a* materialistic.

**matériau, x** [mateʀjo] *nm* material // *nmpl* material(s).

**matériel, le** [mateʀjɛl] *a* material // *nm* equipment *q*; (*de camping etc*) gear *q*; ~ **d'exploitation** (*COMM*) plant.

**maternel, le** [matɛʀnɛl] *a* (*amour, geste*) motherly, maternal; (*grand-père, oncle*) maternal // *nf* (*aussi*: **école** ~**le**) (state) nursery school.

**maternité** [matɛʀnite] *nf* (*établissement*) maternity hospital; (*état de mère*)

motherhood, maternity; (*grossesse*) pregnancy.

**mathématicien, ne** [matematisjɛ̃, -jɛn] *nm/f* mathematician.

**mathématique** [matematik] *a* mathematical; ~**s** *nfpl* (*science*) mathematics *sg*.

**matière** [matjɛʀ] *nf* (*PHYSIQUE*) matter; (*COMM, TECH*) material, matter *q*; (*fig: d'un livre etc*) subject matter, material; (*SCOL*) subject; **en** ~ **de** as regards; **donner** ~ **à** to give cause to; ~ **plastique** plastic; ~**s fécales** faeces; ~**s grasses** fat content *sg*; ~**s premières** raw materials.

**matin** [matɛ̃] *nm, ad* morning; **matinal, e, aux** *a* (*toilette, gymnastique*) morning *cpd*; (*de bonne heure*) early; **être matinal** (*personne*) to be up early; to be an early riser.

**matinée** [matine] *nf* morning; (*spectacle*) matinée, afternoon performance.

**mâtiner** [mɑtine] *vt* to cross.

**matois, e** [matwa, -waz] *a* wily.

**matou** [matu] *nm* tom(cat).

**matraque** [matʀak] *nf* cosh; (*de policier*) truncheon; **matraquer** *vt* to beat up (with a truncheon); to cosh; (*fig: disque*) to plug.

**matriarcal, e, aux** [matʀijaʀkal, -o] *a* matriarchal.

**matrice** [matʀis] *nf* (*ANAT*) womb; (*TECH*) mould; (*MATH etc*) matrix.

**matricule** [matʀikyl] *nf* (*aussi*: **registre** ~) roll, register // *nm* (*aussi*: **numéro** ~) (*MIL*) regimental number; (*ADMIN*) reference number.

**matrimonial, e, aux** [matʀimɔnjal, -o] *a* marital, marriage *cpd*.

**mâture** [mɑtyʀ] *nf* masts *pl*.

**maturité** [matyʀite] *nf* maturity; (*d'un fruit*) ripeness, maturity.

**maudire** [modiʀ] *vt* to curse.

**maudit, e** [modi, -it] *a* (*fam: satané*) blasted, confounded.

**maugréer** [mogʀee] *vi* to grumble.

**Mauresque** [mɔʀɛsk] *a* Moorish.

**mausolée** [mozɔle] *nm* mausoleum.

**maussade** [mosad] *a* sullen.

**mauvais, e** [mɔvɛ, -ɛz] *a* bad; (*faux*): **le** ~ **numéro/moment** the wrong number/moment; (*méchant, malveillant*) malicious, spiteful // *ad*: **il fait** ~ the weather is bad; **sentir** ~ to have a nasty smell, smell bad ou nasty; **la mer est** ~**e** the sea is rough; ~ **coup** (*fig*) criminal venture; ~ **garçon** tough; ~ **plaisant** hoaxer; ~ **traitements** ill treatment *sg*; ~**e herbe** weed; ~**e langue** gossip, scandalmonger; ~**e passe** difficult situation; bad patch; ~**e tête** rebellious ou headstrong customer.

**mauve** [mov] *a* mauve // *nf* mallow.

**mauviette** [movjɛt] *nf* (*péj*) weakling.

**maux** [mo] *nmpl voir* **mal**.

**maximal, e, aux** [maksimal, -o] *a* maximal.

**maxime** [maksim] *nf* maxim.

**maximum** [maksimɔm] *a, nm* maximum; **au** ~ *ad* (*le plus possible*) to the full; as much as one can; (*tout au plus*) at the (very) most ou maximum.

**mayonnaise** [majɔnɛz] nf mayonnaise.
**mazout** [mazut] nm (fuel) oil.
**me, m'** [m(ə)] pronom me ; (réfléchi) myself.
**Me** abr de **Maître**.
**méandres** [meɑ̃dR(ə)] nmpl meanderings.
**mec** [mɛk] nm (fam) bloke.
**mécanicien, ne** [mekanisjɛ̃, -jɛn] nm/f mechanic ; (RAIL) (train ou engine) driver ; ~-**dentiste** nm/f dental technician.
**mécanique** [mekanik] a mechanical // nf (science) mechanics sg ; (technologie) mechanical engineering ; (AUTO): **s'y connaître en** ~ to be mechanically minded ; (mécanisme) mechanism ; engineering ; works pl ; **ennui** ~ engine trouble q ; **mécaniser** vt to mechanize.
**mécanisme** [mekanism(ə)] nm mechanism.
**mécanographie** [mekanɔgrafi] nf (mechanical) data processing.
**mécène** [mesɛn] nm patron.
**méchanceté** [meʃɑ̃ste] nf nastiness, maliciousness ; nasty ou spiteful ou malicious remark (ou action).
**méchant, e** [meʃɑ̃, -ɑ̃t] a nasty, malicious, spiteful ; (enfant: pas sage) naughty ; (animal) vicious ; (avant le nom: valeur péjorative) nasty ; miserable ; (: intensive) terrific.
**mèche** [mɛʃ] nf (de lampe, bougie) wick ; (d'un explosif) fuse ; (de vilebrequin, perceuse) bit ; (de fouet) lash ; (de cheveux) lock ; **vendre la** ~ to give the game away ; **de** ~ **avec** in league with.
**méchoui** [meʃwi] nm whole sheep barbecue.
**mécompte** [mekɔ̃t] nm miscalculation ; (déception) disappointment.
**méconnaissable** [mekɔnɛsabl(ə)] a unrecognizable.
**méconnaissance** [mekɔnɛsɑ̃s] nf ignorance.
**méconnaître** [mekɔnɛtR(ə)] vt (ignorer) to be unaware of ; (mésestimer) to misjudge.
**mécontent, e** [mekɔ̃tɑ̃, -ɑ̃t] a: ~ (de) discontented ou dissatisfied ou displeased (with) ; (contrarié) annoyed (at) ; **mécontentement** nm dissatisfaction, discontent, displeasure ; annoyance ; **mécontenter** vt to displease.
**médaille** [medaj] nf medal ; **médaillé, e** nm/f (SPORT) medal-holder.
**médaillon** [medajɔ̃] nm (portrait) medallion ; (bijou) locket ; (CULIN) médaillon ; **en** ~ a (carte etc) inset.
**médecin** [mɛdsɛ̃] nm doctor ; ~ **généraliste** general practitioner, G.P.
**médecine** [mɛdsin] nf medicine ; ~ **légale** forensic medicine ; ~ **du travail** occupational ou industrial medicine.
**médian, e** [medjɑ̃, -an] a (MATH) median.
**médiateur, trice** [medjatœR, -tRis] nm/f mediator ; arbitrator.
**médiation** [medjasjɔ̃] nf mediation ; (dans conflit social etc) arbitration.
**médical, e, aux** [medikal, -o] a medical.
**médicament** [medikamɑ̃] nm medicine, drug.
**médicinal, e, aux** [medisinal, -o] a medicinal.

**médico-légal, e, aux** [medikɔlegal, -o] a forensic.
**médiéval, e, aux** [medjeval, -o] a medieval.
**médiocre** [medjɔkR(ə)] a mediocre, poor ; **médiocrité** nf mediocrity.
**médire** [mediR] vi: ~ **de** to speak ill of ; **médisance** nf scandalmongering ; piece of scandal ou of malicious gossip.
**méditatif, ive** [meditatif, -iv] a thoughtful.
**méditation** [meditasjɔ̃] nf meditation.
**méditer** [medite] vt (approfondir) to meditate on, ponder (over) ; (combiner) to meditate // vi to meditate ; ~ **de faire** to contemplate doing, plan to do.
**Méditerranée** [mediteRane] nf: **la (mer)** ~ the Mediterranean (Sea) ; **méditerranéen, ne** a, nm/f Mediterranean.
**médium** [medjɔm] nm medium (person).
**médius** [medjys] nm middle finger.
**méduse** [medyz] nf jellyfish.
**méduser** [medyze] vt to dumbfound.
**meeting** [mitiŋ] nm (POL, SPORT) rally ; ~ **d'aviation** air show.
**méfait** [mefɛ] nm (faute) misdemeanour, wrongdoing ; ~s nmpl (ravages) ravages, damage sg.
**méfiance** [mefjɑ̃s] nf mistrust, distrust.
**méfiant, e** [mefjɑ̃, -ɑ̃t] a mistrustful, distrustful.
**méfier** [mefje]: se ~ vi to be wary ; to be careful ; se ~ **de** vt to mistrust, distrust, be wary of ; (faire attention) to be careful about.
**mégarde** [megaRd(ə)] nf: **par** ~ accidentally ; by mistake.
**mégère** [meʒɛR] nf shrew.
**mégot** [mego] nm cigarette end.
**meilleur, e** [mejœR] a, ad better ; (valeur superlative) best // nm: **le** ~ (celui qui ...) the best (one) ; (ce qui ...) the best // nf: **la** ~**e** the best (one) ; **le** ~ **des deux** the better of the two ; ~ **marché** cheaper.
**mélancolie** [melɑ̃kɔli] nf melancholy, gloom ; **mélancolique** a melancholic, melancholy.
**mélange** [melɑ̃ʒ] nm mixture.
**mélanger** [melɑ̃ʒe] vt (substances) to mix ; (vins, couleurs) to blend ; (mettre en désordre) to mix up, muddle (up).
**mélasse** [melas] nf treacle, molasses sg.
**mêlée** [mele] nf mêlée, scramble ; (RUGBY) scrum(mage).
**mêler** [mele] vt (substances, odeurs, races) to mix ; (embrouiller) to muddle (up), mix up ; se ~ to mix ; to mingle ; se ~ **à** (suj: personne) to join ; to mix with ; (: odeurs etc) to mingle with ; se ~ **de** (suj: personne) to meddle with, interfere in ; ~ **qn à** (affaire) to get sb mixed up ou involved in.
**mélodie** [melɔdi] nf melody ; **mélodieux, euse** a melodious, tuneful ; **mélodique** a melodic.
**mélodrame** [melɔdRam] nm melodrama.
**mélomane** [melɔman] nm/f music lover.
**melon** [məlɔ̃] nm (BOT) (honeydew) melon ; (aussi: **chapeau** ~) bowler (hat) ; ~ **d'eau** watermelon.

**mélopée** [melɔpe] *nf* monotonous chant.
**membrane** [mɑ̃bʀan] *nf* membrane.
**membre** [mɑ̃bʀ(ə)] *nm* (ANAT) limb; (*personne, pays, élément*) member // a member; ~ (*viril*) (male) organ.
**même** [mɛm] *a* same // *pronom*: le(la) ~ the same (one) // *ad* even; en ~ temps at the same time; ce sont ses paroles/celles-là ~s they are his very words/the very ones; il n'a ~ pas pleuré he didn't even cry; ici ~ at this very place; à ~ la bouteille straight from the bottle; à ~ la peau next to the skin; être à ~ de faire to be in a position to be able to do; mettre qn à ~ de faire to enable sb to do; faire de ~ to do likewise; lui de ~ so does (*ou* did *ou* is) he; de ~ que just as; il en va/est allé de ~ pour the same goes/happened for.
**mémento** [meméto] *nm* (*agenda*) engagement diary; (*ouvrage*) summary.
**mémoire** [memwaʀ] *nf* memory // *nm* (ADMIN, JUR) memorandum (*pl* a); (SCOL) dissertation, paper; ~s *nmpl* memoirs; avoir la ~ des chiffres to have a good memory for figures; à la ~ de to the *ou* in memory of; pour ~ *ad* for the record; de ~ d'homme in living memory; de ~ *ad* from memory.
**mémorable** [memɔʀabl(ə)] *a* memorable.
**mémorandum** [memɔʀɑ̃dɔm] *nm* memorandum (*pl* a).
**mémorial, aux** [memɔʀjal, -o] *nm* memorial.
**menaçant, e** [mənasɑ̃, -ɑ̃t] *a* threatening, menacing.
**menace** [mənas] *nf* threat.
**menacer** [mənase] *vt* to threaten.
**ménage** [menaʒ] *nm* (*travail*) housekeeping, housework; (*couple*) (married) couple; (*famille*, ADMIN) household; faire le ~ to do the housework; faire des ~s to go out charring; monter son ~ to set up house; se mettre en ~ (avec) to set up house (with); heureux en ~ happily married; faire bon ~ avec to get on well with; ~ de poupée doll's kitchen set; ~ à trois love triangle.
**ménagement** [menaʒmɑ̃] *nm* care and attention; ~s *nmpl* (*égards*) consideration *sg*, attention *sg*.
**ménager** [menaʒe] *vt* (*traiter*) to handle with tact; to treat considerately; (*utiliser*) to use sparingly; to use with care; (*prendre soin de*) to take (great) care of, look after; (*organiser*) to arrange; (*installer*) to put in; to make; ~ qch à qn (*réserver*) to have sth in store for sb.
**ménager, ère** [menaʒe, -ɛʀ] *a* household *cpd*, domestic // *nf* housewife (*pl* wives).
**ménagerie** [menaʒʀi] *nf* menagerie.
**mendiant, e** [mɑ̃djɑ̃, -ɑ̃t] *nm/f* beggar.
**mendicité** [mɑ̃disite] *nf* begging.
**mendier** [mɑ̃dje] *vi* to beg // *vt* to beg (for).
**menées** [məne] *nfpl* intrigues, manœuvres.
**mener** [məne] *vt* to lead; (*enquête*) to conduct; (*affaires*) to manage // *vi*: ~ (à la marque) to lead, be in the lead; ~ à/dans (*emmener*) to take to/into; ~ qch à terme *ou* à bien to see sth through (to

a successful conclusion), complete sth successfully.
**meneur, euse** [mənœʀ, -øz] *nm/f* leader; (*péj*) agitator; ~ d'hommes born leader; ~ de jeu compère; quizmaster.
**méningite** [menɛ̃ʒit] *nf* meningitis *q*.
**ménopause** [menɔpoz] *nf* menopause.
**menotte** [mənɔt] *nf* (*main*) mitt, tiny hand; ~s *nfpl* handcuffs; passer les ~s à to handcuff.
**mensonge** [mɑ̃sɔ̃ʒ] *nm* lie; lying *q*; mensonger, ère a false.
**mensualité** [mɑ̃syalite] *nf* monthly payment; monthly salary.
**mensuel, le** [mɑ̃syɛl] *a* monthly.
**mensurations** [mɑ̃syʀɑsjɔ̃] *nfpl* measurements.
**mental, e, aux** [mɑ̃tal, -o] *a* mental.
**mentalité** [mɑ̃talite] *nf* mentality.
**menteur, euse** [mɑ̃tœʀ, -øz] *nm/f* liar.
**menthe** [mɑ̃t] *nf* mint; ~ (à l'eau) peppermint cordial.
**mention** [mɑ̃sjɔ̃] *nf* (*note*) note, comment; (SCOL): ~ bien *etc* ≈ grade B *etc* (*ou* upper 2nd class *etc*) pass; faire ~ de to mention; mentionner *vt* to mention.
**mentir** [mɑ̃tiʀ] *vi* to lie; to be lying.
**menton** [mɑ̃tɔ̃] *nm* chin.
**menu, e** [məny] *a* slim, slight; tiny; (*frais, difficulté*) minor // *ad* (*couper, hacher*) very fine // *nm* menu; par le ~ (*raconter*) in minute detail; ~e monnaie small change.
**menuet** [mənyɛ] *nm* minuet.
**menuiserie** [mənyizʀi] *nf* (*travail*) joinery, carpentry; woodwork; (*local*) joiner's workshop; (*ouvrage*) woodwork *q*.
**menuisier** [mənyizje] *nm* joiner, carpenter.
**méprendre** [mepʀɑ̃dʀ(ə)]: se ~ *vi*: se ~ sur to be mistaken (about).
**mépris** [mepʀi] *nm* (*dédain*) contempt, scorn; (*indifférence*): le ~ de contempt *ou* disregard for; au ~ de regardless of, in defiance of.
**méprisable** [mepʀizabl(ə)] *a* contemptible, despicable.
**méprisant, e** [mepʀizɑ̃, -ɑ̃t] *a* contemptuous, scornful.
**méprise** [mepʀiz] *nf* mistake, error; misunderstanding.
**mépriser** [mepʀize] *vt* to scorn, despise; (*gloire, danger*) to scorn, spurn.
**mer** [mɛʀ] *nf* sea; (*marée*) tide; en ~ at sea; prendre la ~ to put out to sea; en haute ~ off shore, on the open sea; la ~ du Nord/Rouge the North/Red Sea.
**mercantile** [mɛʀkɑ̃til] *a* (*péj*) mercenary.
**mercenaire** [mɛʀsənɛʀ] *nm* mercenary, hired soldier.
**mercerie** [mɛʀsəʀi] *nf* haberdashery; haberdasher's shop.
**merci** [mɛʀsi] *excl* thank you // *nf*: à la ~ de qn/qch at sb's mercy/the mercy of sth; ~ beaucoup thank you very much; ~ de thank you for; sans ~ merciless.
**mercier, ière** [mɛʀsje, -jɛʀ] *nm/f* haberdasher.
**mercredi** [mɛʀkʀədi] *nm* Wednesday; ~ des Cendres Ash Wednesday.
**mercure** [mɛʀkyʀ] *nm* mercury.

**merde** [mɛʀd(ə)] (*fam!*) *nf* shit (!) // *excl* bloody hell (!).

**mère** [mɛʀ] *nf* mother ; ~ **célibataire** unmarried mother.

**méridien** [meʀidjɛ̃] *nm* meridian.

**méridional, e, aux** [meʀidjɔnal, -o] *a* southern ~ *nm/f* Southerner.

**meringue** [məʀɛ̃g] *nf* meringue.

**merisier** [məʀizje] *nm* wild cherry (tree).

**méritant, e** [meʀitɑ̃, -ɑ̃t] *a* deserving.

**mérite** [meʀit] *nm* merit ; **le ~ (de ceci) lui revient** the credit (for this) is his.

**mériter** [meʀite] *vt* to deserve.

**méritoire** [meʀitwaʀ] *a* praiseworthy, commendable.

**merlan** [mɛʀlɑ̃] *nm* whiting.

**merle** [mɛʀl(ə)] *nm* blackbird.

**merveille** [mɛʀvɛj] *nf* marvel, wonder ; **faire ~** to work wonders ; **à ~** perfectly, wonderfully.

**merveilleux, euse** [mɛʀvɛjø, -øz] *a* marvellous, wonderful.

**mes** [me] *dét voir* **mon.**

**mésalliance** [mezaljɑ̃s] *nf* misalliance, mismatch.

**mésange** [mezɑ̃ʒ] *nf* tit(mouse) (*pl* mice) ; ~ **bleue** blue tit.

**mésaventure** [mezavɑ̃tyʀ] *nf* misadventure, misfortune.

**Mesdames** [medam] *nfpl voir* **Madame.**

**Mesdemoiselles** [medmwazɛl] *nfpl voir* **Mademoiselle.**

**mésentente** [mezɑ̃tɑ̃t] *nf* dissension, disagreement.

**mésestimer** [mezɛstime] *vt* to underestimate, underrate ; to have low regard for.

**mesquin, e** [mɛskɛ̃, -in] *a* mean, petty ; **mesquinerie** *nf* pettiness *q*, meanness *q*.

**mess** [mɛs] *nm* mess.

**message** [mesaʒ] *nm* message ; ~ **téléphoné** telegram dictated by telephone ; **messager, ère** *nm/f* messenger ; **messageries** *nfpl* parcels service *sg* ; distribution service *sg*.

**messe** [mɛs] *nf* mass ; **aller à la ~** to go to mass ; ~ **de minuit** midnight mass.

**messie** [mesi] *nm*: **le M~** the Messiah.

**Messieurs** [mesjø] *nmpl* (*abr* **Messrs**) *voir* **Monsieur.**

**mesure** [məzyʀ] *nf* (*évaluation, dimension*) measurement ; (*étalon, récipient, contenu*) measure ; (*MUS: cadence*) time, tempo ; (: *division*) bar ; (*retenue*) moderation ; (*disposition*) measure, step ; **sur ~** (*costume*) made-to-measure ; **à la ~ de** (*fig*) worthy of ; on the same scale as ; **dans la ~ où** insofar as, inasmuch as ; **à ~ que** as ; **en ~** (*MUS*) in time *ou* tempo ; **être en ~ de** to be in a position to ; **dépasser la ~** (*fig*) to overstep the mark.

**mesurer** [məzyʀe] *vt* to measure ; (*juger*) to weigh up, assess ; (*limiter*) to limit, ration ; (*modérer*) to moderate ; (*proportionner*): ~ **qch à** to match sth to, gear sth to ; **se ~ avec** to have a confrontation with ; to tackle ; **il mesure 1 m 80** he's 1 m 80 tall.

**met** *vb voir* **mettre.**

**métairie** [meteʀi] *nf* smallholding.

**métal, aux** [metal, -o] *nm* metal ; ~**lique** *a* metallic ; ~**lisé, e** *a* (*peinture*) metallic ; ~**lurgie** *nf* metallurgy ; ~**lurgiste** *nm/f* steel *ou* metal worker ; metallurgist.

**métamorphose** [metamɔʀfoz] *nf* metamorphosis (*pl* oses).

**métaphore** [metafɔʀ] *nf* metaphor.

**métaphysique** [metafizik] *nf* metaphysics *sg* // *a* metaphysical.

**métayer, ère** [meteje, metsjɛʀ] *nm/f* (tenant) farmer.

**météo** [meteo] *nf* weather report ; ≈ Met Office.

**météore** [meteɔʀ] *nm* meteor.

**météorologie** [meteɔʀɔlɔʒi] *nf* meteorology ; **météorologique** *a* meteorological, weather *cpd*.

**métèque** [metɛk] *nm* (*péj*) wop.

**méthode** [metɔd] *nf* method ; (*livre, ouvrage*) manual, tutor ; **méthodique** *a* methodical.

**méticuleux, euse** [metikylø, -øz] *a* meticulous.

**métier** [metje] *nm* (*profession: gén*) job ; (: *manuel*) trade ; (: *artisanal*) craft ; (*technique, expérience*) (acquired) skill *ou* technique ; (*aussi*: ~ **à tisser**) (weaving) loom ; **être du ~** to be in the trade *ou* profession.

**métis, se** [metis] *a, nm/f* half-caste, half-breed.

**métisser** [metise] *vt* to cross.

**métrage** [metʀaʒ] *nm* (*de tissu*) length, ≈ yardage ; (*CINÉMA*) footage, length ; **long/moyen/court ~** full-length/ medium-length/short film.

**mètre** [mɛtʀ(ə)] *nm* metre ; (*règle*) rule ; (*ruban*) tape measure ; **métrique** *a* metric // *nf* metrics *sg*.

**métro** [metʀo] *nm* underground, subway.

**métropole** [metʀɔpɔl] *nf* (*capitale*) metropolis ; (*pays*) home country ; **métropolitain, e** *a* metropolitan.

**mets** [mɛ] *nm* dish.

**metteur** [metœʀ] *nm*: ~ **en scène** (*THÉÂTRE*) producer ; (*CINÉMA*) director ; ~ **en ondes** producer.

**mettre** [mɛtʀ(ə)] *vt* (*placer*) to put ; (*vêtement: revêtir*) to put on ; (: *porter*) to wear ; (*installer: gaz, l'électricité*) to put in ; (*faire fonctionner: chauffage, électricité*) to put on ; (*noter, écrire*) to say, put down ; **mettons que** let's suppose *ou* say that ; ~ **en bouteille/en sac** to bottle/put in bags *ou* sacks ; **y ~ du sien** to pull one's weight ; ~ **du temps/2 heures à faire** to take time/2 hours doing ; **se ~: n'avoir rien à se ~** to have nothing to wear ; **se ~ de l'encre sur les doigts** to get ink on one's fingers ; **se ~ au lit** to get into bed ; **se ~ au piano** (*s'asseoir*) to sit down at the piano ; (*apprendre*) to start learning the piano ; **se ~ à faire** to begin *ou* start doing *ou* to do ; **se ~ au travail/à l'étude** to get down to work/one's studies.

**meublant, e** [mœblɑ̃, -ɑ̃t] *a* (*tissus etc*) effective (in the room), decorative.

**meuble** [mœbl(ə)] *nm* piece of furniture ; furniture *q* // *a* (*terre*) loose, friable ; (*JUR*): **biens ~s** movables ; **meublé** *nm* furnished room (*ou* flatlet) ; **meubler** *vt* to furnish ;

*(fig)*: **meubler qch (de)** to fill sth (with); **se meubler** to furnish one's house.
**meugler** [møgle] *vi* to low, moo.
**meule** [møl] *nf* (*à broyer*) millstone; (*à aiguiser*) grindstone; (*à polir*) buffwheel; (*de foin, blé*) stack; (*de fromage*) round.
**meunerie** [mønri] *nf* flour trade; milling; **meunier, ière** *nm* miller // *nf* miller's wife // *af inv* (*CULIN*) meunière.
**meure** *etc vb voir* **mourir**.
**meurtre** [mœrtr(ə)] *nm* murder; **meurtrier, ière** *a* (*arme etc*) deadly; (*fureur, instincts*) murderous // *nm/f* murderer/eress // *nf* (*ouverture*) loophole.
**meurtrir** [mœrtrir] *vt* to bruise; (*fig*) to wound; **meurtrissure** *nf* bruise; (*fig*) scar.
**meus** *etc vb voir* **mouvoir**.
**meute** [møt] *nf* pack.
**mexicain, e** [mɛksikɛ̃, -ɛn] *a*, *nm/f* Mexican.
**Mexico** [mɛksiko] *n* Mexico City.
**Mexique** [mɛksik] *nm*: **le ~**, Mexico.
**MF** *sigle f voir* **modulation**.
**Mgr** *abr de* **Monseigneur**.
**mi** [mi] *nm* (*MUS*) E; (*en chantant la gamme*) mi.
**mi...** [mi] *préfixe* half(-); mid-; **à la ~-janvier** in mid-January; **~-bureau, ~-chambre** half office, half bedroom; **à ~-jambes/-corps** (up *ou* down) to the knees/waist; **à ~-hauteur/-pente** halfway up *ou* down/up *ou* down the hill.
**miauler** [mjole] *vi* to mew.
**mica** [mika] *nm* mica.
**mi-carême** [mikarɛm] *nf*: **la ~** the third Thursday in Lent.
**miche** [miʃ] *nf* round *ou* cob loaf.
**mi-chemin** [miʃmɛ̃]: **à ~** *ad* halfway, midway.
**mi-clos, e** [miklo, -kloz] *a* half-closed.
**micmac** [mikmak] *nm* (*péj*) carry-on.
**micro** [mikro] *nm* mike, microphone.
**microbe** [mikrob] *nm* germ, microbe.
**microfiche** [mikrofiʃ] *nf* microfiche.
**microfilm** [mikrofilm] *nm* microfilm.
**microphone** [mikrofon] *nm* microphone.
**microscope** [mikroskɔp] *nm* microscope; **au ~** under *ou* through the microscope.
**midi** [midi] *nm* midday, noon; (*moment du déjeuner*) lunchtime; **à ~** at 12 (o'clock) *ou* midday *ou* noon; (*sud*) south; **en plein ~** (right) in the middle of the day; facing south.
**mie** [mi] *nf* crumb (of the loaf).
**miel** [mjɛl] *nm* honey.
**mielleux, euse** [mjɛlø, -øz] *a* (*péj*) sugary, honeyed.
**mien, ne** [mjɛ̃, mjɛn] *pronom*: **le(la) ~(ne), les ~s** mine; **les ~s** my family.
**miette** [mjɛt] *nf* (*de pain, gâteau*) crumb; (*fig: de la conversation etc*) scrap; **en ~s** (*fig*) in pieces *ou* bits.
**mieux** [mjø] *ad* better // a better; (*plus joli*) better-looking // *nm* (*progrès*) improvement; **le ~** the best (thing); **le(la) ~, les ~** the best; **le ~ des deux** the better of the two; **les livres les ~ faits** the best made books; **de mon/ton ~** as best I/you can (*ou* could); **de ~ en ~** better and better; **pour le ~** for the best;

**au ~** at best; **au ~ avec** on the best of terms with.
**mièvre** [mjɛvr(ə)] *a* mawkish, sickly sentimental.
**mignon, ne** [miɲɔ̃, -ɔn] *a* sweet, cute.
**migraine** [migrɛn] *nf* headache; migraine.
**migrateur, trice** [migratœr, -tris] *a* migratory.
**migration** [migrasjɔ̃] *nf* migration.
**mijaurée** [miʒɔre] *nf* pretentious girl.
**mijoter** [miʒɔte] *vt* to simmer; (*préparer avec soin*) to cook lovingly; (*affaire, projet*) to plot, cook up // *vi* to simmer.
**mil** [mil] *num* = **mille**.
**mildiou** [mildju] *nm* mildew.
**milice** [milis] *nf* militia; **milicien, ne** *nm/f* militia man/woman.
**milieu, x** [miljø] *nm* (*centre*) middle; (*fig*) middle course *ou* way; happy medium; (*BIO, GÉO*) environment; (*entourage social*) milieu; background; circle; (*pègre*): **le ~** the underworld; **au ~ de** in the middle of.
**militaire** [militɛr] *a* military, army *cpd* // *nm* serviceman.
**militant, e** [militɑ̃, -ɑ̃t] *a*, *nm/f* militant.
**militer** [milite] *vi* to be a militant; **~ pour/contre** (*suj: faits, raisons etc*) to militate in favour of/against.
**mille** [mil] *num* a *ou* one thousand // *nm* (*mesure*): **~ (marin)** nautical mile; **mettre dans le ~** to hit the bull's-eye; to be bang on target; **~feuille** *nm* cream *ou* vanilla slice; **millénaire** *nm* millennium // *a* thousand-year-old; (*fig*) ancient; **~pattes** *nm inv* centipede.
**millésime** [milezim] *nm* year; **millésimé, e** *a* vintage *cpd*.
**millet** [mijɛ] *nm* millet.
**milliard** [miljar] *nm* milliard, thousand million; **milliardaire** *nm/f* multi-millionaire.
**millier** [milje] *nm* thousand; **un ~ (de)** a thousand or so, about a thousand; **par ~s** in (their) thousands, by the thousand.
**milligramme** [miligram] *nm* milligramme.
**millimètre** [milimɛtr(ə)] *nm* millimetre; **millimétré, e** *a*: **papier millimétré** graph paper.
**million** [miljɔ̃] *nm* million; **deux ~s de** two million; **toucher cinq ~s** to get five million; **riche à ~s** worth millions; **millionnaire** *nm/f* millionaire.
**mime** [mim] *nm/f* (*acteur*) mime(r) // *nm* (*art*) mime, miming.
**mimer** [mime] *vt* to mime; (*singer*) to mimic, take off.
**mimétisme** [mimetism(ə)] *nm* (*BIO*) mimicry.
**mimique** [mimik] *nf* (*funny*) face; (*signes*) gesticulations *pl*, sign language *q*.
**mimosa** [mimoza] *nm* mimosa.
**minable** [minabl(ə)] *a* shabby (-looking); pathetic.
**minauder** [minode] *vi* to mince, simper.
**mince** [mɛ̃s] *a* thin; (*personne, taille*) slim, slender; (*fig: profit, connaissances*) slight, small // *excl* drat it!; **minceur** *nf* thinness; slimness, slenderness.

**mine** [min] *nf* (*physionomie*) expression, look ; (*extérieur*) exterior, appearance ; (*de crayon*) lead ; (*gisement, exploitation, explosif*) mine ; ~**s** *nfpl* (*péj*) simpering airs ; **avoir bonne ~** (*personne*) to look well ; (*ironique*) to look an utter idiot ; **avoir mauvaise ~** to look unwell *ou* poorly ; **faire ~ de faire** to make a pretence of doing ; to make as if to do ; ~ **de rien** *ad* with a casual air ; although you wouldn't think so ; ~ **de charbon** coalmine ; ~ **à ciel ouvert** opencast mine.

**miner** [mine] *vt* (*saper*) to undermine, erode ; (*MIL*) to mine.

**minerai** [minʀɛ] *nm* ore.

**minéral, e, aux** [mineʀal, -o] *a* mineral ; (*CHIMIE*) inorganic // *nm* mineral.

**minéralogie** [mineʀalɔʒi] *nf* mineralogy.

**minéralogique** [mineʀalɔʒik] *a* mineralogical ; **plaque ~** number plate ; **numéro ~** registration number.

**minet, te** [minɛ, -ɛt] *nm/f* (*chat*) pussy-cat ; (*péj*) young trendy/dollybird.

**mineur, e** [minœʀ] *a* minor // *nm/f* (*JUR*) minor, person under age // *nm* (*travailleur*) miner ; ~ **de fond** face worker.

**miniature** [minjatyʀ] *a*, *nf* miniature ; **miniaturiser** *vt* to miniaturize.

**minibus** [minibys] *nm* minibus.

**mini-cassette** [minikasɛt] *nf* cassette (recorder).

**minier, ière** [minje, -jɛʀ] *a* mining.

**mini-jupe** [miniʒyp] *nf* mini-skirt.

**minimal, e, aux** [minimal, -o] *a* minimum.

**minime** [minim] *a* minor, minimal // *nm/f* (*SPORT*) junior.

**minimiser** [minimize] *vt* to minimize ; (*fig*) to play down.

**minimum** [minimɔm] *a*, *nm* minimum ; **au ~** (*au moins*) at the very least ; ~ **vital** living wage ; subsistance level.

**ministère** [ministɛʀ] *nm* (*aussi REL*) ministry ; (*cabinet*) government ; ~ **public** (*JUR*) Prosecution, State Prosecutor ; **ministériel, le** *a* cabinet *cpd* ; ministerial.

**ministre** [ministʀ(ə)] *nm* (*aussi REL*) minister ; ~ **d'État** senior minister (*of the Interior or Justice*).

**minium** [minjɔm] *nm* red lead paint.

**minois** [minwa] *nm* little face.

**minoritaire** [minɔʀitɛʀ] *a* minority *cpd*.

**minorité** [minɔʀite] *nf* minority ; **être en ~** to be in the *ou* a minority ; **mettre en ~** (*POL*) to defeat.

**minoterie** [minɔtʀi] *nf* flour-mill.

**minuit** [minɥi] *nm* midnight.

**minuscule** [minyskyl] *a* minute, tiny // *nf*: (**lettre**) ~ small letter.

**minute** [minyt] *nf* minute ; (*JUR: original*) minute, draft ; **à la ~** (*just*) this instant ; there and then ; **steak** ~ minute steak ; **minuter** *vt* to time ; **minuterie** *nf* time switch.

**minutieux, euse** [minysjø, -øz] *a* meticulous ; minutely detailed ; requiring painstaking attention to detail.

**mioche** [mjɔʃ] *nm* (*fam*) nipper, brat.

**mirabelle** [miʀabɛl] *nf* (*cherry*) plum ; (*eau-de-vie*) plum brandy.

**miracle** [miʀakl(ə)] *nm* miracle ; **miraculé, e** *a* who has been miraculously cured (*ou* rescued) ; **miraculeux, euse** *a* miraculous.

**mirador** [miʀadɔʀ] *nm* (*MIL*) watchtower.

**mirage** [miʀaʒ] *nm* mirage.

**mire** [miʀ] *nf*: **point de ~** target ; (*fig*) focal point ; **ligne de ~** line of sight.

**mirer** [miʀe] *vt* (*œufs*) to candle ; **se ~** *vi*: **se ~ dans** to gaze at one's reflection in ; to be mirrored in.

**mirifique** [miʀifik] *a* wonderful.

**mirobolant, e** [miʀɔbɔlɑ̃, -ɑ̃t] *a* fantastic.

**miroir** [miʀwaʀ] *nm* mirror.

**miroiter** [miʀwate] *vi* to sparkle, shimmer ; **faire ~ qch à qn** to paint sth in glowing colours for sb, dangle sth in front of sb's eyes.

**miroiterie** [miʀwatʀi] *nf* mirror factory ; mirror dealer's (shop).

**mis, e** [mi, miz] *pp de* **mettre** // *a*: **bien ~** well dressed // *nf* (*argent: au jeu*) stake ; (*tenue*) clothing ; attire ; **être de ~** to be acceptable *ou* in season ; ~**e de fonds** capital outlay ; ~**e à mort** kill ; ~**e en plis** set ; ~**e au point** (*fig*) clarification (*voir aussi* **point**) ; ~**e en scène** production.

**misaine** [mizɛn] *nf*: **mât de ~** foremast.

**misanthrope** [mizɑ̃tʀɔp] *nm/f* misanthropist.

**mise** [miz] *a*, *nf voir* **mis**.

**miser** [mize] *vt* (*enjeu*) to stake, bet ; ~ **sur** *vt* (*cheval, numéro*) to bet on ; (*fig*) to bank *ou* count on.

**misérable** [mizeʀabl(ə)] *a* (*lamentable, malheureux*) pitiful, wretched ; (*pauvre*) poverty-stricken ; (*insignifiant, mesquin*) miserable // *nm/f* wretch ; (*miséreux*) poor wretch.

**misère** [mizɛʀ] *nf* (*extreme*) poverty, destitution ; ~**s** *nfpl* woes, miseries ; little troubles ; **être dans la ~** to be destitute *ou* poverty-stricken ; **salaire de ~** starvation wage ; **miséreux, euse** *nm/f* down-and-out.

**miséricorde** [mizeʀikɔʀd(ə)] *nf* mercy, forgiveness ; **miséricordieux, euse** *a* merciful, forgiving.

**misogyne** [mizɔʒin] *a* misogynous // *nm/f* misogynist.

**missel** [misɛl] *nm* missal.

**missile** [misil] *nm* missile.

**mission** [misjɔ̃] *nf* mission ; **partir en ~** (*ADMIN, POL*) to go on an assignment ; **missionnaire** *nm/f* missionary.

**missive** [misiv] *nf* missive.

**mit** *vb voir* **mettre**.

**mitaine** [mitɛn] *nf* mitt(en).

**mite** [mit] *nf* clothes moth ; **mité, e** *a* moth-eaten.

**mi-temps** [mitɑ̃] *nf inv* (*SPORT: période*) half (*pl* halves) ; (*: pause*) half-time ; **à ~** *a, ad* part-time.

**miteux, euse** [mitø, -øz] *a* seedy, shabby.

**mitigé, e** [mitiʒe] *a* lukewarm ; mixed.

**mitonner** [mitɔne] *vt* to cook with loving care ; (*fig*) to cook up quietly.

**mitoyen, ne** [mitwajɛ̃, -ɛn] *a* common, party *cpd* ; **maisons ~nes** semi-detached houses ; (*plus de deux*) terraced houses.

**mitraille** [mitʀɑj] *nf* grapeshot ; shellfire.

**mitrailler** [mitʀɑje] *vt* to machine-gun ; *(fig: photographier)* to take shot after shot of ; ~ **qn de** to pelt sb with, bombard sb with ; **mitraillette** *nf* submachine gun ; **mitrailleur** *nm* machine gunner ; **mitrailleuse** *nf* machine gun.

**mitre** [mitʀ(ə)] *nf* mitre.

**mitron** [mitʀɔ̃] *nm* baker's boy.

**mi-voix** [mivwa]: **à ~** *ad* in a low *ou* hushed voice.

**mixage** [miksaʒ] *nm* (CINÉMA) (sound) mixing.

**mixer** [miksœʀ] *nm* (food) mixer.

**mixité** [miksite] *nf* (SCOL) coeducation.

**mixte** [mikst(ə)] *a* (GÉN) mixed ; (SCOL) mixed, coeducational ; **à usage ~** dual-purpose ; **cuisinière ~** gas and electric cooker ; **équipe ~** combined team.

**mixture** [mikstyʀ] *nf* mixture ; *(fig)* concoction.

**M.L.F.** *sigle m = mouvement de libération de la femme,* ≈ Women's Lib.

**Mlle,** *pl* **Miles** *abr de* **Mademoiselle**.

**MM** *abr de* **Messieurs**.

**Mme,** *pl* **Mmes** *abr de* **Madame**.

**mnémotechnique** [mnemɔtɛknik] *a* mnemonic.

**Mo** *abr de* **métro**.

**mobile** [mɔbil] *a* mobile ; *(pièce de machine)* moving ; *(élément de meuble etc)* movable // *nm (motif)* motive ; *(œuvre d'art)* mobile ; (PHYSIQUE) moving object *ou* body.

**mobilier, ière** [mɔbilje, -jɛʀ] *a* (JUR) personal // *nm* furniture ; **valeurs mobilières** transferable securities ; **vente mobilière** sale of personal property *ou* chattels.

**mobilisation** [mɔbilizasjɔ̃] *nf* mobilization.

**mobiliser** [mɔbilize] *vt* (MIL, GÉN) to mobilize.

**mobilité** [mɔbilite] *nf* mobility.

**mocassin** [mɔkasɛ̃] *nm* moccasin.

**moche** [mɔʃ] *a (fam)* ugly ; rotten.

**modalité** [mɔdalite] *nf* form, mode ; **~s** *nfpl (d'un accord etc)* clauses, terms.

**mode** [mɔd] *nf* fashion ; *(commerce)* fashion trade *ou* industry // *nm (manière)* form, mode ; (LING) mood ; (MUS) mode ; **à la ~** fashionable, in fashion ; **~ d'emploi** directions *pl* (for use) ; **~ de vie** way of life.

**modèle** [mɔdɛl] *a, nm* model ; *(qui pose: de peintre)* sitter ; **~ déposé** registered design ; **~ réduit** small-scale model ; **~ de série** production model.

**modelé** [mɔdle] *nm* relief ; contours *pl*.

**modeler** [mɔdle] *vt* (ART) to model, mould ; *(suj: vêtement, érosion)* to mould, shape ; **~ qch sur/d'après** to model sth on.

**modérateur, trice** [mɔdeʀatœʀ, -tʀis] *a* moderating // *nm/f* moderator.

**modération** [mɔdeʀasjɔ̃] *nf* moderation.

**modéré, e** [mɔdeʀe] *a, nm/f* moderate.

**modérer** [mɔdeʀe] *vt* to moderate ; **se ~** *vi* to restrain o.s.

**moderne** [mɔdɛʀn(ə)] *a* modern // *nm* modern style ; modern furniture ; **moderniser** *vt* to modernize.

**modeste** [mɔdɛst(ə)] *a* modest ; **modestie** *nf* modesty.

**modicité** [mɔdisite] *nf*: **la ~ des prix** *etc* the low prices *etc*.

**modification** [mɔdifikasjɔ̃] *nf* modification.

**modifier** [mɔdifje] *vt* to modify, alter ; (LING) to modify ; **se ~** *vi* to alter.

**modique** [mɔdik] *a* modest.

**modiste** [mɔdist(ə)] *nf* milliner.

**modulation** [mɔdylasjɔ̃] *nf* modulation ; **~ de fréquence** (FM *ou* MF) frequency modulation.

**module** [mɔdyl] *nm* module.

**moduler** [mɔdyle] *vt* to modulate ; *(air)* to warble.

**moelle** [mwal] *nf* marrow ; *(fig)* pith, core ; **~ épinière** spinal chord.

**moelleux, euse** [mwalø, -øz] *a* soft ; *(au goût, à l'ouïe)* mellow.

**moellon** [mwalɔ̃] *nm* rubble stone.

**mœurs** [mœʀ] *nfpl (conduite)* morals ; *(manières)* manners ; *(pratiques sociales, mode de vie)* habits ; **passer dans les ~** to become the custom ; **contraire aux bonnes ~** contrary to proprieties.

**mohair** [mɔɛʀ] *nm* mohair.

**moi** [mwa] *pronom* me ; *(emphatique)*: **~,** je for my part, I, I myself.

**moignon** [mwaɲɔ̃] *nm* stump.

**moi-même** [mwamɛm] *pronom* myself ; *(emphatique)* I myself.

**moindre** [mwɛ̃dʀ(ə)] *a* lesser ; lower ; **le(la) ~,** **les ~s** the least, the slightest.

**moine** [mwan] *nm* monk, friar.

**moineau, x** [mwano] *nm* sparrow.

**moins** [mwɛ̃] *ad* less // *cj*: **~ 2 minus 2** ; **~ je travaille, mieux je me porte** the less I work the better I feel ; **~ grand que** not as tall as, less tall than ; **le(la) ~ doué(e)** the least gifted ; **le ~** the least ; **~ de** *(sable, eau)* less ; *(livres, gens)* fewer ; **de 2 ans/100 F** less than 2 years/100 F ; **~ de midi** not yet midday ; **100 F/3 jours de ~** 100 F/3 days less ; **3 livres en ~** 3 books fewer ; **3 books too few** ; **de l'argent en ~** less money ; **le soleil en ~** but for the sun, minus the sun ; **à ~ que** *cj* unless ; **à ~ de faire** unless we do *(ou* he does) ; **à ~ de** *(imprévu, accident)* barring any ; **au ~** at least ; **de ~ en ~** less and less ; **pour le ~** at the very least ; **du ~** at least ; **il est ~ cinq** it's five to ; **il fait ~ cinq** it's five below (freezing) *ou* minus five.

**moiré, e** [mwaʀe] *a (tissu, papier)* moiré, watered ; *(reflets)* shimmering.

**mois** [mwa] *nm* month ; **~ double** (COMM) extra month's salary.

**moïse** [mɔiz] *nm* Moses basket.

**moisi, e** [mwazi] *a* mouldy, mildewed // *nm* mould, mildew ; **odeur de ~** musty smell.

**moisir** [mwaziʀ] *vi* to go mouldy ; *(fig)* to rot ; to hang about.

**moisissure** [mwazisyʀ] *nf* mould *q*.

**moisson** [mwasɔ̃] *nf* harvest ; *(fig)*: **faire une ~ de** to gather a wealth of ; **moissonner** *vt* to harvest, reap ; *(fig)* to collect ; **moissonneur, euse** *nm/f* harvester, reaper // *nf (machine)* harvester; **moissonneuse-batteuse** *nf* combine harvester.

**moite** [mwat] *a* sweaty, sticky.

**moitié** [mwatje] *nf* half (*pl* halves); (*épouse*): **sa ~** his loving wife, his better half; **la ~ half**; **la ~ de** half (of), half the amount (*ou* number) of; **la ~ du temps/des gens** half the time/the people; **à la ~ de** halfway through; **~ moins grand** half as tall; **~ plus long** half as long again, longer by half; **à ~** half (*avant le verbe*); half- (*avant l'adjectif*); **de ~ by** half; **~ ~** half-and-half.

**moka** [mɔka] *nm* mocha coffee; mocha cake.

**mol** [mɔl] *a voir* **mou.**

**molaire** [mɔlɛR] *nf* molar.

**molécule** [mɔlekyl] *nf* molecule.

**moleskine** [mɔlɛskin] *nf* imitation leather.

**molester** [mɔlɛste] *vt* to manhandle, maul (about).

**molette** [mɔlɛt] *nf* toothed *ou* cutting wheel.

**molle** [mɔl] *af voir* **mou; ~ment** *ad* softly; (*péj*) sluggishly; (*protester*) feebly; **mollesse** *nf* softness; flabbiness; limpness; sluggishness.

**mollet** [mɔlɛ] *nm* calf (*pl* calves) // *am*: **œuf ~** soft-boiled egg; **molletière** *af*: **bande molletière** puttee.

**molletonné, e** [mɔltɔne] *a* fleece-lined, flannelette-lined.

**mollir** [mɔliR] *vi* to give way; to relent; to go soft.

**mollusque** [mɔlysk(ə)] *nm* (ZOOL) mollusc.

**molosse** [mɔlɔs] *nm* big ferocious dog.

**môme** [mom] *nm/f* (*fam: enfant*) brat; (: *fille*) bird.

**moment** [mɔmɑ̃] *nm* moment; **ce n'est pas le ~** this is not the (right) time; **à un certain ~** at some point; **pour un bon ~** for a good while; **pour le ~** for the moment, for the time being; **au ~ de** at the time of; **au ~ où** as; at a time when; **à tout ~** at any time *ou* moment; constantly, continually; **en ce ~** at the moment; at present; **sur le ~** at the time; **par ~s** now and then, at times; **du ~ où** *ou* **que** seeing that, since; **momentané, e** *a* temporary, momentary.

**momie** [mɔmi] *nf* mummy.

**mon** [mɔ̃], **ma** [ma], *pl* **mes** [me] *dét* my.

**monacal, e, aux** [mɔnakal, -o] *a* monastic.

**monarchie** [mɔnaRʃi] *nf* monarchy; **monarchiste** *a, nm/f* monarchist.

**monarque** [mɔnaRk(ə)] *nm* monarch.

**monastère** [mɔnastɛR] *nm* monastery.

**monastique** [mɔnastik] *a* monastic.

**monceau, x** [mɔ̃so] *nm* heap.

**mondain, e** [mɔ̃dɛ̃, -ɛn] *a* society *cpd*; social; fashionable // *nm/f* society man/woman, socialite // *nf*: **la M~e, la police ~e** ≈ the vice squad; **mondanités** *nfpl* society life *sg*; (*society*) small talk *sg*; (*society*) gossip column *sg*.

**monde** [mɔ̃d] *nm* world; (*haute société*): **le ~** (high) society; (*milieu*): **être du même ~** to move in the same circles; (*gens*): **il y a du ~** (*beaucoup de gens*) there are many people; (*quelques personnes*) there

are some people; **y a-t-il du ~ dans le salon?** is there anybody in the lounge?; **beaucoup/peu de ~** many/few people; **le meilleur** *etc* **du ~** the best *etc* in the world *ou* on earth; **mettre au ~** to bring into the world; **pas le moins du ~** not in the least; **se faire un ~ de qch** to make a great deal of fuss about sth; **mondial, e, aux** *a* (*population*) world *cpd*; (*influence*) world-wide; **mondialement** *ad* throughout the world; **mondovision** *nf* world coverage by satellite.

**monégasque** [mɔnegask(ə)] *a* Monegasque, of *ou* from Monaco.

**monétaire** [mɔnetɛR] *a* monetary.

**mongolien, ne** [mɔ̃gɔljɛ̃, -jɛn] *a, nm/f* mongol.

**mongolisme** [mɔ̃gɔlism(ə)] *nm* mongolism.

**moniteur, trice** [mɔnitœR, -tRis] *nm/f* (SPORT) instructor/instructress; (*de colonie de vacances*) supervisor // *nm*: **~ cardiaque** cardiac monitor; **~ d'auto-école** driving instructor.

**monnaie** [mɔnɛ] *nf* (*pièce*) coin; (ÉCON, *gén*: *moyen d'échange*) currency; (*petites pièces*): **avoir de la ~** to have (some) change; **faire de la ~** to get (some) change; **avoir/faire la ~ de 20 F** to have change of/get change for 20 F; **faire à qn la ~ de 20 F** to give sb change for 20 F, change 20 F for sb; **rendre à qn la ~ (sur 20 F)** to give sb the change (out of *ou* from 20 F); **c'est ~ courante** it's a common occurrence; **monnayer** *vt* to convert into cash; (*talent*) to capitalize on; **monnayeur** *nm voir* **faux.**

**monocle** [mɔnɔkl(ə)] *nm* monocle, eyeglass.

**monocorde** [mɔnɔkɔRd(ə)] *a* monotonous.

**monoculture** [mɔnɔkyltyR] *nf* single-crop farming, monoculture.

**monogramme** [mɔnɔgRam] *nm* monogram.

**monolingue** [mɔnɔlɛ̃g] *a* monolingual.

**monologue** [mɔnɔlɔg] *nm* monologue, soliloquy; **monologuer** *vi* to soliloquize.

**monôme** [mɔnom] *nm* (MATH) monomial; (*d'étudiants*) students' rag procession.

**monoplace** [mɔnɔplas] *a, nm, nf* single-seater, one-seater.

**monopole** [mɔnɔpɔl] *nm* monopoly; **monopoliser** *vt* to monopolize.

**monorail** [mɔnɔRaj] *nm* monorail, monorail train.

**monosyllabe** [mɔnɔsilab] *nm* monosyllable, word of one syllable.

**monotone** [mɔnɔtɔn] *a* monotonous; **monotonie** *nf* monotony.

**monseigneur** [mɔ̃sɛɲœR] *nm* (*archevêque, évêque*) Your (*ou* His) Grace; (*cardinal*) Your (*ou* His) Eminence; **Mgr Thomas** Bishop Thomas; Cardinal Thomas.

**Monsieur** [məsjø], *pl* **Messieurs** [mesjø] *titre* Mr ['mistə*] // *nm* (*homme quelconque*): **un/le m~** a/the gentleman; *voir aussi* **Madame.**

**monstre** [mɔ̃stR(ə)] *nm* monster // *a*: **un travail ~** a fantastic amount of work; an enormous job; **monstrueux, euse** *a* monstrous; **monstruosité** *nf* monstrosity.

**mont** [mɔ̃] nm: par ~s et par vaux up hill and down dale; **le M~ Blanc** Mont Blanc; **le ~ de Vénus** mons veneris.

**montage** [mɔ̃taʒ] nm putting up; mounting, setting; assembly; (PHOTO) photomontage; (CINÉMA) editing; **~ sonore** sound editing.

**montagnard, e** [mɔ̃taɲaR, -aRd(ə)] a mountain cpd // nm/f mountain-dweller.

**montagne** [mɔ̃taɲ] nf (cime) mountain; (région): **la ~** the mountains pl; **~s russes** big dipper sg, switchback sg.

**montant, e** [mɔ̃tɑ̃, -ɑ̃t] a rising; (robe, corsage) high-necked // nm (somme, total), (sum) total, (total) amount; (de fenêtre) upright; (de lit) post.

**mont-de-piété** [mɔ̃dpjete] nm pawnshop.

**monte-charge** [mɔ̃tʃaRʒ(ə)] nm inv goods lift, hoist.

**montée** [mɔ̃te] nf rising, rise; ascent, climb; (chemin) way up; (côte) hill; **au milieu de la ~** halfway up; **le moteur chauffe dans les ~s** the engine overheats going uphill.

**monte-plats** [mɔ̃tpla] nm inv service lift.

**monter** [mɔ̃te] vt (escalier, côte) to go (ou come) up; (valise, paquet) to take (ou bring) up; (cheval) to mount; (femelle) to cover, serve; (étagère) to raise; (tente, échafaudage) to put up; (machine) to assemble; (bijou) to mount, set; (COUTURE) to set in; to sew on; (CINÉMA) to edit; (THÉÂTRE) to put on, stage; (société etc) to set up // vi to go (ou come) up; (avion etc) to climb, go up; (chemin, niveau, température) to go up, rise; (passager) to get on; (à cheval): **~ bien/mal** to ride well/badly; **~ à pied/en voiture** to walk/drive up, go up on foot/by car; **~ dans le train/l'avion** to get into the train/plane, board the train/plane; **~ sur** to climb up onto; **~ à cheval** to get on ou mount a horse; **se ~** (s'équiper) to equip o.s., get kitted up; **se ~ à** (frais etc) to add up to, come to; **~ qn contre qn** to set sb against sb; **~ la tête à qn** to give sb ideas; **monteur, euse** nm/f (TECH) fitter; (CINÉMA) (film) editor.

**monticule** [mɔ̃tikyl] nm mound.

**montre** [mɔ̃tR(ə)] nf watch; (ostentation): **pour la ~** for show; **faire ~ de** to show, display; **contre la ~** (SPORT) against the clock; **~-bracelet** nf wrist watch.

**montrer** [mɔ̃tRe] vt to show; **~ qch à qn** to show sb sth; **montreur de marionnettes** nm puppeteer.

**monture** [mɔ̃tyR] nf (bête) mount; (d'une bague) setting; (de lunettes) frame.

**monument** [mɔnymɑ̃] nm monument; **~ aux morts** war memorial; **monumental, e, aux** a monumental.

**moquer** [mɔke]: **se ~ de** vt to make fun of, laugh at; (fam: se désintéresser de) not to care about; (tromper): **se ~ de qn** to take sb for a ride.

**moquerie** [mɔkRi] nf mockery q.

**moquette** [mɔkɛt] nf fitted carpet, wall-to-wall carpeting q.

**moqueur, euse** [mɔkœR, -øz] a mocking.

**moral, e, aux** [mɔRal, -o] a moral // nm morale // nf (conduite) morals pl; (règles) moral code, ethic; (valeurs) moral standards pl, morality; (science) ethics sg, moral philosophy; (conclusion: d'une fable etc) moral; **au ~, sur le plan ~** morally; **faire la ~e à** to lecture, preach at; **~isateur, trice** a moralizing, sanctimonious; **~iser** vt (sermonner) to lecture, preach at; **~iste** nm/f moralist // a moralistic; **~ité** nf morality; (conduite) morals pl; (conclusion, enseignement) moral.

**morbide** [mɔRbid] a morbid.

**morceau, x** [mɔRso] nm piece, bit; (d'une œuvre) passage, extract; (MUS) piece; (CULIN: de viande) cut; **mettre en ~x** to pull to pieces ou bits.

**morceler** [mɔRsəle] vt to break up, divide up.

**mordant, e** [mɔRdɑ̃, -ɑ̃t] a scathing, cutting; biting // nm spirit; bite, punch.

**mordicus** [mɔRdikys] ad (affirmer etc) obstinately, stubbornly.

**mordiller** [mɔRdije] vt to nibble at, chew at.

**mordoré, e** [mɔRdɔRe] a lustrous bronze.

**mordre** [mɔRdR(ə)] vt to bite; (suj: lime, vis) to bite into // vi (poisson) to bite; **~ dans** (fruit) to bite into; **~ sur** (fig) to go over into, overlap into; **~ à l'hameçon** to bite, rise to the bait.

**mordu, e** [mɔRdy] pp de **mordre** // a (amoureux) smitten // nm/f: **un ~ du jazz/de la voile** a jazz/sailing fanatic ou buff.

**morfondre** [mɔRfɔ̃dR(ə)]: **se ~** vi to fret.

**morgue** [mɔRg(ə)] nf (arrogance) haughtiness; (lieu: de la police) morgue; (: à l'hôpital) mortuary.

**moribond, e** [mɔRibɔ̃, -ɔ̃d] a dying, moribund.

**morille** [mɔRij] nf morel.

**morne** [mɔRn(ə)] a dismal, dreary.

**morose** [mɔRoz] a sullen, morose.

**morphine** [mɔRfin] nf morphine; **morphinomane** nm/f morphine addict.

**morphologie** [mɔRfɔlɔʒi] nf morphology.

**mors** [mɔR] nm bit.

**morse** [mɔRs(ə)] nm (ZOOL) walrus; (TÉL) Morse (code).

**morsure** [mɔRsyR] nf bite.

**mort** [mɔR] nf death; **se donner la ~** to take one's life.

**mort, e** [mɔR, mɔRt(ə)] pp de **mourir** // a dead // nm/f (défunt) dead man/woman; (victime): **il y a eu plusieurs ~s** several people were killed, there were several killed // nm (CARTES) dummy; **~ ou vif** dead or alive; **~ de peur/fatigue** frightened to death/dead tired.

**mortadelle** [mɔRtadɛl] nf mortadella (type of luncheon meat).

**mortalité** [mɔRtalite] nf mortality, death rate.

**mortel, le** [mɔRtɛl] a (poison etc) deadly, lethal; (accident, blessure) fatal; (REL) mortal; (fig) deathly; deadly boring // nm/f mortal.

**morte-saison** [mɔRtəsɛzɔ̃] nf slack ou off season.

**mortier** [mɔRtje] nm (gén) mortar.

**mortifier** [mɔrtifje] vt to mortify.

**mort-né, e** [mɔrne] a (enfant) stillborn; (fig) abortive.

**mortuaire** [mɔrtyɛr] a funeral cpd; **avis ~s** death announcements, intimations; **chapelle ~** mortuary chapel; **couronne ~** (funeral) wreath; **domicile ~** house of the deceased; **drap ~** pall.

**morue** [mɔry] nf (ZOOL) cod inv; (CULIN: salée) salt-cod; **morutier** nm cod fisherman; cod fishing boat.

**morveux, euse** [mɔrvø, -øz] a (fam) snotty-nosed.

**mosaïque** [mɔzaik] nf (ART) mosaic; (fig) patchwork.

**Moscou** [mɔsku] n Moscow; **moscovite** a of ou from Moscow // nm/f Moscovite.

**mosquée** [mɔske] nf mosque.

**mot** [mo] nm word; (message) line, note; (bon mot etc) saying; sally; **~ à ~** a, ad word for word; **~ pour ~** word for word, verbatim; **prendre qn au ~** to take sb at his word; **avoir son ~ à dire** to have a say; **~s croisés** crossword (puzzle) sg; **~ d'ordre** watchword; **~ de passe** password.

**motard** [mɔtar] nm motorcycle cop.

**motel** [mɔtɛl] nm motel.

**moteur, trice** [mɔtœr, -tris] a (ANAT, PHYSIOL) motor; (troubles) motory; (TECH) driving; (AUTO): **à 4 roues motrices** 4-wheel drive // nm engine, motor; (fig) mover, mainspring; **à ~** power-driven, motor cpd; **~ à deux temps** two-stroke engine; **~ à explosion** internal combustion engine.

**motif** [mɔtif] nm (cause) motive; (décoratif) design, pattern, motif; (d'un tableau) subject, motif; (MUS) figure, motif; **~s** nmpl (JUR) grounds pl; **sans ~** a groundless.

**motion** [mosjɔ̃] nf motion; **~ de censure** motion of censure, vote of no confidence.

**motivation** [mɔtivasjɔ̃] nf motivation.

**motivé, e** [mɔtive] a (acte) justified; (personne) motivated.

**motiver** [mɔtive] vt (justifier) to justify, account for; (ADMIN, JUR, PSYCH) to motivate.

**moto** [mɔto] nf (motor)bike; **~-cross** nm motocross; **~cyclette** nf motorbike, motorcycle; **~cyclisme** nm motorcycle racing; **~cycliste** nm/f motorcyclist.

**motorisé, e** [mɔtɔrize] a (troupe) motorized; (personne) having transport ou a car.

**motrice** [mɔtris] a voir **moteur**; **motricité** nf motor functions.

**motte** [mɔt] nf: **~ de terre** lump of earth, clod (of earth); **~ de gazon** turf, sod; **~ de beurre** lump of butter.

**motus** [mɔtys] excl: **~ (et bouche cousue)!** mum's the word!

**mou(mol), molle** [mu, mɔl] a soft; (péj) flabby; limp; sluggish; feeble // nm (abats) lights pl, lungs pl; (de la corde): **avoir du ~** to be slack.

**mouchard, e** [muʃar, -ard(ə)] nm/f grass // nm (appareil) control device.

**mouche** [muʃ] nf fly; (ESCRIME) button; (de taffetas) patch; **prendre la ~** to take the huff; **faire ~** to score a bull's-eye.

**moucher** [muʃe] vt (enfant) to blow the nose of; (chandelle) to snuff (out); **se ~** vi to blow one's nose.

**moucheron** [muʃrɔ̃] nm midge.

**moucheté, e** [muʃte] a dappled; flecked; (ESCRIME) buttoned.

**mouchoir** [muʃwar] nm handkerchief, hanky; **~ en papier** tissue, paper hanky.

**moudre** [mudr(ə)] vt to grind.

**moue** [mu] nf pout; **faire la ~** to pout; (fig) to pull a face.

**mouette** [mwɛt] nf (sea)gull.

**moufle** [mufl(ə)] nf (gant) mitt(en); (TECH) pulley block.

**mouflon** [muflɔ̃] nm mouf(f)lon.

**mouillage** [mujaʒ] nm (NAVIG: lieu) anchorage, moorings pl.

**mouillé, e** [muje] a wet.

**mouiller** [muje] vt (humecter) to wet, moisten; (tremper): **~ qn/qch** to make sb/sth wet; (couper, diluer) to water down; (mine etc) to lay // vi (NAVIG) to lie ou be at anchor; **se ~** to get wet; (fam) to commit o.s.; to get o.s. involved; **~ l'ancre** to drop ou cast anchor; **mouillure** nf wet q; wet patch.

**moulage** [mulaʒ] nm moulding; casting; (objet) cast.

**moule** [mul] nf mussel // nm (creux, CULIN) mould; (modèle plein) cast; **~ à gâteaux** nm cake tin.

**moulent** vb voir aussi **moudre**.

**mouler** [mule] vt (brique) to mould; (statue) to cast; (visage, bas-relief) to make a cast of; (lettre) to shape with care; (suj: vêtement) to hug, fit closely round; **~ qch sur** (fig) to model sth on.

**moulin** [mulɛ̃] nm mill; (fam) engine; **~ à café/à poivre** coffee/pepper mill; **~ à légumes** (vegetable) shredder; **~ à paroles** (fig) chatterbox; **~ à prières** prayer wheel; **~ à vent** windmill.

**moulinet** [mulinɛ] nm (de treuil) winch; (de canne à pêche) reel; (mouvement): **faire des ~s avec qch** to whirl sth around.

**moulinette** [mulinɛt] nf (vegetable) shredder.

**moulu, e** [muly] pp de **moudre**.

**moulure** [mulyr] nf (ornement) moulding.

**mourant, e** [murɑ̃, -ɑ̃t] a dying // nm/f dying man/woman.

**mourir** [murir] vi to die; (civilisation) to die out; **~ de froid/faim** to die of exposure/hunger; **~ de faim/d'ennui** (fig) to be starving/be bored to death; **~ d'envie de faire** to be dying to do.

**mousquetaire** [muskətɛr] nm musketeer.

**mousqueton** [muskətɔ̃] nm (fusil) carbine; (anneau) snap-link, karabiner.

**mousse** [mus] nf (BOT) moss; (écume: sur eau, bière) froth, foam; (: shampooing) lather; (CULIN) mousse // nm (NAVIG) ship's boy; **bain de ~** bubble bath; **bas ~** stretch stockings; **balle ~** rubber ball; **~ carbonique** (fire-fighting) foam; **~ de nylon** stretch nylon; foam; **~ à raser** shaving foam.

**mousseline** [muslin] nf muslin; chiffon; **pommes ~** creamed potatoes.

**mousser** [muse] vi to foam; to lather.

**mousseux, euse** [musø, -øz] *a* frothy // *nm*: **(vin)** ~ sparkling wine.
**mousson** [musɔ̃] *nf* monsoon.
**moussu, e** [musy] *a* mossy.
**moustache** [mustaʃ] *nf* moustache; ~**s** *nfpl* (*du chat*) whiskers *pl*; **moustachu, e** a wearing a moustache.
**moustiquaire** [mustikɛʀ] *nf* mosquito net (*ou* screen).
**moustique** [mustik] *nm* mosquito.
**moutarde** [mutaʀd(ə)] *nf* mustard.
**mouton** [mutɔ̃] *nm* (*ZOOL, péj*) sheep *inv*; (*peau*) sheepskin; (*CULIN*) mutton; ~**s** *nmpl* (*fig*) white horses; fluffy *ou* fleecy clouds; bits of fluff.
**mouture** [mutyʀ] *nf* grinding; (*péj*) rehash.
**mouvant, e** [muvɑ̃, -ɑ̃t] *a* unsettled; changing; shifting.
**mouvement** [muvmɑ̃] *nm* (*gén, aussi: mécanisme*) movement; (*fig*) activity; impulse; reaction; gesture; (*MUS: rythme*) tempo (*pl* s); **en** ~ in motion; on the move; **mettre qch en** ~ to set sth in motion, set sth going; ~ **d'humeur** fit *ou* burst of temper; ~ **d'opinion** trend of (public) opinion; **le** ~ **perpétuel** perpetual, motion; **mouvementé, e** a (*vie, poursuite*) eventful; (*réunion*) turbulent.
**mouvoir** [muvwaʀ] *vt* (*levier, membre*) to move; (*machine*) to drive; **se** ~ to move.
**moyen, ne** [mwajɛ̃, -ɛn] *a* average; (*tailles, prix*) medium; (*de grandeur moyenne*) medium-sized // *nm* (*façon*) means *sg*, way // *nf* average; (*MATH*) mean; (*SCOL: à l'examen*) pass mark; (*AUTO*) average speed; ~**s** *nmpl* (*capacités*) means; **au** ~ **de** by means of; **y a-t-il** ~ **de ...?** is it possible to ...?, can one ...?; **par quel** ~? how?, which way?, by which means?; **par tous les** ~**s** by every possible means, every possible way; **employer les grands** ~**s** to resort to drastic measures; **par ses propres** ~**s** all by oneself; **en** ~**ne** on (an) average; ~ **de locomotion/d'expression** means of transport/expression; ~ **âge** Middle Ages; ~**ne d'âge** average age.
**moyennant** [mwajɛnɑ̃] *prép* (*somme*) for; (*service, conditions*) in return for; (*travail, effort*) with.
**Moyen-Orient** [mwajɛnɔʀjɑ̃] *nm*: **le** ~ the Middle East.
**moyeu, x** [mwajø] *nm* hub.
**mû, mue** [my] *pp de* **mouvoir**.
**mucosité** [mykozite] *nf* mucus *q*.
**mucus** [mykys] *nm* mucus *q*.
**mue** [my] *pp voir* **mouvoir** // *nf* moulting; sloughing; breaking of the voice.
**muer** [mɥe] *vi* (*oiseau, mammifère*) to moult; (*serpent*) to slough; (*jeune garçon*): **il mue** his voice is breaking; **se** ~ **en** to transform into.
**muet, te** [mɥɛ, -ɛt] *a* dumb; (*fig*): ~ **d'admiration** *etc* speechless with admiration *etc*; (*joie, douleur, CINÉMA*) silent; (*LING: lettre*) silent, mute; (*carte*) blank // *nm/f* mute.
**mufle** [myfl(ə)] *nm* muzzle; (*goujat*) boor // *a* boorish.
**mugir** [myʒiʀ] *vi* to bellow; to low; (*fig*) to howl.

**muguet** [mygɛ] *nm* lily of the valley.
**mulâtre, tresse** [mylɑtʀ(ə), -tʀɛs] *nm/f* mulatto.
**mule** [myl] *nf* (*ZOOL*) (she-)mule; ~**s** *nfpl* (*pantoufles*) mules.
**mulet** [mylɛ] *nm* (*ZOOL*) (he-)mule; **muletier, lère** a: **chemin muletier** mule track.
**mulot** [mylo] *nm* field mouse (*pl* mice).
**multicolore** [myltikɔlɔʀ] *a* multicoloured.
**multinational, e, aux** [myltinasjɔnal, -o] *a* multinational.
**multiple** [myltipl(ə)] *a* multiple, numerous; (*varié*) many, manifold // *nm* (*MATH*) multiple.
**multiplicateur** [myltiplikatœʀ] *nm* multiplier.
**multiplication** [myltiplikasjɔ̃] *nf* multiplication.
**multiplicité** [myltiplisite] *nf* multiplicity.
**multiplier** [myltiplije] *vt* to multiply; **se** ~ *vi* to multiply; to increase in number.
**multitude** [myltityd] *nf* multitude; mass; **une** ~ **de** a vast number of, a multitude of.
**municipal, e, aux** [mynisipal, -o] *a* municipal; town *cpd*, ≈ borough *cpd*.
**municipalité** [mynisipalite] *nf* (*corps municipal*) town council, corporation; (*commune*) town, municipality.
**munir** [myniʀ] *vt*: ~ **qn/qch de** to equip sb/sth with.
**munitions** [mynisjɔ̃] *nfpl* ammunition *sg*.
**muqueuse** [mykøz] *nf* mucous membrane.
**mur** [myʀ] *nm* wall; ~ **du son** sound barrier.
**mûr, e** [myʀ] *a* ripe; (*personne*) mature // *nf* blackberry; mulberry.
**muraille** [myʀɑj] *nf* (high) wall.
**mural, e, aux** [myʀal, -o] *a* wall *cpd*; mural.
**mûrement** [myʀmɑ̃] *ad*: **ayant** ~ **réfléchi** having given the matter much thought.
**murène** [myʀɛn] *nf* moray (eel).
**murer** [myʀe] *vt* (*enclos*) to wall (in); (*porte, issue*) to wall up; (*personne*) to wall up *ou* in.
**muret** [myʀɛ] *nm* low wall.
**mûrier** [myʀje] *nm* blackberry bush; mulberry tree.
**mûrir** [myʀiʀ] *vi* (*fruit, blé*) to ripen; (*abcès, furoncle*) to come to a head; (*fig: idée, personne*) to mature // *vt* to ripen; to (make) mature.
**murmure** [myʀmyʀ] *nm* murmur; ~**s** *nmpl* (*plaintes*) murmurings, mutterings; **murmurer** *vi* to murmur; (*se plaindre*) to mutter, grumble.
**musaraigne** [myzaʀɛɲ] *nf* shrew.
**musarder** [myzaʀde] *vi* to dawdle (along); to idle (about).
**musc** [mysk] *nm* musk.
**muscade** [myskad] *nf* nutmeg.
**muscat** [myska] *nm* muscat grape; muscatel (wine).
**muscle** [myskl(ə)] *nm* muscle; **musclé, e** a muscular; **musculation** *nf*: **exercices de musculation** muscle-developing exercises; **musculature** *nf* muscle structure, muscles *pl*.

**museau, x** [myzo] *nm* muzzle.

**musée** [myze] *nm* museum; art gallery.

**museler** [myzle] *vt* to muzzle; **muselière** *nf* muzzle.

**musette** [myzɛt] *nf* (*sac*) lunchbag // *a inv* (*orchestre etc*) accordion *cpd*.

**muséum** [myzeɔm] *nm* museum.

**musical, e, aux** [myzikal, -o] *a* musical.

**music-hall** [myzikol] *nm* variety theatre; (*genre*) variety.

**musicien, ne** [myzisjɛ̃, -jɛn] *nm/f* musician.

**musique** [myzik] *nf* music; (*fanfare*) band; **faire de la ~** to make some music; to play an instrument; **~ de chambre** chamber music; **~ de fond** background music.

**musqué, e** [myske] *a* musky.

**musulman, e** [myzylmɑ̃, -an] *a, nm/f* Moslem, Muslim.

**mutation** [mytɑsjɔ̃] *nf* (ADMIN) transfer; (BIO) mutation.

**muter** [myte] *vt* (ADMIN) to transfer.

**mutilation** [mytilɑsjɔ̃] *nf* mutilation.

**mutilé, e** [mytile] *nm/f* disabled person (*through loss of limbs*).

**mutiler** [mytile] *vt* to mutilate, maim; (*fig*) to mutilate, deface.

**mutin, e** [mytɛ̃, -in] *a* (*air, ton*) mischievous, impish // *nm/f* (MIL, NAVIG) mutineer.

**mutiner** [mytine]: **se ~** *vi* to mutiny; **mutinerie** *nf* mutiny.

**mutisme** [mytism(ə)] *nm* silence.

**mutuel, le** [mytɥɛl] *a* mutual // *nf* mutual benefit society.

**myocarde** [mjɔkaRd(ə)] *nm* voir **infarctus**.

**myope** [mjɔp] *a* short-sighted; **myopie** *nf* short-sightedness, myopia.

**myosotis** [mjozɔtis] *nm* forget-me-not.

**myriade** [miRjad] *nf* myriad.

**myrtille** [miRtij] *nf* bilberry, whortleberry.

**mystère** [mistɛR] *nm* mystery; **mystérieux, euse** *a* mysterious.

**mysticisme** [mistisism(ə)] *nm* mysticism.

**mystification** [mistifikɑsjɔ̃] *nf* hoax; mystification.

**mystifier** [mistifje] *vt* to fool; to mystify.

**mystique** [mistik] *a* mystic, mystical // *nm/f* mystic.

**mythe** [mit] *nm* myth; **mythique** *a* mythical.

**mythologie** [mitɔlɔʒi] *nf* mythology; **mythologique** *a* mythological.

**mythomane** [mitɔman] *nm/f* mythomaniac.

# N

**n'** [n] *ad* voir **ne**.

**nacelle** [nasɛl] *nf* (*de ballon*) basket.

**nacre** [nakR(ə)] *nf* mother of pearl; **nacré, e** *a* pearly.

**nage** [naʒ] *nf* swimming; style of swimming, stroke; **tra-verser/s'éloigner à la ~** to swim across/away; **en ~** bathed in perspiration.

**nageoire** [naʒwaR] *nf* fin.

**nager** [naʒe] *vi* to swim; **nageur, euse** *nm/f* swimmer.

**naguère** [nagɛR] *ad* formerly.

**naïf, ïve** [naif, naiv] *a* naïve.

**nain, e** [nɛ̃, nɛn] *nm/f* dwarf.

**naissance** [nɛsɑ̃s] *nf* birth; **donner ~ à** to give birth to; (*fig*) to give rise to; **aveugle de ~** born blind; **Français de ~** French by birth; **à la ~ des cheveux** at the roots of the hair.

**naissant, e** [nɛsɑ̃, -ɑ̃t] *a* budding, incipient; dawning.

**naître** [nɛtR(ə)] *vi* to be born; (*conflit, complications*): **~ de** to arise from, be born out of; **~ à** (*amour, poésie*) to awaken to; **il est né en 1960** he was born in 1960; **il naît plus de filles que de garçons** there are more girls born than boys; **faire ~** (*fig*) to give rise to, arouse.

**naïveté** [naivte] *nf* naïvety.

**nantir** [nɑ̃tiR] *vt*: **~ qn de** to provide sb with; **les nantis** (*péj*) the well-to-do.

**napalm** [napalm] *nm* napalm.

**nappe** [nap] *nf* tablecloth; (*fig*) sheet; layer; **~ron** *nm* table-mat.

**naquit** *etc vb voir* **naître**.

**narcisse** [naRsis] *nm* narcissus.

**narcissisme** [naRsisism(ə)] narcissism.

**narcotique** [naRkɔtik] *a, nm* narcotic.

**narguer** [naRge] *vt* to taunt.

**narine** [naRin] *nf* nostril.

**narquois, e** [naRkwa, -waz] *a* derisive, mocking.

**narrateur, trice** [naRatœR, -tRis] *nm/f* narrator.

**narrer** [naRe] *vt* to tell the story of, recount.

**nasal, e, aux** [nazal, -o] *a* nasal.

**naseau, x** [nazo] *nm* nostril.

**nasiller** [nazije] *vi* to speak with a (nasal) twang.

**nasse** [nas] *nf* fish-trap.

**natal, e** [natal] *a* native.

**nataliste** [natalist(ə)] *a* supporting a rising birth rate.

**natalité** [natalite] *nf* birth rate.

**natation** [natɑsjɔ̃] *nf* swimming.

**natif, ive** [natif, -iv] *a* native.

**nation** [nɑsjɔ̃] *nf* nation; **les N~s Unies** the United Nations.

**national, e, aux** [nasjɔnal, -o] *a* national // *nf*: (*route*) **~e** trunk road, ≈ A road; **obsèques ~es** state funeral; **~iser** *vt* to nationalize; **~isme** *nm* nationalism; **~ité** *nf* nationality.

**natte** [nat] *nf* (*tapis*) mat; (*cheveux*) plait.

**naturaliser** [natyRalize] *vt* to naturalize.

**naturaliste** [natyRalist(ə)] *nm/f* naturalist.

**nature** [natyR] *nf* nature // *a, ad* (CULIN) plain, without seasoning or sweetening; (*café, thé*) black, without sugar; **payer en ~** to pay in kind; **peint d'après ~** painted from life; **~ morte** still-life; **naturel, le** *a* (*gén, aussi: enfant*) natural // *nm* naturalness; disposition, nature; (*autochtone*) native; **naturellement** *ad* naturally; (*bien sûr*) of course; **naturisme** *nm* naturism; **naturiste** *nm/f* naturist.

**naufrage** [nofRaʒ] *nm* (*ship*)wreck; (*fig*) wreck; **faire ~** to be shipwrecked;

**naufragé, e** *nm/f* shipwreck victim, castaway.

**nauséabond, e** [nozeabɔ̃, -ɔ̃d] *a* foul, nauseous.

**nausée** [noze] *nf* nausea.

**nautique** [notik] *a* nautical, water *cpd*.

**nautisme** [notism] *nm* water sports.

**naval, e** [naval] *a* naval.

**navet** [navɛ] *nm* turnip; (*péj*) third-rate film.

**navette** [navɛt] *nf* shuttle; (*en car etc*) shuttle (service); **faire la ~ (entre)** to go to and fro *ou* shuttle (between).

**navigable** [navigabl(ə)] *a* navigable.

**navigateur** [navigatœr] *nm* (*NAVIG*) seafarer, sailor; (*AVIAT*) navigator.

**navigation** [navigasjɔ̃] *nf* navigation, sailing; shipping.

**naviguer** [navige] *vi* to navigate, sail.

**navire** [navir] *nm* ship.

**navrer** [navre] *vt* to upset, distress; **je suis navré** I'm so sorry.

**N.B.** *sigle* (= *nota bene*) NB.

**ne, n'** [n(ə)] *ad voir* **pas, plus, jamais** *etc*; (*explétif*) *non traduit*.

**né, e** [ne] *pp* (*voir* **naître**): **~ en 1960** born in 1960; **~e Scott** née Scott // *a*: **un comédien ~** a born comedian.

**néanmoins** [neɑ̃mwɛ̃] *ad* nevertheless, yet.

**néant** [neɑ̃] *nm* nothingness; **réduire à ~** to bring to nought; to dash.

**nébuleux, euse** [nebylø, -øz] *a* nebulous.

**nébulosité** [nebylozite] *nf* cloud cover; **~ variable** cloudy *ou* some cloud in places.

**nécessaire** [nesesɛr] *a* necessary // *nm* necessary; (*sac*) kit; **~ de couture** sewing kit; **~ de toilette** toilet bag; **nécessité** *nf* necessity; **nécessiter** *vt* to require; **nécessiteux, euse** *a* needy.

**nec plus ultra** [nekplysyltra] *nm*: **le ~ de** the last word in.

**nécrologique** [nekrɔlɔʒik] *a*: **article ~** obituary; **rubrique ~** obituary column.

**nécromancien, ne** [nekrɔmɑ̃sjɛ̃, -jɛn] *nm/f* necromancer.

**nécrose** [nekroz] *nf* necrosis.

**néerlandais, e** [neɛrlɑ̃dɛ, -ɛz] *a* Dutch.

**nef** [nɛf] *nf* (*d'église*) nave.

**néfaste** [nefast(ə)] *a* baneful; ill-fated.

**négatif, ive** [negatif, iv] *a* negative // *nm* (*PHOTO*) negative.

**négligé, e** [negliʒe] *a* (*en désordre*) slovenly // *nm* (*tenue*) negligee.

**négligence** [negliʒɑ̃s] *nf* carelessness *q*; careless omission.

**négligent, e** [negliʒɑ̃, -ɑ̃t] *a* careless.

**négliger** [negliʒe] *vt* (*épouse, jardin*) to neglect; (*tenue*) to be careless about; (*avis, précautions*) to disregard; **~ de faire** to fail to do, not bother to do; **se ~** to neglect o.s.

**négoce** [negɔs] *nm* trade.

**négociant** [negɔsjɑ̃] *nm* merchant.

**négociateur** [negɔsjatœr] *nm* negotiator.

**négociation** [negɔsjasjɔ̃] *nf* negotiation.

**négocier** [negɔsje] *vi*, *vt* to negotiate.

**nègre** [nɛgr(ə)] *nm* Negro; hack(writer) // *a* Negro.

**négresse** [negrɛs] *nf* Negro woman.

**neige** [nɛʒ] *nf* snow; **~ carbonique** dry ice; **neiger** *vi* to snow; **neigeux, euse** *a* snowy, snow-covered.

**nénuphar** [nenyfar] *nm* water-lily.

**néologisme** [neɔlɔʒism(ə)] *nm* neologism.

**néon** [neɔ̃] *nm* neon.

**néophyte** [neɔfit] *nm/f* novice.

**néo-zélandais, e** [ eozelɑ̃dɛ, -ɛz] *a* New Zealand *cpd* // *nm/f* New Zealander.

**nerf** [nɛr] *nm* nerve; (*fig*) vim, stamina; **nerveux, euse** *a* nervous; (*voiture*) nippy, responsive; (*tendineux*) sinewy; **nervosité** *nf* excitability; state of agitation; nervousness.

**nervure** [nɛrvyr] *nf* vein; (*ARCHIT, TECH*) rib.

**n'est-ce pas** [nɛspɑ] *ad* isn't it?, won't you? *etc*; *selon le verbe qui précède*; **~ que c'est bon?** it's good, don't you think?

**net, nette** [nɛt] *a* (*sans équivoque, distinct*) clear; (*évident*) definite; (*propre*) neat, clean; (*COMM: prix, salaire*) net // *ad* (*refuser*) flatly; **s'arrêter ~** to stop dead; **la lame a cassé ~** the blade snapped clean through; **mettre au ~** to copy out, tidy up; **~teté** *nf* clearness.

**nettoyage** [nɛtwajaʒ] *nm* cleaning; **~ à sec** dry cleaning.

**nettoyer** [nɛtwaje] *vi* to clean; (*fig*) to clean out.

**neuf** [nœf] *num* nine.

**neuf, neuve** [nœf, nœv] *a* new // *nm*: **repeindre à ~** to redecorate; **remettre à ~** to do up (as good as new), refurbish.

**neurasthénique** [nørastenik] *a* neurasthenic.

**neurologie** [nørɔlɔʒi] *nf* neurology.

**neutraliser** [nøtralize] *vt* to neutralize.

**neutralité** [nøtralite] *nf* neutrality.

**neutre** [nøtr(ə)] *a* neutral; (*LING*) neuter // *nm* (*LING*) neuter.

**neutron** [nøtrɔ̃] *nm* neutron.

**neuve** [nœv] *a voir* **neuf**.

**neuvième** [nœvjɛm] *num* ninth.

**névé** [neve] *nm* permanent snowpatch.

**neveu, x** [nəvø] *nm* nephew.

**névralgie** [nevralʒi] *nf* neuralgia.

**névrite** [nevrit] *nf* neuritis.

**névrose** [nevroz] *nf* neurosis; **névrosé, e** *a*, *nm/f* neurotic.

**nez** [ne] *nm* nose; **~ à ~ avec** face to face with.

**ni** [ni] *cj*: **~ l'un ~ l'autre ne sont** neither one nor the other are; **il n'a rien dit ~ fait** he hasn't said or done anything.

**niais, e** [njɛ, -ɛz] *a* silly, thick.

**niche** [niʃ] *nf* (*du chien*) kennel; (*de mur*) recess, niche.

**nichée** [niʃe] *nf* brood, nest.

**nicher** [niʃe] *vi* to nest; **se ~ dans** to lodge o.s. in; to hide in.

**nickel** [nikɛl] *nm* nickel.

**nicotine** [nikɔtin] *nf* nicotine.

**nid** [ni] *nm* nest; **~ de poule** pothole.

**nièce** [njɛs] *nf* niece.

**nième** [ɛnjɛm] *a*: **la ~ fois** the nth time.

**nier** [nje] *vt* to deny.

**nigaud, e** [nigo, -od] *nm/f* booby, fool.

**n'importe** [nɛ̃pɔʀt(ə)] ad: ~ **qui/quoi/où** anybody/anything/ anywhere ; ~ **quand** any time ; ~ **quel** any ; ~ **lequel/laquelle** any (one) ; ~ **comment** (sans soin) carelessly.

**nippes** [nip] nfpl togs.

**nippon, e** [nipɔ̃, -ɔn] a Japanese.

**nique** [nik] nf: **faire la** ~ **à** to thumb one's nose at (fig).

**nitouche** [nituʃ] nf (péj): **c'est une sainte** ~ she looks as if butter wouldn't melt in her mouth, she's a little hypocrite.

**nitrate** [nitʀat] nm nitrate.

**nitroglycérine** [nitʀogliseʀin] nf nitroglycerin(e).

**niveau, x** [nivo] nm level ; (des élèves, études) standard ; **de** ~ **(avec)** level (with) ; ~ **(à bulle)** spirit level ; **le** ~ **de la mer** sea level ; ~ **de vie** standard of living.

**niveler** [nivle] vt to level ; **nivellement** nm levelling.

**nobiliaire** [nobiljɛʀ] a voir **particule**.

**noble** [nobl(ə)] a noble // nm/f noble (man/woman) ; **noblesse** nf nobility ; (d'une action etc) nobleness.

**noce** [nɔs] nf wedding ; (gens) wedding party (ou guests pl) ; **faire la** ~ (fam) to go on a binge ; ~**s d'or/d'argent** golden/silver wedding.

**nocif, ive** [nɔsif, -iv] a harmful, noxious.

**noctambule** [nɔktãbyl] nm night-bird, late-nighter.

**nocturne** [nɔktyʀn(ə)] a nocturnal // nf (SPORT) floodlit fixture.

**Noël** [nɔɛl] nm Christmas.

**nœud** [nø] nm (de corde, du bois, NAVIG) knot ; (ruban) bow ; (fig: liens) bond, tie ; ~ **coulant** noose ; ~ **papillon** bow tie.

**noir, e** [nwaʀ] a black ; (obscur, sombre) dark // nm/f black man/woman, Negro/Negro woman // nm: **dans le** ~ in the dark // nf (MUS) crotchet ; ~**ceur** nf blackness ; darkness ; ~**cir** vt, vi to blacken.

**noise** [nwaz] nf: **chercher** ~ **à** to try and pick a quarrel with.

**noisetier** [nwaztje] nm hazel.

**noisette** [nwazɛt] nf hazelnut.

**noix** [nwa] nf walnut ; (fam) twit ; (CULIN): **une** ~ **de beurre** a knob of butter ; **à la** ~ (fam) worthless ; ~ **de cajou** cashew nut ; ~ **de coco** coconut ; ~ **muscade** nutmeg.

**nom** [nɔ̃] nm name ; (LING) noun ; ~ **commun/propre** common/proper noun ; ~ **d'emprunt** assumed name ; ~ **de famille** surname ; ~ **de jeune fille** maiden name.

**nomade** [nɔmad] a nomadic // nm/f nomad.

**nombre** [nɔ̃bʀ(ə)] nm number ; **venir en** ~ to come in large numbers ; **depuis** ~ **d'années** for many years ; **ils sont au** ~ **de 3** there are 3 of them ; **au** ~ **de mes amis** among my friends ; **premier/entier** prime/whole number.

**nombreux, euse** [nɔ̃bʀø, -øz] a many, numerous ; (avec nom sg: foule etc) large ; **peu** ~ few ; small.

**nombril** [nɔ̃bʀi] nm navel.

**nomenclature** [nɔmãklatyʀ] nf wordlist ; list of items.

**nominal, e, aux** [nɔminal, -o] a nominal.

**nominatif** [nɔminatif] nm nominative.

**nomination** [nɔminasjɔ̃] nf nominative.

**nommément** [nɔmemã] ad (désigner) by name.

**nommer** [nɔme] vt (baptiser) to name, give a name to ; (qualifier) to call ; (mentionner) to name, give the name of ; (élire) to appoint, nominate ; **se** ~ : **il se nomme Pascal** his name's Pascal, he's called Pascal.

**non** [nɔ̃] ad (réponse) no ; (avec loin, sans, seulement) not ; ~ **que** not that ; ~ **plus** : **moi** ~ **plus** neither do I, I don't either.

**nonagénaire** [nɔnaʒenɛʀ] nm/f man/woman in his/her nineties.

**non-alcoolisé, e** [nɔnalkɔlize] a non-alcoholic.

**nonchalance** [nɔ̃ʃalãs] nf nonchalance, casualness.

**non-fumeur** [nɔ̃fymœʀ] nm non-smoker.

**non-lieu** [nɔ̃ljø] nm: **il y a eu** ~ the case was dismissed.

**nonne** [nɔn] nf nun.

**nonobstant** [nɔnɔpstã] prép notwithstanding.

**non-sens** [nɔ̃sãs] nm absurdity.

**nord** [nɔʀ] nm North // a northern ; north ; ~**-africain, e** a, nm/f North-African ; ~**est** nm North-East ; **nordique** a nordic, northern European ; ~**-ouest** nm North-West.

**normal, e, aux** [nɔʀmal, -o] a normal // nf: **la** ~**e** the norm, the average ; ~**ement** ad normally ; ~**iser** vi (COMM, TECH) to standardize ; (POL) to normalize.

**normand, e** [nɔʀmã, -ãd] a of Normandy.

**Normandie** [nɔʀmãdi] nf Normandy.

**norme** [nɔʀm(ə)] nf norm ; (TECH) standard.

**Norvège** [nɔʀvɛʒ] nf Norway ; **norvégien, ne** a, nm, nf Norwegian.

**nos** [no] dét voir **notre**.

**nostalgie** [nɔstalʒi] nf nostalgia.

**notable** [nɔtabl(ə)] a notable, noteworthy ; (marqué) noticeable, marked // nm prominent citizen.

**notaire** [nɔtɛʀ] nm notary ; solicitor.

**notamment** [nɔtamã] ad in particular, among others.

**notarié, e** [nɔtaʀje] a: **acte** ~ deed drawn up by a notary.

**note** [nɔt] nf (écrite, MUS) note ; (SCOL) mark ; (facture) bill ; **prendre** ~ **de** to write down ; to note ; ~ **de service** memorandum.

**noté, e** [nɔte] a: **être bien/mal** ~ (employé etc) to have a good/bad record.

**noter** [nɔte] vt (écrire) to write down ; (remarquer) to note, notice.

**notice** [nɔtis] nf summary, short article ; (brochure) leaflet, instruction book.

**notifier** [nɔtifje] vt: ~ **qch à qn** to notify sb of sth, notify sth to sb.

**notion** [nɔsjɔ̃] nf notion, idea.

**notoire** [nɔtwaʀ] a widely known ; (en mal) notorious ; **le fait est** ~ **ou de notoriété publique** the fact is common knowledge.

**notre, nos** [nɔtʀ(ə), no] *dét* our.

**nôtre** [notʀ(ə)] *pronom*: **le/la** ~ ours ; **les ~s** ours ; *(alliés etc)* our own people ; **soyez des ~s** join us // *a* ours.

**nouer** [nwe] *vt* to tie, knot ; *(fig: alliance etc)* to strike up ; **sa gorge se noua** a lump came to her throat.

**noueux, euse** [nw6, -6z] *a* gnarled.

**nougat** [nuga] *nm* nougat.

**nouilles** [nuj] *nfpl* noodles ; pasta *sg*.

**nourri, e** [nuʀi] *a (feu etc)* sustained.

**nourrice** [nuʀis] *nf* wet-nurse.

**nourrir** [nuʀiʀ] *vt* to feed ; *(fig: espoir)* to harbour, nurse ; **logé nourri** with board and lodging ; ~ **au sein** to breast-feed ; **nourrissant, e** *a* nourishing, nutritious.

**nourrisson** [nuʀisɔ̃] *nm* (unweaned) infant.

**nourriture** [nuʀityʀ] *nf* food.

**nous** [nu] *pronom (sujet)* we ; *(objet)* us ; ~**-mêmes** ourselves.

**nouveau(nouvel), elle, x** [nuvo, -ɛl] *a* new // *nm/f* new pupil *(ou employee)* // *nf* (piece of) news *sg* ; *(LITTÉRATURE)* short story ; **de ~, à ~** again ; **je suis sans nouvelles de lui** I haven't heard from him ; ~ **venu, nouvelle venue** *nm/f* newcomer ; **Nouvel An** New Year ; ~**-né, e** *nm/f* newborn baby ; **Nouvelle-Zélande** *nf* New Zealand ; ~**té** *nf* novelty ; *(COMM)* new film *(ou book ou creation etc)*.

**nouvel** *am*, **nouvelle** *af*, *nf* [nuvɛl] *voir* **nouveau**.

**novateur, trice** [nɔvatœʀ, -tʀis] *nm/f* innovator.

**novembre** [nɔvɑ̃bʀ(ə)] *nm* November.

**novice** [nɔvis] *a* inexperienced // *nm/f* novice.

**noyade** [nwajad] *nf* drowning *q*.

**noyau, x** [nwajo] *nm (de fruit)* stone ; *(BIO, PHYSIQUE)* nucleus ; *(ÉLEC, GÉO, fig: centre)* core ; ~**ter** *vt (POL)* to infiltrate.

**noyé, e** [nwaje] *nm/f* drowning *(ou drowned)* man/woman.

**noyer** [nwaje] *nm* walnut (tree) ; *(bois)* walnut // *vt* to drown ; *(fig)* to flood ; to submerge ; **se ~** to be drowned, drown ; *(suicide)* to drown o.s.

**nu, e** [ny] *a* naked ; *(membres)* naked, bare ; *(chambre, fil, plaine)* bare // *nm (ART)* nude ; **le ~ intégral** total nudity ; ~**-pieds** barefoot ; ~**-tête**, bareheaded ; **à mains ~es** with one's bare hands ; **se mettre ~** to strip ; **mettre à ~** to bare.

**nuage** [nɥaʒ] *nm* cloud ; **nuageux, euse** *a* cloudy.

**nuance** [nɥɑ̃s] *nf (de couleur, sens)* shade ; **il y a une ~ (entre)** there's a slight difference (between) ; **une ~ de tristesse** a tinge of sadness ; **nuancer** *vt (opinion)* to bring some reservations *ou* qualifications to.

**nubile** [nybil] *a* nubile.

**nucléaire** [nykleɛʀ] *a* nuclear.

**nudisme** [nydism] *nm* nudism ; **nudiste** *nm/f* nudist.

**nudité** [nydite] *nf* nudity, nakedness ; bareness.

**nues** [ny] *nfpl*: **tomber des ~** to be taken aback ; **porter qn aux ~** to praise sb to the skies.

**nuée** [nɥe] *nf*: **une ~ de** a cloud *ou* host *ou* swarm of.

**nuire** [nɥiʀ] *vi* to be harmful ; ~ **à** to harm, do damage to ; **nuisible** *a* harmful ; **animal nuisible** pest.

**nuit** [nɥi] *nf* night ; **il fait ~** it's dark ; **cette ~** last night ; tonight ; ~ **blanche** sleepless night ; ~ **de noces** wedding night ; **nuitamment** *ad* by night ; **nuitées** *nfpl* overnight stays, beds occupied *(in statistics)*.

**nul, nulle** [nyl] *a (aucun)* no ; *(minime)* nil, non-existent ; *(non valable)* null ; *(péj)* useless, hopeless // *pronom* none, no one ; **résultat ~, match ~** draw ; ~**le part** *ad* nowhere ; ~**lement** *ad* by no means ; ~**lité** *nf* nullity ; hopelessness ; hopeless individual, nonentity.

**numéraire** [nymeʀɛʀ] *nm* cash ; metal currency.

**numération** [nymeʀɑsjɔ̃] *nf*: ~ **décimale/binaire** decimal/binary notation.

**numérique** [nymeʀik] *a* numerical.

**numéro** [nymeʀo] *nm* number ; *(spectacle)* act, turn ; ~**ter** *vt* to number.

**numismate** [nymismat] *nm/f* numismatist, coin collector.

**nuptial, e, aux** [nypsjal, -o] *a* nuptial ; wedding *cpd*.

**nuque** [nyk] *nf* nape of the neck.

**nutritif, ive** [nytʀitif, -iv] *a* nutritional ; *(aliment)* nutritious.

**nylon** [nilɔ̃] *nm* nylon.

**nymphomane** [nɛ̃fɔman] *nf* nymphomaniac.

## O

**oasis** [ɔazis] *nf* oasis *(pl oases)*.

**obédience** [ɔbedjɑ̃s] *nf* allegiance.

**obéir** [ɔbeiʀ] *vi* to obey ; ~ **à** to obey ; *(suj: moteur, véhicule)* to respond to ; **obéissance** *nf* obedience ; **obéissant, e** *a* obedient.

**obélisque** [ɔbelisk(ə)] *nm* obelisk.

**obèse** [ɔbɛz] *a* obese ; **obésité** *nf* obesity.

**objecter** [ɔbʒɛkte] *vt (prétexter)* to plead, put forward as an excuse ; ~ **qch à** *(argument)* to put forward sth against ; ~ **(à qn) que** to object (to sb) that.

**objecteur** [ɔbʒɛktœʀ] *nm*: ~ **de conscience** conscientious objector.

**objectif, ive** [ɔbʒɛktif, -iv] *a* objective // *nm (OPTIQUE, PHOTO)* lens *sg*, objective ; *(MIL, fig)* objective ; ~ **à focale variable** zoom lens.

**objection** [ɔbʒɛksjɔ̃] *nf* objection ; ~ **de conscience** conscientious objection.

**objectivité** [ɔbʒɛktivite] *nf* objectivity.

**objet** [ɔbʒɛ] *nm* object ; *(d'une discussion, recherche)* subject ; **être ou faire l'~ de** *(discussion)* to be the subject of ; *(soins)* to be given *ou* shown ; **sans ~** a purposeless ; groundless ; ~ **d'art** objet d'art ; ~**s personnels** personal items ; ~**s de toilette** toilet requisites ; ~**s trouvés** lost property *sg*.

**objurgations** [ɔbʒyʀɡasjɔ̃] *nfpl* objurgations ; entreaties.

**obligation** [ɔbligasjɔ̃] *nf* obligation ; *(COMM)* bond, debenture ; **être dans l'~ de**

faire to be obliged to do; avoir l'~ de faire to be under an obligation to do; obligatoire a compulsory, obligatory.

obligé, e [ɔbliʒe] a (redevable): être très ~ à qn to be most obliged to sb; obligeance nf: avoir l'obligeance de to be kind ou good enough to; obligeant, e a obliging; kind.

obliger [ɔbliʒe] vt (contraindre): ~ qn à faire to force ou oblige sb to do; (JUR: engager) to bind; (rendre service à) to oblige; je suis bien obligé I have to.

oblique [ɔblik] a oblique; regard ~ sidelong glance; en ~ ad diagonally; obliquer vi: obliquer vers to turn off towards.

oblitération [ɔbliterɑsjɔ̃] nf cancelling q, cancellation.

oblitérer [ɔblitere] vt (timbre-poste) to cancel.

oblong, oblongue [ɔblɔ̃, -ɔ̃g] a oblong.

obnubiler [ɔbnybile] vt to obsess.

obole [ɔbɔl] nf offering.

obscène [ɔpsɛn] a obscene; obscénité nf obscenity.

obscur [ɔpskyr] a dark; (fig) obscure; vague; humble, lowly; ~cir vt to darken; (fig) to obscure; s'~cir vi to grow dark; ~ité nf darkness; dans l'~ité in the dark, in darkness.

obsédé, e [ɔpsede] nm/f: ~(e) sexuel(le) sex maniac.

obséder [ɔpsede] vt to obsess, haunt.

obsèques [ɔpsɛk] nfpl funeral sg.

obséquieux, euse [ɔpsekjø, -øz] a obsequious.

observateur, trice [ɔpsɛrvatœr, -tris] a observant, perceptive // nm/f observer.

observation [ɔpsɛrvɑsjɔ̃] nf observation; (d'un règlement etc) observance; (commentaire) observation, remark; (reproche) reproof; en ~ (MÉD) under observation.

observatoire [ɔpsɛrvatwar] nm observatory; (lieu élevé) observation post, vantage point.

observer [ɔpsɛrve] vt (regarder) to observe, watch; (examiner) to examine; (scientifiquement, aussi: règlement, jeûne etc) to observe; (surveiller) to watch; (remarquer) to observe, notice; faire ~ qch à qn (dire) to point out sth to sb.

obsession [ɔpsesjɔ̃] nf obsession; avoir l'~ de to have an obsession with.

obstacle [ɔpstakl(ə)] nm obstacle; (ÉQUITATION) jump, hurdle; faire ~ à (lumière) to block out; (projet) to hinder, put obstacles in the path of; ~s antichars tank defences.

obstétrique [ɔpstetrik] nf obstetrics sg.

obstination [ɔpstinɑsjɔ̃] nf obstinacy.

obstiné, e [ɔpstine] a obstinate.

obstiner [ɔpstine]: s'~ vi to insist, dig one's heels in; s'~ à faire to persist (obstinately) in doing; s'~ sur qch to keep working at sth, labour away at sth.

obstruction [ɔpstryksjɔ̃] nf obstruction, blockage; (sport) obstruction; faire de l'~ (fig) to be obstructive.

obstruer [ɔpstrye] vt to block, obstruct; s'~ vi to become blocked.

obtempérer [ɔptɑ̃pere] vi to obey; ~ à to obey, comply with.

obtenir [ɔptənir] vt to obtain, get; (total, résultat) to arrive at, reach; to achieve, obtain; ~ de pouvoir faire to obtain permission to do; ~ de qn qu'il fasse to get sb to agree to do; obtention nf obtaining.

obturateur [ɔptyratœr] nm (PHOTO) shutter; ~ à rideau focal plane shutter.

obturation [ɔptyrɑsjɔ̃] nf closing (up); ~ (dentaire) filling; vitesse d'~ (PHOTO) shutter speed.

obturer [ɔptyre] vt to close (up); (dent) to fill.

obtus, e [ɔpty, -yz] a obtuse.

obus [ɔby] nm shell.

obvier [ɔbvje]: ~ à vt to obviate.

O.C. sigle voir onde.

occasion [ɔkazjɔ̃] nf (aubaine, possibilité) opportunity; (circonstance) occasion; (COMM: article non neuf) secondhand buy; (: acquisition avantageuse) bargain; à plusieurs ~s on several occasions; avoir l'~ de faire to have the opportunity to do; être l'~ de to occasion, give rise to; à l'~ ad sometimes, on occasions; some time; d'~ a, ad secondhand; occasionnel, le a (fortuit) chance cpd: (non régulier) occasional; casual.

occasionner [ɔkazjɔne] vt to cause, bring about; ~ qch à qn to cause sb sth.

occident [ɔksidɑ̃] nm: l'~ the west; occidental, e, aux western; (POL) Western // nm/f Westerner.

occiput [ɔksipyt] nm back of the head, occiput.

occire [ɔksir] vt to slay.

occitan, e [ɔksitɑ̃, -an] a of the langue d'oc, of Provençal French.

occlusion [ɔklyzjɔ̃] nf: ~ intestinale obstruction of the bowels.

occulte, e [ɔkylt(ə)] a occult, supernatural.

occulter [ɔkylte] vt (fig) to overshadow.

occupant, e [ɔkypɑ̃, -ɑ̃t] a occupying // nm/f (d'un appartement) occupier, occupant // nm (MIL) occupying forces pl; (POL: d'usine etc) occupier.

occupation [ɔkypɑsjɔ̃] nf occupation.

occupé, e [ɔkype] a (MIL, POL) occupied; (personne: affairé, pris) busy; (place, sièges) taken; (toilettes, ligne) engaged.

occuper [ɔkype] vt to occupy; (main-d'œuvre) to employ; s'~ to occupy o.s., keep o.s. busy; s'~ de (être responsable de) to be in charge of; (se charger de: affaire) to take charge of, deal with; (: clients etc) to attend to; (s'intéresser à, pratiquer) to be involved in; ça occupe trop de place it takes up too much room.

occurrence [ɔkyrɑ̃s] nf: en l'~ in this case.

océan [ɔseɑ̃] nm ocean; l'~ Indien the Indian Ocean; l'Océanie nf Oceania; océanique a oceanic; océanographie nf oceanography.

ocelot [ɔslo] nm ocelot; (fourrure) ocelot fur.

ocre [ɔkr(ə)] a inv ochre.

octane [ɔktan] nm octane.

**octave** [ɔktav] *nf* octave.

**octobre** [ɔktɔbR(ə)] *nm* October.

**octogénaire** [ɔktɔʒenɛR] *a*, *nm/f* octogenarian.

**octogone** [ɔktɔgɔn] *nm* octagon.

**octroi** [ɔktRwa] *nm* granting.

**octroyer** [ɔktRwaje] *vt*: ~ qch à qn to grant sth to sb, grant sb sth.

**oculaire** [ɔkylɛR] *a* ocular, eye *cpd* // *nm* (*de microscope*) eyepiece.

**oculiste** [ɔkylist(ə)] *nm/f* eye specialist, oculist.

**ode** [ɔd] *nf* ode.

**odeur** [ɔdœR] *nf* smell.

**odieux, euse** [ɔdjø, -øz] *a* odious, hateful.

**odorant, e** [ɔdɔRɑ̃, -ɑ̃t] *a* sweet-smelling, fragrant.

**odorat** [ɔdɔRa] *nm* (sense of) smell.

**odoriférant, e** [ɔdɔRifeRɑ̃, -ɑ̃t] *a* sweet-smelling, fragrant.

**odyssée** [ɔdise] *nf* odyssey.

**œcuménique** [ekymenik] *a* oecumenical.

**œil** [œj], *pl* **yeux** [jø] *nm* eye ; à l'~ (*fam*) for free ; à l'~ nu with the naked eye ; tenir qn à l'~ to keep an eye *ou* a watch on sb ; avoir l'~ à to keep an eye on ; faire de l'~ à qn to make eyes at sb ; à l'~ vif with a lively expression ; fermer les yeux (sur) (*fig*) to turn a blind eye (to) ; fermer l'~ to get a moment's sleep ; ~ de verre glass eye.

**œillade** [œjad] *nf*: lancer une ~ à qn to wink at sb, give sb a wink ; faire des ~s à to make eyes at.

**œillères** [œjɛR] *nfpl* blinkers.

**œillet** [œjɛ] *nm* (*BOT*) carnation ; (*trou*) eyelet.

**œnologue** [enɔlɔg] *nm/f* oenologist, wine expert.

**œsophage** [ezɔfaʒ] *nm* oesophagus.

**œuf** [œf, *pl* ø] *nm* egg ; étouffer dans l'~ to nip in the bud ; ~ à la coque/dur boiled/hard-boiled egg ; ~ au plat fried egg ; ~s brouillés scrambled eggs ; ~ de Pâques Easter egg ; ~ à repriser darning egg.

**œuvre** [œvR(ə)] *nf* (*tâche*) task, undertaking ; (*ouvrage achevé, livre, tableau etc*) work ; (*ensemble de la production artistique*) works *pl* ; (*organisation charitable*) charity // *nm* (*d'un artiste*) works *pl* ; (*CONSTR*): le gros ~ the shell ; être à l'~ to be at work ; mettre en ~ (*moyens*) to make use of ; ~ d'art work of art.

**offense** [ɔfɑ̃s] *nf* insult ; (*REL*: *péché*) transgression, trespass.

**offenser** [ɔfɑ̃se] *vt* to offend, hurt ; (*principes, Dieu*) to offend against ; s'~ de to take offence at.

**offensif, ive** [ɔfɑ̃sif, -iv] *a*, *nf* offensive ; passer à l'offensive to go into the attack *ou* offensive.

**offert, e** [ɔfɛR, -ɛRt(ə)] *pp de* offrir.

**offertoire** [ɔfɛRtwaR] *nm* offertory.

**office** [ɔfis] *nm* (*charge*) office ; (*agence*) bureau, agency ; (*REL*) service // *nm ou nf* (*pièce*) pantry ; faire ~ de to act as ; to do duty as ; d'~ *ad* automatically ; bons ~s (*POL*) good offices ; ~ du tourisme tourist bureau.

**officialiser** [ɔfisjalize] *vt* to make official.

**officiel, le** [ɔfisjɛl] *a*, *nm/f* official.

**officier** [ɔfisje] *nm* officer // *vi* to officiate ; ~ de l'état-civil registrar ; ministériel member of the legal profession ; ~ *de* police ≈ police officer.

**officieux, euse** [ɔfisjø, -øz] *a* unofficial.

**officinal, e, aux** [ɔfisinal, -o] *a*: plantes ~es medicinal plants.

**officine** [ɔfisin] *nf* (*de pharmacie*) dispensary ; (*pharmacie*) pharmacy ; (*gén péj*: *bureau*) agency, office.

**offrande** [ɔfRɑ̃d] *nf* offering.

**offrant** [ɔfRɑ̃] *nm*: au plus ~ to the highest bidder.

**offre** [ɔfR(ə)] *nf* offer ; (*aux enchères*) bid ; (*ADMIN*: *soumission*) tender ; (*ÉCON*): l'~ supply ; ~ d'emploi job advertised ; '~s d'emploi' situations vacant ; ~ publique d'achat (O.P.A.) takeover bid ; ~ de service offer of service.

**offrir** [ɔfRiR] *vt* to offer ; (*faire cadeau de*): ~ (à qn) to give (to sb) ; s'~ *vi* (*occasion, paysage*) to present itself // *vt* (*vacances, voiture*) to treat o.s. to ; ~ (à qn) de faire qch to offer to do sth (for sb) ; ~ à boire à qn to offer sb a drink ; s'~ comme guide/en otage to offer one's services as (a) guide/offer o.s. as hostage ; s'~ aux regards (*suj*: *personne*) to expose o.s. to the public gaze.

**offset** [ɔfsɛt] *nm* offset (printing).

**offusquer** [ɔfyske] *vt* to offend ; s'~ de to take offence at, be offended by.

**ogive** [ɔʒiv] *nf* (*ARCHIT*) diagonal rib ; (*d'obus, de missile*) nose cone ; voûte en ~ rib vault ; arc en ~ lancet arch ; ~ nucléaire nuclear warhead.

**ogre** [ɔgR(ə)] *nm* ogre.

**oie** [wa] *nf* (*ZOOL*) goose (*pl* geese).

**oignon** [ɔɲɔ̃] *nm* (*BOT, CULIN*) onion ; (*de tulipe etc*: *bulbe*) bulb ; (*MÉD*) bunion ; petits ~s pickling onions.

**oindre** [wɛ̃dR(ə)] *vt* to anoint.

**oiseau, x** [wazo] *nm* bird ; ~ de proie bird of prey ; ~-mouche *nm* hummingbird.

**oisellerie** [wazɛlRi] *nf* bird shop.

**oiseux, euse** [wazø, -øz] *a* pointless, trivial.

**oisif, ive** [wazif, -iv] *a* idle // *nm/f* (*péj*) man/woman of leisure ; oisiveté *nf* idleness.

**O.K.** [ɔkɛ] *excl* O.K., all right.

**oléagineux, euse** [ɔleaʒinø, -øz] *a* oleaginous, oil-producing.

**oléoduc** [ɔleɔdyk] *nm* (oil) pipeline.

**olfactif, ive** [ɔlfaktif, -iv] *a* olfactory.

**oligarchie** [ɔligaRʃi] *nf* oligarchy.

**olivâtre** [ɔlivɑtR(ə)] *a* olive-greenish ; (*teint*) sallow.

**olive** [ɔliv] *nf* (*BOT*) olive // *a inv* olive(-green) ; ~raie *nf* olive grove ; olivier *nm* olive tree ; (*bois*) olive wood.

**olympiade** [ɔlɛ̃pjad] *nf* (*période*) Olympiad ; les ~s (*jeux*) the Olympiad *sg*.

**olympien, ne** [ɔlɛ̃pjɛ̃, -jɛn] *a* Olympian, of Olympian aloofness.

**olympique** [ɔlɛ̃pik] *a* Olympic.

**ombilical, e, aux** [ɔ̃bilikal, -o] *a* umbilical.

**ombrage** [ɔ̃braʒ] *nm* (*ombre*) (leafy) shade; (*fig*): **prendre ~ de** to take umbrage *ou* offence at; **ombragé, e** *a* shaded, shady; **ombrageux, euse** *a* (*cheval*) skittish, nervous; (*personne*) touchy, easily offended.

**ombre** [ɔ̃br(ə)] *nf* (*espace non ensoleillé*) shade; (*ombre portée, tache*) shadow; **à l'~** in the shade; (*fam*) behind bars; **à l'~ de** in the shade of; (*tout près de, fig*) in the shadow of; **tu me fais de l'~** you're in my light; **ça nous donne de l'~** it gives us (some) shade; **vivre dans l'~** (*fig*) to live in obscurity; **laisser dans l'~** (*fig*) to leave in the dark; **~ à paupières** eyeshadow; **~ portée** shadow; **~s chinoises** (*spectacle*) shadow show *sg*.

**ombrelle** [ɔ̃brɛl] *nf* parasol, sunshade.

**omelette** [ɔmlɛt] *nf* omelette; **~ au fromage/au jambon** cheese/ham omelette; **~ aux herbes** omelette with herbs.

**omettre** [ɔmɛtr(ə)] *vt* to omit, leave out; **~ de faire** to fail *ou* omit to do; **omission** *nf* omission.

**omni...** [ɔmni] *préfixe*: **~bus** slow *ou* stopping train; **~potent, e** *a* omnipotent; **~scient, e** *a* omniscient; **~vore** *a* omnivorous.

**omoplate** [ɔmɔplat] *nf* shoulder blade.

**O.M.S.** *sigle f voir* **organisation**.

**on** [ɔ̃] *pronom* (*indéterminé*): **~ peut le faire ainsi** you *ou* one can do it like this, it can be done like this; (*quelqu'un*): **~ les a attaqués** they were attacked; (*nous*): **~ va y aller demain** we're going tomorrow; (*les gens*): **autrefois, ~ croyait aux fantômes** they used to believe in ghosts years ago; **~ vous demande au téléphone** there's a phone call for you, there's somebody on the phone for you; **~ ne peut plus** *ad*: **~ ne peut plus stupide** as stupid as can be.

**oncle** [ɔ̃kl(ə)] *nm* uncle.

**onctueux, euse** [ɔ̃ktɥø, -øz] *a* creamy, smooth; (*fig*) smooth, unctuous.

**onde** [ɔ̃d] *nf* (*PHYSIQUE*) wave; **sur l'~** on the waters; **sur les ~s** on the radio; **mettre en ~s** to produce for the radio; **sur ~s courtes** (o.c.) on short wave *sg*; **moyennes/ longues ~s** medium/long wave *sg*.

**ondée** [ɔ̃de] *nf* shower.

**on-dit** [ɔ̃di] *nm inv* rumour.

**ondoyer** [ɔ̃dwaje] *vi* to ripple, wave.

**ondulant, e** [ɔ̃dylɑ̃, -ɑ̃t] *a* swaying; undulating.

**ondulation** [ɔ̃dylasjɔ̃] *nf* undulation.

**onduler** [ɔ̃dyle] *vi* to undulate; (*cheveux*) to wave.

**onéreux, euse** [ɔnerø, -øz] *a* costly; **à titre ~** in return for payment.

**ongle** [ɔ̃gl(ə)] *nm* (*ANAT*) nail; **se faire les ~s** to do one's nails.

**onglet** [ɔ̃glɛ] *nm* (*rainure*) (thumbnail) groove; (*bande de papier*) tab.

**onguent** [ɔ̃gɑ̃] *nm* ointment.

**onomatopée** [ɔnɔmatɔpe] *nf* onomatopoeia.

**ont** *vb voir* **avoir**.

**O.N.U.** [ɔny] *sigle f voir* **organisation**.

**onyx** [ɔniks] *nm* onyx.

**onze** [ɔ̃z] *num* eleven; **onzième** *num* eleventh.

**O.P.A.** *sigle f voir* **offre**.

**opacité** [ɔpasite] *nf* opaqueness.

**opale** [ɔpal] *nf* opal.

**opalin, e** [ɔpalɛ̃, -in] *a, nf* opaline.

**opaque** [ɔpak] *a* opaque.

**O.P.E.P.** [ɔpɛp] *sigle f* (= *organisation des pays exportateurs de pétrole*) O.P.E.C. (organization of petroleum exporting countries).

**opéra** [ɔpera] *nm* opera; (*édifice*) opera house; **~-comique** *nm* light opera, opéra comique.

**opérateur, trice** [ɔperatœr, -tris] *nm/f* operator; **~ (de prise de vues)** cameraman.

**opération** [ɔperasjɔ̃] *nf* operation; (*COMM*) dealing.

**opératoire** [ɔperatwar] *a* operating; (*choc etc*) post-operative.

**opéré, e** [ɔpere] *nm/f* patient (*having undergone an operation*).

**opérer** [ɔpere] *vt* (*MÉD*) to operate on; (*faire, exécuter*) to carry out, make // *vi* (*remède: faire effet*) to act, work; (*procéder*) to proceed; (*MÉD*) to operate: **s'~** *vi* (*avoir lieu*) to occur, take place; **se faire ~** to have an operation; **se faire ~ des amygdales/du cœur** to have one's tonsils out/have a heart operation.

**opérette** [ɔperɛt] *nf* operetta, light opera.

**ophtalmologie** [ɔftalmɔlɔʒi] *nf* ophthalmology; **ophtalmologue** *nm/f* ophthalmologist.

**opiner** [ɔpine] *vi*: **~ de la tête** to nod assent.

**opiniâtre** [ɔpinjɑtr(ə)] *a* stubborn.

**opinion** [ɔpinjɔ̃] *nf* opinion; **l'~ (publique)** public opinion.

**opium** [ɔpjɔm] *nm* opium.

**opportun, e** [ɔpɔrtœ̃, -yn] *a* timely, opportune; **en temps ~** at the appropriate time; **opportunisme** *nm* opportunism; **opportuniste** *a, nm/f* opportunist; **opportunité** *nf* timeliness, opportuneness.

**opposant, e** [ɔpozɑ̃, -ɑ̃t] *a* opposing; **~s** *nmpl* opponents.

**opposé, e** [ɔpoze] *a* (*direction, rive*) opposite; (*faction*) opposing; (*couleurs*) contrasting; (*opinions, intérêts*) conflicting; (*contre*): **~ à** opposed to, against // *nm*: **l'~** the other *ou* opposite side (*ou* direction); (*contraire*) the opposite; **à l'~** (*fig*) on the other hand; **à l'~ de** on the other *ou* opposite side from; (*fig*) contrary to, unlike.

**opposer** [ɔpoze] *vt* (*meubles, objets*) to place opposite each other; (*personnes, armées, équipes*) to oppose; (*couleurs, termes, tons*) to contrast; **~ qch à** (*comme obstacle, défense*) to set sth against; (*comme objection*) to put sth forward against; to put up sth to; (*en contraste*) to set sth opposite; to match sth with; **s'~** (*sens réciproque*) to conflict; to clash; to face each other; to contrast; **s'~ à** (*interdire, empêcher*) to oppose; (*tenir tête à*) to rebel against; **sa religion s'y oppose**

it's against his religion; **s'~ à ce que qn fasse** to be opposed to sb's doing.

**opposition** [ɔpozisjɔ̃] nf opposition; **par ~ à** as opposed to, in contrast with; **entrer en ~ avec** to come into conflict with; **être en ~ avec** (idées, conduite) to be at variance with; **faire ~ à un chèque** to stop a cheque.

**oppresser** [ɔprese] vt to oppress; **oppresseur** nm oppressor; **oppressif, ive** a oppressive; **oppression** nf oppression; (malaise) feeling of suffocation.

**opprimer** [ɔprime] vt to oppress; (liberté, opinion) to suppress, stifle; (suj: chaleur etc) to suffocate, oppress.

**opprobre** [ɔprɔbr(ə)] nm disgrace.

**opter** [ɔpte] vi: **~ pour** to opt for; **~ entre** to choose between.

**opticien, ne** [ɔptisjɛ̃, -ɛn] nm/f optician.

**optimal, e, aux** [ɔptimal, -o] a optimal.

**optimisme** [ɔptimism(ə)] nm optimism; **optimiste** nm/f optimist.

**optimum** [ɔptimɔm] a optimum.

**option** [ɔpsjɔ̃] nf option; **matière à ~** (SCOL) optional subject; **prendre une ~ sur** to take (out) an option on.

**optique** [ɔptik] a (nerf) optic; (verres) optical // nf (PHOTO: lentilles etc) optics pl; (science, industrie) optics sg; (fig: manière de voir) perspective.

**opulence** [ɔpylɑ̃s] nf wealth, opulence.

**opulent, e** [ɔpylɑ̃, -ɑ̃t] a wealthy, opulent; (formes, poitrine) ample, generous.

**or** [ɔr] nm gold // cj now, but; **en ~** gold cpd; (fig) golden, marvellous; **d'~** (fig) golden.

**oracle** [ɔrakl(ə)] nm oracle.

**orage** [ɔraʒ] nm (thunder)storm; **orageux, euse** a stormy.

**oraison** [ɔrɛzɔ̃] nf orison, prayer; **~ funèbre** funeral oration.

**oral, e, aux** [ɔral, -o] a, nm oral; **~ement** ad orally.

**orange** [ɔrɑ̃ʒ] nf, a inv orange; **orangé, e** a orange, orange-coloured; **orangeade** nf orangeade; **oranger** nm orange tree; **~raie** nf orange grove; **~rie** nf orangery.

**orateur** [ɔratœr] nm speaker; orator.

**oratoire** [ɔratwar] nm oratory; wayside shrine // a oratorical.

**orbital, e, aux** [ɔrbital, -o] a orbital.

**orbite** [ɔrbit] nf (ANAT) (eye-)socket; (PHYSIQUE) orbit; **mettre sur ~** to put into orbit; (fig) to launch; **dans l'~ de** (fig) within the sphere of influence of.

**orchestration** [ɔrkɛstrɑsjɔ̃] nf orchestration.

**orchestre** [ɔrkɛstr(ə)] nm orchestra; (de jazz, danse) band; (places) stalls pl; **orchestrer** vt (MUS) to orchestrate; (fig) to mount, stage-manage.

**orchidée** [ɔrkide] nf orchid.

**ordinaire** [ɔrdinɛr] a ordinary; everyday; standard // nm ordinary; (menus) everyday fare // nf (essence) ≈ two-star (petrol); **d'~** usually, normally; **à l'~** usually, ordinarily.

**ordinal, e, aux** [ɔrdinal, -o] a ordinal.

**ordinateur** [ɔrdinatœr] nm computer.

**ordination** [ɔrdinɑsjɔ̃] nf ordination.

**ordonnance** [ɔrdɔnɑ̃s] nf organization; layout; (MÉD) prescription; (JUR) order; (MIL) orderly, batman; **d'~** (MIL) regulation cpd.

**ordonné, e** [ɔrdɔne] a tidy, orderly; (MATH) ordered // nf (MATH) ordinate, Y-axis.

**ordonner** [ɔrdɔne] vt (agencer) to organize, arrange; (: meubles, appartement) to lay out, arrange; (donner un ordre): **~ à qn de faire** to order sb to do; (MATH) to (arrange in) order; (REL) to ordain; (MÉD) to prescribe; (JUR) to order.

**ordre** [ɔrdr(ə)] nm (gén) order; (propreté et soin) orderliness, tidiness; (nature): **d'~ pratique** of a practical nature; **~s** nmpl (REL) holy orders; **mettre en ~** to tidy (up), put in order; **avoir de l'~** to be tidy ou orderly; **mettre bon ~ à** to put to rights, sort out; **être aux ~s de qn/sous les ~s de qn** to be at sb's disposal/under sb's command; **jusqu'à nouvel ~** until further notice; **dans le même ~ d'idées** in this connection; **donnez-nous un ~ de grandeur** give us some idea as regards size (ou the amount); **de premier ~** first-rate; **~ du jour** (d'une réunion) agenda; (MIL) order of the day; **à l'~ du jour** on the agenda; (fig) topical; (MIL: citer) in dispatches; **~ de route** marching orders pl.

**ordure** [ɔrdyr] nf filth q; **~s** (balayures, déchets) rubbish sg, refuse sg; **~s ménagères** household refuse; **ordurier, ière** a lewd, filthy.

**oreille** [ɔrɛj] nf (ANAT) ear; (de marmite, tasse) handle; **avoir de l'~** to have a good ear (for music).

**oreiller** [ɔreje] nm pillow.

**oreillette** [ɔrɛjɛt] nf (ANAT) auricle.

**oreillons** [ɔrɛjɔ̃] nmpl mumps sg.

**ores** [ɔr]: **d'~ et déjà** ad already.

**orfèvre** [ɔrfɛvr(ə)] nm goldsmith; silversmith; **orfèvrerie** nf goldsmith's (ou silversmith's) trade; (ouvrage) gold (ou silver) plate.

**orfraie** [ɔrfrɛ] nm white-tailed eagle; **pousser des cris d'~** to yell at the top of one's voice.

**organe** [ɔrgan] nm organ; (porte-parole) representative, mouthpiece; **~s de commande** (TECH) controls; **~s de transmission** (TECH) transmission system sg.

**organigramme** [ɔrganigram] nm organization chart; flow chart.

**organique** [ɔrganik] a organic.

**organisateur, trice** [ɔrganizatœr, -tris] nm/f organizer.

**organisation** [ɔrganizɑsjɔ̃] nf organization; **O~ des Nations Unies (O.N.U.)** United Nations (Organization) (U.N., U.N.O.); **O~ mondiale de la santé (O.M.S.)** World Health Organization (W.H.O.); **O~ du traité de l'Atlantique Nord (O.T.A.N.)** North Atlantic Treaty Organization (N.A.T.O.).

**organiser** [ɔrganize] vt to organize; (mettre sur pied: service etc) to set up; **s'~** to get organized.

**organisme** [ɔrganism(ə)] nm (BIO)

organism; (*corps humain*) body; (ADMIN, POL *etc*) body, organism.

**organiste** [ɔʀganist(ə)] *nm/f* organist.

**orgasme** [ɔʀgasm(ə)] *nm* orgasm, climax.

**orge** [ɔʀʒ(ə)] *nf* barley.

**orgelet** [ɔʀʒəlɛ] *nm* sty(e).

**orgie** [ɔʀʒi] *nf* orgy.

**orgue** [ɔʀg(ə)] *nm* organ; ~**s** *nfpl* organ *sg*; ~ **de Barbarie** barrel *ou* street organ.

**orgueil** [ɔʀɡœj] *nm* pride; **orgueilleux, euse** *a* proud.

**Orient** [ɔʀjɑ̃] *nm*: **l'**~ the East, the Orient.

**orientable** [ɔʀjɑ̃tabl(ə)] *a* adjustable.

**oriental, e, aux** [ɔʀjɑ̃tal, -o] *a* oriental, eastern; (*frontière*) eastern // *nm/f*: **O**~, **e** Oriental.

**orientation** [ɔʀjɑ̃tasjɔ̃] *nf* positioning; adjustment; orientation; direction; (*d'un journal*) leanings *pl*; **avoir le sens de l'**~ to have a (good) sense of direction; ~ **professionnelle** careers advising; careers advisory service.

**orienté, e** [ɔʀjɑ̃te] *a* (fig: *article, journal*) slanted; **bien/mal** ~ (*appartement*) well/badly positioned; ~ **au sud** facing south *ou* with a southern aspect.

**orienter** [ɔʀjɑ̃te] *vt* (*situer*) to position; (*placer, disposer: pièce mobile*) to adjust, position; (*tourner*) to direct, turn; (*voyageur, touriste, recherches*) to direct; (fig: *élève*) to orientate; **s'**~ (*se repérer*) to find one's bearings; **s'**~ **vers** (fig) to turn towards; **orienteur** *nm* (SCOL) careers adviser.

**orifice** [ɔʀifis] *nm* opening, orifice.

**oriflamme** [ɔʀiflam] *nf* banner, standard.

**origan** [ɔʀigɑ̃] *nm* (CULIN) oregano.

**originaire** [ɔʀiʒinɛʀ] *a* original; **être** ~ **de** to be a native of; (*provenir de*) to originate from; to be native to.

**original, e, aux** [ɔʀiʒinal, -o] *a* original; (*bizarre*) eccentric // *nm/f* eccentric // *nm* (*document etc*, ART) original; (*dactylographie*) top copy; ~**ité** *nf* originality *q*; eccentricity.

**origine** [ɔʀiʒin] *nf* origin; **d'**~ of origin; (*pneus etc*) original; (*bureau postal*) dispatching; **dès l'**~ at *ou* from the outset; **à l'**~ originally; **avoir son** ~ **dans** to have its origins in, originate in; **originel, le** *a* original.

**oripeaux** [ɔʀipo] *nmpl* rags.

**O.R.L.** *nm/f ou titre* = **oto-rhino-laryngologiste.**

**orme** [ɔʀm(ə)] *nm* elm.

**orné, e** [ɔʀne] *a* ornate.

**ornement** [ɔʀnəmɑ̃] *nm* ornament; (fig) embellishment, adornment; ~**s sacerdotaux** vestments; **ornemental, e, aux** *a* ornamental; **ornementer** *vt* to ornament.

**orner** [ɔʀne] *vt* to decorate, adorn; ~ **qch de** to decorate sth with.

**ornière** [ɔʀnjɛʀ] *nf* rut.

**ornithologie** [ɔʀnitɔlɔʒi] *nf* ornithology.

**orphelin, e** [ɔʀfəlɛ̃, -in] *a* orphan(ed) // *nm/f* orphan; ~ **de père/mère** fatherless/motherless; **orphelinat** *nm* orphanage.

**O.R.S.E.C.** [ɔʀsɛk] *sigle* (= organisation

des secours): **le plan** ~ disaster contingency plan.

**orteil** [ɔʀtɛj] *nm* toe; **gros** ~ big toe.

**O.R.T.F.** *sigle m* = Office de la radiodiffusion et télévision française (the French broadcasting corporation).

**orthodoxe** [ɔʀtɔdɔks(ə)] *a* orthodox; **orthodoxie** *nf* orthodoxy.

**orthographe** [ɔʀtɔgʀaf] *nf* spelling; **orthographier** *vt* to spell; **mal orthographié** misspelt.

**orthopédie** [ɔʀtɔpedi] *nf* orthopaedics *sg*; **orthopédique** *a* orthopaedic; **orthopédiste** *nm/f* orthopaedic specialist.

**ortie** [ɔʀti] *nf* (stinging) nettle.

**os** [ɔs, *pl* o] *nm* bone; **sans** ~ (BOUCHERIE) off the bone, boned; ~ **à moelle** marrowbone.

**O.S.** *sigle m voir* **ouvrier.**

**oscillation** [ɔsilasjɔ̃] *nf* oscillation; ~**s** *nfpl* (fig) fluctuations.

**osciller** [ɔsile] *vi* (*pendule*) to swing; (*au vent etc*) to rock; (TECH) to oscillate; (fig): ~ **entre** to waver *ou* fluctuate between.

**osé, e** [oze] *a* daring, bold.

**oseille** [ozɛj] *nf* sorrel.

**oser** [oze] *vi, vt* to dare; ~ **faire** to dare (to) do.

**osier** [ozje] *nm* willow; **d'**~, **en** ~ wicker(work).

**ossature** [osatyʀ] *nf* (ANAT) frame, skeletal structure; (: *du visage*) bone structure; (fig) framework.

**osselet** [ɔslɛ] *nm* (ANAT) ossicle; **jouer aux** ~**s** to play knucklebones.

**ossements** [ɔsmɑ̃] *nmpl* bones.

**osseux, euse** [ɔsø, -øz] *a* bony; (*tissu, maladie, greffe*) bone *cpd*.

**ossifier** [ɔsifje]: **s'**~ *vi* to ossify.

**ossuaire** [ɔsɥɛʀ] *nm* ossuary.

**ostensible** [ɔstɑ̃sibl(ə)] *a* conspicuous.

**ostensoir** [ɔstɑ̃swaʀ] *nm* monstrance.

**ostentation** [ɔstɑ̃tasjɔ̃] *nf* ostentation; **faire** ~ **de** to parade, make a display of.

**ostracisme** [ɔstʀasism(ə)] *nm* ostracism; **frapper d'**~ to ostracize.

**ostréiculture** [ɔstʀeikyltyʀ] *nf* oyster-farming.

**otage** [ɔtaʒ] *nm* hostage; **prendre qn comme** ~ to take sb hostage.

**O.T.A.N.** [ɔtɑ̃] *sigle f voir* **organisation.**

**otarie** [ɔtaʀi] *nf* sea-lion.

**ôter** [ote] *vt* to remove; (*soustraire*) to take away; ~ **qch à qn** to take sth (away) from sb; ~ **qch de** to remove sth from.

**otite** [ɔtit] *nf* ear infection.

**oto-rhino(-laryngologiste)** [ɔtɔʀino(laʀɛ̃gɔlɔʒist(ə)] *nm/f* ear nose and throat specialist.

**ou** [u] *cj* or; ~ ... ~ either ... or; ~ **bien** or (else).

**où** [u] *ad, pronom* where; (*dans lequel*) in which, into which; from which, out of which; (*sur lequel*) on which; (*sens de 'que'*): **au train** ~ **ça va/prix** ~ **c'est** at the rate it's going/price it is; **le jour** ~ **il est parti** the day (that) he left; **par** ~ **passer?** which way should we go?; **les villes par** ~ **il est passé** the towns he went through; **le village d'**~ **je viens** the village I come from; **la chambre** ~ **il était**

the room he was in; **d'~ vient qu'il est parti?** how come he left?

**ouate** [wat] *nf* cotton wool; (*bourre*) padding, wadding; **ouaté, e** *a* cotton-wool; (*doublé*) quilted; (*fig*) cocoon-like; muffled.

**oubli** [ubli] *nm* (*acte*): **l'~ de** forgetting; (*étourderie*) forgetfulness *q*; (*négligence*) omission, oversight; (*absence de souvenirs*) oblivion; **~ de soi** self-effacement, self-negation.

**oublier** [ublije] *vt* (*gén*) to forget; (*ne pas voir: erreurs etc*) to miss; (*ne pas mettre: virgule, nom*) to leave out; (*laisser quelque part: chapeau etc*) to leave behind; **s'~** to forget o.s.

**oubliettes** [ublijɛt] *nfpl* dungeon *sg*.

**oublieux, euse** [ublijø, -øz] *a* forgetful.

**oued** [wɛd] *nm* wadi.

**ouest** [wɛst] *nm* west // *a inv* west; (*région*) western; **à l'~** in the west; (*to the*) west, westwards; **à l'~ de** (*to the*) west of; **vent d'~** westerly wind; **~-allemand, e** *a, nm/f* West German.

**ouf** [uf] *excl* phew!

**oui** [wi] *ad* yes; **répondre (par) ~** to answer yes.

**ouï-dire** [widiʀ] *nm inv*: **par ~** by hearsay.

**ouïe** [wi] *nf* hearing; **~s** *nfpl* (*de poisson*) gills; (*de violon*) sound-hole.

**ouïr** [wiʀ] *vt* to hear; **avoir ouï dire que** to have heard it said that.

**ouistiti** [wistiti] *nm* marmoset.

**ouragan** [uʀagɑ̃] *nm* hurricane; (*fig*) storm.

**ourlé, e** [uʀle] *a* hemmed; (*fig*) rimmed.

**ourler** [uʀle] *vt* to hem.

**ourlet** [uʀlɛ] *nm* hem; (*de l'oreille*) rim.

**ours** [uʀs] *nm* bear; **~ brun/blanc** brown/polar bear; **~ mal léché** uncouth fellow; **~ (en peluche)** teddy (bear).

**ourse** [uʀs(ə)] *nf* (*ZOOL*) she-bear; **la Grande/Petite O~** the Great/Little Bear, Ursa Major/Minor.

**oursin** [uʀsɛ̃] *nm* sea urchin.

**ourson** [uʀsɔ̃] *nm* (bear-)cub.

**ouste** [ust(ə)] *excl* hop it!

**outil** [uti] *nm* tool.

**outillage** [utijaʒ] *nm* set of tools; (*d'atelier*) equipment *q*.

**outiller** [utije] *vt* (*ouvrier, usine*) to equip.

**outrage** [utʀaʒ] *nm* insult; **faire subir les derniers ~s à** (*femme*) to ravish; **~ aux bonnes mœurs** outrage to public decency; **~ à magistrat** contempt of court; **~ à la pudeur** indecent behaviour *q*.

**outrageant, e** [utʀaʒɑ̃, -ɑ̃t] *a* offensive.

**outrager** [utʀaʒe] *vt* to offend gravely; (*fig: contrevenir à*) to outrage, insult.

**outrance** [utʀɑ̃s] *nf* excessiveness *q*, excess; **à ~** *ad* excessively, to excess; **outrancier, ière** *a* extreme.

**outre** [utʀ(ə)] *nf* goatskin, water skin // *prép* besides // *ad*: **passer ~ à** to disregard, take no notice of; **en ~** besides, moreover; **~ que** apart from the fact that; **~ mesure** immoderately; unduly.

**outré, e** [utʀe] *a* excessive, exaggerated; outraged.

**outre-Atlantique** [utʀəatlɑ̃tik] *ad* across the Atlantic.

**outrecuidance** [utʀəkɥidɑ̃s] *nf* presumptuousness *q*.

**outre-Manche** [utʀəmɑ̃ʃ] *ad* across the Channel.

**outremer** [utʀəmɛʀ] *a* ultramarine.

**outre-mer** [utʀəmɛʀ] *ad* overseas.

**outrepasser** [utʀəpase] *vt* to go beyond, exceed.

**outrer** [utʀe] *vt* to exaggerate; to outrage.

**outsider** [awtsajdœʀ] *nm* outsider.

**ouvert, e** [uvɛʀ, -ɛʀt(ə)] *pp de* **ouvrir** // *a* open; (*robinet, gaz etc*) on; **ouvertement** *ad* openly.

**ouverture** [uvɛʀtyʀ] *nf* opening; (*MUS*) overture; (*POL*): **l'~** the widening of the political spectrum; (*PHOTO*): **~ (du diaphragme)** aperture; **~s** *nfpl* (*propositions*) overtures; **~ d'esprit** open-mindedness; **heures d'~** (*COMM*) opening hours; **jours d'~** (*COMM*) days of opening.

**ouvrable** [uvʀabl(ə)] *a*: **jour ~** working day, weekday.

**ouvrage** [uvʀaʒ] *nm* (*tâche, de tricot etc, MIL*) work *q*; (*texte, livre*) work; **corbeille à ~** work basket; **~ d'art** (*GÉNIE CIVIL*) bridge or tunnel etc.

**ouvragé, e** [uvʀaʒe] *a* finely embroidered (*ou* worked *ou* carved).

**ouvrant, e** [uvʀɑ̃, -ɑ̃t] *a*: **toit ~** (*AUTO*) sunshine roof.

**ouvre-boîte(s)** [uvʀəbwat] *nm inv* tin *ou* can opener.

**ouvre-bouteille(s)** [uvʀəbutɛj] *nm inv* bottle-opener.

**ouvreuse** [uvʀøz] *nf* usherette.

**ouvrier, ière** [uvʀije, -jɛʀ] *nm/f* worker // *nf* (*ZOOL*) worker (bee) // *a* working-class; industrial, labour *cpd*; workers'; **classe ouvrière** working class; **~ qualifié** skilled worker; **~ spécialisé (O.S.)** semiskilled worker; **~ d'usine** factory worker.

**ouvrir** [uvʀiʀ] *vt* (*gén*) to open; (*brèche, passage*) to open up; (*commencer l'exploitation de, créer*) to open (up); (*eau, électricité, chauffage, robinet*) to turn on; (*MÉD: abcès*) to open up, cut open // *vi* to open; to open up; **s'~** *vi* to open; **s'~ à** (*art etc*) to open one's mind to; **s'~ à qn (de qch)** to open one's heart to sb (about sth); **s'~ les veines** to slash *ou* cut one's wrists; **~ l'appétit à qn** to whet sb's appetite.

**ouvroir** [uvʀwaʀ] *nm* workroom; sewing room.

**ovaire** [ɔvɛʀ] *nm* ovary.

**ovale** [ɔval] *a* oval.

**ovation** [ɔvasjɔ̃] *nf* ovation; **ovationner** *vt*: **ovationner qn** to give sb an ovation.

**O.V.N.I.** [ɔvni] *sigle m* (= *objet volant non identifié*) U.F.O. (unidentified flying object).

**ovule** [ɔvyl] *nm* (*PHYSIOL*) ovum (*pl* ova); (*MÉD*) pessary.

**oxydable** [ɔksidabl(ə)] *a* liable to rust.

**oxyde** [ɔksid] *nm* oxide; **~ de carbone** carbon monoxide.

**oxyder** [ɔkside]: **s'~** *vi* to become oxidized.

**oxygène** [ɔksiʒɛn] nm oxygen; (fig): cure d'~ fresh air cure.

**oxygéné, e** [ɔksiʒene] a: eau ~e hydrogen peroxide.

**ozone** [ozɔn] nm ozone.

## P

**pacage** [pakaʒ] nm grazing, pasture.

**pachyderme** [paʃidɛRm(ə)] nm pachyderm; elephant.

**pacifier** [pasifje] vt to pacify.

**pacifique** [pasifik] a (personne) peaceable; (intentions, coexistence) peaceful // nm: le P~, l'océan P~ the Pacific (Ocean).

**pacotille** [pakɔtij] nf (péj) cheap goods pl; de ~ cheap.

**pacte** [pakt(ə)] nm pact, treaty.

**pactiser** [paktize] vi: ~ avec to come to terms with.

**pagaie** [pagɛ] nf paddle.

**pagaille** [pagaj] nf mess, shambles sg.

**pagayer** [pageje] vi to paddle.

**page** [paʒ] nf // nm page; mettre en ~s to make up (into pages); à la ~ (fig) up-to-date.

**pagne** [paɲ] nm loincloth.

**pagode** [pagɔd] nf pagoda.

**paie** [pɛ] nf = paye.

**paiement** [pɛmɑ̃] nm = payement.

**païen, ne** [pajɛ̃, -jɛn] a, nm/f pagan, heathen.

**paillard, e** [pajaR, -ard(ə)] a bawdy.

**paillasse** [pajas] nf straw mattress.

**paillasson** [pajasɔ̃] nm doormat.

**paille** [pɑj] nf straw; (défaut) flaw; ~ de fer steel wool.

**pailleté, e** [pajte] a sequined.

**paillette** [pajɛt] nf speck, flake; ~s (décoratives) sequins, spangles; lessive en ~s soapflakes pl.

**pain** [pɛ̃] nm (substance) bread; (unité) loaf (pl loaves) (of bread); (morceau): ~ de cire etc bar of wax etc; ~ bis/complet brown/ wholemeal bread; ~ d'épice gingerbread; ~ grillé toast; ~ de mie sandwich loaf; ~ de seigle rye bread; ~ de sucre sugar loaf.

**pair, e** [pɛR] a (nombre) even // nm peer; aller de ~ (avec) to go hand in hand ou together (with); au ~ (FINANCE) at par; jeune fille au ~ au pair girl.

**paire** [pɛR] nf pair; une ~ de lunettes/tenailles a pair of glasses/pincers.

**paisible** [pezibl(ə)] a peaceful, quiet.

**paître** [pɛtR(ə)] vi to graze.

**paix** [pɛ] nf peace; (fig) peacefulness; peace; faire la ~ avec to make peace with; avoir la ~ to have peace (and quiet).

**palabrer** [palabRe] vi to argue endlessly.

**palace** [palas] nm luxury hotel.

**palais** [palɛ] nm palace; (ANAT) palate; le P~ Bourbon the National Assembly buildings; ~ des expositions exhibition hall; le P~ de Justice the Law Courts pl.

**palan** [palɑ̃] nm hoist.

**pale** [pal] nf (d'hélice, de rame) blade; (de roue) paddle.

**pâle** [pɑl] a pale; bleu ~ pale blue.

**paléontologie** [paleɔ̃tɔlɔʒi] nf paleontology.

**Palestine** [palɛstin] nf: la ~ Palestine; **palestinien, ne** a, nm/f Palestinian.

**palet** [palɛ] nm disc; (HOCKEY) puck.

**paletot** [palto] nm (short) coat.

**palette** [palɛt] nf (de peintre) palette.

**palétuvier** [paletyvje] nm mangrove.

**pâleur** [pɑlœR] nf paleness.

**palier** [palje] nm (d'escalier) landing; (fig) level, plateau; (TECH) bearing; nos voisins de ~ our neighbours across the landing; en ~ ad level; par ~s in stages; **pallère** af landing cpd.

**pâlir** [pɑliR] vi to turn ou go pale; (couleur) to fade.

**palissade** [palisad] nf fence.

**palissandre** [palisɑ̃dR(ə)] nm rosewood.

**palliatif** [paljatif] nm palliative; (expédient) stopgap measure.

**pallier** [palje] vt, ~ à vt to offset, make up for.

**palmarès** [palmaRɛs] nm record (of achievements); (SCOL) prize list; (SPORT) list of winners.

**palme** [palm(ə)] nf (BOT) palm leaf (pl leaves); (symbole) palm; (en caoutchouc) flipper; ~s (académiques) decoration for services to education; **palmé, e** a (pattes) webbed.

**palmeraie** [palməRɛ] nf palm grove.

**palmier** [palmje] nm palm tree.

**palmipède** [palmipɛd] nm palmiped, webfooted bird.

**palombe** [palɔ̃b] nf woodpigeon, ringdove.

**pâlot, te** [pɑlo, -ɔt] a pale, peaky.

**palourde** [paluRd(ə)] nf clam.

**palper** [palpe] vt to feel, finger.

**palpitant, e** [palpitɑ̃, -ɑ̃t] a thrilling.

**palpitation** [palpitasjɔ̃] nf palpitation.

**palpiter** [palpite] vi (cœur, pouls) to beat; (: plus fort) to pound, throb; (narines, chair) to quiver.

**paludisme** [palydism(ə)] nm paludism, malaria.

**pâmer** [pɑme]: se ~ vi to swoon; (fig): se ~ devant to go into raptures over; **pâmoison** nf: tomber en pâmoison to swoon.

**pampa** [pɑ̃pa] nf pampas pl.

**pamphlet** [pɑ̃flɛ] nm lampoon, satirical tract.

**pamplemousse** [pɑ̃pləmus] nm grapefruit.

**pan** [pɑ̃] nm section, piece // excl bang!; ~ de chemise shirt tail.

**panacée** [panase] nf panacea.

**panachage** [panaʃaʒ] nm blend, mix.

**panache** [panaʃ] nm plume; (fig) spirit, panache.

**panaché, e** [panaʃe] a: œillet ~ variegated carnation; glace ~e mixed-flavour ice cream; salade ~e mixed salad; bière ~e shandy.

**panaris** [panaRi] nm whitlow.

**pancarte** [pɑ̃kaRt(ə)] nf sign, notice; (dans un défilé) placard.

**pancréas** [pɑ̃kʀeɑs] *nm* pancreas.

**pané, e** [pane] *a* fried in breadcrumbs.

**panier** [panje] *nm* basket; **mettre au ~** to chuck away; **~ à provisions** shopping basket; **~ à salade** Black Maria, police van; **~-repas** *nm* packed lunch.

**panification** [panifikɑsjɔ̃] *nf* bread-making.

**panique** [panik] *nf*, *a* panic; **paniquer** *vi* to panic.

**panne** [pan] *nf* (*d'un mécanisme, moteur*) breakdown; **être/tomber en ~** to have broken down/break down; **être en ~ d'essence** ou **sèche** to have run out of petrol; **~ d'électricité** ou **de courant** power ou electrical failure.

**panneau, x** [pano] *nm* (*écriteau*) sign, notice; (*de boiserie, de tapisserie etc*) panel; **tomber dans le ~** (*fig*) to walk into the trap; **~ d'affichage** notice board; **~ de signalisation** roadsign; **~-réclame** *nm* hoarding.

**panonceau, x** [panɔ̃so] *nm* sign.

**panoplie** [panɔpli] *nf* (*jouet*) outfit; (*d'armes*) display; (*fig*) array.

**panorama** [panɔʀama] *nm* panorama; **panoramique** *a* panoramic; (*carrosserie*) with panoramic windows.

**panse** [pɑ̃s] *nf* paunch.

**pansement** [pɑ̃smɑ̃] *nm* dressing, bandage; **~ adhésif** sticking plaster.

**panser** [pɑ̃se] *vt* (*plaie*) to dress, bandage; (*bras*) to put a dressing on, bandage; (*cheval*) to groom.

**pantalon** [pɑ̃talɔ̃] *nm* (*aussi*: **~s, paire de ~s**) trousers *pl*, pair of trousers; **~ de ski** ski pants *pl*.

**pantelant, e** [pɑ̃tlɑ̃, -ɑ̃t] *a* gasping for breath, panting.

**panthère** [pɑ̃tɛʀ] *nf* panther.

**pantin** [pɑ̃tɛ̃] *nm* jumping jack; (*péj*) puppet.

**pantois** [pɑ̃twa] *am*: **rester ~** to be flabbergasted.

**pantomime** [pɑ̃tɔmim] *nf* mime; (*pièce*) mime show.

**pantouflard, e** [pɑ̃tuflaʀ, -aʀd(ə)] *a* (*péj*) stay-at-home.

**pantoufle** [pɑ̃tufl(ə)] *nf* slipper.

**panure** [panyʀ] *nf* breadcrumbs *pl*.

**paon** [pɑ̃] *nm* peacock.

**papa** [papa] *nm* dad(dy).

**papauté** [papote] *nf* papacy.

**pape** [pap] *nm* pope.

**paperasse** [papʀas] *nf* (*péj*) bumf *q*, papers *pl*; forms *pl*; **~rie** *nf* (*péj*) red tape *q*; paperwork *q*.

**papeterie** [papetʀi] *nf* (*usine*) paper mill; (*magasin*) stationer's (shop).

**papetier, ière** [paptje, -jɛʀ] *nm/f* paper-maker; stationer; **~-libraire** *nm* bookseller and stationer.

**papier** [papje] *nm* paper; (*article*) article; **~s** *nmpl* (*aussi*: **~s d'identité**) (identity) papers; **~ couché/glacé** art/glazed paper; **~ (d')aluminium** aluminium foil, tinfoil; **~ d'Arménie** incense paper; **~ bible** India ou bible paper; **~ buvard** blotting paper; **~ calque** tracing paper; **~ carbone** carbon paper; **~ collant** sellotape ®, sticky tape; **~ hygiénique**

toilet paper; **~ journal** newsprint; (*pour emballer*) newspaper; **~ à lettres** writing paper, notepaper; **~ mâché** papier-mâché; **~ machine** typing paper; **~ peint** wallpaper; **~ pelure** India paper; **~ de soie** tissue paper; **~ de tournesol** litmus paper; **~ de verre** sandpaper.

**papille** [papij] *nf*: **~s gustatives** taste buds.

**papillon** [papijɔ̃] *nm* butterfly; (*fam: contravention*) (parking) ticket; (*TECH: écrou*) wing ou butterfly nut; **~ de nuit** moth.

**papillote** [papijɔt] *nf* curlpaper.

**papilloter** [papijɔte] *vi* to blink, flicker.

**papoter** [papɔte] *vi* to chatter.

**paprika** [papʀika] *nm* paprika.

**paquebot** [pakbo] *nm* liner.

**pâquerette** [pakʀɛt] *nf* daisy.

**Pâques** [pak] *nm*, *nfpl* Easter; **faire ses ~** to do one's Easter duties.

**paquet** [pakɛ] *nm* packet; (*colis*) parcel; (*fig: tas*): **~ de pile** ou **heap of**; **mettre le ~** (*fam*) to give one's all; **~ de mer** big wave; **paquetage** *nm* (*MIL*) kit, pack; **~-cadeau** *nm* gift-wrapped parcel.

**par** [paʀ] *prép* by; **finir etc ~** to end etc with; **~ amour** out of love; **passer ~ Lyon/la côte** to go via ou through Lyons/along the coast; **~ la fenêtre** (*jeter, regarder*) out of the window; **3 ~ jour/personne** 3 a ou per day/head; **2 ~ 2** two at a time; in twos; **~ où?** which way?; **~ ici** this way; (*dans le coin*) round here; **~-ci, ~-là** here and there.

**para** [paʀa] *nm* (*abr de parachutiste*) para.

**parabole** [paʀabɔl] *nf* (*REL*) parable; (*GÉOM*) parabola; **parabolique** *a* parabolic.

**parachever** [paʀaʃve] *vt* to perfect.

**parachute** [paʀaʃyt] *nm* parachute.

**parachutiste** [paʀaʃytist(ə)] *nm/f* parachutist; (*MIL*) paratrooper.

**parade** [paʀad] *nf* (*spectacle, défilé*) parade; (*ESCRIME, BOXE*) parry; (*ostentation*): **faire ~ de** to display, show off.

**paradis** [paʀadi] *nm* heaven, paradise.

**paradoxal, e, aux** [paʀadɔksal, -o] *a* paradoxical.

**paradoxe** [paʀadɔks(ə)] *nm* paradox.

**parafe** [paʀaf] *nm*, **parafer** [paʀafe] *vt voir* **paraphe, parapher.**

**paraffine** [paʀafin] *nf* paraffin; paraffin wax.

**parages** [paʀaʒ] *nmpl*: **dans les ~ (de)** in the area ou vicinity (of).

**paragraphe** [paʀagʀaf] *nm* paragraph.

**paraître** [paʀɛtʀ(ə)] *vb avec attribut* to seem, look, appear // *vi* to appear; (*être visible*) to show; (*PRESSE, ÉDITION*) to be published, come out, appear; (*briller*) to show off // *vb impersonnel*: **il paraît que** it seems ou appears that, they say that; **il me paraît que** it seems to me that.

**parallèle** [paʀalɛl] *a* parallel; (*police, marché*) unofficial // *nm* (*comparaison*): **faire un ~ entre** to draw a parallel between; (*GÉO*) parallel // *nf* parallel (line); **parallélisme** *nm* parallelism; (*AUTO*) wheel alignment; **parallélogramme** *nm* parallelogram.

**paralyser** [paʀalize] *vt* to paralyze.
**paralysie** [paʀalizi] *nf* paralysis.
**paralytique** [paʀalitik] *a*, *nm/f* paralytic.
**paramédical, e, aux** [paʀamedikal, -o] *a* paramedical.
**paranoïaque** [paʀanɔjak] *nm/f* paranoiac.
**parapet** [paʀapɛ] *nm* parapet.
**paraphe** [paʀaf] *nm* flourish ; initials *pl* ; signature ; **parapher** *vt* to initial ; to sign.
**paraphrase** [paʀafʀɑz] *nf* paraphrase.
**parapluie** [paʀaplɥi] *nm* umbrella ; ~ **pliant** telescopic umbrella.
**parasite** [paʀazit] *nm* parasite // *a* (BOT, BIO) parasitic(al) ; ~**s** (TÉL) interference *sg*.
**parasol** [paʀasɔl] *nm* parasol, sunshade.
**paratonnerre** [paʀatɔnɛʀ] *nm* lightning conductor.
**paravent** [paʀavɑ̃] *nm* folding screen.
**parc** [paʀk] *nm* (public) park, gardens *pl* ; (de château etc) grounds *pl* ; (pour le bétail) pen, enclosure ; (d'enfant) playpen ; (MIL: entrepôt) depot ; (ensemble d'unités) stock ; fleet ; ~ **automobile** (d'un pays) number of cars on the roads ; (d'une société) car fleet ; ~ **à huîtres** oyster bed ; ~ **national** national park ; ~ **de stationnement** car park.
**parcelle** [paʀsɛl] *nf* fragment, scrap ; (de terrain) plot, parcel.
**parce que** [paʀsk(ə)] *cj* because.
**parchemin** [paʀʃəmɛ̃] *nm* parchment.
**parcimonie** [paʀsimɔni] *nf* parsimony, parsimoniousness.
**parc(o)mètre** [paʀk(ɔ)mɛtʀ(ə)] *nm* parking meter.
**parcourir** [paʀkuʀiʀ] *vt* (trajet, distance) to cover ; (article, livre) to skim *ou* glance through ; (lieu) to go all over, travel up and down ; (suj: frisson, vibration) to run through ; ~ **des yeux** to run one's eye over.
**parcours** [paʀkuʀ] *nm* (trajet) journey ; (itinéraire) route ; (SPORT: de golf etc) course ; (: accompli par un concurrent) round ; run ; lap.
**par-delà** [paʀdəla] *prép* beyond.
**par-dessous** [paʀdəsu] *prép*, *ad* under(neath).
**pardessus** [paʀdəsy] *nm* overcoat.
**par-dessus** [paʀdəsy] *prép* over (the top of) // *ad* over (the top) ; ~ **le marché** on top of all that.
**par-devant** [paʀdəvɑ̃] *prép* in the presence of, before // *ad* at the front ; round the front.
**pardon** [paʀdɔ̃] *nm* forgiveness *q* // *excl* sorry ; (pour interpeller etc) excuse me ; **demander** ~ **à qn** (de) to apologize to sb (for) ; **je vous demande** ~ I'm sorry ; excuse me.
**pardonner** [paʀdɔne] *vt* to forgive ; ~ **qch à qn** to forgive sb for sth.
**paré, e** [paʀe] *a* ready, prepared.
**pare-balles** [paʀbal] *a inv* bulletproof.
**pare-boue** [paʀbu] *nm inv* mudguard.
**pare-brise** [paʀbʀiz] *nm inv* windscreen.
**pare-chocs** [paʀʃɔk] *nm inv* bumper.
**pareil, le** [paʀɛj] *a* (identique) the same, alike ; (similaire) similar ; (tel): **un courage/livre** ~ such courage/a book,

courage/a book like this ; **de** ~**s livres** such books ; **j'en veux un** ~ I'd like one just like it ; **rien de** ~ no (ou any) such thing, nothing (ou anything) like it ; **ses** ~**s** one's fellow men ; one's peers ; **ne pas avoir son(sa)** ~**(le)** to be second to none ; ~ **à** the same as ; similar to ; **sans** ~ unparalleled, unequalled ; ~**lement** *ad* the same, alike ; in such a way ; (également) likewise.
**parement** [paʀmɑ̃] *nm* (CONSTR) facing ; (REL): ~ **d'autel** antependium.
**parent, e** [paʀɑ̃, -ɑ̃t] *nm/f*: **un/une** ~/**e** a relative *ou* relation // *a*: **être** ~ **de** to be related to ; ~**s** *nmpl* (père et mère) parents ; **parenté** *nf* (lien) relationship ; (personnes) relatives *pl*, relations *pl*.
**parenthèse** [paʀɑ̃tɛz] *nf* (ponctuation) bracket, parenthesis ; (MATH) bracket ; (digression) parenthesis, digression ; **ouvrir/ fermer la** ~ to open/close the brackets ; **entre** ~**s** in brackets ; (fig) incidentally.
**parer** [paʀe] *vt* to adorn ; (CULIN) to dress, trim ; (éviter) to ward off ; ~ **à** (danger) to ward off ; (inconvénient) to deal with ; ~ **au plus pressé** to attend to what's most urgent.
**pare-soleil** [paʀsɔlɛj] *nm inv* sun visor.
**paresse** [paʀɛs] *nf* laziness ; **paresser** *vi* to laze around ; **paresseux, euse** *a* lazy ; (fig) slow, sluggish // *nm* (ZOOL) sloth.
**parfaire** [paʀfɛʀ] *vt* to perfect ; to complete.
**parfait, e** [paʀfɛ, -ɛt] *a* perfect // *nm* (LING) perfect (tense) ; (CULIN) parfait // *excl* fine, excellent ; **parfaitement** *ad* perfectly // *excl* (most) certainly.
**parfois** [paʀfwa] *ad* sometimes.
**parfum** [paʀfœ̃] *nm* (produit) perfume, scent ; (odeur: de fleur) scent, fragrance ; (: de tabac, vin) aroma ; (à choisir: de glace, milk-shake) flavour ; **parfumé, e** *a* (fleur, fruit) fragrant ; (papier à lettres etc) scented ; (femme) wearing perfume *ou* scent, perfumed ; **parfumé au café** coffee-flavoured, flavoured with coffee ; **parfumer** *vt* (suj: odeur, bouquet) to perfume ; (mouchoir) to put scent *ou* perfume on ; (crème, gâteau) to flavour ; **se parfumer** to put on (some) perfume *ou* scent ; to use perfume *ou* scent ; **parfumerie** *nf* (commerce) perfumery ; (produits) perfumes *pl* ; (boutique) perfume shop.
**pari** [paʀi] *nm* bet, wager ; (SPORT) bet ; **P~ Mutuel urbain (P.M.U.)** (State-controlled) organisation for forecast betting on horse-racing.
**paria** [paʀja] *nm* outcast.
**parier** [paʀje] *vt* to bet ; **parieur** *nm* (turfiste etc) punter.
**Paris** [paʀi] *n* Paris ; **parisien, ne** *a* Parisian ; (GÉO, ADMIN) Paris *cpd* // *nm/f*: **Parisien, ne** Parisian.
**paritaire** [paʀitɛʀ] *a*: **commission** ~ joint commission.
**parité** [paʀite] *nf* parity.
**parjure** [paʀʒyʀ] *nm* (acte) false oath, perjury ; breach of oath, perjury // *nm/f* perjurer ; **se parjurer** to forswear *ou* perjure o.s.

**parking** [paʀkiɲ] nm (lieu) car park.

**parlant, e** [paʀlɑ̃, -ɑ̃t] a (fig) graphic, vivid; eloquent; (CINÉMA) talking // ad: **généralement ~** generally speaking.

**parlement** [paʀləmɑ̃] nm parliament; **parlementaire** a parliamentary // nm/f member of parliament; parliamentarian; negotiator, mediator.

**parlementer** [paʀləmɑ̃te] vi to negotiate, parley.

**parler** [paʀle] nm speech; dialect // vi to speak, talk; (avouer) to talk; ~ (à qn) de to talk ou speak (to sb) about; ~ **pour** qn (intercéder) to speak for sb; ~ le/en français to speak French/in French; ~ **affaires** to talk business; ~ **en dormant/du nez** to talk in one's sleep/through one's nose; **sans ~ de** (fig) not to mention, to say nothing of; **tu parles!** you must be joking!

**parloir** [paʀlwaʀ] nm (d'une prison, d'un hôpital) visiting room; (REL) parlour.

**parmi** [paʀmi] prép among(st).

**parodie** [paʀɔdi] nf parody; **parodier** vt (œuvre, auteur) to parody.

**paroi** [paʀwa] nf wall; (cloison) partition; ~ **rocheuse** rock face.

**paroisse** [paʀwas] nf parish; **paroissial, e, aux** a parish cpd; **paroissien, ne** nm/f parishioner // nm prayer book.

**parole** [paʀɔl] nf (faculté): **la ~** speech; (mot, promesse) word; ~**s** nfpl (MUS) words, lyrics; **tenir ~** to keep one's word; **prendre la ~** to speak; **demander la ~** to ask for permission to speak; **je le crois sur ~** I'll take his word for it.

**paroxysme** [paʀɔksism(ə)] nm height, paroxysm.

**parpaing** [paʀpɛ̃] nm bond-stone, parpen.

**parquer** [paʀke] vt (voiture, matériel) to park; (bestiaux) to pen (in ou up); (prisonniers) to pack in.

**parquet** [paʀkɛ] nm (parquet) floor; (JUR): **le ~** the Public Prosecutor's department; **parqueter** vt to lay a parquet floor in.

**parrain** [paʀɛ̃] nm godfather; (d'un nouvel adhérent) sponsor, proposer; **parrainer** vt (nouvel adhérent) to sponsor, propose; (entreprise) to promote, sponsor.

**parricide** [paʀisid] nm, nf parricide.

**pars** vb voir **partir**.

**parsemer** [paʀsəme] vt (suj: feuilles, papiers) to be scattered over; ~ **qch de** to scatter sth with.

**part** [paʀ] nf (qui revient à qn) share; (fraction, partie) part; (FINANCE) (non-voting) share; **prendre ~ à** (débat etc) to take part in; (soucis, douleur de qn) to share in; **faire ~ de qch à qn** to announce sth to sb, inform sb of sth; **pour ma ~** as for me, as far as I'm concerned; **à ~ entière** a full; **de la ~ de** (au nom de) on behalf of; (donné par) from; **de toute(s) ~(s)** from all sides ou quarters; **de ~ et d'autre** on both sides, on either side; **de ~ en ~** right through; **d'une ~ ... d'autre** on the one hand ... on the other hand; **à ~** separately; (de côté) aside // prép apart from, except for // a exceptional, special; **faire la ~ des choses** to make allowances.

**partage** [paʀtaʒ] nm dividing up; sharing (out) q, share-out; sharing; **recevoir qch en ~** to receive sth as one's share (ou lot); **sans ~** undivided.

**partagé, e** [paʀtaʒe] a (opinions etc) divided.

**partager** [paʀtaʒe] vt to share; (distribuer, répartir) to share (out); (morceler, diviser) to divide (up); **se ~** vt (héritage etc) to share between themselves (ou ourselves).

**partance** [paʀtɑ̃s]: **en ~** ad outbound, due to leave; **en ~ pour** (bound) for.

**partant** [paʀtɑ̃] vb voir **partir** // nm (SPORT) starter; (HIPPISME) runner.

**partenaire** [paʀtənɛʀ] nm/f partner.

**parterre** [paʀtɛʀ] nm (de fleurs) (flower) bed, border; (THÉÂTRE) stalls pl.

**parti** [paʀti] nm (POL) party; (décision) course of action; (personne à marier) match; **tirer ~ de** to take advantage of, turn to good account; **prendre le ~ de faire** to make up one's mind to do, resolve to do; **prendre le ~ de qn** to stand up for sb, side with sb; **prendre ~ (pour/contre)** to take sides ou a stand (for/against); **prendre son ~ de** to come to terms with; ~ **pris** bias.

**partial, e, aux** [paʀsjal, -o] a biased, partial.

**participant, e** [paʀtisipɑ̃, -ɑ̃t] nm/f participant; (à un concours) entrant; (d'une société) member.

**participation** [paʀtisipɑsjɔ̃] nf participation; sharing; (COMM) interest; **la ~ aux bénéfices** profit-sharing; **la ~ ouvrière** worker participation.

**participe** [paʀtisip] nm participle; ~ **passé/présent** past/present participle.

**participer** [paʀtisipe]: ~ **à** vt (course, réunion) to take part in; (profits etc) to share in; (frais etc) to contribute to; (entreprise: financièrement) to cooperate in; (chagrin, succès de qn) to share (in); ~ **de** vt to partake of.

**particularisme** [paʀtikylaʀism(ə)] nm sense of identity; specific characteristic.

**particularité** [paʀtikylaʀite] nf particularity; (distinctive) characteristic, feature.

**particule** [paʀtikyl] nf particle; ~ **(nobiliaire)** nobiliary particle.

**particulier, ière** [paʀtikylje, -jɛʀ] a (personnel, privé) private; (spécial) special, particular; (caractéristique) characteristic, distinctive; (spécifique) particular // nm (individu: ADMIN) private individual; '**~ vend ...**' (COMM) 'for sale privately ...'; ~ **à** peculiar to; **en ~** ad (surtout) in particular, particularly; (en privé) in private; **particulièrement** ad particularly.

**partie** [paʀti] nf (gén) part; (profession, spécialité) field, subject; (JUR etc: protagonistes) party; (de cartes, tennis etc) game; **une ~ de campagne/de pêche** an outing in the country/a fishing party ou trip; **en ~** ad partly, in part; **faire ~ de** to belong to; (suj: chose) to be part of; **prendre qn à ~** to take sb to task; (malmener) to set on sb; **en grande ~** largely, in the main; ~ **civile** (JUR) private *party associating in action with public prosecutor.*

**partiel, le** [paʀsjɛl] a partial // nm (SCOL) class exam.

**partir** [paʀtiʀ] vi (gén) to go ; (quitter) to go, leave ; (s'éloigner) to go (ou drive etc) away ou off ; (moteur) to start ; (pétard) to go off ; ~ **de** (lieu: quitter) to leave ; (: commencer à) to start from ; (date) to run ou start from ; **à** ~ **de** from.

**partisan, e** [paʀtizɑ̃, -an] nm/f partisan // a: **être** ~ **de qch/faire** to be in favour ,of sth/doing.

**partitif, ive** [paʀtitif, -iv] a: **article** ~ article used in the partitive genitive.

**partition** [paʀtisjɔ̃] nf (MUS) score.

**partout** [paʀtu] ad everywhere ; ~ **où il allait** everywhere ou wherever he went ; **trente** ~ (TENNIS) thirty all.

**paru, e** pp de **paraître**.

**parure** [paʀyʀ] nf (toilette, bijoux) finery q ; (jewellery q ; (assortiment) set.

**parution** [paʀysjɔ̃] nf publication, appearance.

**parvenir** [paʀvəniʀ] : ~ **à** vt (atteindre) to reach ; (réussir): ~ **à faire** to manage to do, succeed in doing ; **faire** ~ **qch à qn** to have sth sent to sb.

**parvenu, e** [paʀvəny] nm/f (péj) parvenu, upstart.

**parvis** [paʀvi] nm square (in front of a church).

**pas** [pɑ] nm voir le mot suivant // ad not ; ~ **de** no ; **ne ... ~**: **il ne le voit** ~/**ne l'a** ~ **vu/ne le verra** ~ he doesn't see it/hasn't seen it ou didn't see it/won't see it ; **ils n'ont** ~ **de voiture/d'enfants** they haven't got a car/any children, they have no car/children ; **il m'a dit de ne** ~ **le faire** he told me not to do it ; **il n'est** ~ **plus grand que lui** he's not bigger, he's no bigger ; **... lui** ~ **ou** ~ **lui** he doesn't (ou isn't etc) ; **non** ~ **que** ... not that ... ; **une pomme** ~ **mûre** an apple which isn't ripe ; ~ **du tout** not at all ; ~ **plus tard qu'hier** only yesterday ; ~ **mal** a not bad, quite good (ou pretty ou nice) // ad quite well ; (beaucoup) quite a lot ; ~ **mal de** quite a lot of.

**pas** [pɑ] nm voir le mot précédent // nm (allure, mesure) pace ; (démarche) tread ; (enjambée, DANSE) step ; (bruit) (foot)step ; (trace) footprint ; (TECH: de vis, d'écrou) thread ; **à** ~ step by step ; **au** ~ at walking pace ; **mettre qn au** ~ to bring sb to heel ; **au** ~ **de gymnastique/de course** at a jog trot/at a run ; **à** ~ **de loup** stealthily ; **faire les cent** ~ to pace up and down ; **faire les premiers** ~ to make the first move ; **sur le** ~ **de la porte** on the doorstep ; **le** ~ **de Calais** (détroit) the Straits of Dover ; ~ **de porte** (COMM) key money.

**pascal, e, aux** [paskal, -o] a Easter cpd.

**passable** [pɑsabl(ə)] a (travail) passable, tolerable.

**passage** [pɑsaʒ] nm (fait de passer) voir **passer** ; (lieu, prix de la traversée, extrait de livre etc) passage ; (chemin) way ; **de** ~ (touristes) passing through ; (amants etc) casual ; ~ **clouté** pedestrian crossing ; '~ **interdit**' 'no entry' ; ~ **à niveau** level

crossing ; '~ **protégé**' right of way over secondary road(s) on your right ; ~ **souterrain** subway, underground passage ; ~ **à tabac** beating-up.

**passager, ère** [pɑsaʒe, -ɛʀ] a a passing // nm/f passenger ; ~ **clandestin** stowaway.

**passant, e** [pɑsɑ̃, -ɑ̃t] a (rue, endroit) busy // nm/f passer-by // nm (pour ceinture etc) loop.

**passe** [pɑs] nf (SPORT, magnétique, NAVIG) pass // nm (passe-partout) master ou skeleton key ; **être en** ~ **de faire** to be on the way to doing.

**passé, e** [pɑse] a (événement, temps) past ; (couleur, tapisserie) faded // prép after // nm past ; (LING) past (tense) ; **il est** ~ **midi** ou **midi** ~ it's gone twelve ; ~ **de mode** out of fashion ; ~ **composé** perfect (tense) ; ~ **simple** past historic.

**passe-droit** [pɑsdʀwa] nm special privilege.

**passéiste** [pɑseist] a backward-looking.

**passementerie** [pɑsmɑ̃tʀi] nf trimmings pl.

**passe-montagne** [pɑsmɔ̃taɲ] nm balaclava.

**passe-partout** [pɑspaʀtu] nm inv master ou skeleton key // a inv all-purpose.

**passe-passe** [pɑspas] nm: **tour de** ~ trick, sleight of hand q.

**passe-plats** [pɑspla] nm inv serving hatch.

**passeport** [pɑspɔʀ] nm passport.

**passer** [pɑse] vi (se rendre, aller) to go ; (voiture, piétons: défiler) to pass (by), go by ; (faire une halte rapide: facteur, laitier etc) to come, call ; (: pour rendre visite) to call ou drop in ; (courant, air, lumière, franchir un obstacle etc) to get through ; (accusé, projet de loi): ~ **devant** to come before ; (film, émission) to be on ; (temps, jours) to pass, go by ; (couleur, papier) to fade ; (douleur) to pass, go away ; (CARTES) to pass ; (SCOL) to go up (to the next class) // vt (frontière, rivière etc) to cross ; (douane) to go through ; (examen) to sit, take ; (visite médicale etc) to have ; (journée, temps) to spend ; (donner): ~ **qch à qn** to pass sth to sb ; to give sb sth ; (transmettre): ~ **qch à qn** to pass sth on to sb ; (enfiler: vêtement) to slip on ; (faire entrer, mettre): (faire) ~ **qch dans/par** to get sth into/through ; (café) to pour the water on ; (thé, soupe) to strain ; (film, pièce) to show, put on ; (disque) to play, put on ; (marché, accord) to agree on ; (tolérer): ~ **qch à qn** to let sb get away with sth ; **se** ~ vi (avoir lieu: scène, action) to take place ; (se dérouler: entretien etc) to go ; (arriver): **que s'est-il passé?** what happened? ; (s'écouler: semaine etc) to pass, go by ; **se** ~ **de** vt to go ou do without ; **se** ~ **les mains sous l'eau/de l'eau sur le visage** to put one's hands under the tap/run water over one's face ; ~ **par** to go through ; **passe devant/par ici** go in front/this way ; ~ **sur** vt (faute, détail inutile) to pass over ; ~ **avant qch/qn** (fig) to come before sth/sb ; **laisser** ~ (air, lumière, personne) to let through ; (occasion) to let slip, miss ; (erreur) to overlook ; ~ **à la radio/fouille** to be

X-rayed/searched ; ~ à la radio/télévision to be on the radio/on television ; ~ pour riche to be taken for a rich man ; **il passait pour avoir** he was said to have ; ~ à l'opposition to go over to the opposition ; **passons!** let's say no more (about it) ; ~ **en seconde**, ~ **la seconde** (AUTO) to change into second ; ~ qch en fraude to smuggle sth in (ou out) ; ~ **la main par la portière** to stick one's hand out of the door ; ~ **le balai/l'aspirateur** to sweep up/hoover ; **je vous passe M. X** (je vous mets en communication avec lui) I'm putting you through to Mr X ; (je lui passe l'appareil) here is Mr X, I'll hand you over to Mr X.

**passerelle** [pasʀɛl] nf footbridge ; (de navire, avion) gangway.

**passe-temps** [pastɑ̃] nm inv pastime.

**passeur, euse** [pasœʀ, -øz] nm/f smuggler.

**passible** [pasibl(ə)] a : ~ **de** liable to.

**passif, ive** [pasif, -iv] a passive // nm (LING) passive ; (COMM) liabilities pl.

**passion** [pasjɔ̃] nf passion ; **avoir la ~ de** to have a passion for ; **passionnée, e a** passionate ; impassioned ; **passionnel, le** a of passion ; **passionner** vt (personne) to fascinate, grip ; **se passionner pour** to take an avid interest in ; to have a passion for.

**passoire** [paswaʀ] nf sieve ; (à légumes) colander ; (à thé) strainer.

**pastel** [pastɛl] nm, a inv (ART) pastel.

**pastèque** [pastɛk] nf watermelon.

**pasteur** [pastœʀ] nm (protestant) minister, pastor.

**pasteuriser** [pastœʀize] vt to pasteurize.

**pastiche** [pastiʃ] nm pastiche.

**pastille** [pastij] nf (à sucer) lozenge, pastille ; (de papier etc) (small) disc ; ~s **pour la toux** throat lozenges.

**pastis** [pastis] nm pastis.

**patate** [patat] nf spud ; ~ **douce** sweet potato.

**patauger** [patoʒe] vi (pour s'amuser) to splash about ; (avec effort) to wade about ; ~ **dans** (en marchant) to wade through.

**pâte** [pat] nf (à tarte) pastry ; (à pain) dough ; (à frire) batter ; (substance molle) paste ; cream ; ~s nfpl (macaroni etc) pasta sg ; **fromage à** ~ **dure/molle** hard/soft cheese ; ~ **d'amandes** almond paste ; ~ **brisée** shortcrust pastry ; ~ **de fruits** crystallized fruit q ; ~ **à modeler** modelling clay, Plasticine ® ; ~ **à papier** paper pulp.

**pâté** [pate] nm (charcuterie) pâté ; (tache) ink blot ; (de sable) sandcastle, sandpie ; ~ **en croûte** ≈ pork pie ; ~ **de maisons** block (of houses).

**pâtée** [pate] nf mash, feed.

**patente** [patɑ̃t] nf (COMM) trading licence.

**patère** [pateʀ] nf (coat-)peg.

**paternel, le** [patɛʀnɛl] a (amour, soins) fatherly ; (ligne, autorité) paternal.

**paternité** [patɛʀnite] nf paternity, fatherhood.

**pâteux, euse** [patø, -øz] a thick ; pasty.

**pathétique** [patetik] a moving, pathetic.

**pathologie** [patɔlɔʒi] nf pathology.

**patibulaire** [patibylɛʀ] a sinister.

**patience** [pasjɑ̃s] nf patience.

**patient, e** [pasjɑ̃, -ɑ̃t] a, nm/f patient.

**patienter** [pasjɑ̃te] vi to wait.

**patin** [patɛ̃] nm skate ; (sport) skating ; (de traîneau, luge) runner ; (pièce de tissu) cloth pad (used as slippers to protect polished floor) ; ~s **(à glace)** (ice) skates ; ~s à **roulettes** roller skates.

**patinage** [patinaʒ] nm skating ; ~ **artistique/de vitesse** figure/speed skating.

**patine** [patin] nf sheen.

**patiner** [patine] vi to skate ; (embrayage) to slip ; (roue, voiture) to spin ; **se** ~ vi (meuble, cuir) to acquire a sheen, become polished ; **patineur, euse** nm/f skater ; **patinoire** nf skating rink, (ice) rink.

**pâtir** [patiʀ] : ~ **de** vt to suffer because of.

**pâtisserie** [patisʀi] nf (boutique) cake shop ; (métier) confectionery ; (à la maison) pastry- ou cake-making, baking ; ~s nfpl (gâteaux) pastries, cakes ; **pâtissier, ière** nm/f pastrycook ; confectioner.

**patois** [patwa] nm dialect, patois.

**patriarche** [patʀijaʀʃ(ə)] nm patriarch.

**patrie** [patʀi] nf homeland.

**patrimoine** [patʀimwan] nm inheritance, patrimony.

**patriote** [patʀijɔt] a patriotic // nm/f patriot ; **patriotique** a patriotic.

**patron, ne** [patʀɔ̃, -ɔn] nm/f (chef) boss, manager/eress ; (propriétaire) owner, proprietor/tress ; (employeur) employer ; (MÉD) ≈ senior consultant ; (REL) patron saint // nm (COUTURE) pattern ; ~ **de thèse** supervisor (of postgraduate thesis) ; **patronal, e, aux** a (syndicat, intérêts) employers'.

**patronage** [patʀɔnaʒ] nm patronage ; (paroish) youth club.

**patronat** [patʀɔna] nm employers pl.

**patronner** [patʀɔne] vt to sponsor, support.

**patrouille** [patʀuj] nf patrol ; **patrouiller** vi to patrol, be on patrol.

**patte** [pat] nf (jambe) leg ; (pied: de chien, chat) paw ; (: d'oiseau) foot ; (languette) strap ; (: de poche) flap ; à ~s **d'éléphant** a bell-bottomed ; ~s **d'oie** (fig) crow's feet.

**pattemouille** [patmuj] nf damp cloth (for ironing).

**pâturage** [patyʀaʒ] nm pasture.

**pâture** [patyʀ] nf food.

**paume** [pom] nf palm.

**paumer** [pome] vt (fam) to lose.

**paupière** [popjɛʀ] nf eyelid.

**paupiette** [popjɛt] nf: ~s **de veau** veal olives.

**pause** [poz] nf (arrêt) break ; (en parlant, MUS) pause.

**pauvre** [povʀ(ə)] a poor // nm/f poor man/woman ; **les** ~s the poor ; ~ **en calcium** with a low calcium content ; ~té nf (état) poverty.

**pavaner** [pavane] : **se** ~ vi to strut about.

**pavé, e** [pave] a paved ; cobbled // nm (bloc) paving stone ; cobblestone ; (pavage) paving.

**pavillon** [pavijɔ̃] *nm* (*de banlieue*) small (detached) house; (*kiosque*) lodge; pavilion; (*d'hôpital*) ward; (*MUS: de cor etc*) bell; (*ANAT: de l'oreille*) pavilion, pinna; (*drapeau*) flag; ~ **de complaisance** flag of convenience.

**pavoiser** [pavwaze] *vt* to deck with flags // *vi* to put out flags; (*fig*) to rejoice, exult.

**pavot** [pavo] *nm* poppy.

**payant, e** [pɛjɑ̃, -ɑ̃t] *a* (*spectateurs etc*) paying; (*fig: entreprise*) profitable; **c'est ~** you have to pay, there is a charge.

**paye** [pɛj] *nf* pay, wages *pl*.

**payement** [pɛjmɑ̃] *nm* payment.

**payer** [peje] *vt* (*créancier, employé, loyer*) to pay; (*achat, réparations, fig: faute*) to pay for // *vi* to pay; (*métier*) to be well-paid; (*tactique etc*) to pay off; **il me l'a fait ~ 10 F** he charged me 10 F for it; **~ qch à qn** to buy sth for sb, buy sb sth; **ils nous ont payé le voyage** they paid for our trip; **~ de sa personne** to give of o.s.; **~ d'audace** to act with great daring; **cela ne paie pas de mine** it doesn't look much; **se ~ la tête de qn** to take the mickey out of sb; to take sb for a ride.

**pays** [pei] *nm* country; land; region; village; **du ~** a local.

**paysage** [peizaʒ] *nm* landscape; **paysagiste** *nm/f* landscape gardener; landscape painter.

**paysan, ne** [peizɑ̃, -an] *nm/f* countryman/woman; farmer; (*péj*) peasant // *a* country *cpd*; farming, farmers'.

**Pays-Bas** [peiba] *nmpl*: **les ~** the Netherlands.

**P.C.V.** *sigle voir* **communication**.

**P.D.G.** *sigle m voir* **président**.

**péage** [peaʒ] *nm* toll; (*endroit*) tollgate; **pont à ~** toll bridge.

**peau, x** [po] *nf* skin; **gants de ~** fine leather gloves; **~ de chamois** (*chiffon*) chamois leather, shammy; **P~-Rouge** *nm/f* Red Indian, redskin.

**peccadille** [pekadij] *nf* trifle; peccadillo.

**pêche** [pɛʃ] *nf* (*sport, activité*) fishing; (*poissons pêchés*) catch; (*fruit*) peach; **~ à la ligne** (*en rivière*) angling.

**péché** [peʃe] *nm* sin; **~ mignon** weakness.

**pêche-abricot** [pɛʃabriko] *nf* yellow peach.

**pécher** [peʃe] *vi* (*REL*) to sin; (*fig*) to err; to be flawed.

**pêcher** [peʃe] *nm* peach tree // *vi* to go fishing; (*en rivière*) to go angling // *vt* to catch, land; to fish for; **~ au chalut** to trawl.

**pêcheur, eresse** [pɛʃœr, peʃRɛs] *nm/f* sinner.

**pêcheur** [pɛʃœr] *nm* fisherman; angler; **~ de perles** pearl diver.

**pectoraux** [pɛktɔro] *nmpl* pectoral muscles.

**pécule** [pekyl] *nm* savings *pl*, nest egg; (*d'un détenu*) earnings *pl* (*paid on release*).

**pécuniaire** [pekynjɛR] *a* financial.

**pédagogie** [pedagɔʒi] *nf* educational methods *pl*, pedagogy; **pédagogique** *a* educational; **formation pédagogique**

teacher training; **pédagogue** *nm/f* teacher; educationalist.

**pédale** [pedal] *nf* pedal; **pédaler** *vi* to pedal; **pédalier** *nm* pedal and gear mechanism.

**pédalo** [pedalo] *nm* pedalo, pedal-boat.

**pédant, e** [pedɑ̃, -ɑ̃t] *a* (*péj*) pedantic.

**pédéraste** [pederast(ə)] *nm* homosexual, pederast.

**pédestre** [pedɛstR(ə)] *a*: **tourisme ~** hiking.

**pédiatre** [pedjatR(ə)] *nm/f* paediatrician, child specialist.

**pédiatrie** [pedjatRi] *nf* paediatrics *sg*.

**pédicure** [pedikyR] *nm/f* chiropodist.

**pègre** [pɛgR(ə)] *nf* underworld.

**peignais** *etc vb voir* **peindre**.

**peigne** [pɛɲ] *nm* comb.

**peigné, e** [peɲe] *a*: **laine ~e** wool worsted; combed wool.

**peigner** [peɲe] *vt* to comb (the hair of); **se ~** to comb one's hair.

**peignis** *etc vb voir* **peindre**.

**peignoir** [pɛɲwaR] *nm* dressing gown; **~ de bain** bathrobe.

**peindre** [pɛ̃dR(ə)] *vt* to paint; (*fig*) to portray, depict.

**peine** [pɛn] *nf* (*affliction*) sorrow, sadness *q*; (*mal, effort*) trouble *q*, effort; (*difficulté*) difficulty; (*punition, châtiment*) punishment; (*JUR*) sentence; **faire de la ~ à qn** to distress ou upset sb; **prendre la ~ de faire** to go to the trouble of doing; **se donner de la ~** to make an effort; **ce n'est pas la ~ de faire** there's no point in doing it, it's not worth doing; **avoir de la ~ à faire** to have difficulty doing; **à ~ ad** scarcely, hardly, barely; **à ~ ... que** hardly ... than; **sous ~:** **sous ~ d'être puni** for fear of being punished; **défense d'afficher sous ~ d'amende** billposters will be fined; **peiner** *vi* to work hard; to struggle; (*moteur, voiture*) to labour // *vt* to grieve, sadden.

**peintre** [pɛ̃tR(ə)] *nm* painter; **~ en bâtiment** house painter, painter and decorator; **~ d'enseignes** signwriter.

**peinture** [pɛ̃tyR] *nf* painting; (*couche de couleur, couleur*) paint; (*surfaces peintes: aussi: ~s*) paintwork; **~ mate/brillante** matt/gloss paint; **'~ fraîche'** 'wet paint'.

**péjoratif, ive** [peʒɔRatif, -iv] *a* pejorative, derogatory.

**pelage** [pəlaʒ] *nm* coat, fur.

**pêle-mêle** [pɛlmɛl] *ad* higgledy-piggledy.

**peler** [pəle] *vt, vi* to peel.

**pèlerin** [pɛlRɛ̃] *nm* pilgrim; **pèlerinage** *nm* pilgrimage; place of pilgrimage, shrine.

**pélican** [pelikɑ̃] *nm* pelican.

**pelle** [pɛl] *nf* shovel; (*d'enfant, de terrassier*) spade; **~ à gâteau** cake slice; **~ mécanique** mechanical digger; **~ter** *vt* to shovel (up).

**pelletier** [pɛltje] *nm* furrier.

**pellicule** [pelikyl] *nf* film; **~s** *nfpl* (*MÉD*) dandruff *sg*.

**pelote** [pəlɔt] *nf* (*de fil, laine*) ball; (*d'épingles*) pin cushion; **~ basque** pelota.

**peloter** [pəlɔte] *vt* (*fam*) to feel (up); **se ~** to pet.

**peloton** [pǝlɔtɔ̃] nm group, squad; (CYCLISME) pack; ~ d'exécution firing squad.

**pelotonner** [pǝlɔtɔne]: se ~ vi to curl (o.s.) up.

**pelouse** [pǝluz] nf lawn.

**peluche** [pǝlyʃ] nf: animal en ~ fluffy animal, soft toy; **pelucher** vi to become fluffy, fluff up.

**pelure** [pǝlyʀ] nf peeling, peel q; ~ d'oignon onion skin.

**pénal, e, aux** [penal, -o] a penal.

**pénaliser** [penalize] vt to penalize.

**pénalité** [penalite] nf penalty.

**penalty, ies** [penalti, -z] nm (SPORT) penalty (kick).

**penaud, e** [pǝno, -od] a sheepish, contrite.

**penchant** [pɑ̃ʃɑ̃] nm tendency, propensity; liking, fondness.

**penché, e** [pɑ̃ʃe] a slanting.

**pencher** [pɑ̃ʃe] vi to tilt, lean over // vt to tilt; se ~ vi to lean over; (se baisser) to bend down; se ~ sur to bend over; (fig: problème) to look into; se ~ au dehors to lean out; ~ pour to be inclined to favour.

**pendaison** [pɑ̃dɛzɔ̃] nf hanging.

**pendant, e** [pɑ̃dɑ̃, -ɑ̃t] a hanging (out); (ADMIN, JUR) pending // nm counterpart; matching piece // prép during; **faire** ~ à to match; to be the counterpart of; ~s d'oreilles drop ou pendant earrings.

**pendeloque** [pɑ̃dlɔk] nf pendant.

**pendentif** [pɑ̃dɑ̃tif] nm pendant.

**penderie** [pɑ̃dʀi] nf wardrobe; (placard) walk-in cupboard.

**pendre** [pɑ̃dʀ(ǝ)] vt, vi to hang; se ~ (à) (se suicider) to hang o.s. (on); se ~ à (se suspendre) to hang from; ~ à to hang (down) from; ~ qch à (mur) to hang sth (up) on; (plafond) to hang sth (up) from.

**pendule** [pɑ̃dyl] nf clock // nm pendulum.

**pendulette** [pɑ̃dylɛt] nf small clock.

**pêne** [pɛn] nm bolt.

**pénétrer** [penetre] vi to come ou get in // vt to penetrate; ~ dans to enter; (suj: projectile) to penetrate; (: air, eau) to come into, get into; se ~ de qch to get sth firmly set in one's mind.

**pénible** [penibl(ǝ)] a (astreignant) hard; (affligeant) painful; (personne, caractère) tiresome; ~ment ad with difficulty.

**péniche** [peniʃ] nf barge; ~ de débarquement landing craft inv.

**pénicilline** [penisilin] nf penicillin.

**péninsule** [penɛ̃syl] nf peninsula.

**pénis** [penis] nm penis.

**pénitence** [penitɑ̃s] nf (repentir) penitence; (peine) penance.

**pénitencier** [penitɑ̃sje] nm penitentiary.

**pénombre** [penɔ̃bʀ(ǝ)] nf half-light; darkness.

**pense-bête** [pɑ̃sbɛt] nm aide-mémoire.

**pensée** [pɑ̃se] nf thought; (démarche, doctrine) thinking q; (BOT) pansy; en ~ in one's mind.

**penser** [pɑ̃se] vi to think // vt to think; (concevoir: problème, machine) to think out; ~ à to think of; (songer à: ami, vacances) to think of ou about; (réfléchir à: problème, offre) ~ à qch to think about

sth ou sth over; ~ à faire qch to think of doing sth; ~ faire qch to be thinking of doing sth, intend to do sth; **penseur** nm thinker; **pensif, ive** a pensive, thoughtful.

**pension** [pɑ̃sjɔ̃] nf (allocation) pension; (prix du logement) board and lodgings, bed and board; (maison particulière) boarding house; (hôtel) guesthouse, hotel; (école) boarding school; **prendre** ~ **chez** to take board and lodging at; **prendre qn en** ~ to take sb (in) as a lodger; **mettre en** ~. to send to boarding school; ~ **alimentaire** (d'étudiant) living allowance; (de divorcée) maintenance allowance; alimony; ~ **complète** full board; ~ **de famille** boarding house, guesthouse; **pensionnaire** nm/f boarder; guest; **pensionnat** nm boarding school.

**pentagone** [pɛ̃tagɔn] nm pentagon.

**pente** [pɑ̃t] nf slope; en ~ a sloping.

**Pentecôte** [pɑ̃tkot] nf: la ~ Whitsun; (dimanche) Whitsunday; lundi de ~ Whit Monday.

**pénurie** [penyʀi] nf shortage.

**pépier** [pepje] vi to chirp, tweet.

**pépin** [pepɛ̃] nm (BOT: graine) pip; (ennui) snag, hitch; (fam) brolly.

**pépinière** [pepinjɛʀ] nf tree nursery; (fig) nest, breeding-ground.

**pépite** [pepit] nf nugget.

**perçant, e** [pɛʀsɑ̃, -ɑ̃t] a sharp, keen; piercing, shrill.

**percée** [pɛʀse] nf (trouée) opening; (MIL) breakthrough; (SPORT) break.

**perce-neige** [pɛʀsǝnɛʒ] nf inv snowdrop.

**percepteur** [pɛʀsɛptœʀ] nm tax collector.

**perceptible** [pɛʀsɛptibl(ǝ)] a perceptible.

**perception** [pɛʀsɛpsjɔ̃] nf perception; (d'impôts etc) collection.

**percer** [pɛʀse] vt to pierce; (ouverture etc) to make; (mystère, énigme) to penetrate // vi to come through; to break through; ~ une dent to cut a tooth.

**perceuse** [pɛʀsøz] nf drill.

**percevoir** [pɛʀsǝvwaʀ] vt (distinguer) to perceive, detect; (taxe, impôt) to collect; (revenu, indemnité) to receive.

**perche** [pɛʀʃ(ǝ)] nf (ZOOL) perch; (bâton) pole.

**percher** [pɛʀʃe] vt: ~ qch sur to perch sth on // vi, se ~ vi (oiseau) to perch; **perchoir** nm perch.

**perclus, e** [pɛʀkly, -yz] a: ~ de (rhumatismes) crippled with.

**perçois** etc vb voir **percevoir**.

**perçu, e** pp de **percevoir**.

**percussion** [pɛʀkysjɔ̃] nf percussion.

**percuter** [pɛʀkyte] vt to strike; (suj: véhicule) to crash into.

**perdant, e** [pɛʀdɑ̃, -ɑ̃t] nm/f loser.

**perdition** [pɛʀdisjɔ̃] nf: en ~ (NAVIG) in distress; lieu de ~ den of vice.

**perdre** [pɛʀdʀ(ǝ)] vt to lose; (gaspiller: temps, argent) to waste; (personne: moralement etc) to ruin // vi to lose; (sur une vente etc) to lose out; (récipient) to leak; se ~ vi (s'égarer) to get lost, lose one's way; (fig) to go to waste; to disappear, vanish.

**perdreau, x** [pɛRdRo] *nm* (young) partridge.

**perdrix** [pɛRdRi] *nf* partridge.

**perdu, e** [pɛRdy] *pp de* perdre // *a* (*isolé*) out-of-the-way, godforsaken ; (*COMM*: *emballage*) non-returnable ; (*malade*): **il est ~** there's no hope left for him ; **à vos moments ~s** in your spare time.

**père** [pɛR] *nm* father ; **~s** *nmpl* (*ancêtres*) forefathers ; **de ~ en fils** from father to son ; **~ de famille** man with a family ; family man ; **le ~ Noël** Father Christmas.

**péremptoire** [peRãptwaR] *a* peremptory.

**perfection** [pɛRfɛksjɔ̃] *nf* perfection.

**perfectionné, e** [pɛRfɛksjɔne] *a* sophisticated.

**perfectionnement** [pɛRfɛksjɔnmã] *nm* improvement.

**perfectionner** [pɛRfɛksjɔne] *vt* to improve, perfect ; **se ~ en anglais** to improve one's English.

**perfide** [pɛRfid] *a* perfidious, treacherous.

**perforant, e** [pɛRfɔRã, -ãt] *a* (*balle*) armour-piercing.

**perforateur, trice** [pɛRfɔRatœR, -tRis] *nm/f* punch-card operator // *nm* (*perceuse*) borer ; drill // *nf* (*perceuse*) borer ; drill ; (*pour cartes*) card-punch ; (*de bureau*) punch.

**perforation** [pɛRfɔRasjɔ̃] *nf* perforation ; punching ; (*trou*) hole.

**perforatrice** [pɛRfɔRatRis] *nf voir* perforateur.

**perforer** [pɛRfɔRe] *vt* to perforate ; to punch a hole (*ou* holes) in ; (*ticket, bande, carte*) to punch.

**performance** [pɛRfɔRmãs] *nf* performance.

**perfusion** [pɛRfyzjɔ̃] *nf* perfusion ; **faire une ~ à qn** to put sb on a drip.

**péricliter** [peRiklite] *vi* to go downhill.

**péril** [peRil] *nm* peril ; **périlleux, euse** [-jø, -øz] *a* perilous.

**périmé, e** [peRime] *a* (out)dated ; (*ADMIN*) out-of-date, expired.

**périmètre** [peRimɛtR(ə)] *nm* perimeter.

**période** [peRjɔd] *nf* period ; **périodique** *a* (*phases*) periodic ; (*publication*) periodical ; (*MATH*: *fraction*) recurring // *nm* periodical ; **garniture** *ou* **serviette périodique** sanitary towel.

**péripéties** [peRipesi] *nfpl* events, episodes.

**périphérie** [peRifeRi] *nf* periphery ; (*d'une ville*) outskirts *pl* ; **périphérique** *a* (*quartiers*) outlying ; (*ANAT*, *TECH*) peripheral ; (*station de radio*) operating from outside France // *nm* (*AUTO*) ring road.

**périphrase** [peRifRaz] *nf* circumlocution.

**périple** [peRipl(ə)] *nm* journey.

**périr** [peRiR] *vi* to die, perish.

**périscope** [peRiskɔp] *nm* periscope.

**périssable** [peRisabl(ə)] *a* perishable.

**péritonite** [peRitɔnit] *nf* peritonitis.

**perle** [pɛRl(ə)] *nf* pearl ; (*de plastique, métal, sueur*) bead.

**perlé, e** [pɛRle] *a* : **grève ~e** go-slow.

**perler** [pɛRle] *vi* to form in droplets.

**perlier, ière** [pɛRlje, -jɛR] *a* pearl *cpd*.

**permanence** [pɛRmanãs] *nf* permanence ; (*local*) (duty) office ; strike headquarters ; emergency service ; **assurer une ~** (*service public, bureaux*) to operate *ou* maintain a basic service ; **être de ~** to be on call *ou* duty ; **en ~** *ad* permanently ; continuously.

**permanent, e** [pɛRmanã, -ãt] *a* permanent ; (*spectacle*) continuous // *nf* perm, permanent wave.

**perméable** [pɛRmeabl(ə)] *a* (*terrain*) permeable ; **~ à** (*fig*) receptive *ou* open to.

**permettre** [pɛRmɛtR(ə)] *vt* to allow, permit ; **~ à qn de faire/qch** to allow sb to do/sth.

**permis** [pɛRmi] *nm* permit, licence ; **~ de chasse** hunting permit ; **~ (de conduire)** (driving) licence ; **~ de construire** planning permission ; **~ d'inhumer** burial certificate ; **~ poids lourds** HGV (driving) licence ; **~ de séjour** residence permit.

**permission** [pɛRmisjɔ̃] *nf* permission ; (*MIL*) leave ; (: *papier*) pass ; **en ~** on leave ; **avoir la ~ de faire** to have permission to do, be allowed to do ; **permissionnaire** *nm* soldier on leave.

**permuter** [pɛRmyte] *vt* to change around, permutate // *vi* to change, swap.

**pernicieux, euse** [pɛRnisjø, -øz] *a* pernicious.

**pérorer** [peRɔRe] *vi* to hold forth.

**perpendiculaire** [pɛRpãdikylɛR] *a*, *nf* perpendicular.

**perpétrer** [pɛRpetRe] *vt* to perpetrate.

**perpétuel, le** [pɛRpetɥɛl] *a* perpetual ; (*ADMIN etc*) permanent ; for life.

**perpétuer** [pɛRpetɥe] *vt* to perpetuate.

**perpétuité** [pɛRpetɥite] *nf*: **à ~** *a*, *ad* for life ; **être condamné à ~** to be sentenced to life imprisonment, receive a life sentence.

**perplexe** [pɛRplɛks(ə)] *a* perplexed, puzzled.

**perquisition** [pɛRkizisjɔ̃] *nf* (police) search ; **perquisitionner** *vi* to carry out a search.

**perron** [pɛRɔ̃] *nm* steps *pl* (*in front of mansion etc*).

**perroquet** [pɛRɔkɛ] *nm* parrot.

**perruche** [pɛRyʃ] *nf* budgerigar, budgie.

**perruque** [pɛRyk] *nf* wig.

**persan, e** [pɛRsã, -an] *a* Persian.

**persécuter** [pɛRsekyte] *vt* to persecute ; **persécution** *nf* persecution.

**persévérant, e** [pɛRseveRã, -ãt] *a* persevering.

**persévérer** [pɛRseveRe] *vi* to persevere.

**persiennes** [pɛRsjɛn] *nfpl* (metal) shutters.

**persiflage** [pɛRsiflaʒ] *nm* mockery *q*.

**persil** [pɛRsi] *nm* parsley.

**Persique** [pɛRsik] *a* : **le golfe ~** the (Persian) Gulf.

**persistant, e** [pɛRsistã, -ãt] *a* persistent ; (*feuilles*) evergreen ; **à feuillage ~** evergreen.

**persister** [pɛRsiste] *vi* to persist ; **~ à faire qch** to persist in doing sth.

**personnage** [pɛRsɔnaʒ] *nm* (*notable*) personality ; figure ; (*individu*) character, individual ; (*THÉÂTRE*) character ; (*PEINTURE*) figure.

**personnaliser** [pɛRsɔnalize] *vt* to personalize.

**personnalité** [pɛRsɔnalite] *nf* personality.

**personne** [pɛRsɔn] *nf* person // *pronom* nobody, no one; (*quelqu'un*) anybody, anyone; ~s people *pl*; **il n'y a ~** there's nobody in, there isn't anybody in; **10 F par ~** 10 F per person *ou* a head; ~ **âgée** elderly person; **personnel, le** *a* personal // *nm* staff; personnel; **personnellement** *ad* personally; **personnifier** *vt* to personify; to typify.

**perspective** [pɛRspɛktiv] *nf* (*ART*) perspective; (*vue, coup d'œil*) view; (*point de vue*) viewpoint, angle; (*chose escomptée, envisagée*) prospect; **en ~** in prospect; in the offing.

**perspicace** [pɛRspikas] *a* clear-sighted, gifted with (*ou* showing) insight.

**persuader** [pɛRsɥade] *vt*: ~ **qn (de/de faire)** to persuade sb (of/to do); **persuasif, ive** *a* persuasive; **persuasion** *nf* persuasion.

**perte** [pɛRt(ə)] *nf* loss; (*de temps*) waste; (*fig: morale*) ruin; **à ~** (*COMM*) at a loss; **à ~ de vue** as far as the eye can (*ou* could) see; (*fig*) interminably; ~ **sèche** dead loss; ~s **blanches** (vaginal) discharge *sg*.

**pertinent, e** [pɛRtinɑ̃, -ɑ̃t] *a* apt, pertinent; discerning, judicious.

**perturbation** [pɛRtyRbasjɔ̃] *nf* disruption; perturbation; ~ **(atmosphérique)** atmospheric disturbance.

**perturber** [pɛRtyRbe] *vt* to disrupt; (*PSYCH*) to perturb, disturb.

**pervenche** [pɛRvɑ̃ʃ] *nf* periwinkle.

**pervers, e** [pɛRvɛR, -ɛRs(ə)] *a* perverted, depraved; perverse.

**perversion** [pɛRvɛRsjɔ̃] *nf* perversion.

**perverti, e** [pɛRvɛRti] *nm/f* pervert.

**pervertir** [pɛRvɛRtiR] *vt* to pervert.

**pesage** [pəzaʒ] *nm* weighing; (*HIPPISME*) weigh-in; weighing room; enclosure.

**pesamment** [pəzamɑ̃] *ad* heavily.

**pesant, e** [pəzɑ̃, -ɑ̃t] *a* heavy; (*fig*) burdensome // *nm*: **valoir son ~ de** to be worth one's weight in.

**pesanteur** [pəzɑ̃tœR] *nf* gravity.

**pèse-bébé** [pɛzbebe] *nm* (baby) scales *pl*.

**pesée** [pəze] *nf* weighing; (*BOXE*) weigh-in; (*pression*) pressure.

**pèse-lettre** [pɛzlɛtR(ə)] *nm* letter scales *pl*.

**pèse-personne** [pɛzpɛRsɔn] *nm* (bathroom) scales *pl*.

**peser** [pəze] *vt, vb avec attribut* to weigh // *vi* to be heavy; (*fig*) to carry weight; ~ **sur** (*levier, bouton*) to press, push; (*fig*) to lie heavy on; to influence; ~ **à qn** to weigh heavy on sb.

**pessaire** [pesɛR] *nm* pessary.

**pessimisme** [pesimism(ə)] *nm* pessimism; **pessimiste** *a* pessimistic // *nm/f* pessimist.

**peste** [pɛst(ə)] *nf* plague.

**pester** [pɛste] *vi*: ~ **contre** to curse.

**pestiféré, e** [pɛstifeRe] *nm/f* plague victim.

**pestilentiel, le** [pɛstilɑ̃sjɛl] *a* foul.

**pet** [pɛ] *nm* (*fam!*) fart (!).

**pétale** [petal] *nm* petal.

**pétanque** [petɑ̃k] *nf* petanque (bowls).

**pétarader** [petaRade] *vi* to backfire.

**pétard** [petaR] *nm* banger; cracker; (*RAIL*) detonator.

**péter** [pete] *vi* (*fam: casser, sauter*) to burst; to bust; (*fam!*) to fart (!).

**pétiller** [petije] *vi* (*flamme, bois*) to crackle; (*mousse, champagne*) to bubble; (*yeux*) to sparkle.

**petit, e** [pəti, -it] *a* (*gén*) small; (*main, objet, colline, en âge: enfant*) small, little (*avant le nom*); (*voyage*) short, little; (*bruit etc*) faint, slight; (*mesquin*) mean // *nm* (*d'un animal*) young *pl*; **faire des ~s** to have kittens (*ou* puppies *etc*); **en ~** in miniature; **mon ~** son; little one; **ma ~e** dear; little one; **pauvre ~** poor little thing; **la classe des ~s** the infant class; **pour ~s et grands** for children and adults; **les tout-petits** the little ones, the tiny tots; ~ **à ~** bit by bit, gradually; ~/e **ami/e** boyfriend/girlfriend; ~ **déjeuner** breakfast; ~ **doigt** little finger, pinkie; ~ **four** petit four; ~e **vérole** smallpox; ~s **pois** petit pois *pl*, garden pea(s); ~-**bourgeois**, ~e-**bourgeoise** *a* (*péj*) petit-bourgeois(e), middle-class; ~e-**fille** *nf* granddaughter; ~-**fils** *nm* grandson.

**pétition** [petisjɔ̃] *nf* petition.

**petit-lait** [pətilɛ] *nm* whey.

**petit-nègre** [pətinɛgR(ə)] *nm* (*péj*) pidgin French.

**petits-enfants** [pətizɑ̃fɑ̃] *nmpl* grandchildren.

**pétrifier** [petRifje] *vt* to petrify; (*fig*) to paralyze, transfix.

**pétrin** [petRɛ̃] *nm* kneading-trough; (*fig*): **dans le ~** in a jam *ou* fix.

**pétrir** [petRiR] *vt* to knead.

**pétrole** [petRɔl] *nm* oil; (*pour lampe, réchaud etc*) paraffin (oil); **pétrolier, ière** *a* oil *cpd* // *nm* oil tanker; **pétrolifère** *a* oil(-bearing).

**peu** [pø] *ad* little, *tournure négative* + much; (*avec adjectif*) *tournure négative* + very // *pronom* few ~ *nm* little; ~ **avant/après** shortly before/afterwards; ~ **de** (*nombre*) few, *négation* + (very) many; (*quantité*) little, *négation* + (very) much; **pour ~ de temps** for (only) a short while; **le ~ de gens qui** the few people who; **le ~ de sable qui** what little sand, the little sand which; **un (petit) ~** a little (bit); **un ~ de** a little; **un ~ plus/moins de** slightly more/less (*ou* fewer); **de ~** (only) just; ~ **à ~** little by little; **à ~ près** *ad* just about, more or less; **à ~ près 10 kg/10 F** approximately 10 kg/10 F; **avant ~** before long.

**peuplade** [pœplad] *nf* (*horde, tribu*) †tribe, people.

**peuple** [pœpl(ə)] *nm* people.

**peupler** [pœple] *vt* (*pays, région*) to populate; (*étang*) to stock; (*suj: hommes, poissons*) to inhabit; (*fig: imagination, rêves*) to fill.

**peuplier** [pøplije] *nm* poplar (tree).

**peur** [pœR] *nf* fear; **avoir ~ (de/de faire/que)** to be frightened *ou* afraid (of/of doing/that); **faire ~ à** to frighten;

**de** ~ **de/que** for fear of/that; ~**eux, euse** a fearful, timorous.

**peut** vb voir **pouvoir.**

**peut-être** [pøtɛtʀ(ə)] ad perhaps, maybe; ~ **que** perhaps, maybe; ~ **bien qu'il fera/est** he may well do/be.

**peux** etc vb voir **pouvoir.**

**phalange** [falɑ̃ʒ] nf (ANAT) phalanx (pl phalanges); (MIL) phalanx (pl es).

**phallocrate** [falɔkʀat] nm male chauvinist.

**phallus** [falys] nm phallus.

**phare** [faʀ] nm (en mer) lighthouse; (d'aéroport) beacon; (de véhicule) headlamp; **mettre ses** ~**s** to put on the full beam; ~**s de recul** reversing lights.

**pharmaceutique** [faʀmasøtik] a pharmaceutic(al).

**pharmacie** [faʀmasi] nf (science) pharmacology; (magasin) chemist's, pharmacy; (officine) dispensary; (produits) pharmaceuticals pl; **pharmacien, ne** nm/f pharmacist, chemist.

**pharyngite** [faʀɛ̃ʒit] nf pharyngitis q.

**pharynx** [faʀɛ̃ks] nm pharynx.

**phase** [fɑz] nf phase.

**phénomène** [fenɔmɛn] nm phenomenon (pl a); (monstre) freak.

**philanthrope** [filɑ̃tʀɔp] nm/f philanthropist.

**philanthropie** [filɑ̃tʀɔpi] nf philanthropy.

**philatélie** [filateli] nf philately, stamp collecting; **philatéliste** nm/f philatelist, stamp collector.

**philharmonique** [filaʀmɔnik] a philharmonic.

**philo** [filo] nf abr de **philosophie.**

**philosophe** [filɔzɔf] nm/f philosopher // a philosophical.

**philosophie** [filɔzɔfi] nf philosophy; **philosophique** a philosophical.

**phobie** [fɔbi] nf phobia.

**phonétique** [fɔnetik] a phonetic // nf phonetics sg.

**phonographe** [fɔnɔgʀaf] nm (wind-up) gramophone.

**phoque** [fɔk] nm seal; (fourrure) sealskin.

**phosphate** [fɔsfat] nm phosphate.

**phosphore** [fɔsfɔʀ] nm phosphorus.

**phosphorescent, e** [fɔsfɔʀesɑ̃, -ɑ̃t] a luminous.

**photo** [fɔto] nf photo(graph); **en** ~ **in** ou **on** a photograph; **prendre en** ~ to take a photo of; **aimer la/faire de la** ~ to like taking/take photos; ~ **d'identité** passport photograph.

**photo...** [fɔto] préfixe: ~**copie** nf photocopying, photostatting; photocopy, photostat (copy); ~**copier** vt to photocopy, photostat; ~**-électrique** a photoelectric; ~**génique** a photogenic; ~**graphe** nm/f photographer; ~**graphie** nf (procédé, technique) photography; (cliché) photograph; **faire de la** ~**graphie** to have photography as a hobby; to be a photographer; ~**graphier** vt to photograph, take; ~**graphique** a photographic; ~**maton** nm photo-booth, photomat; ~**-robot** nf identikit (picture).

**phrase** [fʀɑz] nf (LING) sentence; (propos, MUS) phrase; ~**s** (péj) flowery language sg.

**phtisie** [ftizi] nf consumption.

**physicien, ne** [fizisjɛ̃, -ɛn] nm/f physicist.

**physiologie** [fizjɔlɔʒi] nf physiology; **physiologique** a physiological.

**physionomie** [fizjɔnɔmi] nf face; **physionomiste** nm/f good judge of faces; person who has a good memory for faces.

**physique** [fizik] a physical // nm physique // nf physics sg; **au** ~ physically; ~**ment** ad physically.

**piaffer** [pjafe] vi to stamp.

**piailler** [pjɑje] vi to squawk.

**pianiste** [pjanist(ə)] nm/f pianist.

**piano** [pjano] nm piano.

**pianoter** [pjanɔte] vi to tinkle away (at the piano); (tapoter): ~ **sur** to drum one's fingers on.

**piaule** [pjol] nf (fam) pad.

**piauler** [pjole] vi to whimper; to cheep.

**pic** [pik] nm (instrument) pick(axe); (montagne) peak; (ZOOL) woodpecker; **à** ~ ad vertically; (fig) just at the right time.

**pichenette** [piʃnɛt] nf flick.

**pichet** [piʃɛ] nm jug.

**pickpocket** [pikpɔkɛt] nm pickpocket.

**pick-up** [pikœp] nm record player.

**picorer** [pikɔʀe] vt to peck.

**picotement** [pikɔtmɑ̃] nm tickle q; smarting q; prickling q.

**picoter** [pikɔte] vt (suj: oiseau) to peck // vi (irriter) to smart, prickle.

**pie** [pi] nf magpie; (fig) chatterbox.

**pièce** [pjɛs] nf (d'un logement) room; (THÉÂTRE) play; (de mécanisme, machine) part; (de monnaie) coin; (COUTURE) patch; (document) document; (de drap, fragment, de bétail, de collection) piece; **dix francs** ~ ten francs each; **vendre à la** ~ to sell separately ou individually; **travailler/payer à la** ~ to do piecework/pay piece rate; **un maillot une** ~ a one-piece swimsuit; **un deux-**~**s cuisine** a two-room(ed) flat with kitchen; ~ **à conviction** exhibit; ~ **d'eau** ornamental lake ou pond; ~ **d'identité: avez-vous une** ~ **d'identité?** have you got any (means of) identification?; ~ **montée** tiered cake; ~**s détachées** spares, (spare) parts; **en** ~**s détachées** (à monter) in kit form.

**pied** [pje] nm (gén pl feet) feet; (de verre) stem; (de table) leg; (de lampe) base; ~**s nus** barefoot; **à** ~ on foot; **à** ~ **sec** without getting one's feet wet; **au** ~ **de la lettre** literally; **au** ~ **levé** at a moment's notice; **de** ~ **en cap** from head to foot; **en** ~ (portrait) full-length; **avoir** ~ to be able to touch the bottom, not to be out of one's depth; **avoir le** ~ **marin** to be a good sailor; **perdre** ~ to lose one's footing; **sur** ~ (AGR) on the stalk, uncut; (debout, rétabli) up and about; **mettre sur** ~ (entreprise) to set up; **mettre à** ~ to dismiss; to lay off; **sur le** ~ **de guerre** ready for action; **sur** ~ **d'intervention** on stand-by; **faire du** ~ **à qn** to give sb a (warning) kick; to play footsy with sb; ~ **de lit** footboard; ~ **de nez: faire un** ~ **de nez à** to thumb one's nose at; ~ **de salade** lettuce plant; ~ **de vigne** vine;

**~-à-terre** nm inv pied-à-terre ; **~-de-biche** nm claw ; (COUTURE) presser foot ; **~-de-poule** a inv hound's-tooth.

**piédestal, aux** [pjedɛstal, -o] nm pedestal.

**pied-noir** [pjenwaʀ] nm Algerian-born Frenchman.

**piège** [pjɛʒ] nm trap ; **prendre au ~** to trap ; **piéger** vt (avec une mine) to booby-trap ; **lettre/voiture piégée** letter-/car-bomb.

**pierraille** [pjɛʀɑj] nf loose stones pl.

**pierre** [pjɛʀ] nf stone ; **~ à briquet** flint ; **~ fine** semiprecious stone ; **~ de taille** freestone q ; **~ de touche** touchstone ; **mur de ~s sèches** drystone wall.

**pierreries** [pjɛʀʀi] nfpl gems, precious stones.

**piété** [pjete] nf piety.

**piétiner** [pjetine] vi (trépigner) to stamp (one's foot) ; (marquer le pas) to stand about ; (fig) to be at a standstill // vt to trample on.

**piéton, ne** [pjetɔ̃, -ɔn] nm/f pedestrian ; **piétonnier, ière** a pedestrian cpd.

**piètre** [pjɛtʀ(ə)] a poor, mediocre.

**pieu, x** [pjø] nm post ; (pointu) stake.

**pieuvre** [pjœvʀ(ə)] nf octopus.

**pieux, euse** [pjø, -øz] a pious.

**pigeon** [piʒɔ̃] nm pigeon ; **~ voyageur** homing pigeon ; **pigeonnier** nm pigeon house.

**piger** [piʒe] vi, vt (fam) to understand.

**pigment** [pigmɑ̃] nm pigment.

**pignon** [piɲɔ̃] nm (de mur) gable ; (d'engrenage) cog(wheel), gearwheel ; (graine) pine kernel ; **avoir ~ sur rue** (fig) to have a prosperous business.

**pile** [pil] nf (tas) pile ; (ÉLEC) battery // a: **le côté ~** tails // ad (s'arrêter etc) dead ; **à deux heures ~** at two on the dot ; **jouer à ~ ou face** to toss up (for it) ; **~ ou face?** heads or tails?

**piler** [pile] vt to crush, pound.

**pileux, euse** [pilø, -øz] a: **système ~** (body) hair.

**pilier** [pilje] nm pillar.

**pillard, e** [pijaʀ, -aʀd(ə)] nm/f looter, plunderer.

**piller** [pije] vt to pillage, plunder, loot.

**pilon** [pilɔ̃] nm pestle.

**pilonner** [pilɔne] vt to pound.

**pilori** [pilɔʀi] nm: **mettre ou clouer au ~** to pillory.

**pilotage** [pilɔtaʒ] nm piloting ; flying ; **~ sans visibilité** blind flying.

**pilote** [pilɔt] nm pilot ; (de char, voiture) driver // a pilot cpd ; **~ de ligne/d'essai/de chasse** airline/test/fighter pilot.

**piloter** [pilɔte] vt to pilot ; to fly ; to drive ; (fig): **~ qn** to guide sb round.

**pilotis** [pilɔti] nm pile ; stilt.

**pilule** [pilyl] nf pill ; **prendre la ~** to be on the pill.

**pimbêche** [pɛ̃bɛʃ] nf (péj) stuck-up girl.

**piment** [pimɑ̃] nm (BOT) pepper, capsicum ; (fig) spice, piquancy ; **~ rouge** (CULIN) chilli.

**pimpant, e** [pɛ̃pɑ̃, -ɑ̃t] a trim and fresh-looking.

**pin** [pɛ̃] nm pine (tree) ; (bois) pine(wood).

**pince** [pɛ̃s] nf (outil) pliers pl ; (de homard, crabe) pincer, claw ; (COUTURE: pli) dart ; **~ à sucre/glace** sugar/ice tongs pl ; **~ à épiler** tweezers pl ; **~ à linge** clothes peg ; **~s de cycliste** bicycle clips.

**pinceau, x** [pɛ̃so] nm (paint)brush.

**pincé, e** [pɛ̃se] a (air) stiff // nf: **une ~e de** a pinch of.

**pincer** [pɛ̃se] vt to pinch ; (MUS: cordes) to pluck ; (COUTURE) to dart, put darts in ; (fam) to nab ; **se ~ le nez** to hold one's nose.

**pince-sans-rire** [pɛ̃ssɑ̃ʀiʀ] a inv deadpan.

**pincettes** [pɛ̃sɛt] nfpl (pour le feu) (fire) tongs.

**pinède** [pinɛd] nf pinewood, pine forest.

**pingouin** [pɛ̃gwɛ̃] nm penguin.

**ping-pong** [piŋpɔ̃g] nm table tennis.

**pingre** [pɛ̃gʀ(ə)] a niggardly.

**pinson** [pɛ̃sɔ̃] nm chaffinch.

**pintade** [pɛ̃tad] nf guinea-fowl.

**pin-up** [pinœp] nf inv pinup (girl).

**pioche** [pjɔʃ] nf pickaxe ; **piocher** vt to dig up (with a pickaxe) ; (fam) to swot at ; **piocher dans** to dig into.

**piolet** [pjɔlɛ] nm ice axe.

**pion, ne** [pjɔ̃, pjɔn] nm/f (SCOL: péj) student paid to supervise schoolchildren // nm (ÉCHECS) pawn ; (DAMES) piece, draught.

**pionnier** [pjɔnje] nm pioneer.

**pipe** [pip] nf pipe ; **~ de bruyère** briar pipe.

**pipeau, x** [pipo] nm (reed-)pipe.

**pipe-line** [pajplajn] nm pipeline.

**pipi** [pipi] nm (fam): **faire ~** to have a wee.

**piquant, e** [pikɑ̃, -ɑ̃t] a (barbe, rosier etc) prickly ; (saveur, sauce) hot, pungent ; (fig) racy ; biting // nm (épine) thorn, prickle ; (de hérisson) quill, spine ; (fig) spiciness, spice.

**pique** [pik] nf pike ; (fig) cutting remark // nm (CARTES: couleur) spades pl ; (: carte) spade.

**piqué, e** [pike] a (COUTURE) (machine-)stitched ; quilted ; (fam) barmy // nm (AVIAT) dive ; (TEXTILE) piqué.

**pique-assiette** [pikasjɛt] nm/f inv (péj) scrounger, sponger.

**pique-nique** [piknik] nm picnic.

**piquer** [pike] vt (percer) to prick ; (planter): **~ qch dans** to stick sth into ; (fixer): **~ qch à/sur** to pin sth onto ; (MÉD) to give a jab to ; (: animal blessé) to put to sleep ; (suj: insecte, fumée, ortie) to sting ; (suj: poivre) to burn ; (: froid) to bite ; (COUTURE) to machine (stitch) ; (intérêt etc) to arouse ; (fam) to pick up ; to pinch ; to nab // vi (avion) to go into a dive ; (saveur) to be pungent ; to be sour ; **~ sur** to swoop down on ; to head straight for ; **se ~ de faire** to pride o.s. on one's ability to do ; **~ du nez** (avion) to go into a nose-dive ; **~ un galop/un cent mètres** to break into a gallop/put on a sprint ; **~ une crise** to throw a fit.

**piquet** [pikɛ] nm (pieu) post, stake ; (de tente) peg ; **mettre un élève au ~** to make a pupil stand in the corner ; **~ de grève** (strike-)picket ; **~ d'incendie** fire-fighting squad.

**piqueté, e** [pikte] a: ~ **de** dotted with.

**piqûre** [pikyʀ] nf (*d'épingle*) prick; (*d'ortie*) sting; (*de moustique*) bite; (*MÉD*) injection; (*COUTURE*) (straight) stitch; straight stitching; **faire une** ~ **à qn** to give sb an injection.

**pirate** [piʀat] nm, a pirate; ~ **de l'air** hijacker.

**pire** [piʀ] a worse; (*superlatif*): **le(la)** ~ ... the worst ... // nm: **le** ~ (**de**) the worst (of).

**pirogue** [piʀɔg] nf dugout canoe.

**pirouette** [piʀwɛt] nf pirouette.

**pis** [pi] nm (*de vache*) udder; (*pire*): **le** ~ the worst // a, ad worse; **pis-aller** nm inv stopgap.

**pisciculture** [pisikyltyʀ] nf fish farming.

**piscine** [pisin] nf (swimming) pool; ~ **couverte** indoor (swimming) pool.

**pissenlit** [pisɑ̃li] nm dandelion.

**pisser** [pise] vi (*fam!*) to pee (!); **pissotière** nf (*fam*) public urinal.

**pistache** [pistaʃ] nf pistachio (nut).

**piste** [pist(ə)] nf (*d'un animal, sentier*) track, trail; (*indice*) lead; (*de stade, de magnétophone*) track; (*de cirque*) ring; (*de danse*) floor; (*de patinage*) rink; (*de ski*) run; (*AVIAT*) runway.

**pistil** [pistil] nm pistil.

**pistolet** [pistolɛ] nm (*arme*) pistol, gun; (*à peinture*) spray gun; ~ **à bouchon/air comprimé** popgun/airgun; ~-**mitrailleur** nm submachine gun.

**piston** [pistɔ̃] nm (*TECH*) piston; (*MUS*) valve; (*fig*) string-pulling; **pistonner** vt (*candidat*) to pull strings for.

**pitance** [pitɑ̃s] nf (*péj*) (means of) sustenance.

**piteux, euse** [pitø, -øz] a pitiful, sorry (*avant le nom*).

**pitié** [pitje] nf pity; **sans** ~ a pitiless, merciless; **faire** ~ to inspire pity; **il me fait** ~ I pity him, I feel sorry for him; **avoir** ~ **de** (*compassion*) to pity, feel sorry for; (*merci*) to have pity ou mercy on.

**piton** [pitɔ̃] nm (*clou*) peg, bolt; ~ **rocheux** rocky outcrop.

**pitoyable** [pitwajabl(ə)] a pitiful.

**pitre** [pitʀ(ə)] nm clown; **pitrerie** nf tomfoolery q.

**pittoresque** [pitɔʀɛsk(ə)] a picturesque.

**pivot** [pivo] nm pivot; **pivoter** vi to swivel; to revolve.

**pizza** [pidza] nf pizza.

**P.J.** sigle f voir **police**.

**Pl.** abr de **place**.

**placage** [plakaʒ] nm (*bois*) veneer.

**placard** [plakaʀ] nm (*armoire*) cupboard; (*affiche*) poster, notice; (*TYPO*) galley; ~ **publicitaire** display advertisement; **placarder** vt (*affiche*) to put up.

**place** [plas] nf (*emplacement, situation, classement*) place; (*de ville, village*) square; (*espace libre*) room, space; (*de parking*) space; (*siège: de train, cinéma, voiture*) seat; (*emploi*) job; **en** ~ (*mettre*) in its place; **sur** ~ on the spot; **faire** ~ **à** to give way to; **faire de la** ~ **à** to make room for; **ça prend de la** ~ it takes up a lot of room ou space; **à la** ~ **de** in place of, instead of; **une quatre** ~**s** (*AUTO*) a four-

seater; **il y a 20** ~**s assises/debout** there are 20 seats/is standing room for 20; ~ **forte** fortified town.

**placé, e** [plase] a (*HIPPISME*) placed; **haut** ~ (*fig*) high-ranking.

**placement** [plasmɑ̃] nm placing; investment; **bureau de** ~ employment agency.

**placenta** [plasɛ̃ta] nm placenta.

**placer** [plase] vt to place; (*convive, spectateur*) to seat; (*capital, argent*) to place, invest; (*dans la conversation*) to put ou get in; ~ **qn chez** to get sb a job at (ou with); **se** ~ **au premier rang** to go and stand (ou sit) in the first row.

**placide** [plasid] a placid.

**plafond** [plafɔ̃] nm ceiling.

**plafonner** [plafɔne] vi to reach one's (ou a) ceiling.

**plage** [plaʒ] nf beach; (*station*) (seaside) resort; (*fig*) band, bracket; (*de disque*) track, band; ~ **arrière** (*AUTO*) parcel ou back shelf.

**plagiat** [plaʒja] nm plagiarism.

**plagier** [plaʒje] vt to plagiarize.

**plaider** [plede] vi (*avocat*) to plead; (*plaignant*) to go to court, litigate // vt to plead; ~ **pour** (*fig*) to speak for; **plaideur, euse** nm/f litigant; **plaidoirie** nf (*JUR*) speech for the defence; **plaidoyer** nm (*JUR*) speech for the defence; (*fig*) plea.

**plaie** [plɛ] nf wound.

**plaignant, e** [plɛɲɑ̃, -ɑ̃t] nm/f plaintiff.

**plaindre** [plɛ̃dʀ(ə)] vt to pity, feel sorry for; **se** ~ (*gémir*) to moan; (*protester, rouspéter*): **se** ~ (**à qn**) (**de**) to complain (to sb) (about); (*souffrir*): **se** ~ **de** to complain of.

**plaine** [plɛn] nf plain.

**plain-pied** [plɛ̃pje]: **de** ~ ad at street-level; (*fig*) straight; **de** ~ **avec** on the same level as.

**plainte** [plɛ̃t] nf (*gémissement*) moan, groan; (*doléance*) complaint; **porter** ~ to lodge a complaint; **plaintif, ive** a plaintive.

**plaire** [plɛʀ] vi to be a success, be successful; to please; ~ **à**: **cela me plaît** I like it; **essayer de** ~ **à qn** (*en étant serviable etc*) to try and please sb; **elle plaît aux hommes** she's a success with men, men like her; **se** ~ **quelque part** to like being somewhere ou like it somewhere; **se** ~ **à faire** to take pleasure in doing; **ce qu'il vous plaira** what(ever) you like ou wish; **s'il vous plaît** please.

**plaisamment** [plɛzamɑ̃] ad pleasantly.

**plaisance** [plɛzɑ̃s] nf (*aussi:* **navigation de** ~) (pleasure) sailing, yachting; **plaisancier** nm amateur sailor, yachting enthusiast.

**plaisant, e** [plɛzɑ̃, -ɑ̃t] a pleasant; (*histoire, anecdote*) amusing.

**plaisanter** [plɛzɑ̃te] vi to joke; **pour** ~ for a joke; **on ne plaisante pas avec cela** that's no joking matter; **plaisanterie** nf joke; joking q; **plaisantin** nm joker.

**plaise** etc vb voir **plaire**.

**plaisir** [pleziʀ] nm pleasure; **faire** ~ **à qn** (*délibérément*) to be nice to sb, please sb; (*suj: cadeau, nouvelle etc*): **ceci me fait** ~ I'm delighted ou very pleased with this; **prendre** ~ **à/faire** to take pleasure in/in doing; à ~ freely; for the sake of it; au ~ (de vous revoir) (I hope to) see you again; pour le ou par ~ for pleasure.

**plan, e** [plã, -an] a flat // nm plan; (GÉOM) plane; (fig) level, plane; (CINÉMA) shot; au premier/second ~ in the foreground/middle distance; à l'arrière ~ in the background; mettre qch au premier ~ (fig) to consider sth to be of primary importance; sur le ~ sexuel sexually, as far as sex is concerned; ~ d'eau stretch of water; ~ de travail work programme ou schedule.

**planche** [plãʃ] nf (pièce de bois) plank, (wooden) board; (illustration) plate; les ~s (THÉÂTRE) the stage sg, the boards; faire la ~ (dans l'eau) to float on one's back; ~ à dessin drawing board; ~ à pain breadboard; ~ à repasser ironing board; ~ de salut (fig) sheet anchor.

**plancher** [plãʃe] nm floor; floorboards pl; (fig) minimum level.

**plancton** [plãktɔ̃] nm plankton.

**planer** [plane] vi to glide; ~ sur (fig) to hang over; to hover above.

**planétaire** [planetɛʀ] a planetary.

**planète** [planɛt] nf planet.

**planeur** [planœʀ] nm glider.

**planification** [planifikasjɔ̃] nf (economic) planning.

**planifier** [planifje] vt to plan.

**planning** [planiŋ] nm programme, schedule; ~ familial family planning.

**planque** [plãk] nf (fam) cushy number; hideout; stash.

**plant** [plã] nm seedling, young plant.

**plantaire** [plãtɛʀ] a voir voûte.

**plantation** [plãtasjɔ̃] nf plantation.

**plante** [plãt] nf plant; ~ d'appartement house ou pot plant; ~ du pied sole (of the foot).

**planter** [plãte] vt (plante) to plant; (enfoncer) to hammer ou drive in; (tente) to put up, pitch; (fam) to dump; to ditch; ~ qch dans to hammer ou drive sth into; to stick sth into; se ~ dans to sink into; to get stuck in; se ~ devant to plant o.s. in front of; **planteur** nm planter.

**planton** [plãtɔ̃] nm orderly.

**plantureux, euse** [plãtyʀø, -øz] a copious, lavish; buxom.

**plaquage** [plakaʒ] nm (RUGBY) tackle.

**plaque** [plak] nf plate; (de verglas, d'eczéma) patch; (avec inscription) plaque; ~s (minéralogiques ou de police ou d'immatriculation) number plates; ~ de beurre tablet of butter; ~ chauffante hotplate; ~ de chocolat bar of chocolate; ~ d'identité identity disc; ~ tournante (fig) centre.

**plaqué, e** [plake] a: ~ or/argent gold-/silver-plated; ~ acajou veneered in mahogany.

**plaquer** [plake] vt (bijou) to plate; (bois) to veneer; (aplatir): ~ qch sur/contre to make sth stick ou cling to; (RUGBY) to bring down; (fam) to ditch; se ~ contre to flatten o.s. against; ~ qn contre to pin sb to.

**plaquette** [plakɛt] nf tablet; bar; (livre) small volume.

**plasma** [plasma] nm plasma.

**plastic** [plastik] nm plastic explosive.

**plastifié, e** [plastifje] a plastic-coated.

**plastique** [plastik] a plastic // nm plastic // nf plastic arts pl; modelling.

**plastiquer** [plastike] vt to blow up (with a plastic bomb).

**plastron** [plastʀɔ̃] nm shirt front.

**plastronner** [plastʀɔne] vi to swagger.

**plat, e** [pla, -at] a flat; (cheveux) straight; (personne, livre) dull // nm (récipient, CULIN) dish; (d'un repas): le premier ~ the first course; (partie plate): le ~ de la main the flat of the hand; à ~ ventre ad face down; (tomber) flat on one's face; à ~ ad, a (aussi: pneu, batterie) flat; ~ du jour day's special (menu); ~ de résistance main course.

**platane** [platan] nm plane tree.

**plateau, x** [plato] nm (support) tray; (GÉO) plateau; (de tourne-disques) turntable; (CINÉMA) set; ~ à fromages cheeseboard.

**plate-bande** [platbãd] nf flower bed.

**platée** [plate] nf dish(ful).

**plate-forme** [platfɔʀm(ə)] nf platform; ~ de forage/pétrolière drilling/oil rig.

**platine** [platin] nm platinum // nf (d'un tourne-disque) turntable.

**plâtras** [plɑtʀa] nm rubble q.

**plâtre** [plɑtʀ(ə)] nm (matériau) plaster; (statue) plaster statue; (MÉD) (plaster) cast; avoir un bras dans le ~ to have an arm in plaster; **plâtrer** vt to plaster; (MÉD) to set ou put in a (plaster) cast.

**plausible** [plozibl(ə)] a plausible.

**plébiscite** [plebisit] nm plebiscite.

**plein, e** [plɛ̃, -ɛn] a full; (porte, roue) solid; (chienne, jument) big (with young) // nm: faire le ~ (d'essence) to fill up (with petrol); les ~s the downstrokes (in handwriting); ~ de full of; à ~es mains (ramasser) in handfuls; (empoigner) firmly; à ~ régime at maximum revs; (fig) full steam; à ~ temps full-time; en ~ air/~e mer in the open air/on the open sea; en ~ soleil right out in the sun; en ~e nuit/rue in the middle of the night/street; en ~ milieu right in the middle; en ~ jour in broad daylight; en ~ sur right on; ~-emploi nm full employment.

**plénière** [plenjɛʀ] af: assemblée ~ plenary assembly.

**plénitude** [plenityd] nf fullness.

**pléthore** [pletɔʀ] nf: ~ de overabundance ou plethora of.

**pleurer** [plœʀe] vi to cry; (yeux) to water // vt to mourn (for); ~ sur vt to lament (over), to bemoan.

**pleurésie** [plœʀezi] nf pleurisy.

**pleurnicher** [plœʀniʃe] vi to grizzle, whine.

**pleurs** [plœʀ] nmpl: en ~ in tears.

**pleutre** [pløtʀ(ə)] a cowardly.

**pleuvoir** [pløvwaʀ] vb impersonnel to rain // vi (fig): ~ (sur) to shower down (upon); to be showered upon.

**plexiglas** [plɛksiglas] nm plexiglass.

**pli** [pli] nm fold; (de jupe) pleat; (de pantalon) crease; (aussi: faux ~) crease; (enveloppe) envelope; (lettre) letter;

pliage — 192 — poigne

(CARTES) trick ; **prendre le ~ de faire** to get into the habit of doing ; **~ d'aisance** inverted pleat.

**pliage** [plijaʒ] *nm* folding ; (ART) origami.

**pliant, e** [plijɑ̃, -ɑ̃t] *a* folding // *nm* folding stool, campstool.

**plier** [plije] *vt* to fold ; (*pour ranger*) to fold up ; (*table pliante*) to fold down ; (*genou, bras*) to bend // *vi* to bend ; (*fig*) to yield ; **se ~ à** to submit to ; **~ bagages** to pack up (and go).

**plinthe** [plɛ̃t] *nf* skirting board.

**plissé, e** [plise] *a* (GÉO) folded // *nm* (COUTURE) pleats *pl*.

**plissement** [plismɑ̃] *nm* (GÉO) fold.

**plisser** [plise] *vt* (*rider, chiffonner*) to crease ; (*jupe*) to put pleats in.

**plomb** [plɔ̃] *nm* (*métal*) lead ; (*d'une cartouche*) (lead) shot ; (PÊCHE) sinker ; (*sceau*) (lead) seal ; (ÉLEC) fuse ; **mettre à ~** to plumb.

**plombage** [plɔ̃baʒ] *nm* (*de dent*) filling.

**plomber** [plɔ̃be] *vt* (*canne, ligne*) to weight (with lead) ; (*colis, wagon*) to put a lead seal on ; (*dent*) to fill.

**plomberie** [plɔ̃bʀi] *nf* plumbing.

**plombier** [plɔ̃bje] *nm* plumber.

**plonge** [plɔ̃ʒ] *nf*: **faire la ~** to be a washer-up.

**plongeant, e** [plɔ̃ʒɑ̃, -ɑ̃t] *a* (*vue*) from above ; (*tir, décolleté*) plunging.

**plongée** [plɔ̃ʒe] *nf* diving *q* ; (*de sous-marin*) submersion, dive ; **en ~** (*sous-marin*) submerged ; (*prise de vue*) high angle.

**plongeoir** [plɔ̃ʒwaʀ] *nm* diving board.

**plongeon** [plɔ̃ʒɔ̃] *nm* dive.

**plonger** [plɔ̃ʒe] *vi* to dive // *vt*: **~ qch dans** (*immerger*) to plunge *ou* dip sth into ; (*planter*) to thrust sth into ; (*fig*) to plunge sth into ; **plongeur, euse** *nm/f* diver ; (*de café*) washer-up.

**ployer** [plwaje] *vt* to bend // *vi* to sag ; to bend.

**plu** *pp de* **plaire, pleuvoir**.

**pluie** [plɥi] *nf* rain ; (*fig*): **~ de** shower of ; **retomber en ~** to shower down ; **sous la ~** in the rain.

**plume** [plym] *nf* feather ; (*pour écrire*) (pen) nib ; (*fig*) pen.

**plumeau, x** [plymo] *nm* feather duster.

**plumer** [plyme] *vt* to pluck.

**plumet** [plymɛ] *nm* plume.

**plumier** [plymje] *nm* pencil box.

**plupart** [plypaʀ]: **la ~** *pronom* the majority, most (of them) ; **la ~ des** most, the majority of ; **la ~ du temps/d'entre nous** most of the time/of us ; **pour la ~** *ad* for the most part, mostly.

**pluriel** [plyʀjɛl] *nm* plural ; **au ~** in the plural.

**plus** *vb* [ply] *voir* **plaire** // *ad* [ply, plyz + *voyelle*] (*comparatif*) more, *adjectif court* + ...er ; (*davantage*) [plys] more ; (*négatif*): **ne ... ~** no more, *tournure négative* + any more ; no longer // *cj* [plys]: **~ 2** plus 2 ; **~ que** more than ; **~ grand que** bigger than ; **~ de 10 personnes** more than 10 people, over 10 people ; **~ de pain** more bread ; **~ il travaille, ~ il est heureux** the more he works, the happier he is ; **le**

**~ intelligent/grand** the most intelligent/biggest ; **3 heures/kilos de ~ que** 3 hours/kilos more than ; **de ~** what's more, moreover ; **3 kilos en ~** 3 kilos more, 3 extra kilos ; **en ~ de** in addition to ; **de ~ en ~** more and more ; (*tout*) **au ~** at the (very) most ; **~ ou moins** more or less ; **ni ~ ni moins** no more, no less.

**plusieurs** [plyzjœʀ] *dét, pronom* several ; **ils sont ~** there are several of them.

**plus-que-parfait** [plyskəpaʀfɛ] *nm* pluperfect, past perfect.

**plus-value** [plyvaly] *nf* appreciation ; capital gain ; surplus.

**plut** *vb voir* **plaire**.

**plutôt** [plyto] *ad* rather ; **je ferais ~ ceci** I'd rather *ou* sooner do this ; **fais ~ comme ça** try this way instead, you'd better try this way ; **~ que (de) faire** rather than *ou* instead of doing.

**pluvieux, euse** [plyvjø, -øz] *a* rainy, wet.

**P.M.U.** *sigle m voir* **pari**.

**pneu, x** [pnø] *nm* tyre ; letter sent by pneumatic tube.

**pneumatique** [pnømatik] *a* pneumatic ; rubber *cpd* // *nm* tyre.

**pneumonie** [pnømɔni] *nf* pneumonia.

**P.O.** *sigle* = **petites ondes**.

**poche** [pɔʃ] *nf* pocket ; (*déformation*): **faire une/des ~(s)** to bag ; (*sous les yeux*) bag, pouch // *nm* (*abr de livre de ~*) (pocket-size) paperback ; **de ~** pocket *cpd*.

**poché, e** [pɔʃe] *a*: **œuf ~** poached egg ; **œil ~** black eye.

**poche-revolver** [pɔʃʀevɔlvɛʀ] *nf* hip pocket.

**pochette** [pɔʃɛt] *nf* (*de timbres*) wallet, envelope ; (*d'aiguilles etc*) case ; (*sur veston*) breast pocket ; (*mouchoir*) breast pocket handkerchief ; **~ d'allumettes** book of matches ; **~ de disque** record sleeve.

**pochoir** [pɔʃwaʀ] *nm* (ART) stencil ; transfer.

**podium** [pɔdjɔm] *nm* podium (*pl* ia).

**poêle** [pwɑl] *nm* stove // *nf*: **~ (à frire)** frying pan.

**poêlon** [pwɑlɔ̃] *nm* casserole.

**poème** [pɔɛm] *nm* poem.

**poésie** [pɔezi] *nf* (*poème*) poem ; (*art*): **la ~** poetry.

**poète** [pɔɛt] *nm* poet.

**poétique** [pɔetik] *a* poetic.

**pognon** [pɔɲɔ̃] *nm* (*fam*) dough.

**poids** [pwa] *nm* weight ; (SPORT) shot ; **vendre au ~** to sell by weight ; **prendre du ~** to put on weight ; **~ plume/mouche/coq/moyen** (BOXE) feather/fly/bantam/middleweight ; **~ et haltères** *nmpl* weight lifting *sg* ; **~ lourd** (BOXE) heavyweight ; (*camion*) (big) lorry ; (: ADMIN) heavy goods vehicle (HGV) ; **~ mort** dead load.

**poignant, e** [pwaɲɑ̃, -ɑ̃t] *a* poignant, harrowing.

**poignard** [pwaɲaʀ] *nm* dagger ; **poignarder** *vt* to stab, knife.

**poigne** [pwaɲ] *nf* grip ; (*fig*) firm-handedness.

**poignée** [pwaɲe] *nf (de sel etc, fig)* handful; *(de couvercle, porte)* handle; ~ **de main** handshake.

**poignet** [pwaɲɛ] *nm (ANAT)* wrist; *(de chemise)* cuff.

**poil** [pwal] *nm (ANAT)* hair; *(de pinceau, brosse)* bristle; *(de tapis)* strand; *(pelage)* coat; *(ensemble des poils)*: **avoir du ~ sur la poitrine** to have hair(s) on one's chest, have a hairy chest; **à ~ a** *(fam)* starkers; **au ~ a** *(fam)* hunky-dory; **poilu, e** a hairy.

**poinçon** [pwɛ̃sɔ̃] *nm* awl; bodkin; style; die; *(marque)* hallmark; **poinçonner** *vt* to stamp; to hallmark; *(billet, ticket)* to clip, punch; **poinçonneuse** *nf (outil)* punch.

**poing** [pwɛ̃] *nm* fist.

**point** [pwɛ̃] *nm (marque, signe)* dot; (: *de ponctuation)* full stop; *(moment, de score etc, fig: question)* point; *(endroit)* spot; *(COUTURE, TRICOT)* stitch // **ad = pas**; **faire le ~** *(NAVIG)* to take a bearing; *(fig)* to take stock (of the situation); **en tout ~** in every respect; **sur le ~ de faire** (just) about to do; **à tel ~ que** so much so that; **mettre au ~** *(mécanisme, procédé)* to perfect; *(appareil-photo)* to focus; *(affaire)* to settle; **à ~** *(CULIN)* medium; just right; **à ~ (nommé)** just at the right time; ~ **(de côté)** stitch *(pain)*; ~ **culminant** summit; *(fig)* height, climax; ~ **d'eau** spring; water point; ~ **d'exclamation** exclamation mark; ~ **faible** weak point; ~ **final** full stop, period; ~ **d'interrogation** question mark; ~ **mort** *(AUTO)*: **au ~ mort** in neutral; ~ **noir** *(sur le visage)* blackhead; *(AUTO)* accident spot; ~ **de repère** landmark; *(dans le temps)* point of reference; ~ **de vente** retail outlet; ~ **de vue** viewpoint; *(fig: opinion)* point of view; **du ~ de vue de** from the point of view of; ~**s cardinaux** points of the compass, cardinal points; ~**s de suspension** suspension points.

**pointe** [pwɛ̃t] *nf* point; *(d'une île)* headland; *(allusion)* dig, sally; *(fig)*: **une ~ d'ail/d'accent** a touch ou hint of garlic/of an accent; **être à la ~ de** *(fig)* to be in the forefront of; **sur la ~ des pieds** on tip-toe; **en ~ ad** *(tailler)* into a point // a pointed, tapered; **de ~ a** *(technique etc)* leading; **heures/jours de ~** peak hours/days; **faire du 180 en ~** *(AUTO)* to have a top ou maximum speed of 180; **faire des ~s** *(DANSE)* to dance on points; ~ **de vitesse** burst of speed.

**pointer** [pwɛ̃te] *vt (cocher)* to tick off; *(employés etc)* to check in (ou out); *(diriger: canon, longue-vue, doigt)*: ~ **vers qch** to point at sth // *vi (employé)* to clock in (ou out); **pointeuse** *nf* timeclock.

**pointillé** [pwɛ̃tije] *nm (trait)* dotted line; *(ART)* stippling q.

**pointilleux, euse** [pwɛ̃tijø, -øz] a particular, pernickety.

**pointu, e** [pwɛ̃ty] a pointed; *(clou)* sharp; *(voix)* shrill.

**pointure** [pwɛ̃tyʀ] *nf* size.

**point-virgule** [pwɛ̃viʀgyl] *nm* semi-colon.

**poire** [pwaʀ] *nf* pear; *(fam: péj)* mug; ~ **à injections** syringe.

**poireau, x** [pwaʀo] *nm* leek.

**poirier** [pwaʀje] *nm* pear tree.

**pois** [pwa] *nm (BOT)* pea; *(sur une étoffe)* dot, spot; **à ~** *(cravate etc)* dotted, polka-dot *cpd*; ~ **chiche** chickpea; ~ **de senteur** sweet pea.

**poison** [pwazɔ̃] *nm* poison.

**poisse** [pwas] *nf* rotten luck.

**poisseux, euse** [pwasø, -øz] a sticky.

**poisson** [pwasɔ̃] *nm* fish *gén inv*; **les P~s** *(signe)* Pisces, the Fishes; **être des P~s** to be Pisces; ~ **d'avril!** April fool!; **poissonnerie** *nf* fish-shop; **poissonneux, euse** a abounding in fish; **poissonnier, ière** *nm/f* fishmonger.

**poitrail** [pwatʀaj] *nm* breast.

**poitrine** [pwatʀin] *nf* chest; *(seins)* bust, bosom; *(CULIN)* breast; ~ **de bœuf** brisket.

**poivre** [pwavʀ(ə)] *nm* pepper; ~ **en grains/moulu** whole/ground pepper; **poivré, e** a peppery; **poivrier** *nm (BOT)* pepper plant; *(ustensile)* pepperpot.

**poivron** [pwavʀɔ̃] *nm* pepper, capsicum; ~ **vert/rouge** green/red pepper.

**poker** [pɔkɛʀ] *nm*: **le ~** poker; ~ **d'as** four aces.

**polaire** [pɔlɛʀ] a polar.

**polariser** [pɔlaʀize] *vt* to polarize; *(fig)* to attract; to focus.

**pôle** [pol] *nm (GÉO, ÉLEC)* pole; **le ~ Nord/Sud** the North/South Pole.

**polémique** [pɔlemik] a controversial, polemic(al) // *nf* controversy; **polémiste** *nm/f* polemist, polemicist.

**poli, e** [pɔli] a polite; *(lisse)* smooth, polished.

**police** [pɔlis] *nf* police; *(discipline)*: **assurer la ~ de ou dans** to keep order in; **peine de simple ~** sentence imposed by a magistrates' ou police court; ~ **d'assurance** insurance policy; ~ **judiciaire, P.J.** ≈ Criminal Investigation Department, C.I.D.; ~ **des mœurs** ≈ vice squad; ~ **secours** ≈ emergency services *pl*.

**polichinelle** [pɔliʃinɛl] *nm* Punch; *(péj)* buffoon.

**policier, ière** [pɔlisje, -jɛʀ] a police *cpd* // *nm* policeman; *(aussi:* **roman ~**) detective novel.

**policlinique** [pɔliklinik] *nf* ≈ outpatients (department).

**polio(myélite)** [pɔljo(mjelit)] *nf* polio(myelitis); **poliomyélitique** *nm/f* polio patient ou case.

**polir** [pɔliʀ] *vt* to polish.

**polisson, ne** [pɔlisɔ̃, -ɔn] a naughty.

**politesse** [pɔlitɛs] *nf* politeness; ~**s** (exchange of) courtesies, polite gestures; **rendre une ~ à qn** to return sb's favour.

**politicien, ne** [pɔlitisjɛ̃, -ɛn] *nm/f* politician.

**politique** [pɔlitik] a political // *nf (science, pratique, activité)* politics *sg*; *(mesures, méthode)* policies *pl*; **politiser** *vt* to politicize; **politiser qn** to make sb politically aware.

**pollen** [pɔlɛn] *nm* pollen.

**polluer** [pɔlɥe] *vt* to pollute; **pollution** *nf* pollution.

**polo** [pɔlo] *nm (sport)* polo; *(tricot)* sweat shirt.

**Pologne** [pɔlɔɲ] *nf*: la ~ Poland;
**polonais, e** *a, nm* (*langue*) Polish // *nm/f*
Pole.

**poltron, ne** [pɔltrɔ̃, -ɔn] *a* cowardly.

**poly...** [pɔli] *préfixe*: ~**clinique** *nf*
polyclinic; ~**copier** *vt* to duplicate;
~**gamie** *nf* polygamy; ~**glotte** *a*
polyglot; ~**gone** *nm* polygon.

**Polynésie** [pɔlinezi] *nf*: la ~ Polynesia.

**polytechnicien, ne** [pɔlitɛknisjɛ̃, -ɛn]
*nm/f* student (or former student) of the École
Polytechnique.

**polyvalent, e** [pɔlivalɑ̃, -ɑ̃t] *a* polyvalent;
versatile, multi-purpose // *nm* ≈ tax
inspector.

**pommade** [pɔmad] *nf* ointment, cream.

**pomme** [pɔm] *nf* (*BOT*) apple; (*boule
décorative*) knob; (*pomme de terre*): steak
~**s** (*frites*) steak and chips; **tomber dans
les ~s** (*fam*) to pass out; ~ **d'Adam**
Adam's apple; ~ **d'arrosoir** (sprinkler)
rose; ~ **de pin** pine *ou* fir cone; ~ **de
terre** potato; ~ **vapeur** boiled potatoes.

**pommé, e** [pɔme] *a* (*chou etc*) firm, with
a good heart.

**pommeau, x** [pɔmo] *nm* (*boule*) knob; (*de
selle*) pommel.

**pommette** [pɔmɛt] *nf* cheekbone.

**pommier** [pɔmje] *nm* apple tree.

**pompe** [pɔ̃p] *nf* pump; (*faste*) pomp (and
ceremony); ~ **de bicyclette** bicycle
pump; ~ **à essence** petrol pump; ~ **à
incendie** fire engine (*apparatus*); ~**s
funèbres** funeral parlour *sg*, undertaker's
*sg*.

**pomper** [pɔ̃pe] *vt* to pump; (*évacuer*) to
pump out; (*aspirer*) to pump up;
(*absorber*) to soak up // *vi* to pump.

**pompeux, euse** [pɔ̃pø, -øz] *a* pompous.

**pompier** [pɔ̃pje] *nm* fireman // *am* (*style*)
pretentious, pompous.

**pompon** [pɔ̃pɔ̃] *nm* pompom, bobble.

**pomponner** [pɔ̃pɔne] *vt* to titivate, dress
up.

**ponce** [pɔ̃s] *nf*: **pierre ~** pumice stone.

**poncer** [pɔ̃se] *vt* to sand (down);
**ponceuse** *nf* sander.

**poncif** [pɔ̃sif] *nm* cliché.

**ponction** [pɔ̃ksjɔ̃] *nf*: ~ **lombaire** lumbar
puncture.

**ponctualité** [pɔ̃ktɥalite] *nf* punctuality.

**ponctuation** [pɔ̃ktɥasjɔ̃] *nf* punctuation.

**ponctuel, le** [pɔ̃ktɥɛl] *a* (*à l'heure, aussi
TECH*) punctual; (*fig: opération etc*) one-off,
single; (*scrupuleux*) punctilious,
meticulous.

**ponctuer** [pɔ̃ktɥe] *vt* to punctuate; (*MUS*)
to phrase.

**pondéré, e** [pɔ̃dere] *a* level-headed,
composed.

**pondre** [pɔ̃dR(ə)] *vt* to lay; (*fig*) to
produce // *vi* to lay.

**poney** [pɔnɛ] *nm* pony.

**pongiste** [pɔ̃ʒist] *nm/f* table tennis player.

**pont** [pɔ̃] *nm* bridge; (*AUTO*):
**arrière/avant** rear/front axle; (*NAVIG*)
deck; **faire le ~** to take the extra day off;
~ **aérien** airlift; ~ **d'envol** flight deck;
~ **de graissage** ramp (*in garage*); ~
**roulant** travelling crane; ~ **suspendu**
suspension bridge; ~ **tournant** swing

bridge; **P~s et Chaussées** highways
department.

**ponte** [pɔ̃t] *nf* laying // *nm* (*fam*) big shot.

**pontife** [pɔ̃tif] *nm* pontiff.

**pontifier** [pɔ̃tifje] *vi* to pontificate.

**pont-levis** [pɔ̃lvi] *nm* drawbridge.

**pop** [pɔp] *a inv* pop.

**populace** [pɔpylas] *nf* (*péj*) rabble.

**populaire** [pɔpylɛR] *a* popular;
(*manifestation*) mass *cpd*, of the people;
(*milieux, clientèle*) working-class.

**populariser** *vt* to popularize; **popularité**
*nf* popularity.

**population** [pɔpylɑsjɔ̃] *nf* population.

**populeux, euse** [pɔpylø, -øz] *a* a densely
populated.

**porc** [pɔR] *nm* (*ZOOL*) pig; (*CULIN*) pork;
(*peau*) pigskin.

**porcelaine** [pɔRsəlɛn] *nf* porcelain, china;
piece of china(ware).

**porcelet** [pɔRsəlɛ] *nm* piglet.

**porc-épic** [pɔRkepik] *nm* porcupine.

**porche** [pɔRʃ(ə)] *nm* porch.

**porcherie** [pɔRʃəri] *nf* pigsty.

**porcin, e** [pɔRsɛ̃, -in] *a* porcine; (*fig*)
piglike.

**pore** [pɔR] *nm* pore; **poreux, euse** *a*
porous.

**pornographie** [pɔRnɔgRafi] *nf*
pornography; **pornographique** *a* (*abr
porno*) pornographic.

**port** [pɔR] *nm* (*NAVIG*) harbour, port; (*ville*)
port; (*de l'uniforme etc*) wearing; (*pour
lettre*) postage; (*pour colis, aussi: posture*)
carriage; ~ **d'arme** (*JUR*) carrying of a
firearm; ~ **d'attache** (*NAVIG*) port of
registry; ~ **franc** free port.

**portail** [pɔRtaj] *nm* gate; (*de cathédrale*)
portal.

**portant, e** [pɔRtɑ̃, -ɑ̃t] *a* (*murs*) structural,
weight-bearing; **bien/ mal ~** in
good/poor health.

**portatif, ive** [pɔRtatif, -iv] *a* portable.

**porte** [pɔRt(ə)] *nf* door; (*de ville, forteresse,
SKI*) gate; **mettre à la ~** to throw out;
~ **d'entrée** front door; ~ **à ~** *nm* door-
to-door selling.

**porte...** [pɔRt(ə)] *préfixe*: ~**-à-faux** *nm*: **en
~-à-faux** cantilevered; precariously
balanced; ~**-avions** *nm inv* aircraft
carrier; ~**-bagages** *nm inv* luggage rack;
~**-bonheur** *nm inv* lucky charm; ~**-
cartes** *nm inv* card holder; map wallet;
~**-cigarettes** *nm inv* cigarette case; ~**-
clefs** *nm inv* keyring; ~**-crayon** *nm* pencil
holder; ~**-documents** *nm inv* attaché *ou*
document case.

**portée** [pɔRte] *nf* (*d'une arme*) range; (*fig*)
impact, import; scope, capability; (*de
chatte etc*) litter; (*MUS*) stave, staff (*pl
staves*); **à/hors de ~ (de)** within/out of
reach (of); **à ~ de (la) main** within
(arm's) reach; **à ~ de voix** within
earshot; **à la ~ de qn** (*fig*) at sb's level,
within sb's capabilities.

**porte-fenêtre** [pɔRtfənɛtR(ə)] *nf* French
window.

**portefeuille** [pɔRtəfœj] *nm* wallet; (*POL,
BOURSE*) portfolio.

**porte-jarretelles** [pɔRtʒaRtɛl] *nm inv*
suspender belt.

**portemanteau, x** [pɔʀtmɑ̃to] *nm* coat hanger; coat rack.
**porte-mine** [pɔʀtəmin] *nm* propelling pencil.
**porte-monnaie** [pɔʀtmɔnɛ] *nm inv* purse.
**porte-parole** [pɔʀtpaʀɔl] *nm inv* spokesman.
**porte-plume** [pɔʀtəplym] *nm inv* penholder.
**porter** [pɔʀte] *vt* (*charge ou sac etc, aussi: fœtus*) to carry; (*sur soi: vêtement, barbe, bague*) to wear; (*fig: responsabilité etc*) to bear, carry; (*inscription, marque, titre, patronyme, suj: arbre: fruits, fleurs*) to bear; (*apporter*): ~ qch quelque part/à qn to take sth somewhere/to sb; (*inscrire*): ~ qch sur to put sth down on; to enter sth in // *vi* (*voix, regard, canon*) to carry; (*coup, argument*) to hit home; ~ sur (*peser*) to rest on; (*accent*) to fall on; (*conférence etc*) to concern; (*heurter*) to strike; se ~ *vi* (*se sentir*): se ~ bien/mal to be well/unwell; (*aller*): se ~ vers to go towards; être porté à faire to be apt *ou* inclined to do; elle portait le nom de Rosalie she was called Rosalie; ~ qn au pouvoir to bring sb to power; ~ son âge to look one's age; se faire ~ malade to report sick; ~ la main à son chapeau to raise one's hand to one's hat; ~ son effort sur to direct one's efforts towards.
**porte-savon** [pɔʀtsavɔ̃] *nm* soapdish.
**porte-serviettes** [pɔʀtsɛʀvjɛt] *nm inv* towel rail.
**porteur, euse** [pɔʀtœʀ, -øz] *a*: être ~ de (*nouvelle*) to be the bearer of // *nm* (*de bagages*) porter; (*COMM: de chèque*) bearer.
**porte-voix** [pɔʀtəvwa] *nm inv* loudhailer.
**portier** [pɔʀtje] *nm* commissionnaire, porter.
**portière** [pɔʀtjɛʀ] *nf* door.
**portillon** [pɔʀtijɔ̃] *nm* gate.
**portion** [pɔʀsjɔ̃] *nf* (*part*) portion, share; (*partie*) portion, section.
**portique** [pɔʀtik] *nm* (*GYM*) crossbar; (*ARCHIT*) portico; (*RAIL*) gantry.
**porto** [pɔʀto] *nm* port (wine).
**portrait** [pɔʀtʀɛ] *nm* portrait; photograph; **portraitiste** *nm/f* portrait painter; ~-robot *nm* Identikit *ou* photofit picture.
**portuaire** [pɔʀtɥɛʀ] *a* port *cpd*, harbour *cpd*.
**portugais, e** [pɔʀtygɛ, -ɛz] *a, nm, nf* Portuguese.
**Portugal** [pɔʀtygal] *nm*: le ~ Portugal.
**pose** [poz] *nf* laying; hanging; (*attitude, d'un modèle*) pose; (*PHOTO*) exposure.
**posé, e** [poze] *a* serious.
**posemètre** [pozmɛtʀ(ə)] *nm* exposure meter.
**poser** [poze] *vt* (*déposer*): ~ qch (sur)/qn à to put sth down (on)/drop sb at; (*placer*): ~ qch sur/quelque part to put sth on/somewhere; (*installer: moquette, carrelage*) to lay; (*: rideaux, papier peint*) to hang; (*question*) to ask; (*principe, conditions*) to lay ou set down; (*problème*) to formulate; (*difficulté*) to pose // *vi* (*modèle*) to pose; to sit; se ~ (*oiseau, avion*) to land; (*question*) to arise.

**poseur, euse** [pozœʀ, -øz] *nm/f* (*péj*) show-off, poseur; ~ de parquets/ carrelages floor/tile layer.
**positif, ive** [pozitif, -iv] *a* positive.
**position** [pozisjɔ̃] *nf* position; prendre ~ (*fig*) to take a stand.
**posologie** [pozɔlɔʒi] *nf* directions *pl* for use, dosage.
**posséder** [posede] *vt* to own, possess; (*qualité, talent*) to have, possess; (*bien connaître: métier, langue*) to master, have a thorough knowledge of; (*sexuellement, aussi: suj: colère etc*) to possess; (*fam: duper*) to take in; **possesseur** *nm* owner; **possessif, ive** *a, nm* possessive; **possession** *nf* ownership *q*; possession; être/entrer en possession de qch to be in/take possession of sth.
**possibilité** [posibilite] *nf* possibility; ~s *nfpl* (*moyens*) means; (*potentiel*) potential *sg*; avoir la ~ de faire to be in a position to do; to have the opportunity to do.
**possible** [posibl(ə)] *a* possible; (*projet, entreprise*) feasible // *nm*: faire son ~ to do all one can, do one's utmost; le plus/moins de livres ~ as many/few books as possible; le plus/moins d'eau ~ as much/little water as possible; dès que ~ as soon as possible; gentil *etc* au ~ as nice *etc* as it is possible to be.
**postal, e, aux** [postal, -o] *a* postal, post office *cpd*; sac ~ mailbag, postbag.
**poste** [post(ə)] *nf* (*service*) post, postal service; (*administration, bureau*) post office // *nm* (*fonction, MIL*) post; (*de radio etc*) set; (*de budget*) item; ~s *nfpl* post office *sg*; P~s et Télécommunications (P.T.T.: *abr de* Postes, Télégraphes, Téléphones) ≈ General Post Office (G.P.O.); ~ (de radio/télévision) *nm* (radio/television) set; ~ émetteur *nm* transmitting set; ~ d'essence *nm* petrol *ou* filling station; ~ d'incendie *nm* fire point; ~ de péage *nm* tollgate; ~ de pilotage *nm* cockpit; ~ (de police) *nm* police station; ~ restante *nf* poste restante; ~ de secours *nm* first-aid post.
**poster** *vt* [poste] to post // *nm* [pɔstɛʀ] poster.
**postérieur, e** [posteʀjœʀ] *a* (*date*) later; (*partie*) back // *nm* (*fam*) behind.
**posteriori** [posteʀjɔʀi]: a ~ *ad* with hindsight, a posteriori.
**postérité** [posteʀite] *nf* posterity.
**posthume** [postym] *a* posthumous.
**postiche** [postiʃ] *a* false // *nm* hairpiece.
**postillonner** [postijone] *vi* to sp(l)utter.
**post-scriptum** [postskʀiptɔm] *nm inv* postscript.
**postulant, e** [postylɑ̃, -ɑ̃t] *nm/f* applicant.
**postulat** [postyla] *nm* postulate.
**postuler** [postyle] *vt* (*emploi*) to apply for, put in for.
**posture** [postyʀ] *nf* posture, position; (*fig*) position.
**pot** [po] *nm* jar, pot; carton; (*en métal*) tin; boire un ~ (*fam*) to have a drink; ~ (de chambre) (chamber)pot; ~ d'échappement exhaust pipe; ~ de fleurs plant pot, flowerpot; (*fleurs*) pot plant; ~ à tabac tobacco jar.

**potable** [pɔtabl(ə)] *a* (*fig*) drinkable; decent; **eau** ~ drinking water.

**potache** [pɔtaʃ] *nm* schoolboy.

**potage** [pɔtaʒ] *nm* soup; soup course.

**potager, ère** [pɔtaʒe, -ɛR] *a* (*plante*) edible, vegetable *cpd*; (**jardin**) ~ kitchen *ou* vegetable garden.

**potasse** [pɔtas] *nf* potassium hydroxide; (*engrais*) potash.

**potasser** [pɔtase] *vt* (*fam*) to swot up.

**pot-au-feu** [pɔtofø] *nm inv* (beef) stew; (*viande*) stewing beef.

**pot-de-vin** [pɔdvɛ̃] *nm* bribe.

**poteau, x** [pɔto] *nm* post; ~ (**d'exécution**) execution post, stake; ~ **indicateur** signpost; ~ **télégraphique** telegraph pole; ~**x** (**de but**) goal-posts.

**potelé, e** [pɔtle] *a* plump, chubby.

**potence** [pɔtɑ̃s] *nf* gallows *sg*.

**potentiel, le** [pɔtɑ̃sjɛl] *a, nm* potential.

**poterie** [pɔtRi] *nf* pottery; piece of pottery.

**potiche** [pɔtiʃ] *nf* large vase.

**potier** [pɔtje] *nm* potter.

**potins** [pɔtɛ̃] *nmpl* gossip *sg*.

**potion** [pɔsjɔ̃] *nf* potion.

**potiron** [pɔtiRɔ̃] *nm* pumpkin.

**pot-pourri** [popuRi] *nm* potpourri, medley.

**pou, x** [pu] *nm* louse (*pl* lice).

**poubelle** [pubɛl] *nf* (dust)bin.

**pouce** [pus] *nm* thumb.

**poudre** [pudR(ə)] *nf* powder; (*fard*) (face) powder; (*explosif*) gunpowder; **en** ~: **café en** ~ instant coffee; **savon en** ~ soap powder; **lait en** ~ dried *ou* powdered milk; **poudrer** *vt* to powder; ~**rie** *nf* gunpowder factory; **poudreux, euse** *a* dusty; powdery; **neige poudreuse** powder snow; **poudrier** *nm* (powder) compact; **poudrière** *nf* powder magazine; (*fig*) powder keg.

**poudroyer** [pudRwaje] *vi* to rise in clouds *ou* a flurry.

**pouf** [puf] *nm* pouffe.

**pouffer** [pufe] *vi*: ~ (**de rire**) to snigger; to giggle.

**pouilleux, euse** [pujø, -øz] *a* flea-ridden; (*fig*) grubby; seedy.

**poulailler** [pulaje] *nm* henhouse; (*THÉÂTRE*): **le** ~ the gods *sg*.

**poulain** [pulɛ̃] *nm* foal; (*fig*) protégé.

**poularde** [pulaRd(ə)] *nf* fatted chicken.

**poule** [pul] *nf* (*ZOOL*) hen; (*CULIN*) (boiling) fowl; (*fam*) tart; broad; ~ **d'eau** moorhen; ~ **mouillée** coward; ~ **pondeuse** layer; ~ **au riz** chicken and rice.

**poulet** [pulɛ] *nm* chicken; (*fam*) cop.

**pouliche** [puliʃ] *nf* filly.

**poulie** [puli] *nf* pulley; block.

**poulpe** [pulp(ə)] *nm* octopus.

**pouls** [pu] *nm* pulse; **prendre le** ~ **de qn** to feel sb's pulse.

**poumon** [pumɔ̃] *nm* lung; ~ **d'acier** iron lung.

**poupe** [pup] *nf* stern; **en** ~ astern.

**poupée** [pupe] *nf* doll; **jouer à la** ~ to play with one's doll *ou* dolls.

**poupon** [pupɔ̃] *nm* babe-in-arms; **pouponnière** *nf* crèche, day nursery.

**pour** [puR] *prép* for; ~ **faire** (so as) to do, in order to do; ~ **avoir fait** for having done; ~ **que** so that, in order that; ~ **riche qu'il soit** rich though he may be; ~ **10 F d'essence** 10 francs' worth of petrol; ~ **cent** per cent; ~ **ce qui est de** as for; **le** ~ **et le contre** the pros and cons.

**pourboire** [puRbwaR] *nm* tip.

**pourcentage** [puRsɑ̃taʒ] *nm* percentage.

**pourchasser** [puRʃase] *vt* to pursue.

**pourlécher** [puRleʃe]: **se** ~ *vi* to lick one's lips.

**pourparlers** [puRparle] *nmpl* talks, negotiations; **être en** ~ **avec** to be having talks with.

**pourpre** [puRpR(ə)] *a* crimson.

**pourquoi** [puRkwa] *ad, cj* why // *nm inv*: **le** ~ (**de**) the reason (for).

**pourrai** *etc vb voir* **pouvoir.**

**pourri, e** [puRi] *a* rotten.

**pourrir** [puRiR] *vi* to rot; (*fruit*) to go rotten *ou* bad // *vt* to rot; (*fig*) to corrupt; to spoil thoroughly; **pourriture** *nf* rot.

**pourrons** *etc vb voir* **pouvoir.**

**poursuite** [puRsɥit] *nf* pursuit, chase; ~**s** *nfpl* (*JUR*) legal proceedings; (**course**) ~ track race; (*fig*) chase.

**poursuivant, e** [puRsɥivɑ̃, -ɑ̃t] *nm/f* pursuer.

**poursuivre** [puRsɥivR(ə)] *vt* to pursue, chase (after); (*relancer*) to hound, harry; (*obséder*) to haunt; (*JUR*) to bring proceedings against, prosecute; (: *au civil*) to sue; (*but*) to strive towards; (*voyage, études*) to carry on with, continue // *vi* to carry on, go on; **se** ~ *vi* to go on, continue.

**pourtant** [puRtɑ̃] *ad* yet; **c'est** ~ **facile** (and) yet it's easy.

**pourtour** [puRtuR] *nm* perimeter.

**pourvoi** [puRvwa] *nm* appeal.

**pourvoir** [puRvwaR] *vt*: ~ **qch/qn de** to equip sth/sb with // *vi*: ~ **à** to provide for; (*emploi*) to fill; **se** ~ (*JUR*): **se** ~ **en cassation** to take one's case to the Court of Appeal.

**pourvu, e** [puRvy] *a*: ~ **de** equipped with; ~ **que** *cj* (*si*) provided that, so long as; (*espérons que*) let's hope (that).

**pousse** [pus] *nf* growth; (*bourgeon*) shoot.

**poussé, e** [puse] *a* sophisticated, advanced; (*moteur*) souped-up.

**pousse-café** [puskafe] *nm inv* (after-dinner) liqueur.

**poussée** [puse] *nf* thrust; (*coup*) push; (*MÉD*) eruption; (*fig*) upsurge.

**pousse-pousse** [puspus] *nm inv* rickshaw.

**pousser** [puse] *vt* to push; (*inciter*): ~ **qn à** to urge *ou* press sb to + *infinitif*; (*acculer*): ~ **qn à** to drive sb to; (*émettre: cri etc*) to give; (*stimuler*) to urge on; to drive hard; (*poursuivre*) to carry on (further) // *vi* to push; (*croître*) to grow; (*aller*): ~ **plus loin** to push on a bit further; **se** ~ *vi* to move over; **faire** ~ (*plante*) to grow.

**poussette** [pusɛt] *nf* (*voiture d'enfant*) push chair.

**poussière** [pusjɛR] *nf* dust ; (*grain*) speck of dust ; **et des ~s** (*fig*) and a bit ; **~ de charbon** coaldust ; **poussiéreux, euse** *a* dusty.

**poussif, ive** [pusif, -iv] *a* wheezy, wheezing.

**poussin** [pusɛ̃] *nm* chick.

**poutre** [putR(ə)] *nf* beam ; (*en fer, ciment armé*) girder ; **poutrelle** *nf* girder.

**pouvoir** [puvwaR] *nm* power ; (*POL: dirigeants*) **le ~** those in power, the government // *vb* + *infinitif* can ; (*suj: personne*) can, to be able to ; (*permission*) can, may ; (*probabilité, hypothèse*) may ; **il peut arriver que** it may happen that ; **il pourrait pleuvoir** it might rain ; **déçu de ne pas ~ le faire** disappointed not to be able to do it **ou** that he couldn't do it ; **il aurait pu le dire!** he could **ou** might have said! ; **il se peut que** it may be that ; **je n'en peux plus** I'm exhausted ; I can't take any more ; **~ d'achat** purchasing power ; **les ~s publics** the authorities.

**prairie** [pReRi] *nf* meadow.

**praliné, e** [pRaline] *a* sugared ; praline-flavoured.

**praticable** [pRatikabl(ə)] *a* passable, practicable.

**praticien, ne** [pRatisjɛ̃, -jɛn] *nm/f* practitioner.

**pratiquant, e** [pRatikɑ̃, -ɑ̃t] *a* practising.

**pratique** [pRatik] *nf* practice // *a* practical ; **dans la ~** in (actual) practice ; **mettre en ~** to put into practice.

**pratiquement** [pRatikmɑ̃] *ad* (*pour ainsi dire*) practically, virtually.

**pratiquer** [pRatike] *vt* to practise ; (*intervention, opération*) to carry out ; (*ouverture, abri*) to make // *vi* (*REL*) to be a churchgoer.

**pré** [pRe] *nm* meadow.

**préalable** [pRealabl(ə)] *a* preliminary ; **condition ~ (de)** precondition (for), prerequisite (for) ; **sans avis ~** without prior **ou** previous notice ; **au ~** first, beforehand.

**préambule** [pReɑ̃byl] *nm* preamble ; (*fig*) prelude ; **sans ~** straight away.

**préau, x** [pReo] *nm* playground ; inner courtyard.

**préavis** [pReavi] *nm* notice ; **~ de congé** notice ; **communication avec ~** (*TÉL*) personal **ou** person to person call.

**précaire** [pRekɛR] *a* precarious.

**précaution** [pRekosjɔ̃] *nf* precaution ; **avec ~** cautiously ; **par ~** as a precaution.

**précédemment** [pResedamɑ̃] *ad* before, previously.

**précédent, e** [pResedɑ̃, -ɑ̃t] *a* previous // *nm* precedent ; **sans ~** unprecedented ; **le jour ~** the day before, the previous day.

**précéder** [pResede] *vt* to precede ; (*marcher ou rouler devant*) to be in front of ; (*arriver avant*) to get ahead of.

**précepte** [pResɛpt(ə)] *nm* precept.

**précepteur, trice** [pResɛptœR, tRis] *nm/f* (private) tutor.

**prêcher** [pReʃe] *vt* to preach.

**précieux, euse** [pResjø, -øz] *a* precious ; invaluable ; (*style, écrivain*) précieux, precious.

**précipice** [pResipis] *nm* drop, chasm ; (*fig*) abyss ; **au bord du ~** at the edge of the precipice.

**précipitamment** [pResipitamɑ̃] *ad* hurriedly, hastily.

**précipitation** [pResipitasjɔ̃] *nf* (*hâte*) haste ; **~s (atmosphériques)** (atmospheric) precipitation *sg*.

**précipité, e** [pResipite] *a* fast ; hurried ; hasty.

**précipiter** [pResipite] *vt* (*faire tomber*): **~ qn/qch du haut de** to throw **or** hurl sb/sth off **ou** from ; (*hâter: marche*) to quicken ; (: *départ (événements)*) to move faster ; **se ~ sur/vers** to rush at/towards.

**précis, e** [pResi, -iz] *a* precise ; (*tir, mesures*) accurate, precise // *nm* handbook ; **précisément** *ad* precisely ; **préciser** *vt* (*expliquer*) to be more specific about, clarify ; (*spécifier*) to state, specify ; **se préciser** *vi* to become clear(er) ; **précision** *nf* precision ; accuracy ; point **ou** detail (*made clear or to be clarified*) ; **précisions** *nfpl* further details.

**précoce** [pRekɔs] *a* early ; (*enfant*) precocious ; (*calvitie*) premature.

**préconçu, e** [pRekɔ̃sy] *a* preconceived.

**préconiser** [pRekɔnize] *vt* to advocate.

**précurseur** [pRekyRsœR] *am* precursory // *nm* forerunner, precursor.

**prédécesseur** [pRedesesœR] *nm* predecessor.

**prédestiner** [pRedɛstine] *vt*: **~ qn à qch/faire** to predestine sb for sth/to do.

**prédicateur** [pRedikatœR] *nm* preacher.

**prédiction** [pRediksjɔ̃] *nf* prediction.

**prédilection** [pRedilɛksjɔ̃] *nf*: **avoir une ~ pour** to be partial to ; **de ~** favourite.

**prédire** [pRediR] *vt* to predict.

**prédisposer** [pRedispoze] *vt*: **~ qn à qch/faire** to predispose sb to sth/to do.

**prédominer** [pRedɔmine] *vi* to predominate ; (*avis*) to prevail.

**préfabriqué, e** [pRefabRike] *a* prefabricated // *nm* prefabricated material.

**préface** [pRefas] *nf* preface ; **préfacer** *vt* to write a preface for.

**préfectoral, e, aux** [pRefɛktɔRal, -o] *a* prefectoral.

**préfecture** [pRefɛktyR] *nf* prefecture ; **~ de police** police headquarters.

**préférable** [pRefeRabl(ə)] *a* preferable.

**préféré, e** [pRefeRe] *a, nm/f* favourite.

**préférence** [pRefeRɑ̃s] *nf* preference ; **de ~ preferably** ; **de ~ à** in preference to, rather than ; **obtenir la ~ sur** to have preference over ; **préférentiel, le** *a* preferential.

**préférer** [pRefeRe] *vt*: **~ qn/qch (à)** to prefer sb/sth (to), like sb/sth better (than) ; **~ faire** to prefer to do ; **je préférerais du thé** I would rather have tea, I'd prefer tea.

**préfet** [pRefɛ] *nm* prefect ; **~ de police** prefect of police, ≈ Metropolitan Commissioner.

**préfixe** [pRefiks(ə)] *nm* prefix.

**préhistoire** [pReistwaR] *nf* prehistory ; **préhistorique** *a* prehistoric.

**préjudice** [pʀeʒydis] *nm* (*matériel*) loss ; (*moral*) harm *q* ; **porter ~ à** to harm, be detrimental to ; **au ~ de** at the expense of.

**préjugé** [pʀeʒyʒe] *nm* prejudice ; **avoir un ~ contre** to be prejudiced *ou* biased against.

**préjuger** [pʀeʒyʒe] : **~ de** *vt* to prejudge.

**prélasser** [pʀelɑse] : **se ~** *vi* to lounge.

**prélat** [pʀela] *nm* prelate.

**prélavage** [pʀelavaʒ] *nm* pre-wash.

**prélèvement** [pʀelɛvmɑ̃] *nm* deduction ; withdrawal ; **faire un ~ de sang** to take a blood sample.

**prélever** [pʀelve] *vt* (*échantillon*) to take ; (*argent*): **~ (sur)** to deduct (from) ; (: *sur son compte*): **~ (sur)** to withdraw (from).

**préliminaire** [pʀeliminɛʀ] *a* preliminary ; **~s** *nmpl* preliminary talks ; preliminaries.

**prélude** [pʀelyd] *nm* prelude ; (*avant le concert*) warm-up.

**prématuré, e** [pʀematyʀe] *a* premature ; (*retraite*) early // *nm* premature baby.

**préméditation** [pʀemeditasjɔ̃] *nf*: **avec ~** a premeditated // *ad* with intent ; **préméditer** *vt* to premeditate, plan.

**premier, ière** [pʀəmje, -jɛʀ] *a* first ; (*branche, marche, grade*) bottom ; (*fig*) basic ; prime ; initial // *nf* (THÉÂTRE) first night ; (CINÉMA) première ; (*exploit*) first ; **le ~ venu** the first person to come along ; **P~ Ministre** Prime Minister ; **premièrement** *ad* firstly.

**prémisse** [pʀemis] *nf* premise.

**prémonition** [pʀemɔnisjɔ̃] *nf* premonition ; **prémonitoire** *a* premonitory.

**prémunir** [pʀemyniʀ] : **se ~** *vi*: **se ~ contre** to protect o.s. from, guard o.s. against.

**prénatal, e** [pʀenatal] *a* (MÉD) antenatal.

**prendre** [pʀɑ̃dʀ(ə)] *vt* to take ; (*ôter*): **~ qch à** to take sth from ; (*aller chercher*) to get, fetch ; (*se procurer*) to get ; (*malfaiteur, poisson*) to catch ; (*passager*) to pick up ; (*personnel, aussi*: *couleur, goût*) to take on ; (*locataire*) to take in ; (*élève etc*: *traiter*) to handle ; (*voix, ton*) to put on ; (*coincer*): **se ~ les doigts dans** to get one's fingers caught in // *vi* (*liquide, ciment*) to set ; (*greffe, vaccin*) to take ; (*mensonge*) to be successful ; (*feu*: *foyer*) to go ; (: *incendie*) to start ; (*allumette*) to light ; (*se diriger*): **~ à gauche** to turn to (the) left ; **~ qn pour** to take sb for ; **se ~ pour** to think one is ; **s'en ~ à** (*agresser*) to set about ; (*critiquer*) to attack ; **se ~ d'amitié/d'affection pour** to befriend/become fond of ; **s'y ~** (*procéder*) to set about it ; **s'y ~ à l'avance** to see to it in advance ; **s'y ~ à deux fois** to try twice, make two attemps.

**preneur** [pʀənœʀ] *nm*: **être/trouver ~** to be willing to buy/find a buyer.

**preniez, prenne** *etc vb voir* **prendre**.

**prénom** [pʀenɔ̃] *nm* first *ou* Christian name ; **prénommer** *vt*: **elle se prénomme Claude** her (first) name is Claude.

**prénuptial, e, aux** [pʀenypsjal, -o] *a* premarital.

**préoccupation** [pʀeɔkypasjɔ̃] *nf* (*souci*) worry, anxiety ; (*idée fixe*) preoccupation.

**préoccuper** [pʀeɔkype] *vt* to worry ; to preoccupy ; **se ~ de qch** to be concerned about sth ; to show concern about sth.

**préparatifs** [pʀepaʀatif] *nmpl* preparations.

**préparation** [pʀepaʀasjɔ̃] *nf* preparation ; (SCOL) piece of homework.

**préparatoire** [pʀepaʀatwaʀ] *a* preparatory.

**préparer** [pʀepaʀe] *vt* to prepare ; (*café*) to make ; (*examen*) to prepare for ; (*voyage, entreprise*) to plan ; **se ~** *vi* (*orage, tragédie*) to brew, be in the air ; **se ~ (à qch/faire)** to prepare (o.s.) *ou* get ready (for sth/to do) ; **~ qch à qn** (*surprise etc*) to have sth in store for sb.

**prépondérant, e** [pʀepɔ̃deʀɑ̃, -ɑ̃t] *a* major, dominating.

**préposé, e** [pʀepoze] *a*: **~ à** in charge of // *nm/f* employee ; official ; attendant ; postman/woman.

**préposition** [pʀepozisjɔ̃] *nf* preposition.

**prérogative** [pʀeʀɔgativ] *nf* prerogative.

**près** [pʀɛ] *ad* near, close ; **~ de** *prép* near (to), close to ; (*environ*) nearly, almost ; **de ~** closely ; **à 5 kg ~** to within about 5 kg ; **à cela ~ que** apart from the fact that.

**présage** [pʀezaʒ] *nm* omen.

**présager** [pʀezaʒe] *vt* to foresee.

**presbyte** [pʀɛsbit] *a* long-sighted.

**presbytère** [pʀɛsbitɛʀ] *nm* presbytery.

**presbytérien, ne** [pʀɛsbiteʀjɛ̃, -jɛn] *a*, *nm/f* Presbyterian.

**prescription** [pʀɛskʀipsjɔ̃] *nf* (*instruction*) order, instruction ; (MÉD, JUR) prescription.

**prescrire** [pʀɛskʀiʀ] *vt* to prescribe ; **se ~** *vi* (JUR) to lapse ; **prescrit, e** *a* (*date etc*) stipulated.

**préséance** [pʀeseɑ̃s] *nf* precedence *q*.

**présence** [pʀezɑ̃s] *nf* presence ; (*au bureau etc*) attendance ; **en ~ de** in (the) presence of ; (*fig*) in the face of ; **~ d'esprit** presence of mind.

**présent, e** [pʀezɑ̃, -ɑ̃t] *a, nm* present ; **à ~ (que)** now (that).

**présentateur, trice** [pʀezɑ̃tatœʀ, -tʀis] *nm/f* presenter.

**présentation** [pʀezɑ̃tasjɔ̃] *nf* introduction ; presentation ; (*allure*) appearance.

**présenter** [pʀezɑ̃te] *vt* to present ; (*soumettre*) to submit ; (*invité, conférencier*): **~ qn (à)** to introduce sb (to) // *vi*: **~ mal/bien** to have an unattractive/a pleasing appearance ; **se ~** *vi* (*sur convocation*) to report, come ; (*à une élection*) to stand ; (*occasion*) to arise ; **se ~ bien/mal** to look good/not too good ; **présentoir** *nm* display shelf (*pl* shelves).

**préservatif** [pʀezɛʀvatif] *nm* sheath, condom.

**préserver** [pʀezɛʀve] *vt*: **~ de** to protect from ; to save from.

**présidence** [pʀezidɑ̃s] *nf* presidency ; office of President ; chairmanship.

**président** [pʀezidɑ̃] *nm* (POL) president ; (*d'une assemblée, COMM*) chairman ; **~ directeur général (P.D.G.)** chairman and managing director ; **~ du jury** (JUR) foreman of the jury; (*d'examen*) chief examiner; **présidente** *nf* president; president's wife; chairwoman; **présidentiel, le** [-sjɛl] *a* presidential.

**présider** [prezide] *vt* to preside over; (*dîner*) to be the guest of honour at; ~ à *vt* to direct; to govern.

**présomption** [prezɔ̃psjɔ̃] *nf* presumption.

**présomptueux, euse** [prezɔ̃ptɥø, -øz] *a* presumptuous.

**presque** [prɛsk(ə)] *ad* almost, nearly; ~ **rien** hardly anything; ~ **pas** hardly (at all).

**presqu'île** [prɛskil] *nf* peninsula.

**pressant, e** [prɛsɑ̃, -ɑ̃t] *a* urgent.

**presse** [prɛs] *nf* press; (*affluence*) : **heures de** ~ busy times; **sous** ~ a in press, being printed; ~ **féminine** women's magazines *pl*; ~ **d'information** quality newspapers *pl*.

**pressé, e** [prese] *a* in a hurry; (*air*) hurried; (*besogne*) urgent; **orange** ~**e** fresh orange juice.

**presse-citron** [prɛsitrɔ̃] *nm inv* lemon squeezer.

**pressentiment** [prɛsɑ̃timɑ̃] *nm* foreboding, premonition.

**pressentir** [prɛsɑ̃tir] *vt* to sense; (*prendre contact avec*) to approach.

**presse-papiers** [prɛspapje] *nm inv* paperweight.

**presser** [prese] *vt* (*fruit, éponge*) to squeeze; (*interrupteur, bouton*) to press, push; (*allure, affaire*) to speed up; (*débiteur etc*) to press; (*inciter*) : ~ **qn de faire** to urge ou press sb to do // *vi* to be urgent; **rien ne presse** there's no hurry; **se** ~ (*se hâter*) to hurry (up); (*se grouper*) to crowd; **se** ~ **contre qn** to squeeze up against sb; ~ **qn entre ses bras** to hug sb (tight).

**pressing** [prɛsiŋ] *nm* steam-pressing; (*magasin*) dry-cleaner's.

**pression** [prɛsjɔ̃] *nf* pressure; **faire** ~ **sur** to put pressure on; **sous** ~ pressurized, under pressure; (*fig*) keyed up; ~ **artérielle** blood pressure.

**pressoir** [prɛswar] *nm* (wine ou oil etc) press.

**pressurer** [prɛsyre] *vt* (*fig*) to squeeze.

**pressurisé, e** [prɛsyrize] *a* pressurized.

**prestance** [prɛstɑ̃s] *nf* presence, imposing bearing.

**prestataire** [prɛstatɛr] *nm/f* person receiving benefits.

**prestation** [prɛstasjɔ̃] *nf* (*allocation*) benefit; (*d'une assurance*) cover *q*; (*d'une entreprise*) service provided; (*d'un joueur, artiste*) performance; ~ **de serment** taking the oath; ~ **de service** provision of a service.

**preste** [prɛst(ə)] *a* nimble; swift; ~**ment** *ad* swiftly.

**prestidigitateur, trice** [prɛstidiʒitatœr, -tris] *nm/f* conjurer.

**prestidigitation** [prɛstidiʒitasjɔ̃] *nf* conjuring.

**prestige** [prɛstiʒ] *nm* prestige; **prestigieux, euse** *a* prestigious.

**présumer** [prezyme] *vt* : ~ **que** to presume ou assume that; ~ **de** to

overrate; ~ **qn coupable** to presume sb guilty.

**prêt, e** [prɛ, prɛt] *a* ready // *nm* lending *q*; loan; ~ **sur gages** pawnbroking *q*; **prêt-à-porter** *nm* ready-to-wear ou off-the-peg clothes *pl*.

**prétendant** [pretɑ̃dɑ̃] *nm* pretender; (*d'une femme*) suitor.

**prétendre** [pretɑ̃dr(ə)] *vt* (*affirmer*) : ~ **que** to claim that; (*avoir l'intention de*) : ~ **faire qch** to mean ou intend to do sth; ~ **à** *vt* (*droit, titre*) to lay claim to; **prétendu, e** *a* (*supposé*) so-called.

**prête-nom** [prɛtnɔ̃] *nm* (*péj*) figurehead.

**prétentieux, euse** [pretɑ̃sjø, -øz] *a* pretentious.

**prétention** [pretɑ̃sjɔ̃] *nf* claim; pretentiousness.

**prêter** [prete] *vt* (*livres, argent*) : ~ **qch (à)** to lend sth (to); (*supposer*) : ~ **à qn** (*caractère, propos*) to attribute to sb // *vi* (*aussi* : **se** ~ : *tissu, cuir*) to give; ~ **à** (*commentaires etc*) to be open to, give rise to; **se** ~ **à** to lend o.s. (ou itself) to; (*manigances etc*) to go along with; ~ **assistance à** to give help to; ~ **serment** to take the oath; ~ **l'oreille** to listen; **prêteur** *nm* moneylender; **prêteur sur gages** pawnbroker.

**prétexte** [pretɛkst(ə)] *nm* pretext, excuse; **sous aucun** ~ on no account; **prétexter** *vt* to give as a pretext ou an excuse.

**prêtre** [prɛtr(ə)] *nm* priest; **prêtrise** *nf* priesthood.

**preuve** [prœv] *nf* proof; (*indice*) proof, evidence *q*; **faire** ~ **de** to show; **faire ses** ~**s** to prove o.s. (ou itself).

**prévaloir** [prevalwar] *vi* to prevail; **se** ~ **de** *vt* to take advantage of; to pride o.s. on.

**prévenances** [prevnɑ̃s] *nfpl* thoughtfulness *sg*, kindness *sg*.

**prévenant, e** [prevnɑ̃, -ɑ̃t] *a* thoughtful, kind.

**prévenir** [prevnir] *vt* (*avertir*) : ~ **qn (de)** to warn sb (about); (*informer*) : ~ **qn (de)** to tell ou inform sb (about); (*éviter*) to avoid, prevent; (*anticiper*) to forestall; to anticipate; (*influencer*) : ~ **qn contre** to prejudice sb against.

**préventif, ive** [prevɑ̃tif, -iv] *a* preventive.

**prévention** [prevɑ̃sjɔ̃] *nf* prevention; ~ **routière** road safety.

**prévenu, e** [prevny] *nm/f* (*JUR*) defendant, accused.

**prévision** [previzjɔ̃] *nf* : ~**s** predictions forecast *sg*; **en** ~ **de** in anticipation of; ~**s météorologiques** ou **du temps** weather forecast *sg*.

**prévoir** [prevwar] *vt* (*deviner*) to foresee; (*s'attendre à*) to expect, reckon on; (*prévenir*) to anticipate; (*organiser*) to plan; (*préparer, réserver*) to allow; **prévu pour 4 personnes** designed for 4 people; **prévu pour 10h** scheduled for 10 o'clock.

**prévoyance** [prevwajɑ̃s] *nf* foresight; **une société/caisse de** ~ a provident society/contingency fund.

**prévoyant, e** [prevwajɑ̃, -ɑ̃t] *a* gifted with (ou showing) foresight.

**prier** [prije] *vi* to pray // *vt* (*Dieu*) to pray to; (*implorer*) to beg; (*demander*): ~ **qn de faire** to ask sb to do; **se faire** ~ to need coaxing *ou* persuading; **je vous en prie** please do; don't mention it.

**prière** [prijɛr] *nf* prayer; '~ **de faire** ...' 'please do ...'.

**primaire** [primɛr] *a* primary; (*péj*) simple-minded; simplistic // *nm* (*SCOL*) primary education.

**primauté** [primote] *nf* (*fig*) primacy.

**prime** [prim] *nf* (*bonification*) bonus; (*subside*) premium; allowance; (*COMM: cadeau*) free gift; (*ASSURANCES*, *BOURSE*) premium // *a*: **de** ~ **abord** at first glance; ~ **de risque** danger money *q*.

**primer** [prime] *vt* (*l'emporter sur*) to prevail over; (*récompenser*) to award a prize to // *vi* to dominate; to prevail.

**primesautier, ère** [primsotje, -jɛr] *a* impulsive.

**primeur** [primœr] *nf*: **avoir la** ~ **de** to be the first to hear (*ou* see *etc*); ~**s** *nfpl* (*fruits*, *légumes*) early fruits and vegetables; **marchand de** ~**s** greengrocer.

**primevère** [primvɛr] *nf* primrose.

**primitif, ive** [primitif, -iv] *a* primitive; (*originel*) original // *nm/f* primitive.

**primordial, e, aux** [primordjal, -o] *a* essential, primordial.

**prince, esse** [prɛs, prɛsɛs] *nm/f* prince/princess; ~ **de Galles** *nm inv* check cloth; ~ **héritier** crown prince; **princier, ière** *a* princely.

**principal, e, aux** [prɛsipal, -o] *a* principal, main // *nm* (*SCOL*) principal, head(master) // *nf*: (*proposition*) ~**e** main clause.

**principauté** [prɛsipote] *nf* Principality.

**principe** [prɛsip] *nm* principle; **partir du** ~ **que** to work on the principle *ou* assumption that; **pour le** ~ on principle, for the sake of it; **de** ~ *a* (*accord*, *hostilité*) automatic; **par** ~ on principle; **en** ~ (*habituellement*) as a rule; (*théoriquement*) in principle.

**printanier, ère** [prɛtanje, -jɛr] *a* spring *cpd*; spring-like.

**printemps** [prɛtɑ̃] *nm* spring.

**priori** [prijɔri]: **a** ~ *ad* without the benefit of hindsight; a priori; initially.

**prioritaire** [prijɔritɛr] *a* having priority; (*AUTO*) having right of way.

**priorité** [prijɔrite] *nf* (*AUTO*): **avoir la** ~ (**sur**) to have right of way (over); ~ **à droite** right of way to vehicles coming from the right; **en** ~ as a (matter of) priority.

**pris, e** [pri, priz] *pp de* **prendre** // *a* (*place*) taken; (*journée*, *mains*) full; (*billets*) sold; (*personne*) busy; (*MÉD*: *enflammé*): **avoir le nez/la gorge** ~(**e**) to have a stuffy nose/a hoarse throat; (*saisi*): **être** ~ **de peur/de fatigue** to be stricken with fear/overcome with fatigue.

**prise** [priz] *nf* (*d'une ville*) capture; (*PÊCHE*, *CHASSE*) catch; (*de judo ou catch*, *point d'appui ou pour empoigner*) hold; (*ÉLEC: fiche*) plug; (: *femelle*) socket; (: *au mur*) point; **en** ~ (*AUTO*) in gear; **être aux** ~**s avec** to be grappling with; to be battling

with; **lâcher** ~ to let go; ~ **en charge** (*taxe*) pick-up charge; ~ **de courant** power point; ~ **d'eau** water (supply) point; **tap**; ~ **multiple adaptor**; ~ **de sang** blood test; ~ **de son** sound recording; ~ **de tabac** pinch of snuff; ~ **de terre** earth; ~ **de vue** (*photo*) shot; (*action*): ~ **de vue(s)** filming, shooting.

**priser** [prize] *vt* (*tabac*, *héroïne*) to take; (*estimer*) to prize, value // *vi* to take snuff.

**prisme** [prism(ə)] *nm* prism.

**prison** [prizɔ̃] *nf* prison; **aller/être en** ~ to go to/be in prison *ou* jail; **faire de la** ~ to serve time; **prisonnier, ière** *nm/f* prisoner / a captive; **faire qn prisonnier** to take sb prisoner.

**prit** *vb voir* **prendre**.

**privations** [privasjɔ̃] *nfpl* privations, hardships.

**privé, e** [prive] *a* private; (*dépourvu*): ~ **de** without, lacking; **en** ~ in private.

**priver** [prive] *vt*: ~ **qn de** to deprive sb of; **se** ~ **de** to go *ou* do without; **ne pas se** ~ **de faire** not to refrain from doing.

**privilège** [privilɛʒ] *nm* privilege; **privilégié, e** *a* privileged.

**prix** [pri] *nm* (*valeur*) price; (*récompense*, *SCOL*) prize; **hors de** ~ exorbitantly priced; **à aucun** ~ not at any price; **à tout** ~ at all costs; ~ **d'achat/de vente** purchasing/selling price.

**probabilité** [prɔbabilite] *nf* probability.

**probable** [prɔbabl(ə)] *a* likely, probable; ~**ment** probably.

**probant, e** [prɔbɑ̃, -ɑ̃t] *a* convincing.

**probité** [prɔbite] *nf* integrity, probity.

**problème** [prɔblɛm] *nm* problem.

**procédé** [prɔsede] *nm* (*méthode*) process; (*comportement*) behaviour *q*.

**procéder** [prɔsede] *vi* to proceed; to behave; ~ **à** *vt* to carry out.

**procédure** [prɔsedyr] *nf* (*ADMIN*, *JUR*) procedure.

**procès** [prɔsɛ] *nm* trial; (*poursuites*) proceedings *pl*; **être en** ~ **avec** to be involved in a lawsuit with.

**procession** [prɔsesjɔ̃] *nf* procession.

**processus** [prɔsesys] *nm* process.

**procès-verbal, aux** [prɔsɛvɛrbal, -o] *nm* (*constat*) statement; (*aussi*: **P.V.**): **avoir un** ~ to get a parking ticket; to be booked // (*de réunion*) minutes *pl*.

**prochain, e** [prɔʃɛ, -ɛn] *a* next; (*proche*) impending; near // *nm* fellow man; **la** ~**e fois/semaine** ~**e** next time/week; **prochainement** *ad* soon, shortly.

**proche** [prɔʃ] *a* nearby; (*dans le temps*) imminent; close at hand; (*parent*, *ami*) close; ~**s** *nmpl* close relatives, next of kin; **être** ~ (**de**) to be near, be close (to); **de** ~ **en** ~ gradually; **le P~ Orient** the Middle East, the Near East.

**proclamation** [prɔklamasjɔ̃] *nf* proclamation.

**proclamer** [prɔklame] *vt* to proclaim.

**procréer** [prɔkree] *vt* to procreate.

**procuration** [prɔkyrasjɔ̃] *nf* proxy; power of attorney.

**procurer** [prɔkyre] *vt* (*fournir*): ~ **qch à qn** to get *ou* obtain sth for sb; (*causer*:

*plaisir etc*): ~ qch à qn to bring *ou* give sb sth; se ~ *vt* to get.

**procureur** [prɔkyrœr] *nm* public prosecutor.

**prodige** [prɔdiʒ] *nm* marvel, wonder; (*personne*) prodigy; **prodigieux, euse** *a* prodigious; phenomenal.

**prodigue** [prɔdig] *a* generous; extravagant, wasteful; **fils** ~ prodigal son.

**prodiguer** [prɔdige] *vt* (*argent, biens*) to be lavish with; (*soins, attentions*): ~ qch à qn to give sb sth; to lavish sth on sb.

**producteur, trice** [prɔdyktœr, -tris] *a*: ~ de blé wheat-producing // *nm/f* producer.

**productif, ive** [prɔdyktif, -iv] *a* productive.

**production** [prɔdyksjɔ̃] *nf* (*gén*) production; (*rendement*) output; (*produits*) products *pl*, goods *pl*.

**productivité** [prɔdyktivite] *nf* productivity.

**produire** [prɔdɥir] *vt* to produce; se ~ *vi* (*acteur*) to perform, appear; (*événement*) to happen, occur.

**produit** [prɔdɥi] *nm* (*gén*) product; ~s **agricoles** farm produce *sg*; ~ **d'entretien** cleaning product.

**proéminent, e** [prɔeminɑ̃, -ɑ̃t] *a* prominent.

**profane** [prɔfan] *a* (*REL*) secular // *nm/f* layman.

**profaner** [prɔfane] *vt* to desecrate.

**proférer** [prɔfere] *vt* to utter.

**professer** [prɔfese] *vt* (*déclarer*) to profess // *vi* to teach.

**professeur** [prɔfesœr] *nm* teacher; (*titulaire d'une chaire*) professor; ~ (**de faculté**) (university) lecturer.

**profession** [prɔfesjɔ̃] *nf* profession; **sans** ~ unemployed; **professionnel, le** *a*, *nm/f* professional.

**professorat** [prɔfesɔra] *nm*: **le** ~ the teaching profession.

**profil** [prɔfil] *nm* profile; (*d'une voiture*) line, contour; **de** ~ in profile; ~**er** *vt* to streamline; se ~ *vi* (*arbre, tour*) to stand out, be silhouetted.

**profit** [prɔfi] *nm* (*avantage*) benefit, advantage; (*COMM, FINANCE*) profit; **au** ~ **de** in aid of; **tirer** ~ **de** to profit from; **mettre à** ~ to take advantage of; to turn to good account.

**profitable** [prɔfitabl(ə)] *a* beneficial; profitable.

**profiter** [prɔfite] *vi*: ~ **de** to take advantage of; to make the most of; ~ **à** to be of benefit to, benefit; to be profitable to.

**profond, e** [prɔfɔ̃, -ɔ̃d] *a* deep; (*méditation, mépris*) profound; **profondeur** *nf* depth.

**profusion** [prɔfyzjɔ̃] *nf* profusion; **à** ~ in plenty.

**progéniture** [prɔʒenityr] *nf* offspring *inv*.

**programmation** [prɔgramɑsjɔ̃] *nf* programming.

**programme** [prɔgram] *nm* programme; (*TV, RADIO*) programmes *pl*; (*SCOL*) syllabus, curriculum; (*INFORMATIQUE*) program; **au** ~ **de ce soir** (*TV*) among tonight's

programmes; **programmer** *vt* (*TV, RADIO*) to put on, show; (*INFORMATIQUE*) to program; **programmeur, euse** *nm/f* computer programmer.

**progrès** [prɔgrɛ] *nm* progress *q*; **faire des/être en** ~ to make/be making progress.

**progresser** [prɔgrese] *vi* to progress; (*troupes etc*) to make headway *ou* progress; **progressif, ive** *a* progressive; **progression** *nf* progression; (*d'une troupe etc*) advance, progress.

**prohiber** [prɔibe] *vt* to prohibit, ban.

**proie** [prwa] *nf* prey *q*; **être la** ~ **de** to fall prey to; **être en** ~ **à** to be prey to; to be suffering.

**projecteur** [prɔʒɛktœr] *nm* projector; (*de théâtre, cirque*) spotlight.

**projectile** [prɔʒɛktil] *nm* missile; (*d'arme*) projectile, bullet (*ou* shell *etc*).

**projection** [prɔʒɛksjɔ̃] *nf* projection; showing; **conférence avec** ~**s** lecture with slides (*ou* a film).

**projet** [prɔʒɛ] *nm* plan; (*ébauche*) draft; **faire des** ~**s** to make plans; ~ **de loi** bill.

**projeter** [prɔʒte] *vt* (*envisager*) to plan; (*film, photos*) to project; (: *passer*) to show; (*ombre, lueur*) to throw; (*jeter*) to throw up (*ou* off *ou* out).

**prolétaire** [prɔletɛr] *nm* proletarian; **prolétariat** *nm* proletariat.

**proliférer** [prɔlifere] *vi* to proliferate.

**prolifique** [prɔlifik] *a* prolific.

**prolixe** [prɔliks(ə)] *a* verbose.

**prologue** [prɔlɔg] *nm* prologue.

**prolongation** [prɔlɔ̃gɑsjɔ̃] *nf* prolongation; extension; ~**s** *nfpl* (*FOOTBALL*) extra time *sg*.

**prolongement** [prɔlɔ̃ʒmɑ̃] *nm* extension; ~**s** *nmpl* (*fig*) repercussions, effects; **dans le** ~ **de** running on from.

**prolonger** [prɔlɔ̃ʒe] *vt* (*débat, séjour*) to prolong; (*délai, billet, rue*) to extend; (*suj: chose*) to be a continuation *ou* an extension of; se ~ *vi* to go on.

**promenade** [prɔmnad] *nf* walk (*ou* drive *ou* ride); **faire une** ~ to go for a walk; **une** ~ **en voiture/à vélo** a drive/(bicycle) ride.

**promener** [prɔmne] *vt* (*chien*) to take out for a walk; (*fig*) to carry around; to trail round; (*doigts, regard*): ~ qch **sur** to run sth over; se ~ *vi* to go for (*ou* be out for) a walk; (*fig*): se ~ **sur** to wander over; **promeneur, euse** *nm/f* walker, stroller.

**promesse** [prɔmɛs] *nf* promise; ~ **d'achat** commitment to buy.

**prometteur, euse** [prɔmɛtœr, -øz] *a* promising.

**promettre** [prɔmɛtr(ə)] *vt* to promise // *vi* to be *ou* look promising; se ~ **de faire** to resolve *ou* mean to do; ~ **à** qn **de faire** to promise sb that one will do.

**promiscuité** [prɔmiskɥite] *nf* crowding; lack of privacy.

**promontoire** [prɔmɔ̃twar] *nm* headland.

**promoteur, trice** [prɔmɔtœr, -tris] *nm/f* (*instigateur*) instigator, promoter; ~ (**immobilier**) property developer.

**promotion** [pʀɔmosjɔ̃] *nf* promotion.
**promouvoir** [pʀɔmuvwaʀ] *vt* to promote.
**prompt, e** [pʀɔ̃, pʀɔ̃t] *a* swift, rapid.
**promulguer** [pʀɔmylge] *vt* to promulgate.
**prôner** [pʀone] *vt* (*louer*) to laud, extol; (*préconiser*) to advocate, commend.
**pronom** [pʀɔnɔ̃] *nm* pronoun; **pronominal, e, aux** *a* pronominal; reflexive.
**prononcé, e** [pʀɔnɔ̃se] *a* pronounced, marked.
**prononcer** [pʀɔnɔ̃se] *vt* (*son, mot, jugement*) to pronounce; (*dire*) to utter; (*allocution*) to deliver // *vi:* ~ **bien/mal** to have a good/poor pronunciation; **se** ~ *vi* to reach a decision, give a verdict; **se** ~ **sur** to give an opinion on; **se** ~ **contre** to come down against; **prononciation** *nf* pronunciation.
**pronostic** [pʀɔnɔstik] *nm* (*MÉD*) prognosis (*pl* oses); (*fig: aussi:* ~**s**) forecast.
**propagande** [pʀɔpagɑ̃d] *nf* propaganda.
**propager** [pʀɔpaʒe] *vt* to spread; **se** ~ *vi* to spread; (*PHYSIQUE*) to be propagated.
**prophète** [pʀɔfɛt] *nm* prophet.
**prophétie** [pʀɔfesi] *nf* prophecy; **prophétiser** *vt* to prophesy.
**propice** [pʀɔpis] *a* favourable.
**proportion** [pʀɔpɔʀsjɔ̃] *nf* proportion; **en** ~ **de** in proportion to; **toute(s)** ~**(s) gardée(s)** making due allowance(s); **proportionnel, le** *a* proportional; **proportionner** *vt:* **proportionner qch à** to proportion *ou* adjust sth to.
**propos** [pʀɔpo] *nm* (*paroles*) talk *q*, remark; (*intention*) intention, aim; (*sujet*): **à quel** ~? what about?; **à** ~ **de** about, regarding; **à tout** ~ for no reason at all; **à** ~ *ad* by the way; (*opportunément*) (just) at the right moment.
**proposer** [pʀɔpoze] *vt* (*suggérer*): ~ **qch (à qn)/de faire** to suggest sth (to sb)/doing, propose to do; (*offrir*): ~ **qch à qn/de faire** to offer sb sth/to do; (*candidat*) to nominate, put forward; (*loi, motion*) to propose; **se** ~ **(pour faire)** to offer one's services (to do); **se** ~ **de faire** to intend *ou* propose to do; **proposition** *nf* suggestion; proposal; offer; (*LING*) clause.
**propre** [pʀɔpʀ(ə)] *a* clean; (*net*) neat, tidy; (*possessif*) own; (*sens*) literal; (*particulier*): ~ **à** peculiar to, characteristic of; (*approprié*): ~ **à** suitable *ou* appropriate for; (*de nature à*): ~ **à faire** likely to do, that will do // *nm:* **recopier au** ~ to make a fair copy of; ~**ment** *ad* cleanly; neatly, tidily; **à** ~**ment parler** strictly speaking; ~**té** *nf* cleanliness, cleanness; neatness; tidiness.
**propriétaire** [pʀɔpʀijetɛʀ] *nm/f* owner; (*d'hôtel etc*) proprietor/ tress, owner; (*pour le locataire*) landlord/lady; (*immobilier*) house-owner; householder; ~ **récoltant** grower; ~ (**terrien**) landowner.
**propriété** [pʀɔpʀijete] *nf* (*droit*) ownership; (*objet, immeuble etc*) property *gén q*; (*villa*) residence, property; (*terres*) property *gén q*, land *gén q*; (*qualité, CHIMIE, MATH*) property; (*correction*) appropriateness, suitability.

**propulser** [pʀɔpylse] *vt* (*missile*) to propel; (*projeter*) to hurl, fling.
**prorata** [pʀɔʀata] *nm inv:* **au** ~ **de** in proportion to, on the basis of.
**proroger** [pʀɔʀɔʒe] *vt* to put back, defer; (*assemblée*) to adjourn, prorogue.
**prosaïque** [pʀɔzaik] *a* mundane, prosaic.
**proscrire** [pʀɔskʀiʀ] *vt* (*bannir*) to banish; (*interdire*) to ban, prohibit.
**prose** [pʀoz] *nf* prose (*style*).
**prospecter** [pʀɔspɛkte] *vt* to prospect; (*COMM*) to canvass.
**prospectus** [pʀɔspɛktys] *nm* (*feuille*) leaflet; (*dépliant*) brochure, leaflet.
**prospère** [pʀɔspɛʀ] *a* prosperous; (*entreprise*) thriving, flourishing; **prospérer** *vi* to thrive; **prospérité** *nf* prosperity.
**prosterner** [pʀɔstɛʀne]: **se** ~ *vi* to bow low, prostrate o.s.
**prostituée** [pʀɔstitɥe] *nf* prostitute.
**prostitution** [pʀɔstitysjɔ̃] *nf* prostitution.
**prostré, e** [pʀɔstʀe] *a* prostrate.
**protagoniste** [pʀɔtagɔnist(ə)] *nm* protagonist.
**protecteur, trice** [pʀɔtɛktœʀ, -tʀis] *a* protective; (*air, ton: péj*) patronizing // *nm/f* protector.
**protection** [pʀɔtɛksjɔ̃] *nf* protection; (*d'un personnage influent: aide*) patronage.
**protégé, e** [pʀɔteʒe] *nm/f* protégé/e.
**protège-cahier** [pʀɔtɛʒkaje] *nm* execise-book cover.
**protéger** [pʀɔteʒe] *vt* to protect; **se** ~ **de/contre** to protect o.s. from.
**protéine** [pʀɔtein] *nf* protein.
**protestant, e** [pʀɔtɛstɑ̃, -ɑ̃t] *a, nm/f* Protestant; **protestantisme** *nm* Protestantism.
**protestation** [pʀɔtɛstasjɔ̃] *nf* (*plainte*) protest; (*déclaration*) protestation, profession.
**protester** [pʀɔtɛste] *vi:* ~ **(contre)** to protest (against *ou* about); ~ **de** (*son innocence, sa loyauté*) to protest.
**prothèse** [pʀɔtɛz] *nf* artificial limb, prosthesis; ~ **dentaire** denture; dental engineering.
**protocolaire** [pʀɔtɔkɔlɛʀ] *a* formal; of protocol.
**protocole** [pʀɔtɔkɔl] *nm* protocol; (*fig*) etiquette; ~ **d'accord** draft treaty.
**prototype** [pʀɔtɔtip] *nm* prototype.
**protubérance** [pʀɔtybeʀɑ̃s] *nf* bulge, protuberance; **protubérant, e** *a* protruding, bulging, protuberant.
**proue** [pʀu] *nf* bow(s *pl*), prow.
**prouesse** [pʀuɛs] *nf* feat.
**prouver** [pʀuve] *vt* to prove.
**provenance** [pʀɔvnɑ̃s] *nf* origin; (*de mot, coutume*) source; **avion en** ~ **de** plane (arriving) from.
**provenir** [pʀɔvniʀ]: ~ **de** *vt* to come from; (*résulter de*) to be due to, be the result of.
**proverbe** [pʀɔvɛʀb(ə)] *nm* proverb; **proverbial, e, aux** *a* proverbial.
**providence** [pʀɔvidɑ̃s] *nf:* **la** ~ providence; **providentiel, le** *a* providential.

**province** [pʀɔvɛ̃s] nf province; **provincial, e, aux a** provincial.

**proviseur** [pʀɔvizœʀ] nm ≈ head(master).

**provision** [pʀɔvizjɔ̃] nf (réserve) stock, supply; (avance: à un avocat, avoué) retainer, retaining fee; (COMM) funds pl (in account); reserve; ~s nfpl (vivres) provisions, food q; **faire** ~ **de** to stock up with; **armoire à** ~s food cupboard.

**provisoire** [pʀɔvizwaʀ] a temporary; (JUR) provisional; ~**ment** ad temporarily, for the time being.

**provocant, e** [pʀɔvɔkɑ̃, -ɑ̃t] a provocative.

**provocation** [pʀɔvɔkasjɔ̃] nf provocation.

**provoquer** [pʀɔvɔke] vt (défier) to provoke; (causer) to cause, bring about; (: curiosité) to arouse, give rise to; (: aveux) to prompt, elicit.

**proxénète** [pʀɔksenɛt] nm procurer.

**proximité** [pʀɔksimite] nf nearness, closeness, proximity; (dans le temps) imminence, closeness; **à** ~ near ou close by; **à** ~ **de** near (to), close to.

**prude** [pʀyd] a prudish.

**prudence** [pʀydɑ̃s] nf carefulness; caution; prudence; **avec** ~ carefully; cautiously; wisely; **par (mesure de)** ~ as a precaution.

**prudent, e** [pʀydɑ̃, -ɑ̃t] a (pas téméraire) careful, cautious, prudent; (: en général) safety-conscious; (sage, conseillé) wise, sensible; (réservé) cautious; **ce n'est pas** ~ it's risky; it's not sensible; **soyez** ~ take care, be careful.

**prune** [pʀyn] nf plum.

**pruneau, x** [pʀyno] nm prune.

**prunelle** [pʀynɛl] nf pupil; eye.

**prunier** [pʀynje] nm plum tree.

**psalmodier** [psalmɔdje] vt to chant; (fig) to drone out.

**psaume** [psom] nm psalm.

**pseudonyme** [psødɔnim] nm (gén) fictitious name; (d'écrivain) pseudonym, pen name; (de comédien) stage name.

**psychanalyse** [psikanaliz] nf psychoanalysis; **psychanalyser** vt to psychoanalyze; **se faire psychanalyser** to undergo (psycho)analysis; **psychanalyste** nm/f psychoanalyst.

**psychiatre** [psikjatʀ(ə)] nm/f psychiatrist.

**psychiatrie** [psikjatʀi] nf psychiatry; **psychiatrique** a psychiatric; (hôpital) mental, psychiatric.

**psychique** [psiʃik] a psychological.

**psychologie** [psikɔlɔʒi] nf psychology; **psychologique** a psychological; **psychologue** nm/f psychologist; **être psychologue** (fig) to be a good psychologist.

**psychose** [psikoz] nf psychosis; obsessive fear.

**Pte** abr de **porte**.

**P.T.T.** sigle fpl voir **poste**.

**pu** pp de **pouvoir**.

**puanteur** [pɥɑ̃tœʀ] nf stink, stench.

**pubère** [pybɛʀ] a pubescent; **puberté** nf puberty.

**pubis** [pybis] nm (bas-ventre) pubes pl; (os) pubis.

**public, ique** [pyblik] a public; (école, instruction) state cpd // nm public; (assistance) audience; **en** ~ in public.

**publication** [pyblikasjɔ̃] nf publication.

**publiciste** [pyblisist(ə)] nm/f adman.

**publicitaire** [pyblisitɛʀ] a advertising cpd; (film, voiture) publicity cpd.

**publicité** [pyblisite] nf (méthode, profession) advertising; (annonce) advertisement; (révélations) publicity.

**publier** [pyblije] vt to publish.

**publique** [pyblik] af voir **public**.

**puce** [pys] nf flea; ~s nfpl (marché) flea market sg.

**puceau, x** [pyso] am: **être** ~ to be a virgin.

**pucelle** [pysɛl] af: **être** ~ to be a virgin.

**pudeur** [pydœʀ] nf modesty.

**pudibond, e** [pydibɔ̃, -ɔ̃d] a prudish.

**pudique** [pydik] a (chaste) modest; (discret) discreet.

**puer** [pɥe] (péj) vi to stink // vt to stink of, reek of.

**puéricultrice** [pɥeʀikyltʀis] nf paediatric nurse.

**puériculture** [pɥeʀikyltyʀ] nf paediatric nursing; infant care.

**puéril, e** [pɥeʀil] a childish.

**pugilat** [pyʒila] nm (fist) fight.

**puis** [pɥi] vb voir **pouvoir** // ad then; **et** ~ and (then).

**puiser** [pɥize] vt (eau): ~ (dans) to draw (from); ~ **dans qch** to dip into sth.

**puisque** [pɥisk(ə)] cj since.

**puissance** [pɥisɑ̃s] nf power; **en** ~ a potential; **2 (à la)** ~ **5** 2 to the power of 5.

**puissant, e** [pɥisɑ̃, -ɑ̃t] a powerful.

**puisse** etc vb voir **pouvoir**.

**puits** [pɥi] nm well; ~ **de mine** mine shaft.

**pull(-over)** [pul(ɔvœʀ)] nm sweater, jumper.

**pulluler** [pylyle] vi to swarm.

**pulmonaire** [pylmɔnɛʀ] a lung cpd; (artère) pulmonary.

**pulpe** [pylp(ə)] nf pulp.

**pulsation** [pylsasjɔ̃] nf beat.

**pulsion** [pylsjɔ̃] nf drive, urge.

**pulvérisateur** [pylveʀizatœʀ] nm spray.

**pulvériser** [pylveʀize] vt (solide) to pulverize; (liquide) to spray; (fig) to pulverize; to smash.

**punaise** [pynɛz] nf (ZOOL) bug; (clou) drawing pin.

**punch** [pɔ̃ʃ] nm (boisson) punch; [pœnʃ] (BOXE) punching ability; (fig) punch; **punching-ball** nm punchball.

**punir** [pyniʀ] vt to punish; **punition** nf punishment.

**pupille** [pypij] nf (ANAT) pupil // nm/f (enfant) ward; ~ **de l'État** child in care; ~ **de la Nation** war orphan.

**pupitre** [pypitʀ(ə)] nm (SCOL) desk; (REL) lectern; (de chef d'orchestre) rostrum; ~ **de commande** panel.

**pur, e** [pyʀ] a pure; (vin) undiluted; (whisky) neat; **en** ~**e perte** fruitlessly, to no avail.

**purée** [pyʀe] *nf*: ~ **(de pommes de terre)** mashed potatoes *pl*; ~ **de marrons** chestnut purée.

**pureté** [pyʀte] *nf* purity.

**purgatif, ive** [pyʀgatif, -iv] *nm* purgative, purge.

**purgatoire** [pyʀgatwaʀ] *nm* purgatory.

**purge** [pyʀʒ(ə)] *nf* (*POL*) purge; (*MÉD*) purging *q*; purge.

**purger** [pyʀʒe] *vt* (*radiateur*) to flush (out), drain; (*circuit hydraulique*) to bleed; (*MÉD, POL*) to purge; (*JUR: peine*) to serve.

**purifier** [pyʀifje] *vt* to purify; (*TECH: métal*) to refine.

**purin** [pyʀɛ̃] *nm* liquid manure.

**puritain, e** [pyʀitɛ̃, -ɛn] *a, nm/f* Puritan; **puritanisme** *nm* Puritanism.

**pur-sang** [pyʀsɑ̃] *nm inv* thoroughbred, purebred.

**purulent, e** [pyʀylɑ̃, -ɑ̃t] *a* purulent.

**pus** [py] *nm* pus.

**pusillanime** [pyzilanim] *a* fainthearted.

**putain** [pytɛ̃] *nf* (*fam!*) whore(!); **ce/cette** ~ **de ...** this bloody ...(!).

**putréfier** [pytʀefje] *vt, se* ~ *vi* to putrefy, rot.

**puzzle** [pœzl(ə)] *nm* jigsaw (puzzle).

**P.V.** *sigle m* = **procès-verbal.**

**pygmée** [pigme] *nm* pygmy.

**pyjama** [piʒama] *nm* pyjamas *pl*, pair of pyjamas.

**pylône** [pilon] *nm* pylon.

**pyramide** [piʀamid] *nf* pyramid.

**pyromane** [piʀɔman] *nm/f* fire bug, arsonist.

**python** [pitɔ̃] *nm* python.

# Q

**QG** [kyʒe] *voir* **quartier.**

**QI** [kyi] *voir* **quotient.**

**quadragénaire** [kadʀaʒenɛʀ] *nm/f* man/woman in his/her forties.

**quadrangulaire** [kwadʀɑ̃gylɛʀ] *a* quadrangular.

**quadrilatère** [k(w)adʀilatɛʀ] *nm* quadrilateral; four-sided area.

**quadrillage** [kadʀijaʒ] *nm* (*lignes etc*) square pattern, criss-cross pattern.

**quadrillé, e** [kadʀije] *a* (*papier*) squared.

**quadriller** [kadʀije] *vt* (*papier*) to mark out in squares; (*POLICE*) to keep under tight control, be positioned throughout.

**quadrimoteur** [k(w)adʀimɔtœʀ] *nm* four-engined plane.

**quadripartite** [kwadʀipaʀtit] *a* four-power; four-party.

**quadriphonie** [kadʀifɔni] *nf* quadriphony.

**quadriréacteur** [k(w)adʀiʀeaktœʀ] *nm* four-engined jet.

**quadrupède** [k(w)adʀypɛd] *nm* quadruped.

**quadruple** [k(w)adʀypl(ə)] *nm*: **le** ~ **de** four times as much as; **quadrupler** *vt, vi* to increase fourfold; **quadruplés, ées** *nm/fpl* quadruplets, quads.

**quai** [ke] *nm* (*de port*) quay; (*de gare*) platform; (*de cours d'eau, canal*) embankment; **être à** ~ (*navire*) to be alongside; (*train*) to be in the station.

**qualificatif, ive** [kalifikatif, -iv] *a* (*LING*) qualifying // *nm* (*terme*) term; (*LING*) qualifier.

**qualification** [kalifikasjɔ̃] *nf* qualification.

**qualifier** [kalifje] *vt* to qualify; (*appeler*): ~ **qch/qn de** to describe sth/sb as; **se** ~ *vi* (*SPORT*) to qualify; **être qualifié pour** to be qualified for.

**qualité** [kalite] *nf* quality; (*titre, fonction*) position; **en** ~ **de** in one's capacity as; **avoir** ~ **pour** to have authority to.

**quand** [kɑ̃] *cj, ad* when; ~ **je serai riche** when I'm rich; ~ **même** nevertheless; all the same; really; ~ **bien même** even though.

**quant** [kɑ̃]: ~ **à** *prép* as for, as to; regarding.

**quant-à-soi** [kɑ̃taswa] *nm*: **rester sur son** ~ to remain aloof.

**quantième** [kɑ̃tjɛm] *nm* day (of the month).

**quantifier** [kɑ̃tifje] *vt* to quantify.

**quantitatif, ive** [kɑ̃titatif, -iv] *a* quantitative.

**quantité** [kɑ̃tite] *nf* quantity, amount; (*SCIENCE*) quantity; (*grand nombre*): **une** ou **des** ~(s) de a great deal of; a lot of; **en grande** ~ in large quantities; **du travail en** ~ a great deal of work; ~ **de** many.

**quarantaine** [kaʀɑ̃tɛn] *nf* (*MÉD*) quarantine; **la** ~ forty, the forty mark; (*âge*) forty, the forties *pl*; **une** ~ **(de)** forty or so, about forty; **mettre en** ~ to put into quarantine; (*fig*) to send to Coventry.

**quarante** [kaʀɑ̃t] *num* forty.

**quart** [kaʀ] *nm* (*fraction*) quarter; (*surveillance*) watch; (*partie*): **un** ~ **de poulet/fromage** a chicken quarter/a quarter of a cheese; **un** ~ **de beurre** a quarter kilo of butter, ≈ a half pound of butter; **un** ~ **de vin** a quarter litre of wine; **une livre un** ~ ou **et** ~ one and a quarter pounds; **le** ~ **de** a quarter of; ~ **d'heure** quarter of an hour; **être de/prendre le** ~ to keep/take the watch; ~ **de tour** quarter turn.

**quarteron** [kaʀtəʀɔ̃] *nm* (*péj*) small bunch, handful.

**quartette** [kwaʀtɛt] *nm* quartet(te).

**quartier** [kaʀtje] *nm* (*de ville*) district, area; (*de bœuf*) quarter; (*de fruit, fromage*) piece; ~**s** *nmpl* (*MIL, BLASON*) quarters; **cinéma de** ~ local cinema; **avoir** ~ **libre** (*MIL*) to have leave from barracks; **ne pas faire de** ~ to spare no-one, give no quarter; ~ **général (QG)** headquarters (HQ).

**quartier-maître** [kaʀtjemɛtʀ(ə)] *nm* ≈ leading seaman.

**quartz** [kwaʀts] *nm* quartz.

**quasi** [kazi] *ad* almost, nearly // *préfixe*: ~**-certitude** near certainty; ~**ment** *ad* almost, nearly.

**quatorze** [katɔʀz(ə)] *num* fourteen.

**quatrain** [katʀɛ̃] *nm* quatrain.

**quatre** [katʀ(ə)] *num* four; **à** ~ **pattes** on all fours; **tiré à** ~ **épingles** dressed up to the nines; **faire les** ~ **cent coups** to get a bit wild; **se mettre en** ~ **pour qn** to go out of one's way for sb; ~ **à** ~ (*monter, descendre*) four at a time; ~-

**vingt-dix** *num* ninety; **~-vingts** *num* eighty; **quatrième** *num* fourth.

**quatuor** [kwatɥɔʀ] *nm* quartet(te).

**que** [kə] *cj* (*gén*) that; (*après comparatif*) than; as: **voir plus, autant** *etc*; **il sait ~ tu es là** he knows (that) you're here; **je veux ~ tu acceptes** I want you to accept; **il a dit ~ oui** he said he would (*ou* it was *etc, suivant le contexte*); **si vous y allez ou ~ vous lui téléphoniez** if you go there or (if you) phone him; **quand il rentrera et qu'il aura mangé** when he gets back and (when he) has eaten; **qu'il le veuille ou non** whether he likes it or not; **tenez-le qu'il ne tombe pas** hold it so (that) it doesn't fall; **qu'il fasse ce qu'il voudra** let him do as he pleases; *voir* **avant, pour, tel** *etc* // *ad*: **qu'il** *ou* **qu'est-ce qu'il est bête/court vite** he is so silly/runs so fast; **~ de** what a lot of // *pronom*: **l'homme ~ je vois** the man (whom) I see; **le livre ~ tu vois** the book (that *ou* which) you see; **un jour ~ j'étais** a day when I was; **c'est une erreur ~ de croire** it's a mistake to believe; **~ fais-tu?, qu'est-ce que tu fais?** what are you doing?; **~ préfères-tu, celui-ci** *ou* **celui-là?** which do you prefer, this one *ou* that one?

**Québec** [kebɛk] *nm*: **le ~** Quebec.

**quel, quelle** [kɛl] *a*: **~ livre/ homme?** what book/man?; (*parmi un certain choix*) which book/man?; **~ est cet homme/ce livre?** who/what is this man/ book?; **~ est le plus grand?** which is the tallest (*ou* biggest *etc*)?; **~s acteurs préférez-vous?** which actors do you prefer?; **dans ~s pays êtes-vous allé?** which *ou* what countries did you go to?; **~le surprise!** what a surprise!; **~ que soit le coupable** whoever is guilty; **~ que soit votre avis** whatever your opinion; whichever is your opinion.

**quelconque** [kɛlkɔ̃k] *a* (*médiocre*) indifferent, poor; (*sans attrait*) ordinary, plain; (*indéfini*): **un ami/ prétexte ~** some friend/pretext or other; **un livre ~ suffira** any book will do.

**quelque** [kɛlk(ə)] *dét* some; **~s** a few, some, *tournure interrogative* + any; **les ~s livres qui** the few books which // *ad* (*environ*): **~ 100 mètres** some 100 metres; **~ livre qu'il choisisse** whatever (*ou* whichever) book he chooses; **20 kg et ~(s)** a bit over 20 kg; **~ chose** something, *tournure interrogative* + anything; **~ chose d'autre** something else; anything else; **~ part** somewhere; **~ peu** rather, somewhat; **en ~ sorte** as it were; **quelquefois** *ad* sometimes; **quelques-uns, -unes** [-zœ̃] *pronom* some, a few.

**quelqu'un, une** [kɛlkœ̃, -yn] *pronom* someone, somebody, *tournure interrogative* + anyone *ou* anybody; **~ d'autre** someone *ou* somebody else; anybody else.

**quémander** [kemɑ̃de] *vt* to beg for.

**qu'en dira-t-on** [kɑ̃diʀatɔ̃] *nm inv*: **le ~** gossip, what people say.

**quenelle** [kənɛl] *nf* quenelle.

**quenouille** [kənuj] *nf* distaff.

**querelle** [kəʀɛl] *nf* quarrel.

**quereller** [kəʀele]: **se ~** *vi* to quarrel; **querelleur, euse** *a* quarrelsome.

**qu'est-ce que** (*ou* **qui**) [kɛskə(ki)] *voir* **que, qui.**

**question** [kɛstjɔ̃] *nf* (*gén*) question; (*fig*) matter; issue; **il a été ~ de** we (*ou* they) spoke about; **il est ~ de les emprisonner** there's talk of them being jailed; **de quoi est-il ~?** what is it about?; **il n'en est pas ~** there's no question of it; **en ~** in question; **hors de ~** out of the question; **remettre en ~** to question; **poser la ~ de confiance** (POL) to ask for a vote of confidence.

**questionnaire** [kɛstjɔnɛʀ] *nm* questionnaire; **questionner** *vt* to question.

**quête** [kɛt] *nf* collection; (*recherche*) quest, search; **faire la ~** (*à l'église*) to take the collection; (*artiste*) to pass the hat round; **en ~ de qch** in search of sth; **quêter** *vi* (*à l'église*) to take the collection; (*dans la rue*) to collect money (for charity) // *vt* to seek.

**quetsche** [kwɛtʃ(ə)] *nf* damson.

**queue** [kø] *nf* tail; (*fig*: *du classement*) bottom; (: *de poêle*) handle; (: *de fruit, feuille*) stalk; (: *de train, colonne, file*) rear; **en ~** (*de train*) at the rear (of the train); **faire la ~** to queue (up); **se mettre à la ~** to join the queue; **à la ~ leu leu** in single file; (*fig*) one after the other; **~ de cheval** ponytail; **~ de poisson: faire une ~ de poisson à qn** (AUTO) to cut in front of sb; **~-de-pie** *nf* (*habit*) tails *pl*, tail coat.

**queux** [kø] *am voir* **maître.**

**qui** [ki] *pronom* (*personne*) who, *prép* + whom; (*chose, animal*) which, that; **qu'est-ce ~ est sur la table?** what is on the table?; **à ~ est ce sac?** whose bag is this?; **à ~ parlais-tu?** who were you talking to?, to whom were you talking?; **amenez ~ vous voulez** bring who you like; **~ que ce soit** whoever it may be.

**quiche** [kiʃ] *nf*: **~ lorraine** quiche Lorraine.

**quiconque** [kikɔ̃k] *pronom* (*celui qui*) whoever, anyone who; (*personne*) anyone, anybody.

**quidam** [kɥidam] *nm* fellow.

**quiétude** [kjetyd] *nf* (*d'un lieu*) quiet, tranquillity; **en toute ~** in complete peace; (*mentale*) with complete peace of mind.

**quignon** [kiɲɔ̃] *nm*: **~ de pain** crust of bread; hunk of bread.

**quille** [kij] *nf* skittle; (**jeu de**) **~s** ninepins *sg*, skittles *sg*.

**quincaillerie** [kɛ̃kɑjʀi] *nf* (*ustensiles*) hardware, ironmongery; (*magasin*) hardware shop, ironmonger's; **quincaillier, ère** *nm/f* ironmonger.

**quinconce** [kɛ̃kɔ̃s] *nm*: **en ~** in staggered rows.

**quinine** [kinin] *nf* quinine.

**quinquagénaire** [kɛ̃kaʒenɛʀ] *nm/f* man/woman in his/her fifties.

**quinquennal, e, aux** [kɛ̃kenal, -o] *a* five-year, quinquennial.

**quintal, aux** [kɛ̃tal, -o] *nm* quintal (*100 kg*).

**quinte** [kɛ̃t] *nf*: **~ (de toux)** coughing fit.

quintette [kɛ̃tɛt] nm quintet(te).

quintuple [kɛ̃typl(ə)] nm: le ~ de five times as much as; quintupler vt, vi to increase fivefold; quintuplés, ées nm/fpl quintuplets, quins.

quinzaine [kɛ̃zɛn] nf: une ~ (de) about fifteen, fifteen or so; une ~ (de jours) a fortnight, two weeks.

quinze [kɛ̃z] num fifteen; demain en ~ a fortnight ou two weeks tomorrow; dans ~ jours in a fortnight('s time), in two weeks(' time).

quiproquo [kipʀɔko] nm misunderstanding; (THÉÂTRE) (case of) mistaken identity.

quittance [kitɑ̃s] nf (reçu) receipt; (facture) bill.

quitte [kit] a: être ~ envers qn to be no longer in sb's debt; (fig) to be quits with sb; être ~ de (obligation) to be clear of; en être ~ à bon compte to get off lightly; ~ à faire even if it means doing; ~ ou double (jeu) double your money.

quitter [kite] vt to leave; (espoir, illusion) to give up; (vêtement) to take off; se ~ (couples, interlocuteurs) to part; ne quittez pas (au téléphone) hold the line.

qui-vive [kiviv] nm: être sur le ~ to be on the alert.

quoi [kwa] pronom (interrogatif) what; ~ de neuf? what's the news?; as-tu de ~ écrire? have you anything to write with?; il n'a pas de ~ se l'acheter he can't afford it, he hasn't got the money to buy it; ~ qu'il arrive whatever happens; ~ qu'il en soit be that as it may; ~ que ce soit anything at all; 'il n'y a pas de ~' '(please) don't mention it'; en ~ puis-je vous aider? how can I help you?

quoique [kwak(ə)] cj (al)though.

quolibet [kɔlibɛ] nm gibe, jeer.

quorum [kɔʀɔm] nm quorum.

quota [kwɔta] nm quota.

quote-part [kɔtpaʀ] nf share.

quotidien, ne [kɔtidjɛ̃, -ɛn] a daily; (banal) everyday // nm (journal) daily (paper).

quotient [kɔsjɑ̃] nm (MATH) quotient; ~ intellectuel (QI) intelligence quotient (IQ).

quotité [kɔtite] nf (FINANCE) quota.

# R

r. abr de route, rue.

rabâcher [ʀabɑʃe] vt to harp on, keep on repeating.

rabais [ʀabɛ] nm reduction, discount; au ~ at a reduction ou discount.

rabaisser [ʀabese] vt (rabattre) to reduce; (dénigrer) to belittle.

rabat [ʀaba] nm flap.

rabat-joie [ʀabaʒwa] nm/f inv killjoy, spoilsport.

rabatteur, euse [ʀabatœʀ, -øz] nm/f (de gibier) beater; (péj) tout.

rabattre [ʀabatʀ(ə)] vt (couvercle, siège) to pull ou close down; (col) to turn down; (gibier) to drive; (somme d'un prix) to deduct, take off; se ~ vi (bords, couvercle) to fall shut; (véhicule, coureur) to cut in; se ~ sur vt to fall back on.

rabbin [ʀabɛ̃] nm rabbi.

rabique [ʀabik] a rabies cpd.

râble [ʀɑbl(ə)] nm back; (CULIN) saddle.

râblé, e [ʀɑble] a broad-backed, stocky.

rabot [ʀabo] nm plane; raboter vt to plane (down).

raboteux, euse [ʀabotø, -øz] a uneven, rough.

rabougri, e [ʀabugri] a stunted.

rabrouer [ʀabʀue] vt to snub, rebuff.

racaille [ʀakɑj] nf (péj) rabble, riffraff.

raccommodage [ʀakɔmɔdaʒ] nm mending q, repairing q; darning q.

raccommoder [ʀakɔmɔde] vt to mend, repair; (chaussette) to darn.

raccompagner [ʀakɔ̃paɲe] vt to take ou see back.

raccord [ʀakɔʀ] nm link; ~ de maçonnerie pointing q; ~ de peinture join; touch up.

raccordement [ʀakɔʀdəmɑ̃] nm joining up.

raccorder [ʀakɔʀde] vt to join (up), link up; (suj: pont etc) to connect, link; ~ au réseau du téléphone to connect to the telephone service.

raccourci [ʀakuʀsi] nm short cut.

raccourcir [ʀakuʀsiʀ] vt to shorten // vi (vêtement) to shrink.

raccroc [ʀakʀo]: par ~ ad by chance.

raccrocher [ʀakʀoʃe] vt (tableau, vêtement) to hang back up; (récepteur) to put down // vi (TÉL) to hang up, ring off; se ~ à vt to cling to, hang on to.

race [ʀas] nf race; (d'animaux, fig: espèce) breed; (ascendance, origine) stock, race; de ~ a purebred, pedigree; racé, e a thoroughbred.

rachat [ʀaʃa] nm buying; buying back; redemption; atonement.

racheter [ʀaʃte] vt (article perdu) to buy another; (davantage): ~ du lait/3 œufs to buy more milk/another 3 eggs ou 3 more eggs; (après avoir vendu) to buy back; (d'occasion) to buy; (COMM: part, firme) to buy up; (: pension, rente) to redeem; (REL: pécheur) to redeem; (: péché) to atone for, expiate; (mauvaise conduite, oubli, défaut) to make up for; se ~ (REL) to redeem o.s.; (gén) to make amends, make up for it.

rachitique [ʀaʃitik] a suffering from rickets; (fig) scraggy, scrawny.

racial, e, aux [ʀasjal, -o] a racial.

racine [ʀasin] nf root; ~ carrée/cubique square/cube root; prendre ~ (fig) to take root; to put down roots.

racisme [ʀasism(ə)] nm racism, racialism; raciste a, nm/f racist, racialist.

racket [ʀakɛt] nm racketeering q.

raclée [ʀakle] nf (fam) hiding, thrashing.

racler [ʀakle] vt (os, plat) to scrape; (tache, boue) to scrape off; (suj: chose: frotter contre) to scrape (against).

raclette [ʀaklɛt] nf (CULIN) raclette (Swiss cheese dish).

racoler [ʀakole] vt (attirer: suj: prostituée) to solicit; (: parti, marchand) to tout for; (attraper) to pick up; racoleur, euse a (péj: publicité) cheap and alluring // nf streetwalker.

**racontars** [Rakɔ̃taR] *nmpl* stories, gossip *sg*.

**raconter** [Rakɔ̃te] *vt*: ~ (à qn) (*décrire*) to relate (to sb), tell (sb) about; (*dire*) to tell (sb).

**racorni, e** [Rakɔʀni] *a* hard(ened).

**radar** [RadaR] *nm* radar.

**rade** [Rad] *nf* (natural) harbour; **en ~ de Toulon** in Toulon harbour; **rester en ~** (*fig*) to be left stranded.

**radeau, x** [Rado] *nm* raft.

**radial, e, aux** [Radjal, -o] *a* radial; **pneu à carcasse ~e** radial tyre.

**radiateur** [RadjatœR] *nm* radiator, heater; (*AUTO*) radiator; **~ électrique/à gaz** electric/gas heater *ou* fire.

**radiation** [Radjasjɔ̃] *nf* (*voir radier*) striking off *q*; (*PHYSIQUE*) radiation.

**radical, e, aux** [Radikal, -o] *a* radical // *nm* (*LING*) stem.

**radier** [Radje] *vt* to strike off.

**radieux, euse** [Radjø, -øz] *a* radiant; brilliant, glorious.

**radin, e** [Radɛ̃, -in] *a* (*fam*) stingy.

**radio** [Radjo] *nf* radio; (*MÉD*) X-ray // *nm* radiogram, radiotelegram; radio operator; **à la ~** on the radio; **se faire faire une ~ (des poumons)** to have an X-ray taken (of one's lungs).

**radio...** [Radjo] *préfixe*: **~actif, ive** *a* radioactive; **~activité** *nf* radioactivity; **radiodiffuser** *vt* to broadcast (by radio); **~graphie** *nf* radiography; (*photo*) X-ray photograph, radiograph; **~graphier** *vt* to X-ray; **~logue** *nm/f* radiologist; **~phonique** *a* radio *cpd*; **~reportage** *nm* radio report; **~scopie** *nf* radioscopy; **~télégraphie** *nf* radiotelegraphy; **~télévisé, e** *a* broadcast on radio and television.

**radis** [Radi] *nm* radish; **~ noir** horseradish *q*.

**radium** [Radjɔm] *nm* radium.

**radoter** [Radɔte] *vi* to ramble on.

**radoub** [Radu] *nm*: **bassin de ~** dry dock.

**radoucir** [RadusiR]: **se ~** *vi* (*se réchauffer*) to become milder; (*se calmer*) to calm down; to soften.

**rafale** [Rafal] *nf* (*vent*) gust (of wind); (*tir*) burst of gunfire; **~ de mitrailleuse** burst of machine-gun fire.

**raffermir** [RafɛRmiR] *vt*, **se ~** *vi* (*tissus, muscle*) to firm up; (*fig*) to strengthen.

**raffinage** [Rafinaʒ] *nm* refining.

**raffiné, e** [Rafine] *a* refined.

**raffinement** [Rafinmɑ̃] *nm* refinement.

**raffiner** [Rafine] *vt* to refine; **raffinerie** *nf* refinery.

**raffoler** [Rafɔle]: **~ de** *vt* to be very keen on.

**raffut** [Rafy] *nm* (*fam*) row, racket.

**rafistoler** [Rafistɔle] *vt* (*fam*) to patch up.

**rafle** [Rafl(ə)] *nf* (*de police*) roundup, raid.

**rafler** [ʀafle] *vt* (*fam*) to swipe, run off with.

**rafraîchir** [RafRεʃiR] *vt* (*atmosphère, température*) to cool (down); (*aussi*: mettre à ~) to chill; (*suj*: *air, eau*) to freshen up; (: *boisson*) to refresh; (*fig*: *rénover*) to brighten up; **se ~** to grow cooler; to freshen up; to refresh o.s.;

**rafraîchissant, e** *a* refreshing; **rafraîchissement** *nm* cooling; (*boisson etc*) cool drink, refreshment.

**ragaillardir** [RagajaRdiR] *vt* (*fam*) to perk *ou* buck up.

**rage** [Raʒ] *nf* (*MÉD*): **la ~** rabies; (*fureur*) rage, fury; **faire ~** to rage; **~ de dents** (raging) toothache; **rager** *vi* to fume (with rage); **rageur, euse** *a* snarling; ill-tempered.

**raglan** [Raglɑ̃] *a inv* raglan.

**ragot** [Rago] *nm* (*fam*) malicious gossip *q*.

**ragoût** [Ragu] *nm* (*plat*) stew.

**rai** [Rε] *nm*: **un ~ de soleil/lumière** a sunray/ray of light.

**raid** [Rεd] *nm* (*MIL*) raid; (*SPORT*) long-distance trek.

**raide** [Rεd] *a* (*tendu*) taut, tight; (*escarpé*) steep; (*droit*: *cheveux*) straight; (*ankylosé, dur, guindé*) stiff; (*fam*) steep, stiff; stony broke // *ad* (*en pente*) steeply; **~ mort** stone dead; **raideur** *nf* steepness; stiffness; **raidir** *vt* (*muscles*) to stiffen; (*câble*) to pull taut, tighten; **se raidir** *vi* to stiffen; to become taut; (*personne*) to tense up; to brace o.s.; to harden.

**raie** [Rε] *nf* (*ZOOL*) skate, ray; (*rayure*) stripe; (*des cheveux*) parting.

**raifort** [RεfɔR] *nm* horseradish.

**rail** [Raj] *nm* (*barre d'acier*) rail; (*chemins de fer*) railways *pl*; **les ~s** (*la voie ferrée*) the rails, the track *sg*; **par ~** by rail; **~ conducteur** live *ou* conductor rail.

**railler** [Raje] *vt* to scoff at, jeer at.

**rainure** [RenyR] *nf* groove; slot.

**rais** [Rε] *nm* = **rai**.

**raisin** [Rεzɛ̃] *nm* (*aussi*: ~s) grapes *pl*; (*variété*): **~ muscat** muscat grape; **~s secs** raisins, currants.

**raison** [Rεzɔ̃] *nf* reason; **avoir ~** to be right; **donner ~ à qn** to agree with sb; to prove sb right; **avoir ~ de qn/qch** to get the better of sb/sth; **se faire une ~** to learn to live with it; **perdre la ~** to become insane; to take leave of one's senses; **demander ~ à qn de** (*affront etc*) to demand satisfaction from sb for; **~ de plus** all the more reason; **à plus forte ~** all the more so; **en ~ de** because of; according to; in proportion to; **à ~ de** at the rate of; **~ sociale** corporate name; **raisonnable** *a* reasonable, sensible.

**raisonnement** [Rεzɔnmɑ̃] *nm* reasoning; arguing; argument.

**raisonner** [Rεzɔne] *vi* (*penser*) to reason; (*argumenter, discuter*) to argue // *vt* (*personne*) to reason with; (*attitude*: *justifier*) to reason out.

**rajeunir** [RaʒœniR] *vt* (*suj*: *coiffure, robe*): **~ qn** to make sb look younger; (*suj*: *cure etc*) to rejuvenate; (*fig*) to brighten up; to give a new look to; (*fig*) to inject new blood into // *vi* to become (*ou* look) younger.

**rajouter** [Raʒute] *vt*: **~ du sel/un œuf** to add some more salt/another egg; **~ que** to add that.

**rajuster** [RaʒystE] *vt* (*vêtement*) to straighten, tidy; (*salaires*) to adjust; (*machine*) to readjust; **se ~** to tidy *ou* straighten o.s. up.

**râle** [Rɑl] *nm* groan; **~ d'agonie** death rattle.

**ralenti** [Ralɑ̃ti] *nm*: au ~ (*AUTO*): **tourner au** ~ to tick over, idle; (*CINÉMA*) in slow motion; (*fig*) at a slower pace.

**ralentir** [Ralɑ̃tiR] *vt, vi*, **se** ~ *vi* to slow down.

**râler** [Rɑle] *vi* to groan; (*fam*) to grouse, moan (and groan).

**ralliement** [Ralimɑ̃] *nm* rallying.

**rallier** [Ralje] *vt* (*rassembler*) to rally; (*rejoindre*) to rejoin; (*gagner à sa cause*) to win over; **se** ~ **à** (*avis*) to come over ou round to.

**rallonge** [Ralɔ̃ʒ] *nf* (*de table*) (extra) leaf (*pl* leaves); (*de vêtement etc*) extra piece.

**rallonger** [Ralɔ̃ʒe] *vt* to lengthen.

**rallumer** [Ralyme] *vt* to light up again; (*fig*) to revive; **se** ~ *vi* (*lumière*) to come on again.

**rallye** [Rali] *nm* rally; (*POL*) march.

**ramages** [Ramaʒ] *nmpl* leaf pattern *sg*; songs.

**ramassage** [Ramɑsaʒ] *nm*: ~ **scolaire** school bus service.

**ramassé, e** [Ramɑse] *a* (*trapu*) squat, stocky.

**ramasse-miettes** [Ramɑsmjɛt] *nm inv* table-tidy.

**ramasse-monnaie** [Ramɑsmɔnɛ] *nm inv* change-tray.

**ramasser** [Ramɑse] *vt* (*objet tombé ou par terre, fam*) to pick up; (*recueillir*) to collect; (*récolter*) to gather; (: *pommes de terre*) to lift; **se** ~ *vi* (*sur soi-même*) to huddle up; to crouch; **ramasseur, euse de balles** *nm/f* ballboy/girl; **ramassis** *nm* (*péj*) bunch; jumble.

**rambarde** [Rɑ̃baRd(ə)] *nf* guardrail.

**rame** [Ram] *nf* (*aviron*) oar; (*de métro*) train; (*de papier*) ream; ~ **de haricots** bean support.

**rameau, x** [Ramo] *nm* (small) branch; **les R~x** (*REL*) Palm Sunday *sg*.

**ramener** [Ramne] *vt* to bring back; (*reconduire*) to take back; (*rabattre: couverture, visière*): ~ **qch sur** to pull sth back over; ~ **qch à** (*réduire à, aussi MATH*) to reduce sth to; **se** ~ *vi* (*fam*) to roll ou turn up; **se** ~ **à** (*se réduire à*) to come ou boil down to.

**ramer** [Rame] *vi* to row; **rameur, euse** *nm/f* rower.

**ramier** [Ramje] *nm*: (**pigeon**) ~ woodpigeon.

**ramification** [Ramifikasjɔ̃] *nf* ramification.

**ramifier** [Ramifje]: **se** ~ *vi* (*tige, secte, réseau*): **se** ~ (**en**) to branch out (into); (*veines, nerfs*) to ramify.

**ramollir** [RamɔliR] *vt* to soften; **se** ~ *vi* to go soft.

**ramoner** [Ramɔne] *vt* to sweep; **ramoneur** *nm* (chimney) sweep.

**rampe** [Rɑ̃p] *nf* (*d'escalier*) banister(s *pl*); (*dans un garage, d'un terrain*) ramp; (*THÉÂTRE*): **la** ~ the footlights *pl*; ~ **de lancement** launching pad.

**ramper** [Rɑ̃pe] *vi* to crawl.

**rancard** [Rɑ̃kaR] *nm* (*fam*) date; tip.

**rancart** [Rɑ̃kaR] *nm*: **mettre au** ~ to scrap.

**rance** [Rɑ̃s] *a* rancid.

**rancœur** [Rɑ̃kœR] *nf* rancour, resentment.

**rançon** [Rɑ̃sɔ̃] *nf* ransom; (*fig*) price.

**rancune** [Rɑ̃kyn] *nf* grudge, rancour; **garder** ~ **à qn** (**de qch**) to bear sb a grudge (for sth); **sans** ~! no hard feelings!; **rancunier, ière** *a* vindictive, spiteful.

**randonnée** [Rɑ̃dɔne] *nf* ride; (*à pied*) walk, ramble; hike, hiking *q*.

**rang** [Rɑ̃] *nm* (*rangée*) row; (*grade, condition sociale, classement*) rank; ~s (*MIL*) ranks; **se mettre en** ~s/**sur un** ~ to get into ou form rows/a line; **sur 3** ~s (lined up) 3 deep; **se mettre en** ~s **par 4** to form fours ou rows of 4; **se mettre sur les** ~s (*fig*) to get into the running; **au premier** ~ in the first row; (*fig*) ranking first; **avoir** ~ **de** to hold the rank of.

**rangé, e** [Rɑ̃ʒe] *a* (*sérieux*) orderly, steady.

**rangée** [Rɑ̃ʒe] *nf* row.

**ranger** [Rɑ̃ʒe] *vt* (*classer, grouper*) to order, arrange; (*mettre à sa place*) to put away; (*mettre de l'ordre dans*) to tidy up; (*arranger, disposer: en cercle etc*) to arrange; (*fig: classer*): ~ **qn/qch parmi** to rank sb/sth among; **se** ~ *vi* (*véhicule, conducteur: s'écarter*) to pull over; (: *s'arrêter*) to pull in; (*piéton*) to step aside; (*s'assagir*) to settle down; **se** ~ **à** (*avis*) to come round to, fall in with.

**ranimer** [Ranime] *vt* (*personne évanouie*) to bring round; (*revigorer: forces, courage*) to restore; (*réconforter: troupes etc*) to kindle new life in; (*douleur, souvenir*) to revive; (*feu*) to rekindle.

**rapace** [Rapas] *nm* bird of prey // *a* (*péj*) rapacious, grasping.

**rapatrier** [RapatRije] *vt* to repatriate; (*capitaux*) to bring (back) home.

**râpe** [Rɑp] *nf* (*CULIN*) grater; (*à bois*) rasp.

**râpé, e** [Rɑpe] *a* (*tissu*) threadbare; (*CULIN*) grated.

**râper** [Rɑpe] *vt* (*CULIN*) to grate; (*gratter, râcler*) to rasp.

**rapetasser** [Raptase] *vt* (*fam*) to patch up.

**rapetisser** [Raptise] *vt*: ~ **qch** to shorten sth; to make sth look smaller // *vi*, **se** ~ *vi* to shrink.

**rapide** [Rapid] *a* fast; (*prompt*) quick // *nm* express (train); (*de cours d'eau*) rapid; ~**ment** *ad* fast; quickly; **rapidité** *nf* speed; quickness.

**rapiécer** [Rapjese] *vt* to patch.

**rappel** [Rapɛl] *nm* (*d'un ambassadeur, MIL*) recall; (*THÉÂTRE*) curtain call; (*MÉD: vaccination*) booster; (*ADMIN: de salaire*) back pay *q*; (*d'une aventure, d'un nom*) reminder; (*TECH*) return; (*NAVIG*) sitting out; (*ALPINISME: aussi*: ~ **de corde**) abseiling *q*, roping down *q*, abseil; ~ **à l'ordre** call to order.

**rappeler** [Raple] *vt* (*pour faire revenir, retéléphoner*) to call back; (*ambassadeur, MIL*) to recall; (*faire se souvenir*): ~ **qch à qn** to remind sb of sth; **se** ~ *vi* (*se souvenir de*) to remember, recall; ~ **qn à la vie** to bring sb back to life; **ça rappelle la Provence** it's reminiscent of Provence, it reminds you of Provence.

**rappliquer** [Raplike] *vi* (*fam*) to turn up.

**rapport** [RapɔR] nm (compte rendu) report; (profit) yield, return; revenue; (lien, analogie) relationship; (proportion: MATH, TECH) ratio (pl s); ~s nmpl (entre personnes, pays) relations; **avoir ~ à** to have something to do with, concern; **être en ~ avec** (idée de corrélation) to be in keeping with; **être/se mettre en ~ avec qn** to have dealings with sb/get in touch with sb; **par ~ à** in relation to; with regard to; **sous le ~ de** from the point of view of; ~s (sexuels) (sexual) intercourse sg.

**rapporter** [RapɔRte] vt (rendre, ramener) to bring back; (apporter davantage) to bring more; (COUTURE) to sew on; (suj: investissement) to yield; (: activité) to bring in; (relater) to report; (JUR: annuler) to revoke // vi (investissement) to give a good return ou yield; (: activité) to be very profitable; ~ **qch à** (fig: rattacher) to relate sth to; **se ~ à** (correspondre à) to relate to; **s'en ~ à** to rely on; **rapporteur, euse** nm/f (de procès, commission) reporter; (péj) telltale // nm (GÉOM) protractor.

**rapproché, e** [RapRɔʃe] a (proche) near, close at hand; ~s (l'un de l'autre) at close intervals.

**rapprochement** [RapRɔʃmɑ̃] nm (reconciliation: de nations, familles) reconciliation; (analogie, rapport) parallel.

**rapprocher** [RapRɔʃe] vt (chaise d'une table): ~ **qch (de)** to bring sth closer (to); (deux tuyaux) to bring closer together; (réunir) to bring together; (établir une analogie entre) to establish a parallel between; **se ~** vi to draw closer ou nearer; (fig: familles, pays) to come together; to come closer together; **se ~ de** to come closer to; (présenter une analogie avec) to be close to.

**rapt** [Rapt] nm abduction.

**raquette** [Rakɛt] nf (de tennis) racket; (de ping-pong) bat; (à neige) snowshoe.

**rare** [RaR] a rare; (main-d'œuvre, denrées) scarce; (cheveux, herbe) sparse.

**raréfier** [RaRefje]: **se ~** vi to grow scarce; (air) to rarefy.

**rarement** [RaRmɑ̃] ad rarely, seldom.

**rareté** [RaRte] nf rarity; scarcity.

**ras, e** [Rɑ, Rɑz] a (tête, cheveux) close-cropped; (poil, herbe) short // ad short; **en ~e campagne** in open country; **à ~ bords** to the brim; **au ~ de** level with; **en avoir ~ le bol** (fam) to be fed up; ~ **du cou** a (pull, robe) crew-neck.

**rasade** [Razad] nf glassful.

**rasé, e** [Raze] a: ~ **de frais** freshly shaven; ~ **de près** close-shaven.

**rase-mottes** [Razmɔt] nm inv: **faire du ~** to hedgehop.

**raser** [Raze] vt (barbe, cheveux) to shave off; (menton, personne) to shave; (fam: ennuyer) to bore; (démolir) to raze (to the ground); (frôler) to graze; to skim; **se ~** to shave; (fam) to be bored (to tears); **rasoir** nm razor; **rasoir électrique** electric shaver ou razor; **rasoir de sûreté** safety razor.

**rassasier** [Rasazje] vt to satisfy; **être rassasié** (dégoûté) to be sated; to have had more than enough.

**rassemblement** [Rasɑ̃bləmɑ̃] nm (groupe) gathering; (POL) union; association; (MIL): **le ~** parade.

**rassembler** [Rasɑ̃ble] vt (réunir) to assemble, gather; (regrouper, amasser) to gather together, collect; **se ~** vi to gather.

**rasseoir** [RaswaR]: **se ~** vi to sit down again.

**rasséréner** [RaseReNe]: **se ~** vi to recover one's serenity.

**rassis, e** [Rasi, -iz] a (pain) stale.

**rassurer** [RasyRe] vt to reassure; **se ~** to feel reassured; **rassure-toi** put your mind at rest ou at ease.

**rat** [Ra] nm rat; ~ **d'hôtel** hotel thief (pl thieves); ~ **musqué** muskrat.

**ratatiné, e** [Ratatine] a shrivelled (up), wrinkled.

**rate** [Rat] nf spleen.

**raté, e** [Rate] a (tentative) unsuccessful, failed // nm/f failure // nm misfiring q.

**râteau, x** [Rɑto] nm rake.

**râtelier** [Rɑtəlje] nm rack; (fam) false teeth pl.

**rater** [Rate] vi (affaire, projet etc) to go wrong, fail // vt (cible, train, occasion) to miss; (démonstration, plat) to spoil; (examen) to fail.

**ratifier** [Ratifje] vt to ratify.

**ration** [Rasjɔ̃] nf ration; (fig) share.

**rationnel, le** [Rasjɔnɛl] a rational.

**rationnement** [Rasjɔnmɑ̃] nm rationing; **ticket de ~** ration coupon.

**rationner** [Rasjɔne] vt to ration.

**ratisser** [Ratise] vt (allée) to rake; (feuilles) to rake up; (suj: armée, police) to comb.

**raton** [Ratɔ̃] nm: ~ **laveur** raccoon.

**R.A.T.P.** sigle f (= Régie autonome des transports parisiens) Paris transport authority.

**rattacher** [Rataʃe] vt (animal, cheveux) to tie up again; (incorporer: ADMIN etc): ~ **qch à** to join sth to, unite sth with; (fig: relier): ~ **qch à** to link sth with, relate sth to; (: lier): ~ **qn à** to bind ou tie sb to.

**rattrapage** [RatRapaʒ] nm (SCOL) remedial classes pl.

**rattraper** [RatRape] vt (fugitif) to recapture; (retenir, empêcher de tomber) to catch (hold of); (atteindre, rejoindre) to catch up with; (réparer: imprudence, erreur) to make up for; **se ~** vi to make up for lost time; to make good one's losses; to make up for it; **se ~ (à)** (se raccrocher) to stop o.s. falling (by catching hold of).

**rature** [RatyR] nf deletion, erasure; **raturer** vt to cross out, delete, erase.

**rauque** [Rok] a raucous; hoarse.

**ravagé, e** [Ravaʒe] a (visage) harrowed.

**ravager** [Ravaʒe] vt to devastate, ravage.

**ravages** [Ravaʒ] nmpl ravages; **faire des ~** to wreak havoc.

**ravaler** [Ravale] vt (mur, façade) to restore; (déprécier) to lower; ~ **sa colère/son dégoût** to stifle one's anger/distaste.

**ravauder** [Ravode] vt to repair, mend.

**rave** [Rav] nf (BOT) rape.

**ravi, e** [Ravi] a delighted; **être ~ de/que** to be delighted with/that.

**ravier** [Ravje] nm hors d'œuvre dish.

**ravigote** [Ravigɔt] a: **sauce ~** oil and vinegar dressing with shallots.

**ravigoter** [Ravigɔte] vt (fam) to buck up.

**ravin** [Ravɛ̃] nm gully, ravine.

**raviner** [Ravine] vt to furrow, gully.

**ravir** [RaviR] vt (enchanter) to delight; (enlever): **~ qch à qn** to rob sb of sth; **à ~** ad beautifully.

**raviser** [Ravize]: **se ~** vi to change one's mind.

**ravissant, e** [Ravisɑ̃, -ɑ̃t] a delightful; ravishing.

**ravisseur, euse** [RavisœR, -øz] nm/f abductor.

**ravitaillement** [Ravitajmɑ̃] nm resupplying; refuelling; (provisions) supplies pl; **aller au ~** to go for fresh supplies.

**ravitailler** [Ravitaje] vt to resupply; (véhicule) to refuel; **se ~** vi to get fresh supplies.

**raviver** [Ravive] vt (feu, douleur) to revive; (couleurs) to brighten up.

**ravoir** [RavwaR] vt to get back.

**rayé, e** [Reje] a (à rayures) striped; (éraflé) scratched.

**rayer** [Reje] vt (érafler) to scratch; (barrer) to cross ou score out; (d'une liste: radier) to cross ou strike off.

**rayon** [Rejɔ̃] nm (de soleil etc) ray; (GÉOM) radius; (de roue) spoke; (étagère) shelf (pl shelves); (de grand magasin) department; (de ruche) (honey)comb; **dans un ~ de** within a radius of; **~ d'action** range; **~ de soleil** sunbeam, ray of sunlight; **~s X** X-rays.

**rayonnage** [Rejonaʒ] nm set of shelves.

**rayonnement** [Rejonmɑ̃] nm radiation; (fig) radiance; influence.

**rayonner** [Rejone] vi (chaleur, énergie) to radiate; (fig) to shine forth; to be radiant; (avenues, axes etc) to radiate; (touriste) to go touring (from one base).

**rayure** [RejyR] nf (motif) stripe; (éraflure) scratch; (rainure, d'un fusil) groove; **à ~s** striped.

**raz-de-marée** [RɑdmaRe] nm inv tidal wave.

**razzia** [Razja] nf raid, foray.

**ré** [Re] nm (MUS) D; (en chantant la gamme) re.

**réacteur** [ReaktœR] nm jet engine.

**réaction** [Reaksjɔ̃] nf reaction; **moteur à ~ jet** engine; **~ en chaîne** chain reaction; **réactionnaire** a reactionary.

**réadapter** [Readapte] vt to readjust; (MÉD) to rehabilitate; **se ~ (à)** to readjust (to).

**réaffirmer** [ReafiRme] vt to reaffirm, reassert.

**réagir** [ReaʒiR] vi to react.

**réalisateur, trice** [RealizatœR, -tRis] nm/f (TV, CINÉMA) director.

**réalisation** [Realizasjɔ̃] nf carrying out; realization; fulfilment; achievement; production; (œuvre) production; creation; work.

**réaliser** [Realize] vt (projet, opération) to carry out, realize; (rêve, souhait) to realize, fulfil; (exploit) to achieve; (achat, vente) to make; (film) to produce; (se rendre compte de, COMM: bien, capital) to realize; **se ~** vi to be realized.

**réaliste** [Realist(ə)] a realistic; (peintre, roman) realist // nm/f realist.

**réalité** [Realite] nf reality; **en ~** in (actual) fact; **dans la ~** in reality.

**réanimation** [Reanimasjɔ̃] nf resuscitation; **service de ~** intensive care unit.

**réarmer** [ReaRme] vt (arme) to reload // vi (état) to rearm.

**réassurance** [ReasyRɑ̃s] nf reinsurance.

**rébarbatif, ive** [RebaRbatif, -iv] a forbidding, off-putting.

**rebattre** [Rəbatʀ(ə)] vt: **les oreilles à qn de qch** to keep harping on to sb about sth; **rebattu, e** a hackneyed.

**rebelle** [Rəbɛl] nm/f rebel // a (troupes) rebel; (enfant) rebellious; (mèche etc) unruly; **~ à** unamenable to; unwilling to + verbe.

**rebeller** [Rəbele]: **se ~** vi to rebel.

**rébellion** [Rebeljɔ̃] nf rebellion; (rebelles) rebel forces pl.

**reboiser** [Rəbwaze] vt to replant with trees, reafforest.

**rebondi, e** [Rəbɔ̃di] a rounded; chubby, well-rounded.

**rebondir** [Rəbɔ̃diR] vi (ballon: au sol) to bounce; (: contre un mur) to rebound; (fig: procès, action, conversation) to get moving again, be suddenly revived; **rebondissements** nmpl (fig) twists and turns, sudden revivals.

**rebord** [RəbɔR] nm edge.

**rebours** [RəbuR]: **à ~** ad the wrong way.

**rebouteux, euse** [Rəbutø, -øz] nm/f (péj) bonesetter.

**rebrousse-poil** [Rbuspwal]: **à ~** ad the wrong way.

**rebrousser** [Rəbʀuse] vt: **~ chemin** to turn back.

**rebuffade** [Rəbyfad] nf rebuff.

**rébus** [Rebys] nm inv rebus.

**rebut** [Rəby] nm: **mettre au ~** to scrap, discard.

**rebuter** [Rəbyte] vt to put off.

**récalcitrant, e** [RekalsitRɑ̃, -ɑ̃t] a refractory.

**recaler** [Rəkale] vt (SCOL) to fail.

**récapituler** [Rekapityle] vt to recapitulate; to sum up.

**recel** [Rəsɛl] nm receiving (stolen goods).

**receler** [Rəsəle] vt (produit d'un vol) to receive; (malfaiteur) to harbour; (fig) to conceal; **receleur, euse** nm/f receiver.

**récemment** [Resamɑ̃] ad recently.

**recensement** [Rəsɑ̃smɑ̃] nm census; inventory.

**recenser** [Rəsɑ̃se] vt (population) to take a census of; (inventorier) to make an inventory of; (dénombrer) to list.

**récent, e** [Resɑ̃, -ɑ̃t] a recent.

**récépissé** [Resepise] nm receipt.

**récepteur, trice** [ReseptœR, -tRis] a receiving // nm receiver; **~ (de radio)** radio set ou receiver.

**réception** [Resepsjɔ̃] nf receiving q; (accueil) reception, welcome; (bureau) reception desk; (réunion mondaine) reception, party ; (*pièces*) reception rooms *pl* ; (*SPORT: après un saut*) landing ; (: *du ballon*) catching *q* ; **jour/heures de** ~ day/hours for receiving visitors (*ou* students *etc*) ; (*MÉD*) surgery day/hours ; **réceptionnaire** *nm/f* receiving clerk ; **réceptionner** *vt* (*COMM*) to take delivery of ; (*SPORT: ballon*) to catch (and control) ; **réceptionniste** *nm/f* receptionist.

**récession** [Resesjɔ̃] *nf* recession.

**recette** [Rəsɛt] *nf* (*CULIN*) recipe ; (*fig*) formula, recipe ; (*COMM*) takings *pl* ; (*ADMIN: bureau*) tax *ou* revenue office ; ~s *nfpl* (*COMM: rentrées*) receipts.

**receveur, euse** [RəsvœR, -øz] *nm/f* (*des contributions*) tax collector ; (*des postes*) postmaster/mistress ; (*d'autobus*) conductor/conductress.

**recevoir** [RəsvwaR] *vt* to receive ; (*lettre, prime*) to receive, get ; (*client, patient, représentant*) to see ; (*SCOL: candidat*) to pass // *vi* to receive visitors ; to give parties ; to see patients *etc* ; **se** ~ *vi* (*athlète*) to land ; **être reçu** (*à un examen*) to pass.

**rechange** [Rəʃɑ̃ʒ]: **de** ~ **a** (*pièces, roue*) spare ; (*fig: plan*) alternative ; **des vêtements de** ~ a change of clothes.

**rechaper** [Rəʃape] *vt* to remould, retread.

**réchapper** [Reʃape]: ~ **de** *ou* **à** *vt* (*accident, maladie*) to come through.

**recharge** [RəʃaRʒ(ə)] *nf* refill.

**recharger** [RəʃaRʒe] *vt* (*camion, fusil, appareil-photo*) to reload ; (*briquet, stylo*) to refill ; (*batterie*) to recharge.

**réchaud** [Reʃo] *nm* (portable) stove ; plate-warmer.

**réchauffer** [Reʃofe] *vt* (*plat*) to reheat ; (*mains, personne*) to warm ; **se** ~ *vi* (*température*) to get warmer.

**rêche** [Rɛʃ] **a** rough.

**recherche** [RəʃɛRʃ(ə)] *nf* (*action*): **la** ~ **de** the search for ; (*raffinement*) affectedness, studied elegance ; (*scientifique etc*): **la** ~ research ; ~s *nfpl* (*de la police*) investigations ; (*scientifiques*) research *sg* ; **être/se mettre à la** ~ **de** to be/go in search of.

**recherché, e** [RəʃɛRʃe] **a** (*rare, demandé*) much sought-after ; (*raffiné*) studied, affected.

**rechercher** [RəʃɛRʃe] *vt* (*objet égaré, fugitif*) to look for, search for ; (*témoins, main-d'œuvre*) to look for ; (*causes d'un phénomène, nouveau procédé*) to try to find ; (*bonheur etc, l'amitié de qn*) to seek.

**rechigner** [Rəʃiɲe] *vi*: ~ (**à**) to balk (at).

**rechute** [Rəʃyt] *nf* (*MÉD*) relapse ; (*dans le péché, le vice*) lapse ; **faire une** ~ to have a relapse.

**récidiver** [Residive] *vi* to commit a second (*ou* subsequent) offence ; (*fig*) to do it again ; **récidiviste** *nm/f* second (*ou* habitual) offender, recidivist.

**récif** [Resif] *nm* reef.

**récipient** [Resipjɑ̃] *nm* container.

**réciproque** [Resiprɔk] **a** reciprocal ; ~**ment** *ad* reciprocally ; **et** ~**ment** and vice versa.

**récit** [Resi] *nm* story.

**récital** [Resital] *nm* recital.

**récitation** [Resitasjɔ̃] *nf* recitation.

**réciter** [Resite] *vt* to recite.

**réclamation** [Reklamasjɔ̃] *nf* complaint ; ~s (*bureau*) complaints department *sg*.

**réclame** [Reklam] *nf*: **la** ~ advertising ; **une** ~ an advert(isement) ; **article en** ~ special offer.

**réclamer** [Reklame] *vt* (*aide, nourriture etc*) to ask for ; (*revendiquer: dû, part, indemnité*) to claim, demand ; (*nécessiter*) to demand, require // *vi* to complain ; **se** ~ **de** to give as one's authority ; to claim filiation with.

**reclasser** [Rəklase] *vt* (*fig: fonctionnaire etc*) to regrade.

**reclus, e** [Rəkly, -yz] *nm/f* recluse.

**réclusion** [Reklyzjɔ̃] *nf* imprisonment.

**recoin** [Rəkwɛ̃] *nm* nook, corner ; (*fig*) hidden recess.

**reçois** *etc vb voir* **recevoir**.

**récolte** [Rekɔlt(ə)] *nf* harvesting ; gathering ; (*produits*) harvest, crop ; (*fig*) crop, collection.

**récolter** [Rekɔlte] *vt* to harvest, gather (in) ; (*fig*) to collect ; to get.

**recommandable** [Rəkɔmɑ̃dabl(ə)] **a** commendable.

**recommandation** [Rəkɔmɑ̃dasjɔ̃] *nf* recommendation.

**recommandé** [Rəkɔmɑ̃de] *nm* (*POSTES*): **en** ~ by registered mail.

**recommander** [Rəkɔmɑ̃de] *vt* to recommend ; (*suj: qualités etc*) to commend ; (*POSTES*) to register ; ~ **à qn de faire** to recommend sb to do ; **se** ~ **à qn** to commend o.s. to sb ; **se** ~ **de qn** to give sb's name as a reference.

**recommencer** [Rəkɔmɑ̃se] *vt* (*reprendre: lutte, séance*) to resume, start again ; (*refaire: travail, explications*) to start afresh, start (over) again ; (*récidiver: erreur*) to make again // *vi* to start again ; (*récidiver*) to do it again.

**récompense** [Rekɔ̃pɑ̃s] *nf* reward ; (*prix*) award ; **récompenser** *vt*: **récompenser qn** (**de** *ou* **pour**) to reward sb for.

**réconciliation** [Rekɔ̃siljasjɔ̃] *nf* reconciliation.

**réconcilier** [Rekɔ̃silje] *vt* to reconcile ; ~ **qn avec qch** to reconcile sb to sth ; **se** ~ (**avec**) to be reconciled (with).

**reconduction** [Rəkɔ̃dyksjɔ̃] *nf* renewal.

**reconduire** [Rəkɔ̃dɥiR] *vt* (*raccompagner*) to take *ou* see back ; (*JUR, POL: renouveler*) to renew.

**réconfort** [Rekɔ̃fɔR] *nm* comfort.

**réconforter** [Rekɔ̃fɔRte] *vt* (*consoler*) to comfort ; (*revigorer*) to fortify.

**reconnaissance** [Rəkɔnɛsɑ̃s] *nf* recognition ; acknowledgement ; (*gratitude*) gratitude, gratefulness ; (*MIL*) reconnaissance, recce ; ~ **de dette** acknowledgement of a debt, IOU.

**reconnaissant, e** [Rəkɔnɛsɑ̃, -ɑ̃t] **a** grateful ; **je vous serais** ~ **de bien vouloir** I should be most grateful if you would (kindly).

**reconnaître** [RəkɔnɛtR(ə)] *vt* to recognize ; (*MIL: lieu*) to reconnoitre ; (*JUR: enfant, dette, droit*) to acknowledge ; ~ **que** to admit *ou* acknowledge that ; ~ **qn/qch**

à (*l'identifier grâce à*) to recognize sb/sth by.

**reconstituant, e** [Rəkɔ̃stitɥɑ̃, -ɑ̃t] a (*régime*) strength-building // *nm* tonic, pick-me-up.

**reconstituer** [Rəkɔ̃stitɥe] *vt* (*monument ancien*) to recreate, build a replica of; (*fresque, vase brisé*) to piece together, reconstitute; (*événement, accident*) to reconstruct; (*fortune, patrimoine*) to rebuild; (BIO: *tissus etc*) to regenerate; **reconstitution** *nf* (JUR: *d'accident etc*) reconstruction.

**reconstruire** [Rəkɔ̃stRɥiR] *vt* to rebuild.

**record** [RəkɔR] *nm, a* record.

**recoupement** [Rəkupmɑ̃] *nm*: **par** ~ by cross-checking.

**recouper** [Rəkupe]: **se** ~ *vi* (*témoignages*) to tie *ou* match up.

**recourbé, e** [RəkuRbe] *a* curved; hooked; bent.

**recourir** [RəkuRiR]: ~ **à** *vt* (*ami, agence*) to turn *ou* appeal to; (*force, ruse, emprunt*) to resort *ou* have recourse to.

**recours** [RəkuR] *nm* (JUR) appeal; **avoir** ~ **à** = **recourir à**; **en dernier** ~ as a last resort; **sans** ~ final; with no way out; ~ **en grâce** plea for clemency (*ou* pardon).

**recouvrer** [RəkuvRe] *vt* (*vue, santé etc*) to recover, regain; (*impôts*) to collect; (*créance*) to recover.

**recouvrir** [RəkuvRiR] *vt* (*couvrir à nouveau*) to re-cover; (*couvrir entièrement, aussi fig*) to cover; (*cacher, masquer*) to conceal, hide; **se** ~ (*se superposer*) to overlap.

**recracher** [RəkRaʃe[ *vt* to spit out.

**récréatif, ive** [RekReatif, -iv] *a* of entertainment; recreational.

**récréation** [RekReasjɔ̃] *nf* recreation, entertainment; (SCOL) break.

**récrier** [RekRije]: **se** ~ *vi* to exclaim.

**récriminations** [RekRiminasjɔ̃] *nfpl* remonstrations, complaints.

**recroqueviller** [RəkRɔkvije]: **se** ~ *vi* (*feuilles*) to curl *ou* shrivel up; (*personne*) to huddle up.

**recru, e** [RəkRy] *a*: ~ **de fatigue** exhausted // *nf* recruit.

**recrudescence** [RəkRydesɑ̃s] *nf* fresh outbreak.

**recrue** [RəkRy] *a, nf* voir **recru**.

**recruter** [RəkRyte] *vt* to recruit.

**rectal, e, aux** [Rɛktal, -o] *a*: **par voie** ~**e** rectally.

**rectangle** [Rɛktɑ̃gl(ə)] *nm* rectangle; **rectangulaire** *a* rectangular.

**recteur** [RɛktœR] *nm* ≈ (regional) director of education.

**rectificatif, ive** [Rɛktifikatif, -iv] *a* corrected // *nm* correction.

**rectification** [Rɛktifikasjɔ̃] *nf* correction.

**rectifier** [Rɛktifje] *vt* (*tracé, virage*) to straighten; (*calcul, adresse*) to correct; (*erreur, faute*) to rectify, put right.

**rectiligne** [Rɛktiliɲ] *a* straight; (GÉOM) rectilinear.

**rectitude** [Rɛktityd] *nf* rectitude, uprightness.

**reçu, e** [Rəsy] *pp de* **recevoir** // *a* (*admis, consacré*) accepted // *nm* (COMM) receipt.

**recueil** [Rəkœj] *nm* collection.

**recueillement** [Rəkœjmɑ̃] *nm* meditation, contemplation.

**recueillir** [RəkœjiR] *vt* to collect; (*voix, suffrages*) to win; (*accueillir: réfugiés, chat*) to take in; **se** ~ *vi* to gather one's thoughts; to meditate.

**recul** [Rəkyl] *nm* retreat; recession; decline; (*d'arme à feu*) recoil, kick; **avoir un mouvement de** ~ to recoil, start back; **prendre du** ~ to stand back; **avec le** ~ with the passing of time, in retrospect.

**reculade** [Rəkylad] *nf* (*péj*) climb-down.

**reculé, e** [Rəkyle] *a* remote.

**reculer** [Rəkyle] *vi* to move back, back away; (AUTO) to reverse, back (up); (*fig*) to (be on the) decline; to be losing ground; (: *se dérober*) to shrink back // *vt* to move back; to reverse, back (up); (*fig: possibilités, limites etc*) to extend; (: *date, décision*) to postpone.

**reculons** [Rəkylɔ̃]: **à** ~ *ad* backwards.

**récupérer** [RekypeRe] *vt* (*rentrer en possession de*) to recover, get back; (*recueillir: ferraille etc*) to salvage (for reprocessing); (*délinquant etc*) to rehabilitate // *vi* to recover.

**récurer** [RekyRe] *vt* to scour.

**récuser** [Rekyze] *vt* to challenge; **se** ~ to decline to give an opinion.

**reçut** *vb voir* **recevoir**.

**recycler** [Rəsikle] *vt* (SCOL) to reorientate; (*employés*) to retrain.

**rédacteur, trice** [Redaktœr, -tRis] *nm/f* (*journaliste*) writer; subeditor; (*d'ouvrage de référence*) editor, compiler; ~ **en chef** chief editor; ~ **publicitaire** copywriter.

**rédaction** [Redaksjɔ̃] *nf* writing; (*rédacteurs*) editorial staff; (*bureau*) editorial office(s); (SCOL: *devoir*) essay, composition.

**reddition** [Redisjɔ̃] *nf* surrender.

**rédemption** [Redɑ̃psjɔ̃] *nf* redemption.

**redescendre** [Rədesɑ̃dR(ə)] *vi* (*à nouveau*) to go back down; (*après la montée*) to go down (again) // *vt* (*pente etc*) to go down.

**redevable** [Rədvabl(ə)] *a*: **être** ~ **de qch à qn** (*somme*) to owe sb sth; (*fig*) to be indebted to sb for sth.

**redevance** [Rədvɑ̃s] *nf* (*téléphonique*) rental charge; (*radiophonique*) licence fee.

**rédhibitoire** [RedibitwaR] *a*: **vice** ~ (*fig*) irretrievable flaw.

**rédiger** [Rediʒe] *vt* to write; (*contrat*) to draw up.

**redire** [RədiR] *vt* to repeat; **trouver à** ~ **à** to find fault with; **redite** *nf* (needless) repetition.

**redondance** [Rədɔ̃dɑ̃s] *nf* redundancy.

**redoublé, e** [Rəduble] *a*: **à coups** ~**s** even harder, twice as hard.

**redoubler** [Rəduble] *vi* (*tempête, violence*) to intensify, get even stronger *ou* fiercer etc; (SCOL) to repeat a year; ~ **de** *vt* to be twice as + *adjectif*; **le vent redouble de violence** the wind is blowing twice as hard.

**redoutable** [Rədutabl(ə)] *a* formidable, fearsome.

**redouter** [Rədute] *vt* to fear; *(appréhender)* to dread.

**redressement** [RədRɛsmɑ̃] *nm:* **maison de ~** reformatory.

**redresser** [RədRese] *vt (arbre, mât)* to set upright, right; *(pièce tordue)* to straighten out; *(AVIAT, AUTO)* to straighten up; *(situation, économie)* to put right; **se ~** *vi (objet penché)* to right itself; to straighten up; *(personne)* to sit *(ou* stand) up; to sit *(ou* stand) up straight.

**redresseur** [RədRɛsœR] *nm:* **~ de torts** righter of wrongs.

**réduction** [Redyksjɔ̃] *nf* reduction.

**réduire** [RedɥiR] *vt (gén, aussi CULIN, MATH)* to reduce; *(prix, dépenses)* to cut, reduce; *(carte)* to scale down, reduce; *(MÉD: fracture)* to set; *(rebelles)* to put down; **se ~ à** *(revenir à)* to boil down to; **se ~ en** *(se transformer en)* to be reduced to.

**réduit** [Redɥi] *nm* tiny room, recess.

**rééducation** [Reedykasjɔ̃] *nf (d'un membre)* re-education; *(de délinquants, d'un blessé)* rehabilitation; **~ de la parole** speech therapy.

**réel, le** [Reɛl] *a* real // *nm:* **le ~** reality.

**réélection** [Reelɛksjɔ̃] *nf* re-election.

**réélire** [ReeliR] *vt* to re-elect.

**réellement** [Reɛlmɑ̃] *ad* really.

**réemploi** [Reɑ̃plwa] *nm* = **remploi.**

**réescompte** [Reɛskɔ̃t] *nm* rediscount.

**réévaluation** [Reevalɥasjɔ̃] *nf* revaluation.

**réévaluer** [Reevalɥe] *vt* to revalue.

**réexpédier** [Reɛkspedje] *vt (à l'envoyeur)* to return, send back; *(au destinataire)* to send on, forward.

**ref.** *abr de* **référence.**

**refaire** [RəfɛR] *vt (faire de nouveau, recommencer)* to do again; *(réparer, restaurer)* to do up; **se ~** *vi (en santé)* to recover; *(en argent)* to make up one's losses; **être refait** *(fam: dupé)* to be had.

**réfection** [Refɛksjɔ̃] *nf* repair.

**réfectoire** [RefɛktwaR] *nm (de collège, couvent, caserne)* refectory.

**référence** [RefeRɑ̃s] *nf* reference; **~s** *nfpl (recommandations)* reference *sg;* **faire ~ à** to refer to; **ouvrage de ~** reference work.

**référendum** [RefeRɑ̃dɔm] *nm* referendum.

**référer** [RefeRe]: **se ~ à** *vt* to refer to; **en ~ à qn** to refer the matter to sb.

**refiler** [Rəfile] *vt (fam):* **~ qch à qn** to palm sth off on sb; to pass sth on to sb.

**réfléchi, e** [Reflefi] *a (caractère)* thoughtful; *(action)* well-thought-out; *(LING)* reflexive.

**réfléchir** [RefleʃiR] *vt* to reflect // *vi* to think; **~ à** *ou* **sur** to think about.

**reflet** [Rəflɛ] *nm* reflection; *(sur l'eau etc)* sheen *q,* glint.

**refléter** [Rəflete] *vt* to reflect; **se ~** *vi* to be reflected.

**réflexe** [Reflɛks] *a inv (PHOTO)* reflex.

**réflexe** [Reflɛks(ə)] *nm, a* reflex; **avoir de bons ~s** to have good reactions *ou* reflexes.

**réflexion** [Reflɛksjɔ̃] *nf (de la lumière etc, pensée)* reflection; *(fait de penser)* thought; *(remarque)* remark; **~s** *nfpl (méditations)* thought *sg,* reflection *sg;* **sans ~** without thinking; **~ faite, à la ~** on reflection.

**refluer** [Rəflye] *vi* to flow back; *(foule)* to surge back.

**reflux** [Rəfly] *nm (de la mer)* ebb.

**refondre** [Rəfɔ̃dR(ə)] *vt (texte)* to recast.

**réformateur, trice** [RefɔRmatœR, -tRis] *nm/f* reformer.

**Réformation** [RefɔRmasjɔ̃] *nf:* **la ~** the Reformation.

**réforme** [Refɔrm(ə)] *nf* reform; *(MIL)* declaration of unfitness for service; discharge *(on health grounds);* *(REL):* **la R~** the Reformation.

**réformé, e** [RefɔRme] *a, nm/f (REL)* Protestant.

**réformer** [RefɔRme] *vt* to reform; *(MIL: recrue)* to declare unfit for service; *(: soldat)* to discharge, invalid out.

**réformisme** [RefɔRmism(ə)] *nm* reformism, policy of reform.

**refoulé, e** [Rəfule] *a (PSYCH)* frustrated, repressed.

**refoulement** [Rəfulmɑ̃] *nm (PSYCH)* repression.

**refouler** [Rəfule] *vt (envahisseurs)* to drive back, repulse; *(liquide)* to force back; *(fig)* to suppress; *(PSYCH)* to repress.

**réfractaire** [RefRaktɛR] *a (minerai)* refractory; *(brique)* fire *cpd;* *(prêtre)* non-juring; **soldat ~** draft evader; **être ~ à** to resist.

**réfracter** [RefRakte] *vt* to refract.

**refrain** [RəfRɛ̃] *nm (MUS)* refrain, chorus; *(air, fig)* tune.

**refréner, réfréner** [RəfRene, RefRene] *vt* to curb, check.

**réfrigérant, e** [RefRiʒeRɑ̃, -ɑ̃t] *a* refrigerant, cooling.

**réfrigérer** [RefRiʒeRe] *vt* to refrigerate.

**refroidir** [RəfRwadiR] *vt* to cool; *(fig)* to have a cooling effect on // *vi* to cool (down); **se ~** *vi (prendre froid)* to catch a chill; *(temps)* to get cooler *ou* colder; *(fig)* to cool (off); **refroidissement** *nm* cooling; *(grippe etc)* chill.

**refuge** [Rəfyʒ] *nm* refuge; *(pour piétons)* (traffic) island.

**réfugié, e** [Refyʒje] *a, nm/f* refugee.

**réfugier** [Refyʒje]: **se ~** *vi* to take refuge.

**refus** [Rəfy] *nm* refusal; **ce n'est pas de ~** I won't say no, it's welcome.

**refuser** [Rəfyze] *vt* to refuse; *(SCOL: candidat)* to fail; **~ qch à qn/de faire** to refuse sb sth/to do; **~ du monde** to have to turn customers away; **se ~ à qch/à faire** to refuse to do.

**réfuter** [Refyte] *vt* to refute.

**regagner** [Rəɡaɲe] *vt (argent, faveur)* to win back; *(lieu)* to get back to; **~ le temps perdu** to make up (for) lost time; **~ du terrain** to regain ground.

**regain** [Rəɡɛ̃] *nm (herbe)* second crop of hay; *(renouveau):* **un ~ de** renewed + *nom.*

**régal** [Reɡal] *nm* treat.

**régalade** [Reɡalad] *ad:* **à la ~** from the bottle (held away from the lips).

**régaler** [Regale] vt: ~ qn to treat sb to a delicious meal; ~ qn de to treat sb to; se ~ vi to have a delicious meal; (fig) to enjoy o.s.

**regard** [RəgaR] nm (coup d'œil) look, glance; (expression) look (in one's eye); parcourir/menacer du ~ to cast an eye over/look threateningly at; au ~ de (loi, morale) from the point of view of; en ~ (vis à vis) opposite; en ~ de in comparison with.

**regardant, e** [Rəgardɑ̃, -ɑ̃t] a: très/peu ~ (sur) quite fussy/very free (about); (économe) very tight-fisted/quite generous (with).

**regarder** [Rəgarde] vt (examiner, observer, lire) to look at; (film, télévision, match) to watch; (envisager: situation, avenir) to view; (considérer: son intérêt etc) to be concerned with; (être orienté vers): to ~ (vers) to face; (concerner) to concern // vi to look; ~ à vt (dépense qualité, détails) to be fussy with ou over; ~ à faire to hesitate doing; dépenser sans ~ to spend freely; ~ qn/qch comme to regard sb/sth as; ~ (qch) dans le dictionnaire/l'annuaire to look (sth up) in the dictionary/directory; cela me regarde it concerns me, it's my business.

**régate(s)** [Regat] nf(pl) regatta.

**régénérer** [Reʒenere] vt to regenerate; (fig) to revive.

**régent** [Reʒɑ̃] nm regent.

**régenter** [Reʒɑ̃te] vt to rule over; to dictate to.

**régie** [Reʒi] nf (COMM, INDUSTRIE) state-owned company; (THÉÂTRE, CINÉMA) production; la ~ de l'État state control.

**regimber** [Rəʒɛ̃be] vi to balk, jib.

**régime** [Reʒim] nm (POL) régime; (ADMIN: des prisons, fiscal etc) system; (MÉD) diet; (GÉO) régime; (TECH) (engine) speed; (fig) rate, pace; (de bananes, dattes) bunch; se mettre au/suivre un ~ to go on/be on a diet; ~ sans sel salt-free diet; à bas/haut ~ (AUTO) at low/high revs; ~ matrimonial marriage settlement.

**régiment** [Reʒimɑ̃] nm (MIL: unité) regiment; (fig: fam): un ~ de an army of; un copain de ~ a pal from military service ou (one's) army days.

**région** [Reʒjɔ̃] nf region; la ~ parisienne the Paris area; régional, e, aux a regional; régionalisme nm regionalism.

**régir** [Reʒir] vt to govern.

**régisseur** [Reʒisœr] nm (d'un domaine) steward; (CINÉMA, TV) assistant director; (THÉÂTRE) stage manager.

**registre** [Rəʒistr(ə)] nm (livre) register; logbook; ledger; (MUS, LING) register; (d'orgue) stop.

**réglage** [Reglaʒ] nm adjustment; tuning.

**règle** [Rɛgl(ə)] nf (instrument) ruler; (loi, prescription) rule; ~s nfpl (PHYSIOL) period sg; en ~ (papiers d'identité) in order; être/se mettre en ~ to be/put o.s. straight with the authorities; en ~ générale as a (general) rule; ~ à calcul slide rule.

**réglé, e** [Regle] a well-ordered; stable, steady; (papier) ruled; (femme): bien ~e whose periods are regular.

**règlement** [Rɛgləmɑ̃] nm settling; (arrêté) regulation; (règles, statuts) regulations pl, rules pl; ~ de compte(s) settling of scores; réglementaire a conforming to the regulations; (tenue, uniforme) regulation cpd.

**réglementation** [Regləmɑ̃tasjɔ̃] nf regulation, control; regulations pl.

**réglementer** [Rɛgləmɑ̃te] vt to regulate, control.

**régler** [Regle] vt (mécanisme, machine) to regulate, adjust; (moteur) to tune; (thermostat etc) to set, adjust; (emploi du temps etc) to organize, plan; (question, conflit, facture, dette) to settle; (fournisseur) to settle up with, pay; (papier) to rule; ~ son compte à qn to sort sb out, settle sb; ~ un compte avec qn to settle a score with sb.

**réglisse** [Reglis] nf liquorice.

**règne** [Rɛɲ] nm (d'un roi etc, fig) reign; (BIO): le ~ végétal/animal the vegetable/animal kingdom.

**régner** [Reɲe] vi (roi) to rule, reign; (fig) to reign.

**regorger** [Rəgɔrʒe] vi to overflow; ~ de to overflow with, be bursting with.

**régression** [Regresjɔ̃] nf regression, decline.

**regret** [Rəgrɛ] nm regret; à ~ with regret; avec ~ regretfully; être au ~ de devoir faire to regret having to do.

**regrettable** [Rəgrɛtabl(ə)] a regrettable.

**regretter** [Rəgrɛte] vt to regret; (personne) to miss; ~ que to regret that, be sorry that; je regrette I'm sorry.

**regrouper** [Rəgrupe] vt (grouper) to group together; (contenir) to include, comprise; se ~ vi to gather (together).

**régulariser** [Regylarize] vt (fonctionnement, trafic) to regulate; (passeport, papiers) to put in order; (sa situation) to straighten out, regularize.

**régularité** [Regylarite] nf regularity.

**régulateur, trice** [Regylatœr, -tris] a regulating.

**régulier, ière** [Regylje, -jɛr] a (gén) regular; (vitesse, qualité) steady; (répartition, pression, paysage) even; (TRANSPORTS: ligne, service) scheduled, regular; (légal, réglementaire) lawful, in order; (fam: correct) straight, on the level; régulièrement ad regularly; steadily; evenly; normally.

**réhabiliter** [Reabilite] vt to rehabilitate; (fig) to restore to favour.

**rehausser** [Rəose] vt to heighten, raise; (fig) to set off, enhance.

**rein** [Rɛ̃] nm kidney; ~s nmpl (dos) back sg; avoir mal aux ~s to have backache.

**reine** [Rɛn] nf queen.

**reine-claude** [Rɛnklod] nf greengage.

**reinette** [Rɛnɛt] nf rennet, pippin.

**réintégrer** [Reɛ̃tegre] vt (lieu) to return to; (fonctionnaire) to reinstate.

**réitérer** [Reitere] vt to repeat, reiterate.

**rejaillir** [Rəʒajir] vi to splash up; ~ sur to splash up onto; (fig) to rebound on; to fall upon.

**rejet** [Rəʒɛ] nm (action, aussi MÉD)

rejection ; (*POÉSIE*) enjambement, rejet ; (*BOT*) shoot.

**rejeter** [rɔʒte] vt (*relancer*) to throw back ; (*vomir*) to bring ou throw up ; (*écarter*) to reject ; (*déverser*) to throw out, discharge ; ~ **la tête/les épaules en arrière** to throw one's head/pull one's shoulders back ; ~ **la responsabilité de qch sur qn** to lay the responsibility for sth at sb's door.

**rejeton** [rɔʒtɔ̃] nm offspring.

**rejoindre** [rɔʒwɛ̃dR(ə)] vt (*famille, régiment*) to rejoin, return to ; (*lieu*) to get (back) to ; (*suj: route etc*) to meet, join ; (*rattraper*) to catch up (with) ; **se ~** vi to meet ; **je te rejoins au café** I'll see ou meet you at the café.

**réjoui, e** [reʒwi] a (*mine*) joyous.

**réjouir** [reʒwiR] vt to delight ; **se ~** vi to be delighted ; to rejoice ; **se ~ de qch/faire** to be delighted about sth/to do ; **réjouissances** nfpl (*joie*) rejoicing sg ; (*fête*) festivities, merry-making sg.

**relâche** [rəlɑʃ]: **faire ~** vi (*navire*) to put into port ; (*CINÉMA*) to be closed ; **sans ~** ad without respite ou a break.

**relâché, e** [rəlɑʃe] a loose, lax.

**relâcher** [rəlɑʃe] vt (*ressort, prisonnier*) to release ; (*étreinte, cordes*) to loosen // vi (*NAVIG*) to put into port ; **se ~** vi to loosen ; (*discipline*) to become slack ou lax ; (*élève etc*) to slacken off.

**relais** [rəlɛ] nm (*SPORT*): (**course de**) ~ relay (race) ; (*RADIO, TV*) relay ; **équipe de** ~ shift team ; relay team ; **prendre le** ~ (**de**) to take over (from) ; ~ **de poste** post house, coaching inn ; ~ **routier** ≈ transport café.

**relance** [rəlɑ̃s] nf boosting, revival.

**relancer** [rəlɑ̃se] vt (*balle*) to throw back (again) ; (*moteur*) to restart ; (*fig*) to boost, revive ; (*personne*): ~ **qn** to pester sb ; to get on to sb again.

**relater** [rəlate] vt to relate, recount.

**relatif, ive** [rəlatif, -iv] a relative.

**relation** [rəlasjɔ̃] nf (*récit*) account, report ; (*rapport*) relation(ship) ; ~**s** nfpl (*rapports*) relations ; relationship sg ; (*connaissances*) connections ; **être/entrer en** ~(**s**) **avec** to be in contact ou be dealing/get in contact with ; ~**s publiques** public relations.

**relativement** [rəlativmɑ̃] ad relatively ; ~ **à** in relation to.

**relativité** [rəlativite] nf relativity.

**relax** [rəlaks] a inv, **relaxe** [rəlaks(ə)] a informal, casual ; easy-going.

**relaxer** [rəlakse] vt to relax ; (*JUR*) to discharge ; **se ~** vi to relax.

**relayer** [rəleje] vt (*collaborateur, coureur etc*) to relieve, take over from ; (*RADIO, TV*) to relay ; **se ~** (*dans une activité*) to take it in turns.

**relégation** [rəlegasjɔ̃] nf (*SPORT*) relegation.

**reléguer** [rəlege] vt to relegate.

**relent(s)** [rəlɑ̃] nm(pl) (foul) smell.

**relève** [rəlɛv] nf relief ; relief team (ou troops pl) ; **prendre la** ~ to take over.

**relevé, e** [rəlve] a (*bord de chapeau*) turned-up ; (*manches*) rolled-up ; (*virage*) banked ; (*fig: style*) elevated ; (: *sauce*) highly-seasoned // nm (*lecture*) reading ;

(*de cotes*) plotting ; (*liste*) statement ; list ; (*facture*) account ; ~ **de compte** bank statement.

**relever** [rəlve] vt (*statue, meuble*) to stand up again ; (*personne tombée*) to help up ; (*vitre, plafond, niveau de vie*) to raise ; (*col*) to turn up ; (*style, conversation*) to elevate ; (*plat, sauce*) to season ; (*sentinelle, équipe*) to relieve ; (*souligner: fautes, points*) to pick out ; (*constater: traces etc*) to find, pick up ; (*répliquer à: remarque*) to react to, reply to ; (: *défi*) to accept, take up ; (*noter: adresse etc*) to take down, note ; (: *plan*) to sketch ; (: *cotes etc*) to plot ; (*compteur*) to read ; (*ramasser: cahiers, copies*) to collect, take in ; ~ **de** vt (*maladie*) to be recovering from ; (*être du ressort de*) to be a matter for ; (*ADMIN: dépendre de*) to come under ; (*fig*) to pertain to ; **se ~** vi (*se remettre debout*) to get up ; ~ **qn de** (*vœux*) to release sb from ; (*fonctions*) to relieve sb of ; ~ **la tête** to look up ; to hold up one's head.

**relief** [rəljɛf] nm relief ; (*de pneu*) tread pattern ; ~**s** nmpl (*restes*) remains ; **en ~** in relief ; (*photographie*) three-dimensional ; **mettre en ~** (*fig*) to bring out, highlight.

**relier** [rəlje] vt to link up ; (*livre*) to bind ; ~ **qch à** to link sth to ; **livre relié cuir** leather-bound book ; **relieur, euse** nm/f (book)binder.

**religieux, euse** [rəliʒjø, -øz] a religious // nm monk // nf nun ; (*gâteau*) cream bun.

**religion** [rəliʒjɔ̃] nf religion ; (*piété, dévotion*) faith ; **entrer en** ~ to take one's vows.

**reliquaire** [rəlikɛR] nm reliquary.

**reliquat** [rəlika] nm balance ; remainder.

**relique** [rəlik] nf relic.

**relire** [rəliR] vt (*à nouveau*) to reread, read again ; (*vérifier*) to read over.

**reliure** [rəljyR] nf binding.

**reluire** [rəlɥiR] vi to gleam ; **reluisant, e** a gleaming ; **peu reluisant** (*fig*) unattractive ; unsavoury.

**remâcher** [rəmɑʃe] vt to chew or ruminate over.

**remailler** [rəmaje] vt to darn ; to mend.

**remaniement** [rəmanimɑ̃] nm: ~ **ministériel** Cabinet reshuffle.

**remanier** [rəmanje] vt to reshape, recast ; (*POL*) to reshuffle.

**remarquable** [rəmarkabl(ə)] a remarkable.

**remarque** [rəmark(ə)] nf remark ; (*écrite*) note.

**remarquer** [rəmarke] vt (*voir*) to notice ; (*dire*): ~ **que** to remark that ; **se ~** to be noticeable ; **se faire ~** to draw attention to o.s. ; **faire ~ (à qn) que** to point out (to sb) that ; **faire ~ qch (à qn)** to point sth out (to sb) ; **remarquez que** mark you, mind you.

**rembarrer** [rɑ̃bare] vt: ~ **qn** to rebuff sb ; to put sb in his/her place.

**remblai** [rɑ̃blɛ] nm embankment.

**remblayer** [rɑ̃bleje] vt to bank up ; (*fossé*) to fill in.

**rembourrage** [rɑ̃buraʒ] nm stuffing, padding.

**rembourré, e** [Rɑ̃buRe] a padded.
**rembourrer** [Rɑ̃buRe] vt to stuff ; (dossier, vêtement, souliers) to pad.
**remboursement** [Rɑ̃buRsəmɑ̃] nm repayment ; **envoi contre** ~ cash on delivery.
**rembourser** [Rɑ̃buRse] vt to pay back, repay.
**rembrunir** [Rɑ̃bRyniR]: se ~ vi to darken ; to grow sombre.
**remède** [Rəmɛd] nm (médicament) medicine ; (traitement, fig) remedy, cure.
**remédier** [Rəmedje]: ~ à vt to remedy.
**remembrement** [Rəmɑ̃bRəmɑ̃] nm (AGR) regrouping of lands.
**remémorer** [RəmemɔRe]: se ~ vt to recall, recollect.
**remerciements** [RəmɛRsimɑ̃] nmpl thanks.
**remercier** [RəmɛRsje] vt to thank ; (congédier) to dismiss ; ~ **qn de/d'avoir fait** to thank sb for/for having done ; **non, je vous remercie** no thank you.
**remettre** [RəmɛtR(ə)] vt (vêtement): ~ **qch** to put sth back on, put sth on again ; (replacer): ~ **qch quelque part** to put sth back somewhere ; (ajouter): ~ **du sel/un sucre** to add more salt/another lump of sugar ; (rétablir: personne): ~ **qn** to set sb back on his/her feet ; (rendre, restituer): ~ **qch à qn** to give sth back to sb, return sth to sb ; (donner, confier: paquet, argent): ~ **qch à qn** to hand over sth to sb, deliver sth to sb ; (prix, décoration): ~ **qch à qn** to present sb with sth ; (ajourner): ~ **qch (à)** to postpone sth ou put sth off (until) ; **se** ~ vi to get better, recover ; **se** ~ **de** to recover from, get over ; **s'en** ~ **à** to leave it (up) to.
**remise** [Rəmiz] nf delivery ; presentation ; (rabais) discount ; (local) shed ; ~ **en jeu** (FOOTBALL) throw-in ; ~ **de peine** reduction of sentence.
**rémission** [Remisjɔ̃]: **sans** ~ a irremediable // ad unremittingly.
**remontant** [Rəmɔ̃tɑ̃] nm tonic, pick-me-up.
**remontée** [Rəmɔ̃te] nf rising ; ascent ; ~**s mécaniques** (SKI) towing equipment sg ou facilities.
**remonte-pente** [Rəmɔ̃tpɑ̃t] nm skilift, (ski) tow.
**remonter** [Rəmɔ̃te] vi (à nouveau) to go back up ; (après une descente) to go up (again) ; (jupe) to pull ou ride up // vt (pente) to go up ; (fleuve) to sail (ou swim etc) up ; (manches, pantalon) to roll up ; (col) to turn up ; (rayon, limite) to raise ; (fig: personne) to buck up ; (moteur, meuble) to put back together, reassemble ; (garde-robe etc) to renew, replenish ; (montre, mécanisme) to wind up ; ~ **à** (dater de) to date ou go back to ; ~ **en voiture** to get back into the car.
**remontoir** [Rəmɔ̃twaR] nm winding mechanism, winder.
**remontrance** [Rəmɔ̃tRɑ̃s] nf reproof, reprimand.
**remontrer** [Rəmɔ̃tRe] vt (fig): **en** ~ **à** to prove one's superiority over.
**remords** [RəmɔR] nm remorse q ; **avoir**

des ~ to feel remorse, be conscience-stricken.
**remorque** [RəmɔRk(ə)] nf trailer ; **prendre/être en** ~ to tow/be on tow ; **remorquer** vt to tow ; **remorqueur** nm tug(boat).
**rémoulade** [Remulad] nf dressing with mustard and herbs.
**rémouleur** [RemulœR] nm (knife- ou scissor-)grinder.
**remous** [Rəmu] nm (d'un navire) (back)wash q ; (de rivière) swirl, eddy // nmpl (fig) stir sg.
**rempailler** [Rɑ̃pɑje] vt to reseat (with straw).
**remparts** [Rɑ̃paR] nmpl walls, ramparts.
**rempiler** [Rɑ̃pile] vi (MIL: fam) to join up again.
**remplaçant, e** [Rɑ̃plasɑ̃, -ɑ̃t] nm/f replacement, substitute, stand-in ; (THÉÂTRE) understudy ; (SCOL) supply teacher.
**remplacement** [Rɑ̃plasmɑ̃] nm replacement ; (job) replacement work q ; **assurer le** ~ **de qn** (suj: remplaçant) to stand in ou substitute for sb.
**remplacer** [Rɑ̃plase] vt to replace ; (prendre temporairement la place de) to stand in for ; (tenir lieu de) to take the place of, act as a substitute for ; ~ **qch/qn par** to replace sth/sb with.
**rempli, e** [Rɑ̃pli] a (emploi du temps) full, busy ; ~ **de** full of, filled with.
**remplir** [Rɑ̃pliR] vt to fill (up) ; (questionnaire) to fill out ou up ; (obligations, fonction, condition) to fulfil ; **se** ~ vi to fill up.
**remplissage** [Rɑ̃plisaʒ] nm (fig: péj) padding.
**remploi** [Rɑ̃plwa] nm re-use.
**remporter** [Rɑ̃pɔRte] vt (marchandise) to take away ; (fig) to win, achieve.
**remuant, e** [Rəmɥɑ̃, -ɑ̃t] a restless.
**remue-ménage** [Rəmymenaʒ] nm inv commotion.
**remuer** [Rəmɥe] vt to move ; (café, sauce) to stir // vi to move ; (fig: opposants) to show signs of unrest ; **se** ~ vi to move ; (se démener) to stir o.s. ; (fam) to get a move on.
**rémunération** [RemyneRasjɔ̃] nf remuneration.
**rémunérer** [RemyneRe] vt to remunerate, pay.
**renâcler** [Rənɑkle] vi to snort ; (fig) to grumble, balk.
**renaissance** [Rənɛsɑ̃s] nf rebirth, revival ; **la R**~ the Renaissance.
**renaître** [RənɛtR(ə)] vi to be revived.
**rénal, e, aux** [Renal, -o] a renal, kidney cpd.
**renard** [RənaR] nm fox.
**rencard** [Rɑ̃kaR] nm = rancard.
**rencart** [Rɑ̃kaR] nm = rancart.
**renchérir** [Rɑ̃ʃeRiR] vi to become more expensive ; (fig): ~ **(sur)** to add something (to).
**rencontre** [Rɑ̃kɔ̃tR(ə)] nf (entrevue, congrès, match etc) meeting ; (imprévue) encounter ; **faire la** ~ **de qn** to meet sb ;

**aller à la ~ de qn** to go and meet sb; **amours de ~** casual love affairs.

**rencontrer** [ʀɑ̃kɔ̃tʀe] vt to meet; (mot, expression) to come across; (difficultés) to meet with; **se ~** vi to meet; (véhicules) to collide.

**rendement** [ʀɑ̃dmɑ̃] nm (d'un travailleur, d'une machine) output; (d'une culture) yield; (d'un investissement) return; **à plein ~** at full capacity.

**rendez-vous** [ʀɑ̃devu] nm (rencontre) appointment; (: d'amoureux) date; (lieu) meeting place; **donner ~ à qn** to arrange to meet sb; **fixer un ~ à qn** to give sb an appointment; **avoir/prendre ~ (avec)** to have/make an appointment (with).

**rendre** [ʀɑ̃dʀ(ə)] vt (livre, argent etc) to give back, return; (otages, visite etc) to return; (sang, aliments) to bring up; (sons: suj: instrument) to produce, make; (exprimer, traduire) to render; (faire devenir): **~ qn célèbre/qch possible** to make sb famous/sth possible; **se ~** vi (capituler) to surrender, give o.s. up; (aller): **se ~ quelque part** to go somewhere; **se ~ à** (arguments etc) to bow to; (ordres) to comply with; **~ la vue/la santé à qn** to restore sb's sight/health; **~ la liberté à qn** to set sb free.

**renégat, e** [ʀənega, -at] nm/f renegade.

**rênes** [ʀɛn] nfpl reins.

**renfermé, e** [ʀɑ̃fɛʀme] a (fig) withdrawn // nm: **sentir le ~** to smell stuffy.

**renfermer** [ʀɑ̃fɛʀme] vt to contain; **se ~ (sur soi-même)** to withdraw into o.s.

**renflé, e** [ʀɑ̃fle] a bulging, bulbous.

**renflement** [ʀɑ̃fləmɑ̃] nm bulge.

**renflouer** [ʀɑ̃flue] vt to refloat; (fig) to set back on its (ou his/her) feet (again).

**renfoncement** [ʀɑ̃fɔ̃smɑ̃] nm recess.

**renforcer** [ʀɑ̃fɔʀse] vt to reinforce.

**renfort** [ʀɑ̃fɔʀ]: **~s** nmpl reinforcements; **en ~** as a back-up; **à grand ~ de** with a great deal of.

**renfrogner** [ʀɑ̃fʀɔɲe]: **se ~** vi to scowl.

**rengaine** [ʀɑ̃gɛn] nf (péj) old tune.

**rengainer** [ʀɑ̃gene] vt (revolver) to put back in its holster.

**rengorger** [ʀɑ̃gɔʀʒe]: **se ~** vi (fig) to puff o.s. up.

**renier** [ʀənje] vt (parents) to disown, repudiate; (foi) to renounce.

**renifler** [ʀənifle] vi to sniff // vt (tabac) to sniff up; (odeur) to sniff.

**renne** [ʀɛn] nm reindeer inv.

**renom** [ʀənɔ̃] nm reputation; renown; **renommé, e** a celebrated, renowned // nf fame.

**renoncement** [ʀənɔ̃smɑ̃] nm abnegation, renunciation.

**renoncer** [ʀənɔ̃se] vi: **~ à** vt to give up; **~ à faire** to give up all idea of doing; to give up trying to do.

**renouer** [ʀənwe] vt (cravate etc) to retie; **~ avec** (tradition) to revive; (habitude) to take up again; **~ avec qn** to take up with sb again.

**renouveau, x** [ʀənuvo] nm: **~ de succès** renewed success; **le ~ printanier** springtide.

**renouveler** [ʀənuvle] vt to renew; (exploit, méfait) to repeat; **se ~** vi (incident) to recur, happen again, be repeated; (cellules etc) to be renewed ou replaced; **renouvellement** nm renewal; recurrence.

**rénovation** [ʀenɔvasjɔ̃] nf renovation; restoration.

**rénover** [ʀenɔve] vt (immeuble) to renovate, do up; (meuble) to restore; (enseignement) to reform.

**renseignement** [ʀɑ̃sɛɲmɑ̃] nm information q, piece of information; **prendre des ~s sur** to make inquiries about, ask for information about; (guichet des) **~s** information desk.

**renseigner** [ʀɑ̃seɲe] vt: **~ qn (sur)** to give information to sb (about); **se ~** vi to ask for information, make inquiries.

**rentable** [ʀɑ̃tabl(ə)] a profitable.

**rente** [ʀɑ̃t] nf income; pension; government stock ou bond; **~ viagère** life annuity; **rentier, ière** nm/f person of private means.

**rentrée** [ʀɑ̃tʀe] nf: **~ (d'argent)** cash q coming in; **la ~ (des classes)** the start of the new school year; **la ~ (parlementaire)** the reopening ou reassembly of parliament; **faire sa ~** (artiste, acteur) to make a comeback.

**rentrer** [ʀɑ̃tʀe] vi (entrer de nouveau) to go (ou come) back in; (entrer) to go (ou come) in; (revenir chez soi) to go (ou come) (back) home; (air, clou: pénétrer) to go in; (revenu, argent) to come in // vt (foins) to bring in; (véhicule) to put away; (chemise dans pantalon etc) to tuck in; (griffes) to draw in; (train d'atterrissage) to raise; (fig: larmes, colère etc) to hold back; **~ le ventre** to pull in one's stomach; **~ dans** to go (ou come) back into; to go (ou come) into; (famille, patrie) to go back ou return to; (heurter) to crash into; **~ dans l'ordre** to be back to normal; **~ dans ses frais** to recover one's expenses (ou initial outlay).

**renversant, e** [ʀɑ̃vɛʀsɑ̃, -ɑ̃t] a amazing.

**renverse** [ʀɑ̃vɛʀs(ə)]: **à la ~** ad backwards.

**renverser** [ʀɑ̃vɛʀse] vt (faire tomber: chaise, verre) to knock over, overturn; (piéton) to knock down; (liquide, contenu) to spill, upset; (retourner: verre, image) to turn upside down, invert; (: ordre des mots etc) to reverse; (fig: gouvernement etc) to overthrow; (stupéfier) to bowl over, stagger; **se ~** vi to fall over; to overturn; to spill; **~ la tête/le corps (en arrière)** to tip one's head back/throw one's body back.

**renvoi** [ʀɑ̃vwa] nm dismissal; return; reflection; postponement; (référence) cross-reference; (éructation) belch.

**renvoyer** [ʀɑ̃vwaje] vt to send back; (congédier) to dismiss; (lumière) to reflect; (son) to echo; (ajourner): **~ qch (à)** to put sth off ou postpone sth (until); **~ qn à** (fig) to refer sb to.

**réorganiser** [ʀeɔʀganize] vt to reorganize.

**réouverture** [ʀeuvɛʀtyʀ] nf reopening.

**repaire** [RəpɛR] *nm* den.

**repaître** [RəpɛtR(ə)] *vt* to feast ; to feed ; **se ~ de** *vt* to feed on ; to wallow *ou* revel in.

**répandre** [Repɑ̃dR(ə)] *vt* (*renverser*) to spill ; (*étaler, diffuser*) to spread ; (*lumière*) to shed ; (*chaleur, odeur*) to give off ; **se ~** *vi* to spill ; to spread ; **se ~ en** (*injures etc*) to pour out ; **répandu, e** *a* (*opinion, usage*) widespread.

**réparation** [Reparɑsj5] *nf* repairing *q*, repair.

**réparer** [Repare] *vt* to repair ; (*fig: offense*) to make up for, atone for ; (: *oubli, erreur*) to put right.

**repartie** [Rəparti] *nf* retort ; **avoir de la ~** to be quick at repartee.

**repartir** [RəpartiR] *vi* to set off again ; to leave again ; (*fig*) to get going again, pick up again ; **~ à zéro** to start from scratch (again).

**répartir** [RepartiR] *vt* (*pour attribuer*) to share out ; (*pour disperser, disposer*) to divide up ; (*poids, chaleur*) to distribute ; **se ~** *vt* (*travail, rôles*) to share out between themselves ; **répartition** *nf* sharing out ; dividing up ; distribution.

**repas** [Rəpɑ] *nm* meal.

**repasser** [Rəpase] *vi* to come (*ou* go) back // *vt* (*vêtement, tissu*) to iron ; to retake, resit ; **te** show again ; (*leçon, rôle: revoir*) to go over (again).

**repêchage** [Rəpɛʃaʒ] *nm* (SCOL): **question de ~** question to give candidates a second chance.

**repêcher** [Rəpɛʃe] *vt* (*noyé*) to recover the body of, fish out.

**repentir** [Rəpɑ̃tiR] *nm* repentance ; **se ~** *vi* to repent ; **se ~ de** to repent (of).

**répercussions** [RepɛRkysj5] *nfpl* repercussions.

**répercuter** [RepɛRkyte]: **se ~** *vi* (*bruit*) to reverberate ; (*fig*): **se ~ sur** to have repercussions on.

**repère** [RəpɛR] *nm* mark ; (*monument etc*) landmark.

**repérer** [Repere] *vt* (*erreur, connaissance*) to spot ; (*abri, ennemi*) to locate ; **se ~** *vi* to find one's way about ; **se faire ~** to be spotted.

**répertoire** [RepɛRtwaR] *nm* (*liste*) (alphabetical) list ; (*carnet*) index notebook ; (*de carnet*) thumb index ; (*indicateur*) directory, index ; (*d'un théâtre, artiste*) repertoire ; **répertorier** *vt* to itemize, list.

**répéter** [Repete] *vt* to repeat ; (*préparer: leçon: aussi vi*) to learn, go over ; (THÉÂTRE) to rehearse ; **se ~** (*redire*) to repeat o.s. ; (*se reproduire*) to be repeated, recur.

**répétition** [Repetisj5] *nf* repetition ; rehearsal ; **~s** *nfpl* (*leçons*) private coaching *sg* ; **armes à ~** repeater weapons ; **~ générale** final dress rehearsal.

**repeupler** [Rəpœple] *vt* to repopulate ; to restock.

**répit** [Repi] *nm* respite ; **sans ~** without letting up.

**replet, ète** [Rəplɛ, -ɛt] *a* chubby, fat.

**repli** [Rəpli] *nm* (*d'une étoffe*) fold ; (MIL, *fig*) withdrawal.

**replier** [Rəplije] *vt* (*rabattre*) to fold down *ou* over ; **se ~** *vi* (*troupes, armée*) to withdraw, fall back.

**réplique** [Replik] *nf* (*repartie, fig*) reply ; (THÉÂTRE) (*copie*) replica ; **donner la ~ à** to play opposite ; to match ; **sans ~** no-nonsense ; irrefutable.

**répliquer** [Replike] *vi* to reply ; (*riposter*) to retaliate.

**répondre** [RepɔdR(ə)] *vi* to answer, reply ; (*freins, mécanisme*) to respond ; **~ à** *vt* to reply to, answer ; (*avec impertinence*): **~ à qn** to answer sb back ; (*invitation, convocation*) to reply to ; (*affection, salut*) to return ; (*provocation, suj: mécanisme etc*) to respond to ; (*correspondre à: besoin*) to answer ; (: *conditions*) to meet ; (: *description*) to match ; **~ que** to answer *ou* reply that ; **~ de** to answer for.

**réponse** [Repɔ̃s] *nf* answer, reply ; **avec ~ payée** (POSTES) reply-paid ; **en ~ à** in reply to.

**report** [RəpɔR] *nm* transfer ; postponement.

**reportage** [Rəportaʒ] *nm* (*bref*) report ; (*écrit: documentaire*) story ; article ; (*en direct*) commentary ; (*genre, activité*): **le ~** reporting.

**reporter** *nm* [RəpɔRtɛR] reporter // *vt* [RəpɔRte] (*total*): **~ qch sur** to carry sth forward *ou* over to ; (*ajourner*): **~ qch (à)** to postpone sth (until) ; (*transférer*): **~ qch sur** to transfer sth to ; **se ~ à** (*époque*) to think back to ; (*document*) to refer to.

**repos** [Rəpo] *nm* rest ; (*fig*) peace (and quiet) ; peace of mind ; (MIL): **~!** stand at ease! ; **en ~** at rest ; **de tout ~** safe.

**repose** [Rəpoz] *nf* refitting.

**reposé, e** [Rəpoze] *a* fresh, rested.

**reposer** [Rəpoze] *vt* (*verre, livre*) to put down ; (*délasser*) to rest ; (*problème*) to reformulate // *vi* (*liquide, pâte*) to settle, rest ; **~ sur** to be built on ; (*fig*) to rest on ; **se ~** *vi* to rest ; **se ~ sur qn** to rely on sb.

**repoussant, e** [Rəpusɑ̃, -ɑ̃t] *a* repulsive.

**repoussé, e** [Rəpuse] *a* (*cuir*) embossed (by hand).

**repousser** [Rəpuse] *vi* to grow again // *vt* to repel, repulse ; (*offre*) to turn down, reject ; (*tiroir, personne*) to push back ; (*différer*) to put back.

**répréhensible** [RepreɑsibI(ə)] *a* repréhensible.

**reprendre** [RəprɑdR(ə)] *vt* (*prisonnier, ville*) to recapture ; (*objet prêté, donné*) to take back ; (*chercher*): **je viendrai te ~ à 4h** I'll come and fetch you *ou* I'll come back for you at 4 ; (*se resservir de*): **~ du pain/un œuf** to take (*ou* eat) more bread/another egg ; (COMM: *article usagé*) to take back ; to take in part exchange ; (*firme, entreprise*) to take over ; (*travail, promenade*) to resume ; (*emprunter: argument, idée*) to take up, use ; (*refaire: article etc*) to go over again ; (*jupe etc*) to alter ; to take in (*ou* up) ; to let out (*ou* down) ; (*émission, pièce*) to put on again ; (*réprimander*) to tell off ; (*corriger*) to correct // *vi* (*classes, pluie*) to start (up) again ; (*activités, travaux, combats*) to resume, start (up) again ; (*affaires,* *industrie*) to pick up ; (*dire*): **reprit-il** he went on ; **se ~** (*se ressaisir*) to recover, pull o.s. together ; **s'y ~** to make another attempt ; **~ des forces** to recover one's strength ; **~ courage** to take new heart ; **~ ses habitudes/sa liberté** to get back into one's old habits/regain one's freedom ; **~ la route** to resume one's journey, set off again ; **~ haleine** *ou* **son souffle** to get one's breath back.

**représailles** [RǝpRezaj] *nfpl* reprisals, retaliation *sg*.

**représentant, e** [RǝpRezɑ̃tɑ̃, -ɑ̃t] *nm/f* representative.

**représentatif, ive** [RǝpRezɑ̃tatif, -iv] *a* representative.

**représentation** [RǝpRezɑ̃tasjɔ̃] *nf* representation ; performing ; (*symbole, image*) representation ; (*spectacle*) performance ; (*COMM*): **la ~** commercial travelling ; sales representation ; **frais de ~** (*d'un diplomate*) entertainment allowance.

**représenter** [RǝpRezɑ̃te] *vt* to represent ; (*donner: pièce, opéra*) to perform ; **se ~** *vt* (*se figurer*) to imagine ; to visualize.

**répression** [RepResjɔ̃] *nf* suppression ; repression ; (*POL*): **la ~** repression.

**réprimande** [RepRimɑ̃d] *nf* reprimand, rebuke ; **réprimander** *vt* to reprimand, rebuke.

**réprimer** [RepRime] *vt* to suppress, repress.

**repris** [RǝpRi] *nm*: **~ de justice** ex-prisoner, ex-convict.

**reprise** [RǝpRiz] *nf* (*TV*) repeat ; (*CINÉMA*) rerun ; (*AUTO*) acceleration *q* ; (*COMM*) trade-in, part exchange ; (*de location*) sum asked for any extras or improvements made to the property ; (*raccommodage*) darn ; mend ; **à plusieurs ~s** on several occasions, several times.

**repriser** [RǝpRize] *vt* to darn ; to mend.

**réprobateur, trice** [RepRɔbatœR, -tRis] *a* reproving.

**réprobation** [RepRɔbasjɔ̃] *nf* reprobation.

**reproche** [RǝpRɔʃ] *nm* (*remontrance*) reproach ; **faire des ~s à qn** to reproach sb ; **sans ~(s)** beyond *ou* above reproach.

**reprocher** [RǝpRɔʃe] *vt*: **~ qch à qn** to reproach *ou* blame sb for sth ; **~ qch à** (*machine, théorie*) to have sth against.

**reproducteur, trice** [RǝpRɔdyktœR, -tRis] *a* reproductive.

**reproduction** [RǝpRɔdyksjɔ̃] *nf* reproduction ; **~ interdite** all rights (of reproduction) reserved.

**reproduire** [RǝpRɔduiR] *vt* to reproduce ; **se ~** *vi* (*BIO*) to reproduce ; (*recommencer*) to recur, re-occur.

**réprouvé, e** [RepRuve] *nm/f* reprobate.

**réprouver** [RepRuve] *vt* to reprove.

**reptation** [Reptasjɔ̃] *nf* crawling.

**reptile** [Reptil] *nm* reptile.

**repu, e** [Rǝpy] *a* satisfied, sated.

**républicain, e** [Repyblikɛ̃, -ɛn] *a, nm/f* republican.

**république** [Repyblik] *nf* republic ; **la R~ fédérale allemande** the Federal Republic of Germany.

**répudier** [Repydje] *vt* (*femme*) to repudiate ; (*doctrine*) to renounce.

**répugnance** [Repyɲɑ̃s] *nf* repugnance, loathing.

**répugnant, e** [Repyɲɑ̃, -ɑ̃t] *a* repulsive ; loathsome.

**répugner** [Repyɲe]: **~ à** *vt*: **~ à qn** to repel *ou* disgust sb ; **~ à faire** to be loath *ou* reluctant to do.

**répulsion** [Repylsjɔ̃] *nf* repulsion.

**réputation** [Repytasjɔ̃] *nf* reputation ; **réputé, e** *a* renowned.

**requérir** [RǝkeRiR] *vt* (*nécessiter*) to require, call for ; (*au nom de la loi*) to call upon ; (*JUR: peine*) to call for, demand.

**requête** [Rǝkɛt] *nf* request, petition ; (*JUR*) petition.

**requiem** [Rekɥijɛm] *nm* requiem.

**requin** [Rǝkɛ̃] *nm* shark.

**requis, e** [Rǝki, -iz] *pp de* **requérir** // *a* required.

**réquisition** [Rekizisjɔ̃] *nf* requisition ; **réquisitionner** *vt* to requisition.

**réquisitoire** [Rekizitwaʀ] *nm* (*JUR*) closing speech for the prosecution ; (*fig*): **~ contre** indictment of.

**R.E.R.** *sigle m* (= *réseau express régional*) Greater Paris high speed commuter train.

**rescapé, e** [Rɛskape] *nm/f* survivor.

**rescousse** [Rɛskus] *nf*: **aller à la ~ de qn** to go to sb's aid *ou* rescue ; **appeler qn à la ~** to call on sb for help.

**réseau, x** [Rezo] *nm* network.

**réservation** [Rezɛrvasjɔ̃] *nf* booking, reservation.

**réserve** [RezɛRv(ǝ)] *nf* (*gén*) reserve ; (*entrepôt*) storeroom ; (*restriction, aussi: d'Indiens*) reservation ; (*de pêche, chasse*) preserve ; **sous ~ de** subject to ; **sans ~** ad unreservedly ; **de ~** (*provisions etc*) in reserve.

**réservé, e** [RezɛRve] *a* (*discret*) reserved ; (*chasse, pêche*) private ; **~ à/pour** reserved for.

**réserver** [RezɛRve] *vt* (*gén*) to reserve ; (*retenir: par une agence, au guichet*) to book, reserve ; (*mettre de côté, garder*): **~ qch pour/à** to keep *ou* save sth for ; **~ qch à qn** to reserve (*ou* book) sth for sb ; (*fig: destiner*) to have sth in store for sb ; **se ~ le droit de faire** to reserve the right to do.

**réserviste** [RezɛRvist(ǝ)] *nm* reservist.

**réservoir** [RezɛRvwaR] *nm* tank ; (*plan d'eau*) reservoir.

**résidence** [Rezidɑ̃s] *nf* residence ; **~ secondaire** second home ; **(en) surveillée** (under) house arrest ; **résidentiel, le** *a* residential.

**résider** [Rezide] *vi*: **~ à/dans/en** to reside in ; **~ dans** (*fig*) to lie in.

**résidu** [Rezidy] *nm* residue *q*.

**résignation** [Reziɲasjɔ̃] *nf* resignation.

**résigner** [Reziɲe] *vt* to relinquish, resign ; **se ~** *vi*: **se ~** (*à qch/faire*) to resign o.s. (to sth/to doing).

**résilier** [Rezilje] *vt* to terminate.

**résille** [Rezij] *nf* (hair)net.

**résine** [Rezin] *nf* resin ; **résiné, e** *a*: **vin résiné** retsina ; **résineux, euse** *a* resinous // *nm* coniferous tree.

**résistance** [ʀezistɑ̃s] nf resistance ; (de réchaud, bouilloire: fil) element.

**résistant, e** [ʀezistɑ̃, -ɑ̃t] a (personne) robust, tough ; (matériau) strong, hard-wearing // nm/f (patriote) Resistance worker ou fighter.

**résister** [ʀeziste] vi to resist ; ~ à vt (assaut, tentation) to resist ; (effort, souffrance) to withstand ; (suj: matériau, plante) to stand up to, withstand ; (personne: désobéir à) to stand up to, oppose.

**résolu, e** [ʀezɔly] pp de **résoudre** // a (ferme) resolute ; être ~ à qch/faire to be set upon sth/doing.

**résolution** [ʀezɔlysjɔ̃] nf solving ; (fermeté, décision) resolution.

**résolve** etc vb voir **résoudre**.

**résonance** [ʀezɔnɑ̃s] nf resonance.

**résonner** [ʀezɔne] vi (cloche, pas) to reverberate, resound ; (salle) to be resonant ; ~ de to resound with.

**résorber** [ʀezɔʀbe]: **se** ~ vi (MÉD) to be resorbed ; (fig) to be reduced ; to be absorbed.

**résoudre** [ʀezudʀ(ə)] vt to solve ; ~ de faire to resolve to do ; se ~ à faire to bring o.s. to do.

**respect** [ʀɛspɛ] nm respect ; **tenir en** ~ to keep at bay.

**respectable** [ʀɛspɛktabl(ə)] a respectable.

**respecter** [ʀɛspɛkte] vt to respect ; **le lexicographe qui se respecte** (fig) any self-respecting lexicographer.

**respectif, ive** [ʀɛspɛktif, -iv] a respective ; **respectivement** ad respectively.

**respectueux, euse** [ʀɛspɛktɥø, -øz] a respectful ; ~ de respectful of.

**respiration** [ʀɛspiʀasjɔ̃] nf breathing q ; **faire une** ~ **complète** to breathe in and out ; ~ **artificielle** artificial respiration.

**respirer** [ʀɛspiʀe] vi to breathe ; (fig) to get one's breath, have a break ; to breathe again // vt to breathe (in), inhale ; (manifester: santé, calme etc) to exude.

**resplendir** [ʀɛsplɑ̃diʀ] vi to shine ; (fig): ~ (de) to be radiant (with).

**responsabilité** [ʀɛspɔ̃sabilite] nf responsibility ; (légale) liability ; **refuser la** ~ **de** to deny responsibility (ou liability) for ; **prendre ses** ~**s** to assume responsibility for one's actions.

**responsable** [ʀɛspɔ̃sabl(ə)] a responsible // nm/f (du ravitaillement etc) person in charge ; (de parti, syndicat) official ; ~ **de** responsible for ; (légalement: de dégâts etc) liable for ; (chargé de) in charge of, responsible for.

**resquiller** [ʀɛskije] vi (au cinéma, au stade) to get in on the sly ; (dans le train) to fiddle a free ride ; **resquilleur, euse** nm/f gatecrasher ; fare dodger.

**ressac** [ʀəsak] nm backwash.

**ressaisir** [ʀəseziʀ]: **se** ~ vi to regain one's self-control ; (équipe sportive) to rally.

**ressasser** [ʀəsase] vt (remâcher) to keep turning over ; (redire) to keep trotting out.

**ressemblance** [ʀəsɑ̃blɑ̃s] nf (visuelle) resemblance, similarity, likeness ; (: ART) likeness ; (analogie, trait commun) similarity.

**ressemblant, e** [ʀəsɑ̃blɑ̃, -ɑ̃t] a (portrait) lifelike, true to life.

**ressembler** [ʀəsɑ̃ble]: ~ à vt to be like ; to resemble ; (visuellement) to look like ; **se** ~ to be (ou look) alike.

**ressemeler** [ʀəsəmle] vt to (re)sole.

**ressentiment** [ʀəsɑ̃timɑ̃] nm resentment.

**ressentir** [ʀəsɑ̃tiʀ] vt to feel ; **se** ~ **de** to feel (ou show) the effects of.

**resserre** [ʀəsɛʀ] nf shed.

**resserrer** [ʀəseʀe] vt (pores) to close ; (nœud, boulon) to tighten (up) ; (fig: liens) to strengthen ; **se** ~ vi (route, vallée) to narrow ; (liens) to strengthen ; **se** ~ (autour de) to draw closer (around) ; to close in (on).

**resservir** [ʀəsɛʀviʀ] vi to do ou serve again // vt: ~ **qch** (à **qn**) to serve sth up again (to sb) ; ~ **de qch** (à **qn**) to give (sb) a second helping of sth ; ~ **qn** (**d'un plat**) to give sb a second helping (of a dish).

**ressort** [ʀəsɔʀ] nm (pièce) spring ; (force morale) spirit ; (recours): **en dernier** ~ as a last resort ; (compétence): **être du** ~ **de** to fall within the competence of.

**ressortir** [ʀəsɔʀtiʀ] vi to go (ou come) out (again) ; (contraster) to stand out ; ~ **de** (résulter de): **il ressort de ceci que** it emerges from this that ; ~ **à** (JUR) to come under the jurisdiction of ; (ADMIN) to be the concern of ; **faire** ~ (fig: souligner) to bring out.

**ressortissant, e** [ʀəsɔʀtisɑ̃, -ɑ̃t] nm/f national.

**ressource** [ʀəsuʀs(ə)] nf: **avoir la** ~ **de** to have the possibility of ; **leur seule** ~ **était de** the only course open to them was to ; ~**s** nfpl resources ; (fig) possibilities.

**ressusciter** [ʀesysite] vt to resuscitate, restore to life ; (fig) to revive, bring back // vi to rise (from the dead).

**restant, e** [ʀɛstɑ̃, -ɑ̃t] a remaining // nm: **le** ~ (**de**) the remainder (of) ; **un** ~ **de** (de trop) some left-over ; (fig: vestige) a remnant ou last trace of.

**restaurant** [ʀɛstoʀɑ̃] nm restaurant ; **manger au** ~ to eat out ; ~ **d'entreprise** staff canteen ; ~ **universitaire** university refectory.

**restaurateur, trice** [ʀɛstoʀatœʀ, -tʀis] nm/f restaurant owner, restaurateur ; (de tableaux) restorer.

**restauration** [ʀɛstoʀasjɔ̃] nf restoration ; (hôtellerie) catering.

**restaurer** [ʀɛstoʀe] vt to restore ; **se** ~ vi to have something to eat.

**restauroute** [ʀɛstoʀut] nm = **restoroute**.

**reste** [ʀɛst(ə)] nm (restant): **le** ~ (**de**) the rest (of) ; (de trop): **un** ~ (**de**) some left-over ; (vestige): **un** ~ **de** a remnant ou last trace of ; (MATH) remainder ; ~**s** nmpl left-overs ; (d'une cité, dépouille mortelle) remains ; **avoir du temps de** ~ to have time to spare ; **ne voulant pas être en** ~ not wishing to be outdone ; **sans demander son** ~ without waiting to hear more ; **du** ~, **au** ~ ad besides, moreover.

**rester** [ʀɛste] vi (dans un lieu, un état, une position) to stay, remain ; (subsister) to remain, be left ; (durer) to last, live on //

*vb impersonnel*: **il reste du pain/2 œufs** there's some bread/there are 2 eggs left (over); **il reste du temps/10 minutes** there's some time/there are 10 minutes left; **il me reste assez de temps** I have enough time left; **ce qui reste à faire** what remains to be done; **ce qui me reste à faire** what remains for me to do; **en** ~ **à** (*stade, menaces*) to go no further than, only go as far as; **restons-en là** let's leave it at that; **y** ~: **il a failli y** ~ he nearly met his end.

**restituer** [Rɛstitɥe] *vt* (*objet, somme*): ~ **qch (à qn)** to return sth (to sb); (*TECH*) to release; to reproduce.

**restoroute** [Rɛstɔrut] *nm* motorway restaurant.

**restreindre** [Rɛstrɛ̃dr(ə)] *vt* to restrict, limit; **se** ~ *vi* (*champ de recherches*) to narrow.

**restriction** [Rɛstriksjɔ̃] *nf* restriction; ~**s** (*mentales*) reservations.

**résultat** [Rezylta] *nm* result; (*conséquence*) outcome *q*, result; (*d'élection etc*) results *pl*; ~**s sportifs** sports results.

**résulter** [Rezylte]: ~ **de** *vt* to result from, be the result of.

**résumé** [Rezyme] *nm* summary, résumé; **en** ~ *ad* in brief; to sum up.

**résumer** [Rezyme] *vt* (*texte*) to summarize; (*récapituler*) to sum up; (*fig*) to epitomize, typify; **se** ~ **à** to come down to.

**résurrection** [Rezyrɛksjɔ̃] *nf* resurrection; (*fig*) revival.

**rétablir** [Retablir] *vt* to restore, re-establish; (*personne: suj: traitement*): ~ **qn** to restore sb to health, help sb recover; (*ADMIN*): ~ **qn dans son emploi** to reinstate sb in his post; **se** ~ *vi* (*guérir*) to recover; (*silence, calme*) to return, be restored; (*GYM etc*): **se** ~ **(sur)** to pull o.s. up (onto); **rétablissement** *nm* restoring; recovery; pull-up.

**rétamer** [Retame] *vt* to re-coat, re-tin.

**retaper** [Rətape] *vt* (*maison, voiture etc*) to do up; (*fam: revigorer*) to buck up; (*redactylographier*) to retype.

**retard** [Rətar] *nm* (*d'une personne attendue*) lateness *q*; (*sur l'horaire, un programme, une échéance*) delay; (*fig: scolaire, mental etc*) backwardness; **en** ~ **(de 2 heures)** (2 hours) late; **avoir un** ~ **de 2 km** (*SPORT*) to be 2 km behind; **avoir du** ~ to be late; (*sur un programme*) to be behind (schedule); **prendre du** ~ (*train, avion*) to be delayed; (*montre*) to lose (time); **sans** ~ *ad* without delay; ~ **à l'allumage** (*AUTO*) retarded spark.

**retardataire** [Rətardatɛr] *nm/f* latecomer.

**retardement** [Rətardəmɑ̃]: **à** ~ *a* delayed action *cpd*; **bombe à** ~ **time bomb**.

**retarder** [Rətarde] *vt* (*sur un horaire*): ~ **qn (d'une heure)** to delay sb (an hour); (*sur un programme*): ~ **qn (de 3 mois)** to set sb back *ou* delay sb (3 months); (*départ, date*): ~ **qch (de 2 jours)** to put sth back (2 days), delay sth (for *ou* by 2 days) // *vi* (*montre*) to be slow; to lose (time); **je retarde (d'une heure)** I'm (an hour) slow.

**retenir** [Rətnir] *vt* (*garder, retarder*) to keep, detain; (*maintenir: objet qui glisse, fig: colère, larmes*) to hold back; (: *objet suspendu*) to hold; (: *chaleur, odeur*) to retain; (*fig: empêcher d'agir*): ~ **qn (de faire)** to hold sb back (from doing); (*se rappeler*) to remember; (*réserver*) to reserve; (*accepter*) to accept; (*prélever*): ~ **qch (sur)** to deduct sth (from); **se** ~ (*se raccrocher*): **se** ~ **à** to hold onto; (*se contenir*): **se** ~ **de faire** to restrain o.s. from doing; ~ **son souffle** *ou* **haleine** to hold one's breath; **je pose 3 et je retiens 2** put down 3 and carry 2.

**retentir** [Rətɑ̃tir] *vi* to ring out; (*salle*): ~ **de** to ring *ou* resound with; ~ **sur** *vt* (*fig*) to have an effect upon.

**retentissant, e** [Rətɑ̃tisɑ̃, -ɑ̃t] *a* resounding; (*fig*) impact-making.

**retentissement** [Rətɑ̃tismɑ̃] *nm* repercussion; effect, impact; stir.

**retenue** [Rətny] *nf* (*prélèvement*) deduction; (*SCOL*) detention; (*modération*) (self-)restraint; (*réserve*) reserve, reticence.

**réticence** [Retisɑ̃s] *nf* hesitation, reluctance *q*.

**rétif, ive** [Retif, -iv] *a* restive.

**rétine** [Retin] *nf* retina.

**retiré, e** [Rətire] *a* secluded.

**retirer** [Rətire] *vt* to withdraw; (*vêtement, lunettes*) to take off, remove; (*extraire*): ~ **qch de** to take sth out of, remove sth from; (*reprendre: bagages, billets*) to collect, pick up; ~ **des avantages de** to derive advantages from; **se** ~ *vi* (*partir, reculer*) to withdraw; (*prendre sa retraite*) to retire; **se** ~ **de** to withraw from; to retire from.

**retombées** [Rətɔ̃be] *nfpl* (*radioactives*) fallout *sg*; (*fig*) fallout; spin-offs.

**retomber** [Rətɔ̃be] *vi* (*à nouveau*) to fall again; (*atterrir: après un saut etc*) to land; (*tomber, redescendre*) to fall back; (*pendre*) to fall, hang (down); (*échoir*): ~ **sur qn** to fall on sb.

**rétorquer** [Retɔrke] *vt*: ~ **(à qn) que** to retort (to sb) that.

**retors, e** [Rətɔr, -ɔrs(ə)] *a* wily.

**rétorsion** [Retɔrsjɔ̃] *nf*: **mesures de** ~ reprisals.

**retouche** [Rətuʃ] *nf* touching up *q*; alteration.

**retoucher** [Rətuʃe] *vt* (*photographie, tableau*) to touch up; (*texte, vêtement*) to alter.

**retour** [Rətur] *nm* return; **au** ~ when we (*ou* they *etc*) get (*ou* got) back; **on the way back**; **être de** ~ **(de)** to be back (from); **par** ~ **du courrier** by return of post; ~ **en arrière** (*CINÉMA*) flashback; (*mesure*) backward step; ~ **offensif** renewed attack.

**retourner** [Rəturne] *vt* (*dans l'autre sens: matelas, crêpe*) to turn (over); (: *caisse*) to turn upside down; (: *sac, vêtement*) to turn inside out; (*fig: argument*) to turn back; (*en remuant: terre, sol, foin*) to turn over; (*émouvoir: personne*) to shake; (*renvoyer, restituer*): ~ **qch à qn** to return sth to sb // *vi* (*aller, revenir*): ~ **quelque part/à** to go back *ou* return somewhere/to; ~ **à**

(*état, activité*) to return to, go back to ; **se ~** *vi* to turn over ; (*tourner la tête*) to turn round ; **se ~ contre** (*fig*) to turn against ; **savoir de quoi il retourne** to know what it is all about ; **~ en arrière** *ou* **sur ses pas** to turn back, retrace one's steps.

**retracer** [ʀətʀase] *vt* to relate, recount.

**rétracter** [ʀetʀakte] *vt*, **se ~** *vi* to retract.

**retraduire** [ʀətʀadɥiʀ] *vt* to translate again ; (*dans la langue de départ*) to translate back.

**retrait** [ʀətʀɛ] *nm* (*voir* **retirer**) withdrawal ; collection ; redemption ; (*voir* **se retirer**) withdrawal ; (*rétrécissement*) shrinkage ; **en ~** a set back ; **~ du permis (de conduire)** disqualification from driving.

**retraite** [ʀətʀɛt] *nf* (*d'une armée*, REL, *refuge*) retreat ; (*d'un employé*) retirement ; (*retirement*) pension ; **être/mettre à la ~** to be retired *ou* in retirement/pension off *ou* retire ; **prendre sa ~** to retire ; **~ anticipée** early retirement ; **~ aux flambeaux** torchlight tattoo ; **retraité, e** *a* retired *nm/f* (*old age*) pensioner.

**retranchement** [ʀətʀɑ̃ʃmɑ̃] *nm* entrenchment.

**retrancher** [ʀətʀɑ̃ʃe] *vt* (*passage, détails*) to take out, remove ; (*nombre, somme*): **qch de** to take *ou* deduct sth from ; (*couper*) to cut off ; **se ~ derrière/dans** to entrench o.s. behind/in ; (*fig*) to take refuge behind/in.

**retransmettre** [ʀətʀɑ̃smɛtʀ(ə)] *vt* (RADIO) to broadcast, relay ; (TV) to show ; **retransmission** *nf* broadcast ; showing.

**retraverser** [ʀətʀavɛʀse] *vt* (*dans l'autre sens*) to cross back over.

**rétrécir** [ʀetʀesiʀ] *vt* (*vêtement*) to take in // *vi* to shrink ; **se ~** *vi* to narrow.

**retremper** [ʀətʀɑ̃pe] *vt*: **se ~ dans** (*fig*) to reimmerse o.s. in.

**rétribuer** [ʀetʀibɥe] *vt* (*travail*) to pay for ; (*personne*) to pay ; **rétribution** *nf* payment.

**rétro** [ʀetʀo] *a inv*: **la mode ~** the nostalgia vogue.

**rétroactif, ive** [ʀetʀoaktif, -iv] *a* retroactive.

**rétrograde** [ʀetʀogʀad] *a* reactionary, backward-looking.

**rétrograder** [ʀetʀogʀade] *vi* (*élève*) to fall back ; (*économie*) to regress ; (AUTO) to change down.

**rétrospective** [ʀetʀospɛktiv] *nf* retrospective exhibition ; season showing old films ; **~ment** *ad* in retrospect.

**retrousser** [ʀətʀuse] *vt* to roll up.

**retrouvailles** [ʀətʀuvɑj] *nfpl* reunion *sg*.

**retrouver** [ʀətʀuve] *vt* (*fugitif, objet perdu*) to find ; (*occasion*) to find again ; (*calme, santé*) to regain ; (*revoir*) to see again ; (*rejoindre*) to meet (again), join ; **se ~** *vi* to meet ; (*s'orienter*) to find one's way ; **se ~ quelque part** to find o.s. somewhere ; to end up somewhere ; **s'y ~** (*rentrer dans ses frais*) to break even.

**rétroviseur** [ʀetʀovizœʀ] *nm* (rear-view *ou* driving) mirror.

**réunion** [ʀeynjɔ̃] *nf* bringing together ; joining ; (*séance*) meeting ; **l'île de la R~, la R~** Réunion.

**réunir** [ʀeyniʀ] *vt* (*convoquer*) to call together ; (*rassembler*) to gather together ; (*cumuler*) to combine ; (*rapprocher*) to bring together (again), reunite ; (*rattacher*) to join (together) ; **se ~** *vi* (*se rencontrer*) to meet ; (*s'allier*) to unite.

**réussi, e** [ʀeysi] *a* successful.

**réussir** [ʀeysiʀ] *vi* to succeed, be successful ; (*à un examen*) to pass ; (*plante, culture*) to thrive, do well // *vt* to make a success of ; to bring off ; **~ à faire** to succeed in doing ; **~ à qn** to go right for sb ; to agree with sb.

**réussite** [ʀeysit] *nf* success ; (CARTES) patience.

**revaloir** [ʀəvalwaʀ] *vt*: **je vous revaudrai cela** I'll repay you some day ; (*en mal*) I'll pay you back for this.

**revaloriser** [ʀəvaloʀize] *vt* (*monnaie*) to revalue ; (*salaires, pensions*) to raise the level of ; (*institution, tradition*) to reassert the value of.

**revanche** [ʀəvɑ̃ʃ] *nf* revenge ; **prendre sa ~ (sur)** to take one's revenge (on) ; **en ~** on the other hand.

**rêvasser** [ʀɛvase] *vi* to daydream.

**rêve** [ʀɛv] *nm* dream ; (*activité psychique*): **le ~** dreaming ; **~ éveillé** daydreaming *q*, daydream.

**revêche** [ʀəvɛʃ] *a* surly, sour-tempered.

**réveil** [ʀevɛj] *nm* (*d'un dormeur*) waking up *q* ; (*fig*) awakening ; (*pendule*) alarm (clock) ; **au ~** when I (*ou* he) woke up, on waking (up) ; **sonner le ~** (MIL) to sound the reveille.

**réveille-matin** [ʀevɛjmatɛ̃] *nm inv* alarm clock.

**réveiller** [ʀeveje] *vt* (*personne*) to wake up ; (*fig*) to awaken, revive ; **se ~** *vi* to wake up ; (*fig*) to be revived, reawaken.

**réveillon** [ʀevɛjɔ̃] *nm* Christmas Eve ; (*de la Saint-Sylvestre*) New Year's Eve ; Christmas Eve (*ou* New Year's Eve) party *ou* dinner ; **réveillonner** *vi* to celebrate Christmas Eve (*ou* New Year's Eve).

**révélateur, trice** [ʀevelatœʀ, -tʀis] *a*: **~ (de qch)** revealing (sth) // *nm* (PHOTO) developer.

**révélation** [ʀevelasjɔ̃] *nf* revelation.

**révéler** [ʀevele] *vt* (*gén*) to reveal ; (*divulguer*) to disclose, reveal ; (*dénoter*) to reveal, show ; (*faire connaître au public*): **~ qn/qch** to make sb/ sth widely known, bring sb/sth to the public's notice ; **se ~** *vi* to be revealed, reveal itself // *vb avec attribut* to prove (to be).

**revenant, e** [ʀəvnɑ̃, -ɑ̃t] *nm/f* ghost.

**revendeur, euse** [ʀəvɑ̃dœʀ, -øz] *nm/f* (*détaillant*) retailer ; (*d'occasions*) secondhand dealer.

**revendication** [ʀəvɑ̃dikasjɔ̃] *nf* claim, demand ; **journée de ~** day of action (in support of one's claims).

**revendiquer** [ʀəvɑ̃dike] *vt* to claim, demand ; (*responsabilité*) to claim // *vi* to agitate in favour of one's claims.

**revendre** [ʀəvɑ̃dʀ(ə)] *vt* (*d'occasion*) to resell ; (*détailler*) to sell ; (*vendre davantage de*): **~ du sucre/un foulard/deux bagues** to sell more sugar/another scarf/ another two rings ; **à ~** *ad* (*en abondance*) to spare, aplenty.

**revenir** [RəvniR] vi to come back; (CULIN): **faire ~** to brown; (coûter): ~ **cher/à 100 F** (à qn) to cost (sb) a lot/100 F; ~ **à** (études, projet) to return to, go back to; (équivaloir à) to amount to; ~ **à qn** (rumeur, nouvelle) to get back to sb, reach sb's ears; (part, honneur) to go to sb, be sb's; (souvenir, nom) to come back to sb; ~ **de** (fig: maladie, étonnement) to recover from; ~ **sur** (question, sujet) to go back over; (engagement) to go back on; ~ **à la charge** to return to the attack; ~ **à soi** to come round; **n'en pas** ~: **je n'en reviens pas** I can't get over it; ~ **sur ses pas** to retrace one's steps; **cela revient à dire que** it amounts to saying that.

**revente** [Rəvɑ̃t] nf resale.

**revenu** [Rəvny] nm income; (de l'État) revenue; (d'un capital) yield; ~**s** nmpl income sg.

**rêver** [Reve] vi, vt to dream; ~ **de qch/faire** to dream of sth/doing; ~ **à** to dream of.

**réverbération** [ReverberɑsjÔ] nf reflection.

**réverbère** [ReverbeR] nm street lamp ou light.

**réverbérer** [ReverbeRe] vt to reflect.

**révérence** [Reverɑ̃s] nf (vénération) reverence; (salut) bow, curtsey.

**révérend, e** [Reverɑ̃, -ɑ̃d] a: **le ~ père Pascal** the Reverend Father Pascal.

**révérer** [ReveRe] vt to revere.

**rêverie** [RɛvRi] nf daydreaming q, daydream.

**revers** [RəvɛR] nm (de feuille, main) back; (d'étoffe) wrong side; (de pièce, médaille) back, reverse; (TENNIS, PING-PONG) backhand; (de veston) lapel; (de pantalon) turn-up; (fig: échec) setback; **le ~ de la médaille** (fig) the other side of the coin; **prendre à ~** (MIL) to take from the rear.

**réversible** [Reversibl(ə)] a reversible.

**revêtement** [Rəvɛtmɑ̃] nm (de paroi) facing; (des sols) flooring; (de chaussée) surface; (de tuyau etc: enduit) coating.

**revêtir** [RəvetiR] vt (habit) to don, put on; (fig) to take on; ~ **qn de** to dress sb in; (fig) to endow ou invest sb with; ~ **qch de** to cover sth with; (fig) to cloak sth in; ~ **d'un visa** to append a visa to.

**rêveur, euse** [Rɛvœʀ, -øz] a dreamy // nm/f dreamer.

**revient** [Rəvjɛ̃] vb voir **revenir** // nm: **prix de ~** cost price.

**revigorer** [RəvigɔRe] vt to invigorate, brace up; to revive, buck up.

**revirement** [RəviRmɑ̃] nm change of mind; (d'une situation) reversal.

**réviser** [Revize] vt (texte, SCOL: matière) to revise; (comptes) to audit; (machine, installation, moteur) to overhaul, service; (JUR: procès) to review.

**révision** [RevizjÔ] nf revision; auditing q; overhaul; servicing q; review; **conseil de ~** (MIL) recruiting board; **faire ses ~s** (SCOL) to do one's revision, revise; **la ~ des 10000 km** (AUTO) the 10,000 km service.

**revisser** [Rəvise] vt to screw back again.

**revivifier** [Rəvivifjɛ] vt to revitalize.

**revivre** [RəvivR(ə)] vi (reprendre des forces) to come alive again; (traditions) to be revived // vt (épreuve, moment) to relive.

**révocation** [RevɔkasjÔ] nf dismissal; revocation.

**revoir** [RəvwaR] vt to see again; (réviser) to revise // nm: **au ~** goodbye; **dire au ~ à qn** to say goodbye to sb.

**révolte** [Revɔlt(ə)] nf rebellion, revolt.

**révolter** [Revɔlte] vt to revolt; to outrage, appal; **se ~** vi: **se ~** (contre) to rebel (against); **se ~** (à) to be outraged (by).

**révolu, e** [Revɔly] a past; (ADMIN): **âgé de 18 ans ~s** over 18 years of age; **après 3 ans ~s** when 3 full years have passed.

**révolution** [RevɔlysjÔ] nf revolution; **révolutionnaire** a, nm/f revolutionary; **révolutionner** vt to revolutionize; (fig) to stir up.

**revolver** [RevɔlvɛR] nm gun; (à barillet) revolver.

**révoquer** [Revɔke] vt (fonctionnaire) to dismiss, remove from office; (arrêt, contrat) to revoke.

**revue** [Rəvy] nf (inventaire, examen) review; (MIL: défilé) review, march-past; (: inspection) inspection, review; (périodique) review, magazine; (pièce satirique) revue; (de music-hall) variety show; **passer en ~** to review, inspect; (fig) to review, survey; to go through.

**révulsé, e** [Revylse] a (yeux) rolled upwards; (visage) contorted.

**rez-de-chaussée** [Redʃose] nm inv ground floor.

**RF** sigle = République Française.

**rhabiller** [Rabije] vt: **se ~** to get dressed again, put one's clothes on again.

**rhapsodie** [Rapsɔdi] nf rhapsody.

**rhénan, e** [Renɑ̃, -an] a Rhine cpd.

**Rhénanie** [Renani] nf: **la ~** the Rhineland.

**rhésus** [Rezys] a, nm rhesus.

**rhétorique** [RetɔRik] nf rhetoric.

**rhéto-roman, e** [RetɔRɔmɑ̃, -an] a Rhaeto-Romanic.

**Rhin** [Rɛ̃] nm: **le ~** the Rhine.

**rhinocéros** [RinɔseRɔs] nm rhinoceros.

**rhodanien, ne** [Rɔdanjɛ̃, -jɛn] a Rhone cpd.

**Rhodésie** [Rɔdezi] nf: **la ~** Rhodesia; **rhodésien, ne** a Rhodesian.

**rhododendron** [RɔdɔdɛdRÔ] nm rhododendron.

**Rhône** [Ron] nm: **le ~** the Rhone.

**rhubarbe** [Rybarb(ə)] nf rhubarb.

**rhum** [Rɔm] nm rum.

**rhumatisant, e** [Rymatizɑ̃, -ɑ̃t] nm/f rheumatic.

**rhumatismal, e, aux** [Rymatismal, -o] a rheumatic.

**rhumatisme** [Rymatism(ə)] nm rheumatism q.

**rhume** [Rym] nm cold; ~ **de cerveau** head cold; **le ~ des foins** hay fever.

**ri** [Ri] pp de **rire**.

**riant, e** [Rjɑ̃, -ɑ̃t] a smiling, cheerful.

**ribambelle** [Ribɑ̃bɛl] nf: **une ~ de** a herd ou swarm of.

**ricaner** [Rikane] vi (avec méchanceté) to snigger; (bêtement, avec gêne) to giggle.

**riche** [Riʃ] a (gén) rich; (personne, pays) rich, wealthy; ~ **en** rich in; ~ **de** full of; rich in; **richesse** nf wealth; (fig) richness; **richesses** nfpl wealth sg; treasures; **richesse en vitamines** high vitamin content.

**ricin** [Risɛ̃] nm: **huile de** ~ castor oil.

**ricocher** [Rikɔʃe] vi: ~ **(sur)** to rebound (off); (sur l'eau) to bounce (on ou off); **faire** ~ (galet) to skim.

**ricochet** [Rikɔʃɛ] nm rebound; bounce; **faire des** ~s to skim pebbles; **par** ~ ad on the rebound; (fig) as an indirect result.

**rictus** [Riktys] nm grin; (snarling) grimace.

**ride** [Rid] nf wrinkle; (fig) ripple.

**ridé, e** [Ride] a wrinkled.

**rideau, x** [Rido] nm curtain; ~ **de fer** metal shutter; (POL): **le** ~ **de fer** the Iron Curtain.

**ridelle** [Ridɛl] nf slatted side.

**rider** [Ride] vt to wrinkle; (fig) to ripple; to ruffle the surface of; **se** ~ vi (avec l'âge) to become wrinkled; (de contrariété) to wrinkle.

**ridicule** [Ridikyl] a ridiculous // nm ridiculousness q; **le** ~ **ridicule**; **tourner en** ~ to ridicule; **ridiculiser** vt to ridicule; **se ridiculiser** to make a fool of o.s.

**rie** vb voir **rire**.

**rien** [Rjɛ̃] pronom nothing; (quelque chose) anything; **ne** ... ~ nothing, tournure négative + anything // nm nothing; ~ **d'autre** nothing else; ~ **du tout** nothing at all; ~ **que** just, only; nothing but; **il n'a** ~ (n'est pas blessé) he's all right; **un petit** ~ (cadeau) a little something; **des** ~s trivia pl.

**rieur, euse** [RjœR, -øz] a cheerful, merry.

**rigide** [Riʒid] a stiff; (fig) rigid; strict; **rigidité** nf stiffness; **la rigidité cadavérique** rigor mortis.

**rigolade** [Rigɔlad] nf: **la** ~ fun; (fig): **c'est de la** ~ it's a cinch; it's a big farce.

**rigole** [Rigɔl] nf (conduit) channel; (filet d'eau) rivulet.

**rigoler** [Rigɔle] vi (rire) to laugh; (s'amuser) to have (some) fun; (plaisanter) to be joking ou kidding.

**rigolo, ote** [Rigɔlo, -ɔt] a (fam) funny // nm/f comic; (péj) fraud, phoney.

**rigoureux, euse** [RiguRø, -øz] a (morale) rigorous, strict; (personne) stern, strict; (climat, châtiment) rigorous, harsh, severe; (interdiction, neutralité) strict; (preuves, analyse, méthode) rigorous.

**rigueur** [RigœR] nf rigour; strictness; harshness; **'tenue de soirée de** ~' 'evening dress (to be worn)'; **être de** ~ to be the usual thing ou be the rule; **à la** ~ at a pinch; possibly; **tenir** ~ **à qn de qch** to hold sth against sb.

**rillettes** [Rijɛt] nfpl potted meat sg.

**rime** [Rim] nf rhyme; **rimer** vi: **rimer (avec)** to rhyme (with); **ne rimer à rien** not to make sense.

**rinçage** [Rɛ̃saʒ] nm rinsing (out); (opération) rinse.

**rince-doigts** [Rɛ̃sdwa] nm inv finger-bowl.

**rincer** [Rɛ̃se] vt to rinse; (récipient) to rinse out.

**ring** [Riŋ] nm (boxing) ring.

**rions** vb voir **rire**.

**ripaille** [Ripaj] nf: **faire** ~ to feast.

**ripoliné, e** [Ripoline] a enamel-painted.

**riposte** [Ripɔst(ə)] nf retort, riposte; (fig) counter-attack, reprisal.

**riposter** [Ripɔste] vi to retaliate // vt: ~ **que** to retort that; ~ **à** vt to counter; to reply to.

**rire** [RiR] vi to laugh; (se divertir) to have fun // nm laugh; **le** ~ laughter; ~ **de** vt to laugh at; **se** ~ **de** to make light of; **pour** ~ (pas sérieusement) for a joke ou a laugh.

**ris** [Ri] vb voir **rire** // nm: ~ **de veau** (calf) sweetbread.

**risée** [Rize] nf: **être la** ~ **de** to be the laughing stock of.

**risette** [Rizɛt] nf: **faire** ~ **(à)** to give a nice little smile (to).

**risible** [Rizibl(ə)] a laughable, ridiculous.

**risque** [Risk(ə)] nm risk; **le** ~ danger; **prendre des** ~s to take risks; **à ses** ~s **et périls** at his own risk; **au** ~ **de** at the risk of.

**risqué, e** [Riske] a risky; (plaisanterie) risqué, daring.

**risquer** [Riske] vt to risk; (allusion, question) to venture, hazard; **tu risques qu'on te renvoie** you risk being dismissed; **ça ne risque rien** it's quite safe; ~ **de: il risque de se tuer** he could get ou risks getting himself killed; **il a risqué de se tuer** he almost got himself killed; **ce qui risque de se produire** what might ou could well happen; **il ne risque pas de recommencer** there's no chance of him doing that again; **se** ~ **dans** (s'aventurer) to venture into; **se** ~ **à faire** (tenter) to venture ou dare to do; **risque-tout** nm/f inv daredevil.

**rissoler** [Risole] vi, vt: **(faire)** ~ to brown.

**ristourne** [RistuRn(ə)] nf rebate.

**rite** [Rit] nm rite; (fig) ritual.

**ritournelle** [RituRnɛl] nf (fig) tune.

**rituel, le** [Rituɛl] a, nm ritual.

**rivage** [Rivaʒ] nm shore.

**rival, e, aux** [Rival, -o] a, nm/f rival.

**rivaliser** [Rivalize] vi: ~ **avec** to rival, vie with; (être comparable) to hold its own against, compare with; ~ **avec qn de** (élégance etc) to vie with ou rival sb in.

**rivalité** [Rivalite] nf rivalry.

**rive** [Riv] nf shore; (de fleuve) bank.

**river** [Rive] vt (clou, pointe) to clinch; (plaques) to rivet together; **être rivé sur/à** to be riveted on/to.

**riverain, e** [RivRɛ̃, -ɛn] a riverside cpd; lakeside cpd; roadside cpd // nm/f riverside (ou lakeside) resident; local ou roadside resident.

**rivet** [Rivɛ] nm rivet; **riveter** vt to rivet (together).

**rivière** [RivjɛR] nf river; ~ **de diamants** diamond rivière.

**rixe** [Riks(ə)] nf brawl, scuffle.

**riz** [Ri] nm rice; ~ **au lait** rice pudding; **rizière** nf paddy-field.

**R.N.** sigle f = **route nationale**, voir **national**.

**robe** [ʀɔb] *nf* dress; (*de juge, d'ecclésiastique*) robe; (*de professeur*) gown; (*pelage*) coat; ~ **de soirée/de mariée** evening/ wedding dress; ~ **de baptême** christening robe; ~ **de chambre** dressing gown; ~ **de grossesse** maternity dress.

**robinet** [ʀɔbinɛ] *nm* tap; ~ **du gaz** gas tap; ~ **mélangeur** mixer tap; **robinetterie** *nf* taps *pl*, plumbing.

**roboratif, ive** [ʀɔbɔʀatif, -iv] *a* bracing, invigorating.

**robot** [ʀɔbo] *nm* robot.

**robuste** [ʀɔbyst(ə)] *a* robust, sturdy.

**roc** [ʀɔk] *nm* rock.

**rocade** [ʀɔkad] *nf* (AUTO) by-road, bypass.

**rocaille** [ʀɔkaj] *nf* loose stones *pl*; rocky *ou* stony ground; (*jardin*) rockery, rock garden // *a* (*style*) rocaille; **rocailleux, euse** *a* rocky, stony; (*voix*) harsh.

**rocambolesque** [ʀɔkɑ̃bɔlɛsk(ə)] *a* fantastic, incredible.

**roche** [ʀɔʃ] *nf* rock.

**rocher** [ʀɔʃe] *nm* rock; (ANAT) petrosal bone.

**rochet** [ʀɔʃɛ] *nm:* **roue à** ~ **rachet** wheel.

**rocheux, euse** [ʀɔʃø, -øz] *a* rocky.

**rock (and roll)** [ʀɔk(ɛnʀɔl)] *nm* (*musique*) rock(-'n'-roll); (*danse*) jive.

**rodage** [ʀɔdaʒ] *nm* running in; **en** ~ (AUTO) running in.

**rodéo** [ʀɔdeo] *nm* rodeo (*pl* s).

**roder** [ʀɔde] *vt* (*moteur, voiture*) to run in.

**rôder** [ʀode] *vi* to roam *ou* wander about; (*de façon suspecte*) to lurk *ou* loiter (about *ou* around); **rôdeur, euse** *nm/f* prowler.

**rodomontades** [ʀɔdɔmɔ̃tad] *nfpl* bragging *sg*; sabre rattling *sg*.

**rogatoire** [ʀɔgatwaʀ] *a:* **commisson** ~ letters rogatory.

**rogne** [ʀɔɲ] *nf:* **être en** ~ to be ratty *ou* in a temper.

**rogner** [ʀɔɲe] *vt* to trim; to clip; (*fig*) to whittle down; ~ **sur** (*fig*) to cut down *ou* back on.

**rognons** [ʀɔɲɔ̃] *nmpl* kidneys.

**rognures** [ʀɔɲyʀ] *nfpl* trimmings; clippings.

**rogue** [ʀɔg] *a* arrogant.

**roi** [ʀwa] *nm* king; **le jour** *ou* **la fête des R~s, les** ~**s** Twelfth Night.

**roitelet** [ʀwatlɛ] *nm* wren; (*péj*) kinglet.

**rôle** [ʀol] *nm* role; (*contribution*) part.

**rollmops** [ʀɔlmɔps] *nm* rollmop.

**romain, e** [ʀɔmɛ̃, -ɛn] *a, nm/f* Roman // *nf* (BOT) cos (lettuce).

**roman, e** [ʀɔmɑ̃, -an] *a* (ARCHIT) Romanesque; (LING) Romance, Romanic // *nm* novel; ~ **d'espionnage** spy novel *ou* story; ~ **photo** romantic picture story.

**romance** [ʀɔmɑ̃s] *nf* ballad.

**romancer** [ʀɔmɑ̃se] *vt* to make into a novel; to romanticize.

**romanche** [ʀɔmɑ̃ʃ] *a, nm* Romansh.

**romancier, ière** [ʀɔmɑ̃sje, -jɛʀ] *nm/f* novelist.

**romand, e** [ʀɔmɑ̃, -ɑ̃d] *a* of *ou* from French-speaking Switzerland.

**romanesque** [ʀɔmanɛsk(ə)] *a* (*fantastique*) fantastic; storybook *cpd*;

(*sentimental*) romantic; (LITTÉRATURE) novelistic.

**roman-feuilleton** [ʀɔmɑ̃fœjtɔ̃] *nm* serialized novel.

**romanichel, le** [ʀɔmaniʃɛl] *nm/f* gipsy.

**romantique** [ʀɔmɑ̃tik] *a* romantic.

**romantisme** [ʀɔmɑ̃tism(ə)] *nm* romanticism.

**romarin** [ʀɔmaʀɛ̃] *nm* rosemary.

**Rome** [ʀɔm] *nf* Rome.

**rompre** [ʀɔ̃pʀ(ə)] *vt* to break; (*entretien, fiançailles*) to break off // *vi* (*fiancés*) to break it off; **se** ~ *vi* to break; (MÉD) to burst, rupture; **se** ~ **les os** *ou* **le cou** to break one's neck; ~ **avec** to break with; **rompez (les rangs)!** (MIL) dismiss!, fall out!

**rompu, e** [ʀɔ̃py] *a* (*fourbu*) exhausted, worn out; ~ **à** with wide experience of; inured to.

**romsteak** [ʀɔ̃mstɛk] *nm* rumpsteak *q*.

**ronce** [ʀɔ̃s] *nf* (BOT) bramble branch; (MENUISERIE): ~ **de noyer** burr walnut; ~**s** *nfpl* brambles, thorns.

**ronchonner** [ʀɔ̃ʃɔne] *vi* (*fam*) to grouse, grouch.

**rond, e** [ʀɔ̃, ʀɔ̃d] *a* round; (*joues, mollets*) well-rounded; (*fam: ivre*) tight // *nm* (*cercle*) ring; (*fam: sou*) **je n'ai plus un** ~ I haven't a penny left // *nf* (*gén: de surveillance*) rounds *pl*, patrol; (*danse*) round (dance); (MUS) semibreve; **en** ~ (*s'asseoir, danser*) in a ring; **à la** ~**e** (*alentour*): **à 10 km à la** ~**e** for 10 km round; (*à chacun son tour*): **passer qch à la** ~**e** to pass sth (a)round; **faire des** ~**s de jambe** to bow and scrape; ~**de serviette** serviette ring; ~**-de-cuir** *nm* (*péj*) penpusher; **rondelet, te** *a* plump.

**rondelle** [ʀɔ̃dɛl] *nf* (TECH) washer; (*tranche*) slice, round.

**rondement** [ʀɔ̃dmɑ̃] *ad* briskly; frankly.

**rondeur** [ʀɔ̃dœʀ] *nf* (*d'un bras, des formes*) plumpness; (*bonhomie*) friendly straightforwardness; ~**s** *nfpl* (*d'une femme*) curves.

**rondin** [ʀɔ̃dɛ̃] *nm* log.

**rond-point** [ʀɔ̃pwɛ̃] *nm* roundabout.

**ronéotyper** [ʀɔneotipe] *vt* to duplicate, roneo.

**ronflant, e** [ʀɔ̃flɑ̃, -ɑ̃t] *a* (*péj*) high-flown, grand.

**ronflement** [ʀɔ̃fləmɑ̃] *nm* snore, snoring *q*.

**ronfler** [ʀɔ̃fle] *vi* to snore; (*moteur, poêle*) to hum; to roar.

**ronger** [ʀɔ̃ʒe] *vt* to gnaw (at); (*suj: vers, rouille*) to eat into; ~ **son frein** to champ (at) the bit; **se** ~ **de souci, se** ~ **les sangs** to worry o.s. sick, fret; **se** ~ **les ongles** to bite one's nails; **rongeur, euse** *nm/f* rodent.

**ronronner** [ʀɔ̃ʀɔne] *vi* to purr.

**roque** [ʀɔk] *nm* (ÉCHECS) castling; **roquer** *vi* to castle.

**roquet** [ʀɔkɛ] *nm* nasty little lap-dog.

**roquette** [ʀɔkɛt] *nf* rocket.

**rosace** [ʀozas] *nf* (*vitrail*) rose window, rosace; (*motif: de plafond etc*) rose.

**rosaire** [ʀozɛʀ] *nm* rosary.

**rosbif** [ʀɔsbif] *nm:* **du** ~ roasting beef; (*cuit*) roast beef; **un** ~ a joint of beef.

**rose** [ʀoz] nf rose ; (*vitrail*) rose window // a pink ; ~ **bonbon** a inv candy pink ; ~ **des vents** compass card.

**rosé, e** [ʀoze] a pinkish ; (*vin*) ~ rosé (wine).

**roseau, x** [ʀozo] nm reed.

**rosée** [ʀoze] nf dew ; **goutte de** ~ dewdrop.

**roseraie** [ʀozʀɛ] nf rose garden ; (*plantation*) rose nursery.

**rosette** [ʀozɛt] nf rosette (*gen of the Légion d'honneur*).

**rosier** [ʀozje] nm rosebush, rose tree.

**rosir** [ʀoziʀ] vi to go pink.

**rosse** [ʀɔs] nf (*péj: cheval*) nag // a nasty, vicious.

**rosser** [ʀɔse] vt (*fam*) to thrash.

**rossignol** [ʀɔsiɲɔl] nm (ZOOL) nightingale ; (*crochet*) picklock.

**rot** [ʀo] nm belch ; (*de bébé*) burp.

**rotatif, ive** [ʀɔtatif, -iv] a rotary // nf rotary press.

**rotation** [ʀɔtɑsjɔ̃] nf rotation ; (*fig*) rotation, swap-around ; turnover ; **par** ~ on a rota basis ; ~ **des cultures** rotation of crops ; ~ **des stocks** stock turnover.

**roter** [ʀɔte] vi (*fam*) to burp, belch.

**rôti** [ʀoti] nm: **du** ~ roasting meat ; (*cuit*) roast meat ; **un** ~ **de bœuf/porc** a joint of beef/pork.

**rotin** [ʀɔtɛ̃] nm rattan (cane) ; **fauteuil en** ~ cane (arm)chair.

**rôtir** [ʀotiʀ] vt (*aussi*: **faire** ~) to roast // vi to roast ; **se** ~ **au soleil** to bask in the sun ; **rôtisserie** nf steakhouse ; roast meat counter (*ou* shop) ; **rôtissoire** nf (roasting) spit.

**rotonde** [ʀɔtɔ̃d] nf (ARCHIT) rotunda ; (RAIL) engine shed.

**rotondité** [ʀɔtɔ̃dite] nf roundness.

**rotor** [ʀɔtɔʀ] nm rotor.

**rotule** [ʀɔtyl] nf kneecap, patella.

**roturier, ière** [ʀɔtyʀje, -jɛʀ] nm/f commoner.

**rouage** [ʀwaʒ] nm cog(wheel), gearwheel ; (*de montre*) part ; (*fig*) cog ; ~**s** (*fig*) internal structure sg.

**roublard, e** [ʀublaʀ, -aʀd(ə)] a (*péj*) crafty, wily.

**rouble** [ʀubl(ə)] nm rouble.

**roucouler** [ʀukule] vi to coo ; (*fig: péj*) to warble.

**roue** [ʀu] nf wheel ; **faire la** ~ (*paon*) to spread ou fan its tail ; (GYM) to do a cartwheel ; **descendre en** ~ **libre** to freewheel ou coast down ; ~ **à aubes** paddle wheel ; ~ **dentée** cogwheel ; ~ **de secours** spare wheel.

**roué, e** [ʀwe] a wily.

**rouer** [ʀwe] vt: ~ **qn de coups** to give sb a thrashing.

**rouet** [ʀwɛ] nm spinning wheel.

**rouge** [ʀuʒ] a, nm/f red // nm red ; (*fard*) rouge ; (*vin*) ~ red wine ; **passer au** ~ (*signal*) to go red ; (*automobiliste*) to go through the red lights ; **porter au** ~ (*métal*) to bring to red heat ; ~ (**à lèvres**) lipstick ; **rougeâtre** a reddish ; ~**-gorge** nm robin (redbreast).

**rougeole** [ʀuʒɔl] nf measles sg.

**rougeoyer** [ʀuʒwaje] vi to glow red.

**rouget** [ʀuʒɛ] nm mullet.

**rougeur** [ʀuʒœʀ] nf redness ; (*du visage*) red face ; ~**s** nfpl (MÉD) red blotches.

**rougir** [ʀuʒiʀ] vi (*de honte, timidité*) to blush, flush ; (*de plaisir, colère*) to flush ; (*fraise, tomate*) to go ou turn red ; (*ciel*) to redden.

**rouille** [ʀuj] nf rust // a inv rust-coloured, rusty.

**rouillé, e** [ʀuje] a rusty.

**rouiller** [ʀuje] vt to rust // vi to rust, go rusty ; **se** ~ vi to rust ; (*fig*) to become rusty ; to grow stiff.

**roulade** [ʀulad] nf (GYM) roll ; (CULIN) rolled meat q ; (MUS) roulade, run.

**roulant, e** [ʀulɑ̃, -ɑ̃t] a (*meuble*) on wheels ; (*surface, trottoir*) moving ; **matériel** ~ (RAIL) rolling stock ; **personnel** ~ (RAIL) train crews pl.

**rouleau, x** [ʀulo] nm (*de papier, tissu, pièces de monnaie, SPORT*) roll ; (*de machine à écrire*) roller, platen ; (*à mise en plis, à peinture, vague*) roller ; ~ **compresseur** steamroller ; ~ **à pâtisserie** rolling pin ; ~ **de pellicule** roll of film.

**roulement** [ʀulmɑ̃] nm (*bruit*) rumbling q, rumble ; (*rotation*) rotation ; turnover ; **par** ~ on a rota basis ; ~ (**à billes**) ball bearings pl ; ~ **de tambour** drum roll.

**rouler** [ʀule] vt to roll ; (*papier, tapis*) to roll up ; (CULIN: *pâte*) to roll out ; (*fam*) to do, con // vi (*bille, boule*) to roll ; (*voiture, train*) to go, run ; (*automobiliste*) to drive ; (*cycliste*) to ride ; (*bateau*) to roll ; (*tonnerre*) to rumble, roll ; (*dégringoler*): ~ **en bas de** to roll down ; ~ **sur** (*suj: conversation*) to turn on ; **se** ~ **dans** (*boue*) to roll in ; (*couverture*) to roll o.s. (up) in ; ~ **les épaules/hanches** to sway one's shoulders/wiggle one's hips.

**roulette** [ʀulɛt] nf (*de table, fauteuil*) castor ; (*de pâtissier*) pastry wheel ; (*jeu*): **la** ~ roulette ; **à** ~**s** on castors.

**roulis** [ʀuli] nm roll(ing).

**roulotte** [ʀulɔt] nf caravan.

**roumain, e** [ʀumɛ̃, -ɛn] a, nm/f Romanian.

**Roumanie** [ʀumani] nf Romania.

**roupiller** [ʀupije] vi (*fam*) to sleep.

**rouquin, e** [ʀukɛ̃, -in] nm/f (*péj*) redhead.

**rouspéter** [ʀuspete] vi (*fam*) to moan, grouse.

**rousse** [ʀus] a voir **roux**.

**rousseur** [ʀusœʀ] nf: **tache de** ~ freckle.

**roussi** [ʀusi] nm: **ça sent le** ~ there's a smell of burning ; (*fig*) I can smell trouble.

**roussir** [ʀusiʀ] vt to scorch // vi (*feuilles*) to go ou turn brown ; (CULIN): **faire** ~ to brown.

**route** [ʀut] nf road ; (*fig: chemin*) way ; (*itinéraire, parcours*) route ; (*fig: voie*) road, path ; **par** (**la**) ~ by road ; **il y a 3h de** ~ it's a 3-hour ride ou journey ; **en** ~ ad on the way ; **mettre en** ~ to start up ; **se mettre en** ~ to set off ; **faire** ~ **vers** to head towards ; **routier, ière** a road cpd // nm (*camionneur*) (long-distance) lorry ou truck driver ; (*restaurant*) ≈ transport café ; (*scout*) ≈ rover // nf (*voiture*) touring car.

**routine** [Rutin] *nf* routine ; **routinier, ière** *a* (*péj*) humdrum ; addicted to routine.

**rouvrir** [RuvRiR] *vt, vi* to reopen, open again ; **se ~** *vi* (*blessure*) to open up again.

**roux, rousse** [Ru, Rus] *a* red ; (*personne*) red-haired // *nm/f* redhead // *nm* (*CULIN*) roux.

**royal, e, aux** [Rwajal, -o] *a* royal ; (*fig*) fit for a king, princely ; blissful ; thorough.

**royaliste** [Rwajalist(ə)] *a, nm/f* royalist.

**royaume** [Rwajom] *nm* kingdom ; (*fig*) realm ; **le R~ Uni** the United Kingdom.

**royauté** [Rwajote] *nf* (*dignité*) kingship ; (*régime*) monarchy.

**R.S.V.P.** *sigle* (= *répondez s'il vous plaît*) R.S.V.P.

**Rte** *abr de* **route.**

**ruade** [Rɥad] *nf* kick.

**ruban** [Rybɑ̃] *nm* (*gén*) ribbon ; (*pour ourlet, couture*) binding ; (*de téléscripteur etc*) tape ; (*d'acier*) strip ; **~ adhésif** adhesive tape.

**rubéole** [Rybeɔl] *nf* German measles *sg*, rubella.

**rubicond, e** [Rybikɔ̃, -ɔ̃d] *a* rubicund, ruddy.

**rubis** [Rybi] *nm* ruby ; (*HORLOGERIE*) jewel.

**rubrique** [RybRik] *nf* (*titre, catégorie*) heading, rubric ; (*PRESSE: article*) column.

**ruche** [Ryʃ] *nf* hive.

**rude** [Ryd] *a* (*barbe, toile*) rough ; (*métier, tâche*) hard, tough ; (*climat*) severe, harsh ; (*bourru*) harsh, rough ; (*fruste*) rugged, tough ; (*fam*) jolly good ; **~ment** *ad* (*tomber, frapper*) hard ; (*traiter, reprocher*) harshly ; (*fam: très*) terribly, jolly ; (: *beaucoup*) jolly hard.

**rudimentaire** [Rydimɑ̃tɛR] *a* rudimentary, basic.

**rudiments** [Rydimɑ̃] *nmpl* rudiments ; basic knowledge *sg* ; basic principles.

**rudoyer** [Rydwaje] *vt* to treat harshly.

**rue** [Ry] *nf* street.

**ruée** [Rɥe] *nf* rush.

**ruelle** [Rɥɛl] *nf* alley(-way).

**ruer** [Rɥe] *vi* (*cheval*) to kick out ; **se ~** *vi*: **se ~ sur** to pounce on ; **se ~ vers/dans/hors de** to rush *ou* dash towards/into/out of ; **~ dans les brancards** to become rebellious.

**rugby** [Rygbi] *nm* Rugby (football) ; **~ à treize/quinze** Rugby League/Union.

**rugir** [RyʒiR] *vi* to roar ; **rugissement** *nm* roar, roaring *q*.

**rugosité** [Rygozite] *nf* roughness ; (*aspérité*) rough patch.

**rugueux, euse** [Rygø, -øz] *a* rough.

**ruine** [Rɥin] *nf* ruin ; **~s** *nfpl* ruins.

**ruiner** [Rɥine] *vt* to ruin ; **ruineux, euse** *a* terribly expensive to buy (*ou* run), ruinous ; extravagant.

**ruisseau, x** [Rɥiso] *nm* stream, brook ; (*caniveau*) gutter ; (*fig*): **~x** de floods of, streams of.

**ruisseler** [Rɥisle] *vi* to stream ; **~ (d'eau)** to be streaming (with water).

**rumeur** [RymœR] *nf* (*bruit confus*) rumbling ; hubbub *q* ; murmur(ing) ; (*nouvelle*) rumour.

**ruminer** [Rymine] *vt* (*herbe*) to ruminate ; (*fig*) to ruminate on *ou* over, chew over

// *vi* (*vache*) to chew the cud, ruminate.

**rumsteak** [Rɔ̃mstɛk] *nm* = **romsteak.**

**rupture** [RyptyR] *nf* (*de câble, digue*) breaking ; (*de tendon*) rupture, tearing ; (*de négociations etc*) breakdown ; (*de contrat*) breach ; (*séparation, désunion*) break-up, split ; **en ~ de ban** at odds with authority.

**rural, e, aux** [RyRal, -o] *a* rural, country *cpd* // *nmpl*: **les ruraux** country people.

**ruse** [Ryz] *nf*: **la ~** cunning, craftiness ; trickery ; **une ~** a trick, a ruse ; **rusé, e** *a* cunning, crafty.

**russe** [Rys] *a, nm, nf* Russian.

**Russie** [Rysi] *nf*: **la ~** Russia.

**rustique** [Rystik] *a* rustic.

**rustre** [RystR(ə)] *nm* boor.

**rut** [Ryt] *nm*: **être en ~** to be in *ou* on heat, be rutting.

**rutabaga** [Rytabaga] *nm* swede.

**rutilant, e** [Rytilɑ̃, -ɑ̃t] *a* gleaming.

**rythme** [Ritm(ə)] *nm* rhythm ; (*vitesse*) rate ; (: *de la vie*) pace, tempo ; **au ~ de 10 par jour** at the rate of 10 a day ; **rythmé, e** *a* rhythmic(al) ; **rythmique** *a* rhythmic(al) // *nf* rhythmics *sg*.

# S

**s'** [s] *pronom voir* **se.**

**sa** [sa] *dét voir* **son.**

**S.A.** *sigle voir* **société.**

**sable** [sabl(ə)] *nm* sand ; **~s mouvants** quicksand(s).

**sablé** [sable] *nm* shortbread biscuit.

**sabler** [sable] *vt* to sand ; (*contre le verglas*) to grit ; **~ le champagne** to drink champagne.

**sableux, euse** [sablø, -øz] *a* sandy.

**sablier** [sablije] *nm* hourglass ; (*de cuisine*) egg timer.

**sablière** [sablijɛR] *nf* sand quarry.

**sablonneux, euse** [sablɔnø, -øz] *a* sandy.

**saborder** [sabɔRde] *vt* (*navire*) to scuttle ; (*fig*) to wind up, shut down.

**sabot** [sabo] *nm* clog ; (*de cheval, bœuf*) hoof ; **~ de frein** brake shoe.

**sabotage** [sabɔtaʒ] *nm* sabotage.

**saboter** [sabɔte] *vt* to sabotage ; **saboteur, euse** *nm/f* saboteur.

**sabre** [sɑbR(ə)] *nm* sabre.

**sac** [sak] *nm* bag ; (*à charbon etc*) sack ; (*pillage*) sack(ing) ; **mettre à ~** to sack ; **~ à provisions/de voyage** shopping/travelling bag ; **~ de couchage** sleeping bag ; **~ à dos** rucksack ; **~ à main** handbag.

**saccade** [sakad] *nf* jerk ; **par ~s** jerkily ; haltingly.

**saccager** [sakaʒe] *vt* (*piller*) to sack, lay waste ; (*dévaster*) to create havoc in, wreck.

**saccharine** [sakaRin] *nf* saccharin(e).

**sacerdoce** [sasɛRdɔs] *nm* priesthood ; (*fig*) calling, vocation ; **sacerdotal, e, aux** *a* priestly, sacerdotal.

**sache** *etc vb voir* **savoir.**

**sachet** [saʃɛ] *nm* (small) bag ; (*de lavande, poudre, shampooing*) sachet ; **~ de thé** tea bag.

**sacoche** [sakɔʃ] *nf* (*gén*) bag ; (*de bicyclette*) saddlebag ; (*du facteur*) (post-)bag ; (*d'outils*) toolbag.

**sacre** [sakʀ(ə)] *nm* coronation ; consecration.

**sacré, e** [sakʀe] *a* sacred ; (*fam: satané*) blasted ; (: *fameux*) : **un ~ ...** a heck of a ... ; (*ANAT*) sacral.

**sacrement** [sakʀəmɑ̃] *nm* sacrament ; **les derniers ~s** the last rites.

**sacrer** [sakʀe] *vt* (*roi*) to crown ; (*évêque*) to consecrate // *vi* to curse, swear.

**sacrifice** [sakʀifis] *nm* sacrifice.

**sacrifier** [sakʀifje] *vt* to sacrifice ; **~ à** *vt* to conform to ; **articles sacrifiés** (*COMM*) items given away at knock-down prices.

**sacrilège** [sakʀilɛʒ] *nm* sacrilege // *a* sacrilegious.

**sacristain** [sakʀistɛ̃] *nm* sexton ; sacristan.

**sacristie** [sakʀisti] *nf* sacristy ; (*culte protestant*) vestry.

**sacro-saint, e** [sakʀɔsɛ̃, -sɛ̃t] *a* sacrosanct.

**sadique** [sadik] *a* sadistic // *nm/f* sadist.

**sadisme** [sadism(ə)] *nm* sadism.

**safari** [safaʀi] *nm* safari ; **faire un ~** to go on safari ; **~-photo** *nm* photographic safari.

**safran** [safʀɑ̃] *nm* saffron.

**sagace** [sagas] *a* sagacious, shrewd.

**sagaie** [sagɛ] *nf* assegai.

**sage** [saʒ] *a* wise ; (*enfant*) good // *nm* wise man ; sage.

**sage-femme** [saʒfam] *nf* midwife (*pl* wives).

**sagesse** [saʒɛs] *nf* wisdom.

**Sagittaire** [saʒitɛʀ] *nm*: **le ~** Sagittarius, the Archer ; **être du ~** to be Sagittarius.

**Sahara** [saaʀa] *nm*: **le ~** the Sahara (desert).

**saharienne** [saaʀjɛn] *nf* safari jacket.

**saignant, e** [sɛɲɑ̃, -ɑ̃t] *a* (*viande*) rare ; (*blessure, plaie*) bleeding.

**saignée** [seɲe] *nf* (*MÉD*) bleeding *q*, bloodletting *q* ; (*ANAT*): **le ~ du bras** the bend of the arm ; (*fig*) heavy losses *pl* ; savage cut.

**saignement** [sɛɲmɑ̃] *nm* bleeding ; **~ de nez** nosebleed.

**saigner** [seɲe] *vi* to bleed // *vt* to bleed ; (*animal*) to kill (by bleeding) ; **~ du nez** to have a nosebleed.

**saillant, e** [sajɑ̃, -ɑ̃t] *a* (*pommettes, menton*) prominent ; (*corniche etc*) projecting ; (*fig*) salient, outstanding.

**saillie** [saji] *nf* (*sur un mur etc*) projection ; (*trait d'esprit*) witticism ; (*accouplement*) covering, serving ; **faire ~** to project, stick out.

**saillir** [sajiʀ] *vi* to project, stick out ; (*veine, muscle*) to bulge // *vt* (*ÉLEVAGE*) to cover, serve.

**sain, e** [sɛ̃, sɛn] *a* healthy ; (*dents, constitution*) healthy, sound ; (*lectures*) wholesome ; **~ et sauf** safe and sound, unharmed ; **~ d'esprit** sound in mind, sane.

**saindoux** [sɛ̃du] *nm* lard.

**saint, e** [sɛ̃, sɛ̃t] *a* holy ; (*fig*) saintly // *nm/f* saint ; **le S~ Esprit** the Holy Spirit ou Ghost ; **la S~e Vierge** the Blessed Vir-

gin ; **sainteté** *nf* holiness ; **le S~-Père** the Holy Father, the Pontiff ; **le S~-Siège** the Holy See ; **la S~-Sylvestre** New Year's Eve.

**sais** *etc vb voir* **savoir**.

**saisie** [sezi] *nf* seizure.

**saisir** [seziʀ] *vt* to take hold of, grab ; (*fig: occasion*) to seize ; (*comprendre*) to grasp ; (*entendre*) to get, catch ; (*suj: émotions*) to take hold of, come over ; (*CULIN*) to fry quickly ; (*JUR: biens, publication*) to seize ; (: *juridiction*): **~ un tribunal d'une affaire** to submit *ou* refer a case to a court ; **se ~ de** *vt* to seize ; **saisissant, e** *a* startling, striking ; **saisissement** *nm* emotion.

**saison** [sɛzɔ̃] *nf* season ; **la belle ~** the summer months ; **en/hors ~** in/out of season ; **haute/morte ~** high/slack season ; **la ~ des pluies/des amours** the rainy/ mating season ; **saisonnier, ière** *a* seasonal // *nm* (*travailleur*) seasonal worker.

**sait** *vb voir* **savoir**.

**salace** [salas] *a* salacious.

**salade** [salad] *nf* (*BOT*) lettuce *etc* (*generic term*) ; (*CULIN*) (green) salad ; (*fam*) tangle, muddle ; **haricots en ~** bean salad ; **~ de concombres** cucumber salad ; **~ de fruits** fruit salad ; **~ russe** Russian salad ; **saladier** *nm* salad bowl.

**salaire** [salɛʀ] *nm* (*annuel, mensuel*) salary ; (*hebdomadaire, journalier*) pay, wages *pl* ; (*fig*) reward ; **~ de base** basic salary/wage ; **~ minimum interprofessionnel garanti (SMIG)/de croissance (SMIC)** index-linked guaranteed minimum wage.

**salaison** [salɛzɔ̃] *nf* salting ; **~s** *nfpl* salt meat *sg*.

**salami** [salami] *nm* salami *q*, salami sausage.

**salant** [salɑ̃] *am*: **marais ~** salt pan.

**salarial, e, aux** [salaʀjal, -o] *a* salary *cpd*, wage(s) *cpd*.

**salarié, e** [salaʀje] *a* salaried ; wage-earning // *nm/f* salaried employee ; wage-earner.

**salaud** [salo] *nm* (*fam!*) sod (!), bastard (!).

**sale** [sal] *a* dirty, filthy.

**salé, e** [sale] *a* (*liquide, saveur*) salty ; (*CULIN*) salted, salt *cpd* ; (*fig*) spicy, juicy ; steep, stiff.

**saler** [sale] *vt* to salt.

**saleté** [salte] *nf* (*état*) dirtiness ; (*crasse*) dirt, filth ; (*tache etc*) dirt *q*, something dirty ; (*fig*) filthy trick ; rubbish *q* ; filth *q* ; infection, bug.

**salière** [saljɛʀ] *nf* saltcellar.

**saligaud** [saligo] *nm* (*fam!*) sod (!).

**salin, e** [salɛ̃, -in] *a* saline // *nf* saltworks *sg* ; salt marsh.

**salinité** [salinite] *nf* salinity, salt-content.

**salir** [saliʀ] *vt* to (make) dirty ; (*fig*) to soil the reputation of ; **se ~** to get dirty ; **salissant, e** *a* (*tissu*) which shows the dirt ; (*métier*) dirty, messy.

**salive** [saliv] *nf* saliva ; **saliver** *vi* to salivate.

**salle** [sal] *nf* room ; (*d'hôpital*) ward ; (*de restaurant*) dining room ; (*d'un cinéma*) auditorium ; (: *public*) audience ; **faire ~**

**comble** to have a full house ; ~ **d'attente** waiting room ; ~ **de bain(s)** bathroom ; ~ **de bal** ballroom ; ~ **de cinéma** cinema ; ~ **de classe** classroom ; ~ **commune** (*d'hôpital*) ward ; ~ **de concert** concert hall ; ~ **de douches** shower-room ; ~ **d'eau** shower-room ; ~ **d'embarquement** (*à l'aéroport*) departure lounge ; ~ **des machines** engine room ; ~ **à manger** dining room ; ~ **d'opération** (*d'hôpital*) operating theatre ; ~ **de projection** film theatre ; ~ **de séjour** living room ; ~ **de spectacle** theatre ; cinema ; ~ **des ventes** saleroom.

**salon** [salɔ̃] *nm* lounge, sitting room ; (*mobilier*) lounge suite ; (*exposition*) exhibition, show ; (*mondain, littéraire*) salon ; ~ **de coiffure** hairdressing salon ; ~ **de thé** tearoom.

**salopard** [salɔpaR] *nm* (*fam!*) bastard (!).

**salope** [salɔp] *nf* (*fam!*) bitch(!).

**saloperie** [salɔpRi] *nf* (*fam!*) filth *q* ; dirty trick ; rubbish *q*.

**salopette** [salɔpɛt] *nf* overall(s).

**salpêtre** [salpɛtR(ə)] *nm* saltpetre.

**salsifis** [salsifi] *nm* salsify, oyster-plant.

**saltimbanque** [saltɛ̃bɑ̃k] *nm/f* (travelling) acrobat.

**salubre** [salybR(ə)] *a* healthy, salubrious ; **salubrité** *nf* healthiness, salubrity ; **salubrité publique** public health.

**saluer** [salɥe] *vt* (*pour dire bonjour, fig*) to greet ; (*pour dire au revoir*) to take one's leave ; (*MIL*) to salute.

**salut** [saly] *nm* (*sauvegarde*) safety ; (*REL*) salvation ; (*geste*) wave ; (*parole*) greeting ; (*MIL*) salute // *excl* (*fam*) hi (there) ; (*style relevé*) (all) hail.

**salutaire** [salytɛR] *a* beneficial ; salutary.

**salutations** [salytɑsjɔ̃] *nfpl* greetings ; **recevez mes** ~ **distinguées** *ou* **respectueuses** yours faithfully.

**salutiste** [salytist(ə)] *nm/f* Salvationist.

**salve** [salv(ə)] *nf* salvo ; volley of shots.

**samaritain** [samaritɛ̃] *nm*: **le bon S~** the Good Samaritan.

**samedi** [samdi] *nm* Saturday.

**sanatorium** [sanatɔRjɔm] *nm* sanatorium (*pl* a).

**sanctifier** [sɑ̃ktifje] *vt* to sanctify.

**sanction** [sɑ̃ksjɔ̃] *nf* sanction ; (*fig*) penalty ; **prendre des** ~**s contre** to impose sanctions on ; **sanctionner** *vt* (*loi, usage*) to sanction ; (*punir*) to punish.

**sanctuaire** [sɑ̃ktɥɛR] *nm* sanctuary.

**sandale** [sɑ̃dal] *nf* sandal.

**sandalette** [sɑ̃dalɛt] *nf* sandal.

**sandwich** [sɑ̃dwitʃ] *nm* sandwich ; **pris en** ~ sandwiched.

**sang** [sɑ̃] *nm* blood ; **en** ~ covered in blood ; **se faire du mauvais** ~ to fret, get in a state.

**sang-froid** [sɑ̃fRwa] *nm* calm, sangfroid ; **de** ~ in cold blood.

**sanglant, e** [sɑ̃glɑ̃, -ɑ̃t] *a* bloody, covered in blood ; (*combat*) bloody.

**sangle** [sɑ̃gl(ə)] *nf* strap ; ~**s** (*pour lit etc*) webbing *sg* ; **sangler** *vt* to strap up ; (*animal*) to girth.

**sanglier** [sɑ̃glije] *nm* (wild) boar.

**sanglot** [sɑ̃glo] *nm* sob ; **sangloter** *vi* to sob.

**sangsue** [sɑ̃sy] *nf* leech.

**sanguin, e** [sɑ̃gɛ̃, -in] *a* blood *cpd* ; (*fig*) fiery // *nf* blood orange ; (*ART*) red pencil drawing.

**sanguinaire** [sɑ̃ginɛR] *a* bloodthirsty ; bloody.

**sanguinolent, e** [sɑ̃ginɔlɑ̃, -ɑ̃t] *a* streaked with blood.

**sanitaire** [sanitɛR] *a* health *cpd* ; **installation/appareil** ~ bathroom plumbing/appliance ; ~**s** *nmpl* (*salle de bain et w.-c.*) bathroom *sg*.

**sans** [sɑ̃] *prép* without ; ~ **qu'il s'en aperçoive** without him *ou* his noticing ; ~ **scrupules** unscrupulous ; ~ **manches** sleeveless ; ~-**abri** *nmpl* homeless (*after a flood etc*) ; ~-**emploi** *nmpl* jobless ; ~-**façon** *a inv* fuss-free ; free and easy ; ~-**gêne** *a inv* inconsiderate ; ~-**logis** *nmpl* homeless (*through poverty*) ; ~-**travail** *nmpl* unemployed, jobless.

**santal** [sɑ̃tal] *nm* sandal(wood).

**santé** [sɑ̃te] *nf* health ; **en bonne** ~ in good health ; **boire à la** ~ **de qn** to drink (to) sb's health ; **'à la** ~ **de'** 'here's to' ; **à ta/votre** ~! cheers!

**santon** [sɑ̃tɔ̃] *nm* ornamental figure at a Christmas crib.

**saoul, e** [su, sul] *a* = **soûl, e.**

**sape** [sap] *nf*: **travail de** ~ (*MIL*) sap ; (*fig*) insidious undermining process *ou* work.

**saper** [sape] *vt* to undermine, sap.

**sapeur** [sapœR] *nm* sapper ; ~-**pompier** *nm* fireman.

**saphir** [safiR] *nm* sapphire.

**sapin** [sapɛ̃] *nm* fir (tree) ; (*bois*) fir ; ~ **de Noël** Christmas tree ; **sapinière** *nf* fir plantation *ou* forest.

**sarabande** [saRabɑ̃d] *nf* saraband ; (*fig*) hullabaloo ; whirl.

**sarbacane** [saRbakan] *nf* blowpipe, blowgun ; (*jouet*) peashooter.

**sarcasme** [saRkasm(ə)] *nm* sarcasm *q* ; piece of sarcasm ; **sarcastique** *a* sarcastic.

**sarcler** [saRkle] *vt* to weed ; **sarcloir** *nm* (weeding) hoe, spud.

**sarcophage** [saRkɔfaʒ] *nm* sarcophagus (*pl* i).

**Sardaigne** [saRdɛɲ] *nf*: **la** ~ Sardinia ; **sarde** *a*, *nm/f* Sardinian.

**sardine** [saRdin] *nf* sardine ; ~**s à l'huile** sardines in oil.

**sardonique** [saRdɔnik] *a* sardonic.

**S.A.R.L.** *sigle voir* **société.**

**sarment** [saRmɑ̃] *nm*: ~ (**de vigne**) vine shoot.

**sarrasin** [saRazɛ̃] *nm* buckwheat.

**sarrau** [saRo] *nm* smock.

**Sarre** [saR] *nf*: **la** ~ the Saar.

**sarriette** [saRjɛt] *nf* savory.

**sarrois, e** [saRwa, -waz] *a* Saar *cpd* // *nm/f*: **S~, e** inhabitant *ou* native of the Saar.

**sas** [sɑ] *nm* (*de sous-marin, d'engin spatial*) airlock ; (*d'écluse*) lock.

**satané, e** [satane] *a* confounded.

**satanique** [satanik] *a* satanic, fiendish.

**satelliser** [satelize] *vt* (*fusée*) to put into orbit ; (*fig: pays*) to make into a satellite.

**satellite** [satelit] *nm* satellite ; **pays ~ satellite** country ; **~-espion** *nm* spy satellite.

**satiété** [sasjete] : **à ~** *ad* to satiety *ou* satiation ; (*répéter*) ad nauseam.

**satin** [satɛ̃] *nm* satin ; **satiné, e** *a* satiny ; (*peau*) satin-smooth.

**satire** [satiʀ] *nf* satire ; **satirique** *a* satirical ; **satiriser** *vt* to satirize.

**satisfaction** [satisfaksjɔ̃] *nf* satisfaction.

**satisfaire** [satisfɛʀ] *vt* to satisfy ; **~ à** *vt* (*engagement*) to fulfil ; (*revendications, conditions*) to satisfy, meet ; to comply with ; **satisfaisant, e** *a* satisfactory ; (*qui fait plaisir*) satisfying ; **satisfait, e** *a* satisfied ; **satisfait de** happy *ou* satisfied with ; pleased with.

**saturation** [satyʀɑsjɔ̃] *nf* saturation.

**saturer** [satyʀe] *vt* to saturate.

**satyre** [satiʀ] *nm* satyr ; (*péj*) lecher.

**sauce** [sos] *nf* sauce ; (*avec un rôti*) gravy ; **~ tomate** tomato sauce ; **saucière** *nf* sauceboat ; gravy boat.

**saucisse** [sosis] *nf* sausage.

**saucisson** [sosisɔ̃] *nm* (slicing) sausage ; **~ à l'ail** garlic sausage.

**sauf** [sof] *prép* except ; **~ si** (*à moins que*) unless ; **~ erreur** if I'm not mistaken ; **~ avis contraire** unless you hear to the contrary.

**sauf, sauve** [sof, sov] *a* unharmed, unhurt ; (*fig: honneur*) intact, saved ; **laisser la vie sauve à qn** to spare sb's life.

**sauf-conduit** [sofkɔ̃dɥi] *nm* safe-conduct.

**sauge** [soʒ] *nf* sage.

**saugrenu, e** [soɡʀəny] *a* preposterous, ludicrous.

**saule** [sol] *nm* willow (tree) ; **~ pleureur** weeping willow.

**saumâtre** [somɑtʀ(ə)] *a* briny.

**saumon** [somɔ̃] *nm* salmon *inv* // *a inv* salmon (pink) ; **saumoné, e** *a*: **truite saumonée** salmon trout.

**saumure** [somyʀ] *nf* brine.

**sauna** [sona] *nm* sauna.

**saupoudrer** [sopudʀe] *vt*: **~ qch de** to sprinkle sth with.

**saur** [sɔʀ] *am*: **hareng ~** smoked *ou* red herring, kipper.

**saurai** *etc vb voir* **savoir**.

**saut** [so] *nm* jump ; (*discipline sportive*) jumping ; **faire un ~ to** (make a) jump *ou* leap ; **faire un ~ chez qn** to pop over to sb's (place) ; **au ~ du lit** on getting out of bed ; **~ en hauteur/longueur** high/long jump ; **~ à la corde** skipping ; **~ à la perche** pole vaulting ; **~ périlleux** somersault.

**saute** [sot] *nf*: **~ de vent/température** sudden change of wind direction/in the temperature.

**sauté, e** [sote] *a* (*CULIN*) sauté // *nm*: **~ de veau** sauté of veal.

**saute-mouton** [sotmutɔ̃] *nm*: **jouer à ~** to play leapfrog.

**sauter** [sote] *vi* to jump, leap ; (*exploser*) to blow up, explode ; (: *fusibles*) to blow ; (*se rompre*) to snap, burst ; (*se détacher*) to pop out (*ou* off) // *vt* to jump (over), leap (over) ; (*fig: omettre*) to skip, miss

(out) ; **faire ~** to blow up ; to burst open ; (*CULIN*) to sauté ; **~ à pieds joints** to make a standing jump ; **~ en parachute** to make a parachute jump ; **~ au cou de qn** to fly into sb's arms ; **~ aux yeux** to be quite obvious.

**sauterelle** [sotʀɛl] *nf* grasshopper.

**sauteur, euse** [sotœʀ, -øz] *nm/f* (*athlète*) jumper // *nf* (*casserole*) shallow casserole ; **~ à la perche** pole vaulter ; **~ à skis** skijumper.

**sautiller** [sotije] *vi* to hop ; to skip.

**sautoir** [sotwaʀ] *nm* chain ; **~ (de perles)** string of pearls.

**sauvage** [sovaʒ] *a* (*gén*) wild ; (*peuplade*) savage ; (*farouche*) unsociable ; (*barbare*) wild, savage ; (*non officiel*) unauthorized, unofficial // *nm/f* savage ; (*timide*) unsociable type, recluse ; **~rie** *nf* wildness ; savagery ; unsociability.

**sauve** [sov] *af voir* **sauf**.

**sauvegarde** [sovɡaʀd(ə)] *nf* safeguard ; **sous la ~ de** under the protection of ; **sauvegarder** *vt* to safeguard.

**sauve-qui-peut** [sovkipø] *nm inv* stampede, mad rush // *excl* run for your life!

**sauver** [sove] *vt* to save ; (*porter secours à*) to rescue ; (*récupérer*) to salvage, rescue ; (*fig: racheter*) to save, redeem ; **se ~** *vi* (*s'enfuir*) to run away ; (*fam: partir*) to be off ; **~ la vie à qn** to save sb's life ; **sauvetage** *nm* rescue ; **sauveteur** *nm* rescuer ; **sauvette** : **à la sauvette** *ad* (*vendre*) without authorization ; (*se marier etc*) hastily, hurriedly ; **sauveur** *nm* saviour.

**savais** *etc vb voir* **savoir**.

**savamment** [savamɑ̃] *ad* (*avec érudition*) learnedly ; (*habilement*) skilfully, cleverly.

**savane** [savan] *nf* savannah.

**savant, e** [savɑ̃, -ɑ̃t] *a* scholarly, learned ; (*calé*) clever // *nm* scientist.

**saveur** [savœʀ] *nf* flavour ; (*fig*) savour.

**savoir** [savwaʀ] *vt* to know ; (*être capable de*): **il sait nager** he knows how to swim, he can swim // *nm* knowledge ; **se ~** (*être connu*) to be known ; **à ~** *ad* that is, namely ; **faire ~ qch à qn** to inform sb about sth, to let sb know sth ; **pas que je sache** not as far as I know ; **~-faire** *nm inv* savoir-faire, know-how.

**savon** [savɔ̃] *nm* (*produit*) soap ; (*morceau*) bar *ou* tablet of soap ; (*fam*): **passer un ~ à qn** to give sb a good dressing-down ; **savonner** *vt* to soap ; **savonnette** *nf* bar *ou* tablet of soap ; **savonneux, euse** *a* soapy.

**savons** *vb voir* **savoir**.

**savourer** [savuʀe] *vt* to savour.

**savoureux, euse** [savuʀø, -øz] *a* tasty ; (*fig*) spicy, juicy.

**saxo(phone)** [saksɔ(fɔn)] *nm* sax(ophone) ; **saxophoniste** *nm/f* saxophonist, sax(ophone) player.

**saynète** [sɛnɛt] *nf* playlet.

**sbire** [sbiʀ] *nm* (*péj*) henchman.

**scabreux, euse** [skabʀø, -øz] *a* risky ; (*indécent*) improper, shocking.

**scalpel** [skalpɛl] *nm* scalpel.

**scalper** [skalpe] *vt* to scalp.

**scandale** [skɑ̃dal] *nm* scandal ; (*tapage*): **faire du ~** to make a scene, create a disturbance ; **faire ~** to scandalize people ; **scandaleux, euse** *a* scandalous, outrageous ; **scandaliser** *vt* to scandalize ; **se scandaliser (de)** to be scandalized (by).

**scander** [skɑ̃de] *vt* (*vers*) to scan ; (*slogans*) to chant ; **en scandant les mots** stressing each word.

**scandinave** [skɑ̃dinav] *a*, *nm/f* Scandinavian.

**Scandinavie** [skɑ̃dinavi] *nf* Scandinavia.

**scaphandre** [skafɑ̃dʀ(ə)] *nm* (*de plongeur*) diving suit ; (*de cosmonaute*) space-suit ; **~ autonome** aqualung.

**scarabée** [skaʀabe] *nm* beetle.

**scarlatine** [skaʀlatin] *nf* scarlet fever.

**scarole** [skaʀɔl] *nf* endive.

**scatologique** [skatɔlɔʒik] *a* scatological, lavatorial.

**sceau, x** [so] *nm* seal ; (*fig*) stamp, mark.

**scélérat, e** [seleʀa, -at] *nm/f* villain, blackguard.

**sceller** [sele] *vt* to seal.

**scellés** [sele] *nmpl* seals.

**scénario** [senaʀjo] *nm* (*CINÉMA*) scenario ; screenplay, script ; (*fig*) pattern ; scenario ; **scénariste** *nm/f* scriptwriter.

**scène** [sɛn] *nf* (*gén*) scene ; (*estrade, fig: théâtre*) stage ; **entrer en ~** to come on stage ; **mettre en ~** (*THÉÂTRE*) to stage ; (*CINÉMA*) to direct ; (*fig*) to present, introduce ; **porter à la ~** to adapt for the stage ; **faire une ~ (à qn)** to make a scene (with sb) ; **~ de ménage** domestic fight ou scene ; **scénique** *a* theatrical ; scenic.

**scepticisme** [sɛptisism(ə)] *nm* scepticism.

**sceptique** [sɛptik] *a* sceptical // *nm/f* sceptic.

**sceptre** [sɛptʀ(ə)] *nm* sceptre.

**schéma** [ʃema] *nm* (*diagramme*) diagram, sketch ; (*fig*) outline ; pattern ; **schématique** *a* diagrammatic(al), schematic ; (*fig*) oversimplified.

**schisme** [ʃism(ə)] *nm* schism ; rift, split.

**schiste** [ʃist(ə)] *nm* schist.

**schizophrène** [skizofʀɛn] *nm/f* schizophrenic.

**schizophrénie** [skizofʀeni] *nf* schizophrenia.

**sciatique** [sjatik] *a*: **nerf ~** sciatic nerve // *nf* sciatica.

**scie** [si] *nf* saw ; (*fam*) catch-tune ; **~ à bois** wood saw ; **~ circulaire** circular saw ; **~ à découper** fretsaw ; **~ à métaux** hacksaw.

**sciemment** [sjamɑ̃] *ad* knowingly, wittingly.

**science** [sjɑ̃s] *nf* science ; (*savoir*) knowledge ; (*savoir-faire*) art, skill ; **~s naturelles** (*SCOL*) natural science *sg*, biology *sg* ; **~-fiction** *nf* science fiction ; **scientifique** *a* scientific // *nm/f* scientist ; science student.

**scier** [sje] *vt* to saw ; (*retrancher*) to saw off ; **scierie** *nf* sawmill ; **scieur de long** *nm* pit sawyer.

**scinder** [sɛ̃de] *vt*, **se ~** *vi* to split (up).

**scintillement** [sɛ̃tijmɑ̃] *nm* sparkling *q*.

**scintiller** [sɛ̃tije] *vi* to sparkle.

**scission** [sisjɔ̃] *nf* split.

**sciure** [sjyʀ] *nf*: **~ (de bois)** sawdust.

**sclérose** [skleʀoz] *nf* sclerosis ; (*fig*) ossification ; **~ en plaques** multiple sclerosis ; **sclérosé, e** *a* sclerosed, sclerotic ; ossified.

**scolaire** [skɔlɛʀ] *a* school *cpd* ; (*péj*) schoolish ; **scolariser** *vt* to provide with schooling (*ou* schools) ; **scolarité** *nf* schooling ; **frais de scolarité** school fees.

**scooter** [skutœʀ] *nm* (motor) scooter.

**scorbut** [skɔʀbyt] *nm* scurvy.

**score** [skɔʀ] *nm* score.

**scories** [skɔʀi] *nfpl* scoria *pl*.

**scorpion** [skɔʀpjɔ̃] *nm* (*signe*): **le S~** Scorpio, the Scorpion ; **être du S~** to be Scorpio.

**scout, e** [skut] *a*, *nm* scout ; **scoutisme** *nm* (boy) scout movement ; (*activités*) scouting.

**scribe** [skʀib] *nm* scribe ; (*péj*) penpusher.

**script** [skʀipt] *nm* printing ; (*CINÉMA: shooting*) script ; **~-girl** [-gœʀl] *nf* continuity girl.

**scrupule** [skʀypyl] *nm* scruple ; **scrupuleux, euse** *a* scrupulous.

**scrutateur, trice** [skʀytatœʀ, -tʀis] *a* searching.

**scruter** [skʀyte] *vt* to search, scrutinize ; (*l'obscurité*) to peer into ; (*motifs, comportement*) to examine, scrutinize.

**scrutin** [skʀytɛ̃] *nm* (*vote*) ballot ; (*ensemble des opérations*) poll ; **~ à deux tours** poll with two ballots *ou* rounds ; **~ de liste** list system.

**sculpter** [skylte] *vt* to sculpt ; (*suj: érosion*) to carve ; **sculpteur** *nm* sculptor.

**sculptural, e, aux** [skyltyʀal, -o] *a* sculptural ; (*fig*) statuesque.

**sculpture** [skyltyʀ] *nf* sculpture ; **~ sur bois** wood carving.

**S.D.E.C.E.** [zdɛk] *sigle m* = *service de documentation extérieure et de contre-espionnage*, ≈ *Intelligence Service*.

**se, s'** [s(ə)] *pronom* (*emploi réfléchi*) oneself, *m* himself, *f* herself, *sujet non humain* itself ; *pl* themselves ; (: *réciproque*) one another, each other ; (: *passif*): **cela se répare facilement** it is easily repaired ; (: *possessif*): **~ casser la jambe/laver les mains** to break one's leg/wash one's hands ; *autres emplois pronominaux: voir le verbe en question*.

**séance** [seɑ̃s] *nf* (*d'assemblée, récréative*) meeting, session ; (*de tribunal*) sitting, session ; (*musicale, CINÉMA, THÉÂTRE*) performance ; **~ tenante** forthwith.

**séant, e** [seɑ̃, -ɑ̃t] *a* seemly, fitting // *nm* posterior.

**seau, x** [so] *nm* bucket, pail ; **~ à glace** ice-bucket.

**sec, sèche** [sɛk, sɛʃ] *a* dry ; (*raisins, figues*) dried ; (*cœur, personne: insensible*) hard, cold // *nm*: **tenir au ~** to keep in a dry place // *ad* hard ; **je le bois ~** I drink it straight ou neat ; **à ~** a dried up.

**sécateur** [sekatœʀ] *nm* secateurs *pl*, shears *pl*, pair of shears ou secateurs.

**sécession** [sesesjɔ̃] *nf*: **faire ~** to secede ; **la guerre de S~** the American Civil War.

**séchage** [seʃaʒ] nm drying ; seasoning.
**sèche** [sɛʃ] af voir **sec**.
**sèche-cheveux** [sɛʃʃəvø] nm inv hair-drier.
**sécher** [seʃe] vt to dry ; (*dessécher: peau, blé*) to dry (out) ; (: *étang*) to dry up ; (*bois*) to season ; (*fam: classe, cours*) to skip // vi to dry ; to dry out ; to dry up ; (*fam: candidat*) to be stumped ; se ~ (*après un bain*) to dry o.s.
**sécheresse** [seʃʀɛs] nf dryness ; (*absence de pluie*) drought.
**séchoir** [seʃwaʀ] nm drier.

**second, e** [səgɔ̃, -ɔ̃d] a second // nm (*assistant*) second in command ; (NAVIG) first mate // nf second ; **voyager en ~e** to travel second-class ; **de ~e main** second-hand ; **secondaire** a secondary ; **seconder** vt to assist.
**secouer** [səkwe] vt to shake ; (*passagers*) to rock ; (*traumatiser*) to shake (up) ; se ~ (*chien*) to shake itself ; (*fam: se démener*) to shake o.s. up ; ~ **la poussière d'un tapis** to shake off the dust from a carpet.
**secourable** [səkuʀablə] a helpful.
**secourir** [səkuʀiʀ] vt (*aller sauver*) to (go and) rescue ; (*prodiguer des soins à*) to help, assist ; (*venir en aide à*) to assist, aid ; **secourisme** nm first aid ; life saving ; **secouriste** nm/f first-aid worker.
**secours** [səkuʀ] nm help, aid, assistance // nmpl aid sg ; **cela lui a été d'un grand ~** this was a great help to him ; **au ~!** help! **appeler au ~** to shout ou call for help ; **appeler qn à son ~** to call sb to one's assistance ; **porter ~ à qn** to give sb assistance, help sb ; **les premiers ~** first aid sg ; **le ~ en montagne** mountain rescue.
**secousse** [səkus] nf jolt, bump ; (*électrique*) shock ; (*fig: psychologique*) jolt, shock ; ~ **sismique** ou **tellurique** earth tremor.
**secret, ète** [səkʀɛ, -ɛt] a secret ; (*fig: renfermé*) reticent, reserved // nm secret ; (*discrétion absolue*): **le ~** secrecy ; **en ~** in secret, secretly ; **au ~** in solitary confinement ; ~ **de fabrication** trade secret ; ~ **professionnel** professional secrecy.
**secrétaire** [səkʀetɛʀ] nm/f secretary // nm (*meuble*) writing desk, secretaire ; ~ **d'ambassade** embassy secretary ; ~ **de direction** private ou personal secretary ; ~ **d'État** Secretary of State ; ~ **général** Secretary-General ; ~ **de mairie** town clerk ; ~ **de rédaction** sub-editor ; **secrétariat** nm (*profession*) secretarial work ; (*bureau: d'entreprise, d'école*) (secretary's) office ; (: *d'organisation internationale*) secretariat ; (POL etc: *fonction*) secretaryship, office of Secretary.
**sécréter** [sekʀete] vt to secrete ; **sécrétion** [-sjɔ̃] nf secretion.
**sectaire** [sɛktɛʀ] a sectarian, bigoted.
**secte** [sɛktə] nf sect.
**secteur** [sɛktœʀ] nm sector ; (ADMIN) district ; (ÉLEC): **branché sur le** ~ plugged into the mains (supply) ; **fonctionne sur pile et** ~ battery or mains operated ; **le** ~ **privé** the private sector ; **le** ~

**primaire/tertiaire** primary/tertiary industry.
**section** [sɛksjɔ̃] nf section ; (*de parcours d'autobus*) fare stage ; (MIL: *unité*) platoon ; **tube de** ~ **6,5 mm** tube with a 6.5 mm bore ; ~ **rythmique** rhythm section ; **sectionner** vt to sever.
**sectoriel, le** [sɛktɔʀjɛl] a sector-based.
**séculaire** [sekylɛʀ] a secular ; (*très vieux*) age-old.
**séculier, ière** [sekylje, -jɛʀ] a secular.
**sécuriser** [sekyʀize] vt to give (a feeling of) security to.
**sécurité** [sekyʀite] nf safety ; security ; **impression de** ~ sense of security ; **la** ~ **internationale** international security ; **système de** ~ safety system ; **être en** ~ to be safe ; **la** ~ **de l'emploi** job security ; **la** ~ **routière** road safety ; **la** ~ **sociale** ≈ (the) Social Security.
**sédatif, ive** [sedatif, -iv] a, nm sedative.
**sédentaire** [sedɑ̃tɛʀ] a sedentary.
**sédiment** [sedimɑ̃] nm sediment ; ~**s** nmpl (*alluvions*) sediment sg.
**séditieux, euse** [sedisjø, -øz] a insurgent ; seditious.
**sédition** [sedisjɔ̃] nf insurrection ; sedition.
**séducteur, trice** [sedyktœʀ, -tʀis] a seductive // nm/f seducer/seductress.
**séduction** [sedyksjɔ̃] nf seduction ; (*charme, attrait*) appeal, charm.
**séduire** [seduiʀ] vt to charm ; (*femme: abuser de*) to seduce ; **séduisant, e** a (*femme*) seductive ; (*homme, offre*) very attractive.
**segment** [sɛgmɑ̃] nm segment ; (AUTO): ~ (**de piston**) piston ring ; **segmenter** vt to segment.
**ségrégation** [segʀegasjɔ̃] nf segregation.
**seiche** [sɛʃ] nf cuttlefish.
**séide** [seid] nm (*péj*) henchman.
**seigle** [sɛglə] nm rye.
**seigneur** [sɛɲœʀ] nm lord ; **le S~** the Lord ; ~**ial, e, aux** a lordly, stately.
**sein** [sɛ̃] nm breast ; (*entrailles*) womb ; **au** ~ **de** prép (*équipe, institution*) within ; (*flots, bonheur*) in the midst of ; **donner le** ~ **à** (*bébé*) to feed (at the breast) ; to breast-feed.
**séisme** [seism(ə)] nm earthquake.
**séismique** [seismik] etc voir **sismique** etc.
**seize** [sɛz] num sixteen ; **seizième** num sixteenth.
**séjour** [seʒuʀ] nm stay ; (*pièce*) living room ; ~**ner** vi to stay.
**sel** [sɛl] nm salt ; (*fig*) wit ; spice ; ~ **de cuisine/de table** cooking/table salt ; ~ **gemme** rock salt.
**sélection** [selɛksjɔ̃] nf selection ; ~ **professionnelle** professional recruitment ; **sélectionner** vt to select.
**self-service** [sɛlfsɛʀvis] a, nm self-service.
**selle** [sɛl] nf saddle ; ~**s** nfpl (MÉD) stools ; **aller à la** ~ (MÉD) to pass a motion ; se **mettre en** ~ to mount, get into the saddle ; **seller** vt to saddle.
**sellette** [sɛlɛt] nf: **être sur la** ~ to be on the carpet.
**sellier** [selje] nm saddler.

**selon** [səlɔ̃] *prép* according to ; (*en se conformant à*) in accordance with.

**semailles** [səmɑj] *nfpl* sowing *sg.*

**semaine** [səmɛn] *nf* week ; **en ~** during the week, on weekdays.

**sémantique** [semɑ̃tik] *a* semantic // *nf* semantics *sg.*

**sémaphore** [semafɔʀ] *nm* semaphore signal.

**semblable** [sɑ̃blabl(ə)] *a* similar ; (*de ce genre*): **de ~s mésaventures** . such mishaps // *nm* fellow creature *ou* man ; **~ à** similar to, like.

**semblant** [sɑ̃blɑ̃] *nm*: **un ~ de vérité** a semblance of truth ; **faire ~ (de faire)** to pretend (to do).

**sembler** [sɑ̃ble] *vb avec attribut* to seem // *vb impersonnel*: **il semble que/inutile de** it seems *ou* appears that/useless to ; **il me semble que** it seems to me that ; I think (that) ; **~ être** to seem to be ; **comme bon lui semble** as he sees fit.

**semelle** [səmɛl] *nf* sole ; (*intérieure*) insole, inner sole ; **~s compensées** platform soles.

**semence** [səmɑ̃s] *nf* (*graine*) seed ; (*clou*) tack.

**semer** [səme] *vt* to sow ; (*fig: éparpiller*) to scatter ; (: *poursuivants*) to lose, shake off ; **semé de** (*difficultés*) riddled with.

**semestre** [səmɛstʀ(ə)] *nm* half-year ; (*SCOL*) semester ; **semestriel, le** *a* half-yearly ; semestral.

**semeur, euse** [səmœʀ, -øz] *nm/f* sower.

**sémillant, e** [semijɑ̃, -ɑ̃t] *a* vivacious ; dashing.

**séminaire** [seminɛʀ] *nm* seminar ; (*REL*) seminary ; **sèminariste** *nm* seminarist.

**semi-remorque** [səmiʀəmɔʀk(ə)] *nf* trailer // *nm* articulated lorry.

**semis** [səmi] *nm* (*terrain*) seedbed, seed plot ; (*plante*) seedling.

**sémite** [semit] *a* Semitic.

**sémitique** [semitik] *a* Semitic.

**semoir** [səmwaʀ] *nm* seed-bag ; seeder.

**semonce** [səmɔ̃s] *nf* reprimand ; **coup de ~** warning shot across the bows.

**semoule** [səmul] *nf* semolina.

**sempiternel, le** [sɛ̃pitɛʀnɛl] *a* eternal, never-ending.

**sénat** [sena] *nm* Senate ; **sénateur** *nm* Senator.

**sénile** [senil] *a* senile ; **sénilité** *nf* senility.

**sens** [sɑ̃s] *nm* (*PHYSIOL, instinct*) sense ; (*signification*) meaning, sense ; (*direction*) direction // *nmpl* (*sensualité*) senses ; **reprendre ses ~** to regain consciousness ; **avoir le ~ des affaires/de la mesure** to have business sense/a sense of moderation ; **ça n'a pas de ~** that doesn't make (any) sense ; **dans le ~ des aiguilles d'une montre** clockwise ; **~ commun** common sense ; **~ dessus dessous** upside down ; **~ interdit, ~ unique** one-way street.

**sensation** [sɑ̃sasjɔ̃] *nf* sensation ; **faire ~** to cause a sensation, create a stir ; **à ~** (*péj*) sensational ; **sensationnel, le** *a* sensational ; (*fig*) terrific.

**sensé, e** [sɑ̃se] *a* sensible.

**sensibiliser** [sɑ̃sibilize] *vt*: **~ qn à** to make sb sensitive to.

**sensibilité** [sɑ̃sibilite] *nf* sensitivity ; (*affectivité, émotivité*) sensitivity, sensibility.

**sensible** [sɑ̃sibl(ə)] *a* sensitive ; (*aux sens*) perceptible ; (*appréciable: différence, progrès*) appreciable, noticeable ; **~ à** sensitive to ; **~ment** *ad* (*notablement*) appreciably, noticeably ; (*à peu près*): **ils ont ~ment le même poids** they weigh approximately the same ; **~rie** *nf* sentimentality, mawkishness ; squeamishness.

**sensitif, ive** [sɑ̃sitif, -iv] *a* (*nerf*) sensory ; (*personne*) oversensitive.

**sensoriel, le** [sɑ̃sɔʀjɛl] *a* sensory, sensorial.

**sensualité** [sɑ̃sɥalite] *nf* sensuality ; sensuousness.

**sensuel, le** [sɑ̃sɥɛl] *a* sensual ; sensuous.

**sente** [sɑ̃t] *nf* path.

**sentence** [sɑ̃tɑ̃s] *nf* (*jugement*) sentence ; (*adage*) maxim ; **sentencieux, euse** *a* sententious.

**senteur** [sɑ̃tœʀ] *nf* scent, perfume.

**sentier** [sɑ̃tje] *nm* path.

**sentiment** [sɑ̃timɑ̃] *nm* feeling ; **recevez mes ~s respectueux** yours faithfully ; **faire du ~** (*péj*) to be sentimental ; **sentimental, e, aux** *a* sentimental ; (*vie, aventure*) love *cpd.*

**sentinelle** [sɑ̃tinɛl] *nf* sentry ; **en ~** on sentry duty ; standing guard.

**sentir** [sɑ̃tiʀ] *vt* (*par l'odorat*) to smell ; (*par le goût*) to taste ; (*au toucher, fig*) to feel ; (*répandre une odeur de*) to smell of ; (: *ressemblance*) to smell like ; (*avoir la saveur de*) to taste of ; to taste like ; (*fig: dénoter, annoncer*) to be indicative of ; to smack of ; to foreshadow // *vi* to smell ; **~ mauvais** to smell bad ; **se ~ bien** to feel good ; **se ~ mal** (*être indisposé*) to feel unwell *ou* ill ; **se ~ le courage/la force de faire** to feel brave/strong enough to do ; **ne plus se ~ de joie** to be beside o.s. with joy ; **il ne peut pas le ~** (*fam*) he can't stand him.

**seoir** [swaʀ] : **~ à** *vt* to become.

**séparation** [sepaʀasjɔ̃] *nf* separation ; (*cloison*) division, partition ; **~ de biens** division of property (*in marriage settlement*) ; **~ de corps** legal separation.

**séparatisme** [sepaʀatism(ə)] *nm* separatism.

**séparé, e** [sepaʀe] *a* (*appartements, pouvoirs*) separate ; (*époux*) separated ; **~ de** separate from ; separated from ; **~ment** *ad* separately.

**séparer** [sepaʀe] *vt* (*gén*) to separate ; (*suj: divergences etc*) to divide ; to drive apart ; (: *différences, obstacles*) to stand between ; (*détacher*): **~ qch de** to pull sth (off) from ; (*dissocier*) to distinguish between ; (*diviser*): **~ qch par** to divide sth (up) with ; **~ une pièce en deux** to divide a room into two ; **se ~** (*époux*) to separate, part ; (*prendre congé: amis etc*) to part, leave each other ; (*adversaires*) to separate ; (*se diviser: route, tige etc*) to divide ; (*se détacher*): **se ~ (de)** to split off (from) ; to come off ; **se ~ de** (*époux*) to separate *ou* part from ; (*employé, objet personnel*) to part with.

**sept** [sɛt] *num* seven.

**septembre** [sɛptɑ̃bR(ə)] *nm* September.

**septennat** [sɛptena] *nm* seven-year term (of office) ; seven-year reign.

**septentrional, e, aux** [sɛptɑ̃tRijɔnal, -o] *a* northern.

**septicémie** [sɛptisemi] *nf* blood poisoning, septicaemia.

**septième** [sɛtjɛm] *num* seventh.

**septique** [sɛptik] *a*: **fosse ~** septic tank.

**septuagénaire** [sɛptɥaʒenɛR] *a, nm/f* septuagenarian.

**sépulcre** [sepylkR(ə)] *nm* sepulchre.

**sépulture** [sepyltyR] *nf* burial ; burial place, grave.

**séquelles** [sekɛl] *nfpl* after-effects ; (*fig*) aftermath *sg* ; consequences.

**séquence** [sekɑ̃s] *nf* sequence.

**séquestre** [sekɛstR(ə)] *nm* impoundment ; **mettre sous ~** to impound.

**séquestrer** [sekɛstRe] *vt* (*personne*) to confine illegally ; (*biens*) to impound.

**serai** *etc vb voir* **être**.

**serein, e** [səRɛ̃, -ɛn] *a* serene ; (*jugement*) dispassionate.

**sérénade** [seRenad] *nf* serenade ; (*fam*) hullabaloo.

**sérénité** [seRenite] *nf* serenity.

**serez** *vb voir* **être**.

**serf, serve** [sɛR, sɛRv(ə)] *nm/f* serf.

**serge** [sɛRʒ(ə)] *nf* serge.

**sergent** [sɛRʒɑ̃] *nm* sergeant ; **~-chef** *nm* staff sergeant ; **~-major** *nm* ≈ quartermaster sergeant.

**sériciculture** [seRisikyltyR] *nf* silkworm breeding, sericulture.

**série** [seRi] *nf* (*de questions, d'accidents*) series *inv* ; (*de clés, casseroles, outils*) set ; (*catégorie: SPORT*) rank ; class ; **en ~** in quick succession ; (*COMM*) mass *cpd* ; **de ~** a standard ; **hors ~** (*COMM*) custom-built ; (*fig*) outstanding ; **~ noire** *nm* (*crime*) thriller ; **sérier** *vt* to classify, sort out.

**sérieusement** [seRjøzmɑ̃] *ad* seriously ; reliably ; responsibly ; **~?** do you mean it?, are you talking in earnest?

**sérieux, euse** [seRjø, -øz] *a* a serious ; (*élève, employé*) reliable, responsible ; (*client, maison*) reliable, dependable ; (*offre, proposition*) genuine, serious ; (*grave, sévère*) serious, solemn ; (*maladie, situation*) serious, grave /·/ *nm* seriousness ; reliability ; **garder son ~** to keep a straight face ; **manquer de ~** not to be very responsible (*ou* reliable) ; **prendre qch/qn au ~** to take sth/sb seriously.

**serin** [səRɛ̃] *nm* canary.

**seriner** [səRine] *vt*: **~ qch à qn** to drum sth into sb.

**seringue** [səRɛ̃g] *nf* syringe.

**serions** *vb voir* **être**.

**serment** [sɛRmɑ̃] *nm* (*juré*) oath ; (*promesse*) pledge, vow ; **faire le ~ de** to take a vow to, swear to ; **sous ~** on oath *ou* under oath.

**sermon** [sɛRmɔ̃] *nm* sermon ; (*péj*) sermon, lecture.

**serpe** [sɛRp(ə)] *nf* billhook.

**serpent** [sɛRpɑ̃] *nm* snake ; **~ à sonnettes** rattlesnake.

**serpenter** [sɛRpɑ̃te] *vi* to wind.

**serpentin** [sɛRpɑ̃tɛ̃] *nm* (*tube*) coil ; (*ruban*) streamer.

**serpillière** [sɛRpijɛR] *nf* floorcloth.

**serrage** [sɛRaʒ] *nm* tightening ; **collier de ~** clamp.

**serre** [sɛR] *nf* (*AGR*) greenhouse ; **~s** *nfpl* (*griffes*) claws, talons ; **~ chaude** hothouse.

**serré, e** [sɛRe] *a* (*tissu*) closely woven ; (*réseau*) dense ; (*écriture*) close ; (*habits*) tight ; (*fig: lutte, match*) tight, close-fought ; (*passagers etc*) (tightly) packed.

**serre-livres** [sɛRlivR(ə)] *nm inv* book ends *pl*.

**serrement** [sɛRmɑ̃] *nm*: **~ de main** handshake ; **~ de cœur** pang of anguish.

**serrer** [sɛRe] *vt* (*tenir*) to grip *ou* hold tight ; (*comprimer, coincer*) to squeeze ; (*poings, mâchoires*) to clench ; (*suj: vêtement*) to be too tight for ; to fit tightly ; (*rapprocher*) to close up, move closer together ; (*ceinture, nœud, frein, vis*) to tighten // *vi*: **~ à droite** to keep to the right ; to move into the right-hand lane ; **se ~** (*se rapprocher*) to squeeze up ; **se ~ contre qn** to huddle up to sb ; **se ~ les coudes** to stick together, back one another up ; **~ la main à qn** to shake sb's hand ; **~ qn dans ses bras** to hug sb, clasp sb in one's arms ; **~ la gorge à qn** (*suj: chagrin*) to bring a lump to sb's throat ; **~ qn de près** to follow close behind sb ; **~ le trottoir** to hug the kerb ; **~ sa droite** to keep well to the right ; **~ la vis à qn** to crack down harder on sb.

**serre-tête** [sɛRtɛt] *nm inv* (*bandeau*) headband ; (*bonnet*) skullcap.

**serrure** [seRyR] *nf* lock.

**serrurerie** [seRyRRi] *nf* (*métier*) locksmith's trade ; **~ d'art** ornamental ironwork.

**serrurier** [seRyRje] *nm* locksmith.

**sert** *etc vb voir* **servir**.

**sertir** [sɛRtiR] *vt* (*pierre*) to set ; (*pièces métalliques*) to crimp.

**sérum** [seRɔm] *nm* serum ; **~ antivenimeux** snakebite serum ; **~ sanguin** (blood) serum ; **~ de vérité** truth drug.

**servage** [sɛRvaʒ] *nm* serfdom.

**servant** [sɛRvɑ̃] *nm* server.

**servante** [sɛRvɑ̃t] *nf* (maid)servant.

**serve** [sɛRv] *nf voir* **serf**.

**serveur, euse** [sɛRvœR, -øz] *nm/f* waiter/waitress.

**serviable** [sɛRvjabl(ə)] *a* obliging, willing to help.

**service** [sɛRvis] *nm* (*gén*) service ; (*série de repas*): **premier ~** first sitting ; (*pourboire*) service (charge) ; (*assortiment de vaisselle*) set, service ; (*bureau: de la vente etc*) department, section ; (*travail*): **pendant le ~** on duty ; **~s** *nmpl* (*travail, ÉCON*) services ; **faire le ~** to serve ; **être en ~ chez qn** (*domestique*) to be in sb's service ; **être au ~ de** (*patron, patrie*) to be in the service of ; **être au ~ de qn** (*collaborateur, voiture*) to be at sb's service ; **rendre ~**

à to help ; **il aime rendre** ~ he likes to help ; **rendre un** ~ **à qn** to do sb a favour ; **heures de** ~ hours of duty ; **être de** ~ to be on duty ; **avoir 25 ans de** ~ to have completed 25 years' service ; **être/mettre en** ~ to be in/put into service ou operation ; ~ **à thé/café** tea/coffee set ou service ; ~ **après vente** after-sales service ; **en** ~ **commandé** on an official assignment ; ~ **funèbre** funeral service ; ~ **militaire** military service ; ~ **d'ordre** police (ou stewards) in charge of maintaining order ; ~**s secrets** secret service sg.

**serviette** [sɛʀvjɛt] nf (de table) (table) napkin, serviette ; (de toilette) towel ; (porte-documents) briefcase ; ~ **hygiénique** sanitary towel ou pad ; ~**-éponge** nf terry towel.

**servile** [sɛʀvil] a servile.

**servir** [sɛʀviʀ] vt (gén) to serve ; (dîneur: au restaurant) to wait on ; (client: au magasin) to serve, attend to ; (fig: aider): ~ **qn** to aid sb ; to serve sb's interests ; to stand sb in good stead ; (COMM: rente) to pay // vi (TENNIS) to serve ; (CARTES) to deal ; **se** ~ (prendre d'un plat) to help o.s. ; **se** ~ **de** (plat) to help o.s. to ; (voiture, outil, relations) to use ; ~ **à qn** (diplôme, livre) to be of use to sb ; **ça m'a servi pour faire** it was useful to me when I did ; I used it to do ; ~ **à qch/faire** (outil etc) to be used for sth/doing ; **ça peut** ~ it may come in handy ; **ça peut encore** ~ it can still be used (ou of use) ; **à quoi cela sert-il (de faire)?** what's the use (of doing)? ; **cela ne sert à rien** it's no use ; ~ (**à qn**) **de** to serve as (for sb) ; ~ **la messe** to serve Mass ; ~ **à dîner (à qn)** to serve dinner (to sb).

**serviteur** [sɛʀvitœʀ] nm servant.

**servitude** [sɛʀvityd] nf servitude ; (fig) constraint ; (JUR) easement.

**servo...** [sɛʀvo] préfixe: ~**frein** servo (-assisted) brake.

**ses** [se] dét voir **son**.

**session** [sesjɔ̃] nf session.

**set** [sɛt] nm set.

**seuil** [sœj] nm doorstep ; (fig) threshold ; **sur le** ~ **de sa maison** in the doorway of his house, on his doorstep ; **au** ~ **de** (fig) on the threshold ou brink ou edge of.

**seul, e** [sœl] a (sans compagnie, en isolation) alone ; (avec nuance affective: isolé) lonely ; (unique): **un** ~ **livre** only one book, a single book ; **le** ~ **livre** the only book ; ~ **ce livre, ce livre** ~ this book alone, only this book // ad (vivre) alone, on one's own ; **parler tout** ~ to talk to oneself ; **faire qch (tout)** ~ to do sth (all) on one's own ou (all) by oneself // nm, nf **il en reste un(~e)** ~(**e**) there's only one left ; **à lui (tout)** ~ single-handed, on his own.

**seulement** [sœlmɑ̃] ad (pas davantage): ~ **5, 5** ~ only 5 ; (exclusivement): ~ **eux** only them, them alone ; (pas avant): ~ **hier/à 10h** only yesterday/at 10 o'clock ; **non** ~ ... **mais aussi** ou **encore** not only ... but also.

**sève** [sɛv] nf sap.

**sévère** [sevɛʀ] a severe ; **sévérité** nf severity.

**sévices** [sevis] nmpl (physical) cruelty sg, ill treatment sg.

**sévir** [seviʀ] vi (punir) to use harsh measures, crack down ; (suj: fléau) to rage, be rampant ; ~ **contre** (abus) to deal ruthlessly with, crack down on.

**sevrer** [səvʀe] vt to wean ; (fig): ~ **qn de** to deprive sb of.

**sexagénaire** [sɛgzaʒenɛʀ] a, nm/f sexagenarian.

**sexe** [sɛks(ə)] nm sex ; (organe mâle) member ; **sexologue** nm/f sexologist, sex specialist.

**sextant** [sɛkstɑ̃] nm sextant.

**sexualité** [sɛksɥalite] nf sexuality.

**sexué, e** [sɛksɥe] a sexual.

**sexuel, le** [sɛksɥɛl] a sexual ; **acte** ~ sex act.

**seyait** vb voir **seoir**.

**seyant, e** [sɛjɑ̃, -ɑ̃t] a becoming.

**shampooing** [ʃɑ̃pwɛ̃] nm shampoo ; **se faire un** ~ to shampoo one's hair ; ~ **colorant** (colour) rinse.

**short** [ʃɔʀt] nm (pair of) shorts pl.

**si** [si] nm (MUS) B ; (en chantant la gamme) si, se // ad (oui) yes ; (tellement) so // cj if ; ~ **seulement** if only ; (tant et) ~ **bien que** so much so that ; ~ **rapide qu'il soit** however fast he may be, fast though he is ; **je me demande** ~ I wonder if ou whether.

**siamois, e** [sjamwa, -waz] a Siamese ; **frères/sœurs siamois/es** Siamese twins.

**Sicile** [sisil] nf: **la** ~ Sicily ; **sicilien, ne** a Sicilian.

**sidéré, e** [sideʀe] a staggered.

**sidérurgie** [sideʀyʀʒi] nf iron and steel industry.

**siècle** [sjɛkl(ə)] nm century ; (époque) age ; (REL): **le** ~ the world.

**sied** [sje] vb voir **seoir**.

**siège** [sjɛʒ] nm seat ; (d'entreprise) head office ; (d'organisation) headquarters pl ; (MIL) siege ; **mettre le** ~ **devant** to besiege ; **présentation par le** ~ (MÉD) breech presentation ; ~ **baquet** bucket seat ; ~ **social** registered office.

**siéger** [sjeʒe] vi to sit.

**sien, ne** [sjɛ̃, sjɛn] pronom: **le(la)** ~(**ne**), **les** ~**s**(~**nes**) his ; hers ; its ; **faire des** ~**nes** (fam) to be up to one's (usual) tricks ; **les** ~**s** (sa famille) one's family.

**siérait** etc vb voir **seoir**.

**sieste** [sjɛst(ə)] nf (afternoon) snooze ou nap, siesta ; **faire la** ~ to have a snooze ou nap.

**sieur** [sjœʀ] nm: **le** ~ **Thomas** Mr Thomas ; (en plaisantant) Master Thomas.

**sifflant, e** [siflɑ̃, -ɑ̃t] a (bruit) whistling ; (toux) wheezing ; (consonne) ~**e** sibilant.

**sifflement** [sifləmɑ̃] nm whistle, whistling q ; hissing noise ; whistling noise.

**siffler** [sifle] vi (gén) to whistle ; (avec un sifflet) to blow (on) one's whistle ; (en parlant, dormant) to wheeze ; (serpent, vapeur) to hiss // vt (chanson) to whistle ; (chien etc) to whistle for ; (fille) to whistle at ; (pièce, orateur) to hiss, boo ; (faute) to blow one's whistle at ; (fin du match, départ) to blow one's whistle for ; (fam: verre, bouteille) to guzzle, knock back.

**sifflet** [siflɛ] *nm* whistle ; ~**s** *nmpl* (*de mécontentement*) whistles, boos ; **coup de** ~ whistle.

**siffloter** [siflɔte] *vi, vt* to whistle.

**sigle** [sigl(ə)] *nm* acronym, (set of) initials *pl*.

**signal, aux** [siɲal, -o] *nm* (*signe convenu, appareil*) signal ; (*indice, écriteau*) sign ; **donner le** ~ **de** to give the signal for ; ~ **d'alarme** alarm signal ; ~ **horaire** time signal ; **signaux (lumineux)** (*AUTO*) traffic signals.

**signalement** [siɲalmɑ̃] *nm* description, particulars *pl*.

**signaler** [siɲale] *vt* to indicate ; to announce ; to report ; (*faire remarquer*): ~ **qch à qn/à qn que** to point out sth to sb/to sb that ; **se** ~ **par** to distinguish o.s. by ; **se** ~ **à l'attention de qn** to attract sb's attention.

**signalétique** [siɲaletik] *a*: **fiche** ~ identification sheet.

**signalisation** [siɲalizɑsjɔ̃] *nf* signalling, signposting ; signals *pl*, roadsigns *pl* ; **panneau de** ~ roadsign.

**signaliser** [siɲalize] *vt* to put up roadsigns on ; to put signals on.

**signataire** [siɲatɛʀ] *nm/f* signatory.

**signature** [siɲatyʀ] *nf* signing ; signature.

**signe** [siɲ] *nm* sign ; (*TYPO*) mark ; **c'est bon** ~ it's a good sign ; **faire un** ~ **de la main** to give a sign with one's hand ; **faire** ~ **à qn** (*fig*) to get in touch with sb ; **faire** ~ **à qn d'entrer** to motion (to) sb to come in ; **en** ~ **de** as a sign *ou* mark of ; **le** ~ **de la croix** the sign of the Cross ; ~ **de ponctuation** punctuation mark ; ~ **du zodiaque** sign of the zodiac.

**signer** [siɲe] *vt* to sign ; **se** ~ *vi* to cross o.s.

**signet** [siɲɛ] *nm* bookmark.

**significatif, ive** [siɲifikatif, -iv] *a* significant.

**signification** [siɲifikɑsjɔ̃] *nf* meaning.

**signifier** [siɲifje] *vt* (*vouloir dire*) to mean, signify ; (*faire connaître*): ~ **qch (à qn)** to make sth known (to sb) ; (*JUR*): ~ **qch à qn** to serve notice of sth on sb.

**silence** [silɑ̃s] *nm* silence ; (*MUS*) rest ; **garder le** ~ to keep silent, say nothing ; **passer sous** ~ to pass over (in silence) ; **réduire au** ~ to silence ; **silencieux, euse** *a* quiet, silent // *nm* silencer.

**silex** [silɛks] *nm* flint.

**silhouette** [silwɛt] *nf* outline, silhouette ; (*lignes, contour*) outline ; (*figure*) figure.

**silicium** [silisjɔm] *nm* silicon.

**silicone** [silikɔn] *nf* silicone.

**silicose** [silikoz] *nf* silicosis, dust disease.

**sillage** [sijaʒ] *nm* wake ; (*fig*) trail.

**sillon** [sijɔ̃] *nm* furrow ; (*de disque*) groove ; **sillonner** *vt* to furrow ; to cross, criss-cross.

**silo** [silo] *nm* silo.

**simagrées** [simagʀe] *nfpl* fuss *sg* ; airs and graces.

**simiesque** [simjɛsk(ə)] *a* monkey-like, ape-like.

**similaire** [similɛʀ] *a* similar ; **similarité** *nf* similarity ; **simili...** *préfixe* imitation *cpd,*

artificial ; **similicuir** *nm* imitation leather ; **similitude** *nf* similarity.

**simple** [sɛ̃pl(ə)] *a* (*gén*) simple ; (*non multiple*) single ; ~**s** *nmpl* (*MÉD*) medicinal plants ; ~ **messieurs** (*TENNIS*) men's singles *sg* ; **un** ~ **particulier** an ordinary citizen ; **cela varie du** ~ **au double** it can double, it can be double the price *etc* ; ~ **course** *a* single ; ~ **d'esprit** *nm/f* simpleton ; ~ **soldat** private ; **simplicité** *nf* simplicity ; **simplifier** *vt* to simplify ; **simpliste** *a* simplistic.

**simulacre** [simylakʀ(ə)] *nm* enactement ; (*péj*): **un** ~ **de** a pretence of, a sham.

**simulateur, trice** [simylatœʀ, -tʀis] *nm/f* shammer, pretender ; (*qui se prétend malade*) malingerer // *nm*: ~ **de vol** flight simulator.

**simulation** [simylɑsjɔ̃] *nf* shamming, simulation ; malingering.

**simuler** [simyle] *vt* to sham, simulate ; (*suj: substance, revêtement*) to simulate.

**simultané, e** [simyltane] *a* simultaneous ; ~**ment** *ad* simultaneously.

**sincère** [sɛ̃sɛʀ] *a* sincere ; genuine ; heartfelt ; **sincérité** *nf* sincerity.

**sinécure** [sinekyʀ] *nf* sinecure.

**sine die** [sinedje] *ad* sine die, indefinitely.

**sine qua non** [sinekwanɔn] *a*: **condition** ~ indispensable condition.

**singe** [sɛ̃ʒ] *nm* monkey ; (*de grande taille*) ape.

**singer** [sɛ̃ʒe] *vt* to ape, mimic.

**singeries** [sɛ̃ʒʀi] *nfpl* antics ; (*simagrées*) airs and graces.

**singulariser** [sɛ̃gylaʀize] *vt* to mark out ; **se** ~ to call attention to o.s.

**singularité** [sɛ̃gylaʀite] *nf* peculiarity.

**singulier, ière** [sɛ̃gylje, -jɛʀ] *a* remarkable, singular ; (*LING*) singular // *nm* singular.

**sinistre** [sinistʀ(ə)] *a* sinister // *nm* (*incendie*) blaze ; (*catastrophe*) disaster ; (*ASSURANCES*) accident (*giving rise to a claim*) ; **sinistré, e** *a* disaster-stricken // *nm/f* disaster victim.

**sino...** [sino] *préfixe*: ~**-indien** Sino-Indian, Chinese-Indian.

**sinon** [sinɔ̃] *cj* (*autrement, sans quoi*) otherwise, or else ; (*sauf*) except, other than ; (*si ce n'est*) if not.

**sinueux, euse** [sinɥø, -øz] *a* winding ; (*fig*) tortuous ; **sinuosités** *nfpl* winding *sg*, curves.

**sinus** [sinys] *nm* (*ANAT*) sinus ; (*GÉOM*) sine ; **sinusite** *nf* sinusitis, sinus infection.

**sionisme** [sjɔnism(ə)] *nm* Zionism.

**siphon** [sifɔ̃] *nm* (*tube, d'eau gazeuse*) siphon ; (*d'évier etc*) U-bend ; **siphonner** *vt* to siphon.

**sire** [siʀ] *nm* (*titre*): **S**~ Sire ; **un triste** ~ an unsavoury individual.

**sirène** [siʀɛn] *nf* siren ; ~ **d'alarme** air-raid siren ; fire alarm.

**sirop** [siʀo] *nm* (*à diluer: de fruit etc*) syrup, cordial ; (*boisson*) cordial ; (*pharmaceutique*) syrup, mixture ; ~ **de menthe** mint syrup *ou* cordial ; ~ **contre la toux** cough syrup *ou* mixture.

**siroter** [siʀɔte] *vt* to sip.

**sis, e** [si, siz] a: ~ **rue de la Paix** located in the rue de la Paix.

**sismique** [sismik] a seismic.

**sismographe** [sismograf] nm seismograph.

**sismologie** [sismolɔʒi] nf seismology.

**site** [sit] nm (paysage, environnement) setting ; (d'une ville etc: emplacement) site ; ~ (pittoresque) beauty spot ; ~s **touristiques** places of interest ; ~s **naturels/historiques** natural/ historic sites.

**sitôt** [sito] ad: ~ **parti** as soon as he had left ; **pas de** ~ not for a long time.

**situation** [situɑsjɔ̃] nf (gén) situation ; (d'un édifice, d'une ville) situation, position ; location.

**situé, e** [sitɥe] a: **bien** ~ well situated, in a good location ; ~ **à/près de** situated at/near.

**situer** [sitɥe] vt to site, situate ; (en pensée) to set, place ; **se** ~ vi: **se** ~ **à/près de** to be situated at/near.

**six** [sis] num six ; **sixième** num sixth.

**sketch** [skɛtʃ] nm (variety) sketch.

**ski** [ski] nm (objet) ski ; (sport) skiing ; **faire du** ~ to ski ; ~ **de fond** lang-lauf ; ~ **nautique** water-skiing ; ~ **de piste** downhill skiing ; ~ **de randonnée** cross-country skiing ; **skier** vi to ski ; **skieur, euse** nm/f skier.

**slalom** [slalɔm] nm slalom ; **faire du** ~ **entre** to slalom between ; ~ **géant/spécial** giant/special slalom.

**slave** [slav] a Slav(onic), Slavic.

**slip** [slip] nm (sous-vêtement) pants pl, briefs pl ; (de bain: d'homme) (bathing ou swimming) trunks pl ; (: du bikini) (bikini) briefs pl.

**slogan** [slɔgɑ̃] nm slogan.

**S.M.I.C., S.M.I.G.** [smik, smig] sigle m voir **salaire**.

**smoking** [smɔkiŋ] nm dinner ou evening suit.

**snack** [snak] nm snack bar.

**S.N.C.F.** sigle f = société nationale des chemins de fer français, ≈ British Rail.

**snob** [snɔb] a snobbish // nm/f snob ; ~**isme** nm snobbery.

**sobre** [sɔbʀ(ə)] a temperate, abstemious ; (élégance, style) sober ; ~ **de** (gestes, compliments) sparing of ; **sobriété** nf temperance, abstemiousness ; sobriety.

**sobriquet** [sɔbʀikɛ] nm nickname.

**soc** [sɔk] nm ploughshare.

**sociable** [sɔsjabl(ə)] a sociable.

**social, e, aux** [sɔsjal, -o] a social.

**socialisme** [sɔsjalism(ə)] nm socialism ; **socialiste** nm/f socialist.

**sociétaire** [sɔsjetɛʀ] nm/f member.

**société** [sɔsjete] nf society ; (sportive) club ; (COMM) company ; **la bonne** ~ polite society ; **la** ~ **d'abondance/de consommation** the affluent/consumer society ; ~ **anonyme (S.A.)** ≈ limited company ; ~ **à responsabilité limitée (S.A.R.L.)** type of limited liability company (with non negotiable shares).

**sociologie** [sɔsjɔlɔʒi] nf sociology ; **sociologue** nm/f sociologist.

**socle** [sɔkl(ə)] nm (de colonne, statue) plinth, pedestal ; (de lampe) base.

**socquette** [sɔkɛt] nf ankle sock.

**sodium** [sɔdjɔm] nm sodium.

**sœur** [sœʀ] nf sister ; (religieuse) nun, sister ; ~ **Élisabeth** (REL) Sister Elizabeth.

**soi** [swa] pronom oneself ; **cela va de** ~ that ou it goes without saying, it stands to reason ; ~-**disant** a inv so-called // ad supposedly.

**soie** [swa] nf silk ; (de porc, sanglier: poil) bristle ; ~**rie** nf (industrie) silk trade ; (tissu) silk.

**soif** [swaf] nf thirst ; (fig): ~ **de** thirst ou craving for ; **avoir** ~ to be thirsty ; **donner** ~ **à qn** to make sb thirsty.

**soigné, e** [swaɲe] a (tenue) well-groomed, neat ; (travail) careful, meticulous ; (fam) whopping ; stiff.

**soigner** [swaɲe] vt (malade, maladie: suj: docteur) to treat ; (suj: infirmière, mère) to nurse, look after ; (blessé) to tend ; (travail, détails) to take care over ; (jardin, chevelure, invités) to look after ; **soigneur** nm (CYCLISME, FOOTBALL) trainer ; (BOXE) second.

**soigneusement** [swaɲøzmɑ̃] ad carefully.

**soigneux, euse** [swaɲø, -øz] a (propre) tidy, neat ; (méticuleux) painstaking, careful ; ~ **de** careful with.

**soi-même** [swamɛm] pronom oneself.

**soin** [swɛ̃] nm (application) care ; (propreté, ordre) tidiness, neatness ; (responsabilité): **le** ~ **de qch** the care of sth ; ~**s** nmpl (à un malade, blessé) treatment sg, medical attention sg ; (attentions, prévenance) care and attention sg ; (hygiène) care sg ; ~**s de la chevelure/de beauté** hair-/beauty care ; **les** ~**s du ménage** the care of the home ; **avoir** ou **prendre** ~ **de** to take care of, look after ; **avoir** ou **prendre** ~ **de faire** to take care to do ; **sans** ~ a careless ; untidy ; **les premiers** ~**s** first aid sg ; **aux bons** ~**s de** c/o, care of.

**soir** [swaʀ] nm, ad evening ; **ce** ~ this evening, tonight ; **demain** ~ tomorrow evening, tomorrow night.

**soirée** [swaʀe] nf evening ; (réception) party ; **donner en** ~ (film, pièce) to give an evening performance of.

**soit** [swa] vb voir **être** ; ~ **un triangle ABC** let ABC be a triangle // cj (à savoir) namely, to wit ; (ou): ~ ... ~ ... either ... or // ad so be it, very well ; ~ **que** ... ~ **que** ou **ou que** whether ... or whether.

**soixantaine** [swasɑ̃tɛn] nf: **une** ~ **(de)** sixty or so, about sixty.

**soixante** [swasɑ̃t] num sixty.

**soja** [sɔʒa] nm soya ; (graines) soya beans pl ; **germes de** ~ beansprouts.

**sol** [sɔl] nm ground ; (de logement) floor ; (revêtement) flooring q ; (territoire, AGR, GÉO) soil ; (MUS) G ; (en chantant la gamme) so(h).

**solaire** [sɔlɛʀ] a solar, sun cpd.

**solarium** [sɔlaʀjɔm] nm solarium.

**soldat** [sɔlda] nm soldier ; **S~ inconnu** Unknown Warrior ou Soldier ; ~ **de plomb** tin ou toy soldier.

**solde** [sɔld(ə)] nf pay // nm (COMM) balance ; ~**s** nmpl ou nfpl (COMM) sale goods ; sales ; **à la** ~ **de qn** (péj) in sb's

pay; ~ **à payer** balance outstanding; **en ~ at** sale price; **aux ~s** at the sales.
**solder** [sɔlde] vt (compte) to settle; (marchandise) to sell at sale price, sell off; **se ~ par** (fig) to end in; **article soldé (à) 10 F** item reduced to 10 F.
**sole** [sɔl] nf sole inv.
**soleil** [sɔlɛj] nm sun; (lumière) sun(light); (temps ensoleillé) sun(shine); (feu d'artifice) Catherine wheel; (acrobatie) grand circle; (BOT) sunflower; **il y a ou il fait du ~** it's sunny; **au ~** in the sun; **le ~ de minuit** the midnight sun.
**solennel, le** [sɔlanɛl] a solemn; ceremonial; **solenniser** vt to solemnize; **solennité** nf (d'une fête) solemnity; (fête) grand occasion.
**solfège** [sɔlfɛʒ] nm rudiments pl of music.
**soli** [sɔli] pl de **solo**.
**solidaire** [sɔlidɛR] a (personnes) who stand together, who show solidarity; (pièces mécaniques) interdependent; **être ~ de** (collègues) to stand by; (mécanisme) to be bound up with, be dependent on; **se solidariser avec** to show solidarity with; **solidarité** nf solidarity; interdependence; **par solidarité (avec)** (cesser le travail etc) in sympathy (with).
**solide** [sɔlid] a solid; (mur, maison, meuble) solid, sturdy; (connaissances, argument) sound; (personne, estomac) robust, sturdy // nm solid; **solidifier** vt, **se solidifier** vi to solidify; **solidité** nf solidity; sturdiness.
**soliloque** [sɔlilɔk] nm soliloquy.
**soliste** [sɔlist(ə)] nm/f soloist.
**solitaire** [sɔlitɛR] a (sans compagnie) solitary, lonely; (isolé) solitary, isolated, lone; (désert) lonely // nm/f recluse; loner // nm (diamant, jeu) solitaire.
**solitude** [sɔlityd] nf loneliness; (paix) solitude.
**solive** [sɔliv] nf joist.
**sollicitations** [sɔlisitɑsjɔ̃] nfpl entreaties, appeals; enticements; promptings.
**solliciter** [sɔlisite] vt (personne) to appeal to; (emploi, faveur) to seek; (moteur) to prompt; (suj: occupations, attractions etc): **~ qn** to appeal to sb's curiosity etc; to entice sb; to make demands on sb's time; **~ qn de faire** to appeal to ou request sb to do.
**sollicitude** [sɔlisityd] nf concern.
**solo** [sɔlo] nm, pl **soli** [sɔli] (MUS) solo (pl s or soli).
**solstice** [sɔlstis] nm solstice.
**soluble** [sɔlybl(ə)] a soluble.
**solution** [sɔlysjɔ̃] nf solution; **~ de continuité** solution of continuity, gap; **~ de facilité** easy way out.
**solvabilité** [sɔlvabilite] nf solvency.
**solvable** [sɔlvabl(ə)] a solvent.
**solvant** [sɔlvɑ̃] nm solvent.
**sombre** [sɔ̃bR(ə)] a dark; (fig) sombre, gloomy.
**sombrer** [sɔ̃bRe] vi (bateau) to sink, go down; **~ dans** (misère, désespoir) to sink into.
**sommaire** [sɔmɛR] a (simple) basic; (expéditif) summary // nm summary.
**sommation** [sɔmɑsjɔ̃] nf (JUR) summons sg; (avant de faire feu) warning.

**somme** [sɔm] nf (MATH) sum; (fig) amount; (argent) sum, amount // nm: **faire un ~** to have a (short) nap; **faire la ~ de** to add up; **en ~** ad all in all; **~ toute** ad when all's said and done.
**sommeil** [sɔmɛj] nm sleep; **avoir ~** to be sleepy; **avoir le ~ léger** to be a light sleeper; **en ~** (fig) dormant; **sommeiller** vi to doze; (fig) to lie dormant.
**sommelier** [sɔməlje] nm wine waiter.
**sommer** [sɔme] vt: **~ qn de faire** to command ou order sb to do; (JUR) to summon sb to do.
**sommes** vb voir aussi **être**.
**sommet** [sɔmɛ] nm top; (d'une montagne) summit, top; (fig: de la perfection, gloire) height; (GÉOM: d'angle) vertex (pl vertices).
**sommier** [sɔmje] nm: **~ (à ressorts)** springing g; (interior-sprung) divan base; **~ métallique** mesh-springing; mesh-sprung divan base.
**sommité** [sɔmite] nf prominent person, leading light.
**somnambule** [sɔmnɑ̃byl] nm/f sleepwalker.
**somnifère** [sɔmnifɛR] nm sleeping drug (ou pill).
**somnolent, e** [sɔmnɔlɑ̃, -ɑ̃t] a sleepy, drowsy.
**somnoler** [sɔmnɔle] vi to doze.
**somptuaire** [sɔ̃ptɥɛR] a: **lois ~s** sumptuary laws; **dépenses ~s** extravagant expenditure sg.
**somptueux, euse** [sɔ̃ptɥø, -øz] a sumptuous; lavish.
**son** [sɔ̃], **sa** [sa], pl **ses** [se] dét (antécédent humain mâle) his; (: femelle) her; (: valeur indéfinie) one's, his/her; (: non humain) its; voir note aussi **à**.
**son** [sɔ̃] nm sound; (résidu) bran.
**sonate** [sɔnat] nf sonata.
**sondage** [sɔ̃daʒ] nm (de terrain) boring, drilling; (mer, atmosphère) sounding; probe; (enquête) survey, sounding out of opinion; **~ (d'opinion)** (opinion) poll.
**sonde** [sɔ̃d] nf (NAVIG) lead ou sounding line; (MÉTÉOROLOGIE) sonde; (MÉD) probe; catheter; feeding tube; (TECH) borer, driller; (pour fouiller etc) probe; **~ à avalanche** pole (for probing snow and locating victims); **~ spatiale** space probe.
**sonder** [sɔ̃de] vt (NAVIG) to sound; (atmosphère, plaie, bagages etc) to probe; (TECH) to bore, drill; (fig) to sound out; to probe.
**songe** [sɔ̃ʒ] nm dream.
**songer** [sɔ̃ʒe] vi to dream; **~ à** (rêver à) to muse over, think over; (penser à) to think of; (envisager) to contemplate, think of; to consider; **~ que** to consider that; to think that; **songerie** nf reverie; **songeur, euse** a pensive.
**sonnailles** [sɔnɑj] nfpl jingle of bells.
**sonnant, e** [sɔnɑ̃, -ɑ̃t] a: **en espèces ~es et trébuchantes** in coin of the realm; **à 8 heures ~es** on the stroke of 8.
**sonné, e** [sɔne] a (fam) cracked; **il est midi ~** it's gone twelve; **il a quarante ans bien ~s** he's well into his forties.
**sonner** [sɔne] vi to ring // vt (cloche) to ring; (glas, tocsin) to sound; (portier,

*infirmière*) to ring for; (*messe*) to ring the bell for; (*fam: suj: choc, coup*) to knock out; ~ **du clairon** to sound the bugle; ~ **faux** (*instrument*) to sound out of tune; (*rire*) to ring false; ~ **les heures** to strike the hours; **minuit vient de** ~ midnight has just struck; ~ **chez qn** to ring sb's doorbell, ring at sb's door.

**sonnerie** [sɔnʀi] *nf* (*son*) ringing; (*sonnette*) bell; (*mécanisme d'horloge*) striking mechanism; ~ **d'alarme** alarm bell; ~ **de clairon** bugle call.

**sonnet** [sɔnɛ] *nm* sonnet.

**sonnette** [sɔnɛt] *nf* bell; ~ **d'alarme** alarm bell; ~ **de nuit** night-bell.

**sono** [sɔno] *nf abr de* sonorisation.

**sonore** [sɔnɔʀ] *a* (*voix*) sonorous, ringing; (*salle, métal*) resonant; (*ondes, film, signal*) sound *cpd*; (LING) voiced.

**sonorisation** [sɔnɔʀizɑsjɔ̃] *nf* (*installations*) public address system, P.A. system.

**sonoriser** [sɔnɔʀize] *vt* (*film, spectacle*) to add the sound track to; (*salle*) to fit with a public address system.

**sonorité** [sɔnɔʀite] *nf* (*de piano, violon*) tone; (*de voix, mot*) sonority; (*d'une salle*) resonance; acoustics *pl*.

**sont** *vb voir* être.

**sophistiqué, e** [sɔfistike] *a* sophisticated.

**soporifique** [sɔpɔʀifik] *a* soporific.

**sorbet** [sɔʀbɛ] *nm* water ice, sorbet.

**sorcellerie** [sɔʀsɛlʀi] *nf* witchcraft *q*, sorcery *q*.

**sorcier, ière** [sɔʀsje, -jɛʀ] *nm/f* sorcerer/witch *ou* sorceress.

**sordide** [sɔʀdid] *a* sordid; squalid.

**sornettes** [sɔʀnɛt] *nfpl* twaddle *sg*.

**sort** [sɔʀ] *nm* (*fortune, destinée*) fate; (*condition, situation*) lot; (*magique*) curse, spell; **le** ~ **en est jeté** the die is cast; **tirer au** ~ to draw lots; **tirer qch au** ~ to draw lots for sth.

**sorte** [sɔʀt(ə)] *nf* sort, kind; **de la** ~ *ad* in that way; **de** ~ **à** so as to, in order to; **de (telle)** ~ **que, en** ~ **que** so that; so much so that.

**sortie** [sɔʀti] *nf* (*issue*) way out, exit; (MIL) sortie; (*fig: verbale*) outburst; sally; (*promenade*) outing; (*le soir: au restaurant etc*) night out; (COMM: *somme*): ~s items of expenditure; outgoings *sans sg*; **à sa** ~ as he went out *ou* left; **à la** ~ **de l'école/l'usine** (*moment*) after school/work; when school/the factory comes out; (*lieu*) at the school/factory gates; **à la** ~ **de ce nouveau modèle** when this new model comes out, when they bring out this new model; ~ **de bain** (*vêtement*) bathrobe; '~ **de camions**' 'vehicle exit', 'lorries turning'; ~ **de secours** emergency exit.

**sortilège** [sɔʀtilɛʒ] *nm* (magic) spell.

**sortir** [sɔʀtiʀ] *vi* (*gén*) to come out; (*partir, se promener, aller au spectacle etc*) to go out; (*numéro gagnant*) to come up // *vt* (*gén*) to take out; (*produit, ouvrage, modèle*) to bring out; (*boniments, incongruités*) to come out with; (*fam: expulser*) to throw out; ~ **qch de** to take sth out of; ~ **de** (*gén*) to leave; (*endroit*) to go to (*ou* come) out of, leave; (*rainure etc*)

to come out of; (*cadre, compétence*) to be outside; (*provenir de: famille etc*) to come from; **se** ~ **de** (*affaire, situation*) to get out of; **s'en** ~ (*malade*) to pull through; (*d'une difficulté etc*) to come through all right; to get through, to be able to manage.

**S.O.S.** *sigle m* mayday, SOS.

**sosie** [sɔzi] *nm* double.

**sot, sotte** [so, sɔt] *a* silly, foolish // *nm/f* fool; **sottise** *nf* silliness, foolishness; silly *ou* foolish thing (to do *ou* say).

**sou** [su] *nm*: **près de ses** ~s tight-fisted; **sans le** ~ penniless; **pas un** ~ **de bon sens** not a scrap *ou* an ounce of good sense.

**soubassement** [subɑsmɑ̃] *nm* base.

**soubresaut** [subʀəso] *nm* start; jolt.

**soubrette** [subʀɛt] *nf* soubrette, maidservant.

**souche** [suʃ] *nf* (*d'arbre*) stump; (*de carnet*) counterfoil, stub; **de vieille** ~ of old stock.

**souci** [susi] *nm* (*inquiétude*) worry; (*préoccupation*) concern; (BOT) marigold; **se faire du** ~ to worry; **avoir (le)** ~ **de** to have concern for.

**soucier** [susje]: **se** ~ **de** *vt* to care about.

**soucieux, euse** [susjø, -øz] *a* concerned, worried; ~ **de** concerned about; **peu** ~ **de/que** caring little about/whether.

**soucoupe** [sukup] *nf* saucer; ~ **volante** flying saucer.

**soudain, e** [sudɛ̃, -ɛn] *a* (*douleur, mort*) sudden // *ad* suddenly, all of a sudden; **soudainement** *ad* suddenly; **soudaineté** *nf* suddenness.

**soude** [sud] *nf* soda.

**soudé, e** [sude] *a* (*fig: pétales, organes*) joined (together).

**souder** [sude] *vt* (*avec fil à souder*) to solder; (*par soudure autogène*) to weld; (*fig*) to bind *ou* knit together; to fuse (together).

**soudoyer** [sudwaje] *vt* (*péj*) to bribe, buy over.

**soudure** [sudyʀ] *nf* soldering; welding; (*joint*) soldered joint; weld.

**souffert, e** [sufɛʀ, -ɛʀt(ə)] *pp de* souffrir.

**souffle** [sufl(ə)] *nm* (*en expirant*) breath; (*en soufflant*) puff, blow; (*respiration*) breathing; (*d'explosion, de ventilateur*) blast; (*du vent*) blowing; (*fig*) inspiration; **avoir du/manquer de** ~ to have a lot of/be short of breath; **être à bout de** ~ to be out of breath; **avoir le** ~ **court** to be short-winded; **un** ~ **d'air** *ou* **de vent** a breath of air, a puff of wind.

**soufflé, e** [sufle] *a* (CULIN) soufflé; (*fam: ahuri, stupéfié*) staggered // *nm* (CULIN) soufflé.

**souffler** [sufle] *vi* (*gén*) to blow; (*haleter*) to puff (and blow) // *vt* (*feu, bougie*) to blow out; (*chasser: poussière etc*) to blow away; (TECH: *verre*) to blow; (*suj: explosion*) to destroy (with its blast); (*dire*): ~ **qch à qn** to whisper sth to sb; (*fam: voler*): ~ **qch à qn** to nick sth from sb; ~ **son rôle à qn** to prompt sb; **laisser** ~ **qn** (*fig*) to give sb a breather.

**soufflet** [suflɛ] *nm* (*instrument*) bellows *pl*; (*entre wagons*) vestibule; (*gifle*) slap (in the face).

**souffleur, euse** [suflœʀ, -øz] nm/f (THÉÂTRE) prompter.

**souffrance** [sufʀɑ̃s] nf suffering ; **en** ~ (marchandise) awaiting delivery ; (affaire) pending.

**souffrant, e** [sufʀɑ̃, -ɑ̃t] a unwell.

**souffre-douleur** [sufʀədulœʀ] nm inv whipping boy, underdog.

**souffreteux, euse** [sufʀətø, -øz] a sickly.

**souffrir** [sufʀiʀ] vi to suffer ; to be in pain // vt to suffer, endure ; (supporter) to stand ; (admettre: exception etc) to allow ou admit of ; ~ **de** (maladie, froid) to suffer from ; ~ **des dents** to have trouble with one's teeth ; **faire** ~ **qn** (suj: personne) to make sb suffer ; (: dents, blessure etc) to hurt sb.

**soufre** [sufʀ(ə)] nm sulphur.

**souhait** [swɛ] nm wish ; **tous nos** ~**s de** good wishes ou our best wishes for ; **riche** etc **à** ~ as rich etc as one could wish ; **à vos** ~**s!** bless you!

**souhaitable** [swɛtabl(ə)] a desirable.

**souhaiter** [swete] vt to wish for ; ~ **le bonjour à qn** to bid sb good day ; ~ **la bonne année à qn** to wish sb a happy New Year.

**souiller** [suje] vt to dirty, soil ; (fig) to sully, tarnish ; **souillure** nf stain.

**soûl, e** [su, sul] a drunk // nm: **boire tout son** ~ to drink one's fill.

**soulagement** [sulaʒmɑ̃] nm relief.

**soulager** [sulaʒe] vt to relieve.

**soûler** [sule] vt: ~ **qn** to get sb drunk ; (suj: boisson) to make sb drunk ; (fig) to make sb's head spin ou reel ; **se** ~ to get drunk ; **se** ~ **de** (fig) to intoxicate o.s. with ; **soûlerie** nf (péj) drunken binge.

**soulèvement** [sulɛvmɑ̃] nm uprising ; (GÉO) upthrust.

**soulever** [sulve] vt to lift ; (vagues, poussière) to send up ; (peuple) to stir up (to revolt) ; (enthousiasme) to arouse ; (question, débat) to raise ; **se** ~ vi (peuple) to rise up ; (personne couchée) to lift o.s. up ; **cela me soulève le cœur** it makes me feel sick.

**soulier** [sulje] nm shoe ; ~**s plats/à talons** flat/heeled shoes.

**souligner** [suline] vt to underline ; (fig) to emphasize ; to stress.

**soumettre** [sumɛtʀ] vt (pays) to subject, subjugate ; (rebelle) to put down, subdue ; ~ **qn/qch à** to subject sb/sth to ; ~ **qch à qn** (projet etc) to submit sth to sb ; **se** ~ (**à**) (se rendre, obéir) to submit (to) ; **se** ~ **à** (formalités etc) to submit to ; (régime etc) to submit o.s. to.

**soumis, e** [sumi, -iz] a submissive ; **revenus** ~ **à l'impôt** taxable income.

**soumission** [sumisjɔ̃] nf (voir se soumettre) submission ; (docilité) submissiveness ; (COMM) tender.

**soupape** [supap] nf valve ; ~ **de sûreté** safety valve.

**soupçon** [supsɔ̃] nm suspicion ; (petite quantité) : **un** ~ **de** a hint ou touch of ; **soupçonner** vt to suspect ; **soupçonneux, euse** a suspicious.

**soupe** [sup] nf soup ; ~ **au lait** a inv quick-tempered ; ~ **à l'oignon/de poisson** onion/fish soup ; ~ **populaire** soup kitchen.

**soupente** [supɑ̃t] nf cupboard under the stairs.

**souper** [supe] vi to have supper // nm supper ; **avoir soupé de** (fam) to be sick and tired of.

**soupeser** [supəze] vt to weigh in one's hand(s), feel the weight of ; (fig) to weigh up.

**soupière** [supjɛʀ] nf (soup) tureen.

**soupir** [supiʀ] nm sigh ; (MUS) crotchet rest ; **rendre le dernier** ~ to breathe one's last.

**soupirail, aux** [supiʀaj, -o] nm (small) basement window.

**soupirant** [supiʀɑ̃] nm (péj) suitor, wooer.

**soupirer** [supiʀe] vi to sigh ; ~ **après qch** to yearn for sth.

**souple** [supl(ə)] a supple ; (fig: règlement, caractère) flexible ; (: démarche, taille) lithe, supple ; **souplesse** nf suppleness ; flexibility.

**source** [suʀs(ə)] nf (point d'eau) spring ; (d'un cours d'eau, fig) source ; **prendre sa** ~ **à/dans** (suj: cours d'eau) to have its source at/in ; **tenir qch de bonne** ~/**de** ~ **sûre** to have sth on good authority/from a reliable source ; **thermale/d'eau minérale** hot ou thermal/mineral spring.

**sourcier** [suʀsje] nm water diviner.

**sourcil** [suʀsij] nm (eye)brow ; **sourcilière** af voir arcade.

**sourciller** [suʀsije] vi: **sans** ~ without turning a hair ou batting an eyelid.

**sourcilleux, euse** [suʀsijø, -øz] a pernickety.

**sourd, e** [suʀ, suʀd(ə)] a deaf ; (bruit, voix) muffled ; (couleur) muted ; (douleur) dull ; (lutte) silent, hidden ; (LING) voiceless // nm/f deaf person.

**sourdait** etc vb voir **sourdre**.

**sourdine** [suʀdin] nf (MUS) mute ; **en** ~ ad softly, quietly ; **mettre une** ~ **à** (fig) to tone down.

**sourd-muet, sourde-muette** [suʀmyɛ, suʀdmyɛt] a deaf-and-dumb // nm/f deaf-mute.

**sourdre** [suʀdʀ(ə)] vi to rise.

**souriant, e** [suʀjɑ̃, -ɑ̃t] a cheerful.

**souricière** [suʀisjɛʀ] nf mousetrap ; (fig) trap.

**sourire** [suʀiʀ] nm smile // vi to smile ; ~ **à qn** to smile at sb ; (fig) to appeal to sb ; to smile on sb ; **faire un** ~ **à qn** to give sb a smile ; **garder le** ~ to keep smiling.

**souris** [suʀi] nf mouse (pl mice).

**sournois, e** [suʀnwa, -waz] a deceitful, underhand.

**sous** [su] prép (gén) under ; ~ **la pluie/le soleil** in the rain/sunshine ; ~ **terre** a, ad underground ; ~ **peu** ad shortly, before long.

**sous...** [su, suz + vowel] préfixe sub- ; under... ; ~**-catégorie** sub-category ; ~**-alimenté-équipé -développé** under-nourished/equipped/developed.

**sous-bois** [subwa] nm inv undergrowth.

**sous-chef** [suʃɛf] *nm* deputy chief clerk.

**souscription** [suskʀipsjɔ̃] *nf* subscription ; **offert en ~** available on subscription.

**souscrire** [suskʀiʀ]: **~ à** *vt* to subscribe to.

**sous-directeur, trice** [sudiʀɛktœʀ, -tʀis] *nm/f* assistant manager/ manageress, sub-manager/ manageress.

**sous-emploi** [suzɑ̃plwa] *nm* underemployment.

**sous-entendre** [suzɑ̃tɑ̃dʀ(ə)] *vt* to imply, infer ; **sous-entendu, e** *a* implied ; (*verbe, complément*) understood // *nm* innuendo, insinuation.

**sous-estimer** [suzɛstime] *vt* to underestimate.

**sous-exposer** [suzɛkspoze] *vt* to underexpose.

**sous-fifre** [sufifʀ] *nm* (*péj*) underling.

**sous-jacent, e** [suʒasɑ̃, -ɑ̃t] *a* underlying.

**sous-lieutenant** [suljøtnɑ̃] *nm* sub-lieutenant.

**sous-locataire** [sulɔkatɛʀ] *nm/f* subtenant.

**sous-louer** [sulwe] *vt* to sublet.

**sous-main** [sumɛ̃] *nm inv* desk blotter ; **en ~** *ad* secretly.

**sous-marin, e** [sumaʀɛ̃, -in] *a* (*flore, volcan*) submarine ; (*navigation, pêche, explosif*) underwater // *nm* submarine.

**sous-officier** [suzɔfisje] *nm* ≈ non-commissioned officer (N.C.O.).

**sous-préfecture** [supʀefɛktyʀ] *nf* sub-prefecture.

**sous-préfet** [supʀefɛ] *nm* sub-prefect.

**sous-produit** [supʀɔdɥi] *nm* by-product ; (*fig: péj*) pale imitation.

**sous-secrétaire** [susəkʀetɛʀ] *nm*: **~ d'État** Under-Secretary of State.

**soussigné, e** [susiɲe] *a*: **je ~** I the undersigned.

**sous-sol** [susɔl] *nm* basement ; (*GÉO*) subsoil.

**sous-titre** [sutitʀ(ə)] *nm* subtitle ; **sous-titré, e** *a* with subtitles.

**soustraction** [sustʀaksjɔ̃] *nf* subtraction.

**soustraire** [sustʀɛʀ] *vt* to subtract, take away ; (*dérober*): **~ qch à qn** to remove sth from sb ; **~ qn à** (*danger*) to shield sb from ; **se ~ à** (*autorité etc*) to elude, escape from.

**sous-traitance** [sutʀɛtɑ̃s(ə)] *nf* subcontracting.

**sous-verre** [suvɛʀ] *nm inv* glass mount.

**sous-vêtement** [suvɛtmɑ̃] *nm* undergarment, item of underwear ; **~s** *nmpl* underwear *sg*.

**soutane** [sutan] *nf* cassock, soutane.

**soute** [sut] *nf* hold ; **~ à bagages** baggage hold.

**soutenable** [sutnabl(ə)] *a* (*opinion*) tenable, defensible.

**soutenance** [sutnɑ̃s] *nf*: **~ de thèse** ≈ viva voce (examination).

**soutènement** [sutɛnmɑ̃] *nm*: **mur de ~** retaining wall.

**souteneur** [sutnœʀ] *nm* procurer.

**soutenir** [sutniʀ] *vt* to support ; (*assaut, choc*) to stand up to, withstand ; (*intérêt, effort*) to keep up ; (*assurer*): **~ que** to maintain that ; **se ~** (*dans l'eau etc*) to hold o.s. up ; **~ la comparaison avec** to bear *ou* stand comparison with ; **soutenu, e** *a* (*efforts*) sustained, unflagging ; (*style*) elevated.

**souterrain, e** [sutɛʀɛ̃, -ɛn] *a* underground // *nm* underground passage.

**soutien** [sutjɛ̃] *nm* support ; **~ de famille** breadwinner.

**soutien-gorge** [sutjɛ̃gɔʀʒ(ə)] *nm* bra.

**soutirer** [sutiʀe] *vt*: **~ qch à qn** to squeeze *ou* get sth out of sb.

**souvenance** [suvnɑ̃s] *nf*: **avoir ~ de** to recollect.

**souvenir** [suvniʀ] *nm* (*réminiscence*) memory ; (*cadeau*) souvenir, keepsake ; (*de voyage*) souvenir // *vb*: **se ~ de** *vt* to remember ; **se ~ que** to remember that ; **en ~ de** in memory *ou* remembrance of.

**souvent** [suvɑ̃] *ad* often ; **peu ~** seldom, infrequently.

**souverain, e** [suvʀɛ̃, -ɛn] *a* sovereign ; (*fig: mépris*) supreme // *nm/f* sovereign, monarch ; **souveraineté** *nf* sovereignty.

**soviétique** [sovjetik] *a* Soviet // *nm/f*: **S~** Soviet citizen.

**soyeux, euse** [swajø, øz] *a* silky.

**soyons** *etc vb voir* **être**.

**S.P.A.** *sigle f* (= *société protectrice des animaux*) ≈ R.S.P.C.A.

**spacieux, euse** [spasjø, øz] *a* spacious ; roomy.

**spaghettis** [spageti] *nmpl* spaghetti *sg*.

**sparadrap** [spaʀadʀa] *nm* adhesive *ou* sticking plaster.

**spartiate** [spaʀsjat] *a* Spartan ; **~s** *nfpl* (*sandales*) Roman sandals.

**spasme** [spazm(ə)] *nm* spasm.

**spasmodique** [spazmɔdik] *a* spasmodic.

**spatial, e, aux** [spasjal, -o] *a* (*AVIAT*) space *cpd* ; (*PSYCH*) spatial.

**spatule** [spatyl] *nf* (*ustensile*) slice ; spatula ; (*bout*) tip.

**speaker, ine** [spikœʀ, -kʀin] *nm/f* announcer.

**spécial, e, aux** [spesjal, -o] *a* special ; (*bizarre*) peculiar ; **~ement** *ad* especially, particularly ; (*tout exprès*) specially.

**spécialisé, e** [spesjalize] *a* specialised.

**spécialiser** [spesjalize] *vt*: **se ~** to specialize.

**spécialiste** [spesjalist(ə)] *nm/f* specialist.

**spécialité** [spesjalite] *nf* speciality ; (*SCOL*) special field ; **~ pharmaceutique** patent medicine.

**spécieux, euse** [spesjø, øz] *a* specious.

**spécification** [spesifikɑsjɔ̃] *nf* specification.

**spécifier** [spesifje] *vt* to specify, state.

**spécifique** [spesifik] *a* specific.

**spécimen** [spesimɛn] *nm* specimen ; (*revue etc*) specimen *ou* sample copy.

**spectacle** [spɛktakl(ə)] *nm* (*tableau, scène*) sight ; (*représentation*) show ; (*industrie*) show business, entertainment ; **se donner en ~** (*péj*) to make a spectacle *ou* an exhibition of o.s. ; **spectaculaire** *a* spectacular.

**spectateur, trice** [spɛktatœʀ, -tʀis] *nm/f* (*CINÉMA etc*) member of the audience ;

(SPORT) spectator; (d'un événement) onlooker, witness.

**spectre** [spɛktʀ(ə)] nm (fantôme, fig) spectre; (PHYSIQUE) spectrum (pl a); ~ solaire solar spectrum.

**spéculateur, trice** [spekylatœʀ, -tʀis] nm/f speculator.

**spéculation** [spekylɑsjɔ̃] nf speculation.

**spéculer** [spekyle] vi to speculate; ~ sur (COMM) to speculate in; (réfléchir) to speculate on; (tabler sur) to bank ou rely on.

**spéléologie** [speleɔlɔʒi] nf (étude) speleology; (activité) potholing; **spéléologue** nm/f speleologist; potholer.

**spermatozoïde** [spɛʀmatozoid] nm sperm, spermatozoon (pl zoa).

**sperme** [spɛʀm(ə)] nm semen, sperm.

**sphère** [sfɛʀ] nf sphere; **sphérique** a spherical.

**sphincter** [sfɛ̃ktɛʀ] nm sphincter.

**spiral, aux** [spiʀal, -o] nm hairspring.

**spirale** [spiʀal] nf spiral; **en ~** in a spiral.

**spire** [spiʀ] nm (single) turn; whorl.

**spiritisme** [spiʀitism(ə)] nm spiritualism, spiritism.

**spirituel, le** [spiʀitɥɛl] a spiritual; (fin, piquant) witty; **musique ~le** sacred music; **concert ~** concert of sacred music.

**spiritueux** [spiʀitɥø] nm spirit.

**splendeur** [splɑ̃dœʀ] nf splendour.

**splendide** [splɑ̃did] a splendid; magnificent.

**spolier** [spɔlje] vt: ~ qn (de) to despoil sb (of).

**spongieux, euse** [spɔ̃ʒjø, -øz] a spongy.

**spontané, e** [spɔ̃tane] a spontaneous.

**sporadique** [spɔʀadik] a sporadic.

**sport** [spɔʀ] nm sport // a inv (vêtement) casual; **faire du ~** to do sport; ~s **d'équipe/d'hiver** team/winter sports; **sportif, ive** a (journal, association, épreuve) sports cpd; (allure, démarche) athletic; (attitude, esprit) sporting.

**spot** [spɔt] nm (lampe) spot(light); (annonce): ~ **(publicitaire)** commercial (break).

**sprint** [spʀint] nm sprint.

**square** [skwaʀ] nm public garden(s).

**squelette** [skəlɛt] nm skeleton; **squelettique** a scrawny; (fig) skimpy.

**stabilisateur, trice** [stabilizatœʀ, -tʀis] a stabilizing // nm stabilizer; anti-roll device; tailplane.

**stabiliser** [stabilize] vt to stabilize; (terrain) to consolidate.

**stabilité** [stabilite] nf stability.

**stable** [stabl(ə)] a stable, steady.

**stade** [stad] nm (SPORT) stadium; (phase, niveau) stage.

**stage** [staʒ] nm training period; training course; (d'avocat stagiaire) articles pl; **stagiaire** nm/f, a trainee.

**stagnant, e** [stagnɑ̃, -ɑ̃t] a stagnant.

**stalactite** [stalaktit] nf stalactite.

**stalagmite** [stalagmit] nf stalagmite.

**stalle** [stal] nf stall, box.

**stand** [stɑ̃d] nm (d'exposition) stand; (de foire) stall; ~ **de tir** (MIL) firing range;

(à la foire, SPORT) shooting range; ~ **de ravitaillement** pit.

**standard** [stɑ̃daʀ] a inv standard // nm switchboard; **standardiser** vt to standardize; **standardiste** nm/f switchboard operator.

**standing** [stɑ̃diŋ] nm standing; **immeuble de grand ~** block of luxury flats.

**star** [staʀ] nf star.

**starter** [staʀtɛʀ] nm (AUTO) choke.

**station** [stɑsjɔ̃] nf station; (de bus) stop; (de villégiature) resort; (posture): **la ~ debout** standing, an upright posture; ~ **de ski** ski resort; ~ **de taxis** taxi rank.

**stationnaire** [stɑsjɔnɛʀ] a stationary.

**stationnement** [stɑsjɔnmɑ̃] nm parking; **zone de ~ interdit** no parking area; ~ **alterné** parking on alternate sides.

**stationner** [stɑsjɔne] vi to park.

**station-service** [stɑsjɔ̃sɛʀvis] nf service station.

**statique** [statik] a static.

**statisticien, ne** [statistisjɛ̃, -jɛn] nm/f statistician.

**statistique** [statistik] nf (science) statistics sg; (rapport, étude) statistic // a statistical; ~**s** (données) statistics pl.

**statue** [staty] nf statue.

**statuer** [statɥe] vi: ~ **sur** to rule on, give a ruling on.

**statuette** [statɥɛt] nf statuette.

**statu quo** [statykwo] nm status quo.

**stature** [statyʀ] nf stature.

**statut** [staty] nm status; ~**s** nmpl (JUR, ADMIN) statutes; **statutaire** a statutory.

**Sté** abr de **société**.

**steak** [stɛk] nm steak.

**stèle** [stɛl] nf stela, stele.

**stellaire** [stelɛʀ] a stellar.

**stencil** [stɛnsil] nm stencil.

**sténo...** [steno] préfixe: ~**(dactylo)** nf shorthand typist; ~**(graphie)** nf shorthand; ~**graphier** vt to take down in shorthand.

**stentor** [stɑ̃tɔʀ] nm: **voix de ~** stentorian voice.

**steppe** [stɛp] nf steppe.

**stère** [stɛʀ] nm stere.

**stéréo(phonie)** [steʀeo(fɔni)] nf stereo(phony); **stéréo(phonique)** a stereo(phonic).

**stéréotype** [steʀeotip] nm stereotype; **stéréotypé, e** a stereotyped.

**stérile** [steʀil] a sterile; (terre) barren; (fig) fruitless, futile.

**stérilet** [steʀilɛ] nm coil, loop.

**stériliser** [steʀilize] vt to sterilize.

**stérilité** [steʀilite] nf sterility.

**sternum** [stɛʀnɔm] nm breastbone, sternum.

**stéthoscope** [stetɔskɔp] nm stethoscope.

**stigmates** [stigmat] nmpl scars, marks; (REL) stigmata pl.

**stigmatiser** [stigmatize] vt to denounce, stigmatize.

**stimulant, e** [stimylɑ̃, -ɑ̃t] a stimulating // nm (MÉD) stimulant; (fig) stimulus (pl i), incentive.

**stimulation** [stimylɑsjɔ̃] *nf* stimulation.
**stimuler** [stimyle] *vt* to stimulate.
**stimulus, i** [stimylys, -i] *nm* stimulus (*pl* i).
**stipulation** [stipylɑsjɔ̃] *nf* stipulation.
**stipuler** [stipyle] *vt* to stipulate, specify.
**stock** [stɔk] *nm* stock ; ~ **d'or** (*FINANCE*) gold reserves *pl* ; ~**er** *vt* to stock ; ~**iste** *nm* stockist.
**stoïque** [stɔik] *a* stoic, stoical.
**stomacal, e, aux** [stɔmakal, -o] *a* gastric, stomach *cpd.*
**stop** [stɔp] *nm* (*AUTO:* écriteau) stop sign ; (: signal) brake-light ; (dans un télégramme) stop // *excl* stop.
**stoppage** [stɔpaʒ] *nm* invisible mending.
**stopper** [stɔpe] *vt* to stop, halt ; (*COUTURE*) to mend // *vi* to stop, halt.
**store** [stɔʀ] *nm* blind ; (de magasin) shade, awning.
**strabisme** [stʀabism(ə)] *nm* squinting.
**strangulation** [stʀɑ̃gylɑsjɔ̃] *nf* strangulation.
**strapontin** [stʀapɔ̃tɛ̃] *nm* jump *ou* foldaway seat.
**strass** [stʀas] *nm* paste, strass.
**stratagème** [stʀataʒɛm] *nm* stratagem.
**stratège** [stʀatɛʒ] *nm* strategist.
**stratégie** [stʀateʒi] *nf* strategy ; **stratégique** *a* strategic.
**stratifié, e** [stʀatifje] *a* (*GÉO*) stratified ; (*TECH*) laminated.
**stratosphère** [stʀatɔsfɛʀ] *nf* stratosphere.
**strict, e** [stʀikt(ə)] *a* strict ; (tenue, décor) severe, plain ; **son droit le plus** ~ his most basic right ; **dans la plus** ~**e intimité** strictly in private ; **le** ~ **nécessaire/minimum** the bare essentials/minimum.
**strident, e** [stʀidɑ̃, -ɑ̃t] *a* shrill, strident.
**stridulations** [stʀidylɑsjɔ̃] *nfpl* stridulations, chirrings.
**strie** [stʀi] *nf* streak ; (*ANAT, GÉO*) stria (*pl* ae).
**strier** [stʀije] *vt* to streak ; to striate.
**strip-tease** [stʀiptiz] *nm* striptease ; **strip-teaseuse** *nf* stripper, striptease artist.
**striures** [stʀijyʀ] *nfpl* streaking *sg*.
**strophe** [stʀɔf] *nf* verse, stanza.
**structure** [stʀyktyʀ] *nf* structure ; ~**s d'accueil/touristiques** reception/tourist facilities ; **structurer** *vt* to structure.
**stuc** [styk] *nm* stucco.
**studieux, euse** [stydjø, -øz] *a* studious ; devoted to study.
**studio** [stydjo] *nm* (logement) (one-roomed) flatlet ; (d'artiste, TV etc) studio (*pl* s).
**stupéfaction** [stypefaksjɔ̃] *nf* stupefaction, amazement.
**stupéfait, e** [stypefɛ, -ɛt] *a* amazed.
**stupéfiant, e** [stypefjɑ̃, -ɑ̃t] *a* stunning, astounding // *nm* (*MÉD*) drug, narcotic.
**stupéfier** [stypefje] *vt* to stupefy ; (étonner) to stun, astonish.
**stupeur** [stypœʀ] *nf* (inertie, insensibilité) stupor ; (étonnement) astonishment, amazement.

**stupide** [stypid] *a* stupid ; **stupidité** *nf* stupidity ; stupid thing (to do *ou* say).
**style** [stil] *nm* style ; **meuble de** ~ period piece of furniture.
**stylé, e** [stile] *a* well-trained.
**stylet** [stilɛ] *nm* stiletto, stylet.
**stylisé, e** [stilize] *a* stylized.
**styliste** [stilist(ə)] *nm/f* designer ; stylist.
**stylistique** [stilistik] *nf* stylistics *sg*.
**stylo** [stilo] *nm:* ~ (**à encre**) (fountain) pen ; ~ (**à**) **bille** ball-point pen ; ~**-feutre** *nm* felt-tip pen.
**su, e** [sy] *pp* de **savoir** // *nm:* **au** ~ **de** with the knowledge of.
**suaire** [sɥɛʀ] *nm* shroud.
**suave** [sɥav] *a* sweet ; suave, smooth ; mellow.
**subalterne** [sybaltɛʀn(ə)] *a* (employé, officier) junior ; (rôle) subordinate, subsidiary // *nm/f* subordinate, inferior.
**subconscient** [sypkɔ̃sjɑ̃] *nm* subconscious.
**subdiviser** [sybdivize] *vt* to subdivide ; **subdivision** *nf* subdivision.
**subir** [sybiʀ] *vt* (affront, dégâts, mauvais traitements) to suffer ; (influence, charme) to be under, be subjected to ; (traitement, opération, châtiment) to undergo.
**subit, e** [sybi, -it] *a* sudden ; **subitement** *ad* suddenly, all of a sudden.
**subjectif, ive** [sybʒɛktif, -iv] *a* subjective.
**subjonctif** [sybʒɔ̃ktif] *nm* subjunctive.
**subjuguer** [sybʒyge] *vt* to subjugate.
**sublime** [syblim] *a* sublime.
**sublimer** [syblime] *vt* to sublimate.
**submergé, e** [sybmɛʀʒe] *a* submerged ; (fig): ~ **de** snowed under with ; overwhelmed with.
**submerger** [sybmɛʀʒe] *vt* to submerge ; (suj: foule) to engulf ; (fig) to overwhelm.
**submersible** [sybmɛʀsibl(ə)] *nm* submarine.
**subordination** [sybɔʀdinɑsjɔ̃] *nf* subordination.
**subordonné, e** [sybɔʀdɔne] *a, nm/f* subordinate ; ~ **à** subordinate to ; subject to, depending on.
**subordonner** [sybɔʀdɔne] *vt:* ~ **qn/qch à** to subordinate sb/sth to.
**subornation** [sybɔʀnɑsjɔ̃] *nf* bribing.
**subrepticement** [sybʀɛptismɑ̃] *ad* surreptitiously.
**subside** [sypsid] *nm* grant.
**subsidiaire** [sypsidjɛʀ] *a:* **question** ~ deciding question.
**subsistance** [sybzistɑ̃s] *nf* subsistence ; **pourvoir à la** ~ **de qn** to keep sb, provide for sb's subsistence *ou* keep.
**subsister** [sybziste] *vi* (rester) to remain, subsist ; (vivre) to live ; (survivre) to live on.
**substance** [sypstɑ̃s] *nf* substance.
**substantiel, le** [sypstɑ̃sjɛl] *a* substantial.
**substantif** [sypstɑ̃tif] *nm* noun, substantive ; **substantiver** *vt* to nominalize.
**substituer** [sypstitɥe] *vt:* ~ **qn/qch à** to substitute sb/sth for ; **se** ~ **à qn** (représenter) to substitute for sb ; (évincer) to substitute o.s. for sb.

**substitut** [sypstity] *nm* (*JUR*) deputy public prosecutor ; (*succédané*) substitute.

**substitution** [sypstitysjɔ̃] *nf* substitution.

**subterfuge** [syptɛrfyʒ] *nm* subterfuge.

**subtil, e** [syptil] *a* subtle.

**subtiliser** [syptilize] *vt*: ~ **qch (à qn)** to spirit sth away (from sb).

**subtilité** [syptilite] *nf* subtlety.

**subvenir** [sybvənir]: ~ **à** *vt* to meet.

**subvention** [sybvɑ̃sjɔ̃] *nf* subsidy, grant ; **subventionner** *vt* to subsidize.

**subversif, ive** [sybvɛrsif, -iv] *a* subversive ; **subversion** *nf* subversion.

**suc** [syk] *nm* (*BOT*) sap ; (*de viande, fruit*) juice ; ~**s gastriques** gastric *ou* stomach juices.

**succédané** [syksedane] *nm* substitute.

**succéder** [syksede]: ~ **à** *vt* (*directeur, roi etc*) to succeed ; (*venir après: dans une série*) to follow, succeed ; **se** ~ *vi* (*accidents, années*) to follow one another.

**succès** [syksɛ] *nm* success ; **avoir du** ~ to be a success, be successful ; ~ **de librairie** bestseller ; ~ **(féminins)** conquests.

**successeur** [syksesœr] *nm* successor.

**successif, ive** [syksesif, -iv] *a* successive.

**succession** [syksesjɔ̃] *nf* (*série, POL*) succession ; (*JUR: patrimoine*) estate, inheritance ; **prendre la** ~ **de** (*directeur*) to succeed, take over from ; (*entreprise*) to take over.

**succinct, e** [syksɛ̃, -ɛ̃t] *a* succinct.

**succion** [syksjɔ̃] *nf*: **bruit de** ~ sucking noise.

**succomber** [sykɔ̃be] *vi* to die, succumb ; (*fig*): ~ **à** to give way to, succumb to.

**succulent, e** [sykylɑ̃, -ɑ̃t] *a* succulent.

**succursale** [sykyrsal] *nf* branch ; **magasin à** ~**s multiples** chain *ou* multiple store.

**sucer** [syse] *vt* to suck.

**sucette** [sysɛt] *nf* (*bonbon*) lollipop.

**sucre** [sykr(ə)] *nm* (*substance*) sugar ; (*morceau*) lump of sugar, sugar lump *ou* cube ; ~ **de canne/betterave** cane/beet sugar ; ~ **en morceaux/cristallisé/en poudre** lump/coarse-grained/ granulated sugar ; ~ **d'orge** barley sugar ; **sucré, e** *a* (*produit alimentaire*) sweetened ; (*au goût*) sweet ; (*péj*) sugary, honeyed ; **sucrer** *vt* (*thé, café*) to sweeten, put sugar in ; **sucrer qn** to put sugar in sb's tea (*ou* coffee *etc*) ; **se sucrer** to help o.s. to sugar, have some sugar ; (*fam*) to line one's pocket(s) ; **sucrerie** *nf* (*usine*) sugar refinery ; **sucreries** *nfpl* (*bonbons*) sweets, sweet things ; **sucrier, ière** a sugar *cpd* : sugar-producing // *nm* (*fabricant*) sugar producer ; (*récipient*) sugar bowl *ou* basin.

**sud** [syd] *nm*: **le** ~ **the south** // *a inv* south ; (*côte*) south, southern ; **au** ~ (*situation*) in the south ; (*direction*) to the south ; **au** ~ **de** (to the) south of ; ~-**africain, e** *a, nm/f* South African ; ~-**américain, e** *a, nm/f* South American.

**sudation** [sydasjɔ̃] *nf* sweating, sudation.

**sud-est** [sydɛst] *nm, a inv* south-east.

**sud-ouest** [sydwɛst] *nm, a inv* south-west.

**Suède** [sɥɛd] *nf*: **la** ~ Sweden ; **suédois,**

e a Swedish // *nm/f*: **Suédois,** e Swede // *nm* (*langue*) Swedish.

**suer** [sɥe] *vi* to sweat ; (*suinter*) to ooze // *vt* (*fig*) to exude ; ~ **à grosses gouttes** to sweat profusely.

**sueur** [sɥœr] *nf*: **en** ~ sweating, in a sweat ; **avoir des** ~**s froides** to be in a cold sweat.

**suffire** [syfir] *vi* (*être assez*): ~ **(à qn/pour qch/pour faire)** to be enough *ou* sufficient (for sb/for sth/to do) ; (*satisfaire*): **cela lui suffit** he's content with this, this is enough for him ; **se** ~ to be self-sufficient ; **cela suffit pour les irriter/qu'ils se fâchent** it's enough to annoy them/for them to get angry ; **il suffit d'une négligence/qu'on oublie pour que ...** it only takes one act of carelessness/one only needs to forget for ... .

**suffisamment** [syfizamɑ̃] *ad* sufficiently, enough ; ~ **de** sufficient, enough.

**suffisance** [syfizɑ̃s] *nf* (*vanité*) self-importance, bumptiousness ; (*quantité*): **en** ~ **in plenty.**

**suffisant, e** [syfizɑ̃, -ɑ̃t] *a* (*temps, ressources*) sufficient ; (*résultats*) satisfactory ; (*vaniteux*) self-important, bumptious.

**suffixe** [syfiks] *nm* suffix.

**suffocation** [syfɔkasjɔ̃] *nf* suffocation.

**suffoquer** [syfɔke] *vt* to choke, suffocate ; (*stupéfier*) to stagger, astound // *vi* to choke, suffocate.

**suffrage** [syfraʒ] *nm* (*POL: voix*) vote ; (: *méthode*): ~ **indirect** indirect suffrage ; (*du public etc*) approval *q* ; ~**s exprimés** valid votes.

**suggérer** [syʒere] *vt* to suggest ; **suggestif, ive** a suggestive ; **suggestion** *nf* suggestion.

**suicidaire** [sɥisidɛr] a suicidal.

**suicide** [sɥisid] *nm* suicide.

**suicidé, e** [sɥiside] *nm/f* suicide.

**suicider** [sɥiside]: **se** ~ *vi* to commit suicide.

**suie** [sɥi] *nf* soot.

**suif** [sɥif] *nm* tallow.

**suinter** [sɥɛ̃te] *vi* to ooze.

**suis** *vb voir* **être.**

**suisse** [sɥis] a, *nm/f* Swiss // *nm* (*bedeau*) ≈ verger // *nf*: **la S**~ Switzerland ; **la S**~ **romande/allemande** French-speaking/ German-speaking Switzerland ~ **romand, e** a, *nm/f* Swiss French ; ~-**allemand, e** a, *nm/f* Swiss German ; **Suisse-sse** *nf* Swiss (woman *ou* girl).

**suite** [sɥit] *nf* (*continuation: d'énumération etc*) rest, remainder ; (: *de feuilleton*) continuation ; (: *second film etc sur le même thème*) sequel ; (*série: de maisons, succès*): **une** ~ **de** a series *ou* succession of ; (*MATH*) series *sg* ; (*conséquence*) result ; (*ordre, liaison logique*) coherence ; (*appartement, MUS*) suite ; (*escorte*) retinue, suite ; ~**s** *nfpl* (*d'une maladie etc*) effects ; **prendre la** ~ **de** (*directeur etc*) to succeed, take over from ; **donner** ~ **à** (*requête, projet*) to follow up ; **faire** ~ **à** to follow ; **(faisant)** ~ **à votre lettre du** further to your letter of the ; **de** ~ *ad* (*d'affilée*) in succession ; (*immédiatement*) at once ; **par la** ~

afterwards, subsequently ; **à la ~** *ad* one after the other ; **à la ~ de** (*derrière*) behind ; (*en conséquence de*) following ; **par ~ de** owing to, as a result of ; **avoir de la ~ dans les idées** to show great singleness of purpose ; **attendre la ~** to wait and see what comes next.

**suivant, e** [sɥivɑ̃, -ɑ̃t] *a* next, following ; (*ci-après*): **l'exercice ~** the following exercise // *prép* (*selon*) according to ; **au ~!** next!

**suiveur** [sɥivœʀ] *nm* (*CYCLISME*) (official) follower.

**suivi, e** [sɥivi] *a* (*régulier*) regular ; (*COMM: article*) in general production ; (*cohérent*) consistent ; coherent ; **très/peu ~** (*cours*) well-/poorly-attended ; (*feuilleton etc*) widely/not widely followed.

**suivre** [sɥivʀ(ə)] *vt* (*gén*) to follow ; (*SCOL: cours*) to attend ; (: *leçon*) to follow, attend to ; (: *programme*) to keep up with ; (*COMM: article*) to continue to stock // *vi* to follow ; (*élève*) to attend, pay attention ; to keep up, follow ; **se ~** (*accidents etc*) to follow one after the other ; (*raisonnement*) to be coherent ; **faire ~** (*lettre*) to forward ; **~ son cours** (*suj: enquête etc*) to run *ou* take its course ; **'à ~'** 'to be continued'.

**sujet, te** [syʒɛ, -ɛt] *a*: **être ~ à** (*vertige etc*) to be liable *ou* subject to // *nm/f* (*d'un souverain*) subject // *nm* subject ; (*raison: d'une dispute etc*) cause ; **avoir ~ de se plaindre** to have cause for complaint ; **au ~ de** *prép* about ; **~ à caution** *a* questionable ; **~ de conversation** topic *ou* subject of conversation ; **~ d'examen** (*SCOL*) examination question ; examination paper ; **~ d'expérience** (*BIO etc*) experimental subject.

**sujétion** [syʒesjɔ̃] *nf* subjection ; (*fig*) constraint.

**sulfater** [sylfate] *vt* to spray with copper sulphate.

**sulfureux, euse** [sylfyʀø, -øz] *a* sulphurous.

**sulfurique** [sylfyʀik] *a*: **acide ~** sulphuric acid.

**summum** [sɔmɔm] *nm*: **le ~ de** the height of.

**superbe** [sypɛʀb(ə)] *a* magnificent, superb.

**super(carburant)** [sypɛʀ(kaʀbyʀɑ̃)] *nm* high-octane petrol.

**supercherie** [sypɛʀʃəʀi] *nf* trick.

**superfétatoire** [sypɛʀfetatwaʀ] *a* superfluous.

**superficie** [sypɛʀfisi] *nf* (*surface*) area ; (*fig*) surface.

**superficiel, le** [sypɛʀfisjɛl] *a* superficial.

**superflu, e** [sypɛʀfly] *a* superfluous.

**supérieur, e** [sypeʀjœʀ] *a* (*lèvre, étages, classes*) upper ; (*plus élevé: température, niveau*): **~ (à)** higher (than) ; (*meilleur: qualité, produit*): **~ (à)** superior (to) ; (*excellent, hautain*) superior // *nm, nf* superior ; **Mère ~e** Mother Superior ; **à l'étage ~** on the next floor up ; **~ en nombre** superior in number ; **supériorité** *nf* superiority.

**superlatif** [sypɛʀlatif] *nm* superlative.

**supermarché** [sypɛʀmaʀʃe] *nm* supermarket.

**superposer** [sypɛʀpoze] *vt* to superpose ; (*faire chevaucher*) to superimpose ; **se ~** *vi* (*images, souvenirs*) to be superimposed ; **lits superposés** bunk beds.

**superpréfet** [sypɛʀpʀefɛ] *nm* prefect in charge of a region.

**superproduction** [sypɛʀpʀɔdyksjɔ̃] *nf* (*film*) spectacular.

**superpuissance** [sypɛʀpɥisɑ̃s] *nf* superpower.

**supersonique** [sypɛʀsɔnik] *a* supersonic.

**superstitieux, euse** [sypɛʀstisjø, -øz] *a* superstitious.

**superstition** [sypɛʀstisjɔ̃] *nf* superstition.

**superstructure** [sypɛʀstʀyktyʀ] *nf* superstructure.

**superviser** [sypɛʀvize] *vt* to supervise.

**supplanter** [syplɑ̃te] *vt* to supplant.

**suppléance** [sypleɑ̃s] *nf* supply post.

**suppléant, e** [sypleɑ̃, -ɑ̃t] *a* (*juge, fonctionnaire*) deputy *cpd* ; (*professeur*) supply *cpd* // *nm/f* deputy ; supply teacher ; **médecin ~** locum.

**suppléer** [syplee] *vt* (*ajouter: mot manquant etc*) to supply, provide ; (*compenser: lacune*) to fill in ; (: *défaut*) to make up for ; (*remplacer: professeur*) to stand in for ; (: *juge*) to deputize for ; **~ à** *vt* to make up for ; to substitute for.

**supplément** [syplemɑ̃] *nm* supplement ; **un ~ de travail** extra *ou* additional work ; **un ~ de frites** *etc* an extra portion of chips *etc* ; **un ~ de 100 F** a supplement of 100 F, an extra *ou* additional 100 F ; **ceci est en ~** (*au menu etc*) this is extra, there is an extra charge for this ; **supplémentaire** *a* additional, further ; (*train, bus*) relief *cpd*, extra.

**supplétif, ive** [sypletif, -iv] *a* (*MIL*) auxiliary.

**supplication** [syplikɑsjɔ̃] *nf* (*REL*) supplication ; **~s** *nfpl* (*adjurations*) pleas, entreaties.

**supplice** [syplis] *nm* (*peine corporelle*) torture *q* ; form of torture ; (*douleur physique, morale*) torture, agony.

**supplier** [syplije] *vt* to implore, beseech.

**supplique** [syplik] *nf* petition.

**support** [sypɔʀ] *nm* support ; (*pour livre, outils*) stand ; **~ audio-visuel** audio-visual aid ; **~ publicitaire** advertising medium.

**supportable** [sypɔʀtabl(ə)] *a* (*douleur*) bearable.

**supporter** *nm* [sypɔʀtɛʀ] supporter, fan // *vt* [sypɔʀte] (*poids, poussée*) to support ; (*conséquences, épreuve*) to bear, endure ; (*défauts, personne*) to tolerate, put up with ; (*suj: chose: chaleur etc*) to withstand ; (*suj: personne: chaleur, vin*) to take.

**supposé, e** [sypoze] *a* (*nombre*) estimated ; (*auteur*) supposed.

**supposer** [sypoze] *vt* to suppose ; (*impliquer*) to presuppose ; **à ~ que** supposing (that) ; **supposition** *nf* supposition.

**suppositoire** [sypozitwaʀ] *nm* suppository.

**suppôt** [sypo] *nm* (*péj*) henchman.

**suppression** [sypʀesjɔ̃] *nf* removal ; deletion ; cancellation ; suppression.

**supprimer** [sypRime] *vt* (*cloison, cause, anxiété*) to remove ; (*clause, mot*) to delete ; (*congés, service d'autobus etc*) to cancel ; (*publication, article*) to suppress ; (*emplois, privilèges, témoin gênant*) to do away with.

**suppurer** [sypyRe] *vi* to suppurate.

**supputations** [sypytɑsjɔ̃] *nfpl* calculations, reckonings.

**supputer** [sypyte] *vt* to calculate, reckon.

**suprématie** [sypRemasi] *nf* supremacy.

**suprême** [sypRɛm] *a* supreme.

**sur** [syR] *prép* (*gén*) on ; (*par-dessus*) over ; (*au-dessus*) above ; (*direction*) towards ; (*à propos de*) about, on ; **un ~ 10** one out of 10 ; **4m ~ 2** 4m by 2 ; **je n'ai pas d'argent ~ moi** I haven't got any money with *ou* on me ; **~ ce** at hereupon.

**sur, e** [syR] *a* sour.

**sûr, e** [syR] *a* sure, certain ; (*digne de confiance*) reliable ; (*sans danger*) safe ; **peu ~** unreliable ; **~ de qch** sure *ou* certain of sth ; **être ~ de qn** to be sure of sb ; **~ de soi** self-assured, self-confident ; **le plus ~ est** de the safest thing is to.

**surabonder** [syRabɔ̃de] *vi* to be overabundant.

**suraigu, uë** [syRegy] *a* very shrill.

**surajouter** [syRaʒute] *vt*: **~ qch à** to add sth to.

**suralimenté, e** [syRalimɑ̃te] *a* overfed.

**suranné, e** [syRane] *a* outdated, outmoded.

**surbaissé, e** [syRbese] *a* lowered, low.

**surcharge** [syRʃaRʒ(ə)] *nf* (*de passagers, marchandises*) excess load ; (*correction*) alteration ; (*PHILATÉLIE*) surcharge ; **prendre des passagers en ~** to take on excess *ou* extra passengers ; **~ de bagages** excess luggage ; **~ de travail** extra work.

**surcharger** [syRʃaRʒe] *vt* to overload ; (*timbre-poste*) to surcharge.

**surchauffé, e** [syRʃofe] *a* overheated.

**surchoix** [syRʃwa] *a inv* top-quality.

**surclasser** [syRklɑse] *vt* to outclass.

**surcouper** [syRkupe] *vt* to overtrump.

**surcroît** [syRkRwa] *nm*: **un ~ de** additional + *nom* ; **par** *ou* **de ~** moreover ; **en ~** in addition.

**surdi-mutité** [syRdimytite] *nf*: **atteint de ~** deaf and dumb.

**surdité** [syRdite] *nf* deafness.

**sureau, x** [syRo] *nm* elder (tree).

**surélever** [syRelve] *vt* to raise, heighten.

**sûrement** [syRmɑ̃] *ad* reliably ; safely, securely ; (*certainement*) certainly.

**surenchère** [syRɑ̃ʃɛR] *nf* (*aux enchères*) higher bid ; (*sur prix fixe*) overbid ; (*fig*) overstatement ; outbidding tactics *pl* ; **surenchérir** *vi* to bid higher ; to raise one's bid ; (*fig*) to try and outbid each other.

**surent** *vb voir* **savoir.**

**surestimer** [syRɛstime] *vt* to overestimate.

**sûreté** [syRte] *nf* (*voir sûr*) reliability ; safety ; (*JUR*) guaranty ; surety ; **mettre en ~** to put in a safe place ; **pour plus de ~** as an extra precaution ; **to be on the safe side** ; **la S~ (nationale)** division of the Ministère de l'Intérieur heading all police

forces except the gendarmerie and the Paris préfecture de police.

**surexcité, e** [syRɛksite] *a* overexcited.

**surexposer** [syRɛkspoze] *vt* to overexpose.

**surf** [syRf] *nm* surfing.

**surface** [syRfas] *nf* surface ; (*superficie*) surface area ; **faire ~** to surface ; **en ~** *ad* near the surface ; (*fig*) superficially ; **la pièce fait 100m² de ~** the room has a surface area of 100m² ; **~ de réparation** penalty area.

**surfait, e** [syRfɛ, -ɛt] *a* overrated.

**surfin, e** [syRfɛ̃, -in] *a* superfine.

**surgelé, e** [syRʒəle] *a* (deep-)frozen.

**surgir** [syRʒiR] *vi* (*personne, véhicule*) to appear suddenly ; (*geyser etc: de terre*) to shoot up ; (*fig: problème, conflit*) to arise.

**surhomme** [syRɔm] *nm* superman.

**surhumain, e** [syRymɛ̃, -ɛn] *a* superhuman.

**surimposer** [syRɛ̃poze] *vt* to overtax.

**surimpression** [syRɛ̃pResjɔ̃] *nf* (*PHOTO*) double exposure ; **en ~** superimposed.

**sur-le-champ** [syRləʃɑ̃] *ad* immediately.

**surlendemain** [syRlɑ̃dmɛ̃] *nm*: **le ~ (soir)** two days later (in the evening) ; **le ~ de** two days after.

**surmenage** [syRmənaʒ] *nm* overwork ; **le ~ intellectuel** mental fatigue.

**surmené, e** [syRməne] *a* overworked.

**surmener** [syRməne] *vt*, **se ~** *vi* to overwork.

**surmonter** [syRmɔ̃te] *vt* (*suj: coupole etc*) to surmount, top ; (*vaincre*) to overcome, surmount.

**surmultiplié, e** [syRmyltiplije] *a, nf*: **(vitesse) ~e** overdrive.

**surnager** [syRnaʒe] *vi* to float.

**surnaturel, le** [syRnatyRɛl] *a, nm* supernatural.

**surnom** [syRnɔ̃] *nm* nickname.

**surnombre** [syRnɔ̃bR(ə)] *nm*: **être en ~** to be too many (*ou* one too many).

**surnommer** [syRnɔme] *vt* to nickname.

**surnuméraire** [syRnymeRɛR] *nm/f* supernumerary.

**suroît** [syRwa] *nm* sou'wester.

**surpasser** [syRpɑse] *vt* to surpass.

**surpeuplé, e** [syRpœple] *a* overpopulated.

**surplis** [syRpli] *nm* surplice.

**surplomb** [syRplɔ̃] *nm* overhang ; **en ~** overhanging.

**surplomber** [syRplɔ̃be] *vi* to be overhanging // *vt* to overhang ; to tower above.

**surplus** [syRply] *nm* (*COMM*) surplus ; (*reste*): **~ de bois** wood left over ; **~ américains** American army surplus *sg*.

**surprenant, e** [syRpRənɑ̃, -ɑ̃t] *a* surprising.

**surprendre** [syRpRɑ̃dR(ə)] *vt* (*étonner, prendre à l'improviste*) to surprise ; (*tomber sur: intrus etc*) to catch ; (*fig*) to detect ; to chance *ou* happen upon ; to intercept ; to overhear ; **~ la vigilance/bonne foi de qn** to catch sb out/betray sb's good faith ; **se ~ à faire** to catch *ou* find o.s. doing.

**surprime** [syRpRim] *nf* additional premium.

**surpris, e** [syʀpʀi, -iz] a: ~ **(de/que)** surprised (at/that).

**surprise** [syʀpʀiz] nf surprise; **faire une ~ à qn** to give sb a surprise; **par ~** ad by surprise.

**surprise-partie** [syʀpʀizpaʀti] nf party.

**surproduction** [syʀpʀɔdyksjɔ̃] nf overproduction.

**surréaliste** [syʀʀealist(ə)] a surrealist.

**sursaut** [syʀso] nm start, jump; ~ **de** (énergie, indignation) sudden fit ou burst of; **en ~** ad with a start; **sursauter** vi to (give a) start, jump.

**surseoir** [syʀswaʀ]: ~ **à** vt to defer; (JUR) to stay.

**sursis** [syʀsi] nm (JUR: gén) suspended sentence; (à l'exécution capitale, aussi fig) reprieve; (MIL): ~ **(d'appel** ou **d'incorporation)** deferment; **condamné à 5 mois (de prison) avec ~** given a 5-month suspended (prison) sentence; **sursitaire** nm (MIL) deferred conscript.

**sursois** etc vb voir **surseoir.**

**surtaxe** [syʀtaks(ə)] nf surcharge.

**surtout** [syʀtu] ad (avant tout, d'abord) above all; (spécialement, particulièrement) especially; **il aime le sport, ~ le football** he likes sport, especially football; **cet été, il a ~ fait de la pêche** this summer he went fishing more than anything (else); **~, ne dites rien!** whatever you do — don't say anything!; ~ **pas!** certainly ou definitely not!; ~ **que...** especially as ...

**surveillance** [syʀvɛjɑ̃s] nf watch; (POLICE, MIL) surveillance; **sous ~ médicale** under medical supervision; **la ~ du territoire** internal security (voir aussi **D.S.T.**).

**surveillant, e** [syʀvɛjɑ̃, -ɑ̃t] nm/f (de prison) warder; (SCOL) monitor; (de travaux) supervisor, overseer.

**surveiller** [syʀveje] vt (enfant, élèves, bagages) to watch, keep an eye on; (malade) to watch over; (prisonnier, suspect) to keep (a) watch on; (territoire, bâtiment) to (keep) watch over; (travaux, cuisson) to supervise; (SCOL: examen) to invigilate; **se ~** to keep a check ou watch on o.s.; ~ **son langage/sa ligne** to watch one's language/figure.

**survenir** [syʀvəniʀ] vi (incident, retards) to occur, arise; (événement) to take place; (personne) to appear, arrive.

**survêtement** [syʀvɛtmɑ̃] nm tracksuit.

**survie** [syʀvi] nf survival; (REL) afterlife; **une ~ de quelques mois** a few more months of life.

**survivant, e** [syʀvivɑ̃, -ɑ̃t] nm/f survivor.

**survivre** [syʀvivʀ(ə)] vi to survive; ~ **à** vt (accident etc) to survive; (personne) to outlive.

**survol** [syʀvɔl] nm flying over.

**survoler** [syʀvɔle] vt to fly over; (fig: livre) to skim through.

**survolté, e** [syʀvɔlte] a (ÉLEC) stepped up, boosted; (fig) worked up.

**sus** [sy(s)]: **en ~ de** prép in addition to, over and above; **en ~** ad in addition; ~ **à** excl: ~ **au tyran!** at the tyrant!

**susceptibilité** [syseptibilite] nf sensitiveness q.

**susceptible** [syseptibl(ə)] a touchy, sensitive; ~ **d'amélioration** ou **d'être amélioré** that can be improved, open to improvement; ~ **de faire** able to do; liable to do.

**susciter** [sysite] vt (admiration) to arouse; (obstacles, ennuis): ~ **(à qn)** to create (for sb).

**susdit, e** [sysdi, -dit] a foresaid.

**susmentionné, e** [sysmɑ̃sjɔne] a above-mentioned.

**suspect, e** [syspɛ(kt), -ɛkt(ə)] a suspicious; (témoignage, opinions) suspect // nm/f suspect; **peu ~ de** most unlikely to be suspected of.

**suspecter** [syspɛkte] vt to suspect; (honnêteté de qn) to question, have one's suspicions about; ~ **qn d'être** to suspect sb of being.

**suspendre** [syspɑ̃dʀ(ə)] vt (accrocher: vêtement): ~ **qch (à)** to hang sth up (on); (fixer: lustre etc): ~ **qch à** to hang sth from; (interrompre, démettre) to suspend; (remettre) to defer; **se ~ à** to hang from.

**suspendu, e** [syspɑ̃dy] pp de **suspendre** // a (accroché): ~ **à** hanging on (ou from); (perché): ~ **au-dessus de** suspended over; (AUTO): **bien/mal ~** with good/poor suspension.

**suspens** [syspɑ̃]: **en ~** ad (affaire) in abeyance; **tenir en ~** to keep in suspense.

**suspense** [syspɑ̃s] nm suspense.

**suspension** [syspɑ̃sjɔ̃] nf suspension; deferment; (AUTO) suspension; (lustre) pendent light fitting; **en ~** in suspension, suspended; ~ **d'audience** adjournment.

**suspicion** [syspisjɔ̃] nf suspicion.

**sustenter** [systɑ̃te]: **se ~** vi to take sustenance.

**susurrer** [sysyʀe] vt to whisper.

**sut** vb voir **savoir.**

**suture** [sytyʀ] nf: **point de ~** stitch; **suturer** vt to stitch up, suture.

**svelte** [svɛlt(ə)] a slender, svelte.

**S.V.P.** sigle (= s'il vous plaît) please.

**syllabe** [silab] nf syllable.

**sylvestre** [silvɛstʀ(ə)] a: **pin ~** Scots pine, Scotch fir.

**sylviculture** [silvikyltyʀ] nf forestry, sylviculture.

**symbole** [sɛ̃bɔl] nm symbol; **symbolique** a symbolic(al); (geste, offrande) token cpd; (salaire, dommage-intérêts) nominal; **symboliser** vt to symbolize.

**symétrie** [simetʀi] nf symmetry; **symétrique** a symmetrical.

**sympa** [sɛ̃pa] a abr de **sympathique.**

**sympathie** [sɛ̃pati] nf (inclination) liking; (affinité) fellow feeling; (condoléances) sympathy; **accueillir avec ~** (projet) to receive favourably; **avoir de la ~ pour qn** to like sb, have a liking for sb; **témoignages de ~** expressions of sympathy; **croyez à toute ma ~** you have my deepest sympathy.

**sympathique** [sɛ̃patik] a nice, friendly; likeable; pleasant.

**sympathisant, e** [sɛ̃patizɑ̃, -ɑ̃t] nm/f sympathizer.

**sympathiser** [sɛ̃patize] vi (voisins etc: s'entendre) to get on (well); (: se fréquenter)

to socialize, see each other ; ~ **avec** to get on (well) with ; to see, socialize with.
**symphonie** [sɛ̃fɔni] *nf* symphony ; **symphonique** *a (orchestre, concert)* symphony *cpd* ; *(musique)* symphonic.
**symptomatique** [sɛ̃ptɔmatik] *a* symptomatic.
**symptôme** [sɛ̃ptom] *nm* symptom.
**synagogue** [sinagɔg] *nf* synagogue.
**synchronique** [sɛ̃kʀɔnik] *a* : **tableau ~** synchronic table of events.
**synchroniser** [sɛ̃kʀɔnize] *vt* to synchronize.
**syncope** [sɛ̃kɔp] *nf (MÉD)* blackout ; *(MUS)* syncopation ; **tomber en ~** to faint, pass out ; **syncopé, e** *a* syncopated.
**syndic** [sɛ̃dik] *nm* managing agent.
**syndical, e, aux** [sɛ̃dikal, -o] *a* (trade-)union *cpd* ; **~isme** *nm* trade unionism ; union(ist) activities *pl* ; **~iste** *nm/f* trade unionist.
**syndicat** [sɛ̃dika] *nm (d'ouvriers, employés)* (trade) union ; *(autre association d'intérêts)* union, association ; **~ d'initiative** tourist office *ou* bureau ; **~ patronal** employers' syndicate, federation of employers ; **~ de propriétaires** association of property owners.
**syndiqué, e** [sɛ̃dike] *a* belonging to a (trade) union ; **non ~** non-union.
**syndiquer** [sɛ̃dike] : **se ~** *vi* to form a trade union ; *(adhérer)* to join a trade union.
**syndrome** [sɛ̃dʀom] *nm* syndrome.
**synode** [sinɔd] *nm* synod.
**synonyme** [sinɔnim] *a* synonymous // *nm* synonym ; **~ de** synonymous with.
**synoptique** [sinɔptik] *a* : **tableau ~** synoptic table.
**synovie** [sinɔvi] *nf* synovia.
**syntaxe** [sɛ̃taks(ə)] *nf* syntax.
**synthèse** [sɛ̃tɛz] *nf* synthesis *(pl* es) ; **faire la ~ de** to synthesize.
**synthétique** [sɛ̃tetik] *a* synthetic.
**synthétiseur** [sɛ̃tetizœʀ] *nm (MUS)* synthesizer.
**syphilis** [sifilis] *nf* syphilis.
**Syrie** [siʀi] *nf* : **la ~** Syria ; **syrien, ne** *a, nm/f* Syrian.
**systématique** [sistematik] *a* systematic.
**systématiser** [sistematize] *vt* to systematize.
**système** [sistɛm] *nm* system ; **le ~ D** resourcefulness ; **le ~ solaire** the solar system.

# T

**t'** [t(ə)] *pronom voir* **te.**
**ta** [ta] *dét voir* **ton.**
**tabac** [taba] *nm* tobacco ; tobacconist's (shop) // *a inv* : **(couleur) ~** buff-(coloured) ; **passer qn à ~** to beat sb up ; **~ blond/brun** light/dark tobacco ; **~ gris** *(fam)* ; **~ à priser** snuff ; **tabagie** *nf* smoke den ; **tabatière** *nf* snuffbox.
**tabernacle** [tabɛʀnakl(ə)] *nm* tabernacle.
**table** [tabl(ə)] *nf* table ; **à ~!** dinner *etc* is ready! ; **se mettre à ~** to sit down to eat ; *(fig: fam)* to come clean ; **mettre la ~** to lay the table ; **faire ~ rase de** to make a clean sweep of ; **~ basse** coffee table ;

**~ d'écoute** wire-tapping set ; **~ d'harmonie** sounding board ; **des matières** (table of) contents *pl* ; **~ de multiplication** multiplication table ; **~ de nuit** *ou* **de chevet** bedside table ; **~ ronde** *(débat)* round table ; **~ de toilette** washstand.
**tableau, x** [tablo] *nm* painting ; *(reproduction, fig)* picture ; *(panneau)* board ; *(schéma)* table, chart ; **~ d'affichage** notice board ; **~ de bord** dashboard ; *(AVIAT)* instrument panel ; **~ de chasse** tally ; **~ noir** blackboard.
**tabler** [table] *vi* : **~ sur** to count *ou* bank on.
**tablette** [tablɛt] *nf (planche)* shelf *(pl* shelves) ; **~ de chocolat** bar of chocolate.
**tablier** [tablije] *nm* apron ; *(de pont)* roadway.
**tabou** [tabu] *nm, a* taboo.
**tabouret** [tabuʀɛ] *nm* stool.
**tabulateur** [tabylatœʀ] *nm* tabulator.
**tac** [tak] *nm* : **du ~ au ~** tit for tat.
**tache** [taʃ] *nf (saleté)* stain, mark ; *(ART, de couleur, lumière)* spot ; splash, patch ; **faire ~ d'huile** to spread, gain ground.
**tâche** [taʃ] *nf* task ; **travailler à la ~** to do general jobbing, work as a jobbing gardener/builder *etc.*
**tacher** [taʃe] *vt* to stain, mark ; *(fig)* to sully, stain.
**tâcher** [taʃe] *vi* : **~ de faire** to try *ou* endeavour to do.
**tâcheron** [taʃʀɔ̃] *nm (fig)* drudge.
**tacite** [tasit] *a* tacit.
**taciturne** [tasityʀn(ə)] *a* taciturn.
**tacot** [tako] *nm (péj)* banger.
**tact** [takt] *nm* tact ; **avoir du ~** to be tactful, have tact.
**tactile** [taktil] *a* tactile.
**tactique** [taktik] *a* tactical // *nf (technique)* tactics *sg* ; *(plan)* tactic.
**taie** [tɛ] *nf* : **~ (d'oreiller)** pillowslip, pillowcase.
**taille** [taj] *nf* cutting ; pruning ; *(milieu du corps)* waist ; *(hauteur)* height ; *(grandeur)* size ; **de ~ à faire** capable of doing ; **de ~ a** sizeable.
**taille-crayon(s)** [tajkʀɛjɔ̃] *nm* pencil sharpener.
**tailler** [taje] *vt (pierre, diamant)* to cut ; *(arbre, plante)* to prune ; *(vêtement)* to cut out ; *(crayon)* to sharpen ; **se ~** *vt (ongles, barbe)* to trim, cut ; *(fig: réputation)* to gain, win // *vi (fam)* to beat it ; **~ dans** *(chair, bois)* to cut into.
**tailleur** [tajœʀ] *nm (couturier)* tailor ; *(vêtement)* suit, costume ; **en ~** *(assis)* cross-legged ; **~ de diamants** diamond-cutter.
**taillis** [taji] *nm* copse.
**tain** [tɛ̃] *nm* silvering ; **glace sans ~** two-way mirror.
**taire** [tɛʀ] *vt* to keep to o.s., conceal // *vi* **faire ~ qn** to make sb be quiet ; *(fig)* to silence sb ; **se ~** *vi (s'arrêter de parler)* to fall silent, stop talking ; *(ne pas parler)* to be silent *ou* quiet ; to keep quiet ; **tais-toi!, taisez-vous!** be quiet!
**talc** [talk] *nm* talcum powder.

**talé, e** [tale] a (*fruit*) bruised.

**talent** [talɑ̃] nm talent ; **talentueux, euse** a talented.

**talion** [taljɔ̃] nm: **la loi du ~** an eye for an eye.

**talisman** [talismɑ̃] nm talisman.

**talon** [talɔ̃] nm heel ; (*de chèque, billet*) stub, counterfoil ; **~s plats/aiguilles** flat/stiletto heels.

**talonner** [talɔne] vt to follow hard behind ; (*fig*) to hound.

**talonnette** [talɔnɛt] nf heelpiece.

**talquer** [talke] vt to put talcum powder on.

**talus** [taly] nm embankment.

**tambour** [tɑ̃buʀ] nm (MUS, *aussi* TECH) drum ; (*musicien*) drummer ; (*porte*) revolving door(s *pl*).

**tambourin** [tɑ̃buʀɛ̃] nm tambourine.

**tambouriner** [tɑ̃buʀine] vi: **~ contre** to drum against *ou* on.

**tambour-major** [tɑ̃buʀmaʒɔʀ] nm drum major.

**tamis** [tami] nm sieve.

**Tamise** [tamiz] nf: **la ~** the Thames.

**tamisé, e** [tamize] a (*fig*) subdued, soft.

**tamiser** [tamize] vt to sieve, sift.

**tampon** [tɑ̃pɔ̃] nm (*de coton, d'ouate*) wad, pad ; (*amortisseur*) buffer ; (*bouchon*) plug, stopper ; (*cachet, timbre*) stamp ; **~** (*hygiénique*) tampon ; **tamponner** vt (*timbres*) to stamp ; (*heurter*) to crash *ou* ram into ; **tamponneuse** a: **autos tamponneuses** dodgems.

**tam-tam** [tamtam] nm tomtom.

**tandem** [tɑ̃dɛm] nm tandem ; (*fig*) duo, pair.

**tandis** [tɑ̃di]: **~ que** cj while.

**tangage** [tɑ̃gaʒ] nm pitching (and tossing).

**tangent, e** [tɑ̃ʒɑ̃, -ɑ̃t] a (MATH): **~ à** tangential to ; (*fam*) close // nf (MATH) tangent.

**tangible** [tɑ̃ʒibl(ə)] a tangible, concrete.

**tango** [tɑ̃go] nm tango.

**tanguer** [tɑ̃ge] vi to pitch (and toss).

**tanière** [tanjɛʀ] nf lair, den.

**tanin** [tanɛ̃] nm tannin.

**tank** [tɑ̃k] nm tank.

**tanné, e** [tane] a weather-beaten.

**tanner** [tane] vt to tan.

**tannerie** [tanʀi] nf tannery.

**tanneur** [tanœʀ] nm tanner.

**tant** [tɑ̃] ad so much ; **~ de** (*sable, eau*) so much ; (*gens, livres*) so many ; **~ que** cj as long as ; **~ que** (*comparatif*) as much as ; **~ mieux** that's great ; so much the better ; **~ pis** never mind ; too bad ; **~ pis pour lui** too bad for him ; **~ soit peu** a little bit ; (*even*) remotely.

**tante** [tɑ̃t] nf aunt.

**tantinet** [tɑ̃tinɛ]: **un ~** ad a tiny bit.

**tantôt** [tɑ̃to] ad (*parfois*): **~ ... ~** now ... now ; (*cet après-midi*) this afternoon.

**taon** [tɑ̃] nm horsefly, gadfly.

**tapage** [tapaʒ] nm uproar, din ; **~ nocturne** (JUR) disturbance of the peace (at night).

**tapageur, euse** [tapaʒœʀ, -øz] a loud, flashy ; noisy.

**talé, e** [tale] a (*fruit*) bruised.

**tape-à-l'œil** [tapalœj] a *inv* flashy, showy.

**taper** [tape] vt (*porte*) to bang, slam ; (*dactylographier*) to type (out) ; (*fam: emprunter*): **~ qn de 10 F** to touch sb for 10 F, cadge 10 F off sb // vi (*soleil*) to beat down ; **~ sur qn** to thump sb ; (*fig*) to run sb down ; **~ sur qch** to hit sth ; to bang on sth ; **~ à** (*porte etc*) to knock on ; **~ dans** vt (*se servir*) to dig into ; **~ des mains/pieds** to clap one's hands/stamp one's feet ; **~ (à la machine)** to type.

**tapi, e** [tapi] a: **~ dans/derrière** crouching *ou* cowering in/behind ; hidden away in/behind.

**tapioca** [tapjɔka] nm tapioca.

**tapis** [tapi] nm carpet ; (*de table*) cloth ; **mettre sur le ~** (*fig*) to bring up for discussion ; **~ roulant** conveyor belt ; **~ de sol** (*de tente*) groundsheet ; **~-brosse** nm doormat.

**tapisser** [tapise] vt (*avec du papier peint*) to paper ; (*recouvrir*): **~ qch (de)** to cover sth (with).

**tapisserie** [tapisʀi] nf (*tenture, broderie*) tapestry ; (: *travail*) tapestry-making, tapestry work ; (*papier peint*) wallpaper ; **faire ~** to sit out, be a wallflower.

**tapissier, ière** [tapisje, -jɛʀ] nm/f: **~ (-décorateur)** upholsterer (and decorator).

**tapoter** [tapɔte] vt to pat, tap.

**taquet** [takɛ] nm wedge ; peg.

**taquin, e** [takɛ̃, -in] a teasing.

**taquiner** [takine] vt to tease.

**tarabiscoté, e** [taʀabiskɔte] a over-ornate, fussy.

**tarabuster** [taʀabyste] vt to bother, worry.

**tarauder** [taʀode] vt (TECH) to tap ; to thread ; (*fig*) to pierce.

**tard** [taʀ] ad late ; **au plus ~** at the latest ; **plus ~** later (on) ; **sur le ~** late in life.

**tarder** [taʀde] vi (*chose*) to be a long time coming ; (*personne*): **~ à faire** to delay doing ; **il me tarde d'être** I am longing to be ; **sans (plus) ~** without (further) delay.

**tardif, ive** [taʀdif, -iv] a late ; **tardivement** ad late.

**tare** [taʀ] nf (COMM) tare ; (*fig*) defect ; taint, blemish.

**targuer** [taʀge]: **se ~ de** vt to boast about.

**tarif** [taʀif] nm (*liste*) price list ; tariff ; (*barème*) rates *pl* ; fares *pl* ; tariff ; (*prix*) rate ; fare ; **~aire** a tariff *cpd* ; **~er** vt to fix the price *ou* rate for ; **~é 10 F** priced 10 F.

**tarir** [taʀiʀ] vi to dry up, run dry // vt to dry up.

**tarot(s)** [taʀo] nm(*pl*) tarot cards.

**tartare** [taʀtaʀ] a (CULIN) tartar(e).

**tarte** [taʀt(ə)] nf tart ; **~ aux pommes/à la crème** apple/custard tart ; **~lette** nf tartlet.

**tartine** [taʀtin] nf slice of bread and butter (*ou* jam) ; **~ au miel** slice of bread and honey ; **tartiner** vt to spread ; **fromage à tartiner** cheese spread.

**tartre** [taʀtʀ(ə)] nm (*des dents*) tartar ; (*de chaudière*) fur, scale.

**tas** [tɑ] nm heap, pile ; (fig): **un ~ de** heaps of, lots of ; **en ~** in a heap ou pile ; **dans le ~** (fig) in the crowd ; among them ; **formé sur le ~** trained on the job.

**tasse** [tɑs] nf cup.

**tassé, e** [tɑse] a: **bien ~** (café etc) strong.

**tasser** [tɑse] vt (terre, neige) to pack down ; (entasser): **~ qch dans** to cram sth into ; **se ~** vi (terrain) to settle ; (fig) to sort itself out, settle down.

**tâter** [tɑte] vt to feel ; (fig) to try out ; to test out ; **~ de** (prison etc) to have a taste of ; **se ~** (hésiter) to be in two minds ; **~ le terrain** (fig) to test the ground.

**tatillon, ne** [tatijɔ̃, -ɔn] a pernickety.

**tâtonnement** [tɑtɔnmɑ̃] nm: **par ~s** (fig) by trial and error.

**tâtonner** [tɑtɔne] vi to grope one's way along.

**tâtons** [tɑtɔ̃]: **à ~** ad: **chercher/avancer à ~** to grope around for/grope one's way forward.

**tatouage** [tatwaʒ] nm tattooing ; (dessin) tattoo.

**tatouer** [tatwe] vt to tattoo.

**taudis** [todi] nm hovel, slum.

**taupe** [top] nf mole ; **taupinière** nf molehill.

**taureau, x** [tɔʀo] nm bull ; (signe): **le T~** Taurus, the Bull ; **être du T~** to be Taurus.

**tauromachie** [tɔʀɔmaʃi] nf bullfighting.

**taux** [to] nm rate ; (d'alcool) level ; **~ d'intérêt** interest rate.

**tavelé, e** [tavle] a marbled.

**taverne** [tavɛʀn(ə)] nf inn, tavern.

**taxe** [taks] nf tax ; (douanière) duty ; **~ de séjour** tourist tax ; **~ à la valeur ajoutée (T.V.A.)** value added tax (V.A.T.).

**taxer** [takse] vt (personne) to tax ; (produit) to put a tax on, tax ; (fig): **~ qn de** to call sb + attribut ; to accuse sb of, tax sb with.

**taxi** [taksi] nm taxi.

**taximètre** [taksimɛtʀ(ə)] nm (taxi)meter.

**taxiphone** [taksifɔn] nm pay phone.

**T.C.F.** sigle m = Touring Club de France, ≈ AA ou RAC.

**Tchécoslovaquie** [tʃekɔslɔvaki] nf Czechoslovakia ; **tchèque** a, nm, nf Czech.

**te, t'** [t(ə)] pronom you ; (réfléchi) yourself.

**té** [te] nm T-square.

**technicien, ne** [tɛknisjɛ̃, -jɛn] nm/f technician.

**technique** [tɛknik] a technical // nf technique ; **~ment** ad technically.

**technocrate** [tɛknɔkʀat] nm/f technocrat.

**technocratie** [tɛknɔkʀasi] nf technocracy.

**technologie** [tɛknɔlɔʒi] nf technology ; **technologique** a technological.

**teck** [tɛk] nm teak.

**teckel** [tekɛl] nm dachshund.

**teignais** etc vb voir **teindre**.

**teigne** [tɛɲ] nf (ZOOL) moth ; (MÉD) ringworm.

**teigneux, euse** [tɛɲø, -øz] a (péj) nasty, scabby.

**teindre** [tɛ̃dʀ(ə)] vt to dye.

**teint, e** [tɛ̃, tɛ̃t] a dyed // nm (du visage) complexion, colouring ; colour // nf shade, colour ; **grand ~** a inv colourfast.

**teinté, e** [tɛ̃te] a (verres) tinted ; (bois) stained ; **~ acajou** mahogany-stained ; **~ de** (fig) tinged with.

**teinter** [tɛ̃te] vt to tint ; (bois) to stain ; **teinture** nf dyeing ; (substance) dye ; (MÉD): **teinture d'iode** tincture of iodine.

**teinturerie** [tɛ̃tyʀʀi] nf dry cleaner's.

**teinturier** [tɛ̃tyʀje] nm dry cleaner.

**tel, telle** [tɛl] a (pareil) such ; (comme): **~ un/des ...** like a/ like... ; (indéfini) such-and-such a, a given ; (intensif): **un ~/de ~s ...** such (a)/such ... ; **rien de ~** nothing like it, no such thing ; **~ que** cj like, such as ; **~ quel** as it is ou stands (ou was etc).

**tél.** abr de **téléphone**.

**télé** [tele] nf (abr de **télévision**) (poste) T.V. (set) ; **à la ~** on the telly, on T.V.

**télé...** [tele] préfixe: **~benne** nf (benne) telecabine, gondola // **~cabine** nf (benne) telecabine, gondola // nm telecabine ; **~commande** nf remote control ; **~commander** vt to operate by remote control ; **~communications** nfpl telecommunications ; **~férique** nm = **~phérique** ; **~gramme** nm telegram.

**télégraphe** [telegʀaf] nm telegraph ; **télégraphie** nf telegraphy ; **télégraphier** vt to telegraph, cable ; **télégraphique** a telegraph cpd, telegraphic ; (fig) telegraphic ; **télégraphiste** nm/f telegraphist.

**téléguider** [telegide] vt to operate by remote control, radio-control.

**téléobjectif** [teleɔbʒɛktif] nm telephoto lens sg.

**télépathie** [telepati] nf telepathy.

**téléphérique** [telefeʀik] nm cable-car.

**téléphone** [telefɔn] nm telephone ; (appel) (telephone) call ; telephone conversation ; **avoir le ~** to be on the (tele)phone ; **au ~** on the phone ; **les T~s** ≈ Post Office. Telecommunications ; **~ arabe** bush telephone ; **~ manuel** manually-operated telephone system ; **téléphoner** vt to telephone // vi to telephone, ring ; to make a phone call ; **téléphoner à** to phone up, ring up, call up ; **téléphonique** a telephone cpd, phone cpd ; **téléphoniste** nm/f telephonist, telephone operator ; (d'entreprise) switchboard operator.

**télescope** [telɛskɔp] nm telescope.

**télescoper** [telɛskɔpe] vt to smash up ; **se ~** (véhicules) to concertina.

**télescopique** [telɛskɔpik] a telescopic.

**téléscripteur** [teleskʀiptœʀ] nm teleprinter.

**télésiège** [telesjɛʒ] nm chairlift.

**téléski** [teleski] nm ski-tow ; **~ à archets** T-bar tow ; **~ à perche** button lift.

**téléspectateur, trice** [telespɛktatœʀ, -tʀis] nm/f (television) viewer.

**téléviser** [televize] vt to televise.

**téléviseur** [televizœʀ] nm television set.

**télévision** [televizjɔ̃] nf television ; **avoir la ~** to have a television ; **à la ~** on television.

**télex** [telɛks] nm telex.

**telle** [tɛl] a voir **tel**.

**tellement** [tɛlmɑ̃] ad (tant) so much; (si) so; ~ **plus grand (que)** so much bigger (than); ~ **de** (sable, eau) so much; (gens, livres) so many; **il s'est endormi** ~ **il était fatigué** he was so tired (that) he fell asleep; **pas** ~ not (all) that much; not (all) that + adjectif.

**tellurique** [telyRik] a: **secousse** ~ earth tremor.

**téméraire** [temeRɛR] a reckless, rash; **témérité** nf recklessness, rashness.

**témoignage** [temwaɲaʒ] nm (JUR: déclaration) testimony q, evidence q; (: faits) evidence q; (rapport, récit) account; (fig: d'affection etc) token, mark; expression.

**témoigner** [temwaɲe] vt (intérêt, gratitude) to show // vi (JUR) to testify, give evidence; ~ **que** to testify that; (fig) to reveal that, testify to the fact that; ~ **de** vt to bear witness to, testify to.

**témoin** [temwɛ̃] nm witness; (fig) testimony; (SPORT) baton; (CONSTR) telltale // a control test; **appartement** ~ show flat; **être** ~ **de** to witness; to vouch for; **prendre à** ~ to call to witness; ~ **de moralité** character reference; ~ **oculaire** eyewitness.

**tempe** [tɑ̃p] nf temple.

**tempérament** [tɑ̃peRamɑ̃] nm temperament, disposition; (santé) constitution; **à** ~ (vente) on deferred (payment) terms; (achat) by instalments, hire purchase cpd; **avoir du** ~ to be hot-blooded.

**tempérance** [tɑ̃peRɑ̃s] nf temperance.

**température** [tɑ̃peRatyR] nf temperature; **prendre la** ~ **de** to take the temperature of; (fig) to gauge the feeling of; **avoir ou faire de la** ~ to have ou be running a temperature.

**tempéré, e** [tɑ̃peRe] a temperate.

**tempérer** [tɑ̃peRe] vt to temper.

**tempête** [tɑ̃pɛt] nf storm; ~ **de sable/neige** sand/snowstorm.

**tempêter** [tɑ̃pete] vi to rant and rave.

**temple** [tɑ̃pl(ə)] nm temple; (protestant) church.

**tempo** [tɑ̃po] nm tempo (pl s).

**temporaire** [tɑ̃pɔRɛR] a temporary; ~**ment** ad temporarily.

**temporel, le** [tɑ̃pɔRɛl] a temporal.

**temporiser** [tɑ̃pɔRize] vi to temporize, play for time.

**temps** [tɑ̃] nm (atmosphérique) weather; (durée) time; (époque) time, times pl; (LING) tense; (MUS) beat; (TECH) stroke; **il fait beau/mauvais** ~ the weather is fine/bad; **avoir le** ~/**tout le** ~/**juste le** ~ to have time/plenty of time/just enough time; **avoir fait son** ~ (fig) to have had its (ou his etc) day; **en** ~ **de paix/guerre** in peacetime/wartime; **en** ~ **utile ou voulu** in due time ou course; **de** ~ **en** ~, **de** ~ **à autre** from time to time, now and again; **à** ~ (partir, arriver) in time; **à** ~ **partiel** ad, a part-time; **dans le** ~ at one time; **de tout** ~ always; **du** ~ **que** at the time when, in the days when; ~ **d'arrêt** pause, halt; ~ **mort** (COMM) slack period.

**tenable** [tənabl(ə)] a bearable.

**tenace** [tənas] a tenacious, persistent; **ténacité** nf tenacity, persistence.

**tenailler** [tənaje] (fig) vt to torment, torture.

**tenailles** [tənaj] nfpl pincers.

**tenais** etc vb voir **tenir**.

**tenancier, ière** [tənɑ̃sje, -jɛR] nm/f manager/manageress.

**tenant, e** [tənɑ̃, -ɑ̃t] a voir **séance** // nm/f (SPORT): ~ **du titre** title-holder // nm: **d'un seul** ~ in one piece; **les** ~**s et les aboutissants** the ins and outs.

**tendance** [tɑ̃dɑ̃s] nf (opinions) leanings pl, sympathies pl; (inclination) tendency; (évolution) trend; ~ **à la hausse** upward trend; **avoir** ~ **à** to have a tendency to, tend to; **tendancieux, euse** a tendentious.

**tendeur** [tɑ̃dœR] nm (de vélo) chain-adjuster; (de câble) wire-strainer; (de tente) runner; (attache) sandow, elastic strap.

**tendon** [tɑ̃dɔ̃] nm tendon, sinew; ~ **d'Achille** Achilles' tendon.

**tendre** [tɑ̃dR(ə)] a (viande, légumes) tender; (bois, roche, couleur) soft; (affectueux) tender, loving // vt (élastique, peau) to stretch, draw tight; (muscle) to tense; (donner): ~ **qch à qn** to hold sth out to sb; to offer sb sth; (fig: piège) to set, lay; (tapisserie): **tendu de soie** hung with silk, with silk hangings; **se** ~ vi (corde) to tighten; (relations) to become strained; ~ **à qch/à faire** to tend towards sth/to do; ~ **l'oreille** to prick up one's ears; ~ **la main/le bras** to hold out one's hand/stretch out one's arm; ~**ment** ad tenderly, lovingly; **tendresse** nf tenderness.

**tendu, e** [tɑ̃dy] pp de **tendre** // a tight; tensed; strained.

**ténèbres** [tenɛbR(ə)] nfpl darkness sg; **ténébreux, euse** a obscure, mysterious; (personne) saturnine.

**teneur** [tənœR] nf content, substance; (d'une lettre) terms pl, content; ~ **en cuivre** copper content.

**ténia** [tenja] nm tapeworm.

**tenir** [təniR] vt to hold; (magasin, hôtel) to run; (promesse) to keep // vi to hold; (neige, gel) to last; **se** ~ vi (avoir lieu) to be held, take place; (être: personne) to stand; **se** ~ **droit** to stand up (ou sit up) straight; **bien se** ~ to behave well; **se** ~ **à qch** to hold on to sth; **s'en** ~ **à qch** to confine o.s. to sth; to stick to sth; ~ **à** vt to be attached to; to care about; to depend on; to stem from; ~ **à faire** to want to do, be keen to do; ~ **de** vt to partake of; to take after; **ça ne tient qu'à lui** it is entirely up to him; ~ **qn pour** to take sb for; ~ **qch de qn** (histoire) to have heard ou learnt sth from sb; (qualité, défaut) to have inherited ou got sth from sb; ~ **les comptes** to keep the books; ~ **un rôle** to play a part; ~ **l'alcool** to be able to hold a drink; ~ **le coup** to hold out; ~ **3 jours/2 mois** (résister) to hold out ou last 3 days/2 months; ~ **au chaud/à l'abri** to keep hot/under shelter ou cover; **tiens/tenez, voilà le stylo!**

there's the pen! ; **tiens, Alain!** look, here's Alain! ; **tiens?** *(surprise)* really?

**tennis** [tenis] *nm* tennis ; *(aussi:* **court de** ~) tennis court // *nm ou fpl (aussi:* **chaussures de** ~) tennis *ou* gym shoes ; ~ **de table** table tennis ; ~**man** *nm* tennis player.

**ténor** [tenɔʀ] *nm* tenor.

**tension** [tɑ̃sjɔ̃] *nf* tension ; *(fig)* tension ; strain ; *(MÉD)* blood pressure ; **faire** *ou* **avoir de la** ~ to have high blood pressure.

**tentaculaire** [tɑ̃takylɛʀ] *a (fig)* sprawling.

**tentacule** [tɑ̃takyl] *nm* tentacle.

**tentant, e** [tɑ̃tɑ̃, -ɑ̃t] *a* tempting.

**tentateur, trice** [tɑ̃tatœʀ, -tʀis] *a* tempting // *nm (REL)* tempter.

**tentation** [tɑ̃tasjɔ̃] *nf* temptation.

**tentative** [tɑ̃tativ] *nf* attempt, bid ; ~ **d'évasion** escape bid.

**tente** [tɑ̃t] *nf* tent ; ~ **à oxygène** oxygen tent.

**tenter** [tɑ̃te] *vt (éprouver, attirer)* to tempt ; *(essayer:)* ~ **qch/de faire** to attempt *ou* try sth/to do ; **être tenté de** to be tempted to ; ~ **sa chance** to try one's luck.

**tenture** [tɑ̃tyʀ] *nf* hanging.

**tenu, e** [təny] *pp de* **tenir** // *a (maison, comptes):* **bien** ~ well-kept ; *(obligé):* ~ **de faire** under an obligation to do // *nf (action de tenir)* running ; keeping ; holding ; *(vêtements)* clothes *pl*, gear ; *(allure)* dress *q*, appearance ; *(comportement)* manners *pl*, behaviour ; **en grande** ~**e** in full dress ; **en petite** ~**e** scantily dressed *ou* clad ; **avoir de la** ~**e** to have good manners ; *(journal)* to have a high standard ; **une** ~**e de voyage/sport** travelling/sports clothes *pl ou* gear *q* ; ~**e de combat** combat gear *ou* dress ; ~**e de route** *(AUTO)* road-holding ; ~**e de soirée** evening dress.

**ténu, e** [teny] *a (indice, nuance)* tenuous, subtle ; *(fil, objet)* fine ; *(voix)* thin.

**ter** [tɛʀ] *a:* **16** ~ 16b *ou* B.

**térébenthine** [teʀebɑ̃tin] *nf:* **(essence de)** ~ (oil of) turpentine.

**tergiverser** [tɛʀʒivɛʀse] *vi* to shilly-shally.

**terme** [tɛʀm(ə)] *nm* term ; *(fin)* end ; **vente/achat à** ~ *(COMM)* forward sale/purchase ; **à court/long** ~ *a* short-/long-term *ou* -range // *ad* in the short/long term ; **à** ~ *(MÉD)* a full-term // *ad* at term ; **avant** ~ *(MÉD)* ·a premature // *ad* prematurely ; **mettre un** ~ **à** to put an end *ou* a stop to.

**terminaison** [tɛʀminɛzɔ̃] *nf (LING)* ending.

**terminal, e, aux** [tɛʀminal, -o] *a* final // *nm* terminal // *nf (SCOL)* ≈ Upper Sixth.

**terminer** [tɛʀmine] *vt* to end ; *(nourriture, repas)* to finish ; **se** ~ *vi* to end ; **se** ~ **par** to end with.

**terminologie** [tɛʀminɔlɔʒi] *nf* terminology.

**terminus** [tɛʀminys] *nm* terminus *(pl* i).

**termite** [tɛʀmit] *nm* termite, white ant.

**terne** [tɛʀn(ə)] *a* dull.

**ternir** [tɛʀniʀ] *vt* to dull ; *(fig)* to sully, tarnish ; **se** ~ *vi* to become dull.

**terrain** [tɛʀɛ̃] *nm (sol, fig)* ground ; *(COMM)* land *q*, plot (of land) ; site ; **sur le** ~ *(fig)* on the field ; ~ **de football/rugby** football/rugby pitch ; ~ **d'aviation** airfield ; ~ **de camping** camping site ; **un** ~ **d'entente** an area of agreement ; ~ **de golf** golf course ; ~ **de jeu** games field ; playground ; ~ **de sport** sports ground ; ~ **vague** waste ground *q*.

**terrasse** [tɛʀas] *nf* terrace ; *(de café)* pavement area, terrasse ; **à la** ~ *(café)* outside.

**terrassement** [tɛʀasmɑ̃] *nm* earth-moving, earthworks *pl* ; embankment.

**terrasser** [tɛʀase] *vt (adversaire)* to floor, bring down ; *(suj: maladie etc)* to lay low.

**terrassier** [tɛʀasje] *nm* navvy, roadworker.

**terre** [tɛʀ] *nf (gén, aussi* ÉLEC*)* earth ; *(substance)* soil, earth ; *(opposé à mer)* land *q* ; *(contrée)* land ; ~**s** *nfpl (terrains)* lands, land *sg* ; **le travail de la** ~ work on the land ; **en** ~ *(pipe, poterie)* clay *cpd* ; **à** ~ *ou* **par** ~ *(mettre, être)* on the ground *(ou* floor*)* ; *(jeter, tomber)* to the ground, down ; ~ **cuite** earthenware ; terracotta ; **la** ~ **ferme** dry land, terra firma ; ~ **glaise** clay ; **la T**~ **Sainte** the Holy Land ; **à** ~ *inv* down-to-earth, matter-of-fact.

**terreau** [tɛʀo] *nm* compost.

**terre-plein** [tɛʀplɛ̃] *nm* platform.

**terrer** [tɛʀe] : **se** ~ *vi* to hide away ; to go to ground.

**terrestre** [tɛʀɛstʀ(ə)] *a (surface)* earth's, of the earth ; *(BOT, ZOOL, MIL)* land *cpd* ; *(REL)* earthly, worldly.

**terreur** [tɛʀœʀ] *nf* terror q, fear.

**terrible** [tɛʀibl(ə)] *a* terrible, dreadful ; *(fam)* terrific ; ~**ment** *ad (très)* terribly, awfully.

**terrien, ne** [tɛʀjɛ̃, -jɛn] *nm/f* countryman/woman, man/woman of the soil ; *(non martien etc)* earthling.

**terrier** [tɛʀje] *nm* burrow, hole ; *(chien)* terrier.

**terrifier** [tɛʀifje] *vt* to terrify.

**terril** [tɛʀil] *nm* slag heap.

**terrine** [tɛʀin] *nf (récipient)* terrine ; *(CULIN)* pâté.

**territoire** [tɛʀitwaʀ] *nm* territory ; **territorial, e, aux** *a* territorial.

**terroir** [tɛʀwaʀ] *nm (AGR)* soil ; **accent du** ~ country *ou* rural accent.

**terroriser** [tɛʀɔʀize] *vt* to terrorize ; **terrorisme** *nm* terrorism ; **terroriste** *nm/f* terrorist.

**tertiaire** [tɛʀsjɛʀ] *a* tertiary // *nm (ÉCON)* tertiary sector, service industries *pl*.

**tertre** [tɛʀtʀ(ə)] *nm* hillock, mound.

**tes** [te] *dét voir* **ton**.

**tesson** [tesɔ̃] *nm:* ~ **de bouteille** piece of broken bottle.

**test** [tɛst] *nm* test.

**testament** [tɛstamɑ̃] *nm (JUR)* will ; *(REL)* Testament ; **faire son** ~ to make out one's will ; **testamentaire** *a* of a will.

**tester** [tɛste] *vt* to test.

**testicule** [tɛstikyl] *nm* testicle.

**tétanos** [tetanos] *nm* tetanus, lockjaw.

**têtard** [tɛtaʀ] *nm* tadpole.

**tête** [tɛt] *nf* head ; *(cheveux)* hair *q* ; *(visage)* face ; *(FOOTBALL)* header ; **de** ~ *a (wagon etc)* front *cpd* // *ad (calculer)* in one's head, mentally ; **perdre la** ~ *(fig)* to lose one's head ; to go off one's head ; **tenir ~ à qn** to stand up to *ou* defy sb ; **la ~ en bas** with one's head down ; **la ~ la première** (*tomber*) headfirst ; **faire une ~** (*FOOTBALL*) to head the ball ; **faire la ~** (*fig*) to sulk ; **en ~** (*SPORT*) in the lead ; at the front *ou* head ; **en ~ à ~** in private, alone together ; **de la ~ aux pieds** from head to toe ; **~ d'affiche** (*THÉÂTRE etc*) top of the bill ; **~ de bétail** head *inv* of cattle ; **~ chercheuse** homing device ; **~ de lecture** pickup head ; **~ de liste** (*POL*) chief candidate ; **~ de mort** skull and crossbones ; **~ de série** (*TENNIS*) seeded player, seed ; **~ de Turc** (*fig*) whipping boy ; **~ de veau** (*CULIN*) calf's head ; **~-à-queue** *nm inv*: **faire un ~-à-queue** to spin round ; **~-à-~** *nm inv* tête-à-tête ; **~-bêche** *ad* head to tail.

**tétée** [tete] *nf* (*action*) sucking ; (*repas*) feed.

**téter** [tete] *vt*: **~ (sa mère)** to suck at one's mother's breast, feed.

**tétine** [tetin] *nf* teat ; (*sucette*) dummy.

**téton** [tetɔ̃] *nm* (*fam*) breast.

**têtu, e** [tety] *a* stubborn, pigheaded.

**texte** [tɛkst(ə)] *nm* text ; **apprendre son ~** (*THÉÂTRE*) to learn one's lines.

**textile** [tɛkstil] *a* textile *cpd* // *nm* textile ; **textile industry.**

**textuel, le** [tɛkstɥɛl] *a* literal, word for word.

**texture** [tɛkstyʀ] *nf* texture.

**thé** [te] *nm* tea ; **prendre le ~** to have tea ; **faire le ~** to make the tea.

**théâtral, e, aux** [teatʀal, -o] *a* theatrical.

**théâtre** [teatʀ(ə)] *nm* theatre ; (*techniques, genre*) drama, theatre ; (*activité*) stage, theatre ; (*œuvres*) plays *pl*, dramatic works *pl* ; (*fig*: *lieu*): **le ~ de** the scene of ; (*péj*) histrionics *pl*, playacting ; **faire du ~** to be on the stage ; to do some acting ; **~ filmé** filmed stage productions *pl*.

**théière** [tejɛʀ] *nf* teapot.

**thème** [tɛm] *nm* theme ; (*SCOL*: *traduction*) prose (*composition*).

**théologie** [teɔlɔʒi] *nf* theology ; **théologien** *nm* theologian ; **théologique** *a* theological.

**théorème** [teɔʀɛm] *nm* theorem.

**théoricien, ne** [teɔʀisjɛ̃, -jɛn] *nm/f* theoretician, theorist.

**théorie** [teɔʀi] *nf* theory ; **théorique** *a* theoretical.

**thérapeutique** [teʀapøtik] *a* therapeutic // *nf* therapeutics *sg*.

**thérapie** [teʀapi] *nf* therapy.

**thermal, e, aux** [tɛʀmal, -o] *a* thermal ; **station ~e** spa ; **cure ~e** water cure.

**thermes** [tɛʀm(ə)] *nmpl* thermal baths ; (*romains*) thermae *pl*.

**thermique** [tɛʀmik] *a* (*énergie*) thermic ; (*unité*) thermal.

**thermomètre** [tɛʀmɔmɛtʀ(ə)] *nm* thermometer.

**thermonucléaire** [tɛʀmɔnykleɛʀ] *a* thermonuclear.

**thermos** ® [tɛʀmos] *nm ou nf*: **(bouteille) ~** vacuum *ou* Thermos ® flask.

**thermostat** [tɛʀmɔsta] *nm* thermostat.

**thésauriser** [tezɔʀize] *vi* to hoard money.

**thèse** [tɛz] *nf* thesis (*pl* theses).

**thon** [tɔ̃] *nm* tuna (fish).

**thoracique** [tɔʀasik] *a* thoracic.

**thorax** [tɔʀaks] *nm* thorax.

**thrombose** [tʀɔ̃boz] *nf* thrombosis.

**thym** [tɛ̃] *nm* thyme.

**thyroïde** [tiʀɔid] *nf* thyroid (gland).

**tiare** [tjaʀ] *nf* tiara.

**tibia** [tibja] *nm* shinbone, tibia ; shin.

**tic** [tik] *nm* tic, (nervous) twitch ; (*de langage etc*) mannerism.

**ticket** [tikɛ] *nm* ticket ; **~ de quai** platform ticket.

**tic-tac** [tiktak] *nm inv* tick-tock ; **tictaquer** *vi* to tick (away).

**tiède** [tjɛd] *a* lukewarm ; tepid ; (*vent, air*) mild, warm ; **tiédir** *vi* to cool ; to grow warmer.

**tien, tienne** [tjɛ̃, tjɛn] *pronom*: **le ~ (la tienne), les ~s (tiennes)** yours ; **à la tienne!** cheers!

**tiens** [tjɛ̃] *vb*, *excl voir* **tenir.**

**tierce** [tjɛʀs(ə)] *a*, *nf voir* **tiers.**

**tiercé** [tjɛʀse] *nm* system of forecast betting giving first 3 horses.

**tiers, tierce** [tjɛʀ, tjɛʀs(ə)] *a* a third // *nm* (*JUR*) third party ; (*fraction*) third // *nf* (*MUS*) third ; (*CARTES*) tierce ; **une tierce personne** a third party ; **~ provisionnel** interim payment of tax.

**tige** [tiʒ] *nf* stem ; (*baguette*) rod.

**tignasse** [tiɲas] *nf* (*péj*) shock *ou* mop of hair.

**tigre** [tigʀ(ə)] *nm* tiger.

**tigré, e** [tigʀe] *a* striped ; spotted.

**tigresse** [tigʀɛs] *nf* tigress.

**tilleul** [tijœl] *nm* lime (tree), linden (tree) ; (*boisson*) lime(-blossom) tea.

**timbale** [tɛ̃bal] *nf* (*metal*) tumbler ; **~s** *nfpl* (*MUS*) timpani, kettledrums.

**timbre** [tɛ̃bʀ(ə)] *nm* (*tampon*) stamp ; (*aussi*: **~-poste**) (postage) stamp ; (*cachet de la poste*) postmark ; (*sonnette*) bell ; (*MUS*: *de voix, instrument*) timbre, tone.

**timbrer** [tɛ̃bʀe] *vt* to stamp.

**timide** [timid] *a* shy ; timid ; (*timoré*) timid, timorous ; **timidité** *nf* shyness, timidity.

**timonerie** [timɔnʀi] *nf* wheelhouse.

**timoré, e** [timɔʀe] *a* timorous.

**tins** *etc vb voir* **tenir.**

**tintamarre** [tɛ̃tamaʀ] *nm* din, uproar.

**tinter** [tɛ̃te] *vi* to ring, chime ; (*argent, clefs*) to jingle.

**tir** [tiʀ] *nm* (*sport*) shooting ; (*fait ou manière de tirer*) firing *q* ; (*FOOTBALL*) shot ; (*stand*) shooting gallery ; **~ d'obus/de mitraillette** shell/machine gun fire ; **~ à l'arc** archery ; **~ au pigeon** clay pigeon shooting.

**tirade** [tiʀad] *nf* tirade.

**tirage** [tiʀaʒ] *nm* (*action*) printing ; (*de journal*) circulation ; (*de livre*) (print-)run ; edition ; (*de cheminée*) draught ; (*de loterie*) draw ; (*désaccord*) friction ; **~ au sort** drawing lots.

**tirailler** [tiʀaje] *vt* to pull at, tug at // *vi* to fire at random ; **tirailleur** *nm* skirmisher.

**tirant** [tirã] nm: ~ **d'eau** draught.
**tire** [tir] nf: **vol à la** ~ pickpocketing.
**tiré** [tire] nm (COMM) drawee; ~ **à part** off-print.
**tire-au-flanc** [tiroflã] nm inv (péj) skiver.
**tire-bouchon** [tirbuʃɔ̃] nm corkscrew.
**tire-d'aile** [tirdɛl]: **à** ~ ad swiftly.
**tire-fesses** [tirfɛs] nm inv ski-tow.
**tirelire** [tirlir] nf moneybox.
**tirer** [tire] vt (gén) to pull; (extraire): ~ **qch de** to take ou pull sth out of; to get sth out of; to extract sth from; (tracer: ligne, trait) to draw, trace; (fermer: volet, rideau) to draw, close; (choisir: carte, conclusion, aussi COMM: chèque) to draw; (en faisant feu: balle, coup) to fire; (: animal) to shoot; (journal, livre, photo) to print; (FOOTBALL: corner etc) to take // vi (faire feu) to fire; (faire du tir, FOOTBALL) to shoot; (cheminée) to draw; **se** ~ vi (fam) to push off; **s'en** ~ to pull through, get off; ~ **sur** to pull on ou at; to shoot ou fire at; (pipe) to draw on; (fig: avoisiner) to verge ou border on; ~ **son nom de** to take ou get its name from; ~ **qn de** (embarras etc) to help ou get sb out of; ~ **à l'arc/la carabine** to shoot with a bow and arrow/with a rifle.
**tiret** [tirɛ] nm dash.
**tireur, euse** [tirœr, -øz] nm/f gunman; (COMM) drawer; **bon** ~ good shot; ~ **d'élite** marksman; ~**s débutants** beginners at shooting.
**tiroir** [tirwar] nm drawer; ~**-caisse** nm till.
**tisane** [tizan] nf herb tea.
**tison** [tizɔ̃] nm brand; **tisonner** vt to poke; **tisonnier** nm poker.
**tissage** [tisaʒ] nm weaving q.
**tisser** [tise] vt to weave; **tisserand** nm weaver.
**tissu** [tisy] nm fabric, material, cloth q; (ANAT, BIO) tissue; ~ **de mensonges** web of lies.
**tissu, e** [tisy] a: ~ **de** woven through with.
**tissu-éponge** [tisyepɔ̃ʒ] nm (terry) towelling q.
**titane** [titan] nm titanium.
**titanesque** [titanɛsk(ə)] a titanic.
**titre** [titr(ə)] nm (gén) title; (de journal) headline; (diplôme) qualification; (COMM) security; (CHIMIE) titre; **en** ~ (champion, responsable) official, recognised; **à juste** ~ with just cause, rightly; **à quel** ~? on what grounds?; **à aucun** ~ on no account; **au même** ~ (que) in the same way (as); **à** ~ **d'exemple** as an ou by way of an example; **à** ~ **d'information** for (your) information; **à** ~ **gracieux** free of charge; **à** ~ **d'essai** on a trial basis; **à** ~ **privé** in a private capacity; **à** ~ **de propriété** title deed; ~ **de transport** ticket.
**titré, e** [titre] a titled.
**titrer** [titre] vt (CHIMIE) to titrate; to assay; (PRESSE) to run as a headline; (suj: vin): ~ 10° to be 10° proof.
**tituber** [titybe] vi to stagger ou reel (along).
**titulaire** [tityler] a (ADMIN) appointed, with tenure // nm (ADMIN) incumbent; **être**

~ **de** (poste) to hold; (permis) to be the holder of.
**toast** [tost] nm slice ou piece of toast; (de bienvenue) (welcoming) toast; **porter un** ~ **à qn** to propose ou drink a toast to sb.
**toboggan** [tɔbɔgã] nm toboggan.
**toc** [tɔk] nm: **en** ~ imitation cpd.
**tocsin** [tɔksɛ̃] nm alarm (bell).
**toge** [tɔʒ] nf toga; (de juge) gown.
**tohu-bohu** [tɔybɔy] nm confusion; commotion.
**toi** [twa] pronom you.
**toile** [twal] nf (matériau) cloth q; (bâche) piece of canvas; (tableau) canvas; **grosse** ~ canvas; **tisser sa** ~ (araignée) to spin its web; ~ **d'araignée** cobweb; ~ **cirée** oilcloth; ~ **de fond** (fig) backdrop; ~ **de jute** hessian; ~ **de lin** linen.
**toilette** [twalɛt] nf wash; (s'habiller et se préparer) getting ready, washing and dressing; (habits) outfit; dress q; ~**s** nfpl (w.-c.) toilet sg; **les** ~**s des dames/messieurs** the ladies'/gents' (toilets); **faire sa** ~ to have a wash, get washed; **articles de** ~ toiletries; ~ **intime** personal hygiene.
**toi-même** [twamɛm] pronom yourself.
**toise** [twaz] nf: **passer à la** ~ to have one's height measured.
**toiser** [twaze] vt to eye up and down.
**toison** [twazɔ̃] nf (de mouton) fleece; (cheveux) mane.
**toit** [twa] nm roof.
**toiture** [twatyr] nf roof.
**tôle** [tol] nf sheet metal q; (plaque) steel ou iron sheet; ~**s** (carrosserie) bodywork sg; panels; ~ **d'acier** sheet steel q; ~ **ondulée** corrugated iron.
**tolérable** [tɔlerabl(ə)] a tolerable, bearable.
**tolérance** [tɔlerãs] nf tolerance; (hors taxe) allowance.
**tolérant, e** [tɔlerã, -ãt] a tolerant.
**tolérer** [tɔlere] vt to tolerate; (ADMIN: hors taxe etc) to allow.
**tôlerie** [tolri] nf sheet metal manufacture; sheet metal workshop.
**tollé** [tɔle] nm: **un** ~ **(de protestations)** a general outcry.
**T.O.M.** [parfois: tɔm] sigle m(pl) = territoire(s) d'outre-mer.
**tomate** [tɔmat] nf tomato.
**tombal, e** [tɔ̃bal] a: **pierre** ~**e** tombstone, gravestone.
**tombant, e** [tɔ̃bã, -ãt] a (fig) drooping, sloping.
**tombe** [tɔ̃b] nf (sépulture) grave; (avec monument) tomb.
**tombeau, x** [tɔ̃bo] nm tomb.
**tombée** [tɔ̃be] nf: **à la** ~ **du jour** ou **de la nuit** at the close of day, at nightfall.
**tomber** [tɔ̃be] vi to fall // vt: **la veste** to slip off one's jacket; **laisser** ~ to drop; ~ **sur** vt (rencontrer) to come across; (attaquer) to set about; ~ **de fatigue/sommeil** to drop from exhaustion/be falling asleep on one's feet; **ça tombe bien** it comes at the right time; **il est bien tombé** he's been lucky.
**tombereau, x** [tɔ̃bro] nm tipcart.

**tombeur** [tɔ̃bœR] nm (péj) Casanova.

**tombola** [tɔ̃bɔla] nf tombola.

**tome** [tɔm] nm volume.

**tommette** [tɔmɛt] nf hexagonal floor tile.

**ton, ta,** pl **tes** [tɔ̃, ta, te] dét your.

**ton** [tɔ̃] nm (gén) tone ; (MUS) key ; (couleur) shade, tone ; **de bon** ~ in good taste.

**tonal, e** [tɔnal] a tonal.

**tonalité** [tɔnalite] nf (au téléphone) dialling tone ; (MUS) tonality ; key ; (fig) tone.

**tondeuse** [tɔ̃døz] nf (à gazon) (lawn-)mower ; (du coiffeur) clippers pl ; (pour la tonte) shears pl.

**tondre** [tɔ̃dR(ə)] vt (pelouse, herbe) to mow ; (haie) to cut, clip ; (mouton, toison) to shear ; (cheveux) to crop.

**tonifiant, e** [tɔnifjɑ̃, -ɑ̃t] a invigorating, revivifying.

**tonifier** [tɔnifje] vt (peau, organisme) to tone up.

**tonique** [tɔnik] a fortifying // nm, nf tonic.

**tonitruant, e** [tɔnitRyɑ̃, -ɑ̃t] a: **voix** ~e thundering voice.

**tonnage** [tɔnaʒ] nm tonnage.

**tonne** [tɔn] nf metric ton, tonne.

**tonneau, x** [tɔno] nm (à vin, cidre) barrel ; (NAVIG) ton ; **faire des** ~x (voiture, avion) to roll over.

**tonnelier** [tɔnəlje] nm cooper.

**tonnelle** [tɔnɛl] nf bower, arbour.

**tonner** [tɔne] vi to thunder ; **il tonne** it is thundering, there's some thunder.

**tonnerre** [tɔnɛR] nm thunder ; ~ **d'applaudissements** thunderous applause ; **du** ~ a (fam) terrific.

**tonsure** [tɔ̃syR] nf tonsure ; bald patch.

**tonte** [tɔ̃t] nf shearing.

**tonus** [tɔnys] nm tone.

**top** [tɔp] nm: **au 3ème** ~ at the 3rd stroke // a: ~ **secret** top secret.

**topaze** [tɔpaz] nf topaz.

**toper** [tɔpe] vi: **tope/topez-là!** it's a deal!, you're on!

**topinambour** [tɔpinɑ̃buR] nm Jerusalem artichoke.

**topographie** [tɔpɔgRafi] nf topography ; **topographique** a topographical.

**toponymie** [tɔpɔnimi] nf study of place-names, toponymy.

**toque** [tɔk] nf (de fourrure) fur hat ; ~ **de jockey/juge** jockey's/judge's cap ; ~ **de cuisinier** chef's hat.

**toqué, e** [tɔke] a (fam) touched, cracked.

**torche** [tɔRʃ(ə)] nf torch ; **se mettre en** ~ (parachute) to candle.

**torcher** [tɔRʃe] vt (fam) to wipe.

**torchère** [tɔRʃɛR] nf flare.

**torchon** [tɔRʃɔ̃] nm cloth, duster ; (à vaisselle) tea towel, dish towel.

**tordre** [tɔRdR(ə)] vt (chiffon) to wring ; (barre, fig: visage) to twist ; **se** ~ vi (barre) to bend ; (roue) to twist, buckle ; (ver, serpent) to writhe ; **se** ~ **le pied/bras** to twist ou sprain one's foot/arm ; **se** ~ **de douleur/rire** to writhe in pain/be doubled up with laughter.

**tordu, e** [tɔRdy] a (fig) warped, twisted.

**torero** [tɔReRo] nm bullfighter.

**tornade** [tɔRnad] nf tornado.

**torpeur** [tɔRpœR] nf torpor, drowsiness.

**torpille** [tɔRpij] nf torpedo ; **torpiller** vt to torpedo.

**torréfier** [tɔRefje] vt to roast.

**torrent** [tɔRɑ̃] nm torrent, mountain stream ; (fig): ~ **de** torrent ou flood of ; **il pleut à** ~s the rain is lashing down ; **torrentiel, le** a torrential.

**torride** [tɔRid] a torrid.

**torsade** [tɔRsad] nf twist ; (ARCHIT) cable moulding ; **torsader** vt to twist.

**torse** [tɔRs(ə)] nm (ANAT) torso ; chest.

**torsion** [tɔRsjɔ̃] nf twisting ; torsion.

**tort** [tɔR] nm (défaut) fault ; (préjudice) wrong q ; ~s nmpl (JUR) fault sg ; **avoir** ~ to be wrong ; **être dans son** ~ to be in the wrong ; **donner** ~ **à qn** to lay the blame on sb ; (fig) to prove sb wrong ; **causer du** ~ **à** to harm ; to be harmful ou detrimental to ; **en** ~ in the wrong, at fault ; **à** ~ wrongly ; **à** ~ **et à travers** wildly.

**torticolis** [tɔRtikɔli] nm stiff neck.

**tortiller** [tɔRtije] vt to twist ; to twiddle ; **se** ~ vi to wriggle, squirm.

**tortionnaire** [tɔRsjɔnɛR] nm torturer.

**tortue** [tɔRty] nf tortoise.

**tortueux, euse** [tɔRtyø, -øz] a (rue) twisting ; (fig) tortuous.

**torture** [tɔRtyR] nf torture ; **torturer** vt to torture ; (fig) to torment.

**torve** [tɔRv(ə)] a: **regard** ~ menacing ou grim look.

**tôt** [to] ad early ; ~ **ou tard** sooner or later ; **si** ~ so early ; (déjà) so soon ; **au plus** ~ at the earliest, as soon as possible ; **plus** ~ earlier ; **il eut** ~ **fait de faire** he soon did.

**total, e, aux** [tɔtal, -o] a, nm total ; **au** ~ in total ou all ; **faire le** ~ to work out the total, add up ; ~**ement** ad totally, completely ; ~**iser** vt total (up).

**totalitaire** [tɔtalitɛR] a totalitarian.

**totalité** [tɔtalite] nf: **la** ~ **de** all of, the total amount (ou number) of ; the whole + sg ; **en** ~ entirely.

**totem** [tɔtɛm] nm totem.

**toubib** [tubib] nm (fam) doctor.

**touchant, e** [tuʃɑ̃, -ɑ̃t] a touching.

**touche** [tuʃ] nf (de piano, de machine à écrire) key ; (PEINTURE etc) stroke, touch ; (fig: de nostalgie) touch, hint ; (RUGBY) line-out ; (FOOTBALL: aussi: **remise en** ~) throw-in ; (: **ligne de** ~) touch-line ; (ESCRIME) hit ; **en** ~ in (ou into) touch ; **avoir une drôle de** ~ to look a sight.

**touche-à-tout** [tuʃatu] nm/f inv (péj) meddler ; dabbler.

**toucher** [tuʃe] nm touch // vt to touch ; (palper) to feel ; (atteindre: d'un coup de feu etc) to hit ; (affecter) to touch, affect ; (concerner) to concern, affect ; (contacter) to reach, contact ; (recevoir: récompense) to receive, get ; (: salaire) to draw, get ; **au** ~ to the touch ; **se** ~ (être en contact) to touch ; ~ **à** to touch ; (modifier) to touch, tamper ou meddle with ; (traiter de, concerner) to have to do with, concern ; **je vais lui en** ~ **un mot** I'll have a word with him about it ; ~ **à sa fin** to be drawing to a close.

**touffe** [tuf] *nf* tuft.

**touffu, e** [tufy] *a* thick, dense; (*fig*) complex, involved.

**toujours** [tuʒuʀ] *ad* always; (*encore*) still; (*constamment*) forever; ~ **plus** more and more; **pour** ~ forever; ~ **est-il que** the fact remains that; **essaie** ~ (you can) try anyway.

**toupie** [tupi] *nf* (spinning) top.

**tour** [tuʀ] *nf* tower; (*immeuble*) high-rise block, tower block; (*ÉCHECS*) castle, rook // *nm* (*excursion*) stroll, walk; run, ride; trip; (*SPORT: aussi:* ~ **de piste**) lap; (*d'être servi ou de jouer etc, tournure, de vis ou clef*) turn; (*de roue etc*) revolution; (*circonférence*): **de 3 m de** ~ 3 m round, with a circumference *ou* girth of 3 m; (*POL: aussi:* ~ **de scrutin**) ballot; (*ruse, de prestidigitation*) trick; (*de potier*) wheel; (*à bois, métaux*) lathe; **faire le** ~ **de** to go round; (*à pied*) to walk round; **faire un** ~ to go for a walk; (*en voiture etc*) to go for a ride; **faire 2** ~**s** to go round twice; (*hélice etc*) to turn *ou* revolve twice; **fermer à double** ~ *vi* to double-lock the door; **c'est au** ~ **de Renée** it's Renée's turn; **à** ~ **de rôle**, **à** ~ **in turn**; ~ **de taille/tête** waist/head measurement; ~ **de chant** song recital; ~ **de contrôle** *nf* control tower; ~ **de garde** spell of duty; ~ **d'horizon** (*fig*) general survey; ~ **de lit** valance; ~ **de reins** sprained back.

**tourbe** [tuʀb(ə)] *nf* peat; **tourbière** *nf* peat-bog.

**tourbillon** [tuʀbijɔ̃] *nm* whirlwind; (*d'eau*) whirlpool; (*fig*) whirl, swirl; **tourbillonner** *vi* to whirl, swirl; to whirl *ou* swirl round.

**tourelle** [tuʀɛl] *nf* turret.

**tourisme** [tuʀism(ə)] *nm* tourism; tourist industry; **agence de** ~ tourist agency; **faire du** ~ to do some sightseeing, go touring; **touriste** *nm/f* tourist; **touristique** *a* tourist *cpd*; (*région*) touristic, with tourist appeal.

**tourment** [tuʀmɑ̃] *nm* torment.

**tourmente** [tuʀmɑ̃t] *nf* storm.

**tourmenté, e** [tuʀmɑ̃te] *a* tormented, tortured.

**tourmenter** [tuʀmɑ̃te] *vt* to torment; **se** ~ *vi* to fret, worry o.s.

**tournage** [tuʀnaʒ] *nm* (*d'un film*) shooting.

**tournant, e** [tuʀnɑ̃, -ɑ̃t] *a*: *voir* **plaque**, **grève** // *nm* (*de route*) bend; (*fig*) turning point.

**tournebroche** [tuʀnəbʀɔʃ] *nm* roasting spit.

**tourne-disque** [tuʀnədisk(ə)] *nm* record player.

**tournée** [tuʀne] *nf* (*du facteur etc*) round; (*d'artiste, politicien*) tour; (*au café*) round (of drinks); ~ **musicale** concert tour.

**tourner** [tuʀne] *vt* to turn; (*contourner*) to get round; (*CINÉMA*) to shoot; to make //, *vi* to turn; (*moteur*) to run; (*compteur*) to tick away; (*lait etc*) to turn (sour); **se** ~ *vi* to turn round; **se** ~ **vers** to turn to; to turn towards; **bien** ~ to turn out well; ~ **autour de** to revolve round; (*péj*) to hang round; ~ **à/en** to turn into; ~ **à la pluie/au rouge** to turn

rainy/red; ~ **le dos à** to turn one's back on; **to have one's back to**; **se** ~ **les pouces** to twiddle one's thumbs; ~ **la tête** to look away; ~ **la tête à qn** (*fig*) to go to sb's head; ~ **de l'œil** to pass out.

**tournesol** [tuʀnəsɔl] *nm* sunflower.

**tourneur** [tuʀnœʀ] *nm* turner; lathe-operator.

**tournevis** [tuʀnəvis] *nm* screwdriver.

**tourniquet** [tuʀnikɛ] *nm* (*pour arroser*) sprinkler; (*portillon*) turnstile; (*présentoir*) revolving stand.

**tournoi** [tuʀnwa] *nm* tournament.

**tournoyer** [tuʀnwaje] *vi* to whirl round; to swirl round.

**tournure** [tuʀnyʀ] *nf* (*LING*) turn of phrase; form; phrasing; (*évolution*): **la** ~ **de qch** the way sth is developing; (*aspect*): **la** ~ **de** the look of; ~ **d'esprit** turn *ou* cast of mind; **la** ~ **des évènements** the turn of events.

**tourte** [tuʀt(ə)] *nf* pie.

**tourteau, x** [tuʀto] *nm* (*AGR*) oilcake, cattle-cake; (*ZOOL*) edible crab.

**tourterelle** [tuʀtəʀɛl] *nf* turtledove.

**tous** *dét* [tu], *pronom* [tus] *voir* **tout**.

**Toussaint** [tusɛ̃] *nf*: **la** ~ All Saints' Day.

**tousser** [tuse] *vi* to cough; **toussoter** *vi* to have a slight cough; to cough a little; (*pour avertir*) to give a slight cough.

**tout, e,** *pl* **tous, toutes** [tu, tus, tut] *dét* all; ~ **le lait** all the milk, the whole of the milk; ~**e la nuit** all night, the whole night; ~ **le livre** the whole book; ~ **un pain** a whole loaf; **tous les livres** all the books; **toutes les nuits** every night; **à** ~ **âge** at any age; **toutes les fois** every time; **toutes les 3/2 semaines** every third/other *ou* second week; **tous les 2** both *ou* each of us (*ou* them); **toutes les 3** all 3 of us (*ou* them); ~ **le temps** *ad* all the time; the whole time; **c'est** ~ **le contraire** it's quite the opposite; **il avait pour** ~**e nourriture** his only food was // *pronom* everything, all; **tous, toutes** all (of them); **je les vois tous** I can see them all *ou* all of them; **nous y sommes tous allés** all of us went, we all went; **en** ~ in all // *ad* quite; very; ~ **en haut** right at the top; **le** ~ **premier** the very first; **le livre** ~ **entier** the whole book; ~ **seul** all alone; ~ **droit** straight ahead; ~ **en travaillant** while working, as *ou* while he *etc* works // *nm* whole; **le** ~ all of it (*ou* them), the whole lot; ~ **d'abord** first of all; ~ **à coup** suddenly; ~ **à fait** absolutely; ~ **à l'heure** a short while ago; in a short while, shortly; ~ **de même** all the same; ~ **le monde** everybody; ~ **de suite** immediately, straight away; ~ **terrain** *ou* **tous terrains** *a inv* general-purpose; ~**-à-l'égout** *nm inv* mains drainage.

**toutefois** [tutfwa] *ad* however.

**toutou** [tutu] *nm* (*fam*) doggie.

**toux** [tu] *nf* cough.

**toxicomane** [tɔksikɔman] *nm/f* drug addict.

**toxine** [tɔksin] *nf* toxin.

**toxique** [tɔksik] *a* toxic, poisonous.

**trac** [tʀak] *nm* nerves *pl*; (*THÉÂTRE*) stage

fright ; **avoir le** ~ to get an attack of nerves ; to have stage fright.

**tracas** [tRaka] *nm* bother *q*, worry *q* ; **tracasser** *vt* to worry, bother ; to harass ; **se tracasser** *vi* to worry o.s., fret ; **tracasserie** *nf* annoyance *q* ; harassment *q* ; **tracassier, ière** *a* irksome.

**trace** [tRas] *nf* (*empreintes*) tracks *pl* ; (*marques, aussi fig*) mark ; (*restes, vestige*) trace ; (*indice*) sign ; ~**s de pas** footprints.

**tracé** [tRase] *nm* line ; layout.

**tracer** [tRase] *vt* to draw ; (*mot*) to trace ; (*piste*) to open up.

**trachée(-artère)** [tRaʃe(aRtɛR)] *nf* windpipe, trachea ; **trachéite** [tRakeit] *nf* tracheitis.

**tract** [tRakt] *nm* tract, pamphlet.

**tractations** [tRaktɑsjɔ̃] *nfpl* dealings, bargaining *sg*.

**tracteur** [tRaktœR] *nm* tractor.

**traction** [tRaksjɔ̃] *nf* traction ; (*GYM*) pull-up ; ~ **avant/arrière** front-wheel/rear-wheel drive ; ~ **électrique** electric(al) traction *ou* haulage.

**tradition** [tRadisjɔ̃] *nf* tradition ; **traditionnel, le** *a* traditional.

**traducteur, trice** [tRadyktœR, -tRis] *nm/f* translator.

**traduction** [tRadyksjɔ̃] *nf* translation.

**traduire** [tRadɥiR] *vt* to translate ; (*exprimer*) to render, convey ; ~ **en français** to translate into French ; ~ **en justice** to bring before the courts.

**trafic** [tRafik] *nm* traffic ; ~ **d'armes** dealing ; **trafiquant, e** *nm/f* trafficker ; dealer ; **trafiquer** *vt* (*péj*) to doctor, tamper with // *vi* to traffic, be engaged in trafficking.

**tragédie** [tRaʒedi] *nf* tragedy ; **tragédien, ne** *nm/f* tragedian/ tragédienne.

**tragique** [tRaʒik] *a* tragic ; ~**ment** *ad* tragically.

**trahir** [tRaiR] *vt* to betray ; (*fig*) to give away, reveal ; **trahison** *nf* betrayal ; (*MIL*) treason.

**train** [tRɛ̃] *nm* (*RAIL*) train ; (*allure*) pace ; (*fig: ensemble*) set ; **mettre qch en** ~ to get sth under way ; **mettre qn en** ~ to put sb in good spirits ; **se mettre en** ~ to get started ; to warm up ; **se sentir en** ~ to feel in good form ; ~ **avant/arrière** front-wheel/rear-wheel axle unit ; ~ **d'atterrissage** undercarriage ; ~ **autos-couchettes** car-sleeper train ; ~ **électrique** (*jouet*) (electric) train set ; ~ **de pneus** set of tyres ; ~ **de vie** style of living.

**traînant, e** [tRɛnɑ̃, -ɑ̃t] *a* (*voix, ton*) drawling.

**traînard, e** [tRɛnaR, -aRd(ə)] *nm/f* (*péj*) slowcoach.

**traîne** [tRɛn] *nf* (*de robe*) train ; **être à la** ~ to be in tow ; to lag behind.

**traîneau, x** [tRɛno] *nm* sleigh, sledge.

**traînée** [tRene] *nf* streak, trail ; (*péj*) slut.

**traîner** [tRene] *vt* (*remorque*) to pull ; (*enfant, chien*) to drag ou trail along // *vi* (*être en désordre*) to lie around ; (*marcher lentement*) to dawdle (along) ; (*vagabonder*) to hang about ; (*agir lentement*) to idle about ; (*durer*) to drag on ; **se** ~ *vi* to crawl

along ; to drag o.s. along ; (*durer*) to drag on ; ~ **les pieds** to drag one's feet.

**train-train** [tRɛ̃tRɛ̃] *nm* humdrum routine.

**traire** [tRɛR] *vt* to milk.

**trait** [tRɛ] *nm* (*ligne*) line ; (*de dessin*) stroke ; (*caractéristique*) feature, trait ; (*flèche*) dart, arrow ; shaft ; ~**s** *nmpl* (*du visage*) features ; **d'un** ~ (*boire*) in one gulp ; **de** ~ *a* (*animal*) draught ; **avoir** ~ **à** to concern ; ~ **de caractère** characteristic, trait ; ~ **d'esprit** flash of wit ; ~ **d'union** hyphen ; (*fig*) link.

**traitant** [tRɛtɑ̃] *am*: **votre médecin** ~ your usual ou family doctor ; **shampooing** ~ medicated shampoo.

**traite** [tRɛt] *nf* (*COMM*) draft ; (*AGR*) milking ; (*trajet*) stretch ; **d'une (seule)** ~ without stopping (once) ; **la** ~ **des noirs** the slave trade.

**traité** [tRete] *nm* treaty.

**traitement** [tRɛtmɑ̃] *nm* treatment ; processing ; (*salaire*) salary.

**traiter** [tRete] *vt* (*gén*) to treat ; (*TECH: matériaux*) to process, treat ; (*affaire*) to deal with, handle ; (*qualifier*): ~ **qn d'idiot** to call sb a fool // *vi* to deal ; ~ **de** *vt* to deal with ; **bien/mal** ~ to treat well/ill-treat.

**traiteur** [tRɛtœR] *nm* caterer.

**traître, esse** [tRɛtR(ə), -tRɛs] *a* (*dangereux*) treacherous // *nm* traitor ; **prendre qn en** ~ to make an insidious attack on sb ; **traîtrise** *nf* treachery, treacherousness.

**trajectoire** [tRaʒɛktwaR] *nf* trajectory, path.

**trajet** [tRaʒɛ] *nm* journey ; (*itinéraire*) route ; (*fig*) path, course.

**tralala** [tRalala] *nm* (*péj*) fuss.

**tram** [tRam] *nm abr de* **tramway**.

**trame** [tRam] *nf* (*de tissu*) weft ; (*fig*) framework ; texture ; (*TYPO*) screen.

**tramer** [tRame] *vt* to plot, hatch.

**tramway** [tRamwɛ] *nm* tram(way) ; tram(car).

**tranchant, e** [tRɑ̃ʃɑ̃, -ɑ̃t] *a* sharp ; (*fig*) peremptory // *nm* (*d'un couteau*) cutting edge ; (*de la main*) edge.

**tranche** [tRɑ̃ʃ] *nf* (*morceau*) slice ; (*arête*) edge ; (*partie*) section ; (*série*) block ; issue ; bracket.

**tranché, e** [tRɑ̃ʃe] *a* (*couleurs*) distinct, sharply contrasted ; (*opinions*) clear-cut, definite // *nf* trench.

**trancher** [tRɑ̃ʃe] *vt* to cut, sever ; (*fig: résoudre*) to settle // *vi*: ~ **avec** to contrast sharply with.

**tranchet** [tRɑ̃ʃɛ] *nm* knife.

**tranchoir** [tRɑ̃ʃwaR] *nm* chopper.

**tranquille** [tRɑ̃kil] *a* calm, quiet ; (*enfant, élève*) quiet ; (*rassuré*) easy in one's mind, with one's mind at rest ; **se tenir** ~ (*enfant*) to be quiet ; **avoir la conscience** ~ to have an easy conscience ; **laisse-moi/laisse-ça** ~! leave me/it alone ; ~**ment** *ad* calmly ; **tranquillisant** *nm* tranquillizer ; **tranquilliser** *vt* to reassure ; **tranquillité** *nf* quietness ; peace (and quiet) ; **tranquillité (d'esprit)** peace of mind.

**transaction** [tRɑ̃zaksjɔ̃] nf (COMM) transaction, deal.

**transat** [tRɑ̃zat] nm deckchair.

**transatlantique** [tRɑ̃zatlɑ̃tik] a transatlantic // nm transatlantic liner.

**transborder** [tRɑ̃sbɔRde] vt to tran(s)ship.

**transcendant, e** [tRɑ̃sɑ̃dɑ̃, -ɑ̃t] a transcendent(al).

**transcription** [tRɑ̃skRipsjɔ̃] nf transcription.

**transcrire** [tRɑ̃skRiR] vt to transcribe.

**transe** [tRɑ̃s] nf: **entrer en ~** to go into a trance; **~s** agony sg.

**transférer** [tRɑ̃sfeRe] vt to transfer; **transfert** nm transfer.

**transfigurer** [tRɑ̃sfigyRe] vt to transform.

**transformateur** [tRɑ̃sfɔRmatœR] nm transformer.

**transformation** [tRɑ̃sfɔRmasjɔ̃] nf transformation; (RUGBY) conversion.

**transformer** [tRɑ̃sfɔRme] vt to transform, alter ('alter' implique un changement moins radical); (matière première, appartement, RUGBY) to convert; **~ en** to transform into; to turn into; to convert into; **se ~** vi to be transformed; to alter.

**transfuge** [tRɑ̃sfyʒ] nm renegade.

**transfusion** [tRɑ̃sfyzjɔ̃] nf: **~ sanguine** blood transfusion.

**transgresser** [tRɑ̃sgRese] vt to contravene, disobey.

**transhumance** [tRɑ̃zymɑ̃s] nf transhumance, seasonal move to new pastures.

**transi, e** [tRɑ̃zi] a numb (with cold), chilled to the bone.

**transiger** [tRɑ̃ziʒe] vi to compromise, come to an agreement.

**transistor** [tRɑ̃zistɔR] nm transistor.

**transit** [tRɑ̃zit] nm transit; **~er** vi to pass in transit.

**transitif, ive** [tRɑ̃zitif, -iv] a transitive.

**transition** [tRɑ̃zisjɔ̃] nf transition; **de ~** transitional; **transitoire** a transitional, provisional; transient.

**translucide** [tRɑ̃slysid] a translucent.

**transmetteur** [tRɑ̃smɛtœR] nm transmitter.

**transmettre** [tRɑ̃smɛtR(ə)] vt (passer): **~ qch à qn** to pass sth on to sb; (TECH, TÉL, MÉD) to transmit; (TV, RADIO: retransmettre) to broadcast; **transmissible** a transmissible.

**transmission** [tRɑ̃smisjɔ̃] nf transmission, passing on; (AUTO) transmission; **~s** nfpl (MIL) ≈ signals corps; **~ de pensée** telepathy.

**transparaître** [tRɑ̃spaRɛtR(ə)] vi to show (through).

**transparence** [tRɑ̃spaRɑ̃s] nf transparence; **par ~** (regarder) against a source of light; (voir) showing through.

**transparent, e** [tRɑ̃spaRɑ̃, -ɑ̃t] a transparent.

**transpercer** [tRɑ̃spɛRse] vt to go through, pierce.

**transpiration** [tRɑ̃spiRasjɔ̃] nf perspiration.

**transpirer** [tRɑ̃spiRe] vi to perspire.

**transplanter** [tRɑ̃splɑ̃te] vt (MÉD, BOT) to transplant; (personne) to uproot, move.

**transport** [tRɑ̃spɔR] nm transport; **~s en commun** public transport sg.

**transporter** [tRɑ̃spɔRte] vt to carry, move; (COMM) to transport, convey; (fig) to send into raptures; **~ qn à l'hôpital** to take sb to hospital; **transporteur** nm haulier, haulage contractor.

**transposer** [tRɑ̃spoze] vt to transpose; **transposition** nf transposition.

**transvaser** [tRɑ̃svaze] vt to decant.

**transversal, e, aux** [tRɑ̃svɛRsal, -o] a transverse, cross(-); cross-country; running at right angles.

**trapèze** [tRapɛz] nm (GÉOM) trapezium; (au cirque) trapeze; **trapéziste** nm/f trapeze artist.

**trappe** [tRap] nf trap door.

**trappeur** [tRapœR] nm trapper, fur trader.

**trapu, e** [tRapy] a squat, stocky.

**traquenard** [tRaknaR] nm trap.

**traquer** [tRake] vt to track down; (harceler) to hound.

**traumatiser** [tRomatize] vt to traumatize.

**traumatisme** [tRomatism(ə)] nm traumatism.

**travail, aux** [tRavaj, -o] nm (gén) work; (tâche, métier) work q, job; (ÉCON, MÉD) labour // nmpl (de réparation, agricoles etc) work sg; (sur route) roadworks pl; (de construction) building (work); **être/entrer en ~** (MÉD) to be in/start labour; **être sans ~** (employé) to be out of work ou unemployed; **~ noir** moonlighting; **travaux des champs** farmwork sg; **travaux dirigés** (SCOL) supervised practical work sg; **travaux forcés** hard labour sg; **travaux manuels** (SCOL) handicrafts sg; **travaux ménagers** housework sg; **travaux publics** ≈ public works sg.

**travaillé, e** [tRavaje] a (style) polished.

**travailler** [tRavaje] vi to work; (bois) to warp // vt (bois, métal) to work; (objet d'art, discipline, fig: influencer) to work on; **cela le travaille** it is on his mind; **~ la terre** to till the land; **~ son piano** to do one's piano practice; **~ à** to work on; (fig: contribuer à) to work towards; **travailleur, euse** a hard-working // nm/f worker; **travailleur de force** labourer; **travailliste** a Labour.

**travée** [tRave] nf row (ARCHIT) bay; span.

**travelling** [tRavliŋ] nm (chariot) dolly; (technique) tracking; **~ optique** zoom shots pl.

**travers** [tRavɛR] nm fault, failing; **en ~ (de)** across; **au ~ (de)** through; **de ~** a askew // ad sideways; (fig) the wrong way; **à ~** through; **regarder de ~** (fig) to look askance at.

**traverse** [tRavɛRs(ə)] nf (RAIL) sleeper; **chemin de ~** shortcut.

**traversée** [tRavɛRse] nf crossing.

**traverser** [tRavɛRse] vt (gén) to cross; (ville, tunnel, aussi: percer, fig) to go through; (suj: ligne, trait) to run across.

**traversin** [tRavɛRsɛ̃] nm bolster.

**travesti** [tʀavɛsti] nm (costume) fancy dress; (artiste de cabaret) female impersonator, drag artist; (pervers) transvestite.

**travestir** [tʀavɛstiʀ] vt (vérité) to misrepresent; se ~ to dress up; to put on drag; to dress as a woman.

**trébucher** [tʀebyʃe] vi: ~ (sur) to stumble (over), trip (against).

**trèfle** [tʀɛfl(ə)] nm (BOT) clover; (CARTES: couleur) clubs pl; (: carte) club; ~ à quatre feuilles four-leaf clover.

**treillage** [tʀɛjaʒ] nm lattice work.

**treille** [tʀɛj] nf vine arbour; climbing vine.

**treillis** [tʀɛji] nm (métallique) wire-mesh; (toile) canvas; (uniforme) battle-dress.

**treize** [tʀɛz] num thirteen; **treizième** num thirteenth.

**tréma** [tʀema] nm diaeresis.

**tremble** [tʀɑ̃bl(ə)] nm (BOT) aspen.

**tremblement** [tʀɑ̃bləmɑ̃] nm trembling q, shaking q, shivering q; ~ de terre earthquake.

**trembler** [tʀɑ̃ble] vi to tremble, shake; ~ de (froid, fièvre) to shiver ou tremble with; (peur) to shake ou tremble with; ~ pour qn to fear for sb; **trembloter** vi to tremble ou shake slightly.

**trémolo** [tʀemɔlo] nm (instrument) tremolo; (voix) quaver.

**trémousser** [tʀemuse]: se ~ vi to jig about, wriggle about.

**trempe** [tʀɑ̃p] nf (fig): de cette/sa ~ of this/his calibre.

**trempé, e** [tʀɑ̃pe] a soaking (wet), drenched; (TECH) tempered.

**tremper** [tʀɑ̃pe] vt to soak, drench; (aussi: faire ~, mettre à ~) to soak (plonger): ~ qch dans to dip sth in(to) // vi to soak; (fig): ~ dans to be involved ou have a hand in; se ~ vi to have a quick dip; se faire ~ to get soaked ou drenched; **trempette** nf: faire trempette to have a quick dip.

**tremplin** [tʀɑ̃plɛ̃] nm springboard; (SKI) ski-jump.

**trentaine** [tʀɑ̃tɛn] nf: une ~ (de) thirty or so, about thirty.

**trente** [tʀɑ̃t] num thirty; **trentième** num thirtieth.

**trépaner** [tʀepane] vt to trepan, trephine.

**trépasser** [tʀepase] vi to pass away.

**trépider** [tʀepide] vi to vibrate.

**trépied** [tʀepje] nm (d'appareil) tripod; (meuble) trivet.

**trépigner** [tʀepiɲe] vi to stamp (one's feet).

**très** [tʀɛ] ad very; much + pp, highly + pp; ~ critiqué much criticized; ~ industrialisé highly industrialized; j'ai ~ faim I'm very hungry.

**trésor** [tʀezɔʀ] nm treasure; (ADMIN) finances pl; funds pl; T~ (public) public revenue.

**trésorerie** [tʀezɔʀʀi] nf (fonds) funds pl; (gestion) accounts pl; (bureaux) accounts department; (poste) treasurership; **difficultés de** ~ cash problems, shortage of cash ou funds.

**trésorier, ière** [tʀezɔʀje, -jɛʀ] nm/f treasurer; ~-**payeur** nm paymaster.

**tressaillir** [tʀesajiʀ] vi to shiver, shudder; to quiver.

**tressauter** [tʀesote] vi to start, jump.

**tresse** [tʀɛs] nf braid, plait.

**tresser** [tʀese] vt (cheveux) to braid, plait; (fil, jonc) to plait; (corbeille) to weave; (corde) to twist.

**tréteau, x** [tʀeto] nm trestle; les ~x (fig) the stage.

**treuil** [tʀœj] nm winch; **treuiller** vt to winch up.

**trêve** [tʀɛv] nf (MIL, POL) truce; (fig) respite; ~ de ... enough of this... .

**tri** [tʀi] nm sorting out q; selection; (POSTES) sorting; sorting office.

**triage** [tʀijaʒ] nm (RAIL) shunting; (gare) marshalling yard.

**triangle** [tʀijɑ̃gl(ə)] nm triangle; ~ rectangle right-angled triangle.

**tribal, e, aux** [tʀibal, -o] a tribal.

**tribord** [tʀibɔʀ] nm: à ~ to starboard, on the starboard side.

**tribu** [tʀiby] nf tribe.

**tribulations** [tʀibylasjɔ̃] nfpl tribulations, trials.

**tribunal, aux** [tʀibynal, -o] nm (JUR) court; (MIL) tribunal; ~ de police/pour enfants police/juvenile court; ~ d'instance ≈ magistrates' court; ~ de grande instance ≈ high court.

**tribune** [tʀibyn] nf (estrade) platform, rostrum; (débat) forum; (d'église, de tribunal) gallery; (de stade) stand; ~ libre (PRESSE) opinion column.

**tribut** [tʀiby] nm tribute.

**tributaire** [tʀibytɛʀ] a: être ~ de to be dependent on; (GÉO) to be a tributary of.

**tricher** [tʀiʃe] vi to cheat; **tricherie** nf cheating q; **tricheur, euse** nm/f cheat.

**tricolore** [tʀikɔlɔʀ] a three-coloured; (français) red, white and blue.

**tricot** [tʀiko] nm (technique, ouvrage) knitting q; (tissu) knitted fabric; (vêtement) jersey, sweater.

**tricoter** [tʀikɔte] vt to knit.

**trictrac** [tʀiktʀak] nm backgammon.

**tricycle** [tʀisikl(ə)] nm tricycle.

**triennal, e, aux** [tʀiɛnal, -o] a three-yearly; three-year.

**trier** [tʀije] vt to sort out; (POSTES, fruits) to sort.

**trigonométrie** [tʀigɔnɔmetʀi] nf trigonometry.

**trimbaler** [tʀɛ̃bale] vt to cart around, trail along.

**trimer** [tʀime] vi to slave away.

**trimestre** [tʀimɛstʀ(ə)] nm (SCOL) term; (COMM) quarter; **trimestriel, le** a quarterly; (SCOL) end-of-term.

**tringle** [tʀɛ̃gl(ə)] nf rod.

**Trinité** [tʀinite] nf Trinity.

**trinquer** [tʀɛ̃ke] vi to clink glasses; (fam) to cop it; ~ à qch/la santé de qn to drink to sth/sb.

**trio** [tʀijo] nm trio.

**triomphal, e, aux** [tʀijɔ̃fal, -o] a triumphant, triumphal.

**triomphant, e** [tʀijɔ̃fɑ̃, -ɑ̃t] a triumphant.

**triomphe** [tʀijɔ̃f] nm triumph; être reçu/porté en ~ to be given a triumphant welcome/be carried shoulder-high in triumph.

**triompher** [trijɔ̃fe] vi to triumph, win ; ~ **de** to triumph over, overcome.

**tripes** [trip] nfpl (CULIN) tripe sg ; (fam) guts.

**triple** [tripl(ə)] a triple ; treble // nm: le ~ (**de**) (comparaison) three times as much (as) ; **en ~ exemplaire** in triplicate ; ~**ment** ad three times over ; in three ways, on three counts // nm trebling, threefold increase ; **tripler** vi, vt to triple, treble, increase threefold.

**tripot** [tripo] nm (péj) dive.

**tripotage** [tripotaʒ] nm (péj) jiggery-pokery.

**tripoter** [tripote] vt to fiddle with, finger.

**trique** [trik] nf cudgel.

**triste** [trist(ə)] a sad ; (péj): ~ **personnage/affaire** sorry individual/affair ; **tristesse** nf sadness.

**triturer** [trityre] vt (pâte) to knead ; (objets) to manipulate.

**trivial, e, aux** [trivjal, -o] a coarse, crude ; (commun) mundane.

**troc** [trɔk] nm (ÉCON) barter ; (transaction) exchange, swap.

**troglodyte** [trɔglɔdit] nm/f cave dweller, troglodyte.

**trognon** [trɔɲɔ̃] nm (de fruit) core ; (de légume) stalk.

**trois** [trwa] num three ; **troisième** num third ; **troisièmement** ad thirdly ; ~-**quarts** nmpl: **les** ~-**quarts de** three-quarters of.

**trolleybus** [trɔlɛbys] nm trolley bus.

**trombe** [trɔ̃b] nf waterspout ; **des** ~**s d'eau** a downpour ; **en** ~ (arriver, passer) like a whirlwind.

**trombone** [trɔ̃bɔn] nm (MUS) trombone ; (de bureau) paper clip ; ~ **à coulisse** slide trombone ; **tromboniste** nm/f trombonist.

**trompe** [trɔ̃p] nf (d'éléphant) trunk ; (MUS) trumpet, horn ; ~ **d'Eustache** Eustachian tube ; ~**s utérines** Fallopian tubes.

**trompe-l'œil** [trɔ̃plœj] nm: **en** ~ in trompe-l'œil style.

**tromper** [trɔ̃pe] vt to deceive ; (vigilance, poursuivants) to elude ; **se** ~ vi to make a mistake, be mistaken ; **se** ~ **de voiture/jour** to take the wrong car/get the day wrong ; **se** ~ **de 3 cm/20 F** to be out by 3 cm/20 F ; **tromperie** nf deception, trickery q.

**trompette** [trɔ̃pɛt] nf trumpet ; **en** ~ (nez) turned-up ; **trompettiste** nm/f trumpet player.

**trompeur, euse** [trɔ̃pœr, -øz] a deceptive, misleading.

**tronc** [trɔ̃] nm (BOT, ANAT) trunk ; (d'église) collection box ; ~ **d'arbre** tree trunk ; ~ **commun** (SCOL) common-core syllabus ; ~ **de cône** truncated cone.

**tronche** [trɔ̃ʃ] nf (fam) mug, face.

**tronçon** [trɔ̃sɔ̃] nm section.

**tronçonner** [trɔ̃sɔne] vt to saw up ; **tronçonneuse** nf chain saw.

**trône** [tron] nm throne.

**trôner** [trone] vi (fig) to sit in the place of honour.

**tronquer** [trɔ̃ke] vt to truncate ; (fig) to curtail.

**trop** [tro] ad vb + too much, too + adjectif, adverbe ; ~ (**nombreux**) too many ; ~ **peu** (**nombreux**) too few ; ~ (**souvent**) too often ; ~ (**longtemps**) (for) too long ; ~ **de** (nombre) too many ; (quantité) too much ; **de** ~, **en** ~: **des livres en** ~ a few books too many, a few extra books ; **du lait en** ~ some milk over ou extra, too much milk ; **3 livres/F de** ~ 3 books too many/F too much.

**trophée** [trɔfe] nm trophy.

**tropical, e, aux** [trɔpikal, -o] a tropical.

**tropique** [trɔpik] nm tropic ; ~**s** nmpl tropics.

**trop-plein** [trɔplɛ̃] nm (tuyau) overflow ou outlet (pipe) ; (liquide) overflow.

**troquer** [trɔke] vt: ~ **qch contre** to barter ou trade sth for ; (fig) to swap sth for.

**trot** [tro] nm trot ; **aller au** ~ to trot along ; **partir au** ~ to set off at a trot.

**trotter** [trɔte] vi to trot ; (fig) to scamper along (ou about).

**trotteuse** [trɔtøz] nf (de montre) second hand.

**trottiner** [trɔtine] vi (fig) to scamper along (ou about).

**trottinette** [trɔtinɛt] nf (child's) scooter.

**trottoir** [trɔtwar] nm pavement ; **faire le** ~ (péj) to walk the streets ; ~ **roulant** moving walkway, travellator.

**trou** [tru] nm hole ; (fig) gap ; ~ **d'air** air pocket ; ~ **de mémoire** blank, lapse of memory ; **le** ~ **de la serrure** the keyhole.

**troublant, e** [trublɑ̃, -ɑ̃t] a disturbing.

**trouble** [trubl(ə)] a (liquide) cloudy ; (image, mémoire) indistinct, hazy ; (affaire) shady, murky // nm (désarroi) distress, agitation ; (émoi sensuel) turmoil, agitation ; (embarras) confusion ; (zizanie) unrest, discord ; ~**s** nmpl (POL) disturbances, troubles, unrest sg ; (MÉD) trouble sg, disorders.

**trouble-fête** [trubləfɛt] nm/f inv spoilsport.

**troubler** [truble] vt (embarrasser) to confuse, disconcert ; (émouvoir) to agitate ; to disturb ; (perturber: ordre etc) to disrupt, disturb ; (liquide) to make cloudy ; **se** ~ vi (personne) to become flustered ou confused ; ~ **l'ordre public** to cause a breach of the peace.

**troué, e** [true] a with a hole (ou holes) in it // nf gap ; (MIL) breach.

**trouer** [true] vt to make a hole (ou holes) in ; (fig) to pierce.

**trouille** [truj] nf (fam): **avoir la** ~ to have the jitters, be in a funk.

**troupe** [trup] nf (MIL) troop ; (groupe) troop, group ; **la** ~ (MIL) the army ; the troops pl ; ~ (**de théâtre**) (theatrical) company.

**troupeau, x** [trupo] nm (de moutons) flock ; (de vaches) herd.

**trousse** [trus] nf case, kit ; (d'écolier) pencil case ; (de docteur) instrument case ; **aux** ~**s de** (fig) on the heels ou tail of ; ~ **à outils** toolkit ; ~ **de toilette** toilet ou sponge bag.

**trousseau, x** [tʀuso] *nm* (*de jeune mariée*) trousseau; ~ **de clefs** bunch of keys.
**trouvaille** [tʀuvaj] *nf* find.
**trouver** [tʀuve] *vt* to find; (*rendre visite*): **aller/venir** ~ **qn** to go/come and see sb; **je trouve que** I find *ou* think that; ~ **à boire/critiquer** to find something to drink/criticize; **se** ~ *vi* (*être*) to be; (*être soudain*) to find o.s.; **se** ~ **être/avoir** to happen to be/have; **il se trouve que** it happens that, it turns out that; **se** ~ **bien** to feel well; **se** ~ **mal** to pass out.
**truand** [tʀyɑ̃] *nm* villain, crook.
**truc** [tʀyk] *nm* (*astuce*) way, device; (*de cinéma, prestidigitateur*) trick effect; (*chose*) thing; (*machin*) thingumajig, whatsit; **avoir le** ~ to have the knack.
**truchement** [tʀyʃmɑ̃] *nm*: **par le** ~ **de qn** through (the intervention of) sb.
**truculent, e** [tʀykylɑ̃, -ɑ̃t] *a* a colourful.
**truelle** [tʀyɛl] *nf* trowel.
**truffe** [tʀyf] *nf* truffle; (*nez*) nose.
**truffer** [tʀyfe] *vt* (*CULIN*) to garnish with truffles; **truffé de** (*fig*) peppered with; bristling with.
**truie** [tʀɥi] *nf* sow.
**truite** [tʀɥit] *nf* trout *inv*.
**truquage** [tʀykaʒ] *nm* fixing; (*CINÉMA*) special effects *pl*.
**truquer** [tʀyke] *vt* (*élections, serrure, dés*) to fix; (*CINÉMA*) to use special effects in.
**trust** [tʀœst] *nm* (*COMM*) trust.
**tsar** [dzaʀ] *nm* tsar.
**T.S.F.** [teɛsɛf] *sigle f* (= *télégraphie sans fil*) wireless.
**tsigane** [tsigan] *a, nm/f* = **tzigane.**
**T.S.V.P.** *sigle* (= *tournez s.v.p.*) P.T.O. (please turn over).
**T.T.C.** *sigle* = *toutes taxes comprises.*
**tu** [ty] *pronom ou* // *nm*: **employer le** ~ to use the 'tu' form.
**tu, e** [ty] *pp de* **taire.**
**tuba** [tyba] *nm* (*MUS*) tuba; (*SPORT*) snorkel.
**tube** [tyb] *nm* tube; pipe; (*chanson, disque*) hit song *ou* record; ~ **digestif** alimentary canal, digestive tract.
**tuberculeux, euse** [tybɛʀkylø, -øz] *a* tubercular // *nm/f* tuberculosis *ou* TB patient.
**tuberculose** [tybɛʀkyloz] *nf* tuberculosis.
**tubulaire** [tybylɛʀ] *a* tubular.
**tubulure** [tybylyʀ] *nf* pipe; piping *q*; (*AUTO*) manifold.
**tué, e** [tɥe] *nm/f*: **5** ~**s 5** killed *ou* dead.
**tuer** [tɥe] *vt* to kill; **se** ~ *vi* to be killed; **se** ~ **au travail** (*fig*) to work o.s. to death; **tuerie** *nf* slaughter *q*.
**tue-tête** [tytɛt]: **à** ~ *ad* at the top of one's voice.
**tueur** [tɥœʀ] *nm* killer; ~ **à gages** hired killer.
**tuile** [tɥil] *nf* tile; (*fam*) spot of bad luck, blow.
**tulipe** [tylip] *nf* tulip.
**tuméfié, e** [tymefje] *a* puffy, swollen.
**tumeur** [tymœʀ] *nf* growth, tumour.
**tumulte** [tymylt(ə)] *nm* commotion, hubbub.
**tumultueux, euse** [tymyltɥø, -øz] *a* stormy, turbulent.

**tunique** [tynik] *nf* tunic; (*de femme*) smock, tunic.
**Tunisie** [tynizi] *nf*: **la** ~ Tunisia; **tunisien, ne** *a, nm/f* Tunisian.
**tunnel** [tynɛl] *nm* tunnel.
**turban** [tyʀbɑ̃] *nm* turban.
**turbin** [tyʀbɛ̃] *nm* (*fam*) work *q*.
**turbine** [tyʀbin] *nf* turbine.
**turboréacteur** [tyʀbɔʀeaktœʀ] *nm* turbojet.
**turbulences** [tyʀbylɑ̃s] *nfpl* (*AVIAT*) turbulence *sg*.
**turbulent, e** [tyʀbylɑ̃, -ɑ̃t] *a* boisterous, unruly.
**turc, turque** [tyʀk(ə)] *a* Turkish // *nm/f*: **T**~, **Turque** Turk/Turkish woman // *nm* (*langue*) Turkish; **à la turque** *ad* cross-legged // *a* (*w.-c.*) seatless.
**turf** [tyʀf] *nm* racing; ~**iste** *nm/f* racegoer.
**turpitude** [tyʀpityd] *nf* base act, baseness *q*.
**turque** [tyʀk(ə)] *a, nf* voir **turc.**
**Turquie** [tyʀki] *nf*: **la** ~ Turkey.
**turquoise** [tyʀkwaz] *nf, a inv* turquoise.
**tus** *etc vb* voir **taire.**
**tutelle** [tytɛl] *nf* (*JUR*) guardianship; (*POL*) trusteeship; **sous la** ~ **de** (*fig*) under the supervision of.
**tuteur** [tytœʀ] *nm* (*JUR*) guardian; (*de plante*) stake, support.
**tutoyer** [tytwaje] *vt*: ~ **qn** to address sb as 'tu'.
**tuyau, x** [tɥijo] *nm* pipe; (*flexible*) tube; (*fam*) tip; gen *q*; ~ **d'arrosage** hosepipe; ~ **d'échappement** exhaust pipe; ~**té, e** *a* fluted; ~**terie** *nf* piping *q*.
**tuyère** [tɥijɛʀ] *nf* nozzle.
**T.V.A.** *sigle f* voir **taxe.**
**tympan** [tɛ̃pɑ̃] *nm* (*ANAT*) eardrum.
**type** [tip] *nm* type; (*fam*) chap, bloke // *a* typical, standard; **avoir le** ~ **nordique** to be Nordic-looking.
**typhoïde** [tifɔid] *nf* typhoid (fever).
**typhon** [tifɔ̃] *nm* typhoon.
**typhus** [tifys] *nm* typhus (fever).
**typique** [tipik] *a* typical.
**typographe** [tipɔgʀaf] *nm/f* typographer.
**typographie** [tipɔgʀafi] *nf* typography; (*procédé*) letterpress (printing); **typographique** *a* typographical; letterpress *cpd*.
**tyran** [tiʀɑ̃] *nm* tyrant; **tyrannie** *nf* tyranny; **tyrannique** *a* tyrannical; **tyranniser** *vt* to tyrannize.
**tzigane** [dzigan] *a* gipsy, tzigane // *nm/f* (Hungarian) gipsy, Tzigane.

# U

**ubiquité** [ybikɥite] *nf*: **avoir le don d'**~ to be everywhere at once *ou* be ubiquitous.
**ulcère** [ylsɛʀ] *nm* ulcer; ~ **à l'estomac** stomach ulcer.
**ulcérer** [ylseʀe] *vt* (*MÉD*) to ulcerate; (*fig*) to sicken, appal.
**ultérieur, e** [ylteʀjœʀ] *a* later, subsequent; **remis à une date** ~**e** postponed to a later date; ~**ement** *ad* later.

**ultimatum** [yltimatɔm] *nm* ultimatum.

**ultime** [yltim] *a* final.

**ultra...** [yltʀa] *préfixe*: **~moderne/ -rapide** ultra-modern/-fast; **~sensible** *a* (PHOTO) high-speed; **~sons** *nmpl* ultrasonics; **~violet, te** *a* ultraviolet.

**un, une** [œ̃, yn] *dét* a, an + *voyelle* // *pronom, num, a* one; **l'un l'autre, les ~s les autres** each other, one another; **l'~ ..., l'autre** (the) one ..., the other; **les ~s ..., les autres** some ..., others; **l'~ et l'autre** both (of them); **l'~ ou l'autre** either (of them); **l'~ des meilleurs** one of the best.

**unanime** [ynanim] *a* unanimous; **unanimité** *nf* unanimity; **à l'unanimité** unanimously.

**uni, e** [yni] *a* (*ton, tissu*) plain; (*surface*) smooth, even; (*famille*) close(-knit); (*pays*) united.

**unification** [ynifikɑsjɔ̃] *nf* uniting; unification; standardization.

**unifier** [ynifje] *vt* to unite, unify; (*systèmes*) to standardize, unify.

**uniforme** [ynifɔʀm(ə)] *a* (*mouvement*) regular, uniform; (*surface, ton*) even; (*objets, maisons*) uniform // *nm* uniform; **être sous l'~** (MIL) to be serving; **uniformiser** *vt* to make uniform; (*systèmes*) to standardize; **uniformité** *nf* regularity; uniformity; evenness.

**unijambiste** [yniʒɑ̃bist(ə)] *nm/f* one-legged man/woman.

**unilatéral, e, aux** [ynilateʀal, -o] *a* unilateral; **stationnement ~** parking on one side only.

**union** [ynjɔ̃] *nf* union; **~ conjugale** union of marriage; **~ de consommateurs** consumers' association; **l'U~ soviétique** the Soviet Union.

**unique** [ynik] *a* (*seul*) only; (*le même*): **un prix/système ~** a single price/system; (*exceptionnel*) unique; **ménage à salaire ~** one-salary family; **route à voie ~** single-lane road; **fils/fille ~** only son/daughter; **~ en France** the only one of its kind in France; **~ment** *ad* only, solely; (*juste*) only, merely.

**unir** [yniʀ] *vt* (*nations*) to unite; (*éléments, couleurs*) to combine; (*en mariage*) to unite, join together; **~ qch à** to unite sth with; to combine sth with; **s'~** to unite; (*en mariage*) to be joined together.

**unisson** [ynisɔ̃]: **à l'~** *ad* in unison.

**unitaire** [ynitɛʀ] *a* unitary; **prix ~** price per unit.

**unité** [ynite] *nf* (*harmonie, cohésion*) unity; (*COMM, MIL, de mesure, MATH*) unit.

**univers** [ynivɛʀ] *nm* universe.

**universel, le** [ynivɛʀsɛl] *a* universal; (*esprit*) all-embracing.

**universitaire** [ynivɛʀsitɛʀ] *a* university *cpd*; (*diplôme, études*) academic, university *cpd* // *nm/f* academic.

**université** [ynivɛʀsite] *nf* university.

**uranium** [yʀanjɔm] *nm* uranium.

**urbain, e** [yʀbɛ̃, -ɛn] *a* urban, city *cpd*, town *cpd*; (*poli*) urbane; **urbaniser** *vt* to urbanize; **urbanisme** *nm* town planning; **urbaniste** *nm/f* town planner.

**urgence** [yʀʒɑ̃s] *nf* urgency; (*MÉD etc*) emergency; **d'~** *a* emergency *cpd* // *ad* as a matter of urgency.

**urgent, e** [yʀʒɑ̃, -ɑ̃t] *a* urgent.

**urinal, aux** [yʀinal, -o] *nm* (bed) urinal.

**urine** [yʀin] *nf* urine; **uriner** *vi* to urinate; **urinoir** *nm* (public) urinal.

**urne** [yʀn(ə)] *nf* (*électorale*) ballot box; (*vase*) urn; **aller aux ~s** (*voter*) to go to the polls.

**URSS** [*parfois*: yʀs] *sigle f*: **l'~** the USSR.

**urticaire** [yʀtikɛʀ] *nf* nettle rash.

**us** [ys] *nmpl*: **~ et coutumes** (habits and) customs.

**U.S.A.** *sigle mpl*: **les ~** the U.S.A.

**usage** [yzaʒ] *nm* (*emploi, utilisation*) use; (*coutume*) custom; (*LING*): **l'~** usage; **faire ~ de** (*pouvoir, droit*) to exercise; **avoir l'~ de** to have the use of; **à l'~** *ad* with use; **à l'~ de** (*pour*) for (use of); **en ~** in use; **hors d'~** out of service; wrecked; **à ~ interne** to be taken; **à ~ externe** for external use only.

**usagé, e** [yzaʒe] *a* (*usé*) worn; (*d'occasion*) used.

**usager, ère** [yzaʒe, -ɛʀ] *nm/f* user.

**usé, e** [yze] *a* worn; (*banal*) hackneyed.

**user** [yze] *vt* (*outil*) to wear down; (*vêtement*) to wear out; (*matière*) to wear away; (*consommer: charbon etc*) to use; **s'~** *vi* to wear; to wear out; (*fig*) to decline; **s'~ à la tâche** to wear o.s. out with work; **~ de** *vt* (*moyen, procédé*) to use, employ; (*droit*) to exercise.

**usine** [yzin] *nf* factory; **~ à gaz** gasworks *sg*; **~ marémotrice** tidal power station.

**usiner** [yzine] *vt* (TECH) to machine.

**usité, e** [yzite] *a* in common use, common; **peu ~** rarely used.

**ustensile** [ystɑ̃sil] *nm* implement; **~ de cuisine** kitchen utensil.

**usuel, le** [yzɥɛl] *a* everyday, common.

**usufruit** [yzyfʀɥi] *nm* usufruct.

**usuraire** [yzyʀɛʀ] *a* usurious.

**usure** [yzyʀ] *nf* wear; worn state; (*de l'usurier*) usury; **avoir qn à l'~** to wear sb down; **usurier, ière** *nm/f* usurer.

**usurper** [yzyʀpe] *vt* to usurp.

**ut** [yt] *nm* (MUS) C.

**utérin, e** [yteʀɛ̃, -in] *a* uterine.

**utérus** [yteʀys] *nm* uterus, womb.

**utile** [ytil] *a* useful.

**utilisation** [ytilizasjɔ̃] *nf* use.

**utiliser** [ytilize] *vt* to use.

**utilitaire** [ytilitɛʀ] *a* utilitarian; (*objets*) practical.

**utilité** [ytilite] *nf* usefulness *q*; use; **jouer les ~s** (THÉÂTRE) to play bit parts; **reconnu d'~ publique** state-approved; **c'est d'une grande ~** it's of great use.

**utopie** [ytɔpi] *nf* utopian idea *ou* view; utopia; **utopiste** *nm/f* utopian.

**uvule** [yvyl] *nf* uvula.

## V

**va** *vb voir* **aller.**

**vacance** [vakɑ̃s] *nf* (ADMIN) vacancy; **~s** *nfpl* holiday(s *pl*), vacation *sg*; **prendre des/ses ~s** to take a holiday/one's holiday(s); **aller en ~s** to go on holiday;

**vacancier, ière** nm/f holiday-maker.

**vacant, e** [vakɑ̃, -ɑ̃t] a vacant.

**vacarme** [vakaʀm(ə)] nm row, din.

**vaccin** [vaksɛ̃] nm vaccine ; (opération) vaccination ; **vaccination** nf vaccination ; **vacciner** vt to vaccinate ; (fig) to make immune.

**vache** [vaʃ] nf (ZOOL) cow ; (cuir) cowhide // a (fam) rotten, mean ; ~ **à eau** (canvas) water bag ; ~ **à lait** (péj) mug, sucker ; ~ **laitière** dairy cow ; **vachement** ad (fam) damned, hellish ; **vacher, ère** nm/f cowherd ; **vacherie** nf (fam) meanness q ; dirty trick ; nasty remark.

**vaciller** [vasije] vi to sway, wobble ; (bougie, lumière) to flicker ; (fig) to be failing, falter.

**vacuité** [vakɥite] nf emptiness, vacuity.

**vade-mecum** [vademekɔm] nm inv pocketbook.

**vadrouiller** [vadʀuje] vi to rove around ou about.

**va-et-vient** [vaevjɛ̃] nm inv (de pièce mobile) to and fro (ou up and down) movement ; (de personnes, véhicules) comings and goings pl, to-ings and fro-ings pl.

**vagabond, e** [vagabɔ̃, -ɔ̃d] a wandering ; (imagination) roaming, roving // nm (rôdeur) tramp, vagrant ; (voyageur) wanderer.

**vagabondage** [vagabɔ̃daʒ] nm roaming, wandering ; (JUR) vagrancy.

**vagabonder** [vagabɔ̃de] vi to roam, wander.

**vagin** [vaʒɛ̃] nm vagina.

**vagissement** [vaʒismɑ̃] nm cry (of newborn baby).

**vague** [vag] nf wave // a vague ; (regard) faraway ; (manteau, robe) loose(-fitting) ; (quelconque): **un ~ bureau/cousin** some office/cousin or other // nm: **rester dans le ~** to keep things rather vague ; **regarder dans le ~** to gaze into space ; ~ **à l'âme** nm vague melancholy ; ~ **d'assaut** nf (MIL) wave of assault ; ~ **de chaleur** nf heatwave ; ~ **de fond** nf ground swell ; ~ **de froid** nf cold spell ; ~**ment** ad vaguely.

**vaillant, e** [vajɑ̃, -ɑ̃t] a (courageux) brave, gallant ; (robuste) vigorous, hale and hearty ; **n'avoir plus un sou** ~ to be penniless.

**vaille** vb voir **valoir**.

**vain, e** [vɛ̃, vɛn] a vain ; **en** ~ ad in vain.

**vaincre** [vɛ̃kʀ(ə)] vt to defeat ; (fig) to conquer, overcome ; **vaincu, e** nm/f defeated party ; **vainqueur** nm victor ; (SPORT) winner // am victorious.

**vais** vb voir **aller**.

**vaisseau, x** [veso] nm (ANAT) vessel ; (NAVIG) ship, vessel ; ~ **spatial** spaceship.

**vaisselier** [vesəlje] nm dresser.

**vaisselle** [vesɛl] nf (service) crockery ; (plats etc à laver) (dirty) dishes pl ; (lavage) washing-up ; **faire la** ~ to do the washing-up ou the dishes.

**val, vaux** ou **vals** [val, vo] nm valley.

**valable** [valabl(ə)] a valid ; (acceptable) decent, worthwhile.

**valent** etc vb voir **valoir**.

**valet** [valɛ] nm valet ; (CARTES) jack, knave ; ~ **de chambre** manservant, valet ; ~ **de ferme** farmhand ; ~ **de pied** footman.

**valeur** [valœʀ] nf (gén) value ; (mérite) worth, merit ; (COMM: titre) security ; **mettre en** ~ (bien) to exploit ; (terrain, région) to develop ; (fig) to highlight ; to show off to advantage ; **avoir de la** ~ to be valuable ; **prendre de la** ~ to go up ou gain in value.

**valeureux, euse** [valœʀø, -øz] a valorous.

**valide** [valid] a (en bonne santé) fit, well ; (indemne) able-bodied, fit ; (valable) valid ; **valider** vt to validate ; **validité** nf validity.

**valions** vb voir **valoir**.

**valise** [valiz] nf (suit)case ; **la** ~ **(diplomatique)** the diplomatic bag.

**vallée** [vale] nf valley.

**vallon** [valɔ̃] nm small valley.

**vallonné, e** [valɔne] n undulating.

**valoir** [valwaʀ] vi (être valable) to hold, apply // vt (prix, valeur, effort) to be worth ; (causer): ~ **qch à qn** to earn sb sth ; **se** ~ to be of equal merit ; (péj) to be two of a kind ; **faire** ~ (droits, prérogatives) to assert ; (domaine, capitaux) to exploit ; **faire** ~ **que** to point out that ; **à** ~ on account ; **à** ~ **sur** to be deducted from ; **vaille que vaille** somehow or other ; **cela ne me dit rien qui vaille** I don't like the look of it at all ; **ce climat ne me vaut rien** this climate doesn't suit me ; ~ **la peine** to be worth the trouble ou worth it ; ~ **mieux: il vaut mieux se taire** it's better to say nothing ; **ça ne vaut rien** it's worthless ; **que vaut ce candidat?** how good is this applicant?

**valoriser** [valɔʀize] vt (ÉCON) to develop (the economy of) ; (PSYCH) to increase the standing of.

**valse** [vals(ə)] nf waltz ; **valser** vi to waltz ; (fig): **aller valser** to go flying.

**valu, e** [valy] pp de **valoir**.

**valve** [valv(ə)] nf valve.

**vandale** [vɑ̃dal] nm/f vandal ; **vandalisme** nm vandalism.

**vanille** [vanij] nf vanilla.

**vanité** [vanite] nf vanity ; **vaniteux, euse** a vain, conceited.

**vanne** [van] nf gate.

**vanner** [vane] vt to winnow.

**vannerie** [vanʀi] nf basketwork.

**vantail, aux** [vɑ̃taj, -o] nm door, leaf (pl leaves).

**vantard, e** [vɑ̃taʀ, -aʀd(ə)] a boastful ; **vantardise** nf boastfulness q ; boast.

**vanter** [vɑ̃te] vt to speak highly of, vaunt ; **se** ~ vi to boast, brag ; **se** ~ **de** to boast of.

**va-nu-pieds** [vanypje] nm/f inv tramp, beggar.

**vapeur** [vapœʀ] nf steam ; (émanation) vapour, fumes pl ; ~**s** nfpl (bouffées) vapours ; **à** ~ steam-powered, steam cpd ; **à toute** ~ full steam ahead ; (fig) at full tilt ; **renverser la** ~ to reverse engines ; (fig) to backtrack, backpedal ; **cuit à la** ~ steamed.

**vaporeux, euse** [vapɔʁø, -øz] *a* (*flou*) hazy, misty; (*léger*) filmy, gossamer *cpd*.

**vaporisateur** [vapɔʁizatœʁ] *nm* spray.

**vaporiser** [vapɔʁize] *vt* (CHIMIE) to vaporize; (*parfum etc*) to spray.

**vaquer** [vake] *vi*: ~ **à ses occupations** to attend to one's affairs, go about one's business.

**varappe** [vaʁap] *nf* rock climbing; **varappeur, euse** *nm/f* (rock) climber.

**varech** [vaʁɛk] *nm* wrack, varec.

**vareuse** [vaʁøz] *nf* (*blouson*) pea jacket; (*d'uniforme*) tunic.

**variable** [vaʁjabl(ə)] *a* variable; (*temps, humeur*) changeable, variable; (TECH: *à plusieurs positions etc*) adaptable; (LING) inflectional; (*divers: résultats*) varied, various // *nf* (MATH) variable.

**variante** [vaʁjɑ̃t] *nf* variant.

**variation** [vaʁjɑsjɔ̃] *nf* variation; changing q, change.

**varice** [vaʁis] *nf* varicose vein.

**varicelle** [vaʁisɛl] *nf* chickenpox.

**varié, e** [vaʁje] *a* varied; (*divers*) various; **hors-d'œuvre** ~**s** selection of hors d'œuvres.

**varier** [vaʁje] *vi* to vary; (*temps, humeur*) to vary, change // *vt* to vary.

**variété** [vaʁjete] *nf* variety; **spectacle de** ~**s** variety show.

**variole** [vaʁjɔl] *nf* smallpox.

**variqueux, euse** [vaʁikø, -øz] *a* varicose.

**vas** *vb voir* **aller**.

**vase** [vɑz] *nm* vase // *nf* silt, mud; **en** ~ **clos** in isolation; ~ **de nuit** chamberpot; ~**s communicants** communicating vessels.

**vaseline** [vazlin] *nf* vaseline.

**vaseux, euse** [vɑzø, -øz] *a* silty, muddy; (*fig: confus*) woolly, hazy; (: *fatigué*) peaky; woozy.

**vasistas** [vazistɑs] *nm* fanlight.

**vaste** [vast(ə)] *a* vast, immense.

**Vatican** [vatikɑ̃] *nm*: **le** ~ the Vatican.

**vaticiner** [vatisine] *vi* (*péj*) to make pompous predictions.

**va-tout** [vatu] *nm*: **jouer son** ~ to stake one's all.

**vaudeville** [vodvil] *nm* vaudeville, light comedy.

**vaudrai** *etc vb voir* **valoir**.

**vau-l'eau** [volo]: **à** ~ *ad* with the current; (*fig*) adrift.

**vaurien, ne** [voʁjɛ̃, -ɛn] *nm/f* good-for-nothing, guttersnipe.

**vautour** [votuʁ] *nm* vulture.

**vautrer** [votʁe]: **se** ~ *vi*: **se** ~ **dans/sur** to wallow in/sprawl on.

**vaux** [vo] *pl de* **val** // *vb voir* **valoir**.

**veau, x** [vo] *nm* (ZOOL) calf (*pl* calves); (CULIN) veal; (*peau*) calfskin.

**vecteur** [vɛktœʁ] *nm* vector; (MIL) carrier.

**vécu, e** [veky] *pp de* **vivre** // *a* (*aventure*) real(-life).

**vedette** [vədɛt] *nf* (*artiste etc*) star; (*canot*) patrol boat; launch; **avoir la** ~ to top the bill, get star billing.

**végétal, e, aux** [veʒetal, -o] *a* vegetable // *nm* vegetable, plant.

**végétarien, ne** [veʒetaʁjɛ̃, -ɛn] *a, nm/f* vegetarian.

**végétarisme** [veʒetaʁism(ə)] *nm* vegetarianism.

**végétation** [veʒetɑsjɔ̃] *nf* vegetation; ~**s** *nfpl* (MÉD) adenoids.

**végéter** [veʒete] *vi* (*fig*) to vegetate; to stagnate.

**véhément, e** [veemɑ̃, -ɑ̃t] *a* vehement.

**véhicule** [veikyl] *nm* vehicle; ~ **utilitaire** commercial vehicle.

**veille** [vɛj] *nf* (*garde*) watch; (PSYCH) wakefulness; (*jour*): **la** ~ the day before, the previous day; **la** ~ **au soir** the previous evening; **la** ~ **de** the day before; **à la** ~ **de** on the eve of.

**veillée** [veje] *nf* (*soirée*) evening; (*réunion*) evening gathering; ~ **d'armes** night before combat; ~ (**mortuaire**) watch.

**veiller** [veje] *vi* to stay *ou* sit up; to be awake; to be on watch; to be watchful // *vt* (*malade, mort*) to watch over, sit up with; ~ **à** *vt* to attend to, see to; ~ **à ce que** to make sure that, see to it that; ~ **sur** *vt* to keep a watch *ou* an eye on; **veilleur de nuit** *nm* night watchman.

**veilleuse** [vejøz] *nf* (*lampe*) night light; (AUTO) sidelight; (*flamme*) pilot light; **en** ~ *a, ad* (*lampe*) dimmed.

**veinard, e** [vɛnaʁ, -aʁd(ə)] *nm/f* (*fam*) lucky devil.

**veine** [vɛn] *nf* (ANAT, *du bois etc*) vein; (*filon*) vein, seam; (*fam: chance*): **avoir de la** ~ to be lucky; (*inspiration*) inspiration; **veiné, e** *a* veined; (*bois*) grained; **veineux, euse** *a* venous.

**vêler** [vele] *vi* to calve.

**vélin** [velɛ̃] *nm* vellum (paper).

**velléitaire** [veleitɛʁ] *a* irresolute, indecisive.

**velléités** [veleite] *nfpl* vague impulses.

**vélo** [velo] *nm* bike, cycle; **faire du** ~ to go cycling.

**véloce** [velɔs] *a* swift.

**vélodrome** [velɔdʁɔm] *nm* velodrome.

**vélomoteur** [velɔmɔtœʁ] *nm* light motorcycle.

**velours** [vəluʁ] *nm* velvet; ~ **côtelé** corduroy.

**velouté, e** [vəlute] *a* (*au toucher*) velvety; (*à la vue*) soft, mellow; (*au goût*) smooth, mellow // *nm*: ~ **d'asperges/de tomates** cream of asparagus/tomato (soup).

**velu, e** [vəly] *a* hairy.

**venais** *etc vb voir* **venir**.

**venaison** [vənɛzɔ̃] *nf* venison.

**vénal, e, aux** [venal, -o] *a* venal; ~**ité** *nf* venality.

**venant** [vənɑ̃]: **à tout** ~ *ad* to all and sundry.

**vendange** [vɑ̃dɑ̃ʒ] *nf* (*opération, période: aussi*: ~**s**) grape harvest; (*raisins*) grape crop, grapes *pl*.

**vendanger** [vɑ̃dɑ̃ʒe] *vi* to harvest the grapes; **vendangeur, euse** *nm/f* grape-picker.

**vendeur, euse** [vɑ̃dœʁ, -øz] *nm/f* (*de magasin*) shop assistant; sales assistant; (COMM) salesman/ woman // *nm* (JUR) vendor, seller; ~ **de journaux** newspaper seller.

**vendre** [vɑ̃dR(ə)] vt to sell; ~ **qch à qn**
to sell sb sth; **cela se vend à la douzaine**
these are sold by the dozen; **cela se vend**
**bien** it's selling well; **'à ~'** 'for sale.'

**vendredi** [vɑ̃dRədi] nm Friday; **V~ saint**
Good Friday.

**vénéneux, euse** [venenø, -øz] a
poisonous.

**vénérable** [venerabl(ə)] a venerable.

**vénération** [venerɑsjɔ̃] nf veneration.

**vénérer** [venere] vt to venerate.

**vénérien, ne** [venerjɛ̃, -ɛn] a venereal.

**vengeance** [vɑ̃ʒɑ̃s] nf vengeance q,
revenge q; act of vengeance ou revenge.

**venger** [vɑ̃ʒe] vt to avenge; **se ~** vi to
avenge o.s.; (par rancune) to take revenge;
**se ~ de qch** to avenge o.s. for sth; to
take one's revenge for sth; **se ~ de qn**
to take revenge on sb; **se ~ sur** to wreak
vengeance upon; to take revenge on ou
through; to take it out on; **vengeur,**
**eresse** a vengeful // nm/f avenger.

**véniel, le** [venjɛl] a venial.

**venimeux, euse** [vənimø, -øz] a
poisonous, venomous; (fig: haineux)
venomous, vicious.

**venin** [vənɛ̃] nm venom, poison.

**venir** [vəniR] vi to come; ~ **de** to come
from; ~ **de faire: je viens d'y aller/de**
**le voir** I've just been there/seen him; **s'il**
**vient à pleuvoir** if it should rain, if it
happens to rain; **j'en viens à croire que**
I have come to believe that; **il en est venu**
**à mendier** he has been reduced to
begging; **faire ~** (docteur, plombier) to call
(out).

**vent** [vɑ̃] nm wind; **il y a du ~** it's windy;
**c'est du ~** it's all hot air; **au ~** to
windward; **sous le ~** to leeward; **avoir**
**le ~ debout/arrière** to head into the
wind/have the wind astern; **dans le ~**
(fam) trendy, with it; **prendre le ~** (fig)
to see which way the wind blows; **avoir**
~ **de** to get wind of.

**vente** [vɑ̃t] nf sale; **la ~** (activité) selling;
(secteur) sales pl; **mettre en ~** to put on
sale; (objets personnels) to put up for sale;
~ **de charité** sale in aid of charity; ~
**aux enchères** auction sale.

**venter** [vɑ̃te] vb impersonnel: **il vente** the
wind is blowing; **venteux, euse** a
windswept, windy.

**ventilateur** [vɑ̃tilatœR] nm fan.

**ventilation** [vɑ̃tilɑsjɔ̃] nf ventilation.

**ventiler** [vɑ̃tile] vt to ventilate; (total,
statistiques) to break down.

**ventouse** [vɑ̃tuz] nf (ampoule) cupping
glass; (de caoutchouc) suction pad; (ZOOL)
sucker.

**ventre** [vɑ̃tR(ə)] nm (ANAT) stomach; (fig)
belly; **prendre du ~** to be getting a
paunch; **avoir mal au ~** to have stomach
ache.

**ventricule** [vɑ̃tRikyl] nm ventricle.

**ventriloque** [vɑ̃tRilɔk] nm/f ventriloquist.

**ventripotent, e** [vɑ̃tRipɔtɑ̃, -ɑ̃t] a
potbellied.

**ventru, e** [vɑ̃tRy] a potbellied.

**venu, e** [vəny] pp de **venir** // a: **être mal**
~ **à** ou **de faire** to have no grounds for
doing, be in no position to do // nf coming.

**vêpres** [vɛpR(ə)] nfpl vespers.

**ver** [vɛR] nm voir aussi **vers**; worm; (des
fruits etc) maggot; (du bois) woodworm q;
~ **luisant** glow-worm; ~ **à soie**
silkworm; ~ **solitaire** tapeworm; ~ **de**
**terre** earthworm.

**véracité** [veRasite] nf veracity.

**véranda** [veRɑ̃da] nf veranda(h).

**verbal, e, aux** [vɛRbal, -o] a verbal.

**verbaliser** [vɛRbalize] vi (POLICE) to book
ou report an offender.

**verbe** [vɛRb(ə)] nm (LING) verb; (voix):
**avoir le ~ sonore** to have a sonorous tone
(of voice); (expression): **la magie du ~** the
magic of language ou the word; (REL): **le**
**V~** the Word.

**verbeux, euse** [vɛRbø, -øz] a verbose,
wordy.

**verdâtre** [vɛRdɑtR(ə)] a greenish.

**verdeur** [vɛRdœR] nf (vigueur) vigour,
vitality; (crudité) forthrightness; (défaut
de maturité) tartness, sharpness.

**verdict** [vɛRdik(t)] nm verdict.

**verdir** [vɛRdiR] vi, vt to turn green.

**verdoyant, e** [vɛRdwajɑ̃, -ɑ̃t] a green,
verdant.

**verdure** [vɛRdyR] nf greenery, verdure.

**véreux, euse** [veRø, -øz] a worm-eaten;
(malhonnête) shady, corrupt.

**verge** [vɛRʒ(ə)] nf (ANAT) penis; (baguette)
stick, cane.

**verger** [vɛRʒe] nm orchard.

**verglacé, e** [vɛRglase] a icy, iced-over.

**verglas** [vɛRgla] nm (black) ice.

**vergogne** [vɛRgɔɲ]: **sans ~** ad
shamelessly.

**véridique** [veRidik] a truthful, veracious.

**vérification** [veRifikɑsjɔ̃] nf checking q,
check.

**vérifier** [veRifje] vt to check; (corroborer)
to confirm, bear out.

**vérin** [veRɛ̃] nm jack.

**véritable** [veRitabl(ə)] a real; (ami, amour)
true; **un ~ désastre** an absolute disaster.

**vérité** [veRite] nf truth; (d'un portrait
romanesque) lifelikeness; (sincérité)
truthfulness, sincerity.

**vermeil, le** [vɛRmɛj] a bright red, ruby-
red // nm (substance) vermeil.

**vermicelles** [vɛRmisɛl] nmpl vermicelli sg.

**vermillon** [vɛRmijɔ̃] a inv vermilion,
scarlet.

**vermine** [vɛRmin] nf vermin pl.

**vermoulu, e** [vɛRmuly] a worm-eaten,
with woodworm.

**vermout(h)** [vɛRmut] nm vermouth.

**verni, e** [vɛRni] a (fam) lucky; **cuir ~**
patent leather.

**vernir** [vɛRniR] vt (bois, tableau, ongles) to
varnish; (poterie) to glaze.

**vernis** [vɛRni] nm (enduit) varnish; glaze;
(fig) veneer; ~ **à ongles** nail polish ou
varnish.

**vernissage** [vɛRnisaʒ] nm varnishing;
glazing; (d'une exposition) preview.

**vérole** [veRɔl] nf (variole) smallpox; (fam:
syphilis) pox.

**verrai** etc vb voir **voir**.

**verre** [vɛR] nm glass; (de lunettes) lens sg;
**boire** ou **prendre un ~** to have a drink;

~ à vin/à liqueur wine/liqueur glass ; ~ à dents tooth mug ; ~ dépoli frosted glass ; ~ de lampe lamp glass ou chimney ; ~ de montre watch glass ; ~ à pied stemmed glass ; ~s de contact contact lenses.

verrerie [vɛʀʀi] nf (fabrique) glassworks sg ; (activité) glass-making ; glass-working ; (objets) glassware.

verrière [vɛʀjɛʀ] nf (grand vitrage) window ; (toit vitré) glass roof.

verrons etc vb voir voir.

verroterie [vɛʀɔtʀi] nf glass beads pl ou jewellery.

verrou [vɛʀu] nm (targette) bolt ; (fig) constriction ; mettre le ~ to bolt the door ; mettre qn sous les ~s to put sb behind bars ; verrouiller vt to bolt ; (MIL: brèche) to close.

verrue [vɛʀy] nf wart ; (fig) eyesore.

vers [vɛʀ] nm line // nmpl (poésie) verse sg // prép (en direction de) toward(s) ; (près de) around (about) ; (temporel) about, around.

versant [vɛʀsɑ̃] nm slopes pl, side.

versatile [vɛʀsatil] a fickle, changeable.

verse [vɛʀs(ə)] : à ~ ad : il pleut à ~ it's pouring (with rain).

versé, e [vɛʀse] a : être ~ dans (science) to be (well-)versed in.

Verseau [vɛʀso] nm : le ~ Aquarius, the water-carrier ; être du ~ to be Aquarius.

versement [vɛʀsəmɑ̃] nm payment ; en 3 ~s in 3 instalments.

verser [vɛʀse] vt (liquide, grains) to pour ; (larmes, sang) to shed ; (argent) to pay ; (soldat: affecter): ~ qn dans to assign sb to // vi (véhicule) to overturn ; (fig): ~ dans to lapse into.

verset [vɛʀse] nm verse ; versicle.

verseur [vɛʀsœʀ] am voir bec.

versifier [vɛʀsifje] vt to put into verse // vi to versify, write verse.

version [vɛʀsjɔ̃] nf version ; (SCOL) translation (into the mother tongue).

verso [vɛʀso] nm back ; voir au ~ see over(leaf).

vert, e [vɛʀ, vɛʀt(ə)] a green ; (vin) young ; (vigoureux) sprightly ; (cru) forthright // nm green ; ~ d'eau a inv sea-green ; ~ pomme a inv apple-green ; ~-de-gris nm verdigris // a inv grey(ish)-green.

vertébral, e, aux [vɛʀtebʀal, -o] a voir colonne.

vertèbre [vɛʀtɛbʀ(ə)] nf vertebra (pl ae) ; vertébré, e a, nm/f vertebrate.

vertement [vɛʀtəmɑ̃] ad (réprimander) sharply.

vertical, e, aux [vɛʀtikal, -o] a, nf vertical ; à la ~e ad, ~ement ad vertically ; ~ité nf verticalness, verticality.

vertige [vɛʀtiʒ] nm (peur du vide) vertigo ; (étourdissement) dizzy spell ; (fig) fever ; vertigineux, euse a breathtaking ; breathtakingly high (ou deep).

vertu [vɛʀty] nf virtue ; en ~ de prép in accordance with ; ~eux, euse a virtuous.

verve [vɛʀv(ə)] nf witty eloquence ; être en ~ to be in brilliant form.

verveine [vɛʀvɛn] nf (BOT) verbena, vervain ; (infusion) verbena tea.

vésicule [vezikyl] nf vesicle ; ~ biliaire gall-bladder.

vespasienne [vɛspazjɛn] nf urinal.

vespéral, e, aux [vɛspeʀal, -o] a vespertine, evening cpd.

vessie [vesi] nf bladder.

veste [vɛst(ə)] nf jacket ; ~ droite/croisée single-/double-breasted jacket.

vestiaire [vɛstjɛʀ] nm (au théâtre etc) cloakroom ; (de stade etc) changing-room.

vestibule [vɛstibyl] nm hall.

vestige [vɛstiʒ] nm relic ; trace ; (fig) remnant, vestige ; ~s nmpl remains ; remnants, relics.

vestimentaire [vɛstimɑ̃tɛʀ] a (dépenses) clothing ; (détail) of dress ; (élégance) sartorial.

veston [vɛstɔ̃] nm jacket.

vêtement [vɛtmɑ̃] nm garment, item of clothing ; (COMM): le ~ the clothing industry ; ~s nmpl clothes ; ~s de sport sportswear sg, sports clothes.

vétéran [veteʀɑ̃] nm veteran.

vétérinaire [veteʀinɛʀ] a veterinary // nm/f vet, veterinary surgeon.

vétille [vetij] nf trifle, triviality.

vétilleux, euse [vetijø, -øz] a punctilious.

vêtir [vetiʀ] vt to clothe, dress.

veto [veto] nm veto ; opposer un ~ à to veto.

vêtu, e [vɛty] pp de vêtir // a : ~ de dressed in, wearing ; chaudement ~ warmly dressed.

vétuste [vetyst(ə)] a ancient, timeworn.

veuf, veuve [vœf, vœv] a widowed // nm widower // nf widow.

veuille etc vb voir vouloir.

veule [vøl] a spineless.

veuvage [vœvaʒ] nm widowhood.

veuve [vœv] a, nf voir veuf.

veux vb voir vouloir.

vexations [vɛksasjɔ̃] nfpl humiliations.

vexatoire [vɛksatwaʀ] a : mesures ~s harassment sg.

vexer [vɛkse] vt to hurt, upset ; se ~ vi to be hurt, get upset.

viabiliser [vjabilize] vt to provide with services (water etc).

viabilité [vjabilite] nf viability ; (d'un chemin) practicability.

viable [vjabl(ə)] a viable.

viaduc [vjadyk] nm viaduct.

viager, ère [vjaʒe, -ɛʀ] a : rente viagère life annuity // nm : mettre en ~ to sell in return for a life annuity.

viande [vjɑ̃d] nf meat.

viatique [vjatik] nm (REL) viaticum ; (fig) provisions pl (ou money) for the journey.

vibraphone [vibʀafɔn] nm vibraphone, vibes pl.

vibration [vibʀasjɔ̃] nf vibration.

vibrer [vibʀe] vi to vibrate ; (son, voix) to be vibrant ; (fig) to be stirred ; faire ~ to (cause to) vibrate ; to stir, thrill ; vibro-masseur nm vibrator.

vicaire [vikɛʀ] nm curate.

vice [vis] nm vice ; (défaut) fault ; ~ de forme legal flaw ou irregularity.

**vice...** [vis] *préfixe*: ~**-consul** *nm* vice-consul; ~**-président, e** *nm/f* vice-president; **vice-chairman**; ~**-roi** *nm* viceroy.

**vice-versa** [visevɛʀsa] *ad* vice versa.

**vichy** [viʃi] *nm* (*toile*) gingham; (*eau*) Vichy water.

**vicié, e** [visje] *a* (*air*) polluted, tainted; (*JUR*) invalidated.

**vicieux, euse** [visjø, -øz] *a* (*pervers*) dirty(-minded); nasty; (*fautif*) incorrect, wrong.

**vicinal, e, aux** [visinal, -o] *a*: **chemin** ~ by-road, byway.

**vicissitudes** [visisityd] *nfpl* (trials and) tribulations.

**vicomte** [vikɔ̃t] *nm* viscount.

**victime** [viktim] *nf* victim; (*d'accident*) casualty; **être (la)** ~ **de** to be the victim of; **être** ~ **d'une attaque/d'un accident** to suffer a stroke/be involved in an accident.

**victoire** [viktwaʀ] *nf* victory; **victorieux, euse** *a* victorious; (*sourire, attitude*) triumphant.

**victuailles** [viktɥaj] *nfpl* provisions.

**vidange** [vidãʒ] *nf* (*d'un fossé, réservoir*) emptying; (*AUTO*) oil change; (*de lavabo: bonde*) waste outlet; ~**s** *nfpl* (*matières*) sewage *sg*; **faire la** ~ (*AUTO*) to change the oil, do an oil change; **vidanger** *vt* to empty.

**vide** [vid] *a* empty // *nm* (*PHYSIQUE*) vacuum; (*solution de continuité*) (empty) space, gap; (*sous soi: dans une falaise etc*) drop; (*futilité, néant*) void; **sous** ~ *ad* in a vacuum; **emballé sous** ~ vacuum packed; **à** ~ *ad* (*sans occupants*) empty; (*sans charge*) unladen; (*TECH*) without gripping *ou* being in gear.

**vide-ordures** [vidɔʀdyʀ] *nm inv* (rubbish) chute.

**vide-poches** [vidpɔʃ] *nm inv* tidy; (*AUTO*) glove compartment.

**vider** [vide] *vt* to empty; (*CULIN: volaille, poisson*) to gut, clean out; (*régler: querelle*) to settle; (*fatiguer*) to wear out; (*fam: expulser*) to throw out, chuck out; **se** ~ *vi* to empty; ~ **les lieux** to quit ou vacate the premises; **videur** *nm* (*de boîte de nuit*) bouncer.

**vie** [vi] *nf* life (*pl* lives); **être en** ~ to be alive; **sans** ~ lifeless; **à** ~ for life; **avoir la** ~ **dure** to have nine lives; to die hard; **mener la** ~ **dure à qn** to make life a misery for sb.

**vieil** [vjɛj] *am voir* **vieux**.

**vieillard** [vjɛjaʀ] *nm* old man; **les** ~**s** old people, the elderly *pl*.

**vieille** [vjɛj] *a, nf voir* **vieux**.

**vieilleries** [vjɛjʀi] *nfpl* old things *ou* stuff *sg*.

**vieillesse** [vjɛjɛs] *nf* old age; (*vieillards*): **la** ~ the old *pl*, the elderly *pl*.

**vieillir** [vjejiʀ] *vi* (*prendre de l'âge*) to grow old; (*population, vin*) to age; (*doctrine, auteur*) to become dated // *vt* to age; **il a beaucoup vieilli** he has aged a lot; **vieillissement** *nm* growing old; ageing.

**vieillot, te** [vjejo, -ɔt] *a* antiquated, quaint.

**vielle** [vjɛl] *nf* hurdy-gurdy.

**vienne, viens** *etc vb voir* **venir**.

**vierge** [vjɛʀʒ(ə)] *a* virgin; (*jeune fille*): **être** ~ to be a virgin // *nf* virgin; (*signe*): **la V**~ Virgo, the Virgin; **être de la V**~ to be Virgo; ~ **de** (*sans*) free from, unsullied by.

**vieux(vieil), vieille** [vjø, vjɛj] *a* old // *nm/f* old man/woman // *nmpl* old people; **un petit** ~ a little old man; **mon** ~**/ma vieille** (*fam*) old man/girl; **prendre un coup de** ~ to put years on; **un** ~ **de la vieille** one of the old brigade; ~ **garçon** *nm* bachelor; ~ **jeu** *a inv* old-fashioned; ~ **rose** *a inv* old rose; **vieil or** *a inv* old gold; **vieille fille** *nf* spinster.

**vif, vive** [vif, viv] *a* (*animé*) lively; (*alerte*) sharp, quick; (*brusque*) sharp, brusque; (*aigu*) sharp; (*lumière, couleur*) brilliant; (*air*) crisp; (*vent*) keen; (*émotion*) keen, sharp; (*fort: regret, déception*) great, deep; (*vivant*): **brûlé** ~ burnt alive; **de vive voix** personally; **piquer qn au** ~ to cut sb to the quick; **tailler dans le** ~ to cut into the living flesh; **à** ~ (*plaie*) open; **avoir les nerfs à** ~ to be on edge; **sur le** ~ (*ART*) from life; **entrer dans le** ~ **du sujet** to get to the very heart of the matter.

**vif-argent** [vifaʀʒɑ̃] *nm inv* quicksilver.

**vigie** [viʒi] *nf* look-out; look-out post, crow's nest.

**vigilance** [viʒilɑ̃s] *nf* vigilance.

**vigilant, e** [viʒilɑ̃, -ɑ̃t] *a* vigilant.

**vigne** [viɲ] *nf* (*plante*) vine; (*plantation*) vineyard; ~ **vierge** Virginia creeper.

**vigneron** [viɲʀɔ̃] *nm* wine grower.

**vignette** [viɲɛt] *nf* (*motif*) vignette; (*de marque*) manufacturer's label *ou* seal; (*ADMIN*) ≈ (road) tax disc; price label (*on medicines for reimbursement by Social Security*).

**vignoble** [viɲɔbl(ə)] *nm* (*plantation*) vineyard; (*vignes d'une région*) vineyards *pl*.

**vigoureux, euse** [viguʀø, -øz] *a* vigorous, strong, robust.

**vigueur** [vigœʀ] *nf* vigour; **être/entrer en** ~ to be in/come into force; **en** ~ current.

**vil, e** [vil] *a* vile, base; **à** ~ **prix** at a very low price.

**vilain, e** [vilɛ̃, -ɛn] *a* (*laid*) ugly; (*affaire, blessure*) nasty; (*pas sage: enfant*) naughty // *nm* (*paysan*) villein, villain; **ça va tourner au** ~ it's going to turn nasty.

**vilebrequin** [vilbʀəkɛ̃] *nm* (*outil*) (bit-)brace; (*AUTO*) crankshaft.

**vilenie** [vilni] *nf* vileness *q*, baseness *q*.

**vilipender** [vilipɑ̃de] *vt* to revile, vilify.

**villa** [vila] *nf* (detached) house.

**village** [vilaʒ] *nm* village; ~ **de toile** tent village; **villageois, e** *a* village *cpd* // *nm/f* villager.

**ville** [vil] *nf* town; (*importante*) city; (*administration*): **la** ~ ≈ the Corporation; ≈ the (town) council.

**villégiature** [vileʒiatyʀ] *nf* holiday; (holiday) resort.

**vin** [vɛ̃] *nm* wine; **avoir le** ~ **gai** to get happy after a few drinks; ~ **d'honneur** reception (*with wine and snacks*); ~ **de**

**messe** mass wine; ~ **ordinaire** table wine; ~ **de pays** local wine.

**vinaigre** [vinɛgʀ(ə)] nm vinegar; **tourner au** ~ (fig) to turn sour; ~ **de vin/d'alcool** wine/spirit vinegar; **vinaigrette** nf vinaigrette, French dressing; **vinaigrier** nm (fabricant) vinegar-maker; (flacon) vinegar cruet ou bottle.

**vinasse** [vinas] nf (péj) cheap wine.

**vindicatif, ive** [vɛ̃dikatif, -iv] a vindictive.

**vindicte** [vɛ̃dikt(ə)] nf: **désigner qn à la** ~ **publique** to expose sb to public condemnation.

**vineux, euse** [vinø, -øz] a win(e)y.

**vingt** [vɛ̃, vɛ̃t + vowel and in 22 etc] num twenty; **vingtaine** nf: **une vingtaine (de)** around twenty, twenty or so; **vingtième** num twentieth.

**vinicole** [vinikɔl] a wine cpd, wine-growing.

**vins** etc vb voir **venir**.

**viol** [vjɔl] nm (d'une femme) rape; (d'un lieu sacré) violation.

**violacé, e** [vjɔlase] a purplish, mauvish.

**violation** [vjɔlasjɔ̃] nf desecration; violation.

**violemment** [vjɔlamɑ̃] ad violently.

**violence** [vjɔlɑ̃s] nf violence; ~**s** nfpl acts of violence; **faire** ~ **à qn** to do violence to sb.

**violent, e** [vjɔlɑ̃, -ɑ̃t] a violent; (remède) drastic; (besoin, désir) intense, urgent.

**violenter** [vjɔlɑ̃te] vt to assault (sexually).

**violer** [vjɔle] vt (femme) to rape; (sépulture) to desecrate, violate; (règlement, traité) to violate.

**violet, te** [vjɔlɛ, -ɛt] a, nm purple, mauve // nf (fleur) violet.

**violon** [vjɔlɔ̃] nm violin; (fam: prison) lock-up; **premier** ~ (MUS) first violin ou fiddle; ~ **d'Ingres** (artistic) hobby.

**violoncelle** [vjɔlɔ̃sɛl] nm cello; **violoncelliste** nm/f cellist.

**violoniste** [vjɔlɔnist(ə)] nm/f violinist, violin-player.

**vipère** [vipɛʀ] nf viper, adder.

**virage** [viʀaʒ] nm (d'un véhicule) turn; (d'une route, piste) bend; (CHIMIE) change in colour; (de cuti-réaction) positive reaction; (PHOTO) toning; (fig: POL) change in policy; **prendre un** ~ to go into a bend, take a bend; ~ **sans visibilité** blind bend.

**viral, e, aux** [viʀal, -o] a viral.

**virée** [viʀe] nf (courte) run; (: à pied) walk; (longue) trip; hike, walking tour.

**virement** [viʀmɑ̃] nm (COMM) transfer; ~ **bancaire/postal** (bank) credit/(National) Giro transfer.

**virent** vb voir aussi **voir**.

**virer** [viʀe] vt (COMM): ~ **qch (sur)** to transfer sth (into); (PHOTO) to tone // vi to turn; (CHIMIE) to change colour; (cuti-réaction) to come up positive; (PHOTO) to tone; ~ **au bleu** to turn blue; ~ **de bord** to tack; ~ **sur l'aile** to bank.

**virevolte** [viʀvɔlt(ə)] nf twirl; **virevolter** vi to twirl around.

**virginité** [viʀʒinite] nf virginity.

**virgule** [viʀgyl] nf comma; (MATH) point;

**4** ~ **2** 4 point 2; ~ **flottante** floating decimal.

**viril, e** [viʀil] a (propre à l'homme) masculine; (énergique, courageux) manly, virile; ~**ité** nf masculinity; manliness; (sexuelle) virility.

**virtualité** [viʀtɥalite] nf virtuality; potentiality.

**virtuel, le** [viʀtɥɛl] a potential; (théorique) virtual; ~**lement** ad potentially; (presque) virtually.

**virtuose** [viʀtɥoz] nm/f (MUS) virtuoso; (gén) master; **virtuosité** nf virtuosity; masterliness, masterful skills pl.

**virulent, e** [viʀylɑ̃, -ɑ̃t] a virulent.

**virus** [viʀys] nm virus.

**vis** vb [vi] voir **voir, vivre** // nf [vis] screw; ~ **sans fin** worm, endless screw.

**visa** [viza] nm (sceau) stamp; (validation de passeport) visa; ~ **de censure** (censor's) certificate.

**visage** [vizaʒ] nm face; **visagiste** nm/f beautician.

**vis-à-vis** [vizavi] ad face to face // nm person opposite; house etc opposite; ~ **de** prép opposite; (fig) towards, vis-à-vis; **en** ~ facing ou opposite each other, **sans** ~ (immeuble) with an open outlook.

**viscéral, e, aux** [viseʀal, -o] a (fig) deep-seated, deep-rooted.

**viscères** [visɛʀ] nmpl intestines, entrails.

**viscosité** [viskozite] nf viscosity.

**visée** [vize] nf (avec une arme) aiming; (ARPENTAGE) sighting; ~**s** nfpl (intentions) designs.

**viser** [vize] vi to aim // vt to aim at; (concerner) to be aimed ou directed at; (apposer un visa sur) to stamp, visa; ~ **à qch/faire** to aim at sth/at doing ou to do.

**viseur** [vizœʀ] nm (d'arme) sights pl; (PHOTO) viewfinder.

**visibilité** [vizibilite] nf visibility.

**visible** [vizibl(ə)] a visible; (disponible): **est-il** ~? can he see me?, will he see visitors?

**visière** [vizjɛʀ] nf (de casquette) peak; (qui s'attache) eyeshade.

**vision** [vizjɔ̃] nf vision; (sens) (eye)sight, vision; (fait de voir): **la** ~ **de** the sight of; **première** ~ (CINÉMA) first showing; **visionnaire** a, nm/f visionary; **visionner** vt to view; **visionneuse** nf viewer.

**visite** [vizit] nf visit; (personne qui rend visite) visitor; (médicale, à domicile) visit, call; **la** ~ (MÉD) (medical) consultations pl, surgery; (MIL): **d'entrée** medicals pl; (: quotidienne) sick parade; **faire une** ~ **à qn** to call on sb, pay sb a visit; **rendre** ~ **à qn** to visit sb, pay sb a visit; **être en** ~ **(chez qn)** to be visiting (sb); **heures de** ~ (hôpital, prison) visiting hours; **le droit de** ~ (JUR: aux enfants) right of access, access; ~ **de douane** customs inspection ou examination.

**visiter** [vizite] vt to visit; (musée, ville) to visit, go round; **visiteur, euse** nm/f visitor; **visiteur des douanes** customs inspector.

**vison** [vizɔ̃] nm mink.

**visqueux, euse** [viskø, -øz] a viscous; (péj) gooey; slimy.

**visser** [vise] *vt*: ~ **qch** (*fixer, serrer*) to screw sth on.

**visu** [vizy]: **de** ~ *ad* with one's own eyes.

**visuel, le** [vizɥɛl] *a* visual // *nm* (visual) display.

**vit** *vb voir* **voir, vivre.**

**vital, e, aux** [vital, -o] *a* vital.

**vitalité** [vitalite] *nf* vitality.

**vitamine** [vitamin] *nf* vitamin; **vitaminique** *a* vitamin *cpd.*

**vite** [vit] *ad* (*rapidement*) quickly, fast; (*sans délai*) quickly; soon; **faire** ~ to act quickly; to be quick; **viens** ~ come quick(ly).

**vitesse** [vitɛs] *nf* speed; (*AUTO: dispositif*) gear; **faire de la** ~ to drive fast *ou* at speed; **prendre qn de** ~ to outstrip sb; get ahead of sb; **prendre de la** ~ to pick up *ou* gather speed; **à toute** ~ at full *ou* top speed; ~ **acquise** momentum; ~ **du son** speed of sound.

**viticole** [vitikɔl] *a* wine *cpd*, wine-growing.

**viticulteur** [vitikyltœʀ] *nm* wine grower.

**viticulture** [vitikyltyʀ] *nf* wine growing.

**vitrage** [vitʀaʒ] *nm* (*cloison*) glass partition; (*toit*) glass roof; (*rideau*) net curtain.

**vitrail, aux** [vitʀaj, -o] *nm* stained-glass window.

**vitre** [vitʀ(ə)] *nf* (window) pane; (*de portière, voiture*) window.

**vitré, e** [vitʀe] *a* glass *cpd.*

**vitrer** [vitʀe] *vt* to glaze.

**vitreux, euse** [vitʀø, -øz] *a* vitreous; (*terne*) glassy.

**vitrier** [vitʀije] *nm* glazier.

**vitrifier** [vitʀifje] *vt* to vitrify; (*parquet*) to glaze.

**vitrine** [vitʀin] *nf* (*devanture*) (shop) window; (*étalage*) display; (*petite armoire*) display cabinet; **en** ~ in the window, on display; ~ **publicitaire** display case, showcase.

**vitriol** [vitʀijɔl] *nm* vitriol; **au** ~ (*fig*) vitriolic.

**vitupérer** [vitypeʀe] *vi* to rant and rave; ~ **contre** to rail against.

**vivable** [vivabl(ə)] *a* (*personne*) livable-with; (*endroit*) fit to live in.

**vivace** *a* [vivas] (*arbre, plante*) hardy; (*fig*) indestructible, inveterate // *ad* [vivatʃe] (*MUS*) vivace.

**vivacité** [vivasite] *nf* liveliness, vivacity; sharpness; brilliance.

**vivant, e** [vivã, -ãt] *a* (*qui vit*) living, alive; (*animé*) lively; (*preuve, exemple*) living // *nm*: **du** ~ **de qn** in sb's lifetime; **les** ~**s et les morts** the living and the dead.

**vivats** [viva] *nmpl* cheers.

**vive** [viv] *af voir* **vif** // *vb voir* **vivre** // *excl*: ~ **le roi!** long live the king!; ~ **les vacances!** hurrah for the holidays!; ~**ment** *ad* vivaciously; sharply // *excl*: ~**ment les vacances!** I can't wait for the holidays!, roll on the holidays!

**viveur** [vivœʀ] *nm* (*péj*) high liver, pleasure-seeker.

**vivier** [vivje] *nm* fish tank; fishpond.

**vivifiant, e** [vivifjã, -ãt] *a* invigorating.

**vivions** *vb voir* **vivre.**

**vivisection** [viviseksjɔ̃] *nf* vivisection.

**vivoter** [vivɔte] *vi* to rub along, struggle along.

**vivre** [vivʀ(ə)] *vi, vt* to live // *nm*: **le** ~ **et le logement** board and lodging; ~**s** *nmpl* provisions, food supplies; **il vit encore** he is still alive; **se laisser** ~ to take life as it comes; **ne plus** ~ (*être anxieux*) to live on one's nerves; **il a vécu** (*eu une vie aventureuse*) he has seen life; **ce régime a vécu** this regime has had its day; **être facile à** ~ to be easy to get on with; **faire** ~ **qn** (*pourvoir à sa subsistance*) to provide (a living) for sb; ~ **mal** (*chichement*) to have a meagre existence; ~ **de** (*salaire etc*) to live on.

**vlan** [vlã] *excl* wham!, bang!

**vocable** [vɔkabl(ə)] *nm* term.

**vocabulaire** [vɔkabylɛʀ] *nm* vocabulary.

**vocal, e, aux** [vɔkal, -o] *a* vocal.

**vocalique** [vɔkalik] *a* vocalic, vowel *cpd.*

**vocalise** [vɔkaliz] *nf* singing exercise.

**vocation** [vɔkasjɔ̃] *nf* vocation, calling.

**vociférations** [vɔsifeʀasjɔ̃] *nfpl* cries of rage, screams.

**vociférer** [vɔsifeʀe] *vi, vt* to scream.

**vodka** [vɔdka] *nf* vodka.

**vœu, x** [vø] *nm* wish; (*à Dieu*) vow; **faire** ~ **de** to take a vow of; ~**x de bonne année** best wishes for the New Year; **avec tous nos** ~**x** with every good wish *ou* our best wishes.

**vogue** [vɔg] *nf* fashion, vogue.

**voguer** [vɔge] *vi* to sail.

**voici** [vwasi] *prép* (*pour introduire, désigner*) here is + *sg*, here are + *pl*; **et** ~ **que...** and now it (*ou* he)... ; *voir aussi* **voilà.**

**voie** [vwa] *nf* way; (*RAIL*) track, line; (*AUTO*) lane; **suivre la** ~ **hiérarchique** to go through official channels; **être en bonne** ~ to be shaping *ou* going well; **mettre qn sur la** ~ to put sb on the right track; **être en** ~ **d'achèvement/de rénovation** to be nearing completion/in the process of renovation; **à** ~ **étroite** narrow-gauge; **route à 2/3** ~**s** 2-/3-lane road; **par la** ~ **aérienne/maritime** by air/sea; ~ **d'eau** (*NAVIG*) leak; ~ **ferrée** track; railway line; **par** ~ **ferrée** by rail; ~ **de garage** (*RAIL*) siding; **la** ~ **lactée** the Milky Way; ~ **navigable** waterway; ~ **privée** private road; **la** ~ **publique** the public highway.

**voilà** [vwala] *prép* (*en désignant*) there is + *sg*, there are + *pl*; **les** ~ *ou* **voici here** *ou* there they are; **en** ~ *ou* **voici un** here's one, there's one; ~ *ou* **voici deux ans** two years ago; ~ *ou* **voici deux ans que** it's two years since; **et** ~ **tout** that's all; '~ *ou* **voici!'** (*en offrant etc*) 'there *ou* here you are'.

**voile** [vwal] *nm* veil; (*tissu léger*) net // *nf* sail; (*sport*) sailing; **prendre le** ~ to take the veil; **mettre à la** ~ to make way under sail; ~ **du palais** *nm* soft palate, velum; ~ **au poumon** *nm* shadow on the lung.

**voiler** [vwale] *vt* to veil; (*fausser: roue*) to buckle; (: *bois*) to warp; **se** ~ (*lune, regard*) to mist over; (*ciel*) to grow hazy; (*voix*) to become husky; (*roue, disque*) to buckle ; (planche) to warp ; se ~ la face to hide one's face.

**voilette** [vwalɛt] nf (hat) veil.

**voilier** [vwalje] nm sailing ship ; (de plaisance) sailing boat.

**voilure** [vwalyR] nf (de voilier) sails pl ; (d'avion) aerofoils pl ; (de parachute) canopy.

**voir** [vwaR] vi, vt to see ; se ~: se ~ critiquer/transformer to be criticized/transformed ; cela se voit (cela arrive) it happens ; (c'est visible) that's obvious, it shows ; ~ venir (fig) to wait and see ; faire ~ qch à qn to show sb sth ; en faire ~ à qn (fig) to give sb a hard time ; ne pas pouvoir ~ qn (fig) not to be able to stand sb ; regardez ~ just look ; dites-~ tell me ; voyons! let's see now ; (indignation etc) come (along) now! ; avoir quelque chose à ~ avec to have something to do with.

**voire** [vwaR] ad indeed ; nay.

**voirie** [vwaRi] nf highway maintenance ; (administration) highways department ; (enlèvement des ordures) refuse collection.

**voisin, e** [vwazɛ̃, -in] a (proche) neighbouring ; (contigu) next ; (ressemblant) connected // nm/f neighbour ; **voisinage** nm (proximité) proximity ; (environs) vicinity ; (quartier, voisins) neighbourhood ; **relations de bon voisinage** neighbourly terms ; **voisiner** vi: **voisiner avec** to be side by side with.

**voiture** [vwatyR] nf car ; (wagon) coach, carriage ; ~ d'enfant pram ; ~ d'infirme invalid carriage ; ~ de sport sports car ; ~-lit nf sleeper.

**voix** [vwa] nf voice ; (POL) vote ; à haute ~ aloud ; à ~ basse in a low voice ; à 2/4 ~ (MUS) in 2/4 parts ; avoir ~ au chapitre to have a say in the matter ; mettre aux ~ to put to the vote.

**vol** [vɔl] nm (mode de locomotion) flying ; (trajet, voyage, groupe d'oiseaux) flight ; (mode d'appropriation) theft, stealing ; (larcin) theft ; à ~ d'oiseau as the crow flies ; au ~: attraper qch au ~ to catch sth as it flies past ; prendre son ~ to take flight ; en ~ in flight ; ~ avec effraction breaking and entering q, break-in ; ~ libre ou sur aile delta hang-gliding ; ~ à main armée armed robbery ; ~ de nuit night flight ; ~ à voile gliding.

**volage** [vɔlaʒ] a fickle.

**volaille** [vɔlɑj] nf (oiseaux) poultry pl ; (viande) poultry q ; (oiseau) fowl ; **volailler** nm poulterer.

**volant, e** [vɔlɑ̃, -ɑ̃t] a voir **feuille** etc // nm (d'automobile) (steering) wheel ; (de commande) wheel ; (objet lancé) shuttlecock ; (jeu) battledore and shuttlecock ; (bande de tissu) flounce ; (feuillet détachable) tear-off portion ; les ~s (AVIAT) the flight staff.

**volatil, e** [vɔlatil] a volatile.

**volatile** [vɔlatil] nm (volaille) bird ; (tout oiseau) winged creature.

**volatiliser** [vɔlatilize]: **se ~** vi (CHIMIE) to volatize ; (fig) to vanish into thin air.

**vol-au-vent** [vɔlovɑ̃] nm inv vol-au-vent.

**volcan** [vɔlkɑ̃] nm volcano ; **volcanique** a

volcanic ; **volcanologue** nm/f vulcanologist.

**volée** [vɔle] nf (groupe d'oiseaux) flight, flock ; (TENNIS) volley ; ~ de coups/de flèches volley of blows/arrows ; à la ~ : rattraper à la ~ to catch in mid air ; lancer à la ~ to fling about ; à toute ~ (sonner les cloches) vigorously ; (lancer un projectile) with full force.

**voler** [vɔle] vi (avion, oiseau, fig) to fly ; (voleur) to steal // vt (objet) to steal ; (personne) to rob ; ~ qch à qn to steal sth from sb.

**volet** [vɔlɛ] nm (de fenêtre) shutter ; (AVIAT) flap ; (de feuillet, document) section ; trié sur le ~ hand-picked.

**voleter** [vɔlte] vi to flutter (about).

**voleur, euse** [vɔlœR, -øz] nm/f thief (pl thieves) // a thieving.

**volière** [vɔljɛR] nf aviary.

**volontaire** [vɔlɔ̃tɛR] a voluntary ; (caractère, personne: décidé) self-willed // nm/f volunteer ; **volontariat** nm voluntary service.

**volonté** [vɔlɔ̃te] nf (faculté de vouloir) will ; (énergie, fermeté) will(power) ; (souhait, désir) wish ; se servir/boire à ~ to take/drink as much as one likes ; bonne ~ goodwill, willingness ; mauvaise ~ lack of goodwill, unwillingness.

**volontiers** [vɔlɔ̃tje] ad (de bonne grâce) willingly ; (avec plaisir) willingly, gladly ; (habituellement, souvent) readily, willingly ; '~' 'with pleasure', 'I'd be glad to'.

**volt** [vɔlt] nm volt ; ~age nm voltage.

**volte-face** [vɔltəfas] nf inv about-turn.

**voltige** [vɔltiʒ] nf (ÉQUITATION) trick riding ; (au cirque) acrobatic feat ; (AVIAT) (aerial) acrobatics sg ; **numéro de haute ~** acrobatic act.

**voltiger** [vɔltiʒe] vi to flutter (about).

**voltigeur, euse** [vɔltiʒœR, -øz] nm/f (au cirque) acrobat.

**voltmètre** [vɔltmɛtR(ə)] nm voltmeter.

**volubile** [vɔlybil] a voluble.

**volume** [vɔlym] nm volume ; (GÉOM: solide) solid ; **volumineux, euse** a voluminous, bulky.

**volupté** [vɔlypte] nf sensual delight ou pleasure ; **voluptueux, euse** a voluptuous.

**volute** [vɔlyt] nf (ARCHIT) volute ; ~ de fumée curl of smoke.

**vomi** [vɔmi] nm vomit.

**vomir** [vɔmiR] vi to vomit, be sick // vt to vomit, bring up ; (fig) to belch out, spew out ; (exécrer) to loathe, abhor ; **vomissement** nm vomiting q ; **vomissure** nf vomit q ; **vomitif** nm emetic.

**vont** [vɔ̃] vb voir **aller.**

**vorace** [vɔRas] a voracious.

**vos** [vo] dét voir **votre.**

**votant, e** [vɔtɑ̃, -ɑ̃t] nm/f voter.

**vote** [vɔt] nm vote ; ~ par correspondance/procuration postal/proxy vote.

**voter** [vɔte] vi to vote // vt (loi, décision) to vote for.

**votre** [vɔtR(ə)], pl **vos** [vo] dét your.

**vôtre** [votR(ə)] pronom: le ~, la ~, les ~s yours ; les ~s (fig) your family ou folks ; à la ~ (toast) your (good) health!

**voudrai** *etc vb voir* **vouloir**.

**voué, e** [vwe] *a*: ~ **à** doomed to, destined for.

**vouer** [vwe] *vt*: ~ qch à *(Dieu/un saint)* to dedicate sth to ; ~ **sa vie/son temps à** *(étude, cause etc)* to devote one's life/time to ; ~ **une haine/amitié éternelle à** qn to vow undying hatred/love to sb.

**vouloir** [vulwaʀ] *vi* to show will, have willpower // *vt* to want // *nm*: **le bon ~ de** qn sb's goodwill ; sb's pleasure ; ~ **que** qn fasse to want sb to do ; **je voudrais ceci** I would like this ; **veuillez attendre** please wait ; **je veux bien** *(bonne volonté)* I'll be happy to ; *(concession)* fair enough, that's fine ; **si on veut** *(en quelque sorte)* if you like ; **que me veut-il?** what does he want with me? ; ~ **dire (que)** *(signifier)* to mean (that) ; **sans le** ~ *(involontairement)* without meaning to, unintentionally ; **en** ~ **à** qn to bear sb a grudge ; **en** ~ **à** qch *(avoir des visées sur)* to be after sth ; **s'en** ~ **de** to be annoyed with o.s. for ; ~ **de** qch/qn *(accepter)* to want sth/sb.

**voulu, e** [vuly] *a (requis)* required, requisite ; *(délibéré)* deliberate, intentional.

**vous** [vu] *pronom* you ; *(objet indirect)* (to) you ; *(réfléchi)* yourself, *pl* yourselves ; *(réciproque)* each other // *nm*: **employer le** ~ *(vouvoyer)* to use the 'vous' form ; ~**-même** yourself ; ~**-mêmes** yourselves.

**voûte** [vut] *nf* vault ; ~ **du palais** (ANAT) roof of the mouth ; ~ **plantaire** arch (of the foot).

**voûté, e** [vute] *a* vaulted, arched ; *(dos, personne)* bent, stooped.

**voûter** [vute] *vt* (ARCHIT) to arch, vault ; **se**~ *vi (dos, personne)* to become stooped.

**vouvoyer** [vuvwaje] *vt*: ~ qn to address sb as 'vous'.

**voyage** [vwajaʒ] *nm* journey, trip ; *(fait de voyager)*: **le** ~ travel(ling) ; **partir/être en** ~ to go off/be away on a journey *ou* trip ; **faire un** ~ to go on *ou* make a trip *ou* journey ; **faire bon** ~ to have a good journey ; ~ **d'agrément/d'affaires** pleasure/business trip ; ~ **de noces** honeymoon ; ~ **organisé** package tour.

**voyager** [vwajaʒe] *vi* to travel ; **voyageur, euse** *nm/f* traveller ; *(passager)* passenger ; **voyageur (de commerce)** commercial traveller.

**voyant, e** [vwajɑ̃, -ɑ̃t] *a (couleur)* loud, gaudy // *nm (signal)* (warning) light // *nf* clairvoyant.

**voyelle** [vwajɛl] *nf* vowel.

**voyeur, euse** [vwajœʀ, -øz] *nm/f* voyeur ; peeping Tom.

**voyou** [vwaju] *nm* lout, hoodlum ; *(enfant)* guttersnipe // *a* loutish.

**vrac** [vʀak]: **en** ~ *ad* higgledy-piggledy ; *(COMM)* in bulk.

**vrai, e** [vʀɛ] *a (véridique: récit, faits)* true ; *(non factice, authentique)* real ; **à** ~ **dire** to tell the truth ; **être dans le** ~ to be right.

**vraiment** [vʀɛmɑ̃] *ad* really.

**vraisemblable** [vʀɛsɑ̃blablǝ] *a (plausible)* likely, plausible ; *(probable)* likely, probable ; ~**ment** *ad* in all likelihood, very likely.

**vraisemblance** [vʀɛsɑ̃blɑ̃s] *nf* likelihood, plausibility ; *(romanesque)* verisimilitude.

**vrille** [vʀij] *nf (de plante)* tendril ; *(outil)* gimlet ; *(spirale)* spiral ; (AVIAT) spin.

**vriller** [vʀije] *vt* to bore into, pierce.

**vrombir** [vʀɔ̃biʀ] *vi* to hum.

**vu** [vy] *prép (en raison de)* in view of ; ~ **que** in view of the fact that.

**vu, e** [vy] *pp de* **voir** // *a*: **bien/mal** ~ *(fig)* well/poorly thought of ; good/bad form // *nm*: **au** ~ **et au su de tous** openly and publicly.

**vue** [vy] *nf (fait de voir)*: **la** ~ **de** the sight of ; *(sens, faculté)* (eye)sight ; *(panorama, image, photo)* view ; *(spectacle)* sight ; ~**s** *nfpl (idées)* views ; *(dessein)* designs ; **perdre la** ~ to lose one's (eye)sight ; **perdre de** ~ to lose sight of ; **à la** ~ **de tous** in full view of everybody ; **hors de** ~ out of sight ; **à première** ~ at first sight ; **connaître de** ~ to know by sight ; **à** ~ *(COMM)* at sight ; **tirer à** ~ to shoot on sight ; **à** ~ **d'œil** *ad* visibly ; at a quick glance ; **en** ~ *(visible)* in sight ; *(COMM)* in the public eye ; **avoir qch en** ~ *(intentions)* to have one's sights on sth ; **en** ~ **de** *(arriver, être)* within sight of ; **en** ~ **de faire** with the intention of doing, with a view to doing ; ~ **de l'esprit** theoretical view.

**vulcaniser** [vylkanize] *vt* to vulcanize.

**vulgaire** [vylgɛʀ] *a (grossier)* vulgar, coarse ; *(trivial)* commonplace, mundane ; *(péj: quelconque)*: **de** ~**s touristes/chaises de cuisine** common tourists/kitchen chairs ; *(BOT, ZOOL: non latin)* common ; ~**ment** *ad* vulgarly, coarsely ; *(communément)* commonly ; **vulgarisation** *nf*: **ouvrage de vulgarisation** popularizing work, popularization ; **vulgariser** *vt* to popularize ; to coarsen ; **vulgarité** *nf* vulgarity, coarseness.

**vulnérable** [vylneʀablǝ] *a* vulnerable.

**vulve** [vylv(ǝ)] *nf* vulva.

## W X Y Z

**wagon** [vagɔ̃] *nm (de voyageurs)* carriage ; *(de marchandises)* truck, wagon ; ~**-citerne** *nm* tanker ; ~**-lit** *nm* sleeper, sleeping car ; ~**-poste** *nm* mail van ; ~**-restaurant** *nm* restaurant *ou* dining car.

**wallon, ne** [valɔ̃, -ɔn] *a* Walloon.

**waters** [watɛʀ] *nmpl* toilet *sg*, loo *sg*.

**watt** [wat] *nm* watt.

**w.-c.** [vese] *nmpl* toilet *sg*, lavatory *sg*.

**week-end** [wikɛnd] *nm* weekend.

**western** [wɛstɛʀn] *nm* western.

**whisky,** *pl* **whiskies** [wiski] *nm* whisky.

**x** [iks] *nm*: **plainte contre X** *(JUR)* action against person or persons unknown ; **l'X** the École Polytechnique.

**xénophobe** [ksenɔfɔb] *nm/f* xenophobe.

**xérès** [gzeʀɛs] *nm* sherry.

**xylographie** [ksilɔgʀafi] *nf* xylography ; *(image)* xylograph.

**xylophone** [ksilɔfɔn] *nm* xylophone.

**y** [i] *ad* (*à cet endroit*) there ; (*dessus*) on it (*ou* them) ; (*dedans*) in it (*ou* them) // *pronom* (about *ou* on *ou* of) it: *vérifier la syntaxe du verbe employé* ; **j'~ pense** I'm thinking about it ; *voir aussi* **aller, avoir.**
**yacht** [jɔt] *nm* yacht.
**yaourt** [jauʀt] *nm* yoghourt.
**yeux** [jø] *pl de* **œil.**
**yoga** [jɔga] *nm* yoga.
**yoghourt** [jɔguʀt] *nm* = **yaourt**.
**yole** [jɔl] *nf* skiff.
**yougoslave**     [jugɔslav]    *a,*    *nm/f* Yougoslav(ian).
**Yougoslavie** [jugɔslavi] *nf* Yugoslavia.
**youyou** [juju] *nm* dinghy.
**yo-yo** [jojo] *nm inv* yo-yo.


**zèbre** [zɛbʀ(ə)] *nm* (*ZOOL*) zebra.
**zébré, e** [zebʀe] *a* striped, streaked ; **zébrure** *nf* stripe, streak.
**zélateur, trice** [zelatœʀ, -tʀis] *nm/f* partisan, zealot.
**zèle** [zɛl] *nm* zeal ; **faire du ~** (*péj*) to be over-zealous ; **zélé, e** *a* zealous.
**zénith** [zenit] *nm* zenith.

**zéro** [zeʀo] *nm* zero, nought ; **au-dessous de ~** below zero (Centigrade) *ou* freezing ; **partir de ~** to start from scratch ; **trois (buts) à ~ 3** (goals to) nil.
**zeste** [zɛst(ə)] *nm* peel, zest ; **un ~ de citron** a piece of lemon peel.
**zézayer** [zezeje] *vi* to have a lisp.
**zibeline** [ziblin] *nf* sable.
**zigzag** [zigzag] *nm* zigzag ; **zigzaguer** *vi* to zigzag (along).
**zinc** [zɛ̃g] *nm* (*CHIMIE*) zinc ; (*comptoir*) bar, counter.
**zizanie** [zizani] *nf:* **semer la ~** to stir up ill-feeling.
**zizi** [zizi] *nm* (*fam*) willy.
**zodiaque** [zɔdjak] *nm* zodiac.
**zona** [zona] *nm* shingles *sg.*
**zone** [zon] *nf* zone, area ; (*quartiers*): **la ~** the slum belt ; **~ bleue** ≈ restricted parking area.
**zoo** [zoo] *nm* zoo.
**zoologie** [zɔɔlɔʒi] *nf* zoology ; **zoologique** *a* zoological ; **zoologiste** *nm/f* zoologist.
**Z.U.P.** [zyp] *sigle f = zone à urbaniser en priorité,* ≈ (planned) housing scheme.
**zut** [zyt] *excl* dash (it)!

# ENGLISH-FRENCH
# ANGLAIS-FRANÇAIS

## A

**a, an** [eɪ, ə, æn, ən, n] *det* un(e); **3 a day/week** 3 par jour/semaine; **10 km an hour** 10 km à l'heure.

**A** [eɪ] *n* (*MUS*) la *m*.

**A.A.** *n abbr of Automobile Association*; *Alcoholics Anonymous*.

**aback** [ə'bæk] *ad*: **to be taken ~** être stupéfait(e).

**abacus,** *pl* **abaci** ['æbəkəs, -saɪ] *n* boulier *m*.

**abandon** [ə'bændən] *vt* abandonner // *n* abandon *m*.

**abashed** [ə'bæʃt] *a* confus(e), embarrassé(e).

**abate** [ə'beɪt] *vi* s'apaiser, se calmer.

**abattoir** ['æbətwɑ:*] *n* abattoir *m*.

**abbey** ['æbɪ] *n* abbaye *f*.

**abbot** ['æbət] *n* père supérieur.

**abbreviate** [ə'bri:vɪeɪt] *vt* abréger; **abbreviation** [-'eɪʃən] *n* abréviation *f*.

**abdicate** ['æbdɪkeɪt] *vt,vi* abdiquer; **abdication** ['keɪʃən] *n* abdication *f*.

**abdomen** ['æbdəmɛn] *n* abdomen *m*; **abdominal** [æb'dɔmɪnl] *a* abdominal(e).

**abduct** [æb'dʌkt] *vt* enlever; **abduction** [-ʃən] *n* enlèvement *m*.

**abet** [ə'bɛt] *vt* encourager; aider.

**abeyance** [ə'beɪəns] *n*: **in ~** (*law*) en désuétude; (*matter*) en suspens.

**abhor** [əb'hɔ:*] *vt* abhorrer, exécrer; **~rent** *a* odieux(euse), exécrable.

**abide** [ə'baɪd] *pt,pp* **abode** *or* **abided** [ə'baɪd, ə'bəʊd] *vt* souffrir, supporter; **to ~ by** *vt fus* observer, respecter.

**ability** [ə'bɪlɪtɪ] *n* compétence *f*; capacité *f*; talent *m*.

**ablaze** [ə'bleɪz] *a* en feu, en flammes; **~ with light** resplendissant de lumière.

**able** ['eɪbl] *a* compétent(e); **to be ~ to do sth** pouvoir faire qch, être capable de faire qch; **~-bodied** *a* robuste; **ably** *ad* avec compétence *or* talent, habilement.

**abnormal** [æb'nɔ:məl] *a* anormal(e); **~ity** ['-'mælɪtɪ] *n* anomalie *f*.

**aboard** [ə'bɔ:d] *ad* à bord // *prep* à bord de.

**abode** [ə'bəʊd] *pt,pp of* **abide**.

**abolish** [ə'bɔlɪʃ] *vt* abolir.

**abolition** [æbəʊ'lɪʃən] *n* abolition *f*.

**abominable** [ə'bɔmɪnəbl] *a* abominable.

**aborigine** [æbə'rɪdʒɪnɪ] *n* aborigène *m/f*.

**abort** [ə'bɔ:t] *vt* faire avorter; **~ion** [ə'bɔ:ʃən] *n* avortement *m*; **~ive** *a* manqué(e).

**abound** [ə'baʊnd] *vi* abonder; **to ~ in** abonder en, regorger de.

**about** [ə'baʊt] *prep* au sujet de, à propos de // *ad* environ; (*here and there*) de côté et d'autre, çà et là; **it takes ~ 10 hours** ça prend environ *or* à peu près 10 heures; **at ~ 2 o'clock** vers 2 heures; **it's ~ here** c'est par ici, c'est dans les parages; **to walk ~ the town** se promener dans *or* à travers la ville; **to be ~ to:** he was

**~ to cry** il allait pleurer, il était sur le point de pleurer; **what *or* how ~ doing this?** et si nous faisions ceci?; **~ turn** *n* demi-tour *m*.

**above** [ə'bʌv] *ad* au-dessus // *prep* au-dessus de; **mentioned ~** mentionné ci-dessus; **costing ~ £10** coûtant plus de 10 livres; **~ all** par-dessus tout, surtout; **~board** *a* franc(franche), loyal(e); honnête.

**abrasion** [ə'breɪʒən] *n* frottement *m*; (*on skin*) écorchure *f*.

**abrasive** [ə'breɪzɪv] *a* abrasif(ive); (*fig*) caustique, agressif(ive).

**abreast** [ə'brɛst] *ad* de front; **to keep ~ of** se tenir au courant de.

**abridge** [ə'brɪdʒ] *vt* abréger.

**abroad** [ə'brɔ:d] *ad* à l'étranger.

**abrupt** [ə'brʌpt] *a* (*steep, blunt*) abrupt(e); (*sudden, gruff*) brusque.

**abscess** ['æbsɪs] *n* abcès *m*.

**abscond** [əb'skɔnd] *vi* disparaître, s'enfuir.

**absence** ['æbsəns] *n* absence *f*.

**absent** ['æbsənt] *a* absent(e); **~ee** [-'ti:] *n* absent/e; **~eeism** [-'ti:ɪzəm] *n* absentéisme *m*; **~-minded** *a* distrait(e); **~-mindedness** *n* distraction *f*.

**absolute** ['æbsəlu:t] *a* absolu(e); **~ly** [-'lu:tlɪ] *ad* absolument.

**absolve** [əb'zɔlv] *vt*: **to ~ sb (from)** (*sin etc*) absoudre qn (de); **to ~ sb from** (*oath*) délier qn de.

**absorb** [əb'zɔ:b] *vt* absorber; **to be ~ed in a book** être plongé dans un livre; **~ent** *a* absorbant(e); **~ent cotton** *n* (*US*) coton *m* hydrophile; **~ing** *a* absorbant(e).

**abstain** [əb'steɪn] *vi*: **to ~ (from)** s'abstenir (de).

**abstemious** [əb'sti:mɪəs] *a* sobre, frugal(e).

**abstention** [əb'stɛnʃən] *n* abstention *f*.

**abstinence** ['æbstɪnəns] *n* abstinence *f*.

**abstract** *a and n* ['æbstrækt] *a* abstrait(e) // *n* (*summary*) résumé *m* // *vt* [æb'strækt] extraire.

**absurd** [əb'sə:d] *a* absurde; **~ity** *n* absurdité *f*.

**abundance** [ə'bʌndəns] *n* abondance *f*; **abundant** *a* abondant(e).

**abuse** *n* [ə'bju:s] abus *m*; insultes *fpl*, injures *fpl* // *vt* [ə'bju:z] abuser de; **abusive** *a* grossier(ère), injurieux(euse).

**abysmal** [ə'bɪzməl] *a* exécrable; (*ignorance etc*) sans bornes.

**abyss** [ə'bɪs] *n* abîme *m*, gouffre *m*.

**academic** [ækə'dɛmɪk] *a* universitaire; (*pej: issue*) oiseux(euse), purement théorique // *n* universitaire *m/f*; **~ freedom** *n* liberté *f* académique.

**academy** [ə'kædəmɪ] *n* (*learned body*) académie *f*; (*school*) collège *m*; **military/naval ~** école militaire/navale; **~ of music** conservatoire *m*.

**accede** [æk'si:d] vi: **to ~ to** (request, throne) accéder à.

**accelerate** [æk'sɛləreɪt] vt,vi accélérer ; **acceleration** [-'reɪʃən] n accélération f ; **accelerator** n accélérateur m.

**accent** ['æksɛnt] n accent m.

**accept** [ək'sɛpt] vt accepter ; **~able** a acceptable ; **~ance** n acceptation f.

**access** ['æksɛs] n accès m ; **to have ~ to** (information, library etc) avoir accès à, pouvoir utiliser or consulter ; (person) avoir accès auprès de ; **~ible** [æk'sɛsəbl] a accessible ; **~ion** [æk'sɛʃən] n accession f.

**accessory** [æk'sɛsərɪ] n accessoire m ; **toilet accessories** npl articles mpl de toilette.

**accident** ['æksɪdənt] n accident m ; (chance) hasard m ; **by ~** par hasard ; accidentellement ; **~al** [-'dɛntl] a accidentel(le) ; **~ally** [-'dɛntəlɪ] ad accidentellement ; **~-prone** a sujet(te) aux accidents.

**acclaim** [ə'kleɪm] vt acclamer // n acclamation f.

**acclimatize** [ə'klaɪmətaɪz] vt: **to become ~d** s'acclimater.

**accommodate** [ə'kɔmədeɪt] vt loger, recevoir ; (oblige, help) obliger ; (adapt): **to ~ one's plans to** adapter ses projets à.

**accommodating** [ə'kɔmədeɪtɪŋ] a obligeant(e), arrangeant(e).

**accommodation** [əkɔmə'deɪʃən] n logement m ; **he's found ~** il a trouvé à se loger ; **they have ~ for 500** ils peuvent recevoir 500 personnes, il y a de la place pour 500 personnes.

**accompaniment** [ə'kʌmpənɪmənt] n accompagnement m.

**accompanist** [ə'kʌmpənɪst] n accompagnateur/trice.

**accompany** [ə'kʌmpənɪ] vt accompagner.

**accomplice** [ə'kʌmplɪs] n complice m/f.

**accomplish** [ə'kʌmplɪʃ] vt accomplir ; **~ed** a accompli(e) ; **~ment** n accomplissement m ; réussite f, résultat m ; **~ments** npl talents mpl.

**accord** [ə'kɔ:d] n accord m // vt accorder ; **of his own ~** de son plein gré ; **~ance** n: **in ~ance with** conformément à ; **~ing to** prep selon ; **~ingly** ad en conséquence.

**accordion** [ə'kɔ:dɪən] n accordéon m.

**accost** [ə'kɔst] vt accoster, aborder.

**account** [ə'kaunt] n (COMM) compte m ; (report) compte rendu ; récit m ; **by all ~s** au dire de tous ; **of little ~** de peu d'importance ; **on ~** en acompte ; **on no ~** en aucun cas ; **on ~ of** à cause de ; **to take into ~, take ~ of** tenir compte de ; **to ~ for** expliquer, rendre compte de ; **~able** a responsable.

**accountancy** [ə'kauntənsɪ] n comptabilité f.

**accountant** [ə'kauntənt] n comptable m/f.

**accredited** [ə'krɛdɪtɪd] a accrédité(e) ; admis(e).

**accretion** [ə'kri:ʃən] n accroissement m.

**accrue** [ə'kru:] vi s'accroître ; **~d interest** intérêt couru.

**accumulate** [ə'kju:mjuleɪt] vt accumuler, amasser // vi s'accumuler, s'amasser ; **accumulation** [-'leɪʃən] n accumulation f.

**accuracy** ['ækjurəsɪ] n exactitude f, précision f.

**accurate** ['ækjurɪt] a exact(e), précis(e) ; **~ly** ad avec précision.

**accusation** [ækju'zeɪʃən] n accusation f.

**accusative** [ə'kju:zətɪv] n (LING) accusatif m.

**accuse** [ə'kju:z] vt accuser ; **~d** n accusé/e.

**accustom** [ə'kʌstəm] vt accoutumer, habituer ; **~ed** a (usual) habituel(le) ; **~ed to habitué** or **accoutumé à**.

**ace** [eɪs] n as m ; **within an ~ of** à deux doigts or un cheveu de.

**ache** [eɪk] n mal m, douleur f // vi (be sore) faire mal, être douloureux(euse) ; **my head ~s** j'ai mal à la tête ; **I'm aching all over** j'ai mal partout.

**achieve** [ə'tʃi:v] vt (aim) atteindre ; (victory, success) remporter, obtenir ; (task) accomplir ; **~ment** n exploit m, réussite f.

**acid** ['æsɪd] a,n acide (m) ; **~ity** [ə'sɪdɪtɪ] n acidité f.

**acknowledge** [ək'nɔlɪdʒ] vt (letter) accuser réception de ; (fact) reconnaître ; **~ment** n accusé m de réception.

**acne** ['æknɪ] n acné m.

**acorn** ['eɪkɔ:n] n gland m.

**acoustic** [ə'ku:stɪk] a acoustique ; **~s** n,npl acoustique f.

**acquaint** [ə'kweɪnt] vt: **to ~ sb with sth** mettre qn au courant de qch ; **to be ~ed with** (person) connaître ; **~ance** n connaissance f.

**acquire** [ə'kwaɪə*] vt acquérir.

**acquisition** [ækwɪ'zɪʃən] n acquisition f.

**acquisitive** [ə'kwɪzɪtɪv] a qui a l'instinct de possession or le goût de la propriété.

**acquit** [ə'kwɪt] vt acquitter ; **to ~ o.s. well** bien se comporter, s'en tirer très honorablement ; **~tal** n acquittement m.

**acre** ['eɪkə*] n acre f (= 4047 $m^2$) ; **~age** n superficie f.

**acrimonious** [ækrɪ'məunɪəs] a acrimonieux(euse), aigre.

**acrobat** ['ækrəbæt] n acrobate m/f.

**acrobatics** [ækrəu'bætɪks] n,npl acrobatie f.

**across** [ə'krɔs] prep (on the other side) de l'autre côté de ; (crosswise) en travers de // ad de l'autre côté ; en travers ; **to walk ~ (the road)** traverser (la route) ; **to take sb ~ the road** faire traverser la route à qn ; **a road ~ the wood** une route qui traverse le bois ; **~ from** en face de.

**act** [ækt] n acte m, action f ; (THEATRE) acte ; (in music-hall etc) numéro m ; (LAW) loi f // vi agir ; (THEATRE) jouer ; (pretend) jouer la comédie // vt (part) jouer, tenir ; **to ~ Hamlet** tenir or jouer le rôle d'Hamlet ; **to ~ the fool** faire l'idiot ; **to ~ as** servir de ; **~ing** a suppléant(e), par intérim // n (of actor) jeu m ; (activity): **to do some ~ing** faire du théâtre (or du cinéma).

**action** ['ækʃən] n action f ; (MIL) combat(s) m(pl) ; (LAW) procès m, action en justice ; **out of ~** hors de combat ; hors d'usage ; **to take ~** agir, prendre des mesures.

**activate** ['æktɪveɪt] vt (mechanism)

actionner, faire fonctionner ; (CHEM, PHYSICS) activer.

**active** ['æktɪv] a actif(ive) ; (volcano) en activité ; ~ly ad activement.

**activity** [æk'tɪvɪtɪ] n activité f.

**actor** ['æktə*] n acteur m.

**actress** ['æktrɪs] n actrice f.

**actual** ['æktjuəl] a réel(le), véritable ; ~ly ad réellement, véritablement ; en fait.

**acumen** ['ækjumən] n perspicacité f.

**acupuncture** ['ækjupʌŋktʃə*] n acupuncture f.

**acute** [ə'kju:t] a aigu(ë) ; (mind, observer) pénétrant(e).

**ad** [æd] n abbr of **advertisement**.

**A.D.** ad (abbr of Anno Domini) ap. J.-C.

**Adam** ['ædəm] n Adam m ; ~'s apple n pomme f d'Adam.

**adamant** ['ædəmənt] a inflexible.

**adapt** [ə'dæpt] vt adapter // vi: to ~ (to) s'adapter (à) ; ~able (a device) adaptable ; (person) qui s'adapte facilement ; ~ation [ædæp'teɪʃən] n adaptation f ; ~er n (ELEC) adapteur m.

**add** [æd] vt ajouter ; (figures: also: to ~ up) additionner // vi: to ~ to (increase) ajouter à, accroître.

**adder** ['ædə*] n vipère f.

**addict** ['ædɪkt] n intoxiqué m ; (fig) fanatique m/f ; ~ed [ə'dɪktɪd] a: to be ~ed to (drink etc) être adonné à ; (fig: football etc) être un fanatique de ; ~ion [ə'dɪkʃən] n (MED) dépendance f.

**adding machine** ['ædɪŋməʃi:n] n machine f à calculer.

**addition** [ə'dɪʃən] n addition f ; in ~ de plus ; de surcroît ; in ~ to en plus de ; ~al a supplémentaire.

**additive** ['ædɪtɪv] n additif m.

**addled** ['ædld] a (egg) pourri(e).

**address** [ə'drɛs] n adresse f ; (talk) discours m, allocution f // vt adresser ; (speak to) s'adresser à.

**adenoids** ['ædɪnɔɪdz] npl végétations fpl.

**adept** ['ædept] a: ~ at expert(e) à or en.

**adequate** ['ædɪkwɪt] a adéquat(e) ; suffisant(e) ; compétent(e) ; ~ly ad de façon adéquate.

**adhere** [əd'hɪə*] vi: to ~ to adhérer à ; (fig: rule, decision) se tenir à.

**adhesion** [əd'hi:ʒən] n adhésion f.

**adhesive** [əd'hi:zɪv] a adhésif(ive) // n adhésif m.

**adjacent** [ə'dʒeɪsənt] a adjacent(e) ; ~ to adjacent à.

**adjective** ['ædʒɛktɪv] n adjectif m.

**adjoining** [ə'dʒɔɪnɪŋ] a voisin(e), adjacent(e), attenant(e) // prep voisin de, adjacent à.

**adjourn** [ə'dʒə:n] vt ajourner // vi suspendre la séance ; lever la séance ; clore la session ; (go) se retirer.

**adjust** [ə'dʒʌst] vt ajuster, régler ; rajuster // vi: to ~ (to) s'adapter (à) ; ~able a réglable ; ~ment n ajustage m, réglage m ; (of prices, wages) rajustement m ; (of person) adaptation f.

**adjutant** ['ædʒətənt] n adjudant m.

**ad-lib** [æd'lɪb] vt,vi improviser // n improvisation f // ad: ad lib à volonté, à discrétion.

**administer** [əd'mɪnɪstə*] vt administrer ; (justice) rendre.

**administration** [ədmɪnɪs'treɪʃən] n administration f.

**administrative** [əd'mɪnɪstrətɪv] a administratif(ive).

**administrator** [əd'mɪnɪstreɪtə*] n administrateur/trice.

**admirable** ['ædmərəbl] a admirable.

**admiral** ['ædmərəl] n amiral m ; A~ty n amirauté f ; ministère m de la Marine.

**admiration** [ædmə'reɪʃən] n admiration f.

**admire** [əd'maɪə*] vt admirer ; ~r n admirateur/trice.

**admission** [əd'mɪʃən] n admission f ; (to exhibition, night club etc) entrée f ; (confession) aveu m.

**admit** [əd'mɪt] vt laisser entrer ; admettre ; (agree) reconnaître, admettre ; to ~ of admettre, permettre ; to ~ to reconnaître, avouer ; ~tance n admission f, (droit m d')entrée f ; ~tedly ad il faut en convenir.

**admonish** [əd'mɔnɪʃ] vt donner un avertissement à ; réprimander.

**ado** [ə'du:] n: without (any) more ~ sans plus de cérémonies.

**adolescence** [ædəu'lɛsns] n adolescence f.

**adolescent** [ædəu'lɛsnt] a,n adolescent(e).

**adopt** [ə'dɔpt] vt adopter ; ~ed a adoptif(ive), adopté(e) ; ~ion [ə'dɔpʃən] n adoption f.

**adore** [ə'dɔ:*] vt adorer ; **adoringly** ad avec adoration.

**adorn** [ə'dɔ:n] vt orner ; ~ment n ornement m.

**adrenalin** [ə'drɛnəlɪn] n adrénaline f.

**Adriatic (Sea)** [eɪdrɪ'ætɪk(si:)] n Adriatique f.

**adrift** [ə'drɪft] ad à la dérive.

**adroit** [ə'drɔɪt] a adroit(e), habile.

**adult** ['ædʌlt] n adulte m/f.

**adulterate** [ə'dʌltəreɪt] vt frelater, falsifier.

**adultery** [ə'dʌltərɪ] n adultère m.

**advance** [əd'vɑ:ns] n avance f // vt avancer // vi s'avancer ; in ~ en avance, d'avance ; ~d a avancé(e) ; (SCOL: studies) supérieur(e) ; ~ment n avancement m.

**advantage** [əd'vɑ:ntɪdʒ] n (also TENNIS) avantage m ; to take ~ of profiter de ; ~ous [ædvən'teɪdʒəs] a avantageux(euse).

**advent** ['ædvənt] n avènement m, venue f ; A~ Avent m.

**adventure** [əd'vɛntʃə*] n aventure f ; **adventurous** [-tʃərəs] a aventureux(euse).

**adverb** ['ædvə:b] n adverbe m.

**adversary** ['ædvəsərɪ] n adversaire m/f.

**adverse** ['ædvə:s] a contraire, adverse ; in ~ circumstances dans l'adversité ; ~ to hostile à.

**adversity** [əd'və:sɪtɪ] n adversité f.

**advert** ['ædvə:t] n abbr of **advertisement**.

**advertise** ['ædvətaɪz] vi(vt) faire de la publicité or de la réclame (pour) ; mettre une annonce (pour vendre).

**advertisement** [əd'və:tɪsmənt] n (COMM) réclame f, publicité f ; (in classified ads) annonce f.

**advertising** ['ædvətaızıŋ] n publicité f, réclame f.

**advice** [əd'vaıs] n conseils mpl; (notification) avis m; **piece of ~** conseil.

**advisable** [əd'vaızəbl] a recommandable, indiqué(e).

**advise** [əd'vaız] vt conseiller; **to ~ sb of sth** aviser or informer qn de qch; **~r** n conseiller/ère; **advisory** [-ərı] a consultatif(ive).

**advocate** vt ['ædvəkeıt] recommander, prôner.

**aegis** ['i:dʒıs] n: **under the ~ of** sous l'égide de.

**aerial** ['ɛərıəl] n antenne f // a aérien(ne).

**aeroplane** ['ɛərəpleın] n avion m.

**aerosol** ['ɛərəsɔl] n aérosol m.

**aesthetic** [ıs'θetık] a esthétique.

**afar** [ə'fɑ:*] ad: **from ~** de loin.

**affable** ['æfəbl] a affable.

**affair** [ə'fɛə*] n affaire f; (also: **love ~**) liaison f; aventure f.

**affect** [ə'fekt] vt affecter; **~ation** [æfek'teıʃən] n affectation f; **~ed** a affecté(e).

**affection** [ə'fekʃən] n affection f; **~ate** a affectueux(euse); **~ately** ad affectueusement.

**affiliated** [ə'fılıeıtıd] a affilié(e).

**affinity** [ə'fınıtı] n affinité f.

**affirmation** [æfə'meıʃən] n affirmation f, assertion f.

**affirmative** [ə'fə:mətıv] a affirmatif(ive) // n: **in the ~** dans or par l'affirmative.

**affix** [ə'fıks] vt apposer, ajouter.

**afflict** [ə'flıkt] vt affliger; **~ion** [ə'flıkʃən] n affliction f, détresse f.

**affluence** ['æfluəns] n abondance f, opulence f.

**affluent** ['æfluənt] a abondant(e), opulent(e); (person) dans l'aisance, riche.

**afford** [ə'fɔ:d] vt se permettre; avoir les moyens d'acheter or d'entretenir; (provide) fournir, procurer; **I can't ~ the time** je n'ai vraiment pas le temps.

**affray** [ə'freı] n échauffourée f.

**affront** [ə'frʌnt] n affront m; **~ed** a insulté(e).

**afield** [ə'fi:ld] ad: **far ~** loin.

**afloat** [ə'fləut] a à flot // ad: **to stay ~** surnager; **to keep/get a business ~** maintenir à flot/lancer une affaire.

**afoot** [ə'fut] ad: **there is something ~** il se prépare quelque chose.

**aforesaid** [ə'fɔ:sɛd] a susdit(e), susmentionné(e).

**afraid** [ə'freıd] a effrayé(e); **to be ~ of** or **to** avoir peur de; **I am ~ that** je crains que + sub.

**afresh** [ə'freʃ] ad de nouveau.

**Africa** ['æfrıkə] n Afrique f; **~n** a africain(e) // n Africain/e.

**aft** [ɑ:ft] ad à l'arrière, vers l'arrière.

**after** ['ɑ:ftə*] prep,ad après // cj après que, après avoir or être + pp; **what/who are you ~?** que/qui cherchez-vous?; **ask ~ him** demandez de ses nouvelles; **~ all** après tout; **~-effects** npl répercussions fpl; (of illness) séquelles fpl, suites fpl; **~life** n vie future; **~math** n conséquences fpl; **in the ~math of** dans

les mois or années etc qui suivirent, au lendemain de; **~noon** n après-midi m or f; **~-shave (lotion)** n after-shave m; **~thought** n: **I had an ~thought** il m'est venu une idée après coup; **~wards** ad après.

**again** [ə'gɛn] ad de nouveau; **to begin/see ~** recommencer/revoir; **not ... ~** ne ... plus; **~ and ~** à plusieurs reprises; **he's opened it ~** il l'a rouvert, il l'a de nouveau or l'a encore* ouvert.

**against** [ə'gɛnst] prep contre; **~ a blue background** sur un fond bleu.

**age** [eıdʒ] n âge m // vt,vi vieillir; **it's been ~s since** ça fait une éternité que; **to come of ~** atteindre sa majorité; **to be aged** âgé(e); **~d 10** âgé de 10 ans; **the ~d** ['eıdʒıd] les personnes âgées; **~ group** n tranche f d'âge; **~less** a sans âge; **~ limit** n limite f d'âge.

**agency** ['eıdʒənsı] n agence f; **through or by the ~ of** par l'entremise or l'action de.

**agenda** [ə'dʒɛndə] n ordre m du jour.

**agent** ['eıdʒənt] n agent m.

**aggravate** ['ægrəveıt] vt aggraver; (annoy) exaspérer.

**aggravation** [ægrə'veıʃən] n (of quarrel) envenimement m.

**aggregate** ['ægrıgeıt] n ensemble m, total m; **on ~** (SPORT) au goal average.

**aggression** [ə'grɛʃən] n agression f.

**aggressive** [ə'grɛsıv] a agressif(ive); **~ness** n agressivité f.

**aggrieved** [ə'gri:vd] a chagriné(e), affligé(e).

**aghast** [ə'gɑ:st] a consterné(e), atterré(e).

**agile** ['ædʒaıl] a agile.

**agitate** ['ædʒıteıt] vt rendre inquiet(ète) or agité(e); agiter // vi faire de l'agitation (politique); **to ~ for** faire campagne pour; **agitator** n agitateur/trice (politique).

**ago** [ə'gəu] ad: **2 days ~** il y a deux jours; **not long ~** il n'y a pas longtemps.

**agonizing** ['ægənaızıŋ] a angoissant(e); déchirant(e).

**agony** ['ægənı] n grande souffrance or angoisse; **to be in ~** souffrir le martyre.

**agree** [ə'gri:] vt (price) convenir de // vi: **to ~ (with)** (person) être d'accord (avec); (statements etc) concorder (avec); (LING) s'accorder (avec); **to ~ to do** accepter de or consentir à faire; **to ~ to sth** consentir à qch; **to ~ that** (admit) convenir or reconnaître que; **they ~ on this** ils sont d'accord sur ce point; **they ~d on going/a price** ils se mirent d'accord pour y aller/sur un prix; **garlic doesn't ~ with me** je ne supporte pas l'ail; **~able** a agréable; (willing) consentant(e), d'accord; **are you ~able to this?** est-ce que cela vous va or convient?; **~d** a (time, place) convenu(e); **to be ~d** être d'accord; **~ment** n accord m; **in ~ment** d'accord.

**agricultural** [ægrı'kʌltʃərəl] a agricole.

**agriculture** ['ægrıkʌltʃə*] n agriculture f.

**aground** [ə'graund] ad: **to run ~** s'échouer.

**ahead** [ə'hɛd] ad en avant; devant; **~ of** devant; (fig: schedule etc) en avance sur; **~ of time** en avance; **go right or straight ~** allez tout droit; **they were (right) ~**

**of us** ils nous précédaient (de peu), ils étaient (juste) devant nous.

**aid** [eɪd] *n* aide *f* // *vt* aider ; **to ~ and abet** (*LAW*) se faire le complice de.

**aide** [eɪd] *n* (*person*) collaborateur/trice, assistant/e.

**ailment** ['eɪlmənt] *n* petite maladie, affection *f*.

**aim** [eɪm] *vt*: **to ~ sth at** (*such as gun, camera*) braquer *or* pointer qch sur, diriger qch contre ; (*missile*) lancer qch à *or* contre *or* en direction de ; (*remark, blow*) destiner *or* adresser qch à // *vi* (*also*: **to take ~**) viser // *n* but *m* ; **to ~ at** viser ; (*fig*) viser (à) ; avoir pour but *or* ambition ; **to ~ to do** avoir l'intention de faire ; **~less** *a* sans but ; **~lessly** *ad* sans but, à l'aventure.

**air** [ɛə*] *n* air *m* // *vt* aérer ; (*grievances, ideas*) exposer (librement) // *cpd* (*currents, attack etc*) aérien(ne) ; **~bed** *n* matelas *m* pneumatique ; **~borne** *a* en vol; aéroporté(e) ; **~-conditioned** *a* climatisé(e), à air conditionné ; **~ conditioning** *n* climatisation *f*; **~-cooled** *a* à refroidissement à air ; **~craft** *n,pl inv* avion *m* ; **~craft carrier** *n* porte-avions *m inv*; **~ cushion** *n* coussin *m* d'air ; **A~ Force** *n* Armée *f* de l'air ; **~gun** *n* fusil *m* à air comprimé ; **~ hostess** *n* hôtesse *f* de l'air ; **~ily** *ad* d'un air dégagé ; **~ letter** *n* aérogramme *m* ; **~lift** *n* pont aérien ; **~line** *n* ligne aérienne ; compagnie *f* d'aviation ; **~liner** *n* avion *m* de ligne ; **~lock** *n* sas *m* ; **by ~mail** par avion ; **~port** *n* aéroport *m* ; **~ raid** *n* attaque aérienne ; **~sick** *a* qui a le mal de l'air ; **~strip** *n* terrain *m* d'atterrissage ; **~tight** *a* hermétique ; **~y** *a* bien aéré(e) ; (*manners*) dégagé(e).

**aisle** [aɪl] *n* (*of church*) allée centrale ; nef latérale.

**ajar** [ə'dʒɑ:*] *a* entrouvert(e).

**alarm** [ə'lɑ:m] *n* alarme *f* // *vt* alarmer ; **~ clock** *n* réveille-matin *m*, réveil *m* ; **~ist** *n* alarmiste *m/f*.

**Albania** [æl'beɪnɪə] *n* Albanie *f*.

**album** ['ælbəm] *n* album *m* ; (*L.P.*) 33 tours *m inv*.

**albumen** ['ælbjumɪn] *n* albumine *f*; (*of egg*) albumen *m*.

**alchemy** ['ælkɪmɪ] *n* alchimie *f*.

**alcohol** ['ælkəhɔl] *n* alcool *m* ; **~ic** [-'hɔlɪk] *a,n* alcoolique (*m/f*); **~ism** *n* alcoolisme *m*.

**alcove** ['ælkəuv] *n* alcôve *f*.

**alderman** ['ɔːldəmən] *n* conseiller municipal (*en Angleterre*).

**ale** [eɪl] *n* bière *f*.

**alert** [ə'lə:t] *a* alerte, vif(vive) ; vigilant(e) // *n* alerte *f*; **on the ~** sur le qui-vive ; (*MIL*) en état d'alerte.

**algebra** ['ældʒɪbrə] *n* algèbre *m*.

**Algeria** [æl'dʒɪərɪə] *n* Algérie *f*; **~n** *a* algérien(ne) // *n* Algérien/ne.

**Algiers** [æl'dʒɪəz] *n* Alger.

**alias** ['eɪlɪæs] *ad* alias // *n* faux nom, nom d'emprunt.

**alibi** ['ælɪbaɪ] *n* alibi *m*.

**alien** ['eɪlɪən] *n* étranger/ère // *a*: **~ (to/from)** étranger(ère) (à); **~ate** *vt* aliéner ; s'aliéner ; **~ation** [-'neɪʃən] *n* aliénation *f*.

**alight** [ə'laɪt] *a,ad* en feu // *vi* mettre pied à terre ; (*passenger*) descendre ; (*bird*) se poser.

**align** [ə'laɪn] *vt* aligner ; **~ment** *n* alignement *m*.

**alike** [ə'laɪk] *a* semblable, pareil(le) // *ad* de même ; **to look ~** se ressembler.

**alimony** ['ælɪmənɪ] *n* (*payment*) pension *f* alimentaire.

**alive** [ə'laɪv] *a* vivant(e) ; (*active*) plein(e) de vie ; **~ with** grouillant(e) de ; **~ to** sensible à.

**alkali** ['ælkəlaɪ] *n* alcali *m*.

**all** [ɔ:l] *a* tout(e), tous(toutes) *pl* // *pronoun* tout *m* ; (*pl*) tous(toutes) // *ad* tout ; **~ wrong/alone** tout faux/seul ; **~ the time/his life** tout le temps/toute sa vie ; **~ five** (tous) les cinq ; **~ of them** tous, toutes ; **~ of it** tout ; **~ of us went** nous y sommes tous allés ; **not as hard** etc **as ~ that** pas si dur etc que ça ; **~ in ~** à tout prendre, l'un dans l'autre.

**allay** [ə'leɪ] *vt* (*fears*) apaiser, calmer.

**allegation** [ælɪ'geɪʃən] *n* allégation *f*.

**allege** [ə'ledʒ] *vt* alléguer, prétendre ; **~dly** [ə'ledʒɪdlɪ] *ad* à ce que l'on prétend, paraît-il.

**allegiance** [ə'li:dʒəns] *n* fidélité *f*, obéissance *f*.

**allegory** ['ælɪgərɪ] *n* allégorie *f*.

**all-embracing** ['ɔ:lɪm'breɪsɪŋ] *a* universel(le).

**allergic** [ə'lə:dʒɪk] *a*: **~ to** allergique à.

**allergy** ['ælədʒɪ] *n* allergie *f*.

**alleviate** [ə'li:vɪeɪt] *vt* soulager, adoucir.

**alley** ['ælɪ] *n* ruelle *f*; (*in garden*) allée *f*.

**alliance** [ə'laɪəns] *n* alliance *f*.

**allied** ['ælaɪd] *a* allié(e).

**alligator** ['ælɪgeɪtə*] *n* alligator *m*.

**all-important** ['ɔ:lɪm'pɔ:tənt] *a* capital(e), crucial(e).

**all-in** ['ɔ:lɪn] *a* (*also ad*: *charge*) tout compris ; **~ wrestling** *n* catch *m*.

**alliteration** [əlɪtə'reɪʃən] *n* allitération *f*.

**all-night** ['ɔ:l'naɪt] *a* ouvert(e) *or* qui dure toute la nuit.

**allocate** ['æləkeɪt] *vt* (*share out*) répartir, distribuer ; (*duties*): **to ~ sth to** assigner *or* attribuer qch à ; (*sum, time*): **to ~ sth to** allouer qch à ; **to ~ sth for** affecter qch à.

**allocation** [æləu'keɪʃən] *n*: ~ (*of money*) crédit(s) *m(pl)*, somme(s) allouée(s).

**allot** [ə'lɔt] *vt* (*share out*) répartir, distribuer ; (*time*): **to ~ sth to** allouer qch à ; (*duties*): **to ~ sth to** assigner qch à ; **~ment** *n* (*share*) part *f*; (*garden*) lopin *m* de terre (*loué à la municipalité*).

**all-out** ['ɔ:laut] *a* (*effort etc*) total(e) // *ad*: **all out** à fond.

**allow** [ə'lau] *vt* (*practice, behaviour*) permettre, autoriser ; (*sum to spend etc*) accorder ; allouer ; (*sum, time estimated*) compter, prévoir ; (*concede*): **to ~ that** convenir que ; **to ~ sb to do** permettre à qn de faire, autoriser qn à faire ; **to ~ for** *vt fus* tenir compte de ; **~ance** *n* (*money received*) allocation *f*; subside *m* ; indemnité *f*; (*TAX*) somme *f* déductible du revenu imposable, abattement *m* ; **to make ~ances for** tenir compte de.

**alloy** ['ælɔɪ] *n* alliage *m*.

**all right** [ɔːl'raɪt] *ad (feel, work)* bien ; *(as answer)* d'accord.

**all-round** [ɔːl'raund] *a* compétent(e) dans tous les domaines ; *(athlete etc)* complet(ète).

**all-time** [ɔːl'taɪm] *a (record)* sans précédent, absolu(e).

**allude** [ə'luːd] *vi*: **to ~ to** faire allusion à.

**alluring** [ə'ljuərɪŋ] *a* séduisant(e), alléchant(e).

**allusion** [ə'luːʒən] *n* allusion *f*.

**alluvium** [ə'luːvɪəm] *n* alluvions *fpl*.

**ally** ['ælaɪ] *n* allié *m*.

**almighty** [ɔːl'maɪtɪ] *a* tout-puissant.

**almond** ['ɑːmənd] *n* amande *f*.

**almost** ['ɔːlməust] *ad* presque.

**alms** [ɑːmz] *n* aumône(s) *f(pl)*.

**alone** [ə'ləun] *a* seul(e) ; **to leave sb ~** laisser qn tranquille ; **to leave sth ~** ne pas toucher à qch.

**along** [ə'lɔŋ] *prep* le long de // *ad*: **is he coming ~?** vient-il avec nous? ; **he was hopping/limping ~** il venait *or* avançait en sautillant/boitant ; **~ with** en compagnie de ; avec, en plus de ; **~side** *prep* le long de ; au côté de // *ad* bord à bord ; côte à côte.

**aloof** [ə'luːf] *a,ad* à distance, à l'écart ; **~ness** réserve (hautaine), attitude distante.

**aloud** [ə'laud] *ad* à haute voix.

**alphabet** ['ælfəbɛt] *n* alphabet *m* ; **~ical** [-'bɛtɪkəl] *a* alphabétique.

**alpine** ['ælpaɪn] *a* alpin(e), alpestre.

**Alps** [ælps] *npl*: **the ~** les Alpes *fpl*.

**already** [ɔːl'rɛdɪ] *ad* déjà.

**alright** [ɔːl'raɪt] *ad* = **all right**.

**also** ['ɔːlsəu] *ad* aussi.

**altar** ['ɔltə*] *n* autel *m*.

**alter** ['ɔltə*] *vt,vi* changer, modifier ; **~ation** [ɔltə'reɪʃən] *n* changement *m*, modification *f*.

**alternate** [ɔl'təːnɪt] *a* alterné(e), alternant(e), alternatif(ive) // *vi* ['ɔltə:neɪt] alterner ; **on ~ days** un jour sur deux, tous les deux jours ; **~ly** *ad* alternativement, en alternant ; **alternating** *a (current)* alternatif(ive).

**alternative** [ɔl'təːnətɪv] *a (solutions)* interchangeable, possible ; *(solution)* autre, de remplacement // *n (choice)* alternative *f* ; *(other possibility)* solution *f* de remplacement *or* de rechange, autre possibilité *f* ; **~ly** *ad*: **~ly one could** une autre *or* l'autre solution serait de.

**alternator** ['ɔltə:neɪtə*] *n (AUT)* alternateur *m*.

**although** [ɔːl'ðəu] *cj* bien que + *sub*.

**altitude** ['æltɪtjuːd] *n* altitude *f*.

**alto** ['æltəu] *n (female)* contralto *m* ; *(male)* haute-contre *f*.

**altogether** [ɔːltə'gɛðə*] *ad* entièrement, tout à fait ; *(on the whole)* tout compte fait ; *(in all)* en tout.

**altruistic** [æltru'ɪstɪk] *a* altruiste.

**aluminium** [ælju'mɪnɪəm], **aluminum** [ə'luːmɪnəm] *(US)* aluminium *m*.

**always** ['ɔːlweɪz] *ad* toujours.

**am** [æm] *vb see* **be**.

**a.m.** *ad (abbr of ante meridiem)* du matin.

**amalgamate** [ə'mælgəmeɪt] *vt,vi* fusionner ; **amalgamation** [-'meɪʃən] *n* fusion *f* ; *(COMM)* fusionnement *m* ; amalgame *m*.

**amass** [ə'mæs] *vt* amasser.

**amateur** ['æmətə*] *n* amateur *m* // *a (SPORT)* amateur *inv* ; **~ish** *a (pej)* d'amateur.

**amaze** [ə'meɪz] *vt* stupéfier ; **~ment** *n* stupéfaction *f*, stupeur *f*.

**ambassador** [æm'bæsədə*] *n* ambassadeur *m*.

**amber** ['æmbə*] *n* ambre *m* ; **at ~** *(AUT)* à l'orange.

**ambidextrous** [æmbɪ'dɛkstrəs] *a* ambidextre.

**ambiguity** [æmbɪ'gjuːtɪ] *n* ambiguïté *f*.

**ambiguous** [æm'bɪgjuəs] *a* ambigu(ë).

**ambition** [æm'bɪʃən] *n* ambition *f*.

**ambitious** [æm'bɪʃəs] *a* ambitieux(euse).

**ambivalent** [æm'bɪvələnt] *a (attitude)* ambivalent(e).

**amble** ['æmbl] *vi (gen*: **to ~ along)** aller d'un pas tranquille.

**ambulance** ['æmbjuləns] *n* ambulance *f*.

**ambush** ['æmbuʃ] *n* embuscade *f* // *vt* tendre une embuscade à.

**ameliorate** [ə'miːlɪəreɪt] *vt* améliorer.

**amenable** [ə'miːnəbl] *a*: **~ to** *(advice etc)* disposé(e) à écouter *or* suivre ; **~ to the law** responsable devant la loi.

**amend** [ə'mɛnd] *vt (law)* amender ; *(text)* corriger ; *(habits)* réformer // *vi* s'amender, se corriger ; **to make ~s** réparer ses torts, faire amende honorable ; **~ment** *n (to law)* amendement *m* ; *(to text)* correction *f*.

**amenities** [ə'miːnɪtɪz] *npl* aménagements *mpl (prévus pour le loisir des habitants)*.

**amenity** [ə'miːnɪtɪ] *n* charme *m*, agrément *m*.

**America** [ə'mɛrɪkə] *n* Amérique *f* ; **~n** *a* américain(e) // *n* Américain/e ; **a~nize** *vt* américaniser.

**amethyst** ['æmɪθɪst] *n* améthyste *f*.

**amiable** ['eɪmɪəbl] *a* aimable, affable.

**amicable** ['æmɪkəbl] *a* amical(e).

**amid(st)** [ə'mɪd(st)] *prep* parmi, au milieu de.

**amiss** [ə'mɪs] *a,ad*: **there's something ~** il y a quelque chose qui ne va pas *or* qui cloche ; **to take sth ~** prendre qch mal *or* de travers.

**ammunition** [æmju'nɪʃən] *n* munitions *fpl*.

**amnesia** [æm'niːzɪə] *n* amnésie *f*.

**amnesty** ['æmnɪstɪ] *n* amnistie *f*.

**amok** [ə'mɔk] *ad*: **to run ~** être pris(e) d'un accès de folie furieuse.

**among(st)** [ə'mʌŋ(st)] *prep* parmi, entre.

**amoral** [æ'mɔrəl] *a* amoral(e).

**amorous** ['æmərəs] *a* amoureux(euse).

**amorphous** [ə'mɔːfəs] *a* amorphe.

**amount** [ə'maunt] *n* somme *f* ; montant *m* ; quantité *f* ; nombre *m* // *vi*: **to ~ to** *(total)* s'élever à ; *(be same as)* équivaloir à, revenir à.

**amp(ère)** ['æmp(εə*)] n ampère m.
**amphibian** [æm'fɪbɪən] n batracien m.
**amphibious** [æm'fɪbɪəs] a amphibie.
**amphitheatre** ['æmfɪθɪətə*] n amphithéâtre m.
**ample** ['æmpl] a ample; spacieux(euse); (enough): **this is ~** c'est largement suffisant; **to have ~ time/room** avoir bien assez de temps/place, avoir largement le temps/la place.
**amplifier** ['æmplɪfaɪə*] n amplificateur m.
**amplify** ['æmplɪfaɪ] vt amplifier.
**amply** ['æmplɪ] ad amplement, largement.
**amputate** ['æmpjuteɪt] vt amputer.
**amuck** [ə'mʌk] ad = **amok**.
**amuse** [ə'mju:z] vt amuser; **~ment** n amusement m.
**an** [æn, ən, n] det see **a**.
**anaemia** [ə'ni:mɪə] n anémie f.
**anaemic** [ə'ni:mɪk] a anémique.
**anaesthetic** [ænɪs'θetɪk] a,n anesthésique (m); **under the ~** sous anesthésie.
**anaesthetist** [æ'ni:sθɪtɪst] n anesthésiste m/f.
**anagram** ['ænəgræm] n anagramme m.
**analgesic** [ænæl'dʒi:sɪk] a,n analgésique (m).
**analogy** [ə'nælədʒɪ] n analogie f.
**analyse** ['ænəlaɪz] vt analyser.
**analysis,** pl **analyses** [ə'næləsɪs, -si:z] n analyse f.
**analyst** ['ænəlɪst] n (US) psychanalyste m/f.
**analytic(al)** [ænə'lɪtɪk(əl)] a analytique.
**analyze** ['ænəlaɪz] vt (US) = **analyse**.
**anarchist** ['ænəkɪst] a,n anarchiste (m/f).
**anarchy** ['ænəkɪ] n anarchie f.
**anathema** [ə'næθɪmə] n: **it is ~ to him** il a cela en abomination.
**anatomical** [ænə'tɔmɪkəl] a anatomique.
**anatomy** [ə'nætəmɪ] n anatomie f.
**ancestor** ['ænsɪstə*] n ancêtre m, aïeul m.
**ancestral** [æn'sɛstrəl] a ancestral(e).
**ancestry** ['ænsɪstrɪ] n ancêtres mpl; ascendance f.
**anchor** ['æŋkə*] n ancre f // vi (also: **to drop ~**) jeter l'ancre, mouiller // vt mettre à l'ancre; **~age** n mouillage m, ancrage m.
**anchovy** ['æntʃəvɪ] n anchois m.
**ancient** ['eɪnʃənt] a ancien(ne), antique; (fig) d'un âge vénérable, antique.
**and** [ænd] cj et; **~ so on** et ainsi de suite; **try ~ come** tâchez de venir; **come ~ sit here** viens t'asseoir ici; **better ~ better** de mieux en mieux; **more ~ more** de plus en plus.
**Andes** ['ændi:z] npl: **the ~** les Andes fpl.
**anecdote** ['ænɪkdəut] n anecdote f.
**anemia** [ə'ni:mɪə] n = **anaemia**.
**anemic** [ə'ni:mɪk] a = **anaemic**.
**anesthetic** [ænɪs'θetɪk] a,n = **anaesthetic**.
**anesthetist** [æ'ni:sθɪtɪst] n = **anaesthetist**.
**anew** [ə'nju:] ad à nouveau.
**angel** ['eɪndʒəl] n ange m.
**anger** ['æŋgə*] n colère f // vt mettre en colère, irriter.

**angina** [æn'dʒaɪnə] n angine f de poitrine.
**angle** ['æŋgl] n angle m; **from their ~** de leur point de vue // vi: **to ~ for** (trout) pêcher; (compliments) chercher, quêter; **~r** n pêcheur/euse à la ligne.
**Anglican** ['æŋglɪkən] a,n anglican(e).
**anglicize** ['æŋglɪsaɪz] vt angliciser.
**angling** ['æŋglɪŋ] n pêche f à la ligne.
**Anglo-** ['æŋgləu] prefix anglo(-); **~Saxon** a,n anglo-saxon(ne).
**angrily** ['æŋgrɪlɪ] ad avec colère.
**angry** ['æŋgrɪ] a en colère, furieux(euse); **to be ~ with sb/at sth** être furieux contre qn/de qch; **to get ~** se fâcher, se mettre en colère; **to make sb ~** mettre qn en colère.
**anguish** ['æŋgwɪʃ] n angoisse f.
**angular** ['æŋgjulə*] a anguleux(euse).
**animal** ['ænɪməl] n animal m // a animal(e); **~ spirits** npl entrain m, vivacité f.
**animate** vt ['ænɪmeɪt] animer // a ['ænɪmɪt] animé(e), vivant(e); **~d** a animé(e).
**animosity** [ænɪ'mɔsɪtɪ] n animosité f.
**aniseed** ['ænɪsi:d] n anis m.
**ankle** ['æŋkl] n cheville f.
**annex** n ['ænɛks] (also: **annexe**) annexe f // vt [ə'nɛks] annexer; **~ation** [-'eɪʃən] n annexion f.
**annihilate** [ə'naɪəleɪt] vt annihiler, anéantir.
**anniversary** [ænɪ'və:sərɪ] n anniversaire m; **~ dinner** n dîner commémoratif or anniversaire.
**annotate** ['ænəuteɪt] vt annoter.
**announce** [ə'nauns] vt annoncer; (birth, death) faire part de; **~ment** n annonce f; (for births etc: in newspaper) avis m de faire-part; (:letter, card) faire-part m; **~r** n (RADIO, TV) (between programmes) speaker/ine; (in a programme) présentateur/trice.
**annoy** [ə'nɔɪ] vt agacer, ennuyer, contrarier; **don't get ~ed!** ne vous fâchez pas!; **~ance** n mécontentement m, contrariété f; **~ing** a ennuyeux(euse), agaçant(e), contrariant(e).
**annual** ['ænjuəl] a annuel(le) // n (BOT) plante annuelle; (book) album m; **~ly** ad annuellement.
**annuity** [ə'nju:ɪtɪ] n rente f; **life ~** rente viagère.
**annul** [ə'nʌl] vt annuler; (law) abroger; **~ment** n annulation f; abrogation f.
**annum** ['ænəm] n see **per**.
**anoint** [ə'nɔɪnt] vt oindre.
**anomalous** [ə'nɔmələs] a anormal(e).
**anomaly** [ə'nɔmælɪ] n anomalie f.
**anonymity** [ænə'nɪmɪtɪ] n anonymat m.
**anonymous** [ə'nɔnɪməs] a anonyme.
**anorak** ['ænəræk] n anorak m.
**another** [ə'nʌðə*] a: **~ book** (one more) un autre livre, encore un livre, un livre de plus; (a different one) un autre livre // pronoun un(e) autre, encore un(e), un(e) de plus; see also **one**.
**answer** ['ɑ:nsə*] n réponse f; solution f // vi répondre // vt (reply to) répondre à; (problem) résoudre; (prayer) exaucer; **to ~ the phone** répondre (au téléphone);

**in ~ to your letter** suite à *or* en réponse à votre lettre; **to ~ the bell** *or* **the door** aller *or* venir ouvrir (la porte); **to ~ back** *vi* répondre, répliquer; **to ~ for** *vt fus* répondre de, se porter garant de; être responsable de; **to ~ to** *vt fus* (*description*) répondre *or* correspondre à; **~able** *a*: **~able (to sb/for sth)** responsable (devant qn/de qch); **I am ~able to no-one** je n'ai de comptes à rendre à personne.

**ant** [ænt] *n* fourmi *f*.

**antagonism** [æn'tægənɪzəm] *n* antagonisme *m*.

**antagonist** [æn'tægənɪst] *n* antagoniste *m/f*, adversaire *m/f*; **~ic** [æntægə'nɪstɪk] *a* opposé(e); antagoniste.

**antagonize** [æn'tægənaɪz] *vt* éveiller l'hostilité de, contrarier.

**Antarctic** [ænt'ɑ:ktɪk] *n* Antarctique *m* // *a* antarctique, austral(e).

**anteater** ['ænti:tə*] *n* fourmilier *m*, tamanoir *m*.

**antecedent** [æntɪ'si:dənt] *n* antécédent *m*.

**antelope** ['æntɪləup] *n* antilope *f*.

**antenatal** ['æntɪ'neɪtl] *a* prénatal(e); **~ clinic** *n* service *m* de consultation prénatale.

**antenna**, *pl* **~e** [æn'tɛnə, -ni:] *n* antenne *f*.

**anthem** ['ænθəm] *n* motet *m*; **national ~** hymne national.

**ant-hill** ['ænthɪl] *n* fourmilière *f*.

**anthology** [æn'θɒlədʒɪ] *n* anthologie *f*.

**anthropologist** [ænθrə'pɒlədʒɪst] *n* anthropologue *m/f*.

**anthropology** [ænθrə'pɒlədʒɪ] *n* anthropologie *f*.

**anti-** ['ænti] *prefix* anti-.

**anti-aircraft** ['æntɪ'ɛəkrɑ:ft] *a* antiaérien(ne); **~ defence** *n* défense *f* contre avions, DCA *f*.

**antibiotic** ['æntɪbaɪ'ɒtɪk] *a,n* antibiotique (*m*).

**anticipate** [æn'tɪsɪpeɪt] *vt* s'attendre à; prévoir; (*wishes, request*) aller au devant de, devancer.

**anticipation** [æntɪsɪ'peɪʃən] *n* attente *f*; **thanking you in ~** en vous remerciant d'avance, avec mes remerciements anticipés.

**anticlimax** ['æntɪ'klaɪmæks] *n* réalisation décevante d'un événement que l'on escomptait important, intéressant etc.

**anticlockwise** ['æntɪ'klɒkwaɪz] *a* dans le sens inverse des aiguilles d'une montre.

**antics** ['æntɪks] *npl* singeries *fpl*.

**anticyclone** ['æntɪ'saɪkləun] *n* anticyclone *m*.

**antidote** ['æntɪdəut] *n* antidote *m*, contrepoison *m*.

**antifreeze** ['æntɪ'fri:z] *n* antigel *m*.

**antipathy** [æn'tɪpəθɪ] *n* antipathie *f*.

**antiquarian** [æntɪ'kwɛərɪən] *a*: **~ bookshop** librairie *f* d'ouvrages anciens // *n* expert *m* en objets *or* livres anciens; amateur *m* d'antiquités.

**antiquated** ['æntɪkweɪtɪd] *a* vieilli(e), suranné(e), vieillot(te).

**antique** [æn'ti:k] *n* objet *m* d'art ancien, meuble ancien *or* d'époque, antiquité *f* //

*a* ancien(ne); (*pre-mediaeval*) antique; **~ dealer** *n* antiquaire *m/f*; **~ shop** *n* magasin *m* d'antiquités.

**antiquity** [æn'tɪkwɪtɪ] *n* antiquité *f*.

**antiseptic** [æntɪ'sɛptɪk] *a,n* antiseptique (*m*).

**antisocial** ['æntɪ'səuʃəl] *a* peu liant(e), sauvage, insociable; (*against society*) antisocial(e).

**antlers** ['æntləz] *npl* bois *mpl*, ramure *f*.

**anus** ['eɪnəs] *n* anus *m*.

**anvil** ['ænvɪl] *n* enclume *f*.

**anxiety** [æŋ'zaɪətɪ] *n* anxiété *f*; (*keenness*): **~ to do** grand désir *or* impatience *f* de faire.

**anxious** ['æŋkʃəs] *a* anxieux(euse), (très) inquiet(ète); (*keen*): **~ to do/that** qui tient beaucoup à faire/à ce que; impatient(e) de faire/que; **~ly** *ad* anxieusement.

**any** ['ɛnɪ] *a* (*in negative and interrogative sentences = some*) de, d'; du, de la, des; (*no matter which*) n'importe quel(le), quelconque; (*each and every*) tout(e), chaque; **I haven't ~ money/books** je n'ai pas d'argent/de livres; **have you ~ butter/children?** avez-vous du beurre/des enfants?; **without ~ difficulty** sans la moindre difficulté; **come (at) ~ time** venez à n'importe quelle heure; **at ~ moment** à tout moment, d'un instant à l'autre; **in ~ case** de toute façon; en tout cas; **at ~ rate** de toute façon** // *pronoun* n'importe lequel(laquelle); (*anybody*) n'importe qui; (*in negative and interrogative sentences*): **I haven't ~** je n'en ai pas, je n'en ai aucun; **have you got ~?** en avez-vous?; **can ~ of you sing?** est-ce que l'un d'entre vous *or* quelqu'un parmi vous sait chanter? // *ad* (*in negative sentences*) nullement, aucunement; (*in interrogative and conditional constructions*) un peu; tant soit peu; **I can't hear him ~ more** je ne l'entends plus; **are you feeling ~ better?** vous sentez-vous un peu mieux?; **do you want ~ more soup?** voulez-vous encore un peu de soupe?; **~body** *pronoun* n'importe qui; (*in interrogative sentences*) quelqu'un; (*in negative sentences*): **I don't see ~body** je ne vois personne; **~how** *ad* quoi qu'il en soit; **~one = ~body**; **~thing** *pronoun* (*see anybody*) n'importe quoi; quelque chose; ne ... rien; **~time** *ad* n'importe quand; **~way** *ad* de toute façon; **~where** *ad* (*see anybody*) n'importe où; quelque part; **I don't see him ~where** je ne le vois nulle part.

**apart** [ə'pɑ:t] *ad* (*to one side*) à part; de côté; à l'écart; (*separately*) séparément; **10 miles/a long way ~** à 10 milles/très éloignés l'un de l'autre; **they are living ~** ils sont séparés; **~ from** *prep* à part, excepté.

**apartheid** [ə'pɑ:teɪt] *n* apartheid *m*.

**apartment** [ə'pɑ:tmənt] *n* (*US*) appartement *m*, logement *m*; **~s** *npl* appartement *m*.

**apathetic** [æpə'θɛtɪk] *a* apathique, indifférent(e).

**apathy** ['æpəθɪ] *n* apathie *f*, indifférence *f*.

**ape** [eɪp] n (grand) singe // vt singer.
**aperitif** [əˈpɛrɪtɪv] n apéritif m.
**aperture** [ˈæpətʃjuə*] n orifice m, ouverture f; (PHOT) ouverture (du diaphragme).
**apex** [ˈeɪpɛks] n sommet m.
**aphrodisiac** [æfrəʊˈdɪzɪæk] a,n aphrodisiaque (m).
**apiece** [əˈpiːs] ad (for each person) chacun(e), par tête; (for each item) chacun(e), (la) pièce.
**aplomb** [əˈplɔm] n sang-froid m, assurance f.
**apocalypse** [əˈpɔkəlɪps] n apocalypse f.
**apolitical** [eɪpəˈlɪtɪkl] a apolitique.
**apologetic** [əpɔləˈdʒɛtɪk] a (tone, letter) d'excuse; **to be very ~ about** s'excuser vivement de.
**apologize** [əˈpɔlədʒaɪz] vi: **to ~ (for sth to sb)** s'excuser (de qch auprès de qn), présenter des excuses (à qn pour qch).
**apology** [əˈpɔlədʒɪ] n excuses fpl; **to send one's apologies** envoyer une lettre or un mot d'excuse, s'excuser (de ne pas pouvoir venir).
**apoplexy** [ˈæpəplɛksɪ] n apoplexie f.
**apostle** [əˈpɔsl] n apôtre m.
**apostrophe** [əˈpɔstrəfɪ] n apostrophe f.
**appal** [əˈpɔːl] vt consterner, atterrer; horrifier; **~ling** a épouvantable; (stupidity) consternant(e).
**apparatus** [æpəˈreɪtəs] n appareil m, dispositif m.
**apparent** [əˈpærənt] a apparent(e); **~ly** ad apparemment.
**apparition** [æpəˈrɪʃən] n apparition f.
**appeal** [əˈpiːl] vi (LAW) faire or interjeter appel // n (LAW) appel m; (request) prière f; appel m; (charm) attrait m, charme m; **to ~ for** demander (instamment); implorer; **to ~ to** (subj: person) faire appel à; (subj: thing) plaire à; **to ~ to sb for mercy** implorer la pitié de qn, prier or adjurer qn d'avoir pitié; **it doesn't ~ to me** cela ne m'attire pas; **~ing** a (nice) attrayant(e); (touching) attendrissant(e).
**appear** [əˈpɪə*] vi apparaître, se montrer; (LAW) comparaître; (publication) paraître, sortir, être publié(e); (seem) paraître, sembler; **it would ~ that** il semble que; **to ~ in Hamlet** jouer dans Hamlet; **to ~ on TV** passer à la télé; **~ance** n apparition f; parution f; (look, aspect) apparence f, aspect m; **to put in or make an ~ance** faire acte de présence; (THEATRE): **by order of ~ance** par ordre d'entrée en scène.
**appease** [əˈpiːz] vt apaiser, calmer.
**appendage** [əˈpɛndɪdʒ] n appendice m.
**appendicitis** [əpɛndɪˈsaɪtɪs] n appendicite f.
**appendix, pl appendices** [əˈpɛndɪks, -siːz] n appendice m.
**appetite** [ˈæpɪtaɪt] n appétit m.
**appetizing** [ˈæpɪtaɪzɪŋ] a appétissant(e).
**applaud** [əˈplɔːd] vt,vi applaudir.
**applause** [əˈplɔːz] n applaudissements mpl.
**apple** [ˈæpl] n pomme f; **it's the ~ of my eye** j'y tiens comme à la prunelle de mes

yeux; **~ tree** n pommier m; **~ turnover** n chausson m aux pommes.
**appliance** [əˈplaɪəns] n appareil m.
**applicable** [əˈplɪkəbl] a applicable.
**applicant** [ˈæplɪkənt] n candidat/e (for a post à un poste).
**application** [æplɪˈkeɪʃən] n application f; (for a job, a grant etc) demande f; candidature f; **on ~** sur demande.
**applied** [əˈplaɪd] a appliqué(e); **~ arts** npl arts décoratifs.
**apply** [əˈplaɪ] vt (paint, ointment): **to ~ (to)** appliquer (sur); (theory, technique): **to ~ (to)** appliquer (à) // vi: **to ~ to** (ask) s'adresser à; (be suitable for, relevant to) s'appliquer à; se rapporter à; être valable pour; **to ~ (for)** (permit, grant) faire une demande (en vue d'obtenir); (job) poser sa candidature (pour), faire une demande d'emploi (concernant); **to ~ the brakes** actionner les freins, freiner; **to ~ o.s. to** s'appliquer à.
**appoint** [əˈpɔɪnt] vt nommer, engager; (date, place) fixer, désigner; **~ment** n nomination f; rendez-vous m; **to make an ~ment (with)** prendre rendez-vous (avec).
**apportion** [əˈpɔːʃən] vt (share out) répartir, distribuer; **to ~ sth to sb** attribuer or assigner or allouer qch à qn.
**appraisal** [əˈpreɪzl] n évaluation f.
**appreciable** [əˈpriːʃəbl] a appréciable.
**appreciate** [əˈpriːʃɪeɪt] vt (like) apprécier, faire cas de; être reconnaissant(e) de; (assess) évaluer; (be aware of) comprendre; se rendre compte de // vi (FINANCE) prendre de la valeur.
**appreciation** [əpriːʃɪˈeɪʃən] n appréciation f; reconnaissance f; (COMM) hausse f, valorisation f.
**appreciative** [əˈpriːʃɪətɪv] a (person) sensible; (comment) élogieux(euse).
**apprehend** [æprɪˈhɛnd] vt appréhender, arrêter; (understand) comprendre.
**apprehension** [æprɪˈhɛnʃən] n appréhension f, inquiétude f.
**apprehensive** [æprɪˈhɛnsɪv] a inquiet(ète), appréhensif(ive).
**apprentice** [əˈprɛntɪs] n apprenti m; **~ship** n apprentissage m.
**approach** [əˈprəʊtʃ] vi approcher // vt (come near) approcher de; (ask, apply to) s'adresser à; (subject, passer-by) aborder // n approche f; accès m, abord m; démarche f (auprès de qn); démarche (intellectuelle); **~able** a accessible.
**approbation** [æprəˈbeɪʃən] n approbation f.
**appropriate** a [əˈprəʊprɪɪt] (take) s'approprier; (allot): **to ~ sth for** affecter qch à // a [əˈprəʊprɪt] opportun(e); qui convient, approprié(e); **~ly** ad pertinemment, avec à-propos.
**approval** [əˈpruːvəl] n approbation f; **on ~** (COMM) à l'examen.
**approve** [əˈpruːv] vt approuver; **to ~ of** vt fus approuver; **~d school** n centre m d'éducation surveillée; **approvingly** ad d'un air approbateur.
**approximate** a [əˈprɔksɪmɪt] approximatif(ive) // vt [əˈprɔksɪmeɪt] se rapprocher de; être proche de;

**approximation** [-'meɪʃən] *n* approximation *f*.

**apricot** ['eɪprɪkɔt] *n* abricot *m*.

**April** ['eɪprəl] *n* avril *m* ; ~ **fool!** poisson d'avril!

**apron** ['eɪprən] *n* tablier *m*.

**apt** [æpt] *a* (*suitable*) approprié(e) ; (*able*): ~ (**at**) doué(e) (pour) ; apte (à) ; (*likely*): ~ **to do** susceptible de faire ; ayant tendance à faire.

**aptitude** ['æptɪtjuːd] *n* aptitude *f*.

**aqualung** ['ækwəlʌŋ] *n* scaphandre *m* autonome.

**aquarium** [ə'kwɛərɪəm] *n* aquarium *m*.

**Aquarius** [ə'kwɛərɪəs] *n* le Verseau ; **to be** ~ être du Verseau.

**aquatic** [ə'kwætɪk] *a* aquatique ; (*SPORT*) nautique.

**aqueduct** ['ækwɪdʌkt] *n* aqueduc *m*.

**Arab** ['ærəb] *n* Arabe *m/f*.

**Arabia** [ə'reɪbɪə] *n* Arabie *f* ; ~**n** a arabe.

**Arabic** ['ærəbɪk] *a,n* arabe (*m*).

**arable** ['ærəbl] *a* arable.

**arbiter** ['ɑːbɪtə*] *n* arbitre *m*.

**arbitrary** ['ɑːbɪtrərɪ] *a* arbitraire.

**arbitrate** ['ɑːbɪtreɪt] *vi* arbitrer ; trancher ; **arbitration** [-'treɪʃən] *n* arbitrage *m*.

**arbitrator** ['ɑːbɪtreɪtə*] *n* arbitre *m*, médiateur/trice.

**arc** [ɑːk] *n* arc *m*.

**arcade** [ɑː'keɪd] *n* arcade *f* ; (*passage with shops*) passage *m*, galerie *f*.

**arch** [ɑːtʃ] *n* arche *f* ; (*of foot*) cambrure *f*, voûte *f* plantaire // *vt* arquer, cambrer // *a* malicieux(euse) // *prefix*: ~(-) achevé(e) ; par excellence ; **pointed** ~ ogive *f*.

**archaeologist** [ɑːkɪ'ɔlədʒɪst] *n* archéologue *m/f*.

**archaeology** [ɑːkɪ'ɔlədʒɪ] *n* archéologie *f*.

**archaic** [ɑː'keɪɪk] *a* archaïque.

**archbishop** [ɑːtʃ'bɪʃəp] *n* archevêque *m*.

**arch-enemy** ['ɑːtʃ'ɛnɪmɪ] *n* ennemi *m* de toujours or par excellence.

**archeologist** [ɑːkɪ'ɔlədʒɪst] *n* (*US*) = **archaeologist**.

**archeology** [ɑːkɪ'ɔlədʒɪ] *n* (*US*) = **archaeology**.

**archer** ['ɑːtʃə*] *n* archer *m* ; ~**y** *n* tir *m* à l'arc.

**archetype** ['ɑːkɪtaɪp] *n* prototype *m*, archétype *m*.

**archipelago** [ɑːkɪ'pɛlɪgəu] *n* archipel *m*.

**architect** ['ɑːkɪtɛkt] *n* architecte *m* ; ~**ural** [ɑːkɪ'tɛktʃərəl] *a* architectural(e) ; ~**ure** ['ɑːkɪtɛktʃə*] *n* architecture *f*.

**archives** ['ɑːkaɪvz] *npl* archives *fpl* ; **archivist** ['ɑːkɪvɪst] *n* archiviste *m/f*.

**archway** ['ɑːtʃweɪ] *n* voûte *f*, porche voûté or cintré.

**Arctic** ['ɑːktɪk] *a* arctique // *n*: **the** ~ l'Arctique *m*.

**ardent** ['ɑːdənt] *a* fervent(e).

**arduous** ['ɑːdjuəs] *a* ardu(e).

**are** [ɑː*] *vb see* **be**.

**area** ['ɛərɪə] *n* (*GEOM*) superficie *f* ; (*zone*) région *f* ; (:*smaller*) secteur *m* ; **dining** ~ *n* coin *m* salle à manger.

**arena** [ə'riːnə] *n* arène *f*.

**aren't** [ɑːnt] = **are not**.

**Argentina** [ɑːdʒən'tiːnə] *n* Argentine *f* ; **Argentinian** [-'tɪnɪən] *a* argentin(e) // *n* Argentin/e.

**arguable** ['ɑːgjuəbl] *a* discutable.

**argue** ['ɑːgjuː] *vi* (*quarrel*) se disputer ; (*reason*) argumenter ; **to** ~ **that** objecter or alléguer que, donner comme argument que.

**argument** ['ɑːgjumənt] *n* (*reasons*) argument *m* ; (*quarrel*) dispute *f*, discussion *f* ; (*debate*) discussion *f*, controverse *f* ; ~**ative** [ɑːgju'mɛntətɪv] *a* ergoteur(euse), raisonneur(euse).

**arid** ['ærɪd] *a* aride ; ~**ity** [ə'rɪdɪtɪ] *n* aridité *f*.

**Aries** ['ɛərɪz] *n* le Bélier ; **to be** ~ être du Bélier.

**arise**, *pt* **arose**, *pp* **arisen** [ə'raɪz, -'rəuz, -'rɪzn] *vi* survenir, se présenter ; **to** ~ **from** résulter de.

**aristocracy** [ærɪs'tɔkrəsɪ] *n* aristocratie *f*.

**aristocrat** ['ærɪstəkræt] *n* aristocrate *m/f* ; ~**ic** [-'krætɪk] *a* aristocratique.

**arithmetic** [ə'rɪθmətɪk] *n* arithmétique *f*.

**ark** [ɑːk] *n*: **Noah's A**~ l'Arche *f* de Noé.

**arm** [ɑːm] *n* bras *m* ; (*MIL*: *branch*) arme *f* // *vt* armer ; ~**s** *npl* (*weapons, HERALDRY*) armes *fpl* ; ~ **in** ~ bras dessus bras dessous ; ~**band** *n* brassard *m* ; ~**chair** *n* fauteuil *m* ; ~**ed** *a* armé(e) ; ~**ed robbery** *n* vol *m* à main armée ; ~**ful** *n* brassée *f*.

**armistice** ['ɑːmɪstɪs] *n* armistice *m*.

**armour** ['ɑːmə*] *n* armure *f* ; (*also*: ~-**plating**) blindage *m* ; (*MIL*: *tanks*) blindés *mpl* ; ~**ed car** *n* véhicule blindé ; ~**y** *n* arsenal *m*.

**armpit** ['ɑːmpɪt] *n* aisselle *f*.

**army** ['ɑːmɪ] *n* armée *f*.

**aroma** [ə'rəumə] *n* arôme *m* ; ~**tic** [ærə'mætɪk] *a* aromatique.

**arose** [ə'rəuz] *pt of* **arise**.

**around** [ə'raund] *ad* (*tout*) autour ; dans les parages // *prep* autour de ; (*fig*: *about*) environ ; **is he** ~? est-il dans les parages *or* là?

**arouse** [ə'rauz] *vt* (*sleeper*) éveiller ; (*curiosity, passions*) éveiller, susciter, exciter.

**arpeggio** [ɑː'pɛdʒɪəu] *n* arpège *m*.

**arrange** [ə'reɪndʒ] *vt* arranger ; (*programme*) arrêter, convenir de ; ~**ment** *n* arrangement *m* ; (*plans etc*): ~**ments** dispositions *fpl*.

**array** [ə'reɪ] *n*: ~ **of** déploiement *m* or étalage *m* de.

**arrears** [ə'rɪəz] *npl* arriéré *m* ; **to be in** ~ **with one's rent** devoir un arriéré de loyer, être en retard pour le paiement de son loyer.

**arrest** [ə'rɛst] *vt* arrêter ; (*sb's attention*) retenir, attirer // *n* arrestation *f* ; **under** ~ en état d'arrestation.

**arrival** [ə'raɪvl] *n* arrivée *f* ; (*COMM*) arrivage *m* ; (*person*) arrivant/e.

**arrive** [ə'raɪv] *vi* arriver ; **to** ~ **at** *vt fus* (*fig*) parvenir à.

**arrogance** ['ærəgəns] *n* arrogance *f*.

**arrogant** ['ærəgənt] *a* arrogant(e).

**arrow** ['ærəu] *n* flèche *f*.
**arsenal** ['ɑːsɪnl] *n* arsenal *m*.
**arsenic** ['ɑːsnɪk] *n* arsenic *m*.
**arson** ['ɑːsn] *n* incendie criminel.
**art** [ɑːt] *n* art *m*; (*craft*) métier *m*; **A~s** *npl* (SCOL) les lettres *fpl*; **~ gallery** *n* musée d'art; (*small and private*) galerie *f* de peinture.
**artefact** ['ɑːtɪfækt] *n* objet fabriqué.
**artery** ['ɑːtərɪ] *n* artère *f*.
**artful** ['ɑːtful] *a* rusé(e).
**arthritis** [ɑː'θraɪtɪs] *n* arthrite *f*.
**artichoke** ['ɑːtɪtʃəuk] *n* artichaut *m*.
**article** ['ɑːtɪkl] *n* article *m*; (LAW: *training*): **~s** *npl* ≈ stage *m*.
**articulate** *a* [ɑː'tɪkjulɪt] (*person*) qui s'exprime clairement et aisément; (*speech*) bien articulé(e), prononcé(e) clairement // *vi* [ɑː'tɪkjuleɪt] articuler, parler distinctement // **~d lorry** *n* (camion *m*) semi-remorque *m*.
**artifice** ['ɑːtɪfɪs] *n* ruse *f*.
**artificial** [ɑːtɪ'fɪʃəl] *a* artificiel(le); **~ respiration** *n* respiration artificielle.
**artillery** [ɑː'tɪlərɪ] *n* artillerie *f*.
**artisan** ['ɑːtɪzæn] *n* artisan/e.
**artist** ['ɑːtɪst] *n* artiste *m/f*; **~ic** [ɑː'tɪstɪk] *a* artistique; **~ry** *n* art *m*, talent *m*.
**artless** ['ɑːtlɪs] *a* naïf(ïve), simple, ingénu(e).
**as** [æz, əz] *cj* (*cause*) comme, puisque; (*time: moment*) alors que, comme; (: *duration*) tandis que; (*manner*) comme; (*in the capacity of*) en tant que, en qualité de; **~ big** ~ aussi grand que; **twice ~ big** ~ deux fois plus grand que; **big** ~ **it is** si grand que ce soit; ~ **she said** comme elle l'avait dit; ~ **if** or **though** comme si; ~ **for** or **to** en ce qui concerne, quant à; ~ **or so long** ~ *cj* à condition que; si; ~ **much/many (~)** autant (que); ~ **soon** ~ *cj* aussitôt que, dès que; ~ **such** *ad* en tant que tel(le); ~ **well** *ad* aussi; ~ **well** ~ *cj* en plus de, en même temps que; *see also* **so, such.**
**asbestos** [æz'bɛstəs] *n* asbeste *m*, amiante *m*.
**ascend** [ə'sɛnd] *vt* gravir; **~ancy** *n* ascendant *m*.
**ascent** [ə'sɛnt] *n* ascension *f*.
**ascertain** [æsə'teɪn] *vt* s'assurer de, vérifier; établir.
**ascetic** [ə'sɛtɪk] *a* ascétique.
**ascribe** [ə'skraɪb] *vt*: ~ **sth to** attribuer qch à; (*blame*) imputer qch à.
**ash** [æʃ] *n* (*dust*) cendre *f*; ~ (*tree*) frêne *m*.
**ashamed** [ə'ʃeɪmd] *a* honteux(euse), confus(e); **to be** ~ **of** avoir honte de; **to be** ~ (**of o.s.**) **for having done** avoir honte d'avoir fait.
**ashen** ['æʃn] *a* (*pale*) cendreux(euse), blême.
**ashore** [ə'ʃɔː*] *ad* à terre; **to go** ~ aller à terre, débarquer.
**ashtray** ['æʃtreɪ] *n* cendrier *m*.
**Asia** ['eɪʃə] *n* Asie *f*; ~ **Minor** *n* Asie Mineure; **~n** *n* Asiatique *m/f* // *a* asiatique; **~tic** [eɪsɪ'ætɪk] *a* asiatique.
**aside** [ə'saɪd] *ad* de côté; à l'écart // *n* aparté *m*.

**ask** [ɑːsk] *vt* demander; (*invite*) inviter; **to ~ sb sth/to do sth** demander à qn qch/de faire qch; **to ~ sb about sth** questionner qn au sujet de qch; se renseigner auprès de qn au sujet de qch; **to ~ about the price** s'informer du prix, se renseigner au sujet du prix; **to ~ (sb) a question** poser une question (à qn); **to ~ sb out to dinner** inviter qn au restaurant; **to ~ for** *vt fus* demander.
**askance** [ə'skɑːns] *ad*: **to look ~ at sb** regarder qn de travers or d'un œil désapprobateur.
**askew** [ə'skjuː] *ad* de travers, de guinguois.
**asleep** [ə'sliːp] *a* endormi(e); **to be ~** dormir, être endormi; **to fall ~** s'endormir.
**asp** [æsp] *n* aspic *m*.
**asparagus** [əs'pærəgəs] *n* asperges *fpl*; ~ **tips** *npl* pointes *fpl* d'asperges.
**aspect** ['æspɛkt] *n* aspect *m*; (*direction in which a building etc faces*) orientation *f*, exposition *f*.
**aspersions** [əs'pɜːʃənz] *npl*: **to cast ~ on** dénigrer.
**asphalt** ['æsfælt] *n* asphalte *m*.
**asphyxiate** [æs'fɪksɪeɪt] *vt* asphyxier; **asphyxiation** [-'eɪʃən] *n* asphyxie *f*.
**aspirate** *vt* ['æspəreɪt] aspirer // *a* ['æspərɪt] aspiré(e).
**aspiration** [æspə'reɪʃən] *n* aspiration *f*.
**aspire** [əs'paɪə*] *vi*: **to ~ to** aspirer à.
**aspirin** ['æsprɪn] *n* aspirine *f*.
**ass** [æs] *n* âne *m*; (*col*) imbécile *m/f*.
**assail** [ə'seɪl] *vt* assaillir; **~ant** *n* agresseur *m*; assaillant *m*.
**assassin** [ə'sæsɪn] *n* assassin *m*; **~ate** *vt* assassiner; **~ation** [əsæsɪ'neɪʃən] *n* assassinat *m*.
**assault** [ə'sɔːlt] *n* (MIL) assaut *m*; (*gen: attack*) agression *f*; (LAW): ~ (**and battery**) voies *fpl* de fait, coups *mpl* et blessures *fpl* // *vt* attaquer; (*sexually*) violenter.
**assemble** [ə'sɛmbl] *vt* assembler // *vi* s'assembler, se rassembler.
**assembly** [ə'sɛmblɪ] *n* (*meeting*) rassemblement *m*; (*construction*) assemblage *m*; ~ **line** *n* chaîne *f* de montage.
**assent** [ə'sɛnt] *n* assentiment *m*, consentement *m* // *vi* donner son assentiment, consentir.
**assert** [ə'sɜːt] *vt* affirmer, déclarer; établir; **~ion** [ə'sɜːʃən] *n* assertion *f*, affirmation *f*; **~ive** *a* assuré(e), péremptoire.
**assess** [ə'sɛs] *vt* évaluer, estimer; (*tax, damages*) établir or fixer le montant de; (*property etc: for tax*) calculer la valeur imposable de; **~ment** *n* évaluation *f*, estimation *f*; **~or** *n* expert *m* (*en matière d'impôt et d'assurance*).
**asset** ['æsɛt] *n* avantage *m*, atout *m*; **~s** *npl* capital *m*; avoir(s) *m(pl)*; actif *m*.
**assiduous** [ə'sɪdjuəs] *a* assidu(e).
**assign** [ə'saɪn] *vt* (*date*) fixer, arrêter; (*task*): **to ~ sth to** assigner qch à; (*resources*): **to ~ sth to** affecter qch à; (*cause, meaning*): **to ~ sth to** attribuer qch à; **~ment** *n* tâche *f*, mission *f*.

**assimilate** [ə'sɪmɪleɪt] *vt* assimiler ; **assimilation** [-'leɪʃən] *n* assimilation f.

**assist** [ə'sɪst] *vt* aider, assister ; secourir ; ~**ance** *n* aide f, assistance f; secours *mpl* ; ~**ant** *n* assistant/e, adjoint/e ; (*also:* shop ~**ant**) vendeur/euse.

**assizes** [ə'saɪzɪz] *npl* assises *fpl.*

**associate** *a,n* [ə'səuʃɪɪt] associé(e) // *vb* [ə'səuʃɪeɪt] *vt* associer // *vi:* **to ~ with** sb fréquenter qn.

**association** [əsəusɪ'eɪʃən] *n* association f; ~ **football** *n* football *m.*

**assorted** [ə'sɔ:tɪd] *a* assorti(e).

**assortment** [ə'sɔ:tmənt] *n* assortiment *m.*

**assume** [ə'sju:m] *vt* supposer ; (*responsibilities etc*) assumer ; (*attitude, name*) prendre, adopter ; ~**d name** *n* nom *m* d'emprunt.

**assumption** [ə'sʌmpʃən] *n* supposition f, hypothèse f.

**assurance** [ə'ʃuərəns] *n* assurance f.

**assure** [ə'ʃuə*] *vt* assurer.

**asterisk** ['æstərɪsk] *n* astérisque *m.*

**astern** [ə'stə:n] *ad* à l'arrière.

**asthma** ['æsmə] *n* asthme *m* ; ~**tic** [æs'mætɪk] *a,n* asthmatique (*m/f*).

**astir** [ə'stə:*] *ad* en émoi.

**astonish** [ə'stɔnɪʃ] *vt* étonner, stupéfier ; ~**ment** *n* étonnement *m.*

**astound** [ə'staund] *vt* stupéfier, sidérer.

**astray** [ə'streɪ] *ad:* **to go ~** s'égarer ; (*fig*) quitter le droit chemin.

**astride** [ə'straɪd] *ad* à cheval // *prep* à cheval sur.

**astringent** [əs'trɪndʒənt] *a* astringent(e) // *n* astringent *m.*

**astrologer** [əs'trɔlədʒə*] *n* astrologue *m.*

**astrology** [əs'trɔlədʒɪ] *n* astrologie f.

**astronaut** ['æstrənɔ:t] *n* astronaute *m/f.*

**astronomer** [əs'trɔnəmə*] *n* astronome *m.*

**astronomical** [æstrə'nɔmɪkəl] *a* astronomique.

**astronomy** [əs'trɔnəmɪ] *n* astronomie f.

**astute** [əs'tju:t] *a* astucieux(euse), malin(igne).

**asunder** [ə'sʌndə*] *ad:* **to tear ~** déchirer.

**asylum** [ə'saɪləm] *n* asile *m.*

**at** [æt] *prep* à ; (*because of: following surprised, annoyed etc*) de ; par ; ~ **Pierre's** chez Pierre ; ~ **the baker's** chez le boulanger, à la boulangerie ; ~ **times** parfois.

**ate** [eɪt] *pt of* eat.

**atheism** ['eɪθɪɪzəm] *n* athéisme *m.*

**atheist** ['eɪθɪɪst] *n* athée *m/f.*

**Athens** ['æθɪnz] *n* Athènes.

**athlete** ['æθli:t] *n* athlète *m/f.*

**athletic** [æθ'lɛtɪk] *a* athlétique ; ~**s** *n* athlétisme *m.*

**Atlantic** [ət'læntɪk] *a* atlantique // *n:* **the ~ (Ocean)** l'Atlantique *m*, l'océan *m* Atlantique.

**atlas** ['ætləs] *n* atlas *m.*

**atmosphere** ['ætməsfɪə*] *n* atmosphère f.

**atmospheric** [ætməs'fɛrɪk] *a* atmosphérique ; ~**s** *n* (*RADIO*) parasites *mpl.*

**atoll** ['ætɔl] *n* atoll *m.*

**atom** ['ætəm] *n* atome *m* ; ~**ic** [ə'tɔmɪk] *a* atomique ; ~**(ic) bomb** *n* bombe f

atomique ; ~**izer** ['ætəmaɪzə*] *n* atomiseur *m.*

**atone** [ə'təun] *vi:* **to ~ for** expier, racheter.

**atrocious** [ə'trəuʃəs] *a* (*very bad*) atroce, exécrable.

**atrocity** [ə'trɔsɪtɪ] *n* atrocité f.

**atrophy** ['ætrəfɪ] *n* atrophie f // *vt* atrophier // *vi* s'atrophier.

**attach** [ə'tætʃ] *vt* (*gen*) attacher ; (*document, letter*) joindre ; (*MIL: troops*) affecter ; **to be ~ed to sb/sth** (*to like*) être attaché à qn/qch ; ~**é** [ə'tæʃeɪ] *n* attaché *m* ; ~**é case** *n* mallette f, attaché-case *m* ; ~**ment** *n* (*tool*) accessoire *m* ; (*love*): ~**ment (to)** affection f (pour), attachement *m* (à).

**attack** [ə'tæk] *vt* attaquer ; (*task etc*) s'attaquer à // *n* attaque f; (*also:* heart ~) crise f cardiaque ; ~**er** *n* attaquant *m*, agresseur *m.*

**attain** [ə'teɪn] *vt* (*also:* **to ~ to**) parvenir à, atteindre ; acquérir ; ~**ments** *npl* connaissances *fpl*, résultats *mpl.*

**attempt** [ə'tɛmpt] *n* tentative f // *vt* essayer, tenter ; ~**ed theft** *etc* (*LAW*) tentative de vol *etc* ; **to make an ~ on sb's life** attenter à la vie de qn.

**attend** [ə'tɛnd] *vt* (*course*) suivre ; (*meeting, talk*) assister à ; (*school, church*) aller à, fréquenter ; (*patient*) soigner, s'occuper de ; **to ~ (up)on** servir ; être au service de ; **to ~ to** *vt fus* (*needs, affairs etc*) s'occuper de ; (*customer*) s'occuper de, servir ; ~**ance** *n* (*being present*) présence f; (*people present*) assistance f; ~**ant** *n* employé/e; gardien/ne // *a* concomitant(e), qui accompagne or s'ensuit.

**attention** [ə'tɛnʃən] *n* attention f; ~**s** attentions *fpl*, prévenances *fpl* ; ~**!** (*MIL*) garde-à-vous! ; **at ~** (*MIL*) au garde-à-vous ; **for the ~ of** (*ADMIN*) à l'attention de.

**attentive** [ə'tɛntɪv] *a* attentif(ive) ; (*kind*) prévenant(e) ; ~**ly** *ad* attentivement, avec attention.

**attenuate** [ə'tɛnjueɪt] *vt* atténuer // *vi* s'atténuer.

**attest** [ə'tɛst] *vi:* **to ~ to** témoigner de, attester de.

**attic** ['ætɪk] *n* grenier *m*, combles *mpl.*

**attire** [ə'taɪə*] *n* habit *m*, atours *mpl.*

**attitude** ['ætɪtju:d] *n* attitude f; manière f; pose f, maintien *m.*

**attorney** [ə'tə:nɪ] *n* (*lawyer*) avoué *m* ; (*having proxy*) mandataire *m* ; **A~ General** *n* (*Brit*) ≈ procureur général ; (*US*) ≈ garde *m* des Sceaux, ministre *m* de la Justice ; **power of ~** *n* procuration f.

**attract** [ə'trækt] *vt* attirer ; ~**ion** [ə'trækʃən] *n* (*gen pl: pleasant things*) attraction f, attrait *m* ; (*PHYSICS*) attraction f; (*fig: towards sth*) attirance f; ~**ive** *a* séduisant(e), attrayant(e).

**attribute** *n* ['ætrɪbju:t] attribut *m* // *vt* [ə'trɪbju:t]: **to ~ sth to** attribuer qch à qn.

**attrition** [ə'trɪʃən] *n:* **war of ~** guerre f d'usure.

**aubergine** ['əubəʒi:n] *n* aubergine f.

**auburn** ['ɔ:bən] *a* auburn *inv*, châtain roux *inv.*

**auction** [ɔ:kʃən] *n* (*also*: **sale by ~**) vente *f* aux enchères // *vt* (*also*: **to sell by ~**) vendre aux enchères ; (*also*: **to put up for ~**) mettre aux enchères ; **~eer** [-'nɪə*] *n* commissaire-priseur *m*.

**audacious** [ɔ:'deɪʃəs] *a* ímpudent(e) ; audacieux(euse), intrépide.

**audacity** [ɔ:'dæsɪtɪ] *n* impudence *f* ; audace *f*.

**audible** [ɔ:'dɪbl] *a* audible.

**audience** [ɔ:'dɪəns] *n* (*people*) assistance *f*, auditoire *m* ; auditeurs *mpl* ; spectateurs *mpl* ; (*interview*) audience *f*.

**audio-visual** [ɔ:dɪəʊ'vɪzjuəl] *a* audio-visuel(le).

**audit** [ɔ:'dɪt] *n* vérification *f* des comptes, apurement *m* // *vt* vérifier, apurer.

**audition** [ɔ:'dɪʃən] *n* audition *f*.

**auditor** [ɔ:'dɪtə*] *n* vérificateur *m* des comptes.

**auditorium** [ɔ:dɪ'tɔ:rɪəm] *n* auditorium *m*, salle *f* de concert *or* de spectacle.

**augment** [ɔ:g'mɛnt] *vt,vi* augmenter.

**augur** [ɔ:'gə*] *vt* (*be a sign of*) présager, annoncer // *vi*: **it ~s well** c'est bon signe *or* de bon augure, cela s'annonce bien.

**August** [ɔ:'gəst] *n* août *m*.

**august** [ɔ:'gʌst] *a* majestueux(euse), imposant(e).

**aunt** [ɑ:nt] *n* tante *f* ; **~ie, ~y** *n diminutive of* **aunt**.

**au pair** [ɔu'pɛə*] *n* (*also*: **~ girl**) jeune fille *f* au pair.

**aura** [ɔ:'rə] *n* atmosphère *f*.

**auspices** [ɔ:'spɪsɪz] *npl*: **under the ~ of** sous les auspices de.

**auspicious** [ɔ:s'pɪʃəs] *a* de bon augure, propice.

**austere** [ɔs'tɪə*] *a* austère.

**Australia** [ɔs'treɪlɪə] *n* Australie *f* ; **~n** *a* australien(ne) // *n* Australien/ne.

**Austria** [ɔstrɪə] *n* Autriche *f* ; **~n** *a* autrichien(ne) // *n* Autrichien/ne.

**authentic** [ɔ:'θɛntɪk] *a* authentique ; **~ate** *vt* établir l'authenticité de.

**author** [ɔ:θə*] *n* auteur *m*.

**authoritarian** [ɔ:θɔrɪ'tɛərɪən] *a* autoritaire.

**authoritative** [ɔ:'θɔrɪtətɪv] *a* (*account*) digne de foi ; (*study, treatise*) qui fait autorité ; (*manner*) autoritaire.

**authority** [ɔ:'θɔrɪtɪ] *n* autorité *f* ; (*permission*) autorisation (formelle) ; **the authorities** *npl* les autorités *fpl*, l'administration *f*.

**authorize** [ɔ:'θəraɪz] *vt* autoriser.

**authorship** [ɔ:'θəʃɪp] *n* paternité *f* (*littéraire etc*).

**autistic** [ɔ:'tɪstɪk] *a* autistique.

**auto** [ɔ:'təʊ] *n* (*US*) auto *f*, voiture *f*.

**autobiography** [ɔ:təbaɪ'ɔgrəfɪ] *n* autobiographie *f*.

**autocratic** [ɔ:tə'krætɪk] *a* autocratique.

**autograph** [ɔ:'təgrɑ:f] *n* autographe *m* // *vt* signer, dédicacer.

**automatic** [ɔ:tə'mætɪk] *a* automatique // *n* (*gun*) automatique *m* ; **~ally** *ad* automatiquement.

**automation** [ɔ:tə'meɪʃən] *n* automatisation *f*.

**automaton, pl automata** [ɔ:'tɔmətən, -tə] *n* automate *m*.

**automobile** [ɔ:'təməbi:l] *n* (*US*) automobile *f*.

**autonomous** [ɔ:'tɔnəməs] *a* autonome.

**autonomy** [ɔ:'tɔnəmɪ] *n* autonomie *f*.

**autopsy** [ɔ:'tɔpsɪ] *n* autopsie *f*.

**autumn** [ɔ:'təm] *n* automne *m*.

**auxiliary** [ɔ:g'zɪlɪərɪ] *a* auxiliaire // *n* auxiliaire *m/f*.

**Av.** *abbr of* **avenue**.

**avail** [ə'veɪl] *vt*: **to ~ o.s. of** user de ; profiter de // *n*: **to no ~** sans résultat, en vain, en pure perte.

**availability** [əveɪlə'bɪlɪtɪ] *n* disponibilité *f*.

**available** [ə'veɪləbl] *a* disponible ; **every ~ means** tous les moyens possibles *or* à sa (*or* notre *etc*) disposition.

**avalanche** [ævəla:nʃ] *n* avalanche *f*.

**avant-garde** [ævɑ̃'gɑ:d] *a* d'avant-garde.

**avaricious** [ævə'rɪʃəs] *a* avare.

**Ave.** *abbr of* **avenue**.

**avenge** [ə'vɛndʒ] *vt* venger.

**avenue** [ævənju:] *n* avenue *f*.

**average** [ævərɪdʒ] *n* moyenne *f* // *a* moyen(ne) // *vt* (*a certain figure*) atteindre or faire *etc* en moyenne ; **on ~** en moyenne ; **above/below (the) ~** au-dessus/en-dessous de la moyenne ; **to ~ out** *vi*: **to ~ out at** représenter en moyenne, donner une moyenne de.

**averse** [ə'və:s] *a*: **to be ~ to sth/doing** éprouver une forte répugnance envers qch/à faire ; **I wouldn't be ~ to a drink** un petit verre ne serait pas de refus, je ne dirais pas non à un petit verre.

**aversion** [ə'və:ʃən] *n* aversion *f*, répugnance *f*.

**avert** [ə'və:t] *vt* prévenir, écarter ; (*one's eyes*) détourner.

**aviary** [eɪvɪərɪ] *n* volière *f*.

**aviation** [eɪvɪ'eɪʃən] *n* aviation *f*.

**avid** [ævɪd] *a* avide ; **~ly** *ad* avidement, avec avidité.

**avocado** [ævə'kɑ:dəʊ] *n* (*also*: **~ pear**) avocat *m*.

**avoid** [ə'vɔɪd] *vt* éviter ; **~able** *a* évitable ; **~ance** *n* le fait d'éviter.

**await** [ə'weɪt] *vt* attendre ; **~ing attention/delivery** (*COMM*) en souffrance.

**awake** [ə'weɪk] *a* éveillé(e) ; (*fig*) en éveil // *vb* (*pt* **awoke** [ə'wəʊk], *pp* **awoken** [ə'wəʊkən] *or* **awaked**) *vt* éveiller // *vi* s'éveiller ; **~ to** conscient de ; **he was still ~** il ne dormait pas encore ; **~ning** [ə'weɪknɪŋ] *n* réveil *m*.

**award** [ə'wɔ:d] *n* récompense *f*, prix *m* // *vt* (*prize*) décerner ; (*LAW*: *damages*) accorder.

**aware** [ə'wɛə*] *a*: **~ of** (*conscious*) conscient(e) de ; (*informed*) au courant de ; **to become ~ of** avoir conscience de, prendre conscience de ; se rendre compte de ; **politically/socially ~** sensibilisé aux or ayant pris conscience des problèmes politiques/sociaux ; **~ness** *n* le fait d'être conscient, au courant etc.

**awash** [ə'wɔʃ] *a* recouvert(e) (d'eau) ; **~ with** inondé(e) de.

**away** [ə'weɪ] *a,ad* (au) loin ; absent(e) ; **two kilometres ~** à (une distance de) deux kilomètres, à deux kilomètres de distance ; **two hours ~ by car** à deux heures de voiture *or* de route ; **the holiday was two weeks ~** il restait deux semaines jusqu'aux vacances ; **~ from** loin de ; **he's ~ for a week** il est parti (pour) une semaine ; **to take ~** *vt* emporter ; **to work/pedal/laugh** *etc* **~** la particule indique la constance et l'énergie de l'action : il pédalait *etc* tant qu'il pouvait ; **to fade/wither** *etc* **~** la particule renforce l'idée de la disparition, l'éloignement ; **~ match** *n* (SPORT) match *m* à l'extérieur.

**awe** [ɔ:] *n* respect mêlé de crainte, effroi mêlé d'admiration ; **~-inspiring, ~some** a impressionnant(e) ; **~struck** a frappé(e) d'effroi.

**awful** ['ɔ:fəl] *a* affreux(euse) ; **~ly** *ad* (very) terriblement, vraiment.

**awhile** [ə'waɪl] *ad* un moment, quelque temps.

**awkward** ['ɔ:kwəd] *a* (clumsy) gauche, maladroit(e) ; (inconvenient) malaisé(e), d'emploi malaisé, peu pratique ; (embarrassing) gênant(e), délicat(e).

**awl** [ɔ:l] *n* alène *f*.

**awning** ['ɔ:nɪŋ] *n* (of tent) auvent *m* ; (of shop) store *m* ; (of hotel etc) marquise *f* (de toile).

**awoke, awoken** [ə'wəuk, -kən] *pt,pp of* **awake**.

**awry** [ə'raɪ] *ad,a* de travers ; **to go ~** mal tourner.

**axe, ax** (US) [æks] *n* hache *f* // *vt* (employee) renvoyer ; (project etc) abandonner ; (jobs) supprimer.

**axiom** ['æksɪəm] *n* axiome *m*.

**axis, pl axes** ['æksɪs, -sɪ:z] *n* axe *m*.

**axle** ['æksl] *n* (also: **~-tree**) essieu *m*.

**ay(e)** [aɪ] *excl* (yes) oui ; **the ayes** *npl* les oui.

**azure** ['eɪʒə*] *a* azuré(e).

## B

**B** [bi:] *n* (MUS) si *m*.

**B.A.** *abbr see* **bachelor**.

**babble** ['bæbl] *vi* babiller // *n* babillage *m*.

**baboon** [bə'bu:n] *n* babouin *m*.

**baby** ['beɪbɪ] *n* bébé *m* ; **~ carriage** *n* (US) voiture *f* d'enfant ; **~hood** *n* petite enfance ; **~ish** a enfantin(e), de bébé ; **~-sit** *vi* garder les enfants ; **~-sitter** *n* baby-sitter *m/f*.

**bachelor** ['bætʃələ*] *n* célibataire *m* ; **B~ of Arts/Science (B.A./B.Sc.)** ≈ licencié/e ès *or* en lettres/sciences ; **B~ of Arts/Science degree (B.A./B.Sc.)** ≈ licence *f* ès *or* en lettres / sciences ; **~hood** *n* célibat *m*.

**back** [bæk] *n* (of person, horse) dos *m* ; (of hand) dos, revers *m* ; (of house) derrière *m* ; (of car, train) arrière *m* ; (of chair) dossier *m* ; (of page) verso *m* ; (FOOTBALL) arrière *m* // *vi* (candidate: also: **~ up**) soutenir, appuyer ; (horse: at races) parier *or* miser sur ; (car) (faire) reculer // *vi* reculer ; (car etc) faire marche arrière // *a* (in compounds) de derrière, à l'arrière ; **~**

**seats/wheels** (AUT) sièges *mpl*/roues *fpl* arrière ; **~ payments/rent** arrière *m* de paiements/loyer // *ad* (not forward) en arrière ; (returned): **he's ~** il est rentré, il est de retour ; **he ran ~** il est revenu en courant ; (restitution): **throw the ball ~** renvoie la balle ; **can I have it ~?** puis-je le ravoir?, peux-tu me le rendre?; (again): **he called ~** il a rappelé ; **to ~ down** *vi* rabattre de ses prétentions ; **to ~ out** *vi* (of promise) se dédire ; **~ache** *n* maux *mpl* de reins ; **~bencher** *n* membre du parlement sans portefeuille ; **~biting** *n* médisance(s) *f(pl)* ; **~bone** *n* colonne vertébrale, épine dorsale ; **~cloth** *n* toile *f* de fond ; **~date** *vt* (letter) antidater ; **~dated pay rise** augmentation *f* avec effet rétroactif ; **~er** *n* partisan *m* ; (COMM) commanditaire *m* ; **~fire** *vi* (AUT) pétarader ; (plans) mal tourner ; **~gammon** *n* trictrac *m* ; **~ground** *n* arrière-plan *m* ; (of events) situation *f*, conjoncture *f* ; (basic knowledge) éléments *mpl* de base ; (experience) formation *f* ; **family ~ground** milieu familial ; **~ground noise** *n* bruit *m* de fond ; **~hand** *n* (TENNIS: also: **~hand stroke**) revers *m* ; **~handed** a (fig) déloyal(e) ; équivoque ; **~hander** *n* (bribe) pot-de-vin *m* ; **~ing** *n* (fig) soutien *m*, appui *m* ; **~lash** *n* contre-coup *m*, répercussion *f* ; **~log** *n*: **~log of work** travail *m* en retard ; **~ number** *n* (of magazine etc) vieux numéro ; **~ pay** *n* rappel *m* de traitement ; **~side** *n* (col) derrière *m*, postérieur *m* ; **~stroke** *n* nage *f* sur le dos ; **~ward** a (movement) en arrière ; (measure) rétrograde ; (person, country) arriéré(e) ; attardé(e) ; (shy) hésitant(e) ; **~ward and forward movement** mouvement de va-et-vient ; **~wards** ad (move, go) en arrière ; (read a list) à l'envers, à rebours ; (fall) à la renverse ; (walk) à reculons ; (in time) en arrière, vers le passé ; **~water** *n* (fig) coin reculé ; bled perdu ; **~yard** *n* arrière-cour *f*.

**bacon** ['beɪkən] *n* bacon *m*, lard *m*.

**bacteria** [bæk'tɪərɪə] *npl* bactéries *fpl*.

**bad** [bæd] *a* mauvais(e) ; (child) vilain(e) ; (meat, food) gâté(e), avarié(e) ; **his ~ leg** sa jambe malade.

**bade** [bæd] *pt of* **bid**.

**badge** [bædʒ] *n* insigne *m* ; (of policemen) plaque *f*.

**badger** ['bædʒə*] *n* blaireau *m* // *vt* harceler.

**badly** ['bædlɪ] *ad* (work, dress etc) mal ; **~ wounded** grièvement blessé ; **he needs it ~** il en a absolument besoin ; **~ off** *a,ad* dans la gêne.

**badminton** ['bædmɪntən] *n* badminton *m*.

**bad-tempered** ['bæd'tɛmpəd] *a* ayant mauvais caractère ; de mauvaise humeur.

**baffle** ['bæfl] *vt* (puzzle) déconcerter.

**bag** [bæg] *n* sac *m* ; (of hunter) gibecière *f* ; chasse *f* // *vt* (col: take) empocher ; s'approprier ; (TECH) mettre en sacs ; **~s under the eyes** poches *fpl* sous les yeux ; **~ful** *n* plein sac ; **~gage** *n* bagages *mpl* ; **~gy** a avachi(e), qui fait des poches ; **~pipes** *npl* cornemuse *f*.

**Bahamas** [bə'hɑ:məz] *npl*: **the ~** les Bahamas *fpl*.

**bail** [beɪl] n caution f // vt (prisoner: gen: **to give ~ to**) mettre en liberté sous caution ; (boat: also: **~ out**) écoper ; see **bale** ; **to ~ out** vt (prisoner) payer la caution de.

**bailiff** ['beɪlɪf] n huissier m.

**bait** [beɪt] n appât m // vt appâter ; (fig) tourmenter.

**bake** [beɪk] vt (faire) cuire au four // vi cuire (au four) ; faire de la pâtisserie ; **~d beans** npl haricots blancs à la sauce tomate ; **~r** n boulanger m ; **~ry** n boulangerie f ; boulangerie industrielle ; **baking** n cuisson f ; **baking powder** n levure f (chimique).

**balaclava** [bælə'klɑːvə] n (also: **~ helmet**) passe-montagne m.

**balance** ['bæləns] n équilibre m ; (COMM: sum) solde m ; (scales) balance f ; (ECON: of trade etc) balance // vt mettre ou faire tenir en équilibre ; (pros and cons) peser ; (budget) équilibrer ; (account) balancer ; (compensate) compenser, contrebalancer ; **~ of trade/payments** balance commerciale/des comptes or paiements ; **~d** a (personality, diet) équilibré(e) ; **~ sheet** n bilan m ; **~ wheel** n balancier m.

**balcony** ['bælkənɪ] n balcon m.

**bald** [bɔːld] a chauve ; (tree, hill) dénudé(e) ; **~ness** n calvitie f.

**bale** [beɪl] n balle f, ballot m ; **to ~ out** vi (of a plane) sauter en parachute.

**baleful** ['beɪlful] a funeste, maléfique.

**balk** [bɔːk] vi: **to ~ (at)** regimber (contre) ; (horse) se dérober (devant).

**ball** [bɔːl] n boule f ; (football) ballon m ; (for tennis, golf) balle f ; (dance) bal m.

**ballad** ['bæləd] n ballade f.

**ballast** ['bæləst] n lest m.

**ballerina** [bælə'riːnə] n ballerine f.

**ballet** ['bæleɪ] n ballet m ; (art) danse f (classique).

**ballistics** [bə'lɪstɪks] n balistique f.

**balloon** [bə'luːn] n ballon m ; (in comic strip) bulle f ; **~ist** n aéronaute m/f.

**ballot** ['bælət] n scrutin m ; **~ box** n urne (électorale) ; **~ paper** n bulletin m de vote.

**ball-point pen** ['bɔːlpɔɪnt'pɛn] n stylo m à bille.

**ballroom** ['bɔːlrum] n salle f de bal.

**balmy** ['bɑːmɪ] a (breeze, air) doux(douce) ; (col) = **barmy**.

**balsam** ['bɔːlsəm] n baume m.

**Baltic** [bɔːltɪk] a,n: **the ~ (Sea)** la (mer) Baltique.

**bamboo** [bæm'buː] n bambou m.

**bamboozle** [bæm'buːzl] vt (col) embobiner.

**ban** [bæn] n interdiction f // vt interdire.

**banal** [bə'nɑːl] a banal(e).

**banana** [bə'nɑːnə] n banane f.

**band** [bænd] n bande f ; (at a dance) orchestre m ; (MIL) musique f, fanfare f ; **to ~ together** vi se liguer.

**bandage** ['bændɪdʒ] n bandage m, pansement m.

**bandit** ['bændɪt] n bandit m.

**bandwagon** ['bændwægən] n: **to jump on the ~** (fig) monter dans or prendre le train en marche.

**bandy** ['bændɪ] vt (jokes, insults) échanger ; **to ~ about** vt employer à tout bout de champ or à tort et à travers.

**bandy-legged** ['bændɪ'lɛgd] a aux jambes arquées.

**bang** [bæŋ] n détonation f ; (of door) claquement m ; (blow) coup (violent) // vt détoner (violemment) ; (door) claquer // vi détoner, claquer ; **to ~ at the door** cogner à la porte.

**banger** ['bæŋə*] n (car: gen: old ~) (vieux) tacot.

**bangle** ['bæŋgl] n bracelet m.

**banish** ['bænɪʃ] vt bannir.

**banister(s)** ['bænɪstə(z)] n(pl) rampe f (d'escalier).

**banjo**, **~es** or **~s** ['bændʒəu] n banjo m.

**bank** [bæŋk] n banque f ; (of river, lake) bord m, rive f ; (of earth) talus m, remblai m // vi (AVIAT) virer sur l'aile ; (COMM): **they ~ with Pitt's** leur banque or banquier est Pitt's ; **to ~ on** vt fus miser or tabler sur ; **~ account** n compte m en banque ; **~er** n banquier m ; **B~ holiday** n jour férié (où les banques sont fermées) ; **~ing** n opérations fpl bancaires ; profession f de banquier ; **~ing hours** npl heures fpl d'ouverture des banques ; **~note** n billet m de banque ; **~ rate** n taux m de l'escompte.

**bankrupt** ['bæŋkrʌpt] n failli/e // a en faillite ; **to go ~** faire faillite ; **~cy** n faillite f.

**banner** ['bænə*] n bannière f.

**bannister(s)** ['bænɪstə(z)] n(pl) = **banister(s)**.

**banns** [bænz] npl bans mpl (de mariage).

**banquet** ['bæŋkwɪt] n banquet m, festin m.

**bantam-weight** ['bæntəmweɪt] n poids m coq inv.

**banter** ['bæntə*] n badinage m.

**baptism** ['bæptɪzəm] n baptême m.

**Baptist** ['bæptɪst] n baptiste m/f.

**baptize** [bæp'taɪz] vt baptiser.

**bar** [bɑː*] n barre f ; (of window etc) barreau m ; (of chocolate) tablette f, plaque f ; (fig) obstacle m ; mesure f d'exclusion ; (pub) bar m ; (counter: in pub) comptoir m, bar ; (MUS) mesure f // vt (road) barrer ; (window) munir de barreaux ; (person) exclure ; (activity) interdire ; **~ of soap** savonnette f ; **the B~** (LAW) le barreau ; **~ none** sans exception.

**Barbados** [bɑː'beɪdɔs] n Barbade f.

**barbaric** [bɑː'bærɪk] a barbare.

**barbarous** ['bɑːbərəs] a barbare, cruel(le).

**barbecue** ['bɑːbɪkjuː] n barbecue m.

**barbed wire** ['bɑːbd'waɪə*] n fil m de fer barbelé.

**barber** ['bɑːbə*] n coiffeur m (pour hommes).

**barbiturate** [bɑː'bɪtjurɪt] n barbiturique m.

**bare** [bɛə*] a nu(e) // vt mettre à nu, dénuder ; (teeth) montrer ; **the ~ essentials** le strict nécessaire ; **~back** ad à cru, sans selle ; **~faced** a impudent(e), effronté(e) ; **~foot** a,ad nu-pieds, (les) pieds nus ; **~headed** a,ad nu-tête, (la) tête nue ; **~ly** ad à peine.

**bargain** ['bɑːgɪn] *n* (*transaction*) marché *m*; (*good buy*) affaire *f*, occasion *f* // *vi* (*haggle*) marchander; (*trade*) négocier, traiter; **into the ~** par-dessus le marché.

**barge** [bɑːdʒ] *n* péniche *f*; **to ~ in** *vi* (*walk in*) faire irruption; (*interrupt talk*) intervenir mal à propos; **to ~ into** *vt fus* rentrer dans.

**baritone** ['bærɪtəun] *n* baryton *m*.

**bark** [bɑːk] *n* (*of tree*) écorce *f*; (*of dog*) aboiement *m* // *vi* aboyer.

**barley** ['bɑːlɪ] *n* orge *f*.

**barmaid** ['bɑːmeɪd] *n* serveuse *f* (*de bar*), barmaid *f*.

**barman** ['bɑːmən] *n* serveur *m* (*de bar*), barman *m*.

**barmy** ['bɑːmɪ] *a* (*col*) timbré(e), cinglé(e).

**barn** [bɑːn] *n* grange *f*.

**barnacle** ['bɑːnəkl] *n* anatife *m*, bernache *f*.

**barometer** [bə'rɒmɪtə*] *n* baromètre *m*.

**baron** ['bærən] *n* baron *m*; **~ess** baronne *f*.

**barracks** ['bærəks] *npl* caserne *f*.

**barrage** ['bærɑːʒ] *n* (*MIL*) tir *m* de barrage; (*dam*) barrage *m*.

**barrel** ['bærəl] *n* tonneau *m*; (*of gun*) canon *m*; **~ organ** *n* orgue *m* de Barbarie.

**barren** ['bærən] *a* stérile; (*hills*) aride.

**barricade** [bærɪ'keɪd] *n* barricade *f* // *vt* barricader.

**barrier** ['bærɪə*] *n* barrière *f*.

**barring** ['bɑːrɪŋ] *prep* sauf.

**barrister** ['bærɪstə*] *n* avocat (plaidant).

**barrow** ['bærəu] *n* (*cart*) charrette *f* à bras.

**bartender** ['bɑːtendə*] *n* (*US*) barman *m*.

**barter** ['bɑːtə*] *n* échange *m*, troc *m* // *vt*: **to ~ sth for** échanger qch contre.

**base** [beɪs] *n* base *f* // *vt*: **to ~ sth on** baser *or* fonder qch sur // *a* vil(e), bas(se); **coffee-~d** à base de café; **a Paris-~d firm** une maison opérant de Paris *or* dont le siège est à Paris; **~ball** *n* base-ball *m*; **~ment** *n* sous-sol *m*.

**bases** ['beɪsiːz] *npl of* **basis**; ['beɪsɪz] *npl of* **base**.

**bash** [bæʃ] *vt* (*col*) frapper, cogner; **~ed in** a enfoncé(e), défoncé(e).

**bashful** ['bæʃful] *a* timide; modeste.

**bashing** ['bæʃɪŋ] *n* (*col*) raclée *f*.

**basic** ['beɪsɪk] *a* fondamental *or*, de base; réduit(e) au minimum, rudimentaire; **~ally** [-lɪ] *ad* fondamentalement, à la base; en fait, au fond.

**basil** ['bæzl] *n* basilic *m*.

**basin** ['beɪsn] *n* (*vessel, also GEO*) cuvette *f*, bassin *m*; (*for food*) bol *m*; (*also*: **wash~**) lavabo *m*.

**basis**, *pl* **bases** ['beɪsɪs, -siːz] *n* base *f*.

**bask** [bɑːsk] *vi*: **to ~ in the sun** se chauffer au soleil.

**basket** ['bɑːskɪt] *n* corbeille *f*; (*with handle*) panier *m*; **~ball** *n* basket-ball *m*.

**bass** [beɪs] *n* (*MUS*) basse *f*; **~ clef** *n* clé *f* de fa.

**bassoon** [bə'suːn] *n* basson *m*.

**bastard** ['bɑːstəd] *n* enfant naturel(le), bâtard/e; (*col!*) salaud *m*(!).

**baste** [beɪst] *vt* (*CULIN*) arroser; (*SEWING*) bâtir, faufiler.

**bastion** ['bæstɪən] *n* bastion *m*.

**bat** [bæt] *n* chauve-souris *f*; (*for baseball etc*) batte *f*; (*for table tennis*) raquette *f*; **off one's own ~** de sa propre initiative; **he didn't ~ an eyelid** il n'a pas sourcillé *or* bronché.

**batch** [bætʃ] *n* (*of bread*) fournée *f*; (*of papers*) liasse *f*.

**bated** ['beɪtɪd] *a*: **with ~ breath** en retenant son souffle.

**bath** [bɑːθ, *pl* bɑːðz] *n see also* **baths**; bain *m*; (*bathtub*) baignoire *f* // *vt* baigner, donner un bain à; **to have a ~** prendre un bain; **~chair** *n* fauteuil roulant.

**bathe** [beɪð] *vi* se baigner // *vt* baigner; **~r** *n* baigneur/euse.

**bathing** ['beɪðɪŋ] *n* baignade *f*; **~ cap** *n* bonnet *m* de bain; **~ costume** *n* maillot *m* (de bain).

**bath**: **~mat** *n* tapis *m* de bain; **~room** *n* salle *f* de bains; **~s** *npl* établissement *m* de bains(-douches); **~ towel** *n* serviette *f* de bain.

**batman** ['bætmən] *n* (*MIL*) ordonnance *f*.

**baton** ['bætən] *n* bâton *m*; (*MUS*) baguette *f*; (*club*) matraque *f*.

**battalion** [bə'tælɪən] *n* bataillon *m*.

**batter** ['bætə*] *vt* battre // *n* pâte *f* à frire; **~ed** *a* (*hat, pan*) cabossé(e); **~ed wife/husband** épouse/enfant maltraité(e) *or* martyr(e); **~ing ram** *n* bélier *m* (*fig*).

**battery** ['bætərɪ] *n* batterie *f*; (*of torch*) pile *f*.

**battle** ['bætl] *n* bataille *f*, combat *m* // *vi* se battre, lutter; **~ dress** *n* tenue *f* de campagne *or* d'assaut; **~field** *n* champ *m* de bataille; **~ments** *npl* remparts *mpl*; **~ship** *n* cuirassé *m*.

**baulk** [bɔːlk] *vi* = **balk**.

**bawdy** ['bɔːdɪ] *a* paillard(e).

**bawl** [bɔːl] *vi* hurler, brailler.

**bay** [beɪ] *n* (*of sea*) baie *f*; **to hold sb at ~** tenir qn à distance *or* en échec.

**bayonet** ['beɪənɪt] *n* baïonnette *f*.

**bay window** ['beɪ'wɪndəu] *n* baie vitrée.

**bazaar** [bə'zɑː*] *n* bazar *m*; vente *f* de charité.

**bazooka** [bə'zuːkə] *n* bazooka *m*.

**b. & b., B. & B.** *abbr see* **bed**.

**BBC** *n abbr of* British Broadcasting Corporation (office de la radiodiffusion et télévision britannique).

**B.C.** *ad* (*abbr of before Christ*) av. J.-C.

**BCG** *n* (*abbr of Bacillus Calmette-Guérin*) BCG.

**be**, *pt* **was, were**, *pp* **been** [biː, wɔz, wə*, biːn] *vi* être; **how are you?** comment allez-vous?; **I am warm** j'ai chaud; **it is cold** il fait froid; **how much is it?** combien ça coûte?; **he is four (years old)** il a quatre ans; **2 and 2 are 4** 2 et 2 font 4; **where have you been?** où êtes-vous allé(s)?; où étiez-vous?.

**beach** [biːtʃ] *n* plage *f* // *vt* échouer; **~wear** *n* tenues *fpl* de plage.

**beacon** ['biːkən] *n* (*lighthouse*) fanal *m*; (*marker*) balise *f*.

**bead** [biːd] *n* perle *f*.

**beak** [biːk] *n* bec *m*.

**beaker** ['biːkə*] *n* gobelet *m*.

**beam** [biːm] *n* poutre *f*; (*of light*) rayon *m* // *vi* rayonner; ~**ing** *a* (*sun, smile*) radieux(euse).

**bean** [biːn] *n* haricot *m*; (*of coffee*) grain *m*.

**bear** [bɛə*] *n* ours *m* // *vb* (*pt* **bore**, *pp* **borne** [bɔː*, bɔːn]) *vt* porter; (*endure*) supporter // *vi*: **to ~ right/left** obliquer à droite/gauche, se diriger vers la droite/gauche; **to ~ the responsibility of** assumer la responsabilité de; **to ~ comparison with** soutenir la comparaison avec; ~**able** *a* supportable.

**beard** [biəd] *n* barbe *f*; ~**ed** *a* barbu(e).

**bearer** ['bɛərə*] *n* porteur *m*.

**bearing** ['bɛəriŋ] *n* maintien *m*, allure *f*; (*connection*) rapport *m*; (*ball*) ~**s** *npl* roulements *mpl* (à billes); **to take a ~** faire le point; **to find one's ~s** s'orienter.

**beast** [biːst] *n* bête *f*; (*col*): **he's a ~** c'est une brute; ~**ly** *a* infect(e).

**beat** [biːt] *n* battement *m*; (*MUS*) temps *m*; mesure *f*; (*of policeman*) ronde *f* // *vt* (*pt* **beat**, *pp* **beaten**) battre; **off the ~en track** hors des chemins *or* sentiers battus; **to ~ about the bush** tourner autour du pot; **to ~ time** battre la mesure; **to ~ off** *vt* repousser; **to ~ up** *vt* (*col: person*) tabasser; (*eggs*) battre; ~**er** *n* (*for eggs, cream*) fouet *m*, batteur *m*; ~**ing** *n* raclée *f*.

**beautician** [bjuː'tiʃən] *n* esthéticien/ne.

**beautiful** ['bjuːtiful] *a* beau(belle); ~**ly** *ad* admirablement.

**beautify** ['bjuːtifai] *vt* embellir.

**beauty** ['bjuːti] *n* beauté *f*; ~ **salon** *n* institut *m* de beauté; ~ **spot** *n* grain *m* de beauté; (*TOURISM*) site naturel (d'une grande beauté).

**beaver** ['biːvə*] *n* castor *m*.

**becalmed** [bi'kɑːmd] *a* immobilisé(e) par le calme plat.

**became** [bi'keim] *pt of* **become**.

**because** [bi'kɔz] *cj* parce que; ~ **of** *prep* à cause de.

**beckon** ['bekən] *vt* (*also*: ~ **to**) faire signe (de venir) à.

**become** [bi'kʌm] *vt* (*irg: like* **come**) devenir; **to ~ fat/thin** grossir/maigrir; **what has ~ of him?** qu'est-il devenu?

**becoming** [bi'kʌmiŋ] *a* (*behaviour*) convenable, bienséant(e); (*clothes*) seyant(e).

**bed** [bed] *n* lit *m*; (*of flowers*) parterre *m*; (*of coal, clay*) couche *f*; **to go to ~** aller se coucher; ~ **and breakfast** (b. & b.) *n* (*terms*) chambre et petit déjeuner; ~**clothes** *npl* couvertures *fpl* et draps *mpl*; ~**cover** *n* couvre-lit *m*, dessus-de-lit *m*; ~**ding** *n* literie *f*.

**bedlam** ['bedləm] *n* chahut *m*, cirque *m*.

**bedpost** ['bedpəust] *n* colonne *f* de lit.

**bedraggled** [bi'drægld] *a* dépenaillé(e), les vêtements en désordre.

**bed:** ~**ridden** *a* cloué(e) au lit; ~**room** *n* chambre *f* (à coucher); ~**side** *n*: **at sb's ~side** au chevet de qn; ~**side book** *n* livre *m* de chevet; ~**sit(ter)** *n* chambre meublée, studio *m*; ~**spread** *n* couvre-lit *m*, dessus-de-lit *m*.

**bee** [biː] *n* abeille *f*.

**beech** [biːtʃ] *n* hêtre *m*.

**beef** [biːf] *n* bœuf *m*.

**beehive** ['biːhaiv] *n* ruche *f*.

**beeline** ['biːlain] *n*: **to make a ~ for** se diriger tout droit vers.

**been** [biːn] *pp of* **be**.

**beer** [biə*] *n* bière *f*.

**beetle** ['biːtl] *n* scarabée *m*; coléoptère *m*.

**beetroot** ['biːtruːt] *n* betterave *f*.

**befall** [bi'fɔːl] *vi(vt)* (*irg: like* **fall**) advenir (à).

**befit** [bi'fit] *vt* seoir à.

**before** [bi'fɔː*] *prep* (*of time*) avant; (*of space*) devant // *cj* avant que + *sub*; avant de // *ad* avant; **the week ~** la semaine précédente *or* d'avant; **I've seen it ~** je l'ai déjà vu; **I've never seen it ~** c'est la première fois que je le vois; ~**hand** *ad* au préalable, à l'avance.

**befriend** [bi'frend] *vt* venir en aide à; traiter en ami.

**beg** [beg] *vi* mendier // *vt* mendier; (*favour*) quémander, solliciter; (*entreat*) supplier.

**began** [bi'gæn] *pt of* **begin**.

**beggar** ['begə*] *n* (*also*: ~**man**, ~**woman**) mendiant/e.

**begin**, *pt* **began**, *pp* **begun** [bi'gin, -'gæn, -'gʌn] *vt*, *vi* commencer; ~**ner** *n* débutant/e; ~**ning** *n* commencement *m*, début *m*.

**begrudge** [bi'grʌdʒ] *vt*: **to ~ sb sth** envier qch à qn; donner qch à contrecœur *or* à regret à qn; **I don't ~ doing it** je le fais volontiers.

**begun** [bi'gʌn] *pp of* **begin**.

**behalf** [bi'hɑːf] *n*: **on ~ of** de la part de; au nom de; pour le compte de.

**behave** [bi'heiv] *vi* se conduire, se comporter; (*well: also*: ~ **o.s.**) se conduire bien *or* comme il faut.

**behaviour**, **behavior** (*US*) [bi'heivjə*] *n* comportement *m*, conduite *f* (*the latter often from a moral point of view, the former being more objective*).

**beheld** [bi'held] *pt, pp of* **behold**.

**behind** [bi'haind] *prep* derrière; (*time*) en retard sur // *ad* derrière; en retard // *n* derrière *m*; ~ **the scenes** dans les coulisses.

**behold** [bi'həuld] *vt* (*irg: like* **hold**) apercevoir, voir.

**beige** [beiʒ] *a* beige.

**being** ['biːiŋ] *n* être *m*; **to come into ~** prendre naissance.

**belated** [bi'leitid] *a* tardif(ive).

**belch** [beltʃ] *vi* avoir un renvoi, roter // *vt* (*gen*: ~ **out**: *smoke etc*) vomir, cracher.

**belfry** ['belfri] *n* beffroi *m*.

**Belgian** ['beldʒən] *a* belge, de Belgique // *n* Belge *m/f*.

**Belgium** ['beldʒəm] *n* Belgique *f*.

**belie** [bi'lai] *vt* démentir.

**belief** [bi'liːf] *n* (*opinion*) conviction *f*; (*trust, faith*) foi *f*; (*acceptance as true*) croyance *f*.

**believable** [bi'liːvəbl] *a* croyable.

**believe** [bi'liːv] *vt, vi* croire; ~**r** *n* croyant/e.

**belittle** [bi'litl] *vt* déprécier, rabaisser.

**bell** [bɛl] n cloche f; (small) clochette f, grelot m; (on door) sonnette f; (electric) sonnerie f; ~-bottomed trousers npl pantalon m à pattes d'éléphant.

**belligerent** [bɪ'lɪdʒərənt] a (at war) belligérant(e); (fig) agressif(ive).

**bellow** ['bɛləu] vi mugir // vt (orders) hurler.

**bellows** ['bɛləuz] npl soufflet m.

**belly** ['bɛlɪ] n ventre m; to ~ache vi (col) ronchonner; ~button n nombril m.

**belong** [bɪ'lɔŋ] vi: to ~ to appartenir à; (club etc) faire partie de; this book ~s here ce livre va ici, la place de ce livre est ici; ~ings npl affaires fpl, possessions fpl.

**beloved** [bɪ'lʌvɪd] a (bien-)aimé(e), chéri(e) // n bien-aimé/e.

**below** [bɪ'ləu] prep sous, au-dessous de // ad en dessous; en contre-bas; see ~ voir plus bas or plus loin or ci-dessous.

**belt** [bɛlt] n ceinture f; (TECH) courroie f // vt (thrash) donner une raclée à // vi (col) filer (à toutes jambes).

**bench** [bɛntʃ] n banc m; (in workshop) établi m; the B~ (LAW) la magistrature, la Cour.

**bend** [bɛnd] vb (pt,pp bent [bɛnt]) vt courber; (leg, arm) plier // vi se courber // n (in road) virage m, tournant m; (in pipe, river) coude m; to ~ down vi se baisser; to ~ over vi se pencher.

**beneath** [bɪ'niːθ] prep sous, au-dessous de; (unworthy of) indigne de // ad dessous, au-dessous, en bas.

**benefactor** ['bɛnɪfæktə*] n bienfaiteur m.

**benefactress** ['bɛnɪfæktrɪs] n bienfaitrice f.

**beneficial** [bɛnɪ'fɪʃəl] a salutaire; avantageux(euse).

**benefit** ['bɛnɪfɪt] n avantage m, profit m; (allowance of money) allocation f // vt faire du bien à, profiter à // vi: he'll ~ from it cela lui fera du bien, il y gagnera or s'en trouvera bien; ~ performance n représentation f or gala m de bienfaisance.

**Benelux** ['bɛnɪlʌks] n Bénélux m.

**benevolent** [bɪ'nɛvələnt] a bienveillant(e).

**bent** [bɛnt] pt,pp of bend // n inclination f, penchant m // a (dishonest) véreux(euse); to be ~ on être résolu(e) à.

**bequeath** [bɪ'kwiːð] vt léguer.

**bequest** [bɪ'kwɛst] n legs m.

**bereaved** [bɪ'riːvd] n: the ~ la famille du disparu.

**bereavement** [bɪ'riːvmənt] n deuil m.

**beret** ['bɛreɪ] n béret m.

**Bermuda** [bə'mjuːdə] n Bermudes fpl.

**berry** ['bɛrɪ] n baie f.

**berserk** [bə'sɜːk] a: to go ~ être pris(e) d'une rage incontrôlable; se déchaîner.

**berth** [bɜːθ] n (bed) couchette f; (for ship) poste m d'amarrage; mouillage m // vi (in harbour) venir à quai; (at anchor) mouiller.

**beseech**, pt,pp **besought** [bɪ'siːtʃ, -'sɔːt] vt implorer, supplier.

**beset**, pt,pp **beset** [bɪ'sɛt] vt assaillir.

**beside** [bɪ'saɪd] prep à côté de; to be ~ o.s. (with anger) être hors de soi.

**besides** [bɪ'saɪdz] ad en outre, de plus // prep en plus de; excepté.

**besiege** [bɪ'siːdʒ] vt (town) assiéger; (fig) assaillir.

**besought** [bɪ'sɔːt] pt,pp of beseech.

**bespectacled** [bɪ'spɛktɪkld] a à lunettes.

**best** [bɛst] a meilleur(e) // ad le mieux; the ~ part of (quantity) le plus clair de, la plus grande partie de; at ~ au mieux; to make the ~ of sth s'accommoder de qch (du mieux que l'on peut); to the ~ of my knowledge pour autant que je sache; to the ~ of my ability du mieux que je pourrai; ~ man n garçon m d'honneur.

**bestow** [bɪ'stəu] vt accorder; (title) conférer.

**bestseller** ['bɛst'sɛlə*] n bestseller m, succès m de librairie.

**bet** [bɛt] n pari m // vt,vi (pt,pp bet or betted) parier.

**betray** [bɪ'treɪ] vt trahir; ~al n trahison f.

**better** ['bɛtə*] a meilleur(e) // ad mieux // vt améliorer // n: to get the ~ of triompher de, l'emporter sur; you had ~ do it vous feriez mieux de le faire; he thought ~ of it il s'est ravisé; to get ~ aller mieux; s'améliorer; ~ off a à l'aise financièrement; (fig): you'd be ~ off this way vous vous en trouveriez mieux ainsi, ce serait mieux or plus pratique ainsi.

**betting** ['bɛtɪŋ] n paris mpl; ~ shop n bureau m de paris.

**between** [bɪ'twiːn] prep entre // ad au milieu; dans l'intervalle.

**bevel** ['bɛvəl] n (also: ~ edge) biseau m.

**beverage** ['bɛvərɪdʒ] n boisson f (gén sans alcool).

**bevy** ['bɛvɪ] n: a ~ of un essaim or une volée de.

**beware** [bɪ'wɛə*] vt,vi: to ~ (of) prendre garde (à).

**bewildered** [bɪ'wɪldəd] a dérouté(e), ahuri(e).

**bewitching** [bɪ'wɪtʃɪŋ] a enchanteur-(teresse).

**beyond** [bɪ'jɔnd] prep (in space) au-delà de; (exceeding) au-dessus de // ad au-delà; ~ doubt hors de doute; ~ repair irréparable.

**bias** ['baɪəs] n (prejudice) préjugé m, parti pris; (preference) prévention f; ~(s)ed a partial(e), montrant un parti pris.

**bib** [bɪb] n bavoir m, bavette f.

**Bible** ['baɪbl] n Bible f.

**bibliography**, [bɪblɪ'ɔgrəfɪ] n bibliographie f.

**bicker** ['bɪkə*] vi se chamailler.

**bicycle** ['baɪsɪkl] n bicyclette f.

**bid** [bɪd] n offre f; (at auction) enchère f; (attempt) tentative f // vb (pt bade [bæd] or bid, pp bidden ['bɪdn] or bid) vi faire une enchère or offre // vt faire une enchère or offre de; to ~ sb good day souhaiter le bonjour à qn; ~der n: the highest ~der le plus offrant; ~ding n enchères fpl.

**bide** [baɪd] vt: to ~ one's time attendre son heure.

**bier** [bɪə*] n bière f.

**big** [bɪg] a grand(e) ; gros(se).

**bigamy** ['bɪgəmɪ] n bigamie f.

**bigheaded** ['bɪg'hɛdɪd] a pré-tentieux(euse).

**big-hearted** ['bɪg'hɑːtɪd] a au grand cœur.

**bigot** ['bɪgət] n fanatique m/f, sectaire m/f ; ~ed a fanatique, sectaire ; ~ry n fanatisme m, sectarisme m.

**bigwig** ['bɪgwɪg] n (col) grosse légume, huile f.

**bike** [baɪk] n vélo m, bécane f.

**bikini** [bɪ'kiːnɪ] n bikini m.

**bile** [baɪl] n bile f.

**bilingual** [baɪ'lɪŋgwəl] a bilingue.

**bilious** ['bɪlɪəs] a bilieux(euse) ; (fig) maussade, irritable.

**bill** [bɪl] n note f, facture f ; (POL) projet m de loi ; (US: banknote) billet m (de banque) ; (of bird) bec m ; **to fit** or **fill the ~** (fig) faire l'affaire.

**billet** ['bɪlɪt] n cantonnement m (chez l'habitant).

**billfold** ['bɪlfəʊld] n (US) portefeuille m.

**billiards** ['bɪlɪədz] n (jeu m de) billard m.

**billion** ['bɪlɪən] n (Brit) billion m (million de millions), (US) milliard m.

**billy goat** ['bɪlɪgəʊt] n bouc m.

**bin** [bɪn] n boîte f ; (also: **dust~**) poubelle f ; (for coal) coffre m ; **bread~** n boîte f or huche f à pain.

**bind**, pt,pp **bound** [baɪnd, baʊnd] vt attacher ; (book) relier ; (oblige) obliger, contraindre ; ~ing n (of book) reliure f // a (contract) constituant une obligation.

**bingo** ['bɪŋgəʊ] n sorte de jeu de loto pratiqué dans des établissements publics et connaissant une grande vogue en Grande-Bretagne.

**binoculars** [bɪ'nɔkjuləz] npl jumelles fpl.

**bio...** [baɪə'...] prefix: **~chemistry** n biochimie f ; **~graphic(al)** a biographique ; **~graphy** [baɪ'ɔgrəfɪ] n biographie f ; **~logical** a biologique ; **~logist** [baɪ'ɔlədʒɪst] n biologiste m/f ; **~logy** [baɪ'ɔlədʒɪ] n biologie f.

**birch** [bə:tʃ] n bouleau m.

**bird** [bə:d] n oiseau m ; (col: girl) nana f ; **~'s-eye view** n vue f à vol d'oiseau ; (fig) vue d'ensemble or générale ; **~ watcher** n ornithologue m/f amateur.

**birth** [bə:θ] n naissance f ; **~ certificate** n acte m de naissance ; **~ control** n limitation f des naissances ; méthode(s) contraceptive(s) ; **~day** n anniversaire m ; **~place** n lieu m de naissance ; **~ rate** n (taux m de) natalité f.

**biscuit** ['bɪskɪt] n biscuit m.

**bisect** [baɪ'sɛkt] vt couper or diviser en deux.

**bishop** ['bɪʃəp] n évêque m.

**bit** [bɪt] pt of **bite** // n morceau m ; (of tool) mèche f ; (of horse) mors m ; **a ~ of** un peu de ; **a ~ mad/dangerous** un peu fou/risqué.

**bitch** [bɪtʃ] n (dog) chienne f ; (col!) salope f (!), garce f.

**bite** [baɪt] vt,vi (pt bit [bɪt], pp bitten ['bɪtn]) mordre ; (insect ~) piquer // n morsure f ; (insect ~) piqûre f ; (mouthful) bouchée f ; **let's have a ~ (to eat)** mangeons un morceau ; **to ~ one's nails** se ronger les ongles.

**biting** ['baɪtɪŋ] a mordant(e).

**bitten** ['bɪtn] pp of **bite**.

**bitter** ['bɪtə*] a amer(ère) ; (wind, criticism) cinglant(e) // n (beer) bière f (à forte teneur en houblon) ; **to the ~ end** jusqu'au bout ; **~ness** n amertume f ; goût amer ; **~sweet** a aigre-doux(douce).

**bivouac** ['bɪvuæk] n bivouac m.

**bizarre** [bɪ'zɑ:*] a bizarre.

**blab** [blæb] vi jaser, trop parler // vt (also: ~ **out**) laisser échapper, aller raconter.

**black** [blæk] a noir(e) // n noir m // vt (shoes) cirer ; (INDUSTRY) boycotter ; **to give sb a ~ eye** pocher l'œil à qn, faire un œil au beurre noir à qn ; **~ and blue** a couvert(e) de bleus ; **~berry** n mûre f ; **~bird** n merle m ; **~board** n tableau noir ; **~currant** n cassis m ; **~en** vt noircir ; **~leg** n briseur m de grève, jaune m ; **~list** n liste noire ; **~mail** n chantage m // vt faire chanter, soumettre au chantage ; **~mailer** n maître-chanteur m ; **~ market** n marché noir ; **~out** n panne f d'électricité ; (fainting) syncope f ; (in wartime) black-out m ; **the B~ Sea** n la mer Noire ; **~ sheep** n brebis galeuse ; **~smith** n forgeron m.

**bladder** ['blædə*] n vessie f.

**blade** [bleɪd] n lame f ; (of oar) plat m ; **~ of grass** brin m d'herbe.

**blame** [bleɪm] n faute f, blâme m // vt: **to ~ sb/sth for sth** attribuer à qn/qch la responsabilité de qch ; reprocher qch à qn/qch ; **who's to ~?** qui est le fautif or coupable or responsable? ; **~less** a irréprochable.

**bland** [blænd] a affable ; (taste) doux(douce), fade.

**blank** [blæŋk] a blanc(blanche) ; (look) sans expression, dénué(e) d'expression // n espace m vide, blanc m ; (cartridge) cartouche f à blanc.

**blanket** ['blæŋkɪt] n couverture f.

**blare** [blɛə*] vi (brass band, horns, radio) beugler.

**blarney** ['blɑ:nɪ] n boniment m.

**blasé** ['blɑ:zeɪ] a blasé(e).

**blaspheme** ['blæsfɪməs] a (words) blasphématoire ; (person) blasphémateur(trice).

**blasphemy** ['blæsfɪmɪ] n blasphème m.

**blast** [blɑ:st] n souffle m ; explosion f // vt faire sauter or exploser ; **~-off** n (SPACE) lancement m.

**blatant** ['bleɪtənt] a flagrant(e), criant(e).

**blaze** [bleɪz] n (fire) incendie m ; (fig) flamboiement m // vi (fire) flamber ; (fig) flamboyer, resplendir // vt: **to ~ a trail** (fig) montrer la voie.

**blazer** ['bleɪzə*] n blazer m.

**bleach** [bli:tʃ] n (also: **household ~**) eau f de Javel // vt (linen) blanchir ; **~ed** a (hair) oxygéné(e), décoloré(e).

**bleak** [bli:k] a morne, désolé(e).

**bleary-eyed** ['blɪərɪ'aɪd] a aux yeux pleins de sommeil.

**bleat** [bli:t] n bêlement m // vi bêler.

**bleed**, pt,pp **bled** [bli:d, blɛd] vt, vi

saigner ; **my nose is** ~**ing** je saigne du nez.

**blemish** ['blɛmɪʃ] n défaut m ; (on reputation) tache f.

**blend** [blɛnd] n mélange m // vt mélanger // vi (colours etc) se mélanger, se fondre, s'allier.

**bless**, pt,pp **blessed** or **blest** [blɛs, blɛst] vt bénir ; **to be** ~**ed with** avoir le bonheur de jouir de or d'avoir ; ~**ing** n bénédiction f ; bienfait m.

**blew** [blu:] pt of **blow**.

**blight** [blaɪt] n (of plants) rouille f // vt (hopes etc) anéantir, briser.

**blimey** ['blaɪmɪ] excl (col) mince alors!

**blind** [blaɪnd] a aveugle // n (for window) store m // vt aveugler ; **to turn a** ~ **eye** (on or to) fermer les yeux (sur) ; ~ **alley** n impasse f ; ~ **corner** n virage m sans visibilité ; ~**fold** n bandeau m // a,ad les yeux bandés // vt bander les yeux à ; ~**ly** ad aveuglément ; ~**ness** n cécité f ; (fig) aveuglement m ; ~ **spot** n (AUT etc) angle m aveugle ; (fig) angle mort.

**blink** [blɪŋk] vi cligner des yeux ; (light) clignoter ; ~**ers** npl œillères fpl.

**blinking** ['blɪŋkɪŋ] a (col): **this** ~... ce fichu or sacré ... ;

**bliss** [blɪs] n félicité f, bonheur m sans mélange.

**blister** ['blɪstə*] n (on skin) ampoule f, cloque f ; (on paintwork) boursouflure f // vi (paint) se boursoufler, se cloquer.

**blithe** [blaɪð] a joyeux(euse), allègre.

**blithering** ['blɪðərɪŋ] a (col): **this** ~ **idiot** cet espèce d'idiot.

**blitz** [blɪts] n bombardement (aérien).

**blizzard** ['blɪzəd] n blizzard m, tempête f de neige.

**bloated** ['bləʊtɪd] a (face) bouffi(e) ; (stomach) gonflé(e).

**blob** [blɔb] n (drop) goutte f ; (stain, spot) tache f.

**block** [blɔk] n bloc m ; (in pipes) obstruction f ; (toy) cube m ; (of buildings) pâté m (de maisons) // vt bloquer ; ~**ade** [-'keɪd] n blocus m // vt faire le blocus de ; ~**age** n obstruction f ; ~**head** n imbécile m/f ; ~ **of flats** n immeuble (locatif) ; ~ **letters** npl majuscules fpl.

**bloke** [bləʊk] n (col) type m.

**blonde** [blɔnd] a,n blond(e).

**blood** [blʌd] n sang m ; ~ **donor** n donneur/euse de sang ; ~ **group** n groupe sanguin ; ~**less** a (victory) sans effusion de sang ; (pale) anémié(e) ; ~ **poisoning** n empoisonnement m du sang ; ~ **pressure** n tension f (artérielle) ; ~**shed** n effusion f de sang, carnage m ; ~**shot** a: ~**shot eyes** yeux injectés de sang ; ~**stained** a taché(e) de sang ; ~**stream** n sang m, système sanguin ; ~**thirsty** a sanguinaire ; ~ **transfusion** n transfusion f de sang ; ~**y** a sanglant(e) ; (col!): **this** ~**y** ... ce foutu..., ce putain de... (!) ; ~**y strong/good** (col!) vachement or sacrément fort/bon ; ~**y-minded** a (col) contrariant(e), obstiné(e).

**bloom** [blu:m] n fleur f ; (fig) épanouissement m // vi être en fleur ; (fig) s'épanouir ; être florissant ; ~**ing** a (col): **this** ~**ing** ... ce fichu or sacré ...

**blossom** ['blɔsəm] n fleur(s) f(pl) // vi être en fleurs ; (fig) s'épanouir.

**blot** [blɔt] n tache f // vt tacher ; (ink) sécher ; **to** ~ **out** vt (memories) effacer ; (view) cacher, masquer ; (nation, city) annihiler.

**blotchy** ['blɔtʃɪ] a (complexion) couvert(e) de marbrures.

**blotting paper** ['blɔtɪŋpeɪpə*] n buvard m.

**blouse** [blauz] n (feminine garment) chemisier m, corsage m.

**blow** [bləʊ] n coup m // vb (pt blew, pp blown [blu:, bləʊn]) vi souffler // vt (glass) souffler ; (fuse) faire sauter ; **to** ~ **one's nose** se moucher ; **to** ~ **a whistle** siffler ; **to** ~ **away** vt chasser, faire s'envoler ; **to** ~ **down** vt faire tomber, renverser ; **to** ~ **off** vt emporter ; **to** ~ **off course** faire dévier ; **to** ~ **out** vi éclater, sauter ; **to** ~ **over** vi s'apaiser ; **to** ~ **up** vi exploser, sauter // vt faire sauter ; (tyre) gonfler ; (PHOT) agrandir ; ~**lamp** n chalumeau m ; ~**-out** n (of tyre) éclatement m.

**blubber** ['blʌbə*] n blanc m de baleine // vi (pej) pleurer comme un veau.

**bludgeon** ['blʌdʒən] n gourdin m, trique f.

**blue** [blu:] a bleu(e) ; ~ **film/joke** film m/histoire f pornographique ; **to have the** ~**s** avoir le cafard ; ~**bell** n jacinthe f des bois ; ~**bottle** n mouche f à viande ; ~**jeans** npl blue-jeans mpl ; ~**print** n (fig) projet m, plan directeur.

**bluff** [blʌf] vi bluffer // n bluff m // a (person) bourru(e), brusque ; **to call sb's** ~ mettre qn au défi d'exécuter ses menaces.

**blunder** ['blʌndə*] n gaffe f, bévue f // vi faire une gaffe or une bévue.

**blunt** [blʌnt] a émoussé(e), peu tranchant(e) ; (person) brusque, ne mâchant pas ses mots // vt émousser ; ~**ly** ad carrément, sans prendre de gants ; ~**ness** n (of person) brusquerie f, franchise brutale.

**blur** [blə:*] n tache or masse floue or confuse // vt brouiller, rendre flou.

**blurt** [blə:t]: **to** ~ **out** vt (reveal) lâcher ; (say) balbutier, dire d'une voix entrecoupée.

**blush** [blʌʃ] vi rougir // n rougeur f.

**blustering** ['blʌstərɪŋ] a fanfaron(ne).

**blustery** ['blʌstərɪ] a (weather) à bourrasques.

**B.O.** n (abbr of body odour) odeurs corporelles.

**boar** [bɔ:*] n sanglier m.

**board** [bɔ:d] n planche f ; (on wall) panneau m ; (committee) conseil m, comité m ; (in firm) conseil d'administration // vt (ship) monter à bord de ; (train) monter dans ; ~ **and lodging** n chambre f avec pension ; **full** ~ pension complète ; **with** ~ **and lodging** (job) logé nourri ; **to go by the** ~ (fig): **which goes by the** ~ (fig) qu'on laisse tomber, qu'on abandonne ; **to** ~ **up** vt (door) condamner (au moyen de planches, de tôle) ; ~**er** n pensionnaire m/f ; (SCOL) interne m/f, pensionnaire m/f ; ~**ing house** n pension f ; ~**ing school** n internat m, pensionnat m; ~ **room** n salle f du conseil d'administration (*souvent symbole de pouvoir décisionnaire*).

**boast** [bəust] vi (faire) s'enorgueillir de // n vantardise f; sujet m d'orgueil or de fierté; ~**ful** a vantard(e); ~**fulness** n vantardise f.

**boat** [bəut] n bateau m; (*small*) canot m; barque f; **to be in the same** ~ (fig) être logé à la même enseigne; ~**er** n (hat) canotier m; ~**ing** n canotage m; ~**swain** ['bəusn] n maître m d'équipage.

**bob** [bɔb] vi (boat, cork on water: also: ~ **up and down**) danser, se balancer // n (col) = **shilling**; **to** ~ **up** vi surgir or apparaître brusquement.

**bobbin** ['bɔbɪn] n bobine f; (of sewing machine) navette f.

**bobby** ['bɔbɪ] n (col) ≈ agent m (de police).

**bobsleigh** ['bɔbsleɪ] n bob m.

**bodice** ['bɔdɪs] n corsage m.

**bodily** ['bɔdɪlɪ] a corporel(le) // ad physiquement; dans son entier or ensemble; en personne.

**body** ['bɔdɪ] n corps m; (of car) carrosserie f; (of plane) fuselage m; (fig: society) organe m, organisme m; (fig: quantity) ensemble m, masse f; (of wine) corps m; **in a** ~ en masse, ensemble; ~**guard** n garde m du corps; ~ **repairs** npl travaux mpl de carrosserie; ~**work** n carrosserie f.

**bog** [bɔg] n tourbière f // vt: **to get** ~**ged down** (fig) s'enliser.

**boggle** ['bɔgl] vi: **the mind** ~**s** c'est incroyable, on en reste sidéré.

**bogie** ['bəugɪ] n bogie m.

**bogus** ['bəugəs] a bidon inv; fantôme.

**boil** [bɔɪl] vt (faire) bouillir // vi bouillir // n (MED) furoncle m; **to come to the** ~ bouillir; **to** ~ **down** vi (fig): **to** ~ **down to** se réduire or ramener à; ~**er** n chaudière f; ~**er suit** n bleu m de travail, combinaison f; ~**ing hot** a brûlant(e), bouillant(e); ~**ing point** n point m d'ébullition.

**boisterous** ['bɔɪstərəs] a bruyant(e), tapageur(euse).

**bold** [bəuld] a hardi(e), audacieux(euse); (pej) effronté(e); (outline, colour) franc(franche), tranché(e), marqué(e); ~**ness** n hardiesse f, audace f; aplomb m, effronterie f; ~ **type** n caractères mpl gras.

**Bolivia** [bə'lɪvɪə] n Bolivie f.

**bollard** ['bɔləd] n (NAUT) bitte f d'amarrage; (AUT) borne lumineuse or de signalisation.

**bolster** ['bəulstə*] n traversin m; **to** ~ **up** vt soutenir.

**bolt** [bəult] n verrou m; (with nut) boulon m // vt verrouiller; (food) engloutir // vi se sauver, filer (comme une flèche); **a** ~ **from the blue** (fig) un coup de tonnerre dans un ciel bleu.

**bomb** [bɔm] n bombe f // vt bombarder; ~**ard** [bɔm'bɑːd] vt bombarder; ~**ardment** [bɔm'bɑːdmənt] n bombardement m.

**bombastic** [bɔm'bæstɪk] a grandiloquent(e), pompeux(euse).

**bomb disposal** ['bɔmdɪspəuzl] n: ~ **unit** section f de déminage.

**bomber** ['bɔmə*] n caporal m d'artillerie; (AVIAT) bombardier m.

**bombing** ['bɔmɪŋ] n bombardement m.

**bombshell** ['bɔmʃɛl] n obus m; (fig) bombe f.

**bona fide** ['bəunə'faɪd] a de bonne foi; (offer) sérieux(euse).

**bond** [bɔnd] n lien m; (binding promise) engagement m, obligation f; (FINANCE) obligation f.

**bone** [bəun] n os m; (of fish) arête f // vt désosser; ôter les arêtes de; ~-**dry** a absolument sec(sèche); ~r n (US) gaffe f, bourde f.

**bonfire** ['bɔnfaɪə*] n feu m (de joie); (for rubbish) feu m.

**bonnet** ['bɔnɪt] n bonnet m; (Brit: of car) capot m.

**bonus** ['bəunəs] n prime f, gratification f.

**bony** ['bəunɪ] a (arm, face, MED: tissue) osseux(euse); (meat) plein(e) d'os; (fish) plein d'arêtes.

**boo** [buː] excl hou!, peuh! // vt huer // n huée f.

**booby trap** ['buːbɪtræp] n engin piégé.

**book** [buk] n livre m; (of stamps etc) carnet m; (COMM): ~**s** comptes mpl, comptabilité f // vt (ticket) prendre; (seat, room) réserver; (driver) dresser un procès-verbal à; (football player) prendre le nom de; ~**able** a: **seats are** ~**able** on peut réserver ses places; ~**case** n bibliothèque f (meuble); ~ **ends** npl serre-livres m inv; ~**ing office** n bureau m de location; ~-**keeping** n comptabilité f; ~**let** n brochure f; ~**maker** n bookmaker m; ~**seller** n libraire m/f; ~**shop** n librairie f; ~**stall** n kiosque m à journaux; ~-**store** n = ~-**shop**.

**boom** [buːm] n (noise) grondement m; (busy period) boom m, vague f de prospérité // vi gronder; prospérer.

**boomerang** ['buːməræŋ] n boomerang m.

**boon** [buːn] n bénédiction f, grand avantage.

**boorish** ['buərɪʃ] a grossier(ère), rustre.

**boost** [buːst] n stimulant m, remontant m; (MED: vaccine) rappel m // vt stimuler.

**boot** [buːt] n botte f; (for hiking) chaussure f (de marche); (for football etc) soulier m; (Brit: of car) coffre m; **to** ~ (in addition) par-dessus le marché, en plus.

**booth** [buːð] n (at fair) baraque (foraine); (of cinema, telephone etc) cabine f; (also: **voting** ~) isoloir m.

**booty** ['buːtɪ] n butin m.

**booze** [buːz] n (col) boissons fpl alcooliques, alcool m // vi boire, picoler.

**border** ['bɔːdə*] n bordure f; bord m; (of a country) frontière f; **the B**~ la frontière entre l'Écosse et l'Angleterre; **the B**~**s** la région frontière entre l'Écosse et l'Angleterre; **to** ~ **on** vt fus être voisin(e) de, toucher à; ~**line** n (fig) ligne f de démarcation; ~**line case** n cas m limite.

**bore** [bɔː*] pt of **bear** // vt (hole) percer; (person) ennuyer, raser // n (person) raseur/euse; (of gun) calibre m; ~**dom** n ennui m.

**boring** ['bɔːrɪŋ] a ennuyeux(euse).

**born** [bɔːn] a: **to be ~** naître ; **I was ~ in 1960** je suis né en 1960 ; **~ blind** aveugle de naissance ; **a ~ comedian** un comédien-né.

**borne** [bɔːn] pp of **bear**.

**borough** ['bʌrə] n municipalité f.

**borrow** ['bɔrəu] vt: **to ~ sth (from sb)** emprunter qch (à qn).

**borstal** ['bɔːstl] n ≈ maison f de correction.

**bosom** ['buzəm] n poitrine f ; (fig) sein m ; **~ friend** n ami/e intime.

**boss** [bɔs] n patron/ne // vt commander ; **~y** a autoritaire.

**bosun** ['bəusn] n maître m d'équipage.

**botanical** [bə'tænɪkl] a botanique.

**botanist** ['bɔtənɪst] n botaniste m/f.

**botany** ['bɔtənɪ] n botanique f.

**botch** [bɔtʃ] vt (also: **~ up**) saboter, bâcler.

**both** [bəuθ] a les deux, l'un(e) et l'autre // pronoun: **~ (of them)** les deux, tous(toutes) (les) deux, l'un(e) et l'autre ; **~ of us went, we ~ went** nous y sommes allés (tous) les deux // ad: **they sell ~ the fabric and the finished curtains** ils vendent (et) le tissu et les rideaux (finis), ils vendent à la fois le tissu et les rideaux (finis).

**bother** ['bɔðə*] vt (worry) tracasser ; (needle, bait) importuner, ennuyer ; (disturb) déranger // vi (gen: **~ o.s.**) se tracasser, se faire du souci ; **to ~ doing** prendre la peine de faire // n: **it is a ~ to have to do** c'est vraiment ennuyeux d'avoir à faire ; **it was no ~ finding** il n'y a eu aucun problème pour or ç'a été très facile de trouver.

**bottle** ['bɔtl] n bouteille f ; (baby's) biberon m // vt mettre en bouteille(s) ; **to ~ up** vt refouler, contenir ; **~neck** n étranglement m ; **~-opener** n ouvre-bouteille m.

**bottom** ['bɔtəm] n (of container, sea etc) fond m ; (buttocks) derrière m ; (of page, list) bas m ; (of chair) siège m // a du fond, du bas ; **~less** a sans fond, insondable.

**bough** [bau] n branche f, rameau m.

**bought** [bɔːt] pt,pp of **buy**.

**boulder** ['bəuldə*] n gros rocher (gén lisse, arrondi).

**bounce** [bauns] vi (ball) rebondir ; (cheque) être refusé (étant sans provision) ; (gen: **to ~ forward/out** etc) bondir, s'élancer // vt faire rebondir // n (rebound) rebond m.

**bound** [baund] pt,pp of **bind** // n (gen pl) limite f ; (leap) bond m // vt (leap) bondir ; (limit) borner // a: **to be ~ to do sth** (obliged) être obligé(e) or avoir obligation de faire qch ; **out of ~s** dont l'accès est interdit ; **he's ~ to fail** (likely) il est sûr d'échouer, son échec est inévitable or assuré ; **~ for** à destination de.

**boundary** ['baundrɪ] n frontière f.

**boundless** ['baundlɪs] a illimité(e), sans bornes.

**bout** [baut] n période f ; (of malaria etc) accès m, crise f, attaque f ; (BOXING etc) combat m, match m.

**bow** n [bəu] nœud m ; (weapon) arc m ; (MUS) archet m ; [bau] révérence f, inclination f (du buste or corps) // vi [bau] faire une révérence, s'incliner ; (yield): **to ~ to** or **before** s'incliner devant, se soumettre à.

**bowels** [bauəlz] npl intestins mpl ; (fig) entrailles fpl.

**bowl** [bəul] n (for eating) bol m ; (for washing) cuvette f ; (ball) boule f ; (of pipe) fourneau m // vi (CRICKET) lancer (la balle) ; **~s** n (jeu m de) boules fpl ; **to ~ over** vt (fig) renverser (fig).

**bow-legged** ['bəulɛgɪd] a aux jambes arquées.

**bowler** ['bəulə*] n joueur m de boules ; (CRICKET) lanceur m (de la balle) ; (also: **~ hat**) (chapeau m) melon m.

**bowling** ['bəulɪŋ] n (game) jeu m de boules ; **~ alley** n bowling m ; jeu m de quilles ; **~ green** n terrain m de boules (gazonné et carré).

**bow tie** ['bəu'taɪ] n nœud m papillon.

**box** [bɔks] n boîte f ; (also: **cardboard ~**) carton m ; (THEATRE) loge f // vt mettre en boîte ; (SPORT) boxer avec // vi boxer, faire de la boxe ; **~er** n (person) boxeur m ; (dog) boxer m ; **~ing** n (SPORT) boxe f ; **B~ing Day** n le lendemain de Noël ; **~ing gloves** npl gants mpl de boxe ; **~ing ring** n ring m ; **~ office** n bureau m de location ; **~ room** n débarras m ; chambrette f.

**boy** [bɔɪ] n garçon m ; (servant) boy m.

**boycott** ['bɔɪkɔt] n boycottage m // vt boycotter.

**boyfriend** ['bɔɪfrɛnd] n (petit) ami.

**boyish** ['bɔɪʃ] a d'enfant, de garçon.

**B.R.** abbr of British Rail.

**bra** [brɑː] n soutien-gorge m.

**brace** [breɪs] n attache f, agrafe f ; (on teeth) appareil m (dentaire) ; (tool) vilbrequin m ; (TYP: also: **~ bracket**) accolade f // vt consolider, soutenir ; **~s** npl bretelles fpl ; **to ~ o.s.** (fig) se préparer mentalement.

**bracelet** ['breɪslɪt] n bracelet m.

**bracing** ['breɪsɪŋ] a tonifiant(e), tonique.

**bracken** ['brækən] n fougère f.

**bracket** ['brækɪt] n (TECH) tasseau m, support m ; (group) classe f, tranche f ; (also: **brace ~**) accolade f ; (also: **round ~**) parenthèse f ; (gen: **square ~**) crochet m // vt mettre entre parenthèse(s).

**brag** [bræg] vi se vanter.

**braid** [breɪd] n (trimming) galon m ; (of hair) tresse f, natte f.

**Braille** [breɪl] n braille m.

**brain** [breɪn] n cerveau m ; **~s** npl cervelle f ; **he's got ~s** il est intelligent ; **~less** a sans cervelle, stupide ; **~wash** vt faire subir un lavage de cerveau à ; **~wave** n idée géniale ; **~y** a intelligent(e), doué(e).

**braise** [breɪz] vt braiser.

**brake** [breɪk] n (on vehicle) frein m // vt,vi freiner.

**bramble** ['bræmbl] n ronces fpl.

**bran** [bræn] n son m.

**branch** [brɑːntʃ] n branche f ; (COMM) succursale f // vi bifurquer.

**brand** [brænd] n marque (commerciale) // vt (cattle) marquer (au fer rouge) ; (fig:

*pej*: **to ~ sb a communist** *etc* traiter *or* qualifier qn de communiste *etc*.
**brandish** ['brændɪʃ] *vt* brandir.
**brand-new** ['brænd'nju:] *a* tout(e) neuf(neuve), flambant neuf(neuve).
**brandy** ['brændɪ] *n* cognac *m*, fine *f*.
**brash** [bræʃ] *a* effronté(e).
**brass** [brɑ:s] *n* cuivre *m* (jaune), laiton *m*; **the ~** (*MUS*) les cuivres; **~ band** *n* fanfare *f*.
**brassière** ['bræsɪə*] *n* soutien-gorge *m*.
**brat** [bræt] *n* (*pej*) mioche *m/f*, môme *m/f*.
**bravado** [brə'vɑ:dəu] *n* bravade *f*.
**brave** [breɪv] *a* courageux(euse), brave // *n* guerrier indien // *vt* braver, affronter; **~ry** *n* bravoure *f*, courage *m*.
**brawl** [brɔ:l] *n* rixe *f*, bagarre *f* // *vi* se bagarrer.
**brawn** [brɔ:n] *n* muscle *m*; (*meat*) fromage *m* de tête; **~y** *a* musclé(e), costaud(e).
**bray** [breɪ] *n* braiement *m* // *vi* braire.
**brazen** ['breɪzn] *a* impudent(e), effronté(e) // *vt*: **to ~ it out** payer d'effronterie, crâner.
**brazier** ['breɪzɪə*] *n* brasero *m*.
**Brazil** [brə'zɪl] *n* Brésil *m*; **~ian** *a* brésilien(ne) // *n* Brésilien/ne; **~ nut** *n* noix *f* du Brésil.
**breach** [bri:tʃ] *vt* ouvrir une brèche dans // *n* (*gap*) brèche *f*; (*breaking*): **~ of confidence** abus *m* de confiance; **~ of contract** rupture *f* de contrat; **~ of the peace** attentat *m* à l'ordre public.
**bread** [brɛd] *n* pain *m*; **~ and butter** *n* tartines *fpl* (beurrées); (*fig*) subsistance *f*; **~crumbs** *npl* miettes *fpl* de pain; (*CULIN*) chapelure *f*, panure *f*; **~ line** *n*: **to be on the ~ line** être sans le sou *or* dans l'indigence.
**breadth** [brɛtθ] *n* largeur *f*.
**breadwinner** ['brɛdwɪnə*] *n* soutien *m* de famille.
**break** [breɪk] *vb* (*pt* **broke** [brəuk], *pp* **broken** ['brəukən]) *vt* casser, briser; (*promise*) rompre; (*law*) violer // *vi* (se) casser, se briser; (*weather*) tourner // *n* (*gap*) brèche *f*; (*fracture*) cassure *f*; (*rest*) interruption *f*, arrêt *m*; (:*short*) pause *f*; (:*at school*) récréation *f*; (*chance*) chance *f*, occasion *f* favorable; **to ~ one's leg** *etc* se casser la jambe *etc*; **to ~ a record** battre un record; **to ~ the news to sb** annoncer la nouvelle à qn; **to ~ down** *vt* (*figures, data*) décomposer, analyser // *vi* s'effondrer; (*MED*) faire une dépression (nerveuse); (*AUT*) tomber en panne; **to ~ even** *vi* rentrer dans ses frais; **to ~ free** *or* **loose** *vi* se dégager, s'échapper; **to ~ in** *vt* (*horse etc*) dresser // *vi* (*burglar*) entrer par effraction; **to ~ into** *vt fus* (*house*) s'introduire *or* pénétrer par effraction dans; **to ~ off** *vi* (*speaker*) s'interrompre; (*branch*) se rompre; **to ~ open** *vt* (*door etc*) forcer, fracturer; **to ~ out** *vi* éclater, se déclarer; **to ~ out in spots** se couvrir de boutons; **to ~ up** *vi* (*partnership*) cesser, prendre fin; (*friends*) se séparer // *vt* fracasser, casser; (*fight etc*) interrompre, faire cesser; **~able** *a* cassable, fragile; **~age** *n* casse *f*; **~down** *n* (*AUT*) panne *f*; (*in communications*) rupture *f*; (*MED*: *also*: **nervous ~down**)

dépression (nerveuse); **~down lorry** *n* dépanneuse *f*; **~down service** *n* service *m* de dépannage; **~er** *n* brisant *m*.
**breakfast** ['brɛkfəst] *n* petit déjeuner *m*.
**breakthrough** ['breɪkθru:] *n* percée *f*.
**breakwater** ['breɪkwɔ:tə*] *n* brise-lames *m inv*, digue *f*.
**breast** [brɛst] *n* (*of woman*) sein *m*; (*chest*) poitrine *f*; **~-stroke** *n* brasse *f*.
**breath** [brɛθ] *n* haleine *f*, souffle *m*; **to go out for a ~ of air** sortir prendre l'air; **out of ~** à bout de souffle, essoufflé(e); **~alyser** *n* alcootest *m*.
**breathe** [bri:ð] *vt, vi* respirer; **~r** *n* moment *m* de repos *or* de répit.
**breathless** ['brɛθlɪs] *a* essoufflé(e), haletant(e); oppressé(e).
**breath-taking** ['brɛθteɪkɪŋ] *a* stupéfiant(e), à vous couper le souffle.
**breed** [bri:d] *vb* (*pt, pp* **bred** [brɛd]) *vt* élever, faire l'élevage de // *vi* se reproduire // *n* race *f*, variété *f*; **~er** *n* (*person*) éleveur *m*; **~ing** *n* reproduction *f*; élevage *m*.
**breeze** [bri:z] *n* brise *f*.
**breezy** ['bri:zɪ] *a* frais(fraîche); aéré(e); désinvolte, jovial(e).
**brevity** ['brɛvɪtɪ] *n* brièveté *f*.
**brew** [bru:] *vt* (*tea*) faire infuser; (*beer*) brasser; (*plot*) tramer, préparer // *vi* (*tea*) infuser; (*beer*) fermenter; (*fig*) se préparer, couver; **~er** *n* brasseur *m*; **~ery** *n* brasserie *f* (*fabrique*).
**bribe** [braɪb] *n* pot-de-vin *m* // *vt* acheter, soudoyer; **~ry** *n* corruption *f*.
**brick** [brɪk] *n* brique *f*; **~layer** *n* maçon *m*; **~work** *n* briquetage *m*, maçonnerie *f*; **~works** *n* briqueterie *f*.
**bridal** ['braɪdl] *a* nuptial(e); **~ party** *n* noce *f*.
**bride** [braɪd] *n* mariée *f*, épouse *f*; **~groom** *n* marié *m*, époux *m*; **~smaid** *n* demoiselle *f* d'honneur.
**bridge** [brɪdʒ] *n* pont *m*; (*NAUT*) passerelle *f* (de commandement); (*of nose*) arête *f*; (*CARDS, DENTISTRY*) bridge *m* // *vt* (*river*) construire un pont sur; (*gap*) combler; **bridging loan** *n* prêt *m* de raccord.
**bridle** ['braɪdl] *n* bride *f* // *vt* refréner, mettre la bride à; (*horse*) brider; **~ path** *n* piste *or* allée cavalière.
**brief** [bri:f] *a* bref(brève) // *n* (*LAW*) dossier *m*, cause *f* // *vt* donner des instructions à; **~s** *npl* slip *m*; **~case** *n* serviette *f*; porte-documents *m inv*; **~ing** *n* instructions *fpl*; **~ly** *ad* brièvement; **~ness** *n* brièveté *f*.
**brigade** [brɪ'geɪd] *n* (*MIL*) brigade *f*.
**brigadier** [brɪgə'dɪə*] *n* brigadier général.
**bright** [braɪt] *a* brillant(e); (*room, weather*) clair(e); (*person*) intelligent(e), doué(e); (*colour*) vif(vive); **~en** *vt* (*room*) éclaircir; égayer // *vi* s'éclaircir; (*person: gen*: **~en up**) retrouver un peu de sa gaieté; **~ly** *ad* brillamment.
**brilliance** ['brɪljəns] *n* éclat *m*.
**brilliant** ['brɪljənt] *a* brillant(e).
**brim** [brɪm] *n* bord *m*; **~ful** *a* plein(e) à ras bord; (*fig*) débordant(e).
**brine** [braɪn] *n* eau salée; (*CULIN*) saumure *f*.

**bring,** *pt,pp* **brought** [brɪŋ, brɔːt] *vt* (*thing*) apporter; (*person*) amener; **to ~ about** *vt* provoquer, entraîner; **to ~ back** *vt* rapporter; ramener; **to ~ down** *vt* abaisser; faire s'effondrer; **to ~ forward** *vt* avancer; **to ~ off** *vt* (*task, plan*) réussir, mener à bien; **to ~ out** *vt* (*meaning*) faire ressortir, mettre en relief; **to ~ round** *or* **to** *vt* (*unconscious person*) ranimer; **to ~ up** *vt* élever; (*question*) soulever.

**brink** [brɪŋk] *n* bord *m*.

**brisk** [brɪsk] *a* vif(vive), alerte.

**bristle** ['brɪsl] *n* poil *m* // *vi* se hérisser; **bristling with** hérissé(e) de.

**Britain** ['brɪtən] *n* Grande-Bretagne *f*.

**British** ['brɪtɪʃ] *a* britannique; **the ~** *npl* les Britanniques *mpl*; **the ~ Isles** *npl* les Îles *fpl* Britanniques.

**Briton** ['brɪtən] *n* Britannique *m/f*.

**Brittany** ['brɪtənɪ] *n* Bretagne *f*.

**brittle** ['brɪtl] *a* cassant(e), fragile.

**broach** [brəʊtʃ] *vt* (*subject*) aborder.

**broad** [brɔːd] *a* large; (*distinction*) général(e); (*accent*) prononcé(e); **in ~ daylight** en plein jour; **~ hint** *n* allusion transparente; **~cast** *n* émission *f* // *vb* (*pt,pp* **broadcast**) *vt* radiodiffuser; téléviser // *vi* émettre; **~casting** *n* radiodiffusion *f*; télévision *f*; **~en** *vt* élargir // *vi* s'élargir; **~ly** *ad* en gros, généralement; **~-minded** *a* large d'esprit.

**brochure** ['brəʊʃjʊə*] *n* prospectus *m*, dépliant *m*.

**broil** [brɔɪl] *vt* rôtir; **~er** *n* (*fowl*) poulet *m* (*à rôtir*).

**broke** [brəʊk] *pt of* **break** // *a* (*col*) fauché(e); **~n** *pp of* **break** // *a*: **~n leg** *etc* jambe *etc* cassée; **in ~n French/English** dans un français/anglais approximatif ou hésitant; **~n-hearted** *a* (ayant) le cœur brisé.

**broker** ['brəʊkə*] *n* courtier *m*.

**bronchitis** [brɔŋ'kaɪtɪs] *n* bronchite *f*.

**bronze** [brɔnz] *n* bronze *m*; **~d** *a* bronzé(e), hâlé(e).

**brooch** [brəʊtʃ] *n* broche *f*.

**brood** [bruːd] *n* couvée *f* // *vi* (*hen, storm*) couver; (*person*) méditer (sombrement), ruminer; **~y** *a* (*fig*) taciturne, mélancolique.

**brook** [brʊk] *n* ruisseau *m*.

**broom** [brum] *n* balai *m*; **~stick** *n* manche *m* à balai.

**Bros.** *abbr of* **Brothers.**

**broth** [brɔθ] *n* bouillon *m* de viande et de légumes.

**brothel** ['brɔθl] *n* maison close, bordel *m*.

**brother** ['brʌðə*] *n* frère *m*; **~hood** *n* fraternité *f*; **~-in-law** *n* beau-frère *m*; **~ly** *a* fraternel(le).

**brought** [brɔːt] *pt,pp of* **bring.**

**brow** [braʊ] *n* front *m*; (*rare, gen: eye~*) sourcil *m*; (*of hill*) sommet *m*; **~beat** *vt* intimider, brusquer.

**brown** [braʊn] *a* brun(e) // *n* (*colour*) brun *m* // *vt* brunir; (*CULIN*) faire dorer, faire roussir; **~ie** *n* jeannette *f*, éclaireuse (cadette).

**browse** [braʊz] *vi* (*among books*) bouquiner, feuilleter les livres.

**bruise** [bruːz] *n* bleu *m*, ecchymose *f*, contusion *f* // *vt* contusionner, meurtrir // *vi* (*fruit*) se taler, se meurtrir; **to ~ one's arm** se faire un bleu au bras.

**brunette** [bruː'net] *n* (femme) brune.

**brunt** [brʌnt] *n*: **the ~ of** (*attack, criticism etc*) le plus gros de.

**brush** [brʌʃ] *n* brosse *f*; (*quarrel*) accrochage *m*, prise *f* de bec // *vt* brosser; (*gen: ~ past, ~ against*) effleurer, frôler; **to ~ aside** *vt* écarter, balayer; **to ~ up** *vt* (*knowledge*) rafraîchir, réviser; **~-off** *n*: **to give sb the ~-off** envoyer qn promener; **~wood** *n* broussailles *fpl*, taillis *m*.

**Brussels** ['brʌslz] *n* Bruxelles; **~ sprout** *n* chou *m* de Bruxelles.

**brutal** ['bruːtl] *a* brutal(e); **~ity** [bruː'tælɪtɪ] *n* brutalité *f*.

**brute** [bruːt] *n* brute *f*.

**brutish** ['bruːtɪʃ] *a* grossier(ère), brutal(e).

**B.Sc.** *abbr see* **bachelor.**

**bubble** ['bʌbl] *n* bulle *f* // *vi* bouillonner, faire des bulles; (*sparkle, fig*) pétiller.

**buck** [bʌk] *n* mâle *m* (*d'un lapin, lièvre, daim etc*); (*US: col*) dollar *m* // *vi* ruer, lancer une ruade; **to pass the ~ (to sb)** se décharger de la responsabilité (sur qn); **to ~ up** *vi* (*cheer up*) reprendre du poil de la bête, se remonter.

**bucket** ['bʌkɪt] *n* seau *m*.

**buckle** ['bʌkl] *n* boucle *f* // *vt* boucler, attacher; (*warp*) tordre, gauchir; (: *wheel*) voiler.

**bud** [bʌd] *n* bourgeon *m*; (*of flower*) bouton *m* // *vi* bourgeonner; (*flower*) éclore.

**Buddha** ['budə] *n* Bouddha *m*; **Buddhism** *n* bouddhisme *m*; **Buddhist** *a* bouddhiste // *n* Bouddhiste *m/f*.

**budding** ['bʌdɪŋ] *a* (*flower*) en bouton; (*poet etc*) en herbe; (*passion etc*) naissant(e).

**buddy** ['bʌdɪ] *n* (*US*) copain *m*.

**budge** [bʌdʒ] *vt* faire bouger // *vi* bouger.

**budgerigar** ['bʌdʒərɪgɑː*] *n* perruche *f*.

**budget** ['bʌdʒɪt] *n* budget *m* // *vi*: **to ~ for sth** inscrire qch au budget.

**budgie** ['bʌdʒɪ] *n* = **budgerigar.**

**buff** [bʌf] *a* (couleur *f*) chamois *m* // *n* (*enthusiast*) mordu(e).

**buffalo,** *pl* **~** *or* **~es** ['bʌfələʊ] *n* buffle *m*; (*US*) bison *m*.

**buffer** ['bʌfə*] *n* tampon *m*; **~ state** *n* état *m* tampon.

**buffet** *n* ['bufeɪ] (*bar, food*) buffet *m* // *vt* ['bʌfɪt] gifler, frapper; secouer, ébranler.

**buffoon** [bə'fuːn] *n* buffon *m*, pitre *m*.

**bug** [bʌg] *n* (*insect*) punaise *f*; (: *gen*) insecte *m*, bestiole *f*; (: *fig: germ*) virus *m*, microbe *m*; (*spy device*) dispositif *m* d'écoute (électronique), micro clandestin // *vt* garnir de dispositifs d'écoute; **~bear** *n* cauchemar *m*, bête noire.

**bugle** ['bjuːgl] *n* clairon *m*.

**build** [bɪld] *n* (*of person*) carrure *f*, charpente *f* // *vt* (*pt,pp* **built** [bɪlt]) construire, bâtir; **~er** *n* entrepreneur *m*; **~ing** *n* construction *f*; bâtiment *m*, construction *f*; (*habitation, offices*) immeuble *m*; **~ing society** *n* société *f* de crédit immobilier; **to ~ up** *vt* accumuler, amasser; accroître; ~-up n (of gas etc) accumulation f.

**built** [bɪlt] pt,pp of **build**; **well-~** a (person) bien bâti(e); ~-**in** a (cupboard) encastré(e); (device) incorporé(e); intégré(e); ~-**up area** n agglomération (urbaine); zone urbanisée.

**bulb** [bʌlb] n (BOT) bulbe m, oignon m; (ELEC) ampoule f; ~**ous** a bulbeux(euse).

**Bulgaria** [bʌl'gɛərɪə] n Bulgarie f; ~**n** a bulgare // n Bulgare m/f; (LING) bulgare m.

**bulge** [bʌldʒ] n renflement m, gonflement m // vi faire saillie; présenter un renflement; **to be bulging with** être plein(e) à craquer de.

**bulk** [bʌlk] n masse f, volume m; **in** ~ (COMM) en vrac; **the** ~ **of** la plus grande or grosse partie de; ~**head** n cloison f (étanche); ~**y** a volumineux(euse), encombrant(e).

**bull** [bul] n taureau m; ~**dog** n bouledogue m.

**bulldoze** ['buldəuz] vt passer or raser au bulldozer; ~**r** n bulldozer m.

**bullet** ['bulɪt] n balle f (de fusil etc).

**bulletin** ['bulɪtɪn] n bulletin m, communiqué m.

**bullfight** ['bulfaɪt] n corrida f, course f de taureaux; ~**er** n torero m; ~**ing** n tauromachie f.

**bullion** ['buljən] n or m or argent m en lingots.

**bullock** ['bulək] n bœuf m.

**bull's-eye** ['bulzaɪ] n centre m (de la cible).

**bully** ['bulɪ] n brute f, tyran m // vt tyranniser, rudoyer; (frighten) intimider; ~**ing** n brimades fpl.

**bum** [bʌm] n (col: backside) derrière m; (tramp) vagabond/e, traîne-savates m/f inv; **to** ~ **around** vi vagabonder.

**bumblebee** ['bʌmblbi:] n (ZOOL) bourdon m.

**bump** [bʌmp] n (blow) coup m, choc m; (jolt) cahot m; (on road etc, on head) bosse f // vt heurter, cogner; **to** ~ **along** vi avancer en cahotant; **to** ~ **into** vt fus rentrer dans, tamponner; ~**er** n (Brit) pare-chocs m inv // a: ~ **crop/harvest** récolte/moisson exceptionnelle.

**bumptious** ['bʌmpʃəs] a suffisant(e), prétentieux(euse).

**bumpy** ['bʌmpɪ] a cahoteux(euse).

**bun** [bʌn] n petit pain au lait; (of hair) chignon m.

**bunch** [bʌntʃ] n (of flowers) bouquet m; (of keys) trousseau m; (of bananas) régime m; (of people) groupe m; ~ **of grapes** grappe f de raisin.

**bundle** ['bʌndl] n paquet m // vt (also: ~ up) faire un paquet de; (put): **to** ~ **sth/sb into** fourrer or enfourner qch/qn dans; **to** ~ **off** vt (person) faire sortir (en toute hâte); expédier; **to** ~ **out** vt éjecter, sortir (sans ménagements).

**bung** [bʌŋ] n bonde f, bouchon m // vt (throw: gen: ~ **into**) flanquer.

**bungalow** ['bʌŋgələu] n bungalow m.

**bungle** ['bʌŋgl] vt bâcler, gâcher.

**bunion** ['bʌnjən] n oignon m (au pied).

**bunk** [bʌŋk] n couchette f; ~ **beds** npl lits superposés.

**bunker** ['bʌŋkə*] n (coal store) soute f à charbon; (MIL, GOLF) bunker m.

**bunny** ['bʌnɪ] n (also: ~ **rabbit**) Jeannot m lapin; ~ **girl** n hôtesse de cabaret.

**bunting** ['bʌntɪŋ] n pavoisement m, drapeaux mpl.

**buoy** [bɔɪ] n bouée f; **to** ~ **up** vt faire flotter; (fig) soutenir, épauler; ~**ancy** n (of ship) flottabilité f; ~**ant** a gai(e), plein(e) d'entrain.

**burden** ['bə:dn] n fardeau m, charge f // vt charger; (oppress) accabler, surcharger.

**bureau,** pl ~**x** [bjuə'rəu, -z] n (furniture) bureau m, secrétaire m; (office) bureau m, office m.

**bureaucracy** [bjuə'rɔkrəsɪ] n bureaucratie f.

**bureaucrat** ['bjuərəkræt] n bureaucrate m/f, rond-de-cuir m; ~**ic** [-'krætɪk] a bureaucratique.

**burglar** ['bə:glə*] n cambrioleur m; ~ **alarm** n sonnerie f d'alarme; ~**ize** vt (US) cambrioler; ~**y** n cambriolage m.

**burgle** ['bə:gl] vt cambrioler.

**Burgundy** ['bə:gəndɪ] n Bourgogne f.

**burial** ['bɛrɪəl] n enterrement m; ~ **ground** n cimetière m.

**burlesque** [bə:'lɛsk] n caricature f, parodie f.

**burly** ['bə:lɪ] a de forte carrure, costaud(e).

**Burma** ['bə:mə] n Birmanie f; **Burmese** [-'mi:z] a birman(e), de Birmanie // n, pl inv Birman/e; (LING) birman m.

**burn** [bə:n] vt,vi (pt,pp **burned** or **burnt** [bə:nt]) brûler // n brûlure f; **to** ~ **down** vt incendier, détruire par le feu; ~**er** n brûleur m; ~**ing question** n question brûlante.

**burnish** ['bə:nɪʃ] vt polir.

**burnt** [bə:nt] pt,pp of **burn**; ~ **sugar** n caramel m.

**burp** [bə:p] (col) n rot m // vi roter.

**burrow** ['bʌrəu] n terrier m // vt creuser.

**bursar** ['bə:sə*] n économe m/f; (student) boursier/ère; ~**y** n bourse f (d'études).

**burst** [bə:st] vb (pt,pp **burst**) vt crever; faire éclater // vi éclater; (tyre) crever // n explosion f; (also: ~ **pipe**) rupture f; fuite f; ~ **of energy** déploiement soudain d'énergie, activité soudaine; ~ **of laughter** éclat m de rire; ~ **blood vessel** rupture f de vaisseau sanguin; **to** ~ **into flames** s'enflammer soudainement; **to** ~ **into laughter** éclater de rire; **to** ~ **into tears** fondre en larmes; **to be** ~**ing with** être plein (à craquer) de; regorger de; **to** ~ **into** vt fus (room etc) faire irruption dans; **to** ~ **open** vi s'ouvrir violemment or soudainement; **to** ~ **out of** vt fus sortir précipitamment de.

**bury** ['bɛrɪ] vt enterrer; **to** ~ **one's face in one's hands** se couvrir le visage de ses mains; **to** ~ **one's head in the sand** (fig) pratiquer la politique de l'autruche; **to** ~ **the hatchet** enterrer la hache de guerre.

**bus,** ~**es** [bʌs, 'bʌsɪz] n autobus m.

**bush** [buʃ] n buisson m; (scrub land) brousse f.

**bushel** ['buʃl] *n* boisseau *m*.
**bushy** ['buʃɪ] *a* broussailleux(euse), touffu(e).
**busily** ['bɪzɪlɪ] *ad* activement.
**business** ['bɪznɪs] *n* (*matter, firm*) affaire *f*; (*trading*) affaires *fpl*; (*job, duty*) travail *m*; **to be away on** ~ être en déplacement d'affaires; **it's none of my** ~ cela ne me regarde pas, ce ne sont pas mes affaires; **he means** ~ il ne plaisante pas, il est sérieux; ~**like** a sérieux(euse); efficace; ~**man** *n* homme *m* d'affaires.
**bus-stop** ['bʌsstɔp] *n* arrêt *m* d'autobus.
**bust** [bʌst] *n* buste *m* // *a* (*broken*) fichu(e), fini(e); **to go** ~ faire faillite.
**bustle** ['bʌsl] *n* remue-ménage *m*, affairement *m* // *vi* s'affairer, se démener; **bustling** *a* (*person*) affairé(e); (*town*) très animé(e).
**bust-up** ['bʌstʌp] *n* (*col*) engueulade *f*.
**busy** ['bɪzɪ] *a* occupé(e); (*shop, street*) très fréquenté(e) // *vt*: **to** ~ **o.s.** s'occuper; ~**body** *n* mouche *f* du coche, âme *f* charitable.
**but** [bʌt] *cj* mais // *prep* excepté, sauf; **nothing** ~ rien d'autre que; ~ **for** sans, si ce n'était pour; **all** ~ **finished** pratiquement fini; **anything** ~ **finished** tout sauf fini, très loin d'être fini.
**butane** ['bju:teɪn] *n* butane *m*.
**butcher** ['butʃə*] *n* boucher *m* // *vt* massacrer; (*cattle etc for meat*) tuer.
**butler** ['bʌtlə*] *n* maître *m* d'hôtel.
**butt** [bʌt] *n* (*cask*) gros tonneau; (*thick end*) (gros) bout; (*of gun*) crosse *f*; (*of cigarette*) mégot *m*; (*fig: target*) cible *f* // *vt* donner un coup de tête à.
**butter** ['bʌtə*] *n* beurre *m* // *vt* beurrer; ~ **dish** *n* beurrier *m*.
**butterfly** ['bʌtəflaɪ] *n* papillon *m*.
**buttocks** ['bʌtəks] *npl* fesses *fpl*.
**button** ['bʌtn] *n* bouton *m* // *vt* boutonner // *vi* se boutonner; ~**hole** *n* boutonnière *f* // *vt* accrocher, arrêter, retenir.
**buttress** ['bʌtrɪs] *n* contrefort *m*.
**buxom** ['bʌksəm] *a* aux formes avantageuses *or* épanouies, bien galbé(e).
**buy** [baɪ] *vb* (*pt,pp* **bought** [bɔ:t]) *vt* acheter; **to** ~ **sb sth/sth from sb** acheter qch à qn; **to** ~ **sb a drink** offrir un verre or à boire à qn; **to** ~ **up** *vt* acheter en bloc, rafler; ~**er** *n* acheteur/euse.
**buzz** [bʌz] *n* bourdonnement *m*; (*col: phone call*) coup *m* de fil // *vi* bourdonner.
**buzzard** ['bʌzəd] *n* buse *f*.
**buzzer** ['bʌzə*] *n* timbre *m* électrique.
**by** [baɪ] *prep* par; (*beside*) à côté de; au bord de; (*before*) ~ **4 o'clock** avant 4 heures, d'ici 4 heures // *ad see* **pass, go** *etc*; ~ **bus/car** en autobus/voiture; **paid** ~ **the hour** payé à l'heure; **to increase** *etc* ~ **the hour** augmenter *etc* d'heure en heure; (**all**) ~ **oneself** tout(e) seul(e); ~ **the way** à propos; ~ **and large** dans l'ensemble; ~ **and** ~ bientôt.
**bye(-bye)** ['baɪ('baɪ)] *excl* au revoir!, salut!
**bye(-)law** ['baɪlɔ:] *n* arrêté municipal.
**by-election** ['baɪɪlekʃən] *n* élection (législative) partielle.
**bygone** ['baɪgɔn] *a* passé(e) // *n*: **let** ~**s be** ~**s** passons l'éponge, oublions le passé.

**bypass** ['baɪpɑ:s] *n* (route *f* de) contournement *m* // *vt* éviter.
**by-product** ['baɪprɔdʌkt] *n* sous-produit *m*, dérivé *m*; (*fig*) conséquence *f* secondaire, retombée *f*.
**byre** ['baɪə*] *n* étable *f* (à vaches).
**bystander** ['baɪstændə*] *n* spectateur/-trice, badaud/e.
**byword** ['baɪwə:d] *n*: **to be a** ~ **for** être synonyme de (*fig*).

## C

**C** [si:] *n* (*MUS*) do *m*.
**C.** *abbr of* **centigrade**.
**C.A.** *abbr of* **chartered accountant**.
**cab** [kæb] *n* taxi *m*; (*of train, truck*) cabine *f*; (*horse-drawn*) fiacre *m*.
**cabaret** ['kæbəreɪ] *n* attractions *fpl*, spectacle *m* de cabaret.
**cabbage** ['kæbɪdʒ] *n* chou *m*.
**cabin** ['kæbɪn] *n* cabane *f*, hutte *f*; (*on ship*) cabine *f*; ~ **cruiser** *n* yacht *m* (à moteur).
**cabinet** ['kæbɪnɪt] *n* (*POL*) cabinet *m*; (*furniture*) petit meuble à tiroirs et rayons; (*also:* **display** ~) vitrine *f*, petite armoire vitrée; ~ **cocktail** ~ *n* meuble-bar *m*; **medicine** ~ *n* armoire *f* à pharmacie; ~-**maker** *n* ébéniste *m*.
**cable** ['keɪbl] *n* câble *m* // *vt* câbler, télégraphier; ~-**car** *n* téléphérique *m*; ~**gram** *n* câblogramme *m*; ~ **railway** *n* funiculaire *m*.
**cache** [kæʃ] *n* cachette *f*; **a** ~ **of food** *etc* un dépôt secret de provisions *etc*, une cachette contenant des provisions *etc*.
**cackle** ['kækl] *vi* caqueter.
**cactus**, *pl* **cacti** ['kæktəs, -taɪ] *n* cactus *m*.
**caddie** ['kædɪ] *n* caddie *m*.
**cadet** [kə'dɛt] *n* (*MIL*) élève *m* officier.
**cadge** [kædʒ] *vt* se faire donner; **to** ~ **a meal (off sb)** se faire inviter à manger (par qn); ~**r** *n* pique-assiette *m/f inv*, tapeur/euse.
**Caesarean** [si:'zɛərɪən] *a*: ~ (**section**) césarienne *f*.
**café** ['kæfeɪ] *n* ≈ café(-restaurant) *m* (*sans alcool*); **cafeteria** [kæfɪ'tɪərɪə] *n* cafeteria *f*.
**caffein(e)** ['kæfi:n] *n* caféine *f*.
**cage** [keɪdʒ] *n* cage *f* // *vt* mettre en cage.
**cagey** ['keɪdʒɪ] *a* (*col*) réticent(e); méfiant(e).
**Cairo** ['kaɪərəu] *n* le Caire.
**cajole** [kə'dʒəul] *vt* couvrir de flatteries *or* de gentillesses.
**cake** [keɪk] *n* gâteau *m*; ~ **of soap** savonnette *f*; ~-**d** *a*: ~-**d with** raidi(e) par, couvert(e) d'une croûte de.
**calamitous** [kə'læmɪtəs] *a* catastrophique, désastreux(euse).
**calamity** [kə'læmɪtɪ] *n* calamité *f*, désastre *m*.
**calcium** ['kælsɪəm] *n* calcium *m*.
**calculate** ['kælkjuleɪt] *vt* calculer; **calculating** *a* calculateur(trice); **calculation** [-'leɪʃən] *n* calcul *m*; **calculator** *n* machine *f* à calculer, calculatrice *f*.

**calculus** ['kælkjuləs] n analyse f (mathématique), calcul infinitésimal; **integral/differential** ~ ' calcul intégral/différentiel.

**calendar** ['kæləndə*] n calendrier m; ~ **month** n mois m (de calendrier); ~ **year** n année civile.

**calf, calves** [kɑ:f, kɑ:vz] n (of cow) veau m; (of other animals) petit m; (also: ~skin) veau m, vachette f; (ANAT) mollet m.

**calibre, caliber** (US) ['kælɪbə*] n calibre m.

**call** [kɔ:l] vt (gen, also TEL) appeler // vi appeler; (visit: also: ~ **in**, ~ **round**): to ~ **(for)** passer (prendre) // n (shout) appel m, cri m; (visit) visite f; (also: **telephone** ~) coup m de téléphone; communication f; **she's** ~ed **Suzanne** elle s'appelle Suzanne; **to be on** ~ être de permanence; **to** ~ **for** vt fus demander; **to** ~ **off** vt annuler; **to** ~ **on** vt fus (visit) rendre visite à, passer voir; (request): **to** ~ **on sb to do** inviter qn à faire; **to** ~ **up** vt (MIL) appeler, mobiliser; ~**box** n cabine f téléphonique; ~**er** n personne f qui appelle; visiteur m; ~**girl** n call-girl f; ~**ing** n vocation f; (trade, occupation) état m; ~**ing card** n (US) carte f de visite.

**callous** ['kæləs] a dur(e), insensible; ~**ness** n dureté f, manque m de cœur, insensibilité f.

**callow** ['kæləu] a sans expérience (de la vie).

**calm** [kɑ:m] n calme m // vt calmer, apaiser // a calme; ~**ly** ad calmement, avec calme; ~**ness** n calme m; **to** ~ **down** vi se calmer, s'apaiser // vt calmer, apaiser.

**calorie** ['kælərɪ] n calorie f.

**calve** [kɑ:v] vi vêler, mettre bas.

**calves** [kɑ:vz] npl of **calf**.

**camber** ['kæmbə*] n (of road) bombement m.

**Cambodia** [kæm'bəudjə] n Cambodge m.

**came** [keɪm] pt of **come**.

**camel** ['kæməl] n chameau m.

**cameo** ['kæmɪəu] n camée m.

**camera** ['kæmərə] n appareil-photo m; (also: **cine-~**, **movie** ~) caméra f; **35mm** ~ appareil 24 x 36 ou petit format; **in** ~ à huis clos, en privé; ~**man** n caméraman m.

**camouflage** ['kæməflɑ:ʒ] n camouflage m // vt camoufler.

**camp** [kæmp] n camp m // vi camper.

**campaign** [kæm'peɪn] n (MIL, POL etc) campagne f // vi (also fig) faire campagne.

**campbed** ['kæmp'bɛd] n lit m de camp.

**camper** ['kæmpə*] n campeur/euse.

**camping** ['kæmpɪŋ] n camping m; ~ **site** n (terrain m de) camping.

**campsite** ['kæmpsaɪt] n campement m.

**campus** ['kæmpəs] n campus m.

**can** [kæn] auxiliary vb (gen) pouvoir; (know how to) savoir; **I** ~ **swim** etc je sais nager etc; **I** ~ **speak French** je parle français // n (of milk, oil, water) bidon m; (US: tin) boîte f (de conserve) // vt mettre en conserve.

**Canada** ['kænədə] n Canada m.

**Canadian** [kə'neɪdɪən] a canadien(ne) // n Canadien/ne.

**canal** [kə'næl] n canal m.

**canary** [kə'nɛərɪ] n canari m, serin m.

**cancel** ['kænsəl] vt annuler; (train) supprimer; (party, appointment) décommander; (cross out) barrer, rayer; (stamp) oblitérer; ~**lation** [-'leɪʃən] n annulation f; suppression f; oblitération f; (TOURISM) réservation annulée, client etc qui s'est décommandé.

**cancer** ['kænsə*] n cancer m; **C~** (sign) le Cancer; **to be C~** être du Cancer.

**candid** ['kændɪd] a (très) franc(franche), sincère.

**candidate** ['kændɪdeɪt] n candidat/e.

**candle** ['kændl] n bougie f; (of tallow) chandelle f; (in church) cierge m; **by** ~**light** à la lumière d'une bougie; (dinner) aux chandelles; ~**stick** n (also: ~**holder**) bougeoir m; (bigger, ornate) chandelier m.

**candour** ['kændə*] n (grande) franchise or sincérité f.

**candy** ['kændɪ] n sucre candi; (US) bonbon m; ~**floss** n barbe f à papa.

**cane** [keɪn] n canne f // vt (SCOL) administrer les coups de bâton à.

**canine** ['kænaɪn] a canin(e).

**canister** ['kænɪstə*] n boîte f (gén en métal).

**cannabis** ['kænəbɪs] n (drug) cannabis m; (also: ~ **plant**) chanvre indien.

**canned** ['kænd] a (food) en boîte, en conserve.

**cannibal** ['kænɪbəl] n cannibale m/f, anthropophage m/f; ~**ism** n cannibalisme m, anthropophagie f.

**cannon, pl** ~ **or** ~**s** ['kænən] n (gun) canon m; ~**ball** n boulet m de canon.

**cannot** ['kænɔt] = **can not**.

**canny** ['kænɪ] a madré(e), finaud(e).

**canoe** [kə'nu:] n pirogue f; (SPORT) canoë m; ~**ing** n (SPORT) canoë m; ~**ist** n canoëiste m/f.

**canon** ['kænən] n (clergyman) chanoine m; (standard) canon m.

**canonize** ['kænənaɪz] vt canoniser.

**can opener** ['kænəupnə*] n ouvre-boîte m.

**canopy** ['kænəpɪ] n baldaquin m; dais m.

**cant** [kænt] n jargon m // vt, vi pencher.

**can't** [kænt] = **can not**.

**cantankerous** [kæn'tæŋkərəs] a querelleur(euse), acariâtre.

**canteen** [kæn'ti:n] n cantine f; (of cutlery) ménagère f.

**canter** ['kæntə*] n petit galop // vi aller au petit galop.

**cantilever** ['kæntɪli:və*] n porte-à-faux m inv.

**canvas** ['kænvəs] n (gen) toile f; **under** ~ (camping) sous la tente; (NAUT) toutes voiles dehors.

**canvass** ['kænvəs] vt: ~**ing** (POL) prospection électorale, démarchage électoral; (COMM) démarchage, prospection.

**canyon** ['kænjən] n cañon m, gorge f (profonde).

**cap** [kæp] n casquette f; (of pen) capuchon m; (of bottle) capsule f; (also: **Dutch** ~)

diaphragme m; (FOOTBALL) sélection f pour l'équipe nationale // vt capsuler; (outdo) surpasser; ~ped with coiffé(e) de.

**capability** [keɪpə'bɪlɪtɪ] n aptitude f, capacité f.

**capable** ['keɪpəbl] a capable; ~ of capable de; susceptible de.

**capacity** [kə'pæsɪtɪ] n capacité f, contenance f; aptitude f; in his ~ as en sa qualité de; to work at full ~ travailler à plein rendement.

**cape** [keɪp] n (garment) cape f; (GEO) cap m.

**caper** ['keɪpə*] n (CULIN: gen: ~s) câpre f.

**capital** ['kæpɪtl] n (also: ~ city) capitale f; (money) capital m; (also: ~ letter) majuscule f; ~ gains npl plus-values fpl; ~ism n capitalisme m; ~ist a capitaliste; ~ punishment n peine capitale.

**capitulate** [kə'pɪtjuleɪt] vi capituler; **capitulation** [-'leɪʃən] n capitulation f.

**capricious** [kə'prɪʃəs] a capricieux(euse), fantasque.

**Capricorn** ['kæprɪkɔ:n] n le Capricorne; to be ~ être du Capricorne.

**capsize** [kæp'saɪz] vt faire chavirer // vi chavirer.

**capstan** ['kæpstən] n cabestan m.

**capsule** ['kæpsju:l] n capsule f.

**captain** ['kæptɪn] n capitaine m // vt commander, être le capitaine de.

**caption** ['kæpʃən] n légende f.

**captivate** ['kæptɪveɪt] vt captiver, fasciner.

**captive** ['kæptɪv] a, n captif(ive).

**captivity** [kæp'tɪvɪtɪ] n captivité f.

**capture** ['kæptʃə*] vt capturer, prendre; (attention) capter // n capture f.

**car** [kɑ:*] n voiture f, auto f.

**carafe** [kə'ræf] n carafe f; (in restaurant: ~ wine) ≈ vin ouvert.

**caramel** ['kærəməl] n caramel m.

**carat** ['kærət] n carat m.

**caravan** ['kærəvæn] n caravane f.

**caraway** ['kærəweɪ] n: ~ seed graine f de cumin, cumin m.

**carbohydrates** [kɑ:bəu'haɪdreɪts] npl (foods) aliments mpl riches en hydrate de carbone.

**carbon** ['kɑ:bən] n carbone m; ~ copy n carbone m; ~ paper n papier m carbone.

**carburettor** [kɑ:bju'rɛtə*] n carburateur m.

**carcass** ['kɑ:kəs] n carcasse f.

**card** [kɑ:d] n carte f; ~board n carton m; ~ game n jeu m de cartes.

**cardiac** ['kɑ:dɪæk] a cardiaque.

**cardigan** ['kɑ:dɪgən] n cardigan m.

**cardinal** ['kɑ:dɪnl] a cardinal(e) // n cardinal m.

**card index** ['kɑ:dɪndɛks] n fichier m (alphabétique).

**care** [kɛə*] n soin m, attention f; (worry) souci m // vi: to ~ about se soucier de, s'intéresser à; would you ~ to/for .. . ? voulez-vous ...?; I wouldn't ~ to do it je n'aimerais pas le faire; in sb's ~ à la garde de qn, confié à qn; to take ~ faire attention, prendre garde; to take ~ of vt s'occuper de, prendre soin de; to ~

for vt fus s'occuper de; (like) aimer; I don't ~ ça m'est bien égal, peu m'importe; I couldn't ~ less cela m'est complètement égal, je m'en fiche complètement.

**career** [kə'rɪə*] n carrière f // vi (also: ~ along) aller à toute allure.

**carefree** ['kɛəfri:] a sans souci, insouciant(e).

**careful** ['kɛəful] a soigneux(euse); (cautious) prudent(e); (be) ~! (fais) attention!; ~ly ad avec soin, soigneusement; prudemment.

**careless** ['kɛəlɪs] a négligent(e); (heedless) insouciant(e); ~ly ad négligemment; avec insouciance; ~ness n manque m de soin, négligence f; insouciance f.

**caress** [kə'rɛs] n caresse f // vt caresser.

**caretaker** ['kɛəteɪkə*] n gardien/ne, concierge m/f.

**car-ferry** ['kɑ:fɛrɪ] n (on sea) ferry (-boat) m; (on river) bac m.

**cargo, ~es** ['kɑ:gəu] n cargaison f, chargement m.

**Caribbean** [kærɪ'bi:ən] a: the ~ (Sea) la mer des Antilles or Caraïbes.

**caricature** ['kærɪkətjuə*] n caricature f.

**carnal** ['kɑ:nl] a charnel(le).

**carnation** [kɑ:'neɪʃən] n œillet m.

**carnival** ['kɑ:nɪvəl] n (public celebration) carnaval m.

**carol** ['kærəl] n: (Christmas) ~ chant m de Noël.

**carp** [kɑ:p] n (fish) carpe f; to ~ at vt fus critiquer.

**car park** ['kɑ:pɑ:k] n parking m, parc m de stationnement.

**carpenter** ['kɑ:pɪntə*] n charpentier m.

**carpentry** ['kɑ:pɪntrɪ] n charpenterie f, métier m de charpentier; (woodwork: at school etc) menuiserie f.

**carpet** ['kɑ:pɪt] n tapis m // vt recouvrir (d'un tapis).

**carriage** ['kærɪdʒ] n voiture f; (of goods) transport m; (: taxe) port m; (of typewriter) chariot m; (bearing) maintien m, port m; ~way n (part of road) chaussée f.

**carrier** ['kærɪə*] n transporteur m, camionneur m; ~ bag n sac m en papier or en plastique; ~ pigeon n pigeon voyageur.

**carrot** ['kærət] n carotte f.

**carry** ['kærɪ] vt (subj: person) porter; (: vehicle) transporter; (a motion, bill) voter, adopter; (involve: responsibilities etc) comporter, impliquer // vi (sound) porter; to be carried away (fig) s'emballer, s'enthousiasmer; to ~ on vi: to ~ on with sth/doing continuer qch/à faire // vt entretenir, poursuivre; to ~ out vt (orders) exécuter; (investigation) effectuer; ~cot n porte-bébé m.

**cart** [kɑ:t] n charrette f // vt transporter.

**cartilage** ['kɑ:tɪlɪdʒ] n cartilage m.

**cartographer** [kɑ:'tɔgrəfə*] n cartographe m/f.

**carton** ['kɑ:tən] n (box) carton m; (of yogurt) pot m (en carton); (of cigarettes) cartouche f.

**cartoon** [kɑːˈtuːn] n (PRESS) dessin m (humoristique) ; (satirical) caricature f ; (comic strip) bande dessinée ; (CINEMA) dessin animé ; ~ist n dessinateur/trice humoristique ; caricaturiste m/f ; auteur m de dessins animés ; auteur de bandes dessinées.

**cartridge** [ˈkɑːtrɪdʒ] n (for gun, pen) cartouche f ; (for camera) chargeur m ; (music tape) cassette f ; (of record player) cellule f.

**carve** [kɑːv] vt (meat) découper ; (wood, stone) tailler, sculpter ; **carving** n (in wood etc) sculpture f ; **carving knife** n couteau m à découper.

**car wash** [ˈkɑːwɔʃ] n station f de lavage (de voitures).

**cascade** [kæsˈkeɪd] n cascade f // vi tomber en cascade.

**case** [keɪs] n cas m ; (LAW) affaire f, procès m ; (box) caisse f, boîte f, étui m ; (also: suit~) valise f ; **he hasn't put forward his ~ very well** ses arguments ne sont guère convaincants ; **in ~ of** en cas de ; **in ~ he** au cas où il ; **just in ~** à tout hasard.

**cash** [kæʃ] n argent m ; (COMM) argent liquide, numéraire m ; liquidités fpl ; (COMM: in payment) argent comptant, espèces fpl // vt encaisser ; **to pay (in) ~** payer (en argent) comptant ; **~ with order/on delivery** (COMM) payable or paiement à la commande/livraison ; **~book** n livre m de caisse ; **~desk** n caisse f.

**cashew** [kæˈʃuː] n (also: ~ nut) noix f de cajou.

**cashier** [kæˈʃɪə*] n caissier/ère.

**cashmere** [kæʃˈmɪə*] n cachemire m.

**cash payment** [ˈkæʃˈpeɪmənt] n paiement comptant, versement m en espèces.

**cash register** [ˈkæʃredʒɪstə*] n caisse enregistreuse.

**casing** [ˈkeɪsɪŋ] n revêtement (protecteur), enveloppe (protectrice).

**casino** [kəˈsiːnəu] n casino m.

**cask** [kɑːsk] n tonneau m.

**casket** [ˈkɑːskɪt] n coffret m ; (US: coffin) cercueil m.

**casserole** [ˈkæsərəul] n cocotte f ; (food) ragoût m (en cocotte).

**cassette** [kæˈset] n cassette f, musicassette f ; **~player** lecteur m de cassettes ; **~recorder** magnétophone m à cassettes.

**cast** [kɑːst] vt (pt, pp **cast**) (throw) jeter ; (shed) perdre ; se dépouiller de ; (metal) couler, fondre // n (THEATRE) distribution f ; (mould) moule m ; (also: **plaster ~**) plâtre m ; (THEATRE): **to ~ sb as Hamlet** attribuer à qn le rôle d'Hamlet ; **to ~ one's vote** voter, exprimer son suffrage ; **to ~ off** vi (NAUT) larguer les amarres.

**castanets** [kæstəˈnets] npl castagnettes fpl.

**castaway** [ˈkɑːstəwaɪ] n naufragé/e.

**caste** [kɑːst] n caste f, classe sociale.

**casting** [ˈkɑːstɪŋ] a: **~ vote** voix prépondérante (pour départager).

**cast iron** [ˈkɑːstˈaɪən] n fonte f.

**castle** [ˈkɑːsl] n château-fort m ; (manor) château m.

**castor** [ˈkɑːstə*] n (wheel) roulette f ; **~ oil** n huile f de ricin ; **~ sugar** n sucre m semoule.

**castrate** [kæsˈtreɪt] vt châtrer.

**casual** [ˈkæʒjul] a (by chance) de hasard, fait(e) au hasard, fortuit(e) ; (irregular: work etc) temporaire ; (unconcerned) désinvolte ; **~ wear** n vêtements mpl sport inv ; **~ labour** n main-d'œuvre f temporaire ; **~ly** ad avec désinvolture, négligemment ; fortuitement.

**casualty** [ˈkæʒjultɪ] n accidenté/e, blessé/e ; (dead) victime f, mort/e ; **heavy casualties** npl lourdes pertes.

**cat** [kæt] n chat m.

**catalogue, catalog** (US) [ˈkætələg] n catalogue m // vt cataloguer.

**catalyst** [ˈkætəlɪst] n catalyseur m.

**catapult** [ˈkætəpʌlt] n lance-pierres m inv, fronde m ; (AVIAT, HISTORY) catapulte f.

**cataract** [ˈkætərækt] n (also MED) cataracte f.

**catarrh** [kəˈtɑː*] n rhume m chronique, catarrhe f.

**catastrophe** [kəˈtæstrəfɪ] n catastrophe f ; **catastrophic** [kætəˈstrɔfɪk] a catastrophique.

**catch** [kætʃ] vb (pt, pp **caught** [kɔːt]) vt (ball, train, thief, cold) attraper ; (person: by surprise) prendre, surprendre ; (understand) saisir ; (get entangled) accrocher // vi (fire) prendre // n (fish etc caught) prise f ; (thief etc caught) capture f ; (trick) attrape f ; (TECH) loquet m ; cliquet m ; **to ~ sb's attention** or **eye** attirer l'attention de qn ; **to ~ fire** prendre feu ; **to ~ sight of** apercevoir ; **to ~ up** vi se rattraper, combler son retard // vt (also: **~ up with**) rattraper.

**catching** [ˈkætʃɪŋ] a (MED) contagieux(euse).

**catchment area** [ˈkætʃməntˈɛərɪə] n (SCOL) aire f de recrutement ; (GEO) bassin m hydrographique.

**catch phrase** [ˈkætʃfreɪz] n slogan m ; expression toute faite.

**catchy** [ˈkætʃɪ] a (tune) facile à retenir.

**catechism** [ˈkætɪkɪzəm] n (REL) catéchisme m.

**categoric(al)** [kætɪˈgɔrɪk(əl)] a catégorique.

**categorize** [ˈkætɪgəraɪz] vt classer par catégories.

**category** [ˈkætɪgərɪ] n catégorie f.

**cater** [ˈkeɪtə*] vi (gen: **~ for sb**) préparer des repas, se charger de la restauration ; **to ~ for** vt fus (needs) satisfaire, pourvoir à ; (readers, consumers) s'adresser à, pourvoir aux besoins de ; **~er** n traiteur m ; fournisseur m ; **~ing** n restauration f ; approvisionnement m, ravitaillement m ; **~ing (trade)** restauration f.

**caterpillar** [ˈkætəpɪlə*] n chenille f ; **~ track** n chenille f ; **~ vehicle** n véhicule m à chenille.

**cathedral** [kəˈθiːdrəl] n cathédrale f.

**catholic** [ˈkæθəlɪk] a éclectique ; universel(le) ; libéral(e) ; **C~** a,n (REL) catholique (m/f).

**cattle** [ˈkætl] npl bétail m, bestiaux mpl.

**catty** ['kætɪ] a méchant(e).

**Caucasus** ['kɔːkəsəs] n Caucase m.

**caught** [kɔːt] pt,pp of **catch**.

**cauliflower** ['kɔlɪflauə*] n chou-fleur m.

**cause** [kɔːz] n cause f // vt causer; **there is no ~ for concern** il n'y a pas lieu de s'inquiéter.

**causeway** ['kɔːzweɪ] n chaussée (surélevée).

**caustic** ['kɔːstɪk] a caustique.

**caution** ['kɔːʃən] n prudence f; (warning) avertissement m // vt avertir, donner un avertissement à.

**cautious** ['kɔːʃəs] a prudent(e); **~ly** ad prudemment, avec prudence; **~ness** n prudence f.

**cavalier** [kævə'lɪə*] a cavalier(ère), désinvolte.

**cavalry** ['kævəlrɪ] n cavalerie f.

**cave** [keɪv] n caverne f, grotte f; **to ~ in** vi (roof etc) s'effondrer; **~man** n homme m des cavernes.

**cavern** ['kævən] n caverne f.

**caviar(e)** ['kævɪɑː*] n caviar m.

**cavity** ['kævɪtɪ] n cavité f.

**cavort** [kə'vɔːt] vi cabrioler, faire des cabrioles.

**CBI** n abbr of Confederation of British Industries (groupement du patronat).

**cc** abbr of cubic centimetres; carbon copy.

**cease** [siːs] vt,vi cesser; **~fire** n cessez-le-feu m; **~less** a incessant(e), continuel(le).

**cedar** ['siːdə*] n cèdre m.

**cede** [siːd] vt céder.

**cedilla** [sɪ'dɪlə] n cédille f.

**ceiling** ['siːlɪŋ] n plafond m.

**celebrate** ['sɛlɪbreɪt] vt,vi célébrer; **~d** a célèbre; **celebration** [-'breɪʃən] n célébration f.

**celebrity** [sɪ'lɛbrɪtɪ] n célébrité f.

**celery** ['sɛlərɪ] n céleri m (en branches).

**celestial** [sɪ'lɛstɪəl] a céleste.

**celibacy** ['sɛlɪbəsɪ] n célibat m.

**cell** [sɛl] n (gen) cellule f; (ELEC) élément m (de pile).

**cellar** ['sɛlə*] n cave f.

**'cellist** ['tʃɛlɪst] n violoncelliste m/f.

**'cello** ['tʃɛləu] n violoncelle m.

**cellophane** ['sɛləfeɪn] n ® cellophane f ®.

**cellular** ['sɛljulə*] a cellulaire.

**cellulose** ['sɛljuləus] n cellulose f.

**Celtic** ['kɛltɪk, 'sɛltɪk] a celte.

**cement** [sə'mɛnt] n ciment m // vt cimenter.

**cemetery** ['sɛmɪtrɪ] n cimetière m.

**cenotaph** ['sɛnətɑːf] n cénotaphe m.

**censor** ['sɛnsə*] n censeur m; **~ship** n censure f.

**censure** ['sɛnʃə*] vt blâmer, critiquer.

**census** ['sɛnsəs] n recensement m.

**cent** [sɛnt] n (US: coin) cent m, = 1:100 du dollar; see also **per**.

**centenary** [sɛn'tiːnərɪ] n centenaire m.

**center** ['sɛntə*] n (US) = **centre**.

**centi...** ['sɛntɪ] prefix: **~grade** a centigrade; **~litre** n centilitre m; **~metre** n centimètre m.

**centipede** ['sɛntɪpiːd] n mille-pattes m inv.

**central** ['sɛntrəl] a central(e); **~ heating** n chauffage central; **~ize** vt centraliser.

**centre** ['sɛntə*] n centre m; **~-forward** n (SPORT) avant-centre m // vt centrer; (PHOT) cadrer **~-half** n (SPORT) demi-centre m.

**centrifugal** [sɛn'trɪfjugəl] a centrifuge.

**century** ['sɛntjurɪ] n siècle m.

**ceramic** [sɪ'ræmɪk] a céramique.

**cereal** ['siːrɪəl] n céréale f.

**ceremony** ['sɛrɪmənɪ] n cérémonie f; **to stand on ~** faire des façons.

**certain** ['səːtən] a certain(e); **to make ~ of** s'assurer de; **for ~** certainement, sûrement; **~ly** ad certainement; **~ty** n certitude f.

**certificate** [sə'tɪfɪkɪt] n certificat m.

**certify** ['səːtɪfaɪ] vt certifier // vi: **to ~ to** attester.

**cervix** ['səːvɪks] n col m de l'utérus.

**cessation** [sə'seɪʃən] n cessation f, arrêt m.

**cesspool** ['sɛspuːl] n fosse f d'aisance.

**Ceylon** [sɪ'lɔn] n Ceylan m.

**cf.** (abbr = compare) cf., voir.

**chafe** [tʃeɪf] vt irriter, frotter contre.

**chaffinch** ['tʃæfɪntʃ] n pinson m.

**chagrin** ['ʃægrɪn] n contrariété f, déception f.

**chain** [tʃeɪn] n (gen) chaîne f // vt (also: **~ up**) enchaîner, attacher (avec une chaîne); **~ reaction** n réaction f en chaîne; **to ~ smoke** vi fumer cigarette sur cigarette; **~ store** n magasin m à succursales multiples.

**chair** [tʃɛə*] n chaise f; (armchair) fauteuil m; (of university) chaire f // vt (meeting) présider; **~lift** n télésiège m; **~man** n président m.

**chalet** ['ʃæleɪ] n chalet m.

**chalice** ['tʃælɪs] n calice m.

**chalk** [tʃɔːk] n craie f.

**challenge** ['tʃælɪndʒ] n défi m // vt défier; (statement, right) mettre en question, contester; **to ~ sb to a fight/game** inviter qn à se battre/à jouer (sous forme d'un défi); **to ~ sb to do** mettre qn au défi de faire; **~r** n (SPORT) challenger m; **challenging** a de défi, provocateur(trice).

**chamber** ['tʃeɪmbə*] n chambre f; **~ of commerce** chambre f de commerce; **~maid** n femme f de chambre; **~ music** n musique f de chambre; **~pot** n pot m de chambre.

**chamois** ['ʃæmwɑː] n chamois m; **~ leather** ['ʃæmɪlɛðə*] n peau f de chamois.

**champagne** [ʃæm'peɪn] n champagne m.

**champion** ['tʃæmpɪən] n champion/ne m; **~ship** n championnat m.

**chance** [tʃɑːns] n hasard m; (opportunity) occasion f, possibilité f; (hope, likelihood) chance f // vt: **to ~ it** risquer (le coup), essayer // a fortuit(e), de hasard; **there is little ~ of his coming** il est peu probable or il y a peu de chances qu'il vienne; **to take a ~** prendre un risque; **by ~** par hasard.

**chancel** ['tʃɑːnsəl] n chœur m.

**chancellor** ['tʃɑːnsələ*] n chancelier m;

C~ **of the Exchequer** n chancelier m de l'Échiquier.

**chandelier** [ʃændə'lɪə*] n lustre m.

**change** [tʃeɪndʒ] vt (alter, replace, COMM: money) changer ; (switch, substitute: gear, hands, trains, clothes, one's name etc) changer de ; (transform): **to ~ sb into** changer or transformer qn en // vi (gen) changer ; (change clothes) se changer ; (be transformed): **to ~ into** se changer or transformer en // n changement m ; (money) monnaie f; **to ~ one's mind** changer d'avis ; **a ~ of clothes** des vêtements de rechange ; **for a ~** pour changer ; **small ~** petite monnaie ; **to give sb ~ for** or of £10 faire à qn la monnaie de 10 livres ; ~**able** a (weather) variable ; ~**over** n (to new system) changement m, passage m.

**changing** ['tʃeɪndʒɪŋ] a changeant(e) ; ~ **room** n (in shop) salon m d'essayage ; (SPORT) vestiaire m.

**channel** ['tʃænl] n (TV) chaîne f; (waveband, groove, fig: medium) canal m ; (of river, sea) chenal m // vt canaliser ; **through the usual ~s** en suivant la filière habituelle ; **the (English) C~** la Manche ; **the C~ Islands** les îles de la Manche, les îles anglo-normandes.

**chant** [tʃɑ:nt] n chant m ; mélopée f ; psalmodie f // vt chanter, scander ; psalmodier.

**chaos** ['keɪɒs] n chaos m.

**chaotic** [keɪ'ɒtɪk] a chaotique.

**chap** [tʃæp] n (col: man) type m // vt (skin) gercer, crevasser.

**chapel** ['tʃæpəl] n chapelle f.

**chaperon** ['ʃæpərəun] n chaperon m // vt chaperonner.

**chaplain** ['tʃæplɪn] n aumônier m.

**chapter** ['tʃæptə*] n chapitre m.

**char** [tʃɑ:*] vt (burn) carboniser // vi (cleaner) faire des ménages // n = **charlady**.

**character** ['kærɪktə*] n caractère m ; (in novel, film) personnage m ; (eccentric) numéro m, phénomène m ; ~**istic** [-'rɪstɪk] a,n caractéristique (f) ; ~**ize** vt caractériser.

**charade** [ʃə'rɑːd] n charade f.

**charcoal** ['tʃɑ:kəul] n charbon m de bois.

**charge** [tʃɑ:dʒ] n accusation f ; (LAW) inculpation f ; (cost) prix (demandé) ; (of gun, battery, MIL: attack) charge f // vt (LAW): **to ~sb (with)** inculper qn (de) ; (gun, battery, MIL: enemy) charger ; (customer, sum) faire payer // vi (gen with: up, along etc) foncer ; ~**s** npl: **bank/labour ~s** frais mpl de banque/main-d'œuvre ; **to ~ in/out** entrer/sortir en trombe ; **to ~ down/up** dévaler/grimper à toute allure ; **is there a ~?** doit-on payer? ; **there's no ~** c'est gratuit, on ne fait pas payer ; **to take ~ of** se charger de ; **to be in ~ of** être responsable de, s'occuper de ; **to have ~ of sb** avoir la charge de qn ; **they ~d us £10 for the meal** ils nous ont fait payer le repas 10 livres, ils nous ont compté 10 livres pour le repas ; **how much do you ~ for this repair?** combien demandez-vous pour cette réparation? ; **to ~ an**

**expense (up) to sb** mettre une dépense sur le compte de qn.

**charitable** ['tʃærɪtəbl] a charitable.

**charity** ['tʃærɪtɪ] n charité f; institution f charitable or de bienfaisance, œuvre f (de charité).

**charlady** ['tʃɑ:leɪdɪ] n femme f de ménage.

**charm** [tʃɑ:m] n charme m // vt charmer, enchanter ; ~**ing** a charmant(e).

**chart** [tʃɑ:t] n tableau m, diagramme m ; graphique m ; (map) carte marine // vt dresser or établir la carte de.

**charter** ['tʃɑ:tə*] vt (plane) affréter // n (document) charte f; ~**ed accountant** n expert-comptable m ; ~ **flight** n charter m.

**charwoman** ['tʃɑ:wumən] n = **charlady.**

**chase** [tʃeɪs] vt poursuivre, pourchasser // n poursuite f, chasse f.

**chasm** ['kæzəm] n gouffre m, abîme m.

**chassis** ['ʃæsɪ] n châssis m.

**chastity** ['tʃæstɪtɪ] n chasteté f.

**chat** [tʃæt] vi (also: have a ~) bavarder, causer // n conversation f.

**chatter** ['tʃætə*] vi (person) bavarder, papoter // n bavardage m, papotage m ; **my teeth are** ~**ing** je claque des dents ; ~**box** n moulin m à paroles, babillard/e.

**chatty** ['tʃætɪ] a (style) familier(ère) ; (person) enclin(e) à bavarder or au papotage.

**chauffeur** ['ʃəufə*] n chauffeur m (de maître).

**cheap** [tʃi:p] a bon marché inv, pas cher(chère) ; (joke) facile, d'un goût douteux ; (poor quality) à bon marché, de qualité médiocre // ad à bon marché, pour pas cher ; ~**en** vt rabaisser, déprécier ; ~**ly** ad à bon marché, à bon compte.

**cheat** [tʃi:t] vi tricher // vt tromper, duper ; (rob) escroquer // n tricheur/euse ; escroc m ; (trick) duperie f, tromperie f ; ~**ing** n tricherie f.

**check** [tʃɛk] vt vérifier ; (passport, ticket) contrôler ; (halt) enrayer ; (restrain) maîtriser // n vérification f ; contrôle m ; (curb) frein m ; (bill) addition f ; (pattern: gen pl) carreaux mpl ; (US) = cheque ; **to ~ in** vi (in hotel) remplir sa fiche (d'hôtel) ; (at airport) se présenter à l'enregistrement // vt (luggage) (faire) enregistrer ; **to ~ off** vt cocher ; **to ~ out** vi (in hotel) régler sa note // vt (luggage) retirer ; **to ~ up** vi: **to ~ up (on sth)** vérifier (qch) ; **to ~ up on sb** se renseigner sur le compte de qn ; ~**ers** n (US) jeu m de dames ; ~**mate** n échec et mat m ; ~**point** n contrôle m ; ~**up** n (MED) examen médical, check-up m.

**cheek** [tʃi:k] n joue f; (impudence) toupet m, culot m ; ~**bone** n pommette f ; ~**y** a effronté(e), culotté(e).

**cheer** [tʃɪə*] vt acclamer, applaudir ; (gladden) réjouir, réconforter // vi applaudir // n (gen pl) acclamations fpl, applaudissements mpl ; bravos mpl, hourras mpl ; ~**s!** (à votre) santé! ; **to ~ up** vi se dérider, reprendre courage // vt remonter le moral à or de, dérider, égayer ; ~**ful** a gai(e), joyeux(euse) ; ~**fulness** n gaieté f, bonne humeur ; ~**io** excl salut!, au revoir! ; ~**less** a sombre, triste.

**cheese** [tʃi:z] n fromage m; ~**board** n plateau m à fromages.

**chef** [ʃɛf] n chef (cuisinier).

**chemical** ['kɛmɪkəl] a chimique // n produit m chimique.

**chemist** ['kɛmɪst] n pharmacien/ne; (*scientist*) chimiste m/f; ~**ry** n chimie f; ~**'s** (**shop**) n pharmacie f.

**cheque** [tʃɛk] n chèque m; ~**book** n chéquier m, carnet m de chèques.

**chequered** ['tʃɛkəd] a (*fig*) varié(e).

**cherish** ['tʃɛrɪʃ] vt chérir; (*hope etc*) entretenir.

**cheroot** [ʃə'ru:t] n cigare m de Manille.

**cherry** ['tʃɛrɪ] n cerise f.

**chess** [tʃɛs] n échecs mpl; ~**board** n échiquier m; ~**man** n pièce f (de jeu d'échecs); ~**player** n joueur/euse d'échecs.

**chest** [tʃɛst] n poitrine f; (*box*) coffre m, caisse f; ~ **of drawers** n commode f.

**chestnut** ['tʃɛsnʌt] n châtaigne f; ~ (**tree**) n châtaignier m.

**chew** [tʃu:] vt mâcher; ~**ing gum** n chewing-gum m.

**chic** [ʃi:k] a chic inv, élégant(e).

**chick** [tʃɪk] n poussin m.

**chicken** ['tʃɪkɪn] n poulet m; ~ **feed** n (*fig*) broutilles fpl, bagatelle f; ~ **pox** n varicelle f.

**chick pea** ['tʃɪkpi:] n pois m chiche.

**chicory** ['tʃɪkərɪ] n (*for coffee*) chicorée f; (*salad*) endive f.

**chief** [tʃi:f] n chef m // a principal(e); ~**ly** ad principalement, surtout.

**chiffon** ['ʃɪfɔn] n mousseline f de soie.

**chilblain** ['tʃɪlbleɪn] n engelure f.

**child**, pl ~**ren** [tʃaɪld, 'tʃɪldrən] n enfant m/f; ~**birth** n accouchement m; ~**hood** n enfance f; ~**ish** a puéril(e), enfantin(e); ~**like** a innocent(e), pur(e); ~ **minder** n garde f d'enfants.

**Chile** ['tʃɪlɪ] n Chili m; ~**an** a chilien(ne) // n Chilien/ne.

**chill** [tʃɪl] n froid m; (*MED*) refroidissement m, coup m de froid // a froid(e), glacial(e) // vt faire frissonner; refroidir; (*CULIN*) mettre au frais, rafraîchir; **serve ~ed** à servir frais; ~**y** a froid(e), glacé(e); (*sensitive to cold*) frileux(euse); **to feel ~y** avoir froid.

**chime** [tʃaɪm] n carillon m // vi carillonner, sonner.

**chimney** ['tʃɪmnɪ] n cheminée f.

**chimpanzee** [tʃɪmpæn'zi:] n chimpanzé m.

**chin** [tʃɪn] n menton m.

**china** ['tʃaɪnə] n porcelaine f; (*vaisselle f* en) porcelaine.

**China** ['tʃaɪnə] n Chine f.

**Chinese** [tʃaɪ'ni:z] a chinois(e) // n Chinois/e; (*LING*) chinois m.

**chink** [tʃɪŋk] n (*opening*) fente f, fissure f; (*noise*) tintement m.

**chip** [tʃɪp] n (*gen pl: CULIN*) frite f; (*of wood*) copeau m; (*of glass, stone*) éclat m // vt (*cup, plate*) ébrécher; ~**board** n aggloméré m; ~**pings** npl: **loose ~pings** gravillons mpl.

**chiropodist** [kɪ'rɔpədɪst] n pédicure m/f.

**chirp** [tʃə:p] n pépiement m, gazouillis m // vi pépier, gazouiller.

**chisel** ['tʃɪzl] n ciseau m.

**chit** [tʃɪt] n mot m, note f.

**chitchat** ['tʃɪtʃæt] n bavardage m, papotage m.

**chivalrous** ['ʃɪvəlrəs] a chevaleresque.

**chivalry** ['ʃɪvəlrɪ] n chevalerie f; esprit m chevaleresque.

**chives** [tʃaɪvz] npl ciboulette f, civette f.

**chloride** ['klɔ:raɪd] n chlorure m.

**chlorine** ['klɔ:ri:n] n chlore m.

**chock** [tʃɔk] n cale f; ~**-a-block**, ~**-full** a plein(e) à craquer.

**chocolate** ['tʃɔklɪt] n chocolat m.

**choice** [tʃɔɪs] n choix m // a de choix.

**choir** ['kwaɪə*] n chœur m, chorale f; ~**boy** n jeune choriste m, petit chanteur.

**choke** [tʃəuk] vi étouffer // vt étrangler; étouffer; (*block*) boucher, obstruer // n (*AUT*) starter m.

**cholera** ['kɔlərə] n choléra m.

**choose**, pt chose, pp chosen [tʃu:z, tʃəuz, 'tʃəuzn] vt choisir; **to ~ to do** décider de faire, juger bon de faire.

**chop** [tʃɔp] vt (*wood*) couper (à la hache); (*CULIN: also:* ~ **up**) couper (fin), émincer, hacher (en morceaux) // n coup m (de hache, du tranchant de la main); (*CULIN*) côtelette f; ~**s** npl (*jaws*) mâchoires fpl; babines fpl; **to ~ down** vt (*tree*) abattre; ~**py** a (*sea*) un peu agité(e); ~**sticks** npl baguettes fpl.

**choral** ['kɔ:rəl] a choral(e), chanté(e) en chœur.

**chord** [kɔ:d] n (*MUS*) accord m.

**chore** [tʃɔ:*] n travail m de routine; **household ~s** travaux mpl du ménage.

**choreographer** [kɔrɪ'ɔgrəfə*] n chorégraphe m/f.

**chorister** ['kɔrɪstə*] n choriste m/f.

**chortle** ['tʃɔ:tl] vi glousser.

**chorus** ['kɔ:rəs] n chœur m; (*repeated part of song, also fig*) refrain m.

**chose** [tʃəuz] pt of **choose**.

**chosen** ['tʃəuzn] pp of **choose**.

**chow** [tʃau] n (*dog*) chow-chow m.

**Christ** [kraɪst] n Christ m.

**christen** ['krɪsn] vt baptiser; ~**ing** n baptême m.

**Christian** ['krɪstɪən] a,n chrétien(ne); ~**ity** [-'ænɪtɪ] n christianisme m; chrétienté f; ~ **name** n prénom m.

**Christmas** ['krɪsməs] n Noël m or f; ~ **card** n carte f de Noël; ~ **Eve** n la veille de Noël; la nuit de Noël; ~ **tree** n arbre m de Noël.

**chrome** [krəum] n = **chromium**.

**chromium** ['krəumɪəm] n chrome m; (*also:* ~ **plating**) chromage m.

**chromosome** ['krəuməsəum] n chromosome m.

**chronic** ['krɔnɪk] a chronique.

**chronicle** ['krɔnɪkl] n chronique f.

**chronological** [krɔnə'lɔdʒɪkəl] a chronologique.

**chrysanthemum** [krɪ'sænθəməm] n chrysanthème m.

**chubby** ['tʃʌbɪ] a potelé(e), rondelet(te).

**chuck** [tʃʌk] vt lancer, jeter; **to ~ out** vt flanquer dehors or à la porte; **to ~ (up)** vt lâcher, plaquer.

**chuckle** ['tʃʌkl] vi glousser.

**chum** [tʃʌm] n copain/copine.

**chunk** [tʃʌŋk] n gros morceau; (of bread) quignon m.

**church** [tʃə:tʃ] n église f; **~yard** n cimetière m.

**churlish** ['tʃə:lɪʃ] a grossier(ère); hargneux(euse).

**churn** [tʃə:n] n (for butter) baratte f; (for transport: **milk ~**) (grand) bidon à lait.

**chute** [ʃu:t] n glissoire f; (also: rubbish ~) vide-ordures m inv; (children's slide) toboggan m.

**chutney** ['tʃʌtnɪ] n condiment m à base de fruits.

**CID** n (abbr of Criminal Investigation Department) ≈ Police f judiciaire (P.J.).

**cider** ['saɪdə*] n cidre m.

**cigar** [sɪ'ga:*] n cigare m.

**cigarette** [sɪgə'rɛt] n cigarette f; **~ case** n étui m à cigarettes; **~ end** n mégot m; **~ holder** n fume-cigarettes m inv.

**cinch** [sɪntʃ] n (col): **it's a ~** c'est du gâteau, c'est l'enfance de l'art.

**cinder** ['sɪndə*] n cendre f.

**cine** ['sɪnɪ]: **~-camera** n caméra f; **~-film** n film m.

**cinema** ['sɪnəmə] n cinéma m.

**cine-projector** [sɪnɪprə'dʒɛktə*] n projecteur m de cinéma.

**cinnamon** ['sɪnəmən] n cannelle f.

**cipher** ['saɪfə*] n code secret; (fig: faceless employee etc) numéro m.

**circle** ['sə:kl] n cercle m; (in cinema) balcon m // vi faire or décrire des cercles // vt (surround) entourer, encercler; (move round) faire le tour de, tourner autour de.

**circuit** ['sə:kɪt] n circuit m; **~ous** [sə:'kju:təs] a indirect(e), qui fait un détour.

**circular** ['sə:kjulə*] a circulaire // n circulaire f.

**circulate** ['sə:kjuleɪt] vi circuler // vt faire circuler; **circulation** [-'leɪʃən] n circulation f; (of newspaper) tirage m.

**circumcise** ['sə:kəmsaɪz] vt circoncire.

**circumference** [sə'kʌmfərəns] n circonférence f.

**circumspect** ['sə:kəmspɛkt] a circonspect(e).

**circumstances** ['sə:kəmstənsɪz] npl circonstances fpl; (financial condition) moyens mpl, situation financière.

**circus** ['sə:kəs] n cirque m.

**cistern** ['sɪstən] n réservoir m (d'eau); (in toilet) réservoir de la chasse d'eau.

**cite** [saɪt] vt citer.

**citizen** ['sɪtɪzn] n (POL) citoyen/ne; (resident): **the ~s of this town** les habitants de cette ville; **~ship** n citoyenneté f.

**citrus fruit** ['sɪtrəs'fru:t] n agrume m.

**city** ['sɪtɪ] n ville f, cité f; **the C~** la Cité de Londres (centre des affaires).

**civic** ['sɪvɪk] a civique.

**civil** ['sɪvɪl] a civil(e); poli(e), civil; **~ engineer** n ingénieur civil; **~ engineering** n génie civil, travaux publics; **~ian** [sɪ'vɪlɪən] a,n civil(e).

**civilization** [sɪvɪlaɪ'zeɪʃən] n civilisation f.

**civilized** ['sɪvɪlaɪzd] a civilisé(e); (fig) où règnent les bonnes manières, empreint(e) d'une courtoisie de bon ton.

**civil**: **~ law** n code civil; (study) droit civil; **~ servant** n fonctionnaire m/f; **C~ Service** n fonction publique, administration f; **~ war** n guerre civile.

**claim** [kleɪm] vt revendiquer; demander, prétendre à; déclarer, prétendre // vi (for insurance) faire une déclaration de sinistre // n revendication f; demande f; prétention f, déclaration f; (right) droit m, titre m; (insurance) demande f d'indemnisation, déclaration f de sinistre; **~ant** n (ADMIN, LAW) requérant/e.

**clam** [klæm] n palourde f.

**clamber** ['klæmbə*] vi grimper, se hisser.

**clammy** ['klæmɪ] a humide et froid(e) (au toucher), moite.

**clamp** [klæmp] n étau m à main; agrafe f, crampon m // vt serrer; cramponner; **to ~ down on** vt fus sévir contre, prendre des mesures draconiennes à l'égard de.

**clan** [klæn] n clan m.

**clang** [klæŋ] n bruit m or fracas m métallique.

**clap** [klæp] vi applaudir // vt: **to ~ (one's hands)** battre des mains // n claquement m; tape f; **~ping** n applaudissements mpl.

**claret** ['klærət] n (vin m de) bordeaux m (rouge).

**clarification** [klærɪfɪ'keɪʃən] n (fig) clarification f, éclaircissement m.

**clarify** ['klærɪfaɪ] vt clarifier.

**clarinet** [klærɪ'nɛt] n clarinette f.

**clarity** ['klærɪtɪ] n clarté f.

**clash** [klæʃ] n choc m; (fig) conflit m // vi se heurter; être or entrer en conflit.

**clasp** [kla:sp] n fermoir m // vt serrer, étreindre.

**class** [kla:s] n (gen) classe f // vt classer, classifier.

**classic** ['klæsɪk] a classique // n (author) classique m; (race etc) classique f; **~al** a classique.

**classification** [klæsɪfɪ'keɪʃən] n classification f.

**classified** ['klæsɪfaɪd] a (information) secret(ète); **~ ads** petites annonces.

**classify** ['klæsɪfaɪ] vt classifier, classer.

**classmate** ['kla:smeɪt] n camarade m/f de classe.

**classroom** ['kla:srum] n (salle f de) classe f.

**clatter** ['klætə*] n cliquetis m; caquetage m // vi cliqueter; (talk) caqueter, jacasser.

**clause** [klɔ:z] n clause f; (LING) proposition f.

**claustrophobia** [klɔ:strə'fəubɪə] n claustrophobie f.

**claw** [klɔ:] n griffe f; (of bird of prey) serre f; (of lobster) pince f // vt griffer; déchirer.

**clay** [kleɪ] n argile f.

**clean** [kli:n] a propre; (clear, smooth) net(te) // vt nettoyer; **to ~ out** vt nettoyer (à fond); **to ~ up** vt nettoyer; (fig) remettre de l'ordre dans; **~er** n (person) nettoyeur/euse, femme f de ménage; (also: **dry ~er**) teinturier/ière; (product) détachant m; **~ing** n nettoyage

$m$; **~liness** ['klɛnlɪnɪs] $n$ propreté $f$; **~ly** $ad$ proprement; nettement.

**cleanse** [klɛnz] $vt$ nettoyer; purifier; **~r** $n$ détergent $m$; (*for face*) démaquillant $m$; **cleansing department** $n$ service $m$ de voirie.

**clean-shaven** ['kliːn'ʃeɪvn] $a$ rasé(e) de près.

**clean-up** ['kliːn'ʌp] $n$ nettoyage $m$.

**clear** [klɪə*] $a$ clair(e); (*road, way*) libre, dégagé(e) // $vt$ dégager, déblayer, débarrasser; faire évacuer; (*COMM: goods*) liquider; (*LAW: suspect*) innocenter; (*obstacle*) franchir *or* sauter sans heurter // $vi$ (*weather*) s'éclaircir; (*fog*) se dissiper // $ad$: **~ of** à distance de, à l'écart de; **to ~ one's throat** s'éclaircir la gorge; **to ~ up** $vi$ s'éclaircir, se dissiper // $vt$ ranger, mettre en ordre; (*mystery*) éclaircir, résoudre; **~ance** $n$ (*removal*) déblayage $m$; (*free space*) dégagement $m$; (*permission*) autorisation $f$; **~ance sale** $n$ liquidation $f$; **~cut** $a$ précise(e), nettement défini(e); **~ing** $n$ clairière $f$; (*BANKING*) compensation $f$, clearing $m$; **~ly** $ad$ clairement, de toute évidence; **~way** $n$ (*Brit*) route $f$ à stationnement interdit.

**cleavage** ['kliːvɪdʒ] $n$ (*of dress*) décolleté $m$.

**clef** [klɛf] $n$ (*MUS*) clé $f$.

**clench** [klɛntʃ] $vt$ serrer.

**clergy** ['klɜːdʒɪ] $n$ clergé $m$; **~man** $n$ ecclésiastique $m$.

**clerical** ['klɛrɪkəl] $a$ de bureau, d'employé de bureau; (*REL*) clérical(e), du clergé.

**clerk** [klɑːk, (*US*) klɜːrk] $n$ employé/e de bureau; (*US: salesman/woman*) vendeur/-euse.

**clever** ['klɛvə*] $a$ (*mentally*) intelligent(e); (*deft, crafty*) habile, adroit(e); (*device, arrangement*) ingénieux(euse), astucieux-(euse).

**cliché** ['kliːʃeɪ] $n$ cliché $m$.

**click** [klɪk] $vi$ faire un bruit sec *or* un déclic.

**client** ['klaɪənt] $n$ client/e; **~ele** [kliːɑ̃:n'tɛl] $n$ clientèle $f$.

**cliff** [klɪf] $n$ falaise $f$.

**climate** ['klaɪmɪt] $n$ climat $m$.

**climax** ['klaɪmæks] $n$ apogée $m$, point culminant; (*sexual*) orgasme $m$.

**climb** [klaɪm] $vi$ grimper, monter // $vt$ gravir, escalader, monter sur // $n$ montée $f$, escalade $f$; **to ~ down** $vi$ (re)descendre; **~er** $n$ (*also*: **rock ~er**) grimpeur/euse, varappeur/ euse; **~ing** $n$ (*also*: **rock ~ing**) escalade $f$, varappe $f$.

**clinch** [klɪntʃ] $vt$ (*deal*) conclure, sceller.

**cling**, *pt*, *pp* **clung** [klɪŋ, klʌŋ] $vi$: **to ~ (to)** se cramponner (à), s'accrocher (à); (*of clothes*) coller (à).

**clinic** ['klɪnɪk] $n$ centre médical; **~al** $a$ clinique.

**clink** [klɪŋk] $vi$ tinter, cliqueter.

**clip** [klɪp] $n$ (*for hair*) barrette $f$; (*also*: **paper ~**) trombone $m$; (*also*: **bulldog ~**) pince $f$ de bureau; (*holding hose etc*) collier $m$ *or* bague $f$ (métallique) de serrage // $vt$ (*also*: **~ together:** *papers*) attacher; (*hair, nails*) couper; (*hedge*) tailler; **~pers** $npl$ tondeuse $f$; (*also*: **nail ~pers**) coupe-ongles $m$ *inv*.

**clique** [kliːk] $n$ clique $f$, coterie $f$.

**cloak** [kləuk] $n$ grande cape; **~room** $n$ (*for coats etc*) vestiaire $m$; (*W.C.*) toilettes *fpl*.

**clock** [klɔk] $n$ (*large*) horloge $f$; (*small*) pendule $f$; **~wise** $ad$ dans le sens des aiguilles d'une montre; **~work** $n$ mouvement $m$ (d'horlogerie); rouages *mpl*, mécanisme $m$.

**clog** [klɔg] $n$ sabot $m$ // $vt$ boucher, encrasser // $vi$ se boucher, s'encrasser.

**cloister** ['klɔɪstə*] $n$ cloître $m$.

**close** $a$, $ad$ *and derivatives* [kləus] $a$ près, proche; (*writing, texture*) serré(e); (*watch*) étroit(e), strict(e); (*examination*) atten-tif(ive), minutieux(euse); (*weather*) lourd(e), étouffant(e); (*room*) mal aéré(e) // $ad$ près, à proximité; **a ~ friend** un ami intime; **to have a ~ shave** (*fig*) l'échapper belle // *vb and derivatives* [kləuz] $vt$ fermer // $vi$ (*shop etc*) fermer; (*lid, door etc*) se fermer; (*end*) se terminer, se conclure // $n$ (*end*) conclusion $f$; **to ~ down** $vt,vi$ fermer (*définitivement*); **~d** $a$ (*shop etc*) fermé(e); (*road*) fermé à la circulation; **~d shop** $n$ organisation $f$ qui n'admet que des travailleurs syndiqués; **~ly** $ad$ (*examine, watch*) de près.

**closet** ['klɔzɪt] $n$ (*cupboard*) placard $m$, réduit $m$.

**close-up** ['kləusʌp] $n$ gros plan.

**closure** ['kləuʒə*] $n$ fermeture $f$.

**clot** [klɔt] $n$ (*gen: blood* **~**) caillot $m$ // $vi$ (*blood*) former des caillots; (: *external bleeding*) se coaguler; **~ted cream** $n$ crème caillée.

**cloth** [klɔθ] $n$ (*material*) tissu $m$, étoffe $f$; (*also*: **tea~**) torchon $m$; lavette $f$.

**clothe** [kləuð] $vt$ habiller, vêtir; **~s** *npl* vêtements *mpl*, habits *mpl*; **~s brush** $n$ brosse $f$ à habits; **~s line** $n$ corde $f$ (à linge); **~s peg** $n$ pince $f$ à linge.

**clothing** ['kləuðɪŋ] $n$ = **clothes.**

**cloud** [klaud] $n$ nuage $m$; **~burst** $n$ violente averse; **~y** $a$ nuageux(euse), couvert(e); (*liquid*) trouble.

**clout** [klaut] $n$ (*blow*) taloche $f$ // $vt$ flanquer une taloche à.

**clove** [kləuv] $n$ clou $m$ de girofle; **~ of garlic** gousse $f$ d'ail.

**clover** ['kləuvə*] $n$ trèfle $m$; **~leaf** $n$ feuille $f$ de trèfle; **~leaf junction** (*AUT*) $n$ croisement $m$ en trèfle.

**clown** [klaun] $n$ clown $m$ // $vi$ (*also*: **~ about, ~ around**) faire le clown.

**club** [klʌb] $n$ (*society*) club $m$; (*weapon*) massue $f$, matraque $f$; (*also*: **golf ~**) club // $vt$ matraquer // $vi$: **to ~ together** s'associer; **~s** *npl* (*CARDS*) trèfle $m$; **~house** $n$ pavillon $m$.

**cluck** [klʌk] $vi$ glousser.

**clue** [kluː] $n$ indice $m$; (*in crosswords*) définition $f$; **I haven't a ~** je n'en ai pas la moindre idée.

**clump** [klʌmp] $n$: **~ of trees** bouquet $m$ d'arbres.

**clumsy** ['klʌmzɪ] $a$ (*person*) gauche, maladroit(e); (*object*) malcommode, peu maniable.

**clung** [klʌŋ] *pt*, *pp* of **cling.**

**cluster** ['klʌstə*] $n$ (*petit*) groupe // $vi$ se rassembler.

**clutch** [klʌtʃ] n (grip, grasp) étreinte f, prise f; (AUT) embrayage m // vt agripper, serrer fort; **to ~ at** se cramponner à.

**clutter** ['klʌtə*] vt encombrer.

**Co.** abbr of **county**; **company**.

**c/o** (abbr of care of) c/o, aux bons soins de.

**coach** [kəutʃ] n (bus) autocar m; (horse-drawn) diligence f; (of train) voiture f, wagon m; (SPORT: trainer) entraîneur/euse; (school: tutor) répétiteur/trice // vt entraîner; donner des leçons particulières à.

**coagulate** [kəu'ægjuleɪt] vt coaguler // vi se coaguler.

**coal** [kəul] n charbon m; ~ **face** n front m de taille; **(~) face workers** npl mineurs mpl de fond; **~field** n bassin houiller.

**coalition** [kəuə'lɪʃən] n coalition f.

**coalman, coal merchant** ['kəulmən, 'kəulmə:tʃənt] n charbonnier m, marchand m de charbon.

**coalmine** ['kəulmaɪn] n mine f de charbon.

**coarse** [kɔːs] a grossier(ère), rude.

**coast** [kəust] n côte f // vi (with cycle etc) descendre en roue libre; ~**al** a côtier(ère); ~**er** n caboteur m; ~**guard** n garde-côte m; ~**line** n côte f, littoral m.

**coat** [kəut] n manteau m; (of animal) pelage m, poil m; (of paint) couche f // vt couvrir, enduire; ~ **of arms** n blason m, armoiries fpl; ~ **hanger** n cintre m; ~**ing** n couche f, enduit m.

**coax** [kəuks] vt persuader par des cajoleries.

**cob** [kɔb] n see **corn**.

**cobbles, cobblestones** ['kɔblz, 'kɔbl-stəunz] npl pavés (ronds).

**cobra** ['kəubrə] n cobra m.

**cobweb** ['kɔbwɛb] n toile f d'araignée.

**cocaine** [kə'keɪn] n cocaïne f.

**cock** [kɔk] n (rooster) coq m; (male bird) mâle m // vt (gun) armer; **to ~ one's ears** (fig) dresser l'oreille; ~**erel** n jeune coq m; ~**-eyed** a (fig) de travers; qui louche; qui ne tient pas debout (fig).

**cockle** ['kɔkl] n coque f.

**cockney** ['kɔknɪ] n cockney m/f (habitant des quartiers populaires de l'East End de Londres), ≈ faubourien/ne.

**cockpit** ['kɔkpɪt] n (in aircraft) poste m de pilotage, cockpit m.

**cockroach** ['kɔkrəutʃ] n cafard m, cancrelat m.

**cocktail** ['kɔkteɪl] n cocktail m; ~ **cabinet** n (meuble-)bar m; ~ **party** n cocktail m; ~ **shaker** n shaker m.

**cocoa** ['kəukəu] n cacao m.

**coconut** ['kəukənʌt] n noix f de coco.

**cocoon** [kə'ku:n] n cocon m.

**cod** [kɔd] n morue (fraîche), cabillaud m.

**code** [kəud] n code m.

**codify** ['kəudɪfaɪ] vt codifier.

**coeducational** ['kəuɛdju'keɪʃənl] a mixte.

**coerce** [kəu'ə:s] vt contraindre; **coercion** [-'ə:ʃən] n contrainte f.

**coexistence** ['kəuɪg'zɪstəns] n coexistence f.

**coffee** ['kɔfɪ] n café m; ~ **grounds** npl marc m de café; ~**pot** n cafetière f; ~ **table** n (petite) table basse.

**coffin** ['kɔfɪn] n cercueil m.

**cog** [kɔg] n dent f (d'engrenage); ~**wheel** n roue dentée.

**cogent** ['kəudʒənt] a puissant(e), convaincant(e).

**cognac** ['kɔnjæk] n cognac m.

**coherent** [kəu'hɪərənt] a cohérent(e).

**coil** [kɔɪl] n rouleau m, bobine f; (one loop) anneau m, spire f; (contraceptive) stérilet m // vt enrouler.

**coin** [kɔɪn] n pièce f de monnaie // vt (word) inventer; ~**age** n monnaie f, système m monétaire; ~**-box** n cabine f téléphonique.

**coincide** [kəuɪn'saɪd] vi coïncider; ~**nce** [kəu'ɪnsɪdəns] n coïncidence f.

**coke** [kəuk] n coke m.

**colander** ['kɔləndə*] n passoire f (à légumes).

**cold** [kəuld] a froid(e) // n froid m; (MED) rhume m; **it's** ~ il fait froid; **to be** ~ avoir froid; **to have** ~ **feet** avoir froid aux pieds; (fig) avoir la frousse or la trouille; **to give sb the** ~ **shoulder** battre froid à qn; ~**ly** ad froidement; ~ **sore** n herpès m.

**coleslaw** ['kəulslɔ:] n sorte de salade de chou cru.

**colic** ['kɔlɪk] n colique(s) f(pl).

**collaborate** [kə'læbəreɪt] vi collaborer; **collaboration** [-'reɪʃən] n collaboration f; **collaborator** n collaborateur/trice.

**collage** [kɔ'lɑ:ʒ] n (ART) collage m.

**collapse** [kə'læps] vi s'effondrer, s'écrouler // n effondrement m, écroulement m.

**collapsible** [kə'læpsəbl] a pliant(e); télescopique.

**collar** [kɔlə*] n (of coat, shirt) col m; ~**bone** n clavicule f.

**collate** [kɔ'leɪt] vt collationner.

**colleague** ['kɔli:g] n collègue m/f.

**collect** [kə'lɛkt] vt rassembler; ramasser; (as a hobby) collectionner; (call and pick up) (passer) prendre; (mail) faire la levée de, ramasser; (money owed) encaisser; (donations, subscriptions) recueillir // vi se rassembler; s'amasser; ~**ed** a: ~**ed works** œuvres complètes; ~**ion** [kə'lɛkʃən] n collection f; levée f; (for money) collecte f, quête f.

**collective** [kə'lɛktɪv] a collectif(ive).

**collector** [kə'lɛktə*] n collectionneur m; (of taxes) percepteur m; (of rent, cash) encaisseur m.

**college** ['kɔlɪdʒ] n collège m; ~ **of education** ≈ école normale.

**collide** [kə'laɪd] vi: **to ~ (with)** entrer en collision (avec); (fig) entrer en conflit (avec), se heurter (à).

**colliery** ['kɔlɪərɪ] n mine f de charbon, houillère f.

**collision** [kə'lɪʒən] n collision f, heurt m; (fig) conflit m.

**colloquial** [kə'ləukwɪəl] a familier(ère).

**colon** ['kəulən] n (sign) deux-points mpl; (MED) côlon m.

**colonel** ['kə:nl] n colonel m.

**colonial** [kə'ləunɪəl] a colonial(e).

**colonize** ['kɔlənaɪz] vt coloniser.

**colony** ['kɔlənɪ] n colonie f.

**color** ['kʌlə*] n,vt (US) = **colour**.

**Colorado** [kɔlə'rɑːdəu]: ~ **beetle** n doryphore m.

**colossal** [kə'lɔsl] a colossal(e).

**colour, color** (US) ['kʌlə*] n couleur f // vt colorer; peindre; (with crayons) colorier; (news) fausser, exagérer; ~s npl (of party, club) couleurs fpl; ~ **bar** n discrimination raciale (dans un établissement etc); ~**-blind** a daltonien(ne); ~**ed** a coloré(e); (photo) en couleur // n: ~**eds** personnes fpl de couleur; ~ **film** n (for camera) pellicule f (en) couleur; ~**ful** a coloré(e), vif(vive); (personality) pittoresque, haut(e) en couleurs; ~ **scheme** n combinaison f de(s) couleurs; ~ **television** n télévision f en couleur.

**colt** [kəult] n poulain m.

**column** ['kɔləm] n colonne f; ~**ist** ['kɔləmnɪst] n rédacteur/trice d'une rubrique.

**coma** ['kəumə] n coma m.

**comb** [kəum] n peigne m // vt (hair) peigner; (area) ratisser, passer au peigne fin.

**combat** ['kɔmbæt] n combat m // vt combattre, lutter contre.

**combination** [kɔmbɪ'neɪʃən] n (gen) combinaison f.

**combine** vb [kəm'baɪn] vt combiner; (one quality with another) joindre (à) // vi s'associer; (CHEM) se combiner // n ['kɔmbaɪn] association f; (ECON) trust m; ~ (**harvester**) n moissonneuse-batteuse(-lieuse) f.

**combustible** [kəm'bʌstɪbl] a combustible.

**combustion** [kəm'bʌstʃən] n combustion f.

**come**, pt **came**, pp **come** [kʌm, keɪm] vi venir; arriver; **to ~ into sight** or **view** apparaître; **to ~ to** (decision etc) parvenir or arriver à; **to ~ undone/loose** se défaire/desserrer; **to ~ about** vi se produire, arriver; **to ~ across** vi fus rencontrer par hasard, tomber sur; **to ~ along** vi = **to come on**; **to ~ apart** vi s'en aller en morceaux; se détacher; **to ~ away** vi partir, s'en aller; se détacher; **to ~ back** vi revenir; **to ~ by** vt fus (acquire) obtenir, se procurer; **to ~ down** vi descendre; (prices) baisser; (buildings) s'écrouler; être démoli(e); **to ~ forward** vi s'avancer; se présenter, s'annoncer; **to ~ from** vi être originaire de; venir de; **to ~ in** vi entrer; **to ~ in for** vt fus (criticism etc) être l'objet de; **to ~ into** vt fus (money) hériter de; **to ~ off** vi (button) se détacher; (stain) s'enlever; (attempt) réussir; **to ~ on** vi (pupil, undertaking) faire des progrès, avancer; ~ **on!** viens!; allons!, allez!; **to ~ out** vi sortir; (book) paraître; (strike) cesser le travail, se mettre en grève; **to ~ to** vi revenir à soi; **to ~ up** vi monter; **to ~ up against** vt fus (resistance, difficulties) rencontrer; **to ~ up with** vt fus: **he came up with an idea** il a eu une idée, il a proposé quelque chose; **to ~ upon** vt fus tomber sur; ~**back** n (THEATRE etc) rentrée f.

**comedian** [kə'miːdɪən] n (in music hall etc) comique m; (THEATRE) comédien m.

**comedienne** [kəmi:dɪ'ɛn] n comédienne f.

**comedown** ['kʌmdaun] n déchéance f.

**comedy** ['kɔmɪdɪ] n comédie f.

**comet** ['kɔmɪt] n comète f.

**comfort** ['kʌmfət] n confort m, bien-être m; (solace) consolation f, réconfort m // vt consoler, réconforter; ~**s** npl aises fpl; ~**able** a confortable; ~ **station** n (US) toilettes fpl.

**comic** ['kɔmɪk] a (also: ~**al**) comique // n comique m; (magazine) illustré m; ~ **strip** n bande dessinée.

**coming** ['kʌmɪŋ] n arrivée f; ~(**s**) **and going(s)** n(pl) va-et-vient m inv.

**comma** ['kɔmə] n virgule f.

**command** [kə'mɑːnd] n ordre m, commandement m; (MIL: authority) commandement; (mastery) maîtrise f // vt (troops) commander; (be able to get) (pouvoir) disposer de, avoir à sa disposition; (deserve) avoir droit à; **to ~ sb to do** donner l'ordre or commander à qn de faire; ~**eer** [kɔmən'dɪə*] vt réquisitionner (par la force); ~**er** n chef m; (MIL) commandant m; ~**ing officer** n commandant m.

**commando** [kə'mɑːndəu] n commando m; membre m d'un commando.

**commemorate** [kə'mɛməreɪt] vt commémorer; **commemoration** [-'reɪʃən] n commémoration f.

**commemorative** [kə'mɛmərətɪv] a commémoratif(ive).

**commence** [kə'mɛns] vt,vi commencer.

**commend** [kə'mɛnd] vt louer; recommander; ~**able** a louable; ~**ation** [kɔmɛn'deɪʃən] n éloge m; recommandation f.

**commensurate** [kə'mɛnʃərɪt] a: ~ **with** en proportion de, proportionné(e) à.

**comment** ['kɔmɛnt] n commentaire m // vi faire des remarques or commentaires; ~**ary** ['kɔməntərɪ] n commentaire m; (SPORT) reportage m (en direct); ~**ator** ['kɔmənteɪtə*] n commentateur m; reporter m.

**commerce** ['kɔmə:s] n commerce m.

**commercial** [kə'mə:ʃəl] a commercial(e) // n (TV: also: ~ **break**) annonce f publicitaire, spot m (publicitaire); ~ **college** n école f de commerce; ~**ize** vt commercialiser; ~ **television** n la publicité à la télévision, les chaînes indépendantes; ~ **traveller** n voyageur m de commerce; ~ **vehicle** n véhicule m utilitaire.

**commiserate** [kə'mɪzəreɪt] vi: **to ~ with** compatir à.

**commission** [kə'mɪʃən] n (committee, fee) commission f; (order for work of art etc) commande f // vt (MIL) nommer (à un commandement); (work of art) commander, charger un artiste de l'exécution de; **out of ~** (NAUT) hors de service; ~**aire** [kəmɪʃə'nɛə*] n (at shop, cinema etc) portier m (en uniforme); ~**er** n membre m d'une commission; (POLICE) préfet m (de police).

**commit** [kə'mɪt] vt (act) commettre; (to sb's care) confier (à); **to ~ o.s. (to do)** s'engager (à faire); **to ~ suicide** se suicider; **to ~ to writing** coucher par écrit; **~ment** n engagement m, responsabilité(s) f(pl).

**committee** [kə'mıtı] n comité m.

**commodity** [kə'mɔdıtı] n produit m, marchandise f, article m; (food) denrée f.

**common** ['kɔmən] a (gen, also pej) commun(e); (usual) courant(e) // n terrain communal; **the C~s** npl la chambre des Communes; **in ~** en commun; **it's ~ knowledge that** il est bien connu or notoire que; **to the ~ good** pour le bien de tous, dans l'intérêt général; **~er** n roturier/ière; **~ ground** n (fig) terrain m d'entente; **~ law** n droit coutumier; **~ly** ad communément, généralement; couramment; **C~ Market** n Marché commun; **~place** a banal(e), ordinaire; **~room** n salle commune; (scol) salle des professeurs; **~ sense** n bon sens; **the C~wealth** n le Commonwealth.

**commotion** [kə'məuʃən] n désordre m, tumulte m.

**communal** ['kɔmju:nl] a (life) communautaire; (for common use) commun(e).

**commune** n ['kɔmju:n] (group) communauté f // vi [kə'mju:n]: **to ~ with** converser intimement avec; communier avec.

**communicate** [kə'mju:nıkeıt] vt communiquer, transmettre // vi: **to ~ (with)** communiquer (avec).

**communication** [kəmju:nı'keıʃən] n communication f; **~ cord** n sonnette f d'alarme.

**communion** [kə'mju:nıən] n (also: **Holy C~**) communion f.

**communiqué** [kə'mju:nıkeı] n communiqué m.

**communism** ['kɔmjunızəm] n communisme m; **communist** a,n communiste (m/f).

**community** [kə'mju:nıtı] n communauté f; **~ centre** n foyer socio-éducatif, centre m de loisirs; **~ chest** n (US) fonds commun.

**commutation ticket** [kɔmju'teıʃəntıkıt] n (US) carte f d'abonnement.

**commute** [kə'mju:t] vi faire le trajet journalier (de son domicile à un lieu de travail assez éloigné) // vt (LAW) commuer; (MATH: terms etc) opérer la commutation de; **~r** n banlieusard/e (qui ... see vi).

**compact** a [kəm'pækt] compact(e) // n ['kɔmpækt] contrat m, entente f; (also: **powder ~**) poudrier m.

**companion** [kəm'pænıən] n compagnon/-compagne; **~ship** n camaraderie f.

**company** ['kʌmpənı] n (also COMM, MIL, THEATRE) compagnie f; **he's good ~** il est d'une compagnie agréable; **we have ~** nous avons de la visite; **to keep sb ~** tenir compagnie à qn; **to part ~ with** se séparer de; **~ secretary** n (COMM) secrétaire général (d'une société).

**comparable** ['kɔmpərəbl] a comparable.

**comparative** [kəm'pærətıv] a comparatif(ive); (relative) relatif(ive).

**compare** [kəm'pɛə*] vt: **to ~ sth/sb with/to** comparer qch/qn avec or et/à // vi: **to ~ (with)** se comparer (à); être comparable (à); **comparison** [-'pærısn] n comparaison f; **in comparison (with)** en comparaison (de).

**compartment** [kəm'pɑ:tmənt] n (also RAIL) compartiment m.

**compass** ['kʌmpəs] n boussole f; **~es** npl compas m.

**compassion** [kəm'pæʃən] n compassion f, humanité f; **~ate** a accessible à la compassion, au cœur charitable et bienveillant; **on ~ate grounds** pour raisons personnelles or de famille.

**compatible** [kəm'pætıbl] a compatible.

**compel** [kəm'pɛl] vt contraindre, obliger; **~ling** a (fig: argument) irrésistible.

**compendium** [kəm'pɛndıəm] n abrégé m.

**compensate** ['kɔmpənseıt] vt indemniser, dédommager // vi: **to ~ for** compenser; **compensation** [-'seıʃən] n compensation f; (money) dédommagement m, indemnité f.

**compère** ['kɔmpɛə*] n présentateur/trice, animateur/trice.

**compete** [kəm'pi:t] vi (take part) concourir; (vie): **to ~ (with)** rivaliser (avec), faire concurrence (à).

**competence** ['kɔmpıtəns] n compétence f, aptitude f.

**competent** ['kɔmpıtənt] a compétent(e), capable.

**competition** [kɔmpı'tıʃən] n compétition f, concours m; (ECON) concurrence f.

**competitive** [kəm'pɛtıtıv] a (ECON) concurrentiel(le); **~ examination** n (SCOL) concours m.

**competitor** [kəm'pɛtıtə*] n concurrent/e.

**compile** [kəm'paıl] vt compiler.

**complacency** [kəm'pleısnsı] n contentement m de soi, vaine complaisance.

**complacent** [kəm'pleısnt] a (trop) content(e) de soi; suffisant(e).

**complain** [kəm'pleın] vi: **to ~ (about)** se plaindre (de); (in shop etc) réclamer (au sujet de); **to ~ of** vt fus (MED) se plaindre de; **~t** n plainte f; réclamation f; (MED) affection f.

**complement** ['kɔmplımənt] n complément m; (especially of ship's crew etc) effectif complet; **~ary** [kɔmplı'mɛntərı] a complémentaire.

**complete** [kəm'pli:t] a complet(ète) // vt achever, parachever; (a form) remplir; **~ly** ad complètement; **completion** n achèvement m.

**complex** ['kɔmplɛks] a complexe // n (PSYCH, buildings etc) complexe m.

**complexion** [kəm'plɛkʃən] n (of face) teint m; (of event etc) aspect m, caractère m.

**complexity** [kəm'plɛksıtı] n complexité f.

**compliance** [kəm'plaıəns] n (see compliant) docilité f; (see comply): **~ with** le fait de se conformer à; **in ~ with** en conformité avec, conformément à.

**compliant** [kəm'plaıənt] a docile, très accommodant(e).

**complicate** ['kɔmplıkeıt] vt compliquer;

**~d** a compliqué(e) ; **complication** [-'keɪʃən] n complication f.

**compliment** n ['kɔmplɪmənt] compliment m // vt ['kɔmplɪment] complimenter ; **~s** npl compliments mpl, hommages mpl ; vœux mpl ; **~ary** [-'mɛntərɪ] a flatteur(euse) ; *(free)* à titre gracieux ; **~ary ticket** n billet m de faveur.

**comply** [kəm'plaɪ] vi: **to ~ with** se soumettre à, se conformer à.

**component** [kəm'pəʊnənt] a composant(e), constituant(e) // n composant m, élément m.

**compose** [kəm'pəʊz] vt composer ; **to ~ o.s.** se calmer, se maîtriser ; prendre une contenance ; **~d** a calme, posé(e) ; **~r** n *(MUS)* compositeur m.

**composite** ['kɔmpəzɪt] a composite ; *(BOT, MATH)* composé(e).

**composition** [kɔmpə'zɪʃən] n composition f.

**compost** ['kɔmpost] n compost m.

**composure** [kəm'pəʊʒə*] n calme m, maîtrise f de soi.

**compound** ['kɔmpaund] n *(CHEM, LING)* composé m ; *(enclosure)* enclos m, enceinte f // a composé(e) ; **~ fracture** n fracture compliquée ; **~ interest** n intérêt composé.

**comprehend** [kɔmprɪ'hɛnd] vt comprendre ; **comprehension** [-'hɛnʃən] n compréhension f.

**comprehensive** [kɔmprɪ'hɛnsɪv] a (très) complet(ète) ; **~ policy** n *(INSURANCE)* assurance f tous risques ; **~ (school)** n école secondaire non sélective, avec libre circulation d'une section à l'autre, ≈ C.E.S. m.

**compress** vt [kəm'prɛs] comprimer // n ['kɔmprɛs] *(MED)* compresse f ; **~ion** [-'prɛʃən] n compression f.

**comprise** [kəm'praɪz] vt *(also: **be ~d of**)* comprendre.

**compromise** ['kɔmprəmaɪz] n compromis m // vt compromettre // vi transiger, accepter un compromis.

**compulsion** [kəm'pʌlʃən] n contrainte f, force f.

**compulsive** [kəm'pʌlsɪv] a *(reason, demand)* coercitif(ive) ; *(PSYCH)* compulsif-(ive) ; **he's a ~ smoker** c'est un fumeur invétéré.

**compulsory** [kəm'pʌlsərɪ] a obligatoire.

**computer** [kəm'pju:tə*] n ordinateur m ; *(mechanical)* calculatrice f ; **~ize** vt traiter or automatiser par ordinateur ; **~ language** n langage m machine or de programmation ; **~ programming** n programmation f ; **~ science** n informatique f ; **~ scientist** n informaticien/ne.

**comrade** ['kɔmrɪd] n camarade m/f ; **~ship** n camaraderie f.

**con** [kɔn] vt duper ; escroquer.

**concave** ['kɔn'keɪv] a concave.

**conceal** [kən'si:l] vt cacher, dissimuler.

**concede** [kən'si:d] vt concéder // vi céder.

**conceit** [kən'si:t] n vanité f, suffisance f, prétention f ; **~ed** a vaniteux(euse), suffisant(e).

**conceivable** [kən'si:vəbl] a concevable, imaginable.

**conceive** [kən'si:v] vt concevoir.

**concentrate** ['kɔnsəntreɪt] vi se concentrer // vt concentrer.

**concentration** [kɔnsən'treɪʃən] n concentration f ; **~ camp** n camp m de concentration.

**concentric** [kɔn'sɛntrɪk] a concentrique.

**concept** ['kɔnsɛpt] n concept m.

**conception** [kən'sɛpʃən] n conception f.

**concern** [kən'sə:n] n affaire f ; *(COMM)* entreprise f, firme f ; *(anxiety)* inquiétude f, souci m // vt concerner ; **to be ~ed (about)** s'inquiéter (de), être inquiet (au sujet de) ; **~ing** prep en ce qui concerne, à propos de.

**concert** ['kɔnsət] n concert m ; **in ~** à l'unisson, en chœur ; ensemble ; **~ed** [kən'sə:tɪd] a concerté(e) ; **~ hall** n salle f de concert.

**concertina** [kɔnsə'ti:nə] n concertina m // vi se télescoper, se caramboler.

**concerto** [kən'tʃə:təu] n concerto m.

**concession** [kən'sɛʃən] n concession f.

**conciliation** [kənsɪlɪ'eɪʃən] n conciliation f, apaisement m.

**conciliatory** [kən'sɪlɪətrɪ] a conciliateur(trice) ; conciliant(e).

**concise** [kən'saɪs] a concis(e).

**conclave** ['kɔnkleɪv] n assemblée secrète ; *(REL)* conclave m.

**conclude** [kən'klu:d] vt conclure ; **conclusion** [-'klu:ʒən] n conclusion f ; **conclusive** [-'klu:sɪv] a concluant(e), définitif(ive).

**concoct** [kən'kɔkt] vt confectionner, composer.

**concourse** ['kɔnkɔ:s] n *(hall)* hall m, salle f des pas perdus ; *(crowd)* affluence f ; multitude f.

**concrete** ['kɔnkri:t] n béton m // a concret(ète) ; en béton.

**concur** [kən'kə:*] vi être d'accord.

**concurrently** [kən'kʌrntlɪ] ad simultanément.

**concussion** [kən'kʌʃən] n ébranlement m, secousse f ; *(MED)* commotion (cérébrale).

**condemn** [kən'dɛm] vt condamner ; **~ation** [kɔndɛm'neɪʃən] n condamnation f.

**condensation** [kɔndɛn'seɪʃən] n condensation f.

**condense** [kən'dɛns] vi se condenser // vt condenser ; **~d milk** n lait condensé (sucré).

**condescend** [kɔndɪ'sɛnd] vi condescendre, s'abaisser ; **~ing** a condescendant(e).

**condition** [kən'dɪʃən] n condition f // vt déterminer, conditionner ; **on ~ that** à condition que + sub, à condition de ; **~al** a conditionnel(le) ; **to be ~al upon** dépendre de.

**condolences** [kən'dəʊlənsɪz] npl condoléances fpl.

**condone** [kən'dəʊn] vt fermer les yeux sur, approuver (tacitement).

**conducive** [kən'dju:sɪv] a: **~ to** favorable à, qui contribue à.

**conduct** n ['kɔndʌkt] conduite f // vt [kən'dʌkt] conduire ; *(manage)* mener, diriger ; *(MUS)* diriger ; **to ~ o.s.** se conduire, se comporter ; ~ed tour n voyage organisé, visite guidée ; ~or n (of orchestra) chef m d'orchestre ; (on bus) receveur m ; (ELEC) conducteur m ; ~ress n (on bus) receveuse f.

**conduit** ['kɔndɪt] n conduit m, tuyau m ; tube m.

**cone** [kəun] n cône m ; (for ice-cream) cornet m ; (BOT) pomme f de pin, cône.

**confectioner** [kən'fɛkʃənə*] n (of cakes) pâtissier/ière ; (of sweets) confiseur/euse ; ~y n pâtisserie f, confiserie f.

**confederation** [kənfɛdə'reɪʃən] n confédération f.

**confer** [kən'fə:*] vt : to ~ sth on conférer qch à // vi conférer, s'entretenir.

**conference** ['kɔnfərns] n conférence f.

**confess** [kən'fɛs] vt confesser, avouer // vi se confesser ; ~ion [-'fɛʃən] n confession f ; ~ional [-'fɛʃənl] confessional m ; ~or n confesseur m.

**confetti** [kən'fɛti] n confettis mpl.

**confide** [kən'faɪd] vi : to ~ in s'ouvrir à, se confier à.

**confidence** ['kɔnfɪdns] n confiance f ; (also: self-~) assurance f, confiance en soi ; (secret) confidence f ; ~ trick n escroquerie f ; **confident** a sûr(e), assuré(e) ; **confidential** [kɔnfɪ'dɛnʃəl] a confidentiel(le).

**confine** [kən'faɪn] vt limiter, borner ; (shut up) confiner, enfermer ; ~s ['kɔnfaɪnz] npl confins mpl, bornes fpl ; ~d a (space) restreint(e), réduit(e) ; ~ment n emprisonnement m, détention f ; (MIL) consigne f (au quartier) ; (MED) accouchement m.

**confirm** [kən'fə:m] vt (report) confirmer ; (appointment) ratifier ; ~ation [kɔnfə'meɪʃən] n confirmation f ; ~ed a invétéré(e), incorrigible.

**confiscate** ['kɔnfɪskeɪt] vt confisquer ; **confiscation** [-'keɪʃən] n confiscation f.

**conflagration** [kɔnflə'greɪʃən] n incendie m.

**conflict** n ['kɔnflɪkt] conflit m, lutte f // vi [kən'flɪkt] être or entrer en conflit ; (opinions) s'opposer, se heurter ; ~ing a contradictoire.

**conform** [kən'fɔ:m] vi : to ~ (to) se conformer (à) ; ~ist n conformiste m/f.

**confound** [kən'faund] vt confondre ; ~ed a maudit(e), sacré(e).

**confront** [kən'frʌnt] vt confronter, mettre en présence ; (enemy, danger) affronter, faire face à ; ~ation [kɔnfrən'teɪʃən] n confrontation f.

**confuse** [kən'fju:z] vt embrouiller ; (one thing with another) confondre ; **confusing** a peu clair(e), déroutant(e) ; **confusion** [-'fju:ʒən] n confusion f.

**congeal** [kən'dʒi:l] vi (oil) se figer ; (blood) se coaguler.

**congenial** [kən'dʒi:nɪəl] a sympathique, agréable.

**congenital** [kən'dʒɛnɪtl] a congénital(e).

**conger eel** ['kɔngəri:l] n congre m.

**congested** [kən'dʒɛstɪd] a (MED) congestionné(e) ; (fig) surpeuplé(e) ; congestionné, bloqué(e).

**congestion** [kən'dʒɛstʃən] n congestion f ; (fig) encombrement m.

**conglomeration** [kənglɔmə'reɪʃən] n groupement m ; agglomération f.

**congratulate** [kən'grætjuleɪt] vt : to ~ sb (on) féliciter qn (de) ; **congratulations** [-'leɪʃɔnz] npl félicitations fpl.

**congregate** ['kɔngrɪgeɪt] vi se rassembler, se réunir.

**congregation** [kɔngrɪ'geɪʃən] n assemblée f (des fidèles).

**congress** ['kɔngrɛs] n congrès m ; ~man n (US) membre m du Congrès.

**conical** ['kɔnɪkl] a (de forme) conique.

**conifer** ['kɔnɪfə*] n conifère m ; ~ous [kə'nɪfərəs] a (forest) de conifères.

**conjecture** [kən'dʒɛktʃə*] n conjecture f // vt, vi conjecturer.

**conjugal** ['kɔndʒugl] a conjugal(e).

**conjugate** ['kɔndʒugeɪt] vt conjuguer ; **conjugation** [-'geɪʃən] n conjugaison f.

**conjunction** [kən'dʒʌnkʃən] n conjonction f.

**conjunctivitis** [kəndʒʌnktɪ'vaɪtɪs] n conjonctivite f.

**conjure** ['kʌndʒə*] vt faire apparaître (par la prestidigitation) ; [kən'dʒuə*] conjurer, supplier ; to ~ up vt (ghost, spirit) faire apparaître ; (memories) évoquer ; ~r n prestidigitateur m, illusionniste m/f ; **conjuring trick** n tour m de prestidigitation.

**conk** [kɔnk] : to ~ out vi (col) tomber or rester en panne.

**conman** ['kɔnmæn] n escroc m.

**connect** [kə'nɛkt] vt joindre, relier ; (ELEC) connecter ; (fig) établir un rapport entre, faire un rapprochement entre // vi (train) : to ~ with assurer la correspondance avec ; to be ~ed with avoir un rapport avec ; avoir des rapports avec, être en relation avec ; ~ion [-'ʃən] n relation f, lien m ; (ELEC) connexion f ; (TEL) communication f ; in ~ion with à propos de.

**connexion** [kə'nɛkʃən] n = **connection**.

**conning tower** ['kɔnɪŋtauə*] n kiosque m (de sous-marin).

**connive** [kə'naɪv] vi : to ~ at se faire le complice de.

**connoisseur** [kɔnɪ'sə*] n connaisseur m.

**connotation** [kɔnə'teɪʃən] n connotation f, implication f.

**connubial** [kə'nju:bɪəl] a conjugal(e).

**conquer** ['kɔnkə*] vt conquérir ; (feelings) vaincre, surmonter ; ~or n conquérant m, vainqueur m.

**conquest** ['kɔnkwɛst] n conquête f.

**cons** [kɔnz] npl see **pro**, **convenience**.

**conscience** ['kɔnʃəns] n conscience f.

**conscientious** [kɔnʃɪ'ɛnʃəs] a consciencieux(euse) ; (scruple, objection) de conscience ; ~ objector n objecteur m de conscience.

**conscious** ['kɔnʃəs] a conscient(e) ; ~ness n conscience f ; (MED) connaissance f ; to lose/regain ~ness perdre/reprendre connaissance.

**conscript** ['kɔnskrɪpt] n conscrit m ; ~ion [kən'skrɪpʃən] n conscription f.

consecrate ['kɔnsɪkreɪt] vt consacrer.

consecutive [kən'sɛkjutɪv] a consécutif(ive).

consensus [kən'sɛnsəs] n consensus m.

consent [kən'sɛnt] n consentement m // vi: to ~ (to) consentir (à) ; age of ~ âge nubile (légal).

consequence ['kɔnsɪkwəns] n suites fpl, conséquence f ; importance f.

consequently ['kɔnsɪkwəntlɪ] ad par conséquent, donc.

conservation [kɔnsə'veɪʃən] n préservation f, protection f.

conservative [kən'sə:vətɪv] a conservateur(trice) ; (cautious) prudent(e) ; C~ a,n conservateur(trice).

conservatory [kən'sə:vətrɪ] n (greenhouse) serre f.

conserve [kən'sə:v] vt conserver, préserver.

consider [kən'sɪdə*] vt considérer, réfléchir à ; (take into account) penser à, prendre en considération ; (regard, judge) considérer, estimer.

considerable [kən'sɪdərəbl] a considérable.

considerate [kən'sɪdərɪt] a prévenant(e), plein(e) d'égards.

consideration [kənsɪdə'reɪʃən] n considération f ; (reward) rétribution f, rémunération f ; out of ~ for par égard pour ; under ~ à l'étude.

considering [kən'sɪdərɪŋ] prep étant donné.

consign [kən'saɪn] vt expédier, livrer ; ~ment n arrivage m, envoi m.

consist [kən'sɪst] vi: to ~ of consister en, se composer de.

consistency [kən'sɪstənsɪ] n consistance f ; (fig) cohérence f.

consistent [kən'sɪstənt] a logique, cohérent(e) ; ~ with compatible avec, en accord avec.

consolation [kɔnsə'leɪʃən] n consolation f.

console vt [kən'səul] consoler // n ['kɔnsəul] console f.

consolidate [kən'sɔlɪdeɪt] vt consolider.

consommé [kən'sɔmeɪ] n consommé m.

consonant ['kɔnsənənt] n consonne f.

consortium [kən'sɔ:tɪəm] n consortium m, comptoir m.

conspicuous [kən'spɪkjuəs] a voyant(e), qui attire la vue or l'attention.

conspiracy [kən'spɪrəsɪ] n conspiration f, complot m.

conspire [kən'spaɪə*] vi conspirer, comploter.

constable ['kʌnstəbl] n ≈ agent m de police, gendarme m ; chief ~ n ≈ préfet m de police.

constabulary [kən'stæbjulərɪ] n ≈ police f, gendarmerie f.

constant ['kɔnstənt] a constant(e) ; incessant(e) ; ~ly ad constamment, sans cesse.

constellation [kɔnstə'leɪʃən] n constellation f.

consternation [kɔnstə'neɪʃən] n consternation f.

constipated ['kɔnstɪpeɪtəd] a constipé(e).

constipation [kɔnstɪ'peɪʃən] n constipation f.

constituency [kən'stɪtjuənsɪ] n circonscription électorale.

constituent [kən'stɪtjuənt] n électeur/-trice ; (part) élément constitutif, composant m.

constitute ['kɔnstɪtju:t] vt constituer.

constitution [kɔnstɪ'tju:ʃən] n constitution f ; ~al a constitutionnel(le).

constrain [kən'streɪn] vt contraindre, forcer ; ~ed a contraint(e), gêné(e) ; ~t n contrainte f.

constrict [kən'strɪkt] vt rétrécir, resserrer ; gêner, limiter.

construct [kən'strʌkt] vt construire ; ~ion [-ʃən] n construction f ; ~ive a constructif(ive).

construe [kən'stru:] vt analyser, expliquer.

consul ['kɔnsl] n consul m ; ~ate ['kɔnsjulɪt] n consulat m.

consult [kən'sʌlt] vt consulter ; ~ancy n: ~ancy fee honoraires mpl d'expert ; ~ant n (MED) médecin consultant ; (other specialist) consultant m, (expert-)conseil m // a: ~ant engineer ingénieur-conseil m ; legal/management ~ant conseiller m juridique/en gestion ; ~ation [kɔnsəl'teɪʃən] n consultation f ; ~ing room n cabinet m de consultation.

consume [kən'sju:m] vt consommer ; ~r n consommateur/ trice ; consumerism n mouvement m pour la protection des consommateurs ; ~r society n société f de consommation.

consummate ['kɔnsʌmeɪt] vt consommer.

consumption [kən'sʌmpʃən] n consommation f ; (MED) consomption f (pulmonaire).

cont. abbr of continued.

contact ['kɔntækt] n contact m ; (person) connaissance f, relation f // vt se mettre en contact or en rapport avec ; ~ lenses npl verres mpl de contact.

contagious [kən'teɪdʒəs] a contagieux(euse).

contain [kən'teɪn] vt contenir ; to ~ o.s. se contenir, se maîtriser ; ~er n récipient m ; (for shipping etc) container m.

contaminate [kən'tæmɪneɪt] vt contaminer ; contamination [-'neɪʃən] n contamination f.

cont'd abbr of continued.

contemplate ['kɔntəmpleɪt] vt contempler ; (consider) envisager ; contemplation [-'pleɪʃən] n contemplation f.

contemporary [kən'tɛmpərərɪ] a contemporain(e) ; (design, wallpaper) moderne // n contemporain/e.

contempt [kən'tɛmpt] n mépris m, dédain m ; ~ible a méprisable, vil(e) ; ~uous a dédaigneux(euse), méprisant(e).

contend [kən'tɛnd] vt: to ~ that soutenir or prétendre que // vi: to ~ with rivaliser avec, lutter avec ; ~er n prétendant/e ; adversaire m/f.

content [kən'tɛnt] a content(e), satisfait(e) // vt contenter, satisfaire // n ['kɔntɛnt] contenu m ; teneur f ; ~s npl contenu ; (of barrel etc: capacity) contenance f; (table of) ~s table f des matières ; to be ~ with se contenter de ; ~ed a content(e), satisfait(e).

**contention** [kən'tɛnʃən] n dispute f, contestation f; (argument) assertion f, affirmation f; **contentious** a querelleur(euse) ; litigieux(euse).

**contentment** [kən'tɛntmənt] n contentement m, satisfaction f.

**contest** n ['kɒntɛst] combat m, lutte f; (competition) concours m // vt [kən'tɛst] contester, discuter ; (compete for) disputer ; ~ant [kən'tɛstənt] n concurrent/e ; (in fight) adversaire m/f.

**context** ['kɒntɛkst] n contexte m.

**continent** ['kɒntɪnənt] n continent m; **the C~** l'Europe continentale ; ~al [-'nɛntl] a continental(e) // n Européen/ne (continental(e)).

**contingency** [kən'tɪndʒənsɪ] n éventualité f, événement imprévu ; ~ **plan** n plan m d'urgence.

**contingent** [kən'tɪndʒənt] a contingent(e) // n contingent m; **to be ~ upon** dépendre de.

**continual** [kən'tɪnjuəl] a continuel(le) ; ~ly ad continuellement, sans cesse.

**continuation** [kəntɪnju'eɪʃən] n continuation f; (after interruption) reprise f; (of story) suite f.

**continue** [kən'tɪnju:] vi continuer // vt continuer ; (start again) reprendre ; **to be ~d** (story) à suivre.

**continuity** [kɒntɪ'njuɪtɪ] n continuité f; ~ **girl** n (CINEMA) script-girl f.

**continuous** [kən'tɪnjuəs] a continu(e), permanent(e).

**contort** [kən'tɔ:t] vt tordre, crisper ; ~**ion** [-'tɔ:ʃən] n crispation f, torsion f; (of acrobat) contorsion f; ~**ionist** [-'tɔ:ʃənɪst] n contorsionniste m/f.

**contour** ['kɒntuə*] n contour m, profil m; (also: ~ line) courbe f de niveau.

**contraband** ['kɒntrəbænd] n contrebande f.

**contraception** [kɒntrə'sɛpʃən] n contraception f.

**contraceptive** [kɒntrə'sɛptɪv] a contraceptif(ive), anticonceptionnel(le) // n contraceptif m.

**contract** n ['kɒntrækt] contrat m // vb [kən'trækt] vi (COMM): **to ~ to do sth** s'engager (par contrat) à faire qch ; (become smaller) se contracter, se resserrer // vt contracter ; ~**ion** [-ʃən] n contraction f; (LING) forme contractée ; ~**or** n entrepreneur m.

**contradict** [kɒntrə'dɪkt] vt contredire ; (be contrary to) démentir, être en contradiction avec ; ~**ion** [-ʃən] n contradiction f.

**contralto** [kən'træltəu] n contralto m.

**contraption** [kən'træpʃən] n (pej) machin m, truc m.

**contrary** ['kɒntrərɪ] a contraire, opposé(e) ; [kən'trɛərɪ] (perverse) contrariant(e), entêté(e) // n contraire m; **on the ~** au contraire ; **unless you hear to the ~** sauf avis contraire.

**contrast** n ['kɒntrɑ:st] contraste m // vt [kən'trɑ:st] mettre en contraste,

contraster ; ~**ing** a opposé(e) contrasté(e).

**contravene** [kɒntrə'vi:n] vt enfreindre, violer, contrevenir à.

**contribute** [kən'trɪbju:t] vi contribuer // vt: **to ~ £10/an article** à donner 10 livres/un article à ; **to ~ to** (gen) contribuer à ; (newspaper) collaborer à ; **contribution** [kɒntrɪ'bju:ʃən] n contribution f; **contributor** n (to newspaper) collaborateur/trice.

**contrite** ['kɒntraɪt] a contrit(e).

**contrivance** [kən'traɪvəns] n invention f, combinaison f; mécanisme m, dispositif m.

**contrive** [kən'traɪv] vt combiner, inventer // vi: **to ~ to do** s'arranger pour faire, trouver le moyen de faire.

**control** [kən'trəul] vt maîtriser ; (check) contrôler // n contrôle m, autorité f; maîtrise f; ~**s** npl commandes fpl ; **to be in ~ of** être maître de, maîtriser ; être responsable de ; **circumstances beyond our ~** circonstances indépendantes de notre volonté ; ~ **point** n (poste m de) contrôle ; ~ **tower** n (AVIAT) tour f de contrôle.

**controversial** [kɒntrə'və:ʃl] a discutable, controversé(e).

**controversy** ['kɒntrəvə:sɪ] n controverse f, polémique f.

**convalesce** [kɒnvə'lɛs] vi relever de maladie, se remettre (d'une maladie).

**convalescence** [kɒnvə'lɛsns] n convalescence f.

**convalescent** [kɒnvə'lɛsnt] a, n convalescent(e).

**convector** [kən'vɛktə*] n radiateur m à convection, appareil m de chauffage par convection.

**convene** [kən'vi:n] vt convoquer, assembler // vi se réunir, s'assembler.

**convenience** [kən'vi:nɪəns] n commodité f; **at your ~** quand or comme cela vous convient ; **all modern ~s, all mod cons** avec tout le confort moderne, tout confort.

**convenient** [kən'vi:nɪənt] a commode.

**convent** ['kɒnvənt] n couvent m; ~ **school** n couvent m.

**convention** [kən'vɛnʃən] n convention f; ~**al** a conventionnel(le).

**converge** [kən'və:dʒ] vi converger.

**conversant** [kən'və:snt] a: **to be ~ with** s'y connaître en ; être au courant de.

**conversation** [kɒnvə'seɪʃən] n conversation f; ~**al** a de la conversation ; ~**alist** n brillant/e causeur/euse.

**converse** n ['kɒnvə:s] contraire m, inverse m; ~**ly** [-'və:slɪ] ad inversement, réciproquement.

**conversion** [kən'və:ʃən] n conversion f; ~ **table** n table f de conversion.

**convert** vt [kən'və:t] (REL, COMM) convertir ; (alter) transformer, aménager ; (RUGBY) transformer // n ['kɒnvə:t] converti/e ; ~**ible** a (voiture f) décapotable f.

**convex** ['kɒnvɛks] a convexe.

**convey** [kən'veɪ] vt transporter ; (thanks) transmettre ; (idea) communiquer ; ~**or belt** n convoyeur m, tapis roulant.

**convict** vt [kən'vıkt] déclarer (or reconnaître) coupable // n ['kɔnvıkt] forçat m, convict m; ~ion [-ʃən] n condamnation f; (belief) conviction f.

**convince** [kən'vıns] vt convaincre, persuader; **convincing** a persuasif(ive), convaincant(e).

**convivial** [kən'vıvıəl] a joyeux(euse), plein(e) d'entrain.

**convoy** ['kɔnvɔı] n convoi m.

**convulse** [kən'vʌls] vt ébranler; **to be ~d with laughter** se tordre de rire.

**convulsion** [kən'vʌlʃən] n convulsion f.

**coo** [ku:] vi roucouler.

**cook** [kuk] vt (faire) cuire // vi cuire; (person) faire la cuisine // n cuisinier/ière; ~**book** n = ~**ery book**; ~**er** n cuisinière f; ~**ery** n cuisine f; ~**ery book** n livre m de cuisine; ~**ie** n (US) biscuit m, petit gâteau sec; ~**ing** n cuisine f.

**cool** [ku:l] a frais(fraîche); (not afraid) calme; (unfriendly) froid(e); (impertinent) effronté(e) // vt, vi rafraîchir, refroidir; ~**ing tower** n refroidisseur m; ~**ness** n fraîcheur f; sang-froid m, calme m.

**coop** [ku:p] n poulailler m // vt: **to ~ up** (fig) cloîtrer, enfermer.

**co-op** ['kəuɔp] n abbr of Cooperative (Society).

**cooperate** [kəu'ɔpəreıt] vi coopérer, collaborer; **cooperation** [-'reıʃən] n coopération f, collaboration f.

**cooperative** [kəu'ɔpərətıv] a coopératif(ive) // n coopérative f.

**coordinate** [kəu'ɔ:dıneıt] vt coordonner; **coordination** [-'neıʃən] n coordination f.

**coot** [ku:t] n foulque f.

**cop** [kɔp] n (col) flic m.

**cope** [kəup] vi se débrouiller; **to ~ with** faire face à; s'occuper de.

**co-pilot** ['kəu'paılət] n copilote m.

**copious** ['kəupıəs] a copieux(euse), abondant(e).

**copper** ['kɔpə*] n cuivre m; (col: policeman) flic m; ~**s** npl petite monnaie.

**coppice** ['kɔpıs] n taillis m.

**copse** [kɔps] n = **coppice**.

**copulate** ['kɔpjuleıt] vi copuler.

**copy** ['kɔpı] n copie f; (book etc) exemplaire m // vt copier; ~**cat** n (pej) copieur/euse; ~**right** n droit m d'auteur, copyright m; ~**right reserved** tous droits (de reproduction) réservés; ~**writer** n rédacteur/trice publicitaire.

**coral** ['kɔrəl] n corail m; ~ **reef** n récif m de corail.

**cord** [kɔ:d] n corde f; (fabric) velours côtelé; whipcord m; corde f.

**cordial** ['kɔ:dıəl] a cordial(e), chaleureux(euse) // n sirop m; cordial m.

**cordon** ['kɔ:dn] n cordon m; **to ~ off** vt boucler (par cordon de police).

**corduroy** ['kɔ:dərɔı] n velours côtelé.

**core** [kɔ:*] n (of fruit) trognon m, cœur m; (TECH) noyau m // vt enlever le trognon or le cœur de.

**coriander** [kɔrı'ændə*] n coriandre f.

**cork** [kɔ:k] n liège m; (of bottle) bouchon m; ~**age** n droit payé par le client qui apporte sa propre bouteille de vin; ~**screw** n tire-bouchon m.

**corm** [kɔ:m] n bulbe m.

**cormorant** ['kɔ:mərnt] n cormoran m.

**corn** [kɔ:n] n blé m; (US: maize) maïs m; (on foot) cor m; ~ **on the cob** (CULIN) épi m de maïs au naturel.

**cornea** ['kɔ:nıə] n cornée f.

**corned beef** ['kɔ:nd'bi:f] n corned-beef m.

**corner** ['kɔ:nə*] n coin m; (AUT) tournant m, virage m // vt acculer, mettre au pied du mur; coincer; (COMM: market) accaparer // vi prendre un virage; ~ **flag** n (FOOTBALL) piquet m de coin; ~ **kick** n corner m; ~**stone** n pierre f angulaire.

**cornet** ['kɔ:nıt] n (MUS) cornet m à pistons; (of ice-cream) cornet m (de glace).

**cornflour** ['kɔ:nflauə*] n farine f de maïs, maïzena f.

**cornice** ['kɔ:nıs] n corniche f.

**Cornish** ['kɔ:nıʃ] a de Cornouailles, cornouaillais(e).

**cornucopia** [kɔ:nju'kəupıə] n corne f d'abondance.

**Cornwall** ['kɔ:nwəl] n Cornouailles f.

**corny** ['kɔ:nı] a (col) rebattu(e), galvaudé(e).

**corollary** [kə'rɔlərı] n corollaire m.

**coronary** ['kɔrənərı] n: ~ (**thrombosis**) infarctus m (du myocarde), thrombose f coronaire.

**coronation** [kɔrə'neıʃən] n couronnement m.

**coroner** ['kɔrənə*] n coroner m.

**coronet** ['kɔrənıt] n couronne f.

**corporal** ['kɔ:pərl] n caporal m, brigadier m // a: ~ **punishment** châtiment corporel.

**corporate** ['kɔ:pərıt] a en commun; constitué(e) (en corporation).

**corporation** [kɔ:pə'reıʃən] n (of town) municipalité f, conseil municipal; (COMM) société f; ~ **tax** n ≈ impôt m sur les bénéfices.

**corps** [kɔ:*], pl corps [kɔ:z] n corps m.

**corpse** [kɔ:ps] n cadavre m.

**corpuscle** ['kɔ:pʌsl] n corpuscule m.

**corral** [kə'rɑ:l] n corral m.

**correct** [kə'rɛkt] a (accurate) correct(e), exact(e); (proper) correct(e), convenable // vt corriger; ~**ion** [-ʃən] n correction f.

**correlate** ['kɔrıleıt] vt mettre en corrélation.

**correspond** [kɔrıs'pɔnd] vi correspondre; ~**ence** n correspondance f; ~**ence course** n cours m par correspondance; ~**ent** n correspondant/e.

**corridor** ['kɔrıdɔ:*] n couloir m, corridor m.

**corroborate** [kə'rɔbəreıt] vt corroborer, confirmer.

**corrode** [kə'rəud] vt corroder, ronger // vi se corroder; **corrosion** [-'rəuʒən] n corrosion f.

**corrugated** ['kɔrəgeıtıd] a plissé(e); cannelé(e); ondulé(e); ~ **cardboard** n carton ondulé; ~ **iron** n tôle ondulée.

**corrupt** [kə'rʌpt] a corrompu(e) // vt corrompre; ~**ion** [-ʃən] n corruption f.

**corset** ['kɔ:sɪt] n corset m.

**Corsica** ['kɔ:sɪkə] n Corse f.

**cortège** [kɔ:'tɛ:ʒ] n cortège m (gén funèbre).

**coruscating** ['kɔrəskeɪtɪŋ] a scintillant(e).

**cosh** [kɔʃ] n matraque f.

**cosignatory** ['kəu'sɪgnətərɪ] n cosignataire m/f.

**cosiness** ['kəuzɪnɪs] n atmosphère douillette, confort m.

**cos lettuce** [kɔs'lɛtɪs] n (laitue f) romaine f.

**cosmetic** [kɔz'mɛtɪk] n produit m de beauté, cosmétique m.

**cosmic** ['kɔzmɪk] a cosmique.

**cosmonaut** ['kɔzmənɔ:t] n cosmonaute m/f.

**cosmopolitan** [kɔzmə'pɔlɪtn] a cosmopolite.

**cosmos** ['kɔzmɔs] n cosmos m.

**cosset** ['kɔsɪt] vt choyer, dorloter.

**cost** [kɔst] n coût m // vb (pt, pp cost) vi coûter // vt établir or calculer le prix de revient de ; it ~s £5/too much cela coûte cinq livres/trop cher ; it ~ him his life/job ça lui a coûté la vie/son emploi ; at all ~s coûte que coûte, à tout prix.

**co-star** ['kəustɑ:*] n partenaire m/f.

**costly** ['kɔstlɪ] a coûteux(euse).

**cost price** ['kɔst'praɪs] n prix coûtant or de revient.

**costume** ['kɔstju:m] n costume m ; (lady's suit) tailleur m ; (also: swimming ~) maillot m (de bain) ; ~ jewellery n bijoux mpl de fantaisie.

**cosy** ['kəuzɪ] a douillet(te).

**cot** [kɔt] n (child's) lit m d'enfant, petit lit.

**cottage** ['kɔtɪdʒ] n petite maison (à la campagne), cottage m ; ~ cheese n fromage blanc (maigre).

**cotton** ['kɔtn] n coton m ; ~ dress etc robe etc en or de coton ; ~ wool n ouate f, coton m hydrophile.

**couch** [kautʃ] n canapé m ; divan m // vt formuler, exprimer.

**cough** [kɔf] vi tousser // n toux f ; ~ drop n pastille f pour or contre la toux.

**could** [kud] pt of can ; ~n't = could not.

**council** ['kaunsl] n conseil m ; city or town ~ conseil municipal ; ~ estate n (quartier m or zone f de) logements loués à/par la municipalité ; ~ house n maison f (à loyer modéré) louée par la municipalité ; ~lor n conseiller/ère.

**counsel** ['kaunsl] n avocat/e ; consultation f, délibération f ; ~lor n conseiller/ère.

**count** [kaunt] vt, vi compter // n compte m ; (nobleman) comte m ; to ~ on vt fus compter sur ; to ~ up vt compter, additionner ; ~down n compte m à rebours.

**countenance** ['kauntɪnəns] n expression f // vt approuver.

**counter** ['kauntə*] n comptoir m ; (machine) compteur m // vt aller à l'encontre de, opposer ; (blow) parer // ad: to ~ to à l'encontre de ; contrairement à ; ~act vt neutraliser, contrebalancer ; ~attack n contre-attaque f // vi contre-attaquer ; ~balance vt contrebalancer,

faire contrepoids à ; ~-clockwise ad en sens inverse des aiguilles d'une montre ; ~-espionage n contre-espionnage m.

**counterfeit** ['kauntəfɪt] n faux m, contrefaçon f // vt contrefaire // a faux(fausse).

**counterfoil** ['kauntəfɔɪl] n talon m, souche f.

**counterpart** ['kauntəpɑ:t] n (of document etc) double m ; (of person) homologue m/f.

**countersink** ['kauntəsɪŋk] vt (hole) fraiser.

**countess** ['kauntɪs] n comtesse f.

**countless** ['kauntlɪs] a innombrable.

**countrified** ['kʌntrɪfaɪd] a rustique, à l'air campagnard.

**country** ['kʌntrɪ] n pays m ; (native land) patrie f ; (as opposed to town) campagne f ; (region) région f, pays m ; ~ dancing n danse f folklorique ; ~ house n manoir m, (petit) château ; ~man n (national) compatriote m ; (rural) habitant m de la campagne, campagnard m ; ~side n campagne f.

**county** ['kauntɪ] n comté m ; ~ town n chef-lieu m.

**coup** [ku:], ~s [ku:, -z] n beau coup m ; (also: ~ d'état) coup d'État.

**coupé** [ku:'peɪ] n coupé m.

**couple** ['kʌpl] n couple m // vt (carriages) atteler ; (TECH) coupler ; (ideas, names) associer ; a ~ of deux.

**couplet** ['kʌplɪt] n distique m.

**coupling** ['kʌplɪŋ] n (RAIL) attelage m.

**coupon** ['ku:pɔn] n coupon m, bon-prime m, bon-réclame m ; (COMM) coupon m.

**courage** ['kʌrɪdʒ] n courage m ; ~ous [kə'reɪdʒəs] a courageux (euse).

**courier** ['kurɪə*] n messager m, courrier m ; (for tourists) accompagnateur/trice.

**course** [kɔ:s] n cours m ; (of ship) route f ; (CONSTR) assise f ; (for golf) terrain m ; (part of meal) plat m ; first ~ entrée f ; of ~ ad bien sûr ; in due ~ en temps utile or voulu ; ~ of action parti m, ligne f de conduite ; ~ of lectures série f de conférences ; ~ of treatment (MED) traitement m.

**court** [kɔ:t] n cour f ; (LAW) cour, tribunal m ; (TENNIS) court m // vt (woman) courtiser, faire la cour à ; out of ~ (LAW: settle) à l'amiable ; to take to ~ actionner or poursuivre en justice.

**courteous** ['kʌ:tɪəs] a courtois(e), poli(e).

**courtesan** [kɔ:tɪ'zæn] n courtisane f.

**courtesy** ['kə:təsɪ] n courtoisie f, politesse f.

**court-house** ['kɔ:thaus] n (US) palais m de justice.

**courtier** ['kɔ:tɪə*] n courtisan m, dame f de cour.

**court-martial, pl courts-martial** ['kɔ:t'mɑ:ʃəl] n cour martiale, conseil m de guerre.

**courtroom** ['kɔ:trum] n salle f de tribunal.

**courtyard** ['kɔ:tjɑ:d] n cour f.

**cousin** ['kʌzn] n cousin/e.

**cove** [kəuv] n petite baie, anse f.

**covenant** ['kʌvənənt] n contrat m, engagement m.

**cover** ['kʌvə*] vt couvrir // n (for bed, of book, COMM) couverture f; (of pan) couvercle m; (over furniture) housse f; (shelter) abri m; **under ~** à l'abri; **~age** n reportage m; (INSURANCE) couverture f; **~ charge** n couvert m (supplément à payer); **~ing** n couverture f, enveloppe f; **~ing letter** n lettre explicative.

**covet** ['kʌvɪt] vt convoiter.

**cow** [kau] n vache f // cpd femelle.

**coward** ['kauəd] n lâche m/f; **~ice** [-ɪs] n lâcheté f; **~ly** a lâche.

**cowboy** ['kaubɔɪ] n cow-boy m.

**cower** ['kauə*] vi se recroqueviller; trembler.

**cowshed** ['kauʃɛd] n étable f.

**coxswain** ['kɔksn] n (abbr: cox) barreur m; (of ship) patron m.

**coy** [kɔɪ] a faussement effarouché(e) or timide.

**coyote** [kɔɪ'əutɪ] n coyote m.

**crab** [kræb] n crabe m; **~ apple** n pomme f sauvage.

**crack** [kræk] n fente f, fissure f; fêlure f; lézarde f; (noise) craquement m, coup (sec) // vt fendre, fissurer; fêler; lézarder; (whip) faire claquer; (nut) casser // a (athlete) de première classe, d'élite; **to ~ up** vi être au bout de son rouleau, flancher; **~ed** (col) toqué(e), timbré(e); **~er** n pétard m; biscuit (salé), craquelin m.

**crackle** ['krækl] vi crépiter, grésiller // n (of china) craquelure f; **crackling** n crépitement m, grésillement m; (of pork) couenne f.

**cradle** ['kreɪdl] n berceau m.

**craft** [krɑ:ft] n métier (artisanal); (cunning) ruse f, astuce f; (boat) embarcation f, barque f; **~sman** n artisan m, ouvrier (qualifié); **~smanship** n métier m, habileté f; **~y** a rusé(e), malin(igne), astucieux(euse).

**crag** [kræg] n rocher escarpé; **~gy** a escarpé(e), rocheux(euse).

**cram** [kræm] vt (fill): **to ~ sth with** bourrer qch de; (put): **to ~ sth into** fourrer qch dans; **~ming** n (fig: pej) bachotage m.

**cramp** [kræmp] n crampe f // vt gêner, entraver; **~ed** a à l'étroit, très serré(e).

**crampon** ['kræmpən] n crampon m.

**cranberry** ['krænbərɪ] n canneberge f.

**crane** [kreɪn] n grue f.

**cranium**, pl **crania** ['kreɪnɪəm, 'kreɪnɪə] n boîte crânienne.

**crank** [kræŋk] n manivelle f; (person) excentrique m/f; **~shaft** n vilebrequin m.

**cranky** ['kræŋkɪ] a excentrique, loufoque; (bad-tempered) grincheux(euse), revêche.

**cranny** ['krænɪ] n see **nook**.

**crash** [kræʃ] n fracas m; (of car, plane) collision f // vt (plane) écraser // vi (plane) s'écraser; (two cars) se percuter, s'emboutir; (fig) s'effondrer; **to ~ into** se jeter or se fracasser contre; **~ course** n cours intensif; **~ helmet** n casque (protecteur); **~ landing** n atterrissage forcé or en catastrophe.

**crate** [kreɪt] n cageot m.

**crater** ['kreɪtə*] n cratère m.

**cravat(e)** [krə'væt] n foulard (noué autour du cou).

**crave** [kreɪv] vt: **to ~ for** désirer violemment, avoir un besoin physiologique de, avoir une envie irrésistible de.

**crawl** [krɔ:l] vi ramper; (vehicle) avancer au pas // n (SWIMMING) crawl m.

**crayfish** ['kreɪfɪʃ] n, pl inv écrevisse f; langoustine f.

**crayon** ['kreɪən] n crayon m (de couleur).

**craze** [kreɪz] n engouement m.

**crazy** ['kreɪzɪ] a fou(folle); **~ paving** n dallage irrégulier (en pierres plates).

**creak** [kri:k] vi grincer; craquer.

**cream** [kri:m] n crème f // a (colour) crème inv; **~ cake** n (petit) gâteau à la crème; **~ cheese** n fromage m à la crème, fromage blanc; **~ery** n (shop) crémerie f; (factory) laiterie f; **~y** a crémeux(euse).

**crease** [kri:s] n pli m // vt froisser, chiffonner // vi se froisser, se chiffonner.

**create** [kri:'eɪt] vt créer; **creation** [-ʃən] n création f; **creative** a créateur(trice); **creator** n créateur/trice.

**creature** ['kri:tʃə*] n créature f.

**credence** ['kri:dns] n croyance f, foi f.

**crèche, creche** [krɛʃ] n garderie f, crèche f.

**credentials** [krɪ'dɛnʃlz] npl (papers) références fpl.

**credibility** [krɛdɪ'bɪlɪtɪ] n crédibilité f.

**credible** ['krɛdɪbl] a digne de foi, crédible.

**credit** ['krɛdɪt] n crédit m // vt (COMM) créditer; (believe: also: **give ~ to**) ajouter foi à, croire; **~s** npl (CINEMA) générique m; **to ~ sb with** (fig) prêter or attribuer à qn; **to ~ £5 to sb** créditer (le compte de) qn de 5 livres; **to one's ~** à son honneur; à son actif; **to take the ~ for** s'attribuer le mérite de; **it does him ~** cela lui fait honneur; **~able** a honorable, estimable; **~ card** n carte f de crédit; **~or** n créancier/ière.

**credulity** [krɪ'dju:lɪtɪ] n crédulité f.

**creed** [kri:d] n croyance f; credo m, principes mpl.

**creek** [kri:k] n crique f, anse f; (US) ruisseau m, petit cours d'eau.

**creep**, pt, pp **crept** [kri:p, krɛpt] vi ramper; (fig) se faufiler, se glisser; (plant) grimper; **~er** n plante grimpante; **~y** a (frightening) qui fait frissonner, qui donne la chair de poule.

**cremate** [krɪ'meɪt] vt incinérer; **cremation** [-ʃən] n incinération f.

**crematorium**, pl **crematoria** [krɛmə-'tɔ:rɪəm, -'tɔ:rɪə] n four m crématoire.

**creosote** ['krɪəsəut] n créosote f.

**crêpe** [kreɪp] n crêpe m; **~ bandage** n bande f Velpeau ®.

**crept** [krɛpt] pt, pp of **creep**.

**crescendo** [krɪ'ʃɛndəu] n crescendo m.

**crescent** ['krɛsnt] n croissant m; rue f (en arc de cercle).

**cress** [krɛs] n cresson m.

**crest** [krɛst] n crête f; (of helmet) cimier m; (of coat of arms) timbre m; **~fallen** a déconfit(e), découragé(e).

**Crete** ['kri:t] n Crète f.

crevasse [krɪ'væs] n crevasse f.

crevice ['krɛvɪs] n fissure f, lézarde f, fente f.

crew [kru:] n équipage m; **to have a ~-cut** avoir les cheveux en brosse; **~-neck** n col ras.

crib [krɪb] n lit m d'enfant // vt (col) copier.

cribbage ['krɪbɪdʒ] n sorte de jeu de cartes.

crick [krɪk] n crampe f.

cricket ['krɪkɪt] n (insect) grillon m, cri-cri m inv; (game) cricket m; **~er** n joueur m de cricket.

crime [kraɪm] n crime m; **criminal** ['krɪmɪnl] a, n criminel(le); **the Criminal Investigation Department (C.I.D.)** ≈ la police judiciaire (P.J.).

crimp [krɪmp] vt friser, frisotter.

crimson ['krɪmzn] a cramoisi(e).

cringe [krɪndʒ] vi avoir un mouvement de recul; (fig) s'humilier, ramper.

crinkle ['krɪŋkl] vt froisser, chiffonner.

cripple ['krɪpl] n boiteux/euse, infirme m/f // vt estropier, paralyser.

crisis, pl crises ['kraɪsɪs, -si:z] n crise f.

crisp [krɪsp] a croquant(e); (fig) vif(vive); brusque; **~s** npl (pommes) chips fpl.

criss-cross ['krɪskrɔs] a entrecroisé(e).

criterion, pl criteria [kraɪ'tɪərɪən, -'tɪərɪə] n critère m.

critic ['krɪtɪk] n critique m/f; **~al** a critique; **~ally** ad d'un œil critique; **~ally ill** gravement malade; **~ism** ['krɪtɪsɪzm] n critique f; **~ize** ['krɪtɪsaɪz] vt critiquer.

croak [krəuk] vi (frog) coasser; (raven) croasser.

crochet ['krəuʃeɪ] n travail m au crochet.

crockery ['krɔkərɪ] n vaisselle f.

crocodile ['krɔkədaɪl] n crocodile m.

crocus ['krəukəs] n crocus m.

croft [krɔft] n petite ferme; **~er** n fermier m.

crony ['krəunɪ] n copain/copine.

crook [kruk] n escroc m; (of shepherd) houlette f; **~ed** ['krukɪd] a courbé(e), tordu(e); (action) malhonnête.

crop [krɔp] n récolte f; culture f; **to ~ up** vi surgir, se présenter, survenir.

cropper ['krɔpə*] n: **to come a ~** (col) faire la culbute, s'étaler.

croquet ['krəukeɪ] n croquet m.

croquette [krə'kɛt] n croquette f.

cross [krɔs] n croix f; (BIOL) croisement m // vt (street etc) traverser; (arms, legs, BIOL) croiser; (cheque) barrer // a en colère, fâché(e); **to ~ out** vt barrer, biffer; **to ~ over** vi traverser; **~bar** n barre transversale; **~breed** n hybride m, métis/se; **~-country (race)** n cross(-country) m; **~-examination** n examen m contradictoire (d'un témoin); **~-examine** vt (LAW) faire subir un examen contradictoire à; **~-eyed** a qui louche; **~ing** n croisement m, carrefour m; (sea-passage) traversée f; (also: **pedestrian ~ing**) passage clouté; **~-reference** n renvoi m, référence f; **~roads** n carrefour m; **~ section** n (BIOL) coupe transversale; (in population) échantillon m; **~wind** n vent m de travers; **~wise** ad en travers; **~word** n mots croisés mpl.

crotch [krɔtʃ] n (of garment) entre-jambes m inv.

crotchet ['krɔtʃɪt] n (MUS) noire f.

crotchety ['krɔtʃɪtɪ] a (person) grognon(ne), grincheux(euse).

crouch [krautʃ] vi s'accroupir; se tapir; se ramasser.

crouton ['kru:tɔn] n croûton m.

crow [krəu] n (bird) corneille f; (of cock) chant m du coq, cocorico m // vi (cock) chanter; (fig) pavoiser, chanter victoire.

crowbar ['krəubɑ:*] n levier m.

crowd [kraud] n foule f // vt bourrer, remplir // vi affluer, s'attrouper, s'entasser; **~ed** a bondé(e), plein(e); **~ed with** plein(e) de.

crown [kraun] n couronne f; (of head) sommet m de la tête, calotte crânienne; (of hat) fond m; (of hill) sommet m // vt couronner; **C~ court** n ≈ Cour d'assises; **~ jewels** npl joyaux mpl de la Couronne; **~ prince** n prince héritier.

crow's-nest ['krəuznɛst] n (on sailing-ship) nid m de pie.

crucial ['kru:ʃl] a crucial(e), décisif(ive).

crucifix ['kru:sɪfɪks] n crucifix m; **~ion** ['fɪkʃən] n crucifiement m, crucifixion f.

crucify ['kru:sɪfaɪ] vt crucifier, mettre en croix.

crude [kru:d] a (materials) brut(e); non raffiné(e); (fig: basic) rudimentaire, sommaire; (: vulgar) cru(e), grossier(ère); **~ (oil)** n (pétrole) brut m.

cruel ['kruəl] a cruel(le); **~ty** n cruauté f.

cruet ['kru:ɪt] n huilier m; vinaigrier m.

cruise [kru:z] n croisière f // vi (ship) croiser; (car) rouler; (aircraft) voler; (taxi) être en maraude; **~r** n croiseur m; **cruising speed** n vitesse f de croisière.

crumb [krʌm] n miette f.

crumble ['krʌmbl] vt émietter // vi s'émietter; (plaster etc) s'effriter; (land, earth) s'ébouler; (building) s'écrouler, crouler; (fig) s'effondrer; **crumbly** a friable.

crumpet ['krʌmpɪt] n petite crêpe (épaisse).

crumple ['krʌmpl] vt froisser, friper.

crunch [krʌntʃ] vt croquer; (underfoot) faire craquer, écraser; faire crisser // n (fig) instant m or moment m critique, moment de vérité; **~y** a croquant(e), croustillant(e).

crusade [kru:'seɪd] n croisade f; **~r** n croisé m.

crush [krʌʃ] n foule f, cohue f; (love): **to have a ~ on sb** avoir le béguin pour qn; (drink): **lemon ~** citron pressé // vt écraser; (crumple) froisser; **~ing** a écrasant(e).

crust [krʌst] n croûte f.

crutch [krʌtʃ] n béquille f; (TECH) support m.

crux [krʌks] n point crucial.

cry [kraɪ] vi pleurer; (shout) crier // n cri m; **to ~ off** vi se dédire; se décommander; **~ing** a (fig) criant(e), flagrant(e).

crypt [krɪpt] n crypte f.

**cryptic** ['krɪptɪk] *a* énigmatique.

**crystal** ['krɪstl] *n* cristal *m*; **~-clear** *a* clair(e) comme de l'eau de roche; **crystallize** *vt* cristalliser // *vi* (se) cristalliser.

**cu.** *abbr:* ~ **ft.** = *cubic feet*; ~ **in.** = *cubic inches*.

**cub** [kʌb] *n* petit *m* (d'un animal).

**Cuba** ['kju:bə] *n* Cuba *m*; ~**n** *a* cubain(e) // *n* Cubain/e.

**cubbyhole** ['kʌbɪhəul] *n* cagibi *m*.

**cube** [kju:b] *n* cube *m* // *vt* (MATH) élever au cube; ~ **root** *n* racine *f* cubique; **cubic** *a* cubique; **cubic metre** *etc* mètre *m* cube *etc*.

**cubicle** ['kju:bɪkl] *n* box *m*, cabine *f*.

**cuckoo** ['kuku:] *n* coucou *m*; ~ **clock** *n* (pendule *f* à) coucou *m*.

**cucumber** ['kju:kʌmbə*] *n* concombre *m*.

**cud** [kʌd] *n*: **to chew the ~** ruminer.

**cuddle** ['kʌdl] *vt* câliner, caresser // *vi* se blottir l'un contre l'autre; **cuddly** *a* câlin(e).

**cudgel** ['kʌdʒl] *n* gourdin *m*.

**cue** [kju:] *n* queue *f* de billard; (THEATRE *etc*) signal *m*.

**cuff** [kʌf] *n* (of shirt, coat etc) poignet *m*, manchette *f*; (US) = **turn-up**; **off the ~** *ad* de chic, à l'improviste; ~**link** *n* bouton *m* de manchette.

**cuisine** [kwɪ'zi:n] *n* cuisine *f*, art *m* culinaire.

**cul-de-sac** ['kʌldəsæk] *n* cul-de-sac *m*, impasse *f*.

**culinary** ['kʌlɪnərɪ] *a* culinaire.

**cull** [kʌl] *vt* sélectionner.

**culminate** ['kʌlmɪneɪt] *vi* culminer; **culmination** [-'neɪʃən] *n* point culminant.

**culpable** ['kʌlpəbl] *a* coupable.

**culprit** ['kʌlprɪt] *n* coupable *m/f*.

**cult** [kʌlt] *n* culte *m*.

**cultivate** ['kʌltɪveɪt] *vt* (also fig) cultiver; **cultivation** [-'veɪʃən] *n* culture *f*.

**cultural** ['kʌltʃərəl] *a* culturel(le).

**culture** ['kʌltʃə*] *n* (also fig) culture *f*; ~**d** *a* cultivé(e) (fig).

**cumbersome** ['kʌmbəsəm] *a* encombrant(e), embarrassant(e).

**cumulative** ['kju:mjulətɪv] *a* cumulatif(ive).

**cunning** ['kʌnɪŋ] *n* ruse *f*, astuce *f* // *a* rusé(e), malin(igne).

**cup** [kʌp] *n* tasse *f*; (prize, event) coupe *f*; (of bra) bonnet *m*.

**cupboard** ['kʌbəd] *n* placard *m*.

**Cupid** ['kju:pɪd] *n* Cupidon *m*; (figurine) amour *m*.

**cupidity** [kju:'pɪdɪtɪ] *n* cupidité *f*.

**cupola** ['kju:pələ] *n* coupole *f*.

**cup-tie** ['kʌptaɪ] *n* match de coupe.

**curable** ['kjuərəbl] *a* guérissable, curable.

**curate** ['kjuərɪt] *n* vicaire *m*.

**curator** [kjuə'reɪtə*] *n* conservateur *m* (d'un musée etc).

**curb** [kə:b] *vt* refréner, mettre un frein à // *n* frein *m* (fig); (US) = **kerb**.

**curdle** ['kə:dl] *vi* (se) cailler.

**curds** [kə:dz] *npl* lait caillé.

**cure** [kjuə*] *vt* guérir; (CULIN) saler; fumer; sécher // *n* remède *m*.

**curfew** ['kə:fju:] *n* couvre-feu *m*.

**curio** ['kjuərɪəu] *n* bibelot *m*, curiosité *f*.

**curiosity** [kjuərɪ'ɔsɪtɪ] *n* curiosité *f*.

**curious** ['kjuərɪəs] *a* curieux(euse); ~**ly** *ad* curieusement.

**curl** [kə:l] *n* boucle *f* (de cheveux) // *vt*, *vi* boucler; (tightly) friser; **to ~ up** *vi* s'enrouler; se pelotonner; ~**er** *n* bigoudi *m*, rouleau *m*; (SPORT) joueur/euse de curling.

**curling** ['kə:lɪŋ] *n* (SPORT) curling *m*.

**curly** ['kə:lɪ] *a* bouclé(e); frisé(e).

**currant** ['kʌrnt] *n* raisin *m* de Corinthe, raisin sec.

**currency** ['kʌrnsɪ] *n* monnaie *f*; **foreign ~** devises étrangères, monnaie étrangère; **to gain ~** (fig) s'accréditer.

**current** ['kʌrnt] *n* courant *m* // *a* courant(e); ~ **account** *n* compte courant; ~ **affairs** *npl* (questions *fpl* d')actualité *f*; ~**ly** *ad* actuellement.

**curriculum**, *pl* ~**s** *or* **curricula** [kə'rɪkjuləm, -lə] *n* programme *m* d'études; ~ **vitae** *n* curriculum vitae (C.V.) *m*.

**curry** ['kʌrɪ] *n* curry *m* // *vt*: **to ~ favour with** chercher à gagner la faveur *or* à s'attirer les bonnes grâces de; **chicken ~** curry de poulet, poulet *m* au curry; ~ **powder** *n* poudre *f* de curry.

**curse** [kə:s] *vi* jurer, blasphémer // *vt* maudire // *n* malédiction *f*; fléau *m*; (swearword) juron *m*.

**cursory** ['kə:sərɪ] *a* superficiel(le), hâtif(ive).

**curt** [kə:t] *a* brusque, sec(sèche).

**curtail** [kə:'teɪl] *vt* (visit etc) écourter; (expenses etc) réduire.

**curtain** ['kə:tn] *n* rideau *m*.

**curts(e)y** [kə:tsɪ] *n* révérence *f* // *vi* faire une révérence.

**curve** [kə:v] *n* courbe *f*; (in the road) tournant *m*, virage *m* // *vt* courber // *vi* se courber; (road) faire une courbe.

**cushion** ['kuʃən] *n* coussin *m* // *vt* (seat) rembourrer; (shock) amortir.

**custard** ['kʌstəd] *n* (for pouring) crème anglaise.

**custodian** [kʌs'təudɪən] *n* gardien/ne; (of collection etc) conservateur/trice.

**custody** ['kʌstədɪ] *n* (of child) garde *f*; (for offenders) détention préventive.

**custom** ['kʌstəm] *n* coutume *f*, usage *m*; (LAW) droit coutumier, coutume *f*; (COMM) clientèle *f*; ~**ary** *a* habituel(le).

**customer** ['kʌstəmə*] *n* client/e.

**custom-made** ['kʌstəm'meɪd] *a* (clothes) fait(e) sur mesure; (other goods) hors série, fait(e) sur commande.

**customs** ['kʌstəmz] *npl* douane *f*; ~ **duty** *n* droits *mpl* de douane; ~ **officer** *n* douanier *m*.

**cut** [kʌt] *vb* (pt, pp **cut**) *vt* couper; (meat) découper; (shape, make) tailler; couper; creuser; graver; (reduce) réduire // *vi* couper; (intersect) se couper // *n* (gen) coupure *f*; (of clothes) coupe *f*; (of jewel) taille *f*; (in salary etc) réduction *f*; (of meat) morceau *m*; **power** ~ coupure de courant; **to ~ teeth** (baby) faire ses dents; **to ~ a tooth** percer une dent; **to ~ down (on)** *vt fus* réduire; **to ~ off** *vt* couper; (fig) isoler; **to ~ out** vt ôter; découper; tailler; **~away** a, n: **~away (drawing)** écorché m; **~back** n réductions fpl.

**cute** [kju:t] a mignon(ne), adorable; (clever) rusé(e), astucieux(euse).

**cut glass** [kʌt'glɑ:s] n cristal taillé.

**cuticle** ['kju:tɪkl] n (on nail): **~ remover** n repousse-peaux m inv.

**cutlery** ['kʌtlərɪ] n couverts mpl; (trade) coutellerie f.

**cutlet** ['kʌtlɪt] n côtelette f.

**cut: ~off switch** n interrupteur m; **~out** n coupe-circuit m inv; **~-price** a au rabais, à prix réduit; **~ throat** n assassin m.

**cutting** ['kʌtɪŋ] a tranchant(e), coupant(e); (fig) cinglant(e), mordant(e) // n (PRESS) coupure f (de journal); (RAIL) tranchée f.

**cuttlefish** ['kʌtlfɪʃ] n seiche f.

**cut-up** ['kʌtʌp] a affecté(e), démoralisé(e).

**cwt** abbr of **hundredweight(s)**.

**cyanide** ['saɪənaɪd] n cyanure m.

**cybernetics** [saɪbə'nɛtɪks] n cybernétique f.

**cyclamen** ['sɪkləmən] n cyclamen m.

**cycle** ['saɪkl] n cycle m // vi faire de la bicyclette.

**cycling** ['saɪklɪŋ] n cyclisme m.

**cyclist** ['saɪklɪst] n cycliste m/f.

**cyclone** ['saɪkləun] n cyclone m.

**cygnet** ['sɪgnɪt] n jeune cygne m.

**cylinder** ['sɪlɪndə*] n cylindre m; **~ block** n bloc-cylindres m; **~ capacity** n cylindrée f; **~ head** n culasse f; **~-head gasket** n joint m de culasse.

**cymbals** ['sɪmblz] npl cymbales fpl.

**cynic** ['sɪnɪk] n cynique m/f; **~al** a cynique; **~ism** ['sɪnɪsɪzəm] n cynisme m.

**cypress** ['saɪprɪs] n cyprès m.

**Cypriot** ['sɪprɪət] a cypriote, chypriote // n Cypriote m/f, Chypriote m/f.

**Cyprus** ['saɪprəs] n Chypre f.

**cyst** [sɪst] n kyste m.

**cystitis** [sɪs'taɪtɪs] n cystite f.

**czar** [zɑ:*] n tsar m.

**Czech** [tʃɛk] a tchèque // n Tchèque m/f; (LING) tchèque m.

**Czechoslovakia** [tʃɛkəslə'vækɪə] n la Tchécoslovaquie; **~n** a tchécoslovaque // n Tchécoslovaque m/f.

# D

**D** [di:] n (MUS) ré m; **~-day** n le jour J.

**dab** [dæb] vt (eyes, wound) tamponner; (paint, cream) appliquer (par petites touches or rapidement); **a ~ of paint** un petit coup de peinture.

**dabble** ['dæbl] vi: **to ~ in** faire or se mêler or s'occuper un peu de.

**dad, daddy** [dæd, 'dædɪ] n papa m; **daddy-long-legs** n tipule f; faucheux m.

**daffodil** ['dæfədɪl] n jonquille f.

**daft** [dɑ:ft] a idiot(e), stupide; **to be ~ about** être toqué or mordu de.

**dagger** ['dægə*] n poignard m; **to be at ~s drawn with sb** être à couteaux tirés

avec qn; **to look ~s at sb** foudroyer qn du regard.

**daily** ['deɪlɪ] a quotidien(ne), journalier-(ère) // n quotidien m // ad tous les jours.

**dainty** ['deɪntɪ] a délicat(e), mignon(ne).

**dairy** ['dɛərɪ] n (shop) crèmerie f, laiterie f; (on farm) laiterie // a laitier(ère).

**daisy** ['deɪzɪ] n pâquerette f.

**dale** [deɪl] n vallon m.

**dally** ['dælɪ] vi musarder, flâner.

**dam** [dæm] n barrage m // vt endiguer.

**damage** ['dæmɪdʒ] n dégâts mpl, dommages mpl; (fig) tort m // vt endommager, abîmer; (fig) faire du tort à; **~s** npl (LAW) dommages-intérêts mpl.

**damn** [dæm] vt condamner; (curse) maudire // n (col): **I don't give a ~** je m'en fous // a (col): **this ~ ...** ce sacré or foutu ... ; **~ (it)!** zut!; **~ing** a (evidence) accablant(e).

**damp** [dæmp] a humide // n humidité f // vt (also: **~en**) (cloth, rag) humecter; (enthusiasm etc) refroidir; **~ness** n humidité f.

**damson** ['dæmzən] n prune f de Damas.

**dance** [dɑ:ns] n danse f; (ball) bal m // vi danser; **~ hall** n salle f de bal, dancing m; **~r** n danseur/euse.

**dancing** ['dɑ:nsɪŋ] n danse f.

**dandelion** ['dændɪlaɪən] n pissenlit m.

**dandruff** ['dændrəf] n pellicules fpl.

**Dane** [deɪn] n Danois/e.

**danger** ['deɪndʒə*] n danger m; **there is a ~ of fire** il y a (un) risque d'incendie; **in ~** en danger; **he was in ~ of falling** il risquait de tomber; **~ous** a dangereux(euse); **~ously** ad dangereusement.

**dangle** ['dæŋgl] vt balancer; (fig) faire miroiter // vi pendre, se balancer.

**Danish** ['deɪnɪʃ] a danois(e) // n (LING) danois m.

**dapper** ['dæpə*] a pimpant(e).

**dare** [dɛə*] vt: **to ~ sb to do** défier qn or mettre qn au défi de faire // vi: **to ~ (to) do sth** oser faire qch; **~devil** n casse-cou m inv; **daring** a hardi(e), audacieux(euse).

**dark** [dɑ:k] a (night, room) obscur(e), sombre; (colour, complexion) foncé(e), sombre; (fig) sombre // n: **in the ~** dans le noir; **in the ~ about** (fig) ignorant tout de; **after ~** après la tombée de la nuit; **~en** vt obscurcir, assombrir // vi s'obscurcir, s'assombrir; **~ glasses** npl lunettes noires; **~ness** n obscurité f; **~ room** n chambre noire.

**darling** ['dɑ:lɪŋ] a, n chéri(e).

**darn** [dɑ:n] vt repriser.

**dart** [dɑ:t] n fléchette f // vi: **to ~ towards** (also: **make a ~ towards**) se précipiter or s'élancer vers; **to ~ away/along** partir/passer comme une flèche; **~s** n jeu m de fléchettes; **~board** n cible f (de jeu de fléchettes).

**dash** [dæʃ] n (sign) tiret m // vt (missile) jeter or lancer violemment; (hopes) anéantir // vi: **to ~ towards** (also: **make a ~ towards**) se précipiter or se ruer vers; **to ~ away** vi partir à toute allure;

~**board** *n* tableau *m* de bord; ~**ing** *a* fringant(e).

**data** ['deɪtə] *npl* données *fpl*; ~ **processing** *n* traitement *m* (électronique) de l'information.

**date** [deɪt] *n* date *f*; rendez-vous *m*; (*fruit*) datte *f* // *vt* dater; **to** ~ *ad* à ce jour; **out of** ~ périmé(e); **up to** ~ à la page; mis(e) à jour; moderne; ~**d the 13th** daté du 13; ~**d** *a* démodé(e); ~**line** *n* ligne *f* de changement de date.

**daub** [dɔ:b] *vt* barbouiller.

**daughter** ['dɔ:tə*] *n* fille *f*; ~**-in-law** *n* belle-fille *f*, bru *f*.

**daunt** [dɔ:nt] *vt* intimider, décourager; ~**less** *a* intrépide.

**dawdle** ['dɔ:dl] *vi* traîner, lambiner.

**dawn** [dɔ:n] *n* aube *f*, aurore *f* // *vi* (*day*) se lever, poindre; (*fig*) naître, se faire jour.

**day** [deɪ] *n* jour *m*; (*as duration*) journée *f*; (*period of time, age*) époque *f*, temps *m*; **the** ~ **before** la veille, le jour précédent; **the following** ~ le lendemain, le jour suivant; **by** ~ de jour; ~**boy/girl** *n* (*SCOL*) externe *m/f*; ~**break** *n* point *m* du jour; ~**dream** *n* rêverie *f* // *vi* rêver (tout éveillé); ~**light** *n* (lumière *f* du) jour *m*; ~**time** *n* jour *m*, journée *f*.

**daze** [deɪz] *vt* (*subject: drug*) hébéter; (: *blow*) étourdir // *n*: **in a** ~ hébété(e); étourdi(e).

**dazzle** ['dæzl] *vt* éblouir, aveugler.

**dead** [dɛd] *a* mort(e); (*numb*) engourdi(e), insensible // *ad* absolument, complètement; **he was shot** ~ il a été tué d'un coup de revolver; ~ **on time** à l'heure pile; ~ **tired** éreinté, complètement fourbu; **to stop** ~ s'arrêter pile or net; **the** ~ les morts; ~ *n vt* (*blow, sound*) amortir; (*make numb*) endormir, rendre insensible; ~ **end** *n* impasse *f*; ~-**heat** *n* (*SPORT*): **to finish in a** ~ **heat** terminer ex-æquo; ~**line** *n* date *f* or heure *f* limite; ~**lock** *n* impasse *f* (*fig*); ~**ly** *a* mortel(le); (*weapon*) meurtrier(ère); ~**pan** *a* impassible; (*humour*) pince-sans-rire *inv*.

**deaf** [dɛf] *a* sourd(e); ~-**aid** *n* appareil auditif; ~**en** *vt* rendre sourd; (*fig*) assourdir; ~**ening** *a* assourdissant(e); ~**ness** *n* surdité *f*; ~-**mute** *n* sourd(e)-muet/te.

**deal** [di:l] *n* affaire *f*, marché *m* // *vt* (*pt, pp* **dealt** [dɛlt]) (*blow*) porter; (*cards*) donner, distribuer; **a great** ~ (**of**) beaucoup (de); **to** ~ **in** faire le commerce de; **to** ~ **with** *vt fus* (*COMM*) traiter avec; (*handle*) s'occuper or se charger de; (*be about: book etc*) traiter de; ~**er** *n* marchand *m*; ~**ings** *npl* (*COMM*) transactions *fpl*; (*relations*) relations *fpl*, rapports *mpl*.

**dean** [di:n] *n* (*SCOL*) doyen *m*.

**dear** [dɪə*] *a* cher(chère); (*expensive*) cher, coûteux(euse) // *n*: **my** ~ mon cher/ma chère; ~ **me!** mon Dieu!; **D**— **Sir/Madam** (*in letter*) Monsieur/Madame; **D**— **Mr/Mrs X** Cher Monsieur/Chère Madame X; ~**ly** *ad* (*love*) tendrement; (*pay*) cher.

**dearth** [də:θ] *n* disette *f*, pénurie *f*.

**death** [dɛθ] *n* mort *f*; (*ADMIN*) décès *m*; ~**bed** *n* lit *m* de mort; ~ **certificate** *n* acte *m* de décès; ~ **duties** *npl* (*Brit*) droits *mpl* de succession; ~**ly** *a* de mort; ~ **penalty** *n* peine *f* de mort; ~ **rate** *n* (taux *m* de) mortalité *f*.

**debar** [dɪ'bɑ:*] *vt*: **to** ~ **sb from a club** *etc* exclure qn d'un club *etc*; **to** ~ **sb from doing** interdire à qn de faire.

**debase** [dɪ'beɪs] *vt* (*currency*) déprécier, dévaloriser; (*person*) abaisser, avilir.

**debatable** [dɪ'beɪtəbl] *a* discutable, contestable.

**debate** [dɪ'beɪt] *n* discussion *f*, débat *m* // *vt* discuter, débattre // *vi* (*consider*): **to** ~ **whether** se demander si.

**debauchery** [dɪ'bɔ:tʃərɪ] *n* débauche *f*.

**debit** ['dɛbɪt] *n* débit *m* // *vt*: **to** ~ **a sum to sb** *or* **to sb's account** porter une somme au débit de qn, débiter qn d'une somme.

**debris** ['dɛbri:] *n* débris *mpl*, décombres *mpl*.

**debt** [dɛt] *n* dette *f*; **to be in** ~ avoir des dettes, être endetté(e); ~**or** *n* débiteur/trice.

**début** ['deɪbju:] *n* début(s) *m(pl)*.

**decade** ['dɛkeɪd] *n* décennie *f*, décade *f*.

**decadence** ['dɛkədəns] *n* décadence *f*.

**decanter** [dɪ'kæntə*] *n* carafe *f*.

**decarbonize** [di:'kɑ:bənaɪz] *vt* (*AUT*) décalaminer.

**decay** [dɪ'keɪ] *n* décomposition *f*, pourrissement *m*; (*fig*) déclin *m*, délabrement *m*; (*also:* **tooth** ~) carie *f* (dentaire) // *vi* (*rot*) se décomposer, pourrir; (*fig*) se délabrer; décliner; se détériorer.

**decease** [dɪ'si:s] *n* décès *m*; ~**d** *n* défunt/e.

**deceit** [dɪ'si:t] *n* tromperie *f*, supercherie *f*; ~**ful** *a* trompeur(euse).

**deceive** [dɪ'si:v] *vt* tromper; **to** ~ **o.s.** s'abuser.

**decelerate** [di:'sɛləreɪt] *vt,vi* ralentir.

**December** [dɪ'sɛmbə*] *n* décembre *m*.

**decency** ['di:sənsɪ] *n* décence *f*.

**decent** ['di:sənt] *a* décent(e), convenable; **they were very** ~ **about it** ils se sont montrés très chics.

**decentralize** [di:'sɛntrəlaɪz] *vt* décentraliser.

**deception** [dɪ'sɛpʃən] *n* tromperie *f*.

**deceptive** [dɪ'sɛptɪv] *a* trompeur(euse).

**decibel** ['dɛsɪbɛl] *n* décibel *m*.

**decide** [dɪ'saɪd] *vt* (*person*) décider; (*question, argument*) trancher, régler // *vi* se décider, décider; **to** ~ **to do/that** décider de faire/que; **to** ~ **on** décider, se décider pour; **to** ~ **on doing** décider de faire; ~**d** *a* (*resolute*) résolu(e), décidé(e); (*clear, definite*) net(te), marqué(e); ~**dly** [-dɪdlɪ] *ad* résolument; incontestablement, nettement.

**deciduous** [dɪ'sɪdjuəs] *a* à feuilles caduques.

**decimal** ['dɛsɪməl] *a* décimal(e) // *n* décimale *f*; ~ **point** *n* ≈ virgule *f*.

**decimate** ['dɛsɪmeɪt] *vt* décimer.

**decipher** [dɪ'saɪfə*] *vt* déchiffrer.

**decision** [dɪ'sɪʒən] n décision f.
**decisive** [dɪ'saɪsɪv] a décisif(ive).
**deck** [dɛk] n (NAUT) pont m; (of bus): **top ~** impériale f; (of cards) jeu m; **~chair** n chaise longue; **~ hand** n matelot m.
**declaration** [dɛklə'reɪʃən] n déclaration f.
**declare** [dɪ'klɛə*] vt déclarer.
**decline** [dɪ'klaɪn] n (decay) déclin m; (lessening) baisse f // vt refuser, décliner // vi décliner; être en baisse, baisser.
**declutch** [di:'klʌtʃ] vi débrayer.
**decode** [di:'kəud] vt décoder.
**decompose** [di:kəm'pəuz] vi se décomposer; **decomposition** [di:kɔmpə'zɪʃən] n décomposition f.
**decontaminate** [di:kən'tæmɪneɪt] vt décontaminer.
**décor** [deɪkɔ:*] n décor m.
**decorate** [dɛkəreɪt] vt (adorn, give a medal to) décorer; (paint and paper) peindre et tapisser; **decoration** [-reɪʃən] n (medal etc, adornment) décoration f; **decorative** [dɛkərətɪv] a décoratif(ive); **decorator** n peintre m en bâtiment.
**decoy** [di:kɔɪ] n piège m; **they used him as a ~ for the enemy** ils se sont servis de lui pour attirer l'ennemi.
**decrease** n ['di:kri:s] diminution f // vt, vi [di:'kri:s] diminuer.
**decree** [dɪ'kri:] n (POL, REL) décret m; (LAW: of tribunal) arrêt m, jugement m; **~ nisi** n jugement m provisoire de divorce.
**decrepit** [dɪ'krɛpɪt] a décrépit(e); délabré(e).
**dedicate** [dɛdɪkeɪt] vt consacrer; (book etc) dédier.
**dedication** [dɛdɪ'keɪʃən] n (devotion) dévouement m.
**deduce** [dɪ'dju:s] vt déduire, conclure.
**deduct** [dɪ'dʌkt] vt: **to ~ sth (from)** déduire qch (de), retrancher qch (de); (from wage etc) prélever qch (sur), retenir qch (sur); **~ion** [dɪ'dʌkʃən] n (deducting) déduction f; (from wage etc) prélèvement m, retenue f; (deducing) déduction, conclusion f.
**deed** [di:d] n action f, acte m; (LAW) acte notarié, contrat m.
**deep** [di:p] a (water, sigh, sorrow, thoughts) profond(e); (voice) grave; **he took a ~ breath** il inspira profondément, il prit son souffle; **4 metres ~** de 4 mètres de profondeur // ad: **~ in snow** recouvert(e) d'une épaisse couche de neige; **spectators stood 20 ~** il y avait 20 rangs de spectateurs; **knee-~ in water** dans l'eau jusqu'aux genoux; **~en** vt (hole) approfondir // vi s'approfondir; (darkness) s'épaissir; **~freeze** n congélateur m // vt surgeler; **~fry** vt faire frire (en friteuse); **~sea** a: **~sea diving** n plongée sous-marine; **~sea fishing** n pêche hauturière; **~seated** a (beliefs) profondément enraciné(e); **~set** a (eyes) enfoncé(e).
**deer** [dɪə*] n, pl inv: **the ~** les cervidés mpl (ZOOL); **(red) ~** cerf m; **(fallow) ~** daim m; **(roe) ~** chevreuil m; **~skin** n peau f de daim.
**deface** [dɪ'feɪs] vt dégrader; barbouiller; rendre illisible.

**defamation** [dɛfə'meɪʃən] n diffamation f.
**default** [dɪ'fɔ:lt] vi (LAW) faire défaut; (gen) manquer à ses engagements // n: **by ~** (LAW) par défaut, par contumace; (SPORT) par forfait; **~er** n (in debt) débiteur défaillant.
**defeat** [dɪ'fi:t] n défaite f // vt (team, opponents) battre; (fig: plans, efforts) faire échouer; **~ist** a,n défaitiste (m/f).
**defect** n ['di:fɛkt] défaut m // vi [dɪ'fɛkt]: **to ~ to the enemy/the West** passer à l'ennemi/l'Ouest; **~ive** [dɪ'fɛktɪv] a défectueux(euse).
**defence** [dɪ'fɛns] n défense f; **in ~ of** pour défendre; **~less** a sans défense.
**defend** [dɪ'fɛnd] vt défendre; **~ant** n défendeur/deresse; (in criminal case) accusé/e, prévenu/e; **~er** n défenseur m.
**defense** [dɪ'fɛns] n (US) = **defence.**
**defensive** [dɪ'fɛnsɪv] a défensif(ive).
**defer** [dɪ'fə:*] vt (postpone) différer, ajourner.
**deference** ['dɛfərəns] n déférence f; égards mpl.
**defiance** [dɪ'faɪəns] n défi m; **in ~ of** au mépris de.
**defiant** [dɪ'faɪənt] a provocant(e), de défi.
**deficiency** [dɪ'fɪʃənsɪ] n insuffisance f, déficience f; carence f; **~ disease** n maladie f de carence.
**deficient** [dɪ'fɪʃənt] a insuffisant(e); défectueux(euse); déficient(e); **~ in** manquant de.
**deficit** ['dɛfɪsɪt] n déficit m.
**defile** vb [dɪ'faɪl] vt souiller // vi défiler // n ['di:faɪl] défilé m.
**define** [dɪ'faɪn] vt définir.
**definite** ['dɛfɪnɪt] a (fixed) défini(e), (bien) déterminé(e); (clear, obvious) net(te), manifeste; (LING) défini(e); **he was ~ about it** il a été catégorique; il était sûr de son fait; **~ly** ad sans aucun doute.
**definition** [dɛfɪ'nɪʃən] n définition f.
**definitive** [dɪ'fɪnɪtɪv] a définitif(ive).
**deflate** [di:'fleɪt] vt dégonfler.
**deflation** [di:'fleɪʃən] n (COMM) déflation f.
**deflect** [dɪ'flɛkt] vt détourner, faire dévier.
**deform** [dɪ'fɔ:m] vt déformer; **~ed** a difforme; **~ity** n difformité f.
**defraud** [dɪ'frɔ:d] vt frauder; **to ~ sb of sth** soutirer qch malhonnêtement à qn; escroquer qch à qn; frustrer qn de qch.
**defray** [dɪ'freɪ] vt: **to ~ sb's expenses** défrayer qn (de ses frais), rembourser or payer à qn ses frais.
**defrost** [di:'frost] vt (fridge) dégivrer.
**deft** [dɛft] a adroit(e), preste.
**defunct** [dɪ'fʌŋkt] a défunt(e).
**defuse** [di:'fju:z] vt désamorcer.
**defy** [dɪ'faɪ] vt défier; (efforts etc) résister à.
**degenerate** vi [dɪ'dʒɛnəreɪt] dégénérer // a [dɪ'dʒɛnərɪt] dégénéré(e).
**degradation** [dɛgrə'deɪʃən] n dégradation f.
**degrading** [dɪ'greɪdɪŋ] a dégradant(e).
**degree** [dɪ'gri:] n degré m; grade m (universitaire); **a (first) ~ in maths** une licence en maths.
**dehydrated** [di:haɪ'dreɪtɪd] a déshydraté(e); (milk, eggs) en poudre.

**de-ice** [di:'aɪs] vt (windscreen) dégivrer.
**deign** [deɪn] vi: to ~ to do daigner faire.
**deity** ['di:ɪtɪ] n divinité f; dieu m, déesse f.
**dejected** [dɪ'dʒɛktɪd] a abattu(e), déprimé(e).
**dejection** [dɪ'dʒɛkʃən] n abattement m, découragement m.
**delay** [dɪ'leɪ] vt (journey, operation) retarder, différer; (travellers, trains) retarder // n délai m, retard m; without ~ sans délai; sans tarder; ~ed-action a à retardement.
**delegate** n ['dɛlɪgɪt] délégué/e // vt ['dɛlɪgeɪt] déléguer.
**delegation** [dɛlɪ'geɪʃən] n délégation f.
**delete** [dɪ'li:t] vt rayer, supprimer.
**deliberate** a [dɪ'lɪbərɪt] (intentional) délibéré(e); (slow) mesuré(e) // vi [dɪ'lɪbəreɪt] délibérer, réfléchir; ~ly ad (on purpose) exprès, délibérément.
**delicacy** ['dɛlɪkəsɪ] n délicatesse f; (choice food) mets fin or délicat, friandise f.
**delicate** ['dɛlɪkɪt] a délicat(e).
**delicatessen** [dɛlɪkə'tɛsn] n épicerie fine.
**delicious** [dɪ'lɪʃəs] a délicieux(euse), exquis(e).
**delight** [dɪ'laɪt] n (grande) joie, grand plaisir // vt enchanter; a ~ to the eyes un régal or plaisir pour les yeux; to take ~ in prendre grand plaisir à; to be the ~ of faire les délices or la joie de; ~ful a adorable; merveilleux(euse); délicieux(euse).
**delinquency** [dɪ'lɪŋkwənsɪ] n délinquance f.
**delinquent** [dɪ'lɪŋkwənt] a,n délinquant(e).
**delirium** [dɪ'lɪrɪəm] n délire m.
**deliver** [dɪ'lɪvə*] vt (mail) distribuer; (goods) livrer; (message) remettre; (speech) prononcer; (warning, ultimatum) lancer; (free) délivrer; (MED) accoucher; to ~ the goods (fig) tenir ses promesses; ~y n distribution f; livraison f; (of speaker) élocution f; (MED) accouchement m; to take ~y of prendre livraison de.
**delouse** ['di:'laus] vt épouiller, débarrasser de sa (or leur etc) vermine.
**delta** ['dɛltə] n delta m.
**delude** [dɪ'lu:d] vt tromper, leurrer; to ~ o.s. se leurrer, se faire des illusions.
**deluge** ['dɛlju:dʒ] n déluge m.
**delusion** [dɪ'lu:ʒən] n illusion f.
**delve** [dɛlv] vi: to ~ into fouiller dans.
**demagogue** ['dɛməgɔg] n démagogue m/f.
**demand** [dɪ'mɑ:nd] vt réclamer, exiger // n exigence f; (claim) revendication f; (ECON) demande f; in ~ demandé(e), recherché(e); on ~ sur demande; ~ing a (boss) exigeant(e); (work) astreignant(e).
**demarcation** [di:mɑ:'keɪʃən] n démarcation f.
**demean** [dɪ'mi:n] vt: to ~ o.s. s'abaisser.
**demeanour** [dɪ'mi:nə*] n comportement m; maintien m.
**demented** [dɪ'mɛntɪd] a dément(e), fou(folle).
**demise** [dɪ'maɪz] n décès m.
**demister** [di:'mɪstə*] n (AUT) dispositif m anti-buée inv.

**demobilize** [di:'məubɪlaɪz] vt démobiliser.
**democracy** [dɪ'mɔkrəsɪ] n démocratie f.
**democrat** ['dɛməkræt] n démocrate m/f; ~ic [dɛmə'krætɪk] a démocratique.
**demography** [dɪ'mɔgrəfɪ] n démographie f.
**demolish** [dɪ'mɔlɪʃ] démolir.
**demolition** [dɛmə'lɪʃən] n démolition f.
**demonstrate** ['dɛmənstreɪt] vt démontrer, prouver.
**demonstration** [dɛmən'streɪʃən] n démonstration f, manifestation f.
**demonstrative** [dɪ'mɔnstrətɪv] a démonstratif(ive).
**demonstrator** ['dɛmənstreɪtə*] n (POL) manifestant/e.
**demoralize** [dɪ'mɔrəlaɪz] vt démoraliser.
**demote** [dɪ'məut] vt rétrograder.
**demur** [dɪ'mə:*] vi protester; hésiter.
**demure** [dɪ'mjuə*] a sage, réservé(e); d'une modestie affectée.
**den** [dɛn] n tanière f, antre m.
**denial** [dɪ'naɪəl] n démenti m; dénégation f.
**denigrate** ['dɛnɪgreɪt] vt dénigrer.
**denim** ['dɛnɪm] n coton émerisé; ~s npl (blue-)jeans mpl.
**Denmark** ['dɛnmɑ:k] n Danemark m.
**denomination** [dɪnɔmɪ'neɪʃən] n (money) valeur f; (REL) confession f; culte m.
**denominator** [dɪ'nɔmɪneɪtə*] n dénominateur m.
**denote** [dɪ'nəut] vt dénoter.
**denounce** [dɪ'nauns] vt dénoncer.
**dense** [dɛns] a dense; (stupid) obtus(e), dur(e) or lent(e) à la comprenette; ~ly ad: ~ly wooded couvert d'épaisses forêts; ~ly populated à forte densité (de population), très peuplé.
**density** ['dɛnsɪtɪ] n densité f.
**dent** [dɛnt] n bosse f // vt (also: make a ~ in) cabosser; to make a ~ in (fig) entamer.
**dental** ['dɛntl] a dentaire; ~ surgeon n (chirurgien/ne) dentiste.
**dentifrice** ['dɛntɪfrɪs] n dentifrice m.
**dentist** ['dɛntɪst] n dentiste m/f; ~ry n art m dentaire.
**denture** ['dɛntʃə*] n dentier m.
**deny** [dɪ'naɪ] vt nier; (refuse) refuser; (disown) renier.
**deodorant** [di:'əudərənt] n désodorisant m, déodorant m.
**depart** [dɪ'pɑ:t] vi partir; to ~ from (leave) quitter, partir de; (fig: differ from) s'écarter de.
**department** [dɪ'pɑ:tmənt] n (COMM) rayon m; (SCOL) section f; (POL) ministère m, département m; ~ store n grand magasin.
**departure** [dɪ'pɑ:tʃə*] n départ m; (fig): ~ from écart m par rapport à.
**depend** [dɪ'pɛnd] vi: to ~ on dépendre de; (rely on) compter sur; it ~s cela dépend; ~able a sûr(e), digne de confiance; ~ence n dépendance f; ~ant, ~ent n personne f à charge.
**depict** [dɪ'pɪkt] vt (in picture) représenter; (in words) (dé)peindre, décrire.
**depleted** [dɪ'pli:tɪd] a (considérablement) réduit(e) or diminué(e).

**deplorable** [dɪ'plɔ:rəbl] *a* déplorable, lamentable.

**deplore** [dɪ'plɔ:*] *vt* déplorer.

**deploy** [dɪ'plɔɪ] *vt* déployer.

**depopulation** ['di:pɒpju'leɪʃən] *n* dépopulation *f*, dépeuplement *m*.

**deport** [dɪ'pɔ:t] *vt* déporter; expulser; ~**ation** [di:pɔ:'teɪʃən] *n* déportation *f*, expulsion *f*; ~**ment** *n* maintien *m*, tenue *f*.

**depose** [dɪ'pəʊz] *vt* déposer.

**deposit** [dɪ'pɒzɪt] *n* (CHEM, COMM, GEO) dépôt *m*; (*of ore, oil*) gisement *m*; (*part payment*) arrhes *fpl*, acompte *m*; (*on bottle etc*) consigne *f*; (*for hired goods etc*) cautionnement *m*, garantie *f* // *vt* déposer; mettre *or* laisser en dépôt; fournir *or* donner en acompte; laisser en garantie; ~ **account** *n* compte *m* de dépôt; ~**or** *n* déposant/e.

**depot** ['dɛpəʊ] *n* dépôt *m*.

**deprave** [dɪ'preɪv] *vt* dépraver, corrompre, pervertir.

**depravity** [dɪ'prævɪtɪ] *n* dépravation *f*.

**deprecate** ['dɛprɪkeɪt] *vt* désapprouver.

**depreciate** [dɪ'pri:ʃɪeɪt] *vt* déprécier // *vi* se déprécier, se dévaloriser; **depreciation** [-'eɪʃən] *n* dépréciation *f*.

**depress** [dɪ'prɛs] *vt* déprimer; (*press down*) appuyer sur, abaisser; ~**ed** *a* (*person*) déprimé(e), abattu(e); (*area*) en déclin, touché(e) par le sous-emploi; ~**ing** *a* déprimant(e); ~**ion** [dɪ'prɛʃən] *n* dépression *f*.

**deprivation** [dɛprɪ'veɪʃən] *n* privation *f*; (*loss*) perte *f*.

**deprive** [dɪ'praɪv] *vt*: **to** ~ **sb of** priver qn de; enlever à qn; ~**d** *a* déshérité(e).

**depth** [dɛpθ] *n* profondeur *f*; **in the** ~**s of** au fond de; au cœur de; au plus profond de; ~ **charge** *n* grenade sous-marine.

**deputation** [dɛpju'teɪʃən] *n* députation *f*, délégation *f*.

**deputize** ['dɛpjutaɪz] *vi*: **to** ~ **for** assurer l'intérim de.

**deputy** ['dɛpjutɪ] *a*: ~ **chairman** vice-président *m*; ~ **head** directeur adjoint, sous-directeur *m* // *n* (*replacement*) suppléant/e, intérimaire *m/f*; (*second in command*) adjoint/e.

**derail** [dɪ'reɪl] *vt* faire dérailler; **to be** ~**ed** dérailler; ~**ment** *n* déraillement *m*.

**deranged** [dɪ'reɪndʒd] *a* (*machine*) déréglé(e); **to be (mentally)** ~ avoir le cerveau dérangé.

**derelict** ['dɛrɪlɪkt] *a* abandonné(e), à l'abandon.

**deride** [dɪ'raɪd] *vt* railler.

**derision** [dɪ'rɪʒən] *n* dérision *f*.

**derisive** [dɪ'raɪsɪv] *a* moqueur (euse), railleur(euse).

**derisory** [dɪ'raɪsərɪ] *a* (*sum*) dérisoire; (*smile, person*) moqueur(euse), railleur(euse).

**derivation** [dɛrɪ'veɪʃən] *n* dérivation *f*.

**derivative** [dɪ'rɪvətɪv] *n* dérivé *m* // *a* dérivé(e).

**derive** [dɪ'raɪv] *vt*: **to** ~ **sth from** tirer qch de; trouver qch dans // *vi*: **to** ~ **from** provenir de, dériver de.

**dermatology** [də:mə'tɒlədʒɪ] *n* dermatologie *f*.

**derogatory** [dɪ'rɒgətərɪ] *a* désobligeant(e); péjoratif(ive).

**derrick** ['dɛrɪk] *n* mât *m* de charge; derrick *m*.

**desalination** [di:sælɪ'neɪʃən] *n* dessalement *m*, dessalage *m*.

**descend** [dɪ'sɛnd] *vt*, *vi* descendre; **to** ~ **from** descendre de, être issu de; ~**ant** *n* descendant/e.

**descent** [dɪ'sɛnt] *n* descente *f*; (*origin*) origine *f*.

**describe** [dɪs'kraɪb] *vt* décrire; **description** [-'krɪpʃən] *n* description *f*; (*sort*) sorte *f*, espèce *f*; **descriptive** [-'krɪptɪv] *a* descriptif(ive).

**desecrate** ['dɛsɪkreɪt] *vt* profaner.

**desert** *n* ['dɛzət] désert *m* // *vb* [dɪ'zə:t] *vt* déserter, abandonner // *vi* (MIL) déserter; ~**er** *n* déserteur *m*; ~**ion** [dɪ'zə:ʃən] *n* désertion *f*.

**deserve** [dɪ'zə:v] *vt* mériter; **deserving** *a* (*person*) méritant(e); (*action, cause*) méritoire.

**design** [dɪ'zaɪn] *n* (*sketch*) plan *m*, dessin *m*; (*layout, shape*) conception *f*, ligne *f*; (*pattern*) dessin *m*, motif(s) *m(pl)*; (COMM) esthétique industrielle; (*intention*) dessein *m* // *vt* dessiner; concevoir; **to have** ~**s on** avoir des visées sur; **well-~ed** *a* bien conçu(e).

**designate** *vt* ['dɛzɪgneɪt] désigner // *a* ['dɛzɪgnɪt] désigné(e); **designation** [-'neɪʃən] *n* désignation *f*.

**designer** [dɪ'zaɪnə*] *n* (ART, TECH) dessinateur/trice; (*fashion*) modéliste *m/f*.

**desirability** [dɪzaɪərə'bɪlɪtɪ] *n* avantage *m*; attrait *m*.

**desirable** [dɪ'zaɪərəbl] *a* désirable.

**desire** [dɪ'zaɪə*] *n* désir *m* // *vt* désirer, vouloir.

**desirous** [dɪ'zaɪərəs] *a*: ~ **of** désireux-(euse) de.

**desk** [dɛsk] *n* (*in office*) bureau *m*; (*for pupil*) pupitre *m*; (*in shop, restaurant*) caisse *f*; (*in hotel, at airport*) réception *f*.

**desolate** ['dɛsəlɪt] *a* désolé(e).

**desolation** [dɛsə'leɪʃən] *n* désolation *f*.

**despair** [dɪs'pɛə*] *n* désespoir *m* // *vi*: **to** ~ **of** désespérer de.

**despatch** [dɪs'pætʃ] *n*, *vt* = **dispatch**.

**desperate** ['dɛspərɪt] *a* désespéré(e); (*fugitive*) prêt(e) à tout; ~**ly** *ad* désespérément; (*very*) terriblement, extrêmement.

**desperation** [dɛspə'reɪʃən] *n* désespoir *m*; **in** ~ à bout de nerf; en désespoir de cause.

**despicable** [dɪs'pɪkəbl] *a* méprisable.

**despise** [dɪs'paɪz] *vt* mépriser, dédaigner.

**despite** [dɪs'paɪt] *prep* malgré, en dépit de.

**despondent** [dɪs'pɒndənt] *a* découragé(e), abattu(e).

**dessert** [dɪ'zə:t] *n* dessert *m*; ~**spoon** *n* cuiller *f* à dessert.

**destination** [dɛstɪ'neɪʃən] *n* destination *f*.

**destine** ['dɛstɪn] *vt* destiner.

**destiny** ['dɛstɪnɪ] *n* destinée *f*, destin *m*.

**destitute** ['dɛstɪtju:t] *a* indigent(e), dans

le dénuement ; ~ of dépourvu or dénué de.

**destroy** [dɪs'trɔɪ] vt détruire ; ~er n (NAUT) contre-torpilleur m.

**destruction** [dɪs'trʌkʃən] n destruction f.

**destructive** [dɪs'trʌktɪv] a destructeur(trice).

**detach** [dɪ'tætʃ] vt détacher ; ~able a amovible, détachable ; ~ed a (attitude) détaché(e) ; ~ed house n pavillon m, maison(nette) (individuelle) ; ~ment n (MIL) détachement m ; (fig) détachement m, indifférence f.

**detail** [di:teɪl] n détail m // vt raconter en détail, énumérer ; (MIL): to ~ sb (for) affecter qn (à), détacher qn (pour) ; in ~ en détail ; ~ed a détaillé(e).

**detain** [dɪ'teɪn] vt retenir ; (in captivity) détenir ; (in hospital) hospitaliser.

**detect** [dɪ'tɛkt] vt déceler, percevoir ; (MED, POLICE) dépister ; (MIL, RADAR, TECH) détecter ; ~ion [dɪ'tɛkʃən] n découverte f ; dépistage m ; détection f ; to escape ~ion échapper aux recherches, éviter d'être découvert ; crime ~ion le dépistage des criminels ; ~ive n agent m de la sûreté, policier m ; private ~ive détective privé ; ~ive story n roman policier ; ~or n détecteur m.

**detention** [dɪ'tɛnʃən] n détention f ; (SCOL) retenue f, consigne f.

**deter** [dɪ'tə:*] vt dissuader.

**detergent** [dɪ'tə:dʒənt] n détersif m, détergent m.

**deteriorate** [dɪ'tɪərɪəreɪt] vi se détériorer, se dégrader ; **deterioration** [-'reɪʃən] n détérioration f.

**determination** [dɪtə:mɪ'neɪʃən] n détermination f.

**determine** [dɪ'tə:mɪn] vt déterminer ; to ~ to do résoudre de faire, se déterminer à faire ; ~d a (person) déterminé(e), décidé(e) ; (quantity) déterminé, établi(e).

**deterrent** [dɪ'tɛrənt] n effet m de dissuasion ; force f de dissuasion.

**detest** [dɪ'tɛst] vt détester, avoir horreur de ; ~able a détestable, odieux(euse).

**detonate** ['dɛtəneɪt] vi exploser ; détoner // vt faire exploser or détoner ; **detonator** n détonateur m.

**detour** ['di:tuə*] n détour m.

**detract** [dɪ'trækt] vt: to ~ from (quality, pleasure) diminuer ; (reputation) porter atteinte à.

**detriment** ['dɛtrɪmənt] n: to the ~ of au détriment de, au préjudice de ; ~al [dɛtrɪ'mɛntl] a: ~al to préjudiciable or nuisible à.

**devaluation** [dɪvælju'eɪʃən] n dévaluation f.

**devalue** ['di:'vælju:] vt dévaluer.

**devastate** ['dɛvəsteɪt] vt dévaster.

**devastating** ['dɛvəsteɪtɪŋ] a dévasta-teur(trice).

**develop** [dɪ'vɛləp] vt (gen) développer ; (habit) contracter ; (resources) mettre en valeur, exploiter // vi se développer ; (situation, disease: evolve) évoluer ; (facts, symptoms: appear) se manifester, se produire ; ~er n (PHOT) révélateur m ; (of land) promoteur m ; ~ing country pays m en voie de développement ; ~ment n développement m ; (of affair, case)

rebondissement m, fait(s) nouveau(x).

**deviate** ['di:vɪeɪt] vi dévier.

**deviation** [di:vɪ'eɪʃən] n déviation f.

**device** [dɪ'vaɪs] n (scheme) moyen m, expédient m ; (apparatus) engin m, dispositif m.

**devil** ['dɛvl] n diable m ; démon m ; ~ish a diabolique.

**devious** ['di:vɪəs] a (means) détourné(e) ; (person) sournois(e), dissimulé(e).

**devise** [dɪ'vaɪz] vt imaginer, concevoir.

**devoid** [dɪ'vɔɪd] a: ~ of dépourvu(e) de, dénué(e) de.

**devote** [dɪ'vəut] vt: to ~ sth to consacrer qch à ; ~d a dévoué(e) ; to be ~d to être dévoué or très attaché à ; ~e [dɛvəu'ti:] n (REL) adepte m/f ; (MUS, SPORT) fervent/e.

**devotion** [dɪ'vəuʃən] n dévouement m, attachement m ; (REL) dévotion f, piété f.

**devour** [dɪ'vauə*] vt dévorer.

**devout** [dɪ'vaut] a pieux(euse), dévot(e).

**dew** [dju:] n rosée f.

**dexterity** [dɛks'tɛrɪtɪ] n dextérité f, adresse f.

**diabetes** [daɪə'bi:ti:z] n diabète m ; **diabetic** [-'bɛtɪk] a, n diabétique (m/f).

**diaeresis** [daɪ'ɛrɪsɪs] n tréma m.

**diagnose** [daɪəg'nəuz] vt diagnostiquer.

**diagnosis, pl diagnoses** [daɪəg'nəusɪs, -si:z] n diagnostic m.

**diagonal** [daɪ'ægənl] a diagonal(e) // n diagonale f.

**diagram** ['daɪəgræm] n diagramme m, schéma m ; graphique m.

**dial** ['daɪəl] n cadran m // vt (number) faire, composer ; ~ling tone n tonalité f.

**dialect** ['daɪəlɛkt] n dialecte m.

**dialogue** ['daɪələg] n dialogue m.

**diameter** [daɪ'æmɪtə*] n diamètre m.

**diamond** ['daɪəmənd] n diamant m ; (shape) losange m ; ~s npl (CARDS) carreau m.

**diaper** ['daɪəpə*] n (US) couche f.

**diaphragm** ['daɪəfræm] n diaphragme m.

**diarrhoea, diarrhea** (US) [daɪə'ri:ə] n diarrhée f.

**diary** ['daɪərɪ] n (daily account) journal m ; (book) agenda m.

**dice** [daɪs] n, pl inv dé m // vt (CULIN) couper en dés or en cubes.

**dictate** vt [dɪk'teɪt] dicter // n ['dɪkteɪt] injonction f.

**dictation** [dɪk'teɪʃən] n dictée f.

**dictator** [dɪk'teɪtə*] n dictateur m ; ~ship n dictature f.

**diction** ['dɪkʃən] n diction f, élocution f.

**dictionary** ['dɪkʃənrɪ] n dictionnaire m.

**did** [dɪd] pt of **do.**

**die** [daɪ] n (pl: dice) dé m ; (pl: dies) coin m ; matrice f ; étampe f // vi mourir ; to ~ away vi s'éteindre ; to ~ down vi se calmer, s'apaiser ; to ~ out vi disparaître, s'éteindre.

**Diesel** ['di:zəl]: ~ engine n moteur m diesel.

**diet** ['daɪət] n alimentation f ; (restricted food) régime m // vi (also: be on a ~) suivre un régime.

**differ** ['dɪfə*] vi: to ~ from sth être différent de ; différer de ; to ~ from sb

**over sth** ne pas être d'accord avec qn au sujet de qch ; **~ence** n différence f ; (quarrel) différend m, désaccord m ; **~ent** a différent(e) ; **~ential** [-'rɛnʃəl] n (AUT, wages) différentiel m ; **~entiate** [-'rɛnʃɪeɪt] vt différencier // vi se différencier ; **to ~entiate between** faire une différence entre ; **~ently** ad différemment.

**difficult** ['dɪfɪkəlt] a difficile ; **~y** n difficulté f.

**diffidence** ['dɪfɪdəns] n manque m de confiance en soi, manque d'assurance.

**diffident** ['dɪfɪdənt] a qui manque de confiance or d'assurance, peu sûr(e) de soi.

**diffuse** a [dɪ'fjuːs] diffus(e) // vt [dɪ'fjuːz] diffuser, répandre.

**dig** [dɪg] vt (pt, pp **dug** [dʌg] ) (hole) creuser ; (garden) bêcher // n (prod) coup m de coude ; (fig) coup de griffe or de patte ; **to ~ into** (snow, soil) creuser ; **to ~ one's nails into** enfoncer ses ongles dans ; **to ~ up** vt déterrer.

**digest** vt [daɪ'dʒɛst] digérer // n ['daɪdʒɛst] sommaire m, résumé m ; **~ible** [dɪ'dʒɛstəbl] a digestible ; **~ion** [dɪ'dʒɛstʃən] n digestion f.

**digit** ['dɪdʒɪt] n chiffre m (de 0 à 9) ; (finger) doigt m ; **~al** a digital(e) ; à affichage numérique or digital.

**dignified** ['dɪgnɪfaɪd] a digne.

**dignitary** ['dɪgnɪtərɪ] n dignitaire m.

**dignity** ['dɪgnɪtɪ] n dignité f.

**digress** [daɪ'grɛs] vi: **to ~ from** s'écarter de, s'éloigner de ; **~ion** [daɪ'grɛʃən] n digression f.

**digs** [dɪgz] npl (Brit: col) piaule f, chambre meublée.

**dilapidated** [dɪ'læpɪdeɪtɪd] a délabré(e).

**dilate** [daɪ'leɪt] vt dilater // vi se dilater.

**dilatory** ['dɪlətərɪ] a dilatoire.

**dilemma** [daɪ'lɛmə] n dilemme m.

**diligent** ['dɪlɪdʒənt] a appliqué(e), assidu(e).

**dilute** [daɪ'luːt] vt diluer // a dilué(e).

**dim** [dɪm] a (light, eyesight) faible ; (memory, outline) vague, indécis(e) ; (stupid) borné(e), obtus(e) // vt (light) réduire, baisser.

**dime** [daɪm] n (US) = 10 cents.

**dimension** [dɪ'mɛnʃən] n dimension f.

**diminish** [dɪ'mɪnɪʃ] vt,vi diminuer.

**diminutive** [dɪ'mɪnjutɪv] a minuscule, tout(e) petit(e) // n (LING) diminutif m.

**dimly** ['dɪmlɪ] ad faiblement, vaguement.

**dimple** ['dɪmpl] n fossette f.

**dim-witted** ['dɪm'wɪtɪd] a (col) stupide, borné(e).

**din** [dɪn] n vacarme m.

**dine** [daɪn] vi dîner ; **~r** n (person) dîneur/euse ; (RAIL) = dining car.

**dinghy** ['dɪŋgɪ] n youyou m ; canot m pneumatique ; (also: sailing ~) voilier m, dériveur m.

**dingy** ['dɪndʒɪ] a miteux(euse), minable.

**dining** ['daɪnɪŋ] cpd: **~ car** n wagon-restaurant m ; **~ room** n salle f à manger.

**dinner** ['dɪnə*] n dîner m ; (public) banquet m ; **~ jacket** n smoking m ; **~ party** n dîner m ; **~ time** n heure f du dîner.

**diocese** ['daɪəsɪs] n diocèse m.

**dip** [dɪp] n déclivité f ; (in sea) baignade f, bain m // vt tremper, plonger ; (AUT: lights) mettre en code, baisser // vi plonger.

**diphtheria** [dɪf'θɪərɪə] n diphtérie f.

**diphthong** ['dɪfθɒŋ] n diphtongue f.

**diploma** [dɪ'pləumə] n diplôme m.

**diplomacy** [dɪ'pləuməsɪ] n diplomatie f.

**diplomat** ['dɪpləmæt] n diplomate m ; **~ic** [dɪplə'mætɪk] a diplomatique ; **~ic corps** n corps m diplomatique.

**dipstick** ['dɪpstɪk] n (AUT) jauge f de niveau d'huile.

**dire** [daɪə*] a terrible, extrême, affreux(euse).

**direct** [daɪ'rɛkt] a direct(e) // vt diriger, orienter ; **can you ~ me to ...?** pouvez-vous m'indiquer le chemin de ...? ; **~ current** n courant continu ; **~ hit** n coup m au but, touché m.

**direction** [dɪ'rɛkʃən] n direction f ; **sense of ~** sens m de l'orientation ; **~s** npl (advice) indications fpl ; **~s for use** mode m d'emploi.

**directly** [dɪ'rɛktlɪ] ad (in straight line) directement, tout droit ; (at once) tout de suite, immédiatement.

**director** [dɪ'rɛktə*] n directeur m ; administrateur m ; (THEATRE) metteur m en scène ; (CINEMA, TV) réalisateur/trice.

**directory** [dɪ'rɛktərɪ] n annuaire m.

**dirt** [dəːt] n saleté f ; crasse f ; **~-cheap** a (ne) coûtant presque rien ; **~ road** n (US) chemin non macadamisé or non revêtu ; **~y** a sale // vt salir ; **~y story** n histoire cochonne ; **~y trick** n coup tordu.

**disability** [dɪsə'bɪlɪtɪ] n invalidité f, infirmité f.

**disabled** [dɪs'eɪbld] a infirme, invalide ; (maimed) mutilé(e) ; (through illness, old age) impotent(e).

**disadvantage** [dɪsəd'vɑːntɪdʒ] n désavantage m, inconvénient m ; **~ous** [dɪsædvɑːn'teɪdʒəs] a désavantageux-(euse).

**disagree** [dɪsə'griː] vi (differ) ne pas concorder ; (be against, think otherwise): **to ~ (with)** ne pas être d'accord (avec) ; **garlic ~s with me** l'ail ne me convient pas, je ne supporte pas l'ail ; **~able** a désagréable ; **~ment** n désaccord m, différend m.

**disallow** ['dɪsə'lau] vt rejeter, désavouer.

**disappear** [dɪsə'pɪə*] vi disparaître ; **~ance** n disparition f.

**disappoint** [dɪsə'pɔɪnt] vt décevoir ; **~ment** n déception f.

**disapproval** [dɪsə'pruːvəl] n désapprobation f.

**disapprove** [dɪsə'pruːv] vi: **to ~ of** désapprouver.

**disarm** [dɪs'ɑːm] vt désarmer ; **~ament** n désarmement m.

**disarray** [dɪsə'reɪ] n désordre m, confusion f.

**disaster** [dɪ'zɑːstə*] n catastrophe f, désastre m ; **disastrous** a désastreux-(euse).

**disband** [dɪs'bænd] vt démobiliser ; disperser // vi se séparer ; se disperser.

**disbelief** ['dɪsbə'li:f] n incrédulité f.

**disc** [dɪsk] n disque m.

**discard** [dɪs'kɑ:d] vt (old things) se défaire de, mettre au rencart or au rebut ; (fig) écarter, renoncer à.

**disc brake** ['dɪskbreɪk] n frein m à disque.

**discern** [dɪ'sə:n] vt discerner, distinguer ; ~ing a judicieux(euse), perspicace.

**discharge** vt [dɪs'tʃɑ:dʒ] (duties) s'acquitter de ; (waste etc) déverser ; décharger ; (ELEC, MED) émettre ; (patient) renvoyer (chez lui) ; (employee, soldier) congédier, licencier ; (defendant) relaxer, élargir // n ['dɪstʃɑ:dʒ] (ELEC, MED) émission f; (dismissal) renvoi m; licenciement m; élargissement m; to ~ one's gun faire feu.

**disciple** [dɪ'saɪpl] n disciple m.

**disciplinary** ['dɪsɪplɪnərɪ] a disciplinaire.

**discipline** ['dɪsɪplɪn] n discipline f // vt discipliner ; (punish) punir.

**disc jockey** ['dɪskdʒɔkɪ] n disque-jockey m.

**disclaim** [dɪs'kleɪm] vt désavouer, dénier.

**disclose** [dɪs'kləuz] vt révéler, divulguer ; **disclosure** [-'kləuʒə*] n révélation f, divulgation f.

**disco** ['dɪskəu] n abbr of **discothèque**.

**discoloured** [dɪs'kʌləd] a décolorée(e) ; jauni(e).

**discomfort** [dɪs'kʌmfət] n malaise m, gêne f; (lack of comfort) manque m de confort.

**disconcert** [dɪskən'sə:t] vt déconcerter, décontenancer.

**disconnect** [dɪskə'nɛkt] vt détacher ; (ELEC, RADIO) débrancher ; (gas, water) couper ; ~ed a (speech, thought) décousu(e), peu cohérent(e).

**disconsolate** [dɪs'kɔnsəlɪt] a inconsolable.

**discontent** [dɪskən'tɛnt] n mécontentement m; ~ed a mécontent(e).

**discontinue** [dɪskən'tɪnju:] vt cesser, interrompre ; '~d' (COMM) 'fin de série'.

**discord** ['dɪskɔ:d] n discorde f, dissension f; (MUS) dissonance f; ~ant [dɪs'kɔ:dənt] a discordant(e), dissonant(e).

**discothèque** ['dɪskəutɛk] n discothèque f.

**discount** n ['dɪskaunt] remise f, rabais m // vt [dɪs'kaunt] ne pas tenir compte de.

**discourage** [dɪs'kʌrɪdʒ] vt décourager ; **discouraging** a décourageant(e).

**discourteous** [dɪs'kə:tɪəs] a incivil(e), discourtois(e).

**discover** [dɪs'kʌvə*] vt découvrir ; ~y n découverte f.

**discredit** [dɪs'krɛdɪt] vt mettre en doute ; discréditer.

**discreet** [dɪ'skri:t] a discret(ète) ; ~ly ad discrètement.

**discrepancy** [dɪ'skrɛpənsɪ] n divergence f, contradiction f.

**discretion** [dɪ'skrɛʃən] n discrétion f.

**discriminate** [dɪ'skrɪmɪneɪt] vi: to ~ between établir une distinction entre, faire la différence entre ; to ~ against pratiquer une discrimination contre ; **discriminating** a qui a du discernement ;

**discrimination** [-'neɪʃən] n discrimination f; (judgment) discernement m.

**discus** ['dɪskəs] n disque m.

**discuss** [dɪ'skʌs] vt discuter de ; (debate) discuter ; ~ion [dɪ'skʌʃən] n discussion f.

**disdain** [dɪs'deɪn] n dédain m.

**disease** [dɪ'zi:z] n maladie f.

**disembark** [dɪsɪm'bɑ:k] vt,vi débarquer.

**disembodied** [dɪsɪm'bɔdɪd] a désincarné(e).

**disembowel** [dɪsɪm'bauəl] vt éviscérer, étriper.

**disenchanted** [dɪsɪn'tʃɑ:ntɪd] a désenchanté(e), désabusé(e).

**disengage** [dɪsɪn'geɪdʒ] vt dégager ; (TECH) déclencher ; to ~ the clutch (AUT) débrayer ; ~ment n (POL) désengagement m.

**disentangle** [dɪsɪn'tæŋgl] vt démêler.

**disfavour** [dɪs'feɪvə*] n défaveur f; disgrâce f // vt voir d'un mauvais œil, désapprouver.

**disfigure** [dɪs'fɪgə*] vt défigurer.

**disgorge** [dɪs'gɔ:dʒ] vt déverser.

**disgrace** [dɪs'greɪs] n honte f; (disfavour) disgrâce f // vt déshonorer, couvrir de honte ; ~ful a scandaleux(euse), honteux(euse).

**disgruntled** [dɪs'grʌntld] a mécontent(e).

**disguise** [dɪs'gaɪz] n déguisement m // vt déguiser ; in ~ déguisé(e).

**disgust** [dɪs'gʌst] n dégoût m, aversion f // vt dégoûter, écœurer ; ~ing a dégoûtant(e) ; révoltant(e).

**dish** [dɪʃ] n plat m; to do or wash the ~es faire la vaisselle ; to ~ up vt servir ; (facts, statistics) sortir, débiter ; ~cloth n (for drying) torchon m; (for washing) lavette f.

**dishearten** [dɪs'hɑ:tn] vt décourager.

**dishevelled** [dɪ'ʃɛvəld] a ébouriffé(e) ; décoiffé(e) ; débraillé(e).

**dishonest** [dɪs'ɔnɪst] a malhonnête ; ~y n malhonnêteté f.

**dishonour** [dɪs'ɔnə*] n déshonneur m; ~able a déshonorant(e).

**dishwasher** [dɪʃ'wɔʃə*] n lave-vaisselle m; (person) plongeur/euse.

**disillusion** [dɪsɪ'lu:ʒən] vt désabuser, désenchanter // n désenchantement m.

**disinfect** [dɪsɪn'fɛkt] vt désinfecter ; ~ant n désinfectant m.

**disintegrate** [dɪs'ɪntɪgreɪt] vi se désintégrer.

**disinterested** [dɪs'ɪntrəstɪd] a désintéressé(e).

**disjointed** [dɪs'dʒɔɪntɪd] a décousu(e), incohérent(e).

**disk** [dɪsk] n = **disc**.

**dislike** [dɪs'laɪk] n aversion f, antipathie f // vt ne pas aimer.

**dislocate** ['dɪsləkeɪt] vt disloquer ; déboiter ; désorganiser.

**dislodge** [dɪs'lɔdʒ] vt déplacer, faire bouger ; (enemy) déloger.

**disloyal** [dɪs'lɔɪəl] a déloyal(e).

**dismal** ['dɪzml] a lugubre, maussade.

**dismantle** [dɪs'mæntl] vt démonter ; (fort, warship) démanteler.

**dismast** [dɪs'mɑ:st] vt démâter.

**dismay** [dɪsˈmeɪ] n consternation f // vt consterner.

**dismiss** [dɪsˈmɪs] vt congédier, renvoyer ; (idea) écarter ; (LAW) rejeter ; ~al n renvoi m.

**dismount** [dɪsˈmaunt] vi mettre pied à terre.

**disobedience** [dɪsəˈbiːdɪəns] n désobéissance f ; insoumission f.

**disobedient** [dɪsəˈbiːdɪənt] a désobéissant(e) ; (soldier) indiscipliné(e).

**disobey** [dɪsəˈbeɪ] vt désobéir à.

**disorder** [dɪsˈɔːdə*] n désordre m ; (rioting) désordres mpl ; (MED) troubles mpl ; ~ly a en désordre ; désordonné(e).

**disorganize** [dɪsˈɔːɡənaɪz] vt désorganiser.

**disorientate** [dɪsˈɔːrɪənteɪt] vt désorienter.

**disown** [dɪsˈəun] vt renier.

**disparaging** [dɪsˈpærɪdʒɪŋ] a désobligeant(e).

**disparity** [dɪsˈpærɪtɪ] n disparité f.

**dispassionate** [dɪsˈpæʃənət] a calme, froid(e) ; impartial(e), objectif(ive).

**dispatch** [dɪsˈpætʃ] vt expédier, envoyer // n envoi m, expédition f ; (MIL, PRESS) dépêche f.

**dispel** [dɪsˈpɛl] vt dissiper, chasser.

**dispensary** [dɪsˈpɛnsərɪ] n pharmacie f ; (in chemist's) officine f.

**dispense** [dɪsˈpɛns] vt distribuer, administrer ; to ~ sb from dispenser qn de ; to ~ with vt fus se passer de ; ~r n (container) distributeur m ; **dispensing chemist** n pharmacie f.

**dispersal** [dɪsˈpəːsl] n dispersion f ; (ADMIN) déconcentration f.

**disperse** [dɪsˈpəːs] vt disperser ; (knowledge) disséminer // vi se disperser.

**dispirited** [dɪsˈpɪrɪtɪd] a découragé(e), déprimé(e).

**displace** [dɪsˈpleɪs] vt déplacer ; ~d person n (POL) personne déplacée ; ~ment n déplacement m.

**display** [dɪsˈpleɪ] n étalage m ; déploiement m ; affichage m ; (screen) écran m de visualisation, visuel m ; (of feeling) manifestation f ; (pej) ostentation f // vt montrer ; (goods) mettre à l'étalage, exposer ; (results, departure times) afficher ; (troops) déployer ; (pej) faire étalage de.

**displease** [dɪsˈpliːz] vt mécontenter contrarier ; ~d with mécontent(e) de ; **displeasure** [-ˈplɛʒə*] n mécontentement m.

**disposable** [dɪsˈpəuzəbl] a (pack etc) à jeter ; (income) disponible.

**disposal** [dɪsˈpəuzl] n (availability, arrangement) disposition f ; (of property) disposition f, cession f ; (of rubbish) évacuation f, destruction f ; **at one's** ~ à sa disposition.

**dispose** [dɪsˈpəuz] vt disposer ; **to** ~ **of** vt (time, money) disposer de ; (unwanted goods) se débarrasser de, se défaire de ; (problem) expédier ; ~d a : ~d to do disposé(e) à faire ; **disposition** [-ˈzɪʃən] n disposition f ; (temperament) naturel m.

**disproportionate** [dɪsprəˈpɔːʃənət] a disproportionné(e).

**disprove** [dɪsˈpruːv] vt réfuter.

**dispute** [dɪsˈpjuːt] n discussion f ; (also: industrial ~) conflit m // vt contester ; (matter) discuter ; (victory) disputer.

**disqualification** [dɪskwɔlɪfɪˈkeɪʃən] n disqualification f ; ~ (from driving) retrait m du permis (de conduire).

**disqualify** [dɪsˈkwɔlɪfaɪ] vt (SPORT) disqualifier ; to ~ sb for sth/from doing rendre qn inapte à qch/à faire ; signifier à qn l'interdiction de faire ; mettre qn dans l'impossibilité de faire ; to ~ sb (from driving) for speeding retirer à qn son permis (de conduire) pour excès de vitesse.

**disquiet** [dɪsˈkwaɪət] n inquiétude f, trouble m.

**disregard** [dɪsrɪˈɡɑːd] vt ne pas tenir compte de.

**disrepair** [dɪsrɪˈpɛə*] n mauvais état.

**disreputable** [dɪsˈrɛpjutəbl] a (person) de mauvaise réputation, peu recommandable ; (behaviour) déshonorant(e).

**disrespectful** [dɪsrɪˈspɛktful] a irrespectueux(euse).

**disrupt** [dɪsˈrʌpt] vt (plans) déranger ; (conversation) interrompre ; ~ion [-ˈrʌpʃən] n dérangement m ; interruption f.

**dissatisfaction** [dɪssætɪsˈfækʃən] n mécontentement m, insatisfaction f.

**dissatisfied** [dɪsˈsætɪsfaɪd] a : ~ (with) mécontent(e) or insatisfait(e) (de).

**dissect** [dɪˈsɛkt] vt disséquer.

**disseminate** [dɪˈsɛmɪneɪt] vt disséminer.

**dissent** [dɪˈsɛnt] n dissentiment m, différence f d'opinion.

**disservice** [dɪsˈsəːvɪs] n: to do sb a ~ rendre un mauvais service à qn ; desservir qn.

**dissident** [ˈdɪsɪdnt] a dissident(e).

**dissimilar** [dɪˈsɪmɪlə*] a: ~ (to) dissemblable (à), différent(e) (de).

**dissipate** [ˈdɪsɪpeɪt] vt dissiper ; (energy, efforts) disperser ; ~d a dissolu(e) ; débauché(e).

**dissociate** [dɪˈsəuʃɪeɪt] vt dissocier.

**dissolute** [ˈdɪsəluːt] a débauché(e), dissolu(e).

**dissolve** [dɪˈzɔlv] vt dissoudre // vi se dissoudre, fondre ; (fig) disparaître.

**dissuade** [dɪˈsweɪd] vt: to ~ sb (from) dissuader qn (de).

**distance** [ˈdɪstns] n distance f ; **in the** ~ au loin.

**distant** [ˈdɪstnt] a lointain(e), éloigné(e) ; (manner) distant(e), froid(e).

**distaste** [dɪsˈteɪst] n dégoût m ; ~ful a déplaisant(e), désagréable.

**distemper** [dɪsˈtɛmpə*] n (paint) détrempe f, badigeon m.

**distend** [dɪsˈtɛnd] vt distendre // vi se distendre, se ballonner.

**distil** [dɪsˈtɪl] vt distiller ; ~lery n distillerie f.

**distinct** [dɪsˈtɪŋkt] a distinct(e) ; (preference, progress) marqué(e) ; ~ion [dɪsˈtɪŋkʃən] n distinction f ; (in exam) mention f très bien ; ~ive a distinctif(ive) ; ~ly ad distinctement ; expressément.

**distinguish** [dɪs'tɪŋgwɪʃ] *vt* distinguer ;
différencier ; ~**ed** *a* (*eminent*)
distingué(e) ; ~**ing** *a* (*feature*)
distinctif(ive), caractéristique.
**distort** [dɪs'tɔ:t] *vt* déformer ; ~**ion**
[dɪs'tɔ:ʃən] *n* déformation *f*.
**distract** [dɪs'trækt] *vt* distraire, déranger ;
~**ed** *a* éperdu(e), égaré(e) ; ~**ion**
[dɪs'trækʃən] *n* distraction *f* ; égarement
*m* ; **to drive sb to** ~**ion** rendre qn
fou(folle).
**distraught** [dɪs'trɔ:t] *a* éperdu(e).
**distress** [dɪs'trɛs] *n* détresse *f* ; (*pain*)
douleur *f* // *vt* affliger ; ~**ed area** *n* zone
sinistrée ; ~**ing** *a* douloureux(euse),
pénible ; ~ **signal** *n* signal *m* de détresse.
**distribute** [dɪs'trɪbju:t] *vt* distribuer ;
**distribution** ['-bju:ʃən] *n* distribution *f* ;
**distributor** *n* distributeur *m*.
**district** ['dɪstrɪkt] *n* (*of country*) région *f* ;
(*of town*) quartier *m* ; (ADMIN) district *m* ;
~ **attorney** *n* (*US*) ≈ procureur *m* de la
République ; ~ **nurse** *n* (*Brit*) infirmière
visiteuse.
**distrust** [dɪs'trʌst] *n* méfiance *f*, doute *m*
// *vt* se méfier de.
**disturb** [dɪs'tə:b] *vt* troubler ;
(*inconvenience*) déranger ; ~**ance** *n*
dérangement *m* ; (*political etc*) troubles
*mpl* ; (*by drunks etc*) tapage *m* ; ~**ing** *a*
troublant(e), inquiétant(e).
**disuse** [dɪs'ju:s] *n*: **to fall into** ~ tomber
en désuétude *f*.
**disused** [dɪs'ju:zd] *a* désaffecté(e).
**ditch** [dɪtʃ] *n* fossé *m* // *vt* (*col*)
abandonner.
**dither** ['dɪðə*] *vi* hésiter.
**ditto** ['dɪtəu] *ad* idem.
**divan** [dɪ'væn] *n* divan *m*.
**dive** [daɪv] *n* plongeon *m* ; (*of submarine*)
plongée *f* ; (AVIAT) piqué *m* ; (*pej*) bouge *m*
// *vi* plonger ; ~**r** *n* plongeur *m*.
**diverge** [daɪ'və:dʒ] *vi* diverger.
**diverse** [daɪ'və:s] *a* divers(e).
**diversify** [daɪ'və:sɪfaɪ] *vt* diversifier.
**diversion** [daɪ'və:ʃən] *n* (AUT) déviation *f* ;
(*distraction*, MIL) diversion *f*.
**diversity** [daɪ'və:sɪtɪ] *n* diversité *f*, variété
*f*.
**divert** [daɪ'və:t] *vt* (*traffic*) dévier ; (*river*)
détourner ; (*amuse*) divertir.
**divest** [daɪ'vɛst] *vt*: **to** ~ **sb of** dépouiller
qn de.
**divide** [dɪ'vaɪd] *vt* diviser ; (*separate*)
séparer // *vi* se diviser ; ~**d skirt** *n* jupe-
culotte *f*.
**dividend** ['dɪvɪdɛnd] *n* dividende *m*.
**divine** [dɪ'vaɪn] *a* divin(e).
**diving** ['daɪvɪŋ] *n* plongée (sous-marine) ;
~ **board** *n* plongeoir *m* ; ~ **suit** *n*
scaphandre *m*.
**divinity** [dɪ'vɪnɪtɪ] *n* divinité *f* ; théologie
*f*.
**division** [dɪ'vɪʒən] *n* division *f* ; séparation
*f* ; (*Brit* POL) vote *m*.
**divorce** [dɪ'vɔ:s] *n* divorce *m* // *vt* divorcer
d'avec ; ~**d** *a* divorcé(e) ; ~**e** ['-si:] *n*
divorcé/e.
**divulge** [daɪ'vʌldʒ] *vt* divulguer, révéler.
**D.I.Y.** *a,n abbr of* **do-it-yourself.**

**dizziness** ['dɪzɪnɪs] *n* vertige *m*,
étourdissement *m*.
**dizzy** ['dɪzɪ] *a* (*height*) vertigineux(euse) ;
**to make sb** ~ donner le vertige à qn ; **to
feel** ~ avoir la tête qui tourne.
**DJ** *n abbr of* **disc jockey.**
**do**, *pt* **did**, *pp* **done** [du:, dɪd, dʌn] *vt, vi*
faire ; **he didn't laugh** il n'a pas ri ; ~ **you
want any?** en voulez-vous?, est-ce que
vous en voulez? ; **she swims better than
I** — elle nage mieux que moi ; **he laughed,
didn't he?** il a ri, n'est-ce pas? ; ~ **they?**
ah oui?, vraiment? ; **who broke it? - I did**
qui l'a cassé? - (c'est) moi ; ~ **you agree?**
- **I** ~ êtes-vous d'accord? - oui ; **to** ~ **one's
nails/teeth** se faire les ongles/brosser les
dents ; **will it** ~? est-ce que ça ira? ; **to**
~ **without sth** se passer de qch ; **what
did he** ~ **with the cat?** qu'a-t-il fait du
chat? ; **to** ~ **away with** *vt fus* supprimer,
abolir ; **to** ~ **up** *vt* remettre à neuf.
**docile** ['dəusaɪl] *a* docile.
**dock** [dɔk] *n* dock *m* ; (LAW) banc *m* des
accusés // *vi* se mettre à quai ; ~**er** *n*
docker *m*.
**docket** ['dɔkɪt] *n* bordereau *m*.
**dockyard** ['dɔkjɑ:d] *n* chantier *m* de
construction navale.
**doctor** ['dɔktə*] *n* médecin *m*, docteur *m* ;
(*Ph.D. etc*) docteur // *vt* (*cat*) couper ; (*fig*)
falsifier.
**doctrine** ['dɔktrɪn] *n* doctrine *f*.
**document** ['dɔkjumənt] *n* document *m* ;
~**ary** [-'mɛntərɪ] *a, n* documentaire (*m*) ;
~**ation** [-'teɪʃən] *n* documentation *f*.
**doddering** ['dɔdərɪŋ] *a* (*senile*)
gâteux(euse).
**dodge** [dɔdʒ] *n* truc *m* ; combine *f* // *vt*
esquiver, éviter.
**dodgems** ['dɔdʒəmz] *npl* autos
tamponneuses.
**dog** [dɔg] *n* chien/ne ; ~ **biscuits** *npl*
biscuits *mpl* pour chien ; ~ **collar** *n* collier
*m* de chien ; (*fig*) faux-col *m*
d'ecclésiastique ; ~**-eared** *a* corné(e).
**dogged** ['dɔgɪd] *a* obstiné(e), opiniâtre.
**dogma** ['dɔgmə] *n* dogme *m* ; ~**tic**
[-'mætɪk] *a* dogmatique.
**doings** ['duɪŋz] *npl* activités *fpl*.
**do-it-yourself** [du:ɪtjɔ:'sɛlf] *n* bricolage
*m*.
**doldrums** ['dɔldrəmz] *npl*: **to be in the**
~ avoir le cafard ; être dans le marasme.
**dole** [dəul] *n* (*Brit*) allocation *f* de
chômage ; **on the** ~ au chômage ; **to** ~
**out** *vt* donner au compte-goutte.
**doleful** ['dəulful] *a* triste, lugubre.
**doll** [dɔl] *n* poupée *f* ; **to** ~ **o.s. up** se faire
beau(belle).
**dollar** ['dɔlə*] *n* dollar *m*.
**dolphin** ['dɔlfɪn] *n* dauphin *m*.
**domain** [də'meɪn] *n* domaine *m*.
**dome** [dəum] *n* dôme *m*.
**domestic** [də'mɛstɪk] *a* (*duty, happiness*)
familial(e) ; (*policy, affairs, flights*)
intérieur(e) ; (*animal*) domestique ; ~**ated**
*a* domestiqué(e) ; (*pej*) d'intérieur.
**domicile** ['dɔmɪsaɪl] *n* domicile *m*.
**dominant** ['dɔmɪnənt] *a* dominant(e).
**dominate** ['dɔmɪneɪt] *vt* dominer ;
**domination** [-'neɪʃən] *n* domination *f* ;

**domineering** [-'nıərıŋ] *a* dominateur(trice), autoritaire.

**dominion** [də'mınıən] *n* domination *f*; territoire *m*; dominion *m*.

**domino**, ~**es** ['dɔmınəu] *n* domino *m*; ~**es** *n* (game) dominos *mpl*.

**don** [dɔn] *n* professeur *m* d'université // *vt* revêtir.

**donate** [də'neıt] *vt* faire don de, donner; **donation** [də'neıʃən] *n* donation *f*, don *m*.

**done** [dʌn] *pp of* **do.**

**donkey** ['dɔŋkı] *n* âne *m*.

**donor** ['dəunə*] *n* (of blood etc) donneur/euse *f*; (to charity) donateur/trice.

**don't** [dəunt] *vb* = **do not.**

**doom** [du:m] *n* destin *m*; ruine *f* // *vt*: **to be ~ed** (to failure) être voué(e) à l'échec; ~**sday** *n* le Jugement dernier.

**door** [dɔ:*] *n* porte *f*; ~**bell** *n* sonnette *f*; ~**handle** *n* poignée *f* de porte; ~**man** *n* (in hotel) portier *m*; (in block of flats) concierge *m*; ~**mat** *n* paillasson *m*; ~**post** *n* montant *m* de porte; ~**step** *n* pas *m* de (la) porte, seuil *m*.

**dope** [dəup] *n* (col) drogue *f* // *vt* (horse etc) doper.

**dopey** ['dəupı] *a* (col) à moitié endormi(e).

**dormant** ['dɔ:mənt] *a* assoupi(e), en veilleuse; (rule, law) inappliqué(e).

**dormice** ['dɔ:maıs] *npl of* **dormouse.**

**dormitory** ['dɔ:mıtrı] *n* dortoir *m*.

**dormouse**, *pl* **dormice** ['dɔ:maus, -maıs] *n* loir *m*.

**dosage** ['dəusıdʒ] *n* dose *f*; dosage *m*; (on label) posologie *f*.

**dose** [dəus] *n* dose *f*; (bout) attaque *f* // *vt*: **to ~ o.s.** se bourrer de médicaments.

**doss house** ['dɔshaus] *n* asile *m* de nuit.

**dot** [dɔt] *n* point *m* // *vt*: ~**ted with** parsemé(e) de; **on the ~** à l'heure tapante.

**dote** [dəut]: **to ~ on** *vt fus* être fou(folle) de.

**dotted line** [dɔtıd'laın] *n* ligne pointillée; (AUT) ligne discontinue.

**double** ['dʌbl] *a* double // *ad* (fold) en deux; (twice): **to cost ~ (sth)** coûter le double (de qch) *or* deux fois plus (que qch) // *n* double *m*; (CINEMA) doublure *f* // *vt* doubler; (fold) plier en deux // *vi* doubler; **at the ~** au pas de course; ~**s** *n* (TENNIS) double *m*; ~ **bass** *n* contrebasse *f*; ~ **bed** *n* grand lit *m*; ~ **bend** *n* virage *m* en S; ~**breasted** *a* croisé(e); ~**cross** *vt* doubler, trahir; ~**decker** *n* autobus *m* à impériale; ~ **declutch** *vi* faire un double débrayage; ~ **exposure** *n* surimpression *f*; ~ **parking** *n* stationnement *m* en double file; ~ **room** *n* chambre *f* pour deux; **doubly** *ad* doublement, deux fois plus.

**doubt** [daut] *n* doute *m* // *vt* douter de; **to ~ that** douter que; ~**ful** *a* douteux(euse); (person) incertain(e); ~**less** *ad* sans doute, sûrement.

**dough** [dəu] *n* pâte *f*; ~**nut** *n* beignet *m*.

**dour** [duə*] *a* austère.

**dove** [dʌv] *n* colombe *f*.

**Dover** ['dəuvə*] *n* Douvres *f*.

**dovetail** ['dʌvteıl] *n*: ~ **joint** *n* assemblage *m* à queue d'aronde // *vi* (fig) concorder.

**dowdy** ['daudı] *a* démodé(e); mal fagoté(e).

**down** [daun] *n* (fluff) duvet *m* // *ad* en bas // *prep* en bas de // *vt* (enemy) abattre; (col: drink) vider; **the D~s** collines crayeuses du S.-E. de l'Angleterre; ~ **with X!** à bas X!; ~**-at-heel** *a* éculé(e); (fig) miteux(euse); ~**cast** *a* démoralisé(e); ~**fall** *n* chute *f*; ruine *f*; ~**hearted** *a* découragé(e); ~**hill** *ad*: **to go ~hill** descendre; ~ **payment** *n* acompte *m*; ~**pour** *n* pluie torrentielle, déluge *m*; ~**right** *a* franc(franche); (refusal) catégorique; ~**stairs** *ad* au rez-de-chaussée; à l'étage inférieur; ~**stream** *ad* en aval; ~**-to-earth** *a* terre à terre *inv*; ~**town** *ad* en ville // *a* (US): ~**town Chicago** le centre commerçant de Chicago; ~**ward** ['daunwəd] *a,ad*, ~**wards** ['daunwədz] *ad* vers le bas.

**dowry** ['daurı] *n* dot *f*.

**doz.** *abbr of* **dozen.**

**doze** [dəuz] *vi* sommeiller; **to ~ off** *vi* s'assoupir.

**dozen** ['dʌzn] *n* douzaine *f*; **a ~ books** une douzaine de livres.

**Dr.** *abbr of* **doctor; drive** (n).

**drab** [dræb] *a* terne, morne.

**draft** [drɑ:ft] *n* brouillon *m*; (COMM) traite *f*; (US: MIL) contingent *m*; (: call-up) conscription *f* // *vt* faire le brouillon de; *see also* **draught.**

**drag** [dræg] *vt* traîner; (river) draguer // *vi* traîner // *n* (col) raseur/euse; corvée *f*; **to ~ on** *vi* s'éterniser.

**dragonfly** ['drægənflaı] *n* libellule *f*.

**drain** [dreın] *n* égout *m*; (on resources) saignée *f* // *vt* (land, marshes) drainer, assécher; (vegetables) égoutter; (reservoir etc) vider // *vi* (water) s'écouler; ~**age** *n* système *m* d'égouts; ~**ing board**, ~**board** (US) *n* égouttoir *m*; ~**pipe** *n* tuyau *m* d'écoulement.

**dram** [dræm] *n* petit verre.

**drama** ['drɑ:mə] *n* (art) théâtre *m*, art *m* dramatique; (play) pièce *f*; (event) drame *m*; ~**tic** [drə'mætık] *a* dramatique; spectaculaire; ~**tist** ['dræmətıst] *n* auteur *m* dramatique.

**drank** [dræŋk] *pt of* **drink.**

**drape** [dreıp] *vt* draper; ~**s** *npl* (US) rideaux *mpl*; ~**r** *n* marchand/e de nouveautés.

**drastic** ['dræstık] *a* sévère; énergique.

**draught** [drɑ:ft] *n* courant *m* d'air; (of chimney) tirage *m*; (NAUT) tirant *m* d'eau; ~**s** *n* (jeu *m* de) dames *fpl*; **on ~** (beer) à la pression; ~**board** *n* damier *m*.

**draughtsman** ['drɑ:ftsmən] *n* dessinateur/trice (industriel/le).

**draw** [drɔ:] *vb* (pt **drew**, pp **drawn** [dru:, drɔ:n]) *vt* tirer; (attract) attirer; (picture) dessiner; (line, circle) tracer; (money) retirer // *vi* (SPORT) faire match nul // *n* match nul; tirage *m* au sort; loterie *f*; **to ~ to a close** toucher à *or* tirer à sa fin; **to ~ near** *vi* s'approcher; approcher; **to ~ out** *vi* (lengthen) s'allonger // (money) retirer; **to ~ up** *vi* (stop) s'arrêter // *vt* (document) établir, dresser; ~**back** *n* inconvénient *m*, désavantage *m*; ~**bridge** *n* pont-levis *m*.

**drawer** [drɔː*] n tiroir m.
**drawing** ['drɔːɪŋ] n dessin m; ~ **board** n planche f à dessin; ~ **pin** n punaise f; ~ **room** n salon m.
**drawl** [drɔːl] n accent traînant.
**drawn** [drɔːn] pp of draw.
**dread** [drɛd] n épouvante f, effroi m // vt redouter, appréhender; ~**ful** a épouvantable, affreux(euse).
**dream** [driːm] n rêve m // vt, vi (pt, pp **dreamed** or **dreamt** [drɛmt]) rêver; ~**er** n rêveur/euse; ~ **world** n monde m imaginaire; ~**y** a rêveur(euse).
**dreary** ['drɪərɪ] a triste; monotone.
**dredge** [drɛdʒ] vt draguer; ~**r** n (ship) dragueur m; (machine) drague f; (also: sugar ~r) saupoudreuse f.
**dregs** [drɛgz] npl lie f.
**drench** [drɛntʃ] vt tremper.
**dress** [drɛs] n robe f; (clothing) habillement m, tenue f // vt habiller; (wound) panser; (food) préparer; **to** ~ **up** vi s'habiller; (in fancy dress) se déguiser; ~ **circle** n premier balcon; ~ **designer** n modéliste m/f; ~**er** n (THEATRE) habilleur/euse; (also: window ~er) étalagiste m/f; (furniture) buffet m; ~**ing** n (MED) pansement m; (CULIN) sauce f, assaisonnement m; ~**ing gown** n robe f de chambre; ~**ing room** n (THEATRE) loge f; (SPORT) vestiaire m; ~**ing table** n coiffeuse f; ~**maker** n couturière f; ~**making** n couture f; travaux mpl de couture; ~ **rehearsal** n (répétition) générale; ~ **shirt** n chemise f à plastron.
**drew** [druː] pt of draw.
**dribble** ['drɪbl] vi tomber goutte à goutte; (baby) baver // vt (ball) dribbler.
**dried** [draɪd] a (fruit, beans) sec(sèche); (eggs, milk) en poudre.
**drift** [drɪft] n (of current etc) force f; direction f; (of sand etc) amoncellement m; (of snow) rafale f; coulée f; (: on ground) congère f; (general meaning) sens général // vi (boat) aller à la dérive, dériver; (sand, snow) s'amonceler, s'entasser; ~**wood** n bois flotté.
**drill** [drɪl] n perceuse f; (of dentist) roulette f, fraise f; (MIL) exercice m // vt percer // vi (for oil) faire un or des forage(s).
**drink** [drɪŋk] n boisson f // vt, vi (pt **drank**, pp **drunk** [dræŋk, drʌŋk]) boire; **to have a** ~ boire quelque chose, boire un verre; prendre l'apéritif; ~**er** n buveur/euse; ~**ing water** n eau f potable.
**drip** [drɪp] n bruit m d'égouttement; goutte f; (MED) goutte-à-goutte m inv; perfusion f // vi tomber goutte à goutte; (washing) s'égoutter; (wall) suinter; ~**-dry** a (shirt) sans repassage; ~**-feed** vt alimenter au goutte-à-goutte or par perfusion; ~**ping** n graisse f de rôti; ~**ping wet** a trempé(e).
**drive** [draɪv] n promenade f or trajet m en voiture; (also: ~**way**) allée f; (energy) dynamisme m, énergie f; (PSYCH) besoin m; pulsion f; (push) effort m (concerté); campagne f; (SPORT) drive m; (TECH) entraînement m; traction f; transmission f // vb (pt **drove**, pp **driven** [drəuv, 'drɪvn]) vt conduire; (nail) enfoncer; (push) chasser, pousser; (TECH: motor)

actionner; entraîner // vi (AUT: at controls) conduire; (: travel) aller en voiture; **left-/right-hand** ~ conduite f à gauche/droite.
**driver** ['draɪvə*] n conducteur/trice; (of taxi, bus) chauffeur m; ~'s **license** n (US) permis m de conduire.
**driving** ['draɪvɪŋ] a: ~ **rain** n pluie battante // n conduite f; ~ **belt** n courroie f de transmission; ~ **instructor** n moniteur m d'auto-école; ~ **lesson** n leçon f de conduite; ~ **licence** n (Brit) permis m de conduire; ~ **school** n auto-école f; ~ **test** n examen m du permis de conduire.
**drizzle** ['drɪzl] n bruine f, crachin m // vi bruiner.
**droll** [drəul] a drôle.
**dromedary** ['drɔmədərɪ] n dromadaire m.
**drone** [drəun] n bourdonnement m; (male bee) faux-bourdon m.
**drool** [druːl] vi baver.
**droop** [druːp] vi s'affaisser; tomber.
**drop** [drɔp] n goutte f; (fall) baisse f; (also: **parachute** ~) saut m; (of cliff) dénivellation f; à-pic m // vt laisser tomber; (voice, eyes, price) baisser; (set down from car) déposer // vi tomber; **to** ~ **off** vi (sleep) s'assoupir; **to** ~ **out** vi (withdraw) se retirer; (student etc) abandonner, décrocher; ~**pings** npl crottes fpl.
**dross** [drɔs] n déchets mpl; rebut m.
**drought** [draut] n sécheresse f.
**drove** [drəuv] pt of drive // n: ~**s of people** une foule de gens.
**drown** [draun] vt noyer // vi se noyer.
**drowsy** ['drauzɪ] a somnolent(e).
**drudge** [drʌdʒ] n bête f de somme (fig); ~**ry** ['drʌdʒərɪ] n corvée f.
**drug** [drʌg] n médicament m; (narcotic) drogue f // vt droguer; ~ **addict** n toxicomane m/f; ~**gist** n (US) pharmacien/ne-droguiste; ~**store** n (US) pharmacie-droguerie f, drugstore m.
**drum** [drʌm] n tambour m; (for oil, petrol) bidon m; ~**mer** n (joueur m de) tambour m; ~ **roll** n roulement m de tambour; ~**stick** n (MUS) baguette f de tambour; (of chicken) pilon m.
**drunk** [drʌŋk] pp of drink // a ivre, soûl(e) // n soûlard/e; homme/femme soûl(e); ~**ard** ['drʌŋkəd] n ivrogne m/f; ~**en** a ivre, soûl(e); ivrogne, d'ivrogne; ~**enness** n ivresse f; ivrognerie f.
**dry** [draɪ] a sec(sèche); (day) sans pluie // vt sécher; (clothes) faire sécher // vi sécher; **to** ~ **up** vi se tarir; ~**-cleaner** n teinturier m; ~**-cleaner's** n teinturerie f; ~**-cleaning** n nettoyage m à sec; ~**er** n séchoir m; ~**ness** n sécheresse f; ~ **rot** n pourriture sèche (du bois).
**dual** ['djuəl] a double; ~ **carriageway** n route f à quatre voies; ~**-control** a à doubles commandes; ~ **nationality** n double nationalité f; ~**-purpose** a à double emploi.
**dubbed** [dʌbd] a (CINEMA) doublé(e); (nicknamed) surnommé(e).
**dubious** ['djuːbɪəs] a hésitant(e), incertain(e); (reputation, company) douteux(euse).

**duchess** ['dʌtʃɪs] n duchesse f.
**duck** [dʌk] n canard m // vi se baisser vivement, baisser subitement la tête; ~**ling** n caneton m.
**duct** [dʌkt] n conduite f, canalisation f; (ANAT) conduit m.
**dud** [dʌd] n (shell) obus non éclaté; (object, tool): **it's a** ~ c'est de la camelote, ça ne marche pas // a (cheque) sans provision; (note, coin) faux(fausse).
**due** [djuː] a dû(due); (expected) attendu(e); (fitting) qui convient // n dû m // ad: ~ **north** droit vers le nord; ~**s** npl (for club, union) cotisation f; (in harbour) droits mpl (de port); **in** ~ **course** en temps utile or voulu; finalement; ~ **to** dû(due) à; causé(e) par.
**duel** ['djuəl] n duel m.
**duet** [djuː'ɛt] n duo m.
**dug** [dʌg] pt, pp of **dig**.
**duke** [djuːk] n duc m.
**dull** [dʌl] a ennuyeux(euse); terne; (sound, pain) sourd(e); (weather, day) gris(e), maussade; (blade) émoussé(e) // vt (pain, grief) atténuer; (mind, senses) engourdir.
**duly** ['djuːlɪ] ad (on time) en temps voulu; (as expected) comme il se doit.
**dumb** [dʌm] a muet(te); (stupid) bête; **dumbfounded** [dʌm'faundɪd] a sidéré(e).
**dummy** ['dʌmɪ] n (tailor's model) mannequin m; (SPORT) feinte f; (for baby) tétine f // a faux(fausse), factice.
**dump** [dʌmp] n tas m d'ordures; (place) décharge (publique); (MIL) dépôt m // vt (put down) déposer; déverser; (get rid of) se débarrasser de; ~**ing** n (ECON) dumping m; (of rubbish): 'no ~ing' 'décharge interdite'.
**dumpling** ['dʌmplɪŋ] n boulette f (de pâte).
**dunce** [dʌns] n âne m, cancre m.
**dune** [djuːn] n dune f.
**dung** [dʌŋ] n fumier m.
**dungarees** [dʌŋgə'riːz] npl bleu(s) m(pl); salopette f.
**dungeon** ['dʌndʒən] n cachot m.
**Dunkirk** [dʌn'kəːk] n Dunkerque.
**dupe** [djuːp] n dupe f // vt duper, tromper.
**duplicate** n ['djuːplɪkət] double m, copie exacte // vt ['djuːplɪkeɪt] faire un double de; (on machine) polycopier; **in** ~ en deux exemplaires, en double; **duplicator** n duplicateur m.
**durable** ['djuərəbl] a durable; (clothes, metal) résistant(e), solide.
**duration** [djuə'reɪʃən] n durée f.
**duress** [djuə'rɛs] n: **under** ~ sous la contrainte.
**during** ['djuərɪŋ] prep pendant, au cours de.
**dusk** [dʌsk] n crépuscule m; ~**y** a sombre.
**dust** [dʌst] n poussière f // vt (furniture) essuyer, épousseter; (cake etc): **to** ~ **with** saupoudrer de; ~**bin** n (Brit) poubelle f; ~**er** n chiffon m; ~ **jacket** n jacquette f; ~**man** n (Brit) boueux m, éboueur m; ~**y** a poussiéreux(euse).
**Dutch** [dʌtʃ] a hollandais(e), néerlandais(e) // n (LING) hollandais m; **the** ~ les Hollandais; ~**man/woman** n Hollandais/e.

**dutiable** ['djuːtɪəbl] a taxable; soumis(e) à des droits de douane.
**duty** ['djuːtɪ] n devoir m; (tax) droit m, taxe f; **duties** npl fonctions fpl; **on** ~ de service; (at night etc) de garde; **off** ~ libre, pas de service or de garde; ~**-free** a exempté(e) de douane, hors-taxe.
**dwarf** [dwɔːf] n nain/e // vt écraser.
**dwell**, pt, pp **dwelt** [dwɛl, dwɛlt] vi demeurer; **to** ~ **on** vt fus s'étendre sur; ~**ing** n habitation f, demeure f.
**dwindle** ['dwɪndl] vi diminuer, décroître.
**dye** [daɪ] n teinture f // vt teindre; ~**stuffs** npl colorants mpl.
**dying** ['daɪɪŋ] a mourant(e), agonisant(e).
**dyke** [daɪk] n digue f.
**dynamic** [daɪ'næmɪk] a dynamique; ~**s** n or npl dynamique f.
**dynamite** ['daɪnəmaɪt] n dynamite f.
**dynamo** ['daɪnəməu] n dynamo f.
**dynasty** ['dɪnəstɪ] n dynastie f.
**dysentery** ['dɪsntrɪ] n dysenterie f.

## E

**E** [iː] n (MUS) mi m.
**each** [iːtʃ] det chaque // pronoun chacun(e); ~ **one** chacun(e); ~ **other** se (or nous etc); **they hate** ~ **other** ils se détestent (mutuellement); **you are jealous of** ~ **other** vous êtes jaloux l'un de l'autre.
**eager** ['iːgə*] a impatient(e); avide; ardent(e), passionné(e); **to be** ~ **to do sth** être impatient de faire qch, brûler de faire qch; désirer vivement faire qch; **to be** ~ **for** désirer vivement, être avide de.
**eagle** ['iːgl] n aigle m.
**ear** [ɪə*] n oreille f; (of corn) épi m; ~**ache** n douleurs fpl aux oreilles; ~**drum** n tympan m; ~ **nose and throat specialist** n oto-rhino-laryngologiste m/f.
**earl** [əːl] n comte m.
**earlier** ['əːlɪə*] a (a date etc) plus rapproché(e); (edition etc) plus ancien(ne), antérieur(e) // ad plus tôt.
**early** ['əːlɪ] ad tôt, de bonne heure; (ahead of time) en avance // a précoce, anticipé(e); qui se manifeste (or se fait) tôt or de bonne heure; **have an** ~ **night/start** couchez-vous/partez tôt or de bonne heure; **take the** ~ **train/plane** prenez le premier train/vol; **in the** ~ or ~ **in the spring/19th century** au début or commencement du printemps/ 19ème siècle; ~ **retirement** n retraite anticipée.
**earmark** ['ɪəmɑːk] vt: **to** ~ **sth for** réserver or destiner qch à.
**earn** [əːn] vt gagner; (COMM: yield) rapporter; **this** ~**ed him much praise, he** ~**ed much praise for this** ceci lui a valu de nombreux éloges; **he's** ~**ed his rest/reward** il a bien mérité or a bien mérité or a bien gagné son repos/sa récompense.
**earnest** ['əːnɪst] a sérieux(euse); **in** ~ ad sérieusement, pour de bon.
**earnings** ['əːnɪŋz] npl salaire m; gains mpl.
**earphones** ['ɪəfəunz] npl écouteurs mpl.
**earring** ['ɪərɪŋ] n boucle f d'oreille.
**earshot** ['ɪəʃɔt] n: **out of/within** ~ hors de portée/à portée de la voix.

**earth** [ə:θ] n (gen, also ELEC) terre f; (of fox etc) terrier m // vt (ELEC) relier à la terre; **~enware** n poterie f; faïence f // a de or en faïence; **~quake** n tremblement m de terre, séisme m; **~ tremor** n secousse f sismique; **~works** npl travaux mpl de terrassement; **~y** a (fig) terre à terre inv; truculent(e).

**earwax** ['ɪəwæks] n cérumen m.

**earwig** ['ɪəwɪg] n perce-oreille m.

**ease** [i:z] n facilité f, aisance f // vt (soothe) calmer; (loosen) relâcher, détendre; (help pass): **to ~ sth in/out** faire pénétrer/sortir qch délicatement or avec douceur; faciliter la pénétration/la sortie de qch; **life of ~** vie oisive; **at ~** à l'aise; (MIL) au repos; **to ~ off or up** vi diminuer; ralentir; se détendre.

**easel** ['i:zl] n chevalet m.

**easily** ['i:zɪlɪ] ad facilement.

**east** [i:st] n est m // a à l'est, vers l'est; **the E~** l'Orient m.

**Easter** ['i:stə*] n Pâques fpl.

**easterly** ['i:stəlɪ] a d'est.

**eastern** ['i:stən] a de l'est, oriental(e).

**East Germany** [i:st'dʒə:mənɪ] n Allemagne f de l'Est.

**eastward(s)** ['i:stwəd(z)] ad vers l'est, à l'est.

**easy** ['i:zɪ] a facile; (manner) aisé(e) // ad: **to take it** or **things ~** ne pas se fatiguer; ne pas (trop) s'en faire; **~ chair** n fauteuil m; **~ going** a accommodant(e), facile à vivre.

**eat**, pt **ate**, pp **eaten** [i:t, eɪt, 'i:tn] vt manger; **to ~ into, to ~ away at** vt fus ronger, attaquer; **~able** a mangeable; (safe to eat) comestible.

**eaves** [i:vz] npl avant-toit m.

**eavesdrop** ['i:vzdrɔp] vi: **to ~ (on a conversation)** écouter (une conversation) de façon indiscrète.

**ebb** [ɛb] n reflux m // vi refluer; (fig: also: **~ away**) décliner.

**ebony** ['ɛbənɪ] n ébène f.

**ebullient** [ɪ'bʌlɪənt] a exubérant(e).

**eccentric** [ɪk'sɛntrɪk] a,n excentrique (m/f).

**ecclesiastic** [ɪkli:zɪ'æstɪk] n ecclésiastique m; **~al** a ecclésiastique.

**echo, ~es** ['ɛkəu] n écho m // vt répéter; faire chorus avec // vi résonner; faire écho.

**eclipse** [ɪ'klɪps] n éclipse f // vt éclipser.

**ecology** [ɪ'kɔlədʒɪ] n écologie f.

**economic** [i:kə'nɔmɪk] a économique; (business etc) rentable; **~al** a économique; (person) économe; **~s** n économie f politique.

**economist** [ɪ'kɔnəmɪst] n économiste m/f.

**economize** [ɪ'kɔnəmaɪz] vi économiser, faire des économies.

**economy** [ɪ'kɔnəmɪ] n économie f.

**ecstasy** ['ɛkstəsɪ] n extase f; **to go into ecstasies over** s'extasier sur; **ecstatic** [-'tætɪk] a extatique, en extase.

**ecumenical** [i:kju'mɛnɪkl] a œcuménique.

**eczema** ['ɛksɪmə] n eczéma m.

**eddy** ['ɛdɪ] n tourbillon m.

**edge** [ɛdʒ] n bord m; (of knife etc) tranchant m, fil m // vt border; **on ~** (fig)

= **edgy**; **to have the ~ on** l'emporter (de justesse) sur, être légèrement meilleur que; **to ~ away from** s'éloigner furtivement de; **~ways** ad latéralement; **he couldn't get a word in ~ways** il ne pouvait pas placer un mot; **edging** n bordure f.

**edgy** ['ɛdʒɪ] a crispé(e), tendu(e).

**edible** ['ɛdɪbl] a comestible; (meal) mangeable.

**edict** ['i:dɪkt] n décret m.

**edifice** ['ɛdɪfɪs] n édifice m.

**edit** ['ɛdɪt] vt éditer; **~ion** [ɪ'dɪʃən] n édition f; **~or** n (in newspaper) rédacteur/trice; rédacteur/trice en chef; (of sb's work) éditeur/trice; **~orial** [-'tɔ:rɪəl] a de la rédaction, éditorial(e) // n éditorial m.

**educate** ['ɛdjukeɪt] vt instruire; éduquer.

**education** [ɛdju'keɪʃən] n éducation f; (schooling) enseignement m, instruction f; **~al** a pédagogique; scolaire; instructif(ive).

**EEC** n (abbr of European Economic Community) C.E.E. (Communauté économique européenne).

**eel** [i:l] n anguille f.

**eerie** ['ɪərɪ] a inquiétant(e), spectral(e), surnaturel(le).

**effect** [ɪ'fɛkt] n effet m // vt effectuer; **~** npl (THEATRE) effets mpl; **to take ~** (law) entrer en vigueur, prendre effet; (drug) agir, faire son effet; **in ~** en fait; **~ive** a efficace; **~iveness** n efficacité f.

**effeminate** [ɪ'fɛmɪnɪt] a efféminé(e).

**effervescent** [ɛfə'vɛsnt] a effervescent(e).

**efficacy** ['ɛfɪkəsɪ] n efficacité f.

**efficiency** [ɪ'fɪʃənsɪ] n efficacité f; rendement m.

**efficient** [ɪ'fɪʃənt] a efficace; **~ly** ad efficacement.

**effigy** ['ɛfɪdʒɪ] n effigie f.

**effort** ['ɛfət] n effort m; **~less** a sans effort, aisé(e).

**effrontery** [ɪ'frʌntərɪ] n effronterie f.

**e.g.** ad (abbr of exempli gratia) par exemple, p. ex.

**egalitarian** [ɪgælɪ'tɛərɪən] a égalitaire.

**egg** [ɛg] n œuf m; **to ~ on** vt pousser; **~cup** n coquetier m; **~plant** n aubergine f; **~shell** n coquille f d'œuf // a (colour) blanc cassé inv.

**ego** ['i:gəu] n moi m.

**egoist** ['ɛgəuɪst] n égoïste m/f.

**egotist** ['ɛgəutɪst] n égocentrique m/f.

**Egypt** ['i:dʒɪpt] n Égypte f; **~ian** [ɪ'dʒɪpʃən] a égyptien(ne) // n Égyptien/ne.

**eiderdown** ['aɪdədaun] n édredon m.

**eight** [eɪt] num huit; **~een** num dix-huit; **~th** num huitième; **~y** num quatre-vingt(s).

**Eire** ['ɛərə] n République f d'Irlande.

**either** ['aɪðə*] det l'un ou l'autre; (both, each) chaque; **on ~ side** de chaque côté // pronoun: **~ (of them)** l'un ou l'autre; **I don't like ~** je n'aime ni l'un ni l'autre // ad non plus; **no, I don't ~** moi non plus // cj: **~ good or bad** ou bon ou mauvais, soit bon soit mauvais; **I haven't**

seen ~ one or the other je n'ai vu ni l'un ni l'autre.

**ejaculation** [ɪdʒækju'leɪʃən] n (PHYSIOL) éjaculation f.

**eject** [ɪ'dʒɛkt] vt expulser; éjecter; **~or seat** n siège m éjectable.

**eke** [i:k]: **to ~ out** vt faire durer; augmenter.

**elaborate** a [ɪ'læbərɪt] compliqué(e), recherché(e), minutieux (euse) // vb [ɪ'læbəreɪt] vt élaborer // vi entrer dans les détails.

**elapse** [ɪ'læps] vi s'écouler, passer.

**elastic** [ɪ'læstɪk] a, n élastique (m); **~ band** n élastique m; **~ity** [-'tɪsɪtɪ] n élasticité f.

**elated** [ɪ'leɪtɪd] a transporté(e) de joie.

**elation** [ɪ'leɪʃən] n (grande) joie, allégresse f.

**elbow** ['ɛlbəu] n coude m.

**elder** ['ɛldə*] a aîné(e) // n (tree) sureau m; one's ~s ses aînés; **~ly** a âgé(e) // n: the ~ly les personnes âgées.

**eldest** ['ɛldɪst] a,n: the ~ (child) l'aîné(e) (des enfants).

**elect** [ɪ'lɛkt] vt élire; **to ~ to do** choisir de faire // a: **the president ~** le président désigné; **~ion** [ɪ'lɛkʃən] n élection f; **~ioneering** [ɪlɛkʃə'nɪərɪŋ] n propagande électorale, manœuvres électorales; **~or** n électeur/trice; **~oral** a électoral(e); **~orate** n électorat m.

**electric** [ɪ'lɛktrɪk] a électrique; **~al** a électrique; **~ blanket** n couverture chauffante; **~ chair** n chaise f électrique; **~ cooker** n cuisinière f électrique; **~ current** n courant m électrique; **~ fire** n radiateur m électrique.

**electrician** [ɪlɛk'trɪʃən] n électricien m.

**electricity** [ɪlɛk'trɪsɪtɪ] n électricité f.

**electrify** [ɪ'lɛktrɪfaɪ] vt (RAIL) électrifier; (audience) électriser.

**electro...** ['ɪlɛktrəu] prefix: **electrocute** [-kju:t] vt électrocuter; **electrode** [ɪ'lɛktrəud] n électrode f; **electrolysis** [ɪlɛk'trɔlɪsɪs] n électrolyse f.

**electron** [ɪ'lɛktrɔn] n électron m.

**electronic** [ɪlɛk'trɔnɪk] a électronique; **~s** n électronique f.

**elegance** ['ɛlɪgəns] n élégance f.

**elegant** ['ɛlɪgənt] a élégant(e).

**element** ['ɛlɪmənt] n (gen) élément m; (of heater, kettle etc) résistance f; **~ary** [-'mɛntərɪ] a élémentaire; (school, education) primaire.

**elephant** ['ɛlɪfənt] n éléphant m.

**elevate** ['ɛlɪveɪt] vt élever; **~d railway** n métro aérien.

**elevation** [ɛlɪ'veɪʃən] n élévation f; (height) altitude f.

**elevator** ['ɛlɪveɪtə*] n élévateur m, monte-charge m inv; (US: lift) ascenseur m.

**eleven** [ɪ'lɛvn] num onze; **~ses** npl ≈ pause-café f; **~th** a onzième.

**elf, elves** [ɛlf, ɛlvz] n lutin m.

**elicit** [ɪ'lɪsɪt] vt: **to ~ (from)** obtenir (de), arracher (à).

**eligible** ['ɛlɪdʒəbl] a éligible; (for membership) admissible; **~ for a pension** ayant droit à la retraite.

**eliminate** [ɪ'lɪmɪneɪt] vt éliminer; **elimination** n élimination f.

**élite** [eɪ'li:t] n élite f.

**ellipse** [ɪ'lɪps] n ellipse f.

**elliptical** [ɪ'lɪptɪkl] a elliptique.

**elm** [ɛlm] n orme m.

**elocution** [ɛlə'kju:ʃən] n élocution f.

**elongated** ['i:lɔŋgeɪtɪd] a étiré(e), allongé(e).

**elope** [ɪ'ləup] vi (lovers) s'enfuir (ensemble); **~ment** n fugue amoureuse.

**eloquence** ['ɛləkwəns] n éloquence f.

**eloquent** ['ɛləkwənt] a éloquent(e).

**else** [ɛls] ad d'autre; **something ~** quelque chose d'autre, autre chose; **somewhere ~** ailleurs, autre part; **everywhere ~** partout ailleurs; **where ~?** à quel autre endroit?; **little ~** pas grand-chose d'autre; **~where** ad ailleurs, autre part.

**elucidate** [ɪ'lu:sɪdeɪt] vt élucider.

**elude** [ɪ'lu:d] vt échapper à; (question) éluder.

**elusive** [ɪ'lu:sɪv] a insaisissable; (answer) évasif(ive).

**elves** [ɛlvz] npl of **elf**.

**emaciated** [ɪ'meɪsɪeɪtɪd] a émacié(e), décharné(e).

**emanate** ['ɛməneɪt] vi: **to ~ from** émaner de.

**emancipate** [ɪ'mænsɪpeɪt] vt émanciper; **emancipation** [-'peɪʃən] n émancipation f.

**embalm** [ɪm'bɑ:m] vt embaumer.

**embankment** [ɪm'bæŋkmənt] n (of road, railway) remblai m, talus m; (riverside) berge f, quai m; (dyke) digue f.

**embargo, ~es** [ɪm'bɑ:gəu] n embargo m // vt frapper d'embargo, mettre l'embargo sur.

**embark** [ɪm'bɑ:k] vi: **to ~ (on)** (s')embarquer (à bord de or sur) // vt embarquer; **to ~ on** (fig) se lancer or s'embarquer dans; **~ation** [ɛmbɑ:'keɪʃən] n embarquement m.

**embarrass** [ɪm'bærəs] vt embarrasser, gêner; **~ing** a gênant(e), embarrassant(e); **~ment** n embarras m, gêne f.

**embassy** ['ɛmbəsɪ] n ambassade f.

**embed** [ɪm'bɛd] vt enfoncer, ficher, sceller.

**embellish** [ɪm'bɛlɪʃ] vt embellir; enjoliver.

**embers** ['ɛmbəz] npl braise f.

**embezzle** [ɪm'bɛzl] vt détourner; **~ment** n détournement m (de fonds).

**embitter** [ɪm'bɪtə*] vt aigrir; envenimer.

**emblem** ['ɛmbləm] n emblème m.

**embodiment** [ɪm'bɔdɪmənt] n personification f, incarnation f.

**embody** [ɪm'bɔdɪ] vt (features) réunir, comprendre; (ideas) formuler, exprimer.

**embossed** [ɪm'bɔst] a repoussé(e); gaufré(e); **~ with** où figure(nt) en relief.

**embrace** [ɪm'breɪs] vt embrasser, étreindre; (include) embrasser, couvrir // n étreinte f.

**embroider** [ɪm'brɔɪdə*] vt broder; (fig: story) enjoliver; **~y** n broderie f.

**embryo** ['ɛmbrɪəu] n (also fig) embryon m.

**emerald** ['ɛmərəld] n émeraude f.

**emerge** [ɪ'mɜːdʒ] vi apparaître, surgir.

**emergence** [ɪ'mɜːdʒəns] n apparition f.

**emergency** [ɪ'mɜːdʒənsɪ] n urgence f; **in an ~** en cas d'urgence; **state of ~** état m d'urgence; **~ exit** n sortie f de secours.

**emergent** [ɪ'mɜːdʒənt] a: **~ nation** pays m en voie de développement.

**emery** ['emərɪ] n: **~ board** n lime f à ongles (en carton émerisé); **~ paper** n papier m (d')émeri.

**emetic** [ɪ'metɪk] n vomitif m, émétique m.

**emigrant** ['emɪɡrənt] n émigrant/e.

**emigrate** ['emɪɡreɪt] vi émigrer; **emigration** [-'ɡreɪʃən] n émigration f.

**eminence** ['emɪnəns] n éminence f.

**eminent** ['emɪnənt] a éminent(e).

**emission** [ɪ'mɪʃən] n émission f.

**emit** [ɪ'mɪt] vt émettre.

**emotion** [ɪ'məʊʃən] n émotion f; **~al** a (person) émotif(ive), très sensible; (scene) émouvant(e); (tone, speech) qui fait appel aux sentiments; **~ally** ad: **~ally disturbed** qui souffre de troubles de l'affectivité.

**emotive** [ɪ'məʊtɪv] a émotif(ive); **~ power** n capacité f d'émouvoir or de toucher.

**emperor** ['empərə*] n empereur m.

**emphasis**, pl **ases** ['emfəsɪs, -siːz] n accent m; force f, insistance f.

**emphasize** ['emfəsaɪz] vt (syllable, word, point) appuyer or insister sur; (feature) souligner, accentuer.

**emphatic** [em'fætɪk] a (strong) énergique, vigoureux(euse); (unambiguous, clear) catégorique; **~ally** ad avec vigueur or énergie; catégoriquement.

**empire** ['empaɪə*] n empire m.

**empirical** [em'pɪrɪkl] a empirique.

**employ** [ɪm'plɔɪ] vt employer; **~ee** [-'iː] n employé/e; **~er** n employeur/euse; **~ment** n emploi m; **~ment agency** n agence f or bureau m de placement; **~ment exchange** n bourse f du travail.

**empower** [ɪm'paʊə*] vt: **to ~ sb to do** autoriser or habiliter qn à faire.

**empress** ['emprɪs] n impératrice f.

**emptiness** ['emptɪnɪs] n vide m.

**empty** ['emptɪ] a vide; (threat, promise) en l'air, vain(e) // vt vider // vi se vider; (liquid) s'écouler; **on an ~ stomach** à jeun; **~-handed** a les mains vides.

**emulate** ['emjuleɪt] vt rivaliser avec, imiter.

**emulsion** [ɪ'mʌlʃən] n émulsion f; **~ (paint)** n peinture mate.

**enable** [ɪ'neɪbl] vt: **to ~ sb to do** permettre à qn de faire, donner à qn la possibilité de faire.

**enamel** [ɪ'næməl] n émail m.

**enamoured** [ɪ'næməd] a: **~ of** amoureux(euse) de; (idea) enchanté(e) par.

**encased** [ɪn'keɪst] a: **~ in** enfermé(e) dans, recouvert(e) de.

**enchant** [ɪn'tʃɑːnt] vt enchanter; (subject: magic spell) ensorceler; **~ing** a ravissant(e), enchanteur(eresse).

**encircle** [ɪn'sɜːkl] vt entourer, encercler.

**encl.** (abbr of enclosed) annexe(s).

**enclose** [ɪn'kləʊz] vt (land) clôturer; (letter etc): **to ~ (with)** joindre (à); **please find ~d** veuillez trouver ci-joint.

**enclosure** [ɪn'kləʊʒə*] n enceinte f; (COMM) annexe f.

**encore** [ɔŋ'kɔː*] excl, n bis (m).

**encounter** [ɪn'kaʊntə*] n rencontre f // vt rencontrer.

**encourage** [ɪn'kʌrɪdʒ] vt encourager; **~ment** n encouragement m.

**encroach** [ɪn'krəʊtʃ] vi: **to ~ (up)on** empiéter sur.

**encyclop(a)edia** [ensaɪkləʊ'piːdɪə] n encyclopédie f.

**end** [end] n (gen, also: aim) fin f; (of table, street etc) bout m, extrémité f // vt terminer; (also: **bring to an ~**, **put an ~ to**) mettre fin à // vi se terminer, finir; **to come to an ~** prendre fin; **in the ~** finalement; **on ~** (object) debout, dressé(e); **for 5 hours on ~** durant 5 heures d'affilée or de suite; **for hours on ~** pendant des heures (et des heures); **to ~ up** vi: **to ~ up in** finir or se terminer par; (place) finir or aboutir à.

**endanger** [ɪn'deɪndʒə*] vt mettre en danger.

**endearing** [ɪn'dɪərɪŋ] a attachant(e).

**endeavour** [ɪn'devə*] n tentative f, effort m // vi: **to ~ to do** tenter or s'efforcer de faire.

**ending** ['endɪŋ] n dénouement m, conclusion f; (LING) terminaison f.

**endive** ['endaɪv] n chicorée f.

**endless** ['endlɪs] a sans fin, interminable; (patience, resources) inépuisable, sans limites.

**endorse** [ɪn'dɔːs] vt (cheque) endosser; (approve) appuyer, approuver, sanctionner; **~ment** n (on driving licence) contravention portée au permis de conduire.

**endow** [ɪn'dau] vt (provide with money) faire une donation à, doter; (equip): **to ~ with** gratifier de, doter de.

**end product** ['endprɔdʌkt] n produit fini; (fig) résultat m.

**endurable** [ɪn'djuərəbl] a supportable.

**endurance** [ɪn'djuərəns] n endurance f, résistance f; patience f.

**endure** [ɪn'djuə*] vt supporter, endurer // vi durer.

**enemy** ['enəmɪ] a,n ennemi(e).

**energetic** [enə'dʒetɪk] a énergique; actif(ive); qui fait se dispenser (physiquement).

**energy** ['enədʒɪ] n énergie f.

**enervating** ['enəːveɪtɪŋ] a débilitant(e), affaiblissant(e).

**enforce** [ɪn'fɔːs] vt (LAW) appliquer, faire respecter; **~d** a forcé(e).

**engage** [ɪn'ɡeɪdʒ] vt engager; (MIL) engager le combat avec // vi (TECH) s'enclencher, s'engrener; **to ~ in** se lancer dans; **~d** a (busy, in use) occupé(e); (betrothed) fiancé(e); **to get ~d** se fiancer; **he is ~d in research/a survey** il fait de la recherche/une enquête; **~ment** n obligation f, engagement m; rendez-vous m inv; (to marry) fiançailles fpl; (MIL) combat m; **~ment ring** n bague f de fiançailles.

**engaging** [ɪn'geɪdʒɪŋ] *a* engageant(e), attirant(e).

**engender** [ɪn'dʒendə*] *vt* produire, causer.

**engine** ['endʒɪn] *n* (AUT) moteur *m*; (RAIL) locomotive *f*; ~ **failure** *n* panne *f*; ~ **trouble** *n* ennuis *mpl* mécaniques.

**engineer** [endʒɪ'nɪə*] *n* ingénieur *m*; (US: RAIL) mécanicien *m*; ~**ing** *n* engineering *m*, ingénierie *f*; (of bridges, ships) génie *m*; (of machine) mécanique *f*.

**England** ['ɪŋglənd] *n* Angleterre *f*.

**English** ['ɪŋglɪʃ] *a* anglais(e) // *n* (LING) anglais *m*; **the** ~ les Anglais; ~**man/woman** *n* Anglais/e.

**engrave** [ɪn'greɪv] *vt* graver.

**engraving** [ɪn'greɪvɪŋ] *n* gravure *f*.

**engrossed** [ɪn'grəust] *a*: ~ **in** absorbé(e) par, plongé(e) dans.

**engulf** [ɪn'gʌlf] *vt* engloutir.

**enhance** [ɪn'hɑːns] *vt* rehausser, mettre en valeur.

**enigma** [ɪ'nɪgmə] *n* énigme *f*; ~**tic** [enɪg'mætɪk] *a* énigmatique.

**enjoy** [ɪn'dʒɔɪ] *vt* aimer, prendre plaisir à; (have: health, fortune) jouir de; (: success) connaître; **to ~ oneself** s'amuser; ~**able** *a* agréable; ~**ment** *n* plaisir *m*.

**enlarge** [ɪn'lɑːdʒ] *vt* accroître; (PHOT) agrandir // *vi*: **to ~ on** (subject) s'étendre sur; ~**ment** *n* (PHOT) agrandissement *m*.

**enlighten** [ɪn'laɪtn] *vt* éclairer; ~**ed** *a* éclairé(e); ~**ment** *n* édification *f*; vues éclairées; éclaircissements *mpl*; (HISTORY): **the E~ment** ≈ le Siècle des lumières.

**enlist** [ɪn'lɪst] *vt* recruter; (support) s'assurer // *vi* s'engager.

**enmity** ['enmɪtɪ] *n* inimitié *f*.

**enormity** [ɪ'nɔːmɪtɪ] *n* énormité *f*.

**enormous** [ɪ'nɔːməs] *a* énorme.

**enough** [ɪ'nʌf] *a*, *n*: ~ **time/books** assez *or* suffisamment de temps/livres; **have you got ~?** (en) avez-vous assez? // *ad*: **big ~** assez *or* suffisamment grand; **he has not worked ~** il n'a pas assez *or* suffisamment travaillé, il n'a pas travaillé assez *or* suffisamment; ~**! assez!**, ça suffit!; **it's hot ~ (as it is)!** il fait assez chaud comme ça!; **... which, funnily ~** ... qui, chose curieuse.

**enquire** [ɪn'kwaɪə*] *vt,vi* = **inquire**.

**enrich** [ɪn'rɪtʃ] *vt* enrichir.

**enrol** [ɪn'rəul] *vt* inscrire // *vi* s'inscrire; ~**ment** *n* inscription *f*.

**ensconced** [ɪn'skɒnst] *a*: ~ **in** bien calé(e) dans; plongé(e) dans.

**ensign** *n* (NAUT) ['ensən] enseigne *f*, pavillon *m*; (MIL) ['ensaɪn] porte- étendard *m*.

**enslave** [ɪn'sleɪv] *vt* asservir.

**ensue** [ɪn'sjuː] *vi* s'ensuivre, résulter.

**ensure** [ɪn'ʃuə*] *vt* assurer; garantir; **to ~ that** s'assurer que.

**entail** [ɪn'teɪl] *vt* entraîner, nécessiter.

**entangle** [ɪn'tæŋgl] *vt* emmêler, embrouiller.

**enter** ['entə*] *vt* (room) entrer dans, pénétrer dans; (club, army) entrer à; (competition) s'inscrire à *or* pour; (sb for a competition) (faire) inscrire; (write down) inscrire, noter; **to ~ for** *vt fus* s'inscrire à, se présenter pour *or* à; **to ~ into** *vt*

fus (exploration) se lancer dans; (debate) prendre part à; (agreement) conclure; **to ~ up** *vt* inscrire; **to ~ (up)on** *vt fus* commencer.

**enterprise** ['entəpraɪz] *n* entreprise *f*; (esprit *m* d')initiative *f*.

**enterprising** ['entəpraɪzɪŋ] *a* entreprenant(e), dynamique.

**entertain** [entə'teɪn] *vt* amuser, distraire; (invite) recevoir (à dîner); (idea, plan) envisager; ~**er** *n* artiste *m/f* de variétés; ~**ing** *a* amusant(e), distrayant(e); ~**ment** *n* (amusement) distraction *f*, divertissement *m*, amusement *m*; (show) spectacle *m*.

**enthralled** [ɪn'θrɔːld] *a* captivé(e).

**enthusiasm** [ɪn'θuːziæzəm] *n* enthousiasme *m*.

**enthusiast** [ɪn'θuːziæst] *n* enthousiaste *m/f*; **a jazz etc ~** un fervent *or* passionné du jazz *etc*; ~**ic** [-'æstɪk] *a* enthousiaste.

**entice** [ɪn'taɪs] *vt* attirer, séduire.

**entire** [ɪn'taɪə*] *a* (tout) entier(ère); ~**ly** *ad* entièrement, complètement; ~**ty** [ɪn'taɪərətɪ] *n*: **in its ~ty** dans sa totalité.

**entitle** [ɪn'taɪtl] *vt* (allow): **to ~ sb to do** donner (le) droit à qn de faire; **to ~ sb to sth** donner droit à qch à qn; ~**d** *a* (book) intitulé(e); **to be ~d to do** avoir le droit de *or* être habilité à faire.

**entrance** *n* ['entrns] entrée *f* // *vt* [ɪn'trɑːns] enchanter, ravir; **to gain ~ to** (university etc) être admis à; ~ **examination** *n* examen *m* d'entrée; ~ **fee** *n* droit *m* d'inscription; (to museum etc) prix *m* d'entrée.

**entrant** ['entrnt] *n* participant/e; concurrent/e.

**entreat** [en'triːt] *vt* supplier; ~**y** *n* supplication *f*, prière *f*.

**entrée** ['ɔntreɪ] *n* (CULIN) entrée *f*.

**entrenched** [en'trentʃd] *a* retranché(e).

**entrust** [ɪn'trʌst] *vt*: **to ~ sth to** confier qch à.

**entry** ['entrɪ] *n* entrée *f*; (in register) inscription *f*; ~ **form** *n* feuille *f* d'inscription.

**entwine** [ɪn'twaɪn] *vt* entrelacer.

**enumerate** [ɪ'njuːməreɪt] *vt* énumérer.

**enunciate** [ɪ'nʌnsɪeɪt] *vt* énoncer; prononcer.

**envelop** [ɪn'veləp] *vt* envelopper.

**envelope** ['envələup] *n* enveloppe *f*.

**envious** ['enviəs] *a* envieux(euse).

**environment** [ɪn'vaɪərnmənt] *n* milieu *m*; environnement *m*; ~**al** [-'mentl] *a* écologique; du milieu.

**envisage** [ɪn'vɪzɪdʒ] *vt* envisager; prévoir.

**envoy** ['envɔɪ] *n* envoyé/e.

**envy** ['envɪ] *n* envie *f* // *vt* envier.

**enzyme** ['enzaɪm] *n* enzyme *m*.

**ephemeral** [ɪ'femərl] *a* éphémère.

**epic** ['epɪk] *n* épopée *f* // *a* épique.

**epidemic** [epɪ'demɪk] *n* épidémie *f*.

**epilepsy** ['epɪlepsɪ] *n* épilepsie *f*; **epileptic** [-'leptɪk] *a,n* épileptique (*m/f*).

**epilogue** ['epɪlɔg] *n* épilogue *m*.

**episode** ['epɪsəud] *n* épisode *m*.

**epistle** [ɪ'pɪsl] *n* épître *f*.

**epitaph** ['epɪtɑːf] *n* épitaphe *f*.

**epitome** [ɪ'pɪtəmɪ] *n* résumé *m*;

quintessence f, type m; **epitomize** vt résumer; illustrer, incarner.

**epoch** ['i:pɔk] n époque f, ère f; ~-**making** a qui fait époque.

**equable** ['ɛkwəbl] a égal(e); de tempérament égal.

**equal** ['i:kwl] a égal(e) // n égal/e // vt égaler; ~ **to** (task) à la hauteur de; ~ **to doing** de taille à or capable de faire; ~**ity** [i:'kwɔlɪtɪ] n égalité f; ~**ize** vt,vi égaliser; ~**izer** n but égalisateur; ~**ly** ad également; (just as) tout aussi; ~(**s**) **sign** n signe m d'égalité.

**equanimity** [ɛkwə'nɪmɪtɪ] n égalité f d'humeur.

**equate** [ɪ'kweɪt] vt: **to** ~ **sth with** comparer qch à; assimiler qch à; **to** ~ **sth to** mettre qch en équation avec; égaler qch à; **equation** [ɪ'kweɪʃən] n (MATH) équation f.

**equator** [ɪ'kweɪtə*] n équateur m; ~**ial** [ɛkwə'tɔ:rɪəl] a équatorial(e).

**equilibrium** [i:kwɪ'lɪbrɪəm] n équilibre m.

**equinox** ['i:kwɪnɔks] n équinoxe m.

**equip** [ɪ'kwɪp] vt équiper; **to** ~ **sb/sth with** équiper or munir qn/qch de; ~**ment** n équipement m; (electrical etc) appareillage m, installation f.

**equitable** ['ɛkwɪtəbl] a équitable.

**equity** ['ɛkwɪtɪ] n équité f; **equities** npl (COMM) actions cotées en Bourse.

**equivalent** [ɪ'kwɪvəlnt] a équivalent(e) // n équivalent m.

**equivocal** [ɪ'kwɪvəkl] a équivoque; (open to suspicion) douteux(euse).

**era** ['ɪərə] n ère f, époque f.

**eradicate** [ɪ'rædɪkeɪt] vt éliminer.

**erase** [ɪ'reɪz] vt effacer; ~**r** n gomme f.

**erect** [ɪ'rɛkt] a droit(e) // vt construire; (monument) ériger; élever; (tent etc) dresser.

**erection** [ɪ'rɛkʃən] n érection f.

**ermine** ['ə:mɪn] n hermine f.

**erode** [ɪ'rəud] vt éroder; (metal) ronger; **erosion** [ɪ'rəuʒən] n érosion f.

**erotic** [ɪ'rɔtɪk] a érotique; ~**ism** [ɪ'rɔtɪsɪzm] n érotisme m.

**err** [ə:*] vi se tromper; (REL) pécher.

**errand** ['ɛrnd] n course f, commission f; ~ **boy** n garçon m de courses.

**erratic** [ɪ'rætɪk] a irrégulier(ère); inconstant(e).

**erroneous** [ɪ'rəunɪəs] a erroné(e).

**error** ['ɛrə*] n erreur f.

**erudite** ['ɛrjudaɪt] a savant(e).

**erupt** [ɪ'rʌpt] vi entrer en éruption; (fig) éclater; ~**ion** [ɪ'rʌpʃən] n éruption f.

**escalate** ['ɛskəleɪt] vi s'intensifier; **escalation** [-'leɪʃən] n escalade f.

**escalator** ['ɛskəleɪtə*] n escalier roulant.

**escapade** [ɛskə'peɪd] n fredaine f; équipée f.

**escape** [ɪ'skeɪp] n évasion f; fuite f; (of gas etc) échappement m; fuite // vi s'échapper, fuir; (from jail) s'évader; (fig) s'en tirer; (leak) s'échapper; fuir // vt échapper à; **to** ~ **from sb** échapper à qn; **to** ~ **from** (place) s'échapper de; (fig) fuir; **escapism** n évasion f (fig).

**escort** n ['ɛskɔ:t] escorte f // vt [ɪ'skɔ:t] escorter; ~ **agency** n bureau m d'hôtesses.

**Eskimo** ['ɛskɪməu] n Esquimau/de.

**especially** [ɪ'spɛʃlɪ] ad particulièrement; surtout; exprès.

**espionage** ['ɛspɪənɑ:ʒ] n espionnage m.

**esplanade** [ɛsplə'neɪd] n esplanade f.

**Esquire** [ɪ'skwaɪə*] n (abbr Esq.): J. Brown, ~ Monsieur J. Brown.

**essay** ['ɛseɪ] n (SCOL) dissertation f; (LITERATURE) essai m; (attempt) tentative f.

**essence** ['ɛsns] n essence f.

**essential** [ɪ'sɛnʃl] a essentiel(le); (basic) fondamental(e); ~**ly** ad essentiellement.

**establish** [ɪ'stæblɪʃ] vt établir; (business) fonder, créer; (one's power etc) asseoir, affermir; ~**ment** n établissement m; **the** E~**ment** les pouvoirs établis; l'ordre établi; les milieux dirigeants.

**estate** [ɪ'steɪt] n domaine m, propriété f; biens mpl, succession f; ~ **agent** n agent immobilier; ~ **car** n (Brit) break m.

**esteem** [ɪ'sti:m] n estime f.

**esthetic** [ɪs'θɛtɪk] a (US) = aesthetic.

**estimate** n ['ɛstɪmət] estimation f; (COMM) devis m // vt ['ɛstɪmeɪt] estimer; **estimation** [-'meɪʃən] n opinion f; estime f.

**estuary** ['ɛstjuərɪ] n estuaire m.

**etching** ['ɛtʃɪŋ] n eau-forte f.

**eternal** [ɪ'tə:nl] a éternel(le).

**eternity** [ɪ'tə:nɪtɪ] n éternité f.

**ether** ['i:θə*] n éther m.

**ethical** ['ɛθɪkl] a moral(e).

**ethics** ['ɛθɪks] n éthique f // npl moralité f.

**ethnic** ['ɛθnɪk] a ethnique.

**ethnology** [ɛθ'nɔlədʒɪ] n ethnologie f.

**etiquette** ['ɛtɪkɛt] n convenances fpl, étiquette f.

**etymology** [ɛtɪ'mɔlədʒɪ] n étymologie f.

**eulogy** ['ju:lədʒɪ] n éloge m.

**euphemism** ['ju:fəmɪzm] n euphémisme m.

**euphoria** [ju:'fɔ:rɪə] n euphorie f.

**Europe** ['juərəp] n Europe f; ~**an** [-'pi:ən] a européen(ne) // n Européen/ne.

**euthanasia** [ju:θə'neɪzɪə] n euthanasie f.

**evacuate** [ɪ'vækjueɪt] vt évacuer; **evacuation** [-'eɪʃən] n évacuation f.

**evade** [ɪ'veɪd] vt échapper à; (question etc) éluder; (duties) se dérober à.

**evaluate** [ɪ'væljueɪt] vt évaluer.

**evangelist** [ɪ'vændʒəlɪst] n évangéliste m.

**evangelize** [ɪ'vændʒəlaɪz] vt évangéliser, prêcher l'Évangile à.

**evaporate** [ɪ'væpəreɪt] vi s'évaporer // vt faire évaporer; ~**d milk** n lait concentré; **evaporation** [-'reɪʃən] n évaporation f.

**evasion** [ɪ'veɪʒən] n dérobade f; faux-fuyant m.

**evasive** [ɪ'veɪsɪv] a évasif(ive).

**eve** [i:v] n: **on the** ~ **of** à la veille de.

**even** ['i:vn] a régulier(ère), égal(e); (number) pair(e) // ad même; ~ **more** encore plus; ~ **so** quand même; **to** ~ **out** vi s'égaliser; **to get** ~ **with sb** prendre sa revanche sur qn.

**evening** ['i:vnɪŋ] n soir m; (as duration, event) soirée f; **in the** ~ le soir; ~ **class**

*n* cours *m* du soir ; ~ **dress** *n* (*man's*) habit *m* de soirée, smoking *m* ; (*woman's*) robe *f* de soirée.

**evensong** ['i:vnsɒŋ] *n* office *m* du soir.

**event** [ɪ'vɛnt] *n* événement *m* ; (*SPORT*) épreuve *f* ; **in the ~ of** en cas de ; ~**ful** *a* mouvementé(e).

**eventual** [ɪ'vɛntʃuəl] *a* final(e) ; ~**ity** [-'ælɪtɪ] *n* possibilité *f*, éventualité *f* ; ~**ly** *ad* finalement.

**ever** ['ɛvə*] *ad* jamais ; (*at all times*) toujours ; **the best ~** le meilleur qu'on ait jamais vu ; **have you ~ seen it?** l'as-tu déjà vu?, as-tu eu l'occasion *or* t'est-il arrivé de le voir? ; **hardly ~** ne ... presque jamais ; ~ **since** *ad* depuis // *cj* depuis que ; ~ **so pretty** si joli ; ~**green** *n* arbre *m* à feuilles persistantes ; ~**lasting** *a* éternel(le).

**every** ['ɛvrɪ] *det* chaque ; ~ **day** tous les jours, chaque jour ; ~ **other/third day** tous les deux/trois jours ; ~ **other car** une voiture sur deux ; ~ **now and then** de temps en temps ; ~**body** *pronoun* tout le monde, tous *pl* ; ~**day** *a* quotidien(ne) ; de tous les jours ; ~**one** = ~**body** ; ~**thing** *pronoun* tout ; ~**where** *ad* partout.

**evict** [ɪ'vɪkt] *vt* expulser ; ~**ion** [ɪ'vɪkʃən] *n* expulsion *f*.

**evidence** ['ɛvɪdns] *n* (*proof*) preuve(s) *f(pl)* ; (*of witness*) témoignage *m* ; (*sign*): **to show ~ of** donner des signes de ; **to give ~** témoigner, déposer ; **in ~** (*obvious*) en évidence ; en vue.

**evident** ['ɛvɪdnt] *a* évident(e) ; ~**ly** *ad* de toute évidence.

**evil** ['i:vl] *a* mauvais(e) // *n* mal *m*.

**evocative** [ɪ'vɒkətɪv] *a* évocateur(trice).

**evoke** [ɪ'vəuk] *vt* évoquer.

**evolution** [i:və'lu:ʃən] *n* évolution *f*.

**evolve** [ɪ'vɒlv] *vt* élaborer // *vi* évoluer, se transformer.

**ewe** [ju:] *n* brebis *f*.

**ewer** ['ju:ə*] *n* broc *m*.

**ex-** [ɛks] *prefix* ex-.

**exact** [ɪg'zækt] *a* exact(e) // *vt*: **to ~ sth (from)** extorquer qch (à) ; exiger qch (de) ; ~**ing** *a* exigeant(e) ; (*work*) fatigant(e) ; ~**itude** *n* exactitude *f*, précision *f* ; ~**ly** *ad* exactement.

**exaggerate** [ɪg'zædʒəreɪt] *vt,vi* exagérer ; **exaggeration** [-'reɪʃən] *n* exagération *f*.

**exalt** [ɪg'zɔ:lt] *vt* exalter ; élever.

**exam** [ɪg'zæm] *n abbr of* **examination**.

**examination** [ɪgzæmɪ'neɪʃən] *n* (*SCOL, MED*) examen *m*.

**examine** [ɪg'zæmɪn] *vt* (*gen*) examiner ; (*SCOL, LAW: person*) interroger ; (*at customs: luggage*) inspecter ; ~**r** *n* examinateur/trice.

**example** [ɪg'zɑ:mpl] *n* exemple *m* ; **for ~** par exemple.

**exasperate** [ɪg'zɑ:spəreɪt] *vt* exaspérer, agacer.

**excavate** ['ɛkskəveɪt] *vt* excaver ; (*object*) mettre au jour ; **excavation** [-'veɪʃən] *n* excavation *f* ; **excavator** *n* excavateur *m*, excavatrice *f*.

**exceed** [ɪk'si:d] *vt* dépasser ; (*one's powers*) outrepasser ; ~**ingly** *ad* excessivement.

**excel** [ɪk'sɛl] *vi* exceller // *vt* surpasser.

**excellence** ['ɛksələns] *n* excellence *f*.

**Excellency** ['ɛksələnsɪ] *n*: **His ~** son Excellence *f*.

**excellent** ['ɛksələnt] *a* excellent(e).

**except** [ɪk'sɛpt] *prep* (*also*: ~ **for**, ~**ing**) sauf, excepté, à l'exception de // *vt* excepter ; ~ **if/when** sauf si/quand ; ~ **that** excepté que, si ce n'est que ; ~**ion** [ɪk'sɛpʃən] *n* exception *f* ; **to take ~ion to** s'offusquer de ; ~**ional** [ɪk'sɛpʃənl] *a* exceptionnel(le).

**excerpt** ['ɛksə:pt] *n* extrait *m*.

**excess** [ɪk'sɛs] *n* excès *m* ; ~ **fare** *n* supplément *m* ; ~ **baggage** *n* excédent *m* de bagages ; ~**ive** *a* excessif(ive).

**exchange** [ɪks'tʃeɪndʒ] *n* échange *m* ; (*also*: **telephone** ~) central *m* // *vt* échanger ; ~ **market** *n* marché *m* des changes.

**exchequer** [ɪks'tʃɛkə*] *n* Échiquier *m*, ≈ ministère *m* des Finances.

**excisable** [ɪk'saɪzəbl] *a* taxable.

**excise** *n* ['ɛksaɪz] taxe *f* // *vt* [ɛk'saɪz] exciser ; ~ **duties** *npl* impôts indirects.

**excite** [ɪk'saɪt] *vt* exciter ; **to get ~d** s'exciter ; ~**ment** *n* excitation *f* ; **exciting** *a* passionnant(e).

**exclaim** [ɪk'skleɪm] *vi* s'exclamer ; **exclamation** [ɛksklə'meɪʃən] *n* exclamation *f* ; **exclamation mark** *n* point *m* d'exclamation.

**exclude** [ɪk'sklu:d] *vt* exclure ; **exclusion** [ɪk'sklu:ʒən] *n* exclusion *f*.

**exclusive** [ɪk'sklu:sɪv] *a* exclusif(ive) ; (*club, district*) sélect(e) ; (*item of news*) en exclusivité // *ad* (*COMM*) exclusivement, non inclus ; ~ **of VAT** TVA non comprise ; ~**ly** *ad* exclusivement ; ~ **rights** *npl* (*COMM*) exclusivité *f*.

**excommunicate** [ɛkskə'mju:nɪkeɪt] *vt* excommunier.

**excrement** ['ɛkskrəmənt] *n* excrément *m*.

**excruciating** [ɪk'skru:ʃɪeɪtɪŋ] *a* atroce, déchirant(e).

**excursion** [ɪk'skə:ʃən] *n* excursion *f*.

**excusable** [ɪk'skju:zəbl] *a* excusable.

**excuse** *n* [ɪk'skju:s] excuse *f* // *vt* [ɪk'skju:z] excuser ; **to ~ sb from** (*activity*) dispenser qn de ; ~ **me!** excusez-moi!, pardon!

**execute** ['ɛksɪkju:t] *vt* exécuter.

**execution** [ɛksɪ'kju:ʃən] *n* exécution *f* ; ~**er** *n* bourreau *m*.

**executive** [ɪg'zɛkjutɪv] *n* (*COMM*) cadre *m* ; (*POL*) exécutif *m* // *a* exécutif(ive).

**executor** [ɪg'zɛkjutə*] *n* exécuteur/trice testamentaire.

**exemplary** [ɪg'zɛmplərɪ] *a* exemplaire.

**exemplify** [ɪg'zɛmplɪfaɪ] *vt* illustrer.

**exempt** [ɪg'zɛmpt] *a*: ~ **from** exempté(e) *or* dispensé(e) de // *vt*: **to ~ sb from** exempter *or* dispenser qn de ; ~**ion** [ɪg'zɛmpʃən] *n* exemption *f*, dispense *f*.

**exercise** ['ɛksəsaɪz] *n* exercice *m* // *vt* exercer ; (*patience, clemency*) faire preuve de ; (*dog*) promener ; **to take ~** prendre de l'exercice ; ~ **book** *n* cahier *m*.

**exert** [ɪg'zə:t] *vt* exercer, employer ; **to ~ o.s.** se dépenser.

**exhaust** [ıg'zɔ:st] n (also: ~ **fumes**) gaz mpl d'échappement ; (also: ~ **pipe**) tuyau m d'échappement // vt épuiser ; **~ed** a épuisé(e) ; **~ion** [ıg'zɔ:stʃən] n épuisement m ; **~ive** a très complet(ète).

**exhibit** [ıg'zıbıt] n (ART) pièce f or objet m exposé(e) ; (LAW) pièce à conviction // vt exposer ; (courage, skill) faire preuve de ; **~ion** [ɛksı'bıʃən] n exposition f ; **~ion of temper** n manifestation f de colère ; **~ionist** [ɛksı'bıʃənıst] n exhibitionniste m/f ; **~or** n exposant/e.

**exhilarating** [ıg'zıləreıtıŋ] a grisant(e) ; stimulant(e).

**exhort** [ıg'zɔ:t] vt exhorter.

**exile** ['ɛksaıl] n exil m ; exilé/e // vt exiler ; **in ~** en exil.

**exist** [ıg'zıst] vi exister ; **~ence** n existence f ; **to be in ~ence** exister.

**exit** ['ɛksıt] n sortie f.

**exonerate** [ıg'zɔnəreıt] vt: **to ~ from** disculper de ; (free) exempter de.

**exorcize** ['ɛksɔ:saız] vt exorciser.

**exotic** [ıg'zɔtık] a exotique.

**expand** [ık'spænd] vt agrandir ; accroître, étendre // vi (trade etc) se développer, s'accroître ; s'étendre ; (gas, metal) se dilater.

**expanse** [ık'spæns] n étendue f.

**expansion** [ık'spænʃən] n développement m, accroissement m ; dilatation f.

**expatriate** n [ɛks'pætrıət] expatrié/e // vt [ɛks'pætrıeıt] expatrier, exiler.

**expect** [ık'spɛkt] vt (anticipate) s'attendre à, s'attendre à ce que + sub ; (count on) compter sur, escompter ; (hope for) espérer ; (require) demander, exiger ; (suppose) supposer ; (await, also baby) attendre // vi: **to be ~ing** être enceinte ; **to ~ sb to do** s'attendre à ce que qn fasse ; attendre de qn qu'il fasse ; **~ant** a qui attend (quelque chose) ; **~ant mother** n future maman ; **~ation** [ɛkspɛk'teıʃən] n attente f, prévisions fpl ; espérance(s) f(pl).

**expedience, expediency** [ɛk'spi:dıəns, ɛk'spi:dıənsı] n: **for the sake of ~** parce que c'est plus commode.

**expedient** [ık'spi:dıənt] a indiqué(e), opportun(e) ; commode // n expédient m.

**expedite** ['ɛkspədaıt] vt hâter ; expédier.

**expedition** [ɛkspə'dıʃən] n expédition f.

**expeditious** [ɛkspə'dıʃəs] a expéditif(ive), prompt(e).

**expel** [ık'spɛl] vt chasser, expulser ; (SCOL) renvoyer, exclure.

**expend** [ık'spɛnd] vt consacrer ; (use up) dépenser ; **~able** a remplaçable ; **~iture** [ık'spɛndıtʃə*] n dépense f ; dépenses fpl.

**expense** [ık'spɛns] n dépense f ; frais mpl ; (high cost) coût m ; **~s** npl (COMM) frais mpl ; **at great/little** ~ à grands/peu de frais ; **at the ~ of** aux dépens de ; **~ account** n note f de frais mpl.

**expensive** [ık'spɛnsıv] a cher(chère), coûteux(euse) ; **to be ~** coûter cher ; **~ tastes** npl goûts mpl de luxe.

**experience** [ık'spıərıəns] n expérience f // vt connaître ; éprouver ; **~d** a expérimenté(e).

**experiment** [ık'spɛrımənt] n expérience f // vi faire une expérience ; **to ~ with** expérimenter ; **~al** [-'mɛntl] a expérimental(e).

**expert** ['ɛkspə:t] a expert(e) // n expert m ; **~ise** [-'tı:z] n (grande) compétence.

**expire** [ık'spaıə*] vi expirer ; **expiry** n expiration f.

**explain** [ık'spleın] vt expliquer ; **explanation** [ɛksplə'neıʃən] n explication f ; **explanatory** [ık'splænətrı] a explicatif(ive).

**explicit** [ık'splısıt] a explicite ; (definite) formel(le).

**explode** [ık'spləud] vi exploser // vt faire exploser.

**exploit** n ['ɛksplɔıt] exploit m // vt [ık'splɔıt] exploiter ; **~ation** [-'teıʃən] n exploitation f.

**exploration** [ɛksplə'reıʃən] n exploration f.

**exploratory** [ık'splɔrətrı] a (fig: talks) préliminaire.

**explore** [ık'splɔ:*] vt explorer ; (possibilities) étudier, examiner ; **~r** n explorateur/trice.

**explosion** [ık'spləuʒən] n explosion f.

**explosive** [ık'spləusıv] a explosif(ive) // n explosif m.

**exponent** [ık'spəunənt] n (of school of thought etc) interprète m, représentant m ; (MATH) exposant m.

**export** vt [ɛk'spɔ:t] exporter // n ['ɛkspɔ:t] exportation f // cpd d'exportation ; **~ation** [-'teıʃən] n exportation f ; **~er** n exportateur m.

**expose** [ık'spəuz] vt exposer ; (unmask) démasquer, dévoiler ; **to ~ o.s.** (LAW) commettre un outrage à la pudeur.

**exposure** [ık'spəuʒə*] n exposition f ; (PHOT) (temps m de) pose f ; (: shot) pose f ; **suffering from ~** (MED) souffrant des effets du froid et de l'épuisement ; **~ meter** n posemètre m.

**expound** [ık'spaund] vt exposer, expliquer.

**express** [ık'sprɛs] a (definite) formel(le), exprès(esse) ; (letter etc) exprès inv // n (train) rapide m // ad (send) exprès // vt exprimer ; **~ion** [ık'sprɛʃən] n expression f ; **~ive** a expressif(ive) ; **~ly** ad expressément, formellement.

**expropriate** [ɛks'prəuprıeıt] vt exproprier.

**expulsion** [ık'spʌlʃən] n expulsion f ; renvoi m.

**exquisite** [ɛk'skwızıt] a exquis(e).

**extend** [ık'stɛnd] vt (visit, street) prolonger ; (building) agrandir ; (offer) présenter, offrir // vi (land) s'étendre.

**extension** [ık'stɛnʃən] n prolongation f ; agrandissement m ; (building) annexe f ; (to wire, table) rallonge f ; (telephone: in offices) poste m ; (: in private house) téléphone m supplémentaire.

**extensive** [ık'stɛnsıv] a étendu(e), vaste ; (damage, alterations) considérable ; (inquiries) approfondi(e) ; (use) largement répandu(e) ; **he's travelled ~ly** il a beaucoup voyagé ; **~ travelling** déplacements fréquents et prolongés.

**extent** [ɪk'stɛnt] *n* étendue *f*; **to some ~** dans une certaine mesure; **to what ~?** dans quelle mesure?, jusqu'à quel point?

**exterior** [ɛk'stɪərɪə*] *a* extérieur(e), du dehors // *n* extérieur *m*; dehors *m*.

**exterminate** [ɪk'stə:mɪneɪt] *vt* exterminer; **extermination** [-'neɪʃən] *n* extermination *f*.

**external** [ɛk'stə:nl] *a* externe; **~ly** *ad* extérieurement.

**extinct** [ɪk'stɪŋkt] *a* éteint(e); **~ion** [ɪk'stɪŋkʃən] *n* extinction *f*.

**extinguish** [ɪk'stɪŋgwɪʃ] *vt* éteindre; **~er** *n* extincteur *m*.

**extol** [ɪk'stəul] *vt* porter aux nues, chanter les louanges de.

**extort** [ɪk'stɔ:t] *vt*: **to ~ sth (from)** extorquer qch (à); **~ion** [ɪk'stɔ:ʃən] *n* extorsion *f*; **~ionate** [ɪk'stɔ:ʃnət] *a* exorbitant(e).

**extra** ['ɛkstrə] *a* supplémentaire, de plus // *ad* (*in addition*) en plus // *n* supplément *m*; (THEATRE) figurant/e.

**extra...** ['ɛkstrə] *prefix* extra... .

**extract** *vt* [ɪk'strækt] extraire; (*tooth*) arracher; (*money, promise*) soutirer // *n* ['ɛkstrækt] extrait *m*; **~ion** [ɪk'strækʃən] *n* (*also descent*) extraction *f*.

**extradite** ['ɛkstrədaɪt] *vt* extrader; **extradition** [-'dɪʃən] *n* extradition *f*.

**extramarital** [ɛkstrə'mærɪtl] *a* extra-conjugal(e).

**extramural** [ɛkstrə'mjuərl] *a* hors-faculté *inv*.

**extraneous** [ɛk'streɪnɪəs] *a*: **~ to** étranger(ère) à.

**extraordinary** [ɪk'strɔ:dnrɪ] *a* extraordinaire.

**extra time** [ɛkstrə'taɪm] *n* (FOOTBALL) prolongations *fpl*.

**extravagant** [ɪk'strævəgənt] *a* extravagant(e); (*in spending*) prodigue, dépensier(ère); dispendieux(euse).

**extreme** [ɪk'stri:m] *a,n* extrême (*m*); **~ly** *ad* extrêmement; **extremist** *a,n* extrémiste (*m/f*).

**extremity** [ɪk'strɛmətɪ] *n* extrémité *f*.

**extricate** ['ɛkstrɪkeɪt] *vt*: **to ~ sth (from)** dégager qch (de).

**extrovert** ['ɛkstrəvə:t] *n* extraverti/e.

**exuberant** [ɪg'zju:bərnt] *a* exubérant(e).

**exude** [ɪg'zju:d] *vt* exsuder; (*fig*) respirer; **the charm** *etc* **he ~s** le charme *etc* qui émane de lui.

**exult** [ɪg'zʌlt] *vi* exulter, jubiler.

**eye** [aɪ] *n* œil *m* (*pl* yeux); (*of needle*) trou *m*, chas *m* // *vt* examiner; **to keep an ~ on** surveiller; **in the public ~** en vue; **~ball** *n* globe *m* oculaire; **~bath** *n* œillère *f* (*pour bains d'œil*); **~brow** *n* sourcil *m*; **~-catching** *a* voyant(e), accrocheur(euse); **~drops** *npl* gouttes *fpl* pour les yeux; **~glass** *n* monocle *m*; **~lash** *n* cil *m*; **~let** ['aɪlɪt] *n* œillet *m*; **~lid** *n* paupière *f*; **~-opener** *n* révélation *f*; **~shadow** *n* ombre *f* à paupières; **~sight** *n* vue *f*; **~sore** *n* horreur *f*, chose *f* qui dépare *or* enlaidit; **~wash** *n* bain *m* d'œil; (*fig*) frime *f*; **~ witness** *n* témoin *m* oculaire.

**eyrie** ['ɪərɪ] *n* aire *f*.

**F**

**F** [ɛf] *n* (MUS) fa *m*.

**F.** *abbr of* Fahrenheit.

**fable** ['feɪbl] *n* fable *f*.

**fabric** ['fæbrɪk] *n* tissu *m*.

**fabrication** [fæbrɪ'keɪʃən] *n* invention(s) *f(pl)*, fabulation *f*; fait *m* (*or* preuve *f*) forgé(e) de toutes pièces.

**fabulous** ['fæbjuləs] *a* fabuleux(euse); (*col*: *super*) formidable, sensationnel(le).

**façade** [fə'sɑ:d] *n* façade *f*.

**face** [feɪs] *n* visage *m*, figure *f*; expression *f*; grimace *f*; (*of clock*) cadran *m*; (*of building*) façade *f*; (*side, surface*) face *f* // *vt* faire face à; **to lose ~** perdre la face; **to pull a ~** faire une grimace; **in the ~ of** (*difficulties etc*) face à, devant; **on the ~ of it** à première vue; **to ~ up to** *vt fus* faire face à, affronter; **~ cloth** *n* gant *m* de toilette; **~ cream** *n* crème *f* pour le visage; **~ lift** *n* lifting *m*; (*of façade etc*) ravalement *m*, retapage *m*; **~ powder** *n* poudre *f* (pour le visage).

**facet** ['fæsɪt] *n* facette *f*.

**facetious** [fə'si:ʃəs] *a* facétieux(euse).

**face-to-face** ['feɪstə'feɪs] *ad* face à face.

**face value** ['feɪs'vælju:] *n* (*of coin*) valeur nominale; **to take sth at ~** (*fig*) prendre qch pour argent comptant.

**facia** ['feɪʃə] *n* = **fascia**.

**facial** ['feɪʃəl] *a* facial(e).

**facile** ['fæsaɪl] *a* facile.

**facilitate** [fə'sɪlɪteɪt] *vt* faciliter.

**facility** [fə'sɪlɪtɪ] *n* facilité *f*; **facilities** *npl* installations *fpl*, équipement *m*.

**facing** ['feɪsɪŋ] *n* (*of wall etc*) revêtement *m*; (SEWING) revers *m*.

**facsimile** [fæk'sɪmɪlɪ] *n* fac-similé *m*.

**fact** [fækt] *n* fait *m*; **in ~** en fait.

**faction** ['fækʃən] *n* faction *f*.

**factor** ['fæktə*] *n* facteur *m*.

**factory** ['fæktərɪ] *n* usine *f*, fabrique *f*.

**factual** ['fæktjuəl] *a* basé(e) sur les faits.

**faculty** ['fækəltɪ] *n* faculté *f*; (*US: teaching staff*) corps enseignant.

**fad** [fæd] *n* manie *f*; engouement *m*.

**fade** [feɪd] *vi* se décolorer, passer; (*light, sound, hope*) s'affaiblir, disparaître; (*flower*) se faner.

**fag** [fæg] *n* (*col: cigarette*) sèche *f*; (*: chore*): **what a ~!** quelle corvée!; **~ end** *n* mégot *m*; **~ged out** *a* (*col*) crevé(e).

**fail** [feɪl] *vt* (*exam*) échouer à; (*candidate*) recaler; (*subj: courage, memory*) faire défaut à // *vi* échouer; (*supplies*) manquer; (*eyesight, health, light*) baisser, s'affaiblir; **to ~ to do sth** (*neglect*) négliger de faire qch; (*be unable*) ne pas arriver *or* parvenir à faire qch; **without ~** à coup sûr; sans faute; **~ing** *n* défaut *m* // *prep* faute de; **~ure** ['feɪljə*] *n* échec *m*; (*person*) raté/e; (*mechanical etc*) défaillance *f*.

**faint** [feɪnt] *a* faible; (*recollection*) vague; (*mark*) à peine visible // *n* évanouissement *m* // *vi* s'évanouir; **to feel ~** défaillir; **~-hearted** *a* pusillanime; **~ly** *ad* faiblement ; vagueement ; ~ness *n* faiblesse *f*.

**fair** [fɛə*] *a* blond(e) ; équitable, juste, impartial(e) ; (*skin, complexion*) pâle, blanc(blanche) ; (*weather*) beau(belle) ; (*good enough*) assez bon(ne) ; (*sizeable*) considérable // *ad* (*play*) franc-jeu // *n* foire *f* ; ~ **copy** *n* copie *f* au propre ; corrigé *m* ; ~**ly** *ad* équitablement ; (*quite*) assez ; ~**ness** *n* justice *f*, équité *f*, impartialité *f*.

**fairy** ['fɛəri] *n* fée *f* ; ~ **tale** *n* conte *m* de fées.

**faith** [feiθ] *n* foi *f* ; (*trust*) confiance *f* ; (*sect*) culte *m*, religion *f* ; ~**ful** *a* fidèle ; ~**fully** *ad* fidèlement.

**fake** [feik] *n* (*painting etc*) faux *m* ; (*photo*) trucage *m* ; (*person*) imposteur *m* // *a* faux(fausse) ; simulé(e) // *vt* simuler ; (*photo*) truquer ; (*story*) fabriquer ; **his illness is a** ~ sa maladie est une comédie *or* de la simulation.

**falcon** ['fɔːlkən] *n* faucon *m*.

**fall** [fɔːl] *n* chute *f* ; (*US: autumn*) automne *m* // *vi* (*pt* **fell**, *pp* **fallen** [fɛl, 'fɔːlən]) tomber ; ~**s** *npl* (*waterfall*) chute *f* d'eau, cascade *f* ; **to** ~ **flat** *vi* (*on one's face*) tomber de tout son long, s'étaler ; (*joke*) tomber à plat ; (*plan*) échouer ; **to** ~ **back** **on** *vt fus* se rabattre sur ; **to** ~ **behind** *vi* prendre du retard ; **to** ~ **down** *vi* (*person*) tomber ; (*building, hopes*) s'effondrer, s'écrouler ; **to** ~ **for** *vt fus* (*trick*) se laisser prendre à ; (*person*) tomber amoureux de ; **to** ~ **in** *vi* s'effondrer ; (MIL) se mettre en rangs ; **to** ~ **off** *vi* tomber ; (*diminish*) baisser, diminuer ; **to** ~ **out** *vi* (*friends etc*) se brouiller ; **to** ~ **through** *vi* (*plan, project*) tomber à l'eau.

**fallacy** ['fæləsi] *n* erreur *f*, illusion *f*.

**fallen** ['fɔːlən] *pp of* **fall**.

**fallible** ['fæləbl] *a* faillible.

**fallout** ['fɔːlaut] *n* retombées (radioactives).

**fallow** ['fæləu] *a* en jachère ; en friche.

**false** [fɔːls] *a* faux(fausse) ; **under** ~ **pretences** sous un faux prétexte ; ~ **alarm** *n* fausse alerte ; ~**hood** *n* mensonge *m* ; ~**ly** *ad* (*accuse*) à tort ; ~ **teeth** *npl* fausses dents.

**falter** ['fɔːltə*] *vi* chanceler, vaciller.

**fame** [feim] *n* renommée *f*, renom *m*.

**familiar** [fə'miliə*] *a* familier(ère) ; **to be** ~ **with** (*subject*) connaître ; ~**ity** [fəmili'æriti] *n* familiarité *f* ; ~**ize** [fə'miliəraiz] *vt* familiariser.

**family** ['fæmili] *n* famille *f* ; ~ **allowance** *n* allocations familiales ; ~ **business** *n* entreprise familiale ; ~ **doctor** *n* médecin *m* de famille ; ~ **life** *n* vie *f* de famille.

**famine** ['fæmin] *n* famine *f*.

**famished** ['fæmiʃt] *a* affamé(e).

**famous** ['feiməs] *a* célèbre ; ~**ly** *ad* (*get on*) fameusement, à merveille.

**fan** [fæn] *n* (*folding*) éventail *m* ; (ELEC) ventilateur *m* ; (*person*) fan *m*, admirateur/trice ; supporter *m/f* // *vt* éventer ; (*fire, quarrel*) attiser ; **to** ~ **out** *vi* se déployer (en éventail).

**fanatic** [fə'nætik] *n* fanatique *m/f* ; ~**al** *a* fanatique.

**fan belt** ['fænbɛlt] *n* courroie *f* de ventilateur.

**fancied** ['fænsid] *a* imaginaire.

**fanciful** ['fænsiful] *a* fantaisiste.

**fancy** ['fænsi] *n* fantaisie *f*, envie *f* ; imagination *f* // *cpd* (de) fantaisie *inv* // *vt* (*feel like, want*) avoir envie de ; **to take a** ~ **to** se prendre d'affection pour ; s'enticher de ; **it took** *or* **caught my** ~ ça m'a plu ; **to** ~ **that ...** se figurer *or* s'imaginer que ... ; **he fancies her** elle lui plaît ; ~ **dress** *n* déguisement *m*, travesti *m* ; ~**-dress ball** *n* bal masqué *or* costumé.

**fang** [fæŋ] *n* croc *m* ; (*of snake*) crochet *m*.

**fanlight** ['fænlait] *n* imposte *f*.

**fantastic** [fæn'tæstik] *a* fantastique.

**fantasy** ['fæntəzi] *n* imagination *f*, fantaisie *f* ; fantasme *m* ; chimère *f*.

**far** [fɑː*] *a*: **the** ~ **side/end** l'autre côté/bout // *ad* loin ; ~ **away**, ~ **off** au loin, dans le lointain ; ~ **better** beaucoup mieux ; ~ **from** loin de ; **by** ~ de loin, de beaucoup ; **go as** ~ **as the farm** allez jusqu'à la ferme ; **as** ~ **as I know** pour autant que je sache ; **as** ~ **as possible** dans la mesure du possible ; ~**away** *a* lointain(e).

**farce** [fɑːs] *n* farce *f*.

**farcical** ['fɑːsikəl] *a* grotesque.

**fare** [fɛə*] *n* (*on trains, buses*) prix *m* du billet ; (*in taxi*) prix de la course ; (*passenger in taxi*) client *m* ; (*food*) table *f*, chère *f* // *vi* se débrouiller.

**Far East** [fɑː'riːst] *n*: **the** ~ l'Extrême-Orient *m*.

**farewell** [fɛə'wɛl] *excl*, *n* adieu *m* ; ~ **party** *n* soirée *f* d'adieux.

**far-fetched** ['fɑː'fɛtʃt] *a* exagéré(e), poussé(e).

**farm** [fɑːm] *n* ferme *f* // *vt* cultiver ; ~**er** *n* fermier/ère ; cultivateur/trice ; ~**hand** *n* ouvrier/ère agricole ; ~**house** *n* (maison *f* de) ferme *f* ; ~**ing** *n* agriculture *f* ; **intensive** ~**ing** culture intensive ; ~**land** *n* terres cultivées *or* arables ; ~ **worker** *n* = ~**hand** ; ~**yard** *n* cour *f* de ferme.

**far-reaching** ['fɑː'riːtʃiŋ] *a* d'une grande portée.

**far-sighted** ['fɑː'saitid] *a* presbyte ; (*fig*) prévoyant(e), qui voit loin.

**fart** [fɑːt] (*col!*) *n* pet *m* // *vi* péter.

**farther** ['fɑːðə*] *ad* plus loin.

**farthest** ['fɑːðist] *superlative of* **far**.

**fascia** ['feiʃə] *n* (AUT) (garniture *f* du) tableau *m* de bord.

**fascinate** ['fæsineit] *vt* fasciner, captiver ; **fascination** [-'neiʃən] *n* fascination *f*.

**fascism** ['fæʃizəm] *n* fascisme *m*.

**fascist** ['fæʃist] *a*,*n* fasciste (*m/f*).

**fashion** ['fæʃən] *n* mode *f* ; (*manner*) façon *f*, manière *f* // *vt* façonner ; **in** ~ à la mode ; **out of** ~ démodé(e) ; ~**able** *a* à la mode ; ~ **show** *n* défilé *m* de mannequins *or* de mode.

**fast** [fɑːst] *a* rapide ; (*clock*): **to be** ~ avancer ; (*dye, colour*) grand *or* bon teint *inv* // *ad* vite, rapidement ; (*stuck, held*) solidement // *n* jeûne *m* // *vi* jeûner ; ~ **asleep** profondément endormi.

**fasten** ['fɑ:sn] vt attacher, fixer; (coat) attacher, fermer // vi se fermer, s'attacher; ~er, ~ing n fermeture f, attache f.

**fastidious** [fæs'tɪdɪəs] a exigeant(e), difficile.

**fat** [fæt] a gros(se) // n graisse f; (on meat) gras m.

**fatal** ['feɪtl] a mortel(le); fatal(e); désastreux(euse); ~ism n fatalisme m; ~ity [fə'tælɪtɪ] n (road death etc) victime f, décès m; ~ly ad mortellement.

**fate** [feɪt] n destin m; (of person) sort m; to meet one's ~ trouver la mort; ~ful a fatidique.

**father** ['fɑ:ðə*] n père m; ~-in-law n beau-père m; ~ly a paternel(le).

**fathom** ['fæðəm] n brasse f (= 1828 mm) // vt (mystery) sonder, pénétrer.

**fatigue** [fə'ti:g] n fatigue f; (MIL) corvée f.

**fatness** ['fætnɪs] n corpulence f, grosseur f.

**fatten** ['fætn] vt,vi engraisser.

**fatty** ['fætɪ] a (food) gras(se).

**fatuous** ['fætjuəs] a stupide.

**faucet** ['fɔ:sɪt] n (US) robinet m.

**fault** [fɔ:lt] n faute f; (defect) défaut m; (GEO) faille f // vt trouver des défauts à, prendre en défaut; it's my ~ c'est de ma faute; to find ~ with trouver à redire or à critiquer à; at ~ fautif(ive), coupable; to a ~ à l'excès; ~less a sans fautes; impeccable; irréprochable; ~y a défectueux(euse).

**fauna** ['fɔ:nə] n faune f.

**favour, favor** (US) ['feɪvə*] n faveur f; (help) service m // vt (proposition) être en faveur de; (pupil etc) favoriser; (team, horse) donner gagnant; to do sb a ~ rendre un service à qn; in ~ of en faveur de; ~able a favorable; (price) avantageux(euse); ~ably ad favorablement; ~ite [-rɪt] a,n favori(te); ~itism n favoritisme m.

**fawn** [fɔ:n] n faon m // a (also: ~-coloured) fauve // vi: to ~ (up)on flatter servilement.

**fear** [fɪə*] n crainte f, peur f // vt craindre; for ~ of de peur que + sub or de + infinitive; ~ful a craintif(ive); (sight, noise) affreux(euse), épouvantable; ~less a intrépide, sans peur.

**feasibility** [fi:zə'bɪlɪtɪ] n (of plan) possibilité f de réalisation.

**feasible** ['fi:zəbl] a faisable, réalisable.

**feast** [fi:st] n festin m, banquet m; (REL: also: ~ day) fête f // vi festoyer; to ~ on se régaler de.

**feat** [fi:t] n exploit m, prouesse f.

**feather** ['fɛðə*] n plume f; ~-weight n poids m plume inv.

**feature** ['fi:tʃə*] n caractéristique f; (article) chronique f, rubrique f // vt (subj: film) avoir pour vedette(s) // vi figurer (en bonne place); ~s npl (of face) traits mpl; ~ film n film principal; ~less a anonyme, sans traits distinctifs.

**February** ['fɛbruərɪ] n février m.

**fed** [fɛd] pt,pp of feed; to be ~ up en avoir marre or plein le dos.

**federal** ['fɛdərəl] a fédéral(e).

**federation** [fɛdə'reɪʃən] n fédération f.

**fee** [fi:] n rémunération f; (of doctor, lawyer) honoraires mpl; (of school, college etc) frais mpl de scolarité; (for examination) droits mpl.

**feeble** ['fi:bl] a faible; ~-minded a faible d'esprit.

**feed** [fi:d] n (of baby) tétée f // vt (pt, pp fed [fɛd]) nourrir; (horse etc) donner à manger à; (machine) alimenter; (data, information): to ~ into fournir à; to ~ on vt fus se nourrir de; ~back n feedback m; ~ing bottle n biberon m.

**feel** [fi:l] n sensation f // vt (pt, pp felt [fɛlt]) toucher; tâter, palper; (cold, pain) sentir; (grief, anger) ressentir, éprouver; (think, believe): to ~ (that) trouver que; to ~ hungry/cold avoir faim/froid; to ~ lonely/better se sentir seul/mieux; to ~ sorry for avoir pitié de; it ~s soft c'est doux au toucher; it ~s like velvet on dirait du velours, ça ressemble au velours; to ~ like (want) avoir envie de; to ~ about or around fouiller, tâtonner; ~er n (of insect) antenne f; to put out a ~er tâter le terrain; ~ing n sensation f; sentiment m; my ~ing is that... j'estime que... .

**feet** [fi:t] npl of foot.

**feign** [feɪn] vt feindre, simuler.

**felicitous** [fɪ'lɪsɪtəs] a heureux(euse).

**fell** [fɛl] pt of fall // vt (tree) abattre; (person) assommer; ~-walking n randonnée f en montagne.

**fellow** ['fɛləu] n type m; compagnon m; (of learned society) membre m; their ~ prisoners/students leurs camarades prisonniers/étudiants; ~ citizen n concitoyen/ne; ~ countryman n compatriote m; ~ men npl semblables mpl; ~ship n association f; amitié f, camaraderie f; sorte de bourse universitaire.

**felony** ['fɛlənɪ] n crime m, forfait m.

**felt** [fɛlt] pt, pp of feel // n feutre m; ~-tip pen n stylo-feutre m.

**female** ['fi:meɪl] n (ZOOL) femelle f; (pej: woman) bonne femme // a (BIOL, ELEC) femelle; (sex, character) féminin(e); (vote etc) des femmes; (child etc) du sexe féminin; male and ~ students étudiants et étudiantes; ~ impersonator n travesti m.

**feminine** ['fɛmɪnɪn] a féminin(e) // n féminin m.

**feminist** ['fɛmɪnɪst] n féministe m/f.

**fence** [fɛns] n barrière f; (col: person) receleur/euse // vt (also: ~ in) clôturer // vi faire de l'escrime; **fencing** n escrime m.

**fend** [fɛnd] vi: to ~ for o.s. se débrouiller (tout seul).

**fender** ['fɛndə*] n garde-feu m inv; (US) garde-boue m inv; pare-chocs m inv.

**ferment** vi [fə'mɛnt] fermenter // n ['fə:mɛnt] agitation f, effervescence f; ~ation [-'teɪʃən] n fermentation f.

**fern** [fə:n] n fougère f.

**ferocious** [fə'rəuʃəs] a féroce.

**ferocity** [fə'rɔsɪtɪ] n férocité f.

**ferry** ['fɛrɪ] n (small) bac m; (large: also: ~boat) ferry(-boat) m // vt transporter.

**fertile** ['fə:taɪl] a fertile ; (BIOL) fécond(e) ; ~ **period** n période f de fécondité ; **fertility** [fə'tɪlɪtɪ] n fertilité f ; fécondité f ; **fertilize** ['fə:tɪlaɪz] vt fertiliser ; féconder ; **fertilizer** n engrais m.

**fervent** ['fə:vənt] a fervent(e), ardent(e).

**fester** ['fɛstə*] vi suppurer.

**festival** ['fɛstɪvəl] n (REL) fête f ; (ART, MUS) festival m.

**festive** ['fɛstɪv] a de fête ; **the ~ season** (Christmas) la période des fêtes.

**festivities** [fɛs'tɪvɪtɪz] npl réjouissances fpl.

**fetch** [fɛtʃ] vt aller chercher ; (sell for) se vendre.

**fetching** ['fɛtʃɪŋ] a charmant(e).

**fête** [feɪt] n fête f, kermesse f.

**fetish** ['fɛtɪʃ] n fétiche m.

**fetters** ['fɛtəz] npl chaînes fpl.

**fetus** ['fi:təs] n (US) = **foetus**.

**feud** [fju:d] n dispute f, dissension f // vi se disputer, se quereller ; ~**al** a féodal(e) ; ~**alism** n féodalité f.

**fever** ['fi:və*] n fièvre f ; ~**ish** a fiévreux(euse), fébrile.

**few** [fju:] a peu de ; **they were** ~ ils étaient peu (nombreux) ; **a** ~ a quelques // pronoun quelques-uns ; ~**er** a moins de ; moins (nombreux) ; ~**est** a le moins nombreux.

**fiancé** [fɪ'ɑ̃:ŋseɪ] n fiancé m ; ~**e** n fiancée f.

**fiasco** [fɪ'æskəu] n fiasco m.

**fib** [fɪb] n bobard m.

**fibre, fiber** (US) ['faɪbə*] n fibre f ; ~**glass** n fibre de verre.

**fickle** ['fɪkl] a inconstant(e), volage, capricieux(euse).

**fiction** ['fɪkʃən] n romans mpl, littérature f romanesque ; fiction f ; ~**al** a fictif(ive).

**fictitious** [fɪk'tɪʃəs] a fictif(ive), imaginaire.

**fiddle** ['fɪdl] n (MUS) violon m ; (cheating) combine f ; escroquerie f // vt (accounts) falsifier, maquiller ; **to ~ with** vt fus tripoter ; ~**r** n violoniste m/f.

**fidelity** [fɪ'dɛlɪtɪ] n fidélité f.

**fidget** ['fɪdʒɪt] vi se trémousser, remuer ; ~**y** a agité(e), qui a la bougeotte.

**field** [fi:ld] n champ m ; (fig) domaine m, champ m ; (SPORT: ground) terrain m ; ~ **glasses** npl jumelles fpl ; ~ **marshal** n maréchal m ; ~**work** n travaux mpl pratiques (sur le terrain).

**fiend** [fi:nd] n démon m ; ~**ish** a diabolique.

**fierce** [fɪəs] a (look) féroce, sauvage ; (wind, attack) (très) violent(e) ; (fighting, enemy) acharné(e).

**fiery** ['faɪərɪ] a ardent(e), brûlant(e) ; fougueux(euse).

**fifteen** [fɪf'ti:n] num quinze.

**fifth** [fɪfθ] num cinquième.

**fiftieth** ['fɪftɪəθ] num cinquantième.

**fifty** ['fɪftɪ] num cinquante.

**fig** [fɪg] n figue f.

**fight** [faɪt] n bagarre f ; (MIL) combat m ; (against cancer etc) lutte f // vb (pt, pp **fought** [fɔ:t]) vt se battre contre ; (cancer, alcoholism) combattre, lutter contre // vi

se battre ; ~**er** n lutteur m (fig) ; (plane) chasseur m ; ~**ing** n combats mpl.

**figment** ['fɪgmənt] n: **a** ~ **of the imagination** une invention.

**figurative** ['fɪgjurətɪv] a figuré(e).

**figure** ['fɪgə*] n (DRAWING, GEOM) figure f ; (number, cipher) chiffre m ; (body, outline) silhouette f, ligne f, formes fpl // vt (US) supposer // vi (appear) figurer ; (US: make sense) s'expliquer ; **to ~ out** vt arriver à comprendre ; calculer ; ~**head** n (NAUT) figure f de proue ; (pej) prête-nom m ; **figure skating** n figures imposées (en patinage).

**filament** ['fɪləmənt] n filament m.

**file** [faɪl] n (tool) lime f ; (dossier) dossier m ; (folder) classeur m ; (row) file f // vt (nails, wood) limer ; (papers) classer ; (LAW: claim) faire enregistrer ; déposer ; **to ~ in/out** vi entrer/sortir l'un derrière l'autre ; **to ~ past** vt fus défiler devant.

**filing** ['faɪlɪŋ] n (travaux mpl de) classement m ; ~**s** npl limaille f ; ~ **cabinet** n classeur m (meuble).

**fill** [fɪl] vt remplir // n: **to eat one's** ~ manger à sa faim ; **to ~ in** vt (hole) boucher ; (form) remplir ; **to ~ up** vt remplir // vi (AUT) faire le plein ; ~ **it up, please** (AUT) le plein, s'il vous plaît.

**fillet** ['fɪlɪt] n filet m // vt préparer en filets.

**filling** ['fɪlɪŋ] n (CULIN) garniture f, farce f ; (for tooth) plombage m ; ~ **station** n station f d'essence.

**fillip** ['fɪlɪp] n coup m de fouet (fig).

**film** [fɪlm] n film m ; (PHOT) pellicule f, film m // vt (scene) filmer ; ~ **star** n vedette f de cinéma ; ~**strip** n (film m pour) projection f fixe.

**filter** ['fɪltə*] n filtre m // vt filtrer ; ~ **lane** n (AUT) voie f de sortie ; ~ **tip** n bout m filtre.

**filth** [fɪlθ] n saleté f ; ~**y** a sale, dégoûtant(e) ; (language) ordurier (ère), grossier(ère).

**fin** [fɪn] n (of fish) nageoire f.

**final** ['faɪnl] a final(e), dernier(ère) ; définitif(ive) // n (SPORT) finale f ; ~**s** npl (SCOL) examens mpl de dernière année ; ~**e** [fɪ'nɑ:lɪ] n finale m ; ~**ist** n (SPORT) finaliste m/f ; ~**ize** vt mettre au point ; ~**ly** ad (lastly) en dernier lieu ; (eventually) enfin, finalement ; (irrevocably) définitivement.

**finance** [faɪ'næns] n finance f ; ~**s** npl finances fpl // vt financer.

**financial** [faɪ'nænʃəl] a financier (ère) ; ~**ly** ad financièrement ; ~ **year** n année f budgétaire.

**financier** [faɪ'nænsɪə*] n financier m.

**find** [faɪnd] vt (pt, pp **found** [faund]) trouver ; (lost object) retrouver // n trouvaille f, découverte f ; **to ~ sb guilty** (LAW) déclarer qn coupable ; **to ~ out** vt se renseigner sur ; (truth, secret) découvrir ; (person) démasquer ; **to ~ out about** se renseigner sur ; (by chance) apprendre ; ~**ings** npl (LAW) conclusions fpl, verdict m ; (of report) constatations fpl.

**fine** [faɪn] n beau(belle) ; excellent(e) ; fin(e) // ad (well) très bien ; (small) fin, finement // n (LAW) amende f ; contravention f // vt (LAW) condamner à une amende ; donner une contravention à ; ~ **arts** *npl* beaux-arts *mpl*.

**finery** ['faɪnərɪ] *n* parure *f*.

**finesse** [fɪ'nɛs] *n* finesse *f*.

**finger** ['fɪŋgə*] *n* doigt *m* // *vt* palper, toucher ; ~**nail** *n* ongle *m* (de la main) ; ~**print** *n* empreinte digitale ; ~**stall** *n* doigtier *m* ; ~**tip** *n* bout *m* du doigt.

**finicky** ['fɪnɪkɪ] *a* tatillon(ne), méticuleux(euse) ; minutieux(euse).

**finish** ['fɪnɪʃ] *n* fin *f*; (SPORT) arrivée *f*; (polish etc) finition *f* // *vt* finir, terminer // *vi* finir, se terminer ; (session) s'achever ; **to ~ off** *vt* finir, terminer ; (kill) achever ; **to ~ up** *vi,vt* finir ; ~**ing line** *n* ligne *f* d'arrivée ; ~**ing school** *n* institution privée (pour jeunes filles).

**finite** ['faɪnaɪt] *a* fini(e) ; (verb) conjugué(e).

**Finland** ['fɪnlənd] *n* Finlande *f*.

**Finn** [fɪn] *n* Finnois/e ; Finlandais/e ; ~**ish** *a* finnois(e) ; finlandais(e) // *n* (LING) finnois *m*.

**fiord** [fjɔːd] *n* fjord *m*.

**fir** [fəː*] *n* sapin *m*.

**fire** ['faɪə*] *n* feu *m*; incendie *m* // *vt* (discharge): **to ~ a gun** tirer un coup de feu ; (fig) enflammer, animer ; (dismiss) mettre à la porte, renvoyer // *vi* tirer, faire feu ; **on ~** en feu ; ~ **alarm** *n* avertisseur *m* d'incendie ; ~**arm** *n* arme *f* à feu ; ~ **brigade** *n* (régiment *m* de sapeurs-)pompiers *mpl* ; ~ **engine** *n* pompe *f* à incendie ; ~ **escape** *n* escalier *m* de secours ; ~ **extinguisher** *n* extincteur *m* ; ~**man** *n* pompier *m* ; ~**master** *n* capitaine *m* des pompiers ; ~**place** *n* cheminée *f* ; ~**proof** *a* ignifuge ; ~**side** *n* foyer *m*, coin *m* du feu ; ~ **station** *n* caserne *f* de pompiers ; ~**wood** *n* bois *m* de chauffage ; ~**work** *n* feu *m* d'artifice ; ~**works** *npl* (display) feu(x) d'artifice.

**firing** ['faɪərɪŋ] *n* (MIL) feu *m*, tir *m* ; ~ **squad** *n* peloton *m* d'exécution.

**firm** [fəːm] *a* ferme // *n* compagnie *f*, firme *f* ; ~**ly** *ad* fermement ; ~**ness** *n* fermeté *f*.

**first** [fəːst] *a* premier(ère) // *ad* (before others) le premier, la première ; (before other things) en premier, d'abord ; (when listing reasons etc) en premier lieu, premièrement // *n* (person: in race) premier/ère ; (SCOL) mention *f* très bien ; (AUT) première *f* ; **at ~** au commencement, au début ; ~ **of all** tout d'abord, pour commencer ; ~ **aid** premiers secours or soins ; ~-**aid kit** *n* trousse *f* à pharmacie ; ~-**class** *a* de première classe ; ~-**hand** *a* de première main ; ~ **lady** *n* (US) femme *f* du président ; ~**ly** *ad* premièrement, en premier lieu ; ~ **name** *n* prénom *m* ; ~ **night** *n* (THEATRE) première *f* ; ~-**rate** *a* excellent(e).

**fir tree** ['fəːtriː] *n* sapin *m*.

**fiscal** ['fɪskəl] *a* fiscal(e).

**fish** [fɪʃ] *n,pl inv* poisson *m* ; poissons *mpl* // *vt,vi* pêcher ; **to ~ a river** pêcher dans une rivière ; **to go ~ing** aller à la pêche ; ~**erman** *n* pêcheur *m* ; ~**ery** *n* pêcherie *f* ; ~ **fingers** *npl* bâtonnets de poisson (congelés) ; ~ **hook** *n* hameçon *m* ; ~**ing**

**boat** *n* barque *f* de pêche ; ~**ing line** *n* ligne *f* (de pêche) ; ~**ing rod** *n* canne *f* à pêche ; ~**ing tackle** *n* attirail *m* de pêche ; ~ **market** *n* marché *m* au poisson ; ~**monger** *n* marchand *m* de poisson ; ~ **slice** *n* pelle *f* à poisson ; ~**y** *a* (fig) suspect(e), louche.

**fission** ['fɪʃən] *n* fission *f*.

**fissure** ['fɪʃə*] *n* fissure *f*.

**fist** [fɪst] *n* poing *m*.

**fit** [fɪt] *a* (MED, SPORT) en (bonne) forme ; (proper) convenable ; approprié(e) // *vt* (subj: clothes) aller à ; (adjust) ajuster ; (put in, attach) installer, poser ; adapter ; (equip) équiper, garnir, munir // *vi* (clothes) aller ; (parts) s'adapter ; (in space, gap) entrer, s'adapter // *n* (MED) accès *m*, crise *f* ; (of coughing) quinte *f* ; ~ **to** en état de ; ~ **for** digne de ; apte à ; **this dress is a tight/good ~** cette robe est un peu juste/(me) va très bien ; **by ~s and starts** par à-coups ; **to ~ in** *vi* s'accorder ; s'adapter ; **to ~ out** (also: ~ up) *vt* équiper ; ~**ful** *a* intermittent(e) ; ~**ment** *n* meuble encastré, élément *m* ; ~**ness** *n* (MED) forme *f* physique ; (of remark) à-propos *m*, justesse *f* ; ~**ter** *n* monteur *m* ; (DRESSMAKING) essayeur/euse ; ~**ting** *a* approprié(e) // *n* (of dress) essayage *m* ; (of piece of equipment) pose *f*, installation *f* ; ~**tings** *npl* installations *fpl*.

**five** [faɪv] *num* cinq ; ~**r** *n* (Brit: col) billet *m* de cinq livres.

**fix** [fɪks] *vt* fixer ; arranger ; (mend) réparer // *n*: **to be in a ~** être dans le pétrin ; ~**ed** [fɪkst] *a* (prices etc) fixe ; ~**ture** ['fɪkstʃə*] *n* installation *f* (fixe) ; (SPORT) rencontre *f* (au programme).

**fizz** [fɪz] *vi* pétiller.

**fizzle** ['fɪzl] *vi* pétiller ; **to ~ out** *vi* rater.

**fizzy** ['fɪzɪ] *a* pétillant(e) ; gazeux(euse).

**fjord** [fjɔːd] *n* = **fiord**.

**flabbergasted** ['flæbəgɑːstɪd] *a* sidéré(e), ahuri(e).

**flabby** ['flæbɪ] *a* mou(molle).

**flag** [flæg] *n* drapeau *m* ; (also: ~**stone**) dalle *f* // *vi* faiblir ; fléchir ; **to ~ down** *vt* héler, faire signe (de s'arrêter) à ; ~ **of convenience** *n* pavillon *m* de complaisance.

**flagon** ['flægən] *n* bonbonne *f*.

**flagpole** ['flægpəul] *n* mât *m*.

**flagrant** ['fleɪgrənt] *a* flagrant(e).

**flair** [flɛə*] *n* flair *m*.

**flake** [fleɪk] *n* (of rust, paint) écaille *f* ; (of snow, soap powder) flocon *m* // *vi* (also: ~ off) s'écailler.

**flamboyant** [flæm'bɔɪənt] *a* flamboyant(e), éclatant(e) ; (person) haut(e) en couleur.

**flame** [fleɪm] *n* flamme *f*.

**flamingo** [flə'mɪŋgəu] *n* flamant *m* (rose).

**flammable** ['flæməbl] *a* inflammable.

**flan** [flæn] *n* tarte *f*.

**Flanders** ['flɑːndəz] *n* Flandre(s) *f(pl)*.

**flange** [flændʒ] *n* boudin *m* ; collerette *f*.

**flank** [flæŋk] *n* flanc *m* // *vt* flanquer.

**flannel** ['flænl] *n* (also: **face ~**) gant *m* de toilette ; (fabric) flanelle *f* ; (col) baratin *m* ; ~**s** *npl* pantalon *m* de flanelle.

**flap** [flæp] n (of pocket, envelope) rabat m // vt (wings) battre (de) // vi (sail, flag) claquer ; (col: also: **be in a ~**) paniquer.

**flare** [flɛə*] n fusée éclairante ; (in skirt etc) évasement m ; **to ~ up** vi s'embraser ; (fig: person) s'emporter ; (: revolt) éclater ; **~d** a (trousers) à jambes évasées.

**flash** [flæʃ] n éclair m ; (also: **news ~**) flash m (d'information) ; (PHOT) flash m // vt (switch on) allumer (brièvement) ; (direct): **to ~ sth at** braquer qch sur ; (display) étaler, exhiber ; (send: message) câbler // vi briller ; jeter des éclairs ; (light on ambulance etc) clignoter ; **in a ~** en un clin d'œil ; **to ~ one's headlights** faire un appel de phares ; **he ~ed by** or **past** il passa (devant nous) comme un éclair ; **~back** n flashback m, retour m en arrière ; **~ bulb** n ampoule f de flash ; **~er** n (AUT) clignotant m.

**flashy** ['flæʃɪ] a (pej) tape-à-l'œil inv, tapageur(euse).

**flask** [flɑ:sk] n flacon m, bouteille f ; (CHEM) ballon m ; (also: **vacuum ~**) bouteille f thermos ®.

**flat** [flæt] a plat(e) ; (tyre) dégonflé(e), à plat ; (denial) catégorique ; (MUS) bémolisé(e) // n (rooms) appartement m ; (MUS) bémol m ; (AUT) crevaison f, pneu crevé ; **to be ~-footed** avoir les pieds plats ; **~ly** ad catégoriquement ; **~ness** n (of land) absence f de relief, aspect plat ; **~ten** vt (also: **~ten out**) aplatir.

**flatter** ['flætə*] vt flatter ; **~er** n flatteur m ; **~ing** a flatteur(euse) ; **~y** n flatterie f.

**flatulence** ['flætjuləns] n flatulence f.

**flaunt** [flɔ:nt] vt faire étalage de.

**flavour, flavor** (US) ['fleɪvə*] n goût m, saveur f ; (of ice cream etc) parfum m // vt parfumer, aromatiser ; **vanilla~-ed** a à l'arôme de vanille, vanillé(e) ; **to give** or **add ~ to** donner du goût à, relever ; **~ing** n arôme m (synthétique).

**flaw** [flɔ:] n défaut m ; **~less** a sans défaut.

**flax** [flæks] n lin m ; **~en** a blond(e).

**flea** [fli:] n puce f.

**fledg(e)ling** ['flɛdʒlɪŋ] n oisillon m.

**flee**, pt, pp **fled** [fli:, flɛd] vt fuir, s'enfuir de // vi fuir, s'enfuir.

**fleece** [fli:s] n toison f // vt (col) voler, filouter.

**fleet** [fli:t] n flotte f ; (of lorries etc) parc m ; convoi m.

**fleeting** ['fli:tɪŋ] a fugace, fugitif(ive) ; (visit) très bref(brève).

**Flemish** ['flɛmɪʃ] a flamand(e) // n (LING) flamand m ; **the ~** les Flamands.

**flesh** [flɛʃ] n chair f ; **~ wound** n blessure superficielle.

**flew** [flu:] pt of **fly**.

**flex** [flɛks] n fil m or câble m électrique (souple) // vt fléchir ; (muscles) tendre ; **~ibility** [-'bɪlɪtɪ] n flexibilité f ; **~ible** a flexible.

**flick** [flɪk] n petite tape ; chiquenaude f ; sursaut m ; **~ knife** n couteau m à cran d'arrêt ; **to ~ through** vt fus feuilleter.

**flicker** ['flɪkə*] vi vaciller // n vacillement m ; **a ~ of light** une brève lueur.

**flier** ['flaɪə*] n aviateur m.

**flight** [flaɪt] n vol m ; (escape) fuite f ; (also: **~ of steps**) escalier m ; **to take ~** prendre la fuite ; **to put to ~** mettre en fuite ; **~ deck** n (AVIAT) poste m de pilotage ; (NAUT) pont m d'envol.

**flimsy** ['flɪmzɪ] a (partition, fabric) peu solide, mince ; (excuse) pauvre, mince.

**flinch** [flɪntʃ] vi tressaillir ; **to ~ from** se dérober à, reculer devant.

**fling**, pt, pp **flung** [flɪŋ, flʌŋ] vt jeter, lancer.

**flint** [flɪnt] n silex m ; (in lighter) pierre f (à briquet).

**flip** [flɪp] n chiquenaude f.

**flippant** ['flɪpənt] a désinvolte, irrévérencieux(euse).

**flirt** [flə:t] vi flirter // n flirteuse f ; **~ation** [-'teɪʃən] n flirt m.

**flit** [flɪt] vi voleter.

**float** [fləut] n flotteur m ; (in procession) char m // vi flotter // vt faire flotter ; (loan, business) lancer ; **~ing** a flottant(e).

**flock** [flɔk] n troupeau m ; (of people) foule f.

**flog** [flɔg] vt fouetter.

**flood** [flʌd] n inondation f ; (of words, tears etc) flot m, torrent m // vt inonder ; **in ~** en crue ; **~ing** n inondation f ; **~light** n projecteur m // vt éclairer aux projecteurs, illuminer.

**floor** [flɔ:*] n sol m ; (storey) étage m ; (fig: at meeting): **the ~** l'assemblée f, les membres mpl de l'assemblée // vt terrasser ; **on the ~** par terre ; **ground ~** (Brit), **first ~** (US) rez-de-chaussée m ; **first ~** (Brit), **second ~** (US) premier étage ; **~board** n planche f (du plancher) ; **~ show** n spectacle m de variétés.

**flop** [flɔp] n fiasco m // vi (fail) faire fiasco.

**floppy** ['flɔpɪ] a lâche, flottant(e) ; **~ hat** n chapeau m à bords flottants.

**flora** ['flɔ:rə] n flore f.

**floral** ['flɔ:rl] a floral(e).

**florid** ['flɔrɪd] a (complexion) fleuri(e) ; (style) plein(e) de fioritures.

**florist** ['flɔrɪst] n fleuriste m/f.

**flounce** [flauns] n volant m ; **to ~ out** vi sortir dans un mouvement d'humeur.

**flounder** ['flaundə*] vi patauger.

**flour** ['flauə*] n farine f.

**flourish** ['flʌrɪʃ] vi prospérer // vt brandir // n fioriture f ; (of trumpets) fanfare f ; **~ing** a prospère, florissant(e).

**flout** [flaut] vt se moquer de, faire fi de.

**flow** [fləu] n flot m ; courant m ; circulation f ; (tide) flux m // vi couler ; (traffic) s'écouler ; (robes, hair) flotter ; **~ chart** n organigramme m.

**flower** ['flauə*] n fleur f // vi fleurir ; **~ bed** n plate-bande f ; **~pot** n pot m (à fleurs) ; **~y** a fleuri(e).

**flown** [fləun] pp of **fly**.

**flu** [flu:] n grippe f.

**fluctuate** ['flʌktjueɪt] vi varier, fluctuer ; **fluctuation** [-'eɪʃən] n fluctuation f, variation f.

**fluency** ['flu:ənsɪ] n facilité f, aisance f.

**fluent** ['flu:ənt] a (speech) coulant(e), aisé(e) ; **he speaks ~ French, he's ~ in French** il parle le français couramment ;

**~ly** *ad* couramment; avec aisance *or* facilité.

**fluff** [flʌf] *n* duvet *m*; peluche *f*; **~y** *a* duveteux(euse); .pelucheux (euse); **~y toy** *n* jouet *m* en peluche.

**fluid** ['flu:id] *a,n* fluide (*m*); **~ ounce** *n* = 0.028 l; 0.05 pints.

**fluke** [flu:k] *n* (*col*) coup *m* de veine *or* de chance.

**flung** [flʌŋ] *pt,pp of* **fling**.

**fluorescent** [fluə'rɛsnt] *a* fluorescent(e).

**fluoride** ['fluəraid] *n* fluor *m*.

**fluorine** ['fluəri:n] *n* fluor *m*.

**flurry** ['flʌrı] *n* (*of snow*) rafale *f*, bourrasque *f*; **~ of activity/excitement** affairement *m*/excitation *f* soudain(e).

**flush** [flʌʃ] *n* rougeur *f*; excitation *f* // *vt* nettoyer à grande eau // *vi* rougir // *a*: **~ with** au ras de, de niveau avec; **~ against** tout contre; **to ~ the toilet** tirer la chasse (d'eau); **~ed** *a* (tout(e)) rouge.

**fluster** ['flʌstə\*] *n* agitation *f*, trouble *m*; **~ed** *a* énervé(e).

**flute** [flu:t] *n* flûte *f*.

**fluted** ['flu:tid] *a* cannelé(e).

**flutter** ['flʌtə\*] *n* agitation *f*; (*of wings*) battement *m* // *vi* battre des ailes, voleter; (*person*) aller et venir dans une grande agitation.

**flux** [flʌks] *n*: **in a state of ~** fluctuant sans cesse.

**fly** [flaı] *n* (*insect*) mouche *f*; (*on trousers: also*: **flies**) braguette *f* // *vb* (*pt* **flew**, *pp* **flown** [flu:, fləun]) *vt* piloter; (*passengers, cargo*) transporter (par avion); (*distances*) parcourir // *vi* voler; (*passengers*) aller en avion; (*escape*) s'enfuir, fuir; (*flag*) se déployer; **to ~ open** *vi* s'ouvrir brusquement; **~ing** *n* (*activity*) aviation *f* // *a*: **~ing visit** visite *f* éclair *inv*; **with ~ing colours** haut la main; **~ing buttress** *n* arc-boutant *m*; **~ing saucer** *n* soucoupe volante; **~ing start** *n*: **to get off to a ~ing start** faire un excellent départ; **~over** *n* (*Brit*: *bridge*) saut-de-mouton *m*; **~past** *n* défilé aérien; **~sheet** *n* (*for tent*) double toit *m*; **~wheel** *n* volant *m* (de commande).

**F.M.** (*abbr of frequency modulation*) F.M., M.F. (modulation *f* de fréquence).

**foal** [fəul] *n* poulain *m*.

**foam** [fəum] *n* écume *f*; (*on beer*) mousse *f*; (*also*: **plastic ~**) mousse cellulaire *or* de plastique // *vi* écumer; (*soapy water*) mousser; **~ rubber** *n* caoutchouc *m* mousse.

**fob** [fɔb] *vt*: **to ~ sb off** with refiler à qn; se débarrasser de qn avec.

**focal** ['fəukəl] *a* focal(e).

**focus** ['fəukəs] *n* (*pl*: **~es**) foyer *m*; (*of interest*) centre *m* // *vt* (*field glasses etc*) mettre au point; (*light rays*) faire converger; **in ~** au point; **out of ~** pas au point.

**fodder** ['fɔdə\*] *n* fourrage *m*.

**foe** [fəu] *n* ennemi *m*.

**foetus** ['fi:təs] *n* fœtus *m*.

**fog** [fɔg] *n* brouillard *m*; **~gy** *a*: **it's ~gy** il y a du brouillard.

**foible** ['fɔibl] *n* faiblesse *f*.

**foil** [fɔil] *vt* déjouer, contrecarrer // *n* feuille *f* de métal; (*also*: **kitchen ~**) papier *m* d'alu(minium); (*FENCING*) fleuret *m*; **to act as a ~ to** (*fig*) servir de repoussoir *or* de faire-valoir à.

**fold** [fəuld] *n* (*bend, crease*) pli *m*; (*AGR*) parc *m* à moutons; (*fig*) bercail *m* // *vt* plier; **to ~ up** *vi* (*map etc*) se plier, se replier; (*business*) fermer boutique // *vt* (*map etc*) plier, replier; **~er** *n* (*for papers*) chemise *f*; classeur *m*; (*brochure*) dépliant *m*; **~ing** *a* (*chair, bed*) pliant(e).

**foliage** ['fəulidʒ] *n* feuillage *m*.

**folk** [fəuk] *npl* gens *mpl* // *a* folklorique; **~s** *npl* famille *f*, parents *mpl*; **~lore** ['fəuklɔ:\*] *n* folklore *m*; **~song** *n* chanson *f* folklorique (*gén de l'Ouest américain*).

**follow** ['fɔləu] *vt* suivre // *vi* suivre; (*result*) s'ensuivre; **he ~ed suit** il fit de même; **to ~ up** *vt* (*victory*) tirer parti de; (*letter, offer*) donner suite à; (*case*) suivre; **~er** *n* disciple *m/f*, partisan/e; **~ing** *a* suivant(e) // *n* partisans *mpl*, disciples *mpl*.

**folly** ['fɔli] *n* inconscience *f*; sottise *f*; (*building*) folie *f*.

**fond** [fɔnd] *a* (*memory, look*) tendre, affectueux(euse); **to be ~ of** aimer beaucoup.

**fondle** ['fɔndl] *vt* caresser.

**fondness** ['fɔndnis] *n* (*for things*) attachement *m*; (*for people*) sentiments affectueux; **a special ~ for** une prédilection pour.

**font** [fɔnt] *n* fonts baptismaux.

**food** [fu:d] *n* nourriture *f*; **~ mixer** *n* mixeur *m*; **~ poisoning** *n* intoxication *f* alimentaire; **~stuffs** *npl* denrées *fpl* alimentaires.

**fool** [fu:l] *n* idiot/e; (*HISTORY*: *of king*) bouffon *m*, fou *m*; (*CULIN*) purée *f* de fruits à la crème // *vt* berner, duper // *vi* (*gen*: **~ around**) faire l'idiot *or* l'imbécile; **~hardy** *a* téméraire, imprudent(e); **~ish** *a* idiot(e), stupide; imprudent(e); écervelé(e); **~proof** *a* (*plan etc*) infaillible.

**foot** [fut] *n* (*pl*: **feet** [fi:t]) pied *m*; (*measure*) pied (= 304 mm; 12 inches); (*of animal*) patte *f* // *vt* (*bill*) casquer, payer; **on ~** à pied; **~ and mouth (disease)** *n* fièvre aphteuse; **~ball** *n* ballon *m* (de football); (*sport*) football *m*; **~baller** *n* footballeur *m*; **~brake** *n* frein *m* à pied; **~bridge** *n* passerelle *f*; **~hills** *npl* contreforts *mpl*; **~hold** *n* prise *f* (de pied); **~ing** *n* (*fig*) position *f*; **to lose one's ~ing** perdre pied; **on an equal ~ing** sur pied d'égalité; **~lights** *npl* rampe *f*; **~man** *n* laquais *m*; **~note** *n* note *f* (en bas de page); **~path** *n* sentier *m*; (*in street*) trottoir *m*; **~rest** *n* marchepied *m*; **~sore** *a* aux pieds endoloris; **~step** *n* pas *m*; **~wear** *n* chaussure(s) *f(pl)* (*terme générique en anglais*).

**for** [fɔ:\*] *prep* pour; (*during*) pendant; (*in spite of*) malgré // *cj* car; **I haven't seen him ~ a week** je ne l'ai pas vu depuis une semaine, cela fait une semaine que je ne l'ai pas vu; **he went down ~ the paper** il est descendu chercher le journal; **~ sale** à vendre.

**forage** ['fɔridʒ] *n* fourrage *m* // *vi* fourrager, fouiller; **~ cap** *n* calot *m*.

**foray** ['fɔreɪ] n incursion f.
**forbad(e)** [fə'bæd] pt of **forbid**.
**forbearing** [fɔ:'bɛərɪŋ] a patient(e), tolérant(e).
**forbid**, pt **forbad(e)**, pp **forbidden** [fə'bɪd, -'bæd, -'bɪdn] vt défendre, interdire; ~**den** a défendu(e); ~**ding** a d'aspect or d'allure sévère or sombre.
**force** [fɔ:s] n force f // vt forcer; **the F~s** npl l'armée f; **in** ~ en force; **to come into** ~ entrer en vigueur; ~**d** [fɔ:st] a forcé(e); ~**ful** a énergique, volontaire.
**forceps** ['fɔ:sɛps] npl forceps m.
**forcibly** ['fɔ:səblɪ] ad par la force, de force; (vigorously) énergiquement.
**ford** [fɔ:d] n gué m // vt passer à gué.
**fore** [fɔ:*] n: **to the** ~ en évidence.
**forearm** ['fɔ:rɑ:m] n avant-bras m inv.
**foreboding** [fɔ:'bəudɪŋ] n pressentiment m (néfaste).
**forecast** ['fɔ:kɑ:st] n prévision f // vt (irg: like cast) prévoir.
**forecourt** ['fɔ:kɔ:t] n (of garage) devant m.
**forefathers** ['fɔ:fɑ:ðəz] npl ancêtres mpl.
**forefinger** ['fɔ:fɪŋgə*] n index m.
**forego**, pt **forewent**, pp **foregone** [fɔ:'gəu, -'wɛnt, -'gɔn] vt = **forgo**.
**foregone** ['fɔ:gɔn] a: **it's a** ~ **conclusion** c'est à prévoir, c'est couru d'avance.
**foreground** ['fɔ:graund] n premier plan.
**forehead** ['fɔrɪd] n front m.
**foreign** ['fɔrɪn] a étranger(ère); (trade) extérieur(e); ~ **body** n corps étranger; ~**er** n étranger/ère; ~ **exchange market** n marché m des devises; ~ **exchange rate** n cours m des devises; ~ **minister** n ministre m des Affaires étrangères.
**foreleg** ['fɔ:lɛg] n patte f de devant; jambe antérieure.
**foreman** ['fɔ:mən] n contremaître m.
**foremost** ['fɔ:məust] a le(la) plus en vue; premier(ère).
**forensic** [fə'rɛnsɪk] a: ~ **medicine** médecine légale; ~ **expert** expert m de la police, expert légiste.
**forerunner** ['fɔ:rʌnə*] n précurseur m.
**foresee**, pt **foresaw**, pp **foreseen** [fɔ:'si:, -'sɔ:, -'si:n] vt prévoir; ~**able** a prévisible.
**foresight** ['fɔ:saɪt] n prévoyance f.
**forest** ['fɔrɪst] n forêt f.
**forestall** [fɔ:'stɔ:l] vt devancer.
**forestry** ['fɔrɪstrɪ] n sylviculture f.
**foretaste** ['fɔ:teɪst] n avant-goût m.
**foretell**, pt,pp **foretold** [fɔ:'tɛl, -'təuld] vt prédire.
**forever** [fə'rɛvə*] ad pour toujours; (fig) continuellement.
**forewent** [fɔ:'wɛnt] pt of **forego**.
**foreword** ['fɔ:wə:d] n avant-propos m inv.
**forfeit** ['fɔ:fɪt] n prix m, rançon f // vt perdre; (one's life, health) payer de.
**forgave** [fə'geɪv] pt of **forgive**.
**forge** [fɔ:dʒ] n forge f // vt (signature) contrefaire; (wrought iron) forger; **to** ~ **documents/a will** fabriquer des faux papiers/un faux testament; **to** ~ **money** fabriquer de la fausse monnaie; **to** ~ **ahead** vi pousser de l'avant, prendre de

l'avance; ~**r** n faussaire m; ~**ry** n faux m, contrefaçon f.
**forget**, pt **forgot**, pp **forgotten** [fə'gɛt, -'gɔt, -'gɔtn] vt,vi oublier; ~**ful** a distrait(e), étourdi(e); ~**ful of** oublieux(euse) de; ~**fulness** n tendance f aux oublis; (oblivion) oubli m.
**forgive**, pt **forgave**, pp **forgiven** [fə'gɪv, -'geɪv, -'gɪvn] vt pardonner; ~**ness** n pardon m.
**forgo**, pt **forwent**, pp **forgone** [fɔ:'gəu, -'wɛnt, -'gɔn] vt renoncer à.
**forgot** [fə'gɔt] pt of **forget**.
**forgotten** [fə'gɔtn] pp of **forget**.
**fork** [fɔ:k] n (for eating) fourchette f; (for gardening) fourche f; (of roads) bifurcation f; (of railways) embranchement m // vi (road) bifurquer; **to** ~ **out** (col: pay) vt allonger, se fendre de // vi casquer; ~**ed** [fɔ:kt] a (lightning) en zigzags, ramifié(e); ~-**lift truck** n chariot élévateur.
**form** [fɔ:m] n forme f; (SCOL) classe f; (questionnaire) formulaire m // vt former; **in top** ~ en pleine forme.
**formal** ['fɔ:məl] a (offer, receipt) en bonne et due forme; (person) cérémonieux(euse), à cheval sur les convenances; (occasion, dinner) officiel(le); (ART, PHILOSOPHY) formel(le); ~**ly** ad officiellement; formellement; cérémonieusement.
**format** ['fɔ:mæt] n format m.
**formation** [fɔ:'meɪʃən] n formation f.
**formative** ['fɔ:mətɪv] a: ~ **years** années fpl d'apprentissage (fig) or de formation (d'un enfant, d'un adolescent).
**former** ['fɔ:mə*] a ancien(ne) (before n), précédent(e); **the** ... **the latter** le premier ... le second, celui-là ... celui-ci; ~**ly** ad autrefois.
**formidable** ['fɔ:mɪdəbl] a redoutable.
**formula** ['fɔ:mjulə] n formule f.
**formulate** ['fɔ:mjuleɪt] vt formuler.
**forsake**, pt **forsook**, pp **forsaken** [fə'seɪk, -'suk, -'seɪkən] vt abandonner.
**fort** [fɔ:t] n fort m.
**forte** ['fɔ:tɪ] n (point) fort m.
**forth** [fɔ:θ] ad en avant; **to go back and** ~ aller et venir; **and so** ~ et ainsi de suite; ~**coming** a qui va paraître or avoir lieu prochainement; (character) ouvert(e), communicatif(ive); ~**right** a franc(franche), direct(e).
**fortieth** ['fɔ:tɪɪθ] num quarantième.
**fortification** [fɔ:tɪfɪ'keɪʃən] n fortification f.
**fortify** ['fɔ:tɪfaɪ] vt fortifier; **fortified wine** n vin liquoreux or de liqueur.
**fortitude** ['fɔ:tɪtju:d] n courage m, force f d'âme.
**fortnight** ['fɔ:tnaɪt] n quinzaine f, quinze jours mpl; ~**ly** a bimensuel(le) // ad tous les quinze jours.
**fortress** ['fɔ:trɪs] n forteresse f.
**fortuitous** [fɔ:'tju:ɪtəs] a fortuit(e).
**fortunate** ['fɔ:tʃənɪt] a: **to be** ~ avoir de la chance; **it is** ~ **that** c'est une chance que, il est heureux que; ~**ly** ad heureusement, par bonheur.
**fortune** ['fɔ:tʃən] n chance f; (wealth) fortune f; ~**teller** n diseuse f de bonne aventure.

**forty** ['fɔ:tɪ] num quarante.

**forum** ['fɔ:rəm] n forum m, tribune f.

**forward** ['fɔ:wəd] a (ahead of schedule) en avance; (movement, position) en avant, vers l'avant; (not shy) ouvert(e); direct(e); effronté(e) // ad en avant // n (SPORT) avant m // vt (letter) faire suivre; (parcel, goods) expédier; (fig) promouvoir, contribuer au développement or à l'avancement de; **to move** ~ avancer; ~**s** ad en avant.

**forwent** [fɔ:'wɛnt] pt of **forgo**.

**fossil** ['fɔsl] a,n fossile (m).

**foster** ['fɔstə*] vt encourager, favoriser; ~ **brother** n frère adoptif; frère de lait; ~ **child** n enfant adopté; ~ **mother** n mère adoptive; mère nourricière.

**fought** [fɔ:t] pt, pp of **fight**.

**foul** [faul] a (weather, smell, food) infect(e); (language) ordurier(ère); (deed) infâme // n (FOOTBALL) faute f // vt salir, encrasser; (football player) commettre une faute sur; ~ **play** n (SPORT) jeu déloyal; ~ **play is not suspected** la mort (or l'incendie etc) n'a pas de causes suspectes, on écarte l'hypothèse d'un meurtre (or d'un acte criminel).

**found** [faund] pt, pp of **find** // vt (establish) fonder; ~**ation** [-'deɪʃən] n (act) fondation f; (base) fondement m; (also: ~**ation cream**) fond m de teint; ~**ations** npl (of building) fondations fpl.

**founder** ['faundə*] n fondateur m // vi couler, sombrer.

**foundry** ['faundrɪ] n fonderie f.

**fount** [faunt] n source f; ~**ain** ['fauntɪn] n fontaine f; ~**ain pen** n stylo m (à encre).

**four** [fɔ:*] num quatre; **on all** ~**s** à quatre pattes; ~**some** ['fɔ:səm] n partie f à quatre; sortie f à quatre; ~**teen** num quatorze; ~**teenth** num quatorzième; ~**th** num quatrième.

**fowl** [faul] n volaille f.

**fox** [fɔks] n renard m // vt mystifier.

**foyer** ['fɔɪeɪ] n vestibule m; (THEATRE) foyer m.

**fraction** ['frækʃən] n fraction f.

**fracture** ['fræktʃə*] n fracture f // vt fracturer.

**fragile** ['frædʒaɪl] a fragile.

**fragment** ['frægmənt] n fragment m; ~**ary** a fragmentaire.

**fragrance** ['freɪɡrəns] n parfum m.

**fragrant** ['freɪɡrənt] a parfumé(e), odorant(e).

**frail** [freɪl] a fragile, délicat(e).

**frame** [freɪm] n (of building) charpente f; (of human, animal) charpente, ossature f; (of picture) cadre m; (of door, window) encadrement m, chambranle m; (of spectacles: also: ~**s**) monture f // vt encadrer; (theory, plan) construire, élaborer; ~ **of mind** n disposition f d'esprit; ~**work** n structure f.

**France** [frɑ:ns] n France f.

**franchise** ['fræntʃaɪz] n (POL) droit m de vote.

**frank** [fræŋk] a franc(franche) // vt (letter) affranchir; ~**ly** ad franchement; ~**ness** n franchise f.

**frantic** ['fræntɪk] a frénétique; ~**ally** ad frénétiquement.

**fraternal** [frə'tə:nl] a fraternel(le).

**fraternity** [frə'tə:nɪtɪ] n (club) communauté f, confrérie f; (spirit) fraternité f.

**fraternize** ['frætənaɪz] vi fraterniser.

**fraud** [frɔ:d] n supercherie f, fraude f, tromperie f; imposteur m.

**fraudulent** ['frɔ:djulənt] a frauduleux(euse).

**fraught** [frɔ:t] a: ~ **with** chargé(e) de, plein(e) de.

**fray** [freɪ] n bagarre f // vt effilocher // vi s'effilocher; **tempers were** ~**ed** les gens commençaient à s'énerver or perdre patience; **her nerves were** ~**ed** elle était à bout de nerfs.

**freak** [fri:k] n (also cpd) phénomène m, créature ou événement exceptionnel par sa rareté, son caractère d'anomalie.

**freckle** ['frɛkl] n tache f de rousseur.

**free** [fri:] a libre; (gratis) gratuit(e); (liberal) généreux(euse), large // vt (prisoner etc) libérer; (jammed object or person) dégager; ~ **(of charge)** ad gratuitement; ~**dom** ['fri:dəm] n liberté f; ~**-for-all** n mêlée générale; ~ **kick** n coup franc; ~**lance** a indépendant(e); ~**ly** ad librement; (liberally) libéralement; ~**mason** n franc-maçon m; ~**masonry** n franc-maçonnerie f; ~ **trade** n libre-échange m; ~**way** n (US) autoroute f; ~**wheel** vi descendre en roue libre; ~ **will** n libre arbitre m; **of one's own** ~ **will** de son plein gré.

**freeze** [fri:z] vb (pt **froze** [frəuz, 'frəuzn]) vi geler // vt geler; (food) congeler; (prices, salaries) bloquer, geler // n gel m; blocage m; ~**-dried** a lyophilisé(e); ~**r** n congélateur m.

**freezing** ['fri:zɪŋ] a: ~ **cold** a glacial(e); ~ **point** n point m de congélation; **3 degrees below** ~ 3 degrés au-dessous de zéro.

**freight** [freɪt] n (goods) fret m, cargaison f; (money charged) fret, prix m du transport; ~ **car** n (US) wagon m de marchandises; ~**er** n (NAUT) cargo m.

**French** [frɛntʃ] a français(e) // n (LING) français m; **the** ~ les Français; ~**fried (potatoes)** npl (pommes de terre fpl) frites fpl; ~**man** n Français m; ~ **window** n porte-fenêtre f; ~**woman** n Française f.

**frenzy** ['frɛnzɪ] n frénésie f.

**frequency** ['fri:kwənsɪ] n fréquence f.

**frequent** a ['fri:kwənt] fréquent(e) // vt [frɪ'kwɛnt] fréquenter; ~**ly** ad fréquemment.

**fresco** ['frɛskəu] n fresque f.

**fresh** [frɛʃ] a frais(fraîche); (new) nouveau(nouvelle); (cheeky) familier(ère), culotté(e); ~**en** vi (wind, air) fraîchir; **to** ~**en up** vi faire un brin de toilette; ~**ly** ad nouvellement, récemment; ~**ness** n fraîcheur f; ~**water** a (fish) d'eau douce.

**fret** [frɛt] vi s'agiter, se tracasser.

**friar** ['fraɪə*] n moine m, frère m.

**friction** ['frɪkʃən] n friction f, frottement m.

**Friday** ['fraɪdɪ] n vendredi m.

**fridge** [frɪdʒ] n frigo m, frigidaire m ®.
**fried** [fraɪd] pt, pp of **fry** // a frit(e).
**friend** [frɛnd] n ami/e; **to make ~s with** se lier (d'amitié) avec; **~liness** n attitude amicale; **~ly** a amical(e); gentil(le); **to be ~ly with** être ami(e) avec; **~ship** n amitié f.
**frieze** [friːz] n frise f, bordure f.
**frigate** [frɪgɪt] n (NAUT: modern) frégate f.
**fright** [fraɪt] n peur f, effroi m; **she looks a ~** elle a l'air d'un épouvantail; **~en** vt effrayer, faire peur à; **~ened** a: **to be ~ened (of)** avoir peur (de); **~ening** a effrayant(e); **~ful** a affreux(euse); **~fully** ad affreusement.
**frigid** [frɪdʒɪd] a (woman) frigide; **~ity** [frɪˈdʒɪdɪtɪ] n frigidité f.
**frill** [frɪl] n (of dress) volant m; (of shirt) jabot m.
**fringe** [frɪndʒ] n frange f; (edge: of forest etc) bordure f; (fig): **on the ~** en marge; **~ benefits** npl avantages sociaux or en nature.
**frisk** [frɪsk] vt fouiller.
**frisky** [ˈfrɪskɪ] a vif(vive), sémillant(e).
**fritter** [ˈfrɪtə*] n beignet m; **to ~ away** vt gaspiller.
**frivolity** [frɪˈvɔlɪtɪ] n frivolité f.
**frivolous** [ˈfrɪvələs] a frivole.
**frizzy** [ˈfrɪzɪ] a crépu(e).
**fro** [frəu] see **to**.
**frock** [frɔk] n robe f.
**frog** [frɔg] n grenouille f; **~man** n homme-grenouille m.
**frolic** [ˈfrɔlɪk] n ébats mpl // vi folâtrer, batifoler.
**from** [frɔm] prep de; **~ a pound/January** à partir d'une livre/de janvier; **~ what he says** d'après ce qu'il dit.
**front** [frʌnt] n (of house, dress) devant m; (of coach, train) avant m; (of book) couverture f; (promenade: also: **sea ~**) bord m de mer; (MIL, POL, METEOROLOGY) front m; (fig: appearances) contenance f, façade f // a de devant; premier(ère); **in ~ (of)** devant; **~age** [ˈfrʌntɪdʒ] n façade f; **~al** a frontal(e); **~ door** n porte f d'entrée; (of car) portière f avant; **~ier** [ˈfrʌntɪə*] n frontière f; **~ page** n première page; **~ room** n (Brit) pièce f de devant, salon m; **~-wheel drive** n traction f avant.
**frost** [frɔst] n gel m, gelée f; **~bite** n gelures fpl; **~ed** a (glass) dépoli(e); **~y** a (window) couvert(e) de givre; (welcome) glacial(e).
**froth** [ˈfrɔθ] n mousse f; écume f.
**frown** [fraun] n froncement m de sourcils // vi froncer les sourcils.
**froze** [frəuz] pt of **freeze**; **~n** pp of **freeze** // a (food) congelé(e).
**frugal** [ˈfruːgəl] a frugal(e).
**fruit** [fruːt] n, pl inv fruit m; **~erer** n fruitier m, marchand/e de fruits; **~ful** a fructueux(euse); (plant, soil) fécond(e); **~ion** [fruːˈɪʃən] n: **to come to ~ion** se réaliser; **~ machine** n machine f à sous; **~ salad** n salade f de fruits.
**frustrate** [frʌsˈtreɪt] vt frustrer; (plot, plans) faire échouer; **~d** a frustré(e); **frustration** [-ˈtreɪʃən] n frustration f.

**fry**, pt, pp **fried** [fraɪ, -d] vt (faire) frire; **the small ~** le menu fretin; **~ing pan** n poêle f (à frire).
**ft.** abbr of **foot, feet**.
**fuchsia** [ˈfjuːʃə] n fuchsia m.
**fuddy-duddy** [ˈfʌdɪdʌdɪ] n (pej) vieux schnock.
**fudge** [fʌdʒ] n (CULIN) sorte de confiserie à base de sucre, de beurre et de lait.
**fuel** [fjuəl] n (for heating) combustible m; (for propelling) carburant m; **~ oil** n mazout m; **~ tank** n cuve f à mazout, citerne f; (on vehicle) réservoir m de or à carburant.
**fugitive** [ˈfjuːdʒɪtɪv] n fugitif/ive.
**fulfil** [fulˈfɪl] vt (function) remplir; (order) exécuter; (wish, desire) satisfaire, réaliser; **~ment** n (of wishes) réalisation f.
**full** [ful] a plein(e); (details, information) complet(ète); (skirt) ample, large // ad: **to know ~ well that** savoir fort bien que; **I'm ~** j'ai bien mangé; **~ employment/fare** plein emploi/tarif; **a ~ two hours** deux bonnes heures; **at ~ speed** à toute vitesse; **in ~** (reproduce, quote) intégralement; (write name etc) en toutes lettres; **~back** n (RUGBY, FOOTBALL) arrière m; **~-length** a (portrait) en pied; **~ moon** n pleine lune; **~-sized** a (portrait etc) grandeur nature inv; **~ stop** n point m; **~-time** a (work) à plein temps // n (SPORT) fin f du match; **~y** ad entièrement, complètement; **~y-fledged** a (teacher, barrister) diplômé(e); (citizen, member) à part entière.
**fumble** [ˈfʌmbl] vi fouiller, tâtonner // vt (ball) mal réceptionner, cafouiller; **to ~ with** vt fus tripoter.
**fume** [fjuːm] vi rager; **~s** npl vapeurs fpl, émanations fpl, gaz mpl.
**fumigate** [ˈfjuːmɪgeɪt] vt désinfecter (par fumigation).
**fun** [fʌn] n amusement m, divertissement m; **to have ~** s'amuser; **for ~** pour rire; **it's not much ~** ce n'est pas très drôle or amusant; **to make ~ of** vt fus se moquer de.
**function** [ˈfʌŋkʃən] n fonction f; cérémonie f, soirée officielle // vi fonctionner; **~al** a fonctionnel(le).
**fund** [fʌnd] n caisse f, fonds m; (source, store) source f, mine f; **~s** npl fonds mpl.
**fundamental** [fʌndəˈmɛntl] a fondamental(e); **~s** npl principes mpl de base; **~ly** ad fondamentalement.
**funeral** [ˈfjuːnərəl] n enterrement m, obsèques fpl (more formal occasion); **~ director** n entrepreneur m des pompes funèbres; **~ service** n service m funèbre.
**funereal** [fjuːˈnɪərɪəl] a lugubre, funèbre.
**fun fair** [ˈfʌnfɛə*] n fête (foraine).
**fungus**, pl **fungi** [ˈfʌŋgəs, -gaɪ] n champignon m; (mould) moisissure f.
**funnel** [ˈfʌnl] n entonnoir m; (of ship) cheminée f.
**funnily** [ˈfʌnɪlɪ] ad drôlement; curieusement.
**funny** [ˈfʌnɪ] a amusant(e), drôle; (strange) curieux(euse), bizarre.
**fur** [fəː*] n fourrure f; (in kettle etc) (dépôt m de) tartre m; **~ coat** n manteau m de fourrure.

**furious** ['fjuərɪəs] a furieux(euse) ; (effort) acharné(e) ; ~ly ad furieusement ; avec acharnement.

**furl** [fə:l] vt rouler ; (NAUT) ferler.

**furlong** ['fə:lɔŋ] n = 201.17 m (terme d'hippisme).

**furlough** ['fə:ləu] n (US) permission f, congé m.

**furnace** ['fə:nɪs] n fourneau m.

**furnish** ['fə:nɪʃ] vt meubler ; (supply) fournir ; ~ings npl mobilier m, articles mpl d'ameublement.

**furniture** ['fə:nɪtʃə*] n meubles mpl, mobilier m ; **piece of** ~ meuble m ; ~ **polish** n encaustique f.

**furrier** ['fʌrɪə*] n fourreur m.

**furrow** ['fʌrəu] n sillon m.

**furry** ['fə:rɪ] a (animal) à fourrure ; (toy) en peluche.

**further** ['fə:ðə*] a supplémentaire, autre ; nouveau(nouvelle) ; plus loin // ad plus loin ; (more) davantage ; (moreover) de plus // vt faire avancer or progresser, promouvoir ; **until** ~ **notice** jusqu'à nouvel ordre or avis ; ~ **education** n enseignement m post-scolaire (recyclage, formation professionnelle) ; ~**more** [fə:ðə'mɔ:*] ad de plus, en outre.

**furthest** ['fə:ðɪst] superlative of **far**.

**furtive** ['fə:tɪv] a furtif(ive) ; ~ly ad furtivement.

**fury** ['fjuərɪ] n fureur f.

**fuse, fuze** (US) [fju:z] n fusible m ; (for bomb etc) amorce f, détonateur m // vt,vi (metal) fondre ; (fig) fusionner ; (ELEC) : **to** ~ **the lights** faire sauter les fusibles or les plombs ; ~ **box** n boîte f à fusibles.

**fuselage** ['fju:zəlɑ:ʒ] n fuselage m.

**fusion** ['fju:ʒən] n fusion f.

**fuss** [fʌs] n chichis mpl, façons fpl, embarras mpl ; (complaining) histoire(s) f(pl) ; **to make a** ~ faire des façons etc ; ~**y** a (person) tatillon(ne), difficile ; chichiteux(euse) ; (dress, style) tarabiscoté(e).

**futile** ['fju:taɪl] a futile.

**futility** [fju:'tɪlɪtɪ] n futilité f.

**future** ['fju:tʃə*] a futur(e) // n avenir m ; (LING) futur m ; **in (the)** ~ à l'avenir ; **futuristic** [-'rɪstɪk] a futuriste.

**fuze** [fju:z] n, vt, vi (US) = **fuse**.

**fuzzy** ['fʌzɪ] a (PHOT) flou(e) ; (hair) crépu(e).

## G

**g.** abbr of **gram(s)**.

**G** [dʒi:] n (MUS) sol m.

**gabble** ['gæbl] vi bredouiller ; jacasser.

**gable** ['geɪbl] n pignon m.

**gadget** ['gædʒɪt] n gadget m.

**Gaelic** ['geɪlɪk] n (LING) gaélique m.

**gag** [gæg] n bâillon m ; (joke) gag m // vt bâillonner.

**gaiety** ['geɪɪtɪ] n gaieté f.

**gaily** ['geɪlɪ] ad gaiement.

**gain** [geɪn] n gain m, profit m // vt gagner // vi (watch) avancer ; **to** ~ **in/by** gagner en/à ; **to** ~ **3lbs (in weight)** prendre 3 livres ; ~**ful** a profitable, lucratif(ive).

**gainsay** [geɪn'seɪ] vt irg (like **say**) contredire ; nier.

**gait** [geɪt] n démarche f.

**gal.** abbr of **gallon**.

**gala** ['gɑ:lə] n gala m.

**galaxy** ['gæləksɪ] n galaxie f.

**gale** [geɪl] n rafale f de vent ; coup m de vent.

**gallant** ['gælənt] a vaillant(e), brave ; (towards ladies) empressé(e), galant(e) ; ~**ry** n bravoure f, vaillance f ; empressement m, galanterie f.

**gall-bladder** ['gɔ:lblædə*] n vésicule f biliaire.

**gallery** ['gælərɪ] n galerie f ; (also: **art** ~) musée m ; (: private) galerie.

**galley** ['gælɪ] n (ship's kitchen) cambuse f ; (ship) galère f ; (TYP) placard m, galée f.

**gallon** ['gæln] n gallon m (= 4.543 l; 8 pints).

**gallop** ['gæləp] n galop m // vi galoper.

**gallows** ['gæləuz] n potence f.

**gallstone** ['gɔ:lstəun] n calcul m (biliaire).

**gambit** ['gæmbɪt] n (fig) : **(opening)** ~ manœuvre f stratégique.

**gamble** ['gæmbl] n pari m, risque calculé // vt, vi jouer ; **to** ~ **on** (fig) miser sur ; ~**r** n joueur m ; **gambling** n jeu m.

**game** [geɪm] n jeu m ; (event) match m ; (HUNTING) gibier m // a brave ; (ready) : **to be** ~ **(for sth/to do)** être prêt(e) (à qch/à faire), se sentir de taille (à faire) ; **a** ~ **of football/tennis** une partie de football/tennis ; **big** ~ n gros gibier ; ~**keeper** n garde-chasse m.

**gammon** ['gæmən] n (bacon) quartier m de lard fumé ; (ham) jambon fumé.

**gamut** ['gæmət] n gamme f.

**gang** [gæŋ] n bande f, groupe m // vi : **to** ~ **up on sb** se liguer contre qn.

**gangrene** ['gæŋgri:n] n gangrène f.

**gangster** ['gæŋstə*] n gangster m, bandit m.

**gangway** ['gæŋweɪ] n passerelle f ; (of bus) couloir central ; (THEATRE, CINEMA) allée f.

**gantry** ['gæntrɪ] n portique m.

**gaol** [dʒeɪl] n, vt = **jail**.

**gap** [gæp] n trou m ; (in time) intervalle f ; (fig) lacune f ; vide m.

**gape** [geɪp] vi être or rester bouche bée ; **gaping** a (hole) béant(e).

**garage** ['gærɑ:ʒ] n garage m.

**garb** [gɑ:b] n tenue f, costume m.

**garbage** ['gɑ:bɪdʒ] n ordures fpl, détritus mpl ; ~ **can** n (US) poubelle f, boîte f à ordures.

**garbled** ['gɑ:bld] a déformé(e) ; faussé(e).

**garden** ['gɑ:dn] n jardin m // vi jardiner ; ~**er** n jardinier m ; ~**ing** n jardinage m.

**gargle** ['gɑ:gl] vi se gargariser // n gargarisme m.

**gargoyle** ['gɑ:gɔɪl] n gargouille f.

**garish** ['gɛərɪʃ] a criard(e), voyant(e).

**garland** ['gɑ:lənd] n guirlande f ; couronne f.

**garlic** ['gɑ:lɪk] n ail m.

**garment** ['gɑ:mənt] n vêtement m.

**garnish** ['gɑ:nɪʃ] vt garnir.

**garret** ['gærɪt] n mansarde f.

**garrison** ['gærɪsn] n garnison f // vt mettre en garnison, stationner.

**garrulous** ['gærjuləs] a volubile, loquace.
**garter** ['gɑːtə*] n jarretière f.
**gas** [gæs] n gaz m; (used as anaesthetic): **to be given ~** se faire endormir; (US: gasoline) essence f // vt asphyxier; (MIL) gazer; **~ cooker** n cuisinière f à gaz; **~ cylinder** n bouteille f de gaz; **~ fire** n radiateur m à gaz.
**gash** [gæʃ] n entaille f; (on face) balafre f // vt taillader; balafrer.
**gasket** ['gæskɪt] n (AUT) joint m de culasse.
**gasmask** ['gæsmɑːsk] n masque m à gaz.
**gas meter** ['gæsmiːtə*] n compteur m à gaz.
**gasoline** ['gæsəliːn] n (US) essence f.
**gasp** [gɑːsp] vi haleter; (fig) avoir le souffle coupé.
**gas ring** ['gæsrɪŋ] n brûleur m.
**gas stove** ['gæsstəuv] n réchaud m à gaz; (cooker) cuisinière f à gaz.
**gassy** ['gæsɪ] a gazeux(euse).
**gastric** ['gæstrɪk] a gastrique; **~ ulcer** n ulcère m de l'estomac.
**gastronomy** [gæs'trɔnəmɪ] n gastronomie f.
**gasworks** ['gæswəːks] n usine f à gaz.
**gate** [geɪt] n (of garden) portail m; (of farm) barrière f; (of building) porte f; (of lock) vanne f; **~crash** vt s'introduire sans invitation dans; **~way** n porte f.
**gather** ['gæðə*] vt (flowers, fruit) cueillir; (pick up) ramasser; (assemble) rassembler, réunir; (understand) comprendre // vi (assemble) se rassembler; **to ~ speed** prendre de la vitesse; **~ing** n rassemblement m.
**gauche** [gəuʃ] a gauche, maladroit(e).
**gaudy** ['gɔːdɪ] a voyant(e).
**gauge** [geɪdʒ] n (standard measure) calibre m; (RAIL) écartement m; (instrument) jauge f // vt jauger.
**gaunt** [gɔːnt] a décharné(e); (grim, desolate) désolé(e).
**gauntlet** ['gɔːntlɪt] n (fig): **to run the ~ through an angry crowd** se frayer un passage à travers une foule hostile or entre deux haies de manifestants etc hostiles.
**gauze** [gɔːz] n gaze f.
**gave** [geɪv] pt of **give**.
**gavel** ['gævl] n marteau m.
**gawp** [gɔːp] vi: **to ~ at** vt regarder bouche bée.
**gay** [geɪ] a (person) gai(e), réjoui(e); (colour) gai, vif(vive); (col) homosexuel(le).
**gaze** [geɪz] n regard m fixe; **to ~ at** vt fixer du regard.
**gazelle** [gə'zɛl] n gazelle f.
**gazetteer** [gæzə'tɪə*] n dictionnaire m géographique.
**gazumping** [gə'zʌmpɪŋ] n le fait de revenir sur une promesse de vente pour accepter un prix plus élevé.
**G.B.** abbr of **Great Britain**.
**G.C.E.** n (abbr of General Certificate of Education) ≈ baccalauréat m.
**Gdns.** abbr of **gardens**.
**gear** [gɪə*] n matériel m, équipement m; attirail m; (TECH) engrenage m; (AUT) vitesse f; **top/low/bottom ~** quatrième (or cinquième/deuxième/première vi-

tesse; **in ~** en prise; **out of ~** au point mort; **~ box** n boîte f de vitesse; **~ lever, ~ shift** (US) n levier m de vitesse.
**geese** [giːs] npl of **goose**.
**gelatin(e)** ['dʒɛlətiːn] n gélatine f.
**gelignite** ['dʒɛlɪgnaɪt] n plastic m.
**gem** [dʒɛm] n pierre précieuse.
**Gemini** ['dʒɛmɪnaɪ] n les Gémeaux mpl; **to be ~** être des Gémeaux.
**gender** ['dʒɛndə*] n genre m.
**general** ['dʒɛnərl] n général m // a général(e); **in ~** en général; **~ election** n élection(s) législative(s); **~ization** [-'zeɪʃən] n généralisation f; **~ize** vi généraliser; **~ly** ad généralement; **G~ Post Office (GPO)** n Postes et Télécommunications fpl (PTT); **~ practitioner (G.P.)** n généraliste m/f; **who's your G.P.?** qui est votre médecin traitant?
**generate** ['dʒɛnəreɪt] vt engendrer; (electricity) produire.
**generation** [dʒɛnə'reɪʃən] n génération f.
**generator** ['dʒɛnəreɪtə*] n générateur m.
**generosity** [dʒɛnə'rɔsɪtɪ] n générosité f.
**generous** ['dʒɛnərəs] a généreux(euse); (copious) copieux(euse).
**genetics** [dʒɪ'nɛtɪks] n génétique f.
**Geneva** [dʒɪ'niːvə] n Genève.
**genial** ['dʒiːnɪəl] a cordial(e), chaleureux(euse); (climate) clément(e).
**genitals** ['dʒɛnɪtlz] npl organes génitaux.
**genitive** ['dʒɛnɪtɪv] n génitif m.
**genius** ['dʒiːnɪəs] n génie m.
**gent** [dʒɛnt] n abbr of **gentleman**.
**genteel** [dʒɛn'tiːl] a de bon ton, distingué(e).
**gentle** ['dʒɛntl] a doux(douce).
**gentleman** ['dʒɛntlmən] n monsieur m; (well-bred man) gentleman m.
**gentleness** ['dʒɛntlnɪs] n douceur f.
**gently** ['dʒɛntlɪ] ad doucement.
**gentry** ['dʒɛntrɪ] n petite noblesse.
**gents** [dʒɛnts] n W.-C. mpl (pour hommes).
**genuine** ['dʒɛnjuɪn] a véritable, authentique; sincère.
**geographer** [dʒɪ'ɔgrəfə*] n géographe m/f.
**geographic(al)** [dʒɪə'græfɪk(l)] a géographique.
**geography** [dʒɪ'ɔgrəfɪ] n géographie f.
**geological** [dʒɪə'lɔdʒɪkl] a géologique.
**geologist** [dʒɪ'ɔlədʒɪst] n géologue m/f.
**geology** [dʒɪ'ɔlədʒɪ] n géologie f.
**geometric(al)** [dʒɪə'mɛtrɪk(l)] a géométrique.
**geometry** [dʒɪ'ɔmətrɪ] n géométrie f.
**geranium** [dʒɪ'reɪnjəm] n géranium m.
**germ** [dʒəːm] n (MED) microbe m; (BIO, fig) germe m.
**German** ['dʒəːmən] a allemand(e) // n Allemand/e; (LING) allemand m; **~ measles** n rubéole f.
**Germany** ['dʒəːmənɪ] n Allemagne f.
**germination** [dʒəːmɪ'neɪʃən] n germination f.
**gerrymandering** ['dʒɛrɪmændərɪŋ] n tripotage m du découpage électoral.
**gestation** [dʒɛs'teɪʃən] n gestation f.

**gesticulate** [dʒɛs'tɪkjuleɪt] *vi* gesticuler.

**gesture** ['dʒɛstjə*] *n* geste *m*.

**get**, *pt*, *pp* **got**, *pp* **gotten** (US) [gɛt, gɔt, 'gɔtn] *vt* (*obtain*) avoir, obtenir ; (*receive*) recevoir ; (*find*) trouver, acheter ; (*catch*) attraper ; (*fetch*) aller chercher ; (*understand*) comprendre, saisir ; (*have*): **to have got** avoir ; (*become*): **to ~ rich/old** s'enrichir/vieillir // *vi*: **to ~ to** (*place*) aller à ; arriver à ; parvenir à ; **he got across the bridge/under the fence** il a traversé le pont/est passé par-dessous la barrière ; **to ~ ready/washed/shaved** *etc* se préparer/laver/raser *etc* ; **to ~ sb to do sth** faire faire qch à qn ; **to ~ sth through/out of** faire passer qch par/sortir qch de ; **to ~ about** *vi* se déplacer ; (*news*) se répandre ; **to ~ along** *vi* (*agree*) s'entendre ; (*depart*) s'en aller ; (*manage*) = **to get by**; **to ~ at** *vt fus* (*attack*) s'en prendre à ; (*reach*) attraper, atteindre ; **to ~ away** *vi* partir, s'en aller ; (*escape*) s'échapper ; **to ~ away with** *vt fus* en être quitte pour ; se faire passer *or* pardonner ; **to ~ back** *vi* (*return*) rentrer // *vt* récupérer, recouvrer ; **to ~ by** *vi* (*pass*) passer ; (*manage*) se débrouiller ; **to ~ down** *vi*, *vt fus* descendre // *vt* descendre ; (*depress*) déprimer ; **to ~ down to** *vt fus* (*work*) se mettre à (faire) ; **to ~ in** *vi* entrer ; (*train*) arriver ; (*arrive home*) rentrer ; **to ~ into** *vt fus* entrer dans ; **to ~ into bed/a rage** se mettre au lit/en colère ; **to ~ off** *vi* (*from train etc*) descendre ; (*depart: person, car*) s'en aller ; (*escape*) s'en tirer // *vi* (*remove: clothes, stain*) enlever // *vt fus* (*train, bus*) descendre de ; **to ~ on** *vi* (*at exam etc*) se débrouiller ; (*agree*): **to ~ on (with)** s'entendre (avec) // *vt fus* monter dans ; (*horse*) monter sur ; **to ~ out** *vi* sortir ; (*of vehicle*) descendre // *vt* sortir ; **to ~ out of** *vt fus* sortir de ; (*duty etc*) échapper à, se soustraire à ; **to ~ over** *vt fus* (*illness*) se remettre de ; **to ~ round** *vt fus* contourner ; (*fig: person*) entortiller ; **to ~ through** *vi* (TEL) avoir la communication ; **to ~ through to** *vt fus* (TEL) atteindre ; **to ~ together** *vi* se réunir // *vt* assembler ; **to ~ up** *vi* (*rise*) se lever // *vt fus* monter ; **to ~ up to** *vt fus* (*reach*) arriver à ; (*prank etc*) faire ; **~away** *n* fuite *f*.

**geyser** ['giːzə*] *n* chauffe-eau *m inv*; (GEO) geyser *m*.

**Ghana** ['gɑːnə] *n* Ghana *m*; **~ian** [-'neɪən] *a* ghanéen(ne) // *n* Ghanéen/ne.

**ghastly** ['gɑːstlɪ] *a* atroce, horrible ; (*pale*) livide, blême.

**gherkin** ['gəːkɪn] *n* cornichon *m*.

**ghetto** ['gɛtəu] *n* ghetto *m*.

**ghost** [gəust] *n* fantôme *m*, revenant *m*; **~ly** *a* fantomatique.

**giant** ['dʒaɪənt] *n* géant/e // *a* géant(e), énorme.

**gibberish** ['dʒɪbərɪʃ] *n* charabia *m*.

**gibe** [dʒaɪb] *n* sarcasme *m* // *vi*: **to ~ at** railler.

**giblets** ['dʒɪblɪts] *npl* abats *mpl*.

**giddiness** ['gɪdɪnɪs] *n* vertige *m*.

**giddy** ['gɪdɪ] *a* (*dizzy*): **to be ~** avoir le

vertige ; (*height*) vertigineux(euse) ; (*thoughtless*) sot(te), étourdi(e).

**gift** [gɪft] *n* cadeau *m*, présent *m*; (*donation, ability*) don *m*; **~ed** *a* doué(e).

**gigantic** [dʒaɪ'gæntɪk] *a* gigantesque.

**giggle** ['gɪgl] *vi* pouffer, ricaner sottement // *n* petit rire sot, ricanement *m*.

**gild** [gɪld] *vt* dorer.

**gill** [dʒɪl] *n* (*measure*) = 0.14 l; 0.25 pints ; **~s** [gɪlz] *npl* (*of fish*) ouïes *fpl*, branchies *fpl*.

**gilt** [gɪlt] *n* dorure *f* // *a* doré(e).

**gimlet** ['gɪmlɪt] *n* vrille *f*.

**gimmick** ['gɪmɪk] *n* truc *m*.

**gin** [dʒɪn] *n* (*liquor*) gin *m*.

**ginger** ['dʒɪndʒə*] *n* gingembre *m*; **to ~ up** *vt* secouer ; animer ; **~ ale, ~ beer** *n* boisson gazeuse au gingembre ; **~bread** *n* pain *m* d'épices ; **~ group** *n* groupe de pression ; **~-haired** *a* roux(rousse).

**gingerly** ['dʒɪndʒəlɪ] *ad* avec précaution.

**gingham** ['gɪŋəm] *n* vichy *m*.

**gipsy** ['dʒɪpsɪ] *n* gitan/e, bohémien/ne.

**giraffe** [dʒɪ'rɑːf] *n* girafe *f*.

**girder** ['gəːdə*] *n* poutrelle *f*.

**girdle** ['gəːdl] *n* (*corset*) gaine *f* // *vt* ceindre.

**girl** [gəːl] *n* fille *f*, fillette *f*; (*young unmarried woman*) jeune fille ; (*daughter*) fille ; **an English ~** une jeune Anglaise ; **a little English ~** une petite Anglaise ; **~friend** *n* (*of girl*) amie *f*; (*of boy*) petite amie ; **~ish** *a* de jeune fille.

**Giro** ['dʒaɪrəu] *n*: **the National ~** ≈ les comptes chèques postaux.

**girth** [gəːθ] *n* circonférence *f*; (*of horse*) sangle *f*.

**gist** [dʒɪst] *n* essentiel *m*.

**give** [gɪv] *n* (*of fabric*) élasticité *f* // *vb* (*pt* **gave**, *pp* **given** [geɪv, 'gɪvn]) *vt* donner // *vi* (*break*) céder ; (*stretch: fabric*) se prêter ; **to ~ sb sth, ~ sth to sb** donner qch à qn ; **to ~ a cry/sigh** pousser un cri/un soupir ; **to ~ away** *vt* donner ; (*give free*) faire cadeau de ; (*betray*) donner, trahir ; (*disclose*) révéler ; (*bride*) conduire à l'autel ; **to ~ back** *vt* rendre ; **to ~ in** *vi* céder // *vt* donner ; **to ~ off** *vt* dégager ; **to ~ out** *vt* distribuer ; annoncer ; **to ~ up** *vi* renoncer // *vt* renoncer à ; **to ~ up smoking** arrêter de fumer ; **to ~ o.s. up** se rendre ; **to ~ way** *vi* céder ; (AUT) donner la priorité.

**glacier** ['glæsɪə*] *n* glacier *m*.

**glad** [glæd] *a* content(e) ; **~den** *vt* réjouir.

**gladioli** [glædɪ'əulaɪ] *npl* glaïeuls *mpl*.

**gladly** ['glædlɪ] *ad* volontiers.

**glamorous** ['glæmərəs] *a* séduisant(e).

**glamour** ['glæmə*] *n* éclat *m*, prestige *m*.

**glance** [glɑːns] *n* coup *m* d'œil // *vi*: **to ~ at** jeter un coup d'œil à ; **to ~ off** (*bullet*) ricocher sur ; **glancing** *a* (*blow*) oblique.

**gland** [glænd] *n* glande *f*.

**glandular** ['glændjulə*] *a*: **~ fever** *n* mononucléose infectieuse.

**glare** [glɛə*] *n* lumière éblouissante // *vi* briller d'un éclat aveuglant ; **to ~ at** lancer un *or* des regard(s) furieux à ; **glaring** *a* (*mistake*) criant(e), qui saute aux yeux.

**glass** [glɑ:s] n verre m; (also: **looking ~**) miroir m; **~es** npl lunettes fpl; **~house** n serre f; **~ware** n verrerie f; **~y** a (eyes) vitreux(euse).

**glaze** [gleɪz] vt (door) vitrer; (pottery) vernir // n vernis m; **~d** a (eye) vitreux(euse); (pottery) verni(e); (tiles) vitrifié(e).

**glazier** ['gleɪzɪə*] n vitrier m.

**gleam** [gli:m] n lueur f; rayon m // vi luire, briller; **~ing** a luisant(e).

**glee** [gli:] n joie f; **~ful** a joyeux(euse).

**glen** [glɛn] n vallée f.

**glib** [glɪb] a qui a du bagou; facile.

**glide** [glaɪd] vi glisser; (AVIAT, birds) planer // n glissement m; vol plané; **~r** n (AVIAT) planeur m; **gliding** n (AVIAT) vol m à voile.

**glimmer** ['glɪmə*] vi luire // n lueur f.

**glimpse** [glɪmps] n vision passagère, aperçu m // vt entrevoir, apercevoir.

**glint** [glɪnt] n éclair m // vi étinceler.

**glisten** ['glɪsn] vi briller, luire.

**glitter** ['glɪtə*] vi scintiller, briller // n scintillement m.

**gloat** [gləʊt] vi: **to ~ (over)** jubiler (à propos de).

**global** ['gləʊbl] a mondial(e).

**globe** [gləʊb] n globe m.

**gloom** [glu:m] n obscurité f; (sadness) tristesse f, mélancolie f; **~y** a sombre, triste, mélancolique.

**glorification** [glɔ:rɪfɪ'keɪʃən] n glorification f.

**glorify** ['glɔ:rɪfaɪ] vt glorifier.

**glorious** ['glɔ:rɪəs] a glorieux(euse); splendide.

**glory** ['glɔ:rɪ] n gloire f; splendeur f; **to ~ in** se glorifier de.

**gloss** [glɔs] n (shine) brillant m, vernis m; **to ~ over** vt fus glisser sur.

**glossary** ['glɔsərɪ] n glossaire m, lexique m.

**gloss paint** ['glɔspeɪnt] n peinture brillante.

**glossy** ['glɔsɪ] a brillant(e), luisant(e); **~ (magazine)** n revue f de luxe.

**glove** [glʌv] n gant m; **~ compartment** n (AUT) boîte f à gants, vide-poches m inv.

**glow** [gləʊ] vi rougeoyer; (face) rayonner // n rougeoiement m.

**glower** ['glaʊə*] vi lancer des regards mauvais.

**glucose** ['glu:kəʊs] n glucose m.

**glue** [glu:] n colle f // vt coller.

**glum** [glʌm] a maussade, morose.

**glut** [glʌt] n surabondance f // vt rassasier; (market) encombrer.

**glutton** ['glʌtn] n glouton/ne; **a ~ for work** un bourreau de travail; **~ous** a glouton(ne); **~y** n gloutonnerie f; (sin) gourmandise f.

**glycerin(e)** ['glɪsəri:n] n glycérine f.

**gm, gms** abbr of **gram(s)**.

**gnarled** [nɑ:ld] a noueux(euse).

**gnat** [næt] n moucheron m.

**gnaw** [nɔ:] vt ronger.

**gnome** [nəʊm] n gnome m, lutin m.

**go** [gəʊ] vb (pt **went**, pp **gone** [wɛnt, gɔn]) vi aller; (depart) partir, s'en aller; (work) marcher; (be sold): **to ~ for £10** se vendre 10 livres; (fit, suit): **to ~ with** aller avec; (become): **to ~ pale/mouldy** pâlir/moisir; (break etc) céder // n (pl: **~es**): **to have a ~ (at)** essayer (de faire); **to be on the ~** être en mouvement; **whose ~ is it?** à qui est-ce de jouer?; **he's going to do it** il va faire, il est sur le point de faire; **to ~ for a walk** aller se promener; **to ~ dancing/shopping** aller danser/faire les courses; **how is it ~ing?** comment ça marche?; **how did it ~?** comment est-ce que ça s'est passé?; **to ~ round the back/by the shop** passer par derrière/devant le magasin; **to ~ about** vi (rumour) se répandre // vt fus: **how do I ~ about this?** comment dois-je m'y prendre (pour faire ceci)?; **to ~ ahead** vi (make progress) avancer; (get going) aller; **to ~ along** vi aller, avancer // vt fus longer, parcourir; **as you ~ along** au fur et à mesure (de votre travail); **to ~ away** vi partir, s'en aller; **to ~ back** vi rentrer; revenir; (go again) retourner; **to ~ back on** vt fus (promise) revenir sur; **to ~ by** vi (years, time) passer, s'écouler // vt fus s'en tenir à; en croire; **to ~ down** vi descendre; (ship) couler; (sun) se coucher // vt fus descendre; **to ~ for** vt fus (fetch) aller chercher; (like) aimer; (attack) s'en prendre à; attaquer; **to ~ in** vi entrer; **to ~ in for** vt fus (competition) se présenter à; (like) aimer; **to ~ into** vt fus entrer dans; (investigate) étudier, examiner; (embark on) se lancer dans; **to ~ off** vi partir, s'en aller; (food) se gâter; (explode) sauter; (event) se dérouler // vt fus ne plus aimer, ne plus avoir envie de; **the gun went off** le coup est parti; **to ~ off to sleep** s'endormir; **to ~ on** vi continuer; (happen) se passer; **to ~ on doing** continuer à faire; **to ~ on with** vt fus poursuivre, continuer; **to ~ out** vi sortir; (fire, light) s'éteindre; **to ~ over** vi (ship) chavirer // vt fus (check) revoir, vérifier; **to ~ through** vt fus (town etc) traverser; **to ~ up** vi monter; (price) augmenter // vt fus gravir; **to ~ without** vt fus se passer de.

**goad** [gəʊd] vt aiguillonner.

**go-ahead** ['gəʊəhɛd] a dynamique, entreprenant(e) // n feu vert.

**goal** [gəʊl] n but m; **~keeper** n gardien m de but; **~-post** n poteau m de but.

**goat** [gəʊt] n chèvre f.

**gobble** ['gɔbl] vt (also: **~ down, ~ up**) engloutir.

**go-between** ['gəʊbɪtwi:n] n médiateur m.

**goblet** ['gɔblɪt] n goblet m.

**goblin** ['gɔblɪn] n lutin m.

**go-cart** ['gəʊkɑ:t] n kart m; **~ racing** n karting m.

**god** [gɔd] n dieu m; **G~** n Dieu m; **~child** n filleul/e; **~dess** n déesse f; **~father** n parrain m; **~forsaken** a maudit(e); **~mother** n marraine f; **~send** n aubaine f; **~son** n filleul m.

**goggle** ['gɔgl] vi: **to ~ at** regarder avec des yeux ronds; **~s** npl lunettes fpl (protectrices: de motocycliste etc).

**going** ['gəʊɪŋ] n (conditions) état m du terrain // a: **the ~ rate** le tarif (en vigueur); **a ~ concern** une affaire prospère.

**go-kart** ['gəukɑ:t] n = go-cart.

**gold** [gəuld] n or m // a en or; **~en** a *(made of gold)* en or; *(gold in colour)* doré(e); **~en rule/age** règle/âge d'or; **~fish** n poisson m rouge; **~mine** n mine f d'or.

**golf** [gɔlf] n golf m; **~ club** n club m de golf; *(stick)* club m, crosse f de golf; **~ course** n terrain m de golf; **~er** n joueur/euse de golf.

**gondola** ['gɔndələ] n gondole f.

**gone** [gɔn] pp of go // a parti(e).

**gong** [gɔŋ] n gong m.

**good** [gud] a bon(ne); *(kind)* gentil(le); *(child)* sage // n bien m; **~s** npl marchandise f; articles mpl; **she is ~ with children/her hands** elle sait bien s'occuper des enfants/sait se servir de ses mains; **would you be ~ enough to ...?** auriez-vous la bonté or l'amabilité de ...?; **a ~ deal (of)** beaucoup (de); **a ~ many** beaucoup (de); **~ morning/afternoon!** bonjour!; **~ evening!** bonsoir!; **~ night!** bonsoir!; *(on going to bed)* bonne nuit!; **~bye!** au revoir!; **G~ Friday** n Vendredi saint; **~-looking** a bien joli; **~ness** n *(of person)* bonté f; **for ~ness sake!** je vous en prie!; **~ness gracious!** mon Dieu!; **~will** n bonne volonté f; *(COMM)* réputation f *(auprès de la clientèle)*.

**goose**, pl **geese** [gu:s, gi:s] n oie f.

**gooseberry** ['guzbərɪ] n groseille f à maquereau; **to play ~** tenir la chandelle.

**gooseflesh** ['gu:sfleʃ] n chair f de poule.

**gore** [gɔ:*] vt encorner // n sang m.

**gorge** [gɔ:dʒ] n gorge f // vt: **to ~ o.s. (on)** se gorger (de).

**gorgeous** ['gɔ:dʒəs] a splendide, superbe.

**gorilla** [gə'rɪlə] n gorille m.

**gorse** [gɔ:s] n ajoncs mpl.

**gory** ['gɔ:rɪ] a sanglant(e).

**go-slow** ['gəu'sləu] n grève perlée.

**gospel** ['gɔspl] n évangile m.

**gossamer** ['gɔsəmə*] n *(cobweb)* fils mpl de la vierge; *(light fabric)* étoffe très légère.

**gossip** ['gɔsɪp] n bavardages mpl; commérage m, cancans mpl; *(person)* commère f // vi bavarder; *(maliciously)* cancaner, faire des commérages.

**got** [gɔt] pt,pp of get; **~ten** (US) pp of get.

**gout** [gaut] n goutte f.

**govern** ['gʌvn] vt *(gen, LING)* gouverner.

**governess** ['gʌvənɪs] n gouvernante f.

**government** ['gʌvnmənt] n gouvernement m; *(ministers)* ministère m // cpd de l'État; **~al** ['-'mɛntl] a gouvernemental(e).

**governor** ['gʌvənə*] n *(of state, bank)* gouverneur m; *(of school, hospital)* administrateur m.

**Govt** abbr of government.

**gown** [gaun] n robe f; *(of teacher, judge)* toge f.

**G.P.** n abbr see general.

**GPO** n abbr see general.

**grab** [græb] vt saisir, empoigner; *(property, power)* se saisir de.

**grace** [greɪs] n grâce f // vt honorer; **5 days' ~** répit m de 5 jours; **to say ~** dire le bénédicité; *(after meal)* dire les grâces; **~ful** a gracieux(euse), élégant(e); **gracious** ['greɪʃəs] a bienveillant(e); de bonne grâce; miséricordieux(euse).

**gradation** [grə'deɪʃən] n gradation f.

**grade** [greɪd] n *(COMM)* qualité f; calibre m; catégorie f; *(in hierarchy)* grade m, échelon m; *(US: SCOL)* note f; classe f // vt classer; calibrer; graduer; **~ crossing** n (US) passage m à niveau.

**gradient** ['greɪdɪənt] n inclinaison f, pente f; *(GEOM)* gradient m.

**gradual** ['grædjuəl] a graduel(le), progressif(ive); **~ly** ad peu à peu, graduellement.

**graduate** n ['grædjuɪt] diplômé/e d'université // vi ['grædjueɪt] obtenir un diplôme d'université; **graduation** [-'eɪʃən] n cérémonie f de remise des diplômes.

**graft** [grɑ:ft] n *(AGR, MED)* greffe f; *(bribery)* corruption f // vt greffer; **hard ~** n *(col)* boulot acharné.

**grain** [greɪn] n grain m; **it goes against the ~** cela va à l'encontre de sa *(or ma)* nature.

**gram** [græm] n gramme m.

**grammar** ['græmə*] n grammaire f.

**grammatical** [grə'mætɪkl] a grammatical(e).

**gramme** [græm] n = gram.

**gramophone** ['græməfəun] n gramophone m.

**granary** ['grænərɪ] n grenier m.

**grand** [grænd] a magnifique, splendide; noble; **~children** npl petits-enfants mpl; **~dad** n grand-papa m; **~daughter** n petite-fille f; **~eur** ['grændjə*] n grandeur f, noblesse f; **~father** n grand-père m; **~iose** ['grændɪəuz] a grandiose; *(pej)* pompeux(euse); **~ma** n grand-maman f; **~mother** n grand-mère f; **~pa** n = **~dad**; **~ piano** n piano m à queue; **~son** n petit-fils m; **~stand** n *(SPORT)* tribune f.

**granite** ['grænɪt] n granit m.

**granny** ['grænɪ] n grand-maman f.

**grant** [grɑ:nt] vt accorder; *(a request)* accéder à; *(admit)* concéder // n *(SCOL)* bourse f; *(ADMIN)* subside m, subvention f; **to take sth for ~ed** considérer qch comme acquis or allant de soi.

**granulated** ['grænjuleɪtɪd] a: **~ sugar** n sucre m en poudre.

**granule** ['grænju:l] n granule m.

**grape** [greɪp] n raisin m.

**grapefruit** ['greɪpfru:t] n pamplemousse m.

**graph** [grɑ:f] n graphique m, courbe f; **~ic** a graphique; *(vivid)* vivant(e).

**grapple** ['græpl] vi: **to ~ with** être aux prises avec.

**grasp** [grɑ:sp] vt saisir, empoigner; *(understand)* saisir, comprendre // n *(grip)* prise f; *(fig)* emprise f, pouvoir m; compréhension f, connaissance f; **~ing** a avide.

**grass** [grɑ:s] n herbe f; gazon m; **~hopper** n sauterelle f; **~land** n prairie f; **~ snake** n couleuvre f; **~y** a herbeux(euse).

**grate** [greɪt] n grille f de cheminée // vi grincer // vt *(CULIN)* râper.

**grateful** ['greɪtfʊl] a reconnaissant(e); ~**ly** ad avec reconnaissance.

**grater** ['greɪtə*] n râpe f.

**gratify** ['grætɪfaɪ] vt faire plaisir à; (whim) satisfaire; ~**ing** a agréable; satisfaisant(e).

**grating** ['greɪtɪŋ] n (iron bars) grille f // a (noise) grinçant(e).

**gratitude** ['grætɪtjuːd] n gratitude f.

**gratuitous** [grə'tjuːɪtəs] a gratuit(e).

**gratuity** [grə'tjuːɪtɪ] n pourboire m.

**grave** [greɪv] n tombe f // a grave, sérieux(euse); ~**digger** n fossoyeur m.

**gravel** ['grævl] n gravier m.

**gravestone** ['greɪvstəʊn] n pierre tombale.

**graveyard** ['greɪvjɑːd] n cimetière m.

**gravitate** ['grævɪteɪt] vi graviter.

**gravity** ['grævɪtɪ] n (PHYSICS) gravité f; pesanteur f; (seriousness) gravité f, sérieux m.

**gravy** ['greɪvɪ] n jus m (de viande); sauce f.

**gray** [greɪ] a = grey.

**graze** [greɪz] vi paître, brouter // vt (touch lightly) frôler, effleurer; (scrape) écorcher // n (MED) écorchure f.

**grease** [griːs] n (fat) graisse f; (lubricant) lubrifiant m // vt graisser; lubrifier; ~**gun** n graisseur m; ~**proof paper** n papier sulfurisé; **greasy** a gras(se), graisseux(euse).

**great** [greɪt] a grand(e); (col) formidable; **G~ Britain** n Grande-Bretagne f; ~**grandfather** n arrière-grand-père m; ~**grandmother** n arrière-grand-mère f; ~**ly** ad très, grandement; (with verbs) beaucoup; ~**ness** n grandeur f.

**Grecian** ['griːʃən] a grec(grecque).

**Greece** [griːs] n Grèce f.

**greed** [griːd] n (also: ~**iness**) avidité f; (for food) gourmandise f; ~**ily** ad avidement; avec gourmandise; ~**y** a avide; gourmand(e).

**Greek** [griːk] a grec(grecque) // n Grec/Grecque f; (LING) grec m.

**green** [griːn] a vert(e); (inexperienced) (bien) jeune, naïf(ïve) // n vert m; (stretch of grass) pelouse f; (also: village ~) ≈ place f du village; ~**s** npl légumes verts; ~**gage** n reine-claude f; ~**grocer** n marchand de fruits et légumes; ~**house** n serre f; ~**ish** a verdâtre.

**Greenland** ['griːnlənd] n Groenland m.

**greet** [griːt] vt accueillir; ~**ing** n salutation f; **Christmas/birthday** ~**ings** souhaits mpl de Noël/de bon anniversaire; ~**ing(s) card** n carte f de vœux.

**gregarious** [grə'gɛərɪəs] a grégaire; sociable.

**grenade** [grə'neɪd] n grenade f.

**grew** [gruː] pt of grow.

**grey** [greɪ] a gris(e); (dismal) sombre; ~**haired** a aux cheveux gris; ~**hound** n lévrier m.

**grid** [grɪd] n grille f; (ELEC) réseau m; ~**iron** n gril m.

**grief** [griːf] n chagrin m, douleur f.

**grievance** ['griːvəns] n doléance f, grief m.

**grieve** [griːv] vi avoir du chagrin; se désoler // vt faire de la peine à, affliger; **to ~ at** se désoler de; pleurer.

**grievous** ['griːvəs] a grave; cruel(le).

**grill** [grɪl] n (on cooker) gril m // vt griller; (question) interroger longuement, cuisiner.

**grille** [grɪl] n grillage m; (AUT) calandre f.

**grill(room)** ['grɪl(rʊm)] n rôtisserie f.

**grim** [grɪm] a sinistre, lugubre.

**grimace** [grɪ'meɪs] n grimace f // vi grimacer, faire une grimace.

**grime** [graɪm] n crasse f.

**grimy** ['graɪmɪ] a crasseux(euse).

**grin** [grɪn] n large sourire m // vi sourire.

**grind** [graɪnd] vt (pt, pp ground [graʊnd]) écraser; (coffee, pepper etc) moudre; (make sharp) aiguiser // n (work) corvée f; **to ~ one's teeth** grincer des dents.

**grip** [grɪp] n étreinte f, poigne f; prise f; (handle) poignée f; (holdall) sac m de voyage // vt saisir, empoigner; étreindre; **to come to ~s with** en venir aux prises avec; **to ~ the road** (AUT) adhérer à la route.

**gripe(s)** [graɪp(s)] n(pl) coliques fpl.

**gripping** ['grɪpɪŋ] a prenant(e), palpitant(e).

**grisly** ['grɪzlɪ] a sinistre, macabre.

**gristle** ['grɪsl] n cartilage m (de poulet etc).

**grit** [grɪt] n gravillon m; (courage) cran m // vt (road) sabler; **to ~ one's teeth** serrer les dents.

**grizzle** ['grɪzl] vi pleurnicher.

**groan** [grəʊn] n gémissement m; grognement m // vi gémir; grogner.

**grocer** ['grəʊsə*] n épicier m; **at the ~'s** à l'épicerie, chez l'épicier; ~**ies** npl provisions fpl.

**grog** [grɔg] n grog m.

**groggy** ['grɔgɪ] a groggy inv.

**groin** [grɔɪn] n aine f.

**groom** [gruːm] n palefrenier m; (also: **bride~**) marié m // vt (horse) panser; (fig): **to ~ sb for** former qn pour.

**groove** [gruːv] n sillon m, rainure f.

**grope** [grəʊp] vi tâtonner; **to ~ for** vt fus chercher à tâtons.

**gross** [grəʊs] a grossier(ère); (COMM) brut(e); ~**ly** ad (greatly) très, grandement.

**grotesque** [grə'tɛsk] a grotesque.

**grotto** ['grɔtəʊ] n grotte f.

**ground** [graʊnd] pt, pp of **grind** // n sol m, terre f; (land) terrain m, terres fpl; (SPORT) terrain m; (reason: gen pl) raison f // vt (plane) empêcher de décoller, retenir au sol // vi (ship) s'échouer; ~**s** npl (of coffee etc) marc m; (gardens etc) parc m, domaine m; **on the ~, to the ~** par terre; ~ **floor** n rez-de-chaussée m; ~**ing** n (in education) connaissances fpl de base; ~**less** a sans fondement; ~**sheet** n tapis m de sol; ~ **staff** n équipage m au sol; ~**work** n préparation f.

**group** [gruːp] n groupe m // vt (also: ~ **together**) grouper // vi (also: ~ **together**) se grouper.

**grouse** [graʊs] n, pl inv (bird) grouse f (sorte de coq de bruyère) // vi (complain) rouspéter, râler.

**grove** [grəʊv] n bosquet m.

**grovel** ['grɔvl] *vi* (*fig*): **to ~ (before)** ramper (devant).

**grow**, *pt* **grew**, *pp* **grown** [grəu, gru:, grəun] *vi* (*plant*) pousser, croître ; (*person*) grandir ; (*increase*) augmenter, se dévelop- per ; (*become*): **to ~ rich/weak** s'enrichir/s'affaiblir // *vt* cultiver, faire pousser ; **to ~ up** *vi* grandir ; **~er** *n* producteur *m* ; **~ing** *a* (*fear, amount*) croissant(e), grandissant(e).

**growl** [graul] *vi* grogner.

**grown** [grəun] *pp of* **grow** // *a* adulte ; **~-up** *n* adulte *m/f*, grande personne.

**growth** [grəuθ] *n* croissance *f*, développement *m* ; (*what has grown*) pousse *f* ; poussée *f* ; (MED) grosseur *f*, tumeur *f*.

**grub** [grʌb] *n* larve *f* ; (*col: food*) bouffe *f*.

**grubby** ['grʌbɪ] *a* crasseux(euse).

**grudge** [grʌdʒ] *n* rancune *f* // *vt*: **to ~ sb sth** donner qch à qn à contre-cœur ; reprocher qch à qn ; **to bear sb a ~ (for)** garder rancune *or* en vouloir à qn (de) ; **he ~s spending** il rechigne à dépenser ; **grudgingly** *ad* à contre-cœur, de mauvaise grâce.

**gruelling** ['gruəlɪŋ] *a* exténuant(e).

**gruesome** ['gru:səm] *a* horrible.

**gruff** [grʌf] *a* bourru(e).

**grumble** ['grʌmbl] *vi* rouspéter, ronchonner.

**grumpy** ['grʌmpɪ] *a* grincheux (euse).

**grunt** [grʌnt] *vi* grogner // *n* grognement *m*.

**G-string** ['dʒi:strɪŋ] *n* (*garment*) cache- sexe *m inv*.

**guarantee** [gærən'ti:] *n* garantie *f* // *vt* garantir.

**guarantor** [gærən'tɔ:*] *n* garant/e.

**guard** [gɑ:d] *n* garde *f*, surveillance *f* ; (*squad, BOXING, FENCING*) garde *f* ; (*one man*) garde *m* ; (RAIL) chef *m* de train // *vt* garder, surveiller ; **~ed** *a* (*fig*) prudent(e) ; **~ian** *n* gardien/ne ; (*of minor*) tuteur/trice ; **~'s van** *n* (RAIL) fourgon *m*.

**guerrilla** [gə'rɪlə] *n* guérillero *m* ; **~ warfare** *n* guérilla *f*.

**guess** [gɛs] *vi* deviner // *vt* deviner ; (US) croire, penser // *n* supposition *f*, hypothèse *f* ; **to take/have a ~** essayer de deviner ; **~work** *n* hypothèse *f*.

**guest** [gɛst] *n* invité/e ; (*in hotel*) client/e ; **~-house** *n* pension *f* ; **~ room** *n* chambre *f* d'amis.

**guffaw** [gʌ'fɔ:] *n* gros rire // *vi* pouffer de rire.

**guidance** ['gaɪdəns] *n* conseils *mpl* ; **under the ~ of** conseillé(e) *or* encadré(e) par, sous la conduite de.

**guide** [gaɪd] *n* (*person, book etc*) guide *m* // *vt* guider ; (**girl**) **~** *n* guide *f* ; **~book** *n* guide *m* ; **~d missile** *n* missile téléguidé ; **~ dog** *n* chien *m* d'aveugle ; **~ lines** *npl* (*fig*) instructions générales, conseils *mpl*.

**guild** [gɪld] *n* corporation *f* ; cercle *m*, association *f* ; **~hall** *n* (*Brit*) hôtel *m* de ville.

**guile** [gaɪl] *n* astuce *f* ; **~less** *a* candide.

**guillotine** ['gɪləti:n] *n* guillotine *f* ; (*for paper*) massicot *m*.

**guilt** [gɪlt] *n* culpabilité *f* ; **~y** *a* coupable.

**guinea** ['gɪnɪ] *n* (*Brit*) guinée *f* (= *21 shillings: cette monnaie de compte ne s'emploie plus*).

**guinea pig** ['gɪnɪpɪg] *n* cobaye *m*.

**guise** [gaɪz] *n* aspect *m*, apparence *f*.

**guitar** [gɪ'tɑ:*] *n* guitare *f* ; **~ist** *n* guitariste *m/f*.

**gulf** [gʌlf] *n* golfe *m* ; (*abyss*) gouffre *m*.

**gull** [gʌl] *n* mouette *f*.

**gullet** ['gʌlɪt] *n* gosier *m*.

**gullible** ['gʌlɪbl] *a* crédule.

**gully** ['gʌlɪ] *n* ravin *m* ; ravine *f* ; couloir *m*.

**gulp** [gʌlp] *vi* avaler sa salive ; (*from emotion*) avoir la gorge serrée, s'étrangler // *vt* (*also: ~ down*) avaler // *n*: **at one ~** d'un seul coup.

**gum** [gʌm] *n* (ANAT) gencive *f* ; (*glue*) colle *f* ; (*sweet*) boule *f* de gomme ; (*also:* **chewing-~**) chewing-gum *m* // *vt* coller ; **~boil** *n* abcès *m* dentaire ; **~boots** *npl* bottes *fpl* en caoutchouc.

**gumption** ['gʌmpʃən] *n* bon sens, jugeote *f*.

**gun** [gʌn] *n* (*small*) revolver *m*, pistolet *m* ; (*rifle*) fusil *m*, carabine *f* ; (*cannon*) canon *m* ; **~boat** *n* canonnière *f* ; **~fire** *n* fusillade *f* ; **~man** *n* bandit armé ; **~ner** *n* artilleur *m* ; **at ~point** sous la menace du pistolet (*or* fusil) ; **~powder** *n* poudre *f* à canon ; **~shot** *n* coup *m* de feu ; **within ~shot** à portée de fusil ; **~smith** *n* armurier *m*.

**gurgle** ['gə:gl] *n* gargouillis *m* // *vi* gargouiller.

**gush** [gʌʃ] *n* jaillissement *m*, jet *m* // *vi* jaillir ; (*fig*) se répandre en effusions.

**gusset** ['gʌsɪt] *n* gousset *m*, soufflet *m*.

**gust** [gʌst] *n* (*of wind*) rafale *f* ; (*of smoke*) bouffée *f*.

**gusto** ['gʌstəu] *n* enthousiasme *m*.

**gut** [gʌt] *n* intestin *m*, boyau *m* ; (MUS etc) boyau *m* ; **~s** *npl* (*courage*) cran *m*.

**gutter** ['gʌtə*] *n* (*of roof*) gouttière *f* ; (*in street*) caniveau *m* ; (*fig*) ruisseau *m*.

**guttural** ['gʌtərl] *a* guttural(e).

**guy** [gaɪ] *n* (*also:* **~rope**) corde *f* ; (*col: man*) type *m* ; (*figure*) effigie de Guy Fawkes.

**guzzle** ['gʌzl] *vi* s'empiffrer // *vt* avaler gloutonnement.

**gym** [dʒɪm] *n* (*also:* **gymnasium**) gymnase *m* ; (*also:* **gymnastics**) gym *f* ; **~ shoes** *npl* chaussures *fpl* de gym(nastique) ; **~ slip** *n* tunique *f* (d'écolière).

**gymnast** ['dʒɪmnæst] *n* gymnaste *m/f* ; **~ics** [-'næstɪks] *n, npl* gymnastique *f*.

**gynaecologist, gynecologist** (US) [gaɪnɪ'kɔlədʒɪst] *n* gynécologue *m/f*.

**gynaecology, gynecology** (US) [gaɪnə'kɔlədʒɪ] *n* gynécologie *f*.

**gypsy** ['dʒɪpsɪ] *n* = **gipsy**.

**gyrate** [dʒaɪ'reɪt] *vi* tournoyer.

# H

**haberdashery** ['hæbə'dæʃərɪ] *n* mercerie *f*.

**habit** ['hæbɪt] *n* habitude *f* ; (*costume*) habit *m*, tenue *f*.

**habitable** ['hæbɪtəbl] a habitable.

**habitation** [hæbɪ'teɪʃən] n habitation f.

**habitual** [hə'bɪtjuəl] a habituel(le); (drinker, liar) invétéré(e); ~ly ad habituellement, d'habitude.

**hack** [hæk] vt hacher, tailler // n (cut) entaille f; (blow) coup m; (pej: writer) nègre m.

**hackney cab** ['hæknɪ'kæb] n fiacre m.

**hackneyed** ['hæknɪd] a usé(e), rebattu(e).

**had** [hæd] pt, pp of **have**.

**haddock**, pl ~ or ~s ['hædək] n églefin m; smoked ~ haddock m.

**hadn't** ['hædnt] = **had not**.

**haemorrhage**, **hemorrhage** (US) ['hemərɪdʒ] n hémorragie f.

**haemorrhoids**, **hemorrhoids** (US) ['hemərɔɪdz] npl hémorroïdes fpl.

**haggard** ['hægəd] a hagard(e), égaré(e).

**haggle** ['hægl] vi marchander; **to ~ over** chicaner sur; **haggling** n marchandage m.

**Hague** [heɪg] n: **The ~** La Haye.

**hail** [heɪl] n grêle f // vt (call) héler; (greet) acclamer // vi grêler; ~**stone** n grêlon m.

**hair** [hɛə*] n cheveux mpl; (single hair: on head) cheveu m; (: on body) poil m; **to do one's ~** se coiffer; ~**brush** n brosse f à cheveux; ~**cut** n coupe f (de cheveux); ~**do** ['hɛədu:] n coiffure f; ~**dresser** n coiffeur/euse; ~**drier** n sèche-cheveux m; ~**net** n résille f; ~**oil** n huile f capillaire; ~**piece** n postiche m; ~**pin** n épingle f à cheveux; ~**pin bend** n virage m en épingle à cheveux; ~**raising** a à (vous) faire dresser les cheveux sur la tête; ~**remover** n dépilateur m; ~**spray** n laque f (pour les cheveux); ~**style** n coiffure f; ~**y** a poilu(e); chevelu(e); (fig) effrayant(e).

**hake** [heɪk] n colin m, merlu m.

**half** [hɑ:f] n (pl: **halves** [hɑ:vz]) moitié f // a demi(e) // ad (à) moitié, à demi; ~**an-hour** une demi-heure; **two and a ~** deux et demi; **a week and a ~** une semaine et demie; ~ **(of it)** la moitié; ~ **(of)** la moitié de; ~ **the amount of** la moitié de; **to cut sth in** ~ couper qch en deux; ~**back** n (SPORT) demi m; ~**breed**, ~**caste** n métis/se; ~**hearted** a tiède, sans enthousiasme; ~**hour** n demi-heure f; ~**penny** ['heɪpnɪ] n demi-penny m; (at) ~**price** à moitié prix; ~**time** n mi-temps f; ~**way** ad à mi-chemin.

**halibut** ['hælɪbət] n, pl inv flétan m.

**hall** [hɔ:l] n salle f; (entrance way) hall m, entrée f; (corridor) couloir m; (mansion) château m, manoir m; ~ **of residence** n pavillon m or résidence f universitaire.

**hallmark** ['hɔ:lmɑ:k] n poinçon m; (fig) marque f.

**hallo** [hə'ləu] excl = **hello**.

**hallucination** [həlu:sɪ'neɪʃən] n hallucination f.

**halo** ['heɪləu] n (of saint etc) auréole f; (of sun) halo m.

**halt** [hɔ:lt] n halte f, arrêt m // vt faire arrêter // vi faire halte, s'arrêter.

**halve** [hɑ:v] vt (apple etc) partager or diviser en deux; (expense) réduire de moitié.

**halves** [hɑ:vz] npl of **half**.

**ham** [hæm] n jambon m.

**hamburger** ['hæmbə:gə*] n hamburger m.

**hamstring** ['hæmstrɪŋ] n (ANAT) tendon m du jarret.

**hamlet** ['hæmlɪt] n hameau m.

**hammer** ['hæmə*] n marteau m // vt (fig) éreinter, démolir.

**hammock** ['hæmək] n hamac m.

**hamper** ['hæmpə*] vt gêner // n panier m (d'osier).

**hand** [hænd] n main f; (of clock) aiguille f; (handwriting) écriture f; (at cards) jeu m; (worker) ouvrier/ère m // vt passer, donner; **to give sb a** ~ donner un coup de main à qn; **at** ~ à portée de la main; **in** ~ en main; (work) en cours; **on the one** ~ ..., **on the other** ~ d'une part ..., d'autre part; **to** ~ **in** vt remettre; **to** ~ **out** vt distribuer; **to** ~ **over** vt transmettre; céder; ~**bag** n sac m à main; ~**ball** n handball m; ~**basin** n lavabo m; ~**book** n manuel m; ~**brake** n frein m à main; ~ **cream** n crème f pour les mains; ~**cuffs** npl menottes fpl; ~**ful** n poignée f.

**handicap** ['hændɪkæp] n handicap m // vt handicaper.

**handicraft** ['hændɪkrɑ:ft] n travail m d'artisanat, technique artisanale.

**handkerchief** ['hæŋkətʃɪf] n mouchoir m.

**handle** ['hændl] n (of door etc) poignée f; (of cup etc) anse f; (of knife etc) manche m; (of saucepan) queue f; (for winding) manivelle f // vt toucher, manier; (deal with) s'occuper de; (treat: people) prendre; '~ **with care**' 'fragile'; ~**bar(s)** n(pl) guidon m.

**hand-luggage** ['hændlʌgɪdʒ] n bagages mpl à main.

**handmade** ['hændmeɪd] a fait(e) à la main.

**handout** ['hændaut] n documentation f, prospectus m.

**handshake** ['hændʃeɪk] n poignée f de main.

**handsome** ['hænsəm] a beau(belle); généreux(euse); considérable.

**handwriting** ['hændraɪtɪŋ] n écriture f.

**handwritten** ['hændrɪtn] a manuscrit(e), écrit(e) à la main.

**handy** ['hændɪ] a (person) adroit(e); (close at hand) sous la main; (convenient) pratique; **handyman** n bricoleur m; (servant) homme m à tout faire.

**hang**, pt, pp **hung** [hæŋ, hʌŋ] vt accrocher; (criminal: pt,pp **hanged**) pendre // vi pendre; (hair, drapery) tomber; **to** ~ **about** vi flâner, traîner; **to** ~ **on** vi (wait) attendre; **to** ~ **up** vi (TEL) raccrocher // vt accrocher, suspendre.

**hangar** ['hæŋə*] n hangar m.

**hanger** ['hæŋə*] n cintre m, portemanteau m.

**hanger-on** [hæŋər'ɔn] n parasite m.

**hang-gliding** ['hæŋglaɪdɪŋ] n vol m libre or sur aile delta.

**hangover** ['hæŋəuvə*] n (after drinking) gueule f de bois.

**hang-up** ['hæŋʌp] n complexe m.

**hank** [hæŋk] *n* écheveau *m*.
**hanker** ['hæŋkə*] *vi*: **to ~ after** avoir envie de.
**hankie, hanky** ['hæŋkɪ] *n abbr of* **handkerchief**.
**haphazard** [hæp'hæzəd] *a* fait(e) au hasard, fait(e) au petit bonheur.
**happen** ['hæpən] *vi* arriver; se passer, se produire; **as it ~s** justement; **~ing in** *n* événement *m*.
**happily** ['hæpɪlɪ] *ad* heureusement.
**happiness** ['hæpɪnɪs] *n* bonheur *m*.
**happy** ['hæpɪ] *a* heureux(euse); **~ with** (*arrangements etc*) satisfait(e) de; **~go-lucky** *a* insouciant(e).
**harass** ['hærəs] *vt* accabler, tourmenter; **~ment** *n* tracasseries *fpl*.
**harbour, harbor** (*US*) ['hɑ:bə*] *n* port *m* // *vt* héberger, abriter; **~ master** *n* capitaine *m* du port.
**hard** [hɑ:d] *a* dur(e) // *ad* (*work*) dur; (*think, try*) sérieusement; **to drink ~** boire sec; **~ luck!** pas de veine!; **no ~ feelings!** sans rancune!; **to be ~ of hearing** être dur(e) d'oreille; **to be ~ done by** être traité(e) injustement; **~back** *n* livre relié; **~board** *n* Isorel *m* ®; **~-boiled egg** *n* œuf dur; **~ cash** *n* espèces *fpl*; **~en** *vt* durcir; (*fig*) endurcir // *vi* durcir; **~ening** *n* durcissement *m*; **~-headed** *a* réaliste; décidé(e); **~ labour** *n* travaux forcés.
**hardly** ['hɑ:dlɪ] *ad* (*scarcely*) à peine; **it's ~ the case** ce n'est guère le cas; **~ anywhere** presque nulle part.
**hardness** ['hɑ:dnɪs] *n* dureté *f*.
**hard sell** ['hɑ:d'sɛl] *n* (*COMM*) promotion de ventes agressive.
**hardship** ['hɑ:dʃɪp] *n* épreuves *fpl*; privations *fpl*.
**hard-up** [hɑ:d'ʌp] *a* (*col*) fauché(e).
**hardware** ['hɑ:dwɛə*] *n* quincaillerie *f*; (*COMPUTERS*) matériel *m*; **~ shop** *n* quincaillerie *f*.
**hard-wearing** [hɑ:d'wɛərɪŋ] *a* solide.
**hard-working** [hɑ:d'wə:kɪŋ] *a* travailleur(euse).
**hardy** ['hɑ:dɪ] *a* robuste; (*plant*) résistant(e) au gel.
**hare** [hɛə*] *n* lièvre *m*; **~-brained** *a* farfelu(e); écervelé(e); **~lip** *n* (*MED*) bec-de-lièvre *m*.
**harem** [hɑ:'ri:m] *n* harem *m*.
**harm** [hɑ:m] *n* mal *m*; (*wrong*) tort *m* // *vt* (*person*) faire du mal *or* du tort à; (*thing*) endommager; **to mean no ~** ne pas avoir de mauvaises intentions; **out of ~'s way** à l'abri du danger, en lieu sûr; **~ful** *a* nuisible; **~less** *a* inoffensif(ive); sans méchanceté.
**harmonic** [hɑ:'mɔnɪk] *a* harmonique.
**harmonica** [hɑ:'mɔnɪkə] *n* harmonica *m*.
**harmonics** [hɑ:'mɔnɪks] *npl* harmoniques *mpl* or *fpl*.
**harmonious** [hɑ:'məunɪəs] *a* harmonieux(euse).
**harmonium** [hɑ:'məunɪəm] *n* harmonium *m*.
**harmonize** ['hɑ:mənaɪz] *vt* harmoniser // *vi* s'harmoniser.

**harmony** ['hɑ:mənɪ] *n* harmonie *f*.
**harness** ['hɑ:nɪs] *n* harnais *m* // *vt* (*horse*) harnacher; (*resources*) exploiter.
**harp** [hɑ:p] *n* harpe *f* // *vi*: **to ~ on about** parler tout le temps de; **~ist** *n* harpiste *m/f*.
**harpoon** [hɑ:'pu:n] *n* harpon *m*.
**harpsichord** ['hɑ:psɪkɔ:d] *n* clavecin *m*.
**harrow** ['hærəu] *n* (*AGR*) herse *f*.
**harrowing** ['hærəuɪŋ] *a* déchirant(e).
**harsh** [hɑ:ʃ] *a* (*hard*) dur(e); (*severe*) sévère; (*rough: surface*) rugueux(euse); (*unpleasant: sound*) discordant(e); (*: colour*) criard(e); cru(e); (*: wine*) âpre; **~ly** *ad* durement; sévèrement; **~ness** *n* dureté *f*; sévérité *f*.
**harvest** ['hɑ:vɪst] *n* (*of corn*) moisson *f*; (*of fruit*) récolte *f*; (*of grapes*) vendange *f* // *vi* moissonner; récolter; vendanger; **~er** *n* (*machine*) moissonneuse *f*.
**has** [hæz] *see* **have**.
**hash** [hæʃ] *n* (*CULIN*) hachis *m*; (*fig: mess*) gâchis *m*; *also abbr of* **hashish**.
**hashish** ['hæʃɪʃ] *n* haschisch *m*.
**hassle** ['hæsl] *n* chamaillerie *f*.
**haste** [heɪst] *n* hâte *f*; précipitation *f*; **~n** ['heɪsn] *vt* hâter, accélérer // *vi* se hâter, s'empresser; **hastily** *ad* à la hâte; précipitamment; **hasty** *a* hâtif(ive); précipité(e).
**hat** [hæt] *n* chapeau *m*; **~box** *n* carton *m* à chapeau.
**hatch** [hætʃ] *n* (*NAUT: also:* **~way**) écoutille *f*; (*also:* **service ~**) passe-plats *m inv* // *vi* éclore // *vt* faire éclore; (*plot*) tramer.
**hatchback** ['hætʃbæk] *n* (*AUT*) modèle *m* avec hayon arrière.
**hatchet** ['hætʃɪt] *n* hachette *f*.
**hate** [heɪt] *vt* haïr, détester // *n* haine *f*; **to ~ to do** *or* **doing** détester faire; **~ful** *a* odieux(euse), détestable.
**hatred** ['heɪtrɪd] *n* haine *f*.
**hat trick** ['hættrɪk] *n* (*SPORT, also fig*) triplé *m* (*3 buts réussis au cours du même match etc*).
**haughty** ['hɔ:tɪ] *a* hautain(e), arrogant(e).
**haul** [hɔ:l] *vt* traîner, tirer; (*by lorry*) camionner; (*NAUT*) haler // *n* (*of fish*) prise *f*; (*of stolen goods etc*) butin *m*; **~age** *n* halage *m*; camionnage *m*; **~ier** *n* transporteur (routier), camionneur *m*.
**haunch** [hɔ:ntʃ] *n* hanche *f*; **~ of venison** *n* cuissot *m* de chevreuil.
**haunt** [hɔ:nt] *vt* (*subj: ghost, fear*) hanter; (*: person*) fréquenter // *n* repaire *m*.
**have** *pt,pp* **had** [hæv, hæd] *vt* avoir; (*meal, shower*) prendre; **to ~ sth done** faire faire qch; **he had a suit made** il s'est fait faire un costume; **she has to do it** il faut qu'elle le fasse, elle doit le faire; **I had better leave** je ferais mieux de partir; **to ~ it out with sb** s'expliquer (franchement) avec qn; **I won't ~ it** cela ne se passera pas ainsi; **he's been had** (*col*) il s'est fait avoir *or* rouler.
**haven** ['heɪvn] *n* port *m*; (*fig*) havre *m*.
**haversack** ['hævəsæk] *n* sac *m* à dos.
**havoc** ['hævək] *n* ravages *mpl*; **to play ~ with** (*fig*) désorganiser; détraquer.

hawk [hɔ:k] n faucon m.

hawker ['hɔ:kə*] n colporteur m.

hay [heɪ] n foin m; ~ fever n rhume m des foins; ~stack n meule f de foin.

haywire ['heɪwaɪə*] a (col): to go ~ perdre la tête; mal tourner.

hazard ['hæzəd] n hasard m, chance f; danger m, risque m // vt risquer, hasarder; ~ous a hasardeux(euse), risqué(e).

haze [heɪz] n brume f.

hazelnut ['heɪzlnʌt] n noisette f.

hazy ['heɪzɪ] a brumeux(euse); (idea) vague; (photograph) flou(e).

he [hi:] pronoun il; it is ~ who ... c'est lui qui ...; here ~ is le voici; ~-bear n ours m mâle.

head [hɛd] n tête f; (leader) chef m // vt (list) être en tête de; (group) être à la tête de; ~s (on coin) (le côté) face; ~s or tails pile ou face; to ~ the ball faire une tête; to ~ for vt fus se diriger vers; ~ache n mal m de tête; ~ cold n rhume m de cerveau; ~ing n titre m; rubrique f; ~lamp n phare m; ~land n promontoire m, cap m; ~light = ~lamp; ~line n titre m; ~long a (fall) la tête la première; (rush) tête baissée; ~master n directeur m, proviseur m; ~mistress n directrice f; ~ office n bureau central; ~-on a (collision) de plein fouet; ~phones npl casque m (à écouteurs); ~quarters (HQ) npl bureau or siège central; (MIL) quartier général; ~rest n appui-tête m; ~room n (in car) hauteur f de plafond; (under bridge) hauteur limite; dégagement m; ~scarf n foulard m; ~strong a têtu(e), entêté(e); ~ waiter n maître m d'hôtel; ~way n avance f, progrès m; ~wind n vent m contraire; ~y a capiteux(euse); enivrant(e).

heal [hi:l] vt, vi guérir.

health [hɛlθ] n santé f; ~ food shop n magasin m diététique; the H~ Service ≈ la Sécurité Sociale; ~y a (person) en bonne santé; (climate, food, attitude etc) sain(e).

heap [hi:p] n tas m, monceau m // vt entasser, amonceler.

hear, pt, pp heard [hɪə*, hə:d] vt entendre; (news) apprendre; (lecture) assister à, écouter // vi entendre; to ~ about avoir des nouvelles de; entendre parler de; did you ~ about the move? tu es au courant du déménagement?; to ~ from sb recevoir des nouvelles de qn; ~ing n (sense) ouïe f; (of witnesses) audition f; (of a case) audience f; (of committee) séance f; ~ing aid n appareil m acoustique; by ~say ad par ouï-dire m.

hearse [hə:s] n corbillard m.

heart [hɑ:t] n cœur m; ~s npl (CARDS) cœur; at ~ au fond; by ~ (learn, know) par cœur; to lose ~ perdre courage, se décourager; ~ attack n crise f cardiaque; ~beat n battement m de cœur; ~breaking a navrant(e), déchirant(e); to be ~broken voir beaucoup de chagrin; ~burn n brûlures fpl d'estomac; ~failure n arrêt m du cœur; ~felt a sincère.

hearth [hɑ:θ] n foyer m, cheminée f.

heartily ['hɑ:tɪlɪ] ad chaleureusement; (laugh) de bon cœur; (eat) de bon appétit; to agree ~ être entièrement d'accord.

heartless ['hɑ:tlɪs] a sans cœur, insensible; cruel(le).

heartwarming ['hɑ:twɔ:mɪŋ] a réconfortant(e).

hearty ['hɑ:tɪ] a chaleureux(euse); robuste; vigoureux(euse).

heat [hi:t] n chaleur f; (fig) ardeur f; feu m; (SPORT: also: qualifying ~) éliminatoire f // vt chauffer; to ~ up vi (liquids) chauffer; (room) se réchauffer // vt réchauffer; ~ed a chauffé(e); (fig) passionné(e); échauffé(e), excité(e); ~er n appareil m de chauffage; radiateur m.

heath [hi:θ] n (Brit) lande f.

heathen ['hi:ðn] a, n païen(ne).

heather ['hɛðə*] n bruyère f.

heating ['hi:tɪŋ] n chauffage m.

heatstroke ['hi:tstrəuk] n coup m de chaleur.

heatwave ['hi:tweɪv] n vague f de chaleur.

heave [hi:v] vt soulever (avec effort) // vi se soulever // n nausée f, haut-le-cœur m; (push) poussée f.

heaven ['hɛvn] n ciel m, paradis m; ~ forbid! surtout pas!; ~ly a céleste, divin(e).

heavily ['hɛvɪlɪ] ad lourdement; (drink, smoke) beaucoup; (sleep, sigh) profondément.

heavy ['hɛvɪ] a lourd(e); (work, sea, rain, eater) gros(se); (drinker, smoker) grand(e); it's ~ going ça ne va pas tout seul, c'est pénible; ~weight n (SPORT) poids lourd.

Hebrew ['hi:bru:] a hébraïque // n (LING) hébreu m.

heckle ['hɛkl] vt interpeller (un orateur).

hectare ['hɛktɑ:*] n hectare m.

hectic ['hɛktɪk] a agité(e), trépidant(e).

he'd [hi:d] = he would, he had.

hedge [hɛdʒ] n haie f // vi se défiler; to ~ one's bets (fig) se couvrir; to ~ in vt entourer d'une haie.

hedgehog ['hɛdʒhɔg] n hérisson m.

heed [hi:d] vt (also: take ~ of) tenir compte de, prendre garde à; ~less a insouciant(e).

heel [hi:l] n talon m // vt (shoe) retalonner; to bring sb to ~ rappeler qn à l'ordre.

hefty ['hɛftɪ] a (person) costaud(e); (parcel) lourd(e); (piece, price) gros(se).

heifer ['hɛfə*] n génisse f.

height [haɪt] n (of person) taille f, grandeur f; (of object) hauteur f; (of plane, mountain) altitude f; (high ground) hauteur, éminence f; (fig: of glory) sommet m; (: of stupidity) comble m; ~en vt hausser, surélever; (fig) augmenter.

heir [ɛə*] n héritier m; ~ess n héritière f; ~loom n meuble m (or bijou m or tableau m) de famille.

held [hɛld] pt, pp of hold.

helicopter ['hɛlɪkɔptə*] n hélicoptère m.

helium ['hi:lɪəm] n hélium m.

hell [hɛl] n enfer m; a ~ of a... (col) un(e) sacré(e)... .

he'll [hi:l] = he will, he shall.

**hellish** ['hɛlɪʃ] a infernal(e).

**hello** [hə'ləu] excl bonjour! ; salut! (to sb one addresses as 'tu') ; (surprise) tiens!

**helm** [hɛlm] n (NAUT) barre f.

**helmet** ['hɛlmɪt] n casque m.

**helmsman** ['hɛlmzmən] n timonier m.

**help** [hɛlp] n aide f ; (charwoman) femme f de ménage ; (assistant etc) employé/e // vt aider ; ~! au secours! ; ~ yourself (to bread) servez-vous (de pain) ; **I can't ~ saying** je ne peux pas m'empêcher de dire ; **he can't ~** it il n'y peut rien ; ~**er** n aide m/f, assistant/e ; ~**ful** a serviable, obligeant(e) ; (useful) utile ; ~**ing** n portion f ; ~**less** a impuissant(e) ; faible.

**hem** [hɛm] n ourlet m // vt ourler ; **to ~ in** vt cerner.

**hemisphere** ['hɛmɪsfɪə*] n hémisphère m.

**hemorrhage** ['hɛmərɪdʒ] n (US) = **haemorrhage**.

**hemorrhoids** ['hɛmərɔɪdz] npl (US) = **haemorrhoids**.

**hemp** [hɛmp] n chanvre m.

**hen** [hɛn] n poule f.

**hence** [hɛns] ad (therefore) d'où, de là ; **2 years ~** d'ici 2 ans ; ~**forth** ad dorénavant.

**henchman** ['hɛntʃmən] n (pej) acolyte m, séide m.

**henpecked** ['hɛnpɛkt] a dominé par sa femme.

**her** [həː*] pronoun (direct) la, l' + vowel or h mute ; (indirect) lui ; (stressed, after prep) elle ; see note at **she** // a son(sa, ses pl ; **I see ~** je la vois ; **give ~ a book** donne-lui un livre ; **after ~** après elle.

**herald** ['hɛrəld] n héraut m // vt annoncer.

**heraldry** ['hɛrəldrɪ] n héraldique f.

**herb** [həːb] n herbe f ; ~**s** npl (CULIN) fines herbes.

**herd** [həːd] n troupeau m // vt : ~**ed together** parqués (comme du bétail).

**here** [hɪə*] ad ici // excl tiens!, tenez! ; ~! présent! ; ~'**s my sister** voici ma sœur ; **~ she is** la voici ; **~ she comes** la voici qui vient ; ~**after** ad après, plus tard ; ci-après // n: **the ~after** l'au-delà m ; ~**by** ad (in letter) par la présente.

**hereditary** [hɪ'rɛdɪtrɪ] a héréditaire.

**heredity** [hɪ'rɛdɪtɪ] n hérédité f.

**heresy** ['hɛrəsɪ] n hérésie f.

**heretic** ['hɛrətɪk] n hérétique m/f ; ~**al** [hɪ'rɛtɪkl] a hérétique.

**herewith** [hɪə'wɪð] ad avec ceci, ci-joint.

**heritage** ['hɛrɪtɪdʒ] n héritage m.

**hermetically** [həː'mɛtɪklɪ] ad hermétiquement.

**hermit** ['həːmɪt] n ermite m.

**hernia** ['həːnɪə] n hernie f.

**hero, ~es** ['hɪərəu] n héros m ; ~**ic** [hɪ'rəuɪk] a héroïque.

**heroin** ['hɛrəuɪn] n héroïne f.

**heroine** ['hɛrəuɪn] n héroïne f.

**heroism** ['hɛrəuɪzm] n héroïsme m.

**heron** ['hɛrən] n héron m.

**herring** ['hɛrɪŋ] n hareng m.

**hers** [həːz] pronoun le(la) sien(ne), les siens(siennes).

**herself** [həː'sɛlf] pronoun (reflexive) se ; (emphatic) elle-même ; (after prep) elle.

**he's** [hiːz] = **he is, he has**.

**hesitant** ['hɛzɪtənt] a hésitant(e), indécis(e).

**hesitate** ['hɛzɪteɪt] vi: **to ~ (about/to do)** hésiter (sur/à faire) ; **hesitation** ['-teɪʃən] n hésitation f.

**hessian** ['hɛsɪən] n toile f de jute.

**het up** [hɛt'ʌp] a agité(e), excité(e).

**hew** [hjuː] vt tailler (à la hache).

**hexagon** ['hɛksəgən] n hexagone m ; ~**al** [-'sægənl] a hexagonal(e).

**heyday** ['heɪdeɪ] n: **the ~ of** l'âge m d'or de, les beaux jours de.

**hi** [haɪ] excl salut!

**hibernate** ['haɪbəneɪt] vi hiberner.

**hiccough, hiccup** ['hɪkʌp] vi hoqueter // n hoquet m ; **to have (the) ~s** avoir le hoquet.

**hid** [hɪd] pt of **hide**.

**hidden** ['hɪdn] pp of **hide**.

**hide** [haɪd] n (skin) peau f // vb (pt **hid**, pp **hidden** [hɪd, 'hɪdn]) vt: **to ~ sth (from sb)** cacher qch (à qn) // vi: **to ~ (from sb)** se cacher de qn ; ~-**and-seek** n cache-cache m ; ~**away** n cachette f.

**hideous** ['hɪdɪəs] a hideux(euse) ; atroce.

**hiding** ['haɪdɪŋ] n (beating) correction f, volée f de coups ; **to be in ~** (concealed) se tenir caché(e), ~ **place** n cachette f.

**hierarchy** ['haɪəraːkɪ] n hiérarchie f.

**high** [haɪ] a haut(e) ; (speed, respect, number) grand(e) ; (price) élevé(e) ; (wind) fort(e), violent(e) ; (voice) aigu(aiguë) // ad haut, en haut ; **20 m ~** haut(e de 20 m ; ~**brow** a,n intellectuel(le) ; ~**chair** n chaise haute (pour enfant) ; ~-**flying** a (fig) ambitieux(euse) ; ~-**handed** a très autoritaire ; très cavalier(ère) ; ~-**heeled** a à hauts talons ; ~**jack** = **hijack** ; ~-**jump** n (SPORT) saut m en hauteur ; ~**light** n (fig: of event) point culminant // vt faire ressortir, souligner ; ~**ly** ad très, fort, hautement ; ~**ly strung** a nerveux(euse), toujours tendu(e) ; **H~ Mass** n grand-messe f ; ~**ness** n hauteur f ; **Her H~ness** son Altesse f ; ~-**pitched** a aigu(aiguë) ; ~-**rise block** n tour f (d'habitation).

**high school** ['haɪskuːl] n lycée m ; (US) établissement m d'enseignement supérieur.

**high street** ['haɪstriːt] n grand-rue f.

**highway** ['haɪweɪ] n grand'route f, route nationale.

**hijack** ['haɪdʒæk] vt détourner (par la force) ; ~**er** n auteur m d'un détournement d'avion, pirate m de l'air.

**hike** [haɪk] vi aller à pied // n excursion f à pied, randonnée f ; ~**r** n promeneur/euse, excursionniste m/f ; **hiking** n excursions fpl à pied, randonnée f.

**hilarious** [hɪ'lɛərɪəs] a (behaviour, event) désopilant(e).

**hilarity** [hɪ'lærɪtɪ] n hilarité f.

**hill** [hɪl] n colline f ; (fairly high) montagne f ; (on road) côte f ; ~**side** n (flanc m de) coteau m ; ~ **start** n (AUT) démarrage m en côte ; ~**y** a vallonné(e) ; montagneux (euse) ; (road) à fortes côtes.

**hilt** [hɪlt] n (of sword) garde f.

**him** [hɪm] pronoun (direct) le, l' + vowel or h mute ; (stressed, indirect, after prep) lui ;

**I see** ~ je le vois ; **give** ~ **a book** donne-lui un livre ; **after** ~ après lui ; **~self** pronoun (reflexive) se ; (emphatic) lui-même ; (after prep) lui.

**hind** [haɪnd] a de derrière // n biche f.

**hinder** ['hɪndə*] vt gêner ; (delay) retarder ; (prevent): to ~ sb from doing empêcher qn de faire ; **hindrance** ['hɪndrəns] n gêne f, obstacle m.

**Hindu** ['hɪndu:] n Hindou/e.

**hinge** [hɪndʒ] n charnière f // vi (fig): to ~ on dépendre de.

**hint** [hɪnt] n allusion f ; (advice) conseil m // vt: to ~ that insinuer que // vi: to ~ at faire une allusion à.

**hip** [hɪp] n hanche f ; ~ **pocket** n poche f revolver.

**hippopotamus, pl ~es** or **hippopotami** [hɪpə'pɒtəməs, -'pɒtəmaɪ] n hippopotame m.

**hire** ['haɪə*] vt (car, equipment) louer ; (worker) embaucher, engager // n location f ; **for** ~ à louer ; (taxi) libre ; ~ **purchase** (**H.P.**) n achat m (or vente f) à tempérament or crédit.

**his** [hɪz] pronoun le(la) sien(ne), les siens(siennes) // a son(sa), ses pl.

**hiss** [hɪs] vi siffler // n sifflement m.

**historian** [hɪ'stɔ:rɪən] n historien/ne.

**historic(al)** [hɪ'stɔrɪk(l)] a historique.

**history** ['hɪstərɪ] n histoire f.

**hit** [hɪt] vt (pt, pp hit) frapper ; (knock against) cogner ; (reach: target) atteindre, toucher ; (collide with: car) entrer en collision avec, heurter ; (fig: affect) toucher ; (find) tomber sur // n coup m ; (success) coup réussi ; succès m ; (song) chanson f à succès, tube m ; to ~ it off with sb bien s'entendre avec qn ; ~**-and-run driver** n chauffard m ; ~**-or-miss** a fait(e) au petit bonheur.

**hitch** [hɪtʃ] vt (fasten) accrocher, attacher ; (also: ~ up) remonter d'une saccade // n (knot) nœud m ; (difficulty) anicroche f, contretemps m ; to ~ **a lift** faire du stop.

**hitch-hike** ['hɪtʃhaɪk] vi faire de l'auto-stop ; ~**r** n auto-stoppeur/ euse.

**hive** [haɪv] n ruche f.

**H.M.S.** abbr of His(Her) Majesty's Ship.

**hoard** [hɔ:d] n (of food) provisions fpl, réserves fpl ; (of money) trésor m // vt amasser.

**hoarding** ['hɔ:dɪŋ] n panneau m d'affichage or publicitaire.

**hoarfrost** ['hɔ:frɒst] n givre m.

**hoarse** [hɔ:s] a enroué(e).

**hoax** [həʊks] n canular m.

**hob** [hɒb] n plaque chauffante.

**hobble** ['hɒbl] vi boitiller.

**hobby** ['hɒbɪ] n passe-temps favori ; ~**horse** n cheval m à bascule ; (fig) dada m.

**hobo** ['həʊbəʊ] n (US) vagabond m.

**hock** [hɒk] n vin m du Rhin.

**hockey** ['hɒkɪ] n hockey m.

**hoe** [həʊ] n houe f, binette f // vt biner, sarcler.

**hog** [hɒg] n sanglier m // vt (fig) accaparer ; **to go the whole** ~ aller jusqu'au bout.

**hoist** [hɔɪst] n palan m // vt hisser.

**hold** [həʊld] vb (pt, pp held [hɛld]) vt tenir ; (contain) contenir ; (keep back) retenir ; (believe) maintenir ; considérer ; (possess) avoir ; détenir // vi (withstand pressure) tenir (bon) ; (be valid) valoir // n prise f ; (fig) influence f ; (NAUT) cale f ; to ~ **the line!** (TEL) ne quittez pas! ; to ~ **one's own** (fig) (bien) se défendre ; **to catch** or **get** (a) ~ **of** saisir ; **to get** ~ **of** (fig) trouver ; **to get** ~ **of o.s.** se contrôler ; to ~ **back** vt retenir ; (secret) cacher ; to ~ **down** vt (person) maintenir à terre ; (job) occuper ; to ~ **off** vt tenir à distance ; to ~ **on** vi tenir bon ; (wait) attendre ; ~ **on!** (TEL) ne quittez pas! ; to ~ **on to** vt fus se cramponner à ; (keep) conserver, garder ; to ~ **out** vt offrir // vi (resist) tenir bon ; to ~ **up** vt (raise) lever ; (support) soutenir ; (delay) retarder ; ~**all** n fourre-tout m inv ; ~**er** n (of ticket, record) détenteur/trice ; (of office, title etc) titulaire m/f ; ~**ing** n (share) intérêts mpl ; (farm) ferme f ; ~**ing company** n holding m ; ~**up** n (robbery) hold-up m ; (delay) retard m ; (in traffic) embouteillage m.

**hole** [həʊl] n trou m // vt trouer, faire un trou dans.

**holiday** ['hɒlədɪ] n vacances fpl ; (day off) jour m de congé ; (public) jour férié ; ~**maker** n vacancier/ère ; ~ **resort** n centre m de villégiature or de vacances.

**holiness** ['həʊlɪnɪs] n sainteté f.

**Holland** ['hɒlənd] n Hollande f.

**hollow** ['hɒləʊ] a creux(euse) ; (fig) faux(fausse) // n creux m ; (in land) dépression f (de terrain), cuvette f // vt: to ~ **out** creuser, évider.

**holly** ['hɒlɪ] n houx m ; ~**hock** n rose trémière.

**holster** ['həʊlstə*] n étui m de revolver.

**holy** ['həʊlɪ] a saint(e) ; (bread, water) bénit(e) ; (ground) sacré(e) ; **H~ Ghost** or **Spirit** n Saint-Esprit m ; ~ **orders** npl ordres (majeurs).

**homage** ['hɒmɪdʒ] n hommage m ; **to pay** ~ **to** rendre hommage à.

**home** [həʊm] n foyer m, maison f ; (country) pays natal, patrie f ; (institution) maison f // a de famille ; (ECON, POL) national(e), intérieur(e) // ad chez soi, à la maison ; au pays natal ; (right in: nail etc) à fond ; **at** ~ chez soi, à la maison ; **to go** (or **come**) ~ rentrer (chez soi), rentrer à la maison (or au pays) ; **make yourself at** ~ faites comme chez vous ; **near my** ~ près de chez moi ; ~ **address** n domicile permanent ; ~**land** n patrie f ; ~**less** a sans foyer ; sans abri ; ~**ly** simple, sans prétention ; accueillant(e) ; ~**-made** a fait(e) à la maison ; ~ **rule** n autonomie f ; **H~ Secretary** n (Brit) ministre m de l'Intérieur ; ~**sick** a: **to be** ~**sick** avoir le mal du pays ; s'ennuyer de sa famille ; ~ **town** n ville natale ; ~**ward** ['həʊmwəd] a (journey) du retour ; ~**work** n devoirs mpl.

**homicide** ['hɒmɪsaɪd] n (US) homicide m.

**homoeopathy** [həʊmɪ'ɒpəθɪ] n homéopathie f.

**homogeneous** [həʊmə'dʒi:nɪəs] a homogène.

**homosexual** [hɔməu'sɛksjuəl] *a,n* homosexuel(le).

**hone** [həun] *n* pierre *f* à aiguiser // *vt* affûter, aiguiser.

**honest** ['ɔnɪst] *a* honnête ; (*sincere*) franc(franche) ; ~**ly** *ad* honnêtement ; franchement ; ~**y** *n* honnêteté *f*.

**honey** ['hʌnɪ] *n* miel *m* ; ~**comb** *n* rayon *m* de miel ; (*pattern*) nid *m* d'abeilles, motif alvéolé ; ~**moon** *n* lune *f* de miel ; (*trip*) voyage *m* de noces.

**honk** [hɔŋk] *n* (*AUT*) coup *m* de klaxon // *vi* klaxonner.

**honorary** ['ɔnərərɪ] *a* honoraire ; (*duty, title*) honorifique.

**honour, honor** (*US*) ['ɔnə*] *vt* honorer // *n* honneur *m* ; ~**able** *a* honorable ; ~**s degree** *n* (*SCOL*) licence avec mention.

**hood** [hud] *n* capuchon *m* ; (*Brit: AUT*) capote *f* ; (*US: AUT*) capot *m* ; ~**wink** *vt* tromper.

**hoof**, ~**s** *or* **hooves** [hu:f, hu:vz] *n* sabot *m*.

**hook** [huk] *n* crochet *m* ; (*on dress*) agrafe *f* ; (*for fishing*) hameçon *m* // *vt* accrocher ; (*dress*) agrafer.

**hooligan** ['hu:ligən] *n* voyou *m*.

**hoop** [hu:p] *n* cerceau *m* ; (*of barrel*) cercle *m*.

**hoot** [hu:t] *vi* (*AUT*) klaxonner ; (*siren*) mugir // *vt* (*jeer at*) huer // *n* huée *f* ; coup *m* de klaxon ; mugissement *m* ; **to** ~ **with laughter** rire aux éclats ; ~**er** *n* (*AUT*) klaxon *m* ; (*NAUT*) sirène *f*.

**hooves** [hu:vz] *npl of* **hoof**.

**hop** [hɔp] *vi* sauter ; (*on one foot*) sauter à cloche-pied // *n* saut *m*.

**hope** [həup] *vt,vi* espérer // *n* espoir *m* ; **I** ~ **so** je l'espère ; **I** ~ **not** j'espère que non ; ~**ful** *a* (*person*) plein(e) d'espoir ; (*situation*) prometteur(euse), encourageant(e) ; ~**fully** *ad* avec espoir, avec optimisme ; ~**less** *a* désespéré(e) ; (*useless*) nul(le).

**hops** [hɔps] *npl* houblon *m*.

**horde** [hɔ:d] *n* horde *f*.

**horizon** [hə'raɪzn] *n* horizon *m* ; ~**tal** [hɔrɪ'zɔntl] *a* horizontal(e).

**hormone** ['hɔ:məun] *n* hormone *f*.

**horn** [hɔ:n] *n* corne *f* ; (*MUS*) cor *m* ; (*AUT*) klaxon *m* ; ~**ed** *a* (*animal*) à cornes.

**hornet** ['hɔ:nɪt] *n* frelon *m*.

**horny** ['hɔ:nɪ] *a* corné(e) ; (*hands*) calleux(euse).

**horoscope** ['hɔrəskəup] *n* horoscope *m*.

**horrible** ['hɔrɪbl] *a* horrible, affreux(euse).

**horrid** ['hɔrɪd] *a* méchant(e), désagréable.

**horrify** ['hɔrɪfaɪ] *vt* horrifier.

**horror** ['hɔrə*] *n* horreur *f* ; ~ **film** *n* film *m* d'épouvante.

**hors d'œuvre** [ɔ:'də:vrə] *n* hors d'œuvre *m*.

**horse** [hɔ:s] *n* cheval *m* ; **on** ~**back** à cheval ; ~**chestnut** *n* marron *m* (d'Inde) ; ~**-drawn** *a* tiré(e) par des chevaux ; ~**man** *n* cavalier *m* ; ~**power** (**h.p.**) *n* puissance *f* (en chevaux) ; ~**-racing** *n* courses *fpl* de chevaux ; ~**radish** *n* raifort *m* ; ~**shoe** *n* fer *m* à cheval.

**horsy** ['hɔ:sɪ] *a* féru(e) d'équitation *or* de cheval ; chevalin(e).

**horticulture** ['hɔ:tɪkʌltʃə*] *n* horticulture *f*.

**hose** [həuz] *n* (*also*: ~**pipe**) tuyau *m* ; (*also*: **garden** ~) tuyau d'arrosage.

**hosiery** ['həuzɪərɪ] *n* (*in shop*) (rayon *m* des) bas *mpl*.

**hospitable** ['hɔspɪtəbl] *a* hospitalier(ère).

**hospital** ['hɔspɪtl] *n* hôpital *m* ; **in** ~ à l'hôpital.

**hospitality** [hɔspɪ'tælɪtɪ] *n* hospitalité *f*.

**host** [həust] *n* hôte *m* ; (*in hotel etc*) patron *m* ; (*large number*): **a** ~ **of** une foule de ; (*REL*) hostie *f*.

**hostage** ['hɔstɪdʒ] *n* otage *m*.

**hostel** ['hɔstl] *n* foyer *m* ; (*youth*) ~ auberge *f* de jeunesse.

**hostess** ['həustɪs] *n* hôtesse *f*.

**hostile** ['hɔstaɪl] *a* hostile.

**hostility** [hɔ'stɪlɪtɪ] *n* hostilité *f*.

**hot** [hɔt] *a* chaud(e) ; (*as opposed to only warm*) très chaud ; (*spicy*) fort(e) ; (*fig*) acharné(e), brûlant(e) ; violent(e), passionné(e) ; ~ **dog** *n* hot-dog *m*.

**hotel** [həu'tɛl] *n* hôtel *m* ; ~**ier** *n* hôtelier/ère.

**hot**: ~**headed** *a* impétueux(euse) ; ~**house** *n* serre chaude ; ~**ly** *ad* passionnément, violemment ; ~**water bottle** *n* bouillotte *f*.

**hound** [haund] *vt* poursuivre avec acharnement // *n* chien courant ; **the** ~**s** la meute.

**hour** ['auə*] *n* heure *f* ; ~**ly** *a* à toutes les heures ; ~**ly paid** *a* payé(e) à l'heure.

**house** *n* [haus] (*pl*: ~**s** ['hauzɪz]) (*also*: *firm*) maison *f* ; (*POL*) chambre *f* ; (*THEATRE*) salle *f* ; auditoire *m* // *vt* [hauz] (*person*) loger, héberger ; **the H**~ (**of Commons**) la Chambre des communes ; **on the** ~ (*fig*) aux frais de la maison ; ~ **arrest** *n* assignation *f* à domicile ; ~**boat** *n* bateau (aménagé en habitation) ; ~**breaking** *n* cambriolage *m* (avec effraction) ; ~**hold** *n* famille *f*, maisonnée *f* ; ménage *m* ; ~**keeper** *n* gouvernante *f* ; ~**keeping** *n* (*work*) ménage *m* ; ~**warming party** *n* pendaison *f* de crémaillère ; ~**wife** *n* ménagère *f* ; ~**work** *n* (travaux *mpl* du) ménage *m*.

**housing** ['hauzɪŋ] *n* logement *m* ; ~ **estate** *n* cité *f*, lotissement *m* ; ~ **shortage** *n* crise *f* du logement.

**hovel** ['hɔvl] *n* taudis *m*.

**hover** ['hɔvə*] *vi* planer ; **to** ~ **round sb** rôder *or* tourner autour de qn ; ~**craft** *n* aéroglisseur *m*.

**how** [hau] *ad* comment ; ~ **are you?** comment allez-vous? ; ~ **long have you been here?** depuis combien de temps êtes-vous là? ; ~ **lovely!** que *or* comme c'est joli! ; ~ **many/much?** combien? ; ~ **many people/much milk** combien de gens/lait ; ~ **old are you?** quel âge avez-vous? ; ~ **is it that ...?** comment se fait-il que ...? + *sub* ; ~**ever** *ad* de quelque façon *or* manière que + *sub* ; (+ *adjective*) quelque *or* si ... que + *sub* ; (*in questions*) comment // *cj* pourtant, cependant.

**howl** ['haul] *n* hurlement *m* // *vi* hurler.

**howler** ['haulə*] *n* gaffe *f*, bourde *f*.

**h.p., H.P.** *see* **hire** ; **horse**.

**HQ** *abbr of* **headquarters.**

**hr(s)** *abbr of* **hour(s).**

**hub** [hʌb] *n (of wheel)* moyeu *m*; *(fig)* centre *m*, foyer *m*.

**hubbub** ['hʌbʌb] *n* brouhaha *m*.

**hub cap** ['hʌbkæp] *n* enjoliveur *m*.

**huddle** [hʌdl] *vi*: **to ~ together** se blottir les uns contre les autres.

**hue** [hju:] *n* teinte *f*, nuance *f*; **~ and cry** *n* tollé (général), clameur *f*.

**huff** [hʌf] *n*: **in a ~** fâché(e); **to take the ~** prendre la mouche.

**hug** [hʌg] *vt* serrer dans ses bras; *(shore, kerb)* serrer // *n* étreinte *f*; **to give sb a ~** serrer qn dans ses bras.

**huge** [hju:dʒ] *a* énorme, immense.

**hulk** [hʌlk] *n (ship)* vieux rafiot; *(car etc)* carcasse *f*; **~ing** *a* balourd(e).

**hull** [hʌl] *n (of ship, nuts)* coque *f*; *(of peas)* cosse *f*.

**hullo** [hə'ləu] *excl* = **hello.**

**hum** [hʌm] *vt (tune)* fredonner // *vi* fredonner; *(insect)* bourdonner; *(plane, tool)* vrombir // *n* fredonnement *m*; bourdonnement *m*; vrombissement *m*.

**human** ['hju:mən] *a* humain(e) // *n* être humain.

**humane** [hju:'meɪn] *a* humain(e), humanitaire.

**humanity** [hju:'mænɪtɪ] *n* humanité *f*.

**humble** ['hʌmbl] *a* humble, modeste // *vt* humilier; **humbly** *ad* humblement, modestement.

**humbug** ['hʌmbʌg] *n* fumisterie *f*; *(sweet)* sorte de bonbon à la menthe.

**humdrum** ['hʌmdrʌm] *a* monotone, routinier(ère).

**humid** ['hju:mɪd] *a* humide; **~ity** [-'mɪdɪtɪ] *n* humidité *f*.

**humiliate** [hju:'mɪlɪeɪt] *vt* humilier; **humiliation** [-'eɪʃən] *n* humiliation *f*.

**humility** [hju:'mɪlɪtɪ] *n* humilité *f*.

**humorist** ['hju:mərɪst] *n* humoriste *m/f*.

**humorous** ['hju:mərəs] *a* humoristique; *(person)* plein(e) d'humour.

**humour, humor** *(US)* ['hju:mə*] *n* humour *m*; *(mood)* humeur *f* // *vt (person)* faire plaisir à; se prêter aux caprices de.

**hump** [hʌmp] *n* bosse *f*; **~back** *n* dos-d'âne *m*.

**hunch** [hʌntʃ] *n* bosse *f*; *(premonition)* intuition *f*; **~back** *n* bossu/e; **~ed** *a* arrondi(e), voûté(e).

**hundred** ['hʌndrəd] *num* cent; **~weight** *n (Brit)* = 50.8 *kg*; 112 *lb*; *(US)* = 45.3 *kg*; 100 *lb*.

**hung** [hʌŋ] *pt, pp of* **hang.**

**Hungarian** [hʌŋ'gɛərɪən] *a* hongrois(e) // *n* Hongrois/e; *(LING)* hongrois *m*.

**Hungary** ['hʌŋgərɪ] *n* Hongrie *f*.

**hunger** ['hʌŋgə*] *n* faim *f* // *vi*: **to ~ for** avoir faim de, désirer ardemment.

**hungrily** ['hʌŋgrəlɪ] *ad* voracement; *(fig)* avidement.

**hungry** ['hʌŋgrɪ] *a* affamé(e); **to be ~** avoir faim.

**hunt** [hʌnt] *vt (seek)* chercher; *(SPORT)* chasser // *vi* chasser // *n* chasse *f*; **~er** *n* chasseur *m*; **~ing** *n* chasse *f*.

**hurdle** ['hə:dl] *n (for fences)* claie *f*; *(SPORT)* haie *f*; *(fig)* obstacle *m*.

**hurl** [hə:l] *vt* lancer (avec violence).

**hurrah, hurray** [hu'rɑ:, hu'reɪ] *n* hourra *m*.

**hurricane** ['hʌrɪkən] *n* ouragan *m*.

**hurried** ['hʌrɪd] *a* pressé(e), précipité(e); *(work)* fait(e) à la hâte; **~ly** *ad* précipitamment, à la hâte.

**hurry** ['hʌrɪ] *n* hâte *f*, précipitation *f* // *vi* se presser, se dépêcher // *vt (person)* faire presser, faire se dépêcher; *(work)* presser; **to be in a ~** être pressé(e); **to do sth in a ~** faire qch en vitesse; **to ~ in/out** entrer/sortir précipitamment.

**hurt** [hə:t] *vb (pt, pp* **hurt)** *vt (cause pain to)* faire mal à; *(injure, fig)* blesser // *vi* faire mal // *a* blessé(e); **~ful** *a (remark)* blessant(e).

**hurtle** ['hə:tl] *vt* lancer (de toutes ses forces) // *vi*: **to ~ past** passer en trombe; **to ~ down** dégringoler.

**husband** ['hʌzbənd] *n* mari *m*.

**hush** [hʌʃ] *n* calme *m*, silence *m* // *vt* faire taire; **~!** chut!

**husk** [hʌsk] *n (of wheat)* balle *f*; *(of rice, maize)* enveloppe *f*; *(of peas)* cosse *f*.

**husky** ['hʌskɪ] *a* rauque; *(burly)* costaud(e) // *n* chien m esquimau or de traîneau.

**hustle** ['hʌsl] *vt* pousser, bousculer // *n* bousculade *f*; **~ and bustle** *n* tourbillon *m* (d'activité).

**hut** [hʌt] *n* hutte *f*; *(shed)* cabane *f*; *(MIL)* baraquement *m*.

**hutch** [hʌtʃ] *n* clapier *m*.

**hyacinth** ['haɪəsɪnθ] *n* jacinthe *f*.

**hybrid** ['haɪbrɪd] *a, n* hybride *(m)*.

**hydrant** ['haɪdrənt] *n* prise *f* d'eau; *(also:* **fire ~)** bouche *f* d'incendie.

**hydraulic** [haɪ'drɔ:lɪk] *a* hydraulique.

**hydroelectric** [haɪdrəuɪ'lektrɪk] *a* hydro-électrique.

**hydrogen** ['haɪdrədʒən] *n* hydrogène *m*.

**hyena** [haɪ'i:nə] *n* hyène *f*.

**hygiene** ['haɪdʒi:n] *n* hygiène *f*.

**hygienic** [haɪ'dʒi:nɪk] *a* hygiénique.

**hymn** [hɪm] *n* hymne *m*; cantique *m*.

**hyphen** ['haɪfn] *n* trait *m* d'union.

**hypnosis** [hɪp'nəusɪs] *n* hypnose *f*.

**hypnotism** ['hɪpnətɪzm] *n* hypnotisme *m*.

**hypnotist** ['hɪpnətɪst] *n* hypnotiseur/euse.

**hypnotize** ['hɪpnətaɪz] *vt* hypnotiser.

**hypocrisy** [hɪ'pɒkrɪsɪ] *n* hypocrisie *f*.

**hypocrite** ['hɪpəkrɪt] *n* hypocrite *m/f*; **hypocritical** [-'krɪtɪkl] *a* hypocrite.

**hypothesis, pl** **hypotheses** [haɪ'pɒθɪsɪs, -si:z] *n* hypothèse *f*.

**hypothetic(al)** [haɪpəu'θetɪk(l)] *a* hypothétique.

**hysteria** [hɪ'stɪərɪə] *n* hystérie *f*.

**hysterical** [hɪ'sterɪkl] *a* hystérique; **to become ~** avoir une crise de nerfs.

**hysterics** [hɪ'sterɪks] *npl* (violente) crise de nerfs; *(laughter)* crise de rire.

# I

**I** [aɪ] *pronoun* je; *(before vowel)* j'; *(stressed)* moi.

**ice** [aɪs] *n* glace *f*; *(on road)* verglas *m* // *vt (cake)* glacer; *(drink)* faire rafraîchir //

vi (also: ~ over) geler; (also: ~ up) se givrer; ~ axe n piolet m; ~berg n iceberg m; ~box n (US) réfrigérateur m; (Brit) compartiment m à glace; (insulated box) glacière f; ~-cold a glacé(e); ~ cream n glace f; ~ cube n glaçon m; ~ hockey n hockey m sur glace.

**Iceland** ['aɪslənd] n Islande f; ~er n Islandais/e; ~ic [-'lændɪk] a islandais(e) // n (LING) islandais m.

**ice rink** ['aɪsrɪŋk] n patinoire f.

**icicle** ['aɪsɪkl] n glaçon m (naturel).

**icing** ['aɪsɪŋ] n (AVIAT etc) givrage m; (CULIN) glaçage m; ~ sugar n sucre m glace.

**icon** ['aɪkɔn] n icône f.

**icy** ['aɪsɪ] a glacé(e); (road) verglacé(e); (weather, temperature) glacial(e).

**I'd** [aɪd] = I would, I had.

**idea** [aɪ'dɪə] n idée f.

**ideal** [aɪ'dɪəl] n idéal m // a idéal(e); ~ist n idéaliste m/f.

**identical** [aɪ'dɛntɪkl] a identique.

**identification** [aɪdɛntɪfɪ'keɪʃən] n identification f; means of ~ pièce f d'identité.

**identify** [aɪ'dɛntɪfaɪ] vt identifier.

**identity** [aɪ'dɛntɪtɪ] n identité f.

**ideology** [aɪdɪ'ɔlədʒɪ] n idéologie f.

**idiocy** ['ɪdɪəsɪ] n idiotie f, stupidité f.

**idiom** ['ɪdɪəm] n langue f, idiome m; (phrase) expression f idiomatique.

**idiosyncrasy** [ɪdɪəʊ'sɪŋkrəsɪ] n particularité f, caractéristique f.

**idiot** ['ɪdɪət] n idiot/e, imbécile m/f; ~ic [-'ɔtɪk] a idiot(e), bête, stupide.

**idle** ['aɪdl] a sans occupation, désœuvré(e); (lazy) oisif(ive), paresseux(euse); (unemployed) au chômage; (machinery) au repos; (question, pleasures) vain(e), futile; to lie ~ être arrêté, ne pas fonctionner; ~ness n désœuvrement m; oisiveté f; ~r n désœuvré/e; oisif/ve.

**idol** ['aɪdl] n idole f; ~ize vt idolâtrer, adorer.

**idyllic** [ɪ'dɪlɪk] a idyllique.

**i.e.** ad (abbr of id est) c'est-à-dire.

**if** [ɪf] cj si.

**igloo** ['ɪgluː] n igloo m.

**ignite** [ɪg'naɪt] vt mettre le feu à, enflammer // vi s'enflammer.

**ignition** [ɪg'nɪʃən] n (AUT) allumage m; to switch on/off the ~ mettre/couper le contact; ~ key n (AUT) clé f de contact.

**ignoramus** [ɪgnə'reɪməs] n personne f ignare.

**ignorance** ['ɪgnərəns] n ignorance f.

**ignorant** ['ɪgnərənt] a ignorant(e).

**ignore** [ɪg'nɔː*] vt ne tenir aucun compte de, ne pas relever; (person) faire semblant de ne pas reconnaître, ignorer; (fact) méconnaître.

**ikon** ['aɪkɔn] n = icon.

**I'll** [aɪl] = I will, I shall.

**ill** [ɪl] a (sick) malade; (bad) mauvais(e) // n mal m; to take or be taken ~ tomber malade; ~-advised a (decision) peu judicieux(euse); (person) malavisé(e); ~-at-ease a mal à l'aise.

**illegal** [ɪ'liːgl] a illégal(e); ~ly ad illégalement.

**illegible** [ɪ'lɛdʒɪbl] a illisible.

**illegitimate** [ɪlɪ'dʒɪtɪmət] a illégitime.

**ill-fated** [ɪl'feɪtɪd] a malheureux(euse); (day) néfaste.

**ill feeling** [ɪl'fiːlɪŋ] n ressentiment m, rancune f.

**illicit** [ɪ'lɪsɪt] a illicite.

**illiterate** [ɪ'lɪtərət] a illettré(e); (letter) plein(e) de fautes.

**ill-mannered** [ɪl'mænəd] a impoli(e), grossier(ère).

**illness** ['ɪlnɪs] n maladie f.

**illogical** [ɪ'lɔdʒɪkl] a illogique.

**ill-treat** [ɪl'triːt] vt maltraiter.

**illuminate** [ɪ'luːmɪneɪt] vt (room, street) éclairer; (building) illuminer; ~d sign n enseigne lumineuse; **illumination** [-'neɪʃən] n éclairage m; illumination f.

**illusion** [ɪ'luːʒən] n illusion f; to be under the ~ that s'imaginer or croire que.

**illusive, illusory** [ɪ'luːsɪv, ɪ'luːsərɪ] a illusoire.

**illustrate** ['ɪləstreɪt] vt illustrer; **illustration** [-'streɪʃən] n illustration f.

**illustrious** [ɪ'lʌstrɪəs] a illustre.

**ill will** [ɪl'wɪl] n malveillance f.

**I'm** [aɪm] = I am.

**image** ['ɪmɪdʒ] n image f; (public face) image de marque; ~ry n images fpl.

**imaginary** [ɪ'mædʒɪnərɪ] a imaginaire.

**imagination** [ɪmædʒɪ'neɪʃən] n imagination f.

**imaginative** [ɪ'mædʒɪnətɪv] a imaginatif(ive); plein(e) d'imagination.

**imagine** [ɪ'mædʒɪn] vt s'imaginer; (suppose) imaginer, supposer.

**imbalance** [ɪm'bæləns] n déséquilibre m.

**imbecile** ['ɪmbəsiːl] n imbécile m/f.

**imbue** [ɪm'bjuː] vt: to ~ sth with imprégner qch de.

**imitate** ['ɪmɪteɪt] vt imiter; **imitation** [-'teɪʃən] n imitation f; **imitator** n imitateur/trice.

**immaculate** [ɪ'mækjulət] a impeccable; (REL) immaculé(e).

**immaterial** [ɪmə'tɪərɪəl] a sans importance, insignifiant(e).

**immature** [ɪmə'tjuə*] a (fruit) qui n'est pas mûr(e); (person) qui manque de maturité.

**immediate** [ɪ'miːdɪət] a immédiat(e); ~ly ad (at once) immédiatement; ~ly next to juste à côté de.

**immense** [ɪ'mɛns] a immense; énorme.

**immerse** [ɪ'məːs] vt immerger, plonger; to ~ sth in plonger qch dans.

**immersion heater** [ɪ'məːʃnhiːtə*] n chauffe-eau m électrique.

**immigrant** ['ɪmɪgrənt] n immigrant/e; immigré/e.

**immigration** [ɪmɪ'greɪʃən] n immigration f.

**imminent** ['ɪmɪnənt] a imminent(e).

**immobilize** [ɪ'məubɪlaɪz] vt immobiliser.

**immoderate** [ɪ'mɔdərət] a immodéré(e), démesuré(e).

**immoral** [ɪ'mɔrl] a immoral(e); ~ity [-'rælɪtɪ] n immoralité f.

**immortal** [ɪ'mɔːtl] a, n immortel(le); ~ize vt immortaliser.

**immune** [ɪ'mjuːn] *a*: ~ (to) immunisé(e) (contre).

**immunization** [ɪmjunaɪ'zeɪʃən] *n* immunisation *f*.

**immunize** ['ɪmjunaɪz] *vt* immuniser.

**impact** ['ɪmpækt] *n* choc *m*, impact *m*; *(fig)* impact.

**impair** [ɪm'pɛə*] *vt* détériorer, diminuer.

**impale** [ɪm'peɪl] *vt* empaler.

**impartial** [ɪm'pɑːʃl] *a* impartial(e); ~ity [ɪmpɑː'ʃɪælɪtɪ] *n* impartialité *f*.

**impassable** [ɪm'pɑːsəbl] *a* infranchissable; *(road)* impraticable.

**impassioned** [ɪm'pæʃənd] *a* passionné(e).

**impatience** [ɪm'peɪʃəns] *n* impatience *f*.

**impatient** [ɪm'peɪʃənt] *a* impatient(e).

**impeach** [ɪm'piːtʃ] *vt* accuser, attaquer; *(public official)* mettre en accusation.

**impeccable** [ɪm'pɛkəbl] *a* impeccable, parfait(e).

**impede** [ɪm'piːd] *vt* gêner.

**impediment** [ɪm'pɛdɪmənt] *n* obstacle *m*; *(also:* **speech** ~*)* défaut *m* d'élocution.

**impending** [ɪm'pɛndɪŋ] *a* imminent(e).

**impenetrable** [ɪm'pɛnɪtrəbl] *a* impénétrable.

**imperative** [ɪm'pɛrətɪv] *a* nécessaire; urgent(e), pressant(e); *(voice)* impérieux(euse) // *n* (LING) impératif *m*.

**imperceptible** [ɪmpə'sɛptɪbl] *a* imperceptible.

**imperfect** [ɪm'pɜːfɪkt] *a* imparfait(e); *(goods etc)* défectueux(euse) // *n* (LING: *also:* ~ **tense**) imparfait *m*; ~**ion** [-'fɛkʃən] *n* imperfection *f*, défectuosité *f*.

**imperial** [ɪm'pɪərɪəl] *a* impérial(e); *(measure)* légal(e); ~**ism** *n* impérialisme *m*.

**imperil** [ɪm'pɛrɪl] *vt* mettre en péril.

**impersonal** [ɪm'pɜːsənl] *a* impersonnel(le).

**impersonate** [ɪm'pɜːsəneɪt] *vt* se faire passer pour; *(THEATRE)* imiter; **impersonation** [-'neɪʃən] *n* (LAW) usurpation *f* d'identité; *(THEATRE)* imitation *f*.

**impertinent** [ɪm'pɜːtɪnənt] *a* impertinent(e), insolent(e).

**impervious** [ɪm'pɜːvɪəs] *a* imperméable; *(fig):* ~ **to** insensible à; inaccessible à.

**impetuous** [ɪm'pɛtjuəs] *a* impétueux(euse), fougueux(euse).

**impetus** ['ɪmpətəs] *n* impulsion *f*; *(of runner)* élan *m*.

**impinge** [ɪm'pɪndʒ]: **to** ~ **on** *vt fus (person)* affecter, toucher; *(rights)* empiéter sur.

**implausible** [ɪm'plɔːzɪbl] *a* peu plausible.

**implement** *n* ['ɪmplɪmənt] outil *m*, instrument *m*; *(for cooking)* ustensile *m* // *vt* ['ɪmplɪmɛnt] exécuter, mettre à effet.

**implicate** ['ɪmplɪkeɪt] *vt* impliquer, compromettre; **implication** [-'keɪʃən] *n* implication *f*.

**implicit** [ɪm'plɪsɪt] *a* implicite; *(complete)* absolu(e), sans réserve.

**implore** [ɪm'plɔː*] *vt* implorer, supplier.

**imply** [ɪm'plaɪ] *vt* suggérer, laisser entendre; indiquer, supposer.

**impolite** [ɪmpə'laɪt] *a* impoli(e).

**imponderable** [ɪm'pɒndərəbl] *a* impondérable.

**import** *vt* [ɪm'pɔːt] importer // *n* ['ɪmpɔːt] (COMM) importation *f*; *(meaning)* portée *f*, signification *f*.

**importance** [ɪm'pɔːtns] *n* importance *f*.

**important** [ɪm'pɔːtnt] *a* important(e).

**importation** [ɪmpɔː'teɪʃən] *n* importation *f*.

**imported** [ɪm'pɔːtɪd] *a* importé(e), d'importation.

**importer** [ɪm'pɔːtə*] *n* importateur/trice.

**impose** [ɪm'pəuz] *vt* imposer // *vi*: **to** ~ **on sb** abuser de la gentillesse *(or* crédulité) de qn.

**imposing** [ɪm'pəuzɪŋ] *a* imposant(e), impressionnant(e).

**impossibility** [ɪmpɒsə'bɪlɪtɪ] *n* impossibilité *f*.

**impossible** [ɪm'pɒsɪbl] *a* impossible.

**impostor** [ɪm'pɒstə*] *n* imposteur *m*.

**impotence** ['ɪmpətns] *n* impuissance *f*.

**impotent** ['ɪmpətnt] *a* impuissant(e).

**impound** [ɪm'paund] *vt* confisquer, saisir.

**impoverished** [ɪm'pɒvərɪʃt] *a* pauvre, appauvri(e).

**impracticable** [ɪm'præktɪkəbl] *a* impraticable.

**impractical** [ɪm'præktɪkl] *a* pas pratique; *(person)* qui manque d'esprit pratique.

**imprecise** [ɪmprɪ'saɪs] *a* imprécis(e).

**impregnable** [ɪm'prɛgnəbl] *a (fortress)* imprenable; *(fig)* inattaquable; irréfutable.

**impregnate** ['ɪmprɛgneɪt] *vt* imprégner; *(fertilize)* féconder.

**impresario** [ɪmprɪ'sɑːrɪəu] *n* impresario *m*.

**impress** [ɪm'prɛs] *vt* impressionner, faire impression sur; *(mark)* imprimer, marquer; **to** ~ **sth on sb** faire bien comprendre qch à qn.

**impression** [ɪm'prɛʃən] *n* impression *f*; *(of stamp, seal)* empreinte *f*; **to be under the** ~ **that** avoir l'impression que; ~**able** *a* impressionnable, sensible; ~**ist** *n* impressionniste *m/f*.

**impressive** [ɪm'prɛsɪv] *a* impressionnant(e).

**imprinted** [ɪm'prɪntɪd] *a*: ~ **on** imprimé(e) sur; *(fig)* imprimé(e) *or* gravé(e) dans.

**imprison** [ɪm'prɪzn] *vt* emprisonner, mettre en prison; ~**ment** *n* emprisonnement *m*.

**improbable** [ɪm'prɒbəbl] *a* improbable; *(excuse)* peu plausible.

**impromptu** [ɪm'prɒmptjuː] *a* impromptu(e).

**improper** [ɪm'prɒpə*] *a* incorrect(e); *(unsuitable)* déplacé(e), de mauvais goût; indécent(e); **impropriety** [ɪmprə'praɪətɪ] *n* inconvenance *f*; *(of expression)* impropriété *f*.

**improve** [ɪm'pruːv] *vt* améliorer // *vi* s'améliorer; *(pupil etc)* faire des progrès; ~**ment** *n* amélioration *f*; progrès *m*.

**improvisation** [ɪmprəvaɪ'zeɪʃən] *n* improvisation *f*.

**improvise** ['ɪmprəvaɪz] *vt,vi* improviser.

**imprudence** [ɪm'pruːdns] *n* imprudence *f*.

**imprudent** [ɪm'pruːdnt] *a* imprudent(e).

**impudent** ['ɪmpjudnt] a impudent(e).
**impulse** ['ɪmpʌls] n impulsion f.
**impulsive** [ɪm'pʌlsɪv] a impulsif(ive).
**impunity** [ɪm'pju:nɪtɪ] n impunité f.
**impure** [ɪm'pjuə*] a impur(e).
**impurity** [ɪm'pjuərɪtɪ] n impureté f.
**in** [ɪn] prep dans ; (with time: during, within):
~ **May/2 days** en mai/2 jours ; (: after):
~ **2 weeks** dans 2 semaines ; (with substance) en ; (with town) à ; (with country):
it's ~ **France/Portugal** c'est en
France/au Portugal // ad dedans, à
l'intérieur ; (fashionable) à la mode ; **is he
~?** est-il là? ; ~ **the country** à la
campagne ; ~ **town** en ville ; ~ **the sun**
au soleil ; ~ **the rain** sous la pluie ; ~
**French** en français ; **a man** ~ 10 un
homme sur 10 ; ~ **hundreds** par
centaines ; **the best pupil** ~ **the class** le
meilleur élève de la classe ; ~ **saying this**
en disant ceci ; **their party is** ~ leur parti
est au pouvoir ; **to ask sb** ~ inviter qn
à entrer ; **to run/limp** etc ~ entrer en
courant/boitant etc ; the ~**s and outs of**
les tenants et aboutissants de.
**in.**, **ins** abbr of **inch(es)**.
**inability** [ɪnə'bɪlɪtɪ] n incapacité f.
**inaccessible** [ɪnək'sɛsɪbl] a inaccessible.
**inaccuracy** [ɪn'ækjurəsɪ] n inexactitude
f ; manque m de précision.
**inaccurate** [ɪn'ækjurət] a inexact(e) ;
(person) qui manque de précision.
**inaction** [ɪn'ækʃən] n inaction f, inactivité
f.
**inactivity** [ɪnæk'tɪvɪtɪ] n inactivité f.
**inadequacy** [ɪn'ædɪkwəsɪ] n insuffisance
f.
**inadequate** [ɪn'ædɪkwət] a insuffisant(e),
inadéquat(e).
**inadvertently** [ɪnəd'və:tntlɪ] ad par
mégarde.
**inadvisable** [ɪnəd'vaɪzəbl] a à
déconseiller ; **it is** ~ **to** il est déconseillé
de.
**inane** [ɪ'neɪn] a inepte, stupide.
**inanimate** [ɪn'ænɪmət] a inanimé(e).
**inappropriate** [ɪnə'prəuprɪət] a
inopportun(e), mal à propos ; (word,
expression) impropre.
**inapt** [ɪn'æpt] a inapte ; peu approprié(e) ;
~**itude** n inaptitude f.
**inarticulate** [ɪnɑ:'tɪkjulət] a (person) qui
s'exprime mal ; (speech) indistinct(e).
**inasmuch as** [ɪnəz'mʌtʃæz] ad dans la
mesure où ; (seeing that) attendu que.
**inattention** [ɪnə'tɛnʃən] n manque m
d'attention.
**inattentive** [ɪnə'tɛntɪv] a inattentif(ive),
distrait(e) ; négligent(e).
**inaudible** [ɪn'ɔ:dɪbl] a inaudible.
**inaugural** [ɪ'nɔ:gjurəl] a inaugural(e).
**inaugurate** [ɪ'nɔ:gjureɪt] vt inaugurer ;
(president, official) investir de ses
fonctions ; **inauguration** [-'reɪʃən] n
inauguration f ; investiture f.
**in-between** [ɪnbɪ'twi:n] a entre les deux.
**inborn** [ɪn'bɔ:n] a (feeling) inné(e) ; (defect)
congénital(e).
**inbred** [ɪn'brɛd] a inné(e), naturel(le) ;
(family) consanguin(e).

**inbreeding** [ɪn'bri:dɪŋ] n croisement m
d'animaux de même souche ; unions
consanguines.
**Inc.** abbr see **incorporated**.
**incalculable** [ɪn'kælkjuləbl] a
incalculable.
**incapability** [ɪnkeɪpə'bɪlɪtɪ] n incapacité f.
**incapable** [ɪn'keɪpəbl] a incapable.
**incapacitate** [ɪnkə'pæsɪteɪt] vt: **to** ~ **sb
from doing** rendre qn incapable de faire ;
~**d** a (LAW) frappé(e) d'incapacité.
**incapacity** [ɪnkə'pæsɪtɪ] n incapacité f.
**incarcerate** [ɪn'kɑ:səreɪt] vt incarcérer.
**incarnate** a [ɪn'kɑ:nɪt] incarné(e) // vt
['ɪnkɑ:neɪt] incarner ; **incarnation**
[-'neɪʃən] n incarnation f.
**incendiary** [ɪn'sɛndɪərɪ] a incendiaire.
**incense** n ['ɪnsɛns] encens m // vt [ɪn'sɛns]
(anger) mettre en colère ; ~ **burner** n
encensoir m.
**incentive** [ɪn'sɛntɪv] n encouragement m,
raison f de se donner de la peine ; ~ **bonus**
n prime f d'encouragement.
**incessant** [ɪn'sɛsnt] a incessant(e) ; ~**ly**
ad sans cesse, constamment.
**incest** ['ɪnsɛst] n inceste m.
**inch** [ɪntʃ] n pouce m (= 25 mm ; 12 in a
foot) ; **within an** ~ **of** à deux doigts de ;
~ **tape** n centimètre m (de couturière).
**incidence** ['ɪnsɪdns] n (of crime, disease)
fréquence f.
**incident** ['ɪnsɪdnt] n incident m ; (in book)
péripétie f.
**incidental** [ɪnsɪ'dɛntl] a accessoire ;
(unplanned) accidentel(le) ; ~ **to** qui
accompagne ; ~ **expenses** npl faux frais
mpl ; ~**ly** [-'dɛntəlɪ] ad (by the way) à
propos.
**incinerator** [ɪn'sɪnəreɪtə*] n incinérateur
m.
**incipient** [ɪn'sɪpɪənt] a naissant(e).
**incision** [ɪn'sɪʒən] n incision f.
**incisive** [ɪn'saɪsɪv] a incisif(ive) ;
mordant(e).
**incite** [ɪn'saɪt] vt inciter, pousser.
**inclement** [ɪn'klɛmənt] a inclément(e),
rigoureux(euse).
**inclination** [ɪnklɪ'neɪʃən] n inclination f.
**incline** n ['ɪnklaɪn] pente f, plan incliné //
vb [ɪn'klaɪn] vt incliner // vi: **to** ~ **to** avoir
tendance à ; **to be** ~**d to do** être enclin(e)
à faire ; avoir tendance à faire ; **to be well
~d towards sb** être bien disposé(e) à
l'égard de qn.
**include** [ɪn'klu:d] vt inclure, comprendre ;
**including** prep y compris.
**inclusion** [ɪn'klu:ʒən] n inclusion f.
**inclusive** [ɪn'klu:sɪv] a inclus(e),
compris(e) ; ~ **terms** npl prix tout
compris.
**incognito** [ɪnkɔg'ni:təu] ad incognito.
**incoherent** [ɪnkəu'hɪərənt] a
incohérent(e).
**income** ['ɪŋkʌm] n revenu m ; ~ **tax** n
impôt m sur le revenu ; ~ **tax inspector**
n inspecteur m des contributions directes ;
~ **tax return** n déclaration f des revenus.
**incoming** ['ɪnkʌmɪŋ] a: ~ **tide** n marée
montante.
**incompatible** [ɪnkəm'pætɪbl] a incompatible.

**incompetence** [ɪn'kɔmpɪtns] n incompétence f, incapacité f.
**incompetent** [ɪn'kɔmpɪtnt] a incompétent(e), incapable.
**incomplete** [ɪnkəm'pli:t] a incomplet(ète).
**incomprehensible** [ɪnkɔmprɪ'hensɪbl] a incompréhensible.
**inconclusive** [ɪnkən'klu:sɪv] a peu concluant(e); (argument) peu convaincant(e).
**incongruous** [ɪn'kɔŋgruəs] a peu approprié(e); (remark, act) incongru(e), déplacé(e).
**inconsequential** [ɪnkɔnsɪ'kwɛnʃl] a sans importance.
**inconsiderate** [ɪnkən'sɪdərət] a (action) inconsidéré(e); (person) qui manque d'égards.
**inconsistent** [ɪnkən'sɪstnt] a sans cohérence; peu logique; qui présente des contradictions; ~ with en contradiction avec.
**inconspicuous** [ɪnkən'spɪkjuəs] a qui passe inaperçu(e); (colour, dress) discret(ète); to make o.s. ~ ne pas se faire remarquer.
**inconstant** [ɪn'kɔnstnt] a inconstant(e); variable.
**incontinence** [ɪn'kɔntɪnəns] n incontinence f.
**incontinent** [ɪn'kɔntɪnənt] a incontinent(e).
**inconvenience** [ɪnkən'vi:njəns] n inconvénient m; (trouble) dérangement m // vt déranger.
**inconvenient** [ɪnkən'vi:njənt] a malcommode; (time, place) mal choisi(e), qui ne convient pas.
**incorporate** [ɪn'kɔ:pəreɪt] vt incorporer; (contain) contenir // vi fusionner; (two firms) se constituer en société; ~d a: ~d company (US, abbr Inc.) société f anonyme (S.A.).
**incorrect** [ɪnkə'rɛkt] a incorrect(e); (opinion, statement) inexact(e).
**incorruptible** [ɪnkə'rʌptɪbl] a incorruptible.
**increase** n ['ɪnkri:s] augmentation f // vi, vt [ɪn'kri:s] augmenter.
**increasing** [ɪn'kri:sɪŋ] a (number) croissant(e); ~ly ad de plus en plus.
**incredible** [ɪn'krɛdɪbl] a incroyable.
**incredulous** [ɪn'krɛdjuləs] a incrédule.
**increment** ['ɪnkrɪmənt] n augmentation f.
**incriminate** [ɪn'krɪmɪneɪt] vt incriminer, compromettre.
**incubation** [ɪnkju'beɪʃən] n incubation f.
**incubator** ['ɪnkjubeɪtə*] n incubateur m; (for babies) couveuse f.
**incur** [ɪn'kə:*] vt (expenses) encourir; (anger, risk) s'exposer à; (debt) contracter; (loss) subir.
**incurable** [ɪn'kjuərəbl] a incurable.
**incursion** [ɪn'kə:ʃən] n incursion f.
**indebted** [ɪn'dɛtɪd] a: to be ~ to sb (for) être redevable à qn (de).
**indecent** [ɪn'di:snt] a indécent(e), inconvenant(e); ~ assault n attentat m à la pudeur; ~ exposure n outrage m (public) à la pudeur.
**indecision** [ɪndɪ'sɪʒən] n indécision f.

**indecisive** [ɪndɪ'saɪsɪv] a indécis(e); (discussion) peu concluant(e).
**indeed** [ɪn'di:d] ad en effet; vraiment; yes ~! certainement!
**indefinable** [ɪndɪ'faɪnəbl] a indéfinissable.
**indefinite** [ɪn'dɛfɪnɪt] a indéfini(e); (answer) vague; (period, number) indéterminé(e); ~ly ad (wait) indéfiniment; (speak) vaguement, avec imprécision.
**indelible** [ɪn'dɛlɪbl] a indélébile.
**indemnify** [ɪn'dɛmnɪfaɪ] vt indemniser, dédommager.
**indentation** [ɪndɛn'teɪʃən] n découpure f; (TYP) alinéa m; (on metal) bosse f.
**independence** [ɪndɪ'pɛndns] n indépendance f.
**independent** [ɪndɪ'pɛndnt] a indépendant(e); ~ly ad de façon indépendante; ~ly of indépendamment de.
**indescribable** [ɪndɪ'skraɪbəbl] a indescriptible.
**index** ['ɪndɛks] n (pl: ~es: in book) index m; (: in library etc) catalogue m; (pl: indices ['ɪndɪsi:z]: ratio, sign) indice m; ~ card n fiche f; ~ finger n index m; ~-linked a indexé(e) (sur le coût de la vie etc).
**India** ['ɪndɪə] n Inde f; ~n a indien(ne) // n Indien/ne; ~n ink n encre f de Chine; ~n Ocean n océan Indien; ~ paper n papier m bible.
**indicate** ['ɪndɪkeɪt] vt indiquer; **indication** [-'keɪʃən] n indication f, signe m.
**indicative** [ɪn'dɪkətɪv] a indicatif(ive) // n (LING) indicatif m.
**indicator** ['ɪndɪkeɪtə*] n (sign) indicateur m; (AUT) clignotant m.
**indices** ['ɪndɪsi:z] npl of **index**.
**indict** [ɪn'daɪt] vt accuser; ~able a (person) passible de poursuites; ~able offence n délit pénal; ~ment n accusation f.
**indifference** [ɪn'dɪfrəns] n indifférence f.
**indifferent** [ɪn'dɪfrənt] a indifférent(e); (poor) médiocre, quelconque.
**indigenous** [ɪn'dɪdʒɪnəs] a indigène.
**indigestible** [ɪndɪ'dʒɛstɪbl] a indigeste.
**indigestion** [ɪndɪ'dʒɛstʃən] n indigestion f, mauvaise digestion.
**indignant** [ɪn'dɪgnənt] a: ~ (at sth/with sb) indigné(e) (de qch/contre qn).
**indignation** [ɪndɪg'neɪʃən] n indignation f.
**indignity** [ɪn'dɪgnɪtɪ] n indignité f, affront m.
**indigo** ['ɪndɪgəu] a indigo inv // n indigo m.
**indirect** [ɪndɪ'rɛkt] a indirect(e); ~ly ad indirectement.
**indiscreet** [ɪndɪ'skri:t] a indiscret(ète); (rash) imprudent(e).
**indiscretion** [ɪndɪ'skrɛʃən] n indiscrétion f; imprudence f.
**indiscriminate** [ɪndɪ'skrɪmɪnət] a (person) qui manque de discernement; (admiration) aveugle; (killings) commis(e) au hasard.
**indispensable** [ɪndɪ'spɛnsəbl] a indispensable.
**indisposed** [ɪndɪ'spəuzd] a (unwell) indisposé(e), souffrant(e).

**indisposition** [ɪndɪspə'zɪʃən] n (*illness*) indisposition f, malaise m.

**indisputable** [ɪndɪ'spjuːtəbl] a incontestable, indiscutable.

**indistinct** [ɪndɪ'stɪŋkt] a indistinct(e); (*memory, noise*) vague.

**individual** [ɪndɪ'vɪdjuəl] n individu m // a individuel(le); (*characteristic*) particulier(ère), original(e); ~ist n individualiste m/f; ~ity [-'ælɪtɪ] n individualité f; ~ly ad individuellement.

**indoctrinate** [ɪn'dɔktrɪneɪt] vt endoctriner; **indoctrination** [-'neɪʃən] n endoctrinement m.

**indolent** ['ɪndələnt] a indolent(e), nonchalant(e).

**indoor** ['ɪndɔ:*] a d'intérieur; (*plant*) d'appartement; (*swimming-pool*) couvert(e); (*sport, games*) pratiqué(e) en salle; ~s [ɪn'dɔ:z] ad à l'intérieur; (*at home*) à la maison.

**indubitable** [ɪn'dju:bɪtəbl] a indubitable, incontestable.

**induce** [ɪn'dju:s] vt persuader; (*bring about*) provoquer; ~ment n incitation f; (*incentive*) but m; (*pej: bribe*) pot-de-vin m.

**induct** [ɪn'dʌkt] vt établir dans ses fonctions; (*fig*) initier.

**induction** [ɪn'dʌkʃən] n (MED: *of birth*) accouchement provoqué; ~ **course** n stage m de mise au courant.

**indulge** [ɪn'dʌldʒ] vt (*whim*) céder à, satisfaire; (*child*) gâter // vi: **to ~ in sth** s'offrir qch, se permettre qch; se livrer à qch; ~nce n fantaisie f (que l'on s'offre); (*leniency*) indulgence f; ~nt a indulgent(e).

**industrial** [ɪn'dʌstrɪəl] a industriel(le); (*injury*) du travail; (*dispute*) ouvrier(ère); ~ **action** n action revendicative; ~ **estate** n zone industrielle; ~**ist** n industriel m; ~**ize** vt industrialiser.

**industrious** [ɪn'dʌstrɪəs] a travailleur(euse).

**industry** ['ɪndəstrɪ] n industrie f; (*diligence*) zèle m, application f.

**inebriated** [ɪ'ni:brɪeɪtɪd] a ivre.

**inedible** [ɪn'edɪbl] a immangeable; (*plant etc*) non comestible.

**ineffective** [ɪnɪ'fektɪv] a inefficace.

**ineffectual** [ɪnɪ'fektʃuəl] a inefficace; incompétent(e).

**inefficiency** [ɪnɪ'fɪʃənsɪ] n inefficacité f.

**inefficient** [ɪnɪ'fɪʃənt] a inefficace.

**inelegant** [ɪn'elɪgənt] a peu élégant(e).

**ineligible** [ɪn'elɪdʒɪbl] a (*candidate*) inéligible; **to be ~ for sth** ne pas avoir droit à qch.

**inept** [ɪ'nept] a inepte.

**inequality** [ɪnɪ'kwɔlɪtɪ] n inégalité f.

**ineradicable** [ɪnɪ'rædɪkəbl] a indéracinable, tenace.

**inert** [ɪ'nə:t] a inerte.

**inertia** [ɪ'nə:ʃə] n inertie f; ~ **reel seat belt** n ceinture f de sécurité à enrouleur.

**inescapable** [ɪnɪ'skeɪpəbl] a inéluctable, inévitable.

**inessential** [ɪnɪ'senʃl] a superflu(e).

**inestimable** [ɪn'estɪməbl] a inestimable, incalculable.

**inevitable** [ɪn'evɪtəbl] a inévitable.

**inexact** [ɪnɪg'zækt] a inexact(e).

**inexhaustible** [ɪnɪg'zɔ:stɪbl] a inépuisable.

**inexorable** [ɪn'eksərəbl] a inexorable.

**inexpensive** [ɪnɪk'spensɪv] a bon marché inv.

**inexperience** [ɪnɪk'spɪərɪəns] n inexpérience f, manque m d'expérience; ~d a inexpérimenté(e).

**inexplicable** [ɪnɪk'splɪkəbl] a inexplicable.

**inexpressible** [ɪnɪk'spresɪbl] a inexprimable.

**inextricable** [ɪnɪk'strɪkəbl] a inextricable.

**infallibility** [ɪnfælə'bɪlɪtɪ] n infaillibilité f.

**infallible** [ɪn'fælɪbl] a infaillible.

**infamous** ['ɪnfəməs] a infâme, abominable.

**infamy** ['ɪnfəmɪ] n infamie f.

**infancy** ['ɪnfənsɪ] n petite enfance, bas âge; (*fig*) enfance f, débuts mpl.

**infant** ['ɪnfənt] n (*baby*) nourrisson m; (*young child*) petit(e) enfant; ~**ile** a infantile; ~ **school** n classes fpl préparatoires (entre 5 et 7 ans).

**infantry** ['ɪnfəntrɪ] n infanterie f; ~**man** n fantassin m.

**infatuated** [ɪn'fætjueɪtɪd] a: ~ **with** entiché(e) de.

**infatuation** [ɪnfætju'eɪʃən] n toquade f; engouement m.

**infect** [ɪn'fekt] vt infecter, contaminer; (*fig: pej*) corrompre; ~**ed with** (*illness*) atteint(e) de; ~**ion** [ɪn'fekʃən] n infection f; contagion f; ~**ious** [ɪn'fekʃəs] a infectieux(euse); (*also: fig*) contagieux(euse).

**infer** [ɪn'fə:*] vt conclure, déduire; ~**ence** ['ɪnfərəns] n conclusion f; déduction f.

**inferior** [ɪn'fɪərɪə*] a inférieur(e); (*goods*) de qualité inférieure // n inférieur/e; (*in rank*) subalterne m/f; ~**ity** [ɪnfɪərɪ'ɔrətɪ] n infériorité f; ~**ity complex** n complexe m d'infériorité.

**infernal** [ɪn'fə:nl] a infernal(e); ~**ly** ad abominablement.

**inferno** [ɪn'fə:nəu] n enfer m; brasier m.

**infertile** [ɪn'fə:taɪl] a stérile; **infertility** [-'tɪlɪtɪ] n infertilité f, stérilité f.

**infested** [ɪn'festɪd] a: ~ **(with)** infesté(e) (de).

**infidelity** [ɪnfɪ'delɪtɪ] n infidélité f.

**in-fighting** ['ɪnfaɪtɪŋ] n querelles fpl internes.

**infiltrate** ['ɪnfɪltreɪt] vt (*troops etc*) faire s'infiltrer; (*enemy line etc*) s'infiltrer dans // vi s'infiltrer.

**infinite** ['ɪnfɪnɪt] a infini(e).

**infinitive** [ɪn'fɪnɪtɪv] n infinitif m.

**infinity** [ɪn'fɪnɪtɪ] n infinité f; (*also* MATH) infini m.

**infirm** [ɪn'fə:m] a infirme.

**infirmary** [ɪn'fə:mərɪ] n hôpital m; (*in school, factory*) infirmerie f.

**infirmity** [ɪn'fə:mɪtɪ] n infirmité f.

**inflame** [ɪn'fleɪm] vt enflammer.

**inflammable** [ɪn'flæməbl] a inflammable.

**inflammation** [ɪnflə'meɪʃən] n inflammation f.

**inflate** [ɪn'fleɪt] vt (*tyre, balloon*) gonfler; (*fig*) grossir; gonfler; faire monter; **to ~ the currency** avoir recours à l'inflation;

**~d** a (style) enflé(e) ; (value) exagéré(e) ;
**inflation** [ɪnˈfleɪʃən] n (ECON) inflation f.
**inflexible** [ɪnˈflɛksɪbl] a inflexible, rigide.
**inflict** [ɪnˈflɪkt] vt: **to ~ on** infliger à ;
**~ion** [ɪnˈflɪkʃən] n infliction f; affliction
f.
**inflow** [ˈɪnfləu] n afflux m.
**influence** [ˈɪnfluəns] n influence f // vt
influencer ; **under the ~ of** sous l'effet
de ; **under the ~ of drink** en état d'ébriété.
**influential** [ɪnfluˈɛnʃl] a influent(e).
**influenza** [ɪnfluˈɛnzə] n grippe f.
**influx** [ˈɪnflʌks] n afflux m.
**inform** [ɪnˈfɔːm] vt: **to ~ sb (of)** informer
or avertir qn (de) ; **to ~ sb about**
renseigner qn sur, mettre qn au courant
de.
**informal** [ɪnˈfɔːml] a (person, manner)
simple, sans façon ; (visit, discussion)
dénué(e) de formalités ; (announcement,
invitation) non-officiel(le) ; **'dress ~'**
'tenue de ville' ; **~ity** [-ˈmælɪtɪ] n
simplicité f, absence f de cérémonie ;
caractère non-officiel ; **~ language** n
langage m de la conversation.
**information** [ɪnfəˈmeɪʃən] n information
f; renseignements mpl; (knowledge)
connaissances fpl; **a piece of ~** un
renseignement.
**informative** [ɪnˈfɔːmətɪv] a instructif(ive).
**informer** [ɪnˈfɔːmə*] n dénonciateur/-
trice ; (also: **police ~**) indicateur/trice.
**infra-red** [ɪnfrəˈrɛd] a infrarouge.
**infrequent** [ɪnˈfriːkwənt] a peu
fréquent(e), rare.
**infringe** [ɪnˈfrɪndʒ] vt enfreindre // vi: **to
~ on** empiéter sur ; **~ment** n: **~ment
(of)** infraction f (à).
**infuriate** [ɪnˈfjuərɪeɪt] vt mettre en fureur ;
**infuriating** a exaspérant(e).
**ingenious** [ɪnˈdʒiːnjəs] a ingénieux(euse).
**ingenuity** [ɪndʒɪˈnjuːɪtɪ] n ingéniosité f.
**ingenuous** [ɪnˈdʒɛnjuəs] a naïf(ïve),
ingénu(e).
**ingot** [ˈɪŋgət] n lingot m.
**ingrained** [ɪnˈgreɪnd] a enraciné(e).
**ingratiate** [ɪnˈgreɪʃɪeɪt] vt: **to ~ o.s. with**
s'insinuer dans les bonnes grâces de, se
faire bien voir de.
**ingratitude** [ɪnˈgrætɪtjuːd] n ingratitude f.
**ingredient** [ɪnˈgriːdɪənt] n ingrédient m;
élément m.
**ingrown** [ˈɪngrəun] a: **~ toenail** ongle
incarné.
**inhabit** [ɪnˈhæbɪt] vt habiter.
**inhabitant** [ɪnˈhæbɪtnt] n habitant/e.
**inhale** [ɪnˈheɪl] vt inhaler ; (perfume)
respirer // vi (in smoking) avaler la fumée.
**inherent** [ɪnˈhɪərənt] a: **~ (in or to)**
inhérent(e) (à).
**inherit** [ɪnˈhɛrɪt] vt hériter (de) ; **~ance** n
héritage m; **law of ~ance** n droit m de
la succession.
**inhibit** [ɪnˈhɪbɪt] vt (PSYCH) inhiber ; **to ~
sb from doing** empêcher or retenir qn de
faire ; **~ing** a gênant(e) ; **~ion** [-ˈbɪʃən] n
inhibition f.
**inhospitable** [ɪnhɔsˈpɪtəbl] a inhospita-
lier(ère).
**inhuman** [ɪnˈhjuːmən] a inhumain(e).

**inimitable** [ɪˈnɪmɪtəbl] a inimitable.
**iniquity** [ɪˈnɪkwɪtɪ] n iniquité f.
**initial** [ɪˈnɪʃl] a initial(e) // n initiale f //
vt parafer ; **~s** npl initiales fpl; (as
signature) parafe m; (as ~ly ad initialement,
au début.
**initiate** [ɪˈnɪʃɪeɪt] vt (start) entreprendre ;
amorcer ; lancer ; (person) initier ; **to ~ sb
into a secret** initier qn à un secret ; **to
~ proceedings against sb** (LAW) intenter
une action à qn ; **initiation** [-ˈeɪʃən] n (into
secret etc) initiation f.
**initiative** [ɪˈnɪʃətɪv] n initiative f.
**inject** [ɪnˈdʒɛkt] vt (liquid) injecter ;
(person) faire une piqûre à ; **~ion**
[ɪnˈdʒɛkʃən] n injection f, piqûre f.
**injure** [ˈɪndʒə*] vt blesser ; (wrong) faire
du tort à ; (damage: reputation etc)
compromettre.
**injury** [ˈɪndʒərɪ] n blessure f; (wrong) tort
m; **~ time** n (SPORT) arrêts mpl de jeu.
**injustice** [ɪnˈdʒʌstɪs] n injustice f.
**ink** [ɪŋk] n encre f.
**inkling** [ˈɪŋklɪŋ] n soupçon m, vague idée
f.
**inky** [ˈɪŋkɪ] a taché(e) d'encre.
**inlaid** [ˈɪnleɪd] a incrusté(e) ; (table etc)
marqueté(e).
**inland** a [ˈɪnlənd] intérieur(e) // ad
[ɪnˈlænd] à l'intérieur, dans les terres ; **I~
Revenue** n (Brit) fisc m, contributions
directes ; **~ waterways** npl canaux mpl et
rivières fpl.
**in-laws** [ˈɪnlɔːz] npl beaux-parents mpl;
belle famille.
**inlet** [ˈɪnlɛt] n (GEO) crique f; **~ pipe** n
(TECH) tuyau m d'arrivée.
**inmate** [ˈɪnmeɪt] n (in prison) détenu/e ; (in
asylum) interné/e.
**inn** [ɪn] n auberge f.
**innate** [ɪˈneɪt] a inné(e).
**inner** [ˈɪnə*] a intérieur(e) ; **~ city** n centre
m de zone urbaine ; **~ tube** n (of tyre)
chambre f à air.
**innocence** [ˈɪnəsns] n innocence f.
**innocent** [ˈɪnəsnt] a innocent(e).
**innocuous** [ɪˈnɔkjuəs] a inoffensif(ive).
**innovation** [ɪnəuˈveɪʃən] n innovation f.
**innuendo,** **~es** [ɪnjuˈɛndəu] n
insinuation f, allusion (malveillante).
**innumerable** [ɪˈnjuːmrəbl] a innombrable.
**inoculation** [ɪnɔkjuˈleɪʃən] n inoculation f.
**inopportune** [ɪnˈɔpətjuːn] a inoppor-
tun(e).
**inordinately** [ɪˈnɔːdɪnətlɪ] ad démesuré-
ment.
**inorganic** [ɪnɔːˈgænɪk] a inorganique.
**in-patient** [ˈɪnpeɪʃənt] n malade
hospitalisé(e).
**input** [ˈɪnput] n (ELEC) énergie f, puissance
f; (of machine) consommation f; (of
computer) information fournie.
**inquest** [ˈɪnkwɛst] n enquête (criminelle).
**inquire** [ɪnˈkwaɪə*] vi demander // vt
demander, s'informer de ; **to ~ about** vt
fus s'informer de, se renseigner sur ; **to ~
after** vt fus demander des nouvelles de ;
**to ~ into** vt fus faire une enquête sur ;
**inquiring** a (mind) curieux(euse),
investigateur(trice) ; **inquiry** n demande f
de renseignements ; (LAW) enquête f,

investigation *f* ; **inquiry office** *n* bureau *m* de renseignements.
**inquisitive** [ɪn'kwɪzɪtɪv] *a* curieux(euse).
**inroad** ['ɪnrəʊd] *n* incursion *f*.
**insane** [ɪn'seɪn] *a* fou(folle) ; (MED) aliéné(e).
**insanitary** [ɪn'sænɪtərɪ] *a* insalubre.
**insanity** [ɪn'sænɪtɪ] *n* folie *f* ; (MED) aliénation (mentale).
**insatiable** [ɪn'seɪʃəbl] *a* insatiable.
**inscribe** [ɪn'skraɪb] *vt* inscrire ; (*book etc*): **to ~ (to sb)** dédicacer (à qn).
**inscription** [ɪn'skrɪpʃən] *n* inscription *f* ; dédicace *f*.
**inscrutable** [ɪn'skruːtəbl] *a* impénétrable.
**insect** ['ɪnsɛkt] *n* insecte *m* ; **~icide** [ɪn'sɛktɪsaɪd] *n* insecticide *m*.
**insecure** [ɪnsɪ'kjʊə*] *a* peu solide ; peu sûr(e) ; (*person*) anxieux (euse) ; **insecurity** *n* insécurité *f*.
**insensible** [ɪn'sɛnsɪbl] *a* insensible ; (*unconscious*) sans connaissance.
**insensitive** [ɪn'sɛnsɪtɪv] *a* insensible.
**inseparable** [ɪn'sɛprəbl] *a* inséparable.
**insert** *vt* [ɪn'sɜːt] insérer // *n* ['ɪnsɜːt] insertion *f* ; **~ion** [ɪn'sɜːʃən] *n* insertion *f*.
**inshore** [ɪn'ʃɔː*] *a* côtier(ère) // *ad* près de la côte ; vers la côte.
**inside** ['ɪn'saɪd] *n* intérieur *m* // *a* intérieur(e) // *ad* à l'intérieur, dedans // *prep* à l'intérieur de ; (*of time*): **~ 10 minutes** en moins de 10 minutes ; **~s** *npl* (col) intestins *mpl* ; **~ forward** *n* (SPORT) intérieur *m* ; **~ lane** *n* (AUT: *in Britain*) voie *f* de gauche ; **~ out** *ad* à l'envers ; (*know*) à fond ; **to turn ~ out** retourner.
**insidious** [ɪn'sɪdɪəs] *a* insidieux(euse).
**insight** ['ɪnsaɪt] *n* perspicacité *f* ; (*glimpse, idea*) aperçu *m*.
**insignificant** [ɪnsɪg'nɪfɪknt] *a* insignifiant(e).
**insincere** [ɪnsɪn'sɪə*] *a* hypocrite ; **insincerity** [-'sɛrɪtɪ] *n* manque *m* de sincérité, hypocrisie *f*.
**insinuate** [ɪn'sɪnjʊeɪt] *vt* insinuer ; **insinuation** [-'eɪʃən] *n* insinuation *f*.
**insipid** [ɪn'sɪpɪd] *a* insipide, fade.
**insist** [ɪn'sɪst] *vi* insister ; **to ~ on doing** insister pour faire ; **to ~ that** insister pour que ; (*claim*) maintenir *or* soutenir que ; **~ence** *n* insistance *f* ; **~ent** *a* insistant(e), pressant(e).
**insolence** ['ɪnsələns] *n* insolence *f*.
**insolent** ['ɪnsələnt] *a* insolent(e).
**insoluble** [ɪn'sɔljʊbl] *a* insoluble.
**insolvent** [ɪn'sɔlvənt] *a* insolvable ; en faillite.
**insomnia** [ɪn'sɔmnɪə] *n* insomnie *f*.
**inspect** [ɪn'spɛkt] *vt* inspecter ; (*ticket*) contrôler ; **~ion** [ɪn'spɛkʃən] *n* inspection *f* ; contrôle *m* ; **~or** *n* inspecteur/trice, contrôleur/euse.
**inspiration** [ɪnspə'reɪʃən] *n* inspiration *f*.
**inspire** [ɪn'spaɪə*] *vt* inspirer ; **inspiring** *a* inspirant(e).
**instability** [ɪnstə'bɪlɪtɪ] *n* instabilité *f*.
**install** [ɪn'stɔːl] *vt* installer ; **~ation** [ɪnstə'leɪʃən] *n* installation *f*.
**instalment, installment** (US) [ɪn'stɔːlmənt] *n* acompte *m*, versement partiel ; (*of TV serial etc*) épisode *m*.

**instance** ['ɪnstəns] *n* exemple *m* ; **for ~** par exemple ; **in many ~s** dans bien des cas.
**instant** ['ɪnstənt] *n* instant *m* // *a* immédiat(e) ; urgent(e) ; (*coffee, food*) instantané(e), en poudre ; **the 10th ~** le 10 courant ; **~ly** *ad* immédiatement, tout de suite.
**instead** [ɪn'stɛd] *ad* au lieu de cela ; **~ of** au lieu de ; **~ of sb** à la place de qn.
**instep** ['ɪnstɛp] *n* cou-de-pied *m* ; (*of shoe*) cambrure *f*.
**instigation** [ɪnstɪ'geɪʃən] *n* instigation *f*.
**instil** [ɪn'stɪl] *vt*: **to ~ (into)** inculquer (à) ; (*courage*) insuffler (à).
**instinct** ['ɪnstɪŋkt] *n* instinct *m*.
**instinctive** [ɪn'stɪŋktɪv] *a* instinctif(ive) ; **~ly** *ad* instinctivement.
**institute** ['ɪnstɪtjuːt] *n* institut *m* // *vt* instituer, établir ; (*inquiry*) ouvrir ; (*proceedings*) entamer.
**institution** [ɪnstɪ'tjuːʃən] *n* institution *f* ; établissement *m* (scolaire) ; établissement (psychiatrique).
**instruct** [ɪn'strʌkt] *vt* instruire, former ; **to ~ sb in sth** enseigner qch à qn ; **to ~ sb to do** charger qn *or* ordonner à qn de faire ; **~ion** [ɪn'strʌkʃən] *n* instruction *f* ; **~ions** *npl* directives *fpl* ; **~ions (for use)** mode *m* d'emploi ; **~ive** *a* instructif(ive) ; **~or** *n* professeur *m* ; (*for skiing, driving*) moniteur *m*.
**instrument** ['ɪnstrəmənt] *n* instrument *m* ; **~al** [-'mɛntl] *a* (MUS) instrumental(e) ; **to be ~al in** contribuer à ; **~alist** [-'mɛntəlɪst] *n* instrumentiste *m/f* ; **~ panel** *n* tableau *m* de bord.
**insubordinate** [ɪnsə'bɔːdənɪt] *a* insubordonné(e) ; **insubordination** [-'neɪʃən] *n* insubordination *f*.
**insufferable** [ɪn'sʌfrəbl] *a* insupportable.
**insufficient** [ɪnsə'fɪʃənt] *a* insuffisant(e) ; **~ly** *ad* insuffisamment.
**insular** ['ɪnsjʊlə*] *a* insulaire ; (*outlook*) étroit(e) ; (*person*) aux vues étroites.
**insulate** ['ɪnsjʊleɪt] *vt* isoler ; (*against sound*) insonoriser ; **insulating tape** *n* ruban isolant ; **insulation** [-'leɪʃən] *n* isolation *f* ; insonorisation *f*.
**insulin** ['ɪnsjʊlɪn] *n* insuline *f*.
**insult** *n* ['ɪnsʌlt] insulte *f*, affront *m* // *vt* [ɪn'sʌlt] insulter, faire un affront à ; **~ing** *a* insultant(e), injurieux(euse).
**insuperable** [ɪn'sjuːprəbl] *a* insurmontable.
**insurance** [ɪn'ʃʊərəns] *n* assurance *f* ; **fire/life ~** assurance-incendie/-vie ; **~ agent** *n* agent *m* d'assurances ; **~ policy** *n* police *f* d'assurance.
**insure** [ɪn'ʃʊə*] *vt* assurer.
**insurrection** [ɪnsə'rɛkʃən] *n* insurrection *f*.
**intact** [ɪn'tækt] *a* intact(e).
**intake** ['ɪnteɪk] *n* (TECH) admission *f* ; adduction *f* ; (*of food*) consommation *f* ; (SCOL): **an ~ of 200 a year** 200 admissions *fpl* par an.
**intangible** [ɪn'tændʒɪbl] *a* intangible ; (*assets*) immatériel(le).
**integral** ['ɪntɪgrəl] *a* intégral(e) ; (*part*) intégrant(e).

**integrate** ['ıntıgreıt] vt intégrer // vi s'intégrer.

**integrity** [ın'tɛgrıtı] n intégrité f.

**intellect** ['ıntəlɛkt] n intelligence f; ~**ual** [-'lɛktjuəl] a, n intellectuel(le).

**intelligence** [ın'tɛlıdʒəns] n intelligence f; (MIL etc) informations fpl, renseignements mpl; **I**~ **Service** n services mpl de renseignements.

**intelligent** [ın'tɛlıdʒənt] a intelligent(e); ~**ly** ad intelligemment.

**intelligible** [ın'tɛlıdʒıbl] a intelligible.

**intemperate** [ın'tɛmpərət] a immodéré(e); (drinking too much) adonné(e) à la boisson.

**intend** [ın'tɛnd] vt (gift etc): **to** ~ **sth for** destiner qch à; **to** ~ **to do** avoir l'intention de faire; ~**ed** a (insult) intentionnel(le); (journey) projeté(e); (effect) voulu(e).

**intense** [ın'tɛns] a intense; (person) véhément(e); ~**ly** ad intensément; profondément.

**intensify** [ın'tɛnsıfaı] vt intensifier.

**intensity** [ın'tɛnsıtı] n intensité f.

**intensive** [ın'tɛnsıv] a intensif(ive); ~ **care unit** n service m de réanimation.

**intent** [ın'tɛnt] n intention f // a attentif(ive), absorbé(e); **to all** ~**s and purposes** en fait, pratiquement; **to be** ~ **on doing sth** être (bien) décidé à faire qch.

**intention** [ın'tɛnʃən] n intention f; ~**al** a intentionnel(le), délibéré(e).

**intently** [ın'tɛntlı] ad attentivement.

**inter** [ın'tə:*] vt enterrer.

**interact** [ıntər'ækt] vi avoir une action réciproque; ~**ion** [-'ækʃən] n interaction f.

**intercede** [ıntə'si:d] vi: **to** ~ (**with**) intercéder (auprès de).

**intercept** [ıntə'sɛpt] vt intercepter; (person) arrêter au passage; ~**ion** [-'sɛpʃən] n interception f.

**interchange** n ['ıntətʃeındʒ] (exchange) échange m; (on motorway) échangeur m // vt [ıntə'tʃeındʒ] échanger; mettre à la place l'un(e) de l'autre; ~**able** a interchangeable.

**intercom** ['ıntəkəm] n interphone m.

**interconnect** [ıntəkə'nɛkt] vi (rooms) communiquer.

**intercourse** ['ıntəkɔ:s] n rapports mpl.

**interest** ['ıntrıst] n intérêt m; (COMM: stake, share) intérêts mpl // vt intéresser; ~**ed** a intéressé(e); **to be** ~**ed in** s'intéresser à; ~**ing** a intéressant(e).

**interfere** [ıntə'fıə*] vi: **to** ~ **in** (quarrel, other people's business) se mêler à; **to** ~ **with** (object) tripoter, toucher à; (plans) contrecarrer; (duty) être en conflit avec; **don't** ~ mêlez-vous de vos affaires.

**interference** [ıntə'fıərəns] n (gen) intrusion f; (PHYSICS) interférence n (RADIO, TV) parasites mpl.

**interim** ['ıntərım] a provisoire; (post) intérimaire // n: **in the** ~ dans l'intérim.

**interior** [ın'tıərıə*] n intérieur m // a intérieur(e).

**interjection** [ıntə'dʒɛkʃən] n interjection f.

**interlock** [ıntə'lɔk] vi s'enclencher // vt enclencher.

**interloper** ['ıntələupə*] n intrus/e.

**interlude** ['ıntəlu:d] n intervalle m; (THEATRE) intermède m.

**intermarry** [ıntə'mærı] vi former des alliances entre familles (or tribus); former des unions consanguines.

**intermediary** [ıntə'mi:dıərı] n intermédiaire m/f.

**intermediate** [ıntə'mi:dıət] a intermédiaire; (SCOL: course, level) moyen(ne).

**intermission** [ıntə'mıʃən] n pause f; (THEATRE, CINEMA) entracte m.

**intermittent** [ıntə'mıtnt] a intermittent(e); ~**ly** ad par intermittence, par intervalles.

**intern** vt [ın'tə:n] interner // n ['ıntə:n] (US) interne m/f.

**internal** [ın'tə:nl] a interne; (dispute, reform etc) intérieur(e); ~**ly** ad intérieurement; '**not to be taken** ~**ly**' 'pour usage externe'; ~ **revenue** n (US) fisc m.

**international** [ıntə'næʃənl] a international(e) // n (SPORT) international m.

**internment** [ın'tə:nmənt] n internement m.

**interplay** ['ıntəpleı] n effet m réciproque, jeu m.

**interpret** [ın'tə:prıt] vt interpréter // vi servir d'interprète; ~**ation** [-'teıʃən] n interprétation f; ~**er** n interprète m/f; ~**ing** n (profession) interprétariat m.

**interrelated** [ıntərı'leıtıd] a en corrélation, en rapport étroit.

**interrogate** [ın'tɛrəugeıt] vt interroger; (suspect etc) soumettre à un interrogatoire; **interrogation** [-'geıʃən] n interrogation f; interrogatoire m; **interrogative** [ıntə'rɔgətıv] a interrogateur(trice) // n (LING) interrogatif m; **interrogator** n interrogateur/trice.

**interrupt** [ıntə'rʌpt] vt interrompre; ~**ion** [-'rʌpʃən] n interruption f.

**intersect** [ıntə'sɛkt] vt couper, croiser // vi (roads) se croiser, se couper; ~**ion** [-'sɛkʃən] n intersection f; (of roads) croisement m.

**intersperse** [ıntə'spə:s] vt: **to** ~ **with** parsemer de.

**intertwine** [ıntə'twaın] vt entrelacer // vi s'entrelacer.

**interval** ['ıntəvl] n intervalle m; (SCOL) récréation f; (THEATRE) entracte m; (SPORT) mi-temps f; **bright** ~**s** (in weather) éclaircies fpl; **at** ~**s** par intervalles.

**intervene** [ıntə'vi:n] vi (time) s'écouler (entre-temps); (event) survenir; (person) intervenir; **intervention** [-'vɛnʃən] n intervention f.

**interview** ['ıntəvju:] n (RADIO, TV etc) interview f; (for job) entrevue f // vt interviewer; avoir une entrevue avec; ~**er** n interviewer m.

**intestate** [ın'tɛsteıt] a intestat.

**intestinal** [ın'tɛstınl] a intestinal(e).

**intestine** [ın'tɛstın] n intestin m.

**intimacy** ['ıntıməsı] n intimité f.

**intimate** a ['ıntımət] intime; (knowledge) approfondi(e) // vt ['ıntımeıt] suggérer, laisser entendre ; (announce) faire savoir ; ~ly ad intimement.

**intimation** [ɪntɪˈmeɪʃən] n annonce f.

**intimidate** [ɪnˈtɪmɪdeɪt] vt intimider ; **intimidation** [-ˈdeɪʃən] n intimidation f.

**into** [ˈɪntu] prep dans ; ~ **3 pieces/French** en 3 morceaux/français.

**intolerable** [ɪnˈtɔlərəbl] a intolérable.

**intolerance** [ɪnˈtɔlərns] n intolérance f.

**intolerant** [ɪnˈtɔlərnt] a intolérant(e).

**intonation** [ɪntəuˈneɪʃən] n intonation f.

**intoxicate** [ɪnˈtɔksɪkeɪt] vt enivrer ; ~d a ivre ; **intoxication** [-ˈkeɪʃən] n ivresse f.

**intractable** [ɪnˈtræktəbl] a (child, temper) indocile, insoumis(e) ; (problem) insoluble.

**intransigent** [ɪnˈtrænsɪdʒənt] a intransigeant(e).

**intransitive** [ɪnˈtrænsɪtɪv] a intransitif(ive).

**intra-uterine** [ɪntrəˈjuːtəraɪn] a intra-utérin(e) ; ~ **device (I.U.D.)** n moyen de contraception intra-utérin.

**intravenous** [ɪntrəˈviːnəs] a intraveineux(euse).

**intrepid** [ɪnˈtrɛpɪd] a intrépide.

**intricacy** [ˈɪntrɪkəsɪ] n complexité f.

**intricate** [ˈɪntrɪkət] a complexe, compliqué(e).

**intrigue** [ɪnˈtriːg] n intrigue f // vt intriguer ; **intriguing** a fascinant(e).

**intrinsic** [ɪnˈtrɪnsɪk] a intrinsèque.

**introduce** [ɪntrəˈdjuːs] vt introduire ; **to ~ sb (to sb)** présenter qn (à qn) ; **to ~ sb to** (pastime, technique) initier qn à ; **introduction** [-ˈdʌkʃən] n introduction f ; (of person) présentation f ; **introductory** a préliminaire, d'introduction.

**introspective** [ɪntrəuˈspɛktɪv] a introspectif(ive).

**introvert** [ˈɪntrəuvəːt] a,n introverti(e).

**intrude** [ɪnˈtruːd] vi (person) être importun(e) ; **to ~ on** or **into** s'immiscer dans ; **am I intruding?** est-ce que je vous dérange? ; ~r n intrus/e ; **intrusion** [-ʒən] n intrusion f ; **intrusive** a importun(e), gênant(e).

**intuition** [ɪntjuːˈɪʃən] n intuition f.

**intuitive** [ɪnˈtjuːɪtɪv] a intuitif(ive).

**inundate** [ˈɪnʌndeɪt] vt: **to ~ with** inonder de.

**invade** [ɪnˈveɪd] vt envahir ; ~r n envahisseur m.

**invalid** n [ˈɪnvəlɪd] malade m/f ; (with disability) invalide m/f // a [ɪnˈvælɪd] (not valid) invalide, non valide ; ~ate [ɪnˈvælɪdeɪt] vt invalider, annuler.

**invaluable** [ɪnˈvæljuəbl] a inestimable, inappréciable.

**invariable** [ɪnˈvɛərɪəbl] a invariable ; (fig) immanquable.

**invasion** [ɪnˈveɪʒən] n invasion f.

**invective** [ɪnˈvɛktɪv] n invective f.

**invent** [ɪnˈvɛnt] vt inventer ; ~ion [ɪnˈvɛnʃən] n invention f ; ~ive a inventif(ive) ; ~iveness n esprit inventif or d'invention ; ~or n inventeur/trice.

**inventory** [ˈɪnvəntrɪ] n inventaire m.

**inverse** [ɪnˈvəːs] a inverse // n inverse m, contraire m ; ~ly ad inversement.

**invert** [ɪnˈvəːt] vt intervertir ; (cup, object) retourner ; ~ed **commas** npl guillemets mpl.

**invertebrate** [ɪnˈvəːtɪbrət] n invertébré m.

**invest** [ɪnˈvɛst] vt investir // vi faire un investissement.

**investigate** [ɪnˈvɛstɪgeɪt] vt étudier, examiner ; (crime) faire une enquête sur ; **investigation** [-ˈgeɪʃən] n examen m ; (of crime) enquête f, investigation f ; **investigator** n investigateur/trice.

**investiture** [ɪnˈvɛstɪtʃə*] n investiture f.

**investment** [ɪnˈvɛstmənt] n investissement m, placement m.

**investor** [ɪnˈvɛstə*] n épargnant/e ; actionnaire m/f.

**inveterate** [ɪnˈvɛtərət] a invétéré(e).

**invidious** [ɪnˈvɪdɪəs] a injuste ; (task) déplaisant(e).

**invigorating** [ɪnˈvɪgəreɪtɪŋ] a vivifiant(e) ; stimulant(e).

**invincible** [ɪnˈvɪnsɪbl] a invincible.

**inviolate** [ɪnˈvaɪələt] a inviolé(e).

**invisible** [ɪnˈvɪzɪbl] a invisible ; ~ **ink** n encre f sympathique ; ~ **mending** n stoppage m.

**invitation** [ɪnvɪˈteɪʃən] n invitation f.

**invite** [ɪnˈvaɪt] vt inviter ; (opinions etc) demander ; (trouble) chercher ; **inviting** a engageant(e), attrayant(e) ; (gesture) encourageant(e).

**invoice** [ˈɪnvɔɪs] n facture f // vt facturer.

**invoke** [ɪnˈvəuk] vt invoquer.

**involuntary** [ɪnˈvɔləntrɪ] a involontaire.

**involve** [ɪnˈvɔlv] vt (entail) entraîner, nécessiter ; (associate): **to ~ sb (in)** impliquer qn (dans), mêler qn à ; faire participer qn (à) ; ~d a complexe ; **to feel** ~d se sentir concerné(e) ; ~ment n mise f en jeu ; implication f ; ~ment **(in)** participation f (à) ; rôle m (dans).

**invulnerable** [ɪnˈvʌlnərəbl] a invulnérable.

**inward** [ˈɪnwəd] a (movement) vers l'intérieur ; (thought, feeling) profond(e), intime ; ~ly ad (feel, think etc) secrètement, en son for intérieur ; ~(s) ad vers l'intérieur.

**iodine** [ˈaɪəudiːn] n iode m.

**iota** [aɪˈəutə] n (fig) brin m, grain m.

**IOU** n (abbr of I owe you) reconnaissance f de dette.

**IQ** n (abbr of intelligence quotient) Q.I. m (quotient intellectuel).

**Iran** [ɪˈrɑːn] n Iran m ; ~**ian** [ɪˈreɪnɪən] a iranien(ne) // n Iranien/ne ; (LING) iranien m.

**Iraq** [ɪˈrɑːk] n Irak m ; ~**i** a irakien(ne) // n Irakien/ne ; (LING) irakien m.

**irascible** [ɪˈræsɪbl] a irascible.

**irate** [aɪˈreɪt] a courroucé(e).

**Ireland** [ˈaɪlənd] n Irlande f.

**iris**, ~**es** [ˈaɪrɪs, -ɪz] n iris m.

**Irish** [ˈaɪrɪʃ] a irlandais(e) // npl: **the ~** les Irlandais ; ~**man** n Irlandais m ; ~ **Sea** n mer f d'Irlande ; ~**woman** n Irlandaise f.

**irk** [əːk] vt ennuyer ; ~**some** a ennuyeux(euse).

**iron** [ˈaɪən] n fer m ; (for clothes) fer m à repasser // a de or en fer // vt (clothes) repasser ; ~**s** npl (chains) fers mpl, chaînes fpl; **to ~ out** vt (crease) faire disparaître au fer; (fig) aplanir; faire disparaître; **the ~ curtain** n le rideau de fer.

**ironic(al)** [aɪˈrɒnɪk(l)] a ironique.

**ironing** [ˈaɪənɪŋ] n repassage m; **~ board** n planche f à repasser.

**ironmonger** [ˈaɪənmʌŋgə*] n quincailler m; **~'s (shop)** n quincaillerie f.

**iron ore** [ˈaɪənˈɔ:*] n minerai m de fer.

**ironworks** [ˈaɪənwə:ks] n usine f sidérurgique.

**irony** [ˈaɪrənɪ] n ironie f.

**irrational** [ɪˈræʃənl] a irrationnel(le); déraisonnable; qui manque de logique.

**irreconcilable** [ɪrekənˈsaɪləbl] a irréconciliable; (opinion): **~ with** inconciliable avec.

**irredeemable** [ɪrɪˈdi:məbl] a (COMM) non remboursable.

**irrefutable** [ɪrɪˈfju:təbl] a irréfutable.

**irregular** [ɪˈregjulə*] a irrégulier(ère); **~ity** [-ˈlærɪtɪ] n irrégularité f.

**irrelevance** [ɪˈreləvəns] n manque m de rapport or d'à-propos.

**irrelevant** [ɪˈreləvənt] a sans rapport, hors de propos.

**irreligious** [ɪrɪˈlɪdʒəs] a irréligieux(euse).

**irreparable** [ɪˈreprəbl] a irréparable.

**irreplaceable** [ɪrɪˈpleɪsəbl] a irremplaçable.

**irrepressible** [ɪrɪˈpresəbl] a irrépressible.

**irreproachable** [ɪrɪˈprəutʃəbl] a irréprochable.

**irresistible** [ɪrɪˈzɪstɪbl] a irrésistible.

**irresolute** [ɪˈrezəlu:t] a irrésolu(e), indécis(e).

**irrespective** [ɪrɪˈspektɪv]: **~ of** prep sans tenir compte de.

**irresponsible** [ɪrɪˈspɒnsɪbl] a (act) irréfléchi(e); (person) qui n'a pas le sens des responsabilités.

**irretrievable** [ɪrɪˈtri:vəbl] a irréparable, irrémédiable.

**irreverent** [ɪˈrevərnt] a irrévérencieux(euse).

**irrevocable** [ɪˈrevəkəbl] a irrévocable.

**irrigate** [ˈɪrɪgeɪt] vt irriguer; **irrigation** [-ˈgeɪʃən] n irrigation f.

**irritable** [ˈɪrɪtəbl] a irritable.

**irritate** [ˈɪrɪteɪt] vt irriter; **irritation** [-ˈteɪʃən] n irritation f.

**is** [ɪz] vb see **be**.

**Islam** [ˈɪzlɑ:m] n Islam m.

**island** [ˈaɪlənd] n île f; (also: **traffic ~**) refuge m (pour piétons); **~er** n habitant/e d'une île, insulaire m/f.

**isle** [aɪl] n île f.

**isn't** [ˈɪznt] = **is not**.

**isolate** [ˈaɪsəleɪt] vt isoler; **~d** a isolé(e); **isolation** [-ˈleɪʃən] n isolement m; **isolationism** [-ˈleɪʃənɪzm] n isolationnisme m.

**isotope** [ˈaɪsəutəup] n isotope m.

**Israel** [ˈɪzreɪl] n Israël m; **~i** [ɪzˈreɪlɪ] a israélien(ne) // n Israélien/ne.

**issue** [ˈɪsju:] n question f, problème m; (outcome) résultat m, issue f; (of banknotes etc) émission f; (of newspaper etc) numéro m; (offspring) descendance f // vt (rations, equipment) distribuer; (orders) donner;

(book) faire paraître, publier; (banknotes, cheques, stamps) émettre, mettre en circulation; **at ~** en jeu, en cause.

**isthmus** [ˈɪsməs] n isthme m.

**it** [ɪt] pronoun (subject) il(elle); (direct object) le(la), l'; (indirect object) lui; (impersonal) il; ce, cela, ça; **~'s raining** il pleut; **I've come from ~** j'en viens; **it's on** — c'est dessus; **he's proud of ~** il en est fier; **he agreed to ~** il y a consenti.

**Italian** [ɪˈtæljən] a italien(ne) // n Italien/ne; (LING) italien m.

**italic** [ɪˈtælɪk] a italique; **~s** npl italique m.

**Italy** [ˈɪtəlɪ] n Italie f.

**itch** [ɪtʃ] n démangeaison f // vi (person) éprouver des démangeaisons; (part of body) démanger; **I'm ~ing to do** l'envie me démange de faire; **~ing** n démangeaison f; **~y** a qui démange.

**it'd** [ˈɪtd] = **it would; it had**.

**item** [ˈaɪtəm] n (gen) article m; (on agenda) question f, point m; (in programme) numéro m; (also: **news ~**) nouvelle f; **~ize** vt détailler, spécifier.

**itinerant** [ɪˈtɪnərənt] a itinérant(e); (musician) ambulant(e).

**itinerary** [aɪˈtɪnərərɪ] n itinéraire m.

**it'll** [ˈɪtl] = **it will; it shall**.

**its** [ɪts] a son(sa), ses pl // pronoun le(la) sien(ne), les siens(siennes).

**it's** [ɪts] = **it is; it has**.

**itself** [ɪtˈself] pronoun (emphatic) lui-même(elle-même); (reflexive) se.

**ITV** n abbr of Independent Television (chaîne fonctionnant en concurrence avec la BBC).

**I.U.D.** n abbr see **intra-uterine**.

**I've** [aɪv] = **I have**.

**ivory** [ˈaɪvərɪ] n ivoire m; **~ tower** n (fig) tour f d'ivoire.

**ivy** [ˈaɪvɪ] n lierre m.

## J

**jab** [dʒæb] vt: **to ~ sth into** enfoncer or planter qch dans // n coup m; (MED: col) piqûre f.

**jabber** [ˈdʒæbə*] vt,vi bredouiller, baragouiner.

**jack** [dʒæk] n (AUT) cric m; (BOWLS) cochonnet m; (CARDS) valet m; **to ~ up** vt soulever (au cric).

**jacket** [ˈdʒækɪt] n veste f, veston m; (of boiler etc) enveloppe f; (of book) couverture f, jaquette f; **potatoes in their ~s** pommes de terre en robe des champs.

**jack-knife** [ˈdʒæknaɪf] n couteau m de poche // vi: **the lorry ~d** la remorque (du camion) s'est mise en travers.

**jackpot** [ˈdʒækpɒt] n gros lot.

**jade** [dʒeɪd] n (stone) jade m.

**jaded** [ˈdʒeɪdɪd] a éreinté(e), fatigué(e).

**jagged** [ˈdʒægɪd] a dentelé(e).

**jail** [dʒeɪl] n prison f; **~break** n évasion f; **~er** n geôlier/ière.

**jam** [dʒæm] n confiture f; (of shoppers etc) cohue f; (also: **traffic ~**) embouteillage m // vt (passage etc) encombrer, obstruer; (mechanism, drawer etc) bloquer, coincer; (RADIO) brouiller // vi (mechanism, sliding *part*) se coincer, se bloquer ; (*gun*) s'enrayer ; **to ~ sth into** entasser *or* comprimer qch dans ; enfoncer qch dans.

**Jamaica** [dʒə'meɪkə] *n* Jamaïque *f*.

**jangle** ['dʒæŋgl] *vi* cliqueter.

**janitor** ['dʒænɪtə*] *n* (*caretaker*) huissier *m* ; concierge *m*.

**January** ['dʒænjuərɪ] *n* janvier *m*.

**Japan** [dʒə'pæn] *n* Japon *m* ; **~ese** [dʒæpə'niːz] *a* japonais(e) // *n*, *pl inv* Japonais/e ; (*LING*) japonais *m*.

**jar** [dʒɑː*] *n* (*glass*) pot *m*, bocal *m* // *vi* (*sound*) produire un son grinçant *or* discordant ; (*colours etc*) détonner, jurer // *vt* (*subject*: *shock*) ébranler, secouer.

**jargon** ['dʒɑːɡən] *n* jargon *m*.

**jasmin** ['dʒæzmɪn] *n* jasmin *m*.

**jaundice** ['dʒɔːndɪs] *n* jaunisse *f* ; **~d** *a* (*fig*) envieux(euse), désapprobateur(trice).

**jaunt** [dʒɔːnt] *n* balade *f* ; **~y** *a* enjoué(e) ; désinvolte.

**javelin** ['dʒævlɪn] *n* javelot *m*.

**jaw** [dʒɔː] *n* mâchoire *f*.

**jaywalker** ['dʒeɪwɔːkə*] *n* piéton indiscipliné.

**jazz** [dʒæz] *n* jazz *m* ; **to ~ up** *vt* animer, égayer ; **~ band** *n* orchestre *m* or groupe *m* de jazz ; **~y** a bariolé(e), tapageur(euse).

**jealous** ['dʒeləs] *a* jaloux(ouse), **~y** *n* jalousie *f*.

**jeans** [dʒiːnz] *npl* (blue-)jean *m*.

**jeep** [dʒiːp] *n* jeep *f*.

**jeer** [dʒɪə*] *vi*: **to ~** (**at**) huer ; se moquer cruellement (de), railler ; **~s** *npl* huées *fpl* ; sarcasmes *mpl*.

**jelly** ['dʒelɪ] *n* gelée *f* ; **~fish** *n* méduse *f*.

**jeopardize** ['dʒepədaɪz] *vt* mettre en danger *or* péril.

**jeopardy** ['dʒepədɪ] *n*: **in ~** en danger *or* péril.

**jerk** [dʒəːk] *n* secousse *f* ; saccade *f* ; sursaut *m*, spasme *m* // *vt* donner une secousse à // *vi* (*vehicles*) cahoter.

**jerkin** ['dʒəːkɪn] *n* blouson *m*.

**jerky** ['dʒəːkɪ] *a* saccadé(e) ; cahotant(e).

**jersey** ['dʒəːzɪ] *n* tricot *m*.

**jest** [dʒest] *n* plaisanterie *f* ; **in ~** en plaisantant.

**jet** [dʒet] *n* (*gas, liquid*) jet *m* ; (*AUT*) gicleur *m* ; (*AVIAT*) avion *m* à réaction, jet *m* ; **~-black** *a* (d'un noir) de jais ; **~ engine** *n* moteur *m* à réaction.

**jetsam** ['dʒetsəm] *n* objets jetés à la mer (et rejetés sur la côte).

**jettison** ['dʒetɪsn] *vt* jeter par-dessus bord.

**jetty** ['dʒetɪ] *n* jetée *f*, digue *f*.

**Jew** [dʒuː] *n* Juif *m*.

**jewel** ['dʒuːəl] *n* bijou *m*, joyau *m* ; **~ler** *n* bijoutier/ère, joaillier *m* ; **~ler's (shop)** *n* bijouterie *f*, joaillerie *f* ; **~lery** *n* bijoux *mpl*.

**Jewess** ['dʒuːɪs] *n* Juive *f*.

**Jewish** ['dʒuːɪʃ] *a* juif(juive).

**jib** [dʒɪb] *n* (*NAUT*) foc *m* ; (*of crane*) flèche *f* // *vi*: **to ~** (**at**) renâcler *or* regimber (devant).

**jibe** [dʒaɪb] *n* sarcasme *m*.

**jiffy** ['dʒɪfɪ] *n* (*col*): **in a ~** en un clin d'œil.

**jigsaw** ['dʒɪgsɔː] *n* (*also*: **~ puzzle**) puzzle *m*.

**jilt** [dʒɪlt] *vt* laisser tomber, plaquer.

**jingle** ['dʒɪŋgl] *n* (*advert*) couplet *m* publicitaire // *vi* cliqueter, tinter.

**jinx** [dʒɪŋks] *n* (*col*) (mauvais) sort.

**jitters** ['dʒɪtəz] *npl* (*col*): **to get the ~** avoir la trouille *or* la frousse.

**jiujitsu** [dʒuː'dʒɪtsuː] *n* jiu-jitsu *m*.

**job** [dʒɔb] *n* travail *m* ; (*employment*) emploi *m*, poste *m*, place *f* ; **~bing a** (*workman*) à la tâche, à la journée ; **~less** a sans travail, au chômage.

**jockey** ['dʒɔkɪ] *n* jockey *m* // *vi*: **to ~ for position** manœuvrer pour être bien placé.

**jocular** ['dʒɔkjulə*] *a* jovial(e), enjoué(e) ; facétieux(euse).

**jog** [dʒɔg] *vt* secouer // *vi*: **to ~ along** cahoter ; trotter ; **to ~ sb's memory** rafraîchir la mémoire de qn.

**join** [dʒɔɪn] *vt* unir, assembler ; (*become member of*) s'inscrire à ; (*meet*) rejoindre, retrouver ; se joindre à // *vi* (*roads, rivers*) se rejoindre, se rencontrer // *n* raccord *m* ; **to ~ up** *vi* s'engager.

**joiner** ['dʒɔɪnə*] *n* menuisier *m* ; **~y** *n* menuiserie *f*.

**joint** [dʒɔɪnt] *n* (*TECH*) jointure *f* ; joint *m* ; (*ANAT*) articulation *f*, jointure *f* ; (*CULIN*) rôti *m* ; (*col*: *place*) boîte *f* // *a* commun(e) ; **~ly** *ad* ensemble, en commun.

**joist** [dʒɔɪst] *n* solive *f*.

**joke** [dʒəuk] *n* plaisanterie *f* ; (*also*: **practical ~**) farce *f* // *vi* plaisanter ; **to play a ~ on** jouer un tour à, faire une farce à ; **~r** *n* plaisantin *m*, blagueur/euse ; (*CARDS*) joker *m*.

**jollity** ['dʒɔlɪtɪ] *n* réjouissances *fpl*, gaieté *f*.

**jolly** ['dʒɔlɪ] *a* gai(e), enjoué(e) // *ad* (*col*) rudement, drôlement.

**jolt** [dʒəult] *n* cahot *m*, secousse *f* // *vt* cahoter, secouer.

**Jordan** [dʒɔːdən] *n* Jordanie *f*.

**jostle** ['dʒɔsl] *vt* bousculer, pousser // *vi* jouer des coudes.

**jot** [dʒɔt] *n*: **not one ~** pas un brin ; **to ~ down** *vt* inscrire rapidement, noter ; **~ter** *n* cahier *m* (de brouillon) ; bloc-notes *m*.

**journal** ['dʒəːnl] *n* journal *m* ; **~ese** [-'liːz] *n* (*pej*) style *m* journalistique ; **~ism** *n* journalisme *m* ; **~ist** *n* journaliste *m/f*.

**journey** ['dʒəːnɪ] *n* voyage *m* ; (*distance covered*) trajet *m*.

**jowl** [dʒaul] *n* mâchoire *f* (*inférieure*) ; bajoue *f*.

**joy** [dʒɔɪ] *n* joie *f* ; **~ful, ~ous** *a* joyeux(euse) ; **~ ride** *n* virée *f* (*gén avec une voiture volée*).

**J.P.** *n abbr see* **justice**.

**Jr, Jun., Junr** *abbr of* **junior**.

**jubilant** ['dʒuːbɪlnt] triomphant(e) ; réjoui(e).

**jubilation** [dʒuːbɪ'leɪʃən] *n* jubilation *f*.

**jubilee** ['dʒuːbɪliː] *n* jubilé *m*.

**judge** [dʒʌdʒ] *n* juge *m* // *vt* juger ; **judg(e)ment** *n* jugement *m* ; (*punishment*) châtiment *m* ; **in my judg(e)ment** à mon avis, selon mon opinion.

**judicial** [dʒuː'dɪʃl] *a* judiciaire ; (*fair*) impartial(e).

**judicious** [dʒuːˈdɪʃəs] a judicieux(euse).
**judo** [ˈdʒuːdəu] n judo m.
**jug** [dʒʌg] n pot m, cruche f.
**juggernaut** [ˈdʒʌgənɔːt] n (huge truck) mastodonte m.
**juggle** [ˈdʒʌgl] vi jongler ; ~r n jongleur m.
**Jugoslav** [ˈjuːgəuˈslɑːv] a,n = **Yugoslav**.
**juice** [dʒuːs] n jus m.
**juicy** [ˈdʒuːsɪ] a juteux(euse).
**jukebox** [ˈdʒuːkbɔks] n juke-box m.
**July** [dʒuːˈlaɪ] n juillet m.
**jumble** [ˈdʒʌmbl] n fouillis m // vt (also: ~ **up**) mélanger, brouiller ; ~ **sale** n (Brit) vente f de charité.
**jumbo** [ˈdʒʌmbəu] a: ~ **jet** avion géant, gros porteur (à réaction).
**jump** [dʒʌmp] vi sauter, bondir ; (start) sursauter ; (increase) monter en flèche // vt sauter, franchir // n saut m, bond m ; sursaut m ; **to** ~ **the queue** passer avant son tour.
**jumper** [ˈdʒʌmpə*] n pull-over m.
**jumpy** [ˈdʒʌmpɪ] a nerveux(euse), agité(e).
**junction** [ˈdʒʌŋkʃən] n (of roads) carrefour m ; (of rails) embranchement n.
**juncture** [ˈdʒʌŋktʃə*] n: **at this** ~ à ce moment-là, sur ces entrefaites.
**June** [dʒuːn] n juin m.
**jungle** [ˈdʒʌŋgl] n jungle f.
**junior** [ˈdʒuːnɪə*] a, n: **he's** ~ **to me (by 2 years)**, **he's my** ~ **(by 2 years)** il est mon cadet (de 2 ans), il est plus jeune que moi (de 2 ans) ; **he's** ~ **to me** (seniority) il est en dessous de moi (dans la hiérarchie), j'ai plus d'ancienneté que lui ; ~ **executive** n jeune cadre m ; ~ **minister** n ministre m sous tutelle ; ~ **partner** n associé-adjoint) m ; ~ **school** n école f primaire, cours moyen ; ~ **sizes** npl (COMM) tailles fpl fillettes/garçonnets.
**juniper** [ˈdʒuːnɪpə*] n: ~ **berry** baie f de genièvre.
**junk** [dʒʌŋk] n (rubbish) bric-à-brac m inv ; (ship) jonque f ; ~**shop** n (boutique f de) brocanteur m.
**junta** [ˈdʒʌntə] n junte f.
**jurisdiction** [dʒuərɪsˈdɪkʃən] n juridiction f.
**jurisprudence** [dʒuərɪsˈpruːdəns] n jurisprudence f.
**juror** [ˈdʒuərə*] n juré m.
**jury** [ˈdʒuərɪ] n jury m ; ~**man** n = juror.
**just** [dʒʌst] a juste // ad: **he's** ~ **done it/left** il vient de le faire/partir ; ~ **as I expected** exactement or précisément comme je m'y attendais ; ~ **right/two o'clock** exactement or juste ce qu'il faut/deux heures ; ~ **as he was leaving** au moment or à l'instant précis où il partait ; ~ **before/enough/here** juste avant/assez/là ; **it's** ~ **me/a mistake** ce n'est que moi/rien) qu'une erreur ; ~ **missed/caught** manqué/attrapé de justesse ; ~ **listen to this!** écoutez un peu ça!
**justice** [ˈdʒʌstɪs] n justice f ; **Lord Chief J**— premier président de la cour d'appel ; **J**— **of the Peace (J.P.)** n juge m de paix.
**justifiable** [dʒʌstɪˈfaɪəbl] a justifiable.

**justifiably** [dʒʌstɪˈfaɪəblɪ] ad légitimement.
**justification** [dʒʌstɪfɪˈkeɪʃən] n justification f.
**justify** [ˈdʒʌstɪfaɪ] vt justifier.
**justly** [ˈdʒʌstlɪ] ad avec raison, justement.
**justness** [ˈdʒʌstnɪs] n justesse f.
**jut** [dʒʌt] vi (also: ~ **out**) dépasser, faire saillie.
**juvenile** [ˈdʒuːvənaɪl] a juvénile ; (court, books) pour enfants // n adolescent/e.
**juxtapose** [ˈdʒʌkstəpəuz] vt juxtaposer.

## K

**kaleidoscope** [kəˈlaɪdəskəup] n kaléidoscope m.
**kangaroo** [kæŋgəˈruː] n kangourou m.
**keel** [kiːl] n quille f ; **on an even** ~ (fig) à flot.
**keen** [kiːn] a (interest, desire) vif(vive) ; (eye, intelligence) pénétrant(e) ; (competition) vif, âpre ; (edge) effilé(e) ; (eager) plein(e) d'enthousiasme ; **to be** ~ **to do** or **on doing sth** désirer vivement faire qch, tenir beaucoup à faire qch ; **to be** ~ **on sth/sb** aimer beaucoup qch/qn ; ~**ness** n (eagerness) enthousiasme m ; ~**ness to do** vif désir de faire.
**keep** [kiːp] vb (pt,pp kept [kɛpt]) vt (retain, preserve) garder ; (hold back) retenir ; (a shop, the books, a diary) tenir ; (feed: one's family etc) entretenir, assurer la subsistance de ; (a promise) tenir ; (chickens, bees, pigs etc) élever // vi (food) se conserver ; (remain: in a certain state or place) rester // n (of castle) donjon m ; (food etc): **enough for his** ~ assez pour (assurer) sa subsistance ; **to** ~ **doing sth** continuer à faire qch ; faire qch continuellement ; **to** ~ **sb from doing/sth from happening** empêcher qn de faire or que qch (ne) fasse/que qch (n')arrive ; **to** ~ **sb happy/a place tidy** faire que qn soit content/qu'un endroit reste propre ; **to** ~ **sth to o.s.** garder qch pour soi, tenir qch secret ; **to** ~ **sth (back) from sb** cacher qch à qn ; **to** ~ **time** (clock) être à l'heure, ne pas retarder ; **to** ~ **on** vi continuer ; **to** ~ **on doing** continuer à faire ; **to** ~ **out** vt empêcher d'entrer ; '~ **out**' 'défense d'entrer' ; **to** ~ **up** vi se maintenir // vt continuer, maintenir ; **to** ~ **up with** se maintenir au niveau de ; ~**er** n gardien/ne ; ~**ing** n (care) garde f ; **in** ~**ing with** à l'avenant de ; en accord avec ; ~**sake** n souvenir m.
**keg** [kɛg] n barrique f, tonnelet m.
**kennel** [ˈkɛnl] n niche f ; ~**s** npl chenil m.
**Kenya** [ˈkɛnjə] n Kenya m.
**kept** [kɛpt] pt,pp of **keep**.
**kerb** [kəːb] n bordure f du trottoir.
**kernel** [ˈkəːnl] n amande f ; (fig) noyau m.
**kerosene** [ˈkɛrəsiːn] n kérosène m.
**ketchup** [ˈkɛtʃəp] n ketchup m.
**kettle** [ˈkɛtl] n bouilloire f.
**kettle drums** [ˈkɛtldrʌmz] npl timbales fpl.
**key** [kiː] n (gen, MUS) clé f ; (of piano, typewriter) touche f // cpd (-)clé ; ~**board** n clavier m ; ~**hole** n trou m de la serrure ;

**~note** n (MUS) tonique f; (fig) note dominante; **~ ring** n porte-clés m.
**khaki** ['ka:kı] a,n kaki (m).
**kibbutz** [kı'bu:ts] n kibboutz m.
**kick** [kık] vt donner un coup de pied à // vi (horse) ruer // n coup m de pied; (of rifle) recul m; (thrill): **he does it for ~s** il le fait parce que ça l'excite, il le fait pour le plaisir; **to ~ around** vi (col) traîner; **to ~ off** vi (SPORT) donner le coup d'envoi; **~-off** n (SPORT) coup m d'envoi.
**kid** [kıd] n gamin/e, gosse m/f; (animal, leather) chevreau m // vi (col) plaisanter, blaguer.
**kidnap** ['kıdnæp] vt enlever, kidnapper; **~per** n ravisseur/euse; **~ping** n enlèvement m.
**kidney** ['kıdnı] n (ANAT) rein m; (CULIN) rognon m.
**kill** [kıl] vt tuer; (fig) faire échouer; détruire; supprimer // n mise f à mort; **~er** n tueur/euse; meurtrier/ère; **~ing** n meurtre m; tuerie f, massacre m; (col): **to make a ~ing** se remplir les poches, réussir un beau coup // a (col) tordant(e).
**kiln** [kıln] n four m.
**kilo** ['ki:ləu] n kilo m; **~gram(me)** ['kıləugræm] n kilogramme m; **~metre**, **~meter** (US) ['kıləmi:tə*] n kilomètre m; **~watt** ['kıləuwɔt] n kilowatt m.
**kilt** [kılt] n kilt m.
**kimono** [kı'məunəu] n kimono m.
**kin** [kın] n see **next, kith**.
**kind** [kaınd] a gentil(le), aimable // n sorte f, espèce f; (species) genre m; **in ~** (COMM) en nature; (fig): **to repay sb in ~** rendre la pareille à qn.
**kindergarten** ['kındəga:tn] n jardin m d'enfants.
**kind-hearted** [kaınd'ha:tıd] a bon (bonne).
**kindle** ['kındl] vt allumer, enflammer.
**kindly** ['kaındlı] a bienveillant(e), plein(e) de gentillesse // ad avec bonté; **will you ~...** auriez-vous la bonté or l'obligeance de...; **he didn't take it ~** il l'a mal pris.
**kindness** ['kaındnıs] n bonté f, gentillesse f.
**kindred** ['kındrıd] a apparenté(e); **~ spirit** n âme f sœur.
**kinetic** [kı'nɛtık] a cinétique.
**king** [kıŋ] n roi m; **~dom** n royaume m; **~fisher** n martin-pêcheur m; **~pin** n cheville ouvrière; **~-size** a long format inv; format géant inv.
**kink** [kıŋk] n (of rope) entortillement m.
**kinky** ['kıŋkı] a (fig) excentrique; aux goûts spéciaux.
**kiosk** ['ki:ɔsk] n kiosque m; cabine f (téléphonique).
**kipper** ['kıpə*] n hareng fumé et salé.
**kiss** [kıs] n baiser m // vt embrasser; **to ~ (each other)** s'embrasser.
**kit** [kıt] n équipement m, matériel m; (set of tools etc) trousse f; (for assembly) kit m; **~bag** n sac m de voyage or de marin.
**kitchen** ['kıtʃın] n cuisine f; **~ garden** n jardin m potager; **~ sink** n évier m; **~ware** n vaisselle f; ustensiles mpl de cuisine.

**kite** [kaıt] n (toy) cerf-volant m; (ZOOL) milan m.
**kith** [kıθ] n: **~ and kin** parents et amis mpl.
**kitten** ['kıtn] n petit chat, chaton m.
**kitty** ['kıtı] n (pool of money) cagnotte f.
**kleptomaniac** [klɛptəu'meınıæk] n kleptomane m/f.
**knack** [næk] n: **to have the ~ (for doing)** avoir le coup (pour faire); **there's a ~** il y a un coup à prendre or une combine.
**knapsack** ['næpsæk] n musette f.
**knave** [neıv] n (CARDS) valet m.
**knead** [ni:d] vt pétrir.
**knee** [ni:] n genou m; **~cap** n rotule f.
**kneel** [ni:l] vi (pt,pp knelt [nɛlt]) s'agenouiller.
**knell** [nɛl] n glas m.
**knelt** [nɛlt] pt,pp of **kneel**.
**knew** [nju:] pt of **know**.
**knickers** ['nıkəz] npl culotte f (de femme).
**knife, knives** [naıf, naıvz] n couteau m // vt poignarder, frapper d'un coup de couteau.
**knight** [naıt] n chevalier m; (CHESS) cavalier m; **~hood** n chevalerie f; (title): **to get a ~hood** être fait chevalier.
**knit** [nıt] vt tricoter; (fig): **to ~ together** unir // vi (broken bones) se ressouder; **~ting** n tricot m; **~ting machine** n machine f à tricoter; **~ting needle** n aiguille f à tricoter; **~wear** n tricots mpl, lainages mpl.
**knives** [naıvz] npl of **knife**.
**knob** [nɔb] n bouton m; (fig): **a ~ of butter** une noix de beurre.
**knock** [nɔk] vt frapper; heurter; (fig: col) dénigrer // vi (engine) cogner; (at door etc): **to ~ at/on** frapper à/sur // n coup m; **to ~ down** vt renverser; **to ~ off** vi (col: finish) s'arrêter (de travailler); **to ~ out** vt assommer; (BOXING) mettre k.-o.; **~er** n (on door) heurtoir m; **~-kneed** a aux genoux cagneux; **~out** n (BOXING) knock-out m, K.-O. m; **~out competition** n compétition f avec épreuves éliminatoires.
**knot** [nɔt] n (gen) nœud m // vt nouer; **~ty** a (fig) épineux(euse).
**know** [nəu] vt (pt knew, pp known [nju:, nəun]) savoir; (person, author, place) connaître; **to ~ that...** savoir que...; **to ~ how to do** savoir comment faire; **~-how** n savoir-faire m, technique f, compétence f; **~ing** a (look etc) entendu(e); **~ingly** ad sciemment; d'un air entendu.
**knowledge** ['nɔlıdʒ] n connaissance f; (learning) connaissances, savoir m; **~able** a bien informé(e).
**known** [nəun] pp of **know**.
**knuckle** ['nʌkl] n articulation f (des phalanges), jointure f.
**K.O.** n (abbr of knockout) K.-O. m // vt mettre K.-O.
**Koran** [kɔ'ra:n] n Coran m.
**kudos** ['kju:dɔs] n gloire f, lauriers mpl.
**kw** abbr of **kilowatt(s)**.

# L

**l.** *abbr of* litre.

**lab** [læb] n (*abbr of* **laboratory**) labo m.

**label** ['leɪbl] n étiquette f; (*brand: of record*) marque f // vt étiqueter; **to ~ sb a...** qualifier qn de... .

**laboratory** [ləˈbɔrətərɪ] n laboratoire m.

**laborious** [ləˈbɔːrɪəs] a laborieux(euse).

**labour** ['leɪbə*] n (*task*) travail m; (*workmen*) main-d'œuvre f; (MED) travail, accouchement m // vi: **to ~ (at)** travailler dur (à), peiner (sur); **in ~** (MED) en travail; **L~, the L~ party** le parti travailliste, les travaillistes mpl; **~ camp** n camp m de travaux forcés; **~ed** a lourd(e), laborieux(euse); **~er** n manœuvre m; (*on farm*) ouvrier m agricole; **~ force** n main-d'œuvre f; **~ pains** npl douleurs fpl de l'accouchement.

**labyrinth** ['læbɪrɪnθ] n labyrinthe m, dédale m.

**lace** [leɪs] n dentelle f; (*of shoe etc*) lacet m // vt (*shoe*) lacer.

**lack** [læk] n manque m // vt manquer de; **through** or **for ~ of** faute de, par manque de; **to be ~ing** manquer, faire défaut; **to be ~ing in** manquer de.

**lackadaisical** [lækəˈdeɪzɪkl] a nonchalant(e), indolent(e).

**laconic** [ləˈkɔnɪk] a laconique.

**lacquer** ['lækə*] n laque f.

**lad** [læd] n garçon m, gars m.

**ladder** ['lædə*] n échelle f; (*in tights*) maille filée // vt, vi (*tights*) filer.

**laden** ['leɪdn] a: **~ (with)** chargé(e) (de).

**ladle** ['leɪdl] n louche f.

**lady** ['leɪdɪ] n dame f; dame (du monde); **L~ Smith** lady Smith; **the ladies' (toilets)** les toilettes fpl des dames; **~bird, ~bug** (US) n coccinelle f; **~-in-waiting** n dame f d'honneur; **~like** a distingué(e).

**lag** [læg] n = **time ~** // vi (*also:* **~ behind**) rester en arrière, traîner // vt (*pipes*) calorifuger.

**lager** ['lɑːgə*] n bière blonde.

**lagging** ['lægɪŋ] n enveloppe isolante, calorifuge m.

**lagoon** [ləˈguːn] n lagune f.

**laid** [leɪd] pt, pp of **lay**.

**lain** [leɪn] pp of **lie**.

**lair** [lɛə*] n tanière f, gîte m.

**laity** ['leɪətɪ] n laïques mpl.

**lake** [leɪk] n lac m.

**lamb** [læm] n agneau m; **~ chop** n côtelette f d'agneau; **~skin** n (peau f d')agneau m; **~swool** n laine f d'agneau.

**lame** [leɪm] a boiteux(euse).

**lament** [ləˈmɛnt] n lamentation f // vt pleurer, se lamenter sur; **~able** ['læməntəbl] a déplorable, lamentable.

**laminated** ['læmɪneɪtɪd] a laminé(e); (*windscreen*) (en verre) feuilleté.

**lamp** [læmp] n lampe f.

**lampoon** [læmˈpuːn] n pamphlet m.

**lamp: ~post** n réverbère m; **~shade** n abat-jour m inv.

**lance** [lɑːns] n lance f // vt (MED) inciser;

**~ corporal** n (soldat m de) première classe m.

**lancet** ['lɑːnsɪt] n bistouri m.

**land** [lænd] n (*as opposed to sea*) terre f (ferme); (*country*) pays m; (*soil*) terre; terrain m; (*estate*) terre(s), domaine(s) m(pl) // vi (*from ship*) débarquer; (AVIAT) atterrir; (*fig: fall*) (re)tomber // vt (*obtain*) décrocher; (*passengers, goods*) débarquer; **to ~ up** vi atterrir, (finir par) se retrouver; **~ed gentry** n propriétaires terriens or fonciers; **~ing** n débarquement m; atterrissage m; (*of staircase*) palier m; **~ing craft** n chaland m de débarquement; **~ing stage** n débarcadère m, embarcadère m; **~ing strip** n piste f d'atterrissage; **~lady** n propriétaire f, logeuse f; **~locked** a entouré(e) de terre(s), sans accès à la mer; **~lord** n propriétaire m, logeur m; (*of pub etc*) patron m; **~lubber** n terrien/ne; **~mark** n (point m de) repère m; **~owner** n propriétaire foncier or terrien.

**landscape** ['lænskeɪp] n paysage m; **~d** a aménagé(e) (par un paysagiste).

**landslide** ['lændslaɪd] n (GEO) glissement m (de terrain); (*fig: POL*) raz-de-marée (électoral).

**lane** [leɪn] n (*in country*) chemin m; (*in town*) ruelle f; (AUT) voie f; file f; (*in race*) couloir m.

**language** ['læŋgwɪdʒ] n langue f; (*way one speaks*) langage m; **bad ~** grossièretés fpl, langage grossier.

**languid** ['læŋgwɪd] a languissant(e); langoureux(euse).

**languish** ['læŋgwɪʃ] vi languir.

**lank** [læŋk] a (*hair*) raide et terne.

**lanky** ['læŋkɪ] a grand(e) et maigre, efflanqué(e).

**lantern** ['læntn] n lanterne f.

**lap** [læp] n (*of track*) tour m (de piste); (*of body*): **in** or **on one's ~** sur les genoux // vt (*also:* **~ up**) laper // vi (*waves*) clapoter; **~dog** n chien m d'appartement.

**lapel** [ləˈpɛl] n revers m.

**Lapland** ['læplænd] n Laponie f.

**Lapp** [læp] a lapon(ne) // n Lapon/ne; (LING) lapon m.

**lapse** [læps] n défaillance f // vi (LAW) cesser d'être en vigueur; se périmer; **to ~ into bad habits** prendre de mauvaises habitudes; **~ of time** laps m de temps, intervalle m.

**larceny** ['lɑːsənɪ] n vol m.

**lard** [lɑːd] n saindoux m.

**larder** ['lɑːdə*] n garde-manger m inv.

**large** [lɑːdʒ] a grand(e); (*person, animal*) gros(grosse); **at ~** (*free*) en liberté; (*generally*) en général; pour la plupart; **~ly** ad en grande partie; **~-scale** a (*map*) à grande échelle; (*fig*) important(e).

**lark** [lɑːk] n (*bird*) alouette f; (*joke*) blague f, farce f; **to ~ about** vi faire l'idiot, rigoler.

**larva**, pl **larvae** ['lɑːvə, -iː] n larve f.

**laryngitis** [lærɪnˈdʒaɪtɪs] n laryngite f.

**larynx** ['lærɪŋks] n larynx m.

**lascivious** [ləˈsɪvɪəs] a lascif(ive).

**laser** ['leɪzə*] n laser m.

**lash** [læʃ] n coup m de fouet ; (gen:
**eyelash**) cil m // vt fouetter ; (tie)
attacher ; **to ~ out** vi: **to ~ out (at** or
**against sb/sth)** attaquer violemment
(qn/qch) ; **to ~ out (on sth)** (col: spend)
se fendre (de qch).

**lass** [læs] n (jeune) fille f.

**lasso** [læˈsuː] n lasso m // vt prendre au
lasso.

**last** [lɑːst] a dernier(ère) // ad en dernier
// vi durer ; **~ week** la semaine dernière ;
**~ night** hier soir, la nuit dernière ; **at ~**
enfin ; **~ but one** avant-dernier(ère) ;
**~ing** a durable ; **~-minute** a de dernière
minute.

**latch** [lætʃ] n loquet m ; **~key** n clé f (de
la porte d'entrée).

**late** [leɪt] a (not on time) en retard ; (far
on in day etc) dernier(ère) ; tardif(ive) ;
(recent) récent(e), dernier ; (former)
ancien(ne) ; (dead) défunt(e) // ad tard ;
(behind time, schedule) en retard ; **of ~**
dernièrement ; **in ~ May** vers la fin (du
mois) de mai, fin mai ; **the ~ Mr X** feu
M. X ; **~comer** n retardataire m/f ; **~ly**
ad récemment ; **~ness** n (of person) retard
m ; (of event) heure tardive.

**latent** [ˈleɪtnt] a latent(e).

**later** [ˈleɪtə*] a (date etc) ultérieur(e) ;
(version etc) plus récent(e) // ad plus tard.

**lateral** [ˈlætərl] a latéral(e).

**latest** [ˈleɪtɪst] a tout(e) dernier(ère) ; **at
the ~** au plus tard.

**latex** [ˈleɪteks] n latex m.

**lath**, **~s** [læθ, læðz] n latte f.

**lathe** [leɪð] n tour m ; **~ operator** n
tourneur m (en usine).

**lather** [ˈlɑːðə*] n mousse f (de savon) //
vt savonner // vi mousser.

**Latin** [ˈlætɪn] n latin m // a latin(e) ; **~
America** n Amérique latine ; **~-
American** a d'Amérique latine.

**latitude** [ˈlætɪtjuːd] n latitude f.

**latrine** [ləˈtriːn] n latrines fpl.

**latter** [ˈlætə*] a deuxième, dernier(ère) //
n: **the ~** ce dernier, celui-ci ; **~ly** ad
dernièrement, récemment.

**lattice** [ˈlætɪs] n treillis m ; treillage m.

**laudable** [ˈlɔːdəbl] a louable.

**laudatory** [ˈlɔːdətrɪ] a élogieux(euse).

**laugh** [lɑːf] n rire m // vi rire ; **to ~ at**
vt fus se moquer de ; **to ~ off** vt écarter
or rejeter par une plaisanterie or par une
boutade ; **~able** a risible, ridicule ; **~ing**
a (face) rieur(euse) ; **the ~ing stock of** la
risée de ; **~ter** n rire m ; rires mpl.

**launch** [lɔːntʃ] n lancement m ; (boat)
chaloupe f ; (also: **motor ~**) vedette f //
vt (ship, rocket, plan) lancer ; **~ing** n
lancement m ; **~(ing) pad** n rampe f de
lancement.

**launder** [ˈlɔːndə*] vt blanchir.

**launderette** [lɔːnˈdrɛt] n laverie f
(automatique).

**laundry** [ˈlɔːndrɪ] n blanchisserie f ;
(clothes) linge m ; **to do the ~** faire la
lessive.

**laureate** [ˈlɔːrɪət] a see **poet**.

**laurel** [ˈlɔrl] n laurier m.

**lava** [ˈlɑːvə] n lave f.

**lavatory** [ˈlævətərɪ] n toilettes fpl.

**lavender** [ˈlævəndə*] n lavande f.

**lavish** [ˈlævɪʃ] a copieux(euse) ;
somptueux(euse) ; (giving freely): **~ with**
prodigue de // vt: **to ~ on sb/sth** (care)
prodiguer à qn/qch ; (money) dépenser
sans compter pour qn/qch.

**law** [lɔː] n loi f ; (science) droit m ; **~-
abiding** a respectueux(euse) des lois ; **~
and order** n l'ordre public ; **~breaker** n
personne f qui transgresse la loi ; **~court**
n tribunal m, cour f de justice ; **~ful** a
légal(e) ; permis(e) ; **~fully** ad
légalement ; **~less** a sans loi.

**lawn** [lɔːn] n pelouse f ; **~mower** n
tondeuse f à gazon ; **~ tennis** [-ˈtɛnɪs] n
tennis m.

**law: ~ school** n faculté f de droit ; **~
student** n étudiant/e en droit.

**lawsuit** [ˈlɔːsuːt] n procès m.

**lawyer** [ˈlɔːjə*] n (consultant, with
company) juriste m ; (for sales, wills etc) ≈
notaire m ; (partner, in court) ≈ avocat m.

**lax** [læks] a relâché(e).

**laxative** [ˈlæksətɪv] n laxatif m.

**laxity** [ˈlæksɪtɪ] n relâchement m.

**lay** [leɪ] pt of **lie** // a laïque ; profane //
vt (pt, pp **laid** [leɪd]) poser, mettre ; (eggs)
pondre ; (trap) tendre ; (plans) élaborer ; **to
~ the table** mettre la table ; **to ~ aside**
or **by** vt mettre de côté ; **to ~ down** vt
poser ; **to ~ down the law** faire la loi ;
**to ~ off** vt (workers) licencier ; **to ~ on**
vt (water, gas) mettre, installer ; (provide)
fournir ; (paint) étaler ; **to ~ out** vt
(design) dessiner, concevoir ; (display)
disposer ; (spend) dépenser ; **to ~ up** vt
(to store) amasser ; (car) remiser ; (ship)
désarmer ; (subj: illness) forcer à s'aliter ;
**~about** n fainéant/e ; **~-by** n aire f de
stationnement (sur le bas-côté).

**layer** [ˈleɪə*] n couche f.

**layette** [leɪˈɛt] n layette f.

**layman** [ˈleɪmən] n laïque m ; profane m.

**layout** [ˈleɪaut] n disposition f, plan m,
agencement m ; (PRESS) mise f en page.

**laze** [leɪz] vi paresser.

**laziness** [ˈleɪzɪnɪs] n paresse f.

**lazy** [ˈleɪzɪ] a paresseux(euse).

**lb.** abbr of **pound** (weight).

**lead** [liːd] see also next headword ; n (front
position) tête f ; (distance, time ahead)
avance f ; (clue) piste f ; (in battery) raccord
m ; (ELEC) fil m ; (for dog) laisse f ; (THEATRE)
rôle principal // vb (pt,pp **led** [lɛd]) vt
mener, conduire ; (induce) amener ; (be
leader of) être à la tête de ; (SPORT) être en
tête de // vi mener, être en tête ; **to ~
to mener à** ; conduire à ; aboutir à ; **to ~
astray** vt détourner du droit chemin ; **to
~ away** vt emmener ; **to ~ back to**
ramener à ; **to ~ on** vt (tease) faire
marcher ; **to ~ on to** vt (induce) amener
à ; **to ~ up to** conduire à.

**lead** [lɛd] see also previous headword ; n
plomb m ; (in pencil) mine f ; **~en** a de
en plomb.

**leader** [ˈliːdə*] n chef m ; dirigeant/e,
leader m ; (of newspaper) éditorial m ;
**~ship** n direction f ; qualités fpl de chef.

**leading** [ˈliːdɪŋ] a de premier plan ;
principal(e) ; **~ lady** n (THEATRE) vedette

**leaf** (féminine); ~ **light** n (person) vedette f, sommité f; ~ **man** n (THEATRE) vedette (masculine).

**leaf, leaves** [li:f, li:vz] n feuille f; (of table) rallonge f.

**leaflet** ['li:flɪt] prospectus m, brochure f; (POL, REL) tract m.

**leafy** ['li:fɪ] a feuillu(e).

**league** [li:g] n ligue f; (FOOTBALL) championnat m; (measure) lieue f; to be in ~ with avoir partie liée avec, être de mèche avec.

**leak** [li:k] n (out, also fig) fuite f; (in) infiltration f // vi (pipe, liquid etc) fuir; (shoes) prendre l'eau // vt (liquid) répandre; (information) divulguer; to ~ out vi fuir; être divulgué(e).

**lean** [li:n] a maigre // n (of meat) maigre m // vb (pt,pp leaned or leant [lɛnt]) vt: to ~ sth on appuyer qch sur // vi (slope) pencher; (rest): to ~ against s'appuyer contre; être appuyé(e) contre; to ~ on s'appuyer sur; to ~ back/forward vi se pencher en arrière/avant; to ~ over vi se pencher; ~ing a penché(e) // n: ~ing (towards) penchant m (pour); ~-to n appentis m.

**leap** [li:p] n bond m, saut m // vi (pt,pp leaped or leapt [lɛpt]) bondir, sauter; ~frog n jeu m de saute-mouton; ~ year n année f bissextile.

**learn, pt,pp learned** or **learnt** [lə:n, -t] vt,vi apprendre; ~ed ['lə:nɪd] a érudit(e), savant(e); ~er n débutant/e; ~ing n savoir m.

**lease** [li:s] n bail m // vt louer à bail.

**leash** [li:ʃ] n laisse f.

**least** [li:st] ad le moins // a: the ~ + noun le (la) plus petit(e), le (la) moindre; (smallest amount of) le moins de; the ~ + adjective le moins; the ~ money le moins d'argent; the ~ expensive le moins cher; at ~ au moins; not in the ~ pas le moins du monde.

**leather** ['lɛðə*] n cuir m // cpd en or de cuir.

**leave** [li:v] vb (pt,pp left [lɛft]) vt laisser; (go away from) quitter // vi partir, s'en aller // n (time off) congé m; (MIL, also: consent) permission f; to be left rester; there's some milk left over il reste du lait; on ~ en permission; to take one's ~ of prendre congé de; to ~ out vt oublier, omettre.

**leaves** [li:vz] npl of **leaf**.

**Lebanon** ['lɛbənən] n Liban.

**lecherous** ['lɛtʃərəs] a lubrique.

**lectern** ['lɛktə:n] n lutrin m, pupitre m.

**lecture** ['lɛktʃə*] n conférence f; (SCOL) cours (magistral) // vi donner des cours; enseigner; to ~ on faire un cours (or son cours) sur.

**lecturer** ['lɛktʃərə*] n (speaker) conférencier/ère; (at university) professeur m (d'université), ≈ maître assistant, ≈ maître de conférences; **assistant** ~ n ≈ assistant/e; **senior** ~ n ≈ chargé/e d'enseignement.

**led** [lɛd] pt,pp of **lead**.

**ledge** [lɛdʒ] n (of window, on wall) rebord m; (of mountain) saillie f, corniche f.

**ledger** ['lɛdʒə*] n registre m, grand livre.

**lee** [li:] n côté m sous le vent.

**leech** [li:tʃ] n sangsue f.

**leek** [li:k] n poireau m.

**leer** [lɪə*] vi: to ~ at sb regarder qn d'un air mauvais or concupiscent, lorgner qn.

**leeway** ['li:weɪ] n (fig): to make up ~ rattraper son retard; to have some ~ avoir une certaine liberté d'action.

**left** [lɛft] pt,pp of **leave** // a gauche // ad à gauche // n gauche f; **the L~** (POL) la gauche; ~**-handed** a gaucher(ère); ~**-hand side** n gauche f, côté m gauche; ~**-luggage (office)** n consigne f; ~**-overs** npl restes mpl; ~ **wing** n (MIL, SPORT) aile f gauche; (POL) gauche f; ~**-wing** a (POL) de gauche.

**leg** [lɛg] n jambe f; (of animal) patte f; (of furniture) pied m; (CULIN: of chicken) cuisse f; **1st/2nd** ~ (SPORT) match m aller/retour; (of journey) 1ère/2ème étape; ~ **of lamb** n (CULIN) gigot m d'agneau.

**legacy** ['lɛgəsɪ] n héritage m, legs m.

**legal** ['li:gl] a légal(e); ~**ize** vt légaliser; ~**ly** ad légalement; ~ **tender** n monnaie légale.

**legation** [lɪ'geɪʃən] n légation f.

**legend** ['lɛdʒənd] n légende f; ~**ary** a légendaire.

**-legged** ['lɛgɪd] suffix: **two-** ~ à deux pattes (or jambes or pieds).

**leggings** ['lɛgɪŋz] npl jambières fpl, guêtres fpl.

**legibility** [lɛdʒɪ'bɪlɪtɪ] n lisibilité f.

**legible** ['lɛdʒəbl] a lisible.

**legibly** ['lɛdʒəblɪ] ad lisiblement.

**legion** ['li:dʒən] n légion f.

**legislate** ['lɛdʒɪsleɪt] vi légiférer; **legislation** [-'leɪʃən] n législation f; **legislative** ['lɛdʒɪslətɪv] a législatif(ive); **legislator** n législateur/trice; **legislature** ['lɛdʒɪslətʃə*] n corps législatif.

**legitimacy** [lɪ'dʒɪtɪməsɪ] n légitimité f.

**legitimate** [lɪ'dʒɪtɪmət] a légitime.

**leg-room** ['lɛgru:m] n place f pour les jambes.

**leisure** ['lɛʒə*] n loisir m, temps m libre; loisirs mpl; at ~ (tout) à loisir; à tête reposée; ~ **centre** n centre m de loisirs; ~**ly** a tranquille; fait(e) sans se presser.

**lemon** ['lɛmən] n citron m; ~**ade** n [-'neɪd] limonade f; ~ **squeezer** n presse-citron m inv.

**lend**, pt,pp **lent** [lɛnd, lɛnt] vt: to ~ sth (to sb) prêter qch (à qn); ~**er** n prêteur/euse; ~**ing library** n bibliothèque f de prêt.

**length** [lɛŋθ] n longueur f; (section: of road, pipe etc) morceau m, bout m; ~ **of time** durée f; at ~ (at last) enfin, à la fin; (lengthily) longuement; ~**en** vt allonger, prolonger // vi s'allonger; ~**ways** ad dans le sens de la longueur, en long; ~**y** a (très) long(longue).

**leniency** ['li:nɪənsɪ] n indulgence f, clémence f.

**lenient** ['li:nɪənt] a indulgent(e), clément(e); ~**ly** ad avec indulgence or clémence.

**lens** [lɛnz] n lentille f; (of spectacles) verre m; (of camera) objectif m.

**lent** [lɛnt] pt,pp of **lend**.

**Lent** [lɛnt] n Carême m.

**lentil** ['lɛntl] n lentille f.

**Leo** ['liːəu] n le Lion; **to be** ~ être du Lion.

**leopard** ['lɛpəd] n léopard m.

**leotard** ['liːətɑːd] n collant m (de danseur etc).

**leper** ['lɛpə*] n lépreux/euse.

**leprosy** ['lɛprəsɪ] n lèpre f.

**lesbian** ['lɛzbɪən] n lesbienne f.

**less** [lɛs] det moins de // pronoun, ad moins; ~ **than that/you** moins que cela/vous; ~ **than half** moins de la moitié; ~ **and** ~ de moins en moins; **the** ~ **he works...** moins il travaille... .

**lessen** ['lɛsn] vi diminuer, s'amoindrir, s'atténuer // vt diminuer, réduire, atténuer.

**lesson** ['lɛsn] n leçon f; **a maths** ~ une leçon or un cours de maths.

**lest** [lɛst] cj de peur de + infinitive, de peur que + sub.

**let**, pt,pp **let** [lɛt] vt laisser; (lease) louer; **he** ~ **me go** il m'a laissé partir; ~ **the water boil and...** faites bouillir l'eau et...; ~**'s go** allons-y; ~ **him come** qu'il vienne; **'to** ~' 'à louer'; **to** ~ **down** vt (lower) baisser; (dress) rallonger; (hair) défaire; (disappoint) décevoir; **to** ~ **go** vi lâcher prise // vt lâcher; **to** ~ **in** vt laisser entrer; (visitor etc) faire entrer; **to** ~ **off** vt laisser partir; (firework etc) faire partir; (smell etc) dégager; **to** ~ **out** vt laisser sortir; (dress) élargir; (scream) laisser échapper; **to** ~ **up** vi diminuer, s'arrêter.

**lethal** ['liːθl] a mortel(le), fatal(e).

**lethargic** [lɛ'θɑːdʒɪk] a léthargique.

**lethargy** ['lɛθədʒɪ] n léthargie f.

**letter** ['lɛtə*] n lettre f; ~**s** npl (LITERATURE) lettres; ~ **bomb** n lettre piégée; ~**box** n boîte f aux or à lettres; ~**ing** n lettres fpl; caractères mpl.

**lettuce** ['lɛtɪs] n laitue f, salade f.

**let-up** ['lɛtʌp] n répit m, détente f.

**leukaemia, leukemia** (US) [luː'kiːmɪə] n leucémie f.

**level** ['lɛvl] a plat(e), plan(e), uni(e); horizontal(e) // n niveau m; (flat place) terrain plat; (also: **spirit** ~) niveau à bulle // vt niveler, aplanir; **to be** ~ **with** être au même niveau que; **'A'** ~**s** npl ≈ baccalauréat m; **'O'** ~**s** npl ≈ B.E.P.C.; **on the** ~ à l'horizontale; (fig: honest) régulier(ère); **to** ~ **off or out** vi (prices etc) se stabiliser; ~ **crossing** n passage m à niveau; ~**headed** a équilibré(e).

**lever** ['liːvə*] n levier m // vt: **to** ~ **up/out** soulever/extraire au moyen d'un levier; ~**age** n: ~**age (on or with)** prise f (sur).

**levity** ['lɛvɪtɪ] n manque m de sérieux, légèreté f.

**levy** ['lɛvɪ] n taxe f, impôt m // vt prélever, imposer; percevoir.

**lewd** [luːd] a obscène, lubrique.

**liability** [laɪə'bɪlətɪ] n responsabilité f; (handicap) handicap m; **liabilities** npl obligations fpl, engagements mpl; (on balance sheet) passif m.

**liable** ['laɪəbl] a (subject): ~ **to** sujet(te) à; passible de; (responsible): ~ **(for)** responsable (de); (likely): ~ **to do** susceptible de faire.

**liaison** [liː'eɪzɔn] n liaison f.

**liar** ['laɪə*] n menteur/euse.

**libel** ['laɪbl] n écrit m diffamatoire; diffamation f // vt diffamer.

**liberal** ['lɪbərl] a libéral(e); (generous): ~ **with** prodigue de, généreux(euse) avec.

**liberate** ['lɪbəreɪt] vt libérer; **liberation** [-'reɪʃən] n libération f.

**liberty** ['lɪbətɪ] n liberté f; **at** ~ **to do** libre de faire; **to take the** ~ **of** prendre la liberté de, se permettre de.

**Libra** ['liːbrə] n la Balance; **to be** ~ être de la Balance.

**librarian** [laɪ'brɛərɪən] n bibliothécaire m/f.

**library** ['laɪbrərɪ] n bibliothèque f.

**libretto** [lɪ'brɛtəu] n livret m.

**Libya** ['lɪbɪə] n Libye f; ~**n** a lybien(ne), de Lybie // n Lybien/ne.

**lice** [laɪs] npl of **louse**.

**licence, license** (US) ['laɪsns] n autorisation f, permis m; (COMM) licence f; (RADIO, TV) redevance f; (also: **driving** ~) permis m (de conduire); (excessive freedom) licence f; ~ **plate** n plaque f minéralogique.

**license** ['laɪsns] n (US) = **licence** // vt donner une licence à; ~**d** a (for alcohol) patenté(e), qui a une patente de vente des spiritueux, qui a une patente de débit de boissons.

**licensee** [laɪsən'siː] n (in a pub) patron/ne, gérant/e.

**licentious** [laɪ'sɛnʃəs] a licentieux(euse).

**lichen** ['laɪkən] n lichen m.

**lick** [lɪk] vt lécher // n coup m de langue; **a** ~ **of paint** un petit coup de peinture.

**licorice** ['lɪkərɪs] n = **liquorice**.

**lid** [lɪd] n couvercle m.

**lido** ['laɪdəu] n piscine f en plein air.

**lie** [laɪ] n mensonge m // vi mentir; (pt **lay**, pp **lain** [leɪ, leɪn]) (rest) être étendu(e) or allongé(e) or couché(e); (in grave) être enterré(e), reposer; (of object: be situated) se trouver, être; **to** ~ **low** (fig) se cacher, rester caché(e); **to** ~ **about** vi traîner; **to have a** ~**-down** s'allonger, se reposer; **to have a** ~**-in** faire la grasse matinée.

**lieu** [luː]: **in** ~ **of** prep au lieu de.

**lieutenant** [lɛf'tɛnənt] n lieutenant m.

**life, lives** [laɪf, laɪvz] n vie f // cpd de vie; de la vie; à vie; ~ **assurance** n assurance-vie f; ~**belt** n bouée f de sauvetage; ~**boat** n canot m or chaloupe f de sauvetage; ~**buoy** n bouée f de sauvetage; ~ **expectancy** n espérance f de vie; ~**guard** n surveillant m de baignade; ~ **jacket** n gilet m or ceinture f de sauvetage; ~**less** a sans vie, inanimé(e); (dull) qui manque de vie or de vigueur; ~**like** a qui semble vrai(e) or vivant(e); ressemblant(e); ~**line** n corde f de sauvetage; ~**long** a de toute une vie, de toujours; ~ **preserver** n (US) gilet m or ceinture f de sauvetage; (Brit: col) matraque f; ~**raft** n radeau m de sauvetage; ~**saver** n surveillant m de baignade; ~ **sentence** n condamnation f à vie *or* à perpétuité ; ~-**sized** *a* grandeur nature *inv* ; ~ **span** *n* (durée *f* de) vie *f* ; ~ **support system** *n* (MED) respirateur artificiel ; ~**time** *n*: **in his ~time** de son vivant ; **in a ~time** au cours d'une vie entière ; dans sa vie.

**lift** [lɪft] *vt* soulever, lever ; (*steal*) prendre, voler // *vi* (*fog*) se lever // *n* (*elevator*) ascenseur *m* ; **to give sb a ~** emmener *or* prendre qn en voiture ; ~-**off** *n* décollage *m*.

**ligament** ['lɪgəmənt] *n* ligament *m*.

**light** [laɪt] *n* lumière *f* ; (*daylight*) lumière, jour *m* ; (*lamp*) lampe *f* ; (AUT: *traffic* ~, *rear* ~) feu *m* ; (: *headlamp*) phare *m* ; (*for cigarette etc*): **have you got a ~?** avez-vous du feu ? // *vt* (*pt*, *pp* **lighted** *or* **lit** [lɪt]) (*candle, cigarette, fire*) allumer ; (*room*) éclairer // *a* (*room, colour*) clair(e) ; (*not heavy, also fig*) léger(ère) ; **to ~ up** *vi* s'allumer ; (*face*) s'éclairer // *vt* (*illuminate*) éclairer, illuminer ; ~ **bulb** *n* ampoule *f* ; ~**en** *vi* s'éclaircir // *vt* (*give light to*) éclairer ; (*make lighter*) éclaircir ; (*make less heavy*) alléger ; ~**er** *n* (*also*: **cigarette ~**) briquet *m* ; (: *in car*) allume-cigare *m inv* ; (*boat*) péniche *f* ; ~-**headed** *a* étourdi(e), écervelé(e) ; ~-**hearted** *a* gai(e), joyeux(euse), enjoué(e) ; ~**house** *n* phare *m* ; ~**ing** *n* (*on road*) éclairage *m* ; (*in theatre*) éclairages ; ~**ing-up time** *n* heure officielle de la tombée du jour ; ~**ly** *ad* légèrement ; ~ **meter** *n* (PHOT) photomètre *m*, cellule *f* ; ~**ness** *n* clarté *f* ; (*in weight*) légèreté *f*.

**lightning** ['laɪtnɪŋ] *n* éclair *m*, foudre *f* ; ~ **conductor** *n* paratonnerre *m*.

**lightship** ['laɪtʃɪp] *n* bateau-phare *m*.

**lightweight** ['laɪtweɪt] *a* (*suit*) léger(ère) ; (*boxer*) poids léger *inv*.

**light year** ['laɪtjɪə*] *n* année-lumière *f*.

**lignite** ['lɪgnaɪt] *n* lignite *m*.

**like** [laɪk] *vt* aimer (bien) // *prep* comme // *a* semblable, pareil(le) // *n*: **the ~** un(e) pareil(le) *or* semblable ; le(la) pareil(le) ; (*pej*) (d')autres du même genre *or* acabit ; **his ~s and dislikes** ses goûts *mpl or* préférences *fpl* ; **I would ~**, **I'd ~** je voudrais, j'aimerais ; **to be/look ~ sb/sth** ressembler à qn/qch ; **that's just ~ him** c'est bien de lui, ça lui ressemble ; **nothing ~...** rien de tel que... ; ~**able** *a* sympathique, agréable.

**likelihood** ['laɪklɪhud] *n* probabilité *f*.

**likely** ['laɪklɪ] *a* probable ; plausible ; **he's ~ to leave** il va sûrement partir, il risque fort de partir.

**like-minded** [laɪk'maɪndɪd] *a* de même opinion.

**liken** ['laɪkən] *vt*: **to ~ sth to** comparer qch à.

**likewise** ['laɪkwaɪz] *ad* de même, pareillement.

**liking** ['laɪkɪŋ] *n*: ~ (**for**) affection *f* (pour), penchant *m* (pour) ; goût *m* (pour).

**lilac** ['laɪlək] *n* lilas *m* // *a* lilas *inv*.

**lilting** ['lɪltɪŋ] *a* aux cadences mélodieuses ; chantant(e).

**lily** ['lɪlɪ] *n* lis *m* ; ~ **of the valley** *n* muguet *m*.

**limb** [lɪm] *n* membre *m*.

**limber** ['lɪmbə*]: **to ~ up** *vi* se dégourdir, se mettre en train.

**limbo** ['lɪmbəu] *n*: **to be in ~** (*fig*) être tombé(e) dans l'oubli.

**lime** [laɪm] *n* (*tree*) tilleul *m* ; (*fruit*) lime *f* ; (GEO) chaux *f* ; ~ **juice** *n* jus *m* de citron vert.

**limelight** ['laɪmlaɪt] *n*: **in the ~** (*fig*) en vedette, au premier plan.

**limerick** ['lɪmərɪk] *n* poème *m* humoristique (de 5 vers).

**limestone** ['laɪmstəun] *n* pierre *f* à chaux ; (GEO) calcaire *m*.

**limit** ['lɪmɪt] *n* limite *f* // *vt* limiter ; ~**ation** [-'teɪʃən] *n* limitation *f*, restriction *f* ; ~**ed** *a* limité(e), restreint(e) ; ~**ed (liability) company** (Ltd) *n* ≈ société *f* anonyme (S.A.).

**limousine** ['lɪməzi:n] *n* limousine *f*.

**limp** [lɪmp] *n*: **to have a ~** boiter // *vi* boiter // *a* mou(molle).

**limpet** ['lɪmpɪt] *n* patelle *f* ; **like a ~** (*fig*) comme une ventouse.

**line** [laɪn] *n* (*gen*) ligne *f* ; (*rope*) corde *f* ; (*wire*) fil *m* ; (*of poem*) vers *m* ; (*row, series*) rangée *f* ; file *f*, queue *f* ; (COMM: *series of goods*) article(s) *m*(*pl*) // *vt* (*clothes*): **to ~ (with)** doubler (de) ; (*box*): **to ~ (with)** garnir *or* tapisser (de) ; (*subj: trees, crowd*) border ; **in his ~ of business** dans sa partie, dans son rayon ; **in ~ with** en accord avec ; **to ~ up** *vi* s'aligner // *vt* aligner.

**linear** ['lɪnɪə*] *a* linéaire.

**linen** ['lɪnɪn] *n* linge *m* (de corps *or* de maison) ; (*cloth*) lin *m*.

**liner** ['laɪnə*] *n* paquebot *m* de ligne.

**linesman** ['laɪnzmən] *n* (TENNIS) juge *m* de ligne ; (FOOTBALL) juge de touche.

**line-up** ['laɪnʌp] *n* file *f* ; (SPORT) (composition *f* de l')équipe *f*.

**linger** ['lɪŋgə*] *vi* s'attarder ; traîner ; (*smell, tradition*) persister ; ~**ing** *a* persistant(e) ; qui subsiste ; (*death*) lent(e).

**lingo**, ~**es** ['lɪŋgəu] *n* (*pej*) jargon *m*.

**linguist** ['lɪŋgwɪst] *n* linguiste *m/f* ; personne douée pour les langues ; ~**ic** *a* linguistique ; ~**ics** *n* linguistique *f*.

**lining** ['laɪnɪŋ] *n* doublure *f*.

**link** [lɪŋk] *n* (*of a chain*) maillon *m* ; (*connection*) lien *m*, rapport *m* // *vt* relier, lier, unir ; ~**s** *npl* (*terrain m de*) golf *m* ; **to ~ up** *vt* relier // *vi* se rejoindre ; s'associer ; ~-**up** *n* liaison *f*.

**linoleum** [lɪ'nəuliəm] *n* linoléum *m*.

**linseed oil** ['lɪnsi:d'ɔɪl] *n* huile *f* de lin.

**lint** [lɪnt] *n* tissu ouaté (*pour pansements*).

**lintel** ['lɪntl] *n* linteau *m*.

**lion** ['laɪən] *n* lion *m* ; ~ **cub** lionceau *m* ; ~**ess** *n* lionne *f*.

**lip** [lɪp] *n* lèvre *f* ; (*of cup etc*) rebord *m* ; (*insolence*) insolences *fpl* ; ~**read** *vi* lire sur les lèvres ; **to pay ~ service to sth** ne reconnaître que le mérite de qch que pour la forme *or* qu'en paroles ; ~**stick** *n* rouge *m* à lèvres.

**liquefy** ['lɪkwɪfaɪ] *vt* liquéfier.

**liqueur** [lɪ'kjuə*] *n* liqueur *f*.

**liquid** ['lɪkwɪd] *n* liquide *m* // *a* liquide ; ~ **assets** *npl* liquidités *fpl*, disponibilités *fpl*.

**liquidate** ['lıkwıdeıt] vt liquider ;
**liquidation** [-'deıʃən] n liquidation f;
**liquidator** n liquidateur m.
**liquidize** ['lıkwıdaız] vt (CULIN) passer au
mixeur.
**liquor** ['lıkə*] n spiritueux m, alcool m.
**liquorice** ['lıkərıs] n réglisse m.
**lisp** [lısp] n zézaiement m.
**list** [lıst] n liste f; (of ship) inclinaison f
// vt (write down) inscrire ; faire la liste
de ; (enumerate) énumérer // vi (ship)
gîter, donner de la bande.
**listen** ['lısn] vi écouter ; **to ~ to** écouter ;
**~er** n auditeur/trice.
**listless** ['lıstlıs] a indolent(e), apathique ;
**~ly** ad avec indolence or apathie.
**lit** [lıt] pt,pp of **light**.
**litany** ['lıtənı] n litanie f.
**literacy** ['lıtərəsı] n degré m
d'alphabétisation, fait m de savoir lire et
écrire.
**literal** ['lıtərl] a littéral(e) ; (unimaginative)
prosaïque, sans imagination ; **~ly** ad
littéralement.
**literary** ['lıtərərı] a littéraire.
**literate** ['lıtərət] a qui sait lire et écrire,
instruit(e).
**literature** ['lıtərıtʃə*] n littérature f;
(brochures etc) copie f publicitaire,
prospectus mpl.
**lithe** [laıð] a agile, souple.
**lithography** [lı'θɔgrəfı] n lithographie f.
**litigate** ['lıtıgeıt] vt mettre en litige // vi
plaider ; **litigation** [-'geıʃən] n litige m;
contentieux m.
**litmus** ['lıtməs] n: **~ paper** papier m de
tournesol.
**litre, liter** (US) ['li:tə*] n litre m.
**litter** ['lıtə*] n (rubbish) détritus mpl,
ordures fpl ; (young animals) portée f // vt
éparpiller ; laisser des détritus dans // vi
(ZOOL) mettre bas ; **~ bin** n boîte f à
ordures, poubelle f; **~ed with** jonché(e)
de, couvert(e) de.
**little** ['lıtl] a (small) petit(e) ; (not much):
**it's ~** c'est peu ; **~ milk** peu de lait // 
ad peu ; **a ~** un peu (de) ; **a ~ milk** un
peu de lait ; **~ by ~** petit à petit, peu à
peu ; **to make ~ of** faire peu de cas de.
**liturgy** ['lıtədʒı] n liturgie f.
**live** vi [lıv] vivre ; (reside) vivre, habiter //
a [laıv] (animal) vivant(e), en vie ; (wire)
sous tension ; (broadcast) (transmis(e)) en
direct ; **to ~ down** vt faire oublier (avec
le temps) ; **to ~ in** vi être logé(e) et
nourri(e) ; être interne ; **to ~ on** vt fus
(food) vivre de // vi survivre, subsister ;
**to ~ up to** vt fus se montrer à la hauteur
de.
**livelihood** ['laıvlıhud] n moyens mpl
d'existence.
**liveliness** ['laıvlınəs] n vivacité f, entrain
m.
**lively** ['laıvlı] a vif(vive), plein(e) d'entrain.
**liver** ['lıvə*] n (ANAT) foie m; **~ish** a qui
a mal au foie ; (fig) grincheux(euse).
**livery** ['lıvərı] n livrée f.
**lives** [laıvz] npl of **life**.
**livestock** ['laıvstɔk] n cheptel m, bétail m.
**livid** ['lıvıd] a livide, blafard(e) ; (furious)
furieux(euse), furibond(e).

**living** ['lıvıŋ] a vivant(e), en vie // n: **to
earn** or **make a ~** gagner sa vie ; **~ room**
n salle f de séjour ; **~ standards** npl
niveau m de vie ; **~ wage** n salaire m
permettant de vivre (décemment).
**lizard** ['lızəd] n lézard m.
**llama** ['lɑ:mə] n lama m.
**load** [ləud] n (weight) poids m; (thing
carried) chargement m, charge f; (ELEC,
TECH) charge // vt: **to ~ (with)** (lorry, ship)
charger (de); (gun, camera) charger
(avec); **a ~ of**, **~s of** (fig) un or des tas
de, des masses de ; **~ed** a (dice) pipé(e);
(question, word) insidieux(euse); (col: rich)
bourré(e) de fric ; (: drunk) bourré.
**loaf, loaves** [ləuf, ləuvz] n pain m, miche
f // vi (also: **~ about**, **~ around**)
fainéanter, traîner.
**loam** [ləum] n terreau m.
**loan** [ləun] n prêt m // vt prêter ; **on ~**
prêté(e), en prêt ; **public ~** emprunt
public.
**loath** [ləuθ] a: **to be ~ to do** répugner
à faire.
**loathe** [ləuð] vt détester, avoir en horreur ;
**loathing** n dégoût m, répugnance f.
**loaves** [ləuvz] npl of **loaf**.
**lobby** ['lɔbı] n hall m, entrée f; (POL:
pressure group) groupe m de pression,
lobby m // vt faire pression sur.
**lobe** [ləub] n lobe m.
**lobster** ['lɔbstə*] n homard m.
**local** ['ləukl] a local(e) // n (pub) pub m
or café m du coin ; the **~s** npl les gens
mpl du pays ou du coin ; **~ call** n
communication urbaine ; **~ government**
n administration locale or municipale.
**locality** [ləu'kælıtı] n région f, environs
mpl ; (position) lieu m.
**locally** ['ləukəlı] ad localement ; dans les
environs or la région.
**locate** [ləu'keıt] vt (find) trouver, repérer ;
(situate) situer.
**location** [ləu'keıʃən] n emplacement m;
**on ~** (CINEMA) en extérieur.
**loch** [lɔx] n lac m, loch m.
**lock** [lɔk] n (of door, box) serrure f; (of
canal) écluse f; (of hair) mèche f, boucle
f // vt (with key) fermer à clé ; (immobilize)
bloquer // vi (door etc) fermer à clé ;
(wheels) se bloquer.
**locker** ['lɔkə*] n casier m.
**locket** ['lɔkıt] n médaillon m.
**lockjaw** ['lɔkdʒɔ:] n tétanos m.
**locomotive** [ləukə'məutıv] n locomotive f.
**locust** ['ləukəst] n locuste f, sauterelle f.
**lodge** [lɔdʒ] n pavillon m (de gardien);
(FREEMASONRY) loge f // vi (person): **to ~
(with)** être logé(e) (chez), être en pension
(chez) // vt (appeal etc) présenter ;
déposer ; **to ~ a complaint** porter
plainte ; **to ~ (itself) in/between** se loger
dans/entre ; **~r** n locataire m/f; (with
room and meals) pensionnaire m/f.
**lodgings** ['lɔdʒıŋz] npl chambre f; meublé
m.
**loft** [lɔft] n grenier m.
**lofty** ['lɔftı] a élevé(e); (haughty)
hautain(e).
**log** [lɔg] n (of wood) bûche f; (book) =
**logbook**.

**logarithm** ['lɔgərɪðəm] n logarithme m.

**logbook** ['lɔgbuk] n (NAUT) livre m or journal m de bord ; (AVIAT) carnet m de vol ; (of lorry-driver) carnet de route ; (of events, movement of goods etc) registre m ; (of car) ≈ carte grise.

**loggerheads** ['lɔgəhɛdz] npl: at ~ (with) à couteaux tirés (avec).

**logic** ['lɔdʒɪk] n logique f ; ~al a logique ; ~ally ad logiquement.

**logistics** [lɔ'dʒɪstɪks] n logistique f.

**loin** [lɔɪn] n (CULIN) filet m, longe f ; ~s npl reins mpl.

**loiter** ['lɔɪtə*] vi s'attarder ; **to ~** (**about**) traîner, musarder ; (pej) rôder.

**loll** [lɔl] vi (also: ~ **about**) se prélasser, fainéanter.

**lollipop** ['lɔlɪpɔp] n sucette f ; ~ **man/lady** n contractuel/le qui fait traverser la rue aux enfants.

**London** ['lʌndən] n Londres m ; ~**er** n Londonien/ne.

**lone** [ləun] a solitaire.

**loneliness** ['ləunlɪnɪs] n solitude f, isolement m.

**lonely** ['ləunlɪ] a seul(e) ; solitaire, isolé(e) ; **to feel ~** se sentir seul.

**loner** ['ləunə*] n solitaire m/f.

**long** [lɔŋ] a long(longue) // ad longtemps // vi: **to ~ for sth/to do** avoir très envie de qch/de faire ; attendre qch avec impatience/impatience de faire ; **he had ~ understood that...** il avait compris depuis longtemps que... ; **how ~ is this river/course?** quelle est la longueur de ce fleuve/la durée de ce cours? ; **6 metres ~** (long) de 6 mètres ; **6 months ~** qui dure 6 mois, de 6 mois ; **all night ~** toute la nuit ; **~ before** longtemps avant ; **before ~** (+ future) avant peu, dans peu de temps ; (+ past) peu de temps après ; **at ~ last** enfin ; **no ~er, any ~er** ne...plus ; ~-**distance** a (race) de fond ; (call) interurbain(e) ; ~-**haired** a (person) aux cheveux longs ; (animal) aux longs poils ; ~-**hand** n écriture normale or courante ; ~**ing** n désir m, envie f, nostalgie f // a plein(e) d'envie or de nostalgie.

**longitude** ['lɔŋgɪtjuːd] n longitude f.

**long: ~ jump** n saut m en longueur ; ~-**lost** a perdu(e) de vue depuis longtemps ; ~-**playing** a: ~-**playing record (L.P.)** n (disque m) 33 tours m inv ; ~-**range** a à longue portée ; ~-**sighted** a presbyte ; (fig) prévoyant(e) ; ~-**standing** a de longue date ; ~-**suffering** a empreint(e) d'une patience résignée ; extrêmement patient(e) ; ~-**term** a à long terme ; ~ **wave** n grandes ondes ; ~-**winded** a intarissable, interminable.

**loo** [luː] n (col) w.-c. mpl, petit coin.

**loofah** ['luːfə] n sorte d'éponge végétale.

**look** [luk] vi regarder ; (seem) sembler, paraître, avoir l'air ; (building etc): **to ~ south/on to the sea** donner au sud/sur la mer // n regard m ; (appearance) air m, allure f, aspect m ; ~**s** npl mine f, physique m ; beauté f ; **to ~ like** ressembler à ; **it ~s like him** on dirait que c'est lui ; **to ~ after** vt fus s'occuper de, prendre soin de ; garder, surveiller ; **to ~ at** vt fus regarder ; **to ~ down on** vt fus (fig) regarder de haut, dédaigner ; **to ~ for** vt fus chercher ; **to ~ forward to** vt fus attendre avec impatience ; **to ~ on** vi regarder (en spectateur) ; **to ~ out** vi (beware): **to ~ out (for)** prendre garde (à), faire attention (à) ; **to ~ out for** vt fus être à la recherche de ; guetter ; **to ~ to** vt fus veiller à ; (rely on) compter sur ; **to ~ up** vi lever les yeux ; (improve) s'améliorer // vt (word) chercher ; (friend) passer voir ; **to ~ up to** vt fus avoir du respect pour ; ~-**out** n poste m de guet, guetteur m ; **to be on the ~-out (for)** guetter.

**loom** [luːm] n métier m à tisser // vi surgir ; (fig) menacer, paraître imminent(e).

**loop** [luːp] n boucle f ; (contraceptive) stérilet m ; ~-**hole** n porte f de sortie (fig) ; échappatoire f.

**loose** [luːs] a (knot, screw) desserré(e) ; (stone) branlant(e) ; (clothes) vague, ample, lâche ; (animal) en liberté, échappé(e) ; (life) dissolu(e) ; (morals, discipline) relâché(e) ; (thinking) peu rigoureux(euse), vague ; (translation) approximatif(ive) ; **to be at a ~ end** ne pas trop savoir quoi faire ; ~**ly** ad sans serrer ; approximativement ; ~**n** vt desserrer, relâcher, défaire.

**loot** [luːt] n butin m // vt piller ; ~**ing** n pillage m.

**lop** [lɔp] n: **to ~ off** vt couper, trancher.

**lop-sided** ['lɔp'saɪdɪd] a de travers, asymétrique.

**lord** [lɔːd] n seigneur m ; **L~ Smith** lord Smith ; **the L~** le Seigneur ; **the (House of) L~s** la Chambre des Lords ; ~**ly** a noble, majestueux(euse) ; (arrogant) hautain(e) ; ~**ship** n: **your L~ship** Monsieur le comte (or le baron or le Juge).

**lore** [lɔː*] n tradition(s) f(pl).

**lorry** ['lɔrɪ] n camion m ; ~ **driver** n camionneur m, routier m.

**lose**, pt,pp **lost** [luːz, lɔst] vt perdre ; (opportunity) manquer, perdre ; (pursuers) distancer, semer // vi perdre ; **to ~ (time)** (clock) retarder ; **to get lost** vi se perdre ; ~**r** n perdant/e.

**loss** [lɔs] n perte f ; **to be at a ~** être perplexe or embarrassé(e) ; **to be at a ~ to do** se trouver incapable de faire.

**lost** [lɔst] pt,pp of **lose** // a perdu(e) ; ~ **property** n objets trouvés.

**lot** [lɔt] n (at auctions) lot m ; (destiny) sort m, destinée f ; **the ~** le tout ; tous mpl, toutes fpl ; **a ~** beaucoup ; **a ~ of** beaucoup de ; ~**s of** des tas de ; **to draw ~s (for sth)** tirer (qch) au sort.

**lotion** ['ləuʃən] n lotion f.

**lottery** ['lɔtərɪ] n loterie f.

**loud** [laud] a bruyant(e), sonore, fort(e) ; (gaudy) voyant(e), tapageur(euse) // ad (speak etc) fort ; ~-**hailer** n porte-voix m inv ; ~**ly** ad fort, bruyamment ; ~-**speaker** n haut-parleur m.

**lounge** [laundʒ] n salon m // vi se prélasser, paresser ; ~ **suit** n complet m ; 'tenue de ville'.

**louse**, pl **lice** [laus, laɪs] n pou m.

**lousy** ['lauzɪ] a (fig) infect(e), moche.

**lout** [laut] *n* rustre *m*, butor *m*.

**lovable** ['lʌvəbl] *a* très sympathique ; adorable.

**love** [lʌv] *n* amour *m* // *vt* aimer ; aimer beaucoup ; **to ~ to do** aimer beaucoup *or* adorer faire ; **to be in ~ with** être amoureux(euse) de ; **to make ~** faire l'amour ; '**15 ~**' (TENNIS) '15 à rien *or* zéro' ; **~ at first sight** le coup de foudre ; **~ affair** *n* liaison (amoureuse) ; **~ letter** *n* lettre *f* d'amour ; **~ life** *n* vie sentimentale.

**lovely** ['lʌvlɪ] *a* (très) joli(e) ; ravissant(e), charmant(e) ; agréable.

**lover** ['lʌvə*] *n* amant *m* ; (*amateur*): **a ~ of** un(e) ami(e) de ; un(e) amoureux(euse) de.

**lovesong** ['lʌvsɔŋ] *n* chanson *f* d'amour.

**loving** ['lʌvɪŋ] *a* affectueux(euse), tendre, aimant(e).

**low** [ləu] *a* bas(basse) // *ad* bas // *n* (METEOROLOGY) dépression *f* // *vi* (COW) mugir ; **to feel ~** se sentir déprimé(e) ; **he's very ~** (*ill*) il est bien bas *or* très affaibli ; **to turn (down)** — *vt* baisser ; **~-cut** *a* (*dress*) décolleté(e) ; **~er** *vt* abaisser, baisser ; **~ly** *a* humble, modeste ; **~-lying** *a* à faible altitude ; **~-paid** *a* mal payé(e), aux salaires bas.

**loyal** ['lɔɪəl] *a* loyal(e), fidèle ; **~ty** *n* loyauté *f*, fidélité *f*.

**lozenge** ['lɔzɪndʒ] *n* (MED) pastille *f* ; (GEOM) losange *m*.

**L.P.** *n abbr see* **long-playing**.

**L-plates** ['elpleɪts] *npl* plaques *fpl* d'apprenti conducteur.

**Ltd** *abbr see* **limited**.

**lubricant** ['lu:brɪkənt] *n* lubrifiant *m*.

**lubricate** ['lu:brɪkeɪt] *vt* lubrifier, graisser.

**lucid** ['lu:sɪd] *a* lucide ; **~ity** [-'sɪdɪtɪ] *n* lucidité *f*.

**luck** [lʌk] *n* chance *f* ; **bad ~** malchance *f*, malheur *m* ; **good ~!** bonne chance! **~ily** *ad* heureusement, par bonheur ; **~y** *a* (*person*) qui a de la chance ; (*coincidence*) heureux(euse) ; (*number etc*) qui porte bonheur.

**lucrative** ['lu:krətɪv] *a* lucratif(ive), rentable, qui rapporte.

**ludicrous** ['lu:dɪkrəs] *a* ridicule, absurde.

**ludo** ['lu:dəu] *n* jeu *m* des petits chevaux.

**lug** [lʌg] *vt* traîner, tirer.

**luggage** ['lʌgɪdʒ] *n* bagages *mpl* ; **~ rack** *n* (*in train*) porte-bagages *m inv* ; (: *made of string*) filet *m* à bagages ; (*on car*) galerie *f*.

**lugubrious** [lu'gu:brɪəs] *a* lugubre.

**lukewarm** ['lu:kwɔ:m] *a* tiède.

**lull** [lʌl] *n* accalmie *f* // *vt* (*child*) bercer ; (*person, fear*) apaiser, calmer.

**lullaby** ['lʌləbaɪ] *n* berceuse *f*.

**lumbago** [lʌm'beɪgəu] *n* lumbago *m*.

**lumber** ['lʌmbə*] *n* bric-à-brac *m inv* ; **~jack** *n* bûcheron *m*.

**luminous** ['lu:mɪnəs] *a* lumineux(euse).

**lump** [lʌmp] *n* morceau *m* ; (*in sauce*) grumeau *m* ; (*swelling*) grosseur *f* // *vt* (*also*: **~ together**) réunir, mettre en tas ; **a ~ sum** une somme globale *or* forfaitaire ; **~y** *a* (*sauce*) qui a des grumeaux.

**lunacy** ['lu:nəsɪ] *n* démence *f*, folie *f*.

**lunar** ['lu:nə*] *a* lunaire.

**lunatic** ['lu:nətɪk] *n* fou/folle, dément/e // *a* fou(folle), dément(e).

**lunch** [lʌntʃ] *n* déjeuner *m* ; **it is his ~ hour** c'est l'heure où il déjeune ; **it is ~time** c'est l'heure du déjeuner.

**luncheon** ['lʌntʃən] *n* déjeuner *m* ; **~ meat** *n* sorte de saucisson ; **~ voucher** *n* chèque-déjeuner *m*.

**lung** [lʌŋ] *n* poumon *m* ; **~ cancer** *n* cancer *m* du poumon.

**lunge** [lʌndʒ] *vi* (*also*: **~ forward**) faire un mouvement brusque en avant.

**lupin** ['lu:pɪn] *n* lupin *m*.

**lurch** [lə:tʃ] *vi* vaciller, tituber // *n* écart *m* brusque, embardée *f*.

**lure** [luə*] *n* appât *m*, leurre *m* // *vt* attirer *or* persuader par la ruse.

**lurid** ['luərɪd] *a* affreux(euse), atroce.

**lurk** [lə:k] *vi* se tapir, se cacher.

**luscious** ['lʌʃəs] *a* succulent(e) ; appétissant(e).

**lush** [lʌʃ] *a* luxuriant(e).

**lust** [lʌst] *n* luxure *f* ; lubricité *f* ; désir *m* ; (*fig*): **~ for** soif *f* de ; **to ~ after** *vt fus* convoiter, désirer ; **~ful** *a* lascif(ive).

**lustre, luster** (US) ['lʌstə*] *n* lustre *m*, brillant *m*.

**lusty** ['lʌstɪ] *a* vigoureux(euse), robuste.

**lute** [lu:t] *n* luth *m*.

**Luxembourg** ['lʌksəmbə:g] *n* Luxembourg *m*.

**luxuriant** [lʌg'zjuərɪənt] *a* luxuriant(e).

**luxurious** [lʌg'zjuərɪəs] *a* luxueux(euse).

**luxury** ['lʌkʃərɪ] *n* luxe *m* // *cpd* de luxe.

**lying** ['laɪɪŋ] *n* mensonge(s) *m(pl)*.

**lynch** [lɪntʃ] *vt* lyncher.

**lynx** [lɪŋks] *n* lynx *m inv*.

**lyre** ['laɪə*] *n* lyre *f*.

**lyric** ['lɪrɪk] *a* lyrique ; **~s** *npl* (*of song*) paroles *fpl* ; **~al** *a* lyrique ; **~ism** ['lɪrɪsɪzəm] *n* lyrisme *m*.

# M

**m.** *abbr of* **metre, mile, million**.

**M.A.** *abbr see* **master**.

**mac** [mæk] *n* imper(méable) *m*.

**macaroni** [mækə'rəunɪ] *n* macaronis *mpl*.

**macaroon** [mækə'ru:n] *n* macaron *m*.

**mace** [meɪs] *n* masse *f* ; (*spice*) macis *m*.

**machine** [mə'ʃi:n] *n* machine *f* // *vt* (*dress etc*) coudre à la machine ; **~ gun** *n* mitrailleuse *f* ; **~ry** *n* machinerie *f*, machines *fpl* ; (*fig*) mécanisme(s) *m(pl)* ; **~ tool** *n* machine-outil *f* ; **machinist** *n* machiniste *m/f*.

**mackerel** ['mækrl] *n, pl inv* maquereau *m*.

**mackintosh** ['mækɪntɔʃ] *n* imperméable *m*.

**mad** [mæd] *a* fou(folle) ; (*foolish*) insensé(e) ; (*angry*) furieux(euse).

**madam** ['mædəm] *n* madame *f* ; **yes ~** oui Madame.

**madden** ['mædn] *vt* exaspérer.

**made** [meɪd] *pt*, *pp of* **make** ; **~-to-measure** *a* fait(e) sur mesure.

**madly** ['mædlɪ] *ad* follement.

**madman** ['mædmən] *n* fou *m*, aliéné *m*.
**madness** ['mædnɪs] *n* folie *f*.
**magazine** [mægə'ziːn] *n* (PRESS) magazine *m*, revue *f*; (MIL: store) dépôt *m*, arsenal *m*; (of firearm) magasin *m*.
**maggot** ['mægət] *n* ver *m*, asticot *m*.
**magic** ['mædʒɪk] *n* magie *f* // *a* magique; ~**al** *a* magique; ~**ian** [mə'dʒɪʃən] *n* magicien/ne.
**magistrate** ['mædʒɪstreɪt] *n* magistrat *m*; juge *m*.
**magnanimous** [mæg'nænɪməs] *a* magnanime.
**magnate** ['mægneɪt] *n* magnat *m*.
**magnesium** [mæg'niːzɪəm] *n* magnésium *m*.
**magnet** ['mægnɪt] *n* aimant *m*; ~**ic** ['-'nɛtɪk] *a* magnétique; ~**ism** *n* magnétisme *m*.
**magnification** [mægnɪfɪ'keɪʃən] *n* grossissement *m*.
**magnificence** [mæg'nɪfɪsns] *n* magnificence *f*.
**magnificent** [mæg'nɪfɪsnt] *a* superbe, magnifique.
**magnify** ['mægnɪfaɪ] *vt* grossir; (sound) amplifier; ~**ing glass** *n* loupe *f*.
**magnitude** ['mægnɪtjuːd] *n* ampleur *f*.
**magnolia** [mæg'nəulɪə] *n* magnolia *m*.
**magpie** ['mægpaɪ] *n* pie *f*.
**mahogany** [mə'hɔgənɪ] *n* acajou *m* // cpd en (bois d')acajou.
**maid** [meɪd] *n* bonne *f*; **old ~** (pej) vieille fille.
**maiden** ['meɪdn] *n* jeune fille *f* // *a* (aunt etc) non mariée; (speech, voyage) inaugural(e); ~ **name** *n* nom *m* de jeune fille.
**mail** [meɪl] *n* poste *f*; (letters) courrier *m* // *vt* envoyer (par la poste); ~**box** *n* (US) boîte *f* aux lettres; ~**ing list** *n* liste *f* d'adresses; ~**order** *n* vente *f* or achat *m* par correspondance.
**maim** [meɪm] *vt* mutiler.
**main** [meɪn] *a* principal(e) // *n* (pipe) conduite principale, canalisation *f*; **the ~s** (ELEC) le secteur; **in the ~** dans l'ensemble; ~**land** *n* continent *m*; ~**stay** *n* (fig) pilier *m*.
**maintain** [meɪn'teɪn] *vt* entretenir; (continue) maintenir, préserver; (affirm) soutenir; **maintenance** ['meɪntənəns] *n* entretien *m*.
**maisonette** [meɪzə'nɛt] *n* appartement *m* en duplex.
**maize** [meɪz] *n* maïs *m*.
**majestic** [mə'dʒɛstɪk] *a* majestueux(euse).
**majesty** ['mædʒɪstɪ] *n* majesté *f*.
**major** ['meɪdʒə*] *n* (MIL) commandant *m* // *a* important(e), principal(e); (MUS) majeur(e).
**majority** [mə'dʒɔrɪtɪ] *n* majorité *f*.
**make** [meɪk] *vt* (pt, pp **made** [meɪd]) faire; (manufacture) faire, fabriquer; (cause to be): **to ~ sb sad** etc rendre qn triste etc; (force): **to ~ sb do sth** obliger qn à faire qch, faire faire qch à qn; (equal): **2 and 2 ~ 4** 2 et 2 font 4 // *n* fabrication *f*; (brand) marque *f*; **to ~ do with** se contenter de; se débrouiller avec; **to ~ for** *vt fus* (place) se diriger vers; **to ~ out**

*vt* (write out) écrire; (understand) comprendre; (see) distinguer; **to ~ up** *vt* (invent) inventer, imaginer; (parcel) faire // *vi* se réconcilier; (with cosmetics) se maquiller, se farder; **to ~ up for** *vt fus* compenser; racheter; ~**believe** *a* feint(e), de fantaisie; ~**r** *n* fabricant *m*; ~**shift** *a* provisoire, improvisé(e); ~**-up** *n* maquillage *m*.
**making** ['meɪkɪŋ] *n* (fig): **in the ~** en formation or gestation.
**maladjusted** [mælə'dʒʌstɪd] *a* inadapté(e).
**malaise** [mæ'leɪz] *n* malaise *m*.
**malaria** [mə'lɛərɪə] *n* malaria *f*, paludisme *m*.
**Malay** [mə'leɪ] *a* malais(e) // *n* (person) Malais/e; (language) malais *m*.
**Malaysia** [mə'leɪzɪə] *n* Malaisie *f*.
**male** [meɪl] *n* (BIOL, ELEC) mâle *m* // *a* (sex, attitude) masculine(e); mâle; (child etc) du sexe masculin; ~ **and female students** étudiants et étudiantes.
**malevolence** [mə'lɛvələns] *n* malveillance *f*.
**malevolent** [mə'lɛvələnt] *a* malveillant(e).
**malfunction** [mæl'fʌŋkʃən] *n* fonctionnement défectueux.
**malice** ['mælɪs] *n* méchanceté *f*, malveillance *f*; **malicious** [mə'lɪʃəs] *a* méchant(e), malveillant(e); (LAW) avec intention criminelle.
**malign** [mə'laɪn] *vt* diffamer, calomnier.
**malignant** [mə'lɪgnənt] *a* (MED) malin(igne).
**malingerer** [mə'lɪŋgərə*] *n* simulateur/trice.
**malleable** ['mælɪəbl] *a* malléable.
**mallet** ['mælɪt] *n* maillet *m*.
**malnutrition** [mælnjuː'trɪʃən] *n* malnutrition *f*.
**malpractice** [mæl'præktɪs] *n* faute professionnelle; négligence *f*.
**malt** [mɔːlt] *n* malt *m* // cpd (whisky) pur malt.
**Malta** ['mɔːltə] *n* Malte *f*; **Maltese** [-'tiːz] *a* maltais(e) // *n*, pl inv Maltais/e.
**maltreat** [mæl'triːt] *vt* maltraiter.
**mammal** ['mæml] *n* mammifère *m*.
**mammoth** ['mæməθ] *n* mammouth *m* // *a* géant(e), monstre.
**man, pl men** [mæn,mɛn] *n* homme *m*; (CHESS) pièce *f*; (DRAUGHTS) pion *m* // *vt* garnir d'hommes; servir, assurer le fonctionnement de; être de service à; **an old ~** un vieillard.
**manage** ['mænɪdʒ] *vi* se débrouiller // *vt* (be in charge of) s'occuper de; gérer; **to ~ to do** se débrouiller pour faire; réussir à faire; ~**able** *a* maniable; faisable; ~**ment** *n* administration *f*, direction *f*; ~**r** *n* directeur *m*; administrateur *m*; (of hotel etc) gérant *m*; (of artist) impresario *m*; ~**ress** [-ə'rɛs] *n* directrice *f*; gérante *f*; ~**rial** [-ə'dʒɪərɪəl] *a* directorial(e); ~**rial staff** *n* cadres *mpl*; **managing** *a*: **managing director** directeur général.
**mandarin** ['mændərɪn] *n* (also: **orange**) mandarine *f*; (person) mandarin *m*.

**mandate** ['mændeɪt] n mandat m.
**mandatory** ['mændətərɪ] a obligatoire ;
(*powers etc*) mandataire.
**mandolin(e)** ['mændəlɪn] n mandoline f.
**mane** [meɪn] n crinière f.
**maneuver** [mə'nu:və*] etc (*US*) =
**manoeuvre** etc.
**manful** ['mænful] a courageux(euse),
vaillant(e).
**manganese** [mæŋgə'ni:z] n manganèse m.
**mangle** ['mæŋgl] vt déchiqueter ; mutiler
// n essoreuse f ; calandre f.
**mango, ~es** ['mæŋgəu] n mangue f.
**mangrove** ['mæŋgrəuv] n palétuvier m.
**mangy** ['meɪndʒɪ] a galeux(euse).
**manhandle** ['mænhændl] vt malmener.
**manhole** ['mænhəul] n trou m d'homme.
**manhood** ['mænhud] n âge m d'homme ;
virilité f.
**manhunt** ['mænhʌnt] n chasse f à
l'homme.
**mania** ['meɪnɪə] n manie f ; **~c** ['meɪnɪæk]
n maniaque m/f.
**manicure** ['mænɪkjuə*] n manucure f //
vt (*person*) faire les mains à ; **~ set** n
trousse f à ongles.
**manifest** ['mænɪfest] vt manifester // a
manifeste, évident(e) ; **~ation** [-'teɪʃən] n
manifestation f.
**manifesto** [mænɪ'festəu] n manifeste m.
**manipulate** [mə'nɪpjuleɪt] vt manipuler.
**mankind** [mæn'kaɪnd] n humanité f, genre
humain.
**manly** ['mænlɪ] a viril(e) ; cou-
rageux(euse).
**man-made** ['mæn'meɪd] a artificiel(le).
**manner** ['mænə*] n manière f, façon f ;
**~s** npl manières ; **~ism** n particularité f
de langage (*or* de comportement), tic m.
**manoeuvre, maneuver** (*US*)
[mə'nu:və*] vt,vi manœuvrer // n
manœuvre f.
**manor** ['mænə*] n (*also:* **~ house**) manoir
m.
**manpower** ['mænpauə*] n main-d'œuvre
f.
**manservant,** pl **menservants**
['mænsə:vənt, 'men-] n domestique m.
**mansion** ['mænʃən] n château m, manoir
m.
**manslaughter** ['mænslɔ:tə*] n homicide
m involontaire.
**mantelpiece** ['mæntlpi:s] n cheminée f.
**mantle** ['mæntl] n cape f ; (*fig*) manteau
m.
**manual** ['mænjuəl] a manuel(le) // n
manuel m.
**manufacture** [mænju'fæktʃə*] vt
fabriquer // n fabrication f ; **~r** n
fabricant m.
**manure** [mə'njuə*] n fumier m ; (*artificial*)
engrais m.
**manuscript** ['mænjuskrɪpt] n manuscrit
m.
**many** ['menɪ] det beaucoup de, de
nombreux(euses) // pronoun beaucoup, un
grand nombre ; **a great ~** un grand
nombre (de) ; **~ a...** bien des... , plus
d'un(e)... .

**map** [mæp] n carte f // vt dresser la carte
de ; **to ~ out** vt tracer.
**maple** ['meɪpl] n érable m.
**mar** [mɑ:*] vt gâcher, gâter.
**marathon** ['mærəθən] n marathon m.
**marauder** [mə'rɔ:də*] n maraudeur/euse.
**marble** ['mɑ:bl] n marbre m ; (*toy*) bille f ;
**~s** n (*game*) billes.
**March** [mɑ:tʃ] n mars m.
**march** [mɑ:tʃ] vi marcher au pas ; défiler
// n marche f ; (*demonstration*) rallye m ;
**~-past** n défilé m.
**mare** [mɛə*] n jument f.
**margarine** [mɑ:dʒə'ri:n] n margarine f.
**margin** ['mɑ:dʒɪn] n marge f ; **~al** a
marginal(e).
**marigold** ['mærɪgəuld] n souci m.
**marijuana** [mærɪ'wɑ:nə] n marijuana f.
**marina** [mə'ri:nə] n marina f.
**marine** [mə'ri:n] a marin(e) // n fusilier
marin ; (*US*) marine m.
**marital** ['mærɪtl] a matrimonial(e).
**maritime** ['mærɪtaɪm] a maritime.
**marjoram** ['mɑ:dʒərəm] n marjolaine f.
**mark** [mɑ:k] n marque f ; (*of skid etc*) trace
f ; (*SCOL*) note f ; (*SPORT*) cible f ; (*currency*)
mark m // vt marquer ; (*stain*) tacher ;
(*SCOL*) noter ; corriger ; **to ~ time** marquer
le pas ; **to ~ out** vt désigner ; **~ed** a
marqué(e), net(te) ; **~er** n (*sign*) jalon m ;
(*bookmark*) signet m.
**market** ['mɑ:kɪt] n marché m // vt (*COMM*)
commercialiser ; **~ day** n jour m de
marché ; **~ garden** n (*Brit*) jardin
maraîcher ; **~ing** n marketing m ; **~ place**
n place f du marché.
**marksman** ['mɑ:ksmən] n tireur m
d'élite ; **~ship** n adresse f au tir.
**marmalade** ['mɑ:məleɪd] n confiture f
d'oranges.
**maroon** [mə'ru:n] vt (*fig*): **to be ~ed (in**
**or at)** être bloqué(e) (à) // a bordeaux inv.
**marquee** [mɑ:'ki:] n chapiteau m.
**marquess, marquis** ['mɑ:kwɪs] n
marquis m.
**marriage** ['mærɪdʒ] n mariage m ; **~**
**bureau** n agence matrimoniale.
**married** ['mærɪd] a marié(e) ; (*life, love*)
conjugal(e).
**marrow** ['mærəu] n moelle f ; (*vegetable*)
courge f.
**marry** ['mærɪ] vt épouser, se marier avec ;
(*subj: father, priest etc*) marier // vi (*also:*
**get married**) se marier.
**Mars** [mɑ:z] n (*planet*) Mars f.
**marsh** [mɑ:ʃ] n marais m, marécage m.
**marshal** ['mɑ:ʃl] n maréchal m ; (*US: fire,*
*police*) ≈ capitaine m // vt rassembler ;
**~ing yard** n gare f de triage.
**marshy** ['mɑ:ʃɪ] a marécageux(euse).
**martial** ['mɑ:ʃl] a martial(e) ; **~ law** n loi
martiale.
**Martian** ['mɑ:ʃɪən] Martien/ne.
**martyr** ['mɑ:tə*] n martyr/e // vt
martyriser ; **~dom** n martyre m.
**marvel** ['mɑ:vl] n merveille f // vi: **to ~**
**(at)** s'émerveiller (de) ; **~lous, ~ous** (*US*)
a merveilleux(euse).
**Marxism** ['mɑ:ksɪzəm] n marxisme m.

**Marxist** ['mɑːksɪst] a,n marxiste (m/f).
**marzipan** ['mɑːzɪpæn] n pâte f d'amandes.
**mascara** [mæs'kɑːrə] n mascara m.
**mascot** ['mæskət] n mascotte f.
**masculine** ['mæskjulɪn] a masculin(e) // n masculin m; **masculinity** [-'lɪnɪtɪ] n masculinité f.
**mashed** [mæʃt] a: ~ **potatoes** purée f de pommes de terre.
**mask** [mɑːsk] n masque m // vt masquer.
**masochist** ['mæsəukɪst] n masochiste m/f.
**mason** ['meɪsn] n (also: **stone~**) maçon m; (also: **free~**) franc-maçon m; **~ic** [məˈsɒnɪk] a maçonnique; **~ry** n maçonnerie f.
**masquerade** [mæskə'reɪd] n bal masqué; (fig) mascarade f // vi: **to ~ as** se faire passer pour.
**mass** [mæs] n multitude f, masse f; (PHYSICS) masse f; (REL) messe f // vi se masser; **the ~es** les masses.
**massacre** ['mæsəkə*] n massacre m // vt massacrer.
**massage** ['mæsɑːʒ] n massage m // vt masser.
**masseur** [mæ'sə:*] n masseur m; **masseuse** [-'sə:z] n masseuse f.
**massive** ['mæsɪv] a énorme, massif(ive).
**mass media** ['mæs'miːdɪə] npl mass-media mpl.
**mass-produce** ['mæsprə'djuːs] vt fabriquer en série.
**mast** [mɑːst] n mât m.
**master** ['mɑːstə*] n maître m; (in secondary school) professeur m; (title for boys): M~ X Monsieur X // vt maîtriser; (learn) apprendre à fond; (understand) posséder parfaitement or à fond; M~'s degree n ≈ maîtrise f; ~ key n passe-partout m inv; ~ly a magistral(e); ~-mind n esprit supérieur // vt diriger, être le cerveau de; M~ of Arts/Science (M.A./M.Sc.) n ≈ titulaire m/f d'une maîtrise (en lettres/science); M~ of Arts/Science degree (M.A./M.Sc.) n ≈ maîtrise f; ~-piece n chef-d'œuvre m; ~ plan n stratégie f d'ensemble; ~ stroke n coup m de maître; ~y n maîtrise f, connaissance parfaite.
**masturbate** ['mæstəbeɪt] vi se masturber; **masturbation** [-'beɪʃən] n masturbation f.
**mat** [mæt] n petit tapis; (also: **door~**) paillasson m // a = **matt**.
**match** [mætʃ] n allumette f; (game) match m, partie f; (fig) égal/e; mariage m; parti m // vt assortir; (go well with) aller bien avec, s'assortir à; (equal) égaler, valoir // vi être assorti(e); **to be a good ~** être bien assorti(e); **to ~ up** vt assortir; ~-box n boîte f d'allumettes; ~ing a assorti(e); ~less a sans égal.
**mate** [meɪt] n camarade m/f de travail; (col) copain/copine; (animal) partenaire m/f, mâle/femelle; (in merchant navy) second m // vi s'accoupler // vt accoupler.
**material** [mə'tɪərɪəl] n (substance) matière f, matériau m; (cloth) tissu m, étoffe f // a matériel(le); (important) essentiel(le); ~s npl matériaux mpl; ~istic [-ə'lɪstɪk] a

matérialiste; ~ize vi se matérialiser, se réaliser; ~ly ad matériellement.
**maternal** [mə'tə:nl] a maternel(le).
**maternity** [mə'tə:nɪtɪ] n maternité f // cpd de maternité, de grossesse; ~ **hospital** n maternité f.
**matey** ['meɪtɪ] a (col) copain-copain inv.
**mathematical** [mæθə'mætɪkl] a mathématique.
**mathematician** [mæθəmə'tɪʃən] n mathématicien/ne.
**mathematics** [mæθə'mætɪks] n mathématiques fpl.
**maths** [mæθs] n math(s) fpl.
**matinée** ['mætɪneɪ] n matinée f.
**mating** ['meɪtɪŋ] n accouplement m; ~ **call** n appel m du mâle; ~ **season** n saison f des amours.
**matriarchal** [meɪtrɪ'ɑːkl] a matriarcal(e).
**matrices** ['meɪtrɪsiːz] npl of **matrix**.
**matriculation** [mətrɪkju'leɪʃən] n inscription f.
**matrimonial** [mætrɪ'məunɪəl] a matrimonial(e), conjugal(e).
**matrimony** ['mætrɪmənɪ] n mariage m.
**matrix**, pl **matrices** ['meɪtrɪks, 'meɪtrɪsiːz] n matrice f.
**matron** ['meɪtrən] n (in hospital) infirmière-chef f; (in school) infirmière; ~ly a de matrone; imposant(e).
**matt** [mæt] a mat(e).
**matted** ['mætɪd] a emmêlé(e).
**matter** ['mætə*] n question f; (PHYSICS) matière f, substance f; (content) contenu m, fond m; (MED: pus) pus m // vi importer; **it doesn't** ~ cela n'a pas d'importance; (I don't mind) cela ne fait rien; **what's the ~?** qu'est-ce qu'il y a?, qu'est-ce qui ne va pas?; **no ~ what** quoiqu'il arrive; **that's another ~** c'est une autre affaire; **as a ~ of course** tout naturellement; **as a ~ of fact** en fait; **it's a ~ of habit** c'est une question d'habitude; ~-of-fact a terre à terre, neutre.
**matting** ['mætɪŋ] n natte f.
**mattress** ['mætrɪs] n matelas m.
**mature** [mə'tjuə*] a mûr(e); (cheese) fait(e) // vi mûrir; se faire; **maturity** n maturité f.
**maudlin** ['mɔːdlɪn] a larmoyant(e).
**maul** [mɔːl] vt lacérer.
**Mauritius** [mə'rɪʃəs] n l'île f Maurice.
**mausoleum** [mɔːsə'lɪəm] n mausolée m.
**mauve** [məuv] a mauve.
**mawkish** ['mɔːkɪʃ] a mièvre; fade.
**max.** abbr of **maximum**.
**maxim** ['mæksɪm] n maxime f.
**maxima** ['mæksɪmə] npl of **maximum**.
**maximum** ['mæksɪməm] a maximum // n (pl **maxima** ['mæksɪmə]) maximum m.
**May** [meɪ] n mai m.
**may** [meɪ] vi (conditional: **might**) (indicating possibility): **he ~ come** il se peut qu'il vienne; (be allowed to): ~ **I smoke?** puis-je fumer?; (wishes): ~ **God bless you!** (que) Dieu vous bénisse!; **he might be there** il pourrait bien y être, il se pourrait qu'il y soit; **I might as well go** je ferais aussi bien d'y aller, autant y

aller; **you might like to try** vous pourriez (peut-être) essayer.

**maybe** ['meɪbiː] ad peut-être; ~ **he'll...** peut-être qu'il... .

**mayday** ['meɪdeɪ] n S.O.S. m.

**May Day** ['meɪdeɪ] n le Premier mai.

**mayhem** ['meɪhɛm] n grabuge m.

**mayonnaise** [meɪə'neɪz] n mayonnaise f.

**mayor** [mɛə*] n maire m; ~**ess** n maire m; épouse f du maire.

**maypole** ['meɪpəʊl] n mât enrubanné (autour duquel on danse).

**maze** [meɪz] n labyrinthe m, dédale m.

**M.D.** abbr = Doctor of Medicine.

**me** [miː] pronoun me, m' + vowel; (stressed, after prep) moi.

**meadow** ['mɛdəʊ] n prairie f, pré m.

**meagre, meager** (US) ['miːgə*] a maigre.

**meal** [miːl] n repas m; (flour) farine f; ~**time** n l'heure f du repas; ~**y-mouthed** a mielleux(euse).

**mean** [miːn] a (with money) avare, radin(e); (unkind) mesquin(e), méchant(e); (average) moyen(ne) // vt (pt, pp **meant** [mɛnt]) (signify) signifier, vouloir dire; (intend): **to** ~ **to do** avoir l'intention de faire // n moyenne f; ~**s** npl moyens mpl; **by** ~**s of** par l'intermédiaire de; au moyen de; **by all** ~**s** je vous en prie; **to be meant for** être destiné(e) à; **what do you** ~? que voulez-vous dire?

**meander** [mɪ'ændə*] vi faire des méandres; (fig) flâner.

**meaning** ['miːnɪŋ] n signification f, sens m; ~**ful** a significatif(ive); ~**less** a dénué(e) de sens.

**meanness** ['miːnnɪs] n avarice f; mesquinerie f.

**meant** [mɛnt] pt, pp of **mean.**

**meantime** ['miːntaɪm] ad, **meanwhile** ['miːnwaɪl] ad (also: **in the** ~) pendant ce temps.

**measles** ['miːzlz] n rougeole f.

**measly** ['miːzlɪ] a (col) minable.

**measurable** ['mɛʒərəbl] a mesurable.

**measure** ['mɛʒə*] vt, vi mesurer // n mesure f; (ruler) règle (graduée); ~**d** a mesuré(e); ~**ments** npl mesures fpl; **chest/hip** ~**ment** tour m de poitrine/hanches.

**meat** [miːt] n viande f; ~ **pie** n pâté m en croûte; ~**y** a qui a le goût de la viande; (fig) substantiel(le).

**Mecca** ['mɛkə] n la Mecque.

**mechanic** [mɪ'kænɪk] n mécanicien m; ~**s** n mécanique f // npl mécanisme m; ~**al** a mécanique.

**mechanism** ['mɛkənɪzəm] n mécanisme m.

**mechanization** [mɛkənaɪ'zeɪʃən] n mécanisation f.

**medal** ['mɛdl] n médaille f; ~**lion** [mɪ'dælɪən] n médaillon m; ~**list, ~ist** (US) n (sport) médaillé/e.

**meddle** ['mɛdl] vi: **to** ~ **in** se mêler de, s'occuper de; **to** ~ **with** toucher à; ~**some** a indiscret(ète).

**media** ['miːdɪə] npl media mpl.

**mediaeval** [mɛdɪ'iːvl] a = **medieval.**

**mediate** ['miːdɪeɪt] vi s'interposer; servir d'intermédiaire; **mediation** [-'eɪʃən] n médiation f; **mediator** n médiateur/trice.

**medical** ['mɛdɪkl] a médical(e); ~ **student** n étudiant/e en médecine.

**medicated** ['mɛdɪkeɪtɪd] a traitant(e), médicamenteux(euse).

**medicinal** [mɛ'dɪsɪnl] a médicinal(e).

**medicine** ['mɛdsɪn] n médecine f; (drug) médicament m; ~ **chest** n pharmacie f (murale ou portative).

**medieval** [mɛdɪ'iːvl] a médiéval(e).

**mediocre** [miːdɪ'əʊkə*] a médiocre; **mediocrity** [-'ɔkrɪtɪ] n médiocrité f.

**meditate** ['mɛdɪteɪt] vi: **to** ~ (**on**) méditer (sur); **meditation** [-'teɪʃən] n méditation f.

**Mediterranean** [mɛdɪtə'reɪnɪən] a méditerranéen(ne); **the** ~ (**Sea**) la (mer) Méditerranée.

**medium** ['miːdɪəm] a moyen(ne) // n (pl **media**: means) moyen m; (pl **mediums**: person) médium m; **the happy** ~ le juste milieu.

**medley** ['mɛdlɪ] n mélange m.

**meek** [miːk] a doux(douce), humble.

**meet** [miːt], pt,pp **met** [miːt, mɛt] vt rencontrer; (by arrangement) retrouver, rejoindre; (for the first time) faire la connaissance de; (go and fetch): **I'll** ~ **you at the station** j'irai te chercher à la gare; (fig) faire face à; satisfaire à; se joindre à // vi se rencontrer; se retrouver; (in session) se réunir; (join: objects) se joindre; **to** ~ **with** vt fus rencontrer; ~**ing** n rencontre f; (session: of club etc) réunion f; (interview) entrevue f; **she's at a** ~**ing** (COMM) elle est en conférence.

**megaphone** ['mɛgəfəʊn] n porte-voix m inv.

**melancholy** ['mɛlənkəlɪ] n mélancolie f // a mélancolique.

**mellow** ['mɛləʊ] a velouté(e); doux(douce); (colour) riche et profond(e); (fruit) mûr(e) // vi (person) s'adoucir.

**melodious** [mɪ'ləʊdɪəs] a mélodieux(euse).

**melodrama** ['mɛləʊdrɑːmə] n mélodrame m.

**melody** ['mɛlədɪ] n mélodie f.

**melon** ['mɛlən] n melon m.

**melt** [mɛlt] vi fondre; (become soft) s'amollir; (fig) s'attendrir // vt faire fondre; (person) attendrir; **to** ~ **away** vi fondre complètement; **to** ~ **down** vt fondre; ~**ing point** n point m de fusion; ~**ing pot** n (fig) creuset m.

**member** ['mɛmbə*] n membre m; ~ **country/state** n pays m/état m member; **M**— **of Parliament** (**M.P.**) député m; ~**ship** n adhésion f; statut m de membre; (nombre m de) membres mpl, adhérents mpl.

**membrane** ['mɛmbreɪn] n membrane f.

**memento** [mə'mɛntəʊ] n souvenir m.

**memo** ['mɛməʊ] n note f (de service).

**memoir** ['mɛmwɑː*] n mémoire m, étude f; ~**s** npl mémoires.

**memorable** ['mɛmərəbl] a mémorable.

**memorandum** [mɛmə'rændəm], pl **memoranda** [mɛmə'rændəm, -də] n note f (de service); (DIPLOMACY) mémorandum m.

**memorial** [mɪ'mɔːrɪəl] *n* mémorial *m* // *a* commémoratif(ive).

**memorize** ['mɛmərаɪz] *vt* apprendre *or* retenir par cœur.

**memory** ['mɛmərɪ] *n* mémoire *f*; (*recollection*) souvenir *m*; **in ~ of** à la mémoire de.

**men** [mɛn] *npl of* **man**.

**menace** ['mɛnəs] *n* menace *f* // *vt* menacer; **menacing** *a* menaçant(e).

**menagerie** [mɪ'nædʒərɪ] *n* ménagerie *f*.

**mend** [mɛnd] *vt* réparer; (*darn*) raccommoder, repriser // *n* reprise *f*; **on the ~** en voie de guérison; **~ing** *n* raccommodages *mpl*.

**menial** ['miːnɪəl] *a* de domestique, inférieur(e); subalterne.

**meningitis** [mɛnɪn'dʒаɪtɪs] *n* méningite *f*.

**menopause** ['mɛnəupɔːz] *n* ménopause *f*.

**menservants** *npl of* **manservant**.

**menstruate** ['mɛnstrueɪt] *vi* avoir ses règles; **menstruation** [-'eɪʃən] *n* menstruation *f*.

**mental** ['mɛntl] *a* mental(e).

**mentality** [mɛn'tælɪtɪ] *n* mentalité *f*.

**mention** ['mɛnʃən] *n* mention *f* // *vt* mentionner, faire mention de; **don't ~ it!** je vous en prie, il n'y a pas de quoi!

**menu** ['mɛnjuː] *n* (*set ~*) menu *m*; (*printed*) carte *f*.

**mercantile** ['məːkəntaɪl] *a* marchand(e); (*law*) commercial(e).

**mercenary** ['məːsɪnərɪ] *a* mercantile // *n* mercenaire *m*.

**merchandise** ['məːtʃəndаɪz] *n* marchandises *fpl*.

**merchant** ['məːtʃənt] *n* négociant *m*, marchand *m*; **timber/wine ~** négociant en bois/vins, marchand de bois/vins; **~ bank** *n* banque *f* d'affaires; **~ navy** *n* marine marchande.

**merciful** ['məːsɪful] *a* miséricordieux(euse), clément(e).

**merciless** ['məːsɪlɪs] *a* impitoyable, sans pitié.

**mercurial** [məː'kjuərɪəl] *a* changeant(e); (*lively*) vif(vive).

**mercury** ['məːkjurɪ] *n* mercure *m*.

**mercy** ['məːsɪ] *n* pitié *f*, merci *f*; (*REL*) miséricorde *f*; **to have ~ on sb** avoir pitié de qn; **at the ~ of** à la merci de.

**mere** [mɪə*] *a* simple; **~ly** *ad* simplement, purement.

**merge** [məːdʒ] *vt* unir // *vi* se fondre; (*COMM*) fusionner; **~r** *n* (*COMM*) fusion *f*.

**meridian** [mə'rɪdɪən] *n* méridien *m*.

**meringue** [mə'ræŋ] *n* meringue *f*.

**merit** ['mɛrɪt] *n* mérite *m*, valeur *f* // *vt* mériter.

**mermaid** ['məːmeɪd] *n* sirène *f*.

**merrily** ['mɛrɪlɪ] *ad* joyeusement, gaiement.

**merriment** ['mɛrɪmənt] *n* gaieté *f*.

**merry** ['mɛrɪ] *a* gai(e); **~-go-round** *n* manège *m*.

**mesh** [mɛʃ] *n* maille *f*; filet *m* // *vi* (*gears*) s'engrener.

**mesmerize** ['mɛzmərаɪz] *vt* hypnotiser; fasciner.

**mess** [mɛs] *n* désordre *m*, fouillis *m*, pagaille *f*; (*MIL*) mess *m*, cantine *f*; **to ~**

**about** *vi* (*col*) perdre son temps; **to ~ about with** *vt fus* (*col*) chambarder, tripoter; **to ~ up** *vt* salir; chambarder; gâcher.

**message** ['mɛsɪdʒ] *n* message *m*.

**messenger** ['mɛsɪndʒə*] *n* messager *m*.

**messy** ['mɛsɪ] *a* sale; en désordre.

**met** [mɛt] *pt*, *pp* of **meet**.

**metabolism** [mɛ'tæbəlɪzəm] *n* métabolisme *m*.

**metal** ['mɛtl] *n* métal *m* // *vt* empierrer; **~lic** [-'tælɪk] *a* métallique; **~lurgy** [-'tælədʒɪ] *n* métallurgie *f*.

**metamorphosis**, *pl* **phoses** [mɛtə'mɔːfəsɪs, -iːz] *n* métamorphose *f*.

**metaphor** ['mɛtəfə*] *n* métaphore *f*.

**metaphysics** [mɛtə'fɪzɪks] *n* métaphysique *f*.

**mete** [miːt]: **to ~ out** *vt fus* infliger.

**meteor** ['miːtɪə*] *n* météore *m*.

**meteorological** [miːtɪərə'lɔdʒɪkl] *a* météorologique.

**meteorology** [miːtɪə'rɔlədʒɪ] *n* météorologie *f*.

**meter** ['miːtə*] *n* (*instrument*) compteur *m*; (*US*) = **metre**.

**method** ['mɛθəd] *n* méthode *f*; **~ical** [mɪ'θɔdɪkl] *a* méthodique.

**Methodist** ['mɛθədɪst] *a,n* méthodiste (*m/f*).

**methylated spirit** ['mɛθɪleɪtɪd'spɪrɪt] *n* (*also: ~ meths*) alcool *m* à brûler.

**meticulous** [mɛ'tɪkjuləs] *a* méticuleux(euse).

**metre, meter** (*US*) ['miːtə*] *n* mètre *m*.

**metric** ['mɛtrɪk] *a* métrique; **~al** *a* métrique; **~ation** [-'keɪʃən] *n* conversion *f* au système métrique.

**metronome** ['mɛtrənəum] *n* métronome *m*.

**metropolis** [mɪ'trɔpəlɪs] *n* métropole *f*.

**mettle** ['mɛtl] *n* courage *m*.

**mew** [mjuː] *vi* (*cat*) miauler.

**mews** [mjuːz] *n*: **~ cottage** *maisonnette aménagée dans les anciennes écuries d'un hôtel particulier.*

**Mexican** ['mɛksɪkən] *a* mexicain(e) // *n* Mexicain/e.

**Mexico** ['mɛksɪkəu] *n* Mexique *m*; **~ City** Mexico.

**mezzanine** ['mɛtsəniːn] *n* mezzanine *f*; (*of shops, offices*) entresol *m*.

**miaow** [miː'au] *vi* miauler.

**mice** [maɪs] *npl of* **mouse**.

**microbe** ['maɪkrəub] *n* microbe *m*.

**microfilm** ['maɪkrəufɪlm] *n* microfilm *m* // *vt* microfilmer.

**microphone** ['maɪkrəfəun] *n* microphone *m*.

**microscope** ['maɪkrəskəup] *n* microscope *m*; **microscopic** [-'skɔpɪk] *a* microscopique.

**mid** [mɪd] *a*: **~ May** la mi-mai; **~ afternoon** le milieu de l'après-midi; **in ~ air** en plein ciel; **~day** midi *m*.

**middle** ['mɪdl] *n* milieu *m*; (*waist*) ceinture *f*, taille *f* // *a* du milieu; **~-aged** *a* d'un certain âge; **the M~ Ages** *npl* le moyen âge; **~-class** *a* ≈ bourgeois(e); **the ~ class(es)** ≈ les classes moyennes; **M~ East** *n* Proche-Orient *m*, Moyen-Orient *m*;

~**man** n intermédiaire m; ~ **name** n deuxième nom m.

**middling** ['mɪdlɪŋ] a moyen(ne).

**midge** [mɪdʒ] n moucheron m.

**midget** ['mɪdʒɪt] n nain/e // a minuscule.

**Midlands** ['mɪdləndz] npl comtés du centre de l'Angleterre.

**midnight** ['mɪdnaɪt] n minuit m.

**midriff** ['mɪdrɪf] n estomac m, taille f.

**midst** [mɪdst] n: **in the** ~ **of** au milieu de.

**midsummer** [mɪd'sʌmə*] n milieu m de l'été.

**midway** [mɪd'weɪ] a, ad: ~ **(between)** à mi-chemin (entre).

**midweek** [mɪd'wi:k] n milieu m de la semaine.

**midwife, midwives** ['mɪdwaɪf, -vz] n sage-femme f; ~**ry** [-wɪfərɪ] n obstétrique f.

**midwinter** [mɪd'wɪntə*] n milieu m de l'hiver.

**might** [maɪt] vb see **may** // n puissance f, force f; ~**y** a puissant(e) // ad (col) rudement.

**migraine** ['mi:greɪn] n migraine f.

**migrant** ['maɪgrənt] n (bird, animal) migrateur m; (person) migrant/e; nomade m/f // a migrateur(trice); migrant(e); nomade; (worker) saisonnier(ère).

**migrate** [maɪ'greɪt] vi émigrer; **migration** [-'greɪʃən] n migration f.

**mike** [maɪk] n (abbr of **microphone**) micro m.

**mild** [maɪld] a doux(douce); (reproach) léger(ère); (illness) bénin(bénigne) // n bière légère.

**mildew** ['mɪldju:] n mildiou m.

**mildly** ['maɪldlɪ] ad doucement; légèrement.

**mildness** ['maɪldnɪs] n douceur f.

**mile** [maɪl] n mil(l)e m (= 1609 m); ~**age** n distance f en milles, ≈ kilométrage m; ~**ometer** n = **milometer**; ~**stone** n borne f; (fig) jalon m.

**milieu** ['mi:ljə:] n milieu m.

**militant** ['mɪlɪtnt] a,n militant(e).

**military** ['mɪlɪtərɪ] a militaire // n: **the** ~ l'armée f, les militaires mpl.

**militate** ['mɪlɪteɪt] vi: **to** ~ **against** militer contre.

**militia** [mɪ'lɪʃə] n milice f.

**milk** [mɪlk] n lait m // vt (cow) traire ; (fig) dépouiller, plumer; ~ **chocolate** n chocolat m au lait ; ~**ing** n traite f; ~**man** n laitier m; ~ **shake** n milk-shake m; ~**y** a lacté(e); (colour) laiteux(euse); **M**~**y Way** n Voie lactée.

**mill** [mɪl] n moulin m; (factory) usine f, fabrique f; (spinning ~) filature f; (flour ~) minoterie f // vt moudre, broyer // vi (also: ~ **about**) grouiller.

**millennium, pl** ~**s** or **millennia** [mɪ'lenɪəm, -'lenɪə] n millénaire m.

**miller** ['mɪlə*] n meunier m.

**millet** ['mɪlɪt] n millet m.

**milli...** ['mɪlɪ] prefix: ~**gram(me)** n milligramme m; ~**litre** n millilitre m; ~**metre** n millimètre m.

**milliner** ['mɪlɪnə*] n modiste f; ~**y** n modes fpl.

**million** ['mɪljən] n million m; ~**aire** n millionnaire m.

**millstone** ['mɪlstəun] n meule f.

**millwheel** ['mɪlwi:l] n roue f de moulin.

**milometer** [maɪ'lɒmɪtə*] n ≈ compteur m kilométrique.

**mime** [maɪm] n mime m // vt, vi mimer.

**mimic** ['mɪmɪk] n imitateur/trice // vt, vi imiter, contrefaire; ~**ry** n imitation f; (ZOOL) mimétisme m.

**min.** abbr of **minute(s), minimum**.

**minaret** [mɪnə'ret] n minaret m.

**mince** [mɪns] vt hacher // vi (in walking) marcher à petits pas maniérés // n (CULIN) viande hachée, hachis m; **he does not** ~ **(his) words** il ne mâche pas ses mots ; ~**meat** n hachis de fruits secs utilisés en pâtisserie; ~ **pie** n sorte de tarte aux fruits secs ; ~**r** n hachoir m.

**mincing** ['mɪnsɪŋ] a affecté(e).

**mind** [maɪnd] n esprit m // vt (attend to, look after) s'occuper de ; (be careful) faire attention à ; (object to): **I don't** ~ **the noise** je ne crains pas le bruit, le bruit ne me dérange pas ; **do you** ~ **if ...?** est-ce que cela vous gêne si ...? ; **I don't** ~ cela ne me dérange pas ; **it is on my** ~ cela me préoccupe; **to my** ~ à mon avis or sens ; **to be out of one's** ~ ne plus avoir toute sa raison ; **never** ~ peu importe, ça ne fait rien ; **to keep sth in** ~ ne pas oublier qch ; **to bear sth in** ~ tenir compte de qch ; **to make up one's** ~ se décider ; '~ **the step'** 'attention à la marche'; **to have in** ~ to do avoir l'intention de faire ; ~**ful** a: ~**ful of** attentif(ive) à, soucieux(euse) de ; ~**less** a irréfléchi(e).

**mine** [maɪn] pronoun le(la) mien(ne), pl les miens(miennes) // a: **this book is** ~ ce livre est à moi // n mine f // vt (coal) extraire; (ship, beach) miner ; ~ **detector** n détecteur m de mines; ~**field** n champ m de mines; ~**r** n mineur m.

**mineral** ['mɪnərəl] a minéral(e) // n minéral m; ~**s** npl (soft drinks) boissons gazeuses (sucrées); ~**ogy** [-'rælədʒɪ] n minéralogie f; ~ **water** n eau minérale.

**minesweeper** ['maɪnswi:pə*] n dragueur m de mines.

**mingle** ['mɪŋgl] vt mêler, mélanger // vi: **to** ~ **with** se mêler à.

**mingy** ['mɪndʒɪ] a (col) radin(e).

**miniature** ['mɪnətʃə*] a (en) miniature // n miniature f.

**minibus** ['mɪnɪbʌs] n minibus m.

**minicab** ['mɪnɪkæb] n minitaxi m.

**minim** ['mɪnɪm] n (MUS) blanche f.

**minima** ['mɪnɪmə] npl of **minimum**.

**minimal** ['mɪnɪml] a minimal(e).

**minimize** ['mɪnɪmaɪz] vt minimiser.

**minimum** ['mɪnɪməm] n (pl: **minima** ['mɪnɪmə]) minimum m // a minimum.

**mining** ['maɪnɪŋ] n exploitation minière // a minier(ère); de mineurs.

**minion** ['mɪnjən] n (pej) laquais m; favori/te.

**miniskirt** ['mɪnɪskə:t] n mini-jupe f.

**minister** ['mɪnɪstə*] n (POL) ministre m; (REL) pasteur m; ~**ial** [-'tɪərɪəl] a (POL) ministériel(le).

**ministry** ['mɪnɪstrɪ] n ministère m; (REL): **to go into the ~** devenir pasteur.

**mink** [mɪŋk] n vison m; **~ coat** n manteau m de vison.

**minnow** ['mɪnəu] n vairon m.

**minor** ['maɪnə*] a petit(e), de peu d'importance; (MUS) mineur(e) // n (LAW) mineur/e.

**minority** [maɪ'nɔrɪtɪ] n minorité f.

**minster** ['mɪnstə*] n église abbatiale.

**minstrel** ['mɪnstrəl] n trouvère m, ménestrel m.

**mint** [mɪnt] n (plant) menthe f; (sweet) bonbon m à la menthe // vt (coins) battre; **the (Royal) M~** ≈ l'hôtel m de la Monnaie; **in ~ condition** à l'état de neuf; **~ sauce** n sauce f à la menthe.

**minuet** [mɪnju'ɛt] n menuet m.

**minus** ['maɪnəs] n (also: **~ sign**) signe m moins // prep moins.

**minute** a [maɪ'nju:t] minuscule; (detail) minutieux(euse) // ['mɪnɪt] minute f; (official record) procès-verbal m, compte rendu; **~s** npl procès-verbal.

**miracle** ['mɪrəkl] n miracle m; **miraculous** [mɪ'rækjuləs] a miraculeux(euse).

**mirage** ['mɪrɑːʒ] n mirage m.

**mirror** ['mɪrə*] n miroir m, glace f // vt refléter.

**mirth** [mə:θ] n gaieté f.

**misadventure** [mɪsəd'vɛntʃə*] n mésaventure f; **death by ~** décès accidentel.

**misanthropist** [mɪ'zænθrəpɪst] n misanthrope m/f.

**misapprehension** ['mɪsæprɪ'hɛnʃən] n malentendu m, méprise f.

**misappropriate** [mɪsə'prəuprɪeɪt] vt détourner.

**misbehave** [mɪsbɪ'heɪv] vi se conduire mal; **misbehaviour** n mauvaise conduite.

**miscalculate** [mɪs'kælkjuleɪt] vt mal calculer; **miscalculation** [-'leɪʃən] n erreur f de calcul.

**miscarriage** [mɪs'kærɪdʒ] n (MED) fausse couche; **~ of justice** erreur f judiciaire.

**miscellaneous** [mɪsɪ'leɪnɪəs] a (items) divers(es); (selection) varié(e).

**miscellany** [mɪ'sɛlənɪ] n recueil m.

**mischance** [mɪs'tʃɑːns] n malchance f.

**mischief** ['mɪstʃɪf] n (naughtiness) sottises fpl; (harm) mal m, dommage m; (maliciousness) méchanceté f; **mischievous** a (naughty) coquin(e), espiègle; (harmful) méchant(e).

**misconception** ['mɪskən'sɛpʃən] n idée fausse.

**misconduct** [mɪs'kɔndʌkt] n inconduite f; **professional ~** faute professionnelle.

**misconstrue** [mɪskən'stru:] vt mal interpréter.

**miscount** [mɪs'kaunt] vt,vi mal compter.

**misdemeanour, misdemeanor** (US) [mɪsdɪ'mi:nə*] n écart m de conduite; infraction f.

**misdirect** [mɪsdɪ'rɛkt] vt (person) mal renseigner; (letter) mal adresser.

**miser** ['maɪzə*] n avare m/f.

**miserable** ['mɪzərəbl] a malheureux(euse); (wretched) misérable.

**miserly** ['maɪzəlɪ] a avare.

**misery** ['mɪzərɪ] n (unhappiness) tristesse f; (pain) souffrances fpl; (wretchedness) misère f.

**misfire** [mɪs'faɪə*] vi rater; (car engine) avoir des ratés.

**misfit** ['mɪsfɪt] n (person) inadapté/e.

**misfortune** [mɪs'fɔ:tʃən] n malchance f, malheur m.

**misgiving(s)** [mɪs'gɪvɪŋ(z)] n(pl) craintes fpl, soupçons mpl.

**misguided** [mɪs'gaɪdɪd] a malavisé(e).

**mishandle** [mɪs'hændl] vt (treat roughly) malmener; (mismanage) mal s'y prendre pour faire or résoudre etc.

**mishap** ['mɪshæp] n mésaventure f.

**mishear** [mɪs'hɪə*] vt irg mal entendre.

**misinform** [mɪsɪn'fɔ:m] vt mal renseigner.

**misinterpret** [mɪsɪn'tə:prɪt] vt mal interpréter; **~ation** [-'teɪʃən] n interprétation erronée, contresens m.

**misjudge** [mɪs'dʒʌdʒ] vt méjuger, se méprendre sur le compte de.

**mislay** [mɪs'leɪ] vt irg égarer.

**mislead** [mɪs'li:d] vt irg induire en erreur; **~ing** a trompeur(euse).

**mismanage** [mɪs'mænɪdʒ] vt mal gérer; mal s'y prendre pour faire or résoudre etc; **~ment** n mauvaise gestion.

**misnomer** [mɪs'nəumə*] n terme or qualificatif trompeur or peu approprié.

**misogynist** [mɪ'sɔdʒɪnɪst] n misogyne m/f.

**misplace** [mɪs'pleɪs] vt égarer.

**misprint** ['mɪsprɪnt] n faute f d'impression.

**mispronounce** [mɪsprə'nauns] vt mal prononcer.

**misread** [mɪs'ri:d] vt irg mal lire.

**misrepresent** [mɪsrɛprɪ'zɛnt] vt présenter sous un faux jour.

**miss** [mɪs] vt (fail to get) manquer, rater; (regret the absence of): **I ~ him/it** il/cela me manque // vi manquer // n (shot) coup manqué; (fig): **that was a near ~** il s'en est fallu de peu; **to ~ out** vt oublier.

**Miss** [mɪs] n Mademoiselle.

**missal** ['mɪsl] n missel m.

**misshapen** [mɪs'ʃeɪpən] a difforme.

**missile** ['mɪsaɪl] n (AVIAT) missile m; (object thrown) projectile m.

**missing** ['mɪsɪŋ] a manquant(e); (after escape, disaster: person) disparu(e); **to go ~** disparaître.

**mission** ['mɪʃən] n mission f; **~ary** n missionnaire m/f.

**missive** ['mɪsɪv] n missive f.

**misspent** ['mɪs'spɛnt] a: **his ~ youth** sa folle jeunesse.

**mist** [mɪst] n brume f, brouillard m // vi (also: **~ over**, **~ up**) devenir brumeux(euse); (windows) s'embuer.

**mistake** [mɪs'teɪk] n erreur f, faute f // vt (irg: like take) mal comprendre; se méprendre sur; **to make a ~** se tromper, faire une erreur; **to ~ for** prendre pour; **~n** a (idea etc) erroné(e); **to be ~n** faire erreur, se tromper; **~n identity** n erreur f d'identité.

**mister** ['mɪstə*] n (col) Monsieur m; see **Mr**.

**mistletoe** ['mɪsltəʊ] *n* gui *m*.

**mistook** [mɪs'tʊk] *pt of* **mistake**.

**mistranslation** [mɪstræns'leɪʃən] *n* erreur *f* de traduction, contresens *m*.

**mistreat** [mɪs'triːt] *vt* maltraiter.

**mistress** ['mɪstrɪs] *n* (*also: lover*) maîtresse *f*; (*in primary school*) institutrice *f*; *see* **Mrs**.

**mistrust** [mɪs'trʌst] *vt* se méfier de.

**misty** ['mɪstɪ] *a* brumeux(euse).

**misunderstand** [mɪsʌndə'stænd] *vt, vi irg* mal comprendre; **~ing** *n* méprise *f*, malentendu *m*.

**misuse** *n* [mɪs'juːs] mauvais emploi; (*of power*) abus *m* // *vt* [mɪs'juːz] mal employer; abuser de.

**mitigate** ['mɪtɪgeɪt] *vt* atténuer.

**mitre, miter** (*US*) ['maɪtə*] *n* mitre *f*; (*CARPENTRY*) onglet *m*.

**mitt(en)** ['mɪt(n)] *n* mitaine *f*; moufle *f*.

**mix** [mɪks] *vt* mélanger // *vi* se mélanger // *n* mélange *m*; dosage *m*; **to ~ up** *vt* mélanger; (*confuse*) confondre; **~ed** *a* (*assorted*) assorti(es); (*school etc*) mixte; **~ed grill** *n* assortiment *m* de grillades; **~ed-up** *a* (*confused*) désorienté(e), embrouillé(e); **~er** *n* (*for food*) batteur *m*, mixeur *m*; (*person*): **he is a good ~er** il est très liant; **~ture** *n* assortiment *m*, mélange *m*; (*MED*) préparation *f*; **~-up** *n* confusion *f*.

**moan** [məʊn] *n* gémissement *m* // *vi* gémir; (*col: complain*): **to ~ (about)** se plaindre (de); **~ing** *n* gémissements *mpl*.

**moat** [məʊt] *n* fossé *m*, douves *fpl*.

**mob** [mɔb] *n* foule *f*; (*disorderly*) cohue *f*; (*pej*): **the ~** la populace // *vt* assaillir.

**mobile** ['məʊbaɪl] *a* mobile // *n* mobile *m*; **~ home** *n* caravane *f*.

**mobility** [məʊ'bɪlɪtɪ] *n* mobilité *f*.

**moccasin** ['mɔkəsɪn] *n* mocassin *m*.

**mock** [mɔk] *vt* ridiculiser, se moquer de // *a* faux(fausse); **~ery** *n* moquerie *f*, raillerie *f*; **~ing** *a* moqueur(euse); **~ingbird** *n* moqueur *m*; **~-up** *n* maquette *f*.

**mod** [mɔd] *a see* **convenience**.

**mode** [məʊd] *n* mode *m*.

**model** ['mɔdl] *n* modèle *m*; (*person: for fashion*) mannequin *m*; (: *for artist*) modèle // *vt* modeler // *vi* travailler comme mannequin // *a* (*railway: toy*) modèle réduit *inv*; (*child, factory*) modèle; **to ~ clothes** présenter des vêtements; **~ler**, **~er** (*US*) *n* modeleur *m*; (: *maker*) maquettiste *m/f*; fabricant *m* de modèles réduits.

**moderate** *a,n* ['mɔdərət] *a* modéré(e) // *n* (*POL*) modéré/e // *vb* ['mɔdəreɪt] *vi* se modérer, se calmer // *vt* modérer; **moderation** [-'reɪʃən] *n* modération *f*, mesure *f*; **in moderation** à dose raisonnable, pris(e) *or* pratiqué(e) modérément.

**modern** ['mɔdən] *a* moderne; **~ize** *vt* moderniser.

**modest** ['mɔdɪst] *a* modeste; **~y** *n* modestie *f*.

**modicum** ['mɔdɪkəm] *n*: **a ~ of** un minimum de.

**modification** [mɔdɪfɪ'keɪʃən] *n* modification *f*.

**modify** ['mɔdɪfaɪ] *vt* modifier.

**modulation** [mɔdju'leɪʃən] *n* modulation *f*.

**module** ['mɔdjuːl] *n* module *m*.

**mohair** ['məʊhɛə*] *n* mohair *m*.

**moist** [mɔɪst] *a* humide, moite; **~en** ['mɔɪsn] *vt* humecter, mouiller légèrement; **~ure** ['mɔɪstʃə*] *n* humidité *f*; (*on glass*) buée *f*; **~urizer** ['mɔɪstʃəraɪzə*] *n* produit hydratant.

**molar** ['məʊlə*] *n* molaire *f*.

**molasses** [məʊ'læsɪz] *n* mélasse *f*.

**mold** [məʊld] *n, vt* (*US*) = **mould**.

**mole** [məʊl] *n* (*animal*) taupe *f*; (*spot*) grain *m* de beauté.

**molecule** ['mɔlɪkjuːl] *n* molécule *f*.

**molehill** ['məʊlhɪl] *n* taupinière *f*.

**molest** [məʊ'lɛst] *vt* tracasser; molester.

**mollusc** ['mɔləsk] *n* mollusque *m*.

**mollycoddle** ['mɔlɪkɔdl] *vt* chouchouter, couver.

**molt** [məʊlt] *vi* (*US*) = **moult**.

**molten** ['məʊltən] *a* fondu(e).

**moment** ['məʊmənt] *n* moment *m*, instant *m*; importance *f*; **~ary** *a* momentané(e), passager(ère); **~ous** [-'mɛntəs] *a* important(e), capital(e).

**momentum** [məʊ'mɛntəm] *n* élan *m*, vitesse acquise; **to gather ~** prendre de la vitesse.

**monarch** ['mɔnək] *n* monarque *m*; **~ist** *n* monarchiste *m/f*; **~y** *n* monarchie *f*.

**monastery** ['mɔnəstərɪ] *n* monastère *m*.

**monastic** [mə'næstɪk] *a* monastique.

**Monday** ['mʌndɪ] *n* lundi *m*.

**monetary** ['mʌnɪtərɪ] *a* monétaire.

**money** ['mʌnɪ] *n* argent *m*; **to make ~** gagner de l'argent; faire des bénéfices; rapporter; **danger ~** prime *f* de risque; **~ed** *a* riche; **~lender** *n* prêteur/euse; **~ order** *n* mandat *m*.

**mongol** ['mɔngəl] *a,n* (*MED*) mongolien(ne).

**mongoose** ['mɔnguːs] *n* mangouste *f*.

**mongrel** ['mʌngrəl] *n* (*dog*) bâtard *m*.

**monitor** ['mɔnɪtə*] *n* (*SCOL*) chef *m* de classe; (*also: television ~*) moniteur *m* // *vt* contrôler.

**monk** [mʌŋk] *n* moine *m*.

**monkey** ['mʌŋkɪ] *n* singe *m*; **~ nut** *n* cacahuète *f*; **~ wrench** *n* clé *f* à molette.

**mono...** ['mɔnəʊ] *prefix*: **~chrome** *a* monochrome.

**monocle** ['mɔnəkl] *n* monocle *m*.

**monogram** ['mɔnəgræm] *n* monogramme *m*.

**monologue** ['mɔnəlɔg] *n* monologue *m*.

**monopolize** [mə'nɔpəlaɪz] *vt* monopoliser.

**monopoly** [mə'nɔpəlɪ] *n* monopole *m*.

**monorail** ['mɔnəʊreɪl] *n* monorail *m*.

**monosyllabic** [mɔnəʊsɪ'læbɪk] *a* monosyllabique; (*person*) laconique.

**monotone** ['mɔnətəʊn] *n* ton *m* (*or* voix *f*) monocorde.

**monotonous** [mə'nɔtənəs] *a* monotone.

**monotony** [mə'nɔtənɪ] *n* monotonie *f*.

**monsoon** [mɔn'suːn] *n* mousson *f*.

**monster** ['mɔnstə*] *n* monstre *m*.

**monstrosity** [mɔns'trɔsɪtɪ] n monstruosité f, atrocité f.

**monstrous** ['mɔnstrəs] a (huge) gigantesque; (atrocious) monstrueux(euse), atroce.

**montage** [mɔn'tɑːʒ] n montage m.

**month** [mʌnθ] n mois m; ~ly a mensuel(le) // ad mensuellement // n (magazine) mensuel m, publication mensuelle.

**monument** ['mɔnjumənt] n monument m; ~al [-'mentl] a monumental(e); ~al mason n marbrier m.

**moo** [muː] vi meugler, beugler.

**mood** [muːd] n humeur f, disposition f; to be in a good/bad ~ être de bonne/mauvaise humeur; to be in the ~ for être d'humeur à, avoir envie de; ~y a (variable) d'humeur changeante, lunatique; (sullen) morose, maussade.

**moon** [muːn] n lune f; ~beam n rayon m de lune; ~light n clair m de lune; ~lit a éclairé(e) par la lune.

**moor** [muə*] n lande f // vt (ship) amarrer // vi mouiller.

**Moor** [muə*] n Maure/Mauresque.

**moorings** ['muərɪŋz] npl (chains) amarres fpl; (place) mouillage m.

**Moorish** ['muərɪʃ] a maure (mauresque).

**moorland** ['muələnd] n lande f.

**moose** [muːs] n, pl inv élan m.

**moot** [muːt] vt soulever // a: ~ point point m discutable.

**mop** [mɔp] n balai m à laver // vt éponger, essuyer; to ~ up vt éponger; ~ of hair n tignasse f.

**mope** [məup] vi avoir le cafard, se morfondre.

**moped** ['məupɛd] n (Brit) cyclomoteur m.

**moquette** [mɔ'kɛt] n moquette f.

**moral** ['mɔrl] a moral(e) // n morale f; ~s npl moralité f.

**morale** [mɔ'rɑːl] n moral m.

**morality** [mə'rælɪtɪ] n moralité f.

**morally** ['mɔrəlɪ] ad moralement.

**morass** [mə'ræs] n marais m, marécage m.

**morbid** ['mɔːbɪd] a morbide.

**more** [mɔː*] det plus de, davantage de // ad plus; ~ people plus de gens; I want ~ j'en veux plus or davantage; ~ dangerous than plus dangereux que; ~ or less plus ou moins; ~ than ever plus que jamais.

**moreover** [mɔː'rəuvə*] ad de plus.

**morgue** [mɔːg] n morgue f.

**moribund** ['mɔrɪbʌnd] a moribond(e).

**morning** ['mɔːnɪŋ] n matin m; matinée f; in the ~ le matin; 7 o'clock in the ~ 7 heures du matin; ~ sickness n nausées matinales.

**Moroccan** [mə'rɔkən] a marocain(e) // n Marocain/e.

**Morocco** [mə'rɔkəu] n Maroc m.

**moron** ['mɔːrɔn] n idiot/e, minus m/f; ~ic [mə'rɔnɪk] a idiot/e, imbécile.

**morose** [mə'rəus] a morose, maussade.

**morphine** ['mɔːfiːn] n morphine f.

**Morse** [mɔːs] n (also: ~ code) morse m.

**morsel** ['mɔːsl] n bouchée f.

**mortal** ['mɔːtl] a, n mortel(le); ~ity [-'tælɪtɪ] n mortalité f.

**mortar** ['mɔːtə*] n mortier m.

**mortgage** ['mɔːgɪdʒ] n hypothèque f; (loan) prêt m (or crédit m) hypothécaire // vt hypothéquer.

**mortified** ['mɔːtɪfaɪd] a mortifié(e).

**mortuary** ['mɔːtjuərɪ] n morgue f.

**mosaic** [məu'zeɪɪk] n mosaïque f.

**Moscow** ['mɔskəu] n Moscou.

**Moslem** ['mɔzləm] a, n = **Muslim**.

**mosque** [mɔsk] n mosquée f.

**mosquito, ~es** [mɔs'kiːtəu] n moustique m; ~ net n moustiquaire f.

**moss** [mɔs] n mousse f; ~y a moussu(e).

**most** [məust] det la plupart de; le plus de // pronoun la plupart // ad le plus; (very) très, extrêmement; the ~ (also: + adjective) le plus; ~ fish la plupart des poissons; ~ of la plus grande partie de; I saw ~ j'en ai vu la plupart; c'est moi qui en ai vu le plus; at the (very) ~ au plus; to make the ~ of profiter au maximum de; ~ly ad surtout, principalement.

**MOT** n (abbr of Ministry of Transport): the ~ (test) la visite technique (annuelle) obligatoire des véhicules à moteur.

**motel** [məu'tɛl] n motel m.

**moth** [mɔθ] n papillon m de nuit; mite f; ~ball n boule f de naphtaline; ~-eaten a mité(e).

**mother** ['mʌðə*] n mère f // vt (care for) dorloter; ~hood n maternité f; ~-in-law n belle-mère f; ~ly a maternel(le); ~-of-pearl n nacre f; ~-to-be n future maman; ~ tongue n langue maternelle.

**mothproof** ['mɔθpruːf] a traité(e) à l'antimite.

**motif** [məu'tiːf] n motif m.

**motion** ['məuʃən] n mouvement m; (gesture) geste m; (at meeting) motion f // vt, vi: to ~ (to) sb to do faire signe à qn de faire; ~less a immobile, sans mouvement; ~ picture n film m.

**motivated** ['məutɪveɪtɪd] a motivé(e).

**motivation** [məutɪ'veɪʃən] n motivation f.

**motive** ['məutɪv] n motif m, mobile m // a moteur(trice).

**motley** ['mɔtlɪ] a hétéroclite; bigarré(e), bariolé(e).

**motor** ['məutə*] n moteur m; (col: vehicle) auto f // a moteur(trice); ~bike n moto f; ~boat n bateau m à moteur; ~car n automobile f; ~cycle n vélomoteur m; ~cyclist n motocycliste m/f; ~ing n tourisme m automobile // a: ~ing accident n accident m de voiture; ~ing holiday n vacances fpl en voiture; ~ist n automobiliste m/f; ~ oil n huile f de graissage; ~ racing n course f automobile; ~ scooter n scooter m; ~ vehicle n véhicule m automobile; ~way n (Brit) autoroute f.

**mottled** ['mɔtld] a tacheté(e), marbré(e).

**motto, ~es** ['mɔtəu] n devise f.

**mould, mold** (US) [məuld] n moule m; (mildew) moisissure f // vt mouler, modeler; (fig) façonner; ~er vi (decay) moisir; ~ing n (in plaster) moulage m, moulure f; (*in wood*) moulure; ~y a moisi(e).

**moult, molt** (*US*) [məult] *vi* muer.

**mound** [maund] *n* monticule *m*, tertre *m*.

**mount** [maunt] *n* mont *m*, montagne *f*; (*horse*) monture *f*; (*for jewel etc*) monture // *vt* monter // *vi* (*also:* ~ **up**) s'élever, monter.

**mountain** [ˈmauntɪn] *n* montagne *f* // *cpd* de (la) montagne; ~**eer** [-ˈnɪə*] *n* alpiniste *m/f*; ~**eering** [-ˈnɪərɪŋ] *n* alpinisme *m*; **to go** ~**eering** faire de l'alpinisme; ~**ous** *a* montagneux(euse); (*very big*) gigantesque; ~ **side** *n* flanc *m or* versant *m* de la montagne.

**mourn** [mɔːn] *vt* pleurer // *vi:* **to** ~ **(for)** se lamenter (sur); ~**er** *n* parent/e *or* ami/e du défunt; personne *f* en deuil *or* venue rendre hommage au défunt; ~**ful** a triste, lugubre; ~**ing** *n* deuil *m* // *cpd* (*dress*) de deuil; **in** ~**ing** en deuil.

**mouse**, *pl* **mice** [maus, maɪs] *n* souris *f*; ~**trap** *n* souricière *f*.

**moustache** [məsˈtɑːʃ] *n* moustache(s) *f(pl)*.

**mousy** [ˈmausɪ] a (*person*) effacé(e); (*hair*) d'un châtain terne.

**mouth**, ~**s** [mauθ, -ˈðz] *n* bouche *f*; (*of dog, cat*) gueule *f*; (*of river*) embouchure *f*; (*of bottle*) goulot *m*; (*opening*) orifice *m*; ~**ful** *n* bouchée *f*; ~ **organ** *n* harmonica *m*; ~**piece** *n* (*of musical instrument*) embouchure *f*; (*spokesman*) porte-parole *m inv*; ~**wash** *n* bain *m* de bouche; ~**watering** a qui met l'eau à la bouche.

**movable** [ˈmuːvəbl] a mobile.

**move** [muːv] *n* (*movement*) mouvement *m*; (*in game*) coup *m*; (: *turn to play*) tour *m*; (*change of house*) déménagement *m* // *vt* déplacer, bouger; (*emotionally*) émouvoir; (POL: *resolution etc*) proposer // *vi* (*gen*) bouger, remuer; (*traffic*) circuler; (*also:* ~ **house**) déménager; **to** ~ **towards** se diriger vers; **to** ~ **sb to do sth** pousser *or* inciter qn à faire qch; **to get a** ~ **on** se dépêcher, se remuer; **to** ~ **about** *vi* (*fidget*) remuer; (*travel*) voyager, se déplacer; **to** ~ **along** *vi* se pousser; **to** ~ **away** *vi* s'en aller, s'éloigner; **to** ~ **back** *vi* revenir, retourner; **to** ~ **forward** *vi* avancer // *vt* avancer; (*people*) faire avancer; **to** ~ **in** *vi* (*to a house*) emménager; **to** ~ **on** *vi* se remettre en route // *vt* (*onlookers*) faire circuler; **to** ~ **out** *vi* (*of house*) déménager; **to** ~ **up** *vi* avancer; (*employee*) avoir de l'avancement.

**movement** [ˈmuːvmənt] *n* mouvement *m*.

**movie** [ˈmuːvɪ] *n* film *m*; **the** ~**s** le cinéma; ~ **camera** *n* caméra *f*.

**moving** [ˈmuːvɪŋ] a en mouvement; émouvant(e).

**mow**, *pt* **mowed**, *pp* **mowed** *or* **mown** [məu, -n] *vt* faucher; (*lawn*) tondre; **to** ~ **down** *vt* faucher; ~**er** *n* faucheur/euse.

**M.P.** *n abbr see* **member**.

**m.p.g.** *abbr = miles per gallon* (*30 m.p.g. = 29.5 l. aux 100 km*).

**m.p.h.** *abbr = miles per hour* (*60 m.p.h. = 96 km/h*).

**Mr** [ˈmɪstə*] *n:* ~ **X** Monsieur X, M. X.

**Mrs** [ˈmɪsɪz] *n:* ~ **X** Madame X, Mme X.

**Ms** [mɪz] *n* (= *Miss or Mrs*): ~ **X** ≈ Madame X, Mme X.

**M.Sc.** *abbr see* **master**.

**much** [mʌtʃ] *det* beaucoup de // *ad, n or pronoun* beaucoup; ~ **milk** beaucoup de lait; **how** ~ **is it**? combien est-ce que ça coûte?; **it's not** ~ ce n'est pas beaucoup.

**muck** [mʌk] *n* (*mud*) boue *f*; (*dirt*) ordures *fpl*; **to** ~ **about** *vi* (*col*) faire l'imbécile; (*waste time*) traînasser; **to** ~ **up** *vt* (*col: ruin*) gâcher, esquinter; ~**y** a (*dirty*) boueux(euse), sale.

**mucus** [ˈmjuːkəs] *n* mucus *m*.

**mud** [mʌd] *n* boue *f*.

**muddle** [ˈmʌdl] *n* pagaille *f*; désordre *m*, fouillis *m* // *vt* (*also:* ~ **up**) brouiller, embrouiller; **to be in a** ~ (*person*) ne plus savoir ou l'on en est; **to get in a** ~ (*while explaining etc*) s'embrouiller; **to** ~ **through** *vi* se débrouiller.

**mud:** ~**dy** a boueux(euse), moite. ~ **flats** *npl* plage *f* de vase; ~**guard** *n* garde-boue *m inv*; ~**pack** *n* masque *m* de beauté; ~**slinging** *n* médisance *f*, dénigrement *m*.

**muff** [mʌf] *n* manchon *m*.

**muffin** [ˈmʌfɪn] *n* petit pain rond et plat.

**muffle** [ˈmʌfl] *vt* (*sound*) assourdir, étouffer; (*against cold*) emmitoufler; ~**d** a étouffé(e), voilé(e).

**mufti** [ˈmʌftɪ] *n:* **in** ~ en civil.

**mug** [mʌg] *n* (*cup*) tasse *f* (*sans soucoupe*); (: *for beer*) chope *f*; (*col: face*) bouille *f*; (: *fool*) poire *f* // *vt* (*assault*) agresser; ~**ging** *n* agression *f*.

**muggy** [ˈmʌgɪ] a lourd(e), moite.

**mulatto**, ~**es** [mjuːˈlætəu] *n* mulâtre/sse.

**mule** [mjuːl] *n* mule *f*.

**mull** [mʌl]: **to** ~ **over** *vt* réfléchir à, ruminer.

**mulled** [mʌld] a: ~ **wine** vin chaud.

**multi...** [ˈmʌltɪ] *prefix* multi...; ~**coloured**, ~**colored** (*US*) a multicolore.

**multifarious** [mʌltɪˈfɛərɪəs] a divers(es); varié(e).

**multiple** [ˈmʌltɪpl] a, *n* multiple (*m*); ~ **crash** *n* carambolage *m*; ~ **sclerosis** *n* sclérose *f* en plaques; ~ **store** *n* grand magasin (à succursales multiples).

**multiplication** [mʌltɪplɪˈkeɪʃən] *n* multiplication *f*.

**multiply** [ˈmʌltɪplaɪ] *vt* multiplier // *vi* se multiplier.

**multitude** [ˈmʌltɪtjuːd] *n* multitude *f*.

**mum** [mʌm] *n* maman *f* // a: **to keep** ~ ne pas souffler mot; ~**'s the word**! motus et bouche cousue!

**mumble** [ˈmʌmbl] *vt, vi* marmotter, marmonner.

**mummy** [ˈmʌmɪ] *n* (*mother*) maman *f*; (*embalmed*) momie *f*.

**mumps** [mʌmps] *n* oreillons *mpl*.

**munch** [mʌntʃ] *vt, vi* mâcher.

**mundane** [mʌnˈdeɪn] a banal(e), terre à terre *inv*.

**municipal** [mjuːˈnɪsɪpl] a municipal(e); ~**ity** [-ˈpælɪtɪ] *n* municipalité *f*.

**munitions** [mjuːˈnɪʃənz] *npl* munitions *fpl*.

**mural** [ˈmjuərl] *n* peinture murale.

**murder** [ˈmɜːdə*] *n* meurtre *m*, assassinat *m* // *vt* assassiner; ~**er** *n* meurtrier *m*, assassin m; **~ess** n meurtrière f; **~ous** a meurtrier(ère).

**murk** [mə:k] n obscurité f; **~y** a sombre, ténébreux(euse).

**murmur** ['mə:mə\*] n murmure m // vt, vi murmurer.

**muscle** ['mʌsl] n muscle m; **to ~ in** vi s'imposer, s'immiscer.

**muscular** ['mʌskjulə\*] a musculaire; (person, arm) musclé(e).

**muse** [mju:z] vi méditer, songer // n muse f.

**museum** [mju:'zɪəm] n musée m.

**mushroom** ['mʌʃrum] n champignon m // vi (fig) pousser comme un (or des) champignon(s).

**mushy** ['mʌʃɪ] a en bouillie; (pej) à l'eau de rose.

**music** ['mju:zɪk] n musique f; **~al** a musical(e); (person) musicien(ne) // n (show) comédie musicale; **~al box** n boîte f à musique; **~al instrument** n instrument m de musique; **~ hall** n music-hall m; **~ian** [-'zɪʃən] n musicien/ne; **~ stand** n pupitre m à musique.

**musket** ['mʌskɪt] n mousquet m.

**Muslim** ['mʌzlɪm] a, n musulman(e).

**muslin** ['mʌzlɪn] n mousseline f.

**musquash** ['mʌskwɔʃ] n loutre f.

**mussel** ['mʌsl] n moule f.

**must** [mʌst] auxiliary vb (obligation): I ~ do it je dois le faire, il faut que je le fasse; (probability): he ~ be there by now il doit y être maintenant, il est probablement maintenant, I ~ have made a mistake j'ai dû me tromper // n nécessité f, impératif m.

**mustard** ['mʌstəd] n moutarde f.

**muster** ['mʌstə\*] vt rassembler.

**mustn't** ['mʌsnt] = must not.

**musty** ['mʌstɪ] a qui sent le moisi ou le renfermé.

**mute** [mju:t] a,n muet(te).

**muted** ['mju:tɪd] a assourdi(e); voilé(e); (mus) en sourdine; (: trumpet) bouché(e).

**mutilate** ['mju:tɪleɪt] vt mutiler; **mutilation** [-'leɪʃən] n mutilation f.

**mutinous** ['mju:tɪnəs] a (troops) mutiné(e); (attitude) rebelle.

**mutiny** ['mju:tɪnɪ] n mutinerie f // vi se mutiner.

**mutter** ['mʌtə\*] vt,vi marmonner, marmotter.

**mutton** ['mʌtn] n mouton m.

**mutual** ['mju:tʃuəl] a mutuel(le), réciproque; **~ly** ad mutuellement, réciproquement.

**muzzle** ['mʌzl] n museau m; (protective device) muselière f; (of gun) gueule f // vt museler.

**my** [maɪ] a mon(ma), mes pl.

**myopic** [maɪ'ɔpɪk] a myope.

**myself** [maɪ'sɛlf] pronoun (reflexive) me; (emphatic) moi-même; (after prep) moi.

**mysterious** [mɪs'tɪərɪəs] a mystérieux(euse).

**mystery** ['mɪstərɪ] n mystère m; **~ story** n roman m à suspense.

**mystic** ['mɪstɪk] n mystique m/f // a (mysterious) ésotérique; **~al** a mystique.

**mystify** ['mɪstɪfaɪ] vt mystifier; (puzzle) ébahir.

**mystique** [mɪs'ti:k] n mystique f.

**myth** [mɪθ] n mythe m; **~ical** a mythique; **~ological** [mɪθə'lɔdʒɪkl] a mythologique; **~ology** [mɪ'θɔlədʒɪ] n mythologie f.

# N

**nab** [næb] vt pincer, attraper.

**nag** [næg] n (pej: horse) canasson m // vt (person) être toujours après, reprendre sans arrêt; **~ging** a (doubt, pain) persistant(e) // n remarques continuelles.

**nail** [neɪl] n (human) ongle m; (metal) clou m // vt clouer; **to ~ sb down to a date/price** contraindre qn à accepter or donner une date/un prix; **~brush** n brosse f à ongles; **~file** n lime f à ongles; **~ polish** n vernis m à ongles; **~ scissors** npl ciseaux mpl à ongles.

**naïve** [naɪ'i:v] a naïf(ïve).

**naked** ['neɪkɪd] a nu(e); **~ness** n nudité f.

**name** [neɪm] n nom m; réputation f // vt nommer; citer; (price, date) fixer, donner; **in the ~ of** au nom de; **~ dropping** n mention f (pour se faire valoir) du nom de personnalités qu'on connaît (ou prétend connaître); **~less** a sans nom; (witness, contributor) anonyme; **~ly** ad à savoir; **~sake** n homonyme m.

**nanny** ['nænɪ] n bonne f d'enfants; **~ goat** n chèvre f.

**nap** [næp] n (sleep) (petit) somme; **to be caught ~ping** être pris à l'improviste or en défaut.

**napalm** ['neɪpɑ:m] n napalm m.

**nape** [neɪp] n: **~ of the neck** nuque f.

**napkin** ['næpkɪn] n serviette f (de table); (Brit: for baby) couche f (gen pl).

**nappy** ['næpɪ] n couche f (gen pl).

**narcissus**, pl **narcissi** [nɑ:'sɪsəs, -saɪ] n narcisse m.

**narcotic** [nɑ:'kɔtɪk] n (drug) stupéfiant m; (MED) narcotique m.

**nark** [nɑ:k] vt mettre en rogne.

**narrate** [nə'reɪt] vt raconter, narrer.

**narrative** ['nærətɪv] n récit m // a narratif(ive).

**narrator** [nə'reɪtə\*] n narrateur/trice.

**narrow** ['nærəu] a étroit(e); (fig) restreint(e), limité(e) // vi devenir plus étroit, se rétrécir; **to have a ~ escape** l'échapper belle; **to ~ sth down to** réduire qch à; **~ gauge** a à voie étroite; **~ly** ad: he **~ly missed injury/the tree** il a failli se blesser/rentrer dans l'arbre; **he only ~ly missed the target** il a manqué la cible de peu or de justesse; **~-minded** a à l'esprit étroit, borné(e).

**nasal** ['neɪzl] a nasal(e).

**nastily** ['nɑ:stɪlɪ] ad (say, act) méchamment.

**nastiness** ['nɑ:stɪnɪs] n (of remark) méchanceté f.

**nasty** ['nɑ:stɪ] a (person) méchant(e); très désagréable; (smell) dégoûtant(e); (wound, situation) mauvais(e), vilain(e); **it's a ~ business** c'est une sale affaire.

**nation** ['neɪʃən] n nation f.
**national** ['næʃənl] a national(e) // n (abroad) ressortissant/e; (when home) national/e; ~ **dress** n costume national; ~**ism** n nationalisme m; ~**ist** a,n nationaliste (m/f); ~**ity** [-'nælɪtɪ] n nationalité f; ~**ization** [-aɪ'zeɪʃən] n nationalisation f; ~**ize** vt nationaliser; ~**ly** ad du point de vue national; dans le pays entier; ~ **park** n parc national.
**nation-wide** ['neɪʃənwaɪd] a s'étendant à l'ensemble du pays; (problem) à l'échelle du pays entier // ad à travers or dans tout le pays.
**native** ['neɪtɪv] n habitant/e du pays, autochtone m/f; (in colonies) indigène m/f // a du pays, indigène; (country) natal(e); (language) maternel(le); (ability) inné(e); a ~ **of Russia** une personne originaire de Russie; a ~ **speaker of French** une personne de langue maternelle française.
**NATO** ['neɪtəu] n (abbr of North Atlantic Treaty Organization) O.T.A.N.
**natter** ['nætə*] vi bavarder.
**natural** ['nætʃrəl] a naturel(le); ~ **gas** n gaz naturel; ~**ist** n naturaliste m/f; ~**ize** vt naturaliser; (plant) acclimater; ~**ly** ad naturellement; ~**ness** n naturel m.
**nature** ['neɪtʃə*] n nature f; by ~ par tempérament, de nature.
**naught** [nɔ:t] n zéro m.
**naughty** ['nɔ:tɪ] a (child) vilain(e), pas sage; (story, film) polisson(ne).
**nausea** ['nɔ:sɪə] n nausée f; ~**te** ['nɔ:sɪeɪt] vt écœurer, donner la nausée à.
**nautical** ['nɔ:tɪkl] a nautique; ~ **mile** n mille marin (= 1853 m).
**naval** ['neɪvl] a naval(e); ~ **officer** n officier m de marine.
**nave** [neɪv] n nef f.
**navel** ['neɪvl] n nombril m.
**navigable** ['nævɪgəbl] a navigable.
**navigate** ['nævɪgeɪt] vt diriger, piloter // vi naviguer; **navigation** [-'geɪʃən] n navigation f; **navigator** n navigateur m.
**navvy** ['nævɪ] n terrassier m.
**navy** ['neɪvɪ] n marine f; ~-(**blue**) a bleu marine inv.
**neap** [ni:p] n (also: ~**tide**) mortes-eaux fpl.
**near** [nɪə*] a proche // ad près // prep (also: ~ **to**) près de // vt approcher de; **to come** ~ vi s'approcher; ~**by** [nɪə'baɪ] a proche // ad tout près, à proximité; N~ **East** n Proche-Orient m; ~**er** a plus proche // ad plus près; ~**ly** ad presque; I ~**ly fell** j'ai failli tomber; ~ **miss** n collision évitée de justesse; (when aiming) coup manqué de peu or de justesse; ~**ness** n proximité f; ~**side** n (AUT: right-hand drive) côté m gauche; ~-**sighted** a myope.
**neat** [ni:t] a (person, work) soigné(e); (room etc) bien tenu(e) or rangé(e); (solution, plan) habile; (spirits) pur(e); I **drink it** ~ je le bois sec or sans eau; ~**ly** ad avec soin or ordre; habilement.
**nebulous** ['nɛbjuləs] a nébuleux(euse).
**necessarily** ['nɛsɪsrɪlɪ] ad nécessairement.
**necessary** ['nɛsɪsrɪ] a nécessaire.

**necessitate** [nɪ'sɛsɪteɪt] vt nécessiter.
**necessity** [nɪ'sɛsɪtɪ] n nécessité f; chose nécessaire or essentielle.
**neck** [nɛk] n cou m; (of horse, garment) encolure f; (of bottle) goulot m; ~ **and** ~ à égalité.
**necklace** ['nɛklɪs] n collier m.
**neckline** ['nɛklaɪn] n encolure f.
**necktie** ['nɛktaɪ] n cravate f.
**née** [neɪ] a: ~ **Scott** née Scott.
**need** [ni:d] n besoin m // vt avoir besoin de; **to** ~ **to do** devoir faire; avoir besoin de faire.
**needle** ['ni:dl] n aiguille f // vt asticoter, tourmenter; ~**cord** n velours m milleraies.
**needless** ['ni:dlɪs] a inutile; ~**ly** ad inutilement.
**needlework** ['ni:dlwə:k] n (activity) travaux mpl d'aiguille; (object) ouvrage m.
**needy** ['ni:dɪ] a nécessiteux(euse); **in** ~ **circumstances** dans le besoin.
**negation** [nɪ'geɪʃən] n négation f.
**negative** ['nɛgətɪv] n (PHOT, ELEC) négatif m; (LING) terme m de négation // a négatif(ive); **to answer in the** ~ répondre par la négative.
**neglect** [nɪ'glɛkt] vt négliger // n (of person, duty, garden) le fait de négliger; (state of) ~ abandon m.
**negligee** ['nɛglɪʒeɪ] n déshabillé m.
**negligence** ['nɛglɪdʒəns] n négligence f.
**negligent** ['nɛglɪdʒənt] a négligent(e); ~**ly** ad par négligence; (offhandedly) négligemment.
**negligible** ['nɛglɪdʒɪbl] a négligeable.
**negotiable** [nɪ'gəuʃɪəbl] a négociable.
**negotiate** [nɪ'gəuʃɪeɪt] vi négocier // vt (COMM) négocier; (obstacle) franchir, négocier; **negotiation** [-'eɪʃən] n négociation f, pourparlers mpl; **negotiator** n négociateur/trice.
**Negress** ['ni:grɪs] n négresse f.
**Negro** ['ni:grəu] a (gen) noir(e); (music, arts) nègre, noir // n (pl: ~**es**) Noir/e.
**neighbour, neighbor** (US) ['neɪbə*] n voisin/e; ~**hood** n quartier m; voisinage m; ~**ing** a voisin(e), avoisinant(e); ~**ly** a obligeant(e); (relations) de bon voisinage.
**neither** ['naɪðə*] a, pronoun aucun(e) (des deux), ni l'un(e) ni l'autre // cj: **I didn't move and** ~ **did Claude** je n'ai pas bougé, (et) Claude non plus; ..., ~ **did I refuse** ..., (et or mais) je n'ai pas non plus refusé // ad: ~ **good nor bad** ni bon ni mauvais.
**neo...** ['ni:əu] prefix néo-.
**neon** ['ni:ɔn] n néon m; ~ **light** n lampe f au néon; ~ **sign** n enseigne (lumineuse) au néon.
**nephew** ['nɛvju:] n neveu m.
**nerve** [nə:v] n nerf m; (fig) sang-froid m, courage m; aplomb m, toupet m; **he gets on my** ~**s** il m'énerve; ~-**racking** a éprouvant (pour les nerfs).
**nervous** ['nə:vəs] a nerveux(euse); inquiet(ète), plein(e) d'appréhension; ~ **breakdown** n dépression nerveuse; ~**ly** ad nerveusement; ~**ness** n nervosité f; inquiétude f, appréhension f.
**nest** [nɛst] n nid m; ~ **of tables** n table f gigogne.

**nestle** ['nɛsl] vi se blottir.
**net** [nɛt] n filet m // a net(te) ; ~**ball** n netball m.
**Netherlands** ['nɛðələndz] npl: the ~ les Pays-Bas mpl.
**nett** [nɛt] a = net.
**netting** ['nɛtɪŋ] n (for fence etc) treillis m, grillage m.
**nettle** ['nɛtl] n ortie f.
**network** ['nɛtwɜ:k] n réseau m.
**neurosis**, pl **neuroses** [njuə'rəusɪs, -si:z] n névrose f.
**neurotic** [njuə'rɔtɪk] a, n névrosé(e).
**neuter** ['nju:tə*] a, n neutre (m) // vt (cat etc) châtrer, couper.
**neutral** ['nju:trəl] a neutre // n (AUT) point mort ; ~**ity** [-'trælɪtɪ] n neutralité f.
**never** ['nɛvə*] ad (ne ...) jamais ; ~ **again** plus jamais ; ~**-ending** a interminable ; ~**theless** [nɛvəðə'lɛs] ad néanmoins, malgré tout.
**new** [nju:] a nouveau(nouvelle) ; (brand new) neuf(neuve) ; ~**born** a nouveau-né(e) ; ~**comer** ['nju:kʌmə*] n nouveau venu/nouvelle venue ; ~**ly** ad nouvellement, récemment ; ~ **moon** n nouvelle lune ; ~**ness** n nouveauté f.
**news** [nju:z] n nouvelle(s) f(pl) ; (RADIO, TV) informations fpl ; **a piece of** ~ une nouvelle ; ~ **agency** n agence f de presse ; ~**agent** n marchand m de journaux ; ~**flash** n flash m d'information ; ~**letter** n bulletin m ; ~**paper** n journal m ; ~**reel** n actualités (filmées) fpl ; ~**stand** n kiosque m à journaux.
**New Year** ['nju:'jiə*] n Nouvel An ; ~'s **Day** n le jour de l'An ; ~'s **Eve** n la Saint-Sylvestre.
**New Zealand** [nju:'zi:lənd] n la Nouvelle-Zélande.
**next** [nɛkst] a (seat, room) voisin(e), d'à côté ; (meeting, bus stop) suivant(e) ; prochain(e) // ad la fois suivante ; la prochaine fois ; (afterwards) ensuite ; **when do we meet** ~? quand nous revoyons-nous? ; ~ **door** ad à côté ; ~**-of-kin** n parent m le plus proche ; ~ **time** ad la prochaine fois ; ~ **to** prep à côté de ; ~ **to nothing** presque rien.
**N.H.S.** n abbr of National Health Service.
**nib** [nɪb] n (of pen) (bec m de) plume f.
**nibble** ['nɪbl] vt grignoter.
**nice** [naɪs] a (holiday, trip) agréable ; (flat, picture) joli(e) ; (person) gentil(le) ; (distinction, point) subtil(e) ; ~**-looking** a joli(e) ; ~**ly** ad agréablement ; joliment ; gentiment ; subtilement.
**niceties** ['naɪsɪtɪz] npl subtilités fpl.
**nick** [nɪk] n encoche f // vt (col) faucher, piquer ; **in the** ~ **of time** juste à temps.
**nickel** ['nɪkl] n nickel m ; (US) pièce f de 5 cents.
**nickname** ['nɪkneɪm] n surnom m // vt surnommer.
**nicotine** ['nɪkəti:n] n nicotine f.
**niece** [ni:s] n nièce f.
**Nigeria** [naɪ'dʒiəriə] n Nigéria m or f ; ~**n** a nigérien(ne) // n Nigérien/ne.
**niggardly** ['nɪgədlɪ] a pingre.
**niggling** ['nɪglɪŋ] a tatillon(ne).

**night** [naɪt] n nuit f ; (evening) soir m ; **at** ~ la nuit ; **by** ~ de nuit ; ~**cap** n boisson prise avant le coucher ; ~ **club** n boîte f de nuit ; ~**dress** n chemise f de nuit ; ~**fall** n tombée f de la nuit ; ~**ie** ['naɪtɪ] n chemise f de nuit.
**nightingale** ['naɪtɪŋgeɪl] n rossignol m.
**night life** ['naɪtlaɪf] n vie f nocturne.
**nightly** ['naɪtlɪ] a de chaque nuit or soir ; (by night) nocturne // ad chaque nuit or soir ; nuitamment.
**nightmare** ['naɪtmɛə*] n cauchemar m.
**night school** ['naɪtsku:l] n cours mpl du soir.
**night-time** ['naɪttaɪm] n nuit f.
**night watchman** ['naɪt'wɔtʃmən] n veilleur m de nuit.
**nil** [nɪl] n rien m ; (SPORT) zéro m.
**nimble** ['nɪmbl] a agile.
**nine** [naɪn] num neuf ; ~**teen** num dix-neuf ; ~**ty** num quatre-vingt-dix.
**ninth** [naɪnθ] a neuvième.
**nip** [nɪp] vt pincer // n pincement m.
**nipple** ['nɪpl] n (ANAT) mamelon m, bout m du sein.
**nippy** ['nɪpɪ] a (person) alerte, leste.
**nitrogen** ['naɪtrədʒən] n azote m.
**no** [nəu] det pas de, aucun(e) + sg // ad, n non (en) ; ~ **entry** défense d'entrer, entrée interdite ; ~ **dogs** les chiens ne sont pas admis.
**nobility** [nəu'bɪlɪtɪ] n noblesse f.
**noble** ['nəubl] a noble ; ~**man** n noble m ; **nobly** ad noblement.
**nobody** ['nəubədɪ] pronoun personne (with negative).
**nod** [nɔd] vi faire un signe de (la) tête (affirmatif ou amical) ; (sleep) somnoler // n signe m de (la) tête ; **to** ~ **off** vi s'assoupir.
**noise** [nɔɪz] n bruit m ; ~**less** a silencieux(euse) ; **noisily** ad bruyamment ; **noisy** a bruyant(e).
**nomad** ['nəumæd] n nomade m/f ; ~**ic** [-'mædɪk] a nomade.
**no man's land** ['nəumænzlænd] n no man's land m.
**nominal** ['nɔmɪnl] a (rent, fee) symbolique ; (value) nominal(e).
**nominate** ['nɔmɪneɪt] vt (propose) proposer ; (elect) nommer.
**nomination** [nɔmɪ'neɪʃən] n nomination f.
**nominee** [nɔmɪ'ni:] n candidat agréé ; personne nommée.
**non...** [nɔn] prefix non- ; ~**alcoholic** a non-alcoolisé(e) ; ~**breakable** a incassable ; ~**committal** ['nɔnkə'mɪtl] a évasif(ive) ; ~**descript** ['nɔndɪskrɪpt] a quelconque, indéfinissable.
**none** [nʌn] pronoun aucun/e ; **he's** ~ **the worse for it** il ne s'en porte pas plus mal.
**nonentity** [nɔ'nɛntɪtɪ] n personne insignifiante.
**non: ~-fiction** n littérature f non-romanesque ; ~**-flammable** a ininflammable.
**nonplussed** [nɔn'plʌst] a perplexe.
**nonsense** ['nɔnsəns] n absurdités fpl, idioties fpl.
**non: ~-smoker** n non-fumeur m ; ~-**stick** a qui n'attache pas ; ~**-stop** a

direct(e), sans arrêt (or escale) // ad sans arrêt.

**noodles** ['nu:dlz] npl nouilles fpl.

**nook** [nuk] n: ~s and crannies recoins mpl.

**noon** [nu:n] n midi m.

**no one** ['nəuwʌn] pronoun = **nobody**.

**nor** [nɔ:*] cj = **neither** // ad see **neither**.

**norm** [nɔ:m] n norme f.

**normal** ['nɔ:ml] a normal(e); ~**ly** ad normalement.

**Normandy** ['nɔ:məndɪ] n Normandie f.

**north** [nɔ:θ] n nord m // a du nord, nord (inv) // ad au or vers le nord; **N~ America** n Amérique f du Nord; ~**-east** n nord-est m; ~**ern** ['nɔ:ðən] a du nord, septentrional(e); **N~ern Ireland** n Irlande f du Nord; **N~ Pole** n pôle m Nord; **N~ Sea** n mer f du Nord; ~**ward(s)** ['nɔ:θwəd(z)] ad vers le nord; ~**-west** n nord-ouest m.

**Norway** ['nɔ:weɪ] n Norvège f.

**Norwegian** [nɔ:'wi:dʒən] a norvégien(ne) // n Norvégien/ne; (LING) norvégien m.

**nose** [nəuz] n nez m; (fig) flair m; ~**bleed** n saignement m de nez; ~**-dive** n (descente f en) piqué m; ~**y** a curieux(euse).

**nostalgia** [nɔs'tældʒɪə] n nostalgie f; **nostalgic** a nostalgique.

**nostril** ['nɔstrɪl] n narine f; (of horse) naseau m.

**nosy** ['nəuzɪ] a = **nosey**.

**not** [nɔt] ad (ne ...) pas; ~ **at all** pas du tout; **you must** ~ or **mustn't do this** tu ne dois pas faire ça; **he isn't...** il n'est pas... ;

**notable** ['nəutəbl] a notable.

**notably** ['nəutəblɪ] ad en particulier.

**notch** [nɔtʃ] n encoche f.

**note** [nəut] n note f; (letter) mot m; (banknote) billet m // vt (also: ~ **down**) noter; (notice) constater; ~**book** n carnet m; ~**case** n porte-feuille m; ~**d** ['nəutɪd] a réputé(e); ~**paper** n papier m à lettres.

**nothing** ['nʌθɪŋ] n rien m; ~ **new** rien de nouveau; **for** ~ (free) pour rien, gratuitement.

**notice** ['nəutɪs] n avis m; (of leaving) congé m // vt remarquer, s'apercevoir de; **to take** ~ **of** prêter attention à; **to bring sth to sb's** ~ porter qch à la connaissance de qn; **to avoid** ~ éviter de se faire remarquer; ~**able** a visible; ~ **board** n (Brit) panneau m d'affichage.

**notify** ['nəutɪfaɪ] vt: **to** ~ **sth to sb** notifier qch à qn; **to** ~ **sb of sth** avertir qn de qch.

**notion** ['nəuʃən] n idée f; (concept) notion f.

**notorious** [nəu'tɔ:rɪəs] a notoire (souvent en mal).

**notwithstanding** [nɔtwɪθ'stændɪŋ] ad néanmoins // prep en dépit de.

**nougat** ['nu:gɑ:] n nougat m.

**nought** [nɔ:t] n zéro m.

**noun** [naun] n nom m.

**nourish** ['nʌrɪʃ] vt nourrir; ~**ing** a nourrissant(e); ~**ment** n nourriture f.

**novel** ['nɔvl] n roman m // a nouveau(nouvelle), original(e); ~**ist** n romancier m; ~**ty** n nouveauté f.

**November** [nəu'vɛmbə*] n novembre m.

**novice** ['nɔvɪs] n novice m/f.

**now** [nau] ad maintenant; ~ **and then,** ~ **and again** de temps en temps; **from** ~ **on** dorénavant; ~**adays** ['nauədeɪz] ad de nos jours.

**nowhere** ['nəuwɛə*] ad nulle part.

**nozzle** ['nɔzl] n (of hose) jet m, lance f.

**nuance** ['nju:ɑ:ns] n nuance f.

**nuclear** ['nju:klɪə*] a nucléaire.

**nucleus, pl nuclei** ['nju:klɪəs, 'nju:klɪaɪ] n noyau m.

**nude** [nju:d] a nu(e) // n (ART) nu m; **in the** ~ (tout(e)) nu(e).

**nudge** [nʌdʒ] vt donner un (petit) coup de coude à.

**nudist** ['nju:dɪst] n nudiste m/f.

**nudity** ['nju:dɪtɪ] n nudité f.

**nuisance** ['nju:sns] n: **it's a** ~ c'est (très) ennuyeux or gênant; **he's a** ~ il est assommant or casse-pieds.

**null** [nʌl] a: ~ **and void** nul(le) et non avenu(e); ~**ify** ['nʌlɪfaɪ] vt invalider.

**numb** [nʌm] a engourdi(e) // vt engourdir.

**number** ['nʌmbə*] n nombre m; (numeral) chiffre m; (of house, car, telephone, newspaper) numéro m // vt numéroter; (include) compter; **a** ~ **of** un certain nombre de; **the staff** ~**s 20** le nombre d'employés s'élève à or est de 20; ~ **plate** n plaque f minéralogique or d'immatriculation.

**numbness** ['nʌmnɪs] n engourdissement m.

**numeral** ['nju:mərəl] n chiffre m.

**numerical** ['nju:'mɛrɪkl] a numérique.

**numerous** ['nju:mərəs] a nombreux(euse).

**nun** [nʌn] n religieuse f, sœur f.

**nurse** [nə:s] n infirmière f // vt (patient, cold) soigner; (hope) nourrir; ~(**maid**) n bonne f d'enfants.

**nursery** ['nə:sərɪ] n (room) nursery f; (institution) pouponnière f; (for plants) pépinière f; ~ **rhyme** n comptine f, chansonnette f pour enfants; ~ **school** n école maternelle; ~ **slope** n (SKI) piste f pour débutants.

**nursing** ['nə:sɪŋ] n (profession) profession f d'infirmière; ~ **home** n clinique f; maison f de convalescence.

**nut** [nʌt] n (of metal) écrou m; (fruit) noix f, noisette f, cacahuète f (terme générique en anglais); **he's** ~**s** (col) il est dingue; ~**case** n (col) dingue m/f; ~**crackers** npl casse-noix m inv, casse-noisette(s) m; ~**meg** ['nʌtmɛg] n (noix f) muscade f.

**nutrient** ['nju:trɪənt] n substance nutritive.

**nutrition** [nju:'trɪʃən] n nutrition f, alimentation f.

**nutritious** [nju:'trɪʃəs] a nutritif(ive), nourrissant(e).

**nutshell** ['nʌtʃɛl] n coquille f de noix; **in a** ~ en un mot.

**nylon** ['naɪlɔn] n nylon m; ~**s** npl bas mpl nylon.

# O

**oaf** [əuf] n balourd m.

**oak** [əuk] *n* chêne *m*.

**O.A.P.** *abbr see* **old**.

**oar** [ɔ:*] *n* aviron *m*, rame *f*; **~sman/woman** rameur/euse.

**oasis**, *pl* **oases** [əu'eisis, əu'eisi:z] *n* oasis *f*.

**oath** [əuθ] *n* serment *m*; (*swear word*) juron *m*; **to take the ~** prêter serment; **on ~** sous serment; assermenté(e).

**oatmeal** ['əutmi:l] *n* flocons *mpl* d'avoine.

**oats** [əuts] *n* avoine *f*.

**obedience** [ə'bi:diəns] *n* obéissance *f*; **in ~ to** conformément à.

**obedient** [ə'bi:diənt] *a* obéissant(e).

**obelisk** ['ɔbilisk] *n* obélisque *m*.

**obesity** [əu'bi:siti] *n* obésité *f*.

**obey** [ə'bei] *vt* obéir à; (*instructions, regulations*) se conformer à // *vi* obéir.

**obituary** [ə'bitjuəri] *n* nécrologie *f*.

**object** *n* ['ɔbdʒikt] objet *m*; (*purpose*) but *m*, objet *m*; (*LING*) complément *m* d'objet // *vi* [əb'dʒekt]: **to ~** (*attitude*) désapprouver; (*proposal*) protester contre, élever une objection contre; **I ~!** je proteste!; **he ~ed that ...** il a fait valoir or a objecté que ...; **~ion** [əb'dʒekʃən] *n* objection *f*; (*drawback*) inconvénient *m*; **if you have no ~ion** si vous n'y voyez pas d'inconvénient; **~ionable** [əb'dʒekʃən-əbl] *a* très désagréable; choquant(e); **~ive** *n* objectif *m* // *a* objectif(ive); **~ivity** [ɔbdʒik'tiviti] *n* objectivité *f*; **~or** *n* opposant/e.

**obligation** [ɔbli'geiʃən] *n* obligation *f*, devoir *m*; (*debt*) dette *f* (de reconnaissance).

**obligatory** [ə'bligətəri] *a* obligatoire.

**oblige** [ə'blaidʒ] *vt* (*force*): **to ~ sb to do** obliger or forcer qn à faire; (*do a favour*) rendre service à, obliger; **to be ~d to sb for sth** être obligé(e) à qn de qch; **obliging** *a* obligeant(e), serviable.

**oblique** [ə'bli:k] *a* oblique; (*allusion*) indirect(e).

**obliterate** [ə'blitəreit] *vt* effacer.

**oblivion** [ə'bliviən] *n* oubli *m*.

**oblivious** [ə'bliviəs] *a*: **~ of** oublieux(euse) de.

**oblong** ['ɔblɔŋ] *a* oblong(ue) // *n* rectangle *m*.

**obnoxious** [əb'nɔkʃəs] *a* odieux (euse); (*smell*) nauséabond(e).

**oboe** ['əubəu] *n* hautbois *m*.

**obscene** [əb'si:n] *a* obscène.

**obscenity** [əb'sɛniti] *n* obscénité *f*.

**obscure** [əb'skjuə*] *a* obscur(e) // *vt* obscurcir; (*hide: sun*) cacher; **obscurity** *n* obscurité *f*.

**obsequious** [əb'si:kwiəs] *a* obséquieux(euse).

**observable** [əb'zə:vəbl] *a* observable; (*appreciable*) notable.

**observance** [əb'zə:vns] *n* observance *f*, observation *f*.

**observant** [əb'zə:vnt] *a* observateur(trice).

**observation** [ɔbzə'veiʃən] *n* observation *f*; (*by police etc*) surveillance *f*.

**observatory** [əb'zə:vətri] *n* observatoire *m*.

**observe** [əb'zə:v] *vt* observer; (*remark*) faire observer or remarquer; **~r** *n* observateur/trice.

**obsess** [əb'sɛs] *vt* obséder; **~ion** [əb'sɛʃən] *n* obsession *f*; **~ive** *a* obsédant(e).

**obsolescence** [ɔbsə'lɛsns] *n* vieillissement *m*; **built-in** or **planned ~** (*COMM*) désuétude calculée.

**obsolete** ['ɔbsəli:t] *a* dépassé(e); démodé(e).

**obstacle** ['ɔbstəkl] *n* obstacle *m*; **~ race** *n* course *f* d'obstacles.

**obstetrics** [ɔb'stɛtriks] *n* obstétrique *f*.

**obstinacy** ['ɔbstinəsi] *n* obstination *f*.

**obstinate** ['ɔbstinit] *a* obstiné(e); (*pain, cold*) persistant(e).

**obstreperous** [əb'strɛpərəs] *a* turbulent(e).

**obstruct** [əb'strʌkt] *vt* (*block*) boucher, obstruer; (*halt*) arrêter; (*hinder*) entraver; **~ion** [əb'strʌkʃən] *n* obstruction *f*; obstacle *m*; **~ive** *a* obstructionniste.

**obtain** [əb'tein] *vt* obtenir // *vi* avoir cours; **~able** *a* qu'on peut obtenir.

**obtrusive** [əb'tru:siv] *a* (*person*) importun(e); (*smell*) pénétrant(e); (*building etc*) trop en évidence.

**obtuse** [əb'tju:s] *a* obtus(e).

**obviate** ['ɔbvieit] *vt* parer à, obvier à.

**obvious** ['ɔbviəs] *a* évident(e), manifeste; **~ly** *ad* manifestement; bien sûr.

**occasion** [ə'keiʒən] *n* occasion *f*; (*event*) événement *m* // *vt* occasionner, causer; **~al** *a* pris(e) or fait(e) *etc* de temps en temps; occasionnel(le); **~al table** *n* table décorative.

**occupation** [ɔkju'peiʃən] *n* occupation *f*; (*job*) métier *m*, profession *f*; **unfit for ~** (*house*) impropre à l'habitation; **~al disease** *n* maladie *f* du travail; **~al hazard** *n* risque *m* du métier.

**occupier** ['ɔkjupaiə*] *n* occupant/e.

**occupy** ['ɔkjupai] *vt* occuper; **to ~ o.s. with** or **by doing** s'occuper à faire.

**occur** [ə'kə:*] *vi* se produire; (*difficulty, opportunity*) se présenter; (*phenomenon, error*) se rencontrer; **to ~ to sb** venir à l'esprit de qn; **~rence** *n* présence *f*, existence *f*; cas *m*, fait *m*.

**ocean** ['əuʃən] *n* océan *m*; **~-going** *a* de haute mer; **~ liner** *n* paquebot *m*.

**ochre** ['əukə*] *a* ocre.

**o'clock** [ə'klɔk] *ad*: **it is 5 ~** il est 5 heures.

**octagonal** [ɔk'tægənl] *a* octogonal(e).

**octane** ['ɔktein] *n* octane *m*.

**octave** ['ɔktiv] *n* octave *f*.

**October** [ɔk'təubə*] *n* octobre *m*.

**octopus** ['ɔktəpəs] *n* pieuvre *f*.

**odd** [ɔd] *a* (*strange*) bizarre, curieux(euse); (*number*) impair(e); (*left over*) qui reste, en plus; (*not of a set*) dépareillé(e); **60-~** 60 et quelques; **at ~ times** de temps en temps; **the ~ one out** l'exception *f*; **~ity** *n* bizarrerie *f*; (*person*) excentrique *m/f*; **~-job man** *n* homme *m* à tout faire; **~ jobs** *npl* petits travaux divers; **~ly** *ad* bizarrement, curieusement; **~ments** *npl* (*COMM*) fins *fpl* de série; **~s** *npl* (*in betting*) cote *f*; **the ~s are against his coming** il y a peu de chances qu'il vienne; **it**

makes no ~s cela n'a pas d'importance ;
at ~s en désaccord.

**ode** [əud] n ode f.

**odious** ['əudiəs] a odieux(euse), détestable.

**odour, odor** (US) ['əudə*] n odeur f ;
~less a inodore.

**of** [ɔv, əv] prep de ; **a friend ~ ours** un
de nos amis ; **3 ~ them went** 3 d'entre
eux y sont allés ; **the 5th ~ July** le 5 juillet ; **a boy ~ 10** un garçon de 10 ans.

**off** [ɔf] a,ad (engine) coupé(e) ; (tap)
fermé(e) ; (food: bad) mauvais(e),
avancé(e) ; (milk) tourné(e) ; (absent)
absent(e) ; (cancelled) annulé(e) // prep
de ; sur ; **to be ~** (to leave) partir, s'en
aller ; **to be ~ sick** être absent(e) pour
cause de maladie ; **a day ~** un jour de
congé ; **to have an ~ day** n'être pas en
forme ; **he had his coat ~** il avait enlevé
son manteau ; **the hook is ~** le crochet
s'est détaché ; **the crochet n'est pas mis** ;
**10% ~** (COMM) 10% de rabais ; **5 km ~
(the road)** à 5 km (de la route) ; **~ the
coast** au large de la côte ; **a house ~ the
main road** une maison à l'écart de la
grand-route ; **I'm ~ meat** je ne mange
plus de viande ; je n'aime plus la viande ;
**on the ~ chance** à tout hasard.

**offal** ['ɔfl] n (CULIN) abats mpl.

**offbeat** ['ɔfbiːt] a excentrique.

**off-colour** ['ɔf'kʌlə*] a (ill) malade, mal
fichu(e).

**offence, offense** (US) [ə'fɛns] n (crime)
délit m, infraction f ; **to give ~ to** blesser, offenser ; **to take ~ at** se vexer de,
s'offenser de.

**offend** [ə'fɛnd] vt (person) offenser, blesser ; ~**er** n délinquant/e ; (against regulations) contrevenant/e.

**offensive** [ə'fɛnsɪv] a offensant(e),
choquant(e) ; (smell etc) très
déplaisant(e) ; (weapon) offensif(ive) // n
(MIL) offensive f.

**offer** ['ɔfə*] n offre f, proposition f // vt
offrir, proposer ; **'on ~'** (COMM) 'en promotion' ; ~**ing** n offrande f.

**offhand** [ɔf'hænd] a désinvolte // ad
spontanément.

**office** ['ɔfɪs] n (place) bureau m ; (position)
charge f, fonction f ; **to take ~** entrer en
fonctions ; ~ **block** n immeuble m de
bureaux ; ~ **boy** n garçon m de bureau ;
~**r** n (MIL etc) officier m ; (of organization)
membre m du bureau directeur ; (also:
**police ~r**) agent m (de police) ~ **work**
n travail m de bureau ; ~ **worker** n
employé/e de bureau.

**official** [ə'fɪʃl] a (authorized) officiel(le) //
n officiel m ; (civil servant) fonctionnaire
m/f ; employé/e ; ~**ly** ad officiellement.

**officious** [ə'fɪʃəs] a trop empressé(e).

**offing** ['ɔfɪŋ] n: **in the ~** (fig) en perspective.

**off: ~-licence** n (Brit: shop) débit m de
vins et de spiritueux ; ~**-peak** a aux
heures creuses ; ~**-putting** a
rébarbatif(ive) ; rebutant(e), peu
engageant(e) ; ~**-season** a, ad hors-saison.

**offset** ['ɔfsɛt] vt irg (counteract) contrebalancer, compenser // n (also: ~
**printing**) offset m.

**offshore** [ɔf'ʃɔː*] a (breeze) de terre ;
(island) proche du littoral ; (fishing)
côtier(ère).

**offside** ['ɔf'saɪd] a (SPORT) hors jeu // a
(AUT: with right-hand drive) côté droit.

**offspring** ['ɔfsprɪŋ] n progéniture f.

**off: ~-stage** ad dans les coulisses ; ~**-the-
cuff** ad au pied levé ; de chic ; ~**-the-peg**
ad en prêt-à-porter ; ~**-white** a blanc
cassé inv.

**often** ['ɔfn] ad souvent ; **as ~ as not** la
plupart du temps.

**ogle** ['əugl] vt lorgner.

**oil** [ɔɪl] n huile f ; (petroleum) pétrole m ;
(for central heating) mazout m // vt
(machine) graisser ; ~**can** n burette f de
graissage ; (for storing) bidon m à huile ;
~ **change** n vidange f ; ~**field** n gisement
m de pétrole ; ~**-fired** a au mazout ; ~
**level** n niveau m d'huile ; ~ **painting** n
peinture f à l'huile ; ~ **refinery** n raffinerie
f de pétrole ; ~ **rig** n derrick m ; (at sea)
plate-forme pétrolière ; ~**skins** npl ciré m ;
~ **slick** n nappe f de mazout ; ~ **tanker**
n pétrolier m ; ~ **well** n puits m de pétrole ; ~**y** a huileux(euse) ; (food) gras(se).

**ointment** ['ɔɪntmənt] n onguent m.

**O.K., okay** ['əu'keɪ] excl d'accord! // a
bien ; en règle ; en bon état ; pas mal //
vt approuver, donner son accord à ; **is it
~?, are you ~?** ça va?

**old** [əuld] a vieux(vieille) ; (person) vieux,
âgé(e) ; (former) ancien(ne), vieux ; **how ~
are you?** quel âge avez-vous? ; **he's 10
years ~** il a 10 ans, il est âgé de 10 ans ;
~ **age** n vieillesse f ; ~**-age pensioner
(O.A.P.)** n retraité/e ; ~**er brother/sis-
ter** frère/sœur aîné(e) ; ~**-fashioned** a
démodé(e) ; (person) vieux jeu inv ; ~
**people's home** n maison f de retraite.

**olive** ['ɔlɪv] n (fruit) olive f ; (tree) olivier
m // a (also: ~-**green**) (vert) olive inv ;
~ **oil** n huile f d'olive.

**Olympic** [əu'lɪmpɪk] a olympique ; **the ~
Games, the ~s** les Jeux mpl olympiques.

**omelet(te)** ['ɔmlɪt] n omelette f ;
**ham/cheese ~** omelette au
jambon/fromage.

**omen** ['əumən] n présage m.

**ominous** ['ɔmɪnəs] a menaçant(e),
inquiétant(e) ; (event) de mauvais augure.

**omission** [əu'mɪʃən] n omission f.

**omit** [əu'mɪt] vt omettre.

**on** [ɔn] prep sur // ad (machine) en marche ;
(light, radio) allumé(e) ; (tap) ouvert(e) ; **is
the meeting still ~?** est-ce que la réunion
a bien lieu? ; la réunion dure-t-elle
encore? ; **when is this film ~?** quand
passe or passe-t-on ce film? ; ~ **the train**
dans le train ; ~ **the wall** sur le or au mur ;
~ **television** à la télévision ; ~ **learning
this** en apprenant cela ; ~ **arrival** à
l'arrivée ; ~ **the left** à gauche ; ~ **Friday**
vendredi ; ~ **Fridays** le vendredi ; **a week
~ Friday** vendredi en huit ; **to have one's
coat ~** avoir (mis) son manteau ; **to walk
etc ~** continuer à marcher etc ; **it's well
~!** pas question! ; ~ **and off** de temps à
autre.

**once** [wʌns] ad une fois ; (formerly) autrefois // cj une fois que ; **at ~** tout de suite,
immédiatement ; (simultaneously) à la fois ;

all at ~ *ad* tout d'un coup ; ~ **a week** une fois par semaine ; ~ **more** encore une fois ; ~ **and for all** une fois pour toutes.

**oncoming** ['ɔnkʌmɪŋ] *a* (*traffic*) venant en sens inverse.

**one** [wʌn] *det, num* un(e) // *pronoun* un(e) ; (*impersonal*) on ; **this** ~ celui-ci/celle-ci ; **that** ~ celui-là/celle-là ; **the** ~ **book which...** l'unique livre que... ; ~ **by** ~ un(e) par un(e) ; ~ **never knows** on ne sait jamais ; ~ **another** l'un(e) l'autre ; ~- **man** *a* (*business*) dirigé(e) *etc* par un seul homme ; ~**-man band** *n* homme-orchestre *m* ; ~**self** *pronoun* se ; (*after prep, also emphatic*) soi-même ; ~**-way** *a* (*street, traffic*) à sens unique.

**ongoing** ['ɔngəʊɪŋ] *a* en cours ; suivi(e).

**onion** ['ʌnjən] *n* oignon *m*.

**onlooker** ['ɔnlukə*] *n* spectateur/trice.

**only** ['əʊnlɪ] *ad* seulement // *a* seul(e), unique // *cj* seulement, mais ; **an ~ child** un enfant unique ; **not** ~ non seulement ; **I** ~ **took one** j'en ai seulement pris un, je n'en ai pris qu'un.

**onset** ['ɔnsɛt] *n* début *m* ; (*of winter, old age*) approche *f*.

**onshore** ['ɔnʃɔ:*] *a* (*wind*) du large.

**onslaught** ['ɔnslɔ:t] *n* attaque *f*, assaut *m*.

**onto** ['ɔntu] *prep* = **on to.**

**onus** ['əʊnəs] *n* responsabilité *f*.

**onward(s)** ['ɔnwəd(z)] *ad* (*move*) en avant ; **from this time** ~ dorénavant.

**onyx** ['ɔnɪks] *n* onyx *m*.

**ooze** [u:z] *vi* suinter.

**opacity** [əʊ'pæsɪtɪ] *n* (*of substance*) opacité *f*.

**opal** ['əʊpl] *n* opale *f*.

**opaque** [əʊ'peɪk] *a* opaque.

**OPEC** [əʊpɛk] *n* (*abbr of Organization of petroleum exporting countries*) O.P.E.P. (*Organisation des pays exportateurs de pétrole*).

**open** ['əʊpn] *a* ouvert(e) ; (*car*) découvert(e) ; (*road, view*) dégagé(e) ; (*meeting, question*) public(ique) ; (*admiration*) manifeste ; (*question*) non résolu(e) ; (*enemy*) déclaré(e) // *vt* ouvrir // *vi* (*flower, eyes, door, debate*) s'ouvrir ; (*shop, bank, museum*) ouvrir ; (*book etc: commence*) commencer, débuter ; **to ~ on to** *vt fus* (*subj: room, door*) donner sur ; **to ~ out** *vt* ouvrir // *vi* s'ouvrir ; **to ~ up** *vt* ouvrir ; (*blocked road*) dégager // *vi* s'ouvrir ; **in the ~ (air)** en plein air ; ~**-air** *a* en plein air ; ~**ing** *n* ouverture *f* ; (*opportunity*) occasion *f* ; débouché *m* ; (*job*) poste vacant ; ~**ly** *ad* ouvertement ; ~**-minded** *a* à l'esprit ouvert ; ~**-necked** *a* à col ouvert ; ~ **sandwich** *n* canapé *m* ; **the ~ sea** le large.

**opera** ['ɔpərə] *n* opéra *m* ; ~ **glasses** *npl* jumelles *fpl* de théâtre ; ~ **house** *n* opéra *m*.

**operate** ['ɔpəreɪt] *vt* (*machine*) faire marcher, faire fonctionner ; (*system*) pratiquer // *vi* fonctionner ; (*drug*) faire effet ; **to ~ on sb (for)** (*MED*) opérer qn (de).

**operatic** [ɔpə'rætɪk] *a* d'opéra.

**operating** ['ɔpəreɪtɪŋ] *a:* ~ **table/theatre** table *f*/salle *f* d'opération.

**operation** [ɔpə'reɪʃən] *n* opération *f* ; **to be in** ~ (*machine*) être en service ; (*system*) être en vigueur ; ~**al** *a* opérationnel(le).

**operative** ['ɔprətɪv] *a* (*measure*) en vigueur // *n* (*in factory*) ouvrier/ère.

**operator** ['ɔpəreɪtə*] *n* (*of machine*) opérateur/trice ; (*TEL*) téléphoniste *m/f*.

**operetta** [ɔpə'rɛtə] *n* opérette *f*.

**opinion** [ə'pɪnɪən] *n* opinion *f*, avis *m* ; **in my** ~ à mon avis ; ~**ated** *a* aux idées bien arrêtées ; ~ **poll** *n* sondage *m* (d'opinion).

**opium** ['əʊpɪəm] *n* opium *m*.

**opponent** [ə'pəʊnənt] *n* adversaire *m/f*.

**opportune** ['ɔpətjuːn] *a* opportun(e) ; **opportunist** [-'tjuːnɪst] *n* opportuniste *m/f*.

**opportunity** [ɔpə'tjuːnɪtɪ] *n* occasion *f* ; **to take the ~ of doing** profiter de l'occasion pour faire.

**oppose** [ə'pəʊz] *vt* s'opposer à ; ~**d to** *a* opposé(e) à ; **as** ~**d to** par opposition à ; **opposing** *a* (*side*) opposé(e).

**opposite** ['ɔpəzɪt] *a* opposé(e) ; (*house etc*) d'en face // *ad* en face // *prep* en face de // *n* opposé *m*, contraire *m* ; (*of word*) contraire *m* ; **'see ~ page'** 'voir ci-contre' ; **his ~ number** son homologue *m/f*.

**opposition** [ɔpə'zɪʃən] *n* opposition *f*.

**oppress** [ə'prɛs] *vt* opprimer ; ~**ion** [ə'prɛʃən] *n* oppression *f* ; ~**ive** *a* oppressif(ive).

**opt** [ɔpt] *vi:* **to ~ for** opter pour ; **to ~ to do** choisir de faire ; **to ~ out of** choisir de quitter.

**optical** ['ɔptɪkl] *a* optique ; (*instrument*) d'optique.

**optician** [ɔp'tɪʃən] *n* opticien/ne.

**optimism** ['ɔptɪmɪzəm] *n* optimisme *m*.

**optimist** ['ɔptɪmɪst] *n* optimiste *m/f* ; ~**ic** [-'mɪstɪk] *a* optimiste.

**optimum** ['ɔptɪməm] *a* optimum.

**option** ['ɔpʃən] *n* choix *m*, option *f* ; (*SCOL*) matière *f* à option ; (*COMM*) option ; **to keep one's ~s open** (*fig*) ne pas s'engager ; ~**al** *a* facultatif(ive) ; (*COMM*) en option.

**opulence** ['ɔpjuləns] *n* opulence *f* ; abondance *f*.

**opulent** ['ɔpjulənt] *a* opulent(e) ; abondant(e).

**or** [ɔ:*] *cj* ou ; (*with negative*): **he hasn't seen ~ heard anything** il n'a rien vu ni entendu ; ~ **else** sinon ; ou bien.

**oracle** ['ɔrəkl] *n* oracle *m*.

**oral** ['ɔ:rəl] *a* oral(e) // *n* oral *m*.

**orange** ['ɔrɪndʒ] *n* (*fruit*) orange *f* // *a* orange *inv*.

**oration** [ɔ:'reɪʃən] *n* discours solennel.

**orator** ['ɔrətə*] *n* orateur/trice.

**oratorio** [ɔrə'tɔ:rɪəʊ] *n* oratorio *m*.

**orb** [ɔ:b] *n* orbe *m*.

**orbit** ['ɔ:bɪt] *n* orbite *f* // *vt* décrire une *or* des orbite(s) autour de.

**orchard** ['ɔ:tʃəd] *n* verger *m*.

**orchestra** ['ɔ:kɪstrə] *n* orchestre *m* ; ~**l** [-'kɛstrəl] *a* orchestral(e) ; (*concert*) symphonique.

**orchid** ['ɔ:kɪd] *n* orchidée *f*.

**ordain** [ɔ:'deɪn] *vt* (*REL*) ordonner ; (*decide*) décréter.

**ordeal** [ɔ:'di:l] *n* épreuve *f*.

**order** ['ɔ:də*] *n* ordre *m* ; (*COMM*) commande *f* // *vt* ordonner ; (*COMM*) commander ; **in** ~ en ordre ; (*of document*) en règle; **in ~ of size** par ordre de grandeur; **in ~ to do/that** pour faire/que + *sub*; **to ~ sb to do** ordonner à qn de faire; **the lower ~s** (*pej*) les classes inférieures; **~ form** n bon m de commande; **~ly** n (*MIL*) ordonnance f // a (*room*) en ordre; (*mind*) méthodique; (*person*) qui a de l'ordre.

**ordinal** ['ɔːdɪnl] a (*number*) ordinal(e).

**ordinary** ['ɔːdnrɪ] a ordinaire, normal(e); (*pej*) ordinaire, quelconque.

**ordination** [ɔːdɪ'neɪʃən] n ordination f.

**ordnance** ['ɔːdnəns] n (*MIL*: *unit*) service m du matériel; **O~ Survey map** n ≈ carte f d'État-major.

**ore** [ɔː*] n minerai m.

**organ** ['ɔːgən] n organe m; (*MUS*) orgue m, orgues fpl; **~ic** [ɔː'gænɪk] a organique.

**organism** ['ɔːgənɪzəm] n organisme m.

**organist** ['ɔːgənɪst] n organiste m/f.

**organization** [ɔːgənaɪ'zeɪʃən] n organisation f.

**organize** ['ɔːgənaɪz] vt organiser; **~d labour** n main-d'œuvre syndiquée; **~r** n organisateur/trice.

**orgasm** ['ɔːgæzəm] n orgasme m.

**orgy** ['ɔːdʒɪ] n orgie f.

**Orient** ['ɔːrɪənt] n: **the ~** l'Orient m; **oriental** ['ɛntl] a oriental(e) // n Oriental/e.

**orientate** ['ɔːrɪənteɪt] vt orienter.

**orifice** ['ɒrɪfɪs] n orifice m.

**origin** ['ɒrɪdʒɪn] n origine f.

**original** [ə'rɪdʒɪnl] a original(e); (*earliest*) originel(le) // n original m; **~ity** [-'nælɪtɪ] n originalité f; **~ly** ad (*at first*) à l'origine.

**originate** [ə'rɪdʒɪneɪt] vi: **to ~ from** être originaire de; (*suggestion*) provenir de; **to ~ in** prendre naissance dans; avoir son origine dans; **originator** auteur m.

**ornament** ['ɔːnəmənt] n ornement m; (*trinket*) bibelot m; **~al** [-'mɛntl] a décoratif(ive); (*garden*) d'agrément; **~ation** [-'teɪʃən] n ornementation f.

**ornate** [ɔː'neɪt] a très orné(e).

**ornithologist** [ɔːnɪ'θɒlədʒɪst] n ornithologue m/f.

**ornithology** [ɔːnɪ'θɒlədʒɪ] n ornithologie f.

**orphan** ['ɔːfn] n orphelin/e // vt: **to be ~ed** devenir orphelin; **~age** n orphelinat m.

**orthodox** ['ɔːθədɒks] a orthodoxe.

**orthopaedic, orthopedic** (*US*) [ɔːθə'piːdɪk] a orthopédique.

**oscillate** ['ɒsɪleɪt] vi osciller.

**ostensible** [ɒs'tɛnsɪbl] a prétendu(e); apparent(e); **ostensibly** ad en apparence.

**ostentation** [ɒstɛn'teɪʃən] n ostentation f.

**ostentatious** [ɒstɛn'teɪʃəs] a prétentieux(euse); ostentatoire.

**osteopath** ['ɒstɪəpæθ] n ostéopathe m/f.

**ostracize** ['ɒstrəsaɪz] vt frapper d'ostracisme.

**ostrich** ['ɒstrɪtʃ] n autruche f.

**other** ['ʌðə*] a autre; **~ than** autrement que; à part; **~wise** ad,cj autrement.

**otter** ['ɒtə*] n loutre f.

**ought**, pt **ought** [ɔːt] auxiliary vb: **I ~ to do it** je devrais le faire, il faudrait que je le fasse; **this ~ to have been corrected** cela aurait dû être corrigé; **he ~ to win** il devrait gagner.

**ounce** [auns] n once f (= 28.35 g; 16 in a pound).

**our** ['auə*] a notre, pl nos; **~s** pronoun le(la) nôtre, les nôtres; **~selves** pronoun pl (*reflexive, after preposition*) nous; (*emphatic*) nous-mêmes.

**oust** [aust] vt évincer.

**out** [aut] ad dehors; (*published, not at home etc*) sorti(e); (*light, fire*) éteint(e); **~ here** ici; **~ there** là-bas; **he's ~** (*absent*), il est sorti; (*unconscious*) il est sans connaissance; **to be ~ in one's calculations** s'être trompé dans ses calculs; **to run/back etc ~** sortir en courant/en reculant etc; **~ loud** ad à haute voix; **~ of** (*outside*) en dehors de; (*because of: anger etc*) par; (*from among*): **~ of 10** sur 10; (*without*): **~ of petrol** sans essence, à court d'essence; **made ~ of wood** en or de bois; **~ of order** (*machine*) en panne; (*TEL: line*) en dérangement; **~-of-the-way** écarté(e); (*fig*) insolite.

**outback** ['autbæk] n campagne isolée; (*in Australia*) intérieur m.

**outboard** ['autbɔːd] n: **~ (motor)** (moteur m) hors-bord m.

**outbreak** ['autbreɪk] n accès m; début m; éruption f.

**outbuilding** ['autbɪldɪŋ] n dépendance f.

**outburst** ['autbəːst] n explosion f, accès m.

**outcast** ['autkɑːst] n exilé/e; (*socially*) paria m.

**outclass** [aut'klɑːs] vt surclasser.

**outcome** ['autkʌm] n issue f, résultat m.

**outcry** ['autkraɪ] n tollé m (général).

**outdated** [aut'deɪtɪd] a démodé(e).

**outdo** [aut'duː] vt irg surpasser.

**outdoor** [aut'dɔː*] a de or en plein air; **~s** ad dehors; au grand air.

**outer** ['autə*] a extérieur(e); **~ space** n espace m cosmique; **~ suburbs** npl grande banlieue.

**outfit** ['autfɪt] n équipement m; (*clothes*) tenue f; **'~ter's'** 'confection pour hommes'.

**outgoings** ['autgəuɪŋz] npl (*expenses*) dépenses fpl.

**outgrow** [aut'grəu] vt irg (*clothes*) devenir trop grand(e) pour.

**outing** ['autɪŋ] n sortie f; excursion f.

**outlandish** [aut'lændɪʃ] a étrange.

**outlaw** ['autlɔː] n hors-la-loi m inv // vt (*person*) mettre hors la loi; (*practice*) proscrire.

**outlay** ['autleɪ] n dépenses fpl; (*investment*) mise f de fonds.

**outlet** ['autlɛt] n (*for liquid etc*) issue f, sortie f; (*for emotion*) exutoire m; (*for goods*) débouché m; (*also:* **retail ~**) point m de vente.

**outline** ['autlaɪn] n (*shape*) contour m; (*summary*) esquisse f, grandes lignes.

**outlive** [aut'lɪv] vt survivre à.

**outlook** ['autluk] n perspective f.

**outlying** ['autlaɪɪŋ] a écarté(e).

**outmoded** [aut'məudɪd] a démodé(e); dépassé(e).

**outnumber** [aut'nʌmbə*] vt surpasser en nombre.

**outpatient** ['autpeɪʃənt] n malade m/f en consultation externe.

**outpost** ['autpəust] n avant-poste m.

**output** ['autput] n rendement m, production f.

**outrage** ['autreɪdʒ] n atrocité f, acte m de violence ; scandale m // vt outrager ; **~ous** [-'reɪdʒəs] a atroce ; scandaleux(euse).

**outrider** ['autraɪdə*] n (on motorcycle) motard m.

**outright** ad [aut'raɪt] complètement ; catégoriquement ; carrément ; sur le coup // a ['autraɪt] complet(ète) ; catégorique.

**outset** ['autset] n début m.

**outside** [aut'saɪd] n extérieur m // a extérieur(e) // ad (au) dehors, à l'extérieur // prep hors de, à l'extérieur de ; **at the ~** (fig) au plus or maximum ; **~ lane** n (AUT: in Britain) voie f de droite ; **~left-/-right** (FOOTBALL) ailier gauche/droit ; **~r** n (in race etc) outsider m ; (stranger) étranger/ère.

**outsize** ['autsaɪz] a énorme ; (clothes) grande taille inv.

**outskirts** ['autskə:ts] npl faubourgs mpl.

**outspoken** [aut'spəukən] a très franc(he).

**outstanding** [aut'stændɪŋ] a remarquable, exceptionnel(le) ; (unfinished) en suspens ; en souffrance ; non réglé(e).

**outstay** [aut'steɪ] vt: **to ~ one's welcome** abuser de l'hospitalité de son hôte.

**outstretched** [aut'stretʃt] a (hand) tendu(e) ; (body) étendu(e).

**outward** ['autwəd] a (sign, appearances) extérieur(e) ; (journey) (d')aller ; **~ly** ad extérieurement ; en apparence.

**outweigh** [aut'weɪ] vt l'emporter sur.

**outwit** [aut'wɪt] vt se montrer plus malin que.

**oval** ['əuvl] a,n ovale (m).

**ovary** ['əuvərɪ] n ovaire m.

**ovation** [əu'veɪʃən] n ovation f.

**oven** ['ʌvn] n four m ; **~proof** a allant au four.

**over** ['əuvə*] ad (par-)dessus // a (or ad) (finished) fini(e), terminé(e) ; (too much) en plus // prep sur ; par-dessus ; (above) au-dessus de ; (on the other side of) de l'autre côté de ; (more than) plus de ; (during) pendant ; **~ here** ici ; **~ there** là-bas ; **all ~** (everywhere) partout ; (finished) fini(e) ; **~ and ~ (again)** à plusieurs reprises ; **~ and above** en plus de ; **to ask sb ~** inviter qn (à passer) ; **to go ~ to sb's** passer chez qn.

**over...** ['əuvə*] prefix: **~abundant** surabondant(e).

**overact** [əuvər'ækt] vi (THEATRE) outrer son rôle.

**overall** a,n ['əuvərɔ:l] a (length) total(e) ; (study) d'ensemble // n (Brit) blouse f // ad [əuvər'ɔ:l] dans l'ensemble, en général // **~s** npl bleus mpl (de travail).

**overawe** [əuvər'ɔ:] vt impressionner.

**overbalance** [əuvə'bæləns] vi basculer.

**overbearing** [əuvə'bɛərɪŋ] a impérieux(euse), autoritaire.

**overboard** ['əuvəbɔ:d] ad (NAUT) par-dessus bord.

**overcast** ['əuvəka:st] a couvert(e).

**overcharge** [əuvə'tʃɑ:dʒ] vt: **to ~ sb for sth** faire payer qch trop cher à qn.

**overcoat** ['əuvəkəut] n pardessus m.

**overcome** [əuvə'kʌm] vt irg triompher de ; surmonter ; **to be ~ by** être saisi(e) de ; succomber à ; être victime de ; **~ with grief** accablé(e) de douleur.

**overcrowded** [əuvə'kraudɪd] a bondé(e).

**overcrowding** [əuvə'kraudɪŋ] n surpeuplement m ; (in bus) encombrement m.

**overdo** [əuvə'du:] vt irg exagérer ; (overcook) trop cuire.

**overdose** ['əuvədəus] n dose excessive.

**overdraft** ['əuvədrɑ:ft] n découvert m.

**overdrawn** [əuvə'drɔ:n] a (account) à découvert.

**overdrive** ['əuvədraɪv] n (AUT) (vitesse) surmultipliée f.

**overdue** [əuvə'dju:] a en retard ; (recognition) tardif(ive).

**overestimate** [əuvər'estɪmeɪt] vt surestimer.

**overexcited** [əuvərɪk'saɪtɪd] a surexcité(e).

**overexertion** [əuvərɪg'zə:ʃən] n surmenage m (physique).

**overexpose** [əuvərɪk'spəuz] vt (PHOT) surexposer.

**overflow** vi [əuvə'fləu] déborder // n ['əuvəfləu] trop-plein m ; (also: **~ pipe**) tuyau m d'écoulement, trop-plein m.

**overgrown** [əuvə'grəun] a (garden) envahi(e) par la végétation.

**overhaul** vt [əuvə'hɔ:l] réviser // n ['əuvəhɔ:l] révision f.

**overhead** ad [əuvə'hed] au-dessus // a ['əuvəhed] aérien(ne) ; (lighting) vertical(e) ; **~s** npl frais généraux.

**overhear** [əuvə'hɪə*] vt irg entendre (par hasard).

**overjoyed** [əuvə'dʒɔɪd] a ravi(e), enchanté(e).

**overland** ['əuvəlænd] a, ad par voie de terre.

**overlap** vi [əuvə'læp] se chevaucher // n ['əuvəlæp] chevauchement m.

**overleaf** [əuvə'li:f] ad au verso.

**overload** [əuvə'ləud] vt surcharger.

**overlook** [əuvə'luk] vt (have view on) donner sur ; (miss) oublier, négliger ; (forgive) fermer les yeux sur.

**overlord** ['əuvəlɔ:d] n chef m suprême.

**overnight** [əuvə'naɪt] ad (happen) durant la nuit ; (fig) soudain // a d'une (or de) nuit ; soudain(e) ; **he stayed there ~** il y a passé la nuit ; **if you travel ~** si tu fais le voyage de nuit... ; **he'll be away ~** il ne rentrera pas ce soir.

**overpass** ['əuvəpa:s] n pont autoroutier.

**overpower** [əuvə'pauə*] vt vaincre ; (fig) accabler ; **~ing** a irrésistible ; (heat, stench) suffocant(e).

**overrate** [əuvə'reɪt] vt surestimer.

**overreact** [əuvəri:'ækt] vi réagir de façon excessive.

**override** [əuvə'raɪd] vt (irg: like ride) (order, objection) passer outre à ; (decision)

annuler ; **overriding** a prépondérant(e).
**overrule** [əuvə'ru:l] vt (decision) annuler ; (claim) rejeter.
**overseas** [əuvə'si:z] ad outre-mer ; (abroad) à l'étranger // a (trade) extérieur(e) ; (visitor) étranger(ère).
**overseer** ['əuvəsiə*] n (in factory) contremaître m.
**overshadow** [əuvə'ʃædəu] vt (fig) éclipser.
**overshoot** [əuvə'ʃu:t] vt irg dépasser.
**oversight** ['əuvəsait] n omission f, oubli m.
**oversimplify** [əuvə'simplifai] vt simplifier à l'excès.
**oversleep** [əuvə'sli:p] vi irg se réveiller (trop) tard.
**overspill** ['əuvəspil] n excédent m de population.
**overstate** [əuvə'steit] vt exagérer ; ~**ment** n exagération f.
**overt** [əu'və:t] a non dissimulé(e).
**overtake** [əuvə'teik] vt irg dépasser ; (AUT) dépasser, doubler ; **overtaking** n (AUT) dépassement m.
**overthrow** [əuvə'θrəu] vt irg (government) renverser.
**overtime** ['əuvətaim] n heures fpl supplémentaires.
**overtone** ['əuvətəun] n (also: ~s) note f, sous-entendus mpl.
**overture** ['əuvətʃuə*] n (MUS, fig) ouverture f.
**overturn** [əuvə'tə:n] vt renverser // vi se retourner.
**overweight** [əuvə'weit] a (person) trop gros(se) ; (luggage) trop lourd(e).
**overwhelm** [əuvə'wɛlm] vt accabler ; submerger ; écraser ; ~**ing** a (victory, defeat) écrasant(e) ; (desire) irrésistible.
**overwork** [əuvə'wə:k] n surmenage m // vt surmener // vi se surmener.
**overwrought** [əuvə'rɔ:t] a excédé(e).
**owe** [əu] vt devoir ; **to** ~ **sb sth, to** ~ **sth to sb** devoir qch à qn.
**owing to** ['əuiŋtu:] prep à cause de, en raison de.
**owl** [aul] n hibou m.
**own** [əun] vt posséder // a propre ; **a room of my** ~ une chambre à moi, ma propre chambre ; **to get one's** ~ **back** prendre sa revanche ; **on one's** ~ tout(e) seul(e) ; **to** ~ **up** vi avouer ; ~**er** n propriétaire m/f ; ~**ership** n possession f.
**ox**, pl **oxen** [ɔks, 'ɔksn] n bœuf m.
**oxide** ['ɔksaid] n oxyde m.
**oxtail** ['ɔksteil] n: ~ **soup** soupe f à la queue de bœuf.
**oxygen** ['ɔksidʒən] n oxygène m ; ~ **mask/tent** n masque m/tente f à oxygène.
**oyster** ['ɔistə*] n huître f.
**oz.** abbr of **ounce(s)**.
**ozone** ['əuzəun] n ozone m.

## P

**p** [pi:] abbr of **penny, pence**.
**p.a.** abbr of **per annum**.
**P.A.** see **public, personal**.

**pa** [pɑ:] n (col) papa m.
**pace** [peis] n pas m ; (speed) allure f ; vitesse f // vi : **to** ~ **up and down** faire les cent pas ; **to keep** ~ **with** aller à la même vitesse que ; (events) se tenir au courant de ; ~**maker** n (MED) stimulateur m cardiaque.
**pacification** [pæsifi'keiʃən] n pacification f.
**pacific** [pə'sifik] a pacifique // n: **the P**~ (**Ocean**) le Pacifique, l'océan m Pacifique.
**pacifist** ['pæsifist] n pacifiste m/f.
**pacify** ['pæsifai] vt pacifier ; (soothe) calmer.
**pack** [pæk] n paquet m ; ballot m ; (of hounds) meute f ; (of thieves etc) bande f ; (of cards) jeu m // vt (goods) empaqueter, emballer ; (in suitcase etc) emballer ; (box) remplir ; (cram) entasser ; (press down) tasser ; damer ; **to** ~ (**one's bags**) faire ses bagages ; **to** ~ **one's case** faire sa valise.
**package** ['pækidʒ] n paquet m ; ballot m ; (also: ~ **deal**) marché global ; forfait m ; ~ **tour** n voyage organisé.
**packet** ['pækit] n paquet m.
**pack ice** [pækais] n banquise f.
**packing** ['pækiŋ] n emballage m ; ~ **case** n caisse f (d'emballage).
**pact** [pækt] n pacte m ; traité m.
**pad** [pæd] n bloc(-notes) m ; (for inking) tampon encreur ; (col: flat) piaule f // vt rembourrer ; ~**ding** n rembourrage m ; (fig) délayage m.
**paddle** ['pædl] n (oar) pagaie f // vi barboter, faire trempette ; ~ **steamer** n bateau m à aubes ; **paddling pool** n petit bassin.
**paddock** ['pædək] n enclos m ; paddock m.
**paddy** ['pædi] n: ~ **field** n rizière f.
**padlock** ['pædlɔk] n cadenas m // vt cadenasser.
**padre** ['pɑ:dri] n aumônier m.
**paediatrics, pediatrics** (US) [pi:di'ætriks] n pédiatrie f.
**pagan** ['peigən] a,n païen(ne).
**page** [peidʒ] n (of book) page f ; (also: ~ **boy**) groom m, chasseur m ; (at wedding) garçon m d'honneur // vt (in hotel etc) (faire) appeler.
**pageant** ['pædʒənt] n spectacle m historique ; grande cérémonie ; ~**ry** n apparat m, pompe f.
**pagoda** [pə'gəudə] n pagode f.
**paid** [peid] pt, pp of **pay** // a (work, official) rémunéré(e) ; **to put** ~ **to** mettre fin à, régler.
**pail** [peil] n seau m.
**pain** [pein] n douleur f ; **to be in** ~ souffrir, avoir mal ; **to have a** ~ **in** avoir mal à or une douleur à or dans ; **to take** ~**s to do** se donner du mal pour faire ; ~**ed** a peiné(e), chagriné(e) ; ~**ful** a douloureux(euse) ; difficile, pénible ; ~**fully** ad (fig: very) terriblement ; ~**killer** n calmant m ; ~**less** a indolore ; ~**staking** ['peinzteikiŋ] a (person) soigneux(euse) ; (work) soigné(e).
**paint** [peint] n peinture f // vt peindre ; (fig) dépeindre ; **to** ~ **the door blue**

peindre la porte en bleu ; **to ~ in oils** faire de la peinture à l'huile ; **~brush** n pinceau m ; **~er** n peintre m ; **~ing** n peinture f ; (picture) tableau m ; **~-stripper** n décapant m.

**pair** [peə*] n (of shoes, gloves etc) paire f ; (of people) couple m ; duo m ; paire ; **~ of scissors** (paire de) ciseaux mpl ; **~ of trousers** pantalon m.

**pajamas** [pɪ'dʒɑːməz] npl (US) pyjama(s) m(pl).

**Pakistan** [pɑːkɪ'stɑːn] n Pakistan m ; **~i** a pakistanais(e) // n Pakistanais/e.

**pal** [pæl] n (col) copain/copine.

**palace** ['pæləs] n palais m.

**palatable** ['pælɪtəbl] a bon(bonne), agréable au goût.

**palate** ['pælɪt] n palais m.

**palaver** [pə'lɑːvə*] n palabres fpl or mpl ; histoire(s) f(pl).

**pale** [peɪl] a pâle ; **to grow ~** pâlir ; **~ blue** a bleu pâle inv ; **~ness** n pâleur f.

**Palestine** ['pælɪstaɪn] n Palestine f ; **Palestinian** [-'tɪnɪən] a palestinien(ne) // n Palestinien/ne.

**palette** ['pælɪt] n palette f.

**palisade** [pælɪ'seɪd] n palissade f.

**pall** [pɔːl] n (of smoke) voile m// vi: **to ~ (on)** devenir lassant (pour).

**pallid** ['pælɪd] a blême.

**pally** ['pælɪ] a (col) copain(copine).

**palm** [pɑːm] n (ANAT) paume f ; (also: **~ tree**) palmier m ; (leaf, symbol) palme f // vt: **to ~ sth off on sb** (col) refiler qch à qn ; **~ist** n chiromancien/ne ; **P~ Sunday** n le dimanche des Rameaux.

**palpable** ['pælpəbl] a évident(e), manifeste.

**palpitation** [pælpɪ'teɪʃən] n palpitation(s) f(pl).

**paltry** ['pɔːltrɪ] a dérisoire ; piètre.

**pamper** ['pæmpə*] vt gâter, dorloter.

**pamphlet** ['pæmflət] n brochure f.

**pan** [pæn] n (also: **sauce~**) casserole f ; (also: **frying ~**) poêle f ; (of lavatory) cuvette f // vi (CINEMA) faire un panoramique.

**panacea** [pænə'sɪə] n panacée f.

**Panama** ['pænəmɑː] n Panama m ; **~ canal** n canal m de Panama.

**pancake** ['pænkeɪk] n crêpe f.

**panda** ['pændə] n panda m ; **~ car** n ≈ voiture f pie inv.

**pandemonium** [pændɪ'məunɪəm] n tohu-bohu m.

**pander** ['pændə*] vi: **to ~ to** flatter bassement ; obéir servilement à.

**pane** [peɪn] n carreau m (de fenêtre).

**panel** ['pænl] n (of wood, cloth etc) panneau m ; (RADIO, TV) panel m ; invités mpl, experts mpl ; **~ling, ~ing** (US) n boiseries fpl.

**pang** [pæŋ] n: **~s of remorse** pincements mpl de remords ; **~s of hunger/conscience** tiraillements mpl d'estomac/de la conscience.

**panic** ['pænɪk] n panique f, affolement m // vi s'affoler, paniquer ; **~ky** a (person) qui panique or s'affole facilement.

**pannier** ['pænɪə*] n (on animal) bât m ; (on bicycle) sacoche f.

**panorama** [pænə'rɑːmə] n panorama m ; **panoramic** a panoramique.

**pansy** ['pænzɪ] n (BOT) pensée f ; (col) tapette f, pédé m.

**pant** [pænt] vi haleter // n: see **pants**.

**pantechnicon** [pæn'tɛknɪkən] n (grand) camion de déménagement.

**panther** ['pænθə*] n panthère f.

**panties** ['pæntɪz] npl slip m, culotte f.

**pantomime** ['pæntəmaɪm] n spectacle m de Noël.

**pantry** ['pæntrɪ] n garde-manger m inv ; (room) office f or m.

**pants** [pænts] n (woman's) culotte f, slip m ; (man's) slip, caleçon m ; (US: trousers) pantalon m.

**papacy** ['peɪpəsɪ] n papauté f.

**papal** ['peɪpəl] a papal(e), pontifical(e).

**paper** ['peɪpə*] n papier m ; (also: **wall~**) papier peint ; (also: **news~**) journal m ; (study, article) article m ; (exam) épreuve écrite // a en or de papier // vt tapisser (de papier peint) ; (**identity**) **~s** npl papiers (d'identité) ; **~back** n livre m de poche ; livre broché or non relié // a: **~back edition** édition brochée ; **~ bag** n sac m en papier ; **~ clip** n trombone m ; **~ hankie** n mouchoir m en papier ; **~ mill** n papeterie f ; **~weight** n presse-papiers m inv ; **~work** n paperasserie f.

**papier-mâché** ['pæpɪeɪ'mæʃeɪ] n papier mâché.

**paprika** ['pæprɪkə] n paprika m.

**par** [pɑː*] n pair m ; (GOLF) normale f du parcours ; **on a ~ with** à égalité avec, au même niveau que.

**parable** ['pærəbl] n parabole f (REL).

**parabola** [pə'ræbələ] n parabole f (MATH).

**parachute** ['pærəʃuːt] n parachute m // vi sauter en parachute ; **~ jump** n saut m en parachute.

**parade** [pə'reɪd] n défilé m ; (inspection) revue f ; (street) boulevard m // vt (fig) faire étalage de // vi défiler.

**paradise** ['pærədaɪs] n paradis m.

**paradox** ['pærədɔks] n paradoxe m ; **~ical** [-'dɔksɪkl] a paradoxal(e).

**paraffin** ['pærəfɪn] n: (**oil**) pétrole (lampant) ; **liquid ~** huile f de paraffine.

**paragraph** ['pærəgrɑːf] n paragraphe m.

**parallel** ['pærəlɛl] a parallèle ; (fig) analogue // n (line) parallèle f ; (fig, GEO) parallèle m.

**paralysis** [pə'rælɪsɪs] n paralysie f.

**paralytic** [pærə'lɪtɪk] a paralysé(e) ; paralysant(e).

**paralyze** ['pærəlaɪz] vt paralyser.

**paramount** ['pærəmaunt] a: **of ~ importance** de la plus haute or grande importance.

**paranoia** [pærə'nɔɪə] n paranoïa f.

**paraphernalia** [pærəfə'neɪlɪə] n attirail m, affaires fpl.

**paraphrase** ['pærəfreɪz] vt paraphraser.

**paraplegic** [pærə'pliːdʒɪk] n paraplégique m/f.

**parasite** ['pærəsaɪt] n parasite m.

**paratrooper** ['pærətruːpə*] n parachutiste m (soldat).

**parcel** ['pɑːsl] n paquet m, colis m // vt

(*also*: ~ **up**) empaqueter ; ~ **post** n
service m de colis postaux.
**parch** [pɑːʃ] vt dessécher ; ~**ed** a (*person*)
assoiffé(e).
**parchment** ['pɑːtʃmənt] n parchemin m.
**pardon** ['pɑːdn] n pardon m ; grâce f //
vt pardonner à ; (*LAW*) gracier ; ~!
pardon! ; ~ **me!** excusez-moi! ; **I beg your**
~! pardon!, je suis désolé! ; **I beg your**
~? pardon?
**parent** ['pɛərənt] n père m or mère f ; ~**s**
npl parents mpl ; ~**al** [pə'rɛntl] a
parental(e), des parents.
**parentheses,** pl **parentheses**
[pə'rɛnθɪsɪs, -siːz] n parenthèse f.
**Paris** ['pærɪs] n Paris.
**parish** ['pærɪʃ] n paroisse f ; (*civil*) ≈
commune f // a paroissial(e) ; ~**ioner**
[pə'rɪʃənə*] n paroissien/ne.
**Parisian** [pə'rɪzɪən] a parisien(ne) // n
Parisien/ne.
**parity** ['pærɪtɪ] n parité f.
**park** [pɑːk] n parc m, jardin public // vt
garer // vi se garer ; ~**ing** n
stationnement m ; ~**ing lot** n (US) parking
m, parc m de stationnement ; ~**ing meter**
n parcomètre m ; ~**ing place** n place f de
stationnement.
**parliament** ['pɑːləmənt] n parlement m ;
~**ary** ['-'mɛntərɪ] parlementaire.
**parlour,** **parlor** (US) ['pɑːlə*] n salon m.
**parochial** [pə'rəukɪəl] a paroissial(e) ;
(*pej*) à l'esprit de clocher.
**parody** ['pærədɪ] n parodie f.
**parole** [pə'rəul] n: **on** ~ en liberté
conditionnelle.
**parquet** ['pɑːkeɪ] n: ~ **floor(ing)** parquet
m.
**parrot** ['pærət] n perroquet m ; ~ **fashion**
ad comme un perroquet.
**parry** ['pærɪ] vt esquiver, parer à.
**parsimonious** [pɑːsɪ'məunɪəs] a
parcimonieux(euse).
**parsley** ['pɑːslɪ] n persil m.
**parsnip** ['pɑːsnɪp] n panais m.
**parson** ['pɑːsn] n ecclésiastique m ;
(*Church of England*) pasteur m.
**part** [pɑːt] n partie f ; (*of machine*) pièce
f ; (*THEATRE etc*) rôle m ; (*MUS*) voix f ; part
// a partiel(le) // ad = **partly** // vt
séparer // vi (*people*) se séparer ; (*roads*)
se diviser ; **to take** ~ **in** participer à,
prendre part à ; **on his** ~ de sa part ; **for
my** ~ en ce qui me concerne ; **for the
most** ~ en grande partie ; dans la plupart
des cas ; **to** ~ **with** vt fus se séparer de ;
se défaire de ; (*take leave*) quitter, prendre
congé de ; **in** ~ **exchange** en reprise.
**partial** ['pɑːʃl] a partiel(le) ; (*unjust*)
partial(e) ; **to be** ~ **to** aimer, avoir un
faible pour ; ~**ly** ad en partie,
partiellement ; partialement.
**participate** [pɑː'tɪsɪpeɪt] vi: **to** ~ **(in)**
participer (à), prendre part (à) ;
**participation** ['-'peɪʃən] n participation f.
**participle** ['pɑːtɪsɪpl] n participe m.
**particle** ['pɑːtɪkl] n particule f.
**particular** [pə'tɪkjulə*] a particulier(ère) ;
spécial(e) ; (*detailed*) détaillé(e) ; (*fussy*)
difficile ; méticuleux(euse) ; ~**s** npl détails
mpl ; (*information*) renseignements mpl ;

~**ly** ad particulièrement ; en particulier.
**parting** ['pɑːtɪŋ] n séparation f ; (*in hair*)
raie f // a d'adieu.
**partisan** [pɑːtɪ'zæn] n partisan/e //
partisan(e) ; de parti.
**partition** [pɑː'tɪʃən] n (*POL*) partition f,
division f ; (*wall*) cloison f.
**partly** ['pɑːtlɪ] ad en partie, partiellement.
**partner** ['pɑːtnə*] n (*COMM*) associé/e ;
(*SPORT*) partenaire m/f ; (*at dance*)
cavalier/ère // vt être l'associé or le
partenaire or le cavalier de ; ~**ship** n
association f.
**partridge** ['pɑːtrɪdʒ] n perdrix f.
**part-time** ['pɑːt'taɪm] a,ad à mi-temps, à
temps partiel.
**party** ['pɑːtɪ] n (*POL*) parti m ; (*team*) équipe
f ; groupe m ; (*LAW*) partie f ; (*celebration*)
réception f ; soirée f ; fête f.
**pass** [pɑːs] vt (*time, object*) passer ; (*place*)
passer devant ; (*car, friend*) croiser ; (*exam*)
être reçu(e) à, réussir ; (*candidate*)
admettre ; (*overtake, surpass*) dépasser ;
(*approve*) approuver, accepter // vi
passer ; (*SCOL*) être reçu(e) ou admis(e),
réussir // n (*permit*) laissez-passer m inv ;
carte f d'accès or d'abonnement ; (*in
mountains*) col m ; (*SPORT*) passe f ; (*SCOL:
also*: ~ **mark**): **to get a** ~ être reçu(e)
(sans mention) ; **to** ~ **sth through a ring**
etc (faire) passer qch dans un anneau etc ;
**could you** ~ **the vegetables round?**
pourriez-vous faire passer les légumes? ;
**to** ~ **away** vi mourir ; **to** ~ **by** vi passer
// vt négliger ; **to** ~ **for** passer pour ; **to**
~ **out** vi s'évanouir ; ~**able** a (*road*)
praticable ; (*work*) acceptable.
**passage** ['pæsɪdʒ] n (*also*: ~**way**) couloir
m ; (*gen, in book*) passage m ; (*by boat*)
traversée f.
**passenger** ['pæsɪndʒə*] n passager/ère.
**passer-by** [pɑːsə'baɪ] n passant/e.
**passing** ['pɑːsɪŋ] a (*fig*) passager(ère) ; **in**
~ en passant.
**passion** ['pæʃən] n passion f ; amour m ;
**to have a** ~ **for sth** avoir la passion de
qch ; ~**ate** a passionné(e).
**passive** ['pæsɪv] a (*also LING*) passif(ive).
**Passover** ['pɑːsəuvə*] n Pâque (*juive*).
**passport** ['pɑːspɔːt] n passeport m.
**password** ['pɑːswəːd] n mot m de passe.
**past** [pɑːst] prep (*further than*) au delà de,
plus loin que ; après ; (*later than*) après //
a passé(e) ; (*president etc*) ancien(ne) // n
passé m ; **he's** ~ **forty** il a dépassé la
quarantaine, il a plus de or passé quarante
ans ; **it's** ~ **midnight** il est plus de minuit,
il est passé minuit ; **for the** ~ **few/3 days**
depuis quelques/3 jours ; ces derniers/3
derniers jours ; **to run** ~ passer en
courant ; **he ran** ~ **me** il m'a dépassé en
courant ; il a passé devant moi en courant.
**pasta** ['pæstə] n pâtes fpl.
**paste** [peɪst] n (*glue*) colle f (de pâte) ;
(*jewellery*) strass m ; (*CULIN*) pâté m (à
tartiner) ; pâte f // vt coller.
**pastel** ['pæstl] a pastel inv.
**pasteurized** ['pæstəraɪzd] a pasteurisé(e).
**pastille** ['pæstl] n pastille f.
**pastime** ['pɑːstaɪm] n passe-temps m inv,
distraction f.

**pastoral** ['pɑ:stərl] a pastoral(e).
**pastry** ['peɪstrɪ] n pâte f; (cake) pâtisserie f.
**pasture** ['pɑ:stʃə*] n pâturage m.
**pasty** n ['pæstɪ] petit pâté (en croûte) // a ['peɪstɪ] pâteux(euse); (complexion) terreux(euse).
**pat** [pæt] vt donner une petite tape à // n: a ~ of butter une noisette de beurre.
**patch** [pætʃ] n (of material) pièce f; (spot) tache f; (of land) parcelle f // vt (clothes) rapiécer; a bad ~ une période difficile; to ~ up vt réparer; ~work n patchwork m; ~y a inégal(e).
**pate** [peɪt] n: a bald ~ un crâne chauve or dégarni.
**pâté** ['pæteɪ] n pâté m, terrine f.
**patent** ['peɪtnt] n brevet m (d'invention) // vt faire breveter // a patent(e), manifeste; ~ leather n cuir verni; ~ medicine n spécialité f pharmaceutique.
**paternal** [pə'tə:nl] a paternel(le).
**paternity** [pə'tə:nɪtɪ] n paternité f.
**path** [pɑ:θ] n chemin m, sentier m; allée f; (of planet) course f; (of missile) trajectoire f.
**pathetic** [pə'θɛtɪk] a (pitiful) pitoyable; (very bad) lamentable, minable; (moving) pathétique.
**pathologist** [pə'θɔlədʒɪst] n pathologiste m/f.
**pathology** [pə'θɔlədʒɪ] n pathologie f.
**pathos** ['peɪθɔs] n pathétique m.
**pathway** ['pɑ:θweɪ] n chemin m, sentier m.
**patience** ['peɪʃns] n patience f; (CARDS) réussite f.
**patient** ['peɪʃnt] n patient/e; malade m/f // a patient(e) // ~ly ad patiemment.
**patio** ['pætɪəu] n patio m.
**patriotic** [pætrɪ'ɔtɪk] a patriotique; (person) patriote.
**patrol** [pə'trəul] n patrouille f // vt patrouiller dans; ~ car n voiture f de police; ~man n (US) agent m de police.
**patron** ['peɪtrən] n (in shop) client/e; (of charity) patron/ne; ~ of the arts mécène m; ~age ['pætrənɪdʒ] n patronage m, appui m; ~ize ['pætrənaɪz] vt être (un) client or un habitué de; (fig) traiter avec condescendance; ~ saint n saint(e) patron(ne).
**patter** ['pætə*] n crépitement m, tapotement m; (sales talk) boniment m // vi crépiter, tapoter.
**pattern** ['pætən] n modèle m; (SEWING) patron m; (design) motif m; (sample) échantillon m.
**paunch** [pɔ:ntʃ] n gros ventre, bedaine f.
**pauper** ['pɔ:pə*] n indigent/e; ~'s grave n fosse commune.
**pause** [pɔ:z] n pause f, arrêt m; (MUS) silence m // vi faire une pause, s'arrêter.
**pave** [peɪv] vt paver, daller; to ~ the way for ouvrir la voie à.
**pavement** ['peɪvmənt] n (Brit) trottoir m.
**pavilion** [pə'vɪlɪən] n pavillon m; tente f.
**paving** ['peɪvɪŋ] n pavage m, dallage m; ~ stone n pavé m.
**paw** [pɔ:] n patte f // vt donner un coup de patte à; (subj: person: pej) tripoter.

**pawn** [pɔ:n] n gage m; (CHESS, also fig) pion m // vt mettre en gage; ~broker n prêteur m sur gages; ~shop n mont-de-piété m.
**pay** [peɪ] n salaire m; paie f // vb (pt,pp paid [peɪd]) vt payer // vi payer; (be profitable) être rentable; to ~ attention (to) prêter attention (à); to ~ back vt rembourser; to ~ for vt payer; to ~ in vt verser; to ~ up vt régler; ~able a payable; ~ day n jour m de paie; ~ee n bénéficiaire m/f; ~ing a payant(e); ~ment n paiement m; règlement m; versement m; ~ packet n paie f; ~roll n registre m du personnel; ~ slip n bulletin m de paie.
**p.c.** abbr of per cent.
**pea** [pi:] n (petit) pois.
**peace** [pi:s] n paix f; (calm) calme m, tranquillité f; ~able a paisible; ~ful a paisible, calme; ~keeping n maintien m de la paix; ~ offering n gage m de réconciliation.
**peach** [pi:tʃ] n pêche f.
**peacock** ['pi:kɔk] n paon m.
**peak** [pi:k] n (mountain) pic m, cime f; (fig: highest level) maximum m; (: of career, fame) apogée m; ~ period n période f de pointe.
**peal** [pi:l] n (of bells) carillon m; ~s of laughter éclats mpl de rire.
**peanut** ['pi:nʌt] n arachide f, cacahuète f; ~ butter n beurre m de cacahuète.
**pear** [pɛə*] n poire f.
**pearl** [pə:l] n perle f.
**peasant** ['pɛznt] n paysan/ne.
**peat** [pi:t] n tourbe f.
**pebble** ['pɛbl] n galet m, caillou m.
**peck** [pɛk] vt (also: ~ at) donner un coup de bec à; (food) picorer // n coup m de bec; (kiss) bécot m; ~ing order n ordre m des préséances; ~ish a (col): I feel ~ish je mangerais bien quelque chose, j'ai la dent.
**peculiar** [pɪ'kju:lɪə*] a étrange, bizarre, curieux(euse); particulier(ère); ~ to particulier à; ~ity [pɪkju:lɪ'ærɪtɪ] n particularité f; (oddity) bizarrerie f.
**pecuniary** [pɪ'kju:nɪərɪ] a pécuniaire.
**pedal** ['pɛdl] n pédale f // vi pédaler.
**pedantic** [pɪ'dæntɪk] a pédant(e).
**peddle** ['pɛdl] vt colporter.
**pedestal** ['pɛdəstl] n piédestal m.
**pedestrian** [pɪ'dɛstrɪən] n piéton m // a piétonnier(ère); (fig) prosaïque, terre à terre inv; ~ crossing n passage clouté m.
**pediatrics** [pi:dɪ'ætrɪks] n (US) = paediatrics.
**pedigree** ['pɛdɪgri:] n ascendance f; (of animal) pedigree m // cpd (animal) de race.
**peek** [pi:k] vi jeter un coup d'œil (furtif).
**peel** [pi:l] n pelure f, épluchure f; (of orange, lemon) écorce f // vt peler, éplucher // vi (paint etc) s'écailler; (wallpaper) se décoller; ~ings npl pelures fpl, épluchures fpl.
**peep** [pi:p] n (look) coup d'œil furtif; (sound) pépiement m // vi jeter un coup d'œil (furtif); to ~ out vi se montrer (furtivement); ~hole n judas m.

**peer** [pɪə*] vi: to ~ at regarder attentivement, scruter // n (noble) pair m; (equal) pair m, égal/e; ~age n pairie f; ~less a incomparable, sans égal.

**peeved** [pi:vd] a irrité(e), ennuyé(e).

**peevish** ['pi:vɪʃ] a grincheux(euse), maussade.

**peg** [pɛg] n cheville f; (for coat etc) patère f; (also: clothes ~) pince f à linge; off the ~ ad en prêt-à-porter.

**pejorative** [pɪ'dʒɔrətɪv] a péjoratif(ive).

**pekingese** [pi:kɪ'ni:z] n pékinois m.

**pelican** ['pɛlɪkən] n pélican m.

**pellet** ['pɛlɪt] n boulette f; (of lead) plomb m.

**pelmet** ['pɛlmɪt] n cantonnière f; lambrequin m.

**pelt** [pɛlt] vt: to ~ sb (with) bombarder qn (de) // vi (rain) tomber à seaux // n peau f.

**pelvis** ['pɛlvɪs] n bassin m.

**pen** [pɛn] n (for writing) stylo m; (for sheep) parc m.

**penal** ['pi:nl] a pénal(e); ~ize vt pénaliser; (fig) désavantager; ~ servitude n travaux forcés.

**penalty** ['pɛnltɪ] n pénalité f; sanction f; (fine) amende f; (sport) pénalisation f; ~ (kick) n (FOOTBALL) penalty m.

**penance** ['pɛnəns] n pénitence f.

**pence** [pɛns] npl of penny.

**pencil** ['pɛnsl] n crayon m // vt: to ~ sth in noter qch au crayon; ~ sharpener n taille-crayon(s) m inv.

**pendant** ['pɛndnt] n pendentif m.

**pending** ['pɛndɪŋ] prep en attendant // a en suspens.

**pendulum** ['pɛndjuləm] n pendule m; (of clock) balancier m.

**penetrate** ['pɛnɪtreɪt] vt pénétrer dans; pénétrer; **penetrating** a pénétrant(e); **penetration** [-'treɪʃən] n pénétration f.

**penfriend** ['pɛnfrɛnd] n correspondant/e.

**penguin** ['pɛŋgwɪn] n pingouin m.

**penicillin** [pɛnɪ'sɪlɪn] n pénicilline f.

**peninsula** [pə'nɪnsjulə] n péninsule f.

**penis** ['pi:nɪs] n pénis m, verge f.

**penitence** ['pɛnɪtns] n repentir m.

**penitent** ['pɛnɪtnt] a repentant(e).

**penitentiary** [pɛnɪ'tɛnʃərɪ] n (US) prison f.

**penknife** ['pɛnnaɪf] n canif m.

**pennant** ['pɛnənt] n flamme f, banderole f.

**penniless** ['pɛnɪlɪs] a sans le sou.

**penny**, pl **pennies** or **pence** ['pɛnɪ, 'pɛnɪz, pɛns] n penny m (pl pennies) (new: 100 in a pound; old: 12 in a shilling; on tend à employer 'pennies' ou 'two-pence piece' etc pour les pièces, 'pence' pour la valeur).

**pension** ['pɛnʃən] n retraite f; (MIL) pension f; ~able a qui a droit à une retraite; ~er n retraité/e; ~ fund n caisse f de retraite.

**pensive** ['pɛnsɪv] a pensif(ive).

**pentagon** ['pɛntəgən] n pentagone m.

**Pentecost** ['pɛntɪkɔst] n Pentecôte f.

**penthouse** ['pɛnthaus] n appartement m (de luxe) en attique.

**pent-up** ['pɛntʌp] a (feelings) refoulé(e).

**penultimate** [pɛ'nʌltɪmət] a pénultième, avant-dernier(ère).

**people** ['pi:pl] npl gens mpl; personnes fpl; (citizens) peuple m // n (nation, race) peuple m // vt peupler; 4/several ~ came 4/plusieurs personnes sont venues; the room was full of ~ la salle était pleine de monde ou de gens; ~ say that... on dit ou les gens disent que.

**pep** [pɛp] n (col) entrain m, dynamisme m; to ~ up vt remonter.

**pepper** ['pɛpə*] n poivre m; (vegetable) poivron m // vt poivrer; ~mint n (plant) menthe poivrée; (sweet) pastille f de menthe.

**peptalk** ['pɛptɔ:k] n (col) (petit) discours d'encouragement.

**per** [pə:*] prep par; ~ hour (miles etc) à l'heure; (fee) (de) l'heure; ~ kilo etc le kilo etc; ~ day/person par jour/personne; ~ cent pour cent; ~ annum par an.

**perceive** [pə'si:v] vt percevoir; (notice) remarquer, s'apercevoir de.

**percentage** [pə'sɛntɪdʒ] n pourcentage m.

**perceptible** [pə'sɛptɪbl] a perceptible.

**perception** [pə'sɛpʃən] n perception f; sensibilité f; perspicacité f.

**perceptive** [pə'sɛptɪv] a pénétrant(e); perspicace.

**perch** [pə:tʃ] n (fish) perche f; (for bird) perchoir m // vi (se) percher.

**percolator** ['pə:kəleɪtə*] n percolateur m; cafetière f électrique.

**percussion** [pə'kʌʃən] n percussion f.

**peremptory** [pə'rɛmptərɪ] a péremptoire.

**perennial** [pə'rɛnɪəl] a perpétuel(le); (BOT) vivace // n plante f vivace.

**perfect** a,n ['pə:fɪkt] a parfait(e) // n (also: ~ tense) parfait m // vt [pə'fɛkt] parfaire; mettre au point; ~ion n [-'fɛkʃən] n perfection f; ~ionist n perfectionniste m/f; ~ly ad parfaitement.

**perforate** ['pə:fəreɪt] vt perforer, percer; **perforation** [-'reɪʃən] n perforation f; (line of holes) pointillé m.

**perform** [pə'fɔ:m] vt (carry out) exécuter, remplir; (concert etc) jouer, donner // vi jouer; ~ance n représentation f, spectacle m; (of an artist) interprétation f; (of player etc) prestation f; (of car, engine) performance f; ~er n artiste m/f; ~ing a (animal) savant(e).

**perfume** ['pə:fju:m] n parfum m // vt parfumer.

**perfunctory** [pə'fʌŋktərɪ] a négligent(e), pour la forme.

**perhaps** [pə'hæps] ad peut-être; ~ he'll... peut-être qu'il... .

**peril** ['pɛrɪl] n péril m; ~ous a périlleux(euse).

**perimeter** [pə'rɪmɪtə*] n périmètre m; ~ wall n mur m d'enceinte.

**period** ['pɪərɪəd] n période f; (HISTORY) époque f; (SCOL) cours m; (full stop) point m; (MED) règles fpl // a (costume, furniture) d'époque; ~ic [-'ɔdɪk] a périodique; ~ical [-'ɔdɪkl] a périodique // n périodique m; ~ically [-'ɔdɪklɪ] ad périodiquement.

**peripheral** [pə'rıfərəl] *a* périphérique.

**periphery** [pə'rıfərı] *n* périphérie *f*.

**periscope** ['pərıskəup] *n* périscope *m*.

**perish** ['pɛrıʃ] *vi* périr, mourir ; (*decay*) se détériorer ; ~**able** *a* périssable ; ~**ing** *a* (*col : cold*) glacial(e).

**perjure** ['pə:dʒə*] *vt* : **to** ~ **o.s.** se parjurer ; **perjury** *n* (*LAW : in court*) faux témoignage ; (*breach of oath*) parjure *m*.

**perk** [pə:k] *n* avantage *m*, à-côté *m* ; **to** ~ **up** *vi* (*cheer up*) se ragaillardir ; ~**y** *a* (*cheerful*) guilleret(te), gai(e).

**perm** [pə:m] *n* (*for hair*) permanente *f*.

**permanence** ['pə:mənəns] *n* permanence *f*.

**permanent** ['pə:mənənt] *a* permanent(e) ; ~**ly** *ad* de façon permanente.

**permeable** ['pə:mıəbl] *a* perméable.

**permeate** ['pə:mıeıt] *vi* s'infiltrer // *vt* s'infiltrer dans ; pénétrer.

**permissible** [pə'mısıbl] *a* permis(e), acceptable.

**permission** [pə'mıʃən] *n* permission *f*, autorisation *f*.

**permissive** [pə'mısıv] *a* tolérant(e) ; **the** ~ **society** la société de tolérance.

**permit** *n* ['pə:mıt] permis *m* // *vt* [pə'mıt] permettre ; **to** ~ **sb to do** autoriser qn à faire, permettre à qn de faire.

**permutation** [pə:mju'teıʃən] *n* permutation *f*.

**pernicious** [pə:'nıʃəs] *a* pernicieux(euse), nocif(ive).

**pernickety** [pə'nıkıtı] *a* pointilleux(euse), tatillon(ne).

**perpendicular** [pə:pən'dıkjulə*] *a,n* perpendiculaire (*f*).

**perpetrate** ['pə:pıtreıt] *vt* perpétrer, commettre.

**perpetual** [pə'pɛtjuəl] *a* perpétuel(le).

**perpetuate** [pə'pɛtjueıt] *vt* perpétuer.

**perpetuity** [pə:pı'tju:ıtı] *n* : **in** ~ à perpétuité.

**perplex** [pə'plɛks] *vt* rendre perplexe ; (*complicate*) embrouiller.

**persecute** ['pə:sıkju:t] *vt* persécuter ; **persecution** [-'kju:ʃən] *n* persécution *f*.

**persevere** [pə:sı'vıə*] *vi* persévérer.

**Persian** ['pə:ʃən] *a* persan(e) // *n* (*LING*) persan *m* ; **the** (~) **Gulf** *n* le golfe Persique.

**persist** [pə'sıst] *vi* : **to** ~ (**in doing**) persister (à faire), s'obstiner (à faire) ; ~**ence** *n* persistance *f*, obstination *f*, opiniâtreté *f* ; ~**ent** *a* persistant(e), tenace.

**person** ['pə:sn] *personne f* ; ~**able** *a* de belle prestance, au physique attrayant ; ~**al** *a* personnel(le) ; individuel(le) ; ~**al assistant** (**P.A.**) *n* secrétaire privé/e ; ~**al call** (*TEL*) communication *f* avec préavis ; ~**ality** [-'nælıtı] *n* personnalité *f* ; ~**ally** *ad* personnellement ; ~**ify** [-'sɔnıfaı] *vt* personnifier.

**personnel** [pə:sə'nɛl] *n* personnel *m* ; ~ **manager** *n* chef *m* du personnel.

**perspective** [pə'spɛktıv] *n* perspective *f*.

**perspex** ['pə:spɛks] *n* sorte de plexiglas.

**perspicacity** [pə:spı'kæsıtı] *n* perspicacité *f*.

**perspiration** [pə:spı'reıʃən] *n* transpiration *f*.

**perspire** [pə'spaıə*] *vi* transpirer.

**persuade** [pə'sweıd] *vt* persuader.

**persuasion** [pə'sweıʒən] *n* persuasion *f*.

**persuasive** [pə'sweısıv] *a* persuasif(ive).

**pert** [pə:t] *a* (*brisk*) sec(sèche), brusque ; (*bold*) effronté(e), impertinent(e).

**pertaining** [pə:'teınıŋ] : ~ **to** *prep* relatif(ive) à.

**pertinent** ['pə:tınənt] *a* pertinent(e).

**perturb** [pə'tə:b] *vt* perturber, inquiéter.

**Peru** [pə'ru:] *n* Pérou *m*.

**perusal** [pə'ru:zl] *n* lecture (attentive).

**Peruvian** [pə'ru:vjən] *a* péruvien(ne) // *n* Péruvien/ne.

**pervade** [pə'veıd] *vt* se répandre dans, envahir.

**perverse** [pə'və:s] *a* pervers(e) ; (*stubborn*) entêté(e), contrariant(e).

**perversion** [pə'və:ʃn] *n* perversion *f*.

**perversity** [pə'və:sıtı] *n* perversité *f*.

**pervert** *n* ['pə:və:t] perverti/e // *vt* [pə'və:t] pervertir.

**pessimism** ['pɛsımızəm] *n* pessimisme *m*.

**pessimist** ['pɛsımıst] *n* pessimiste *m/f* ; ~**ic** [-'mıstık] *a* pessimiste.

**pest** [pɛst] *n* animal *m* (*or* insecte *m*) nuisible ; (*fig*) fléau *m*.

**pester** ['pɛstə*] *vt* importuner, harceler.

**pesticide** ['pɛstısaıd] *n* pesticide *m*.

**pestle** ['pɛsl] *n* pilon *m*.

**pet** [pɛt] *n* animal familier ; (*favourite*) chouchou *m* // *vt* choyer // *vi* (*col*) se peloter ; ~ **lion** *n* lion apprivoisé.

**petal** ['pɛtl] *n* pétale *m*.

**peter** ['pi:tə*] : **to** ~ **out** *vi* s'épuiser ; s'affaiblir.

**petite** [pə'ti:t] *a* menu(e).

**petition** [pə'tıʃən] *n* pétition *f* // *vt* adresser une pétition à.

**petrified** ['pɛtrıfaıd] *a* (*fig*) mort(e) de peur.

**petrify** ['pɛtrıfaı] *vt* pétrifier.

**petrol** ['pɛtrəl] *n* (*Brit*) essence *f* ; ~ **engine** *n* moteur *m* à essence.

**petroleum** [pə'trəulıəm] *n* pétrole *m*.

**petrol** : ~ **pump** *n* (*in car, at garage*) pompe *f* à essence ; ~ **station** *n* station-service *f* ; ~ **tank** *n* réservoir *m* d'essence.

**petticoat** ['pɛtıkəut] *n* jupon *m*.

**pettifogging** ['pɛtıfɔgıŋ] *a* chicanier(ère).

**pettiness** ['pɛtınıs] *n* mesquinerie *f*.

**petty** ['pɛtı] *a* (*mean*) mesquin(e) ; (*unimportant*) insignifiant(e), sans importance ; ~ **cash** *n* menue monnaie ; ~ **officer** *n* second-maître *m*.

**petulant** ['pɛtjulənt] *a* irritable.

**pew** [pju:] *n* banc *m* (d'église).

**pewter** ['pju:tə*] *n* étain *m*.

**phallic** ['fælık] *a* phallique.

**phantom** ['fæntəm] *n* fantôme *m* ; (*vision*) fantasme *m*.

**Pharaoh** ['fɛərəu] *n* pharaon *m*.

**pharmacist** ['fɑ:məsıst] *n* pharmacien/ne.

**pharmacy** ['fɑ:məsı] *n* pharmacie *f*.

**phase** [feız] *n* phase *f*, période *f* // *vt* : **to** ~ **sth in/out** introduire/supprimer qch progressivement.

**Ph.D.** (*abbr* = *Doctor of Philosophy*) *title* ≈ Docteur *m* en Droit *or* Lettres *etc* // *n* ≈ doctorat *m* ; titulaire *m* d'un doctorat.

**pheasant** ['feznt] n faisan m.

**phenomenon,** pl **phenomena** [fə'nɔminən, -nə] n phénomène m.

**phew** [fju:] excl ouf!

**phial** ['faiəl] n fiole f.

**philanderer** [fi'lændərə*] n don Juan m.

**philanthropic** [filən'θrɔpik] a philanthropique.

**philanthropist** [fi'lænθrəpist] n philanthrope m/f.

**philatelist** [fi'lætəlist] n philatéliste m/f.

**philately** [fi'lætəli] n philatélie f.

**Philippines** ['filipi:nz] npl (also: Philippine Islands) Philippines fpl.

**philosopher** [fi'lɔsəfə*] n philosophe m.

**philosophical** [filə'sɔfikl] a philosophique.

**philosophy** [fi'lɔsəfi] n philosophie f.

**phlegm** [flem] n flegme m; ~atic [fleg'mætik] a flegmatique.

**phobia** ['fəubjə] n phobie f.

**phone** [fəun] n téléphone m // vt téléphoner; **to be on the ~** avoir le téléphone; (be calling) être au téléphone; **to ~ back** vt,vi rappeler.

**phonetics** [fə'nɛtiks] n phonétique f.

**phoney** ['fəuni] a faux(fausse), factice // n (person) charlatan m; fumiste m/f.

**phonograph** ['fəunəgrɑ:f] n (US) électrophone m.

**phony** ['fəuni] a,n = **phoney**.

**phosphate** ['fɔsfeit] n phosphate m.

**phosphorus** ['fɔsfərəs] n phosphore m.

**photo** ['fəutəu] n photo f.

**photo...** ['fəutəu] prefix: ~**copier** n machine f à photocopier; ~**copy** n photocopie f // vt photocopier; ~**electric** a photoélectrique; ~**genic** [-'dʒɛnik] a photogénique; ~**graph** n photographie f // vt photographier; ~**grapher** [fə'tɔgrəfə*] n photographe m/f; ~**graphic** [-'græfik] a photographique; ~**graphy** [fə'tɔgrəfi] n photographie f; ~**stat** ['fəutəustæt] n photocopie f, photostat m.

**phrase** [freiz] n expression f; (LING) locution f // vt exprimer; ~**book** n recueil m d'expressions (pour touristes).

**physical** ['fizikl] a physique; ~**ly** ad physiquement.

**physician** [fi'ziʃən] n médecin m.

**physicist** ['fizisist] n physicien/ne.

**physics** ['fiziks] n physique f.

**physiology** [fizi'ɔlədʒi] n physiologie f.

**physiotherapist** [fiziəu'θɛrəpist] n kinésithérapeute m/f.

**physiotherapy** [fiziəu'θɛrəpi] n kinésithérapie f.

**physique** [fi'zi:k] n physique m; constitution f.

**pianist** ['pi:ənist] n pianiste m/f.

**piano** [pi'ænəu] n piano m.

**piccolo** ['pikələu] n piccolo m.

**pick** [pik] n (tool: also: ~-**axe**) pic m, pioche f // vt choisir; (gather) cueillir; **take your ~** faites votre choix; **the ~ of** le(la) meilleur(e) de; **to ~ a bone** ronger un os; **to ~ one's teeth** se curer les dents; **to ~ pockets** pratiquer le vol à la tire; **to ~ on** vt fus (person) harceler; **to ~ out** vt choisir; (distinguish)

distinguer; **to ~ up** vi (improve) remonter, s'améliorer // vt ramasser; (telephone) décrocher; (collect) passer prendre; (learn) apprendre; **to ~ up speed** prendre de la vitesse; **to ~ o.s. up** se relever.

**picket** ['pikit] n (in strike) gréviste m/f participant à un piquet de grève; piquet m de grève // vt mettre un piquet de grève devant; ~ **line** n piquet m de grève.

**pickle** ['pikl] n (also: ~**s:** as condiment) pickles mpl // vt conserver dans du vinaigre or dans de la saumure.

**pick-me-up** ['pikmi:ʌp] n remontant m.

**pickpocket** ['pikpɔkit] n pickpocket m.

**pickup** ['pikʌp] n (on record player) bras m pick-up; (small truck) pick-up m inv.

**picnic** ['piknik] n pique-nique m // vi pique-niquer; ~**ker** n pique-niqueur/euse.

**pictorial** [pik'tɔ:riəl] a illustré(e).

**picture** ['piktʃə*] n image f; (painting) peinture f, tableau m; (photograph) photo(graphie) f; (drawing) dessin m; (film) film m // vt se représenter; (describe) dépeindre, représenter; **the ~s** le cinéma m; ~ **book** n livre m d'images.

**picturesque** [piktʃə'rɛsk] a pittoresque.

**picture window** ['piktʃəwindəu] n baie vitrée, fenêtre f panoramique.

**piddling** ['pidliŋ] a (col) insignifiant(e).

**pidgin** ['pidʒin] a: ~ **English** n pidgin m.

**pie** [pai] n tourte f; (of meat) pâté m en croûte.

**piebald** ['paibɔ:ld] a pie inv.

**piece** [pi:s] n morceau m; (item): **a ~ of furniture/advice** un meuble/conseil // vt: **to ~ together** rassembler; **in ~s** (broken) en morceaux, en miettes; (not yet assembled) en pièces détachées; **to take to ~s** démonter; ~**meal** ad par bouts; ~**work** n travail m aux pièces.

**pier** [piə*] n jetée f; (of bridge etc) pile f.

**pierce** [piəs] vt percer, transpercer.

**piercing** ['piəsiŋ] a (cry) perçant(e).

**piety** ['paiəti] n piété f.

**piffling** ['pifliŋ] a insignifiant(e).

**pig** [pig] n cochon m, porc m.

**pigeon** ['pidʒən] n pigeon m; ~**hole** n casier m; ~-**toed** a marchant les pieds en dedans.

**piggy bank** ['pigibæŋk] n tirelire f.

**pigheaded** ['pig'hɛdid] a entêté(e), têtu(e).

**piglet** ['piglit] n petit cochon, porcelet m.

**pigment** ['pigmənt] n pigment m; ~**ation** [-'teiʃən] n pigmentation f.

**pigmy** ['pigmi] n = **pygmy**.

**pigsty** ['pigstai] n porcherie f.

**pigtail** ['pigteil] n natte f, tresse f.

**pike** [paik] n (spear) pique f; (fish) brochet m.

**pilchard** ['piltʃəd] n pilchard m (sorte de sardine).

**pile** [pail] n (pillar, of books) pile f; (heap) tas m; (of carpet) épaisseur f // vb (also: ~ **up**) vt empiler, entasser // vi s'entasser.

**piles** [pailz] n hémorroïdes fpl.

**pileup** ['pailʌp] n (AUT) télescopage m, collision f en série.

**pilfer** ['pilfə*] vt chaparder; ~**ing** n chapardage m.

**pilgrim** ['pɪlgrɪm] n pèlerin m; ~age n pèlerinage m.
**pill** [pɪl] n pilule f; **the** ~ la pilule.
**pillage** ['pɪlɪdʒ] vt piller.
**pillar** ['pɪlə*] n pilier m; ~ **box** n (Brit) boîte f aux lettres.
**pillion** ['pɪljən] n (of motor cycle) siège m arrière; **to ride** ~ être derrière; (on horse) être en croupe.
**pillory** ['pɪlərɪ] n pilori m // vt mettre au pilori.
**pillow** ['pɪləu] n oreiller m; ~case n taie f d'oreiller.
**pilot** ['paɪlət] n pilote m // cpd (scheme etc) pilote, expérimental(e) // vt piloter; ~ **boat** n bateau-pilote m; ~ **light** n veilleuse f.
**pimp** [pɪmp] n souteneur m, maquereau m.
**pimple** ['pɪmpl] n bouton m; **pimply** a boutonneux(euse).
**pin** [pɪn] n épingle f; (TECH) cheville f // vt épingler; ~**s and needles** fourmis fpl; **to** ~ **sb against/to** clouer qn contre/à; **to** ~ **sb down** (fig) obliger qn à répondre.
**pinafore** ['pɪnəfɔ:*] n tablier m; ~ **dress** n robe-chasuble f.
**pincers** ['pɪnsəz] npl tenailles fpl.
**pinch** [pɪntʃ] n pincement m; (of salt etc) pincée f // vt pincer; (col: steal) piquer, chiper // vi (shoe) serrer; **at a** ~ à la rigueur.
**pincushion** ['pɪnkuʃən] n pelote f à épingles.
**pine** [paɪn] n (also: ~ **tree**) pin m // vi: **to** ~ **for** aspirer à, désirer ardemment; **to** ~ **away** vi dépérir.
**pineapple** ['paɪnæpl] n ananas m.
**ping** [pɪŋ] n (noise) tintement m; ~-**pong** n ® ping-pong m ®.
**pink** [pɪŋk] a rose // n (colour) rose m; (BOT) œillet m, mignardise f.
**pin money** ['pɪnmʌnɪ] n argent m de poche.
**pinnacle** ['pɪnəkl] n pinacle m.
**pinpoint** ['pɪnpɔɪnt] n pointe f d'épingle // vt indiquer (avec précision).
**pinstripe** ['pɪnstraɪp] n rayure très fine.
**pint** [paɪnt] n pinte f (= 0.56 l).
**pinup** ['pɪnʌp] n pin-up f inv.
**pioneer** [paɪə'nɪə*] n explorateur/trice; (early settler) pionnier m; (fig) pionnier m, précurseur m.
**pious** ['paɪəs] a pieux(euse).
**pip** [pɪp] n (seed) pépin m; (time signal on radio) top m.
**pipe** [paɪp] n tuyau m, conduite f; (for smoking) pipe f; (MUS) pipeau m // vt amener par tuyau; ~**s** npl (also: **bag**~**s**) cornemuse f; **to** ~ **down** vi (col) se taire; ~ **dream** n chimère f, utopie f; ~**line** n pipe-line m; ~**r** n joueur/euse de pipeau (or de cornemuse); ~ **tobacco** n tabac m pour la pipe.
**piping** ['paɪpɪŋ] ad: ~ **hot** très chaud(e).
**piquant** ['pi:kənt] a piquant(e).
**pique** ['pi:k] n dépit m.
**piracy** ['paɪərəsɪ] n piraterie f.
**pirate** ['paɪərət] n pirate m; ~ **radio** n radio f pirate.
**pirouette** [pɪru'ɛt] n pirouette f // vi faire une or des pirouette(s).

**Pisces** ['paɪsi:z] n les Poissons mpl; **to be** ~ être des Poissons.
**pistol** ['pɪstl] n pistolet m.
**piston** ['pɪstən] n piston m.
**pit** [pɪt] n trou m, fosse f; (also: **coal** ~) puits m de mine; (also: **orchestra** ~) fosse f d'orchestre // vt: **to** ~ **sb against sb** opposer qn à qn; ~**s** npl (AUT) aire f de service; **to** ~ **o.s. against** se mesurer à.
**pitch** [pɪtʃ] n (throw) lancement m; (MUS) ton m; (of voice) hauteur f; (SPORT) terrain m; (NAUT) tangage m; (tar) poix f // vt (throw) lancer // vi (fall) tomber; (NAUT) tanguer; **to** ~ **a tent** dresser une tente; **to be** ~**ed forward** être projeté en avant; ~-**black** a noir(e) comme poix; ~**ed battle** n bataille rangée.
**pitcher** ['pɪtʃə*] n cruche f.
**pitchfork** ['pɪtʃfɔ:k] n fourche f.
**piteous** ['pɪtɪəs] a pitoyable.
**pitfall** ['pɪtfɔ:l] n trappe f, piège m.
**pith** [pɪθ] n (of plant) moelle f; (of orange) intérieur m de l'écorce; (fig) essence f; vigueur f.
**pithead** ['pɪthed] n bouche f de puits.
**pithy** ['pɪθɪ] a piquant(e); vigoureux(euse).
**pitiable** ['pɪtɪəbl] a pitoyable.
**pitiful** ['pɪtɪful] a (touching) pitoyable; (contemptible) lamentable.
**pitiless** ['pɪtɪlɪs] a impitoyable.
**pittance** ['pɪtns] n salaire m de misère.
**pity** ['pɪtɪ] n pitié f // vt plaindre; **what a** ~**!** quel dommage!; ~**ing** a compatissant(e).
**pivot** ['pɪvət] n pivot m // vi pivoter.
**pixie** ['pɪksɪ] n lutin m.
**placard** ['plækɑ:d] n affiche f.
**placate** [plə'keɪt] vt apaiser, calmer.
**place** [pleɪs] n endroit m, lieu m; (proper position, rank, seat) place f; (house) maison f, logement m; (home): **at/to his** ~ chez lui // vt (object) placer, mettre; (identify) situer; reconnaître; **to take** ~ avoir lieu; se passer; **to** ~ **an order** passer une commande; **to be** ~**d** (in race, exam) se placer; **out of** ~ (not suitable) déplacé(e), inopportun(e); **in the first** ~ d'abord, en premier; ~ **mat** n set m de table.
**placid** ['plæsɪd] a placide; ~**ity** [plə'sɪdɪtɪ] n placidité f.
**plagiarism** ['pleɪdʒjərɪzm] n plagiat m.
**plagiarize** ['pleɪdʒjəraɪz] vt plagier.
**plague** [pleɪg] n fléau m; (MED) peste f.
**plaice** [pleɪs] n, pl inv carrelet m.
**plaid** [plæd] n tissu écossais.
**plain** [pleɪn] a (clear) clair(e), évident(e); (simple) simple, ordinaire; (frank) franc(franche); (not handsome) quelconque, ordinaire; (cigarette) sans filtre; (without seasoning etc) nature inv; (in one colour) uni(e) // ad franchement, carrément // n plaine f; **in** ~ **clothes** (police) en civil; ~**ly** ad clairement; (frankly) carrément, sans détours; ~**ness** n simplicité f.
**plaintiff** ['pleɪntɪf] n plaignant/e.
**plait** [plæt] n tresse f, natte f // vt tresser, natter.
**plan** [plæn] n plan m; (scheme) projet m // vt (think in advance) projeter; (prepare)

organiser // vi faire des projets; **to ~ to do** projeter de faire.

**plane** [pleɪn] n (AVIAT) avion m; (tree) platane m; (tool) rabot m; (ART, MATH etc) plan m // a plan(e), plat(e) // vt (with tool) raboter.

**planet** ['plænɪt] n planète f.

**planetarium** [plænɪ'tɛərɪəm] n planétarium m.

**plank** [plæŋk] n planche f; (POL) point m d'un programme.

**plankton** ['plæŋktən] n plancton m.

**planner** ['plænə*] n planificateur/trice.

**planning** ['plænɪŋ] n planification f; **family ~** planning familial.

**plant** [plɑ:nt] n plante f; (machinery) matériel m; (factory) usine f // vt planter; (colony) établir; (bomb) déposer, poser.

**plantation** [plæn'teɪʃən] n plantation f.

**plant pot** ['plɑ:ntpɒt] n pot m (de fleurs).

**plaque** [plæk] n plaque f.

**plasma** ['plæzmə] n plasma m.

**plaster** ['plɑ:stə*] n plâtre m; (also: **sticking ~**) pansement adhésif // vt plâtrer; (cover): **to ~ with** couvrir de; **in ~** (leg etc) dans le plâtre; **~ed** a (col) soûl(e); **~er** n plâtrier m.

**plastic** ['plæstɪk] n plastique m // a (made of plastic) en plastique; (flexible) plastique, malléable; (art) plastique.

**plasticine** ['plæstɪsi:n] n ® pâte à modeler.

**plastic surgery** ['plæstɪk'sə:dʒərɪ] n chirurgie f esthétique.

**plate** [pleɪt] n (dish) assiette f; (sheet of metal, PHOT) plaque f; (in book) gravure f; **gold/silver ~** (dishes) vaisselle f d'or/d'argent.

**plateau**, **~s** or **~x** ['plætəu, -z] n plateau m.

**plateful** ['pleɪtful] n assiette f, assiettée f.

**plate glass** [pleɪt'glɑ:s] n verre m (de vitrine).

**platelayer** ['pleɪtleɪə*] n (RAIL) poseur m de rails.

**platform** ['plætfɔ:m] n (at meeting) tribune f; (stage) estrade f; (RAIL) quai m; **~ ticket** n billet m de quai.

**platinum** ['plætɪnəm] n platine m.

**platitude** ['plætɪtju:d] n platitude f, lieu commun.

**platoon** [plə'tu:n] n peloton m.

**platter** ['plætə*] n plat m.

**plausible** ['plɔ:zɪbl] a plausible; (person) convaincant(e).

**play** [pleɪ] n jeu m; (THEATRE) pièce f (de théâtre) // vt (game) jouer à; (team, opponent) jouer contre; (instrument) jouer de; (play, part, piece of music, note) jouer // vi jouer; **to ~ down** vt minimiser; **to ~ up** vi (cause trouble) faire des siennes; **to ~act** vi jouer la comédie; **~ed-out** a épuisé(e); **~er** n joueur/euse; (THEATRE) acteur/trice; (MUS) musicien/ne; **~ful** a enjoué(e); **~goer** n amateur/trice de théâtre, habitué/e des théâtres; **~ground** n cour f de récréation; **~group** n garderie f; **~ing card** n carte f à jouer; **~ing field** n terrain m de sport; **~mate** n camarade m/f, copain/copine; **~off** n (SPORT) belle f; **~ on words** n jeu m de mots; **~pen**

n parc m (pour bébé); **~thing** n jouet m; **~wright** n dramaturge m.

**plea** [pli:] n (request) appel m; (excuse) excuse f; (LAW) défense f.

**plead** [pli:d] vt plaider; (give as excuse) invoquer // vi (LAW) plaider; (beg): **to ~ with sb** implorer qn.

**pleasant** ['plɛznt] a agréable; **~ly** ad agréablement; **~ness** n (of person) amabilité f; (of place) agrément m; **~ry** n (joke) plaisanterie f; **~ries** npl (polite remarks) civilités fpl.

**please** [pli:z] vt plaire à // vi (think fit): **do as you ~** faites comme il vous plaira; **~!** s'il te (or vous) plaît; **my bill, ~** l'addition, s'il vous plaît; **~ yourself!** à ta (or votre) guise!; **~d** a: **~d (with)** content(e) (de); **~d to meet you** enchanté (de faire votre connaissance); **pleasing** a plaisant(e), qui fait plaisir.

**pleasurable** ['plɛʒərəbl] a très agréable.

**pleasure** ['plɛʒə*] n plaisir m; **'it's a ~'** 'je vous en prie'; **~ steamer** n vapeur m de plaisance.

**pleat** [pli:t] n pli m.

**plebiscite** ['plɛbɪsɪt] n plébiscite m.

**plebs** [plɛbz] npl (pej) bas peuple.

**plectrum** ['plɛktrəm] n plectre m.

**pledge** [plɛdʒ] n gage m; (promise) promesse f // vt engager; promettre.

**plentiful** ['plɛntɪful] a abondant(e), copieux(euse).

**plenty** ['plɛntɪ] n abondance f; **~ of** beaucoup de; (bien) assez de.

**pleurisy** ['pluərɪsɪ] n pleurésie f.

**pliable** ['plaɪəbl] a flexible; (person) malléable.

**pliers** ['plaɪəz] npl pinces fpl.

**plight** [plaɪt] n situation f critique.

**plimsolls** ['plɪmsəlz] npl (chaussures fpl) tennis fpl.

**plinth** [plɪnθ] n socle m.

**plod** [plɒd] vi avancer péniblement; (fig) peiner; **~der** n bûcheur/euse; **~ding** a pesant(e).

**plonk** [plɒŋk] (col) n (wine) pinard m, piquette f // vt: **to ~ sth down** poser brusquement qch.

**plot** [plɒt] n complot m, conspiration f; (of story, play) intrigue f; (of land) lot m de terrain, lopin m // vt (mark out) pointer; relever; (conspire) comploter // vi comploter; **~ter** n conspirateur/trice.

**plough, plow** (US) [plau] n charrue f // vt (earth) labourer; **to ~ back** vt (COMM) réinvestir; **to ~ through** vt fus (snow etc) avancer péniblement dans; **~ing** n labourage m.

**ploy** [plɔɪ] n stratagème m.

**pluck** [plʌk] vt (fruit) cueillir; (musical instrument) pincer; (bird) plumer // n courage m, cran m; **to ~ one's eyebrows** s'épiler les sourcils; **to ~ up courage** prendre son courage à deux mains; **~y** a courageux(euse).

**plug** [plʌg] n bouchon m, bonde f; (ELEC) prise f de courant; (AUT: also: **sparking ~**) bougie f // vt (hole) boucher; (col: advertise) faire du battage pour, matraquer; **to ~ in** vt (ELEC) brancher.

**plum** [plʌm] *n* (*fruit*) prune *f* // *a*: ~ **job** *n* (*col*) travail *m* en or.

**plumb** [plʌm] *a* vertical(e) // *n* plomb *m* // *ad* (*exactly*) en plein // *vt* sonder.

**plumber** ['plʌmə*] *n* plombier *m*.

**plumbing** ['plʌmɪŋ] *n* (*trade*) plomberie *f*; (*piping*) tuyauterie *f*.

**plumbline** ['plʌmlaɪn] *n* fil *m* à plomb.

**plume** [plu:m] *n* plume *f*, plumet *m*.

**plummet** ['plʌmɪt] *vi* plonger, dégringoler.

**plump** [plʌmp] *a* rondelet(te), dodu(e), bien en chair // *vt*: **to ~ sth (down)** on laisser tomber qch lourdement sur; **to ~ for** (*col: choose*) se décider pour.

**plunder** ['plʌndə*] *n* pillage *m* // *vt* piller.

**plunge** [plʌndʒ] *n* plongeon *m* // *vt* plonger // *vi* (*fall*) tomber, dégringoler; **to take the ~** se jeter à l'eau; **plunging** *a* (*neckline*) plongeant(e).

**pluperfect** [plu:'pə:fɪkt] *n* plus-que-parfait *m*.

**plural** ['pluərl] *a* pluriel(le) // *n* pluriel *m*.

**plus** [plʌs] *n* (*also*: ~ **sign**) signe *m* plus // *prep* plus; **ten/twenty ~** plus de dix/vingt; **it's a ~** c'est un atout; ~ **fours** *npl* pantalon *m* (de) golf.

**plush** [plʌʃ] *a* somptueux(euse) // *n* peluche *f*.

**ply** [plaɪ] *n* (*of wool*) fil *m*; (*of wood*) feuille *f*, épaisseur *f* // *vt* (*tool*) manier; (*a trade*) exercer // *vi* (*ship*) faire la navette; **three ~** (*wool*) *n* laine *f* trois fils; **to ~ sb with drink** donner continuellement à boire à qn; ~**wood** *n* contre-plaqué *m*.

**P.M.** *abbr see* **prime**.

**p.m.** *ad* (*abbr of post meridiem*) de l'après-midi.

**pneumatic** [nju:'mætɪk] *a* pneumatique.

**pneumonia** [nju:'məunɪə] *n* pneumonie *f*.

**P.O.** *abbr see* **post office**.

**poach** [pəutʃ] *vt* (*cook*) pocher; (*steal*) pêcher (*or* chasser) sans permis // *vi* braconner; ~**ed** *a* (*egg*) poché(e); ~**er** *n* braconnier *m*; ~**ing** *n* braconnage *m*.

**pocket** ['pɔkɪt] *n* poche *f* // *vt* empocher; **to be out of ~** en être de sa poche; ~**book** *n* (*wallet*) portefeuille *m*; (*notebook*) carnet *m*; ~ **knife** *n* canif *m*; ~ **money** *n* argent *m* de poche.

**pockmarked** ['pɔkmɑ:kt] *a* (*face*) grêlé(e).

**pod** [pɔd] *n* cosse *f* // *vt* écosser.

**podgy** ['pɔdʒɪ] *a* rondelet(te).

**poem** ['pəuɪm] *n* poème *m*.

**poet** ['pəuɪt] *n* poète *m*; ~**ic** [-'ɛtɪk] *a* poétique; ~ **laureate** *n* poète lauréat (*nommé et appointé par la Cour royale*); ~**ry** *n* poésie *f*.

**poignant** ['pɔɪnjənt] *a* poignant(e); (*sharp*) vif(vive).

**point** [pɔɪnt] *n* (*tip*) pointe *f*; (*in time*) moment *m*; (*in space*) endroit *m*; (*GEOM, SCOL, SPORT, on scale*) point *m*; (*subject, idea*) point *m*, sujet *m*; (*also*: **decimal ~**): **2 ~ 3 (2.3)** 2 virgule 3 (2,3) // *vt* (*show*) indiquer; (*wall, window*) jointoyer; (*gun etc*): **to ~ sth at** braquer *or* diriger qch sur // *vi* montrer du doigt; ~**s** *npl* (*AUT*) vis platinées *f*; (*RAIL*) aiguillage *m*; **to make a ~** faire une remarque; **to make one's ~** se faire comprendre; **to get the ~** comprendre, saisir; **to come to the ~** en

venir au fait; **there's no ~ (in doing)** cela ne sert à rien (de faire); **good ~s** qualités *fpl*; **to ~ out** *vt* faire remarquer, souligner; **to ~ to** montrer du doigt; (*fig*) signaler; ~**-blank** *ad* (*also*: **at ~-blank range**) à bout portant; (*fig*) catégorique; ~**ed** *a* (*shape*) pointu(e); (*remark*) plein(e) de sous-entendus; ~**edly** *ad* d'une manière significative; ~**er** *n* (*stick*) baguette *f*; (*needle*) aiguille *f*; (*dog*) chien *m* d'arrêt; ~**less** *a* inutile, vain(e); ~ **of view** *n* point *m* de vue.

**poise** [pɔɪz] *n* (*balance*) équilibre *m*; (*of head, body*) port *m*; (*calmness*) calme *m* // *vt* placer en équilibre; **to be ~d for** (*fig*) être prêt à.

**poison** ['pɔɪzn] *n* poison *m* // *vt* empoisonner; ~**ing** *n* empoisonnement *m*; ~**ous** *a* (*snake*) venimeux(euse); (*substance etc*) vénéneux(euse).

**poke** [pəuk] *vt* (*fire*) tisonner; (*jab with finger, stick etc*) piquer; pousser du doigt; (*put*): **to ~ sth in(to)** fourrer *or* enfoncer qch dans // *n* (*to fire*) coup *m* de tisonnier; **to ~ about** *vi* fureter.

**poker** ['pəukə*] *n* tisonnier *m*; (*CARDS*) poker *m*; ~**-faced** *a* au visage impassible.

**poky** ['pəukɪ] *a* exigu(ë).

**Poland** ['pəulənd] *n* Pologne *f*.

**polar** ['pəulə*] *a* polaire; ~ **bear** *n* ours blanc.

**polarize** ['pəuləraɪz] *vt* polariser.

**pole** [pəul] *n* (*of wood*) mât *m*, perche *f*; (*ELEC*) poteau *m*; (*GEO*) pôle *m*.

**Pole** [pəul] *n* Polonais/e.

**polecat** ['pəulkæt] *n* (*US*) putois *m*.

**polemic** [pɔ'lɛmɪk] *n* polémique *f*.

**pole star** ['pəulstɑ:*] *n* étoile polaire *f*.

**pole vault** ['pəulvɔ:lt] *n* saut *m* à la perche.

**police** [pə'li:s] *n* police *f*; (*man*: *pl inv*) policier *m*, homme *m*; // *vt* maintenir l'ordre dans; ~ **car** *n* voiture *f* de police; ~**man** *n* agent *m* de police, policier *m*; ~ **record** *n* casier *m* judiciaire; ~ **state** *n* état policier; ~ **station** *n* commissariat *m* de police; ~**woman** *n* femme-agent *f*.

**policy** ['pɔlɪsɪ] *n* politique *f*; (*also*: **insurance ~**) police *f* (d'assurance).

**polio** ['pəulɪəu] *n* polio *f*.

**Polish** ['pəulɪʃ] *a* polonais(e) // *n* (*LING*) polonais *m*.

**polish** ['pɔlɪʃ] *n* (*for shoes*) cirage *m*; (*for floor*) cire *f*, encaustique *f*; (*for nails*) vernis *m*; (*shine*) éclat *m*, poli *m*; (*fig: refinement*) raffinement *m* // *vt* (*put polish on shoes, wood*) cirer; (*make shiny*) astiquer, faire briller; (*fig: improve*) perfectionner; **to ~ off** *vt* (*work*) expédier; (*food*) liquider; ~**ed** *a* (*fig*) raffiné(e).

**polite** [pə'laɪt] *a* poli(e); ~**ly** *ad* poliment; ~**ness** *n* politesse *f*.

**politic** ['pɔlɪtɪk] *a* diplomatique; ~**al** [pə'lɪtɪkl] *a* politique; ~**ian** [-'tɪʃən] *n* homme *m* politique, politicien *m*; ~**s** *npl* politique *f*.

**polka** ['pɔlkə] *n* polka *f*; ~ **dot** *n* pois *m*.

**poll** [pəul] *n* scrutin *m*, vote *m*; (*also*: **opinion ~**) sondage *m* (d'opinion) // *vt* obtenir.

**pollen** ['pɔlən] *n* pollen *m*; ~ **count** *n* taux *m* de pollen.

**pollination** [pɔlɪ'neɪʃən] n pollinisation f.
**polling booth** ['pəulɪŋbu:ð] n isoloir m.
**polling day** ['pəulɪŋdeɪ] n jour m des élections.
**polling station** ['pəlɪŋsteɪʃən] n bureau m de vote.
**pollute** [pə'lu:t] vt polluer.
**pollution** [pə'lu:ʃən] n pollution f.
**polo** ['pəuləu] n polo m; **~-neck** a à col roulé.
**polyester** [pɔlɪ'ɛstə*] n polyester m.
**polygamy** [pə'lɪgəmɪ] n polygamie f.
**Polynesia** [pɔlɪ'ni:zɪə] n Polynésie f.
**polytechnic** [pɔlɪ'tɛknɪk] n (college) I.U.T. m, Institut m Universitaire de Technologie.
**polythene** ['pɔlɪθi:n] n polyéthylène m; **~ bag** n sac m en plastique.
**pomegranate** ['pɔmɪgrænɪt] n grenade f.
**pommel** ['pɔml] n pommeau m.
**pomp** [pɔmp] n pompe f, faste f, apparat m.
**pompous** ['pɔmpəs] a pompeux(euse).
**pond** [pɔnd] n étang m; mare f.
**ponder** ['pɔndə*] vi réfléchir // vt considérer, peser; **~ous** a pesant(e), lourd(e).
**pontiff** ['pɔntɪf] n pontife m.
**pontificate** [pɔn'tɪfɪkeɪt] vi (fig): **to ~ (about)** pontifier (sur).
**pontoon** [pɔn'tu:n] n ponton m.
**pony** ['pəunɪ] n poney m; **~tail** n queue f de cheval; **~ trekking** n randonnée f à cheval.
**poodle** ['pu:dl] n caniche m.
**pooh-pooh** [pu:pu:] vt dédaigner.
**pool** [pu:l] n (of rain) flaque f; (pond) mare f; (artificial) bassin m; (also: **swimming ~**) piscine f; (sth shared) fonds commun; (money at cards) cagnotte f; (billiards) poule f // vt mettre en commun.
**poor** [puə*] a pauvre; (mediocre) médiocre, faible, mauvais(e) // npl: **the ~** les pauvres mpl; **~ly** ad pauvrement; médiocrement // a souffrant(e), malade.
**pop** [pɔp] n (noise) bruit sec; (MUS) musique f pop; (US: col: father) papa m // vt (put) fourrer, mettre (rapidement) // vi éclater; (cork) sauter; **to ~ in** vi entrer en passant; **to ~ out** vi sortir; **to ~ up** vi apparaître, surgir; **~ concert** n concert m pop; **~corn** n pop-corn m.
**pope** [pəup] n pape m.
**poplar** ['pɔplə*] n peuplier m.
**poplin** ['pɔplɪn] n popeline f.
**poppy** ['pɔpɪ] n coquelicot m; pavot m.
**populace** ['pɔpjuləs] n peuple m.
**popular** ['pɔpjulə*] a populaire; (fashionable) à la mode; **~ity** [-'lærɪtɪ] n popularité f; **~ize** vt populariser; (science) vulgariser.
**populate** ['pɔpjuleɪt] vt peupler.
**population** [pɔpju'leɪʃən] n population f.
**populous** ['pɔpjuləs] a populeux(euse).
**porcelain** ['pɔ:slɪn] n porcelaine f.
**porch** [pɔ:tʃ] n porche m.
**porcupine** ['pɔ:kjupaɪn] n porc-épic m.
**pore** [pɔ:*] n pore m // vi: **to ~ over** s'absorber dans, être plongé(e) dans.
**pork** [pɔ:k] n porc m.

**pornographic** [pɔ:nə'græfɪk] a pornographique.
**pornography** [pɔ:'nɔgrəfɪ] n pornographie f.
**porous** ['pɔ:rəs] a poreux(euse).
**porpoise** ['pɔ:pəs] n marsouin m.
**porridge** ['pɔrɪdʒ] n porridge m.
**port** [pɔ:t] n (harbour) port m; (opening in ship) sabord m; (NAUT: left side) bâbord m; (wine) porto m; **to ~** (NAUT) à bâbord.
**portable** ['pɔ:təbl] a portatif(ive).
**portal** ['pɔ:tl] n portail m.
**portcullis** [pɔ:t'kʌlɪs] n herse f.
**portend** [pɔ:'tɛnd] vt présager, annoncer.
**portent** ['pɔ:tɛnt] n présage m.
**porter** ['pɔ:tə*] n (for luggage) porteur m; (doorkeeper) gardien/ne; portier m.
**porthole** ['pɔ:thəul] n hublot m.
**portico** ['pɔ:tɪkəu] n portique m.
**portion** ['pɔ:ʃən] n portion f, part f.
**portly** ['pɔ:tlɪ] a corpulent(e).
**portrait** ['pɔ:treɪt] n portrait m.
**portray** [pɔ:'treɪ] vt faire le portrait de; (in writing) dépeindre, représenter; **~al** n portrait m, représentation f.
**Portugal** ['pɔ:tjugl] n Portugal m.
**Portuguese** [pɔ:tju'gi:z] a portugais(e) // n, pl inv Portugais/e; (LING) portugais m.
**pose** [pəuz] n pose f; (pej) affectation f // vi poser; (pretend): **to ~ as** se poser en // vt poser, créer; **~r** n question embarrassante.
**posh** [pɔʃ] a (col) chic inv.
**position** [pə'zɪʃən] n position f; (job) situation f // vt mettre en place or en position.
**positive** ['pɔzɪtɪv] a positif(ive); (certain) sûr(e), certain(e); (definite) formel(le), catégorique; indéniable, réel(le).
**posse** ['pɔsɪ] n (US) détachement m.
**possess** [pə'zɛs] vt posséder; **~ion** [pə'zɛʃən] n possession f; **~ive** a possessif(ive); **~ively** ad d'une façon possessive; **~or** n possesseur m.
**possibility** [pɔsɪ'bɪlɪtɪ] n possibilité f; éventualité f.
**possible** ['pɔsɪbl] a possible; **if ~** si possible; **as big as ~** aussi gros que possible.
**possibly** ['pɔsɪblɪ] ad (perhaps) peut-être; **if you ~ can** si cela vous est possible; **I cannot ~ come** il m'est impossible de venir.
**post** [pəust] n poste f; (collection) levée f; (letters, delivery) courrier m; (job, situation) poste m; (pole) poteau m // vt (send by post, MIL) poster; (appoint): **to ~ to** affecter à; (notice) afficher; **~age** n affranchissement m; **~al** a postal(e); **~al order** n mandat(-poste) m; **~box** n boîte f aux lettres; **~card** n carte postale.
**postdate** [pəust'deɪt] vt (cheque) postdater.
**poster** ['pəustə*] n affiche f.
**poste restante** [pəust'rɛstɑ̃:nt] n poste restante.
**posterior** [pɔs'tɪərɪə*] n (col) postérieur m, derrière m.
**posterity** [pɔs'tɛrɪtɪ] n postérité f.
**postgraduate** ['pəust'grædjuət] n ≈ étudiant/e de troisième cycle.

**posthumous** ['pɔstjuməs] a posthume; **~ly** ad après la mort de l'auteur, à titre posthume.

**postman** ['pəustmən] n facteur m.

**postmark** ['pəustmɑ:k] n cachet m (de la poste).

**postmaster** ['pəustmɑ:stə*] n receveur m des postes.

**post-mortem** [pəust'mɔ:təm] n autopsie f.

**post office** ['pəustɔfis] n (building) poste f; (organization) postes fpl; **~ box** (P.O. box) n boîte postale (B.P.).

**postpone** [pəs'pəun] vt remettre (à plus tard), reculer; **~ment** n ajournement m, renvoi m.

**postscript** ['pəustskript] n post-scriptum m.

**postulate** ['pɔstjuleit] vt postuler.

**posture** ['pɔstʃə*] n posture f, attitude f // vi poser.

**postwar** [pəust'wɔ:*] a d'après-guerre.

**posy** ['pəuzi] n petit bouquet.

**pot** [pɔt] n (for cooking) marmite f; casserole f; (for plants, jam) pot m; (col: marijuana) herbe f // vt (plant) mettre en pot; **to go to ~** aller à vau-l'eau.

**potash** ['pɔtæʃ] n potasse f.

**potato, ~es** [pə'teitəu] n pomme f de terre; **~ flour** n fécule f.

**potency** ['pəutnsi] n puissance f, force f; (of drink) degré m d'alcool.

**potent** ['pəutnt] a puissant(e); (drink) fort(e), très alcoolisé(e).

**potentate** ['pəutnteit] n potentat m.

**potential** [pə'tɛnʃl] a potentiel(le) // n potentiel m; **~ly** ad en puissance.

**pothole** ['pɔthəul] n (in road) nid m de poule; (underground) gouffre m, caverne f; **~r** n spéléologue m/f; **potholing** n: **to go potholing** faire de la spéléologie.

**potion** ['pəuʃən] n potion f.

**potluck** [pɔt'lʌk] n: **to take ~** tenter sa chance.

**potpourri** [pəu'puri:] n pot-pourri m.

**potshot** ['pɔtʃɔt] n: **to take ~s at** canarder.

**potted** ['pɔtid] a (food) en conserve; (plant) en pot.

**potter** ['pɔtə*] n potier m // vt: **to ~ around, ~ about** bricoler; **~y** n poterie f.

**potty** ['pɔti] a (col: mad) dingue // n (child's) pot m; **~-training** n apprentissage m de la propreté.

**pouch** [pautʃ] n (ZOOL) poche f; (for tobacco) blague f.

**pouf(fe)** [pu:f] n (stool) pouf m.

**poultice** ['pəultis] n cataplasme m.

**poultry** ['pəultri] n volaille f; **~ farm** n élevage m de volaille.

**pounce** [pauns] vi: **to ~ (on)** bondir (sur), fondre sur // n bond m, attaque f.

**pound** [paund] n livre f (weight = 453g, 16 ounces; money = 100 new pence, 20 shillings); (for dogs, cars) fourrière f // vt (beat) bourrer de coups, marteler; (crush) piler, pulvériser; (with guns) pilonner // vi (beat) battre violemment, taper; **~ sterling** n livre f sterling.

**pour** [pɔ:*] vt verser // vi couler à flots; (rain) pleuvoir à verse; **to ~ away or off** vt vider; **to ~ in** vi (people) affluer, se précipiter; **to ~ out** vi (people) sortir en masse // vt vider; déverser; (serve: a drink) verser; **~ing** a: **~ing rain** pluie torrentielle.

**pout** [paut] n moue f // vi faire la moue.

**poverty** ['pɔvəti] n pauvreté f, misère f; **~-stricken** a pauvre, déshérité(e).

**powder** ['paudə*] n poudre f // vt poudrer; **~ room** n toilettes fpl (pour dames); **~y** a poudreux(euse).

**power** ['pauə*] n (strength) puissance f, force f; (ability, POL: of party, leader) pouvoir m; (MATH) puissance f; (mental) facultés mentales; (ELEC) courant m // vt faire marcher; **~ cut** n coupure f de courant; **~ed** a: **~ed by** actionné(e) par, fonctionnant à, **~ful** a puissant(e); **~less** a impuissant(e); **~ line** n ligne f électrique; **~ point** n prise f de courant; **~ station** n centrale f électrique.

**powwow** ['pauwau] n assemblée f.

**pox** [pɔks] n see chicken.

**p.p.** abbr (= per procurationem): **~ J. Smith** pour M. J. Smith.

**P.R.** abbr of public relations.

**practicability** [præktikə'biliti] n possibilité f de réalisation.

**practicable** ['præktikəbl] a (scheme) réalisable.

**practical** ['præktikl] a pratique; **~ joke** n farce f; **~ly** ad (almost) pratiquement.

**practice** ['præktis] n pratique f; (of profession) exercice m; (at football etc) entraînement m; (business) cabinet m; clientèle f // vt,vi (US) = **practise; in ~** (in reality) en pratique; **out of ~** rouillé(e); **2 hours' piano ~** 2 heures de travail or d'exercices au piano; **~ match** n match m d'entraînement.

**practise, (US) practice** ['præktis] vt (work at: piano, one's backhand etc) s'exercer à, travailler; (train for: skiing, running etc) s'entraîner à; (a sport, religion, method) pratiquer; (profession) exercer // vi s'exercer, travailler; (train) s'entraîner; **to ~ for a match** s'entraîner pour un match; **practising** a (Christian etc) pratiquant(e); (lawyer) en exercice.

**practitioner** [præk'tiʃənə*] n praticien/ne.

**pragmatic** [præg'mætik] a pragmatique.

**prairie** ['prɛəri] n savane f; (US): **the ~s** la Prairie.

**praise** [preiz] n éloge(s) m(pl), louange(s) f(pl) // vt louer, faire l'éloge de; **~worthy** a digne de louanges.

**pram** [præm] n landau m, voiture f d'enfant.

**prance** [prɑ:ns] vi (horse) caracoler.

**prank** [præŋk] n farce f.

**prattle** ['prætl] vi jacasser.

**prawn** [prɔ:n] n crevette f (rose).

**pray** [prei] vi prier.

**prayer** [prɛə*] n prière f; **~ book** n livre m de prières.

**preach** [pri:tʃ] vt,vi prêcher; **to ~ at sb** faire la morale à qn; **~er** n prédicateur m.

**preamble** [prɪ'æmbl] n préambule m.
**prearranged** [priːə'reɪndʒd] a organisé(e) or fixé(e) à l'avance.
**precarious** [prɪ'kɛərɪəs] a précaire.
**precaution** [prɪ'kɔːʃən] n précaution f; ~ary a (measure) de précaution.
**precede** [prɪ'siːd] vt,vi précéder.
**precedence** ['prɛsɪdəns] n préséance f.
**precedent** ['prɛsɪdənt] n précédent m.
**preceding** [prɪ'siːdɪŋ] a qui précède (or précédait).
**precept** ['priːsɛpt] n précepte m.
**precinct** ['priːsɪŋkt] n (round cathedral) pourtour m, enceinte f; **pedestrian** ~ n zone piétonnière; **shopping** ~ n centre commerical.
**precious** ['prɛʃəs] a précieux(euse).
**precipice** ['prɛsɪpɪs] n précipice m.
**precipitate** a [prɪ'sɪpɪtɪt] (hasty) précipité(e) // vt [prɪ'sɪpɪteɪt] précipiter; **precipitation** [-'teɪʃən] n précipitation f.
**precipitous** [prɪ'sɪpɪtəs] a (steep) abrupt(e), à pic.
**précis**, pl **précis** ['preɪsiː, -z] n résumé m.
**precise** [prɪ'saɪs] a précis(e); ~ly ad précisément.
**preclude** [prɪ'kluːd] vt exclure, empêcher; **to** ~ **sb from doing** empêcher qn de faire.
**precocious** [prɪ'kəʊʃəs] a précoce.
**preconceived** [priːkən'siːvd] a (idea) préconçu(e).
**precondition** [priːkən'dɪʃən] n condition f nécessaire.
**precursor** [priː'kəːsə*] n précurseur m.
**predator** ['prɛdətə*] n prédateur m, rapace m; ~y a rapace.
**predecessor** ['priːdɪsɛsə*] n prédécesseur m.
**predestination** [priːdɛstɪ'neɪʃən] n prédestination f.
**predetermine** [priːdɪ'təːmɪn] vt déterminer à l'avance.
**predicament** [prɪ'dɪkəmənt] n situation f difficile.
**predicate** ['prɛdɪkɪt] n (LING) prédicat m.
**predict** [prɪ'dɪkt] vt prédire; ~ion [-'dɪkʃən] n prédiction f.
**predominance** [prɪ'dɒmɪnəns] n prédominance f.
**predominant** [prɪ'dɒmɪnənt] a prédominant(e); ~ly ad en majeure partie; surtout.
**predominate** [prɪ'dɒmɪneɪt] vi prédominer.
**pre-eminent** [priː'ɛmɪnənt] a prééminent(e).
**pre-empt** [priː'ɛmt] vt acquérir par droit de préemption; (fig): **to** ~ **the issue** conclure avant même d'ouvrir les débats.
**preen** [priːn] vt: **to** ~ **itself** (bird) se lisser les plumes; **to** ~ **o.s.** s'admirer.
**prefab** ['priːfæb] n bâtiment préfabriqué.
**prefabricated** [priː'fæbrɪkeɪtɪd] a préfabriqué(e).
**preface** ['prɛfəs] n préface f.
**prefect** ['priːfɛkt] n (Brit: in school) élève chargé(e) de certaines fonctions de discipline; (in France) préfet m.
**prefer** [prɪ'fəː*] vt préférer; ~able ['prɛfrəbl] a préférable; ~ably ['prɛfrəblɪ]

ad de préférence; ~ence ['prɛfrəns] n préférence f; ~ential [prɛfə'rɛnʃəl] a préférentiel(le) —**ential treatment** traitement m de faveur.
**prefix** ['priːfɪks] n préfixe m.
**pregnancy** ['prɛgnənsɪ] n grossesse f.
**pregnant** ['prɛgnənt] a enceinte af.
**prehistoric** ['priːhɪs'tɒrɪk] a préhistorique.
**prehistory** [priː'hɪstərɪ] n préhistoire f.
**prejudge** [priː'dʒʌdʒ] vt préjuger de.
**prejudice** ['prɛdʒudɪs] n préjugé m; (harm) tort m, préjudice m // vt porter préjudice à; ~d a (person) plein(e) de préjugés; (view) préconçu(e), partial(e).
**prelate** ['prɛlət] n prélat m.
**preliminary** [prɪ'lɪmɪnərɪ] a préliminaire; **preliminaries** npl préliminaires mpl.
**prelude** ['prɛljuːd] n prélude m.
**premarital** ['priː'mærɪtl] a avant le mariage.
**premature** ['prɛmətʃuə*] a prématuré(e).
**premeditated** [priː'mɛdɪteɪtɪd] a prémédité(e).
**premeditation** [priːmɛdɪ'teɪʃən] n préméditation f.
**premier** ['prɛmɪə*] a premier(ère), capital(e), primordial(e) // n (POL) premier ministre.
**première** ['prɛmɪɛə*] n première f.
**premise** ['prɛmɪs] n prémisse f; ~s npl locaux mpl; **on the** ~s sur les lieux; sur place.
**premium** ['priːmɪəm] n prime f.
**premonition** [prɛmə'nɪʃən] n prémonition f.
**preoccupation** [priːɔkjuˈpeɪʃən] n préoccupation f.
**preoccupied** [priː'ɔkjupaɪd] a préoccupé(e).
**prep** [prɛp] n (SCOL: study) étude f; ~ **school** n = **preparatory school.**
**prepackaged** [priː'pækɪdʒd] a préempaqueté(e).
**prepaid** [priː'peɪd] a payé(e) d'avance.
**preparation** [prɛpə'reɪʃən] n préparation f; ~s npl (for trip, war) préparatifs mpl.
**preparatory** [prɪ'pærətərɪ] a préparatoire; ~ **school** n école primaire privée.
**prepare** [prɪ'pɛə*] vt préparer // vi: **to** ~ **for** se préparer à; ~d **for** préparé(e) à; ~d **to** prêt(e) à.
**preponderance** [prɪ'pɒndərns] n prépondérance f.
**preposition** [prɛpə'zɪʃən] n préposition f.
**preposterous** [prɪ'pɒstərəs] a absurde.
**prerequisite** [priː'rɛkwɪzɪt] n condition f préalable.
**prerogative** [prɪ'rɒgətɪv] n prérogative f.
**presbyterian** [prɛzbɪ'tɪərɪən] a,n presbytérien(ne).
**presbytery** ['prɛzbɪtərɪ] n presbytère m.
**preschool** ['priː'skuːl] a préscolaire.
**prescribe** [prɪ'skraɪb] vt prescrire.
**prescription** [prɪ'skrɪpʃən] n prescription f; (MED) ordonnance f.
**prescriptive** [prɪ'skrɪptɪv] a normatif(ive).
**presence** ['prɛzns] n présence f; ~ **of mind** n présence d'esprit.
**present** ['prɛznt] a présent(e) // n cadeau m; (also: ~ **tense**) présent m // vt

[prɪ'zɛnt] présenter ; (*give*): **to ~ sb with sth** offrir qch à qn ; **at ~** en ce moment ; **~able** [prɪ'zɛntəbl] a présentable ; **~ation** [-'teɪʃən] n présentation f; (*gift*) cadeau m, présent m ; (*ceremony*) remise f du cadeau ; **~-day** a contemporain(e), actuel(le) ; **~ly** ad (*soon*) tout à l'heure, bientôt ; (*at present*) en ce moment.

**preservation** [prɛzə'veɪʃən] n préservation f, conservation f.

**preservative** [prɪ'zə:vətɪv] n agent m de conservation.

**preserve** [prɪ'zə:v] vt (*keep safe*) préserver, protéger ; (*maintain*) conserver, garder ; (*food*) mettre en conserve // n (*for game, fish*) réserve f; (*often pl: jam*) confiture f; (: *fruit*) fruits mpl en conserve.

**preside** [prɪ'zaɪd] vi présider.

**presidency** ['prɛzɪdənsɪ] n présidence f.

**president** ['prɛzɪdənt] n président/e ; **~ial** ['dɛnʃl] a présidentiel(le).

**press** [prɛs] n (*tool, machine, newspapers*) presse f; (*for wine*) pressoir m ; (*crowd*) cohue f, foule f // vt (*push*) appuyer sur ; (*squeeze*) presser, serrer ; (*clothes: iron*) repasser ; (*pursue*) talonner ; (*insist*): **to ~ sth on sb** presser qn d'accepter qch // vi appuyer, peser ; se presser ; **we are ~ed for time** le temps nous manque ; **to ~ for sth** faire pression pour obtenir qch ; **to ~ on** vi continuer ; **~ agency** n agence f de presse ; **~ conference** n conférence f de presse ; **~ cutting** n coupure f de presse ; **~-gang** n recruteurs de la marine (*jusqu'au 19ème siècle*) ; **~ing** a urgent(e), pressant(e) // n repassage m ; **~ stud** n bouton-pression m.

**pressure** ['prɛʃə*] n pression f; | (*stress*) tension f; **~ cooker** n cocotte-minute f; **~ gauge** n manomètre m ; **~ group** n groupe m de pression ; **pressurized** a pressurisé(e).

**prestige** [prɛs'tiːʒ] n prestige m.

**prestigious** [prɛs'tɪdʒəs] a prestigieux(euse).

**presumably** [prɪ'zju:məblɪ] ad vraisemblablement.

**presume** [prɪ'zju:m] vt présumer, supposer ; **to ~ to do** (*dare*) se permettre de faire.

**presumption** [prɪ'zʌmpʃən] n supposition f, présomption f; (*boldness*) audace f.

**presumptuous** [prɪ'zʌmpʃəs] a présomptueux(euse).

**presuppose** [pri:sə'pəuz] vt présupposer.

**pretence, pretense** (*US*) [prɪ'tɛns] n (*claim*) prétention f; **to make a ~ of doing** faire semblant de faire ; **on the ~ of** sous le prétexte de.

**pretend** [prɪ'tɛnd] vt (*feign*) feindre, simuler // vi (*feign*) faire semblant ; (*claim*): **to ~ to sth** prétendre à qch ; **to ~ to do** faire semblant de faire.

**pretense** [prɪ'tɛns] n (*US*) = **pretence.**

**pretentious** [prɪ'tɛnʃəs] a prétentieux(euse).

**preterite** ['prɛtərɪt] n prétérite m.

**pretext** ['pri:tɛkst] n prétexte m.

**pretty** ['prɪtɪ] a joli(e) // ad assez.

**prevail** [prɪ'veɪl] vi (*win*) l'emporter, prévaloir ; (*be usual*) avoir cours ; (*persuade*): **to ~ (up)on sb to do** persuader qn de faire ; **~ing** a dominant(e).

**prevalent** ['prɛvələnt] a répandu(e), courant(e).

**prevarication** [prɪværɪ'keɪʃən] n (*usage* m de) faux-fuyants mpl.

**prevent** [prɪ'vɛnt] vt: **to ~ (from doing)** empêcher (de faire) ; **~able** a évitable ; **~ative** a préventif(ive) ; **~ion** [-'vɛnʃən] n prévention f; **~ive** a préventif(ive).

**preview** ['pri:vju:] n (*of film*) avant-première f; (*fig*) aperçu m.

**previous** ['pri:vɪəs] a précédent(e); antérieur(e) ; **~ to doing** avant de faire ; **~ly** ad précédemment, auparavant.

**prewar** [pri:'wɔ:*] a d'avant-guerre.

**prey** [preɪ] n proie f // vi: **to ~ on** s'attaquer à ; **it was ~ing on his mind** ça le rongeait or minait.

**price** [praɪs] n prix m // vt (*goods*) fixer le prix de ; tarifer ; **~less** a sans prix, inestimable ; **~ list** n liste f des prix, tarif m.

**prick** [prɪk] n piqûre f // vt piquer ; **to ~ up one's ears** dresser or tendre l'oreille.

**prickle** ['prɪkl] n (*of plant*) épine f; (*sensation*) picotement m.

**prickly** ['prɪklɪ] a piquant(e), épineux(euse) ; (*fig: person*) irritable ; **~ heat** n fièvre f miliaire ; **~ pear** n figue f de Barbarie.

**pride** [praɪd] n orgueil m; fierté f // vt: **to ~ o.s. on** se flatter de ; s'enorgueillir de.

**priest** [pri:st] n prêtre m; **~ess** n prêtresse f; **~hood** n prêtrise f, sacerdoce m.

**prig** [prɪg] n poseur/euse, fat m.

**prim** [prɪm] a collet monté *inv*, guindé(e).

**primarily** ['praɪmərɪlɪ] ad principalement, essentiellement.

**primary** ['praɪmərɪ] a primaire ; (*first in importance*) premier(ère), primordial(e) ; **~ colour** n couleur fondamentale ; **~ school** n école primaire f.

**primate** n (*REL*) ['praɪmɪt] primat m ; (*ZOOL*) ['praɪmeɪt] primate m.

**prime** [praɪm] a primordial(e), fondamental(e) ; (*excellent*) excellent(e) // vt (*gun, pump*) amorcer ; (*fig*) mettre au courant ; **in the ~ of life** dans la fleur de l'âge ; **~ minister (P.M.)** n premier ministre ; **~r** n (*book*) premier livre, manuel m élémentaire ; (*paint*) apprêt m ; (*of gun*) amorce f.

**primeval** [praɪ'mi:vl] a primitif(ive).

**primitive** ['prɪmɪtɪv] a primitif(ive).

**primrose** ['prɪmrəuz] n primevère f.

**primus (stove)** ['praɪməs(stəuv)] n ® réchaud m de camping.

**prince** [prɪns] n prince m.

**princess** [prɪn'sɛs] n princesse f.

**principal** ['prɪnsɪpl] a principal(e) // n (*headmaster*) directeur m, principal m ; (*money*) capital m, principal m.

**principality** [prɪnsɪ'pælɪtɪ] n principauté f.

**principally** ['prɪnsɪplɪ] ad principalement.

**principle** ['prɪnsɪpl] n principe m.

**print** [prɪnt] n (*mark*) empreinte f; (*letters*) caractères mpl ; (*fabric*) imprimé m ; (*ART*) gravure f, estampe f; (PHOT) épreuve f // vt imprimer; (publish) publier; (write in capitals) écrire en majuscules; out of ~ épuisé(e); ~ed matter n imprimés mpl; ~er n imprimeur m; ~ing n impression f; ~ing press n presse f typographique; ~-out n listage m.

**prior** ['praɪə*] a antérieur(e), précédent(e) // n prieur m; ~ to doing avant de faire.

**priority** [praɪ'ɔrɪtɪ] n priorité f.

**priory** ['praɪərɪ] n prieuré m.

**prise** [praɪz] vt: to ~ open forcer.

**prism** ['prɪzəm] n prisme m.

**prison** ['prɪzn] n prison f; ~er n prisonnier/ère.

**prissy** ['prɪsɪ] a bégueule.

**pristine** ['prɪstiːn] a virginal(e).

**privacy** ['prɪvəsɪ] n intimité f, solitude f.

**private** ['praɪvɪt] a privé(e); personnel(le); (house, car, lesson) particulier(ère) // n soldat m de deuxième classe; '~' (on envelope) 'personnelle'; in ~ en privé; ~ eye n détective privé; ~ly ad en privé; (within oneself) intérieurement.

**privet** ['prɪvɪt] n troène m.

**privilege** ['prɪvɪlɪdʒ] n privilège m; ~d a privilégié(e).

**privy** ['prɪvɪ] a: to be ~ to être au courant de; P~ council n conseil privé.

**prize** [praɪz] n prix m // a (example, idiot) parfait(e); (bull, novel) primé(e) // vt priser, faire grand cas de; ~ fight n combat professionnel; ~ giving n distribution f des prix; ~winner n gagnant/e.

**pro** [prəu] n (SPORT) professionnel/le; the ~s and cons n le pour et le contre.

**probability** [prɔbə'bɪlɪtɪ] n probabilité f.

**probable** ['prɔbəbl] a probable; **probably** ad probablement.

**probation** [prə'beɪʃən] n (in employment) essai m; (LAW) liberté surveillée; (REL) noviciat m, probation f; on ~ (employee) à l'essai; (LAW) en liberté surveillée; ~ary a (period) d'essai.

**probe** [prəub] n (MED, SPACE) sonde f; (enquiry) enquête f, investigation f // vt sonder, explorer.

**probity** ['prəubɪtɪ] n probité f.

**problem** ['prɔbləm] n problème m; ~atic [-'mætɪk] a problématique.

**procedure** [prə'siːdʒə*] n (ADMIN, LAW) procédure f; (method) marche f à suivre, façon f de procéder.

**proceed** [prə'siːd] vi (go forward) avancer; (go about it) procéder; (continue): to ~ (with) continuer, poursuivre; to ~ to aller à; passer à; to ~ to do se mettre à faire; ~ing n procédé m, façon d'agir f; ~ings npl mesures fpl; (LAW) poursuites fpl; (meeting) réunion f, séance f; (records) compte rendu m; actes mpl; ~s ['prəusiːdz] npl produit m, recette f.

**process** ['prəuses] n processus m; (method) procédé m // vt traiter; ~ed cheese fromage fondu; in ~ en cours; ~ing n traitement m.

**procession** [prə'sɛʃən] n défilé m, cortège m; (REL) procession f.

**proclaim** [prə'kleɪm] vt déclarer, proclamer.

**proclamation** [prɔklə'meɪʃən] n proclamation f.

**proclivity** [prə'klɪvɪtɪ] n inclination f.

**procrastination** [prəukræstɪ'neɪʃən] n procrastination f.

**procreation** [prəukrɪ'eɪʃən] n procréation f.

**procure** [prə'kjuə*] vt (for o.s.) se procurer; (for sb) procurer.

**prod** [prɔd] vt pousser // n (push, jab) petit coup, poussée f.

**prodigal** ['prɔdɪgl] a prodigue.

**prodigious** ['prə'dɪdʒəs] a prodigieux(euse).

**prodigy** ['prɔdɪdʒɪ] n prodige m.

**produce** n ['prɔdjuːs] (AGR) produits mpl // vt [prə'djuːs] produire; (to show) présenter; (cause) provoquer, causer; (THEATRE) monter, mettre en scène; ~r n (THEATRE) metteur en scène; (AGR, CINEMA) producteur m.

**product** ['prɔdʌkt] n produit m.

**production** [prə'dʌkʃən] n production f; (THEATRE) mise f en scène; ~ line n chaîne f (de fabrication).

**productive** [prə'dʌktɪv] a productif(ive).

**productivity** [prɔdʌk'tɪvɪtɪ] n productivité f.

**profane** [prə'feɪn] a sacrilège; (lay) profane.

**profess** [prə'fɛs] vt professer.

**profession** [prə'fɛʃən] n profession f; ~al n (SPORT) professionnel/le // a professionnel(le); (work) de professionnel; he's a ~al man il exerce une profession libérale; ~alism n professionnalisme m.

**professor** [prə'fɛsə*] n professeur m (titulaire d'une chaire).

**proficiency** [prə'fɪʃənsɪ] n compétence f, aptitude f.

**proficient** [prə'fɪʃənt] a compétent(e), capable.

**profile** ['prəufaɪl] n profil m.

**profit** ['prɔfɪt] n bénéfice m; profit m // vi: to ~ (by or from) profiter (de); ~ability [-'bɪlɪtɪ] n rentabilité f; ~able a lucratif(ive), rentable.

**profiteering** [prɔfɪ'tɪərɪŋ] n (pej) mercantilisme m.

**profound** [prə'faund] a profond(e).

**profuse** [prə'fjuːs] a abondant(e); (with money) prodigue; ~ly ad en abondance, profusion; **profusion** [-'fjuːʒən] n profusion f, abondance f.

**progeny** ['prɔdʒɪnɪ] n progéniture f; descendants mpl.

**programme, program** (US) ['prəugræm] n programme m; (RADIO, TV) émission f // vt programmer; **programming, programing** (US) n programmation f.

**progress** n ['prəugrɛs] progrès m // vi [prə'grɛs] progresser, avancer; in ~ en cours; to make ~ progresser, faire des progrès, être en progrès; ~ion n progression f; ~ive [-'grɛsɪv] a progressif(ive); (person) progressiste; ~ively [-'grɛsɪvlɪ] ad progressivement.

**prohibit** [prə'hɪbɪt] *vt* interdire, défendre ; **to ~ sb from doing** défendre *or* interdire à qn de faire ; **~ion** [prəʊɪ'bɪʃən] *n* (*US*) prohibition *f*; **~ive** *a* (*price etc*) prohibitif(ive).

**project** *n* ['prɔdʒɛkt] (*plan*) projet *m*, plan *m* ; (*venture*) opération *f*, entreprise *f*; (*gen SCOL: research*) étude *f*, dossier *m* // *vb* [prə'dʒɛkt] *vt* projeter // *vi* (*stick out*) faire saillie, s'avancer.

**projectile** [prə'dʒɛktaɪl] *n* projectile *m*.

**projection** [prə'dʒɛkʃən] *n* projection *f*; saillie *f*.

**projector** [prə'dʒɛktə*] *n* projecteur *m*.

**proletarian** [prəʊlɪ'tɛərɪən] *a* prolétaire(ne) // *n* prolétaire *m/f*.

**proletariat** [prəʊlɪ'tɛərɪət] *n* prolétariat *m*.

**proliferate** [prə'lɪfəreɪt] *vi* proliférer ; **proliferation** [-'reɪʃən] *n* prolifération *f*.

**prolific** [prə'lɪfɪk] *a* prolifique.

**prologue** ['prəʊlɔg] *n* prologue *m*.

**prolong** [prə'lɔŋ] *vt* prolonger.

**prom** [prɔm] *n* abbr of **promenade**; (*US: ball*) bal *m* d'étudiants.

**promenade** [prɔmə'nɑ:d] *n* (*by sea*) esplanade *f*, promenade *f*; **~ concert** *n* concert *m* (de musique classique) ; **~ deck** *n* pont *m* promenade.

**prominence** ['prɔmɪnəns] *n* proéminence *f*; importance *f*.

**prominent** ['prɔmɪnənt] *a* (*standing out*) proéminent(e) ; (*important*) important(e).

**promiscuity** [prɔmɪs'kju:ɪtɪ] *n* (*sexual*) légèreté *f* de mœurs.

**promiscuous** [prə'mɪskjuəs] *a* (*sexually*) de mœurs légères.

**promise** ['prɔmɪs] *n* promesse *f* // *vt,vi* promettre ; **promising** *a* prometteur(euse).

**promontory** ['prɔməntrɪ] *n* promontoire *m*.

**promote** [prə'məʊt] *vt* promouvoir ; (*venture, event*) organiser, mettre sur pied ; (*new product*) lancer ; **~r** *n* (*of sporting event*) organisateur/trice ; **promotion** [-'məʊʃən] *n* promotion *f*.

**prompt** [prɔmpt] *a* rapide // *ad* (*punctually*) à l'heure // *vt* inciter ; provoquer ; (*THEATRE*) souffler (son rôle *or* ses répliques) à ; **to ~ sb to do** inciter *or* pousser qn à faire ; **~er** *n* (*THEATRE*) souffleur *m*; **~ly** *ad* rapidement, sans délai ; ponctuellement ; **~ness** *n* rapidité *f*; promptitude *f*; ponctualité *f*.

**promulgate** ['prɔməlgeɪt] *vt* promulguer.

**prone** [prəʊn] *a* (*lying*) couché(e) (face contre terre) ; **~ to** enclin(e) à.

**prong** [prɔŋ] *n* pointe *f*; (*of fork*) dent *f*.

**pronoun** ['prəʊnaʊn] *n* pronom *m*.

**pronounce** [prə'naʊns] *vt* prononcer // *vi*: **to ~ (up)on** se prononcer sur ; **~d** *a* (*marked*) prononcé(e) ; **~ment** *n* déclaration *f*.

**pronunciation** [prənʌnsɪ'eɪʃən] *n* prononciation *f*.

**proof** [pru:f] *n* preuve *f*; (*test, of book, PHOT*) épreuve *f*; (*of alcohol*) degré *m* // *a*: **~ against** à l'épreuve de ; **to be 70° ~ ≈** titrer 40 degrés ; **~reader** *n* correcteur/trice (d'épreuves).

**prop** [prɔp] *n* support *m*, étai *m* // *vt* (*also:*

**~ up**) étayer, soutenir ; (*lean*): **to ~ sth against** appuyer qch contre *or* à.

**propaganda** [prɔpə'gændə] *n* propagande *f*.

**propagation** [prɔpə'geɪʃən] *n* propagation *f*.

**propel** [prə'pɛl] *vt* propulser, faire avancer ; **~ler** *n* hélice *f*; **~ling pencil** *n* porte-mine *m inv*.

**propensity** [prə'pɛnsɪtɪ] *n* propension *f*.

**proper** ['prɔpə*] *a* (*suited, right*) approprié(e), bon(bonne) ; (*seemly*) correct(e), convenable ; (*authentic*) vrai(e), véritable ; (*col: real*) *n* + fini(e), vrai(e) ; **~ly** *ad* correctement, convenablement ; bel et bien ; **~ noun** *n* nom *m* propre.

**property** ['prɔpətɪ] *n* (*things owned*) biens *mpl*; propriété(s) *f(pl)*; immeuble *m*; terres *fpl*, domaine *m*; (*CHEM etc: quality*) propriété *f*; **it's their ~** cela leur appartient, c'est leur propriété ; **~ owner** *n* propriétaire *m*.

**prophecy** ['prɔfɪsɪ] *n* prophétie *f*.

**prophesy** ['prɔfɪsaɪ] *vt* prédire // *vi* prophétiser.

**prophet** ['prɔfɪt] *n* prophète *m*; **~ic** [prə'fɛtɪk] *a* prophétique.

**proportion** [prə'pɔ:ʃən] *n* proportion *f*; (*share*) part *f*; partie *f* // *vt* proportionner ; **~al, ~ate** *a* proportionnel(le).

**proposal** [prə'pəʊzl] *n* proposition *f*, offre *f*; (*plan*) projet *m*; (*of marriage*) demande *f* en mariage.

**propose** [prə'pəʊz] *vt* proposer, suggérer // *vi* faire sa demande en mariage ; **to ~ to do** avoir l'intention de faire ; **~r** *n* (*of motion etc*) auteur *m*.

**proposition** [prɔpə'zɪʃən] *n* proposition *f*.

**propound** [prə'paʊnd] *vt* proposer, soumettre.

**proprietary** [prə'praɪətərɪ] *a* de marque déposée.

**proprietor** [prə'praɪətə*] *n* propriétaire *m/f*.

**propulsion** [prə'pʌlʃən] *n* propulsion *f*.

**pro rata** [prəʊ'rɑ:tə] *ad* au prorata.

**prosaic** [prəʊ'zeɪɪk] *a* prosaïque.

**prose** [prəʊz] *n* prose *f*; (*SCOL: translation*) thème *m*.

**prosecute** ['prɔsɪkju:t] *vt* poursuivre ; **prosecution** [-'kju:ʃən] *n* poursuites *fpl* judiciaires ; (*accusing side*) accusation *f*; **prosecutor** *n* procureur *m*; (*also:* **public ~**) ministère public.

**prospect** *n* ['prɔspɛkt] perspective *f*; (*hope*) espoir *m*, chances *fpl* // *vt,vi* [prə'spɛkt] prospecter ; **~s** *npl* (*for work etc*) possibilités *fpl* d'avenir, débouchés *mpl*; **prospecting** *n* prospection *f*; **prospective** *a* (*possible*) éventuel(le) ; (*certain*) futur(e) ; **prospector** *n* prospecteur *m*.

**prospectus** [prə'spɛktəs] *n* prospectus *m*.

**prosper** ['prɔspə*] *vi* prospérer ; **~ity** [-'spɛrɪtɪ] *n* prospérité *f*; **~ous** *a* prospère.

**prostitute** ['prɔstɪtju:t] *n* prostituée *f*.

**prostrate** ['prɔstreɪt] *a* prosterné(e) ; (*fig*) prostré(e).

**protagonist** [prə'tægənɪst] *n* protagoniste *m*.

**protect** [prə'tɛkt] vt protéger ; ~**ion** n protection f ; ~**ive** a protecteur(trice) ; ~**or** n protecteur/trice.

**protégé** ['prəʊtɛʒeɪ] n protégé m ; ~**e** n protégée f.

**protein** ['prəʊtiːn] n protéine f.

**protest** n ['prəʊtɛst] protestation f // vi [prə'tɛst] protester.

**Protestant** ['prɒtɪstənt] a,n protestant(e).

**protocol** ['prəʊtəkɒl] n protocole m.

**prototype** ['prəʊtətaɪp] n prototype m.

**protracted** [prə'træktɪd] a prolongé(e).

**protractor** [prə'træktə*] n rapporteur m.

**protrude** [prə'truːd] vi avancer, dépasser.

**protuberance** [prə'tjuːbərəns] n protubérance f.

**proud** [praʊd] a fier(ère) ; (pej) orgueilleux(euse) ; ~**ly** ad fièrement.

**prove** [pruːv] vt prouver, démontrer // vi : **to ~ correct** etc s'avérer juste etc ; **to ~ o.s.** montrer ce dont on est capable ; **to ~ o.s./itself (to be) useful** etc se montrer or se révéler utile etc.

**proverb** ['prɒvəːb] n proverbe m ; ~**ial** [prə'vəːbɪəl] a proverbial(e).

**provide** [prə'vaɪd] vt fournir ; **to ~ sb with sth** fournir qch à qn ; **to ~ for** vt (person) subvenir aux besoins de ; (emergency) prévoir ; ~**d (that)** cj à condition que + sub.

**Providence** ['prɒvɪdəns] n Providence f.

**providing** [prə'vaɪdɪŋ] cj à condition que + sub.

**province** ['prɒvɪns] n province f ; **provincial** [prə'vɪnʃəl] a provincial(e).

**provision** [prə'vɪʒən] n (supply) provision f ; (supplying) fourniture f ; approvisionnement m ; (stipulation) disposition f ; ~**s** npl (food) provisions fpl ; ~**al** a provisoire ; ~**ally** ad provisoirement.

**proviso** [prə'vaɪzəʊ] n condition f.

**provocation** [prɒvə'keɪʃən] n provocation f.

**provocative** [prə'vɒkətɪv] a provocateur(trice), provocant(e).

**provoke** [prə'vəʊk] vt provoquer ; inciter.

**prow** [praʊ] n proue f.

**prowess** ['praʊɪs] n prouesse f.

**prowl** [praʊl] vi (also: ~ **about**, ~ **around**) rôder // n : **on the ~** à l'affût ; ~**er** n rôdeur/euse.

**proximity** [prɒk'sɪmɪtɪ] n proximité f.

**proxy** ['prɒksɪ] n procuration f ; **by ~** par procuration.

**prudence** ['pruːdns] n prudence f.

**prudent** ['pruːdnt] a prudent(e).

**prudish** ['pruːdɪʃ] a prude, pudibond(e).

**prune** [pruːn] n pruneau m // vt élaguer.

**pry** [praɪ] vi : **to ~ into** fourrer son nez dans.

**psalm** [sɑːm] n psaume m.

**pseudo-** ['sjuːdəʊ] prefix pseudo- ; ~**nym** n pseudonyme m.

**psyche** ['saɪkɪ] n psychisme m.

**psychiatric** [saɪk'ætrɪk] a psychiatrique.

**psychiatrist** [saɪ'kaɪətrɪst] n psychiatre m/f.

**psychiatry** [saɪ'kaɪətrɪ] n psychiatrie f.

**psychic** ['saɪkɪk] a (also: ~**al**) (méta)psychique ; (person) doué(e) de télépathie or d'un sixième sens.

**psychoanalyse** [saɪkəʊ'ænəlaɪz] vt psychanalyser.

**psychoanalysis,** pl **lyses** [saɪkəʊə'nælɪsɪs, -siːz] n psychanalyse f.

**psychoanalyst** [saɪkəʊ'ænəlɪst] n psychanalyste m/f.

**psychological** [saɪkə'lɒdʒɪkl] a psychologique.

**psychologist** [saɪ'kɒlədʒɪst] n psychologue m/f.

**psychology** [saɪ'kɒlədʒɪ] n psychologie f.

**psychopath** ['saɪkəʊpæθ] n psychopathe m/f.

**psychosomatic** ['saɪkəʊsə'mætɪk] a psychosomatique.

**psychotic** [saɪ'kɒtɪk] a,n psychotique (m/f).

**P.T.O.** abbr (= please turn over) T.S.V.P. (tournez s'il vous plaît).

**pub** [pʌb] n (abbr of public house) pub m.

**puberty** ['pjuːbətɪ] n puberté f.

**public** ['pʌblɪk] a public(ique) // n public m ; **the general ~** le grand public ; ~ **address system (P.A.)** sonorisation f ; hauts-parleurs mpl.

**publican** ['pʌblɪkən] n patron m de pub.

**publication** [pʌblɪ'keɪʃən] n publication f.

**public: ~ company** n société f anonyme (cotée en bourse) ; ~ **convenience** n toilettes fpl ; ~ **house** n pub m.

**publicity** [pʌb'lɪsɪtɪ] n publicité f.

**publicly** ['pʌblɪklɪ] ad publiquement.

**public: ~ opinion** n opinion publique ; ~ **relations (PR)** n relations publiques ; ~ **school** n (Brit) école privée ; ~**-spirited** a qui fait preuve de civisme.

**publish** ['pʌblɪʃ] vt publier ; ~**er** n éditeur m ; ~**ing** n (industry) édition f ; (of a book) publication f.

**puce** [pjuːs] a puce.

**puck** [pʌk] n (elf) lutin m ; (ICE HOCKEY) palet m.

**pucker** ['pʌkə*] vt plisser.

**pudding** ['pudɪŋ] n dessert m, entremets m ; (sausage) boudin m.

**puddle** ['pʌdl] n flaque f d'eau.

**puerile** ['pjuəraɪl] a puéril(e).

**puff** [pʌf] n bouffée f ; (also: **powder ~**) houppette f // vt : **to ~ one's pipe** tirer sur sa pipe // vi sortir par bouffées ; (pant) haleter ; **to ~ out smoke** envoyer des bouffées de fumée ; ~**ed** a (col: out of breath) tout(e) essoufflé(e).

**puffin** ['pʌfɪn] n macareux m.

**puff pastry** ['pʌf'peɪstrɪ] n pâte feuilletée.

**puffy** ['pʌfɪ] a bouffi(e), boursouflé(e).

**pugnacious** [pʌg'neɪʃəs] a pugnace, batailleur(euse).

**pull** [pul] n (tug): **to give sth a ~** tirer sur qch ; (fig) influence f // vt tirer ; (muscle) se claquer // vi tirer ; **to ~ a face** faire une grimace ; **to ~ to pieces** mettre en morceaux ; **to ~ one's punches** ménager son adversaire ; **to ~ one's weight** y mettre du sien ; **to ~ o.s. together** se ressaisir ; **to ~ sb's leg** faire marcher qn ; **to ~ apart** vt séparer ; (break) mettre en pièces, démantibuler ; **to**

**~ down** vt baisser, abaisser ; (house) démolir ; (tree) abattre ; **to ~ in** vi (AUT: at the kerb) se ranger ; (RAIL) entrer en gare ; **to ~ off** vt enlever, ôter ; (deal etc) conclure ; **to ~ out** vi démarrer, partir ; se retirer ; (AUT: come out of line) déboîter // vt sortir ; arracher ; (withdraw) retirer ; **to ~ round** vi (unconscious person) revenir à soi ; (sick person) se rétablir ; **to ~ through** vi s'en sortir ; **to ~ up** vi (stop) s'arrêter // vt remonter ; (uproot) déraciner, arracher ; (stop) arrêter.

**pulley** ['pulɪ] n poulie f.

**pull-in** ['pulɪn] n (AUT) parking m.

**pullover** ['puləuvə*] n pull-over m, tricot m.

**pulp** [pʌlp] n (of fruit) pulpe f ; (for paper) pâte f à papier.

**pulpit** ['pulpɪt] n chaire f.

**pulsate** [pʌl'seɪt] vi battre, palpiter ; (music) vibrer.

**pulse** [pʌls] n (of blood) pouls m ; (of heart) battement m ; (of music, engine) vibrations fpl.

**pulverize** ['pʌlvəraɪz] vt pulvériser.

**puma** ['pju:mə] n puma m.

**pummel** ['pʌml] vt rouer de coups.

**pump** [pʌmp] n pompe f ; (shoe) escarpin m // vt pomper ; (fig: col) faire parler ; **to ~ up** vt gonfler.

**pumpkin** ['pʌmpkɪn] n potiron m, citrouille f.

**pun** [pʌn] n jeu m de mots, calembour m.

**punch** [pʌntʃ] n (blow) coup m de poing ; (fig: force) vivacité f, mordant m ; (tool) poinçon m ; (drink) punch m // vt (hit): **to ~ sb/sth** donner un coup de poing à qn/sur qch ; (make a hole) poinçonner, perforer ; **to ~ a hole (in)** faire un trou (dans) ; **~-drunk** a sonné(e) ; **~-up** n (col) bagarre f.

**punctual** ['pʌŋktjuəl] a ponctuel(le) ; **~ity** [-'ælɪtɪ] n ponctualité f.

**punctuate** ['pʌŋktjueɪt] vt ponctuer ; **punctuation** [-'eɪʃən] n ponctuation f.

**puncture** ['pʌŋktʃə*] n crevaison f // vt crever.

**pundit** ['pʌndɪt] n individu m qui pontifie, pontife m.

**pungent** ['pʌndʒənt] a piquant(e) ; (fig) mordant(e), caustique.

**punish** ['pʌnɪʃ] vt punir ; **~able** a punissable ; **~ment** n punition f, châtiment m.

**punt** [pʌnt] n (boat) bachot m ; (FOOTBALL) coup m de volée.

**punter** ['pʌntə*] n (gambler) parieur/euse.

**puny** ['pju:nɪ] a chétif(ive).

**pup** [pʌp] n chiot m.

**pupil** ['pju:pl] n élève m/f.

**puppet** ['pʌpɪt] n marionnette f, pantin m.

**puppy** ['pʌpɪ] n chiot m, petit chien.

**purchase** ['pə:tʃɪs] n achat m // vt acheter ; **~r** n acheteur/euse.

**pure** [pjuə*] a pur(e).

**purée** ['pjuəreɪ] n purée f.

**purge** [pə:dʒ] n (MED) purge f ; (POL) épuration f, purge // vt purger ; (fig) épurer, purger.

**purification** [pjuərɪfɪ'keɪʃən] n purification f.

**purify** ['pjuərɪfaɪ] vt purifier, épurer.

**purist** ['pjuərɪst] n puriste m/f.

**puritan** ['pjuərɪtən] n puritain/e ; **~ical** [-'tænɪkl] a puritain(e).

**purity** ['pjuərɪtɪ] n pureté f.

**purl** [pə:l] n maille f à l'envers // vt tricoter à l'envers.

**purple** ['pə:pl] a violet(te) ; cramoisi(e).

**purport** [pə:'pɔ:t] vi: **to ~ to be/do** prétendre être/faire.

**purpose** ['pə:pəs] n intention f, but m ; **on ~** exprès ; **~ful** a déterminé(e), résolu(e) ; **~ly** ad exprès.

**purr** [pə:*] n ronronnement m // vi ronronner.

**purse** [pə:s] n porte-monnaie m inv, bourse f // vt serrer, pincer.

**purser** ['pə:sə*] n (NAUT) commissaire m du bord.

**pursue** [pə'sju:] vt poursuivre ; **~r** n poursuivant/e.

**pursuit** [pə'sju:t] n poursuite f ; (occupation) occupation f, activité f ; **scientific ~s** recherches fpl scientifiques.

**purveyor** [pə'veɪə*] n fournisseur m.

**pus** [pʌs] n pus m.

**push** [puʃ] n poussée f ; (effort) gros effort ; (drive) énergie f // vt pousser ; (button) appuyer sur ; (thrust): **to ~ sth (into)** enfoncer qch (dans) ; (fig) mettre en avant, faire de la publicité pour // vi pousser ; appuyer ; **to ~ aside** vt écarter ; **to ~ off** vi (col) filer, ficher le camp ; **to ~ on** vi (continue) continuer ; **to ~ over** vt renverser ; **to ~ through** vt (measure) faire voter ; **to ~ up** vt (total, prices) faire monter ; **~chair** n poussette f ; **~ing** a dynamique ; **~over** n (col): it's a **~over** c'est un jeu d'enfant ; **~y** a (pej) arriviste.

**puss, pussy(-cat)** [pus, pusɪ(kæt)] n minet m.

**put**, pt, pp **put** [put] vt mettre, poser, placer ; (say) dire, exprimer ; (a question) poser ; (estimate) estimer ; **to ~ about** vi (NAUT) virer de bord // vt (rumour) faire courir ; **to ~ across** vt (ideas etc) communiquer ; faire comprendre ; **to ~ away** vt (store) ranger ; **to ~ back** vt (replace) remettre, replacer ; (postpone) remettre ; (delay) retarder ; **to ~ by** vt (money) mettre de côté, économiser ; **to ~ down** vt (parcel etc) poser, déposer ; (pay) verser ; (in writing) mettre par écrit, inscrire ; (suppress: revolt etc) réprimer, faire cesser ; (attribute) attribuer ; **to ~ forward** vt (ideas) avancer, proposer ; (date) avancer ; **to ~ in** vt (gas, electricity) installer ; (application, complaint) soumettre ; **to ~ off** vt (light etc) éteindre ; (postpone) remettre à plus tard, ajourner ; (discourage) dissuader ; **to ~ on** vt (clothes, lipstick etc) mettre ; (light etc) allumer ; (play etc) monter ; (food, meal) servir ; (airs, weight) prendre ; (brake) mettre ; **to ~ on the brakes** freiner ; **to ~ out** vt mettre dehors ; (one's hand) tendre ; (news, rumour) faire courir, répandre ; (light etc) éteindre ; (person: inconvenience) déranger, gêner ; **to ~ up** vt (raise) lever, relever, remonter ; (pin up) afficher ; (hang) accrocher ; (build) construire, ériger ; (a tent) monter ; (increase) augmenter ;

(*accommodate*) loger ; **to ~ up with** *vt fus* supporter.

**putrid** ['pju:trɪd] *a* putride.

**putt** [pʌt] *vt* poter (la balle) // *n* coup roulé ; **~er** *n* (GOLF) putter *m* ; **~ing green** *n* green *m*.

**putty** ['pʌtɪ] *n* mastic *m*.

**put-up** ['putʌp] *a*: ~ **job** *n* affaire montée.

**puzzle** ['pʌzl] *n* énigme *f*, mystère *m* ; (*jigsaw*) puzzle *m* ; (*also*: **crossword ~**) problème *m* de mots croisés // *vt* intriguer, rendre perplexe // *vi* se creuser la tête ; **puzzling** *a* déconcertant(e), inexplicable.

**PVC** *abbr of* polyvinyl chloride.

**pygmy** ['pɪgmɪ] *n* pygmée *m/f*.

**pyjamas** [pɪ'dʒɑ:məz] *npl* pyjama *m*.

**pylon** ['paɪlən] *n* pylône *m*.

**pyramid** ['pɪrəmɪd] *n* pyramide *f*.

**python** ['paɪθən] *n* python *m*.

# Q

**quack** [kwæk] *n* (*of duck*) coin-coin *m inv* ; (*pej*: *doctor*) charlatan *m*.

**quad** [kwɔd] *abbr of* **quadrangle, quadruplet.**

**quadrangle** ['kwɔdræŋgl] *n* (MATH) quadrilatère *m* ; (*courtyard*: *abbr*: **quad**) cour *f*.

**quadruped** ['kwɔdrupɛd] *n* quadrupède *m*.

**quadruple** [kwɔ'drupl] *a,n* quadruple (*m*) // *vt*, *vi* quadrupler ; **~t** [-'dru:plɪt] *n* quadruplé/e.

**quagmire** ['kwægmaɪə*] *n* bourbier *m*.

**quail** [kweɪl] *n* (ZOOL) caille *f*.

**quaint** [kweɪnt] *a* bizarre ; (*old-fashioned*) désuet(ète) ; au charme vieillot, pittoresque.

**quake** [kweɪk] *vi* trembler // *n abbr of* **earthquake.**

**Quaker** ['kweɪkə*] *n* quaker/esse.

**qualification** [kwɔlɪfɪ'keɪʃən] *n* (*degree etc*) diplôme *m* ; (*ability*) compétence *f*, qualification *f* ; (*limitation*) réserve *f*, restriction *f*.

**qualified** ['kwɔlɪfaɪd] *a* diplômé(e) ; (*able*) compétent(e), qualifié(e) ; (*limited*) conditionnel(le).

**qualify** ['kwɔlɪfaɪ] *vt* qualifier ; (*limit*: *statement*) apporter des réserves à // *vi*: **to ~ (as)** obtenir son diplôme (de) ; **to ~ (for)** remplir les conditions requises (pour) ; (SPORT) se qualifier (pour).

**qualitative** ['kwɔlɪtətɪv] *a* qualitatif(ive).

**quality** ['kwɔlɪtɪ] *n* qualité *f* // *cpd* de qualité ; **the ~ papers** la presse d'information.

**qualm** [kwɑ:m] *n* doute *m* ; scrupule *m*.

**quandary** ['kwɔndrɪ] *n*: **in a ~** devant un dilemme, dans l'embarras.

**quantitative** ['kwɔntɪtətɪv] *a* quantitatif(ive).

**quantity** ['kwɔntɪtɪ] *n* quantité *f* ; **~ surveyor** *n* métreur *m* vérificateur.

**quarantine** ['kwɔrntiːn] *n* quarantaine *f*.

**quarrel** ['kwɔrl] *n* querelle *f*, dispute *f* // *vi* se disputer, se quereller ; **~some** *a* querelleur(euse).

**quarry** ['kwɔrɪ] *n* (*for stone*) carrière *f* ;

(*animal*) proie *f*, gibier *m* // *vt* (*marble etc*) extraire.

**quart** [kwɔ:t] *n* ≈ litre *m* (= 2 *pints*).

**quarter** ['kwɔ:tə*] *n* quart *m* ; (*of year*) trimestre *m* ; (*district*) quartier *m* // *vt* partager en quartiers *or* en quatre ; (MIL) caserner, cantonner ; **~s** *npl* logement *m* ; (MIL) quartiers *mpl*, cantonnement *m* ; **a ~ of an hour** un quart d'heure ; **~-deck** *n* (NAUT) plage *f* arrière ; **~ final** *n* quart *m* de finale ; **~ly** *a* trimestriel(le) // *ad* tous les trois mois ; **~master** *n* (MIL) intendant *m* militaire de troisième classe ; (NAUT) maître *m* de manœuvre.

**quartet(te)** [kwɔ:'tɛt] *n* quatuor *m* ; (*jazz players*) quartette *m*.

**quartz** [kwɔ:ts] *n* quartz *m* ; **~ watch** *n* montre *f* à quartz.

**quash** [kwɔʃ] *vt* (*verdict*) annuler, casser.

**quasi-** ['kweɪzaɪ] *prefix* quasi- + *noun* ; quasi, presque + *adjective*.

**quaver** ['kweɪvə*] *n* (MUS) croche *f* // *vi* trembler.

**quay** [ki:] *n* (*also*: **~side**) quai *m*.

**queasy** ['kwi:zɪ] *a* (*stomach*) délicat(e) ; **to feel ~** avoir mal au cœur.

**queen** [kwi:n] *n* (*gen*) reine *f* ; (CARDS *etc*) dame *f* ; **~ mother** *n* reine mère *f*.

**queer** [kwɪə*] *a* étrange, curieux(euse) ; (*suspicious*) louche ; (*sick*): **I feel ~** je ne me sens pas bien // *n* (*col*) homosexuel *m*.

**quell** [kwɛl] *vt* réprimer, étouffer.

**quench** [kwɛntʃ] *vt* (*flames*) éteindre ; **to ~ one's thirst** se désaltérer.

**query** ['kwɪərɪ] *n* question *f* ; (*doubt*) doute *m* ; (*question mark*) point *m* d'interrogation // *vt* mettre en question *or* en doute.

**quest** [kwɛst] *n* recherche *f*, quête *f*.

**question** ['kwɛstʃən] *n* question *f* // *vt* (*person*) interroger ; (*plan*, *idea*) mettre en question *or* en doute ; **it's a ~ of doing** il s'agit de faire ; **there's some ~ of doing** il est question de faire ; **beyond ~** *ad* sans aucun doute ; **out of the ~** hors de question ; **~able** *a* discutable ; **~ing** *a* interrogateur(trice) // *n* interrogatoire *m* ; **~ mark** *n* point *m* d'interrogation.

**questionnaire** [kwɛstʃə'nɛə*] *n* questionnaire *m*.

**queue** [kju:] *n* queue *f*, file *f* // *vi* faire la queue.

**quibble** ['kwɪbl] *vi* ergoter, chicaner.

**quick** [kwɪk] *a* rapide ; (*reply*) prompt(e), rapide ; (*mind*) vif(vive) // *ad* vite, rapidement // *n*: **cut to the ~** (*fig*) touché(e) au vif ; **be ~!** dépêche-toi! ; **~en** *vt* accélérer, presser ; (*rouse*) stimuler // *vi* s'accélérer, devenir plus rapide ; **~lime** *n* chaux vive ; **~ly** *ad* vite, rapidement ; **~ness** *n* rapidité *f* ; promptitude *f* ; vivacité *f* ; **~sand** *n* sables mouvants ; **~step** *n* (*dance*) fox-trot *m* ; **~-witted** *a* à l'esprit vif.

**quid** [kwɪd] *n*, *pl inv* (*Brit*: *col*) livre *f*.

**quiet** ['kwaɪət] *a* tranquille, calme ; (*ceremony*, *colour*) discret(ète) // *n* tranquillité *f*, calme *m* ; **keep ~!** tais-toi! ; **on the ~** en secret, en cachette ; **~en** (*also*: **~en down**) *vi* se calmer, s'apaiser // *vt* calmer, apaiser ; **~ly** *ad* tranquillement, calmement ;

discrètement ; ~**ness** n tranquillité f, calme m ; silence m.

**quill** [kwɪl] n plume f (d'oie).

**quilt** [kwɪlt] n édredon m ; (**continental**) ~ n couverture f édredon f ; ~**ing** n ouatine f ; molletonnage m.

**quin** [kwɪn] n abbr of **quintuplet**.

**quince** [kwɪns] n coing m ; (tree) cognassier m.

**quinine** [kwɪˈniːn] n quinine f.

**quintet(te)** [kwɪnˈtet] n quintette m.

**quintuplet** [kwɪnˈtjuːplɪt] n quintuplé/e.

**quip** [kwɪp] n remarque piquante or spirituelle, pointe f // vt : ... he ~ped ... lança-t-il.

**quirk** [kwəːk] n bizarrerie f.

**quit**, pt, pp **quit** or **quitted** [kwɪt] vt quitter // vi (give up) abandonner, renoncer ; (resign) démissionner ; **to** ~ **doing** arrêter de faire ; **notice to** ~ congé m (signifié au locataire).

**quite** [kwaɪt] ad (rather) assez, plutôt ; (entirely) complètement, tout à fait ; **I** ~ **understand** je comprends très bien ; ~ **a few of them** un assez grand nombre d'entre eux ; ~ **(so)!** exactement!

**quits** [kwɪts] a : ~ (**with**) quitte (envers).

**quiver** ['kwɪvə*] vi trembler, frémir // n (for arrows) carquois m.

**quiz** [kwɪz] n (game) jeu-concours m ; test m de connaissances // vt interroger ; ~**zical** a narquois(e).

**quoits** [kwɔɪts] npl jeu m du palet.

**quorum** ['kwɔːrəm] n quorum m.

**quota** ['kwəʊtə] n quota m.

**quotation** [kwəʊˈteɪʃən] n citation f ; (of shares etc) cote f, cours m ; (estimate) devis m ; ~ **marks** npl guillemets mpl.

**quote** [kwəʊt] n citation f // vt (sentence) citer ; (price) donner, fixer ; (shares) coter // vi : **to** ~ **from** citer ; **to** ~ **for a job** établir un devis pour des travaux.

**quotient** ['kwəʊʃənt] n quotient m.

# R

**rabbi** ['ræbaɪ] n rabbin m.

**rabbit** ['ræbɪt] n lapin m ; ~ **hole** n terrier m (de lapin) ; ~ **hutch** n clapier m.

**rabble** ['ræbl] n (pej) populace f.

**rabid** ['ræbɪd] a enragé(e).

**rabies** ['reɪbiːz] n rage f.

**RAC** n abbr of Royal Automobile Club.

**raccoon** [rəˈkuːn] n raton m laveur.

**race** [reɪs] n race f ; (competition, rush) course f // vt (person) faire la course avec ; (horse) faire courir ; (engine) emballer // vi courir ; ~**course** n champ m de courses ; ~**horse** n cheval m de course ; ~ **relations** npl rapports mpl entre les races ; ~**track** n piste f.

**racial** ['reɪʃl] a racial(e) ; ~ **discrimination** n discrimination raciale ; ~**ism** n racisme m ; ~**ist** a, n raciste m/f.

**racing** ['reɪsɪŋ] n courses fpl ; ~ **car** n voiture f de course ; ~ **driver** n pilote m de course.

**racist** ['reɪsɪst] a, n (pej) raciste (m/f).

**rack** [ræk] n (also: **luggage** ~) filet m à bagages ; (also: **roof** ~) galerie f // vt tourmenter ; **magazine** ~ n porte-revues

m inv ; **shoe** ~ n étagère f à chaussures ; **toast** ~ n porte-toast m.

**racket** ['rækɪt] n (for tennis) raquette f ; (noise) tapage m ; vacarme m ; (swindle) escroquerie f ; (organized crime) racket m.

**racoon** [rəˈkuːn] n = **raccoon**.

**racquet** ['rækɪt] n raquette f.

**racy** ['reɪsɪ] a plein(e) de verve ; osé(e).

**radar** ['reɪdɑː*] n radar m // cpd radar inv.

**radiance** ['reɪdɪəns] n éclat m, rayonnement m.

**radiant** ['reɪdɪənt] a rayonnant(e) ; (PHYSICS) radiant(e).

**radiate** ['reɪdɪeɪt] vt (heat) émettre, dégager // vi (lines) rayonner.

**radiation** [reɪdɪˈeɪʃən] n rayonnement m ; (radioactive) radiation f.

**radiator** ['reɪdɪeɪtə*] n radiateur m ; ~ **cap** n bouchon m de radiateur.

**radical** ['rædɪkl] a radical(e).

**radii** ['reɪdɪaɪ] npl of **radius**.

**radio** ['reɪdɪəʊ] n radio f ; **on the** ~ à la radio ; ~ **station** station f de radio.

**radio...** ['reɪdɪəʊ] prefix : ~**active** a radioactif(ive) ; ~**activity** n radioactivité f ; ~**grapher** [-ˈɔgrəfə*] n radiologue m/f (technicien) ; ~**graphy** [-ˈɔgrəfɪ] n radiographie f ; ~**logy** [-ˈɔlədʒɪ] n radiologie f ; ~**therapist** n radiothérapeute m/f.

**radish** ['rædɪʃ] n radis m.

**radium** ['reɪdɪəm] n radium m.

**radius**, pl **radii** ['reɪdɪəs, -ɪaɪ] n rayon m ; (ANAT) radius m.

**raffia** ['ræfɪə] n raphia m.

**raffish** ['ræfɪʃ] a dissolu(e) ; canaille.

**raffle** ['ræfl] n tombola f.

**raft** [rɑːft] n (also: **life** ~) radeau m ; (logs) train m de flottage.

**rafter** ['rɑːftə*] n chevron m.

**rag** [ræg] n chiffon m ; (pej: newspaper) feuille f, torchon m ; (for charity) attractions organisées par les étudiants au profit d'œuvres de charité // vt chahuter, mettre en boîte ; ~**s** npl haillons mpl ; ~**-and-bone man** n chiffonnier m ; ~**bag** n (fig) ramassis m.

**rage** [reɪdʒ] n (fury) rage f, fureur f // vi (person) être fou(folle) de rage ; (storm) faire rage, être déchaîné(e) ; **it's all the** ~ cela fait fureur.

**ragged** ['rægɪd] a (edge) inégal(e), qui accroche ; (cuff) effiloché(e) ; (appearance) déguenillé(e).

**raid** [reɪd] n (MIL) raid m ; (criminal) hold-up m inv ; (by police) descente f, rafle f // vt faire un raid sur or un hold-up dans or une descente dans ; ~**er** n malfaiteur m ; (plane) bombardier m.

**rail** [reɪl] n (on stair) rampe f ; (on bridge, balcony) balustrade f ; (of ship) bastingage m ; (for train) rail m ; ~**s** npl rails mpl, voie ferrée ; **by** ~ par chemin de fer ; ~ **ing(s)** n(pl) grille f ; ~**road** n (US), ~**way** n chemin m de fer ; ~**wayman** n cheminot m ; ~**way station** n gare f.

**rain** [reɪn] n pluie f // vi pleuvoir ; **in the** ~ sous la pluie ; ~**bow** n arc-en-ciel m ; ~**coat** n imperméable m ; ~**drop** n goutte f de pluie ; ~**fall** n chute f de pluie ; (measurement) hauteur f des précipitations ;

~**proof** a imperméable ; ~**storm** n pluie torrentielle ; ~**y** a pluvieux(euse).

**raise** [reɪz] n augmentation f // vt (lift) lever ; hausser ; (build) ériger ; (increase) augmenter ; (a protest, doubt) provoquer, causer ; (a question) soulever ; (cattle, family) élever ; (crop) faire pousser ; (army, funds) rassembler ; (loan) obtenir ; to ~ one's voice élever la voix.

**raisin** ['reɪzn] n raisin sec.

**raj** [rɑːdʒ] n empire m (aux Indes).

**rajah** ['rɑːdʒə] n radja(h) m.

**rake** [reɪk] n (tool) râteau m ; (person) débauché m // vt (garden) ratisser ; (fire) tisonner ; (with machine gun) balayer ; to ~ through (fig: search) fouiller (dans).

**rakish** ['reɪkɪʃ] a dissolu(e) ; cavalier(ère).

**rally** ['rælɪ] n (POL etc) meeting m, rassemblement m ; (AUT) rallye m ; (TENNIS) échange m // vt rassembler, rallier // vi se rallier ; (sick person) aller mieux ; (Stock Exchange) reprendre ; to ~ round vt fus se rallier à ; venir en aide à.

**ram** [ræm] n bélier m // vt enfoncer ; (soil) tasser ; (crash into) emboutir, percuter ; éperonner.

**ramble** ['ræmbl] n randonnée f // vi (pej: also: ~ on) discourir, pérorer ; ~**r** n promeneur/euse, randonneur/euse, (BOT) rosier grimpant ; **rambling** a (speech) décousu(e) ; (BOT) grimpant(e).

**ramification** [ræmɪfɪ'keɪʃən] n ramification f.

**ramp** [ræmp] n (incline) rampe f ; dénivellation f ; (in garage) pont m.

**rampage** [ræm'peɪdʒ] n: **to be on the** ~ se déchaîner // vi: **they went rampaging through the town** ils ont envahi les rues et ont tout saccagé sur leur passage.

**rampant** ['ræmpənt] a (disease etc) qui sévit.

**rampart** ['ræmpɑːt] n rempart m.

**ramshackle** ['ræmʃækl] a (house) délabré(e) ; (car etc) déglingué(e).

**ran** [ræn] pt of **run**.

**ranch** [rɑːntʃ] n ranch m ; ~**er** n propriétaire m de ranch ; cowboy m.

**rancid** ['rænsɪd] a rance.

**rancour, rancor** (US) ['ræŋkə*] n rancune f.

**random** ['rændəm] a fait(e) or établi(e) au hasard // n: **at** ~ au hasard.

**randy** ['rændɪ] a (col) excité(e) ; lubrique.

**rang** [ræŋ] pt of **ring**.

**range** [reɪndʒ] n (of mountains) chaîne f ; (of missile, voice) portée f ; (of products) choix m, gamme f ; (MIL: also: **shooting** ~) champ m de tir ; (also: **kitchen** ~) fourneau m (de cuisine) // vt (place) mettre en rang, placer ; (roam) parcourir // vi: to ~ **over** couvrir ; to ~ **from** ... **to** aller de ... à ; ~**r** n garde m forestier.

**rank** [ræŋk] n rang m ; (MIL) grade m ; (also: **taxi** ~) station f de taxis // vi: to ~ **among** compter or se classer parmi // a (qui sent) fort(e) ; extrême ; **the** ~**s** (MIL) la troupe ; **the** ~ **and file** (fig) la masse, la base.

**rankle** ['ræŋkl] vi (insult) rester sur le cœur.

**ransack** ['rænsæk] vt fouiller (à fond) ; (plunder) piller.

**ransom** ['rænsəm] n rançon f ; **to hold sb to** ~ (fig) exercer un chantage sur qn.

**rant** [rænt] vi fulminer ; ~**ing** n invectives fpl.

**rap** [ræp] n petit coup sec ; tape f // vt frapper sur or à ; taper sur.

**rape** [reɪp] n viol m // vt violer.

**rapid** ['ræpɪd] a rapide ; ~**s** npl (GEO) rapides mpl ; ~**ity** [rə'pɪdɪtɪ] n rapidité f.

**rapist** ['reɪpɪst] n auteur m d'un viol.

**rapport** [ræ'pɔ:*] n entente f.

**rapture** ['ræptʃə*] n extase f, ravissement m ; **to go into** ~**s over** s'extasier sur ; **rapturous** a extasié(e) ; frénétique.

**rare** [rɛə*] a rare ; (CULIN: steak) saignant(e).

**rarebit** ['rɛəbɪt] n see **Welsh**.

**rarefied** ['rɛərɪfaɪd] a (air, atmosphere) raréfié(e).

**rarely** ['rɛəlɪ] ad rarement.

**rarity** ['rɛərɪtɪ] n rareté f.

**rascal** ['rɑːskl] n vaurien m.

**rash** [ræʃ] a imprudent(e), irréfléchi(e) // n (MED) rougeur f, éruption f.

**rasher** ['ræʃə*] n fine tranche (de lard).

**rasp** [rɑːsp] n (tool) lime f.

**raspberry** ['rɑːzbərɪ] n framboise f ; ~**bush** n framboisier m.

**rasping** ['rɑːspɪŋ] a: ~ **noise** grincement m.

**rat** [ræt] n rat m.

**ratable** ['reɪtəbl] a = **rateable**.

**ratchet** ['rætʃɪt] n: ~ **wheel** roue f à rochet.

**rate** [reɪt] n (ratio) taux m, pourcentage m ; (speed) vitesse f, rythme m ; (price) tarif m // vt classer ; évaluer ; to ~ **sb/sth as** considérer qn/qch comme ; to ~ **sb/sth among** classer qn/qch parmi ; ~**s** npl (Brit) impôts locaux ; (fees) tarifs mpl ; ~**able value** n valeur locative imposable ; ~ **of exchange** n taux m or cours m du change ; ~ **of flow** n débit m ; ~**payer** n contribuable m/f (payant les impôts locaux).

**rather** ['rɑːðə*] ad plutôt ; **it's** ~ **expensive** c'est assez cher ; (too much) c'est un peu cher ; **I would** or **I'd** ~ **go** j'aimerais mieux or je préférerais partir ; **I had** ~ **go** il vaudrait mieux que je parte.

**ratification** [rætɪfɪ'keɪʃən] n ratification f.

**ratify** ['rætɪfaɪ] vt ratifier.

**rating** ['reɪtɪŋ] n classement m ; cote f ; (NAUT: category) classe f ; (: sailor) matelot m.

**ratio** ['reɪʃɪəʊ] n proportion f ; **in the** ~ **of 100 to 1** dans la proportion de 100 contre 1.

**ration** ['ræʃən] n (gen pl) ration(s) f(pl) // vt rationner.

**rational** ['ræʃənl] a raisonnable, sensé(e) ; (solution, reasoning) logique ; (MED) lucide ; ~**e** [-'nɑːl] n raisonnement m ; justification f ; ~**ize** vt rationaliser ; (conduct) essayer d'expliquer or de motiver ; ~**ly** ad raisonnablement ; logiquement.

**rationing** ['ræʃnɪŋ] n rationnement m.

**rat poison** ['rætpɔɪzn] n mort-aux-rats f inv.

**rat race** ['rætreɪs] n foire f d'empoigne.

**rattle** ['rætl] n cliquetis m; (louder) bruit m de ferraille; (object: of baby) hochet m; (: of sports fan) crécelle f // vi cliqueter; faire un bruit de ferraille or du bruit // vt agiter (bruyamment); ~snake n serpent m à sonnettes.

**raucous** ['rɔːkəs] a rauque; ~ly ad d'une voix rauque.

**ravage** ['rævɪdʒ] vt ravager; ~s npl ravages mpl.

**rave** [reɪv] vi (in anger) s'emporter; (with enthusiasm) s'extasier; (MED) délirer.

**raven** ['reɪvən] n corbeau m.

**ravenous** ['rævənəs] a affamé(e).

**ravine** [rə'viːn] n ravin m.

**raving** ['reɪvɪŋ] a: ~ lunatic n fou furieux/folle furieuse.

**ravioli** [rævɪ'əʊlɪ] n ravioli mpl.

**ravish** ['rævɪʃ] vt ravir; ~ing a enchanteur(eresse).

**raw** [rɔː] a (uncooked) cru(e); (not processed) brut(e); (sore) à vif, irrité(e); (inexperienced) inexpérimenté(e); ~ material n matière première.

**ray** [reɪ] n rayon m; ~ of hope n lueur f d'espoir.

**rayon** ['reɪɔn] n rayonne f.

**raze** [reɪz] vt raser, détruire.

**razor** ['reɪzə*] n rasoir m; ~ blade n lame f de rasoir.

**Rd** abbr of **road**.

**re** [riː] prep concernant.

**reach** [riːtʃ] n portée f, atteinte f; (of river etc) étendue f // vt atteindre; parvenir à // vi s'étendre; **out of/within** ~ (object) hors de/à portée; **within easy** ~ (of) (place) à proximité (de), proche (de); **to** ~ **out** vi: **to** ~ **out for** allonger le bras pour prendre.

**react** [riː'ækt] vi réagir; ~ion [-'ækʃən] n réaction f; ~ionary [-'ækʃənrɪ] a,n réactionnaire (m/f).

**reactor** [riː'æktə*] n réacteur m.

**read**, pt,pp **read** [riːd, rɛd] vi lire // vt lire; (understand) comprendre, interpréter; (study) étudier; (subj: instrument etc) indiquer, marquer; **to** ~ **out** vt lire à haute voix; ~**able** a facile or agréable à lire; ~**er** n lecteur/trice; (book) livre m de lecture; (at university) maître m de conférences; ~**ership** n (of paper etc) (nombre m de) lecteurs mpl.

**readily** ['rɛdɪlɪ] ad volontiers, avec empressement; (easily) facilement.

**readiness** ['rɛdɪnɪs] n empressement m; **in** ~ (prepared) prêt(e).

**reading** ['riːdɪŋ] n lecture f; (understanding) interprétation f; (on instrument) indications fpl; ~ **lamp** n lampe f de bureau; ~ **room** n salle f de lecture.

**readjust** [riːə'dʒʌst] vt rajuster; (instrument) régler de nouveau // vi (person): **to** ~ (**to**) se réadapter (à).

**ready** ['rɛdɪ] a prêt(e); (willing) prêt, disposé(e); (quick) prompt(e); (available) disponible // ad: ~**-cooked** tout(e) cuit(e) (d'avance) // n: **at the** ~ (MIL) prêt à faire feu; (fig) tout(e) prêt(e); ~ **cash** n (argent m) liquide m; ~**-made** a tout(e) fait(e); ~**-mix** n (for cakes etc) préparation f en

sachet; ~ **reckoner** n barème m; ~**-to-wear** a en prêt-à-porter.

**real** [rɪəl] a réel(le); véritable; **in** ~ **terms** dans la réalité; ~ **estate** n biens fonciers or immobiliers; ~**ism** n (also ART) réalisme m; ~**ist** n réaliste m/f; ~**istic** [-'lɪstɪk] a réaliste.

**reality** [riː'ælɪtɪ] n réalité f; **in** ~ en réalité, en fait.

**realization** [rɪəlaɪ'zeɪʃən] n prise f de conscience; réalisation f.

**realize** ['rɪəlaɪz] vt (understand) se rendre compte de; (a project, COMM: asset) réaliser.

**really** ['rɪəlɪ] ad vraiment.

**realm** [rɛlm] n royaume m.

**ream** [riːm] n rame f (de papier).

**reap** [riːp] vt moissonner; (fig) récolter; ~**er** n (machine) moissonneuse f.

**reappear** [riːə'pɪə*] vi réapparaître, reparaître; ~**ance** n réapparition f.

**reapply** [riːə'plaɪ] vi: **to** ~ **for** faire une nouvelle demande d'emploi concernant; reposer sa candidature à.

**rear** [rɪə*] a de derrière, arrière inv; (AUT: wheel etc) arrière // n arrière m, derrière m // vt (cattle, family) élever // vi (also: ~ **up**) (animal) se cabrer; ~**-engined** a (AUT) avec moteur à l'arrière; ~**guard** n arrière-garde f.

**rearm** [riː'ɑːm] vt, vi réarmer; ~**ament** n réarmement m.

**rearrange** [riːə'reɪndʒ] vt réarranger.

**rear-view** ['rɪəvjuː] a: ~ **mirror** n (AUT) rétroviseur m.

**reason** ['riːzn] n raison f // vi: **to** ~ **with sb** raisonner qn, faire entendre raison à qn; **to have** ~ **to think** avoir lieu de penser; **it stands to** ~ **that** il va sans dire que; ~**able** a raisonnable; (not bad) acceptable; ~**ably** ad raisonnablement; **one can** ~**ably assume that ...** on est fondé à or il est permis de supposer que ...; ~**ed** a (argument) raisonné(e); ~**ing** n raisonnement m.

**reassemble** [riːə'sɛmbl] vt rassembler; (machine) remonter.

**reassert** [riːə'səːt] vt réaffirmer.

**reassure** [riːə'ʃuə*] vt rassurer; **to** ~ **sb of** donner à qn l'assurance répétée de; **reassuring** a rassurant(e).

**reawakening** [riːə'weɪknɪŋ] n réveil m.

**rebate** ['riːbeɪt] n (on product) rabais m; (on tax etc) dégrèvement m; (repayment) remboursement m.

**rebel** n ['rɛbl] rebelle m/f // vi [rɪ'bɛl] se rebeller, se révolter; ~**lion** n rébellion f, révolte f; ~**lious** a rebelle.

**rebirth** [riː'bəːθ] n renaissance f.

**rebound** vi [rɪ'baund] (ball) rebondir; (bullet) ricocher // n ['riːbaund] rebond m; ricochet m.

**rebuff** [rɪ'bʌf] n rebuffade f // vt repousser.

**rebuild** [riː'bɪld] vt irg reconstruire.

**rebuke** [rɪ'bjuːk] n réprimande f, reproche m // vt réprimander.

**rebut** [rɪ'bʌt] vt réfuter; ~**tal** n réfutation f.

**recall** [rɪ'kɔːl] vt rappeler; (remember) se rappeler, se souvenir de // n rappel m; **beyond** ~ a irrévocable.

**recant** [rɪ'kænt] *vi* se rétracter ; (REL) abjurer.

**recap** ['ri:kæp] *n* récapitulation *f* // *vt, vi* récapituler.

**recapture** [ri:'kæptʃə*] *vt* reprendre ; (atmosphere) recréer.

**recede** [rɪ'si:d] *vi* s'éloigner ; reculer ; redescendre ; **receding** *a* (forehead, chin) fuyant(e) ; **receding hairline** *n* front dégarni.

**receipt** [rɪ'si:t] *n* (document) reçu *m* ; (for parcel etc) accusé *m* de réception ; (act of receiving) réception *f* ; **~s** *npl* (COMM) recettes *fpl*.

**receive** [rɪ'si:v] *vt* recevoir ; (guest) recevoir, accueillir.

**receiver** [rɪ'si:və*] *n* (TEL) récepteur *m*, combiné *m* ; (of stolen goods) receleur *m* ; (COMM) administrateur *m* judiciaire.

**recent** ['ri:snt] *a* récent(e) ; **~ly** *ad* récemment ; **as ~ly as** pas plus tard que.

**receptacle** [rɪ'septɪkl] *n* récipient *m*.

**reception** [rɪ'sepʃən] *n* réception *f* ; (welcome) accueil *m*, réception ; **~ desk** *n* réception ; **~ist** *n* réceptionniste *m/f*.

**receptive** [rɪ'septɪv] *a* réceptif(ive).

**recess** [rɪ'ses] *n* (in room) renfoncement *m* ; (for bed) alcôve *f* ; (secret place) recoin *m* ; (POL etc: holiday) vacances *fpl*.

**recharge** [ri:'tʃɑ:dʒ] *vt* (battery) recharger.

**recipe** ['resɪpɪ] *n* recette *f*.

**recipient** [rɪ'sɪpɪənt] *n* bénéficiaire *m/f* ; (of letter) destinataire *m/f*.

**reciprocal** [rɪ'sɪprəkl] *a* réciproque.

**reciprocate** [rɪ'sɪprəkeɪt] *vt* retourner, offrir en retour.

**recital** [rɪ'saɪtl] *n* récital *m*.

**recite** [rɪ'saɪt] *vt* (poem) réciter ; (complaints etc) énumérer.

**reckless** ['rekləs] *a* (driver etc) imprudent(e) ; (spender etc) insouciant(e) ; **~ly** *ad* imprudemment ; avec insouciance.

**reckon** ['rekən] *vt* (count) calculer, compter ; (consider) considérer, estimer ; (think): **I ~ that ...** je pense que ... ; **to ~ on** *vt fus* compter sur, s'attendre à ; **~ing** *n* compte *m*, calcul *m* ; estimation *f* ; **the day of ~ing** le jour du Jugement.

**reclaim** [rɪ'kleɪm] *vt* (land) amender ; (: from sea) assécher ; (: from forest) défricher ; (demand back) réclamer (le remboursement or la restitution de) ; **reclamation** [reklə'meɪʃən] *n* amendement *m* ; assèchement *m* ; défrichement *m*.

**recline** [rɪ'klaɪn] *vi* être allongé(e) or étendu(e) ; **reclining** *a* (seat) à dossier réglable.

**recluse** [rɪ'klu:s] *n* reclus/e, ermite *m*.

**recognition** [rekəg'nɪʃən] *n* reconnaissance *f* ; **to gain ~** être reconnu(e) ; **transformed beyond ~** méconnaissable.

**recognizable** ['rekəgnaɪzəbl] *a*: **~ (by)** reconnaissable (à).

**recognize** ['rekəgnaɪz] *vt*: **to ~ (by/as)** reconnaître (à/comme étant).

**recoil** [rɪ'kɔɪl] *vi* (gun) reculer ; (spring) se détendre ; (person): **to ~ (from)** reculer (devant) // *n* recul *m* ; détente *f*.

**recollect** [rekə'lekt] *vt* se rappeler, se souvenir de ; **~ion** [-'lekʃən] *n* souvenir *m*.

**recommend** [rekə'mend] *vt* recommander ; **~ation** [-'deɪʃən] *n* recommandation *f*.

**recompense** ['rekəmpens] *vt* récompenser ; (compensate) dédommager.

**reconcilable** ['rekənsaɪləbl] *a* (ideas) conciliable.

**reconcile** ['rekənsaɪl] *vt* (two people) réconcilier ; (two facts) concilier, accorder ; **to ~ o.s.** to se résigner à ; **reconciliation** [-sɪlɪ'eɪʃən] *n* réconciliation *f* ; conciliation *f*.

**recondition** [ri:kən'dɪʃən] *vt* remettre à neuf ; réviser entièrement.

**reconnaissance** [rɪ'kɔnɪsns] *n* (MIL) reconnaissance *f*.

**reconnoitre, reconnoiter** (US) [rekə'nɔɪtə*] (MIL) *vt* reconnaître // *vi* faire une reconnaissance.

**reconsider** [ri:kən'sɪdə*] *vt* reconsidérer.

**reconstitute** [ri:'kɔnstɪtju:t] *vt* reconstituer.

**reconstruct** [ri:kən'strʌkt] *vt* (building) reconstruire ; (crime) reconstituer ; **~ion** [-kʃən] *n* reconstruction *f* ; reconstitution *f*.

**record** *n* ['rekɔ:d] rapport *m*, récit *m* ; (of meeting etc) procès-verbal *m* ; (register) registre *m* ; (file) dossier *m* ; (also: **police ~**) casier *m* judiciaire ; (MUS: disc) disque *m* ; (SPORT) record *m* // *vt* [rɪ'kɔ:d] (set down) noter ; (relate) rapporter ; (MUS: song etc) enregistrer ; **in ~ time** dans un temps record *inv* ; **to keep a ~ of** noter ; **off the ~ a** officieux(euse) ; **to keep the ~ straight** (fig) mettre les choses au point ; **~ card** *n* (in file) fiche *f* ; **~er** *n* (LAW) avocat nommé à la fonction de juge ; (MUS) flûte *f* à bec ; **~ holder** *n* (SPORT) détenteur/trice du record ; **~ing** *n* (MUS) enregistrement *m* ; **~ library** *n* discothèque *f* ; **~ player** *n* électrophone *m*.

**recount** [rɪ'kaunt] *vt* raconter.

**re-count** *n* ['ri:kaunt] (POL: of votes) pointage *m* // *vt* [ri:'kaunt] recompter.

**recoup** [rɪ'ku:p] *vt*: **to ~ one's losses** récupérer ce qu'on a perdu, se refaire.

**recourse** [rɪ'kɔ:s] *n* recours *m* ; expédient *m* ; **to have ~ to** recourir à, avoir recours à.

**recover** [rɪ'kʌvə*] *vt* récupérer // *vi* (from illness) se rétablir ; (from shock) se remettre ; (country) se redresser.

**re-cover** [ri:'kʌvə*] *vt* (chair etc) recouvrir.

**recovery** [rɪ'kʌvərɪ] *n* récupération *f* ; rétablissement *m* ; redressement *m*.

**recreate** [ri:krɪ'eɪt] *vt* recréer.

**recreation** [rekrɪ'eɪʃən] *n* récréation *f* ; détente *f* ; **~al** *a* pour la détente, récréatif(ive).

**recrimination** [rɪkrɪmɪ'neɪʃən] *n* récrimination *f*.

**recruit** [rɪ'kru:t] *n* recrue *f* // *vt* recruter ; **~ing office** *n* bureau *m* de recrutement ; **~ment** *n* recrutement *m*.

**rectangle** ['rektæŋgl] *n* rectangle *m* ; **rectangular** [-'tæŋgjulə*] *a* rectangulaire.

**rectify** ['rektɪfaɪ] *vt* (error) rectifier, corriger ; (omission) réparer.

**rector** ['rektə*] *n* (REL) pasteur *m* ; **rectory** *n* presbytère *m*.

**recuperate** [rɪ'kju:pəreɪt] vi récupérer ; *(from illness)* se rétablir.

**recur** [rɪ'kə:*] vi se reproduire ; *(idea, opportunity)* se représenter ; *(symptoms)* réapparaître ; **~rence** n répétition f ; réapparition f ~ a périodique, fréquent(e) ; **~ring** a (MATH) périodique.

**red** [red] n rouge m ; *(POL: pej)* rouge m/f // a rouge ; **in the** ~ *(account)* à découvert ; *(business)* en déficit ; ~ **carpet treatment** n réception f en grande pompe ; **R~ Cross** n Croix-Rouge f ; ~ **currant** n groseille f (rouge) ; **~den** vt,vi rougir ; **~dish** a rougeâtre ; *(hair)* plutôt roux(rousse).

**redecorate** [ri:'dekəreɪt] vt refaire à neuf, repeindre et retapisser ; **redecoration** [-'reɪʃən] n remise f à neuf.

**redeem** [rɪ'di:m] vt *(debt)* rembourser ; *(sth in pawn)* dégager ; *(fig, also REL)* racheter ; **~ing** a *(feature)* qui sauve, qui rachète (le reste).

**redeploy** [ri:dɪ'plɔɪ] vt *(resources)* réorganiser.

**red-haired** [red'heəd] a roux(rousse).

**red-handed** [red'hændɪd] a: **to be caught** ~ être pris(e) en flagrant délit or la main dans le sac.

**redhead** ['redhed] n roux/rousse.

**red herring** ['red'herɪŋ] n *(fig)* diversion f, fausse piste.

**red-hot** [red'hɒt] a chauffé(e) au rouge, brûlant(e).

**redirect** [ri:daɪ'rekt] vt *(mail)* faire suivre.

**redistribute** [ri:dɪ'strɪbju:t] vt redistribuer.

**red-letter day** ['redletə'deɪ] n grand jour, jour mémorable.

**red light** ['red'laɪt] n: **to go through a** ~ *(AUT)* brûler un feu rouge ; **red-light district** n quartier réservé.

**redness** ['rednɪs] n rougeur f ; *(of hair)* rousseur f.

**redo** [ri:'du:] vt irg refaire.

**redolent** ['redəulnt] a: ~ **of** qui sent ; *(fig)* qui évoque.

**redouble** [ri:'dʌbl] vt: **to** ~ **one's efforts** redoubler d'efforts.

**redress** [rɪ'dres] n réparation f.

**red tape** ['red'teɪp] n *(fig)* paperasserie f (administrative).

**reduce** [rɪ'dju:s] vt réduire ; *(lower)* abaisser ; **'~ speed now'** *(AUT)* 'ralentir' ; **at a ~d price** *(of goods)* au rabais, en solde ; *(of ticket etc)* à prix réduit ; **reduction** [rɪ'dʌkʃən] n réduction f ; *(of price)* baisse f ; *(discount)* rabais m ; réduction.

**redundancy** [rɪ'dʌndənsɪ] n licenciement m, mise f au chômage.

**redundant** [rɪ'dʌndnt] a *(worker)* mis(e) au chômage, licencié(e) ; *(detail, object)* superflu(e) ; **to make** ~ licencier, mettre au chômage.

**reed** [ri:d] n *(BOT)* roseau m ; *(MUS: of clarinet etc)* anche f.

**reef** [ri:f] n *(at sea)* récif m, écueil m.

**reek** [ri:k] vi: **to** ~ **(of)** puer, empester.

**reel** [ri:l] n bobine f ; *(TECH)* dévidoir m ; *(FISHING)* moulinet m ; *(CINEMA)* bande f // vt *(TECH)* bobiner ; *(also: ~ up)* enrouler // vi *(sway)* chanceler.

**re-election** [ri:ɪ'lekʃən] n réélection f.

**re-engage** [ri:ɪn'geɪdʒ] vt *(worker)* réembaucher.

**re-enter** [ri:'entə*] vt rentrer dans ; **re-entry** n rentrée f.

**ref** [ref] n *(col: abbr of referee)* arbitre m.

**refectory** [rɪ'fektərɪ] n réfectoire m.

**refer** [rɪ'fə:*] vt: **to** ~ **sb** *(or sth)* **to** *(dispute, decision)* soumettre qch à ; *(inquirer: for information)* adresser or envoyer qn à ; *(reader: to text)* renvoyer qn à ; **to** ~ **to** vt fus *(allude to)* parler de, faire allusion à ; *(apply to)* s'appliquer à ; *(consult)* se reporter à ; **~ring to your letter** *(COMM)* en réponse à votre lettre.

**referee** [refə'ri:] n arbitre m ; *(for job application)* répondant/e // vt arbitrer.

**reference** ['refrəns] n référence f, renvoi m ; *(mention)* allusion f, mention f ; *(for job application: letter)* références ; lettre f de recommandation ; (: *person*) répondant/e ; **with** ~ **to** en ce qui concerne ; *(COMM: in letter)* me référant à ; **'please quote this** ~' *(COMM)* 'prière de rappeler cette référence' ; **~ book** n ouvrage m de référence.

**referendum, pl referenda** [refə'rendəm, -də] n référendum m.

**refill** vt [ri:'fɪl] remplir à nouveau ; *(pen, lighter etc)* recharger // n ['ri:fɪl] *(for pen etc)* recharge f.

**refine** [rɪ'faɪn] vt *(sugar, oil)* raffiner ; *(taste)* affiner ; **~d** a *(person, taste)* raffiné(e) ; **~ment** n *(of person)* raffinement m ; **~ry** n raffinerie f.

**reflect** [rɪ'flekt] vt *(light, image)* réfléchir, refléter ; *(fig)* refléter // vi *(think)* réfléchir, méditer ; **to** ~ **on** vt fus *(discredit)* porter atteinte à, faire tort à ; **~ion** [-'flekʃən] n réflexion f ; *(image)* reflet m ; *(criticism)*: **~ion on** critique f de ; atteinte f à ; **on ~ion** réflexion faite ; **~or** n *(also AUT)* réflecteur m.

**reflex** ['ri:fleks] a, n réflexe (m) ; **~ive** [rɪ'fleksɪv] a *(LING)* réfléchi(e).

**reform** [rɪ'fɔ:m] n réforme f // vt réformer ; **the R~ation** [refə'meɪʃən] n la Réforme ; **~ed** a amendé(e), assagi(e) ; **~er** n réformateur/trice.

**refrain** [rɪ'freɪn] vi: **to** ~ **from doing** s'abstenir de faire // n refrain m.

**refresh** [rɪ'freʃ] vt rafraîchir ; *(subj: food)* redonner des forces à ; (: *sleep*) reposer ; **~er course** n cours m de recyclage ; **~ment room** n buffet m ; **~ments** npl rafraîchissements mpl.

**refrigeration** [rɪfrɪdʒə'reɪʃən] n réfrigération f.

**refrigerator** [rɪ'frɪdʒəreɪtə*] n réfrigérateur m, frigidaire m.

**refuel** [ri:'fjuəl] vt ravitailler en carburant // vi se ravitailler en carburant.

**refuge** ['refju:dʒ] n refuge m ; **to take** ~ **in** se réfugier dans.

**refugee** [refju'dʒi:] n réfugié/e.

**refund** n ['ri:fʌnd] remboursement m // vt [rɪ'fʌnd] rembourser.

**refurbish** [ri:'fə:bɪʃ] vt remettre à neuf.

**refurnish** [ri:'fə:nɪʃ] vt remeubler.

**refusal** [rɪ'fju:zəl] n refus m.

**refuse** *n* ['rɛfju:s] ordures *fpl*, détritus *mpl* // *vt*, *vi* [rɪ'fju:z] refuser ; ~ **collection** *n* ramassage *m* d'ordures ; ~ **collector** *n* éboueur *m*.

**refute** [rɪ'fju:t] *vt* réfuter.

**regain** [rɪ'geɪn] *vt* regagner ; retrouver.

**regal** ['ri:gl] *a* royal(e) ; ~**ia** [rɪ'geɪlɪə] *n* insignes *mpl* de la royauté.

**regard** [rɪ'gɑ:d] *n* respect *m*, estime *f*, considération *f* // *vt* considérer ; **to give one's** ~**s** to faire ses amitiés à ; 'with **kindest** ~**s**' 'bien amicalement' ; ~**ing**, **as** ~**s**, **with** ~ **to** en ce qui concerne ; ~**less** *ad* quand même ; ~**less of** sans se soucier de.

**regatta** [rɪ'gætə] *n* régate *f*.

**regency** ['ri:dʒənsɪ] *n* régence *f*.

**regent** ['ri:dʒənt] *n* régent/e.

**régime** [reɪ'ʒi:m] *n* régime *m*.

**regiment** ['rɛdʒɪmənt] *n* régiment *m* ; ~**al** [-'mɛntl] *a* d'un ou du régiment ; ~**ation** [-'teɪʃən] *n* réglementation excessive.

**region** ['ri:dʒən] *n* région *f*; **in the** ~ **of** (*fig*) aux alentours de ; ~**al** *a* régional(e) ; ~**al development** *n* aménagement *m* du territoire.

**register** ['rɛdʒɪstə*] *n* registre *m* ; (*also*: **electoral** ~) liste électorale // *vt* enregistrer, inscrire ; (*birth*) déclarer ; (*vehicle*) immatriculer ; (*luggage*) enregistrer ; (*letter*) envoyer en recommandé ; (*subj: instrument*) marquer // *vi* se faire inscrire ; (*at hotel*) signer le registre ; (*make impression*) être (bien) compris(e) ; ~**ed** *a* (*design*) déposé(e) ; (*letter*) recommandé(e).

**registrar** ['rɛdʒɪstrɑ:*] *n* officier *m* de l'état civil ; secrétaire (général).

**registration** [rɛdʒɪs'treɪʃən] *n* (*act*) enregistrement *m* ; inscription *f*; (*AUT: also*: ~ **number**) numéro *m* d'immatriculation.

**registry** ['rɛdʒɪstrɪ] *n* bureau *m* de l'enregistrement ; ~ **office** *n* bureau *m* de l'état civil ; **to get married in a** ~ **office** ≈ se marier à la mairie.

**regret** [rɪ'grɛt] *n* regret *m* // *vt* regretter ; **to** ~ **that** regretter que + *sub* ; ~**fully** *ad* à ou avec regret ; ~**table** *a* regrettable.

**regroup** [ri:'gru:p] *vt* regrouper // *vi* se regrouper.

**regular** ['rɛgjulə*] *a* régulier(ère) ; (*usual*) habituel(le), normal(e) ; (*soldier*) de métier ; (*COMM: size*) ordinaire // *n* (*client etc*) habitué/e ; ~**ity** [-'lærɪtɪ] *n* régularité *f* ; ~**ly** *ad* régulièrement.

**regulate** ['rɛgjuleɪt] *vt* régler ; **regulation** [-'leɪʃən] *n* (*rule*) règlement *m* ; (*adjustment*) réglage *m* // *cpd* réglementaire.

**rehabilitation** ['ri:həbɪlɪ'teɪʃən] *n* (*of offender*) réhabilitation *f*; (*of disabled*) rééducation *f*, réadaptation *f*.

**rehash** [ri:'hæʃ] *vt* (*col*) remanier.

**rehearsal** [rɪ'hə:səl] *n* répétition *f*.

**rehearse** [rɪ'hə:s] *vt* répéter.

**reign** [reɪn] *n* règne *m* // *vi* régner ; ~**ing** *a* (*monarch*) régnant(e) ; (*champion*) actuel(le).

**reimburse** [ri:ɪm'bə:s] *vt* rembourser.

**rein** [reɪn] *n* (*for horse*) rêne *f*.

**reincarnation** [ri:ɪnkɑ:'neɪʃən] *n* réincarnation *f*.

**reindeer** ['reɪndɪə*] *n* (*pl inv*) renne *m*.

**reinforce** [ri:ɪn'fɔ:s] *vt* renforcer ; ~**d concrete** *n* béton armé ; ~**ment** *n* (*action*) renforcement *m* ; ~**ments** *npl* (MIL.) renfort(s) *m(pl)*.

**reinstate** [ri:ɪn'steɪt] *vt* rétablir, réintégrer.

**reissue** [ri:'ɪʃju:] *vt* (*book*) rééditer ; (*film*) ressortir.

**reiterate** [ri:'ɪtəreɪt] *vt* réitérer, répéter.

**reject** *n* ['ri:dʒɛkt] (COMM) article *m* de rebut // *vt* [rɪ'dʒɛkt] refuser ; (COMM: *goods*) mettre au rebut ; (*idea*) rejeter ; ~**ion** [rɪ'dʒɛkʃən] *n* rejet *m*, refus *m*.

**rejoice** [rɪ'dʒɔɪs] *vi*: **to** ~ (**at** **or over**) se réjouir (de).

**rejuvenate** [rɪ'dʒu:vəneɪt] *vt* rajeunir.

**rekindle** [ri:'kɪndl] *vt* rallumer ; (*fig*) raviver.

**relapse** [rɪ'læps] *n* (MED) rechute *f*.

**relate** [rɪ'leɪt] *vt* (*tell*) raconter ; (*connect*) établir un rapport entre ; ~**d** *a* apparenté(e) ; ~**d to** apparenté à ; **relating: relating to** *prep* concernant.

**relation** [rɪ'leɪʃən] *n* (*person*) parent/e ; (*link*) rapport *m*, lien *m* ; ~**ship** *n* rapport *m*, lien *m* ; (*personal ties*) relations *fpl*, rapports ; (*also*: **family** ~**ship**) lien *m* de parenté ; (*affair*) liaison *f*.

**relative** ['rɛlətɪv] *n* parent/e // *a* relatif(ive) ; (*respective*) respectif(ive) ; **all her** ~**s** toute sa famille ; ~**ly** *ad* relativement.

**relax** [rɪ'læks] *vi* se relâcher ; (*person: unwind*) se détendre // *vt* relâcher ; (*mind, person*) détendre ; ~**ation** [ri:læk'seɪʃən] *n* relâchement *m* ; détente *f* ; (*entertainment*) distraction *f* ; ~**ed** *a* relâché(e) ; détendu(e) ; ~**ing** *a* délassant(e).

**relay** ['ri:leɪ] *n* (SPORT) course *f* de relais // *vt* (*message*) retransmettre, relayer.

**release** [rɪ'li:s] *n* (*from prison, obligation*) libération *f* ; (*of gas etc*) émission *f* ; (*of film etc*) sortie *f* ; (*record*) disque *m* ; (*device*) déclencheur *m* // *vt* (*prisoner*) libérer ; (*book, film*) sortir ; (*report, news*) rendre public, publier ; (*gas etc*) émettre, dégager ; (*free: from wreckage etc*) dégager ; (TECH: *catch, spring etc*) déclencher ; (*let go*) relâcher ; lâcher ; desserrer ; **to** ~ **one's grip or hold** lâcher prise ; **to** ~ **the clutch** (AUT) débrayer.

**relegate** ['rɛləgeɪt] *vt* reléguer.

**relent** [rɪ'lɛnt] *vi* se laisser fléchir ; ~**less** *a* implacable.

**relevance** ['rɛləvəns] *n* pertinence *f* ; ~ **of sth to sth** rapport *m* entre qch et qch.

**relevant** ['rɛləvənt] *a* approprié(e) ; (*fact*) significatif(ive) ; (*information*) utile, pertinent(e) ; ~ **to** ayant rapport à, approprié à.

**reliability** [rɪlaɪə'bɪlɪtɪ] *n* sérieux *m* ; solidité *f*.

**reliable** [rɪ'laɪəbl] *a* (*person, firm*) sérieux(euse) ; (*method*) sûr(e) ; (*machine*) solide ; **reliably** *ad*: **to be reliably informed** savoir de source sûre.

**reliance** [rɪ'laɪəns] *n*: ~ (**on**) confiance *f* (en) ; besoin *m* (de), dépendance *f* (de).

**relic** ['rɛlɪk] *n* (REL) relique *f* ; (*of the past*) vestige *m*.

**relief** [rɪ'li:f] *n* (*from pain, anxiety*) soulagement *m* ; (*help, supplies*) secours *m(pl)* ; (*of* guard) relève f ; (ART, GEO) relief m ; ~ **road** n route f de délestage ; ~ **valve** n soupape f de sûreté.

**relieve** [rɪ'li:v] vt (pain, patient) soulager ; (bring help) secourir ; (take over from: gen) relayer ; (: guard) relever ; **to ~ sb of sth** débarrasser qn de qch.

**religion** [rɪ'lɪdʒən] n religion f ; **religious** a religieux(euse) ; (book) de piété.

**reline** [ri:'laɪn] vt (brakes) refaire la garniture de.

**relinquish** [rɪ'lɪŋkwɪʃ] vt abandonner ; (plan, habit) renoncer à.

**relish** ['relɪʃ] n (CULIN) condiment m ; (enjoyment) délectation f // vt (food etc) savourer ; **to ~ doing** se délecter à faire.

**relive** [ri:'lɪv] vt revivre.

**reload** [ri:'ləud] vt recharger.

**reluctance** [rɪ'lʌktəns] n répugnance f.

**reluctant** [rɪ'lʌktənt] a peu disposé(e), qui hésite ; ~**ly** ad à contrecœur, sans enthousiasme.

**rely** [rɪ'laɪ] : **to ~ on** vt fus compter sur ; (be dependent) dépendre de.

**remain** [rɪ'meɪn] vi rester ; ~**der** n reste m ; (COMM) fin f de série ; ~**ing** a qui reste ; ~**s** npl restes mpl.

**remand** [rɪ'mɑ:nd] n: **on ~** en détention préventive // vt: **to ~ in custody** écrouer ; renvoyer en détention provisoire ; ~ **home** n maison f d'arrêt.

**remark** [rɪ'mɑ:k] n remarque f, observation f // vt (faire) remarquer, dire ; (notice) remarquer ; ~**able** a remarquable.

**remarry** [ri:'mærɪ] vi se remarier.

**remedial** [rɪ'mi:dɪəl] a (tuition, classes) de rattrapage.

**remedy** ['remədɪ] n: ~ **(for)** remède m (contre or à) // vt remédier à.

**remember** [rɪ'membə*] vt se rappeler, se souvenir de ; ~ **me to** (in letter) rappelez-moi au bon souvenir de ; **remembrance** n souvenir m ; mémoire f.

**remind** [rɪ'maɪnd] vt: **to ~ sb of sth** rappeler qch à qn ; **to ~ sb to do** faire penser à qn à faire, rappeler à qn qu'il doit faire ; ~**er** n rappel m ; (note etc) pense-bête m.

**reminisce** [remɪ'nɪs] vi: **to ~ (about)** évoquer ses souvenirs (de).

**reminiscences** [remɪ'nɪsnsɪz] npl réminiscences fpl, souvenirs mpl.

**reminiscent** [remɪ'nɪsnt] a: ~ **of** qui rappelle, qui fait penser à.

**remission** [rɪ'mɪʃən] n rémission f ; (of debt, sentence) remise f ; (of fee) exemption f.

**remit** [rɪ'mɪt] vt (send: money) envoyer ; ~**tance** n envoi m, paiement m.

**remnant** ['remnənt] n reste m, restant m ; ~**s** npl (COMM) coupons mpl ; fins fpl de série.

**remorse** [rɪ'mɔ:s] n remords m ; ~**ful** a plein(e) de remords ; ~**less** a (fig) impitoyable.

**remote** [rɪ'məut] a éloigné(e), lointain(e) ; (person) distant(e) ; ~ **control** n télécommande f ; ~**ly** ad au loin ; (slightly) très vaguement ; ~**ness** n éloignement m.

**remould** ['ri:məuld] n (tyre) pneu rechapé.

**removable** [rɪ'mu:vəbl] a (detachable) amovible.

**removal** [rɪ'mu:vəl] n (taking away) enlèvement m ; suppression f ; (from house) déménagement m ; (from office: sacking) renvoi m ; (MED) ablation f ; ~ **man** n déménageur m ; ~ **van** n camion m de déménagement.

**remove** [rɪ'mu:v] vt enlever, retirer ; (employee) renvoyer ; (stain) faire partir ; (doubt, abuse) supprimer ; ~**r** n (for paint) décapant m ; (for varnish) dissolvant m ; ~**rs** npl (company) entreprise f de déménagement.

**remuneration** [rɪmju:nə'reɪʃən] n rémunération f.

**rename** [ri:'neɪm] vt rebaptiser.

**rend**, pt, pp **rent** [rend, rent] vt déchirer.

**render** ['rendə*] vt rendre ; (CULIN: fat) clarifier ; ~**ing** n (MUS etc) interprétation f.

**rendez-vous** ['rɔndɪvu:] n rendez-vous m inv // vi opérer une jonction, se rejoindre.

**renegade** ['renɪgeɪd] n rénégat/e.

**renew** [rɪ'nju:] vt renouveler ; (negotiations) reprendre ; (acquaintance) renouer ; ~**al** n renouvellement m ; reprise f.

**renounce** [rɪ'nauns] vt renoncer à ; (disown) renier.

**renovate** ['renəveɪt] vt rénover ; (art work) restaurer ; **renovation** [-'veɪʃən] n rénovation f ; restauration f.

**renown** [rɪ'naun] n renommée f ; ~**ed** a renommé(e).

**rent** [rent] pt, pp of **rend** // n loyer m // vt louer ; ~**al** n (for television, car) (prix m de) location f.

**renunciation** [rɪnʌnsɪ'eɪʃən] n renonciation f ; (self-denial) renoncement m.

**reopen** [ri:'əupən] vt rouvrir ; ~**ing** n réouverture f.

**reorder** [ri:'ɔ:də*] vt commander de nouveau ; (rearrange) réorganiser.

**reorganize** [ri:'ɔ:gənaɪz] vt réorganiser.

**rep** [rep] n (COMM: abbr of **representative**) représentant m (de commerce) ; (THEATRE: abbr of **repertory**) théâtre m de répertoire.

**repair** [rɪ'pɛə*] n réparation f // vt réparer ; **in good/bad ~** en bon/mauvais état ; ~ **kit** n trousse f de réparations ; ~ **man** n réparateur m ; ~ **shop** n (AUT etc) atelier m de réparations.

**repartee** [repɑ:'ti:] n repartie f.

**repay** [ri:'peɪ] vt irg (money, creditor) rembourser ; (sb's efforts) récompenser ; ~**ment** n remboursement m ; récompense f.

**repeal** [rɪ'pi:l] n (of law) abrogation f ; (of sentence) annulation f // vt abroger ; annuler.

**repeat** [rɪ'pi:t] n (RADIO, TV) reprise f // vt répéter ; (pattern) reproduire ; (promise, attack, also COMM: order) renouveler ; (SCOL: a class) redoubler ; ~**edly** ad souvent, à plusieurs reprises.

**repel** [rɪ'pel] vt (lit, fig) repousser ; ~**lent** a repoussant(e) // n: **insect** ~**lent** insectifuge m ; **moth** ~**lent** produit m antimite(s).

**repent** [rɪ'pent] vi: **to ~ (of)** se repentir (de) ; ~**ance** n repentir m.

**repercussion** [ri:pə'kʌʃən] n (consequence) répercussion f.

**repertoire** ['rɛpətwɑ:*] n répertoire m.
**repertory** ['rɛpətərɪ] n (also: ~ **theatre**) théâtre m de répertoire.
**repetition** [rɛpɪ'tɪʃən] n répétition f; (of promise, COMM: order etc) renouvellement m.
**repetitive** [rɪ'pɛtɪtɪv] a (movement, work) répétitif(ive); (speech) plein(e) de redites.
**replace** [rɪ'pleɪs] vt (put back) remettre, replacer; (take the place of) remplacer; (TEL): '~ **the receiver**' 'raccrochez'; ~**ment** n remplacement m; remplacement m; (person) remplaçant/e; ~**ment part** n pièce f de rechange.
**replenish** [rɪ'plɛnɪʃ] vt (glass) remplir (de nouveau); (stock etc) réapprovisionner.
**replete** [rɪ'pli:t] a rempli(e); (well-fed) rassasié(e).
**replica** ['rɛplɪkə] n réplique f, copie exacte.
**reply** [rɪ'plaɪ] n réponse f // vi répondre.
**report** [rɪ'pɔ:t] n rapport m; (PRESS etc) reportage m; (also: school ~) bulletin m (scolaire); (of gun) détonation f // vt rapporter, faire un compte rendu de; (PRESS etc) faire un reportage sur; (bring to notice: occurrence) signaler; (: person) dénoncer // vi (make a report) faire un rapport (or un reportage); (present o.s.): to ~ (to sb) se présenter (chez qn); it is ~ed that on dit or annonce que; ~ed speech n (LING) discours indirect; ~er n reporter m.
**reprehensible** [rɛprɪ'hɛnsɪbl] a répréhensible.
**represent** [rɛprɪ'zɛnt] vt représenter; (explain): to ~ to sb that expliquer à qn que; ~**ation** [-'teɪʃən] n représentation f; ~**ations** npl (protest) démarche f; ~**ative** n représentant/e; (US: POL) député m // a représentatif(ive), caractéristique.
**repress** [rɪ'prɛs] vt réprimer; ~**ion** [-'prɛʃən] n répression f; ~**ive** a répressif(ive).
**reprieve** [rɪ'pri:v] n (LAW) grâce f; (fig) sursis m, délai m // vt gracier; accorder un sursis or un délai à.
**reprimand** ['rɛprɪmɑ:nd] n réprimande f // vt réprimander.
**reprint** n ['ri:prɪnt] réimpression f // vt [ri:'prɪnt] réimprimer.
**reprisal** [rɪ'praɪzl] n représailles fpl.
**reproach** [rɪ'prəutʃ] n reproche m // vt: to ~ sb with sth reprocher qch à qn; beyond ~ irréprochable; ~**ful** a de reproche.
**reproduce** [ri:prə'dju:s] vt reproduire // vi se reproduire; **reproduction** [-'dʌkʃən] n reproduction f; **reproductive** [-'dʌktɪv] a reproducteur(trice).
**reprove** [rɪ'pru:v] vt (action) réprouver; (person): to ~ (for) blâmer (de); **reproving** a réprobateur(trice).
**reptile** ['rɛptaɪl] n reptile m.
**republic** [rɪ'pʌblɪk] n république f; ~**an** a,n républicain(e).
**repudiate** [rɪ'pju:dɪeɪt] vt (wife, accusation) répudier; (friend) renier.
**repugnant** [rɪ'pʌgnənt] a répugnant(e).
**repulse** [rɪ'pʌls] vt repousser.
**repulsion** [rɪ'pʌlʃən] n répulsion f.
**repulsive** [rɪ'pʌlsɪv] a repoussant(e), répulsif(ive).

**reputable** ['rɛpjutəbl] a de bonne réputation; (occupation) honorable.
**reputation** [rɛpju'teɪʃən] n réputation f; to have a ~ for être réputé(e) pour.
**repute** [rɪ'pju:t] n (bonne) réputation; ~**d** a réputé(e); ~**dly** ad d'après ce qu'on dit.
**request** [rɪ'kwɛst] n demande f; (formal) requête f // vt: to ~ (of or from sb) demander (à qn); ~ **stop** n (for bus) arrêt facultatif.
**requiem** ['rɛkwɪəm] n requiem m.
**require** [rɪ'kwaɪə*] vt (need: subj: person) avoir besoin de; (: thing, situation) demander; (want) vouloir; exiger; (order) obliger; ~**d** a requis(e), voulu(e); if ~**d** s'il le faut; ~**ment** n exigence f; besoin m; condition requise.
**requisite** ['rɛkwɪzɪt] n chose nécessaire // a requis(e), nécessaire; **toilet** ~**s** accessoires mpl de toilette.
**requisition** [rɛkwɪ'zɪʃən] n: ~ (for) demande f (de) // vt (MIL) réquisitionner.
**reroute** [ri:'ru:t] vt (train etc) dérouter.
**resale** [ri:'seɪl] n revente f.
**rescind** [rɪ'sɪnd] vt annuler; (law) abroger; (judgment) rescinder.
**rescue** ['rɛskju:] n sauvetage m; (help) secours mpl // vt sauver; ~ **party** n équipe f de sauvetage; ~**r** n sauveteur m.
**research** [rɪ'sə:tʃ] n recherche(s) f(pl) // vt faire des recherches sur; ~**er** n chercheur/euse; ~ **work** n recherches fpl; ~ **worker** n chercheur/euse.
**resell** [ri:'sɛl] vt irg revendre.
**resemblance** [rɪ'zɛmbləns] n ressemblance f.
**resemble** [rɪ'zɛmbl] vt ressembler à.
**resent** [rɪ'zɛnt] vt éprouver du ressentiment de, être contrarié(e) par; ~**ful** a irrité(e), plein(e) de ressentiment; ~**ment** n ressentiment m.
**reservation** [rɛzə'veɪʃən] n (booking) réservation f; (doubt) réserve f; (protected area) réserve; (on road: also: central ~) bande f médiane; to make a ~ (in an hotel/a restaurant/a plane) réserver or retenir une chambre/une table/une place.
**reserve** [rɪ'zə:v] n réserve f; (SPORT) remplaçant/e // vt (seats etc) réserver, retenir; ~**s** npl (MIL) réservistes mpl; in ~ en réserve; ~**d** a réservé(e); **reservist** n (MIL) réserviste m.
**reservoir** ['rɛzəvwɑ:*] n réservoir m.
**reshape** [ri:'ʃeɪp] vt (policy) réorganiser.
**reshuffle** [ri:'ʃʌfl] n: **Cabinet** ~ (POL) remaniement ministériel.
**reside** [rɪ'zaɪd] vi résider.
**residence** ['rɛzɪdəns] n résidence f; ~ **permit** n permis m de séjour.
**resident** ['rɛzɪdənt] n résident/e // a résidant(e).
**residential** [rɛzɪ'dɛnʃəl] a de résidence; (area) résidentiel(le).
**residue** ['rɛzɪdju:] n reste m; (CHEM, PHYSICS) résidu m.
**resign** [rɪ'zaɪn] vt (one's post) se démettre de // vi démissionner; to ~ o.s. to (endure) se résigner à; ~**ation** [rɛzɪg'neɪʃən] n démission f; résignation f; ~**ed** a résigné(e).

**resilience** [rɪ'zɪlɪəns] n (of material) élasticité f; (of person) ressort m.

**resilient** [rɪ'zɪlɪənt] a (person) qui réagit, qui a du ressort.

**resin** ['rɛzɪn] n résine f.

**resist** [rɪ'zɪst] vt résister à; ~ance n résistance f.

**resolute** ['rɛzəluːt] a résolu(e).

**resolution** [rɛzə'luːʃən] n résolution f.

**resolve** [rɪ'zɔlv] n résolution f // vt (decide): to ~ to do résoudre or décider de faire; (problem) résoudre; ~d a résolu(e).

**resonant** ['rɛzənənt] a résonnant(e).

**resort** [rɪ'zɔːt] n (town) station f; (recourse) recours m // vi: to ~ to avoir recours à; in the last ~ en dernier ressort.

**resound** [rɪ'zaʊnd] vi: to ~ (with) retentir (de); ~ing a retentissant(e).

**resource** [rɪ'sɔːs] n ressource f; ~s npl ressources; ~ful a plein(e) de ressource, débrouillard(e); ~fulness n ressource f.

**respect** [rɪs'pɛkt] n respect m // vt respecter; with ~ to en ce qui concerne; in ~ of sous le rapport de, quant à; in this ~ sous ce rapport, à cet égard; ~ability [-ə'bɪlɪtɪ] n respectabilité f; ~able a respectable; ~ful a respectueux(euse).

**respective** [rɪs'pɛktɪv] a respectif(ive); ~ly ad respectivement.

**respiration** [rɛspɪ'reɪʃən] n respiration f.

**respirator** ['rɛspɪreɪtə*] n respirateur m.

**respiratory** [rɛs'pɪrətərɪ] a respiratoire.

**respite** ['rɛspaɪt] n répit m.

**resplendent** [rɪs'plɛndənt] a resplendissant(e).

**respond** [rɪs'pɔnd] vi répondre; (to treatment) réagir.

**response** [rɪs'pɔns] n réponse f; (to treatment) réaction f.

**responsibility** [rɪspɔnsɪ'bɪlɪtɪ] n responsabilité f.

**responsible** [rɪs'pɔnsɪbl] a (liable): ~ (for) responsable (de); (character) digne de confiance; (job) qui comporte des responsabilités; **responsibly** ad avec sérieux.

**responsive** [rɪs'pɔnsɪv] a qui n'est pas réservé(e) or indifférent(e).

**rest** [rɛst] n repos m; (stop) arrêt m, pause f; (MUS) silence m; (support) support m, appui m; (remainder) reste m, restant m // vi se reposer; (be supported): to ~ on appuyer or reposer sur; (remain) rester // vt (lean): to ~ sth on/against appuyer qch sur/contre; the ~ of them les autres; it ~s with him to c'est à lui de.

**restart** [riː'stɑːt] vt (engine) remettre en marche; (work) reprendre.

**restaurant** ['rɛstərɔŋ] n restaurant m; ~ car n wagon-restaurant m.

**rest cure** ['rɛstkjuə*] n cure f de repos.

**restful** ['rɛstful] a reposant(e).

**rest home** ['rɛsthəum] n maison f de repos.

**restitution** [rɛstɪ'tjuːʃən] n (act) restitution f; (reparation) réparation f.

**restive** ['rɛstɪv] a agité(e), impatient(e); (horse) rétif(ive).

**restless** ['rɛstlɪs] a agité(e); ~ly ad avec agitation.

**restock** [riː'stɔk] vt réapprovisionner.

**restoration** [rɛstə'reɪʃən] n restauration f; restitution f.

**restore** [rɪ'stɔː*] vt (building) restaurer; (sth stolen) restituer; (peace, health) rétablir.

**restrain** [rɪs'treɪn] vt (feeling) contenir; (person): to ~ (from doing) retenir (de faire); ~ed a (style) sobre; (manner) mesuré(e); ~t n (restriction) contrainte f; (moderation) retenue f; (of style) sobriété f.

**restrict** [rɪs'trɪkt] vt restreindre, limiter; ~ed area n (AUT) zone f à vitesse limitée; ~ion [-kʃən] n restriction f, limitation f; ~ive a restrictif(ive).

**rest room** ['rɛstrum] n (US) toilettes fpl.

**result** [rɪ'zʌlt] n résultat m // vi: to ~ in aboutir à, se terminer par.

**resume** [rɪ'zjuːm] vt, vi (work, journey) reprendre.

**resumption** [rɪ'zʌmpʃən] n reprise f.

**resurgence** [rɪ'sə:dʒəns] n réapparition f.

**resurrection** [rɛzə'rɛkʃən] n résurrection f.

**resuscitate** [rɪ'sʌsɪteɪt] vt (MED) réanimer; **resuscitation** [-'teɪʃn] n réanimation f.

**retail** ['riːteɪl] n (vente f au) détail m // cpd de or au détail // vt vendre au détail; ~er n détaillant/e; ~ price n prix m de détail.

**retain** [rɪ'teɪn] vt (keep) garder, conserver; (employ) engager; ~er n (servant) serviteur m; (fee) acompte m, provision f.

**retaliate** [rɪ'tælɪeɪt] vi: to ~ (against) se venger (de); to ~ (on sb) rendre la pareille (à qn); **retaliation** [-'eɪʃən] n représailles fpl, vengeance f.

**retarded** [rɪ'tɑːdɪd] a retardé(e).

**retch** [rɛtʃ] vi avoir des haut-le-coeur.

**retentive** [rɪ'tɛntɪv] a: ~ memory excellente mémoire.

**rethink** [riː'θɪŋk] vt repenser.

**reticence** ['rɛtɪsns] n réticence f.

**reticent** ['rɛtɪsnt] a réticent(e).

**retina** ['rɛtɪnə] n rétine f.

**retinue** ['rɛtɪnjuː] n suite f, cortège m.

**retire** [rɪ'taɪə*] vi (give up work) prendre sa retraite; (withdraw) se retirer, partir; (go to bed) (aller) se coucher; ~d a (person) retraité(e); ~ment n retraite f; **retiring** a (person) réservé(e); **retiring age** n âge m de la retraite.

**retort** [rɪ'tɔːt] n (reply) riposte f; (container) cornue f // vi riposter.

**retrace** [riː'treɪs] vt reconstituer; to ~ one's steps revenir sur ses pas.

**retract** [rɪ'trækt] vt (statement, claws) rétracter; (undercarriage, aerial) rentrer, escamoter // vi se rétracter; rentrer; ~able a escamotable.

**retrain** [riː'treɪn] vt (worker) recycler; ~ing n recyclage m.

**retread** [riː'trɛd] vt (AUT: tyre) rechaper.

**retreat** [rɪ'triːt] n retraite f // vi battre en retraite; (flood) reculer.

**retrial** [riː'traɪəl] n nouveau procès.

**retribution** [rɛtrɪ'bjuːʃən] n châtiment m.

**retrieval** [rɪ'triːvəl] n récupération f; réparation f; recherche f et extraction f.

**retrieve** [rɪ'triːv] vt (sth lost) récupérer; (situation, honour) sauver; (error, loss) réparer; (COMPUTERS) rechercher; ~r n chien m d'arrêt.

**retrospect** ['rɛtrəspɛkt] n: **in** ~ rétrospectivement, après coup; ~**ive** [-'spɛktɪv] a (law) rétroactif(ive).

**return** [rɪ'təːn] n (going or coming back) retour m; (of sth stolen etc) restitution f; (recompense) récompense f; (FINANCE: from land, shares) rapport m; (report) relevé m, rapport m // cpd (journey) de retour; (ticket) aller et retour; (match) retour // vi (person etc: come back) revenir; (: go back) retourner // vt rendre; (bring back) rapporter; (send back) renvoyer; (put back) remettre; (POL: candidate) élire; ~**s** npl (COMM) recettes fpl; bénéfices mpl; **many happy** ~**s (of the day)!** bon anniversaire!; ~**able** a (bottle etc) consigné(e).

**reunion** [riː'juːnɪən] n réunion f.

**reunite** [riːjuː'naɪt] vt réunir.

**rev** [rɛv] n (abbr of **revolution**: AUT) tour m // vb (also: ~ **up**) vt emballer // vi s'emballer.

**revamp** ['riː'væmp] vt (house) retaper; (firm) réorganiser.

**reveal** [rɪ'viːl] vt (make known) révéler; (display) laisser voir; ~**ing** a révélateur(trice); (dress) au décolleté généreux or suggestif.

**reveille** [rɪ'vælɪ] n (MIL) réveil m.

**revel** ['rɛvl] vi: **to** ~ **in sth/in doing** se délecter de qch/à faire.

**revelation** [rɛvə'leɪʃən] n révélation f.

**reveller** ['rɛvlə*] n fêtard m.

**revelry** ['rɛvlrɪ] n festivités fpl.

**revenge** [rɪ'vɛndʒ] n vengeance f; (in game etc) revanche f // vt venger; **to take** ~ se venger; ~**ful** a vengeur(eresse); vindicatif(ive).

**revenue** ['rɛvənjuː] n revenu m.

**reverberate** [rɪ'vəːbəreɪt] vi (sound) retentir, se répercuter; (light) se réverbérer; **reverberation** [-'reɪʃən] n répercussion f; réverbération f.

**revere** [rɪ'vɪə*] vt vénérer, révérer.

**reverence** ['rɛvərəns] n vénération f, révérence f.

**reverent** ['rɛvərənt] a respectueux(euse).

**reverie** ['rɛvərɪ] n rêverie f.

**reversal** [rɪ'vəːsl] n (of opinion) revirement m.

**reverse** [rɪ'vəːs] n contraire m, opposé m; (back) dos m, envers m; (AUT: also: ~ **gear**) marche f arrière // a (order, direction) opposé(e), inverse // vt (turn) renverser, retourner; (change) renverser, changer complètement; (LAW: judgment) réformer // vi (AUT) faire marche arrière; ~**d charge call** n (TEL) communication f en PCV.

**reversion** [rɪ'vəːʃən] n retour m.

**revert** [rɪ'vəːt] vi: **to** ~ **to** revenir à, retourner à.

**review** [rɪ'vjuː] n revue f; (of book, film) critique f // vt passer en revue; faire la critique de; ~**er** n critique m.

**revise** [rɪ'vaɪz] vt (manuscript) revoir, corriger; (opinion) réviser, modifier; (study: subject, notes) réviser; **revision** [rɪ'vɪʒən] n révision f.

**revitalize** [riː'vaɪtəlaɪz] vt revitaliser.

**revival** [rɪ'vaɪvəl] n reprise f; rétablissement m; (of faith) renouveau m.

**revive** [rɪ'vaɪv] vt (person) ranimer; (custom) rétablir; (hope, courage) redonner; (play, fashion) reprendre // vi (person) reprendre connaissance; (hope) renaître; (activity) reprendre.

**revoke** [rɪ'vəuk] vt révoquer; (promise, decision) revenir sur.

**revolt** [rɪ'vəult] n révolte f // vi se révolter, se rebeller; ~**ing** a dégoûtant(e).

**revolution** [rɛvə'luːʃən] n révolution f; (of wheel etc) tour m, révolution; ~**ary** a, n révolutionnaire (m/f); **rev(olution) counter** n compte-tours m inv; ~**ize** vt révolutionner.

**revolve** [rɪ'vɔlv] vi tourner.

**revolver** [rɪ'vɔlvə*] n revolver m.

**revolving** [rɪ'vɔlvɪŋ] a (chair) pivotant(e); (light) tournant(e); ~ **door** n (porte f à) tambour m.

**revue** [rɪ'vjuː] n (THEATRE) revue f.

**revulsion** [rɪ'vʌlʃən] n dégoût m, répugnance f.

**reward** [rɪ'wɔːd] n récompense f // vt: **to** ~ **(for)** récompenser (de); ~**ing** a (fig) qui (en) vaut la peine.

**rewind** [riː'waɪnd] vt irg (watch) remonter; (ribbon etc) réembobiner.

**rewire** [riː'waɪə*] vt (house) refaire l'installation électrique de.

**reword** [riː'wəːd] vt formuler or exprimer différemment.

**rewrite** [riː'raɪt] vt irg récrire.

**rhapsody** ['ræpsədɪ] n (MUS) rhapsodie f; (fig) éloge délirant.

**rhetoric** ['rɛtərɪk] n rhétorique f; ~**al** [rɪ'tɔrɪkl] a rhétorique.

**rheumatic** [ruː'mætɪk] a rhumatismal(e).

**rheumatism** ['ruːmətɪzəm] n rhumatisme m.

**Rhine** [raɪn] n: **the** ~ le Rhin.

**rhinoceros** [raɪ'nɔsərəs] n rhinocéros m.

**Rhodesia** [rəu'diːʒə] n Rhodésie f; ~**n** a rhodésien(ne) // n Rhodésien/ne.

**rhododendron** [rəudə'dɛndrn] n rhododendron m.

**Rhone** [rəun] n: **the** ~ le Rhône.

**rhubarb** ['ruːbɑːb] n rhubarbe f.

**rhyme** [raɪm] n rime f; (verse) vers mpl.

**rhythm** ['rɪðm] n rythme m; ~**ic(al)** a rythmique; ~**ically** ad avec rythme.

**rib** [rɪb] n (ANAT) côte f // vt (mock) taquiner.

**ribald** ['rɪbəld] a paillard(e).

**ribbed** [rɪbd] a (knitting) à côtes; (shell) strié(e).

**ribbon** ['rɪbən] n ruban m; **in** ~**s** (torn) en lambeaux.

**rice** [raɪs] n riz m; ~**field** n rizière f; ~ **pudding** n riz m au lait.

**rich** [rɪtʃ] a riche; (gift, clothes) somptueux(euse); **the** ~ les riches mpl; ~**es** npl richesses fpl; ~**ness** n richesse f.

**rickets** ['rɪkɪts] n rachitisme m.

**rickety** ['rɪkɪtɪ] a branlant(e).

**rickshaw** ['rɪkʃɔ:] n pousse(-pousse) m inv.

**ricochet** ['rɪkəʃeɪ] n ricochet m // vi ricocher.

**rid**, pt, pp **rid** [rɪd] vt: **to ~ sb of** débarrasser qn de; **to get ~ of** se débarrasser de; **good riddance!** bon débarras!

**ridden** ['rɪdn] pp of ride.

**riddle** ['rɪdl] n (puzzle) énigme f // vt: **to be ~d with** être criblé(e) de.

**ride** [raɪd] n promenade f, tour m; (distance covered) trajet m // vb (pt rode, pp ridden [rəud, 'rɪdn]) vi (as sport) monter (à cheval), faire du cheval; (go somewhere: on horse, bicycle) aller (à cheval or bicyclette etc); (journey: on bicycle, motor cycle, bus) rouler // vt (a certain horse) monter; (distance) parcourir, faire; **we rode all day/all the way** nous sommes restés toute la journée en selle/avons fait tout le chemin en selle or à cheval; **to ~ a horse/bicycle/camel** monter à cheval/à bicyclette/à dos de chameau; **to ~ at anchor** (NAUT) être à l'ancre; **horse/car ~** promenade or tour à cheval/en voiture; **to take sb for a ~** (fig) faire marcher qn; rouler qn; **~r** n cavalier/ère; (in race) jockey m; (on bicycle) cycliste m/f; (on motorcycle) motocycliste m/f; (in document) annexe f, clause additionnelle.

**ridge** [rɪdʒ] n (of hill) faîte m; (of roof, mountain) arête f; (on object) strie f.

**ridicule** ['rɪdɪkju:l] n ridicule m; dérision f // vt ridiculiser, tourner en dérision.

**ridiculous** [rɪ'dɪkjuləs] a ridicule.

**riding** ['raɪdɪŋ] n équitation f; **~ school** n manège m, école f d'équitation.

**rife** [raɪf] a répandu(e); **~ with** abondant(e) en.

**riffraff** ['rɪfræf] n racaille f.

**rifle** ['raɪfl] n fusil m (à canon rayé) // vt vider, dévaliser; **~ range** n champ m de tir; (indoor) stand m de tir.

**rift** [rɪft] n fente f, fissure f; (fig: disagreement) désaccord m.

**rig** [rɪg] n (also: oil ~: on land) derrick m; (: at sea) plate-forme pétrolière // vt (election etc) truquer; **to ~ out** vt habiller; (pej) fringuer, attifer; **to ~ up** vt arranger, faire avec des moyens de fortune; **~ging** n (NAUT) gréement m.

**right** [raɪt] a (true) juste, exact(e); (correctly chosen: answer, road etc) bon(bonne); (suitable) approprié(e), convenable; (just) juste, équitable; (morally good) bien inv; (not left) droit(e) // n (title, claim) droit m; (not left) droite f // ad (answer) correctement; (not on the left) à droite // vt redresser // excl bon! **to be ~** (person) avoir raison; (answer) être juste or correct(e); **~ now** en ce moment même; tout de suite; **~ against the wall** tout contre le mur; **~ ahead** tout droit; droit devant; **~ in the middle** en plein milieu; **~ away** immédiatement; **by ~s** en toute justice; **on the ~** à droite; **~ angle** n angle droit; **~eous** ['raɪtʃəs] a droit(e), vertueux(euse); (anger) justifié(e); **~eousness** ['raɪtʃəsnɪs] n droiture f, vertu f; **~ful** a (heir) légitime;

**~fully** ad à juste titre, légitimement; **~handed** a (person) droitier(ère); **~hand man** n bras droit (fig); **the ~hand side** le côté droit; **~ly** ad bien, correctement; (with reason) à juste titre; **~minded** a sensé(e), sain(e) d'esprit; **~ of way** n droit m de passage; (AUT) priorité f; **~wing** n (MIL, SPORT) aile droite; (POL) droite f; **~wing** a (POL) de droite.

**rigid** ['rɪdʒɪd] a rigide; (principle) strict(e); **~ity** [rɪ'dʒɪdɪtɪ] n rigidité f; **~ly** ad rigidement; (behave) inflexiblement.

**rigmarole** ['rɪgmərəul] n galimatias m; comédie f.

**rigor mortis** ['rɪgə'mɔ:tɪs] n rigidité f cadavérique.

**rigorous** ['rɪgərəs] a rigoureux (euse); **~ly** ad rigoureusement.

**rigour, rigor** (US) ['rɪgə*] n rigueur f.

**rig-out** ['rɪgaut] n (col) tenue f.

**rile** [raɪl] vt agacer.

**rim** [rɪm] n bord m; (of spectacles) monture f; (of wheel) jante f; **~less** a (spectacles) à monture invisible; **~med** a bordé(e); janté(e).

**rind** [raɪnd] n (of bacon) couenne f; (of lemon etc) écorce f.

**ring** [rɪŋ] n anneau m; (on finger) bague f; (also: wedding ~) alliance f; (for napkin) rond m; (of people, objects) cercle m; (of spies) réseau m; (of smoke etc) rond; (arena) piste f, arène f; (for boxing) ring m; (sound of bell) sonnerie f; (telephone call) coup m de téléphone // vb (pt rang, pp rung [ræŋ, rʌŋ]) vi (person, bell) sonner; (also: ~ out: voice, words) retentir; (TEL) téléphoner // vt (TEL: also: ~ up) téléphoner à; **to ~ the bell** sonner; **to ~ back** vt, vi (TEL) rappeler; **to ~ off** vi (TEL) raccrocher; **~ binder** n classeur m à anneaux; **~leader** n (of gang) chef m, meneur m.

**ringlets** ['rɪŋlɪts] npl anglaises fpl.

**ring road** ['rɪŋrəud] n route f de ceinture.

**rink** [rɪŋk] n (also: ice ~) patinoire f.

**rinse** [rɪns] n rinçage m // vt rincer.

**riot** ['raɪət] n émeute f, bagarres fpl // vi faire une émeute, manifester avec violence; **a ~ of colours** une débauche or orgie de couleurs; **to run ~** se déchaîner; **~er** n émeutier/ère, manifestant/e; **~ous** a tapageur(euse); tordant(e); **~ously funny** tordant(e).

**rip** [rɪp] n déchirure f // vt déchirer // vi se déchirer; **~cord** n poignée f d'ouverture.

**ripe** [raɪp] a (fruit) mûr(e); (cheese) fait(e); **~n** vt mûrir // vi mûrir; se faire; **~ness** n maturité f.

**riposte** [rɪ'pɔst] n riposte f.

**ripple** ['rɪpl] n ride f, ondulation f; égrènement m, cascade f // vi se rider, onduler // vt rider, faire onduler.

**rise** [raɪz] n (slope) côte f, pente f; (hill) élévation f; (increase: in wages) augmentation f; (: in prices, temperature) hausse f, augmentation f; (fig: to power etc) essor m, ascension f // vi (pt rose, pp risen [rəuz, 'rɪzn]) s'élever, monter; (prices) monter; (waters, river) monter; (sun, wind, person: from chair, bed) se lever; (also: ~ up: rebel) se révolter;

se rebeller ; **to give** ~ **to** donner lieu à ; **to** ~ **to the occasion** se montrer à la hauteur.

**risk** [rɪsk] n risque m ; danger m // vt risquer ; **to take** or **run the** ~ **of doing** courir le risque de faire ; **at** ~ en danger ; **at one's own** ~ à ses risques et périls ; **~y** a risqué(e).

**risqué** [ˈriːskeɪ] a (joke) risqué(e).

**rissole** [ˈrɪsəʊl] n croquette f.

**rite** [raɪt] n rite m.

**ritual** [ˈrɪtjuəl] a rituel(le) // n rituel m.

**rival** [ˈraɪvl] n rival/e ; (in business) concurrent/e // a rival(e) ; qui fait concurrence // vt être en concurrence avec ; **to** ~ **sb/sth in** rivaliser avec qn/qch de ; **~ry** n rivalité f ; concurrence f.

**river** [ˈrɪvə*] n rivière f ; (major, also fig) fleuve m ; **~bank** n rive f, berge f ; **~bed** n lit m (de rivière or de fleuve) ; **~side** n bord m de la rivière or du fleuve // cpd (port, traffic) fluvial(e).

**rivet** [ˈrɪvɪt] n rivet m // vt riveter ; (fig) river, fixer.

**Riviera** [rɪvɪˈɛərə] n: **the (French)** ~ la Côte d'Azur.

**RN** abbr of Royal Navy.

**road** [rəʊd] n route f ; (small) chemin m ; (in town) rue f ; (fig) chemin, voie f ; '~ up' 'attention travaux' ; **~block** n barrage routier ; **~hog** n chauffard m ; ~ **map** n carte routière ; **~side** n bord m de la route, bas-côté m // cpd (situé(e) etc) au bord de la route ; **~sign** n panneau m de signalisation ; ~ **user** n usager m de la route ; **~way** n chaussée f ; **~worthy** a en bon état de marche.

**roam** [rəʊm] vi errer, vagabonder // vt parcourir, errer par.

**roar** [rɔː*] n rugissement m ; (of crowd) hurlements mpl ; (of vehicle, thunder, storm) grondement m // vi rugir ; hurler ; gronder ; **to** ~ **with laughter** éclater de rire ; **a** ~**ing fire** une belle flambée ; **to do a** ~**ing trade** faire des affaires d'or.

**roast** [rəʊst] n rôti m // vt (meat) (faire) rôtir.

**rob** [rɔb] vt (person) voler ; (bank) dévaliser ; **to** ~ **sb of sth** voler or dérober qch à qn ; (fig: deprive) priver qn de qch ; **~ber** n bandit m, voleur m ; **~bery** n vol m.

**robe** [rəʊb] n (for ceremony etc) robe f ; (also: **bath** ~) peignoir m // vt revêtir (d'une robe).

**robin** [ˈrɔbɪn] n rouge-gorge m.

**robot** [ˈrəʊbɔt] n robot m.

**robust** [rəʊˈbʌst] a robuste ; (material, appetite) solide.

**rock** [rɔk] n (substance) roche f, roc m ; (boulder) rocher m ; roche ; (sweet) ≈ sucre m d'orge // vt (swing gently: cradle) balancer ; (: child) bercer ; (shake) ébranler, secouer // vi (se) balancer ; être ébranlé(e) or secoué(e) ; **on the** ~**s** (drink) avec des glaçons ; (ship) sur les écueils ; (marriage etc) en train de craquer ; **to** ~ **the boat** (fig) jouer les trouble-fête ; **~-bottom** n (fig) niveau le plus bas ; **~ery** n (jardin m de) rocaille f.

**rocket** [ˈrɔkɪt] n fusée f ; (MIL) fusée, roquette f.

**rock face** [ˈrɔkfeɪs] n paroi rocheuse.

**rock fall** [ˈrɔkfɔːl] n chute f de pierres.

**rocking chair** [ˈrɔkɪŋtʃɛə*] n fauteuil m à bascule.

**rocking horse** [ˈrɔkɪŋhɔːs] n cheval m à bascule.

**rocky** [ˈrɔkɪ] a (hill) rocheux(euse) ; (path) rocailleux(euse) ; (unsteady: table) branlant(e).

**rod** [rɔd] n (metallic) tringle f ; (TECH) tige f ; (wooden) baguette f ; (also: **fishing** ~) canne f à pêche.

**rode** [rəʊd] pt of **ride**.

**rodent** [ˈrəʊdnt] n rongeur m.

**rodeo** [ˈrəʊdɪəʊ] n rodéo m.

**roe** [rəʊ] n (species: also: ~ **deer**) chevreuil m ; (of fish) œufs mpl de poisson ; **soft** ~ laitance f ; ~ **deer** n chevreuil m ; chevreuil femelle.

**rogue** [rəʊg] n coquin m ; **roguish** a coquin(e).

**role** [rəʊl] n rôle m.

**roll** [rəʊl] n rouleau m ; (of banknotes) liasse f ; (also: **bread** ~) petit pain ; (register) liste f ; (sound: of drums etc) roulement m ; (movement: of ship) roulis m // vt rouler ; (also: ~ **up**: string) enrouler ; (also: ~ **out**: pastry) étendre au rouleau // vi rouler ; (wheel) tourner ; (sway: person) se balancer ; **to** ~ **by** vi (time) s'écouler, passer ; **to** ~ **in** vi (mail, cash) affluer ; **to** ~ **over** vi se retourner ; **to** ~ **up** vi (col: arrive) arriver, s'amener // vt (carpet) rouler ; **to** ~ **call** n appel m ; **~ed gold** a plaqué or inv ; **~er** n rouleau m ; (wheel) roulette f ; **~er skates** npl patins mpl à roulettes.

**rollicking** [ˈrɔlɪkɪŋ] a bruyant(e) et joyeux(euse) ; (play) bouffon(ne) ; **to have a** ~ **time** s'amuser follement.

**rolling** [ˈrəʊlɪŋ] a (landscape) onduleux(euse) ; ~ **pin** n rouleau m à pâtisserie ; ~ **stock** n (RAIL) matériel roulant.

**roll-on-roll-off** [ˈrəʊlɔnˈrəʊlɔf] a (ferry) transroulier(ère).

**roly-poly** [ˈrəʊlɪˈpəʊlɪ] n (CULIN) roulé m à la confiture.

**Roman** [ˈrəʊmən] a romain(e) // n Romain/e ; ~ **Catholic** a, n catholique (m/f).

**romance** [rəˈmæns] n histoire f (or film m or aventure f) romanesque ; (charm) poésie f ; (love affair) idylle f // vi enjoliver (à plaisir), exagérer.

**Romanesque** [rəʊməˈnɛsk] a roman(e).

**Romania** [rəʊˈmeɪnɪə] n Roumanie f ; **~n** a roumain(e) // n Roumain/e.

**romantic** [rəˈmæntɪk] a romantique ; sentimental(e).

**romanticism** [rəˈmæntɪsɪzəm] n romantisme m.

**romp** [rɔmp] n jeux bruyants // vi (also: ~ **about**) s'ébattre, jouer bruyamment.

**rompers** [ˈrɔmpəz] npl barboteuse f.

**rondo** [ˈrɔndəʊ] n (MUS) rondeau m.

**roof** [ruːf] n toit m ; (of tunnel, cave) plafond m // vt couvrir (d'un toit) ; **the** ~ **of the mouth** la voûte du palais ; ~ **garden** n toit-terrasse m ; **~ing** n toiture f ; ~ **rack** n (AUT) galerie f.

**rook** [ruk] n (bird) freux m; (CHESS) tour f // vt (cheat) rouler, escroquer.

**room** [ru:m] n (in house) pièce f; (also: **bed~**) chambre f (à coucher); (in school etc) salle f; (space) place f; **~s** npl (lodging) meublé m; '**~s to let**' 'chambres à louer'; **~ing house** n (US) maison f de rapport; **~mate** n camarade m/f de chambre; **~ service** n service m des chambres (dans un hôtel); **~y** a spacieux(euse); (garment) ample.

**roost** [ru:st] n juchoir m // vi se jucher.

**rooster** ['ru:stə*] n coq m.

**root** [ru:t] n (BOT, MATH) racine f; (fig: of problem) origine f, fond m // vt (plant, belief) enraciner; **to ~ about** vi (fig) fouiller; **to ~ for** vt fus applaudir; **to ~ out** vt extirper.

**rope** [rəup] n corde f; (NAUT) cordage m // vt (box) corder; (climbers) encorder; **to ~ sb in** (fig) embringuer qn; **to know the ~s** (fig) être au courant, connaître les ficelles; **~ ladder** n échelle f de corde.

**rosary** ['rəuzəri] n chapelet m; rosaire m.

**rose** [rəuz] pt of **rise** // n rose f; (also: **~bush**) rosier m; (on watering can) pomme f // a rose.

**rosé** ['rəuzei] n rosé m.

**rose~bed** n massif m de rosiers; **~bud** n bouton m de rose; **~bush** n rosier m.

**rosemary** ['rəuzməri] n romarin m.

**rosette** [rəu'zɛt] n rosette f; (larger) cocarde f.

**roster** ['rɔstə*] n: **duty ~** tableau m de service.

**rostrum** ['rɔstrəm] n tribune f (pour un orateur etc).

**rosy** ['rəuzi] a rose; **a ~ future** un bel avenir.

**rot** [rɔt] n (decay) pourriture f; (fig: pej) idioties fpl, balivernes fpl // vt, vi pourrir.

**rota** ['rəutə] n liste f, tableau m de service; **on a ~ basis** par roulement.

**rotary** ['rəutəri] a rotatif(ive).

**rotate** [rəu'teit] vt (revolve) faire tourner; (change round: crops) alterner; (:jobs) faire à tour de rôle // vi (revolve) tourner; **rotating** a (movement) tournant(e); **rotation** [-'teiʃən] n rotation f; **in rotation** à tour de rôle.

**rotor** ['rəutə*] n rotor m.

**rotten** ['rɔtn] a (decayed) pourri(e); (dishonest) corrompu(e); (col: bad) mauvais(e), moche; **to feel ~** (ill) être mal fichu(e).

**rotting** ['rɔtiŋ] a pourrissant(e).

**rotund** [rəu'tʌnd] a rondelet(te); arrondi(e).

**rouble, ruble** (US) ['ru:bl] n rouble m.

**rouge** [ru:ʒ] n rouge m (à joues).

**rough** [rʌf] a (cloth, skin) rêche, rugueux(euse); (terrain) accidenté(e); (path) rocailleux(euse); (voice) rauque, rude; (person, manner: coarse) rude, fruste; (: violent) brutal(e); (district, weather) mauvais(e); (plan) ébauché(e); (guess) approximatif(ive) // n (GOLF) rough m; (person) voyou m; **to ~ it** vivre à la dure; **to play ~** jouer avec brutalité; **to sleep ~** coucher à la dure; **to feel ~** être mal fichu(e); **to ~ out** vt (draft)

ébaucher; **~en** vt (a surface) rendre rude or rugueux(euse); **~ justice** n justice f sommaire; **~ly** ad (handle) rudement, brutalement; (make) grossièrement; (approximately) à peu près, en gros; **~ness** n rugosité f; rudesse f; brutalité f; **~ work** n (at school etc) brouillon m.

**roulette** [ru:'lɛt] n roulette f.

**Roumania** [ru:'meiniə] n = **Romania**.

**round** [raund] a rond(e) // n rond m, cercle m; (of toast) tranche f; (duty: of policeman, milkman etc) tournée f; (: of doctor) visites fpl; (game: of cards, in competition) partie f; (BOXING) round m; (of talks) série f // vt (corner) tourner; (bend) prendre; (cape) doubler // prep autour de // ad: **right ~, all ~** tout autour; **the long way ~** (par) le chemin le plus long; **all the year ~** toute l'année; **it's just ~ the corner** c'est juste après le coin; (fig) c'est tout près; **to go ~** faire le tour or un détour; **to go ~ to sb's (house)** aller chez qn; **to go ~ an obstacle** contourner un obstacle; **go ~ the back** passe par derrière; **to go ~ a house** visiter une maison, faire le tour d'une maison; **to go the ~s** (disease, story) circuler; **to ~ off** vt (speech etc) terminer; **to ~ up** vt rassembler; (criminals) effectuer une rafle de; (prices) arrondir (au chiffre supérieur); **~about** n (at fair) manège m (de chevaux de bois); (: a (route, means) détourné(e); **~ of ammunition** n cartouche f; **~ of applause** n ban m, applaudissements mpl; **~ of drinks** n tournée f; **~ of sandwiches** n sandwich m; **~ed** a arrondi(e); (style) harmonieux(euse); **~ly** ad (fig) tout net, carrément; **~-shouldered** a au dos rond; **~sman** n livreur m (voyage m) aller et retour m; **~up** n rassemblement m; (of criminals) rafle f.

**rouse** [rauz] vt (wake up) réveiller; (stir up) susciter; provoquer; éveiller; **rousing** a (welcome) enthousiaste.

**rout** [raut] n (MIL) déroute f // vt mettre en déroute.

**route** [ru:t] n itinéraire m; (of bus) parcours m; (of trade, shipping) route f; '**all ~s'** (AUT) 'toutes directions'; **~ map** n (for journey) croquis m d'itinéraire; (for trains etc) carte f du réseau.

**routine** [ru:'ti:n] a (work) ordinaire, courant(e); (procedure) d'usage // n (pej) routine f; (THEATRE) numéro m; **daily ~** occupations journalières.

**roving** ['rəuviŋ] a (life) vagabond(e); **~ reporter** n reporter volant.

**row** [rəu] n (line) rangée f; (of people, seats, KNITTING) rang m; (behind one another: of cars, people) file f // vi (in boat) ramer; (as sport) faire de l'aviron // vt (boat) faire aller à la rame or à l'aviron; **in a ~** (fig) d'affilée.

**row** [rau] n (noise) vacarme m; (dispute) dispute f, querelle f; (scolding) réprimande f, savon m // vi se disputer, se quereller.

**rowdiness** ['raudinis] n tapage m, chahut m; (fighting) bagarre f.

**rowdy** ['raudi] a chahuteur(euse); bagarreur(euse) // n voyou m.

**rowing** ['rəuɪŋ] *n* canotage *m*; (*as sport*) aviron *m*; ~ **boat** *n* canot *m* (à rames).

**rowlock** ['rɔlək] *n* dame *f* de nage, tolet *m*.

**royal** ['rɔɪəl] *a* royal(e); ~**ist** *a, n* royaliste (*m/f*).

**royalty** ['rɔɪəltɪ] *n* (*royal persons*) (membres *mpl* de la) famille royale; (*payment: to author*) droits *mpl* d'auteur; (: *to inventor*) royalties *fpl*.

**r.p.m.** *abbr* (AUT: = revs per minute) tr/mn (tours/minute).

**R.S.P.C.A.** *n* (abbr of Royal Society for the Prevention of Cruelty to Animals), ≈ S.P.A..

**R.S.V.P.** *abbr* (= répondez s'il vous plaît) R.S.V.P.

**Rt Hon.** *abbr* (= Right Honourable) titre donné aux députés de la Chambre des communes.

**rub** [rʌb] *n* (*with cloth*) coup *m* de chiffon or de torchon; (*on person*) friction *f* // *vt* frotter; frictionner; **to ~ sb up the wrong way** prendre qn à rebrousse-poil; **to ~ off** *vi* partir; **to ~ off on** déteindre sur.

**rubber** ['rʌbə*] *n* caoutchouc *m*; (*Brit*: eraser) gomme *f* (à effacer); ~ **band** *n* élastique *m*; ~ **plant** *n* caoutchouc *m* (*plante verte*); ~ **stamp** *n* tampon *m*; ~-**stamp** *vt* (fig) approuver sans discussion; ~**y** *a* caoutchouteux(euse).

**rubbish** ['rʌbɪʃ] *n* (*from household*) ordures *fpl*; (fig:pej) choses *fpl* sans valeur; camelote *f*; (fig: *rubbish*) bêtises *fpl*, idioties *fpl*; ~ **bin** *n* boîte *f* à ordures, poubelle *f*; ~ **dump** *n* (*in town*) décharge publique, dépotoir *m*.

**rubble** ['rʌbl] *n* décombres *mpl*; (*smaller*) gravats *mpl*.

**ruble** ['ru:bl] *n* (US) = **rouble**.

**ruby** ['ru:bɪ] *n* rubis *m*.

**rucksack** ['rʌksæk] *n* sac *m* à dos.

**ructions** ['rʌkʃənz] *npl* grabuge *m*.

**rudder** ['rʌdə*] *n* gouvernail *m*.

**ruddy** ['rʌdɪ] *a* (*face*) coloré(e); (*sky*) rougeoyant(e); (col: *damned*) sacré(e), fichu(e).

**rude** [ru:d] *a* (*impolite: person*) impoli(e); (: *word, manners*) grossier(ère); (*shocking*) indécent(e), inconvenant(e); ~**ly** *ad* impoliment; grossièrement; ~**ness** *n* impolitesse *f*; grossièreté *f*.

**rudiment** ['ru:dɪmənt] *n* rudiment *m*; ~**ary** [-'mɛntərɪ] *a* rudimentaire.

**rueful** ['ru:ful] *a* triste.

**ruff** [rʌf] *n* fraise *f*, collerette *f*.

**ruffian** ['rʌfɪən] *n* brute *f*, voyou *m*.

**ruffle** ['rʌfl] *vt* (*hair*) ébouriffer; (*clothes*) chiffonner; (*water*) agiter; (fig: *person*) émouvoir, faire perdre son flegme à.

**rug** [rʌg] *n* petit tapis; (*for knees*) couverture *f*.

**rugby** ['rʌgbɪ] *n* (*also:* ~ **football**) rugby *m*.

**rugged** ['rʌgɪd] *a* (*landscape*) accidenté(e); (*tree bark*) rugueux(euse); (*features, kindness, character*) rude; (*determination*) farouche.

**rugger** ['rʌgə*] *n* (col) rugby *m*.

**ruin** ['ru:ɪn] *n* ruine *f* // *vt* ruiner; (*spoil: clothes*) abîmer; ~**s** *npl* ruine(s); ~**ation** [-'neɪʃən] *n* ruine *f*; ~**ous** *a* ruineux(euse).

**rule** [ru:l] *n* règle *f*; (*regulation*) règlement *m*; (*government*) autorité *f*, gouvernement *m* // *vt* (*country*) gouverner; (*person*) dominer; (*decide*) décider; (*draw: lines*) tirer à la règle // *vi* commander; décider; (LAW) statuer; **as a ~** normalement, en règle générale; ~**d** *a* (*paper*) réglé(e); ~**r** *n* (*sovereign*) souverain/e; (*leader*) chef *m* (d'État); (*for measuring*) règle *f*; **ruling** *a* (*party*) au pouvoir; (*class*) dirigeant(e) // *n* (LAW) décision *f*.

**rum** [rʌm] *n* rhum *m* // *a* (col) bizarre.

**Rumania** [ru:'meɪnɪə] *n* = **Romania**.

**rumble** ['rʌmbl] *n* grondement *m*; gargouillement *m* // *vi* gronder; (*stomach, pipe*) gargouiller.

**rummage** ['rʌmɪdʒ] *vi* fouiller.

**rumour, rumor** (US) ['ru:mə*] *n* rumeur *f*, bruit *m* (qui court) // *vt*: **it is ~ed that** le bruit court que.

**rump** [rʌmp] *n* (*of animal*) croupe *f*; ~**steak** *n* rumsteck *m*.

**rumpus** ['rʌmpəs] *n* (col) tapage *m*, chahut *m*; (*quarrel*) prise *f* de bec.

**run** [rʌn] *n* (pas *m* de) course *f*; (*outing*) tour *m* or promenade *f* (en voiture); parcours *m*, trajet *m*; (*series*) suite *f*, série *f*; (THEATRE) série de représentations; (SKI) piste *f* // *vb* (*pt* ran, *pp* run [ræn, rʌn]) *vt* (*operate: business*) diriger; (: *competition, course*) organiser; (: *hotel, house*) tenir; (*force through: rope, pipe*): **to ~ sth through** faire passer qch à travers; (*to pass: hand, finger*): **to ~ sth over** promener or passer qch sur; (*water, bath*) faire couler // *vi* courir; (*pass: road etc*) passer; (*work: machine, factory*) marcher; (*bus, train: operate*) être en service; (: *travel*) circuler; (*continue: play*) se jouer; (: *contract*) être valide; (*slide: drawer etc*) glisser; (*flow: river, bath*) couler; (*colours, washing*) déteindre; (*in election*) être candidat, se présenter; **there was a ~ on** (*meat, tickets*) les gens se sont rués sur; **to break into a ~** se mettre à courir; **in the long ~** à longue échéance; à la longue; en fin de compte; **in the short ~** à brève échéance, à court terme; **on the ~** en fuite; **I'll ~ you to the station** je vais vous emmener or conduire à la gare; **to ~ a risk** courir un risque; **to ~ about** *vi* (*children*) courir çà et là; **to ~ across** *vt fus* (*find*) trouver par hasard; **to ~ away** *vi* s'enfuir; **to ~ down** *vi* (*clock*) s'arrêter (faute d'avoir été remonté) // *vt* (AUT) renverser; (*criticize*) critiquer, dénigrer; **to be ~ down** être fatigué(e) or à plat; **to ~ off** *vi* s'enfuir; **to ~ out** *vi* (*person*) sortir en courant; (*liquid*) couler; (*lease*) expirer; (*money*) être épuisé(e); **to ~ out of** *vt fus* se trouver à court de; **to ~ over** *vt sep* (AUT) écraser // *vt fus* (*revise*) revoir, reprendre; **to ~ through** *vt fus* (*instructions*) reprendre, revoir; **to ~ up** *vt* (*debt*) laisser accumuler; **to ~ up against** (*difficulties*) se heurter à; ~**away** *a* (*horse*) emballé(e); (*truck*) fou(folle); (*inflation*) galopant(e).

**rung** [rʌŋ] *pp of* **ring** // *n* (*of ladder*) barreau *m*.

**runner** ['rʌnə*] *n* (*in race: person*) coureur/euse; (: *horse*) partant *m*; (*on sledge*) patin *m*; (*on curtain*) suspendeur m; (for drawer etc) coulisseau m; (carpet: in hall etc) chemin m; ~ **bean** n (BOT) haricot m (à rames); ~-**up** n second/e.

**running** ['rʌnɪŋ] n course f; direction f; organisation f; marche f, fonctionnement m // a (water) courant(e); (commentary) suivi(e); **6 days** ~ 6 jours de suite.

**runny** ['rʌnɪ] a qui coule.

**run-of-the-mill** ['rʌnəvðə'mɪl] a ordinaire, banal(e).

**runt** [rʌnt] n (also: pej) avorton m.

**run-through** ['rʌnθru:] n répétition f, essai m.

**runway** ['rʌnweɪ] n (AVIAT) piste f (d'envol ou d'atterrissage).

**rupee** [ru:'pi:] n roupie f.

**rupture** ['rʌptʃə*] n (MED) hernie f // vt: **to ~ o.s.** se donner une hernie.

**rural** ['ruərl] a rural(e).

**ruse** [ru:z] n ruse f.

**rush** [rʌʃ] n course précipitée; (of crowd) ruée f, bousculade f; (hurry) hâte f, bousculade; (current) flot m // vt transporter or envoyer d'urgence; (attack: town etc) prendre d'assaut; (col: overcharge) estamper; faire payer // vi se précipiter; **don't ~ me!** laissez-moi le temps de souffler!; ~**es** npl (BOT) jonc m; ~ **hour** n heures fpl de pointe or d'affluence.

**rusk** [rʌsk] n biscotte f.

**Russia** ['rʌʃə] n Russie f; ~**n** a russe // n Russe m/f; (LING) russe m.

**rust** [rʌst] n rouille f // vi rouiller.

**rustic** ['rʌstɪk] a rustique // n (pej) rustaud/e.

**rustle** ['rʌsl] vi bruire, produire un bruissement // vt (paper) froisser; (US: cattle) voler.

**rustproof** ['rʌstpru:f] a inoxydable; ~**ing** n traitement m antirouille.

**rusty** ['rʌstɪ] a rouillé(e).

**rut** [rʌt] n ornière f; (ZOOL) rut m.

**ruthless** ['ru:θlɪs] a sans pitié, impitoyable; ~**ness** n dureté f, cruauté f.

**rye** [raɪ] n seigle m; ~ **bread** n pain m de seigle.

## S

**sabbath** ['sæbəθ] n sabbat m.

**sabbatical** [sə'bætɪkl] a: ~ **year** n année f sabbatique.

**sabotage** ['sæbətɑːʒ] n sabotage m // vt saboter.

**saccharin(e)** ['sækərɪn] n saccharine f.

**sack** [sæk] n (bag) sac m // vt (dismiss) renvoyer, mettre à la porte; (plunder) piller, mettre à sac; **to get the ~** être renvoyé or mis à la porte; **a ~ful of** un (plein) sac de; ~**ing** n toile f à sac; renvoi m.

**sacrament** ['sækrəmənt] n sacrement m.

**sacred** ['seɪkrɪd] a sacré(e).

**sacrifice** ['sækrɪfaɪs] n sacrifice m // vt sacrifier.

**sacrilege** ['sækrɪlɪdʒ] n sacrilège m.

**sacrosanct** ['sækrəusæŋkt] a sacrosaint(e).

**sad** [sæd] a (unhappy) triste; (deplorable) triste, fâcheux(euse); ~**den** vt attrister, affliger.

**saddle** ['sædl] n selle f // vt (horse) seller; **to be ~d with sth** (col) avoir qch sur les bras; ~**bag** n sacoche f.

**sadism** ['seɪdɪzm] n sadisme m; **sadist** n sadique m/f; **sadistic** [sə'dɪstɪk] a sadique.

**sadly** ['sædlɪ] ad tristement; fâcheusement.

**sadness** ['sædnɪs] n tristesse f.

**safari** [sə'fɑːrɪ] n safari m.

**safe** [seɪf] a (out of danger) hors de danger, en sécurité; (not dangerous) sans danger; (cautious) prudent(e); (sure: bet etc) assuré(e) // n coffre-fort m; ~ **from** à l'abri de; ~ **and sound** sain(e) et sauf(sauve); (just) **to be on the ~ side** pour plus de sûreté, par précaution; ~**guard** n sauvegarde f, protection f /// vt sauvegarder, protéger; ~**keeping** n bonne garde; ~**ly** ad sans danger, sans risque; (without mishap) sans accident.

**safety** ['seɪftɪ] n sécurité f; ~ **belt** n ceinture f de sécurité; ~ **curtain** n rideau m de fer; ~ **first!** la sécurité d'abord!; ~ **pin** n épingle f de sûreté or de nourrice.

**saffron** ['sæfrən] n safran m.

**sag** [sæg] vi s'affaisser, fléchir; pendre.

**sage** [seɪdʒ] n (herb) sauge f; (man) sage m.

**Sagittarius** [sædʒɪ'tɛərɪəs] n le Sagittaire; **to be ~** être du Sagittaire.

**sago** ['seɪgəu] n sagou m.

**said** [sɛd] pt, pp of **say**.

**sail** [seɪl] n (on boat) voile f; (trip): **to go for a ~** faire un tour en bateau // vt (boat) manœuvrer, piloter // vi (travel: ship) avancer, naviguer; (: passenger) aller or se rendre (en bateau); (set off) partir, prendre la mer; (SPORT) faire de la voile; **they ~ed to Le Havre** ils sont entrés dans le port du Havre; **to ~ through** vi, vt fus (fig) réussir haut la main; ~**boat** n (US) bateau m à voiles, voilier m; ~**ing** n (SPORT) voile f; **to go ~ing** faire de la voile; ~**ing boat** n bateau m à voiles, voilier m; ~**ing ship** n grand voilier; ~**or** n marin m, matelot m.

**saint** [seɪnt] n saint/e; ~**ly** a saint(e), plein(e) de bonté.

**sake** [seɪk] n: **for the ~ of** pour (l'amour de), dans l'intérêt de; par égard pour; **for pity's ~** par pitié.

**salad** ['sæləd] n salade f; ~ **bowl** n saladier m; ~ **cream** n (sorte f de) mayonnaise f; ~ **dressing** n vinaigrette f; ~ **oil** n huile f de table.

**salaried** ['sælərɪd] a (staff) salarié(e), qui touche un traitement.

**salary** ['sælərɪ] n salaire m, traitement m.

**sale** [seɪl] n vente f; (at reduced prices) soldes mpl; **'for ~'** 'à vendre'; **on ~** en vente; **on ~ or return** vendu(e) avec faculté de retour; ~**room** n salle f des ventes; ~**sman** n vendeur m; (representative) représentant m de commerce; ~**smanship** n art m de la vente; ~**swoman** n vendeuse f.

**salient** ['seɪlɪənt] a saillant(e).

**saliva** [sə'laɪvə] n salive f.

**sallow** ['sæləu] a cireux(euse).

**salmon** ['sæmən] n, pl inv saumon m; ~ **trout** n truite saumonée.

**saloon** [sə'lu:n] n (US) bar m; (AUT) berline f; (ship's lounge) salon m.

**salt** [sɔlt] n sel m // vt saler // cpd de sel; (CULIN) salé(e); ~ **cellar** n salière f; ~-**free** a sans sel; ~**y** a salé.

**salutary** ['sæljutəri] a salutaire.

**salute** [sə'lu:t] n salut m // vt saluer.

**salvage** ['sælvɪdʒ] n (saving) sauvetage m; (things saved) biens sauvés or récupérés // vt sauver, récupérer.

**salvation** [sæl'veɪʃən] n salut m; S~ **Army** n Armée f du Salut.

**salver** ['sælvə*] n plateau m de métal.

**salvo** ['sælvəʊ] n salve f.

**same** [seɪm] a même // pronoun: the ~ le(la) même, les mêmes; the ~ **book as** le même livre que; **all** or **just the** ~ tout de même, quand même; **to do the** ~ faire de même, en faire autant; **to do the** ~ **as sb** faire comme qn; **the** ~ **again!** (in bar etc) la même chose!

**sample** ['sɑ:mpl] n échantillon m; (MED) prélèvement m // vt (food, wine) goûter.

**sanatorium**, pl **sanatoria** [sænə-'tɔ:rɪəm, -rɪə] n sanatorium m.

**sanctify** ['sæŋktɪfaɪ] vt sanctifier.

**sanctimonious** [sæŋktɪ'məʊnɪəs] a moralisateur(trice).

**sanction** ['sæŋkʃən] n sanction f // vt cautionner, sanctionner.

**sanctity** ['sæŋktɪtɪ] n sainteté f, caractère sacré.

**sanctuary** ['sæŋktjuəri] n (holy place) sanctuaire m; (refuge) asile m; (for wild life) réserve f.

**sand** [sænd] n sable m // vt sabler; ~**s** npl plage f (de sable).

**sandal** ['sændl] n sandale f.

**sandbag** ['sændbæg] n sac m de sable.

**sandcastle** ['sændkɑ:sl] n château m de sable.

**sand dune** ['sænddju:n] n dune f de sable.

**sandpaper** ['sændpeɪpə*] n papier m de verre.

**sandpit** ['sændpɪt] n (for children) tas m de sable.

**sandstone** ['sændstəʊn] n grès m.

**sandwich** ['sændwɪtʃ] n sandwich m // vt (also: ~ **in**) intercaler; ~**ed between** pris en sandwich entre; **cheese/ham** ~ sandwich au fromage/jambon; ~ **course** n cours m de formation professionnelle.

**sandy** ['sændɪ] a sablonneux(euse); couvert(e) de sable; (colour) sable inv, blond roux inv.

**sane** [seɪn] a (person) sain(e) d'esprit; (outlook) sensé(e), sain(e).

**sang** [sæŋ] pt of **sing**.

**sanguine** ['sæŋgwɪn] a optimiste.

**sanitarium**, pl **sanitaria** [sænɪ'tɛərɪəm, -rɪə] n (US) = **sanatorium**.

**sanitary** ['sænɪtərɪ] a (system, arrangements) sanitaire; (clean) hygiénique; ~ **towel**, ~ **napkin** (US) n serviette f hygiénique.

**sanitation** [sænɪ'teɪʃən] n (in house) installations fpl sanitaires; (in town) système m sanitaire.

**sanity** ['sænɪtɪ] n santé mentale; (common sense) bon sens.

**sank** [sæŋk] pt of **sink**.

**Santa Claus** [sæntə'klɔ:z] n le Père Noël.

**sap** [sæp] n (of plants) sève f // vt (strength) saper, miner.

**sapling** ['sæplɪŋ] n jeune arbre m.

**sapphire** ['sæfaɪə*] n saphir m.

**sarcasm** ['sɑ:kæzm] n sarcasme m, raillerie f.

**sarcastic** [sɑ:'kæstɪk] a sarcastique.

**sarcophagus**, pl **sarcophagi** [sɑ:'kɔ-fəgəs, -gaɪ] n sarcophage m.

**sardine** [sɑ:'di:n] n sardine f.

**Sardinia** [sɑ:'dɪnɪə] n Sardaigne f.

**sardonic** [sɑ:'dɔnɪk] a sardonique.

**sartorial** [sɑ:'tɔ:rɪəl] a vestimentaire.

**sash** [sæʃ] n écharpe f; ~ **window** n fenêtre f à guillotine.

**sat** [sæt] pt,pp of **sit**.

**satanic** [sə'tænɪk] a satanique, démoniaque.

**satchel** ['sætʃl] n cartable m.

**satellite** ['sætəlaɪt] a, n satellite (m).

**satin** ['sætɪn] n satin m // a en or de satin, satiné(e).

**satire** ['sætaɪə*] n satire f; **satirical** [sə'tɪrɪkl] a satirique; **satirize** ['sætɪraɪz] vt faire la satire de, satiriser.

**satisfaction** [sætɪs'fækʃən] n satisfaction f.

**satisfactory** [sætɪs'fæktərɪ] a satisfaisant(e).

**satisfy** ['sætɪsfaɪ] vt satisfaire, contenter; (convince) convaincre, persuader; ~**ing** a satisfaisant(e).

**saturate** ['sætʃəreɪt] vt: **to** ~ **(with)** saturer (de); **saturation** [-'reɪʃən] n saturation f.

**Saturday** ['sætədɪ] n samedi m.

**sauce** [sɔ:s] n sauce f; ~**pan** n casserole f.

**saucer** ['sɔ:sə*] n soucoupe f.

**saucy** ['sɔ:sɪ] a impertinent(e).

**sauna** ['sɔ:nə] n sauna m.

**saunter** ['sɔ:ntə*] vi: **to** ~ **to** aller en flânant or se balader jusqu'à.

**sausage** ['sɔsɪdʒ] n saucisse f; ~ **roll** n friand m.

**savage** ['sævɪdʒ] a (cruel, fierce) brutal(e), féroce; (primitive) primitif(ive), sauvage // n sauvage m/f // vt attaquer férocement; ~**ry** n sauvagerie f, brutalité f, férocité f.

**save** [seɪv] vt (person, belongings) sauver; (money) mettre de côté, économiser; (time) (faire) gagner; (food) garder; (avoid: trouble) éviter // vi (also: ~ **up**) mettre de l'argent de côté // n (SPORT) arrêt m (du ballon) // prep sauf, à l'exception de.

**saving** ['seɪvɪŋ] n économie f // a: **the** ~ **grace of** ce qui rachète; ~**s** npl économies fpl; ~**s bank** n caisse f d'épargne.

**saviour** ['seɪvjə*] n sauveur m.

**savour, savor** (US) ['seɪvə*] n saveur f, goût m // vt savourer; ~**y** a savoureux(euse); (dish: not sweet) salé(e).

**savvy** ['sævɪ] n (col) jugeote f.

**saw** [sɔ:] pt of **see** // n (tool) scie f // vt (pt **sawed**, pp **sawed** or **sawn** [sɔ:n]) scier; ~**dust** n sciure f; ~**mill** n scierie f.

**saxophone** ['sæksəfəʊn] n saxophone m.

**say** [seɪ] n: **to have one's** ~ dire ce qu'on a à dire ; **to have a** ~ avoir voix au chapitre // vt (pt, pp **said** [sɛd]) dire ; **could you** ~ **that again?** pourriez-vous répéter ceci? ; **that is to** ~ c'est-à-dire ; **to** ~ **nothing of** sans compter ; ~ **that ...** mettons or disons que ... ; **that goes without** ~ing cela va sans dire, cela va de soi ; ~**ing** n dicton m, proverbe m.

**scab** [skæb] n croûte f ; (pej) jaune m ; ~**by** a croûteux(euse).

**scaffold** ['skæfəʊld] n échafaud m ; ~**ing** n échafaudage m.

**scald** [skɔːld] n brûlure f // vt ébouillanter ; ~**ing** a (hot) brûlant(e), bouillant(e).

**scale** [skeɪl] n (of fish) écaille f ; (MUS) gamme f ; (of ruler, thermometer etc) graduation f, échelle f (graduée) ; (of salaries, fees etc) barème m ; (of map, also size, extent) échelle f // vt (mountain) escalader ; (fish) écailler ; ~**s** npl balance f, (larger) bascule f ; **on a large** ~ sur une grande échelle, en grand ; ~ **drawing** n dessin m à l'échelle ; ~ **model** n modèle m à l'échelle ; **small-**~ **model** modèle réduit.

**scallop** ['skɔləp] n coquille f Saint-Jacques.

**scalp** [skælp] n cuir chevelu // vt scalper.

**scalpel** ['skælpl] n scalpel m.

**scamp** [skæmp] vt bâcler.

**scamper** ['skæmpə*] vi: **to** ~ **away,** ~ **off** détaler.

**scan** [skæn] vt scruter, examiner ; (glance at quickly) parcourir ; (poetry) scander ; (TV, RADAR) balayer.

**scandal** ['skændl] n scandale m ; (gossip) ragots mpl ; ~**ize** vt scandaliser, indigner ; ~**ous** a scandaleux(euse).

**Scandinavia** [skændɪ'neɪvɪə] n Scandinavie f ; ~**n** a scandinave // n Scandinave m/f.

**scant** [skænt] a insuffisant(e) ; ~**y** a peu abondant(e), insuffisant(e), maigre.

**scapegoat** ['skeɪpgəʊt] n bouc m émissaire.

**scar** [skɑː] n cicatrice f // vt laisser une cicatrice or une marque à.

**scarce** [skɛəs] a rare, peu abondant(e) ; ~**ly** ad à peine, presque pas ; **scarcity** n rareté f, manque m, pénurie f.

**scare** [skɛə*] n peur f ; panique f // vt effrayer, faire peur à ; **to** ~ **sb stiff** faire une peur bleue à qn ; **bomb** ~ alerte f à la bombe ; ~**crow** n épouvantail m ; ~**d** a: **to be** ~**d** avoir peur ; ~**monger** n alarmiste m/f.

**scarf, scarves** [skɑːf, skɑːvz] n (long) écharpe f ; (square) foulard m.

**scarlet** ['skɑːlɪt] a écarlate ; ~ **fever** n scarlatine f.

**scarves** [skɑːvz] npl of **scarf**.

**scary** ['skɛərɪ] a (col) qui fiche la frousse.

**scathing** ['skeɪðɪŋ] a cinglant(e), acerbe.

**scatter** ['skætə*] vt éparpiller, répandre ; (crowd) disperser // vi se disperser ; ~**brained** a écervelé(e), étourdi(e) ; ~**ed** a épars(e), dispersé(e).

**scatty** ['skætɪ] a (col) loufoque.

**scavenger** ['skævəndʒə*] n éboueur m.

**scene** [siːn] n (THEATRE, fig etc) scène f ; (of crime, accident) lieu(x) m(pl), endroit m ; (sight, view) spectacle m, vue f ; **to appear on the** ~ faire son apparition ; ~**ry** n (THEATRE) décor(s) m(pl) ; (landscape) paysage m ; **scenic** a scénique ; offrant de beaux paysages or panoramas.

**scent** [sɛnt] n parfum m, odeur f ; (fig: track) piste f ; (sense of smell) odorat m // vt parfumer ; (smell, also fig) flairer.

**sceptic, skeptic** (US) ['skɛptɪk] n sceptique m/f ; ~**al** a sceptique ; ~**ism** ['skɛptɪsɪzm] n scepticisme m.

**sceptre, scepter** (US) ['sɛptə*] n sceptre m.

**schedule** ['ʃɛdjuːl] n programme m, plan m ; (of trains) horaire m ; (of prices etc) barème m, tarif m // vt prévoir ; **as** ~**d** comme prévu ; **on** ~ à l'heure (prévue) ; à la date prévue ; **to be ahead of/behind** ~ avoir de l'avance/du retard.

**scheme** [skiːm] n plan m, projet m ; (method) procédé m, combine f ; (dishonest plan, plot) complot m, combine f ; (arrangement) arrangement m, classification f // vt,vi comploter, manigancer ; **scheming** a rusé(e), intrigant(e) // n manigances fpl, intrigues fpl.

**schism** ['skɪzəm] n schisme m.

**schizophrenic** [skɪtsə'frɛnɪk] a schizophrène.

**scholar** ['skɔlə*] n érudit/e ; ~**ly** a érudit(e), savant(e) ; ~**ship** n érudition f ; (grant) bourse f (d'études).

**school** [skuːl] n (gen) école f ; (in university) faculté f ; (secondary school) collège m, lycée m // cpd scolaire // vt (animal) dresser ; ~**book** n livre m scolaire or de classe ; ~**boy** n écolier m ; collégien m, lycéen m ; ~**days** npl années fpl de scolarité ; ~**girl** n écolière f ; collégienne f, lycéenne f ; ~**ing** n instruction f, études fpl ; ~**-leaving age** n âge m de fin de scolarité ; ~**master** n (primary) instituteur m ; (secondary) professeur m ; ~**mistress** n institutrice f ; professeur m ; ~ **report** n bulletin m (scolaire) ; ~**room** n (salle f de) classe f ; ~**teacher** n instituteur/trice ; professeur m.

**schooner** ['skuːnə*] n (ship) schooner m, goélette f ; (glass) grand verre (à xérès).

**sciatica** [saɪ'ætɪkə] n sciatique f.

**science** ['saɪəns] n science f ; ~ **fiction** n science-fiction f ; **scientific** [-'tɪfɪk] a scientifique ; **scientist** n scientifique m/f ; (eminent) savant m.

**scintillating** ['sɪntɪleɪtɪŋ] a scintillant(e), étincelant(e).

**scissors** ['sɪzəz] npl ciseaux mpl ; **a pair of** ~ une paire de ciseaux.

**sclerosis** [sklɪ'rəʊsɪs] n sclérose f.

**scoff** [skɔf] vt (col: eat) avaler, bouffer // vi: **to** ~ (**at**) (mock) se moquer (de).

**scold** [skəʊld] vt gronder, attraper, réprimander.

**scone** [skɔn] n sorte de petit pain rond au lait.

**scoop** [skuːp] n pelle f (à main) ; (for ice cream) boule f à glace ; (PRESS) reportage exclusif or à sensation ; **to** ~ **out** vt évider, creuser ; **to** ~ **up** vt ramasser.

**scooter** ['skuːtə*] n (motor cycle) scooter m ; (toy) trottinette f.

**scope** [skəup] n (capacity: of plan, undertaking) portée f, envergure f; (: of person) compétence f, capacités fpl; (opportunity) possibilités fpl; **within the ~ of** dans les limites de.

**scorch** [skɔ:tʃ] vt (clothes) brûler (légèrement), roussir; (earth, grass) dessécher, brûler; **~ed earth policy** n politique f de la terre brûlée; **~er** n (col: hot day) journée f torride; **~ing** a torride, brûlant(e).

**score** [skɔ:*] n score m, décompte m des points; (MUS) partition f; (twenty) vingt // vt (goal, point) marquer; (success) remporter // vi marquer des points; (FOOTBALL) marquer un but; (keep score) compter les points; **on that ~** sur ce chapitre, à cet égard; **to ~ well/6 out of 10** obtenir un bon résultat/6 sur 10; **~board** n tableau m; **~card** n (SPORT) carton m; feuille f de marque; **~r** n auteur m du but; marqueur m de buts; (keeping score) marqueur m.

**scorn** [skɔ:n] n mépris m, dédain m // vt mépriser, dédaigner; **~ful** a méprisant(e), dédaigneux(euse).

**Scorpio** ['skɔ:pɪəu] n le Scorpion; **to be ~** être du Scorpion.

**scorpion** ['skɔ:pɪən] n scorpion m.

**Scot** [skɔt] n Écossais/e.

**scotch** [skɔtʃ] vt faire échouer; enrayer; étouffer; **S~** n whisky m, scotch m.

**scot-free** ['skɔt'fri:] a sans être puni(e); sans payer.

**Scotland** ['skɔtlənd] n Écosse f.

**Scots** [skɔts] a écossais(e); **~man/woman** Écossais/e.

**Scottish** ['skɔtɪʃ] a écossais(e).

**scoundrel** ['skaundrl] n vaurien m; (child) coquin m.

**scour** ['skauə*] vt (clean) récurer; frotter; décaper; (search) battre, parcourir; **~er** n tampon abrasif or à récurer.

**scourge** [skə:dʒ] n fléau m.

**scout** [skaut] n (MIL) éclaireur m; (also: boy ~) scout m; **to ~ around** explorer, chercher.

**scowl** [skaul] vi se renfrogner, avoir l'air maussade; **to ~ at** regarder de travers.

**scraggy** ['skrægɪ] a décharné(e), efflanqué(e), famélique.

**scram** [skræm] vi (col) ficher le camp.

**scramble** ['skræmbl] n bousculade f, ruée f // vi avancer tant bien que mal (à quatre pattes or en grimpant); **to ~ for** se bousculer or se disputer pour (avoir); **~d eggs** npl œufs brouillés.

**scrap** [skræp] n bout m, morceau m; (fight) bagarre f; (also: ~ iron) ferraille f // vt jeter, mettre au rebut; (fig) abandonner, laisser tomber; **~s** npl (waste) déchets mpl; **~book** n album m.

**scrape** [skreɪp] vt,vi gratter, racler // n: **to get into a ~** s'attirer des ennuis; **~r** n grattoir m, racloir m.

**scrap:** **~ heap** n tas m de ferraille; (fig): **on the ~ heap** au rancart or rebut; **~ merchant** n marchand m de ferraille; **~ paper** n papier m brouillon; **~py** a fragmentaire, décousu(e).

**scratch** [skrætʃ] n égratignure f, rayure f; éraflure f; (from claw) coup m de griffe // a: **~ team** n équipe f de fortune or improvisé(e) // vt (record) rayer; (paint etc) érafler; (with claw, nail) griffer // vi (se) gratter; **to start from ~** partir de zéro; **to be up to ~** être à la hauteur.

**scrawl** [skrɔ:l] n gribouillage m // vi gribouiller.

**scrawny** ['skrɔ:nɪ] a décharné(e).

**scream** [skri:m] n cri perçant, hurlement m // vi crier, hurler; **to be a ~** être impayable.

**scree** [skri:] n éboulis m.

**screech** [skri:tʃ] n cri strident, hurlement m; (of tyres, brakes) crissement m, grincement m // vi hurler; crisser, grincer.

**screen** [skri:n] n écran m, paravent m; (CINEMA, TV) écran m; (fig) écran, rideau m // vt masquer, cacher; (from the wind etc) abriter, protéger; (film) projeter; (book) porter à l'écran; (candidates etc) filtrer; **~ing** n (MED) test m (or tests) de dépistage.

**screw** [skru:] n vis f; (propeller) hélice f // vt visser; **to have one's head ~ed on** avoir la tête sur les épaules; **~driver** n tournevis m; **~y** a (col) dingue, cinglé(e).

**scribble** ['skrɪbl] n gribouillage m // vt gribouiller, griffonner.

**scribe** [skraɪb] n scribe m.

**script** [skrɪpt] n (CINEMA etc) scénario m, texte m; (in exam) copie f.

**Scripture** ['skrɪptʃə*] n Écriture Sainte.

**scriptwriter** ['skrɪptraɪtə*] n scénariste m/f, dialoguiste m/f.

**scroll** [skrəul] n rouleau m.

**scrounge** [skraundʒ] vt (col): **to ~ sth (off or from sb)** se faire payer qch (par qn), emprunter qch (à qn) // vi: **to ~ on sb** vivre aux crochets de qn; **~r** n parasite m.

**scrub** [skrʌb] n (clean) nettoyage m (à la brosse); (land) broussailles fpl // vt (floor) nettoyer à la brosse; (pan) récurer; (washing) frotter; (reject) annuler.

**scruff** [skrʌf] n: **by the ~ of the neck** par la peau du cou.

**scruffy** ['skrʌfɪ] a débraillé(e).

**scrum(mage)** ['skrʌm(ɪdʒ)] n mêlée f.

**scruple** ['skru:pl] n scrupule m.

**scrupulous** ['skru:pjuləs] a scrupuleux(euse).

**scrutinize** ['skru:tɪnaɪz] vt scruter, examiner minutieusement.

**scrutiny** ['skru:tɪnɪ] n examen minutieux.

**scuff** [skʌf] vt érafler.

**scuffle** ['skʌfl] n échauffourée f, rixe f.

**scull** [skʌl] n aviron m.

**scullery** ['skʌlərɪ] n arrière-cuisine f.

**sculptor** ['skʌlptə*] n sculpteur m.

**sculpture** ['skʌlptʃə*] n sculpture f.

**scum** [skʌm] n écume f, mousse f; (pej: people) rebut m, lie f.

**scurrilous** ['skʌrɪləs] a haineux(euse), virulent(e); calomnieux(euse).

**scurry** ['skʌrɪ] vi filer à toute allure.

**scurvy** ['skə:vɪ] n scorbut m.

**scuttle** ['skʌtl] n (NAUT) écoutille f; (also: coal ~) seau m (à charbon) // vt (ship) saborder // vi (scamper): **to ~ away, ~ off** détaler.

**scythe** [saɪð] n faux f.

**sea** [si:] n mer f // cpd marin(e), de (la) mer, maritime; **on the ~** (boat) en mer;

(*town*) au bord de la mer ; **to be all at ~** (*fig*) nager complètement ; **~ bird** *n* oiseau *m* de mer ; **~board** *n* côte *f* ; **~ breeze** *n* brise *f* de mer ; **~farer** *n* marin *m* ; **~food** *n* fruits *mpl* de mer ; **~ front** *n* bord *m* de mer ; **~going** *a* (*ship*) de haute mer ; **~gull** *n* mouette *f*.

**seal** [si:l] *n* (*animal*) phoque *m* ; (*stamp*) sceau *m*, cachet *m* ; (*impression*) cachet, estampille *f* // *vt* sceller ; (*envelope*) coller ; (: *with seal*) cacheter.

**sea level** ['si:lɛvl] *n* niveau *m* de la mer.

**sealing wax** ['si:lɪŋwæks] *n* cire *f* à cacheter.

**sea lion** ['si:laɪən] *n* lion *m* de mer.

**seam** [si:m] *n* couture *f* ; (*of coal*) veine *f*, filon *m*.

**seaman** ['si:mən] *n* marin *m*.

**seamless** ['si:mlɪs] *a* sans couture(s).

**seamy** ['si:mɪ] *a* louche, mal famé(e).

**seance** ['seɪɔns] *n* séance *f* de spiritisme.

**seaplane** ['si:pleɪn] *n* hydravion *m*.

**seaport** ['si:pɔːt] *n* port *m* de mer.

**search** [sə:tʃ] *n* (*for person, thing*) recherche(s) *f(pl)* ; (*of drawer, pockets*) fouille *f* ; (*LAW: at sb's home*) perquisition *f* // *vt* fouiller ; (*examine*) examiner minutieusement ; scruter // *vi*: **to ~ for** chercher ; **to ~ through** *vt fus* fouiller ; **in ~ of** à la recherche de ; **~ing** *a* pénétrant(e) ; minutieux(euse) ; **~light** *n* projecteur *m* ; **~ party** *n* expédition *f* de secours ; **~ warrant** *n* mandat *m* de perquisition.

**seashore** ['si:ʃɔ:*] *n* rivage *m*, plage *f*, bord *m* de (la) mer.

**seasick** ['si:sɪk] *a* qui a le mal de mer.

**seaside** ['si:saɪd] *n* bord *m* de la mer ; **~ resort** *n* station *f* balnéaire.

**season** ['si:zn] *n* saison *f* // *vt* assaisonner, relever ; **~al** *a* saisonnier(ère) ; **~ing** *n* assaisonnement *m* ; **~ ticket** *n* carte *f* d'abonnement.

**seat** [si:t] *n* siège *m* ; (*in bus, train: place*) place *f* ; (*PARLIAMENT*) siège ; (*buttocks*) postérieur *m* ; (*of trousers*) fond *m* // *vt* faire asseoir, placer ; (*have room for*) avoir des places assises pour, pouvoir accueillir ; **~ belt** *n* ceinture *f* de sécurité ; **~ing room** *n* places assises.

**sea water** ['si:wɔ:tə*] *n* eau *f* de mer.

**seaweed** ['si:wi:d] *n* algues *fpl*.

**seaworthy** ['si:wə:ði] *a* en état de naviguer.

**sec.** *abbr of* **second(s).**

**secede** [sɪ'si:d] *vi* faire sécession.

**secluded** [sɪ'klu:dɪd] *a* retiré(e), à l'écart.

**seclusion** [sɪ'klu:ʒən] *n* solitude *f*.

**second** ['sɛkənd] *num* deuxième, second(e) // *ad* (*in race etc*) en seconde position ; (*RAIL*) en seconde // *n* (*unit of time*) seconde *f* ; (*in series, position*) deuxième *m/f*, second/e ; (*SCOL*) ≈ licence *f* avec mention bien *or* assez bien ; (*AUT: also*: **~ gear**) seconde *f* ; (*COMM: imperfect*) article *m* de second choix // *vt* (*motion*) appuyer ; **~ary** *a* secondaire ; **~ary school** *n* collège *m*, lycée *m* ; **~ class** *a* de deuxième classe ; **~er** *n* personne *f* qui appuie une motion ; **~hand** *a* d'occasion ; **~ hand** *n* (*on clock*) trot-

teuse *f* ; **~ly** *ad* deuxièmement ; **~ment** [sɪ'kɔndmənt] *n* détachement *m* ; **~-rate** *a* de deuxième ordre, de qualité inférieure ; **~ thoughts** *npl* doutes *mpl* ; **on ~ thoughts** à la réflexion.

**secrecy** ['si:krəsɪ] *n* secret *m* ; **in ~** en secret, dans le secret.

**secret** ['si:krɪt] *a* secret(ète) // *n* secret *m*.

**secretarial** [sɛkrɪ'tɛərɪəl] *a* de secrétaire, de secrétariat.

**secretariat** [sɛkrɪ'tɛərɪət] *n* secrétariat *m*.

**secretary** ['sɛkrətərɪ] *n* secrétaire *m/f* ; (*COMM*) secrétaire général ; **S~ of State** (**for**) (*Brit*: *POL*) ministre *m* (de).

**secretive** ['si:krətɪv] *a* réservé(e) ; (*pej*) cachottier(ère), dissimulé(e).

**sect** [sɛkt] *n* secte *f* ; **~arian** [-'tɛərɪən] *a* sectaire.

**section** ['sɛkʃən] *n* coupe *f*, section *f* ; (*department*) section ; (*COMM*) rayon *m* ; (*of document*) section, article *m*, paragraphe *m* // *vt* sectionner ; **~al** *a* (*drawing*) en coupe.

**sector** ['sɛktə*] *n* secteur *m*.

**secular** ['sɛkjulə*] *a* profane ; laïque ; séculier(ère).

**secure** [sɪ'kjuə*] *a* (*free from anxiety*) sans inquiétude, sécurisé(e) ; (*firmly fixed*) solide, bien attaché(e) (*or* fermé(e) etc) ; (*in safe place*) en lieu sûr, en sûreté // *vt* (*fix*) fixer, attacher ; (*get*) obtenir, se procurer.

**security** [sɪ'kjurɪtɪ] *n* sécurité *f* ; mesures *fpl* de sécurité ; (*for loan*) caution *f*, garantie *f*.

**sedate** [sɪ'deɪt] *a* calme ; posé(e) // *vt* donner des sédatifs à.

**sedation** [sɪ'deɪʃən] *n* (*MED*) sédation *f*.

**sedative** ['sɛdɪtɪv] *n* calmant *m*, sédatif *m*.

**sedentary** ['sɛdntrɪ] *a* sédentaire.

**sediment** ['sɛdɪmənt] *n* sédiment *m*, dépôt *m*.

**seduce** [sɪ'dju:s] *vt* (*gen*) séduire ; **seduction** [-'dʌkʃən] *n* séduction *f* ; **seductive** [-'dʌktɪv] *a* séduisant(e), séducteur(trice).

**see** [si:] *vb* (*pt* **saw**, *pp* **seen** [sɔ:, si:n]) *vt* (*gen*) voir ; (*accompany*): **to ~ sb to the door** reconduire *or* raccompagner qn jusqu'à la porte // *vi* voir // *n* évêché *m* ; **to ~ that** (*ensure*) veiller à ce que + *sub*, faire en sorte que + *sub*, s'assurer que ; **to ~ off** *vt* accompagner (à la gare *or* à l'aéroport *etc*) ; **to ~ through** *vt* mener à bonne fin // *vt fus* voir clair dans ; **to ~ to** *vt fus* s'occuper de, se charger de ; **~ you!** au revoir!, à bientôt!

**seed** [si:d] *n* graine *f* ; (*fig*) germe *m* ; (*TENNIS*) tête *f* de série ; **to go to ~** monter en graine ; (*fig*) se laisser aller ; **~ling** *n* jeune plant *m*, semis *m* ; **~y** *a* (*shabby*) minable, miteux(euse).

**seeing** ['si:ɪŋ] *cj*: **~ (that)** vu que, étant donné que.

**seek**, *pt,pp* **sought** [si:k, sɔ:t] *vt* chercher, rechercher.

**seem** [si:m] *vi* sembler, paraître ; **there seems to be ...** il semble qu'il y a ... ; on dirait qu'il y a ... ; **~ingly** *ad* apparemment.

**seen** [si:n] *pp of* **see.**

**seep** [si:p] *vi* suinter, filtrer.

**seer** [sɪə*] *n* prophète/prophétesse, voyant/e.

**seersucker** ['sɪəsʌkə*] *n* cloqué *m*, étoffe cloquée.

**seesaw** ['si:sɔ:] *n* (jeu *m* de) bascule *f*.

**seethe** [si:ð] *vi* être en effervescence ; **to ~ with anger** bouillir de colère.

**see-through** ['si:θru:] *a* transparent(e).

**segment** ['sɛgmənt] *n* segment *m*.

**segregate** ['sɛgrɪgeɪt] *vt* séparer, isoler ; **segregation** [-'geɪʃən] *n* ségrégation *f*.

**seismic** ['saɪzmɪk] *a* sismique.

**seize** [si:z] *vt* (*grasp*) saisir, attraper ; (*take possession of*) s'emparer de ; (*LAW*) saisir ; **to ~ (up)on** *vt fus* saisir, sauter sur ; **to ~ up** *vi* (*TECH*) se gripper.

**seizure** ['si:ʒə*] *n* (*MED*) crise *f*, attaque *f* ; (*LAW*) saisie *f*.

**seldom** ['sɛldəm] *ad* rarement.

**select** [sɪ'lɛkt] *a* choisi(e), d'élite ; select *inv* // *vt* sélectionner, choisir ; **~ion** [-'lɛkʃən] *n* sélection *f*, choix *m* ; **~ive** *a* sélectif(ive) ; (*school*) à recrutement sélectif ; **~or** *n* (*person*) sélectionneur/euse ; (*TECH*) sélecteur *m*.

**self** [sɛlf] *n* (*pl* **selves** [sɛlvz]): **the ~** le moi *inv* // *prefix* auto- ; **~-adhesive** *a* auto-collant(e) ; **~-assertive** *a* autoritaire ; **~-assured** *a* sûr(e) de soi, plein(e) d'assurance ; **~-catering** *a* avec cuisine, où l'on peut faire sa cuisine ; **~-centred** *a* égocentrique ; **~-coloured** *a* uni(e) ; **~-confidence** *n* confiance *f* en soi ; **~-conscious** *a* timide, qui manque d'assurance ; **~-contained** *a* (*flat*) avec entrée particulière, indépendant(e) ; **~-control** *n* maîtrise *f* de soi ; **~-defeating** *a* qui a un effet contraire à l'effet recherché ; **~-defence** *n* légitime défense *f* ; **~-discipline** *n* discipline personnelle ; **~-employed** *a* qui travaille à son compte ; **~-evident** *a* évident(e), qui va de soi ; **~-explanatory** *a* qui se passe d'explication ; **~-indulgent** *a* qui ne se refuse rien ; **~-interest** *n* intérêt personnel ; **~-ish** *a* égoïste ; **~-ishness** *n* égoïsme *m* ; **~-lessly** *ad* sans penser à soi ; **~-pity** *n* apitoiement *m* sur soi-même ; **~-portrait** *n* autoportrait *m* ; **~-possessed** *a* assuré(e) ; **~-preservation** *n* instinct *m* de conservation ; **~-reliant** *a* indépendant(e) ; **~-respect** *n* respect *m* de soi, amour-propre *m* ; **~-respecting** *a* qui se respecte ; **~-righteous** *a* satisfait(e) de soi, pharisaïque ; **~-sacrifice** *n* abnégation *f* ; **~-satisfied** *a* content(e) de soi, suffisant(e) ; **~-seal** *a* (envelope) auto-collant(e) ; **~-service** *n* libre-service *m*, self-service *m* ; **~-sufficient** *a* indépendant(e) ; **~-supporting** *a* financièrement indépendant(e) ; **~-taught** *a* autodidacte.

**sell**, *pt,pp* **sold** [sɛl, səʊld] *vt* vendre // *vi* se vendre ; **to ~ at ou for 10F** se vendre 10F ; **to ~ off** *vt* liquider ; **~er** *n* vendeur/euse, marchand/e ; **~ing price** *n* prix *m* de vente.

**sellotape** ['sɛləʊteɪp] *n* ® papier collant, scotch *m* ®.

**sellout** ['sɛlaʊt] *n* trahison *f*, capitulation *f* ; (*of tickets*): **it was a ~** tous les billets ont été vendus.

**selves** [sɛlvz] *npl of* **self**.

**semantic** [sɪ'mæntɪk] *a* sémantique ; **~s** *n* sémantique *f*.

**semaphore** ['sɛmǝfɔ:*] *n* signaux *mpl* à bras ; (*RAIL*) sémaphore *m*.

**semen** ['si:mən] *n* sperme *m*.

**semi** ['sɛmɪ] *prefix* semi-, demi- ; à demi, à moitié ; **~-breve** ronde *f* ; **~-circle** *n* demi-cercle *m* ; **~-colon** *n* point-virgule *m* ; **~-conscious** *a* à demi conscient(e) ; **~-detached (house)** *n* maison jumelée *or* jumelle ; **~-final** *n* demi-finale *f*.

**seminar** ['sɛmɪnɑ:*] *n* séminaire *m*.

**semiquaver** ['sɛmɪkweɪvə*] *n* double croche *f*.

**semiskilled** ['sɛmɪ'skɪld] *a*: **~ worker** *n* ouvrier/ère spécialisé/e.

**semitone** ['sɛmɪtəʊn] *n* (*MUS*) demi-ton *m*.

**semolina** [sɛmə'li:nə] *n* semoule *f*.

**senate** ['sɛnɪt] *n* sénat *m* ; **senator** *n* sénateur *m*.

**send**, *pt,pp* **sent** [sɛnd, sɛnt] *vt* envoyer ; **to ~ sb to Coventry** mettre qn en quarantaine ; **to ~ away** *vt* (letter, goods) envoyer, expédier ; **to ~ away for** *vt fus* commander par correspondance, se faire envoyer ; **to ~ back** *vt* renvoyer ; **to ~ for** *vt fus* envoyer chercher ; faire venir ; **to ~ off** *vt* (goods) envoyer, expédier ; (*SPORT*: player) expulser ou renvoyer du terrain ; **to ~ out** *vt* (invitation) envoyer (par la poste) ; **to ~ up** *vt* (person, price) faire monter ; (parody) mettre en boîte, parodier ; (blow up) faire sauter ; **~er** *n* expéditeur/trice ; **~-off** *n*: **a good ~-off** des adieux chaleureux.

**senile** ['si:naɪl] *a* sénile.

**senility** [sɪ'nɪlɪtɪ] *n* sénilité *f*.

**senior** ['si:nɪə*] *a* (older) aîné(e), plus âgé(e) ; (of higher rank) supérieur(e) // *n* aîné/e ; (in service) personne *f* qui a plus d'ancienneté ; **~ity** [-'ɒrɪtɪ] *n* priorité *f* d'âge, ancienneté *f*.

**sensation** [sɛn'seɪʃən] *n* sensation *f* ; **to create a ~** faire sensation ; **~al** *a* qui fait sensation ; (marvellous) sensationnel(le).

**sense** [sɛns] *n* sens *m* ; (feeling) sentiment *m* ; (meaning) signification *f* ; (wisdom) bon sens // *vt* sentir, pressentir ; **it makes ~** c'est logique ; **~s** *npl* raison *f* ; **~less** *a* insensé(e), stupide ; (unconscious) sans connaissance ; **anyone in his ~s** tout homme sensé.

**sensibility** [sɛnsɪ'bɪlɪtɪ] *n* sensibilité *f* ; **sensibilities** *npl* susceptibilité *f*.

**sensible** ['sɛnsɪbl] *a* sensé(e), raisonnable, sage ; pratique.

**sensitive** ['sɛnsɪtɪv] *a*: **~ (to)** sensible (à) ; **sensitivity** [-'tɪvɪtɪ] *n* sensibilité *f*.

**sensual** ['sɛnsjʊəl] *a* sensuel(le).

**sensuous** ['sɛnsjʊəs] *a* voluptueux(euse), sensuel(le).

**sent** [sɛnt] *pt,pp of* **send**.

**sentence** ['sɛntns] *n* (*LING*) phrase *f* ; (*LAW*: judgment) condamnation *f*, sentence *f* ; (: punishment) peine *f* // *vt*: **to ~ sb to death/to 5 years** condamner qn à mort/à 5 ans.

**sentiment** ['sɛntɪmənt] *n* sentiment *m* ; (opinion) opinion *f*, avis *m* ; **~al** [-'mɛntl] *a* sentimental(e) ; **~ality** [-'tælɪtɪ] *n* sentimentalité *f*, sensiblerie *f*.

**sentry** ['sɛntrɪ] n sentinelle f, factionnaire m.

**separable** ['sɛprəbl] a séparable.

**separate** a ['sɛprɪt] séparé(e), indépendant(e), différent(e) // vb ['sɛpəreɪt] vt séparer // vi se séparer ; ~ly ad séparément ; ~s npl (clothes) coordonnés mpl ; **separation** [-'reɪʃən] n séparation f.

**September** [sɛp'tɛmbə*] n septembre m.

**septic** ['sɛptɪk] a septique ; (wound) infecté(e).

**sequel** ['si:kwl] n conséquence f ; séquelles fpl ; (of story) suite f.

**sequence** ['si:kwəns] n ordre m, suite f ; ~ **of tenses** concordance f des temps.

**sequin** ['si:kwɪn] n paillette f.

**serenade** [sɛrə'neɪd] n sérénade f // vt donner une sérénade à.

**serene** [sɪ'ri:n] a serein(e), calme, paisible ; **serenity** [sə'rɛnɪtɪ] n sérénité f, calme m.

**sergeant** ['sa:dʒənt] n sergent m ; (POLICE) brigadier m.

**serial** ['sɪərɪəl] n feuilleton m // a (number) de série ; ~**ize** vt publier (or adapter) en feuilleton.

**series** ['sɪəri:s] n série f ; (PUBLISHING) collection f.

**serious** ['sɪərɪəs] a sérieux(euse), réfléchi(e) ; grave ; ~**ly** ad sérieusement, gravement ; ~**ness** n sérieux m, gravité f.

**sermon** ['sə:mən] n sermon m.

**serrated** [sɪ'reɪtɪd] a en dents de scie.

**serum** ['sɪərəm] n sérum m.

**servant** ['sə:vənt] n domestique m/f ; (fig) serviteur/servante.

**serve** [sə:v] vt (employer etc) servir, être au service de ; (purpose) servir à ; (customer, food, meal) servir ; (apprenticeship) faire, accomplir ; (prison term) faire, purger // vi (also TENNIS) servir ; (be useful) : **to ~ as/for/to do** servir de/à/faire // n (TENNIS) service m ; **it ~s him right** c'est bien fait pour lui ; **to ~ out, ~ up** vt (food) servir.

**service** ['sə:vɪs] n (gen) service m ; (AUT: maintenance) révision f // vt (car, washing machine) réviser ; **the S~s** les forces armées ; **to be of ~ to sb, to do sb a ~** rendre service à qn ; **to put one's car in for (a) ~** donner sa voiture à réviser ; **dinner ~** n service m de table ; ~**able** a pratique, commode ; ~ **area** n (on motorway) aire f de services ; ~**man** n militaire m ; ~ **station** n station-service f.

**serviette** [sə:vɪ'ɛt] n serviette f (de table).

**servile** ['sə:vaɪl] a servile.

**session** ['sɛʃən] n (sitting) séance f ; (SCOL) année f scolaire (or universitaire) ; **to be in ~** siéger, être en session or en séance.

**set** [sɛt] n série f, assortiment m ; (of tools etc) jeu m ; (RADIO, TV) poste m ; (TENNIS) set m ; (group of people) cercle m, milieu m ; (CINEMA) plateau m ; (THEATRE: stage) scène f ; (: scenery) décor m ; (MATH) ensemble m ; (HAIRDRESSING) mise f en plis // a (fixed) fixe, déterminé(e) ; (ready) prêt(e) // vb (pt, pp set) (place) mettre, poser, placer ; (fix) fixer ; (adjust) régler ; (decide: rules etc) fixer, choisir ; (TYP) composer // vi (sun) se coucher ; (jam, jelly, concrete) prendre ; **to be ~ on doing**

être résolu à faire ; **to be (dead) ~ against** être (totalement) opposé à ; **to ~ (to music)** mettre en musique ; **to ~ on fire** mettre le feu à ; **to ~ free** libérer ; **to ~ sth going** déclencher qch ; **to ~ sail** partir, prendre la mer ; **to ~ about** vt fus (task) entreprendre, se mettre à ; **to ~ aside** vt mettre de côté ; **to ~ back** vt (in time) : **to ~ back (by)** retarder (de) ; **to ~ off** vi se mettre en route, partir // vt (bomb) faire exploser ; (cause to start) déclencher ; (show up well) mettre en valeur, faire valoir ; **to ~ out** vi : **to ~ out to do** entreprendre de ; avoir pour but or intention de // vt (arrange) disposer ; (state) présenter, exposer ; **to ~ up** vt (organization) fonder, constituer ; (record) établir ; (monument) ériger ; **to ~ up shop** (fig) s'établir, s'installer ; ~**back** n (hitch) revers m, contretemps m.

**settee** [sɛ'ti:] n canapé m.

**setting** ['sɛtɪŋ] n cadre m ; (of jewel) monture f.

**settle** ['sɛtl] vt (argument, matter) régler ; (problem) résoudre ; (MED: calm) calmer // vi (bird, dust etc) se poser ; (sediment) se déposer ; (also: ~ **down**) s'installer, se fixer ; se calmer ; se ranger ; **to ~ to sth** se mettre sérieusement à qch ; **to ~ for sth** accepter qch, se contenter de qch ; **to ~ in** vi s'installer ; **to ~ on sth** opter or se décider pour qch ; **to ~ up with sb** régler (ce que l'on doit à) qn ; ~**ment** n (payment) règlement m ; (agreement) accord m ; (colony) colonie f ; (village etc) établissement m ; hameau m ; ~**r** n colon m.

**setup** ['sɛtʌp] n (arrangement) manière f dont les choses sont organisées ; (situation) situation f, allure f des choses.

**seven** ['sɛvn] num sept ; ~**teen** num dix-sept ; ~**th** num septième ; ~**ty** num soixante-dix.

**sever** ['sɛvə*] vt couper, trancher ; (relations) rompre.

**several** ['sɛvərl] a,pronoun plusieurs (m/fpl) ; ~ **of us** plusieurs d'entre nous.

**severance** ['sɛvərəns] n (of relations) rupture f ; ~ **pay** n indemnité f de licenciement.

**severe** [sɪ'vɪə*] a sévère, strict(e) ; (serious) grave, sérieux(euse) ; (hard) rigoureux(euse), dur(e) ; (plain) sévère, austère ; **severity** [sɪ'vɛrɪtɪ] n sévérité f ; gravité f ; rigueur f.

**sew** [səu], pt **sewed** pp **sewn** [səu, səud, səun] vt,vi coudre ; **to ~ up** vt (re)coudre ; **it is all sewn up** (fig) c'est dans le sac or dans la poche.

**sewage** ['su:ɪdʒ] n vidange(s) f(pl).

**sewer** ['su:ə*] n égout m.

**sewing** ['səuɪŋ] n couture f ; ~ **machine** n machine f à coudre.

**sewn** [səun] pp of **sew**.

**sex** [sɛks] n sexe m ; **to have ~ with** avoir des rapports (sexuels) avec ; ~ **act** n acte sexuel.

**sextet** [sɛks'tɛt] n sextuor m.

**sexual** ['sɛksjuəl] a sexuel(le).

**sexy** ['sɛksɪ] a sexy inv.

**shabby** ['ʃæbɪ] a miteux(euse) ; (behaviour) mesquin(e), méprisable.

**shack** [ʃæk] n cabane f, hutte f.

**shackles** ['ʃæklz] npl chaînes fpl, entraves fpl.

**shade** [ʃeɪd] n ombre f; (for lamp) abat-jour m inv; (of colour) nuance f, ton m; (small quantity): **a ~ of** un soupçon de // vt abriter du soleil, ombrager; **in the ~** à l'ombre; **a ~ smaller** un tout petit peu plus petit.

**shadow** ['ʃædəu] n ombre f // vt (follow) filer; **~ cabinet** n (POL) cabinet parallèle formé par le parti qui n'est pas au pouvoir; **~y** a ombragé(e); (dim) vague, indistinct(e).

**shady** ['ʃeɪdɪ] a ombragé(e); (fig: dishonest) louche, véreux(euse).

**shaft** [ʃɑ:ft] n (of arrow, spear) hampe f; (AUT, TECH) arbre m; (of mine) puits m; (of lift) cage f; (of light) rayon m, trait m.

**shaggy** ['ʃægɪ] a hirsute; en broussaille.

**shake** [ʃeɪk] vb (pt **shook**, pp **shaken** [ʃuk, 'ʃeɪkn]) vt secouer; (bottle, cocktail) agiter; (house, confidence) ébranler // vi trembler // n secousse f; **to ~ hands with sb** serrer la main à qn; **to ~ off** vt secouer; (fig) se débarrasser de; **to ~ up** vt secouer; **~-up** n grand remaniement; **shaky** a (hand, voice) tremblant(e); (building) branlant(e), peu solide.

**shale** [ʃeɪl] n schiste argileux.

**shall** [ʃæl] auxiliary vb: **I ~ go** j'irai.

**shallot** [ʃə'lɔt] n échalote f.

**shallow** ['ʃæləu] a peu profond(e); (fig) superficiel(le), qui manque de profondeur.

**sham** [ʃæm] n frime f; (jewellery, furniture) imitation f // a feint(e), simulé(e) // vt feindre, simuler.

**shambles** ['ʃæmblz] n confusion f, pagaïe f, fouillis m.

**shame** [ʃeɪm] n honte f // vt faire honte à; **it is a ~ (that/to do)** c'est dommage (que + sub/de faire); **what a ~!** quel dommage!; **~-faced** a honteux(euse), penaud(e); **~-ful** a honteux(euse), scandaleux(euse); **~-less** a éhonté(e), effronté(e); (immodest) impudique.

**shampoo** [ʃæm'pu:] n shampooing m // vt faire un shampooing à.

**shamrock** ['ʃæmrɔk] n trèfle m (emblème national de l'Irlande).

**shandy** ['ʃændɪ] n bière panachée.

**shan't** [ʃɑ:nt] = **shall not**.

**shanty** ['ʃæntɪ] n cabane f, baraque f; **~town** n bidonville m.

**shape** [ʃeɪp] n forme f // vt façonner, modeler; (statement) formuler; (sb's ideas) former; (sb's life) déterminer // vi (also: **~ up**) (events) prendre tournure; (person) faire des progrès, s'en sortir; **to take ~** prendre forme ou tournure; **-shaped** suffix: **heart-shaped** en forme de cœur; **~less** a informe, sans forme; **~ly** a bien proportionné(e), beau(belle).

**share** [ʃɛə*] n (thing received, contribution) part f; (COMM) action f // vt partager; (have in common) avoir en commun; **to ~ out (among ou between)** partager (entre); **~holder** n actionnaire m/f.

**shark** [ʃɑ:k] n requin m.

**sharp** [ʃɑ:p] a (razor, knife) tranchant(e), bien aiguisé(e); (point) aigu(guë); (nose,

chin) pointu(e); (outline) net(te); (cold, pain) vif(vive); (MUS) dièse; (voice) coupant(e); (person: quick-witted) vif(vive), éveillé(e); (: unscrupulous) malhonnête // n (MUS) dièse m // ad: **at 2 o'clock ~** à 2 heures pile ou tapantes; **look ~!** dépêche-toi!; **~en** vt aiguiser; (pencil) tailler; (fig) aviver; **~ener** n (also: **pencil ~ener**) taille-crayon(s) m inv; (also: **knife ~ener**) aiguisoir m; **~-eyed** a à qui rien n'échappe; **~-witted** a à l'esprit vif, malin(igne).

**shatter** ['ʃætə*] vt fracasser, briser, faire voler en éclats; (fig: upset) bouleverser; (: ruin) briser, ruiner // vi voler en éclats, se briser, se fracasser.

**shave** [ʃeɪv] vt raser // vi se raser // n: **to have a ~** se raser; **~n** a (head) rasé(e); **~r** n (also: **electric ~**) rasoir m électrique.

**shaving** ['ʃeɪvɪŋ] n (action) rasage m; **~s** npl (of wood etc) copeaux mpl; **~ brush** n blaireau m; **~ cream** n crème f à raser; **~ soap** n savon m à barbe.

**shawl** [ʃɔ:l] n châle m.

**she** [ʃi:] pronoun elle // cpd: **~-** femelle; **~-cat** n chatte f; **~-elephant** n éléphant m femelle; NB: for ships, countries follow the gender of your translation.

**sheaf, sheaves** [ʃi:f, ʃi:vz] n gerbe f.

**shear** [ʃɪə*] vt (pt **~ed**, pp **~ed** or **shorn** [ʃɔ:n]) (sheep) tondre; **to ~ off** vt tondre; (branch) élaguer; **~s** npl (for hedge) cisaille(s) f(pl).

**sheath** [ʃi:θ] n gaine f, fourreau m, étui m; (contraceptive) préservatif m; **~e** [ʃi:ð] vt gainer; (sword) rengainer.

**sheaves** [ʃi:vz] npl of **sheaf**.

**shed** [ʃɛd] n remise f, resserre f // vt (pt,pp **shed**) (leaves, fur etc) perdre; (tears) verser, répandre.

**she'd** [ʃi:d] = **she had**; **she would**.

**sheep** [ʃi:p] n, pl inv mouton m; **~dog** n chien m de berger; **~ish** a penaud(e), timide; **~skin** n peau f de mouton.

**sheer** [ʃɪə*] a (utter) pur(e), pur et simple; (steep) à pic, abrupt(e); (almost transparent) extrêmement fin(e) // ad à pic, abruptement.

**sheet** [ʃi:t] n (on bed) drap m; (of paper) feuille f; (of glass, metal) feuille f, plaque f; **~ lightning** n éclair m en nappe(s); **~ metal** n tôle f.

**sheik(h)** [ʃeɪk] n cheik m.

**shelf, shelves** [ʃɛlf, ʃɛlvz] n étagère f, rayon m; **set of shelves** rayonnage m.

**shell** [ʃɛl] n (on beach) coquillage m; (of egg, nut etc) coquille f; (explosive) obus m; (of building) carcasse f // vt (crab, prawn etc) décortiquer; (peas) écosser; (MIL) bombarder (d'obus).

**she'll** [ʃi:l] = **she will**; **she shall**.

**shellfish** ['ʃɛlfɪʃ] n, pl inv (crab etc) crustacé m; (scallop etc) coquillage m; (pl: as food) crustacés; coquillages.

**shelter** ['ʃɛltə*] n abri m, refuge m // vt abriter, protéger; (give lodging to) donner asile à // vi s'abriter, se mettre à l'abri; **~ed** a (life) retiré(e), à l'abri des soucis; (spot) abrité(e).

**shelve** [ʃɛlv] vt (fig) mettre en suspens ou en sommeil; **~s** npl of **shelf**.

**shepherd** ['ʃɛpəd] n berger m // vt (guide) guider, escorter ; **~ess** n bergère f ; **~'s pie** n ≈ hachis m Parmentier.

**sheriff** ['ʃɛrɪf] n shérif m.

**sherry** ['ʃɛrɪ] n xérès m, sherry m.

**she's** [ʃiːz] = she is ; she has.

**shield** [ʃiːld] n bouclier m // vt : **to ~ (from)** protéger (de or contre).

**shift** [ʃɪft] n (change) changement m ; (of workers) équipe f, poste m // vt déplacer, changer de place ; (remove) enlever // vi changer de place, bouger ; **~ work** n travail m en équipe or par relais or par roulement ; **~y** a sournois(e) ; (eyes) fuyant(e).

**shilling** ['ʃɪlɪŋ] n shilling m (= 12 old pence ; 20 in a pound).

**shilly-shally** ['ʃɪlɪʃælɪ] vi tergiverser, atermoyer.

**shimmer** ['ʃɪmə*] n miroitement m, chatoiement m // vi miroiter, chatoyer.

**shin** [ʃɪn] n tibia m.

**shine** [ʃaɪn] n éclat m, brillant m // vb (pt,pp **shone** [ʃɔn]) vi briller // vt faire briller or reluire ; (torch) : **to ~ sth on** braquer qch sur.

**shingle** ['ʃɪŋgl] n (on beach) galets mpl ; (on roof) bardeau m ; **~s** n (MED) zona m.

**shiny** ['ʃaɪnɪ] a brillant(e).

**ship** [ʃɪp] n bateau m ; (large) navire m // vt transporter (par mer) ; (send) expédier (par mer) ; (load) charger, embarquer ; **~building** n construction navale ; **~canal** n canal m maritime or de navigation ; **~ment** n cargaison f ; **~per** n affréteur m, expéditeur m ; **~ping** n (ships) navires mpl ; (traffic) navigation f ; **~shape** a en ordre impeccable ; **~wreck** n épave f ; (event) naufrage m ; **~yard** n chantier naval.

**shire** ['ʃaɪə*] n comté m.

**shirk** [ʃəːk] vt esquiver, se dérober à.

**shirt** [ʃəːt] n (man's) chemise f ; **in ~sleeves** en bras de chemise ; **~y** a (col) de mauvais poil.

**shiver** ['ʃɪvə*] n frisson m // vi frissonner.

**shoal** [ʃəul] n (of fish) banc m.

**shock** [ʃɔk] n (impact) choc m, heurt m ; (ELEC) secousse f ; (emotional) choc, secousse f ; (MED) commotion f, choc // vt choquer, scandaliser ; bouleverser ; **~absorber** n amortisseur m ; **~ing** a choquant(e), scandaleux(euse) ; épouvantable ; révoltant(e) ; **~proof** a anti-choc inv.

**shod** [ʃɔd] pt,pp of shoe ; **well-~** a bien chaussé(e).

**shoddy** ['ʃɔdɪ] a de mauvaise qualité, mal fait(e).

**shoe** [ʃuː] n chaussure f, soulier m ; (also: **horse~**) fer m à cheval // vt (pt,pp **shod** [ʃɔd]) (horse) ferrer ; **~brush** n brosse f à chaussures ; **~horn** n chausse-pied m ; **~lace** n lacet m (de soulier) ; **~polish** n cirage m ; **~shop** n magasin m de chaussures ; **~tree** n embauchoir m.

**shone** [ʃɔn] pt,pp of shine.

**shook** [ʃuk] pt of shake.

**shoot** [ʃuːt] n (on branch, seedling) pousse f // vb (pt,pp **shot** [ʃɔt]) vt (game) chasser ; tirer ; abattre ; (person) blesser (or tuer) d'un coup de fusil (or de revolver) ; (execute) fusiller ; (film) tourner // vi (with gun, bow) : **to ~ (at)** tirer (sur) ; (FOOTBALL) shooter, tirer ; **to ~ down** vt (plane) abattre ; **to ~ in/out** vi entrer/sortir comme une flèche ; **to ~ up** vi (fig) monter en flèche ; **~ing** n (shots) coups mpl de feu, fusillade f ; (HUNTING) chasse f ; **~ing range** n stand m de tir ; **~ing star** n étoile filante.

**shop** [ʃɔp] n magasin m ; (workshop) atelier m // vi (also: **go ~ping**) faire ses courses or ses achats ; **~ assistant** n vendeur/euse ; **~ floor** n ateliers mpl ; (fig) ouvriers mpl ; **~keeper** n marchand/e, commerçant/e ; **~lifter** n voleur/euse à l'étalage ; **~lifting** n vol m à l'étalage ; **~per** n personne f qui fait ses courses, acheteur/euse ; **~ping** n (goods) achats mpl, provisions fpl ; **~ping bag** n sac m (à provisions) ; **~ping centre**, **~ping center** (US) n centre commercial ; **~soiled** a défraîchi(e), qui a fait la vitrine ; **~ steward** n (INDUSTRY) délégué/e syndical(e) ; **~ window** n vitrine f.

**shore** [ʃɔː*] n (of sea, lake) rivage m, rive f // vt : **to ~ (up)** étayer.

**shorn** [ʃɔːn] pp of shear ; **~ of** dépouillé(e) de.

**short** [ʃɔːt] a (not long) court(e) ; (soon finished) court, bref(brève) ; (person, step) petit(e) ; (curt) brusque, sec(sèche) ; (insufficient) insuffisant(e) // a (also: **~film**) court métrage ; **(a pair of) ~s** un short ; **to be ~ of sth** être à court de or manquer de qch ; **I'm 3 ~** il m'en manque 3 ; **in ~** bref, en bref ; **~ of doing** à moins de faire ; **everything ~ of** tout sauf ; **it is ~ for** c'est l'abréviation or diminutif de ; **to cut ~** (speech, visit) abréger, écourter ; (person) couper la parole à ; **to fall ~ of** ne pas être à la hauteur de ; **to stop ~** s'arrêter net ; **to stop ~ of** ne pas aller jusqu'à ; **~age** n manque m, pénurie f ; **~bread** n ≈ sablé m ; **~-circuit** n court-circuit m // vt court-circuiter // vi se mettre en court-circuit ; **~coming** n défaut m ; **~(crust) pastry** pâte brisée ; **~cut** n raccourci m ; **~en** vt raccourcir ; (text, visit) abréger ; **~ening** n (CULIN) matière grasse ; **~hand** n sténo(graphie) f ; **~hand typist** n sténodactylo m/f ; **~list** n (for job) liste f des candidats sélectionnés ; **~-lived** a de courte durée ; **~ly** ad bientôt, sous peu ; **~ness** n brièveté f ; **~-sighted** a myope ; (fig) qui manque de clairvoyance ; **~ story** n nouvelle f ; **~-tempered** a qui s'emporte facilement ; **~-term** a (effect) à court terme ; **~-wave** n (RADIO) ondes courtes.

**shot** [ʃɔt] pt,pp of shoot // n coup m (de feu) ; (person) tireur m ; (try) coup, essai m ; (injection) piqûre f ; (PHOT) photo f ; **like a ~** comme une flèche ; (very readily) sans hésiter ; **~gun** n fusil m de chasse.

**should** [ʃud] auxiliary vb : **I ~ go now** je devrais partir maintenant ; **he ~ be there now** il devrait être arrivé maintenant ; **I ~ go if I were you** si j'étais vous j'irais ; **I ~ like to** j'aimerais bien, volontiers.

**shoulder** ['ʃəuldə*] n épaule f ; (of road) : **hard ~** accotement m // vt (fig) endosser, se charger de ; **~ bag** n sac m à bandoulière; ~ **blade** n omoplate f; ~ **strap** n bretelle f.

**shouldn't** ['ʃudnt] = should not.

**shout** [ʃaut] n cri m // vt crier // vi crier, pousser des cris; **to give sb a** ~ appeler qn; **to** ~ **down** vt huer; ~**ing** n cris mpl.

**shove** [ʃʌv] vt pousser; (col: put): **to** ~ **sth in** fourrer or ficher qch dans; **to** ~ **off** vi (NAUT) pousser au large; (fig: col) ficher le camp.

**shovel** ['ʃʌvl] n pelle f // vt pelleter, enlever (or enfourner) à la pelle.

**show** [ʃəu] n (of emotion) manifestation f, démonstration f; (semblance) semblant m, apparence f; (exhibition) exposition f; salon m; (THEATRE) spectacle m, représentation f; (CINEMA) séance f // vb (pt ~**ed**, pp **shown** [ʃəun]) vt montrer; (courage etc) faire preuve de, manifester; (exhibit) exposer // vi se voir, être visible; **to** ~ **sb in** faire entrer qn; **to** ~ **off** vi (pej) crâner // vt (display) faire valoir; (pej) faire étalage de; **to** ~ **sb out** reconduire qn (jusqu'à la porte); **to** ~ **up** vi (stand out) ressortir; (col: turn up) se montrer // vt démontrer; (unmask) démasquer, dénoncer; ~ **business** n le monde du spectacle; ~**down** n épreuve f de force.

**shower** ['ʃauə*] n (rain) averse f; (of stones etc) pluie f, grêle f; (also: ~**bath**) douche f // vi prendre une douche, se doucher // vt: **to** ~ **sb with** (gifts etc) combler qn de; (abuse etc) accabler qn de; (missiles) bombarder qn de; ~**proof** a imperméable; ~**y** a (weather) plu-vieux(euse).

**showground** ['ʃəugraund] n champ m de foire.

**showing** ['ʃəuiŋ] n (of film) projection f.

**show jumping** ['ʃəudʒʌmpiŋ] n concours m hippique.

**showmanship** ['ʃəumənʃip] n art m de la mise en scène.

**shown** [ʃəun] pp of **show**.

**show-off** ['ʃəuɔf] n (col: person) crâneur/euse, m'as-tu-vu/e.

**showpiece** ['ʃəupi:s] n (of exhibition etc) joyau m, clou m.

**showroom** ['ʃəurum] n magasin m or salle f d'exposition.

**shrank** [ʃræŋk] pt of **shrink**.

**shrapnel** ['ʃræpnl] n éclats mpl d'obus.

**shred** [ʃred] n (gen pl) lambeau m, petit morceau f // vt mettre en lambeaux, déchirer; (CULIN) râper; couper en lanières.

**shrewd** [ʃru:d] a astucieux(euse), perspicace; ~**ness** n perspicacité f.

**shriek** [ʃri:k] n cri perçant or aigu, hurlement m // vt,vi hurler, crier.

**shrift** [ʃrift] n: **to give sb short** ~ expédier qn sans ménagements.

**shrill** [ʃril] a perçant(e), aigu(guë), strident(e).

**shrimp** [ʃrimp] n crevette grise.

**shrine** [ʃrain] n châsse f; (place) lieu m de pèlerinage.

**shrink,** pt **shrank,** pp **shrunk** [ʃriŋk, ʃræŋk, ʃrʌŋk] vi rétrécir; (fig) diminuer; se contracter // vt (wool) (faire) rétrécir // n (col: pej) psychanalyste; ~**age** n rétrécissement m.

**shrivel** ['ʃrivl] (also: ~ **up**) vt ratatiner, flétrir // vi se ratatiner, se flétrir.

**shroud** [ʃraud] n linceul m // vt: ~**ed in mystery** enveloppé(e) de mystère.

**Shrove Tuesday** ['ʃrəuv'tju:zdi] n (le) Mardi gras.

**shrub** [ʃrʌb] n arbuste m; ~**bery** n massif m d'arbustes.

**shrug** [ʃrʌg] n haussement m d'épaules // vt,vi: **to** ~ (**one's shoulders**) hausser les épaules; **to** ~ **off** vt faire fi de.

**shrunk** [ʃrʌŋk] pp of **shrink**; ~**en** a ratatiné(e).

**shudder** ['ʃʌdə*] n frisson m, frémissement m // vi frissonner, frémir.

**shuffle** ['ʃʌfl] vt (cards) battre; **to** ~ (**one's feet**) traîner les pieds.

**shun** [ʃʌn] vt éviter, fuir.

**shunt** [ʃʌnt] vt (RAIL: direct) aiguiller; (: divert) détourner // vi: **to** ~ (**to and fro**) faire la navette; ~**ing** n (RAIL) triage m.

**shush** [ʃuʃ] excl chut!

**shut,** pt, pp **shut** [ʃʌt] vt fermer // vi (se) fermer; **to** ~ **down** vt, vi fermer définitivement; **to** ~ **off** vt couper, arrêter; **to** ~ **up** vi (col: keep quiet) se taire // vt (close) fermer; (silence) faire taire; ~**ter** n volet m; (PHOT) obturateur m.

**shuttle** ['ʃʌtl] n navette f; (also: ~ **service**) (service m de) navette f.

**shuttlecock** ['ʃʌtlkɔk] n volant m (de badminton).

**shy** [ʃai] a timide; **to fight** ~ **of** se dérober devant; ~**ness** n timidité f.

**Siamese** [saiə'mi:z] a: ~ **cat** chat siamois.

**Sicily** ['sisili] n Sicile f.

**sick** [sik] a (ill) malade; (vomiting): **to be** ~ vomir; (humour) noir(e), macabre; **to feel** ~ avoir envie de vomir, avoir mal au cœur; **to be** ~ **of** (fig) en avoir assez de; ~ **bay** n infirmerie f; ~**en** vt écœurer; ~**ening** a (fig) écœurant(e), révoltant(e), répugnant(e).

**sickle** ['sikl] n faucille f.

**sick:** ~ **leave** n congé m de maladie; ~**ly** a maladif(ive), souffreteux(euse); (causing nausea) écœurant(e); ~**ness** n maladie f; (vomiting) vomissement(s) m(pl); ~ **pay** n indemnité f de maladie.

**side** [said] n côté m; (of lake, road) bord m // cpd (door, entrance) latéral(e) // vi: **to** ~ **with sb** prendre le parti de qn, se ranger du côté de qn; **by the** ~ **of** au bord de; ~ **by** ~ côte à côte; **from all** ~**s** de tous côtés; **to take** ~**s** (**with**) prendre parti (pour); ~**board** n buffet m; ~**boards, ~burns** npl (whiskers) pattes fpl; ~ **effect** n (MED) effet m secondaire; ~**light** n (AUT) veilleuse f; ~**line** n (SPORT) (ligne f de) touche f; (fig) activité f secondaire; ~**long** a oblique, de coin; ~ **road** n petite route, route transversale; ~**saddle** ad en amazone; ~ **show** n attraction f; ~**track** vt (fig) faire dévier de son sujet; ~**walk** n (US) trottoir m; ~**ways** ad de côté.

**siding** ['saidiŋ] n (RAIL) voie f de garage.

**sidle** ['saidl] vi: **to** ~ **up (to)** s'approcher furtivement (de).

**siege** [si:dʒ] n siège m.

**sieve** [sɪv] n tamis m, passoire f // vt tamiser, passer (au tamis).

**sift** [sɪft] vt passer au tamis or au crible; (fig) passer au crible.

**sigh** [saɪ] n soupir m // vi soupirer, pousser un soupir.

**sight** [saɪt] n (faculty) vue f; (spectacle) spectacle m; (on gun) mire f // vt apercevoir; **in** ~ visible; (fig) en vue; **out of** ~ hors de vue; ~**seeing** n tourisme m; **to go** ~**seeing** faire du tourisme; ~**seer** n touriste m/f.

**sign** [saɪn] n (gen) signe m; (with hand etc) signe, geste m; (notice) panneau m, écriteau m // vt signer; **to** ~ **in/out** signer le registre (en arrivant/partant); **to** ~ **up** (MIL) vt engager // vi s'engager.

**signal** ['sɪgnl] n signal m // vt (person) faire signe à; (message) communiquer par signaux.

**signature** ['sɪgnətʃə*] n signature f; ~ **tune** n indicatif musical.

**signet ring** ['sɪgnətrɪŋ] n chevalière f.

**significance** [sɪg'nɪfɪkəns] n signification f; importance f.

**significant** [sɪg'nɪfɪkənt] a significatif(ive); (important) important(e), considérable.

**signify** ['sɪgnɪfaɪ] vt signifier.

**sign language** ['saɪnlæŋgwɪdʒ] n langage m par signes.

**signpost** ['saɪnpəust] n poteau indicateur.

**silence** ['saɪlns] n silence m // vt faire taire, réduire au silence; ~**r** n (on gun, AUT) silencieux m.

**silent** ['saɪlnt] a silencieux(euse); (film) muet(te); ~**ly** ad silencieusement.

**silhouette** [sɪlu:'et] n silhouette f // vt: ~**d against** se profilant sur, se découpant contre.

**silicon chip** ['sɪlɪkən'tʃɪp] n plaquette f de silicium.

**silk** [sɪlk] n soie f // cpd de or en soie; ~**y** a soyeux(euse).

**silly** ['sɪlɪ] a stupide, sot(te), bête.

**silt** [sɪlt] n vase f; limon m.

**silver** ['sɪlvə*] n argent m; (money) monnaie f (en pièces d'argent); (also: ~**ware**) argenterie f // cpd d'argent, en argent; ~ **paper** n papier m d'argent or d'étain; ~-**plated** a plaqué(e) argent; ~**smith** n orfèvre m/f; ~**y** a argenté(e).

**similar** ['sɪmɪlə*] a: ~ (**to**) semblable (à); ~**ity** [-'lærɪtɪ] n ressemblance f, similarité f; ~**ly** ad de la même façon, de même.

**simile** ['sɪmɪlɪ] n comparaison f.

**simmer** ['sɪmə*] vi cuire à feu doux, mijoter.

**simple** ['sɪmpl] a simple; ~-**minded** a simplet(te), simple d'esprit; (also: **simplicity** [-'plɪsɪtɪ] n simplicité f; **simplification** [-'keɪʃən] n simplification f; **simplify** ['sɪmplɪfaɪ] vt simplifier; **simply** ad simplement; avec simplicité.

**simulate** ['sɪmjuleɪt] vt simuler, feindre; **simulation** [-'leɪʃən] n simulation f.

**simultaneous** [sɪməl'teɪnɪəs] a simultané(e); ~**ly** ad simultanément.

**sin** [sɪn] n péché m // vi pécher.

**since** [sɪns] ad,prep depuis // cj (time) depuis que; (because) puisque, étant donné que, comme; ~ **then** depuis ce moment-là.

**sincere** [sɪn'sɪə*] a sincère; **sincerity** [-'sɛrɪtɪ] n sincérité f.

**sine** [saɪn] n (MATH) sinus m.

**sinew** ['sɪnju:] n tendon m; ~**s** npl muscles mpl.

**sinful** ['sɪnful] a coupable.

**sing**, pt **sang**, pp **sung** [sɪŋ, sæŋ, sʌŋ] vt,vi chanter.

**singe** [sɪndʒ] vt brûler légèrement; (clothes) roussir.

**singer** ['sɪŋə*] n chanteur/euse.

**singing** ['sɪŋɪŋ] n chant m.

**single** ['sɪŋgl] a seul(e), unique; (unmarried) célibataire; (not double) simple // n (also: ~ **ticket**) aller m (simple); (record) 45 tours m; ~**s** npl (TENNIS) simple m; **to** ~ **out** vt choisir, distinguer; ~ **bed** n lit à une place; ~-**breasted** a droit(e); **in** ~ **file** en file indienne; ~-**handed** ad tout(e) seul(e), sans (aucune) aide; ~-**minded** a résolu(e), tenace; ~ **room** n chambre f à un lit or pour une personne.

**singlet** ['sɪŋglɪt] n tricot m de corps.

**singly** ['sɪŋglɪ] ad séparément.

**singular** ['sɪŋgjulə*] a singulier(ère), étrange; remarquable; (LING) (au) singulier, du singulier // n (LING) singulier m; ~**ly** ad singulièrement; remarquablement; étrangement.

**sinister** ['sɪnɪstə*] a sinistre.

**sink** [sɪŋk] n évier m // vb (pt **sank**, pp **sunk** [sæŋk, sʌŋk]) vt (ship) (faire) couler, faire sombrer; (foundations) creuser; (piles etc): **to** ~ **sth into** enfoncer qch dans // vi couler, sombrer; (ground etc) s'affaisser; **to** ~ **in** vi s'enfoncer, pénétrer; **a** ~**ing feeling** un serrement de cœur.

**sinner** ['sɪnə*] n pécheur/eresse.

**Sino-** ['saɪnəu] prefix sino-.

**sinuous** ['sɪnjuəs] a sinueux(euse).

**sinus** ['saɪnəs] n (ANAT) sinus m inv.

**sip** [sɪp] n petite gorgée // vt boire à petites gorgées.

**siphon** ['saɪfən] n siphon m; **to** ~ **off** vt siphonner.

**sir** [sə*] n monsieur m; **S**~ **John Smith** sir John Smith; **yes** ~ oui Monsieur.

**siren** ['saɪərn] n sirène f.

**sirloin** ['sə:lɔɪn] n aloyau m.

**sirocco** [sɪ'rɔkəu] n sirocco m.

**sissy** ['sɪsɪ] n (col: coward) poule mouillée.

**sister** ['sɪstə*] n sœur f; (nun) religieuse f, (bonne) sœur; (nurse) infirmière f en chef; ~-**in-law** n belle-sœur f.

**sit**, pt,pp **sat** [sɪt, sæt] vi s'asseoir; (assembly) être en séance, siéger; (for painter) poser // vt (exam) passer, se présenter à; **to** ~ **tight** ne pas bouger; **to** ~ **down** vi s'asseoir; **to** ~ **up** vi s'asseoir; (not go to bed) rester debout, ne pas se coucher.

**sitcom** ['sɪtkəm] n (abbr of **situation comedy**) comédie f de situation.

**site** [saɪt] n emplacement m, site m; (also: **building** ~) chantier m // vt placer.

**sit-in** ['sɪtɪn] n (demonstration) sit-in m inv, occupation f de locaux.

**siting** ['saɪtɪŋ] n (*location*) emplacement m.

**sitter** ['sɪtə] n (*for painter*) modèle m.

**sitting** ['sɪtɪŋ] n (*of assembly etc*) séance f; (*in canteen*) service m; ~ **room** n salon m.

**situated** ['sɪtjueɪtɪd] a situé(e).

**situation** [sɪtju'eɪʃən] n situation f; '~s vacant/wanted' 'offres/demandes d'emploi'.

**six** [sɪks] num six; ~**teen** num seize; ~**th** a sixième; ~**ty** num soixante.

**size** [saɪz] n taille f; dimensions fpl; (*of clothing*) taille; (*of shoes*) pointure f; (*glue*) colle f; **to** ~ **up** vt juger, jauger; ~**able** a assez grand(e) or gros(se); assez important(e).

**sizzle** ['sɪzl] vi grésiller.

**skate** [skeɪt] n patin m; (*fish: pl inv*) raie f // vi patiner; ~**board** n skateboard m, planche f à roulettes; ~**r** n patineur/euse; **skating** n patinage m; **skating rink** n patinoire f.

**skeleton** ['skɛlɪtn] n squelette m; (*outline*) schéma m; ~ **staff** n effectifs réduits.

**skeptic** ['skɛptɪk] n (*US*) = **sceptic**.

**sketch** [skɛtʃ] n (*drawing*) croquis m, esquisse f; (*THEATRE*) sketch m, saynète f // vt esquisser, faire un croquis or une esquisse de; ~ **book** n carnet m à dessin; ~ **pad** n bloc m à dessin; ~**y** a incomplet(ète), fragmentaire.

**skew** [skju:] n: **on the** ~ de travers, en biais.

**skewer** ['skju:ə*] n brochette f.

**ski** [ski:] n ski m // vi skier, faire du ski; ~ **boot** n chaussure f de ski.

**skid** [skɪd] n dérapage m // vi déraper; ~**mark** n trace f de dérapage.

**skier** ['ski:ə*] n skieur/euse.

**skiing** ['ski:ɪŋ] n ski m.

**ski jump** ['ski:dʒʌmp] n saut m à skis.

**skilful** ['skɪlful] a habile, adroit(e).

**ski lift** ['ski:lɪft] n remonte-pente m inv.

**skill** [skɪl] n habileté f, adresse f, talent m; ~**ed** a habile, adroit(e); (*worker*) qualifié(e).

**skim** [skɪm] vt (*milk*) écrémer; (*soup*) écumer; (*glide over*) raser, effleurer // vi: **to** ~ **through** (*fig*) parcourir.

**skimp** [skɪmp] vt (*work*) bâcler, faire à la va-vite; (*cloth etc*) lésiner sur; ~**y** a étriqué(e); maigre.

**skin** [skɪn] n peau f // vt (*fruit etc*) éplucher; (*animal*) écorcher; ~**deep** a superficiel(le); ~ **diving** n plongée sous-marine; ~ **graft** n greffe f de peau; ~**ny** a maigre, maigrichon(ne); ~ **test** n cuti(-réaction) f; ~**tight** a (*dress etc*) collant(e), ajusté(e).

**skip** [skɪp] n petit bond or saut; (*container*) benne f // vi gambader, sautiller; (*with rope*) sauter à la corde // vt (*pass over*) sauter.

**ski pants** ['ski:pænts] npl fuseau m (de ski).

**skipper** ['skɪpə*] n (*NAUT, SPORT*) capitaine m // vt (*boat*) commander; (*team*) être le chef de.

**skipping rope** ['skɪpɪŋrəup] n corde f à sauter.

**skirmish** ['skə:mɪʃ] n escarmouche f, accrochage m.

**skirt** [skə:t] n jupe f // vt longer, contourner; ~**ing board** n plinthe f.

**skit** [skɪt] n sketch m satirique.

**ski tow** ['ski:təu] n = **ski lift**.

**skittle** ['skɪtl] n quille f; ~s n (*game*) (jeu m de) quilles.

**skive** [skaɪv] (*Brit*) vi (*col*) tirer au flanc.

**skulk** [skʌlk] vi rôder furtivement.

**skull** [skʌl] n crâne m.

**skunk** [skʌŋk] n mouffette f; (*fur*) sconse m.

**sky** [skaɪ] n ciel m; ~**-blue** a bleu ciel inv; ~**light** n lucarne f; ~**scraper** n gratte-ciel m inv.

**slab** [slæb] n plaque f; dalle f.

**slack** [slæk] a (*loose*) lâche, desserré(e); (*slow*) stagnant(e); (*careless*) négligent(e), peu sérieux(euse) or consciencieux(euse) // n (*in rope etc*) mou m; ~**s** npl pantalon m; ~**en** (*also:* ~**en off**) vi ralentir, diminuer; (*in one's work, attention*) se relâcher // vt relâcher.

**slag** [slæg] n scories fpl; ~ **heap** n crassier m.

**slam** [slæm] vt (*door*) (faire) claquer; (*throw*) jeter violemment, flanquer; (*criticize*) éreinter, démolir // vi claquer.

**slander** ['slɑ:ndə*] n calomnie f; diffamation f // vt calomnier; diffamer; ~**ous** a calomnieux(euse); diffamatoire.

**slang** [slæŋ] n argot m.

**slant** [slɑ:nt] n inclinaison f; (*fig*) angle m, point m de vue; ~**ed** a tendancieux(euse); ~**ing** a en pente, incliné(e); couché(e).

**slap** [slæp] n claque f, gifle f; tape f // vt donner une claque or une gifle or une tape à // ad (*directly*) tout droit, en plein; ~**dash** a fait(e) sans soin or à la va-vite; ~**stick** n (*comedy*) grosse farce, style m tarte à la crème; **a** ~**-up meal** un repas extra or fameux.

**slash** [slæʃ] vt entailler, taillader; (*fig: prices*) casser.

**slate** [sleɪt] n ardoise f // vt (*fig: criticize*) éreinter, démolir.

**slaughter** ['slɔ:tə*] n carnage m, massacre m // vt (*animal*) abattre; (*people*) massacrer; ~**house** n abattoir m.

**Slav** [slɑ:v] a slave.

**slave** [sleɪv] n esclave m/f // vi (*also:* ~ **away**) trimer, travailler comme un forçat; ~**ry** n esclavage m.

**Slavic** ['slævɪk] a slave.

**slavish** ['sleɪvɪʃ] a servile.

**Slavonic** [slə'vɔnɪk] a slave.

**sleazy** ['sli:zɪ] a miteux(euse), minable.

**sledge** [slɛdʒ] n luge f; ~**hammer** n marteau m de forgeron.

**sleek** [sli:k] a (*hair, fur*) brillant(e), luisant(e); (*car, boat*) aux lignes pures or élégantes.

**sleep** [sli:p] n sommeil m // vi (*pt, pp slept* [slɛpt]) dormir; (*spend night*) dormir, coucher; **to go to** ~ s'endormir; **to** ~ **in** vi (*lie late*) faire la grasse matinée; (*oversleep*) se réveiller trop tard; ~**er** n (*person*) dormeur/euse; (*RAIL: on track*) traverse f; (: *train*) train m de voitures-lits; ~**ily** ad d'un air endormi; ~**ing** a qui dort, endormi(e) ; ~**ing bag** n sac m de couchage ; ~**ing car** n wagon-lits m, voiture-lits f ; ~**ing pill** n somnifère m ; ~**lessness** n insomnie f ; **a** ~**less night** une nuit blanche ; ~**walker** n somnambule m/f ; ~**y** a qui a envie de dormir ; (fig) endormi(e).

**sleet** [sli:t] n neige fondue.

**sleeve** [sli:v] n manche f ; ~**less** a (garment) sans manches.

**sleigh** [sleɪ] n traîneau m.

**sleight** [slaɪt] n: ~ **of hand** tour m de passe-passe.

**slender** ['slɛndə*] a svelte, mince ; faible, ténu(e).

**slept** [slɛpt] pt,pp of **sleep**.

**slice** [slaɪs] n tranche f ; (round) rondelle f // vt couper en tranches (or en rondelles).

**slick** [slɪk] a brillant(e) en apparence ; mielleux(euse) // n (also: **oil** ~) nappe f de pétrole, marée noire.

**slid** [slɪd] pt,pp of **slide**.

**slide** [slaɪd] n (in playground) toboggan m ; (PHOT) diapositive f ; (also: **hair** ~) barrette f ; (in prices) chute f, baisse f // vb (pt,pp **slid** [slɪd]) vt (faire) glisser // vi glisser ; ~ **rule** n règle f à calcul ; **sliding** a (door) coulissant(e) ; **sliding scale** n échelle f mobile.

**slight** [slaɪt] a (slim) mince, menu(e) ; (frail) frêle ; (trivial) faible, insignifiant(e) ; (small) petit(e), léger(ère) (before n) // n offense f, affront m // vt (offend) blesser, offenser ; **the** ~**est** le (or la) moindre ; **not in the** ~**est** pas le moins du monde, pas du tout ; ~**ly** ad légèrement, un peu.

**slim** [slɪm] a mince // vi maigrir, suivre un régime amaigrissant.

**slime** [slaɪm] n vase f ; substance visqueuse ; **slimy** a visqueux(euse), gluant(e).

**sling** [slɪŋ] n (MED) écharpe f // vt (pt,pp **slung** [slʌŋ]) lancer, jeter.

**slip** [slɪp] n faux pas ; (mistake) erreur f ; étourderie f ; bévue f ; (underskirt) combinaison f ; (of paper) petite feuille, fiche f // vt (slide) glisser // vi (slide) glisser ; (move smoothly): **to** ~ **into/out of** se glisser or se faufiler dans/hors de ; (decline) baisser ; **to give sb the** ~ fausser compagnie à qn ; **a** ~ **of the tongue** un lapsus ; **to** ~ **away** vi s'esquiver ; **to** ~ **in** vt glisser ; **to** ~ **out** vi sortir ; ~**ped disc** n déplacement m de vertèbres.

**slipper** ['slɪpə*] n pantoufle f.

**slippery** ['slɪpərɪ] a glissant(e) ; insaisissable.

**slip road** ['slɪprəud] n (to motorway) bretelle f d'accès.

**slipshod** ['slɪpʃɔd] a négligé(e), peu soigné(e).

**slip-up** ['slɪpʌp] n bévue f.

**slipway** ['slɪpweɪ] n cale f (de construction or de lancement).

**slit** [slɪt] n fente f ; (cut) incision f ; (tear) déchirure f // vt (pt,pp **slit**) fendre ; couper ; inciser ; déchirer.

**slither** ['slɪðə*] vi glisser, déraper.

**slob** [slɔb] n (col) rustaud/e.

**slog** [slɔg] n gros effort ; tâche fastidieuse // vi travailler très dur.

**slogan** ['sləugən] n slogan m.

**slop** [slɔp] vi (also: ~ **over**) se renverser ; déborder // vt répandre ; renverser.

**slope** [sləup] n pente f, côte f ; (side of mountain) versant m ; (slant) inclinaison f // vi: **to** ~ **down** être or descendre en pente ; **to** ~ **up** monter ; **sloping** a en pente, incliné(e) ; (handwriting) penché(e).

**sloppy** ['slɔpɪ] a (work) peu soigné(e), bâclé(e) ; (appearance) négligé(e), débraillé(e) ; (film etc) sentimental(e).

**slot** [slɔt] n fente f // vt: **to** ~ **into** encastrer or insérer dans ; ~ **machine** n distributeur m (automatique), machine f à sous.

**slouch** [slautʃ] vi avoir le dos rond, être voûté(e).

**slovenly** ['slʌvənlɪ] a sale, débraillé(e), négligé(e).

**slow** [sləu] a lent(e) ; (watch): **to be** ~ retarder // ad lentement // vt,vi (also: ~ **down**, ~ **up**) ralentir ; ' ~ ' (road sign) 'ralentir' ; **to** ~ **up** ad lentement ; **in** ~ **motion** au ralenti ; ~**ness** n lenteur f.

**sludge** [slʌdʒ] n boue f.

**slug** [slʌg] n limace f ; (bullet) balle f ; ~**gish** a mou(molle), lent(e).

**sluice** [slu:s] n vanne f ; écluse f.

**slum** [slʌm] n taudis m.

**slumber** ['slʌmbə*] n sommeil m.

**slump** [slʌmp] n baisse soudaine, effondrement m ; crise f // vi s'effondrer, s'affaisser.

**slung** [slʌŋ] pt,pp of **sling**.

**slur** [slə:*] n bredouillement m ; (smear): ~ **(on)** atteinte f (à) ; insinuation f (contre) ; (MUS) liaison f // vt mal articuler ; **to be a** ~ **on** porter atteinte à.

**slush** [slʌʃ] n neige fondue ; ~**y** a (snow) fondu(e) ; (street) couvert(e) de neige fondue ; (fig) sentimental(e).

**slut** [slʌt] n souillon f.

**sly** [slaɪ] a rusé(e) ; sournois(e) ; **on the** ~ en cachette.

**smack** [smæk] n (slap) tape f ; (on face) gifle f // vt donner une tape à, gifler ; (child) donner la fessée à // vi: **to** ~ **of** avoir des relents de, sentir ; **to** ~ **one's lips** se lécher les babines.

**small** [smɔ:l] a petit(e) ; ~ **ads** npl petites annonces ; ~**holder** n petit cultivateur ; **in the** ~ **hours** au petit matin ; ~**ish** a plutôt or assez petit ; ~**pox** n variole f ; ~ **talk** n menus propos.

**smarmy** ['smɑ:mɪ] a (col) flagorneur(euse), lécheur(euse).

**smart** [smɑ:t] a élégant(e), chic inv ; (clever) intelligent(e), astucieux(euse), futé(e) ; (quick) rapide, vif(vive), prompt(e) // vi faire mal, brûler ; **to** ~**en up** vi devenir plus élégant(e), se faire beau(belle) // vt rendre plus élégant(e).

**smash** [smæʃ] n (also: ~-**up**) collision f, accident m // vt casser, briser, fracasser ; (opponent) écraser ; (hopes) ruiner, détruire ; (SPORT: record) pulvériser // vi se briser, se fracasser ; s'écraser ; ~**ing** a (col) formidable.

**smattering** ['smætərɪŋ] n: **a** ~ **of** quelques notions de.

**smear** [smɪə*] n tache f, salissure f; trace f; (MED) frottis m // vt enduire; (fig) porter atteinte à.

**smell** [smɛl] n odeur f; (sense) odorat m // vb (pt,pp smelt or smelled [smɛlt, smɛld]) vt sentir // vi (food etc): to ~ (of) sentir; (pej) sentir mauvais; ~y a qui sent mauvais, malodorant(e).

**smile** [smaɪl] n sourire m // vi sourire; smiling a souriant(e).

**smirk** [smə:k] n petit sourire suffisant or affecté.

**smith** [smɪθ] n maréchal-ferrant m; forgeron m; ~y n forge f.

**smitten** ['smɪtn] a: ~ with pris(e) de; frappé(e) de.

**smock** [smɔk] n blouse f, sarrau m.

**smog** [smɔg] n brouillard mêlé de fumée.

**smoke** [sməuk] n fumée f // vt, vi fumer; to have a ~ fumer une cigarette; ~d a (bacon, glass) fumé(e); ~r n (person) fumeur/euse; (RAIL) wagon m fumeurs; smoking n: 'no smoking' (sign) 'défense de fumer'; smoking room n fumoir m; smoky a enfumé(e); (surface) noirci(e) par la fumée.

**smolder** ['sməuldə*] vi (US) = smoulder.

**smooth** [smu:ð] a lisse; (sauce) onctueux(euse); (flavour, whisky) moelleux(euse); (movement) régulier(ère), sans à-coups or heurts; (person) doucereux(euse), mielleux(euse) // vt lisser, défroisser; (also: ~ out) (creases, difficulties) faire disparaître.

**smother** ['smʌðə*] vt étouffer.

**smoulder** ['sməuldə*] vi couver.

**smudge** [smʌdʒ] n tache f, bavure f // vt salir, maculer.

**smug** [smʌg] a suffisant(e), content(e) de soi.

**smuggle** ['smʌgl] vt passer en contrebande or en fraude; ~r n contrebandier/ère; smuggling n contrebande f.

**smutty** ['smʌtɪ] a (fig) grossier(ère), obscène.

**snack** [snæk] n casse-croûte m inv; ~ bar n snack(-bar) m.

**snag** [snæg] n inconvénient m, difficulté f.

**snail** [sneɪl] n escargot m.

**snake** [sneɪk] n serpent m.

**snap** [snæp] n (sound) claquement m, bruit sec; (photograph) photo f, instantané m; (game) sorte f de jeu de bataille // a subit(e); fait(e) sans réfléchir // vt faire claquer; (break) casser net; (photograph) prendre un instantané de // vi se casser net or avec un bruit sec; to ~ open/shut s'ouvrir/se refermer brusquement; to ~ at (subj: dog) essayer de mordre; to ~ off vt (break) casser net; to ~ up vt sauter sur, saisir; ~ fastener n bouton-pression m; ~py a prompt(e); ~shot n photo f, instantané m.

**snare** [snɛə*] n piège m // vt attraper, prendre au piège.

**snarl** [snɑ:l] n grondement m or grognement m féroce // vi gronder.

**snatch** [snætʃ] n (fig) vol m; (small amount): ~es of des fragments mpl or

bribes fpl de // vt saisir (d'un geste vif); (steal) voler.

**sneak** [sni:k] vi: to ~ in/out entrer/sortir furtivement or à la dérobée; ~y a sournois(e).

**sneer** [snɪə*] n ricanement m // vi ricaner, sourire d'un air sarcastique.

**sneeze** [sni:z] n éternuement m // vi éternuer.

**snide** [snaɪd] a sarcastique, narquois(e).

**sniff** [snɪf] n reniflement m // vi renifler // vt renifler, flairer.

**snigger** ['snɪgə*] n ricanement m; rire moqueur // vi ricaner; pouffer de rire.

**snip** [snɪp] n petit bout; (bargain) (bonne) occasion or affaire // vt couper.

**sniper** ['snaɪpə*] n (marksman) tireur embusqué.

**snippet** ['snɪpɪt] n bribes fpl.

**snivelling** ['snɪvlɪŋ] a (whimpering) larmoyant(e), pleurnicheur(euse).

**snob** [snɔb] n snob m/f; ~bery n snobisme m; ~bish a snob inv.

**snooker** ['snu:kə*] n sorte de jeu de billard.

**snoop** ['snu:p] vi: to ~ on sb espionner qn.

**snooty** ['snu:tɪ] a snob inv, prétentieux(euse).

**snooze** [snu:z] n petit somme // vi faire un petit somme.

**snore** [snɔ:*] vi ronfler; snoring n ronflement(s) m(pl).

**snorkel** ['snɔ:kl] n (of swimmer) tuba m.

**snort** [snɔ:t] n grognement m // vi grogner; (horse) renâcler.

**snotty** ['snɔtɪ] a morveux(euse).

**snout** [snaut] n museau m.

**snow** [snəu] n neige f // vi neiger; ~ball n boule f de neige; ~bound a enneigé(e), bloqué(e) par la neige; ~drift n congère f; ~drop n perce-neige m; ~fall n chute f de neige; ~flake n flocon m de neige; ~man n bonhomme m de neige; ~plough, ~plow (US) n chasse-neige m inv; ~storm n tempête f de neige.

**snub** [snʌb] vt repousser, snober // n rebuffade f; ~-nosed a au nez retroussé.

**snuff** [snʌf] n tabac m à priser.

**snug** [snʌg] a douillet(te), confortable.

**so** [səu] ad (degree) si, tellement; (manner: thus) ainsi, de cette façon // cj donc, par conséquent; ~ as to afin de or pour faire; ~ that (purpose) afin de + infinitive, pour que or afin que +sub; (result) si bien que, de (telle) sorte que; ~ do I, ~ am I etc moi etc aussi; if ~ si oui; I hope ~ je l'espère; 10 or ~ 10 à peu près or environ; ~ far jusqu'ici, jusqu'à maintenant; (in past) jusque-là; ~ long! à bientôt!, au revoir!; ~ many tant de; ~ much ad tant // det tant de; ~ and ~ n un tel(une telle).

**soak** [səuk] vt faire or laisser tremper // vi tremper; to be ~ed through être trempé jusqu'aux os; to ~ in vi pénétrer, être absorbé(e); to ~ up vt absorber.

**soap** [səup] n savon m; ~flakes npl paillettes fpl de savon; ~ powder n lessive f, détergent m; ~y a savonneux(euse).

**soar** [sɔ:*] vi monter (en flèche), s'élancer.
**sob** [sɔb] n sanglot m // vi sangloter.
**sober** ['səubə*] a qui n'est pas (or plus) ivre; (sedate) sérieux(euse), sensé(e); (moderate) mesuré(e); (colour, style) sobre, discret(ète); **to ~ up** vt dégriser // vi se dégriser.
**Soc.** abbr of **society**.
**so-called** ['səu'kɔ:ld] a soi-disant inv.
**soccer** ['sɔkə*] n football m.
**sociable** ['səuʃəbl] a sociable.
**social** ['səuʃl] a social(e) // n (petite) fête; **~ club** n amicale f, foyer m; **~ism** n socialisme m; **~ist** a,n socialiste (m/f); **~ly** ad socialement, en société; **~ science** n sciences humaines; **~ security** n aide sociale; **~ welfare** n sécurité sociale; **~ work** n assistance sociale; **~ worker** n assistant/e social/e.
**society** [sə'saiəti] n société f; (club) société, association f; (also: **high ~**) (haute) société, grand monde.
**sociological** [səusiə'lɔdʒikl] a sociologique.
**sociologist** [səusi'ɔlədʒist] n sociologue m/f.
**sociology** [səusi'ɔlədʒi] n sociologie f.
**sock** [sɔk] n chaussette f // vt (hit) flanquer un coup à.
**socket** ['sɔkit] n cavité f; (ELEC: also: **wall ~**) prise f de courant; (: for light bulb) douille f.
**sod** [sɔd] n (of earth) motte f; (col!) con m (!); salaud m (!).
**soda** ['səudə] n (CHEM) soude f; (also: **~ water**) eau f de Seltz.
**sodden** ['sɔdn] a trempé(e); détrempé(e).
**sodium** ['səudiəm] n sodium m.
**sofa** ['səufə] n sofa m, canapé m.
**soft** [sɔft] a (not rough) doux/(douce); (not hard) doux; mou(molle); (not loud) doux, léger(ère); (kind) doux, gentil(le); (weak) indulgent(e); (stupid) stupide, débile; **~ drink** n boisson non alcoolisée; **~en** ['sɔfn] vt (r)amollir; adoucir; atténuer // vi se ramollir; s'adoucir; s'atténuer; **~-hearted** a au cœur tendre; **~ly** ad doucement; gentiment; **~ness** n douceur f; **~ware** n logiciel m, software m.
**soggy** ['sɔgi] a trempé(e); détrempé(e).
**soil** [sɔil] n (earth) sol m, terre f // vt salir; (fig) souiller; **~ed** a sale; (COMM) défraîchi(e).
**solar** ['səulə*] a solaire.
**sold** [səuld] pt,pp of **sell**; **~ out** a (COMM) épuisé(e).
**solder** ['səuldə*] vt souder (au fil à souder) // n soudure f.
**soldier** ['səuldʒə*] n soldat m, militaire m.
**sole** [səul] n (of foot) plante f; (of shoe) semelle f; (fish: pl inv) sole f // a seul(e), unique; **~ly** ad seulement, uniquement.
**solemn** ['sɔləm] a solennel(le); sérieux(euse), grave.
**solicitor** [sə'lisitə*] n (for wills etc) ≈ notaire m; (in court) ≈ avocat m.
**solid** ['sɔlid] a (not hollow) plein(e), compact(e), massif(ive); (strong, sound, reliable, not liquid) solide; (meal) consistant(e), substantiel(le) // n solide m.

**solidarity** [sɔli'dæriti] n solidarité f.
**solidify** [sə'lidifai] vi se solidifier // vt solidifier.
**solidity** [sə'liditi] n solidité f.
**soliloquy** [sə'liləkwi] n monologue m.
**solitaire** [sɔli'tɛə*] n (game, gem) solitaire m.
**solitary** ['sɔlitəri] a solitaire; **~ confinement** n (LAW) isolement m.
**solitude** ['sɔlitju:d] n solitude f.
**solo** ['səuləu] n solo m; **~ist** n soliste m/f.
**solstice** ['sɔlstis] n solstice m.
**soluble** ['sɔljubl] a soluble.
**solution** [sə'lu:ʃən] n solution f.
**solve** [sɔlv] vt résoudre.
**solvent** ['sɔlvənt] a (COMM) solvable // n (CHEM) (dis)solvant m.
**sombre, somber** (US) ['sɔmbə*] a sombre, morne.
**some** [sʌm] det (a few) quelques; (certain) certains(certaines); (a certain number or amount) see phrases below; (unspecified) un(e)... (quelconque) // pronoun quelques uns(unes); un peu // ad: **~ 10 people** quelque 10 personnes, 10 personnes environ; **~ children came** des enfants sont venus; **have ~ tea/ice-cream/water** prends du thé/de la glace/de l'eau; **there's ~ milk in the fridge** il y a un peu de lait or du lait dans le frigo; **~ (of it) was left** il en est resté un peu; **I've got ~** (i.e. books etc) j'en ai (quelques uns); (i.e. milk, money etc) j'en ai (un peu); **~body** pronoun quelqu'un; **~ day** ad un de ces jours, un jour ou l'autre; **~how** ad d'une façon ou d'une autre; (for some reason) pour une raison ou une autre; **~one** pronoun = **somebody**; **~place** ad (US) = **somewhere**.
**somersault** ['sʌməsɔ:lt] n culbute f, saut périlleux // vi faire la culbute or un saut périlleux; (car) faire un tonneau.
**something** ['sʌmθiŋ] pronoun quelque chose m; **~ interesting** quelque chose d'intéressant.
**sometime** ['sʌmtaim] ad (in future) un de ces jours, un jour ou l'autre; (in past): **~ last month** au cours du mois dernier.
**sometimes** ['sʌmtaimz] ad quelquefois, parfois.
**somewhat** ['sʌmwɔt] ad quelque peu, un peu.
**somewhere** ['sʌmwɛə*] ad quelque part.
**son** [sʌn] n fils m.
**sonata** [sə'nɑ:tə] n sonate f.
**song** [sɔŋ] n chanson f; **~book** n chansonnier m; **~writer** n auteur-compositeur m.
**sonic** ['sɔnik] a (boom) supersonique.
**son-in-law** ['sʌninlɔ:] n gendre m, beau-fils m.
**sonnet** ['sɔnit] n sonnet m.
**sonny** ['sʌni] n (col) fiston m.
**soon** [su:n] ad bientôt; (early) tôt; **~ afterwards** peu après; see also **as**; **~er** ad (time) plus tôt; (preference): **I would ~er do** j'aimerais autant or je préférerais faire; **~er or later** tôt ou tard.
**soot** [sut] n suie f.

**soothe** [suːð] vt calmer, apaiser.

**sop** [sɔp] n: **that's only a ~** c'est pour nous (or les etc) amadouer.

**sophisticated** [sə'fistikeitid] a raffiné(e); sophistiqué(e); hautement perfectionné(e), très complexe.

**sophomore** ['sɔfəmɔː*] n (US) étudiant/e de seconde année.

**soporific** [sɔpə'rifik] a soporifique // n somnifère m.

**sopping** ['sɔpiŋ] a (also: ~ wet) tout(e) trempé(e).

**soppy** ['sɔpi] a (pej) sentimental(e).

**soprano** [sə'prɑːnəu] n (voice) soprano m; (singer) soprano m/f.

**sorcerer** ['sɔːsərə*] n sorcier m.

**sordid** ['sɔːdid] a sordide.

**sore** [sɔː*] a (painful) douloureux(euse), sensible; (offended) contrarié(e), vexé(e) // n plaie f; **~ly** ad (tempted) fortement.

**sorrel** ['sɔrəl] n oseille f.

**sorrow** ['sɔrəu] n peine f, chagrin m; **~ful** a triste.

**sorry** ['sɔri] a désolé(e); (condition, excuse) triste, déplorable; **~!** pardon!, excusez-moi!; **to feel ~ for sb** plaindre qn.

**sort** [sɔːt] n genre m, espèce f, sorte f // vt (also: ~ out: papers) trier; classer; ranger; (: letters etc) trier; (: problems) résoudre, régler; **~ing office** n bureau m de tri.

**SOS** n (abbr of save our souls) S.O.S. m.

**so-so** ['səusəu] ad comme ci comme ça.

**soufflé** ['suːflei] n soufflé m.

**sought** [sɔːt] pt,pp of **seek**.

**soul** [səul] n âme f; **~-destroying** a démoralisant(e); **~ful** a plein(e) de sentiment; **~less** a sans cœur, inhumain(e).

**sound** [saund] a (healthy) en bonne santé, sain(e); (safe, not damaged) solide, en bon état; (reliable, not superficial) sérieux(euse), solide; (sensible) sensé(e) // ad: **~ asleep** dormant d'un profond sommeil // n (noise) son m; bruit m; (GEO) détroit m, bras m de mer // vt (alarm) sonner; (also: ~ out: opinions) sonder // vi sonner, retentir; (fig: seem) sembler (être); **to ~ one's horn** (AUT) actionner son avertisseur; **to ~ like** ressembler à; **~ barrier** n mur m du son; **~ effects** npl bruitage m; **~ing** n (NAUT etc) sondage m; **~ly** ad (sleep) profondément; (beat) complètement, à plate couture; **~proof** vt insonoriser // a insonorisé(e); **~track** n (of film) bande f sonore.

**soup** [suːp] n soupe f, potage m; **in the ~** (fig) dans le pétrin; **~ course** n potage m; **~spoon** n cuiller f à soupe.

**sour** ['sauə*] a aigre, acide; (milk) tourné(e), aigre; (fig) acerbe, aigre; revêche; **it's ~ grapes** c'est du dépit.

**source** [sɔːs] n source f.

**south** [sauθ] n sud m // a sud inv, du sud // ad au sud, vers le sud; **S~ Africa** n Afrique f du Sud; **S~ African** a sud-africain(e) // n Sud-Africain/e; **S~ America** n Amérique f du Sud; **S~ American** a sud-américain(e) // n Sud-Américain/e; **~-east** n sud-est m; **~erly** ['sʌðəli] a du sud; au sud; **~ern** ['sʌðən] a (du) sud; méridional(e); exposé(e) au

sud; **S~ Pole** n Pôle m Sud; **~ward(s)** ad vers le sud; **~-west** n sud-ouest m.

**souvenir** [suːvə'niə*] n souvenir m (objet).

**sovereign** ['sɔvrin] a,n souverain(e); **~ty** n souveraineté f.

**soviet** ['səuviət] a soviétique; **the S~ Union** l'Union f soviétique.

**sow** n [sau] truie f // vt [səu] (pt ~ed, pp sown [səun]) semer.

**soy** [sɔi] n (also: ~ sauce) sauce f de soja.

**soya bean** ['sɔiəbiːn] n graine f de soja.

**spa** [spɑː] n (spring) source minérale; (town) station thermale.

**space** [speis] n (gen) espace m; (room) place f; espace; (length of time) laps m de temps // cpd spatial(e) // vt (also: ~ out) espacer; **~craft** n engin spatial; **~man/woman** n astronaute m/f, cosmonaute m/f; **spacing** n espacement m; **single/double spacing** interligne m simple/double.

**spacious** ['speiʃəs] a spacieux(euse), grand(e).

**spade** [speid] n (tool) bêche f, pelle f; (child's) pelle; **~s** npl (CARDS) pique m; **~work** n (fig) gros m du travail.

**spaghetti** [spə'geti] n spaghetti mpl.

**Spain** [spein] n Espagne f.

**span** [spæn] pt of **spin** // n (of bird, plane) envergure f; (of arch) portée f; (in time) espace m de temps, durée f // vt enjamber, franchir; (fig) couvrir, embrasser.

**Spaniard** ['spænjəd] n Espagnol/e.

**spaniel** ['spænjəl] n épagneul m.

**Spanish** ['spæniʃ] a espagnol(e), d'Espagne // n (LING) espagnol m.

**spank** [spæŋk] vt donner une fessée à.

**spanner** ['spænə*] n clé f (de mécanicien).

**spare** [speə*] a de réserve, de rechange; (surplus) de or en trop, de reste // n (part) pièce f de rechange, pièce détachée // vt (do without) se passer de; (afford to give) donner, accorder, passer; (refrain from hurting) épargner; (refrain from using) ménager; **to ~** (surplus) en surplus, de trop; **~ part** n pièce f de rechange, pièce détachée; **~ time** n moments mpl de loisir.

**sparing** ['speəriŋ] a modéré(e), restreint(e); **~ of** chiche de; **~ly** ad avec modération.

**spark** [spɑːk] n étincelle f; (fig) étincelle, lueur f; **~(ing) plug** n bougie f.

**sparkle** ['spɑːkl] n scintillement m, étincellement m, éclat m // vi étinceler, scintiller; (bubble) pétiller; **sparkling** a étincelant(e), scintillant(e); (wine) mousseux (euse), pétillant(e).

**sparrow** ['spærəu] n moineau m.

**sparse** [spɑːs] a clairsemé(e).

**spasm** ['spæzəm] n (MED) spasme m; (fig) accès m; **~odic** [-'mɔdik] a spasmodique; (fig) intermittent(e).

**spastic** ['spæstik] n handicapé/e moteur.

**spat** [spæt] pt,pp of **spit**.

**spate** [speit] n (fig): **~ of** avalanche f or torrent m de; **in ~** (river) en crue.

**spatter** ['spætə*] n éclaboussure(s) f(pl) // vt éclabousser // vi gicler.

**spatula** ['spætjulə] n spatule f.

**spawn** [spɔːn] vt pondre // vi frayer // n frai m.

**speak**, *pt* **spoke**, *pp* **spoken** [spi:k, spəuk, spəukn] *vt* (*language*) parler ; (*truth*) dire // *vi* parler ; (*make a speech*) prendre la parole ; **to ~ to sb**/*of*/*about* **sth** parler à qn/de qch ; **it ~s for itself** c'est évident ; **~ up!** parle plus fort! ; **~er** *n* (*in public*) orateur *m* ; (*also:* **loud~er**) haut-parleur *m* ; (POL): **the S~er** *le président de la chambre des Communes* ; **to be on ~ing terms** se parler.

**spear** [spɪə*] *n* lance *f* // *vt* transpercer.

**spec** [spɛk] *n* (*col*): **on ~** à tout hasard.

**special** [ˈspɛʃl] *a* spécial(e) ; **take ~ care** soyez particulièrement prudents ; **today's ~** (*at restaurant*) le menu ; **~ist** *n* spécialiste *m*/*f* ; **~ity** [spɛʃɪˈælɪtɪ] *n* spécialité *f* ; **~ize** *vi*: **to ~ize (in)** se spécialiser (dans) ; **~ly** *ad* spécialement, particulièrement.

**species** [ˈspiːʃiːz] *n* espèce *f*.

**specific** [spəˈsɪfɪk] *a* précis(e) ; particulier(ère) ; (BOT, CHEM *etc*) spécifique ; **~ally** *ad* expressément, explicitement ; **~ation** [spɛsɪfɪˈkeɪʃn] *n* spécification *f* ; stipulation *f*.

**specify** [ˈspɛsɪfaɪ] *vt* spécifier, préciser.

**specimen** [ˈspɛsɪmən] *n* spécimen *m*, échantillon *m* ; (MED) prélèvement *m*.

**speck** [spɛk] *n* petite tache, petit point ; (*particle*) grain *m*.

**speckled** [ˈspɛkld] *a* tacheté(e), moucheté(e).

**specs** [spɛks] *npl* (*col*) lunettes *fpl*.

**spectacle** [ˈspɛktəkl] *n* spectacle *m* ; **~s** *npl* lunettes *fpl* ; **spectacular** [-ˈtækjulə*] *a* spectaculaire // *n* (CINEMA *etc*) superproduction *f*.

**spectator** [spɛkˈteɪtə*] *n* spectateur/trice.

**spectra** [ˈspɛktrə] *npl of* **spectrum**.

**spectre**, **specter** (US) [ˈspɛktə*] *n* spectre *m*, fantôme *m*.

**spectrum**, *pl* **spectra** [ˈspɛktrəm, -rə] *n* spectre *m* ; (*fig*) gamme *f*.

**speculate** [ˈspɛkjuleɪt] *vi* spéculer ; (*try to guess*): **to ~ about** s'interroger sur ; **speculation** [-ˈleɪʃən] *n* spéculation *f* ; conjectures *fpl* ; **speculative** *a* spéculatif(ive).

**speech** [spiːtʃ] *n* (*faculty*) parole *f* ; (*talk*) discours *m*, allocution *f* ; (*manner of speaking*) façon *f* de parler, langage *m* ; (*enunciation*) élocution *f* ; **~ day** *n* (SCOL) distribution *f* des prix ; **~less** *a* muet(te) ; **~ therapy** *n* orthophonie *f*.

**speed** [spiːd] *n* vitesse *f* ; (*promptness*) rapidité *f* ; **at full** *or* **top ~** à toute vitesse *or* allure ; **to ~ up** *vi* aller plus vite, accélérer // *vt* accélérer ; **~boat** *n* vedette *f* ; hors-bord *m inv* ; **~ily** *ad* rapidement, promptement ; **~ing** *n* (AUT) excès *m* de vitesse ; **~ limit** *n* limitation *f* de vitesse, vitesse maximale permise ; **~ometer** [spɪˈdɔmɪtə*] *n* compteur *m* (de vitesse) ; **~way** *n* (SPORT) piste *f* de vitesse pour motos ; **~y** *a* rapide, prompt(e).

**speleologist** [spɛlɪˈɔlədʒɪst] *n* spéléologue *m*/*f*.

**spell** [spɛl] *n* (*also:* **magic ~**) sortilège *m*, charme *m* ; (*period of time*) (*courte*) période *f* // *vt* (*pt,pp* **spelt** *or* **~ed** [spɛlt, spɛld]) (*in writing*) écrire, orthographier ; (*aloud*) épeler ; (*fig*) signifier ; **to cast a ~ on sb** jeter un sort à qn ; **he can't ~** il fait des fautes d'orthographe ; **~bound** *a* envoûté(e), subjugué(e) ; **~ing** *n* orthographe *f*.

**spelt** [spɛlt] *pt,pp of* **spell**.

**spend**, *pt,pp* **spent** [spɛnd, spɛnt] *vt* (*money*) dépenser ; (*time, life*) passer ; consacrer ; **~ing money** *n* argent *m* de poche ; **~thrift** *n* dépensier/ère.

**spent** [spɛnt] *pt,pp of* **spend** // *a* (*patience*) épuisé(e), à bout.

**sperm** [spəːm] *n* spermatozoïde *m* ; (*semen*) sperme *m* ; **~ whale** *n* cachalot *m*.

**spew** [spjuː] *vt* vomir.

**sphere** [sfɪə*] *n* sphère *f* ; (*fig*) sphère, domaine *m* ; **spherical** [ˈsfɛrɪkl] *a* sphérique.

**sphinx** [sfɪŋks] *n* sphinx *m*.

**spice** [spaɪs] *n* épice *f* // *vt* épicer.

**spick-and-span** [ˈspɪkənˈspæn] *a* impeccable.

**spicy** [ˈspaɪsɪ] *a* épicé(e), relevé(e) ; (*fig*) piquant(e).

**spider** [ˈspaɪdə*] *n* araignée *f*.

**spiel** [spiːl] *n* laïus *m inv*.

**spike** [spaɪk] *n* pointe *f*.

**spill**, *pt,pp* **spilt** *or* **~ed** [spɪl, -t, -d] *vt* renverser ; répandre // *vi* se répandre.

**spin** [spɪn] *n* (*revolution of wheel*) tour *m* ; (AVIAT) (*chute f en*) vrille *f* ; (*trip in car*) petit tour, balade *f* // *vb* (*pt* **spun**, **span**, *pp* **spun** [spʌn, spæn]) *vt* (*wool etc*) filer ; (*wheel*) faire tourner // *vi* tourner, tournoyer ; **to ~ a yarn** débiter une longue histoire ; **to ~ a coin** jouer à pile ou face ; **to ~ out** *vt* faire durer.

**spinach** [ˈspɪnɪtʃ] *n* épinard *m* ; (*as food*) épinards.

**spinal** [ˈspaɪnl] *a* vertébral(e), spinal(e) ; **~ cord** *n* moelle épinière.

**spindly** [ˈspɪndlɪ] *a* grêle, filiforme.

**spin-drier** [spɪnˈdraɪə*] *n* essoreuse *f*.

**spine** [spaɪn] *n* colonne vertébrale ; (*thorn*) épine *f*, piquant *m* ; **~less** *a* invertébré(e) ; (*fig*) mou(molle), sans caractère.

**spinner** [ˈspɪnə*] *n* (*of thread*) fileur/euse.

**spinning** [ˈspɪnɪŋ] *n* (*of thread*) filage *m* ; (*by machine*) filature *f* ; **~ top** *n* toupie *f* ; **~ wheel** *n* rouet *m*.

**spinster** [ˈspɪnstə*] *n* célibataire *f* ; vieille fille.

**spiral** [ˈspaɪərl] *n* spirale *f* // *a* en spirale // *vi* (*fig*) monter en flèche ; **~ staircase** *n* escalier *m* en colimaçon.

**spire** [ˈspaɪə*] *n* flèche *f*, aiguille *f*.

**spirit** [ˈspɪrɪt] *n* (*soul*) esprit *m*, âme *f* ; (*ghost*) esprit, revenant *m* ; (*mood*) esprit, état *m* d'esprit ; (*courage*) courage *m*, énergie *f* ; **~s** *npl* (*drink*) spiritueux *mpl*, alcool *m* ; **in good ~s** de bonne humeur ; **in low ~s** démoralisé(e) ; **~ed** *a* vif(vive), fougueux(euse), plein(e) d'allant ; **~ level** *n* niveau *m* à bulle.

**spiritual** [ˈspɪrɪtjuəl] *a* spirituel(le) ; religieux(euse) // *n* (*also:* **Negro ~**) spiritual *m* ; **~ism** *n* spiritisme *m*.

**spit** [spɪt] *n* (*for roasting*) broche *f* // *vi* (*pt, pp* **spat** [spæt]) cracher ; (*sound*) crépiter.

**spite** [spaɪt] *n* rancune *f*, dépit *m* // *vt* contrarier, vexer; **in ~ of** en dépit de, malgré; **~ful** *a* malveillant(e), rancunier(ère).

**spitroast** ['spɪt'rəʊst] *vt* faire rôtir à la broche.

**spittle** ['spɪtl] *n* salive *f*; bave *f*; crachat *m*.

**spiv** [spɪv] *n* (*col*) chevalier *m* d'industrie, aigrefin *m*.

**splash** [splæʃ] *n* éclaboussement *m*; (*sound*) plouf; (*of colour*) tache *f* // *vt* éclabousser; *vi* (*also*: ~ **about**) barboter, patauger.

**splay** [spleɪ] *a*: **~footed** marchant les pieds en dehors.

**spleen** [spli:n] *n* (ANAT) rate *f*.

**splendid** ['splendɪd] *a* splendide, superbe, magnifique.

**splendour, splendor** (*US*) ['splendə*] *n* splendeur *f*, magnificence *f*.

**splice** [splaɪs] *vt* épisser.

**splint** [splɪnt] *n* attelle *f*, éclisse *f*.

**splinter** ['splɪntə*] *n* (*wood*) écharde *f*; (*metal*) éclat *m* // *vi* se fragmenter.

**split** [splɪt] *n* fente *f*, déchirure *f*; (*fig*: POL) scission *f* // *vb* (*pt, pp* **split**) *vt* fendre, déchirer; (*party*) diviser; (*work, profits*) partager, répartir // *vi* (*divide*) se diviser; **to ~ up** *vi* (*couple*) se séparer, rompre; (*meeting*) se disperser; **~ting headache** *n* mal *m* de tête atroce.

**splutter** ['splʌtə*] *vi* bafouiller; postillonner.

**spoil**, *pt,pp* **spoilt** *or* **~ed** [spɔɪl, -t, -d] *vt* (*damage*) abîmer; (*mar*) gâcher; (*child*) gâter; **~s** *npl* butin *m*; **~sport** *n* trouble-fête *m*, rabat-joie *m*.

**spoke** [spəʊk] *pt of* **speak** // *n* rayon *m*.

**spoken** ['spəʊkn] *pp of* **speak**.

**spokesman** ['spəʊksmən] *n* porteparole *m inv*.

**sponge** [spʌndʒ] *n* éponge *f* // *vt* éponger // *vi*: **to ~ on** vivre aux crochets de; **~ bag** *n* sac *m* de toilette; **~ cake** *n* ≈ gâteau *m* de Savoie; (*in a*) (*pej*) parasite *m*; **spongy** *a* spongieux(euse).

**sponsor** ['spɔnsə*] *n* (RADIO, TV) personne *f* (or organisme *m*) qui assure le patronage // *vt* patronner; parrainer; **~ship** *n* patronage *m*; parrainage *m*.

**spontaneity** [spɔntə'neɪɪtɪ] *n* spontanéité *f*.

**spontaneous** [spɔn'teɪnɪəs] *a* spontané(e).

**spooky** ['spu:kɪ] *a* qui donne la chair de poule.

**spool** [spu:l] *n* bobine *f*.

**spoon** [spu:n] *n* cuiller *f*; **~-feed** *vt* nourrir à la cuiller; (*fig*) mâcher le travail à; **~ful** *n* cuillerée *f*.

**sporadic** [spə'rædɪk] *a* sporadique.

**sport** [spɔ:t] *n* sport *m*; (*person*) chic type/chic fille // *vt* arborer; **~ing a** sportif(ive); **to give sb a ~ing chance** donner sa chance à qn; **~s car** *n* voiture *f* de sport; **~s jacket** *n* veste *f* de sport; **~sman** *n* sportif *m*; **~smanship** *n* esprit sportif, sportivité *f*; **~s page** *n* page *f* des sports; **~swear** *n* vêtements *mpl* de sport; **~swoman** *n* sportive *f*; **~y** *a* sportif(ive).

**spot** [spɔt] *n* tache *f*; (*dot: on pattern*) pois *m*; (*pimple*) bouton *m*; (*place*) endroit *m*, coin *m*; (*small amount*): **a ~ of** un peu de // *vt* (*notice*) apercevoir, repérer; **on the ~** sur place, sur les lieux; **to come out in ~s** se couvrir de boutons, avoir une éruption de boutons; **~ check** *n* sondage *m*, vérification ponctuelle; **~less** *a* immaculé(e); **~light** *n* projecteur *m*; (AUT) phare *m* auxiliaire; **~ted** *a* tacheté(e), moucheté(e); à pois; **~ted with** tacheté(e) de; **~ty** *a* (*face*) boutonneux(euse).

**spouse** [spauz] *n* époux/épouse.

**spout** [spaut] *n* (*of jug*) bec *m*; (*of liquid*) jet *m* // *vi* jaillir.

**sprain** [spreɪn] *n* entorse *f*, foulure *f* // *vt*: **to ~ one's ankle** se fouler *or* se tordre la cheville.

**sprang** [spræŋ] *pt of* **spring**.

**sprawl** [sprɔ:l] *vi* s'étaler.

**spray** [spreɪ] *n* jet *m* (en fines gouttelettes); (*container*) vaporisateur *m*, bombe *f*; (*of flowers*) petit bouquet // *vt* vaporiser, pulvériser; (*crops*) traiter.

**spread** [spred] *n* propagation *f*; (*distribution*) répartition *f*; (CULIN) pâte *f* à tartiner // *vb* (*pt,pp* **spread**) *vt* étendre, étaler; répandre; propager // *vi* s'étendre; se répandre; se propager.

**spree** [spri:] *n*: **to go on a ~** faire la fête.

**sprig** [sprɪg] *n* rameau *m*.

**sprightly** ['spraɪtlɪ] *a* alerte.

**spring** [sprɪŋ] *n* (*leap*) bond *m*, saut *m*; (*coiled metal*) ressort *m*; (*season*) printemps *m*; (*of water*) source *f* // *vi* (*pt* **sprang**, *pp* **sprung** [spræŋ, sprʌŋ]) bondir, sauter; **to ~ from** provenir de; **to ~ up** *vi* (*problem*) se présenter, surgir; **~board** *n* tremplin *m*; **~-clean** *n* (*also*: **~-cleaning**) grand nettoyage de printemps; **~time** *n* printemps *m*; **~y** *a* élastique, souple.

**sprinkle** ['sprɪŋkl] *vt* (*pour*) répandre; verser; **to ~ water etc on, ~ with water** *etc* asperger d'eau etc; **to ~ sugar etc on, ~ with sugar** *etc* saupoudrer de sucre etc; **~d with** (*fig*) parsemé(e) de.

**sprint** [sprɪnt] *n* sprint *m* // *vi* sprinter; **~er** *n* sprinteur/euse.

**sprite** [spraɪt] *n* lutin *m*.

**sprout** [spraut] *vi* germer, pousser; (**Brussels**) **~s** *npl* choux *mpl* de Bruxelles.

**spruce** [spru:s] *n* épicéa *m* // *a* net(te), pimpant(e).

**sprung** [sprʌŋ] *pp of* **spring**.

**spry** [spraɪ] *a* alerte, vif(vive).

**spud** [spʌd] *n* (*col: potato*) patate *f*.

**spun** [spʌn] *pt, pp of* **spin**.

**spur** [spə:*] *n* éperon *m*; (*fig*) aiguillon *m* // *vt* (*also*: ~ **on**) éperonner; aiguillonner; **on the ~ of the moment** sous l'impulsion du moment.

**spurious** ['spjuərɪəs] *a* faux(fausse).

**spurn** [spə:n] *vt* repousser avec mépris.

**spurt** [spə:t] *n* jet *m*; (*of energy*) sursaut *m* // *vi* jaillir, gicler.

**spy** [spaɪ] *n* espion/ne // *vi*: **to ~ on** espionner, épier // *vt* (*see*) apercevoir; **~ing** *n* espionnage *m*.

**sq.** (*MATH*), **Sq.** (*in address*) abbr of **square**.
**squabble** ['skwɔbl] n querelle f, chamaillerie f // vi se chamailler.
**squad** [skwɔd] n (*MIL, POLICE*) escouade f, groupe m; (*FOOTBALL*) contingent m.
**squadron** ['skwɔdrn] n (*MIL*) escadron m; (*AVIAT, NAUT*) escadrille f.
**squalid** ['skwɔlid] a sordide, ignoble.
**squall** [skwɔ:l] n rafale f, bourrasque f.
**squalor** ['skwɔlə*] n conditions fpl sordides.
**squander** ['skwɔndə*] vt gaspiller, dilapider.
**square** [skwɛə*] n carré m; (*in town*) place f; (*instrument*) équerre f // a carré(e); (*honest*) honnête, régulier(ère); (*col: ideas, tastes*) vieux jeu inv, qui retarde // vt (*arrange*) régler; arranger; (*MATH*) élever au carré // vi (*agree*) s'accorder; **all ~** quitte; à égalité; **a ~ meal** un repas convenable; **2 metres ~** de(2) mètres sur 2; **1 ~ metre** 1 mètre carré; **~ly** ad carrément.
**squash** [skwɔʃ] n (*drink*): **lemon/orange ~** citronnade f/ orangeade f; (*SPORT*) squash m // vt écraser.
**squat** [skwɔt] a petit(e) et épais(se), ramassé(e) // vi s'accroupir; **~ter** n squatter m.
**squawk** [skwɔ:k] vi pousser un or des gloussement(s).
**squeak** [skwi:k] n grincement m; petit cri // vi grincer, crier.
**squeal** [skwi:l] vi pousser un or des cri(s) aigu(s) or perçant(s).
**squeamish** ['skwi:miʃ] a facilement dégoûté(e); facilement scandalisé(e).
**squeeze** [skwi:z] n pression f; restrictions fpl de crédit // vt presser; (*hand, arm*) serrer; **to ~ out** vt exprimer; (*fig*) soutirer.
**squelch** [skwɛltʃ] vi faire un bruit de succion; patauger.
**squib** [skwib] n pétard m.
**squid** [skwid] n calmar m.
**squint** [skwint] vi loucher // n: **he has a ~** il louche, il souffre de strabisme.
**squire** ['skwaiə*] n propriétaire terrien.
**squirm** [skwə:m] vi se tortiller.
**squirrel** ['skwirəl] n écureuil m.
**squirt** [skwə:t] n jet m // vi jaillir, gicler.
**Sr** abbr of **senior**.
**St** abbr of **saint, street**.
**stab** [stæb] n (*with knife etc*) coup m (de couteau etc); (*col: try*): **to have a ~ at (doing) sth** s'essayer à (faire) qch // vt poignarder.
**stability** [stə'biliti] n stabilité f.
**stabilize** ['steibəlaiz] vt stabiliser; **~r** n stabilisateur m.
**stable** ['steibl] n écurie f // a stable.
**stack** [stæk] n tas m, pile f // vt empiler, entasser.
**stadium** ['steidiəm] n stade m.
**staff** [stɑ:f] n (*work force*) personnel m; (: *SCOL*) professeurs mpl; (: *servants*) domestiques mpl; (*MIL*) état-major m; (*stick*) perche f, bâton m // vt pourvoir en personnel.
**stag** [stæg] n cerf m.

**stage** [steidʒ] n scène f; (*profession*): **the ~** le théâtre; (*point*) étape f, stade m; (*platform*) estrade f // vt (*play*) monter, mettre en scène; (*demonstration*) organiser; (*fig: perform: recovery etc*) effectuer; **in ~s** par étapes, par degrés; **~coach** n diligence f; **~ door** n entrée f des artistes; **~ fright** n trac m; **~ manager** n régisseur m.
**stagger** ['stægə*] vi chanceler, tituber // vt (*person*) stupéfier; bouleverser; (*hours, holidays*) étaler, échelonner; **~ing** a (*amazing*) stupéfiant(e), renversant(e).
**stagnant** ['stægnənt] a stagnant(e).
**stagnate** [stæg'neit] vi stagner, croupir.
**stag party** ['stægpɑ:ti] n enterrement m de vie de garçon.
**staid** [steid] a posé(e), rassis(e).
**stain** [stein] n tache f; (*colouring*) colorant m // vt tacher; (*wood*) teindre; **~ed glass window** n vitrail m; **~less** a (*steel*) inoxydable; **~ remover** n détachant m.
**stair** [stɛə*] n (*step*) marche f; **~s** npl escalier m; **on the ~s** dans l'escalier; **~case, ~way** n escalier m.
**stake** [steik] n pieu m, poteau m; (*BETTING*) enjeu m // vt risquer, jouer; **to be at ~** être en jeu.
**stalactite** ['stæləktait] n stalactite f.
**stalagmite** ['stæləgmait] n stalagmite m.
**stale** [steil] a (*bread*) rassis(e); (*beer*) éventé(e); (*smell*) de renfermé.
**stalemate** ['steilmeit] n pat m; (*fig*) impasse f.
**stalk** [stɔ:k] n tige f // vt traquer // vi marcher avec raideur.
**stall** [stɔ:l] n éventaire m, étal m; (*in stable*) stalle f // vi (*AUT*) caler // vi (*AUT*) caler; (*fig*) essayer de gagner du temps; **~s** npl (*in cinema, theatre*) orchestre m.
**stalwart** ['stɔ:lwət] n partisan m fidèle.
**stamina** ['stæminə] n vigueur f, endurance f.
**stammer** ['stæmə*] n bégaiement m // vi bégayer.
**stamp** [stæmp] n timbre m; (*mark, also fig*) empreinte f; (*on document*) cachet m // vi taper du pied // vt tamponner, estamper; (*letter*) timbrer; **~ album** n album m de timbres(-poste); **~ collecting** n philatélie f.
**stampede** [stæm'pi:d] n ruée f.
**stance** [stæns] n position f.
**stand** [stænd] n (*position*) position f; (*MIL*) résistance f; (*structure*) guéridon m, support m; (*COMM*) étalage m, stand m; (*SPORT*) tribune f // vb (pt,pp **stood** [stud]) vi être or se tenir (debout); (*rise*) se lever, se mettre debout; (*be placed*) se trouver // vt (*place*) mettre, poser; (*tolerate, withstand*) supporter; **to make a ~** prendre position; **to ~ for parliament** se présenter aux élections (*comme candidat à la députation*); **it ~s to reason** c'est logique; cela va de soi; **to ~ by** vi (*be ready*) se tenir prêt // vi fus (*opinion*) s'en tenir à; **to ~ for** vt fus (*defend*) défendre, être pour; (*signify*) représenter, signifier; (*tolerate*) supporter, tolérer; **to ~ in for** vt fus remplacer; **to ~ out** vi (*be prominent*) ressortir; **to ~ up** vi (*rise*) se lever, se mettre debout; **to ~ up for** vt

*fus* défendre ; **to ~ up to** *vt fus* tenir tête
à, résister à.
**standard** ['stændəd] *n* niveau voulu ;
*(flag)* étendard *m* // *a (size etc)* ordinaire,
normal(e) ; courant(e) ; **~s** *npl (morals)*
morale *f*, principes *mpl* ; **~ization**
[-'zeɪʃən] *n* standardisation *f* ; **~ize** *vt*
standardiser ; **~ lamp** *n* lampadaire *m* ; **~
of living** *n* niveau *m* de vie.
**stand-by** ['stændbaɪ] *n* remplaçant/e ; **~
ticket** *n (AVIAT)* billet *m* sans garantie.
**stand-in** ['stændɪn] *n* remplaçant/e,
*(CINEMA)* doublure *f*.
**standing** ['stændɪŋ] *a* debout *inv* // *n*
réputation *f*, rang *m*, standing *m* ; **of many
years'** ~ qui dure or existe depuis
longtemps ; **~ committee** *n* commission
permanente ; **~ order** *n (at bank)* virement
*m* automatique, prélèvement *m* bancaire ;
**~ orders** *npl (MIL)* règlement *m* ; **~ room**
places *fpl* debout.
**stand-offish** [stænd'ɔfiʃ] *a* distant(e),
froid(e).
**standpoint** ['stændpoɪnt] *n* point *m* de
vue.
**standstill** ['stændstɪl] *n*: **at a ~** à l'arrêt ;
*(fig)* au point mort ; **to come to a ~**
s'immobiliser, s'arrêter.
**stank** [stæŋk] *pt of* **stink.**
**stanza** ['stænzə] *n* strophe *f* ; couplet *m*.
**staple** ['steɪpl] *n (for papers)* agrafe *f* //
*a (food etc)* de base, principal(e) // *vt*
agrafer ; **~r** *n* agrafeuse *f*.
**star** [stɑ:*] *n* étoile *f* ; *(celebrity)* vedette
*f* // *vi*: **to ~ (in)** être la vedette (de) //
*vt (CINEMA)* avoir pour vedette.
**starboard** ['stɑ:bəd] *n* tribord *m* ; **to ~**
à tribord.
**starch** [stɑ:tʃ] *n* amidon *m* ; **~ed** *a (collar)*
amidonné(e), empesé(e) ; **~y** *a* riche en
féculents ; *(person)* guindé(e).
**stardom** ['stɑ:dəm] *n* célébrité *f*.
**stare** [stɛə*] *n* regard *m* fixe // *vt*: **to ~
at** regarder fixement.
**starfish** ['stɑ:fiʃ] *n* étoile *f* de mer.
**stark** [stɑ:k] *a (bleak)* désolé(e), morne //
*ad*: **~ naked** complètement nu(e).
**starlight** ['stɑ:laɪt] *n*: **by ~** à la lumière
des étoiles.
**starling** ['stɑ:lɪŋ] *n* étourneau *m*.
**starlit** ['stɑ:lɪt] *a* étoilé(e) ; illuminé(e) par
les étoiles.
**starry** ['stɑ:rɪ] *a* étoilé(e) ; **~-eyed** *a*
*(innocent)* ingénu(e).
**start** [stɑ:t] *n* commencement *m*, début *m* ;
*(of race)* départ *m* ; *(sudden movement)*
sursaut *m* // *vt* commencer // *vi* partir,
se mettre en route ; *(jump)* sursauter ; **to
~ doing sth** se mettre à faire qch ; **to ~
off** *vi* commencer ; *(leave)* partir ; **to ~ up**
*vi* commencer ; *(car)* démarrer // *vt*
déclencher ; *(car)* mettre en marche ; **~er**
*n (AUT)* démarreur *m* ; *(: runner, horse)* partant *m* ;
*(SPORT: official)*
starter *m* ; *(CULIN)* entrée *f* ; **~ing handle** *n* manivelle
*f* ; **~ing point** *n* point *m* de départ.
**startle** ['stɑ:tl] *vt* faire sursauter ; donner
un choc à ; **startling** *a* surprenant(e),
saisissant(e).
**starvation** [stɑ:'veɪʃən] *n* faim *f*, famine
*f* ; **to die of ~** mourir de faim or
d'inanition.

**starve** [stɑ:v] *vi* mourir de faim ; être
affamé(e) // *vt* affamer ; **I'm starving** je
meurs de faim.
**state** [steɪt] *n* état *m* // *vt* déclarer,
affirmer ; formuler ; **the S~s** les États-
Unis *mpl* ; **to be in a ~** être dans tous
ses états ; **~ control** *n* contrôle *m* de
l'État ; **~d** *a* fixé(e), prescrit(e) ; **~ly** *a*
majestueux(euse), imposant(e) ; **~ment** *n*
déclaration *f* ; *(LAW)* déposition *f* ; **~
secret** *n* secret *m* d'État ; **~sman** *n*
homme *m* d'État.
**static** ['stætɪk] *n (RADIO)* parasites *mpl* //
*a* statique ; **~ electricity** *n* électricité *f*
statique.
**station** ['steɪʃən] *n* gare *f* ; poste *m*
*(militaire or de police etc)* ; *(rank)*
condition *f*, rang *m* // *vt* placer, poster.
**stationary** ['steɪʃnərɪ] *a* à l'arrêt,
immobile.
**stationer** ['steɪʃənə*] *n* papetier/ère ; **~'s
(shop)** *n* papeterie *f* ; **~y** *n* papier *m* à
lettres, petit matériel de bureau.
**station master** ['steɪʃənmɑ:stə*] *n (RAIL)*
chef *m* de gare.
**station wagon** ['steɪʃənwægən] *n (US)*
break *m*.
**statistic** [stə'tɪstɪk] *n* statistique *f* ; **~s** *npl*
*(science)* statistique *f* ; **~al** *a* statistique.
**statue** ['stætju:] *n* statue *f* ; **statuesque**
[-'esk] *a* sculptural(e).
**stature** ['stætʃə*] *n* stature *f* ; *(fig)*
envergure *f*.
**status** ['steɪtəs] *n* position *f*, situation *f* ;
prestige *m* ; statut *m* ; **the ~ quo** le statu
quo ; **~ symbol** *n* marque *f* de standing,
signe extérieur de richesse.
**statute** ['stætju:t] *n* loi *f* ; **~s** *npl (of club
etc)* statuts *mpl* ; **statutory** *a* statutaire,
prévu(e) par un article de loi.
**staunch** [stɔ:ntʃ] *a* sûr(e), loyal(e).
**stave** [steɪv] *n (MUS)* portée *f* // *vt*: **to ~
off** *(attack)* parer ; *(threat)* conjurer.
**stay** [steɪ] *n (period of time)* séjour *m* //
*vi* rester ; *(reside)* loger ; *(spend some time)*
séjourner ; **to ~ put** ne pas bouger ; **to
~ with friends** loger chez des amis ; **to
~ the night** passer la nuit ; **to ~ behind**
*vi* rester en arrière ; **to ~ in** *(at home)*
rester à la maison ; **to ~ on** *vi* rester ; **to
~ out** *vi (of house)* ne pas rentrer ; **to ~
up** *vi (at night)* ne pas se coucher.
**STD** *n (abbr of Subscriber Trunk Dialling)*
l'automatique *m*.
**steadfast** ['stɛdfɑ:st] *a* ferme, résolu(e).
**steadily** ['stɛdɪlɪ] *ad* progressivement ;
sans arrêt ; *(walk)* d'un pas ferme.
**steady** ['stɛdɪ] *a* stable, solide, ferme ;
*(regular)* constant(e), régulier(ère) ;
*(person)* calme, pondéré(e) // *vt* stabiliser ;
assujettir ; calmer ; **to ~ oneself**
reprendre son aplomb.
**steak** [steɪk] *n (meat)* bifteck *m*, steak *m* ;
*(fish)* tranche *f* ; **~house** *n* ≈ grill-room
*m*.
**steal**, *pt* **stole**, *pp* **stolen** [sti:l, stəul,
'stəuln] *vt*, *vi* voler.
**stealth** [stɛlθ] *n*: **by ~** furtivement ; **~y**
*a* furtif(ive).
**steam** [sti:m] *n* vapeur *f* // *vt* passer à
la vapeur ; *(CULIN)* cuire à la vapeur // *vi*
fumer ; *(ship)*: **to ~ along** filer ; **~ engine**

*n* locomotive *f* à vapeur; ~**er** *n* (bateau *m* à) vapeur *m*; ~**roller** *n* rouleau compresseur; ~**y** *a* embué(e), humide.
**steed** [sti:d] *n* coursier *m*.
**steel** [sti:l] *n* acier *m* // *cpd* d'acier; ~**works** *n* aciérie *f*.
**steep** [sti:p] *a* raide, escarpé(e); (*price*) très élevé(e), excessif(ive) // *vt* (faire) tremper.
**steeple** ['sti:pl] *n* clocher *m*; ~**chase** *n* steeple(-chase) *m*; ~**jack** *n* réparateur *m* de clochers et de hautes cheminées.
**steeply** ['sti:plɪ] *ad* en pente raide.
**steer** [stɪə*] *n* bœuf *m* // *vt* diriger, gouverner; guider // *vi* tenir le gouvernail; ~**ing** *n* (*AUT*) conduite *f*; ~**ing column** *n* colonne *f* de direction; ~**ing wheel** *n* volant *m*.
**stellar** ['stɛlə*] *a* stellaire.
**stem** [stɛm] *n* tige *f*; queue *f*; (*NAUT*) avant *m*, proue *f* // *vt* contenir, endiguer, juguler; **to ~ from** *vt fus* provenir de, découler de.
**stench** [stɛntʃ] *n* puanteur *f*.
**stencil** ['stɛnsl] *n* stencil *m*; pochoir *m* // *vt* polycopier.
**step** [stɛp] *n* pas *m*; (*stair*) marche *f*; (*action*) mesure *f*, disposition *f* // *vi*: **to ~ forward** faire un pas en avant, avancer; ~**s** *npl* = **stepladder**; **to ~ down** *vi* (*fig*) se retirer, se désister; **to ~ off** *vt fus* descendre de; **to ~ over** *vt fus* marcher sur; **to ~ up** *vt* augmenter; intensifier; ~**brother** *n* demi-frère *m*; ~**child** *n* beau-fils/belle-fille *f*; ~**father** *n* beau-père *m*; ~**ladder** *n* escabeau *m*; ~**mother** *n* belle-mère *f*; **stepping stone** *n* pierre *f* de gué; (*fig*) tremplin *m*; ~**sister** *n* demi-sœur *f*.
**stereo** ['stɛrɪəu] *n* (*system*) stéréo *f*; (*record player*) chaîne *f* stéréo // *a* (*also*: ~**phonic**) *a* stéréophonique.
**stereotype** ['stɪərətaɪp] *n* stéréotype *m* // *vt* stéréotyper.
**sterile** ['stɛraɪl] *a* stérile; **sterility** [-'rɪlɪtɪ] *n* stérilité *f*; **sterilization** [-'zeɪʃən] *n* stérilisation *f*; **sterilize** ['stɛrɪlaɪz] *vt* stériliser.
**sterling** ['stə:lɪŋ] *a* sterling *inv*; (*silver*) de bon aloi, fin(e); (*fig*) à toute épreuve, excellent(e); ~ **area** *n* zone *f* sterling *inv*.
**stern** [stə:n] *a* sévère // *n* (*NAUT*) arrière *m*, poupe *f*.
**stethoscope** ['stɛθəskəup] *n* stéthoscope *m*.
**stevedore** ['sti:vədɔ:*] *n* docker *m*, débardeur *m*.
**stew** [stju:] *n* ragoût *m* // *vt*, *vi* cuire à la casserole; ~**ed tea** thé trop infusé.
**steward** ['stju:əd] *n* (*AVIAT*, *NAUT*, *RAIL*) steward *m*; (*in club etc*) intendant *m*; ~**ess** *n* hôtesse *f*.
**stick** [stɪk] *n* bâton *m*; morceau *m* // *vb* (*pt*, *pp* **stuck** [stʌk]) *vt* (*glue*) coller; (*thrust*): **to ~ sth into** piquer or planter or enfoncer qch dans; (*col: put*) mettre, fourrer; (*col: tolerate*) supporter // *vi* se planter; tenir; (*remain*) rester; **to ~ out**, **to ~ up** *vi* dépasser, sortir; **to ~ up for** *vt fus* défendre; ~**er** *n* auto-collant *m*.
**stickleback** ['stɪklbæk] *n* épinoche *f*.

**stickler** ['stɪklə*] *n*: **to be a ~ for** être pointilleux(euse) sur.
**sticky** ['stɪkɪ] *a* poisseux(euse); (*label*) adhésif(ive).
**stiff** [stɪf] *a* raide; rigide; dur(e); (*difficult*) difficile, ardu(e); (*cold*) froid(e), distant(e); (*strong, high*) fort(e), élevé(e); ~**en** *vt* raidir, renforcer // *vi* se raidir; se durcir; ~ **neck** *n* torticolis *m*; ~**ness** *n* raideur *f*.
**stifle** ['staɪfl] *vt* étouffer, réprimer; **stifling** *a* (*heat*) suffocant(e).
**stigma**, *pl* (*BOT*, *MED*, *REL*) ~**ta**, (*fig*) ~**s** ['stɪgmə, stɪg'mɑ:tə] *n* stigmate *m*.
**stile** [staɪl] *n* échalier *m*.
**stiletto** [stɪ'lɛtəu] *n* (*also*: ~ **heel**) talon *m* aiguille.
**still** [stɪl] *a* immobile; calme, tranquille // *ad* (*up to this time*) encore, toujours; (*even*) encore; (*nonetheless*) quand même, tout de même; ~**born** *a* mort-né(e); ~ **life** *n* nature morte.
**stilt** [stɪlt] *n* échasse *f*; (*pile*) pilotis *m*.
**stilted** ['stɪltɪd] *a* guindé(e), emprunté(e).
**stimulant** ['stɪmjulənt] *n* stimulant *m*.
**stimulate** ['stɪmjuleɪt] *vt* stimuler; **stimulating** *a* stimulant(e); **stimulation** [-'leɪʃən] *n* stimulation *f*.
**stimulus**, *pl* **stimuli** ['stɪmjuləs, 'stɪmjulaɪ] *n* stimulant *m*; (*BIOL*, *PSYCH*) stimulus *m*.
**sting** [stɪŋ] *n* piqûre *f*; (*organ*) dard *m* // *vt* (*pt,pp* **stung** [stʌŋ]) piquer.
**stingy** ['stɪndʒɪ] *a* avare, pingre, chiche.
**stink** [stɪŋk] *n* puanteur *f* // *vi* (*pt* **stank**, *pp* **stunk** [stæŋk, stʌŋk]) puer, empester; ~**er** *n* (*col*) vacherie *f*; dégueulasse *m/f*; ~**ing** *a* (*col*): **a ~ing...** une(e) vache de..., un(e) foutu(e)... .
**stint** [stɪnt] *n* part *f* de travail // *vi*: **to ~ on** lésiner sur, être chiche de.
**stipend** ['staɪpɛnd] *n* (*of vicar etc*) traitement *m*.
**stipulate** ['stɪpjuleɪt] *vt* stipuler; **stipulation** [-'leɪʃən] *n* stipulation *f*, condition *f*.
**stir** [stə:*] *n* agitation *f*, sensation *f* // *vt* remuer // *vi* remuer, bouger; **to ~ up** *vt* exciter; ~**ring** *a* excitant(e); émouvant(e).
**stirrup** ['stɪrəp] *n* étrier *m*.
**stitch** [stɪtʃ] *n* (*SEWING*) point *m*; (*KNITTING*) maille *f*; (*MED*) point de suture; (*pain*) point de côté // *vt* coudre, piquer; suturer.
**stoat** [stəut] *n* hermine *f* (*avec son pelage d'été*).
**stock** [stɔk] *n* réserve *f*, provision *f*; (*COMM*) stock *m*; (*AGR*) cheptel *m*, bétail *m*; (*CULIN*) bouillon *m*; (*FINANCE*) valeurs *fpl*, titres *mpl* // *a* (*fig: reply etc*) courant(e); classique // *vt* (*have in stock*) avoir, vendre; **well-~ed** bien approvisionné(e) or fourni(e); **to take ~** (*fig*) faire le point; **to ~ up** *vt* remplir, garnir // *vi*: **to ~ up (with)** s'approvisionner (en).
**stockade** [stɔ'keɪd] *n* palissade *f*.
**stockbroker** ['stɔkbrəukə*] *n* agent *m* de change.
**stock exchange** ['stɔkɪkstʃeɪndʒ] *n* Bourse *f* (*des valeurs*).
**stocking** ['stɔkɪŋ] *n* bas *m*.

**stockist** ['stɔkɪst] *n* stockiste *m*.

**stock market** ['stɔkmɑːkɪt] *n* Bourse *f*, marché financier.

**stock phrase** ['stɔk'freɪz] *n* cliché *m*.

**stockpile** ['stɔkpaɪl] *n* stock *m*, réserve *f* // *vt* stocker, accumuler.

**stocktaking** ['stɔkteɪkɪŋ] *n* (COMM) inventaire *m*.

**stocky** ['stɔkɪ] *a* trapu(e), râblé(e).

**stodgy** ['stɔdʒɪ] *a* bourratif(ive), lourd(e).

**stoic** ['stəuɪk] *n* stoïque *m/f*; **~al** *a* stoïque.

**stoke** [stəuk] *vt* garnir, entretenir; chauffer; **~r** *n* chauffeur *m*.

**stole** [stəul] *pt of* **steal** // *n* étole *f*.

**stolen** ['stəuln] *pp of* **steal**.

**stolid** ['stɔlɪd] *a* impassible, flegmatique.

**stomach** ['stʌmək] *n* estomac *m*; (*abdomen*) ventre *m* // *vt* supporter, digérer; **~ ache** *n* mal *m* à l'estomac *or* au ventre.

**stone** [stəun] *n* pierre *f*; (*pebble*) caillou *m*, galet *m*; (*in fruit*) noyau *m*; (MED) calcul *m*; (*weight*) mesure de poids = 6.348 kg.; 14 pounds // *cpd* de *or* en pierre // *vt* dénoyauter; **~-cold** *a* complètement froid(e); **~-deaf** *a* sourd(e) comme un pot; **~mason** *n* tailleur *m* de pierre(s); **~work** *n* maçonnerie *f*; **stony** *n* pierreux(euse), rocailleux(euse).

**stood** [stud] *pt,pp of* **stand**.

**stool** [stuːl] *n* tabouret *m*.

**stoop** [stuːp] *vi* (*also*: **have a ~**) être voûté(e); (*bend*) se baisser, se courber.

**stop** [stɔp] *n* arrêt *m*; halte *f*; (*in punctuation*) point *m* // *vt* arrêter; (*break off*) interrompre; (*also*: **put a ~ to**) mettre fin à // *vi* s'arrêter; (*rain, noise etc*) cesser, s'arrêter; **to ~ doing sth** cesser *or* arrêter de faire qch; **to ~ dead** *vi* s'arrêter net; **to ~ off** *vi* faire une courte halte; **to ~ up** *vt* (*hole*) boucher; **~lights** *npl* (AUT) signaux *mpl* de stop, feux *mpl* arrière; **~over** *n* halte *f*; (AVIAT) escale *f*.

**stoppage** ['stɔpɪdʒ] *n* arrêt *m*; (*of pay*) retenue *f*; (*strike*) arrêt de travail.

**stopper** ['stɔpə*] *n* bouchon *m*.

**stop-press** ['stɔp'prɛs] *n* nouvelles *fpl* de dernière heure.

**stopwatch** ['stɔpwɔtʃ] *n* chronomètre *m*.

**storage** ['stɔːrɪdʒ] *n* emmagasinage *m*; (COMPUTERS) mise *f* en mémoire *or* réserve.

**store** [stɔː*] *n* provision *f*, réserve *f*; (*depot*) entrepôt *m*; (*large shop*) grand magasin *m* // *vt* emmagasiner; **to ~ up** *vt* mettre en réserve, emmagasiner; **~room** *n* réserve *f*, magasin *m*.

**storey, story** (*US*) ['stɔːrɪ] *n* étage *m*.

**stork** [stɔːk] *n* cigogne *f*.

**storm** [stɔːm] *n* orage *m*, tempête *f*; ouragan *m* // *vi* (*fig*) fulminer // *vt* prendre d'assaut; **~ cloud** *n* nuage *m* d'orage; **~y** *a* orageux(euse).

**story** ['stɔːrɪ] *n* histoire *f*; récit *m*; (*US*) = **storey**; (*lie*) conte *m*; **~book** *n* livre *m* d'histoires *or* de contes; **~teller** *n* conteur/euse.

**stout** [staut] *a* solide; (*brave*) intrépide; (*fat*) gros(se), corpulent(e) // *n* bière brune.

**stove** [stəuv] *n* (*for cooking*) fourneau *m*; (: *small*) réchaud *m*; (*for heating*) poêle *m*.

**stow** [stəu] *vt* ranger; cacher; **~away** *n* passager/ère clandestin(e).

**straddle** ['strædl] *vt* enjamber, être à cheval sur.

**strafe** [strɑːf] *vt* mitrailler.

**straggle** ['strægl] *vi* être (*or* marcher) en désordre; **~d along the coast** disséminé(e) tout au long de la côte; **~r** *n* traînard/e; **straggling, straggly** *a* (*hair*) en désordre.

**straight** [streɪt] *a* droit(e); (*frank*) honnête, franc(he) // *ad* (*tout*) droit; (*drink*) sec, sans eau // *n*: **the ~** la ligne droite; **to put** *or* **get ~** mettre en ordre, mettre de l'ordre dans; **~ away, ~off** (*at once*) tout de suite; **~ off, ~ out** sans hésiter; **~en** *vt* (*also*: **~en out**) redresser; **~forward** *a* simple; honnête, direct(e).

**strain** [streɪn] *n* (TECH) tension *f*; pression *f*; (*physical*) effort *m*; (*mental*) tension (nerveuse); (MED) entorse *f*; (*streak, trace*) tendance *f*; élément *m* // *vt* tendre fortement; mettre à l'épreuve; (*filter*) passer, filtrer // *vi* peiner, fournir un gros effort; **~s** *npl* (MUS) accords *mpl*, accents *mpl*; **~ed** *a* (*laugh etc*) forcé(e), contraint(e); (*relations*) tendu(e); **~er** *n* passoire *f*.

**strait** [streɪt] *n* (GEO) détroit *m*; **~ jacket** *n* camisole *f* de force; **~-laced** *a* collet monté *inv*.

**strand** [strænd] *n* (*of thread*) fil *m*, brin *m* // *vt* (*boat*) échouer; **~ed** *a* en rade, en plan.

**strange** [streɪndʒ] *a* (*not known*) inconnu(e); (*odd*) étrange, bizarre; **~ly** *ad* étrangement, bizarrement; **~r** *n* inconnu/e; étranger/ère.

**strangle** ['stræŋgl] *vt* étrangler; **~hold** *n* (*fig*) emprise totale, mainmise *f*; **strangulation** [-'leɪʃən] *n* strangulation *f*.

**strap** [stræp] *n* lanière *f*, courroie *f*, sangle *f*; (*of slip, dress*) bretelle *f* // *vt* attacher (avec une courroie *etc*); (*child etc*) administrer une correction à.

**strapping** ['stræpɪŋ] *a* bien découplé(e), costaud(e).

**strata** ['strɑːtə] *npl of* **stratum**.

**stratagem** ['strætɪdʒəm] *n* stratagème *m*.

**strategic** [strə'tiːdʒɪk] *a* stratégique.

**strategist** ['strætɪdʒɪst] *n* stratège *m*.

**strategy** ['strætɪdʒɪ] *n* stratégie *f*.

**stratosphere** ['strætəsfɪə*] *n* stratosphère *f*.

**stratum, *pl* strata** ['strɑːtəm, 'strɑːtə] *n* strate *f*, couche *f*.

**straw** [strɔː] *n* paille *f*.

**strawberry** ['strɔːbərɪ] *n* fraise *f*; (*plant*) fraisier *m*.

**stray** [streɪ] *a* (*animal*) perdu(e), errant(e) // *vi* s'égarer; **~ bullet** *n* balle perdue.

**streak** [striːk] *n* raie *f*, bande *f*, filet *m*; (*fig*: *of madness etc*): **a ~ of** une *or* des tendance(s) à // *vt* zébrer, strier // *vi*: **to ~ past** passer à toute allure; **~y** *a* zébré(e), strié(e); **~y bacon** *n* ≈ lard *m* (maigre).

**stream** [striːm] *n* ruisseau *m*; courant *m*, flot *m*; (*of people*) défilé ininterrompu, flot // *vt* (SCOL) répartir par niveau // *vi* ruisseler ; to ~ **in/out** entrer/sortir à flots.

**streamer** ['stri:mə\*] n serpentin m, banderole f.

**streamlined** ['stri:mlaɪnd] a (AVIAT) fuselé(e), profilé(e) ; (AUT) aérodynamique ; (fig) rationalisé(e).

**street** [stri:t] n rue f ; **~car** n (US) tramway m ; ~ **lamp** n réverbère m.

**strength** [strɛŋθ] n force f ; (of girder, knot etc) solidité f ; **~en** vt fortifier ; renforcer ; consolider.

**strenuous** ['strɛnjuəs] a vigoureux(euse), énergique ; (tiring) ardu(e), fatigant(e).

**stress** [strɛs] n (force, pressure) pression f ; (mental strain) tension (nerveuse) ; (accent) accent m // vt insister sur, souligner.

**stretch** [strɛtʃ] n (of sand etc) étendue f // vi s'étirer ; (extend): to ~ to/as far as s'étendre jusqu'à // vt tendre, étirer ; (spread) étendre ; (fig) pousser (au maximum) ; at a ~ sans discontinuer, sans interruption ; to ~ **a muscle** se distendre un muscle ; to ~ **out** vi s'étendre // vt (arm etc) allonger, tendre ; (to spread) étendre ; to ~ **out for something** allonger la main pour prendre qch.

**stretcher** ['strɛtʃə\*] n brancard m, civière f.

**strewn** [stru:n] a: ~ **with** jonché(e) de.

**stricken** ['strɪkən] a très éprouvé(e) ; dévasté(e) ; ~ **with** frappé(e) or atteint(e) de.

**strict** [strɪkt] a strict(e) ; **~ly** ad strictement ; **~ness** n sévérité f.

**stride** [straɪd] n grand pas, enjambée f // vi (pt strode, pp stridden [strəud, 'strɪdn]) marcher à grands pas.

**strident** ['straɪdnt] a strident(e).

**strife** [straɪf] n conflit m, dissensions fpl.

**strike** [straɪk] n grève f ; (of oil etc) découverte f ; (attack) raid m // vb (pt,pp **struck** [strʌk]) vt frapper ; (oil etc) trouver, découvrir // vi faire grève ; (attack) attaquer ; (clock) sonner ; to ~ **a match** frotter une allumette ; to ~ **down** vt (fig) terrasser ; to ~ **out** vt rayer ; to ~ **up** vt (MUS) se mettre à jouer ; to ~ **up a friendship** with se lier d'amitié avec ; **~breaker** n briseur de grève ; **~r** n gréviste m/f ; (SPORT) buteur m ; **striking** a frappant(e), saisissant(e).

**string** [strɪŋ] n ficelle f, fil m ; (row) rang m ; chapelet m ; file f ; (MUS) corde f // vt (pt,pp **strung** [strʌŋ]): to ~ **out** échelonner ; the **~s** npl (MUS) les instruments mpl à corde ; ~ **bean** n haricot vert ; **~(ed) instrument** n (MUS) instrument m à cordes.

**stringent** ['strɪndʒənt] a rigoureux(euse) ; (need) impérieux(euse).

**strip** [strɪp] n bande f // vt déshabiller ; dégarnir, dépouiller ; (also: ~ **down**: machine) démonter // vi se déshabiller ; ~ **cartoon** n bande dessinée.

**stripe** [straɪp] n raie f, rayure f ; **~d** a rayé(e), à rayures.

**strip light** ['strɪplaɪt] n (tube m au) néon m.

**stripper** ['strɪpə\*] n strip-teaseuse f.

**striptease** ['strɪpti:z] n strip-tease m.

**strive, pt strove, pp striven** [straɪv, strəuv, 'strɪvn] vi: to ~ **to do** s'efforcer de faire.

**strode** [strəud] pt of stride.

**stroke** [strəuk] n coup m ; (MED) attaque f ; (caress) caresse f // vt caresser ; at a ~ d'un (seul) coup ; on the ~ of 5 à 5 heures sonnantes ; a 2-~ **engine** un moteur à 2 temps.

**stroll** [strəul] n petite promenade // vi flâner, se promener nonchalamment.

**strong** [strɔŋ] a fort(e) ; vigoureux(euse) ; solide ; vif(vive) ; **they are 50** ~ ils sont au nombre de 50 ; **~hold** n bastion m ; **~ly** ad fortement, avec force ; vigoureusement ; solidement ; **~room** n chambre forte.

**strove** [strəuv] pt of strive.

**struck** [strʌk] pt,pp of strike.

**structural** ['strʌktʃərəl] a structural(e) ; (CONSTR) de construction ; affectant les parties portantes ; **~ly** ad du point de vue de la construction.

**structure** ['strʌktʃə\*] n structure f ; (building) construction f ; édifice m.

**struggle** ['strʌgl] n lutte f // vi lutter, se battre.

**strum** [strʌm] vt (guitar) gratter de.

**strung** [strʌŋ] pt,pp of string.

**strut** [strʌt] n étai m, support m // vi se pavaner.

**stub** [stʌb] n bout m ; (of ticket etc) talon m ; to ~ **out** vt écraser.

**stubble** ['stʌbl] n chaume m ; (on chin) barbe f de plusieurs jours.

**stubborn** ['stʌbən] a têtu(e), obstiné(e), opiniâtre.

**stubby** ['stʌbɪ] a trapu(e) ; gros(se) et court(e).

**stuck** [stʌk] pt,pp of stick // a (jammed) bloqué(e), coincé(e) ; **~-up** a prétentieux(euse).

**stud** [stʌd] n clou m (à grosse tête) ; bouton m de col ; (of horses) écurie f, haras m ; (also: ~ **horse**) étalon m // vt (fig): **~ded with** parsemé(e) or criblé(e) de.

**student** ['stju:dənt] n étudiant/e // cpd estudiantin(e) ; universitaire ; d'étudiant.

**studied** ['stʌdɪd] a étudié(e), calculé(e).

**studio** ['stju:dɪəu] n studio m, atelier m.

**studious** ['stju:dɪəs] a studieux(euse), appliqué(e) ; (studied) étudié(e) ; **~ly** ad (carefully) soigneusement.

**study** ['stʌdɪ] n étude f ; (room) bureau m // vt étudier ; examiner // vi étudier, faire ses études.

**stuff** [stʌf] n chose(s) f(pl), truc m ; affaires fpl ; (substance) substance f // vt rembourrer ; (CULIN) farcir ; **~ing** n bourre f, rembourrage m ; (CULIN) farce f ; **~y** a (room) mal ventilé(e) or aéré(e) ; (ideas) vieux jeu inv.

**stumble** ['stʌmbl] vi trébucher ; to ~ **across** (fig) tomber sur ; **stumbling block** n pierre f d'achoppement.

**stump** [stʌmp] n souche f ; (of limb) moignon m // vt: to be **~ed** sécher, ne pas savoir que répondre.

**stun** [stʌn] vt étourdir ; abasourdir.

**stung** [stʌŋ] *pt*, *pp of* **sting**.

**stunk** [stʌŋk] *pp of* **stink**.

**stunning** ['stʌnɪŋ] *a* étourdissant(e), stupéfiant(e).

**stunt** [stʌnt] *n* tour *m* de force ; truc *m* publicitaire ; (AVIAT) acrobatie *f* // *vt* retarder, arrêter ; **~ed** *a* rabougri(e) ; **~man** *n* cascadeur *m*.

**stupefy** ['stju:pɪfaɪ] *vt* étourdir ; abrutir ; (*fig*) stupéfier.

**stupendous** [stju:'pɛndəs] *a* prodigieux(euse), fantastique.

**stupid** ['stju:pɪd] *a* stupide, bête ; **~ity** [-'pɪdɪti] *n* stupidité *f*, bêtise *f* ; **~ly** *ad* stupidement, bêtement.

**stupor** ['stju:pə*] *n* stupeur *f*.

**sturdy** ['stə:dɪ] *a* robuste, vigoureux(euse) ; solide.

**sturgeon** ['stə:dʒən] *n* esturgeon *m*.

**stutter** ['stʌtə*] *n* bégaiement *m* // *vi* bégayer.

**sty** [staɪ] *n* (*of pigs*) porcherie *f*.

**stye** [staɪ] *n* (MED) orgelet *m*.

**style** [staɪl] *n* style *m* ; (*distinction*) allure *f*, cachet *m*, style *m* ; **stylish** *a* élégant(e), chic *inv*.

**stylized** ['staɪlaɪzd] *a* stylisé(e).

**stylus** ['staɪləs] *n* (*of record player*) pointe *f* de lecture.

**suave** [swɑ:v] *a* doucereux(euse), onctueux(euse).

**sub...** [sʌb] *prefix* sub..., sous- ; **subconscious** *a* subconscient(e) // *n* subconscient *m* ; **subdivide** *vt* subdiviser ; **subdivision** *n* subdivision *f*.

**subdue** [səb'dju:] *vt* subjuguer, soumettre ; **~d** *a* contenu(e), atténué(e) ; (*light*) tamisé(e) ; (*person*) qui a perdu de son entrain.

**subject** *n* ['sʌbdʒɪkt] sujet *m* ; (SCOL) matière *f* // *vt* [səb'dʒɛkt] : **to ~ to** soumettre à ; exposer à ; **to be ~ to** (*law*) être soumis(e) à ; (*disease*) être sujet(te) à ; **~ion** [-'dʒɛkʃən] *n* soumission *f*, sujétion *f* ; **~ive** *a* subjectif(ive) ; (LING) sujet(te) ; **~ matter** *n* sujet *m* ; contenu *m*.

**sub judice** [sʌb'dju:dɪsɪ] *a* devant les tribunaux.

**subjunctive** [səb'dʒʌŋktɪv] *a* subjonctif(ive) // *n* subjonctif *m*.

**sublet** [sʌb'lɛt] *vt* sous-louer.

**sublime** [sə'blaɪm] *a* sublime.

**submachine gun** ['sʌbmə'ʃi:ngʌn] *n* fusil-mitrailleur *m*.

**submarine** [sʌbmə'ri:n] *n* sous-marin *m*.

**submerge** [səb'mə:dʒ] *vt* submerger ; immerger // *vi* plonger.

**submission** [səb'mɪʃən] *n* soumission *f*.

**submissive** [səb'mɪsɪv] *a* soumis(e).

**submit** [səb'mɪt] *vt* soumettre // *vi* se soumettre.

**subordinate** [sə'bɔ:dɪnət] *a,n* subordonné(e).

**subpoena** [səb'pi:nə] (LAW) *n* citation *f*, assignation *f* // *vt* citer or assigner (à comparaître).

**subscribe** [səb'skraɪb] *vi* cotiser ; **to ~ to** (*opinion, fund*) souscrire à ; (*newspaper*) s'abonner à ; être abonné(e) à ; **~r** *n* (*to periodical, telephone*) abonné/e.

**subscription** [səb'skrɪpʃən] *n* souscription *f* ; abonnement *m*.

**subsequent** ['sʌbsɪkwənt] *a* ultérieur(e), suivant(e) ; consécutif(ive) ; **~ly** *ad* par la suite.

**subside** [səb'saɪd] *vi* s'affaisser ; (*flood*) baisser ; (*wind*) tomber ; **~nce** [-'saɪdns] *n* affaissement *m*.

**subsidiary** [səb'sɪdɪərɪ] *a* subsidiaire ; accessoire // *n* filiale *f*.

**subsidize** ['sʌbsɪdaɪz] *vt* subventionner.

**subsidy** ['sʌbsɪdɪ] *n* subvention *f*.

**subsistence** [səb'sɪstəns] *n* existence *f*, subsistance *f*.

**substance** ['sʌbstəns] *n* substance *f* ; (*fig*) essentiel *m* ; **a man of ~** un homme jouissant d'une certaine fortune.

**substandard** [sʌb'stændəd] *a* de qualité inférieure.

**substantial** [səb'stænʃl] *a* substantiel(le) ; (*fig*) important(e) ; **~ly** *ad* considérablement ; en grande partie.

**substantiate** [səb'stænʃɪeɪt] *vt* étayer, fournir des preuves à l'appui de.

**substitute** ['sʌbstɪtju:t] *n* (*person*) remplaçant/e ; (*thing*) succédané *m* // *vt* : **to ~ sth/sb for** substituer qch/qn à, remplacer par qch/qn ; **substitution** [-'tju:ʃən] *n* substitution *f*.

**subterfuge** ['sʌbtəfju:dʒ] *n* subterfuge *m*.

**subterranean** [sʌbtə'reɪnɪən] *a* souterrain(e).

**subtitle** ['sʌbtaɪtl] *n* (CINEMA) sous-titre *m*.

**subtle** ['sʌtl] *a* subtil(e) ; **~ty** *n* subtilité *f*.

**subtract** [səb'trækt] *vt* soustraire, retrancher ; **~ion** [-'trækʃən] *n* soustraction *f*.

**subtropical** [sʌb'trɔpɪkl] *a* subtropical(e).

**suburb** ['sʌbə:b] *n* faubourg *m* ; **the ~s** la banlieue ; **~an** [sə'bə:bən] *a* de banlieue, suburbain(e).

**subvention** [səb'vɛnʃən] *n* (US: *subsidy*) subvention *f*.

**subversive** [səb'və:sɪv] *a* subversif(ive).

**subway** ['sʌbweɪ] *n* (US) métro *m* ; (*Brit*) passage souterrain.

**sub-zero** [sʌb'zɪərəu] *a* au-dessous de zéro.

**succeed** [sək'si:d] *vi* réussir ; avoir du succès // *vt* succéder à ; **to ~ in doing** réussir à faire ; **~ing** *a* (*following*) suivant(e).

**success** [sək'sɛs] *n* succès *m* ; réussite *f* ; **~ful** *a* (*venture*) couronné(e) de succès ; **to be ~ful (in doing)** réussir (à faire) ; **~fully** *ad* avec succès.

**succession** [sək'sɛʃən] *n* succession *f*.

**successive** [sək'sɛsɪv] *a* successif(ive) ; consécutif(ive).

**successor** [sək'sɛsə*] *n* successeur *m*.

**succinct** [sək'sɪŋkt] *a* succinct(e), bref(brève).

**succulent** ['sʌkjulənt] *a* succulent(e).

**succumb** [sə'kʌm] *vi* succomber.

**such** [sʌtʃ] *a*, *det* tel(telle) ; (*of that kind*) : **~ a book** un livre de ce genre or pareil, un tel livre ; **~ books** des livres de ce genre or pareils, de tels livres ; (*so much*) : **~ courage** un tel courage ; **~ a long trip** un si long voyage ; **~ good books** de si

**bons livres** ; ~ **a long trip that** un voyage si or tellement long que ; ~ **a lot of** tellement or tant de ; **making** ~ **a noise that** faisant un tel bruit que or tellement de bruit que ; ~ **as** (like) tel(telle) que, comme ; **a noise** ~ **as** to un bruit de nature à ; **as** ~ ad en tant que tel(telle), à proprement parler ; ~**-and-**~ det tel(telle) ou tel(telle).

**suck** ['sʌk] vt sucer ; (breast, bottle) téter ; ~**er** n (BOT, ZOOL, TECH) ventouse f ; (col) naïf/ïve, poire f.

**suckle** ['sʌkl] vt allaiter.

**suction** ['sʌkʃən] n succion f.

**sudden** ['sʌdn] a soudain(e), subit(e) ; **all of a** ~ soudain, tout à coup ; ~**ly** ad brusquement, tout à coup, soudain.

**suds** [sʌdz] npl eau savonneuse.

**sue** [su:] vt poursuivre en justice, intenter un procès à.

**suede** [sweid] n daim m, cuir suédé // cpd de daim.

**suet** ['suit] n graisse f de rognon or de bœuf.

**Suez Canal** ['su:ɪzkə'næl] n canal m de Suez.

**suffer** ['sʌfə*] vt souffrir, subir ; (bear) tolérer, supporter // vi souffrir ; ~**er** n malade m/f ; victime m/f ; ~**ing** n souffrance(s) f(pl).

**suffice** [sə'faɪs] vi suffire.

**sufficient** [sə'fɪʃənt] a suffisant(e) ; ~ **money** suffisamment d'argent ; ~**ly** ad suffisamment, assez.

**suffix** ['sʌfɪks] n suffixe m.

**suffocate** ['sʌfəkeɪt] vi suffoquer ; étouffer ; **suffocation** [-'keɪʃən] n suffocation f ; (MED) asphyxie f.

**sugar** ['ʃugə*] n sucre m // vt sucrer ; ~ **beet** n betterave sucrière ; ~ **cane** n canne f à sucre ; ~**y** a sucré(e).

**suggest** [sə'dʒɛst] vt suggérer, proposer ; dénoter ; ~**ion** [-'dʒɛstʃən] n suggestion f ; ~**ive** a suggestif(ive).

**suicidal** [sui'saɪdl] a suicidaire.

**suicide** ['suisaɪd] n suicide m.

**suit** [su:t] n (man's) costume m, complet m ; (woman's) tailleur m, ensemble m ; (CARDS) couleur f // vt aller à ; convenir à ; (adapt): **to** ~ **sth to** adapter or approprier qch à ; ~**able** a qui convient ; approprié(e) ; ~**ably** ad comme il se doit (or se devait etc), convenablement.

**suitcase** ['suitkeis] n valise f.

**suite** [swi:t] n (of rooms, also MUS) suite f ; (furniture): **bedroom/dining room** ~ (ensemble m de) chambre f à coucher/salle f à manger.

**sulfur** ['sʌlfə*] etc (US) = **sulphur** etc.

**sulk** [sʌlk] vi bouder ; ~**y** a boudeur(euse), maussade.

**sullen** ['sʌlən] a renfrogné(e), maussade, morne.

**sulphur, sulfur** (US) ['sʌlfə*] n soufre m ; ~**ic** [-'fjuərɪk] a: ~**ic acid** acide m sulfurique.

**sultan** ['sʌltən] n sultan m.

**sultana** [sʌl'tɑ:nə] n (fruit) raisin sec de Smyrne.

**sultry** ['sʌltrɪ] a étouffant(e).

**sum** [sʌm] n somme f ; (SCOL etc) calcul m ; f ; **to** ~ **up** vt,vi résumer.

**summarize** ['sʌmərɑɪz] vt résumer.

**summary** ['sʌmərɪ] n résumé m // a (justice) sommaire.

**summer** ['sʌmə*] n été m // cpd d'été, estival(e) ; ~**house** n (in garden) pavillon m ; ~**time** n (season) été m ; ~ **time** n (by clock) heure f d'été.

**summit** ['sʌmɪt] n sommet m ; ~-**(conference)** n (conférence f au) sommet m.

**summon** ['sʌmən] vt appeler, convoquer ; **to** ~ **up** vt rassembler, faire appel à ; ~**s** n citation f, assignation f // vt citer, assigner.

**sump** [sʌmp] n (AUT) carter m.

**sumptuous** ['sʌmptjuəs] a somptueux(euse).

**sun** [sʌn] n soleil m ; **in the** ~ au soleil ; ~**bathe** vi prendre un bain de soleil ; ~**burnt** a bronzé(e), hâlé(e) ; (painfully) brûlé(e) par le soleil ; ~ **cream** n crème f (anti-)solaire.

**Sunday** ['sʌndɪ] n dimanche m.

**sundial** ['sʌndaɪəl] n cadran m solaire.

**sundry** ['sʌndrɪ] a divers(es), différent(es) ; **all and** ~ tout le monde, n'importe qui ; **sundries** npl articles divers.

**sunflower** ['sʌnflauə*] n tournesol m.

**sung** [sʌŋ] pp of **sing**.

**sunglasses** ['sʌnglɑ:sɪz] npl lunettes fpl de soleil.

**sunk** [sʌŋk] pp of **sink** ; ~**en** a submergé(e) ; creux(euse).

**sun**: ~**light** n (lumière f du) soleil m ; ~**lit** a ensoleillé(e) ; ~**ny** a ensoleillé(e) ; (fig) épanoui(e), radieux(euse) ; ~**rise** n lever m du soleil ; ~**set** n coucher m du soleil ; ~**shade** n (over table) parasol m ; ~**shine** n (lumière f du) soleil m ; ~**spot** n tache f solaire ; ~**stroke** n insolation f, coup m de soleil ; ~**tan** n bronzage m ; ~**tan oil** n huile f solaire ; ~**trap** n coin très ensoleillé.

**super** ['su:pə*] a (col) formidable.

**superannuation** [su:pærænju'eɪʃən] n cotisations fpl pour la pension.

**superb** [su:'pə:b] a superbe, magnifique.

**supercilious** [su:pə'sɪlɪəs] a hautain(e), dédaigneux(euse).

**superficial** [su:pə'fɪʃəl] a superficiel(le) ; ~**ly** ad superficiellement.

**superfluous** [su:'pə:fluəs] a superflu(e).

**superhuman** [su:pə'hju:mən] a surhumain(e).

**superimpose** ['su:pərɪm'pəuz] vt superposer.

**superintendent** [su:pərɪn'tɛndənt] n directeur/trice ; (POLICE) ≈ commissaire m.

**superior** [su'pɪərɪə*] a,n supérieur(e) ; ~**ity** [-'ɔrɪtɪ] n supériorité f.

**superlative** [su'pə:lətɪv] a sans pareil(le), suprême // n (LING) superlatif m.

**superman** ['su:pəmæn] n surhomme m.

**supermarket** ['su:pəmɑ:kɪt] n supermarché m.

**supernatural** [su:pə'nætʃərəl] a surnaturel(le).

**superpower** ['su:pəpauə*] n (POL) grande puissance.

**supersede** [su:pə'si:d] vt remplacer, supplanter.

**supersonic** ['su:pə'sɔnɪk] *a* supersonique.
**superstition** [su:pə'stɪʃən] *n* superstition
*f*.
**superstitious** [su:pə'stɪʃəs] *a* supersti-
tieux(euse).
**supertanker** ['su:pətæŋkə*] *n* pétrolier
géant, superpétrolier *m*.
**supervise** ['su:pəvaɪz] *vt* surveiller;
diriger; **supervision** [-'vɪʒən] *n*
surveillance *f*; contrôle *m*; **supervisor** *n*
surveillant/e; (*in shop*) chef *m* de rayon;
**supervisory** *a* de surveillance.
**supper** ['sʌpə*] *n* dîner *m*; (*late*) souper
*m*.
**supple** ['sʌpl] *a* souple.
**supplement** *n* ['sʌplɪmənt] supplément *m*
// *vt* [sʌplɪ'mɛnt] ajouter à, compléter;
**~ary** [-'mɛntərɪ] *a* supplémentaire.
**supplier** [sə'plaɪə*] *n* fournisseur *m*.
**supply** [sə'plaɪ] *vt* (*provide*) fournir;
(*equip*): **to ~ (with)** approvisionner *or*
ravitailler (en); fournir (en); alimenter
(en) // *n* provision *f*, réserve *f*; (*supplying*)
approvisionnement *m*; (*TECH*) alimentation
*f* // *cpd* (*teacher etc*) suppléant(e);
**supplies** *npl* (*food*) vivres *mpl*; (*MIL*)
subsistances *fpl*; **~ and demand** l'offre
*f* et la demande.
**support** [sə'pɔ:t] *n* (*moral, financial etc*)
soutien *m*, appui *m*; (*TECH*) support *m*,
soutien // *vt* soutenir, supporter;
(*financially*) subvenir aux besoins de;
(*uphold*) être pour, être partisan de,
appuyer; (*endure*) supporter, tolérer; **~er**
*n* (*POL etc*) partisan/e; (*SPORT*) supporter *m*.
**suppose** [sə'pəuz] *vt*, *vi* supposer;
imaginer; **to be ~d to do** être censé(e)
faire; **~dly** [sə'pəuzɪdlɪ] *ad* soi-disant;
**supposing** *cj* si, à supposer que + *sub*;
**supposition** [sʌpə'zɪʃən] *n* supposition *f*,
hypothèse *f*.
**suppress** [sə'prɛs] *vt* réprimer;
supprimer; étouffer; refouler; **~ion**
[sə'prɛʃən] *n* suppression *f*, répression *f*;
**~or** *n* (*ELEC etc*) dispositif *m* antiparasite.
**supremacy** [su'prɛməsɪ] *n* suprématie *f*.
**supreme** [su'pri:m] *a* suprême.
**surcharge** ['sə:tʃɑ:dʒ] *n* surcharge *f*;
(*extra tax*) surtaxe *f*.
**sure** [ʃuə*] *a* (*gen*) sûr(e); (*definite,
convinced*) sûr(e), certain(e); **~!** (*of
course*) bien sûr!; **~ enough**
effectivement; **to make ~ of** s'assurer
de; vérifier; **~-footed** *a* au pied sûr; **~ly**
*ad* sûrement; certainement.
**surety** ['ʃuərətɪ] *n* caution *f*.
**surf** [sə:f] *n* ressac *m*.
**surface** ['sə:fɪs] *n* surface *f* // *vt* (*road*)
poser le revêtement de // *vi* remonter à
la surface; faire surface; **~ mail** *n*
courrier *m* par voie de terre (*or* maritime).
**surfboard** ['sə:fbɔ:d] *n* planche *f* de surf.
**surfeit** ['sə:fɪt] *n*: **a ~ of** un excès de; une
indigestion de.
**surfing** ['sə:fɪŋ] *n* surf *m*.
**surge** [sə:dʒ] *n* vague *f*, montée *f* // *vi*
déferler.
**surgeon** ['sə:dʒən] *n* chirurgien *m*.
**surgery** ['sə:dʒərɪ] *n* chirurgie *f*; (*room*)
cabinet *m* (de consultation); **to undergo**

**~ être opéré(e); ~ hours** *npl* heures *fpl*
de consultation.
**surgical** ['sə:dʒɪkl] *a* chirurgical(e); **~
spirit** *n* alcool *m* à 90s.
**surly** ['sə:lɪ] *a* revêche, maussade.
**surmise** [sə:'maɪz] *vt* présumer,
conjecturer.
**surmount** [sə:'maunt] *vt* surmonter.
**surname** ['sə:neɪm] *n* nom *m* de famille.
**surpass** [sə:'pɑ:s] *vt* surpasser, dépasser.
**surplus** ['sə:pləs] *n* surplus *m*, excédent *m*
// *a* en surplus, de trop.
**surprise** [sə'praɪz] *n* (*gen*) surprise *f*;
(*astonishment*) étonnement *m* // *vt*
surprendre; étonner; **surprising** *a*
surprenant(e), étonnant(e).
**surrealist** [sə'rɪəlɪst] *a* surréaliste.
**surrender** [sə'rɛndə*] *n* reddition *f*,
capitulation *f* // *vi* se rendre, capituler.
**surreptitious** [sʌrəp'tɪʃəs] *a* subreptice,
furtif(ive).
**surround** [sə'raund] *vt* entourer; (*MIL etc*)
encercler; **~ing** *a* environnant(e); **~ings**
*npl* environs *mpl*, alentours *mpl*.
**surveillance** [sə:'veɪləns] *n* surveillance *f*.
**survey** *n* ['sə:veɪ] enquête *f*, étude *f*; (*in
housebuying etc*) inspection *f*, (rapport *m*
d')expertise *f*; (*of land*) levé *m* // *vt*
[sə:'veɪ] passer en revue; enquêter sur;
inspecter; **~ing** *n* (*of land*) arpentage *m*;
**~or** *n* expert *m*; (arpenteur *m*) géomètre
*m*.
**survival** [sə'vaɪvl] *n* survie *f*; (*relic*)
vestige *m*.
**survive** [sə'vaɪv] *vi* survivre; (*custom etc*)
subsister // *vt* survivre à, réchapper de;
(*person*) survivre à; **survivor** *n*
survivant/e.
**susceptible** [sə'sɛptəbl] *a*: **~ (to)**
sensible (à); (*disease*) prédisposé(e) (à).
**suspect** *a*, *n* ['sʌspɛkt] suspect(e) // *vt*
[səs'pɛkt] soupçonner, suspecter.
**suspend** [səs'pɛnd] *vt* suspendre; **~ed
sentence** *n* condamnation *f* avec sursis;
**~er belt** *n* porte-jarretelles *m inv*; **~ers**
*npl* jarretelles *fpl*; (*US*) bretelles *fpl*.
**suspense** [səs'pɛns] *n* attente *f*; (*in film
etc*) suspense *m*.
**suspension** [səs'pɛnʃən] *n* (*gen AUT*)
suspension *f*; (*of driving licence*) retrait *m*
provisoire; **~ bridge** *n* pont suspendu.
**suspicion** [səs'pɪʃən] *n* soupçon(s) *m(pl)*.
**suspicious** [səs'pɪʃəs] *a* (*suspecting*)
soupçonneux(euse), méfiant(e); (*causing
suspicion*) suspect(e).
**sustain** [səs'teɪn] *vt* supporter; soutenir;
corroborer; (*suffer*) subir; recevoir; **~ed**
*a* (*effort*) soutenu(e), prolongé(e).
**sustenance** ['sʌstɪnəns] *n* nourriture *f*;
moyens *mpl* de subsistance.
**swab** [swɔb] *n* (*MED*) tampon *m*;
prélèvement *m*.
**swagger** ['swægə*] *vi* plastronner,
parader.
**swallow** ['swɔləu] *n* (*bird*) hirondelle *f*; (*of
food etc*) gorgée *f* // *vt* avaler; (*fig*) gober;
**to ~ up** *vt* engloutir.
**swam** [swæm] *pt of* **swim**.
**swamp** [swɔmp] *n* marais *m*, marécage *m*
// *vt* submerger; **~y** *a* marécageux(euse).

**swan** [swɔn] n cygne m.
**swap** [swɔp] n échange m, troc m // vt:
to ~ (for) échanger (contre), troquer (contre).
**swarm** [swɔ:m] n essaim m // vi fourmiller, grouiller.
**swarthy** ['swɔ:ðı] a basané(e), bistré(e).
**swastika** ['swɔstıkə] n croix gammée.
**swat** [swɔt] vt écraser.
**sway** [sweı] vi se balancer, osciller ; tanguer // vt (influence) influencer.
**swear** [swɛə*], pt swore, pp sworn [swɛə*, swɔ:*, swɔ:n] vi jurer ; to ~ to sth jurer de qch ; ~word n gros mot, juron m.
**sweat** [swɛt] n sueur f, transpiration f // vi suer ; in a ~ en sueur.
**sweater** ['swɛtə*] n tricot m, pull m.
**sweaty** ['swɛtı] a en sueur, moite or mouillé(e) de sueur.
**swede** [swi:d] n rutabaga m.
**Swede** [swi:d] n Suédois/e.
**Sweden** ['swi:dn] n Suède f.
**Swedish** ['swi:dıʃ] a suédois(e) // n (LING) suédois m.
**sweep** [swi:p] n coup m de balai ; (curve) grande courbe ; (range) champ m ; (also: chimney ~) ramoneur m // vb (pt, pp swept [swɛpt]) vt balayer // vi avancer majestueusement or rapidement; s'élancer ; s'étendre ; to ~ away vt balayer ; entraîner ; emporter ; to ~ past vi passer majestueusement or rapidement ; to ~ up vt, vi balayer ; ~ing a (gesture) large ; circulaire ; a ~ing statement une généralisation hâtive.
**sweet** [swi:t] n dessert m ; (candy) bonbon m // a doux(douce) ; (not savoury) sucré(e) ; (fresh) frais(fraîche), pur(e) ; (fig) agréable, doux ; gentil(le) ; mignon(ne) ; ~bread n ris m de veau ; ~corn n maïs sucré ; ~en vt sucrer ; adoucir ; ~heart n amoureux/euse ; ~ly ad gentiment ; mélodieusement ; ~ness n goût sucré ; douceur f ; ~ pea n pois de senteur ; to have a ~ tooth aimer les sucreries.
**swell** [swɛl] n (of sea) houle f // a (col: excellent) chouette // vb (pt ~ed, pp swollen, ~ed ['swəulən]) vt augmenter ; grossir // vi grossir, augmenter ; (sound) s'enfler ; (MED) enfler ; ~ing n (MED) enflure f ; grosseur f.
**sweltering** ['swɛltərıŋ] a étouffant(e), oppressant(e).
**swept** [swɛpt] pt,pp of sweep.
**swerve** [swə:v] vi faire une embardée or un écart ; dévier.
**swift** [swıft] n (bird) martinet m // a rapide, prompt(e) ; ~ness n rapidité f.
**swig** [swıg] n (col: drink) lampée f.
**swill** [swıl] n pâtée f // vt (also: ~ out, ~ down) laver à grande eau.
**swim** [swım] n: to go for a ~ aller nager or se baigner // vb (pt swam, pp swum [swæm, swʌm]) vi nager ; (SPORT) faire de la natation ; (head, room) tourner // vt traverser (à la nage) ; faire (à la nage) ; ~mer n nageur/euse ; ~ming n nage f, natation f ; ~ming baths npl piscine f ; ~ming cap n bonnet m de bain ; ~ming costume n maillot m (de bain) ; ~ming

**pool** n piscine f ; ~suit n maillot m (de bain).
**swindle** ['swındl] n escroquerie f // vt escroquer ; ~r n escroc m.
**swine** [swaın] n, pl inv pourceau m, porc m ; (col!) salaud m (!).
**swing** [swıŋ] n balançoire f ; (movement) balancement m, oscillations fpl ; (MUS) swing m ; rythme m // vb (pt, pp swung [swʌŋ]) vt balancer, faire osciller ; (also: ~ round) tourner, faire virer // vi se balancer, osciller ; (also: ~ round) virer, tourner ; to be in full ~ battre son plein ; ~ bridge n pont tournant ; ~ door n porte battante.
**swingeing** ['swındʒıŋ] a écrasant(e) ; considérable.
**swinging** ['swıŋıŋ] a rythmé(e) ; entraînant(e).
**swipe** [swaıp] n grand coup ; gifle f // vt (hit) frapper à toute volée ; gifler ; (col: steal) piquer.
**swirl** [swə:l] n tourbillon m // vi tourbillonner, tournoyer.
**swish** [swıʃ] a (col: smart) rupin(e) // vi siffler.
**Swiss** [swıs] a suisse // n, pl inv Suisse/esse ; ~ German a suisse-allemand(e).
**switch** [swıtʃ] n (for light, radio etc) bouton m ; (change) changement m, revirement m // vt (change) changer ; intervertir ; to ~ off vt éteindre ; (engine) arrêter ; to ~ on vt allumer ; (engine, machine) mettre en marche ; ~back n montagnes fpl russes ; ~board n (TEL) standard m ; ~board operator standardiste m/f.
**Switzerland** ['swıtsələnd] n Suisse f.
**swivel** ['swıvl] vi (also: ~ round) pivoter, tourner.
**swollen** ['swəulən] pp of swell // a (ankle etc) enflé(e).
**swoon** [swu:n] vi se pâmer.
**swoop** [swu:p] n (by police etc) rafle f, descente f // vi (also: ~ down) descendre en piqué, piquer.
**swop** [swɔp] n, vt = swap.
**sword** [sɔ:d] n épée f ; ~fish n espadon m.
**swore** [swɔ:*] pt of swear.
**sworn** [swɔ:n] pp of swear.
**swot** [swɔt] vt, vi bûcher, potasser.
**swum** [swʌm] pp of swim.
**swung** [swʌŋ] pt, pp of swing.
**sycamore** ['sıkəmɔ:*] n sycomore m.
**sycophantic** [sıkə'fæntık] a flagorneur(euse).
**syllable** ['sıləbl] n syllabe f.
**syllabus** ['sıləbəs] n programme m.
**symbol** ['sımbl] n symbole m ; ~ic(al) [-'bɔlık(l)] a symbolique ; ~ism n symbolisme m ; ~ize vt symboliser.
**symmetrical** [sı'mɛtrıkl] a symétrique.
**symmetry** ['sımıtrı] n symétrie f.
**sympathetic** [sımpə'θɛtık] a compatissant(e) ; bienveillant(e), compréhensif(ive) ; ~ towards bien disposé(e) envers ; ~ally ad avec compassion (or bienveillance).
**sympathize** ['sımpəθaız] vi: to ~ with

sb plaindre qn ; s'associer à la douleur de qn ; **~r** n (POL) sympathisant/e.

**sympathy** ['sɪmpəθɪ] n compassion f; **in ~ with** en accord avec ; (strike) en or par solidarité avec ; **with our deepest ~** en vous priant d'accepter nos sincères condoléances.

**symphonic** [sɪm'fɒnɪk] a symphonique.

**symphony** ['sɪmfənɪ] n symphonie f; **~ orchestra** n orchestre m symphonique.

**symposium** [sɪm'pəʊzɪəm] n symposium m.

**symptom** ['sɪmptəm] n symptôme m; indice m; **~atic** [-'mætɪk] a symptomatique.

**synagogue** ['sɪnəgɒg] n synagogue f.

**synchromesh** [sɪŋkrəʊ'mɛʃ] n synchronisation f.

**synchronize** ['sɪŋkrənaɪz] vt synchroniser // vi: **to ~ with** se produire en même temps que.

**syncopated** ['sɪŋkəpeɪtɪd] a syncopé(e).

**syndicate** ['sɪndɪkɪt] n syndicat m, coopérative f.

**syndrome** ['sɪndrəʊm] n syndrome m.

**synonym** ['sɪnənɪm] n synonyme m; **~ous** [sɪ'nɒnɪməs] a: **~ous (with)** synonyme (de).

**synopsis**, pl **synopses** [sɪ'nɒpsɪs, -si:z] n résumé m, synopsis m or f.

**syntax** ['sɪntæks] n syntaxe f.

**synthesis**, pl **syntheses** ['sɪnθəsɪs, -si:z] n synthèse f.

**synthetic** [sɪn'θɛtɪk] a synthétique ; **~s** npl textiles artificiels.

**syphilis** ['sɪfɪlɪs] n syphilis f.

**syphon** ['saɪfən] n, vb = **siphon**.

**Syria** ['sɪrɪə] n Syrie f; **~n** a syrien(ne) // n Syrien/ne.

**syringe** [sɪ'rɪndʒ] n seringue f.

**syrup** ['sɪrəp] n sirop m; (also: **golden ~**) mélasse raffinée ; **~y** a sirupeux(euse).

**system** ['sɪstəm] n système m; (order) méthode f; (ANAT) organisme m; **~atic** [-'mætɪk] a systématique ; méthodique ; **~s analyst** n analyste-programmeur m/f.

## T

**ta** [tɑ:] excl (Brit: col) merci!

**tab** [tæb] n (loop on coat etc) attache f; (label) étiquette f; **to keep ~s on** (fig) surveiller.

**tabby** ['tæbɪ] n (also: **~ cat**) chat/te tigré(e).

**tabernacle** ['tæbənækl] n tabernacle m.

**table** ['teɪbl] n table f // vt (motion etc) présenter ; **to lay** or **set the ~** mettre le couvert or la table ; **~ of contents** n table f des matières ; **~cloth** n nappe f; **~ d'hôte** [tɑ:bl'dəʊt] a (meal) à prix fixe ; **~ lamp** n lampe f décorative ; **~mat** n (for plate) napperon m, set m; (for hot dish) dessous-de-plat m inv ; **~ salt** n sel fin or de table ; **~spoon** n cuiller f de service ; (also: **~spoonful**: as measurement) cuillerée f à soupe.

**tablet** ['tæblɪt] n (MED) comprimé m; (: for sucking) pastille f; (for writing) bloc m; (of stone) plaque f.

**table**: **~ tennis** n ping-pong m, tennis m de table ; **~ wine** n vin m de table.

**taboo** [tə'bu:] a, n tabou (m).

**tabulate** ['tæbjuleɪt] vt (data, figures) mettre sous forme de table(s) ; **tabulator** n tabulateur m.

**tacit** ['tæsɪt] a tacite.

**taciturn** ['tæsɪtə:n] a taciturne.

**tack** [tæk] n (nail) petit clou ; (stitch) point m de bâti ; (NAUT) bord m, bordée f // vt clouer ; bâtir // vi tirer un or des bord(s) ; **to change ~** virer de bord ; **on the wrong ~** (fig) sur la mauvaise voie.

**tackle** ['tækl] n matériel m, équipement m; (for lifting) appareil m de levage ; (RUGBY) plaquage m // vt (difficulty) s'attaquer à ; (RUGBY) plaquer.

**tacky** ['tækɪ] a collant(e) ; pas sec(sèche).

**tact** [tækt] n tact m; **~ful** a plein(e) de tact ; **~fully** ad avec tact.

**tactical** ['tæktɪkl] a tactique ; **~ error** n erreur f de tactique.

**tactics** ['tæktɪks] n,npl tactique f.

**tactless** ['tæktlɪs] a qui manque de tact ; **~ly** ad sans tact.

**tadpole** ['tædpəʊl] n têtard m.

**taffy** ['tæfɪ] n (US) (bonbon m au) caramel m.

**tag** [tæg] n étiquette f; **to ~ along** vi suivre.

**tail** [teɪl] n queue f; (of shirt) pan m // vt (follow) suivre, filer ; **~s** (on coin) (le côté) pile ; **to ~ away, ~ off** vi (in size, quality etc) baisser peu à peu ; **~back** n bouchon m; **~ coat** n habit m; **~ end** n bout m, fin f; **~gate** hayon m (arrière).

**tailor** ['teɪlə*] n tailleur m (artisan) ; **~ing** n (cut) coupe f; **~-made** a fait(e) sur mesure ; (fig) conçu(e) spécialement.

**tailwind** ['teɪlwɪnd] n vent m arrière inv.

**tainted** ['teɪntɪd] a (food) gâté(e) ; (water, air) infecté(e) ; (fig) souillé(e).

**take**, pt **took**, pp **taken** [teɪk, tuk, 'teɪkn] vt prendre ; (gain: prize) remporter ; (require: effort, courage) demander ; (tolerate) accepter, supporter ; (hold: passengers etc) contenir ; (accompany) emmener, accompagner ; (bring, carry) apporter, emporter ; (exam) passer, se présenter à ; **to ~ sth from** (drawer etc) prendre qch dans ; (person) prendre qch à ; **I ~ it that** je suppose que ; **to ~ for a walk** (child, dog) emmener promener ; **to ~ after** vt fus ressembler à ; **to ~ apart** vt démonter ; **to ~ away** vt emporter ; enlever ; **to ~ back** vt (return) rendre, rapporter ; (one's words) retirer ; **to ~ down** vt (building) démolir ; (letter etc) prendre, écrire ; **to ~ in** vt (deceive) tromper, rouler ; (understand) comprendre, saisir ; (include) couvrir, inclure ; (lodger) prendre ; **to ~ off** vi (AVIAT) décoller // vt (remove) enlever ; (imitate) imiter, pasticher ; **to ~ on** vt (work) accepter, se charger de ; (employee) prendre, embaucher ; (opponent) accepter de se battre contre ; **to ~ out** vt sortir ; (remove) enlever ; (licence) prendre, se procurer ; **to ~ sth out of** enlever qch de ; prendre qch dans ; **to ~ over** vt (business) reprendre // vi: **to ~ over from sb** prendre la relève de qn ; **to ~ to** vt fus (person) se prendre d'amitié pour ; (*activity*) prendre goût à ; **to ~ up** vt (*one's story, a dress*) reprendre ; (*occupy: time, space*) prendre, occuper ; (*engage in: hobby etc*) se mettre à ; **~away a** (*food*) à emporter ; **~-home pay** n salaire net ; **~-off** n (AVIAT) décollage m ; **~over** n (COMM) rachat m ; **~over bid** n offre publique d'achat.

**takings** ['teɪkɪŋz] npl (COMM) recette f.

**talc** [tælk] n (*also:* **~um powder**) talc m.

**tale** [teɪl] n (*story*) conte m, histoire f ; (*account*) récit m ; (*pej*) histoire.

**talent** ['tælnt] n talent m, don m ; **~ed a** doué(e), plein(e) de talent.

**talk** [tɔ:k] n propos mpl ; (*gossip*) racontars mpl (*pej*) ; (*conversation*) discussion f ; (*interview*) entretien m ; (*a speech*) causerie f, exposé m // vi (*chatter*) bavarder ; **to ~ about** parler de ; (*converse*) s'entretenir or parler de ; **to ~ sb out of/into doing** persuader qn de ne pas faire/de faire ; **to ~ shop** parler métier or affaires ; **to ~ over** vt discuter (de) ; **~ative a** bavard(e) ; **~er** n causeur/euse ; (*pej*) bavard/e.

**tall** [tɔ:l] a (*person*) grand(e) ; (*building, tree*) haut(e) ; **to be 6 feet ~** ≈ mesurer 1 mètre 80 ; **~boy** n grande commode ; **~ness** n grande taille ; hauteur f ; **~ story** n histoire f invraisemblable.

**tally** ['tælɪ] n compte m // vi: **to ~ (with)** correspondre (à).

**tambourine** [tæmbə'ri:n] n tambourin m.

**tame** [teɪm] a apprivoisé(e) ; (*fig: story, style*) insipide.

**tamper** ['tæmpə*] vi: **to ~ with** toucher à (*en cachette ou sans permission*).

**tampon** ['tæmpən] n tampon m hygiénique or périodique.

**tan** [tæn] n (*also:* **sun~**) bronzage m // vt,vi bronzer, brunir // a (*colour*) brun roux inv.

**tandem** ['tændəm] n tandem m.

**tang** [tæŋ] n odeur (or saveur) piquante.

**tangent** ['tændʒənt] n (MATH) tangente f.

**tangerine** [tændʒə'ri:n] n mandarine f.

**tangible** ['tændʒəbl] a tangible.

**tangle** ['tæŋgəl] n enchêvetrement m // vt enchêvetrer ; **to get in(to) a ~** s'emmêler.

**tango** ['tæŋgəu] n tango m.

**tank** [tæŋk] n réservoir m ; (*for processing*) cuve f ; (*for fish*) aquarium m ; (MIL) char m d'assaut, tank m.

**tankard** ['tæŋkəd] n chope f.

**tanker** ['tæŋkə*] n (*ship*) pétrolier m, tanker m ; (*truck*) camion-citerne m.

**tanned** [tænd] a (*skin*) bronzé(e).

**tantalizing** ['tæntəlaɪzɪŋ] a (*smell*) extrêmement appétissant(e) ; (*offer*) terriblement tentant(e).

**tantamount** ['tæntəmaunt] a: **~ to** qui équivaut à.

**tantrum** ['tæntrəm] n accès m de colère.

**tap** [tæp] n (*on sink etc*) robinet m ; (*gentle blow*) petite tape // vt frapper or taper légèrement ; (*resources*) exploiter, utiliser ; **~-dancing** n claquettes fpl.

**tape** [teɪp] n ruban m ; (*also:* **magnetic ~**) bande f (magnétique) // vt (*record*) enregistrer (sur bande) ; **~ measure** n mètre m à ruban.

**taper** ['teɪpə*] n cierge m // vi s'effiler.

**tape recorder** ['teɪprɪkɔ:də*] n magnétophone m.

**tapered** ['teɪpəd], **tapering** ['teɪpərɪŋ] a fuselé(e), effilé(e).

**tapestry** ['tæpɪstrɪ] n tapisserie f.

**tapioca** [tæpɪ'əukə] n tapioca m.

**tappet** ['tæpɪt] n (AUT) poussoir m (de soupape).

**tar** [tɑ:] n goudron m.

**tarantula** [tə'ræntjulə] n tarentule f.

**tardy** ['tɑ:dɪ] a tardif(ive).

**target** ['tɑ:gɪt] n cible f ; (*fig: objective*) objectif m ; **~ practice** n exercices mpl de tir (à la cible).

**tariff** ['tærɪf] n (COMM) tarif m ; (*taxes*) tarif douanier.

**tarmac** ['tɑ:mæk] n macadam m ; (AVIAT) aire f d'envol // vt goudronner.

**tarnish** ['tɑ:nɪʃ] vt ternir.

**tarpaulin** [tɑ:'pɔ:lɪn] n bâche goudronnée.

**tarragon** ['tærəgən] n estragon m.

**tart** [tɑ:t] n (CULIN) tarte f ; (*col: pej: woman*) poule f // a (*flavour*) âpre, aigrelet(te).

**tartan** ['tɑ:tn] n tartan m // a écossais(e).

**tartar** ['tɑ:tə*] n (*on teeth*) tartre m ; **~ sauce** n sauce f tartare.

**task** [tɑ:sk] n tâche f ; **to take to ~** prendre à partie ; **~ force** n (MIL, POLICE) détachement spécial.

**Tasmania** [tæz'meɪnɪə] n Tasmanie f.

**tassel** ['tæsl] n gland m ; pompon m.

**taste** [teɪst] n goût m ; (*fig: glimpse, idea*) idée f, aperçu m // vt goûter // vi: **to ~ of** (*fish etc*) avoir le or un goût de ; **it ~s like fish** ça a un or le goût de poisson, on dirait du poisson ; **what does it ~ like?** quel goût ça a? ; **you can ~ the garlic (in it)** on sent bien l'ail ; **can I have a ~ of this wine?** puis-je goûter un peu de ce vin? ; **to have a ~ of sth** goûter (à) qch ; **to have a ~ for sth** aimer qch, avoir un penchant pour qch ; **~ful a** de bon goût ; **~fully** ad avec goût ; **~less a** (*food*) qui n'a aucun goût ; (*remark*) de mauvais goût ; **tasty** a savoureux(euse), délicieux(euse).

**tattered** ['tætəd] a see **tatters**.

**tatters** ['tætəz] mpl: **in ~** (*also:* **tattered**) en lambeaux.

**tattoo** [tə'tu:] n tatouage m ; (*spectacle*) parade f militaire // vt tatouer.

**tatty** ['tætɪ] a (*col*) défraîchi(e), en piteux état.

**taught** [tɔ:t] pt,pp of **teach**.

**taunt** [tɔ:nt] n raillerie f // vt railler.

**Taurus** ['tɔ:rəs] n le Taureau ; **to be ~** être du Taureau.

**taut** [tɔ:t] a tendu(e).

**tavern** ['tævən] n taverne f.

**tawdry** ['tɔ:drɪ] a (d'un mauvais goût) criard.

**tawny** ['tɔ:nɪ] a fauve (*couleur*).

**tax** [tæks] n (*on goods etc*) taxe f ; (*on income*) impôts mpl, contributions fpl // vt taxer ; imposer ; (*fig: strain: patience etc*) mettre à l'épreuve ; **~ation** [-'seɪʃən] n taxation ; impôts mpl, contributions fpl ; **~ avoidance** n évasion fiscale ; **~ collector** n percepteur m ; **~ evasion** n fraude fiscale; ~ **exile** n personne qui s'expatrie pour fuir une fiscalité excessive; ~-**free** a exempt(e) d'impôts.

**taxi** ['tæksɪ] n taxi m // vi (AVIAT) rouler (lentement) au sol.

**taxidermist** ['tæksɪdə:mɪst] n empailleur/euse (d'animaux).

**taxi:** ~ **driver** n chauffeur m de taxi; ~ **rank**, ~ **stand** n station f de taxis.

**tax:** ~ **payer** n contribuable m/f; ~ **return** n déclaration f d'impôts or de revenus.

**TB** abbr of **tuberculosis**.

**tea** [ti:] n thé m; (snack: for children) goûter m; (snack) collation combinant goûter et dîner; ~ **bag** n sachet m de thé; ~ **break** n pause-thé f; ~**cake** n petit pain brioché.

**teach,** pt, pp **taught** [ti:tʃ, tɔ:t] vt: to ~ **sb sth,** ~ **sth to sb** apprendre qch à qn; (in school etc) enseigner qch à qn // vi enseigner; ~**er** n (in secondary school) professeur m; (in primary school) instituteur/trice; ~**ing** n enseignement m; ~**ing staff** n enseignants mpl.

**tea cosy** ['ti:kəʊzɪ] n couvre-théière m.

**teacup** ['ti:kʌp] n tasse f à thé.

**teak** [ti:k] n teck m // a en or de teck.

**tea leaves** ['ti:li:vz] npl feuilles fpl de thé.

**team** [ti:m] n équipe f; (of animals) attelage m; ~ **games/work** jeux mpl/travail m d'équipe.

**tea party** ['ti:pɑ:tɪ] n thé m (réception).

**teapot** ['ti:pɔt] n théière f.

**tear** n [tɛə*] déchirure f; [tɪə*] larme f // vb [tɛə*] (pt **tore,** pp **torn** [tɔ:*, tɔ:n]) vt déchirer // vi se déchirer; **in** ~**s** en larmes; **to burst into** ~**s** fondre en larmes; **to** ~ **along** vi (rush) aller à toute vitesse; ~**ful** a larmoyant(e); ~ **gas** n gaz m lacrymogène.

**tearoom** ['ti:ru:m] n salon m de thé.

**tease** [ti:z] n taquin/e // vt taquiner; (unkindly) tourmenter.

**tea set** ['ti:set] n service m à thé.

**teashop** ['ti:ʃɔp] n pâtisserie-salon de thé f.

**teaspoon** ['ti:spu:n] n petite cuiller; (also: ~**ful:** as measurement) ≈ cuillerée f à café.

**tea strainer** ['ti:streɪnə*] n passoire f (à thé).

**teat** [ti:t] n tétine f.

**teatime** ['ti:taɪm] n l'heure f du thé.

**tea towel** ['ti:taʊəl] n torchon m (à vaisselle).

**tea urn** ['ti:ə:n] n fontaine f à thé.

**technical** ['teknɪkl] a technique; ~**ity** [-'kælɪtɪ] n technicité f; (detail) détail m technique; ~**ly** ad techniquement.

**technician** [tek'nɪʃn] n technicien/ne.

**technique** [tek'ni:k] n technique f.

**technological** [teknə'lɔdʒɪkl] a technologique.

**technologist** [tek'nɔlədʒɪst] n technologue m/f.

**technology** [tek'nɔlədʒɪ] n technologie f.

**teddy (bear)** ['tedɪ(bɛə*)] n ours m (en peluche).

**tedious** ['ti:dɪəs] a fastidieux(euse).

**tedium** ['ti:dɪəm] n ennui m.

**tee** [ti:] n (GOLF) tee m.

**teem** [ti:m] vi grouiller, abonder; **to** ~ **with** grouiller de; **it is** ~**ing (with rain)** il pleut à torrents.

**teenage** ['ti:neɪdʒ] a (fashions etc) pour jeunes, pour adolescents; ~**r** n jeune m/f, adolescent/e.

**teens** [ti:nz] npl: **to be in one's** ~ être adolescent(e).

**tee-shirt** ['ti:ʃə:t] n = T-shirt.

**teeter** ['ti:tə*] vi chanceler, vaciller.

**teeth** [ti:θ] npl of **tooth**.

**teethe** [ti:ð] vi percer ses dents.

**teething** ['ti:ðɪŋ] a: ~ **ring** n anneau m (pour bébé qui perce ses dents); ~ **troubles** npl (fig) difficultés initiales.

**teetotal** ['ti:'təʊtl] a (person) qui ne boit jamais d'alcool.

**telecommunications** ['telɪkəmju:nɪ'keɪʃənz] n télécommunications fpl.

**telegram** ['telɪgræm] n télégramme m.

**telegraph** ['telɪgrɑ:f] n télégraphe m; ~**ic** [-'græfɪk] a télégraphique; ~ **pole** n poteau m télégraphique.

**telepathic** [telɪ'pæθɪk] a télépathique.

**telepathy** [tə'lepəθɪ] n télépathie f.

**telephone** ['telɪfəʊn] n téléphone m // vt (person) téléphoner à; (message) téléphoner; ~ **booth,** ~ **box** n cabine f téléphonique; ~ **call** n coup m de téléphone, appel m téléphonique; communication f téléphonique; ~ **directory** n annuaire m (du téléphone); ~ **exchange** n central m (téléphonique); ~ **number** n numéro m de téléphone; ~ **operator** n téléphoniste m/f, standardiste m/f; **telephonist** [tə'lefənɪst] n téléphoniste m/f.

**telephoto** ['telɪ'fəʊtəʊ] a: ~ **lens** n téléobjectif m.

**teleprinter** ['telɪprɪntə*] n téléscripteur m.

**telescope** ['telɪskəʊp] n télescope m // vt télescoper; **telescopic** [-'skɔpɪk] a télescopique.

**televiewer** ['telɪvju:ə*] n téléspectateur/trice.

**televise** ['telɪvaɪz] vt téléviser.

**television** ['telɪvɪʒən] n télévision f; ~ **programme** n émission f de télévision; ~ **set** n poste m de télévision.

**tell,** pt, pp **told** [tel, təʊld] vt dire; (relate: story) raconter; (distinguish): **to** ~ **sth from** distinguer qch de // vi (have effect) se faire sentir, se voir; **to** ~ **sb to do** dire à qn de faire; **to** ~ **on vt fus** (inform against) dénoncer, rapporter contre; **to** ~ **off** vt réprimander, gronder; ~**er** n (in bank) caissier/ère; ~**ing** a (remark, detail) révélateur(trice); ~**tale** a (sign) éloquent(e), révélateur(trice) // n (CONSTR) témoin m.

**telly** ['telɪ] n (col: abbr of **television**) télé f.

**temerity** [tə'merɪtɪ] n témérité f.

**temp** [temp] n (abbr of **temporary**) (secrétaire f) intérimaire f.

**temper** ['tempə*] n (nature) caractère m; (mood) humeur f; (fit of anger) colère f // vt (moderate) tempérer, adoucir; **to be in a** ~ être en colère; **to lose one's** ~ se mettre en colère.

**temperament** ['tɛmprəmənt] n (nature) tempérament m; **~al** [-'mɛntl] a capricieux(euse).

**temperance** ['tɛmpərns] n modération f; (in drinking) tempérance f.

**temperate** ['tɛmprət] a modéré(e); (climate) tempéré(e).

**temperature** ['tɛmprətʃə*] n température f; **to have** or **run a** ~ avoir de la fièvre; ~ **chart** n (MED) feuille f de température.

**tempered** ['tɛmpəd] a (steel) trempé(e).

**tempest** ['tɛmpist] n tempête f.

**tempi** ['tɛmpi:] npl of **tempo.**

**template** ['tɛmplit] n patron m.

**temple** ['tɛmpl] n (building) temple m; (ANAT) tempe f.

**tempo, ~s** or **tempi** ['tɛmpəu, 'tɛmpi:] n tempo m; (fig: of life etc) rythme m.

**temporal** ['tɛmpərl] a temporel(le).

**temporarily** ['tɛmpərərɪlɪ] ad temporairement; provisoirement.

**temporary** ['tɛmpərərɪ] a temporaire, provisoire; (job, worker) temporaire; ~ **secretary** n (secrétaire f) intérimaire f.

**temporize** ['tɛmpəraɪz] vi atermoyer; transiger.

**tempt** [tɛmpt] vt tenter; **to** ~ **sb into doing** induire qn à faire; **~ation** [-'teɪʃən] n tentation f; **~ing** a tentant(e).

**ten** [tɛn] num dix.

**tenable** ['tɛnəbl] a défendable.

**tenacious** [tə'neɪʃəs] a tenace.

**tenacity** [tə'næsɪtɪ] n ténacité f.

**tenancy** ['tɛnənsɪ] n location f; état m de locataire.

**tenant** ['tɛnənt] n locataire m/f.

**tend** [tɛnd] vt s'occuper de // vi: **to** ~ **to do** avoir une tendance à faire; (colour): **to** ~ **to** tirer sur.

**tendency** ['tɛndənsɪ] n tendance f.

**tender** ['tɛndə*] a tendre; (delicate) délicat(e); (sore) sensible; (affectionate) tendre, doux(douce) // n (COMM: offer) soumission f; (money): **legal** ~ cours légal // vt offrir; **~ize** vt (CULIN) attendrir; **~ly** ad tendrement; **~ness** n tendresse f; (of meat) tendreté f.

**tendon** ['tɛndən] n tendon m.

**tenement** ['tɛnəmənt] n immeuble m (de rapport).

**tenet** ['tɛnət] n principe m.

**tennis** ['tɛnɪs] n tennis m; ~ **ball** n balle f de tennis; ~ **court** n (court m de) tennis; ~ **racket** n raquette f de tennis.

**tenor** ['tɛnə*] n (MUS) ténor m; (of speech etc) sens général.

**tense** [tɛns] a tendu(e); (person) tendu, crispé(e) // n (LING) temps m; **~ness** n tension f.

**tension** ['tɛnʃən] n tension f.

**tent** [tɛnt] n tente f.

**tentacle** ['tɛntəkl] n tentacule m.

**tentative** ['tɛntətɪv] a timide, hésitant(e); (conclusion) provisoire.

**tenterhooks** ['tɛntəhuks] npl: **on** ~ sur des charbons ardents.

**tenth** [tɛnθ] num dixième.

**tent:** ~ **peg** n piquet m de tente; ~ **pole** n montant m de tente.

**tenuous** ['tɛnjuəs] a ténu(e).

**tenure** ['tɛnjuə*] n (of property) bail m; (of job) période f de jouissance; statut m de titulaire.

**tepid** ['tɛpɪd] a tiède.

**term** [tə:m] n (limit) terme m; (word) terme, mot m; (SCOL) trimestre m; (LAW) session f // vt appeler; **~s** npl (conditions) conditions fpl; (COMM) tarif m; ~ **of imprisonment** peine f de prison; **in the short/long** ~ à court/long terme; **'easy ~s'** (COMM) 'facilités de paiement'; **to be on good ~s with** bien s'entendre avec, être en bons termes avec; **to come to ~s with** (person) arriver à un accord avec; (problem) faire face à.

**terminal** ['tə:mɪnl] a terminal(e); (disease) dans sa phase terminale // n (ELEC) borne f; (for oil, ore etc) terminal m; (also: **air** ~) aérogare m; (also: **coach** ~) gare routière.

**terminate** ['tə:mɪneɪt] vt mettre fin à // vi: **to** ~ **in** finir en or par.

**termination** [tə:mɪ'neɪʃən] n fin f; (of contract) résiliation f; ~ **of pregnancy** n (MED) interruption f de grossesse.

**termini** ['tə:mɪnaɪ] npl of **terminus.**

**terminology** [tə:mɪ'nɔlədʒɪ] n terminologie f.

**terminus, pl termini** ['tə:mɪnəs, 'tə:mɪnaɪ] n terminus m inv.

**termite** ['tə:maɪt] n termite m.

**terrace** ['tɛrəs] n terrasse f; (row of houses) rangée f de maisons (attenantes les unes aux autres); **the ~s** (SPORT) les gradins mpl; **~ed** a (garden) en terrasses.

**terracotta** ['tɛrə'kɔtə] n terre cuite.

**terrain** [tɛ'reɪn] n terrain m (sol).

**terrible** ['tɛrɪbl] a terrible, atroce; (weather, work) affreux(euse), épouvantable; **terribly** ad terriblement; (very badly) affreusement mal.

**terrier** ['tɛrɪə*] n terrier m (chien).

**terrific** [tə'rɪfɪk] a fantastique, incroyable, terrible; (wonderful) formidable, sensationnel(le).

**terrify** ['tɛrɪfaɪ] vt terrifier.

**territorial** [tɛrɪ'tɔ:rɪəl] a territorial(e).

**territory** ['tɛrɪtərɪ] n territoire m.

**terror** ['tɛrə*] n terreur f; **~ism** n terrorisme m; **~ist** n terroriste m/f; **~ize** vt terroriser.

**terse** [tə:s] a (style) concis(e); (reply) laconique.

**test** [tɛst] n (trial, check) essai m; (: of goods in factory) contrôle m; (of courage etc) épreuve f; (MED) examens mpl; (CHEM) analyses fpl; (exam: of intelligence etc) test m (d'aptitude); (: in school) interrogation f de contrôle; (also: **driving** ~) (examen du) permis m de conduire // vt essayer; contrôler; mettre à l'épreuve; examiner; analyser; tester; faire subir une interrogation de contrôle à.

**testament** ['tɛstəmənt] n testament m; **the Old/New T~** l'Ancien/le Nouveau Testament.

**test:** ~ **case** n (LAW, fig) affaire-test f; ~ **flight** n vol m d'essai.

**testicle** ['tɛstɪkl] n testicule m.

**testify** ['tɛstɪfaɪ] *vi* (*LAW*) témoigner, déposer.

**testimonial** [tɛstɪ'məʊnɪəl] *n* (*reference*) recommandation *f*; (*gift*) témoignage *m* d'estime.

**testimony** ['tɛstɪmənɪ] *n* (*LAW*) témoignage *m*, déposition *f*.

**test:** ~ **match** *n* (*CRICKET, RUGBY*) match international; ~ **paper** *n* (*SCOL*) interrogation écrite; ~ **pilot** *n* pilote *m* d'essai; ~ **tube** *n* éprouvette *f*.

**testy** ['tɛstɪ] *a* irritable.

**tetanus** ['tɛtənəs] *n* tétanos *m*.

**tether** ['tɛðə*] *vt* attacher // *n:* **at the end of one's ~** à bout (de patience).

**text** [tɛkst] *n* texte *m*; **~book** *n* manuel *m*.

**textile** ['tɛkstaɪl] *n* textile *m*.

**texture** ['tɛkstʃə*] *n* texture *f*; (*of skin, paper etc*) grain *m*.

**Thai** [taɪ] *a* thaïlandais(e) // *n* Thaïlandais/e; (*LING*) thai *m*; **~land** *n* Thaïlande *f*.

**Thames** [tɛmz] *n:* **the ~** la Tamise.

**than** [ðæn, ðən] *cj* que; (*with numerals*): **more ~ 10/once** plus de 10/d'une fois; **I have more/less ~ you** j'en ai plus/moins que toi; **she has more apples ~ pears** elle a plus de pommes que de poires.

**thank** [θæŋk] *vt* remercier, dire merci à; **~ you (very much)** merci (beaucoup); **~s** *npl* remerciements *mpl* // *excl* merci!; **~s to** *prep* grâce à; **~ful** *a:* **~ful (for)** reconnaissant(e) (de); **~less** *a* ingrat(e); **T~sgiving (Day)** *n* jour *m* d'action de grâce.

**that** [ðæt, ðət] *cj* que // *det* ce(cet + *vowel or h mute*), *f* cette; (*not 'this'*): ~ **book** ce livre-là // *i pronoun* ce; (*not 'this one'*) cela, ça; (*the one*) celui(celle); (*relative: subject*) qui; (: *object*) que, *prep* + lequel(laquelle); (*with time*): **on the day ~ he came** le jour où il est venu // *ad:* ~ **high** aussi haut; si haut; **it's about ~ high** c'est à peu près de cette hauteur; ~ **one** celui-là(celle-là); **what's ~?** qu'est-ce que c'est?; **who's ~?** qui est-ce?; **is ~ you?** c'est toi?; ~**'s what he said** c'est or voilà ce qu'il a dit; ~ **is...** c'est-à-dire..., à savoir...; **all ~** tout cela, tout ça; **I can't work ~ much** je ne peux pas travailler autant que cela.

**thatched** [θætʃt] *a* (*roof*) de chaume; ~ **cottage** chaumière *f*.

**thaw** [θɔ:] *n* dégel *m* // *vi* (*ice*) fondre; (*food*) dégeler // *vt* (*food*) (faire) dégeler; **it's ~ing** (*weather*) il dégèle.

**the** [ði:, ðə] *det* le, *f* la, (l' + *vowel or h mute*), *pl* les; (*NB:* à + le(s) = au(x); de + le = du; de + les = des).

**theatre, theater** (*US*) ['θɪətə*] *n* théâtre *m*; **~-goer** *n* habitué/e du théâtre.

**theatrical** [θɪ'ætrɪkl] *a* théâtral(e); ~ **company** *n* troupe *f* de théâtre.

**theft** [θɛft] *n* vol *m* (*larcin*).

**their** [ðɛə*] *a* leur, *pl* leurs; **~s** *pronoun* le(la) leur, les leurs; **it is ~s** c'est à eux; **a friend of ~s** un de leurs amis.

**them** [ðɛm, ðəm] *pronoun* (*direct*) les; (*indirect*) leur; (*stressed, after prep*) eux(elles); **I see ~** je les vois; **give ~ the book** donne-leur le livre.

**theme** [θi:m] *n* thème *m*; ~ **song** *n* chanson principale.

**themselves** [ðəm'sɛlvz] *pl pronoun* (*reflexive*) se; (*emphatic*) eux-mêmes(elles-mêmes); **between ~** entre eux(elles).

**then** [ðɛn] *ad* (*at that time*) alors, à ce moment-là; (*next*) puis, ensuite; (*and also*) et puis // *cj* (*therefore*) alors, dans ce cas // *a:* **the ~ president** le président d'alors or de l'époque; **from ~ on** dès lors.

**theologian** [θɪə'ləʊdʒən] *n* théologien/ne.

**theological** [θɪə'lɒdʒɪkl] *a* théologique.

**theology** [θɪ'ɒlədʒɪ] *n* théologie *f*.

**theorem** ['θɪərəm] *n* théorème *m*.

**theoretical** [θɪə'rɛtɪkl] *a* théorique.

**theorize** ['θɪəraɪz] *vi* élaborer une théorie; (*pej*) faire des théories.

**theory** ['θɪərɪ] *n* théorie *f*.

**therapeutic(al)** [θɛrə'pju:tɪk(l)] *a* thérapeutique.

**therapist** ['θɛrəpɪst] *n* thérapeute *m/f*.

**therapy** ['θɛrəpɪ] *n* thérapie *f*.

**there** [ðɛə*] *ad* là là; là-bas; ~, ~! allons, allons!; **it's ~** c'est là; **he went ~** il y est allé; ~ **is**, ~ **are** il y a; ~ **he is** le voilà; ~ **has been** il y a eu; **on/in** ~ là-dessus/ -dedans; **to go ~ and back** faire l'aller et retour; **~abouts** *ad* (*place*) par là, dans le coin; (*amount*) environ, à peu près; **~after** *ad* par la suite; **~fore** *ad* donc, par conséquent; **~'s** = ~ **is**; ~ **has.**

**thermal** ['θɜ:ml] *a* thermique.

**thermometer** [θə'mɒmɪtə*] *n* thermomètre *m*.

**thermonuclear** ['θɜ:məʊ'nju:klɪə*] *a* thermonucléaire.

**Thermos** ['θɜ:məs] *n* ® (*also:* ~ **flask**) thermos *m* or *f inv* ®.

**thermostat** ['θɜ:məʊstæt] *n* thermostat *m*.

**thesaurus** [θɪ'sɔ:rəs] *n* dictionnaire *m* synonymique.

**these** [ði:z] *pl pronoun* ceux-ci(celles-ci) // *pl det* ces; (*not 'those'*): ~ **books** ces livres-ci.

**thesis, *pl* theses** ['θi:sɪs, 'θi:si:z] *n* thèse *f*.

**they** [ðeɪ] *pl pronoun* ils(elles); (*stressed*) eux(elles); ~ **say that...** (*it is said that*) on dit que...; **~'d** = **they had; they would; ~'ll** = **they shall; they will; ~'re** = **they are; ~'ve** = **they have.**

**thick** [θɪk] *a* épais(se); (*crowd*) dense; (*stupid*) bête, borné(e) // *n:* **in the ~ of** au beau milieu de, en plein cœur de; **it's 20 cm ~** ça a 20 cm d'épaisseur; **~en** *vi* s'épaissir // *vt* (*sauce etc*) épaissir; **~ness** *n* épaisseur *f*; **~set** *a* trapu(e), costaud(e); **~skinned** *a* (*fig*) peu sensible.

**thief, thieves** [θi:f, θi:vz] *n* voleur/euse.

**thieving** ['θi:vɪŋ] *n* vol *m* (*larcin*).

**thigh** [θaɪ] *n* cuisse *f*; **~bone** *n* fémur *m*.

**thimble** ['θɪmbl] *n* dé *m* (à coudre).

**thin** [θɪn] *a* mince; (*person*) maigre; (*soup*) peu épais(se); (*hair, crowd*) clairsemé(e); (*fog*) léger(ère) // *vt* (*hair*) éclaircir; **to ~ (down)** (*sauce, paint*) délayer.

**thing** [θɪŋ] *n* chose *f*; (*object*) objet *m*; (*contraption*) truc *m*; ~**s** *npl* (*belongings*) affaires *fpl*; **for one** ~ d'abord; **the best** ~ **would be** le mieux serait de ; **how are** ~**s?** comment ça va?

**think**, *pt*, *pp* **thought** [θɪŋk, θɔ:t] *vi* penser, réfléchir // *vt* penser, croire; (*imagine*) s'imaginer; **to** ~ **of** penser à; **what did you** ~ **of them?** qu'as-tu pensé d'eux?; **to** ~ **about sth/sb** penser à qch/qn; **I'll** ~ **about it** je vais y réfléchir; **to** ~ **of doing** avoir l'idée de faire; **I** ~ **so** je crois or pense que oui; **to** ~ **well of** avoir une haute opinion de; **to** ~ **over** *vt* bien réfléchir à; **to** ~ **up** *vt* inventer, trouver.

**thinly** [ˈθɪnlɪ] *ad* (*cut*) en tranches fines; (*spread*) en couche mince.

**thinness** [ˈθɪnnɪs] *n* minceur *f*; maigreur *f*.

**third** [θə:d] *num* troisième // *n* troisième *m/f*; (*fraction*) tiers *m*; (*SCOL: degree*) ≈ licence *f* avec mention passable; **a** ~ **of** le tiers de; ~**ly** *ad* troisièmement; ~ **party insurance** *n* assurance *f* au tiers; ~-**rate** *a* de qualité médiocre; **the T**~ **World** *n* le Tiers-Monde.

**thirst** [θə:st] *n* soif *f*; ~**y** *a* (*person*) qui a soif, assoiffé(e).

**thirteen** [ˈθə:ˈti:n] *num* treize.

**thirty** [ˈθə:tɪ] *num* trente.

**this** [ðɪs] *det* ce(cet + *vowel or h mute*), *f* cette; (*not 'that'*): ~ **book** ce livre-ci // *pronoun* ceci; (*not 'that one'*) celui-ci(celle-ci); ~ **is what he said** voici ce qu'il a dit.

**thistle** [ˈθɪsl] *n* chardon *m*.

**thong** [θɒŋ] *n* lanière *f*.

**thorn** [θɔ:n] *n* épine *f*; ~ **bush** *n* buisson *m* d'épines; ~**y** *a* épineux(euse).

**thorough** [ˈθʌrə] *a* (*search*) minutieux(euse); (*knowledge, research*) approfondi(e); (*work*) consciencieux(euse); (*cleaning*) à fond; ~**bred** *n* (*horse*) pur-sang *m inv*; ~**fare** *n* rue *f*; '**no** ~**fare**' 'passage interdit'; ~**ly** *ad* minutieusement; en profondeur; à fond; **he** ~**ly agreed** il était tout à fait d'accord.

**those** [ðəuz] *pl pronoun* ceux-là(celles-là) // *pl det* ces; (*not 'these'*): ~ **books** ces livres-là.

**though** [ðəu] *cj* bien que + *sub*, quoique + *sub* // *ad* pourtant.

**thought** [θɔ:t] *pt*, *pp* of **think** // *n* pensée *f*; (*opinion*) avis *m*; (*intention*) intention *f*; ~**ful** *a* pensif(ive); réfléchi(e); (*considerate*) prévenant(e); ~**less** *a* étourdi(e); qui manque de considération.

**thousand** [ˈθauzənd] *num* mille; ~**th** *num* millième; **one** ~ mille; ~**s of** des milliers de.

**thrash** [θræʃ] *vt* rouer de coups; donner une correction à; (*defeat*) battre à plate couture; **to** ~ **about** *vi* se débattre; **to** ~ **out** *vt* débattre de.

**thread** [θrɛd] *n* fil *m*; (*of screw*) pas *m*, filetage *m* // *vt* (*needle*) enfiler; **to** ~ **one's way between** se faufiler entre; ~**bare** *a* râpé(e), élimé(e).

**threat** [θrɛt] *n* menace *f*; ~**en** *vi* (*storm*) menacer // *vt*: **to** ~**en sb with sth/to do** menacer qn de qch/de faire.

**three** [θri:] *num* trois (*m inv*); ~-**dimensional** *a* à trois dimensions; (*film*) en relief; ~**fold** *ad*: **to increase** ~**fold** tripler; ~-**piece suit** *n* complet *m* (avec gilet); ~-**piece suite** *n* salon *m* comprenant un canapé et deux fauteuils assortis; ~-**ply** *a* (*wood*) à trois épaisseurs; (*wool*) trois fils *inv*; ~-**wheeler** *n* (*car*) voiture *f* à trois roues.

**thresh** [θrɛʃ] *vt* (*AGR*) battre; ~**ing machine** *n* batteuse *f*.

**threshold** [ˈθrɛʃhəuld] *n* seuil *m*.

**threw** [θru:] *pt* of **throw**.

**thrift** [θrɪft] *n* économie *f*; ~**y** *a* économe.

**thrill** [θrɪl] *n* frisson *m*, émotion *f* // *vi* tressaillir, frissonner // *vt* (*audience*) électriser; **to be** ~**ed** (*with gift etc*) être ravi; ~**er** *n* film *m* (or roman *m* or pièce *f*) à suspense.

**thrive**, *pt* **thrived**, **throve** *pp* **thrived**, **thriven** [θraɪv, θrəuv, ˈθrɪvn] *vi* pousser or se développer bien; (*business*) prospérer; **he** ~**s on it** cela lui réussit; **thriving** *a* vigoureux(euse); prospère.

**throat** [θrəut] *n* gorge *f*; **to have a sore** ~ avoir mal à la gorge.

**throb** [θrɒb] *n* (*of heart*) pulsation *f*; (*of engine*) vibration *f*; (*of pain*) élancement *m* // *vi* (*heart*) palpiter; (*engine*) vibrer; (*pain*) lanciner; (*wound*) causer des élancements.

**throes** [θrəuz] *npl*: **in the** ~ **of** au beau milieu de; en proie à; **in the** ~ **of death** à l'agonie.

**thrombosis** [θrɒmˈbəusɪs] *n* thrombose *f*.

**throne** [θrəun] *n* trône *m*.

**throttle** [ˈθrɒtl] *n* (*AUT*) accélérateur *m* // *vt* étrangler.

**through** [θru:] *prep* à travers; (*time*) pendant, durant; (*by means of*) par, par l'intermédiaire de; (*owing to*) à cause de // *a* (*ticket, train, passage*) direct(e) // *ad* à travers; **to put sb** ~ **to sb** (*TEL*) passer qn à qn; **to be** ~ (*TEL*) avoir la communication; (*have finished*) avoir fini; '**no** ~ **way**' 'impasse'; ~**out** *prep* (*place*) partout dans; (*time*) durant tout(e) le(la) // *ad* partout.

**throve** [θrəuv] *pt* of **thrive**.

**throw** [θrəu] *n* jet *m*; (*SPORT*) lancer *m* // *vt* (*pt* **threw**, *pp* **thrown** [θru:, θrəun]) lancer, jeter; (*SPORT*) lancer; (*rider*) désarçonner; (*fig*) décontenancer; (*pottery*) tourner; **to** ~ **a party** donner une réception; **to** ~ **away** *vt* jeter; **to** ~ **off** *vt* se débarrasser de; **to** ~ **out** *vt* jeter dehors; (*reject*) rejeter; **to** ~ **up** *vi* vomir; ~**away** *a* à jeter; ~-**in** *n* (*SPORT*) remise *f* en jeu.

**thru** [θru:] *prep*, *a*, *ad* (*US*) = **through**.

**thrush** [θrʌʃ] *n* grive *f*.

**thrust** [θrʌst] *n* (*TECH*) poussée *f* // *vt* (*pt*, *pp* **thrust**) pousser brusquement; (*push in*) enfoncer; ~**ing** *a* dynamique; (*fig*) qui se met trop en avant.

**thud** [θʌd] *n* bruit sourd.

**thug** [θʌg] *n* voyou *m*.

**thumb** [θʌm] *n* (*ANAT*) pouce *m* // *vt* (*book*) feuilleter; **to** ~ **a lift** faire de l'auto-stop, arrêter une voiture; ~ **index** *n* répertoire *m* (à onglets); ~**nail** *n* ongle *m* du pouce; ~**tack** *n* (*US*) punaise *f* (*clou*).

**thump** [θʌmp] n grand coup ; (sound) bruit sourd // vt cogner sur // vi cogner, frapper.

**thunder** ['θʌndə\*] n tonnerre m // vi tonner ; (train etc): to ~ past passer dans un grondement or un bruit de tonnerre ; ~**clap** n coup m de tonnerre ; ~**ous** a étourdissant(e) ; ~**storm** n orage m ; ~**struck** a (fig) abasourdi(e) ; ~**y** a orageux(euse).

**Thursday** ['θə:zdɪ] n jeudi m.

**thus** [ðʌs] ad ainsi.

**thwart** [θwɔ:t] vt contrecarrer.

**thyme** [taɪm] n thym m.

**thyroid** ['θaɪrɔɪd] n thyroïde f.

**tiara** [tɪ'ɑ:rə] n (woman's) diadème m.

**tic** [tɪk] n tic (nerveux).

**tick** [tɪk] n (sound: of clock) tic-tac m ; (mark) coche f ; (ZOOL) tique f ; (col): in a ~ dans un instant // vi faire tic-tac // vt cocher ; to ~ off vt cocher ; (person) réprimander, attraper.

**ticket** ['tɪkɪt] n billet m ; (for bus, tube) ticket m ; (in shop: on goods) étiquette f ; (: from cash register) reçu m, ticket ; (for library) carte f ; ~ **collector** n contrôleur/euse ; ~ **holder** n personne munie d'un billet ; ~ **office** n guichet m, bureau m de vente des billets.

**tickle** ['tɪkl] n chatouillement m // vt chatouiller ; (fig) plaire à ; faire rire ; **ticklish** a chatouilleux(euse).

**tidal** ['taɪdl] a à marée ; ~ **wave** n raz-de-marée m inv.

**tiddlywinks** ['tɪdlɪwɪŋks] n jeu m de puce.

**tide** [taɪd] n marée f ; (fig: of events) cours m // vt: to ~ sb over dépanner qn.

**tidily** ['taɪdɪlɪ] ad avec soin, soigneusement.

**tidiness** ['taɪdɪnɪs] n bon ordre ; goût m de l'ordre.

**tidy** ['taɪdɪ] a (room) bien rangé(e) ; (dress, work) net(nette), soigné(e) ; (person) ordonné(e), qui a de l'ordre // vt (also: ~ up) ranger ; to ~ o.s. up s'arranger.

**tie** [taɪ] n (string etc) cordon m ; (also: **neck**~) cravate f ; (fig: link) lien m ; (SPORT: draw) égalité f de points ; match nul // vt (parcel) attacher ; (ribbon) nouer // vi (SPORT) faire match nul ; finir à égalité de points ; **'black/white'** 'smoking/habit de rigueur' ; to ~ **sth in a bow** faire un nœud à or avec qch ; to ~ **a knot in sth** faire un nœud à qch ; to ~ **down** vt attacher ; (fig): to ~ sb **down to** contraindre qn à accepter, fixer à qn ; to ~ **up** vt (parcel) ficeler ; (dog, boat) attacher ; (arrangements) conclure ; **to be ~d up** (busy) être pris ou occupé.

**tier** [tɪə\*] n gradin m ; (of cake) étage m.

**tiff** [tɪf] n petite querelle.

**tiger** ['taɪgə\*] n tigre m.

**tight** [taɪt] a (rope) tendu(e), raide ; (clothes) étroit(e), très juste ; (budget, programme, bend) serré(e) ; (control) strict(e), sévère ; (col: drunk) ivre, rond(e) // ad (squeeze) très fort ; (shut) à bloc, hermétiquement ; ~**s** npl collant m ; ~**en** vt (rope) tendre ; (screw) resserrer ; (control) renforcer // vi se tendre, se resserrer ; ~**-fisted** a avare ; ~**ly** ad (grasp) bien, très fort ; ~**-rope** n corde f raide.

**tile** [taɪl] n (on roof) tuile f ; (on wall or floor) carreau m ; ~**d** a en tuiles ; carrelé(e).

**till** [tɪl] n caisse (enregistreuse) // vt (land) cultiver // prep, cj = **until.**

**tiller** ['tɪlə\*] n (NAUT) barre f (du gouvernail).

**tilt** [tɪlt] vt pencher, incliner // vi pencher, être incliné(e).

**timber** ['tɪmbə\*] n (material) bois m de construction ; (trees) arbres mpl.

**time** [taɪm] n temps m ; (epoch: often pl) époque f, temps m ; (by clock) heure f ; (moment) moment m ; (occasion, also MATH) fois f ; (MUS) mesure f // vt (race) chronométrer ; (programme) minuter ; (remark etc) choisir le moment de ; **a long** ~ un long moment, longtemps ; **for the** ~ **being** pour le moment ; **from** ~ **to** ~ de temps en temps ; **in** ~ (soon enough) à temps ; (after some time) avec le temps, à la longue ; (MUS) en mesure ; **in a week's** ~ dans une semaine ; **on** ~ à l'heure ; **5** ~ **s 5** 5 fois 5 ; **what** ~ **is it?** quelle heure est-il? ; **to have a good** ~ bien s'amuser ; ~'**s up!** c'est l'heure! ; **I've no** ~ **for it** (fig) cela m'agace ; ~ **bomb** n bombe f à retardement ; ~ **keeper** n (SPORT) chronomètre m ; ~ **lag** n décalage m ; (in travel) décalage m horaire ; ~**less** a éternel(le) ; ~ **limit** n limite f de temps, délai m ; ~**ly** a opportun(e) ; ~ **off** n temps m libre ; ~**r** n (in kitchen) compte-minutes m inv ; ~**-saving** a qui fait gagner du temps ; ~ **switch** n minuteur m ; (for lighting) minuterie f ; ~**-table** n (RAIL) (indicateur m) horaire m ; (SCOL) emploi m du temps ; ~ **zone** n fuseau m horaire.

**timid** ['tɪmɪd] a timide ; (easily scared) peureux(euse).

**timing** ['taɪmɪŋ] n minutage m ; chronométrage m ; **the** ~ **of his resignation** le moment choisi pour sa démission ; ~ **device** n mécanisme m de retardement.

**timpani** ['tɪmpənɪ] npl timbales fpl.

**tin** [tɪn] n étain m ; (also: ~ **plate**) fer-blanc m ; (can) boîte f (de conserve) ; (for baking) moule m (à gâteau) ; ~ **foil** n papier m d'étain.

**tinge** [tɪndʒ] n nuance f // vt: ~**d with** teinté(e) de.

**tingle** ['tɪŋgl] n picotement m ; frisson m // vi picoter.

**tinker** ['tɪŋkə\*] n rétameur ambulant ; (gipsy) romanichel m ; to ~ **with** vt bricoler, rafistoler.

**tinkle** ['tɪŋkl] vi tinter // n (col): to give sb a ~ passer un coup de fil à qn.

**tinned** [tɪnd] a (food) en boîte, en conserve.

**tinny** ['tɪnɪ] a métallique.

**tin opener** ['tɪnəupnə\*] n ouvre-boîte(s) m.

**tinsel** ['tɪnsl] n guirlandes fpl de Noël (argentées).

**tint** [tɪnt] n teinte f ; (for hair) shampooing colorant.

**tiny** ['taɪnɪ] a minuscule.

**tip** [tɪp] n (end) bout m ; (protective: on umbrella etc) embout m ; (gratuity) pourboire m ; (for coal) terril m ; (for rubbish) décharge f ; (advice) tuyau m // vt (waiter) donner un pourboire à ; (tilt) incliner ; (overturn: also: ~ **over**)

renverser ; (empty: also: ~ out) déverser ;
~-off n (hint) tuyau m ; ~ped a (cigarette)
(à bout) filtre inv ; steel-~ped à bout
métallique, à embout de métal.

**tipple** ['tɪpl] vi picoler // n: **to have a ~**
boire un petit coup.

**tipsy** ['tɪpsɪ] a un peu ivre, éméché(e).

**tiptoe** ['tɪptəu] n: **on ~** sur la pointe des
pieds.

**tiptop** ['tɪp'tɒp] a: **in ~ condition** en
excellent état.

**tire** ['taɪə*] n (US) = **tyre** // vt fatiguer
// vi se fatiguer ; ~**d** a fatigué(e) ; **to be**
~**d of** en avoir assez de, être las(lasse)
de ; ~**dness** n fatigue f ; ~**less** a
infatigable, inlassable ; ~**some** a
ennuyeux(euse) ; **tiring** a fatigant(e).

**tissue** ['tɪʃu:] n tissu m ; (paper
handkerchief) mouchoir m en papier,
kleenex m ® ; ~ **paper** n papier m de soie.

**tit** [tɪt] n (bird) mésange f ; **to give ~ for
tat** rendre coup pour coup.

**titanium** [tɪ'teɪnɪəm] n titane m.

**titbit** ['tɪtbɪt] n (food) friandise f ; (news)
potin m.

**titillate** ['tɪtɪleɪt] vt titiller, exciter.

**titivate** ['tɪtɪveɪt] vt pomponner.

**title** ['taɪtl] n titre m ; ~ **deed** n (LAW) titre
(constitutif) de propriété ; ~ **role** n rôle
principal.

**titter** ['tɪtə*] vi rire (bêtement).

**tittle-tattle** ['tɪtltætl] n bavardages mpl.

**titular** ['tɪtjulə*] a (in name only)
nominal(e).

**tizzy** ['tɪzɪ] n: **to be in a ~** être dans tous
ses états.

**to** [tu:, tə] prep à ; (towards) vers ; envers ;
**give it ~ me** donne-le-moi ; **the key ~
the front door** la clé de la porte d'entrée ;
**the main thing is ~...** l'important est
de... ; **to go ~ France/Portugal** aller en
France/au Portugal ; **I went ~ Claude's**
je suis allé chez Claude ; **to go ~
town/school** aller en ville/à l'école ;
**pull/push the door ~** tire/pousse la
porte ; **to go ~ and fro** aller et venir.

**toad** [təud] n crapaud m ; ~**stool** n
champignon (vénéneux) ; ~**y** vi flatter
bassement.

**toast** [təust] n (CULIN) pain grillé, toast m ;
(drink, speech) toast // vt (CULIN) faire
griller ; (drink to) porter un toast à ; **a
piece or slice of ~** un toast ; ~**er** n grille-
pain m inv ; ~**master** n animateur m pour
réceptions ; ~**rack** n porte-toast m.

**tobacco** [tə'bækəu] n tabac m ; ~**nist** n
marchand/e de tabac ; ~**nist's (shop)** n
(bureau m de) tabac m.

**toboggan** [tə'bɒgən] n toboggan m ;
(child's) luge f.

**today** [tə'deɪ] ad,n (also fig) aujourd'hui
(m).

**toddler** ['tɒdlə*] n enfant m/f qui
commence à marcher, bambin m.

**toddy** ['tɒdɪ] n grog m.

**to-do** [tə'du:] n (fuss) histoire f, affaire f.

**toe** [təu] n doigt m de pied, orteil m ; (of
shoe) bout m ; **to ~ the line** (fig) obéir,
se conformer ; ~**hold** n prise f ; ~**nail** n
ongle m de l'orteil.

**toffee** ['tɒfɪ] n caramel m ; ~ **apple** n
pomme caramélisée.

**toga** ['təugə] n toge f.

**together** [tə'geðə*] ad ensemble ; (at same
time) en même temps ; ~ **with** prep avec ;
~**ness** n camaraderie f ; intimité f.

**toil** [tɔɪl] n dur travail, labeur m // vi
travailler dur ; peiner.

**toilet** ['tɔɪlət] n (lavatory) toilettes fpl,
cabinets mpl // cpd (bag, soap etc) de
toilette ; ~ **bowl** n cuvette f des W.-C. ;
~ **paper** n papier m hygiénique ; ~**ries**
npl articles mpl de toilette ; ~ **roll** n
rouleau m de papier hygiénique ; ~ **water**
n eau f de toilette.

**token** ['təukən] n (sign) marque f,
témoignage m ; (voucher) bon m, coupon
m ; **book/record ~** n chèque-livre/disque
m.

**told** [təuld] pt, pp of **tell**.

**tolerable** ['tɒlərəbl] a (bearable) tolérable ;
(fairly good) passable.

**tolerance** ['tɒlərns] n (also: TECH)
tolérance f.

**tolerant** ['tɒlərnt] a: ~ (of) tolérant(e) (à
l'égard de).

**tolerate** ['tɒləreɪt] vt supporter ; (MED,
TECH) tolérer ; **toleration** [-'reɪʃən] n
tolérance f.

**toll** [təul] n (tax, charge) péage m // vi (bell)
sonner ; **the accident ~ on the roads** le
nombre des victimes de la route ; ~**bridge**
n pont m à péage.

**tomato**, ~**es** [tə'mɑ:təu] n tomate f.

**tomb** [tu:m] n tombe f.

**tombola** [tɒm'bəulə] n tombola f.

**tomboy** ['tɒmbɔɪ] n garçon manqué.

**tombstone** ['tu:mstəun] n pierre tombale.

**tomcat** ['tɒmkæt] n matou m.

**tomorrow** [tə'mɒrəu] ad,n (also fig)
demain (m) ; **the day after ~** après-
demain ; ~ **morning** demain matin.

**ton** [tʌn] n tonne f (= 1016 kg ; 20 cwt) ;
(NAUT: also: **register ~**) tonneau m (= 2.83
cu.m ; 100 cu. ft) ; ~**s of** (col) des tas de.

**tonal** ['təunl] a tonal(e).

**tone** [təun] n ton m ; (of radio) tonalité f
// vi s'harmoniser ; **to ~ down** vt (colour,
criticism) adoucir ; (sound) baisser ; **to ~
up** vt (muscles) tonifier ; ~**deaf** a qui n'a
pas d'oreille.

**tongs** [tɒnz] npl pinces fpl ; (for coal)
pincettes fpl ; (for hair) fer m à friser.

**tongue** [tʌŋ] n langue f ; ~ **in cheek** ad
ironiquement ; ~**tied** a (fig) muet(te) ; ~-
**twister** n phrase f très difficile à
prononcer.

**tonic** ['tɒnɪk] n (MED) tonique m ; (MUS)
tonique f ; (also: ~ **water**) tonic m.

**tonight** [tə'naɪt] ad, n cette nuit ; (this
evening) ce soir.

**tonnage** ['tʌnɪdʒ] n (NAUT) tonnage m.

**tonne** [tʌn] n (metric ton) tonne f.

**tonsil** ['tɒnsl] n amygdale f ; ~**litis** [-'laɪtɪs]
n amygdalite f.

**too** [tu:] ad (excessively) trop ; (also) aussi ;
~ **much** ad trop // det trop de ; ~ **many**
det trop de ; ~ **bad!** tant pis !

**took** [tuk] pt of **take**.

**tool** [tu:l] n outil m // vt travailler,

ouvrager ; ~ **box/kit** n boîte f/trousse f à outils.

**toot** [tu:t] n coup m de sifflet (or de klaxon) // vi siffler ; (with car-horn) klaxonner.

**tooth**, pl **teeth** [tu:θ, ti:θ] n (ANAT, TECH) dent f ; ~**ache** n mal m de dents ; ~**brush** n brosse f à dents ; ~**paste** n (pâte f) dentifrice m ; ~**pick** n cure-dent m ; ~ **powder** n poudre f dentifrice.

**top** [tɔp] n (of mountain, head) sommet m ; (of page, ladder) haut m ; (of box, cupboard, table) dessus m ; (lid: of box, jar) couvercle m ; (: of bottle) bouchon m ; (toy) toupie f // a du haut ; (in rank) premier(ère) ; (best) meilleur(e) // vt (exceed) dépasser ; (be first in) être en tête de ; **on** ~ **of** sur ; (in addition to) en plus de ; **from** ~ **to toe** de la tête aux pieds ; **at the** ~ **of the list** en tête de "liste ; **to** ~ **up** vt remplir ; ~**coat** n pardessus m ; ~ **floor** n dernier étage ; ~ **hat** n haut-de-forme m ; ~-**heavy** a (object) trop lourd(e) du haut.

**topic** [ˈtɔpɪk] n sujet m, thème m ; ~**al** a d'actualité.

**top:** ~**less** a (bather etc) aux seins nus ; ~**less swimsuit** n monokini m ; ~-**level** a (talks) à l'échelon le plus élevé ; ~**most** a le(la) plus haut(e).

**topple** [ˈtɔpl] vt renverser, faire tomber // vi basculer ; tomber.

**topsy-turvy** [ˈtɔp siˈtə:vɪ] a,ad sens dessus-dessous.

**torch** [tɔ:tʃ] n torche f ; (electric) lampe f de poche.

**tore** [tɔ:*] pt of **tear**.

**torment** n [ˈtɔ:mɛnt] tourment m // vt [tɔ:ˈmɛnt] tourmenter ; (fig: annoy) agacer.

**torn** [tɔ:n] pp of **tear** // a: ~ **between** (fig) tiraillé(e) entre.

**tornado**, ~**es** [tɔ:ˈneɪdəu] n tornade f.

**torpedo**, ~**es** [tɔ:ˈpi:dəu] n torpille f.

**torpor** [ˈtɔ:pə*] n torpeur f.

**torque** [tɔ:k] n couple m de torsion.

**torrent** [ˈtɔrnt] n torrent m ; ~**ial** [-ˈrɛnʃl] a torrentiel(le).

**torso** [ˈtɔ:səu] n torse m.

**tortoise** [ˈtɔ:təs] n tortue f ; ~**shell** [ˈtɔ:təʃɛl] a en écaille.

**tortuous** [ˈtɔ:tjuəs] a tortueux(euse).

**torture** [ˈtɔ:tʃə*] n torture f // vt torturer.

**Tory** [ˈtɔ:rɪ] a tory (pl tories), conservateur(trice), n tory m/f, conservateur/trice.

**toss** [tɔs] vt lancer, jeter ; (pancake) faire sauter ; (head) rejeter en arrière ; **to** ~ **a coin** jouer à pile ou face ; **to** ~ **up for sth** jouer qch à pile ou face ; **to** ~ **and turn** (in bed) se tourner et se retourner.

**tot** [tɔt] n (drink) petit verre ; (child) bambin m.

**total** [ˈtəutl] a total(e) // n total m // vt (add up) faire le total de, totaliser ; (amount to) s'élever à.

**totalitarian** [təutælɪˈtɛərɪən] a totalitaire.

**totality** [təuˈtælɪtɪ] n totalité f.

**totem pole** [ˈtəutəmpəul] n mât m totémique.

**totter** [ˈtɔtə*] vi chanceler.

**touch** [tʌtʃ] n contact m, toucher m ; (sense, also skill: of pianist etc) toucher ; (fig: note, also: FOOTBALL) touche f // vt

(gen) toucher ; (tamper with) toucher à ; **a** ~ **of** (fig) un petit peu de ; une touche de ; **in** ~ **with** en contact or rapport avec ; **to get in** ~ **with** prendre contact avec ; **to lose** ~ (friends) se perdre de vue ; **to** ~ **on** vt fus (topic) effleurer, toucher ; **to** ~ **up** vt (paint) retoucher ; ~-**and-go** a incertain(e) ; **it was** ~-**and-go whether we did** il nous avons failli ne pas le faire ; ~**down** n atterrissage m ; (on sea) amerrissage m ; ~**ed** a touché(e) ; (col) cinglé(e) ; ~**ing** a touchant(e), attendrissant(e) ; ~**line** n (SPORT) (ligne f de) touche f ; ~**y** a (person) susceptible.

**tough** [tʌf] a dur(e) ; (resistant) résistant(e), solide ; (meat) dur, coriace // n (gangster etc) dur m ; ~ **luck!** pas de chance!; tant pis!; ~**en** vt rendre plus dur(e) (or plus résistant(e) or plus solide) ; ~**ness** n dureté f ; résistance f ; solidité f.

**toupee** [ˈtu:peɪ] n postiche m.

**tour** [ˈtuə*] n voyage m ; (also: package ~) voyage organisé, (of town, museum) tour m, visite f ; (by artist) tournée f // vt visiter ; ~**ing** n voyages mpl touristiques, tourisme m.

**tourism** [ˈtuərɪzm] n tourisme m.

**tourist** [ˈtuərɪst] n touriste m/f // ad (travel) en classe touriste // cpd touristique ; ~ **office** n syndicat m d'initiative.

**tournament** [ˈtuənəmənt] n tournoi m.

**tour operator** [ˈtuərˈɔpəreɪtə*] n organisateur m de voyages.

**tousled** [ˈtauzld] a (hair) ébouriffé(e).

**tout** [taut] vi: **to** ~ **for** essayer de raccrocher, racoler ; **to** ~ **sth (around)** essayer de placer or (re)vendre qch.

**tow** [təu] vt remorquer ; **'on** ~' (AUT) 'véhicule en remorque'.

**toward(s)** [təˈwɔ:d(z)] prep vers ; (of attitude) envers, à l'égard de ; (of purpose) pour.

**towel** [ˈtauəl] n serviette f (de toilette) ; (also: tea ~) torchon m ; ~**ling** n (fabric) tissu-éponge m ; ~ **rail** n porte-serviettes m inv.

**tower** [ˈtauə*] n tour f ; ~ **block** n tour f (d'habitation) ; ~**ing** a très haut(e), imposant(e).

**towline** [ˈtəulaɪn] n (câble m de) remorque f.

**town** [taun] n ville f ; **to go to** ~ aller en ville ; (fig) y mettre le paquet ; ~ **clerk** n ≈ secrétaire m/f de mairie ; ~ **council** n conseil municipal ; ~ **hall** n ≈ mairie f ; ~ **planner** n urbaniste m/f ; ~ **planning** n urbanisme m.

**towpath** [ˈtəupɑ:θ] n (chemin m de) halage m.

**towrope** [ˈtəurəup] n (câble m de) remorque f.

**toxic** [ˈtɔksɪk] a toxique.

**toy** [tɔɪ] n jouet m ; **to** ~ **with** vt fus jouer avec ; (idea) caresser ; ~**shop** m magasin m de jouets.

**trace** [treɪs] n trace f // vt (draw) tracer, dessiner ; (follow) suivre la trace de ; (locate) retrouver ; **without** ~ (disappear) sans laisser de traces.

**track** [træk] n (mark) trace f ; (path: gen) chemin m, piste f ; (: of bullet etc) trajectoire *f*; (: *of suspect, animal*) piste; (*RAIL*) voie ferrée, rails *mpl*; (*on tape, SPORT*) piste // *vt* suivre la trace *or* la piste de; **to keep ~ of** suivre; **to ~ down** *vt* (*prey*) trouver et capturer; (*sth lost*) finir par retrouver; **~ed a** (*AUT*) à chenille; **~er dog** *n* chien policier; **~suit** *n* survêtement *m*.

**tract** [trækt] *n* (*GEO*) étendue *f*, zone *f*; (*pamphlet*) tract *m*; **respiratory ~** (*ANAT*) système *m* respiratoire.

**tractor** ['træktə*] *n* tracteur *m*.

**trade** [treɪd] *n* commerce *m*; (*skill, job*) métier *m* // *vi* faire du commerce; **to ~ with/in** faire du commerce avec/le commerce de; **to ~ in** *vt* (*old car etc*) faire reprendre; **~-in** (*value*) *n* reprise *f*; **~mark** *n* marque *f* de fabrique; **~name** *n* marque déposée; **~r** *n* commerçant/e, négociant/e; **~sman** *n* (*shopkeeper*) commerçant; **~ union** *n* syndicat *m*; **~unionist** syndicaliste *m/f*; **trading** *n* affaires *fpl*, commerce *m*; **trading estate** *n* zone industrielle; **trading stamp** *n* timbre-prime *m*.

**tradition** [trə'dɪʃən] *n* tradition *f*; **~s** *npl* coutumes *fpl*, traditions; **~al** *a* traditionnel(le).

**traffic** ['træfɪk] *n* trafic *m*; (*cars*) circulation *f* // *vi*: **to ~ in** (*pej: liquor, drugs*) faire le trafic de; **~ circle** *n* (*US*) rond-point *m*; **~ jam** *n* embouteillage *m*; **~ lights** *npl* feux *mpl* (de signalisation); **~ sign** *n* panneau *m* de signalisation; **~ warden** *n* contractuel/le.

**tragedy** ['trædʒədɪ] *n* tragédie *f*.

**tragic** ['trædʒɪk] *a* tragique.

**trail** [treɪl] *n* (*tracks*) trace *f*, piste *f*; (*path*) chemin *m*, piste; (*of smoke etc*) traînée *f* // *vt* traîner, tirer; (*follow*) suivre // *vi* traîner; **to ~ behind** *vi* traîner, être à la traîne; **~er** *n* (*AUT*) remorque *f*; (*US*) caravane *f*; (*CINEMA*) court film de lancement; **~ing plant** *n* plante rampante.

**train** [treɪn] *n* train *m*; (*in underground*) rame *f*; (*of dress*) traîne *f* // *vt* (*apprentice, doctor etc*) former; (*sportsman*) entraîner; (*dog*) dresser; (*memory*) exercer; (*point: gun etc*): **to ~ sth on** braquer qch sur // *vi* recevoir sa formation; s'entraîner; **one's ~ of thought** le fil de sa pensée; **~ed** a qualifié(e), qui a reçu une formation; dressé(e); **~ee** [treɪ'ni:] *n* stagiaire *m/f*; (*in trade*) apprenti/e; **~er** *n* (*SPORT*) entraîneur/euse; (*of dogs etc*) dresseur/euse; **~ing** *n* formation *f*; entraînement *m*; dressage *m*; **in ~ing** (*SPORT*) à l'entraînement; (*fit*) en forme; **~ing college** *n* école professionnelle; (*for teachers*) ≈ école normale.

**traipse** [treɪps] *vi* (se) traîner, déambuler.

**trait** [treɪt] *n* trait *m* (de caractère).

**traitor** ['treɪtə*] *n* traître *m*.

**tram** [træm] *n* (*also*: **~car**) tram(way) *m*; **~line** *n* ligne *f* de tram(way).

**tramp** [træmp] *n* (*person*) vagabond/e, clochard/e // *vi* marcher d'un pas lourd // *vt* (*walk through: town, streets*) parcourir à pied.

**trample** ['træmpl] *vt*: **to ~ (underfoot)** piétiner; (*fig*) bafouer.

**trampoline** ['træmpəli:n] *n* trampolino *m*.

**trance** [trɑːns] *n* transe *f*; (*MED*) catalepsie *f*.

**tranquil** ['træŋkwɪl] *a* tranquille; **~lity** *n* tranquillité *f*; **~lizer** *n* (*MED*) tranquillisant *m*.

**transact** [træn'zækt] *vt* (*business*) traiter; **~ion** [-'zækʃən] *n* transaction *f*; **~ions** *npl* (*minutes*) actes *npl*.

**transatlantic** ['trænzət'læntɪk] *a* transatlantique.

**transcend** [træn'sɛnd] *vt* transcender; (*excel over*) surpasser.

**transcript** ['trænskrɪpt] *n* transcription *f* (*texte*); **~ion** [-'skrɪpʃən] *n* transcription *f*.

**transept** ['trænsɛpt] *n* transept *m*.

**transfer** *n* ['trænsfə*] (*gen, also SPORT*) transfert *m*; (*POL: of power*) passation *f*; (*picture, design*) décalcomanie *f*; (: *stick-on*) autocollant *m* // *vt* [træns'fə:*] transférer; passer; décalquer; **to ~ the charges** (*TEL*) téléphoner en P.C.V.; **~able** [-'fə:rəbl] *a* transmissible, transférable; **'not ~able'** 'personnel'.

**transform** [træns'fɔ:m] *vt* transformer; **~ation** [-'meɪʃən] *n* transformation *f*; **~er** *n* (*ELEC*) transformateur *m*.

**transfusion** [træns'fju:ʒən] *n* transfusion *f*.

**transient** ['trænzɪənt] *a* transitoire, éphémère.

**transistor** [træn'zɪstə*] *n* (*ELEC, also: ~ radio*) transistor *m*.

**transit** ['trænzɪt] *n*: **in ~** en transit; **~ lounge** *n* salle *f* de transit.

**transition** [træn'zɪʃən] *n* transition *f*; **~al** *a* transitoire.

**transitive** ['trænzɪtɪv] *a* (*LING*) transitif(ive).

**transitory** ['trænzɪtərɪ] *a* transitoire.

**translate** [trænz'leɪt] *vt* traduire; **translation** [-'leɪʃən] *n* traduction *f*; (*SCOL: as opposed to prose*) version *f*; **translator** *n* traducteur/trice.

**transmission** [trænz'mɪʃən] *n* transmission *f*.

**transmit** [trænz'mɪt] *vt* transmettre; (*RADIO, TV*) émettre; **~ter** *m* émetteur *m*.

**transparency** [træns'pɛərnsɪ] *n* (*PHOT*) diapositive *f*.

**transparent** [træns'pærnt] *a* transparent(e).

**transplant** *vt* [træns'plɑːnt] transplanter; (*seedlings*) repiquer // *n* ['trænsplɑːnt] (*MED*) transplantation *f*.

**transport** *n* ['trænspɔːt] transport *m* // *vt* [træns'pɔːt] transporter; **~ation** [-'teɪʃən] *n* (*moyen m de*) transport *m*; (*of prisoners*) transportation *f*; **~ café** *n* ≈ restaurant *m* de routiers.

**transverse** ['trænzvəːs] *a* transversal(e).

**transvestite** [trænz'vɛstaɪt] *n* travesti/e.

**trap** [træp] *n* (*snare, trick*) piège *m*; (*carriage*) cabriolet *m* // *vt* prendre au piège; (*immobilize*) bloquer; (*jam*) coincer; **to shut one's ~** (*col*) la fermer; **~ door** *n* trappe *f*.

**trapeze** [trə'piːz] *n* trapèze *m*.

**trapper** ['træpə*] *n* trappeur *m*.

**trappings** ['træpɪŋz] *npl* ornements *mpl*; attributs *mpl*.

**trash** [træʃ] n (pej: goods) camelote f; (: nonsense) sottises fpl; ~ **can** n (US) boîte f à ordures.

**trauma** ['trɔ:mə] n traumatisme m; ~**tic** [-'mætɪk] a traumatisant(e).

**travel** ['trævl] n voyage(s) m(pl) // vi voyager; (move) aller, se déplacer // vt (distance) parcourir; ~ **agent's** n agence f de voyages; ~**ler**, ~**er** (US) n voyageur/euse; ~**ler's cheque** n chèque m de voyage; ~**ling**, ~**ing** (US) n voyage(s) m(pl) // cpd (bag, clock) de voyage; (expenses) de déplacement; ~ **sickness** n mal m de la route (or de mer or de l'air).

**traverse** ['trævəs] vt traverser.

**travesty** ['trævəstɪ] n parodie f.

**trawler** ['trɔ:lə*] n chalutier m.

**tray** [treɪ] n (for carrying) plateau m; (on desk) corbeille f.

**treacherous** ['trɛtʃərəs] a traître(sse).

**treachery** ['trɛtʃərɪ] n traîtrise f.

**treacle** ['tri:kl] n mélasse f.

**tread** [trɛd] n pas m; (sound) bruit m de pas; (of tyre) chape f, bande f de roulement // vi (pt trod, pp trodden [trɔd, 'trɔdn]) marcher; to ~ on vt fus marcher sur.

**treason** ['tri:zn] n trahison f.

**treasure** ['trɛʒə*] n trésor m // vt (value) tenir beaucoup à; (store) conserver précieusement; ~ **hunt** n chasse f au trésor.

**treasurer** ['trɛʒərə*] n trésorier/ère.

**treasury** ['trɛʒərɪ] n trésorerie f; the T~ (POL) le ministère des Finances.

**treat** [tri:t] n petit cadeau, petite surprise // vt traiter; **it was a** ~ ça m'a (or nous a etc) vraiment fait plaisir; **to** ~ **sb to sth** offrir qch à qn.

**treatise** ['tri:tɪz] n traité m (ouvrage).

**treatment** ['tri:tmənt] n traitement m.

**treaty** ['tri:tɪ] n traité m.

**treble** ['trɛbl] a triple // n (MUS) soprano m // vt, vi tripler; ~ **clef** n clé f de sol.

**tree** [tri:] n arbre m; ~**lined** a bordé(e) d'arbres; ~**top** n cime f d'un arbre; ~ **trunk** n tronc m d'arbre.

**trek** [trɛk] n voyage m; randonnée f; (tiring walk) tirée f // vi (as holiday) faire de la randonnée.

**trellis** ['trɛlɪs] n treillis m, treillage m.

**tremble** ['trɛmbl] vi trembler; (machine) vibrer; **trembling** tremblement m; vibrations fpl // a tremblant(e); vibrant(e).

**tremendous** [trɪ'mɛndəs] a (enormous) énorme, fantastique; (excellent) formidable.

**tremor** ['trɛmə*] n tremblement m; (also: **earth** ~) secousse f sismique.

**trench** [trɛntʃ] n tranchée f.

**trend** [trɛnd] n (tendency) tendance f; (of events) cours m; (fashion) mode f; ~**y** a (idea) dans le vent; (clothes) dernier cri inv.

**trepidation** [trɛpɪ'deɪʃən] n vive agitation.

**trespass** ['trɛspəs] vi: **to** ~ **on** s'introduire sans permission dans; (fig) empiéter sur; **'no** ~**ing'** 'propriété privée', 'défense d'entrer'.

**tress** [trɛs] n boucle f de cheveux.

**trestle** ['trɛsl] n tréteau m; ~ **table** n table f à tréteaux.

**trial** ['traɪəl] n (LAW) procès m, jugement m; (test: of machine etc) essai m; (hardship) épreuve f; (worry) souci m; **to be on** ~ passer en jugement; **by** ~ **and error** par tâtonnements.

**triangle** ['traɪæŋgl] n (MATH, MUS) triangle m; **triangular** [-'æŋgjulə*] a triangulaire.

**tribal** ['traɪbəl] a tribal(e).

**tribe** [traɪb] n tribu f; ~**sman** n membre m de la tribu.

**tribulation** [trɪbju'leɪʃən] n tribulation f, malheur m.

**tribunal** [traɪ'bju:nl] n tribunal m.

**tributary** ['trɪbjutərɪ] n (river) affluent m.

**tribute** ['trɪbju:t] n tribut m, hommage m; **to pay** ~ **to** rendre hommage à.

**trice** [traɪs] n: **in a** ~ en un clin d'œil.

**trick** [trɪk] n ruse f; (clever act) astuce f; (joke) tour m; (CARDS) levée f // vt attraper, rouler; **to play a** ~ **on sb** jouer un tour à qn; ~**ery** n ruse f.

**trickle** ['trɪkl] n (of water etc) filet m // vi couler en un filet or goutte à goutte; **to** ~ **in/out** (people) entrer/sortir par petits groupes.

**tricky** ['trɪkɪ] a difficile, délicat(e).

**tricycle** ['traɪsɪkl] n tricycle m.

**trifle** ['traɪfl] n bagatelle f; (CULIN) ≈ diplomate m // ad: **a** ~ **long** un peu long; **trifling** a insignifiant(e).

**trigger** ['trɪgə*] n (of gun) gâchette f; **to** ~ **off** vt déclencher.

**trigonometry** [trɪgə'nɔmətrɪ] n trigonométrie f.

**trilby** ['trɪlbɪ] n (chapeau m en) feutre m.

**trim** [trɪm] a net(te); (house, garden) bien tenu(e); (figure) svelte // n (haircut etc) légère coupe; (embellishment) finitions fpl; (on car) garnitures fpl // vt couper légèrement; (decorate): **to** ~ **(with)** décorer de; (NAUT: a sail) gréer; ~**mings** npl décorations fpl; (extras: gen CULIN) garniture f.

**Trinity** ['trɪnɪtɪ] n: **the** ~ la Trinité.

**trinket** ['trɪŋkɪt] n bibelot m; (piece of jewellery) colifichet m.

**trio** ['tri:əu] n trio m.

**trip** [trɪp] n voyage m; (excursion) excursion f; (stumble) faux pas // vi faire un faux pas, trébucher; (go lightly) marcher d'un pas léger; **on a** ~ en voyage; **to** ~ **up** vi trébucher // vt faire un croc-en-jambe à.

**tripe** [traɪp] n (CULIN) tripes fpl; (pej: rubbish) idioties fpl.

**triple** ['trɪpl] a triple.

**triplets** ['trɪplɪts] npl triplés/ées.

**triplicate** ['trɪplɪkət] n: **in** ~ en trois exemplaires.

**tripod** ['traɪpɔd] n trépied m.

**tripper** ['trɪpə*] n touriste m/f; excursionniste m/f.

**trite** [traɪt] a banal(e).

**triumph** ['traɪʌmf] n triomphe m // vi: **to** ~ **(over)** triompher (de); ~**al** [-'ʌmfl] a triomphal(e); ~**ant** [-'ʌmfənt] a triomphant(e).

**trivia** ['trɪvɪə] npl futilités fpl.

**trivial** ['trɪvɪəl] a insignifiant(e); (commonplace) banal(e); ~**ity** [-'ælɪtɪ] n caractère insignifiant; banalité f.

trod [trɔd] *pt of* tread; **~den** *pp of* tread.

trolley ['trɔlɪ] *n* chariot *m*; **~ bus** *n* trolleybus *m*.

trollop ['trɔləp] *n* prostituée *f*.

trombone [trɔm'bəun] *n* trombone *m*.

troop [tru:p] *n* bande *f*, groupe *m*; **~s** *npl* (MIL) troupes *fpl*; (: *men*) hommes *mpl*, soldats *mpl*; **to ~ in/out** *vi* entrer/sortir en groupe; **~er** *n* (MIL) soldat *m* de cavalerie; **~ing the colour** (*ceremony*) le salut au drapeau; **~ship** *n* (navire *m* de) transport *m*.

trophy ['trəufɪ] *n* trophée *m*.

tropic ['trɔpɪk] *n* tropique *m*; **in the ~s** sous les tropiques; **T~ of Cancer/Capricorn** *n* tropique du Cancer/Capricorne; **~al** *a* tropical(e).

trot [trɔt] *n* trot *m* // *vi* trotter; **on the ~** (*fig: col*) d'affilée.

trouble ['trʌbl] *n* difficulté(s) *f(pl)*, problème(s) *m(pl)*; (*worry*) ennuis *mpl*, soucis *mpl*; (*bother, effort*) peine *f*; (POL) conflits *mpl*, troubles *mpl*; (MED): **stomach** etc **~** troubles gastriques etc // *vt* déranger, gêner; (*worry*) inquiéter // *vi*: **to ~ to do** prendre la peine de faire; **~s** *npl* (POL etc) troubles *mpl*; **to be in ~** avoir des ennuis; (*ship, climber* etc) être en difficulté; **to go to the ~ of doing** se donner le mal de faire; **it's no ~!** je vous en prie!; **what's the ~?** qu'est-ce qui ne va pas?; **~d** *a* (*person*) inquiet(ète); (*epoch, life*) agité(e); **~-free** *a* sans problèmes ou ennuis; **~maker** *n* élément perturbateur, fauteur *m* de troubles; **~shooter** *n* (*in conflict*) conciliateur *m*; **~some** *a* ennuyeux(euse), gênant(e).

trough [trɔf] *n* (*also:* **drinking ~**) abreuvoir *m*; (*also:* **feeding ~**) auge *f*; (*channel*) chenal *m*; **~ of low pressure** *n* (GEO) dépression *f*.

trounce [trauns] *vt* (*defeat*) battre à plates coutures.

troupe [tru:p] *n* troupe *f*.

trousers ['trauzəz] *npl* pantalon *m*; **short ~** *npl* culottes courtes.

trousseau, *pl* **~x** *or* **~s** ['tru:səu, -z] *n* trousseau *m*.

trout [traut] *n, pl inv* truite *f*.

trowel ['trauəl] *n* truelle *f*.

truant ['truənt] *n*: **to play ~** faire l'école buissonnière.

truce [tru:s] *n* trêve *f*.

truck [trʌk] *n* camion *m*; (RAIL) wagon *m* à plate-forme; (*for luggage*) chariot *m* (à bagages); **~ driver** *n* camionneur *m*; **~ farm** *n* (US) jardin maraîcher.

truculent ['trʌkjulənt] *a* agressif(ive).

trudge [trʌdʒ] *vi* marcher lourdement, se traîner.

true [tru:] *a* vrai(e); (*accurate*) exact(e); (*genuine*) vrai, véritable; (*faithful*) fidèle.

truffle ['trʌfl] *n* truffe *f*.

truly ['tru:lɪ] *ad* vraiment, réellement; (*truthfully*) vraiment; (*faithfully*) fidèlement; **'yours ~'** (*in letter*) 'je vous prie d'agréer l'expression de mes sentiments respectueux.'

trump [trʌmp] *n* atout *m*; **~ed-up** *a* inventé(e) (de toutes pièces).

trumpet ['trʌmpɪt] *n* trompette *f*; (*player*) trompettiste *m/f*.

truncated [trʌŋ'keɪtɪd] *a* tronqué(e).

truncheon ['trʌntʃən] *n* bâton *m* (d'agent de police); matraque *f*.

trundle ['trʌndl] *vt, vi*: **to ~ along** rouler bruyamment.

trunk [trʌŋk] *n* (*of tree, person*) tronc *m*; (*of elephant*) trompe *f*; (*case*) malle *f*; **~s** *npl* caleçon *m*; (*also:* **swimming ~s**) maillot *m* or slip *m* de bain; **~ call** *n* (TEL) communication interurbaine; **~ road** ≈ route nationale.

truss [trʌs] *n* (MED) bandage *m* herniaire; **to ~ (up)** *vt* (CULIN) brider.

trust [trʌst] *n* confiance *f*; (LAW) fidéicommis *m*; (COMM) trust *m* // *vt* (*rely on*) avoir confiance en; (*entrust*): **to ~ sth to sb** confier qch à qn; **~ed** a en qui l'on a confiance; **~ee** [trʌs'ti:] *n* (LAW) fidéicommissaire *m/f*; (*of school* etc) administrateur/trice; **~ful, ~ing** *a* confiant(e); **~worthy** *a* digne de confiance; **~y** *a* fidèle.

truth, **~s** [tru:θ, tru:ðz] *n* vérité *f*; **~ful** *a* (*person*) qui dit la vérité; (*description*) exact(e), vrai(e); **~fully** *ad* sincèrement, sans mentir; **~fulness** *n* véracité *f*.

try [traɪ] *n* essai *m*, tentative *f*; (RUGBY) essai // *vt* (LAW) juger; (*test: sth new*) essayer, tester; (*strain*) éprouver // *vi* essayer; **to ~ to do** essayer de faire; (*seek*) chercher à faire; **to ~ on** *vt* (*clothes*) essayer; **to ~ it on** (*fig*) tenter le coup, bluffer; **to ~ out** *vt* essayer, mettre à l'essai; **~ing** *a* pénible.

tsar [zɑ:*] *n* tsar *m*.

T-shirt ['ti:ʃə:t] *n* tee-shirt *m*.

T-square ['ti:skwɛə*] *n* équerre *f* en T.

tub [tʌb] *n* cuve *f*; baquet *m*; (*bath*) baignoire *f*.

tuba ['tju:bə] *n* tuba *m*.

tubby ['tʌbɪ] *a* rondelet(te).

tube [tju:b] *n* tube *m*; (*underground*) métro *m*; (*for tyre*) chambre *f* à air.

tuberculosis [tjubə:kju'ləusɪs] *n* tuberculose *f*.

tube station ['tju:bsteɪʃən] *n* station *f* de métro.

tubing ['tju:bɪŋ] *n* tubes *mpl*; **a piece of ~** un tube.

tubular ['tju:bjulə*] *a* tubulaire.

TUC *n* (*abbr of* Trades Union Congress) confédération *f* des syndicats britanniques.

tuck [tʌk] *n* (SEWING) pli *m*, rempli *m* // *vt* (*put*) mettre; **to ~ away** *vt* cacher, ranger; **to ~ in** *vt* rentrer; (*child*) border // *vi* (*eat*) manger de bon appétit; attaquer le repas; **to ~ up** *vt* (*child*) border; **~ shop** *n* boutique *f* à provisions (*dans une école*).

Tuesday ['tju:zdɪ] *n* mardi *m*.

tuft [tʌft] *n* touffe *f*.

tug [tʌg] *n* (*ship*) remorqueur *m* // *vt* tirer (sur); **~-of-war** *n* lutte *f* à la corde.

tuition [tju:'ɪʃən] *n* leçons *fpl*.

tulip ['tju:lɪp] *n* tulipe *f*.

tumble ['tʌmbl] *n* (*fall*) chute *f*, culbute *f* // *vi* tomber, dégringoler; (*with somersault*) faire une *or* des culbute(s) // *vt* renverser, faire tomber; **~down** *a* délabré(e); ~ **dryer** n séchoir m (à linge) à air chaud.

**tumbler** ['tʌmblə*] n verre (droit), gobelet m; acrobate m/f.

**tummy** ['tʌmɪ] n (col) ventre m.

**tumour** ['tju:mə*] n tumeur f.

**tumult** ['tju:mʌlt] n tumulte m; ~**uous** [-'mʌltjuəs] a tumultueux(euse).

**tuna** ['tju:nə] n, pl inv (also: ~ **fish**) thon m.

**tune** [tju:n] n (melody) air m // vt (MUS) accorder; (RADIO, TV, AUT) régler, mettre au point; **to be in/out of** ~ (instrument) être accordé/désaccordé; (singer) chanter juste/faux; **to be in/out of** ~ **with** (fig) être en accord/désaccord avec; **to** ~ **in** (to) (RADIO, TV) se mettre à l'écoute (de); **to** ~ **up** (musician) accorder son instrument; ~**ful** a mélodieux(euse); ~**r** n (radio set) radio-préamplificateur m; **piano** ~**r** accordeur m de pianos; ~**r amplifier** n radio-ampli m.

**tungsten** ['tʌŋstn] n tungstène m.

**tunic** ['tju:nɪk] n tunique f.

**tuning** ['tju:nɪŋ] n réglage m; ~ **fork** n diapason m.

**Tunisia** [tju:'nɪzɪə] n Tunisie f; ~**n** a tunisien(ne) // n Tunisien/ne.

**tunnel** ['tʌnl] n tunnel m; (in mine) galerie f // vi creuser un tunnel (or une galerie).

**tunny** ['tʌnɪ] n thon m.

**turban** ['tə:bən] n turban m.

**turbid** ['tə:bɪd] a boueux(euse).

**turbine** ['tə:baɪn] n turbine f.

**turbojet** ['tə:bəu'dʒɛt] n turboréacteur m.

**turbot** ['tə:bət] n, pl inv turbot m.

**turbulence** ['tə:bjuləns] n (AVIAT) turbulence f.

**turbulent** ['tə:bjulənt] a turbulent(e); (sea) agité(e).

**tureen** [tə'ri:n] n soupière f.

**turf** [tə:f] n gazon m; (clod) motte f (de gazon) // vt gazonner; **the T**~ n le turf, les courses fpl; **to** ~ **out** vt (col) jeter; jeter dehors.

**turgid** ['tə:dʒɪd] a (speech) pompeux(euse).

**Turk** [tə:k] n Turc/Turque.

**turkey** ['tə:kɪ] n dindon m, dinde f.

**Turkey** ['tə:kɪ] n Turquie f.

**Turkish** ['tə:kɪʃ] a turc(turque) // n (LING) turc m; ~ **bath** n bain turc; ~ **delight** n loukoum m.

**turmoil** ['tə:mɔɪl] n trouble m, bouleversement m.

**turn** [tə:n] n tour m; (in road) tournant m; (tendency: of mind, events) tournure f; (performance) numéro m; (MED) crise f, attaque f // vt tourner; (collar, steak) retourner; (milk) faire tourner; (change): **to** ~ **sth into** changer qch en // vi tourner; (person: look back) se (re)tourner; (reverse direction) faire demi-tour; (change) changer; (become) devenir; **to** ~ **into** se changer en; **a good** ~ un service; **a bad** ~ un mauvais tour; **it gave me quite a** ~ ça m'a fait un coup; **'no left** ~' (AUT) 'défense de tourner à gauche'; **it's your** ~ c'est (à) votre tour; **in** ~ à son tour; à tour de rôle; **to take** ~**s** se relayer; **to take** ~**s at** faire à tour de rôle; **to** ~ **about** vi faire demi-tour;

faire un demi-tour; **to** ~ **away** vi se détourner, tourner la tête; **to** ~ **back** vi revenir, faire demi-tour; **to** ~ **down** vt (refuse) rejeter, refuser; (reduce) baisser; (fold) rabattre; **to** ~ **in** vi (col: go to bed) aller se coucher // vt (fold) rentrer; **to** ~ **off** vi (from road) tourner // vt (light, radio etc) éteindre; (engine) arrêter; **to** ~ **on** vt (light, radio etc) allumer; (engine) mettre en marche; **to** ~ **out** vt (light, gas) éteindre // vi: **to** ~ **out to be...** s'avérer..., se révéler...; **to** ~ **up** (person) arriver, se pointer; (lost object) être retrouvé(e) // vt (collar) remonter; (increase: sound, volume etc) mettre plus fort; ~**around** n volteface f; ~**ed-up** a (nose) retroussé(e); ~**ing** n (in road) tournant m; ~**ing circle** n rayon m de braquage; ~**ing point** n (fig) tournant m, moment décisif.

**turnip** ['tə:nɪp] n navet m.

**turnout** ['tə:naut] n (nombre m de personnes dans l') assistance f.

**turnover** ['tə:nəuvə*] n (COMM: amount of money) chiffre m d'affaires; (: of goods) roulement m; (CULIN) sorte de chausson.

**turnpike** ['tə:npaɪk] n (US) autoroute f à péage.

**turnstile** ['tə:nstaɪl] n tourniquet m (d'entrée).

**turntable** ['tə:nteɪbl] n (on record player) platine f.

**turn-up** ['tə:nʌp] n (on trousers) revers m.

**turpentine** ['tə:pəntaɪn] n (also: **turps**) (essence f de) térébenthine f.

**turquoise** ['tə:kwɔɪz] n (stone) turquoise f // a turquoise inv.

**turret** ['tʌrɪt] n tourelle f.

**turtle** ['tə:tl] n tortue marine; ~**neck** (**sweater**) n pullover m à col montant.

**tusk** [tʌsk] n défense f.

**tussle** ['tʌsl] n bagarre f, mêlée f.

**tutor** ['tju:tə*] n (in college) directeur/trice d'études; (private teacher) précepteur/-trice; ~**ial** [-'tɔ:rɪəl] (SCOL) (séance f de) travaux mpl pratiques.

**tuxedo** [tʌk'si:dəu] n (US) smoking m.

**T.V.** [ti:'vi:] n (abbr of television) télé f.

**twaddle** ['twɔdl] n balivernes fpl.

**twang** [twæŋ] n (of instrument) son vibrant; (of voice) ton nasillard // vi vibrer // vt (guitar) pincer les cordes de.

**tweed** [twi:d] n tweed m.

**tweezers** ['twi:zəz] npl pince f à épiler.

**twelfth** [twɛlfθ] num douzième; **T**~ **Night** n la fête des Rois.

**twelve** [twɛlv] num douze; **at** ~ à midi; (midnight) à minuit.

**twentieth** ['twɛntɪɪθ] num vingtième.

**twenty** ['twɛntɪ] num vingt.

**twerp** [twə:p] n (col) imbécile m/f.

**twice** [twaɪs] ad deux fois; ~ **as much** deux fois plus.

**twig** [twɪg] n brindille f // vt, vi (col) piger.

**twilight** ['twaɪlaɪt] n crépuscule m.

**twill** [twɪl] n sergé m.

**twin** [twɪn] a, n jumeau(elle) // vt jumeler.

**twine** [twaɪn] n ficelle f // vi (plant) s'enrouler; (road) serpenter.

**twinge** [twɪndʒ] n (of pain) élancement m; (of conscience) remords m.

**twinkle** ['twɪŋkl] n scintillement m ; pétillement m // vi scintiller ; (eyes) pétiller.

**twin town** [twɪn'taun] n ville jumelée.

**twirl** [twə:l] n tournoiement m // vt faire tournoyer // vi tournoyer.

**twist** [twɪst] n torsion f, tour m ; (in wire, flex) tortillon m ; (in story) coup m de théâtre // vt tordre ; (weave) entortiller ; (roll around) enrouler ; (fig) déformer // vi s'entortiller ; s'enrouler ; (road) serpenter.

**twit** [twɪt] n (col) crétin/e.

**twitch** [twɪtʃ] n saccade f ; (nervous) tic m // vi se convulser ; avoir un tic.

**two** [tu:] num deux ; **to put ~ and ~ together** (fig) faire le rapport ; **~-door** a (AUT) à deux portes ; **~-faced** a (pej: person) faux(fausse) ; **~fold** ad: **to increase ~fold** doubler ; **~-piece (suit)** n (costume m) deux-pièces m inv ; **~-piece (swimsuit)** n (maillot m de bain) deux-pièces m inv ; **~-seater** n (plane) (avion m) biplace m ; (car) voiture f à deux places ; **~some** n (people) couple m ; **~-way** a (traffic) dans les deux sens.

**tycoon** [taɪ'ku:n] n: **(business) ~** gros homme d'affaires.

**type** [taɪp] n (category) genre m, espèce f ; (model) modèle m ; (example) type m ; (TYP) type, caractère m // vt (letter etc) taper (à la machine) ; **~cast** a (actor) condamné(e) à toujours jouer le même rôle ; **~script** n texte dactylographié ; **~writer** n machine f à écrire ; **~written** a dactylographié(e).

**typhoid** ['taɪfɔɪd] n typhoïde f.

**typhoon** [taɪ'fu:n] n typhon m.

**typhus** ['taɪfəs] n typhus m.

**typical** ['tɪpɪkl] a typique, caractéristique.

**typify** ['tɪpɪfaɪ] vt être caractéristique de.

**typing** ['taɪpɪŋ] n dactylo(graphie) f ; **~ error** n faute f de frappe ; **~ paper** n papier m machine.

**typist** ['taɪpɪst] n dactylo m/f.

**tyranny** ['tɪrənɪ] n tyrannie f.

**tyrant** ['taɪərnt] n tyran m.

**tyre, tire** (US) ['taɪə*] n pneu m ; **~ pressure** n pression f (de gonflage).

**tzar** [zɑ:*] n = **tsar**.

## U

**U-bend** ['ju:'bɛnd] n (AUT) coude m, virage m en épingle à cheveux ; (in pipe) coude.

**ubiquitous** [ju:'bɪkwɪtəs] a doué(e) d'ubiquité, omniprésent(e).

**udder** ['ʌdə*] n pis m, mamelle f.

**UFO** ['ju:fəu] n (abbr of unidentified flying object) O.V.N.I. (objet volant non identifié).

**ugh** [ə:h] excl pouah!

**ugliness** ['ʌglɪnɪs] n laideur f.

**ugly** ['ʌglɪ] a laid(e), vilain(e) ; (fig) répugnant(e).

**UHF** abbr of ultra-high frequency.

**UHT** a (abbr of ultra-heat treated): **~ milk** n lait upérisé or longue conservation.

**U.K.** n abbr see **united**.

**ulcer** ['ʌlsə*] n ulcère m ; (also: **mouth ~**) aphte f.

**Ulster** ['ʌlstə*] n Ulster m.

**ulterior** [ʌl'tɪərɪə*] a ultérieur(e) ; **~ motive** n arrière-pensée f.

**ultimate** ['ʌltɪmət] a ultime, final(e) ; (authority) suprême ; **~ly** ad en fin de compte ; finalement ; par la suite.

**ultimatum** [ʌltɪ'meɪtəm] n ultimatum m.

**ultraviolet** ['ʌltrə'vaɪəlɪt] a ultraviolet(te).

**umbilical** [ʌmbɪ'laɪkl] a: **~ cord** cordon ombilical.

**umbrage** ['ʌmbrɪdʒ] n: **to take ~** prendre ombrage, se froisser.

**umbrella** [ʌm'brɛlə] n parapluie m ; (fig): **under the ~ of** sous les auspices de ; chapeauté(e) par.

**umpire** ['ʌmpaɪə*] n arbitre m // vt arbitrer.

**umpteen** [ʌmp'ti:n] a je ne sais combien de ; **for the ~th time** pour la nième fois.

**UN, UNO** abbr see **united**.

**unabashed** [ʌnə'bæʃt] a nullement intimidé(e).

**unabated** [ʌnə'beɪtɪd] a non diminué(e).

**unable** [ʌn'eɪbl] a: **to be ~ to** ne (pas) pouvoir, être dans l'impossibilité de ; être incapable de.

**unaccompanied** [ʌnə'kʌmpənɪd] a (child, lady) non accompagné(e).

**unaccountably** [ʌnə'kauntəblɪ] ad inexplicablement.

**unaccustomed** [ʌnə'kʌstəmd] a inaccoutumé(e), inhabituel(le) ; **to be ~ to** sth ne pas avoir l'habitude de qch.

**unadulterated** [ʌnə'dʌltəreɪtd] a pur(e), naturel(le).

**unaided** [ʌn'eɪdɪd] a sans aide, tout(e) seul(e).

**unanimity** [ju:nə'nɪmɪtɪ] n unanimité f.

**unanimous** [ju:'nænɪməs] a unanime ; **~ly** ad à l'unanimité.

**unashamed** [ʌnə'ʃeɪmd] a sans honte ; impudent(e).

**unassuming** [ʌnə'sju:mɪŋ] a modeste, sans prétentions.

**unattached** [ʌnə'tætʃt] a libre, sans attaches.

**unattended** [ʌnə'tɛndɪd] a (car, child, luggage) sans surveillance.

**unattractive** [ʌnə'træktɪv] a peu attrayant(e).

**unauthorized** [ʌn'ɔ:θəraɪzd] a non autorisé(e), sans autorisation.

**unavoidable** [ʌnə'vɔɪdəbl] a inévitable.

**unaware** [ʌnə'wɛə*] a: **to be ~ of** ignorer, ne pas savoir, être inconscient(e) de ; **~s** ad à l'improviste, au dépourvu.

**unbalanced** [ʌn'bælənst] a déséquilibré(e).

**unbearable** [ʌn'bɛərəbl] a insupportable.

**unbeatable** [ʌn'bi:təbl] a imbattable.

**unbeaten** [ʌn'bi:tn] a invaincu(e).

**unbecoming** [ʌnbɪ'kʌmɪŋ] a malséant(e), inconvenant(e).

**unbeknown(st)** [ʌnbɪ'nəun(st)] ad: **~ to** à l'insu de.

**unbelief** [ʌnbɪ'li:f] n incrédulité f.

**unbelievable** [ʌnbɪ'li:vəbl] a incroyable.

**unbend** [ʌn'bɛnd] vb (irg) vi se détendre // vt (wire) redresser, détordre.

**unbounded** [ʌn'baundɪd] a sans bornes, illimité(e).

**unbreakable** [ʌn'breɪkəbl] a incassable.
**unbridled** [ʌn'braɪdld] a débridé(e), déchaîné(e).
**unbroken** [ʌn'brəukən] a intact(e) ; continu(e).
**unburden** [ʌn'bə:dn] vt: **to ~ o.s.** s'épancher, se livrer.
**unbutton** [ʌn'bʌtn] vt déboutonner.
**uncalled-for** [ʌn'kɔ:ldfɔ:*] a déplacé(e), injustifié(e).
**uncanny** [ʌn'kænɪ] a étrange, troublant(e).
**unceasing** [ʌn'si:sɪŋ] a incessant(e), continu(e).
**uncertain** [ʌn'sə:tn] a incertain(e) ; mal assuré(e) ; **~ty** n incertitude f, doutes mpl.
**unchanged** [ʌn'tʃeɪndʒd] a inchangé(e).
**uncharitable** [ʌn'tʃærɪtəbl] a peu charitable.
**uncharted** [ʌn'tʃɑ:tɪd] a inexploré(e).
**unchecked** [ʌn'tʃɛkt] a non réprimé(e).
**uncle** [ʌŋkl] n oncle m.
**uncomfortable** [ʌn'kʌmfətəbl] a inconfortable ; (uneasy) mal à l'aise, gêné(e) ; désagréable.
**uncommon** [ʌn'kɔmən] a rare, singulier(ère), peu commun(e).
**uncompromising** [ʌn'kɔmprəmaɪzɪŋ] a intransigeant(e), inflexible.
**unconditional** [ʌnkən'dɪʃənl] a sans conditions.
**uncongenial** [ʌnkən'dʒi:nɪəl] a peu agréable.
**unconscious** [ʌn'kɔnʃəs] a sans connaissance, évanoui(e) ; (unaware) inconscient(e) // n: **the ~** l'inconscient m ; **~ly** ad inconsciemment.
**uncontrollable** [ʌnkən'trəuləbl] a irrépressible ; indiscipliné(e).
**uncork** [ʌn'kɔ:k] vt déboucher.
**uncouth** [ʌn'ku:θ] a grossier(ère), fruste.
**uncover** [ʌn'kʌvə*] vt découvrir.
**unctuous** [ʌŋktjuəs] a onctueux(euse), mielleux(euse).
**undaunted** [ʌn'dɔ:ntɪd] a non intimidé(e), inébranlable.
**undecided** [ʌndɪ'saɪdɪd] a indécis(e), irrésolu(e).
**undeniable** [ʌndɪ'naɪəbl] a indéniable, incontestable.
**under** [ʌndə*] prep sous ; (less than) (de) moins de ; au-dessous de ; (according to) selon, en vertu de // ad au-dessous ; en dessous ; **from ~ sth** de dessous or de sous qch ; **~ there** là-dessous ; **~ repair** en (cours de) réparation.
**under...** [ʌndə*] prefix sous- ; **~-age** a qui n'a pas l'âge réglementaire ; **~carriage, ~cart** n train m d'atterrissage ; **~clothes** npl sous-vêtements mpl ; (women's only) dessous mpl ; **~coat** n (paint) couche f de fond ; **~cover** a secret(ète), clandestin(e) ; **~current** n courant sous-jacent ; **~cut** n (CULIN) (morceau m de) filet m // vt irg vendre moins cher que ; **~developed** a sous-développé(e) ; **~dog** n opprimé m ; **~done** a (CULIN) saignant(e) ; (pej) pas assez cuit(e) ; **~estimate** vt sous-estimer, mésestimer ; **~exposed** a (PHOT) sous-exposé(e) ; **~fed** a sous-alimenté(e) ; **~foot** ad sous les pieds ; **~go** vt irg subir ; (treatment) suivre ; **~graduate** n

étudiant/e (qui prépare la licence) ; **~ground** n métro m ; (POL) clandestinité f ; **~growth** n broussailles fpl, sous-bois m ; **~hand(ed)** a (fig) sournois(e), en dessous ; **~lie** vt irg être à la base de ; **~line** vt souligner ; **~ling** [ʌndəlɪŋ] n (pej) sous-fifre m, subalterne m ; **~mine** vt saper, miner ; **~neath** [ʌndə'ni:θ] ad (en) dessous // prep sous, au-dessous de ; **~paid** a sous-payé(e) ; **~pants** npl (Brit) caleçon m, slip m ; **~pass** n passage souterrain ; (on motorway) passage inférieur ; **~play** vt minimiser ; **~price** vt vendre à un prix trop bas ; **~privileged** a défavorisé(e), économiquement faible ; **~rate** vt sous-estimer, mésestimer ; **~shirt** n (US) tricot m de corps ; **~shorts** npl (US) caleçon m, slip m ; **~side** n dessous m ; **~skirt** n jupon m.
**understand** [ʌndə'stænd] vb (irg: like stand) vt, vi comprendre ; **I ~ that...** je me suis laissé dire que... ; je crois comprendre que... ; **~able** a compréhensible ; **~ing** a compréhensif(ive) // n compréhension f ; (agreement) accord m.
**understatement** [ʌndə'steɪtmənt] n: **that's an ~** c'est (bien) peu dire, le terme est faible.
**understood** [ʌndə'stud] pt, pp of **understand** // a entendu(e) ; (implied) sous-entendu(e).
**understudy** [ʌndəstʌdɪ] n doublure f.
**undertake** [ʌndə'teɪk] vt irg entreprendre ; se charger de.
**undertaker** [ʌndəteɪkə*] n entrepreneur m des pompes funèbres, croque-mort m.
**undertaking** [ʌndə'teɪkɪŋ] n entreprise f ; (promise) promesse f.
**underwater** [ʌndə'wɔ:tə*] ad sous l'eau // a sous-marin(e).
**underwear** [ʌndəwɛə*] n sous-vêtements mpl ; (women's only) dessous mpl.
**underweight** [ʌndə'weɪt] a d'un poids insuffisant ; (person) (trop) maigre.
**underworld** [ʌndəwə:ld] n (of crime) milieu m, pègre f.
**underwriter** [ʌndəraɪtə*] n (INSURANCE) souscripteur m.
**undesirable** [ʌndɪ'zaɪərəbl] a peu souhaitable ; indésirable.
**undies** [ʌndɪz] npl (col) dessous mpl, lingerie f.
**undisputed** [ʌndɪ'spju:tɪd] a incontesté(e).
**undistinguished** [ʌndɪs'tɪŋgwɪʃt] a médiocre, quelconque.
**undo** [ʌn'du:] vt irg défaire ; **~ing** n ruine f, perte f.
**undoubted** [ʌn'dautɪd] a indubitable, certain(e) ; **~ly** ad sans aucun doute.
**undress** [ʌn'drɛs] vi se déshabiller.
**undue** [ʌn'dju:] a indu(e), excessif(ive).
**undulating** [ʌndjuleɪtɪŋ] a ondoyant(e), onduleux(euse).
**unduly** [ʌn'dju:lɪ] ad trop, excessivement.
**unearth** [ʌn'ə:θ] vt déterrer ; (fig) dénicher.
**unearthly** [ʌn'ə:θlɪ] a surnaturel(le) ; (hour) indu(e), impossible.
**uneasy** [ʌn'i:zɪ] a mal à l'aise, gêné(e) ; (worried) inquiet(ète).

**uneconomic(al)** [ˈʌniːkəˈnɔmɪk(l)] a peu économique ; peu rentable.

**uneducated** [ʌnˈɛdjukeɪtɪd] a sans éducation.

**unemployed** [ʌnɪmˈplɔɪd] a sans travail, en chômage // n: the ~ les chômeurs mpl.

**unemployment** [ʌnɪmˈplɔɪmənt] n chômage m.

**unending** [ʌnˈɛndɪŋ] a interminable.

**unenviable** [ʌnˈɛnvɪəbl] a peu enviable.

**unerring** [ʌnˈəːrɪŋ] a infaillible, sûr(e).

**uneven** [ʌnˈiːvn] a inégal(e) ; irrégulier(ère).

**unexpected** [ʌnɪkˈspɛktɪd] a inattendu(e), imprévu(e).

**unexploded** [ʌnɪkˈspləʊdɪd] a non explosé(e) or éclaté(e).

**unfailing** [ʌnˈfeɪlɪŋ] a inépuisable ; infaillible.

**unfair** [ʌnˈfɛə*] a: ~ (to) injuste (envers) ; ~ly ad injustement.

**unfaithful** [ʌnˈfeɪθful] a infidèle.

**unfamiliar** [ʌnfəˈmɪlɪə*] a étrange, inconnu(e).

**unfasten** [ʌnˈfɑːsn] vt défaire ; détacher.

**unfathomable** [ʌnˈfæðəməbl] a insondable.

**unfavourable, unfavorable** (US) [ʌnˈfeɪvərəbl] a défavorable.

**unfeeling** [ʌnˈfiːlɪŋ] a insensible, dur(e).

**unfinished** [ʌnˈfɪnɪʃt] a inachevé(e).

**unfit** [ʌnˈfɪt] a en mauvaise santé ; pas en forme ; (incompetent): ~ (for) impropre (à) ; (work, service) inapte (à).

**unflagging** [ʌnˈflægɪŋ] a infatigable, inlassable.

**unflappable** [ʌnˈflæpəbl] a imperturbable.

**unflinching** [ʌnˈflɪntʃɪŋ] a stoïque.

**unfold** [ʌnˈfəʊld] vt déplier ; (fig) révéler, exposer // vi se dérouler.

**unforeseen** [ʌnfɔːˈsiːn] a imprévu(e).

**unforgivable** [ʌnfəˈgɪvəbl] a impardonnable.

**unfortunate** [ʌnˈfɔːtʃnət] a malheureux-(euse) ; (event, remark) malencontreux-(euse) ; ~ly ad malheureusement.

**unfounded** [ʌnˈfaʊndɪd] a sans fondement.

**unfriendly** [ʌnˈfrɛndlɪ] a froid(e), inamical(e).

**unfurnished** [ʌnˈfəːnɪʃt] a non meublé(e).

**ungainly** [ʌnˈgeɪnlɪ] a gauche, dégingandé(e).

**ungodly** [ʌnˈgɔdlɪ] a impie ; at an ~ hour à une heure indue.

**unguarded** [ʌnˈgɑːdɪd] a: ~ moment n moment m d'inattention.

**unhappiness** [ʌnˈhæpɪnɪs] n tristesse f, peine f.

**unhappy** [ʌnˈhæpɪ] a triste, malheureux(euse) ; ~ with (arrangements etc) mécontent(e) de, peu satisfait(e) de.

**unharmed** [ʌnˈhɑːmd] a indemne, sain(e) et sauf(sauve).

**unhealthy** [ʌnˈhɛlθɪ] a (gen) malsain(e) ; (person) maladif(ive).

**unheard-of** [ʌnˈhəːdɔv] a inouï(e), sans précédent.

**unhook** [ʌnˈhuk] vt décrocher ; dégrafer.

**unhurt** [ʌnˈhəːt] a indemne, sain(e) et sauf(sauve).

**unicorn** [ˈjuːnɪkɔːn] n licorne f.

**unidentified** [ʌnaɪˈdɛntɪfaɪd] a non identifié(e).

**uniform** [ˈjuːnɪfɔːm] n uniforme m // a uniforme ; ~ity [-ˈfɔːmɪtɪ] n uniformité f.

**unify** [ˈjuːnɪfaɪ] vt unifier.

**unilateral** [juːnɪˈlætərəl] a unilatéral(e).

**unimaginable** [ʌnɪˈmædʒɪnəbl] a inimaginable, inconcevable.

**unimpaired** [ʌnɪmˈpɛəd] a intact(e).

**uninhibited** [ʌnɪnˈhɪbɪtɪd] a sans inhibitions ; sans retenue.

**unintentional** [ʌnɪnˈtɛnʃənəl] a involontaire.

**union** [ˈjuːnjən] n union f ; (also: trade ~) syndicat m // cpd du syndicat, syndical(e) ; U~ Jack n drapeau du Royaume-Uni.

**unique** [juːˈniːk] a unique.

**unison** [ˈjuːnɪsn] n: in ~ à l'unisson, en chœur.

**unit** [ˈjuːnɪt] n unité f ; (section: of furniture etc) élément m, bloc m ; (team, squad) groupe m, service m.

**unite** [juːˈnaɪt] vt unir // vi s'unir ; ~d a uni(e) ; unifié(e) ; (efforts) conjugué(e) ; U~d Kingdom (U.K.) n Royaume-Uni m ; U~d Nations (Organization) (UN, UNO) n (Organisation f des) Nations unies (O.N.U.) ; U~d States (of America) (US, USA) n États-Unis mpl.

**unit trust** [ˈjuːnɪttrʌst] n (Brit) société f d'investissement.

**unity** [ˈjuːnɪtɪ] n unité f.

**universal** [juːnɪˈvəːsl] a universel(le).

**universe** [ˈjuːnɪvəːs] n univers m.

**university** [juːnɪˈvəːsɪtɪ] n université f.

**unjust** [ʌnˈdʒʌst] a injuste.

**unkempt** [ʌnˈkɛmpt] a mal tenu(e), débraillé(e) ; mal peigné(e).

**unkind** [ʌnˈkaɪnd] a peu gentil(le), méchant(e).

**unknown** [ʌnˈnəʊn] a inconnu(e).

**unladen** [ʌnˈleɪdn] a (ship, weight) à vide.

**unlawful** [ʌnˈlɔːful] a illégal(e).

**unleash** [ʌnˈliːʃ] vt détacher ; (fig) déchaîner, déclencher.

**unleavened** [ʌnˈlɛvnd] a sans levain.

**unless** [ʌnˈlɛs] cj: ~ he leaves à moins qu'il (ne) parte ; ~ we leave à moins de partir, à moins que nous (ne) partions ; ~ otherwise stated sauf indication contraire.

**unlicensed** [ʌnˈlaɪsənst] a non patenté(e) pour la vente des spiritueux.

**unlike** [ʌnˈlaɪk] a dissemblable, différent(e) // prep à la différence de, contrairement à.

**unlikely** [ʌnˈlaɪklɪ] a improbable ; invraisemblable.

**unlimited** [ʌnˈlɪmɪtɪd] a illimité(e).

**unload** [ʌnˈləʊd] vt décharger.

**unlock** [ʌnˈlɔk] vt ouvrir.

**unlucky** [ʌnˈlʌkɪ] a malchanceux(euse) ; (object, number) qui porte malheur.

**unmannerly** [ʌnˈmænəlɪ] a mal élevé(e), impoli(e).

**unmarried** [ʌnˈmærɪd] a célibataire.

**unmask** [ʌnˈmɑːsk] vt démasquer.

**unmistakable** [ʌnmɪsˈteɪkəbl] a indubitable ; qu'on ne peut pas ne pas reconnaître.

**unmitigated** [ʌnˈmɪtɪɡeɪtɪd] a non mitigé(e), absolu(e), pur(e).

**unnatural** [ʌnˈnætʃrəl] a non naturel(le) ; contre nature.

**unnecessary** [ʌnˈnɛsəsərɪ] a inutile, superflu(e).

**unnerve** [ʌnˈnəːv] vt faire perdre son sang-froid à.

**UNO** [juːnəu] n see united.

**unobtainable** [ʌnəbˈteɪnəbl] a (TEL) impossible à obtenir.

**unoccupied** [ʌnˈɔkjupaɪd] a (seat etc) libre.

**unofficial** [ʌnəˈfɪʃl] a non officiel(le) ; (strike) ≈ non sanctionné(e) par la centrale.

**unorthodox** [ʌnˈɔːθədɔks] a peu orthodoxe.

**unpack** [ʌnˈpæk] vi défaire sa valise, déballer ses affaires.

**unpalatable** [ʌnˈpælətəbl] a (truth) désagréable (à entendre).

**unparalleled** [ʌnˈpærəlɛld] a incomparable, sans égal.

**unpleasant** [ʌnˈplɛznt] a déplaisant(e), désagréable.

**unplug** [ʌnˈplʌɡ] vt débrancher.

**unpopular** [ʌnˈpɔpjulə*] a impopulaire.

**unprecedented** [ʌnˈprɛsɪdəntɪd] a sans précédent.

**unpredictable** [ʌnprɪˈdɪktəbl] a imprévisible.

**unprepossessing** [ˈʌnpriːpəˈzɛsɪŋ] a peu avenant(e).

**unpretentious** [ʌnprɪˈtɛnʃəs] a sans prétention(s).

**unqualified** [ʌnˈkwɔlɪfaɪd] a (teacher) non diplômé(e), sans titres ; (success) sans réserve, total(e).

**unravel** [ʌnˈrævl] vt démêler.

**unreal** [ʌnˈrɪəl] a irréel(le).

**unreasonable** [ʌnˈriːznəbl] a qui n'est pas raisonnable.

**unrelated** [ʌnrɪˈleɪtɪd] a sans rapport ; sans lien de parenté.

**unrelenting** [ʌnrɪˈlɛntɪŋ] a implacable ; acharné(e).

**unreliable** [ʌnrɪˈlaɪəbl] a sur qui (or quoi) on ne peut pas compter, peu fiable.

**unrelieved** [ʌnrɪˈliːvd] a (monotony) constant(e), uniforme.

**unremitting** [ʌnrɪˈmɪtɪŋ] a inlassable, infatigable, acharné(e).

**unrepeatable** [ʌnrɪˈpiːtəbl] a (offer) unique, exceptionnel(le).

**unrepentant** [ʌnrɪˈpɛntənt] a impénitent(e).

**unrest** [ʌnˈrɛst] n agitation f, troubles mpl.

**unroll** [ʌnˈrəul] vt dérouler.

**unruly** [ʌnˈruːlɪ] a indiscipliné(e).

**unsafe** [ʌnˈseɪf] a dangereux(euse), hasardeux(euse).

**unsaid** [ʌnˈsɛd] a: to leave sth ~ passer qch sous silence.

**unsatisfactory** [ˈʌnsætɪsˈfæktərɪ] a qui laisse à désirer.

**unsavoury, unsavory** (US) [ʌnˈseɪvərɪ] a (fig) peu recommandable, répugnant(e).

**unscathed** [ʌnˈskeɪðd] a indemne.

**unscrew** [ʌnˈskruː] vt dévisser.

**unscrupulous** [ʌnˈskruːpjuləs] a sans scrupules, indélicat(e).

**unseemly** [ʌnˈsiːmlɪ] a inconvenant(e).

**unsettled** [ʌnˈsɛtld] a perturbé(e) ; instable ; incertain(e).

**unshaven** [ʌnˈʃeɪvn] a non or mal rasé(e).

**unsightly** [ʌnˈsaɪtlɪ] a disgracieux(euse), laid(e).

**unskilled** [ʌnˈskɪld] a: ~ worker n manœuvre m.

**unsophisticated** [ʌnsəˈfɪstɪkeɪtɪd] a simple, naturel(le).

**unspeakable** [ʌnˈspiːkəbl] a indicible ; (bad) innommable.

**unsteady** [ʌnˈstɛdɪ] a mal assuré(e), chancelant(e), instable.

**unstuck** [ʌnˈstʌk] a: to come ~ se décoller ; (fig) faire fiasco.

**unsuccessful** [ʌnsəkˈsɛsful] a (attempt) infructueux(euse) ; (writer, proposal) qui n'a pas de succès ; (marriage) malheureux(euse), qui ne réussit pas ; to be ~ (in attempting sth) ne pas réussir ; ne pas avoir de succès ; (application) ne pas être retenu(e) ; ~ly ad n'avoir pas de succès, en vain.

**unsuitable** [ʌnˈsuːtəbl] a qui ne convient pas, peu approprié(e) ; inopportun(e).

**unsuspecting** [ʌnsəˈspɛktɪŋ] a qui ne se méfie pas.

**unswerving** [ʌnˈswəːvɪŋ] a inébranlable.

**untangle** [ʌnˈtæŋɡl] vt démêler, débrouiller.

**untapped** [ʌnˈtæpt] a (resources) inexploité(e).

**unthinkable** [ʌnˈθɪŋkəbl] a impensable, inconcevable.

**untidy** [ʌnˈtaɪdɪ] a (room) en désordre ; (appearance) désordonné(e), débraillé(e) ; (person) sans ordre, désordonné ; débraillé ; (work) peu soigné(e).

**untie** [ʌnˈtaɪ] vt (knot, parcel) défaire ; (prisoner, dog) détacher.

**until** [ənˈtɪl] prep jusqu'à ; (after negative) avant // cj jusqu'à ce que + sub, en attendant que + sub ; (in past, after negative) avant que + sub ; ~ then jusque-là.

**untimely** [ʌnˈtaɪmlɪ] a inopportun(e) ; (death) prématuré(e).

**untold** [ʌnˈtəuld] a incalculable ; indescriptible.

**untoward** [ʌntəˈwɔːd] a fâcheux (euse), malencontreux(euse).

**untranslatable** [ʌntrænzˈleɪtəbl] a intraduisible.

**unused** [ʌnˈjuːzd] a neuf(neuve).

**unusual** [ʌnˈjuːʒuəl] a insolite, exceptionnel(le), rare.

**unveil** [ʌnˈveɪl] vt dévoiler.

**unwavering** [ʌnˈweɪvərɪŋ] a inébranlable.

**unwell** [ʌnˈwɛl] a indisposé(e), souffrant(e).

**unwieldy** [ʌnˈwiːldɪ] a difficile à manier.

**unwilling** [ʌnˈwɪlɪŋ] a: to be ~ to do ne pas vouloir faire ; ~ly ad à contrecœur, contre son gré.

**unwind** [ʌn'waɪnd] vb (irg) vt dérouler // vi (relax) se détendre.
**unwitting** [ʌn'wɪtɪŋ] a involontaire.
**unworthy** [ʌn'wə:ðɪ] a indigne.
**unwrap** [ʌn'ræp] vt défaire; ouvrir.
**unwritten** [ʌn'rɪtn] a (agreement) tacite.
**up** [ʌp] prep: to go/be ~ sth monter/être sur qch // ad en haut; en l'air; ~ there là-haut; ~ above au-dessus; ~ to jusqu'à; to be ~ (out of bed) être levé(e), être debout // (prices): it is ~ to you c'est à vous de décider, ça ne tient qu'à vous; what is he ~ to? qu'est-ce qu'il peut bien faire?; he is well ~ to it il n'en est pas capable; ~-and-coming a plein d'avenir or de promesses; ~s and downs npl (fig) hauts mpl et bas mpl.
**upbringing** ['ʌpbrɪŋɪŋ] n éducation f.
**update** [ʌp'deɪt] vt mettre à jour.
**upend** [ʌp'ɛnd] vt mettre debout.
**upgrade** [ʌp'greɪd] vt promouvoir; (job) revaloriser.
**upheaval** [ʌp'hi:vl] n bouleversement m; branle-bas m; crise f.
**uphill** [ʌp'hɪl] a qui monte; (fig: task) difficile, pénible // ad: to go ~ monter.
**uphold** [ʌp'həuld] vt irg maintenir; soutenir.
**upholstery** [ʌp'həulstərɪ] n rembourrage m; (of car) garniture f.
**upkeep** ['ʌpki:p] n entretien m.
**upon** [ə'pɔn] prep sur.
**upper** ['ʌpə*] a supérieur(e); du dessus // n (of shoe) empeigne f; the ~ class ≈ la haute bourgeoisie; ~-class a ≈ bourgeois(e); ~most a le(la) plus haut(e); en dessus.
**upright** ['ʌpraɪt] a droit(e); vertical(e); (fig) droit, honnête // n montant m.
**uprising** ['ʌpraɪzɪŋ] n soulèvement m, insurrection f.
**uproar** ['ʌprɔ:*] n tumulte m, vacarme m.
**uproot** [ʌp'ru:t] vt déraciner.
**upset** n ['ʌpsɛt] dérangement m // vt [ʌp'sɛt] (irg: like set) (glass etc) renverser; (plan) déranger; (person: offend) contrarier; (: grieve) faire de la peine à; bouleverser // a [ʌp'sɛt] contrarié(e); peiné(e); (stomach) détraqué(e), dérangé(e).
**upshot** ['ʌpʃɔt] n résultat m.
**upside** ['ʌpsaɪd]: ~-down ad à l'envers.
**upstairs** [ʌp'stɛəz] ad en haut // a (room) du dessus, d'en haut // n: there's no ~ il n'y a pas d'étage.
**upstart** ['ʌpstɑ:t] n parvenu/e.
**upstream** [ʌp'stri:m] ad en amont.
**uptake** ['ʌpteɪk] n: he is quick/slow on the ~ il comprend vite/est lent à comprendre.
**up-to-date** ['ʌptə'deɪt] a moderne; très récent(e).
**upturn** ['ʌptə:n] n (in luck) retournement m.
**upward** ['ʌpwəd] a ascendant(e); vers le haut; ~(s) ad vers le haut; and ~(s) et plus, et au-dessus.
**uranium** [juə'reɪnɪəm] n uranium m.
**urban** ['ə:bən] a urbain(e).
**urbane** [ə:'beɪn] a urbain(e), courtois(e).

**urchin** ['ə:tʃɪn] n gosse m, garnement m; sea ~ n oursin m.
**urge** [ə:dʒ] n besoin m; envie f; forte envie, désir m // vt: to ~ sb to do exhorter qn à faire, pousser qn à faire; recommander vivement à qn de faire; to ~ on vt aiguillonner, talonner.
**urgency** ['ə:dʒənsɪ] n urgence f; (of tone) insistance f.
**urgent** ['ə:dʒənt] a urgent(e); ~ly ad d'urgence, sans délai.
**urinal** ['juərɪnl] n urinoir m.
**urinate** ['juərɪneɪt] vi uriner.
**urn** [ə:n] n urne f; (also: tea ~) fontaine f à thé.
**us** [ʌs] pronoun nous.
**US, USA** n abbr see united.
**usage** ['ju:zɪdʒ] n usage m.
**use** n [ju:s] emploi m, utilisation f; usage m // vt [ju:z] se servir de, utiliser, employer; she ~d to do it elle le faisait (autrefois), elle avait coutume de le faire; in ~ en usage; out of ~ hors d'usage; it's no ~ ça ne sert à rien; to have the ~ of avoir l'usage de; to be ~d to avoir l'habitude de, être habitué(e) à; to ~ up vt finir, épuiser; consommer; ~d a (car) d'occasion; ~ful a utile; ~fulness n utilité f; ~less a inutile; ~r n utilisateur/trice, usager m.
**usher** ['ʌʃə*] n placeur m; ~ette [-'rɛt] n (in cinema) ouvreuse f.
**USSR** n: the ~ l'URSS f.
**usual** ['ju:ʒuəl] a habituel(le); as ~ comme d'habitude; ~ly ad d'habitude, d'ordinaire.
**usurer** ['ju:ʒərə*] n usurier/ère.
**usurp** [ju:'zə:p] vt usurper.
**utensil** [ju:'tɛnsl] n ustensile m.
**uterus** ['ju:tərəs] n utérus m.
**utilitarian** [ju:tɪlɪ'tɛərɪən] a utilitaire.
**utility** [ju:'tɪlɪtɪ] n utilité f; (also: public ~) service public.
**utilization** [ju:tɪlaɪ'zeɪʃn] n utilisation f.
**utilize** ['ju:tɪlaɪz] vt utiliser; exploiter.
**utmost** ['ʌtməust] a extrême, le(la) plus grand(e) // n: to do one's ~ faire tout son possible.
**utter** ['ʌtə*] a total(e), complet(ète) // vt prononcer, proférer; émettre; ~ance n paroles fpl; ~ly ad complètement, totalement.
**U-turn** ['ju:'tə:n] n demi-tour m.

## V

**v.** abbr of **verse, versus, volt**; (abbr of vide) voir.
**vacancy** ['veɪkənsɪ] n (job) poste vacant; (room) chambre f disponible; 'no vacancies' 'complet'.
**vacant** ['veɪkənt] a (post) vacant(e); (seat etc) libre, disponible; (expression) distrait(e).
**vacate** [və'keɪt] vt quitter.
**vacation** [və'keɪʃən] n vacances fpl; ~ course n cours mpl de vacances.
**vaccinate** ['væksɪneɪt] vt vacciner.
**vaccination** [-'neɪʃən] n vaccination f.
**vaccine** ['væksi:n] n vaccin m.

**vacuum** ['vækjum] *n* vide *m*; ~ **cleaner** *n* aspirateur *m*; ~ **flask** *n* bouteille *f* thermos ®.

**vagary** ['veɪgərɪ] *n* caprice *m*.

**vagina** [və'dʒaɪnə] *n* vagin *m*.

**vagrant** ['veɪgrnt] *n* vagabond/e, mendiant/e.

**vague** [veɪg] *a* vague, imprécis(e); (*blurred: photo, memory*) flou(e); ~**ly** *ad* vaguement.

**vain** [veɪn] *a* (*useless*) vain(e); (*conceited*) vaniteux(euse); **in** ~ en vain.

**valance** ['væləns] *n* (*of bed*) tour *m* de lit.

**valentine** [və'læntaɪn] *n* (*also:* ~ **card**) carte *f* de la Saint-Valentin.

**valeting** ['vælɪtɪŋ] *a*: ~ **service** *n* pressing *m*.

**valiant** ['væliənt] *a* vaillant(e), courageux(euse).

**valid** ['vælɪd] *a* valide, valable; (*excuse*) valable; ~**ity** [-'lɪdɪtɪ] *n* validité *f*.

**valise** [və'liːz] *n* sac *m* de voyage.

**valley** ['vælɪ] *n* vallée *f*.

**valuable** ['væljuəbl] *a* (*jewel*) de grande valeur; (*time*) précieux(euse); ~**s** *npl* objets *mpl* de valeur.

**valuation** [vælju'eɪʃən] *n* évaluation *f*, expertise *f*.

**value** ['væljuː] *n* valeur *f* // *vt* (*fix price*) évaluer, expertiser; (*cherish*) tenir à; ~ **added tax (VAT)** *n* taxe *f* à la valeur ajoutée (T.V.A.); ~**d** *a* (*appreciated*) estimé(e); ~**r** *n* expert *m* (en estimations).

**valve** [vælv] *n* (*in machine*) soupape *f*; (*on tyre*) valve *f*; (*in radio*) lampe *f*.

**van** [væn] *n* (AUT) camionnette *f*; (RAIL) fourgon *m*.

**vandal** ['vændl] *n* vandale *m/f*; ~**ism** *n* vandalisme *m*; ~**ize** *vt* saccager.

**vanguard** ['vænɡɑːd] *n* avant-garde *m*.

**vanilla** [və'nɪlə] *n* vanille *f* // *cpd* (*ice cream*) à la vanille.

**vanish** ['vænɪʃ] *vi* disparaître.

**vanity** ['vænɪtɪ] *n* vanité *f*; ~ **case** *n* sac *m* de toilette.

**vantage** ['vɑːntɪdʒ] *n*: ~ **point** bonne position.

**vapour, vapor** (*US*) ['veɪpə*] *n* vapeur *f*; (*on window*) buée *f*.

**variable** ['vɛərɪəbl] *a* variable; (*mood*) changeant(e).

**variance** ['vɛərɪəns] *n*: **to be at** ~ (**with**) être en désaccord (avec); (*facts*) être en contradiction (avec).

**variant** ['vɛərɪənt] *n* variante *f*.

**variation** [vɛərɪ'eɪʃən] *n* variation *f*; (*in opinion*) changement *m*.

**varicose** ['værɪkəus] *a*: ~ **veins** *npl* varices *fpl*.

**varied** ['vɛərɪd] *a* varié(e), divers(e).

**variety** [və'raɪətɪ] *n* variété *f*; (*quantity*) nombre *m*, quantité *f*; ~ **show** *n* (spectacle *m* de) variétés *fpl*.

**various** ['vɛərɪəs] *a* divers(e), différent(e); (*several*) divers, plusieurs.

**varnish** ['vɑːnɪʃ] *n* vernis *m* // *vt* vernir.

**vary** ['vɛərɪ] *vt, vi* varier, changer; ~**ing** *a* variable.

**vase** [vɑːz] *n* vase *m*.

**vast** [vɑːst] *a* vaste, immense; (*amount,*

*success*) énorme; ~**ly** *ad* infiniment, extrêmement; ~**ness** *n* immensité *f*.

**vat** [væt] *n* cuve *f*.

**VAT** [væt] *n abbr see* **value**.

**Vatican** ['vætɪkən] *n*: **the** ~ le Vatican.

**vault** [vɔːlt] *n* (*of roof*) voûte *f*; (*tomb*) caveau *m*; (*in bank*) salle *f* des coffres; chambre forte; (*jump*) saut *m* // *vt* (*also:* ~ **over**) sauter (d'un bond).

**vaunted** ['vɔːntɪd] *a*: **much-**~ tant célébré(e).

**VD** *n abbr see* **venereal**.

**veal** [viːl] *n* veau *m*.

**veer** [vɪə*] *vi* tourner, virer.

**vegetable** ['vedʒtəbl] *n* légume *m* // *a* végétal(e); ~ **garden** *n* potager *m*.

**vegetarian** [vedʒɪ'tɛərɪən] *a*, *n* végétarien(ne).

**vegetate** ['vedʒɪteɪt] *vi* végéter.

**vegetation** [vedʒɪ'teɪʃən] *n* végétation *f*.

**vehemence** ['viːɪməns] *n* véhémence *f*, violence *f*.

**vehicle** ['viːɪkl] *n* véhicule *m*.

**vehicular** [vɪ'hɪkjulə*] *a*: '**no** ~ **traffic**' 'interdit à tout véhicule'.

**veil** [veɪl] *n* voile *m* // *vt* voiler.

**vein** [veɪn] *n* veine *f*; (*on leaf*) nervure *f*; (*fig: mood*) esprit *m*.

**velocity** [vɪ'lɒsɪtɪ] *n* vélocité *f*.

**velvet** ['velvɪt] *n* velours *m*.

**vending machine** ['vendɪŋməʃiːn] *n* distributeur *m* automatique.

**vendor** ['vendə*] *n* vendeur/euse.

**veneer** [və'nɪə*] *n* placage *m* de bois; (*fig*) vernis *m*.

**venerable** ['venərəbl] *a* vénérable.

**venereal** [vɪ'nɪərɪəl] *a*: ~ **disease (VD)** *n* maladie vénérienne.

**Venetian** [vɪ'niːʃən] *a*: ~ **blind** *n* store vénitien.

**Venezuela** [venɛ'zweɪlə] *n* Venezuela *m*; ~**n** *a* vénézuélien(ne) // *n* V énézuélien/ne.

**vengeance** ['vendʒəns] *n* vengeance *f*; **with a** ~ (*fig*) vraiment, pour de bon.

**venison** ['venɪsn] *n* venaison *f*.

**venom** ['venəm] *n* venin *m*; ~**ous** *a* venimeux(euse).

**vent** [vent] *n* orifice *m*, conduit *m*; (*in dress, jacket*) fente *f* // *vt* (*fig: one's feelings*) donner libre cours à.

**ventilate** ['ventɪleɪt] *vt* (*room*) ventiler, aérer; **ventilation** [-'leɪʃən] *n* ventilation *f*, aération *f*; **ventilator** *n* ventilateur *m*.

**ventriloquist** [ven'trɪləkwɪst] *n* ventriloque *m/f*.

**venture** ['ventʃə*] *n* entreprise *f* // *vt* risquer, hasarder // *vi* s'aventurer, se risquer.

**venue** ['venjuː] *n* lieu *m* de rendez-vous or rencontre; (SPORT) lieu de la rencontre.

**veranda(h)** [və'rændə] *n* véranda *f*.

**verb** [vəːb] *n* verbe *m*; ~**al** *a* verbal(e); (*translation*) littéral(e).

**verbatim** [vəː'beɪtɪm] *a, ad* mot pour mot.

**verbose** [vəː'bəus] *a* verbeux(euse).

**verdict** ['vəːdɪkt] *n* verdict *m*.

**verge** [vəːdʒ] *n* bord *m*; '**soft** ~**s**' 'accotements non stabilisés'; **on the** ~ **of doing** sur le point de faire; **to** ~ **on** *vt fus* approcher de.

**verger** ['vəːdʒə*] n (REL) bedeau m.
**verification** [vɛrɪfɪ'keɪʃən] n vérification f.
**verify** ['vɛrɪfaɪ] vt vérifier.
**vermin** ['vəːmɪn] npl animaux mpl nuisibles; (insects) vermine f.
**vermouth** ['vəːməθ] n vermouth m.
**vernacular** [və'nækjulə*] n langue f vernaculaire, dialecte m.
**versatile** ['vəːsətaɪl] a (person) aux talents variés; (machine, tool etc) aux usages variés; aux applications variées.
**verse** [vəːs] n vers mpl; (stanza) strophe f; (in bible) verset m.
**versed** [vəːst] a: (well-)~ in versé(e) dans.
**version** ['vəːʃən] n version f.
**versus** ['vəːsəs] prep contre.
**vertebra,** pl ~e ['vəːtɪbrə, -briː] n vertèbre f.
**vertebrate** ['vəːtɪbrɪt] n vertébré m.
**vertical** ['vəːtɪkl] a vertical(e) // n verticale f; ~ly ad verticalement.
**vertigo** ['vəːtɪgəu] n vertige m.
**verve** [vəːv] n brio m; enthousiasme m.
**very** ['vɛrɪ] ad très // a: the ~ book which je le livre même que; at the ~ end tout à la fin; the ~ last le tout dernier; at the ~ least au moins; ~ much beaucoup.
**vespers** ['vɛspəz] npl vêpres fpl.
**vessel** ['vɛsl] n (ANAT, NAUT) vaisseau m; (container) récipient m.
**vest** [vɛst] n tricot m de corps; (US: waistcoat) gilet m // vt: to ~ sb with sth, to ~ sth in sb investir qn de qch; ~ed interests npl (COMM) droits acquis.
**vestibule** ['vɛstɪbjuːl] n vestibule m.
**vestige** ['vɛstɪdʒ] n vestige m.
**vestry** ['vɛstrɪ] n sacristie f.
**vet** [vɛt] n (abbr of veterinary surgeon) vétérinaire m/f // vt examiner minutieusement; (text) revoir.
**veteran** ['vɛtərn] n vétéran m; (also: war ~) ancien combattant; ~ car n voiture f d'époque.
**veterinary** ['vɛtrɪnərɪ] a vétérinaire; ~ surgeon n vétérinaire m/f.
**veto** ['viːtəu] n, pl ~es veto m // vt opposer son veto à.
**vex** [vɛks] vt fâcher, contrarier; ~ed a (question) controversé(e).
**VHF** abbr of very high frequency.
**via** ['vaɪə] prep par, via.
**viable** ['vaɪəbl] a viable.
**viaduct** ['vaɪədʌkt] n viaduc m.
**vibrate** [vaɪ'breɪt] vi: to ~ (with) vibrer (de); (resound) retentir (de); **vibration** [-'breɪʃən] n vibration f.
**vicar** ['vɪkə*] n pasteur m (de l'Église anglicane); ~age n presbytère m.
**vice** [vaɪs] n (evil) vice m; (TECH) étau m.
**vice-** [vaɪs] prefix vice-; ~chairman n vice-président-e.
**vice squad** ['vaɪsskwɔd] n ≈ brigade mondaine.
**vice versa** ['vaɪsɪ'vəːsə] ad vice versa.
**vicinity** [vɪ'sɪnɪtɪ] n environs mpl, alentours mpl.

**vicious** ['vɪʃəs] a (remark) cruel(le), méchant(e); (blow) brutal(e); ~ness n méchanceté f, cruauté f; brutalité f.
**vicissitudes** [vɪ'sɪsɪtjuːdz] npl vicissitudes fpl.
**victim** ['vɪktɪm] n victime f; ~ization [-'zeɪʃən] n brimades fpl; représailles fpl; ~ize vt brimer; exercer des représailles sur.
**victor** ['vɪktə*] n vainqueur m.
**Victorian** [vɪk'tɔːrɪən] a victorien(ne).
**victorious** [vɪk'tɔːrɪəs] a victorieux(euse).
**victory** ['vɪktərɪ] n victoire f.
**video** ['vɪdɪəu] cpd vidéo inv; ~ (-tape) recorder n magnétoscope m.
**vie** [vaɪ] vi: to ~ with lutter avec, rivaliser avec.
**Vienna** [vɪ'ɛnə] n Vienne.
**view** [vjuː] n vue f; (opinion) avis m, vue // vt (situation) considérer; (house) visiter; on ~ (in museum etc) exposé(e); in my ~ à mon avis; in ~ of the fact that étant donné que; to have in ~ avoir en vue; ~er n (viewfinder) viseur m; (small projector) visionneuse f; (TV) téléspectateur/trice; ~finder n viseur m; ~point n point m de vue.
**vigil** ['vɪdʒɪl] n veille f; ~ance n vigilance f; ~ance committee n comité m d'autodéfense; ~ant a vigilant(e).
**vigorous** ['vɪgərəs] a vigoureux(euse).
**vigour, vigor** (US) ['vɪgə*] n vigueur f.
**vile** [vaɪl] a (action) vil(e); (smell) abominable; (temper) massacrant(e).
**vilify** ['vɪlɪfaɪ] vt calomnier.
**villa** ['vɪlə] n villa f.
**village** ['vɪlɪdʒ] n village m; ~r n villageois/e.
**villain** ['vɪlən] n (scoundrel) scélérat m; (criminal) bandit m; (in novel etc) traître m.
**vindicate** ['vɪndɪkeɪt] vt défendre avec succès; justifier.
**vindictive** [vɪn'dɪktɪv] a vindicatif(ive), rancunier(ère).
**vine** [vaɪn] n vigne f; (climbing plant) plante grimpante; ~ grower n viticulteur m.
**vinegar** ['vɪnɪgə*] n vinaigre m.
**vineyard** ['vɪnjɑːd] n vignoble m.
**vintage** ['vɪntɪdʒ] n (year) année f, millésime m; ~ wine n vin m de grand cru.
**vinyl** ['vaɪnl] n vinyle m.
**viola** [vɪ'əulə] n alto m.
**violate** ['vaɪəleɪt] vt violer; **violation** [-'leɪʃən] n violation f.
**violence** ['vaɪələns] n violence f; (POL etc) incidents violents.
**violent** ['vaɪələnt] a violent(e); ~ly ad violemment; extrêmement.
**violet** ['vaɪələt] a (colour) violet(te) // n (plant) violette f.
**violin** [vaɪə'lɪn] n violon m; ~ist n violoniste m/f.
**VIP** n (abbr of very important person) V.I.P. m.
**viper** ['vaɪpə*] n vipère f.
**virgin** ['vəːdʒɪn] n vierge f // a vierge; **she is a ~** elle est vierge; **the Blessed V~**

la Sainte Vierge; **~ity** [-'dʒɪnɪtɪ] n virginité f.

**Virgo** ['və:gəu] n la Vierge; **to be ~** être de la Vierge.

**virile** ['vɪraɪl] a viril(e).

**virility** [vɪ'rɪlɪtɪ] n virilité f.

**virtually** ['və:tjuəlɪ] ad (almost) pratiquement.

**virtue** ['və:tju:] n vertu f; (advantage) mérite m, avantage m; **by ~ of** par le fait de.

**virtuoso** [və:tju'əuzəu] n virtuose m/f.

**virtuous** ['və:tjuəs] a vertueux(euse).

**virulent** ['vɪrulənt] a virulent(e).

**virus** ['vaɪərəs] n virus m.

**visa** ['vi:zə] n visa m.

**vis-à-vis** [vi:za'vi:] prep vis-à-vis de.

**viscount** ['vaɪkaunt] n vicomte m.

**visibility** [vɪzɪ'bɪlɪtɪ] n visibilité f.

**visible** ['vɪzəbl] a visible; **visibly** ad visiblement.

**vision** ['vɪʒən] n (sight) vue f, vision f; (foresight, in dream) vision; **~ary** n visionnaire m/f.

**visit** ['vɪzɪt] n visite f; (stay) séjour m // vt (person) rendre visite à; (place) visiter; **~ing card** n carte f de visite; **~ing professor** n ≈ professeur associé; **~or** n visiteur/euse; (in hotel) client/e; **~ors' book** n livre m d'or; (in hotel) registre m.

**visor** ['vaɪzə*] n visière f.

**vista** ['vɪstə] n vue f, perspective f.

**visual** ['vɪzjuəl] a visuel(le); (nerve) optique; **~ aid** n support visuel (pour l'enseignement).

**visualize** ['vɪzjuəlaɪz] vt se représenter; (foresee) prévoir.

**vital** ['vaɪtl] a vital(e); **~ity** [-'tælɪtɪ] n vitalité f; **~ly** ad extrêmement; **~ statistics** npl (fig) mensurations fpl.

**vitamin** ['vɪtəmɪn] n vitamine f.

**vitiate** ['vɪʃɪeɪt] vt vicier.

**vivacious** [vɪ'veɪʃəs] a animé(e), qui a de la vivacité.

**vivacity** [vɪ'væsɪtɪ] n vivacité f.

**vivid** ['vɪvɪd] a (account) frappant(e); (light, imagination) vif(vive); **~ly** ad (describe) d'une manière vivante; (remember) de façon précise.

**vivisection** [vɪvɪ'sekʃən] n vivisection f.

**V-neck** ['vi:nɛk] n décolleté m en V.

**vocabulary** [vəu'kæbjulərɪ] n vocabulaire m.

**vocal** ['vəukl] a (MUS) vocal(e); (communication) verbal(e); (noisy) bruyant(e); **~ chords** npl cordes vocales; **~ist** n chanteur/euse.

**vocation** [vəu'keɪʃən] n vocation f; **~al** a professionnel(le).

**vociferous** [və'sɪfərəs] a bruyant(e).

**vodka** ['vɔdkə] n vodka f.

**vogue** [vəug] n mode f; (popularity) vogue f.

**voice** [vɔɪs] n voix f; (opinion) avis m // vt (opinion) exprimer, formuler.

**void** [vɔɪd] n vide m // a: **~ of** vide de, dépourvu(e) de.

**voile** [vɔɪl] n voile m (tissu).

**volatile** ['vɔlətaɪl] a volatil(e); (fig) versatile.

**volcanic** [vɔl'kænɪk] a volcanique.

**volcano, ~es** [vɔl'keɪnəu] n volcan m.

**volition** [və'lɪʃən] n: **of one's own ~** de son propre gré.

**volley** ['vɔlɪ] n (of gunfire) salve f; (of stones etc) pluie f, volée f; (TENNIS etc) volée f; **~ball** n volley(-ball) m.

**volt** [vəult] n volt m; **~age** n tension f, voltage m.

**voluble** ['vɔljubl] a volubile.

**volume** ['vɔlju:m] n volume m; **~ control** n (RADIO, TV) bouton m de réglage du volume.

**voluntarily** ['vɔləntrɪlɪ] ad volontairement; bénévolement.

**voluntary** ['vɔləntərɪ] a volontaire; (unpaid) bénévole.

**volunteer** [vɔlən'tɪə*] n volontaire m/f // vi (MIL) s'engager comme volontaire; **to ~ to do** se proposer pour faire.

**voluptuous** [və'lʌptjuəs] a voluptueux(euse).

**vomit** ['vɔmɪt] n vomissure f // vt, vi vomir.

**vote** [vəut] n vote m, suffrage m; (cast) voix f, vote; (franchise) droit m de vote // vt (bill) voter; (chairman) élire // vi voter; **~ of censure** n motion f de censure; **~ of thanks** n discours m de remerciement; **~r** n électeur/trice; **voting** n scrutin m.

**vouch** [vautʃ]: **to ~ for** vt se porter garant de.

**voucher** ['vautʃə*] n (for meal, petrol) bon m; (receipt) reçu m.

**vow** [vau] n vœu m, serment m // vi jurer.

**vowel** ['vauəl] n voyelle f.

**voyage** ['vɔɪɪdʒ] n voyage m par mer, traversée f.

**vulgar** ['vʌlgə*] a vulgaire; **~ity** [-'gærɪtɪ] n vulgarité f.

**vulnerability** [vʌlnərə'bɪlɪtɪ] n vulnérabilité f.

**vulnerable** ['vʌlnərəbl] a vulnérable.

**vulture** ['vʌltʃə*] n vautour m.

# W

**wad** [wɔd] n (of cotton wool, paper) tampon m; (of banknotes etc) liasse f.

**wade** [weɪd] vi: **to ~ through** marcher dans, patauger dans // vt passer à gué.

**wafer** ['weɪfə*] n (CULIN) gaufrette f; (REL) pain m d'hostie f.

**waffle** ['wɔfl] n (CULIN) gaufre f; (col) rabâchage m; remplissage m // vi parler pour ne rien dire; faire du remplissage.

**waft** [wɔft] vt porter // vi flotter.

**wag** [wæg] vt agiter, remuer // vi remuer.

**wage** [weɪdʒ] n salaire m, paye f // vt: **to ~ war** faire la guerre; **~s** npl salaire, paye; **~ claim** n demande f d'augmentation de salaire; **~ earner** n salarié/e; (breadwinner) soutien m de famille; **~ freeze** n blocage m des salaires.

**wager** ['weɪdʒə*] n pari m.

**waggle** ['wægl] vt, vi remuer.

**wag(g)on** ['wægən] n (horse-drawn) chariot m; (truck) camion m; (RAIL) wagon m (de marchandises).

**wail** [weɪl] n gémissement m; (of siren) hurlement m // vi gémir; hurler.

**waist** [weist] n taille f, ceinture f; ~**coat** n gilet m; ~**line** n (tour m de) taille f.

**wait** [weit] n attente f // vi attendre; **to lie in ~ for** guetter; **I can't ~ to** (fig) je meurs d'envie de; **to ~ behind** vi rester (à attendre); **to ~ for** attendre; **to ~ on** vt fus servir; ~**er** n garçon m (de café), serveur m; '**no ~ing**' (AUT) 'stationnement interdit'; ~**ing list** n liste f d'attente; ~**ing room** n salle f d'attente; ~**ress** n serveuse f.

**waive** [weiv] vt renoncer à, abandonner.

**wake** [weik] vb (pt **woke**, ~**d**, pp **woken**, ~**d** [wauk, 'waukn]) vt (also: ~ **up**) réveiller // vi (also: ~ **up**) se réveiller // n (for dead person) veillée f mortuaire; (NAUT) sillage m; ~**n** vt, vi = **wake**.

**Wales** [weilz] n pays m de Galles.

**walk** [wɔ:k] n promenade f; (short) petit tour; (gait) démarche f; (pace): **at a quick ~** d'un pas rapide; (path) chemin m; (in park etc) allée f // vi marcher; (for pleasure, exercise) se promener // vt (distance) faire à pied; (dog) promener; **10 minutes' ~ from** à 10 minutes de marche de; **from all ~s of life** de toutes conditions sociales; ~**er** n (person) marcheur/euse; ~**ie-talkie** ['wɔ:ki'tɔ:ki] n talkie-walkie m; ~**ing** n marche f à pied; ~**ing holiday** n vacances passées à faire de la randonnée; ~**ing shoes** npl chaussures fpl de marche; ~**ing stick** n canne f; ~**out** n (of workers) grève-surprise f; ~**over** n (col) victoire f or examen m etc facile; ~**way** n promenade f.

**wall** [wɔ:l] n mur m; (of tunnel, cave) paroi m; ~ **cupboard** n placard mural; ~**ed** a (city) fortifié(e).

**wallet** ['wɔlit] n portefeuille m.

**wallflower** ['wɔ:lflauə*] n giroflée f; **to be a ~** (fig) faire tapisserie.

**wallop** ['wɔləp] vt (col) taper sur, cogner.

**wallow** ['wɔləu] vi se vautrer.

**wallpaper** ['wɔ:lpeipə*] n papier peint.

**walnut** ['wɔ:lnʌt] n noix f; (tree) noyer m.

**walrus**, pl ~ or ~**es** ['wɔ:lrəs] n morse m.

**waltz** [wɔ:lts] n valse f // vi valser.

**wan** [wɔn] a pâle; triste.

**wand** [wɔnd] n (also: **magic ~**) baguette f (magique).

**wander** ['wɔndə*] vi (person) errer, aller sans but; (thoughts) vagabonder; (river) serpenter; ~**er** n vagabond/e.

**wane** [wein] vi (moon) décroître; (reputation) décliner.

**wangle** ['wæŋgl] vt (col) se débrouiller pour avoir; carotter.

**want** [wɔnt] vt vouloir; (need) avoir besoin de; (lack) manquer de // n: **for ~ of** par manque de, faute de; ~**s** npl (needs) besoins mpl; **to ~ to do** vouloir faire; **to ~ sb to do** vouloir que qn fasse; **to be found ~ing** ne pas être à la hauteur.

**wanton** ['wɔntn] a capricieux(euse); dévergondé(e).

**war** [wɔ:*] n guerre f; **to go to ~** se mettre en guerre.

**ward** [wɔ:d] n (in hospital) salle f; (POL) section électorale; (LAW: child) pupille m/f; **to ~ off** vt parer, éviter.

**warden** ['wɔ:dn] n (of institution) directeur/trice; (of park, game reserve) gardien/ne; (also: **traffic ~**) contractuel/le.

**warder** ['wɔ:də*] n gardien m de prison.

**wardrobe** ['wɔ:drəub] n (cupboard) armoire f; (clothes) garde-robe f; (THEATRE) costumes mpl.

**warehouse** ['wɛəhaus] n entrepôt m.

**wares** [wɛəz] npl marchandises fpl.

**warfare** ['wɔ:fɛə*] n guerre f.

**warhead** ['wɔ:hɛd] n (MIL) ogive f.

**warily** ['wɛərɪlɪ] ad avec prudence, avec précaution.

**warlike** ['wɔ:laik] a guerrier(ère).

**warm** [wɔ:m] a chaud(e); (thanks, welcome, applause) chaleureux(euse); **it's ~** il fait chaud; **I'm ~** j'ai chaud; **to ~ up** vi (person, room) se réchauffer; (water) chauffer; (athlete, discussion) s'échauffer // vt réchauffer; chauffer; (engine) faire chauffer; ~**-hearted** a affectueux(euse); ~**ly** ad chaudement; vivement; chaleureusement; ~**th** n chaleur f.

**warn** [wɔ:n] vt avertir, prévenir; ~**ing** n avertissement m; (notice) avis m; ~**ing light** n avertisseur lumineux.

**warp** [wɔ:p] vi travailler, se voiler // vt voiler; (fig) pervertir.

**warrant** ['wɔrnt] n (guarantee) garantie f; (LAW: to arrest) mandat ∮m d'arrêt; (: to search) mandat de perquisition.

**warranty** ['wɔrəntɪ] n garantie f.

**warrior** ['wɔrɪə*] n guerrier/ère.

**warship** ['wɔ:ʃɪp] n navire m de guerre.

**wart** [wɔ:t] n verrue f.

**wartime** ['wɔ:taim] n: **in ~** en temps de guerre.

**wary** ['wɛərɪ] a prudent(e).

**was** [wɔz] pt of **be**.

**wash** [wɔʃ] vt laver // vi se laver // n (paint) badigeon m; (washing programme) lavage m; (of ship) sillage m; **to give sth a ~** laver qch; **to have a ~** se laver, faire sa toilette; **to ~ away** vt (stain) enlever au lavage; (subj: river etc) emporter; **to ~ down** vt laver; laver à grande eau; **to ~ off** vi partir au lavage; **to ~ up** vi faire la vaisselle; ~**able** a lavable; ~**basin** n lavabo m; ~**er** n (TECH) rondelle f, joint m; ~**ing** n (linen etc) lessive f; ~**ing machine** n machine f à laver; ~**ing powder** n lessive f (en poudre); ~**ing-up** n vaisselle f; ~**-out** n (col) désastre m; ~**room** n toilettes fpl.

**wasn't** ['wɔznt] = **was not**.

**wasp** [wɔsp] n guêpe f.

**wastage** ['weistidʒ] n gaspillage m; (in manufacturing, transport etc) déchet m.

**waste** [weist] n gaspillage m; (of time) perte f; (rubbish) déchets mpl; (also: **household ~**) ordures fpl // a (material) de rebut; (heat) perdu(e); (food) inutilisé(e); (land) inculte; // vt gaspiller; (time, opportunity) perdre; ~ vt s'étendre f désertique; **to ~ away** vi dépérir; ~**bin** n corbeille f à papier; (in kitchen) boîte f à ordures; ~ **disposal unit** n broyeur m d'ordures; ~**ful** a gaspilleur(euse); (process) peu économique; ~ **ground** n terrain m vague; ~**paper basket** n corbeille f à papier.

**watch** [wɔtʃ] *n* montre *f*; (*act of watching*) surveillance *f*; guet *m*; (*guard*: MIL) sentinelle *f*; (: NAUT) homme *m* de quart; (NAUT: *spell of duty*) quart *m* // *vt* (*look at*) observer; (: *match, programme*) regarder; (*spy on, guard*) surveiller; (*be careful of*) faire attention à // *vi* regarder; (*keep guard*) monter la garde; **to ~ out** *vi* faire attention; **~dog** *n* chien *m* de garde; **~ful** *a* attentif(ive), vigilant(e); **~maker** *n* horloger/ère; **~man** *n* gardien *m*; (*also*: **night ~man**) veilleur *m* de nuit; **~ strap** *n* bracelet *m* de montre.

**water** [wɔ:tə*] *n* eau *f* // *vt* (*plant*) arroser; **in British ~s** dans les eaux territoriales Britanniques; **to ~ down** *vt* (*milk*) couper d'eau; (*fig: story*) édulcorer; **~ closet** *n* w.-c. *mpl*, waters *mpl*; **~colour** *n* aquarelle *f*; **~colours** *npl* couleurs *fpl* pour aquarelle; **~cress** *n* cresson *m* (de fontaine); **~fall** *n* chute *f* d'eau; **~ hole** *n* mare *f*; **~ ice** *n* sorbet *m*; **~ing can** *n* arrosoir *m*; **~ level** *n* niveau *m* de l'eau; (*of flood*) niveau *m* des eaux; **~ lily** *n* nénuphar *m*; **~logged** *a* détrempé(e); imbibé(e) d'eau; (NAUT) ligne *f* de flottaison; **~ main** *n* canalisation *f* d'eau; **~mark** *n* (*on paper*) filigrane *m*; **~melon** *n* pastèque *f*; **~ polo** *n* water-polo *m*; **~proof** *a* imperméable; **~shed** *n* (GEO) ligne *f* de partage des eaux; (*fig*) moment *m* critique, point décisif; **~skiing** *n* ski *m* nautique; **~ softener** *n* adoucisseur *m* d'eau; **~ tank** *n* réservoir *m* d'eau; **~tight** *a* étanche; **~works** *npl* station *f* hydraulique; **~y** *a* (*colour*) délavé(e); (*coffee*) trop faible.

**watt** [wɔt] *n* watt *m*.

**wave** [weɪv] *n* vague *f*; (*of hand*) geste *m*, signe *m*; (RADIO) onde *f*; (*in hair*) ondulation *f* // *vi* faire signe de la main; (*flag*) flotter au vent // *vt* (*handkerchief*) agiter; (*stick*) brandir; (*hair*) onduler; **~length** *n* longueur *f* d'ondes.

**waver** ['weɪvə*] *vi* vaciller; (*voice*) trembler; (*person*) hésiter.

**wavy** ['weɪvɪ] *a* ondulé(e); onduleux(euse).

**wax** [wæks] *n* cire *f*; (*for skis*) fart *m* // *vt* cirer; (*car*) lustrer // *vi* (*moon*) croître; **~en** *a* cireux(euse); **~works** *npl* personnages *mpl* de cire; musée *m* de cire.

**way** [weɪ] *n* chemin *m*, voie *f*; (*path, access*) passage *m*; (*distance*) distance *f*; (*direction*) chemin, direction *f*; (*manner*) façon *f*, manière *f*; (*habit*) habitude *f*, façon; (*condition*) état *m*; **which ~?** — **this ~** par où *or* de quel côté? — par ici; **to be on one's ~** être en route; **to be in the ~** bloquer le passage; (*fig*) gêner; **to go out of one's ~ to do** (*fig*) se donner du mal pour faire; **in a ~** d'un côté; in **some ~s** à certains égards; d'un côté; **in the ~ of** en fait de, comme; **'~ in'** 'entrée'; **'~ out'** 'sortie'; **the ~ back** le chemin du retour; **this ~ and that** par-ci par-là; **'give ~'** (AUT) 'cédez la priorité'.

**waylay** ['weɪ'leɪ] *vt irg* attaquer; (*fig*) **I got waylaid** quelqu'un m'a accroché.

**wayward** ['weɪwəd] *a* capricieux(euse), entêté(e).

**W.C.** ['dʌblju'si:] *n* w.-c. *mpl*, waters *mpl*.

**we** [wi:] *pl pronoun* nous.

**weak** [wi:k] *a* faible; (*health*) fragile; (*beam etc*) peu solide; **~en** *vi* faiblir // *vt* affaiblir; **~ling** *n* gringalet *m*; faible *m/f*; **~ness** *n* faiblesse *f*; (*fault*) point *m* faible.

**wealth** [wɛlθ] *n* (*money, resources*) richesse(s) *f(pl)*; (*of details*) profusion *f*; **~y** *a* riche.

**wean** [wi:n] *vt* sevrer.

**weapon** ['wɛpən] *n* arme *f*.

**wear** [wɛə*] *n* (*use*) usage *m*; (*deterioration through use*) usure *f*; (*clothing*): **sports/baby~** vêtements *mpl* de sport/pour bébés // *vb* (*pt* wore, *pp* worn [wɔ:*, wɔ:n]) *vt* (*clothes*) porter; mettre; (*beard etc*) avoir; (*damage: through use*) user // *vi* (*last*) faire de l'usage; (*rub etc through*) s'user; **town/evening ~** tenue *f* de ville/de soirée; **~ and tear** *n* usure *f*; **to ~ away** *vt* user, ronger // *vi* s'user, être rongé(e); **to ~ down** *vt* user; (*strength*) épuiser; **to ~ off** *vi* disparaître; **to ~ on** *vi* se poursuivre; passer; **to ~ out** *vt* user; (*person, strength*) épuiser.

**wearily** ['wɪərɪlɪ] *ad* avec lassitude.

**weariness** ['wɪərɪnɪs] *n* épuisement *m*, lassitude *f*.

**weary** ['wɪərɪ] *a* (*tired*) épuisé(e); (*dispirited*) las(lasse); abattu(e) // *vt* lasser // *vi*: **to ~ of** se lasser de.

**weasel** ['wi:zl] *n* (ZOOL) belette *f*.

**weather** ['wɛðə*] *n* temps *m* // *vt* (*wood*) faire mûrir; (*tempest, crisis*) essuyer, être pris(e) dans; survivre à, tenir le coup durant; **~-beaten** *a* (*person*) hâlé(e); (*building*) dégradé(e) par les intempéries; **~ cock** *n* girouette *f*; **~ forecast** *n* prévisions *fpl* météorologiques, météo *f*; **~ vane** *n* = **~ cock.**

**weave**, *pt* **wove**, *pp* **woven** [wi:v, wəuv, 'wəuvn] *vt* (*cloth*) tisser; (*basket*) tresser; **~r** *n* tisserand/e; **weaving** *n* tissage *m*.

**web** [wɛb] *n* (*of spider*) toile *f*; (*on foot*) palmure *f*; (*fabric, also fig*) tissu *m*; **~bed** *a* (*foot*) palmé(e); **~bing** *n* (*on chair*) sangles *fpl*.

**wed** [wɛd] *vt* (*pt, pp* **wedded**) épouser // *n*: **the newly-~s** les jeunes mariés.

**we'd** [wi:d] = **we had, we would.**

**wedded** ['wɛdɪd] *pt,pp* of wed.

**wedding** ['wɛdɪŋ] *n* mariage *m*; **silver/golden ~** *n* noces *fpl* d'argent/d'or; **~ day** *n* jour *m* du mariage; **~ dress** *n* robe *f* de mariage; **~ present** *n* cadeau *m* de mariage; **~ ring** *n* alliance *f*.

**wedge** [wɛdʒ] *n* (*of wood etc*) coin *m*; (*under door etc*) cale *f*; (*of cake*) part *f* // *vt* (*fix*) caler; (*push*) enfoncer, coincer; **~-heeled shoes** *npl* chaussures *fpl* à semelles compensées.

**wedlock** ['wɛdlɔk] *n* (union *f* du) mariage *m*.

**Wednesday** ['wɛdnzdɪ] *n* mercredi *m*.

**wee** [wi:] *a* (*Scottish*) petit(e); tout(e) petit(e).

**weed** [wi:d] *n* mauvaise herbe // *vt* désherber; **~-killer** *n* désherbant *m*.

**week** [wi:k] *n* semaine *f*; **~day** *n* jour *m* de semaine; (COMM) jour ouvrable; **~end** *n* week-end *m*; **~ly** *ad* une fois par semaine, chaque semaine // **a,n** hebdomadaire (m).

**weep** [wi:p], pt, pp **wept** [wi:p, wεpt] vi (person) pleurer; **~ing willow** n saule pleureur.

**weigh** [wει] vt,vi peser; **to ~ anchor** lever l'ancre; **to ~ down** vt (branch) faire plier; (fig: with worry) accabler; **to ~ up** vt examiner; **~bridge** n pont-bascule m.

**weight** [wειt] n poids m; **sold by ~** vendu(e) au poids; **~lessness** n apesanteur f; **~ lifter** n haltérophile m; **~y** a lourd(e).

**weir** [wιə*] n barrage m.

**weird** [wιəd] a bizarre; (eerie) surnaturel(le).

**welcome** ['wεlkəm] a bienvenu(e) // n accueil m // vt accueillir; (also: **bld ~**) souhaiter la bienvenue à; (be glad of) se réjouir de; **to be ~** être le(la) bienvenu(e); **welcoming** a accueillant(e); (speech) d'accueil.

**weld** [wεld] n soudure f // vt souder; **~er** n (person) soudeur m; **~ing** n soudure f (autogène).

**welfare** ['wεlfεə*] n bien-être m; **~ state** n État-providence m; **~ work** n travail social.

**well** [wεl] n puits m // ad bien // a: **to be ~** aller bien // excl eh bien!; bon!; enfin!; **~ done!** bravo!; **get ~ soon!** remets-toi vite!; **to do ~ in sth** bien réussir en or dans qch.

**we'll** [wi:l] = **we will, we shall.**

**well:** **~-behaved** a sage, obéissant(e); **~-being** n bien-être m; **~-built** a (building) bien construit(e); (person) bien bâti(e); **~-developed** a (girl) bien fait(e); **~-earned** a (rest) bien mérité(e); **~-groomed** a très soigné(e) de sa personne; **~-heeled** a (col: wealthy) fortuné(e), riche.

**wellingtons** ['wεlιŋtənz] npl (also: **wellington boots**) bottes fpl de caoutchouc.

**well-known** a (person) bien connu(e); **~-meaning** a bien intentionné(e); **~-off** a aisé(e), assez riche; **~-read** a cultivé(e); **~-to-do** a aisé(e), assez riche; **~-wisher** n: scores of **~-wishers** had gathered de nombreux amis et admirateurs s'étaient rassemblés; **letters from ~-wishers** des lettres d'encouragement.

**Welsh** [wεlʃ] a gallois(e) // n (LING) gallois m; **~man/woman** n Gallois/e; **~ rarebit** n croûte f au fromage.

**went** [wεnt] pt of **go.**

**wept** [wεpt] pt, pp of **weep.**

**were** [wə:*] pt of **be.**

**we're** [wιə*] = **we are.**

**weren't** [wə:nt] = **were not.**

**west** [wεst] n ouest m // a ouest inv, de or à l'ouest // ad à or vers l'ouest; **the W~** n l'Occident m, l'Ouest; **the W~ Country** n le sud-ouest de l'Angleterre; **~erly** a (situation) à l'ouest; (wind) d'ouest; **~ern** a occidental(e), de or à l'ouest // n (CINEMA) western m; **W~ Germany** n Allemagne f de l'Ouest; **W~ Indies** npl Antilles fpl; **~ward(s)** ad vers l'ouest.

**wet** [wεt] a mouillé(e); (damp) humide; (soaked) trempé(e); (rainy) pluvieux-

(euse); **to get ~** se mouiller; **~ blanket** n (fig) rabat-joie m inv; **~ness** n humidité f; '~ **paint**' 'attention peinture fraîche'; **~ suit** n combinaison f de plongée.

**we've** [wi:v] = **we have.**

**whack** [wæk] vt donner un grand coup à; **~ed** a (col: tired) crevé(e).

**whale** [wειl] n (ZOOL) baleine f.

**wharf, wharves** [wɔ:f, wɔ:vz] n quai m.

**what** [wɔt] excl quoi!, comment! // det quel(le) // pronoun (interrogative) que, prep + quoi; (relative, indirect: object) ce que; (: subject) ce qui; **~ are you doing?** que fais-tu?, qu'est-ce que tu fais?; **~ has happened?** que s'est-il passé?, qu'est-ce qui s'est passé?; **~'s in there?** qu'y a-t-il là-dedans?, qu'est-ce qu'il y a là-dedans?; **I saw ~ you did/is on the table** j'ai vu ce que vous avez fait/ce qui est sur la table; **~ a mess!** quel désordre!; **~ is it called?** comment est-ce que ça s'appelle?; **~ about doing ...?** et si on faisait ...?; **~ about me?** et moi?; **~ever** det: **~ever book** quel que soit le livre que (or qui) +sub; n'importe quel livre // pronoun: **do ~ever is necessary/you want** faites (tout) ce qui est nécessaire/(tout) ce que vous voulez; **~ever happens** quoi qu'il arrive; **no reason ~ever** or **~soever** pas la moindre raison.

**wheat** [wi:t] n blé m, froment m.

**wheel** [wi:l] n roue f; (AUT: also: **steering ~**) volant m; (NAUT) gouvernail m // vt pousser, rouler // vi (also: **~ round**) tourner; **~barrow** n brouette f; **~chair** n fauteuil roulant.

**wheeze** [wi:z] n respiration bruyante (d'asthmatique) // vi respirer bruyamment.

**when** [wεn] ad quand // cj quand, lorsque; (whereas) alors que; **on the day ~ I met him** le jour où je l'ai rencontré; **~ever** ad quand donc // cj quand; (every time that) chaque fois que.

**where** [wεə*] ad,cj où; **this is ~** c'est là que; **~abouts** ad où donc // n: **sb's ~abouts** l'endroit où se trouve qn; **~as** cj alors que; **~ver** [-'εvə*] ad où donc // cj où que + sub.

**whet** [wεt] vt aiguiser.

**whether** [wεðə*] cj si; **I don't know ~ to accept or not** je ne sais pas si je dois accepter ou non; **it's doubtful ~** il est peu probable que; **~ you go or not** que vous y alliez ou non.

**which** [wιtʃ] det (interrogative) quel(le), pl quels(quelles); **~ one of you?** lequel(laquelle) d'entre vous?; **tell me ~ one you want** dis-moi lequel tu veux or celui que tu veux // pronoun (interrogative) lequel(laquelle), pl lesquels (lesquelles); (indirect) celui(celle) qui (or que); (relative: subject) qui; (: object) que, prep + lequel(laquelle) (NB: à + lequel = auquel; de + lequel = duquel); **I don't mind ~** peu importe lequel; **the apple ~ you ate/~ is on the table** la pomme que vous avez mangée/qui est sur la table; **the chair on ~** la chaise sur laquelle; **the book of ~** le livre dont or duquel; **he said he knew, ~ is true/I feared** il a dit qu'il le savait, ce qui est vrai/ce que je craignais; **after** ~ après quoi; **in** ~ **case** auquel cas; ~**ever det: take** ~**ever book you prefer** prenez le livre que vous préférez, peu importe lequel; ~**ever book you take** quel que soit le livre que vous preniez; ~**ever way you** de quelque façon que vous + sub.

**whiff** [wɪf] n bouffée f.

**while** [waɪl] n moment m // cj pendant que; (as long as) tant que; (whereas) alors que; bien que + sub; **for a** ~ pendant quelque temps.

**whim** [wɪm] n caprice m.

**whimper** ['wɪmpə*] n geignement m // vi geindre.

**whimsical** ['wɪmzɪkl] a (person) capricieux(euse); (look) étrange.

**whine** [waɪn] n gémissement m // vi gémir, geindre; pleurnicher.

**whip** [wɪp] n fouet m; (for riding) cravache f; (Brit: POL: person) chef m de file (assurant la discipline dans son groupe parlementaire) // vt fouetter; (snatch) enlever (or sortir) brusquement; ~**ped cream** n crème fouettée; ~-**round** n collecte f.

**whirl** [wə:l] n tourbillon m // vt faire tourbillonner; faire tournoyer // vi tourbillonner; ~**pool** n tourbillon m; ~**wind** n tornade f.

**whirr** [wə:*] vi bruire; ronronner; vrombir.

**whisk** [wɪsk] n (CULIN) fouet m // vt fouetter, battre; **to** ~ **sb away** or **off** emmener qn rapidement.

**whisker** [wɪskə*] n: ~**s** (of animal) moustaches fpl; (of man) favoris mpl.

**whisky, whiskey** (Irlande, US) ['wɪskɪ] n whisky m.

**whisper** ['wɪspə*] n chuchotement m; (fig: of leaves) bruissement m; (rumour) rumeur f // vt,vi chuchoter.

**whist** [wɪst] n whist m.

**whistle** ['wɪsl] n (sound) sifflement m; (object) sifflet m // vi siffler.

**white** [waɪt] a blanc(blanche); (with fear) blême // n blanc m; (person) blanc/blanche; ~**bait** n blanchaille f; ~-**collar worker** n employé/e de bureau; ~ **elephant** n (fig) objet dispendieux et superflu; ~ **lie** n pieux mensonge; ~**ness** n blancheur f; ~ **paper** n (POL) livre blanc; ~**wash** n (paint) lait m de chaux // vt blanchir à la chaux; (fig) blanchir.

**whiting** ['waɪtɪŋ] n, pl inv (fish) merlan m.

**Whitsun** ['wɪtsn] n la Pentecôte.

**whittle** ['wɪtl] vt: **to** ~ **away**, ~ **down** (costs) réduire, rogner.

**whizz** [wɪz] vi aller (or passer) à toute vitesse; ~ **kid** n (col) petit prodige.

**WHO** n (abbr of World Health Organization) O.M.S. f (Organisation mondiale de la Santé).

**who** [hu:] pronoun qui; ~**dunit** [hu:'dʌnɪt] n (col) roman policier; ~**ever** pronoun: ~**ever finds it** celui(celle) qui le trouve, (qui que ce soit), quiconque le trouve; **ask** ~**ever you like** demandez à qui vous voulez; ~**ever he marries** qui que ce soit or quelle que soit la personne qu'il épouse; ~**ever told you that?** qui a bien pu vous dire ça?, qui donc vous a dit ça?

**whole** [həul] a (complete) entier(ère), tout(e); (not broken) intact(e), complet(ète) // n (total) totalité f; (sth not broken) tout m; **the** ~ **of the time** tout le temps; **the** ~ **of the town** la ville tout entière; **on the** ~, **as a** ~ dans l'ensemble; ~-**hearted** a sans réserve(s), sincère; ~**sale** n (vente f en) gros m // a de gros; (destruction) systématique; ~**saler** n grossiste m/f; ~**some** a sain(e); (advice) salutaire; **wholly** ad entièrement, tout à fait.

**whom** [hu:m] pronoun que, prep + qui (check syntax of French verb used); (interrogative) qui.

**whooping cough** ['hu:pɪŋkɔf] n coqueluche f.

**whopping** ['wɔpɪŋ] a (col: big) énorme.

**whore** [hɔ:*] n (col: pej) putain f.

**whose** [hu:z] det: ~ **book is this?** à qui est ce livre?; ~ **pencil have you taken?** à qui est le crayon que vous avez pris?, c'est le crayon de qui que vous avez pris?; **the man** ~ **son you rescued** l'homme dont or de qui vous avez sauvé le fils; **the girl** ~ **sister you were speaking to** la fille à la sœur de qui or laquelle vous parliez // pronoun: ~ **is this?** à qui est ceci?; **I know** ~ **it is** je sais à qui c'est.

**Who's Who** ['hu:z'hu:] n ≈ Bottin Mondain.

**why** [waɪ] ad pourquoi // excl eh bien!, tiens!; **the reason** ~ la raison pour laquelle; ~**ever** ad pourquoi donc, mais pourquoi.

**wick** [wɪk] n mèche f (de bougie).

**wicked** ['wɪkɪd] a mauvais(e), méchant(e); inique; cruel(le); (mischievous) malicieux(euse).

**wicker** ['wɪkə*] n osier m; (also: ~**work**) vannerie f.

**wicket** ['wɪkɪt] n (CRICKET) guichet m; espace compris entre les deux guichets.

**wide** [waɪd] a large; (region, knowledge) vaste, très étendu(e); (choice) grand(e) // ad: **to open** ~ ouvrir tout grand; **to shoot** ~ tirer à côté; ~-**angle lens** n objectif m grand-angulaire; ~-**awake** a bien éveillé(e); ~**ly** ad (different) radicalement; (spaced) sur une grande étendue; (believed) généralement; ~**n** vt élargir; ~**ness** n largeur f; ~ **open** a grand(e) ouvert(e); ~**spread** a (belief etc) très répandu(e).

**widow** ['wɪdəu] n veuve f; ~**ed** a (qui est devenu(e)) veuf(veuve); ~**er** n veuf m.

**width** [wɪdθ] n largeur f.

**wield** [wi:ld] vt (sword) manier; (power) exercer.

**wife, wives** [waɪf, waɪvz] n femme (mariée), épouse f.

**wig** [wɪg] n perruque f.

**wiggle** ['wɪgl] vt agiter remuer // vi (loose screw etc) branler; (worm) se tortiller.

**wild** [waɪld] a sauvage; (sea) déchaîné(e); (idea, life) fou(folle); extravagant(e); ~**s** npl régions fpl sauvages; ~**erness** ['wɪldənɪs] n désert m, région f sauvage; ~-**goose chase** n (fig) fausse piste; ~**life** n faune f; ~**ly** ad (applaud) frénétiquement; (hit, guess) au hasard; (happy) follement.

**wilful** ['wɪlful] a (person) obstiné(e) ; (action) délibéré(e) ; (crime) prémédité(e).

**will** [wɪl] auxiliary vb: **he ~ come** il viendra // vt (pt, pp **~ed**): **to ~ sb to do** souhaiter ardemment que qn fasse ; **he ~ed himself to go on** par un suprême effort de volonté, il continua // n volonté f ; testament m ; **~ing** a de bonne volonté, serviable ; **he's ~ing to do it** il est disposé à le faire, il veut bien le faire ; **~ingly** ad volontiers ; **~ingness** n bonne volonté.

**willow** ['wɪləu] n saule m.

**will power** ['wɪlpauə*] n volonté f.

**wilt** [wɪlt] vi dépérir.

**wily** ['waɪlɪ] a rusé(e).

**win** [wɪn] n (in sports etc) victoire f // vb (pt, pp **won** [wʌn]) vt (battle, money) gagner ; (prize) remporter ; (popularity) acquérir // vi gagner ; **to ~ over, ~ round** vt gagner, se concilier.

**wince** [wɪns] n tressaillement m // vi tressaillir.

**winch** [wɪntʃ] n treuil m.

**wind** n [wɪnd] (also MED) vent m // vb [waɪnd] (pt, pp **wound** [waund]) vt enrouler ; (wrap) envelopper ; (clock, toy) remonter ; (take breath away: [wɪnd]) couper le souffle à // vi (road, river) serpenter ; **the ~(s)** (MUS) les instruments mpl à vent ; **to ~ up** vt (clock) remonter ; (debate) terminer, clôturer ; **~break** n brise-vent m inv ; **~fall** n coup m de chance ; **~ing** a (road) sinueux(euse) ; (staircase) tournant(e) ; **~ instrument** n (MUS) instrument m à vent ; **~mill** n moulin m à vent.

**window** ['wɪndəu] n fenêtre f ; (in car, train, also: **~ pane**) vitre f ; (in shop etc) vitrine f ; **~ box** n jardinière f ; **~ cleaner** n (person) laveur/euse de vitres ; **~ frame** n châssis m de fenêtre ; **~ ledge** n rebord m de la fenêtre ; **~ pane** n vitre f, carreau m ; **~sill** n (inside) appui m de la fenêtre ; (outside) rebord m de la fenêtre.

**windpipe** ['wɪndpaɪp] n gosier m.

**windscreen, windshield** (US) ['wɪndskriːn, 'wɪndʃiːld] n pare-brise m inv ; **~ washer** n lave-glace m inv ; **~ wiper** n essuie-glace m inv.

**windswept** ['wɪndswɛpt] a balayé(e) par le vent.

**windy** ['wɪndɪ] a venté(e), venteux(euse) ; **it's ~** il y a du vent.

**wine** [waɪn] n vin m ; **~ cellar** n cave f à vins ; **~ glass** n verre m à vin ; **~ list** n carte f des vins ; **~ merchant** n marchand/e de vins ; **~ tasting** n dégustation f (de vins) ; **~ waiter** n sommelier m.

**wing** [wɪŋ] n aile f ; (in air force) groupe m d'escadrilles ; **~s** npl (THEATRE) coulisses fpl ; **~er** n (SPORT) ailier m.

**wink** [wɪŋk] n clin m d'œil // vi faire un clin d'œil ; (blink) cligner les yeux.

**winner** ['wɪnə*] n gagnant/e.

**winning** ['wɪnɪŋ] a (team) gagnant(e) ; (goal) décisif(ive) ; **~s** npl gains mpl ; **~ post** n poteau m d'arrivée.

**winter** ['wɪntə*] n hiver m // vi hiverner ; **~ sports** npl sports mpl d'hiver.

**wintry** ['wɪntrɪ] a hivernal(e).

**wipe** [waɪp] n coup m de torchon (or de chiffon or d'éponge) // vt essuyer ; **to ~ off** vt essuyer ; **to ~ out** vt (debt) régler ; (memory) oublier ; (destroy) anéantir ; **to ~ up** vt essuyer.

**wire** ['waɪə*] n fil m (de fer) ; (ELEC) fil électrique ; (TEL) télégramme m // vt (fence) grillager ; (house) faire l'installation électrique de ; (also: **~ up**) brancher ; **~ brush** n brosse f métallique.

**wireless** ['waɪəlɪs] n télégraphie f sans fil ; (set) T.S.F. f.

**wiry** ['waɪərɪ] a noueux(euse), nerveux(euse).

**wisdom** ['wɪzdəm] n sagesse f ; (of action) prudence f ; **~ tooth** n dent f de sagesse.

**wise** [waɪz] a sage, prudent(e), judicieux(euse).

**...wise** [waɪz] suffix: **time~** en ce qui concerne le temps, question temps.

**wisecrack** ['waɪzkræk] n sarcasme m.

**wish** [wɪʃ] n (desire,) désir m ; (specific desire) souhait m, vœu m // vt souhaiter, désirer, vouloir ; **best ~es** (on birthday etc) meilleurs vœux ; **with best ~es** (in letter) bien amicalement ; **give her my best ~es** faites-lui mes amitiés ; **to ~ sb goodbye** dire au revoir à qn ; **he ~ed me well** il me souhaitait de réussir ; **to ~ to do/sb to do** désirer or vouloir faire/que qn fasse ; **to ~ for** souhaiter ; **it's ~ful thinking** c'est prendre ses désirs pour des réalités.

**wisp** [wɪsp] n fine mèche (de cheveux) ; (of smoke) mince volute f ; **a ~ of straw** un fétu de paille.

**wistful** ['wɪstful] a mélancolique.

**wit** [wɪt] n (gen pl) intelligence f, esprit m ; présence f d'esprit ; (wittiness) esprit ; (person) homme/femme d'esprit ; **to be at one's ~s' end** (fig) ne plus savoir que faire ; **to ~ ad** à savoir.

**witch** [wɪtʃ] n sorcière f ; **~craft** n sorcellerie f.

**with** [wɪð, wɪθ] prep avec ; **red ~ anger** rouge de colère ; **the man ~ the grey hat** l'homme au chapeau gris ; **to be ~ it** (fig) être dans le vent ; **I am ~ you** (I understand) je vous suis.

**withdraw** [wɪθ'drɔː] vb (irg) vt retirer // vi se retirer ; (go back on promise) se rétracter ; **~al** n retrait m ; (MED) état m de manque.

**wither** ['wɪðə*] vi se faner ; **~ed** a fané(e), flétri(e) ; (limb) atrophié(e).

**withhold** [wɪθ'həuld] vt irg (money) retenir ; (decision) remettre ; (permission): **to ~ (from)** refuser (à) ; (information): **to ~ (from)** cacher (à).

**within** [wɪð'ɪn] prep à l'intérieur de // ad à l'intérieur ; **~ sight of** en vue de ; **a mile of** à moins d'un mille de ; **~ the week** avant la fin de la semaine.

**without** [wɪð'aut] prep sans.

**withstand** [wɪθ'stænd] vt irg résister à.

**witness** ['wɪtnɪs] n (person) témoin m ; (evidence) témoignage m // vt (event) être témoin de ; (document) attester l'authenticité de ; **to bear ~ to sth** témoigner de qch ; **~ box, ~ stand** (US) n barre f des témoins.

**witticism** ['wɪtɪsɪzm] n mot m d'esprit.

**witty** ['wɪtɪ] a spirituel(le), plein(e) d'esprit.

**wives** [waɪvz] npl of **wife**.

**wizard** ['wɪzəd] n magicien m.

**wk** abbr of **week**.

**wobble** ['wɔbl] vi trembler; (chair) branler.

**woe** [wəu] n malheur m.

**woke** [wəuk] pt of **wake**; ~n pp of **wake**.

**wolf, wolves** [wulf, wulvz] n loup m.

**woman, pl women** ['wumən, 'wɪmɪn] n femme f; ~ **doctor** n femme f médecin; ~**ly** a féminin(e); ~ **teacher** n professeur m femme f.

**womb** [wu:m] n (ANAT) utérus m.

**women** ['wɪmɪn] npl of **woman**.

**won** [wʌn] pt,pp of **win**.

**wonder** ['wʌndə*] n merveille f, miracle m; (feeling) émerveillement m // vi: **to** ~ **whether** se demander si; **to** ~ **about** songer à; it's no ~ **that** il n'est pas étonnant que + sub; ~**ful** a merveilleux(euse); ~**fully** ad (+ adjective) merveilleusement; (+ vb) à merveille.

**wonky** ['wɔŋkɪ] a (col) qui ne va or ne marche pas très bien.

**won't** [wəunt] = **will not**.

**woo** [wu:] vt (woman) faire la cour à.

**wood** [wud] n (timber, forest) bois m; ~ **carving** n sculpture f en or sur bois; ~**ed** a boisé(e); ~**en** a en bois; (fig) raide; inexpressif(ive); ~**pecker** n pic m (oiseau); ~**wind** n (MUS) bois m; **the** ~**wind** (MUS) les bois; ~**work** n menuiserie f; ~**worm** n ver m du bois.

**wool** [wul] n laine f; **to pull the** ~ **over sb's eyes** (fig) en faire accroire à qn; ~**len**, ~**en** (US) a de laine; (industry) lainier(ère); ~**lens** npl lainages mpl; ~**ly**, ~**y** (US) a laineux(euse); (fig: ideas) confus(e).

**word** [wə:d] n mot m; (spoken) mot, parole f; (promise) parole f; (news) nouvelles fpl // vt rédiger, formuler; **in other** ~**s** en d'autres termes; **to break/keep one's** ~ manquer à/tenir sa parole; **I'll take your** ~ **for it** je vous crois sur parole; **to send** ~ **of** prévenir de; ~**ing** n termes mpl, langage m; ~**y** a verbeux(euse).

**wore** [wɔ:*] pt of **wear**.

**work** [wə:k] n travail m; (ART, LITERATURE) œuvre f // vi travailler; (mechanism) marcher, fonctionner; (plan etc) marcher; (medicine) faire son effet // vt (clay, wood etc) travailler; (mine etc) exploiter; (machine) faire marcher or fonctionner; **to be out of** ~ être au chômage; ~**s** n (factory) usine f // npl (of clock, machine) mécanisme m; **Minister/Ministry of** W~**s** ministre m/ministère m des Travaux publics; **to** ~ **loose** vi se défaire, se desserrer; **to** ~ **on** vt fus travailler à; (principle) se baser sur; **to** ~ **out** vi (plans etc) marcher // vt (problem) résoudre; (plan) élaborer; **it** ~**s out at £100** ça fait 100 livres; **to get** ~**ed up** se mettre dans tous ses états; ~**able** a (solution) réalisable; ~**er** n travailleur/euse, ouvrier/ère; ~**ing class** n classe ouvrière; ~**ing-class** a ouvrier(ère);

~**ing man** n travailleur m; **in** ~**ing order** en état de marche; ~**man** n ouvrier m; ~**manship** n métier m, habileté f; facture f; ~**shop** n atelier m; ~**-to-rule** n grève f du zèle.

**world** [wə:ld] n monde m // cpd (champion) du monde; (power, war) mondial(e); **to think the** ~ **of sb** (fig) ne jurer que par qn; **out of this** ~ a extraordinaire; ~**ly** a de ce monde; ~**wide** a universel(le).

**worm** [wə:m] n ver m.

**worn** [wɔ:n] pp of **wear** // a usé(e); ~**out** a (object) complètement usé(e); (person) épuisé(e).

**worried** ['wʌrɪd] a inquiet(ète).

**worrier** ['wʌrɪə*] n inquiet/ète.

**worry** ['wʌrɪ] n souci m // vt inquiéter // vi s'inquiéter, se faire du souci; ~**ing** a inquiétant(e).

**worse** [wə:s] a pire, plus mauvais(e) // ad plus mal // n pire m; **a change for the** ~ une détérioration; ~**n** vt,vi empirer; ~ **off** a moins à l'aise financièrement; (fig): **you'll be** ~ **off this way** ça ira moins bien de cette façon.

**worship** ['wə:ʃɪp] n culte m // vt (God) rendre un culte à; (person) adorer; **Your** W~ (to mayor) Monsieur le Maire; (to judge) Monsieur le Juge; ~**per** n adorateur/trice; (in church) fidèle m/f.

**worst** [wə:st] a le(la) pire, le(la) plus mauvais(e) // ad le plus mal // n pire m; **at** ~ au pis aller.

**worsted** ['wustɪd] n: (wool) ~ laine peignée.

**worth** [wə:θ] n valeur f // a: **to be** ~ valoir; **it's** ~ **it** cela en vaut la peine; **50 pence** ~ **of apples** (pour) 50 pence de pommes; ~**less** a qui ne vaut rien; ~**while** a (activity) qui en vaut la peine; (cause) louable; **a** ~**while book** un livre qui vaut la peine d'être lu.

**worthy** ['wə:ðɪ] a (person) digne; (motive) louable; ~ **of** digne de.

**would** [wud] auxiliary vb: **she** ~ **come** elle viendrait; **he** ~ **have come** il serait venu; ~ **you like a biscuit?** voulez-vous or voudriez-vous un biscuit?; **he** ~ **go there on Mondays** il y allait le lundi; ~**-be** a (pej) soi-disant.

**wound** vb [waund] pt, pp of **wind** // n,vt [wu:nd] n blessure f // vt blesser; ~**ed in the leg** blessé à la jambe.

**wove** [wəuv] pt of **weave**; ~**n** pp of **weave**.

**wrangle** ['ræŋgl] n dispute f // vi se disputer.

**wrap** [ræp] n (stole) écharpe f; (cape) pèlerine f // vt (also: ~ **up**) envelopper; ~**per** n (of book) couverture f; ~**ping paper** n papier m d'emballage; (for gift) papier cadeau.

**wrath** [rɔθ] n courroux m.

**wreath, ~s** [ri:θ, ri:ðz] n couronne f.

**wreck** [rɛk] n (sea disaster) naufrage m; (ship) épave f; (pej: person) loque humaine // vt démolir; (ship) provoquer le naufrage de; (fig) briser, ruiner; ~**age** n débris mpl; (of building) décombres mpl; (of ship) épave f.

**wren** [rɛn] n (ZOOL) roitelet m.

**wrench** [rɛntʃ] n (TECH) clé f (à écrous); (tug) violent mouvement de torsion; (fig) arrachement m // vt tirer violemment sur, tordre; **to ~ sth from** arracher qch (violemment) à or de.

**wrestle** ['rɛsl] vi: **to ~ (with sb)** lutter (avec qn); **to ~ with** (fig) se débattre avec, lutter contre; **~r** n lutteur/euse; **wrestling** n lutte f; (also: **all-in wrestling**) catch m; **wrestling match** n rencontre f de lutte (or de catch).

**wretched** ['rɛtʃid] a misérable; (col) maudit(e).

**wriggle** ['rɪgl] n tortillement m // vi se tortiller.

**wring**, pt, pp **wrung** [rɪŋ, rʌŋ] vt tordre; (wet clothes) essorer; (fig): **to ~ sth out of** arracher qch à.

**wrinkle** ['rɪŋkl] n (on skin) ride f; (on paper etc) pli m // vt rider, plisser // vi se plisser.

**wrist** [rɪst] n poignet m; **~ watch** n montre-bracelet f.

**writ** [rɪt] n acte m judiciaire; **to issue a ~ against sb** assigner qn en justice.

**write**, pt **wrote**, pp **written** [raɪt, rəut, 'rɪtn] vt,vi écrire; **to ~ down** vt noter; (put in writing) mettre par écrit; **to ~ off** vt (debt) passer aux profits et pertes; (depreciate) amortir; **to ~ out** vt écrire; (copy) recopier; **to ~ up** vt rédiger; **~-off** n perte totale; **the car is a ~-off** la voiture est bonne pour la casse; **~r** n auteur m, écrivain m.

**writhe** [raɪð] vi se tordre.

**writing** ['raɪtɪŋ] n écriture f; (of author) œuvres fpl; **in ~** par écrit; **~ paper** n papier m à lettres.

**written** ['rɪtn] pp of **write**.

**wrong** [rɔŋ] a faux(fausse); (incorrectly chosen: number, road etc) mauvais(e); (not suitable) qui ne convient pas; (wicked) mal; (unfair) injuste // ad faux // n tort m // vt faire du tort à, léser; **you are ~ to do it** tu as tort de le faire; **you are ~ about that**, **you've got it ~** tu te trompes; **to be in the ~** avoir tort; **what's ~?** qu'est-ce qui ne va pas?; **to go ~** (person) se tromper; (plan) mal tourner; (machine) tomber en panne; **~ful** a injustifié(e); **~ly** ad à tort; **~ side** n (of cloth) envers m.

**wrote** [rəut] pt of **write**.

**wrought** [rɔ:t] a: **~ iron** fer m forgé.

**wrung** [rʌŋ] pt, pp of **wring**.

**wry** [raɪ] a désabusé(e).

**wt.** abbr of **weight**.

## X Y Z

**Xmas** ['ɛksməs] n abbr of **Christmas**.

**X-ray** [ɛks'reɪ] n rayon m X; (photograph) radio(graphie) f // vt radiographier.

**xylophone** ['zaɪləfəun] n xylophone m.

**yacht** [jɔt] n yacht m; voilier m; **~ing** n yachting m, navigation f de plaisance; **~sman** n yacht(s)man m.

**Yank** [jæŋk] n (pej) Amerloque m/f.

**yap** [jæp] vi (dog) japper.

**yard** [jɑ:d] n (of house etc) cour f;

(measure) yard m (= 914 mm; 3 feet); **~stick** n (fig) mesure f, critère m.

**yarn** [jɑ:n] n fil m; (tale) longue histoire.

**yawn** [jɔ:n] n bâillement m // vi bâiller; **~ing** a (gap) béant(e).

**yd.** abbr of **yard(s)**.

**year** [jɪə*] n an m, année f; **every ~** tous les ans, chaque année; **to be 8 ~s old** avoir 8 ans; **~ly** a annuel(le) // ad annuellement.

**yearn** [jə:n] vi: **to ~ for sth/to do** aspirer à qch/à faire, languir après qch; **~ing** n désir ardent, envie f.

**yeast** [ji:st] n levure f.

**yell** [jɛl] n hurlement m, cri m // vi hurler.

**yellow** ['jɛləu] a,n jaune (m); **~ fever** n fièvre f jaune.

**yelp** [jɛlp] n jappement m; glapissement m // vi japper; glapir.

**yeoman** ['jəumən] n: **Y~ of the Guard** hallebardier m de la garde royale.

**yes** [jɛs] ad oui; (answering negative question) si // n oui m.

**yesterday** ['jɛstədi] ad,n hier (m).

**yet** [jɛt] ad encore; déjà // cj pourtant, néanmoins; **it is not finished ~** ce n'est pas encore fini or toujours pas fini; **must you go just ~?** dois-tu déjà partir?; **the best ~** le meilleur jusqu'ici or jusque-là; **as ~** jusqu'ici, encore; **a few days ~** encore quelques jours.

**yew** [ju:] n if m.

**Yiddish** ['jɪdɪʃ] n yiddish m.

**yield** [ji:ld] n production f, rendement m; rapport m // vt produire, rendre, rapporter; (surrender) céder // vi céder.

**yodel** ['jəudl] vi faire des tyroliennes, jodler.

**yoga** ['jəugə] n yoga m.

**yog(h)ourt**, **yog(h)urt** ['jəugət] n yaourt m.

**yoke** [jəuk] n joug m.

**yolk** [jəuk] n jaune m (d'œuf).

**yonder** ['jɔndə*] ad là-bas.

**you** [ju:] pronoun tu; (polite form) vous; (pl) vous; (complement) te,t' + vowel; vous; (stressed) toi; vous; (one): **fresh air does ~ good** l'air frais fait du bien; **~ never know** on ne sait jamais.

**you'd** [ju:d] = **you had**; **you would**.

**you'll** [ju:l] = **you will**; **you shall**.

**young** [jʌŋ] a jeune // npl (of animal) petits mpl; (people): **the ~** les jeunes, la jeunesse; **~ish** a assez jeune; **~ster** n jeune m (garçon m); (child) enfant m/f.

**your** [jɔ:*] a ton(ta), pl tes; votre, pl vos.

**you're** [juə*] = **you are**.

**yours** [jɔ:z] pronoun le(la) tien(ne), les tiens(tiennes); le(la) vôtre, les vôtres; **is it ~?** c'est à toi (or à vous)?; **yours sincerely/faithfully** je vous prie d'agréer l'expression de mes sentiments les meilleurs/mes sentiments respectueux or dévoués.

**yourself** [jɔ:'sɛlf] pronoun (reflexive) te; vous; (after prep) toi; vous; (emphatic) toi-même; vous-même; **yourselves** pl pronoun vous; (emphatic) vous mêmes.

**youth** [ju:θ] n jeunesse f; (young man: pl **~s** [ju:ðz]) jeune homme m; **~ful** a jeune ; de jeunesse ; juvénile ; ~ **hostel** *n* auberge *f* de jeunesse.

**you've** [ju:v] = **you have**.

**Yugoslav** ['ju:gəu'slɑ:v] *a* yougoslave // *n* Yougoslave *m/f.*

**Yugoslavia** ['ju:gəu'slɑ:vɪə] *n* Yougoslavie *f.*

**Yule** [ju:l]: ~ **log** *n* bûche *f* de Noël.


**zany** ['zeɪnɪ] *a* farfelu(e), loufoque.

**zeal** [zi:l] *n* zèle *m*, ferveur *f*; empressement *m*; ~**ous** ['zɛləs] *a* zélé(e) ; empressé(e).

**zebra** ['zi:brə] *n* zèbre *m*; ~ **crossing** *n* passage *m* pour piétons.

**zenith** ['zɛnɪθ] *n* zénith *m.*

**zero** ['zɪərəu] *n* zéro *m*; ~ **hour** *n* l'heure *f* H.

**zest** [zɛst] *n* entrain *m*, élan *m*; zeste *m.*

**zigzag** ['zɪgzæg] *n* zigzag *m* // *vi* zigzaguer, faire des zigzags.

**zinc** [zɪŋk] *n* zinc *m.*

**Zionism** ['zaɪənɪzm] *n* sionisme *m.*

**zip** [zɪp] *n* (*also:* ~ **fastener**, ~**per**) fermeture *f* éclair ® // *vt* (*also:* ~ **up**) fermer avec une fermeture éclair ®.

**zither** ['zɪðə*] *n* cithare *f.*

**zodiac** ['zəudɪæk] *n* zodiaque *m.*

**zombie** ['zɔmbɪ] *n* (*fig*): **like a** ~ l'air complètement dans les vapes, avec l'air d'un mort vivant.

**zone** [zəun] *n* zone *f*; (*subdivision of town*) secteur *m.*

**zoo** [zu:] *n* zoo *m.*

**zoological** [zuə'lɔdʒɪkl] *a* zoologique.

**zoologist** [zu'ɔlədʒɪst] *n* zoologiste *m/f.*

**zoology** [zu:'ɔlədʒɪ] *n* zoologie *f.*

**zoom** [zu:m] *vi*: **to** ~ **past** passer en trombe ; ~ **lens** *n* zoom *m*, objectif *m* à focale variable.

**acquérir** *1* acquérant  *2* acquis  *3* acquiers, acquérons, acquièrent  *4* acquérais  *5* acquerrai  *7* acquière

**ALLER** *1* allant  *2* allé  *3* vais, vas, va, allons, allez, vont  *4* allais  *5* irai  *6* irais  *7* aille

**asseoir** *1* asseyant  *2* assis  *3* assieds, asseyons, asseyez, asseyent  *4* asseyais  *5* assiérai  *7* asseye

**atteindre** *1* atteignant  *2* atteint  *3* atteins, atteignons  *4* atteignais  *7* atteigne

**AVOIR** *1* ayant  *2* eu  *3* ai, as, a, avons, avez, ont  *4* avais  *5* aurai  *6* aurais  *7* aie, aies, ait, ayons, ayez, aient

**battre** *1* battant  *2* battu  *3* bats, bat, battons  *4* battais  *7* batte

**boire** *1* buvant  *2* bu  *3* bois, buvons, boivent  *4* buvais  *7* boive

**bouillir** *1* bouillant  *2* bouilli  *3* bous, bouillons  *4* bouillais  *7* bouille

**conclure** *1* concluant  *2* conclu  *3* conclus, concluons  *4* concluais  *7* conclue

**conduire** *1* conduisant  *2* conduit  *3* conduis, conduisons  *4* conduisais  *7* conduise

**connaître** *1* connaissant  *2* connu  *3* connais, connaît, connaissons  *4* connaissais  *7* connaisse

**coudre** *1* cousant  *2* cousu  *3* couds, cousons, cousez, cousent  *4* cousais  *7* couse

**courir** *1* courant  *2* couru  *3* cours, courons  *4* courais  *5* courrai  *7* coure

**couvrir** *1* couvrant  *2* couvert  *3* couvre, couvrons  *4* couvrais  *7* couvre

**craindre** *1* craignant  *2* craint  *3* crains, craignons  *4* craignais  *7* craigne

**croire** *1* croyant  *2* cru  *3* crois, croyons, croient  *4* croyais  *7* croie

**croître** *1* croissant  *2* crû, crue, crus, crues  *3* croîs, croissons  *4* croissais  *7* croisse

**cueillir** *1* cueillant  *2* cueilli  *3* cueille, cueillons  *4* cueillais  *5* cueillerai  *7* cueille

**devoir** *1* devant  *2* dû, due, dus, dues  *3* dois, devons, doivent  *4* devais  *5* devrai  *7* doive

**dire** *1* disant  *2* dit  *3* dis, disons, dites, disent  *4* disais  *7* dise

**dormir** *1* dormant  *2* dormi  *3* dors, dormons  *4* dormais  *7* dorme

**écrire** *1* écrivant  *2* écrit  *3* écris, écrivons  *4* écrivais  *7* écrive

**ÊTRE** *1* étant  *2* été  *3* suis, es, est, sommes, êtes, sont  *4* étais  *5* serai  *6* serais  *7* sois, sois, soit, soyons, soyez, soient

**FAIRE** *1* faisant  *2* fait  *3* fais, fais, fait, faisons, faites, font  *4* faisais  *5* ferai  *6* ferais  *7* fasse

**falloir** *2* fallu  *3* faut  *4* fallait  *5* faudra  *7* faille

**FINIR** *1* finissant  *2* fini  *3* finis, finis, finit, finissons, finissez, finissent  *4* finissais  *5* finirai  *6* finirais  *7* finisse

**fuir** *1* fuyant  *2* fui  *3* fuis, fuyons, fuient  *4* fuyais  *7* fuie

**joindre** *1* joignant  *2* joint  *3* joins, joignons  *4* joignais  *7* joigne

**lire** *1* lisant  *2* lu  *3* lis, lisons  *4* lisais  *7* lise

**luire** *1* luisant  *2* lui  *3* luis, luisons  *4* luisais  *7* luise

**maudire** *1* maudissant  *2* maudit  *3* maudis, maudissons  *4* maudissait  *7* maudisse

**mentir** *1* mentant  *2* menti  *3* mens, mentons  *4* mentais  *7* mente

**mettre** *1* mettant  *2* mis  *3* mets, mettons  *4* mettais  *7* mette

**mourir** *1* mourant  *2* mort  *3* meurs, mourons, meurent  *4* mourais  *5* mourrai  *7* meure

**naître** *1* naissant  *2* né  *3* nais, naît, naissons  *4* naissais  *7* naisse

**offrir** *1* offrant  *2* offert  *3* offre, offrons  *4* offrais  *7* offre

**PARLER** *1* **parlant**  *2* **parlé**  *3* **parle, parles, parle, parlons, parlez, parlent**  *4* **parlais, parlais, parlait, parlions, parliez, parlaient**  *5* **parlerai, parleras, parlera, parlerons, parlerez, parleront**  *6* **parlerais, parlerais, parlerait, parlerions, parleriez, parleraient**  *7*

**parle, parles, parle, parlions, parliez, parlent** *impératif* **parle! parlez!**

**partir** *1* partant *2* parti *3* pars, partons *4* partais *7* parte

**plaire** *1* plaisant *2* plu *3* plais, plaît, plaisons *4* plaisais *7* plaise

**pleuvoir** *1* pleuvant *2* plu *3* pleut, pleuvent *4* pleuvait *5* pleuvra *7* pleuve

**pourvoir** *1* pourvoyant *2* pourvu *3* pourvois, pourvoyons, pourvoient *4* pourvoyais *7* pourvoie

**pouvoir** *1* pouvant *2* pu *3* peux, peut, pouvons, peuvent *4* pouvais *5* pourrai *7* puisse

**prendre** *1* prenant *2* pris *3* prends, prenons, prennent *4* prenais *7* prenne

**prévoir** *like voir* *5* prévoirai

**RECEVOIR** *1* recevant *2* reçu *3* reçois, reçois, reçoit, recevons, recevez, reçoivent *4* recevais *5* recevrai *6* recevrais *7* reçoive

**RENDRE** *1* rendant *2* rendu *3* rends, rends, rend, rendons, rendez, rendent *4* rendais *5* rendrai *6* rendrais *7* rende

**résoudre** *1* résolvant *2* résolu *3* résous, résolvons *4* résolvais *7* résolve

**rire** *1* riant *2* ri *3* ris, rions, *4* riais *7* rie

**savoir** *1* sachant *2* su *3* sais, savons, savent *4* savais *5* saurai *7* sache *impératif* sache, sachons, sachez

**servir** *1* servant *2* servi *3* sers, servons *4* servais *7* serve

**sortir** *1* sortant *2* sorti *3* sors, sortons *4* sortais *7* sorte

**souffrir** *1* souffrant *2* souffert *3* souffre, souffrons *4* souffrais *7* souffre

**suffire** *1* suffisant *2* suffi *3* suffis, suffisons *4* suffisais *7* suffise

**suivre** *1* suivant *2* suivi *3* suis, suivons *4* suivais *7* suive

**taire** *1* taisant *2* tu *3* tais, taisons *4* taisais *7* taise

**tenir** *1* tenant *2* tenu *3* tiens, tenons, tiennent *4* tenais *5* tiendrai *7* tienne

**vaincre** *1* vainquant *2* vaincu *3* vaincs, vainc, vainquons *4* vainquais *7* vainque

**valoir** *1* valant *2* valu *3* vaux, vaut, valons *4* valais *5* vaudrai *7* vaille

**venir** *1* venant *2* venu *3* viens, venons, viennent *4* venais *5* viendrai *7* vienne

**vivre** *1* vivant *2* vécu *3* vis, vivons *4* vivais *7* vive

**voir** *1* voyant *2* vu *3* vois, voyons, voient *4* voyais *5* verrai *7* voie

**vouloir** *1* voulant *2* voulu *3* veux, veut, voulons, veulent *4* voulais *5* voudrai *7* veuille *impératif* veuillez.

# LES NOMBRES                                   NUMBERS

| | | | |
|---|---|---|---|
| un (une)/premier(ère) | 1er 1 1st | one/first |
| deux/deuxième | 2ème 2 2nd | two/second |
| trois/troisième | 3ème 3 3rd | three/third |
| quatre/quatrième | 4ème 4 4th | four/fourth |
| cinq/cinquième | 5ème 5 5th | five/fifth |
| six/sixième | 6 | six/sixth |
| sept/septième | 7 | seven/seventh |
| huit/huitième | 8 | eight/eighth |
| neuf/neuvième | 9 | nine/ninth |
| dix/dixième | 10 | ten/tenth |
| onze/onzième | 11 | eleven/eleventh |
| douze/douzième | 12 | twelve/twelfth |
| treize/treizième | 13 | thirteen/thirteenth |
| quatorze | 14 | fourteen |
| quinze | 15 | fifteen |
| seize | 16 | sixteen |
| dix-sept | 17 | seventeen |
| dix-huit | 18 | eighteen |
| dix-neuf | 19 | nineteen |
| vingt/vingtième | 20 | twenty/twentieth |
| vingt et un/vingt-et-unième | 21 | twenty-one/twenty-first |
| vingt-deux/vingt-deuxième | 22 | twenty-two/twenty-second |
| trente/trentième | 30 | thirty/thirtieth |
| quarante | 40 | forty |
| cinquante | 50 | fifty |
| soixante | 60 | sixty |
| soixante-dix | 70 | seventy |
| soixante et onze | 71 | seventy-one |
| soixante-douze | 72 | seventy-two |
| quatre-vingts | 80 | eighty |
| quatre-vingt-un | 81 | eighty-one |
| quatre-vingt-dix | 90 | ninety |
| quatre-vingt-onze | 91 | ninety-one |
| cent/centième | 100 | a hundred, one hundred/ hundredth |
| cent un/cent-unième | 101 | a hundred and one/ hundred-and-first |
| trois cents | 300 | three hundred |
| trois cent un | 301 | three hundred and one |
| mille/millième | 1,000 | a thousand, one thousand/ thousandth |
| cinq mille | 5,000 | five thousand |
| un million/millionième | 1,000,000 | a million, one million/millionth |

| | |
|---|---|
| il arrive le 7 (mai) | he's coming on the 7th (of May) |
| il habite au 7 | he lives at number 7 |
| au chapitre/à la page sept | chapter/page seven |
| il habite au 7ème (étage) | he lives on the 7th floor |
| il est arrivé le 7ème | he came (in) 7th |
| une part d'un septième | a share of one seventh |

## L'HEURE

*quelle heure est-il?* c'est *or* il est
*à quelle heure?* à

| | | |
|---|---|---|
| minuit | **00.00** | midnight |
| une heure (du matin) | **01.00** | one (o'clock) (a.m. *ou* in the morning), 1 a.m. |
| une heure dix | **01.10** | ten past one |
| une heure et quart, une heure quinze | **01.15** | a quarter past one, one fifteen |
| une heure et demie, une heure trente | **01.30** | half past one, one thirty |
| deux heures moins (le) quart, une heure quarante-cinq | **01.45** | a quarter to two, one forty-five |
| deux heures moins dix, une heure cinquante | **01.50** | ten to two, one fifty |
| midi, douze heures | **12.00** | twelve (o'clock), midday, noon |
| une heure (de l'après-midi), treize heures | **13.00** | one (o'clock) (p.m. *ou* in the afternoon) |
| sept heures (du soir), dix-neuf heures | **19.00** | seven (o'clock) (p.m. *ou* at night) |

## THE TIME

*what time is it?* it's *ou* it is
*(at) what time?* at

Achevé d'imprimer
sur les presses de
Collins
pour le compte des
Nouvelles Editions Marabout
D. septembre 1984/0099/211
ISBN 2-501-00096-X

# marabout service

L'utile, le pratique, l'agréable

## Vie quotidienne - Dictionnaires para-scolaires

# Éducation

# marabout flash

**L'encyclopédie permanente de la vie quotidienne**

# marabout université

**Les grandes disciplines du Savoir**

## Biographies

## Histoire

## Anthologies

# Tourisme : Guides et Traditions marabout ⊛

## Guides

## Traditions